著　者

ジャン・メリエ（1664-1729）

フランス・シャンパーニュ州のマゼルニーで裕福な農家に生まれる．ランスの神学校で教育を受け，生地近隣の村エトレピニーの主任司祭として生涯を終える．没後発見された手書きの『覚え書』は「無神学大全」とも言うべき大部の著作で，18世紀前期における哲学的地下文書の代表作の一つとなった．1970年代に自筆本全体が刊行されるまで，徹底した無神論・唯物論と絶対主義王制による社会の全否定というその思想が広く知られることはなかった．

訳　者

石川　光一（いしかわ　こういち）

1948年生まれ．早稲田大学大学院哲学修士課程修了．フランス政府給費留学生，モンペリエ第３大学博士課程修了．現在，日本大学助教授．論文，「無神論への軌跡——ジャン・メリエの『覚え書』，その論理構成について」（『思想』1987年９月号）．「十八世紀，フランス啓蒙思想における唯物論と無神論——唯物論史研究序説」（東京唯物論研究会編『唯物論』第77号，2003年）．

三井　吉俊（みつい　よしとし）

1950年生まれ．千葉大学文学部教授．フランス18世紀思想史専攻．著書，『知られざる奇書の世界』（丸善ブックス），訳書，ガブリエル・ド・フォワニ『南大陸ついに知られる』（「啓蒙のユートピアⅠ」所収，法政大学出版局），論文，「地下の水脈へ」（『思想』2002年７月号）．

ジャン・メリエ遺言書

すべての神々と宗教は虚妄なることの証明

2006年2月15日　初版第1刷発行

著　者　ジャン・メリエ
訳　者　石川光一／三井吉俊
発行所　財団法人法政大学出版局
〒102-0073　東京都千代田区九段北3-2-7
電話　03(5214)5540／振替00160-6-95814
製版・印刷／三和印刷
製本／鈴木製本所

Printed in Japan

ISBN4-588-15042-1

索　　引

A　人名索引

1．『覚え書』本文と二つの書簡の写しの人名を対象とした。
2．表記については，原則として『岩波世界人名辞典』に従った。正式名称や通称，別称がある場合，そしてメリエの表記が不正確な場合は後に（　）をつけて補足した。
3．ギリシア・ローマ神話の登場人物については，ギリシア神話の人物を主として掲げ，ローマ神話名を括弧に入れて示し，メリエが別個のものとして扱っている場合に限って主項目とした。

ア　行

カ 行

サ 行

タ　行

ナ　行

ハ　行

マ 行

ヤ 行

ラ　行

B 書名索引

1．『覚え書』本文と二つの書簡の写しの中でメリエが引用，あるいは言及している書名を掲げた。
2．メリエが書名を別様に表記している場合には，その後の括弧内に正式な署名を記した。
3．著者名が分かっている場合は，書名の後に著者名を括弧で記入した。

ア 行

カ 行

サ 行

タ 行

ナ 行

ハ 行

マ 行

ヤ 行

ラ 行

C　聖書引用索引

1．『覚え書』本文と二つの書簡の写しの中でメリエが聖書について引用，言及している箇所を旧約聖書，新約聖書に分けて作成した。なお内容に関わりなく各々の聖書の書名のみを引用している場合には書名のすぐ後に引用箇所のみを示した。ただし『聖書』，『新約聖書』，『旧約聖書』の書名のみを取り上げている場合には，この聖書引用索引ではなく書名索引に掲げた。

2．旧約聖書，新約聖書にはそれぞれ正典と外典があり，旧約聖書の正典は39書，新約聖書の正典は29書である。それぞれ正典の書名に関しては，日本聖書協会訳の表記に従った。今日，ローマ・カトリック教会は旧約聖書外典は正典のなかに加えているが，新約聖書の外典については正典に加えておらず，プロテスタント教会は両者を正典と認めていない。ここでは，それぞれの外典のうちメリエが言及あるいは引用しているもののみを掲げた。その表記は日本聖書学研究所編『聖書外典偽典』（教文館）の表記に従い，歴史的な別名については（　）で示した。またメリエがラテン語ウルガタ聖書から自分でフランス語に訳出し，上記の書名と異なる書名を与えている場合には，これを上記書名の後に〔　〕に入れ，さらにアステリスクをつけて示した。

3．書名の次に括弧で当該聖書の章数，節数を記入した（メリエに誤記があったり，現行聖書と番号が異なるときは現行のものに従った）。（例：創世紀　(1/20-21) 766→創世紀１章20-21章，本書766頁に引用）

I　旧約聖書

【モーセ五書】

【歴史書】

【文学書（教訓書）】

【預言書】

【旧約聖書外典】

2　新約聖書

【歴史書】

【教訓書】

【新約聖書外典】

D　訳注人名索引

1.『覚え書』本文と二つの書簡に付した訳者による注記中の人名を対象とした。
2. 人名の表記は，本文人名索引作成の原則に従った。

ア　行

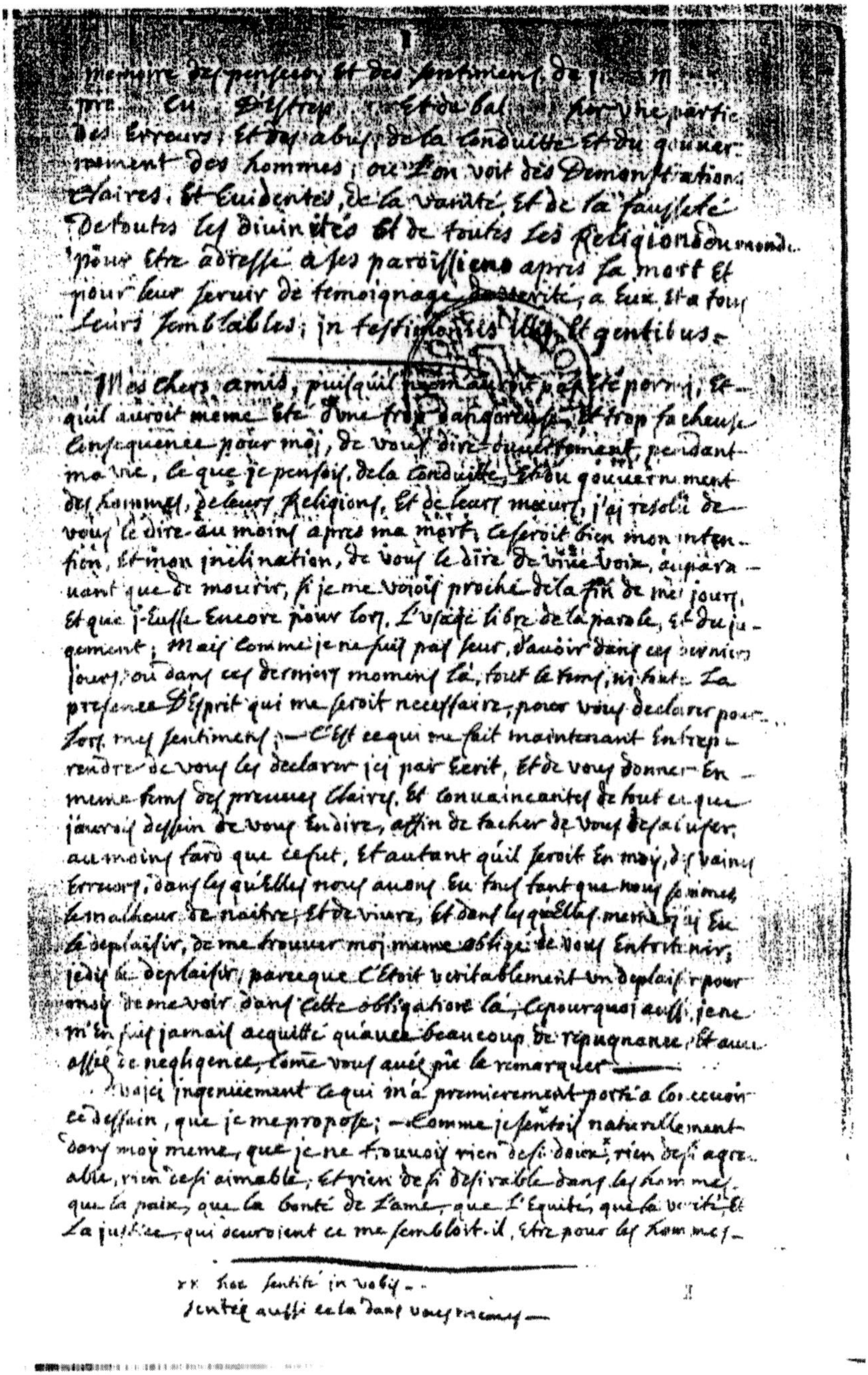

1

Memoire des pensees et des sentimens de J... M... Pre... Cu... d'Estrep... et de Bal... sur une partie des Erreurs, et des abus de la conduitte et du gouvernement des hommes; où l'on voit des Demonstrations claires, et Evidentes, de la vanité et de la fausseté de toutes les divinités et de toutes les Religions du monde. pour etre adressé à ses paroissiens apres sa mort et pour leur servir de temoignage de verité, a Eux, et a tous leurs semblables; in testimonium illis et gentibus.

Mes chers amis, puisqu'il ne m'auroit pas eté permis, et qu'il auroit meme eté d'une trop dangereuse et trop facheuse consequence pour moi, de vous dire ouvertement, pendant ma vie, ce que je pensois, de la conduitte et du gouvernement des hommes, de leurs Religions, et de leurs meurs, j'ai resolu de vous le dire au moins apres ma mort; ce seroit bien mon intention, et mon inclination, de vous le dire de viue voix, auparavant que de mourir, si je me voiois proche de la fin de mes jours, et que j'eusse encore pour lors, l'usage libre de la parole, et du jugement; mais comme je ne suis pas seur, d'avoir dans ces derniers jours, ou dans ces derniers momens là, tout le tems, ni toute la presence d'Esprit qui me seroit necessaire, pour vous declarer pour lors mes sentimens; c'est ce qui me fait maintenant entreprendre de vous les declarer icj par Ecrit, et de vous donner en meme tems des preuves claires, et convaincantes de tout ce que j'aurois dessein de vous en dire, affin de tacher de vous desabuser, au moins tard que ce fut, et autant qu'il seroit en moy, des vaines Erreurs, dans lesquelles nous avons eu tous tant que nous sommes, le malheur de naitre, et de vivre, et dans lesquelles meme j'ai eu le deplaisir, de me trouver moi meme obligé de vous entretenir; je dis le deplaisir, parceque c'etoit veritablement un deplaisir pour moy de me voir dans cette obligation là, c'est pourquoi aussi je ne m'en suis jamais acquitté qu'avec beaucoup de repugnance, et avec asse ce negligence, come vous avés pû le remarquer.

Voici ingenuement ce qui m'a premierement porté a concevoir ce dessein, que je me propose; comme je sentois naturellement dans moy meme,ˣ que je ne trouvois rien de si doux, rien de si agreable, rien de si aimable, et rien de si desirable dans les hommes que la paix, que la bonté de l'ame, que l'Equité, que la verité, et la justice, qui devroient ce me sembloit il, etre pour les hommes.

ˣˣ hoc sentite in vobis..
sentez aussi cela dans vous memes

メリエ直筆の手書き本第1頁
（フランス国立図書館　Fonds français, Manuscrit 19460, 原寸縦175mm×横132mm）

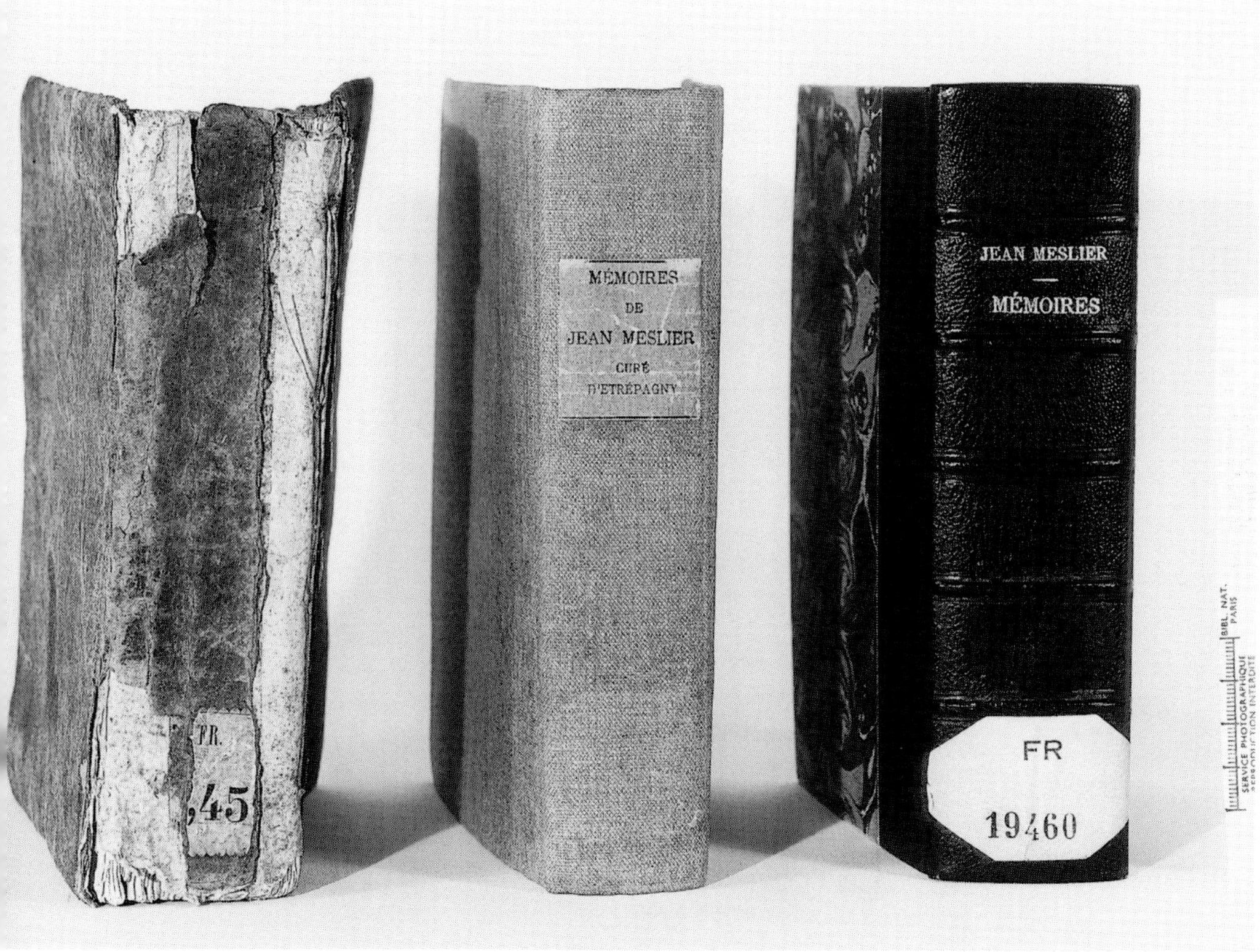

フランス国立図書館所蔵のメリエ直筆の手書き本

（左から Fonds français 19458, 19459, 19460）

メリエの生地マゼルニー
（現在の教会）

ジャン·メリエを称えるプレート
（エトレピニー村役場）

メリエに委ねられていた
エトレピニーの教会
（下は聖堂内部）

見抜くかなり先まで見抜いていて、私が今言ったあの忌まわしい不法の奥義[10]をかなり深くまで洞察しているように見えました。それの張本人や幇助者が誰であるのかよく分かっていたからです。地上のお偉方はみな、貴族もみな、司祭たちのはらわたでしばり首にされるといい、というのがその人の願いでした[11]*1。この表現はきっと無骨で粗野で不愉快だと思われるでしょうが、率直で素直であることは認めざるをえません。短い言葉ですが意味深長です。ああいう連中がどういう目にあうべきかをわずか数語で十分言い表しているのですから[一五]。私としては、皆さん、もしこの問題で何か願いを立てるとしたら（効果があるなら必ず立てるところですが）、この世からあらゆる悪徳と不正を一掃するため、地上のすべての民衆をこれほど哀れに呻吟させているあの王冠を戴いた暴君という怪物や、誤謬と不正の手代となっているその他もろもろの怪物を全員打ち殺すという喜びを味わうために、ヘラクレスのような腕と力と勇気と大鎚を持ちたいと願うところでしょう。

*1　エチオピア王エルガネス[一六]は自国のある都市で[12]、町を誤謬と迷信で満たしたかどによりユピテルの祭司全員を殺し、祭司職を廃止しました。〔モレリ〕『大歴史辞典』[一七]。バビロン王もベル神の祭司らに同じことをしました。『ダニエル書』第一四章二〇、二一節〔二〇―二二節〕[一八]。

皆さん[13]、ここで私が何かの個人的復讐の念にかられているとか、何かの敵愾心や利己心という動機にかりたてられていると思わないで下さい。皆さん、そうではないのです。私にこういう見解を吹き込み、またこのように語らせ書かせるのは決して情念ではありません。それは嘘偽りなく、一つには、あれほど不当に圧殺されるのが見られる、正義と真理に対する私の性向と愛にほかなりません。また一つには、あれほど大きな顔をし、至る所に君臨しているのが見られる、悪徳と不正に対して私が生来持っている嫌悪にほかなりません。あれほど多くのあんなに忌まわしい禍を至る所で引き起こし、人々を世界中どこででもだましている連中には、いくら憎しみを抱いても抱きすぎることはないでしょう。いくら嫌悪を抱いても、抱きすぎることはないでしょう。

何ですって！　慈悲の心から皆さんのために体に良いよく効く薬や治療薬をお分けする、と称して民衆の無知と単純さにつけこむばかりで、法外な値段で体に良くない毒になるインチキ薬や膏薬を売りつけるペテン師の大道薬売りは、辱めて町や地方からたたき出し追い払うのは当然ではないでしょうか。破廉恥なペテン師として辱めてたたき出し追い払うのはもちろん当然のことでしょう。また同じく、運悪くその手に落ちてしまった人々の持ち物を剝ぎ取り、命まで奪い情け容赦なく虐殺するのを生業とする、ああいう山賊や追い剝ぎを公然と非難し厳罰に処することは当然ではないでしょうか。そんな連中を厳罰に処すのはもちろん結構なことですし、憎み嫌うのは当たり前でしょう。連中が平然と強盗をはたらくのを許すとしたらとんでもないことだとも言えるでしょう。皆さん、それならなおのこと、あの誤謬と不正のあらゆる手代たちを私がここでするように非難し、憎み嫌う理由が私たちにはあるわけです。連中はあなたがたをこれほど暴虐に支配し、ある者は良心を、またある者は身体と財産を支配しています。あなたがたの良心を支配している宗教的職務を司る者たちは、民衆を欺く最大のペテン師です。あなたがたの身体と財産を支配している君主やその他の世のお偉方は、地上最大の盗賊や殺人者です。前に来た者はみな盗人で盗賊だと、イエス・キリストは言いました。「前ニ来タ者ハミナ盗人デ強盗デアル」『ヨハネによる福音書』第一〇章八節[14]。

皆さん、私がそのように語ることは、民衆を欺く最大のペテン師とここで呼ぶ連中と私自身同じ身分に属し、同じ資格を帯びている以上、一部は自らに異を唱えることだと、おそらくあなたがたは言うでしょう。確かに私は自分の職業に背いて語ってはいますが、決して真理にも自らの性向にも自らの見解にも背いてはいません。というのも、過去にわずかな信仰心を抱いたことも、頑迷な信心や迷信に傾いたこともほとんどないし、宗教の神秘的な愚にもつかぬ事柄を重んじるほど愚かであったこともないので、私は進んでその勤行をしようという気になったこともなく、宗教のことを褒めたたえて話そうという気になったことすらまた一度もないからです[15]。逆にもし自分の気持ちのままに自分の見解に従って語ることが許されていたなら、いつでも大喜びでそんなものに対して私が抱いていた軽蔑を公然と示したことでしょう。ですから、私は若い時に両親を喜ばすため唯々諾々と教会内の職へ導かれるままになりはし

ましたが——その暮らしは一般の人の暮らしより穏やかで平和なもので世間的にも重んじられますから、両親は私がそれに就くのを見てたいへん満足でした——なんらかの世俗的な利点やこういう職のたっぷりとした実入りをねらって[16]、誤謬とペテンにあれほど満ちた職業を営みたいと思ったのではないと私は言い切れます。私は、自分たちの偽りの聖職の無意味な職務に与えられる、たっぷりとした実入りを、あんなにむさぼるように嬉々として受け取り[17]、はしゃぎまわり、浮かれているあの大部分の方々の趣味にはなじめませんでした。また私は、ああいう他の方々の[18]、人を小馬鹿にするおどけ者気質には一層の嫌悪を感じていました。連中は、わがものとしている実入りのよい聖職禄から入る多額の上がりで心地よく楽しい時を過ごすことしか考えていないのに、自分たちの間ではその宗教の奥義や格率や、意味のないいかさまな儀式をおもしろおかしく冗談の種にし[19]、さらには彼らを信じている人々、信じているからこそ、彼らが遊びながらも気楽にあれほど結構な暮らしを送れるだけのものを、あんなに敬虔な心であんなにたっぷりと提供してくれる、その人々の単純ささえ笑いものにするのです[20]。自分の位を自ら揶揄したあの教皇（ユリウス三世[二九]、レオ十世[三〇]）と、「ああ、キリストのあのお伽話のおかげでわれわれはなんと金持ちになったことか」と友人たちとの冗談で言った別の教皇（ボニファティウス八世[三一]）をそういうことの証拠として挙げましょう。

自分たちの宗教のさまざまな奥義と茶番の虚妄を彼らが愉快そうに嘲るのを非難しているわけではありません。実際、そんなものは嘲りと軽蔑にふさわしいものなのですから（その虚妄さが全然分からない人はまったく単純で無知なのです）。私が非難するのは、みなが陥っているさまざまな誤謬から利益を上げようと汲々とし、もうけには目のない彼らのあの飽くことを知らぬ貪欲と、無知の中に留まっている人々の、そのうえ自分たちが誤謬の中に留めている人々の単純さを嘲る、彼らのあの卑劣な楽しみなのです。自分たちの資格と称するものと、所有している実入りのよい聖職禄とのおかげで、公費を使ってあれほど安楽に平穏に暮らせるなら、それならせめてもう少し公衆のさまざまな悲惨に対する思いやりの気持が彼らにあるべきです[21]。多くの者がしているように、宗教熱心なふりをして誤謬と迷信の数を増やし、哀れな民衆のくびきに重さを加えたりすべきではありません。あんなに善良な信仰心という動機

であれほど尽くしてくれ、彼らのために身をすりへらす人々の単純さを嘲ったりすべきではありません。というのも、宗教の手代どもがその生活の資と裕福さ一切を引き出すのは、もっぱら民衆の労働とその体からしたたる汗からである以上、民衆はみな彼らにとって恩人で、その人たちにそのように振る舞うのは甚だしい忘恩、憎むべき不実だからです。

皆さん、ここで私が非難している見解にやはり私も与していると一度たりとも皆さんに考えさせるようなことはなかったと思います。私は正反対の見解を持ち、あなたがたの労苦にきわめて敏感であると、皆さんは逆に幾度も気づいたかも知れません。また私がその聖務からはいる実入りという、あの敬虔なもうけにいたく執着する部類の人間ではなく、それでもうけられるような時にもよくそれを無視したりほうっておいて、実入りのよい聖職禄を得ようと策を弄したりミサや寄進を熱心に勧めたりしたことは一度もないのに気づかれたかも知れません。もしこういう点で自らの気持ちに従う手立てがあったなら、間違いなく受け取るより与える方がいつでも私にははるかに喜びだったでしょう。与えるにしてもいつでも金持ちより貧乏人のことを進んで考えたでしょうが、それは受け取るより与える方がよい、「受ケルヨリモ与エルコトニ幸セガアル」と言ったキリストのあの格率に(『使徒行伝』第二〇章三五節で聖パウロが伝えています)従うことでもあります。また同じく、返礼をする資力のある金持ちを呼ぶのではなく、そうはできない貧乏人を呼べ、と宴を張る人々に勧めた、同じキリストのあの忠告に従うことでもあります(『ルカによる福音書』第一四章一三節〔一二―一四節〕)。またそれは、背を向ける人よりも手を差し延べる人の方にいつも目を向けよと息子に勧めた、モンテーニュ氏のまた別の忠告に従うことでもあります(〔モンテーニュ〕『エセー』[二二]一一一二頁)。善良なヨブが富み栄えた日々に行ったことを私もまた喜んでしたことでしょう、「私は貧しい者の父となり、盲人の目となり、足のない者の足となり、手のない者の手となり、語れぬ者の舌となった、貧シイ者ノ父トナリ、盲人ノ目トナリ、足ノナイ者ノ足トナッタ」(『ヨブ記』第二九章一五、一六節)と彼は言いました。できることなら私も彼のように悪人の手からその獲物を奪い返し、また彼のようにそんな奴らの牙を折り顎を砕きたいと思いました、「悪

凡例

一、本書は、十七世紀後半から十八世紀にかけてフランスのシャンパーニュ地方、アルデンヌ県の寒村エトレピニーの司祭であったジャン・メリエ（一六六四—一七二九）の遺した『覚え書』および同書に添えられていたと思われる近隣の同僚司祭に宛てた二通の書簡の全訳である。

一、『覚え書』の正式な題名は、「エトレ……およびバレ……の主…司…、J……M……による、人々の指導と統治に関わる一部の誤謬と悪弊についての思索と見解の覚え書。世のすべての神々とすべての宗教の虚偽と虚妄を示す、明瞭なる論証が見られるもの。同人の死後、その聖堂区民に宛てられ、彼らとそのすべての同胞に真理の証言として役立たしめんとす。ソレハ、ソノ人達ト、異邦人達トノ前デ、証言スルタメデアル（*Memoire des pensées et des sentimens de J....M......Pre...cu..d'Estrep....et de Bal....Sur une partie des Erreurs et des Abus de la Conduitte et du Gouvernement des Hommes où l'on voit des Demonstrations claires et évidentes de la Vanité et de la Fausseté de toutes les Divinités et de toutes les Religions du Monde pour être adressé à ses Paroissiens après sa mort et pour leur servir de Temoignage de Verité à eux, et à tous leurs Semblables. In testimoniis illis, et gentibus*）」となっている。

一、本訳書全体の表題は『ジャン・メリエ遺言書』とし、その原題と内容に即した副題「すべての神々と宗教は虚妄なることの証明」を付した。メリエの『覚え書』が世に出て以来二世紀半以上にわたり『遺言書』の名で知られてきたからであり、またなによりも『覚え書』そのものがメリエ自身が属した聖堂区の教区民に宛てて書かれた文字どおりの遺言書となっているからである。ただ、「凡例」「解説」「訳者あとがき」では、『覚え書』で通した。

一、訳出に当たって使用、参照したテキストは次のとおりである。

①フランス国立図書館所蔵メリエ自筆原稿（Bibliothèque Nationale de France, Fonds français 19458, 19459, 19460)。この三つの手稿のうち最終稿と思われる手稿番号19460を本書の訳出に当たって底本とし、19458, 19459を常に参照した。

②ロラン・デスネ監修、ジャン・ドゥプラン、ロラン・デスネ、アンリ・マンソー、アルベール・ソブール注、『ジャン・メリエ全集』、パリ、エディション・アントロポス、一九七〇―一九七二、全三巻（*Œuvres complètes de Jean Meslier*, édition animée et coordonnée par Roland Desné, notes de Jean Deprun, Roland Desné, Henri Manceau et Albert Soboul, Editions Anthropos, 1970-1972, 3 vol.)。本書の訳出に当たっては、このアントロポス版に大いに助けられた。

③リュドルフ・シャルル編『ジャン・メリエの遺言書』、アムステルダム、エトランジェール書店、一八六四、全三巻〔リプリント版、ヒルデスハイム、オルムス書店、一九七四、全一巻〕(*Le Testament de Jean Meslier*, par Rudolf Charles, Amsterdam, Librairie Etrangère, 1864, 3 vol; édition réimprimée, Hildesheim, Georg Olms Verlag, 1974, 1 vol.)。このリュドルフ・シャルル版はメリエの自筆原稿に基づくものではないが、訳出に当たってはこの版も参照した。

一、手稿として残されているメリエの『覚え書』は、最初の第一章「序文」から最後の第九七章「理性の法廷への上訴文」に至るまでただ改行が見られるだけの一続きの文章であり、「証明一」というように各証明だけが本文の余白に指示される体裁をとっている。本書ではメリエが『覚え書』の巻末に置いた「目次」に従って本文を各証明と章に分け、さらに手稿巻末に付された各章の表題をそれぞれの章の冒頭に置き、読者の便宜を計った。

一、行間に＊1、＊2と示したのは原注番号である。原注は本文各段落の末尾に置いた。

一、『覚え書』において、メリエは引用文の出典などをすべて欄外に横書きして書き入れている。しかし、とくに第二六章、第二七章、第二八章、第五五章、第五六章、第七七章、第八一章などではこうした出典などと

は別に、本文中の引用や自説の展開を補強する形での欄外書き込みを行っている。これらは先の典拠が横書きされているのに対していずれも本文に沿った形で頁の下から上へと書き込まれている。本書ではこうした欄外書き込みを当該段落の後に置き、訳者注記をつけて対応箇所を示すこととする。

一、行間に（1）、（2）と示したのはメリエの手稿の間の異同である。メリエが遺した三つの手稿（Bibliothèque Nationale de France, Fonds français 19458, 19459, 19460）にはかなりの異同がある。そのすべてを取り上げることは不可能であり、また無用である場合もあり、本書では底本としたFonds français 19460と他の二つ19458、19459の間に表現や内容上の大きな違いがある場合に限って、これを異文として巻末にまとめて掲げた。

一、同様に行間に〔一〕、〔二〕と指示したのは訳注である。訳注は証明ごとに通し番号をつけて巻末に置いた。内容は主として本文に登場する人名や事項に関する説明および参考事項や、引用における出典原文とメリエによる引用文との異同に関するものなどである。これらの注記作成に当たってはあくまでも本書を読む上での読者の便宜を計るものとし、訳者の判断や解釈はできるだけ控えた。

一、本文および原注の中で〔　〕によって囲まれた部分は訳者による補足である。主としてメリエが落とした語句の補足や聖書などの出典箇所の指示、修正などに当てられている。

一、本文および原注の中の片仮名書きの部分はラテン語の文章の訳である。

一、ラテン語引用文中の人名については傍線をつけて他の片仮名表記部分と区別した。

一、本文や原注でメリエが引用している聖書からのラテン語引用文は、十六世紀中葉に開催されたトレント公会議以降フランス・カトリック教会で用いられていたウルガタ聖書からのものである。わが国で広く流布しているプロテスタント系邦訳聖書（日本聖書協会版聖書、一九五五年改訳）およびカトリック系邦訳聖書（フェデリコ・バルバロ訳、講談社、一九八五年）はともにこのウルガタ聖書からの翻訳ではない。本書の訳文作成に当たってはこれらを参照しながら、原則としてラテン語によるウルガタ聖書に従って訳出した。またメリエが聖書からフランス語で引用している場合、その引用文はウルガタ聖書からのメリエ自身による翻訳

と考えられるので、これはそのまま訳出した。その際メリエによる聖書からの引用指示が不正確な場合には、やはりウルガタ聖書を基準にしてこれを〔　〕や訳注で訂正し、またメリエによる引用文とウルガタ聖書原文との異同はその重要なもののみを訳注で示すこととした。なお訳注などでは支障がない限り先のプロテスタント系邦訳聖書やカトリック系邦訳聖書を使用させていただいた。

一、訳出にあたっては、『覚え書』の前半部、「証明一」から「証明六」までを三井が担当し、『覚え書』の後半部の「証明七」以降、および近隣司祭宛の書簡二通を石川が担当し、担当部分を訳出した後に相互に検討して全体の統一をとった。

一、今日の人権意識からして、不適切とみなされる語句があるが、古典的な作品であり、時代背景を考慮して、そのままとした。

目次

証明三

証明六

エトレ……およびバレ……の主…司…、J……M……による、人々の指導と統治に関わる一部の誤謬と悪弊についての思索と見解の覚え書。世のすべての神々とすべての宗教の虚偽と虚妄を示す、明瞭なる論証が見られるもの。同人の死後、その聖堂区民に宛てられ、彼らとそのすべての同胞に真理の証言として役立たしめんとす。ソレハ、ソノ人達ト、異邦人達トノ前デ、証言スルタメデアル

第一章　序文。本書の意図

親愛なる友人の皆さん、[一] 私が人々の指導と統治と、またそのさまざまな宗教と習俗とについて考えていたことを生前あなたがたに公に語ることは私に許されませんでしたし、それはあまりにも危険で困った結果を招くことにもなったでしょうから、せめて死後にそのことをお話ししようと私は心に決めました。死期の近づくのが自分でも分かりその時にもまだ言葉と判断力を自由に用いることができるなら、死ぬ前に口頭で話すことこそ私の意図するところ(1)、望むところでしょう。しかし、その最後の日々あるいは瞬間に自分の見解を表明するのに、その際必要な時間と頭の働きが十分残っているという自信はありませんので、今のうちにそれを文書で表明し、同時にお話しするつもりだったすべてのことの明白で説得力のある証拠を提出しておこうと企てているのです。それは私たちがみな不幸にもその中で生まれまた生きているさまざまな虚しい誤謬から、私の力の及ぶ限りできるだけ早くあなたがたを目覚めさせようと努めるためです。私自身もそういう誤謬のうちに皆さんをつなぎ止める義務を負わされるという、いやな思いを味わわされてきました。そんな義務を負わされるのは私にとっても本当に不愉快だったからです。まただからこそ、皆さんも気づかれたかも知れませんが、私は終始いやいやながらかなりお座なりにその義務を果たしたにすぎません。

　率直に言いますが、今立てているもくろみを最初に思いついたのは次のような事情からです。私は生来、人間の間では平和と心の善良さと公正と真理と正義ほど甘美なものも快いものも、好ましいものも望ましいものもないと思っているのを自分自身で感じていましたし、*1 それほど好ましい徳は人々がお互い大事に保つなら、人間自身にとってさまざまな幸福と喜びの測りしれぬ源となるはずだと思っていました。また同様に、不和から起こるいさかいや心情と精神の堕落ほど憎むべきものも忌まわしいものも有害なものもないと思っているのを、生来自分自身で感じていました。とりわけ嘘やペテンという悪ならびに不正や暴虐という悪は、人間の間で彼らのうちにありうる最良のものをこ

とごとく破壊し絶滅させ、またそれゆえに人間のうちに満ち溢れるあらゆる悪徳と邪悪さの破滅的な源となるばかりでなく、この世で人々を押しつぶすあらゆる禍と悲惨の不幸な原因ともなっているのです。

＊1 「アナタガタノ間デモソレヲ感ジヨ。あなたがた自身の間でもそれを感じてください」（『ピリピ人への手紙』第二章五節）。

世の中にこんなに多くのこんなにひどい禍を引き起こすさまざまな誤謬と悪弊に私は幼少の頃から半ばは気づいていました。歳を重ね知識が増すにつれて、私は人々の盲目さと邪悪さをますます認識し、またますますその迷信の虚しさと悪しき統治(2)の不正を認識するようになりました。ですから、それほど多く世の中を見聞きしたわけではありませんが、私は賢者ソロモン〔二〕にならって「私は見た」、いや驚きと憤りさえもって、「不敬が地上の至る所に君臨しているのを、また他人を裁くために立てられた当の人々がもっとも不正で(3)犯罪的な者となり、正義の席に不義を着かせてしまうほどの甚だしい腐敗が裁きの場を支配しているのを私は見た」（『伝道の書』第三章一六節）と言えるでしょう。もっとも完璧な徳すら、もっとも清らかな無垢すら中傷者の悪意を免れないほどこの世には多くの邪曲があることを私は知りました。数限りない不幸な罪のない人々がわけもなく迫害され不当にも虐げられ、しかも誰一人その不運に心を動かされず、彼らを助ける情け深い保護者が一人として見つからないのを私は見ましたし、それは今でも毎日見かけられるのです。苦しめられるこんなに多くの義人の涙と、悪辣な金持ちや地上のお偉方にこうまで暴虐に虐げられる(4)こんなに多くの民衆の悲惨さを見て、私はソロモンと同じく生きることへの疎ましさと軽侮の念でいっぱいになり、あの人と同様死んだ者の方が生きている者よりずっと幸福で、一度も存在しなかった者の方が現に存在しこんなに多くのこんなにひどい悲惨のうちにいまだ呻吟している者より千倍も幸福だと思うようになりました。「私ハスデニ死ンデシマッタ人ノ方ガ、マダ生キテイル人ヨリ幸セダト思ッタ。ソシテ、マダ生マレナイ人、コノ世ノ悪行ヲ見テイナイ人ノ方ガ、先ノ二人ヨリモ幸セダト思ッタ」（『伝道の書』第四章二節〔二―三節〕）。

こんなに多くの誤謬と悪弊と迷信とペテンとそして不正と暴虐の君臨に驚く中で、とりわけ私がびっくりしたのは、学識と知恵と敬虔さで衆にぬきんでていると見なされる著名な人が世の中にはたくさんいるのに、こんなに多くのこ

んなにひどい忌まわしい無秩序に[5]反対して声を挙げ、公におのれの意志を表明しようと思いつく人が一人もいなかったことでした。哀れな民衆が共通の悲惨の中で互いに絶えず嘆き呻いているにもかかわらず、この無秩序を攻撃し非難する貴顕の士を私は一人も見なかったのです。悪徳と不正の奔流に抗すべきだと私には思われる、そして少なくともこんなに多くの禍になんらかの救済策を努めてもたらすべきだと思われるあれほど多くの賢明の士が、それも高い位にあり立派な肩書を帯びた人が、このように沈黙しているのはそれを是認しているのも同じだと私の目には驚きをもって映りました。もっとも当時はまだその理由も原因もよくは分かりませんでした。しかし人々の指導をその後もう少しよく調べ、官職を得たがったり、好んで他人を治めようとしたり、至上絶対の権威をもって指示したがったり、とりわけ他人から敬われ尊敬されたがったり[6]する連中の狡猾で老獪な政治の秘密の奥義〔三〕にその後もう少しよく通じてみると、これほど多くの誤謬と迷信の源と起源が、またこれほど多くのこんなにひどい不正の源と起源がたやすく分かったばかりではなく、さらにその上に、これほど多くの誤謬によってだまされ欺かれ、これほど多くの不正に虐げられている民衆の悲惨を、賢明で開明的な人士として世間で通っている人たちが十分に知っていながら、これほど多くのこんなに忌まわしい誤謬と、これほど多くのこんなに忌まわしい悪弊に何一つ反対を唱えないのはなぜか、ということも分かったのです。

第二章 世界のさまざまな宗教に関する著者の思索と見解

ですから皆さん、あなたがたを押しつぶしているあらゆる禍の源は、またあなたがたを誤謬や迷信の虚妄のうちに、そして地上のお偉方の暴虐な法の下に不幸にもつなぎとめているあらゆるペテンの源は、私が今語った人たちのこの忌まわしい政治にほかならないのです。というのも、連中の一方は不当にも至る所を支配しようとし、もう一方は聖者の虚名、時には神の虚名までも得ようとして、どちらも力と暴力ばかりでなく、一層たやすく目的を達するために

民衆をたぶらかそうと、さらにありとあらゆる詭計や術策をも巧みに用いてきたからです。その結果、これらの巧みで悪賢い政治家のどちらもが一番弱い者や一番知恵のない者の無力と信じやすさと無知にそんな具合につけこみ、なんでも好きなことをやすやすと信じこませ、しかるのち自分たちが与えようとしたすべての法を有無をいわせず、尊敬と服従をもって受け入れさせたのです。こうした手段を使って一方は名誉と尊敬を勝ち得、神として、また少なくとも、神々の意志を人間に知らせるために神感を受け、まったく特別に神々から遣わされた者として崇められるようになりました。そして、もう一方は金持ちになり、有力者になり、世間で畏怖すべき者になったのです。両者ともこの種の手練手管で人から恐れられ服従されるに足りるほど金持ちになり、強力になり、崇拝あるいは畏怖すべきものになったので、次には公然と暴虐に他人をおのれの法に従わせました。それにはまた人々の間に通常生じる個人的な不和や反目や憎悪や敵意が大いに役立ったのです。[1]というのも、大方の人は往々にして気質も精神も傾向も互いに非常に異なっているので、いがみ合ったり仲たがいしたりせずに長いこと一緒にやっていけはしないからです。そしてそういう内紛や不和がひとたび起これば、その時にはもっとも強い大胆な者あるいはそうだと自分で気づいた者が、また往々にしてもっともずるく悪賢い者あるいは[2]もっとも邪な者が、きまってそういう機会を利用して一層たやすく万人の絶対的な主人となろうとするのです。

皆さん、これこそ人間社会の幸せを乱し、人々をこの世でかくも不幸にするあらゆる禍の真の源、本当の起源なのです。これこそが不幸にも世界中に広まったあらゆる誤謬とペテンと迷信と偽神と偶像崇拝の源、起源なのです。これこそあなたがたが敬虔にも宗教と呼ぶようにしむけられている一切の中で、もっとも神聖で聖なるものとして持ち出されるすべてのものの源と起源なのです。これこそが、神自身に由来するといってあなたがたに守らせようとする、あの神聖な神の法と称するものの源と起源なのです。これこそが、あなたがたの司祭たちがその偽りの秘儀や祝祭や偽りの祭祀を執り行うため好んで盛大にやらかそうとする、あのけばけばしい、しかし空虚で滑稽なあらゆる儀式の源と起源なのです。またこれこそが、主権者としてあなたがたを治めると称してみな暴君としてあなたがたを虐げ、

公益や公共的な必要性という名目であなたがたが持っている一番立派な良いものをことごとく取り上げ、何か至高の神から権威を授かっていると称して神々であるかのように人を自分に服従させ、自分を恐れさせ敬わせている領主や王侯や国王や君主や君侯という、あの尊大な称号や名称すべての源と起源なのです。さらにこれこそが、きわめて見識のある前世紀の一著作家[3]が言うように、この地上にうようよいる、ほとんどみな獲物に飢えた狼のごとく、自分の権利と権威を享受したいと称してあなたがたを踏みつけにし、あなたがたのものを掠奪し、あなたがたを虐待し、あなたがたから毎日最良の持ち物をかすめとる貴人や貴族や伯爵や公爵や侯爵という、その他のさまざまな虚しい名称一切の源と起源なのです（〔ラ・ブリュイエール〕『カラクテール、あるいは当世風俗誌』〔四〕）。

同じくこれこそが、あなたがたの司祭や司教たちが皆さんに向かって主張する、教会の霊的な叙階〔五〕や権力の神聖で聖なる性格とかいうものの源と起源なのです。あの連中は、いとも神的な恩寵と恵みの霊的な幸をあなたがたに授けると称して、授けるふりをするものとは比較にならぬほど現実的で実質のあるこの世の幸を巧妙にあなたがたから奪い取ります。あなたがたを天国へ導き永遠の幸福を得させてやると称して、あなたがたが地上で本当の幸を平穏に味わうのをことごとに邪魔します。さらにはありもしない来世[4]で地獄の架空の責苦から守り保護してやると称して、あなたがたにとって唯一自分のものであるこの現世で、文字どおり地獄のような現実の責苦をあなたがたに我慢させます。地獄などないのはあの永遠の来世と同じことで、来世へのあなたがたの恐れと望みを連中が絶やすまいとするのは、それがあなたがたにとっては無意味でも彼らにとっては決して無益ではないからです。そしてこの種の暴虐な統治の形態は、もっぱらそれを樹立したのと同じ手段と原理によって存続しており、宗教の基本的な格率に反対しようとするのも、国あるいは国家の基本法をゆるがすのも同じく危険なことですから、いかに不正なものであれ国家の一般的な法に、賢明で開明的な人士が合わせるのは不思議ではありませんし、また確立されていると思う宗教の誤謬と虚妄を十分認識していながら、宗教の慣行や宗式に少なくとも表向き合わせるのも決して意外ではありません。なぜなら、従うのが内心どれほどいやでも、なおかつ通有な誤謬の奔流に逆らおうとしたり、万人の絶対的主人になりた

がる主権者の権威に抵抗しようとしたりして、進んで身の破滅を招く危険を冒すよりは、持ちうるものを手放さずに平穏無事に暮らす方がずっと有利で好都合なのですから。かてて加えて、王国、帝国といった大きな国家や政体では、その主権者である人間が自分だけですべての用を足し、そんなに広い国土の内に自分の権威と権力を自分だけで保てるということはもともと不可能ですから、主権者はその利益に気を配り、その権威を維持し、その意志をどこでもきちんと実行に移させるため、至る所に役人や地方総監[六]や副王[七]や総督[八]やその他大勢の者を置くように心がけ、その連中に公費でたんまり金を払います。その結果、あえてこれほど絶対的な権威に背いたり、またさらにおおっぴらに反対を唱えたりしようとすれば、たちどころに身の破滅になるという明白な危険にさらされずにすむ者など一人もいないのです。ですから、どんなに賢明で開明的な人でも、こんなにひどい、こんなに忌まわしい統治の悪弊と誤謬と無秩序と不正[5]をはっきり見抜いていてもやむをえず沈黙するほかないのです。

さらにその上に、世俗人または聖職者として大なり小なり、いやもっとも低い職さえ含めてですが、官職に就いている者に、あるいはそれに就きたがっている者におしなべて見られる特殊なもくろみや傾向というものがあります。他の人たちの公益をまじめに考えるより私利を追い自分個人の利益を求める、こうでない人などそういう連中の中にまずいないのは確かです。野心と欲得、その他肉と血を喜ばすなんらかのもくろみからそういう地位に就こうとしない者はまずいません。たとえば、自分の法にすべてを服従させようとする君主の傲慢や野心や暴政に反対するのは国家の中の官職や地位を狙う者ではないでしょう。それどころかこの連中は君主の権威を利用して自分が出世しよう、偉くなろうという一心から、むしろ君主の悪しき情念や不正なもくろみにへつらうでしょう。反対するのは教会内の聖職禄や高位を狙う者でもないでしょう。他ならぬ君主の寵愛と力によって連中は聖職禄や高位を得ようとし、すでに得た者はそれを持ち続けようとするのですから。そこでみんな、君主の悪しきもくろみに反対しようと思ったり何事であれ異を唱えたりするどころか、君主のすることなすことに先頭をきって拍手を送り褒めそやすでしょう。確立された誤謬を非難し、偽りの宗教の嘘[6]やまやかしやペテンを他人に暴いて見せるのもこういう連中ではないでしょう。

連中の地位も力も、そこから毎日のように得る莫大な収入も、ことごとくまさにそうした誤謬やペテンに基づいているのですから。君主の不正に反対したり、偽りの宗教の誤謬と悪弊を公に非難したりするのは欲の深い金持ちでもないでしょう。この連中が国家の中で金になる役職に就いたり、教会内で実入りのある聖職禄を手に入れたりするのは、往々にして他ならぬ君主の寵愛のおかげだからです。そこでみな銘々こうも大きな利益を引き出す誤謬や公の悪弊を打ちこわすよりは、むしろ富や財宝を蓄えることに励むでしょう。さらに、私が言う悪弊に反対するのは甘美な暮らしや快楽や生活の利便を好む人でもないでしょう。この人たちは、通有の誤謬の奔流に立ち向かおうとして迫害を被る危険を冒すよりは、むしろ快楽や人生の喜びを安穏に味わいたがります。反対するのは偽善者の信心家でもないでしょう。というのも、自分たちのペテンやこの上なく邪悪な悪徳を隠すため、また徳の立派な見せかけで他人をだましながら、どんな時でも自分の利益と満足を求めるという個人的目的を一層巧妙に達成するために、この連中は好んで徳のマントをまとい、敬神や宗教熱心というもっともらしい口実を使うにすぎないのですから。さらにまた、反対するのは弱い者や無知な者でもないでしょう。この人たちは学問も権威もないので、自分たちがつなぎとめられてきたこれほど多くの誤謬、そしてこれほど多くのペテンの内実を開けて見る力を持つことも、またいくら抗しても押し流さずにはおかぬほどの奔流に逆らえるということもありえないからです。加えて、人間のさまざまな地位や身分の間には従属と依存の実に緊密な結びつきと連鎖があり、また人々の間には必ずと言っていいほど、実に多くの妬みや嫉みや不実や裏切りがあって、近親の間ですらそうなのですから、人々はお互いを信用できず、したがってちょっと何かすれば、何か企てれば、たちまち誰かに暴露され裏切られる恐れがあることになります。これほど悪い統治を改めようとするほどの重大事であれば、危なくて友人一人、兄弟一人信用できはしないでしょう。というわけで、地上のお偉方の暴政に反対できる人、反対しようとする人、あるいは反対する勇気のある人はどこにもいないのですから、ああした悪徳がこれほど強くこれほどあまねく世を支配しているのも不思議ではありません。こうして、悪弊と誤謬と迷信とまた圧制がこの世に打ち立てられたのです。

せめてそういう場合、宗教と政治は互いに折り合いがつかず、折り合いがつかぬ時は相互に反対の立場に立ち、互いに対立し合うはずだと思われるかも知れません。というのも、宗教の穏やかさと敬虔さは暴虐な統治の苛酷で不正なやり方を断罪すべきだと思われますし、また一方、賢明な政治が持つ深慮は偽りの宗教の誤謬や悪弊やペテンを断罪し禁止すべきだと思われるからです。確かに本来ならそうあるべきでしょう。しかしそうあるべきだと言っても必ずしもそうなるとは限りません。ですから、宗教と政治はその原理と格率においてそれほど互いに反対し対立し合うはずだと思われても、なおかつ実際には、一度同盟を結び互いに友好関係を作り上げれば後は一緒に十分うまくやってゆけるのです。そうなれば、二人の巾着切りのように宗教と政治はぐるになるのだと言えるのですから(7)。そうなれば両者は互いに守り合い、支え合うのですから。宗教はどれほど邪悪な政治的統治でも支持します。政治的統治は政治的統治で、どれほど虚妄で偽りの宗教でも支持します。一方では宗教上の職務を帯びた司祭たちが呪いと永遠の地獄落ちで脅かして、為政者や君主や主権者は他人を治めるため神の手で設けられたものだから服従するようにと勧めますし、他方では君主が司祭たちを敬わせ、彼らに多額の俸給と実入りがあるようにして、偽りの聖職という虚妄で欺瞞的な職務を維持し、司祭たちが宗教と神崇拝という立派なもっともらしい口実を使って行う一切を、またこれを信ぜよ、こうせよ、と他人に命じるすべてのことを、神聖なもの聖なるものと見なすよう無知な民衆に強制します〔九〕。重ねて言えば、このようにして誤謬と悪弊と迷信とペテンと圧制がこの世に打ち立てられ、こんなにも苛酷で重いくびきの下に呻吟する哀れな民衆の大きな不幸を招き、それがいまだに維持〔一〇〕されているのです。

皆さん、私はこの世界にあるあれほど多数の偽りの宗教の中で、使徒承伝のローマ・キリスト教だけは除外するつもりだとあなたがたは思うかも知れません。私たちはその宗教を公然と奉じており、それだけが純粋な真理を教えている、それだけが真の神を認めそれをしかるべく崇めている、それだけが救いと永遠の至福に向かう真の道へ人々を導いていると語っています。しかし皆さん、目を覚ましてください。そんなことから目を覚ましてください。また総じて、敬虔なくせに無知だったり、人を小馬鹿にしながら私利をむさぼったりする司祭や博士たちが、神聖で聖なる

宗教とかいうものの不可謬（一二）の確実性というでたらめな口実を使って、あなたがたにしきりに語り聞かせ信じ込ませるあらゆることから目を覚ましてください。世界で一番だまされ欺かれた人に比べても、あなたがただまされ欺かれている度合いは勝るとも劣りません。世界で一番深く誤謬の中に沈んだ人に比べても、間違っている度合いは勝るとも劣りません。あなたがたの宗教はどれに比べても、虚妄で迷信的な度合いは劣りませんし、その原理が虚偽であるのも、その教義や格率が滑稽で馬鹿げていることも、その度合いは劣りません。あなたがたが偶像崇拝者であることも、偶像崇拝を行っているとあなたがた自身が非難し断罪する連中に劣りませんし、異教徒の偶像とあなたがたの偶像は名前や形が違うにすぎません。要するに、あなたがたの司祭や博士たちが、あなたがたに崇めさせるそのさまざまな奥義の偉大さと卓越性と神聖さについてあれほど雄弁に説くことも、あの奇蹟なるものの確実性についてあれほどおごそかに語ることも、天国で貰う褒美の大きさと地獄の恐ろしい刑罰についてあれほど熱心に自信ありげに言いふらすことも、みんな実際はただのまやかし、誤謬、嘘、作りごと、ペテンでしかありません。みんな元をただせば、巧妙で悪賢い政治家どもが発明し、誘惑者どもやペテン師どもが後を受け継ぎ、ついで何も知らない粗野な民衆が盲目的に受け入れ信じ、そして最後に地上のお偉方や主権者の権威によって維持されているものなのです。この連中が悪弊や誤謬や迷信やペテンに肩入れし、自分の法でそれらを権威づけることまでしたのは、それらによって一般の人をつなぎとめ思いどおりのものにするためでした。

　皆さん、民衆を過去、現在にわたって統治する連中は、脅しのために自分たちが口にする架空の神を恐れさせ、それに仕えさせるためというより、むしろ自分を恐れさせ、自分に服従させ尊敬の念を抱かせるため（8）、このようにして神の名と権威を、図々しいことに罰せられもせずに悪用しています。なんでも好きなことを弱い者や無知な者に信じ込ませるために、このように敬神と宗教というもっともらしい大義名分を悪用しています。さらに、平和と正義の御代ならびに真理の御代を――それらの徳が支配すればすべての民衆は地上で幸福と満足を味わうはずですが――至る所に打ち立てる仕事だけにどちらもが専心すべきなのに、連中はこのように嘘と不法の忌まわしい奥義を世界中に打

ち立てています。

[9]不法の奥義[一二]を至る所に打ち立てていると言ったのは、いとも巧妙な政略のああいう隠された手口も、宗教のいとも敬虔な格率や儀式も、実際はみな不法の奥義にすぎないからです。不法の奥義と言うのは、悲惨なことにさまざまな宗教のこうしたあらゆる虚偽に欺かれ、お偉方の権力の不幸なおもちゃや犠牲になっている哀れな民衆にとってのことです。しかし統治したり他人の統治に与ったりする者たちや、良心を統治したり何か実入りのある聖職禄を持っていたりする司祭たちにとっては、それはさながら金鉱のようなもの、金羊毛[一三]のようなものです。ありとあらゆる財貨を望みどおりに出現させる豊饒の角[一四]のようなものです。だからこそ、ああいう御仁たちはいつも遊んでばかりいて、ありとあらゆる種類の楽しい時を快適に過ごせるのです。その間にも、宗教の誤謬と迷信にだまされた哀れな民衆は、悲しくも哀れに、けれどおとなしく、お偉方の圧制の下に呻吟しています。その間にも哀れな民衆は、我慢強くさまざまな労苦に耐えています。その間にも哀れな民衆は、聞いてもくれない神々や聖人にお祈りをして虚しく自らを慰めています。その間にも哀れな民衆は虚しい信心で自らを慰めています。その間にも哀れな民衆は自分の罪を悔い改めています。またその間にもこの哀れな民衆は、生活の乏しい糧を得るために、そしてこの世で自分をこうまで不幸にしている連中に快楽と満足をたっぷりと提供するために、血と汗を流し昼夜を分かたず労働に従事し、身をすりへらしているのです。

ああ、皆さん、宗教という名目であなたがたがつなぎとめられてきたさまざまな誤謬の虚妄と馬鹿馬鹿しさをもしあなたがたが十分知ったら、またあなたがたを治めると称して皆さんから横領した権威がいかに不正に、いかに不当に悪用されているかをもし知ったら、あなたがたは間違いなく、崇めさせられ敬わされているもの一切に軽蔑しか感じないでしょうし、自分をだましこうまでひどい治め方をし、こうまで不当に自分を扱うすべての者に憎しみと憤りしか感じないでしょう。それに関連して思い出すのは、学問もなく勉強もしていませんが、ここで私が非難するこうしたあらゆる忌まわしい悪弊や圧制について、健全な判断を下すだけの良識にはどうやら欠けていないある人がその

昔にしていた願いのことです。その願いからしても、その考えの言い表し方からしても、その人はかなり先まで見抜いていて、私が今言ったあの忌まわしい[10]不法の奥義をかなり深くまで洞察しているように見えました。それの張本人や幇助者が誰であるのかよく分かっていたからです。地上のお偉方はみな、貴族もみな、司祭たちのはらわたでしばり首にされるといい、というのがその人の願いでした。[11]＊1 この表現はきっと無骨で粗野で不愉快だと思われるでしょうが、率直で素直であることは認めざるをえません。短い言葉ですが意味深長です。ああいう連中がどういう目にあうべきかをわずか数語で十分言い表しているのですから。〔一五〕私としては、皆さん、もしこの問題で何か願いを立てるとしたら（効果があるなら必ず立てるところですが）、この世からあらゆる悪徳と不正を一掃するため、地上のすべての民衆をこれほど哀れに呻吟させているあの王冠を戴いた暴君という怪物や、誤謬と不正の手代となっているその他もろもろの怪物を全員打ち殺すという喜びを味わうために、ヘラクレスのような腕と力と勇気と大鎚を持ちたいと願うところでしょう。

＊1　エチオピア王エルガネス〔一六〕は自国のある都市で、[12]町を誤謬と迷信で満たしたかどによりユピテルの祭司全員を殺し、祭司職を廃止しました。〔モレリ〕『大歴史辞典』。〔一七〕バビロン王もベル神の祭司らに同じことをしました。『ダニエル書』第一四章二〇、二一節〔二〇―二二節〕。〔一八〕

皆[13]さん、ここで私が何かの個人的復讐の念にかられているとか、何かの敵愾心や利己心という動機にかりたてられていると思わないで下さい。皆さん、そうではないのです。私にこういう見解を吹き込み、またこのように語らせ書かせるのは決して情念ではありません。それは嘘偽りなく、一つには、あれほど不当に圧殺されるのが見られる、正義と真理に対する私の性向と愛にほかなりません。また一つには、あれほど大きな顔をし、至る所に君臨しているのが見られる、悪徳と不正に対して私が生来持っている嫌悪にほかなりません。あれほど多くのあんなに忌まわしい禍を至る所で引き起こし、人々を世界中どこでもだましている連中には、いくら憎しみを抱いても抱きすぎることはないでしょう。いくら嫌悪を抱いても、抱きすぎることはないでしょう。

何ですって！　慈悲の心から皆さんのために体に良いよく効く薬や治療薬をお分けする、と称して民衆の無知と単純さにつけこむばかりで、法外な値段で体に良くない毒になるインチキ薬や膏薬を売りつけるペテン師の大道薬売りは、辱めて町や地方からたたき出し追い払うのは当然ではないでしょうか。破廉恥なペテン師として辱めてたたき出し追い払うのはもちろん当然のことでしょう。また同じく、運悪くその手に落ちてしまった人々の持ち物を剝ぎ取り、命まで奪い情け容赦なく虐殺するのを生業とする、ああいう山賊や追い剝ぎを公然と非難し厳罰に処することは当然ではないでしょうか。そんな連中を厳罰に処すのはもちろん結構なことですし、憎み嫌うのは当たり前でしょう。連中が平然と強盗をはたらくのを許すとしたらとんでもないことだとも言えるでしょう。皆さん、それならなおのこと、あの誤謬と不正のあらゆる手代たちを私がここでするように非難し、憎み嫌う理由が私たちにはあるわけです。連中はあなたがたをこれほど暴虐に支配し、ある者は良心を、またある者は身体と財産を支配しています。あなたがたの良心を支配している宗教的職務を司る者たちは、民衆を欺く最大のペテン師です。あなたがたの身体と財産を支配している君主やその他の世のお偉方は、地上最大の盗賊や殺人者です。前に来た者はみな盗人で盗賊だと、イエス・キリストは言いました。「前ニ来タ者ハミナ盗人デ強盗デアル」『ヨハネによる福音書』第一〇章八節。(14)

皆さん、私がそのように語ることは、民衆を欺く最大のペテン師とここで呼ぶ連中と私自身同じ身分に属し、同じ資格を帯びている以上、一部は自らに異を唱えることだと、おそらくあなたがたは言うでしょう。確かに私は自分の職業に背いて語ってはいますが、決して真理にも自らの性向にも自らの見解にも背いてはいません。というのも、過去にわずかな信仰心を抱いたことも、頑迷な信心や迷信に傾いたこともほとんどないし、宗教の神秘的な愚にもつかぬ事柄を重んじるほど愚かであったこともないので、私は進んでその勤行をしようという気になったこともなく、宗教のことを褒めたたえて話そうという気になったことすらまた一度もないからです。(15)逆にもし自分の気持ちのままに自分の見解に従って語ることが許されていたなら、いつでも大喜びでそんなものに対して私が抱いていた軽蔑を公然と示したことでしょう。ですから、私は若い時に両親を喜ばすため唯々諾々と教会内の職へ導かれるままになりはし

ましたが――その暮らしは一般の人の暮らしより穏やかで平和なもので世間的にも[16]重んじられますから、両親は私がそれに就くのを見てたいへん満足でした――なんらかの世俗的な利点やこういう職[17]のたっぷりとした実入りをねらって、誤謬とペテンにあれほど満ちた職業を営みたいと思ったのではないと私は言い切れます。私は、自分たちの偽[18]りの聖職の無意味な職務に与えられる、たっぷりとした実入りを、あんなにむさぼるように嬉々として受け取り、はしゃぎまわり、浮かれているあの大部分の方々の趣味にはなじめませんでした。また私は、ああいう他の方々の、人を小馬鹿にするおどけ者気質には一層の嫌悪を感じていました。連中は、わがものとしている実入りのよい聖職禄から入る多額の上がりで心地よく楽しい時を過ごすことしか考えていないのに、自分たちの間ではその宗教の奥義や格率や、意味のないいかさまな儀式[19]をおもしろおかしく冗談の種にし、さらには彼らを信じている人々、信じているからこそ、彼らが遊びながらも気楽にあれほど結構な暮らしを送れるだけのものを、あんなに敬虔な心であんなにたっぷりと提供してくれる、その人々の単純さ[20]さえ笑いものにするのです。自分の位を自ら揶揄したあの教皇（ユリウス三世[一九]、レオ十世[二〇]）と、「ああ、キリストのあのお伽話のおかげでわれわれはなんと金持ちになったことか」と友人たちとの冗談で言った別の教皇（ボニファティウス八世[二一]）をそういうことの証拠として挙げましょう。

　自分たちの宗教のさまざまな奥義と茶番の虚妄を彼らが愉快そうに嘲るのを非難しているわけではありません。実際、そんなものは嘲りと軽蔑にふさわしいものなのですから（その虚妄さが全然分からない人はまったく単純で無知なのです）。私が非難するのは、みなが陥っているさまざまな誤謬から利益を上げようと汲々とし、もうけには目のない彼らのあの飽くことを知らぬ貪欲と、無知の中に留まっている人々の、そのうえ自分たちが誤謬の中に留めている人々の単純さを嘲る、彼らのあの卑劣な楽しみなのです。自分たちの資格と称するものと、所有している実入りのよい聖職禄とのおかげで、公費を使ってあれほど安楽に平穏に暮らせるなら、それならせめてもう少し公衆のさまざまな悲惨に対する思いやりの気持が彼らにあるべきです[21]。多くの者がしているように、宗教熱心なふりをして誤謬と迷信の数を増やし、哀れな民衆のくびきに重さを加えたりすべきではありません。あんなに善良な信仰心という動機

であれほど尽くしてくれ、彼らのために身をすりへらす人々の単純さを嘲ったりすべきではありません。というのも、宗教の手代どもがその生活の資と裕福さ一切を引き出すのは、もっぱら民衆の労働とその体からしたたる汗からである以上、民衆はみな彼らにとって恩人で、その人たちにそのように振る舞うのは甚だしい忘恩、憎むべき不実だからです。

　皆さん、ここで私が非難している見解にやはり私も与していると一度たりとも皆さんに考えさせるようなことはなかったと思います。私は正反対の見解を持ち、あなたがたの労苦にきわめて敏感であると、皆さんは逆に幾度も気づいたかも知れません。また私がその聖務からはいる実入りという、あの敬虔なもうけにいたく執着する部類の人間ではなく、それでもうけられるような時にもよくそれを無視したりほうっておいて、実入りのよい聖職禄を得ようと策を弄したり[22]ミサや寄進を熱心に勧めたりしたことは一度もないのに気づかれたかも知れません。もしこういう点で自らの気持ちに従う手立てがあったなら、間違いなく受け取るより与える方がいつでも私にははるかに喜びだったでしょう。与えるにしてもいつでも金持ちより貧乏人のことを進んで考えたでしょうが、それは受け取るより与える方がよい、「受ケルヨリモ与エルコトニ幸セガアル」と言ったキリストのあの格率に（『使徒行伝』第二〇章三五節で聖パウロが伝えています）従うことでもあります。また同じく、返礼をする資力のある金持ちを呼ぶのではなく、そうはできない貧乏人を呼べ、と宴を張る人々に勧めた、同じキリストのあの忠告に従うことでもあります（『ルカによる福音書』第一四章一三節〔一二―一四節〕[23]）。またそれは、背を向ける人よりも手を差し延べる人の方にいつも目を向けよと息子に勧めた、モンテーニュ氏のまた別の忠告に従うことでもあります（〔モンテーニュ〕『エセー』[二二]一一一二頁）。善良なヨブが富み栄えた日々に行ったことを私もまた喜んでしたことでしょう、「私は貧しい者の父となり、盲人の目となり、足のない者の足となり、手のない者の手となり、語れぬ者の舌となった、貧シイ者ノ父トナリ、盲人ノ目トナリ、足ノナイ者ノ足トナッタ」（『ヨブ記』第二九章一五、一六節）と彼は言いました。できることなら私も彼のように悪人の手からその獲物を奪い返し、また彼のようにそんな奴らの牙を折り顎を砕きたいと思いました、「悪

人ノ顎ヲ砕キ、ソノ歯ノアイダカラ獲物ヲ奪イ返シタ」（『ヨブ記』第二九章一五、一六節〔一七節〕）。「なさけ心はいかに大きな名誉であるかは、寛仁大度な人間だけの知ることだ」と賢者メントールもテレマックに言いました（〔フェヌロン〕『テレマックの冒険』[二三]第二巻八四頁〔邦訳、現代思潮社、下巻九六頁、朝倉剛訳〕）。

また皆さんが十分知っていること、あるいは少なくともかなり簡単に気づいたかも知れないことですが、あなたがたの宗教の偽りで根も葉もないさまざまな奥義や、またその宗教があなたがたに課す、その他の敬虔ではあっても意味のない迷信的なあらゆる義務や勤めに関して、私が頑迷な信心に執着したことはほとんどありませんし、そういうものをあなたがたにお話ししたり実践するように勧めたりするのを大事と思ったこともほとんどありませんでした。それでもやはり私はあなたがたにその宗教を教え、少なくとも幾度かはそれについて話し、あなたがたの聖堂区[二四]の司祭として負わされたこの偽りの責務をなんとか果たさねばなりませんでした。そういう時には辛いことに、まったく自分の見解に反して振る舞い語らねばならず、たまらぬ不快を感じました。私が憎み、断罪し、内心で唾棄している馬鹿馬鹿しい誤謬と虚しい迷信と偶像崇拝[24]を、その私があなたがたに信じ込ませるのですから、たまらぬ不快を感じたのです。しかし皆さんに断言しますが、私がそんなことをしたのは、辛い思いをして、非常な嫌悪を感じながらでしかありませんでした。ですからまた私は、自分の聖務の無意味な役目一切、とりわけあなたがたに対して行うように義務づけられていた、あの偶像崇拝の迷信的なミサの挙行とか、虚しく滑稽な秘蹟授与とかいうもの一切を激しく憎みました。それらを行わなければならない時、とくに普段より少し注意を払い、もったいぶって執り行わなければならない時など、内心では幾千回もそれらを呪いました。というのは、そんな時あなたがたは普段よりもう少し敬虔な様子で教会にやって来てなにがしかの虚しい祭祀に列なったり、神自身のものだと信じ込まされている言葉に普段よりもう少し神妙な様子で聞き入ったりするのを私は見ているだけに、あなたがたの誠実さを私がそのように悪用するのは一層不当であり、したがって私は一層非難され責められるに値すると[25]思えたからです。そのため、もったいぶったけばけばしいこういうたぐいの祭祀や、自分の聖務の無意味な役目に対する嫌悪がますますつのり、そういう場

で自分の悲憤を隠すことも心中に感じている憤慨を抑えておくこともほとんどできなくなり、見境なく怒りを爆発させる寸前に至ったことが幾百回もあるほどでした。それでも私は、憤慨を抑えておくようにしましたし、生前に司祭たちの怒りや暴君たちの残酷さに身をさらしたいとは思わないので、死ぬまでそうするつもりです。〔二五〕そのようないわゆる不遜を罰するには、どんなきつい責苦も十分とは言えないと連中なら思うでしょう。皆さん、私は平穏に生きてきましたが、そのように平穏に死ぬのを喜びとします。それに、禍が私にふりかかるのを願ったり、たまたまそんなことがあれば喜んだりする理由をあなたがたに与えた覚えは一度もありませんから、この問題で私が迫害され苦しめられるのを見てあなたがたが満足するとも思いません。ですから、これまで述べてきたようなことについては死ぬまで沈黙を守っていようと心に決めたのです。(26)(27)

しかし、そういう理由で今は黙っていなければならないのですから、せめて死後には話すようにするつもりです。すでに言ったことですが、あなたがたを育み養った、いわば乳とともにあなたがたが吸った、ありとあらゆる誤謬と悪弊と迷信から、私の力の限りあなたがたの目を覚まさせようとこれを書き始めたのは、こういう意図によるのです。(28) はるか昔から哀れな民衆はあらゆる種類の偶像崇拝と迷信の中でみじめにもだまされてきました。はるか昔から金持ちや地上のお偉方は哀れな民衆を搾取し虐げてきました。民衆が置かれているこの悲惨な奴隷状態から彼らを解き放つべき時です。至る所で彼らの目を覚まさせ、至る所で彼らに事物の真実を知らせるべき時です。人が主張するように、かつては一般大衆は、その粗野で荒々しい気質を和らげるために、諸宗教の虚しい迷信的な拝礼で楽しませたりだましたりしなければならず、そういう手段でより容易に彼らを押さえつけなければならなかったとしても、今では間違いなく、そんなありとあらゆる虚妄から彼らの目を覚まさせることこそがはるかに必要なのです。最初の病を治そうと用いた薬がその悪用によって時とともに最初の病より有害になったからです。(29)

これほど重要な仕事のためには懸命に働こうと真剣に考えるのが、(30)あらゆる才知ある人々、もっとも賢明で開明的な人々のするべきことでしょう。民衆がとらえられている誤謬について至る所で彼らの目を覚まさしてやり、地上の

お偉方の法外な権威は忌まわしい軽蔑すべきものだと考えさせ、さらに暴君の耐えがたいくびきを振り払うようにと励まし、総じて次の二つの重要で基本的な真理をすべての人に確信させることです。一、人生において人々が主として従事すべき[31]、さまざまな学問と技術の向上を図るためには、人間理性の光のみに従うべきこと。二、良い法を確立するためには、深慮と人間的知恵による規則、すなわち誠実と正義と自然的公正という規則のみに従い、ペテン師どもが言うことや、偶像崇拝の迷信的な神崇拝者どもが行うことにかかずらって虚しく時間を費やさぬこと。こうすれば総じて、すべての人々に彼らの迷信的な諸宗教のありとあらゆる偽りの格率と意味のない礼拝とが与えうるものより、幾千倍も多くの幸福と満足と肉体や精神の安息とを得させることができるでしょう。

しかし、このように民衆を啓発することを誰も思いつきませんし、というよりそのような企てをする勇気を誰も持てませんし、またそういう企てをしようとしたらしい人たちの作品や著作も世間には公になることすらなく、誰の目にもふれずに意図的に抹殺され、民衆には故意に隠されています。それは民衆がそんなものを目にせず、つなぎとめられている誤謬や悪弊やペテンを自分の力で見破れないようにするためです。反対に民衆には、敬神を装い、好んで誤謬と迷信を保つだけの、いやそれらを増やしさえする、無知な信心家や偽善的な誘惑者という有象無象が書いた書物や著作しか示されません。現状はこうで、しかも、民衆のために一切の誤謬と迷信から[32]その目を覚まさせるという、これほど立派な称賛に値する計画に着手し見事それを果たすためには、学識からいっても頭の良さからいっても最適な当の人士が、公にする作品の中ではただ誤謬を助長し維持することだけに、誤謬の数を増やし迷信の耐えがたいくびきを重くすることだけに専念し、それらを廃棄し軽蔑すべきものにしようとは努めないのです。また連中はお偉方[33]の悪徳を声高く非難し高潔な心で彼らに真実を告げるかわりに、自らおべっかを使い、ふがいなく不当な賛辞を千も二千も献上することだけに専念しています。連中がこんな卑劣で不当な方策をとるのも、ただ卑しいもくろみと見下げはてたへつらいの心[34]あるいはなんらかの個人的欲得という卑劣な動機があるからで、もっとうまく取り入ろう、自分や家族や仲間をより目立たせよう、などという目的のためなのです。そのようなわけですから、私にはいかに無力

な乏しい才能しかなくても、私は試みてみようと思います。皆さん、あなたがたに隠されているさまざまな真理を率直に明かす試みを私はここでするつもりです。あなたがたに崇めさせている、あれほど偉大で神聖で、聖なる畏怖すべき奥義とかいうもの一切が虚妄と虚偽であること、また信じなければ永遠の地獄落ちだと言って脅し、あなたがたの司祭や説教師や博士たちがあのように是が非でも信じさせる、あれほど偉大で重要な真理とかいうもの一切が虚妄と虚偽であることを、私はあなたがたにはっきり示そうと試みるつもりです。

司祭や説教師や博士たち、またそのような嘘と誤謬とペテンのあらゆる幇助者も、私の死後なら私の示すことに好きなだけ憤慨し腹を立てるがよいのです。そうしたければ、その時には私を、不信心者、背教者、冒瀆者、無神論者として扱い、その時好きなだけの罵詈雑言と呪いを私に吐きかければよいのです。そんなことをしても、ほんのわずかな不安すら私に与えることはないでしょうから、私はほとんど気にもなりません。同じくその時には私の体も好きなようにすればよいのです。引き裂こうが細切れにしようが、あぶり焼きにしようが煮込みにしようが、さらにそうしたければ好みのどんなソースで食べようが、私はまったく痛痒を感じません。その時、私は完全に連中の手から逃れ去っているし、私を恐れさせることができるものなどもう何もないでしょう。ただ死後、私について、つまり私を非難して[35]、不当に言われたり行われたりするかも知れないあらゆることを親類や友人たちが見聞きし、そんな場合に苦しみや悲しみを感じるかも知れないと予測はしています。実際できることならそんな苦しみは与えたくないと願いますが、その思いがいかに強くてもだからといって私が思い止まることはありますまい。真理と正義への情熱と公益への情熱は、また宗教のさまざまな誤謬とペテンがお偉方の高慢と不正と並んであのように傲然と暴虐に地上を支配しているのを見る私の憎しみと憤りは、内心の個人的な一切の考慮をいかにそれが深いものであっても凌いでしまいます。そのうえ、皆さん、私はこの企てのために自分がそんなにも忌まわしい者とされ、人が思うほどの敵を自分に作るはずだとも考えません。この著作が（性急に作られ、急いで書かれたため[36]）いかに体を成さず不完全であっても、もしもあなたがたの手元を超えて伝わり公になる運命を辿るなら、そしてここに見られるすべての私の見解とその根

拠になるすべての理由が十分に検討されるなら、おそらく一方に悪意ある批判者がいても、それと同じ数ほどの好意的な賛同者を（少なくとも頭の良い誠実な人々の間には）私が持てるとひそかに期待することもたぶん可能でしょう。自分の身分や資格上、あるいは裁判官や行政官という肩書上、さもなければ体面上、表向き人々の前では私を断罪しなければならない人たちの多くも、内心では賛同してくれるだろうと私は今から言うことができるのです。

第三章　すべての宗教は誤謬とまやかしとペテンにすぎない

ですから、皆さん、どうか知ってください、神々を祀り崇めるために世に言いふらされていることや行われていることの一切は、誤謬と悪弊とまやかしとペテンにすぎないと知ってください。神あるいは神々の名と権威によって公示されるすべての法や命令も、祝祭と供犠あるいは神への礼拝におけるあの麗々しいさまざまな見世物も、その他神々を称えて行われる迷信的な、宗教上の敬虔なさまざまな勤めも、そういうもの一切は本当は人間の発明にすぎません。つまりそんなものはすべて人間の発明にすぎず、すでに指摘したように、悪賢い巧みな政治家どもが発明し、ついで偽りの誘惑者どもとペテン師どもが培い増やし、さらに無知な人々が盲目的に受け入れ、そしてついには君主とお偉方の法が維持し権威を与えたのです。こういう種類の人間的発明を君主とお偉方が利用したのは、この手段でより容易に一般の人々の手綱を抑え、人々を思うがままのものにするためでした。しかしモンテーニュ氏が言ったように（〔モンテーニュ〕『エセー』三四五頁）[二六]、ありとあらゆるそんな発明は実際は子牛につける手綱にすぎません。というのも、そんなものは無知な人々と単純な人々の精神をしばるのにしか役に立たず、事実そんなものに信を置き、そのように導かれるままになることは無知な人々と単純な人々にしか起こらないので、賢明な人々はそれにしばられることも、しばられるままになることもないからです。世界のさまざまな宗教の虚妄と虚偽について私がここで一般的に言っていることは、皆さんがすでに偽りと見ている異教や外国の宗教だけに当てはまるのではなく、あなたがた

のキリスト教にも等しく当てはまるのです。実際、それは他のどれに比べても虚しさと偽りの程度で劣らないからです。いや、ある意味では他のどれよりおそらく一層虚しく偽りだとさえ言えるかも知れません。原理と主要点においてこれほど滑稽な馬鹿げたものも、自然そのものと正しい理性にこれほど反したものもおそらくありませんから。皆さん、私があなたがたにこう語るのは、架空のものにすぎない天国で永遠の褒美とかを与えるという麗々しい約束に、あなたがたがもうこれ以上惑わされるままにならないためですし、またありもしない地獄で永遠の刑罰が下されるという根拠のない恐れを、あなたがたの精神と心から一切取り除き、あなたがたを安らかにするためです。というのも、あなたがたにあれほど美しくきらびやかに語られることも、あれほど恐ろしげに恐怖をもって語られることも、そのどちらもすべて作り話にすぎないからです。死後には、望むべきどんな幸福も恐れるべきどんな禍もありません。ですから賢く時を利用してください、十分に生きてください、人生のさまざまな幸福とあなたがたの労働のさまざまな実りを、できることなら節度をもって安らかに心楽しく味わってください。それがあなたがたの取り分であり、あなたがたがとりうる最上の方策だからです。生に終わりをもたらす死は、あらゆる認識とあらゆる快苦の感覚にも等しく終わりをもたらすのですから〔二七〕。

しかし私がこれらの見解を抱くに至ったのは、（人が考えがちなように）放蕩無頼のせいでは決してなく、ただ真理の力と事実の明瞭さだけが私にその確信を与えているのです。そしてこれほど重要な事柄ですから、私はあなたがたの誰にもまた他の誰にも、私の言うことを私の言葉だけで信じるように要求したりはしませんし、そうしてほしいとすら思いません。反対に私はあなたがたが自分たち自身で、私が言ったすべてが真実であると、明白で説得力のあるさまざまな理由と証明によって分かってほしいと思います。ですから私は、ここでどの学問分野のものにも劣らぬほど明白で説得力のある理由と証明をあなたがたに提出するつもりです。さらにそれらがあなたがたにもまったく明白で理解可能であるようにと私は努めるつもりですから、あなたがたがいかに乏しい良識しか持ち合わせていないとしても、実際自分たちが誤謬に陥っており宗教の問題でひどくだまされていることを、また神に対する信頼を根拠と

するかのようにして信じさせられている一切が、どんな人間的信頼を置くのにも値しないことを、あなたがたは容易に理解できるでしょう。

証明一

第四章　すべてが人間の発明にすぎないさまざまな宗教の虚妄と虚偽について

これから述べるのが私の第一の理由と証明です。純然たる人間の法と制度を、ことごとく超自然的な神の法と制度だと思わせようとするのが、悪弊と誤謬とまやかしと嘘とペテンであることは明白、明瞭です。さて、世界のさまざまな宗教すべてが、私が言ったように、純然たる人間による発明と制度にすぎないこと、また最初に発明した連中が神の名と権威を用いたのは、確立しようとする法と命令をそれで一層速やかに簡単に受け入れさせるためにすぎなかったこと、これは間違いありません。少なくとも、大部分の宗教についてはこれが真実だと、どうしても認めなければなりません。さもなければ、大部分の宗教が本当に神の制度だと認めなければなりませんが、そんなことはとても言えますまい。というのも、そういうさまざまな宗教はことごとく互いに対立し反対し合い、断罪し合ってさえいる以上、原理と格率であるいは主要点で対立しているのですから、みながみな真ではありえないこと、したがって神という同じ真の原理にみながみな由来することなどありえないこと、これは明らかだからです。まただからこそ、わがローマのキリスト崇拝者たち〔一〕は他の宗教をすべて断罪し、真の宗教はどうしても一つしかありえないと認めるのですし、また自らそう認めざるをえないのです。もっとも、自分たちのものがそれだと主張するのは決して忘れませんが(1)。その帰結として、彼らは主は一つ、信仰は一つ、洗礼は一つ、神は一つであり、教会も、彼らがその外に救いはないと主張する使徒承伝・ローマ・カトリック教会のみである（『エペソ人への手紙』第四章五、六節）ということを、その教理と信条の基本的格率としています。このことから私は、次のような明白な結論を引き出します。それは、少なくとも世界の大部分の宗教は私が言ったように純然たる人間の発明にすぎないこと、また最初に発明した連中が神の名と権威を用いたのは、確立しようとする法と命令を一層速やかに受け入れさせるためであり、また指導すべき立場にありながら民衆をこういう策略でだまし、自分たちを一層崇め畏れ敬う対象とさせるためにすぎなかったことは

間違いない、ということです。見識ある一著作家もそれについてこう述べています。

「互いに反対を唱え断罪し合うこれほど多くの宗教に人類が分裂し、各々が自分の宗教を強硬に広めようと努め、そのためにあるいは策を弄しあるいは力に訴え、しかも、あれほど熱心に自分が告白しているのに、その内容を信じていると実践で示す者は誰一人とは言わないまでもほとんどいないのを見ると、これほど多様な礼拝も初めは政治家どもが発明し、だましてやろうともくろんだ民の性向に合わせて、銘々その型を決めたのだともう少しで私は信じてしまうところです。しかし（とこの著作家は付け加えています）、大方の人々のすさまじい熱意と度し難い頑なさに見られる、何かあのように自然で借り物でない様子のことをもう一方で考えると、この宗教の多様性はすべて天体のさまざまな影響によるのだとカルダーノ〔二〕のように結論したい気になります。しかも、人間の理性によったのではどれの味方をしてよいか私には決めかねるほど、どの宗教も真理と誤謬の外観では他と選ぶところがありません」（〔マラナ〕『トルコ皇帝の密偵〔三〕』第三巻、書簡七八）。

ローマ人の王ヌマ・ポンピリウス〔四〕がその民の粗野で荒々しい習俗を和らげるのに、私が述べた詐術や奸計を用いたことは知られています。ある著作家〔五〕によれば、王(2)は穏やかで敬虔なさまざまな宗教的勤めで、その民の心の中にある御しがたさと猛々しさをだんだんと弱めましたが、そういう勤めになじませるには、祭りや踊りや歌や生け贄や行列その他、これに類似した宗教的勤めを用い、神々を祀るという名目でそれらを行わせ、自らも実行しました。また、生け贄の捧げ方を教え、そのための特別な儀式を神聖で聖なるものと称していろいろと設け、神々を祀り、それらに仕えることとの一切をもっぱら司る祭司たちを定めました。こうして、自分がすることや命じることはすべて神々そのものに由来し、神々のどんな意志もニンフあるいは女神エゲリア〔六〕が自分に明かすものとローマ人たちに信じさせたのです。

(3)スペイン軍の名高い将軍セルトリウス〔七〕も似たような詐術を用いて、自分の部隊を意のままに動かしていたことが同じく知られています。将軍がいつも手元に置いていた白い牡鹿がいて、将軍の受け取るあらゆる助言はこの鹿が神々

のもとから運んでくる、とみんなに信じ込ませてはたやすく部隊を動かしたのだそうです。バクトリア人の王ゾロアスター[八]も、民に自分が与える法は神オロマジスに由来する、と信じ込ませ同じことをしました。同様にエジプト人の王トリスメギストス[九]も神メルクリウスの名と権威の下に自分の法を民に与え、スキタイ人の王ザモルクシス[一〇]はその民に女神ウェスタの名で、カンディア人の王ミノス[一一]は神ユピテルの名で自分の法を公布しました（〔モレリ〕『大歴史辞典』）。またコルキス〔カルキス〕人の立法者カロンダス[一二]は神サトゥルヌスの名で、ラケダイモン人の立法者リュクルゴス[一三]は神アポロンの名で、同じくアテナイ人の立法者ドラコン[一四]とソロン[一五]も神ミネルウァの名で……以下その他も同様に、それぞれの法を公布しました。というのも、当時はそれぞれ自分の勝手な神を持たない民族はほとんどなかったからです。また、ユダヤ人の立法者モーセ[一六]も、その言い分によれば、燃えさかる茂みの中から現れたとかいう、ある神の名を用いて自分の法を公布したのです。キリストと異名をつけられたマリアの息子、私たちが奉じているキリスト教という一派の首長イエスも、私は自分で来たのではなく、父である神から遣わされたのであり、父が語るように命じたことを語り、行うように命じたことを行っているにすぎない、と自派の者つまり弟子たちに同じく請け合いました。「私ハ父ガ命ジタトオリノコトヲ行ウノデアル」（『ヨハネによる福音書』第八章四一節〔四二節〕、同書第五章二四節、同書第一二章四〇節〔五〇節〕、同書第一四章三一節〔引用句はこの節〕）とイエスは言っていたのです。魔術師と異名をとったシモン[一七]はサマリアの民を長い間だまし、その言葉やその詐術と魔術によって自分がなにやら大した人物であると信じ込ませ、そのため彼が語るのを聞いた人々はみな一人残らず彼を神の威力と呼びました、「彼ハ神ノ威力ダ。偉大ト称サレルソノ力ダ」（『使徒行伝』第八章一〇節）と彼らは言いました。その弟子メナンドロス[一八]も、人々の救いのために天から遣わされた救い主と自ら称しました。さらにその他大勢についてはもう言いませんが、最後に、あれほど宣伝されている偽預言者マホメットも、自分の法と宗教を全オリエントに打ち立てるのにやはり同じ詐欺とペテンの術策を用い、天使ガブリエルによりそれらを天から授けられた[一九]……などと配下の者に信じさせたのです。こういうすべての例、および述べてもよいその他多くの類似の例によって、今も昔も世界に見られるありとあら

ゆる種類の宗教は、実は誤謬と嘘とまやかしとペテンに満ちた人間の発明にすぎないことが十分明らかに示されています。だからこそ、見識ある、かのフランス人モンテーニュ氏は次のように言ったのです。「この方法はすべての立法家によって用いられた。だから、どんな国家にもどんな統治にも、いくらか空虚な儀礼や虚偽の意見がまじっていて、それが国民に義務を守らせるのに役立っている。たいていの国家が、荒唐無稽な、超自然的奇蹟に満ちた始原と発祥をもっているのはこのためである。これがために、このようなものへの理性ある人々の支持が得られたのである」（〔モンテーニュ〕『エセー』六〇一頁〔第二巻一二章、邦訳、岩波文庫、第四巻五三頁、原二郎訳〕）。[二〇]

第五章　政治家が宗教の誤謬と悪弊を用いるのはなぜか

偉大なリシュリュー枢機卿[二一]もその『政治的省察』の中で、これに一致して次のように指摘しています。「自分の要求をもっともと思わせる名目を見つける場合ほど、君主たちが巧妙になることはない。宗教という名目ほど人々の精神に訴えかけるものはないので、それで自分の意図を覆い隠せると、彼らは大変うまくいったと思う。彼らが往々にして露骨きわまりない野望を（そしてもっとも忌まわしい行為を、と彼は付け加えることもできたでしょう〔メリエによる注記〕）隠すのはこの仮面の下にである」（第三巻三一頁）。ヌマ・ポンピリウスが民に対してとったあの振る舞いについても、「この王にしても、自分の法と行為をローマ国民に喜んで受け入れられるようにするために、それよりましな発明をしたわけではなく、自分がしていることはすべてニンフ、エゲリアの忠告によっているだけで、ニンフが神々の意志を自分に伝えているのだ、と言ったにすぎない」とリシュリュー枢機卿は述べています。〔コエフトー〕『ローマ史』[二二]にも、ローマ市の有力者たちは、ありとあらゆる奸計を用いても民衆が政職に進出するのを妨げることができなかったので、「ついに宗教という名目に訴え[1]、この件を神々に諮ったところ、国家の栄誉を下層民と分かつのは国家の栄誉を汚すことだと神々は明かした、だから自分たちは民がそのような野心を断念することを切に願

っているのだ、と民衆に信じ込ませた。かくして、私利私欲のためではなくむしろ神々を満足させるために、自分たちはこれを望むのだ、と偽ったのである」と記されています。

大政治家がみなこのように民衆に振る舞うのは、彼らの言い分では、すなわち当時の大神官スカエウォラ〔二三〕や大神学者ウァロ〔二四〕の言葉によれば、民衆はあまり真実を知らず多くの虚偽を信ずる必要があるからだ(2)、というのです〔二五〕。モンテーニュ氏も書いているように、「また神のごときプラトンも『国家』の中では、はっきりと、人間のためにはときにはごまかすことも必要だと言っています」（〔モンテーニュ〕『エセー』四七九頁(3)〔邦訳、岩波文庫、第三巻一三八頁〔二六〕、原二郎訳〕）。しかしこれらの聖なる敬虔な詐術の最初の発明者たちは、少なくともまだ羞恥や慎みを幾分かは残していたか、抱ける限り高い野心を抱こうなどとは思いつかなかったかのようです。というのも、神々の意志の受託者、代弁者という名誉だけで当時彼らは満足し、それ以上の特権をわがものとすることはなかったからです。しかし、次に来た者たちの多くは、もっとずっと大きな野心を抱きました。神々から遣わされたとか霊感を授かったとか言うだけでは彼らにとってなんとも物足りなかったので、自分たちが神々になろうとしたのです。というよりは、自分たちを神々と思わせて崇めさせようという狂気と慢心のきわみにまで至ったのです。

こうしたことはかつてのローマ皇帝たちにとってはまったく日常茶飯のことだったようです。〔コエフトー〕『ローマ史』に記されているように、なかでもヘリオガバルス帝〔二七〕はかつてないほど放埒、放縦、破廉恥で、人の呪詛の的でしたが、にもかかわらず大胆にも生前から自分を神々の列に加えさせ、執政官たちが供犠の際に加護を祈る他の神々の名の中に、ローマに知られていなかった新しい神としてヘリオガバルスの名も加え加護を求めよと命じました。ドミティアヌス帝〔二八〕も同じ野心を抱き、彼のために純金の像をいくつも立てることを元老院に望み、またあらゆる通達書や命令書において彼が主であり神であることを公示せよと命じました。カリグラ帝〔二九〕もかつてなかったほど邪悪で破廉恥な憎むべき暴君の一人でしたが、やはり神として崇められたいと望み、自分の像をユピテルの神像より前に置かせ、多くの像の頭を落とし自分の顔に代えさせ、さらにエルサレムの神殿にも自分の像を安置させようと送りつけました

（〔モレリ〕『大歴史辞典』[三〇]）。コンモドゥス帝[三一]は最高神ユピテルの息子ヘラクレスと呼ばれたいと望み、そのため時折、手に棍棒を持ちライオンの皮をまとってヘラクレスを気取り、このいでたちで昼となく夜となく徘徊し大勢の人間を殺し歩きました。

皇帝たちばかりではありません。他のもっと身分の低い多くの連中も、さらに生まれや境遇が卑しい者たちさえ、自分を神と信じさせたい、そう思われたいというこの愚かな虚栄心と野心に取り付かれました。なかでもリビア人プサフォン[三二]とかいう、名もないある卑しい生まれの男は、神と思われたいと望み、次のような悪巧みを思いつき、しばらくの間まんまとそれに成功したと言われています。彼はいろいろな土地から鳥をたくさん集め、苦心してその鳥たちに「プサフォンは偉大な神、プサフォンは偉大な神」という言葉を時々繰り返すように教え込みました。その後放され自由になった鳥たちはそれぞれあちこちへと散って行き、周囲のあらゆる地方や土地でさえずる時に、「プサフォンは偉大な神、プサフォンは偉大な神」という仕込まれた言葉を時折繰り返し始めました。そこで民衆はそういう種類の鳥がこんなふうにしゃべるのを聞き、そのペテンを知らなかったのでその新しい神を崇め供物を捧げ始めたのです。結局、彼らがペテンを見破り崇拝をやめるまではそれが続きました（アレクサンデル・アブ・アレクサンドロ、第六巻四章、〔モレリ〕『大歴史辞典』[三三]）。またカルタゴ人ハンノとかいう男も同じ目的で似た計略を用いようとしましたが、プサフォンほどうまくいかなかったと言われています。「ハンノは偉大な神、ハンノは偉大な神」[三四]という言葉を繰り返すように教え込んだ彼の鳥たちが、放たれるとすぐ教えられた言葉を忘れてしまったからです。また私の思い違いでなければ、一人は自分を永遠なる父と思い込み、もう一人は自分を永遠なる神の息子と思い込んでいたある二人の神学博士についてデュ・ペロン枢機卿[三五]は語っています。似たような狂気や思い上がりにこのように取り付かれた連中の例はその他にもたくさん引くことができます。そして神々への信仰の始まりは、そもそも自惚れ思い上がった幾人かの連中が神という名[4]と資格をわがものにしようとしたことにのみ由来すると思われます。偶像崇拝の支配の始まりについて『知恵の書』に述べられていることにも——『知恵の書』第一四章にかなり詳しく見られます[三六][5]——こ

れはまったく一致しています。

第六章　古代人には皇帝や偉人を神々に列するという慣習があった。お偉方の思い上がりと一部の者のへつらいと一部の者の無知が、この悪弊を導入し、それに権威を与えた

しかし、神という名と資格をわがものにしようとするほど虚栄心が強く、大胆不敵で(1)思い上がった人々がいたとしても、へつらいのためにせよ駆け引きや怯懦のためにせよ、それを許してしまうほど愚かな人々がそれ以上に大勢いたことも確かです。というのも、人がそんな下劣な媚を売るような真似までするのは、たいていへつらいか、駆け引きか、怯懦のためにすぎないからです。アレクサンドロス大王〔三七〕の追従者たちは、王が神々の種族に属しその血を引く者であり、さらにユピテルの息子であるとさえ、王に思い込ませようとしました。ローマ人の初代の王ロムルス〔三八〕が忽然と消え、どのようになったのかも分からなくなった時（彼があまりに忌まわしい者になったため、貴族たちが殺してバラバラにしたのだ、と考えられてきましたが）、プロクルスなる男が、栄光に包まれ立派な武具を付けた姿のロムルスが自分に現れた、と告げたのを基にして、ローマ人たちは王にクイリヌス〔三九〕という名を与え、神々の列に加えました。

(2)ローマ元老院はクラウディウス二世〔四〇〕も同じく神々の列に加え、彼のためにユピテルの像のかたわらにその黄金像を立てさせました。マルクス・アウレリウス〔四一〕も賢帝の一人ではありましたが、帝位を分け持ったルキウス・ウェルスを神々の列に加え、淫乱この上ない妻ファウスティナのためにも神殿を建てさせました。そして元老院がさらに彼女に神としての栄誉を授けることさえすると、それにも彼は感謝の意を表明したのです（〔コエフトー〕『ローマ史』第三巻）。大変善良な名君トラヤヌス帝〔四二〕も、死後は元老院の命令で神々に列せられました。帝位に就いた中でもっとも公正で穏健な君主、寛仁なるアントニヌス帝〔四三〕は、その死後世界中の人々から哀惜され、元老院は彼に神としての栄誉を授けました。その国家統治に見られる善良、敬虔、寛大、清廉潔白、穏健な彼の性格からいって、彼ほどその栄誉を

授けられるにふさわしい地上の君主は未だかつていなかったとみなが考えた、と〔コエフトー〕『ローマ史』は伝えています（〔コエフトー〕『ローマ史』第三巻一四三頁）。アレクサンデル・セウェルス帝[四四]の祖母マエサ[四五]も、その死後神々に列せられました。[3] ハドリアヌス帝[四六]も、熱愛していたアンティノオス[四七]の死によって受けた激しい苦悩に耐えるために、その名を冠した町アンティノオポリスを造らせ、神を祀るごとく彼のために祭壇や像を奉納し、ギリシア中の物書きを雇って彼への賛辞を書きつらねさせました。それどころかへつらいは高じてゆき、ギリシア人たちは皇帝を喜ばせようとアンティノオスを神々に列し、その神殿では彼により神託が下されると吹聴し、さらに虚栄の仕上げをするように、彼が死んだ直後に天に昇ったある星がその魂であるとあえて断言するまでになりました。自分の情念をくすぐられて悦に入ったハドリアヌスは、これを理由にその星をアンティノオス星と名付け、苦しんでいる自分にこんなくだらぬ慰めを与えてくれた連中を大いに愛しました（〔コエフトー〕『ローマ史』第三巻一〇八頁）。

クラウディウス帝[四八]時代のローマには魔術師シモン[四九]が現れ、ペテンと幻術で信頼を勝ち得て、「聖なる神シモンに」という碑が刻まれた像が彼のために立てられたほどでした。「アウグストゥス帝[五〇]は、ユピテルよりも多くの神殿をもち、ユピテルと同じ尊敬と奇蹟の信仰を捧げられた」（〔モンテーニュ〕『エセー』四九八頁〔邦訳、岩波文庫、第三巻一六八頁、原二郎訳〕）ともモンテーニュ氏は言っています。また、ある日ヘロデ王[五一]が王衣をまとい王座に坐って民に向かい演説をすると、民衆はその雄弁と王の威厳の輝きに魅せられてしまい、彼を神と見なして「神の言葉だ、人間の言葉ではない」と叫び立てました、「〈神ノ声ダ、人間ノ声デハナイ〉ト人々ハ叫ビ立テタ」（『使徒行伝』第一二章二一節、二八節〔二一―二二節〕）。要するに、神々に列せられることはローマ皇帝にとって普通のことだったのです。〔コエフトー〕『ローマ史』に記されているように、最悪のもっとも憎むべき皇帝たちさえ神々の列に加えられていたのです。

第七章　古代人は人間が死後、神になることができると信じていた

何か類まれな美徳で衆にぬきんでた人、あるいは祖国に何か目覚ましい奉仕または多大な貢献をなした人を神格化し、神々に列するのも同じく古代の人々の慣習でした。そのためにモンテーニュ氏は次のように言うのですが、これはまったく正しい判断です。「人間は実に愚かである。一匹のダニもつくれないくせに、何ダースもの神をつくる。何ダースどころか何千とつくり、それらの能力が及ぶ範囲をはっきり示すことまでする。古代人がつくったこれほどおかしな神々の中には、老いぼれもいれば、結婚しているのも、結婚していないのもいる、また若く逞しいのもいる。ある神は馬を、ある神は人間を癒し、ある神は白癬を、ある神は咳を癒し、ある神はある種類の疥癬を、ある神は別の種類の疥癬を癒し、ある神はブドウを生えさせ、ある神は水を湧き出させる。ある神は放蕩を守り、ある神は商売を守る。どの種の職人にもそれぞれの神がついている。なかにはきわめてちっぽけで、卑俗な神々もいるので（というのもかつてその数はきわめて多く、少なくとも三万六千にものぼったのだから）、麦の穂一つ生み出すにも彼らは五、六千もの神々を合わせていたし、戸には三つの神、扉に一つ、蝶番に一つ、閾に一つ神をつけ、子供一人に四つの神、襁褓に一つ、飲み物に一つ、食べ物に一つ、乳に一つ、守護神をつけていた。それらすべてが種々の礼拝で崇められていた。だから、人間が自分でつくり出した猿真似と思いつきに自ら欺かれるのを見るのはなんともあわれなことである。ちょうど、子供たちが自分で友達の顔を塗りたくっておいて、自らそれをこわがるようなものである。彼ラハ自ラツクッタモノヲ恐レル」（〔モンテーニュ〕『エセー』四九八頁）[五二]とモンテーニュ氏は言いました。

「何かの像や肖像で神を示そうとすることほど人間の愚かしさを証明するものはない」とプリニウス[五三]も言っています。「そんなものがあると信じることはすでに馬鹿げているが、純潔、和合、希望、栄誉、寛大、真理、信仰などという人間の美徳や悪徳に基づいて神々を設けるのは狂気の沙汰である。しかし、脆弱なのに労苦を負わされた人間が

自分たちの貧困と不完全さを目の当たりにして、自分たちがより必要とするものを各々崇めたことからこれら一切の神々が生じる。そこから、まず諸地方の信仰に従って神々が名を変え、同じ一地方でも無数の神々が見られることになった。地獄の神々、さまざまな病、あらゆる種類のペストさえも、それらへの恐怖心から神々に含められた。パラティヌス丘に築かれ、神聖なものとされた熱病の神の神殿、幼児を死なせる女神オルボナ〔五四〕の神殿はこうした迷信に由来している。家の守り神たちの神殿もあるが、エスクイリヌス丘には不幸の神の神殿もある。こうして、地上の人間より大勢の神々が天上に見られるのは不思議なことではない。各々勝手に思いつく限りの神々を自分で作り、人々が複数の神を守護者として取り上げて選び、ユピテル、ユノ、サトゥルヌス、マルスその他大勢の名と肩書をそれらに与えるのだから。というのも、世の中に貢献するのにとりわけ熱心だった男女を、彼らの貢献への感謝のしるしに神々の列に加えるという慣習が古代にはあったからである。」（プリニウス『博物誌』第二巻七章〔五五〕）。(1) そこから、ローマ人がサトゥルヌス、ユピテル、マルス、メルクリウス、アポロン、アスクレピオスなどの名で崇めた男神女神たちのさまざまな名前一切が生まれたのですし、また彼らがユノ、ディアナ、ケレス、ミネルウァ、パラス、ウェヌスなどの名で崇めた女神たちのその他の名前一切もやはりそこから生まれたのです。というのも、これらの立派な神々はすべて、人間の虚栄と愚かしさの産物にすぎないのは間違いないからです。

(2) 迷信で驚くほどに盲目となり、犬、猫、牛、蛇……などのような卑しい汚い獣に神の名を与え〔五六〕、さらに火、太陽、月、星、石、木……などのような無生物にまで神の名を与えた諸民族さえありました。こういう虚しいすべての臆見の中でも、人間に神の名を与えるという臆見ほど馬鹿げた滑稽なものはないと思う、とモンテーニュ氏は言いました。「どうして古代人が行ったようにわれわれを神々とするのか、これ以上にわれわれの低能さを示すものはない。私ならむしろ、蛇や犬や牛を崇拝した人々に賛成したであろう。なぜなら、われわれは彼らの本性についてはそれほどよくは知らないし、それだけに、勝手な想像をめぐらして彼らに法外な能力を与えることもいっそう可能だからである。けれども、不完全なことを知りつくしているはずの貧弱な人間性から神々をつくり、その神々に欲望や怒りや復讐や

生殖や愛や嫉妬やわれわれ人間の四肢や骨や熱病や快楽や死や埋葬を与え、また信義や徳や名誉や平和や和合や自由や勝利や敬虔……などばかりでなく、快楽や欺瞞や死や羨望や老衰や悲惨や恐怖や熱病や不運やその他弱くもろいこの生命に降りかかる災禍にまで、神性を与えたことは人間の悟性の驚くべき酩酊の結果と言わねばならない」（〔モンテーニュ〕『エセー』四八四頁）。〔五七〕

大王と異名をとったテッサリア王アゲシラオス〔五八〕は、そのことをかなり滑稽に揶揄しました。ある日テッサリア人たちが彼のところにやって来て、昔受けた恩恵のお礼に彼を聖者に列し、神々の列に加えたいと表明すると、「あなた方の国では誰でも好きな人を神にすることができるのか。それでは試しにあなた方のひとりを神にしてみてくれ。私はその後で、その人がどんな具合になるかを見たうえで、あなた方の親切にお礼を言うことにしよう」〔モンテーニュ『エセー』〕と彼は答えたのです。〔五九〕「エジプト人は、彼らの神のセラピスとイシスがかつて人間であったことを口外する者は死罪に処するとして、これを厳禁した。だが、この神々が人間であったことを知らない者は一人もなかった。また、彼らの像が指を口に当てているのは、ウァロによると、彼らに対する信仰を台無しにせぬために、やむない理由によるように人間の出であることは黙っていよという、神官たちへのひそかな命令を意味するものだそうである(3)」〔六〇〕〔モンテーニュ『エセー』〕。キリスト教徒たちはこれとまったく反対の見解を持っています。彼らの神キリストの出生、貧困、悲惨、迫害、さらに恥ずべき不名誉な死さえ説くのを誇りとしているのです。

第八章　偶像崇拝の起源

そういう偽の神々を最初に発明したのは、およそ族長イサクが誕生した時代の人物で、つまりヘブライ人の数え方によれば世界創造後二千百一年頃の人物で、アッシリア人の初代の王ベロス〔六一〕の息子、ニノス〔六二〕なる者だと言われています。彼は父の死後にその偶像を立て——その像は後にユピテルと名付けられました——みながそれを神として崇める

ことを望みましたが、ここから発してありとあらゆる偶像崇拝が世界中に広まったと言われています。次に、アテナイ人の初代の王ケクロプス[六三]が初めてこのユピテルに加護を祈り、自分の国ではユピテルに生け贄を捧げよと命じ、こうして以後そこで受け入れられたその他一切の偶像崇拝の元を作ったのです。マクロビウス[六四]によれば、大昔のイタリア王ヤヌス[六五]がその地で初めて神々に神殿を献じ生け贄を捧げさせましたが、その彼もまた死後、民に初めて神々の知識を与えたというので同じく神と認められて崇拝され、ローマ人はまずこのヤヌスに加護を祈ってからでなければ他の神に生け贄を捧げないほどになりました。わがキリスト崇拝者たちが神聖で聖なる著者と呼ぶ者たちさえ、そのありとあらゆる偽の神々の発明と起源についてはほとんど同じように語っています。その起源と発明を人間に帰しているだけでなく、さらにその偽の神々の発明と崇拝こそが、世界中に広まったあらゆる罪悪の原因と源泉と起源であるとさえ彼らは言っています。というのも、神の名を呼び始めたのは彼らによればアダムの孫、セツの息子、エノスなる者であった、「コノ者ガ主ノ名ヲ呼ビ始メタ」（『創世記』第四章二六節）とその『創世記』に語られており、また、偶像や偽の神々への祈願と礼拝が世界中のあらゆる悪の起源、原因、始まりと終わりである、「ナゼナラ、忌マワシイ偶像ノ礼拝ハアラユル悪ノ原因デアリ、始マリト終ワリデアルカラ」（『知恵の書』第一四章二七節）ともその『知恵の書』にはっきり語られているからです。

　同じこの聖書なるものが、こういう偽の神々への祈願と神々の始まりについて次のように語っています。[1]「息子の死でひどく嘆き苦しんだある父親が、子を失ったことをあきらめようとその像を作らせた。彼はこの像を眺めるうち、初めはそれを死が奪っていった最愛の息子の像としか思わなかったが、息子に対する愛が、また自分が刻ませたその像と肖像に対する愛が激しすぎたため、まもなく盲目となり、かつては死んだ人間の像と肖像としか見ていなかったものを神と見なし崇め始めた。そして家来たちにそれを礼拝して生け贄を捧げよ、要するに神として褒めたたえよ、と命じた（『知恵の書』同章一五節）。ついでこの悪い習慣が伝播し、他の至る所に広まり、まもなく慣習となった。個人の誤謬が公の誤謬となったのである。そしてついにこの慣習は法の力で広く行き渡り、君主や暴君の命令によっ

て保証され権威を与えられるほどになった。彼らは自分であるいは人を使って神々の列に加えた人間たちの像を、崇めるようにと厳罰をもって臣下に義務づけたのである」〔『知恵の書』同章一六、一七節〕。

その同じ書は続けて語っています。「その偶像崇拝はさらに遠くまで広まったので、君主から遠く隔てられている民は彼の像を送らせ、それを眼前に置いて君主がいないことの慰めとし、君主がその場にいたら彼に向かって行うのと同じように像を褒めたたえ崇拝した〔『知恵の書』同章一七節〕。画家と彫刻家の虚栄心と巧みさはこの忌まわしい偶像崇拝の伸展に少なからず寄与した（〔『知恵の書』〕同章一八節）。というのも、彼らは美しい彫像を作るために技を競い合ったので、その技が生み出す美のために彼らの作品は愚かな人々や無知な人々の賞賛と崇拝の的となったからだ。だから単純なためだまされやすい民衆は作品の美しさにたやすく魅了されてしまい、美しい像というのは神を表したもの以外ではありえないと思い込み、その時までは人としか見なしていなかったものを神として崇め、それに仕えなければならないと考えた」〔『知恵の書』同章一八―二〇節〕。「以上のようにして」とわがキリスト崇拝者たちのこの神聖で聖なる書そのものが述べています、「人間の理性にとっては恥辱であり不面目である偶像崇拝が、職人の欲得と臣下のへつらいと民衆の無知と地上の王侯君主の虚栄によって世界に導入された。王侯君主はその権威を正しく限ることができず、木石の偶像や金銀の偶像に神の名を与え、それらを称えるために法外なことや馬鹿げたことに満ちた祭りを執り行い、自分の子供らを残酷にもそれらへの生け贄として殺す非道に満ちた供犠を行い、そして自分たちの無知な状態を平和と呼んだ。その無知ゆえに、もっともひどい戦争によってさえありえないほど悲惨で不幸な状態に落とされていたというのに。ソレホド多クノ、ソレホド大キナ悪ヲ彼ラハ平和ト呼ンダ」〔『知恵の書』同章二一―二三節[六六]。ただしラテン語の引用は二二節〕。最後に、「忌まわしいそれらの偶像の礼拝と崇拝が、あらゆる悪徳とあらゆる種類の悪事の原因であり、始めであり、伸展であり、極みである。ナゼナラ、忌マワシイ偶像ノ礼拝ハアラユル悪ノ原因デアリ、始マリト終ワリデアルカラ」（『知恵の書』第一四章二七節）とその同じ『知恵の書』は述べています。

私が伝えたこれらすべての証言から私たちにはっきり分かるのは、古今東西のありとあらゆる宗教は今のものも昔のものもみな人間の発明にすぎない、ということにとどまりません。世界で崇められている神々はことごとく人間により創作され発明されたものにすぎず、人生でもっともひどい禍のすべてはまさにそういう偽の神々の崇拝から発する、「ソレハアラユル悪ノ原因デアリ、始マリト終ワリデアル」（『知恵の書』第一四章二七節）ということがさらにはっきり分かるのです。そして、なんらかの神が人間たちの前に公にはっきりと姿を現したことも、自らなんらかの法を公にはっきりと与えたり、なんらかの掟や命令[2]を作ったりしたことも、古今を問わずどこにも見られない、という事実がその真理を一層確証しています。「哲学が天界と神の事象について幾千年も前からつけている帳簿を調べてみれば、神々が行動したのも、しゃべったのもみな人間が行ったことにすぎない」——さらに言えば、ある個人の仕業にすぎず、それももっぱら秘密裡に隠れるようにして行ったのであり、またたいていは夜中に、想像力や夢を用いたにすぎなかったのです[3]——とモンテーニュ氏も言っています（〔モンテーニュ〕『エセー』五〇一頁[六七]〔邦訳、岩波文庫、第三巻一七四頁、原二郎訳〕）。同じく、わがキリスト崇拝者たちに受け入れられ是認されているモーセの書にもそのことははっきりと記されており、彼らも自分たちの神に次のように語らせています。「おまえたちのうちに誰か預言者がいるなら、私は夜その者に姿を現し、夢の中で語りかける。オマエタチノウチニ主ノ預言者ガイルナラ、私ハソノ者ニ自分ノ姿ヲ幻デ現スカ、夢ノ中デソノ者ニ語リカケル」（『民数記』第一二章六節）。神がサムエルを呼び、語りかけたのは実際このようにしてだった、と言われていますし（『列王紀一』第三章四節〔現行邦訳聖書では『サムエル記上』、また対応箇所は四—一五節〕）、その他大勢に神が現れ語りかけたのも——わが迷信的な[4]キリスト崇拝者、神崇拝者たちの言うことを信じるつもりならばですが——このようにしてだったと記されています。彼らはまたその祝祭の一つで、彼らの『知恵の書』から引いた次のような言葉を歌ってもいます。「夜、すべてが沈黙の中にある時、主よ、あなたの言葉が天のこの上ない高みからひびく、トイウノモ、スベテガ沈黙ノタダ中ニアリ、夜ガ真夜中ニ至ッタ時、アナタノ全能ノ言葉ガ天カラ、王座カラ下ッタノダカラ」（『知恵の書』第一八章一五節〔一四—一五節〕）、キ

リスト降誕祭八日間祝祭中の日曜日〔六八〕）。

しかし私たちに信じ込ませようとしているように、こうして人間に語りかけたのが本当に神々であるなら、語りかける時にいつも好んでこのように身を隠すのはなぜでしょうか。どうしてむしろ逆に、自分の栄光や力や知恵や至上の権威を至る所で明らかにしないのでしょうか。語りかけるのはもっぱら聞いてもらうためなのです。少なくともそのはずです。法や掟や命令を人間に与えようとするのは、もっぱらそれに従わせ、それを守らせるためであるはずです。そのために秘密に隠れて話しかける必要がありますか。そのために神々は人間の代弁者や代行者を必要とするのですか(5)。そんなものはなしですますこともできるというのに。自ら万人に話しかけ聞いてもらうことができないのでしょうか。直接自分で法を公布し守らせることができないのでしょうか。そうならば、このことはすでに神々の非力と無力の十分に確かなしるしです。自分にこれほど密接に(6)関わる問題なのに人間の助けなしですますことができないのですから。明瞭に公然と人間に姿を現し話しかける意志や好意は持たないというのであれば、それはまったく人間に不信の種を与えようとすること、神の言葉の真実性を疑う種を与えようとすることです。というのは、偶像崇拝のわが神崇拝者たちが(7)自慢するこれらの夜中の見神とか啓示とかは間違いなくすべてあまりに疑わしく、妄想の傾向がありすぎるのでなんら信用に値しませんし、また欠けるところなく善であり欠けるところなく賢明であるという神々が、意志を人間に知らせるためにそのような疑わしい当てにならぬ手段を一度でも用いようとするとはまったく信じがたいからです。そして、それは人間に神々の言葉の真実性を疑うきっかけを与えることになるだけでなく、神々の存在そのものを疑う種さえ十分に与え、実際神々など何ものでもないのですが、そのとおりに、神々そのものがまったく存在しないと信じる種を与えることにさえなります。というのは、本当に神々が存在するなら、これほど多くのペテン師が神の名と権威を悪用して、これほど平然と人々をだますことを、神々が許しておこうとするのはまったく信じがたいからです。

さらに、神が秘密にあるいは夢で自分に現れて話しかけ、秘密にあれこれの奥義を啓示した、あれこれの法と命令

を与えた、というようなことを言うのも言わないのも単なる個人の勝手になるなら、つまりそんなことをしゃべり、さらに自分の言葉を信じてもらうために必要とあれば、なにか奇蹟なるものをでっち上げるのさえ、ある個人の勝手になるなら、自分の利益のためにそれと同じことができないペテン師などいないし、自分は見神と天の啓示を受けた、神が自分に語りかけ啓示した、というようなことを甲乙ない同じ自信を持って言い、何でも望むことを他人に信じ込ませることができないペテン師などいないのは明白で明瞭なことです。ですから、神からあるいはそう言った方がよければ神々から、秘密の啓示や奥義や法や命令や意志を受け取ったと主張する連中の言うことはまったく信じられませんし、そんなことについて彼らが言うことには耳を貸す価値すらありません。というのも、人が仮定するように欠けるところなく善であり、欠けるところなく賢明であるという神々が、その意志を人間に知らせるためにそのような疑わしい当てにならぬ手段を一度でも用いようとするとは、私が言ったように信じがたいからです。

しかし、ではどのようにしてこれほど多くの誤謬とペテンが全世界にこれほど普遍的に広がることができたのか、どのようにしてそれらがこれほど長い間強固に人間の精神のうちに根を張ることができたのかと、人は言うでしょう。実際、人間的事象を外面的にしか判断できず、その隠されたあらゆる動因を見ない人たちが驚くのも無理はありません。しかし、別の仕方で判断を下すことができる人たちにとっては、物事を近くから眺め、人々が用いる巧妙きわまりない政略のさまざまなバネが働くところを見ており、またペテン師どもが企みを成就させるために使うことができるさまざまな策略と術策を知っている人たちにとっては、それはもはや驚きの種でも何でもありません。こういう人たちには連中のあらゆる奸知、巧知が分かっています。こういう人たちには、人間の精神のうちで傲慢と野心がどんなことをなしうるかが分かっていますし、またもう一方で、地上のお偉方がすることや企むことなら何にでも、佞臣どもが卑劣なご機嫌取りから賛成し、そういう連中をお偉方がいつでも十分に見つけられることも分かっています。さらに、ペテン師や偽善者どもがありとあらゆる策略と術策を用いて目的を遂げようとすることも知っています。さらに、民衆は現にそうであるように無力で無知であるため、彼らをだますために用いられる策略や術策を自分では悟ることも

見抜くこともできず、お偉方の権力に抵抗することもできず、連中の思いのままにその権威の重圧を受け平伏させられていることも知っています。そして、あらゆる誤謬と偶像崇拝と迷信が地上に広まったのは、まさにこれらの手段、すなわちお偉方の権威、佞臣の卑劣なご機嫌取り、ペテン師と詐欺師[8]の策略と術策、民衆の無知と無力によっているのです。また、その同じ手段によって、それらは地上に維持され日ごとにさらに強化されているのです。

しかし民衆が普通持っている、不可思議で神奇な事柄についての話を聞きたがる激しい好奇心と、そういう事柄をやすやすと信じる彼らの傾向ほど、ペテンにもそれが世界に広まるのにも好都合なことはないのです。というのも、民衆が喜んでそういう話を聞き、驚き感嘆して耳を傾け、そういう事柄をすべて異論のない真実と考えるのが見られるのですから、偽善者やペテン師どもの側でも喜んで民衆のために作り話をでっち上げ、それを好きなだけ物語るからです。このことについてモンテーニュ氏は次のように述べています。「欺瞞の本来の領域と主題は人の知らない事柄の中にある。なぜなら、第一に、不思議であるということ自体が人に信用を与えるからである。次に、そういう事柄は通常の理性の埒外にあるために、反駁の方便を与えないからである。だからプラトンも、〈神々の本性について語る方が人間の本性について語るよりもずっと人を承服させやすい。なぜなら、聴衆の無知が、隠れた事柄を論ずるのに都合のよい広い舞台とあらゆる自由を与えてくれるからだ〉と言っている。したがって、人のもっとも知らないことほど堅く信じられるものはないし、作り話を語る連中ほど自信に満ちた者はいないということになる。そして連中がわれわれに語る事柄は常に多種多様で矛盾するために、彼らはたびたび明らかな自家撞着に陥りながらも、先人の跡を追うことを止めず、同じ一本の鉛筆で白く描いたり、黒く描いたりしている[六九]」（〔モンテーニュ〕『エセー』一八二頁（邦訳、岩波文庫、第二巻九一―一〇頁、原二郎訳））。「どんなに奇妙でどんなに奇異な考えでも」とモンテーニュ氏は続けます、「あんなに多くのあれほどの大国や、あんなに多くの有能な人々が酔わされているもろもろの宗教の甚だしいごまかしには触れないでおくが、どんなに奇異でどんなに奇妙な考えでも、それを習慣とペテンが自分で適当と思う地方に法によって樹立しえなかったことはない。そして私は、人間の想像に思い浮かぶどんなとっぴな考えで

も、どこかで公然と通用していないようなものはないし、したがってその根拠をわれわれの理性が何かもっともらしい理由や奇蹟なるものに見いだせないようなものはないと思う」〔七〇〕（同書七八頁〔モンテーニュ『エセー』、邦訳、岩波文庫、第一巻二〇九―二一〇頁、原二郎訳〕）。なぜなら、と彼は続けます、「奇蹟は、われわれが自然の事物について無知であるから存在するのであって、自然そのものの本質によって存在するのではない」〔七一〕（同書七九頁〔同上、邦訳、岩波文庫、第一巻二一〇頁、原二郎訳〕）。「事実、どれほど偽りでどれほど誤った臆見でも帮助者を見つけなかったものはなく、どれほどとっぴな慣行でも何かの法で権威を与えられなかったものはない」〔『集成』第五巻三九五頁〕〔七二〕(9)。鳥占いの慣行もこういうことなのですが、それは「真理と虚偽は顔も、物腰も、好みも、歩きつきも似ていて、われわれはこの二つを同じ眼で眺める……」〔モンテーニュ『エセー』、邦訳、岩波文庫、第六巻五二頁、原二郎訳〕からです。

「多くの人が嘘を好み、自分が嘘を言いふらすだけでは満足せず、大喜びで嘘に耳を傾け、駄弁にすぎぬ話をする者がいると夢中になり、自分でもそれを話すようになるのはいったいどういうわけなのか。そうすれば得になると思うからだ」と彼は言います〔七三〕。

ルキアノスはこう言っています。「多くの人が、それも大人物たちが、他人をだまして喜ぶだけでなく自分もだまされて喜んでいる。そのことに私は驚き、いささか情けないことだと思うのだ。というのも、ほとんど作り話しかしない詩人たちについては何も言わないとしても、同時代の人々を欺くだけでは満足せず、後世の人々にも自分の作り話を書き留めて知らせようとしたクテシアス、ヘロドトスその他大勢のような歴史家がいるではないか。だが詩人たちが言うことでも、父を去勢するサトゥルヌス、海の泡から生まれたウェヌス、カウカソス山に磔(はりつけ)にされ、そこで鷲に襲われ絶えず肝を食われるプロメテウス、神々に戦いを挑む巨人族などという話をいったい許せるだろうか。彼らの地獄についての悲惨な芝居、ユピテルのさまざまな変身譚その他無数の愚にもつかない話、さらに彼らが言うことに加えて、小さな子供をこわがらせるためのキマイラ、ゴルゴン、キュクロプスその他似たような絵空事については、もう言うまでもあるまい。それでも詩人たちや、われわれに語るのに当時それよりましなことを持っていなかった昔

の歴史家たちは一応よしとしよう。しかし民族全体の場合には、たとえばカンディア人がユピテルの墓を陳列したり、アテナイ人がエリクトニオスと彼らの祖先は大地から生え出た――まるでキャベツだ、もっともキャベツなら種をまかなければならないが――と言ったりする場合には、どう言ったらよいのか、どう考えたらよいのか。テーバイ人はもっと常軌を逸している、自分たちは蛇の牙から生まれたと言うのだから。しかし彼らのうちで、これらのことやその他あれこれの馬鹿げたことを信じない人々は、神々自身を攻撃し、その力を疑っているかのように不敬な者と見なされるのである。嘘はこれほど人々から信頼を得てきたのだ[七四]」。同じルキアノスはさらに言います。「私としては、町々がその起源をより厳かなものに見せようとそんなことをするのは大目に見よう。しかし、真理の探究がその仕事であるはずの哲学者たちが、こういった性質の作り話を絶対間違いのない真理であるかのように喜んで語ったり聞いたりするのを見るのは、私には理解できないこと、まったく滑稽で我慢ならないこと、に思われる。というのも、私は今しがた……の家から帰ってきたのだが、そこでさんざん愚にもつかない話を聞かされ、退散せざるをえなかったからだ。そんなことを言いふらす連中にも、聞いて喜ぶ連中にも、我慢がならなかったからだ[七五]」（ルキアノス『嘘好き、または懐疑者』第二巻）。

キリスト教会初期には魔術者や異端者がさまざまなペテンで甚だしく教会を混乱に陥れたと、『年代記』の著者は語っています（二三九頁[七六]）。ここでその他多くの類似した証言を挙げてゆけば長くなりすぎますし、またすべての宗教は本当は人間の発明にすぎないこと、したがって宗教が超自然的で神的なものとして教え、信じるように義務づける一切は、誤謬と嘘と錯誤とペテンにすぎないことをあなたがたにはっきりと示すには、私が今語ったことで十分です。誤謬と言ったのは、今も昔も決して存在しない事柄、あるいは信じ込んでいるのとは実は違っている事柄をあまりに軽率に信じる人たちの場合、錯誤と言ったのは、決して存在しない事柄を見たり聞いたりしたと思い込む人たちの場合、嘘と言ったのは、自分たち自身の学問や知識に反するたぐいの事柄について語る人たちの場合、さらにペテンと言ったのは、そういう事柄を発明し言いふらし、他人に強制して信じ込ませようとする人たちの場合、のことで

す。これはきわめて確実で明白な真実ですから、偶像崇拝のわが神崇拝者やキリスト崇拝者たち自身でさえ否定できないでしょう。ですから、彼らも自分たちのもの以外のあらゆる宗教においては、実際そういう事柄は誤謬と錯誤と詐欺とペテンにすぎない、と彼らの立場から異口同音に認めるのです。そうであるなら、あなたがたも分かるように、以上ですでに大部分の宗教は偽りであると間違いなく認められたわけです。したがって、世界中にあるこれほど多数の偽りの宗派と宗教の中に、少なくとも本物であるものが何かあるかどうか、他のものより真であって本当に神が設けたと断言できるものがあるかどうか、を知ることだけが今や問題なのです。

しかし、あらゆる誤謬と錯誤と詐欺とペテンが他宗教には見られるが、自派は一切それらから免れている、と主張しない個別宗派[10]は一つもないのですから、その派の真理を打ち立てるとか支持するとか主張する人々は、自派が本当に神が設けたものであると一人ひとりが示すべきですし、また一人ひとりがそのことを、理性で疑うことができないほど[11]明白確実で説得力のある証拠と証言によって銘々に示すべきです。なぜなら[12]、そのことについて彼らが提出できるさまざまな証拠とか証言とかがそういう性質のものでなければ、やはりそれらも誤謬と錯誤と詐欺である疑いがありますし、したがって十分な真理の証とはならず、誰もそんなものに信を置く義務はなくなるからです。ですから、自分の宗教は神が設けたものであると言う連中のうちに、そのことについて明白確実で説得力のある証拠と証言を挙げられる者が一人もいないなら、それこそが、本当に神が設けた宗教は一つもないという確実明白で説得力のある証拠です。したがって宗教はことごとく、誤謬と錯誤と詐欺に満ちた人間の発明にすぎないと言わなければならないし、それは確実なことだと考えなければならないでしょう。というのも、人が言うように限りなく善であり、限りなく賢明であるような全能の神というものが、人間に法や命令を与えようとしたのに、世界中にあれほど大勢いるペテン師どもの法や命令と比べて、神の法や命令が真理であるというより確実で真正なしるしと証を付与しようとしなかった、とは信ずべきでもないし[13]仮定すべきでもないからです。

さて、自分たちの宗教が本当に神が設けたものであると明白確実で説得力のある証拠によって示せる者は、わが神

崇拝者とキリスト崇拝者たちの中にも、またどのような派やどのような宗派・宗教に属する人々の中にも一人もいません。その明らかな証拠は、あれほど昔から、あれほど幾世紀も前から彼らはこの問題で論争し合い、異議を唱え合い、自説を守ろうと戦火に訴え血を流し、迫害し合うことまでしているのに、そのような真理の証で敵対する他派を説き伏せ、納得させることができた派はいまだ彼らのうちに一つもないことです。どれかに根拠があるなら、つまり神が設けたものだという明白確実で説得力のある証拠と証言がどれかにあるなら、確かにこんなことにはならないでしょう。というのも、どの派、どの宗派に属していようと誰も（賢明で見識があり誠実に振る舞う人々の誰も、という意味です）、つまりそういう人々の誰も誤謬や嘘に支持を与えるとか肩入れするとかは主張しませんし、反対に銘々の側で自分は真理を支持していると主張するのですから、あらゆる誤謬を追放し、すべての人間を平和に同じ見解と同じ形態の宗教の下に集める真の方法は、明白確実で説得力ある真理のそうした証拠と証言を提出することでしょうし、そうすることによって本当に神が設けたのはまさにこれこれの宗教であって、他のどれでもないことをすべての人間に示すことであるはずだからです。そうすればみんな、いや少なくとも賢明な人々はみんな、その明白で説得力のある真理の証に降参するでしょうし、誰もわざわざその反駁を企てたりはしないでしょう。また、誤謬とペテンの党派が、対立する真理の側の明白確実で説得力のある証によって即座に打ち負かされないとしても、誰もわざわざそんな派を支持したりはしないでしょう。

しかし、神が設けたものだという明白確実で説得力のある証なるものはどの宗教にも見られませんし、どれかにより多く見られるわけでもありませんから、それに乗じてペテン師どもが大胆にありとあらゆる嘘とペテンを発明し、またそれを擁護するのです。またそうであるから、連中を盲目的に信じる人々があれほどかたくなにそれぞれ自分の宗教を弁護しようとするのです。そしてそれは同時に、彼らの宗教はすべて偽りであり、本当に神が設けたものなど一つもないということの明白で説得力のある証拠でもあります。ですから、皆さん、世界中のあらゆる宗教は人間の発明にすぎず、神々の礼拝と崇拝に関して世界中で言いふらされ行われていたこと一切は、誤謬と悪弊と虚妄と錯誤

と詐欺と嘘とペテンにすぎなかった、と私があなたがたに言ったのは正しかったのです。[14]

そのことについて、私があなたがたに提出しなければならなかった一番目の証明は以上のとおりです。この証明はこういう種類のものとしてありうる限り明白強力で説得力のあるものですが、これに劣らぬほど説得力がありこれに劣らぬほど明白に諸宗教の虚偽を、とくにわがキリスト教の虚偽を示す別の証明をさらに以下に述べます。というのも、皆さん、あなたがたはまさにこのキリスト教によって千種類もの誤謬と迷信の中にとらわれていますし、私はあなたがたの目を覚ますことができるようにと、ありもしない来世とかで幸福や不幸を与えられるという誤った恐怖と希望からあなたがたの精神と良心を解き放ち、あなたがたに安らぎを与えられるようにと願っているのですから、私はあなたがたの宗教の虚妄と虚偽をはっきりと示すことに主な力を注ごうと思うからです。他のあらゆる宗教について同時に迷いから覚めるのにもそれで十分でしょう。なぜなら、あれほど純粋で神聖で聖なるものと信じさせられているあなたがたの宗教の虚偽が分かれば、他のあらゆる宗教の虚妄と虚偽についても十分容易にあなたがたは判断がつくはずですから。

第九章 前述のさまざまな宗教の虚妄と虚偽について。盲目的信心であり、あらゆる宗教の基盤として使われる信仰は、誤謬と錯誤とペテンの原理にすぎない

私は次のように論を進めます。誤謬と錯誤とペテンの原理であり、そのうえ人々の間における騒乱と永遠の分裂の忌まわしい源でもあるものをその奥義の基礎とし、その教理と道徳の規則とするどのような宗教も真の宗教ではありえませんし、そんな宗教は本当に神が設けたものでもありえません。さて、あらゆる宗教、とりわけキリスト教は、誤謬と錯誤とペテンの原理をその奥義の基礎とし、その教理と道徳の規則としています。それゆえ……という具合です。私はこの論証の一番目の命題を否定できるとは思いません。あまりにも明白で明瞭ですから、そのような命題が真であることを(1)疑うわけにはいきません。ですから、あらゆる宗教、とりわけキリスト教は、誤謬と錯誤とペテンの原理をその奥義の基礎とし、その教理と道徳の規則としているという論証中の二番目の命題を証明することにしましょう。それをはっきり示すのも十分簡単だと私には思われます。というのもあらゆる宗教、とりわけキリスト教がその奥義の基礎とし、その教理と道徳の規則としているのは彼らが信仰と呼ぶもの、つまりある神に対する盲目的なのに確固不動な信心、および同じくある神の法と啓示に(2)対する盲目的なのに確固不動な信心、というものであるのは明瞭確実だからです。そして諸宗教はどうしてもそう仮定せざるをえません。というのも、なんらかの神と神の啓示に対するこういう信心こそが、諸宗教が世界中で持っているあらゆる信用と権威を生み出しているからですし、それがなければ人々は間違いなく諸宗教が教えることや、やりなさい、勧めなさい、と命じることを少しも尊重しなくなるからです。(3)またそうであるため、信徒に何よりもその信仰を堅持するようにと、すなわちその信心において堅忍不抜であるようにと勧めない宗教はありません。ですから、あらゆる神崇拝者たち、とりわけわがキリスト崇拝者たちは、彼らのトレント公会議〔一〕〔の教令〕に記されているように〔二〕（第六総会〔義化についての教令〕第七〔八〕章）、信仰が救いの始めと基礎であり、すべての義と聖化の根元であるということを格率とするのです。

信仰がなくては神に喜ばれることはできないし、神に近づこうとする者は神が存在することを、そしてその神自らが神を求める者には報いてくれることを堅く信じなければならないのだから、「ダガ信仰ガナクテハ神ニ喜バレルコトハデキナイ。ナゼナラ、神ニ近ヅク者ハ、神ガ存在シ、神ヲ求メル者ニ報イルト信ジナケレバナラナイカラデアル」（『ヘブル人への手紙』第一一章六節）と彼らは言います。ですから、私が言ったように、ある神への盲目的信心であり、(4)またさらにある神の法と啓示(5)への盲目的信心でもある信仰というものを、あらゆる宗教がその奥義の基礎とし、その教理と道徳の規則としているのは、やはり私が言ったように明瞭確実なことです。さらにそうした宗教は、信徒が簡単に心変わりをしないように、この盲目的信心が確固不動であることさえ望みます。ところがそうした信心が盲目的であることに変わりはありません。なぜなら、先の諸宗教はその神聖な奥義なるものの真実性についても、神の啓示なるものの真実性についてさえも、明白確実で説得力のある証明を何一つ与えていないし、与えようとしてもできはしないからです。それらが望むのは、自分たちがその信心について語る一切を人が絶対的に単純に信じること、それに何の疑いも抱かないだけでなく探究もせずに、さらに(6)その理由を知ろうという望みさえ起こさずに信じることなのです（『トレント公会議の公教要理』〔三〕第一条、一九頁）(7)。というのもそれらによれば、自分たちが教えることや、神に由来するものとして信じるように義務づけることの理由と証拠を、好奇心にかられて求めようとするのは無分別な思い上がりであり、神への大逆罪であるからと言うのです。そのように言う根拠として彼らが挙げるのは、神の聖なる尊厳の秘密を穿鑿し(8)あまりに探ろうとする者は神の栄光の輝きによって打ちひしがれるだろう、「尊厳ヲ穿鑿スル者ハ栄光ニヨリ打チヒシガレルダロウ」〔四〕（『箴言』第二五章二七節〔現行邦訳聖書では第二六章二八節〕）という、彼らの聖書なるものの一書から引いてくる恐るべき警句です。

　信仰(9)は望んでいる事柄を保証するものであり、見ていない事柄を納得させる根拠である（『ヘブル人への手紙』第一一章一節〔五〕）とわが敬虔なキリスト崇拝者たちは言います。そのような信仰は、諸感官による経験や人間としての推論に支えられたりすれば何の取り柄もなくなってしまう、と彼らは言います。もっとも理解しがたく信じがたい事柄

を信じる際に、宗教が信じるように義務づけたすべてのことに対する——私が言ったような——盲目的信心という動機づけしか持っていないことこそ、そのような事柄を信じるもっとも決定的で強力な理由なのだそうです。ですから、精神をとらわれの状態に置き彼らの信仰に服従させるために、理性のあらゆる光と諸感官のあらゆる表象をこの点で捨てなければならないということを、やはり彼らは格率としていることになります。要するに、忠実に信じるためには推論もせず証拠も求めようとせず、盲目的に信じなければならないと彼らは考えているのです。

さて、神の名と権威の下に提出される一切への盲目的信心が、誤謬と錯誤とペテンの原理であることは明らかです。神の名と権威を持ち出さない宗教上の誤謬と錯誤とペテンは一つもないこと、また、まったく特別に神から霊感を受け、遣わされたと自称しないようなペテン師は一人もいないこと、このようなことが実際に見られることこそその証拠です。ですから、自分たちが神に由来するものとして提出する一切を盲目的に信じなければならない、ということをあらゆる宗教がその奥義の基礎とし、その教理と道徳の規則とするなら、あらゆる宗教は誤謬と嘘と錯誤とペテンの原理をその奥義の基礎とし、その教理と道徳の規則としているのです。

第一〇章　また信仰は人々の間における騒乱と永遠の分裂の致命的な源と原因でしかない

この信仰は、あるいは彼らがその教理と道徳の基礎とするこの盲目的信心は、誤謬と錯誤と嘘とペテンの原理であるだけでなく、また人々の間における騒乱と永遠の分裂の忌まわしい源でもあります。というのも、彼らは各々理性によってではなく、むしろ頑迷と固執によってその宗教と神聖な奥義なるものへの信心に執着していますし、銘々その立場から自分の信心にも、自分の宗教を保持することにも、少なくとも他に勝るとも劣らない根拠があると盲目的に信じていますし、各人が銘々に抱く自分の宗教的真理なるものへの盲目的信心を理由に、必ずや他宗教はことごとく偽りだと考え、そのうえ自分の命と財産を危険にさらし、持てるかも知れないもっとも大事なものをすべて失って

も自分の宗教だけは守ろうとするからです。ですから、こうして宗教に関しては彼らの間で一致が得られることはありえないし、将来も得られることはないでしょう。またそのために、論争や異議申立てだけでなく、騒乱や忌まわしい分裂さえもが際限なく彼らの間に引き起こされるのです。またそのために、自分たちの馬鹿げた盲目的な信心や宗教を守ろう(2)と互いに戦火に訴え血を流して迫害し合い、自分たちの宗教的真理なるものを擁護し維持するという立派なもっともらしい名目で、互いに相手に対してはどんなひどい行為でも悪辣な行為でも行うのが毎日見られます。馬鹿な連中です！　一人残らず！

この点についてもモンテーニュ氏が言うことを見てください。「キリスト教徒の敵意ぐらい激しいものはどこにもない。われわれの信心は、われわれの憎悪や、残虐や、野心や、貪欲や、中傷や、反逆……への傾向を助ける時には驚くべき力を発揮する。逆に、親切や、好意や、節制への傾向を助けるときには、まるで奇蹟のように、何かの稀な性格にでもうながされない限り、人はそのようなものに向かって歩きもしなければ飛びもしない。われわれの宗教は悪徳を根絶させるために作られたらしいのに、かえって悪徳をはぐくみ、養い、かき立てている」(〔モンテーニュ〕『エセー』四〇八頁〔六〕〔邦訳、岩波文庫、第三巻一七―一八頁、原二郎訳〕)。実際、宗教的動機や名目で引き起こされる戦争ほど血が流される残酷な戦争は見られません。というのも、そういう時は各人が熱意にかられ猛り狂って盲目となり戦いへと赴き、いみじくも次のように言うある詩人の言葉のように敵を神への供物にしようとするからです。「民衆ノ狂愚ハ、各国民ガ隣国ノ神ヲ憎ミ、自分ノ崇メル神ダケヲ神ト思イ込ムコトカラ生ジル」(ユウェナリス『諷刺詩集』第一五歌三六節〔七〕)。「宗教のためとなると、人間はどんな極端までつっぱしるか知れたものではない。ろくすっぽ信じてもいないくせに！　ろくにそれを実践もしないくせに！」とラ・ブリュイエール氏も「自由思想家」の章の五七三頁(3)〔ラ・ブリュイエール『カラクテール』第一三章、邦訳、岩波文庫、下巻一三八頁、関根秀雄訳〕で言っています。

この論証はこれまでのところまったく明証的だと私には思われます。さて、限りなく善であり限りなく賢明であるという全能な神が、自分の法や命令を確立したり自分の意志を人間に知らせたりするためにそのような手段を、これ

ほどひどく人を欺く方法を、用いようとするとは信じられません。というのも、それは明らかに人々を誤謬に誘い込み、人々に罠を仕掛け、彼らを真理の側にも嘘の側にも選ぶところなく加担させようとすることでしょうから、限りなく善であり限りなく賢明であるという全能な神について、そんなことが信じられないのは間違いありません。同様に私が信じられないのは、限りなく完全であり限りなく善であり限りなく賢明であるような、またわがキリスト崇拝者たち自身が平和の神、愛の神、慈愛の神、慈悲の父、あらゆる慰めの神……（『コリント人への第二の手紙』第一章三節〔八〕）などと呼ぶような、そうした和合と平和を好み人々の幸福と救いを好むという神が、つまりそんな神が、私が今語ったあの盲目的信心のような、人々の間に騒乱と永遠の分裂を引き起こす、あのように致命的で忌まわしい源を、自分の宗教の基礎として確立し据えたということです。そんなことはとても信じられません。そのようなものは、寓話詩人たちが語るあの致命的な黄金のリンゴより〔九〕、ペレウスとテティスの結婚式に集まった神々の間に争いの女神が悪意を持って投げ入れ、トロイアの町と王国が滅亡する不幸(4)な原因となったというあの黄金のリンゴより、幾千倍も忌まわしいものです。ですから、誤謬と錯誤とペテンの原理であり、さらに人々の間の騒乱と永遠の分裂の致命的な源でもある盲目的信心を、その奥義の基礎としその教理と道徳の規則とする諸宗教は、真実のものでも本当に神によって設けられたものでもありえません。そしてあらゆる宗教は私が示したように、盲目的信心をその奥義の基礎としその教理と道徳の規則としているのですから、真の宗教や本当に神が設けた宗教は一つもないということがそこから明らかになりますし、したがって宗教はことごとく人間の発明にすぎず、神々とその法と命令と奥義と啓示なるものとについて(5)、諸宗教が私たちに確信させようとする一切は誤謬と錯誤と嘘とペテンにすぎない、と私が言ったのは正しかったわけです。以上すべてのことが理路整然としているのは明瞭です。

しかし、わがキリスト崇拝者たちがここで信憑の根拠〔一〇〕と称するものを必ず引き合いに出し、自分たちの信仰と信心はある意味で盲目的だが、それでもやはりあれほど多くの、あれほど明白確実で説得力のある真理の証によって支えられ確証されているのだから、信仰につこうとしないのは思慮がないだけでなく、思い上がって頑迷なのであり、ひ

どく愚かだとさえも言える、と反論することは私もよく知っています。彼らはたいていその信憑の根拠と称するものを三、四箇条にまとめています。一番目の根拠、それを彼らは自分たちの宗教の純粋さと神聖なるものから引き出します。自分たちの宗教はあらゆる悪徳を断罪しあらゆる美徳を実践するように勧めているし、その教理はきわめて純粋で神聖であるから、限りなく完全な神の純粋性と神聖性からしかそのようなものが出てきえないことは明らかだと言うのです。信憑の二番目の根拠、それを彼らは自分たちの宗教を初めて愛し信奉した人々と、あれほどの熱意で布教した人々の生涯に見られる無垢と聖潔から引き出します。その人たちは自分たちの宗教をあれほど堅忍不抜に保持し、あれほどの勇敢さで命の危険を冒しても擁護し、自分の血を流すことまでし、さらに棄教よりはよいと、死やもっとも残酷な責め苦を耐えることさえしたと言うのです。あれほど多くのあれほど聖潔で賢明な、あれほど知識のある偉大な人たちがその信心においてだまされるがままになり、誤謬や錯誤やペテンを保持するだけのために、現に行ったようにありとあらゆる快楽と利得と生の安楽をあきらめ、さらに自らあれほど多くの労苦と仕事に、またあれほど多くのあれほど苛酷で残酷な迫害にさえもその身を投じようとしたとは信じられない、とわがキリスト崇拝者たちは言います。彼らがその信憑の三番目の根拠として引き合いに出すのは、さまざまな時代に、またあれほどの昔から彼らとその宗教のために下されてきたさまざまな預言と神託です。自分たちの宗教において、それらの神託と預言がことごとく実現を見たのはあれほど明瞭で明白なことだから、それらの神託と預言が本当に神感と神の啓示そのものに由来することも、またそれほどの明確さと確実さで将来を予見でき、それほど確実に先の事柄を預言できるのが神一人しかいないことも、疑うことはできないと彼らは主張します。さらに信憑の四番目の根拠として、またすべてのかなめとして引き合いに出されるのは、その宗教のために古今東西でなされた不可思議で超自然的な奇蹟や神異が偉大であり数が多いことです。たとえば盲人に視力を、耳が聞こえぬ者に聴力を、口がきけぬ者に言葉を取り戻させるとか、足が不自由な者をまっすぐ歩かせるとか、体が麻痺した者や悪霊に憑かれた者、総じてあらゆる種類の病気にかかった者や不具になった者を自然薬を全然用いず瞬時にして治すとか、死人さえ生き返らせるとか、さらに、純

然たる神の力によってしか行えないその他あらゆる種類の奇蹟的で超自然的な業を行う、とかいうことです。そういう奇蹟と神異は、彼らの信心と宗教が[8]真実であるというきわめて明白確実で説得力のある根拠と証であるから、その宗教の真実性を完全に納得するのにそれ以上のものを求める必要はない、とわがキリスト崇拝者たちは言います。ですから、それほど多くのそれほど明白で説得力のある真理の証に対して反論しようと考えるのは、それだけで、思慮がないばかりでなく頑迷で思い上がっていることであり、その上ひどく愚かなことでもあると彼らは見なします。

「[9]福音書を信じないのはひどく愚かなことである。その教理はあれほど純粋で神聖であり、その真理はあれほど多くのあれほど偉大で、博学で、聖潔な人たちによって公にされたのだ。福音書はあれほど多くのあれほど輝かしい殉教者たちの血によって署名され、あれほど多くのあれほど敬虔で博識な博士たちによって信奉され、さらに、神の全能によってしか行われえなかった、あれほど多くのあれほど偉大で神奇な奇蹟によって立証されたのである」(ピコ・デラ・ミランドラ〔一二〕)と、彼らの間では著名なある人物が言いました。また彼らの間で著名な別のある人物もこの点に関して、自分の神に次のような大胆な言葉で呼びかけました。「主よ、私たちがあなたについて信じていることが誤りであるなら、私たちを欺いたのはあなたご自身です。なぜなら、私たちが信じているすべてのことはあれほど多くのあれほど偉大で神奇な奇蹟によって立証されたのですから、あなた以外の者によってそれらが行われることができたとは信じられないからです」(リシャール・ド・サン・ヴィクトール〔一三〕『三位一体論』第一巻二章)。

第一一章　なんらかの宗教的真理を確立するための信憑の根拠なるものの無力と虚妄

しかしこういう虚しい推論一切を反駁することは簡単ですし、またこういう信憑の根拠なるもの一切と、わがキリスト崇拝者たちがその宗教的真理の明白で確実な証と呼ぶ、あれほど偉大で神奇な奇蹟なるもの一切の虚妄をはっきりと示すことも簡単です。というのは、一、嘘とペテンを確立したり立証したりするのにも、真理を確立したり立証

したりするのにも、等しくまた同じように簡単に利用できる論拠と証明が、真理を保証する証となることができると主張するのは明らかに誤りです。さて、わがキリスト崇拝者たちがその信憑の根拠なるものから引き出す論拠と証明は、嘘とペテンを確立し立証するのにも、真理を確立し立証するのにも、等しくまた同じように簡単に利用できます。その証拠に実際、何にせよどんな偽宗教でも、類似した信憑の根拠によって支えられていると主張しないものはありません。また、健全な真実の教理を持つ、少なくとも自分たちの流儀であらゆる悪徳を断罪しあらゆる徳の実践を勧めている、と主張しないものもありません。またその宗教を保持し擁護するために、苛酷な迫害と死さえも耐え忍んだ、博学で熱烈な擁護者たちを持たなかったものもありません。またさらに、自分たちのために行われた奇蹟や神異を持っていると主張しないものもありません。たとえばマホメット教徒はその偽宗教のために、インド人たちはインド人の宗教のために、キリスト教徒がその宗教のためにするのと同じようにそういうものを挙げてみせますし、異教徒たちもみなそのさまざまな偽宗教のためにあれほど挙げてみせました。オウィディウスが語るあのようなあらゆる摩訶不思議な変身なるもの[一三]がその証拠ですが、それらの変身なるものはことごとく、異教徒のさまざまな宗教のために行われた偉大で神奇な奇蹟のようなものなのです。わがキリスト崇拝者たちが、彼らとその宗教のために行われたと主張するさまざまな神託や預言を重んじるなら、異教徒のさまざまな宗教にも、そういうものがキリスト教に劣らぬだけ見られます。ですから、その信憑の根拠なるものから引き出せると彼らが期待しているかも知れない利点は、ありとあらゆる宗教にほとんど等しく見いだされるものです。そのため、「外観はすべてどの宗教にも共通のものである。希望、信頼、奇蹟、儀式、悔悛、殉教……などすべてそうだ」（〔モンテーニュ〕『エセー』四〇六頁[一四]〔邦訳、岩波文庫、第三巻一四頁、原二郎訳〕）と見識あるモンテーニュ氏は言ったのです。

「神は人間がどんな形、どんな名前、どんな方法によって捧げる栄誉と尊敬をも、喜んで受け取る。この熱烈な信仰は等しく天より好意の目をもって迎えられた。あらゆる国家は国民の信心によって利益を受けたが、不敬な人々の行為は至る所でそれにふさわしい報いを受けた。異教の歴史も、彼らの荒唐無稽な宗教の中に、神の威厳と、秩序と、

正義と、彼らの利益と教化のために行われた奇蹟と託宣の存在を認めている」〔「モンテーニュ」『エセー』四八〇頁[一五]〔邦訳、岩波文庫、第三巻一四〇頁、原二郎訳〕〕とも彼は言います。また私がすでに指摘したように[一六]、「アウグストゥスは、ユピテルよりも多くの神殿をもち、ユピテルと同じ尊敬と奇蹟の信仰を捧げられた」（同書四九八頁）とも彼は言っています。かつてボイオティア地方の町デルポイにはアポロンを祀った有名な神殿がありましたが、そこでこの神が神託を下していたために神殿は世界各地から人を集め、きわめて高価な無数の奉納品や供物で豊かに飾られていました〔「モレリ」『大歴史辞典』〔「デルポイ」の項〕〕。またかつてダルマティア地方のペロポネソス半島の町エピダウロスには同じように医学の神アスクレピオスを祀った有名な神殿があり、そこでこの神も神託を下していましたし、ローマ人たちはペストに苦しめられた時この神に頼り、竜の姿をした神をそこから自分たちの町ローマへ運ばせました。また、エピダウロスの神殿[一七]にはその神が行ったと言われるさまざまな治療や、奇蹟のような治癒を描いた絵がたくさん見られたのです……〔「モレリ」『大歴史辞典』〔「アスクレピオス」の項〕〕。その他類似の例はたくさんありますが、ここで伝えようとしたら長くなりすぎます。ですから、わがキリスト崇拝者たちがあれほど自分たちの利点をそこから引き出そうとしている信憑の根拠なるものは、あらゆる歴史とあらゆる宗教の実際が示しているように、明らかにすべての宗教に等しく見られるし、したがってそれらは彼らの宗教であろうと他のどんな宗教であろうと、その真理を保証する証拠や証としては使うことができないということになります。この帰結は明白で明瞭です。

第一二章　なんらかの宗教的真理を権威づける奇蹟なるものの不確実さと虚妄

二、誤謬からも真理からも等しく生じうるさまざまな結果、あるいはペテン師どもでも敬虔で誠実な人々でも同じように行うことができた先のさまざまなしるしと奇蹟、そういうものをある宗教が真理であり神聖であることの証[1]と見なすのは明らかに誤りです。さて、先の信憑の根拠なるものは悪徳からも徳からも、誤謬からも真理からも等しく

生じうるしるしと結果ですし、また先のしるしと奇蹟は詐欺師や人を小馬鹿にする連中やペテン師でも、敬虔で誠実な人々でも同じように行うことができたのです。かつてさまざまな偽宗教の中で行われたと言われているそのようなものの例によって、ならびにわがキリスト崇拝者たちが神の言葉と呼ぶものの証言や、さらには彼らが聖なる救い主と崇める者の証言によってそのことを明白に証明するのは簡単です。偽預言者とペテン師どもによって誤謬と嘘のためにそういうたぐいのしるしと奇蹟と称するものが事実行われたし、これからもまだ行われるかも知れない、とそれらの証言がわたしたちにはっきり語っているからです。第一にそういう奇蹟と称するものの例に関して言えば、そんな奇蹟を信じたければ異教のさまざまな偽宗教の中にほとんど無数に見つかります。オウィディウスの『転身物語』[一八]その他、異教徒のあらゆる寓話の中にそれこそ千ほども見つかります。『カッパドキアの町テュアナのアポロニオス伝』の中でもフィロストラトス[一九]がごまんと伝えています。『使徒行伝』にも、魔術師とあだ名されたシモンがサマリアの町でさまざまな神奇な業を行ったので、みなが彼のことを神の威力と呼んだとあります（『使徒行伝』第八章一〇節[二〇]）。すでに私が指摘したことですが[二一]、彼はローマでも同じく多くの神異と奇蹟を行ったので、「神シモンに」という銘が刻まれた像が彼のために立てられました。「ウェスタの処女」[2]トゥキア[二二]は男を知ったと非難され、水をいっぱいにしたふるいをティベリス川から女神ウェスタの神殿まで運んでわが身の純潔を証明したと、ティトゥス・リウィウスは書いています[二三]。同じく別の「ウェスタの処女」[二四]クラウディアも、幾千人がかかっても漕ぎ出させることができないほどしっかり岸壁に錨を下ろしていた、女神キュベレの像を積んだ船を自分の革帯だけで沖合に漕ぎ出させ、その身が処女であることを証明したと、オウィディウスは書いています（〔オウィディウス〕『行事暦』第四巻）[二五]。ウェスパシアヌス帝[二六]もアレクサンドリアにいた時、ある盲人の眼に触れただけでたちまちその盲目を治し、また片腕がきかない男を足の裏で触れるだけで治したとタキトゥスは書いています（第三巻三九三頁〔タキトゥス『同時代史』[二七]第四巻第一〇章〕）。ハドリアヌス帝[二八]も生まれつきの盲人の眼に触れるだけで治したとアエリウス・スパルティアヌスは言っています[二九]。アウレリアヌス帝[三〇]も手で触れるだけでこれらに似た奇蹟のような治療を行ったと言われています（第五巻

二九七頁参照）[三一]。エペイロス人の王ピュロス[三二]も右足の親指で脾臓病みの患部に触れるだけで病人たちをみな治し、死後焼かれても体の中でその足の親指だけは火で少しも損なわれず、依然としてそのまま残っていた、とプルタルコスは言っています[三三]。女神フェロニア[三四]に供物を捧げる人々は燃えさかる炭の上を素足で歩いても焼かれることがなかった、とストラボンは言っていますし、女神ディアナの巫女たちについても同じく、燃えさかる炭の上を歩いても焼かれることがなかった、と言っています（〔ストラボン『世界地誌』〕第五巻[三五]〔第二章〕）。アポロンの大祭司アニオス[三六]の子供たちは、どんなものでも触れるだけで小麦やブドウ酒や油などに変える力をバッコス神から与えられた、とコエリウス[三七]は伝えています。ユピテルは乳を提供してくれた牝山羊の角を、育ててくれたニンフたちに与え、彼女たちが望むものは何でも豊富に出てくるという特性をその角に授けたため、それは豊饒の角と呼ばれた[三八]、とオウィディウス（『行事暦』第四巻第五章〔第五巻一一一―一二七行〕）、シチリアのディオドロス[三九]（『図書館』第六巻二章〔第四巻第三五章、第五巻第七〇章〕）、ストラボン（『世界地誌』第一〇巻）には書かれています。

エジプト人たちが間近まで追撃してきた時、その前を逃れていたイスラエル人たちが自由に通れるようにと、紅海の水が自ずと割れて分かれたと言われますが[四〇]、はるか後にマケドニア人たちにも同じことが起こり、アレクサンドロスがペルシア帝国征服へ向かった時、彼に率いられた人々もパムフュリア海をこうして渡ったと、ユダヤ人歴史家ヨセフスは『ユダヤ古代誌』に記しています[四一]。さらに、モーセが行ったものと同じ奇蹟をファラオの魔術師たちも彼の前で行って見せたとモーセの書[四二]にも語られています。モーセが自分の杖を蛇に変えられたのであれば、魔術師たちも彼らの杖を同じようにしましたし[四三]、モーセが水を血に変えられたのであれば、魔術師たちもまったく同じことができました[四四]。モーセにたくさんの蛙を生まれさせる力があったのであれば、魔術師たちにもまったく同じようにそうする力がありましたし[四五]、モーセにシラミやブヨを呼び寄せる力があったのであれば、ファラオの魔術師たちにもまったく同じようにシラミやブヨを呼び寄せる力がありました[四六]。「……魔術師タチモ魔術ヲ用イテ同ジコトヲ行ッタ……魔術ヲモッテ蛙ヲ上ラセタ……」（『出エジプト記』第八章八節〔第七章二二節、第八章七節〕）。これに続いて、ファラオの

魔術師たちは結局こういう種類の神異を行う技では、モーセに打ち負かされたと書かれてはいますが、仮にそうだとしてもそれで驚くことはありませんし、そのためにモーセは超自然的な神の力によって行動していたと確信する必要はありません。あらゆる種類の技芸や学問でも、比べてみればより巧みな、より知識のある、より明敏な職人や学者がいるのは日常的に見られることですから。綱の上で飛んだり跳ねたり巧みな手品を披露したりするだけのことでも、比べてみればそういう見事な演技により長けた、より巧みな人はいるでしょう。ですから、モーセが他の魔術師たちにできないことを実際に行ったと仮定しても、そこから神の力によって彼が行動していたという結論は出てこないし、他の人たちより技においてより上手で、より知識があり、より器用で、より習練を積んでいたということになるだけでしょう。同じことを証明するような似た例をその他無数に述べることもできますが、ここでさらに例を挙げることは不要でしょう。

ファラオの魔術師たちのそんな奇蹟なるものが、すべて真理の明白で説得力のある証拠であり、聖なる人物たちによって行われたものだとは、わがキリスト崇拝者たちも言うつもりはないでしょう。ですから、自分たちの意には反しても、そういう種類のしるしや結果は悪徳からも徳からも、誤謬からも真理からも等しく生じうるし、詐欺師やペテン師によっても誠実な人々によっても同じくなされうるし、なされたかも知れないし、したがって、それらは決してなんらかの宗教の真理を確実に保証する証拠でも証でもないと彼らは認めなければなりません。ファラオの魔術師たちが行ったそんなあらゆる奇蹟なるものや、誤謬や偽宗教のために異教の中で行われたと言われる奇蹟なるものは、偽の奇蹟か作り話でしかなく、そんなことを伝える人々を信用してはならないと彼らが言うのなら、彼らの奇蹟なるものについても同様に言うことは同じく簡単ですし、一方より他方をより深く信じる理由はないとまず第一に答えましょう。あるいは、一方より他方をより深く信じる理由が本当にあるかどうかを、何か確実な手段で見分けることができないのは少なくとも確かです。こういう種類の疑いをかけるなら、キリスト教初期に行われたと言われる奇蹟を信じるより、異教の中で行われたと言われる奇蹟を信じる方が、おそらく根拠らしきものにより多く基づいていると

さえ言えるでしょう。そのように言う理由は、異教の奇蹟の大部分は当時名も知られ名声も得ていた多くの真摯な歴史家によって伝えられているのに、キリスト教初期の奇蹟は無知な人々や卑しい人々によってしか伝えられていないからです。彼らは当時人に知られず、名声もなく、今でも名前しか分かりませんが、さらに言えば、当時彼らが今与えられているような名前であったということも確かではありません。たとえば、福音史家がこぞって自分たちのイエス・キリストの奇蹟について述べ立てることを信じるより、フィロストラトス〔四七〕が『アポロニオス伝』八巻中で物語ることを信じる方が、根拠らしきものにより多く基づいていると言えるでしょう。なぜなら少なくとも、フィロストラトスはセウェルス帝の妃、皇后ユリアの寵を受けた書記官で、雄弁かつ能弁な男であったこと、また彼がアポロニオスの生涯とその神奇な事蹟について八巻の書を書いたのは、その皇后の要請によるということ、これらが知られているからです。〔四八〕このことはまた、そのアポロニオスが何か並外れた偉業によって名を成した確かなしるしでもあるでしょう。何しろ皇后が興味を持ち、その生涯と事蹟を書物にしたいと望んだのですから。そんなことは、イエス・キリストについても、その伝記を書いた人々についても決して言えません。というのも、それを書いた人々は私が言ったように、無知な人々、民衆の屑、哀れな日雇い、哀れな漁夫にすぎず、自分が語る出来事を秩序立て一貫して物語る頭すらなく、その話はたびたび食い違ってさえいるのですから。(3)彼らがその生涯と事蹟を描いている男について言えば、もし本当に彼らが言う奇蹟すべてをその男が行ったのなら、間違いなく彼はそのすばらしい事蹟一切によって褒められるべき著名な人物となっていたはずですし、偉大な人間がみなそうであったように――とりわけ同時代に聖なる人間と見なされ神々のように像を立ててもらった、私が語ったあのアポロニオスとシモンがそうであったように〔四九〕――必ずそれによって民衆からの栄誉と称賛を勝ち得ていたはずです。ところがキリスト教徒のキリストは、そうしてもらうかわりに、一生涯、取るに足りぬ男、軽蔑すべき人間、狂信的な気違い、さらに軽蔑すべき哀れなろくでなし、としか見なされなかったのです。ではいったい、彼が本当にあれほど多くのあれほどすばらしい奇蹟を行ったと信じることに、どんなもっともらしさがあるのですか。反対に彼は、本当は狂信的な気違いにすぎなかったし、した

がってキリスト教はその始まりからしてまったくの狂信にすぎなかった、と信じる方がずっともっともらしいでしょう。またそのことを以下でより詳しく示そうというのが私の意図です。

第二には、わがキリスト崇拝者たちに次のように答えましょう。すなわち、たとえばモーセの奇蹟[4]について語るその同じ書が、ファラオの魔術師たちの奇蹟についても語っているし、魔術師たちが同じ奇蹟を、つまりモーセと同じことを行った、「魔術師タチモ魔術ヲ用イテ同ジコトヲ行ッタ」〔『出エジプト記』第七章二二節〕と言明している、と。ですから、そんな奇蹟なるものは悪人によっても善人によっても同じく行われ、悪徳と嘘のためにも真理と徳のためにも等しく行われることを彼らも否定はできないでしょう。したがって、そんな信憑の根拠なるものが、決して真理を保証する証拠でも証でもないことは明白で明瞭です。彼らが普通言うように、ファラオの魔術師たちは結局モーセに打ち負かされ彼に対抗できなかったと言っても、そんな反論は少しもキリスト崇拝者たちの役には立たないでしょう。それは十分ありうることでしょうが、私がすでに言ったように、それだからといってモーセの力が魔術師たちの力より超自然的で神的であったということにはなりません。というのは、あらゆる種類の技芸や学問においても、比べてみればより巧みでより器用なあるいは明敏な働き手[5]というものはいるからです。それに、あの場合にはモーセがファラオの魔術師たちを打ち負かしたとしても、おそらく別の機会には彼自身が彼らに打ち負かされたかも知れませんし、あの場合でも彼より巧みな別の魔術師たちがその場にいたら打ち負かされていたかも知れません。ですから、そんな奇蹟なるものから引き出される証拠は真理に関しては薄弱な証拠ですし、それらについて著者たちが語ることは、慎重に考えて信用する必要すらないものですから、なおのことそんな証拠は薄弱だといえます。だからこそ著名なユダヤ史家ヨセフス自身も、彼の民族と宗教のためになされたと言われもし、信じられもしてきたもっとも偉大な奇蹟について語ったすぐ後で、これらについては各人が好きなように考えてよいと述べ、そういう奇蹟への信用を傷つけ、その信用を疑わしいものにしてしまっています。〔五〇〕これはそんな奇蹟について言われていることを彼自身がそれほど信用していなかった、というまったく確かなしるしでもあります。またそのため、もっとも分別のある人々は、

そういう種類の事柄について語っているさまざまな歴史を、なんらの信用にも値しない架空の物語と見なしています。『誤って魔術の嫌疑をかけられたすべての偉人たちのための弁明』の著者〔ガブリエル・ノーデ〕もそれについて以下のように述べています。「根を断つかわりに枝を払うのは時間の無駄だろう。そういう架空の物語一切の根を枯らすことから始めるべきであり、悪霊や魔術について言われていることの一切は理性によっても経験によっても証拠立てることはできないと示すべきである[五一]」。さらに、「話題となっている人物たちの入神術や降神術その他の奇蹟のような事柄について言えば、そんなものを苦労して反駁する必要はない。なぜなら、そんな奇蹟のような事柄にはさまざまな馬鹿げたことが伴っているし、またそれらをわれわれに語るエウナピオス[五二]自身が、そんなことを行う人物はペテン師と思われるかも知れないと語っている以上、彼らの入神術や降神術その他の奇蹟のような事柄など、それだけで自ずと崩れ去ってしまうからである」〔ガブリエル・ノーデ『誤って魔術の嫌疑をかけられたすべての偉人たちのための弁明』第一巻二四四頁と二四八頁[五三]〕と彼は続けています。[6]ギリシア正教徒たちの間で起こっているそういう偽の奇蹟や悪魔憑きや死者復活については、『サンテリニ島宣教師報告』[五四]――三章連続でそれらについて語っています[7]――を読むだけで分かります。

　モンテーニュ氏も次のように述べています。「通常、いかに空虚な発端とつまらない原因から、奇蹟信仰というあれほど広まっている意見が生ずるかということは実に不思議である。われわれの目はしばしば、遠くからだと不思議な現象を見るが、その現象は近よってみると消え失せる。現在、あらゆる奇蹟や奇怪な出来事は私の前から姿を消している[五五]」〔モンテーニュ『エセー』、邦訳、岩波文庫、第六巻五四頁、原二郎訳〕。続けて彼は次のようにも言います。「私は今日、多くの奇蹟が生まれるのを見た。これは生まれるとすぐに窒息したけれども、もしも年頃まで生きていたとしたら、どんなふうに成長したか、おおよその見当はつく。というのは、糸口さえ見つかれば、いくらでも糸をたぐることができるからである。また、無から最小までの距離は、最小から最大までの距離よりも大きい。ところでこの奇蹟が生まれたときにこれにかぶれた人々は、その話をひろめていくうちに人々の反駁に出会って、どこに説得の難

点があるかを悟って、その箇所を何かの嘘でふさいで行くか、各々自分のものを足して行く。こうして、最初は個人の誤謬が民衆の誤謬をつくるが、次には、民衆の誤謬が個人の誤謬をつくる。こうして、この奇蹟という建物は、手から手に渡るうちにどんどん太って、形ができてゆく。だから、もっとも遠い目撃者がもっとも近い目撃者よりも消息に通じ、最後に知った者が最初に知った者よりも強く信じるということになる。これが自然の成り行きである。」（〔モンテーニュ〕『エセー』一〇三七頁[五六]〔邦訳、岩波文庫、第六巻五二頁、原二郎訳〕）

さらにモンテーニュ氏は続けます。[8][9]「人間は一般に、自分の意見を押しとおそうとするときほど、一生懸命になることはない。人は普通の手段で間に合わないと、命令や、暴力や、剣や、火を加える。真理の最良の試金石が、それを信ずる者の数が多いということ、しかも、賢者よりも愚者がはるかに多い群衆の中でそうだというのは不幸なことである」[五七]〔モンテーニュ『エセー』、邦訳、岩波文庫、第六巻五三頁、原二郎訳〕。さらに付け加えて、「私自身は一人が言ったことで信じないことは、百人が言ったとしても信じないし、人の意見を年数の古いことによって判断しない」（同書一〇三六頁[五八]〔モンテーニュ『エセー』、邦訳、岩波文庫、第六巻五三頁、原二郎訳〕）とも言っています。ペテンは敬神のヴェールのかげではより楽に身を隠します。「世の中の一層多くの誤謬は、いやもっと大胆にいえば世の中のすべての誤謬は、われわれが恐れを抱き自分の無知を告白するように教えられていることから生ずる。そしてわれわれは、反駁できないもの、あるいはそうする勇気が持てないものは、すべて受け入れなければならないとされている」[五九]〔モンテーニュ『エセー』、邦訳、岩波文庫、第六巻五六頁、原二郎訳〕。こういうすべての例証とさらに私が付け加えたこういうすべての理由によって、奇蹟なるものは誤謬と嘘のためにも正義と真理のためにも等しく行われうること、またしたがって、そんなものを真理を確実に保証する証拠や証だと見なしてはならないことが、われわれにはっきり示されています。

わがキリスト崇拝者たちが自ら神の言葉と呼ぶものの証言を挙げ、さらに神にして神聖な救い主と彼らが崇める者の証言をも挙げて、これを一層明瞭に証明しましょう。というのも、神の言葉を収めていると彼らが言う当の書物が、また人となった神として彼らが崇めるキリスト自身が、偽預言者が存在する、つまり自らを偽って神から遣わされたと称し神の名で語るペテン師どもが存在する、とわれわれに注意を促しはっきり指摘しているからです。そればかりか、連中は義人たちもあやうく惑わされるほど偉大で神奇な奇蹟を今後も行うだろう、とさらにはっきり指摘しているからです。「惑わされないように気をつけよ。多くの者が私の名を名乗って現れ、自分がキリストだと言って、多くの人を惑わすであろう。また偽預言者たちが現れて多くの人を惑わし、大いなる奇蹟と神異とを行い、できれば、選ばれた人たちさえも惑わそうとするであろう」とキリストは弟子たちに言いました（『マタイによる福音書』第二四章一一、二三節〔同章四―五、一一、二四節〕）。

名高い偉大なる使徒聖パウロも、神の宗教の真理を受け入れようとしない人々には神が自ら迷わす力を送り、その強力なペテンによって人々は嘘を信じ込むだろう、とその『手紙』の一つで言っています（『テサロニケ人への第二の手紙』第二章一一―一二節）[六〇]。また、人を惑わす不敬な者たちがやって来て、あらゆる種類の神異としるしと人を惑わす奇蹟を行い、あらゆる惑わしで滅びの子らを不義に誘うだろうとも言っています（『テサロニケ人への第二の手紙』第二章九、一〇節）[六一]。これは明白で明瞭な証言ですから、わがキリスト崇拝者たちも斥けることはできないでしょう。彼らの聖なる[1]キリストの言葉そのもの、およびその選びの器[六二]であった[2]主要な一使徒の言葉から明らかに引き出したものなのですから。ですから、そういう奇蹟と神異なるものは、誤謬と嘘のためにも正義と真理のためにも、同じように行われることがあると彼らはどうしても認めなければなりませんし、したがって、それらは決して真理の確実な証

ではないと認めなければなりません。またさらにこの際とくに注目すべきは、こういう奇蹟の行い手と称している連中が、みな自分の言葉や自称奇蹟は人に信じてもらいたい、そして自分たちとは対立する他の派の連中がやることは信じてほしくないと思っていることです。預言者と称する者も同じく、みな自分の言葉は人が信用し、自分と対立する他の連中は全員偽預言者とペテン師であると人が見なすように望みます。彼らが断罪し合い、互いに殺し合うこともそこからはっきり分かります。ですから、どちらを信用するのも馬鹿げているのです。

預言者と称するそういう連中の一人（ゼデキアとか言いましたが）は、ある日対立する意見を持つミカヤという別の自称預言者に異を唱えられると、即座に彼に平手打ちをくわせ、それと同時にまったく面白いこんなせりふを言いました。「神の霊がどの道から私を離れて行って、おまえに語ったのだ。主ノ霊ガドノ道カラ私ヲ離レテ行ッテ、オマエニ語ッタノダ」（『歴代志下』第一八章二三節）。バアル神の預言者なるサマリア地方の預言者たちは、主なる神の預言者と自称するユダとイスラエルの預言者たちとまったく意見が合わず、イゼベルが主の預言者たちを殺した一方で、エリヤも復讐のためバアルの預言者を四百五十人も殺したのです（『列王紀三〔上〕』第一七章〔一八章〕四〇節）。キリスト教徒のキリストも、みなが自分の言葉を信じその奇蹟なるものを信用し、彼以外の者を信じたり、彼に敵対する人々の奇蹟を信用したりはしないようにと望みました。同じくモーセも、彼の民が自分の言葉と奇蹟を信じ、彼以外の者の言葉を信じたり他のどんな者の奇蹟にも惑わされたりしないようにと望み、他の者はみな偽預言者、誘惑者と見なせと彼らに命じました。しかしアロンとその妹ミリアムはそれを認めず、モーセと同じく自分たちにも神は語りかけると納得させようとしました。「神はただモーセによって語るのか。モーセにもわれわれにも語りかけるのではないか。主ハタダモーセニヨッテ語ッタノカ。ワレワレニモ同ジヨウニ語ラナカッタカ」（『民数記』第一二章二節）と彼らは言ったのです。ですから以上のように、わが預言者や奇蹟の行い手と称する連中は、明らかに互いを否定し合い断罪し合い、まさにそのため互いに争い殺し合います。このことこそ、彼らの奇蹟なるものが決して真理を保証する証拠でも証でもないという、またしたがって、こんな信憑の根拠なるもので、ある宗教の真実性を判断

すべきではないという、確実明瞭なしるしです。

しかしそもそも、それらの奇蹟なるものがどうしてある宗教の真実性を保証する証拠と証なのでしょうか。それらが本当に行われたことは確かですらなく[3]、それらについての話もまったく確実性を欠いているのですから。というのも、それらについての話になんらかの確実性があるためには、一、そういう種類の話や物語の最初の著者だと言われたり信じられたりしている人々が、本当にその著者であるかどうかを知らなければならないからです。というのは、ある人々が行いもせず言いもしなかった多くのことが、誤ってその人々に帰されることがよくあるのは確かだからです。またけしからぬ著作家たちはしばしば[4]、著名人の名を隠れ蓑にして自分の嘘やペテンに信用を与えようとするからです。二、事実そういう種類の物語の最初の著者であるか、あるいはそうであった人々が、誠実な信用できる人物であったかどうか、賢明で広い知識を持っていたかどうか、それほど有利な証言をする当の人たちに対して好意的な先入観を持っていなかったかどうか、それも知らなければなりません。というのも、その最初の著者が誠実な人々でないなら、彼らが奇蹟なるものについて語ることを信用すべきでないのは確かですから。同じく、それらを伝えるのが賢明で知識のある人物でないなら、やはり彼らは信用に値しないでしょう。物事を健全に判断するのに必要なあらゆる知識の光とあらゆる慎重さを持っていないため、人があまりにも簡単にだまされてしまうことはありうるからです。同様に、彼らが話題とする当の人々に対して好意的な先入観を持っていたり、その連中の利害に関係していたりするなら[5]、やはり彼らが語ることにそれほどの信用を与えるわけにはいかないでしょう。先入観は物事を健全に判断するのを妨げ、よくあるようにへつらいや好意によって物事を実際とは別のように人に言わせ、作らせ、曲げさせさえするからです。それは日常経験されることですし、必要なら無数の例でその証明もできるでしょう。三、それらの奇蹟なるものを伝える人々が、自分が伝える事実のあらゆる付帯状況を十分に検討したかどうか、十分に知っていたかどうか、また本当にありのままに[6]すべて伝えているかどうか、それも知らなければなりません。というのも故意にせよ誤りにせよ、ある事実の個々の付帯状況をいささかでも変えるなら、つまり少しでもそれを落としたり、そこには

なかった状況を何か付け加えたりするなら、その事実をそのものとはまったく違ったように示すことになるからです。そしてよく人はこういうことのために、ありのままを本当に知るなら称賛などただちにやめる事柄を、称賛したりするのです。

[7]モンテーニュ氏も見識をもってこう述べています。「奇蹟は、われわれが自然について無知であるから存在するのであって、自然そのものの本質によって存在するのではない」（〔モンテーニュ〕『エセー』七九頁[六三]〔邦訳、岩波文庫、第一巻二一〇頁、原二郎訳〕）。「通常、いかに空虚な発端とつまらない原因から、奇蹟信仰というあれほど広まっている意見が生ずるかということは実に不思議である。われわれの目はしばしば、遠くからだと不思議な現象を見るが、その現象は近よってみると消え失せる」（〔モンテーニュ〕『エセー』一〇三八頁[六四]〔邦訳、岩波文庫、第六巻五四頁、原二郎訳〕）。四、そういう事実一切を、つまり過去に行われたと主張されるそういう偉大で神奇な奇蹟一切[8]を伝える書物や古い史書が、他の多くの書物や史書が確かに過去に改竄され歪められ、われわれの時代にも日常的に改竄されているのと同様に、やはり時を経る中で改竄され歪められなかったかどうか、それも知らなければなりません。

さて、それらの奇蹟なるものが本当に行われた、といういかなる確実性もないのは確かです。それらを伝える人々、あるいは目撃したと言う人々の誠実さと真摯さについていかなる確実性もありませんし、彼らがそのあらゆる付帯状況をよく知りそれに十分注意したといういかなる確実性もありませんし、それらのことが見られる史書が本当にその著者とされる人々のものだという確実性もまったくありませんし、さらにそれらの史書が、そういう目にあったことがたくさん知られる他の史書同様、歪められ改竄されなかったという確実性もまったくありません。つまり、これらさまざまな点一切についてどんな確実性もないのです。というのも、たとえば人がモーセの名を知っているとしても、だからといって彼が誠実な人間であり、真実を書くかわりに作り話や嘘を書きはしなかった、ということを確実に知るわけではないからです。「哲学者ティモンは神のごときプラトンを奇蹟の大捏造家と言ったが、それは人間的力が自分に足りない場合に、彼は神の御業と啓示を持ち出すことにかけては大胆な名人であったからである」（〔モンテー

ニュ『エセー』六〇〇頁[六五]（邦訳、岩波文庫、第四巻五三頁、原二郎訳）。名だたるモーセはそんなことはしなかった、神のごときプラトンはそうであったかも知れないが、モーセは悪賢い奇蹟の捏造家ではなかった、ということについてどんな確信が持てるのでしょうか。そんなことについてはどんな保証もないに決まっています。それどころか逆に、彼を本当の預言者と見るより名うての追いはぎ、名うてのペテン師と見るべき理由の方がはるかに多いと思われます。見識ある一人の著作家がモーセについて、総じてユダヤ民族なるその民について、次のように語っています。

ユダヤ人について彼はこう言います。「われわれが彼らの起源にまで遡るなら、また彼らの史書があれほど大仰に扱いあれほど多くの架空の奇蹟を伴わせるそのエジプト脱出にまで遡るなら、ヨセフス他のあらゆるユダヤ人史家にも劣らぬほど、大きな権威を持つエジプト人や他民族の著作家たちが、ユダヤ人のことをきわめて軽蔑的に語り、まったく好ましからざる姿に描いたのが分かるでしょう。エジプトの祭司マネト[六六]は彼らを汚らわしい癩病やみの民と呼び、彼らは当時の王アメノフィス〔アメン・ヘテプ〕[六七]によりこの国を追われ、エジプトの祭司モーセに率いられシリアへ逃れたと言っています。ギリシア人の間で有名な著作家カイレモン[六八]もほぼ同じことを伝え、アメノフィスの治世に二十五万人の癩病やみがエジプトから追放されたが、彼らはクティテンとノテセトつまりモーセとアロンに率いられ脱出したと言っています[六九]。他の著作家たちも、当時エジプトを治めていた王の名についてはさまざまですが、イスラエル人が疥癬と膿瘍に覆われた悪臭を放つ卑しい民であり、エジプト民族の屑、汚物と見なされていたと語る点ではみな一致しています。

異論のない権威を持つローマの歴史家タキトゥス[9]もこう付け加えています。この追放された癩病やみの一人だったモーセは頭の良い男で彼らの間でも名望があったので、同胞の窮状と混乱を見た時、勇気を出しエジプト人の神々やエジプト人に頼らず自分だけを信じ忠告に従ってくれ、と彼らに頼み、自分は指導者となりおまえたちが呻吟しているこの災難からおまえたちを引き出してやるために天から遣わされたのだ、と言いました。すると、どうしてよいか分からなかった彼らはモーセの指導に完全に服し、その時からモーセは彼らの首領で立法者となり、彼らにアラビア

の砂漠を横断させたのですが、そこで彼らはひどい略奪と盗賊行為を働き、男も女も子供も剣にかけ町を焼き払い、足跡を印せる所はことごとく破壊しました。盗賊や山賊の群についてこれ以上ひどいことが言えるでしょうか」〔マラナ『トルコ皇帝の密偵』第四巻書簡八三〕[七〇]。「魔術と占星術が当時はやりの唯一の学問でした。そしてモーセはエジプト人の知恵のあらゆる奥義と秘密に完全に通じていたので、田舎者で無知なヤコブの子らに彼個人に対する尊敬と愛着の念を吹き込み、彼が与えようと望む規律をその惨めな状況の中で彼らに信奉させるのはモーセにとってむずかしくなかったのです」〔〔マラナ〕『トルコ皇帝の密偵』第四巻書簡八三〕[七一]。以上のことは、ユダヤ人とわがキリスト崇拝者たちがわれわれに信じさせようとすることとまったく違っています。他の人々よりむしろ彼らを信ずべきだとどんな確実な規準によって分かるのでしょうか。そんなことに関してどんな本当らしい理由もないことは間違いありません[(10)]。

第一四章　改竄され、歪められている『聖書』なるものの不確実さ

『新約聖書』の奇蹟なるものについても、『旧約聖書』中のものについてと同じく、やはり確実性も真実らしさもほとんどありません。たとえばイエス・キリストの奇蹟なるものを伝えるあの四『福音書』が、本当にその著者とされる人々の手になるということにどんな保証と確信が持てますか。そして本当に彼らの手になるとしても、彼らが本当に誠実で信頼に足る人間だったというどんな確信が持てますか。その名前を知り、一人はマタイ、一人はマルコ、一人はルカ、一人はヨハネと名乗っていたと知っても、だからといって彼らがみな誠実で信頼に足る人物だったかどうかは分かりません。だからといって賢明な知識のある人物だったかどうかは分かりません[(1)]。だからといって彼ら自身が欺かれていなかったかどうか、またそんな人間がたくさんいるように、他人を欺こうと彼らが思わなかったかどうかは分かりません。そして彼らが無教養で無知な人間にすぎなかったことは――したがってそんな連中をだますのは

わけもなかったでしょう——すでに認められているのですから、彼らの証言をまったく信用しない理由もあるわけです。さらに、彼らの名前で出されているあの四『福音書』が、これまでたくさんの他の史書がそういう目にあったのを、また今でもあっているのをわれわれが知っているように、同じく歪められたり改竄されたりしなかったというどんな確信が持てますか。われわれの時代に眼前で起こったと言えるほどの事柄についてさえ、それについてなされる報告はほとんど信用できません。その話をする二十人のうちで、起こったままを忠実に語る者が二人といないことがよくあります。では、あれほど古くあれほど多くの世紀を経た、幾千年も前の事柄に関する話にどんな確実性がありうるのですか。しかもそれらの事柄は、外国人で名もなく地位も権威もない連中によってしか伝えられておらず、そんな連中があのように異常なほとんど信じられない、というよりあのように信じがたい事柄をわれわれに語っているのです。われわれの昔の摩訶不思議な物語や妖精物語と同じく、そんな事柄についてそんな連中がわれわれに語ることにどんな確実性もなく、どんな蓋然性すらないのは確かです。ですから、彼らの言うことなどまったく信用に値しないのです。

このような時よく言われることですが、そういう種類の事実を伝える歴史書は常に神聖で聖なる歴史書と見なされ、したがって常に忠実に少しも手を触れることなく保存され、そこに含まれているさまざまな真実はまったく損なわれることはなかった、と言っても何の役にも立たないでしょう。そういう書物のためにこんな理由を挙げても要するに何の役にも立たないのです。というのも、他の多くの理由と並んで、おそらくこういう理由のためにこそそれらの書物は一層疑わしいはずですし、それらから何か利得を引き出そうとしたり、それらがまだ自分たちに十分好都合なものではないと考えたりする連中は、おそらくそれだからなおのことそれらを改竄し歪めたはずだからです。そういう種類の歴史書を書き写したり印刷させたりする著作家たちは、その時付け加えたり変えたり、また自分の意図に役立つと思えばどんなことでも削ったりさえするのが普通です。この点について、前世紀の見識ある一著作家がその考えと見解を次のようにわれわれに述べてくれています。(2)

「人間は生まれながらに嘘つきである。人間は、自分の作品、虚構とお話だけしか好まない。庶民を見よ。彼は嘘を吐く。誇張する。愚劣なことばかり並べたてる。いや、もっとも誠実な紳士にも尋ねてみたまえ。常にその言う所は真実であるか、虚栄や軽率のために虚偽に落ちこんだ自分を見て驚くことはないか、うまい話をしようとして時にその話にありもしない事実を付け加えるようなことはないかと。今日一つの事がわれわれみなの目の前に発生する。と、それを目撃した百人の人は、それを百様に物語るのである。ここにいる人は、もし聞かれるならば、それまでに言われなかったように物語るであろう。あれほど幾世紀もわれわれからかけ離れたあれほど昔の事柄に、果たして私はどれほどの信を託することができるのだろうか。もっとも信ずるに足る歴史家をどの程度信用したらよいのだろうか。歴史はいったいどうなるか。たとえばカエサルは果たして元老院で殺されたか。第一カエサルなんてものが果たしてあったか。〈なんたる結論！　なんたる疑い！　なんたる問い！〉とあなたは申される。あなたは一笑に付される。返答するにも値しないとおっしゃる。いかにもごもっともだとさえ、私も思う。だが、このカエサルの名を掲げている本が嘘つきの人間の手で書かれた、偶然に文庫の中で真の歴史も嘘の歴史も含む他のいろいろな写本に紛れて発見された世俗の本ではなく、反対に神感を受けて書かれた神聖な神的な本であり、それ自体にそのような性質を帯びており、また約二千年来ずっとそれにどんな小さな変更を加えることも許さず、それをそのままに保存するのを大事な義務としてきた大勢からなる一団体の内にあったものであると私が仮定し、カエサルとその独裁のことが書かれているその冊子の中に含まれている事実はすべて信じなければならない、という敬虔な免れえない約束さえあると私が仮定するとしよう。正直に言ってみたまえ。その時にはあなたでさえカエサルが存在したことを疑うであろう。」

（〔ラ・ブリュイエール〕『カラクテール』「文学上の著作について」〔「自由思想家について」〕の章）〔七二〕

これが歴史書の不確実性について、世俗の歴史書のみならず、とくに、もっとも神聖で聖なるものと人が思わせようとする歴史書の不確実性について抱くべき観念の正しい姿なのです。というのも、そういうものは他のどんな歴史書より宗教に利益をもたらすので、各々もまたそれを利用し、できる限りそれで自派を補強しようと努めるからです。

またそういう理由で各々がその立場から、本物であろうと偽物であろうと、そういう歴史書を作り出そうとし、ついでそれらを自分たちに一層有利なものとするため、自派を益するのに好都合なようにそれらに付加や削除や変更を加えるからです。

第一五章　『福音書』の不確実さ

これはわがキリスト崇拝者たち自身も否定できないことです。なぜなら、彼らのいわゆる『聖書』がさまざまな時代に付加や削除や改竄を受けたことを認めた真摯な幾多の著作家や[1]人物について語らずとも、彼らの仲間でこの種の書物に関する[2]著名な学者、聖ヒエロニムス[七三]がその著作の多くの箇所で、とりわけ先の『聖書』なるものに付けた彼の序文[七四]で、これらの書は多くの点で歪められ改竄されてきたし、彼の時代にもこれらは好き勝手に何でも付加したり削除したりするありとあらゆる連中の手に委ねられているので、写本の数だけ異本があると言明しているからです。「医学[3][4]ニ関シテハ、予後ノ判断ヲ下スノハ医者デス。鍛冶ニ関スルコトヲ取リ扱ウノハ鍛冶屋デス。ミナ誰デモ彼デモ自分ノタメニソノ権利ヲ要求スルノハ、タダ一ツ、『聖書』ニ関スル技術ダケデス……。オ喋リナ婆サン、耄碌シタ爺サン、口ノ達者ナ屁理屈屋ガミナ、ソノ技術ヲ持ッテイルト鼻ニカケ、ソレヲメチャクチャニシ、学ビトルヨリ前ニ教エルノデス。ソレダケデハアリマセン。幾ラカ口ガヨク回ル才ガアルト、ト言ウヨリソウ思イ上ガッテイルト、自分デモ分カッテイナイコトヲ他人ニ教エルノデス。ワガ同輩ニツイテハ言イマスマイ。彼ラハ世俗ノ文芸ニ携ワッタ後デ、タマタマ『聖書』ノ研究ニ立チ戻リ、ソノ凝ッタ言葉デ民衆ノ耳ヲクスグレタト思ウト、自分ノ言葉ガスベテ神ノ法ソノモノダト思イ込ミ、預言者ヤ使徒タチガ考エタコトヲ知ロウトモセズ、個人的見解ニ辻褄ノ合ワナイ証言ヲ適用シマス。意味ヲ改変シ、『聖書』ニ反スルオノレノ意向ニ『聖書』ヲ引キ寄セルコトガ、マルデスバラシイコトデアッテ、トテツモナク誤ッタ教エ方デナイカノヨウニ……。コンナコトハ子供ジミタコトデス。知ラヌコトヲ

教エルコト、ト言ウヨリモットヒドイ言イ方ヲスレバ、何ヲ知ラヌカトイウコトサエ知ラヌコト、ソレハ香具師ノ業ニモ似タコトデス。[七五] 世間では銘々が銘々の職に携わります。[5] 職人、農夫、石工、蹄鉄工、大工、羊毛工、仕上工、その他あらゆる職につく人々はその職で年季を入れなければそれぞれの技術に携わりません。ところが『聖書』を読み説明し解釈する技術にだけは誰でも手を出したがります。無知な連中も学者と同じように口を出します。耄碌した爺さんたち、お喋りな婆さんたち、口の達者な屁理屈屋たちが毎日のようにそれをめちゃくちゃにし、学びとるより前に教えようと口を出します。さらに恥ずべきことに女どもが男たちに教えようと口を出してきます。連中はそれぞれに自分も分かっていないことを他人に教えようと思い上がっているのです（聖ヒエロニムス『パウリヌスへの手紙』[七六]）。また別の者たちはさまざまな人間的学問を勉強し、立派な演説で聴衆の耳をくすぐることができるのをよいことに、預言者や使徒たちが考えたことを学ぼうともせず、[6] 自分たちが言うことがみな神自身の法や言葉だと思い込みますが、主題にまったくふさわしくないさまざまな証言を勝手に脚色し適用することができるだけなのです。そんなことが何か大変驚嘆に値するかのようです。『聖書』のさまざまな格言にこじつけた意味を与えますが、そのようにしてそれらを損ない勝手に解釈することがとてつもない悪事ではないかのようです……。そんなことは無意味な子供じみたこと、笑劇や喜劇の役者の茶番にも似た茶番です、知らぬことを教えること、知らないということさえ知らぬことは。」
（同書〔ヒエロニムス『パウリヌスへの手紙』〕）

『防戦のための序文』〔『防戦のための序文、《歴代志》への序文』〕でも彼は次のように述べています。「モシモ七十人訳者ニヨル版[七七]ガソノママ、彼ラガギリシア語ニ訳シタトオリニ残ッテイルナラ、司教ノ中デモモット徳高ク学識深キクロマティウスヨ、[七八] アナタノタメニヘブライ語ノ書物ヲラテン語ニ訳スヨウニト、アナタガ私ニ強イルノハ必要ノナイコトダッタデショウ。トイウノモ、一度人々ノ耳ニ馴染ミ、生マレツツアッタ教会ノ信仰ヲ固メタモノハ、ワレワレノ沈黙ニヨッテ是トサレルコトコソ正シカッタデショウカラ。今デハ実際、サマザマナ地域ニ対シテサマザマナ版ガアルトイウ有様デスカラ、カノ古キ真正ナル翻訳ハ歪メラレ改竄サレテイルノデス。多クノ中カラ何ガ本物デア

ルカヲ判断シタリ、古イ仕事ノ中ニ新シイ仕事ヲ仕立テ上ゲタリ――ソレハ諺ニ言ウカラスノ眼ヲ抉ルコトダト、ユダヤ人ニ嘲ラレナガラ――スルコトガ、ワレワレガ好キニデキルコトダトオ思イデスカ……〔七九〕。使徒ヤ福音史家タチハ確カニ『七十人訳』ヲ知ッテイマシタ。デハ、コレラノ『七十人訳』ニ含マレテイナイコトハ、ドコカラ彼ラニヤッテ来タノデスカ。七十人訳者による『聖書』の翻訳が、彼らがギリシア語からラテン語に〔ヘブライ語からギリシア語に〕〔八〇〕訳したとおり今でもそのままに残っているなら、ヘブライ語で書かれたものを元にして同じ書の新ラテン語訳を作る仕事を教皇様が彼に〔私に〕課されるのは無駄なことでしょう。教会が生まれた初期に慣例によってもう権威を与えられていたようなことは、黙って是となされることこそ適切で正しいことだったでしょうから。しかし今では地方の数だけ異本があるのですから、古来からのその最初の訳は歪められ改竄されているのです。選択すること、好きなように真偽を選別すること、古い作品の中に新作を仕立て、そうやって二つからただ一つを作り、ユダヤ人たちの嘲笑の的になること――彼らは私を嘲り、諺に言うカラスの眼を抉ろうとする〔抜け目ない人を欺こうとする〕ことだと言うでしょう！――そんなことが私次第でどうにでもなることだとお思いですか。使徒や福音史家たちは確かに『七十人訳』を知っていました。では、これらの『七十人訳』中にないことを彼らが引くのはどうしてですか、どうして彼らにそんなことが起こるのですか。」〔ヒエロニムス『防戦のための序文、《歴代志》への序文』〕

『ドムニオンとロガティアヌスに宛てた《歴代志》への序文』〔八一〕でも、彼はさらに次のように述べています。「トイウノモ、アナタガタニハ率直ニ申シ上ゲマスガ、コノ名ノ書ハギリシア語ヤラテン語ノテキストデハヒドク歪メラレテイテ、ヘブライ語ノ名詞トイウヨリ、何カ蛮族ヤサルマティア人ノ使ウ名詞ガ挿入サレタノダト思イタクナルホドデス。ソシテコノコトハ、真実ノモノヲ聖霊ニ満タサレテ翻訳シタ七十人訳者ニ帰セラレルベキデハナク、写字生タチノ罪ニ帰セラレルベキデス。彼ラハ誤リノナイモノヲ誤ッテ書キ写スノデスカラ。彼ラハ時ニ三ツノ単語ナノニ、中間カラシラブルヲ落トシテ一ツノ単語ニ縮メテシマイマス、アルイハ逆ニ、一ツノ単語ヲソノ長サノタメニ二ツカ三ツノ単語ニ分ケテシマイマス。シカモ、ソレラノ名称自身ガ、多クノ人ガ考エルヨウニ人間ノ名前デハナク、町ヤ地

方ヤ山間地ヤ国ヲ意味シテイルノデス。コウイウ解釈ト姿ノモトデコジツケラレ、ナンラカノ歴史ガ物語ラレルノデス。この書のさまざまなギリシア語訳やラテン語訳はひどく歪められたもので、ヘブライ語の名詞というより蛮族の使う未知の名詞が挿入されたのだと言った方がいいほどです。そのことは聖霊に満たされていた七十人訳者のせいにすべきではなく、書き手や写字生の誤りのせいとすべきです。彼らは正確に書かず、二つあるいは三つの単語なのに中間のシラブルを落としてただ一つの単語にしたり、逆にただ一つの単語を、発音するには長すぎるので二つあるいは三つの単語にしたりすることがよくあったのです。」（同書〔ヒエロニムス『ドムニオンとロガティアヌスに宛てた《歴代志》への序文』〕）

『《ヨシュア記》への序文』でも彼はこのように述べています。「〔マサシク今デハ〕ラテン語訳ニ写本ノ数ダケ異本ガアリマス〔カラ〕、誰デモ好キ勝手ニ、自分ガ良イト思ッタラ付ケ加エタリ、削除シタリスルデショウ。一致シテイナイモノハ、ドウシテモ真デハアリエマセン……（八二）。〔アルイハ、〕彼ラガ真実ヲ語ッタ後デ虚偽ヲ公言スルノハ、ナント愚カナコトダッタデショウカ。銘々好き勝手な付加や削除をするのですから、ラテン語訳では写本の巻物の数だけ異本があります。矛盾しているものが真でありえないことは確かなのですから、真実を述べた後で嘘を付け加えるとはなんと愚かなことでしょう。」（同書〔ヒエロニムス『《ヨシュア記》への序文』〕）

『《ヨブ記》への序文』でも次のように述べています。「デスカラ私ノ犬ドモハ理解スベキデス、私ガコノ巻ニ関シテ仕事ヲシタノハ、以前ノ翻訳ヲ非難スルタメデハナカッタコトヲ、ソシテ、従来ノ訳デハ曖昧デアッタリ、省略サレテイタリ、写字生タチノ誤リニヨリ確カニ損ナワレテイタリスル箇所ヲ、ワレワレノ翻訳ニヨッテ、ヨリ明ラカニスルタメダッタトイウコトヲ……（八三）。サテ、七十人訳ノ後ニキリストノ福音ガ光リ輝イテカラ、ギリシア人ノアイダデハ、悪賢イ翻訳デ救イ主ノ多クノ奥義ヲ覆イ隠シテシマッタユダヤ人アクィラヤ（八四）、ユダヤ教的異端者シュンマコスヤ（八五）、テオドティオン（八六）ガ受ケ入レラレ、ソンナモノデアルニモカカワラズ、教会デモ教父タチニヨッテソレラガ保存サレ（八七）、解釈サレテイルトシテモ、キリスト教徒デアル私ガ、サラニドレホドニ……。私がこの巻に関して仕事をしたのは古

い訳を非難するためではなく、曖昧なところや省略されたところ、さらにはさまざまな書き手の誤りのため損なわれ歪められたところを、われわれの解釈で明瞭にするためであったと、だから私の犬どもは（自分の敵を彼はそう呼んでいました〔メリエによる注記〕）理解し知るべきです。」〔ヒエロニムス『《ヨブ記》への序文』〕

『教皇ダマスス〔八八〕に宛てた《福音書》への序文』でもこう言っています。「ワレワレノ諸書ノ中ニコノ甚ダシイ誤リガ根ヲ張ッタノハマサニ確カデス。彼ラハ、同ジ事柄デ、アル福音史家ガヨリ多ク語ッテイルト、ソレヲヨリ少ナイト思ウ別ノ福音史家ニ付ケ加エテシマッタノデス。アルイハ、四『福音書』ノウチデ、最初ニ一ツヲ読ンダ者ハ、他ノ福音史家ガ同ジ考エヲ別ノ仕方デ表現シテイルト、他ノ『福音書』モマタスベテ、最初ニ読ンダモノヲ範トシテ直スベキダト思ッテシマッタノデス。コウシテ、ワレワレノモトデハスベテガ混ザリ合イ、ルカトマタイノ多クノモノガ、マルコノ中ニアルトイウヨウナ事ガ起コッタノデス。逆ニヨハネトマルコノ多クノモノガ、マタイノ中ニアリ、アル『福音書』ニ固有ナコトガ、残リノ他ノ『福音書』ニモ見イダサレルノデス。われわれのこれらの巻に甚だしい誤りが忍び込んだのは確かです。同じ主題に関して、ある福音史家が他の福音史家の語る以上のことを語っている場合、欠けていたことは他のところにも付加すべきだと翻訳者あるいは解釈者たちは思いました。また、四福音史家のうちで自分が最初に読んだものを範として他を修正すべきだと彼らは思いました。こうしてすべてがわれわれのもとでは混ざり合い、聖ルカと聖マタイに由来する多くの事柄が聖マルコの中にあり、聖ヨハネと聖マルコに由来する多くの事柄が聖マタイの中にあり、あるものに固有な多くの事柄が別のものの中にあるという事態がそこから起こったのです。」〔ヒエロニムス『教皇ダマススに宛てた《福音書》への序文』〕

さらに、『《詩篇》への序文』でも次のように書いています。(7)「シバラク前、ローマニイタ時ニ私ハ『詩篇』ヲ直シマシタ。『七十人訳』ニ基ヅイテ、急イデデハアリマスガ、シカシ大部分ヲ修正シマシタ。オオ、パウラトエウストキウムヨ〔八九〕、アナタガタハ写字生タチノ誤リニヨッテ損ナワレタモノヲ再ビ目ニシ、新シイ修正ヨリ古イ誤謬ガヨリ影響力ガアルノヲ見テ、私ニ要求ナサイマス、アタカモ、スデニ耕サレタ畑ヲマダ鍬ノ入ッテイナイ荒地ノヨウニ耕シ、

曲ガリクネッタ畝溝カラ再ビ生エ始メタイバラヲ引キ抜クヨウナコトヲ。頻繁ニ生エテクル雑草ハヨリ頻繁ニ刈リ取ルベキダ、トアナタガタガ言ウノハモットモナコトデスガ。私は以前ローマにいた時この書を『七十人訳』に基づいて直し始め、かなり急いでではありましたが、その大部分をすでに修正しました。しかし、ああ、パウラよ、エウストキウムよ、この書が依然として写し手たちの誤りによって損なわれたままであり、誤謬は優勢であり続けて(8)、新しい修正より今でも人口に膾炙しより信用を得ている、というさまをあなたがたは依然として目にしています。ですから、かつてすでに開墾(9)し掘り起こした土地を再び耕し、そこからまた芽を出し始めたイバラを再び引き抜くような仕事をあなたがたは私に課すわけです。あなたがたが言うように雑草はとかく伸びがちなのですから、それだけ頻繁に刈り取る必要があります」（同書〔ヒエロニムス『《詩篇》への序文』〕）。

とりわけ『旧約聖書』の諸書については、一部は失われ一部は損なわれていた律法の聖なる書とかいうものを、律法の祭司エズラ〔九〇〕自身が自ら全体にわたって修正し復元したと証言しています。ついで、ヘブライ文字の数にならって彼はそれらを二十二巻に分かち、また賢者だけに伝えるべき教理からなる多くの別の書物を書きました（『エズラ書』第四巻第一四章〔九一〕）。先のエズラが証言し、また学者の聖ヒエロニムスがあれほど多くの箇所で証言しているように、もしそれらの書が一部は失われ一部は損なわれていたなら、それならば確かにそれらが含む内容にはどんな確実性もありませんし、神自身から霊感を受けてそれらを全体にわたって修正し復元したと同じエズラが言ったところで、それについてもどんな確実性もありません。これと同じことを言えないようなペテン師はいません（『年代記』一六二頁〔九二〕）。(10)アンティオコス〔九三〕の時代には、見つけられた律法(11)と預言者の書はことごとく焼かれました。タルムード〔九四〕はユダヤ人たちには神聖で聖なる書と見なされ、神のあらゆる律法と命令を含み、あわせてラビ〔九五〕たちのもっとも著名な格言と金言、神と人間の法に関するラビたちの解説、およびヘブライ語に関するその他無数の秘密や神秘を含むのですが、キリスト教徒たちには妄想と作り話とペテンと不敬がいっぱい詰まった書と見なされます。そういうタルムードが、クレモーナ〔九六〕のある図書館で一万二千冊発見され、宗教裁判所判事の命令により一五五九年ローマでみな焼き捨てられ

ました（〔モレリ〕『大歴史辞典』[九七]）。

ユダヤ人たちの有力セクトであったパリサイ派[九八]はモーセ五書しか受け入れず、預言書はすべて捨てていましたし、キリスト教徒の間でもマルキオン[九九]とその一派は、モーセの書と預言書を捨て、彼らの流儀に合った別の『聖書』を導入していました。カルポクラテス[一〇〇]とその一派も同様で、『旧約聖書』はすべて捨て、イエス・キリストは他の人間と同じく一人の人間にすぎないと主張していました。マルキオン派[一〇一]とセウェルス派[一〇二]も『旧約聖書』すべてを悪しきものとして否認し、また四『福音書』の大部分と聖パウロの書簡も捨てていました。エビオン派[一〇三]は聖マタイの『福音書』しか認めず、他の三『福音書』と聖パウロの書簡は捨てていました。マルキオン派は彼らの教理を立証しようと聖マッテヤ[一〇四]の名を冠した福音書を公表しました。同じく純粋使徒派[一〇五]も自分たちの謬説を主張するために別の『聖書』を導入し、その目的のために聖アンデレと聖トマスのものだと彼らが言ういくつかの行伝[一〇六]を用いました。マニ教徒[一〇七]たちも彼らの流儀に合った福音書を書き、預言者と使徒たちの書は捨てていました（『年代記』一八七頁[一〇八]）。エルケサイ派[一〇九]はある書を天が与えたものだと言いふらし、他の『聖書』は勝手にばらばらにしていました。（ニケフォロス『教会史』第五巻第二四章[一一〇]）

オリゲネス[一一一]自身その偉大な才能すべてを傾けても、やはり『聖書』を歪め、絶えず場違いな寓意を考え出し、それで預言者と使徒たちが言う真の意味から絶えず逸脱し、教理の主要点のあるものを歪めることさえしてしまったと言われています。その彼の諸著作すら、今では削られ改竄され、もはや後世の人々が縫い合わせ寄せ集めた断片にすぎません。そこに明らかな誤謬と間違いが見られるのはこうしたわけからです（『年代記』三三五頁[一一二]）。アロゴス派[一一三]は、聖ヨハネの『福音書』と『黙示録』は異端者ケリントス[一一四]が書いたものであるとして、それを理由にそれらを捨て去りました。近年の異端者たち[一一五]は、わがローマ・カトリック教徒たちが神聖で聖なる書と見なす多くの書物[一一六]、『トビト書』、『ユディト書』、『エステル記[一一七]』〔への付加〕、『バルク書』、「竈の中の三人の子供の賛美歌」と「スザンナの話」と「ベル神の偶像の話[一一八]」、『ソロモンの知恵[一一九]』、『集会の書[一二〇]』、『第一・第二マカベア書』というようなものを外典として捨てて

います。つまり、これらすべての書は近年のわが異端者たちには外典と見なされ、わがローマ・カトリック教徒たちには神聖で聖なる書と見なされるわけです。[一二一]これらの不確実で疑わしいすべての書に、他の使徒たちが書いたとかつて[12]は思われていた、同様にほとんど価値もない幾多の書[一二二]をさらに付け加えることもできるでしょう。たとえば、『聖トマス行伝』と彼の巡歴、彼の『福音書』と『黙示録』[一二三]、同じく『聖バルトロマイ福音書』[一二四]、『聖マッテヤ福音書』[一二五]、『聖ヤコブ福音書』[一二六]、『聖ペテロ福音書』やその他の使徒の福音書、また同じく聖ペテロの武勲と彼の宣教の書、彼の黙示録と審判の書[一二七]、さらにまた同じく『救い主の幼時物語』[一二八]、その他、ローマ・カトリック教徒によって、教皇ゲラシウスおよび教皇たちによって[13]外典としてみな捨てられた[一二九]、同工異曲の多くの書物を付け加えることもできるでしょう。

　こういうありさまでは、わがキリスト崇拝者たち自身もそれ〔聖書なるものが改竄されてきたこと〕を否定できないでしょうから、それらの書に与えると主張される権威についても、その中で伝えられるさまざまな事実の真実性についても、確実性のどんな基盤も見かけもないのは確実で明白で明瞭です。この点について確実性のどんな基盤も見かけもないなら、その中で伝えられる奇蹟なるものは、どんな宗教の真実性を保証する証拠[14]や証としても役立ちえないこと、これも確実で明白で明瞭なことです。これが真であることを一層立証してくれるのは、その神聖で聖なる書とかの神的権威をもっとも強硬に主張し、その中で伝えられる奇蹟なるものの真実性をもっとも強硬に支持する当の人々が、自ら次のように認め告白せざるをえないことです。つまり、もし自分たちの信仰がそれらについて保証を与え、そのように信じることを絶対の義務としないなら、自分たちもその書の神的権威とその中に含まれる事実の真実性についてどんな確信も持てない、と彼らも言うのです。さて、すでに私が言ったように、彼らの信仰とは見てもいないし知りもしない事柄に対する盲目的信心ですから、それは私がやはり言ったように誤謬と錯誤とペテンの原理です。したがって上述の奇蹟なるもの、また上述の神聖で聖なる書とかいうものには、それらを支持する当の人々の告白そのものによっても、盲目的信心——これが誤謬と錯誤とペテンの原理なのです——を基に彼らがあると思いこん

でいる確実性以外には、真実であるというどんな確実性もない以上、そんなものがどんな宗教の真実性の確実、堅固[15]な証としても役立ちえないのは確実、明白、明瞭なことです。

第一六章　『聖書』なるものはそれ自体として人間のレベルを超えた博識や知恵のどんな特徴も備えてはいない

しかし、それらの神聖な神の書なるものがそれ自体として、神に特有な何かの特徴、たとえば博識と知識と知恵と聖潔、あるいは神のみにふさわしい他の完全性の特徴を何か備えているかどうか、またその中で伝えられる奇蹟なるものが、全能で限りなく完全な神[1]というものの、偉大さと善と英知と無限の義について当然考えられることと完全に一致するかどうかを、少し見てみましょう。というのは、本当に神というものの導き[2]や神感によって作られた書物であるのに、そこに知識と知恵と完璧な博識が必ずしも含まれないなどとは信じられませんし、少なくとも、その他の書物には普通見られる、著者である人間の不注意か無知か能力不足かに基づくのと同じ欠陥や誤謬や不完全さが、そのままその書物にも見られるとは信じられないからです。同様に、それらの書物の中で伝えられるという奇蹟が、それを行ったという神なるものの、偉大さと善と義と無限の英知について当然考えられることと必ずしもそぐわないとか、完全には一致しないとかいうことは信じられません。なぜなら限りなく完全な存在には、その本性の至上の完全さとその意志の至上の完全さに一致しないような事柄を割り当てるべきでないのは、十分に明白で明瞭なことですから。

さて、先の神聖な神の書なるものがそれ自体として、神に特有な何かの特徴をまったく備えておらず、博識と知識と知恵と聖潔の特徴も、また神なるものからしか生じえないと言える他の完全性の特徴もまったく備えていないのは明白で明瞭です。それどころか、その他の書物には普通見られる、著者である人間の不注意や無知や能力不足に基づくのと同じ欠陥や誤謬や不完全さが、そのままその書物にも明らかに見られます。したがってそういう種類の書物が

本当に神に由来するとも、本当に神の霊を特別に受けて作られたともまったく思えません。同様にその中で伝えられる奇蹟なるものは、それを行ったという神なるものの偉大さと善と義と無限の英知について当然考えられることとまったく一致しません。ですから、神というものの全能にそんなものを付与すべきではありませんし、神がそれらを行ったとも決して信じるべきではありません。

まず先の神聖な神の書なるものについて、それらはそれ自体として神の権威や神感のどんな特徴もしるしも備えていないと私は言いましたが、そのことを自ら納得するのはどんなに知識のない人にも簡単です。読みさえすれば、私が言ったように、その中にはどんな博識も知識の基礎も崇高な思想も、また人間精神の自然的な(3)通常の能力を超えた他のどんな精神的産物もないことが分かるでしょう。反対にその中に見られるのは、まず一つには、架空の歴史あるいは物語にすぎません。たとえば、世界の創造とかいう話〔一三〇〕(4)、最初の人間なるもの(5)の形成と繁殖の話〔一三一〕、地上楽園〔一三二〕なるものの話、言葉を話し議論をし、人間より狡知にたけ悪賢くさえあった蛇の話〔一三三〕、言葉を話し、不当な仕打ちを受けたことで主人を咎める牝ロバの話〔一三四〕、世界的洪水なるもの(6)とあらゆる種類の動物が閉じ込められた箱舟の話〔一三五〕、言語の混乱と民族の分裂の話〔一三六〕などです。まともな著作家なら取り合わない、無意味で低俗なくだらない主題を扱う、その他大量の虚しい個々の話についてはもう言いませんが。そんな歴史や物語が、プロメテウスの技〔一三七〕とかパンドラの箱〔一三八〕とか神々に刃向かった巨人族の戦い〔一三九〕とかの人間が発明した話、また古代の詩人たちが当時の人々を楽しませるため発明したその他多くの似た話に勝るとも劣らない作り話の様相を呈していることは間違いありません。またその中に見られるもう一つは、大量の法と命令あるいは虚しい迷信的な宗教儀式の寄せ集めにすぎません。(7)それらは古い律法による犠牲と浄めの儀式に関わるもの、また動物をそれぞれ清浄である、または不浄で汚れていると想定する、律法上の無意味な区別に関わるものですが、そんな法や命令はもっとも偶像崇拝的な民族のものと比べても尊重すべき点はなく、虚しく迷信的な点でも劣りません。さらにその中に見られるものは、大勢の王や君侯あるいはその他大勢の私人に関する、虚実の入り交じった単なる物語にすぎません。彼らが善良にあるいは非道に生きたとか、彼らが何かの偉業や悪行を、

やはりその中で語られるその他多くのつまらぬどうでもよい取るに足りぬ行いともども、行ったとか言います〔一四〇〕が、先の『旧約聖書』ならびに『新約聖書』なるものの中で伝えられるそんな物語を書くためには偉大な才能がある必要はなく、したがってそのために神の啓示や神感[8]を持つ必要もなかったことは明らかです。神なるものをあれほど多くの、あれほど低級な、あれほど馬鹿げた、あれほど無意味な、あれほど滑稽[9]な物語の著者にしようとするのは神を称えることではありません。そこに見られるあのように無意味なつまらぬ滑稽な事柄を本気で啓示して楽しむとしたら、神は実に下らぬことで楽しむものです。

　さらに、先の神聖で聖なる書とかいうものの中に見られるのは、特別に神から霊感を受け遣わされたと自称する、あれほど喧伝される例の有名な預言者たちの言葉と指導、また彼らのさまざまな行動あるいは振る舞い方・話し方にすぎません。その中に彼らの振る舞い方・話し方と夢と錯誤と幻想が見られます〔一四一〕が、その言葉と振る舞い方から彼らは賢明な知識のある人々どころか、見神家や狂信者にはるかに似ていたと判断するのは簡単でしょう。しかし先の書物のいくつかの中には、たとえば『ソロモンの箴言』や『知恵の書』や『集会の書』の中には、たくさんの良い教えや立派な良い道徳律がありはします〔一四二〕が、それでも人間の精神と知恵の及ぶ範囲と能力を超えるものはどこにもありません。それどころか、『旧約聖書』ならびに『新約聖書』というあの神聖で聖なる書と称するもののどれの中よりも、哲学者や歴史家や俗界の雄弁家の書物の中に、はるかに多くの才気と上品さと知識と雄弁と秩序と明晰さと一貫性と正確さが見られ、またより多くの知恵と堅実な教えさえ見られるのが普通ですし、一方その神聖で聖なる書とかの主要な知恵は、誤謬を敬虔さによって信じさせること、虚しい迷信を信心深く守らせることからなるにすぎません[10]。ですから、人間的なさまざまな学問や習俗の良い規範について扱い、すばらしい例や優れた忠告や良い教えに満ちた幾多の書物を書いた大勢の真摯な著作家にことさら言及しなくても、たとえばイソップの『寓話』しかないとしても、この方が神聖な『福音書』なるものに述べられているあの低俗で粗雑なあらゆるたとえより、間違いなくはるかに気がきいているし教訓的だと言えると思います。

しかし、こういう種類の書物が神感に由来することなどまったくありえないとさらに一層はっきり分かるのは、『福音書』の文体が粗雑で低俗であること、また付帯状況を著しく欠いて述べられる個々の事実の記述にも、まったく秩序と一貫性が見られないこと、さらにその上、それらの著者たちが互いに一致しているともまったく見えないことです。ある者はある仕方で、別の者はまた別の仕方でその史実を物語っているのですから。彼らの言うことがそれぞれ多くの事柄で明らかに食い違うのさえ見られますが、これは彼らが神感を受けなかったこと、歴史をきちんと起草できるだけの〔理性の〕[一四三]光と自然的才能さえ持たなかったことを明らかに示しています。彼らの間に見られる矛盾と食い違いの例をいくつか以下に挙げましょう。

一、福音史家聖マタイは、イエス・キリストをダビデ王の子孫としています。ダビデの息子ソロモンとソロモンの一連の子孫を辿り、少なくとも推定上はイエス・キリストの父であるヨセフまでを挙げます（『マタイによる福音書』第一章一節〔一―一六節〕）。福音史家聖ルカもイエスを同じくダビデ王の子孫としましたが、彼はダビデの息子ナタンとナタンの一連の子孫を辿り、ヨセフまでを挙げます（『ルカによる福音書』第三章三一節〔二三―三一節〕）。ここには明らかな矛盾と食い違い[1]があります。というのも、ヨセフとイエス・キリストがダビデから、息子ソロモン、そしてソロモンの一連の子孫を経て出ているなら、彼らがやはり同じダビデから、別の息子ナタン、そしてナタンの一連の子孫――これは明らかにソロモンの子孫とはみな別の者たちです――を経て出ることが不可能なのは明白で明瞭だからです。それにイエス・キリストがダビデの子孫だと示すために、ヨセフの系図を作り彼がダビデ王の血筋だとすることがこの福音史家たちに何の役に立つのでしょうか。なぜならイエス・キリストは、ダビデの血を引くらしいヨセフの実際の息子ではない、と言われるのですから。この福音史家二人のどちらの場合にしても、イエス・キリス

トがダビデの子孫だったと証明できるのは、どちらの経路を取らせるにせよ、イエスがとにかく、ダビデの血筋だというヨセフの息子であった限りのことにすぎないのは明白です。さて、わがキリスト崇拝者たちは彼らの聖なるイエス・キリストが実際にヨセフの息子であったことは望みません。ですから、イエス・キリストがダビデの子孫だったと偽るために、この福音史家たちがヨセフの系図を作ったのは不適切だということになります。さもなければ、イエスが本当にダビデの子孫だったことをこの二つの系図のどちらかが証明するなら、彼が本当にヨセフの息子だったことも同時に認めなければなりません。こういう意味で、どちらかに誤りがあることはやはり明らかだと思われます。しかし何たることでしょうか。彼らの聖パウロがまさしくこういう系図の虚妄さについて語っているではないですか。果てしがなく、教化のきっかけよりむしろ議論の種となる作り話や系図に気を取られるな、と弟子テモテに語った際のことです（『テモテへの第一の手紙』第一章四節）[一四四]。そして別の弟子テトスに、無関係な問題と虚しい系図と律法についての議論や論争を虚しい無益なものとして避けよ、「シカシ、愚カナ議論ト系図ト律法ニツイテノ〔議論ヤ〕論争トヲ避ケヨ。ソレラハ無益カツ空虚ナコトデアル」[2]（『テトスへの手紙』第三章九節）と語った際もそうです。

二、イエス・キリスト生誕後まもなく起こったこと、あるいは行われたことについても彼らが言うことには矛盾と食い違いがあります。というのも福音史家マタイによれば、イエス生誕後すぐにユダヤ人の新しい王が生まれたという噂がエルサレムの町に広がり、彼を崇めようと魔術師たちが捜しにやって来たので、ヘロデ王はこの新しい王なる者がいずれ自分の王位を奪うのを恐れ、その者が生まれたはずの場所だというベツレヘム周辺全域で、二年前から新たに生まれた子供たちをことごとく殺させ虐殺させたと言います。そしてヨセフと、イエスの母マリアは、彼らの子を殺そうというヘロデ王のこの悪巧みを夢の中で天使から知らされていたためただちにエジプトに逃れ、その後幾年も経て王がついに死ぬまでその地に留まった、とこの福音史家は言います（『マタイによる福音書』第二章）。ところがそれと反対に福音史家ルカは、ヨセフとイエスの母は六週間の間何事もなく彼らの子イエスが生まれた土地に留まり（『ルカによる福音書』第二章）、その子はそこでユダヤの法に則り生後八日目に割礼を受け、そして律法に定めら

れた母親の浄めの時が終わると、彼女と夫ヨセフはその子をエルサレムに連れて行き神殿で神に捧げ見せ、また同時に先の神の法で命じられている供物も捧げた、とはっきり記しています（同章二二節〔二二―二四節〕）。さらにこの同じ福音史家によれば、ヨセフとイエスの母マリアはその後ガリラヤにある彼らの町ナザレへ戻り、彼らの子イエスはそこで日毎に愛らしさと知恵を増してゆき、その父と母も毎年過ぎ越しの〔一四五〕祭りの大祭日にはエルサレムに行ったと言います（同章五一節〔三九―四一節〕）。ですから、この福音史家はエジプトへの彼らの避難についても、ベツレヘム地方の子供たちに対するヘロデ王の先の残虐さについても一言も触れていません。この点において、この福音史家二人の言うことに矛盾と食い違いがあるのは明白で明瞭です。ヘロデ王の残虐さとマリアとヨセフのイエスを連れたエジプトへの避難について一人が語り、もう一人は一切語らないからだけではなく、その二つの物語のどちらかが必然的に偽りでなければならないからです。というのも、一人が言うように、ヨセフとマリアがまったく何事もなく彼らの町ナザレへ戻り、毎年過ぎ越しの祭りの大祭にはエルサレムに行ったことと、もう一人が言うように、エジプトへ逃れ、あれほど長くそこに住まねばならなかったこととは同時に成り立ちえないからです。

[3]ベツレヘムとその近隣の子供たちに対するヘロデ王の残虐さについては当時の歴史家たちもまったく語っていませんし、著名な[4]ユダヤ史家ヨセフスさえ、その王の生涯と悪行をかなり詳しく[5]描いているのにそれにはまったく触れていませんし、〔一四六〕他の福音史家たちすらその『福音書』の中でまったく言及していないのですから、『聖マタイの福音書』〔『マタイによる福音書』〕の中でそれについて伝えられていることは欺瞞にすぎず、エジプトへの避難について言われていることも嘘にすぎないと信ずる理由は十分にあります。[6]というのも、その福音史家の言うことが本当であったなら、罪のないそれほど大勢の幼児を残忍にも虐殺させたこれほど悪辣な忌まわしい行為を、ヘロデ王の悪徳と悪行を非難して描いたユダヤ史家ヨセフスが見逃したとは信じられないからです。

三、イエス・キリストの公的活動期間の長さについても、先の福音史家たちの間には矛盾と食い違いがあります。というのは、福音史家の最初の三人が言うことに従えば、つまり『聖ルカの福音書』〔『ルカによる福音書』〕に記され

ているとおりイエスが三十歳か三十歳頃に聖ヨハネの洗礼を受け（『ルカによる福音書』第三章〔同章二一―二三節〕）、わがキリスト崇拝者たちに共通に受け入れられている見解どおり彼が十二月二十五日に生まれたと仮定するなら、その洗礼から死ぬまではほとんど三カ月に満たないことになります。なぜなら、その洗礼から――ティベリウス帝在位十五年、アンナスとカヤパが大祭司だった年でした〔一四七〕――三月に行われる次の最初の過ぎ越しの祭りまではほぼ三カ月しかなかったわけですから。福音史家の最初の三人が言うことに従えば（『ルカによる福音書』第三章三一節〔第一九章三一節〕）、イエスが十字架にかけられたのは、洗礼後最初の過ぎ越しの祭りの前日のことで、弟子たちとともに初めてエルサレムにやって来た折のことになり、彼らの書にもそう記されているのです。というのも、イエスの洗礼や旅や説教や奇蹟とその死や受難について彼らが語ることはことごとく、どうしてもイエスが洗礼を受けた年のことだとすべきだからです。なぜなら、その福音史家たちはその後の別の年についてはまったく語っていませんし、イエスの行状に関する彼らの記述から見て、まさしくイエスはそれら一切のことを洗礼後ただちに次から次へと、きわめて短期間の間に行ったと思われるからです。しかもその期間の空白期としては、彼が何をしたのかも、何もしなかったのかも分からないイエス変容〔一四八〕前の六日間しか見られません。以上のことから、洗礼後イエスがおよそ三カ月しか生きなかったらしいとはっきり分かります。その三カ月から、洗礼後すぐ荒野で過ごした四十昼夜の六週間を引くなら、彼の公的活動期間は、始めのいくつかの説教からその死までおよそ六週間しかなかったということになるでしょう（『マタイによる福音書』第一七章一節〔一―二節〕、『マルコによる福音書』第九章一節〔二―三節〕、『ルカによる福音書』第九章二八節〔二八―二九節〕）。

　ところが、福音史家ヨハネが記すところに従って、その期間は少なくとも三年三カ月続いたと一般には主張されています。というのも、この使徒の『福音書』を読むと、年に一回しか行われなかったエルサレムの過ぎ越しの祭りの大祭に、イエスはその公的活動の間に三、四回も行ったらしいからです。この点で明らかな矛盾と食い違いがあるのは確実です。なぜなら、それ以外の福音史家たちが「〔イエス処刑の〕アクル日ハ準備〔一四九〕ノ日ノ翌日デアッタガ」（『マタ

イによる福音書』第二七章六二節)、「〔イエス処刑の〕ソノ日ハ準備ノ日デアッタノデ」(『マルコによる福音書』第一五章四二節)、「〔イエス処刑の〕コノ日ハ準備ノ日デアッテ」(『ルカによる福音書』第二三章五四節)[7]と記しているように、イエスが洗礼後――イエスの洗礼は彼らが書いているように、ティベリウス帝在位十五年、アンナスとカヤパが最高祭司あるいは大祭司だった年でした――初めての過ぎ越しの祭りの前日に十字架にかけられたというのが本当なら、イエスがエルサレムの過ぎ越しの祭りの大祭に洗礼後三、四回行ったというのは誤りです。その祭りは私が言ったように、年一回しか行われなかったのですから。あるいは、福音史家ヨハネがそう表明していると思われるように(『ヨハネによる福音書』第二章一三節、第一五章〔五章〕一節、第六章四節、第七章二、一〇節、第一一章五五節、第一二章一〔二五〇〕二節)、またわがキリスト崇拝者たちが普通主張するように、イエスが洗礼後そこに三、四回行ったのが本当なら、福音史家の最初の三人が証言しているように彼が洗礼後三カ月しか生きなかったらしい[8]というのは誤りです。

福音史家の最初の三人は確かに一つの年のことしか語っていないが、洗礼後に流れ去った他の年々のことをはっきり分かるように書かなかったのだ、と人が言うと仮定しましょう。あるいは、福音史家ヨハネは何回かの過ぎ越しの祭りについて語っているように見えるが、実はただ一回の祭りのことしか語るつもりはなく、ユダヤ人の過ぎ越しの祭りが近づきイエス・キリストがエルサレムへ行った、と何度も繰り返し言うのは先取りして言うにすぎない、したがってこの件について先の福音史家たちとの間には見かけの上だけの矛盾と食い違いしかない、と言うと仮定しましょう。それは認めてもよいのです。しかし、その見かけの矛盾あるいは食い違いがどこから出てくるかと言えば、彼らが言いたいことを十分はっきり説明せず、彼らがその歴史を物語る際に注意すべき、あるいは注意すべきであった付帯状況すべてを十分に書かなかったらしい、ということからもっぱら出て来ているのは確かなことです。ですが、彼らの言うことが本当に食い違っているにせよ、彼らがその歴史を物語る際に言いたいことを十分に説明していないにせよ、いずれにしてもそれだからこそ、福音史家たちがそうした歴史を書いた時には神感を受けていなかった、と

いう帰結がやはり引き出せるわけです。なぜなら、その時彼らが本当に神感を与えられていたなら、互いの言うことが食い違うことはなかったはずですし、また全員十分な才能と理性の光を備え、言いたいことははっきりと説明し、その歴史に関するすべての付帯状況と具体的事柄を首尾一貫、秩序正しく、過不足なく書き記し、主要なことは何一つ洩らさなかったはずですし、彼らがよく行ったようにその順序を取り違えたり乱したりもしなかったはずだからです。さらに他にも、多くの場合に彼らの言うことが食い違っているのは否定しようがありません。

一、イエス・キリストが洗礼後ただちに行ったと言われる最初の事柄において、まず彼らは食い違っています。というのも福音史家の最初の三人は洗礼後すぐにイエスは神の霊によって荒野に運ばれ、そこで四十昼夜断食し何回も悪魔に試されたと言っているのに（『マタイによる福音書』第四章一節〔一―二節〕、『マルコによる福音書』第一章一二節〔一二―一三節〕、『ルカによる福音書』第四章二〔一五一〕節）、福音史家ヨハネが言うことに従えば、イエスは洗礼の二日後には彼がいた場所から三十里以上離れたガリラヤに向けて出発し、その出発の三日後にはガリラヤのカナで行われた婚礼に立ち会い、水をブドウ酒に変えるという最初の奇蹟を行ったというのですから（『ヨハネによる福音書』第二章一一節〔第一章四三節、第二章一、一〔一五二〕一節〕）。ここにはまったく明瞭な矛盾と食い違いがあります。なぜなら、彼が荒野で断食をしたのが本当なら、同時にそこから三十里以上離れた婚礼の宴にいたとは信じられないからです。あるいはその時婚礼の宴にいたのが本当なら、同時にそこから三十里以上離れた荒野で断食をしているとは信じられないからです。

二、(9) 荒野から出た後、イエスが最初に隠棲した土地についても彼らの言うことは食い違っています。というのも、イエスはガリラヤへ去り、ナザレの町は捨てて〔ガリラヤの〕海辺の町カペナウムに住まったと福音史家マタイは言うのに（『マタイによる福音書』第四章一三〔一二―一三〔一五三〕節〕）、イエスはまずナザレに行き、ついでカペナウムに行ったと福音史家ルカは言っているからです（『ルカによる福音書』第四章一六節〔一六、三一〔一五四〕節〕）。

三、(10) 使徒たちがイエスの供となった時とその仕方についても、彼らは食い違っています。というのも福音史家の最

初の三人によれば、イエス・キリストはガリラヤの海辺を通りかかった時、シモンとその兄弟アンデレがその海で漁をしているのに会い、もう少し先ではヤコブとその兄弟ヨハネが父のゼベダイと一諸に——彼らも漁師だったので——網を繕っているのに会い、イエスが呼ぶと彼らはすぐ網を捨てて付き従ったのです（『マタイによる福音書』第四章一八節〔一八—二二節〕、『マルコによる福音書』第一章一六、一七節〔一六—二〇節〕、『ルカによる福音書』第五章一一節〔一〇—一一節〕[一五五]）。ところがこれに反し、福音史家ヨハネによれば、最初にイエス・キリストに同行したのはシモン・ペテロの兄弟アンデレでしたが、彼は洗礼者ヨハネのもう一人の弟子と一緒につき従ったのです。それも、彼らがその師とともにヨルダンの岸辺にいた時イエスが通りかかり、彼らの師ヨハネがイエスを見て、「神の子羊を見よ、世の罪を取り除く者を見よ」と言ったからなのです（『ヨハネによる福音書』第一章三六節〔三六—三七節および二九節〕[一五六]）。ついでアンデレがその兄弟シモンを見つけてイエスに引き合わせ、次にガリラヤに行こうとしたイエスがピリポに出会い、さらに自分の方にやって来るナタナエルに出会ったというのです（『ヨハネによる福音書』第一章四〇、四五節〔四〇—四七節〕[一五七]）。ここには矛盾と食い違いがあります。もしイエスのこの弟子たちがその供になったのが、福音史家ヨハネの言うような仕方によってであったなら、他の福音史家たちの言うような仕方でその供になったのではないわけですから。

四[11]、イエス・キリストが使徒たちと行った最後の晩餐で起こった事柄についても、彼らの話は食い違っています。というのも、この最後の晩餐でイエスは、わがローマ・キリスト崇拝者たちが言うような[12]、パンとブドウ酒の形色[一五八]と可視的[13]外観を持つイエスの肉と血という秘蹟[一五九]を定めた、と福音史家の最初の三人は書いていますが、福音史家ヨハネはそんな神聖で神秘的な秘蹟なるものの制定には一言も触れていないからです。その晩餐後イエスは、使徒たちの足を洗い、彼らも互いに同じようにするようにとはっきり勧めた、と福音史家ヨハネは語り、イエス・キリストが同じ時に使徒たちに行った長い談話を伝えています（『ヨハネによる福音書』第一三章五節〔第一三章五節および第一三章一二節—第一六章三三節〕[一六〇]）。しかし他の福音史家たちは、この足を洗ったことについても、その時の長い談話につい

てもまったく語っていません。そうではなく、その晩餐後ただちにイエスは使徒とともにオリブ山上に去り、そこで彼ら使徒たちから少し離れ、ただ一人で祈り始め、魂を悲しみに委ねついには苦悩に陥りましたが、使徒たちの方は少し離れたところで眠っていた、と他の福音史家たちは証言しています。ここには矛盾と食い違いがあります。なぜなら、この福音史家三人が書いていることが本当なら、イエスが彼らの足を洗い、しかもその時そんな長い談話を彼らにする時間が彼にあったとはとても思えないからです。『聖ヨハネによる福音書』第一三章三〇節にあるように〔一六一〕、晩餐の儀式を彼らが終える前にすでに夜になっていたのですし、マタイとマルコが言うように〔一六二〕〔『マタイによる福音書』第二六章三〇節、『マルコによる福音書』第一四章二六節〕、先の恩恵〔聖体の秘蹟をイエスが与えたこと〕の後彼らはすぐにオリブ山へ行ったのですから。また先の山上でそんな長い談話をしたともとても思えません。他の福音史家たちが書いているように、イエスはそこに着くと祈りを捧げるために彼らのもとから退き、悲しみに打ちひしがれていたのですし、一方弟子たちはそこで眠りに沈み込んでいたのですから〔一六三〕（『マタイによる福音書』第二六章四五節、『マルコによる福音書』第一四章三七節、『ルカによる福音書』第二二章四五節）。

それにしても、長い年月を経ているのに、福音史家ヨハネはどのようにしてあんなに多くの言葉をこれほどよく覚えていたのでしょう。ずっと注目に値する他の多くのことにも、また他の福音史家たちと同じように彼も聞いたはずの他の多くのたとえ話にも彼は全然触れないというのに。両方の間に見られるこれほど大きな開きは、彼らを導いていたのが決して真理の精神ではなく誤謬と虚偽の精神だった、ということから来るのでなければいったいどこから来るのでしょう。実際、彼らの語りの文体そのものが寓話の文体にすぎませんし、その寓話も着想がひどく筋も通っておらず叙述も稚拙だということがよく分かるのです。

五、(14) イエス・キリストが最後の晩餐を行ったという日についても、彼ら自身その言うことが食い違っています。というのも、過ぎ越しの祭りの前夜、すなわち除酵節あるいは種なしパンの祭りの第一日の夜、ユダヤ人の律法によれば過ぎ越しの祭りの子羊を食べなければならない時に、イエスは最後の晩餐を行ったと一方で彼らは書いています

（『マタイによる福音書』第二六章一七節、『マルコによる福音書』第一四章一二節、『ルカによる福音書』第二二章七節〔一六四〕）。彼らが過ぎ越しの祭りの子羊と種なしパンを食べなければならないのは、『出エジプト記』第一二章一八節、『レビ記』第二三章五節、『民数記』第二八章一六節〔一六五〕にあるように、この大祭の前夜だったからです。ところがもう一方で、イエスはユダヤ人たちによって夜から朝にかけて裁判にかけられ、最後の晩餐を行った日の翌日の昼十二時頃十字架にかけられたと彼らは書いているのです〔一六六〕。さて彼らの言に従えば、イエスが最後の晩餐を行った翌日とは過ぎ越しの祭りの前日ではなく、過ぎ越しの祭りの大祭当日だったはずです。ですから、イエスが死んだのが過ぎ越しの祭りの前日の昼十二時頃であるなら（「祭リノ日ニハイケナイ……」『マタイによる福音書』第二六章五節〔一六七〕）、イエスが最後の晩餐を行ったのはその祭りの前夜ではなかったのです。あるいは、イエスが最後の晩餐を行ったのが祭りの前日だったなら、十字架にかけられたのは祭りの前日ではなく、祭りの当日だったのです。明らかにこの点でどちらかに誤りがあるのです。すなわち、イエスは祭りの前日に十字架にかけられたのではなかったか、あるいは祭りの前日は晩餐を行わなければならない日であるのに、イエスはそれを行わなかったかです。ところが、晩餐を行わなければならないまさにその日にイエスは晩餐を行い、しかも晩餐を行った翌日にイエスは十字架にかけられた、と福音史家たちは書いているのです。この点でも、この福音史家たちは自分たちが言うことにおいて矛盾し合い、食い違いを見せています。「ユダヤ人〔一六八〕(15)タチハ、〔イエスを十字架にかけた〕ソノ日ガ準備ノ日デアッタノデ……」（『ヨハネによる福音書』第一九章三一節）。

六、ガリラヤからイエス・キリストに付いて来た女たちについて彼らが伝えることでも、その言うことは食い違っています。というのも、その女たちと——その中にはマグダラのマリア、ヤコブとヨセフの母マリア、そしてゼベダイの子らの母がいました——イエスを知るすべての者たちは、彼が十字架に吊るされて磔になった時、その成り行きを遠くから見ていたと福音史家の最初の三人は述べています（『マタイによる福音書』第二七章五五節〔五五—五六節〕、『マルコによる福音書』第一五章四〇節〔四〇—四一節〕、『ルカによる福音書』第二三章四九節〔一六九〕）。ところが福音

史家ヨハネはこれに反し、イエスの母と母の姉妹とマグダラのマリアが使徒ヨハネとともにその十字架の傍らに立っていた、イエスは母とその傍らにいる愛弟子を見て、母には「婦人よ、これはあなたの子だ」と言い、弟子には「これはあなたの母だ」と言った、と語っているのです[一七〇]〔『ヨハネによる福音書』第一九章二五—二七節〕。この点でも矛盾と食い違いがあります。なぜなら、この福音史家が言うように女たちと弟子がイエスの近くにいたとすれば、そうなると彼らは他の福音史家たちが言うように遠くにはいなかったのですから。あるいは、福音史家三人が言うように彼らがみなそこから離れていたとすれば、そうなると彼らはこの最後の福音史家が言うように彼の近くにはいなかったのですから。

七[16]、イエス・キリストが「復活」後に行ったと伝えられている「出現」についても、彼らの言うことは食い違っています。というのも、マタイはただ二回の出現のこと、すなわちマグダラ〔のマリア〕および同じくマリアという名のもう一人の女に彼が現れた時と、十一人の使徒たちがガリラヤに行き、会いに来るように指示された山の上で彼らがイエスの出現に出会った時のことしか語りませんが〔『マタイによる福音書』第二八章一六節〔九、一六—一七節[一七一]〕〕、マルコは三回の出現について語っているからです。一回目はマグダラのマリアに現れた時、二回目はエマオに行く二人の弟子に現れた時、最後の三回目は十一人の弟子に現れその不信仰を責めた時のことです〔『マルコによる福音書』第一四章一二節〔第一六章九、一二、一四節[一七二]〕〕。ルカは二回の出現についてしか語りませんが、それはエマオに行く二人の弟子に現れた時と、十一人の弟子がエルサレムの町で他の大勢の者たちと集まっているところに現れた時のことです、『ルカによる福音書』第二四章一三、三六節〔一三—一五、三三—三六節[一七三]〕〕。ところが福音史家ヨハネは四回の出現について語ります。つまり、一回目はマグダラのマリアに現れた時、二回目は戸を閉め切ってある家に集まっていた十人か十一人の弟子たちにエルサレムで現れた時〔『ヨハネによる福音書』第二〇章一五、二一節〔一五、一九節[一七四]〕〕、三回目は八日後にやはり戸を閉め切った家に同じようにして集まっていた同じ弟子たちに現れた時[一七五]〔同書第二〇章二六節〕、さらに四回目はテベリヤの海で漁をしていた七人か八人の弟子に現れた時〔『ヨハネによる福音書』

第二一章七節〔一—七節〕[一七六]のことを語っているのです。

八、さらに、それらの「出現」の場所についても彼らの言うことは食い違っています。というのも、弟子たちがイエスに会ったのはガリラヤであると、すなわち彼が会いにくるように命じた山の上においてであるとマタイは言っていますが（『マタイによる福音書』第二八章一六〔一六—一七〕節[一七七]）、マルコは弟子たちが食卓についている時に彼が現れたと言っていますし（『マルコによる福音書』第一六章一四節[一七八]）、またルカは、イエスは弟子たちをエルサレムの都の外に連れ出し、ベタニヤまで行き、そこで彼らを離れ天に昇った、と言っているからです（『ルカによる福音書』第二四章五〇節〔五〇—五一節〕[一七九]）。さらにヨハネは、戸を閉め切った家の中で弟子たちに彼が現れたのはエルサレムの都の中のことで、もう一回の出現はテベリヤの海辺であったと言っているからです（『ヨハネによる福音書』第二〇章一五、二一節〔第二〇章一九節、第二一章一節〕[一八〇]）。

(17)以上のようにこれらの「出現」の話には多くの矛盾があり、これらすべてが真実であるわけにはいきますまい。なぜなら、福音史家ヨハネが言うように、エルサレムの戸を閉め切った家に集まっていた弟子たちにイエスが復活当日の夜に現れたのが本当なら、マタイの言うこと、つまり使徒たちがイエスに会ったのはガリラヤにある、彼が会いに来るようにと命じた山上においてであり、また使徒たちが実際そこに行ったのは、女たちがイエスの復活を告げた直後であるということが、どうして本当でありえますか。イエスの出現はこうだったと福音史家ヨハネが言っているように、復活当日の夜に弟子たちに姿を現すつもりの場所がエルサレムであれば、そこから三十里以上も離れたところに彼らをそれほど急いで来させて会う必要がどこにあったのですか。また、マタイが伝えるごとく、弟子たちに会うのはそちらであり、来るように命じた場所で自ら彼らの前に立つなどと、イエスはどうして弟子たちに知らせたのですか。まさにエルサレムでその日弟子たちに姿を現すはずだったのですから、そこから三十里以上も離れたガリラヤにそのために彼らを行かせる必要はなかったわけです。あるいは反対にマタイが伝えるように、イエスが弟子たちに姿を現すはずの場所、彼らがイエスの復活を知って指示された地点で会おうとただちに向かった場所がまさしくガリ

ラヤなら、イエスはどうして復活当日の夜にエルサレムで彼らに姿を現したのですか。また使徒たちはどのようにして、その当の夜エルサレムで戸を閉め切った家に集まっていることができたのですか。マタイが伝えるように、彼らはガリラヤに向けて出発し、すでにかなりの道のりを進んでいたはずですから。その点に矛盾と食い違いがあることは明らかですし、それを一致させるためにはここで奇蹟を増やさなければならないでしょう。しかし、マタイは彼自身その十一人の使徒の一人であり、したがって、イエス・キリストが戸が閉まっているのに入ってきて彼らの真ん中に立った時、エルサレムのその同じ家に他の使徒たちとともにいたはずですから、つまりこの使徒はその出現に立ち会ったはずなのですから、その彼が自分の『福音書』の中でどうして言ったり書いたりできたのですか、自分たちがイエスに会うはずである場所、自分たちが指示された地点に行こうとただちに向かった場所はガリラヤであるなどと。しかも、その同じ日の夜、エルサレムの戸を閉め切った家の中でイエスに会ったとは一言も言わずに。エルサレムにおけるその「出現」が本当であったなら、この使徒がそれに一言も触れず彼の『福音書』の中でこのように語ることができたとはとても思えません。同じく、福音史家ヨハネもやはりその十一人の使徒の一人であり、したがってやはり他の使徒たちとともにガリラヤに行き、そこで他の者同様復活したイエス・キリストに会ったはずですから、つまり彼もそこにいて、復活したイエス・キリストにその場で会ったはずですから、その彼がその旅行についても、また自分の『福音書』で伝える方の「出現」の真実性を台無しにするイエスの「出現」についても、一言も触れていないのはどうしてですか。その旅行と出現が本当であったなら、ガリラヤへの旅をし、そこで他の使徒たちとともに自分の聖なる主に会ったのに、彼がその『福音書』の中でそのことに一言も触れないとはどうしても思えません。ですから、どちらかの側に誤謬と嘘があるはずです、「不正ハ意ニ反シテ嘘ヲツイタ」（『詩篇』第二六篇一二節（現行邦訳聖書では第二七篇一二節））。

九、さらに、イエスの「昇天」についても彼らの言う〔一八二〕ことは食い違っています。というのも、福音史家ルカとマルコは十一人の使徒の眼前で彼は昇天したと言明しているのに、福音史家マタイとヨハネはその「昇天」に一言も触れ

ていないからです。それどころか、イエスは決して天に昇らなかったと福音史家マタイはかなりはっきり証言しています。なぜなら、イエス・キリストが使徒たちに現れたというその出現の際に、世紀の終わりまで[18]いつも彼らとともにいる、あるいは留まっているとイエスが彼らに請け合った、「それゆえに、おまえたちは行ってすべての民に教えよ、……そして、私が世紀の終わりまで〔一八二〕いつもおまえたちとともにいると確信せよ」（『マタイによる福音書』第二八章二〇節（一九—二〇節））と語った、とマタイは言明しているのですから。さらに、ルカ自身もこの問題で自家撞着に陥っています。というのも、イエスが使徒たちの眼前で昇天したのはベタニアだったと自分の『福音書』では言いながら〔一八三〕、ルカが著者だと言われる『使徒行伝』という書では、それはオリブ山上でのことだった（『使徒行伝』第一章一二（九—一二）〔一八四〕節）と言っているのですから。またその「昇天」の別の付帯状況についても、彼は自家撞着に陥っています。というのも、イエスが昇天したのは復活の当日ないし復活後の最初の夜であったと『福音書』では証言しているのに（『ルカによる福音書』第二四章二九、五一〔一八五〕節）、それは復活後四十日経ってであったと『使徒行伝』では言うからです〔一八六〕（『使徒行伝』第一章三—一二節）。これは一致しようがありません。

もしこの使徒たち全員が本当に自分たちの師が昇天するのを見たのなら、マタイと福音史家ヨハネも他の使徒たち同様彼が栄光に包まれて昇天するのを見たはずですから、これほど栄光ある神秘を黙殺し、師にとってこれほど栄光となり有利となる事柄について全然語らないということがどうして彼らにできたのでしょうか。一方で彼らは師の生涯について[19]、これに比べればまったく注目に値しない他のあれほど多くの出来事を伝えているのですから。とりわけ、もう一度言うなら、彼の昇天を福音史家マタイが見たのが本当なら、マタイは『福音書』で語ったように、イエス・キリストは使徒たちに現れた時、世紀の終わりまでいつも彼らとともにいると請け合ったなどとどうして語ることができたのですか。というのも、イエスが天に昇るのを本当に見たなら、誠実な歴史家としてはその昇天にはっきりと言及すべきだったでしょうから。そしてイエスの昇天にはっきりと言及するだけでなく、イエスが明らかに彼らのもとを離れて天に昇ったにもかかわらず、弟子たちといつもともにいるのはどのようにしてなのか、をマタイは明確に

説明すべきだったでしょうから。イエスが離れていく人々とどのような秘密によって、依然としていつもともにいられるのかは、分かりやすいことではなかったのですから。しかしこの福音史家はどちらのこともしていません。このことによって彼らの歴史なるものの中には誤謬と矛盾と食い違いがあること、したがってそれらは偽りであり、作り話にすぎないことがはっきり分かります。この神聖で聖なる書とかいうものに見られる、その他多くの似たような矛盾と食い違いについては、そのすべてを挙げていけば長くなりすぎますから私は言わずにすませます。ですが、これらの書が何ら神感によるものではないし、真の人間的知恵によるものですらないこと、したがってまったく信用に値するものでないことを明白に示すには、私がこれまで語ったことで十分です。

しかしさらに言えば、この四『福音書』およびその他類似のいくつかの書物は、私がすでに指摘したように、これら同様『福音書』と題されたり、またこれら同様他のある使徒たちの名でかつては公にされたりした多くの他の書物より、どのような特権によって神聖で聖なるものと見なされるのですか。というのも、多くの別の『福音書』や、かつては人々が「正典」、つまり神聖な神感による書と見なさせようとした多くの別の書物があるからです。たとえば、聖アウグスティヌスが『マニ教徒アディマントゥス反駁』第一巻第七章〔第一七章〕で語っている、使徒たちによる福音書は、マニ教徒に受け入れられていました[一八七]。また、テオドレトスが『異端者たちの作り話要約』[一八八]第二巻で語っている、聖ペテロによる別の福音書はナザレ人のものでした[一八九]。また、使徒アンデレによる別の福音書[一九〇]、使徒聖ヤコブによる別の福音書[一九一]、聖トマスによる別の福音書[一九二]がありましたし、聖インノケンティウスが『書簡』三で、聖アンブロシウスが『聖ルカによる福音書への序文』で語っている聖マッテヤによる別の福音書[一九三]もありました。アレクサンドレイアのクレメンスが『雑録』第七〔三〕巻第六章で自ら証言しているように、彼が用いたエジプト人による別の福音書[一九四]もありましたし、またテオドレトスが語っているヘブル人による別の福音書[一九五]もありました。同じテオドレトスが『異端者たちの作り話要約』第七巻で語っている、イスカリオテのユダによる別の福音書[一九六]もありました。使徒ピリポによる別の福音書[一九七]、使徒聖バルトロマイによる別の福音書[一九八]もありました。さらに、聖アンブロシウスが語っているバシレ

イデスによる別の福音書[一九九]や、その他、かつて人々が聖なる「正典」と見なさせようとした多くの類書があったのです。要するに、どのような特権によって、先に名を挙げたはじめの四福音史家の方が、今名を挙げた他のすべての人たちより好まれたのですか。どのような基準で、どのような点で、どのような証言によって、マタイ、マルコ、ルカ、そして福音史家ヨハネは彼らの『福音書』を書いた時、本当に神感を受けたと分かるのですか。そして、他の使徒たちが彼らの『福音書』を書いた時、神感を受けなかったと分かるのですか。

そのような使徒たちの『福音書』はただそう称されているだけで、使徒たちの名を冠していても彼らのものだとするのは誤りだと人が言うなら、それでもさらに次のように問う権利はあるでしょう。つまり、どのような基準によって、どのような点で、どのような証言によって、それらの別の『福音書』は使徒たちの名を冠しているが彼らのものだとしたのは誤りであり、始めの四つについては、その名を冠する使徒たちのものだとするのは誤りでないと分かるのかと。それらの使徒のある者たちがその『福音書』を書いた時、神感を受けたと自負したのが誤りなら、間違いなく、他の者たちがそう自負したのもやはりその仲間同様誤りであることは十分ありえます。さらに、それらの別の『福音書』の方を使徒たちのものだとしたのが誤りなら、もう一方にある始めの四つをその名を冠する使徒たちのものだとしたのも、同様に誤りであることは十分ありえます。さらに、それらの『福音書』の一方が改竄され歪められたなら、もう一方も同じように簡単に改竄され歪められたことはありえます。ですから、こういう問題で一方からもう一方を選り分けることができるような、どんな基準も、証拠も、確かな証言もないのです。

しかし、それを弁別するのは教会そのものなのだと人は言うでしょう。諸々の教会会議で行ったように、神感を受けた書が何であり受けなかった書が何であるかを宣言し、前者を真正なものとして受け入れ後者を外典として捨て、この問題に関するあらゆる疑いの種を除去したのは教会そのものなのだ、と。それは教会が教皇シリキウス主宰の第三カルタゴ教会会議（三九七年頃）[二〇〇]の決議第四七条によって宣言したことだ、そこには、「教会においては、神聖で聖なる書という名の下に正典のみが読まれるべきである、こう命ずることをわれわれは決めた。さて、正典とは以下

のものである。『創世記』、『出エジプト記』、『レビ記』……」という教会会議の神父たちの言葉が見られると人は言うでしょう。同じことがトレント公会議（第四総会）でも取り決められ、決定確認され、公会議は教会が神聖で聖なる書と見なされることを望むすべての書のリストを作成し、それらを認めない[20]者全員に破門を宣告したと。[二〇二] 実際、教会がそれについてこのような判断と決定を下したのは本当ですが、正直のところ、教会がこうして自ら選び、神聖で聖なる書と見なせというそれらの書が、神感を受けたのは真実で確実だと言えますか、納得できますか。とりわけ、「それをこう判断し決定するとわれわれは決める、あるいは決めた、決メタ、定メタ、……」と言う以外に、教会はこの問題について他の証拠も理由も証言もまったく提出しないのですから。どのような宗教、宗派、団体でも、同じように簡単に同様の神聖で聖なる書と称するものを、自分たちのために作りこしらえられると分からない人がいるでしょうか。そうできるのは疑いありませんし、また事実そうしています。しかし、人間が自分のために作りこしらえることができるのは、彼らが崇めている神々すべてがそうであるように偽神にすぎない、と頭のいい人は知っていますから、わがキリスト崇拝者たちが自ら神の書と見なしたり、そう人に見なさせようとするすべての書物のような、神聖で聖なる書、あるいは神感を受けたと偽る書を、[21] 彼らが自分たちのために作りこしらえることができても、そんなものはやはり偽りにすぎないとも頭のいい人は知っているのです。ですから、キリスト崇拝者たちがそれらの書に自ら権威を与えておいて、それで勝ちを収めるつもりでもまったく無駄ですし、そこから自分たちの宗教の真実性を保証する証拠や証言を引き出すつもりでもまったく無駄です。なぜなら、それらの書自体には何の神的な特徴も、人間的知恵の非凡なしるしすらもありませんし、それらには彼らが与えようと望む以外のどんな権威もないのですから。

第一八章　その中で伝えられるさまざまな奇蹟は信じることができない。そしてその理由は何か

さらに、その神聖で聖なる書とかいうものの中で伝えられるさまざまな奇蹟なるものは、限りなく完全な存在の偉

大さと善なる本性と知恵と義に関して、人が当然抱くべきだった考えと一致せず、したがってその奇蹟なるものはそれ自体として信じることができない、とも私は言いました。このことを以下の推論によって十分明白に示しましょう。限りなく完全な存在の偉大さと善なる本性と知恵と義に関しては、神のこれらすべての完全性にふさわしいようなことしか考えるべきではありません。さて、たとえば、血を流す残酷な生け贄によって肉や血を堪能しようとすることがこの上ない善なる本性、この上ない知恵、この上ない義にいったいふさわしいことでしょうか。個人に対する不正な憎むべき依怙贔屓や民族に対する不正な憎むべき依怙贔屓をしようとすることが、この上ない善なる本性、この上ない知恵、この上ない義にいったいふさわしいことでしょうか。一方の者たちを平然と故意に破滅させ、さまざまな禍と悲惨で押しつぶしておいて、何の価値もない別の者たちを優遇し、そんな連中をありとあらゆる富で幸いにも満たしてやろうとすることが、この上ない善なる本性、この上ない知恵、この上ない義にいったいふさわしいことなのでしょうか。いいえ、断じてそんなことはありません。私が今話題とし、わがキリスト崇拝者たちの間で神聖で聖なる書とされている当の書物が、あらゆる不正と不公平、とりわけあらゆる不正な依怙贔屓をはっきりと禁じているのですから。「裁く時には人の見かけを考慮に入れてはならない、卑しい者でも、地位のある者でも、等しくその言い分を聞け」（『申命記』第一章一七節）と律法は述べていますし、また別の箇所でも、「法を曲げてはならない、人の見かけを考慮に入れてはならない、贈り物を受け取ってはならない。贈り物は知恵ある者の目をくらまし、正しいものの言葉をくつがえすものだからである」（『申命記』第一一章〔第一六章〕一九節）と言われています。『レビ記』でも「裁きの時に不公平を行ってはならない。貧しいことも富や力があることも考慮に入れてはならない。ただ正義をもって隣人を裁かなければならない」（『レビ記』第一九章一五節）と言われています。これらの書が多くの箇所で、神に不公平はない、神は依怙贔屓はしない、決して贈り物など重んじはしないと証言し、言明しているのです。先の神聖で聖なる書とかいうものにそうはっきり記されているのです。「おまえたちの神の命令を注意深く守れ〔二〇二〕。おまえたちの神である主は、主の中の主、神々の中の神、偉大な、力強い、力ある、恐ろしい神なのだから。主は人の見か

けを考慮に入れず、贈り物を受け取ることもない」（『申命記』第一〇章一七節）と律法は述べています。同じことが先の『聖書』の他の多くの箇所、たとえば、『歴代志下』第一九章七節、『集会の書』第三五章〔一一―一二節〕、『使徒行伝』第一〇章三四節、『ローマ人への手紙』第二章一一節、『ガラテヤ人への手紙』第二章六節、『エペソ人への手紙』第六章九節、『コロサイ人への手紙』第三章二五節など[二〇三]にも記されているのです。また、その同じ神聖で聖なる書には、神は地位ある者を恐れず、卑しい者を軽蔑せず、どちらをも等しく心にかけると言われていますし、神は被造物すべてを愛し、自らが作ったものを一つとして憎まないとも言われています（『知恵の書』第六章八節[二〇四]、第一一章二四節）。実際、神が神であるなら、つまりわがキリスト崇拝者たちが理解し、述べているような神が本当に存在するなら、その神は等しくすべての被造物の作り手なのでしょうし、等しくすべての人間とすべての民の作り手なのでしょう。単なるユダヤ人の神とかギリシア人の神とかではなく、あらゆる民と地上のあらゆる民族の神でしょうし、神はどこにおいても等しくすべての者を保護し、すべての者に恩恵を与えるものであるでしょう。

さて、その神聖で聖なる書とかいうもので伝えられるさまざまな奇蹟なるもの、とりわけ『旧約聖書』で伝えられるさまざまな奇蹟なるものが行われたのは、伝えられるところでは、個人に対する神の不正な憎むべき依怙贔屓を示し、また民族に対する不正な憎むべき依怙贔屓を示すためにすぎませんし、一方の者たちをまるで平然として故意に破滅させ、さまざまな禍と悲惨で押しつぶし、まったく格別に他の者たちを優遇するためだったらしいのです。というのも、一方の者たちを他の者たちより好むそういう民族的・個人的な依怙贔屓が、先の『旧約聖書』とかいうものの中にはっきり見て取れるからです。族長アブラハムとイサクとヤコブの子孫を神がまったく格別に自分のための民族とし、聖別し、地上のすべての他民族からぬきだし祝福するために、その族長たちに神が行ったという召命と選びを伝える書物には、とりわけそれがはっきり見て取れるからです。というのも、神はその族長たちの最初の者を呼び、国を出て、すべての親族や友と別れ、神が示す他国へ行くように命じ、同時に、その子孫を増やし永遠に祝福すると約束した（『創世記』第一七章一節〔第一二章一―二節〕[二〇五]）とその書に明記されているからです。神は二回、三回と彼

に現れて、「私は主、全能の神である。おまえは私の前に歩み、全き者であれ。私はおまえと私との間に契約を定め、おまえの子孫を大いに増やすからだ」（『創世記』第一七章一―二節）、「おまえの子孫を地上の塵の粒ほどに数を増やすからだ。よいか、地上の塵の粒を数えられる者があるなら、おまえの子孫も数えられるだろう。それは地上の塵のように数多くなるからだ」（『創世記』第一三章一六節）と言ったとその同じ書は述べています。また神は彼に、「おまえは多くの国民の父となるであろう。おまえはもうかつてのようにアブラムと名乗らず、アブラハムと名乗るであろう。私がおまえを多くの国民の父と定めたからである。そして、王たちさえおまえの血筋から出るであろう。私はおまえと、おまえの後の子孫との間に契約を定め、永遠の契約とし、おまえと後の子孫との神となるであろう」（『創世記』第一七章四―七節）とも言いました。また神は、「私がおまえとする契約は、おまえたちが、つまりおまえとおまえの後のすべての子孫が守らねばならぬ契約は、次のとおりである。おまえたちの中の男子にみな、おまえたちは割礼をしなければならない。その包皮に割礼をしなければならない。それが私とおまえと、おまえの子孫との間の永遠の契約のしるしとなるであろう。男子はみな生まれて八日目に割礼を受けなければならない」（『創世記』第一七章一〇―一二節）とも言いました。さらに、「私はおまえとおまえの子孫とに、今おまえが他国人として居るこの地、すなわちカナンの全地を与えよう」（『創世記』第一七章八節）[二〇六]、「おまえたちはエジプトの河から、かの大いなる河ユーフラテスまでの全土を、一つの海からもう一つの海までの全地を所有するであろう」（『創世記』第一五章一八節）とも言いました。またさらに、「立ってこの地をすみずみまで歩き回れ、たてよこに見て回れ。私がおまえとおまえの子孫とに、この地をいつまでも享受するように与えるからである。私が永遠に彼らの神となるからである」（『創世記』第一三章一六、一七節）[二〇七]とも神は彼に言いました。

これと同じ約束を、神はアブラハムの最初の子孫であった二人の別の族長イサクとヤコブにも繰り返し、先の書の記述によれば、彼らの子孫を空の星、海の砂粒ほど数多いものにし、彼らの友となる者を祝福し彼らの敵となる者を呪い、彼らに免じて地上の全民族を祝福すると言いました。そのような約束は先の書に記されているように、神自ら

によって幾度も彼らになされ（『創世記』第一二章一、二、三節、第一五章一八節、第一八章一七節〔一八節〕、第二六章四節、第二二章一七節、第二八章〔一四節〕……）[二〇八]、さらに神は、やはり先の書に記されているように、誓いと宣誓で請け合いさえしたのです（『創世記』第二二章一六節、『詩篇』第一五五篇九節〔第八九篇三節？〕、『集会の書』第四四章二二節、『ヘブル人への手紙』第六章一三、一四節）[二〇九]。この三人の族長から発したユダヤ民族またはイスラエルの民が、先の諸書の多くの箇所で選ばれた民、神の民、神聖な民、祝福された民と呼ばれているのは、そういうすべてのすばらしい神の約束なるものの結果なのです。「おまえたちが神の声に従い、おまえたちと神が結んだ契約を忠実に守るなら、すべての民の中でおまえたちは神にもっとも愛されたもの、もっとも大切なもの、もっとも心をかけられたものとなるだろう。おまえたちは神にとって祭司の国のごときもの、聖なる民のごときものとなるだろう」（『出エジプト記』第一九章五〔、六〕節）とモーセはその民に言いました。また彼はその民に、「神はおまえたちをあらゆる危険から守り、神が備えたところまで首尾よくおまえたちを導くように天使を遣わすだろう」（『出エジプト記』第二三章二〇節）、「神はおまえたちの仕事を祝福するだろう、おまえたちの国には不毛もなくなり、おまえたちの間にはやはり病もなくなるだろう。神はおまえたちを心にかけ、その日々の数を満ち足りたものにするだろう」（〔同二五―〕二六節）、「神はおまえたちの敵となる者を神の敵と宣告し、おまえたちに歯向かう者を苦しめるだろう」〔同二二節〕、「神はおまえたちの敵の間に恐怖と驚愕を投げ入れ、彼らは恥辱にもおまえたちを前にして背を向けて逃げ出すだろう」〔同二七節〕とも言いました。さらに、「おまえたちは他の諸々の民と何の契約をしてもならない、交際してもならない。彼らを少しも許してはならない」〔『申命記』第七章二節〕、「逆に彼らを滅ぼし、彼らの像と偶像を打ち砕かなければならない。なぜなら、おまえたちは聖なる民なのだから、おまえたちを地上の他のあらゆる民より大切な民とするため選んだおまえたちの神にとって、おまえたちは聖なる民なのだから。神がおまえたちを選んだのは、どの民よりおまえたちが強大だからでも、数において勝っているからでもない。おまえたちは数においてもっとも小さな民だ」（『申命記』第七章五、六、七節）、「ただ、神はおまえたちを愛し、またおまえたちの先祖に

誓った誓いを守ろうとして、おまえたちをその聖なる加護の下に置き」〔同八節〕、「地上の他のあらゆる民からおまえたちをぬきだして祝福したのだ」（〔同〕一四節）とも言いました。[二〇]

　さらに彼はその民に、「忌むべき物はどんな物でも食べてはならない。おまえたちは聖なる民なのだから。神は地上のすべての民のうちからおまえたちを選んで、自分に大切な民となしたのだから」（『申命記』第一四章二節）[二一]とも言いました。さらに他の機会にも、「神はおまえたちをとくに神の民とし、その掟を守らせるために選んだ。神は名誉と名声と光栄をおまえたちに与えてすべての国民に勝るものとし、おまえたちは神がおまえたちの先祖に約束したように神の聖なる民となるだろう」〔『申命記』第二六章一八―一九節〕とモーセはその民に言いました。そのような選択に、神による個人に対する紛れもない依怙贔屓と民族に対する紛れもない依怙贔屓があることは否定できますまい。なぜなら、神は一民族だけを他の諸民族よりとくに好み選んだのですから。また、そのような民族的、個人的な依怙贔屓に不正があることも否定できますまい。なぜなら、それは好意によってなされたというに止まらず、それぞれの価値をなんら考慮せずになされたのですから。さらに、そのような民族的、個人的な依怙贔屓が他のすべての民族にとっては憎むべきものであったこと、あるいはそうなるはずであったことも[1]否定できますまい。なぜなら、それは彼らに害を与えることによってなされ、完全に彼らの絶滅と破滅と破壊を[2]目指していたのですから。

　したがって、個人に対する不正な憎むべき依怙贔屓や民族に対する不正な憎むべき依怙贔屓を行おうとすることは、この上ない善にも、この上ない知恵と義にもふさわしくないでしょうから、限りなく善であり限りなく義であるような神が[3]、かつて地上の他のすべての民族に害を与えてユダヤ民族にそのような依怙贔屓をしようとしたと考えるべきではありません。そのような民族的、個人的な依怙贔屓を促進し立証するために、かつて神がその全能をあのように格別に用いようとしたとも考えるべきではありません。そして、そのためになされたと言われる奇蹟なるものがまったく信じられないのも、まさにこういう理由から十分明らかだと思われます。ここで、次のように反論しようと思わないでください。つまり、神はその恩寵と恩恵を絶対的に自由にしうるものだから、それらを好きな者に思うように

分かち与えることができるし、そのことについて不平を言う権利は誰にもないし、そのことについて神を非難し不正だと告発することは誰にもできない、だから、神がこのようにある人々あるいは民族全体を他者より好み自ら選んでも、神の側になんら不正はないのだと。そのように人は言うでしょうが、そんな根拠のない理由を挙げようとは思わないでください。というのも、わがキリスト崇拝者たちが言うように[4]、もし神が本当に自然の作り手であるなら、もし本当にすべての人間とすべての民族の作り手であり父であるなら、すべてを自分自身の作物として等しく愛するはずですし、したがって、また等しくすべての保護者となりすべてに恩恵を与えるものとなるはずですから。なぜなら、（真実の格率によると）存在を与えるものは、幸福に存在するために必要な諸々の結果や帰結も与えなければならない、「存在ヲ与エルモノハソノ結果モ援助シナケレバナラナイ」[二一二]からです。もっとも、わがキリスト崇拝者たちが、自分たちの神はわざわざ惨めで不幸なものとするために被造物を作ろうとしたと言うつもりなら別ですが、そんなことを限りない善であるような存在について考えるのはさらにふさわしからぬことに違いありません。したがって、すべての人間とすべての民族に存在を与えたのが神というものなら、同じく神は彼ら全員に等しく幸福も与えるべきですし、したがってまた、神は彼ら全員を神聖な恩情と望ましい恩寵によって等しく優遇すべきですし、アブラハムとイサクとヤコブ、そしてユダヤ民族中の彼らの子孫のために、神が行ったとか人が主張する不正な憎むべき民族的、個人的な依怙贔屓など決してすべきではありません。

次のように人が反論するとしましょう。つまり、すべての人間とすべての民族が等しく愛されるに値し、神の恩寵と恩恵によって等しく優遇されるに値するなら、神は実際に彼らを等しく愛し優遇するだろうが、彼ら全員がその好意に値するわけではない、逆に大部分の人間と民族はその悪徳と悪事で自ら神の不興と懲罰を招いているのだから、神がある者たちを他の者たちより愛したり、より特別に好意を伝えるためにその者たちを選んだりしても驚くべきではないし、そのような、他のすべての者たちよりもある個人を依怙贔屓したり、ある民族を依怙贔屓したりすることにはなんら不正はないのだと。

そんな反論には簡単に答えることができます[5]。つまり、すべての人間とすべての民族がその仮定のように等しく神の作物なら、それらはみんな神が作ったとおりのもの、作ろうとしたとおりのものでしょう。ですから、それらはみな神が与えようとしただけの徳と価値と完全性を甲乙なく持つにすぎないはずです。したがって、もし神がある者たちに他の者より多くの徳と価値と完全性を与えて、その者たちを神の恩寵と友愛でより特別に優遇しようとしたのなら、あるいは聖パウロが言うように、神がその栄光に役立てるつもりの救霊予定と祝福の器として、ある者たちに神の偉大さと慈悲という富が顕現するようにしようとしたなら（『ローマ人への手紙』第九章二三節[二一三]）、そして、他の者には反対により少ない徳と価値と完全性を与えて、いやそういう利徳一切を奪うことすらして、その者たちを神の友愛と望ましい恩寵から排除しようとしたなら、あるいは同じ聖パウロが言うように、神が永遠に不幸にするつもりの卑しい滅びの器として、その者たちのうちに神の怒りと力の結果を示そうとしたなら（『ローマ人への手紙』第九章二二節[二一四]）、まさにその点において、やはり不正な憎むべき依怙贔屓が存在することは明らかです。また、そのような不正な憎むべき依怙贔屓を限りなく完全なある存在に帰するのはふさわしくありませんから、そのような依怙贔屓の結果として行われた、またはそのために行われたと仮定されるさまざまな奇蹟も、限りなく完全な存在の偉大さと善なる本性と知恵と義について考えるべきこととまったく一致しないことになりますし、したがって、そんな奇蹟なるものはそれ自体まったく信じがたいということになるのはここから明らかです。

それに、私が言ったように、限りなく完全な存在の偉大さと善なる本性と知恵と義については、神聖なこれらの完全性にふさわしいことしか考えるべきではありませんから、限りなく完全なある神が、取るに足りぬ場合に、しかも大した重要性もない事柄のために、奇蹟を行おうとその全能をあのように特別に用いようとしたけれども、はるかに重大な場合あるいはそうであった場合に、しかもはるかに大きな重要性を持っていたはずの事柄のためには、その全能を同じように用いようとしなかったなどと考えるべきではありません。というのも、ある事柄の枢要な点より末梢的な点により特別な配慮をしようとするのはこの上ない知恵にふさわしくないでしょうから[6]。また、些細な過ちを厳

しく罰して憎むべき重罪を罰しないまま放置するのは、この上ない義にふさわしくないでしょうから。さらに、人々が少しも困っていない時でも、善意を見せ恩恵を与える意志を示すのに比べ、もっとも困っている時に同じくらいの善意も恩恵も与える意志を見せないというのは、この上ない善とこの上ない知恵にふさわしくないでしょうから。というのも、善なる本性をこの上なく持つ者なら、少なくとも、人がもっとも困っている時にも少しも困っていない時にも同じく善意を抱き、同じく恩恵〔二一五〕を与える者となり、そうであることを示すというのは、確実な疑いえないことだからです。少なくとも、と私が言うのは、善意がむしろ示されるべき時は人がもっとも困っている時だからです(7)。ですから、全能で限りなく賢明な神というものに備わっているはずのこの上ない善性、つまりこの上ない知恵と力を伴うようなこの上ない善性を持つ者なら、少なくとも、人々がもっとも困っている時にも少しも困っていない時にも、同じく善意を抱き、同じく恩恵を与える者となり、またそうであるとはっきり示すことは絶対に欠かせないことでしょう。

さて、『旧約聖書』および『新約聖書』という先の神聖で聖なる書とかいうもの全体において伝えられる、さまざまな奇蹟が真実であるなら、次のことも真実だと言えるでしょう。神はより重大でより重要な事柄ではなく、取るに足りぬ事柄において、より特別にその全能と知恵を用いようとしたのだということ。神は人々に最大の主要な幸福をではなく、もっともつまらない幸福を与えるように一層の配慮をしたのだということ。神はある者たちの些細な過ちを、別の者たちのきわめて重大で悪辣な悪徳や罪より厳しく罰しようとしたのだということ。さらに、神は人々が少しも困っていない時には恩恵を与える者であることを示そうとしたのに、もっとも困っている時には、同じように恩恵を与える者であろうとも、そのような者として現れようともしなかったのだということ。このことは、神が行ったと主張されている奇蹟からも、また実際に行いなどしなかったけれども、仮に神が本当に何か一つでも奇蹟を起こしていたなら、他のどれよりむしろ間違いなく行うべきであった〔二一六〕奇蹟からも簡単に示せることです。

まず、神が自分の預言者モーセを通じて行ったと主張されているさまざまな奇蹟について言えば、その中味とは何

ですか。たとえば、モーセの杖を蛇に、その蛇をまた杖に変えることですか、水を血に変えることですか。一国中に大量の蛙やイナゴやブヨやその他質(たち)の悪い害虫をはびこらせることですか。動物に伝染病をはやらせることですか。人間と獣の体に質(たち)の悪い腫れ物ができるようにすることですか。また彼らの言を信じるなら、一国中を激しい雹と嵐で荒廃させることですか。しかも、すべてがもっぱら、イスラエルというただ一つの卑しい惨めな小民族への愛と考慮のためだったというわけですか。さらにまた、その中味とは何ですか。逃げていくこの卑しい小民族に海の水を割って退路を作り、またその逃亡者たちを追う他の民族を海の藻屑にすることですか。四十年間荒野をさまよったというこの民に空からマナを降らせて養うことですか。渇きに苦しんでいたこの民の喉をうるおすために岩から水を湧き出させることですか。肉を食べたがるこの民の食欲と肉体的欲望を満足させるため、海の向こうから驚くべき数のウズラを呼び寄せることですか。先の荒野での四十年の間、この民全員の衣服と履物が奇蹟的にすりきれないようにすることですか。さらにホセアの時代のことですが、ある町の城壁をラッパの音で崩れ落ちさせることですか（『ヨシュア記』第六章四―二二節〔四―二〇節〕[二一七]）。敵と戦ってそれを打ち破る時間をこの民に与えるために、太陽の運行を丸一日止めることですか（同書第一〇章一三節[二一八]）。人があれほどに好んで褒めそやす、『旧約聖書』中のあの偉大な驚くべき奇蹟のおおよそは以上のとおりなのです。

それでは、これらすべての立派な奇蹟なるものは何のためだったのですか。どんな目的のために神が行ったと主張されていますか。その目的とは、イスラエルというその卑しい小民族を、エジプトで彼らが置かれていたという隷属状態から解放し、また、彼らに与えると神が父祖に約束したという国を彼らに領有させること、それ以外ではなかったのです。先の聖書なるものには、神はアブラハムの奴隷女ハガルなる者にわざわざ天使を遣わし、嫉妬にかられた女主人から暇を出され悲しんでいるその女を慰め力づけたと書かれています（『創世記』第一六章一七節〔七節〕[二一九]）。ゲラルの王アビメレクには神が自ら現れ、先日彼が捕らえた女はアブラハムの妻であるから決して触れてはならないと警告し、彼がその女と罪を犯して神に背くのをこうして防ぐのだと王に言った、ともその同じ書には書かれていま

す（『創世記』第二〇章六節〔二二〇〕）。また、ソドムの大火からロトとその子供たちを救うために、神はわざわざ天使を二人遣わしたともその同じ書に語られています（『創世記』第一九章一―一四節〔二二一〕）。また、神はサムソンの父と母に天使を遣わし、彼らは息子を授かるが、その子は生まれた時から主のナジル人〔二二二〕であるからブドウ酒もビール〔二二三〕も飲んではならないと告げさせた、ともその同じ書には書かれています（『士師記』第一三章二―七節〔二二四〕）。また別の箇所では、神は天使を一人遣わし、エルサレムの町を攻囲していたセナケリブ王の兵士を一晩だけで十八万五千人も殺させたとも語られています。（『列王紀二〔四〕』第一九章三五節〔二二五〕）。また、車の上にあった契約の櫃〔二二六〕を見てしまったために、ベテシメシの畑で刈り入れをしていた五万人以上の人々が神罰により殺されたが、それは導き手もなく当てもなく偶然牝牛が引いてきた牛車の契約の櫃を彼らが見てしまったからだ、とも語られています（『列王紀一』第六章一九節〔二二七〕）。また、神はある日、ダビデ王が虚栄のために自分の民の人口を数えさせたことを非常に怒り、その誤りを罰するためにわざわざペストを送り、その民を七万人以上も死なせたとも書かれています（『列王紀二』第二四章一五節〔二二八〕）。その他類似の例はたくさんありますが、伝えるとしたら長くなりすぎます。

こういう例や私が今しがた伝えた奇蹟の一切から、神は実際、そういう機会に福をなすよりも禍をなすためにことさらその全能を用いようとしたらしい、と見て取るのは簡単です。というのも、私が今引いた奇蹟なるものは、さまざまな民族を苦しめ、さまざまな地方と町と国を荒廃させ、さまざまな民を滅ぼし、さまざまな軍を壊滅させることしか目指していなかったのですから。また神は、ユダヤ民族には最大の幸福となったはずの真の完全さより、物質的幸福を彼らに授けるために一層の配慮をしたらしいと、これらの例と奇蹟から見て取るのも簡単です。というのも、エジプトにおけるこれらすべての奇蹟なるものは、他のある国を彼らに領有させるためだけになされたのですが、なされたというのですが、それでもこの民族はどんな点でもより賢明にも完全にもならなかったからです。なぜなら、そうした点では他のすべての民族より神の思し召しにあずかっていたとしても、だからといってユダヤ民族がもっと賢くなったり完全になったり、恩人である自分の神にもっと感謝するようになったりしたとかいうことはなかったか

らです。そのことをモーセ自身も彼らに非難した、とその同じ書が次のように語り証言しています。「神がエジプトにおいておまえたちのためにファラオの前で起こしたあらゆる奇蹟と神異をおまえたちは見た。神のおかげでおまえたちにもたらされたあらゆる戦勝とその他山をなすあらゆる恩恵をおまえたちは見た。しかし、神がおまえたちのためになしたこういう不可思議なことの偉大さを認める理解力も、それらをうまく利用できる知恵の力も、神はおまえたちに与えなかった、トコロガ今マデ主ハ知ルタメノ心モ、見ルタメノ目モ、聞クタメノ耳モ、オマエタチニ与エラレナカッタ」（『申命記』第二九章四節）と彼は言いました。しかし、そんな偉大で神奇な奇蹟なるものすべてより、こうした理解力と知恵の力の方が彼らにははるかにふさわしいものですし、利益ともなったことでしょう。

(8) さらにこうした例や奇蹟から、神は実際にある人々の、それも罪のない人々のちょっとした過ちや、それどころか罪のない人々がやってもいないような罪をも咎めて、邪な人々のきわめてひどい悪徳やきわめて悪辣な罪をこらしめる場合よりもっと厳しく罰したらしい、ということも簡単に分かります。なぜなら、ある王が好奇心あるいは虚栄心から臣民の人口調査をさせた、という軽い過ちかも知れないことのために神はあれほど厳しい罰を民に与えたのに、あるいは与えたらしいのに、また、あれほど軽い過ちのためにベテシメシ人にあれほど厳しい罰を与えたらしいのに、一方ではきわめて悪辣な大量の罪を罰しないまま放置しましたし、今でもまだ日々放っておくらしいのですから。さらにこうした例や奇蹟から、比較すれば取るに足りない場合に神は恩人としての姿を示したらしいのに(9)、それとは比べられぬほど差し迫った重大なその他無数の場合にはそういう姿を示さないこと、示さないらしいことも簡単に分かります。なぜなら、一方では神は一介の下女を慰め助けるために親切にも天使を遣わしたというのに、不幸な罪のない無数の人々が困窮の中で誰の援助も補助も受けられず、貧窮のために憔悴して死ぬのは放っておいたらしく、今でも放っておくのですから。また一方では、神はあの連中全員の古い(10)衣服と履物がおよそ(11)四十年間も奇蹟的に持つようにあれほどの配慮をしたのに、あれほど多くのあれほど重要な財物と富が、火災や難船やその他世界中にあれほど頻繁に起こる遺憾な災難によって不幸にも失われるのは放っておいたらしく、今でも日々放っておくのですから。

なんということでしょう。この上ない善性が、この上ない英知が、限りなく完全な存在が、卑しい惨めな一民族の衣服と靴は彼らの背や足ですりきれないようにして奇蹟的に四十年間も保たせようとしたのに、諸民族の生存に昔も今もあれほど役に立ちあれほど必要であるような、それにもかかわらず昔も今でも毎日さまざまな遺憾な災難で失われる、あれほど多くの財物とあれほど多くの富については、それを自然に保存しようとは昔も今も配慮などしないというのですか。自分の教会に火災が起こっても、そこにあるもっとも豪華なもっとも貴重な装飾品も、また教会そのものも守ることすらしないというのですか。そんな奇蹟などまったく信じられません。なんということでしょう。この上ない善性が、この上ない英知が、限りなく完全な存在が、ある女や子供やその他ある個人を危険から守り保護するためにわざわざ天使を遣わしたのに、また〔二二九〕トビトやその他の幾人かのために、旅行中に彼らを導き、危険を避けさせ、必要な時には良い忠告を与えるために天使を遣わしたのに、私たちの始祖アダムとイブには、彼らを誘惑するために蛇の姿をした悪霊あるいはサタンを遣わし、そういう手段で全人類を破滅させたというのですか。そんなことはまったく信じられません。そんなことは限りなく善であり限りなく賢明である神というものの、この上ない善性とこの上ない英知にふさわしくありません、または、ふさわしくないはずです(12)。なんということでしょう。神は、〔二三〇〕神慮による特別な恩寵によってゲラルの王が神を傷つけず、他国の女との些細な過ちに落ちないようにしようとしたのに——しかも、その過ちはどんな悪い結果も生まなかったでしょうし、まったく取るに足らないものだったのです(13)——、その同じ神慮を用いて、アダムとイブが神を傷つけ、すべての人間の主たる敵(14)サタンの誘惑にかかって不服従の罪に落ちるのを防ごうとはしなかったというのですか。しかもその過ちは、わがキリスト崇拝者たちによればすべての人間にとって(15)あのように致命的であり、同じわがキリスト崇拝者たちの言によれば、全人類の破滅(16)を招き寄せ引き起こすはずだったのです。また、神は世界中で(17)犯されるあれほど多くのあれほど悪辣な、あれほど多くのあれほど忌まわしい大罪を防ぐためには、その同じ神慮を現在でも用いようとさえしないというのですか。そんなことは信じられません。そんなことは言うだけでも、考えるだけでも馬鹿げています(18)。神は義人を正しい道へと、あるいは正しい道を

通って進むようにと導き、神の王国を示し、聖人の知識を与える、「主ハ正シイ人ヲ正シイ道ニ導キ、彼ニ神ノ王国ヲ示シ、清イコトガラヲ知ラセ、ソノ苦労ニ報イ、ソノ労働ヲ豊カニ実ラセタ」（『知恵の書』第一〇章一〇節）と『聖書』なるものの一書には語られています。では一体、神はどんな義人をそのように正しい道に導くはずだったのですか、神が義と聖潔のうちに創造した、とわがキリスト崇拝者たちが言う人類の始祖のことでないならば。間違いなく彼らは最初の義人だったでしょうし、神はとりわけ彼らを正しい道に導き、彼らに天の王国を示し、聖人の知恵を与えるべきだったでしょう。人類の幸不幸がすべて彼らの行いの善悪にかかるはずだったのですから[19]。しかし神はそれを行わなかったのです。人類の始祖たちは蛇に姿を変えた邪悪なサタンの誘惑にかかり、たちまち罪に陥ったらしいのですから[20]。

さらになんということでしょう。この上ない善性が、この上ない英知が、限りなく完全で限りなく義なる神というものが、ベテシメシ人やダビデ時代の罪のない民の些細な過ちを、しかも彼らには何の咎もなかったような過ちをあれほど厳しく罰しようとしたのに、当時も今も日々世界中で犯されている、あれほど多くのあれほど呪うべき大罪や、あれほど多くのあれほど呪うべき悪事を罰することもなく昔も今も日々放っておくつもりだというのですか。そんなことは信じられません。なんということでしょう。この上ない善性が、この上ない英知が、限りなく完全な神が、自分のために特別に一民族を選び、彼らを聖別し庇護し祝福し、彼らのために特別にその全能を用いようとしたのに、彼らが自ら良い行いをし、自ら良く治められるように、いやせめてその恩人たる神の恩恵と厚意を十分認識できるように、彼らに善良な精神や理解力や知恵の力を与えようとはしなかったというのですか。そんなことは信じられません。なんということでしょう。全能で限りなく善なる神が、指でその律法の掟を石板に刻もうとしたのに、自分の民の心と精神の内部にそれを刻んで彼らが喜び好んで守るようにはしなかったというのですか。神は彼らを聖別し、その恩恵と恵みで満たすために、まさにその民を選んだのだというのに。そんなことはまったく信じられません。さらに、なんということでしょう。この上ない善性が、この上ない英知が、限りなく完全な神が、王たちや幾多の大民族

の心をかたくなにし、その精神を盲目にしたのは――神がそのようにしたと人は主張しています――彼らを滅ぼし破滅させる機会や原因をこうして作り、イスラエルというただ一つの惨めな小民族の利益をはかるためだったというのですか。そんなことは信じられません。そんな振る舞いのどこに限りなく完全な存在の善性があるのですか、英知があるのですか、義があるのですか。間違いなくありはしません。こんなことはそれ自体成り立ちえないのです。[21]

『新約聖書』の奇蹟なるものに移りましょう。人が言うところによればそれらの奇蹟の中味は主として、イエス・キリストとその使徒たちがあらゆる種類の病や不具を奇蹟的[22]に治したこと、たとえば望みの時に、盲人に視力を、耳が聞こえない者に聴力を、話せない者に言葉を返してやったこと、また足が不自由な者をまっすぐ歩けるようにしたこと、体が麻痺した者を治したこと、悪霊に取り憑かれた体からそれを追い出したこと、死人を生き返らせたことです。多くのこういう奇蹟なるものが『福音書』には見られますが、わがキリスト崇拝者たちのいわゆる聖人[23]たちが送った驚くべき生涯について彼らが書いた書物にも、さらに一層多くのこういう奇蹟と、また別種の奇蹟の業さえもが大量に見られます〔三二〕。というのも、そういう立派な本には、信じようと思えば、ありとあらゆる流儀のまったく奇蹟的で神的な事柄がほとんど無数に見られるのですから。

それを見ると、そうした人々がありとあらゆる病と不具をどのように治したか、悪霊をほぼ毎度どんなふうに追い払ったかが分かります。しかも、イエスの名を唱えるだけ、十字を切るだけでそうしたのです。いわば彼らは自然の諸元素〔三二〕に命じ、命じられた方は彼らの声に従ったのです。彼らが言うだけで、すべてがなされました。彼らの主張によれば、奇蹟を行うこの至高の力は神の特別の計らいで与えられたものですから、死後にさえもその力は保たれ、彼らの墓や骨や灰を敬虔に敬いに行く、あるいは敬いに来る人々も神の計らいにより健康を取り戻したというのです〔三三〕。それどころか、彼らの本に語られていることをみな信じるなら、奇蹟を行うというこの力は彼らの衣服のごく小さな切れ端にも、その体の影や、彼らが死刑や責め苦を科せられた際のもっとも[24]不名誉な刑具にさえも伝えられたらしいのです。というのも、たとえば使徒聖ペテロについて、ペテロが通りかかると、病人たちの幾人かにせめてその影が

かかり、その疾患が癒されるようにと人々は病人を通りに運び出した（『使徒行伝』第五章一五節）と言われているからです。同じ使徒がエルサレムの獄につながれていた鎖についても、それを介して多くの奇蹟がなされたと言われています[二三四]。それなら、イエスが磔になった十字架の木についても言われないことなどあるでしょうか。この十字架はイエスの死後三百年して奇蹟的に発見され、彼とともに磔になった盗賊たちの他の多くの十字架の間にあったが、さまざまな奇蹟によって、またさらには幾人かの死人がそれに触れさせると蘇生したことによって、見分けがついたと言われています。この十字架の木[25]は大切に保存され、それを崇めにエルサレムに来る巡礼者すべてに貴重な聖遺物としてその小片が与えられましたが、それでもそのために少しも減らず、反対にまだ何も取り去ったことがないかのように相変わらず完全なままだとも言われています。これはまったく奇蹟的なことだとわがキリスト崇拝者たちは言っています。なぜなら、世界中にその真の十字架なるもののあれほど多くの木切れや切れ端が見られ、それらをみな集めればきわめて大きな十字架をいくつも作れるだけの量が十分見つかるほどなのですから。『聖人伝』五月三日の項を見てください[二三五]。

聖ホノリウスの靴下はある死人を生き返らせた（一月六日の項を見てください[二三六]）、また聖ペテロの杖、聖ヤコブの杖、聖ベルナルドゥス[二三七]の杖はさまざまな奇蹟を起こしたと『聖人伝』に語られていますし、聖フランチェスコ[二三八]の縄、聖ホアン・デ・ディオス[二三九]の杖、聖メラニア[二四〇]の帯についても同様のことが言われています。聖グラキリアヌス[二四一]については、何を信じるべきか、何を説くべきかを神から教えられ、教会を建てるのに邪魔だった山を自分の祈禱の功徳と力で退かせたと言われていますし、聖ホモボヌス[二四二]については、水をブドウ酒に変え、彼が教会に行くとよく教会の扉が自然に開いたと言われています。また、聖アンデレの墓からはありとあらゆる病を治す液体が絶えず流れ出ていた[二四三]と言われていますし、聖ベネディクトゥス[二四四]の魂は豪華なマントをまとい赤々と燃える灯明に囲まれて昇天するのが見られたと言われています。また、聖クリストフォロスがその杖を地面に突き立てると、杖はたちまち木のように葉を繁らせ花が咲きましたし[二四五]、教皇聖クレメンスは首に錨をくりつけられて海に投げ込まれそこで生涯を終えましたが、

天使たちが彼のために海の底に礼拝堂を建てたと言われています。[二四六] また、聖ダマスケヌス[二四七]は手首を切り取られましたが、手は何事もなかったかのように奇蹟的にくっついたと言われていますし、聖ドミニクスは神に願って叶えられなかったことは一度もないと言いました。[二四八] また、聖フェレオルス[二四九]と聖フェルティウス[二五〇]は舌を切られた後でもまだ話せましたし、聖フランチェスコが燕や蟬やその他の鳥に命じると彼らは言うことを聞き、魚や兎や野兎もよく彼の手の中や膝の上にやって来たと言われています。[二五一] 聖エゼルドレダ[二五二]の体は死後三百年たってもそのままであったと言われていますし、聖テレジア[二五三]の体もいつまでも腐ることがなく、今でも生きているかのように人が服を着せたり脱がせたりしており、支えがほとんどなくても一人で立っていると言われていますし、またヴィテルボの聖ローザ[二五四]の体についても同じことが言われています。

　聖ゴドレヴァ[二五五]が溺れ死んだ水を飲んだ者はみなその不具が治ったと言われていますし、聖ヘートヴィヒ[二五六]がキリストの十字架像の前で祈っていると、その祈りを聞きとどけるというしるしに像が手を上げて彼女を祝福したと言われています。天使博士聖トマス[二五七]についても同様なことが言われており、彼がナポリで十字架像の前で祈っていると、その像が何度も話しかけてきて、おまえは私について見事な著作をなした、「トマスヨ、汝ハ我ニツイテ見事ニ書キタリ」と語りました。トレド大司教聖イルデフォンスス[二五八]は天から立派な白い上祭服を奇蹟によって授かりましたが、この服はマリアが処女であるという説を見事に弁護したために処女マリアが大司教に与えたのだと言われています。また聖アントニヌス[二五九]も同じく天から立派な祭服を授かったと言われています。聖ラウレンティウス[二六〇]やその他大勢の聖人については、目の見えない人やその他の不具の人をその上で十字を切るだけで治したと言われていますし、聖リュシアン[二六一]については、首をはねられても身体は起き上がり、その首を持ってボーヴェの近くまで半里以上も運び、しかもその身体は後に奇蹟的に発見されたと言われています。リエス[二六二]のノートルダム大聖堂の像は奇蹟によって作られ、天使たちが天から運んできたと言われています。聖メロヌス[二六三]については、羊の群の一頭を従僕が不注意で殺してしまったのを生き返らせたり、水をブドウ酒に、小石をパンに変えたり、その他多くの奇蹟を行ったりしたと言われています。

聖パウロと聖パンタレオンについては、首をはねられると血の代わりに乳が吹き出したと言われています。[二六四] 福者ピエール・ド・リュクサンブール[二六五]の伝記によると、その死後二年の間につまり一三八八年から八九年にかけて、二千四百の奇蹟がなされ、四十二人の死者が生き返った、しかもその中には以後なされたその他三千以上の奇蹟と、今でも毎日なされている奇蹟は含まれないと言われています。聖カタリナが改宗させた五十人の哲学者はみな燃えさかる火に投げ込まれましたが、その後彼らの死体は少しの損傷もなく、頭髪一本焼けていない姿で見つかりましたし、先の聖カタリナの死体は死後天使たちによって運び去られ、シナイ山上に埋葬されたと言われています。[二六六]

[26] 聖クィンティヌス[二六七]は首をはねられ、その胴体はソンム川の一方の岸から、首はもう一方の岸から川に投げ込まれましたが、両方とも奇蹟的に五十年後に発見され、首は胴体に自然に付いたと言われています。聖レギナ[二六八]も首をはねられましたが、その魂はみなの見ている前で天使たちによって天へと運ばれ、その首には一羽の鳩が尊い冠を被せたと言われています。聖ウィンケンティウス・フェレリウス[二六九]の場合は、死者を生き返らせました。ばらばらにされて、一部は半ば焼け焦げ、半ば焼けただれた死体を生き返らせたと言われていますし、彼のマントは憑き物を祓い、さまざまな病を治す力があったとも言われています。また、ル・マンの司教聖ユリアヌス[二七〇]については、彼が作った籠には使う人の病を治す力があったと言われています。ある日、聖イヴォ[二七一]は説教をしに行くのに渡らねばならぬ橋が落ちてしまっているのを見て、川の水の上で十字を切りました。すると、たちまち水は割れ自由に渡れるようになり、彼が渡り終えるとすぐ元どおりになったと言われています。ブリウドの聖ユリアヌス[二七二]については、その遺骸を老人たちが鄭重に葬ったところ、それらの老人は花の盛りの頃の力と活力をたちまち取り戻したと言われています。パドヴァの聖アントニウス[二七三]の列聖式の日には、リスボンの町中の鐘がどうしてだか分からないが自然に鳴り出したとか、この聖人がある日海岸に行き魚を呼んで説教をしようとすると、魚たちは群をなして彼の前に来て頭を水面に出し、その説教を熱心に聞いたとか言われています。聖イシドルス[二七四]の遺骸を移す日にも、遺骸を覆う土を取りのけだすやいなや、マドリードの町中の鐘が自然に鳴り出したと書かれていますし、同じことが聖アルベルトゥス[二七五]、聖エレアザル[二七六]、聖エン

ネムンドゥス〔二七七〕の死に際しても起こり、そのような鐘の音は彼らの埋葬の儀式の間中続いたと言います。

聖ヒアキントゥス〔二七八〕列聖のために作られた調書には、この聖人のとりなしで健康を回復したという人々の奇蹟が千近くも載っています。その病人たちは種々の病、たとえば頭痛、眼や歯や喉や顎の痛み、熱病、疝痛、癲癇などに罹っていたと、つまりこの聖人が治さなかったような病はなかったと言われています。また生前にも死後にも幾人もの死者を生き返らせましたし、動物たちさえこの聖人のとりなしを長く忘れなかったと言われています。そして、祈ればあれほど簡単に健康と病と死を手に入れるのだから、神は聖ヒアキントゥスを健康と病と死の主人(27)にしたように思われる、とわがキリスト崇拝者たちは言っています。また、彼は水の上も地面の上と同じように渡り、特筆すべきことに、ある日カリステネス川を彼が渡ると、歩いた跡が足跡のように水面に刻印され、川のこちら側から、渡っていったあちら側までそれが見られたと言われています。さらに、聖母像が彼に語りかけたとも言われています。詳しくは、〔聖人暦〕四月十六日にある彼の伝記を見てください。

聖フランチェスコ〔二七九〕(28)もほとんど無数の奇蹟を生前と死後にわたり行ったと言われています。悪魔憑きの体から多くの悪魔を追い出し、盲目の人々の目を治し、足の不自由な人、苦しんでいる人を癒し、死人を生き返らせ、子を産めない女に子供を授けたと言います。また、この聖人が祝福したパン、その継ぎはぎの衣の一部や切れ端、彼が帯にしていた縄、その足や手を洗った水、要するに彼が触れたものはすべて、病と災難への薬、労苦への慰めとなりました。また、彼は動物たちにも人間に対するように親しく話しかけ、等しくわが兄弟、わが姉妹と呼びかけましたが、彼がわが姉妹と呼んだ牝羊と蟬や、わが兄弟と呼んだ鳥たちが示したように、動物たちも命じられたことには何でも従い、彼も自分の言うことが動物たちには分かるかのように説教を聞かせました。また、この聖人の遺体はどちらの側からも支えられていないのに、相変わらず自分の足でまっすぐ立っており、命に満ちている人間のように相変わらず目を見開いていて、しかも視線はわずかに天に向けられていると言われています。体は健全そのもので少しの腐敗もなく、まだ生きているかのように美しく血色が良いとも同様に言われています。さらにまた、パオラの聖フランチェスコ〔二八〇〕も

神から並々ならぬ恩寵を与えられていて、あらゆる被造物が彼に完全に従うように、神が彼をそれらの主人にしたと思われるほどだったと言われています。地水火風も、病も死も、動物も人間も悪魔もこの聖なる人物の意志に服していました。彼は大勢の悪魔憑きを救い、盲目の人に視力を、口のきけない人に言葉を取り戻させ、不治の病を治し、死人を生き返らせ、彼には自然の諸元素さえ従ったと言うのですから。火は彼に対してはその力を失い、火の上を歩き火を手にとっても彼は焼かれることがなく、燃えさかる竈の中に入っても炎は彼に触れようともせず、ついにはその炎は消えてしまったと言われています。彼はまたカラブリア海を渡ってシチリア島に行きましたが、水の上に広げた彼の衣が彼とその連れには堅固な小舟の役を果たしたのです。それに加えて彼には預言の力もありましたし、その他同様の奇蹟も無数に行いましたが、それらをここで伝えるとなると長くなりすぎるでしょう。要するに、こんなに虚しく、こんなにくだらない、こんなに滑稽でさえある主題はありません。それをもとにあの『聖人伝』の著者たちは奇蹟を捏造し、奇蹟を重ねて喜んでいるのです。ことほどさように彼らはこういったすばらしい嘘の巧みな捏造家なのです。

こういう種類の著者たちと、彼らの聖人伝という敬虔な架空の歴史とについて、見識ある一著作家が次のように述べていますが、その点をめぐるこの人の権威はわがキリスト崇拝者たちからも疑われるはずはありません。彼自身、使徒承伝・ローマ・カトリックという彼らのいわゆる聖なる宗教に属していたのですから。彼はその『〔誤って魔術の嫌疑をかけられたすべての〕偉人たちのための弁明』〔二八二〕の中でこう言っています（第二巻、四六八頁）。「まったく人間ばなれした人を除いて、どんな歴史家もありのままの事柄を伝えるものでは決してない。それらに傾きを与え、とらせたいと思う相貌に応じて仮面を被せ、自分の判断を信用させ他の人を引き込むために、この方向で好んで素材に手を加え、適当に引き延ばしたりふくらませたり傾けたり偽ったりする。」「経験が教えるところでは、七、八百年以来の歴史はほとんどみな嘘に満ち溢れており（もっと古いものは言うまでもない）、まるで、一つでも余計に嘘をでっち上げて賞をとろうと著者たちが互いに競い合ったように見えるからだ。」「われわれの古い夢物語（ロマン）の一切がテュルパ

ン司教[二八二]の幻想から、トラヤヌス帝赦免説[二八三]が助祭ヨハネスなる者から、ウェルギリウス魔術師説[二八四]が修道士ヘリナンドゥスから発しているのは確かである[二八五]。」「あらゆる事柄、あらゆる嘘をあまりにも簡単に軽々しく信じることが大量の架空の歴史を創作させ、それらが次から次へと続いたのである。というのも、八八三年にリヨン司教アゴバール[二八六]が語ったように、〈人々の蒙昧や愚かさは常軌を逸したものとなり、今ではどんなに馬鹿馬鹿しい滑稽なことであろうと、かつて異教徒が偶像崇拝の誤謬の中で示した以上の軽信さでキリスト教徒が信じないことはないほど〉だから。こういうあらゆる歴史の後に、敬虔王ルイ[二八七]の治世から早くもすぐ作り始められたさまざまな夢物語（ロマン）が続き、それらはこういう神異のようなあらゆる虚偽に進んで魅惑されていたその時代の愚昧さの中で増えていったが、その結果、同時代史に手を染めるすべての人たちも歴史をより楽しいものにするために、これに類する多くの話をそこに混ぜようとしたのだった。そのことについては、ある神学博士がきわめて適切に指摘しているとおりで、〈この時代の著作家たちはその叙述に詩人たちの虚構を大量に混ぜなければ、十分な博識と十分な雄弁と洗練をもって書かなかったことになると信じていたが、それは彼らに通有の欠点であった〉とその人は率直に認めている[二八八]。」

同じ著者はこうも言っています。「信頼と評価を受けていた、あるいは受けているデルリオ[二八九]、ル・ロワイエ[二九〇]、ボダン[二九一]、ド・ランクル[二九二]、ゲデルマン[二九三]その他があれほど不用意に、あれほど夢中になって悪魔や魔女や魔術師について書き記し、ああいう多数の偽りで馬鹿馬鹿しいあらゆる歴史を――架空で滑稽であるのに――ついぞ斥けず、真実で正当な歴史の間にごちゃごちゃに、無差別に混ぜ込んだとは奇怪なことである。聖アウグスティヌスが指摘するように、嘘の混入は真実を作り話にしてしまうし、聖ヒエロニムスが言うように、嘘つきは自分が本当のことを言う時でさえ信じてもらえなくなるのだから。必要もない時に始終狼だと叫び、その獣が自分の羊の群を襲った時に誰からも信じてもらえず助けてももらえなかった、イソップのあの羊飼が示しているように。」「こうして、そういう著作家たちが著書にあのように手軽に滑り込ませた滑稽なあらゆる歴史、好き勝手に作り上げたあらゆるおとぎ話、あれほど明白な虚偽は、詮索好きな精神を持つ幾人かの人が著者以上の勤勉さと周到さでそれらを調べてみようと思い立つと、

必ずや彼らの名声を傷つけるものとなり、もっと悪いことには彼らが扱っている主題の真実性をも軽んじさせることになると言えよう。」「まさしくこのようにして、百年も前から異端者たち[二九四]がわれわれ自身の武器を用いて、すなわち『黄金伝説』[二九五]のさまざまな話や、『聖人伝』や、トヌグダルスの『亡霊』[二九六]や、マイヤールやムノやバルレッタの『説教集』[二九七]や、その他素朴であると同時に迷信的な類似の著作を用いて、われわれの奇蹟などなかったし嘘だった、という彼らの臆見を主張し立証しようとするのが見られる。[二九八]」(同書、四六八頁)

第一九章　キリスト教の奇蹟なるものと異教の奇蹟なるものとの一致

異端者たち[二九九]がそれらの奇蹟を虚偽と嘘と見なすのは、実際理由がないことではありません。そういう一切の奇蹟なるものが、異教の詩人たちの作り話と虚構を真似て発明されたにすぎないと見て取るのは簡単だからです。両者の間に見られる一致からそのことは十分明白だと思えます。たとえば、『聖人伝』に述べられているようなあらゆる奇蹟を行う力を神が聖人たちに与えたとわがキリスト崇拝者たちが言うなら、アポロンの大祭司アニオスの娘たちが神バッコスから寵愛を受け、望めばどんなものでも小麦やブドウ酒や油などに変える力を授かった[三〇〇]のは事実だと、異教徒や偶像崇拝者も同じく言っていました(1)。また同様に、自分を育ててくれたニンフたちに、赤ん坊の頃乳をもらった牝山羊の角をユピテルは本当に与えたのであって、その角には願いをかけられるとたちどころになんでもたっぷりと叶えてくれる特性があった[三〇一]のだとも言っていました。これらはすばらしい奇蹟ではありませんか。また、聖人なる者たち(2)が死人を生き返らせ、神の啓示を受けたとわがキリスト崇拝者たちが言うなら、すでに彼らよりも前に異教徒も同じくこう言っていたのです。メルクリウスの息子アタリデス[三〇二]は望みのままに生きたり死んだり生き返ったりする力を父から得ていたし、この世とあの世で起こる一切についての知識も持っていた、またアポロンの息子アスクレピオスも死人を生き返らせ[三〇三]た、またヘラクレス

はテッサリア王アドメトスの妻アルケスティスを生き返らせその夫に返した[三〇四]、と言っていたのです。また、イエス・キリストが男を知らぬ処女から奇蹟により生まれたとわがキリスト崇拝者たちが言うなら、すでに彼らよりも前に異教徒も同じくこう言っていたのです。ローマ市の建設者レムスとロムルスはイリア・シルウィアあるいはレア・シルウィアという名のウェスタの巫女から奇蹟により生まれたし、マルス、アルゲス、ウルカヌスその他はユノが男を知らずに生んだし、学問の女神ミネルウァもユピテルの頭の中で生まれ、彼が自分の頭を殴ったおかげでそこから全身武装した姿で出てきた[三〇五]と言っていたのです。[3]また、聖人たちが岩から水の泉を涌き出させたとわがキリスト崇拝者たちが言うなら、ミネルウァも自分に捧げられた神殿の返礼として油の泉を涌き出させた[三〇六]とすでに異教徒も同じく言っていました。[4]またわがキリスト崇拝者たちが、ロレートやリエスのノートルダム大聖堂の像のようにわれわれは天から像を奇蹟のおかげで授かった[三〇七]、ランスの聖油入れなるものや、聖イルデフォンススが聖母マリアから授かったという白い上祭服[三〇八]や、その他似たような贈り物を他にもたくさん天から奇蹟のおかげで授かったと自慢するなら、彼らより前に異教徒も同じく、彼らがローマ市を保持するしるしとして天から聖なる楯を授かった[三〇九]と自慢していましたし、トロイア人も彼らのパラディオンあるいはパラスの神像を天から奇蹟のおかげで授かった、その女神を祀るために建てた神殿に像は自らやって来て自分の場所に納まった[三一〇]と自慢していました。また、イエス・キリストが栄光に包まれて天に昇るのを使徒たちが見た、多くのいわゆる聖人たちの魂が栄光に包まれて天使たちによって天に運ばれるのが見られた、とわがキリスト崇拝者たちが言うなら、すでに彼らより前にローマの異教徒も、その建設者ロムルスが死後栄光に包まれるのが見られたと言っていましたし、トロイア王トロスの息子ガニュメデスはユピテルが酌をさせるために天へ運んでいった、さらにウェヌスの神殿に捧げられたベレニケの髪[三一一]はその後天へ運ばれたとさえ言っていました。カシオペイア、アンドロメダについても、シレノスのロバについてさえも彼らは同じことを言っています。また、多くの聖人たちの体は死後も奇蹟によって腐敗を免れた、長く失われていてどこにあるかも分からなかった多くの聖人たちの体が、神の啓示によって奇蹟的に発見された、とわがキリスト崇拝者たちが言うなら、異教徒もオレス

テスの体について、神託のお告げで奇蹟的に発見された〔三二二〕と同じことを言っています。また、眠れる七兄弟は閉じ込められていた洞窟の中で奇蹟のおかげで百七十七年間も眠っていた〔三二三〕とわがキリスト崇拝者たちが言うなら、異教徒も哲学者エピメニデスは眠り込んでしまった洞窟で五十七年間も眠っていた〔三二四〕と言っています。

　多くの聖人たちが舌や首を切られた後もまだ奇蹟によって喋ったとわがキリスト崇拝者たちが言うなら、異教徒もガビエヌス〔三二五〕の首は身体から切り離された後でもかなり長い詩を歌ったと言っています。また、聖人のとりなしで行われた奇蹟の治癒を示す多くの絵や高価な贈り物で、神殿や教会が飾られていることをわがキリスト崇拝者たちが誇るなら、エピダウロスにあるアスクレピオスの神殿にも〔三二六〕、この神への祈願によって行われた奇蹟の治癒を示す多くの絵や高価な贈り物が見られます、少なくともかつては見られたのです。また、多くの聖人は燃えさかる炎の中でも奇蹟のおかげで守られ、体にもまたその衣服にさえも何の損傷も受けなかったとわがキリスト崇拝者たちが言うなら、同じく異教徒も、ディアナの神殿の女神官たちは真っ赤におこった炭火の上を裸足で歩いても足に火傷も傷も負わなかったと言っていましたし(5)、また女神フェロニアの祭司たちについても、またヒルピ族についても、彼らはアポロンを称えて焚かれたかがり火の真っ赤におこった炭火の上を裸足で歩いても焼かれなかった〔三二七〕と同じことを言っていました。わがキリスト崇拝者たちが言うように、聖クレメンスのために天使たちが海底に礼拝堂を建てた〔三二八〕なら、バウキスとピレモンの小さな家は、彼らが神を敬った褒美として奇蹟のおかげで壮麗な神殿に変わった〔三二九〕と異教徒も言っていました(6)。また聖人たちが自分たちの守護者となり、たとえば聖ヤコブ〔三三〇〕や聖マウリキウス〔三三一〕その他のように、彼らの多くが馬に乗り立派な武具に身を固めて自分たちの軍隊に幾度も現れ、自分たちのために敵と戦ったとわがキリスト崇拝者たちが自慢して言うなら、カストルとポルクスも戦闘に幾度も現れローマ人のために敵と戦った〔三三二〕と異教徒も言っていますし、わがキリスト崇拝者たちより前にすでにそう言っていたのです(7)。

　イサクの父アブラハムがイサクを生け贄にしようとした時、その身代わりに生け贄として捧げる牡羊が奇蹟のおかげで見つかったとわがキリスト崇拝者たちが言うなら、女神ウェスタも生け贄として自分に捧げられるメテルスの娘

メテラの身代わりとするために、奇蹟によって牝牛を遣わした〔三二三〕と異教徒も言っていますし、同様に、女神ディアナもイピゲネイアがその生け贄とされるために薪の山の上に載せられた時、身代わりの牝鹿を奇蹟によって遣わし、そのおかげでイピゲネイアは奇蹟的に救われた〔三二四〕とも言っています。また、聖ヨセフは天から遣わされた天使から警告を受けてエジプトに逃れたとわがキリスト崇拝者たちが言うなら、詩人シモニデス〔三二五〕も奇蹟の警告を受けて幾多の危難を免れたと異教徒も言っています。モーセがその杖で岩を叩いて泉を涌き出させたなら、異教徒は馬のペガソスがまったく同じことをしたと言っています。その足で岩を叩いて泉を涌き出させた〔三二六〕のですから。また、ばらばらにされ、しかも一部はすでに半ば焼け焦げていた死体を、聖ウィンケンティウス・フェレリウス〔三二七〕は生き返らせたとわがキリスト崇拝者たちが言うなら、同じく異教徒も、プリュギア王タンタロスの息子ペロプスは、神々に食べさせるため父によってばらばらにされたが、神々は息子に対するこの父の野蛮な残酷さを知り、手足をみな集め結合し生き返らせた〔三二八〕と言っています。

多くの十字架像やその他の聖像が奇蹟により語ったり返答したりしたとわがキリスト崇拝者たちが言うなら、異教徒も自分たちの神託は神々により語られたし、伺いをたてに来た人々に返答をしたと言っていますし、オルペウス〔三二九〕とポリュクラテス〔三三〇〕の首は死後神託を下したとも言っています。(8)わが福音史家たちが言うように、神が天からの声によってイエス・キリストはわが息子であると知らせたなら、神ウルカヌスも奇蹟の炎を現して、カイクルス〔三三一〕が本当に自分の息子であると示したと異教徒も言っていました。(9)聖人の幾人かに神がたびたび奇蹟によって食を与えたとわがキリスト崇拝者たちが言うなら、同様に詩人たちもトリプトレモスは奇蹟のおかげでケレスから聖なる乳で育てられ、二匹の竜を付けた車ももらった〔三三二〕と言っていますし、またマルスの息子ピュケス〔三三三〕は死んだ母の腹から引き出されたが、奇蹟のおかげでその乳で育てられたとも言っています。また、多くの聖人はもっとも残忍で野性的な獣の残忍さと野性をも奇蹟により鎮めた、とわがキリスト崇拝者たちが言うなら、オルペウスもその歌の甘美さと楽器の妙なる調べで獅子や熊や虎を彼のもとに誘い出し、もっとも残忍で野性的な獣の野性を(10)もその妙なる調べの甘美さで鎮めたし、同

じように岩や木をも彼のもとに引き寄せ、川さえもその歌を聞くために流れを止めたと異教徒も言っています。述べることもできるその他類似の大量の例は省略し言わずにおくとしても、最後に、奇蹟によってエリコの城壁は攻囲軍のラッパの音で崩れ落ちた〔三三四〕とわがキリスト崇拝者たちが言うなら、異教徒も確かにもっと神奇なことを言っています。テーバイの城壁はアムピオンの手で奏でられる楽器の妙なる音[11]で建てられた〔三三五〕と言うのですから。これ[12]はただ城壁が崩れ落ちるより、はるかに奇蹟的ではるかに驚くべきことに違いありますまい。

以上のように両方の間に、つまりわがキリスト崇拝者側と異教徒側の間に非常に大きな一致が見られるのは確かです。どちらかの側により真実らしさが多いわけではないのも確かで、いまさらあのような異教の奇蹟なるものを信用するのはまったく馬鹿げたことでしょうから、キリスト教のものを信用するのも同じくまったく馬鹿げたことなのです。なぜなら、どちらのものも同じ誤謬と錯誤と嘘とペテンの原理に由来するにすぎないのですから。まただからこそ、キリスト教誕生時あるいは誕生時頃の[13]マニ教徒やアリウス派〔三三六〕は、聖人への祈願によってなされたそういう奇蹟なるものを嘲笑し、聖人の死後、彼らに祈願しその遺物を崇める人々を非難したのです。前のカンブレ大司教、故[14]フェヌロン氏もそういう奇蹟なるものを大して重要とも思わず、彼自身ほとんど信用していなかったようです。彼が書いた『神の存在について』〔三三七〕〔『神の存在と属性の証明』〕という本の中で*1そういうものに一言でも触れようとさえしなかったのですから。というのも、この著者は神の存在に関して与えうるもっとも強力な証明を提出する、と先の本の中で主張していたのに、前述の奇蹟による証明については語ることすらしていなかったからです。もし前述の奇蹟が本当に真実で本当に確実なものであれば、そういう証明はもっとも強力な証明の一つだったでしょう。つまり、そういうものについてまったく語らなかったこと、そのことこそ彼がそれらを大して重要とも思わず、それらについて[15]言われている一切をほとんど信用していなかったことのかなりはっきりとしたしるしなのです。ですから、わがキリスト崇拝者たちがその宗教の真実性を示すために、そういう奇蹟なるものから引き出すと主張する証明は、きわめて薄弱な証明にすぎません。

＊1　一七一八年

第二〇章　そうした奇蹟はそのどちらかが一層信じられるということはない

しかし、そういう奇蹟なるものの虚妄と虚偽と滑稽さを一層はっきりと暴露するために、もう少しそれらを仔細に検討してみましょう。そしてこの上ない善、この上ない英知、この上ない力がそれらを行う時に、あるいは行いに来る時に、(1)自ら立てたという主要目的にそれらが対応するかどうかを見てみましょう。また限りなく善で限りなく賢明な神が、自分の血を流してまで贖うつもりだったという(2)人間のために、そんな程度の奇蹟しか行おうとしなかったと信じられるか見てみましょう。ですが、それについてはっきり判断を下すためには、わがキリスト崇拝者たちが自らその教理全体、宗教全体の主要な基礎として立てているものに注目し、常にそれを思い出しておくことがどうしても必要です。というのは、彼らの神、彼らの聖なる救い主(3)イエス・キリストが人となる時に(4)自ら立てたという主要目的に彼らの奇蹟なるものが本当に対応するかどうか、また神がそんな奇蹟を行うだけに止めようとしたと信じられるかどうかを健全に判断するためには、まさにそういう基礎の上に立ってこれから推論しなければならないからです。というのも、限りなく善であり限りなく賢明である神が、そういう奇蹟なるものを行いに来る時に(5)自ら立てたという主要目的にそれらが完全に対応していないなら、神がそれらを行ったとも、その全能によってそれらが行われたとも信じられないからです。

さてわがキリスト崇拝者たちの教理全体、信心全体、宗教全体の主要な基礎は以下のとおりです。つまり彼らは次のことを主要な基礎として立てているのです。彼らが聖なる救い主と呼ぶ聖なる(6)イエス・キリストは全能な神であり、全能な神の永遠の息子である、またイエスは人間に対するその溢れる愛と限りない善意によって自ら彼らのような人間となることに同意し、すべての人間を贖い救おうとした、すなわち彼ら全員をその罪から、また人間たちの罪と、

とくに人間の始祖アダムの罪とによってすべての人間が値するという永遠の地獄落ちから解放しようとした、しかもすべての人間をその罪と永遠の地獄落ちから解放しようとしただけでなく、彼ら全員をイエスの全能な父である神と完全に和解させ、再び恩寵に与らせようとし、さらに彼ら全員にこの世の後に天上の幸福と永遠の至福を得させようとした、というのです。わがキリスト崇拝者たちが言うには、これが彼らの聖なるイエス・キリストがその命をすべての人間のために捧げ、その救いのためにあのように恥辱にまみれて十字架の上で死んで真実成し遂げたことなのです。〔三三八〕(7)

まさしくこの基礎に基づいて、彼らのいわゆる聖なる『福音書』の一つには、イエス・キリスト自身が語ったこととしてこう書かれています。つまり、イエスの父である神は深くこの世界を愛していたので自分の一人子を与えたが、それはイエスを信じる者は誰でも滅びることなく永遠の命を得るようにするためだった、なぜなら神がその子を世界に送ったのは世界を断罪するためではなく、子によって世界が救われるためであったから、とイエスは言いました（『ヨハネによる福音書』第三章六節〔一六―一七節〕〔三三九〕）。他の機会にもイエス自身がこう言いました。「私は良い牧者なのだ。良い牧者は羊のためにその命を捨てる。私も自分の羊のために命を捨てるだろう。私が来たのは羊が命を得るため、より豊かな命を得るためなのだから」と（『ヨハネによる福音書』第一〇章一〇節〔一〇―一一節〕）。さらに他でも、私は滅んでいる者を探し出し救うために来たと言いました（『マタイによる福音書』第一八章一一節〔三四〇〕）。わがキリスト崇拝者たちの教理によれば、すべての人間は堕落していたわけですから、したがってイエスがこの世に来たのは、やはり彼らの原理によればすべての人間を救うためだったのです。また彼らの教理のこの同じ主要な基礎に基づいて、そのいわゆる聖なる『福音書』にはこうも言われています。イエス・キリストはこの世の罪を取り除く者であり、彼が来たのはまさしく、悪徳と罪とあらゆる種類の不正と悪事という悪魔の業を打ち破るためであると（『ヨハネによる福音書』第一章二九節〔三四一〕）。それゆえ、彼らのいわゆる聖なる『福音書』の他の箇所でも、彼らの救い主イエス・キリストの恩寵がすべての人間に明かされたのは、不敬と時代の悪しき欲望を捨て、期待する至福を待ちながら、

また彼らの偉大な神、その魂の救い主イエス・キリストの栄光の到来を待ちながら、この世で節度を持って正しく敬虔に生きることをすべての人間に教えるためだったし、――彼らの言い分では――イエスがすべての人間のために自らを捧げたのは、彼らの罪を贖い、人間を浄めて自ら最愛の民を、熱心に善行を積む民を自分のために[8]作るためだった(『テトスへの手紙』第二章一一〔―一四〕節〔三四二〕)、と言われているのです。また同じ書の別の箇所でもさらにこう言われています。その同じイエス・キリストは自分の教会、すなわち自分の民あるいは自分の信徒を[9]愛したし、そのために自らを捧げたのは、命の言葉とともに洗礼の水で浄めて教会を聖化するためであり、自分のために教会を栄えあるものとし、どんな汚点も皺も疵もなく反対に神聖で汚れないものとするためだったと(『エペソ人への手紙』第五章二五〔―二七〕節〔三四三〕)。[10]それゆえ、「ワレワレ人間ノタメニ、ワレワレノ救イノタメニ天カラ下ラレタ御方」というあのすばらしい文句を、[11]また「世ノ罪ヲ消ス主ヨ、ワレワレノ祈リヲ受ケ取リタマエ」という文句を私たちは毎日わがミサなるもので歌うわけです〔三四四〕。

ですから、彼らの神と聖なる救い主イエス・キリストが、一方はその聖なる子をこの世に送り、もう一方は自ら他の人間のような人となることによって、神とイエスが自ら立てた主要目的とは、つまりそのようにした彼らの主要目的とは、語られているごとく、世を救うことだったのは明らかでしょう。またそのため彼らの主要目的とは、語られているごとく、この世から罪を取り除き悪魔の業を完全に打ち破ること、すなわちこの世から完全に罪を取り除き、あらゆる悪徳と悪意と不正と悪事を取り除くこと[12]だったでしょう。その主要目的とはさらに、語られているごとく、悪徳と罪の中で滅んでいたすべての人間を救うことだったでしょう。その主要目的とはさらに、語られているごとく、民を自分のために聖化し、汚点も皺もないもの、つまり悪徳や欠点のないものにすることだったでしょう。そして最後に(常に同じことに関わっているのですが)、その主要な目的あるいは意図は、罪という不幸な状態から魂を幸いにも解放し、永遠の地獄落ちから贖い、天上で永遠の至福の生を得させて魂を救うことだったでしょう。これこそが、彼らの神と聖なる救い主イエス・キリストが、彼らのような人間となり死ぬことを引き受けた時――自分たちへの愛

のために、と彼らは言っています——自ら立てた主要目的であることは、わがキリスト崇拝者たちも否定できないでしょう。つまりこれこそがイエスの主要目的であり、彼の全能[13]の父たる神の主要目的であったことは、彼らも否定できないでしょう。これは彼らの『聖書』なるものすべての中でわれわれに対して[14]あれほどはっきり記されているのですから。

さて、この人間への贖罪なるものについては、そのどんな効果も、そのどんな現実的な気配すら[15]もまったく見られません。そうなるはずであったように、罪がこの世から少しでも取り除かれたとも、少しでも減らされたとさえもまったく思えません。逆にむしろ罪はふやされ増され、日々さらにふえるように見えます。人間が毎日ますます悪徳に染まり邪悪になり、この世に悪徳と不正が洪水のように溢れているのですから。わがキリスト崇拝者たちが地上の他民族より聖潔で賢明で有徳であるとか、その統治と習俗においてより規律正しいとか[16]自慢できるとさえ思えません。さらに贖罪なるもの以前よりもより多くの魂が救われ、地獄落ちがより少なくなっているはずだともまったく思えません。なぜなら、わがキリスト崇拝者たちが言うように、とにかく悪徳が地獄への道であり、美徳が天国への道であるのが本当なら、天国への道を行く人が多くなっているわけでも、地獄への道を行く人が少なくなっているわけでもないのですから。こうして先の奇蹟なるものは、全能の神のこの上ない善良さとこの上ない英知が奇蹟を行う時に自ら立てた主要目的にまったく対応していないこと、これは明らかです。また、すべての人間を救うために人となることを望んだという神がそんな奇蹟を行うだけに止め、溢れる愛で人となることまで望んだ以上は当然行うはずの主要な奇蹟を行おうとしなかった、とはまったく信じられません。

何ですって！　限りなく善良で限りなく賢明な、人間への愛のために死すべき人間になろうとした、しかも彼らへの溢れる愛で彼らをみな救うために血の最後の一滴まで流そうとさえした全能の神が、自らを抑え、自分の善良さ、英知、全能を限って、肉体的ないくつかの病やいくつかの不具を治すだけに止めようとした、それも目の前に連れて来られた幾人かの病人と幾人かの不具者に限ったと言うのですか。そして、すべての人間をその魂のあらゆる病と不

具から癒すために自分の全能、神聖なる善良さ、この上ない英知を用いようとはしなかったと言うのですか。すなわち、すべての人間のあらゆる悪徳とあらゆる邪悪さを癒し、そこから解放しようとはしなかったと？　それらこそ肉体のあらゆる病より千倍も悪いというのに！　そんなことは信じられません。何ですって！　それほど善良でそれほど賢明な全能の神が、死体をあらゆる腐乱や腐敗から奇蹟によって守ろうとしたのに、その全能、英知を同じように用いて、自分が血を流してまで贖いに来た無数の人々の魂、その恩寵によって聖化すべきであった無数の人々の魂を悪徳と罪による汚染と腐敗から守ろうとはしなかったと言うのですか。そんなことはまったく信じられません。

[17]何ですって！　それほど善でそれほど賢明な全能の神が、奇蹟によって幾人かの目の見えない人に視力を、幾人かの耳の聞こえない人に聴力を、幾人かの口のきけない人に言葉を返し、幾人かの足の不自由な人をまっすぐ歩かせ、幾人かの体の麻痺を治すことは確かに望んだのに、それと同じように、わがキリスト崇拝者たちの言い方によれば、その神聖[18]な恩寵の光ですべての罪人を照らすこと[19]、つまり彼らを有効にその悪徳という誤謬と迷いから引き出し、首尾よく徳の道へ連れ戻し神聖な掟という道を歩ませることは望まなかったと言うのですか。そんなことはまったく信じられません。さらに、なんということですか！　それほど善でそれほど賢明な全能の神が、まったく特別な好意によって幾人かの死人を、死すべきしかも悲惨に満ちている生にただ一時引き戻すためによみがえらせることは確かに望んだのに、無数の魂を罪という永遠の死から引き出すことは昔も今も望まないと言うのですか。それらの魂を神は天国のために創造し、それを自分の血で贖うために来、すでに言ったように[20]その恩寵で聖化するはずだったにもかかわらずです。そんなことはまったく信じられません。何ですって！　それほど善でそれほど賢明な全能の神が、奇蹟によって幾人かを川や海での難破から救い出し守ることは確かに望んだのに、わがキリスト崇拝者たち自身の言葉によれば不幸にも毎日地獄に落ちていく、無数の魂を地獄への難破から救い出し守ることは昔も今も望まないと言うのですか。さらに、なんということですか！　それほど善でそれほど賢明な全能の神が、まったく特別な恩寵によって幾人か[21]の聖人の体、その衣服のほんのわずか、その毛や毛髪さえも炎や火災のただ中で火からまったく損傷を受けな

いように守ることは確かに望んだのに、それと同じように無数の魂を地獄の恐ろしい永遠の炎から守ることは昔も今も望まないと言うのですか。それらの魂を神は自分の血で贖うために来たというのに。要するに、そんなことはまったく信じられないのです。というのも、彼らの使徒聖パウロが言うように（『ローマ人への手紙』第八章三二節）[三四五][22]、本当に神が自分の子さえも惜しむことなく、その子を与えてすべての人間を救おうとしたのであれば、自分の子を人間に与えておきながら、人間の救済に必要なその他もろもろを同じく与えなかったなどということがどうしてありうるのでしょうか。[23]神聖なる神の子なる者が人間の救いのために命を自ら捧げようとしたのが確かなら、その後どんな恩寵であれ、どんな恩恵であれ、彼らに拒むことができたでしょうか。何ですって！　神の子は溢れる愛によってすべての人間の救いのために死ぬことは確かに望んだのに、すべての人間にその恩寵という好意的な一瞥すらくれようとしないと言うのですか。そんなことはありえません！　そんなことは自ずと崩れてしまいます。

さらに、なんということですか！　全能の神が、幾人かの死や死体の埋葬に名誉を与えてある時にはある町の、ある時にはまた別の町の鐘という鐘が奇蹟によって自然に鳴り出すようにしたというのに、そして自分に従った幾千の人々の飢えをわずかなパンと魚で満たそうと奇蹟的にその全能を用いようとしたというのに、また幾人かの聖人の説教を聞きに来るようにと奇蹟によって野獣や鳥や、海や川の魚さえも引き寄せるためその全能を用いようとしたというのに、さらにその他何千何万のくだらないことや、取るに足りない機会に、自然の秩序と通常の運行を変えるためその全能を用いようとしたというのに、何千人という、いや何十億人というあれほど多くの罪人に回心と聖化と永遠の救いを有効に得させたり、それをもたらしたりするためには昔も今もとくに何もしようとはしないというのですか。神がかつてあるいは今恩寵という好意的な一瞥を与えようとさえすれば、すなわち[24]その者たちに自分の本当の幸福を知らせ愛させるために、やさしく彼らの心に触れ、慈悲深く彼らの精神の目を開かせようとさえすれば、彼らは天国で永遠に彼を崇め褒めたたえるというのに。限りなく善で限りなく賢明な全能の神が、自分の血と命を与えようとするほど愛した人間に対して、こんな仕方でその全能を用いようとしたとは信じられません。神がその主要な計画を疎

かにし、肉体的不具のいくつかの奇蹟的な治癒とか、その他同種の奇蹟とかのような、取るに足りないいくつかの付随的計画だけに専心しようとしたとは信じられません。罪の絶滅とすべての人間の救いという主要事に比べれば、そんなものはまったく取るに足りない重みしか持ちません。

神聖な神の子、人間の神聖な救い主なる者が天から下ったのですか。その者が天から下ったのは、地上に降りてきたのは、ただあるいはもっぱら単に幾人かの病人をその肉体的廃疾から癒すためだったのですか。彼が来たのは、ただあるいはもっぱら幾人かの目の見えない人に肉体的視力を、単に幾人かの耳の聞こえない人に聴力を、単に幾人かの口のきけない人に言葉を、幾人かの足が不自由な人や体が麻痺している人に歩く力を返すためだったのですか。彼が来たのは、ただあるいはもっぱら幾人かの病人に肉体的健康を取り戻させるため、幾人かの死人を生き返らせるためだったのですか。彼が来たのは、ただあるいはもっぱらいくつかの死体を腐乱[25]と腐敗から守るため、鐘を奇蹟で自然に鳴り出させるためだったのですか。さらに、彼が来たのは、ただあるいはもっぱら衣服や毛や毛髪が燃えさかる炎の中でも奇蹟的に燃えないようにするためだったのですか。その他くだらない滑稽な、それなのにあれほど重んじられているあらゆる奇蹟なるもの[26]についても同様ですが、そんなもののためだけに彼は来たのですか、神聖な救い主が[27]！　むしろすべての人間をその肉体のありとあらゆる[28]廃疾から、またその魂をありとあらゆる病と廃疾から癒すためではなかったのですか。むしろすべての人間を悪徳と罪という奴隷状態から救い出すためではなかったのですか。むしろすべての人間を賢明で有徳なものとし、聖化するためではなかったのですか。彼が来たのは、もっぱら彼らすべてを贖い、救うためだったのですから。

神聖[29]な救い主なる者はある日、付き従ってくる者たちに食べる物がないからと彼らを憐み、こう言いました。「私はこの民が哀れでならない。もう三日も私とともにいて食べ物もないからだ。この状態のまま家に帰らせたら途中で倒れてしまうだろう、私ハコノ者タチガ哀レデナラナイ[30]」（『マルコによる福音書』第八章二節）。そうした危険から彼らを守るために彼は確かにその全能を用いて奇蹟を行い、パンを奇蹟によって増やし全員の飢えを満たし、そうや

って彼らが途中で倒れてしまわないようにしようとした、とわがキリスト崇拝者たちは言うのに、その彼がすべての罪人を聖化し救うためには、その全能を用いてそれと似た奇蹟を同様に行おうとは昔も今もしないというのですか。毎日彼らの衰弱と廃疾を見ているのに、彼らが悪徳と罪に落ちないように、その全能の恩寵による有効な救いで彼らを強めようとはしないというのですか。毎日何千人もが不幸な地獄の恐ろしい炎の中に落ちるのを見ているのに、彼らの滅亡を、そのように恐ろしい身の毛もよだつ滅亡をまったく憐まないというのですか。そんなことはまったく信じられませんし、限りなく善で限りなく賢明である存在については、そんなことは考えるだけでもふさわしくありません。

ですから、彼の奇蹟で第一のもの、最大のもの、彼にはもっとも名誉となるもの、同時に彼が贖いにきた人間にはもっとも必要でもっとも有益なものとは、間違いなく悪徳と悪い情念という魂のありとあらゆる病と不具から人間を真に癒すことだったでしょう。彼の奇蹟で第一のもの、もっともすばらしい、もっとも賞賛すべきものとは、すべての人間を有徳で賢明にし、肉体的にも精神的にも完全にすることだったでしょう。彼の奇蹟で第一のもの、主要なものとは、この世からあらゆる悪徳と罪と不正と腐敗と悪事を完全に取り除き、追放することだったでしょう。第一のもっともすばらしい奇蹟とは、すべての人間を真に聖化すること、すべての人間を地上で、あるいは天上で完璧に幸福なものとして、実際に彼ら全員を救うことだったでしょう。キリスト崇拝者の方々、これこそが間違いなく、あなたがたの神聖な救い主なる者が行うべきだったあらゆる奇蹟の中で、第一の、もっともすばらしい、もっとも偉大な、もっとも名誉となる、もっとも有益な、主要な、もっとも必要な奇蹟だったのです。まさにそのために、彼は天から下りこの世に来たらしいのですから。自らそう言っていましたし、「私が地上から上げられる時すべてを私のもとに引き寄せる、私ハ地上カラ上ゲラレテ、スベテヲ私ノモトニ引キ寄セル」（『ヨハネによる福音書』第一二章三二節）と彼が言ったと、その『福音書』にも記されています。なるほど彼は地上から上げられ、わがキリスト崇拝者たちが言うように二とおりの仕方で上げられました。つまり、十字架に吊るされた時にも地上から上げられ、天に昇った時

にも地上から上げられました。彼が言おうとしたのがその二とおりの上げられ方のどちらであっても、あるいはその両方でさえあっても、そのように地上から上げられた後に彼が行うことができ、その言葉によれば行うべきでさえあった、第一の、もっともすばらしい、もっとも偉大な、もっとも望ましい、もっとも名誉となる、もっとも好意的な奇蹟とは、ですから私が言ったように、すべてを本当に栄光とともに見事に彼のもとに引き寄せることだったのです。さらに彼が来たのは、この世から罪を取り除き、悪魔の業を打ち破り、人間を聖化し、失われていたすべてのものを救い出すためだった、要するに彼が来たのは、罪人を探し出し、すべての人間を罪と永遠の地獄落ちから贖い、彼らに永遠の至福である天国での生命を得させて人間全員を救うためだった、と記されているのですから、もう一度言いますが、彼が行うことができたあらゆる奇蹟の中で、彼の第一の主要な計画によれば行うべきでさえあったあらゆる奇蹟の中で、第一の、もっとも偉大な、もっともすばらしい、もっとも名誉となる、もっとも有益な、もっとも望ましい、もっとも必要な、同時にもっとも重要で主要な奇蹟とは(35)、この世から実際にあらゆる罪を取り除くこと、すなわちあらゆる悪徳と不正と腐敗と悪事と醜聞を取り除くことだったのです(36)。しかし彼がこういった種類の奇蹟を行わなかったのは確かであり、明白この上ないことでさえありますから、彼が、いや彼にせよ、その使徒にせよ、そのいわゆる聖人にせよ、あんなに喧伝されているその他の奇蹟を一つでも本当に行ったと信じる理由もありませんし、信じられるとも思えません。ですから、わがキリスト崇拝者たちがその宗教の真実性を奇蹟なるものの確実性によって証明する、と主張してもまったく無駄なのです。その奇蹟なるものが、私が言ったように、実は誤謬、錯誤、嘘、ペテンにすぎないのです。私が今語り終えたすべてのことが、そのことをもうどんな疑いも抱くべきでないほど明らかに証明しています。またこれが、あらゆる宗教の虚妄と虚偽について私が前に主張したことに関する、論証的証明の二です。

第二一章　見神と神の啓示なるものの虚妄と虚偽から引き出される、さまざまな宗教の虚妄と虚偽について

証明の三に移って、わがキリスト崇拝者たちがさらに彼らの宗教の真実性と確実性をその上に基礎づけ確立させると主張する、見神と神の啓示なるものに話を進めましょう。一、そういう見神と神の啓示なるものについて公正な本当の観念を与えようとすれば、総じてそれらは次のようなものだと言う以上にうまい言い方はないと思います。すなわちそのような、あるいはそれに似た見神と神の啓示なるものを得ていると今誰かが大胆にも自慢し、それを誇れると本心から思い込むとしたら、その人は必ず狂人、妄想家、あるいは狂信的気違いと見なされるでしょう、と。また、大胆にもそういう見神と神の啓示なるものを自慢し誇る者は誰でも必ずそう見なされるでしょうが(1)、そもそも見神と神の啓示なるものとはそんなたぐいのものである、と。私が先に語った(2)『聖書』なるものによれば、初めてアブラハムに現れた時、神はこう言いました。「おまえの国を出よ（彼はカルデアにいたのですが〔メリエによる注記〕）、おまえの父の家を去れ、そして私が示す国へ行け」〔『創世記』第一二章一節〕と。そしてアブラハムがそこに行くと神が二度目に現れ、「おまえがいるこの国をすべておまえの子孫に与えよう」〔『創世記』第一二章一節〔七節〕〕と告げ、アブラハムはこのありがたい約束を感謝して神に祭壇を立てたとその史書は語っています。しばらくすると、また神は夜中に現れ、燃えさかり煙を上げている竈の中に神がいるように彼には見えました。その時、神はアブラハムと契約を結び、「エジプトの河からあの大河ユーフラテスまで、この国をすべておまえの子孫に与えよう」〔『創世記』第一五章一七、一八節〕と言いました。アブラハムが九十九歳になった時、神はまた現れてこう言いました。「私は全能なる神である。私の前をまっすぐ歩み、全き者となれ。私がおまえと契約を定め、おまえの子孫を大いに増やし、おまえは多くの民の父となるのだから。おまえはもう以前のようにアブラムと名乗らず、アブラハムと名乗れ。私がおまえを多くの民の父として立てたのだから。私はおまえと、おまえの子孫と永遠の契約を結ぶが、それは私がおま

えたちの神となり、おまえたちが私の民となるためだ。さて、私がおまえと、おまえのすべての子孫と結ぶ契約は次のとおりである。おまえたちはそのすべての男子の包皮に割礼を授けよ。それが私とおまえたちの永遠の契約のしるしとなる。すべての男子は生まれて八日目に割礼を受けよ。おまえたちの肉に私の契約のしるしが刻まれるのを私は望むからである」（『創世記』第一七章一、七、一三節〔一一—一三節[一]〕）と。これに基づいてそのアブラハムは自分にも、その家のすべての男にも割礼を行い始めました。

この史書によれば、しばらくして、神は自分が行えと命じることにアブラハムが忠実であるかどうかを見るため、彼を試そうとして現れ、「おまえの愛する一人息子イサクを連れ、おまえの手でその子を生け贄として捧げるために私が示す場所に行け」（『創世記』第二二章二節）と言いました。すぐさま、アブラハムは息子イサクを生け贄に捧げるため、彼を連れてその夜のうちに出発し、三日目に生け贄を執り行うべき場所に着くと、そのための準備をすべて整え、その子を葬ろうと剣を取り上げました。死の一撃を加えようと腕を伸ばした時、彼に次のような天の声が聞こえました。「アブラハム、アブラハム、おまえの子を打ってはならぬ、傷つけてはならぬ。おまえは私への愛のために自分の子さえ惜しまなかったと今こそ分かった。おまえはそのようにしたのだから、私の言葉に従うためにその子を惜しまなかったのだから、今こそ私は自分自身にかけておまえに誓う。私はおまえを祝福し、おまえの子孫を空の星、海辺の砂のように増やそう。おまえの子孫はあらゆる敵に打ち勝つだろう、おまえの子孫において地上のすべての民は祝福されるだろう。おまえが私の言葉に従ったのだから、オマエガ私ノ言葉ニ従ッタノダカラ。[3]」（『創世記』第二二章一七節〔一一—一二、一六—一八節[二]〕）

アブラハムの死後、彼の息子イサクに神は夜中に現れ、「私はおまえの父アブラハムの神である。何も恐れるな、おまえを祝福するために私がおまえとともにいるのだから。私の僕アブラハムへの愛のために、私はおまえの子孫を増やそう」（『創世記』第二六章四、二四節[三]）と言ったので、イサクはそれに感謝し、彼に現れた神のためにそこに祭壇を立てました。イサクの死後、彼の息子ヤコブが自分にふさわしい妻を探しにある日メソポタミアへ行った時、一

日中歩き続け、やって来た道のりに疲れを感じたので、夕暮れ頃休もうと地面に横になり、そこで休息をとろうと石に頭を載せ眠り込みました。寝ている間に夢の中で、地面に立てられ、その端が天にまで達している一つの梯子を見ましたが、神の天使たちがその梯子を登り降りし、神自身がその最上段に座ってこう語るのを彼は聞いたように思いました。「私はアブラハムの神、おまえの父イサクの神なる主である。私はおまえたちに、おまえとその子孫とに、おまえが寝ているこの国をすべて与えよう。おまえの子孫は地の塵と同じほど数多くなり、西から東まで、北から南まで広がり、地上のすべての民は、おまえとその子孫のゆえに祝福されるだろう。私はおまえがどこに行こうとおまえの守護者であり、おまえを無事にこの地から連れ戻し、私がおまえに約束したことをすべて果たすまで、おまえを見捨てることはない」〔『創世記』第二八章一三―一五節〕と。ヤコブはこの夢から覚めると恐れにとらえられて、「なんということだ、神が確かにここにおられるのに、私はそれを知らなかった。ああ、この地は恐ろしい、神の家、天の門に他ならないのだから」〔『創世記』第二八章一一、一八節〕[四]と言い、起き上がって石を立て、それに油を注ぎ、そこで彼に起こったことの記念としました。同時に、無事に戻れるなら、彼が持つすべてのものの十分の一を捧げると神に誓いました。

さらに彼は、その何年か後にも次のようなすばらしい見神を経験しました。彼が義父ラバンの羊飼をし始め、その報酬に牝羊が生む斑の子羊すべてをもらう、という約束をした時のことです。ごく当然のことですが、彼は自分の利益を大いに望んでいたので、牝羊が斑の子羊をたくさん生むことを熱望していました。そのためこの熱烈な望みが心にあったので、ある晩快い夢を見ました。牡羊たちが牝羊たちと番っているのを彼が見ていると、その牡羊たちがみな彼のために斑の子羊を生むという夢でした。こんなすばらしい夢の中で彼がうっとりしていると、神が現れこう言った、とその史書は述べています。「目を上げて見よ、牡羊どもが牝羊どもと番い、その牡羊が斑であるのを。おまえの義父ラバンがおまえにペテンと不正をはたらくのを私は見たからだ。だから今おまえは立って、この国から出ておまえの国に帰れ」〔『創世記』第三一章一二節〔一二―一三節〕〕と。彼が家族をみな連れ、義父の所で手に入れたも

のをみな持って国に帰る時、その史書（むしろその作り話(4)）によれば、彼は夜中に見知らぬ男と出会い、一晩中、夜が明けるまでその男と戦わなければなりませんでした。その見知らぬ男は彼を打ち負かすことができず、ヤコブにおまえは誰なのかと尋ねたので、ヤコブが自分の名を言うとその見知らぬ男はこう言いました。「おまえはもうヤコブではなく、イスラエルと呼ばれるだろう。おまえは神と戦っても強かったのだから、まして人間たちと戦えば、一層強いであろうから」（『創世記』第三二章二五、二八節〔五〕）と。

そういうすばらしい見神と神の啓示なるものの、最初のものについては以上のとおりです。他のものについても、これらと別の判断を下すべきではありません。さて、これほど粗雑な夢やこれほどくだらない妄想の中に、何か神聖なものがあるでしょうか。もし野卑で粗野ななにがしが、またもし田舎で羊飼をしている単純ななにがしが、ちょうど今私が語ってきたヤコブのように私たちの所に来てこう話すとしましょう。自分の義父か他の誰かと、自分は羊の世話をする約束をした、その条件は自分の仕事の報酬として羊から生まれる斑の子羊をすべてもらうことだった、そして神が特別に(5)自分に目をかけ、その仕事の報酬をたっぷり与えようとするしるしとして夢に現れ、自分にこんなことを語りかけた、「私はおまえにすでにベテルで(6)、これこれの地で、現れた神である。おまえに対して行われたペテンと不正を私は見た。おまえの報酬が踏み倒されることはない、私がおまえの望みを叶えてやろう。目を上げて見よ、おまえの群の牡羊どもが牝羊どもと番うのを。牝羊どもはみなおまえに斑の子を生み、こうしておまえの報酬は多くなるだろう〔六〕」と神は言った、と。要するに、ある単純な男が私たちの所にやって来て、今こんな愚にもつかぬことを物語り、その話の内容について本当に何か神を見たとか、神の啓示を受けたとかいうことを信じているなら、私たちは間違いなく彼を狂人、妄想家、あるいは、おめでたい男と見なすでしょう。さらにこの同じ人物が続けてこう語るとしたら、つまり、夜中にある見知らぬ男と出会い一晩中戦う羽目になった、それからその見知らぬ男は自分を打ち負かすことができず、おまえは神と戦ったのだと自分に言った、と私たちに語るとしたら、またその人物がそんな見神に基づいて、将来敵と戦う時に打ち勝つことができるという神からの予示、神からの保証としてそんな空想上の勝

利を考えるとしたら、この哀れな男の愚かな空想を私たちは笑いものにしないでしょうか。間違いなく私たちはただ笑うだけでしょう。

同様に、わがフランスにやって来てこの国のもっとも美しいすべての地方を見たある外国人たちが、たとえばあるドイツ人やスイス人たちがこう言うとしましょう。つまり、彼らの国で神が彼らに現れ、フランスに来るようにと、あるいは行くようにと命じ、ラインとローヌ両大河から大西洋までのこの国のもっとも美しい土地と領地と地方をことごとく彼らに、彼らとそのすべての子孫に永遠に与える、彼らとそのすべての子孫と永遠の契約を結びその種族を増やし、その子孫を空の星、海の砂粒と同じほど数多いものとする、さらに彼らにおいて地上のすべての民を祝福すると神が言った、また彼らとそのすべての子孫との永遠の契約のしるしとして、彼ら自身と、彼らとそのすべての子孫から生まれるすべての男子に割礼をするように神が命じた、とその連中が言うとしましょう。そんな愚にもつかぬ話をやはり誰が笑いものにしないでしょうか。そんな外国人たちを誰が狂人と見なさないでしょうか、妄想家、狂信的気違いと見なさないでしょうか。彼らをそのように見なし、そんなすばらしい見神や神の啓示なるものをすべて笑いものにし、嘲笑しない人などいないのは間違いありません。[7]

さて以上が、あの昔の立派な族長たち、アブラハム、イサク、ヤコブが受けたという、あるいは受けたと信じた見神と神の啓示なるものの本当の姿です。彼らがその見神と神の啓示なるものについて語ったことを、私が今述べた外国人たちが同様な場合に語るはずのことと別様に判断したり、より好意的に考えたりする理由はまったくありませんし、したがってそれらにも、外国人たちの話より重んじられる価値などないのです。なぜなら、それらは私が語ったばかりの外国人たちの話同様、本当は誤謬と錯誤、嘘とペテンにすぎないからです。あの三人の立派な族長自身が私たちの所に今戻って来てそんな見神と神の啓示を受けたと言うなら、私たちはやはり笑うだけのことでしょうし、私たちはその見神と神の啓示なるものすべてをまさに誤謬と錯誤、あるいは嘘とペテンとしか見なさない、ということさえ確かです。誤謬と錯誤と言うのは、本当にそんな見神と神の啓示を彼らが信じているようであれば、その場合に

は彼らを妄想家、頭の弱い者と私たちは見なすからですし、彼らの人となりと意図についてそれと違った判断を下すなら、彼らを嘘つき、詐欺師、ペテン師と私たちは見なすからです。

しかし、その族長たちがこの点で、他人をだますつもりだったにせよ、また自分たちがだまされていたにせよ、彼らのあらゆる見神と神の啓示なるものの虚妄と虚偽を暴くのは簡単です。それは私が先に語った民族と個人に対するあの不当な憎むべき依怙贔屓によって――それにもかかわらず、その依怙贔屓のために前述の啓示が行われたと主張されているわけですが――すでにおのずから、十分明らかにされています。限りなく善で、限りなく賢明[8]で完全な、全能の神というものが、民族と個人に対するそんな依怙贔屓という、あれほど不当な憎むべきことを過去や現在に一度でもしようとした、権威づけようとしたとは信じられないからです。しかし先の啓示[9]の虚偽がさらに露顕するのは、一層明らかに露顕するのは、それとは違った別の三点によってです。一、神が人間と結んだという契約なるものの下劣で滑稽で軽蔑すべきで恥ずべきあのしるし、〔七〕二、モーセがその同じ神に帰している、罪なき獣の血を流す生け贄という、残酷で野蛮な制度、三、同じく、神から先の族長三人になされたとモーセが言っているあれほどすばらしい有利な約束が明らかに果たされていない事実、[10]この三点によってそのことは明らかです。というのも、その神の契約なるもののしるしは、まったく下劣で軽蔑すべき滑稽なものですし、罪なき獣の血を流す生け贄の制度も、子供を生け贄にせよという父親への先の命令も、残酷で野蛮なものですし、さらに神から先の族長たちになされた、あれほど大きな、壮大な、有利な約束なるものはどんな効果も実現も見せておらず、まったく果たされさえしなかったのですから、これらはことごとく、先のあらゆる見神と神の啓示なるものが虚妄と虚偽であることの確実で明白な証拠です。

第一に、先の族長たちとその子孫すべてとの神による契約、とかいうもののしるしについていえば、明らかにそれは滑稽で軽蔑すべきものです。[11]それは人体のもっとも恥ずべき部分の肉や皮の、くだらない滑稽な切除から成っているのですから。何ですって！　全能で限りなく賢明な神が、民全員の体のもっとも恥ずべき部分に自分との契約のしるしを気晴らしに付けさせようとするとか、付けさせようとしたとか言うのですか。あのようにくだらない滑稽な肉

や皮の切除を、そのしるしとしようとしたというのですか。そんなことはまったく信じられません。全能な神が、本当に民をまったく特別に自分のために選ぼうとしたなら、また神との契約のしるしをその体に付けさせようとしたなら、疑いもなくそんなものよりもっとふさわしい、より品位のある、より名誉となるしるしを選んだことでしょう！　また疑いもなく、それを体のもっとも高貴な、もっとも重要な、もっとも目立つ部位に置き、神の善意の特別な贈与によって、その民を他のすべての民よりもっと美しい、より完全な、より名誉ある、より重要なものとしたことでしょう。そうではなくて、神が選んだのだと称されているような、あのように虚しい下劣な契約のしるしを神は選ぼうとした、それを体のもっとも恥ずべき部位に置こうとしたというのですか。そんなことは神の偉大さ、英知[12]、この上ない威厳にふさわしからぬことですし、神がかつてそんなふうに望んだと考えるだけでもけしからぬことです。

第二二章　罪なき獣の残酷で野蛮な生け贄の制度を神に帰し、そういう種類の生け贄が神に快いと信じた人間の愚かさ

第二に、罪なき獣の血を流す生け贄の制度についていえば、先の啓示が書かれているいわゆる『聖書』が、この制度を祭壇の制度とともに、また祭壇上で神に生け贄を捧げる祭司の聖別とともに、明らかに神によるものとしています。それらは、つまりその同じ『聖書』と神の啓示なるものはこう告げています。祭司たちが生け贄として神に捧げる動物の血を神の祭壇の周りに注ぎ、動物の皮を剝ぎばらばらに解体し、その肉を祭壇上で焼くように命じた、と。また神の側では、祭司たちがそのようにして捧げる犠牲獣の焼ける煙の香りを快いと、きわめて快いと受け取ると約束さえした、と。また同じ『聖書』なるものの中に、これと一致する内容が見受けられます。大洪水による水の氾濫を避けるため、妻子とあらゆる種類の動物とともに閉じ込もっていた箱船から、ノアは洪水後出てきましたが、無事にその箱船から出るとすぐ神に祭壇を立て、神に感謝するため祭壇上で動物たちを生け贄として捧げました。また、神は生け贄の煙をきわめて快いものとして受け取る意志を示し、その結果としてノアに約束をし、人間が若い時から[1]

悪に傾きがちだからとて、もう人間のゆえに地を呪うことはしないと言った、と同じ『聖書』に記されているのです（『創世記』第八章〔一八―〕二一節）。

同じ『聖書』によれば、神は律法で動物の生け贄と祭司の聖別について次のように命じました。『聖書』なるものが述べるには、主はモーセに語りかけてこう言いました。「私に捧げものをするようにイスラエルの子らに言え。そして心から喜んで私へ捧げものをする者すべてから、おまえたちはそれを受け取れ」（『出エジプト記』第二五章一節〔―二節〕）。また、「私が彼らのうちに住めるように、彼らは私のために聖所あるいは幕屋を作れ」（『出エジプト記』第二五章八節）。さらに、「おまえは私のためにアカシア材で祭壇を作れ、長さ五キュビト[八]、幅五キュビトの正方形で、高さは三キュビトとする」（『出エジプト記』第二七章一節）。「おまえは兄アロンとその子らを呼び寄せ、祭司の務めあるいは職を行わせよ、彼らが栄光と名誉を示すように聖なる衣服を作れ」（『出エジプト記』第二八章一―二節）。「祭司職を行わせるため彼らをその職に任じ聖別する時、おまえは次のことを行え。群から子牛一頭と、疵のない羊二頭を取り、また種なしパンと……を取れ。そこで兄アロンとその子らをおまえは幕屋の入口に近づかせ、衣服を取り、アロンにシャツとエポデ[九]の上着とエポデと胸当てを着せ、その上に上等なエポデの帯を締めさせよ。そして彼の頭に帽子を被らせ、その上に聖なる冠を戴かせ、注ぎ油を取って彼の頭に注ぎかけよ。次におまえはアロンの子らを近づかせ、彼らに祭司服を着けさせ、〔彼ら〕すなわちアロンとその子らに肩帯を巻かせ、球帽を被らせよ。こうしておまえは彼らを職に任じ、祭司職は永遠の定めによって彼らのものとなるだろう。これがなされてから、おまえは子牛を幕屋の前に近づかせよ。その時アロンとその子らは子牛の頭に手を置き、おまえは幕屋の入口で、主の前で子牛の喉を裂け。ついでおまえはその血を取り、指で祭壇の角に塗り、残りの血はすべて祭壇の台座に注げ。それからおまえは内臓を覆うすべての脂と肝臓の上の膜、二つの腎臓とそれを覆う脂を取り、それらを祭壇の上で焼き燻らせよ。しかし、子牛の肉と皮と汚物は宿営の外で焼き捨てよ。この生け贄は罪の償いのためである。次におまえは羊の一頭を取り、アロンとその子らはその羊の頭に手を置き、おまえがその喉を裂け。ついでおまえはその血を取り、祭壇の

周りに注げ。その後おまえはその羊を切り分け、その内臓と脚を洗い、その四肢と頭の上にそれらを置き、祭壇の上で羊を丸ごと焼き燻らせよ。これがおまえが主に捧げる燔祭の生け贄である。その生け贄は主にとってきわめて快い香りとなるだろう」（『出エジプト記』第二九章一、一四、一七節〔一一一八節〕）。「ついでおまえはもう一頭の羊を取り、アロンとその子らはその羊の頭に手を置き、おまえがその喉を裂け。おまえはその血を取り、アロンの右の耳たぶとその子らの右の耳たぶ、また彼らの右手の親指と右足の親指に塗り、残りの血は祭壇の周りに注げ。祭壇の上の血と注ぎ油をおまえは取り、アロンとその衣服に、また彼の子らとその衣服に振りかけよ。こうして彼らは聖別され、その職に任じられる。これは永遠の定めによってアロンとその子らのものとなるだろう」（『出エジプト記』第二九章一九〔一二二〕節）。「おまえは罪の償いのために毎日一頭の子牛を生け贄に捧げよ。さらにおまえが祭壇の上に捧げるものは次のとおりである、絶えることなくおまえは日毎に一歳の子羊を二頭捧げよ、一頭は朝に、もう一頭は夕暮れに生け贄に捧げよ……そして私はイスラエルの子らのうちに住み、彼らの神となる。」（同書同章〔三六、〕三八〔、三九、四五〕節）

さらに同じ『聖書』で別の箇所にも、こういう種類の生け贄について次のように書かれています。『聖書』が述べるには、主はモーセに語りかけてこう言いました。「イスラエルの子らに語りかけ、こう告げよ。おまえたちのうちの誰かが主に供え物あるいは生け贄を捧げる時には、大きな家畜または小さな家畜の群からその供え物あるいは生け贄を捧げよ。その供え物が燔祭にする大きな家畜なら、疵のない牡を捧げ、幕屋の入口で、主の前に受け入れられるように捧げ、燔祭の生け贄の頭に手を置け。そうすればその者のために、罪の贖いとして受け入れられるだろう。それからその者は主の前でその良き子牛の喉を裂き、祭司であるアロンの子らがその血を捧げ、祭壇の上とその周りに注げ。それからその者は燔祭の生け贄の皮を剝ぎ、切り分け、祭司であるアロンの子らはその時祭壇の上に火を置き、火の上に薪を積め。同じく彼らは薪の上に、その動物の切り分けられた肉と頭と臓物を並べ、祭司がこれらすべてを祭壇の上で主に捧げ、燔祭として焼き燻らせよ。生け贄がこのようになされると、それは主にきわめて快い香りとな

る」（『レビ記』第一章一〔二―九〕節）。「その供え物が燔祭にする小さな家畜の中から、すなわち子羊あるいは山羊の中から選ばれるなら、疵のない牡を捧げ、その者は主の前で北に向かい祭壇の傍らで供え物の喉を裂き、祭司であるアロンの子らがその血を祭壇の上とその周りに注げ。それからその者が供え物を頭と臓物あるいは脂に切り分け、祭司がそれらを祭壇の火の薪の上に並べよ」（『レビ記』第一章一〇〔一一二〕節）。「だが、腹部と脚はその者が洗え、それから祭司がそれらすべてを生け贄として捧げ、祭壇の上で燔祭として焼き燻らせよ。生け贄がこのようになされると、それは主にきわめて快い香りとなる」（同書同章一三節）。「その供え物が主のために燔祭にする家禽なら、雉鳩か雛鳩を供え物とせよ。それを祭司が祭壇の上に捧げ、爪でその首を切り、祭壇の上で燻らせ、その血は祭壇の横に塗り付けよ。餌袋は羽根とともに供え物をする者が取り除き、祭壇の傍らの灰捨場に捨て、翼は引き離さず折り曲げよ、そして祭司がその供え物を祭壇の上で燔祭として主に捧げ、火を灯した薪の上で焼け。生け贄がこのようになされると、それは主へのきわめて芳しい香りとなる、コレガ燔祭デアリ、主ヘノキワメテ芳シイ香リノ生ケ贄デアル。」〔同書同章一四―一七節〕

先の『聖書』に記されているように、また別の機会にも神はモーセに語りかけてこう言いました。「ある者が律法あるいは神への儀式に反して何かの過ちあるいは罪を犯した時、誤ってそれを犯したなら、その罪のために主に供え物を、すなわち疵のない一頭の羊を携えていかなければならない。祭司がそれを彼の罪の償いのために主に生け贄とする。同じく、ある者が知らずに罪を犯し律法によって禁じられていることを何か行ったなら、疵のない一頭の羊を捧げなければならない。そして祭司がそれを神に捧げ彼のために祈るなら、その罪は許されるだろう」（『レビ記』第五章一五〔―一八〕節）。先の『聖書』に記されているように、また別の機会にも神はモーセに語りかけてこう言いました。「イスラエルの子らに語りかけ、こう告げよ。おまえたちが住まうはずの国、私がおまえたちを行かせる国におまえたちが入る時、主に燔祭の生け贄を捧げようと思うなら、おまえたちの大きな家畜あるいは小さな家畜から一頭を取り供え物とせよ。子羊一頭につき、主に生け贄として、捏ねた上質の小麦粉と、いくらかのブドウ酒を捧げ

よ。また、羊一頭につき、捏ねた上質の小麦粉と、注ぐものとしていくらかの油とブドウ酒を捧げよ。良い子牛一頭については、捏ねた上質の小麦粉と、いくらかの油とブドウ酒をそれとともに捧げ、それらを主への生け贄とせよ。それぞれの牛と羊に対して、また牝羊と山羊から選ばれたそれぞれの小さな家畜に対して、このようになされるなら、おまえたちの生け贄は主へのきわめて芳しい香りとなる、主ヘノキワメテ芳シイ香リノ生ケ贄トシテ」（『民数記』第一五章一〔二―一〇〕〔二一〕節）。

罪のない獣に対して人間が行う、こういう残酷な血を流す生け贄が、少なくともユダヤ人の律法では神の定めたものであること、また少なくともかつては神にきわめて快いものだったことが、『聖書』なるものから、まさに先の神の啓示なるものから引かれたこれらのすべての証言によって、はっきり明瞭に示されています。さて、限りなく完全で限りなく善で限りなく賢明な神が、これほど残酷で野蛮な生け贄をかつて確立し権威づけようとしたと、どうやって想定したり納得したりできるのですか。これほど残酷で野蛮な生け贄と言いましたが、人々が行っているように、少しも害をなさない動物を殺したり、撲殺したり、喉を裂いたりするのは残酷で野蛮なことだからです。というのも、わが新参のデカルト派が動物について語る無意味で誤った滑稽な見解〔二二〕にもかかわらず、動物も私たちと同様に痛みや苦しみを感じることができるからです。彼らは動物を魂も感覚もない単なる機械と見なし、そういう理由で、また思考の本性に関する彼らの虚しい推論に基づいて――物質的なもの(2)は思考を持ちえないと彼らは主張します――動物にはどんな知識(3)もどんな快苦の感覚もまったく欠けていると言うのです。滑稽な見解、有害な格率(4)、忌まわしい学説です。哀れな動物に人間が抱くかも知れない善良な、優しい、人間的な感情すべてを、この説は人間の心の中で圧し殺してしまうからです。火の中に投げ込んだり、ばらばらに壊したりする機械と同じで、動物には苦痛を与えても何も感じないという口実で、それらを苦しめ無慈悲に虐めるのを遊びとし、楽しみとする理由ときっかけをこの説は人間に与えるからです。そんな真似をするのは明らかに哀れな動物に対する忌まわしい残虐行為でしょう。動物たちは私たちと同じように生きそして死に、私たちと同じように肉と血と骨から作られ、私たちと同じようにあらゆる生命と

感覚の器官、すなわち見るための眼、聞くための耳、匂いを嗅ぎ識別するための鼻、肉や食物の味を見分け、自分に合うか合わないか(5)を識別するための舌や口蓋を持ち、歩くための脚を持っています。さらに、私たちが現に見ているように、私たちが自分のうちに感じる情念のあらゆるしるしと結果が動物たちにも見られるのですから、疑いもなく動物たちも私たち同様良いものと悪いもの、すなわち快と苦を感じるのだと同じく信じるべきです。動物たちは私たちの下僕、私たちの生活と労働の上での忠実な友です、ですから優しく扱うべきです。それらを心優しく好意をもって扱い、その悲惨な境遇と苦しみに同情を寄せる民には幸福が、それらを残酷に扱い苛め、その血を流すのを好み、その肉を貪る民には禍がありますように。

わがキリスト崇拝者たちの『聖書』外典のある箇所にはこうあります。ある一粒の悪の種子が始めにアダムの心にまかれた、「一粒ノ悪ノ種子ガ始メニアダムノ心ニマカレタ」(『第四エズラ書』第四章三〇節〔一三〕)と。実際、この一粒の悪の種子が今でもすべての人間の心にあるように思われますし、この一粒の邪悪さ、あるいはこの一粒の悪の種子が、いまだに毎日悪事をなす時人間に喜びを感じるようにさせていると思われます。とりわけ、人間が行っているようにあの哀れな優しい罪なき動物に残酷さを発揮し、動物を苛め、殺し、撲殺し、その肉を食う喜びを得るために、彼らが毎日行っているようにその喉を暴虐に裂く時に。私は自分の中にもこの呪われた一粒の悪の種子の悪い刻印(6)、あるいは悪い効果を十分に感じていますが、それでも、何かの機会に何羽かの雛鶏や雛鳩の喉を私が切ったり、切らせたりしなければならない時や、また何頭かの豚を私が殺させたりしなければならない時は、嫌悪を感じないでは何一つできなかったと言えます。非常な嫌悪と極度の反撥を感じてしか、そういうことはしなかったと断言します。また私にわずかでも迷信的なところ、あるいは(7)宗教的盲信への傾向があったなら、私は間違いなく罪のない(8)獣を殺さず、その肉を決して食べないことを義務とする人々の派に入っていたでしょう。私は屠殺場や屠殺人を見るだけでも嫌なのです。ソロモン王が献堂式のために行わせた、二万二千頭にのぼる牛と十二万頭にのぼる羊や牝羊を殺させた、罪なき動物の忌まわしいあの大殺戮と生け贄のことは(『列王紀三』〔一四〕第八章六三節)、考えるといつも恐怖にかられるの

です。[9] なんという殺戮でしょう！ どれほどの血が流されたことでしょう！ どれほどの罪なき動物の皮が剝がれたことでしょう！ どれほどの肉が炙られ、焼かれたことでしょう！ 偉大さにおいても、尊厳においても、優しさにおいても限りなく、また限りなく賢明な神が、もっぱら屠殺人や喉を裂く者や皮剝人を自分の祭司としようとした、自分の神殿と幕屋をもっぱら下劣な屠殺場にしようとしたとどうやって想定したり、納得したりできるのですか。あれほど多くの罪なき獣が喉を裂かれるのを見たり、獣たちの喉を残酷に裂かせたりして神が楽しんだとどうやって想定したり、納得したりできるのですか。その血が流れるのを見たり、獣たちがあれほど哀れに息絶えるのを見たりして神が楽しんだと、どうやって想定できるのですか。[10] さらに、あれほど多くの焼かれた肉の香りと煙を嗅いで神が楽しんだとどうやって想定したり、納得したりできるのですか。先の『聖書』と先の神聖な神の啓示なるものが[11]証言しているごとくにもしそうであるなら、こう言うのが正しいでしょう。そのような神ほどに血を好む暴君も、それほどに肉を好む野獣もいたことはないと！ 限りなく完全な、すなわち[12]限りなく善で限りなく賢明な存在について、そんなことを考えるのは明らかにふさわしくない、まったくふさわしくないことです。そこから明らかに次のことが帰結されます。つまり、そのような生け贄の制度を神に帰すのは誤りであり、それを神に帰す啓示なるものは偽の啓示にすぎないこと、すなわちそれらは誤謬と錯誤、あるいは嘘とペテンにすぎないことです。それによって明らかに示されるのは、こういう種類の生け贄およびその他すべての生け贄は、もっぱら他人をだまそうと努める[13]人間のペテン師どもが制定し発明したものにすぎないことです。

第二三章 こういう種類の生け贄の起源

動物や罪なき獣のこういう生け贄の起源と始まりを、見識ある一著作家が次のように描いています。[一五]「歴史家たちはこう言っています。地上の最初の人間あるいは住人は二千年にわたって植物の産物、つまり大地からの収穫物で身

を養いその初穂を神に捧げていたが、それは生け贄としてであっても動物の血を流すこと、ましてその肉を食べることは償いがたい罪と思われていたからだ、と。また彼らによれば、牡牛が初めて殺されたのはアテナイにおいてでした。ディオモス[二六]という名のこの町の祭司が習わしに従って畑の真ん中で祭壇に作物の奉納をしていると——当時はまだ神殿については語られてもいなかったのですから——周囲で草を食んでいた牛の群から一頭の牡牛が離れ、やって来て奉納した穀草を食べてしまったのです。祭司ディオモスはこの冒瀆行為なるものに怒り、参観者の一人の剣を取ってその牡牛を殺しました。しかし、怒りが収まり、犯してしまった大罪を思い返すと、彼は民の憤激を恐れて、次のように信じ込ませました。神が自分に現れて、奉納された穀物の草と実を食べるという牡牛が犯した罪の償いのために、牡牛を生け贄として捧げ、その肉を祭壇の上で焼くように命じた、と。愚かで無知な民衆は生け贄を捧げる祭司の言うことを神託と信じ、こうして牡牛は皮を剝がれ祭壇には火が焚かれ、この新しい生け贄にすべての人が参列しました。以来、アテナイ人は毎年一頭の牡牛を生け贄に捧げ、この敬虔な残酷さをギリシア全土だけでなく世界中のあらゆる国にも伝えたのです。

その後に次のようなことが起こりました。ある祭司が血を流す生け贄を行っている最中に、一切れの焼けた肉が祭壇から地面に落ち、彼はそれを拾い上げましたが、指に火傷を負い痛みを和らげようと指をすぐ口に持っていきました。彼は指にたっぷり付いていた脂の旨さを味わうやいなや、もっと食べたいと望んだだけでなく、自分の同僚に一切れ与えることさえしました。すると、その男は他の連中にも知らせたので、この旨いものを見つけたことにみな夢中になり肉を貪り食い始めました。そこから死すべき者たちが、食うために動物を殺すというこの残酷な血を流す貪食を知ったのです。ユダヤ人はこれらの事実に反して、アダムの子らは世の始めから命ある被造物を生け贄としていたと述べていますが、彼らが自分たちの言う事実を引き出す、あの書かれた律法に多くの誤謬が紛れ込んでいるのは周知のことです。

古代の人々はこうも言っています。人間の手に落ちた山羊が初めて殺されたのは、山羊がブドウの木の若芽を食い、

その木の持ち主が損害に怒り報復をした時だが、そんな不敬な行為は一度も聞いたことがなかったと。世界でもっとも賢明な、もっとも古い民であるエジプト人が、命あるどんな被造物を殺すことも人間に禁じる、という伝承を地上の最初の住人から受け継ぎ、その最初の自然の法に一層の力を与えるため神々を獣の姿で表し、聖なる象徴を敬うことによって、あえて動物の命を奪ったり、動物に危害を加えたりしないことを俗衆が学ぶようにしたのは確かです[一七]」〔マラナ『トルコ皇帝の密偵』第三巻書簡四〇〕。「東インドのバラモン僧は、獣を生け贄に捧げる代わりに、獣にも人間にと同じく施療院を建てていますが、これは彼らの間できわめて徳の高い行為と考えられています。病んだり傷ついたりした動物や、世話をしてもらってやっと生きられる動物の面倒を見て一生を過ごす、大勢のこういう哲学者が町ごとにいるのです。この制度は彼らの間で新奇なものではなく、伝承によって太古の昔から受け継がれてきました[一八]。」(〔マラナ〕『トルコ皇帝の密偵』第三巻書簡四〇)

この問題に関してユダヤ人のことを同じ著者はこう言っています。「ユダヤ人の祭司は、神自身から受け取ったという彼らの律法に命じられているとおりに、牛や羊など多くの種類の動物を生け贄として神に捧げていました。祭司が生け贄に定められた動物の喉を裂き、その血を祭壇の周りに注ぎ、とりわけ祭壇の四隅には多くの儀式を行って血を振りまきました。それから動物の内臓を取り除き皮を剝いで、その肉と脂を祭壇の上に焚かれた火で焼きました。神がそういう種類の生け贄の煙を喜び、彼らの書に書かれているようにそれを大いに楽しむと彼らは考えていたのです[一九]。」

[1]家畜の血を流すこういう生け贄の起源と始まりやその進展について、この著者の言うことに明証性や完全な確実性はないとしても、少なくとも、そこにきわめて大きな真実らしさがあることは否定できません。また彼が付け加える、最初の人間の動物に対する優しさと人間味、動物の屠殺や理由のない虐待の禁止についていえば、動物虐待の禁止や動物たちへの優しさは、正しい理性と自然的な正義にまったく符合する、それにまったくふさわしいものでしたし、ユダヤ人自身による『創世記』の記述にさえまったく符合していたことは疑いえません。神ははじめ人間にただ穀物

と大地からの収穫物を食べる許ししか与えなかった〔『創世記』第一章二九節〕と、そこにも言われているのですから。[二〇][2]しかし、そんな神の啓示なるものにはどんな真実らしさもありませんし、罪なき獣のそんな残酷で野蛮な生け贄には理性と正義によるどんな基礎づけもありませんし、そういう種類の生け贄には残酷さと野蛮さしかありません。ですから、それらの制度は人間の愚かさと邪悪さに由来するにすぎず、決して神の命令に由来するのではないことが、そのことによってはっきり示されています。

しかし、そんなことで自分たちの神に栄誉を与える、神を喜ばせると信じたとは、人間はなんとも愚かで盲目なものではありませんか。哀れな動物の血が流れ、その肉が焼けるのを見て神が喜ぶと信じたとは、人間はなんとも愚かで盲目なものではありませんか。そんな忌まわしい生け贄によって神の怒りをなだめ、その恩寵に値するようになると信じたとは、人間はなんとも愚かで盲目なものではありませんか。むしろまったく反対に、それは神の怒りをかき立て、人間の上にその懲罰と呪いを招く手段だったはずです。腕の立つ巧みな職人が作って喜んだ[3]もっともすばらしい作品を、その職人への生け贄にしたいという口実のもとに、その職人の目の前で引き裂いて焼けば、その職人の名誉にも喜びにもなるなどといったい誰が思うでしょうか。主権者や君主や国王の宮殿にあるもっとも美しい、金のかかった豪華なものを、その君侯への生け贄にするという口実のもとに、その君侯の目の前で引き裂いて焼けば、その君侯の名誉にも喜びにもなるなどといったい誰が思うでしょうか。一度でもそんなことをしようとしたり、またそんな考えを抱いたりするほど愚かな人間は一人としていないのは確かです。ではいったいどこから出てくるのですか、神自身の創造物、神自身の作品を、神への生け贄にするという口実のもとに引き裂き、殺し、撲殺し[4]、焼けば、自分たちの神の名誉にも喜びもなるなどと信じるほど人間が愚かであることが。そして今でも、次のようなことがどこから出てくるのですか、どうしてそうなるのですか、わがキリスト崇拝者たちが、自分たちの神にその神なる子を生け[5]贄として差し出し、その子が恥辱を受け惨めに十字架に吊るされ、そこで責苦を受け息絶えたことを記念して、その神の子なるものを毎日生け贄として捧げることさえすれば父である神のこの上ない名誉にも喜びにもなるなどと信じ

るほど愚かで盲目であることが。こんなふうに神に神自身の子を生け贄に捧げれば、神の名誉にも喜びにもなるなどと思うような考えだけ、信仰だけでも彼らが持てるのはどうしてなのですか。十字架に吊るされた者は神から呪われる、「十字架ニ吊ルサレタ者ハ神カラ呪ワレル」(『申命記』第二一章二三節)と彼らの律法に書かれているというのに。間違いなくそんなことは、精神の極度の盲目さからしか生じません。[6][7]

見識あるモンテーニュ氏も、そういう種類の生け贄についてこう言っています。「古代人は、神を人間に似せ、これに人間の能力を与え、人間の美わしい気質ともっとも恥かしい自然の欲望を与えることが、神の偉大を表すのにいくらか役に立つと考えたのだ。そこで彼らは、われわれの食べる食物を神に供え、舞踊や無言劇や笑劇を奉納して神を楽しませ、われわれの着物を着せ、われわれの住居に住まわせ、香料の香りや楽器の調べや祝宴や饗宴を供えた。また、神をわれわれの不正な情欲と折り合わせるために、むごたらしい復讐をもって神の正義に媚び、神によってつくられ保存されているものを破壊消滅させて神を喜ばせた。たとえば、ティベリウス・センプロニウスは敵から奪った豪華な戦利品や武器を焼き払わせてウルカヌス神に犠牲を捧げ、アエミリウス・パウルスはマケドニアから奪ったものを焼き払わせて、マルスとミネルウァに犠牲を捧げた。アレクサンドロスもインド洋に着くとテティスのために、多くの巨大な金の器を海中に投じた。その上、神の祭壇を罪のない畜生の血だけでなく、人間の血をもって満たした。これは多くの国民が、とくにわが国民がいつも行って来たことである。いや、これを行おうとしなかった国民は一つもない。ゲタエ族もこれを行った。彼らは五年目ごとに彼らの神ザルモクシスのもとにだれかをやって必要なものをお願いする。ペルシア王妃アメストリスは年老いてから、国の宗教のしきたりに従って、ペルシアの良家の子弟十四人をいっぺんに生埋めにして、地下のある神々を喜ばそうとした。今日でもテミスティタン人の偶像は幼児の血で接ぎ合わされていて、幼い魂の犠牲しか喜ばない。まさに罪のないものの血に飢えた正義と言うべきである。カルタゴ人も同じく彼らの神々の怒りを鎮めるために幼児を犠牲に捧げた」(〔モンテーニュ〕『エセー』四八八頁〔第二巻一二章、邦訳、岩波文庫、第三巻一五三―一五四頁、原二郎訳〕)。「ペルーの人々も彼らが持っているもっともすばらしい、[11]

もっとも良いもの、金や銀や穀物や蜜蠟や動物を彼らの神々に生け贄として捧げていた。普通は種々の儀式を行ってさまざまな毛色の羊を少なくとも百頭生け贄とした。太陽に毎日毛を刈り取った羊を一頭捧げ、赤い衣を着せて焼いた。

しかし、ペルーで行われ、メキシコでより大規模に行われた人間の生け贄ほど恐ろしいものはなかった。ペルーでは四歳から十歳までの子供が生け贄とされたが、これは主として、戦の企てや戴冠の日に彼らのインガすなわち王の幸運を祈るためで、生け贄とされる子供の数は二百人だった。さらにインガの役に立てるために、僧院から引き出された多数の娘も生け贄とされた。このインガが重病で治る見込みがない時、その息子を太陽あるいは彼らの神ビラコチャに生け贄として捧げ、父の代わりに息子で満足してくれるようにと彼らは願った。だが、メキシコでは戦で捕らえた人間しか生け贄としなかった。捕虜は神殿の門前に順に跪かされ、次にその周りに神官が自分たちの神の偶像を携え行き、それを彼らに見せて一人ひとりに〈これがおまえの神だ〉と言う。その後、彼らは自分たちが生け贄とされるはずの場所に連れて行かれるが、そこには人間よりむしろ悪魔と思われるほど異様ないでたちをした、この職務に充てられた大神官が六人待っているのだった」（『新版世界地誌〔二二〕』第二巻一三二九頁）。

メキシコ王の使者が話したところによれば、その君主は毎年戦の捕虜五万人を神々に生け贄として捧げさせ、その生け贄を得るためにいつも近隣のいくつかの部族と戦争状態を保っていました。〔二三〕またモンテーニュ氏によれば、「アラムトが地峡を占領したときも、六百人のギリシアの若者を殺して父の霊に捧げ、その血を父の罪滅ぼしとして神の怒りを鎮めるのに役立てようとした」〔モンテーニュ『エセー』第一巻三〇章〔二四〕、邦訳、岩波文庫、第一巻三八九頁、原二郎訳〕。中国人は悪魔が邪悪な、地獄に落とされたものであると知ってはいたのですが、自分の身や財産に悪魔が禍を及ぼさないように、自分たちの神々だけでなく悪魔にも生け贄を捧げていたそうです。〔二五〕カリカット人も同じことをしていましたし、〔二六〕ナルシング人も悪魔どもをあらゆる禍の張本人と認めてはいましたが、それらに敬意を払い生け贄を捧げ、造物主自身を祀る神殿より立派な神殿を建てていました。〔二七〕日本人もアメリカ人同様悪魔を崇めていましたし、(8)

悪魔から何かの恩恵(9)を得るためではなく、悪魔が自分たちに禍を及ぼさないように生け贄を行っています。〔二八〕この国の(10)住人であった古代のガリア人も、この点では他民族より賢明だったわけではありません。やはり人間を彼らの神々に生け贄に捧げていたからです。重病にかかった人々は人間を犠牲に供し、あるいはそうすると誓いを立て、その生け贄は当時の彼らの神官ドルイド僧〔二九〕の手で執り行われました。一人の命を救うために、別の一人の命で神々をなだめられると彼らは信じ込んでおり、犠牲者は生きながら焼かれることも、矢で射殺されることもありました。そのため、「位の高い人物が病で死に瀕している時には、彼らはそのドルイド僧のだれかを呼び寄せ、死罪に値する者のうちから一人を選び、そのような者がいない時は哀れな下賤な者を選び、その者を冥府の神、生命の敵、ディスに生け贄として捧げさせたが、人間の血に飢えたこの神がその人間の死で満足し、病人の命がそれで延ばされると信じた」（『新版世界地誌』〔三〇〕第一巻一二〇頁）。こういうことについて、プルタルコスが次のように言うのはまったくもっともなことです。人間の血を貪り、飽くことなく求めるような神々も存在すると彼らのように信じるより、神々について人間が何の知識も持たない方がよかった、〔三一〕と。

　実際、モンテーニュ氏が言うように、それは理解を超える妄想でした。「神の恩恵をわれわれの苦しみで支払おうとするとはおかしな考えである。たとえばカルタゴ人は自分たちの子供をサトゥルヌス神に捧げた。子供のない者は買って捧げた。そして、みな焼き殺させて、それでも父と母は満足した嬉しそうな顔でこの残酷で野蛮な犠牲の式に列なっていなければならなかった。ラケダイモン人も、ディアナのご機嫌をとるために、若者たちを拷問にかけて鞭打たせ、ときには死なせさえした。宗教は人間にこれほど多くの、これほどひどい、これほど残酷な邪悪さを吹き込むことができた、宗教ハコレホド多クノ罪ヲススメルコトガデキタ。建築家を喜ばそうとして彼の建てた建物を破壊し、罪人に帰すべき罰を帳消しにしようとして罪のない者を罰したとは残酷な考え方である。哀れなイフィゲニアが死んで犠牲となりギリシア軍が犯した罪を償ったとは！　美しくもけなげな心のデキウス父子が、ローマ軍の上に神のご加護が下るようにと敵の密集した中に突入したとは！　この偉大な二人の死によってしかローマ国民のために怒

りを鎮めようとしないとは、その神々の奇怪な不正は何というものでありえたことか！　コレホド偉大ナ人々ヲ死ナセナケレバ、ローマ国民ヲ嘉スルコトガデキナイトハ、何ト不正ナ神々デアロウ」（〔モンテーニュ〕『エセー』四八九頁[三二]〔第二巻一二章、邦訳、岩波文庫、第三巻一五四―一五五頁、原二郎訳〕）。

神々[11]は罪なき者の非業の死によってしか怒りが鎮まらないとか鎮めたがらないなどと信じるとは、人間もなんと愚かなのでしょう。つまり、そんな考えを抱き、あれほど多くのあれほど忌まわしい残虐行為を、敬虔な行為であると信じるとは、人間もなんと愚かで、なんと盲目なのでしょう。しかし、以上のことこそ宗教が人間[12]に吹き込むこと、神々に対する愚かな信心が彼らに行わせることです。宗教はしばしば人間に多くの邪悪な行為を教え、敬神の名目で不敬な忌まわしい行為を行わせた、というのはこれほどに正しいのです。「宗教コソハコレマデニハルカニ多クノ罪深ク不敬ナ行為ヲ犯シテ来タ」〔ルクレティウス『事物の本性について』第一巻八二―八三行、邦訳、筑摩書房、二九二頁、藤沢令夫・岩田義一訳〕、またすでに引いた「宗教ハコレホド多クノ罪ヲススメルコトガデキタ」〔同上、二九三頁〕というルクレティウスの言葉にあるように。[三三] また、神々を称え神々に仕えると称して、あれほど多くの愚かな邪悪な行為を行うより、神々について人間が何の知識も持たない方がよかった、とプルタルコスが言う[三四]のはまったく正しかったのです。神々[13]を崇めさせる者どもこそ、その忌まわしい悪行一切の原因なのですが、それに驚く必要はありません。腐敗堕落が地上すべてに広まったのはまさにエルサレムの預言者たちからである、「エルサレムノ預言者タチカラ汚レガ地上スベテニ広マッタカラダ」（『エレミヤ書』第二三章一五節）と書かれているわけですから。

わがキリスト崇拝者たちはこのような残酷な血を流す生け贄の功徳[14]と効力と有効性について、その愚かな確信からまだ完全に自由になっているわけではありません。というのは、彼らも今では人間や獣のそういうたぐいの生け贄を行ってはいませんが、それでもユダヤ人の間で[15]かつて行われたものを是認し、それを命じた律法を是認しているからです。また、人間の罪を贖うために自らの身を差し出し、十字に組まれた木の上で生け贄に捧げられたという彼らのいわゆる[16]神なる救い主イエス・キリストの血の限りない功徳によって、自分らがみな[17]罪から解放され、恩寵の中に戻

された、あるいは神と和解が成った、[18]と信じてもいるからです。彼らが次のように言うのはそのためです。つまり、神なる救い主とかいう者が、その血で彼らを罪の汚れから洗い浄めた、「ソノ血デワレラヲ罪カラ洗イ浄メタ」（『ヨハネの黙示録』第一章五節）、イエスはその血とその死の功徳によって彼らを神と和解させた、と言うのです。さらに、彼らが神のものと見なす律法により、すべては血によって浄められねばならず、彼らの神なる救い主とかいう者[19]の血が流されなければ、人間には赦しも救いもなかった、「律法ニヨレバ、〔ホトンド〕スベテノモノハ血デ浄メラレルノデアッテ、血ヲ流スコトナシニ罪ガ赦サレルコトハナイ」（『ヘブル人への手紙』第九章二二節）とまで彼らは言います。それも人間が神に対してこれまで犯してきた、また世の終わりまで犯すに違いないあらゆる罪のせいで神が人間に抱く怒りを鎮めるために、罪によってかくもひどく神を傷つけた当の人間の手によって、自分の神なる子をそのように生け贄に捧げることさえ神自身の意志だと言うのです。

私[20]が先ほど述べたことですが、罪のない者を罰し死なせることによってしか、罪のある者に対する怒りを神々が鎮めることができない、鎮めようとしないと異教徒が信じることがモンテーニュ氏の言うように〔モンテーニュ『エセー』第二巻一二章、邦訳、岩波文庫、第三巻一五四―一五五頁、原二郎訳〕それほど馬鹿げたことならば、キリスト崇拝者たちの父なる神が自分自身の神なる子を罰することでしか、さらには死なせることでしか、人間に対する怒りを鎮めようとしなかったとわがキリスト崇拝者たちが信じることは、それより一層大きななんという狂気でしょうか[21]。それに神の愛する神なる一人子、人間の神でもあり救い主でもある者を人間が迫害し、冒瀆し、恥辱的で不当で残酷な仕方で死なせなければ、人間に対する怒りを神は鎮めようとしなかったと信じることもそうではないでしょうか。そんなことを考えるとはなんという狂気でしょうか。また私が先ほど述べたことですが、無垢な者や罪のない者を罰す[22]ることによってしか、罪のある者に対する怒りを鎮めようとしないのが、ある古代人が言うように[23]神々のあのように奇怪な不正であったなら、それと同時に、無垢で神なるおのが子を罰し、さらには血なまぐさい残酷かつ恥辱的な仕方で死なせることによってしか、罪のある[24]、罪人である人間への怒りを鎮めようとしないのは、それより一層奇怪な

父なる神の不正、一層奇怪な父なる神の愚かさだったのではないでしょうか。[25] そんなことを考えるだけでも、なんという狂気でしょう！　これほど度を過ごした、馬鹿げた事柄を表現する言葉など、私には見つけられません。ところが、そういうことこそ宗教がわがキリスト崇拝者たちに信じさせている事柄なのです。ですから、宗教は彼らに残酷な血を流す生け贄をかつてのように行わせはしないとしても、やはり彼らに昔の生け贄を是認させ、神自らの身において残酷な仕方でなされたという生け贄を崇めさせているのですし、想像できる限りもっとも馬鹿馬鹿しい、もっとも滑稽な事柄を信じさせてもいるのです。そのことを次に一層詳しく示しましょう。

第二四章　神がアブラハムに、息子を生け贄として捧げよ、と命じた命令なるものについて

神がアブラハムに、一人息子を生け贄として捧げさせたと主張されている命令なるものに戻りましょう。[1] その同じ神が自分の神なる息子に、人間の救いのためにその身を生け贄として差し出し、自ら死に赴けと命じた、そしてその命令は事実遂行された、とわがキリスト崇拝者たちは確かに信じているのですから、彼らにはそれがまったく常軌を逸しているとは思えないはずだということは私も認めます。しかし、実際にはこの命令なるものは恐るべきものではなかったでしょうか。父親ならば、そうでなくとも良識のある者ならば、そのような勧告が、あるいはそのような命令が神から、すなわち限りなく完全で限りなく善で限りなく賢明な存在から出されうると、どうして想像できるのでしょうか。他の点からすでに、迷信は人間にもっとも残酷で非人間的な感情すら吹き込めるということが分かっていなかったなら、また宗教というあの虚しくて、偽りで、くだらない呪われた口実があれば[2]人間が盲目的に行えないことはないということが分かっていなかったなら、そんなことはとても考えられることではありますまい。こんなことを言ったのは、人間はもっとも非難すべき忌まわしい行為さえ行いながらも、それがもっとも賞賛すべき卓越した徳行だと思い込むからです。以下にお見せするように、アブラハム自身がその一例です。アブラハムはそんな命令につ

いて、というより[3]そんな夢――あるいは幻と言った方がよいかも知れませんが――について、誰に諮りもせず迷いもせずに、ただちにその命令なるものを実行しようと企て、自分を恐怖におののかせたはずの行為を、巧みに、というより愚かに分別もなく、もっともらしくも敬虔な行為に見せかけたのです（『創世記』第二二章[35]）。

　彼は息子のイサクを生け贄に捧げようと準備万端整えた上で、それについて息子にこう語ったと言われています。「わが子よ、私は切なる祈りで神におまえの誕生を願った。おまえが生まれてからは、おまえのために私がしなかったような心遣いは一つとしてない。そして、おまえが立派に成人するのを見、私が死ぬ時には所有している一切の相続人としておまえを後に残せるなら、私はそれを大願の成就と思うだろう。しかし、神がおまえを授けた後で、今おまえを失うことを望むのだから、どうか勇気を持って、私がおまえを神に生け贄として捧げることを耐えてくれ。わが子よ、神が私たちの生活のために与えられた恩顧と、戦の時に私たちに与えられた安全に私たちが感謝していることを示すために、この服従と尊敬の念を神に表してくれ。おまえが生まれたのも死ぬためにすぎぬのだから、おまえの父自らの手で世界の至上の主に生け贄として捧げられること以上に、名誉あるどんな最期がおまえにありうるだろう。床の中で病によって、あるいは戦の中で負傷によって、あるいはその他、人間がこうむるあれほど多くの不慮の出来事の何かによって、おまえの生涯が終わる代わりに、祈りと生け贄の最中にその魂を神の手に返し、永遠に神と一つとなるのがおまえにふさわしいと神は判断された。まさしくそうしてこそ、手塩にかけて育てた後私がおまえから受け取るはずであった助けの代わりに、おまえは私に神の助けをもたらして私の老境を慰めてくれるのであろう」（ヨセフス『ユダヤ古代誌』第一巻一三章）。「このような感嘆すべき父親にまったくふさわしい息子であったイサクは、その話を聞いても驚かぬばかりか喜びさえして、〈もし私があなたの意志に、とりわけそれが神の意志に一致していると分かっている時、その意志に従うのを拒むなら、私は生まれてくるのに値しなかったでしょう〉と答えた。こう言い終わると彼は生け贄となるために祭壇に突進し、もし神がそれを妨げなければその偉大な生け贄は今にも遂行されんばかりだった……」（ヨセフス、同書〔第一巻一三章[36]〕）。

確かにこれはかなり見事な、かなり都合のよい解釈です。これはその種の命令を[4]宗教的な、敬虔な仕方で実行するには十分に見事な、十分に都合のよい名目です。しかし、このようにまた、敬神と美徳の何やら人目を欺く装いを凝らされると、無知な人々や単純な精神の持ち主はやすやすと欺かれ、簡単に悪を善と取り違えてしまうのです。まさにそのようにして、わがキリスト崇拝者たちはその宗教の虚しい迷信的な慣行と儀式のすべてを、敬神というきわめて立派な見せかけで覆うのです。まさにこのような虚しい、人を欺く敬虔な話によって、とりわけ彼らの奥義と虚しい[5]秘蹟の神聖さなるものを褒めあげるのです。というのも[6]、まさに彼らはこのような虚しい滑稽な解釈によって、彼らの『聖書』なるものを好きなように解釈し、それに好き勝手なあれこれの意味を与え、奇蹟などありもしない箇所に奇蹟があると人々に思わせ、黒を白、白を黒と思わせるからです[7]。それこそ、とりわけ神秘的・比喩的意味という彼らのすばらしい[8]巧みな発明によって、彼らが行うことなのです。そしてそれを、どんな馬にも合う鞍のように、あるいはテラメネスのサンダル〔三七〕のごとくどんな足にも合う靴のように用います。というのも、霊的・神秘的意味というこの巧みな発明によって、私が先ほど言ったように、彼らは『聖書』なるものに好き勝手なあれこれの意味を与え、思いどおりにどんなことでも寓意的、象徴的に語らせるからです。その点で彼らは、鐘の音が聞こえると、その鐘になんでも好きなことを言わせたつもりになる子供たちに似ています。しかし、子供が鐘に言わせたつもりでいることや、ふざけたり一緒に遊んだりする時に言うことに、大人が真面目に耳を貸そうとするのは馬鹿げたことでしょうから、それと同じく、わがキリスト崇拝者たちが『聖書』なるものについて、神秘的、寓意的、象徴的仕方で行う虚しい説明や解釈に、賢明で開明的な人々が真面目に耳を貸すのも馬鹿げたことでしょう。なぜなら、その種の説明や解釈は、実は彼らが頭で作り上げたものや中身のない空想にすぎないからです。

[9]たとえば今、ある男が頭の中で、あるいは空想の中で[10]こう思い込んだとします。神が彼に現れて、息子を生け贄として捧げよという、先ほど言ったアブラハムに対する神の命令〔三八〕なるものと似たことを命じたと思い込み、そのことについてわれらのもっとも賢明な、もっとも敬虔な博士や決疑論者に相談に行くとします。私は請け合いますが、そん

な空想を恐怖の目で見、それを錯誤、悪魔の誘惑、断罪すべき考えと見なさない人はいないでしょうし、相談された人はその男に、そんなものを頭の中から完全に捨て去れと命じ、そんなものは十分警戒し避けるようにと注意することでしょう。その警告にもかかわらず、依然としてこの男が、神の命令なるものを信じ込み、事を実行するほど無分別だとしたら、その男について人が何と言うか、裁判所が彼をどうするかは想像にお任せします！　この種の生け贄を行えと命じるものを、神の啓示と見なすべきかどうかはそこから判断してください！

もし今わがキリスト崇拝者たち自身がこうした見神、こうした神の啓示なるものをどうしてもあやかしや悪魔の誘惑と見なさざるをえないとしたら、また、わが子を神に生け贄として捧げると称し、自分にそういう特別の命令が下ったと称してわが子の喉を切るほど愚かな父親がいると、彼ら自身がそれを恐るべきこと、見せしめとして罰するに値する大罪と見なすのであれば、それではどうしてあのアブラハムの場合には、息子を生け贄として捧げよという神からの命令なるものを、本当の神の啓示と見なせるのでしょうか。そしてこの点における彼の盲目的服従を、もっとも偉大な、もっとも英雄的な徳行、したがって神の寵愛と祝福にもっとも値する行為と、どうして見なせるのでしょうか。そんなことは自ずと崩れさる、本来成り立たないことですし、神の啓示なるものの虚偽を示すために、この点についてこれ以上語る必要はないでしょう。その上、先の聖なる預言者の書とかの多くにも、神はこういう種類の残酷な流血の生け贄を断罪し始めた、と書かれているのですから。

預言者イザヤの書に言われていることがその証拠です。あたかも神自身が語りかけるかのように、彼はユダヤ人に神の言葉を語りました。「おまえたちの多くの犠牲に私がどんな用があろう。私はおまえたちの燔祭に飽きている。おまえたちの牛と子牛と子羊と羊と山羊の脂と血にうんざりしている。もう無駄にそのような生け贄を私に捧げるな。おまえたちの薫香は私に忌み嫌われている。私はおまえたちの祭りと祭典を憎み、もはやそれに耐えられない。忍ブノニモウ耐エキレナイ[11]」（『イザヤ書』第一章一〇（一一、一三、一四）節）。同じことがほぼ同様な言葉で語られるのが、預言者エレミヤの書にも（『エレミヤ書』第六章二〇節）、預言者アモスの書にも（『アモス書』第五章二一節）、

預言者ダビデ王の『詩篇』にも見られます。この『詩篇』はわがキリスト崇拝者たちが毎日教会で歌っているものですが、そこにもこの同じ預言者を通して神[12]がこんなふうに語ったと記されています。「私がおまえたちの牡牛の肉を食べ、おまえたちの牡山羊の血を飲むと思うのか」(『詩篇』第四九篇一三節[三九])と。これではまるで「神が牡牛を食べ[13]牡山羊の血を飲むと信じるほどひどい臆見を、神についておまえたちはどうして抱けるのか」、と神が言っているようなものです。また「称賛を生け贄として神に捧げよ。主におまえたちの誓いを忠実に果たせ。おまえたちの苦しみの日に私を呼べ。その時、おまえたちは私の栄光を称え、私はおまえたちの窮状を救うだろう」〔『詩篇』第四九篇一四—一五節[四〇]〕とも言われています。以上の神の啓示なるものは、神がアブラハムとモーセに下した啓示なるものと、間違いなく相対立しています。神は一方で下した啓示を、もう一方によって断罪し斥けたのですから。神において、本性が不変で限りなく完全な存在において、そんな変化がどこから起こるというのですか。誤って打ち立てたものを千年も経って改善しようと思いついたのですか。軽率で無節操な人間について普通言われることを、神について言うつもりですか、作っては壊し、捨ててしまったものを後[14]で惜しむ、「彼ハ壊シ、建テ、前ニ捨テタモノヲ惜シム[四一][15]」と。わがキリスト崇拝者たちがそう考えたいのなら、そう考えるがいいでしょう。彼らがそれでよいと思うなら、そんな馬鹿げたことも認めてあげましょう。それがいやなら、彼らは私たちとともに、先の神の啓示なるものの虚妄と虚偽を認めなければなりません。啓示そのものが互いに対立し、打ち消し合っているのですから。わがキリスト崇拝者たちが想定するような、神のこの上ない尊厳と限りない完全さに、啓示そのものがあれほどふさわしくないのですから。ローマ人の二代目の王ヌマ・ポンピリウスが行ったことはずっと賢明でした。彼はその民を快く平和に楽しませるために、ブドウ酒、乳、小麦粉、花、その他同様の手軽なものを生け贄とし、それに踊りと楽しい歌を伴わせることとしか制定しなかったのです(〔ノーデ〕『誤って魔術の嫌疑をかけられたすべての偉人たちのための弁明』第二巻一九二頁[四二])。

第二五章　昔の族長アブラハム、イサク、ヤコブに神からなされた約束なるものの虚妄と虚偽

しかしさらに、先の神の啓示なるものの虚妄と虚偽[1]を以下で明白に証明しましょう。先の神の啓示なるものに伴っていた偉大で壮大な約束の不履行がそれです。というのも、全能で限りなく善で限りなく賢明な神が本当にした約束を、何回も繰り返した約束を、そして言われているごとくに誓いや誓約を立てて確約しさえした約束を、昔も今も履行しようとしないとは信じられないからです。さて、さまざまな歴史の証言からも、彼らのいわゆる『聖書』の証言そのものからも、また日々の経験からも、神自ら先の族長たちに行ったと想定されている前述の約束が、決して履行されなかったことは疑問の余地がありませんし、まったくはっきりしています。ですから、先の約束が神に帰されるのは偽りですし、それらが神の啓示に基づくと考えるのは誤りです。

先の約束が不履行であること、そしてこの証明が強力であることがはっきり分かるためには、まずその約束が主に次の三点から成ることに注意しなければなりません。一、族長たちの子孫を地上のすべての他民族より数多いものとすること。というのも、神は彼らの子孫を数において空の星、海の砂、地の塵に匹敵するほどに増やし、したがって彼らは地上のすべての他民族より数多く強大になるだろう、とその約束には明瞭に述べられているからです（『創世記』第一二章二節、第二二章一七節、第二七〔二八〕章一四節〔四三〕）。二、彼らの種族から出るその民を、地上のすべての民の中でもっとも聖なるもの、もっとも強大、もっとも幸福、もっとも勝ち誇るものとすること。というのも、神は特別に彼らの守護者となり、他のすべての民から彼らを抜き出して祝福し、彼らを愛し、特別にその恩寵を与えるだろう、神が地上のすべての他国民に祝福を与えるのさえ、彼らにおいてであろう、とその約束には明瞭に述べられているからです。また、神は彼らの名を高め、彼らにすべての他国民を超える称賛と名誉と栄光を与えるだろう、と述べられているからです（『出エジプト記』第二三章二四、二七節〔二五—二七節〕、『申命記』第七章一四節、『創世

記』第二二章二節〔第二六章四節〕、『申命記』第二六章一九節）[四四]。さらに、神は彼らにすべての敵から勝利を得させ、敵を敗走させ潰走させる、神は彼らの支配を西から東まで、北から南まで広げさせるだろう、とも述べられているからです（『創世記』第二二章一七節、『申命記』第七章一六節、『出エジプト記』第二三章二五節〔二二―二四節〕、『創世記』第二八章一四節）[四五]。三、神からのその約束に、彼らの子孫との契約を永遠のものとするということが含まれていたこと。というのも、神は彼らと永遠の契約を結ぶ、彼らは神が与える国を永遠に所有するだろう、とその約束には明瞭に述べられているからです（『創世記』第一七章七節、第一三章一五節、第四八章四節、『詩篇』第一〇〇篇九節）[四六]。さて、この約束なるものがまったく果たされなかったことに疑問の余地はありません。

第一に、先の族長アブラハム、イサク、ヤコブの子孫と見なせる唯一の民、またその中で先の約束が果たされるはずだった唯一の民である、ユダヤ民族あるいはイスラエルの民が、数の上で地上の他民族と比較できるほど多くなったことは一度もなく、したがって、海の砂や地の塵と比較できるほど数多くなったことなど、なおのことないのは確かです。この民がエジプトに居留していた二、三百年の間に、彼らの史書が伝えるように数が増えたという時でさえ（しかしそれはほとんど信じられませんが）、その増加もやはり、海の砂や地の塵に比較できる数にはなりえませんでした。先の神の約束なるものによればそうなるはずだったほど、この民が実際に増えたなら、彼らを住まわせるため、まさしく地上全土が必要だったのは間違いないでしょう。彼らがもっとも数多くなり栄えた時でさえ、パレスチナとその周辺の小さな諸地方を占めていたにすぎないことが知られています。そんな所は、地上の至る所に存在する多くの栄えている地方や、国や、帝国の広大な面積に比べればほとんど零に等しく、フランス一国と比較しても、フランスの国全体に対するシャンパーニュとピカルディ地方ぐらいにしかならないでしょう。そこから明らかなことですが、この民は一度も数において強大になったことはなく、地上の他民族に比べれば、常にまったくの少数民族にすぎなかったとさえ言えます。ですから、先の神の約束なるものは、この民が驚異的な、数えられぬほどの数になるという点に関して、まったく実現されなかったと分かるのです。

第二に、彼らが地上の他民族すべてに勝って授けられるはずだった、偉大で有り余るほどの祝福に関しても、その約束はまったく実現されませんでした。というのも、彼らは敵からいくつかの勝利を収め、その田野を荒らし多くの町を奪い、剣に訴えてパレスチナとその周辺の諸地方を征服ないし横領さえしたかも知れませんが、それでもやはり、彼らが他の時にはほとんど常に敵に破れ、惨めに屈従したことに変わりはないからです。また、彼らも幾人かの王のもとで、かなり平和な繁栄状態をしばらく続けたかも知れませんが、やはりその王国が滅ぼされ、彼らが捕囚を受け、彼らの国がティトゥス帝とウェスパシアヌス帝の率いるローマ軍によって、ほぼ完全に破壊されたことにも変わりないからです。また今でも私たちが見ているように、その不幸な国民の生き残りは、どこにも支配権も優越権も持たない、地上でもっとも卑しい、もっとも惨めな、もっとも軽蔑すべき民としか見られていません。ですから、この点でも先の神の約束なるものがまったく果たされなかったのは明らかです。

さらに第三に、先の約束によれば神が彼らと結ぶはずだった、あの永遠の契約なるものに関しても、約束は果たされませんでした。なぜなら、今その契約なるもののどんな確かなしるしも見られませんし、いまだかつて見られたことすらないからです。それどころか逆に、「オマエガ見テイルコノ土地スベテヲ、オマエトソノ子孫ニ永遠ニ与エヨウ」（『創世記』第一三章一五節、『申命記』〔『創世記』〕第四八章四節）[2][四七]、と神から永遠に享受するようにと約束され、与えられたと主張されている土地と国が、幾世紀も前から所有できないままであるのが明らかに見られるからです。ですから、明らかに見て取れるように、その約束なるものがどの面でもまったくその効果を発揮せず、その実現も見なかった以上、このことこそそうした約束が虚偽であるしるし、虚偽であることの明白で確実な証拠です。したがってまた、このことこそ、そうした約束が決して神に由来しない[3]ことの明白で確実な証拠です。さらに、このことによって、そうした約束を含む先のいわゆる神聖で聖なる書が、神感によって作られたのではないと明らかに証明されます。なぜなら、それらはこれほど明らかに偽りと分かる約束を含んでいるのですから。そして、先の書が神感によって作られたのでないなら、それらはまったく真理を保証する証として役に立ちえません。ですから、わがキリスト崇

拝者たちが、自分たちの宗教の真実性なるもの[4]を証明するために、それらを無謬の証として用いると主張しても無駄です。

第二六章　『旧約聖書』の預言なるものの虚妄と虚偽から引き出される、前述のさまざまな宗教の虚偽について

さらに、わがキリスト崇拝者たちは、預言を信憑の根拠の列に加え〔一〕、その宗教が真理であることを示す確実な証拠の列に加えます。彼らの主張によれば、預言は啓示と神感の(1)真実性を保証する証なのです。未来の事柄が起こるあれほど以前に、あれほど確実にそれらを予見し預言できるのは神一人しかいないからだ、と言うのです。わが大キリスト崇拝者たちの一人である(2)、イエス・キリストのある使徒が以下で言及しているのは、まさしくその真理の証なるものについてです。というのも、その使徒は自分が見聞きしたと信じる、少なくとも彼自身は見聞きしたと言うもっとも驚くべきこと、彼の師の栄光にとってもっとも有利なことを述べた上で〔二〕、自分自身が見聞きしたと言い、そう信じた他のどんなことより(3)、ああいう真理の証〔三〕は一層堅固で確実な証であると付け加えているからです。彼は信徒にこう言いました。「私たちには一層確立された、一層堅固な、一層確実な預言者たちの言葉がある。夜が明けるまで暗闇に輝く灯火であるかのように、それに目をとめているがよい。というのも、聖なる神の人々が語ったのは聖霊からの霊感によってであったと、あなたがたは学んだのだから。私タチニハ一層確実ナ預言者ノ言葉ガアル。夜ガ明ケルマデ暗闇ニ輝ク灯火デアルカノヨウニ、ソレニ目ヲトメテイルガヨイ。トイウノモ、預言ガカツテ人間ノ意志カラ出タコトハナク、聖ナル神ノ人々ガ語ッタノハ聖霊カラノ霊感ニヨッタノダカラ」（『ペテロの第二の手紙』第一章一九〔―二一〕節〔四〕）。

では、そのようにして聖霊からの霊感によって語った神の聖なる人々、聖なる預言者たちとかいうものが何であるのか、彼らをわがキリスト崇拝者たちが主張するほど尊重すべきかどうかを見てみましょう。正確に言って、間違いなくそんな人々は妄想家、狂信者にすぎませんでした。彼らは自分の妄想や支配的な情念に衝き動かされ、あるいはそのために我を忘れて行動し語っていたのですが、自分が行動し語るのは神の霊によるのだと思い込んでいたのです。

さもなければ、そんな人々はペテン師や人を馬鹿にする者でした。[*1] 彼らは預言者を真似て、そのように行動させ語らせているのが神の霊ではなく、嘘とペテンの精神であると自分では重々承知の上で、無知な者や単純な者をよりたやすくだますために、自分は神の霊によって行動し語っていると吹聴したのです。性格が異なる、こういう二つのタイプの精神の者が、それぞれ実際に大勢いたことを決して疑うべきではありません。というのも、実は馬鹿や気違いではないのに馬鹿や気違いの真似をする者が大勢見られるのと同様に、今もかつても預言者をよそおい、そのために預言者なるものの習いとなっていた言行を真似る者も、時として大勢現れるからです。ですから、そうした自称預言者の誰彼が今私たちの間に現れることになっても、そしてそれがかつてもっとも著名だった自称預言者の誰かであっても、今ならきっと私たちの間では妄想家、狂信者としか見なされないでしょう。あるいは私が言ったように、ただだますことができる愚か者を探すのに熱心な詐欺師、ペテン師としか見なされないでしょう。あの預言者なるものの誰かを今見られたらすばらしいでしょうに！　彼らが例の「主ハコノヨウニ語ッタ」を言うのが今聞けたらすばらしいでしょうに。さぞかし彼らは嘲笑されることでしょう！　わがキリスト崇拝者たち自身もきっと嘲笑するでしょう。[*2]

また、彼らは次のことも否定できないでしょう。つまり、その昔の預言者なるものの中に妄想家や狂信者にすぎない者が事実大勢いたこと、あるいは、人々をだまそうという意図から、またはまやかしの策略によって何か他の個人的な目的を遂げようという意図から、神の名前と権威をことさら悪用した、邪悪なペテン師にすぎない者が事実大勢いたこと、それはわがキリスト崇拝者たちも否定できないでしょう。なぜなら、イスラエルの民の間に多くの偽預言者がいた、と彼らのいわゆる神聖で聖なる書によってはっきり分かるからです。その連中は神の名で語ろうと口を出し、神が実際に彼らに語りかけ、本当にその口に言葉を授けたかのように、大胆さと自信をもって例の「主ハコノヨウニ語ッタ」を言っていました。

＊1　「嘲ル者タチ」『イザヤ書』第二八章一四節、『ユダの手紙』一八節。「盗賊ノ仲間」『イザヤ書』第一章二三節。(4)

＊2　「ソノ預言者タチハ常軌ヲ逸シタ不実ナ人々デ、ソノ祭司タチハ聖所ヲ汚シ、律法ヲ破ル」『ゼパニヤ書』第三章四節。「オマ

エノ預言者タチハオマエノタメニ、偽リノ愚カナ幻ヲ見タ」『哀歌』第二章一四節。(5)

そのことはさらに、神の名を偽って語ることについて、預言者なるものたちが互いに投げ合う激しい非難の言葉からも――互いに投げ合うその非難の言葉さえ神自身に由来すると彼らは言っていました――はっきり分かることです。預言者なるものの一人はこう言いました。「主が私に語りかけ、このように言った。〈イスラエルの預言者どもへ告げに行け。おこがましく自ら預言すると称する、あの預言者どもにこう告げよ。主の言葉を聞けと、主なる神はこのように語ったと、自らの精神に従い何も見ない預言者どもに禍あれと。イスラエルよ、おまえの預言者どもは荒野の狐のようだ。彼らは虚しい幻を見、当て推量をし、主はこのように語ったと言って、嘘を預言する。主が彼らを遣わし、彼らに語りかけたことなどないのに。それにもかかわらず、彼らは相変わらずその嘘を請け合う。だから、私は虚しい幻を見て嘘を預言するだけの、あの預言者どもにわが手を下す。彼らはわが民の会合に列席してはならない、イスラエルの家の籍に記されてはならない、土地の相続に与ってはならない。彼らはわが民を惑わすからだ。またこのようにして、おまえたちは私が主なる神であると知るだろう〉と主は語った」（『エゼキエル書』第一三章一〔一四、六―九〕節〔五〕）。

(6)また別の一人もこう言いました。「神は語った。〈預言者と祭司どもは品行が汚れ堕落している。わが家とわが民の中に彼らが引き起こす悪を私は見た。私は彼らを遣わさなかったのに彼らは走った。私は彼らに語らなかったのに彼らは預言をした。私はサマリヤの預言者どもの中に馬鹿げたことを見た。彼らはバアルの名で預言し、そのようにしてわがイスラエルの民をだましているからである〉」（『エレミヤ書』第二三章一一〔六〕〔―一三〕節）。「〈そしてエルサレムの預言者どもの中に（語っているのは相変わらず神です〔メリエによる注記〕）、私は姦通を犯す者に似る不正を見た。彼らは嘘の中を歩み、悪人を助長し、無秩序と乱脈を放置している。そのため、誰一人としてその悪徳と悪行を改めることがない。かつてソドムとゴモラの住人がそうであったように、彼らはみな悪徳に染まり堕落したものとなった〉。その邪悪な預言者どもについて、主はこのように語った。〈だから、私は彼らに、にがよもぎを食べさせ、胆

汁を飲ませ、彼らを滅ぼす。不正が出たのはエルサレムの預言者どもからであり、腐敗堕落が地上すべてに広まったのは彼らによってだからである。エルサレムノ預言者タチカラ汚レガ地上スベテニ広マッタカラダ〉」（『エレミヤ書』第二三章〔一四―〕一五節）。

その同じ預言者によれば、神はさらに彼の口を通して、次のように語りました。「〈預言者どもは私の名をかたって預言しているが、私は彼らを遣わしたこともなく、彼らに語ったこともない。彼らは偽りの幻、虚しい占い、彼らの心から出るまやかしの誘惑の言葉を告げるだけだ〉。主はこのように語った。〈だから、私の名で預言をする、私が遣わしたこともないあの預言者どもは、剣と飢えで滅ぶだろう〉」（『エレミヤ書』第一五章一四節〔第二七章一四、一五節〕）。民衆に語りかけ、その預言者は次のように言いました。「おまえたちの預言者どもの言うことを聞いてはならない。おまえたちの占師、夢見る者、占星術師の言うことを聞いてはならない。彼らはおまえたちに嘘の預言しか語らない」（『エレミヤ書』第二七章一〔九〕節）、「なぜなら、私は彼らを遣わしたことはなく、彼らが私の名で預言するのはかたりである、と神が言われたからだ。だから、彼らの言葉を聞いてはならない」（〔同〕一五節）。また別の機会にも、彼は同じ警告を民衆に発しました。「万軍の主、イスラエルの神はこのように語った。〈おまえたちのうちにいる預言者、占師がおまえたちを惑わしてはならない、おまえたちを虚しく夢に留めてはならない。彼らが私の名で預言するのはかたりだからだ。私が彼らを遣わしたことはないからだ〉」（『エレミヤ書』第二七章八節〔第二九章八、九節〕）。さらに、その同じ預言者はエルサレムの町の不幸な滅亡を嘆き、その不幸がまるでエルサレムの偽預言者たちのせいであるかのように、彼の『哀歌』の中でこう語っています。「おまえの預言者どもは、おまえのために虚しい事柄を予見し預言した、おまえに愚かな希望を与えた。そして、おまえに不幸を免れさせたかも知れぬ、悔悛の気持ちをおまえに抱かせるために、おまえは不義であると明かすことがなかった」（『哀歌』第二章一四節）。

私がすでに指摘したように、イエス・キリストも弟子たちにはっきりと言いました。偽預言者たちがやって来るだろう、彼らは大勢の人を惑わすだろう、彼らはできれば、選ばれた人々を誤謬に陥れることができるほど偉大な奇蹟、

偉大な神異さえ行うだろうと。だからその者たちを警戒し、決してだまされないようにと弟子たちに念入りに警告したのです（『マタイによる福音書』第二〇章二一節〔第二四章二四節〕）[七]。ですから、神の律法なるものの最初の著者たちは、無知な者や単純な者を欺くために、このように神の名と権威を利用するのが簡単なことをよく知っていて、また、彼らと同じことをしようと、同様に「主」の預言者と名乗る、彼らに似た者たちが必ずやその後にやって来ることも十分予見していたので、彼らがすでに作り上げ確立したことに反対し、預言を行い、神の名で語ろうと企てる者たちを厳しく罰するようにと命じました。ユダヤ人の大預言者、彼らの立法者モーセが、神の法と見なされているその律法の中で命じたのも、このことです。というのも、彼に異を唱え、彼が言ったことや行ったことに異を唱え[7]、神の名で語り、預言を行おうと自ら企てる者を厳しく罰せよ、という厳命を彼はその中に加えているからです。「おまえたちのうちに預言者が立ち現れ、夢あるいは幻を見た、神の啓示を受けたと言い、おまえたちを誘い、異国の神々やおまえたちが知らぬ神々に崇拝と奉仕を強いるとしても、その言うことが真実であると納得させるために、彼がしるしや奇蹟を預言し、それが預言されたごとく実際に起こるとしても、その預言者あるいは夢見る者、その見神者が言うことを、それでもおまえたちは信じてはならない。おまえたちを試すために、おまえたちが本当に心からおまえたちの神を愛しているかどうかを見るために、彼にそのようなことを許しているのは神なのだから。その預言者、その夢や幻を見る者については、おまえたちが彼を殺せ。その者に許しを与えてはならない、憐れみを持ってはならない。おまえたち一人ひとりがただちに石を投げつけ、彼はたちどころに打ち殺されなければならない。おまえたちを神への奉仕から逸らせようとしたのだから」（『申命記』第一三章二節〔一―三、八―一〇節〕）。

　そして別の箇所では次のように、その同じ律法、同じモーセが言っているのです。「主なる神はおまえたちのために、おまえたちの同胞の中から私のようなもう一人の預言者（後継者ヨシュアのことを言ったのです〔メリエによる注記〕）を立ち現れさせるだろう、その者の言うことを聞くがよい」（『申命記』第一八章一五節）。続いて神にこんなふうに自分に語らせています。「〈私は彼らのために、彼らの同胞の中からおまえに似た一人の預言者を立ち現れさせ、

その口に私の言葉を置く。その者は、私が彼に命じたことをすべて彼らに告げるだろう。彼が私の名で語ることを聞かぬ者がいれば、私がその報復をする。しかし、不遜にも私の名で語ろうとし、私が語れと命じもしなかったことを言う預言者、あるいは別の神の名で語ろうとする預言者は死によって罰せられる〉」(〔同一八―〕二〇節)。

同じ書の証言によれば、神が預言者たちに語りかけ、姿を現す仕方については、次のように言われています。神は雲の柱の中に降り、幕屋の入口に立って、アロンとその姉ミリアムを呼びました。このように神は彼らに語りかけ、こう言いました。「私の言葉を聞け。おまえたちのうちに誰か主の預言者がいるなら、主である私はその者に幻で姿を現し、夢で語りかける。忠実な、わが家の中でこの上なく忠実な、私の僕モーセについては、そうではない。彼には顔と顔を合わせて語る。彼は私をまことに露に見る。単に闇を通して、表象により見るのではない。それなのになぜ、あえておまえたちは私の僕モーセに異を唱えたのか」(『民数記』第一二章七節〔六―八節〕)。神がアブラハムに国を出よと命じた時、神が彼に姿を現したのも、このように夜の幻と夢によってでしたし(『創世記』第一五章一、一七節)[八]、彼に息子イサクを生け贄に捧げに行けと命じた時、姿を現し語りかけたのも、このように夜の幻と夢によってでした(『創世記』第二二章三節)[九]。神が[8]ヤコブにエジプトに下れと命じた時、現れ語りかけたのも、こうしてですし(『創世記』第四六章二節)[一〇]、預言者ナタンとサムエルに語ったのも、こうして夢の中、夜の幻の中においてでした(『歴代志上』第一七章三、一四〔一五〕節)[一一]。預言者イザヤ自身、自分の預言を幻と呼んでいますし(『イザヤ書』第一章一節)[一二]、預言者エレミヤ〔の書〕は預言者を偽りの幻、まやかしの占いと呼んでいます(『エレミヤ書』第一四章一四節)[一三]。預言者エゼキエル、ダニエル、ホセア、その他すべての預言者なるものも、その預言を幻と呼び、彼らはほとんど常に夜寝ている間にそれを見たのです。だからこそ、神は夢の中、夜の幻によって語る、眠りが人を襲い寝床で眠り込む時、その時こそ神は人の耳を開き、教え諭そうとする者たちに語りかける、と『ヨブ記』に書かれているのです(『ヨブ記』第三三章一五〔、一六〕節)[一四]。キリストの選びの器[一五]、偉大な聖パウロも、彼が天に引き上げられた時のことについてこう語ったのです。彼がそのように引き上げられたのが肉体のままであったのか、霊となって

であったのかは知らないが、言葉で言い表す術がないほど偉大な驚くべきことを見聞きしたと（『コリント人への第二の手紙』第一二章二〔―四〕[一六]節）。

いわゆる預言者たちが、彼らの幻と神の啓示なるものを受け取り、公に告げるやり方はといえば、それはたいていの場合、狂信者によく見られるあの例の忘我状態、あの例のしかめっ面、そして身振りといったやり方でした。ロコル[一七]によれば、異教徒の神官、巫女、その他男女のあらゆる預言者は、一種の狂乱にとらえられ、声を張り上げ、悪魔憑きに似て激しく身をよじり、神託を告げましたが（『講話集』第五巻二〇〇頁）[一八]、それは大概のわが聖なる預言者なる者も同様でした。というのも、預言をしようという熱狂にとらえられると、彼らは忘我状態に落ちたようになり、本当の狂信者がするような、異常で滑稽な身振りや動きをしたからです。私たちはそのはっきりとした例をユダヤ人の最初の王サウルのうちに見ることができますし、また彼が憎み殺そうと思ったダビデを捕えるため、ある日遣わした人々のうちにも見ることができます。というのも、史書に次のように言われているからです。つまり『聖書』[9]なるものによれば、王は亡き者にしようとするダビデを捕えるために警吏の一隊を送りました。サムエルを先頭に預言をしている一群の預言者たちと、ダビデが一緒にいるのを彼らは見つけましたが、その時主の霊が警吏たちをとらえたため、彼ら自身も他の者と一緒に預言をし始めました。それがサウル王に伝えられると、王は警吏の別の一隊を送りましたが、彼らも主の霊にとらえられ、他の者同様に預言をし始めました。やむなくサウルはそこに別のもう一隊を送りましたが、彼らにもやはり同じ事が起こり、サウルは激怒して、捕えさせるつもりだった男を、自ら取り押さえに行こうとしました。ところが、その男がいる場所に着くと、彼自身もたちまち神の霊にとらえられ、服を脱ぎ捨て、他の者と一緒に預言をしながら狂人のように歩き、丸裸で地面に身を投げ出し、一昼夜そのままになっていました。人々は驚いて[10]、「なんだと、サウルも預言に手を染めるのか、サウルモ預言者タチノ中ニイルノカ」、とそこから諺のように言い始めました（『列王紀一』[一九]第一九章二〇〔―二四〕節）。これは狂信者の行動そのもの、動きそのもの、忘我状態そのものではないでしょうか。間違いなくそうです。そんな常軌を逸したことをするのは、実際、狂信者しか

いませんし、今同様のことを見て同じように判断しない人はいないでしょう。ですからあの預言者の群は、本当に狂信者の群にすぎなかったのです。

伝えれば長くなりすぎるので、その他多くの似た例や証言については述べませんでしたが、私が今伝えたこのすべての例や証言によって、こういうすべての預言者なるものは、私が言ったように、本当は狂信者や妄想家にすぎなかったこと、あるいは邪悪なペテン師にすぎなかったことが、私たちにははっきり分かります。妄想家と言うのは、彼ら自身が預言なるものを幻と呼んだからです。少なくともそういう幻の大部分は、夜の見神、想像上の見神、錯誤、夢にすぎなかったからです。そのために彼らは当時でさえ、私が引用した証言によって分かるように、夢見る者あるいは夢の作り手と呼ばれました。彼らはまた、狂信者あるいは狂信者を真似る者にすぎませんでした。私が引用した同じ証言から分かるように、彼らは狂信者がしたのと同じやり方で語り、行動したのですから[11]。さらに、少なくとも彼らの大部分はペテン師にすぎませんでした。無知な者や単純な者をだますために、神の名をかたって預言する者があれほど大勢いたし、彼らも互いにあれほどの敵意を持って、その騙(かた)り行為を非難し合ってさえいたのですから。少なくとも彼らの大部分がペテン師や狂信者にすぎなかったと私が言うのは、わがキリスト崇拝者たちが真の預言者だったと主張するような人々より、偽預言者の方がはるかに多かったことを彼ら自身否定できないからです。なぜなら、真の預言者なるものの一人（エリアです）が――エヒウとヨシュアの時代に彼らが殺した他の多くの偽預言者を含めなくても（『列王紀〔四〕』〔二〇〕〔第一〇章一八―二五節、〕第二三章三〇〔二〇〕節）――一日に[12]四百五十人もの偽預言者を殺したというのに（『列王紀〔三〕』〔二一〕第一八章一四、二五節〔二二、四〇節〕）、わがキリスト崇拝者たちによって数え上げられる真の預言者なるものの方は、モーセの律法の全時代を通じてもやっと二ダースにすぎないからです。これによって両者の間にどれほど大きな数の開きがあるかが分かりますし、またこれによって、偽預言者の数の方が真の預言者なるものの数より比較にならぬほど多かった、と判断するのも簡単です。

神[13]の名をかたって預言していると彼らが互いに告発断罪し、あれほどの敵意を持って互いに投げ合った非難には

――こんな問題にまったくふさわしいと思いますが――煤けた鍋が釜に、あるいは釜が煤けた鍋[14]に向かって言ったあの非難を当てはめるのがいいでしょう。「オマエナンカ呪ワレロ、真ッ黒ナ奴メ、呪ワレテシマエ、ト鍋ハ釜ニ言ッタ」[二二]という非難を。というのも、十分明らかなことだと思いますが、この点で彼らが偽者やペテン師である程度は互いにほとんど差がなかったからです。そして、わがキリスト崇拝者たちは、預言者なるものの大部分、いやほとんど全員をさえ、実際には妄想家、狂信者、あるいはペテン師にすぎなかったと認めざるをえない以上、今度は彼らの方が明白確実で説得力のある理由と証明によって、彼らが本物だと言う連中が他の者のような偽預言者ではなく、神感を受けた本当の預言者であったと示すべきでしょう。できるものなら真実の確固とした理由を挙げてそれをしてみよ、と彼らに断乎迫っていいはずです。

しかし、明白で確固とした理由によって、その連中も他の者と同じく偽預言者だったと逆に私が証明しましょう。私の理由と証明[15]は以下のとおりです。どんな預言者であれ、神感を受けたと自称しながら本物と確認されない者、あるいはさらに、神からだと預言した内容そのものによって偽者だと確認される者は、真の預言者ではなく反対に偽預言者であること、これこそ偽預言者を見分けるための本当の目印です。わがキリスト崇拝者たち自身[16]が、神そのものから授かったと主張する目印でさえあります。彼らは神に律法の中でこう語らせています。「不遜にもわが名で語りかけ、私が語れと命じなかったことを語る預言者は死によって罰せられる。おまえが心の中で、〈神はこの言葉を言わなかったとどうして私たちに分かるだろう〉と言うなら、おまえは次のようにしてそれが分かるだろう。預言者がわが名で語りかけ、わが名で預言したことが起こらなかった時、そのことでおまえは主が語りかけたのではなく、傲慢不遜にも語りかけたのは預言者自身だったと分かるだろう」(『申命記』第一八章〔二〇―〕二二節)。『エレミヤ書』にも、ある預言者が神の名で平和を告げ、その言葉が成就される時、その時こそ彼が真の預言者であり、本当に神感を受けていた[17]と分かるだろう、と言われています(『エレミヤ書』第二八章九節)[二三]。ですから、こういう言葉によれば、偽預言者だと分かる真のしるしは、彼らが神の名をかたって預言した時、神の名で預言した事柄が預言どおり

に起こらないことです。

さてそれが仮定されれば、いわゆる聖なる預言者たちが偽預言者にすぎなかったことを示すのは簡単です。なぜなら、彼らのうちに、つまり彼らが書いたものや彼らの預言のうちに、偽預言者である真のしるしが明らかに見られるからです。彼らが神の名で預言した、彼らユダヤ民族のために起こるはずのもっとも偉大な、もっとも主要な事柄がその預言どおりには起こらなかったし、反対にすべてはその民族に不利と混乱をもたらす結果になったのが明らかに見られるからです。それを証明するには、彼らが預言した、その民族にとってもっとも名誉なもっとも有利なことを一語一語そのままに伝え、次にその預言と、実際に起こったと知られていることを比較するだけでよいのです。彼らの預言が本物なのか、それとも偽物なのかがこの方法で簡単明瞭に分かるでしょう。

まず、至高[18]の神の大預言者であったと言われるモーセ、その資格なるものによってイスラエルの民の首長であり、指導者であったあの著名なモーセが、神自身の民、神から愛され選ばれた民と自称するその民に、神からのものとして次のような約束と預言をしました。すなわち、彼らは特別に神から選ばれた民となる（『申命記』第七章六節、第一四章二節、第二六章一七〔一八〕、一九節[24]）、神は彼らを聖化し、地上のすべての民族に勝る祝福を彼らに与える、カナン人その他近隣の諸民族の土地と国を彼らに永遠に領有させる（『創世記』第一二章一四〔六―七〕節、第一五章一八、一九節[25]）と。しかし、そんな約束と預言は偽りであることがはっきりしています。なぜなら、その民の中に神聖さのどんな特別のしるしも、神の特殊な選びや保護のどんな特別のしるしも、いまだかつて見られたことがないからです。その上、彼らに与えられた約束と預言が本当だったなら、永遠に領有するはずだった土地と国の領有から、その民は長らく、いや幾世紀も前から、完全に排除されているのが明らかに見られるからです。

しかし、神の約束と啓示なるものが本当であろうとなかろうと、告げられた人々はそれらをとても当てにしたので、自分たちが神から愛され選ばれた唯一の民だと、実際に信じ込みました。そしてその信心によって、彼らの福祉と幸福のことしか神の頭の中にはない、天からの恩寵と祝福はすべて彼らのために取っておかれると、簡単に確信したの

です。ですから、モーセの後に来て、彼らの神を称え、神の律法なるものを維持することにもっとも熱意を燃やす連中も、これほど偉大で有利な約束にふさわしい希望を民衆の精神の中に保たねばならない、強めることさえしなければならないと信じて、神はその約束を果たすと常に彼らに請け合ったのです。しかし、この熱意に燃えた連中は、神がその実現を相変わらず延ばすのを見て、民衆にその咎（とが）を被せることを思いつき、神からなされたあれほど多くの、あれほどすばらしい有利な約束の実現を見る資格を、彼らがその悪徳と悪しき生活のために失ったのだと告げました[19]。そのため連中は民衆の悪徳と無秩序を激しく弾劾罵倒し始め[20]、民衆と、自分たちをそのように悪く導く指導者たちに向かって、その悪徳を改め身を正さなければ、神の厳しい罰が下ると恐ろしい脅迫をしました。また同時に、連中は自分たちの言葉に一層の重みと権威を加えようと、互いに競うかのように預言者を気取り、啓示を作り上げ始め、民衆たちの悪徳を神は現世において罰する、そしてその悪徳を十分罰し、完全に彼らをすべて帰依させたら、神は溢れるほど多大の善意を彼らに抱くという、まことにみごとな預言をし始めたのです。というのも、その預言なるものははっきりとこう指摘しているからです。神は彼らを悪徳のために厳しく罰し、神の友愛から遠ざけ、彼らをその敵の力と怒りに委ねる、そして彼らはその敵により滅ぼされ、恥辱的な捕囚を受けて故国から連れ去られ、異国の民の間に四散する悲惨な身の上になる、と。しかしまた、その預言はとくにこう指摘しています。その後、神は彼らに対する怒りを鎮め、彼らを苦しめた者たちに神のすべての報復を振り向ける、そして、彼らの父祖アブラハム、イサク、ヤコブに免じて、またこの人々およびその子孫と結んだ永遠の契約にかんがみて、彼らに神の友愛と恩寵を取り戻させるというのです。またその時、神は彼らを恩寵と祝福でかつてなかったほどに優遇し、その目的のために一人の力ある解放者を遣わす、そしてその者が彼らを捕囚から解放し、罪から浄め、四散させられていた人々をすべて糾合し、栄光のうちに彼らをその土地と国に帰らせ、そこを領有させるというのです。そして彼らは、そこで永遠に平和と安全のうちに暮らし、ありとあらゆる富と幸福をふんだんに与えられて楽しみ、もはやどんな敵からの脅威に脅えることもなく安んじていられるというのです。さらにそれに加えて、すべての他民族が進んで彼らに敬意を表し、彼らの

神のこの上ない威光を喜んで認め、崇めにやって来る、そして律法の定めどおりに、神殿で彼らの神に生け贄を捧げるというのです。しかし、このすばらしい有利な約束と預言一切が、明らかに偽りであると分かっています。

　このすばらしい預言なるものが、少なくともその一部が——すべてを伝えるのは長くなりすぎますから——どのようなものかを、文字どおりに掲げます。そのイスラエルの民のためにモーセが行った預言から始めましょう。「主は、おまえを罪のためにおまえの敵の力に委ね、悪行のために諸民族の間に四散させる。しかし、主はその後おまえを父祖の地に連れ戻し、おまえは祝福と平和のうちにその地を領有する。主は、父祖にそうさせたより以上に、お前たちの数が増え多くなるようにさせる。おまえが主を、心を尽くし魂を挙げて愛するように、主はおまえとその子孫の心に割礼を施し、おまえからあらゆる呪いを除き、それをおまえの敵とおまえを憎む者たち、おまえを迫害した者たちの上に下す。そしておまえは主なる神のもとに立ち戻り、その言葉に従い、主はおまえにありとあらゆる幸福を豊かに送る。おまえの手の業、おまえの胎、おまえの家畜、おまえの土地から生まれるものを主は祝福し、おまえはそれらを豊かに取り入れる。主が、おまえをありとあらゆる幸福で満たすのを喜び、楽しむからだ」（『申命記』第三〇章二〔—九〕節）。以上が現在のユダヤ民族、イスラエルの民にモーセが行った、神からのすばらしい有利な約束です。そしてまさにこれに基づいて、次に続く他の預言者たちも以下のように語ったのです。預言者ダビデ王はこう言いました。

「主は憐れみに満ちている、主自らがイスラエルをそのあらゆる不義から贖い、解放するだろう、主自ラガイスラエルヲソノアラユル不義カラ贖ウ」（『詩篇』第一二九篇七節）。「神の業は義と真実のみである。神はその民に贖いを送り、その民との契約を永遠に存続させる」（『詩篇』第一〇〇〔一一〇〕篇七〔、九〕節）。「天と地は喜び、田畑も喜びのうちにあり、木々や森さえも喜びのために飛び跳ねよ。主が来られるのだから、地を治めに来られるのだから。主は義と真実によりすべての民を治められる」（『詩篇』第九五篇一一〔—一三〕節）。「主を恐れるものよ、おまえたちはみな主を称えよ。イスラエルの人々よ、おまえたちは主を褒めたたえよ」（『詩篇』第二一篇二四節）。「地上のす

べての民は主に帰依し、至る所でその聖なる威光を崇めるだろう。主は王の中の王であり、全世界はその法に従うのだから」(『詩篇』第二一篇二八〔―二九〕節)。

〔メリエによる原文欄外への縦書き書き込み〕このすばらしい壮大な預言一切が、明らかに偽りであると分かっています。

預言者イザヤも、「主は諸国民の間に旗印を掲げ、散らされていたイスラエル人を四方から再び集め、彼らの敵を滅ぼすだろう」(『イザヤ書』第一一章一二節)(二六)と言っています。また、同じ預言者はこうも述べています。「以下の言葉は、アモツの子イザヤがユダとエルサレムについて(つまり、私が言ったようにイスラエルの民であった全ユダヤ民族について〔メリエによる注記〕)見たことを語ったものである。終わりの日に次のことが起こる。主の家の山は諸々の山の峰の上にしっかりと聳え、諸々の丘より高く聳え、諸国民はそこに集まってくる。多くの民が来て言う、来たりて主の山に登ろう、ヤコブの神の家に登ろう、と。神が私たちに神の道を教え、私たちはその山道を辿る。律法はシオンから、主の言葉はエルサレムから出るからだ。神は諸国民を治め、多くの民を咎める。彼らは剣を鋤に槍を鎌に鍛え直し、ある国が別の国に向かって立ち上がったり、戦に専念したりすることはもはやない」(『イザヤ書』第二章一―四節)。「人々の驕りは挫かれ、高ぶる者たちは低められ、主だけが栄光を受け褒めたたえられる。偶像は完全に打ち砕かれる、偶像ハ完全ニ打チ砕カレル」(同書第二章一七、一八節)、『イザヤ書』第二章一節――。

「見捨てられたと思っている者たちは喜べ、弱い者たちは勇気を奮い起こせ、恐れを抱く者たちは安心せよ、もはや何も恐れることはない。おまえたちの神がやって来て、おまえたちのすべての敵に報復をするのだから」(『イザヤ書』第三五章四節)。「神自らがやって来て、おまえたちを解放し、おまえたちに害を与えるものは何もない、まっすぐな道、安全な道によっておまえたちを導く。主に贖われたすべての者が栄え、喜びながらやって来る。彼らはもはや苦しみにも、悲しみにも悩まされず、永遠に喜びのうちにあるだろう」(同書第三五章八―一〇節)、『イザヤ書』(二七)第三五章四節。

神は、同じ預言者を通してこう言います。「心を慰めよ、わが民よ、心を慰めよ。おまえはエルサレムに語れ。そ

の罰は終わった、その不義は赦された、神はその罪に二重の報復をしたと」〔『イザヤ書』第四〇章〔一、二節〕〕。「おまえは声を張り上げ、ユダの町々に良き報せを告げよ、こう語れ。見よ、主が力と権力とともに来る、神の報いをもたらす、羊飼がその羊の群を守るように、神はその民を守り、彼らを自らの胸に抱くと」〔同書第四〇章九―一一節〕。

同じ預言者はこうも言います。「イスラエルは永遠の救いによって救われ、かつて受けた恥と屈辱にさらされることはもはやない」、同書第四五章一七節。「起きよ、起きよ、力を取り戻せ、聖なる都エルサレムよ、喜びの衣をまとえ。もうこれから、割礼を受けない者と汚れた者はおまえの中に入らぬのだから。おまえは私の怒りの杯を飲んだ、それを飲み干した、しかしもうこれからそれを飲むことはない」、『イザヤ書』第五一章二節〔一七、二二節〕と第五二章一、二節〔二八〕。

神はこうも言います。「私自身が、私自身こそがおまえの罪を消すのだ。自分への愛のために私はそれを消し、もはやおまえの罪を思い出すことはない。私の名が冒瀆されることを私は決して許さない、私の栄光を他のものには決して与えない」、『イザヤ書』第四三章二五節〔二九〕。

〔メリエによる原文欄外への縦書き書き込み〕　このすばらしい壮大な約束と預言一切が、明らかに虚しく偽りであると分かっています。

「〈喜べ、子を生まなかったものよ、勝利の歌で喜びを溢れさせよ、見捨てられていたものよ。見捨てられていなかったものの子らより、おまえの子らがはるかに数多くなるのだから〔『イザヤ書』第五四章一節〕。恐れてはならない。おまえの贖い主、全地の神、主なる神がおまえの中で君臨するのだから〔同四、五節〕。神は一時おまえを見捨てたが、偉大な慈悲によりおまえを再び集める。神はおまえから身を隠し、一時おまえに怒りを見せたが、おまえに永遠の憐れみを寄せる。もう地上に洪水を送らないとノアに誓ったと同じく、おまえに対して、もう怒らない、もうおまえを罰しないと神は誓ったのだから。山々や丘が揺らぎ、その場所を変えることがあっても、神の慈悲がおまえから離れ

ることはなく、神のおまえとの契約は、変わることなく堅固だ〉とおまえに憐れみを抱く主は言われる。〈おまえの町々の城壁は碧玉、サファイア、ありとあらゆる宝石によって築かれ〔同七―一一節〕、おまえの子らはみな、神自らに教えを受ける。神の義がおまえの法の礎となり、おまえはもう虐げや中傷を恐れることはない。あらゆる恐れがおまえから遠ざけられる〉」〔同一三、一四節〕、『イザヤ書』第五四章一節――。

「立て、エルサレムよ、輝け。おまえの光がやって来るのだから、主の栄光がおまえの上に昇るのだから。闇が地を覆い諸民族は影に沈むが、主がおまえの上に姿を現し、その栄光がおまえの上に現れる。諸国民はおまえの光の明るさだけを頼りに歩み、王たちさえおまえの輝きが放つ光だけに従う。目を上げよ、そしてすべての諸国民がおまえに仕えようと、おまえの周りにいかに集っているかを見よ。おまえの息子たち、娘たちが遠くからやって来る、おまえは喜びの中にいるだろう。その時おまえは見るだろう、海と諸々の異国のあらゆる富がおまえのもとにもたらされるのを。おまえは見るだろう、ミデアンとエパの国のラクダ、一こぶラクダが押し寄せるのを。シバの人々さえみな、おまえの神、主を声高に称えながら、おまえに黄金と香を運び、貢物にしようとやって来る」〔『イザヤ書』第六〇章一―六節〕。「異邦人がおまえの城壁を築き、その王たちはおまえに仕えるのに忙しい。おまえの門はいつも開かれていて、昼も夜も閉じられることはない。諸国民のすべての軍をおまえの中に連れてくるためだ、彼らの王たちをそこに導くためだ。なぜなら、おまえに仕えない国民と国はことごとく滅ぶのだから。おまえを苦しめた者の子らは、おまえの前に身をかがめてやって来て、おまえを主の都、イスラエルの聖者の都と呼ぶ」〔同一〇―一二節〕。「誰もおまえの中を通り過ぎぬほど、おまえが見捨てられ憎まれたがゆえに、主はおまえを永遠の高みに据え、代々続く喜びの中に置く。そのことによっておまえは分かるだろう。主がおまえを救ったことが、主がおまえの贖い主であることが。主はおまえのもとに、青銅の代わりに黄金を、鉄の代わりに銀を、木の代わりに青銅を、石の代わりに鉄をもたらす。主は、おまえとおまえを治める者たちの間に正義と平和を確立する。こうして、おまえの中ではもう、暴力と圧制について語られるのが聞かれることはない。不正と不義について語られるのが聞かれることはない。そこでは称賛と、

救いと、平和と、祝福についてしか語られない。おまえはもう、昼も日の光を必要としない。主がおまえの光、おまえの永遠の栄光となるからだ。こうして、もはやおまえの太陽は沈まず、おまえの月は隠れず、主がおまえにとって永遠の光となる。その時おまえの苦しみの日は終わり、おまえの民はみな義人となって、永遠に地を所有する。彼らは主が植えた草木の芽、主の手が作り成したもののごとくになる。おまえのうちのどんなに小さなものも、大きくなり、幾千となく増え、もっとも小さなものさえ強大な国民のごとくになる」〔同一四―二二節〕、『イザヤ書』第六〇章――。

〔メリエによる原文欄外への縦書き書き込み〕　このすばらしい壮大な約束と預言一切が、明らかに虚しく偽りであると分かっています。

同じ預言者はこうも言います。「エルサレムを救い主が解放する時、地上のすべての王、すべての国民はエルサレムの栄光を見る。その時エルサレムは、主の口からはっきりと語られる新たな名で呼ばれ、主の家の[21]宝冠、その神の手の中にある王冠のようなものとなる。もはや見捨てられた女、荒れ果てた地とは呼ばれず、主の喜びと呼ばれる。主がその中で楽しむのだから」〔『イザヤ書』第六二章二―四節〕。「というのも、主がその右手と、力あるその腕によってこう誓ったからだ。エルサレムの小麦を食べるようにと、もうその敵に渡しはしない、そのブドウ酒を飲むようにともう異邦人に渡しはしない。小麦は刈り集めた者たちが主を称えながら食べるのだから、ブドウ酒は作った者たちが主の聖なる家の中庭で飲むのだからと」〔同八、九節〕、『イザヤ書』第六二章二節。

さらに、同じ預言者を通して神は言います。「見よ、私は新しい天と新しい地を創造し、前のことは忘れ去られる。おまえたちは私が作るものの中で、いつまでも喜び楽しむ。[*1]私は、もはや喜びしかないようにとエルサレムを創造し、[*1]もはや楽しみの中にしかいないようにと、その民を創造しに行く。[*1][22]エルサレムで私自身が楽しみ、その民で私自身が楽しむ。彼らの中ではもはや泣き声も、呻き声も聞かれない」〔『イザヤ書』第六五章一七―一九節〕。「彼らは家を建て、そこに住み、ブドウを植え、その果実を食べる。彼らは家を建てたが他の者がそこに住む、彼らはブドウを植えたが

他の者がその果実を食べる、とはもう言われない。私の民の寿命は木々の寿命のようになり、私に選ばれた者たちは、自分の手で作ったものが年経ていくのを見るからだ。彼らが働いても無駄になることはなく、子を生んでもその子らを恐怖にさらすことはない。彼らは主に祝福された者たちの子孫なのだから。彼らの願うことも、彼らから出る者の願うことも、私は願う前にさえ叶える。狼は子羊とともに草を食み、獅子は牛と平和に藁を食い、蛇は土を糧とし、彼らが互いを傷つけ合うことは少しもなく、また、わが神聖の山のどこでも、動物を殺すことは語られることもない」[三〇]〈同二一―二五節〉、『イザヤ書』第六五章一七節。

*1 「見ヨ、ワガ僕タチハ食ベ、オマエタチハ飢エル。見ヨ、ワガ僕タチハ飲ミ、オマエタチハ渇ク。見ヨ、ワガ僕タチハ喜ビ、オマエタチハ恥ジル。見ヨ、ワガ僕タチハ心ノ沸キタツ喜ビニヨッテ歌イ、オマエタチハ心ノ苦シミニヨッテ叫ビ、精神ノ悩ミニヨッテ呻ク」、『イザヤ書』第六五章一三、一四節。

ところが、イエス・キリストは弟子たちに言いました。彼らは泣き呻くだろう、世の人々が喜び、彼らは悲しむだろう、「オマエタチニヨク言ッテオク、オマエタチハ泣キ叫ブガ、コノ世ハ喜ブダロウ」『ヨハネによる福音書』第一六章二〇節、彼らは迫害され殺されるだろうと、[23]『マタイによる福音書』[24]第一〇章一七、一八節、『ルカによる福音書』第二一章一六、一七節。これは、あのすばらしい約束すべてにまったく反しています。

さらに同じ預言者は言います。「〈エルサレムとともに喜べ、彼女を愛するおまえたちすべての者よ、喜べ、悲しみと苦しみのうちにあるすべての者よ。おまえたちは主の甘美さを味わい、主の慰めの乳房を吸って飽くことができる〉。主は言われる。〈なぜなら、見よ、私は平和の川が彼女に向かって流れるようにするからだ。そして、諸国民の栄光が氾濫した奔流のように、彼女に向かってくるからだ。母が子をなだめるため愛撫するように、私はおまえたちを慰めるため愛撫する。おまえたちはエルサレムにおいて慰められるのだから。それこそおまえたちが見ることだ。それによっておまえたちの心は喜び、おまえたちの骨は草のように芽吹く。主の力はその僕たちにとって、ありとあらゆる幸福が授けられることにより明らかとなり、主の敵にはその怒りによって感じられるからだ〉」、『イザヤ書』

第六六章〔一〇、〕一一、一二〔—一四〕節。

預言者エレミヤを通しても、神はこう言います。「〈地上においておまえたちが大きくされ、数が増やされる時、その時こそ、知識と知恵でおまえたちを養う牧者たちを私は与える。その時こそ、エルサレムは主の王座と呼ばれ、エルサレムにいる主の名の下に、諸国民はすべてエルサレムへと集まり、彼らはもう自分の心の悪しき欲望に従うことはない〉」〔『エレミヤ書』第三章一五—一七節〕。「万軍の[25]主は言う。〈見よ、私がわが民イスラエルとユダを帰依させる日が来る。私は彼らをその父祖に与えた国に帰らせ、彼らはその国を領有する〉」〔同書第三〇章三節〕。「万軍の主は言う。〈その日、私は彼らのくびきを砕き、その捕囚の縄を断ち切る。彼らはもう異邦人に支配されず、ただ主と、私が彼らのために出現させる彼らの王ダビデとに仕える〉。主は言う。〈だから、わが民ユダよ、わが民イスラエルよ、恐れることはない。私がおまえたちを、おまえたちとその子孫を、捕囚の国から解放するのだから。ヤコブは帰り、平和のうちに休らい、ありとあらゆる富を豊かに楽しみ、彼を恐れさせる者はいない〔同八—一〇節〕。彼らは私の民となり、私は彼らの神となる〔同二二節〕〉」、『エレミヤ書』第三七章八節。〔三一〕

同じ預言者はこうも言います。「主はこのように言う。〈喜べ、主がその民を解放するのだから。主は彼らを地の果てから再び集め〔『エレミヤ書』第三一章七、八節〕、彼らは喜び、褒めたたえながら、主が豊富に与える富を、小麦、ブドウ酒、油、群をなす大小の家畜を、所有しにやって来る。彼らの魂はそれらに飽き、彼らはもう飢えに苦しむことはない〔同一二節〕。私はまた祭司の魂も油で酔わせ、私の民は富で満たされる〔同一四節〕〉」、『エレミヤ書』第三一章七、一二節。〔三二〕

「主は言う。〈その時こそ、私はイスラエルとユダの家を人と家畜で満たす。私は彼らを罰し、苦しめ、滅ぼそうと見張っていたように、同じくこれからは彼らを回復させようと見張る。その時こそもう言われることはない、父が酸っぱい果実を食べたので子は歯が疼く、と。人は銘々自分の不義によって死ぬ。見よ、私がイスラエルの家、ユダの家と新しい契約を結ぶ日がくる。それは、私が彼らの父祖をエジプトから解放した日にその者たちと結び、その者た

ちが守らなかったあの契約によるのではない。私が彼らと結ぶ契約はこれである〉と主は言う。〈私は私の律法を彼らの心の中に置く。その心に書きつける。そして私は彼らの神となり、彼らは私の民となる。主を知るがよいと言って、人がもうその隣人に教える必要はなく、兄弟がその兄弟に教える必要もない。そのもっとも小さな者から、もっとも大きな者に至るまで、彼らはみな私を知るようになるのだから。私が彼らの不義を赦すのだから、私はもう彼らの罪を思い出さない〔『エレミヤ書』第三一章二七—三四節〕。イスラエルの子孫が私の前で絶えるようなことがあれば、それより先に地上のすべての国民が滅ぶ〔同三六節〕〉」、『エレミヤ書』第三一章八、一二、三一節[三三]。

「このように主は言う。〈この町は（エルサレムについて語っています〔メリエによる注記〕）バビロンの王の手に渡され、住人は剣戟とペストによって滅ぶとおまえたちは言っている。見よ、私は彼らを、私の怒りのために散らせたすべての国々から再び集め、この地に帰らせ、安全に住まわせる。彼らは私の民となり、私は彼らの神となる。私は彼らに同じ精神[26]と同じ心を与える。彼らが私から決して離れぬためだ[27]。私は彼らを同じ道によって導く。彼らが常に私を恐れ、私が常に彼らに、彼らとその後の子らに恵みを施すためだ。恵みを施すことを決して止めないという、永遠の契約を私は彼らと結ぶ。私から決して離れぬように、私は彼らの心の中に私への恐れを置き、彼らに恵みを施して私は彼らによって楽しむ。私は心を尽くし、魂を挙げて彼らをこの国に据える〉。主は言う。〈この民が苦しんでいるあらゆる禍を私がその上に招来させたように、これからは彼らに約束するあらゆる福を、私はその上に招来させるからだ〉」、『エレミヤ書』第三二章三六〔—四二〕節。

「イスラエルの神、主は破壊されたこの町の家々にこのように言う」〔『エレミヤ書』第三三章四節〕。「〈私はその傷口を塞ぎ、完治させるために行く。私は彼らにとって、豊かな平和と真理となる。捕囚のユダとイスラエルを帰らせ、かつてのように回復させる。私に背いて罪を犯した、そのあらゆる不義から彼らを浄め、その不義を赦す〉」〔同六—八節〕、『エレミヤ書』第三三章七、八節[三四]。

「主は言う。〈見よ、私がダビデの種から芽を、正しい芽を芽生えさせる日がくる。彼は王として治める、彼は賢く、

地上に裁きと正義とを行う。その時こそユダは救われ、イスラエルは安らかとなる。これがその正しい芽の名前である、彼はわれらの義人である主、ワレラノ義人デアル主と呼ばれる〉」、『エレミヤ書』第二三章五〔、六〕節。

〔メリエによる原文欄外への縦書き書き込み〕　このすばらしい壮大な約束と預言一切は、明らかに虚しく偽りであると分かっています。

預言者エゼキエルもこう言います。「主はこのように言う。〈私がイスラエルの家の者を、その散らされた諸々の民の中から再び集める時、私は諸々の国民が見ている前で、彼らによって聖なるものとされ、彼らは私がわが僕ヤコブに与えた土地に住む。彼らはそこに安全に住み、家を建て、ブドウを植える。私が彼らを苦しめた者たちに裁きを下す時にも、彼らはそこに安全に住み、私が永遠の主、彼らの神であることを知る〉」、『エゼキエル書』第二八章二五〔、二六〕節。

同じ預言者はこうも言います。「主はこのように言う。〈私は、もはや餌食とならないようにわが家畜の群を救い、その国からどんな危害を加える獣をも追い払う〔『エゼキエル書』第三四章二二節〕。彼らはもはや異邦人の餌食とならず、地の獣も彼らに危害を加えることはなく、だから、彼らは荒れ地で安全に住まい、森で安全に眠る〔同二五節〕。彼らを恐怖に陥れる者はいない〉」〔同二八節〕。「イスラエルの家の者に主はこのように言う。〈私はおまえたちが諸国民の間で汚したもの、すなわち、わが偉大な名を、聖なるものとする。その諸国民は、目の前で私がおまえたちによって聖なるものとされる時、私が主であることを知る。私がおまえたちを諸国民の中から引き出し、諸々の国から再び集め、おまえたちの土地に連れ戻すからだ。その時、私はおまえたちに清い水を注ぎ、おまえたちは浄められる。おまえたちをそのあらゆる汚れと糞の神々から浄め、新しい心を与え、おまえたちの中に新しい霊を置き、その肉から石の心を取り除き、肉の心を与え、おまえたちの中に私の霊を置く。そしておまえたちに私の命ずる道を歩ませ、私の命令を果たさせる。おまえたちは、私がおまえたちの父祖に与えた国に住む。こうしておまえたちは私の民となり、私はおまえたちの神となる。おまえたちのあらゆる不義から、おまえたちを解放し、諸国民の間で飢えという恥

辱を被らぬように、おまえたちの木々の果実と田畑の収穫を増やす〉」〔同書第三六章二三―三〇節〕、『エゼキエル書』第三四章二四節。[三五]

「主はこのように言う。〈私は捕囚のヤコブを連れ戻し、イスラエルの家すべてに憐れみをかける。彼らが恥辱を負い、自分の不義の罰をすべて受けた後では、私はわが聖なる名の栄光を妬むほど愛する。彼らを諸民族の間から連れ戻し、敵の国々から集め、私は多くの国民の目の前で、彼らによって聖なるものとされるからだ。彼らから退き、私が顔を隠すことはもはやない、イスラエルの家すべてにわが霊を注ぐのだから〉」、『エゼキエル書』第三九章二五〔―二九〕節。

「主はこのように言う。〈私はイスラエルの子らを、その行った国々から取り出し、四方から集め、彼らの土地に帰らせる。彼らはみなただ一つの国民となり、ただ一人の王しか持たない。もう二つの国民ではなく、二つの王国に分けられることはない。彼らはもはや偶像への礼拝により、彼らの瀆神や不義により、その身を汚すことはない。私が彼らをその不義から解放し、あらゆる汚れから浄めるからだ。彼らは私の民となり、私は彼らの神となる。[*1] 彼らは私が命じることに従い、その命令を忠実に守る。彼らは、彼らとその子らは、私がわが僕ヤコブに与えた土地に永遠に住む。私は彼らと平和の契約、永遠の契約を結ぶ。私は彼らの数を増やし、彼らのうちに私の聖所を置き、永遠に聖所がそこにあるようにする。私がイスラエルを聖別する主であると諸国民に分からせるためだ〉」、『エゼキエル書』第三七章二一―二七、二八節。[三六][28]

*1 「彼ラハモウ二ツノ国民デハナク、二ツノ王国ニ分ケラレルコトハナイ。彼ラハモウ彼ラノ偶像ヤ瀆神ヤアラユル不義ニヨッテ、ソノ身ヲ汚スコトハナイ。……。彼ラハ私ノ民トナリ、私ハ彼ラノ神トナル」、『エゼキエル書』第三七章二二、二三節。[29]

預言者ダニエルもこう言います。「その王たちの時代に（すなわち、彼が語っているバビロンの王たちの時代の後に〔メリエによる注記〕）神の中の神は決して滅ぼされることのない一つの王国を出現させる。その国は他民族に委ねられることなく、その他すべての王国を打ち破り、滅ぼし尽くし、自らは永遠に存続する」〔『ダニエル書』第二章四

四節〕。「天の下にある諸々の王国の支配権と主権と権威が、至高者の聖徒からなる民に与えられよう。その民の国は永遠の王国となり、王たちはすべてその国に仕え、服従する」〔同書第七章二七節〕。「その民と聖なる都には七十週が定められる、それは不誠実を終わらせ、罪を終わらせ、不義を消し、義を連れてきて永遠に支配させるためである」〔同書第九章二四節〕、『ダニエル書』第二章四四節と第九章二四節。[三七]

〔メリエによる原文欄外への縦書き書き込み〕　このすばらしい壮大な約束と預言一切は、明らかに虚しく偽りであると分かっています。

預言者ホセアもこう言います。「イスラエルの子らは多くの日の間、王も統治も生け贄も祭壇もエポデ[三八]もテラピム[三九]もなく過ごすが、その後主なる神に立ち帰り、終わりの日々にはその力を恐れる」〔『ホセア書』第三章四、五節〕。「主は言う。〈その時こそ、私は野の獣、空の鳥、地の這うものと契約を結び、弓と剣を折り、戦を終わらせ、彼らを安らかに眠らせる〉」〔同書第二章一八節〕。「主は言う。〈その時こそ、私は天に答え、天は地に答え、地は小麦とブドウ酒と油を生む。憐れみを持たなかった、彼女に私は憐れみをかけ、私の民でなかったものを私の民と呼ぶ〉」〔同書第二章二一―二四節〕、『ホセア書』第二章八節と第三章四節。[四〇]

預言者ヨエルもこう言います。「主は自分の土地を妬むほど愛し、自分の民に同情を寄せている。主はその民に言った。〈見よ、私はおまえたちに小麦とブドウ酒と油を送り、おまえたちはそれに食べ飽きる。私は、もうおまえたちが諸国民から恥辱を受けることがないようにする〉」〔『ヨエル書』第二章一八、一九節〕。「主は言う。〈見よ、連れ去られた人々、捕囚のユダとイスラエルを、私が帰らせる日、帰らせる時が来る。私は諸国民をすべて集め、ヨシャパテの谷に下らせ、そこで彼らへの裁きを始める。彼らが私の民と私のイスラエルの遺産を諸国民の間に散らせ、籤を引き私の民を分けたからだ〉」〔同書第三章一、二節〕。「主はその敵どもに言う。〈おまえたちは私の金と銀を奪い、私のもっとも貴重な良きものをおまえたちの神殿に運び去り、ユダとイスラエルの子らをその国から遠ざけるため、ギリシア人の子らに売った。しかし、見よ、おまえたちによって売られ、運ばれたその地から私は彼らを立ち上がらせ、

そのように彼らを扱った咎で私はおまえたちに報復する。おまえたちの息子と娘らを私はユダの子らに売り、彼らはこれをもっと遠い他の国々に売る〉。主がこう語ったのだ。〈このことを諸国民の間に声高く告げよ。戦に備え強者（つわもの）を奮い立たせよ。戦士はみな準備を整え、行軍せよ。おまえたちの鋤を剣に、鎌を槍に鍛え直せ。弱い者に自分は強いと言わせよ〉」〔同書第三章五―一〇節〕。「主がシオンから怒号し、エルサレムからその声を響かせ、天地は揺るぎ、主がイスラエルの子らの希望と力となるからだ。〈その時、私が、わが神聖の山シオンに住む主であるとおまえたちは知るだろう。異邦人はもうそこを通ることはない。その時こそ、山々は甘い酒を滴らせ、丘は乳と乳脂を流し、ユダのすべての川には心地よく水が流れ、主の家からは泉さえも湧き出してイバラの谷を潤す。エジプトは荒れ果て、エドムは滅びの荒れ地となる。ユダの子らに不正にも危害を加えたからだ。そしてユダヤは永遠に人の住むところとなり、エルサレムは代を重ねて続く。彼らの血から、私がかつては浄めなかった汚れを取り除き、主がシオンに住むからである〉」〔同書第三章一六―二一節〕、『ヨエル書』第二章一八節、第三章一節。〔四二〕

預言者アモスもこう言います。「主は言う。〈見よ、耕す者と刈り入れる者がともに働き、ブドウを摘む者と種を蒔く者がともに働く時が来る。山々は甘い酒を滴らせ、丘という丘はみな耕される。捕囚のために連れ去られたわが民の者を私はみな連れ戻す。彼らは家を建て直し、そこに住み、ブドウを植え、そのブドウ酒を飲み、菜園を作り、その収穫をし、その実りを食べる。私が彼らをその土地に据え、彼らはそこからもう追われることがないからだ〉と神なる主は言う」『アモス書』第九章一三〔―一五〕節。

「シオンの山に（エルサレムのことです〔メリエによる注記〕）救いがあり、そこは聖なる所となる。ヤコブの家の者は、彼らを捕えていた者どもを所有し、火のようになり、ユダの家の者も炎のようになる。火が藁を焼き尽くすように、彼らの敵を滅ぼし尽くす」『オバデヤ書』第一七〔、一八〕節。

〔メリエによる原文欄外への縦書き書き込み〕　このすばらしい壮大な約束と預言一切は、明らかに虚しく偽りであると分かっています。

「私はヤコブの家の者をすべて集め、イスラエルの残りの者をすべて集め、檻の中の羊の群のようにともにおく。そこにいる人々が多いため彼らは群をなし、その頭は彼らのために道を開こうと先頭に立つ。彼らは行く道を妨げるものをすべて覆し、主自らがその先頭に立つ……」〔『ミカ書』第二章一二、一三節〕。「終わりの日に次のことが起こる。主の家の山は諸々の山の峰の上にしっかりと聳え、諸々の丘より高く聳え、諸民族はそこに群をなしてやってくる。多くの国民がそこに駆けつけて言う、来たりて主の山に登れ、ヤコブの神の家に登れと。神が私たちに神の道について教え、私たちはその山道を辿る、と。律法はシオンから、主の言葉はエルサレムから出るからだ。神は多くの民を治め、はるか遠い多くの強国まで帰順させる。彼らは剣を鋤に、槍を鎌に鍛え直し、もはやある国が別の国に向かって立ち上がり、互いに戦を仕掛けることはない。各々自分のブドウの樹の下、無花果の樹の下で心楽しく憩い、他の者に恐れや恐怖を与える者はもういない。主の口がこう語ったのだから」〔同書第四章一―四節〕、『ミカ書』第二章一二節と第四章一節。〔四二〕

同じ預言者はこうも言います。「ヤコブの家の残りの者は諸国民の中で、主から下る露、思いがけぬ時に草の上に降る慈雨のようだ。諸々の国民や民の中で、森の獣の中の獅子、出会うものはすべて倒す、牝羊の群の中の獅子の子のようだ。彼らはその仇を追い、彼らの敵はことごとく滅びるからだ」〔『ミカ書』第五章七―九節〕。「神は言う。〈私はすべての偶像を取り除き、刻まれた像をすべておまえの中から取り去る。おまえはもう、自分の手で作ったものの前にひれ伏すことはない〉」〔同一二節〕。「主よ、誰があなたに似ているか、あなたは不義を取り去りあなたの嗣業〔四三〕の残りの者から罪を消す。主はもう怒って私たちを罰することはない、私たちに慈悲を下そうとするのだから。主は私たちに同情を寄せ、私たちの不義を投げ捨て、罪をすべて海の底に投げ入れて、私たちの父祖に誓ったように、おのれの約束の真実を保つ」〔同書第七章一八―二〇節〕、『ミカ書』第五章八節と第七章一八節。〔四四〕

預言者ナホムもこう言います。「見よ、おまえたちに良き知らせをもたらし、平和を告げにくる者の足を。祝え、ユダの民よ、おまえたちの祭りを楽しげに祝え、神に誓いと賛辞を厳かに捧げよ。おまえたちの間を邪な者が通り過

ぎるのを、もう神は許さないのだから、彼らはみな滅ぶのだから」、『ナホム書』第一章一五節。

預言者ゼパニヤもこう言います。「イスラエルの民の残りの者たちはもう不義を行わず、嘘を言わず、その口にだます舌はない。彼らは平和のうちに憩い、食を得る。誰ももうあえて彼らを脅かすことはない。喜べ、シオンの娘よ、喜べ、イスラエルの娘よ。心の限り楽しみ、喜びのために踊れ、イスラエルの娘よ。主がおまえたちへの厳しい裁きを止め、おまえたちの敵をみな散らしたのだから。もうどんな禍も恐れることはない、主はおまえたちを救う全能の神としておまえたちの中にいる。主はおまえたちのうちで楽しみ、おまえたちを慈しみ、喜びで勝ち誇らせる」、『ゼパニヤ書』第三章〔一三─〕一五〔、一七〕節。

〔メリエによる原文欄外への縦書き書き込み〕　このすばらしい壮大な約束と預言一切は、明らかに虚しく偽りであると分かっています。

預言者ゼカリヤもこう言います。「主を称えよ、喜べ、シオンの娘よ。主がおまえの中に住むためにやって来るのだから。多くの国民が主と結ばれ、主の民となり、主はおまえの中に住み、エルサレムを聖別し、そこに居を定める」〔『ゼカリヤ書』第二章一〇─一二節〕。「喜べ、シオンの娘よ。主を称えよ、イスラエルの娘よ。義なるもの、おまえの救い主である王が、おまえのところにやって来るのだから（彼は貧しく、ロバに跨がっているけれど──これは本文に不適切に加えられたものです〔四五〕〔メリエによる注記〕）。彼は戦を一掃し、諸国民に平和についてしか語らず、その権力は一つの海からもう一つの海にまで、大河から地の果てにまで及ぶ」〔同書第九章九、一〇節〕。「その時こそ生ける水がエルサレムから流れ出て、その半ばは東の海に、その半ばは西の海に向かい、夏も冬も止むことがない。神なる主は地上すべての王となり、その名は至る所で同じとなる。地上すべてが主に帰依し、彼らは平和に住み、もう呪いはなく、エルサレムは安らかに住まう」〔同書第一四章八─一一節〕、『ゼカリヤ書』第二章一二節、第九章九節、第一四章八節〔四六〕。

「主はこのように言う。私が自ら東の地、西の地から私の民を救い出し、連れ帰り、エルサレムの中に住まわせる。

彼らは私の民となり、私は真理と正義とによって彼らの神となる。勇気を出せ、意を強くせよ、おまえたちはこの言葉を預言者たちの口から聞く。私はもう以前のようには振る舞わない、かつて人にも獣にも褒美はなく、行く者にも来る者にも平和はなく、各々は恐れと不安の中にいた。かつて私は彼らが互いに迫害し合うに任せていた。もはやそうではない。私の民のために私は至る所に平和の種を蒔き、ブドウはその実を結び、大地はその富を産み、天はその露を与え、私の民はこれらすべての富を楽しむ。私が怒っていた時、彼らを苦しめるのに熱心であったように、今私は彼らに恵みを与えるのに熱心なのである。おまえたちが呪いの中にあったように、おまえたちは祝福の中にあるだろう。だから、勇気を出せ、ユダの家とイスラエルの家よ、意を強くせよ、もう恐れるな」、『ゼカリヤ書』第八章七〔―一五〕節。

〔メリエによる原文欄外への縦書き書き込み〕　このすばらしい壮大な約束と預言一切は、明らかに虚しく偽りであると分かっています。

同じイスラエルとユダの民に約束されていた解放者、救い主に関しては、同じ預言者なるものたちが次のように言っています。まず、預言者ナタンはダビデ王にこう言います。「主はこのように言う。〈おまえが日が満ちて父祖とともに眠る時、私はおまえの後に、おまえの種から芽を生じさせ、その支配をしっかりと据える。その者こそが私のために家を建て、私はその支配の王座を世の終わりまで続くように定める。彼にとって私が父の代わりとなり、私にとって彼が子の代わりとなる。彼が何か良くないことをするならば私は懲らしめるが、サウルにしたように私が退いて、慈悲を取り去るようなことはない。彼は私の家で忠実となり、その王座は常に堅固で、その王国は永遠である〉」、『列王紀二』[47] 第七章八節〔―一六節〕。

「私はわが神聖さにかけてダビデに誓った、私は決して嘘をつかない。彼の種は永遠に続き、その王座は明るい太陽、欠けない月のように私の前で永遠に続く」〔『詩篇』第八八篇三六―三八節〕。「主は地上すべてを治め、主の王に支配を委ね、主のキリストの力を称揚する。主はその聖徒と選ばれた者とを損なわず、不敬な者は打ち倒されて闇の中

に留まる[四八]」。「主は王の子に（すなわちダビデ王の子ソロモンに――彼はキリストの予型[四九]であったとわがキリスト崇拝者たちは言います〔メリエによる注記〕）支配を委ね、彼は貧しい者を救い、罪人を挫き、日と月が代を重ねて続く限り君臨する」〔同書第七一篇二、四、五節[五〇]〕。「彼とともに正義が君臨し始め、月がある限り平和が満ちる。彼は一つの海からもう一つの海まで、大河から地の果てまで支配する。エチオピア人は貢ぎ物を捧げにやって来る、彼の敵は土を嘗めさせられる。タルシシと島々の王たちは彼に贈り物を捧げにやって来る、アラビアとセバの王たちも贈り物を捧げる。地上のすべての王は彼を崇め、すべての国は彼に仕える」〔同七―一一節〕。「地上すべてが彼の威光で満たされる」〔同一九節[五一]〕、『詩篇』第八八篇三六節と第一七一篇一、七、九節[五二]。

「主はその聖なる腕の力を、諸国民すべての目の前で準備した。私たちの神の救いは、地の果てからも見られるだろう」〔『イザヤ書』第五二章一〇節、『詩篇』第九七篇三節[五三]〕。「主はその民に贖いを送り、その契約を永遠に定めた」〔『詩篇』第一一〇篇九節〕。「主はその聖なる律法の誓約を永久に心に留める」〔同五節〕。「主ハソノ契約ヲ永遠ニ定メタ。」〔同九節〕、『詩篇』第九七篇五節と第一一〇篇九節、また『イザヤ書』第五二章一〇節[五四]。

預言者イザヤもこう言います。「私たちのために一人の子が生まれた、私たちに一人の男の子が与えられた。彼は帝国を治め、その名は驚くべき者、参議[五五]、強く力ある神、来たるべき時代の父、平和の君と呼ばれる。彼はダビデの王座に座り、王国に君臨し、裁きと正義をもって、今から永遠にわたり国を固め、国を確立する。主の熱意がそれを行わせる」〔『イザヤ書』第九章六、七節〕。「エッサイの株から札（ふだ）〔ひこばえ[五六]〕が生え（このエッサイとはダビデ王の父でした〔メリエによる注記〕）、それに主の霊が宿る。知恵の霊、知性の霊、深慮と能力の霊、主を知り恐れる霊が宿る。彼はその目で裁かず、その耳で裁かず、正義と真実によって裁く。正義がその腰帯、忠実がその腹帯となる。狼は子羊とともに住み、豹は子山羊とともに、子羊は一角獣とともに伏し、人々が太らせるその他の家畜もともにおり、子供一人でさえそれらを導くことができる」〔同書第一一章一―六節[五七]〕。「人々はわが聖なる山のどこにおいても傷つけず、危害を加えることもない」〔同九節[五八]〕、『イザヤ書』第一一章一節[五九]。

〔メリエによる原文欄外への縦書き書き込み〕　このすばらしい壮大な約束と預言一切は、明らかに虚しく偽りであると分かっています。

「主は言う。見よ、私がダビデのために一つの正しい芽を芽生えさせる日が来る。彼は王として、賢明な王として君臨し、地上に正義と裁きを行う。その時こそユダは救われ、イスラエルは安らかに住まう。彼にはこういう名が与えられる。われらの義人である主と彼は呼ばれる」〔『エレミヤ書』第二三章五、六節〕。「私の群の残りの者を、追いやったすべての国から私が集め、彼らの土地に帰らせるのだから。彼らはそこで大きくなり、増え、私は彼らを養う牧者を授ける。彼らはもう何も恐れず、一人として滅ぶことはない」〔同三、四節〕、『エレミヤ書』第二三章三、四、五節。〔六〇〕

「主は言う。〈見よ、私がイスラエルの家とユダの家に告げた良き約束を果たす日が来る。その日、その時こそ、私はダビデのために正義の芽を芽生えさせる。彼は地上に正義と裁きを行い、その日こそユダは解放され、イスラエルは安らかに住まう。彼はこう呼ばれる、われらの義人である主と〉。主がこのように言うからだ。〈ダビデの子孫が欠けることはない。イスラエルの家の王座には常にその誰かが座る。祭司とレビ人〔六一〕が欠けることはない。私に毎日生け贄と香ばしい煙と犠牲を捧げる者が常にいる〉」、『エレミヤ書』第三三章一四〔―一八〕節。

「私が私の民を救うので、民はもう餌食とならない。私の牝羊たちの上に彼らを養う一人の牧者、わが僕ダビデを私は現れさせる。彼は彼らの牧者となり、私は彼らの神となり、わが僕ダビデは彼らの君となる。私は彼らと平和の契約を結び、地上からすべての害をなす獣を追い払うので、彼らは荒れ地に安全に住まい、荒れ地で安らかに眠る」、『エゼキエル書』第三四章〔二二、〕二三、二四〔、二五〕節。

〔メリエによる原文欄外への縦書き書き込み〕　このすばらしい壮大な約束と預言一切は、明らかに虚しく偽りであると分かっています。

「神は言う。〈まもなく私は天と地、海と火とを揺り動かし、諸国民すべてを揺り動かす。諸国民すべてに待望され

ているものが来るためだ。私はこの家を栄光で満たし〔『ハガイ書』第二章七、八節〕、この家の栄光は最初のものより（つまり主の最初の神殿の栄光より〔メリエによる注記〕）大きいものとなる。私はこの地に平和をもたらす〉。万軍[六二]の主はこのように言う」〔同一〇節〕、『ハガイ書』第二章七節[六三]。

「大祭司ヨシュアよ、おまえもおまえの同僚たちも今こそ聞くがよい。賢く慎重な者たちなのだから。私はわが僕を生じさせよう」〔『ゼカリヤ書』第三章八節〕[六四]。「見よ、その名を昇る日[六五]という者がいる。彼は主のために神殿を建て、自らは威厳に満たされ、その王座に座り君臨する。その王座には彼の祭司も座るが、二人の間には平和のはかりごと[六六]がある」〔同書第六章一二、一三節〕。「喜べ、シオンの娘よ、喜べ、イスラエルの娘よ、見よ、おまえの王がやって来るのだから、おまえの救い主、義なる王がやって来るのだから。彼は貧しく、ロバの上に座っているが、戦を一掃し、諸国民に平和について語る。その権力は一つの海からもう一つの海にまで、大河から地の果てにまで及ぶ[六七]」〔同書第九章九、一〇節〕、『ゼカリヤ書』第三章七節、第六章一二節、第九章九節[六八]。

「見よ、私は天使を遣わす。おまえたちが望む契約の天使とともに、おまえたちが求める主はまもなく神殿に入る。その到来の日を耐えることができるのは誰か、彼が現れる時生きながらえることができるのは誰か。彼は銀を精錬する者のように座るからだ。彼はレビの子らを浄め、金と銀のように精錬し、彼らはあらゆる義と聖潔をもって主に生け贄を捧げる。その時、ユダとイスラエルの捧げ物は最初の時代のように、昔の時のように主に喜ばれるものとなる」、『マラキ書』第三章一〔―四〕節。

「〈私はまもなく正義を行う。私の救いが来るのは遠いことではない。私の救いはシオンにある、私の栄光の座であるエルサレムにある。〉主はこのように言う」〔『イザヤ書』第四六章一三節〕。「〈私はあの諺を止めさせる、あの言葉はイスラエルではもう諺として使われない。おまえたちは言っている。約束が果たされるのに長い時がかかっている、日々は引き延ばされ、時は長引き、預言と約束は結局虚しいことが分かり、消え去ってしまうと、おまえたちは、もうそうは言わない。私の約束成就の日は近づき、もう遅れることはないからだ。イスラエルの子らの間に、これから

はもう虚しい幻も曖昧な預言もないからだ。語るのは主である私自身だからだ、私が告げるどんな言葉も実行され、延ばされることはないからだ。信じぬ者どもよ、私が約束を果たすのは、まさにおまえたちが生きている間のことだ〉と主は言う」〔『エゼキエル書』第一二章二二―二五節〕、『エゼキエル書』第一二章二三節。〔六九〕〔メリエによる原文欄外への縦書き書き込み〕　このすばらしい壮大な約束と預言一切は、明らかに虚しい偽りであると分かっています。

間違いなく、以上の預言と約束はきわめて明白、明確、明瞭なものですし、イスラエルの民すなわちユダヤ民族にとっては、また彼らの首都であったエルサレムの町にとっては、考えられる限りで、あるいは望みうる限りでもっとも有利な、もっとも輝かしいものです。こういう約束とこういう預言が実際に真実であったなら、実現を伴っていたなら、すでにはるか昔から、そして今でもユダヤ民族は地上の諸民族の中でもっとも数の多い、最強最大の民族であるばかりか、地上の諸民族の中でもっとも裕福な、輝かしい、神聖な、祝福された、賢明な、完全な、幸福な、完成された民族でもあることでしょう。彼らはみな純粋、聖潔で、彼らの間にはどんな不純もなく、彼らの間には不正や不義を行う者はなく、隣人に危害を加える者はなく、嘘一つつく者さえいないはずですから。

同じく、こういう約束と預言が真実であったなら、実現を伴っていたなら、すでにはるか昔から、今でも、そして永久にイスラエルの町は世界中の町でもっとも著名な、美しい、大きな、豊かな、晴れやかな、神聖な、輝かしい、勝ち誇った、幸福な町(31)のはずでしょう。神が自らその町を選び、そこに神の栄光と神聖の座を永遠に据えたというのですから。そこには不純なもの、汚れたものは何も入らず、世界の四方八方から人々が群をなして、ありとあらゆる富と財宝を豊富に運んでくるというのですから。しかし、こういう約束とこういう預言がまったく実現されておらず、いつか実現されるという気配すらないことは確実ではっきりしていますし、それと同じく、それらが偽りで虚しいまやかしであることも(32)確実ではっきりしています。したがって、それらを発明し作り上げた連中が、私が言ったように自分を衝き動かす情念によって語っただけの妄想家や狂信者にすぎなかったこと、あるいは民衆をだまし誘惑するた

めにそうやってうまいことを言い、尊敬の念を起こさせようとしたペテン師にすぎなかったことも、また確実ではっきりしています。

第二七章 『新約聖書』の約束と預言なるものの虚偽

わが『福音書』なるものに含まれる約束と預言なるものについても同じです。そして、それらをはじめに言い出した連中についても、同じ判断を下さなければなりません。私はまたそれらを、先の『福音書』にある言葉どおりに伝えましょう。まず、マリアの息子イエスの、少なくとも推定上の父、ヨセフとかいう男に一人の天使が夢で現れ、こう言います。「〈ダビデの子ヨセフよ、心配せずにマリアを妻として迎えるがよい。その胎内に宿っている者は聖霊によるのだから。*1 彼女は男の子を生むが、その名をイエスと名付けよ。その子こそ、おのれの民をその諸々の罪から解放するからだ〉」〔『マタイによる福音書』第一章二〇―二一節〕。「その天使はマリアにも言った。〈恐れるな、おまえは神の寵愛を受けたのだから。私はおまえに告げる。おまえは身籠もり、男の子を生む。その名をイエスと名付けよ。彼は偉大となり、いと高き者の子と呼ばれる。神なる主は、彼にその父ダビデの王座を授け、彼は永遠にヤコブの家を支配し、その支配は終わることがない。ソノ支配ハ終ワルコトガナイ(1)〉」〔『ルカによる福音書』第一章三〇―三三節〕、『マタイによる福音書』第一章二〇節、『ルカによる福音書』第一章三二節〔七〇〕。

*1 モンテーニュ氏はこう言っています。「物語の中には、このように、神々があわれな人間どもを踏みつけにした姦通がどれほどたくさんあることだろう。マホメット教には、国民の信仰から生まれた多くのメルリンがいる。つまり、父がなく、処女の胎内から神によって生まれた子供たちが〔七一〕」(モンテーニュ『エセー』五〇〇頁〔第二巻一二章、邦訳、岩波文庫、第三巻一七二―一七三頁、原二郎訳〕)。

「イエスは宣教を始め、語り始めた。悔い改めよ、天の王国が近づいているのだから、と」、『マタイによる福音書』

第四章七節〔一七節〕。彼は弟子たちにこう言いました。「思い煩うな。何を食べようか、何を飲もうか、何を着ようかと言うな。そういうすべての物がおまえたちに必要だと、私たちの天の父は知っているのだから。だから、まず神の王国と神の義を求めよ。そうすれば、そういうすべての物は添えておまえたちに与えられる」、『マタイによる福音書』第六章〔三一―〕三三節。彼は民衆にこう言いました。「求めよ、そうすれば、おまえたちには与えられる。探せ、そうすれば、おまえたちは見つける。門を叩く者に、人は門を開けるのだ。おまえたちのうちで、息子がパンを求めている時、石を与える者がいるか。あるいは、魚を求めたら蛇を与えるか。邪悪なおまえたちでさえ、それでも自分の子供たちに良い物を与えることはよく知っているなら、天にいるおまえたちの天の父はなおさら、それを求めてくる者たちに本当の富を与えないことがあろうか」、『マタイによる福音書』第七章七〔―一二〕節。また、彼は弟子たちにこう言いました。「おまえたちが行くどこにおいても、天の王国が近いと説け。病人を癒し、死人を生き返らせ、癩病患者を治し、悪霊を追い払え」、『マタイによる福音書』第一〇章〔七―〕八節。

彼は自分について語り、こう言いました。「人の子はその天使たちを遣わす。彼らはその王国から人を躓かせるすべての者、不義を犯すすべての者を取りのけ、燃え盛るかまどに投げ込む。その中で彼らは泣き叫んだり、歯がみをしたりするだろう。その時、義人たちは彼らの父の王国で太陽のように輝くだろう」、『マタイによる福音書』第一三章四一(2)(七二)〔―四三〕節。使徒ペテロにはこう言いました。「そこで私は、おまえに言う。おまえはペテロ、すなわち石である、私はこの石の上に私の教会を建てる、地獄の門もこの教会に勝ることはない、と。私はおまえに天の王国の鍵を授ける。おまえが地上でつなぐものはみな天でもつながれ、地上で解くものはみな天でも解かれる」、『マタイによる福音書』第一六章一八〔―一九〕節。

〔メリエによる原文欄外への縦書き書き込み〕 このすばらしい約束と預言一切は、明らかに虚しいまやかしだと分かっています。

彼はこう言いました。「人の子はその天使たちとともに、父の栄光に包まれて来る。その時、各自の行いに応じてそれぞれに報いる」、『マタイによる福音書』第一六章二八節〔二七節〕。弟子たちにこう言いました。「まことにおま

えたちに言う。ここにいる者のうち、人の子がその支配とともに来るのを見るまで死なぬ者もいる」、同〔二八節〕。「[3]二、三人の者が私の名によって集まる所には、私もその中にいる」〔同書第一八章二〇節〕。「まことにおまえたちに言う。人の子がその尊厳の王座に座る再生の日には、私に従ってきたおまえたちも十二の座に座り、イスラエルの十二部族を裁く。誰であれ、私への愛のため、その家、その父母、兄弟、姉妹、妻子、その土地を捨てた者は、この世でその百倍のものを受け取り、永遠の命を授かる」、『マタイによる福音書』第一九章二八〔―二九〕節。

彼は使徒たちにこう言いました。「おまえたちも知っているとおり、諸国民の王と君主たちはその民を支配し、お偉方はその民に権力を振るっている。おまえたちは同じように振る舞ってはならない。おまえたちの中で、もっとも偉くなろうと思う者は、おまえたちの下僕となれ、おまえたちの間で、首位に立とうと思う者は、最下位の者、みなの下僕となれ」、『マタイによる福音書』第二〇章二五〔―二七〕節。「[4]多くの者が私の名をかたって現れ、自分がキリストだと言って多くの人々を惑わすだろう」〔『マタイによる福音書』第二四章五節〕。「……また、多くの偽預言者が立ち上がり、多くの人々を惑わすだろう。そして、不義が増すので多くの人々の愛徳が冷えるだろう」〔同一一、一二節〕。「……王国についてのこの福音が、諸国民に対して証となるように地上すべてで説かれ、その時こそ終わりがやって来る」〔同一四節〕。「……その時の艱難は、世界の始め以来かつてなく、今後もないほど大きなものだ」〔同二一節〕。「その時、偽キリストと偽預言者が立ち上がり、選ばれた者たちさえ惑わされるかも知れないほど、偉大な奇蹟と偉大な神異を行う」〔同二四節〕。「その日々の後、たちまち日は暗くなり、月は光を失い、星は天から落ち、諸天の力は揺り動かされる。その時、地上の諸部族はすべてその不幸を嘆き、人の子が空の雲に包まれ、偉大な力と威厳を伴って現れるのを見る。彼はその天使たちを遣わし、天使はラッパの力強い音で、世界の隅々から、天の果てから果てに至るまで、彼に選ばれた者をすべて呼び集める」〔同二九―三一節〕。「こういうすべての事を見たら、人の子は近い、もう戸口にいると知れ。おまえたちの贖いは近いと知れ。なぜなら、まことにおまえたちに言っておくが、こういうすべての事が起こるまで今の世は過ぎ去らないからだ。天と地は過ぎ去るが、私の言葉は実現せず過ぎ去るこ

とはない。その事が起きる日、起きる時は誰も知らない、天の天使たちさえ知らない。知っているのは私の父ただ一人だ」〔同三三―三六節〕、『マタイによる福音書』第二四章〔七三〕――。

〔メリエによる原文欄外への縦書き書き込み〕　このすばらしい約束と預言一切は、明らかに虚しい偽りのまやかしだと分かっています。

復活なるものの後に彼は言いました。「このとおり、私は世紀の終わりまでいつもおまえたちとともにいる」、『マタイによる福音書』第二八章二〇節。彼は弟子たちに言いました。「おまえたちが信仰の中で祈り求めることはすべて聞き届けられる。神を信じよ。なぜなら、まことにおまえたちに言っておくが、誰でも、この山にそこを退き海に入れと言い、心の中でためらわず、命ずることはすべてなされると信じるなら、それは聞き届けられるからだ。だからおまえたちに言っておく。おまえたちが信仰の中で祈り求めるなら、どんなことでも手に入れることができる」、『マタイによる福音書』第二〇章二一節と第一一章二三節〔七四〕。

「私を信じる者たちの信仰には、次のようなあらゆる奇蹟が伴う。すなわち、彼らは私の名によって悪霊を追い払い、自分の知らない言語を話し、危険もなく蛇に触れ、毒を飲んでも害を受けず、病人に手を置いてこれを治す」、『マルコによる福音書』第一六章一七〔―一八〕節。

イエスの母マリアは喜びで我を忘れて(5)こう言いました。「私の魂は主の栄光を称える」〔『ルカによる福音書』第一章四六節〕。「主はその腕の力を示し、おごれる者どもが心に抱く計画を無に帰し、君主どもをその王座から引き下ろし、小さき者を引き上げ、飢えに追い詰められていた者を富で満たし、裕福に暮らしていた者を困窮に陥れたのだから。主はその慈悲を忘れず、主の僕イスラエルを庇護された。私たちの父祖アブラハムとそのすべての子孫に永遠に約束したとおりに」〔同五一―五五節〕、『ルカによる福音書』第一章五三節〔七五〕。

「イスラエルの神なる主を称えよ。主がその民を訪れ、捜し求めに来たのだから。私たちのために、その僕ダビデの家に力強い救い主を現れさせたのだから。過去の世に生きた聖なる主の預言者たちの口を通し、主が約束したとお

り、私たちを敵の力から、私たちを憎む者すべての手から解放するためだ。こうして、主は私たちの父祖にその慈悲をかけ、その聖なる契約を忘れずにいてくださる。私たちが敵の手から解放され、恐れもなく主に仕え、私たちが生涯の間、聖潔と義の中で主の前を歩くことができる恵みを与えてくださるという、主が私たちの父アブラハムに立てた誓いに、これは基づいている」、『ルカによる福音書』第一章六七節〔六八—七五節〕。

〔メリエによる原文欄外への縦書き書き込み〕　このすばらしい約束と預言一切は、明らかに虚しいまやかしだと分かっています。

「さて、その時エルサレムに神を恐れる一人の義人、シメオンなる男がいた。イスラエルが慰められるのを待ち望む彼のうちには、聖霊が宿っていたが、死ぬ前に主のキリストを見るだろうと、聖霊は彼に啓示していた。だから、聖霊からの霊感により彼は神殿に行ったが、ちょうどその時、幼子イエスの父母が律法による定めをその子に果たそうと、イエスをそこに連れてきた。シメオンはその子を腕に抱き、神を称えて言った。〈今こそ、主よ！　あなたの言葉どおり、あなたの僕を安らかに死なせたまえ。私はこの目で、あなたが授けた救い主を見たのだから。この救い主が諸国民すべてに露（あらわ）になるように、異邦人を照らす光となるように、あなたの民イスラエルの栄光となるように、あなたは定められた〉。異邦人ヘノ啓示ノタメノ光、イスラエルノ民ノ栄光ノタメノ光」、『ルカによる福音書』第二章二五〔—三二〕節。

イエス・キリストは弟子に言いました。「私の父はすべてのことを私に任せた」、『ルカによる福音書』第一〇章二二節。「おまえたちが王と総督たちに、あるいは裁判官たちに引き渡される時、何を言おうか、どのようにそれを言おうかと考えるな。そのことは心配するな。言うべきことは、その時になれば神がおまえたちに吹き込むからだ。語るのはおまえたちではなく、おまえたちの中で語るおまえたちの父の霊だからだ」、『マタイによる福音書』第一〇章一九節〔一八—二〇節〕。「私の父が、私のために私の王国を準備したように、私は、おまえたちのために私の王国を準備する。そこでおまえたちが私の食卓について、食べ飲み、王座について、イスラエルの十二部族の裁き手となるためだ」、『ルカによる福音書』第二二章〔二九、三〇節〕。

〔メリエによる原文欄外への縦書き書き込み〕　このすばらしい約束と預言一切は、明らかに虚しい偽りのまやかしだと分かっています。

聖ヨハネの『福音書』では、イエス・キリストは彼を受け入れた人々に、神の子となる能力あるいは力を授けたと言われています。すなわち、彼を信じるすべての者は、「血によって生まれたのではなく、肉の意志、人間の意志によって生まれたのではなく、神によって生まれたのである」、『ヨハネによる福音書』第一章九節〔一二―一三節〕。イエス・キリストはこう言いました。「まことに、まことに私はおまえたちに言う。おまえたちは天が開け、神の天使たちが人の子の上に上り下りするのを見る」、『ヨハネによる福音書』第一章五一節。「おまえたちがもう、この山やイスラエルで私の父を崇めるのでない時が来る、すでに来ている」、『ヨハネによる福音書』第四章二一節。「まことに、まことに私はおまえたちに言う。私の言葉を聞き、私を遣わせたものを信じる者は永遠の命を受け、断罪されず、死から命に移っている。まことに、まことに私はおまえたちに言う。死者が神の子の声を聞き、それを聞く者が命を得る時が来る、いやすでに来ている」〔『ヨハネによる福音書』第五章二四、二五節〕。「それに驚くことはない。墓の中にいるすべての者が神の子の声を聞き、善を行った者が命を受けるためによみがえり、悪を行った者がその断罪のためによみがえる時が来るのだから」〔同二八、二九節〕、『ヨハネによる福音書』第五章二五節〔七六〕。

「私を遣わした私の父の意志は、子を知り信じる者は誰でも永遠の命を得るということだ。その者を私は終わりの日によみがえらせる」〔『ヨハネによる福音書』第六章四〇節〕。「まことに、まことに私はおまえたちに言う。私を信じる者は永遠の命を得る」〔同四七節〕。「私の肉を食べ、私の血を飲む者は永遠の命を得る」(6)〔同五四節〕。「私は命のパンである」〔同四八節〕、『ヨハネによる福音書』第六章四一節〔七七〕。大祭の最後の日に、イエスは広場の真ん中に立って大声で叫びました。「喉が渇いている者は誰でも、私のところに来て飲め。私を信じる者の腹からは、生ける水の川が流れ出るだろう」、『ヨハネによる福音書』第七章三七〔―三八〕節。彼はこうも言いました。「私は世の光である。私に従う者は闇の中を歩まない、命の光を得る」、『ヨハネによる福音書』第八章一二節。

「私と父、私たちは一つである」、『ヨハネによる福音書』第一〇章三〇節。「私はよみがえりであり、命である。私を信じる者は、たとえ死んでも生きる。また、生きていて私を信じる者は、誰でも決して死なない」、『ヨハネによる福音書』第一一〔一一〕章二五〔—二六〕節。〔七八〕「まことに、まことに私はおまえたちに言う。私の言葉を守る者は決して死なない」、『ヨハネによる福音書』第八章五一節。さらに、彼は弟子たちに言いました。「まことに、まことに言っておく。おまえたちは泣き、おまえたちは呻き、この世は喜ぶだろう。おまえたちは悲しむだろうが、その悲しみは喜びに変わる」〔『ヨハネによる福音書』第一六章二〇節〕。「おまえたちは今苦しんでいるが、私はまたおまえたちに会い、おまえたちの心は喜び、その喜びを誰もおまえたちから奪えない」〔同二二節〕、『ヨハネによる福音書』第一六章二〇節。〔七九〕「私が(7)地上から上げられる時〔八〇〕、すべてのものを私のもとに引き寄せる」、『ヨハネによる福音書』第一二章三二節。「ガリラヤの人々よ、なぜそのように天を仰いで立っているのか。おまえたちの間から天に上げられた〔八一〕あのイエスは、天に昇るのをおまえたちが見たのと同じ有様で、そこから降りてくるだろう」、『使徒行伝』第一章一一節〔一一節〕。

〔メリエによる原文欄外への縦書き書き込み〕 この約束、この見神あるいは啓示、そしてこの預言の一切は、明らかに虚しい偽りのまやかしだと分かっています。

使徒たちは民衆にこう言いました。「また私たちは、私たちの父祖になされた約束が履行されたと、あなたがたに告げる。まさに彼らの子孫である私たちに、神はイエスをよみがえらせてその約束の結末を示された」、『使徒行伝』第一三章三二〔、三三〕節。「死が一人の人間によって来たように、復活も一人の人間によって来る。すべての人がアダムにおいて死んだように、すべての人はイエスにおいて生き返る。各人はその序列にしたがって現れる。最初はイエス・キリスト、次に彼に属する者たち、そして終末がやって来る。その時イエス・キリストはその王国を彼の父、神の手の中に置く。その時、彼はすべての君侯の位、すべての権力、すべての権威を終わらせる。彼は父の命令によって、すべての敵をその足元に置くまで支配するはずであるから」、『コリント人への第一の手紙』第一五章二一〔—

二五〕節。

聖パウロはこう言いました。「私はあなたたちに奥義を明かす。最後のラッパの音とともに、一瞬のうちに、またたくまに、私たちはみなよみがえる。しかし、変えられるのではない。なぜなら、ラッパが鳴り響き、その時すべての死者が不死の者としてよみがえるからだ。その時こそ私たちは変えられる。なぜなら、この死すべき、朽ちる肉体が不死性をまとわねばならないからだ。肉体がこれをまとう時、死はなすすべもなく打ち破られる」、『コリント人への第一の手紙』第一五章五〇〔五一―五五〕節。

この使徒はこうも言いました。「ある人がキリストのうちにいるなら、その人は新しい被造物である。昔のものはすべて過ぎ去り、すべてが新しくされた。すべては神から出ており、神はイエス・キリストによって、私たちを自分と和解させた。神がイエス・キリストのうちにいたからだ。そして神は世界を自分と和解させ、人々の罪を彼らに負わせなかった」、『コリント人への第二の手紙』第五章〔一七―〕一九節。「もはやユダヤ人もギリシア人もなく、自由人も奴隷もなく、男も女もなく、あなたたちはみなイエス・キリストにおいて一体である。あなたたちがイエス・キリストのうちにいるなら、それゆえあなたたちはアブラハムの子孫であり、約束による相続人なのである」、『ガラテヤ人への手紙』第三章〔二八、〕二九節。「イエス・キリストはある者を使徒に、またある者を預言者に、またある者を福音記者に、またある者を牧者と教師にするために、その恩寵を授けた。聖徒たちを完全なものにし、私たちがみなついに信仰の一致と、神の子に関する知識の一致に至るためであった」、『エペソ人への手紙』第四章〔一一―〕一三節。

使徒聖ペテロもこう言っています。「主は、ある人々が思っているように、約束の履行を遅らせているのではない。あなたたちへの愛のために、誰一人滅びず、すべての者が悔い改め、主に帰依するのを望み、忍耐して待っているのだ」、『ペテロの第二の手紙』第三章九節。「さて、主の日は、盗人のように思いがけぬ時にやって来る。諸々の天は激しい勢いで過ぎ行き、猛火が諸元素を溶かし、大地と、そこに作られたものは燃え上がる」〔『ペテロの第二の手紙』

第三章一〇節〕、「……主の約束によって、私たちはまた、義の住む新しい天と新しい地を待ち望んでいる」〔同一三節〕、『ペテロの第二の手紙』第三章一〇節。(八二)

使徒聖ヨハネもこう言っています。「神の子を信じる者は自分のうちに神の証を持っている。その証とは、神が私たちに永遠の命を授けたこと、その命が神の子のうちにあることである。御子を持つ者は命を持ち、御子を持たぬ者は命も持たぬ」〔『ヨハネの第一の手紙』第五章一〇―一二節〕。(八三)「イエス・キリストが真理であると証をなすものが天に三つある。父と御言葉と聖霊である。そして、この三つは同じものである。地でも三つのものが同じ証をなす。霊と水と血である。そして、この三つも同じものである」〔同七、八節〕、『ヨハネの第一の手紙』第五章七、二、一二節。(八四)

聖パウロはこう言います。「こういうすべてのことが彼らに〔すなわちユダヤ人に〔メリエによる注記〕〕起こったのは、世の終わりにいる私たちの間に、起こるはずのことの予型(八五)となるためであった」、『コリント人への第一の手紙』第一〇章一〇〔一一〕節。「あなたたちが神の約束の結果を享受するためには、忍耐が必要だ。もうしばらくすれば、来るべき人がやって来る。遅くなることはない」、『ヘブル人への手紙』第一〇章〔三六―〕三七節。

〔メリエによる原文欄外への縦書き書き込み〕この約束、この見神あるいは啓示、そしてこの預言の一切は、明らかに虚しいまやかしだと分かっています。

「イエス・キリストの黙示あるいは見神。(八六)これを彼は神から受け取り、その僕たちにまもなく起こるはずのことを明かした」〔『ヨハネの黙示録』第一章一節〕。(八七)「その時が近いからである」〔同三節〕。(八八)彼はこう言いました。「見よ、私がまもなくやって来る。おまえが持っているものをしっかり持っていよ、おまえの冠が他の者に与えられないように」〔同書第三章一一節〕、『ヨハネの黙示録』第一章一節と第三章一一節。(八九)「四匹の動物と二十四人の老人が、各々竪琴と香の満ちている金の器とを持って、子羊の前にひれ伏した。この香は聖徒の祈りである。彼らは新しい歌を歌い言った。〈主よ、あなたこそ、その書物を受け取り、その封印を解くのにふさわしい。あなたは死をこうむり、あなたの血によって、あらゆる部族、あらゆる言語、あらゆる民族、あらゆる国民に属する私たちを、神のために贖われ

たのだから。私たちの神のために、私たちを王と祭司にされたのだから。そして、私たちが地上を支配するであろうから〉」、『ヨハネの黙示録』第五章九節〔八―一〇節〕。

「天使は、すべての時代を通じて生きている者にかけて誓った、もう時はないと」、『ヨハネの黙示録』第一七〔一〇〕章六節。[九〇]「第七の天使がラッパを吹き鳴らし、天に力強い声が起こり言った。〈この世の王国はわれらの主とそのキリストのものとなった。彼は時代から時代へと限りなく支配する〉」、『ヨハネの黙示録』第一一章一五節。

「私はさらに、一匹の獣が地から上がってくるのを見た。この獣には子羊の角に似た二本の角があったが、竜のように話した。そして最初の獣の持っていたあらゆる権力を、その前で行使し、致命的な傷が癒されたこの最初の獣を、地上とその住人に拝ませた。それが行う神異は偉大で、人々の目の前で天の火を地上に降らせるほどだった。先の獣の前で行うのを許された神異で、この獣は地上の住人を惑わし、剣の一撃を受けても死ななかった先の獣の像を立てるように、地上の住人に命じた。その獣の像に息を与え、言葉を与え、その像を拝まない者をすべて、死罪にさせる力さえそれは授けられた」、『ヨハネの黙示録』第一三章一一〔―一五〕節。[9]

「それから私は新しい天と新しい地を見た。最初の天と最初の地が消え去り、もう海もなかったからだ。聖なる都、新しいエルサレムが神から出て、天から下り、花婿を迎えるために着飾った花嫁のように、飾られ整えられるのを見た。同時に、王座から出た大きな声がこう言うのを聞いた。〈神が人間たちとともに住む幕屋がこれである。彼らは神の民となり、神自らが彼らの神となる。神が彼らの目からすべての涙をぬぐい去り、もう死も呻き声も叫びも苦しみもない。かつてあったものは過ぎ去ってしまうからだ〉。それから、王座に座っていた者が言った。〈私はすべてのものを新しくするために行く〉。そして私に言った。〈書き記せ。これらの言葉はまことに信頼できる。まことに真実である〉」〔『ヨハネの黙示録』第二一章一―五節〕。「天使は私を霊の形で運び、聖なる都エルサレムが天から下り、神から出るのを見せた。都は神の輝きをまとい、その光は宝石に似ていた。水晶のように透明な碧玉に似ていた」〔同一〇、一一節〕。「城壁は碧玉で築かれ、町そのものは純金でできていた」〔同一八節〕。「十二の門は十二の真珠、町の

広場も純金でできていた。さらに、私はこの都の中に神殿は見なかった。全能の神なる主がその神殿だったからである」（同二一、二二節）、『ヨハネの黙示録』第二一章。（九一）

〔メリエによる原文欄外への縦書き書き込み〕　これらすべての見神は、虚しいまやかしの幻想にすぎません。

「また天使は私に、神と子羊の王座から流れ出る、生ける水の川を見せてくれた。町の広場の真ん中には十二の実を付けた命の木があった。その実は毎月実り、その葉は諸国民を癒すために使われた。そこにはもう呪いはなく、神と子羊の王座があり、その僕たちは神に仕え、その顔を見、その名が彼らの額に書かれている。もう夜はなく、彼らにはランプの光も、日の光も必要ない。主が彼らを照らし、彼らが時代から時代へと限りなく支配するからである」〔『ヨハネの黙示録』第二二章一―五節〕。「私イエスは、私の天使を遣わして、諸教会でおまえたちにこれらのことの証をした。私こそダビデの血統から生え出たものであり、朝に現れる輝く星である」（同一六節）、『ヨハネの黙示録』第二二章一、二〇節。（九二）彼らが『新約聖書』と呼ぶ、神聖で聖なる書とかの中には、これらと似たその他の虚しい見神、偽りの啓示、まやかしの預言あるいは約束がたくさん見られますが、それらをここで伝えるのは長くなりすぎます。

さて、これらの預言、見神、啓示あるいは約束なるものの中に、まったくの偽りである、まったく虚しいものである、あるいは滑稽で馬鹿げてさえいる、と分からないものは一つとしてありませんし、それらの虚妄と虚偽を明白に示すのも簡単です。

一、キリスト、すなわちマリアの息子イエス・キリストは、おのれの民をその罪から解放すると言われています。(10) どんな民の中にもこの解放なるもののどんなしるしも見られません。なぜなら、キリストの民も他のどんな民と変わりなく、常に昔も今も、ありとあらゆる悪徳と罪に隷属し、自分たちの悪い情念の奴隷なのですから。また、彼らは解放なるものの前、彼らの贖い主あるいは救い主の到来前におそらくそうであったのとなんら変わりなく、今も悪徳に染まっているのですから。その意味で、明らかに彼らは悪徳と罪から解放されていませんし、したがってその約束あるいは預言は実際に実現されていないと分かるのですから、明らかに偽りなのです。もしも、解放はそのような意

味ではなく、それは人間がおのれの罪によって値したたし、値したにちがいない、罰と永遠の懲罰からの解放を意味するにすぎない、事実イエス・キリストはその死と受難の功徳によって彼らを罰から解放した、と人が言うなら、私はそれに次のように答えます。第一、罪からの解放なるものに関するこの解釈は、昔の預言者たちが解放なるものについて語った時の言葉と、合わないし一致しません。彼らは明白、明瞭にこう言ったからです。人々はみな賛美され、彼らの罪のあらゆる汚れと穢れから浄められ、みな聖潔になり聖化されると。また、人々はもう傷つけ合うことはなく、不義を犯さず、嘘をつかず、その口にはもう人を欺く舌は見られない……人々はみな心から主を愛し、その命じた道をみな忠実に歩むと。さらに、人々の間にはどんな不純も邪悪もないと、彼らは言ったのですから[11]。

そうであるなら明らかに、彼らの神なる主に贖われた者と自称するわがキリスト崇拝者たちは、みな聖徒、聖化された者、イエス・キリストニヨッテ聖化サレ、聖徒トシテ召サレタ者タチ〔『コリント人への第一の手紙』第一章二節[13]〕であるはずでしょう。彼らはみな悪徳と罪を免れていて、互いにどんな危害も害も与え合うことはないはずでしょう。彼らの間にはどんな不純も、人を欺く舌もないはずでしょう。さらに、彼らはみな彼らの神が命じた道を忠実に歩み、神を心から愛する、などとなるはずでしょう。しかしそうではないし、そのような状態にあるどころでないのは確かで明らかですから、それと同じく、罪からの解放なるものに関する先の約束あるいは預言が偽りであり、したがって虚しいこともやはり確かで明らかです。第二、私はこう答えます。解放なるものが、悪徳と罪そのものからの現実的な解放ではなく、罪に起因する永遠の罰からの解放を意味するにすぎないというなら、それならば、その解放に関する預言あるいは約束は、イエス・キリストがおのれの民を罪から解放すると言うべきではなく、その罪のためにかつてもこれからも値するような、懲罰と罰からのみ彼らを解放する、と言うべきでしょう。たとえば、ある領主が本当に死に値する罪人たちの死刑を帳消しにする場合、あるいはした場合、その領主が彼らを悪徳と悪行から解放したと言うなら、その言い方は正しくないと思われます。彼らの悪徳と悪行がまだそのまま彼らに残っていることはありうるわけですから。そうではなく、領主は彼らを絞首台や刑車から――彼らがそれらに値したとしても――解放したと

言うのが正しいでしょう。彼がそのように帳消しにしなかったなら、彼らは実際絞首や車責めの刑に処せられていたわけですから。

それと同じで、イエス・キリストがおのれの民を相変わらず悪徳と罪の中に放置し、彼らがその罪によって値したという永遠の罰だけから彼らを贖うはずであるなら、彼が民を罪から解放したと言うのは、決して正しい言い方ではないでしょう。というのも、ある者をその悪徳によって値したという罰から解放するだけでは、本当に彼を悪徳から解放することにはならないからです。熱病や肋膜炎の患者を医者が治し、患者たちが完全にその病から治癒している場合、医者は彼らをその熱病や肋膜炎から本当に解放したと言えます。しかし、彼らがその病から完全に治癒していない間は、医者が彼らをその熱病や肋膜炎から本当に解放したと言えないのも確かです。それと同じで、人間が今あるようにその悪徳と罪に隷属し、これからもそうである限り、彼らがそれらから本当に解放されたとは言えません。したがって、イエス・キリストがおのれの民を罪から解放すると語る預言や約束は、それが真実だと確認されない以上、明らかに偽りです。さもなければ、別のキリストを待ち、彼が人間を悪徳と罪から真に解放するかどうかを見なければなりますまい。そのように大きな善を人々になしうる者が出現するのは、とても望ましいことでしょう。というのも、人間にはそのような者が大いに必要で[14]、また、地上のお偉方[15]の暴虐なるくびきと、虚しい愚かな諸宗教のあらゆる迷信への隷属から、彼らを解放することができる強力な贖い主[16]が、彼らには大いに必要だと言えるからです。罪からの解放なるものがこのように解されるべきだ[17]ということは、その他多くの同様の約束や預言の中でも、彼らはみな聖潔となり彼らの間に不義を犯したり嘘をついたりする者は一人もいなくなる、と言われていることからも確証されます。私が先の……葉で引いた[18]、また後に引く、彼らの『聖書』のくだりを見てください。

それに[19]、わがキリスト崇拝者たちが解しているように、この神なる救い主とかいう者が[20]、罪から解放するという恩寵を人々に与えるつもりだったなら、彼は同時に人々をみな賢明で完全なものにもしたはずでしょう。彼らをかつてと同じように相変わらず悪徳と罪に隷属させたまま、その咎を負う状態のままに放置しておくつもりだったとは信じ

られません。彼はそういうすべての業病から実際に人々を癒し、健全そのものにしたはずでしょう。それがなければ、罪からの解放なるものも人々には何の役にも立たなかったはずです。なぜなら、彼らはかつてと同じように相変わらず悪徳と罪に隷属し、その咎を負う状態のままに留まっていたことでしょうから。

さて、最初のキリスト教徒たちもそのようには主張しませんでした。彼らは本当に自分たちが罪のあらゆる汚れから解放され浄められ、完全に純潔で聖潔だと固く信じていました。[21] またたからこそ、聖徒、聖化された者、神の最愛の者、と自称していたのです。「ローマニイル、神ニ愛サレ、召サレタ聖徒一同へ」(『ローマ人への手紙』第一章七節)。「イエス・キリストニヨッテ聖化サレ、聖徒トシテ召サレタ者タチへ」(『コリント人への第一の手紙』第一章二節)。「コリントニアル神ノ教会、ナラビニアカヤニイル聖徒一同へ」(『コリント人への第二の手紙』第一章一節)。「ピリピニイル、イエス・キリストニヨル聖徒一同へ」(『ピリピ人への手紙』第一章一節)。「エペソニイル聖徒一同へ」(『エペソ人への手紙』第一章一節)。「シミモ、皺モ、ソノタグイノモノガ一切ナク、聖潔デ疵ノナイ教会ヲキリストハ愛サレタ」(『エペソ人への手紙』第五章〔二五、〕二七節)。[23] つまり、[24] 聖パウロが言っているのですが、イエス・キリストはその教会を愛し自らを教会に委ねたが、それは命の言葉とともに洗礼の水で教会を浄め聖化するためだった、また、しみも皺もそのたぐいの疵も一切なく、反対に聖潔で汚れのないものとして、教会を自分のために輝かしくするためだった、〔九三〕と言うのです。[25] これが明らかに示すのは、わがキリスト崇拝者たちはみな本当に聖潔で、純潔で、どんな罪の汚点もない者でなければならないということです。また、彼らの神なる救い主とかいう者が、彼らをその罪から解放すべきだったのはこのようにしてなのです。ですがそれは明らかに偽りですし、したがって、先の約束と預言は明らかに虚しく偽りだ、ということになります。第三、[26] キリストなる者が、人間をおのれの罪により値するという永遠の罰から本当に解放した、というのも真実ではありません。なぜなら、わがキリスト崇拝者たちの言葉そのものによっても、毎日ほとんど無数の魂が、彼らの魂さえもが、不幸にも地獄の永遠の炎の中に落ち、そこで自分の罪の罰を永久に受けて苦しむらしいからです。というのも、彼らが大罪〔九四〕と名付けるものに落ちたまま死ぬ者は、

すべて永遠に見放され、地獄の炎の中で不幸となることを彼らは確実だとしているからです。確かに善人より悪人の方がずっと多く、わがキリスト崇拝者たちに言わせても、彼らの神の恩寵に浴して死ぬ者より大罪のうちで死ぬ者の方がずっと多いのですから、彼ら自身の教理から言っても、自分の罪に起因する罰から解放されない者の方が、本当に解放される者とは比較にならぬほど数が多いことになります。救い主なる者イエス・キリストが自ら弟子たちに、呼ばれる者は多いが、選ばれる者、つまり解放される者や救われる者は少ない(『マタイによる福音書』第二二章一四節)[九五][28]と語った時、彼らに理解させようとしたのは、間違いなくこのことです。またこれは、あの善良な人、義人シメオンがそのキリストについて預言したということにも、密接な関連があるはずです。まだ幼子だったキリストについて彼はこう言ったのです。この子はいつか人々の反対に遭い、イスラエルの多くの人の破滅の原因とも、救いの原因ともなる、と。「見ヨ、コノ子ハイスラエルノ多クノ人ガ、アルイハ破滅スルタメニ、アルイハ立チ上ガルタメニ定メラレテイル、マタ反対ヲ受ケルシルシトシテ定メラレテイル」(『ルカによる福音書』第二章三四節)[29]。これによれば[30]、彼は人々を破滅させるために来たと言うのにも、救うために来たと言うのにも、同じだけの根拠があることになりますが、わがキリスト崇拝者たちはそうは言いたがらないでしょう[31]。

しかし、彼ら自身が言うように解放される者が、つまり罪により値するという永遠の地獄落ちから解放される者が[32]それほど少数なら、彼がおのれの民を罪から、つまり罪によって値したという永遠の罰から解放すると[33]言うのは、したがって真実ではなかったわけです。わがキリスト崇拝者たちが、彼の民という言葉によってあの少数の選ばれた者たち、彼によって解放されていると彼らが主張する者たち、それだけを意味させるつもりなら別ですが、そんな解釈は成り立ちません、一民族全体との比較の中で、そんな少数の人々が民と呼ばれることはなく、呼ばれるはずもないからです。少数は多数と比べて取るに足りないものと見なされますし、事物に名称を与えるのは、最大数あるいは最大部分なのですから。たとえば、一ダースか二ダースのスペイン人やフランス人だけではフランス国民にもスペイン国民にもなりません。またたとえば十万人か十二万人の軍隊が、より強力で強大な敵軍によって捕虜にされたとしま

す。その捕われた軍の王あるいは隊長が、自分の軍から幾人かだけを、たとえば十人か十二人の兵隊や将校だけを身代金を払って貰い受け、他のすべての者は相変わらず捕虜となっているなら、それだからといって、彼は自分の軍隊を解放した、贖ったとは言わないでしょう。その中からそんな少数の人間しか救わないなら、彼が贖った、解放したと言うのは偽りとも、滑稽とさえも言えます。ですから、それと同じで、イエス・キリストがおのれの民を永遠の地獄落ちから解放したと言うのは、彼の仲介でそこから解放された者が幾人かしかいないなら、それは偽りであり滑稽でもあるでしょう。さらに、その解放なるものの恩恵に本当に浴する者が一人でもいると示したり見せたりできる人は、わがキリスト崇拝者たちの中にいないでしょう。というのも、永遠の罰なるものは目に見えず、解放なるものは架空にすぎず[34]、見ることも感じることもまったくできないのですから、本当に解放される魂あるいは人が一人でもあると彼らは見せることはできませんし、その地獄の永遠の罰なるものを受けるよう本当に断罪される者が一人でもいると見せることさえできないからです。

こうした場合、わがキリスト崇拝者たちが普通主張するように、信仰の事柄については目に見え[35]感じられる証拠や証を探したり求めたりしてはならないと主張すること、また目に見え感じられるどんな証拠や証も与えることはできないが、とにかくそれらはそれ自体としてきわめて真実であり確実であると称して、見えなくても盲目的に信じなければならないと主張すること、これは薄弱な根拠ですし、まったく虚しいものです。誤謬と錯誤とペテンの原理を確実性の基礎として置こうとすることになるからです。というのも、そんな神聖な信仰とかいう名目になんらかの考慮を払わねばならないなら、そういう名目のもとで分かる、信じる、あるいは信じさせる、と人が主張できないような誤謬や錯誤やペテンは、きっと一つもなくなってしまうからです。さて、私が前に言ったように、このような誤謬と錯誤とペテンの原理は、なんらかの真理を確立したり、明白にしたりする基礎として役に立ちえないことは明らかです。したがって、あの解放なるものの恩恵とかに本当に浴する人間が一人でもいると主張するのに[36]も、証明するのにも、それが役に立ちえないことは明らかです。そんな解放なるものは、間違いなく架空の解放、架空の贖いにすぎま

せん。

同じくわがキリスト崇拝者たちがさらに、次のように言うことも彼らにとって何の役にも立たないでしょう。すなわち、彼らの神なるイエス・キリストは人間のすべての罪のために償いをして本当に神を満足させた、彼ら全員が実際に罰と永遠の地獄落ちから解放されないのはその贖い主のせいではなく、まさに罪人たる人間のせいだ、彼らは自ら進んで悪徳に身を委ね、罪の中で死に、神に帰依しようともせず、悔い改めという当然の果実を摘もうともしない、と。彼らによれば、イエス・キリストの解放あるいは贖い[37]という恩恵を受けるには、徳によって生き、自分の罪からして当然である悔い改めをし、神の恩寵を受けて死ぬことがぜひとも必要なのです。しかし、これらの理由を挙げてみても彼らには何の役にも立ちません。なぜなら、彼らが言うとおりならこういうことになるからです。第一、すでに償いを受け取っている罪のために、神がだれか人間をまだ罰するなら、それは神の側の明らかな不正でしょう[38]。というのも、債務者が債権者に支払うべきすべてのものを、債務者の友人が彼のために支払ったため、すでに弁済が終わっている負債に関して、さらにくだんの債権者が債務者に支払わせるなら、それは不正だからです。それと同じで、神なるキリストがすでに完全に弁済したという罪のために、恐ろしい永遠の責苦によってまだ人間を厳しく罰しようとするのは、明らかに神というものの[39]不正、一種の残酷さとなるからです[40]。なぜなら、それは一つの罪科に対してまるまる二つの弁済を要求しようとすることでしょうから。そんなことは限りなく善で、慈悲深い神というものの、善にも義にもまったく一致しないでしょう。

第二[41]、わがキリスト崇拝者たちが言うように、人間がキリストの解放あるいは贖いというあの恩恵なるものを享受するためには、いつも徳高く生きなければならないなら、あるいは死ぬ前に自分の罪にふさわしい悔い改めをしなければならないなら、そうしたキリストの解放あるいは贖いなるものは、神に対して人間から何も免除することにはならず、何も軽減することにもなりません。したがって、それは完全に虚しく無用だったことになります。きっとわがキリスト崇拝者たちも、そんなことに同意したくはないでしょう。しかし、イエス・キリストによる解放とか贖いと

かの恩恵が人間〔個々〕に当てはめられるその適用なるものについて彼らが言っていることから、明らかにこういう帰結が出てくるのです。というのも、疑問の余地のないことで、自分に対して罪を犯さなかった人々から正しい寛大な仕方で要求できるのは、神に払うべきあらゆる敬意と神に果たすべきあらゆる義務としてその人々にとっても可能なこと、たとえば神を愛し、崇め、恐れ、神に仕え、徳によって生き、神の神聖な命令にことごとく忠実に従うこと、などでしかないはずですから。同様に、同じ正しい理性が私たちにはっきり示すことですが、神が自分に対して罪を犯した罪人たちから義によって要求できるのは、その罪を償うために彼らにとって可能なあらゆること、たとえば神に心から帰依し、へりくだってその過ちの赦しを乞い、それを犯したことを遺憾に思い、自分の悪徳と罪を憎み嫌い、完全にそれらを捨て、神が命じるという仕方でそれらにふさわしい悔い改めをすること、などでしかないはずですから。また実際、それこそ神が律法の中で要求したすべてだと主張されているのです。それは律法の証言そのものと、すべての預言者の証言によって表されているとおりです。

モーセ[45]は神の代理としてイスラエルの民にこう言いました。「それゆえ、おまえが自分の神である主の声をよく聞き、心を尽くし、魂を挙げて主を愛し、その命令にことごとく忠実に従うなら、次のようなあらゆる祝福がおまえに注がれ、どこにでも付いて回る。おまえは、おまえの町でも畑でも祝福され、おまえの子らにおいても家畜においても祝福され、おまえの土地の実りでも菜園の実りでも祝福され、おまえが行うことでも企てることでも、すべてにおいて祝福される……」(『申命記』第二八章一節、第一一章二三節)[46](九六)。また、神に背いたという罪人たちについても、イエス・キリスト到来前の、彼がそれらの罪の償いとかを行う前の、古い律法で神が彼らに要求したのは、つまり厳しい法であったにもかかわらず神がこの律法で要求したのは[47]、彼らの心からの改心でしかなかったのです。すなわち、罪人たちが悪徳と罪を捨て、隣人に対して公正に慈悲深く振る舞い、あらゆる命令を忠実に守ることだけだったのです。神の方は、心から神に帰依し、自分の悪徳と罪を捨て、隣人に対して公正に慈悲深く振る舞い、神のあらゆる命

令を忠実に守るすべての者には、恩寵と慈悲を下すと約束しました。その時には彼らの罪をもう思い出さず、完全に忘れ去るとさえ約束しました。「彼ガ犯シタスベテノ不義ヲ私ハモウ思イ出サナイ」、『エゼキエル書』第一八章二二節(48)。

この神の法なるものによれば、イエス・キリスト到来以前に、したがっていわゆる彼の解放以前に、つまりわがキリスト崇拝者たちが主張するように彼が人間の罪の償いとか(49)を行う前に、神が人間に要求したかも知れないすべて(50)のことは以上のとおりです。ですから、イエス・キリストの到来前には神がこれしか人間に要求しなかったのに、キリスト到来後にも、わがキリスト崇拝者たちが主張するようにイエスが人間をその罪から解放し贖った後でも(51)、神がさらに同じことを要求するなら、いやそれ以上を要求するなら、明らかにイエス・キリストの贖いなるもの、償いなるもの(52)は神に対して人間から何も免除することにはならず、何も軽減することにもなりません。なぜなら、彼らは恩寵と慈悲を得るために、その解放なるもの以前にもすべきだったこと、それに劣らぬだけのことを、今でもしなければならないのですから。恩寵と慈悲を手に入れる容易さの程度は、解放なるものの前も後も変わらず、おそらく前の方がより簡単でさえあったのですから。おそらく前の方がより簡単だったと私が言うのは、解放なるもの以前に神が罪人から要求したのは、私が言ったように義と慈愛による善行と神の命令への忠実な服従とを伴う心の本当の改心にすぎなかったのに、キリストの解放なるもの以後は、罪人は以前にも行わねばならなかったことを行うだけでなく、その上に、キリスト教の格率に従っておのれを捨て、おのれの重い十字架を負い、おのれの敵を愛し、侮辱を許し(53)、大変な悔い改めをし、おのれの肉体に苦行を強いることまで義務づけられるからです。そんなことは彼らのキリストの(54)解放なるもの以前に義務づけられていなかったのです。そうであるなら、その解放なるものが人間から何も免除することにも、何も軽減することにもならないのは明らかです。ですから(55)、それはどんな意味に解されようと、まったく虚しい無用なものであることも明らかです。

二、イエス・キリストはいと高き者の子と呼ばれ、神は彼にその父ダビデの王座を授け、彼は永遠にヤコブの家を

支配し、その支配は終わることがない（『ルカによる福音書』第一章三二〔―三三〕節[九七]）と言われています。いと高き者の子と呼ばれるということは、そのとおりだと言えば言えます。彼が当時、他の人々から哀れな狂信者としか見なされなかったとしても、わがキリスト崇拝者たちは少なくとも、彼を全能の神なるものの全能の子と実際に見なしているのですから。しかし、神が彼にダビデの王座を授けたこと、彼がヤコブの家を、すなわちここでヤコブの家によって意味されているイスラエルの民を支配すること、あるいは支配したこと、また、その支配は終わることがないこと、これらは明らかに偽りです。彼がダビデの王座についたことも、イスラエルの民であるユダヤ民族を支配したこともないのは確かですし、彼がまったくどこも支配していないのは今私たちが見ているとおりですから。わがキリスト崇拝者たちが彼に捧げる礼拝と崇拝を一種の支配であると、そしてキリスト教を一種の王国であると人々が見なすつもりなら別ですが、そんな意味でならどんなペテン師でも、人がそのペテンを信じ彼を神として崇めようとしたら、こうやって自分は支配していると自慢できない者はいないでしょう。それに、天使の約束あるいは預言なるものは、神がイエス・キリストに彼の父ダビデの王座を授け、彼は永遠にヤコブの家を支配する、と明白、明瞭に言っています。さて、キリスト教はダビデの王座ではなく、ダビデの王座であったこともなく、同様に、キリスト教徒の人々はヤコブの家ではなく、ヤコブの家であったこともありません。ですから、イエス・キリストはダビデの王座を得たこともなく、架空の支配は別としてヤコブの家を支配したこともないのですから、この約束と預言なるものがまったく偽りであるのは明らかです。

三、イエス・キリストは諸国民を照らす光のごときものとなり、イスラエルの民、すなわちユダヤ民族の栄光となる（『ルカによる福音書』第二章三二節[九八]）と言われています。この約束とか預言はなおさらまったくの偽りです。なぜなら、イエスは人物としては軽蔑の対象として現れただけですし、その教理と生涯と死は諸国民の前では狂愚として、ユダヤ人の前ではスキャンダルの種[56]として扱われただけだからです。イエスを崇め敬う[57]キリスト教徒の間で彼が今、名誉と栄光のうちにある[58]としても、そういうことがなされているのは、決して確信や、彼の教理の光や[59]、真理の

知識によるのではなく、その他のあらゆる宗教においてと同じくむしろ虚偽の誘惑と執着によるのです。その証拠として次のことが挙げられます。すなわち、先の約束あるいは預言によれば、彼は現在キリスト教徒となっている諸国民の栄光や光であると同時にイスラエルの民の栄光にもなるはずでしたが、預言され約束されていたようにイスラエルの民の栄光となる代わりに、彼はむしろ彼らの恥となり当惑の種となっているらしいと、私たちにはっきり分かっていることです。先の約束あるいは預言の虚偽を、これははっきり示しています。

四、「悔い改めよ、天の王国が近づいているのだから」（『マタイによる福音書』第四章一七節）、とイエスは宣教を始め、語り始めたと言われています。この天の王国なるものが彼の言ったように本当に近づいていたなら、それはずっと昔に出現し、到来していたはずです。というのも、まもなく到来すると約束され、預言されてから二千年近くが経つ以上、その約束と預言が本当であったなら、ずっと昔にその実現が見られたはずだからです。しかし、これほどの時間が経ったのに、これまでも今でも、そんな気配すら見られないのですから、これはその約束と預言が虚偽である明白な証拠です。その王国なるもの[60]が到来するはずだとまだ信じるには、不可思議なほど惑わされ欺かれ、盲目的で軽信的でなければなりますまい。わがキリスト崇拝者の一部の者たちが言うように、イエス・キリストが語る天の王国とは、魂を本当に天の王国に導く彼の教理とその教会の組織あるいは統治にほかならない、と言うのはまったくの虚妄です。なぜなら、自分たちの宗教やその組織や統治を同じく天の王国と呼べないような民族はないでしょうし、そんな天の王国の到来を同じように約束できないペテン師はいないでしょうから。しかし、彼らが天の王国なるものによって、これ以外の何ものも意味するつもりはないと人が知るなら、間違いなく彼らの約束もその王国なるものも尊重されなくなり、その国もまったく架空の王国としか見なされなくなるでしょう。

五、イエス・キリスト自身がこう言いました。生活に必要な飲むもの、食べるもの、着るものについて心配し、思い煩うな、それらについては、種もまかず倉も作らない空の鳥たちさえ養い、働きもせず紡ぎもしない野の花やユリさえ装わせる、彼の天の父の摂理に安心して任せきるがよい、と。そして、天の父が空の鳥や野の花にこれほど心を

配るなら、まして人間には一層の配慮をし、人間が天[61]の王国とその義を第一に求めるなら、彼らを何かに事欠く状態に放っておきはしないと、弟子たちに請け合いました（『マタイによる福音書』第六章二五〔一三三〕節）。そんな約束を人間があてにするさまは確かに見物でしょう！　一、二年だけでもこの点で空の鳥を真似て[62]働かず、耕さず、種を蒔かず、収穫せず、穀物を蓄えずにいたら、彼らはいったいどうなるでしょうか。その後で信心深いことをいろいろと行い、天の王国とやらと、その義とを敬虔に求めてみてもどうにもならないでしょう！　だからといって、天の父はより特別に、彼らに入用なものを与えるでしょうか。飢え渇いた時に、飲む物と食べる物を奇蹟によってもたらしてくれるでしょうか、必要な時に身にまとう下着や衣服を奇蹟によってもたらしてくれるでしょうか。バアルの預言者たちが彼らの神の救い[63]と援助を呼び求めて行ったのと同じく、彼らがその時声を張り上げ、長く叫び、彼らの天の父を呼び、願ったとしても無駄でしょう。あの神がその預言者たちの叫び声に耳を貸さなかったのに劣らず、彼も彼らの叫び声に耳を貸さないに違いありません（『列王紀三』第一八章二六〔九九〕節）。またそれゆえ、そんな愚かな人々はどこにも、わがキリスト崇拝者たちの間にさえも見られません、つまり、そんな約束をあてにしようと思うほど愚かな人々は見られません。キリスト教やその他の宗教を奉じる人々の間に、働きもせずにもっぱら自分たちの偽りの神への虚しい礼拝と奉仕に従事するだけの幾人かの人々やいくつかの家族、さらには司祭や修道士、女修道士のいくつかの団体さえあるのは、自分たちのためにずっと役に立つように働いている他の人々がいることを十分知っているからです。そうでなければ、彼らもきっと他の人々同様仕事に就かなければならないことでしょう。

　六、受け取るには願いさえすればよい、見出すには探しさえすればよい、とイエス・キリストは言いました。キリストの名で人が神に願うことはどんなことでも得られる、芥子種一粒ほどの、その程度の信仰さえあれば、言葉だけで山々をある場所からある場所へ移せる、とも請け合いました（『マタイによる福音書』第七章七節、『マルコによる福音書』第一一章二四節、『ルカによる福音書』第一一章九節、『ヨハネによる福音書』第一四章一三節、『マタイによる福音書』第一七章一七節〔二〇節〕、『ルカによる福音書』第一七章六節）。こうした約束が真実なら、本当に実

効を持つはずなら、誰も、とりわけわがキリスト崇拝者たちの中の誰も必要なものに事欠くはずはありません。願いさえすれば受け取り、探しさえすれば見つかるはずです。同じくわがキリスト崇拝者たちには不可能なことは何もないはずです、彼らはキリストへの信仰を持っているのですから。ところが、その結構な約束の実効は全然見られず、反対に彼らの間に毎日見られるのは、(64)無数の哀れな不幸な人々、哀れな貧乏人がすべてに事欠き、願っても何も受け取らず、探しても何も見つけられないありさまなのです。キリスト教会がその全体を挙げて、まだ得られなかったいろいろのことを、公に、何回も繰り返して、熱心に神に祈り求めるのさえ見られます。たとえば、次のようなことを教会は千年以上も前から、公の祈りによって、また個々人の祈りによって神に願っています。つまり、異端の根絶、非キリスト教徒〔一〇〇〕とあらゆる罪人の回心、教会のすべての子らの肉体と魂の健全、すべての信仰者の和合一致、常に恐れと愛を持って神に仕えようとして神聖な命令に従う従順の精神、すべてのものの中で最良のものや、もっとも救いに役立つものを選び、神の栄光と魂の救いに反するすべてのものを捨てる賢明の精神、これらを願っています。また、神の意志が天上におけるように地上でも行われるようにと教会は願い、教会のすべての子らに願わせています。「コノ同ジ霊ノウチニアル私タチニ、正シイ知恵ヲ持タセタマエ。アナタノ民ニ、悪魔ノ罠ヲ避ケサセタマエ。アナタノ諸々ノ民ニ、アナタガ命ズルコトヲ愛サセ、約束スルコトヲ望マセタマエ。私タチノウチニ、信仰ト希望ト愛徳ヲ増シタマエ。主ヨ、アナタノ聖ナル名ニ対シテ、私タチガイツモ恐レト愛ヲ持ツヨウニサセタマエ。私タチニ正シイ考エヲ吹キ込ミ、私タチヲ導キ、私タチニソレヲナシ遂ゲサセルヨウニ、願イ奉リマス……(65)〔一〇一〕」。そしていくつもの似たり寄ったりのことを、キリスト教会は毎日、公のまた個々人の祈りによって神に願っています。ところが、教会の求めは叶えられません。異端は相変わらず存続し、減るどころかむしろ増えてさえいます。邪悪な罪人と回心しない非キリスト教徒は相変わらず無数にいますし、肉体と精神の病に惨めに苦しめられている人々は相変わらず無数にいます。不和は相変わらず人々を悲惨な混乱と分裂状態に陥れています。さらに、賢明の精神が人々を真の善に導くことはほとんどありませんし、神への恐れと愛を吹き込むことは一層ありません。ですから、神の意志が、天上で行われ

ていると彼らが思い描くのと同じように、地上で行われているともほとんど思えません。こうして教会自身が、自分たちはわが神とキリストにとって最愛の花嫁だと名乗る全ローマ・カトリック・キリスト教会そのものが、あれほど切に毎日神に願っていることが叶わないのです。(66)彼らの主の名によってありとあらゆる願いと祈りを行っているというのに。また自分の名で神に願うことはどんなことでも必ず叶えられると約束した神なる救い主イエス・キリストの名によって、ありとあらゆる願いと祈りを行っているというのに。これによって、その約束が偽りであるとはっきり分かります。ですから、(67)わがキリスト崇拝者たちが結構な「私タチハ祈ル」(68)や「私タチノ主、イエス・キリストニ〔一〇二〕ヨッテ」などをあれほど唱えるのはまったく無駄です。彼の名であれほど願うのも、彼らのすべての祈りと祈禱をいつもあのすばらしいリフレインで終えるのもまったく無駄なのです。

さらにたとえば、わがキリスト崇拝者たちの中でも、いや彼らのうちでももっとも宗教熱心な、(69)もっとも信仰厚い、もっとも位の高い人々の中でさえも、誰がいったいあえて、山々にここからあそこへ移れと命じたり、木々に根を引き抜き海の中に飛び込んで根を張れと命じたりしますか、そのとおりにして自分の命令の効果やその実現を示すことができると確信していますか。そんなことを企てようとする良識ある人など一人もいないのは間違いありません。ところが、彼らの神と彼らの全能の神なるキリストは、(70)はっきり言ったのです。彼の名で願うことはどんなことでも得られる、芥子種一粒ほどの信仰さえあれば彼らに不可能なことはない、山にそこを立ち退き向こうに行けと言えば、山は立ち退き命じられたところに行く、木に根を引き抜き海の中に根を張りに行けと言えば、木は従うとはっきり言ったのです。同じく彼らにこうも言いました。彼を信じる者は、彼の名において悪霊を追い払い、自分が知らないさまざまな言語を話し、蛇に触れても危険はなく、毒を飲んでも害を受けず、病人に手を置くだけで彼らに健康を取り戻させる……。こういうすばらしい約束が真実であると示すことこそ、わがキリスト崇拝者たちのすべきことです。彼らが信仰を持ち、本当に彼らのキリストを信じていると示すことこそ、彼らのすべきことです。少しでも信仰を持っているなら彼らに不可能なことはないはずですから。ですから、彼らは木や山を動かすことができるだけでなく、

悪霊を追い払い、自分が知らないさまざまな言語を話し、蛇に触れても危険はなく、毒を飲んでも害を受けず、病人に手を置くだけで癒すこともできるでしょう。こういう神奇なことをすべて行えば、彼らの信仰が真実であることの、また彼らのキリストの約束が真実であることの、確実な証拠を提出することになります。しかしまた、彼らがそういう神奇なことを行えないなら、それは彼らが信仰を欠き、信じていないことの、あるいは彼らのキリストの先の約束が偽りのまやかしであることの確かな証拠です。[71]彼らが信仰を欠いているからなら、なぜ彼らはその信仰を持たないのですか。なぜこのへまな連中は信じないのですか。信仰を持ち、あれほど偉大な驚くべきことを行うのは、彼らにとってあれほど名誉になり得になるはずなのに。しかし、彼らが信仰は持っていると主張し、しかも先の神奇なことはできないというなら、彼らはどうしても先の約束の虚妄と虚偽を認めなければなりませんし、自分たちをだまされた者と考えなければなりません。

たとえば、マホメットか彼に似た別のあるペテン師[72]が、その信徒に同様の約束をし、しかも彼らがわがキリスト崇拝者たちと同じくその効力を示せないとすれば、わがキリスト崇拝者たちは必ずや叫び立てるでしょう、「ああ、詐欺師め！　ああ、ペテン師め！　ああ、そんなペテン師を信じるとは愚かな連中だ！」と。それこそ、彼ら自身の立場なのです。ずっと昔からそういう立場に立たされているのに、まだ彼らには分からないのでしょう、あるいは認めたくない、告白したくないのでしょう、自分たちの誤謬と盲目さを。彼らは巧みに自分をだまし、自ら誤謬を培い、それを堅持して喜ぶことさえするので、そのためこのように言います。先の約束がその効力を発揮し、その実現を見たのはキリスト教の初期においてだ、その当時はキリスト教の真理を非キリスト教徒や不信仰者に納得させるために奇蹟が必要だったが、その宗教が十分に確立されてからは先の奇蹟はもう必要がなくなったのだ、と。さらに、こうも主張します。したがって、神が忠実な信者たちに奇蹟を行う力を残しておく必要はなくなったが、先の約束がきわめて真実であることに変わりはない、かつて十分にその約束は実現されたのだから、と。

しかし第一に、それらが実現されたとどうして彼らに分かるのですか。彼らはおそらくそう信じたいのですが、私

が先に論証したように、それについての確かな証言を提出することは彼らにできないでしょう。その上、前述の約束をした者はその約束に、ある時、ある場所、ある人々に限るという限定は付けず、時、所、人に関し限定などない一般的な約束をしたのです。「信じる者たちの信仰には次のようなあらゆる奇蹟が伴う。すなわち、彼らは私の名によって悪霊を追い払い、さまざまな言語を話し、危険もなく蛇に触れ、毒を飲んでも害を受けず、病人に手を置くだけでこれを治す」（『マルコによる福音書』第一六章一七〔―一八〕節）。また祈りについて語り、人がイエスの名によってその父に願うどんなことでも、イエスは叶えるとはっきり言っています。「おまえたちのうちの二人が地上で心を合わせるなら、その願うことが何であれ、叶えられる」（『マタイによる福音書』第一八章一八節〔一九節〕）。さらに彼はこう付け加えます。「願うものは誰でも受け取る。まったく邪悪なおまえたちでさえ、それでも自分の子供たちに良い物を与えることをよく知っているなら、天にいるおまえたちの天の父はなおさら、それを求めてくる者たちに良い精神を与えないことがあろうか」（『ルカによる福音書』第一一章〔九、〕一三節）。山の移動についても、こうはっきり言っています。「誰でも、心の中でためらわず、命ずることはすべてなされると信じ、ある山にそこを退き海に入れと言うなら、それは聞き届けられる。人が信仰の中で祈り求めるなら、どんなことでも手に入れることができる」（『マルコによる福音書』第一一章二三、二四節）。以上のように約束はまったく明瞭で、完全に一般的なものです。時、所、人について限定されていないのは明らかです。それらが要求しているのは信仰を持つことだけです。[73]ですから、この約束が真実であるためには、あらゆる場面において、すなわち時、所、人に関するどんな限定もなしに真実でなければなりません。したがって、信仰を持ち、イエス・キリストの名によって願うあらゆる男女に対してそれらは効力を発揮し、実現されなければなりません。現在、どこでもその効力は発揮されていませんし、その効力を示すとあえて約束する人は恥じ入り当惑するだけだということさえ明らかですから、それらが偽りであること、まったくの偽りであることも明らかです。[74]

七、イエス・キリストは、弟子たちに天の王国の鍵を授ける、彼らが地上でつなぐものはみな天でもつながれる、

と言いました（『マタイによる福音書』第一六章一九節）[一〇三]。誰も天で行われることを見るために、天に昇ったり、行ったりはできませんし、天の王国の鍵なるものと、イエス・キリストが語るつないだり解いたりする力なるものは、架空の鍵、架空のあるいは霊的な力にすぎないのですから、簡単にそんな約束ができないようなペテン師も狂信者もいません。それにしてもこの虚妄を暴くのは簡単です。またその他、以下のような約束の虚妄についても同じです。同じイエス・キリストは弟子たちにこう約束しました。彼がその王国に入る時は、彼らを自分の食卓につかせ、飲み食いさせる、十二の王座につかせ、イスラエルの十二部族を裁かせると（『ルカによる福音書』第二二章三〇節）。また、彼への愛のために、父母、兄弟、姉妹、妻子、家、土地、その他の遺産を捨てたすべての者には、こう約束しました。この世ではその百倍のものを与える、あの世では永遠の命を与えると（『マタイによる福音書』第一九章二八節〔二九節〕）。同じく、永遠の命(75)を彼の言葉を守るすべての人々に（『ヨハネによる福音書』第八章五一節）、彼の肉を食べ、その血を飲むすべての人々にも約束し、終わりの日には彼らをよみがえらせる……などと言いました（『ヨハネによる福音書』第六章五五節〔五四節〕）。このようなすばらしいすべての約束の履行を彼は延期し、なかなか来ない不確定なある時に、間違いなく決して来ない新たな再生[一〇四]とかいう時に置いているのですから、私がすでに言ったように、簡単にそんな約束ができないようなペテン師も狂信者もいません。しかし、そのことからそれらの虚妄と虚偽(76)を見て取るのもやはり簡単なことです。まったくのところ、その約束そのものが自然にくずれ去ってしまうのですから。

八、イエス・キリストは弟子たちに、自分の教会を石の上に建てる、教会は常に存続し、地獄の門もこれに勝ることはないと言いました（『マタイによる福音書』第一六章一八節）(77)。この言葉によって、彼がその宗派は常に存続し、決して打ち倒されないと言うつもりなら、それは今後に分かることでしょう。というのも、その宗派はすでに長く続いていますが、だからといって(78)それは常に存続することの確実な証拠ではありません。宗教に関して、人間がいつも今と同じほど愚かで盲目であることは決してないでしょう。おそらくいつの日か目を開き、おそらく後になって、あれは自分たちの誤謬だったと認めるでしょう。そういうことが起こるなら、その時こそ、あれほど愚かに敬い崇めてい

た一切のものを、[79] 彼らは軽蔑と憤慨をもって捨て去るでしょう、その時こそ、あの誤謬とペテンの宗派一切が面目を失って終わりを遂げるでしょう。しかし、イエス・キリストがこの言葉で言おうとするのが、決して誤謬と悪徳に陥らない一宗派あるいは信徒団体を創始し、確立したということだけであるなら、その言葉は絶対に偽りです。キリスト教の中には誤謬と悪徳に満ちていない宗派も、団体も、教会も一つとしてないからです。とりわけ、すべての派の中でもっとも純粋で神聖であると自称する、ローマ教会というあの一派あるいは団体は、そう自称はしていてもずっと昔から誤謬に陥っています。いや、誤謬に陥ったのではなく、誤謬の中で生まれ、誤謬の中で宿され、形成されたのです。そして今ではさらに、その創始者の意志に反し、彼の教理の諸見解に明らかに反するさまざまな誤謬に陥ってさえいます[80]。なぜなら、その教会は彼の意志と意図に反して、彼が是認するユダヤ人の律法を廃止したからです。彼自身はその律法を打ち倒すためではなく、成就するために来たと言っていたのですから（『マタイによる福音書』第五章一七節〔一〇五〕）。またその教会は誤謬に、異教の偶像崇拝あるいはそれに似た偶像崇拝に陥ったからです。その教会が自分たちのねり粉の神や、自分たちの聖人や、聖人の像や遺品に捧げる偶像崇拝的な礼拝によって、そのことは明らかに見て取れます。

この点について、学識と見識を有する一著作家が次のように語っています（〔マラナ〕『トルコ皇帝の密偵』第六巻書簡六）。「マリアの息子イエスは、アブラハムやヤコブの子孫で、モーセの律法によって育てられ、それを一度も破りませんでした。〈私がモーセの律法を打ち壊すために来たと思ってはならない。反対にそれを完成させ、成就するために私は来た〉（『マタイによる福音書』第五章一七節）と彼は弟子たちに言いました。彼の使徒たちも同じことを行い、あらゆることにおいて、彼らは確立された掟を厳格に守りました。初期のキリスト教徒の振る舞いも同じで、週の最初の日を、自分たちが公にミサを行う日に指定したのを別にすれば、ユダヤ人の安息日〔一〇六〕さえ守りました。彼らは、血と、絞め殺したものと、汚れた肉と、偶像に供えた肉も避けていました〔一〇七〕。これはイエス・キリストの首席使徒ペテロなる者が主宰し、彼らがエルサレムで開いた最初の宗教会議〔一〇八〕で決められ定められたことです。その派に属する

人々に彼らはこう語りかけました。〈聖霊と私たちとは、次の必要な事項のほかは、どんな負担をもあなたがたに負わせないことに決めた。すなわち、偶像に供えた肉と、動物の血と、絞め殺した獣と、姦淫とを避ける、ということである。これらのものから遠ざかっておれば、それでよろしい〉（『使徒行伝』第一五章〔二八、〕二九節）[一〇九]。彼らの教会には、像も絵も数珠も祈禱所もなかったのです。要するに、彼らはあらゆる必要な浄めを守り、みな唯一の神を崇めていました。今日では事情はまったく別で、ローマ教会は正反対の格率に従っています。その教会はキリストのあの明白な宣言を否認し、彼は律法を廃止し、すべての人を自由にするために来たのだ、と言明しています。私たちは今日では、生きている獣の乳を飲むのと変わりなく、喉を切った獣の血を自由に食べて楽しめるし、神の律法で許された子羊その他の浄い獣を食べる場合と変わりなく、豚肉その他の忌むべき肉を食べても罪を犯すことにはなりえないと言明しています。どうやってそれを一致させることができますか、どうして理性的な人間がそれを信用できますか。世の中に放蕩者や無神論者があれほどたくさんいても驚くには当たりません。キリスト教は明白な矛盾を織りなしたものにすぎないのですから。これには、ふだん神学者がやっている答え方をなさるでしょう。つまり、ユダヤ人たちがキリスト教の信仰を一旦は奉じたものの、先祖たちが決めたことやヤコブの家の定めがなおざりにされるのを見て、彼らが躓くことになってはならないと、使徒やその他のキリスト教徒も初期の間はモーセの律法を守った。しかし福音が全土で説かれ多数の異教徒が教会に入ってきた後では、ユダヤ人のような軽蔑すべき一国民のためにそれ以外のすべてのキリスト教徒を躓かせることはもう必要ないし、担うのに慣れてもいないそんな耐えがたい重荷を負う羽目になるよりは、キリスト教そのものを捨てさせることになるかも知れないようなくびきをキリスト教徒一般に課す必要はもうないと判断されたのだと、あなたは答えるでしょう（この同じ著者が手紙を書いている相手に言っているのです〔メリエによる注記〕）。

　ですから、地上の最大部分を占めるローマ帝国の改宗をできる限り容易にするために、教会はその法と掟と慣習と儀式を当時の精神と好みに合わせたわけです。異教徒は無差別に何でも食べていたので、それはモーセの迷信への隷

属と屈従から人間を解放しに来たイエス・キリストの意志に沿っている、と彼らに納得させました。まさにその同じ物分かりのよさによって、像や絵の使用が教会に導入されました。さまざまな司祭服、さまざまな祭壇の飾り、大蠟燭、灯明、香、花鉢その他、宗教的な粉飾が確立されたのは、ユピテル、アポロン、ウェヌス、ディアナその他、異教の神々の祭司たちを手本にして、彼らから取り入れたにすぎません。そこから、男や女の神々の祭りが、男や女の聖人の祭りに変えられ、以前太陽や月や星に捧げられていた神殿が、装い新たに使徒や殉教者に献じられることになりました。ローマにあったパンテオン、万神の神殿さえ、時の変遷と司祭たちの抜け目なさによって、聖人全員に捧げられた教会堂に変えられました〔二〇〕。要するに、キリスト教はあらゆる点で変装した異教にすぎないと見えました。さらに、教会の懐に何百万というあれほど多くの罪人を否応なしに引き寄せるのは敬虔なペテンだ、と思わざるをえませんでした〔二一〕……その意味で確かに、ローマ教会は異教徒をキリスト教化したのと同程度に、キリスト教徒を異教徒化したとも言えます〔二二〕。

エチオピア教会〔二三〕はそれに対して（すなわちローマ教会に対して〔メリエによる注記〕）反証をする生き証人です。というのも、エチオピアのキリスト教徒は大昔から、まさに使徒の時代から、モーセの律法の浄不浄に関わるあの部分を、食用に許される肉の選択を私たちに命じ、避けるべき肉を規定するモーセの律法のあの部分を遵守してきたからです。この国に世界の残り全部にいる以上の、キリスト教に改宗したユダヤ人がいるのはそのせいです〔二四〕。東方キリスト教徒〔二五〕は、ローマ・キリスト教徒より断罪すべき点が少ないと思われます。というのも、肉と飲物の浄不浄の律法をエチオピアの人々ほど厳格に守ってはいませんが、彼らも血と絞め殺したものは決して食べないからです。また、彼らの聖職者は一生を通じ肉というものを一切断ち、多くの浄めの儀式とその他の穏やかな暮らし方を守っているからです。しかし、ローマ・キリスト教徒は、豚のようにありとあらゆる汚物の中に浸り、それでも自分たちだけが真の普遍教会の徒であり、神に選ばれた者であり、真の救いの道にいる地上で唯一の民であると確信しています。それについてどう判断すべきか私には分かりませんが、これらの障害が除かれないかぎり、ユダヤ人の改宗が見られる見込

みはまったくありません[二一六]。

畑の案山子や、木や、豚や、犬や、猫や、蛇に、あるいはラップランド人のごとく朝初めて見たものに、その他あれほど多くの偶像に、神としての尊敬を捧げる人間の愚かさを見て誰が笑わないでしょうか。しかしもう一方で、神の唯一性をともに説いたモーセの律法とメシアの律法を信じると告白する人々、世界でもっとも純粋で神聖な宗教を持つと自慢するローマ・キリスト教徒の人々が、つまりそういう人々が、木や石を崇め、絵や像を崇め、釘や、ぼろ布や、骨や、髪の毛や、古い木の切れ端を、総じて、狡猾な司祭どもが崇めるべきだと持ち出してくるあらゆるものを崇めるのを見て、誰が涙を流さずにいられるでしょうか[二一七]。[81]こういうあらゆる誤謬と悪弊が、ローマ教会の中に明らかに見られますし、それらはキリスト教の初期の制度にも、教会の創設者イエス・キリストの制度にさえも完全に反しています。ですから、地獄の門も自分の教会に勝ることはない、自分が確立するものに勝ることはないと彼が言ったのが、悪徳に関して、あるいは誤謬と悪弊に関してであるなら、彼の約束はローマ教会にあっては明らかに偽りであると分かります。彼自身が断罪した多くの誤謬と悪弊を教会は教えているのですから。現代においてさえ、この教会が自ら誇るように不可謬[二一八]でないことを見るのは簡単です。なぜなら、以前は受け入れていたし、諸々の宗教会議[二一九]と教令で確立した、しかもその神聖で聖なる書とかいうものにも明瞭に含まれているあの教理を、今はウニゲニトゥス[二二〇]教皇令によってその教会が断罪し、この教皇令を受け入れ、またどこでも受け入れよと義務づけているのですから[二二一]。

九、「見よ、墓の中にいるすべての者が神の子の声を聞く時が来る、そして、それを聞く者は命を得る」（『ヨハネによる福音書』第六章（第五章）二五節）とイエス・キリストは言いました。こう言ったのは二千年近くも前です、したがってその時が来るはずだったのは二千年近くも前です。ところが、それ以来今までその時が来るのが見られないのです！　ですから、「見よ、その時が来る」と彼が言ったのは確かに偽りだったのです。そういう時がやって来たことは今までになかったし、まもなく来るはずだという気配も、いつか来るはずという気配さえもいまだにないありさまですから。

一〇、イエス・キリスト[82]は弟子たちにこう言いました。彼らが裁判官の総督たちの前に、さらに王たちの前に連れて行かれる時、何と言おうか、何と答えようかと心配する必要はない、その時には彼が知恵を授け、彼らの敵が抗弁も反駁もできない言葉を彼らに授ける、と言いました（『マタイによる福音書』第一〇章一九節、『ルカによる福音書』第一二章一一〔―一二〕節）。この約束が本当[83]に果たされたなら、彼らに敵対しようとした人々を、彼らはその知恵とその推論と弁論の力とで簡単に論破したことでしょう。さて、かつて彼らが推論によってその敵の一人でも、非キリスト教徒の一人でも論破したのはまったく見られません。同じく[84]、彼らの弁論や書物の中のどこにも、その神の知恵なるもののどんなしるしも見られませんし、賢明で知識のある人を論破できる、いや説得だけでもできるどんな推論の力さえ見られません。反対に、彼ら自身がいつでも打ち負かされ、憤慨と軽蔑の対象となり、哀れな狂信者として扱われたのが見られます[85]。まただからこそ、当時のすべての歴史書に見られるように、彼らはどこでも迫害されていたのです。

一一、その同じイエス・キリストは使徒と弟子たち[86]にこうも言いました。彼は世に生まれるすべての人間を照らす世の光である、彼に従う者は闇の中を歩まないと（『ヨハネによる福音書』第八章一二節）。しかし、日の光以外にすべての人間を照らし導く光など見られませんし、それに日の光でも盲人を照らし導くことはできないでしょう……。聖ヨハネ〔の『福音書』の中〕では、イエス・キリストは彼を信じるすべての人々に神の子となる能力を授ける、と言われています。彼らは肉と血の意志によって、人間の意志によって生まれたのではなく、神によって生まれた、と彼は言いました（『ヨハネによる福音書』第一章一二―一三節）。その神の、神なる子らはどこにいるのですか、そんな神的な仕方で、肉と血の協力も受けず、人間の意志[87]の協力も受けず、神によって生まれた人々が。肉と血という自然的な手段によって、人間の協力によってこの世に生まれる人々以外の人間など、見られないのは間違いありません。

一二、イエス・キリストはこうも言いました。彼は道であり、真理であり、命であり（『ヨハネによる福音書』第一四章四〔―六〕節）、よみがえりそのものである、彼を信じる者はたとえ死んでも生きる、また、生きていて彼を

信じる者は誰でも決して死なないと（『ヨハネによる福音書』第一一章二五〔―二六〕節）。同じく、彼の言葉を守る者は決して死なないとも言いました（『ヨハネによる福音書』第八章五一節）。そのとおりなら、では、まだ彼の言葉を守り通した者も、本当に彼を信じた者も一人もいないわけです。彼のもっとも忠実な弟子たちさえだめなのです。なぜなら、当時にも後のどの時代にも、死ななかった者は一人もいませんし、彼を信じその言葉を守る(88)と告白する人々が、誰一人死を免れも避けもできず、今も毎日死んでゆくのを私たちは見ているのですから。しかし、人に死を免れさせることがどうして彼にできたでしょう、自分自身、生に留まり死を避けることができなかったのですから。それでは、こういうすべての結構な約束の真実はいったいどこにあるのですか。それを聞いて、その効果がこれほどないのを見て、いったい誰が笑わないでしょう。その真実を示せないなら、そんな約束は絶対に偽りだ、まったく滑稽だ(89)と結論すべきです。(90)その言葉やそういう種類の約束は霊的な意味に解されるべきだ、言葉そのものの自然な、文字どおりの意味では真実でないが、その霊的な意味において真実なのだ、と言うのはまったくの錯誤です。なぜならその霊的意味なるものは、どんな足にも合うテラメネスのサンダル〔一二二〕のように、どんな種類の主題にも適用して、好きなように、それに合わせて変えられる作り上げた意味、架空の意味にすぎないからです。どんなに偽りの、どんなに馬鹿げた、どんなに滑稽な約束や命題であっても、それらに何かの霊的・寓意的・象徴〔一二三〕的意味を与えられないことはないからです。わがキリスト崇拝者たちがその神なる(91)キリストの言葉と約束の中に見つける、人にも見つけさせる(92)と主張するもののような、何か霊的な架空の真理をそういうものの中に見つけさせようとすればよいのです。したがって、彼らがその言葉や約束に与える霊的な意味は架空の意味にすぎないのですから、彼らがそれらの中に見いだすと主張する真理も架空の真理にすぎません。そんな真理にまともに掛かり合おうとするのは滑稽でしょう。その上、先の約束と言葉は、人がそれらに与えようとする霊的な意味においても、その自然な文字どおりの意味にとる場合以上に真実ではないので、それらはどちらの意味においても同じく偽りだということになります。

一三、イエス・キリストはこうも言いました。彼が天から下り、空の雲に包まれ偉大な力と威厳を伴って現れるの

が見られる、彼は天使たちを遣わし、天使はラッパの力強い音で世界の隅々から、天の果てから果てに至るまで、選ばれた者をすべて呼び集める、日は暗くなり星は天から落ち、その時、地上の諸国民はすべてその不幸を嘆く、と。また、彼が預言した後にこういうすべてのことがすぐにも起こる、つまり、当時の人々が生きている間にさえ起こるとも請け合いました(93)(『マタイによる福音書』第二四章三〇〔二九―三一〕節、『ルカによる福音書』第二一章〔二五―〕二七節)。また、まことに言っておく、こういうすべてのことが起こるまでこの時代は過ぎ去らない、と彼は弟子たちに言いました(『マタイによる福音書』第二四章四三節〔三四節〕)。また別の機会には、次のように弟子たちに言いました。「まことにおまえたちに言う。ここにいる者のうち、神の支配が来るのを見るまで死なぬ者もいる(94)」(『マタイによる福音書』第一六章二八節、『マルコによる福音書』第八章三九節〔一二四〕)。以上の預言と約束はきわめて明瞭で、それがなされた後すぐにもその内容が起こるはずだとしています。しかし、そういうことがいまだに全然起こっていないのは明らかです。その預言と約束以来、このように多くの時代が過ぎ去り、その預言の実現を見るはずだった人々はもう誰もいません、二千年近くも前にみな死んでしまったのです。ですから、その預言が決して実現しなかったことが明らかであるのと同じに、それが偽りであるのも明らかです。

一四(95)、イエス・キリストはこうも言いました。彼が地上から上げられる時すべてのものを彼のもとに引き寄せる、つまり、わがキリスト崇拝者たちの言うところによれば、すべての人間を彼のもとに引き寄せ、彼を知り愛するようにすると(『ヨハネによる福音書』第一二章三二節)。この言葉は本当であると確認されるどころか、それとはほど遠いありさまです。彼を知り崇める人々の数は、彼を知りもせず仕えてもいない人々と比べれば、ほとんど無に等しいのですから。あらゆる年代、あらゆる身分の男女を彼は引き寄せたのだから、その言葉は十分真実だと人が主張するなら、それは虚しい解釈です。同じことを言い、同じことができないペテン師はいないからです。

一五、『聖書』なるものにはこうも言われています(96)。死が一人の人間によって来たように、義とされることも一人の人間によって来る、すべての人がアダムにおいて死んだように、すべての人はイエス・キリストにおいて生き返る

と（『ローマ人への手紙』第五章一七節）[125]。また、神聖な信仰の奥義として、こう預言され告げられています。すべての死者が不死のものとしてよみがえり、私たちの[97]この死すべき肉体は不死性をまとわされるはずだと（『コリント人への第一の手紙』第一五章五一節（五二―五三節））。神は義が住む新しい天と地を作る、とも言われています（『ペテロの第二の手紙』第三章一三節）。これらすべての約束と預言は明らかに偽りだと分かります。そのどんな結果も、それが真実らしいどんなしるしも見られないのですから。それと同時に、神はその約束を決して延ばさないとも言われていますが、すぐに行われるはずだった事柄の実行を何千年も延期するのは、十分長い間引き延ばすことではないですか。

一六、イエス・キリストの[98]到来と誕生こそ、神が昔の族長たち、アブラハム、イサク、ヤコブにしたあの約束、あのすばらしい有利なすべての約束を、神が実行させる者の到来と誕生である、として語られています（『使徒行伝』第一〇章四二節、第一三章三二節）。[*1]またださからこそ、彼の母マリアは自分がまったく神的な子を孕み、神はその子に全能を傾けてありとあらゆる不可思議な神異を顕させる、と信じて自ら喜び、主を称えて言ったのです。「主は私に偉大なことをなされた。主はその腕の全能を示し、奢れる傲慢な者どもの悪しき計画を無に帰し、君主どもをその王座から引き下ろし、卑しい者をその位置に引き上げ、飢えに追い詰められている者を富で満たし、裕福に暮らしている者を困窮に陥れる。結局、主はその慈悲を忘れず、主の僕イスラエルの民を庇護する、彼らの父アブラハムとその子孫に永遠に約束したとおりに」（『ルカによる福音書』第一章四七、五五節（四九、五一―五五節））。大祭司ザカリヤも同じことを言いました。「イスラエルの神なる主を称えよ。主がその民を訪れ、贖いに来たのだから、その僕ダビデの家に、力強い救い主を私たちのために現れさせたのだから。過去の世に生きた聖なる預言者たちの口を通して主が約束したとおり、私たちを敵の力から、私たちを憎む者すべての手から解放するためだ。こうして、私たちの父祖にその慈悲をかけ、その聖なる契約を忘れずにいてくださる。それは、私たちが敵の手から解放され、恐れもなく主に仕え、生涯の間、聖潔と義の中で主の前を歩める恵みを私たちには与えるという、主が私たちの父アブラハム

に立てた誓いによる。私タチガ敵ノ手カラ解放サレ、恐レモナク主ニ仕エ、生涯ノ間、聖潔ト義ノ中デ主ノ前ヲ歩メルヨウニ」(『ルカによる福音書』第一章七四節〔六八―七五節〕)。

＊1 「キリストハ私タチヲ律法ノ呪イカラ贖ッタ……ソレハ、アブラハムノ受ケタ祝福ガ、イエス・キリストニヨッテ、異邦人ニ及ブタメダッタ……約束ガ、イエス・キリストヘノ信仰ニヨッテ、信ジル人々ニ与エラレルタメダッタ」、『ガラテヤ人への手紙』第三章一三〔、一四〕節、二二節。「シカシ、時ガ満チテ神ハ自分ノ子ヲ遣ワセタガ、ソレハ律法ノ下ニアル者ヲ贖ウタメダッタ」、『ガラテヤ人への手紙』第四章四〔、五〕節。「神ハ、コノ終ワリノ日々ニ、万物ノ相続者ト定メタ自分ノ子ニヨッテ、私タチニ語ッタ」、『ヘブル人への手紙』第一章二節。[99]

またたからこそ、聖パウロも、アンティオキアのユダヤ人にイエス・キリストの信仰を説く時、次のように言ったのです。「私の兄弟たちよ、救いの言葉が送られるのは、アブラハムの一族の子らであるあなたたちにである。私たちは、私たちの父祖になされた約束が履行されたとあなたがたに告げる。まさに彼らの子孫である私たちに、神はイエス・キリストをよみがえらせて、その約束の結末を示された。だから、兄弟たちよ、このことを承知しておくがよい。すなわち、私があなたたちに罪の赦しを告げ、モーセの律法では義とされることができなかったすべてのことについて贖いを告げるのは、その者によって、イエス・キリストによってであることを。イエス・キリストを信じる者は誰でも義とされる」(『使徒行伝』第一三章二六節〔二六、三二―三三、三八―三九節〕)。イエス・キリスト自身も自分の出現について、使徒たちにこう言いました。「モーセの律法と預言書と詩篇の中で、私について言われていることは、ことごとく必ず成就する。すべての諸国民の間で、悔い改めと罪の赦しが、私の名において説かれなければならない」(『ルカによる福音書』第二四章四四〔四七〕節)。彼が自ら告げ、至る所で告げるように弟子たちにも命じた、天の王国の間近い到来とは、この約束の成就なるものに関わっていたのです。つまりその天の王国とは、神から彼らの先祖になされたと彼が信じる、あのすばらしい壮大な約束すべての成就を意味していたのです(『マタイによる福音書』第一〇章七節、『マルコによる福音書』第一六章一五節)。[126] そこから明らかなのは、イエス・キリストの到

来と誕生が、昔の族長たち、アブラハム、イサク、ヤコブに神が行ったと言われるあのすばらしいすべての約束を成就する者の到来である、と当時（少なくとも彼の弟子たちから）見なされたことです。[100]まただからこそ、弟子たちはある日イエスに、彼らのイスラエル王国を再興するのはまもなくか、「主ヨ、イスラエルノ王国ヲ再興スルノハコノ時デスカ」（『使徒行伝』第一章六節）と尋ねたのです。

さて、イエスが先の約束をまったく果たさず、彼においてそれらの成就がまったくなされなかったことも明らかです。先の約束の記載事項と、イエス・キリストの人物と業績を比較して、このことを論証するのは簡単です。私が上で指摘したごとく、それらの約束には明瞭にこう記されています。すなわち、神は現在のユダヤ民族であるイスラエルの民と永遠の契約を結ぶ。彼らの罪を罰するために、地上のあらゆる国民の間にその民を離散させた後、神は彼らをその隷属状態から解放し、散らされていた世界の各所から彼らを再び集める。その目的のために、彼らを解放し地上のあらゆる国から集める強力な解放者を彼らに遣わす。神は彼らを栄光とともに彼らの土地と国に戻らせ、そこを領有させ、そこで永遠に彼らは自分たちの神に忠実に仕え、ありとあらゆる富と幸福を安全に平和に享受し、もう敵の攻撃にさらされるのを恐れることはない、と記されています。

[101]またそれらの約束には、私が指摘したごとく明瞭にこうも記されています。すなわち、その民の首都であったエルサレムは聖なる町、神に選ばれた町となり、そこに神の栄光の座が永遠に確立される、そのために神はこの町を世界中でもっとも美しい、豊かな、栄光に満ちた、勝利に輝く町にする、と。私がまた上で指摘したごとく、この件に関してさまざまな神異を預言し告げたいわゆる預言者たちによって、これらの約束は何度も何度も繰り返されました。これらすべてのすばらしい約束と預言によるなら、現在ユダヤ民族はあらゆる隷属から解放されているだけでなく、地上のすべての民族の中でもっとも神聖な、祝福された、強力な、幸福な、栄光に満ちた、勝利に輝く民でもあるはずです。そして、現在エルサレムは世界中でもっとも神聖な、豊かな、美しい、強大な、栄光に満ちた、幸福な、勝利に輝く町であるはずです。そんなことはまったくなく、そんなことはなされもせず、イエス・キリストの誕生と到

来前も、その後も、そんなことがなされるはずだとも見えなかったのは明らかですから、先の約束の成就が彼によっても、その他の誰によっても、まったくなされなかったのは明らかです。したがって、先の約束と預言がまったく虚しく、偽りであることも明らかです。

第二八章　わがキリスト崇拝者たちによる彼らの『聖書』なるものの霊的・寓意的・神秘的解釈の虚妄と虚偽、ならびに、そこに含まれる約束と預言に彼らが与える霊的・神秘的意味の虚妄と虚偽

先の約束と預言に関し、それを表現されているまま文字どおりに受け取ろうとすることは無知あるいは[1]精神の低俗さである、とわがキリスト崇拝者たちが見なすのは私もよく知っています。そして、神の意図と意志との精緻で巧みな解釈者という役割を自分たちが確かに果たしていると信じ、言葉の文字どおりの自然な意味を捨てて、神秘的・霊的と呼ぶ意味を、また寓意的・天上的・教訓的と名付ける意味〔一二七〕をそれらに与えているのもよく知っています。たとえば、約束が与えられたイスラエルとユダの民とは、肉によるイスラエル人ではなく霊によるイスラエル人、すなわち神のイスラエル、選ばれた真の民であるキリスト教徒、と解釈しなければならないそうです。彼ら自身の言葉によれば、先のあらゆる約束の実現はそのような民のために取っておかれ、肉的で低俗な、あるいは地上的な[2]仕方においてではなく、まったく霊的かつ神的な仕方で実現されるのだそうです。また、その民に約束された、敵の捕囚からの解放とは、囚われの一民族の単なる肉体的解放ではなく、悪魔と罪への隷属からの全人類の霊的解放と解釈しなければならないそうです。彼らの言葉によれば、すべての人間の救いのために自ら死に身を委ねた、彼らの神なる救い主イエス・キリストにより、その解放はなされるはずだったそうです。また、このイスラエルの民に約束された、豊かな富と財物と現世の幸福[3]とは、地上的な財物と繁栄ではなく、神が分かち与えるはずだった[4]、豊かな恩寵と霊的な祝福と解釈しなければならないそうです。キリスト教にあっては、彼らの神なる救い主イエス・キリストの無限の功徳により、神がそれらを聖なる魂を持つ者に分かち与えているというのです。さらにまた、先の約束と預言の中で、あれ

ほど有利なことが語られているエルサレムの町とは、地上のエルサレムではなく、キリスト教会あるいは天のエルサレムである霊的エルサレム、と解釈しなければならないそうです。わがキリスト崇拝者たちの言葉によれば、そのエルサレムは天そのもの、神の真の住まいであって、そこにこそ、神の栄光と至上の威厳を持つ真の王座があり、そこにこそ、人が望みうるあらゆる富と享受しうるあらゆる幸福がまさしく存在するのです。また、そこには汚れたものは何も入ることができず、真の選ばれた者たちがどんな禍ももはや恐れることなく、そこで永遠に幸福に暮らすのです。

〔メリエによる原文欄外への縦書き書き込み〕 虚しい錯誤と滑稽な解釈。

ですから、先の昔の族長たち、アブラハム、イサク、ヤコブに与えられた先の約束でも、この霊的・神秘的解釈によるなら、神が族長たちに向かってその一族と子孫を祝福し、彼らを海の砂や地の塵のように増やすと約束したのは単なる象徴的表現にすぎなかったのです。その表現によって神が言おうとしたのは、あるいは言おうとしたらしいのは、その族長たちの子孫という言葉によって霊的に意味される者たち、すなわちキリスト教徒を神が祝福し増やすということだったのです。また、神が族長たちの子孫と永遠の契約を結ぶと約束したのは、神が福音の法を与えて、キリスト教会と永遠の霊的契約を結び、その契約が世の終わりまで続くという意味だったのです。また神が彼らに、彼らとそのすべての子孫に次のように約束したのも、つまり、彼らをそのすべての隷属と悲惨から解放する、一人の力ある贖い主を彼らに与える、彼らが散らされ、捕虜として連れて行かれた世界中の国々から彼らを再び集める、彼らはあらゆる敵を打ち破り、神によって勝利者や勝ち誇る者として、カナンとパレスチナの彼らの土地と国に連れ戻され、そこを領有する、と神が約束したのも、それは文字どおりの現世における贖い主のことではなく、霊的な贖い主のことを意味していたのです。それは、その贖い主が人間を悪魔と罪の隷属から霊的に解放し、すべての人間を真の神の認識へ連れ戻すという意味で、単にユダヤ民族を現世的捕囚から解放するはずの贖い主のことではなかったのです。またその解放の後、彼らの国でありとあらゆる富を彼らに豊かに享受させると神が約束したのも、チーズ、ブド

ウ酒、乳、蜜、油、その他ありとあらゆる良いものをふんだんに与えると約束したのも、それはチーズ、ブドウ酒、油、乳、蜜その他の現世的な良いもののような(7)、地上の現世的な富のことではなく、そういう現世的な富によって表されている、恩寵という霊的富を意味していたのです。魂の霊的救い主が人間をその罪から解放した後、そういう富を彼らに与えるはずだ、という意味だったのです。さらにまた、エルサレムの町をあのように美しく(8)、神聖に、裕福に、豊かにし、繁栄させ、幸福にすると神が約束したのも、それは地上のエルサレムのことではなく、キリスト教会に違いない霊的エルサレム、あるいは、神の真の住まいであり福者の魂の真の住まいである天のエルサレムを意味していたのです。イスラエルの民と彼らのエルサレムのためになされた、その他すべての約束や預言についても同様だったのです。要するに、こういうすべての約束や預言は、その本来の自然な意味においては明らかに偽りだと確認されますが、それでもそれらの虚偽をわがキリスト崇拝者たちは率直に認めたくはありませんでした。なぜなら、まさにその約束と預言なるものの上に、彼らの宗教全体(9)が基礎づけられているからです。その虚妄と虚偽を認めたら、彼ら自身がだまされた者と見なされることになるからです。そういう恥辱から身を守ろうと(10)、彼らはやむなくそれらにありもしない意味を与え、その虚偽を覆い隠そうと努め、それらの中にありもしない、あるはずもない真理を、できることなら発見させようとしたのです。

〔メリエによる原文欄外への縦書き書き込み〕　虚しい錯誤と滑稽な解釈。

しかし、その霊的・寓意的意味なるものは、無関係な意味、架空の意味、解釈者が勝手にでっち上げた意味にすぎませんから、どんな命題にせよ、どんな約束や預言にせよ、その真偽を示すのにそのようなものはまったく役立ちえない、と簡単に分かりますし、簡単に示せます(11)。また、主題や話の内容がそのようなものを要求していない時に、霊的意味をあのようにでっち上げるのは滑稽でさえあります。というのも、疑いの余地なく、ある命題であれ、ある約束や預言であれ、その真偽を判定できるのは、その自然な本当の意味に関してにすぎないからです。たとえば、ある命題であれ、ある約束や預言であれ、それが言い表されている言葉の本来の自然な意味において真であると確認され

るなら、人が口実を設け、それにありもしない無関係な意味を与えようとしても、それ自体が偽りになることはないでしょう。同様に、ある命題であれ、ある約束や預言であれ、それが言い表されている言葉の本来の自然な意味において明らかに偽りであると確認されるなら、人が口実を設け、それにありもしない無関係な意味を与えようとしても、それ自体が真になることはないでしょう。ですから、ある言説であれ、ある約束や預言であれ、簡単にその真偽が判定できる明白鮮明な意味、本来の自然な意味がその中にあり、それが見て取れる時、そこにありもしない真理や虚偽を探すため、それに無関係な意味をでっち上げようとするのは、悪弊であり馬鹿げたことです。また私が言ったように、でっち上げた架空の意味の中に、架空にすぎないさまざまな真理を探すため、明白な意味と本来の自然な意味による真理から離れようとするのは滑稽なことです。

しかし、それこそわがキリスト崇拝者たちが行っていること、私が語った約束と預言の本来の自然な意味と真の意味から離れて、間違いなく架空であり滑稽な空想的意味にすぎない霊的・神秘的意味をでっち上げる時に、彼らが行っていることです。というのも、わがキリスト崇拝者たちは、そのように先の約束や預言の本来の自然な意味を捨て、実際の真の意味を捨てるのですが、それは架空にすぎないさまざまな意味、古い誤謬を隠すために新しい誤謬を確立するのにしか役立たない意味にしがみつくためだからです。そういう霊的・寓意的意味は架空のものにすぎない、と私が言ったのは、実際それらが解釈者の想像力にしか拠り所を持たないからです。その約束や預言に彼らが望むような霊的・神秘的意味を与えることは、彼らの想像力に依拠するにすぎないからです。したがって、約束や預言なるものを真実とするため、このように霊的・寓意的・神秘的意味をでっち上げようと懸命になりさえすれば、そういう手段でどんなに偽りの馬鹿げたものでも、すべて簡単に真実とすることはできるでしょうが、そんなことをしようとするのはさらに滑稽極まりないことでしょう。

その上、それ自体が明らかに意味するもの以外の意味を、神の約束や預言なるものに与えようとするのは、一部の人間の許しがたい思い上がりと傲慢さです。なぜなら、それはそのような約束と預言を完全に改変し、損ない、改竄

することであり、いわば無に帰すことでさえあるからです。少なくともそれらが神に由来すると言われる限り、そのようなことをするのはそれらを無に帰すことです。というのも、それらは実際、神に由来すると仮定されているのに、わがキリスト崇拝者たちがそれらに与える霊的・寓意的・神秘的意味の方は、本当に神に由来するとも、預言者たち自身に由来するとも主張されないからです。わがキリスト崇拝者たちがしているように、それらを霊的・寓意的・神秘的意味に受け取り、解釈しなければならないと言ったのは、神自身だとも預言者たちだとも主張されないからです。ですから、そういう結構なあらゆる霊的・寓意的・神秘的意味なるものを昔から好きなようにでっち上げてきたのは、わがキリスト崇拝者たち自身なのです。そういうもので、彼らは哀れな民衆の無知を虚しく育み、培っているのです。

ですから、彼らが一方でその約束と預言なるものを、神自身に由来するものとして私たちに提出し、ついでそれらをその本来の自然な意味によってではなく、でっち上げた意味、彼らが寓意的・霊的・神秘的と呼ぶ偽の意味、あるいは彼らの好みの言い方によれば天上的・教訓的意味によって説明する時、彼らが私たちに提出し、そのような意味を付して私たちに語り聞かせるのは、もう神の言葉ではありません。単なる彼ら自身の考え、妄想、彼らの偽りの想像力による空疎な観念にすぎないのです。ですから、そんなものにどんな考慮も注意も払われる価値はありません。その霊的・神秘的意味なるものの錯誤と虚妄を、さらに私たちに明確にするのは次のことです。つまり、もしもある宗派や国民がその同じ約束と預言なるものに対して、自分たちの信念と奥義と儀式に合った霊的・神秘的意味を彼らのように付与し、でっち上げようとするなら、わがキリスト崇拝者たちがその宗教のために用いたのと同様に、自分たちの偽宗教のために、その約束と預言を同じく用いることができないような宗派や国民はないだろうということです。というのも、そんな意味は好きなだけ発明し、でっち上げることができ、好きなように、どんなものにでも適用できるからです。そういうことは前述のように、そんな種類の意味付けや解釈をそれらに与えようとする連中の才能と想像力次第にすぎないのです。

こういう結構な霊的・神秘的意味を最初に発見したのは、あの偉大なミルマドラン〔一二八〕、イエス・キリストの選びの器、

パウロなる者だったように思われます。というのも、その使徒は一方において、先の約束と預言[13]にあるとおりすぐにも起こるはずだと自分が信じた事柄が、彼が告げ知らせ説いたとおりには[14]起こらず、彼が信じたとおりにあるいは信じるふりをしたとおりに[15]、それらが真に実現される気配すら見られないまま、その実現の時が過ぎるのを見ました。またこの使徒はもう一方において、こうした点で自分の誤謬を真摯に認めて告白するのを望まず、自分が信じて説いた事柄で自分自身がだまされていたと人に見られ、恥辱を受けるのを疑いもなく恐れたのです。そこで彼は誤謬を包み隠し、ペテンで[16]ペテンを糊塗するために、先の約束と預言の文字どおりの意味、本来の自然な意味を捨て、人が思いもよらない、今まで考えたこともない、新しい意味をそれらに与えることを思いついたのです。それが先の約束と預言を霊的・寓意的・神秘的に解釈することでした。そのためにこう言ったのです。モーセの律法において言われたこと、行われたこと、起こったこと、実践されたことはすべて、イエス・キリストの律法あるいはキリスト教において実現されること、行われることの予型〔二九〕として言われ、行われたにすぎない、と。

パウロは『コリント人への第一の手紙』で次のように説明しています。「兄弟たちよ、私はこのことをみなが知らずにいてほしくない。私たちの父祖はみな雲の下を歩み、海を渡り、同じ霊的食べ物を食べ、同じ霊的飲み物を飲んだ。さて、彼らはみな彼らについて来た霊的岩から飲んだのであるが、この岩はイエス・キリストであった。サテ、ソノ岩ハイエス・キリストデアッタ。しかし、彼らの多くは神の心に適わなかった、その者たちを神は荒野で死なせたのだから。さて、これらの出来事は私たちに予型として、訓戒として役に立った。私たちが、彼らのように自分の節度のない欲望に従わないためである。あなたたちが、彼らのある者たちのように偶像崇拝に陥らないためである。〈民は座して飲み食いし、立って踊った〉と書かれている。また私たちが、彼らのある者たちのように姦淫を犯さないためである。そのため一日で二万三千人に死がもたらされた。また私たちが、彼らの多くのようにイエス・キリストを決して試みないためである。彼を試みた者たちは蛇によって死んだ。またあなたたちが、彼らのある者たちのように決して不平を言わないためである。彼らは天使によって滅ぼされた。というのも、彼らにこういうすべてのこと

が起こったのは、世の中の終わりにいる私たちの間に起こるはずのことの予型としてだからである。それらは私たちへの訓戒として書かれたのだ。サテ、彼ラニ起コッタコウイウスベテノコトハ、予型トシテデアッタ[17]」（『コリント人への第一の手紙』第一〇章一一節〔一三〇〕——）。

『ガラテヤ人への手紙』の中でも、彼は次のようにこの問題について彼らに語っています。「まだモーセ[18]の律法に従いたいと思っている人たちよ、私に答えなさい。あなたたちは律法に書かれていることを読まなかったのか。アブラハムには二人の息子があったが、一人は召使の女から、一人は自由民の女から生まれた。召使の女の息子は肉によって生まれ、自由民の女の息子は約束によって生まれた。これは寓意で語られている。というのも、その二人の母は二つの契約、すなわち二つの聖約なのだから。その一つはシナイ山上で行われ、奴隷しか産まないものであり、召使の女ハガルによって示されたものである。シナイ山はアラビアの山であって、私たちが現在見ているエルサレムと関わりがある。そして、そのエルサレムはその子らとともに奴隷となっている。しかし、上なるエルサレムは自由であって、それこそ私たちの母であり、それについてはこう書かれている。〈喜べ、うまずめで、子のない者よ。声を上げ、喜びの叫びを上げよ、産まないものよ。見捨てられていた女が、夫のある女より多くの子を持つのだから〉と。さて、あなたがたについて言えば、兄弟たちよ、私たちはイサクのように約束による子なのである。当時、肉によって生まれた者が、霊によって生まれた者を迫害したように、今でも同じことが見られる。しかし、聖書は何と言っているか。〈召使の女とその息子を追い出せ、召使の女の息子は、自由民の女の息子とともに相続人となってはならないからだ〉とある。さて、兄弟たちよ、私たちは召使の女の子ではなく、自由民の女の子である。そして、私たちをこの自由のうちに置いたのは、イエス・キリストであり〔『ガラテヤ人への手紙』第四章二一—三一節〕、時が満ちて、神がその子を遣わしたのである。それは、彼が律法の下にある者たちの贖い主となり、私たちにおいて、養子縁組が実現されるためであった〔同四、五節〕」（『ガラテヤ人への手紙』第四章二一節〔一三一〕）。

〔メリエによる原文欄外への縦書き書き込み〕　コレヨリ驚異的ナコトガ言エタロウカ。

これと同じ意味において、『ローマ人への手紙』の中でも彼は次のように言います。「イスラエルから出た者がすべて、だからと言って本当のイスラエル人なのではない、アブラハムの子孫がすべて、だからと言って本当の彼の子なのではない。〈なぜなら、イサクによってのみ、アブラハムの子孫と見なすべきであるから〉とある。すなわち、本当のイスラエル人、本当の神の子であるのは、肉による子ではない。本当のアブラハムの子と、したがって諸々の約束の相続人と認められるのは、イサクの子らのような約束による子である（『ローマ人への手紙』第九章六―八節）。神の養子たる資格も、栄光も、契約も、律法も、神への礼拝も、諸々の約束も、彼らのものである。そして、それらの約束はイエス・キリストにおいて、文字どおりにではなく霊的に成就されるはずである〔同四節〕」（『ローマ人への手紙』第九章四、八節）[132]。そのために、『ガラテヤ人への手紙』の中でも、彼はこう語っています。「イエス・キリストが私たちを律法の呪いから解放したのは、アブラハムに約束された祝福がイエス・キリストによって、異邦人の中で実現されるためであり、私たちに約束されていた霊を、私たちが信仰によって受け取るためであった（『ガラテヤ人への手紙』第三章一三、一四節）[133]。さて、その約束を神はアブラハムと彼の子イサクに対してなした。アブラハムに対して神が語った時、多数の者について語るように〈おまえの子孫たちに〉とは言わず、一人の者について語るように〈おまえの子孫に〉と言った。それはイエス・キリストのことである〔同一六節〕。だから、先の約束後四百年経って与えられた律法は、信仰によって義とされるために、イエス・キリストのもとへ私たちを導く養育掛[134]として役に立ったのである。信仰が現れてからは、もう私たちはその養育掛のもとにはいない。あなたがたはイエス・キリストにおける信仰によって、みな神の子なのだから〔同二四―二六節〕[135]。だから、もはやユダヤ人もギリシア人もなく、自由民も奴隷もなく、男も女もない。あなたがたはみな、イエス・キリストにおいて一つである。それゆえ、あなたがたはアブラハムの子であり、したがって約束による相続人なのである〔同二八、二九節〕」（『ガラテヤ人への手紙』第三章一三節）[136]。

〈メリエによる原文欄外への縦書き書き込み〉　コレヨリ驚異的ナコトガ言エタロウカ。

しかしパウロによれば、その約束がイエス・キリストにおいて実現されるはずであるのも、もっぱら霊的な仕方でなのです。ですから、『エペソ人への手紙』の中で彼はこう言います。神はイエス・キリストにおいて、天上であらゆる霊的祝福により、私たちを祝福した、と。また、イエス・キリストは、その恩寵という諸々の霊的富によって、私たちに罪の赦しを獲得させたと（『エペソ人への手紙』第一章三〔七〕節）。また、『コロサイ人への手紙』でも、イエス・キリストの恩寵の中に知識と知恵のあらゆる宝が含まれていると言うのです（『コロサイ人への手紙』第二章三節）。「だから、飲み物や食べ物について、祭りの日について、新月について〔一三七〕、安息日について、誰も私たちを非難してはならない。それらは来るべきものの影にすぎず、イエス・キリストがその本体である」（同書第二章一六〔、一七〕節）。「だから、あなたがたは、イエス・キリストとともによみがえらされるとすれば、上にあるものを求めよ。そこでは、イエス・キリストが神の右に座っている。天上にあるものを愛し、地上にあるものを愛してはならない」（『コロサイ人への手紙』第三章一〔、二〕節）。パウロはこういう言葉と、律法と約束のこういう解釈によって、彼らに次のことを分からせようとしたわけです。つまり、地上の肉的・現世的富だけに止まってはならない、そのようなものに心と愛情を注いではならない、天の富を望み求めることを主としなければならない、そのような天の富こそ、律法と先の約束ではこの世の肉的・現世的富の姿で語られてはいても、それらが約束していた唯一の富と考えなければならない、と。

　この律法と預言の新解釈を一層うまく受け入れさせるために、また自分の教理と、それに関して自分が言ったすべてのことをまったく超自然的で神的な知恵だとさえ思わせようとして、パウロは『コリント人への第一の手紙』で次のように言いました。「私たちは知恵を説くが、それはこの世の知恵でも、滅び行くこの世の君主たちの知恵でもない。私たちが説くのは、神の奥義の中に隠されている神の知恵である。それを神は世の始めより前に、私たちを栄光へ高めるために定めた。この知恵はこの世のどんな君主にも知られなかったが（『コリント人への第一の手紙』第二章六―八節〔一三八〕）、神はその霊によって私たちにこれを啓示した。霊が究められないほど隠されたものは何もなく、霊は神

のもっとも奥深い秘密まで究めるからである〔同一〇節〕。肉にとらわれた人間は神の事柄を理解しない、理解することができない。神の霊によってこそ、それらの事柄は見分けられるからである〔同一四節〕」（『コリント人への第一の手紙』第二章六節）。さらにそのために、文字は殺すが、霊は生かすと彼は言いました（『コリント人への第二の手紙』第三章六節）。あたかも、律法と約束の文字どおりの解釈はおのずと崩れ去り、それに執着しようとする人々を滅ぼすものだが、律法と約束に与える彼の霊的解釈こそは、そのように解さねばならない真の意味だとでも言いたいかのように。また、そのようにすばらしい教理を説いてもらった人々は、そのために彼に厚い恩義を感じ、それへの感謝として彼に必要な食べ物や身の回りの物一切をたっぷりと提供するのが義務だったかのように、こうも言いました。「あなたがたの間に霊的な富を蒔いた後、私たちがあなたがたの現世的な富を刈り取るとしても、あなたがたは驚くか。私タチガ、アナタガタニ霊的ナモノヲ蒔イタノナラ、私タチガアナタガタノ肉的ナモノヲ刈リ取ルトシテモ、ソレガ重大ナコトダロウカ」（『コリント人への第一の手紙』第九章一一節）。

ですから、異邦人たちに教えるこの博士の驚くべき教理によれば、アブラハムの二人の妻と二人の息子とは、霊的には二つのすばらしい奥義を私たちに象徴していたのです。召使にすぎなかった女とは、神とユダヤ教会の契約を象徴し、その教会はそれ自身が召使の女にすぎず、奴隷しか産み出さなかった、とこの使徒は言いました。正妻であった女とは、神とキリスト教会の契約を象徴し、その教会が自由民の女であり、イエス・キリストの正妻である、とこの同じ使徒は言います。同様に、肉によって生まれたにすぎない召使の女の息子とは、『旧約聖書』を象徴し、これは召使の女の息子によって象徴され表される肉的ユダヤ人のためのものにすぎなかったのです。しかし、神の約束によって生まれた自由民の女の息子とは、『新約聖書』を象徴し、これは約束に従って生まれたイサクによって象徴され表される真の子であるキリスト教徒のためのものなのです。この使徒はその証拠としてこう言いました。次の言葉によく注意してください[20]。「古い律法が与えられたシナイはアラビアの山であって、現在の地上のエルサレムである山と結ばれ、そのエルサレムはすべての子らとともに奴隷となっているからだ。一方（彼が私たちの母と呼ぶ〔メリ

エによる注記〕上なるエルサレムは自由な女であって、約束による子らを産むからだ」(『ガラテヤ人への手紙』第四章第二五〔・二六〕節、『創世記』第二一章一〇節)。したがってこの使徒の教理によるなら、地上のエルサレムは聖書が語るような聖都でも、神から特別に選ばれ愛される都でもなく、エルサレムとはこの使徒が言うような上なるエルサレム、あるいは天のエルサレムのことにすぎないというわけです。

同様に使徒パウロの教理によれば、真のイスラエル人とは、本当に肉体的生まれによってイスラエル人である人々ではなく、昔の族長たちの信仰の精神によってイスラエル人である人々のことなのです[21]。またこの使徒の教理によれば、彼らをあらゆる敵の手から解放する強力な解放者を授けるという約束は、この世界において強力となる贖い主を意味するのでもなく、人間のような目に見える敵からの肉体的な解放を意味するのでさえもなく、神により霊的に全能であるような解放者、あるいは贖い主[22]を意味するにすぎず、悪魔、悪徳、罪という目に見えない敵からの霊的解放を意味するにすぎないのです。さらにこの使徒の教理によれば、彼らを栄光と勝利のうちに自分たちの土地と国に帰らせ、彼らにそれらを領有させ、あらゆる富を豊かに与え、彼らを永遠に幸福と幸運で満ち足りるようにさせるという約束は、彼らが行うはずだった、ユダヤとパレスチナへの栄光と勝利に満ちた帰還と居住を意味するのでもなく、この世の現世的富の享受を意味するのでもなく、天の永遠の富の霊的享受を意味するわけです。このすばらしい教理によれば、その富とは、義人たちが天上で永遠に享受するはずのもので、その天へは、彼らが救いの最大の敵である悪魔と悪徳と情念に雄々しく打ち勝った後で、彼らの救い主であり贖い主であるイエス・キリストが、彼らを栄光と勝利のうちに導くというのです。こういうすべての事柄や、伝えるには長すぎるこれに類似したその他多くの事柄は、この使徒のすばらしい教理によれば、あの古い律法の中で行われたことや起こったことの一切のうちに、神的・神秘的な仕方で私たちに象徴されていたのです。しかも、それ全体の基礎づけとしては、あの立派な理由があるだけなのです。古い律法が与えられたシナイはアラビアの山であって、現在の地上のエルサレムである山と結ばれて、そのエ

〔メリエによる原文欄外への縦書き書き込み〕コレラハ、虚シイ、嘲笑ニ値スル、子供ジミタコトダ。〔一四〇〕

ルサレムはすべての子らとともに奴隷となっているということだけなのです！　アブラハムには二人の妻がいて、召使の女にすぎないその一人はユダヤ教会を象徴し、正妻であるもう一人はキリスト教会を象徴していた、またそのアブラハムは二人の息子をもうけ、召使の女から生まれたその一人は『旧約聖書』を象徴し、自由民の女から(23)生まれたもう一人は『新約聖書』を象徴していた、というあの立派な名目を掲げるだけなのです〔一四一〕。こんな虚しい、愚かしい、滑稽な教理を誰が嘲笑しないでしょうか。「鑑賞ニ招カレタル諸君ハ、ソノ友ナルガユエニ、果タシテオカシサヲ禁ジ得ベキカ」、〔ノーデ〕『誤って魔術の嫌疑をかけられたすべての偉人のための弁明』第二巻三五〇頁〔一四二〕。

ユダヤ人のあの古い律法で言われたこと、行われたこと、慣行とされたこと、それらの一切を寓意的・象徴的・神秘的に解釈するこのすばらしい仕方に従って、有名なドン・キホーテ・デ・ラ・マンチャの演説、行動、すばらしい冒険の一切を同じように寓意的・象徴的に解釈しようとするなら、そこにも間違いなく好きなだけの奥義と神秘的象徴を見いだせるでしょう。彼の冒険とすべての行動について、好きなだけの寓意をでっち上げられるでしょう。そうしようと思えばそこに、つまり彼が行った一切のことに(24)、あの古い律法で行われた一切の中に見いだすのと同じく、まったく超自然的で神的な知恵を見いだすことさえできるでしょう。しかし、これほど虚しい解釈とこれほど虚しい約束を敬虔に信じるには、驚異的に単純であるか驚異的に軽信であるかでなければなりますまい。

(25)しかし、この虚しい滑稽な基礎の上にこそ、キリスト教の全体が基礎づけられ存続しているのです。また彼らの『聖書』なるものに関して、わがキリスト崇拝者たちが行うこういう虚しい滑稽な霊的・寓意的解釈の上にこそ、自分たちの奥義や教理の一切と、永遠に幸福な天上の生に対して抱くすばらしい希望の一切とを、彼らは基礎づけているのです。まただからこそ、その古い律法全体にわたり、その中の事柄で彼らの博士たちが神秘的・象徴的に説明しようと努めないものはほとんどありません。彼らは妄想家が行うようにほとんどどこにでも自分たちのキリストの象徴、キリストの人となりと行為の象徴を見いだしたり、見たりするのです。その『旧約聖書』の多くの人物の中に、たとえば、アベル、イサク[*1]、ヨセフ、ヨシュア、ダビデ、ソロモンその他大勢の中に、彼の予型を見いだしたり、見たり

するのです。こういう人物はすべて、彼らのキリストの予型だったと主張しているのですから。また彼らは、動物や獣の中にも彼の予型を見いだしたり、見たりします。過ぎ越しの祭りの子羊、ユダ族の獅子〔一四三〕、『レビ記』第一六章に語られる身代わりの山羊〔一四四〕にさえ、それを見いだすのですから。さらにまた無生物の中にも[26]、たとえばモーセが杖で打った岩、神がモーセに語りかけた山、その同じモーセが荒野で掲げさせた青銅の蛇〔一四五〕にも、それを見いだしたり、見たりします。これらすべてのものや、私が言わずにおく類似のその他多くのものが、自分たちのキリストの予型だったと彼らは主張するのですから。ですから、その古い律法の中で行われた一切を、このようにうまく寓意化する[27]このすばらしいやり方によって、彼らはすべてが自分たちの奥義の何かを表し象徴していたことを見いだします。その例を以下に示します。

＊1　「彼ハ予型ニヨッテ予示サレル、イサクトトモニ生ケ贄ニ捧ゲラレ、過ギ越シノ祭リノ子羊トシテ示サレ、マナトシテ父祖ニ与エラレル」[28]〔一四六〕。
〔メリエによる原文欄外への縦書き書き込み〕　コレラハ、虚シイ、嘲笑ニ値スル、子供ジミタコトダ。

教会教父とキリスト崇拝者の博士たちによれば、ユダヤ民族のエジプト捕囚からの解放と紅海の渡海（『出エジプト記』第一二章〔四一、〕四二節）は、人類が悪魔による捕囚から解放されることと、洗礼の聖水により罪から解放されることとの優れた予型でした。イスラエル人を追ってきて海に呑み込まれて溺れたエジプト人（『出エジプト記』第一二章二七節）は、キリスト教徒の節度のない情念や強欲やあらゆる悪しき欲望が、悔悛の聖水に呑み込まれて溺れるはずだという予型なのです。

ユダヤ人の紅海渡海と彼らを覆った雲（『出エジプト記』第一四章二〇節）は、新しい律法による洗礼の予型でした。彼らが荒野で食べたマナ（『出エジプト記』第一六章二五節）は彼らの聖体の予型、モーセが岩を打って湧き出させた水（『出エジプト記』第一七章六節）はイエス・キリストそのものの予型でした。また、その荒野で罰せられた者たちは、悪しきキリスト教徒に対して地獄で[29]神が行う罰の予型でした。

〔メリエによる原文欄外への縦書き書き込み〕　コレラハ、虚シイ、嘲笑ニ値スル、子供ジミタコトダ、これらは虚しい子供じみたことだ。

教父たちの言葉によれば、イエス・キリストの誕生あるいは到来（『ヨハネによる福音書』第三章一四節）(一四七)は、蛇の頭を砕くはずの妻イブの子孫(一四八)によって象徴されていたのです。神がアブラハムと、天の星や海の砂ほど数多くなるはずの彼のすべての子孫とに約束した祝福（『創世記』第二二章一七節、第二六章一四節）は、イエス・キリストが人間にもたらすはずだった霊的祝福の予型、信仰の下に集う多数の信者の予型でした。これについては先に引いた『ガラテヤ人への手紙』〔第三章八節〕を見てください。

教父たちの言葉によれば、アベルはイエス・キリストの予型、その死はイエス・キリストの死の予型、弟アベルを殺したカインはイエス・キリストを殺させたユダヤ人の予型でした。また、同じ教父たちの言葉によれば、生け贄として捧げられたイサク（『創世記』第二二章）は、十字架の上で犠牲にされたイエス・キリストの予型、そのイサクが生け贄とされるため、父と同行した時彼が担いでいた木は、(30)イエス・キリストが担ぐ十字架の予型でした。神がアブラハムおよびその子イサクと結んだ契約は、神がその子イエス・キリストによって人間と結ぶ契約の予型でした。アブラハムの二人の子、召使の女ハガルから生まれたイシマエルと、妻サラから生まれたイサクとは、すでに言ったように二つの聖約の予型で、旧約は召使の女の子イシマエルによって、新約は正妻の子イサクによって象徴されていました。聖アウグスティヌスの言葉によれば、アブラハムが側妻（そばめ）たちによってもうけた子ら（『創世記』第二一章一〇節〔第二五章六節〕）は、『新約聖書』における肉的な人々を象徴し、アブラハムが死ぬ前に彼らに与えた贈り物は、神がこの世で肉的な人々や異端者や非キリスト教徒にも与える、自然的恵みと現世的利益を象徴していました。しかし、同じアウグスティヌスによれば、アブラハムが息子イサクを全財産の相続人としたことは、神の最愛の子らである真のキリスト教徒が、神の恩寵と友愛の、および永遠なる命の相続人となることを象徴していました。

〔メリエによる原文欄外への縦書き書き込み〕　コレラハ、虚シイ、嘲笑ニ値スル、子供ジミタコトダ、これらは虚しい子供じみたこ

とだ。

アウグスティヌスによれば[31]、アブラハムが僕を息子イサクの嫁捜しにやる時、自分の腿に触れさせその僕に誓いを立てさせたこと(『創世記』第二四章二節)は、イエス・キリストが彼の肉から生まれるはずであること、いわば彼が触れさせたその腿から出るはずであることを象徴していました。ですから、アウグスティヌスはこの使いの付帯状況すべてを象徴的に説明し、次のように言います。つまり、アブラハムは永遠なる父を象徴し、その子イサクは神の子を象徴し、イサクの妻となるリベカはイエス・キリストの教会を象徴し、泉でリベカに出会う僕は、イエス・キリストつまり教会の首長を教会と縁組みさせるイエス・キリストの使徒たちを象徴し、僕とリベカの出会いが行われる泉は、洗礼により結ばれるイエス・キリストと人々との霊的契約の端緒となる洗礼の水を象徴していたと言います。また、僕がリベカに与えた装身具は信仰者の恭順と善行を象徴し、僕を迎えて食事を出し、その家畜には藁と干し草を与えて世話をしたリベカの兄ラバンは、福音の宣教者に衣食を提供するため、自分たちの現世の富の一部を与える人々を象徴していたと言います。さらに、恋人の前に行こうと家を出るイサクは、この世に行くためにいわば天を離れる神の子を象徴していた、等々と言います。ご覧のとおり、まったくすばらしい想像力です! 博士たる者が、彼のように有名な博士が、こんな馬鹿げたことを喜んで言えた、などということがありうるのですか。他で彼が言うことをあれほどありがたがる理由があるかどうか、ここから判断してください。これがすべてではありません。

同じ博士アウグスティヌスによれば、出産前にリベカの胎内で行われる二人の子の衝突は、リベカの胎内すなわち共通の母である教会内における善人と悪人の衝突、すなわち彼らの不仲と論争と対立を象徴していました(アウグスティヌス「祝日説教第七八」)。神自身がこう言ったのです。彼女の腹から出る二人の男の子は、彼らから生まれ分けられるはずの二つの民の象徴であった、と。そして、兄が弟に仕えると言われることについては、数も多く力も強い悪人たちが、力も弱く数も少ない善人と選ばれた者たちに仕えることを象徴するのです(『創世記』第一五章二二節[32]〔第二五章二二、二三節〕)[一四九]。しかし、力の強い悪人たちが弱小の善人たちにどうして仕えるのですか。反対に連中は彼

らの上に立ち、彼らを虐げると思われます。そこでアウグスティヌスは、悪人が義人の美徳と忍耐を試練にかけ、悪人が義人に多くの功徳を積み美徳をより高める機会をしばしば与えることにより、そういう結果になるのだと言います（「書簡第一五七」、「祝日説教第八八」）。

山羊の皮をまとい、毛深い兄エサウのように見せかけ、そうやって視力を失った父イサクをだましたヤコブの行為（『創世記』第二七章一六節）〔一五〇〕は、進んで人間の肉をまとい、他の人々のすべて[33]の罪を担おうとしたイエス・キリストの予型でした。次に、自分は最初に生まれた息子エサウであると父に告げたことにおいて、彼はユダヤ人に代わり主の嗣業を継ぐことになる異邦人の民を表していました。オリゲネス、ヒラ〔一五一〕リウス、アンブロシウス、テルトゥリ〔一五二〕アヌス、アウグスティヌスその他[34]。

〔メリエによる原文欄外への縦書き書き込み〕　コレラハ、虚シイ、嘲笑ニ値スル、子供ジミタコトダ、これらは虚しい子供じみたことだ。

教父たちによれば、イサクがヤコブに与えた祝福の言葉、「天ノ露ト、土地ノ肥沃ト、小麦ト、ブドウ酒トヲ、神ガオマエニ豊カニ与エテ下サルヨウニ……」（『創世記』第二七章二八節）には、また次にエサウに与えた祝福の言葉、「オマエノ祝福ハ、土地ノ肥沃ト、高ミカラ来ル天ノ露トノウチニアルダロウ」（『創世記』第二七章三九節）には、奥義がないわけではなかったのです。というのも、まず天の王国が、ついで現世的富が約束されるキリスト教会をヤコブは象徴し、まず現世的富が、ついで永遠の富が約束されるユダヤ人をエサウは象徴していたからです。ご覧のように、なんと巧みなことでしょう！

ヤコブが眠っている時に見た、天使たちが昇り降りする梯子（『創世記』第二八章）は、受肉による神の子の降臨を象徴し、その梯子の一段一段は、聖マタイと聖ルカにより私たちに示された――イエス・キリストからアダムを作った神まで、一方は系図を上から下へと、もう一方は下から上へと辿りながら――イエス・キリストまでの一代一代なのです[35]。

同じヤコブが、その場所で見聞きしたことの記念にそこに立てた石とそれに注いだ油とは、「他ノ誰ニモマシテ」〔『詩篇』第四四篇八節〕[一五三]、他の誰にもましてまず聖油を注がれたイエス・キリストを象徴していました。アウグスティヌス「詩篇第四四篇注解」、「祝日説教第七九」。

〔メリエによる原文欄外への縦書き書き込み〕　コレラハ、子供ジミタコトデ、虚シイ、これらは虚しくたわいない、子供じみたことにすぎない。

ヤコブがその地をベテルすなわち神の家と呼んでそこに与えた名は、信仰者の変わらぬ住まいであり、彼らが天に入る時の門となった真の教会を象徴していました。(36) ヤコブの二人の妻レアとラケルはユダヤ教会とキリスト教会を象徴し、醜い目やにのレアは不完全さに満ちたユダヤ教会を、美しいラケルは皺もしみもないキリスト教会を象徴していました。この二人の妻を得るために長く仕えたヤコブは、ユダヤ教会と自分の教会を獲得するために地上で仕えたイエス・キリストを象徴していました。ユスティノス[一五四]、ヒエロニムス(37)。

〔メリエによる原文欄外への縦書き書き込み〕　コレラハ、虚シイ、嘲笑ニ値スル、子供ジミタコトダ、虚しい子供じみたこと。

教父たちによれば、ヤコブの息子ヨセフはほとんどすべての行動においてイエス・キリストの予型でした。両親が老年になってから彼が生まれたことは、世界が老年になって世の終わりにイエス・キリストが生まれることを示すためでした。他の兄弟たちより愛されたことは、神なる一人子に対する永遠なる父の無限の愛を示すためでした。多色の服をまとわされたのは[一五五]、神の子がありとあらゆる完全性と徳とで飾られた人間性をまとわされることを示すためでした。彼が兄弟たちのところへ行くのは、神の子が、肉による兄弟である人間たちを訪れに行くことを象徴するためでした。彼が自分の夢の話をしたために、兄弟たちから憎しみを買うのと同じく、イエス・キリストもユダヤ人の悪徳と盲目さを非難したために、彼らから憎しみを買いました。栄光のうちに上げられ、崇められるという彼が見た夢は、イエス・キリストの復活と、天への栄光に満ちた昇天とを象徴し、キリストが諸民族から崇められることを象徴していました。兄弟たちが彼を殺そうと考えるのと同じく、ユダヤ人もイエス・キリストを殺そうと考えました。彼

が野獣に食い殺されたと父に信じさせるために、兄弟たちがその服を剥ぎ血で染めるのは、同じイエス・キリストが死ぬ時、自らの血に染まった人間性を剥ぎ取られることを象徴していました。兄弟たちが彼を雨水溜に投げ入れるのは、墓に入れられ、地獄に下るイエス・キリストを象徴しているのです。彼らによって銀二十枚で異国人に彼が売られるのは、ユダによって銀三十枚でユダヤ人にイエス・キリストが売られるのを象徴しているのです。その異国人たちによって彼がエジプトに導かれるのは、イエス・キリストがその言葉を宣教するという手段によって、諸々の異国の民の間に導かれることを象徴しています（『創世記』第二七章〔三七章〕）。艱難辛苦の末に、彼がエジプトで第一級の地位に就くのは、この世での労苦と辛苦の末に、イエス・キリストが天の最上位に就くことを象徴しています。ヒエロニムス、テルトゥリアヌス、アンブロシウス、アウグスティヌス。ご覧のとおり、多くの馬鹿げたことをこういうすべての偉人たちが言うのですが(38)、この点で確かにこう言えます。「コレラハ、虚シイ、嘲笑ニ値スル、子供ジミタコトダ」、あるいは聖ヒエロニムス自身が言うように、「香具師ノ口上ニモ似タコトダ」〔ヒエロニムス『パウリヌスへの手紙』〔一五六〕〕と。

タマルの二人の子の出産も、彼らによれば(39)神秘的なものです。生まれる前に手を出し、産婆に緋の糸を結ばれ、その手をひっこめた子はゼラと名付けられ、最初に生まれたもう一人の子はペレヅと呼ばれました（『創世記』第三八章二七〔－三〇〕節）が、教父たちによればそのゼラは、緋の糸を持つ、すなわちイエス・キリストの受難の功徳により信仰を持つ、信仰者の民の予型でした。その民が、いわば生まれる前に手を出したと言うのは、信仰が公になる少し前に彼らが現れたからです。次に、ペレヅが生まれたことは、モーセの律法以前の人々とイエス・キリストの律法下の人々との間に、ユダヤの民がいたことを意味しています。さらに、生まれたゼラは、真の教会の中におりイエス・キリストを信じるすべての人々の予型なのです。アンブロシウス、テオドレトス〔一五七〕。

さらに、罪へと誘う女主人に対するヨセフの振る舞い（『創世記』第三九章一二節）は、イエス・キリストの予型であり、そのヨセフの純潔はイエス・キリストの無垢の予型なのです。彼を罪へ誘うエジプト人の女は、メシアを現

世的支配者と見なし、彼から肉的・現世的富しか期待しなかったユダヤ人教会を象徴し、その好色な女に衣を残して逃げ去るヨセフは、衣のように自分を覆う律法の文字と儀式をユダヤ人に残し、自分の光で照らそうと異邦人のもとに去ったイエス・キリストを象徴していました。ルーペルト、〔一五八〕プロスペルス。〔一五九〕

〔メリエによる原文欄外への縦書き書き込み〕　コレラハ、虚シイ、嘲笑ニ値スル、子供ジミタコトダ。

同じヨセフが、一人は救われ一人は木に吊される他の二人とともに獄に繋がれる（『創世記』第四〇章）のは、イエス・キリストが、一人は救い一人は見捨てて滅びさせる二人の盗賊の間で十字架にかけられることの予型なのです。ヨセフが獄から出されるのは、イエス・キリストが栄光に包まれて地獄から出る予型です。彼が栄誉を受けて昇進させられるのは、同じイエス・キリストが異邦人から栄誉を与えられることを象徴し、彼が飢餓の時のために食料を山と積むのは、イエス・キリストが恩寵と霊的祝福を山と積むことを象徴します。

ヤコブが息子ユダに与えた祝福（『創世記』第四九章）もまた、象徴的にイエス・キリストに適用されます。彼がユダ族の獅子と呼ばれるからです。反対に、ヤコブが息子ダンに与えた祝福は象徴的に反キリストに符合し、反キリストは彼の一族から生まれるとも彼らは信じています。グレゴリウス、〔一六〇〕アンブロシウス、テオドレトス。

〔メリエによる原文欄外への縦書き書き込み〕　コレラハ、虚シイ、嘲笑ニ値スル、子供ジミタコトダ。

モーセもイエス・キリストの予型でした。彼が生まれた時、ユダヤ人の男の赤子はみな殺せと命じるファラオの勅令の残酷さを逃れるため、彼が海の〔河の〕波にさらされる（『出エジプト記』第二章）のは、イエス・キリストが生まれた時、ベツレヘムとその周辺で新たに生まれた子をみな殺させたヘロデの残酷さに、キリストがさらされたことを象徴していました。ファラオの娘がモーセを水から引き出したのは、イエス・キリストが逃亡先のエジプトから戻る予型です。モーセが彼を産んだ女のもとに帰されるのは、イエス・キリストがエジプトから戻った後、彼を生んだユダヤ教会に帰されることの予型です。モーセが長く未来の義父の羊を飼って荒野で暮らしたのは、イエス・キリストが長く一人で暮らしたことの予型です。モーセが神の民の解放を得るために、ファラオの前で偉大な神異を行った

のは、イエス・キリストがユダヤ人をその盲目さから引き出すために、彼らの前で神異を行う予型です。さらに、モーセが神の民をエジプト捕囚から解放するのは、イエス・キリストが人間を罪と悪魔の捕囚から解放する予型なのです。アウグスティヌス「祝日説教第四七」、イシドロス〔一六二〕『《出エジプト記》注解』。

聖ベルナルドゥス〔一六二〕によれば、燃えているのに燃え尽きない茂みの中から神がモーセに現れた（『出エジプト記』第三章二節）のは、処女の中にその処女性を傷つけずに神が現れ、受肉することを象徴しています――「説教〈彼ハ天カラ遣ワサレル〉」。グレゴリウスは別の説明を行い、神性はわれわれの肉をまとい、刺でさされるような肉の苦痛は感じるが、まったくの人間性となるわけではないことを、それは象徴していると言いました――第二八巻第二章。アウグスティヌスによれば、エジプトの十災は象徴的・神秘的に十誡に適用され、また彼によれば、蛙（『出エジプト記』第七章）は饒舌家を象徴し、とりわけ論争的言辞や詭弁的討論で騒ぎを起こし、沼で鳴き立てる蛙のようにわめく異端者を象徴していました。

〔メリエによる原文欄外への縦書き書き込み〕　コレラハ、虚シイ、子供ジミタコトダ。これらは虚しい子供じみたことだ。

エジプト捕囚からの解放時に行われた事柄を記念して、毎年ユダヤ人が生け贄に捧げる過ぎ越しの祭りの子羊*1とその行為に付随するすべての事柄とは、人間の救いのために生け贄に捧げられたイエス・キリストの優れた予型でした。その子羊あるいは子山羊が疵のない牡でなければならなかったのは、イエス・キリストの純真無垢の予型なのです。それが串焼きにされねばならなかったのは、十字架刑の予型です。戸がその血で濡らされねばならなかったのは、私たちがイエス・キリストの血で濡らされ、洗われ、浄められることの予型です。それが夜生け贄に捧げられ、食べられねばならなかったのは、イエス・キリストが世の終わりに生け贄に捧げられることの予型です。その生け贄の子羊を食べるのがユダヤ人だけであったのは、イエス・キリストという真の子羊が、キリスト教徒だけによって食べられるはずだったことの予型です。それが種なしのパンとともに食べられねばならなかった（『出エジプト記』第一二章）のは、真の神の子羊は、真摯さと良心の純潔とともに受け入れねばならないことの予型です。それが苦菜とともに食

べられねばならなかったのは、自分のあらゆる罪の苦い苦しみを心に抱かねばならないことの予型です。その頭も足も食べねばならなかったのは、聖なる聖体の秘蹟の時に、イエス・キリストの人間性も神性も受け入れることの予型です。その骨を折ってはならなかったのは、十字架上でもイエス・キリストの骨が一本も折れず、完全なまま残ることの予型です。さらに、天使の通過とイスラエル人の紅海渡海を記念して、ユダヤ民族が毎年過ぎ越しの祭りを祝い、その過ぎ越しの祭りの子羊を生け贄に捧げなければならなかったのは、神なる神の子が死ぬことによって、自分たちをその父と和解させてくれ、この時自分たちが闇から光へ、罪から恩寵へ、地獄落ちの状態から救いの状態へ移行したことを記念して、キリスト教徒の民が毎年イエス・キリストという神なる子羊とともに霊的に復活祭を祝うことの予型なのです。聖パウロが『コリント人への第一の手紙』でそう言っています。イエス・キリストは、私たちの過ぎ越しの祭りの子羊となるために生け贄に捧げられたのだから、あなたがたはすべてのパン種を捨てねばならない、ゆえに古いパン種ではなく、悪意と邪悪のパン種ではなく、種なしパンで、真摯さと真理のパンで私たちの過ぎ越しの祭りを祝おう、と彼は言っています。『コリント人への第一の手紙』第五章七〔、八〕節。

＊1　「彼ハ予型ニヨッテ予示サレル、イサクトトモニ生ケ贄ニ捧ゲラレ、過ギ越シノ祭リノ子羊トシテ示サレ、マナトシテ父祖ニ与エラレル[40][一六三]」。

オリゲネスによれば、荒野でイスラエル人を夜導いた火の柱（『出エジプト記』第一三章二二節）は神の子を象徴し、彼らを昼導いた雲は聖霊を象徴していました。「講話第一七[一六四]」。火がその光で照らすのと同じく、神の子はその永遠の真理で精神を照らし、雲が覆うのと同じく、聖霊はその恩寵で魂を覆うのです。だから、聖母マリアについても、聖霊がその影で彼女を覆うと言われているわけです。アンブロシウス。アロンとモーセの姉のミリアムも聖母マリアの予型でした。

モーセが荒野の泉に投げ込み、苦かった水を甘くした木（『出エジプト記』第一五章二五節）は、苦しみや悲しみのもっともひどい苦さを甘くする栄光の十字架の木の予型であり、甘くなった水は、魂の中に救い主の恩寵の甘さを

注ぐ洗礼の水の予型でした。アウグスティヌス、テルトゥリアヌス、オリゲネス、ヒエロニムス。

〔メリエによる原文欄外への縦書き書き込み〕　コレラハ、虚シイ、子供ジミタコトダ、これらは虚しい子供じみたことにすぎない。

イスラエル人が荒野で食べたマナは、イエス・キリストが聖体の秘蹟の時に、自分の体を私たちの魂の食べ物となるように、自分の血を飲み物となるようにと私たちに与えて残してくれた、あの天のマナの予型でした。そのマナは天から降る天のパンのようなものでしたが、イエス・キリストの体こそ、一層真実に天のパンなのです。そのマナがこうして、感嘆から生まれた名称で呼ばれたのは[一六五]、聖体の秘蹟がまったく奇蹟に満ち、感嘆に値するものであることの予型です。そのマナが夜の闇の間にしか降らなかったのは、聖体というあのマナは信仰の闇を通して初めて見ることができ、知ることができることの予型です。そのマナがエジプト捕囚から脱出した人々の食べ物だったのは、聖体というマナが悪魔と罪の捕囚から脱出した人々の食べ物となることの予型です（『出エジプト記』第一六章）。[41]そのマナが約束の地に向かう人々の食べ物だったのは、聖体というマナが天の祖国を請い求める人々の食べ物となることの予型です。そのマナがありとあらゆる美味を備えていたのは、聖体というマナが純潔な魂にありとあらゆる霊的甘美さを感じさせることの予型です。そのマナが白かったのは、聖体というマナが純潔しか要求しないことの予型です。そのマナを食べるにはそれを叩き砕かねばならなかったのは、聖体というマナを食べるのにふさわしくなるためには、心の頑なさを叩き砕かねばならないことの予型です。そのマナを多く集めた者も、少なく集めた者以上にそれを得るわけでなかったのは、小さいものにも大きいものにも変わりなくイエス・キリストの全体が入っているのだから、あの聖なる聖体を受ける人々は、互いに誰がより多く聖体を受けるということはないのを象徴しています。

〔メリエによる原文欄外への縦書き書き込み〕　コレラハ、虚シイ、子供ジミタコトダ、これらは虚しい子供じみたことだ。

イスラエル人がアマレク人と戦っている間モーセが手を伸ばしていたのは、イエス・キリストが手を伸ばして十字架に付けられるのを象徴していました。モーセが日没まで手を伸ばしていたのは、イエス・キリストが晩まで十字架に付けられたままになることの予型なのです。モーセが手を上げたままだとイスラエル人が勝ち、少しでも下げると

アマレク人が勝ちました（『出エジプト記』第一七章一一節）が、ユスティノスによれば、そうなったのは彼の祈りのためというより、救い主の十字架を型取る姿勢をとるためでした。というのも、そうでなかったら、彼が疲れた時腕を支えてもらう必要はなく、祈りを続けるだけで十分だったろうから、とユスティノスは付け加えています。ユスティノス『ユダヤ人トリュフォンとの対話』〔一六六〕。戦うイスラエル人は、罪や肉の邪悪な傾向と、またアマレク人で象徴される救いの敵と戦う、真のイスラエル人たる良きキリスト教徒を象徴していました。祈りに専念し恩寵の助けに支えられる時、彼らは敵に打ち勝ち、祈りを捨てる時、彼らは打ち破られるのです。

「おまえは子山羊をその母の乳で煮てはならない」（『出エジプト記』第二三章一九節）。聖アウグスティヌスによれば、この掟が与えられたのは、イエス・キリストがその乳児期にヘロデやユダヤ人によって殺されるはずがないことを象徴するためでした。アウグスティヌス。

モーセは子牛を生け贄に捧げ、その血をイスラエルの民に注いで、「これこそ、主がおまえたちと結んだ契約の血である」（『出エジプト記』第二四章八節）と言いました。教会教父たちによれば、それはイエス・キリストの血を流すことにより結ばれるはずの、新約の予型でした。というのも、彼らの言葉によれば、旧約は新約の予型にすぎないからです。モーセとアロンや、ナダブとアビウとともに神を見た七十人の長老（『出エジプト記』第二四章八節〔九節〕）は、天で永遠に神を見る、救霊を予定された人々を象徴し、神の足下に現れたサファイアは、神がその中で休らう、救霊を予定された人々の聖潔な生涯と無垢な魂を象徴し、神は王座に座るごとくその中で休らうのです。

〔メリエによる原文欄外への縦書き書き込み〕 コレラハ、虚シイ、子供ジミタコトダ、これらは虚しい子供じみたことだ。

神がモーセに作るように命じた幕屋（『出エジプト記』第二五章）は、私たちが神のために、私たち自身あるいは私たちの魂の中に準備しなければならない住まいの予型です。彼らが所有するもっとも貴重なもの、金や銀などをその幕屋に用いよ、と神がモーセに命じた時、金は知恵と、信仰に基づく奥義の理解とを象徴し、銀は『聖書』に記されている神の言葉を象徴し、青銅は信仰の宣教を象徴し、紫の布は天上のものへの希望を象徴し、真紅の布は十字架

と受難とへの愛を象徴し、二度染めの緋の布は、心に抱かねばならない神への愛と隣人への愛という二重の掟を象徴していました。亜麻布は肉体の純潔と心の情愛を象徴し、山羊の毛は悔悛の厳格さを象徴し、赤く染めた羊皮は従うべき牧者の手本を象徴し、紫の毛皮〔一六七〕は天上における体の不死性を象徴し、灯火の油は愛徳と慈悲の業の甘美な成果を象徴し、朽ちないアカシヤ材は肉体にも心にも保つべき朽ちない純潔を象徴し、芳香を放つ樹脂は善良な生涯と手本が放つ心地よい香りを象徴し、宝石はキリスト教徒のありとあらゆる信心の業と美徳を象徴していました。アンブロシウス[42]、ベルナルドゥスその他。

〔メリエによる原文欄外への縦書き書き込み〕コレラハ、虚シイ、子供ジミタコトダ、これらは虚しい子供じみたことだ。

契約の櫃は、イエス・キリストの人間性を象徴していました。グレゴリウス。至聖所の中の聖櫃は、天の中の聖人たちを象徴していました（『出エジプト記』第二五章）。天の聖人たちは上にイエス・キリストを戴いていますが、それはイエス・キリストが、「彼ハ罪ノタメノ贖罪デアル」〔『ヨハネの第一の手紙』第二章二節〕と書かれているように、贖罪所〔聖櫃の蓋〕であるからです。また天の聖人たちは天使たちに取り巻かれていますが、それは二つのケルビム〔贖罪所両端に取りつけられた二つの有翼の像〕に挟まれた聖櫃と同じなのです〔一六八〕。アウグスティヌス〔一六九〕。幕屋の燭台はイエス・キリストを象徴し、それが純金製なのは、イエス・キリストに罪は一つもなかったからです。それが鋳造物であったのは、イエス・キリストが受難の時に打たれて、いわば鋳られることを示すためです。その燭台の主軸はキリスト教会を、その枝は宣教者を象徴していました。グレゴリウス『《エゼキエル書》講話』。あるいは、燭台が教会を象徴し、幹はイエス・キリスト、枝は宣教者、七つの灯火は聖霊の七つの贈り物ないし教会の七つの秘蹟を象徴していました。ベーダ・ヴェネラビリス〔一七〇〕。

組立式の持ち運べる幕屋〔『出エジプト記』第二六章〕[43]は、戦いの教会を象徴し、固定したソロモンの神殿は、神のうちで休らい動かぬ勝利の教会〔一七一〕を象徴していました。さまざまな色の十枚の幕は、さまざまな種類の徳で飾られたすべての選ばれた人々を象徴し、幕屋を覆う天幕は、信仰者を導き覆う牧者を象徴し、赤く染められた羊の毛皮は、信

仰を守るために自らの血でその肉体を染めた殉教者を象徴し、紫の毛皮はさまざまな徳で飾られたその他の聖人、とりわけ純潔さで秀でた人々を象徴していました。銀の台座は律法と預言者の書を象徴し、板は使徒と使徒の衣鉢を継ぐ人々の事業を象徴し、横木と黄金の環は、信仰者を神への奉仕に結び付けておく天の約束を象徴していました〔一七二〕（こんなすばらしい事柄を書き連ねるのですから、私はほとんど飽きません！　だから続けることにしましょう）。〔一七三〕至聖所は福者がいる天そのものを象徴し、聖櫃は天にいる聖人を象徴し、聖櫃の上にある贖罪所は、聖人の上に立つイエス・キリストを象徴し、台は秘蹟、とりわけ聖体の秘蹟における信仰者の霊的復活を象徴し、灯火の灯った燭台は信仰の光、キリスト教の教理から来る光、また聖霊の七つの贈り物を象徴し、香をたく祭壇は、天にまで届く良い香りを放つ信仰者の祈禱と祈りを象徴していました。グレゴリウス(44)、キュリロス〔一七四〕、アウグスティヌス。

〔メリエによる原文欄外への縦書き書き込み〕コレラハ、虚シイ、子供ジミタコトダ、これらは虚しい子供じみたことにすぎない。

祭司服も私たちに神秘的な何かを象徴しなかったわけではありません。亜麻の上服は大地を、紫の上服は大気を象徴し、それに下げられるザクロと雹〔鈴？〕の玉飾りは、稲妻と雷鳴あるいは四元素の組合せを象徴していました。帯は大地を取り巻く大洋を、エポデは星々の天を、二個の縞メノウは太陽と月を、胸当の十二個の宝石は十二カ月あるいは黄道十二宮を象徴していました。神の名である神聖四文字〔ヤハウェ〕が書かれている純金の板（『出エジプト記』第二八章）は、すべての被造物を統べる神そのものを象徴し、冠は最高天を象徴していました。ですから大祭司は、すべてのものが救い主と神の慈悲を必要とすることを示すために、こうしてその衣服によっても、言葉によっても、すべてのものを象徴していたのです〔一七五〕。ヒエロニムス「書簡第一二八」、ベーダ、グレゴリウス、ヨセフス『ユダヤ古代誌』第三巻第八章〔第七章〕〔一七六〕。

神はモーセに、おまえは私の顔を見ることはないが、私の後ろを見るだろうと言いました（『出エジプト記』第三三章二三節）。その象徴するところはこうです。つまり、神の顔とは肉眼で見ることができない神性を意味し、その後ろとは、人が見ることができるイエス・キリストの人間性を象徴するのです。だから、モーセは神の後ろを見ると

神が言ったのは、ここでモーセにより象徴されていたユダヤ人が、神の子をその人間性において見たからです。アウグスティヌス。

〔メリエによる原文欄外への縦書き書き込み〕コレラハ、虚シイ、子供ジミタコトダ、これらは虚しい子供じみたことだ。

『旧約聖書』の祭司職も、福音の法による祭司職の予型にすぎませんでした。わがキリスト崇拝者たちの教理によれば、この『旧約聖書』によるすべての生け贄が、イエス・キリストの新しい法による生け贄の予型にすぎなかったのと同じことです。(45)燔祭として捧げられる子牛は、十字架上で燔祭の生け贄として自らを父に捧げたイエス・キリストを象徴していました。その子牛が家畜の群から引き出された（『レビ記』第一章）のは、イエス・キリストが古代の族長の子孫であったことを象徴し、それゆえに彼は家畜の群から引き出される子牛で象徴され、またその無垢と柔和のゆえに子羊でも象徴され、同じくその至上の力のゆえに牡羊でも象徴されました。また、その肉の中に罪に似たものを負うゆえに牡山羊でも象徴され、さらにその神性と人間性のゆえに雉鳩と鳩でも象徴されました。

古代の生け贄が幕屋の外で行われたのは、イエス・キリストがエルサレムの町の外で死刑を受けること、「門ノ外デ苦難ヲ受ケタ」ことを象徴するためだ、と聖パウロは言います〔『ヘブル人への手紙』第一三章一二節〕。生け贄が皮を剝がれたのは、イエス・キリストが衣を剝がれることを象徴し、生け贄の血が祭壇の周りに注がれたのは、イエス・キリストの血が彼の祭壇である十字架の周りに注がれるのを象徴し、生け贄が切り刻まれたのは、イエス・キリストの肉が鞭打ちによって引き裂かれ、いわば切り刻まれることの予型であり、生け贄の肉が焼かれたのは、イエス・キリストが自らのうちに慈愛の火を燃え立たせることの予型なのです。アウグスティヌス、キュリロス、アレクサンドロス〔二七七〕その他。

〔メリエによる原文欄外への縦書き書き込み〕コレラハ、虚シイ、子供ジミタコトダ、これらは虚しく下らない子供じみたことだ。

『レビ記』第一六章に語られている二匹の牡山羊によって、イエス・キリストの二つの本性が象徴されています。生け贄に捧げられる山羊は、十字架で生け贄に捧げられたイエス・キリストの人間性を象徴し、荒野に逃がされる山

羊は、受苦不能[一七八]の神性を象徴していました。テオドレトス[一七九]、キュリロス。別の者たちによれば、民の罪を負わせ、呪詛や呪いの言葉とともに荒野に追いやるその贖罪の山羊は、自ら進んで人間の罪をすべて負い、そのためにユダヤ人の中の屑となり、千もの呪いの言葉を受けたイエス・キリストを象徴していました。アウグスティヌス。また別の者たちによれば、その山羊の一匹はイエス・キリストを象徴し、もう一匹はバラバを象徴していました。キュリロス[46]。

同じ土地に異種の種を蒔いたり、混ぜ織りの衣服を着たりしてはならないという禁令は〔『レビ記』第一九章一九節〕、二心を避けるために心の中に相反する習俗を持ってはならず、習俗は一つでなければならないということを象徴していました。

ユダヤ人の安息の年は、人生の余分な心配事や世俗的不安から解放して、イエス・キリストが信者たちに与える魂の安息を象徴し、彼らのヨベルの年〔五十年節〕は、世の終わりにすべての信者たちがその真の相続地である天国に入る全的赦免の時を象徴し、ヨベルの年のラッパの音は、すべての死者を復活と全的審判へ呼ぶ天使のラッパの音を象徴していました[一八〇]〔『レビ記』第二五章[47]〕。キュリロスその他。

〔メリエによる原文欄外への縦書き書き込み〕コレラハ、虚シイ、子供ジミタコトダ、これらは虚しく下らない子供じみたことだ。

イスラエル人が荒野の行軍時に宿営で守った配置〔『民数記』第二章[48]〕は、戦いの教会と教会内の諸階級を象徴していました。そのために、教会は戦闘隊形をとった軍隊のように恐ろしい、「戦闘隊形ヲ取ッタ軍隊ノヨウニ恐ロシイ」〔『雅歌』第六章三節〕と彼らは言うのです。イスラエル人の宿営部隊の中央に置かれた聖櫃は、真の契約の櫃であり、人間を神に結び付ける、教会の中央に置かれるイエス・キリストを象徴していました。イスラエル人の宿営がイスラエルの十二部族から成っていたのは、キリスト教会がはじめイエス・キリストの十二使徒から成ることを象徴しています。イスラエル人部隊の主要な旗印のうち、一つすなわちユダ族のものが獅子を、もう一つすなわちルベン族のものが人面を、三番目すなわちエフライム族のものが牛の図柄を、さらに四番目すなわちダン族のものが、蛇に爪を立てる鷲の図柄を表していたのは、四人の福音記者がそれらの図像で表されること、すなわちマタイが人面で、マルコ

が獅子で、ルカが牛で、福音記者[49]ヨハネが鷲で表されることを象徴しているのです。アウグスティヌス、オリゲネス。分けられ、聖別された、聖なる者という意味の言葉[50]、ナジル人〔一八二〕（『民数記』第六章）は、俗界から分けられ、神のために聖別され、聖性に満たされたイエス・キリストを象徴していました。キュリロス、ヒエロニムス、アンブロシウス。[51]祭司が主の名を三回続けて繰り返し民に与える祝福（同書二四〔—二六〕節）は、神の三位一体の奥義を象徴していました。アウグスティヌス、ルーペルト。

モーセがエチオピア〔クシ〕人の女を娶ったために、ミリアムとアロンが不平を唱えるのは象徴的だったのです。つまり、エチオピア人の女を娶るモーセは、エチオピア女で象徴される異邦人の教会を娶るイエス・キリストを象徴し、ユダヤ教会と律法の祭司職を象徴していたミリアムとアロンが不平を唱える（『民数記』第一二章）のは、自分たちの祭司職と律法がいわば異邦人に譲渡され、彼らが成果を産むことに対して、ユダヤ教会が不平を唱えることを象徴するためでした。神がモーセのその結婚を是認するのは、神が異邦人の教会を受け入れることを象徴し、不平を唱えた罰としてミリアムがライ病に罹るのと同じく、そのミリアムによって象徴されるユダヤ教会は、その盲目さと罪のためにいわばライ病に罹り醜くなるのです。ライ病に罹ったミリアムが一時隔てられるのは、ユダヤ教会が一時神から見捨てられることとの象徴であり、さらに七日間の追放後に彼女が戻るのは、世界の七つの時の後、すなわち時の終わりにユダヤ教会が教会に統合されることを象徴しています。オリゲネス、アンブロシウス。

〔メリエによる原文欄外への縦書き書き込み〕コレラハ、虚シイ、子供ジミタコトダ。これらは虚しい子供じみたことだ。

芽を出し、花を咲かせたアロンの杖（『民数記』第一七章）は、聖霊の力だけで聖なる花、すなわちイエス・キリストを咲かせ生み出した聖母マリアを象徴していました。キュリロス。また別の者によれば、アロンの杖はイエス・キリストの十字架を象徴し、それが生む芽と花は、救い主の十字架による宣教で改宗した異邦人を象徴していました。オリゲネス。さらに別の者によれば、アロンの杖はイエス・キリストの力を象徴し、花は恩寵から発する彼の霊的な美を象徴し、花々は彼の精神の柔和さを象徴していました。

『民数記』第一九章で語られている赤い牝牛も象徴的でした。牝牛はイエス・キリストの人間性を象徴し、その色は彼の受難を象徴し、牝牛の盛りの年はイエス・キリストの壮年を象徴していました。牝牛に疵がないのはあらゆる罪を免れている彼の無垢を示すためで、一度もくびきを負ったことがないのは神の子らの自由、とりわけイエス・キリストの自由を示すためでした。祭司エレアザルの手でそれが生け贄にされる、あるいは殺されるのは、イエス・キリストが律法の祭司たちから苦しめられることを象徴するためで、宿営の外でそれが殺されるのは、イエス・キリストがエルサレムの外で死刑を受けることを象徴するためでした。この同じ博士たちによると、その牝牛を焼いて燃え上がる炎は、イエス・キリストの復活と昇天を象徴し、焼くのに使われた香柏の木はイエス・キリストの十字架を象徴し、ヒソプ草は洗礼の効力を、緋の布はイエス・キリストの血を象徴していました〔一八二〕。アウグスティヌス、イシドロス、グレゴリウス、テオドレトスなど。いったい、これらよりすばらしいことが言えたでしょうか。「イッタイ、コレラヨリ驚クベキコトガ言エタダロウカ」〔一八三〕。

死体が発見されその下手人が分からない時、生け贄に捧げられねばならなかった牝牛（『申命記』第二一章三節）もまた、罪の中で死んだ人々の救いのために生け贄に捧げられたイエス・キリストの肉体、あるいは人間性を象徴していました。その牝牛はくびきを負ったことがあってはならないのは、イエス・キリストが罪なきものだったことを示すためであり、牝牛が露顕した殺人のゆえに殺されたのは、罪によって殺される人々のために、イエス・キリストが死刑に処されることを象徴しています。その牝牛がごつごつとした谷で殺されたのは〔一八四〕、カルヴァリアの丘〔一八五〕を、あるいは手に負えぬ不信仰の不快なユダヤ民族を象徴するためでした。『申命記』第三九章〔第三三章一七節〕に語られている牡牛によってイエス・キリストが象徴され、その角によって十字架の横木が象徴されています。アウグスティヌス、テルトゥリアヌス、アンブロシウス。「イッタイ、コレラヨリ驚クベキコトガ言エタダロウカ」と、ここでも言わねばならないでしょう。

脱穀をする牛にくつこを掛けてはならない、と言われた〔『申命記』第二五章四節[52]〕のは、福音の宣教者を指して、

彼らが福音で口を糊しなければならないことを示す予型でした。まさにこれを聖パウロは適用したわけです（『コリント人への第一の手紙』第九章九節）。(一八六)[53] 自分の兄弟の一族を立て直すためにその兄弟の妻を娶る者（『申命記』第二五章五―一〇節）は、福音を説き非キリスト教徒を改宗させ、イエス・キリストの一族を立て直し増やす――改宗者はイエス・キリストの名によってキリスト教徒と呼ばれますから――福音の宣教者を象徴していましたし、もし彼らが福音を説き改宗させに行くことを拒むなら、兄弟の妻を娶ることを拒む者と同じく、その者は教会から捨てられ貶められるのです。アウグスティヌス、オリゲネス。

〔メリエによる原文欄外への縦書き書き込み〕コレラハ、虚シイ、子供ジミタコトダ、これらは、虚しい、嘲笑に値する子供じみたことにすぎない。

イスラエルの子らは、四十日間彼らの敵ゴリアテとペリシテ人に対峙しました（『サムエル記上』第一七章一六節[54]）。なぜ四十日間かと問うなら、イスラエル人で象徴されるキリスト教徒は、ゴリアテとペリシテ人で象徴される悪魔とその手先と現世で戦わねばならないが、現世を意味する四つの時代と四大陸をそれは象徴していたからだと聖アウグスティヌスは言います。ダビデが杖を持ち、そのゴリアテと戦いに行くのは、イエス・キリストがその十字架で霊的ゴリアテ、すなわち悪魔と戦うことになるのを象徴していました。ゴリアテはダビデが投げた石のつぶてを額に受けて倒れました。なぜそのように額に受けて倒れたのかと問うなら、彼が額の上で十字を切ったことがなかったからだ、というのもダビデの杖がイエス・キリストの十字架を象徴していたのと同じく、ゴリアテが打たれた石は主イエス・キリストを象徴していたのだから、と同じアウグスティヌスは言います。アウグスティヌス「祝日説教」。〔聖務日課書の〕聖霊降臨祭後の第四日曜を見てください。(一八七) こういうすばらしいすべての寓意！　こういうすばらしいすべての象徴を嘲笑しない者がいるでしょうか！　「鑑賞に招カレタル諸君ハ、ソノ友ナルガユエニ、果タシテオカシサヲ禁ジ得ベキカ」〔ホラティウス『詩法』五行〕。「イッタイ、コレラヨリ驚クベキコトガ言エタダロウカ[55]」。

同じアウグスティヌスによれば、ソロモンが神のために建てさせたあの壮大な神殿〔『列王紀上』第六章〕は、イエ

ス・キリストが神のために建てる神殿、すなわちソロモンの神殿のように木と石によるのではなく、私たちが今喜びとともに見ているような、人間により作られる神殿の予型にすぎなかったのです。アウグスティヌス『神の国』第一七章八節〔邦訳、岩波文庫、四巻二九九頁、服部英次郎・藤本雄三訳〕。要するに、こういうあらゆる愚にもつかぬことを誰が嘲笑しないでしょうか[56]。

〔メリエによる原文欄外への縦書き書き込み〕コレラハ、虚シイ子供ジミタコトダ、これらは虚しく下らない子供じみたことにすぎない。

結局、このわがキリスト崇拝者たちのすばらしい教理によれば、モーセの古い律法はイエス・キリストの新しい律法の象徴にすぎなかったのです。というのも、彼らの言葉によれば、その中の言葉も、約束あるいは預言も、行動さえも象徴的・預言的だったからです。彼らの言葉によれば、至る所乳と蜜が流れると言われて、その土地の富の豊かさが示される約束の地は、彼らが希望している天上の至福の生、彼らが言うただ一つの真の祖国の象徴にすぎなかったのです。神がユダヤ人に約束したすべての現世的富は、恩寵あるいは天上での永遠の褒美という霊的富の象徴にすぎませんでした。同じように、神がユダヤ人にした、この世での現世的罰という威嚇は、地獄での永遠の罰の象徴にすぎませんでした。ユダヤの民が強いられた捕囚は、人間が強いられている悪魔と罪による捕囚の象徴にすぎませんでした。その捕囚からの約束された解放は、悪魔と罪による捕囚からの霊的解放の象徴にすぎませんでした。彼らの言葉によれば、地上すべてを支配するきわめて有力な君主として、現世の主としてユダヤ人に約束されていた強力な解放者あるいは贖い主とは、イエス・キリストの象徴にすぎず、彼は霊的力で、すべての人間が強いられている悪魔と罪による霊的捕囚[57]なるものから彼らを解放したと言うのです。また彼らの言葉によれば、いつまでもあのように栄光と富と力と美と勝利[58]に恵まれるはずだった地上のエルサレムとは、その中にありとあらゆる富が豊富にあると彼らが主張する天上のエルサレムの象徴にすぎませんでした。ですから、地上のエルサレムや、約束されていた強力な贖い主や、彼が行うはずだったイスラエルの民のあのように輝かしい解放なるものについて律法と預言書で語られてい

る一切は、また当時実行されていたモーセの律法による生け贄そのものやさまざまな儀式について語られている一切は、現在キリスト教の中で行われていることにすぎないし、またそれらは天上のエルサレムなるものや、彼らのキリストの霊的力なるものや、その死と受難の無限の功徳により得られたとかいう人間の霊的贖いなるものにすぎない、と象徴的・寓意的・神秘的に解釈されなければならないわけです。また彼らの言葉によれば、肉によるすべてのユダヤ民族でさえ、彼らの言う真のイスラエル人たるキリスト教徒の象徴、あるいは彼らの偉大なミルマドラン聖パウロの言う神のイスラエルたるキリスト教徒の象徴にすぎなかったのです。ですから、その民族について、また彼らに神からなされたという偉大で壮大な約束すべてについて、文字どおり語られていることの一切は、彼らの主張する真のイスラエル人、神のイスラエルであるキリスト教徒についてのことにすぎない、と霊的・寓意的に解釈されなければならないわけです。したがって、このわがキリスト崇拝者たちのすばらしい教理によれば、イスラエルの民のところにあのように強力な贖い主なるものが到来すること、彼が彼らの身柄をあのように輝かしく解放するとか贖うとかいうこと、そして彼が彼らにあのように莫大なあらゆる富なるものを所有させこの世で永遠に享受させること、このようにかつて語られ約束されたという、その民にとってはもっともすばらしい、壮大な、有利な一切の事柄は、結局ただの架空の富、架空の勝利、架空の贖い主ということになり、したがってまた、架空にすぎない贖いということになるのでしょう。要するに、すべてはキリスト教誕生当時ユダヤ民族内にいた一握りの卑しく無知で粗野な連中の中にだけ見られる、卑しく滑稽な狂信ということになってしまうでしょう。彼らは、その頭であるイエス・キリストが、前述のように彼らの民族のため神が父祖になしたというあのすべての偉大で壮大な約束がついに成就することを、彼らに示しにきたと愚かに信じ込んでいたのです。こういう場合には、やかましく喧伝され、驚異だと言われたものの、結局は子鼠一匹を産み落としたにすぎない、山々のお産とかについての言い回しを、「山々ガ産気ヅキ、滑稽ナル鼠ガ生マル」〔ホラティウス『詩法』一三九行〕を当てはめるのが間違いなく正しいでしょう。ここからはっきり分かるのは、先の約束と預言の自然な文字どおりの真の意味を離れ、それらに決して合わない霊的・寓意的意味をこのよう

にでっち上げようとするのは、自分を滑稽なものにするということです。というのも、明らかにそんなことは先の律法、先の約束と預言の言葉を濫用することですし、その意味、真の意味内容を損なうことだからです。ですから、それらが本当に神に由来すると想定する場合でも、まったく虚しい、下らぬ、こういう種類の寓意的・神秘的[67]解釈を用いるなら、それらはおのずと崩れさり無に帰してしまうでしょう。そういう解釈は実際、空疎な想像にすぎず、虚[68]栄と嘘を好む人間精神の虚しく滑稽な作り事にすぎないのですから。ですから、そんなものには一顧の価値もありません。それなのに私がここでこれほど多数の例を挙げたのは、それらがまさに嘲笑に値するからにすぎません。また、わがキリスト崇拝者たちが好んで付け加えるこのような霊的・神秘的解釈に劣らずそれ自体が[69]虚しい、先の約束と預言の虚妄をはっきり示すのに、それらの例がきわめて適切だからにすぎません。

〔メリエによる原文欄外への縦書き書き込み〕　新シキモノハ古キモノヲ押シノケ、真理ハ闇ヲ追イ払イ、光ハ夜ヲ消シ去ル[一八八]。

ところで、もしも多くのこれほど偉大で著名な人士の側にも、何かの個人的な目的や何かの個人的な下らぬ考慮が働いていたかも知れない、ということを私が知らなかったとしたら、そうした人々がこれほど虚しい主題について、これほど多くの馬鹿げたことを私たちに得々と語り弁ずることにさぞかし私は驚いたことでしょう。もっとも偉大な人々にも、他の人々同様、弱みが千もあることはよくありますし、人間の心と精神の中には、いつでも[70]十分広げて見せられるとはかぎらない千もの襞があります。人々がどんな動機で語っているのか、どんな目的で行動しているのかは、いつも分かるわけではありません。今し方述べたあの偉大な人々が[71]、こうした主題についてあれほど多くの馬鹿げたことを私たちに弁ずる際に、モンテーニュ氏の言い方を借りれば、本気で語ったとは、つまり真摯に語ったとは、モンテーニュ氏が言っているように[一八九]私としても信じがたいのです。もっとも、彼ら自身がはじめはただ他人に信じ込ませようとしたことを、次には確信してしまったのかも知れませんが。そうであれば、同じ[72]モンテーニュ氏がさらに言っているように、彼らは「この点で友だちの顔に髭を書いておいて、それを自分で恐がるあの子供たちに似ている」（モンテーニュ『エセー』四九八頁[一九〇]〔同書第二巻第一二章、邦訳、岩波文庫、第三巻一六八頁、原二郎訳〕）、あるい

は木の幹や石の表面に何かの図像を描いておいて、それを恭しく崇めるあの愚かな偶像崇拝者たちに似ているのです。わがキリスト崇拝者たち自身、今でも、司祭たちがねり粉でできたちっぽけな像や偶像の上で〔一九一〕神秘的にひそかにわずか四つの言葉を唱えてくれると、そのねり粉でできた何の力もないちっぽけな像とか偶像を崇めるのです。これより虚しい、愚かな、滑稽なことがありますか。

(73) ですから、むしろ私はこう信じたいと思います。つまり、こうした偉大な人々は、無知な人々に簡単に信じさせられないことは何もないのを十分承知の上で、私たちに共通の無知と愚かさをこの点では弄ぼうとしたのだ、と。それでも、この偉大な人々は本当に信じているとおりに自分の考えを言ったのだというなら、その場合私としては、この点では彼らが無知で愚かであったのだと考えざるをえません。どうか私のこういう言い方を許してください。それについて私がどう思うかをここでは率直に書いているのですから。しかも、私自身間違っていないかどうか知るために、自分に可能な限り、常に理性のもっとも明るい光に従い、何度も何度も考えたのですから。というのも、自然的理性こそ、ものを考える時にはいつも従ってゆこうと自分で自分に言い聞かせてきた唯一の道ですし、また人が見知らぬ道や国でしてしまうように盲滅法に歩かないためには、それこそ各人がいつも従わねばならない道だと、私には明らかに思えるからです。そして、このことについて考えれば考えるほど、自分の考えを立証してくれるものをいつも私は見いだしたのです。

したがって、これまで述べてきた約束と預言は、その本来の意味と自然な意味で受け取れば成就されなかったわけですし、またわがキリスト崇拝者たち自身が認めているように、実際には無関係な意味にすぎない、つまり人間の想像力が勝手に(74)でっち上げた滑稽な架空の意味にすぎない、霊的・寓意的意味においてしか成就されえなかったのですから、明らかにそれらは偽りということになります。それら自体にはありようもない、架空にすぎない意味で〔一九二〕〔しか〕真でも真実でもありえないというのですから。そして、偽りであるならそれらが神に由来することはなく、私が前に述べた奇蹟なるもの同様、どんな宗教の真理を保証する証拠にも証言にもそれらを使うことはできません、

これは明白で明瞭です。したがって、わがキリスト崇拝者たちが、彼らの宗教的真理の確実性をその上に基礎づけると主張する、すべての信憑の根拠なるものには、彼らの主張の内容を証明するどんな重みも権威もないのですから、明らかに彼らの宗教は偽であり、神に由来するものとして[75]彼らが語るすべてのことは、私が言ったように誤謬と錯誤と嘘とペテンにすぎないということになります。以上がそれについて私が提出すべきだった論証的証明の四です。

第二九章　キリスト教の教理と道徳の誤謬から引き出される、この宗教の虚妄と虚偽について

証明五に移りましょう。それを私は彼らの教理の虚偽から引き出すつもりです。もっとも純粋で、健全で、真実である教理を教えると言わぬ宗教はありません。しかし、誤謬や、錯誤や、嘘や、ペテンが一面に混ざり合っていたり、それらであたかも捏ね上げられたと見えない宗教はありません。したがって、使徒承伝〔一〕ローマ・キリスト教についても、このことは他のすべての宗教についてと同様に真実だと言えます。そこで私は次のような論拠を出します。教理と道徳の中にさまざまな誤謬を受け入れ、それらを是認し権威さえ与える宗教は真の宗教ではありえない、またその宗教は真に神が設けたものでもありえない、ということです。さてキリスト教、とりわけローマ派は、その教理と道徳の中にさまざまな誤謬を受け入れ、それらを是認し権威を与えています。そのことを示すのは簡単です。一、その派は教理の中にさまざまな誤謬を受け入れ、それらを是認し権威さえ与えています(1)。なぜなら偽りのことだけではなく、滑稽で馬鹿げてもいること、それも限りなく完全という神なるものの善と知恵と義と慈愛とについて、当然考えるべき内容とは正反対のことをその派は教え、また信じるように義務づけているからです。二、またその派は道徳の中にもさまざまな誤謬を受け入れ、それらを是認し権威を与えています。1、正義と自然的公正を覆すことになる格率を是認し、それに権威を与えているからです。2、〔人間〕本性のもっとも自然で正当な傾向を堕落として非難し断罪する一方、正しい理性に公然と抵触し、正義にも人間の良き統治にもまったく反するさまざまな悪弊を許し、助長し、それらに権威を与えているからです。そのことをはっきりと示すのは容易です。それらの誤謬と悪弊を提示するだけでよいのです。というのも、それらをあるがまま率直に提示する(2)だけで、それらを十分反駁したことになるからです。

第三〇章　その教理の誤謬一。三位格からなる唯一神という三位一体について

さて第一に、使徒承伝・ローマ・キリスト教は唯一神しか存在しないと教え、それを信じるように義務づけていますが、それと同時に、神の中には三位格、つまり神である三つの位格が存在する、[1]「教会ハ三ニシテ一ナル神ヲ熱烈ニ説ク[2]」（献堂賛美歌[三]）とも教え、それも信じるように義務づけています。これは明らかに馬鹿げています。というのも、本当に神である三つの位格が存在するなら、それらが三人の神であるのが本当ですし、三人の神であるのが本当なら、唯一神しか存在しないと言うのは誤りだからです。あるいは、本当は唯一神しか存在しないと言うのが正しいなら、神である三つの位格が本当に存在すると言うのは誤りだからです。同一物に対して、一であり三であるとは、真理として言いえないのですから。また、同じキリスト教は次のように教え、信じるように義務づけています。すなわち、神の三位格[3]なるものの第一をキリスト教は父と呼び、これがキリスト教が子と呼ぶ第二の位格を生み、そのはじめの二位格が相俟って、キリスト教が聖霊と呼ぶ第三の位格を生み出した、と。それなのにキリスト教はこうも教え、信じるように義務づけています。すなわち、神の三位格なるものは互いに依存するところはなく、ある者が他の者より前に在ったのではないから何が先ということさえない、と。これも明らかに馬鹿げています。なぜなら、何の依存関係もなく、あるものが他のものから自己の存在を受け取ることはありえませんし、他のものに存在を与えられるためには、自分自身がどうしても存在していなければならないからです。ですから、その神の位格なるものの第二と第三が、自己の存在を第一から受け取ったなら、彼らに存在を与えてくれた、言いかえれば、彼らを産出し生み出したというその第一の位格に、第二と第三はその存在においてどうしても依存していなければなりません。また、他の二者に存在を与えたという第一の位格は、彼らに存在を与えることができる前にどうしても存在していなければなりません。存在しないものは、どんなものにも存在を与えることはできませんから。

ですから、第一の位格が他の二者に本当に存在を与え、この他の二者が第一の者から本当に存在を受け取ったのなら、どうしても、他の二者がまだ存在していない時に第一の者は存在していたことになりますし、したがってそれらには前後関係があったことになります。さらに、産出され生み出されたものに始まりがない、と言うのは矛盾し馬鹿げています。さて、神の第二と第三の位格は産出され生み出された、とわがキリスト崇拝者たちは言います。ですから、それらには始まりがあったのです。そして、第二と第三には始まりがあり、第一の者は他のどんなものから産出され生み出されたのでもない以上、それには始まりがなかったとするなら、どうしても前後関係があった、つまり第一は第二より前に、第二は第三より前に存在していたことになります。互いに何の依存関係も前後関係もないのに、生み出し生み出されたと言うのは馬鹿げていますから。これが馬鹿げているなら、唯一神しか真に存在しないけれども神の中には三つの位格が存在する、と言うのも間違いなくこれに劣らず馬鹿げています。これらの不条理を感じてはいても、しっかりした論拠でそれらをかわすことができないわがキリスト崇拝者たちは、次のように言うしか手がありません。すなわち、敬虔に人間理性の目を閉ざし、精神を囚われの状態にして信仰に服従させ、かくも高き、崇むべき奥義に対しては身を低くし、それらを究め理解しようとはせず、崇拝しなければならない、と。しかし、私が前に論証したように、彼らが信仰と呼ぶものは実は誤謬と錯誤とペテンの原理にすぎませんから、信仰が自分たちに教え、信じるようにと義務づける一切には、敬虔かつ盲目的に従わなければならないと彼らが私たちに言う時、それはまさに誤謬と錯誤とペテンの原理により、ありとあらゆる誤謬と錯誤とペテンを敬虔かつ盲目的に信じ受け入れなければならない、と語るようなものです。

三位格からなる神というこの奥義なるものについて、わが神・キリスト崇拝者たちの著名人の一人が、その信仰への盲目的服従を次のように語っています。「理解できない奥義を崇めるために、理性を信仰のくびきに付けるという(4)この点には、人間的なものや肉的なものはまったくない。神はその子と同一であるが、同一の位格ではない。子は父のうちに、父は子のうちに存するが、両者は実在的に区別される。子は父からすべてを、存在をすら受け取るが、欠

乏もなく依存もせず、時間的に後に位置するのでもない。父は子にそのすべてを与え伝えるが、始まりは与えず、与えたことで自らが何かを失うことはない。子は父とともに同一永遠、同一実体であり、同じ全能によって父とともに働く。これらは理性が道に迷うような真理である……」（ケネル、ヨハネによる福音書第一四章一〇節について〔三〕）。理性が道に迷う、とここで言うのはもっともです。このように馬鹿げた命題を主張するには実際理性を失うか、その光を完全に放棄してしまっていなければならないのですから。しかしこれこそ、わが神・キリスト崇拝者たちの教理の要の一つなのです。このすばらしい奥義なるものの不条理さの中で、理性が道に迷うことは彼ら自身よく知っていますが、それでも理性の光に従って信仰に逆らうより、むしろ理性を失うべきだと判断するのです。モンテーニュ氏が言うように、「キリスト教徒にとっては、信ずべからざる事柄に出会うことが、信ずる理由なのである。その事柄は人間の理性に反すれば反するだけ、彼らによれば理にかなっているのである」(5)（〔モンテーニュ〕『エセー』(6)四六六頁〔邦訳、岩波文庫、第三巻一一七頁、原二郎訳〕〔四〕）。しかし、まさにそのことこそが一層明白に、彼らの盲目さとその教理の虚偽を証明しています。

わが神・キリスト崇拝者たちは、多数の神を認めて崇拝した古代異教徒の盲目さを非難し、断罪し、異教徒が語る神々の系譜・誕生・婚姻・子供の出産などをからかっています。それでいて彼らは、異教徒が神々について語ったどんなことより、はるかに滑稽で馬鹿げた事柄を自分たちが語っていることには気がつきません。というのも、異教徒は多数の神を認め崇拝しましたが、神々はすべて同一の本性、同一の力、同一の神性しか持たないなどとは言いませんでしたし、神秘など持ち出さず率直に、各々固有の本性、固有の人格、固有の意志、固有の気質、固有の神性を、それぞれの神に帰したからです。ところが、わが神・キリスト崇拝者たちは、名目上唯一の神を認めておきながら実際には三人の神を認め、しかもその三人に同一の本性しか、同一の力しか、同一の意志しか(7)、同一の神性しか付与していないのです。これは間違いなく、異教徒が多数の神々について語ったことよりはるかに馬鹿げています。

同じ異教徒たちは、男の神だけでなく女の神もおり、それらの男神と女神は結婚し子供を作ると信じましたが、彼

らは別に不自然なことを考えていたわけではありません。そうした神々には体も感覚もない、などということにはまだ思い至らなかったからです。神々にも人間のように体と感覚があると信じていたなら、男の神と女の神がいると信じても驚くには当たりません。実際に何人かの神がいるなら、男の神と女の神がいないはずがありましょうか。どちらか一方だけを否定する理由も承認する理由も見つかりません。また、異教徒のように男の神と女の神がいると仮定したら、それが結婚しないはずがあるでしょうか。男の神と女の神は人間のような仕方で喜びをともにし、同じ種族の子を生まないはずがあるでしょうか。(8)異教徒の教理と信心の基礎が正しいなら、つまり実際に複数の神々がいることが正しいなら、こうした教理と信心にはどう見ても滑稽なところ、馬鹿げたところは何一つありません。

しかし、わが神・キリスト崇拝者たちの教理と信心には、それよりはるかに滑稽で馬鹿げた点があります。というのも、一にして三、三にして一なる神というのは前にも言ったとおり、それだけですでにかなり大きな不条理ですが、それに加えて、この三にして一なる神には体も形もどんな姿もないと彼らは言うからです。自分たちが父と呼んでいるこの三にして一なる神の第一位格が、ただ一人でおのれの思考と知識により、彼らが子と呼ぶ第二位格を生み、その子もまったく父とそっくりで、体も形もどんな姿もないと彼らは言うからです。しかし、この二つの位格なるものに体も形もどんな姿もないなら、第一位格が母ではなく父と呼ばれるのはどうしてでしょうか。第二位格が娘でなく息子と呼ばれるのはどうしてでしょうか。というのも、第一位格が本当に母ではなく父、第二位格が本当に娘ではなく息子であるなら、この二つの位格の各々に、(9)一方を母ではなく父にし、もう一方を娘ではなく息子にする何かがどうしてもなければならないからです。両方とも雌ではなく雄だということ以外に、そうさせうるものがどこにありましょう。しかし、この二つの位格には体も形もどんな姿もないのですから、(10)どうしてそうなるのでしょうか、どうしてこれら二つの位格は雌ではなく雄になるのでしょうか。それは想像できないこと、(11)ありえないこと、本来成り立たないことです。しかし、彼らはそんなことには委細かまわず、いつでも気安くこう言って悦に入っています。体も形もどんな姿もなく、したがってどのような性でもありえない、つまり雄でも雌でもありえないこの二つの位格は、な

おかつ父と息子であり、この両者は相互の愛により自分たちが聖霊と呼ぶ第三の位格を生んだ、しかもこの位格も前二者同様に体も形もどんな姿も持たないと。このようにして、わが巧妙博識なる神・キリスト崇拝者たちの感嘆すべき健全な教理と信心によれば、体も形も姿もどんな色もない、三にして一なる唯一の神がおり、しかもその三にして一なる唯一の神の中には、それぞれみな体も形も姿もどんな色もない、神の三つの位格がいることになります。それらは何らかの性を持つ、つまり雄か雌かであるとは言えないが、それでもなおかつ、雄でも雌でもないのに一つが他から産出され生み出されたと言うのです。それもわが神・キリスト崇拝者たちが言うには[12]、肉によってではなく霊によって、言うに言われぬ神秘的な仕方で、つまりわがキリスト崇拝者たち自身も言い表せず概念もできないような仕方で、それが行われたと言うのです。

こうした教理と信心が、古代の異教徒のものと比べても比べようがないほど滑稽かつ馬鹿げたものでないかどうか判断してください。きっと比較にならないほど滑稽かつ馬鹿げたものです。というのも、古代の異教徒は自然の働きの通常の歩みに従って[13]、神々は何人も何人も子を生むことができるし、その子もまた何人もの子を生めるし、こうして神々は世代を重ねてゆけると信じていたからです。異教徒の原理に従えば、彼らがそう考えたり、信じたりすることに滑稽で馬鹿げたものはまだ何一つないでしょう[14]。しかしわが神・キリスト崇拝者たちは、どういう理由で父なる神の生殖能力を息子一人を生むだけに限ろうとするのでしょうか。それ以上生めなかったのでしょうか、生みたくなかったのでしょうか。あるいはもしかすると、多くの息子や娘を持つことは神にふさわしくないことだったのでしょうか。この最後の理由で息子一人しか持ちたがらなかったはずはありません。子供たちがみな健全に生まれ、みな美しく賢く徳高ければ、子だくさんはそれらの子を生んだ父親の名誉ともなり栄光ともなるからです。神が父親なら、望みどおりにみな賢く完全な美しい子供だけをいつも生んだはずで、したがって子供たちがみな父親の名誉ともなり、栄光ともなったことは疑うべくもないからです。それに、このいわゆる父なる神は、子供の誰かが貧窮や不幸に陥ることを人間のように恐れる必要はありませんでした。天と地の主で最高の支配者ですから、神はすべての子に、また

その一人ひとりに、神としての生まれにふさわしい領地を与えることもできたでしょうし、子供たち一人ひとりがそれを統治し、そこで好きなことができる新しい世界を創造し、それを一人ずつに与え、自分はこの世界が気に入っているなら、この世界を自分用にとっておくことさえできたでしょう。ですから、神が他の息子、他の子供を生もうとしなかったのは、こうした理由やそれに類する他の理由によるとは思えません。

神の生殖能力はこの最初の息子を生んだだけで完全に尽きてしまい、神はそれ以上子を生めなかった、と言うのは滑稽で馬鹿げたことでしょう。無限だと言われる力を、このように狭く限ろうとするのは滑稽で馬鹿げているでしょうから。さて、神なる父の生殖能力は無限だとわがキリスト崇拝者たちは言っていますが、もしその能力が無限であるなら、たとえ生んだ父同様その息子もまさしく無限である[15]と主張しようとも、父の生殖能力が息子を一人生んだだけで尽きるようなことは従って絶対にありえません。無限なものが汲み尽くされることはありえず、汲み尽くされるどんな力も無限ではありえないのですから。なんということでしょう。人間の男の場合でも、生殖能力は子供を一人生んだだけで尽き果てるでしょうか。とんでもありません。それどころか、十二人、十五人と生んでも尽きるとは限りません。もっと多くの子供を作った人が大勢いるのですから。たとえば、エジプト王国初代の王アイギュプトスには五十人の息子がいて、彼はその子らを弟ダルダノスの五十人の娘たちと結婚させたと言われています〔五〕。トルコ人の三代目の王アムラトには百二人の子供がいました〔六〕し、アラビア人の王ヒエロスムスにも六百人の子供がいました〔七〕し、タタール人の王スキルルスも八十人の息子を残したそうです〔八〕[16]。ソロモン王にはそれよりさらに多い子供がいたと思われます。いずれも王妃だった七百人を下らない妃のほか、さらに三百人もの側室がいたのですから。この妃と側室の一人ひとりから一人の子供しかできなかったとしても、子供の数は千人を下らなかったでしょう。女性の場合でも、この生殖能力は子供一人を作るだけに限られはしません。一ダース以上子を生む女性が大勢いますし、双子、三つ子を生む者すら過去にも現在にも少なからずいます〔九〕。『歴史新報』一七〇九年五月号によれば、ロンドン市のある職人の女房は男三人と女三人の六つ子を生んだそうですし、また、マルグリット〔マウゴジャタ〕という名のポーランド

のある伯爵夫人は一度に三十六人もの子供を生み、それどころか、同じくマルグリット〔マルフリート〕という名のオランダのある伯爵夫人は、子だくさんの貧しい女を馬鹿にしていたものの、自分も一度に一年の日数と同じ数の子供、つまり三百六十五人の子供を生み、彼らはみな結婚したそうです。これについては、オランダとポーランドの編年史や歴史を見てください。

通常一度に十四から十二匹の子を生む種々の動物については言わないことにしましょう。こうした例や日常の経験から明らかなのは、人間や獣の生殖能力はそれ自体としては限界があっても、(17) 一人だけ一匹だけ生むことで尽きるものではなく、それよりずっと先まで及ぶことです。ではどうして、わがキリスト崇拝者たちはあらゆる完全性を無限に備えた全能の神について、生殖能力のようなこのように甘美で魅力的で好ましい能力をこうも狭く限ろうとするのでしょうか。そのしっかりした根拠は一つとして挙げられないでしょう。この点でも、彼らは滑稽なものになり下がっていますし、その滑稽さは神々の生殖を信じた異教徒をも上まわるのです。

それにしても、なぜまた、彼らは三にして一なる神の第二、第三の位格には、第一の位格と同じく自分に似た息子を生む能力があるとしたがらないのでしょう。一人の息子を生む能力が第一の位格が持つ完全性の一つなら、それは第二、第三の位格にはない完全性と能力ということになりますし、したがって、両者は第一の位格にあるとされる完全性と能力を欠く以上、この三者はどう見ても、わがキリスト崇拝者たちが言うようにお互い同等というわけにはいかなくなります。反対に、息子を生むこの能力は完全性の一つではないと彼らが言うなら、他の二つと同じく第一の位格にもそれを付与すべきではないことになります。この上なく、また限りなく完全な存在には完全性しか付与すべきではないのですから。もっとも彼らとて、神の位格を生む能力が完全性でないとは言えないでしょう。また反面、第一の位格は息子や娘をたくさん生むこともできたがあの息子一人しか生もうとしなかったのだとか、第二、第三の位格も同様に他の位格を生もうとも作ろうともしなかったのだとか彼らが言うなら、その時には次のように問うことができるでしょう。一、彼らはどこからそんなことを知ったのかと。というのも、これらの神の位格なるものの一つ

として、その点に関し意志をはっきり表明したとは、彼らのいわゆる『聖書』にも載っていないからです。では、その点に関し意志をはっきり表明したことがないなら、わがキリスト崇拝者たちはどのようにしてそうだと知ることができるのですか。何も知りえないにきまっています。ですから、そんなことを言うのは自分たちの観念や自分たちの空想に従っているだけで、そんな空想も空疎な想像にすぎません[18]。この点でもまた、彼らは滑稽で無謀なものになり下がっています。事情も知らずに神々の意図や意志についてこうもはっきりと判断し語ろうとするのは、滑稽で無謀なものになり下がることですから。第二に、次のようにも言えるでしょう。これらの神の位格なるものが本当は息子や娘をたくさん生む力があるのに、それを生もうとしなかったのなら、その神の力は彼らにあっては実効のない無用のものに留まっていることになる、と。つまりその力は、一つの位格も生みも作りもしなかった第三の位格ではまったく無用の長物でしょうし、他の二つの位格でも、その効果をあれほど小さく制限しようとしたのですから、ほとんど実効のないものでしょう。ですから、多くの息子や娘を生み作る能力は、三つの位格においては無為と無用のものに留まっていることになります。神の位格なるものについて語るには、これはなんともふさわしくないことでしょう。

さらに、それ以上子を生もうとしなかったのですから、自分の息子を生むことにほとんど喜びも満足も覚えていなかったであろうこと、これは父なる位格においてかなり明らかな特徴だと言えるでしょう。また、存在を得るということはずっと有利なことであったでしょうに、存在を与えようとはしなかったのですから、生みもし作りもできたはずの自分以外の多くの神の位格にほとんど好意を持っていなかったこと、これは三つの位格においてかなり明らかな特徴でもあるでしょう。これらの神の位格が生殖への愛に傾くことがこれほど少なく、神なる種族の繁殖や増殖を好むことがこれほど少なかったのはまったく残念です。というのも、人間が繁殖を好む程度にでもそれを好んでいたら、またヤコブの一族がエジプトで増えた程度にでも神なる種族を増やそうとしていたら、また彼らが子供たち全員に肉体を与えようとしたか、あるいはその神の子供たち全員が、父なる神の一人子とかのように人間の肉体に受肉しようとしていたなら、地も天も今頃は神の子や神の位格で満ち溢れていることでしょうし、彼らは地上を罪と悪事で満た

している、悪に染まり腐りきった人間のあの群すべてよりずっとましなはずだからです。ですから、わがキリスト崇拝者たちがその教理の第一の要点をどの側面から取り上げてみせようとも、この問題で彼らの教理は相変わらず偽りで滑稽で馬鹿げていることがはっきり分かります。

第三二章　誤謬二。神が人間となる受肉について

死すべき人間に神性を与え、またその人々を死後神々として崇拝した、とわがキリスト崇拝者たちや神・キリスト崇拝者たちは異教徒を非難し断罪しています。その点を非難し断罪するのは確かにもっともです。しかし、その異教徒たちはわが神・キリスト崇拝者たち自身が今でも行っていることをしていたにすぎません。彼らは自分たちのキリストに神性を与えていますが、彼は本当は人間、それも他の人々同様死すべき人間にすぎませんでしたし、彼ら自身もそう認め、そのように信じると公言さえしています。ですから、異教徒のことを、か弱い死すべき人間を神々として崇拝したと非難し断罪するなら、自らをも断罪すべきことになるのは確かです。かつての異教徒と同じことをし、同じ過ちを犯し、死すべき人間であった者を神として自ら崇拝しているのですから。この者は確かに死すべき人間であったからこそ、刑を宣告された後、二人の盗賊に挟まれ十字架上で不名誉な死を遂げたのです。ここで、わがキリスト崇拝者たちが[1]次のような口実を設けて反論しても何にもならないでしょう。つまり、われわれのイエス・キリストと異教徒の神々とは大違いだ、われわれのキリストは真の神であるとともに真の人なのだ、それは神が彼の中に本当に受肉し、それにより神の本性が人間の本性に結ばれて神人一体になり、[一〇]この二つの本性がイエス・キリストの中で真の神と真の人を作ったからだ、こういうことは古代異教徒のいわゆる神々においては起こらなかった以上、彼らは他の人々同様か弱い死すべき人間にすぎなかったわけで、それを神々として崇拝するのは明らかに異教徒の誤りと愚かさだった、というのです。

しかし、こんな反論や両者の間のそうした違いの無意味と虚妄を示すのは簡単なことです。というのも、一つには、次のように言うことはキリスト教徒にとってと同じように異教徒にも簡単だったのではないでしょうか。つまり、神性あるいは神の本性が、神々としてわれわれが崇拝する人間の中に受肉し、本当にサトゥルヌス、ユピテル、マルス、アポロン、メルクリウス、バッコス、アスクレピオスその他の、われわれが男神として崇拝するすべての者の中に受肉し、また同じく本当にユノ、ディアナ、パラス、ミネルウァ、ケレス、ウェヌスその他の、われわれが崇拝するすべての女神の中に受肉したのだと。要するに異教徒にとって、自分たちの男神や女神についてこう言うのも、自分たちのイエス・キリストについて同じことを言うキリスト教徒に劣らず簡単だったはずです。もう一つには、神性がキリストの中に受肉し（わが神・キリスト崇拝者たちが言うように）神人一体的に人性と合体しようとしたなら、美徳や長所や善行の点で他の一般の人々から抜きんでていたため男神や女神として崇拝された、あの偉大な男性たちやすばらしい女性たちの中に、その同じ神性がやはり受肉し神人一体的に人性と合体するつもりはまったくなかったかどうかが、どうしてわが神・キリスト崇拝者たちに分かるのでしょうか。きっと神性は、キリスト教徒のキリストの中に受肉するのに劣らず簡単に、異教徒たちの神々に受肉できたはずです。わが神・キリスト崇拝者たちが、ああした偉大な人物たちの中に神性が受肉したと信じたくないなら、神性が彼らのキリストの中には受肉したとどうして私たちに信じさせたがるのですか。どんな根拠、どんな証拠を持っているのでしょうか。彼らの信仰と盲目的な信心以外にはないでしょう。そんなものはすでに言ったように誤謬と錯誤とペテンの原理で、異教徒にも等しくあったものです。そこから明らかなのは、この点では両者は五分五分、どちらも等しく誤っており、この点で非難し合うことなど何もないということです。

しかし、くだんの神々に関する(2)異教徒の説よりもキリスト教の説の方にこの点ではもっと滑稽なところがあります。それは、異教徒が普通神性を与えたのは偉人、偉大な人物(3)、なんらかの徳や稀に見るすばらしい完全性で衆に抜きんでた人、たとえば学問や技芸を発明したり、何か目覚ましいことで世の人々に役に立ったり、偉大で高潔ななんらか

の行いをしたりした人に限られていたのに、わが神・キリスト崇拝者たちはいったいどのような人物に神性を与えているのかという点です。才能も知力も学問も技術もなく、世間でまったく軽蔑されていた、くだらない男にです。どのような人物に神性を与えているのでしょうか。あえて言えば、そうです、一人の気違い、狂人、惨めな狂信者、哀れなろくでなしに与えているのです。そうなのです、皆さん。まさにそんな人物にあなたがたの司祭や博士や説教師[4]は神性を与え、そんな人物を愛すべき神なる救い主[5]としてあなたがたに崇拝させているのです。その男は宣告された礫という恥ずべき刑からおのれを救うこともできず、惨めにもそこで命を落とした者だというのに[6]。というのも、あなたがたを救い贖うために人となった——と彼らは言います——神としてあなたがたに崇拝させるそのイエス・キリストは、福音記者や弟子たちが描くところでも、下賤な男[7]、惨めな狂信者、十字架にかけられ吊るされた、哀れなろくでなしにすぎないからです。その点で彼は、彼ら自身の『聖書』にもあるとおり、神と人々から呪われていたとも言えます。十字架に吊るされた者は神から呪われている、「十字架ニ吊ルサレタ者ハ神カラ呪ワレテイル」(『申命記』第二一章二三節)とそこには書かれているのですから[8]。世間から軽蔑された下賤な男にすぎなかったことに、証明の必要はありません。枕するところもない(『ルカによる福音書』第九章五八節)と自ら言っている上に、彼が馬小屋で生を受け、貧しい両親から生まれ、いつも貧しく、一介の大工の息子にすぎず、世に出て名声を得ようとしてからは、気違い、狂人、悪魔憑き、誘惑者と見なされるばかりで、いつも軽蔑と嘲笑の的となり、迫害され鞭打たれ、ついには十字架に吊るされ架けられて、惨めにもそこで命を落としたこと、「十字架ニ吊ルサレタ者ハ神カラ呪ワレテイル」(『申命記』第二一章二三節)ことは、あなたがたもよく知っているからです。ですから、彼が世間で惨めな境遇にあり、哀れだったことは否定しようがありません。したがって、彼がそう言われただけでなく、実際に一人の気違い、狂人、惨めな狂信者、哀れなろくでなしにすぎなかったと証明するには、本当の気違い、狂人、狂信者だったことを証明し、示しさえすればいいわけです。それを次の三項目によってはっきり証明しましょう。一、世間の人が彼に下した判断。二、彼自身の思考と話。三、彼の行いと振る舞い。

第三二章　イエス・キリストの精神と人物はどのようなものだったか

まず、世間の人が下した判断については、福音記者たち自身の言葉から、彼はまさしく私が言ったような人間と思われていたことがはっきり分かります。『聖ルカによる福音書』にはこうあります。幼少期を過ごしたナザレの町で彼が初めて教えを説こうとした時、人々は彼が言うことにひどく腹を立てて全員が反感を持ったので、彼を町から追い出し、突き落として首の骨を折ってやろうと崖の上に引き立てていきました（『ルカによる福音書』第四章〔二八―〕二九節）。また別の時にも、彼は律法学者やパリサイ人や律法の博士さえも侮辱的に非難し、いろいろと呪いの言葉さえ浴びせかけたので、彼らの一人がたまりかねて、「先生、そんなことを言われるのは、私たちまでも侮辱することではありませんか」（『ルカによる福音書』第一一章四五節）と言いました。それでも彼が侮辱的な非難と無礼な呪いの言葉を続けるので、彼らはやむなくもっと厳しく咎め、完全にその口を封じました、「パリサイ人ト律法学者ハ激シク詰メ寄リ、多クヲ問イカケテソノ口ヲ封ジ始メタ(1)」（『ルカによる福音書』第一一章五三節）。また別の時、ユダヤ人に語りかけた際も、彼が愚かなことや彼らを苛立たせる無礼なことしか言わないのを見て、そのユダヤ人たちは、「おまえはサマリア人で、悪霊に取り憑かれていると私たちが言うのも当然ではないか、オマエハサマリア人デ、悪霊ニ取リ憑カレテイルト私タチガ言ウノモ当然デハナイカ」（『ヨハネによる福音書』第八章四八節）と言いました。それでも彼が愚かなことを言い続けるので――どんなことかは、『聖ヨハネによる福音書』に見られます――、彼らは二度目には、「おまえが気違いか、悪霊に取り憑かれているかだということが今分かった。アブラハムは死に、預言者たちもみな死んでいるのは分かっている。それだのに、おまえの言葉を守る者は死なないと言うのか」（前掲書第八章五二節）と言いました。それでもなお同じ愚かなことを言い張るので、さらに彼らは、「何だと、おまえはまだ五十にもならないのに、何世紀も前に死んだアブラハムを見たのか」（前掲書第八章五五節〔五七節〕）と言いま

した。彼が答えず相変わらず愚かなことしか言わないのを見て、彼らはついに石を取り上げ打ち殺そうとしたので、その時になってやっと彼はやむなく退散し身を隠したのです。

また彼は、ある日ユダヤ人たちに、自分の肉を食べるように、また血を飲むようにと与えるが、その肉を食べず血を飲まないなら彼らのうちに命はないと言った（『ヨハネによる福音書』第六章五三節）ので、こんな話はあまりに耐えがたく馬鹿げていると思ってひどく憤激した彼らは、「この男はどうやって私たちに自分の肉を与えて食べさせ、自分の血を与えて飲ませることができるのか」〔『ヨハネによる福音書』第六章五二節〕と互いに言い合いました。(一一)弟子の多くの者たちさえそんな話のひどさと馬鹿らしさに耐えかね、この話から彼は気違いにすぎないとはっきり判断して、袂を分かち見捨てていきました。また別の時に、彼が例のごとく何か意味もない話を彼らにしたので、話を聞いていた人々は彼のことをさまざまに言いました。善人だと言う者もいれば、いや、民衆の誘惑者だと言う者もいましたが、大部分の人は気違い、狂人と見なして、「彼は悪霊に取り憑かれて、気が狂っている。どうしてあなたがたはその言うことを聞くのか、多クノ者ガ言ッタ。彼ハ悪霊ニ取リ憑カレテ、気ガ狂ッテイル。ドウシテアナタガタハソノ言ウコトヲ聞クノカ」（『ヨハネによる福音書』第一〇章二〇節）と言いました。兄弟たちさえ彼のことを信ぜず狂人としか見なしませんでした。その明瞭な証拠は『聖マルコによる福音書』*1に見られ、はっきりこのように書かれています。ある日彼が一軒の家に入ると、たくさんの人々が集まってきて、もう入れないほどになりました。このことを知らされて身内の者たちがやって来て彼を引き出そうとし、気が狂っているのだからと言いました。「身内ノ者ガ彼ヲ取リ押サエニ出テキタ。トイウノモ、彼ハ気ガ狂ッテイルト彼ラハ言ウノダッタ」（『マルコによる福音書』第三章二一節）。彼がヘロデ王の前に連れてこられた時、実際そのように見えたこともかなり確からしく思われます。ヘロデ王は以前から彼のことを聞かされ、ぜひ会いたいと思っていて、何か不可思議なことを見せてもらえると信じ、(2)はじめは会うのを喜んでいました。ところが、いくつかの質問をしても何も答えないのを見て彼に軽蔑の念しか抱けず、彼を嘲り、(一二)白い服を着せて送り返したというからです（『ルカによる福音書』第二三章九節〔八―一一節〕）。さら

に、ユダヤ人たちが戯れに彼にイバラの冠を被せ、王笏として葦を持たせ、彼とその架空の王国を嘲ったのも、彼の前に跪いて「ユダヤ人の王よ、ご挨拶申し上げます」と言ったのも、まさしく彼の人物を愚弄してのことだったのです（『マタイによる福音書』第二七章二五節〔二九節〕）。この点について、聖パウロ自身がはっきりと言っています。この世の支配者のうちで彼の知恵なるものを知っていた者は一人もいなかった、もし知っていたなら彼を十字架につけはしなかっただろう、「モシ知ッテイタナラ栄光ノ主ヲ十字架ニツケハシナカッタダロウカラ」（『コリント人への第一の手紙』第二章八節）と。(3) これらすべての証言によって、世間では彼が本当に気違い、狂人、狂信者としか見なされていなかったことが私たちに明瞭に示されています。

＊1　このように狂人を取り囲み、その後を追うのは下層民一般(4)によく見られることです。

そのことはさらに、彼自身の考え方、また彼自身の話からも明瞭に見て取れることです。というのも、一、自分は神の息子であるばかりでなく、ユダヤ人の王となり、永遠に支配するために生まれたというのが彼の考え方であり、想像だったからです＊1(5)（『ヨハネによる福音書』第三章一六、一七節、第一八章三三節）。どのような民族による捕囚や隷属からもユダヤ人をすべて解放し、その王国を再建し、かつてなかったほどに彼らを繁栄させるために自分は来た、と自分で信じ込んでいたのです（『ルカによる福音書』第四章一八節、『使徒行伝』第一章六節、『マタイによる福音書』第一七章一一節〔一三〕）。まもなく自分が天使を引きつれ、栄光と力に満ちて、大いなる威厳をまとって天から降り裁きを下す、つまり生者も死者もすべて――自分は死者もよみがえらせるはずだと信じていました――支配し、義と真理によって全地を治めると思い込んでいたのです（『マタイによる福音書』第二四章三〇、三一節、『ルカによる福音書』第二一章二七、二八節）。まもなく義が住む新しい天と新しい地を自分が創造し、選ばれた者たちとともにそこを永遠に支配すると思い込んでいたのです（『ペテロの第二の手紙』第三章一三節）。自分と一緒に使徒たちにも支配させ、裁きを下すために、つまり彼の下でイスラエルの十二部族を治めるために、彼らを十二の王座につかせる（『マタイによる福音書』第一九章二八、二九節〔二八節〕）、そして彼の王国になったら彼らをその食卓につかせて飲

み食いをさせる（『ルカによる福音書』第二二章三〇節）、と思い込んでいたのです。彼への愛のためにこの世で父母、兄弟、姉妹、子供、家、土地、あるいは遺産を捨てた者には、その百倍のものを授け、また永遠の命をも授けると思い込んでいたのです。少なくともそう言っていました（『マタイによる福音書』第一九章二九節）。まもなくすべての死者に自分の声を聞かせ、彼らをみなよみがえらせて、その声の全能の力で彼らを墓から出させる（『ヨハネによる福音書』第五章二五、二八節）、そして彼の言葉を守り彼を信じるすべての者をいつまでも死から守り保護し、彼らは決して死なないと請け合える(6)（『ヨハネによる福音書』第八章五一節）、と思い込んでいたのです。自分はモーセの律法とすべての預言書の中で幾度となくユダヤ人とエルサレムの町に約束されていた、あの偉大な力強い解放者となる、あるいはその解放者なのだと思い込んでいたのです（『ルカによる福音書』第二四章四四、四七節）。*2 要するに、神がその民にした偉大で壮大なすべての約束を果たすのは自分においてである、神に選ばれたすべての者が永遠に祝福を受けるのは自分の名においてである、自分こそ永遠で全能な神の永遠の息子、全能の息子なのだから、と思い込んでいたのです（『ヨハネによる福音書』第三章一六、一七節）。

*1 当時は他にもたくさん彼に似たペテン師たちがいて、自分こそユダヤ人の律法で約束された真のメシアであると同様に言っていました。たとえば、その中でもガリラヤのユダ、チゥダ〔一四〕、バルコスバ〔バル・コクバ〕〔一五〕などという連中は、こういう虚しい名目で民衆をだまし蜂起させ、彼らを自分の味方につけようと努めましたが、ことごとく追い散らされ、結局はみな殺されました〔『使徒行伝』第五章三六(7)、三七節〕。

*2 彼は自分の口で息を吹きかけるだけで、聖霊と罪を赦す力とを与える、とも信じていました、「息ヲ吹キカケテ言ッタ、聖霊ヲ受ケヨト」、『ヨハネによる福音書』第二〇章二二節。自分は人々に命を与えるために天から下ってきた生きたパンであり、それを食べる者は永遠に生きるとも信じていました。『ヨハネによる福音書』第六章五二節〔五一節〕。

これは明らかに狂信者の思考と想像ではないでしょうか。かの有名な狂信者、さまよえる騎士ドン・キホーテでさえこんな考えを抱いたことがあったでしょうか。これに似た考えを抱いたことがあったでしょうか。きっとありませ

ん。彼の想像や思考がいかに常軌を逸した誤ったものであったとしても、そこまで行ったことはありませんし、今も昔も、これほど虚しい、誤った、滑稽な、馬鹿げた、突飛な思考と想像を抱くには、キリスト教徒のキリストのような大狂信者（アルシファナティク）でなければならないでしょう。キリスト自身、それとも誰か彼に似た別の人物が今戻ってきて、こんな考え方や空想を頭に宿していると私たちに語り示すなら、当時キリストはそう思われていましたが、それと同様今でも私たちはこの男を妄想家、気違い、狂信者としか見なさないにきまっています。

第三三章　彼の宣教はどのようなものであったか

彼の言葉と話に移りましょう。今語ったような彼の精神の特徴が、それらによって一層明瞭になります。ナザレの会堂における彼の最初の話からして、すでにその特徴がかなり明瞭です。というのも、みなはじめは彼を褒め、その口から出る恵みの言葉に感嘆した、とある『福音書』には書かれていますが（『ルカによる福音書』第四章二一節〔二二節〕）[1]、それも長くは続かなかったからです。彼らの感嘆はたちまちのうちに軽蔑と怒りへと急変し、前述のように、ついに彼を会堂から追い出し、崖から突き落とそうとするところまで行ったのですから。彼が行った話に現れていた狂気とは（ユダヤ人をとくに憤慨させたにちがいない何か別の馬鹿げた話があったのでしょうが、それについては言いません。ここで指摘しようとするものだけで、彼らがあれほど憤慨したとはとうてい思えませんが）、律法で約束され、いわゆる預言者たち――とりわけ預言者イザヤ――が幾度となくあれほど語ったあの偉大で壮大なすべての約束を実現させるという名誉を、彼がわがものにしようとしたことです（同一七節〔二一節〕）。彼は『イザヤ書』を手渡されてそれを開くと、そのようなイザヤの言葉に出会ったというわけです。というのも、彼は『イザヤ書』を取り上げて開き、今言ったようにして見つけた（それが意図的になされたにせよ、そうでないにせよ）その預言者の言葉を証言として、神が彼らの父祖に約束した、とりわけこの預言者を通じて約束したあの偉大で壮大なすべ

ての約束を実現させるのは自分においてだ、と人々に納得させせようとしたからです。この点に、彼の想像力の異常さがはっきり現れています。なんらかの結果を示す力などまったくないのに、あれほど多くのあれほど偉大ですばらしい事柄を行うのだと、それほどに虚しく思い込んでいたのですから。同時にこのことは、彼がその話の中でユダヤ人にはもっと憤慨の種になる、侮辱的な何かを言ったに違いないことも証明しています。彼らは話を聞いてあれほど彼に腹を立てたのですから。もっと憤慨させるようなことを何も言わなかったのなら、こんな話は彼らの冷笑と軽蔑を買うだけで、彼を崖から突き落としてしまおうとするほど[2]、彼らも怒りや憤激を覚えるはずはなかったと思われるからです。

わがキリスト崇拝者たちが、ここで、自分らのキリストは十分にそれの実現を証明した[3]、ありとあらゆる病気と不具を奇蹟的に治すという驚くべき奇蹟を行って、彼が読んだ預言者の言葉を実現するという結果を十分に示した、などと主張しようとしないでください。というのも、それらの奇蹟なるものの虚妄と虚偽はすでに十分明らかにしましたが、それに加えて、それらが仮に真実だとしても、その預言者の言葉の実現を本当に示すために行わねばならなかったこと、なされねばならなかったことと比べるなら、そんな奇蹟は何ものでもないからです。その時イエス・キリストが読んだ箇所[4]で当の預言者が預言していたのは、まさに全ユダヤ民族の解放と幸運と栄光と幸福にほかならなかったのですから。単に悪魔憑きを何人か救ったり、何かの病気にかかった者や特殊でしかも疑わしい不具の者を何人か治したりすることではなかったのですから。同じ預言者の言葉によれば、全ユダヤ民族のそのような解放は一人の強力な君主によって行われるはずであり、彼はその肩に王国のまつりごとを担い、その見事な感嘆すべき資質のゆえに、感嘆すべき者、顧問、力ある神、来るべき時代の父、平和の君と呼ばれ、ダビデの王座に座ってとこしえにその王国を治め、平和が永遠無窮に続くように、その国を正義と真理のうちに据え固めるはずでした（『イザヤ書』第九章五節〔六、七節〕）。そんなことがイエス・キリストの時代にも、またどんな時代にも起こったためしなどないのは確かで明らかです。ですから、その預言者なるものの言うことも、その預言の実現なるものも、明らかに虚妄と虚偽

だと分かります。わが神・キリスト崇拝者たちが主張するように[5]、その預言がイエス・キリストにおいて霊的に実現されたと言うのはまったくの錯誤です。そんな霊的実現なるものは架空でしかありえず、そんなものならイエス・キリスト自身でなく、他の者にも同じようにたやすく帰せられるでしょうから。ですからイエス・キリストが、この最初の機会に読んだ預言の実現という結果をいわゆる奇蹟によって十分示したと主張するのは、自ら盲目となり自らだまされようとすることです。

彼が行った別の話や宣教に移りましょう。それらは間違いなくこの種のものの中でもっとも奇異で、もっとも人目を引くものです。まず彼は次のように説き始めました。「悔い改めよ、天の王国が近づいたのだから」(『マタイによる福音書』第四章一七節)と民衆に語りかけたのです。「この福音を信ぜよ」(『マルコによる福音書』第一章一五節)と言ってガリラヤ地方をくまなく歩き、天の王国の間近い到来という福音をこうして都や町や村で説いたのです。その王国なるものの到来の気配すら、昔も今もまだ見られたことはないのですから、それが明らかに証明しているのは、その王国は架空のものにすぎず、そんなものの間近い到来を彼のようにあちこち走り回ってあのように説くのは、頭が変か錯乱していたに違いないことです。しかし、彼が他の宣教においてて聴衆にその王国なるものの偉大と卓越を知らせ、それについて高い観念と評価を抱かせるためにどのような賛辞を呈し、どのように描きあげたかを見ましょう。民衆や弟子にこう話したのです。「天の王国は良い種を自分の畑にまいた人に似ている。ところが、人々が眠っている間に彼の敵がきて、良い種の間に毒麦をまいて立ち去った」(『マタイによる福音書』第一三章二四〔、二五〕節)。「天の王国は畑に隠してある宝に似ている。人がそれを見つけるとまた隠しておき、喜びのあまり持ち物をみな売り払いその畑を買うのである」(同四四節)。「天の王国は良い真珠を探している商人に似ている。高価な真珠一個を見いだすと、行って持ち物をみな売り払いその真珠を買うのである」(同四五〔、四六〕節)。「天の王国は海に投げられて、あらゆる種類の魚を囲み入れる網に似ている。それがいっぱいになると漁師が引き上げ、良い魚は一緒に器に入れ悪い魚は外へ捨てるのである」(同四七〔、四八〕節)。「天の王国は人が畑にまいた一粒の芥子種に似ている。これ

ほど小さな種はないが、成長すると野菜の中でいちばん大きくなり、木のようになり、空の鳥が来てその枝に止まるほどになる」(同三一〔、三二〕節)。「天の王国はパン種に似ている。女がそれを取って三升の粉の中に混ぜると[6]、全体がふくらんでくる」(同三三節)。要するに、彼はいつも人々にたとえで説いて教え、福音書にはっきり書かれているように、「タトエニヨラナイデハ彼ラニ語ラナカッタ[7]」(『マタイによる福音書』第一三章二四、三四節)、たとえによらないでは彼らに語らなかったのです。

これがまさしくあの男、自分のことを神の子、それもあのように賢い父の子であると言い、わがキリスト崇拝者たちも知恵そのもの、永遠の知恵であったと称している人物が行った、すばらしくも巧みな宣教だというのです。これらがすばらしい巧妙なたとえ、比喩だというのです! こんなものがあのすばらしい天の王国とかの偉大と卓越について高い観念を与えられるでしょうか。畑にまかれた芥子種とか、海に投げられた網とか、ねり粉や小麦粉に混ぜられたパン種とかいうあれほど多くのあれほど立派な物に[8]、それが似ているというのです! わが博士や説教師たちの誰かが今こんな説教を私たちにしたら、嘲笑されないでしょうか。きっと笑われるだけ、軽蔑されるだけでしょう。それでもわがキリスト崇拝者たちは[9]、これらが神の知恵、永遠の知恵から発する話だと私たちに納得させようとするのでしょうか。さらにここで次のことに注目すべきです。その驚くべき神の知恵なる者が自ら語っているように、彼がこのようなたとえで民衆にこうして語りかけたのは、彼らが見ても見ず、言われたことが聞いても分からないようにするためで、したがって彼らが決して悔い改めず、その罪が決して赦されないようにするためだったのです(『マタイによる福音書』第一三章一四節)。それは「彼ラガ見テモ見ズ、聞イテモ分カラナイヨウニシ、悔イ改メテソノ罪ガ赦サレルコトガナイヨウニスルタメデアル」(『マルコによる福音書』第四章一二節)ということです。別の時にもその同じ神の知恵なる者は、私が来たのははっきり眼が見える者を盲目にするためである、と言いました、「私ガコノ世ニ来タノハ〔……〕眼ガ見エル者ガ盲目ニナルタメダ」(『ヨハネによる福音書』第九章三九節)とあのキリストは言ったのです。

それなら、彼の話や宣教には愚かさだけでなく、したがって悪意や邪悪さもあることになります。彼の言うことが人に分からず、それが利用できないようにと、わざと曖昧ではっきりしない言葉で話したというのですから。詭弁を弄する者、つまり曖昧で人を欺く話し方をする者は憎むべきだ、「詭弁ヲ弄スル者ハ憎ムベキダ」（『集会の書』第三七章二三節）と思慮に富む『集会の書』には書かれています。まして、自分が話しかけている人々を故意に欺き、盲目にし、破滅させる意図を持って話す者は憎まれるべきです。ですから、キリスト教徒のキリストは自ら語っているように、わざとたとえで民衆に語りかけ、彼らが見ても見ず、言われたことが聞いても分からないようにし、したがって彼らが決して悔い改めず、その罪が決して赦されないようにしたのですから、明らかに彼の話や宣教には愚かさだけでなく、悪意や邪悪さもあることになります。その点で彼は、軽蔑すべき者になり下がっていただけでなく、民衆の憎しみと怒りを買って当然の者ともなっていたのです。一方では、自分が来たのは人々を救うためだ、失われたすべてのものを探し出し救うためだ、罪人たちを呼び寄せ救うためだ（『ルカによる福音書』第一九章一〇節、『マタイによる福音書』第一八章一一節）、自分は生け贄を求めず慈悲を施そうとするだけだ、「私ガ好ムノハ憐レミデアッテ、生ケ贄デハナイ」[10]（『マタイによる福音書』第九章一三節、第一二章七節）と言い、また自分は世の光であり、道であり、真理であり、命であり、良い羊飼であり、自分の羊とその救いのためには命さえ捨てる[11]（『ヨハネによる福音書』第八章一二節、第一四章六節、第一〇章〔一四、〕一五節）と言っていました。ところがもう一方では、自分が来たのははっきり眼が見える者を盲目にするためだ、自分が来たのは地上に平和をもたらすためだと思うな、戦いの火を点けるためだと思え、と彼は言ったのです。「地上に平和をもたらすために私が来たと思うな。平和ではなく、剣を投げ込むために来たのである。私が来たのは、息子を父と、母を娘と、姑を嫁と仲たがいさせるためである。そして家の者がその人の敵となるであろう。私よりも父や母を愛する者は、私にふさわしくない。私より息子や娘を愛する者は、私にふさわしくない。また自分の十字架を取って私に従ってこない者は、私にふさわしくない」（『マタイによる福音書』第一〇章三四〔―三八〕節）と彼自身が言ったのです。

互い[12]に食い違い、完全に打ち消し合うこんな話や宣教をするには、気違いか異常でなければなりません。というのも、彼がその知恵なるものによって人々を啓発し教えるために来たなら、どうして眼が見える者を盲目にするために来たと言ったのでしょうか[13]、どうして民衆が言われたことが分からないように、理解できないようにたとえで話したのでしょうか。そんなものは断じて、彼が言う神の知恵なるものによって民衆を教え啓発する方法ではありませんでした！ それに、自ら言うように、彼が来たのが人々を救い、罪人たちを呼び寄せ、失われたすべてのものを救い、恩寵と慈悲を施すためだったなら、罪人である人々が回心することをどうして恐れ、彼らが回心し悔い改めるに至った場合、その罪が赦されることをどうして恐れたのでしょうか。さらに、自ら言うように、彼が良い羊飼であり、自分の羊の救いのために、つまり人々の救いのために、また彼らをみな救うために自分の命を捨てるつもりで来たなら、どうして彼らを滅ぼすために、つまり彼らの間に戦いと分裂の火を投じ、至る所[14]にいさかいを起こさせるために来たなどと言えたのでしょうか。こういうことはみな明らかに食い違い、おのずと崩れてしまうことです。そのように語るのは気違いか狂信者しかいません。

さらに彼は次のように説きました。ある日、彼は群衆がついてくるのを見て山に登り、そこに座って話そうと[15]口を開き、弟子たちを見て神託を告げるかのように[16]こう言いました。「精神の貧しい人たちは幸いである。天の王国は彼らのものだから。柔和な精神を持つ人たちは幸いである。彼らは地を受け継ぐのだから。泣いている人たちは幸いである。彼らは慰められるのだから。義に飢え乾いている人たちは幸いである。彼らは飽き足りるようになるのだから。憐れみ深い人たちは幸いである。彼らは憐れみを受けるのだから。心の清い人たちは幸いである。彼らは神を見るのだから。平和な人たちは幸いである。彼らは神の子と呼ばれるのだから。義のために迫害される人たちは幸いである。天の王国は彼らのものだから。私のために人々がおまえたちを罵り、迫害し、おまえたちに対し偽ってさまざまな悪口を言う時に、おまえたちは幸いである。おまえたちはそれを喜び、有頂天になれ。大きな報いが天でおまえたちを待っているのだから、喜ビ、有頂天ニナレ、天ニハオマエタチノタメニ大キナ報イガアルノダカラ」（『マタイによる

福音書』第五章〔三―一二節〕)。これと同じことを自分の弟子たちに言ったり、約束したりできないペテン師も狂信者もいません。[17]弟子たちに与えるもっと良いものを何も持っていない連中は、彼らにせめて何か虚しい希望を抱かせると相場はきまっています。

[18]さらに、彼はついてくる群衆に向かって次のように説きました。「まことに、まことに、おまえたちに言っておく。一粒の小麦が地に落ちて死ななければ、それはただ一粒のままであり実を結ぶことはない。しかし、もし死んだなら、豊かに実を結ぶようになる。自分の命を愛する者はそれを失うが、この世で自分の命を憎む者はそれを保って永遠の命に至るであろう。私に仕える者は私に従って来るがよい。私に仕える者は、私とともにいなければならないからだ。そして、私に仕える者は私の父が重んじてくれるだろう。しかし、今私は魂が乱れている。だから、父よ、私は何を言うのだろう、この時から私を救い出してください、あなたの名を輝かせてください……」(『ヨハネによる福音書』第一二章二四〔―二八〕節)。「おまえたちは腰に帯をしめ、いつも明かりを点し手に持っていなさい。主人が婚宴から帰ってきて、家に着き戸をたたく時、すぐ開けてあげようと待っている人のようにしていなさい」(『ルカによる福音書』第一二章三五〔、三六〕節)。「誰でも、父、母、妻、子、兄弟、姉妹、さらに自分の命までも捨てて、私のもとに来るのでなければ、私の弟子となることはできない。自分の十字架を(あるいは自分の絞首台を〔メリエによる注記〕)負うて私について来る者でなければ、私の弟子となることはできない」(『ルカによる福音書』第一四章二六〔、二七〕節)。「塩は良いものだ。しかし、塩も味がなくなってしまえば、何で塩味をつけようか。聞く耳のある者は聞くがよい。聞ク耳ノアル者ハ聞クガヨイ」(同〔三四、〕三五節)。まったく超自然的な神の知恵にしては[19]、これはなんとも立派な宣教ではないですか！

さらに、彼は次のようにも説きました。「ある日、種蒔きが種を蒔きに家を出て行った。蒔いているうちに道ばたに落ちた種があった。すると空の鳥がきてすぐ食べてしまった。他の種は土の薄い石地に落ちた。そこは土が深くないので、芽を出したが日が上ると焼けて、根がないために枯れてしまった。他の種はイバラの地に落ちた。すると、

イバラが伸びてふさいでしまった。最後に、他の種が良い地に落ちて百倍もの実を結び、あるものは百倍、あるものは六十倍、あるものは三十倍にもなった」（『マタイによる福音書』第一三章九節〔三―八節〕）。こういうすべてのすばらしいことを語りながら、彼は声を張り上げて、「聞く耳のある者は聞くがよい」〔同九節〕と言ったのです、「コウ語リナガラ、聞ク耳ノアル者ハ聞クガヨイト叫ンダ」（『ルカによる福音書』第八章八節）。

ある日、エルサレムの神殿で彼が教えを説いていると、ユダヤ人たちがからかって彼の教理に感心しているふりをしました。すると、本当に感嘆されていると思った彼はこう言いました。「私の教えは私自身の教えではなく、私を遣わされた方の教えである」（『ヨハネによる福音書』第七章一六節）。「モーセはおまえたちに律法を与えたではないか。それなのに、おまえたちのうちにはその律法を行う者が一人もない。おまえたちはなぜ私を殺そうと思っているのか」〔同一九節〕。この最後の言葉に驚いたユダヤ人たちは、「おまえは気違いか。それとも、悪霊に取り憑かれているのか。誰がおまえを殺そうと思っているものか」〔同二〇節〕、と彼に言いました。彼の方は自分のやり方で説き続けましたが、ユダヤ人たちが自分の言うことに耳を貸す気も、聞く気もほとんどないのがはっきり分かったので、神殿中に声を張り上げてこう叫び出しました。「おまえたちは私をよく知っているのか、どこから来たのかよく分かっているのか。私は自分から来たのではない。私を遣わされた方は真実であるが、おまえたちはその方を知らない。私はその方を知っている。私はその方のもとから来て、私を遣わされたのはその方なのだから」〔同二八〔、二九〕節〕。別の時にもさらにこう言いました。「まことに、まことにおまえたちに言っておく。私の言葉を守る者は決して死なない」（『ヨハネによる福音書』第八章五一節）。さらに別の時にはこうも言いました。「私は天から下ってきた生けるパンである。このパンを食べる者は決して死なない。私が与えるパンは、世の命のために与える私の肉である」（『ヨハネによる福音書』[*1] 第六章五一節）。「私の肉はまことの食べ物、私の血はまことの飲み物であるから。私の肉を食べ、私の血を飲む者は私の中におり、私もその者の中にいる」〔同五五、五六節〕。「私はその者に永遠の命を与える。まことに、まことにおまえたちに言っておく。私の肉を食べず、私の血を飲まなければ、おまえたちのうちに命はな

い。私の肉を食べ、私の血を飲む者には[*1]永遠の命があり、私はその人を終わりの日によみがえらせるからだ」[26]（同五三、五四節）。また別の時、厳粛な大祭の最終日にも、彼はエルサレムの広場の真ん中に立ち、突然大声でこう叫び始めました。「誰でも渇く者は私のところに来て飲むがよい。私を信じる者の腹からは生ける水が川となって流れ出るであろう……」（『ヨハネによる福音書』第七章三七〔、三八〕節）。その他似たような話をたくさん彼はしましたが、ここでそれらを伝えるのは長くなりすぎます。率直に言って、こんなものは気違いや狂信者のする話ではないでしょうか。こんな話をするのは正気を失っていたに違いありませんし、今こんな話をする者が現れたら、そんな連中は全員、気違いや狂信者だと私たちが見なすのも間違いないことです。

＊1　この同じイエス・キリストが是認し、守るように勧めるモーセの律法では、血を飲んだり食べたりすることは禁じられ、死刑と定められています。『創世記』第九章四節[20]。

さらに、この同じイエス・キリストが行った、もっと特殊な別の話をいくつか見ましょう。ある日一人のパリサイ人が、他の何人かの人々と一緒に彼を自分の家に食事に招待しました。そこに行ったこのイエス・キリストが、慣習どおりに手を洗うこともせず席に着いたので、招待したパリサイ人は礼節を欠くことだとは思いましたが、何も言いはしませんでした。ところが、そのパリサイ人がよく思っていないことに気づいて、イエス・キリストは自分を家に招待してくれた[21]その人に次のような仕打ちをしたのです（『ルカによる福音書』第一一章三七〔、三八〕節）。「おまえたちパリサイ人は杯や皿の外側を浄めるが、おまえたちの内側は略奪と不正で満ちている。愚かな者たちよ、外側を作った方は、また内側も作られたではないか。おまえたちに禍あれ、パリサイ人よ。薄荷、芸香（うんこう）、あらゆる野菜などの十分の一を神殿に納めてはいるが、神の裁きと慈愛はなおざりにしているおまえたちに禍あれ。確かにそれも守らねばならないが、これを忘れてはならないのだ」（『ルカによる福音書』第一一章三九、四〇、四二節）。そしてこうも言っています。「おまえたちに禍あれ、パリサイ人よ。おまえたちは白く塗った墓に似ているのだから。外側は人の目に美しく見えるが、内側は死人の骨や不潔なものでいっぱいだ。このようにおまえたちも外側は人の目に正しく見え

るが、内側は偽善と不正に満ちている」〔『マタイによる福音書』第二三章二七、二八節〕。「盲目なパリサイ人よ。まず、杯や皿の内側を浄めるがよい。そうすれば、外側も清くなるであろう。盲目ナパリサイ人ヨ。マズ、杯ヤ皿ノ内側ヲ浄メルガヨイ。ソウスレバ、外側モ清クナルデアロウ」〔『マタイによる福音書』第二三章二六節〕。その家で食事をするようにと礼儀正しく自分を招待してくれ、現にその食卓に着いている人に向かって、良識のある人間がこんな話をできると思いますか。できるはずがありません。ここまで愚かな無礼なことができるのは、気違いか、狂人か、無分別な狂信者しかいないのは確実です。

また彼が行った一つの推論を次に掲げますが、これは頭が狂っていることを十分明瞭に示しています。ある日、ユダヤ人たちが彼に向かって、自分のことを自分自身で立証するのだから、その証言は受け入れがたいと言いました〔『ヨハネによる福音書』第八章一三節〕。すると彼は、次のように答え、自分の証言は受け入れてよいと証明したのです。「私は自分で自分のために証言をするけれども、やはり私の証言は真実である。それは、私がどこから来たのか、また、どこへ行くのかを私は知っているからである。しかし、おまえたちは私がどこから来て、どこへ行くのかを知らない」〔同一四節〕。「私が誰かを裁くなら私の裁きは正しい。なぜなら、私は一人ではなく、私を遣わされた父が私と一緒だからである。おまえたちの律法には、二人による証言は真実として受け入れられると書いてある。さて、私は自分自身について証言をし、私を遣わされた父も私のことを証言してくれる……」〔同一六―一八節〕。それゆえ、彼が自分自身について行う証言は真実として受け入れなければならない！　彼の推論によればこうなるのです。これはなんとも立派な証明ではないですか。こんな推論を嘲笑しない人がいますか。こういうすべての話や私が伝えたすべてのことから、イエス・キリストが本当に気違い、狂信者でしかなかったと容易に分かります。そしてそんなことがありうるならですが、今また彼が私たちのところに戻ってきて昔と同じ言動をするなら、私たち自身も必ず彼を気違い、狂信者としか見なさないことも確かです。

彼の行動と振る舞いを仔細に検討するなら、さらに容易にその人柄について同じ判断を下せるでしょう。というの[22]

も、一、彼のように一地方中の都市や町や村をかけめぐり騒ぎ回って、天の架空の王国の間近い到来を説くなどというのは狂信者にしかできませんし、同じようなことをする人間はみな今でも狂信者と見なされるでしょうから。二、『福音書』に言われているように（『マタイによる福音書』第四章五節〔八節〕、『ルカによる福音書』第四章五節）、悪魔によって高い山に運ばれ、そこからこの世のすべての国々を見たと彼は思ったようですが、そんなことは妄想家や狂信者にしか当てはまらないのも確かですから。なぜなら、地上にはこの世のすべての国々を見渡せる山などなく、わがフランスのあの小さなイヴェト王国〔二七〕はおそらく別にして(23)、一国全部を見渡せるだけの山さえないのは確かだからです。ですから、彼がこの世のすべての国々を見たというのは想像にすぎませんし、その山に運ばれたのも、また同じ『福音書』に語られている神殿の尖塔に運ばれたというのも、やはり間違いなく想像にすぎなかったのです。さて、そんな幻を見たり、そんな熱狂的想像をしたりするのも、気違いや妄想家や狂信者にしかできないことです。三、『聖マルコによる福音書』に語られている聾唖者の治癒の場合、彼はその人を一人だけ連れ出し、その両耳に指を差し入れ、それからその舌をつばきで濡らし、天を仰いで大きな溜め息をつき、その人に向かって「エパタ」――「開けよ」という意味ですが――と言いました（『マルコによる福音書』第七章三二〔―三四〕節）。このようなあらゆる細かな行動や振る舞い方も、間違いなく狂信者にしか当てはまりません。また別の日、突然精神の中に歓喜が湧き上がった彼は、このような独り言(24)を言いました。「天地の主なる父よ、あなたを褒めたたえます。これらの事を知恵のある者や賢い者に隠して、小さき者たちに顕してくださいました！　そうです、父よ、そのようなことがあなたの御心に適ったことだったからです」（『ルカによる福音書』第一〇章二一節）。それから弟子たちの方に振り向いて、こう言いました。「おまえたちが見ていることを見る眼は、幸いだ。というのも、おまえたちに言っておく、多くの預言者や王たちも、おまえたちの見ていることを見ようとしたが、見ることはなかったからだ。おまえたちが聞いていることを聞こうとしたが、聞くことはなかったからだ」〔同二三、二四節〕。これもまさに、妄想家や狂信者の言動でしょう。

ラザロをよみがえらせた時、というよりよみがえらせる振りをした時[25]、彼は泣き女の振る舞いをして精神が動揺し高ぶり、それからその死者なるものの墓あるいは墓石[26]に近づき（『ヨハネによる福音書』第一一章三八節）、さらに体を震わせ天を仰いでこう言いました。「父よ、私の願いをお聞き下さったことを感謝します」（同四一節）。それから、大声で「ラザロよ、出てきなさい」（同四三節）と叫びました。こういうすべての仕方も狂信者にしか当てはまりません。またある日エルサレムにやって来た時、近くまで来て都が見えると、彼はその都のために泣いて言いました。「ああ、おまえにとって好ましいこの日に、平和をもたらすためにおまえに差し出されるものを、おまえも知ってさえいれば！　しかし、おまえは知らない、それは今おまえの眼に隠されている。おまえにとって不幸な時がやって来るからだ。敵が周囲に塁を築き*1、おまえを取り囲んで*1、四方から押し迫り*1、ことごとく家を潰し*1、住人を皆殺しにし*1、積み石一つ残さぬだろう。おまえが神の訪れの時を知らないでいたからだ」（『ルカによる福音書』第一九章四二―四四節）。それから神殿に入り、そこで売り買いをしていた者たちを笞で追い出し、彼らの台や椅子をひっくり返して言いました。「わが家は祈りの家だ、と書かれているのに、おまえたちはそれを盗賊の巣にしてしまった」（同四六節[27]）。これもまた、正真正銘の狂信者の言動です。

＊1　これは古代の預言者たち（一八）がみなこの都について預言したこととほとんど一致しません。彼らが預言したあらゆるすばらしい事柄については前を見てください。

死の前日、弟子たちに話している時、彼は突然精神が乱れて彼らにこう明言しました。「まことに、まことに、おまえたちのある者が私を裏切るだろう」（『ヨハネによる福音書』第一三章二一節）。すぐ後に、裏切るはずの者が出ていくとイエスは言いました。「今や人の子は栄光を受けた。神もまた彼によって栄光をお受けになった。彼によって栄光をお受けになったのなら、神御自身も彼に栄光をお授けになるであろう。すぐにもお授けになるであろう。わが子らよ、私はもう、しばらくの間しかおまえたちと一緒にいられない」（『ヨハネによる福音書』第一三章三一（―三三）節）。それから天を仰いで言いました。「父よ、時が来ました。あなたの子があなたの栄光を顕したように、子

の栄光を顕して下さい。子に賜わったすべての者に永遠の命を授けさせるため、あなたは万民を支配する権威を子にお与えになったのですから。永遠の命とは、唯一のまことの神であるあなたと、また、あなたが遣わされたイエス・キリストを知ることです。私は地上であなたの栄光を顕しました、私にさせるためにお授けになった業を成し遂げました。父よ、あなたも、世が創られる前にお側で私が持っていた栄光で、今私を御前で輝かせて下さい」(『ヨハネによる福音書』第一七章〔一―五節〕)。「父よ、あなたが私に賜わった人々が私のいるところに一緒にいるようにして下さい」(『ヨハネによる福音書』第一七章二一節〔二四節〕)。「私に賜わった栄光を彼らに見させて下さい。私はあなたから戴いた栄光を彼らにも与えました。それは、私たちが一つであるように、彼らも一つになるためです。私が彼らのうちにおり、あなたが私のうちにいますのは、彼らが完全に一つになるためです」〔同二二、二三節〕。「正しい父よ、この世はあなたを知りませんでしたが、私はあなたを知り、また彼らも、あなたが私をお遣わしになったことを知っています」〔二九〕〔同二五節〕。その他、このような話なら似た例をたくさん挙げられるでしょう。もう一度言いますが、もしこのように語るこんな人物が今の世の中に見られたら、その男は知られたところではどこでも、気違い、狂信者と見なされるに違いありません。

ですから、イエス・キリストの人柄、その考え方、想像、口ぶり、話、行動、振る舞い、そして彼について世人が下した判断に関し、私がここで伝えたこれらすべての証言は、私が言ったように彼が取るに足りぬ男、知力も才能も学問もない卑しい軽蔑すべき男にすぎなかったこと、さらに気違い、狂人、惨めな狂信者、哀れなろくでなしにすぎなかったことをはっきり示しています。それなのに、わがキリスト崇拝者たちはこんな人物に神性を与え、こんな人物を彼らの愛すべき神なる救い主、全能な神の全能な息子として崇拝しているのです。この点でも、前述のように、明らかに彼らは異教徒より滑稽で非難すべきものに成り下がっています。異教徒は、偉大な人間、何かたぐい稀で非凡な完全性を備えた人物、皆のために何か特筆すべき仕事をしたか、莫大な恩恵を施したかした人物にしか、神性を付与しようとはしなかったからです。ですから、キリスト教がその初期において本当の狂信、それも卑しい軽蔑すべ

き狂信にすぎなかったのは明らかです。なぜなら、まずそれは、すべての民族の中でもっとも卑しい軽蔑すべき民から出た、卑しい軽蔑すべき一狂信者の誤った思考、想像、格率、見解に盲目的に従うと公言していた、卑しい軽蔑すべき連中の一派にすぎなかったのですから。その狂信者は、イスラエル王国の復興なるもの、およびその他あらゆるすばらしい約束について、彼が語った内容をすでに弟子たちに固く信じ込ませていたので、彼らの方でも、自分たちのイスラエル王国を復興し、自分たちに語ったその他あらゆるすばらしい約束を実現するのはもうすぐか、「主ヨ、イスラエル王国ヲ復興ナサルノハ、コノ時ナノデスカ」(『使徒行伝』第一章六節)と尋ねたのです。[29] そして、キリスト教が本当に卑しい軽蔑すべき狂信にすぎなかったという証明としては、当時の歴史家たちがそれについてどう語っているか、最初のキリスト崇拝者たち自身が同じことについてどう語っていたか、を見さえすればよいのです。

[28]

第三四章 キリスト教はその初期において卑しい軽蔑すべき狂信にすぎなかった

当時の歴史書では、キリスト教は有害な卑しい軽蔑すべき一宗派、憎むべき迷信としてしか語られていません。次にローマ人の歴史家タキトゥスがどのようにキリスト教について言っていたかを掲げましょう。「ネロはローマ市放火の重罪を自分以外の者になすりつけようと、キリスト教徒を放火犯人として残酷に殺させた。それは、日頃から忌まわしい行為で世人から憎まれ、キリスト教徒と呼ばれていた者たちである。この一派の呼び名の起因となったキリストなる者は、ティベリウスの治世下に、ユダヤ総督ポンテオ・ピラトによって極刑に処せられていた。しかし、この有害極まりない一派も一時鎮まっていたのだが、また再び、その発生地ユダヤにおいてのみならず、世界中からおぞましいものが集まる汚水溜のようなローマにおいてすら、猖獗(しょうけつ)を極めていたのである。彼らは殺される時、なぶりものにさえされた。すなわち、野獣の毛皮をかぶされ、犬に噛み裂かれて倒れる。あるいは十字架に縛りつけられ、夜の灯火代わりに燃やされたのである。なるほどこの惨めな連中は無実ではないし、どんなむごたらしい懲罰にも値

するが、それでも人々は同情の気持ちを抱いた。その君主が彼らを殺させたのは、国家の福祉のためではなく、自分の残忍性を満足させるためだったからである」（タキトゥス『年代記』第二巻三〇八頁〔二〇〕[1]）。初期キリスト教徒について、[2]この歴史家はこのように述べています。

ルキアノスも彼らについて語る時は、これに劣らずどんな敬意も示さず、彼らを憐むべき人々として扱っています。「この憐むべき人々は不死の希望を抱いてすべてのことを軽んじ、死さえなんとも思わず、自ら進んで刑罰に身を捧げるのである。というのも、彼らの最初の立法者はパレスチナで十字架にかけられたのだが、それはこの一派を導入したため、また自分たちはみな兄弟であると連中に信じ込ませたからである。われわれの宗教を捨て、十字架にかけられた者を礼拝するようになってからは、連中は彼の法の下で暮らし、盲目的服従により彼の教義を受け入れて、なんでも共同のものだと信じている」（〔ルキアノス『ペレグリノスの昇天』〕〔二一〕第二巻[3]）。『ローマ史』にも次のように書かれています。「ローマ帝国においてキリスト教徒に対する憎しみは激しく、帝国内に起こるあらゆる禍の原因は彼らであると人々が告発するほどだった。だから、ティベリス川が増水しようと、ナイル川の水位が十分上がらなかろうと、天球が停止しようと、地震が起ころうと、飢饉や疫病が襲って来ようと、彼らを目の敵にしている民衆は、彼らをライオンや野獣の餌にしなければならぬと叫ぶのだった」（コエフトー『ローマ史』第三巻三九頁）。

彼ら[4]とその教理や生き方について世人が下していた評価を、彼ら自身の口からも聞きましょう。というのも、この点では彼らの言うことも証言として疑うわけにはいかないからです。彼らの大ミルマドラン[5]、聖パウロはこう言っています。「私たちは、十字架につけられたイエス・キリストを宣べ伝える。このキリストは、ユダヤ人には躓かせるものであり、異邦人には愚かなものと見える」（『コリント人への第一の手紙』第一章二三節）。しかし、この愚かさの中には隠された偉大な知恵があると彼は信じ込んでいたので、それをまことの常ならぬ神の知恵のように誇りもしたのです。「私には、イエス・キリストの十字架以外に、誇りとするものは断じてあってはならない」（『ガラテヤ人への手紙』第六章一四節）。他のところでも彼は次のように言っています。「私はこう考える。神は私たちを死刑囚の

ようにさらしものにし、全世界に見世物にされたのだと。私たちはキリストへの愛ゆえに愚かな者となり、弱く、卑しめられている……。今の今まで、私たちは飢え、渇き、裸にされ、打たれ、宿なしであり、辱められては祝福し、迫害されては耐え忍び、罵られれば、罵らないようにと懇願している。私たちは公の罪のために生け贄とされる犠牲として扱われ、地上すべてが投げ捨てるごみのように扱われる。私タチハ今ニ至ルマデ、コノ世ノ塵ノヨウニ、スベテノ者ノ屑ノヨウニサレテイル[6]」(『コリント人への第一の手紙』第四章〔九―一三節〕[二二])。「私たちは、四方から患難を受け、迫害にあい、いつもイエス・キリストの苦しみをこの身に負うている」(『コリント人への第二の手紙』第四章八〔―一〇節〕[二三])。「私たちはあらゆる場合に、神の僕として自分を人々に現している。すなわち、極度の忍苦にも、患難にも、圧制にも、鞭打たれることにも、入獄にも、騒乱にも、労苦にも、徹夜にも、断食にも、大いなる忍耐により神の僕として自分を現している」(『コリント人への第二の手紙』第四章四節〔第六章四、五節〕)。「私たちは謗(そし)られ悪評を受け、真理の宣教者であるのに人を惑わす者と見なされ、知られているのに見知らぬ者と見なされ、懲らしめられ、いつでも死を耐え忍ぶ準備のある人々と見なされている」〔同書第六章八、九節[二四]〕。また、彼はキリスト教の信徒たちに次のように語りかけました。「あなたがたは、洗礼を受けた後、大きな苦しい戦いによく耐えた始めの頃のことを、思い出してほしい。謗られ苦しめられ見世物にされたこともあれば、このような目にあった人々の苦痛を分け持つこともあった。というのも、あなたがたは鎖につながれた人々に同情し、また、自分たちが比較にならぬほど勝った永遠の富を持っていることを知って、自分たちの財産が奪われても喜んでそれを忍んだからだ」〔『ヘブル人への手紙』第一〇章三二―三四節〕。その同じ使徒は迫害の中で死んだ人々についてこうも語りました。「ある者たちは拷問の苦しみに甘んじ、また他の者たちはあざけられ、鞭打たれ、縛り上げられ、投獄されるほどの目にあった。また他の者たちは石で打たれ、鋸で引かれ、苛まれ、剣で切り殺された。また他の者たちは羊の皮や、山羊の皮を着てあちこちをさまよい、無一物になり、悩まされ、苦しめられた。また他の者たちは、荒野と山の中と岩の穴と土の穴とに引き籠もった……」(『ヘブル人への手紙』第一一章三五―三八節〔第一一章三五―三八節[二五]〕)。

以上がその証言ですが、これは古代の預言者なる者たちが預言した、この人々にとってはあれほど輝かしい有利なあらゆる事柄にまったく反しています、つまり、彼らのメシアであり解放者なる者が彼らをその捕囚から解放しに来る時に起こるはずのあらゆる事柄にまったく反しています。それどころか、またこれらの証言は、キリスト教がその初期において狂気や下らぬ軽蔑すべき狂信にすぎず、実際そうとしか見られなかったこともまったく明瞭に示しています。なぜなら、初期キリスト教徒たちがどこでもこのように扱われ、憎まれ、軽蔑され、迫害されたのはいったいどうしてでしょうか。それはまさしく、彼らの教義が偽りで愚かしく馬鹿げていたからにほかなりませんし、彼らの生き方や振る舞いが愚かしく滑稽で、迷信に満ちていたから[7]にほかなりません。だからこそ、彼らはどこでもあのように忌まわしい軽蔑すべき者に成り下がっていたのです。さらに一層驚くべきことは、それにもかかわらず彼らが自分たちをとにかく他のどんな人々より賢いと信じていたことです。自分たちの狂気がまったく超自然的な神の知恵だと思い込んでいたのですから。〔＊1〕〔二六〕もっとも、それだからこそ彼らは、あの彼らの偉大なミルマドラン聖パウロとともに次のように言ったのです。すなわち、神において愚かと見えるものはすべての人々より賢く〔『コリント人への第一の手紙』第一章二五節〕、神はまさしく彼らの宣教と教理の愚かさによって、彼らの信仰に従う者たちを救おうとした。＊2また、神はこの世の知恵を愚かさに変えた、「神ハコノ世ノ知恵ヲ愚カサニ変エタ」（『コリント人への第一の手紙』第一章二〇節）と。またそれだからこそ、自分たちについても次のように言ったのです。すなわち、神は知者を辱めるために、この世で愚かと見える者を選び、強い者を辱めるために弱い者を選び、有力な者を無力な者にするために、この世で身分の低い者や軽んじられている者、つまり無きに等しい者を使われた、「神ハ強イ者ヲ辱メルタメニ、コノ世ノ愚カナ者ヲ選ビ、有力ナ者ヲ挫クタメニ、コノ世デ身分ノ低イ者ヤ軽ンジラレテイル者ヲ選バレタ」（『コリント人への第一の手紙』第一章二七、二八節〔二七〕）と。また彼らの想像によれば、そのようにしたのは、どんな人間も神の前で自らを誇ることができないようにするため、「ドンナ人間モ、神ノ御前ニ誇ルコトガナイタメ」〔同二九節〕なのです。こういうすべてのことから明瞭に分かるのは、キリスト教がその初期において下らぬ滑稽な狂信にすぎなかっ

たことです。またしたがって、わがキリスト崇拝者たちは誤っており、この点で彼らはひどい誤謬に陥り、かつての異教徒よりずっと滑稽で馬鹿げた誤謬に陥っていることさえ明らかです。というのも、異教徒はキリスト教徒のように、人間の知恵を愚かさに変えたり、人間の愚かさを超自然的な神の知恵に変えたりする、とは決して主張しなかったからです。ですから、キリスト教徒であるためには気違いでなければならない、という諺がイタリアにあるとしても（〔マラナ〕『トルコ皇帝の密偵』(二八)）、なんら驚くには当たりません。

〔＊1〕「神ノ福音ノタメニ選ビ分カタレタ、イエス・キリストノ使徒パウロカラ――コノ福音ハ、神ガ、預言者タチニヨリ、聖書ノ中デ、アラカジメ約束サレタモノデアル」『ローマ人への手紙』第一章一、二節。(8)

＊2「神ハ、宣教ノ愚カサニヨッテ、信ジル者ヲ救オウトサレタノデアル」『コリント人への第一の手紙』第一章二一節。

第三五章　教理の誤謬三。偶像崇拝および彼らの秘蹟なるものにおけるねり粉や小麦粉の神々の崇拝

異教徒は今も昔も木や石や銅や青銅や石膏や金銀の偶像を崇拝している、とわがローマ派・神・キリスト崇拝者たちも、ローマ派でない他の者たちも非難し断罪しています。また、命もどんな感情も持たない、誰にもどんな善も悪もまったく行えない、動かぬ彫像や偶像をそのように崇拝することは、昔であろうと今であろうと人間の甚だしい愚かさ、盲目さである、とも考えています。そのような木や石や金銀などでできた、彼らの言葉を使えば眼があっても見ることのない、耳があっても聞くことのない、口があっても話すことのない、足があっても歩くことのない、手があっても何もできない、等々という偶像や神々なるものを、彼ら自身が、わがローマ派・キリスト崇拝者たち自身がことさら笑い物にしています。実際、彼らがそんな神々やそれらを崇拝する人々を嘲笑するのはもっともです。しかし、ではどうして彼ら自身も同じことをし、ある意味では金銀の偶像より劣る脆弱で小さなねり粉の偶像をあのように自ら崇拝するほど、彼ら自身愚かで馬鹿げた者に成り下がっているのでしょうか。ですからこの際、黒く煤けた鍋

が釜に向かって、あるいは釜が黒く煤けた鍋に向かって、お互いがその黒さを非難し合い、「オマエナンカ呪ワレロ、真ッ黒ナ奴メ、呪ワレテシマエ」[二九][1]と罵り合ったあの非難の言葉を、わがローマ派・キリスト崇拝者たちに当てはめてやるのがぴったりかも知れません。彼らのキリストが言ったように、彼らの兄弟や仲間である異教徒の眼の中の藁屑は見ても、彼らは自分の眼の中に入っている梁は見ていないのです〔『マタイによる福音書』第六章四一節[2]〕。つまり、彼らの兄弟である異教徒のうちにある偶像崇拝の愚かさは見ても、自分たち自身のうちにある、異教徒のものよりずっと甚だしい愚かさや偶像崇拝や迷信は決して見ていないのです。私がこう言うのは、わがローマ派・キリスト崇拝者たちが木や石の偶像あるいは銅、石膏、金、銀でできた偶像に、異教徒がその偽の神々に捧げているのと同じ尊敬を外面的に捧げているからではありません。というのも、異教徒のようにそんなものを神々と見なし崇拝するのが彼らの意図でないことは私もよく知っていますから。そうではなく、私がここで主として問題にしているのは、ねり粉や小麦粉でできた彼らの小さな偶像のことです。彼らはそれを二枚の鉄板の間で焼いて、ついでそれを聖別し、本当に自分たちの神として崇拝しているのに、それを毎日食べてしまうのです。

　わがローマ派・キリスト崇拝者たちが主張するように、もしも神がパンとブドウ酒の中で、あるいは彼らの言い方を用いるなら、パンとブドウ酒という目に見える形色[三〇]と外見の下で崇められることを承知するならば、どうして木や石や石膏や銅や金銀のうちにも、あるいはこう言った方がよければ、これらやその他類似物の目に見える形色と外見の下にも入り込み、その中で崇められることを神は承知しないのでしょうか、また承知しなかったのでしょうか。というのも、不可能や不相応や不適切[3]という点では両者に程度の差がないのは確かですから。わがキリスト崇拝者たちの神キリストが、彼らの主張のようにパンとブドウ酒を自分の体と血に変えるなら、それと同じくらい簡単に木石や金銀をも自分の体と血に変えられる、ということを彼らもあえて否定はしないでしょう。一方を否定すれば、もう一方を否定する理由も同じだけあることになりますから。ですから、彼らの原理に従えば、そういうことをする可能性はどちらにおいても同程度ですし、そういうことをする力はどちらの側でも等しいことになります。したがって、わ

がローマ派・キリスト崇拝者たちが崇めるねり粉の小さな偶像や像にも、木石や金銀あるいは石膏や銅[4]の偶像にも、神は同じように簡単に、また真実に存在できることになります。こうして彼らはこの点でも異教徒と互角になり、両者ともそれぞれの虚しい[5]見解を基礎づけるに当たっては互角になるのです。神が真実に、また現実に木石や金銀の偶像に宿ると一方が言うのも、ねり粉と小麦粉の偶像に宿るともう一方が言うのも、簡単ということでは差がないからです。

しかしさらにこの点で、神というものの至高[6]の尊厳に何がよりふさわしいはずだと思われるかについて考察をめぐらせるなら、木石のような何か堅牢な素材や金銀のような何か高価で貴重な物質において崇められる方が、そのものとして何の堅牢さも持たず、雨にあえば溶け、風にあえば吹き飛ばされ、鼠や二十日鼠にあえば食べられてしまう、つまらない脆弱なねり粉と小麦粉の小さな像において崇められようとするより、神にはずっとふさわしいことだと思えるのは間違いありません。木石や金銀や石膏や銅[7]の偶像の中に本当に神が宿ると信じるのが異教徒の盲目さ、愚かさであるなら、風の一吹きでも飛ばされ、ごく小さな二十日鼠でさえ食べてしまえる脆弱なねり粉と小麦粉の小さな像の中に、神人[8]が肉体も魂も、肉も骨も血もそのまま本当に宿ると信じるのは、わがローマ派・キリスト崇拝者たちの一層ひどい盲目さ、愚かさであることは確かです。

皆さん、あなたたちが次のようなことを聞かされるとしましょう。つまり、ある外国に、民衆も祭司たちも自分たちが崇める神々を作り食べることを[9]宗教的義務としている民族や宗教がある、しかもその神々は脆弱なねり粉の小さな像にすぎず、彼らはそれを二枚の鉄板の間で焼かせ、祭司がそれを聖別し、その上で四つの言葉を唱えるだけで神々に変える〔三二〕[10]、それからこの神々を鼠や二十日鼠が自分たちより前に食べてしまわないように、風が吹き飛ばしてしまわないように、大切に箱にしまい込み取っておく配慮をする〔三三〕と聞かされるとしましょう。作られるやいなや、今言ったように大切に箱にしまい込み取っておく配慮をしなければ、鼠や二十日鼠に食べられてしまい、一吹きの風でさらわれてしまう神々をこのように崇める、その哀れな無知な人々の単純さを、というより、彼らの愚かさと間抜けさ

をあなたたちは笑いものにしないでしょうか。嘲笑うにきまっています。もっとも、その嘲笑が自分たちに返ってくる、とすでにあなたたちが十分感じていないならばですが。なぜなら、自分たちの神を作り、崇め、食べるとそのように愚かに信じている民族とは、あなたたち自身なのですから。あなたたちの神、神なる救い主、イエス・キリストの体と血、魂と神性であるとあなたたちの司祭が信じ込ませている小麦粉の小さな像を、あなたたちは現に作り[11]、崇め、うやうやしく敬虔に食べているのですから。

第三六章　ねり粉と小麦粉の神々の聖別と、異教徒が崇める木石の神々や金銀の神々の聖別との比較

キリスト教の中には一つの不可思議な奇怪さがあります。この宗教の中にいる人々は自分たちの神をうやうやしく食べる[*1]と公言しているのです。そして彼ら自身も残忍に食い合い、引き裂き合っています。まったく野蛮なことです。いくら判断力や理性を持ち合わせていない人々に対してであれ、良識を持ち合わせていない人々に対してであれ、どうやってこんな奇妙な、馬鹿げたことを納得させることができたのでしょうか。人神の体と血のすべてが、その魂と神性が、ねり粉の取るに足りぬ小さな像の姿や形の下に、およびブドウ酒のただ一滴の形や姿の下に真実に現実に存在すると、どうやって納得させることができたのでしょうか。しかも、その体と血のすべてがねり粉像の形姿全体、およびブドウ酒一滴の形姿全体の下に存在するだけでなく、その像の各部分、およびそのブドウ酒一滴の各部分の下にもその体と血のすべてが存在する〔三三〕と、どうやって納得させることができたのでしょうか。そのねり粉像の全実体とそのブドウ酒の全実体がその人神なるものの体と血に完全に変えられる、しかもその変化は、くだんの小さなねり粉像と数滴のブドウ酒の上で司祭がひそかに唱えるただ四つの言葉の効力と力のおかげで瞬時にして起こると、いったいどうやって納得させることができたのでしょうか！　さらに、司祭たちがくだんの四つの言葉をさまざまな小さなねり粉像[1]とさまざまな量のブドウ酒の上で唱えようとするたびごとに、彼らはそれらの実体をあの人神の体と血の実

体に奇蹟的に変え、(2)こうしてその人神はさまざまな場所に同時に何千、何万、何百万と存在し、しかもその存在をなんら増やさず、自分自身をなんら分割することもないなどと！(三四)間違いなく、異教徒のどんな宗教の中にも、これほど下らない、滑稽な、馬鹿げたことはありません。

＊1　彼らは神秘的に自分たちの神を食べると信じて、実に見事にこう歌っています。「オオ、感嘆スベキコトダ、哀レナ卑シイ僕ガ主ヲ食ベル、おお、感嘆すべきことだ、哀れな卑しい僕がその主であり、その神であるものを食べる」と！〔賛美歌「サクリス、ソレムニイイス」第二三、二四節〕。

このように奇妙な馬鹿げた事柄を、いったいどうやって理性や判断力がある人々に納得させることができたのでしょうか。そのような事柄を無知で教養のない民衆が信じ込まされたというなら、私もそれほど驚きません。無知で単純な人々ならどんなことでも好きなように十分簡単に信じさせられます。しかし、賢い教養のある人士、博士や学者たち、頭の良い、それも頭脳の回転や洞察力において卓越した人々が、無知な連中と同じくこれほどひどい馬鹿げた誤謬に陥るままになったのです。しかも、昔も今も日々彼らがその誤謬の守り手や弁護人の役目さえ引き受けて、それを支え維持しようとするのは、卑しい目的のためであったり、利益や他人の尊敬を受けたいという卑劣な動機のためであったりするのです。また、前言を翻し、だまされていたと認めて恥をかくよりは、あるいは民衆にはっきり真理を示し、あれほど虚しく愚かに信じ込まされていたすべてのことが偽りだと示してやって、(3)誠実に彼らの目を覚ましてやる喜びを得るよりは、あくまで悪い側の肩を持とうとする連中の滑稽な強情さのためであったりするのです。こういうことこそ、私にはきわめて奇怪なことだといつも思われました。

何ですって、あの博士たちがですか、異教徒の偶像崇拝の誤りをかくも正しく非難し断罪する術を心得ているあの有名な博士たちがですか、そういう博士たち自身が、民衆の中でもっとも単純で(4)無知な連中がするように、物も言えない偶像や取るに足らない小さなねり粉の像の前に平伏して恥じないのですか！　異教徒に向かってはあれほどあからさまに断罪したことを、自分たちの間では公に声高く説いて赤面しないのですか。それは聖職の濫用と明白な背任

ではないのですか！　異教徒が行う木石や金銀の偶像の虚しい聖別より、彼らが行う貧弱なねり粉の小像の虚しい滑稽な聖別は一層力があり、効果があると思っているのですか。たとえば、ネブカドネザル王が王国のドラ平野に立てさせた有名な驚くべき黄金像のために、バビロンで行われたかの有名な豪華絢爛たる聖別なるものより、彼らの聖別なるものの四つの言葉の方が一層力があり効力があるとでも思っているのですか。その像は純金製で高さ六十キュビト、幅六キュビトもあり、王はそれを先の名の平野あるいは平原に立てさせた後、自分にできる限りの荘厳な仕方で像の奉納あるいは聖別を行おうとしたのです。そのために彼は、王国のすべての君侯、領主、総督、法官、判事、その他の官吏に対して、決められた日に来てその像の前で厳かに奉納と聖別を執り行うように命じました。同時にすべての民衆に対しても、像の聖別後すぐに奏で始めるトランペット、オーボエ、その他あらゆる楽器の音を聞いたら、ただちにみな像の前に平伏して神として崇めよ、崇めない男女は誰でも厳罰に処すというお触れを出させました〔『ダニエル書』第三章一〔―六〕節〕。王の命令は遵守され、王国のすべての大領主、君侯、総督、法官、その他の官吏は決められた日に像の前にやって来ましたし、無数の群衆もその驚くべき像と聖別の壮麗さを見ようと四方からそこにやって来ました。そのすべての民の前で聖別は実際考えられる限りの厳かさで執り行われ、その聖別なるものが行われるとすぐ、準備されていたトランペット、オーボエ、その他のあらゆる楽器が奏され始め、それと同時に新しく作られた神として皆がその像を崇めるために平伏しました〔同七―九節〕。

これはかつて行われたもっとも荘厳、壮麗な聖別でしょう。こんな聖別になら、像の素材である金という実体すべてを神に変えるか、神性そのものを引き寄せ、像の中に留めるかして、その黄金像を本当の神にする力や効力があったかも知れない、とわがキリスト崇拝者たちは考えるでしょうか。いいえ、そんなことは考えようともしないにきまっていますし、そんなことを言うだけでも恥とするでしょう。それなら、取るに足りない小さなねり粉像と数滴のブドウ酒の上で、ただ四つの言葉を唱えるという彼らの無意味な下らない聖別なるものに、パンとブドウ酒を彼らの神キリストの体と血に変える効力があるとどうして考えるのですか。そうやって小さなねり粉像や数滴のブドウ酒を全

能の神にする、彼らの言葉によればパンとブドウ酒の全実体を一瞬のうちに人神の体と血に変える、というその力や効力あるいは能力なるものを、その聖別はどこから引き出すのですか。ああ、愚かな博士たち！　どうしてわざわざこんな滑稽な、こんな馬鹿げたことを主張しようとするのでしょうか。公の場でこんなことを語り提唱するだけだとしても、どうしてそんなことができるのでしょうか。先入見、習慣、生まれ、教育が人々の精神に奇怪な影響を及ぼしているに違いありません。それらがそこまで彼らを盲目にしているのですから。というのも、今こんな滑稽で馬鹿げたことを盲目的に受け入れさせることができるのは、間違いなく先入見と習慣と生まれと教育しかないからです。確かに異教のどこを捜してもこれほどのことはありませんし、キリスト教が発明されたのは、宗教という問題で(6)人々がどこまで極端になれるかを示すためにすぎなかったかのようです。というのも、いかに滑稽で馬鹿げたものでも、自分たちの神聖な信仰と称してわがローマ派・神崇拝者たちが(7)、盲目的に信じるべきだと思っているものほどではないからです。「キリスト教徒にとっては、信ずべからざる事柄に出会うことが、信仰への機縁なのである。彼らによれば、その事柄は人間の理性に反すれば反するだけ、理にかなっているのである」〔三五〕(8)（モンテーニュ『エセー』四六六頁〔第二巻一二章、邦訳、岩波文庫、第三巻一一七頁、原二郎訳〕）とモンテーニュ氏も言っています。

「私ガ行ワレ得ナイト言ッタスベテノコトガ、今ヤ行ワレルダロウ、
人ガ信ジ得ナイコトナド何モナイノダ！」〔三六〕

実際、ローマ派キリスト教が教え、信じることを義務づける内容より滑稽で馬鹿げた事柄を思い描くことはできません。

その証拠としては、わが神・キリスト崇拝者の(9)博士たちが、あんなにすばらしい称賛すべき奥義を確立するため、いったいどんな基盤に立脚しているかをさらに指摘すればよいのです。私の考えはすでに半分ほどお伝えしてありますが、そうでなかったら、皆さんはこれを知って驚かれることでしょう。しかし、これからはっきりと、あけっぴろげにお話ししなければなりません。彼らが基盤としているのはまさしく、彼らの狂信的な神・キリストが言った無意

味で曖昧ないくつかの言葉にすぎないのです。というのも、すでに論証したように、彼は一人の狂信者にすぎなかったからです。その狂信者は自分の使徒と弟子たちに、自分と父は一つでしかない、「私と父は一つでしかない」(『ヨハネによる福音書』第一〇章三〇節)と言いました。また、使徒と弟子たちに父と自分から発する真理の霊を送るとも言いました(『ヨハネによる福音書』第一四章一六―一七節)。そこから、父と子と聖霊と彼らが呼ぶ三位からなる唯一神という、彼らのいわゆるいと高き、いと崇むべき三位一体の奥義を博士たちは結論として引き出すのです。そんな曖昧な言葉があたかもただ一つの意味しか持ちえないかのように。その同じ神・キリストなる者はパンを取り、使徒たちに食べるようにと与えて言いました。「取って食べよ。これは私の体であるから」(『マタイによる福音書』第二六章二六節)。また、杯に入ったブドウ酒を飲むようにと、彼らに差し出して言いました。「みな、飲め。これは私の血、多くの人の救いのために流される新しい契約の血であるから」(同〔二七―〕二八節)。この言葉をもとにして、彼らのキリストは手に取ったパンとブドウ酒をその時自分の体と血に変え、使徒たちに与えたパンとブドウ酒という形色と外見のもとで、本当にそして実際に自分の体と血、魂と神性を使徒たちに与えたと彼らは主張し、断固言い張るのです。あたかも彼らのキリストのそんな言葉が、彼らの与える意味とは別の意味を持つことがありえないかのように。また同時に、自分を記念して同じことをするようにと彼が使徒たちに言ったことから(『ルカによる福音書』第二二章一九節)、キリストはその同じ時に使徒たちにも、その後継者として現在司祭となっている自分たちにも、彼のようにパンとブドウ酒を彼の体と血に変える力を与えた、と博士たちはさらに結論します。それに続けて、その中には彼の魂と神性も存在するだろう、生きている体には――キリストはかつて生きていましたし、彼らによれば今も生きているのです――魂がないわけではないし、神に神性がないわけではないから、と結論します。まさにこのようにして、わがローマ派・キリスト崇拝者たちは一狂信者の曖昧な言葉を基盤に、超自然的、神的と彼らが呼ぶ架空の奥義を確立しているのです。[10][11][12][13]

さて、先のイエス・キリストの言葉がまったく曖昧であることは、わがキリスト崇拝者たち自身が十分明らかにし

ています。くだんの言葉の意味については、いまだに彼ら自身の間で意見の一致を見ることができず、ある人々が与えると主張するのとは反対の意味を、別の人々はそれらに与えているからです。またイエス・キリスト自身が、自分はそれらの言葉を弟子たちとは別の意味に解している、とはっきり彼らに言明したからです。その折に彼は、彼らに話した言葉は霊であり命である（『ヨハネによる福音書』第六章六四節〔六三節〕）、つまり、それらを彼らのように言葉の本来の自然な意味にではなく、ある霊的、象徴的、隠喩的意味に取るべきだと言ったのです。それに、ほとんどいつもたとえを借りて話をするのがあのキリストのいつものやり方だったことも知られています。そのたとえも意味不明で象徴的なおしゃべりで、したがっていろいろな意味にも取れるような曖昧なおしゃべりなのです。すでに述べたように、わがキリスト崇拝者たちがそのもっとも偉大な、神聖な、畏れ敬うべき奥義を作り上げるのは、そういう話や曖昧な言葉をもとにしてなのです。三位格にして一なる神、あるいは唯一の神にして三なる位格を崇拝するのも、そういう曖昧な言葉をもとにしてなのです。ねり粉と小麦粉の神を崇拝し、それを作る力、それも好きなだけ作る力さえ自分たちにはあるとするのも、そういう曖昧な言葉をもとにしてなのです(14)。というのも、彼らの原理によれば、好きなだけの量の小さなねり粉の像と、好きなだけの数の杯に入れたブドウ酒の上で、ただ四つの言葉を唱えさえすればよいからです、そうすれば、何千、何百万であろうと、彼らの前のそのような小さなねり粉像と杯に入れたブドウ酒の数だけ神を作ることになるからです。彼らによれば、その言葉自体によって（行ワレタ行為ニヨッテ〔三七〕）有効であるという、「これは私の体である」とか「これは私の血である」とかいう四つの言葉を用いれば、ただ一つのねり粉の像を聖別するのも、何百、何千、何百万の像を聖別するのも、彼らにとっては同じく簡単である、あるいは簡単であるはずだと彼らは主張しているからです。したがって、この手段を用いればただ一つの神を作るのも、何百、何千、何百万の何百万倍もの神を作るのも、彼らにとっては同じく簡単である、あるいは簡単であるはずだと主張しているからです(15)！　そんな考えを抱くだけでも、なんという愚かさでしょう！　あの空疎な人々、あの司祭たち、あの民衆を欺く者どもは、彼らの神・キリストの力なるものをいかに用いても、もっとも小さなハエ一匹、もっとも小

さなミミズ一匹作れないのに、何千もの神を作ることができると信じているのです！　連中は揃いも揃って気違いです。[16]彼らのキリストなるものは[17]小麦一粒、大麦やオート麦一粒を作る力も能力も彼らに授けられなかったのに、小石一つをパンに、水一滴をブドウ酒に変える力も授けられなかったのに、パンとブドウ酒を四つの言葉で自分の体と血に変えることにより、好きな時に好きなだけ神を作る力は彼らに授けたと言うのでしょうか。これほど滑稽な馬鹿げたことを信じまた主張するには、しかも一狂信者の曖昧な数語というあれほど空疎なものを基盤にして信じまた主張するには、精神が奇怪な盲目さと先入主にとらわれていなければならないでしょう。彼[18]はまた弟子たちに、あらゆる汚れた霊を追い出し、あらゆる病気や不具を癒すために、それらの霊に対する十全な力と権威を彼らに授けるとも言いました〔『マタイによる福音書』第一〇章一節〕。[19]これを根拠に、わが司祭たちはあらゆる病気や不具[20]を癒す力が自分たちにはあるとするのでしょうか。そんな力があると主張したら、[21]さぞかし嘲笑されることでしょう。

第三七章　キリスト教徒によるねり粉の神々の崇拝は、ありとあらゆる偶像崇拝に広く門戸を開け放つ

無意味でたわいない数語を像や偶像の上でただ唱えるだけでそれらを聖別し、[1]神に変える力が司祭たちにはあると称して、そのように像や偶像を崇拝しようとしたり、人にも崇拝させようとしたりするのは、ありとあらゆる偶像崇拝に広く門戸を開け放つことだということが、彼らには、あの盲目的な博士たちには分からないのでしょうか！　どんな偶像に仕える異教徒の祭司でも、そういう力を持っていると自慢できましたし、今でも自慢できるのではないでしょうか。そういう力が自分にあるとするために、わがローマ派・神・キリスト崇拝者たち[2]に見るような無意味なたわいない名目[3]を掲げたり見つけたりするだけのことなら、そんなものを見つけることも、いや、それよりずっともっともらしい、ずっと本当らしい名目を見つけることでも、どんな偶像崇拝者にも簡単なことでしょう。神は賢い人々の知恵を滅ぼし、世の知恵を愚かさに変える（『イザヤ書』第二九章一四節）[*1]とわが神崇拝者たちの『聖書』なるも

のにはあります。それにしてもこれを言ったのが誰であれ、この言葉はまったくわがローマ派・神・キリスト崇拝者の博士たち[4]において実現されたと言えます。というのも、この場合、彼らの知恵はまったく見事に愚かさに変えられているからです。取るに足りない小さなねり粉像を崇拝するという愚鈍さ、低俗さを彼らは示していますし、惨めな狂信者から神を作る力を授かったと信じるほど愚かになっているのですから。「私ハ賢イ人々ノ知恵ヲ滅ボシ、思慮アル人々ノ思慮ヲ捨テル」（『コリント人への第一の手紙』第一章一九節）。「神ハコノ世ノ知恵ヲ愚カサニシタ」（〔同〕二〇節）[三八]。「彼ハ議士タチヲ愚カニシ、判事タチヲ愚鈍ニスル」（『ヨブ記』第一二章一七節）。

＊1　「賢イ人々ノ知恵ハ滅ビルノダカラ」、『イザヤ書』第二九章一四節。

わが博士たち、加えてかの天使博士〔聖トマス・アクィナス〕[5]さえその先頭に立って、自分たちのねり粉の小さな像や偶像の前に居並んで、うやうやしく平伏する様を見たり思い描いたりする時、そして「私はあなたを敬虔に崇めます、至高の神よ、あなたはまことにこの像のもとに隠されていられる、私ハアナタヲ敬虔ニ崇メマス、神秘ナル神ヨ、アナタハマコトニコノ像ノモトニ隠サレテイラレル」とか、「ソレユエ、カクモ偉大ナ秘蹟ヲ伏シテ崇メヨウ[6]……」[三九]とかいうすばらしい言葉を彼らが敬虔な心で、少なくとも敬虔な様子で天使博士とともに口にするさまを見たり思い描いたりする時、これはまったくもって嘲笑にも憤慨にも値する光景だと思います。嘲笑に値すると言いましたが、それというのも、そんなことをすればこの立派な博士たちもみんな実際笑われ嘲られるに値するからです。しかし同時に憤慨すべき理由もあるのです。他の人々を誤謬から引き出し、かくも虚しくかくも愚かな迷信から目を覚まさせるべき当の人々が、まさに他人を迷信に陥れ、毎日その講話と手本によって、他人を力の限りますます深くそこに沈めるのを見るわけですから。しかもそうする主な目的は、そうやって自分たちのために一層多くの利益を引き出すためなのです。というのも、もし彼らがそこに自分たちの利益や個人的な利点を見いだしていないなら、こんな虚しい滑稽な迷信をことさら保ち引き立てる労を取ることなどほとんどないからです。またもしも、そんなことについて他人に言うことを心から信じているほど無知で愚かな人が彼らのうちにいるなら、そんな人は賢者の席に座るより、ロ

バのまぐさ棚につながれて、連中と一緒にアザミを食う〔四〇〕方がこの点では確かにふさわしいことでしょう。[7]さらに、ロバや牛でも偶像の前で平伏するほど愚かとは見えません。だからそんなものを崇拝する人々はみな、その点でロバ以下、牛以下だとあえて申しましょう。[8]ああ、愚かな人たち、どうしてそこまで盲目になれたのでしょうか。「アア、愚カナガラテヤ人ヨ、イッタイ、誰ガアナタガタヲ惑ワシタノカ」（『ガラテヤ人への手紙』第三章一節〔四一〕）。

それに、この有能であり鋭敏でもある博士たちには分からないのでしょうか、異教徒が崇拝していた木石や金銀の神々や偶像が虚妄であることを論証する同じ理由と論拠が、わがローマ派・キリスト崇拝者たちが[9]崇拝しているねり粉や小麦粉の神々や偶像も虚妄であることを等しく同様に論証しているということ、こんなことが彼らには分からないのでしょうか。たとえば、わが神・キリスト崇拝者の[10]博士たちが異教徒の神々や偶像の虚妄と虚偽を嘲笑するのはどのような理由によるのでしょうか、どのような点においてでしょうか。それらは人間の手によって作られた物にすぎない、またそれらは言葉も感覚もないただの像にすぎず、眼があっても見ず、耳があっても聞かず、口があっても話さず、手があっても何もせず、足があっても歩かず、さらにそれらを敬う人たちに褒美を与えることも、貶める人たちに危害を加えることもできない、というこの明白明瞭な理由によるのではないでしょうか。賢明で知識のあるすべての人々や、神聖な預言者とかいうすべての人々や、みな狂信者であるとはいえイエス・キリストの使徒たち自身さえもが、偶像崇拝者を断罪し、金銀[11]その他どんな素材で作られた偶像であれ、それに対する迷信的礼拝を軽蔑して捨て去るのは、まさに堅固で揺るぎないこの真実をもとにしているのです。これについて預言者は誰もが次のように言っています。

「諸国民の神々は金や銀にすぎない、人間の手によって作られた物にすぎない」（『詩篇』第一一三篇四節）、「それらは眼があっても見ることができない。耳があっても聞くことができない。口があっても語ることができない。鼻があっても嗅ぐことができない。手があっても触れることができない。足があっても歩くことができない。また、喉から声を出すこともできない。これを作る者と、これに信頼する者とはみな、これと等しい者になる、コレヲ作ル者ト、

コレニ信頼スル者トハミナ、コレト等シイ者ニナル」（『詩篇』第一一三篇一六節〔五―八節〕）と預言者ダビデ王は言っています。『知恵の書』の著者もすべての偶像崇拝者を愚か者、哀れな愚か者と呼んでいます。「実に彼らは諸国民のあらゆる偶像を神だと考えたからだ。それらは、見る眼も、空気を吸う鼻も、聞く耳も、物に触れる指も、歩く足も使えないものなのに」（『知恵の書』第一五章一五節）、「人間の手によって作られた物、人工的に刻まれた金銀、崇拝するために人間や動物に似せて彫られた木石を神々と呼んだ人々は哀れだ」（同書第一三章一〇節）、「ついで、彼らはそれらをどこか尊い場所に置き、壁に立て掛け、落ちないように金具でしっかり固定するが、それは自分だけではそれらがしっかり立っていられないし、助けがなければ自分ではなんともできないからだ。にもかかわらず、彼らはそれらの偶像の前に平伏して恥じない。命も魂もないものに語りかけ、自分や子らのために祈願して恥じない。死んだ命のないものに健康を願って恥じない。歩くことも一歩踏み出すことさえもできないものに旅の無事を願って恥じない。何の感覚も持たないものに力や才や巧みさを願い、返答もできないものにどうすべきかとあらゆる事柄について諮る。さらに、まったく役に立たないものに向かって助けを呼び求める」（『知恵の書』第一三章一〇節〔一五―一九節〕）、「偶像の素材となっている木その他の物も、それらを作った者も呪われよ、あらゆる悪徳と腐敗堕落と悪事の始まりは偶像の発明に由来するのだから」（同書第一四章八、一二節）、「これらの忌まわしい呪われた偶像の礼拝が、地上に満ちみちているあらゆる悪と悪事の起源であり、源であり、原因であるから、忌マワシイ偶像ノ礼拝ガアラユル悪ノ原因デアリ、始メデアリ、終ワリデアルカラ」（『知恵の書』第一四章二七節）。

次に預言者エレミヤが、捕えられてそういう偶像がたくさんあるバビロンに連行されることになった同族の人々に向けて筆をとりながら、どのように偶像の虚妄について語ったかを掲げましょう。「あなたたちは、バビロンで、金銀や木石の神々が厳かに担がれていくのを見るが、それらは民に恐れと尊敬の念を感じさせているものである。偶像崇拝のその民と同じにならないように、その神々を拝んだり恐れたり尊敬したりしないように気を付けよ」（『バルク書』第六章〔三、四節〕）。「それらは偽りの神々にすぎないからだ、その舌は職人の手で磨きをかけられ金と銀を塗

られているが、話すこともできない。頭[12]に金の冠を被っているが、祭司たちが好きな時に被せたり脱がせたりするのだ。自分では錆と虫から身を守ることさえできない。緋の衣や絹の衣をまとうこともあるが、顔の埃を払うこともできない。手に王杖を持つこともあるが、それを用いて裁きを下させることもできない。また、手に剣を持つこともあるが、彼らから略奪しようとする盗賊からそれを用いて身を守ることもできない。そのことから、それらは神々などではないとあなたたちははっきり知らねばならない。だから、それらを恐れてはならない」〔同七―一四節〕。「それらの前にはたくさんの灯明が点されるが、その一本も見ることはない」（同一八節）（間違いなく事情はわがローマ派・キリスト崇拝者たちの偶像についても同じで、明らかにその教会でもこの預言者が言うのと同じことが見られます[13]〔メリエによる注記〕）。「その頭や腕に蝙蝠や燕や梟が止まり糞をするが、それを感じることもない。だから、それらは神々などではないと知るがよい。それらを決して恐れてはならない」〔同二一、二二節〕。「それらは担いで運ばれるが（異教徒の偶像自身についてとともに、ローマ派・キリスト教徒の偶像についても彼は語っているかのようです〔メリエによる注記〕）、それはその神々が歩けないからだ。地に落ちれば自分では起き上がることもできない。立て直されても、自分でまっすぐ立っていることも動くこともできない」〔同二五、二六節〕。「人に何かを与えることも、人から何かを奪うこともできない。受けた奉仕に報いること[14]も、被った侮辱を罰することもできない」〔同三三、三四節〕。「寡婦や孤児を助けることもできない。山の採石場から切り出されたままの石や、役にも立たない大木のようなものだ」（同三七〔、三八〕節）。「こんなすべての木石の神々や金銀の神々より、地上のもっともつまらぬ獣の方がまだましである。どこかの屋根の下や穴の中に逃げ込むこともできるし、何かの役に立つこともありうるのだから」〔同六七節〕。「しかし、これらの木石の神々や金銀の神々はどんな役に立つこともありえない。だから、それらは神々などではないと知るがよい。それらを決して恐れてはならない。ダカラ、ソレラハ神々ナドデハナイト知ルガヨイ。ソレラヲ決シテ恐レテハナラナイ」（同六四節）[42]。

まただからこそ、ユダヤ人の律法でも——もっとも、わがキリスト崇拝者たちはこの上に自らを確立し、その宗教

とすべての主要な奥義を基礎づけているのですが――その律法によっても、そういう金銀や木石の神々を拝むことだけでなく、天や地や水の中の事物を刻んだり鋳出したりしたどんな像を作ることも、厳しく禁じられているのです。天や地や水の中にあるものとの類似に誘惑されてしまい、そういうものの像を人々が神々として拝むことがないように、とその律法は言っています。「アナタハ自分ノタメニ、ドンナ形ヲモ作ッテハナラナイ。ソレニヒレ伏シテハナラナイ。ソレニ仕エテハナラナイ」(『出エジプト記』第二〇章四〔、五〕節)。「アナタガタハ自ラ深ク慎マネバナラナイ。ホレブデ主ガ火ノ中カラアナタガタニ語ラレタ日ニ、アナタガタハ何ノ形モ見ナカッタ。ソレデアナタガタハ道ヲ誤ッテ、自分ノタメニ、ドンナ形ノ刻ンダ像ヲモ作ッテハナラナイ。男マタハ女ノ像ヲ作ッテハナラナイ。スナワチ地ノ上ニオル諸々ノ獣ノ像、空ヲ飛ブ諸々ノ鳥ノ像、地ニ這ウ諸々ノモノノ像、地ノ下ノ水ニオル諸々ノ魚ノ像ヲ作ッテハナラナイ。アナタハマタ目ヲ上ゲテ天ヲ望ミ、日、月、星スナワチスベテ天ノ万象ヲ見、誘惑サレテソレヲ拝ミ、ソレニ仕エテハナラナイ。ソレラノモノハ、アナタノ神、主ガ全天下ノ万民ニ分ケラレタモノデアル」(『申命記』第四章一五、一六〔―一九〕節)。

さらに偉大なる聖パウロも、偶像崇拝者であるそうした愚かな博士たち[15]についてこう言わなかったでしょうか。彼らはおのれの推論の虚しさの中に迷い込んでしまうだろう、その愚かな精神は闇に満たされ自ら知者と称しながら愚者となった、不朽の神の栄光を朽ちる人間や鳥や四つ足の獣や蛇の像に移し入れたのだからと(『ローマ人への手紙』第一章二一〔―二三〕節)。また別の所でも、偶像崇拝を避けよ、「偶像崇拝ヲ避ケヨ」と彼は信徒に勧告しています(『コリント人への第一の手紙』第一〇章一四節)。イエス・キリストの使徒たちはみな一様に偶像崇拝と偶像の礼拝を禁じ、異邦人で信者になった人たちに、彼ら自身がこれをやめるように命じました。「異邦人で信者になった人たちについては、すでに手紙で、偶像の礼拝をやめ偶像に供えられた肉さえ慎むようにと、私たちから知らせてある」(『使徒行伝』第一五章二九節、第二一章二五節)。彼らがその人たちに、木石や金銀その他でできた偶像の礼拝をこ

のように禁じたのも、ねり粉の偶像や像を崇めよと持ち出すためでなかったのは確かです。彼らがそんなものを崇めたことも、崇めさせようとしたことも実際見受けられません。もし崇めさせようとした時があったなら、それは彼らの愚かさと迷妄が増したからにすぎないでしょう。偶像の礼拝を絶対に禁じると同時に、取るに足りない小さなねり粉像やパンの切れ端[17]を拝ませようとするのは、明らかに愚かさと迷妄としか言えないでしょうから。しかし先に言ったように、彼らの愚かさもそこまで行ったとは見受けられません。それなのに、世人がこれほど利口になり、あれほど多くの他のひどい誤謬からは自由になったと思われるまさに今日、わざわざ海を越え命の危険を冒して他国へ赴き、自分たちの偽宗教に諸民族を改宗させる——いや、転落させると言った方がいいですが——と称するほど愚かな人々がまだいるとは驚きです。わが宣教師たちがそれらの異国の民に、彼らが拝んでいる木石や金銀の偶像や神々の虚妄さを知らせようと企てると同時に、ねり粉や小麦粉の偶像や神々を崇めよと持ち出す勇気があるとは驚きです。このような宗教熱心な宣教師や誤謬の手代たちが昔から今に至るまで、こんなことを理性のある諸民族に納得させることができ、金銀の偶像の礼拝を止めさせ、取るに足りない小さなねり粉像を拝ませることができたとは驚きです。これはついでに述べたことですが。

　またイエス・キリスト自身も、パンやねり粉の像の姿で自分が崇められたいと主張したことはなく、自分自身が崇められたいと望んだことすらないと思われます。というのも、私は神の子である、神が父である、私は命のパンである、生けるパンである、天から下った者である、私を食べる者は死ぬことがなく永遠の命を得る、私の肉を食べ血を飲まないなら私において命を得ることはない、とは彼も言いました〔四三〕が、私自身が神である、私を神として崇めなければならない、と彼が言ったとは思えないからです。それどころか、私は人の子であると彼は自らよく名乗っていましたし、ある日一人の男が「良き師よ、何をしたら永遠の命が受けられましょうか」〔『ルカによる福音書』第一八章一八節〕と問うと、「なぜ私を良き者と言うのか。神一人の他に良い者はいない」（『ルカによる福音書』第一八章一九節）と答えたのです。だから、彼は自分が神だと信じてはおらず、人が自分を神だと信じることも、神と呼ぶことも望ん

ではいなかったのです。単に良き者と呼ぶことさえ是認しなかったのですから。また、彼はいわゆる復活の後に出会ったある女にも、使徒たちのもとから完全に立ち去るつもりでこう言いました。「私の兄弟たちの所に行って、〈私は、私の父またあなたがたの父であって、私の神またあなたの神であられる方のみもとへ上って行く〉と伝えなさい。」(『ヨハネによる福音書』第二〇章一七節)。自分は神ではないと彼が思っていたことは、ここからも十分明らかでしょう。使徒たちにとってと同じ神、父なる同じ神を自分も戴いていると認めていたのですから。さらにまた、自らこうも言いました。彼が天から下ってきたのは自分の意志を行うためではなく、彼を遣わせた父なる神の意志を行うためであると(『ヨハネによる福音書』第六章三八節)。父なる神は自分より偉大だとも言いました(『ヨハネによる福音書』第一四章二八節)。それならば当然、彼は自分が神だと思っていなかったのです。父なる神は自分より偉大だ、自分の意志ではなく父なる神の意志を行うつもりだ、と言ったのですから。自分を神だと思っていなかったなら、神自身の意志に反して自らを拝ませようとしたとはとても思えませんし、したがって、取るに足りない小さなねり粉の像の姿で自分を拝ませようとしたとはなおのこと考えられません。

この考えをますます確証してくれるのは、どんな像を作るのも拝むのも禁じる律法を彼が是認していたことです。自分はこの律法を廃したり破ったりするためではなく、成就するために来たのであると彼は明確に述べました(『マタイによる福音書』第五章一七節)。ですから彼が来たのは、偶像やねり粉の像の姿で自分を拝ませようとそうした像を進んで導入するためではなかったのです。なぜなら、その律法ははっきりとそのようなことを厳禁していて、偶像を拝んだり拝ませようとしたりする人々はまさに死刑に値するであろう、と言っているからです(『申命記』第一三章五節)。その上、イエス・キリスト自身がさらに民衆に勧めたのは、彼らの博士や律法学者やパリサイ人が律法に則って命じること、行うようにと説くことを、彼らが実行し細心に守ることでした。この律法を一点一画に至るまで全うしなければならない、「コトゴトク全ウサレルマデ、律法ノ一点一画モ廃レルコトハナイ」(『マタイによる福音書』第五章一八節)、そのもっとも小さい戒めの一つでも破る者は天国でもっとも小さい者となるだろう(同一九

節〕、とさえ彼らに言ったのです。さて、すでに言ったように、この律法は偶像崇拝、それもありとあらゆる偶像崇拝をきわめてはっきりと禁じていました。また律法学者とパリサイ人も律法に合わせて、偶像を拝むことも、拝むためにどんな像を作ることもしてはならないと教えていました。それならば、したがって彼らの律法も博士たちもこれほどはっきり禁じていることをイエス・キリスト自身が民衆に対して行わせようとしたとはとても思えません。またしたがって、偶像やねり粉の像において自分を拝ませようなどと考えたともとても思えません。というのも、そんなことをすれば、一方でしてはならないとはっきり勧告したことを、あたかも彼らに行わせようとしたことになってしまうからです。わがローマ派・キリスト崇拝者たちは、もう少しこの点に注意を払ってしかるべきだと思います[18]。

それに加えて、いつの日にか偶像は完全に破壊される、またとりわけメシアの到来の時にこそ、この預言なるものは成就されるはずだ[19]、と預言書に言われている点を考慮するならば、偶像を破壊する代わりにメシア自ら[20]それを増やそうとした、などと考える理由がまったくないのは確かです。にもかかわらず、わがローマ派・キリスト崇拝者たちの教理によれば[21]、彼はすべての偶像を完全に破壊するべきだったのに、人々がすでに拝んでいた木石や金銀の偶像にねり粉と小麦粉の新しい偶像を加え、増やしたというのです。わが神・キリスト崇拝者たちはこういうことをすべてよく知っているのです。こういうすべての論拠と推論の力と明証性をよく分かっているのです。もし分かっていないなら、ただの無知な人々ということになるのですから。分かっているとすれば、彼らは明らかに、彼らの偉大なミルマドラン聖パウロが言っている[22]ように、不正にも真理を捕え真理を虚偽に変える、「不義ヲモッテ真理ヲハバミ……神ノ真理ヲ虚偽ニ変エル」（『ローマ人への手紙』第一章一八、二五節）律法違反者なのです。なぜなら、彼ら自身が是認し、本当に神から与えられたものと認めている律法にあれほど反する、また良識と正しい理性の光にもあれほど反する誤謬と偶像崇拝を、これほど多くの、これほど強力な明白で説得力のある真理の証に抗して、それでも維持し支えようとしているからです。要するにわが博士たちは、異教徒の偶像崇拝を排するすべての預言者と賢明な人々の

以下のような論拠が有力であるか無力であるか、確実性を有しているかいないか、どちらかを認めなければならないということです。その論拠とは以下のようなものです。

異教徒のすべての神像と偶像は木、石、金銀……などにすぎず、人間の手によって作られた物にすぎない、したがってそれらは決して神々ではない、と彼らは結論します。この論拠あるいは推論は有力であるか無力であるか、どちらかです。確実に結論が出されているか、確実に真の結論が出されていないか、どちらかです。次の論拠についても同様です。異教徒の神像や偶像は命も感覚も運動も備えておらず、誰にもどんな善も悪も行えないだろう、したがってそれらは決して神々ではない。さらに次の論拠についても同様です。異教徒の神像や偶像には眼はあるが見ることはないし、耳はあるが聞くことはない、口はあるが話すことはできないだろう、手はあるが何もできないだろう、足はあるが歩くこともできないだろう、したがってそれらは決して神々ではない……など。つまり、以上のような論拠と推論、その他この問題で提出できるこのようなすべての論拠と推論は有力であるか無力であるか、真の結論が出されているかいないか、どちらかです。わがローマ派・神・キリスト崇拝者たちはどちらかを認めなければなりません。自分たちの預言者たちのこうした推論と論拠は無力であり不確実である、と彼らがあえて非難するならば、一、それでは同時に、どんなに強力で説得力のある人間的推論も無力であり不確実である、と非難するのでなければなりません。なぜなら、人間の自然的理性がこの問題に関して、これ以上に強力で説得力のある推論を出しえないのは確実ですから。

さて、人間の持つもっとも強力で説得的な推論が無力で不確実であると非難することは、いわば理性そのものを破壊すること、少なくとも真理のあらゆる確実性とあらゆる保証を完全に破壊することです。したがってまた、その他すべての学問についても、信仰と宗教に関しても、真理のあらゆる確実性とあらゆる保証を破壊することです。わがキリスト崇拝者たちもそうは言いたくないでしょう。なぜなら、自分たちの宗教の真理はその他すべての真理より確実であると彼らは主張していますが、人間の推論に確実性があると仮定しなければ、そんなことは主張できないから

です。二、預言者たちと良識を十分に備えたすべての人々が述べる先の推論と論拠は無力であり不確実である、と彼らが非難するならば、そのすべての預言者ともっとも良識ある人々のことを、無知であり、判断力を欠くとも同時に非難するのでなければなりません。なぜなら、理性に十分基礎が置かれてもいないのにそうなっていると思い込むのは無知であり、判断力を欠いていることだからです。無力で不確実な推論と論拠を、可能なものの中でもっとも強力で確固たる説得力を持つ推論や論拠と考えたりするのは、無知であり判断力を欠いていることだからです。さて、預言者たちともっとも良識あるすべての人々は、異教徒の偶像崇拝に反対してあのように推論することによって、自分たちは理性的にきわめて根拠があると信じましたし、この問題で挙げることができるものの中でもっとも強力、確実、説得的な真理の証によって、偶像の虚妄と異教徒の神々の虚偽を明晰に論証したと信じました。ですから、この問題に関する彼らの論拠と推論が無力で不確実であるということになるなら、彼らのように、それらをあれほど確固たる説得力あるものとして私たちに提出して見せたことは、彼らの無知と判断力の欠如であったわけです。また預言者たちは当時、神自身から霊感を受けて語った、とわがキリスト崇拝者たちはさらに主張しているのですから、そのことからはさらに、神自身が無力で不確実な推論と論拠しか吹き込まなかったという結論が出てきます。もっと強力で説得的なものはおそらく吹き込めなかった、ということにさえなりかねません。なぜなら、もっと強力で説得的なものが吹き込めたなら、必ずそうしたに違いないでしょう。そして、それ以外のものは神が吹き込まなかったのですから、実際、無力で不確かな論拠しか吹き込めなかった、と言ったり考えたりする理由もあるわけでしょう。しかし、わがキリスト崇拝者たちもあえてそこまで言いはしないでしょう。

ですから気に染まないにしても、異教徒の偶像崇拝とその神々の虚偽に反対する彼らの預言者の先の推論と論拠が有力であり、確実であることを、わがキリスト崇拝者たちは認めなければならないのです。それを認めるならば、当然その同じ論拠と推論が、同じ力と同じ確実性と同じ明証性とをもって、異教徒とその偶像崇拝にも、彼ら自身とその偶像崇拝にも、等しく反対する結論を導くことも彼らは認めなければなりません。その同じ論拠が異教徒の偶像の

虚妄と、その木や石膏や金銀や銅や青銅等々の神々の虚偽を論証するのと同じく、彼らの偶像の虚妄と、彼らのねり粉と小麦粉の神々の虚偽も論証することを認めなければなりません。そうなる明白な理由は、ねり粉と小麦粉の偶像や神々も、木石や金銀の神々と同じく、人間の手によって作られた物だからです。偶像崇拝の(25)わが神・キリスト崇拝者たちが、そのねり粉と小麦粉の(26)神々に眼や鼻や口や手足を付けたりこしらえたりしても、それらは木石や金銀の神々に役立たないのと同じく、やはり役に立つことはないでしょう。預言者たちが語っていた木石や金銀の神々と同じく、その眼で見ることも、その耳で聞くことも、その鼻で息をすることも、その手で何をすることも、その足で歩くこともないでしょうから。ですから、わがローマ派・神・キリスト崇拝者たちが拝むねり粉と小麦粉の(27)神々が、この点で異教徒の神々より優れた条件を備えていることなどまったくないのは明らかです。また、自分たちの木の偶像や、石膏や石、金銀、銅や青銅……の偶像の前に平伏しながら、あの天使博士のように、「私はあなたを敬虔に崇めます、至高の神よ、あなたはまことにこの像のもとに隠されていられる、私ハアナタヲ敬虔ニ崇メマス、神秘ナル神ヨ、アナタハマコトニコノ像ノモトニ隠サレテイラレル〔四四〕」と自分たちも言える、と主張しない偶像崇拝者はいないでしょう。そんなふうに言うのは、明らかにありとあらゆる偶像崇拝を正当化することなのです。

ですが、別の面から考えるならば、異教徒の偶像の方がより優れた条件を備えており、キリスト教徒のものより好ましいとも言えるでしょう。それ自体ずっと丈夫で堅固で、また素材的にもずっと高価で貴重であるばかりでなく、形や大きさや姿から言っても、キリスト教徒のものよりずっと高貴で利点があるのですから。というのも、異教徒の偶像はたとえば先に述べたあの巨大な黄金像のように、威厳ある形や大きさや姿を備えていたり、あるいは同じ異教徒が昔またおそらくは今でも崇めている他の像のように、奇怪で醜悪な姿をしていたりするので、その姿形によって少なくとも無知で単純な人々の心と精神には恐れや尊敬の念を抱かせることができるからです。しかし、ローマ派キリスト教徒の偶像は貧弱なつまらないねり粉の小像にすぎませんから、それ自体としては崇拝者にどんな恐れや崇拝の感情も抱かせることはできませんし、雨風にあえば一時たりと持たず、地上のどんな小さな獣さえ食べてしまえる

ものなのです。ですからまた、すでに言ったように、司祭たちは風にさらわれたり鼠や二十日鼠に食べられたりしないように、これもすでに言ったように、絶えず細心の配慮をしてそれを箱の中にしまっておかなければならないのです。この点では明らかに、偶像崇拝のわがローマ派[28]キリスト崇拝者たちの方が、木石の彫像や偶像、金銀の偶像を拝む異教徒よりもはるかに愚かで滑稽で馬鹿げています。ですから、預言者たちの上述の推論と論拠が、異教徒たちの目にその木石や金銀の神々の虚妄と虚偽を明らかに示すはずであれば、それらはなお一層の根拠をもって偶像崇拝のわがローマ派・キリスト崇拝者たち[29]の目にもそのねり粉と小麦粉[30]の神々の虚妄と虚偽を示すはずです。そして彼らも、すぐに雨に溶けすぐに風にさらわれてしまい、すぐに鼠や二十日鼠、いやナメクジにさえ[31]食べられてしまう神々を、あのように拝むのはまったく恥ずかしいことだと思うべきでしょう。

わが偶像崇拝の神・キリスト崇拝者の方々がここで――きっとそうなさろうとするでしょうが――、さまざまな偶有性から実体を、実体からさまざまな偶有性を区別し分離[32]して、以上の論拠の力をかわそうなどとなさりませんように。自分たちの誤謬と恥を覆い隠そうと、神聖で聖なる聖体とかいうものにおいて自分たちが拝んでいるのは決してパンやねり粉ではない、パンやねり粉はもはやそこにはなく、偶有性つまりその目に見える形色や外見が残っているだけで、パンやねり粉の実体はすべて真の神にして真の人間たる自分たちの主イエス・キリストの体と血に変えられている、だから自分たちは木石や金銀の像や彫像を拝むだけで真の神を拝まない異教徒のような偶像崇拝者では断じてない、などとここで言い出さないでいただきたいものです。自分たちの偶像崇拝という恥を覆い隠そうと努めて、こんな空疎な推論を持ち出さないでほしいのです。というのも、明らかなことですが、彼らのようにパンとブドウ酒の実体は彼らの至高の神キリストの体と血に変えられており、また彼らの用語によれば[33]、併存によって[四五]その魂と神性も同じ聖体なるものの中に存在すると言いたいだけのことであれば、偶像崇拝のどんな異教徒でも同じように簡単に、自分たちが拝む像や彫像の木石や金銀の実体もわれらの神々に、たとえばわれらのユピテルの体と血に、さらに魂と[34]神性にも本当に変えられている、われらの神マルス、メルクリウス、アポロン、アスクレピオス……などの神性にも

本当に変えられている、またわれらの女神キュベレ、ユノ、ケレス、ミネルウァ、ディアナ……などの神性にさえ本当に変えられている、と言えるでしょうし、それらの神性はその像や彫像の中で、素材となっている木石という実体、金銀という実体と本当に結合して存在している、したがって、自分たちは断じて偶像崇拝者ではないと、わがローマ派・キリスト崇拝者たち[35]同様、異教徒だって言いたければ言えるでしょう。

異教徒たちがそのように彼らの偶像礼拝の正当化を図ろうとする場合（実際彼らがその偶像を拝もうという気になるのは、まったくそのような、あるいは別の似たような理由によるのに違いありません。彼らの意図が、その偶像において単に木石を拝むこと、さらに金銀を拝むことだとは信じがたいからです。そうではなく、その偶像の素材である木石や金銀のうちにまったく特別な仕方で宿っていると彼らが信じる、なんらかの神性を彼らが拝むつもりであることに疑いはありません）、つまり異教徒たちがそのように彼らの偶像礼拝を正当化しようとする場合、わがローマ派[36]・神・キリスト崇拝者たちはそれを理由に彼らを非難し断罪せずにはおきませんし、彼らとその虚しい信心を[37]嘲笑することすら辞さないでしょう。そうであれば、自分たち自身も非難に値する、断罪に値する、恥じ入り赤面するに値する、と認めるべきです。他人に向かって、それは非難に値する、断罪と恥辱に値すると彼らが判断する当のことを、彼ら自身が述べ行っているのですから。

もしもたとえば、ダニエルの預言書で語られているベル偶像神の祭司たちが（『ダニエル書』第一四章[四六]）、現在のわがローマ派・神・キリスト崇拝者たち[38]のように巧みに巧妙に、あるいは抜け目なく、実体を偶有性から区別するすべを心得ていて、彼らの神ベルは毎日捧げられるあの大量のパンやブドウ酒や肉、すべての実体を食べるだけで、彼らに、つまり彼らとその妻子にそれの偶有性だけを食物として残すのだと言っていたならば、また人々が彼らの言葉に基づいて彼らのそういうすばらしい精妙な教理を信じていたならば、彼らとてその偶像への捧げ物を隠れて食べずともよく、彼らもその妻子も神の結構な残り物を衆人環視のもとで、何の危険もなく気分良くたらふく食べられたことでしょう。彼らとて間違いなく、もっとうまく事を運び、もっとうまくそのペテンを隠しおおせたでしょうし、あの

ように詐欺行為を見破られて大恥をかき、あのようにすばらしい秘訣が当時はまだ思いつけなかったようです。

しかし、このすばらしい秘訣なるものは人間精神による発明と虚構にすぎず、この虚構は明らかにありとあらゆる偶像崇拝を正当化することになるだけで、その他同様のあらゆるペテン行為を生み出します[39]。また、先のような虚構やその他類似のものに人々が何か重きを置くならば、それらを利用できないペテン師はいませんし、真実を語る者と同じように、有利に確信を持ってそれらを用いることができないペテン師さえいないのです。さらにまた、異教徒の神々の虚妄と虚偽および彼らの偶像礼拝の虚妄を論証するために、預言者たちが語った論拠と推論のあらゆる力を、この架空の虚構は完全に失わせてしまいます（その論拠はこの問題で提出できるものの中で、もっとも強力で説得力があり論証的なのです）。ですから、全能で限りなく善で限りなく賢明な神なるものが、そんな方法や仕方によって人間から崇めてもらおうとしたとはとても信じられません。それでは明らかに人間を誤謬に誘い込もうとすることになるからです。パンとブドウ酒において、言い換えればパンとブドウ酒という可視的偶有性や外観のもとで、人間に自分を崇めさせるのと同じように、木石や石膏や金銀においても、言い換えればこういう物の可視的偶有性や外観のもとでも、人間に自分を崇めさせようとすることになるからです[40]。というのも、まさにわがローマ派・神・キリスト崇拝者たちの見解に従えば[41]、神あるいは彼らの神キリストは、パンとブドウ酒の中に、あるいはそれらの可視的偶有性や外観の下に身を置き身を隠すのと同じように、木石や金銀その他どんな物であれ、そのような物の中に身を置き身を隠すことができるだろう、ということを否定できなくなるからです。

さて、わがキリスト崇拝者たちも斥けるわけにはゆかない先の預言者たちの証言によれば、神は木石や金銀その他このような物において自分が崇められることも、人々がそうすることも望まず、また天や地や水の中に存在するもののどんな形や姿や像の下でそのようにされることさえ望まない、とはっきり明瞭に明かしたことになっています（『出エジプト記』第二〇章四節、『申命記』第四章一六〔一九〕節、前ヲ参照セヨ、一三四葉〔本書三一二頁〕）[42]。これ

らのことはすべて、わがキリスト崇拝者たちも斥けるわけにはゆかないその証言自体によって明らかです。ですから、神がパンやなんらかのねり粉の像の下で崇められるのを望んだとは信じにくく、信じるべきでさえありません。なんらかの形や姿の下で自分を崇めることをあれほど明白に禁じたというのですから。また、まさにこの同じ理由によって、神や神の何かの位格が受肉し、自らを人間となし、なんらかの仕方で人間の姿形をとろうとしたとも信じるべきではありません。どんな姿や形にせよ、そのようなものの下で自分を崇めることはあれほど明白に厳しく禁じたのですから、あるいは禁じたというのですから。また、だからこそ使徒聖パウロは、彼の言葉によれば、不朽の神の栄光を変えて、それを朽ちる人間や鳥や四つ足の獣の像にした人々を愚か者や馬鹿者と見なし、彼らは神の真理を変えて虚偽とした、「彼ラハ神ノ真理ヲ変エテ虚偽トシタ」（『ローマ人への手紙』第一章二五節）と言ったのです。[44] また、この同じ神の律法なるものが証言するところによると、神は人間の肉や血を食べることを明瞭に禁じ、それは死罪に当たるとさえ言った、あるいは言ったそうですから、キリストにおいてその同じ神が人々に自分の肉を食べよ、自分の血を飲めと、本当に与えようとしたとはさらに信じがたいのです。[45] 前には血を食べることを人々にあれほど明白に厳しく禁じ、この律法を永久に守れと厳命していたはずですから。[46]「肉ヲ血ト共ニ食ベテハナラナイ、ドンナ肉ノ血モ食ベテハナラナイ」（『創世記』第九章四節〔、『レビ記』第一七章一四節〕）。[47]「誰デモスベテ血ヲ食ベルナラバ、ソノ人ハ民ノ内カラ断タレルデアロウ」（『レビ記』第七章二七節〔〕）。「ドンナ肉ノ血モ食ベテハナラナイ。スベテ血ヲ食ベル者ハ断タレルデアロウ」（『レビ記』第一七章一四節）。「タダ堅ク慎ンデ、ソノ血ヲ食ベナイヨウニシナケレバナラナイ」（『申命記』第一二章一三節）。また、[48] この律法は永久に続くはずでした。「主ハソノ契約ヲ永久ニ立テラレタ」（『詩篇』第一一〇篇九節）。「コレハアナタ方ノスベテノ住マイニオイテ、代々永ク守ルベキ定メデアル」（『レビ記』第二三章三節〔三一節〕）。ですから、血を飲んだり食べたりすることをこれほどはっきり禁じた後で、その同じ神がキリストにおいて自分からその肉を与えて食べさせたとか、血を与えて飲ませたなどと、どうして言うのでしょうか。[49] これらの証言、[50] これらの推論はすべて明白で明瞭ですし、キリスト教が偽りで誤謬を説いていることを、それ

も異教のものよりさらに滑稽で馬鹿げた誤謬を説いていることを明らかに示しています。また、すでに言ったように、ねり粉と小麦粉の神々へのあのようなすべての偶像崇拝が、一狂信者の、それも哀れな一狂信者の無意味で曖昧な数語にしか根拠を持っていないことを付け加えるなら、頭脳明晰でありとあらゆる技芸や学問にも明るい(51)人々があれほど大勢いる諸国民の間で、こんな偶像崇拝が確立されることができ、現状のように維持されることができたということに、一層の驚きを覚えるのは無理からぬことでしょう。

第三八章

誤謬四。最初の人間の創造と罪について

別の誤謬に移りましょう。キリスト教は次のように教え、またそれを信じることを義務づけています。すなわち、神は最初の男と最初の女を肉体においても魂においても完全な状態で創造した、つまり完璧な健康と完璧な無垢および完璧な理性を備え、肉体的なあらゆる欠陥も魂のあらゆる悪徳も免れた状態で各々を創造したというのです。そして神は地上の楽園と呼ばれる無上の喜びと至福の地に二人を置きました。もし彼らが変わることなく神に忠実で従順であったならば、彼らとそのすべての子孫はその地で欠けることのない満足を味わいながら暮らしていたのでしょうが、不幸なことに彼らは一匹の蛇にそそのかされて、この地上の楽園(1)の中にある、神が食べることを禁じたある種の果実を不謹慎にも食べてしまったのです。この過ちによって(2)、彼らはただちにこの無上の喜びと至福の地(3)から追われるべき者となり、彼らとそのすべての子孫、すなわち全人類はこの世のあらゆる悲惨にさらされるべき者となりました。いや、この世のあらゆる悲惨だけでなく、永遠の定罰(四七)と断罪と呪いにもさらされるべき者となりました。この呪いとは、キリスト教の教理によれば、永遠に神から見捨てられ、永遠に神の怒りと憤激の対象となり、想像しうる限りもっとも残酷で恐ろしい体刑や責苦を永遠に地獄で受けることです。こうした永遠の地獄落ちと責苦は、わがキリスト崇拝者たちが言うように、その同じ神がもし人間たちを憐れみ、彼らをそれから解放する一人の贖(あがな)い手を善意に

より与えようとしなかったならば、総じてすべての人間が一人の例外もなく永遠に受けねばならないはずのものでした。そしてその贖い手なる者が、わがキリスト崇拝者たちによれば、彼らの神なるイエス・キリスト[4]であり、ユダヤ人の生まれで、ヨセフという名の大工とマリアという名の女の息子でした。ところが、この女はその子を生んだ後も前と変わりなく処女でした。また、その神たるイエス・キリストなる者[5]は狂信者として、また新奇な説を説きながら、とりわけ天の王国なるものの間近い到来を説き告げながら[6]ガリラヤ全土を巡り歩いた後、民衆の誘惑者、謀叛人として結局エルサレムで十字架にかけられました。それにもかかわらず、わがキリスト崇拝者たちは相も変わらず、イエスをまったく神的な人間、神として天から降りてきて上述の処女なる者の胎内に宿り[7]、その胎内で世界を救うため自らわれわれのような肉体と魂を備えて人間となった者と認め、崇め続けているのです。彼らの言では、イエスは進んで死に身を委ねた、それも十字架による残酷で恥辱的な死に身を委ねたのであり、それはすべての人間を救いその罪を贖うためと、また人間たちの罪によって不当に傷つけられた自分の父たる神の正義、とりわけ人類のあの二人の始祖が神から食べるなと禁じられていた果実をあのように食べて[8]犯した不服従の罪によって傷つけられたその正義を、自分の死によって、また自分が血を流すことによって償うためでした。無限の功徳があるとわがキリスト崇拝者たちが言うその償いなるものによって、人類最初の二人の不服従のためにすべての人々が受けることになっていた永遠の地獄落ちと呪いなるもの[9]から、イエスは人々を贖ったと彼らは主張するのです。まただからこそ[10]、すでに言ったように、彼らはイエスのことを自分たちの神なる救い主、神なる贖い主と呼ぶのです。以上がこの問題に関するわが神・キリスト崇拝者たちの[11]教理と信条です。彼らの宗教がこのすばらしい教理を彼らに教え、信じることを義務づけ、信じなければ永遠の地獄落ちと定罰と呪いを受けると説いています。

しかし、この信条の中にはいくつもの滑稽で馬鹿げた事柄が含まれていますから、その滑稽さと馬鹿馬鹿しさを明示するという課題に取り組まなければなりません。とはいえ、ここで次のような作り話をいちいち反駁するのに精を出そうとは[12]思いません。たとえば、最初の男と最初の女の創造とかいう作り話、神が彼らを住まわせた地上の楽園と

ものが、あらゆる知恵と完璧さなるものが、善悪を知る木の実とかいう作り話、神が彼らに食べるのを禁じた、創造された最初の人間に備わっていたにもかかわらず、その人間自身より巧みで悪賢かった蛇の欺瞞的な話によって生じた、あるいは引き起こされた、その最初の男と女に対する誘惑とかいう作り話、人類の二人の始祖そのものに対する罰ならびに蛇に対する罰とかいう作り話、さらに、神的な仕方で息子を生んだ処女、「男ヲ知ラヌ処女ガ御言葉ナル息子ヲ宿シタ」（クリスマス賛美歌）[13]とかいう作り話――「物語の中には、神々が哀れな人間どもを踏みつけにした姦通がどれほどたくさんあることだろう。マホメット教には、国民の信仰から生まれた多くのメルリンがいる。つまり、父がなく、処女の胎内から神によって生まれた子供たちが」〔モンテーニュ『エセー』第二巻第一二章、邦訳、岩波文庫、第三巻一七二―一七三頁、原二郎訳〕とモンテーニュ氏は言っています（四八）――こういう作り話一切に、またその他類似の多くの作り話にいちいち足を止めて反駁するつもりはまったくありません。こういうたぐいの主題については言うべきことがありすぎるでしょうし、そんなことをしたら主題から外れすぎてしまうでしょう。ここでは、先の教理について主要な三点のみに着目し、その虚偽と滑稽さと馬鹿馬鹿しさをはっきり示せば足りるでしょう。

第一に、人間たちのさまざまな悪徳と罪が神をひどく傷つけ、その怒りと憤激をかき立てると教える点で、その教理は誤っており滑稽で馬鹿げています。第二に、神が人間たちのさまざまな罪を、この世における有限の懲罰によって罰するだけでなく、あの世でも永遠の懲罰によって、しかも想像しうる限りもっとも恐ろしい、もっとも苛酷な懲罰によって罰すると教え断言する点で、その教理は誤っており滑稽で馬鹿げています。第三に、あのようにひどく神を傷つけ、その罪により地獄落ちと永遠の呪いに値するものとなった人間たちを贖うために、神自らが人間となり、死と恥ずべき十字架刑に自らを委ねたと教え、それを信じることを義務づける点で、その教理は誤っており滑稽で馬鹿げています。つまり、これらすべては誤っており滑稽で馬鹿げているのですが、それをもう少しくわしく、はっきりと示さなければなりません。

第三九章

誤謬五。人間たちの罪が神にもたらすという侮辱と打撃、またそれが引き起こす神の怒りと憤激、そしてそのために神が下す一時的および永遠の罰について

まず、人間たちのさまざまな悪徳や、罪や悪事あるいは(1)悪い行為が、いや、単なる軽い過ちにすぎないはずだと思われる多くの行為さえもが（たとえば、神が食べることを禁じた果樹園の果実を食べて、人類最初の者たちであったアダムとイブが地上の楽園で犯した過ちのような）、それにもかかわらずひどく神を傷つけ、神を怒らせ憤激させるとキリスト教が教えていること、これは確かで疑いのない、明らかな事実です。それはわがキリスト崇拝者の『聖書』なるすべての書が明瞭に証言していることであり、わがキリスト崇拝者自身がそのあらゆる信仰書で述べていることであり、彼らがその教会の中で公衆に向かって説いていることであり、さらに、彼らの学校や、諸国民にする公的および私的なあらゆる教育において彼らが教えていることでもあります。罪はこの世で神を(2)もっとも立腹させるものである、と彼らの聖クリュソストモス〔四九〕は一般的なこととして断言していますし（「説教四一、マタイニヨル福音書第一二章二五、二六節ニツイテ」）〔五〇〕、罪を犯す者たちは天に君臨しているイエス・キリストを傷つける、と彼らの偉大な聖アウグスティヌスも述べていますし、罪を犯す者たちはその魂の中でイエス・キリストを再び十字架にかける、と彼らの偉大な聖パウロも述べています（『ヘブル人への手紙』第六章六節）。また、罪を犯す者たちは、ユダヤ人が地上で十字架にかけて傷つけたよりもひどく彼を傷つける、と聖アウグスティヌスも述べています（「詩篇第六七篇注解」）。トレント公会議も、罪を神への罪過、きわめて重大な罪過、「カクモ重大ナ罪過」（「第一四総会教令第一章」）とさえ呼んでいます。*1 またたからこそ、わがローマ派キリスト崇拝者たちは彼らの四旬節の始めに、「神ヨ、ワレワレハ悪行ニヨリアナタノ寛大サヲ傷ツケタ」、「ワレワレガ、アナタヲヒドク傷ツケタコトヲ、ワレワレノ悔恨ガ証シテイル」、「ワレワレハ多クノ罪ヲ犯シタ」と悲痛な調子で歌うのです〔五一〕。また、神はモーセに言いました。「オマエモ（兄弟アロンノヨウニ）オマエノ民ニ加エラレルデアロウ。コレハ会衆ガチンノ荒野デ逆ラッタ時、オマエタチ

二人モ私ヲ傷ツケタカラデアル」（『民数記』第二七章〔一三、〕一四節）。「背カヌヨウニ。コレハ、オマエノ神デアル主ガ忌ミ嫌ワレルモノダカラデアル」（『申命記』第七章二五節[五二]）。ユディトも、「ナゼナラ、ワレワレノ神ハ罪ニヨッテヒドク傷ツケラレ、神ガ彼ノ預言者タチニ語ラセタコトハ間違イナイカラダ」（『ユディト書』第一一章八節[五三]）と言っていますし、彼らのいわゆる『創世記』という聖なる書にも、神はノアの時代に人間たちのさまざまな罪によってひどく傷つけられ、心底苦悩に打ちひしがれ、そのために、人間を作ったことを悔いると言ったとあります。「心底苦悩ニ打チヒシガレ……」（『創世記』第六章五〔、六〕節）。これらに則って[3]、わが[4]キリスト崇拝者たちの神学者はみな、次のような一致した意見をもっています。すなわち彼らの言によれば、罪の由々しさは取り返しがつかぬほどなので、地上のすべての人間と天上のすべての天使が集められ、罪によって神に加えられた不正を嘆き、彼らに可能なあらゆる罪の悔い改めをしたとしても、その涙と悔い改めと可能な最上の善行とをもってしても、ただ一つの大罪[五四]によって傷つけられた神の正義をそれにふさわしく償うことは彼らにはできないのです。ですからまた、その神学者たちの言によれば、たとえば彼らの殉教者たちのすべての血と、彼らの処女のすべての純潔と、天使たちと彼らの聖人たちのすべての功徳をもってしても、それだけでは罪によって傷つけられた神の正義をそれにふさわしく償うには十分でないのです（『キリスト教道徳[五五]』）。そのためには、それにふさわしい償いをするには、人神の無限の功徳が必要であった、なぜなら、罪によって神に与えられた痛手はある意味で無限なのだから、それにふさわしい償いをするにはやはり無限の功徳が必要であったからだ、とわがキリスト崇拝者たちは言います。そして、被造物全部を合わせてもその功徳は無限の価値を持っていないから、全被造物のすべての功徳をもってしても、大罪によって傷つけられた神の正義をそれにふさわしく償うには十分でないことになる、と言います。またそのためにこそ、神なる神の子自らが人間たちを贖おうと自ら受肉し、われわれと同じ人となることに同意されたわけで、それは人間たちのすべての罪の代わりに、自分の死と受難という無限の功徳を差し出すことによって、自分の永遠の父たる神の正義に対して、それにふさわしい償いをするためであった、と彼らは付け加えます（『キリスト教道徳[5][五六]』）。

＊1 「神ヨ、罪ガアナタヲ傷ツケ、悔イ改メガアナタヲ宥メル……」、(6)〔五七〕集禱文。

罪が神に与える打撃あるいは侮辱はきわめて大きいものなので、それを正確に概念することはできず、ある意味でそれは理解不能である、とわがキリスト崇拝者たちはさらに言います。その理由を彼らは以下のように述べます。すなわち、侮辱の大きさを正確に理解するためには、あるいは知るためには、傷つけられた者の身分と傷つけた者の身分を知らなければならない。侮辱の大きさは、その侮辱の性質や種類から引き出されるだけでなく、傷つけられた人物の偉大さと身分や位の高さから、および傷つけた者の位や身分の低さからも引き出されるからだ。だから――と彼らは推論を続けます――罪が神に与える侮辱あるいは打撃のひどさを正確に理解するためには、神そのものの偉大さと神聖さとを知ることができ、いわば測ることができなければならないだろう。罪の重大さは神の偉大さと神聖さとの比較から引き出されるのだから。そして神はありとあらゆる完全性において無限だから、神の偉大さと卓越性を理解できる者など一人もいないので、大罪が神に与える打撃と侮辱の重大さを正確に知ることは、これもまた人間に不可能である、と。さらにこの大罪の重大さ、あるいは法外さはあまりにも大きく、彼らの言によれば、地獄のすべての炎をもってしても消すことができないほどです。このようなわけで彼らの偉大な聖アウグスティヌスは、そして彼に続いて、キリスト崇拝者であるすべての神学者たちは、全世界、すなわち天地とそこに含まれるすべてを滅ぶに任せる方が、たった一つの大罪でも自らの意志によって犯すよりずっとましだと言っています〔五八〕。罪を犯すことは、神の名誉を汚すことであり、仮に全被造物が滅ぼうとも何人も決して行ってはならぬことだとも、(7)偉大なミルマドランであるこの博士は言っています〔五九〕。また罪によって神が受けるそうした侮辱はきわめて由々しくまた恐るべきものであるため、このことは聖アンセルムスをして、一面炎に包まれた地獄が口を開けているのを一方に見、もう一方にたった一つでも大罪を犯す可能性を見、どうしてもそのどちらかを選ばねばならないとしたら、たった一つの大罪でも自らの意志によって犯すよりは、生きながら地獄に飛び込む方がましだ、と言わせているほどです〔六〇〕(8)。

〔メリエによる原文欄外への縦書き書き込み〕 虚しい推論(9)

〔メリエによる原文欄外への縦書き書き込み〕「主ヨ、私タチハ聖ブルノノ取リナシニヨリ、アナタノ助ケヲ請イ求メマス、過チニヨリアナタノ尊厳ヲヒドク傷ツケタ私タチガ……」〔六一〕(10)

〔六二〕小罪と呼ばれるもっと軽い罪についても、彼らはこのように言っています。「小罪は神に対する罪過であり傷害である。したがってそれは、被造物すべてを集め、その悪をすべて集めたものより大きな悪であり、聖人ならば故意にただ一つの小罪を犯すより、千回も命を失うことを願うだろう。また、神の栄光をこの上なく称えるためであったとしても、もっとも小さな嘘さえ意識的につくことは人には許されず、被造物であるならばみな、もっとも軽微な小罪を避けるため自らの存在を犠牲にしても幸福だと思うべきだろう。その小罪ですら、この世のすべての悪より比較にならぬほど大きな悪なのだから、またすべての民の荒廃、すべての被造物の破滅、全宇宙の破壊があるとしても、それとも比較にならぬほど大きな悪なのだから」（『聖イグナティウスの心霊修業』）〔六三〕(11)。こんな語り方は気違いとしか言いようがないではありませんか。

しかし、わが信仰厚き、迷信深いローマ派・神・キリスト崇拝者たちは(12)、罪が神に与える打撃と侮辱なるものについて、まさにこのように語っているのです。このすばらしい教理について、その滑稽さを全部一目で分かるように示すとすればいろいろと考察を重ねなければならないでしょうが、今は先に進みましょう。彼らは次のように語っています、あるいは、怒りと憤激に駆られた彼らの神に次のように語らせています。「これらの民はさまざまな悪徳と悪行で私をひどく怒らせたが、私も懲罰で彼らを怒らせよう。なぜなら、私の怒りによって、火は燃え出で、陰府の深みにまで燃え行き、全地を焼きつくし、山々の基を燃やすであろうから。私は彼らの上に禍を積み重ね、私の矢を彼らに向かって射つくすであろう。彼らは飢えに焼かれ、熱病と耐えがたい滅びに苦しむであろう」（『申命記』第三二章二一〔―二四〕節）。「私の矢を血に酔わせ、私の剣に肉を食わせるであろう。私を憎む者に報復するであろう」（同四二〔、四一〕節）。同じ神は、ある民に対して行ったとかいう処罰について、その預言者イザヤの口を通してこうも言っています。「私は怒りによって彼らを踏み、憤りによって彼らを踏みにじった」（『イザヤ書』第六三章三節）。

預言者エレミヤを介してこうも言っていました。「イスラエルとユダの子らは日々悪を行って止めないので、彼らは私を怒らせ、憤らせ、憤激させた。」（『エレミヤ書』第三二章三〇節）[六四]「しかし彼らのさまざまな悪行を十分に罰した後は、怒りと憤りと大いなる怒りをもって彼らを追いやった諸々の国から、私は彼らを集めるであろう」（同三七節）。また預言者エゼキエルの口を借りて、というよりこの預言者が神にそう言わせているのでしょうが、[13] こんなことを神は言いました。「おまえたちは私の律法を破り、ありとあらゆる悪徳と悪行に身を委ねたのだから、私は決しておまえたちを容赦しないし、憐れみはしない。おまえたちはペストで死に、飢饉で滅び、剣に倒れるだろう。しかし、私がおまえたちに対する怒りと憤激を満足させた後には、私の怒りも静まり憤激も止み、私はおまえたちを慰めるだろう」（『エゼキエル書』第五章一一〔―一三〕節、第一六章四二節）。また同じ預言者を通して、「私は残酷な報復を彼らに行い、怒りに満ちて彼らを咎める。私が彼らに仇を返す時、彼らは私が主であることを知るようになる……」（同書第二五章一七節）とも神は言いました。先の預言者たちが神に帰すこれと似たような語り方はその他にもたくさんあります。

また彼ら自身も、彼らの神の怒りと憤りと憤激について次のように語っています。食べる肉がないとイスラエルの民がモーセに不平を漏らした時（『民数記』第一一章一〇節）、神はこの民に対して激しい怒りを抱きました。そして、鶉をふんだんに送ってやり、それを彼らの方も飽きるほど食べたものの、その後すぐ神は民に向かって怒りを発し、残酷な禍で彼らを撃ったと書かれています。預言者イザヤもこう言いました。「彼らは神の律法を捨て、その言葉を侮った。それゆえ、神はその民に向かって怒りを発し、御手を伸べて彼らを撃たれた。山は震い動き、彼らの屍は巷の中に獣の屍のように捨てられた。それにもかかわらず、その怒りは止まず、なお、御手は伸ばされる」（『イザヤ書』第五章二四、二五節）。エレミヤもこう言いました。「主は激しい怒りをもって、イスラエルのすべての力を断たれた」（『哀歌』第二章三節）。イザヤもこう言いました。「主の怒りによって全地は震えた」（『イザヤ書』第九章一九節）。預言者ダビデ王もこう言いました。「主よ、あなたの怒りをもって私を責めず、あなたの激しい怒りをもって私

を懲らしめないでください」（『詩篇』第六篇一節）。「私はパンに灰を交え、私の飲み物に涙を交えました。これはあなたの怒りと憤りを恐れたからです」（『詩篇』第一〇二篇九、一〇節）。「主は罪人どもをあざけり、怒りをもって彼らに語りかけ、憤りをもって彼らを滅ぼすだろう」（『詩篇』第一〇一篇一一節）〔六五〕。さらに、世界創造に関する彼らの書にも次のようにはっきり書かれています。すなわち、最初の人間が神から禁じられていた果実を食べて犯した罪のために神は地を呪い、このただ一つの過ちのためにその人間は地上楽園から追われ、そのために(14)断罪されて彼とそのすべての子孫は死とこの世のすべての悲惨を受けることになった、と。そして、この世のすべての悲惨だけでなく、永遠の地獄落ちと呪いをも受けることになった、とわがキリスト崇拝者たちは言います。だから、それ以後世の終わりまで生まれてくるすべての人間は、生まれながらの怒りの子、永遠の懲罰に値する子である、「マコトニ私タチハ、生マレナガラノ怒リノ子デアッタ」（『エペソ人への手紙』第二章三節）、「神ノ怒リハ、不従順ノ子ラニ下ルカラデアル」（同書第五章六節）と彼らの偉大な聖パウロも言うのです。

　こういうすべての証言、およびその他掲げることもできる多くの類似した証言により明白に示されるのは、人間たちのさまざまな悪徳と罪が、さらに単なる軽い過ちとしか思えぬ罪さえもが、神をひどく傷つけ神の怒りや憤りや憤激を引き起こす、とキリスト教は信じ、またそう教えていることです。さて、神というような全能で限りなく完全な存在が、人間たちのなんらかの悪徳や悪行によって本当に傷つけられることがある、と信じたり考えたりするのは誤りですし、また、神というような不変で限りなく完全で賢明な存在が、怒りや憤りや憤激によって、いや、その他どんな情念によっても本当に動かされることがある、と信じたり考えたりするのも誤りです。私はそのことを以下の論拠によって明白に証明します。

　あらゆる打撃や侮辱を無限に超えているような存在が、なんらかの事物によって本当に傷つけられることはありえませんし、誰からにせよ何からにせよ、なんらかの侮辱を本当に受けることもありえません。さて、全能で限りなく完全であるような存在は、その本性からしてあらゆる打撃や侮辱を無限に超えていることでしょう。なぜなら、その

ような存在はおのれに害や不快を与え、[15]なんらかの侮辱や不快を生ぜしめうると思われるものはすべて、その全能によって遠ざけ退けるはずであるだけでなく、その本性そのものからして傷害も変質も苦悩も受けえないはずだからです。本性そのものにより傷害も変質も苦悩も受けえないならば、そのことから明らかに当の存在はあらゆる打撃や侮辱を完全に超えていることになり、したがって人間たちのさまざまな悪徳や悪行によってもまったく傷つけられえないことになります。ですから、神は偉大さやあらゆる完全性において人間よりはるかに勝っているだけに、この神の無限の偉大さと尊厳なるものは、人間たちのさまざまな悪徳と罪が一層深く神を傷つけると主張される理由であるどころか、むしろ反対に、人間の悪徳と罪も決して神を傷つけず、傷つける力を持つ可能性すらまったくない、と主張する理由になるでしょう。神なるものは、神を傷つけようとして人間がなしうるすべてのことを無限に超えているのですから。たとえば、ありとあらゆる人間が太陽や月に向かって、あるだけの矢を射り、あるだけのマスケット銃と巨大な大砲を放つとしても、太陽や月に何か亀裂でも作れますか、ほんの小さな傷でも与えられますか。与えられはしません！　なぜでしょうか。それは太陽や月が、人間がそれらに向かって射る矢の射程距離をはるかに超えた高すぎるほどの位置にあるからですし、完全に人間のマスケット銃やあらゆる大砲の射程外にあるからです。またその同じ人間たちが太陽や月に向かって泥を投げつけようとしても、太陽や月に何かしみや汚れを[16]付けられますか。付けられはしません！　なぜでしょうか。それは太陽や月が、人間がそれらのためやそれらに背いて行うあらゆる行為をはるかに超えてあまりの高みにあるからです。まして神は、人間たちが神のためや神に背いて行うあらゆる行為を無限に超えているのですから、彼らが行い[17]うるあらゆる善も悪も、神に対してはどんな幸いも害も与えられるわけはありません。したがって、彼らが行いうるあらゆる悪徳も罪も悪行も、まったく神を傷つけることはできないのです。これはわがキリスト崇拝者たち自身、結局は認めざるをえないことです。彼らの『聖書』なるものに、とりわけ『ヨブ記』に記されていることによればそうなるのです。そこにはこうあります。「何だと！　人が神に比べられると言うのか。人が正しくても、それで神がより価値あるものになるだろうか。人が自分の道を全うしても、神に何の利益が

あろう」（『ヨブ記』第二一章三、四節（第二二章二、三節））。別の箇所にもこうあります。「天を仰ぎ見よ、あなたの上なる高き星々を望み見よ。あなたが罪を犯しても、神に何の差し障りがあるか。あなたの罪や咎が多くても、彼に何をなし得ようか。またあなたは正しくても、神に何を与え得ようか。彼はあなたの手から何を受けられるであろうか。何も受けられはしない。人の不正はただ人にのみ関わり、人の徳が有益有効なのはただ人に対してだけであり、決して神に対してではない」（『ヨブ記』第三五章六、七節（五、八節））。

引き合いに出されるかも知れない例、位の低い人物が王や貴顕の士に対して行う侮辱や侵害、という例について言えば、そういう侮辱は、その同じ人物が自分と同身分の人に対して同じ侵害を行う場合より、はるかに重大で犯罪的となるだろう、と言われるでしょう。それはそうかも知れません。しかし、神なるものに対しても事情は同じだとこの例は証明していません。なぜなら、王であれ他のどんな位の者であれ、その人士はもっとも位の低い人々が彼らに行うかも知れない、容赦のない攻撃や侮辱すら完全に超越しているわけではないからです。それどころか、身分のある人士は他の人々よりデリケートにできていて、彼らのように侮辱や侵害を受けることに慣れていないので[18]、打撃の厳しさをその身に一層強く感じることでしょう。またそれだからこそ、そうした仕打ちによって自分が傷つけられたと、他のもっと低い身分の人々より一層強く思うのでしょう。しかし、限りなく完全であるような神については事情は同じでないはずです。すでに言ったように、神はその本性そのものにより侵害も変質も苦悩も受けえないので、神は侮辱や侵害のあらゆる打撃を無限に超えているはずだからです、人間たちがなしうるどんなことも彼を傷つけえないはずだからです。実際、もし人間たちのさまざまな悪徳や悪行が少しでも神の神聖な本性を傷つけることができるなら――私が言うのは現実的な本当の侵害のことです（そのように解すべきですから）――つまり、それらが多少なりとも神の本性を傷つけることができるなら、神そのものがもっとも傷つけられ、虐待され、冒瀆され、苦しめられるものとなり、したがってまた、あらゆる者の中でもっとも不幸で惨めな者となると言えるでしょう。というのも、犯される一つ一つの悪徳や罪は、ハエやノミが人間に与えうる程度の苦痛しか神に与えないとしても、毎日数限りな

い人々が一瞬ごとに彼[19]に対して行う侮辱や攻撃の的に日々なっているのは、神を世界で一番不幸で苦しめられる者とするのに十分でしょう。もし一人の人間が、のべつその周りにいて刺したり喰ったりする百万ものハエやノミから、絶え間なく一瞬ごとに刺されたり喰われたりしたら、それが彼にとってどんな苦痛や責苦であるか想像してみてください。それは彼にとって間違いなく、どんな苦しい病気に罹るよりもっと辛い耐えがたい責苦でしょう。そんな拷問に比べたら、死すらずっと耐えられる、たやすいものでしょう。

しかし、わがキリスト崇拝者たちの言うように、人間たちのさまざまな悪徳や罪が少しでも神を傷つけられるなら、これこそ、ある意味で彼らの神が置かれている状態の姿なのです。というのも、一つ一つの悪徳や罪はそれほど神を傷つけないとしても、世界中で毎日一瞬ごとに犯される悪徳や犯罪や罪の数の多さ、ほとんど無限と言える夥しさは、神をすべての存在の中でもっとも不幸で惨めな者とするでしょうから。さて、全能で無限に完全な存在であるという、したがってまた、幸福と平安と満足をもっとも享受しているはずである神が、にもかかわらず、人間たちのさまざまな悪徳と罪によりあらゆる者の中でもっとも不幸で惨めな者となる、と言うのは滑稽で馬鹿げていないでしょうか。そんなことは滑稽で馬鹿げているにきまっています。ですから、神なるものが人間たちのさまざまな悪徳や罪によって本当に傷つけられる、と言うのも滑稽で馬鹿げていますし、わがキリスト崇拝者たちがするように、人間たちが神に与えるその侵害なるものに関係づけて悪徳や罪の重大さや法外さを誇張するのも滑稽で馬鹿げています。そんな侵害はまったく存在しませんし、まったく現実的なものでも本当のものでもなく、架空のものにすぎませんし、せいぜい隠喩にすぎないのですから。

ですから[20]、彼らのように、たった一つの小罪も被造物総体のすべての悪より大きな罪だと言うのは滑稽です。彼らのように、たった一つの小罪でも自らの意志によって犯すより、たとえばたった一つの善意の嘘でもつくよりは[21]、千回も命を失う方がよい、全被造物さえ滅ぶに任せる方がよい、と言うのも滑稽です。さらに、彼らのある者たちのように、たった一つの小罪でも自らの意志によって犯すより、むしろ生きたまま地獄[22]に入りたいと言うのも滑稽です。

というのも、それはこう言うのも同然だからです。すなわち、自分たちは善意の嘘をたった一つ、無意味なたわいない言葉をたった一つ言うより、地獄のもっとも恐ろしい[23]責苦のすべてをむしろ受けたい、と。また、たった一つの善意の嘘、たった[24]一つの無意味なたわいない言葉も、世界全体のすべての罪より大きな害悪を流す、善意の嘘をたった一つ、無意味なたわいない言葉をたった一つ言うより、全世界を滅ぶに任せた方がよい、と。そんなことを言うのは馬鹿げきっています！　ですが、もし本当にそうであるなら、神は小罪が犯されたり、善意の嘘や無意味なたわいない言葉が言われたりすることをあのように許してしまうより、どんな被造物も作らない方がずっと良かったとも、彼ら[25]は言うべきでしょう。限りなく完全な存在について[26]そんなことを言うのは、滑稽この上ないことでないかどうか判断してください。ですからまた、わがキリスト崇拝者たちのように、人間たちのさまざまな悪徳と罪は神に重大で致命的な傷を与えるというのも、まったくもって滑稽です。さらに、このことも付け加えてください。傷つけられること、あるいは傷つけられうることは、弱さや愚かさの確かな証拠で、そのようなものは全能で限りなく完全な存在の中には決して見いだしえないはずですし、したがって神のうちには見いだしえないものです。

　また同じ理由から、神が怒り憤ると信じるのは、人間の悪徳や罪のため彼らに対して神が怒りや憤りを抱くと信じるのは誤りです。そんなことを言うのも考えるのも誤りなのです。なぜなら、人が想定する神のような限りなく完全な存在の英知にそれはふさわしくないというだけでなく、また想定されているその本性そのものからして神は変化も変質も受けえないので、それらの情念のどれも神が抱かせられるはずはありえないからです。そのように言う理由は、情念とは魂の自然な通常のあり方を変化させ、変質させる魂の異常な動揺だからです。ですから、想定によれば神はその本性からして変化も変質も受けえないので、明らかにそれらの情念のどれによっても動かされるはずはありえないでしょう。このことはさらに、わがキリスト崇拝者たち自身も認めざるをえないことです。彼らの中で重きをなす人々が、次のように言っているのがその証拠です。「神は人間のごとくさまざまな思考や意志が順を追って生じるかのように思考するのではない。神は人間のごとく何かの変化に曝されるかのように怒るのでもない。しかし、神は怒

り激昂すると言われる。だがそれは、神は本性から言って怒りや憎しみその他どんな情念によっても動かされるはずはなくとも、神自身を怒らせると思われるようなわれわれの罪の重さやひどさや邪悪さを示すためにすぎない。神ハ人間ノゴトクニ、アル考エニ別ノ新シイ考エガ続クヨウニ思考スルノデモナク、変化ヲ受ケルモノデアルカノヨウニ怒ルノデモナイ。タダソノヨウナ言イ方ガ選バレルノハ、ワレワレノ罪ノヒドサヲ表スタメデアリ、ソノヒドサハ神ノ不興ニ値スルシ、本性上ドンナ怒リヤ憎シミヤ情念ニモ動カサレルコトノナイ神サエモ言ワバ怒リニ駆ラレルホド、ソノ罪ガ嵩ジテイルコトヲ言イ表スタメデアル」〔アンブロシウス『ノアと方舟について』第一章四節〕と聖アンブロシウスは言っています。

聖アウグスティヌスも神に向かって次のように語りかけました。「あなたは、ご自分の名誉について妬みながらも、何も恐れません。悔いながらも、苦しみも悲しみも後悔もありません。怒りながらも、常に心静かです。妬ミナガラ心穏ヤカニ、悔イナガラ悲シマズ、怒リナガラ心静カデス！」〔アウグスティヌス『告白』第一巻第四章、邦訳、中央公論社、六二頁、山田晶訳〕(六六)。また他のところでも、こう語りかけました。「主よ、あなたはすでに強い声で、私の内なる耳に向かいこう申されました。あなたは永遠である。あなたはいかなる形相ないし運動においても変化せず、その意志は時間的に変わることがないから。実際、いろいろと移り変わる意志は不死ではない。このことは、あなたのまなざしの御前において、明らかになりました……。あなたが私に伝えられた同じ光によって、あなたはこう示されました。何人の不服従もあなたを損なわず、あなたの統治の秩序を、その最高の領域においても最低の領域においてもかき乱すことがない」〔アウグスティヌス〕『告白』第一二巻第一一章〔邦訳、中央公論社、四四八頁、山田晶訳〕(六七)。また他のところでも、神と天使たちは怒りを感じることなく罰し、憐れみの情を抱くことなく慈悲を行う、「怒リヲ感ジルコトナク罰シ、憐レミノ情ヲ抱クコトナク助ケニ来ル」〔アウグスティヌス『神の国』第九巻第五章、邦訳、岩波文庫、第二巻二四五頁、服部英次郎訳〕(六八)と彼はさらに言っています。またさらに別の箇所でも、彼は次にように言っています。すなわち、神はその思考や意志を、時が変わるにつれて人間のようにさまざまに変えることはない。世界を創

造する前には創造後の現在と異なることを考えていたのではないし、世界の終末の後には異なることを考えるのでもない。神の意志は永遠に留っているのだから、と。「神ハソノ思考ヤ意志ヲ、時ガ変ワルニツレテ人間ノヨウニサマザマニ変エルコトハナイ。世界ヲ創造スル前ニハ創造後ノ現在ト異ナルコトヲ考エテイタノデハナイシ、世界ノ終末ノ後ニハ異ナルコトヲ考エルノデモナイ。神ノ意志ハ永遠ニ留ッテイルノダカラ」〔フルゲンティウス『ファスティディオシスノ説教反駁』第一巻〕。フルゲンティウスも同じことを言っています。[27] さらにわが使徒聖ヤコブも、あらゆる良い贈り物、あらゆる完全な賜物は、上から、光の父すなわち神ご自身から下って来る、父には変化とか回転の影とかいうものはない、「変化トカ回転ノ影トカイウモノハナイ」〔『ヤコブの手紙』第一章一七節〕と言明しています。[28][六九]

[29]そこから明白で明瞭なことは、わがキリスト崇拝者たちの神のような限りなく完全な存在はどんな情念も持ちえず、したがって人間たちの悪徳や罪が神を怒らせ、憤らせ、激昂させると言ったり考えたりするのは誤りであり、まして彼らのようにそんなことを毎日説くのは誤りである、とわがキリスト崇拝者たち自身も認めざるをえないことです。本性そのものから言って変化も変質も受けえない存在が、こういう種類の情念の動きを何か持ちうると言うのは滑稽で馬鹿げています。「害を与えることも与えられることも、ともに無力であることの証拠である」〔モンテーニュ『エセー』四九九頁〔邦訳、岩波文庫、第三巻一七〇頁、原二郎訳〕〕[七〇]とモンテーニュ氏も言っていますし、そんなことは限りなく完全な存在にまったくふさわしいことではありえません。[30]

なんらかの情念の動きに引きずられるのはどんな賢者にもふさわしくない、と哲学者たち、とりわけストア派の人々は考えていますから、[31] まして、そんなことは限りなく完全な存在にふさわしくないと彼らなら判断するでしょう。また、人間たちのさまざまな悪徳や罪は神をまったく傷つけず、彼にどんな損害や害悪や侮辱や不快も与えず、少しも彼を怒らせたり憤慨させたりさえしないと一層はっきり分かるのは、神がそれらをまったく防がないからです。というのも、わがキリスト崇拝者たちが言うように、それらが本当に神を傷つけ、怒らせ、激昂させるなら、間違いなく神はそれらを防ぐはずだからです。あるいは、少なくともこう言えます。神は全能であり、どんなことも簡単にで

きるのだから、防がないとしたらそれは力がないためではない、したがって彼がそれらを防がないのはその意志がないからであろう、と。この場合神は、可能な限り常に善を獲得させ、悪を避けさせるはずの、善良さと英知という本性に反しているだけでなく、この点では嘲笑と愚弄に値するものにさえなり下がってしまうでしょう。ありとあらゆる悪徳と罪とによって絶え間なく傷つけられ、冒瀆されるままになろうとするのは、彼が愚かだということでしょうし、防ぐこともできるのにそうしようとしない悪のために憤り、怒り、憤慨しようとするのも、彼が愚かだということでしょうから。

わが(32)キリスト崇拝者たちは、ここでこう言うかも知れません。しかし、それは望むことを行う自由を神が人間から奪いたくないからだ、その自由を残してやっているのに、人間の方が悪事を行って、与えられた能力を意図的に悪用するので、その点で人間は神をひどく傷つけている、と。ですが、彼らに対してはこうも答えることができます。神は彼らが仮定しているように全能で限りなく賢明なのだから、人間から自由を奪わずとも、常にうまくその心や精神や思考や欲望や傾向や意志を導き指導して、人間がどんな悪事や罪も犯したくないようにできるはずだし、だから人間の自由や自由意志を奪ったり(33)傷つけたりせずとも、ありとあらゆる悪徳や罪を簡単に防げるはずだ、と。したがって、好きなことを行う自由を人間にいつでも残してやるということを口実にして、神は人間の悪徳や悪行を防ごうとしない、などと言うのは虚しい理由です。

それどころか、わがキリスト崇拝者たちが主張し説くように、神は彼自身が第一原理であり、世界のすべての運動と事象の第一動因であり、また神なくしては、神の予動と協働(七二)なくしては何もなされないのですから、神こそが人間と被造物すべてにおいてなされる善と悪一切の第一原因、第一動因、第一張本人である、ということになります。したがって、人間の悪徳や不品行に対して彼が憤り怒るのなら、神自身が人間において行っていることに対して、神自らが憤り腹を立てていることになりますし、たとえば他人の手を借りて自分を刺そうとする人間のように、神自らが人間の悪徳と罪によって自分を傷つけていることになります。神というものについて、すなわち限りなく善で、賢明

で、完全だという存在について、そんなことを言ったり考えたりするのは滑稽でしょう。意図的に自分を傷つけ、自ら行おうとしていることに憤り怒るなどというのは、間違いなく狂人しかしないことですから。このことは、人間の悪徳や罪は神に重大で致命的な傷を与え、そのために悪徳や罪は神を怒らせ、憤らせ、憤慨させるとわがキリスト崇拝者たちが言う時、彼らが誤謬に陥っていることをまったく明瞭に示しています。

わがキリスト崇拝者たち自身も、侵害なるものと神の怒りや憤激なるものに関する自分たちの語り方が、自分たちの考えを言い表す言葉の真の意味では立ち行かないとよく分かっているので、やむをえずそれらの言葉に隠喩的・象徴的意味を付与しました。だからこそ、侵害、侮辱、憤怒、怒り、憤り、激昂その他といったこのような用語は、厳密に字義どおりに解すべきではなく、本当に傷つけられ怒りや憤慨の念に衝き動かされる人間が、そういう情念によって通例示す外面的結果を、その用語はただ隠喩的に意味していると考えるべきだ、とも言うのです。自分を傷つけたり自分の意志や命令に背いたりする人々に対して、傷つけられたと感じて怒り憤る人間は、自分を傷つけたりその意志や命令に背いたりする人々に対して、怒って報復を行い苛酷な手段を行使し、彼らを罰し手厳しく乱暴に扱うのが普通だが、それと同じように、神も悪徳や罪に身を委ね、神の律法や命令を破り軽んじる人々を時には厳しく罰する、しかも彼らがひどく神を傷つけ、神がそれに怒り本当に腹を立てている場合と同じ厳しさと苛酷さで彼らを罰することさえある、だからこそ語り方としては、人間の悪徳と罪が神を傷つけ怒らせ憤らせると言われるのだ、とわがキリスト崇拝者たちは主張します。ですから、人間の悪徳や罪が彼らの神に重大で致命的な傷を与え、神を怒らせ、憤らせ、激昂させると彼らが言う時、こういう一切の表現も彼らの真の見解によれば、神が人間の悪徳と罪を厳しく懲らしめ罰するという以外のどんな意味も持っていないのです。そして、彼らが言っているように人々の通常の話しぶりに合わせたり、また同時に罪人たる人間に恐れと恐怖を吹き込み、さらには[34]傲慢な人々をへりくだらせ、無関心な人々を美徳へと駆り立て、好奇心を抱く人々の心をも[35]励まし、義人のうちに信仰心を涵養するためには、このような表現を用いるのが適切だと彼らは考えているのです。

しかし、わがキリスト崇拝者たちが[36]先の語り方で意味しているのがそれだけであるならば、彼らの意図がそれだけであるならば、すでに言ったように、人間の悪徳や罪は決して神を傷つけず、怒らせたり憤らせたりもしない、というのがそれこそ真実なのです。ですから、わがキリスト崇拝者たちは語謬に陥っており、神への侵害なるものに関係づけて、さまざまな罪の重大さや法外さをあのように虚しく誇張するのは誤りなのです。その侵害は隠喩的な侵害や架空の侵害にすぎない、と彼ら自身が言うのですから。それに、神への侮辱でも侵害でもないものを、そのように神への侮辱や侵害と呼ぶのは言葉の濫用です。神の憤怒でも怒りでも憤りでもないものを、そのように憤怒や怒りや憤りや憤慨と呼ぶのは言葉の濫用です。たとえば、罪人に厳しい罰を申し渡す裁判官の判決の宣告や執行でさえも、怒りとか憤りとか名付けたりはしないでしょう！　ではどうして、限りなく賢明な神が人間たちの悪行に下す正しい懲罰を、憤怒とか怒りとか憤りとか憤慨とか呼ぶのですか。神は怒りも憤慨もなく彼らを懲らしめるのですから。

しかし、わがキリスト崇拝者たちの語り方に関するこのような説明に従って、人間の悪徳や罪が神への侵害とか侮辱とか呼ばれるのは隠喩的で不適切なことにすぎず、神がそれらを罰するからにすぎないのなら、当然ながら、神が[38]人間の悪徳や罪を罰しなければ、それらは隠喩的にであれ不適切にであれ神への侵害と侮辱ですらないことになってしまいます。神が罰する時にのみ、それらは隠喩的な不適切な意味で、神への侮辱と侵害になるのでしょう。ですから、昔も今も罰したことがないなら、それらはまた昔も今も神への侵害だったことはなく、昔も今も隠喩的な不適切な意味でさえ侵害だったこともないのでしょう。それではたとえば、人間の不幸と滅びの唯一の原因であるとわがキリスト崇拝者たちが言うアダムの罪、そして不服従なるものを神が罰しなかったとしたら、それもまったく神への侵害ではなかったし、そう呼ばれるべきでさえなかったというのですか。わがキリスト崇拝者たちがこうしたことを、アダムのいわゆる神への侵害に関連してその罪の由々しさや法外さについて言っていることとうまく一致させられるのかどうか、私には分かりません。

人間たちのさまざまな犯罪と罪に対して神が行うと彼らが言う現世の処罰と永遠の処罰に関しても、彼らは誤謬に

陥っています。一、人間がこの世で受ける有限の罰に関して彼らが誤謬に陥っているというのは、この世の苦悩や禍が、罪を罰するために神が人間に与える懲罰である、とはとても言えないからです、そのように言うことにどんな真実味さえないからです。私がこう主張する明白で説得力のある理由は以下のとおりです。もしそれらの苦悩や禍が本当に神の懲罰であるなら、その苦悩は常に人間たちの犯罪や罪の重さと多さあるいは数に釣り合った苦悩であるはずですし、禍もそれに釣り合った禍であるはずです。また、無実の者や義人が有罪の者と同じ処罰を身に受けることは決してないはずです。神というものは、仮定されているように限りなく善良で正しいのですから、無実の者も有罪の者も等しく罰しようとするとは信ずべきでないからです。ある者の些細な過ちを厳しく罰し、ある者の恐ろしい犯罪に軽い罰を与えようとするとは信ずべきでないからです。恐ろしい犯罪を罰せられないまま放置し、悪人や有罪の者なら値したような罰を義人や無実の者に被らせようとするとは信ずべきでないからです。さて、世界では毎日、何千という恐ろしい犯罪や悪事が罰せられないままになっているのが明らかに見られます。世界では毎日、義人や無実の者が有罪の者と同じ罰を身に受け、義人や無実の者が苦しみと悲嘆の中で呻吟し、しかも、そういう人々がその中で悲惨に死んでゆくのに、悪人や忌まわしい不信心者が喜びと繁栄の中で生き、不正によって勝ち誇ることさえよくあるのが明らかに見られます。

また、わがキリスト崇拝者たち自身が言うことに従っても、つまりたとえば、アダムとイブの最初の罪の処罰（『創世記』第三章一七節）、聖櫃を見たベテシメシの人々の処罰（『列王紀一』〔七二〕第六章一九節）、ダビデ王が行わせた人口調査の処罰（『列王紀二』〔七三〕第二四章一五節(42)）、その他同様の多くの例について彼らが言うことに従っても、神はある者の些細な過ちを厳しく、それもきわめて厳しく(43)罰するのに、ある者のきわめて重大な犯罪はまったく罰しないか、軽い罰しか与えないらしいのです。というのも、一、アダムがいわゆる地上楽園で犯した、禁じられていたある種の果実を果樹園で食べたというこの罪なるものについて言えば、そんなことは、たとえばその後カインが犯した、弟アベルの悪辣な殺害という罪に比べればまったく些細な過ちでしかありえなかったからです。ところが、わがキリスト

崇拝者たちの言うところによれば、神は些細な過ちにすぎないアダムの罪をきわめて厳しく罰し、忌まわしい犯罪であるカインの罪をまったく罰しなかったか、せいぜいごく軽い罰しか与えなかったらしいのです。ベテシメシの人々について言えば、いったい彼らがどんな罪あるいは悪事を犯したと言えるのでしょうか(44)。牝牛がたまたま畑の中に引いてきた車の上に置かれていた聖櫃あるいは箱を見ただけではないですか。ところが、一方で数限りない、きわめて重大で悪辣な犯罪が罰せられないままであったらしいのに、悪事や罪の見かけすらないこの過ちなるもののために、その哀れなベテシメシの人々にはきわめて厳しい罰が下されたというのです。その聖櫃が落ちてしまうと思い、落とさぬようにという善意から、ウザ〔七四〕がそれに触れたのは重い罪ではありませんし、そのように落とさぬようにしようとするのは非難すべき行為というより、称賛すべき行為のはずだったとさえ思えます。ところが、わがキリスト崇拝者たちの言うところによれば、この行為は不信心者の冒瀆行為よりはるかに厳しく罰せられたらしいのです〔『列王紀二』第六章六、七節〕。また、ダビデ王が行わせた人口調査について言えば、そんなことはもし過ちであるとすれば、まったく些細な過ちでしかありえず、たかだか虚しい好奇心(46)、誰も傷つけぬ虚しい名誉心にすぎませんでした。そんな過ちは、ウリヤを殺させその妻を奪うという同じ王が犯した過ちと比べものにならなかったのではないですか〔『列王紀二』第一一章〕。ところが、わがキリスト崇拝者たちの言うところによれば、私がはじめに挙げた取るに足りない過ちを、ひどい重罪であるもう一つの過ちよりはるかに厳しく神は罰したらしいのです。

これらの例、および引くこともできるその他類似のいくつもの例によって、また、善人にはさまざまな不幸や痛ましい不慮の災難が降りかかる一方、無数の悪人にはそれらが降りかからず、彼らは厳罰に値するのに罰せられないという、今でさえ世界で毎日見られる例によってはっきり示されるのは、神はある者の些細な過ちをきわめて厳しく罰することがよくあるのに、ある者の重罪についてはまったく罰しないか、あるいはごく軽い罰しか与えないということです。また、善人も悪人も、無実の者も有罪の者も、義人も不正な者も等しく罰することさえよくあるということです。これは明らかに、限りなく完全であるという神(47)のこの上ない善性、英知、義に反していますから、この世にお

ける有限の苦痛や禍が本当に神の懲罰であるとはとても思えません。これらは間違いなく[48]、滅びやすく死すべきものである事物の自然的構成の自然的帰結や結果にすぎません[49]。

それに、いったい信じられるでしょうか。限りなく善で賢明な神なるものが、人間たちを創造し、彼らをさまざまな福と恩恵で満たしてやろう、彼らを地上の楽園で永遠に幸福で満足する者にしようとしたのに、そんな良い目的のため[50]そのように創造した後、神はすぐに、彼らを神の恩寵と友愛から完全に排除し、この世のありとあらゆる苦悩と悲惨を被るという不幸な状態に彼ら全員を陥れようとした、などということが。それも、ただ一人の人間のただ一つの過ち[51]のために、しかも、禁じられていた果実を果樹園で慎みなく食べた、というような些細な過ちのために。そんなことは信じられません！　なんということですか！　限りなく善で賢明な神なるものが、自分がその弱さと脆さを知っており、不服従の罪に陥るはずだと予見さえしていた、弱く誘惑に脆いただ一人の人間が神に服従するかしないかという無意味な些事に、すべての人間の有限および永遠のあらゆる幸・不幸を依存させるつもりだった、というのですか。そんなことは信じられません！　なんということですか！　どうでもよいことにすぎず、それ自体にどんな重みもなく、神にも誰にもどんな害も不快[52]も損害も与えず、それになんらの悪意から犯されたのでもないようなそんな過ち、そんな不服従のためにですか。今なら鐙革（あぶみがわ）の一打ちにしか当たらないことのためですか。そんな過ちなるもののために、限りなく善で賢明な神なるものが、全人類を滅ぼそうとしたというのですか。人間たちから恩寵を奪い去るのですか。人間全員に死を宣告するのですか。そんな過ちへの罰としてこの世のありとあらゆる苦悩と悲惨を被らせようというのですか。そしてそれでも十分でないかのように[53]、さらに永遠の定罰と呪いを彼らに宣告するのですか。そんな理由でですか。こんなことはまったく信じられませんし、こんな考えを抱くだけでも、神なるもののこの上ない善性と英知を侮辱さえすることでしょう。

たとえばもしある君主が、臣下の一人あるいは寵臣の一人が些細なことで服従しなかったため、気まぐれに一地方の民全員、いや彼の王国の民全員さえも滅ぼそうとしたら、また、金や力があり大勢の子持ちである一家の長が、子

供のただ一人が服従しなかったために、いや些細なことで服従しなかっただけのために、思いつきで子供たち全員を家から追い出し、全員から財産相続権を剝奪し、彼ら全員を一生の間悲惨で不幸な身の上に落とすことまでしたら、その君主や王、その一家の長について、あれは狂人だ、気違いだと人は言わないでしょうか。そう言うにきまっていますし、それはもっともなことでしょう。実際そんなことまでするのは、完全に理性を失っているか、凶暴と憤激の極みに陥っているかでなければならないからです！　ではいったいどうして、限りなく善良で賢明な神なるものが、自分の子であり民であるすべての人間を滅ぼし、永遠に不幸なものとしようとするほど猛り狂った残酷な狂気に陥ることができたのでしょうか。つまり、食べることを禁じられていた、たとえばリンゴ一つ、スモモ一つを慎みなく食べたというだけの、ただ一人が犯した過ちのために、人間全員を滅ぼし永遠に不幸なものとしようとするほどの狂気に、いったいどうして神は陥ることができたのでしょうか。要するに、そんなこと一切はまったく信じがたく、そんな考えを抱くだけでも滑稽です。ですから、神はこの世における有限な苦痛によって人間のさまざまな犯罪や罪を罰するとわがキリスト崇拝者たちのように言うのは、明らかに彼らの誤謬です。すでに言ったように、間違いなくそれらの苦痛は、移り変わり(54)、滅ぶ、死すべき人間的事象の、自然的構成の自然的帰結や結果にすぎないのです。

しかし彼らが次のように言う時、すなわち、神は人間たちをこの世における有限な苦痛によって罰するだけではなく、あの世においても地獄の永遠の責苦によって、いややはり彼らの言葉によれば、まさしく火と炎に満ちた、ありとあらゆる恐怖と呪いに満ちた、想像しうる限りもっとも残酷で恐ろしい地獄の責苦によって(55)、さらに一層厳しく人間たちを罰すると言う時、この誤謬はなお一層ひどいものになると思われます。というのもこんなことは、今までに存在したもっとも残酷な暴君の中にも、そこまで報復を推し進めようとした人間も、そんな心を持った人間さえも一人としてなかったほど(56)、神の報復を残酷さと野蛮さと非道さの極みにまで推し進めようとすることだからです。ですが、こんなことはまた、その意味で法外さを行けるところまで推し進めることでもあります。なんということですか！　限りなく善良で慈悲深い神なるものにとっては、ちょっとした不服従という罪なるものの報復を人間に行うた

めに、この世のあらゆる禍と悲惨と苦しみでさえ十分でないのですか。果樹園のいくつかの果実、[58]いくつかのリンゴとかスモモとかサクランボとか[59]を慎みなく食べたという罪なるものの報復をするのに、それでは十分でないのですか。また教会から命じられる、大斎や小斎[七五]に関する戒律を何か破った[60]だけという罪の報復をするのに、それでは十分でないのですか。友人たちと浮かれ騒いでいささか飲食の度を過ごしたという罪の報復をするのに、それでは十分でないのですか。若者や若い[61]男たちと娘や若い女たちの間の甘いキスや抱擁という罪なるもの[62]の報復をするのに、いやそんなことを考えただけ、互いに何か優しい気持ちで見つめ合っただけであってもそれは罪であるとして、そういう罪なるもの[63]の報復をするのに、それでは十分でないのですか。彼らを永久に罰するために、神にはさらに永遠の懲罰が必要なのですか。想像しうる限りもっとも残酷で恐ろしい、身の毛もよだつ永遠の火と炎という懲罰や、想像しうる限りもっとも恐ろしいあらゆるものさえも、神には必要なのですか。要するに、復讐心を満足させるために、彼らを永久に責め苛む喜びを得るために、ありとあらゆる懲罰が彼には必要なのですか。そんなことは残酷さと非道さのどんな限度も超えていますし、そんなことを主張しようとするのは、すでに言ったように法外さを極限にまで推し進めようとすることです。神は善意と慈悲に満ちている、憐れみ深き父、慰めに満ちたる神、「憐レミ深キ父、慰メニ満チタル神」(『コリント人への第二の手紙』第一章三節)である、とさえキリスト崇拝者の方々は言っているではないですか。神は好んで赦す、神は惜しみなく赦しを与える者、人間の救いを好む者である、「神ハ惜シミナク赦シヲ与エル者、人間ノ救イヲ好ム者デアル[七六]」と言っているではないですか。神の慈悲の優しさはわれわれの罪の邪悪さを凌ぐ、「主ハ慈シミガ豊カデ、禍ヲ思イ止メラレル……」(『ヨエル書』第二章一三節)とさえ言っているではないですか。[64]

これらはみな、あなたがたが言っていることです。ではどうして、あのように些細なつまらないさまざまな過ちを、神はあのように厳しく残酷に無慈悲に罰するであろう、などと言えるのですか。それは互いに矛盾していますし、ことごとくおのずから崩れ去ってしまうことです。「禍[65]ヲ下スナラ一撃デ殺シテホシイ、罪アル者ヤ罪ナキ者ノ苦難ヲ嘲笑シナイデホシイ」(『ヨブ記』第九章二三節[七七])と善良なヨブなら言うでしょう。

神に見放された幾多の不幸な者たちが陥っていると言われる恐るべき不幸を、少し思い描いてみてください。その者たちとは、おそらく犯した罪といえば洗礼[66]を受けずに死んだことしかない者、またおそらく犯した罪といえば、心弱くも甘美な自然的快楽をいくらか味わっただけという者、おそらく犯した罪といえば、幾人かの友人に少し愛情を持ちすぎただけという者、また悪辣な幾人かの敵に復讐しようとかしたいとか思った以外に罪を犯したこともない者、さらに犯した罪といえば何回かミサに欠席した、何回か大斎を守らなかった、あるいは自分が見もしなければ知りもしない天国や地獄なるものについて、無知な連中や嘘つきどもが語る一切のことを堅く信じなかったというだけの者……などです。いったいこういう者たちが、あの哀れな不幸な人々なのでしょうか。いったいこういう者たちが、地獄の残酷な恐ろしい体刑を永久に受けるようにと、赦しがたい者として断罪されるあの人々なのでしょうか。そして責苦の中で赦し[67]や解放や軽減を得る希望もまったくなく、永遠に炎の中で焼かれるような人々なのでしょうか。なんと多くの苦しみでしょう！　なんと多くの悲鳴でしょう！　なんと多くの呻き声でしょう！　なんと多くの恐ろしい叫び声でしょう！　この哀れな不幸な人々は永遠にそうしていなければならないのですか。限りなく穏やかで恵み深く[68]、限りなく善で慈悲深いと言われる神なるものは、こんな恐ろしい責苦を見ても、この哀れな不幸な人々の哀れを催す嘆き[69]や悲鳴や呻き声を聞いても、まったく心が和らぐことがないのでしょうか、それを見たり聞いたりするのが嫌になることはないのでしょうか。極悪人であった者に対してと同じように、潔白な者にもまったく同情を覚えないのでしょうか。神というものにそんなことができたとしたら、また実際そんなことをしたとすれば（しかしそれはまったくありえないことですが[70]）、あえて申しますが、そんな神は憎まれ、忌み嫌われ、永遠に呪われるに値することでしょう。そんな神はかつて存在した、またこれから存在するかも知れぬどんな残酷この上ない暴君より残酷だ、ということになるでしょうから。神というものについて、すなわち限りなく完全で限りなく善で限りなく賢明だという存在について、そんなことが言えるかどうか考えてください。言えるはずがありません[71]。さて、限りなく完全で限りなく善で限りなく賢明な存在が憎まれ、忌み嫌われ、永遠に呪われるに値すると言うのが、道徳上滑稽で馬鹿げて

いるのと同様に、限りなく完全で限りなく善で限りなく賢明だという神なるものが[72]、悪意や邪悪さによる罪だけでなく弱さや欠陥による罪も、たとえば私が述べた罪その他、同種の一切のものまで、地獄の中で永遠に無慈悲に罰するつもりだと言うのも、滑稽で馬鹿げています。そんなこと自体が、いわゆるわが[73]神聖な預言者たちの書の一つの中で明瞭に述べられていることに反します。そこで、その預言者はエルサレムの町で犯された諸々の最悪の罪と、彼によればそのために神が下したという厳しい罰とについて語っており、彼自らこの機会をとらえてその町の民自身に向かって、自分の神にこう語らせました。

「あなたがたの神は言われる。慰めよ、わが民を慰めよ、懇ろにエルサレムに語り、これに呼ばわれ、その服役の期は終わり、その咎はすでに赦され、その諸々の罪のために二倍の刑罰を主の手から受けた。アナタガタノ神ハ言ワレル。慰メヨ、ワガ民ヲ慰メヨ、懇ロニエルサレムニ語リ、コレニ呼バワレ、ソノ服役ノ期ハ終ワリ、ソノ咎ハスデニ赦サレ、ソノ諸々ノ罪ノタメニ二倍ノ刑罰ヲ主ノ手カラ受ケタ」（『イザヤ書』第四〇章一節）。この町の民が犯したらしい最悪・最大の罪を罰するために、神がその時下したとその預言者が言う有限の刑罰が、やはり彼の言葉、いやまさしく彼の神の言葉によれば、罪ゆえにその民が受けるべきものの二倍だと測られたのです！　あるいはもっとはっきり言うなら、もっと明瞭に語るなら、彼らは諸々の罪のために、その時神がそのために下したという有限の刑罰によって二倍罰せられたのです、そしてそのために彼らは罪を完全に赦されたのです。そうであるならば、わがキリスト崇拝者たちがわれわれに描いてみせるような地獄の恐ろしい責苦によって、さらに彼らを無慈悲に永遠に罰しようとすることなど、間違いなくなかったのです。[74]彼らのいわゆる神聖で聖なる書も、こう証言しています。すなわち、ノアの時代に全地を呑み込んだという大洪水ですべての人間を滅ぼした時、神はこれほど厳しく彼らの邪悪さを罰したことを悔いて、もはや人間たちの罪のために地を呪わない、もはや彼らに洪水は送らない、彼らは生まれつき悪への傾向を持つのだから、とその時約束したとあります〔『創世記』第八章二一節〕。また神は人間たちに、彼らおよびすべての生き物との間に立てる神の契約の確かなしるしとして、雲の中に自分の弓〔虹〕を置く、もはや彼らに

洪水は送らない、とさえ言ったではないですか〔『創世記』第八章二一節、第九章一一―一六節〕[75]。それなのに、神は人間たちを苦しめ、永遠に炎の中で彼らを残酷に焼かせるために恐ろしい地獄を創造した、あるいは作ったというので[76]すか。そんなことが言えますか、限りなく善で賢明だという存在について、そんなことを考えるだけでも可能ですか。不可能にきまっています。そんなことは言うことも考えることもできませんし、そうすべきでもありません。

われらのキリストなるものは、自分を裏切ることになる弟子の一人について、この者にとっては生まれなかった方が有利だったたし、その方がよかっただろうと言いました。しかし、わがキリスト崇拝者たちの教理について私が開陳したことが真実なら、神も、人間を創造し、あのように無力で危うい状態にあのように放置するよりは、むしろ創造などしなかった方がはるかによかった、と間違いなく言えるでしょう。わがキリスト崇拝者たちもこの帰結は否定できないでしょう。というのも、ただ一つの小罪を犯すより、たとえば善意の嘘を、あるいは無意味な取るに足りぬ言葉を一つでも言ってしまうより――それは彼らの教理でも小罪にすぎませんが――被造物すべてを滅ぶに任す方がよいと彼ら自身主張していますし、またそれが彼らの道徳の格率なのですから、人間や世界が存在して、あれほど多くのあれほど悪辣な悪徳やあれほど忌まわしい犯罪が存在するより、明らかに人間も世界も存在しなかった方がはるかによいということになるからです。また、永遠にわたって神に見捨てられた、あれほど多くのあれほど惨めで不幸な人々が存在するより、人間など存在しなかった方がはるかによいでしょう。要するに、もっとも小さな悪を、すなわちもっとも軽い罪、あるいは神の命令へのもっとも些細な不服従を許すよりも、あるいは自由に行わせるよりも、神としてはいつまでも休息していて何も創造しなかった方がはるかによいでしょう。限りなく完全で限りなく善で限りなく賢明な存在が、行わなかった方がよかったことをかつて行おうとした、あるいはいつか行うつもりであるなどと言えるかどうか、また、人が行うのを許さなかった方がよかったことを、かつて許そうとしたなどと言えるかどうか、どうぞ判断してみてください。そんな存在が、行わなかった方がよかったことを、かつて行おうとしたと言うのは滑稽で馬鹿げていますし、許さなかった方がよかったことを、かつて許そうとしたと言うのは滑稽で馬鹿げています。

まさにその点で、限りない善性と英知という自分の本性に反した行動を彼がとっていることになるからです。こうしたすべての推論によって明らかに示されるのは、人間たちのさまざまな犯罪や罪を神は永遠の刑罰で罰する、とわがキリスト崇拝者たちが言う点において、やはり彼らは誤謬に陥っているということです。

しかし、彼らの教理に含まれるもう一つ別の誤謬を検討しましょう。これは、私が今反駁した誤謬とはまったく相容れないものです。というのも、彼らは自分たちの神を、罪人たる人間に怒り、憤り、激昂し、その悪徳や罪のために人間を地獄の恐るべき刑罰によって無慈悲に罰し、そのもっとも軽い小罪さえ煉獄の燃えさかる炎によって何年間も厳しく罰する、恐ろしい怪物として私たちに描き出した後で、その同じ神を善意と穏やかさと寛大さと慈悲にあふれ、もっともひどい忌まわしい重罪さえすべて[77]容易に赦す、すばらしい驚異の者として描いてみせるからです。その証拠は、いわゆる神聖で聖なる書のほとんどすべての巻で述べられていることですが、その中では神のあらゆる業の中でも慈悲がとりわけ褒めたたえられています。そしてそのことは、とくに預言者たちの書で言われていることなのです。そこでは神は穏やかで、恵み深く、憐れみがあり、怒ることが遅く、慈しみが豊かで、その善意は罪人たちの悪意を凌駕する、と言われています（『ヨエル書』第二章一三節）。また、他の書でもこう言われています。罪人たる人間の罪が緋のように赤くても、神はそれを雪のように白くする、紅のように赤くても羊の毛のように白くすると（『イザヤ書』第一章一八節[78]）。すなわち、彼らの罪がきわめて重い甚だしいものであっても、やはり神は彼らに恩寵と慈悲を与え、その悪徳と罪という汚れをことごとく彼らから洗い流し浄めるだろうと、こういう言い方で述べているのです。

またたからこそ、キリスト教は次のように教え、信じることを義務とし、そう信じなければ地獄落ちと永遠の呪いに値するとしているのです。すなわち、アダムの罪により引き起こされたすべての人間の滅亡に対して、神はその有り余る善意と慈悲のために憐れみと同情を示そうとし、彼らのためにそのさまざまな罪を贖おうとし、自ら人間となり恥辱を受けて十字架上で死のうとするほど人間たちに善意を示したが[*1]、それは、人間たちのさまざまな罪によって

神の神聖な正義が傷つけられたのを、自らの死によって償い、そういう方法で人間たちを永遠の地獄落ちから贖い、同時に天上における永遠の至福の生を彼らに得させるためであったと。キリスト教が説き請け合うように[79]もしもそうであれば、それは確かに、さまざまな罪によってあれほどひどく神を傷つけたという罪人たちに神が示すことのできる最大の善意と最大の慈悲の確実な証となるでしょう。しかし、このような教理の虚偽とさまざまな不条理を示すのは簡単です。

＊1 「神ヨ、末ノ世ニ人トナラレタ万物ノ創造主ヨ」、昇天祭賛美歌。「アナタハドノヨウナ寛大サノタメニワレワレノ罪ヲ担ワレタノカ、ワレワレヲ死カラ免レサセヨウト残酷ナ死ヲモ耐エ忍バレタノカ」、同賛美歌。

なぜなら、一、人間たちに対するそれほどの有り余る善意やそれほどの有り余る愛と、人間たちが無垢な状態にあった時彼らをその状態のままに留め置くこと[80]への極端な配慮のなさ、また実際そうなったのですが、その後すぐ人間たちがあれほど簡単に罪に落ちてしまうような、あのような極度の弱さやあのような極度の脆弱さを神が人間に進んで許したこととを、いったいどうやって同一の神なるものの中で一致させるのでしょうか。というのも、罪の誘惑に抗し、常にしっかりと無垢の状態に留まり、罪に落ちないようにするための力と勇気と〔理性の〕光と知恵と徳性を、彼らに最初に授けるかどうかは間違いなく彼次第、すなわち神次第[81]だったはずですから。そういう目的でそうするのを望むも望まぬも、神次第だったはずです。また、そうなっていれば人間たちは罪に陥らなかったでしょうし、その結果として、わがキリスト崇拝者たちの教理に従えば、どんな悪も存在しないことになったでしょう。したがってまた、不幸な被造物は一つも存在しなかったでしょう。これこそ、世界で最高の幸福だったでしょう。しかし、わがキリスト崇拝者たちの同じ教理によれば、神はそのようにするのを望まなかったのですから、彼らによれば神が人間に対して抱いているというあれほど大きな善意やあれほど大きな愛と、このこととを彼らはいったいどうやって一致させることができるのでしょうか。これらは一致しようがありません。

さらに[82]、人間たちに対するそれほど大きな善意やそれほどに有り余る愛[83]と、もっとも小さな過ちを罰する時にさえ

用いるあれほどの厳しさや苛酷さとを、いったいどうやって同一の神なるものの中で一致させるのでしょうか。罪人たちに対するそれほど大きな善意やそれほど大きな慈悲と、その罪人たちに対して抱くあれほど激しい怒り、あれほど激しい憤り、あれほど激しい憤怒とを、さらに彼らに対して行うあれほど残酷な報復とも、いったいどうやって同一の神なるものの中で一致させるのでしょうか。これほど対立し相容れない両極端を、同一の基体の中で共存させることはできません。互いに打ち消し合うのが必定だからです。ですから、それらを同一の神なるものに属させようとするのは滑稽で馬鹿げています。二、限りなく完全で、人間たちにあれほどの愛情と善意を持つという神なるものが、アダムが犯した、禁じられていた果樹園の果実をいくつか食べたというような些細な過ちのために、全人類を処罰し、滅ぼし、断罪し、この世のあらゆる苦難と悲惨に委ねようとしただけでなく、地獄の恐るべき炎で永遠に焼かせようとさえした、などと信じられるでしょうか。それもすでに言ったように、鐙革のただ[84]一打ちにも当たらないような過ちのために！　この上なく善でこの上なく賢明な神なるものについて、そんな考えを抱くだけでもふさわしからぬことです。[85]三、そんな些細なことですべての人間を処罰し、滅ぼし、不幸にしようとするほど、その過ちが神の尊厳をひどく害し傷つけるはずならば、限りなく善良で、全能で、限りなく賢明な神が、世界全体にとってあれほど痛ましく忌まわしい結果や帰結を引き起こすその過ちを、人間が勝手に犯すままに放置しようとし、そうせずむしろその過ちを防いだり遠ざけたりしようとはしなかった、などと信じられるでしょうか。神が望めば、その英知と神慮と全能によってそんな過ちなるものは簡単に防げたはずでしょうし、しかも彼にとって、そんなことはどんな労苦も労力も要しなかったことでしょう。それなのに防がなかったのですから、したがって防ぐつもりがなかったか、防ぐことを考えなかったかでしょう。どちらにしても、全能で限りなく善で限りなく賢明である神なるものについては言いえないことです。というのも、あれほど多くの、あれほどひどい、忌まわしい諸々の悪の源と原因を防いだり遠ざけたりしようとしないのは、この上ない善性とこの上ない英知という本性に完全に反することでしょうから。[86]四、限りなく善で限りなく賢明な神なるものが、そんな些細な過ちのために、それどころか自分が許して防ごうともしなかった過

ちのために、あれほど激しく腹を立てようとしたなどと信じられるでしょうか。自分が許可して防ごうともしなかったのに、その後では自分の身において、あるいはわがキリスト崇拝者たちの言葉によれば、永遠にして彼と同質ないわゆる神なる息子の身において、その過ちの罪滅しをしたり、その過ちを罰しようとしたりしたなどと信じられるでしょうか。永遠にして、父である神と同質な神なる子とかいうものが、受けた侮辱や打撃を償うため自ら人となり、十字架による死というような残酷で恥ずべき死[87]を耐え忍ぼうとしたけれども、その侮辱や打撃は架空の隠喩的なものにすぎなかったなどと信じられるでしょうか。架空の隠喩的なものだというのは、私がすでに先に述べたように、人間たちのあらゆる犯罪や罪は神にとって架空の隠喩的な侮辱や打撃にすぎないからです。また、永遠の父なる神が、あれほどひどく自分を傷つけた人間たちの手に自分自身の息子を委ね、盗賊どもと一緒に悪人として恥辱的で無残な死を遂げさせようとしたけれども、それはその子の死によって、神の命令に背いてリンゴかスモモを一つ食べただけという、一人の人間により神に加えられた侮辱と打撃を償い消すためだった、などといったい信じられるでしょうか。神なるものが自分の愛しい神なる子のそんな残酷で恥ずべき死を、そんな罪なるものによって自分に加えられた侮辱を償うのにふさわしいもの、侮辱を埋め合わせるのにふさわしいものと見なした、などと信じられるでしょうか。それも、十字架にかけられた者は神に呪われた者である、「木ニカケラレタ者ハ神ニ呪ワレタ者デアル」(『申命記』第二一章二三節)と自らその律法の中で言ったか、言わせていた後で[88]、です[89]。こういう一切のことより虚しい、これより愚かな、これより法外な、これより滑稽なことは何もありません。

＊1 「神ヨ、アナタハ息子ヲ私タチノタメニ十字架ニカケサセ、私タチヲ敵ノ力カラ遠ザケヨウトナサッタ」、復活祭の祈禱[90]。

＊2 全能の神なるものが、罪人である人間たちに恩寵と慈悲を与えるために、自ら鞭打たれ吊るされねばならなかったのですか。ある架空の敵の権力から彼らを引き戻すために、命を落とさねばならなかったのですか。そんな考えを抱くとは、なんと愚かなことでしょう！　しかしまさしく、神人なるもの、鞭打たれ、吊るされ、十字架上で屈辱的な死を受ける神なるもの、というこのすばらしい称賛すべき奥義とかの上に、キリスト教全体が基礎づけられているのです。

それ(91)はまったく、限りなく賢明で限りなく善で(92)ある神なるものが、何でもないことやどうでもよいことのために人間たちに対してひどく腹を立て、まったく情け容赦もない怒り方をし、しかも、あらゆる罪の中で最大のもの、すなわち(93)彼の愛しい神なる子を十字架にかけ、残酷に辱めて死なせたという人間の恐るべき犯罪である神殺しによって、神は慈悲深くもその怒りを鎮め彼らと和解した、と言うようなものではありませんか。天地よ、これほど奇怪な説に驚いてください、「天ヨ、コノ事ヲ知ッテ驚ケ」（『エレミヤ書』第二章一二節）。なんですって(94)！　そのようにして、すなわち神なるものを十字架にかけて(95)、人間たちが犯したその罪だけでも彼らは永久に赦しがたく(96)滅ぼされるべきであったのに、幸いなるかな、彼らはそのために全員救われ贖われた(97)というのですか！　なんと馬鹿げたことでしょう！　もう一度言いますが、そんなことを言ったり考えたりするとは、なんと馬鹿げたことでしょう！　これほど粗雑で見やすい、滑稽で馬鹿げたさまざまな誤謬をそれと認め、断罪しようとしないためには、異様なほどの盲目状態に陥り、頭に血が上っているのでなければなりますまい。異教のどこにも、こんなものはなかったと間違いなく言えます*1。しかし、これこそ神聖なキリスト教が教えていること、信じるのを絶対に義務づけていることです。ですから、キリスト教がその教理にさまざまな誤謬を含んでいるのは明らかです。それが教えているさまざまな誤謬を一つ一つ、たとえば、その諸々の秘蹟なるものとか、免償〔七八〕とか、聖遺物とか、巡礼とか、さらにその虚しい祝別式〔七九〕とか、その虚しい迷信的で滑稽なミサの挙式とか、その他同様のことについて、ここでいちいち足を止めて反駁するつもりはありません。というのも、そういうことはみな、私が述べたこと、またこれから述べること一切によって十分反駁されている、とお分かりになるはずだからです。ですから、キリスト教が含むさまざまな道徳上の誤謬に移ることにしましょう。

*1　「今デハコンナニ多クノ愚カナコトガ哀レナ世界ニ蔓延シテイテ、カツテ誰モ決シテ異教徒ニ信ジルヨウ勧メルコトモデキナカッタヨウナ事柄ガ、今デハキリスト教徒ニヨッテ、アノヨウニ馬鹿馬鹿シクモ信ジラレテイルホドダ〔八〇〕」、リヨン司教聖アゴバルドゥス――〔ノーデ〕『誤って魔術の嫌疑をかけられたすべての偉人たちのための弁明』第一巻八七頁。

第四〇章　キリスト教道徳の三つの主要な誤謬

その中で私はとくに三つを指摘します。第一の誤謬は、徳の完成と人間最大の善あるいは優越を、[1]苦悩と苦痛を愛し求めることにキリスト教道徳が置いていることです。これはその首長であるキリストのすばらしい[2]格率によるのですが、彼は弟子たちに[3]貧しい人たちは幸いである、泣く人たちは幸いである、飢え渇く人たちは幸いである、義のために迫害される人たちは幸いである……と言いました（『マタイによる福音書』第三章八節〔第五章三―一〇節〕）。またこれは、同じキリストの別の格率にもよっていますが、自らの十字架を背負わなければならない、おのれを捨て、持っているものをみな捨てなければならない、もし完全になりたいと思うなら、持ち物をみな売り払い、貧しい人々に施さなければならないと彼は言いました（『マタイによる福音書』第一九章二一節、『ルカによる福音書』第一八章二二節）。[4]また反対にキリストは、金持ちやこの世で喜びと満足を味わっている人々は禍だと、そういう人々のことを呪ったのです（『ルカによる福音書』第六章二九節〔二四―二六節〕）。[5]キリスト教道徳の第二の誤謬は、もっとも自然であり、人類の存続と繁栄にもっとも適切で必要な肉体の交わり、いやそれだけでなく肉体の交わりにまつわる考えや欲望や感情さえも悪徳で、永遠の刑罰に相当する重い罪であると断罪していることです。というのも、その掟と命令による結婚という絆[6]によって正式に結び合わされていないすべての男女間のそれらの事柄を、その道徳は断固として断罪し、悪徳で永遠の懲罰に相当する重い罪であると見なしているからです。それが考えているのは、男性と女性の実際の肉体関係だけでなく、一切の淫らな行為や肉体的接触、さらにはそれを意志的に目指す一切の感情や考えや眼差しでもあります。要するに、そういう一切の考え[7]や欲望や感情を、その道徳は永遠の懲罰に相当する重い罪と見なしているのです。これもキリストなる神の格率に拠り所を持っているのですが、誰でも、情欲を抱いて女を見る者は、心の中ですでに姦淫をしたのであり、その罪に関してすでに有罪である、「心ノ中デスデニ姦淫ヲシタノデア

ル」と彼は言いました（『マタイによる福音書』第五章二八節）。ですから、この格率を拠り所にして、自らをもっとも純粋で神聖だと思い込んでいるキリスト教は、先に言ったように、その掟と命令によって正式に結び合わされていないすべての男女においては、やはり先に言ったように、一切の淫らな行為や肉体的接触だけでなく、肉体関係を意志的に目指すような一切の欲望や考えや眼差しや会話さえも、地獄における永遠の懲罰に値する大罪であると見なしています。キリスト教道徳の第三の誤謬は、明らかに正義と自然的公正の転覆を招き、また明らかに悪人を助け、善人や弱者を虐げることになる格率、いわば戒律とも言うべきものの実行と遵守を是として勧めていることです。というのも、キリスト教道徳はあのキリストの次のような戒律と格率の実行と遵守を勧めています。キリストは弟子たちに、汝らの敵を愛せ、汝らに害をなすものに善を施せと命じ、悪人に手向かうな、侮辱と虐げを心安らかに耐えよ、報復しないだけでなく、怒ることも不平を言うことも嘆くことさえもするなと語り、勧めたのです（『マタイによる福音書』第五章三八節）。そのために彼は弟子たちに、頬を打つ者には他の頬をも向けてやり、上着を奪い取る者には下着をも拒むな……とも言ったのです（『ルカによる福音書』第六章二九節）。したがって、わが著名な神・キリスト崇拝者[8]の一人が、これらのすばらしい格率に沿って次のように言うのも、もっともだったわけです。「苦しまないために勝つこと、これが肉的人間のモットーだが、勝つために苦しむこと、倒れないために踏みつけられること、生きるために死ぬこと、これがキリスト教的人間のモットーである」（ケネル、ヨハネによる福音書第二〇章一六節について）[八二]。もっとも、彼らの中にこれらのすばらしい格率に従う人はほとんど見られませんが。おそらく、彼ら自身もそれらをほとんど信じておらず、それらで得をすることはないだろうと十分知っているのです。それに事実そうなのです[9]。

徳の完成は苦悩と苦痛を愛し求めることから成り立つ、と主張するのは誤りです。というのも、それでは徳の最高の完成は惨めで不幸である状態を愛することから成る、と言うのも同然だからです、またそれは、徳の最高の完成は自然にまったく反し、自然の破壊にさえ向かうようなものを愛し求めることから成る、と言うのも同然だからです。

というのも、苦悩や苦痛、飢えや渇き、侮辱や迫害が自然に反し、これらはすべて自然の破壊にさえ向かうものであることは否定できないからです。

　さて、徳の完成が自然に反し、自然の破壊にさえ向かうようなものを愛し求めることから成ると言うのは、明らかに誤謬ですし、愚かしいことでさえあります。また人間の最大の善と最高の幸福が、泣き、呻き、貧しく不幸で、飢え、渇く……などということから成ると言うのも、明らかに誤謬ですし、愚かしいことです。したがって、徳の完成と人間の最大の善が苦痛を愛し求めること(10)から成り立つと言うのは誤謬です。確かにわがキリスト崇拝者たちも、徳の完成と人間の最大の善を苦悩と苦痛から成り立たせる、とこのとおりあからさまに主張しているわけではありません。苦悩に苛まれるのはやはり悪だからです、またもっとも悪を耐え忍ぶ者がそのために必ずしももっとも賢明(11)で有徳なわけではないからです。そうではなく、ただ彼らが言おうとしているのは、徳の完成は良い目的のための絶えざる忍耐から成るということ、また人間の最大の善は、苦悩と苦痛の中でも忍耐強く徳高く辛抱したすべての男女が、彼らの主張によれば天国で授かるという大きな幸福と褒美の所有と享受から成るということです。だからこそ、泣く人たちは幸いである、慰められるであろうから、義のために迫害される人たちは幸いである、天国は彼らのものであるから……〔『マタイによる福音書』第五章四、一〇節〕とイエス・キリストは言った(12)わけです。しかしそれでも、苦悩と苦痛を愛し求めることを勧める、わがキリスト崇拝者たちのこの道徳格率が絶対に誤りであることに変わりはありません。そういう手段により架空にすぎない幸福と褒美(13)を得るという名目で、苦悩と苦痛を愛し求めるのはやはり誤謬であり、愚かしいことでさえあるからです。というのも、わが迷信深い神崇拝者たちがあれほど大切にしているらしいその天国なるものは、先に述べたように(14)架空の国にすぎないからです。また、架空にすぎないそんな褒美をそういう手段で獲得させるという名目で、民衆に現実の苦悩と苦痛を愛し求めさせようとするのは、彼らの単純さと無知(15)と信じやすさを悪用することです。そのうえ十字架を、すなわち苦悩と苦痛を愛し求めよ、おのれを捨てよ〔『マタイによる福音書』第一〇章三八、三九節など〕、所有しているすべてのものを捨てよ〔『マタイによる福音書』第一九章二

一節、『ルカによる福音書』第一八章二二節など〕というこの格率[八二]は、私が先に論証したように、一人の哀れな狂信者の言葉にしか基づいていないのです。ですから、人々がそれを信じようとし、自然的善にも正しい理性にもこれほど反するそんな格率に則ろうとするのは、誤りであり愚かしいことです。

それと同じく肉体の自然なあらゆる快楽を、つまりすでに私が述べたように、肉体の自然な行為や交わりだけでなく、そのようなことを楽しもうとするあらゆる欲望やそのような意図を伴うあらゆる考えさえをも――その道徳の掟や命令に則った正式な結婚関係の中においてであれば別だ、と彼らは言いますが――キリスト教道徳があのように断罪することは誤謬です。要するに、それらすべてのことが罪に相当し、永遠の刑罰に値する行為や考えであると見なすのは、その道徳の誤謬なのです。というのも、すべての人間を自然にそのような気持ちにさせるこの傾向ほど、自然で正当なものはないのですから、男や女にとってこれほど自然で、まさに彼らの本性の内奥に由来する傾向を彼らに向かって悪徳である、罪であると断罪することは、言うならば自然そのものと自然の作り手を（自然と自然の作り手が別だとすればですが[16]）断罪することだからです。なんですって、神が、あの限りなく善である神が、たとえば若い人たちを地獄の恐ろしい炎の中で永遠に焼かせようとするのでしょうか、それも彼らがただほんの一時快楽をともにしたから[17]という理由でですか。自然に[18]由来するその甘美な傾向に従ったからですか。神自身が彼らの本性にあれほど強く刻印したのかも知れない傾向に引きずられるままになったからですか。いやさらに、神自身が彼らのうちに形作り、引き起こしたのかも知れない肉体的考えや欲望や情動が元になって、ただ互いに好意を受け入れたり、示したりしたからですか。そんなことはまったく滑稽で馬鹿げていますし、神というものや、限りなく善で限りなく完全という存在について、そんな考えを持つだけでもふさわしくありません。そんな残酷さを[19]考えるだけでもぞっとします、「ソンナコトヲ考エルダケデゾットスル[八三]」。ですから、人々にとってあれほど自然で正当であり、人類の存続と繁栄にとってあれほど必要である考えや欲望や傾向を、あのように彼らに向かって断罪するのは、明らかにキリスト教道徳の誤謬です。それらを悪しき傾向、永遠の刑罰と定罰に値する悪徳と見なすのは誤謬です。

もっとも私がこう言うのも、この動物的な傾向に慎みなく過度に身を委ねる男女の放蕩を是認したり、助長したりするためでは決してありません。そんな行き過ぎや放埒は、またその他あらゆる種類[20]の行き過ぎや放埒は私も断罪します[21]。また、そんな快楽を得るために軽々しく面目を失うような真似をしたり、そうやって何かなんとも情けない真似をしたりする男女を弁護するつもりもなければ、疑わしい振る舞いによって悪く言われたり、悪く思われたりする種や原因を自ら生み出す男女を弁護するつもりさえ私にはありません。この点では、その他多くのことと同様に、自分が住んでいる国々の法律、風俗、習慣に合わせるべきだからです。私たちの間では近親者同士の結婚は絶対に禁じられています。血縁の女性との肉体的結びつきは許可がない場合には、正式な〔近親婚〕特別許可なく行われた場合には、少なくとも二重の重罪となるでしょう。他の土地では近親同士の結婚が一般に許されていますし[22]、敬虔な正しい義務とさえなるでしょう。血縁者たることと結婚の結びつきとから生じるこの二重の愛の絆によって、結婚が完璧なものとなるからです。一般にそのような結婚が行われているある国々について、ある詩人は次のように言っています。

……母ガ息子ト交ワリ、父ガ娘ト交ワッテ、肉親ノ情デ愛情ニ拍車ヲカケル国民モアルソウダ。オウィディウス、第三巻三一行[八四]。

したがって、こういうことですべての個人にとって一番良いのは、自分の国の法律や風俗には賢明にも従い、悪く言われたり思われたりしないことです。ローマにおればローマにおるごとく振る舞え、余所(よそ)におれば余所におるごとく振る舞え、というわがキリスト崇拝者たち自身の別の格率に従うことです。

ローマニオレバローマニオルゴトク振ル舞エ、
余所ニオレバ余所ニオルゴトク振ル舞エ[八五]。

しかし、こういう種類の行為や欲望や考えや愛嬌が、キリスト教とその道徳が説くように永遠の懲罰と永遠の責苦に値する重罪であると主張するのは、まったく信じがたい誤謬です。そんなつまらない些細なことのために、この上な

く善であるものが人間たちをそれほど厳しく罰しようとすると考えるのは、ふさわしくないことです。もっとも、自制でき、自然のこの甘美で強烈な傾向に盲目的に軽々しく従ったりしない人々は賢明です。また「私は後悔をそんなに高い値で買いはしない、私ハ後悔ヲソンナニ高イ値デ買イハシナイ」[*1]とこの問題に関して述べた人物も賢明でした。しかしまた、私に言わせれば、偏狭な信心と迷信のため、それがどんなものか時々味わってみる勇気さえない人々は愚かです。この問題ではさらに言うべきことがたくさんあるでしょうが、この点におけるキリスト教道徳の誤謬をはっきりと示すには、今まで述べたことだけで十分です。

＊1　デモステネス。〔モレリ〕『大歴史辞典』、「ライス」の項を見よ。[(八六)]

さらに以下のことが、キリスト教道徳のもう一つの誤謬です。汝らの敵を愛せ、侮辱に報復をするな、悪人に手向かうことさえするな、反対に汝らを呪う者を祝福せよ、汝らに害をなすものに善を施せ、汝らが持っているものが奪い取られる時は、はぎ取られるままになっていよ、加えられる侮辱と虐げをいつも心安らかに耐えよ……などとその道徳は教えています。こういう事柄を説くことは、そして自然な権利にこれほど反し、正しい理性にこれほど反し、人間の良い正当な統治にこれほど反する道徳的格率に人々を従わせ、それらを実践させようとすることは、要するに誤謬、それも複数の誤謬です。さて、これらの格率は[(23)]今私が挙げたすべてのものにまったく反しています。というのも、命と財産を私たちから不正に奪おうとする者からそれらを守ることは、自然な権利と、正しい理性と、正義と、自然的公正に属することだからです。悪を憎むことは自然ですから、私たちに不正に悪をなす者を憎むことも自然です。さて、キリスト教道徳の先の格率はこれらすべての自然的権利に真っ向から対立します。したがって、それらの格率は虚偽であり、それらを説き実践させようとするのは誤謬です。それらはすべての自然的権利に反し、正義の転覆と貧者や弱者の抑圧を招く明らかな傾向を有し、人間の良き統治に反するからです。背教者とあだ名されたユリアヌス帝はまさにこういう理由のためにキリスト教を捨てた、その戒律と道徳格率によって正義と自然的公正の転覆を招く宗教が真実であり、本当に神が設けたものでありうるとは、彼にはどうしても納得できなかったからだ、と私は

どこかで読んだ覚えがあります。〔八七〕(24)

さてキリスト教のこれらの格率には、正義の転覆へと向かう傾向があるだけでなく、さらに悪人を助け、悪人に善人や弱者を虐げさせるという傾向も明らかに見られます。というのも、一方から見れば、次のようなことにならないでしょうか。すなわち、悪人が私たちに不正に加える侮辱や虐待に報復するなと言うのは、明らかに悪人を助けることではないでしょうか。彼らに手向かうな、好きにさせておけ、彼らが私たちの持っているものを奪おうとする時には、はぎ取られるままになっていよ、とさえ言うのは、彼らを助けることではないでしょうか。彼らを愛せ、彼らが私たちに行うあらゆる悪の代わりに善を施せと言うのは、彼らを助けることではないでしょうか。間違いなく、それは助けるどころか、彼らの悪意とさまざまな悪事を公認することです、彼らに善人と弱者を大胆に攻撃させることです、彼らに平然と恐れもなく好きなことを行わせることです。またもう一方から見れば、次のようなことにならないでしょうか。すなわち、そのように言うのは、明らかに有徳の士や善人や弱者を悪人による不正や侮辱や虐待にさらすことではないでしょうか。悪人たちにすれば、義人や有徳の士や弱者が報復を企てる勇気も意志もなく、自分らに対する防衛さえ企てる――本当はそうすべきですが――勇気も意志もないのをよいことに、そういう人々をより自由に大胆に侵害し攻撃するため、こんなすばらしい格率を利用できれば願ったり叶ったりだと思うでしょう。つまり、あのように言うのは間違いなく、そういう人々を悪人による不正や侮辱にさらすことです。それはいわば、善人が自ら進んで悪人や敵の餌食になるのを望むことです。というのも、善人や有徳の士がこれらの格率を守り実行すれば、悪人が望むこと、望むかも知れないことをすべて自由に行わせるほかないので、これらの格率を守れと有徳の士に言うのは、悪人の好きなようにさせよ、自分たちの身体と財産を悪人の餌食として投げ出せ、と言うようなものだからです。すでに述べたように、そんなことは明らかに秩序と正義の転覆へと向かうことですし、したがって、それらの格率は明らかに虚偽であり、真の公共の福祉に有害なのです。

確かに、侵害や損害や侮辱や不正に報復しようとするよりは、それらを平静に甘受する方がよい場合や機会、悪人

に何も譲ろうとしないよりは、いくらかを譲る方がよい機会も時にはあります。そういう際には、より大きな悪を避けるためにより小さな悪を選ぶのが深慮であると人も知っています。買わなければ平安を保てない時には、平安を買わなければなりません。しかし、悪人どもに対してはすべてを耐えよ、はぎ取られ、虐待され、踏みつけにされ、引き裂かれるままになっていよ、もしそんな機会が来たら、生きたまま焼かれるままにもなっていよ、さらにその上悪人を愛し、彼らに善を施せ、などとキリスト教道徳の格率に従って一般的に言うこと、しかも、より大きな徳の完成という名目を付け、より大きな永遠の褒美という──そんなものは決してもらえません！──虚しいまやかしの希望を与えてそのように言うことは、滑稽で馬鹿げた複数の誤謬です。良識に反し、自然に反し、正しい理性に反する誤謬です。良き人々に害を与える誤謬です。国家にとって有害な誤謬です。良き人々が平安のうちに保たれ、悪人が厳しく抑止され、その悪事が罰せられることを要求する、人間の良き統治にとって有害な誤謬です。

またたからこそ、わがキリスト崇拝者たちが神の法と認めているあのモーセの古い律法でも、次のように命じられていたのです。すなわち、人が敵により故意に殺された場合、一番近い血縁者はその故意の殺人者に対して死者の復讐を厳しく行え、とその律法には命じられています。それにはこうあります。故意に人を打って死なせたならば、その打った者は必ず殺されなければならない。殺された者に一番近い血縁者は、機会があり次第その殺人者を殺すことができる。人が恨みによって謀殺された場合、殺された者に一番近い血縁者はその殺人者に対して死者の復讐を行い、機会があり次第殺人者を殺すことができる。「殺サレタ者ノ肉親ハ、ソノ殺人者ヲ見ツケ次第殺スコトガデキル」（『民数記』第三五章一九節〔二一節〕）と。また、同じ律法の別の言葉では、「殺サレタ者ノ肉親ガ、ソノ殺人者ヲ殺ス。ソノ者ヲ捕エ次第殺スコトガデキル」（『民数記』第三五章二一節〔一九節〕）と。このように、この律法はキリスト教道徳の先の格率に明らかに反しているのですから、この律法もその格率が虚偽であると十分明瞭に示しています[25]。ですから、こういう最後の論拠と推論の一切によって今まで論証してきたように、キリスト教はその教理と道徳の中にさまざまな誤謬を明白に含んでいるのですから、明らかにキリスト教は虚偽であり、したがってそれは、わが

キリスト崇拝者たちが私たちに信じさせたがっているような、神により設けられたものなどでは決してないということになります。このことに関して私が提出すべきであった五番目の証明が以上です。

証明六

第四一章　キリスト教が許容し権威づける悪弊と不正な虐待と、お偉方による圧制から引き出される、キリスト教の虚妄と虚偽について

六番目となる別の証明を次に掲げます。私はそれをさまざまな悪弊や不正な虐待をキリスト教が許容し、是認していることから、また公共の福祉や、民衆と個々人に共通な利益をひどく侵害する、地上のお偉方による圧制さえキリスト教が許容し、是認し、権威づけていることから引き出すつもりです。そのことから、私は次のような論拠を提出します。すなわち、正義と人間の良き統治に反する悪弊を許容し、是認し、権威づけさえする宗教、また、民衆を侵害する地上のお偉方による圧制を権威づけさえする宗教は、真理ではありえず、本当に神の手になるものでもありえない。神から発するあらゆる法と命令は正しく公正なはずで、神的などんな宗教も正義と人間の良き統治に反するあらゆることを非難し断罪するはずだからである。以上です。さてキリスト教は、正義と正しい理性、そして人間の良き統治に反するいくつもの悪弊を許容し、是認し、権威づけています。それに加えていくつもの不正な虐待を許容し権威づけ、苛酷で暴虐な支配のくびきの下で呻吟し、不幸で惨めな状態に置かれている民衆を大いに憤らせ、彼らを大いに犠牲にしている、王たちや地上のお偉方による圧制さえも許容し、権威づけているのです。これを十分にはっきりと示すのは簡単なことです。まず、さまざまな悪弊から始めましょう、その中からとくに五つか六つを私は指摘します。

(1) 地上の → 地上の[1]、(2) 地上の[2]、(3) 呻吟し[3]

第四二章　悪弊一。生来みな平等である人間の地位と身分があのように著しく均衡を欠いていることについて

第一の悪弊は、至る所で見られる、人間のさまざまな地位と身分の間のあの著しい不均衡です。一方の者はただ他人を暴虐に支配し、いつも生活の中で快楽と満足を得るためだけに生まれたように見え、もう一方の者は逆に、ただ

卑しく惨めで不幸な奴隷となり、一生苦労と貧困の中で呻吟するためだけに生まれたように見えます。こうした不均衡は、まったく不正で憎むべきものです。不正だと言うのは、一方に功績があり、もう一方に功績がないということに、この不均衡が基づいているわけではないからです。憎むべきものだと言うのは、それが一方の人々に傲慢、尊大、野心、虚栄、横柄、高慢を吹き込み養うことにしか役立たず、またもう一方の人々には、さまざまな憎しみ、羨望、怒り、復讐心、不平、不満しか抱かせないからです。それに加えてこれらの情念はすべて、世の中で毎日行われてい[1]る無数の罪悪や悪事の源と原因になるのです。もしも人間が自分たちの間に地位と身分の適正な釣合いを確立するなら、ある人々が他の人々を暴虐に支配するためでなく、自分たちの間に適正な従属関係を確立し、それを保つためだけに必要な地位と身分の適正な釣合いを確立するなら、間違いなくそのような罪悪や悪事はなくなるはずです。

すべての人間は生まれながらに平等です。みな等しく、地上で生存し、歩く権利、また同様にそこで自分たちの自然的自由を享受し、生活に必要なあるいは役立つものを得るため、互いに役立ちながら働き、地上の財貨を分け持つ権利をみな持っています。しかし、人間は社会的生活を営んでいますし、人々の間になんらかの依存と従属の関係がなければ、人間社会あるいは共同体はうまく調整をとることも、秩序をよく保つこともできませんから[2]、人間社会の福祉のためには、人々の間に相互の依存と従属の関係が存在することがぜひとも必要です。しかしまた、この相互の依存と従属の関係は正しいものであり、うまく釣合いがとれたものでなければなりません。すなわち、この依存と従属の関係が、一方を高めすぎ他方を下げすぎ、一方を増長させすぎ他方を踏みつけにしすぎ、一方に与えすぎて他方には何も残さないところまで、要するに片側にはあらゆる富と快楽を、もう片側にはあらゆる苦労と心配と不安と苦しみと悲しみを置くところまで、決して行ってはならないのです。そんな依存と従属の関係は明らかに不正で憎むべきものですし、自然の権利そのものに反するでしょうから。これは前世紀の見識ある一著作家も、その『カラクテール』の中ではっきり指摘していることです（「いくつかの習慣について」の章）。「[3]一方に権威と快楽と無為を、他方に依属と心配と貧窮を置いてみよ。これらの事柄が人間たちの悪意によってその所を変えられているか、神が神でな

いかである。〔……〕余りに大きな不釣り合い、人間の間に見られるようなあの不釣り合いは、人間が作れるものであり、強者の法である」〔一〕〔ラ・ブリュイェール『カラクテール』、邦訳、岩波文庫、下巻一七〇頁、関根秀雄訳〕。セネカもこう言っています。「人はすべて同じ起源をもち、同じ祖先をもっている。誰一人として他人よりも一層高貴であるということは決してない、人より優れた精神、また徳や自由学芸に一層ふさわしい精神をもつ者がいることは別にして。自然は、私たちを同じ本性と同じ目的をもつ者として生み出す時、私たちをみな親類縁者として生まれさせる」。だから、彼はこうつけ加えます。「王、君侯、君主、主権者、貴族、臣下あるいは家臣、従僕、解放奴隷、奴隷、こういうすべての名称や肩書は、野心が生み出した名称、不正や圧制が生み出させた名称である」（セネカ『恩恵について』第三巻第二八章〔二〕）。

わがキリスト崇拝者たち自身も、この点では異教徒のこの哲学者の意見に反対するわけにはゆかないでしょう。彼らの宗教そのものが、お互いをみな兄弟と見なし愛し合うことを彼らに義務づけ、ある者がある者を尊大に支配しようとすることをはっきり禁じているからです。彼らの神なるイエス・キリストが弟子に語った次の明瞭な言葉にも、それははっきり認められます。「あなたがたの知っているとおり、異邦人の支配者たちはその民を治め、また偉い人たちは、その民の上に権力をふるっている。あなたがたの間ではそうであってはならない。かえって、あなたがたの間で偉くなりたいと思う者は、もっとも小さな者、仕える人となり、あなたがたの間で頭になりたいと思う者は、僕とならねばならない」（『マタイによる福音書』第二〇章二五〔—二七〕節）。「あなたがたは先生と呼ばれてはならない。あなたがたの先生は、ただ一人であって、あなたがたはみな兄弟なのだから」（『マタイによる福音書』第二三章八節）。この場合には正義と自然的公正に基づいている、キリストのこの戒律に従って、こうしたことに関しては決して分け隔てをしてはならない、お互いを等しく扱い、お互いを等しい者と見なさなければならない、とまことに立派な意見を使徒聖ヤコブも信徒たちに述べました。「私の兄弟たちよ。イエス・キリストへの信仰を守るのに、分け隔てをしてはならない。たとえば、あなたがたの会堂に、金の指輪をはめ、立派な着物を着た人が入ってくると同時に、

みすぼらしい着物を着た貧しい人が入ってきたとする。その際、立派な着物を着た人に対しては、うやうやしく〈どうぞ、こちらの良い席にお掛け下さい〉と言い、貧しい人には、〈あなたは、そこに立っていなさい。それとも、私の足元に座っているがよい〉と言ったとしたら、あなたがたは、自分たちの間で差別立てをし、良からぬ考えで人を裁く者になったわけではないか。私の兄弟たちよ、よく聞きなさい」〔『ヤコブの手紙』第二章一—五節〕。「もしあなたがたが、〈自分を愛するように、あなたの隣人を愛せよ〉という愛徳の戒律を守るならば、それは良いことである。しかし、もし分け隔てをするならば、あなたがたは罪を犯すことになり、律法によって違反者として宣告される。」〔同八、九節〕〔『ヤコブの手紙』第二章一節——〕[三]。ですから、キリスト教において、現にあのような不正な憎むべき分け隔てが見られるだけでなく、人間のさまざまな地位と身分の間にあのような甚だしい不正な憎むべき不均衡さえもが見られることは、明らかにキリスト教における悪弊、しかも甚だしい悪弊です。しかし、この悪弊が最初にどこから生じたのか、何がその起源と原因でありうるのか、ということも少し検討してみましょう。見識のある一著作家がそれについて次のように述べています。

第四三章　貴族の起源

「もし私たちが貴族の位と王の権勢の起源を考察し、王侯や君主たちの系図を調べ、その源まで辿ってみるならば、あれほど自分が貴族であることを自慢し重んじる人々の始祖が、流血を好む残酷な手合い、圧制者、暴君、公的信義を裏切り破った者、盗賊、親殺しであったことが分かるでしょう。要するに、もっとも由緒ある高貴さとは、権力に支えられた悪辣さ、威厳に伴われた不敬にすぎなかったのです。貴族の位を世襲や選挙その他の手段によって現在に至るまで継承することは、もっともひどい悪徳や人とも思えぬ所業、それも当の本人でさえいつも恥じたような所業によって獲得され大きくされてきた、法外な権力と名誉を永続化すること以外の何だったでしょうか。だからこそ、

不正この上ない侵害行為や、もっとも暴力的な横領を正義と美徳というもっともらしい名目で覆い隠してきましたし、今でも覆い隠しているのです。文字どおりまさに強盗行為にすぎないことを征服と呼ぶのです。これらの不正で残酷な横領者は諸民族の自由と権利、彼らの宗教と法律を守るふりをしていますが、実はこの世でもっともひどい暴君、ペテン師、偽善者、無神論者、国を追われた者なのです。このことはあれこれの貴顕についてだけでなく、世の中で何か重要な地位や名声を得てきたすべての家柄について真実なのです。

最初のあの四つの有名な君主国〔四〕とは、彼らの力だけがその盗賊行為を正当化した山賊どもの四つの強国、野武士と海賊と盗賊から成る四つの国家以外の何だったでしょうか。ディオメデス〔五〕は、はばかることなくアレクサンドロス大王にそう言い放ちました。〈俺が海賊と呼ばれるのは、たった一艘の船で海をかけめぐるからだ。おまえが大王と呼ばれるのは、強力な艦隊で同じことをするからだ。おまえが俺と同じようにただ一人で捕えられていれば、おまえは盗賊と見なされ、俺が大勢の軍隊の先頭に立っていれば、俺は大王として敬われるだろう。俺とおまえの違いといえば、おまえは俺より大きな悪事を働くということだけだ。貧しいために俺はやむなく盗んだ。同じことへとおまえを駆り立てたものは、手に負えぬ傲慢さと飽くことを知らぬ貪欲さ以外にない。運命がもっと俺に微笑んでいてくれたら、俺はおそらくもっとまともな人間になっていたろうが、おまえの方は絶え間なく前進して日々ますます悪党になってゆく！〉。アレクサンドロスはこの男の不敵さ、彼の精神の果敢さに感心して、以後権威を持って強盗と略奪ができるように軍の統率権を彼に与えました。

しかし、もっと遠い昔のことを取り上げることにし、まずアッシリア帝国から始めましょう。この国は、ニノスが流血と殺戮により、隣国をことごとく破壊し滅亡させて作り上げ、彼の妻セミラミスが同じやり方で引き継いだものです。古代の人々があれほど語り草にしたこの女は、五日間だけ自分が支配できるようにしてほしいと夫に願いました。それが聞き届けられると、彼女は王の衣をまとって王座に上り、夫を退位させ殺すようにと近衛兵に命じたのです。その命令は執行され、帝国を継いだ彼女は、自分の他の国々にエチオピアをも加え、インドに戦を仕掛け、バビ

ロンに壮大な城壁を巡らせた後、ついに自らも息子ニニュアスによって殺されました。〔六〕ですから、アッシリア人の最初の君主国は親殺しと虐殺と殺戮の上に築かれたのです。

アルバセスは同じやり方でそれをメディア人の手に移し、最後のアッシリア王、もっとも柔弱であったサルダナパロスを側室たちの真ん中で殺しました。こうして裏切りと殺戮が最高権力とともに手から手へと渡されてゆき、ついにペルシア王キュロスがそれらを自国に持ち込むのです。〔七〕

キュロスの息子カンビュセスが第二の世界帝国を興し、自分の兄弟と息子の血でその帝国を固め、これに多くの王国の破壊を付け加えました。〔八〕しかし、王笏は結局アレクサンドロス大王の手でマケドニアにもたらされ、彼も負けず劣らず、さまざまな流血と非道な犯罪を行いました。そして、帝国はアレクサンドロスからローマ人の手へと移ったのです。ウェスタの巫女の近親相姦から生まれた双子、レムスとロムルスのスキャンダラスな生まれについて何か語る必要があるでしょうか。その生まれと同様にスキャンダラスな彼らの養育に言及して何か益があるでしょうか。あまりの淫乱のため牝狼と呼ばれた娼婦に彼らは育てられたのです。また、ロムルスが兄弟のレムスを殺した恐るべき兄弟殺し、有名なサビニ人の妻や娘たちの誘拐、〔九〕その他多くの虐殺などを詳述して何になるでしょう。しかし、これらのひどい犯罪こそが、ついであれほど全地上で恐るべきものとなったローマの偉大と高貴の基礎だったのです。そして、その権力の最後の伸展はこの初期と対をなしました。さまざまな変転を経て統治権はアウグストゥスの手に移ってゆきましたが、その治世の時、彼は第四の世界帝国という称号を獲得しました。この君主は地上でもっとも優れた公正な君主と言われましたが、それでもその王座を縁者の流血の上に築き、政略のため自分の子供を叔父に捧げ、他の君主たちの忘恩を真似て、帝国を継がせようと養子にしてくれた養父の子らを残虐に殺しました。彼にとってはあのように身近な者であり、彼がこのような残虐行為を行えるようにしてくれた者でもある、アントニウスとクレオパトラという輝かしい名さえ容赦しなかったのです。ネロ、ドミティアヌス、カリグラ、ヘリオガバルス、ガリエヌス、〔一〇〕その他同類の王冠を戴いた怪物どもの、忌まわしい生涯と悪行の数々を物語るつもりはありません。そんな驚

くべき不敬の数々は歴史自身が語ることに赤面しており、その君主どもの名前自体さえ後世のすべての人々に忌まわしく思われましたし、これからもそうあることでしょう。

以上の強大な帝国から、それらほどの重要性は持たない王国に目を移しても、やはり同じ悪徳が見られることでしょう。古今の歴史はこういう種類の惨劇に満ちみちています。ギリシア人の最初の王国は紛れもなくダルダノスの親殺しから生まれ、アマゾン人の帝国も紛れもなく、この女たちが夫たちを残酷に虐殺したことから始まったのです〔一二〕。あらゆる時代、あらゆる民族がこういう種類の実例を提供しています。いつでも、この上ない尊厳はこの上ない不正によって獲得されてきたのです」（モルダヴィアのティテュス〔マラナ〕『トルコ皇帝の密偵』第五巻、書簡一二〔一三〕）。確かに以上のことが、地上のお偉方や貴族が誇り高く自慢する、高貴で偉大な位なるものの真の起源であり起こりなのです。ですから、物事を正しく判断する人であれば、それほど犯罪的な忌まわしい生まれや起源を世間一般のように名誉と考えるどころか、むしろそれを恥じるべきですし、民衆もそんなものには憎しみと嫌悪しか抱くべきではありません(1)。

したがって、これほど虚しい憎むべき基盤と名目の上に、人間のさまざまな地位と身分の間に見られる、あれほど奇怪で忌まわしい不均衡を確立し維持しようとするのは明らかに悪弊です、またそれは明らかな不正です。そしてこれは明瞭に見られることですが、そういう不均衡こそが、お偉方と金持ちと貴族の側にありとあらゆる権威、財貨、快楽、満足、富、そして無為までも置いてやり、貧しい民衆の側にはありとあらゆる辛い痛ましいもの、すなわち従属、気苦労、貧窮、不安を、また労働のあらゆる苦労と疲労を負わせているのです。そんな不均衡のおかげで民衆は貴族と金持ちに完全に従属し(2)、いわば彼らの奴隷となり、やむなく彼らのあらゆる拒絶、軽蔑、侮辱、のみならず彼らの圧制、不正、虐待さえ耐えているのですから、その不均衡は民衆にとって一層不正な憎むべきものです。だからこそ、ある著作家は次のように言うのです。「フランスの百姓ほど卑しい、身分の低いものはありません、これほど哀れな、価値のないものはありません。お偉方と貴族のためだけに働き、どんなに働いても汗水垂らしてやっと自分

のパンを稼ぐありさまです。要するに百姓はお偉方と貴族のまったくの奴隷であって、そういう連中の土地を運用し小作しているわけです。その主人たちが彼らに課す私税に劣らず公的税や塩税も彼らを苦しめ、おまけに聖職者たちがこの哀れな不幸な者たちから不正な取立てを行うのです」（〔マラナ〕『トルコ皇帝の密偵』〔第六巻書簡一七〕）。(1)(2)(3)

実際、そういう連中が哀れな民衆に対してさまざまな圧制や暴力や不正や虐待を行うのが毎日見られます。彼らはどこでも第一等の顕職を占め、どこでも一番立派な家や土地や相続財産さえ持っているのに、それでもまだ満足しません。さらに狡知や奸計あるいは暴力を用いて他人の持ち物を手に入れようと努め、税金を納めさせ、彼らに対してする義務などない賦役を行わせ、する義務などない役務を行わせるに違いありません。(4) 彼らが要求するものをことごとく彼らに譲って投げ出し、(5) 彼らの足もとに全員がはいつくばるのを見なければ、彼らは満足さえしないのです。一番取るに足らない貧乏貴族、一番取るに足らない村の領主のような田舎貴族に至るまで、連中はみな、民衆から恐れられ服従されることを欲し、(6) 民衆に不当なものを要求し、公衆の重荷となり、いつも誰彼から努めて何か横領しよう、取れるところからは努めて何か取ろうとしない者はいません。こういう輩を害虫にたとえるのはまったくもっともなことです。害虫というのは人を苦しめることしかしない手合いで、(7) 取り付いた人の体を絶えず食いものにし、食い荒らすことしかしませんが、それと同様この連中も哀れな民衆を不安に陥れ、苦しめ、食いものにし、食い荒らすことしかしないからです。そういう性悪な害虫から苦しめられなければこの哀れな民衆も幸いでしょうが、それを払い落とさない限りいつまでも不幸でしょう。

皆さん、皆さんは悪魔どもについて聞かされています。悪魔と聞いただけで皆さんは震え上がります。そういう悪魔どもが、もっとも邪悪な見るも恐ろしいものだ、人間の最大の敵だ、(8) 悪魔どもはただただ人間を破滅させ、人間を地獄に落とし永遠に不幸にしようとしている、と信じ込まされているからです。しかし皆さん、知っていただきたいのです、皆さんにとっては、今お話したあのような連中より邪悪で、これほど本物の悪魔はいないということを。というのも、皆さんには地上のお偉方や貴族や金持ちより強大な、邪悪な、恐れるべき敵対者も敵もいないからです。*1

あなたたちから搾取し、収奪し、あなたたちを虐げ、苦しめ、このように不幸にするのは、実際はこの連中だからです。ですから、わが画家たちが悪魔を見るも恐ろしい怪物として私たちに描いてみせるのは間違っていますし、思い違いをしているのです。つまり、彼らは自分たちも思い違いをし、あなたたちにも思い違いをさせているのです。あなたたちの説教師が悪魔をあのように醜い、醜悪な、異形の、見るも恐ろしい(9)ものとして描く時も同様です。むしろ(10)彼らはどちらも悪魔を、お偉方や貴族であるあの立派なすべての殿方のように、また、あのように美しい衣装で着飾り、あのように入念に髪をカールし、白粉を叩き、麝香をふりかけ、あのように輝いている、それも金銀宝石で輝いている、皆さんもご存じのあの美しいすべての奥方や姫様方のように描くべきです。彼らと彼女らこそ、すでに言ったように本当の悪魔と女悪魔だからです。まさに連中こそ、あなたたちの最大の敵、最大の敵対者、あなたたちに最大の悪をもたらす者だからです。

＊1　「アナタガタノ敵デアル悪魔ガ〔……〕、食イツクスベキモノヲ求メテ歩キ回ッテイル」、『ペテロの第一の手紙』第五章八節。(11)

(12)あなたたちの説教師が話の中で描き出し、画家が絵に表現して見せる、あのように醜いぞっとする姿形をした悪魔は確かに架空の悪魔にすぎず、子供や無知な人々しか怖がらせることはできないでしょうし、怖がる人々に架空の危害しか加えられないでしょう。しかし、私が語っている殿方や奥方というあの別の悪魔や女悪魔は、お偉方や貴族は(13)、間違いなくただ(14)の架空の悪魔や敵ではありません。現実にはっきり目に見える悪魔や敵であり、事実恐れさせるすべを十分心得ており、事実彼らが民衆(15)に加える危害はまったく現実的な、感じうるものです。ですから、もう一度言いますが、人間のさまざまな地位と身分の間にあのように奇怪で法外な不均衡が現に見られることは、悪弊、しかも甚だしい悪弊なのです。それほど奇怪で法外な、しかもあれほど不正で忌まわしい、人間の間の地位と身分の不均衡をキリスト教は許容し、是認し、権威づけてさえいるのですから、それはキリスト教が決して神に由来するものでも、神が設けたものでもないことの十分に明白な証拠です。なぜなら、限りなく善で限りなく賢明で限りなく正しいという神であれば、そんな甚だしい言語道断な不正を確立し、権威づけ、維持しようなどとするものではないことを、正

しい理性が私たちにはっきり示してくれるからです。

第四四章

悪弊二。無為徒食したり、世の中に何の役にも立たない職や仕事に就き、一部は民衆を搾取し、収奪し、破滅させ、虐げる役にしか立たなかったりする者の、あれほど多くのさまざまな地位や身分を許容し権威づけていること

人々の間で、とりわけわがフランスで横行している第二の悪弊は、いろいろと種類はありますが、世の中に少しも必要でなく少しも有益でない連中の身分が許容され、維持され、さらにまた権威さえ与えられていることです。何の役にも立たない連中が許容され、権威を与えられているだけではありません。もっと悪いことには、民衆を絞り上げ虐げる傾向があり、またそれにしか役立たない職に就いている種々の手合いさえも、許容され権威を与えられていることです。これは一層明らかな悪弊です。なぜなら、こういう連中は不正にも無益にも、公衆の重荷になっているからです。民衆に苛酷な重荷を負わせようとすることは、そしてさらに、害悪をなすために存在する連中の不正な圧制に民衆をさらそうとすることは、理性に反し、正義に反することだからです。

さて、すでに言ったように、人々の間には、世の中に少しも必要でなく、真に有益でもない連中の種々の身分が存在し、良民の重荷にしかならない職を持つ者さえ大勢います。このことがはっきり現れているのは、やればできるのですから何かまともで有用な労働をして役に立つべきなのに、自分のパンを乞い歩くことだけを卑劣にも生業とする無数の男女のごろつきどもにおいてだけではありません。生活のための収入、年金あるいは年金収入と呼ばれるものを、たっぷりあるいは十分に持っていることを口実にして、どんな労働にもどんな有益な商売や業務にも携らず、いつまでものらくらするかのように暮らし、遊び、散歩をし、楽しみ、飲み食いし、眠り、生活の中に快楽と満足を求める以外になんの心配をすることもない大勢のぐうたらな金持ちにおいても、このことはさらにはっきり見られます。こういう手合い、乞食やぐうたらな金持ちはみんな世の中で何の役にも立っていないことは明らかです。世の中で本当に役に立つところは何一つないのですから、彼らは当然公衆の重荷になっているはずです。他人の労働で生活し、

食べているにすぎないのですから。ですから、人々の間にそういう無為徒食を許し、それに権威を与えるのは明らかに悪弊です。何もせず、しようともしない連中が、ただ無駄に公衆の重荷になるのを許すことは悪弊です。まったく賢明にも、エジプト人の間ではかつてこういう命令が下されていました。すなわち、各人は執政官の前に出頭し、どのような技芸や職によって生計を立てているか、立てるつもりかを申告しなければならず、嘘をついたり、公正でまともな仕事以外で生計を立てていたりすることが分かると、その者は厳しく罰せられたのです。

第四五章　また別の悪弊。あれほど多くの聖職者、とくにあれほど多くの無用な修道士を許容し、権威づけていること

この悪弊がさらにはっきりと現れているのは、大勢の大修道院長〔二四〕、小修道院長〔二五〕、司教座聖堂参事会員〔二六〕の面々のような、無用な教区付および律修聖職者〔二七〕や司祭が驚異的な数で存在していること、とくにローマ教会下ではどこにでも見られる修道士と修道女が驚異的な数で存在していることにおいてです。というのも、こういう連中は世の中にまったく必要なく、実際にまったく役立っていないからです。ただし、司教と聖堂区主任司祭・助任司祭〔二八〕は別にしておきます。というのも、司教や主任司祭としての彼らの職務はまったく無意味で無益なものですが、彼らが置かれ任じられているのは、偽りの一宗教のさまざまな誤謬と迷信を教え、それを育むためであると同時に、良俗と道徳上のあらゆる美徳を教えるためでもあるのですから、彼らを完全に無用だと見なすわけにはゆかないでしょう。秩序立ったあらゆる国家には必ず、美徳を教え、良俗ならびに学問技芸を人々に教え込む教師がいなければならないからです。ですから、司教と聖堂区主任司祭・助任司祭は、彼らも言うとおり、人々の魂の霊的指導と、良俗および彼らの宗教の虚しい迷信を民衆に教え込む世話とを委ねられているのですから、彼らはある意味で公益のために働いているとも言えますし、それを考えると、彼らには公共の財貨で生活し、養われる権利もいくぶんかはあるのです。(1)

第四六章　清貧の誓願を立てているのに、あれほど多くの、あれほど際立った富を彼らが蓄えるのを許すという悪弊

しかし、それ以外のあらゆる司祭や聖職禄保持者たち、すなわち、あのすべての大修道院長や小修道院長、あのすべての司教座聖堂参事会員や礼拝堂付司祭[二九]は、とりわけ、ローマ・ガリア教会下にあれほど種々雑多に、あれほど大勢いる修道士と修道女というあのすべての敬虔で滑稽な偽善者の群は、いったい世の中にどれほど必要なのでしょうか、どれほど役に立っているのでしょうか。まったく必要ではありません、何の役にも立っていません！　公衆にどんな奉仕をしているのでしょうか。何もしていません！　聖堂区でどんな職務を行っているのでしょうか。まったく何も！　それでもやはり、こういう連中はみんな最高の年金の支払いを受け、あらゆる財貨と生活上の便宜を最高度に備え、最高の家と調度品と衣服と暖房と食事に恵まれ、天候や季節に災いされ苦しめられることがもっとも少なく、他の者たちのように労働の苦労で疲れ果てることも、生活の苦しみや悲惨にうちひしがれることもまったくないのです。「他ノ人々ノヨウニ悩ムコトガナク、他ノ人々ノヨウニ打タレルコトハナイ」（『詩篇』第七二篇五節）。たまに彼らが病気になることがあっても、たちまち手厚い看護を受けるので[1]、病さえ彼らを苦しめる時間がほとんどないくらいです。さらに修道士において一層際立っていることは、彼らが清貧の誓願を立て、俗世間とそのあらゆる華美や虚飾とを捨てると誓っているのに、また肉体と精神の禁欲と絶えざる悔い改めのお勤めのうちに生きると公言しているのに、それでも彼らが俗世間できわめて快適に暮らすのを止めず、富と財貨を所有し、快適さのためあらゆる生活の便宜を図るのを止めないことです。まただからこそ、彼らの僧院が領主の邸宅や王侯の宮殿のようであり、彼らの庭が目と舌を楽しませるありとあらゆる花と果実で溢れる地上の楽園のようであり、彼らの厨房には時と季節に応じ、自分たちの修道会の決まりに応じて[2]、肉であれ魚であれ、彼らの味覚と食欲を満足させうる[3]あらゆるものがいつもふんだんに備えられているわけです。自分の手で土地を開墾する労など少しも取らずに、大きな実入りをもたらす広大

な小作地をあちこちに持ち、大部分の聖堂区からは結構な十分の一税[二〇]をたっぷり徴収し、しかも領主的諸税を享受することさえよくあるのです。ですから、何も蒔かずにいて、そこから苦労も労働もせずに幸いにも豊富に首尾よく収穫を上げていますし、何もばらまかずにいて、そこから幸いにもたっぷりと掻き集めているのです。こうして彼らは何もしないで大変な金持ちになり、みんなごく安楽に暮らし、甘美で敬虔な無為の中ででっぷりと太ってゆくことができるわけです。世の中にこれほど役に立たない連中を座視するだけで、このように許していることはなんという悪弊でしょう[4]。

デュ・ベレー司教殿は皮肉ってこう言っています[*1][二一]。「ベネディクト会[二二]だけでもキリスト教が有する全財産の三分の一を権利として持っているが、この修道会が事実上それを所有していないのは盗み取られたからにほかならない、とこの会の著名な修道士トリテミウス[二三]は述べている。今ではこの修道会もとても貧しくなり、もっとも少なく見積れば、年収入あるいは年金としてせいぜい金貨一億という額しか所有していない。聖ベルナルドゥス[二四]があれほど多くの地で、あれほど堂々と、あれほど美しい語調でその謙譲さを褒めたたえた、この会に属する大修道院長たちは、まず司祭としてのあらゆるしるしを欲しがり、司教祭式用指輪・サンダルないし靴・手袋・トゥニカ[二五]・司教冠・司教杖・司教用折り畳椅子[二六]を帯び、司教としてミサを執り行うことを望んだ[二七]。後には、司教裁治権からの免属に満足せず[二八]、彼らが自分たちの修道士に対してだけでなく、教会のさまざまな聖職者に対してもさまざまな場所で司教裁治権を行使することを望み、教区裁判官、教区会議、司教総代理[二九]、教区裁判所検事、教区裁判所を持つこと、要するに司教区裁判法治権と呼ばれるすべてを所有することを望んだのである」〔ベレー司教ジャン・ピエール・カミュ『《エルモドールの興味深い対話》に関し《無欲な教導者》を正当化するメリトンの釈明』第三巻釈明二第一八章、三五八頁〕。

＊1　『エルモドールへの書』の中で。

〔メリエによる原文欄外への縦書き書き込み〕　修道士の方々の見事な謙虚さ

デュ・ベレー司教殿は続けてこうも言っています。「彼らはほとんどすべての司教区において、教会に対して教会

を、尊厳に対して尊厳を、権威に対して権威を、裁判権に対して裁判権を、資産に対して資産を対置し、司教位のあらゆる輝きと権限を消してしまった。司教座聖堂の中で、その正面にベネディクト会修道院が見られないものはほとんどなく、それらが大聖堂にことごとく対立し、司教位の威光をはるかに凌駕していることさえある。司教禄が六千エキュにしかならない都市で年金十万エキュを得ている者もあれば、司教禄が二千リーヴルに満たない都市で年金五万エキュを得ている者もある。この修道会の富裕さは底も岸もない海のごときものなのだ。大方の司教座所在地の中で、なんらかのベネディクト会大修道院が見られない町はほとんどなく、それらがその壮麗さ、権威、豪華さによって、その地の司教に帰されるべき名誉をことごとく奪っている。ルーアン司教区のフェカン、ジュミエージュ、ル・ベック、サン・トゥアンの大修道院がその証拠である。ランスでもそれら資産が、大司教聖レミ〔三〇〕の資産をどれほど凌いでいることか！　ボーヴェのサン・ルュシアン、カンのサン・テチェンヌ、トゥールーズのサン・セルナン、トゥールのサン・マルタン、ル・マンのサン・ヴァンサン、カイのサン・マルタン、アヴランシュ近郊のサン・ミシェル、その他百も挙げることができる、あれほど多くの大修道院がすべてこの真実を例証している。ヨーロッパで、またおそらくは全世界でもっとも人口の多いパリの司教禄でさえ、ド・ゴンディ枢機卿猊下〔三一〕がその所得を五分の一増額する前は、年金一万リーヴルにもならなかった。一方、その司教職の前面にサン・ドニ大修道院長職とサン・ジェルマン・デ・プレ大修道院長職、さらにサン・マルタン・デ・シャン小修道院長職とクリュニー女子大修道院長職まで置かれていたが、先の二つの大修道院長職には、あらゆる司教位のしるし、司教裁判権・司教区法治権が付随しているだけでなく、司教禄の三十倍もの所得があったし、また小修道院長職にも三十倍もの所得があったのである。自分たちが司教らを小僧っ子扱いしているのを示すために、ベネディクト会士がその創設者の足もとに司教冠と司教杖を置くのも、確かにもっともなことである」〔同三五八—三五九頁〕、そうデュ・ベレー司教殿は皮肉っています。「この修道会には一万五千を下らぬ男子大修道院があり、その大修道院長はすべて司教杖と司教冠を与えられているし、また一万五千を下らぬ尼僧あるいは女子大修道院があり、その大修道院長も司教杖を帯びている、と言われている。さらにそ

のいくつかは司教区法治権と司教裁判権さえも、すなわち、教区裁判官、司教総代理、教区裁判所検事、教区裁判所、聖堂区主任司祭や教区付聖職者を結集させる教区会議さえも有している。そのほかにさらに、一万四千を下らぬ小修道院があり、その小修道院長も司教杖を帯びている。これらすべての人々が、尊敬すべき聖ベネディクトゥスの足下におり、また、祝福されたベネディクト会士たちの頭上にいるのである。

ベネディクト会全体の頭と言えるモンテ・カッシーノ大修道院〔三二〕だけで、この修道院の聖職禄管轄下にある五都市区すなわち五つの司教座所在市、四つの公爵領、二つの大公領、二十四の伯爵領、および何千という村・小作地・領地・粉挽場・年金を支配下に収め、カンパニアに対する永続的統治権と、ナポリ王国の耕地と二州に対する永続的統治権を有している、とこの会の修道士ステランティウス〔三三〕は報告している。これから推測できることは、この大修道院一つが――全部が全部莫大な年金や所得を有する同会派の他の三万の大修道院は今数に入れないとして――持っているほどの高額所得を有する、主権者たる君主はイタリアにいないということだ。まさにこの意味で、尊敬すべき聖ベネディクトゥスの足下に教皇冠、司教冠、司教杖とともに、公爵、大公、侯爵、伯爵の冠を置くこともできるわけだ。ベネディクト会士聖プラキドゥス〔三四〕はその修道会を広めるためにシチリアに派遣されて見事な成功を収め、一つの海からもう一つの海まで莫大な資産を獲得し、死ぬ前には島の最大部分すなわち王国の半分以上を修道会のものとし、シチリア王はそのために、聖ベネディクトゥスの弟子の取るに足りぬ同輩にすぎなくなった、ともトリテミウスは書いている。それなら、祝福されたベネディクト会士たちが最愛の尊父の足下に、司教冠と司教杖とともに王冠と王笏を置くとしても、いったい誰が驚くだろう！」〔同第一九章、三五九―三六〇頁〕〔三五〕。

その他種々の修道会に属する、年金を与えられている他の修道院もすべて同じように莫大な資産と所得を備えているので、それらすべてについても、そこはあらゆる財貨と豊かさと富の貯蔵所だと言えます。ではいったい彼らはどのようにして、それほど多くの財貨や富の所有や享受と、清貧や禁欲の誓願なるものとを一致させられるのですか。

「隠遁しようとすれば、たとえばトリテミウスによれば一万五千、フォリンギウス〔三六〕によれば三万七千（二人ともこの

会の修道士である）の修道院があり、しかもその大部分の建物が王侯君主の宮殿のような造りである。そんな修道院を持っているベネディクト会の一修道士は、自分のことを貧しいと言えるのか、そう思えるのか。年収五万、八万、あるいは十万エキュもあるこういう僧院の一つに住むこと、そして、金貨二百万近くの年収を得て百あるいは百二十の修道士独居房を維持しているモンテ・カッシーノ大修道院にさえ必要なら住めること、それが貧しいということなのか」〔ベレー司教ジャン・ピエール・カミュ『《エルモドール の興味深い対話》に関し《無欲な教導者》を正当化するメリトンの釈明』第四巻釈明一第一二五章、三〇一頁〕[三七]。それほど多くの資産を所有し享受することが、それほど豊かな富の中で暮らすことが、禁欲していることなのでしょうか、清貧の誓願を守ることになるのでしょうか。なんと大層な貧しい人々でしょう！　なんと同情に値することでしょう！　これほどなおざりにしているくせに、誓願を立てるとあのように主張するとは、なんという悪用、なんという茶番でしょう！　そんな乱脈を許し、是認するとはなんという悪弊、なんと馬鹿げたことでしょう！　俗世を捨てると公言し、清貧と悔い改めの厳しいお勤めに明け暮れるはずの連中に、それほど多くの資産と富を与え残しておくとは、なんという悪弊、なんと馬鹿げたことでしょう！　価値あることは何もせず、まったく世の中の役にも立たない連中に、それほど多くの資産と富を与え残しておくとは、なんという悪弊、なんと馬鹿げたことでしょう！　しかし、それほど大勢ののらくら者を他人の労働でそのようにゆったりと怠惰に暮らさせ、あのように無用な連中を公衆の重荷にするのは、同時になんという馬鹿げたこと、なんという不正でしょうか。公衆の重荷にすると私が言うのは、確かに彼らは莫大な資産と富を持ってはいますが、だからといって彼らは他人の労働で暮らしているのではない、彼らは公衆の重荷になっていない、とは言えないからです。彼らは自分でその資産を活用しているのではなく、彼らがその富と必需品のすべてを引き出しているのは、実際には公衆からでしかないからです。働いている善良な労働者が稼いだものや汗にまみれて生み出したものをその手からもぎ取り、まったく世の中の役に立っていないあれほど大勢のぐうたらな修道士に与えることは、言語道断な不正です。善良な労働者だけが所有すべき食糧を、のらくら者に、役にも立たず無為に暮らす連中に、あのように食べさせるのは言語道断

な不正です。

第四七章　働いて生活の資を得られる、あれほど大勢の托鉢修道士〔三八〕を許容することもまた悪弊である

あれほど大勢の修道士が(1)、絶えざる清貧と禁欲の誓願を立てながら、あれほど多くの顕著な資産と富を所有・享受し、それにもかかわらず、あれほど無用な彼らが公衆の重荷になっていることを許すのが悪弊であるならば、托鉢修道士と呼ばれ、公衆のなお一層の重荷となっているのは間違いない他の大勢の修道士が、役にも立たず存在することを許すのもそれに劣らぬ悪弊です。なぜなら、連中はもっぱら人に求め、また人から与えられる托鉢と喜捨だけで暮らしているからです。デュ・ベレー司教殿はさらに次のように(2)、この驚くべき数の托鉢修道士や托鉢共住修道士〔三九〕の悪弊について語っています(3)。

「托鉢修道士や托鉢共住修道士は手仕事によって自分の生活の資を得ることが義務づけられている。それは聖フランチェスコの会則第五章および彼の遺言に記されているとおりで〔四〇〕、彼は会士たちに自分の労働の代価によって暮らすように労働を命じている。労働の代価が与えられない場合、戸口から戸口へと喜捨を乞い主の食卓にすがることが彼らに許される。その後、教皇ニコラウス三世〔四一〕が教書によって、秘蹟を授けたり福音を説いたりする聖職者職務を十分に果たしている者には手仕事を免除した。したがって、彼らの初期の規則によれば、物乞いが許されるのは手による労働か霊的労働の代価を彼らが受けなかった場合だけであり、また喜捨を求めることが許されるのも彼らが公衆へ奉仕するからにすぎない。だから、喜捨を求める前に、まず彼らが求める人々に対して奉仕を行っていなければならないのだ。というのも、全員が公衆の費用で養われ、無為のうちに暮らすあれほど大勢の托鉢修道士がおり、その中で公衆に奉仕活動ができる者があれほど少数だというのは――これは民衆にとって非常な重荷である――まったくもって非難すべき事柄だからである」〔ベレー司教ジャン・ピエール・カミュ『《エルモドールの興味深い対話》に関し《無欲な教

導者》を正当化するメリトンの釈明』第六巻釈明二、六四〇―六四二頁および第一巻、五六頁他[四二]）。

こうした托鉢修道士の驚くべき数に関しては、「無欲な教導者」が『修道院の所有権放棄について[四三]』で作成した目録に基づいて、彼はこうも言っています。「教会内の九十八修道会のうち三十四が、いやそれ以上が種々の托鉢修道会である。その三十四の修道会の一つだけでも三十万人を擁し、別の一つは十八万人を擁している。こういう托鉢修道会として他の三十二会を残しているわけだから、この算定を最後までやろうとすればこの数はどこまで行くのだろう。必ずや世人を驚かし、すべての地上の君主を驚愕させることになろう。それは何百万人かになるが、ここでは算術は省き、異論が出ないほどの低い数字に抑えておこう。それでも、百二十万人の托鉢共住修道士ということにはなろう。この膨大な数のうち、説教師と聴罪司祭[四四]はその二十分の一もいないことは確かだが、十二分の一はいるものとしよう。すると百十万人が養うべき人々として残るが、これがあの修道士聖歌隊員[四五]、ならびに助修道士[四六]であるその聖歌隊員の付き人たちである。こうして莫大な参事会員禄や司教座聖堂参事会員禄がすべて、ずっしりと公衆の背に負わされている。百十万人の参事会員[四七]はみなまことのイスラエル人で、満腹させられねば不平を並べ立てる[四八]」（同書第六巻釈明二第七五章、六四八頁）。「要は、教皇ニコラウス三世とその後継者たちが、年金を与えられない種々の共住修道会を認可する時に、聖歌隊席で『詩篇』を詠唱し、賛美歌を歌う以外の義務を持たない百十万人の司教座聖堂参事会員禄を公衆の費用で設け、彼らをその他のあらゆる勤労から解き、キリスト教信徒に扶養させるつもりであったかどうかを知ることである。というのも、彼らが参事会員や司教座聖堂参事会員ではないと言うのは下らぬ逃げ口上だからである。なぜなら人も知るように、聖職禄を与えられた多数の司教座聖堂参事会員や修道士がその占有権から得る以上のものを、托鉢修道士はみなその本権からより確実に参事会員禄として受けているからだ[四九]。要するに、彼らは表面上何も持っていないが、実際はすべてを所有し、それもあまり気苦労も働きも苦労も疲労もなしに手に入れているからだ」（同書第六巻釈明二第七六章、六四九頁）。「というのも、われらの時代ではペンが剣を断ち切るのと同じく、すなわち司法官たちが貴族を存命中にその領地から追い出すのと同じく[五〇]、修道生活に関しても占有権より本権の方が

比較にならぬほど価値があるからだ」〔同書第五巻釈明一第一二七章、三〇二頁〕。「これはまったく明瞭な論証によって明らかなことだ。もっとも著名な諸都市にあるもっともすばらしく貴重なものはすべて、托鉢修道士と呼ばれる者たちの修道院に見られる。崩れたもの、修繕されたもの、傷んだものが何かあるとすれば、年金を受けている修道院に行けばそれが見られる。先の者たちつまり托鉢修道士こそ、諸都市のすべての良心と財布の主人なのだ。彼らは求めさえすればよく、それでものが手に入る。小さき神々なのだ。語りたり、なされたり、というわけだ。〔五一〕真の貧者を扶助するために彼らの意志や願望に応じないようなことがあれば、たちまち自分の名誉と評判と信用を失う羽目になる」〔同書第五巻釈明一第一二八章、三〇二、三〇三頁〕。「この托鉢修道士たちの本権の秘密については、これでもまだ微々たる観念にすぎない。なぜなら人も知るように、大都市には年金を受けていないさまざまな修道団体があって、七、八年のうちにいくつもの修道院を建てさえするからである。その建物は十万や十二万エキュにも相当し、その上六十人も八十人もの修道士を何不自由なくゆったり養うことができ、あれほど多くの教会用具と高価な銀器を有し、さらにそこには十万エキュ以上にも相当する、貧しい修道院に匹敵する聖具室まで備わっているのだ。あなたの意見では、こんな不便さの中に何か忍耐力を発揮させるものがあるというのか、山のような金や小麦の上で空腹と飢えを訴える理由があるというのか。あらゆる富の豊饒さの中でこのように暮らすことが、清貧の誓願を守ることなのか」デュ・ベレー〔司教〕殿『エルモドールへの書』(4)〔同書第五巻釈明一第一二八章、三〇四頁〕。〔五二〕

「托鉢修道士たちが肉体的労働も霊的労働も免除されていると主張する理由は、自分たちは団体としても個人としても年金や所得を放棄したということだ。喜捨を求め物乞いをすることが彼らにとっては年金や所有地の代わりだから、生活の資を得る労働を義務づけられていないというのだ。しかし、もしそうなら、これは無為徒食の悪弊とあらゆる国家の崩壊や転覆とに門戸を広く開け放つことになる。というのも、もし年金や所得を持たないことが働かずに施しで生きる資格なら、ありとあらゆるごろつき、お貰い、物乞い、乞食、悪党、げすどもが非難を免れるために、年金も所得もないと言い出すからだ。もしも『修道生活の諸成果』〔五三〕なる金泥で飾られた書物中に書かれている托鉢修

道士の特異な教理により、完徳の状態にあり一般俗衆とは異なる完徳の修道生活を送っていると自称する人々に、肉体的・霊的労働への義務を持たず施しによって生きる権利があれば、もしもそういうことが緑の野に起これば、どうして枯れ野にも起こらないだろうか。それが完徳者に許されるならば、どうして未完徳者もそれを聖なる手本として習練し、そうやって聖なる無為の完徳を希求することに努めないだろうか。もしも公法が五体満足な物乞いに重い刑を下し、真の貧乏人のものであり、善男善女が信仰心から貧乏人に分かち与える喜捨を、狡知と物乞いでかすめ取る盗人として彼らを罰するとしても、あえて異を唱える者がいるだろうか。すなわち、教会は連中の規律を是として、地の塩として世の光として役に立つべき人々、聖パウロのように他人より多く働くことを誇りとすべき人々に味方する神聖で有益な法をひっくり返すつもりだった、連中に権威を与えて、生きるために働くことなく、他のすべての人々の額の汗から生み出された実りを飲み食いさせようとした、などと言い出す者がいるだろうか」〔同書第六巻釈明二第一一章、五八六頁〕。

「完徳を希求する人々は他の人々より多く働かなければならない。汗は徳の額に宿り、勤労の聖堂は名誉の聖堂の前に位するのだから」[5]〔同五八七頁〕。そしてこれは決して、物乞いで暮らそうと無為徒食のうちに留まることではありません。[6] 聖パウロによれば、イエス・キリストはこう言ったのです。「受けるよりは与える方が、一層ふさわしく、名誉であり、賞賛に値する。受ケルヨリハ与エル方ガ、幸イデアル」〔『使徒行伝』第二〇章三五節〕。いつも物乞いをしなければならない状態にあるよりは死んだ方がよい、「乞食ヲスルクライナラ、死ンダ方ガヨイ」〔『集会の書』第四〇章二九節〕と『集会の書』にもあります。さらに、こうも書かれています。「一軒一軒まわっていくのは惨めな生活で、[7] 見知らぬ土地では口を開く勇気もないだろう」〔『集会の書』第二九章三一節〕。「わが子よ、乞食をして生活するな、乞食をするくらいなら、死んだ方がよいからだ。他人の食卓を当てにする人間の生活は、生活とは言えまい。他人の肉を食べた後、苦しむのだから。しかし、賢明で思慮ある人間はそんなことをしないようによく気をつけるだろう。物乞いが甘く楽しいのは、羞恥心も名誉心もない者にとってだけだからだ」〔『集会の書』第四〇章二

九〔一三二〕節）[8]。人間の中でもっとも賢明だったソロモンが、祈りの中で神に願ったのは、生きるのになくてはならぬものだけでした。そして、過剰な富は与えてくれるな、物乞いをする境遇にも落としてくれるな、と祈りました。さまざまな富を豊かに持つと傲慢尊大になるからだ、また物乞いはその境遇ゆえに悪事に走ったり、そうせざるをえなくなったりするからだ、と彼は言うのです〔『箴言』第三〇章八、九節〕[9]。これらの格率は、わが托鉢修道士あるいは托鉢共住修道士[10]の格率とまったく異なります。しかしこれこそ、徳の完成を卑劣で恥ずべき物乞いから成り立たせようとする彼らの主張が誤謬であり[11]、悪弊であることを十分にはっきりと示しています。

彼らの衣服の多様で滑稽なあらゆる形態や外観については、テルトゥリアヌスが、当時の偶像や偽の神々の祭司が着用しているこれらと似た多くの衣服を見てかつて下した判断を、ここでも下さなければならないでしょう。彼はそれについて、小論『外套について〔五四〕』でこう語っています。「突飛で、異常な、迷信的精神を持った大勢の連中が持ち込んだ、衣服のあの新奇さもこのような例と異ならないと思う。芝居小屋にもあれほど滑稽なものはない。そこの道化役者でさえ、あれほど奇妙なかっこうをしているあの連中に比べれば何者でもない。役者が笑わせてくれるなら、こちらは卒倒させてくれるほどだ。道化が陽気に笑わせるためにやっていることを、この憂鬱症や心気症患者どもは信心からやっているのだ。理性にあまり警戒心を起こさせないようにと、自分たちの異常さにある種の敬意を帯びさせて、そうやって口笛で野次り倒されないようにするのだ（二〇四頁）[12]。自分たちにこういう異様な身なりをさせたのは神だ、この衣服を身に着けるのは神に払うべき尊敬の念からで、決して気まぐれの心からではない、他の装束を着たりすれば、自分たちがわざわざ保証として立てるこの宗教に背くことになる、と彼らは誓う。神聖な事柄をこれほど自分たちの妄想の巻き添えにし、自分たちの愚かさの責任を神に押しつけようとするペテン師どもよ。純白の装束を身に着け、髪バンドを結び、帽子とか帽子形のかつらを被り、その上に何か塊を載せている連中もいれば、これと正反対の装束をまとい、一方が真っ白なのと同じほど真っ黒な連中もいる。まるで闇をまとったかのように、その服の色は黒い。サトゥルヌス神の祭司たちは白くも黒くもない、真っ赤なのだ。幅広の深紅の帯をたくさん巻き付け

たトゥニカ[五五]を着て、火の色の外套〔パッリウム〕を羽織っている。アスクレピオス神の祭司たちはギリシア人の衣服以外は着ないし、ギリシア風のサンダルを履いている。いやはや、なんという多様さ、だがなんという突飛さだ。しかしこれがみんな神の発明によるのだ！　そんなことを言うのは誰だ。気違いどもだ！　自分たちの気まぐれを神聖なしるしとして押し通そうとし、もっとも異常な者たちのように振る舞うことに、人間を超えた英知がある、神聖であるためには自分たちのような狂人でなければならない、とわれわれに信じ込ませようとした連中だ。しかし、何か著名な神託であるかのように、人々は彼らの言葉に耳を傾け、人々の間では彼らのペテンもすべて神秘である。彼らの装束を敬い、彼らの愚かさを何か崇高で並々ならぬ知恵のように重んじるのは、正しいことだと人々は思い込んでいる[五六]」。自分が笑いものにしている人々の衣服の形態や外観にこんな滑稽な多様さが見られることについて、この著者は以上のように高い見識をもって述べています。わが修道士たちの衣服の形態や外観に、あのように滑稽で突飛な多様さが見られることについても、同じように語ったり考えたりしなければならないでしょう。この著者が[13]嘲っている連中に劣らず、彼らも滑稽なことは間違いないからです。

デュ・ベレー司教殿も先の『エルモドールへの書』の中で、同じ主題について[14]こう言っています。「昔の修道士は衣服の形や色のことなど気にもかけなかった。修道服、修道頭巾、サンダルなどではなく、徳を身にまとうことにより意を用いていた」〔ベレー司教ジャン・ピエール・カミュ『《エルモドールの興味深い対話》に関し《無欲な教導者》を正当化するメリトンの釈明』第六巻釈明三第七章、六八四頁〕。「千ないし千百年間は、教会内にこのような衣服の多様さや相違は見られなかった」〔同六八三頁〕。「この装束の雑多さ、その色や修道頭巾や頭陀袋やサンダル……スカプラリオ[五七]やトゥニカ……などのこの極端な多様さが、それらを身に着けている人々を今日あのように軽んじさせている原因でないかどうか、私には定かではない。ただこのように言うのは、かつてあれほど評価されていた托鉢修道士、修道士、修道服、修道頭巾というこれらの名称が、今ではきわめて悪い意味で受け取られ、ある修道士に呼び掛けようと思ったら、気分を損ねさせないためには名前を呼ぶしかないほどだと、今日われわれには分かっているからだ」〔同六八

四頁〕。「諸々の修道会の創設者たちが決めたのは衣服の形や色ではなく、その簡素さと質素さであり、それは修道士に謙譲と悔い改めと隠棲の感情を懐かせるためであった」〔同書第六巻釈明三第八―一〇章、六八五―六八七頁の要約〕。「この甚だしく多様な衣服が発明されたのはそれ以降のことであり、諸修道会で行われたさまざまな改革の折にすぎず、他の修道会から自分たちをそれぞれ区別するためであった」〔同第一一章、六八八頁〕。「だからこそ、全員白装束のものもあれば、黒装束のものもあり、白と黒、灰色、茶色、白と灰色、白と茶色……などのものもあるのだ。大きなゆったりとした修道服を着る者もいれば、ぴったりとしたものを着る者もいる、長い修道服もあれば、短いものもある。先の尖った服を着る者もいれば、丸いもの、角張ったもの、三角のものを着る者もいる。髭を伸ばしている者もいれば、剃っている者もいる。革の帯の者もいれば、羊毛の帯の者もいる、縄を帯にしている者もいる」〔同書第三巻釈明一第一七章、三五七頁〕。なんという奇妙な雑多さでしょう。

コルネリウス・アグリッパ[五八]は『学問学芸の不確かさと虚しさについて』で、修道士たちをおどけ者の一団、笑劇役者、「喜劇役者ノ一団、頭巾被リ団、髭面団、髭ナシ団、縄帯着用団、革サンダル団、木靴団、黒装束団、白装束団……[五九]」などと呼びました。彼らの衣服のさまざまな形態や外観のすべてがこのようにいかに異様で滑稽であっても、テルトゥリアヌスが語っていた人々と同じく、彼らもやはり、これらは神が定めたものだ、これらを何か神聖なものと見なせ、と言い張ります。まただからこそ、彼らの創始者とか彼らの修道会の創設者とかが、その会則の是認を示すある特別のしるしを天から授かる姿が、彼ら聖なる会派のあらゆる絵図に描かれているのが見られるわけです。デュ・ベレー〔司教〕殿はこう言っています。「たとえば、天の女王聖母マリアの手から直接に数珠とロザリオ[六〇]を授かっている聖ドミニクス[六一]、天から縄帯[六二]を授かっている聖フランチェスコ、同じ聖母マリアからスカプラリオを授かっている聖シモン・ストック[六三]、その天の女王の御手から角製のバックルがついた革帯を授かっている聖アウグスティヌス[六四]……などが見られるわけだ」〔ベレー司教ジャン・ピエール・カミュ『《エルモドールの興味深い対話》に関し《無欲な教導者》を正当化するメリトンの釈明』第六巻釈明三第四一章、七一七頁〕。「こうなると、修道士たちの年代記にしか見られ

ない、こんな神秘的な見神や奇蹟的な啓示を嘲笑しない者があろうか。このとおりである、などということは信仰箇条ではないし、祝福された兄弟たる修道士たちの見神、あるいは妄想を神の啓示ととることが義務づけられているわけでもない」〔同釈明三第三七章、七一二―七一三頁の要約〕。

キリスト教徒の間に見かけられる、この大量で千差万別の修道士たちについて、あるトルコ人も次のような考えをもらしています。「国民の血を最後の一滴まで吸うことにしか役立たない霊的蛭どもの苗床をこのように培うのが、いったいどんな政策によるのか私には考えもつきません」〔マラナ『トルコ皇帝の密偵』第二巻書簡三四〕(六五)。彼が修道士たちをこのように蛭と呼んだのはまったくもっともです。実際こういう連中はすべて蛭にすぎないからです。連中は、他の人々より信仰篤く、架空の神の礼拝にいそしんでいることを口実にして、また昼も夜もきまった時刻に毎日規則正しくねり粉と小麦粉の神をうやうやしく崇め、それに香を炊き、幾度も跪き、深くお辞儀をし、その前で詩篇と賛美歌をもぐもぐ唱えたり歌ったりしに行く――そんなものをこの神は聞きもせず、聞くこともできず、自分になされるお辞儀を見ることもできないでしょう、示されている敬意を見る眼も、言われている賛美を聞く耳も、香や香料のかおりを嗅ぐ鼻もないのですから――ことを口実にして、ある者は現に自分たちが所有している莫大な資産の所有に値することを十分していると思い込み、またある者は何か他の仕事をすることを課せられなくとも、あらゆる所で托鉢をしてたっぷりと豊かに喜捨をもらうだけのことを十分していると思い込んでいるのです。またたからこそ、昼と夜の何時間かを彼らの神やねり粉の神の礼拝に用いるだけで、その後は休息し、快適に楽しみ、散歩をし、遊び、ご馳走を食べ、甘美で敬虔な無為の中で、太る以外彼らが何もしないのが見られるわけです。というのも、これこそ、至る所にあれほど多くの莫大な資産を所有し、あれほど多くの高額な収入を得ている、あのすべてのぐうたらな修道士、ぐうたらな大修道院長、ぐうたらな司教座聖堂参事会員、その他同様の聖職禄保持者たちの、日常生活だということは誰も否定できないからです。

こんな連中が世の中に必要でしょうか。こんなミサや聖務日課の唱え手、朝課や晩課の唱え手や歌い手(16)、祈禱や口

ザリオの祈りの唱え手がいったい必要でしょうか！　僧院の中に閉じこもり、雪や泥の上を裸足で歩き、毎日自分に、そう言いたければ規律とかいうものを課しているこんな連中が必要でしょうか！　毎日規則正しく昼と夜のきまった時刻に、彼らの教会堂や礼拝堂[17]に詩篇や賛美歌を歌いに行くこんな連中が必要でしょうか！　鳥だって野山で十分に歌いさえずっています！　聖堂で賛美歌を歌い、詩篇を唱える[18]というだけで、これほど大勢の連中をあれほどたっぷり民衆が食わせてやる必要はないのです！　さらに、毎日ねり粉の像や偶像を拝み、それらを準備し、毎日それらに幾度も跪き[19]、深くお辞儀をしたりするこんな連中が必要でしょうか！　要するに、こんなことがこの世に必要でしょうか！　こんなことは何の益にもなりません、何の役にも立ちません、愚行と虚妄でしかありません。唱え歌うことに[20]、そうやって歌うことに彼らが一日中、一晩中を費やしても、彼らのねり粉の偶像の前で毎日何千回と深いお辞儀を繰り返しても、そんなことはみな世の中の何の役にも立ちません。ですから、そういうことのためにあれほど多くの莫大な富と、あれほど多くの高額な収入を彼らに与えることは、明らかに悪弊、それも甚だしい悪弊です。そんなことのために彼らを公衆の金で養うのは悪弊[21]です。毎日まともで有益な仕事に励んでいるのに、生活に一番必要なものさえ事欠くことが少なくない、立派な、まったく立派な労働者たちを犠牲にして、あのようにたっぷりと彼らに食わせるのは悪弊[22]、それも甚だしい悪弊です。「節制家で、勤勉な数知れぬ人間が必要とするものは、自然だけで十分、その豊かな内部を開いて提供することができるであろう。多くの人間をひどい悲惨と貧困に陥れるのは、一部の人間の慢心と懶惰と無為である」〔フェヌロン『テレマックの冒険』、邦訳、現代思潮社、下巻三三頁、朝倉剛訳〕と賢明なメントールはテレマックに言いました[六六]。確かにそうです。勤勉な民衆[23]をあのようにひどい悲惨と貧困に陥れるのは、私がこれまで語ってきた人々のような[25]、数多くの無益でぐうたらな連中なのです。

しかし、と人は言うでしょう、こういう聖職者たち、こういう大修道院長や修道士や司教座聖堂参事会員[24]たちはみんな、民衆のために毎日祈りを捧げ、毎日ミサを挙行し、無限の価値と功徳があるミサという聖なる供え物を毎日奉納し、彼らの祈りによって神の笞をそらせ、民衆の上に天の恩寵と祝福を引き寄せている、と。これこそ望みうる限

り最大の善であり、したがって、彼らはこれほどの善をその善良な祈り[26]によって世の中にもたらしているのだから、食べたり飲んだり恥ずかしくない生活を送ったりするのに必要なものを彼らにふんだんに提供することはまったく正しいのだと。しかし虚妄です、そんなものは虚妄、馬鹿げた虚妄なのです。まともなたった一時間の労働ですら、そんなものの全部より価値があります。修道士と司祭全員が一人につき日に二十回、三十回、いや五十回、六十回[27]とミサを行うとしても、そんなものを全部合わせても、よく言うように釘一本の値打ちもないでしょう〔六七〕。一本の釘でも役に立ちますし必要です、多くのことはそれなしにすませないとさえ言えるでしょう。しかし、修道士やその他のあらゆる司祭が唱えられる祈りや祈禱やミサの一切は、何の役にも立たず、それらを唱える者たちに実入りをもたらすのに役立つだけです。たとえば、哀れな日雇い農が畑を耕そうと土に入れる一鍬は有益であり、人間の食糧となる穀物を実らせるのに役に立ち、働き者の日雇い農なら懸命に鍬で畑を耕して、自分が食べる[28]穀物や小麦を実らせることでしょう。働き者の自営農なら自分の犂[29]で、生きるのに必要な量以上に穀物や小麦を実らせます〔六八〕。しかし、司祭たちは全員束になっても、その祈りや祝福やミサといういわゆる聖なる供え物一切を用いても、一粒の実を実らせることにも何の寄与もできず、わずかでも世の中の役に立つようなどんなこともできないでしょう。

[30]どんなにつまらない職人の仕事でさえ、どの国でも有益で必要です。芝居をしたり、笛を吹いたり、ヴァイオリンを弾いたりする芸人〔六九〕の仕事でさえ、価値があり役に立っています。こうした職業の人々は少なくとも、民衆を楽しませ、彼らに楽しい気晴らしを与えるのに役立っているからです。毎日有益な労働に励み、辛い苦しい労働にさえ就いている人々が、せめて数時間気晴らしをするのはまったく正しいことですし、したがって、労働に疲れた人々に時折気晴らしと娯楽を与えるために、笛を吹いたりヴァイオリンを弾いたりする芸人がいるのは良いことだからです。しかし、司祭という職業、とくに修道士という職業は、誤謬と迷信とペテンの職業にすぎませんし、したがって、そんな職業は良い賢明な国家にあっては、有益で必要と評価されるべきどころか、反対に有害で忌まわしい職と見なされるべきでしょう。ですから、そういう職業の人々をあのように優遇する代わりに、むしろ彼らにその聖職という迷信

的で欺瞞的な職務一切を断固禁じ、他の人たちが行っているような、何かまともで有益な仕事に就く絶対的義務を課すべきでしょう。

どんなに卑しい最低の仕事でさえ、良い国家には有益で必要です。そういう職に携わる人がいなければなりませんし、彼らなしにすますことはできないでしょう。たとえば、あらゆる聖堂区には家畜の群の世話をするために、幾人かの羊飼いや豚飼い〔七〇〕が必要ではないでしょうか、どこでも羊毛紡ぎの女や洗濯女〔七一〕が必要ではないでしょうか。どこでも、こういう人々は確かに必要ですし、彼らなしにすますことさえできないでしょう。(31) しかし、無為と怠惰のうちに暮らしているあれほど多くの司祭、あれほど多くの修道士や修道女がどうして国家に必要でしょうか。あのように敬虔でみんなぐうたらな男女が、あるいはその職務や仕事は有益なことに全然役立たない男女が(32)、どうして必要でしょうか。彼らなどまったく必要でないことは確かですし、世の中でためになるどんな真の有益さも彼らは持ち合わせていません。ですから、もう一度言いますが、まったく役にも立たないあれほど多くの修道士と修道女、あれほど多くの司祭と聖職者を公衆が担うことを許容するのは悪弊です、それも甚だしい悪弊なのです。これは明らかに正しい理性と正義に反しています。

(33)こうしたことはまったく真実であるため、少なくとも修道僧たちに関しては、ローマ教会自身がこの悪弊を認めざるをえなかったほどです。またたからこそ、教会はこの悪弊の絶えざる進行を防ごうと、以後は新たな形態の修道会の創設を禁ずると言明したのですが、それはこうした多数の千差万別の修道会(34)と修道士が教会内に無秩序と混乱を引き起こすおそれがあると見越していたからです。教皇インノケンティウス三世主宰のラテラノ公会議〔七二〕で初めて教会はこの禁止を打ち出しました。この公会議の神父たちは次のように述べています。「かくのごとく多数で千差万別の修道会が教会内にさらなる混乱をもたらさぬよう、われわれは以後新たな修道会を創設ないし導入することを何人にも固く禁ずる。修道生活に入らんとする者は認可されている会の一つを選ぶべきである。修道会ノ過度ノ多様サガ神ノ教会ニ由々シキ混乱ヲモタラサヌヨウ、ワレワレハ以後新タナ修道会ヲ創設スルコトヲ何人ニモ固ク禁ズル。修道生

活ニ入ラントスル者ハ認可サレテイル会ノ一ツヲ選ブベキデアル」、『ラテラノ公会議録』。同じ教令はリヨン公会議[七三]でも繰り返され、確認され、その決議には次のような言葉が見られます。「賢慮をもって同公会議は修道会の過度の多様さを禁じた。その過度の多様さが教会内に混乱を引き起こすことを恐れたのである」。先の公会議の教令をこのように報じた後、リヨン公会議の神父たちは次のように続けています。「以後、新しい修道会、修道団体の創設に着手することをわれわれは何人にも厳しく禁ずる。以後、新シイ修道会、修道団体ノ創設ヲワレワレハ何人ニモ厳シク禁ズル」。ここからはっきり分かるのは、あれほど無益に公衆に負担をかける、あれほど大勢で多様な修道士や修道女を設け許容したために悪弊が生じている、とローマ教会自身が認めていることです。

皇帝アントニヌス〔アントニヌス・ピウス〕は、怠惰な精神の持ち主をひどく嫌い、国家のために働きもせぬ者が国家を食いものにすることを放置するのは、恥ずかしく痛ましいことだと言って、公衆に無益だと思う者たちからは俸給を取り上げてしまったほどです[七四]。皇帝アレクサンデル・セウェルスも、その宮廷からすべての破廉恥な人物を追放しただけでなく、属州住民にとっていなくても用が足り国家にも何の役にも立たない連中を住民の血やはらわたによって養う皇帝は国家の悪しき管理者であると言って、帝国の益にならぬと判断されたすべての人々をも追放したのです[七五]。あのように無益で、あのように民衆の負担になっている、あのすべての修道士と修道女、およびその他の聖職者を除き去るには、アントニヌスやアレクサンデル・セウェルスのような人々が今でも必要でしょう。そうすれば公衆に大いに善をなすことになるでしょう。

今まで述べてきたように、世の中で何の役にも立たないあれこれの連中が許容され権威づけられているだけでなく、さらに悪いことにはまた別種の多くの連中、言うならば他人を踏みつけ搾り取り苦しめ、彼らからその持てるもの一切を強奪する役しか果たしていない人々まで、世間で許容され権威づけられています。こういうたぐいの連中の中にはまず、普通正義の人々〔法曹界の人々〕と呼ばれているものの、むしろ不正の人々である大勢の人士を入れなければなりません。たとえば執達吏、代訴人、弁護士、裁判所書記、公証人、登記官、時には判事自身と治安地方総監[七六]さ

えも入れなければなりません、彼ら自身が泥棒とぐるであり、いわばその仲間、盗人ノ仲間〔『イザヤ書』第一章二三節〕なのです[35]。というのも、こういう連中の大部分は、民衆の権利を認める、その権利が認められるようにしてやる、という口実で、実際には彼らから搾り取り、齧り取ることしかもくろんでいないからです。歴史書に述べられているところによると、正しき者とあだ名されたポルトガル王ドン・ペドロは、詭弁を弄して訴訟を長引かせ、当事者双方を破産させたすべての代訴人と弁護士を国から追放し、追い払ったそうです〔七七〕。また、大変有能で分別のある人物で、学識者を愛した教皇ニコラウス三世も、公証人と三百代言[36]どもを貧者にたかる蛭、公衆のペスト[37]としてローマから追放したそうです〔七八〕。この二人の偉大な人物が自分たち自身の国からだけでなく、全世界からもそういう人々を追い払い、追放する権力を持っていたらよかったのにと思います。

第二に、この同じ部類に大勢の税金取りや酒倉の鼠ども〔七九〕、大勢の徴税所員〔八〇〕、大勢のタイユ税や租税〔八一〕の収入役を入れなければなりません。さらに、誰かを罠に掛けられそうだと思い、食いつける何かよい獲物があると思うと、その一帯を徘徊しひっきりなしにうろついて、獲物を捜す塩税や煙草税の監視役〔八二〕という無数の悪党、ならず者、かたり屋どももその中に入れなければなりません[38]。わがフランスのような一国の中に、国王に仕えて国王税を集め、国王権なるものを維持するという名目[39]で、哀れな民衆からあのように搾り取り奪い取るために雇われている、おそらくは四、五万を下らぬ人々がいます。やはり目につくものは何でも奪い取り強奪することしか考えない、その他無数の厚顔無恥な兵隊どもは、この中には含めていません。自分の臣下たちの福祉や幸福[40]を愛し、彼らを正義と平和の中で統治し安住させることを好む——当然そのようにすべきですが——国王や君主ならば、これほど大勢の悪党どもを善良な臣下の金で養うこれほどの不適切は避けるように十分留意するでしょうし、連中がみんなやっている、あのように苛酷で不正な圧制と公金横領に臣下をさらさないように十分留意するでしょう。良き君主たちはこのようにそんな連中を使ったことはありません。ですから、哀れな民衆を踏みつけ、絞り上げ、破産させ、疲弊させることにしか役立たないあれほど大勢のこういう種類の人々を国家の中に許容し、彼らに権威さえ与えるのは、明らかに国家における悪弊、

言語道断な不正でさえあります。

第四八章　悪弊三。人々が大地からの富を共同で所有し享受する代わりに、各人が個々に所有すること。そこから世の中に数限りない不幸と悲惨が生まれる

さらにもう一つ別の悪弊、世の中でほぼ普遍的に受け入れられ権威づけられている悪弊は、みんなで等しく共有し、またみんなで等しく共同で享受すべき大地からの産物と富を、人々が勝手に自分のものとしている私的所有です。みんなでというのは、同一の場所、同一の地域のすべての人々で、ということです。ですから、たとえば、同一の都市、同一の町、同一の村、あるいは同一の聖堂区・共同体(1)(八三)のすべての男女が、みんなお互いを兄弟姉妹と見なし、またそう考えて、全員が総体としてただ一家族を構成するように、ということです。そうなると、彼らはみんな同じ食事や同じような食事しかせず、みんな等しく十分な衣服と家とベッドと暖房を持つことになります。しかしまた、みんな等しく仕事をする、つまり各々その職業に応じて、時期と季節により何をするのが一番必要か、ふさわしいかに応じて、あるいはなにがしかを人が必要とするかも知れない可能性に応じて、労働やまともで有益な何かの職に従事するのです。ですから、彼らはみんなで平和に共同で暮らすはずでしょう。しかも、こういうすべてのことが、他人を高圧的、暴君的に支配しようと存在する人々の指導の下にではなく、もっとも賢明であり、公益の伸展と維持をもっとも意図している人々の指導と指揮(2)の下でもっぱら行われるのですから、またすべての都市とその他近隣の共同体はお互いに相互間の同盟を結び、相互間の平和と固い団結を不可侵のものとして守り、必要時にはお互いに相互援助・相互扶助を行うことに各々の側で大いに留意するのですから、彼らはみんなで平和に共同で暮らすはずでしょう。こうしたことなしには公益など決して成り立ちえませんし、大部分の人間は悲惨で不幸であるよりほかありません。

というのもまず、各々お互い別々に、個々人で好きなように享受しようと、大地からの産物と富をあのように個人で分割することから何が起こりますか。そこから起こるのは、良かろうと悪かろうとありとあらゆる手段で、各々先

を争ってできるだけ多くのものを所有しようとすることです。なぜなら、人も知るようにあらゆる悪徳と悪の根源である強欲が、いわばおのれの欲望の実現のために開かれた一種の扉をこのような状態の中に見て取り、必ずやこの機会を利用して、豊かな財貨と富を得るために可能なことなら何でも人々に行わせるからです。それはあらゆる貧窮から免れるためであったり、こういう手段で、望みうるあらゆるものの享受という快楽と満足を得るためであったりします。そして、そこから起こるのは、もっとも強い者、もっとも狡猾な者、もっとも悪賢い者、また時にはまさしくもっとも悪辣な者、もっとも卑劣な者が、大地の富の分け前をもっとも多く受け、生活のあらゆる利便をもっとも多く備えることです。そこから起こるのは、一方の人々がより多くを取り、もう一方の人々が少ない部分を取ること、時には一方の人々がすべてを取り、もう一方の人々に何も、あるいはほとんど何も残さないことさえあることです。したがって、一方の人々が金持ちとなり、もう一方の人々が貧乏人となり、一方の人々が十分な食事と衣服と家と家財道具とベッドと暖房を持っているのに、もう一方の人々は粗末な食事と衣服と家とベッドと暖房しか持っていないこと、さらには大勢の人々が身を寄せる場所もなく、飢えでやつれ、寒さのためにみんな骨の髄まで凍えることさえあることです！　そこから起こるのは、一方の人々がご馳走を食べ、飽きるほど飲み食いし腹がはち切れそうなのに、もう一方の人々は飢えで死にそうなことです。一方の人々がほとんどいつも喜びとさまざまな楽しみの中にいるのに、もう一方の人々は絶え間ない悲嘆と悲しみに沈んでいるということです。一方の人々がさまざまな名誉と栄光に輝いているのに、もう一方の人々はいつも軽蔑と下賤の中に貶められていることです。というのも、金持ちはいつも世の中で十分に名誉を与えられ重んじられますが、貧乏人はたいてい軽蔑を受けるだけだからです。またそこから起こるのは、一方の人々が休息を取り、飽きるほど飲み食いし、そうやって甘美で享楽的な無為の中で太ることしか人生でやることがないのに、もう一方の人々は労働で疲れ果て、昼も夜も休むことなく、生きるのに必要なものを手に入れるために血と汗を流していることです。またそこから起こるのは、金持ちは病気その他どんな困った時にも、人間として見いだしうるありとあらゆる援助、扶助、快適さ、薬を見いだせるのに、貧乏人はその

病気や不幸の中に打ち捨てられたまま、その中で援助も薬も、(3)快適さや慰めをもたらすものもなく、嘆き苦しんで死んでゆくことです。さらにそこから起こるのは、一方の人々はあたかも天国にいるかのように、いつも繁栄し、あらゆる財貨に豊かに囲まれ、さまざまな快楽と喜びのうちにいるのに、もう一方の人々は反対に、あたかも地獄にいるかのように、いつもさまざまな労苦と苦痛と悲嘆の中にあり、貧困から来るありとあらゆる悲惨の中にいることです。

さらにこの点で一層特徴的なことは、往々にしてこの天国と地獄の間にごくわずかな距離しかないことです。というのは、その二つの間が通り一つ、壁や仕切り一枚で隔てられているだけということがよくあるからです。(八四)あらゆる財貨の豊かさが見られ、天国のさまざまな喜びや至福が見られる金持ちの家や住まいが、(4)どんな財貨もまったく見られない、真の地獄のあらゆる苦悩と悲惨が見られる、(5)貧乏人の家や住まいのごく近くにあることは稀でないからです。(6)さらにこの点で一層不法で憎むべきことは、この天国のさまざまな甘美さと快楽を享受する資格が一番ある人々が、地獄のさまざまな刑罰と責苦を受けている当の人々であり、反対にその地獄のさまざまな労苦と悲惨をもっとも受けるに値する人々が、この天国のさまざまな甘美さと快楽をこの上なく安穏に享受している人々であることです。要するに、善人が悪人の受けるべき刑罰をこの世で日常茶飯事のごとく受け、悪人がもっぱら善人のためにあるべき財貨と名誉と満足を日々享受しているのです。というのも、名誉と栄光は善人にのみ属すべきでしょうし、恥辱と羞恥と軽蔑は悪人と堕落した者にのみ属すべきでしょうから(『ローマ人への手紙』第二章七―一〇節)。(八五)(7)しかし、世の中ではそれと反対が起こるのが普通です。これは明らかに甚だしい悪弊ですし、まったく許しがたい不正です。疑いもなくこのことが、すでに引用した一著作家をして、「これらの事柄が人間たちの悪意によって転倒されているか、神が神でないかである」と言わせているのです。*1 全能で限りなく善で限りなく賢明な神が、そのような正義の転倒を許しておこうとするとは信じられないからです。(八六)(8)

*1　ラ・ブリュイエール氏『カラクテール』

さらに、私が語っているこの悪弊から起こるのはそれだけではありません。財貨が人々の間でこのようにひどい分

け方をされ、一方の人々がほとんどすべてを取るか、適正な分け前として必要であるよりはるかに多くを取り、もう一方の人々は何もあるいはほとんど何も持たず、自分たちに必要であったり有用であったりする物を大部分欠いているのですから、そこから起こるのは、まず人々の間に憎しみと妬みが生まれることです。次にそこから不平、不満、争い、暴動、反乱[9]、戦争が生まれ、それらが人々の間に無数の悪を引き起こします。またそこから何千、何万もの悪辣で邪な訴訟[10]が生まれますが、当人たちの言い分によれば、個々人が自分の財産を守ったり、自分の権利を維持したりするために、やむなくお互いにそういう訴訟を仕掛けるのです。そして、そういう訴訟がさらに何千もの肉体的苦痛と何千もの精神的不安を彼らに与え、当事者双方を完全に破滅させることさえ稀ではありません。またそこから起こるのは、何も持たない人々とか、生きるのに必要な物一切を持ってはいない人々が、生き延びるための物を手に入れるため、あるいは現状を維持するための物を手に入れるために、多くの悪辣な手段をいわば強制され、使わざるをえなくなることです。そしてそこから、さまざまなペテン、騙り、詐欺、不正、弱いものいじめ、たかり、盗み、かっぱらい、強盗、殺人、謀殺が生じ、それがまたさらに無数の悪を人々の間に引き起こすのです。

第四九章　悪弊四[1]。無意味で侮辱的な家系上の差別に関するもう一つの悪弊、およびそこから生じる諸悪

また、あのように無意味で侮辱的な憎むべき家系の差別からは、いったい何が起こるでしょうか。つまり、人々が自分たちの間で不当にも行っている、まるでそれぞれ違う種族や違う性質の者であったり、それぞれ他よりも優れた純粋な起源を持つかのような、家系の差別からはいったい何が起こるでしょうか。そこから起こるのは、さまざまな異なる[2]家族に属する者同士が、お互いに自分は他の者より優れた、名誉ある家系だという口実で、不当にもお互いを侮辱し軽蔑し合うことです。そこから起こるのは、お互いに軽蔑し、名誉を傷つけ、悪口を言い合い、誰々の家族にはなにやら非難すべきことがあると称して、お互いに婚姻を結ぼうとしない場合さえあることです。それも、人がな

にやら非難すべきことがあると信じたり、決めてかかったりすることも、たいていは無意味で曖昧な陰口が元になっていたり、魔術を行う一族がいるという、愚かにも人々の頭に宿っている妄想や臆説〔八七〕に基づいたりするにすぎません。そういうことは、何でもないことや、馬鹿話や、単なる伝え聞きや、無知で情念に駆られて悪意を抱く連中が互いに言い合う悪口に基づいて、彼らが勝手に思い込んでいることです。そんなことにいつも掛り合おうとすれば、この種の疵なるものがまったくないと請け合える家などおそらく一つもないでしょう。自分たちはもっとも潔白だと信じ、他家には非難する点が山ほどあると思っているその家が、今度は他人から難癖をつけられているのが、日常茶飯に見られることなのですから。

それに(4)、ある家族の中に素行が良くなかったり、悪事を働いたりした個人が何人かいるとしても、それはよくあることですし、身持ちが悪い者がいない家などほとんどないのですから、おそらくは立派な人々である同じ家の他の者がみんな、そんな理由で悪く思われ軽蔑されるのが正しいでしょうか。罪のない立派な人々が罪人のために苦しみ、彼らと同じくその悪徳や過ちを恥じ、その恥辱を負わなければならないのですか！　そんなことは絶対に正しくありません。各人は他の者の功績や罪科によってではなく、自分自身の功績によって評価されなければなりません。さらに、この無意味で憎むべき家系的差別から何が起こるでしょうか。そこから起こるのは、他の者より高い地位を築き上げた者たちがその利点を鼻にかけて、だから自分たちは他の者よりはるかに優れていると思い込むことです。また、そのために彼らはいつでも高圧的に、暴君として他人を支配しようとし、他人を自分たちの法に隷属させようとするのです。あたかも自分たちは支配し命令するためだけに生まれ、他人は彼らに仕えてその奴隷になるためだけに生まれたかのように。

『テレマックの冒険』の中でこう言われています。「お偉方は尊大で高慢に育て上げられているので、彼らの良いところはすべて色あせてしまう。自分たちは他の人々と生まれが違うとし、他人とは、自分たちに仕えたり、自分たちを喜ばせたり、自分たちの欲望を見越して神々に供えるごとく自分たちにすべてを持ってきたりするために、神々が

自分たちのため地上に置いた代物であると思っている。彼らによれば、彼らに仕える幸せそのものが、仕える人間への相当高価な報酬である。彼らを満足させるためとあれば、どんなことでも不可能であると考えてはならない。ちょっとでも手間取ったりしていると、彼らの激越で乱暴な性質は苛立つ。彼らは自分自身のほかは愛することができず、自分自身の名誉と享楽にしか心を向けない人々である」〔八八〕〔フェヌロン『テレマックの冒険』、邦訳、現代思潮社、下巻一〇七―一〇八頁、朝倉剛訳〕。同じ著者はこうも言っています。「君主やお偉方をより節度ある人間に変え、他人の悲惨により感じやすくさせるのは、たいてい人生の辛酸しかない。彼らは、栄華につきものの甘美な毒ばかりを味わう時、自分がほとんど地上の神々になったような気になる。自分を満足させるためとあれば、山々に対して低くなれと言ったり、人を人と思わぬだけでは気がすまぬと見えて、森羅万象を自分勝手にもてあそぼうと欲したりする。人間の抱く苦悩について他人から聞かされようが、皆目見当もつかぬ始末だ。こういう連中にとっては、夢物語なのだ。彼らは善悪の差異について、ついぞ考えたことがない。悲運にあって初めて彼らは人間性に目覚め、木石のごとき心も情け心に変わりうる。そして彼らは、自分たちも同じ人間であることを知り、自分たちに似た他の人々にも手心を加えなければならないと覚る」〔八九〕〔同書、邦訳、現代思潮社、下巻二八二―二八三頁、朝倉剛訳〕。

こういう不都合の一切から、人々が互いに不当にも行っている、あの無意味で憎むべき家系上の差別には悪弊がある、と十分はっきり分かります。

第五〇章　悪弊五〔1〕。結婚の解消不能に関する悪弊、およびそこから生じる諸悪

〔2〕さらにまた、人々の間に見られる別の悪弊からは、すなわち、あのように伴侶の一方が死ぬまで結婚を解消不能にする悪弊からは、いったい何が起こるでしょうか。そこから何が起こるのでしょうか。人々の間に惨めで不幸な無数の結婚と、惨めで不幸な無数の家庭が存在することが、そこから起こるのです。そんな家庭では、男たちはひどい妻

と一緒であるため哀れで不幸な者となり、また女たちもひどい夫と一緒であるため哀れで不幸な者となり、そのために家庭が崩壊し消滅してしまうことさえあります。というのも、こういう不幸な結婚の数だけ、男女が愛し合わず平穏に仲良く一緒に暮らせず、反対にお互いいつも憎み合い仲違いをし、絶え間ない不和の状態にあるこういう不幸な家の数だけ、その結婚を毎日憎み呪っている不幸な男女がいるからです。彼らの苛立ちと苦悩を一層増すのは、こんなひどい契約を取り消せないと分かっていることです、彼らにとってこんな不愉快で利益にならず、時には致命的でさえある絆と誓いを、正式に破棄できないと分かっていることです。そのために、ついに夫婦別居・財産分離というスキャンダルにまで至ることは珍しくありませんし、また時には、どちらかが相手の生命に危害を加え、自分にとってはそれほどに忌まわしく耐えがたい絆とくびきから、そういう手段で完全に脱け出そうとすることさえあります。

こういう不幸な結婚から、さらに何が起こるでしょうか。そこからよく起こるのは、その結婚から生まれる子供たちが、父親や母親が過ちを犯し、その指導が悪いために、惨めであり不幸であることです。彼らは子供たちに毎日悪い手本を示し、子供たちを教育したり、教育してもらったりすることを——学問技芸および良俗をそうやって教えるべきでしょうが——なおざりにしています。その上、そのようにして結婚生活に入った人々の大部分は彼ら自身、躾けも食事も世話も教育もあまり与えられなかった哀れな人々で、子供たちに自分が受けたよりも立派な躾けや世話や教育を与える、あるいは教育を与えてもらう手段や能力や便宜を持っていないのですから、そこから起こるのは、子[3][4]供たちが相変わらず無知で低俗なまま、汚物と垢にまみれ、貧困と悲惨な状態にあることです。そのため子供たちが飢え苦しんで死んだり、生きるのに必要なものが十分ないため、体が大きく丈夫になれなかったりすることがよく見かけられます。民衆の大部分はこのようにして生まれ、養われ、またこのようにして無知と低俗や貧困と悲惨の中で育てられ、年端も行かぬ頃からさまざまな厳しく辛い労働に慣らされ、しかも、そういうことをいつも金持ちと地上のお偉方に従属し支配されて行っているので、そのために自分たちの人間としての条件であるさまざまな自然的権利をほとんど知らず、このように自分たちを奴隷的な悲惨で不幸な状態に貶めることが、侵害であり不正であることも

ほとんど知りません。だからまた民衆は、自分たちをこれほど不幸にしているくびきを振るい落とし、こんなひどい悲惨から脱け出すことなどほとんど考えつかず、今まで慣れてきたように、また彼らが現に生まれてきたのはただ他人に仕え、哀れな民衆の条件である惨めな状態の中で、貧困と悲惨の中で生きて死ぬためだけであるかのように、さまざまな苦労と悲惨を抱えたみすぼらしい暮らしを立てることしか考えられないのです。

さらに、この種の個々の解消できない結婚から何が起こるでしょうか。そこから起こるのは、父親と母親が死んで、幼い子供たちを残してしまう場合、貧しかったりすれば、孤児として取り残されて、その子らが二重に不幸になることです。というのも、子供たちは何の支援も保護もないまま、どこで休んだらいいか、どこへ帰ったらいいか分からないようになることが珍しくないからです。彼らは歩ける時には、哀れにもやむなく戸口から戸口へとパンを乞い歩きます。加えて彼らを虐待し、汚物と垢にまみれさせたまま、ほとんど飢えと寒さで死にそうになっても放っておく継父や継母から[5]ひどい仕打ちを受けることもよくあるからです。その子らに何か金になるものが残されていても、往々にして彼らの財産はひどく浪費され、杜撰に管理され、それを受け取る際には彼らにほとんど何も残されていません。こうして彼らは甚だしい損害を被ります。今まで述べてきた[6]こうした一切の不都合、こうした一切の害悪は、やはり今まで述べてきたああした種々の悪弊から通常のこととして、いわば必然的に生まれるのです。

第五一章　みなが平和に生き、財貨と生活の利便を共同で享受するならば、人々に戻ってくる大きな福祉と大きな利点について

すでに述べたように、もし財貨と富と生活の利便を共同で平等に所有し享受すれば、もし全員が揃ってまともで有益な何かの職務や、まともで有益な何かの肉体的あるいは精神的労働に[1]従事すれば、またもし大地の富と労働や技術の成果を互いに賢明に案配するならば、人々がみんな幸福に満足して生きることができる根拠は十分にあります。というのも大地は、人々がそこからの富を常に善用するならば、彼らを養い育てるものをほとんどいつもかなり十分に、

いやかなりふんだんにさえ産出しているからです。生きるのに必要なものを、大地が産出し損ねることは滅多にないことです。またそうなれば、各人は平穏に生きるだけのものを十分持てるでしょう。必要なものに事欠く人は誰もいなくなるでしょう。自分と子供たちのための食物や着物を手に入れるのに苦労する人は誰もいなくなるでしょう。自分と子供たちがどこに住んだらいいか、どこに寝たらいいか考えるのに苦労する人は誰もいなくなるでしょう。秩序立った共同体の中で、各人がこれらすべてのものを確実に、豊かに、簡単に、具合よく見つけられるからです。そしてそうなれば誰も、隣人の不意をつこうとペテンや悪巧みや詐欺をする必要はなくなるでしょう。誰も自分の財産を守るため訴訟に訴える必要はなくなるでしょう。誰も隣人を羨み、互いに妬み合う必要はなくなるでしょう。みんなほとんど、同じ平等の状態にあるはずだからです。誰も他人の持ち物を奪おう(2)と考えたりする必要などなくなるでしょう。誰も財布や金や財産を奪おうと人を殺したり、謀殺したりする必要などなくなるでしょう。そんなものは、まったく個人の用に役立たなくなっているはずだからです。誰ももはや、いわば自分から労働と疲労で死ぬほどになる必要(3)はなくなるでしょう。今は無数の哀れな人々がそうしています。彼らはいわば強制されて死ぬほど働き、苦労し疲労し死ぬほどになってまで(4)、生きるためのものと、さまざまな費用や厳しく取り立てられる税の支払いに必要なものをわずかでも得ようとするのです。つまり、もはや誰もそのようにして苦労と疲労で死ぬほどになる必要などなくなるのです。各人が、各々労働の苦労を担うはずですから。そして他人が役立つ仕事に就いているのに、役にも立たず(5)何もしないような人は誰もいなくなるはずですから。

驚かれますか、皆さん。哀れな民衆の皆さんは、自分の人生にこれほどの禍と苦しみがあることに驚かれますか。そのわけは、皆さんの『福音書』〔九〇〕のたとえ話に出てくるあの労働者たちのように、皆さんだけが一日中、労苦と暑さを辛抱しているからでしょう。そのわけは、皆さんと皆さんのすべての同胞が、国家の重荷をすべて背負っているからでしょう。あなたがたは、暴君である(6)あなたがたの王や君主たちの重荷をすべて背負っているだけでなく(7)、貴族と僧族の重荷もすべて背負っているのです。すべての修道僧とすべての法曹界の人々の重荷も背負い、お偉方の連中に

仕えるすべての従僕や馬丁、およびその他の連中に仕えるすべての下男・下女もあなたがたが背負っているのです。すべての軍人、すべての税金取り、すべての塩税・煙草税監視役、さらに世間のぐうたらで役立たずの連中さえ含めて、すべてあなたがたが背負っているのです[8]。というのも、こういうすべての連中が生きていけるのは、もっぱらあなたがたの苦労多い労働のおかげなのですから。彼らが生きるのに必要なすべてのもの、また、生きるのに必要なものだけでなく、彼らの楽しみや快楽に役立ちうるすべてのものまで、あなたがたは自分の労働によって提供しています。たとえば、もし民衆から支えられていなければ、地上でもっとも偉大な君主、もっとも偉大な主権者であっても、いったい何でしょうか。彼らがその偉大さと富と権力のすべてを引き出しているのは、まさに民衆からにすぎません（にもかかわらず、彼らは民衆にあれほど容赦しませんが）。要するに、皆さんが彼らの偉大さを支えなければ、彼らとて皆さんと同じく力のない小さな人間にすぎません。皆さんが自分のものを彼らに与えないなら、彼らにも皆さん以上の富はありません。さらに、皆さんが彼らの法と意志に服従しようとしなければ[9]、彼らにも皆さん以上の権力も権威もありません。私が述べてきた[10]こういうすべての連中が、皆さんと労働の苦労を分かち合い、皆さんが額に汗して稼ぎ、あれほど豊かに生み出すあの財貨から、適切な取り分を皆さんにも自分たちと平等に残すならば、一方で皆さんの重荷ははるかに軽くなり、はるかに疲労も少なくなり、また[11]もう一方では、今あるよりもはるかに多くの休息と安楽さを、皆さんは生活の中で持てるでしょう。しかし、そうはなっていません。すべての苦労はあなたがたと、あなたがたの同胞のものであり、すべての良いものは他の連中のものです。連中にそんな価値はまったくないとしても。そしてそれだからこそ、哀れな民衆の人生にはあれほどの禍とあれほどの苦しみがあるのです。

ラ・ブリュイエール[12]氏は『カラクテール』の中でこう言っています（「習俗について[13]」〔第一一章「人間について」〕）。「何やら野獣のごときものが見える。雄もあり雌もあって、野良に散らばっている。真っ黒で、血の気がなく、いずれも日に焼けている。大地にへばりつき、その絶ちがたき執拗さをもって、掘りかつ耕している。その声には何やら音節がある。腰を起こしたところを見ると人の顔をしている。いや、それは人間だった。夜になれば巣穴に帰り、黒

いパンと水と草の根で露命をつなぐ。彼らは、他の人間が種を蒔き、耕し、収穫する労を取らなくても、生きられるようにしてやっているのだから、自分たちが種を蒔き、あれほど苦労して生み出したパンに事欠かないだけの資格は、彼らにもあるのだ」〔九一〕〔ラ・ブリュイエール『カラクテール』、邦訳、岩波文庫、中巻一九四頁、関根秀雄訳〕。そのとおりです。間違いなく彼らにはパンに事欠かないだけの資格があります(14)。いや、パンを真っ先に食べ、さらにあれほどの苦労と疲労をして作り出したパンの一番良い部分を手に入れ、それにまた美味しいブドウ酒の最良の部分を手に入れる資格は十分あるでしょう。しかし、なんという非道で憎むべき残酷さでしょう。彼らの苦労多い労働の実りの最上の部分を金持ちと地上のお偉方が彼らから奪い取り、彼らにはあれほど苦労し働いて作り出したその上等な小麦のいわば藁、その美味しいブドウ酒のいわば澱しか残さないのです。私が引用した著者はそうは言っていませんが、十二分にそれを暗示しています〔九二〕。さてさらに、私がすでに言ったように、すべての財貨が賢明に管理され分配されるならば(15)、誰も自分や身内の者のために欠乏や困窮を恐れる必要などもはやなくなることでしょう。すべての財貨と富はすべての人間のために平等にあることになるからです。これこそが間違いなく、人間にとって起こりうる最大の善であり最大の幸福でしょう。

また、人々があの無意味で侮辱的な家系上の差別にあのようにこだわらず、みんなお互いを本当の兄弟や姉妹と見なすなら――彼らの宗教の原理に従えばそうすべきでしょう(16)――彼らの中の誰も同輩より生まれが良いとか高貴だとかいうことを、鼻にかけたり誇ったりできなくなるでしょうし、したがってお互いに軽蔑し合い、生まれや家系のことでお互いを侮辱して非難し合う理由もなくなるでしょう。そうではなく、良い生まれとか高貴な生まれとかいう架空の価値によるのではなく、各人は自分自身の価値によって評価されるようになるでしょう〔九三〕。このことはやはり、人々の間で大変大きな幸福となるでしょう。

また人々が、とりわけわがキリスト崇拝者たちが、あのように結婚というものを解消不能にせず、反対に結婚という結びつきと友愛をいつも彼らの間で自由にしておき、どちらにも、すなわち男にも女にも、気質が合わなくても一

生別れずに一緒に暮らせと強制などしなければ、人々の間にあるあれほど多くの不幸な結婚と不幸な家庭は確かに見られなくなることでしょう。夫婦の間に見られるあれほど多くの不和といさかいはなくなるでしょう。あのようにしょっちゅうやっているように、夫婦が毎日お互いを非難し罵倒し苛めるような真似などする必要はなくなるでしょう。あのようにしょっちゅう相手に腹を立て、お互いに呪い合い、彼らがよくやるように、あれほど猛り狂って殴り合い、摑み合いをする必要などなくなるでしょう。なぜなら、彼らが愛し合わなくなりともに楽しめなくなった時には、自由にそして平穏に別れることができ、それぞれ[17]自由に他のところに自分の満足を求めに行けるからです。要するに、今は解消不能の結婚という致命的なくびきのもとで、一生惨めであるあれほど多くの人々がいますが、このようになれば不幸な夫も不幸な妻もいなくなるはずです。反対に彼らは自分にふさわしい男や女と一緒に、お互いにいつも楽しく平和に喜びと満足を味わうことでしょう。なぜなら、その時には夫婦の婚姻関係の原理、そしてその主要な動機となるのは、いつの場合でもすばらしい友愛だからです。これはお互いにとって大変大きな幸福でしょう。そこから生まれる子供たちにとっても同じことです。なぜなら彼らは、父親か母親を失い、時には両方とも失って孤児となり、そのために誰からも見捨てられたようになる、あの大勢の子供たちのようにはならないからです。あの子たちはといえば、ものも食べさせず殴りつける粗暴な継父やひどい継母に服従させられたり、放っておくくせに不当にその財産を食いつぶしてしまう後見人や財産管理人に監督されたりして不幸になっているさまがよく見られます。また、そこから生まれる子供たちは、自分の父親と母親の監督下にあってさえ不幸であるのが見られる、あの大勢の他の哀れな子供たちのようにもならないでしょう。あの子たちはといえば、まったく年端も行かないうちから貧困、冬の寒さ、夏の暑さ、飢え、渇き、着物もない、といったあらゆる悲惨さを耐え忍び、いつも垢と汚物にまみれ、教育も知識も与えられず、生きるのに必要な栄養が十分ないために、すでに言ったように、ほとんど体が大きくなることも丈夫になることもできないありさまなのです。

　そのようではなく、子供たちはみんな平等に立派に育てられ、みんな平等に立派に養われ、必要なものはすべてあ

てがわれることになるでしょう。なぜなら、彼らはみんな公の共有の財貨によって共同で育てられ、養われ、世話をされるからです。また同じく、彼らはみんな平等に良い習俗と誠実さを教えられ、学問と技術を教えられるでしょう。公にとっての有用性から見て、またその子たちの働きが必要とされる可能性から見て、彼らの一人ひとりに教えることが必要でふさわしい範囲でそれらが教えられるでしょう。したがって、みんなが同じ道徳原理を、品位と誠実に関する同じ規則を教えられるのですから、彼らをみんな賢く誠実にし、彼らをみんな一致協力させて同じ善に向かわせ、彼らをみんな祖国に役立つ働きができるようにすることは簡単でしょう。これはやはり間違いなく、人間社会の福祉にとって大変有利なことでしょう。人々がまちまちな道徳原理で育てられ、教えられ、まちまちな規則とまちまちな生き方を採用した場合にはこうはいきません。そういう場合、育ち方と教育と生き方のこの多様性が人々の中に吹き込むのは、ただ対立ばかり、気質と見解と意見の多様性ばかりですから、そこから彼らはともに穏やかに和合すること[18]はできないからです。したがって、みんなが揃って同じ善に協力することなどできないからです。その結果、彼らの間に絶え間ない争いと不和が生じることになります。しかし、彼らがみんな若い時から同じ道徳原理で育てられ教えられた場合には、そして生き方と行動に関して同じ規則に従うことを学んだ[19]場合には、その時にはみんな同じ意見[20]を持ち、みんな同じ目的を持っているのですから、すべての人に共通な利益という同じ善にみんなが向かって行くのははまったく簡単なことです[21]。

ですから、結婚と夫婦の結びつきに関して人々をいつも自由にしておくことは、彼らにとってはるかに良いことでしょう。その子供たちをみんな平等に立派に育てさせ、養わせ、世話をさせ、良い習俗および学問と技術をしっかり教えさせることは、彼らにとってはるかに良いことでしょう。いつもお互いをみんな兄弟姉妹であるかのように見なし愛し合うことは、彼らにとってはるかに良いことでしょう。自分たちの間で決して家の差別などせず、他の者より自分は良い家系だ、良い生まれだなどと決して思わないことは、彼らにとってはるかに良いことでしょう。全員が何かちゃんとした仕事や何かまともで有益な職務に就き、各人がそれぞれに労働の苦労と生活の不便を分けて担い、不

正にも一方にすべての苦労とすべての重い負担を残して、もう一方は楽しみと満足を味わうだけにしようなどとしないことは、確かに人々にとってはるかに良いことなのです。さらに、すべてを共有し、財貨と生活の利便を皆で共同して平和に享受し、もっとも賢明な人々の指導と指揮の下にこれらすべてを行うことは、人々にとってはるかに良いことです。彼らがみんな今とは比較にならないほど幸福になり、満足することは間違いないでしょう。今、毎日あれほど大勢見られるような哀れな人々も、不幸な人々も、貧しい人々さえも、地上に一人も見られなくなるのですから。(22)

古代の一哲学者はこの問題について、次のように述べています。それはセネカですが、彼はもっと昔の別の哲学者ポセイドニオス〔九四〕が報ずるところに基づいて、書簡第九十でこう語っています。「黄金時代と呼ばれるあの幸福な時代には、大地のすべての富はすべての者によって分け隔てなく享受されるため、共有のままに留まっていた。死すべき人間たちの間にあったこの社会を貪欲と浪費が打ち壊し、彼らが共有状態から略奪状態へと走り寄る前には、これとは違う人間たちの生き方を何か褒め上げ高く買うような者は一人としていなかったし、彼らの間にあったと言われるものより優れた、賞賛に値する風俗習慣を人々に示せた者もいなかった。彼らの間には、境界石や境界線によって田野を分割する者は見られず、みな共同で暮らしていたし、当時は大地そのものも気前がよく、種を蒔かずともあらゆる果実を豊かに実らせていた。このような人間たちより幸福なものが何か見られるだろうか。すべての者が自然とさまざまな財貨を共有で楽しんでいた。すべての人々を庇護するのに、母たる自然だけで十分であったし、皆のものであるさまざまな富を保有することがこうしてしっかりと保証されていた。貧しい者が一人も見いだしえないこういう人間の状態は限りなく豊かであった、と私が言うとしても当然ではないだろうか。

清らかに整えられていた状態にまず貪欲が襲いかかり、いくらかの財貨を別に取り分け、おのれ個人の利益になるものに変えようと望んだため、貪欲はすべてのものを他人の権力に委ねてしまった。限りない所有という状態から脱け出て一隅に籠もり、貧困を連れ込んだのである。こうして多くのものを望み始めた時、貪欲はすべてを失った。しかし、失ったものを取り戻すためどれほど駆けずり回るつもりでも、どれほど苦労して田畑に田畑を重ねようとも、

金や力を用いて隣人を追い出し、広大な一地方全体にまで領地を広げ、おのれの土地だけを通って長い旅ができ、これはすべて自分の所有だと呼ばわるまでになっても、それがどんな広大な田畑の所有であるにしても、われわれを出発した地点にまで連れ戻すことはできないだろう。ありとあらゆることをすれば、多くを持つことにはなろうが、かつてはすべてを所有していたのだ。かつて大地はそのままでも耕された時より肥沃であったし、人々が力ずくで奪わない時には、より惜しみなく必要に答えてくれた。人々は自分が見つけたものを他人に見せる時も、見つけた時と同じだけの喜びを感じたし、多く取り過ぎる者も少なく取り過ぎる者もありえなかった。すべてはしっかりと心が合う者たちの間で分けられ、もっとも力がある者がもっとも弱い者に手を上げることもまだなかったし、必要のないものを隠し持つ吝嗇漢が、他人から生きるのに必要なものを奪うこともまだなかった。他人のことも自分と同じように気づかっていたのだ。深い森によって日の暑さから守られ、冬の寒さや雨を避けるため木の葉や枝で覆った小屋に住み、まったく心安らかに暮らしていたこの人々は、溜め息一つつくことなく穏やかな夜を過ごしていた。だが、われわれは緋の布団を被っても心配事と苦労に苦しめられ、その残酷な針で始終刺される。彼らは固い寝床でも甘美な優しい眠りについていたというのに」〔セネカ『道徳書簡』第九〇書簡[九五]三六—四一節、邦訳、東海大学出版会、四一九—四二一頁、茂手木元蔵訳〕。

『歴史新報』（一七〇六年一月号）の著者[九六]も、そうした原始時代の人間についてほぼ同じことを報じています。「幸いなるかな、黄金時代に、また詩人がかくのごとく歌いし無垢のうちに暮らせし人々よ。

黄金時代が始まりぬ。この時代、幼き頃より
命果つるまで、人は無垢を保ち、
その企みはただ公正にのみ諮りて、
厳格さを誠実さに結び合わせたり。

後に見いだされし人を罰する法律も、
いまだ青銅板には刻まれず、
私利私欲もなしにみな心安らかに暮らし、
判事や判決という呼び名も知られざりき。」〔上掲誌一七〇六年一月号、記事三〕

パスカル氏もこの同じ見解を抱いていることが、その『省察〔パンセ〕』の中に相当はっきり示されています。〔三三一頁〕[九七]。全地上の横領と、その結果起こったすべての悪は、共有のままにしておくべきであった事物を各個人が私有しようとしたことからもっぱら生じた、と書いているのです。「〈この犬は、僕のだ〉と、あの坊やたちが言っていた。〈これは、僕の日向ぼっこの場所だ〉。ここに全地上の横領の始まりと、縮図とがある」〔パスカル『パンセ』、中央公論社、一八八頁、前田陽一・由木康訳〕。プラトンも、あの神のごときプラトンも、市民が仲良く暮らすことができる国家を建設しようと、正当にもそこから「僕のもの、君のもの」という言葉を追放しました。分けるべきものが何かある限り、いつも不満がまき起こり、そこから争いと不和と戦争と訴訟が生まれると正しく判断したのです[九八]。

第五二章 初期キリスト教徒の共同体が、今ではキリスト教徒の間で廃止されている

キリスト教はどう見てもその初期には、人間に最良でもっともふさわしいものとして、この共同生活の形態へと信徒たちを連れ戻そうとしたように思われます。キリスト教が彼らにすべての者を兄弟と見なし、彼らの間では皆を平等な者と見なすよう、義務づけたことからそう思えるだけではありません。初期に彼らの間でこれが実践されていたことからもそう思えるのです。というのも、当時彼らの間ではすべてのものを共有にし、貧しい者は一人もいなかった、と彼らの書物に書かれているからです。「大勢の信者たちは、みな同じ一つの心と同じ一つの精神を持つだけで、

誰一人として所有するどんなものもとくに自分に属すると見なす者はなく、すべてを共有としていた。貧しい者は彼らの中に一人もいなかったが、それは土地や遺産や家を持つすべての人々がそれらを売り払い、その代金を使徒に手渡し、彼らが一人ひとりに対し必要に応じて金が分配されるようにしたからだ」（『使徒行伝』第二章四四節）[九九] と彼らの歴史書は語っています。これをもとにして、彼らは「聖徒の交わり[1][一〇〇]」、すなわち聖徒間での財貨の共有を自分たちの信仰と宗教の主要点の一つとして確立することになったのです。そしてこの信仰箇条によって[2]、自分たちはみな聖徒であり、自分たちの間ではすべての財貨が共有であると主張しようとし、またそう理解させようとしました。

　しかし、この聖なる交わり、あるいはすべての財貨の共有による団結なるものは、キリスト教徒の間でもこのままに[3]長くは続きませんでした。強欲が彼らの心に忍び込み、やがてすべての財貨の共有によるこの団結を断ち切り、やがてかつてあったあの分裂を彼らの間に持ち込んだからです。しかし、彼らの信仰と宗教の象徴たるこの箇条を、主要なものであり、もっとも侵しがたい守るべき唯一のものでもあったこの箇条を、完全に廃棄し消してしまったとは見えないようにするために、いったい彼らは何をしたのでしょうか。彼らは（すなわち、もっとも多い分け前を取った後、彼らの中で首位に立つ主要な人々は）、彼らの信仰のこの同じ箇条は相変わらずそのままにし、交わりというこの言葉を、というよりも聖徒の交わりと財貨の共有[4]というこの信条を、霊的財貨の架空の共有（霊的財貨もまた実は架空の財貨にすぎません）ということに結び付けることを思いついたのです。とりわけ、二枚の鉄板の間で焼かれた小さなねり粉の像をいくつか敬虔に拝領し、食べることに結び付けようと思いついたのです[一〇一]。その像をミサで彼らの司祭たちが聖別するふりをし、これは真に彼らの神キリストの肉と血であると語り、まず彼ら自身が自分でそれを食べ、ついでそれに与ろうとミサに出席する敬虔さを備えたすべての男女に、それを分け隔てなく食べるように授けるというわけです。始めた時と変わりなく、破ることなく自分たちの間で守るべきであった、財貨の共有と財貨への共同参与に関する彼らのあの信仰箇条を、彼らは濫用して滑稽にもこんなものに貶めてしまったのです。ですから、私が先に語った修道士と呼ばれる人々を別にすれば、彼らの間にもう共有の財貨はほとんどありません。というのも、

聖堂区あるいは教区共同体に関しては、彼らにまだいくらかの共有財産があるとしても、それはあまりにわずかで語るに及ばないほどだからです。各個人にとっては、そんなものはほとんど何ものでもないからです。

しかし、この点では他の者たちより賢明で慎重だった修道士たちは、つねに配慮して彼らの財貨をすべて共同で保有し、それを全員で共同して享受してきました。ですから、彼らがいつも繁栄を保ち、その結果、彼らには何一つ欠けるものがなく、たいていの人間を人生であのように不幸にしている、貧困からくるさまざまな悲惨や不如意を、彼らが少しも感じていないのが見られるわけです。彼らの僧院は領主の館や王宮のような豪邸で、それらに匹敵する豪華な装飾と家具を備え、彼らの庭園や花壇は地上の楽園やエデンの園のよう(5)、その酒倉や穀物倉や家禽小屋はいつもあらゆる最良のもの、つまり極上のブドウ酒、小麦、家禽でいっぱいです。要するに、彼らの邸宅はありとあらゆる財貨と利便の貯蔵所のようで、それらをすべての個人は共同で楽しむという幸いに浴しています。もしも、彼らが現に享受しているあらゆる財貨や、富に基づくあらゆる利便とともに、彼らの性向と欲望に沿って結婚という甘美な快楽(6)を享受する自由をさらに手に入れるならば、その上、今のように彼らの宗教というきわめて愚かで滑稽な迷信に隷属させられることがないなら、彼らこそ死すべき人間の中でもっとも幸福な人々だとも言えるでしょう。こういう修道士の幾人かが、ある日、美しい娘たちがはしゃぎながら一緒に遊んでいるのを目にして、それに見とれ、溜め息をつくようにこう言いました。「こんな愛らしい人たちとおのれの欲望を満たせる男は幸せだ、ソレラデオノレノ欲望ヲ満タシタ者ハ幸イダ」（『詩篇』第一二六篇五節）と。彼らの念願が完全に叶うにはそれだけしか欠けていなかったわけです。彼らが財貨の共有をやめ、各々別々に自分の取り分・分け前を好きなように楽しもうと自分たちの間で分割することになれば、彼らもたちまち他の者と同じように生活のあらゆる悲惨と不如意にさらされ、追い込まれることは確実です。ですから、ここからはっきり分かるのは、彼らが今のような繁栄状態をあのようにうまく維持しているのも、彼らの良い規則と、共同生活・所有財貨の共同享受という彼らの良い生き方とのおかげだということです。彼らが生活のあらゆる利便を快適に、また有利に自分のものとしているのもこういう生き方のおかげですし、貧困に

よるあらゆる苦労と悲惨から幸福に身を守っているのもまたそのおかげです。

すべての聖堂区についても、それらを構成する民衆が了解し合って、みなで一緒に平和に共同生活を営み、みなで共同で有益な仕事に励み、各々その地域でみなで平等に大地の富と労働の成果を共同で楽しむことに同意するなら、まったく間違いなく同じことになるはずです。その場合、望めば至る所に、自分たちと家畜が便利に暮らす快適で堅牢な邸宅や屋敷を建てることさえ、修道士たちよりずっと容易にできるでしょう。望めば至る所に、快適で有益な庭園や果樹園を作り、そこでありとあらゆる見事な美味しい果実を豊かに取り入れることができるでしょう。望めば至る所でたんねんに土地を耕し種を蒔き、ついでそこからありとあらゆる穀物や美味しい野菜を豊富に収穫することもできるでしょう。さらに望めば至る所で、こういう共同の生活の仕方によって、あらゆる財貨を豊かに自分たちのものにすることができるでしょうし、そうやって貧困によるあらゆる悲惨と不如意から身を守ることもできるでしょう。こうすれば、彼らはみんな幸福で満足して生きることができます。一方、今はあのように、みんながそれぞれ別々に大地の富と生活の利便を享受しているため、彼らは、彼らの大部分は、ありとあらゆる禍と悲惨にさらされ、それらに巻き込まれているのです。大地の富が人々の間であのようにひどい分け方をされ、あのようにひどい管理をされている限り、無数の不幸な人々がいなくなることは不可能です。ですから、今のように財貨と生活の利便をそれぞれ別々に所有し、今のようにそれらをそれぞれ別々に享受することは、明らかに民衆の間における悪弊、それも甚だしい悪弊です。彼らはそのようにしてあれほどたくさんの大きな幸福を奪われ、そのようにしてあれほどたくさんの大きな不幸と悲惨にさらされ、それらに巻き込まれているからです。

第五三章　悪弊六(1)。地上の王侯君主の暴虐な統治について

最後に、もう一つ別の悪弊が人生において大部分の人々を悲惨で不幸なものにする仕上げをしています。それはほ

とんど至る所で見られるこの世のお偉方による圧制と、ほとんど地上の至る所で絶対権力をもって他のすべての人間を支配している王侯や君主による圧制とです。というのも、今ではこういう王侯や君主は、民衆がその重みで押し潰されていると日々感じる無数の法律と重い負担を課し、自分たちに服従している哀れな民衆を虐げている以上、また悲惨なことにそのように虐げるのをやめない以上、連中はすべて紛れもない暴君にすぎないからです。「プラトンは『ゴルギアス』の中で、暴君を定義して、〈都市国家において好き勝手なことをする者〉とした」（〔モンテーニュ〕『エセー』二四三頁〔邦訳、岩波文庫、第二巻九七頁、原二郎訳〕）、とモンテーニュ氏は言っています。この定義に従えば、主権者は現在みんな暴君であると間違いなく言えるでしょう。というのも、彼らはプラトンが言うように、いくつかの町や都市だけでなく、地方や王国全体で好き勝手なことをする自由をみんなわがものとしていますし〔一〇二〕、大胆にもその自由を傲慢・尊大の域にまで推し進め、その行動や法律や意志や(2)命令の理由として、自分たちの意志そのものや(3)意向以外には何も挙げないほどになってさえいるからです。「私ハコノヨウニ望ミ、コノヨウニ命ズル、ソノ根拠ハ私ノ意志デアル」とかつて(4)述べたあの女のように、これがわれらの意向である、と彼らも言うのです〔一〇三〕。

イスラエルの民が預言者サムエルに、他の国々のように、われわれを治める王を与えよ、と願った時、その盲目さと愚かさをサムエルが非難したのはまったく正しかったのです（『列王紀一』第八章五節、一一節――〔五、六節〕〔一〇四〕(5)）。預言者は彼らのそのような愚か(6)な願いにただちに抗議し、そんな愚かな考えから彼らをそらそうと、王が彼らに課すくびきの耐えがたい辛さを懸命に説きました。「知るがよい、おまえたちの王は、おまえたちの息子や娘を取ってありとあらゆる仕事や役務のために使うだろう。ある者は彼らの戦車を駆り、またある者は戦の中で毎日死の危険にさらされることになる。またある者は彼らの側に置かれ、ひきつづきありとあらゆることのために使われる。ある者はさまざまな技術や技芸を行うために、またある者は彼らの土地で働くために、金で買われた奴隷のように使われる。彼らはまたおまえたちの娘を取ってさまざまな作業に使うだろう。懲罰を恐れてやむなく働く下女であるかのように。彼らはおまえたちの資産と家畜を取って、彼らの寵臣や宦官やその他の家臣に与えるだろう。ついには、おまえたち

も、おまえたちの子らも、すべての者が王にだけでなく王の召使にも隷属することになるだろう。その時おまえたちは今日私が行った預言を思い出し、おのれの過ちを悔いて呻吟し、心に苦い思いを抱いて、このように苛酷な隷属から解放してくださいと神に助けを求めるだろう。しかし、神はおまえたちに耳を貸さず、おまえたちがその無思慮と忘恩のゆえに受けるに値した罰で苦しむのを放っておくだろう」（同書）〔一〇五〕。この預言者の有益な忠告を聞く耳を民衆は持たず、反対に前にも増してその要求に固執したので、サムエルもやむなく彼らに一人の王を事実与えました。しかし、それは彼の性向にも意見にもまったく反したことでした。というのも、どうやら正義を愛したこの預言者は王制を好まず、ユダヤの著名な歴史家ヨセフスが言うように、〔一〇六〕「彼は貴族制こそすべての統治形態の中で最良と確信していた」からです、〔ヨセフス〕『ユダヤ古代誌』第六巻第四章〔第三章〕。

もし預言というものがあれば、この時その預言者が行ったものほど本当に実現された預言はありません。というのも、民衆にとっては不幸なことに、すべての王国で、またその時以来経過したすべての時代を通じて、この預言が実現されるのが見られたからです。また、今でもその実現が見られるという不幸を、民衆は十分すぎるほど味わっています。とりわけ、わがフランスにおいて、私たちのこの時代においてそうです。ここでは王たちが、また摂政たちまでもが、小さな神々のようにあらゆる事物の絶対的支配者となっていますし〔一〇七〕、実際に彼らは臣下の身体と財産の絶対的支配者であると、追従者たちが彼らに信じ込ませています。まただからこそ、彼らが臣下の生命も財産もまったく斟酌せずに、自分たちの栄光や野心や貪欲や報復のために、情念に駆り立てられるまま我を忘れて、そういうものをすべて犠牲にするのが見られるのです。

臣下の金銀をすべて手に入れるためなら、いったい彼らが何をしないでしょうか。まず一方で、彼らに所属するすべての聖堂区に対し、必要というさまざまな虚しい偽りの名目をつけて、タイユ本税、タイユ付加税、御用金〔一〇八〕、その他同様の税を課し、また別の必要というさまざまな虚しい偽りの名目をつけ、好きなようにそれらを増し、二倍、三倍とします。新しい税金や課税がほとんど毎日のように見られるのです〔一〇九〕。王たちが要求するすべてを提供すること、

王たちが要請するすべてに応じることを民衆に義務づけるために、王や宮廷の高官からの新しい勅令や王令や命令書がほとんど毎日のように見られます。民衆がただちに服従せず、要求されたすべてに十分迅速に応じられず、税金として課された法外な額を十分に手早く提供できないと、ただちに巡査隊[一〇]が投入され、要求されたものを支払い、命じられたことを行うように彼らに厳しい強制を加えようとします。また、彼らのところに兵隊その他それに類したごろつきどもから成る納税督促役[一一]が送り込まれ、連中が完全に満足しきるまで、自分たちの金を出費して連中に毎日食べさせ給料を支払わねばなりません。取り立て損なうのを恐れて、支払期がまだ来ていないのに、前もって[7]さまざまな強制手段が取られることさえ稀ではありません。ですから、哀れな民衆にとって、これは強制につぐ強制、出費につぐ出費となり、追い回され、搾り取られ、踏みつけられ、あらゆる仕方ではぎ取られるのです。嘆こうと、自分たちの貧しさと悲惨さを示そうと無駄です。そんなものはまったく考慮されず、耳さえ貸してもらえません。あるいは聞いてもらえるとしても、それはあのレハベアム王にならって、彼らの重荷を軽くするというよりさらに重くするためでしょう。

　周知のようにこの王は、父ソロモン王が課したタイユ税や租税について民衆が嘆き、その軽減を彼に願っているのを知って、次のような傲慢尊大な返答をしたのです。「私の小指は父の腰よりも太い[8]。父はあなたがたにタイユ税や租税を負わせたが、私はあなたがたにさらに重いものを負わせよう。父は鞭であなたがたを懲らしめたが、私はサソリをもってあなたがたを懲らしめよう、私ノ小指ハ、父ノ腰ヨリモ太イ。〔……〕父ハ鞭デアナタガタヲ懲ラシメタガ、私ハサソリヲモッテアナタガタヲ懲ラシメヨウ」(『列王紀三』第一二章一〇節――〔一〇、一一節〕)。これが彼の行った見事な返答です。哀れな民衆の嘆きは、今でも当時より好意的に聞き入れられるわけではほとんどないと言えるでしょう。主権者たる君主たちとその大臣たちの格率は、民衆がもっと服従するように、自分たちの権威に対してどんなことも企てる力がなくなるように、民衆を疲弊させ洗うがごとき赤貧の状態にしておくことなのですから(リシュリュー枢機卿[一二])。金融家やタイユ税徴税官が民衆の金で富を築くのを許し、次に彼らから富をはぎ取り、海綿

に水をたっぷり含ませた後それを絞るように彼らを使うのが、こういう連中の格率です。自分たちの王国のお偉方の力を弱め、自分たちに危害を加えられないような状態にしておくのが、こういう連中の格率です。自分たちの主要な役人たちの間に喧嘩といさかいの種を蒔き、さらに民衆の間にさえその種を蒔き、人々が自分たちへの陰謀の企てなど考えないように、自分たちへの反抗のため心を合わせ一致団結することなどできないようにするのが、こういう人々の格率です。

そして連中はあのように民衆に重いタイユ税や租税をかけることによって、望みどおりそのことに成功しています。というのも、この手段によって彼ら自身は好きなだけ富を蓄え、臣下の方は疲弊させて、この手段によって臣下の間に紛争と分裂を起こさせているからです。というのも、各聖堂区の個々人が、自分たちの間で行わざるをえない先のタイユ税の各戸割当の問題で、各々自分は多すぎる、自分より金持ちなのにタイユ税が少なくなるらしい隣の者に比べて、自分は払うべき額よりも多く取られると不平をならべ、お互いに反目し合い、憎み合い、異議を唱え合っている間は、つまり、その個々人がこの問題で言い争い、反目し合い、喧嘩をし、お互いに千も二千も罵詈雑言を投げ合っている間は、彼らは王やその大臣たちに攻撃を向けることなど考えつきさえしないからです。連中こそが、彼らの破滅とさまざまな紛争や悲痛のただ一つの本当の原因であるのに。またその間は、彼らが思い切って王や大臣たちに不平の声を挙げることも、連中を攻撃することもありませんし、彼らにあれほど苛酷に命令を下し、あれほどの不幸を耐え忍ばせるたった一人の人間の暴虐なくびきを、みんなが意見を合わせ揺るがそうと一致団結する気持ちや勇気を持つことさえないからです。そしてその間は、人々は自分の個人的な憎しみや敵意を満足させるために、わざわざお互いの喉を引き裂き合うことでしょう。

ですから、王たちは富を蓄え、あらゆる事物の絶対的支配者となることを断固望んでいる以上、哀れな民衆は連中が要求するあらゆることを行い、連中が望むものをすべて与えるほかありません。それに背けば、ありとあらゆる苛酷な手段によって、家財の差押・押収、身柄の拘留その他のありとあらゆる暴力的手段によって、言うことを聞くよ

うに強制されます。そのために民衆はあのように辛い隷属状態の中で呻吟しているわけです。くびきの耐えがたさ、あのように忌まわしい憎むべき統治の耐えがたさをさらに増すのは、幾千人もの情け容赦のない国税取立て人どもによって毎日民衆が酷薄な扱いを受けることです。彼らはみんなたいてい尊大無礼な連中で、哀れな民衆はみんな彼らのあらゆる酷薄な拒絶、窃盗行為、詐欺行為、公金着服その他のありとあらゆる不正や虐待を耐え忍ばなければなりません。というのも、王に雇われ国税を徴収し集めていることを口実にして、下っ端のくせに、自分は威張りちらしてよいのだ、哀れな民衆を愚弄しいじめ踏みつけにし、虐待する権利が自分にはあるのだ、と思わぬ役人も収税官も徴税所員もいないからです。下劣なくせに、そのような思い上がることのない巡査も塩税・煙草税監視役もいないからです。またもう一方で、連中すなわちあの王たちは、売り買いされるすべてのものから利益をあげようと、ありとあらゆる商品に重い税をかけます。ブドウ酒、肉、ブランデー、ビール(12)、羊毛、布地、レース、コショウ、塩、紙、煙草など、ありとあらゆる消費財に税をかけるのです。さらに、通関税、登記・登簿税を支払わせます(二一五)。彼らの意向次第で、結婚、洗礼、埋葬にも税をかけます。死手譲渡税(二一六)、村落共同体便益権税(二一七)(13)、森林河川(二一八)税を支払わせます。さらに、彼らは風や雲にさえ税をかけかねないのです。

　ラ・ブリュイエール氏は『カラクテール』の中でおもしろおかしく言っています。「エルガストがするようにさせておいてご覧。彼は川の水を汲んで飲むすべての者から、いや大地の上を歩むすべての者から、税金をとるであろう。彼は葦であろうとイグサであろうとイラクサであろうと、それを金にかえる道を心得ているのである」（ラ・ブリュイエール『カラクテール』第六章「運の賜物について」二〇五頁(二一九)〔邦訳、岩波文庫、上巻二三〇頁、関根秀雄訳〕）。彼らの領地で取引をしようと思えば、売り買いのためや単に(14)商品や商売道具をあちらからこちらへと運ぶために、自由に行き来しようと思えば、『黙示録』にあるように獣の刻印(二二〇)を、すなわち税徴収済印・王の許可印(二二一)を帯びていなければなりません。王の臣下の証明書、運搬許可証、運送許可証、通行証、税受領証、保証状(15)、その他同類の許可状を持っていなければなりません。こういうものは、本当に獣の刻印すなわち暴君の許可印と呼べるもので、それを持たずに

不幸にもくだんの王という獣の監視役や役人に出会い、捕まることにでもなれば、破産・身の破滅という危険にさらされることになります。というのも、そうなればたちまち逮捕され、商品も馬も荷車も差押・没収となり、その上商人やくだんの商品運搬者は重い罰金や投獄やガリー船漕役刑をさらに科せられ、時には恥辱的な死刑を宣告されることさえあるからです〔一二二〕。先に私が言ったように、獣の刻印あるいはその印を帯びずに取引をすること、商品を運んで行き来することはそれほど厳しく禁じられているのです。「ソノ獣ノ名、マタハソノ名ノ数字ノ刻印ヲ持タナイ者ハミナ、物ヲ買ウコトモ売ルコトモデキナイヨウニスル……力ガソノ獣ニ与エラレタ」(『黙示録』第一三章一七節〔一五、一七節〕)。

第五四章　民衆を惨めで不幸にしているフランス王たちの圧制

この王たちがその王国や帝国の国境を押し広げよう、意味のないあれこれの口実を見つけては隣国に戦を仕掛けその国や地方を侵略しようと思いつくたびに、いつも哀れな民衆の生命と財産が費やされます。というのも、連中は軍隊を組織するために欲しいだけの人数を提供させますし、また連中の役人が網を仕掛けられるところでは自発的な形であれ強制的な形であれ人集めをさせるからです〔一二三〕。その軍隊を養い維持するために、連中は金や糧食も提供させるからです。それでもさらに田舎に住む哀れな民衆は、見つけるものなら何でも喜び勇んで徴発し略奪する横暴な兵隊どもからの、さまざまな乱暴狼藉や侵害を日常的に耐え忍ばなければなりません。連中の軍隊が敵国に侵入すれば、それこそ彼らはすべてを戦火と流血の中に巻き込み、すべてを根こそぎにし、諸地方を完全に荒廃させます。これこそが、地上の君主と王たち、とりわけ最近のわがフランス王たちの残酷さと暴虐さの通常の結果なのです。というのも、最近のフランス王たちほどその絶対的権力を推し進めた者も、連中ほどその民を貧困と隷属の状態に陥れた者もいないからです。あの先王故ルイ十四世(1)ほど多くの血を流させた者も、あれほど大勢の人間を殺させた者も、あれほどの

涙を寡婦や孤児に流させた者も、あれほど多くの町や地方を破壊し荒廃させた者もいないからです。彼は大王と異名をとりましたが、本当のところ、それは彼が偉大な称賛すべき事業を行ったからではなく——真にその名に値することなど何一つしませんでした——、海でも陸でも至る所で、まさしくひどい不正、ひどい窃盗行為、ひどい横領、ひどい破壊、ひどい略奪、ひどい殺戮を行ったからです。

それについてある著作家がこう語っています。『マザラン枢機卿の亡霊』[一二四]（七四頁）。「私はもはや何も包み隠す必要がない立場にいますし、恐れるものはもう何もありませんから真実を申し上げましょう。国王ルイ十四世が大王の異名をとられたのが事実だとしましても、その偉大さを現在私たちに見えるところまで高められるのにもっとも力がありましたのは、王がさまざまな勅令を廃止されたこと、信義を欠かれたこと、王と契約を結んだ人々を一層容易に欺くため『福音書』にかけて誓い、しかもその宣誓を破られたことです、これには地上の万民が同意するはずでございます。王としての誓いや約束を固く守られたのは、王の利害がそうすることを要求した時だけだったのでございますから。実際、この殿が大王の異名をとられているのは、〔神聖ローマ〕帝国とスペインを失墜させ衰微させたからでございますが、それはご自分が彼らと結ばれた諸条約で信義に背かれたからこそでございます。殿が王国からユグノーたち〔フランスのカルヴァン派〕を根絶されたために偉大であられるなら、それは王が聖別式の日に維持すると誓約された諸勅令を取消され、王や先王たちがあれほど厳かに、あれほど何回も、王としての宣言を出して与えられた諸特権の約束を反故にされる、そうされただけのことでございます[一二五]。そうした勅令を信じてユグノーたちは一世紀半以上もの間平和に暮らしてきたというのに。さらに王がその機知と色事によって愛の王国で偉大となられたのは、結婚の誓いをねじまげられたからでございます」[一二六]〔同書七二―七四頁〕[一二七]。この君主の側室マントノン夫人は、ある著作家によって女神ユノに比べられ、ブルボンのユピテルの恋人と形容された、とこの著者は言っています〔同書四一―四二頁〕。「フランスで行われている圧制と横領と窃盗行為と略奪のために、フランスのあらゆる地方では悲鳴と嘆きしか聞かれません。そういう非道のため住民はみんな物乞いをするまでになり、やむなく衣服まで売り、かろうじてシャツを

残すのみというありさまです。皆が皆逃げ出し、貴族は領地を捨て、農民は耕作を捨て、町の住人は職を捨てております」〔同書四三―四四頁〕[2]。

「今日フランスは、哀れな民衆の骨までしゃぶる膨大な数の税金の取立て人や収税吏どものために疲弊し、王は最後にはその国税まで失われるのではないかと私が危ぶむほどでございます」〔同書三三一―三三二頁〕〔一二八〕。「隣国に対してこれからはもうあのように不正な宣戦布告をしないように、正当な理由もなく決して和平を破らないように、期限が来る前に休戦を決して破らないようにと、王には進言すべきでございましょう。そうなされれば、和平を求めて現在陥っておられる苦境〔一二九〕は避けられますでしょう。もうご自分の哀れな民を今のように虐げなされませんように、臣下の権利を侵害し、持ってもいないものを無理やり提供させようとなされませんように。それと反対に、税金や新たな租税で彼らを押しつぶさずに、父親の役をされ、彼らのすべてに公正な自由を与えるべきでございます。さもないと王国に大動乱が起きると覚悟しなければなりません〔一三〇〕」〔同書三三四―三三五頁〕[3]。

「王も[4]民同様等しく法の下におりますから、フランス王の方たちが、自分たちは神の法も人間の法も超えた存在だと思われたのは過ちでございます。国王ルイ十四世は、運がご自分に味方していると考えられて、ただ一人で全世界を支配し、全地上に命令を下すために王は天から遣されたとか、天空に太陽はただ一つしかないように世界にも君主はただ一人であるべきだとかいう、人の説得に喜んで身を任せられたのです。そしてそうなることを期待されて、この天体〔太陽〕をご自分の紋所とされました」〔同書二六〇―二六一頁〕[5]。「あえて私が王に申し上げますならば、ある海賊がアレクサンドロス大王に答えた言葉をお伝えしたいものです。おまえは盗みをはたらいたとその君主が非難すると、海賊はこう言いました。俺はくだらん盗賊だが、おまえは大盗賊だ、神がおまえに与えた王国では満足せず、全世界を侵略するつもりなのだから〔一三一〕、と」〔同書七五頁〕[6]。

私がすでに指摘したことですが、外国人の一著作家もこう言っています。「フランスの百姓ほど卑しい、身分の低いものはありません、これほど哀れな、価値のないものはありません。他人のためだけに働き、どんなに働いても汗

水垂らしてやっと自分のパンを稼ぐありさまです。要するにフランスの百姓は自分たちが運用し小作している土地を持っている連中のまったくの奴隷なのです。その主人たちが彼らに課す私税に劣らず公的税や塩税も彼らを苦しめ、おまけに聖職者たちがこの哀れな不幸な者たちから不正な取立てを行うのです」（〔マラナ〕『トルコ皇帝の密偵』〔第六巻書簡一七〕)[一三二][7]。「フランスの国王たちは国の塩をすべて一人占めにしており、自分たち自身がつけた値段で彼らから塩を買うことを臣下に義務づけ、そのために塩を売る役人を至る所に置いています。これが塩税と呼ばれているものです[一三三]。彼らは臣下が生きながら腐るのを恐れるかのように、臣下が堕落するのを防止するためこのように振る舞っているらしいのです。というのも、国家的理由によるのか、みずから交渉した結果によるのか、それを免れている特殊ないくつかの地方を例外として、彼らの国家の中に、王の役人たちが課す量の摂取を義務づけられない人間は一人もいないからです[一三四]。

この塩税から王が引き出す収入は年に三百万エキュ近くにものぼり、またもう一方で、王は百姓たちの食料品にかける税から八百万を引き出します。肉、ブドウ酒その他、どんな品質のものであれ、ありとあらゆる商品にかける特別税は別にしてです。ところが、その収入を臣下に請け負わせたり、戦時に現金を得るため抵当に入れたりして、王はその大部分を失っています[一三五]。三万人を下らぬ役人がいて、いやおそらく今では四万を上回る役人がいて、すべてがこういう税の徴収のために雇われているのです。これほど大勢の人々への給金のため、王室収入はその半分以上を失い、したがって、毎年民衆から取り立てられる八千万エキュのうち、国庫に入るのはかろうじて三千万にすぎません」〔マラナ『トルコ皇帝の密偵』第二巻書簡三四〕。この著者は自分の大ムフティー[一三六]に次のように書き送っています。「君はこの非イスラム教徒たちの思慮のなさに驚くと同時に、自分たちが生きるのに必要なものをすべて提供してくれる人々から収奪し、その人々を抑圧し破滅させる彼らの圧制と不正を断罪することでしょう。しかも、それが彼ら自身が富むためだけでなく、貪欲な毛虫の群を富ませるためでもあるのです。そう呼ぶのも、国家歳入の徴収を行うこの連中には他の名前を与えようがないからです[一三七]。正義がその王座を築いたため、抑圧は頭をもたげる勇気さえない

オスマン帝国ではこうではありません」[一三八]〔マラナ『トルコ皇帝の密偵』第二巻書簡三四〕。

第五五章　フランスにおけるタイユ税や租税の起源

『歴史新報』の著者はこう言っています。[一三九]「長身王とあだ名されたフランス王フィリップ[一四〇]が、フランスでは初めて塩一ミノに対し一ドゥニエ[一四一]を課税した。フィリップ・ド・ヴァロア[一四二]がさらに一ドゥニエを付け加え、シャルル六世[一四三]が増税によりさらに二ドゥニエを加え、ルイ十一世[一四四]はその税額を十二ドゥニエにまで上げた。しかし、フランソワ一世[一四五]は戦費にあてる名目でこれを一ミュイ[一四六]あたり二十四リーヴルにまで増額し、以来今日に至るまでこれはさまざまな機会にさらに増額されてきた。何度も言われてきたことだが、塩への税を王が生産地において定め、その後は人々に塩を自由に売買させるなら、陛下はそこから今よりずっと多額の収入を引き出されることになろうし、これらの租税の収益のほぼ半分を消してしまう、無数の役人や徴税所や官吏や監視役のための経費という重荷を、国家から取り除くことにもなるだろう」〔上掲誌一七〇五年三月号、記事四、二〇二頁〕。

〔メリエによる原文欄外への縦書き書き込み[一四七]〕　塩税や租税の起源と伸展[1]

「フランスの初期の国王たちには領地もタイユ税も塩税もなかった。しかし彼らは王国の諸身分を招集して[一四八]、王室費および戦費に必要な支出を決め、それに十分と思われる額を臣下の収入から徴収する手段を勘案した。ピピン[一四九]は王位につくと、アウストラシア[一五〇]その他に領有していた見事な土地をすべて王位に帰属させ、それらの土地は以来王領と呼ばれた。三番目の家系[一五一]の王たちは、数々の聖地回復戦[一五二]のために空位となった封土について規則を定め、王領を大々的に増加した（『フランスの現況』増補、第二巻末尾）。他の王たちも、王位につく以前に領有していた土地をさらにこれに付け加えたが、その例はフィリップ・ド・ヴァロア、ルイ十二世[一五三]、フランソワ一世、アンリ四世[一五四]に見られる。さらに他の王たちはきわめて多数の、また民衆にとってはきわめて重荷となるタイユ税、塩税、その他の税をこれに

加えた。

〔メリエによる原文欄外への縦書き書き込み〕　タイユ税やその他の税の起源[2]

初期の王領もすでに広大ではあったが、国家の必要と戦費に応ずるには十分でなかったので、タイユ税[一五五]と呼ばれるある種の援助金[一五六]を民衆から徴収せざるをえなかった。しかし、これもはじめは、非常緊急の必要が生じた時にしか徴収されなかった[一五七]。結果によって認められた[一五八]徴税として各世帯に課せられる租税に、タイユ税という名称を初めて与えたのは聖ルイ王[一五九]であった。シャルル七世[一六〇]は、自分が創設した戦時平時の別のない常備騎兵軍団を維持するために、その税を通常のものとした[一六一]。しかしこの措置のせいで、彼の後継者ルイ十一世[一六二]に対してほぼフランス全土が反旗を翻すことになってしまった。この反乱は王弟のベリー公[一六三]と、ブルターニュ公[一六四]およびブルゴーニュ公[一六五]とに率いられていたが、彼らが立てた名目は、かつての非通常贈与が通常のものとされたこの租税の重荷から国民を自由にするというものだった。このために、彼らはこの反乱を公益の役（えき）というまことにもっともらしい名で呼んだ[一六六]が、国王ルイ十一世はまずこれら諸侯の野心を満足させる手段を見つけだし、ついで彼らを互いに離反させ個別に罰した。彼らが道理に服した後、彼はタイユ税に関する当初の企図を貫徹し、以来タイユ税は反対もなく、またこの件について三部会[一六七]が招集されるのも必要とされず支払われてきた。ただ、ラングドック、プロヴァンス、ブルゴーニュ、ドーフィネ、ブルターニュは例外で、そのためにこれらの地方は三部会保有地方[一六八]と呼ばれている。ついで、兵士の俸給を増額するために、一五四九年に国王アンリ二世[一六九]によってタイユ付加税が設定された。糧秣税は数年前から徴収され始めたさらに別の税であるが、冬営期間中の軍に糧秣を支給するためのものであるため、このように命名されている。この税のおかげで、民衆は騎兵軍団の冬期宿営を請け負わずにすむはずである」〔『フランスの現況』〕。

〔メリエによる原文欄外への縦書き書き込み〕　タイユ税増額の経過[3]

コミーヌ殿[一七〇]はこう言っています。「国王シャルル七世が初めて全国三部会の同意を得ずに、意のままにタイユ税を課すという先鞭をつけた。征服地の防備を固めるためにも、また王国を荒らしていた騎士軍団に戦費を支給するため

にも、当時はそうするわけや理由が大いにあった。[一七一]フランスの諸侯も自分たちの領地から取り立てられる国税の代わりに、ある種の年金が約束されたのでこれに同意した。しかしその時以来生じたこと、以後生じるはずのことは、彼とその後継者の魂に重い負担を与えたし、彼の王国に長く血を流し続けることになる残酷な傷を与えた（それは今でもかつて以上に血を流しており、見たところ、手当てをしないならますます多量の血を相変わらず流すことになるでしょう[4]〔メリエによる注記〕）。国王シャルル七世は他界時に、王国のあらゆるものから徴収して百八十万フランを集め、全軍隊としておよそ千七百人からなる王令部隊[一七二]を保有し、当然のことながらこの人々が王国諸地方の守備に当たっていた。彼らは国王死去のずっと以前から、国内を騎馬で巡ることはなくなっていた（このことは公衆に大いに平安を与えた〔コミーヌ自身による注記〕）。国王ルイ十一世の他界時には、四百七十万フランを彼は徴収しており、軍隊としては野営用歩兵部隊[一七三]およそ四千ないし五千人、ならびに駐屯地用予備兵団[一七四]二万五千人以上を保有していた。だから、彼がいろいろと思念や想像をめぐらせ、自分が望まれてはいないと考え、この点で大いに恐れを抱くとしても驚くには及ばない[一七五]」〔コミーヌ『回想録』第六巻第六章〕。「というのも、確かに国民の悲惨と貧困を見たり知ったりするのは哀れを催すことだったからだ。彼は貧しい者から取り上げて、それを全然必要としていない人々に与えていた[一七六]」〔同書第五巻一九章〕。今わたしたちがいる時代には、確かにもっと悪くなっています。当時すでに国民の悲惨と貧困が哀れと同情を呼ぶものであったとすれば、今ではそれはなお一層の哀れと同情を呼ぶに違いありません。当時とは比較にならぬほど民衆は負担を強いられ、あらゆる仕方で一層虐げられているのですから。そのしるしに、シャルル七世の時代には王室の全収入も私が指摘したように百八十万フランでしかありませんでしたが、一一六四年〔一六六四年？〕[一七七]に国王の税収はすでに六千三百万フラン以上になっていましたし、後に見るように、今ではそれはこの額をはるかに超えています。

第五六章　フランス王たちの暴虐な統治についてある著作家が語っていること

最近のわがフランス王たち、ルイ十三世とルイ十四世の暴虐な指導と統治について、前世紀のある著作家が次のように語っています[1]（『一六九四年のヨーロッパの救い』〔一七八〕）。「フランスにとって講和は戦争そのものより征服を推し進めるのに役立ってきたと、忌まわしい経験によってこの王国の歴史からもしもわれわれが学んでいなければ、この国が数々の勝利の最中に講和を提案することに驚くとしても無理はなかろう。だから現在、フランスは全速力で世界帝国への道を突き進んでいるようだが、この国がついにそこへ到達したのはまさに講和と条約破棄のおかげである、と将来フランスの著作家の誰かが質の悪い冗談でわれわれに指摘しないとしたら、それこそ驚嘆ものであろう。しかし、その行動の中でもっとも道義に反するのは、この国があらゆる条約を破るだけでは満足せず、もはやもっともひどい残虐行為を伴わない侵略は行わないことだ。あたかも、すべての神の法も人間の法も超えたところにいるのだから、おのれの守護霊が吹き込む怒りと不敬のあらゆる情念の動きに従う権威を自分は授けられている、と信じているかのようである。殺傷、放火、瀆神、そして兵隊どもによる想像しうる限りもっとも放埒な破廉恥行為が、その軍隊が侵入できる諸地方を荒らすために用いられている。年齢も性別も一切おかまいなく、聖俗の高い位への敬意も、場所柄の神聖さや、宗教におけるもっとも聖なるものへの畏敬の念もあったものではない。この国が間違いなく取っておこうと思うもの以外、どんなものも存続して残っているはずがない。だから、この国との期待すべき講和があるとしたら、もはやそれは、タキトゥスが語っているあの全的荒廃という不幸な結果以外にはありえない。略奪、殺戮、強奪、コレコソ彼ラガ偽ッテ公権力ト呼ブモノデアリ、無人ノ野ニスルコトコソガ講和ナノデアル（『アグリコラ伝』第三〇章七節）。ここであの略奪行為、残虐行為を詳細に述べるのは余計なことだろう。そのさまざまな例はごく最近のことであるし、物語ったところで、それについてはまったく不完全な観念しか与えられないだろうから。ここで問題

になっているのは、どんな戦争でも起こるような、行動が激して起こるさまざまな無秩序のことではないのだ。そこでは宮廷の命令は明確だったのであり、将軍たちが間違いなく実行を指揮したのである。犯罪の下劣さにひるんだ将軍がいると、彼らは見せしめとしてそのために厳しく罰せられた。これはフランスが、以後もっとも野蛮な民族の格率に則ってあらゆる征服を遂行する、という計画を立てたことを示している」〔一七九〕〔前掲書七―九頁〕。

「この国のあらゆる横領行為を詳述するつもりも、その不正と卑劣さを詳細に示すつもりも私にはない。それは私よりも前に他の人たちが行っている。ここでは次のことを指摘するだけで十分である。すなわち、そこでは横領はごく当たり前なことで権威さえ与えられているので、それによって名を成そうとしない者はその国にいないほどだった、ということである。文筆家たちはそこで頭角を現すのに、〈付属物〉とか〈再統合〉とかいう言葉を使った、屁理屈と曲解からなる奇怪なでっち上げを千も書いたのである。その点で、彼らはあらゆる古今の法を黙らせるほど勇敢に、と言うよりはそれほど傲慢に振る舞った。とりわけこれは今日でもまだ、メッス高等法院の征服〔一八〇〕と呼ばれている。だが教会人たちはそれ以上のことをしたと私は見ている。というのも、彼らは自分たちの領域で何か目覚ましいことをしようと、パリ大司教を先頭に教会と教皇庁の諸権利を侵害したが、それはそれらの権利を政府の虚栄心に犠牲として捧げるためであった。征服に関して、彼らから期待できるものはそれだけだった〔一八一〕。ついで、この傲慢な激情と略奪の時代におけるこの国の尊大な行為や暴力について、ここで言えないようなことがあるだろうか。友好国、同盟国、敵国、何であろうとすべて同じに扱われた。区別立てがあったとしたら、侵害が難しかったからか、報復を恐れたからかにすぎなかった。教皇インノケンティウス十一世に対して、この国がこの時代に取り続けた仕打ちのひどさは恐怖をもってしか考えられない。あれ以上凶暴で、けしからぬ迫害はなかったからだ。この聖なる教皇は非キリスト教徒〔トルコ人〕と戦っている神聖ローマ皇帝とその同盟者に援助を与えていたが、それが彼の罪だったというわけだ〔一八二〕。しかし、この国があらゆる恐れから解き放たれ、その力によっておのれの権利を見積る時には、いったい何をしえないだろうか。これを思い描くには、ヨルダネスの次の言葉以上にふさわしいものはありえない。〈彼ハ自分ニ仕エル

コトヲ全世界ニ強制シヨウト思イ、戦ノ動機ナド気ニモカケズ、自分ガシタイト思ッタコトハスベテ正当ダト見ナシタ。彼ガソノ行動範囲ヲ計ルノハオノレノ腕ニヨッテデアリ、彼ガソノ傲慢サヲ満足サセルノハ放縦ニヨッテナノダ。彼ハ権利ト公正ヲ踏ミニジリ、存在スルスベテノモノノ敵トシテソノ姿ヲ現ス〉（『ゴート人の起源と活動について[一八三]』）。一言で言えば、これこそフランスであり、運命がこの国に微笑んでいる限りこのままであろう[一八四]」（同書一八―一九頁）。

〔メリエによる原文欄外への縦書き書き込み〕　フランス王たちの圧制の伸展

「フランス王国がその勢力と対外侵略によってあのように恐るべきものとなり始めたのは、ルイ十三世[一八五]の治世である」[一八六]（同書、三〇頁）。[一八七]「当時この国が五つの大軍団を保有していたこと、すなわち、一つはイタリアに、一つはオランダに、一つはドイツに、一つはルーシヨン[一八八]に、五番目のものはオルレアン公の攪乱的気質によって時折王国内に引き起こされる反乱を抑えるため[一八九]に国内に、それぞれ駐屯させていたことが注目される。この出費に加えて、自国の利害にしっかりつなぎ留めておくためスウェーデン、オランダ、ドイツやイタリアの諸侯にきちんと支払わねばならない年金という出費、二つの海で強大となっていた海軍の維持費、またあらゆる宮廷でどのようなことが起こっているかを逐一報告させるため放ってある無数の間諜や密偵の費用、これらを加算してみよう。これらや、長くなるので省くその他多くの出費を合わせればそれは莫大な額に上る。しかし、とにかくその国家はこれを捻出した。だが、王室収入も当時は現在ほどの額にはとても達していなかった。というのも、それは五千万リーヴルを超えてはいず、コルベール[一九〇]が現治世下でこれを増やし、八千万リーヴル以上としたのだからである。そのほか行政にも多くの無秩序があったが、この同じ宰相の在職中にはそれらにも手段が講じられた。ここから分かることだが、この国が現在のようにその王たちの専制権力に服従させられて以来、フランスにはすべてが可能になったのである[一九一]」（同書三二―三三頁）。ですから、フランス王室の収入はシャルル七世治下では百八十万リーヴルにすぎませんでしたが、ルイ十一世治下では四百七十万リーヴル、ルイ十三世治下では五千万リーヴル、ルイ十四世治下ではコルベールの手腕によってさらに増額され八千万リーヴル以上になったのです。またその時以来、これはさらに増額され、今ではおそらくその二倍以

上でしょうし、哀れな民衆に日々荷重されてゆく新たな税によってますますその額は肥大化しています。彼らがまだこれに応じられるのには驚くばかりです。

「貴顕〔一九二〕、さらには王族の方々に関しても、その名声はこの国ではひどく下落し、彼らはもはや宮廷のもっとも高名な奴隷としか見なしようがないほどだ。統治に何の権限もなく、地方には何の特権も持っていない。彼らがなんらかの位を望みうるとすれば、それはただ隷属のおかげにすぎない。……〔一九三〕当代随一の才能の持ち主で、国王ルイ十三世の宰相だったリシュリュー枢機卿は、この君主国を外に発展させることを思い描き、国の進展をあのように長い間止めていた国民の旺盛な熱気そのものが、もしそこに敵愾心をまるごと持ち込めば、外への侵攻に大いに役立つだろうと考えた。こうして、彼は前代とはまったく違う統治プランを思いついたのである。あらゆる君主国の中でもっとも堅固で一貫した安定が見いだされるのは、オスマン帝国しかないと彼は見ていた。なぜなら、他の国々は不活潑の段階に入ると、奢侈や規律の弛緩や貴顕の野心のために自ら崩壊していったり、あるいは新たな征服者の力に屈せざるをえなかったりしたのに、その帝国は建国以来いつも十全に保たれてきただけでなく、領土拡張を止めることさえなかったからである。(2)だからこの帝国を見て、その原理に基づいてフランス王国を作ろうという望みを宰相は起こしたのである。彼は、国をオスマン帝国のようなまったくの軍事国家にしようとは思わなかった。大変革を行うとすれば、恐れねばならぬ危険すぎる行き過ぎがいろいろと起こったろうし、それだけでなく、その道をとれば国から諸々の技芸や産業や商業を追放することになったろうが、フランスはそれらからあらゆる富を引き出す必要があったからである。だから、貴族と王国内の閑な連中はみな戦争に関わらせ、今述べたような職務は民衆に残す、という中間策を彼は見いだした。そこで〔一九四〕、そのプランを立てると宰相はその実現に向けてあらゆる計画を統御し始めた。そのために彼の宰相位〔一九五〕は総じて憎むべきものとなり、貴顕はみなまさに自分たちが隷属状態へ転落することを恐れ、彼を憎んだ。しかし、彼はヒメネス枢機卿〔一九六〕にならって、王と国益を常に自分の味方につけ、こうして法律と行政官のすべての権威を自分の側に引きつける如才なさを備えていたので、彼はそれでも、後継者たちが容易にそれを仕上げられるほど、

この大臣の位を高いところまで引き上げた。(3)

実際、〔一九七〕諸地方には地方総監が置かれ、宮廷の支援を受けて政治・軍事に関わるすべての統治権を掌握し、すべての要塞には国王名代が任命され、総督と指揮権を分け持った。〔一九八〕あらゆる官職においても、大臣の配下であることが、貴顕の一党であることやその推挙、また身分というものより優先された。要するに、もはや宮廷からしか期待できる恩顧はないので、宮廷に一身を捧げるためにあらゆる個人的結びつきは断念されなければならなかった。こういう新機軸はみな、国家において第一等の地位を占めていた人々の特権に致命的打撃となった。彼らの名声は終わりで、もはやまったく重んじられないだろうと彼らにも分かった。しかし、すでに専制権力は根を下ろし、もっとも大胆不敵な者さえ例外なく処罰されたので、みな暴力に屈せざるをえないと思った。まさにこういう大きなバネ、および長くなりすぎるのでここでは論議しないその他多くのバネによって、ルイ十四世治下で人がいやというほど経験したように、フランスは国王たちの野心の道具として役に立つため(4)その体制をルイ十三世治下において変化させたのである。この国のすべての成員に関して過去との相違を考察してみれば、この変化について一層はっきり判断が下せるだろう。

〔メリエによる原文欄外への縦書き書き込み〕 フランス僧族の腐敗、フランス僧族の怯懦(5)

国家第一の成員であった僧族はかつて国内では尊敬を、国外では名声を得ていた。教会の高い位は学識と徳のゆえに与えられ、大学や隠棲の地にそれらを発掘しては彼らを位に就けていたからだ。フランソワ一世が政教協約によって王国内の第一級聖職禄指名の権限を獲得してからは変化が生じた。〔一九九〕しかし長らく、選択にあたっては十分な配慮が払われた。それは教皇たちにどんな不満の種も残さないためであると同時に、当時はユグノー〔フランスのカルヴァン派新教徒〕に対抗させるため、有能で清廉潔白な人々を必要としていたからである。しかし、そういう斟酌が一切必要なくなり、昇進を望むすべての聖職者には恩顧が功績の代わりとなっている現在では、教会のあらゆる権利を君主の野心と大臣の暴力に売り渡す、全般的淫売行為しかもはやそこには見られない。このことは、一六八二年に開かれた空位司教座国王特権（レガル）に関する聖職者会議でも見られた。〔二〇〇〕この会議では、主張の正当性から見ても自分たちの利害

から見てもそうすべきであったように、宮廷からの侵犯に対して教会の諸権利を擁護する代わりに、彼らはそれらを宮廷に引き渡すだけでなく、首長〔教皇〕の尊厳を傷つける決議を採択する怯懦さえ示した。そんなことをしたのも、宮廷が彼を侮辱することを望んだからなのだ。この争いの中でもっとも面白くもあり滑稽でもあるのは、教皇も誤りうると主張したソルボンヌの博士たちが何年か前は追放されたのに、〔二〇一〕今回はその反対を主張した別の博士たちが同じ処罰を受けたことである。ここから分かるのは、王が聖界でも俗界に劣らぬ優越権を獲得したことであり、国家の法となった王の恣意が、現在ここではすべての要だということである。

しかし、(6)〔二〇二〕この全般的腐敗をもっともよく示すのは、現在僧族がその聖職者の特徴である特権をことごとく、政府の暴力を権威づけるために使っていることだ。というのも、諸地方では司教たちがある時は宗教を、またある時は公共の必要性を口実として公金横領を正当化し、教区や修道院の説教師たちはその説教の中で王の栄光と神の言葉を見境なく混ぜ合わせ、法学や神学の教授たちはその学識を挙げて王の横領行為に信用を与え、あらゆる神の法と人間の法をその行為に合わせようとするのが見られるからだ。〔二〇三〕宮廷に知られるようになるのは、こういった淫売行為によってである。もっとも卑しい、時にはもっとも犯罪的な行為でさえそこでは功績と見なされる。

国家第二のもの、(7)第二の成員である貴族は、その領地で享受する諸特権ならびに宮廷で彼らに払われる敬意によって、同じく国家できわめて重要な地位を占めていた。ところが、地方の統治は地方総監の手中に握られ、大臣がすべてを統括した今日では、これ以上従順で卑屈なものはないし、彼らとしても宮廷に伺候する以外に救いはない。地方総監という諸地方に放たれた白イタチは、彼らをみんな田舎の館から引っ張り出す術を心得ていた。宮廷に仕えざるをえない状態に貴族を追い込むためには、いかに侮辱的なものであろうと、地方総監が用いない迫害手段はなかった。ある貴族が連中の追及の的になるには、いささか資産を持っているだけで十分だった。貴族として重んじられるためには、各々その資力に応じて一連隊か一中隊を集めねばならなかった。静かに暮らそうとそれを断るつもりの者は不幸である。金を与えられる百姓が領主と争うことになり、領主は屈辱的な罰金や慰謝料の支払いを命じられる。また

彼の肩書や特権には絶え間なく訴訟が仕掛けられ、彼がこういう迫害を宮廷に訴え出ても却下され、無駄に出費と奔走をしたあげく、最初の判決に差し戻される。まさにこういう暴力と迫害の連続によって、貴族はことごとく戦争に身を投じ、戦争でさらに課せられる出費のためにことごとく破産させられ、彼らを支えるのはもはや役職と年金以外にはないのである。〔二〇四〕

(8) ここで民衆への圧制について語るのは、皆に知られていることだから無用だろう。現治世の暴力は民衆の力を汲み尽くし、彼らにはその貧窮をかろうじて支えるものしか残っていない、と言うだけで十分だ。しかし、臣下の不幸を生み出している当のものが、国外でこの君主国の勢力を確立しているものなのだ。というのも、これほど優勢であったことがないほどの陸海における軍備の費用を支えているのは、まさにこの仕組みであるし、また彼らの才覚を目覚めさせ、外国のあらゆる富をフランスにもたらすのに役立つ商業や手工業に彼らを従事させているのも、この仕組みであるからだ。(9)この問題で注目すべき点は、かつては王と国民の調停者であり、一方の権力と他方の服従の間にあって、中庸により賢明に王国内の諸特権と諸自由を維持していた高等法院が、すなわち前の時代にはその公正と廉潔のゆえに近隣諸国の称賛の的であったこの団体が、今ではもう宮廷の御用機関の役しか果たしておらず、そのあらゆる不正と公金横領を公認するにすぎないということだ。もしも高等法院が司法行政においてかつての廉潔さをそのままに保っているのであれば、そのような卑しいへつらいも、異議を唱えることが大変危険な時代だからということでまだ許されるかも知れない。だがそのような廉潔さはもはや見られない。(10)その法廷は自然的公正にとっての暗礁となったと言える。なぜなら、そこでは公正が始終、三百代言的やり方や形式的手続きのためにひっくり返されるのだから。いや、むしろそこは、策謀や宮廷の恩顧や個人的利害が平然と正義と法の役割を演じてみせる舞台なのだ。要するに、かつてはあのように峻厳であったこの団体も、今はもう昔の実体の虚しい幻影でしかなく、その名と法服と法官帽以外にはかつてのものは何も残っていない。〔二〇五〕

〔メリエによる原文欄外への縦書き書き込み〕　フランス人の自分たちの王に関する盲目さ

こういうあらゆる変化によってこの王国では自然な秩序がまったく崩されてしまい、フランスそのものがその王たちの野心の第一の犠牲となっていることはあまりにもはっきりしている。というのも、王だけのものにすぎない偉大さと栄光という虚しいシンボルにそこではすべてが関係づけられ、最近の二、三の治世以来フランスがその下で呻吟している鎖を日々ますます重くするのに、その虚しいシンボルが役立っているからだ。それゆえ、世界のどこの人々よりも洗練され開明的であると主張するフランス人が、これほど長い間そんな誤った見解に陥ることができたことには、また反論の余地ない経験によって、対外的発展は結局自分たち自身の抑圧にしかならないと分かった現在、まだ彼らがこの戦争を利して束縛を脱しようとしないことには驚くほかない。というのも、隣国の人々と彼らの状態の違いが、彼らを束縛から脱するように誘うはずである上に、彼らがかつての自由を取り戻せれば自分の家でもっと幸福に暮らせるし、宮廷でももっと重んじられるのは確実だからだ。その上さらに、大臣の権力が削減されれば、国家と宗教に関して犯される不正と暴力の数もはるかに少なくなるだろう、と付け加えてもよい。

しかし、それは耳の聞こえない者に説教することだ。彼らは久しく奴隷根性を仕込まれてきた。王の意向が彼らにとっては至上の法であり、そのために財産や命や名誉や良心を犠牲に捧げないのは、彼らの解するところでは一種の冒瀆なのだろう。だから、ティトゥス・リウィウスが言うように、法として主人の命令しか持たぬことが野蛮人の特性であるというのが真実なら、今日、フランス人より野蛮な民族はいないと言える。こうして、フランスが重荷の下で押し潰され呻吟していようと、やむをえない時には滅ぶことにさえなろうと、そんなことは大臣たちの気にかけるところではない。全ヨーロッパ諸国を征服することこそ王の栄光に資することであり、その目的のために王が企てる戦争の正・不正など勘案せず、王の野心を補佐することこそ臣下の務めなのだ。なるほど、彼らは戦争で盗みを働き、破産し、一身を犠牲に捧げている。フランス人は隣人を不幸にする道具として自分たちが役立つなら、おのれも不幸であることに満足し、戦争で名を上げるためにはどんなことでもしかねない。〔二〇六〕オスマン帝国が絶えず領土を拡大したのもまさに同じ格率に則ってのことであったが、もっともそこには、トルコ人たちがたいがいは守ったたぐいの誠実

ささえもフランスの大臣制は捨て去ったという相違があった。なぜなら、この制度はそのような誠実さを免除する新しい道徳と法規を自分のために作ったのだから。その結果、現在そこではすべてが不正と暴力と横領に加担している。

〔メリエによる原文欄外への縦書き書き込み〕　フランス人の残酷さ

現治世下でフランスがあのように強大になれたのは、こういうすばらしい原理すべてのおかげであり、この国の勢力を削減しようとこの戦争であらん限りの努力をしないなら、まさに同じ原理に則ってフランスは相変わらず上昇し続けてゆくだろう……[二〇七]」〔『危機に瀕していると考えられるヨーロッパの救い』三五―四六頁〕。「隣国の君主たちはみな、フランスから効き目の遅い毒を盛られ自分たちの危険を見ても麻痺状態に陥ったままであるか、あるいは現在の平安に満足して、最後に食われるというポリュペモスの恩恵[二〇八]をこの国から期待しているか、どちらかであるらしい。しかし、その点で甘い期待を抱いてよい理由があるとは私は思わない。というのも、おそらく危険は彼らが思っているほど先のことではないからだ……[二〇九]」〔同書六五頁〕。「しかし、結ばれる条約によって、トルコ人には直接にも間接にもどんな援助もしないとフランスが約束する場合を想定してみよう。そんな約束にどんな信用が置けるのか。この国は義務を守らないことができるし、守らない権利があるとさえ思っている。ヴェルヴァン条約やピレネー条約でこの国はスペインに対してまったく同じ約束をしたが、だましたのである[二一〇]。今度の条約でも必ずや〔神聖ローマ〕皇帝に対して同じように振る舞うだろう[二一一]」〔同書九九―一〇〇頁〕。「これ[二一二]ほど正当で、これほど必要な同盟〔アウクスブルク同盟〕を結ぶためには、すべての〔アウクスブルク〕同盟諸国がフランスの格率は不正であることを納得し、全体としても各国としてもその忌まわしい結果を無数に経験し、さらに、防衛しなければならぬという不可避の必要性から諸国が共通の危険のために団結する、ということが必要だったのである。つまり、この王国が四十年にわたるさまざまな不正や暴力や横領の後に、ある国々には進んで戦いを仕掛け、ある国々には脅迫を行うことが必要だったのである」〔同書一〇三―一〇四頁〕。「結局、これらの戦争でフランス軍がドイツの美しい諸地方に侵入し、そこを荒廃させた際の、あのあらゆる放火や冒瀆や呪うべき残虐行為[二一三]に報復するという正当性しかない場合でも、見せしめによって

後世の人々をこのような無法から守ってやることは、確かに全ヨーロッパを一般的利益によってそれに関与させるのに十分であろう。なんということだ。フランスがトルコにハンガリーと〔神聖ローマ〕帝国の征服をそのかすことが可能になってしまうのか。ついで、不幸にもそれに成功することにでもなれば、かつてあった中でもっともひどい条約違犯によって、フランスが再びそのさまざまな野望をかき立てることが可能になってしまうのか。つまり、そういう〔トルコとの〕同盟の卑劣さと条約違犯という不正のほかにも、この国がすべてを、町や教会や村や館や城を、要するにその放火犯人どもの凶暴さの前にさらされるすべてを、戦火と流血のうちに沈めることが可能になってしまうのか。この国が男も女も子供も炎の中に巻き込み、無数の冒瀆と非道で聖域を汚し、神と人間のあらゆる法を転覆させることを、いわばおのれの栄光とするのが可能になってしまうのか。そうだ、先のことから範となる報復を引き出すために全ヨーロッパが団結することもなく、この国が断固たる意志によって、何の抵抗も見いださない和平のうちで、こういうあらゆる暴虐をふるうことが可能になってしまうのか。ヨーロッパ諸国が報復をするどころか、逆に陥っているその無感覚の状態をいわば叱咤するためには、フランスがある国を脅かし、ある国を攻撃するのが結局必要だということになってしまうのか。つまるところ、この国の運が傾きかけている時に、時効により獲得できてよかったと思うような好条件で、この国と和平を結んでやる怯懦さえ人々は見せるつもりなのか。後世の人々はほとんど信じがたいことだと思うだろう。しかし、報復という一層正当な感情によって動くはずの者がいるとしたら、総じてそれは帝国のすべての諸侯である。彼らは自分たちがその血を引くあの偉大な皇帝たちの遺骸や墓が、シュパイヤーであのように無法に冒瀆されるのを見たのだから。そういう出自でない者はほとんどいない。だから、生まれながらに彼らに刻印されているはずのものによって、彼らの血管の中の血は、あのように非道で屈辱的な冒瀆に沸き立ったはずだと信ずべきであるし、彼らははっきりとそれに報復をし、その生まれと祖国のために、また同時にあの折あれほど汚された帝国の名誉のために、償いをさせてからでなければ、決して武器を置くことはないだろう、とそこから推定すべきである」〔同書一〇二―一〇三頁〕[11]。

地上の君主や王たち、とりわけ最近のわがフランス王たち、そしてまさに現在の治世における暴虐な統治に関して(12)私がここで伝えたすべてのことによって、連中が暴君にすぎず、その権力と権威を大幅に濫用していることがはっきりと示されています。その権力と権威が連中に与えられ、委ねられたのは(13)、ただ民衆を正義と公正によって賢明に統治し、彼らが幸せに平和に暮せるようにするためだったからです。デュムーラン氏が次のように言うのはまことにもっともなことです。「民衆が君主のために作られているのではなく、君主が民衆のために作られているのであり、正しくは彼らを公僕と呼ぶことができる。君主や王が(14)存在する前に、世界には民衆が存在したのだ。君主の義務とは、民におのれの働きで安寧を、おのれを危険にさらすことで安全をもたらし、自らは警戒を怠らず臣下に安全な眠りを得させるということだ。一言で言えば、君主は国家にその身を与えた時、自分自身からその身を奪ったのである。父が子を愛すべきであるように、君主は臣下を愛すべきである。しかし、暴君の振る舞いはまるで反対で、臣下を奴隷として扱う。良い王は愛されるが、暴君は恐れられる。良い王は民を救うためにその身を危険にさらすが、暴君は民衆をみなおのれの傲慢や野心、あるいは報復のために犠牲にする。(15)哀れな民衆からあらゆる生活の楽しさを奪い、あれほど苦労し働いて生み出したパンを彼らの手からもぎ取り、彼らに悲惨で不幸な生活を送らせ、貧困の中で呻吟させる、こんなことはまったく残酷で憎むべきことだ。こんなことは王や君主の資格や威厳にまったくふさわしくないことだ。そんなことはどこであれ、確かに彼らの恥辱、屈辱、断罪となるべきだろう〔二一四〕」。

良い王は法に従いますが、暴君はすべてが自分に許されることを望みます。歴史書に語られる二人のもっとも偉大な君主にして皇帝であるアレクサンドロスとカエサルは、各地で世界を荒廃させた二人の火つけ人、二筋の奔流でした。「ソノ各々ノ流レガ己ガ道筋ヲ洗イ流シテ〔二一五〕」。ある著作家はこう言っています。「神は悪い君主どもを、その治めている地方や国を罰するための刑吏や従士として使う。しかし、神の怒りの笞として使った後は、神は彼らを火に放り込む〔二一六〕」。五月二日祝日の聖アントニヌス伝にも同じことが言われています〔二一七〕。(16)「温厚なるアントニヌス帝は、千人の敵を殺すより一人の臣下の命を救いたいと思うと言っていた」(コエフトー『ローマ史』第七巻三八五頁)〔二一八〕(17)。国王ルイ十

四世はこういう優しい人間的な感情を持つことからはかけ離れていました。彼なら間違いなく、たった一人の敵を許すより千人の臣下を死なせる方を好んだでしょう。[18]

〔メリエによる原文欄外への縦書き書き込み〕このような種類の論[19]は、フランスの政治的好みにまったく合わない。

[20]リシュリュー枢機卿はこう言っています。「国家の福祉こそ、神がすべての王の頭上に王冠を置く時、ご自身で彼らに示される目的である。彼らにとってこれより重大であるはずのものはない。彼らのすべての行動はこれを目指さなければならない」（第二巻五〇〇頁）[二一九][21]。トラヤヌス帝は帝国の憲兵司令長官に剣を授ける時、良い君主の偉大と高潔にふさわしい、次のように立派な記憶に値する言葉を述べました。「私が正義を行う限り、私の権威を維持することにこの剣を用いよ。だが、私が暴君となったら、私に向かってこの剣の鞘を払え」（コエフトー『ローマ史』）[二二〇][22]。賢明なメントールもテレマックに向かってこう言いました[二二一]。「自然の大らかな性質と額に汗する労苦によって得る大地の実りを、おごる心や野心でこり固まった計略によって民衆の手から劫掠しようとすれば、それは、禽獣にもひとしい所業である。節制家で勤勉な数知れぬ人間が必要とするものは、自然だけで十分、その豊かな内部を開いて提供することができるであろう。多くの人間をひどい悲惨と貧困に陥れるのは、一部の人間の慢心と懶惰である[二二二]」。〔フェヌロン『テレマックの冒険』、邦訳、現代思潮社、下巻三三頁、朝倉剛訳〕。

「強欲で知見のない君主は、その臣下の中で、自分の財を活用するのに細心の注意や巧みさを用いる人々から税を取り立てる。こういう臣下からは、やすやす税が取れるように思われるからだ。それでいながら、怠け放題怠けて貧困に陥った人には、あまり税を課そうとしない。これは、良民を苦しめる一方、悪徳に報いるに厚く、王国にもすべての国家にも害を与える投げやりなやり方を導入する秩序であるから、これを覆すがよい。

自分の畑をほったらかしにするような人間に対しては、戦のとき自分の部署を離れた兵士を罰するごとく、課税や罰金を、必要ならば他の厳しい刑を加えよ。子供を生み殖やす家族には、特典を与えたり、租税を免除したりせよ。それに比例して、彼らの土地耕作を増やせ。そうすれば、農夫という生業は、もはやあれほどの害悪に悩まされる心

配がないし、軽視されなくなるであろう。祖国の敵に打ち勝った腕をもって、鋤を再び取り上げるであろう。幸せで平和な時、祖先伝来の田畑を耕すことも立派なら、戦乱の折これを防衛することも劣らず殊勝なことである。田園地方全体は、再び明るく活気づくであろう。ケレスは黄金色の穂の冠をつけるであろう。バッコスは、ブドウの実を踏みくだき、神酒よりも甘美なブドウ酒の河を作り、山々の斜面に沿って流すであろう。くぼんだ渓谷は、清澄な流れに沿って、笛の調べにのせて自分たちの苦楽を歌う羊飼たちの合奏の響きを伝えるであろう。そして彼らの家畜の群は、もはや狼を恐れず、花々をかき分け草を食むであろう。おお、イドメネ殿、あなた自身多くの幸福の源泉となって、多くの人民を、あなたの名においていとも好ましい安らぎの中で生活させることができたら、こんな仕合わせなことはないであろう。こういう光栄は、土地を荒廃させたり、たとい勝っても敗れた外国と同じくらい、至る所に、自分の国の中にまで殺戮、混乱、恐怖、憔悴、虚脱、ひどい飢餓、絶望を拡げたりする栄光よりも、人の心を感動させないであろうか。

神々に愛でられし王、国民全体の無上の喜びであり、世々に至るまで自分の治世のいみじき光景を示そうと図る寛仁大度なる王は、幸いなるかな。こういう王の権勢に対しては、世界中が戦闘をもって防衛するどころか、率先して麾下に集まり、統率してくれと願い出るであろう。しかし、人民はこうして豊かになると、その力を私に向け、反抗するだろう……とあなたは言うだろう。

そんなことなど、つゆほども危惧するに及ばぬ。それは、浪費癖に憑かれた君主が苛斂で人民を苦しめようという時、これにおもねって使われる常套的口実である……」〔二三〕〔同書、邦訳、現代思潮社、下巻三三―三五頁、朝倉剛訳〕。「人民を圧迫しない限り自分の身の安全は保証されないという考えは、まったく唾棄すべき格率だ。人民の教育を少しも考えないし、美徳へと少しも導こうともしないし、人民からも決して愛されたこともないし、彼らを脅して絶望に追いやった上、彼らをして自由に息もつかせず君主の圧制のくびかせをはずそうとただもがかせたりすること！　これはなんという支配だ。これが栄光へと通じる道であろうか。君主の支配権が絶対である国では、それだけで主権者た

ちは無力であると覚えておきたまえ。彼らは、すべてを奪い取り、すべてを崩壊させ、彼らだけが国全体を所有する。しかし、国全体は衰退する。田園地方は放置されて耕されず、荒れ放題に荒れ、都会は日に日に衰運の一途を辿り、商業は枯渇してしまう。国王は、自分一人だけでは王とはいえないのであり、人民があってこそ王たりうるのであるから、富と権勢の源である人民が知らずしらずのうちに滅亡していけば、自分も徐々に墓穴を掘っていくことになる。国王の絶対的権力は、臣下と同数の奴隷を作り出さずにはおかない。人々は王を崇拝しているようにうわべをとりつくろい、王の視線のかすかな変化にもびくびくする。だが、ごく小さな革命でも起こったらどうだろう、怪物のようなこの権勢は、ひとたまりもなかろう。この権勢は、人民の心の中に、いかなる拠りどころも持っていない。それは、国全体を麻痺させ、いらだたせる。だから国家の諸団体の成員はみな、等しく変革を熱望せざるをえない。最初の打撃で偶像はたちまちくずれ落ち、踏みにじられる。王は、その虚しい栄華の時代に、自分に真実を伝える大胆な人間を一人も見いださなかったから、悲運に際して、自分を弁護してくれる人間も、敵勢から守ってくれる人間も見いだせるわけはない」[一二四]〔同書、邦訳、現代思潮社、下巻三七―三八頁、朝倉剛訳〕、〔フェヌロン〕『テレマックの冒険』第二巻一四頁以下。

第五七章 民衆を虐げ、三部会の同意なく自らの権限で彼らに税を課すことは王たちに許されることではない

コミーヌ氏はこう言っています（『回想録』……頁）[1]。「圧制と暴力によらずして、自分の領地以外で、支払い義務を負う人々から承認も同意も得ずに、臣下に税金をかける権限を有する国王や領主など地上にはいない。議会を待つべきではなく、待ったらことが長くなりすぎる時もあると人は言い返すかも知れない。戦争を始めたり企てたりすることを、そんなに急ぐ必要はない。必要からそうする時でも、十分時間はあるではないか」[一二五]〔コミーヌ『回想録』第五巻第一九章〕。「ペルティナックスは皇帝の位に就くと公衆のことを深く配慮し、帝国のあらゆる州、港、橋、都市の

通行、河川に圧制によりかけられていた諸税の重荷から民衆を解き、こうして再び商業を花開かせ、至る所にかつての共和国の自由を取り戻させた。また耕されていない土地があると、それが君侯に属する土地であっても、耕作するという条件ですべて分かち与えた。そして、その土地で働きたいという欲求をすべての人に起こさせるために、耕す人々に土地の終身所有を認めたほか、さらにあらゆる租税と賦役の十年間にわたる免税と免除を認めたのである」（コエフトー『ローマ史』第三巻二三三頁[二二六]）。

〔メリエによる原文欄外への縦書き書き込み〕 善良な、きわめて善良な君主たち[2]

「マルクス・アウレリウス帝はその善良さの大いなるしるしを示し、ドイツの諸民族〔ゲルマン諸族〕との長い戦で財政が完全に破綻した時、帝国のいかなる州にいかなる特別税を課すことも望まず、しかし資金に窮したので自分の調度品やハドリアヌス帝の収集品の中から、皇帝用の装飾品や美しい金・銀・水晶製の壺や宝石類や豪華な机を売りに出し、トラヤヌス帝広場で競売にかけた。こうして莫大な金額を捻出し、それであの偉大な全軍事行動に必要な出費を支えるだけのものを得、しかもそれ以後、買った人がその品を返却したい場合には、その代金を払い戻すと申し出た。また、手放すつもりがない人々にはそれらを提出せよと強制はしなかった」（コエフトー『ローマ史』第三巻一七一頁[二二七]）。最近のわが王たちの歴史にこんな話は見られないでしょう。彼らはこういう立派なことをするどころではありませんでした。あるトルコ皇帝は死の間際に、自分が新たに臣下に課した税のことが気にかかり、遺言を残して廃止を命じました。それなら、アルジャントンの領主〔コミーヌ〕が言うように、「自分の民の許可も承認も得ずに税を課す、道理に基づいたどんな権威[二二八]」も持たない、キリスト教徒の君主はいったい何をなすべきでしょうか。フィリップ・ド・コミーヌ・ダルジャントン『回想録』五七一頁。

第五八章　この問題で国王や君主の追従者どもが言うこと

しかしわが王たちの追従者どもは、王様は全地上の絶対者という権利をお持ちでございます、王様は国中の万物の唯一のご主人でございます、王様だけが諸侯や諸外国と同盟をお結びになれます[1]、王様だけがお好きなようにタイユ税を徴収し、租税をかける権力をお持ちです、それに王様だけが好きなように法律や勅令や命令をお出しになれます、さればこそあの絶対的なお言葉（これがわれらの意向である[2]〔メリエによる注記〕）、「私ハコノヨウニ望ミ、コノヨウニ命ズル、ソノ根拠ハ私ノ意志デアル〔一二九〕」で王様は命令を締めくくられるのです、と彼らに吹き込みます。こんなことを口にする同じ追従者たちは、賢明なメントールたちが君主たちに勧めるどの改革も危険であるし行きすぎである旨、彼らに納得させようと努めます。君主たち自身の利益を口実にして、彼らを籠絡しようとするのです。もし陛下が人民に潤沢を味わわせられたら、人民はもう働く意欲を失うでありましょう、彼らは傲慢で御し難い存在となり、その心はいつでも謀叛に走りやすくなりましょう、彼らを手なずけて従順にし、権威への反抗心を抑制するには、弱さと窮乏を与えておくに限ります、と連中は言います。また、王たちの追従者どもはこう続けます。このように人民の心を慰めようとして、陛下は王国の権勢を卑しめておいでです、人民自身に対しても取り返しのつかぬ誤りを犯しておられます、人民とは、自分たちの利益のためとあれば卑賤な状態のままでよいと念じるような代物であります〔一三〇〕[3]と。

これに対し、賢明なメントールは次のような回答を与えました。「何だって、人民を飢え死にさせなければ、人民を服従させることができないとでも言うのかね。なんと没義道な話だ。なんと兇暴な政治だ。君主から仁慈をもって遇され、しかも君主に忠実な人民の例が幾らでもあるというのに。国家の要人たちには、身勝手な行いが許され、彼らの情念が無際限に拡げられた時、彼らの野望と心の動揺とが叛乱の原因となる。貴賤を問わず、遊惰と奢侈と無為の中で暮らす多くの人間も、また叛乱の原因である。また平時になすべき有益な仕事を一切放り出して、戦にうつつ

をぬかす群集、そして、虐げられた人民の絶望、王の傲慢さと厳しさ、混乱を予防するため一国の臣下すべてを監督すべきであるのにそれができない王の優柔不断、叛乱の原因とはこういうものである。額に汗して得た後、農夫が心安らかに食べるパンは、その原因のうちには数えられない」（〔フェヌロン〕『テレマックの冒険』第二巻四二一頁〔二三一〕〔邦訳、現代思潮社、下巻五八―五九頁、朝倉剛訳〕）。非道な手段や課税によって税金を取り立てる君主たちの貪欲さや傲慢さのために、国民が耐えがたい不当な徴税を負っている時は、いつでも暴動の危険があります。数えてみると、実在したギリシアの皇帝たちの半数である四十五人が、その傲慢な圧制を罰するのにふさわしく非業の死を遂げ、この生まれながらの皇帝あるいは君主たちのうち、十一人が目をくり抜かれ、六人が鼻を削がれたのです〔二三二〕[4]。モンテーニュ氏はこう言っています。「セネカには、当時の皇帝たちの暴政にいささか妥協しているように見えるところがある。しかし、彼がカエサルのあの高潔な殺害者たちの立場を非難したのは、たしかに強制された判断によるものだと思われる」（〔モンテーニュ〕『エセー』三八一頁〔二三三〕〔邦訳、岩波文庫、第二巻三六六―三六七頁、原二郎訳〕）。「死者の屍を焼いて食べる野蛮人は、生きている人間を拷問にかけて苦しめる人々ほどには、私に不快を与えない」（同書三九七頁〔二三四〕〔邦訳、岩波文庫、第二巻三九六頁、原二郎訳〕）。ですから、死後に人間を食う人々より、暴君は悪辣で忌まわしいと言えます。『テレマックの冒険』の中で言われているように、「人民は国王たちの野心、あるいは奢侈、あるいは軽率さによって不幸に陥る。たいてい、人民の苦難を未然に食い止めるために本来彼らを常時監督すべき国王が過ちを犯せばこそ、人民は苦しむからである」（〔フェヌロン〕『テレマックの冒険』第二巻二二七頁〔二三五〕〔邦訳、現代思潮社、下巻二八三頁、朝倉剛訳〕）。「国王タチガ過チヲ犯シ、アカイア人〔ソノ民〕ガソノ報イヲウケル」〔二三六〕（ホラティウス『書簡集』一の二の一四）。「国王は、羊飼が羊の群の世話をするように、あるいは父親が家族の面倒を見るように、人民の世話をしてこそはじめて国王といえる」〔二三七〕（〔フェヌロン『テレマックの冒険』、邦訳、現代思潮社、下巻二八四頁、朝倉剛訳〕）。人々を強権によって指揮するために国王は立てられているのではなく、賢明に統治するために立てられているのです。また自分の王ルイ十三世の偉大さについてはまったくのお世辞屋で盲目的崇拝者でしかありませんでしたが、それでもリシュリュー

枢機卿自身、その『政治的省察』では、国王たる者は、そのあらゆる行動において、一部の個人の満足よりも公益に一層の考慮を払わなければ、国家に対して大罪を犯すものであると認めざるをえず、またそう述べざるをえませんでした。「良い皇帝たちはいつも自分の父祖や子孫よりも国家を優先したし、実際、皇帝たちにとって国事は最重要事でなければならず、それは彼らが国家に害を与えるようなことを望む場合、彼らの意志をまったく考慮に入れないことが義務とされるほどである。君主の目的である社会の福祉とは、民衆一般の福祉と別のものではない。国王たる者は、臣下への圧制を平然と許しておくなら王冠を戴く価値はない。〔二三八〕神が法杖を彼に委ねたのは、ただ臣下を服従の状態に置き、また彼らを侵害から守るためであるからだ。自分自身の利益に配慮することは私人の持ち分であるが、国王の責務は公益以外何も考慮しないことである（リシュリュー枢機卿、第三巻一七三頁）〔二三九〕。

　哀れな民への圧制は、民が自分の被った侵害の報復を神に願ってよい、天に達する大罪である。金持ちどもよりはるかに、民はこうした特典を持っている。神はまさに財産という富の代わりにこの特典を民に与え、その一人ひとりをご自身の体の一部として受け入れてくださり、そのために民に加えられた暴力をあたかもご自分の聖性への攻撃と見なし、それが罰せられずにすまされることは望まれない。神はお偉方には自ら身を守れるだけの力を授け、民衆にはそれを許されなかったのだから、ご自身が彼らの守護者となり、ご自身の力の生ける似姿、地上におけるご自身の代理人たる栄誉を持つ国王には、民のために報復をする厳しい義務を課しているのである」（同書）。だからこそ、彼は他の箇所でもさらにこう言っています。「国家の福祉こそ、神がすべての王の頭上に王冠を置く時、ご自身で彼らに示される目的である。彼らにとってこれより推奨に値するはずのものはない。彼らのすべての行動はこれを目指さなければならない」（同書、八二頁）〔二四〇〕。なぜなら、『テレマックの冒険』の中で言われているように、「国王は、羊飼が羊の群の世話をするように、あるいは家族の良き父親が子供たちの面倒を見るように、人民の世話をしてこそはじめて国王といえる」〔二四一〕〔フェヌロン『テレマックの冒険』、邦訳、現代思潮社、下巻二八四頁、朝倉剛訳〕のですし、国王は人々を強権によって指揮するために作られているのではなく、賢明に統治するために作られているからです。

しかしながら、現在、地上の大部分の君主や国王は傲慢不遜な暴君にすぎません。また連中の暴虐な支配のくびきのもとにあって(5)、大部分の民衆は哀れで不幸な奴隷にすぎません。それでも、連中にあえて逆らう者も見られなければ、連中の指導に対する非難断罪をあえて口にする者さえも見られません。むしろそれとはまったく逆に、幾千人もの卑怯なあさましい追従者どもが見られます。この者たちは、連中にもっとうまく取り入り(6)、もっと高く自分を売りつけるため、どんなことででも彼らの気を引こうと苦心し、その欠点や悪徳は言わず、その悪徳は美徳であると人に思わせようとさえします。あるいは、君主や国王が持っている才能や徳がいかにわずかでも、追従者どもは好んでそれをたぐい稀な卓越した徳や英雄的な徳だと人に思わせ、連中のわずかな善行や、人に対して偶然行った良い振る舞いを、驚嘆に値するもののように吹聴するのです。だからこそ、君主や国王への虚しい賛辞や称賛が氾濫するのが頻繁に見られるのです。悪徳を抑止し、至る所に正義と正しい秩序を維持し、罪人や悪人が厳しく罰せられるようにするために(7)定められている裁判官や行政官たちも、国王の悪徳や不正にはどんな反対も唱える勇気がありません(8)。小物の犯罪者ばかりを厳しく追及して罰し、小物の泥棒や人殺しばかりを絞首刑や車責めの刑に処しますが、地上をことごとく荒し、すべてを炎と流血の中に沈め、あれほど多くの(9)、何千何百万という人間を死なせる、あの権力を持った大物の泥棒、人殺し、火つけどもにはあえて何もしませんし(10)、何も言いません。

この点で一層注意すべきは次のことです。すなわち、自分たちが担っている特性からしても(11)、宗教的な敬虔な職務からしても、また神の僕、民衆の霊的な父、あるいは牧者とかいう称号からしても、当然もっとも熱心な真理と正義の擁護者、地上の君主や国王の不正な暴虐と侵犯に対する、もっとも確固とした誠実な民衆の守護者であるはずの当の人々が、とくにたとえば、わが神聖なる父である教皇猊下、わが大司教(12)・司教猊下、神学博士諸氏、総じてすべての福音の司祭・説教師のような人々が――彼らはその信仰と教理において不可謬であると誇り(13)、したがってまた、その品行は腐敗堕落するはずもなく、民衆の牧者と称している以上、民衆の味方をするはずであり、真理と正義のためおのれの身を捧げるはずですが――まさにその当の人々が、時として君主や国王にもっともおもねり、もっとも卑劣

にあさましく、司牧の義務を裏切る人々だということです。ですから、主の[14]預言者と自称した昔の大勢の人々が、当時の王や祭司や偽預言者について語ったことは、今でもまだ、かつてと同じ真実味を帯びています。「彼らの中にいる、すなわち民衆の中にいる君主と国王は、獲物をさらう狼、獲物を求めてほえる獅子のようで、いつでも人の血を流し、その命を奪うつもりでいる。祭司も偽預言者も彼らと示し合わせ、悪徳と悪事をなす彼らにおもねり、彼らの大罪と暴力と不正を吹聴し、神は語りかけたことなどないのに、神が自分たちに語ったと彼らに信じ込ませる。ソノ中ニイル君タチハ、獲物ヲサラウ狼ノヨウデ、血ヲ流シ、人々ヲ滅ボシ……、ソノ預言者タチハ、水漆喰デコレヲ塗リ、偽リノ幻ヲ語リ、偽リヲ占イ、主ガ語ラナイノニ、〈主ハコウ言ワレル〉ト言ウ」（『エゼキエル書』第二二章二七〔二八〕〔二四二〕節）。

これこそ、地上の君主や国王たちにまだ日々はっきりと見られることです。というのも、まさしく国王や君主[15]は獲物をさらう狼、獲物を求めてほえる獅子のようで、いつでも民衆にタイユ税や租税を課し、さらにそれらを重くし、いつでも新しい税を定め、旧来のものを増額し、またいつでも戦火を巻き起こし、したがっていつでも人の血を流し、その命を奪うつもりでいるからです。彼らはいつでも都市を灰燼に帰し、田園を荒廃させるつもりでいます。そして、宗教の僕である司祭たちは、先に述べたあの偽預言者たちがしたように、王侯君主の邪悪な計画に拍手喝采を送っています。その邪悪な意志に同意し、彼らのありとあらゆる不正で暴力的な手段を是認しています。民衆のどんなに些細な悪徳や悪癖[16]に対しても、あれほどの熱意と激しさで説教壇から弾劾糾弾を行い、雷鳴を轟かすその人々が、地上の君主や国王の忌まわしい悪徳と乱行には黙した犬となるのです。君主や国王は神によって定められており、彼らには服従しなければならない、どんなことにおいても従順でなければならない、とさえ説き、その帰結として、連中は哀れな無知な民衆に、「君主や国王に逆らう者は、神の命令に背き、自分の身に永遠の地獄落ちを招く。権威ニ逆ラウ者ハ、神ノ定メニ背ク者デアル。背ク者ハ、自分ノ身ニ裁キヲ招クコトニナル」（『ローマ人への手紙』第一三章二節）と語り、それを信じ込ませるのです。

まるで民衆の幸福と救いにとっては、民衆を指揮し虐げる暴君がいつでも存在することがきわめて重要であるかのように、こうした手合いは暴君の無事とその軍隊の躍進を祈願して、公の祈りを日々捧げています。ですから、暴君が戦で時の運に恵まれず、敵軍のためにその軍が敗走させられ、その都市が奪取され荒らされるようなことがあると、連中はただちにそれを民衆の罪のせいにし、神が民衆に怒っているのだ、悔い改めの善行と神への心からの帰依によってその怒りを宥め解かなければならない、と民衆に信じ込ませます。こういうわけで、そんな時に連中が悲痛な調子で、「主ヨ、ワレラノ罪ニシタガッテ、ワレラヲアシラワナイデクダサイ……。主ヨ、ワレラノ不義ヲミ心ニトメナイデクダサイ……。主ヨ、ワレラヲ助ケ、ワレラヲオ救イクダサイ」〔二四三〕などという歌を唄うのが聞かれるのです。[18] しかし反対に、暴君がその敵からいくつかの華々しい勝利をあげ、敵軍を敗走させ、敵の都市を奪取し、その田園を荒らし、敵からいくつかのめぼしい戦利品を持ち帰るようなことがあると、連中はこういう勝利はみな彼らの神の庇護と祝福のはっきりしたしるしだと見なします。こういうわけで、[19] 役人と民衆が至る所でかがり火を焚き、公の祝賀会を催し、威儀を正し大挙してその聖堂や教会に赴き、暴君どもが地上にもたらした戦勝による殺戮と荒廃と破壊を祝って、勝利なのだから神に感謝するのがふさわしいとでもいうかのように、司祭とともに荘厳な「テ・デウム」〔二四四〕を、すなわち彼らの神への感謝のしるしである、荘厳な喜びと称賛の賛美歌を唄うのです。このように彼らは皆が皆、これほど数多くのこれほど甚だしい悪を、これほど痛ましく憎むべき悪を、喜びと楽しみの大きな理由になると思うほど盲目なのですから、彼らの神聖で聖なる書とかいうものの一つに書かれているように、まったく真実のところ、「彼らは喜びと楽しみに酔い痴れ、狂っている、彼ラハソノ生活ヲ幾度モ戦イニ投ゲ込ンダノニ、無知ユエニコレホド数多クノ、コレホド甚ダシイ悪ヲ平和ト呼ビ、歓喜ニ酔イ痴レ、狂ッテイル」（『知恵の書』第一四章二二〔、二八〕節）と言えます。

この同じ司祭や聖職者たち、地上の金持ちやお偉方のこの卑しい追従者たちは、暴君が自分の身の安全をまったく確信しておらず、日々身に受けて当然の事柄を恐れる理由がいつでもあることを知っているので、彼らを喜ばせもう

少し安心させるために、暴君を殺すことはどんな個人にも許されない、と公に説いています。また、彼らのコンスタンツ公会議の一つで、暴君を殺すことが誰か個人に許されると信じるのは異端である、と宣言し決議さえしました〔二四五〕。ここからはっきり分かるのは、私が今まで述べてきた他のあらゆる悪弊と同様に、地上の君主や国王の圧制をもキリスト教は許し、是認し、それに権威さえ与えているということです。そうしたすべての悪弊と並んで、地上の君主や国王の圧制はまったく正義に反し自然的公正に反していますし、またそれらはまったく民衆の良き統治に反し、すでに述べたように、人々のあらゆる悪徳と禍と悲惨と邪悪さの源、起源、原因なのですから、その意味では、キリスト教が人々の悪しき統治を許し、是認し、それに権威さえ与えているのは明らかです。その帰結として、キリスト教は人々の悪徳や悪事を公然と断罪し、予防し、根絶するよう努めるべきであるのに――キリスト教が本当に神によって設けられたもので、本当に自らが誇るほど純粋で神聖なものであるならば、間違いなくそうすべきでしょう――キリスト教は先の意味で人々の悪徳や悪事を醸成し、育成し、それに権威さえ与えているのは明らかです。

以上のことから私は、明白で説得力のある次の論拠を提出します。すなわち、ある宗教がその教理と道徳においてさまざまな誤謬を説き、正義と自然的公正に反し、人々の良き統治に反し、公益を害するさまざまな悪弊を許し、是認し、権威づけ、また地上の君主や国王がその苛酷で残酷な支配の暴虐なくびきを民衆に課して彼らを呻吟させているのに、その圧制と暴虐な統治に[20]権威さえ与える場合、それは真の宗教ではありえず、本当に神によって設けられたものではありえない。この命題は明白ではっきりしていますし、反論の余地はありえません。さて、キリスト教は上で述べたようなあらゆる誤謬を説いていますし、また先に述べたようなあらゆる悪弊を許し、是認し、権威づけることさえしています。さらに私が論証したように、また日々目にする経験からもはっきりしているように、地上の君主や国王の圧制と暴虐な統治に権威を与えてもいます。それゆえ、キリスト教が神の権威の上に基礎づけられているというのは真実ではありえません。したがってキリスト教は偽りであり、他のすべての宗教がそうでありうるのに劣らず偽りでさえあるのです。その他多くの悪弊、たとえば、死者たちへの敬虔な祈願、いわゆる聖なる死者たちの図像

や遺物への信心深い宗教的礼拝、巡礼、〔二四六〕聖年大赦、贖宥、〔二四七〕司祭や司教が民衆に与える祝福、彼らがありとあらゆる物に与える祝福、その他同様の迷信などについて、私はここでとくに足を止めて反駁するつもりはありません。そんなすべての虚妄や愚行は、私がこれまでに述べてきたこと、(21) そしてこれ以下で述べること一切によって十分に反駁されていますし、またさらに反駁されることになるからです。

証明七

第五九章　神々の存在なるものに関する人々の見解の虚偽そのものから引き出される、さまざまな宗教の虚妄と虚偽について

さてこうしたすべての悪弊、同じくすでに述べたその他のあらゆる悪弊や誤謬は、ただ
さまざまな神がいる、あるいは少なくとも一人の神がいるとする信念や確信や見解、すなわちあれこれの仕方で人々に崇められ、仕えられたいと望む、限りなく善で、限りなく賢明で、限りなく完全な全能の至高存在がいるという信念や確信にのみ基づいており、さらに世の君主や国王たちは自分の権力や権威を全能の神の権威に基づかせようと意図し、他のすべての人々を支配し、命令するために、神の恩寵によってその地位につけられたと称しているのですから、今や次のことを証明し、はっきり示す必要があります。すなわちこの点では依然として人々は欺かれていること[*1]、そしてそんな存在はいない、すなわち神はいないことを示す必要がありますし、したがってまったく真実に反し、しかも欺瞞的に宗教のさまざまな誤謬を作り出し維持するため、同じく君主や国王たちの暴虐な権力を維持するために、人々は神の名や権威を使っていることを証明しなければなりません。これこそ形而上学の原理や哲学の原理、そして道徳の原理から引き出されるさまざまな説得力ある論拠を用いて私がはっきりと示したい事柄であり、この世で目にするあらゆる宗教の虚妄と虚偽について私が与えねばならない七番目の論証です。

＊1　「ソレガ生キル人々ノワナトナッタ」、『知恵の書』、第一四章二一節。

第六〇章　古代の学者やもっとも賢明な人々の大部分は、神々の存在を否定したか、疑った

しかしその前に、神の存在に関する信念ないし確信は人々の間で常にそれほど普遍的にまたそれほど恒常的に受け入れられてきたわけでもなく、またただ神の存在を疑っただけでなく、さらには神の存在をまったく否定さえした多

くの人々が常にいたことをここで指摘しておくのが適当でしょう。というのも、さまざまな史書によると、いかなる神も認めなかったと伝えられる幾多の国民は言うに及ばず、過去のいつの時代においてももっとも開明的で、もっとも学識があり、少なくとも世間からはもっとも賢明とさえされた幾人もの人々は、神の存在をもっとも信じなかった人たちであったと言えるからです〔一〕。その証人は、たとえば当代きっての知恵者と判定され、しかもアポロンの神託によっても然りと判断されたと言われるかの哲学者ソクラテスのような人でしょう。ソクラテスは神々についてよこしまな考えを抱いていると告発されましたが、身の潔白を証明することも称された自分の罪状を晴らすことさえも潔しとはせず、飲めと命ぜられた毒をたぐいない毅然とした態度で飲み干しました。さらにその証人は、当代きっての大哲学者で、多大な才能から自然の精霊とあだ名されたかのアリストテレスのような人でしょう。この人も神々についてよこしまな考えを抱いていると告発され、仕方なくコルキスに隠遁し、そこで六十三歳で亡くなりました（『大歴史辞典』〔二〕）。またその証人は、多大な才能のおかげで神なる人という異名を取った、かのプラトンのような人でしょう〔三〕。この人はその『法律』の中で、どんな神々に対する恐れによっても人を脅かしてはならないと禁じました〔四〕。その証人といえば、またかのディアゴラスやかのピュタゴラスでしょう。二人とも大哲学者でしたが、神々の悪口を言い、神々に反対する文章を書いたかどで流刑にされたり、国外へ追放されたり、著書を焼かれたりしました〔五〕。これと同様の幾人もの哲学者たちがいましたが、それはたとえばかの有名な無神論者ヴァニヌス〔ヴァニーニ〕〔六〕、無神論者とあだ名されたかのテオドロス〔七〕やヨシュア〔八〕やアエティオス〔九〕、アラブ人でかの有名な医者アヴェロエス〔一〇〕、神々の信仰についての人々の考えをあざ笑って〔一一〕、何かの神を認めねばならないとしても自分は太陽以外の神は認めないだろうと言った、かの有名な博物学者プリニウスのような人々でしょう。またその証人は、かの有名な法律家トリボニアヌス〔一二〕やかの有名な滑稽作家ルキアノス〔一三〕、この世のあらゆる宗教を嘲笑したパリ近郊ムードンのかの主任司祭ラブレー〔一四〕、それにいかなる神も認めなかったかのスピノザ〔一五〕のような人々でしょう。さらにその証人といえば二百二十五代目の教皇で、進んで自分の顕職や自分の宗教をあざ笑ったかのユリウス三世〔一六〕であり、また最後にはほかの幾人もの証人はさておき、自

分の宗教をあざ笑い、友人たちに冗談で「ああ、さてもキリストのあのお伽話のおかげでわれわれはなんと金持ちになったことか……」と語った博学の士、名門メディチ家出身のフィレンツェ人の教皇レオ十世〔二七〕のような人でしょう。またこれは十分ありうる話ですが、わがフランスの前の摂政、かの有名なオルレアン公〔二八〕は、宗教についてやはり同様の考えであったらしく、噂が本当であれば公の母親が何度か敬虔に諫めた際に、自分はこの世では何も恐れず、あの世では何も期待しないと言ったそうです。

ところで、ここで多くの人々の同様の考えを個別に引き合いに出す必要が、どうしてあるでしょうか〔二九〕。ここに挙げたそうした考えこそが世の大多数の人々、とりわけ地上のお偉方や当代の学者たちの考えであることが、至る所でほぼ明らかに分かるのですから。それは、宗教上の事柄とか、神々の礼拝に関する事柄とかを取り扱う際の、人々の無関心でぞんざいなやり方から日々はっきりと理解されます。人々が現世に対して、この世のあらゆる福に対して抱いている愛情や過度の執着から、さらには神の栄光に対して、また自分たち一人ひとりの魂の救済に対してもほとんど熱意や愛着を示さないことからも、それははっきりと分かります。同様にあれほどご利益でもあるかのように仰々しく約束された、天国でのあれほど立派な永遠の褒美なるものを享受したいと人々はほとんど思っておらず、またあれほどひどい脅しの種にされている、地獄でのかくも恐ろしくかくもおぞましいあの永遠の懲罰なるものも人々はほとんど恐れていないことからも、そのことがはっきりと分かります。繰り返しますが、世間の人はそうしたことについて人から聞かされることに信を置いてはおらず、また聖職者たちもそうしたことについて自分たちが他人に話すことにほとんど信を置いていないことが、こうしたことからすべて明らかに示されます。というのも、人々が本当に十分確信していたら、そしてこれほど重要なことを人々も聖職者も本当に信じていたら、おそらくそういう話を聞いてあれほどわずかしか心を動かされず、またあれほどわずかしか心を乱されないということはありえないでしょう。道理をわきまえた著作家が、こうした問題についてどう語っているかを次に掲げましょう。それはアルジャントンの領主コミーヌ殿で、『回想録』の中でこう述べています。

「この世にはびこるすべての悪徳やすべての禍、とりわけ他人や自分よりも強い者たちから不当に扱われ、踏みにじられていると嘆く人々の禍が起こるのは、信仰の欠如によると言おう。貧者であれ富者であれ、どんな者でも本当の良き信仰を持ち、地獄での刑罰は人から聞いたとおりだと固く信じ、そしてそれぞれ身分に応じて公爵領や伯爵領や町、あるいは館や家具、牧場や池や粉引き場とかの他人の財産を不正に自分のものにしたか、あるいは自分の父親や祖父がそれらを人から奪って自分のものにしてくれたと信じていて、もし自分がそれらを完全に償わず、またもしあれこれと所有しているものを人に返さなければ、自分は天国には決して入れないだろう――私たちはそう信じなければならない――と固く信じている者がいたとしよう。そうした者には、それが世の王侯や王妃であれ、身分の高低や男女を問わず、現世でそれなりの地位や身分のある人物であれ、教会人や高位聖職者、司教、大司教、大修道院長、女子大修道院長、小修道院長、主任司祭、教会収入役、そしてこの世に生きる誰であったとしても、前に言ったように咎は百も承知で臣下や隣人から取り上げたものを何一つ返そうとはせず、また人を不正に殺し、獄につなぎ、一方の人々から奪ってはそれを他方の人々にやって富ませたり、（そんなことをするのは一番下劣な所業だが）そういう者を喜ばせるためとか、女のためとか、そのほか似たような目的で、自分の身内や家来に不利となる不正なものを人に得させたりする者たちがいるとは信じられないだろう。誓って、信じられはしまい。少なくとも私には信じられない。彼らに固い信仰があり、神と教会が私たちを地獄落ちの刑で脅かして命じることを信じ、人生は短く地獄の刑罰がいかに恐ろしいかを知り、地獄に落ちた者には終わりも赦免もないことが分かっていたら、そんなことはできはしないからだ。それゆえあらゆる禍は、信仰の欠如に由来すると結論すべきである。例を挙げよう。国王や君主が囚われて獄死するのではと恐れているような時、身代金を払って出してもらうこと以上に、当人にとって大事なことがこの世にあるだろうか。ポワチエの戦い[二〇]で英国王太子[二一]に捕えられたフランスのジャン王[二二]の場合に見られたように、そうした輩は自分の財産や家来たちの財産を身代金にするのだ。ジャン王は三百万フランを支払い、全アキテーヌやかなりの数の市や町や要塞など、王国のほぼ三分の一を賠償として与え、王国にひどい貧困をもたらしたため、長い間小

さな銀の鋲を打った革製の硬貨が出回っていたほどである。いずれにせよ、ジャン王と息子のシャルル賢明王〔二三〕は、王を釈放してもらう代わりに、それらすべてを賠償として与えた。彼らが何も与えようとしなかった場合でも、もしイギリス人が王を殺さないでいたら、最悪の場合でも王は投獄されたままでいたことだろう。殺されたとしても、地獄の一番軽い刑罰の万分の一にも値しなかったろう。いったいどんな理由で、王は先に言ったすべてを与え、自分の子孫や王国の臣民を破滅させたのだろう。目に見えることしか信じないから、そしてほかのやり方では釈放されないことがよく分かっていたから、という理由以外にはないだろう。隣国の町を占領しておいて、神が恐いから、地獄の刑罰がいやだからと町を返そうとするような君主はいないか、いてもほんのわずかである。こうして、ジャン王はあれほどに大事なものをたかだか牢獄から釈放されるために与えたのだ」。こうしたことから著者は正しくも次のように結論しています。「人々がかくも不道徳な暮らしをし、また天国でのあれほど大きな褒美なるものや、地獄でのあれほど恐ろしい刑罰なるものをほとんど意に介さないでいるのは、信仰を欠いているためであり、宗教が教えるあの偉大で重要な真理なるものを信じていないことによる〔二四〕」。こうした次第ですから、信仰や信心として人々が抱いているもの、いやむしろ抱いているふりをしているものは、まったくのところ信仰や宗教の虚しい見せかけでしかなく、それも計算ずくから、心で本当に思っていることをはっきり言いたくないか、あまり率直にさらけだしたくないためなのです。

　世間一般の人々に関しては、宗教上の勤めはもっときちんと行ってはいても、大部分の人は宗教上の真理や宗教が教えることについては先に述べた人々以上に確信を持っていることなどほとんどないことが、その生活習慣や暮らしぶりから同様に十分理解できます。また民衆のうちで多少とも分別や良識を備えた人々は、なるほど人間的諸学にはまったく無知であっても、そうした問題について人から信じ込まされることの虚しさや欺瞞性を漠然と理解し、なんらかの仕方で感ぜずにはいられません。ですからそうした問題で他人から聞かされることを人が信じる、いやむしろ努めて信じようとしているのは無理強いされているのであって、自分の意に反し、自分自身の〔精神の〕光に反し、

自分の理性に反し、自分本来の見解に反してでしかありません。またこれはあまりにも真実なものですから、一番従順な人々の大部分までもが宗教が教え、宗教が力ずくで信じ込ませようとすることを信じるのに、矛盾や困難を感じているほどです。〔人間の〕本性はそこに隠された矛盾や、隠された対立を感じ取ります。人が信じ込まそうとすることに自然的理性がいわばおのずと抗議するのです。[1] またそのためわがキリスト崇拝者たちは、精神を虜にして信仰に従わせるべきであるということを、自分たちの宗教の格率としています。ところがその信仰たるや、一番立派な聖人たちの場合でさえ、とりわけ悪人たちが栄えるのを目のあたりにするとしばしば動揺させられたと、自分から洩らしている程度のものです。それでも「こうして精神を虜にし、信仰に従わせるのは彼らにとってきわめて大きな功徳である。スベテノ思イヲ虜ニシテ、キリストニ服従サセル」（『コリント人への第二の手紙』第一〇章四〔、五〕節）と彼らは主張します。自然的理性は、すでに言ったように、自分に向けられたこうした強制におのずと抗議するのです。[2]

ところでこのように信仰のもとに精神を強制して虜にし、自分自身の見解に反してまで無理やり信じるために自然的理性の光を放棄しようとするのは、本当に信じることではありません。むしろ逆にそれは本当は信じてもいないこと、本当は信じることすらできないことを示しています。なぜなら、本当の信心とは心底からの確信であり、自分が信ずることの真実性を理解しているか、理解していると信ずる精神の内的な同意だからです。というのも、聖アウグスティヌス自身が言っているように、「私たちが信じ、私たちが信じることを望むようにと神は内的に私たちを説得される。〔……〕本当の勧告や説得がないところには本当の信心はないからである。自由であるとはいえ、納得しなければまた納得させるものがなければ、人は信じられない。[3] 私タチガ意志シ、信ジルヨウニト、神ガ勧告ニヨッテ働キカケラレル。〔……〕ナゼナラバ信ジルコトノデキル勧告ガマッタク無イナラバ、ドコデモ自由デアルトシテモ、人ハ信ジルコトハデキナイカラ」（アウグスティヌス『霊と文字』第三四章[一二五]）です。ところで精神への強制しかないところには勧告や説得はなく、したがって精神への強制しかないところに本当の信心はありません。ですから、大多

数の人々そしてほぼ万人が信仰上の事柄で抱いている、強制され、無理強いされた信心なるものは心底からの確信に由来するものではなく、むしろ人から信じさせられることの真実を見ず、見ようにも見えない霊魂や精神の内部での矛盾に由来している以上、それは本物の信心ではありません。それはまるで白昼まばゆい日光や太陽を目にしながら、良識ある人がそれでもなんとかして夜だと無理に信じようとするようなものです。あるいはその同じ人が夜更けの暗がりや闇に出会ってもなんとか日光や太陽のもとにいるのだと無理に信じようとするようなものです。私には明らかなことだと思えますが、そんなふうに強制され、無理強いされた努力や信心は本当の信心たりえず、そんなものはそうした信心を介して信じよう、信じさせようと称する当のものの真実性の確かな証拠にすらなりえないでしょう。このことについてモンテーニュ氏は、「ある人々は、自分で信じてもいないことを信じているように世間に思い込ませる。また別の人々は、この方がずっと数が多いが、信ずるとはどういうことかも知らずに、信じていると自分自身に思い込ませている」[4]（『エセー』四〇七頁〔モンテーニュ『エセー』第二巻第一二章、邦訳、岩波文庫、第三巻一五頁、原二郎訳〕）、と述べています。

ですから宗教上のさまざまな真理と称されるものに関する、そんな信心なるもの、また神の存在に関する信心それ自体も、先ほど述べたように大多数の人々、また万人において盲目的な信心、あるいは強制され、無理強いされた信心でしかないのですから、そんなものは本当の信心ではないと言えるだけでなく、さらにそんな信心は神の存在の確実さの証拠でもないとさえ断言できます。ですから、そんな信心は神の存在の確かさよりも、むしろ明らかに不確かさの確かな証拠となりますから、わがキリスト崇拝者たちがそんな信心をひけらかして、神の存在の確実さを示そうとしても無駄です。というのも、もし称されるほど神の存在が大いに確実で大いに明らかであれば、自分で自分を強制し、現にしているように精神を虜にしてそれを信じようとすることは無用でしょうし、神の存在を否定したり、疑ったりする多くの才知ある人々もいなくなることは明らかだからです[5]。このことからしてすでに、神の存在に関する信心は人が称するほど確実でも、確定的でもないことがはっきり理解されますし、それゆえ無神論は迷信深いわが神

崇拝者たちが吹聴するほど奇妙でも怪物じみてもおらず、それほど不自然な考えでもないことがはっきり理解されます。すでに言ったように、さらに重要なさまざまの証明に立ち入る前に、ここでこれらのことを指摘しておくのが賢明でしょう。〔二六〕

第六一章　神々についての最初の信心と知識の由来

ところでこれはかなり明白なことに思えますが、神々への最初の信心はただ次のことにのみ由来しているようです。つまりほかの人々よりもずっと狡く、ずっと悪賢く、ずっと抜け目がなく、さらにはずっと邪悪でさえあるような幾人かの人々が、野心にかられて他人にぬきんでようと望み、またおそらくは他人の無知や愚かさをもてあそぼうと望んで、神や最高の支配者という名や肩書を手に入れ、人々に自分たちを一層恐れさせ、尊敬させることを思いついたのがそれです。そして恐れや愚かさからか、あるいは媚びやへつらいからか、人々は彼らのなすに任せたために連中が指導者となったのです。指導者になってしまえば、連中は最高の支配者という名や肩書を手放しませんでした。偉大な征服者ども、すなわち地上の諸州や諸王国の大盗賊や簒奪者どもが、公爵や王や皇帝や最高君主の名と肩書を僭称し、自分たちはきわめて偉大で高貴で強大な支配者だとぬかしているのを、今日私たちはどれほど目にすることでしょうか。さらに今ではもう少しのところで彼らは全能の神々の名や肩書を自称するほどであり〔二七〕、これほど彼らは思い上がり、他人にぬきんでようとしているのです。繰り返しますが、かなり明白と思えるのは、ただそうしたことにのみ神々の最初の起こり、またその最初の知識や信心[2]が由来していることです。このことはユダヤ人やキリスト教徒たちの史書の中で語られる、世界創造なるものについての、彼らの神についての信心のうちにとくに現れています。そこにははっきりと、この神は人が通常行うのに負けず劣らず人の言葉を話し、議論をし、歩き、庭を散歩したことが記されているからです[3]。またそこには、この神なるものは自分の姿や形に似せて最初の人間を創造したとも記され

ていたり神に似ていたりするという以上、それこそこの神なるものが人の姿や形をしていたことの十分明白なしるしです[4]。したがって実際に人間でしかなかったことの十分明白なしるしです。

ていたり神に似ていたりするという以上、それこそこの神なるものが人の姿や形をしていたことの十分明白なしるしです。神が人の姿や形をしたり人に似たものであったり、あるいは人が神の姿をしていたり

ところでこれらのしるしからして、この神なるものは狡くて悪賢い男であり、人がアダムと呼ぶあのもう一人の男の単純さ、粗雑さ、愚かさをもてあそび、からかおうとするような人物だったようです。アダムはどう見ても頓馬で、間抜けで馬鹿だったようです。というのも同じ史書、いや同じ作り話には[5]、この男は一人の女の言葉にあんなにも簡単に愚かしくもだまされたとあり、またこの同じ史書そのもの、いやこの作り話が記しているように[6]、この男よりもずっと狡くて悪賢い蛇の偽りの約束によってあんなにも簡単に愚かしくもそそのかされたからです。それと同様に、モーセに語りかけた同じ神なる者も、本当はただの人か、単に架空の人物にすぎなかったと考えるべきです。というのも、ただモーセ自身がその人物に人の言葉や話を帰しているという理由からそうだと言えるだけでなく、さらには人の手足やあらゆる情念をもその者に与えているから、その神なる者自身――なんとも滑稽なことに――顔を見たいと頼んだモーセをからかおうとして、見たければ私の後ろ姿や私の尻はたっぷり見られるが、私の顔は見えないだろう、「アナタハ私ノウシロヲ見ルガ、私ノ顔ハ見ナイデアロウ」(『出エジプト記』第三三章二三節[二八])とモーセに答えているからです。したがって自分でそう言っている以上、この神なる者には明らかに人の顔や後ろ姿や尻があったのです。ですから、この神と称する者は本当は神のふりをし、神に変装しようとしたただの人にすぎなかったのです。それにしても、顔はだめで自分の後ろ姿しか見せたくなかったという以上、どうやらそのやからは顔を見られて自分が何者であるか分かってしまうのを明らかに恐れてもいたようです。これもまた、そのやからが本当はただの人間でしかなく、神ではなかったことの十分明白な証拠となります。もっともモーセに向けられた神の言葉や話と称されるものはモーセ自身の言葉にすぎず、モーセがそれをでっち上げ、神のせいにして、この欺瞞的な策略によって自分が語りかける人々の間でその言葉に一層の信用と権威を与えようとしたのだと言いたいのであれば話は別です[*1]。それは

十分ありうることです。なにしろ、あまりにも昔から、ペテン師たちはこの手の策略を用いては人をだましてきましたし、そのためその手にのってまだだまされるままでいるのは今日ではひどい愚行なのですから。[(7)]

＊1　モーセの策略〔二九〕

第六二章　神崇拝者たちも結局は、古代人たちが崇拝していた複数の神々の虚偽を認めざるをえなかった

さらに以下のことをもまた否定しえないでしょう。つまり、その後に登場したほかのすべての神々、たとえばサトゥルヌス、ユピテル、マルス、アポロン、メルクリウス、アスクレピオスやこれに似た幾千もの男神たちの名前で、またキュベレ、ユノ、ケレス、ディアナ、ミネルウァ、パラス、ウェヌスやこれに似た幾千もの女神たちの名前で過去のあらゆる時代に崇拝されたそのほかの男や女の神はすべて〔三〇〕、人間の男や女、たとえば王侯や王妃たちとか、だれかその他の貴顕といったいわば名門の男女でしかなく、男の神や女の神の名前を彼らが自分で自分に与えたか、すでに言ったように媚びやへつらい、また無知や愚かさから人が彼らに与えたのです。というのも、当時の人々は大変に愚かで盲目的であったため、か弱く、死すべき人間――みなそうですが――の幾人かはそれでも生前か死後に不死の神になれると信じたからです。またさらに驚くべきことは、哲学者たちまでもがそうした虚しく愚かな考えに身を委ねるか、委ねたふりをしていたことです。その証人は有名な大哲学者かのプルタルコスですが、モンテーニュ氏の伝えるところでは、「われわれは、賢く有徳な人間の精神が、本性と神の正義によって、人間から聖者になり、聖者から半神になり、半神から、贖罪の犠牲を捧げた時のように、完全に浄められた後にあらゆる感性と死滅性から脱却し、いかなる人間的な法律にもよらずに、真実と正しい道理によって完全無欠の神となり、幸福と栄光に満ちた最後を飾るということを、確信しなければならない」（モンテーニュ『エセー』五二五頁〔邦訳、岩波文庫、第三巻二一三、二一四頁、原二郎訳〕〔三一〕）と、この人は言っていたのです。十分におのずから崩壊する、これほど虚しい理屈や虚しい考え

にここでかかずらって反論するつもりはありません。人が神の存在について抱く最初の知識は誤謬や無知や欺瞞から起こるにすぎないのですから、そうしたくだらない信心にはどんな確実性も本当の根拠もないことを、ここでただ指摘するだけで私には十分です。こうしたことはあまりにも真実なものですから、すでにずっと昔から大多数の人がそこに古代人の誤謬を認めていたほどです。そして彼らは、そうした古代の神すべての虚妄と虚偽をこれほど十分認めたものですから、無知や愚かさから古代人が崇拝させられていた、身体もあり人の姿をしたあのすべての神々、木や石や金や銀などでできた物質からなる目に見えるほかの神々すべてに対する信心を拒否せざるをえなくなりましたし、今日なおそれを拒否しているのです。

だからといって、わがキリスト崇拝者もほかの神崇拝者も神への信心をすべて捨てるつもりになれなかったので、やむなく彼らはその言うところの実体においても本性においても単一な、またわがキリスト崇拝者たちが称するところの位格においては三者である唯一の神をせめて信じることに限らざるをえなくなりました。これですでに、多くの神が一挙に滅ぼされました。というのも、迷信深い神崇拝者たちが過去の時代に認め崇拝してきた、あの多数の神の中から、子孫たちはただ一人の神の信心や崇拝に切り詰め、限らなければならなくなったからです。それも目に見えない神、非物体的で非物質的な神、したがって肉も骨も肢体もなく、背や腹、腕や脚、足や手、眼や頭、口や舌、耳や歯、蹄や爪それに他のどんな部分もなく、したがって外側には姿も形もどんな色も、内側にはどんな構造も、いやむしろどんな外も内もどんな横も、またどんな上も下もない神の信心や崇拝に切り詰めねばならなくなったのです。ところが彼らの言い分では、この神は至る所にあって、万事を見通し、万事を行い、万事を知り、万事を導き、万事を治め、万事を支え、あらゆる場所、またその場所の個々の部分でも完璧であり、全能で限りなく善で限りなく賢明で限りなく正しく限りなく優しく、またあらゆる種類の完全性において限りなく完全であり、その本性は不変で不動で永遠であり、その本性がその力や英知や意志そのものであり、また逆にその力や英知や意志がその本性やその本質そのものでもあるのです。

これこそまったくきわめて驚くべき観念ではありますが、さらにもっと確実に言えるのはこれは完全に想像上の、まったく架空の存在の観念であり、あえてやろうにもこれ以上空想的な存在の観念を思い描く[三二]、いやでっち上げることができるとも思われないということです。古代人のキマイラも、ピキオンのスフィンクスも[三三]、詩人たちや物語作者たちのあらゆる作り話も、わが新参の神崇拝者たちがその神について思い描く観念に込められた馬鹿馬鹿しさに及ぶものは何もありません。私が彼らを新参者と呼ぶのは、すでに言ったようにただ一人の神を信じることに限るよう余儀なくされ、またその神からあらゆる体やあらゆる形、またあらゆる物質的で感覚的な姿を取り去るよう余儀なくされて以後のことだからです。事これに関しては、彼らは精神や推論がなお一層虚しく錯乱してしまい、他人よりもずっと賢明でずっと聡明になると信じていたのに、以前よりもずっと気違いじみ、ずっと盲目になったと言えるでしょう。「カエッテソノ思イハ虚シクナリ〔……〕、彼ラハ自ラ知者ト称シナガラ愚カニナッタ」（『ローマ人への手紙』第一章〔二一〕二二節）。

第六三章 唯一の神の存在に関して彼らが抱いている信心においても、神崇拝者たちに一層の根拠があるわけではない

ところで、その誤謬や虚妄を認めて放棄せざるをえなかった、あの複数の神々の信心においてよりも、このただ一人の神の信心において、彼らになお一層の根拠があるかどうか、またありえるかどうかを検討しましょう。形があって目に見える一人の神や複数の神を以前に信じていた時よりも、まったく目に見えない非物質的な一人の神を信じることで彼らに一層の根拠があるかどうか、またありえるかどうかを見てみましょう。というのも一見したところ、そうした二つの信心のどちらにも根拠の多寡などほとんどありえないように、私には思われるからです。ですから、このことを検討してみましょう。限りなく善で限りなく賢明で限りなく完全な全能の唯一神の存在をわが迷信深い神崇拝者にともかくも認め、また信ぜざるをえなくしているのは、彼らが自然のうちに目にするかくも多くのかくも偉大

でかくも美しく、かくも見事な事物の景観であり、その時彼らはかくも多くのかくも美しくかくも偉大でかくも見事な事物は、彼らが神の名と肩書を与えている限りなく善で限りなく賢明で限りなく完全な至高存在の全能によってのみ作られ、現にあるような秩序と状態に置かれ、位置づけられたに違いないと思い込むからです。「私は目を開けることができない」、とわが高名な神・キリスト大崇拝者の一人は言います。それは前のカンブレ大司教フェヌロン氏ですが、氏は「自然の全体のうちに光り輝く御業を感嘆せずには、私は目を開けることができない。ただの一瞥だけで、すべてを作られた御手を認めるには十分である」(『神の存在について』一頁〔フェヌロン『神の存在と属性の証明』第一部一項、一七七五年版三頁〕)と言います。〔三四〕こんな具合に、フェヌロン氏は自分の著書を書き始め、その中で神の存在を証明すると称しています。ところが氏が一瞥して見えたと思った手は架空の手にすぎず、それに仲間のすべての人々同様、氏自身も限りない力と英知を本当に帰属させられる、したがって神性を本当に帰属させられるいかなる可視的な存在もなければ、物体的で物質的な存在もないことを認めざるをえなくなったために、そこからやむなく、不可視な存在や非物体的で非物質的な存在の観念を頭の中で思い描き、そのものに全能と限りない英知を帰属させ、したがって神性を帰属させ、神の名を冠する羽目になったのです。その際、彼らはそうした存在が実在し、それがほかのあらゆる存在を維持し支配する動力因や第一原因であることがぜひとも必要だと自分で自分を納得させます。そして同時に自然のさまざまな作物に見いだされる美しさや感嘆すべき完全性をただ一瞥することで、あの限りなく完全な存在なるものの実在の必然性が私たちに明白に示されると主張するのです。〔三五〕彼らの主張が本当かどうか見てみましょう。

第六四章　自然のさまざまな作物のうちに見いだされる美も秩序も完全性も、それらを作ったとされる一人の神の存在を少しも証明しない

まずさまざまな芸術作品に見られる美しさや秩序や完全性に関して、その美しさや完全性は当然作品を作った者の

存在、力量、能力、巧みさ、英知……などを証明する点では、彼らに同意しなければなりません。誰か達者な作り手が手をつけなければ、そうしたものがひとりでに現にあるように作られるはずがないことは分かりきっているのですから。けれども自然のさまざまな作物、つまりこの世のさまざまな作物に自然に備わっている美しさや秩序やそれ以外の完全性は、私たちが目にできるもっとも美しい、もっともすばらしいものをも全部作り出す自然そのものという作り手以外には、男であれ女であれどんな作り手の実在も、またそれゆえ当の作り手の能力や英知を少しも証明も証拠立てもしないことをなんとしても認める必要があります。というのも結局は、わが神崇拝者たちがなんと言おうと、彼らが自分たちの神のうちにあると想像している限りない完全性は、神がそれ自体ある別の神によって作られえたことを同様[1]に証明すると彼らが認めるか、この完全性はそんなことを証明しないと言うか、絶対にどちらかでなければならないからです。彼らが神のうちにあると想像しているさまざまな限りない完全性は、神がそれ自体ある別の神によって作られえたことをやはり証明すると主張するならば、同じ理由からその神がまた別の神によって、この別の神がさらに別の神によって作られたかも知れず、いつまでも同じようにこうして原因から原因へ、また神から神へと限りなく遡るようになることを、やはりその別の神のさまざまな限りない完全性が証明する、さらにこう彼らは言わなければなりません。そんなことは、口にするのもまったく滑稽で馬鹿げたことでしょう。それにわが神崇拝者たちもそんなことは口にしたくはないでしょう。なぜなら、彼らが想定し、設定しようとしている限りなく完全な一人の神に代えて、さらに無数の別の神、しかもそれぞれがいつでも次第に一層完全になるような神々を必然的に認め、受け入れなければならなくなりますが、そんなことは正しい理性にまったく反しているからです。またもし反対に、自分たちの神のうちにあると彼らが想像しているさまざまな限りない完全性は、その神が別の神によって作られえたことを少しも証明せず、また証拠立てもしないと言うのであれば、自分たちがこの世で目にするさまざまな完全性がこの世はそれとは別の者によって作られえたことを証明するなどと、一体なぜ言うのでしょう。両方の主張の根拠に間違いなく多寡はありません。ただしおそらく限りなく完全な神のうちにあるとされる最大で限りない完全性は、それだ

け一層必然的に神が別の神によって作られたに違いないことを証明するかも知れないという点を除けばですが。というのも、一層大きな完全性はより完全な原因を要請するからです。この場合、世界の存在が一人の神の存在を証明するよりも、一人の神の存在が無数の神の存在の必要性を証明することになるでしょう。それもまた、わが神崇拝者たちが受け入れかねる明白な不条理でしょう。ですから、この世に見られるさまざまな完全性はそれを作った神の存在を必然的に証明するとなぜ主張するのか、また反対にその神のうちにあるとされるさまざまな限りない完全性は、神がさらにそれ自体別の神によって作られたことを証明も証拠立てもしない[2]となぜ主張するのかを、彼らは是非とも言うべきです。[三六]このことで彼らが盾にとれる理屈は、挙げて次のように言うことでしょう。すなわち、自分たちの神は自らそれ自体で現に存在するものそのものであり[三七]、それゆえそのあらゆる神的な完全性は自分以外のいかなる産出行為もいかなる他の原因も決して必要とせず、自らそれ自体で現に存在するものそのものである。しかし世界は自らによって現に存在するものではありえず、全能の神が現にあるように創造し、形作らなかったならば、そこに見られる完全性は少しも存在しえず、これが両者の大きな違いをなす、というわけです。

　ところが、根拠もなく証拠もなしに係争中の事柄をただ前提しているからというだけでなく、さらに神がそれ自体で現に存在するものであると主張したり想定したりするのと同様、世界はそれ自体で現に存在するものであると容易に主張したり想定したりできるのですから、そんな理屈は明らかに無意味です[*1]。またしたがって、神のさまざまな完全性は自らそれ自体で現に存在するものであると主張できるのと同様、この世界のうちに見られるさまざまな完全性は自らそれ自体で現に存在するものであると容易に主張できます[三八]。とすれば、もう残るのはただ、この両者のどちらがより真実であるのか、あるいはより本当らしいかを調べてみることだけでしょう。さて今も昔もいつでも目にすることができ、そして明らかにいつでも至る所に見いだされる現実的な真の存在に、必然的な実在性あるいはそれ自体による実在性を帰属させる方が、空想上のものでしかなく、目にも見えず、どこにも見いだされない存在にそうした実在性を帰属させるよりもはるかに道理があることは明白です。これも同様に明々白々ですが、今も昔もいつでも目

にされてきた完全性にそれ自体による実在性を帰する方が、今も昔も決してどこにも見られず、見いだされない空想上の完全性にこの実在性を帰するよりもはるかに道理があります。これは明白です。ところで、私たちが目にしている世界は明らかにきわめて現実的で真実な存在であって、この世界は明らかに至る所に見られ、見いだされます。同様にこの世界のさまざまな完全性はきわめて現実的で真実なものであり、明らかに至る所で見られ、見いだされ、また常に目にされてきました。ところが反対に、わが神崇拝者たちが神と呼ぶあの限りなく完全な存在なるものはどこにも見られず、見いだされない架空の存在にすぎず、同様にそのさまざまな限りない神的な完全性と称されるものも架空のものでしかなく、どこにも見られず、見いだされず、誰もかつて見たためしがありません。したがって、それ自体による実在性を世界そのものに、私たちが世界のうちで目にしているさまざまな完全性に帰する方が、どこにも見られず見いだされず、またそれゆえにそれ自身が大いに不確かで疑わしい限りなく完全な存在なるものに帰するよりもはるかに道理があります。ですから、他のいかなる原因にも依存せず、必然的に自らそれ自体で現存するものである、なんらかの存在や完全性が実在するということを、わが神崇拝者たちはいやでも認めなければならない以上、その完全性を常に至る所で明らかに見られ、見いだされる現実的で本当の存在に帰属させずに、むしろどこにも見られず、見いだされない想像上の存在に帰属させようとするのは、明らかに彼らの側の悪弊、誤謬、錯誤です。こうしたことから明らかに、この世のさまざまな事物に見られる完全性は限りなく完全な神の存在を少しも証明もせず、証拠立てもしない〔三九〕という結論が出てきます。

＊1　後段の二〇二頁〔本書第六八章、四七八頁以降〕を参照。(3)

それに、少し注意しさえすれば、この神的存在なるものの想定は、自然のさまざまな事物の認識にとっても、またその説明にとってもなんら寄与するところがないことは明確です。このことからしてまた、この想定が彼らの抱える難点を取り除きはしないことも明白となります…。加えてわが神崇拝者たちがそうやって自分たちが阻まれている困難を切り抜けるつもりになっても、きっとなにか別の困難、それも避けたいと願うものよりも一層重大な困難に陥る

だけであることも確実です。したがって、自然やこの世にあるさまざまな自然的事物の形成を説明するために限りなく完全な全能の存在の想定に訴えても、彼らに役立ちはしません。なぜなら彼らは一方で、世界や自然の万物が自己の存在や形成や相互の配置を生み出す他のいかなる原理もなしに自分の力で現存するようになることを理解したり思い描いたり仮定したりすることに困難を感じるとしても、他方で自分たちが神と呼ぶあの第一の至高存在なるものがどうやって自力であれほど強力であれほど完全になりえたのか、またどうやってその神がかくも偉大でかくも美しくかくも見事な多くの事物を無から創造し、形作りえたのかを理解したり思い描いたりすることにやはり困難を感じるはずだからです。というのも、万物は自分の力で現存するようになると仮定する事物の自然形成〔説〕が人知の及ばない、説明するにも理解するにも困難なものであれば、現に彼らが仮定し、また仮定しようとしている万物の創造〔説〕は、確実に少なくともそれと同じくらい人知が及ばず、少なくともそれと同じくらい説明するのも理解するのも困難な奥義だからです。したがってこの点では困難はどちらも同じか、同じように見えますから、物質は永遠の昔から自分の力で存在していた以上、この世の万物は常に自分の力で存在してきた、現にある状態にこうして自分の力で自らを形作り、配置したのだと主張するよりも、この世と万物は神によって創造されたと主張する方に一層の根拠があるわけではありません。というのも、結局のところ、物質が自ら現にあるところのものであると理解することは、神が自ら現にあるところのものであると理解することよりも難しくはなく、一層不可能でもないからです。

この最初の推論だけでもすでに、こうした主題に関してせめてしばらくの間、私たちの判断を差し控えさせるには十分なはずです。〔四〇〕というのも、ある事柄に関する真理の発見のみが問題とされるこうしたたぐいの意見の衝突においては、どちらの側にも真実性の見かけで選ぶところがなければ、一方の側よりも他方の側をひいき目に判断しようとするのは根拠のないことだからです。けれども、この問題で事の次第がどうであるのか、またありうるのかを一層よく理解できるように、事柄をもっと仔細に検討してみましょう。そして提出された難点が双方とも実際に等しいかどうか、いやむしろ創造説における方が、世界が構成されている物質それ自体による世界の自然形成説におけるよりも

難点がはるかにずっと大きくさえありはしないかどうかを、はじめに考えてみましょう。前者の説、創造を仮定する説でまず見受けられるのは、私の頭に浮かぶ克服しがたいと思われるいくつかの難点です。その第一は、ほかの存在を全部創造したあの至高存在の本質や本性とはいかなるものでありうるのかを説明したり、理解したりする上での難点です。〔四二〕その第二は、物質を創造したと称される者同様に、永遠でほかのいかなる原因にも依存しないと仮定できる物質そのものよりも、むしろ永遠性や自立性をこの存在に帰すべき理由を、なんらかの説得力ある根拠をもって示す上での難点です。というのも、永遠でほかのいかなる原因にも依存しない第一存在や創造されない第一原因を認める点では、二つの仮定のどちらも一致していますから、世界創造説ではその第一存在が物質とは必然的に別物であることを説得力ある根拠をもって証明しなければならず、また物質は永遠ではありえず、自分の力では現にあるところのものとはなりえないことを示さねばならないからです。今生きている限りのわが神崇拝者たちはみな、これまでのところまだそれに成功していませんから、これは決して些細な難点ではありません。第三の難点は、無から何物かを創造し、作り出せるということがいかに可能であるかを理解したり思い描いたりする上での難点です。これは、自分の力で現にあるところのものである物質を素直に思い描くより、どう見てもずっと理解しにくいこと、思い描きにくいことです。それではなぜ、物質が実際に自分の力で現にあるところのものであると、まず仮定しようとしないのでしょうか。また創造説それ自体が創造されることのない永遠な存在をぜひとも仮定しなければならないだけでなく、さらにその存在がもう一つ別の存在を創造できると仮定しなければならないのに、なぜ物質を存在させるために見も知らぬ存在や創造といった不可解な奥義に訴えたがるのでしょうか。そんなことは、後段で示すようにおよそ理解できないことですし、まったく不可能なことです。

第一原因として、また永遠で自立した存在として物質のみを認めれば、それによって創造説に必然的に伴う克服しがたい数々の難点が避けられ、またそれによって万物の形成がかなり容易に説明できるのは明らかです。創造説に見いだされる第四の難点は、ほかのすべての存在をそのように創造し、万物のうちでもっとも力があると仮定されてい

るその存在がどこにいるかを正確に言い、指示することに関するものです。どこに住んでいるのでしょう。どこに引き籠っているのでしょう。すべての存在を創造してからは何をしているのでしょうか。どんな所にも人はそのものを見ることもなく、感ずることもなく、知ることもないのです。それはたとえば太陽や地球ではありません。空気でも火でもありません。それにすべての存在を幾度となく見直しても数えてみても、どんな存在のうちにもどんな場所にも確かに見つけられません。諸々の存在を数え上げても見回してもそこには見いだされず、それにもかかわらずすべての存在に存在を与えることができた存在とは一体どんなものでしょうか。そんなものがどこに存在しえるというのでしょう。この存在に関してはいずれにしても固有で明白ないかなる認識も得られないのですから、とにかく創造説はそれを説明すべきです。その点、物質に関しては事情が異なります。というのも、物質が実在するのは確実で、そのことは誰も疑えず、物質は至る所で目撃され、感覚され、見いだされ、しかも物質はすべての存在のうちに存在するからです。そうだとしたら、物質が自らの力で存在し、あの永遠で自立的な第一原因、あの創造されることのない第一原因――この第一原因に関しては多くの激しい議論がなされているのですが――であると主張することに、どんな背理があり、どんな矛盾が見いだせるというのでしょうか。

第六五章　神崇拝者たちが自分たちの神について抱く、荒唐無稽な観念

この最後の難点に答えようとして、通常人がそうするように、万物の創造者であるあの第一の至高存在は等しく至る所にあり、自分の存在を分割も増加もすることなくあらゆる場所に全体として存在すると言っても、何の役にも立ちません。それは理解してもいないこと、(1)理解できもしないことを主張することだからです。〔四二〕それは難点を減らす代わりに増やすことであり、あの至高存在なるものに認めざるをえなくなったさまざまな属性を検討すればするほど、人を明らかな不条理へと導き、明らかで避けがたいさまざまな矛盾へと必然的に陥れる、説明のつかない難点の迷宮

に余計に入り込むことになります。その証拠として、ある著作家がこの存在についてかなり巧みに行った、謎だらけいや荒唐無稽な次の記述を挙げましょう。この至高存在なるものについて語って、その人はこう主張しています。「神はそれ自身自らの始め、また終わりである。だが神には始めも終わりもない。ところが神は、始めと終わりの父、その作り手であるため、そのどちらをも欠くことがない。神はいかなる時の変遷もなく昔も今も常に存在する。神にとって過去は過ぎ行かず、未来は到来せず、すべての時間は等しく現在である。いかなる場所も占めることなく至る所で君臨する。恒常たらざるも揺るがず、運動を欠くものの活動はする。すべての外にあるとはいえすべてであり、万物の内にあるとはいえいかなるものの内にも閉ざされない。すべての外にあるが何物によってもあらわにされることはない。外で創造し、内で司る。質なしに善、量なしに大である。部分を持たぬ一つの全体であり、万物を変えながら不動である。意志がその力であり、力がその意志であり、業がその意図であり、意図がその業である。現実態と可能態とのいかなる混交もなしにそれ自体において単一であり、神は現実態として存在しうるものすべてである。あるいはより正確に言えば、神は自ら第一、第二の、そして最後の現実態であるがゆえに、神は純粋な現実態である。つまり、神はすべてであり、すべてにおいてあり、すべてを超えてあり、すべての内にあり、すべての外にあり、すべての彼方にある。神はすべてに先立つすべて、すべての後にあるすべてである」（ヴァニヌス〔ヴァニーニ〕）。次に彼がラテン語で自分の考えをどのように述べているかを掲げます。私が彼の考えを正しく把握したかどうか分かっていただけるでしょう。「神ハソレ自身自ラノ始メニシテ終ワリデアル。ソノドチラヲモ持タナイケレドモ。マタソノドチラヲモ必要トシナイケレドモ、神ハ始メト終ワリノ父ニシテ作リ手デアル。時ヲ持タズ永遠ニ存在スル。神ニトッテハ過去ガ去ルコトモナク、未来ガ近ヅクコトモナイ。座ヲ占メズ至ル所ニ君臨シ、安定ヲ欠クケレドモ揺ラグコトハナク、運動ナシニ活動スル。スベテノ外ニアッテスベテデアリ、スベテノ内ニアルケレドモ、ソレニヨッテ閉ジ込メラレルコトハナイ。スベテノ外ニアルケレドモ、ソレニヨッテアラワニサレルコトハナイ。スベテノ内ニアッテスベテヲ司リ、スベテノ外ニアッテスベテヲ創造シタ。質ナクシテ善、量ナクシテ大、部分ナクシテ全体デアル。不

動デアッテシカモ同時ニ他ノスベテヲ動カス。ソノ望ムトコロガソノ力デアリ、ソノ為ストコロガソノ意志デアル。単純デアリ、神ノ内デハ何物モ可能態デハナク、スベテガ現実態デアル。ムシロソレ自身ガ純粋ナ、始メノ、中間ノ、ソシテ最終ノ、現実態デアル。スナワチソレハスベテデアリ、スベテヲ超エ、スベテノ外ニアリ、スベテノ内ニアリ、スベテノ彼方ニアリ、スベテノ後ニアッテ、シカモスベテデアル〔四三〕」。

こうした記述が相反することや不条理や一目で分かる矛盾だらけであることは明瞭です。こんなことはすでに述べたようにまったく空想的で、架空の存在にしか通用しえないものであることも、これではっきり分かります。ですから創造説、世界創造を仮定する説では、当然不一致や支持しがたい不条理だらけのほとんど無限ともいえる説明のつかぬ困難に巻き込まれるのは明らかです。さらにそのため、創造説を認める哲学者の間や神学者の間に、互いに対立する、ほとんど無限ともいえるさまざまな意見や見解が生まれましたが、この点で彼らが意見の一致を見たことはこれまでにも決してなく、またこれからもありえないでしょうから、こういう事態が創造説に有利な予断を抱かせるはずはありません。さまざまな事物はそれを構成している物質そのものから作られますが、この事物の自然形成説では事情が異なります。というのも、この説にはどんな矛盾もどんな背理も含まれておらず、それゆえこの説には不可能なものは何もないと断言できるからです。たとえば、物質は永遠で自ら現に存在するものであり、自ら運動を有すると仮定するだけで足ります。この仮定はきわめて単純できわめて自然であり、そこに不可能なものは何一つないことが十分はっきりと分かります。なぜなら第一に、物質が実在すること、そして物質が空想上の存在や架空の存在でないことは明らかに理解されるからです。第二に、物質の一定の部分は分割可能であり、すべての物質は運動可能なことが明らかに理解されるからです。物質が実際に運動するところを私たちは見てさえいますし、このことのどれ一つとして私たちは疑えません。だとしたら、どうして物質が実際に永遠であり、物質は自ら実際に動くと仮定できないことがあるでしょうか。そう仮定することにどんな背理も認められませんし、物質を創造したり、物質に運動を与えたかも知れないようなものは何も見られたためしはなく、これからも見られはしないからです。さらに存在一般が

自ら実在や運動を有することは疑えません。そもそも存在一般が実在なり運動なりを誰から受け取ることができたというのでしょうか。もちろん、誰からであれ、受け取ったことはありえません。ところで物質は、それ自体自らの実在と運動をただ自分自身からのみ得ることのできる、この存在一般なのです〔四四〕。

そしてただこうしたことが仮定されるだけで、明晰な原理が私たちの手に入ります。この原理は、創造説に必然的に伴うあらゆる難点、矛盾、不条理を一挙に取り除くだけでなく、また同時に自然のうちにある万物に関する知識、その物理的および精神的な説明を容易ならしめる端緒を開くことができます。というのも、ただ[2]さまざまな方向に運動し、諸部分のさまざまな構成によって幾千もの多様な仕方で日々変化しうる普遍的物質の観念のみが、運動の自然的諸法則や物質の諸部分の構成、結合そしてその変様だけで、自然のうちに存在する万物が作られうることを私たちに明示してくれるからです。

第六六章　自然の諸事物の本性と形成を説明するために全能の神の存在に訴えても無駄である

物質が動くという事態を正確に言って何がもたらしているのか、またあれこれの仕方や強さや速さで物質を動くようにしているのは何なのかを、理解するのは簡単でないことを私もよく承知しています[1]。この運動の起源や有効な原理を、私ははっきり理解できません。それは認めましょう。しかしそれだからといって、物質自体に運動を帰属させることにどんな背理、不条理、不都合もあるとは思えませんし、人がそうしたものを何か見つけられるとも思えません。創造説に与する人々でさえも、そうしたものは何も見つけられないでしょう。彼らがこれに異議を唱えられることといえば、自分たちが物体に関して抱いている観念と、物体の運動に関して抱いている観念との間にはいかなる必然的なつながりもないのだから、大きかろうが小さかろうが、物体は自ら動く力を持たないと言うことに尽きます〔四五〕。けれども間違いなく、そんなことはまったく何の証拠にもなりません。というのも、物体の観念と運動する力の観念

との間にどのような必然的つながりも見られないからといって、そこに何のつながりもないことにはならないからです。人がある事物の本性を知らないからといって、それで当の事物が存在しないことの証明にはなりません。しかし、誤った原理を仮定することに必然的に伴う明らかな不条理や矛盾は、その原理が虚偽である確固たる証拠となります。ですから、物質が運動する力をそれ自体で備えているとははっきり理解できず、またそれを合理的に示せないからといって、物質にその力がないことの証拠にはなりません。けれども反対に、創造を仮定する原理に伴う明らかな不条理や矛盾は、先に述べたように、その原理が虚偽である確固たる証拠となります。それに物質が動くことは確実で、まったくのピュロン派〔四六〕でもなければ誰もそれを否定したり、疑うことさえできませんから、当然物質が自らその存在や運動を有するか、あるいはその両者をともどもにほかから受け取ったか、どちらかでなければなりません。私が以下で証明するように、物質がその存在や運動をほかから受け取ったはずはありませんから、物質は自らそれらを有することになり、したがって物質自体の外部に物質の存在や運動の原理を探しても無駄です。

けれども、私たちが原因と結果との間に必然的つながりを認められなかったとしても、そのことはなんらかのつながりが本当に存在するのを妨げるものではないことを、いくつかの例から示せないかどうか見てみましょう。さてその例はこうです。たとえば、私たちの眼の自然的構成とある対象を見ることやそれが見えることとの間には(2)、どのような必然的つながりも見いだせません。私たちはどうしてある対象が見えるようになるのか理解できません。しかし、私たち自身が自分の眼でものを見ていることは確かです。ですから、私たちの眼の自然的構成とある対象が見えることとの間には、そのつながりが正確に言って何によるかを私たちが分からなくても、なんらかの自然的つながりがなければなりません〔四七〕。またたとえば、私たちの意志と私たちの腕や足の運動との間には必然的つながりが見られません。腕や足を動かす働きをしている、この隠れたバネの本性や用途さえも私たちは知りません。ところがそんなことは知らなくとも、私たちが腕や足を動かそうとすれば、たちどころにそれらすべてのバネは働かずにはおかないのです。また自分たちの体の自然的構成を一番知らない人々が、往々にして自分の手足を人一倍簡単に、また人一倍巧みに動

かす者であることも日々見かけられます。それゆえ、私たちの意志と私たちの体の諸部分の運動との間のつながりが何によるのか、どのようにしてこのつながりが生じうるかを私たちが知らないとしても、その間にはなんらかの自然的つながりが存在しなければなりません。〔四八〕私たちの脳の繊維の運動や振動と私たちの思考との間のつながりについても、きっと事情は同様です。両者の間につながりがあることも、どのようにしてこのつながりが生じうるのかも私たちには分かりません。ところが私たちの思考は、そうした私たちの脳の繊維の運動や振動とか脳の中にある動物精気の運動に依存しているのですから、何かそうしたつながりがあることにならざるをえません。〔四九〕

しかし、私たち自身の起源、私たち自身の誕生を例にとってみましょう。この世で一番有能な哲学者、また一番精緻な精神の持ち主でも、人間や何か他の動物の発生や誕生を一度は見たか聞いたかしなければ、自分の起源や誕生に関する本当の観念は決して作りえないのが実際のところでしょう。たとえば、ただ自分の理性の自然の光によるだけで、自分が女性の胎内に宿って少しずつ形作られたのだと推量するでしょうか。また、それから九カ月後にこれこれの仕方でそこから出てきたということについても同様でしょうか。いいえ間違いなく、そんなことはまったく想像もできません。それに先に言ったように、それを見たか聞いたかしなければ、自分が女性の乳を吸ったことさえも、その人は決して考えつかないでしょう。そこで、そうした有能な哲学者または精緻な精神の持ち主が、自分で習ったか、人が行うのを自分で見たかした以外のことではただ観念のみを検討することにして、仮に女性の胎内と人間の形成や発生との間に必然的つながりが認められないことを口実に、自分の本当の起源を否定し、それを自分で想像しうる何か他のものに帰そうなどとしたら、そんな哲学者は笑いものになるのではないでしょうか。それこそ自分から笑いものになるようなものではないでしょうか。そうにきまっています。しかし、これこそまさしく、物質の観念とその運動との間に必然的つながりが見られないことを口実に、物質の永遠性を否定し、物質が運動する力を自ら備えていることを否定する人々がやっていることです。〔五〇〕というのも、物質がそうしたものであることが理解できないのを口実に、彼らは万物の共通の起源に関する唯一本当の原因を認めたがらず、同時にそのことが理解できず、あるものとそのも

のの属性との間に必然的つながりが見られないことを口実に、彼らは自分たちが拒絶しているものより数千倍も不可解な誤った原因を仮定しているからです。そんなことをしたところで、自然の事物を認識する上での困難が一層明らかにされもしなければ、その認識が一層前進するわけでもありません。ですから、物質が自らそれ自体で運動する力を備えていることを物質について私たちが抱く観念が教えてくれず、またそのことをはっきりと示してくれなくとも、それだからといって、とりわけ物質が運動していることや自ら運動することにはどんな矛盾も含まれないことを考慮するならば、物質に運動する力が本当にないことにはなりません。現実の運動が物質にとって本質的であれば、物質について私たちが抱く観念とその運動との間に必然的つながりが見いだしうると考えてもいいのですが、しかし、現実の運動は物質にとって本質的ではなく、それは物質の本性の一特性でしかない〔五一〕ことが確実である以上、物質について私たちが抱く観念とその運動との間に必然的つながりが見いだせなくとも驚くには当たりません。というのも、運動は物質にとって本質的でも必然的でもない以上〔五二〕、間違いなく、両者の間に必然的つながりがあるはずはないからです。ですから、私たちが物質について抱く観念が物質と物質の運動との間の必然的つながりを示してくれなくとも、それは物質が自ら運動できないことの証拠とはなりません。

第六七章　存在が創造されたことも、時間が創造されたことも、同じく延長や場所あるいは空間が創造されたこともありえず、したがって創造主は存在しない

さて、こういうことの真実を一層解明し、物質とは自分の力で現存しているものであること、物質にはおのずと運動が備わっていること、そして物質は本当に万物の第一原因であることをさらに一層明らかにするため、誰も疑いえないほどきわめて明白な原理から始めることにしましょう。その原理とはこうです。つまり一つの世界、すなわち天や地や太陽やその他の無数の事物が存在し、この事物はまるで天地の間に閉じ込められているかのように存在しているのを私たちがはっきりと目にしていること、これです。これこそ少なくともわざわざピュロン派〔五三〕を装ったり、万事

につけなんでも疑おうとするのでなければ、誰もまともには疑えないことです。それを疑うのは、人間理性のあらゆる光に眼を閉ざし、自然がもたらすすべての感覚にまるごと反対しようとすることです。そこまでできる人が誰かいたとしても、そのためにはまったく判断力を失っていなければなりません。ですから、その人物がどうしてもそういう考えに固執しようとするのであれば、虚しく道理を尽くしてその人に教えるよりも、そんな人は気違いだと見なした方がずっとふさわしいでしょう。ところで、快と苦の間や善と悪の間、また同じく一方の手で食べる美味しい一切れのパンともう一方の手でつかむ小石の間には少なくともなんらかの違いがあることが分からず〔五四〕、感じられず、十分納得することさえできないほどにピュロン派であるような人、とにかくそれほどに気違いじみた人は一人もいないと思います。ピュロン主義もそこまで疑いはしません。ですから、ピュロン主義は現実的というよりも空想的、真実心からの納得というよりもむしろ精神の遊びと言えます。それゆえ、ピュロン派の言ううわべだけのあの普遍的懐疑は脇にのけ、私たちに存在の実在をはっきりと示してくれる、理性のもっとも明るい光に従うことにしましょう〔五五〕。というのも、存在があることは少なくとも私たち自身には明白だからです。そして存在がなければ私たちはなく、また存在の観念を抱くことさえ私たちにはできないことは明白だからです。さて私たちが存在し、私たちが思考していることを、私たちは十分はっきりと理解し、感じています。これは少しも疑えません。それゆえ存在があるということは確実、明白です〔五六〕。というのも、存在がなければ間違いなく私たちは存在せず、また私たちが存在しなければ間違いなく私たちは思考することもないからです。これ以上明らかなこと、これ以上はっきりしていることは何もありません。

　こう仮定されれば、当然存在の実在を認めなければなりません。そして存在の実在が認められねばならないだけでなく、さらには存在が常に実在していたこと、またそれゆえ存在は決して創造されなかったことも必然的に認められるべきです。というのも、存在が常に実在していたのでなければ、存在が存在したことも、また存在が存在し始められたこともまったく不可能であったことは確実だからです。第一に、存在が自分から存在し始めたはずは決してありえません。なぜなら存在しないものは自分で自分を作ったり、自分に存在を与えたりすることはまったくできないか

らです。第二に、どんな他の原因によっても、存在を生み出したと言われるいかなる存在によっても、存在は存在し始められなかったでしょう。というのも、人が仮定しているような、存在を生み出すいかなる存在も、いかなる原因も存在しようはなかったたし、また存在が常に存在していたのではないことを主張せんがためにそう仮定せざるをえないにしても、そんな存在や原因は存在しえなかったからです。〔五七〕したがって存在が存在している以上、また存在が存在することは明らかな以上、存在は常に存在したと是が非でも認めるべきです。そしてただ存在が存在していること、また存在が常に存在したことを認めるだけでなく、さらに存在こそが万物の第一原因、第一根拠であることも当然認めるべきです。というのも、万物が実際本当に現に存在するものであるのは、ただそれらが存在を有するから、またそれ自体存在に参与するか存在の部分であるからにすぎない(1)ことは明らかだからです。そして存在が存在しなければ何も存在しないことは明白であり、これはいわば(2)同じことです。それゆえ存在一般は、万物のうちで第一のもの、根拠たるものであり、したがって存在は万物の第一原理、第一根拠であることが明らかになります。そして今証明してきたように、存在は決して存在し始めず常に存在していましたし、さらに万物は存在の多様な様態でしかない以上、創造されたものは何も存在せず、したがって創造者など存在しないことも明らかとなります。すべてこうした命題は、首尾一貫したものであり、異論の余地のないものです。

第六八章 事物の可能性や不可能性は、他のどのような原因の意志や力にも依存しない

そうなると、わが神崇拝者たちが必ず次のように主張することは、私もよく承知しています。つまり、自分たちが非物質的で神的と呼ぶ存在は決して存在し始めたことはなく、先の議論が証明しているように真実常に存在したものだが、ところが物質的で感覚的な存在は常に存在したのではなく、非物質的で神的な存在が創造しなかったならば決して存在したためしさえなく、存在できもしなかっただろう、と言うでしょう。けれども、そうした反論の弱さ、虚

しさを示すのは簡単です。第一に、知られもせず不確かで疑わしく、どこにも見られず見いだされず、またそれについてはどのような本当の観念を抱くことすらできない存在の実在を、証拠もなく根拠もなしに仮定していますから、そんな反論は虚しいものです。さてくだんの反論が仮定している、非物質的で神的な存在はまったく知られもせず不確かで疑わしく、どこにも見られず見いだされず、それについてはどのような本当の観念を抱くことさえできない存在ですし、さらに反論は証拠もなく根拠もなしにそうした存在なるものの実在を仮定しています。というのも、後段で一層詳しく示そうと思いますが、その実在の確実で説得的な証拠など示そうにも示せないからです。それゆえ、くだんの反論は虚しいものです。第二に、なんらかの存在の永遠性を認めることは絶対に必要ですが、これはむしろ人がその本性や実在を確実に知っているもの、とはいえそれの起源や始まりを示したくても示せないような現実的で真実な存在に帰属させるべきであり、存在と称されてはいてもまったく知られず、不確かで疑わしく、その本性も実在も知られず、したがって空想上の存在でしかありえないようなものにそれを帰属させるべきでないことは明らかですから、この反論は虚しいものです。空想上のと言いましたが、それというのも、不確かで疑わしく、どこにも見られず見いだされず、どんな本当の観念を抱くことさえもできない存在は、現実的で真実な存在というよりはむしろ、もっと確実に空想上の存在と見なすべきだからです。それに、この神的存在なるものは数千年来その実在が言い争われてきたほど、きわめて不確かで疑わしいものであり、今なおその実在に関するどんな証明も、明らかで疑問の余地のないどんな証拠も与えられていません。第三に、万物がそれから作られ、万物のうちにあり、万物が最後にそれに還元される第一存在は、ぜひとも認められねばなりません。ところで、物質的存在は万物のうちにあり、万物は物質的存在から作られ、万物が最後に物質的存在、つまりは物質そのものに還元されることは明らかです。これは、物質的でないような存在について言えることではありません。それゆえ、第一存在と認められねばならないのは物質的存在です。物質的存在が第一存在であれば、それに先立つほかの存在はありえません。物質的存在に先立つほかの存在がありえなかったならば、物質的存在は作られたこともありえず、したがって常に存在したことにな

ります。ですから、物質的存在が非物質的で神的な存在によって創造されたと証拠もなく根拠もなしに仮定する、くだんの反論は虚しいものです。第四に、[1]上述の議論は誰もが一致して認め、また当然一致して認めなければならないように、存在の実在、また存在の永遠性を明証的に証明しているのですから、くだんの反論は虚しいものです。さて、未知の存在や不確かで疑わしく、またそれについてどんな本当の観念も抱けない存在の実在や永遠性を、この議論が明証的に証明しているとは言えません。なぜなら、上述の議論が本当にそうした存在の実在や永遠性を証明するのであれば、その時からその存在はもはや未知でも、不確かで疑わしいものでもなくなるでしょうから。それゆえ、上述の議論が証明しているのは非物質的で未知な存在の永遠性ではなく、むしろ上述の議論が証明しているのは明らかに知られ、確実で疑問の余地のない存在の永遠性と実在です。この議論は、人がはっきりと理解し、その明断判明な観念を抱いているような存在の実在と永遠性を証明しています。しかるに、物質的存在こそ唯一、人がはっきりと理解し、その明断判明な観念を抱いているものです。したがって、……等々。〔五八〕上述の議論によってその実在が証明されている存在は、明断判明な観念によって人がはっきりと理解し、さらに延長しているものとして、また均等かつ必然的に至る所にあるものとしてはっきり理解している存在一般を措いてほかにありえません。というのも上述の議論は、人がはっきり理解しておらず、また人がそれについてどのような明断判明な観念も抱けない存在の実在を証明しているとは言われないでしょうし、同様に、どこにも存在しない、あるいはただある特別な場所にしかないような存在の実在を証明しているとも言われないでしょうから。なぜなら、存在一般がここよりもかしこにあるとか、ある場所よりもどこか他の場所にあるなどと主張したり考えたりするどんないわれもなく、そんないわれなどあるはずもないからです。かくして、上述の議論によってその実在が証明される存在は、延長し、また通有的かつ必然的に至る所にあるものの実在を措いてほかにありえないでしょう。しかるに延長し、通有的かつ必然的に至る所にある存在とは物質的存在です。それゆえ、物質的存在以外にはどんな他の存在もありえませんから、上述の議論によって証明されているのは物質的存在の実在であって、他のどんな存在の実在でもありません。したがって上述の議論に対して行われる

反論はまったく虚しく、取るに足りません。

ところで物質的存在のみが唯一誰からも明らかに広く知られ、それだけが唯一確実で疑うことのできないものです(2)。反対に非物質的で神的な存在なるものはまったく知られず、不確かで疑わしいものであり、すでに言ったように(3)、それについてはどんな本当の観念を抱くことさえもできません。それゆえ先の議論によって証明されているのは、物質的存在の実在と永遠性であり、人には知られておらず、それについてはどんな本当の観念を抱くことさえもできない、非物質的で神的な存在なるものの実在でもなければ、永遠性でもありません。したがって、先の反論は明らかに虚しく、取るに足りません。第五に、物質的存在の永遠性を疑おうとか、物質的存在がこれまで常に存在してきたことを疑おうとかしてみても、物質的存在が少なくとも常に可能であったこと、しかもあらゆる他の原因とは無関係にそれ自体で可能であったことは疑えませんから、この反論は虚しいものです。まず、物質的存在が常に可能であったことは少なくとも疑えないと言いましたが、それは以前に可能でなかったならば、物質的存在が今あるように存在したり、実在したりは決してできなかったのは明らかだからです。また常に可能でなかったならば、それが現にあるように存在したり、実在したりは決してできなかったことも明らかです。それ自体で可能でないものは決して実在したり、可能となったりできないのは明白だからです。次に、他のすべての原因とは無関係に物質的存在がそれ自体で常に可能であったことも疑えないと言いましたが、それは、一、これまで十分に証明してきたように、第一存在である以上、物質的存在はその可能性において他のいかなる原因にも依存しないからです。二、可能であったり不可能であったりするものは、自分の可能性や不可能性を、人が想像したければ想像できるなんらかの外部の原因の恣意的な力から引き出すのではなく、自分の可能性や不可能性をただ自分自身から、いわば自身の固有な本性の基礎からのみ引き出すからです。したがって、絶対に不可能なものを好き勝手に可能とし、また可能なものを絶対に不可能とできるような、いかなる外部の原因もありません〔五九〕。単に精神的〔心証的〕な可能性や不可能性を、ここで言っているのではありません。というのも、別の時別の状況ではできない事柄が、ある時ある状況では人間自身にできるようになることがしばしば

しば起こるのは、分かっているからです。同様に別の時別の状況では不可能でないことが、ある時ある状況では人間には不可能になる事柄もよくあります。ですから、私が問題としているのは、この種の可能性や不可能性のことではなく、ただ現実的で絶対的な可能性や不可能性のことです。〔六〇〕そしてそれ自体不可能なものを好き勝手に可能にできるとか、それ自体可能なものを好き勝手に絶対不可能にできるような、いかなる存在もないことはぜひとも認めなければなりません。そうなれば、さまざまな事物は、どんな存在の力や意志にも依存することなく、それ自体で可能であったり不可能であったりすることになります。(4)

そして、もし人がこのことを疑うのであれば、次にその証拠を掲げましょう。すなわち、思いどおりに事物を絶対的に可能あるいは不可能にすることが、ただなんらかの存在の力や意志にのみよるのであれば、その存在が可能や不可能にしようとしたもの以外には可能であったり不可能であったりするものは何もないことになります。そうなると、たとえばその存在が、天地が現在あるいは常に不可能なものになるようにと望んでいたならば、それで天地は常に不可能なものとなっていたことでしょう。ところで、天地は現に実在しているのですから、実際に可能なものですが、それでもその存在が望めば天地はまったく不可能なものになるでしょうか。(5)同様に、その存在が過去あるいは現在そうできるようにしようと望めば、それで谷なしの山が可能となるでしょうか。(6)同じく、二足す二が四にならず、また全体は部分より大きくならないようにとその存在が望んでいたら、あるいは今そうしようと思いついたら、それでそうできるのでしょうか、そして同じ理由から、三角形に角がないようにとその存在が過去に望んでいたら、あるいは今そうしようと思いついたら、それでそうできるのでしょうか。(7)さらにまた、あるものがまったく同時に存在するとともに存在しないようにと、その存在が過去にあるいは今望んでいたら、そのものがまったく同時に本当に存在するとともに本当に存在しないようになるのでしょうか。(8)さらに、いなくなろうとその存在自身が思いつくならば、それでその存在はいなくなるのでしょうか。(9)いなくなれば、きっとその存在はそれ自体可能なものではなくなるでしょう。なぜなら、いなければ自分自身を作ることも自分を可能とすることもできず、その上その存在を作ったり可能とした

りできるものは何もないことになり、結局は可能なものは絶対に何もないことになってしまうからです。〔六一〕こんな帰結はすべて明らかに馬鹿げたものですし、そのことからしてもさまざまな事物は自ら可能か不可能であることが明らかとなります。自らということはつまり、その可能性や不可能性を自発的なものとして、自分自身の本性の基礎から引き出すということであり、それも、すでに言ったように(10)他のいかなる原因の力や意志にも依存せずに引き出すということです。

今私が引き出した最後の結論は、たぶん次のように人から反論されるでしょう。非物質的で神的な、あの唯一の第一存在の本質と実在は絶対に必然的なものであり、いかなる力や意志にも依存しない。したがって、この第一存在は自分で自分を不可能とすることも、存在し実在するのをやめることも、(11)また現に存在している状態以下になることもできない。しかし見えるものにせよ見えないものにせよ、物質的で感覚的な他の万物に関して言えば、なるほどそれ以外のいかなる力や意志にも依存せずそれ自体でやはり可能や不可能ではあるけれども、現実的には人が神と呼ぶあの非物質的で神的な第一存在の実在や意志に依存せずにそれ自体で実在することも、したがって第一存在の力や意志に依存せずに実在することはできず、またいつまでもできないだろう。そしてそうした事物が現実に実在しているのを私たちが目にしている以上、それらを創造した非物質的で神的な存在の実在を認めねばならない。人はこう言うでしょうし、わが神崇拝者たちもそう反論することでしょう。〔六二〕

けれどもそんなことはありえず、そんなふうに言えるはずもまったくありません。第一に、それは相変わらず、係争中の事柄を証拠もなく根拠もなしに仮定しようとすることだからです。ですからそんな理屈は何も証拠立てず、何も結論できません。第二に、これは今しがた証明したことでもあり、認めざるをえないことでもありますが、すべての物質的で感覚的な事物が他のあらゆる存在の力や意志に依存せずそれ自体で可能や不可能であれば、それらは同様にそうした存在の実在や意志(12)に依存せずに可能や不可能であるからです。というのも、なんらかの原因の力や意志に依存しえない事物が、そうした存在の実在に依存しうるとか依存しなければならないなどとは言えないからです。で

すから先に私が証明し、人もそれを認めざるをえないように、物質的で感覚的なさまざまな事物はどんな非物質的で神的な存在の力や意志にも依存せずに、すなわち神の力や意志に依存せずに可能や不可能である以上、それらはまた必然的に神の実在に依存せずに可能や不可能であることになります。また神の実在に依存せず可能や不可能であれば、物質的で感覚的な事物は神の実在に依存せずに実在可能となります。すなわち神が存在しなくともそれらは実在可能とならずにはおかず、そしてまさしくそうした場合、実在可能とならずにおかなければ、単に実在可能とならずにはおかないと言わねばならないだけでなく、さらに現実に実在せずにはおかないと言わねばなりません。というのも、そう仮定した場合もし現実に実在していないならば、物質的な事物は自分にはない実在を自分で自分に与えられず、またそれを与えるための神も存在しない以上、物質的な事物はまったく実在できなくなるからです。もっともそうした場合でも、人はともかく、物質的な事物はなおかつ可能で実在しうることは認めていますから、それゆえまた当然、神が存在しない場合においてさえ、物質的な事物はなおかつ実際に実在することを認めなければなりません。そうであれば、この世の創造主としての神と、この世にある物質的で感覚的な事物の実在をともども仮定する必要はなく、そんなことはまったく無用ですらあることも明らかです。この世にある万物はそんな創造者などなくともなおかつ実在可能で、また実際に実在することは必然的に認めねばならないのですから。

以上のことから明らかとなるのは、さまざまの物質的で感覚的な事物はそれ自体で可能であったり不可能であったりする、つまりそうした事物は自らの可能性や不可能性をいわば自分自身や自分の本性の基礎から引き出し、しかもそれはすでに言ったように他のいかなる存在の力や意志にも依存せずになされるということです。したがって今しがた証明したように、物質的で感覚的な存在は常に可能であった以上、この存在は他のいかなる原因にも依存せずただ自分自身から、また自分の固有の本性の基礎からのみその可能性を引き出しえたのです。そして常にそのように可能であったならば、物質的で感覚的な存在は、他のいかなる原因にも依存せずそれ自体で実在できたことも当然結論すべきです。そして他のいかなる原因にも依存せずそれ自体で常に実在できたのであれば、物質的で感覚的な存在が実

際に常に存在し、また常に実在したことも当然認めるべきです。というのも、常に実在していなかったならば、現在とか過去に実在を有していなかった際に自分で自分に実在を与えられなかったことは明白だからです。また物質的で感覚的な存在が現在実在を有していることは疑いえない以上、この存在は当然いつでも実在を有していたと結論するか、あるいはそうではなく、この存在が実在を有したのは、また有することが可能でさえあったのは、ただ何か他の原因に依存してのみであったのだと言わなければなりません。しかしそうは言えません。なぜなら、今しがた証明したのは、物質的で感覚的な存在はそれ自体、その固有の本性の基礎により他のいかなる原因にも依存せず常に可能であったのですから、この存在はさらに他のいかなる原因にも依存せず自ら実在を有しえたということだからです。

こうした議論はすでに十分明らかに、物質的で感覚的な存在の自立性と永遠性を証拠立てています。ところで、この物質的で感覚的な存在の自立性、同時に永遠性をさらに一層裏付けるのは、物質的で感覚的な存在の観念とあの非物質的で神的な存在なるものの観念との間にも、また両者の実在の間にもどんなつながりもどんな必然的な関係もないということです。というのも、私たちが物質的で感覚的な存在の明晰判明な観念を抱いているのは明らかだからです。つまり、私たちは物質的で感覚的な存在の実在や本性やそのさまざまな属性を明らかに認識しています。それもあの非物質的で神的な存在なるものを少しも認識することなく、またそんな存在を少しも考えることさえなしに、したがってそうした存在に関するどんな観念も抱くことなしに、物質的で感覚的な存在を私たちは認識します。そしてさらにはどんな非物質的存在も、どんな霊的で神的な存在も存在しなかったか、存在していないような場合を仮定してみても、私たちは物質的で感覚的な存在に関する明晰判明な観念をなおかつ常に抱くでしょうし、万物はその存在においてもその形態においてもなおかつそのまま存続することでしょう。たとえば、天地やそこで私たちが目にする万物はなおかつ存続するでしょうし、今言ったように、それらについての明晰判明な観念を私たちは常に抱くでしょうし、霊的で神的な存在など一つもない場合でさえも現に私たちが目にしているように、それらの実在を常に目にすることでしょう。要するに、神の破壊や否定は、物質的で感覚的ないかなる存在の破壊も否定もなんら伴うことはあ

りません。しかし逆に、物質的で感覚的な存在の破壊や否定は、すべての感覚的存在についての観念を同時に消滅させます。というのも、物質的で感覚的ないかなる存在もない場合を仮定すれば、同時に天地やそこに含まれる万物を消滅させることになるからです。なぜなら、物質的で感覚的な存在がなければ、天も地も私たちがそこで目にする万物もありえなくなることははっきり理解されるからです。しかし霊的で神的な存在がなくなれば、どんな物質的で感覚的な存在もありえなくなるということは、それと同じようには理解されません。

要するに、わが神崇拝者たちが理解しているように、非物質的で霊的な存在の実在を一つでも複数でも、いくつでも好きなだけ仮定したところで、すなわち形も姿も体もどんな延長もない一存在や複数の存在を好きなだけ仮定したところで——そんなものは好きなだけ仮定したらいいのです——、それによって、いかなる物質的で感覚的な存在、いかなる現実的な存在の実在も分かりはしませんし、それによって天地の実在も一匹のハエの実在さえも、またハエが実在できることさえも分かりはしません。物質的で感覚的な存在と、物質的なものも感覚的なものも何も持たない、認識しえない存在なるものとは無関係だからです。同様にいかなる霊的で非物質的な存在の完全な破壊を仮定しても、それで天地の破壊や一匹のハエの破壊さえ見られはしません。なぜなら、一方の破壊と他方の破壊とは無関係だからです。[13][六三][14][六四]

物質的で感覚的な存在の実在、あるいはその破壊という仮定に関しては事情は異なります。というのも、ただ物質的で感覚的な存在の実在を仮定するだけで、同時にすべての現実的または可能的な物質的存在の本質と本性が、あるいは少なくともその本質と本性の基礎が得られ、天地やそこに含まれる万物、それも現に含まれているものだけでなく過去に含まれ、また将来含まれうる万物の本質と本性が、あるいは少なくともその本質と本性の基礎が得られることになるからです。なぜなら、ただ物質的で感覚的な存在のうちにのみ、そして物質的で感覚的な存在の様態のうちにのみ、現在、過去、未来にわたって存在する万物の、さらに将来いつか存在する可能性のある万物のあらゆる本質とあらゆる本性が存するからです。

これこそ、わが神崇拝者たち自身がまさしく認めなければならないことです。世に新たなことは何も起こらず、すべて現にあるものは過去の時代にすでにあったもの、また後の時代にありうるものにほかならないと、わが神崇拝者たち自身のいわゆる『聖書』にははっきり記されているのですから。「スデニ起コッタコトハマタ起コルダロウシ、スデニ行ワレタコトハマタ行ワレルダロウ。太陽ノ下ニ新シイモノハナイ。コレハ新シイモノダ、ゴラン、トイエル何カガアッタトスル。トコロガ、ソレモ先ノ代ニスデニアッタモノダ。タダ昔ノコトハ記憶ニ残ッテイナイ（『伝道の書』第一章九〔―一一節〕）。つまり、これが新しいとかあれが新しい……などとは誰も決して言えないと書かれているのです。ところがそれとは逆に、物質的で感覚的な存在の破壊を仮定すれば、天地やそこに含まれうる万物を同時に破壊することになります。ですから物質的で感覚的な存在は、霊的で神的な存在なるものとはどんなつながりもどんな関係も対応も持っていないことは明白であり、また物質的存在は自分以外の他のいかなる存在も前提していないことも明白です。そして自分以外の他のいかなる存在も前提していなければ、当然、物質的存在は他のいかなる原因にも依存せずそれ自体で実在することになります。

第六九章　同様に第一の根本的真理は永遠であり、他のいかなる原因にも依存しない

こうしたことはいくつかの第一の根本的真理についても、その本性を変えることが可能な、すなわちそういう真理を偽としたりそれが真であるのを妨げたりできるいかなる力も存在しないほど、それ自体において、またそれ自体によって必然的で不動な、いくつかの第一の根本的真理の自立性と永遠性[1]に関しても幾分かは妥当します。たとえば、次のような真理がそうです。二足す二は四、四掛ける三は十二、十五足す五は二十……など。全体は部分よりも大きい。三角形は三つの角をなす。あるものが同時に有りかつ有らぬことはできない。すべて現にあるものは可能である。起こりうるものはどれも不可能ではない。また何ものも絶対的に可能でないものは起こりえない。その他これに似た

複数の命題があり、そうした命題は決して偽とはなりえないほど、その本性からして真です。というのも、二足す二が四にならなかったり、四掛ける三が十二にならなかったりすることはありえず、全体が部分よりも大きくはない……などということはありえないからです。あらゆる理性の光を完全に放棄しようとか、人間のあらゆる推理力を拒否しようとするかしなければ、この種の第一の根本的真理を否定したり、疑ったりはできません。なぜなら、そうした真理はおのずから認識されるものであって、それ自体が他のいかなる証明よりもずっと明白で確実であるため、どんな証明も必要とはしないからです。こうした真理が永遠であり必然的であり、他のいかなる力にも依存せずにそうであることは確実で疑問の余地はなく、明白です。〔六五〕

ところで、ここに述べた真理の永遠性と自立性は、さらに物質的で感覚的な存在の永遠性と自立性を明らかに証明します。というのも、それらの真理が現にあるように永遠で自立したものであるためには、必然的にそれらが常に真であり、決して偽であったためしがないことが必要だからです。したがって、二足す二が四であることが現在も過去も常に真であるためには、当然二と二が常に存在していなければなりません。なぜなら常に二と二が存在していたのでなければ、二足す二が四になることが常に真ではなくなってしまうからです。というのも、二足す二が四になるためには、当然まず二と二が存在していることが必要だからです。したがって、二足す二が四になることが疑問の余地のないほど常に真であれば、当然二と二が常に存在していたことになります。同様に、全体が部分よりも大きいことが真であるためには、当然一個の全体がその全体のうちにある諸部分とともに存在していることが必要です。というのは全体も、その全体のうちにある諸部分もなければ、全体が部分より大きいと主張することがどうして真になるでしょうか。(2) そしてなんらかの全体がその全体のうちにある諸部分とともに過去においても常に存在していたのでなければ、全体が部分よりも大きいと主張することがどうして常に真たりえたでしょうか。そんなことは主張できませんし、あるいは〔できたとしても〕必ずしも常に主張できたわけでもなかったでしょう。ただ、もしもある全体とその全体のうちにある諸部分とが存在すると仮定すれば――そう仮定すればですが――、全体は部分よりも

であれば、当然なんらかの全体がその全体のうちの諸部分とともに常に存在していたのでなければなりません。そしてこの種の真理は永遠であり、さらにどんな力にも依存せず永遠であることも証明されたのですから、二足す二が本当に四になるためには常に二と二が存在していたことが、また全体が部分よりも本当に大きくなるためには一個の全体がその全体のうちにある諸部分とともに常に存在していたことが、当然結論されるべきです。こうしたことが物質的存在の永遠性と自立性をさらに十分に、また明らかに証明します。というのも、いくつもの部分から構成される一個の全体を本当に作ったり、形成できたりするものは物質的存在だけだからです。真理は一般的に言って、人が考えたり想像したりできるすべてのものから独立しており、どんな物体やどんな精神、どんな形相やどんな質料、どんな創造者やどんな被造物も存在しない場合でさえも、また世界のどんな事物さえ存在しなかったとしても、それでもなお少なくとも一つの真理があると言うことさえできるほどです。なぜなら、そうした場合においてすら、何物も存在しないということは真でしょうから。物事に関する第一の根本的な真理はそれ自体永遠不動で、何であれすべての力からまったく独立していると主張することは、それほどに真実なのです〔六八〕。

けれどもそうなるとおそらく、物質的存在の自立性や可能性や現実的実在性に関してこれまで述べてきたことに、次のように反論されることでしょう。たとえば家や町や人や馬や木や時計……などはいかなる人間の力にも依存せずに可能ではあっても、それらを実在させたり、あるいはそれらに実在を与えたりする何か他の原因に依存してのみそれらは実在できるのだ、職人たちが作らない限りはたとえば家や城や町は自分で実在できはせず、何か他の原因によって生み出されたり作り出されたりしなければ、人や馬や木、他の何であれそうした植物や動物は自ら実在を有しえず、またまったく実在していないだろう、と。したがって――彼らの言い分では――、物質的、感覚的な存在はそれ自体で可能であり、いかなる力にも依存せずに常に可能でさえあったとしても、それで同様に実在をそれ自体で有したはずだとか有しえたとかいうことにはならない。それ自体で可能なものがそれにもかかわらずそれ自体で実在を有

しえないことが日々見かけられるのだから、こう言うことでしょう。

しかし、これには簡単に反論できます。上に例として挙げられた可能なものや他のすべての同様なものは、それらの形相に関して言えば技術上の産物であるか、始めと終わりのある自然の産物でしかないことがはっきりしているからです。またこの点に関しては、それらが技術や自然、すなわちそれらを形作った物質的存在に実際に依存していることは否定できません。ところが何であれ、なんらかの形相のもとで常に存続するそれらの実体に関して言えば、それは確実に物質的、感覚的な存在の一部、それ自体で可能性と実在を有すると私が言ったあの永遠な存在の一部でしかありません〔六七〕。またこの点では、それらは常になんらかの新たな姿や形で現れる物質的、感覚的存在、永遠な存在の同じ一部ですから、技術上の産物や自然の産物であるとか、実際に新しい存在であるとも言えません。さらに、そうなるのは外部にあるなんらかの力や能力によってではなく、ただ自然そのものの、すなわち物質的存在の運動する能力や力によります。この物質的存在が、その自然の運動によって自らさまざまな基体においてあらゆる種類の姿、形をとるのであり、またこの物質的存在の諸部分のさまざまな変様や構成、さまざまな運動や動揺や振動から(4)、人間たちは技術や学問の上での巧みさを、動物たちはそれにふさわしい本能や傾向性を、また植物や他の無生物はそれらに見られるすべての効能や特性を、吹き込まれたり与えられたりするのです。かくして物質的、感覚的存在の可能性やその永遠の実在性が自立したものだという私の発言に対して、あの異議なるものがなんら有効でないことは明らかです〔六八〕。

形而上学の諸原理から引き出されたこれらすべての推論は、この種のものとしては完全に説得力のあるものです。もっともその明証性を完全に理解するためには、いくぶん精神の集中を必要とはしますが。さて、私たちの原理に戻りましょう。すでに言ったように、一つの世界があることを私たちははっきり目にしています。この世界は物質的で感覚的な存在であり、私はそれが単に他のすべての存在の力や意志に依存せず、それ自体で可能であることを証明しただけでなく、他のあらゆる存在の力や意志に依存せずそれ自体で実在を有することも証明しました。そうなれば当

然、少なくとも世界は、その実体に関しては常に存在したと結論しなければなりません。その実体に関して言えば、[5]世界が常に存在していたのでなければ、まだ存在や実在を有していなかった時に、世界は存在や実在を決して自分に与えられなかったからです。また現に世界があることを私たちは目にしており、そのことはまったく疑えないだけに、少なくとも先に私が言ったように、[6]実体に関しては世界が常にあったと当然結論すべきです。

その裏付けとして、さらに次の議論をつけ加えましょう。自然の中で新しいものが生み出されるのを、私たちは日々目にしています。こうして生まれたこの新しいものには、間近な直接の原因があります。そしてこの間近な直接の原因はそれ自体がずっと隔たった他の原因から生じたにせよ、これらの産物総体に関しては、生み出されたものではなく、したがってそれ自体他のいかなる原因にも依存せず、それ自体で現に存在するところのものである第一原因がなければなりません。さもなければ、そのように生み出されたものではない第一原因が存在しないとすると、当然原因から原因へと無限に遡らねばなりません。ところで、そのように原因から原因へと無限に遡るのは理に反しており、それゆえ、生み出されることがなく、したがって他のいかなる原因にも依存せず、それ自体で現に存在するところのものである第一原因が存在することを認めなければなりません。〔六九〕この原理あるいは推論に同意しなくてもかまわないような人はいませんし、だから神崇拝者たちと同じく無神論者たちも、また無神論者たちと同じく神崇拝者たちも、このことには同意していることに気づかれるでしょう。それにもし神崇拝者たちが同意しないとすると、現に彼らが主張しているように、自分たちの神が万物の創造主だとは言えなくなってしまうでしょう。[7]もっとも両者は、この第一原因にふさわしい名称や特質を何にするかという点では一致していません。つまり、神崇拝者たちはそれに神という名を冠し、無神主義者、あるいは無神論者はそれに自然とか物質的存在とか、または単に物質という名を冠しているからです。ただ名称だけが問題であれば、両者を和解させるのはたやすいことです。それというのも、名称は事物の本質を作ったりせず、またそれを変えるものでもない以上、この第一原因に神という名を与えるか、自然や物質という名を与えるかはまったくどうでもいいことですし、そんなことで多くの議論をする必要などないからです。

しかし、創造したり、至上の英知と全能の意志によってあらゆるものを普遍的に支配したりする力を、神崇拝者たちはこの第一原因に割り当て、ついでそこからいくつもの誤った結論や虚しい口実を引き出しては、人々にさまざまな掟や命令を好き勝手に押しつけ、何でも好きなことを信じ込ませる……などしていますし、他方、無神論者[8]はそうした創造する力、そのような至上の英知や全能の意志と称されるものを、この第一原因に割り当てるのを断固として拒否しているために、とりわけこの点でこそ両者は対立しているのです。そしてこの点こそ、あの創造する力と称されるものや、全能の意志とこの上なく完全な英知による万物の統治と称されるものをめぐる所説を反駁することで、とくに詳しくここで検討しなければならないことです。

第七〇章　創造は不可能であり、何物も創造されたことはありえない

第一に、あの創造する力なるものについて、そんなものは存在しえないことを証明しましょう。というのも、創造とは無から何かを作り出すことですが、しかるに無から何かを作り出せる力は存在せず、それゆえ創造する力など存在しないからです。これに対して普通、無から何かを作り出せる被造的で限られた力は実際存在しないが、全能である神の力のように被造的ではない無限な力は無から何かを作り出せる、したがってそうした力は創造できる、と反論されることは十分承知しています。〔七〇〕しかし、そうした反論は係争中の事柄をワケモナク、根拠もなしに仮定しているので満足できるものではないことはひとまず措いて、無から何かを作り出せるいかなる力も絶対にないことを証明しましょう。それをどう証明するかは、次のとおりです。創造し無から何物かを作り出したりするなんらかの力がありうるのは、創造されたか無から作り出されたかした可能性のある何物かが存在する限りにおいてです[1]。これには疑問の余地はありません[2]。しかるに、創造されたか無から作り出されたかした可能性のあるいかなるものも存在しません。仮に創それゆえ……、といった具合です。それだけが否認されかねないこの立論の二番目の命題を証明しましょう。

造されたか、無から作り出されたかした何物かがあるとすれば、それはたとえば、時間、場所、空間、延長、それに物質でしょう。というのも、これらがすべて、あるいはそのいずれもが本当は創造されたり、無から作り出されたりしたはずがないことになれば、創造されうるものは何も存在しないことを証明するのはたやすいことだからです。時間、場所、空間、延長、それに物質を除けば、自然のうちには創造されたとか創造されえたとか考えられるものは本当は何もないからです（というのも、精神とか霊的実体とか通常呼ばれているものはここで取り上げてはいないからです〔七一〕。後段で証明するようにそうした実体なるものは存在せず、可能ですらない以上、それらは創造されたはずも、したがって無から作り出されたはずもないからです(3)）。さて、時間も場所も空間も、あるいは延長やさらに物質も、決して創造されうるものではなく、無から作り出されたはずもないことを示しましょう。そうなれば、創造したり、無から何かを作り出したりできる力は存在しないことになります。

それゆえ、私が最初に挙げた時間から始め、それが創造されうるものではないこと、すなわち創造されたはずがないことを証明しましょう。それをどう始めるかは、次のとおりです。仮に時間が何か創造されうるものであれば、またわが神崇拝者たちが称するように、まさしく時間が創造されたのであれば*1、時間はただ時間に先行しえた存在によってのみきっと創造されたはずです。というのも、時間に先行していなければ、どうやって時間を創造しえたのでしょうか。また時間に先行したのであれば、この存在が時間に先行したのは時間そのものによってでしかありえません。というのも、この存在が時間によらず、永遠によって時間に先行したなどというのは、ただの幻想にすぎないからです。永遠とは、始めもなければ終わりもない時間の恒久的な連続にほかならず、したがってそうした存在が永遠によって時間に先行したなどと主張するのは、求められた以上のものをうっかり与えることだからです。なぜならそれは、無限の時間、すなわち決して始めを持たず、したがって創造されもせず、いかなる原因によっても決して先行されたはずのない時間によって、その存在が時間に先行しえたと主張することだからです〔七二〕。というのも、始めを決して持たなかったものに何物も先行しえないことは明白だからですが、このことこそまさしくこれから証明しようとしていた

ことなのです。

＊1 「スベテノ時ノ王ニシテ、作リ手デアルキリスト[4]ガスベテヲ聖別サレタ」、四旬節賛美歌。「スベテノモノノ創造主デアル神ヨ、アナタハ時ノ終ワリニ人トナラレタ」、昇天祭賛美歌。

そうした存在が、ただ一定の時間、たとえば数日とか数カ月とか数年とかの期間に相当する時間によって、時間に先行しえたと主張するとしても、そんなことは決して起こるはずがありません。第一に、当然永遠であると仮定されている万物の至上の創造主なるものが、数日や数年とかのきわめて限られた日数に等しいごくわずかな時間によってのみ、自分の被造物や自分の産物に先行したなどというのは理に反しています。というのも、もしそんな時間でしか被造物に先行していなければ、創造主それ自体に必ず始めがあったことでしょうし、それ自体に始めがあったのであれば常に存在したはずはなく、また常に存在していたのでなければ仮定されているように永遠であるはずもないからです。それに、ただ永遠でありえないだけではありません。さらに、常に存在していなかったとすれば、自分が存在を有していなかった時に自分に存在を与えることもできなかったし、またその創造主に存在を与えられるものは何も存在していなかったために、存在を他のものから受け取ることもできなかったのですから、そうした創造主は存在し始めることさえ決してありえなかったことでしょう。ですから、一定の有限な時間の隔たりによってのみ時間に先行しえたような存在によって、時間が創造されたとは主張できません。第二には、もしこの時間の創造主なる存在が、ただ一定の有限な時間の隔たりによってのみ時間に先行していたならば、この時間の隔たりは時間そのものの創造に先行していることになりますから、当然その一定で有限な時間の隔たりは、創造されなかったことにならざるをえません。というのも、その時間の隔たり自体も創造されたとすれば[5]、その創造主は時間の創造に絶対的に先行するのではなく、ただそれに続いて創造されたことになるいくらかの時間の創造[6]に先行するだけになるからです。それとも、その時間の隔たりもまたそれ自体創造されたと主張するのであれば、議論は完全に元に戻ってしまいます。つまり、その時間の隔たりに先行はしたけれども、自分もまたなんらかの時間の隔たりによって先行されたある存在によって

のみ、その時間の隔たりは創造されえたことになるからです。さらにこの時間も他の時間同様創造されたと主張するなら、それゆえ無限に遡り、ある時間の前に別の時間といった具合に時間の無限な創造を認め、それらすべての時間に先行した創造主を当然認めなければなりませんが、そんなことはまったく理に反しています。何物も無限である時間に先行しえないからです。またこの場合、観点を変えれば当然のこととして、時間の各々の瞬間に対して新たな時間の創造を認めなければならなくなります。というのも、時間は本質的には連続する流れのうちにあり、またいかに小さかろうと同時に存在したり実在したりできる二つの時間などまったくありえないので、時間とも知覚できないような各瞬間ごとに、新たな時間の創造を認めなければならなくなるからですが、それこそ滑稽で口にするのも馬鹿げたことでしょう〔七三〕。あるいはもし反対に、時間を創造した存在が時間に先行したのは、創造されなかった時間によってであると称するのであれば、創造されたこともなければ、創造されたはずさえもなかった時間を必然的に認めなければならなくなりますから、したがって時間の創造主を仮定しようとするのは無用なことになります。なぜなら、決して創造されなかったと言える時間が存在するならば、さらに創造された可能性のあるいかなる時間も存在しないと言うべきだからです。というのも、時間はすべて同一の本性から成っている以上、一方が他方よりも創造しやすいとか創造しにくいとかいった時間など存在しないからです。

　第二に、時間は、今述べてきたように、ただそれに先行したある原因によってのみ創造されえたでしょう。ところが、何物も時間に先行したことはありえず、それゆえ何物も時間を創造できません。何物も時間に先行できないこと、その証拠を次に掲げましょう。仮に何かが時間に先行しえたとすると、時間に先行したそのもの、その存在は、時間以前に存在し、かつ時間以前に存在しないことになりますが、そんなことは矛盾しており、起こりえないことは明らかです。仮定されているように時間に先行したのですから、そのものは時間以前に存在しているのでしょう。しかしそうは言っても、当然この存在と同じくらい古いはずの時間そのものなしには、時間以前に存在しえない以上、そのものは時間以前には存在していないことにもなるでしょう(7)。これにはたぶんこう反論されるでしょう。時間の創造主

であるこの存在は、時間的先行によらず、本性的先行によってのみ時間に先行しえたのだ。だから時間という点では一方が他方以前に存在しているわけではないが、それでも一方が他方の原因たりえるのだ。それゆえ、一方が他方を創造したことはありうる。たとえて言えば、太陽とその光は時間という点では一方が他方以前に存在したわけではないが、だからといって日光を生み、作るのは太陽なのだから、それで太陽が光の原因であることが妨げられないようなものだ、と。〔七四〕それにはこう答えましょう。もし時間の創造主なる存在が時間的先行によらず、本性的先行によってのみ時間に先行するのであれば、この創造主なるものは永遠なのですから、時間も時間の創造主と仮定されるものも、時間という点からするとどちらも同様に古くからある、すなわち両者とも永遠なのだと言わざるをえない、と。太陽とその光について出された例も同様で、ただ本性的先行によってのみ一方が他方に先行すると仮定すると、太陽もその光もどちらも同様に古くからあるのでなければならず、太陽が永遠であれば、同様にその光も永遠でなければなりません。ところで、時間と時間の仮定上の創造主とが永遠であれば、どちらにも始めがあったはずがありません。始めがあったはずのないものは創造されたはずもありません。それゆえ時間は永遠であるか、あるいは必然的にそう仮定せざるをえないように、その創造主なるものとともに永遠であるかであれば、時間は創造されたはずはなく、かくして時間にとっての創造主などないことになるでしょう。このことは、次に掲げるもう一つの推論によってさらに明らかに証明されます。

　時間が何か創造されうるものであったり、また実際に創造されたものであれば、当然時間はそれ自体他のすべての存在から区別される何か現実的で個別的なものでなければなりません。なぜなら、創造は必ずや何か現実的なもの、すなわち無から作られるなんらかの個別存在に結実するはずだからです。というのも、何も無から作られていないのになんらかの創造があるなどとは考えられないからです。それゆえ、時間が本当に創造されたのであれば、当然時間は無から作られた他のすべての存在から区別される、何か現実的で個別的なものでなければなりません。他のすべての存在から区別されると私が言うのも、時間がたとえば私たちが天や地と呼ぶものでも、天地の間に閉じ込められて

いるどんな個別存在でもないことは明らかだからです。たとえば石や植物が、人間や他の動物が時間であるなどと、私たちは言いはしないからです(8)。それにこうした存在には、それ自体のうちにそのものをそのものたらしめている何か恒常的なものが含まれていて、その諸部分はすべて一緒になって存続する可能性があり、実際に存続しています。ところが、時間は絶えず移っていきます。そのどの部分をとっても、他の部分と一緒に存続することはできず、たとえば過去は現在と、現在は未来と共存できず、現在さえも束の間のもの、存在しなくなるというよりも存在しないと言った方がよいくらい短いものです。それはいかなる延長もなしに存在する、不可分の点のようなものです〔七五〕。それにいかなる個別存在もすべて存在しなかったり、存在しなくなったりするということが起こるのは簡単に理解できます。たとえば石や植物やあらゆる動物、そして〔他の〕同様なものすべて(9)が存在しなかったり、存在しなくなったりすることは簡単に理解できます。天地が現にあるようでなかったり、なくなったりすることさえ、簡単に理解できます。しかし、時間が存在しないとか、時間が終わったり、存在しなくなったりするなどということははっきり理解できませんし、時間が終わったり始まったりすると仮定されるどの点でも、始点に先立つその前が、また終点に続くその後が必ずあります。ところで、この前やこの後は必然的に時間の相違を示していますし、また時間の相違があればしたがって、一定の時間があることになります。時間がない所に時間の相違はないからです。以上のことからすると、仮に時間が何か創造されうるもの、すなわち創造された可能性のある存在であれば、時間は他のすべての存在から区別される、実在的で個別的な存在でなければならないことになります。

このことは以下の論拠によって、私がさらに明らかに示したいことです。時間が、他のさまざまな存在から区別されない実在であれば、時間の諸属性は他の存在にも適合するはずですし、同様に他の存在の諸属性も時間に適合するはずでしょう。哲学者たちの格率によれば、第三のものと等しい本性からなる事物は互いに等しい本性からなっているのですから。「第三ノモノト等シイモノハ、互イニ等シイ」〔七六〕。したがって、時間とその他の存在が互いに同じ本性からなっていれば、やはり時間の諸属性はその他の存在に適合でき、同様にその他の存在の諸属性も時間に適合できる

のでなければなりません。しかるに、時間の諸属性はその他の存在に適合できず、またその他の存在の諸属性も時間に適合できないのは明らかです。それゆえ、もし時間が創造された可能性のある実在であれば、時間は他のすべての存在から区別される、実在的で個別的な存在でなければなりません。第一に、時間の諸属性が他の存在には適合しえないこと、その明らかな証拠を次に示しましょう。時間の諸属性とは、過去、現在、未来に分割されうること、世紀、年、日、時間、瞬間に分割されうることです。しかるに、時間を措いて、そのように分割されうるいかなる存在もありません。それゆえ、時間の諸属性は、時間以外のいかなる他の存在にも適合しえません。第二に、他の存在の諸属性が時間に適合しえないこと、その証拠もまた次のとおりです。時間以外のすべての存在はわが神崇拝者たちの見解では物体的であるか霊的であるか、すなわち物体か精神かのどちらかです。物体の諸属性とは、三次元すなわち縦、横、深さに分割されうること、不可入的であること、なんらかの形で限定されていることです。ところが時間は、どんな形によっても限定されえません。時間が丸いとか四角いとか三角だとは言えないからです。ある意味では時間が短いとか長いとかは言えても、それだからといって時間が広いとか狭いとか、薄いとか厚いとかは言えないからです。さらに時間が物体のように柔らかいとか固いとか、また物体の三次元が時間にもありうるとは言えません。それゆえ、物体の諸属性は時間に適合できず、また時間の諸属性は物体に適合しえません。同様に、精神の諸属性は（もっとも、精神と呼ばれるものが物体から区別されればですが）、思考し、欲し、認識し、善悪を感じとれる非物体的な実体であることです。しかるに、時間は非物体的な実体でも物体的な実体でもありません。考えたり欲したりできる実体でも、善悪を感じられる実体でもありません。それゆえ時間が実在であれば、当然それは物体や精神とは区別され、他のすべての個別存在とも区別された存在であるはずです。しかるに、時間が何か別な実在的で個別的な存在でありうるとは考えられませんから、それゆえ時間は創造された可能性のあるものではありません〔七七〕。

しかしながら、時間はまったくの空無ではないことに注意する必要があります。というのも、上記の箇所でそのことに私たちが注目したように、時間にはいくつかの属性があることが見いだされますが、無にはどんな属性もないか

らです。たとえば、時間の一部である年や時間や瞬間は人が日々数え、また日々増えていくものですから、まったくの無ではありません。無でなければ、それらは何かあるものでなければなりませんが、しかしそのあるものは創造されたものでも創造しうるものでもありません。創造されたとか創造されうるとか仮定できるのは実在する諸存在しかありませんから。無でもなく、いかなる実在的、実質的、実体的な存在でもないとしたら、それでは時間とはどんなものなのでしょうか。良く考えてみれば、時間は持続にほかならないことを私たちは間違いなく理解するでしょう。したがって、時間を作っているのはまさしく持続なのです。時間が短いとか長いとか人が言うのは、ただ持続の短さや長さとの関係においてであり、同様に時間や日や年や世紀を人が数えるのは、ただこの持続の一部について人が行うさまざまな分割によってなのです。〔七八〕

さて、この持続とか持続するとかいう語は、存在するものや実際に持続するものについてのみ言われるか、言われうるものであり、存在し実際に持続するものは持続なしにはありえず、持続は持続するものなしにはありえませんし、さらにまた時間は始まったり終わったりする諸事物の始まり以前にも存在せずにはおかず、その諸事物の終わり以後にも存在せずにはおかない以上、時間を作っているのはそうした諸事物の持続ではありませんから、その結果、時間を作りうるのは一定した恒常的な存在の持続でしかないことになります。そして一定し、恒常的であるのは第一存在のみであり、始めもなく終わりもないのはこの第一存在のみであり、さらに第一存在はおのれの持続なしには、また持続は第一存在なしにはありえなかったのですから、その結果、まさしく私たちが時間と呼ぶものを作り上げているのは、第一存在の絶え間ない持続だということになります。〔七九〕かくして、時間は創造されたかも知れない存在ではなく、したがってまた時間にとっても、そして疑いもなく誰も創造されたとは言いえない第一存在にとっても、創造主などありはしません。

それを確証するのは、もし時間が本当に何か創造されたものとか、何か実在的で実質的なものとかであれば、時間、年、世紀の全体が実在的で実質的な存在となり、それらがすべて同時に同一の瞬間に創造されうる結果になるという

ことです。しかるに、年や世紀の全体が同時に同一の瞬間に創造されうるなどということは理に反しています。それゆえ時間は、創造された可能性のある実在的で実質的な存在ではありません。これに反論して、時間とはそうした本性のものであり、時間を構成する瞬間はただ一つ一つ順番にしか創造されえず、かくして時間、年、世紀の全体はただ次々にしか現れえず、すべて同時に同一の瞬間には現れないのだと言われるでしょう。そうした反論の正しさは私も認めます。けれどもそれだからこそ、時間は創造されたかも知れない存在ではないと言う必要があるのです。なぜなら、時間が本当に創造されうる存在であれば、他の存在の諸部分同様に時間のすべての部分も同時に創造されうるからです。しかし、時間は実在だが、そのすべての部分がすべて同時には創造されえないなどと言うのは、時間を創造するには時間が必要であり、たとえば一時間を創造するのに一時間、一年を創造するのに一年、一世紀を創造するのにまるまる一世紀が必要だ……などと言うのと同じです。そんなことはまったく奇妙で馬鹿げています。それではまるで、物質を創造するのに物質が必要、一ピエとか一トワズとかの物質を創造するには一ピエとか一トワズとかの物質が必要、一つの世界を創造するには一つの世界全体が必要だと言うようなものです。そんなことがありえないのは明らかで、そんなふうに言えば笑いものになるでしょう。それゆえ時間は、創造されたかも知れない存在ではないと結論しなければなりません。

第三に、もし時間が創造されたかも知れない存在であれば、疑いもなく時間は単独でも創造されえたはずです。というのも、他の存在を時間と一緒に創造するどんな必然性があるでしょうか。あるとは思われません。さて、もし時間が単独で創造されたとすれば、その存在は物体であったのかと私は進んで尋ねましょう。それともそれは精神だったのでしょうか。それが物体的であったり、あるいは精神的であったりしたら、そうした存在についてどんな観念を抱けるのでしょうか。というのも要するに、話をする場合には自分が何を言っているかが分かっており、自分が主張することすべてについて判明な観念を持つべきだからです〔八〇〕。分かりもせず、知りもしないことを断定しようなどとは、理性に反します〔八一〕。見識ある一著作家が言っているように、「さまざまな理由から真理の探究や擁護を課せられている

才知ある人々や哲学者たちが、自分が口にすることを分かりもせずに話をし、理解してもいないことで事足れりとするのは恥ずべきことである」（『真理の探究』第一巻三五九頁）[八二]のです。時間が創造された可能性がないことは、これまでのところで十分に証明されました。今度はいわば同じものである場所、空間、延長が創造されたはずがないことを、同様に証明できないかどうか検討しましょう。これらのものが創造された可能性があるなどとは思えませんから。

　今述べたようにほぼ同じものである場所、空間、延長が、わが神崇拝者たちが称するように、何か創造されたものであれば、それらが創造される以前にはどんな場所も空間も延長も存在していなかったことは確かです。延長、空間、場所によって、ここで私は同じものを理解していますが、ただ次のような違いがそこにはあります。つまり場所とは単に一つの物体が収まる空間や一定の延長であり、空間とはいくつかの物体が収まるか収まりうる、より広い延長であり、延長一般とは果てがなく限りがなく、あらゆる存在やあらゆる場所、また想像しうるあらゆる空間を収める一つの空間です。[八三]それゆえ、場所や空間や延長が何か創造されたものであれば、それらが創造される以前には場所も空間も延長も存在していなかったのでなければならないと、私は主張します。というのも、それらがすでに存在していれば、それらの創造なるもの以前に、それらはすべてやがてあるはずのものとしてすでに存在していたことになり、創造される必要はなかったことになるからです。しかし、もしもその時どんな場所も空間も延長もなかったなら、それらを創造した者はいったいどこにいたのでしょう。その者が存在しえたどんな場所もどんな所もまだなかったのですから、その者はどんな場所にもどんな所にも存在しえなかったのは明らかです。またそれゆえ、その者はどこにもいなかったのです。ところでどこにもいない者は存在せず、存在しない者はどんなものも創造しえず、それゆえ場所、空間、延長は創造された可能性はありません。それらを創造した者は、どんな場所にも、格別どんな所にも実際にはいないけれども、それ自体で存在し、それ自体全能であるから、存在する場所全体、存在する空間全体、存在する延長全体を創造したのだ、[10]とここで反論しても無駄です。つまり、どこにもいない者は絶対に存在してはいないわけで、自らを有することもなく、自ら何者かであることもできない以上、そんなことを言っても無駄です。存在しないこと

とどこにもいないこととは等しく同じことですから。それゆえ、場所、空間、延長のあの創造主なるものはどこにもいなかった以上、その者自体は何者でもありえなかったわけで、したがって自らを有していなかったのですから、自分の外に何物かを作り出すこともできなかったのです。というのも、存在しないことがありとあらゆる存在様態を排除するのと同じく、どこにもいないこともありとあらゆる存在様態を排除するからです〔八四〕。

それに、どこにもいない者はどこでも作用を及ぼしたり、何も作ったりはできず、したがってどこにもいなかった者はどこでも何も作れず、何も創造できなかったのです[11]。もしどこにもいない者が何事によらず至る所に存在する万物を作れたり、実際に作りでもしたら、それだけでもすでにまったく驚くべきことでしょう。そんなことはまったく理解を超えること、まったく起こりようもないことです。それに、実際にはどこにもいないにもかかわらず、それ自体で存在したと仮定されるあの存在、そうした存在は、いわばそれ自体延長であったか、なかったかでしょう。それ自体延長であれば、それゆえ、この存在それ自体が存在していた延長や空間がすでにあったことになります。なぜなら、空間なしの延長も、延長なしの空間もありえないからです。またこの存在は以前にはどこにもいなかったと仮定されている以上、それゆえそうした延長や空間はどこにもなかったとも言わねばなりません。こうした面から見ても、このような主張はすでに理に反しています。また同じ仮定に従えば、この延長や空間はあらゆる創造に先行するのですから、創造された可能性はないことになり、したがって延長や空間はあらゆる創造に先行している以上、それらは創造された可能性はないことになります。それに対して、どこにもいなかったけれどもそれ自体で存在したこの存在は、いかなる延長も有していなかったと主張するのであれば、それではその存在はどうやって、あのように広大な延長、無限な延長でさえある空間全体を創造しえたのでしょう[12]。単にどんなものも自分が有していないものを与えられないからというだけでなく[13]、原因と結果、作るものと作られるものとの間には少なくともなんらかの関係や釣り合いがなければならない以上、そんなことは絶対に不可能です。さて、延長を有しない存在と無限な延長を有する存在の間にはどんな関係、どんな釣り合いもないことは明らかであり、したがって、延長を有しない存在は無限な延長を有

する存在の動力因たりえません。有限なものは無限なものを作りえず、延長を有しないものは必然的に有限であり、そしてそのものはそれ以上有限ではありえないほど有限で小さいものでさえあります。それゆえ、延長を有しないものが、必然的に無限である延長を創造したはずはないのです〔八五〕。私は必然的に無限であると言いましたが、それというのも、どれほど遠くに限界を延ばしてみても、その先というものが常に必ずあり、その先もさらにそれに続く延長を前提とし、後続する延長には果ても終わりもありえないからです。それゆえ延長には終わりがなく、したがってまた延長は無限であり〔八六〕、かくして延長を有しない存在によって、延長が創造されたはずはありません。しかも作られたり創造されたりするものはすべて、その創造あるいは産出において作ったり、創造したりする者の意志と力に必ず依存します。しかるにすでに言ったように、全体として必然的に無限である以上延長は何物にも依存しえず、いかなる創造者の意志と力にも依存しえません。というのも、延長がそのようなものに依存していたとすれば、創造者は思いどおりに延長を作ったり、創造したりできたことでしょう。すなわち、もっと大きくも、もっと小さくも創造でき、思いどおりに多くも少なくも創造でき、全然創造しないことさえできたはずです。さらに、延長しているものすべてを今すぐ無に帰することさえできるでしょう。とんでもありません、そんなことが起こるはずがないのです。先に述べたように延長は全体として必然的に無限であり、現実的かつ必然的に、自らがそうでありうるもののすべてです。そこには何も加えることはできず、またそこから何も取り去ることはできません。延長は、過去においても当然現にあるのと同様でしたし、また未来においても当然現にあるのと同様でしょう。そしてこのことは、それが何であれ、あらゆる意志や力とは独立して起こるのであり、したがって延長が創造されたはずなどないのです。

　第二に、創造するには作用しなければならず、作用するには運動しなければならず、運動するには空間や延長が必要です。というのも、運動が行われるのはただ空間においてのみであり、作用が行われるのはただ運動によるのみであるのは明らかだからです。それゆえ、作用する側でも作用される側でも運動や変化のない作用が存在することは不可能であるのと同様、なんらかの空間や延長なしに、場所に関するものにせよ位置に関するものにせよ、なんらかの

運動や変化が起こることはありえません〔八七〕。それゆえ、あらゆる創造は作用であり、あらゆる作用は場所に関するものにせよ位置に関するものにせよ、なんらかの運動や変化を伴い、また場所に関するものにせよ位置に関するものにせよ、すべての運動や変化はそれが起こるなんらかの空間や延長を必ず前提していますから、空間や延長はあらゆる作用や運動に先行し、したがって必然的にどのような作用によってもそれらが創造されたはずはないことになります。

たぶんこういう反論があるかも知れません。つまり、時間、空間、その他の万物の創造は、それらを創造したと言われたり、事実それらを創造した側での、そのためのいかなる運動も変化もなしになされたのだ、と。しかし、そんなことはありえません。というのも、創造し始めたその前には何も創造していない以上、自分の内部におけるなんらかの変化がなかったならば、創造し始めたり、まだ行っていなかったことを行い始めたりはできなかったからです〔八八〕。その証拠を掲げましょう。どんな作用も作用する存在の一変様であり、各種の作用は作用する存在の各種の変様です(14)。しかるに、創造とは創造者の側での新たな作用であったか、あったはずです。それゆえ、創造は創造者の中で新たな存在の変様、したがってその中で新たな変化を引き起こしたはずです。というのも、自分の中で変化がなかったならば、新しく何かを作ることなどできようもなかったからです。さらにその証拠はこれです。「常に同一であるものは常に同一にしか振る舞いえないからである」というものです。これは哲学者たちの間で受け入れられている議論の余地のない格率です。「同一ニ留マル同一ノモノハ常ニ同様ニ作用スル」〔八九〕。ところで、万物を創造したと仮定されているあの存在は、万物を創造し始める以前には何も創造していませんでした。それゆえこの存在が何も創造してはいなかった時と同じ状態に常に留まっていたら、決して何も創造しようがなかったでしょう。これは今引用した、「同一ニ留マル同一ノモノハ常ニ同様デアッタ」という格率に従えば明らかです。それにもかかわらず、そうした存在が万物を創造したことにしたいのであれば、その存在は何も創造していない時のままでいつまでもいられはしなかったことを認めなければならず、したがって以前には行っていなかったことを行い始めたのを機にそのものになんらかの変化が起こらざるをえなかったことを認めなければなりません。これは明らかに、すべての作用に必然的に見いだされる

運動や変化から引き出された先の議論への反論とは逆のことです。したがって、前述の反論は論破され、先の議論は説得力をそのまま保っていることになります。かくして、存在をただ二つの異なる状態、あるいは二つの異なる様態である作用するものとしないものとしてのみ考察するならば、変質もなくいかなる変化もなしには、いかなる存在も一方から他方へと移りえるなどとは考えられません。そしてなんらかの運動なしに、また場所に関するものであれ位置に関するものであれなんらかの変化なしには[15]いかなる変質も起こりえず[九〇]、どんな場所や位置の変化も当然なんらかの空間や延長のうちで生じる以上、空間は必然的にあらゆる運動や作用に先立ち、したがって空間はどんな作用の運動によっても創造された可能性はないことが常に帰結されます。

このことは、次の議論によっても裏付けられます。空間が何か創造されたものであれば、それを創造した者は空間がなかったところでのみ空間を創造しえたこと、すなわちどんな空間も延長もなかったところでのみ空間や延長を創造したに違いないことは確実です。というのも、すでに空間が存在していたのであれば、その者はそこに空間を創造する必要はなかったことは明らかだからです。さらに、そこに空間を創造することはできさえしなかったことになるでしょう。空間はすでにそこにありうる限りあったはずですから。なぜなら、すでにそれ自体として存在しうる限り存在しているものが、創造によってさらにもう一度存在を得ることはありえないからです。すでに創造されているものを、あるいは存在や実在を所有できる限りすでに所有しているものを、神が創造したと主張するのは馬鹿げたことでしょう。それゆえ、空間や延長が創造されたのであれば、当然それらはいかなる空間も延長もないところで創造されたことにならざるをえませんし、したがってそれらを創造した者は、空間や延長を創造するためには空間や延長を必要としなかったことになります。こうしたことはすべて明白です。

ところでそうなると、そこから明らかな不条理が生じます。それはたとえば、空間や延長がなかったところにそれらを思いどおりに創造した神は、別の似たような空間や延長をそれらが存在していないところ、またはあってもごくわずかしかないところに、今でもなお望めば創造しえる、すなわち、たとえば全宇宙と同じ大きさの空間や延長を、

小ビンの中やハシバミの実の窪みや、さらには小さな針の穴の中に創造しえることになりますが、そんなことはあまりにも明らかに馬鹿げています。なぜなら、ハシバミの実の窪みや針の穴の中に、宇宙全体にあるのと同じだけの空間や延長がありうるなどと主張するのは不条理だからです。[九二]ところがそれにもかかわらず、わが神崇拝者たちが称するように、空間や延長が創造されたものだとしたら、こうした不条理が生じるのは明らかです。なぜなら、どんな空間もどんな延長もなかったところにこの宇宙の全空間と全延長をすでに創造したはずのその同じ神が、なお同じだけ、さらには何千倍もの空間や延長をハシバミの実の窪みや針の穴の中に創造しうるということを、誰が妨げられるでしょうか。というのも、神はいついかなる時でも常に等しく全能であると仮定されている以上、創造力の不足に妨げられはしないからです。またハシバミの実の窪みや針の穴に十分な余地がなかったり、十分な延長がないからでもないでしょう。というのも、余地や延長を十分に思う存分創造するのに、神には余地も延長も必要ないでしょうし、まさしく創造そのものによって、いまだ仮定されているように空間や延長がないところに、それらを思いどおりに作るからです。つまり、今しがた述べたハシバミの実の窪みや針の穴の中に、この全宇宙の空間と同じ広がりを持つ空間を創造する可能性を妨げるのは、そうしたものでもないのです。それゆえこの仮定では、何も妨げとなりえないのは明らかです。しかしそんな帰結は不条理ですから、明らかにこの仮定は誤りであり、したがって空間は創造されたはずがまったくないことになります。その裏付けは、延長が存在しないとは考えられないことです。延長が存在しないとは考えられなければ、必然的に延長が存在していることを認めなければならず、必然的に延長が存在していなければならないのであれば、延長は過去においても必然的に常に存在したし、未来においても必然的に常に存在します。というのも、常に存在していたのでなければ、今存在することが過去に存在していなかった場合以上に必然ではなくなるからです。そして常に存在したのであれば、それゆえ延長は永遠であり、決して存在し始めたことはなく、また決して存在し始めたことがなければ、延長が創造されたはずは決してなく、したがって時間にとってと同様に、場所にとっても空間にとっても延長にとっても、創造主はいないことになります。

今や残るのは、物質が創造されたはずがないことを証明することだけです。そしてこれが証明されれば、創造された物は何もなく、したがって創造する者も絶対にいないことを、確固不動で確実なことと考えなければなりません。〔九二〕すべてのわが神崇拝者たちやすべての哲学者たちがわが新参のデカルト派の人々に与して、〔九三〕物質の全本質は唯一延長にあるとし、物質と延長の間や延長と物質の間に差異を立てずに、それらは絶対に同一のものでしかないと主張するのであれば、物質が創造されたはずがないことを証明するのは簡単です。というのも、延長は創造されたはずがないことを説得力をもって証明している上述の同じ理由、同じ論拠が、また同様に説得力をもって延長同様物質も創造されたはずがないことを証明するからです。先のデカルト派の人々に従えば、延長も物質も二つとも同一のものでしかないのですから。けれども、すべての神崇拝者がそうした見解に与しているわけではなく、私自身もそれに与することはないでしょうから、別の論拠によって物質が創造されたはずがないことを証明しなければなりません。〔九四〕

その第一の論拠を次に掲げましょう。もし物質が創造されたか、創造されたかも知れないとすれば、ただ物質ではない存在によってのみ創造されたはずです。なぜなら、物質を創造したその存在もそれ自体物質であれば（神に肉体を帰した何人ものまじめな著作家たちがかつてそう考えたように(16)）、それは別の物質を創造した物質にすぎないことになるからです。〔九五〕そんなことはありえません。なぜなら、自分と同じようなものを創造する権能や能力が、どうしてある物質よりも他のあれこれの物質に生じたりするのでしょうか。またなぜある物質は、それを創造した別の物質同様に創造されえないものであってはいけないのでしょうか。一方よりも他方に創造力を与えるどんな理由もないのは確かです。どっちみち物質で、物質であることに変わりはなく、ある物質が他の物質を創造できるとは考えられず、そんなことは絶対にありえないことでさえあります。たとえば、原子が別の原子を創造できるでしょうか。砂粒が別の砂粒を創造できるでしょうか。山が別の山を創造できるでしょうか。またこの世界全体が別の世界、いや今ある原子の数よりもただ一つだけ原子を余計に創造することさえできるでしょうか。間違いなく、できません。またそれゆえ、しかじかの物質は創造されたけれども、別の物質はそうではないと主張する根拠はありません。したがって、創

造されないなんらかの物質があることを認めるなら、必然的にどんな物質も創造されないこと、すなわちどんな物質も無から作られはしなかったことを認めるべきです。なぜなら、創造するという言葉を人はそう理解しているからであり、それもこの言葉を、生む、作る、組み立てるという言葉、すでに存在しているあるものから別のものを作ることを意味するそれらすべての言葉から区別するためだからです。ところで、物質的な存在が同じく物質である何か別のものや何か別の存在を生んだり、生産したり、作ったりできることは容易に理解されます。なぜなら、日々それは行われ、人間の巧知を通じて諸技芸のうちに、また物質の諸部分の新たな組み合わせによって行われる新たな生物の生成や生産を通じて自然のうちに、日々見られるからです。けれども、物質や物質的存在が何か別の物質や何か別の物質的存在を無から作りうること、そんなことは起こりませんし、物質にとってできるはずもありません。ですから、それ自体物質である存在によって物質が創造されるとは言えません。

物質ではない存在によって物質が創造されえたかどうか検討してみましょう。やはり、そんなことはありえないと思えるからです。実際、次に掲げるのがその証拠です。体も運動したり動いたりする部分もない存在は何も作れず、何も創造できません。ところで物質でない存在は、というよりも物質でないと称される存在は、体もなければ、運動したり動いたりする部分もありません。それゆえ物質ではないと称される存在は物質を作ったり、創造したりはできません[17]。体や運動したり動いたりする部分もない存在は何も作れず、何も創造しえないこと、これは明らかです。なぜならすでに述べたように、創造することは作用することであり[18]、作用することは運動することだからです[九六]。そして体も運動できる部分もない存在は、当然常に同じ状態に留まり、活動していない時に活動し始めることはまったくできないでしょうし、活動し始められないものは作用することもできず、何も作れないからです。それゆえ体も運動できる部分もないものは作用できず、何も創造できず、したがって物質でない存在は、体も運動できる部分もない以上、作用できず、何かを作ることもできず、物質を創造したことなどまったくありえません。

さらに、体も物質もどんな部分もなく、称されるように純粋に精神的な存在である諸存在に関して言えば（そうし

た諸存在があればの話ですが、この点で人々の意見は一致していません[九七])、そのようなものは物質に作用することも、なにがしかの力や影響を及ぼすこともまったくできません。なぜなら物質に作用し、影響を及ぼすには、物質に触れ、物質を操れる必要があるからです。しかるに体も運動できる部分もないものは、物質に触れたり、物質を操ったりすることはできませんし、それゆえ物質に作用することも影響を及ぼすこともできません。「ナゼナラ触レルコトマタ触レラレルコトハ、物体デナケレバデキナイノダカラ」[九八]。触れることや触れられることは、ただきまざまな物体にのみ固有であるとするこの格率に従い、それには普通次のように反論されます。すなわち、物質でない存在は精神的な実体であるから、さまざまな物体的存在がするように、諸部分の運動によって物体のごとく作用するのではなく、体や部分の運動なしに知性と意志によって精神的に作用するのだ[九九]、と。しかしそうした反論は、現実的なことは何も意味しない曖昧な言い方からしか成り立っていないことは明らかです。なぜなら、第一に体も部分もない諸存在が実体であると主張するのは、考えもつかないことを主張することであり、それは無や何物でもないものが実体だと主張するようなものだからです。第二に、純粋に精神的でどんな物質もどんな延長も完全に欠いている諸存在や実体までもが存在すると主張するのは、理解してもいなければ分かってもいないこと、分かり理解することが可能でさえないことを必然性も根拠もなしに思い描き、推測し、仮定することだからです。というのも、どんな物質もどんな延長も欠くと人が仮定しようとするこの諸存在や実体なるものについては、誰一人としてどんな観念も抱きえないからです。第三に、体も運動できる部分もない諸存在が、それにもかかわらず知性と意志によって作用すると主張するのは、やはり分かってもいないこと、分かることも理解することも不可能なことを主張することであり、したがって耳を傾けるだけにも値しないことを主張することだからです。第四に、体も部分もない純粋に精神的な諸存在や実体が知性と意志を働かせうると主張するのは、それらが生命活動を行えると主張することです。知性や意志は実際、生命活動なのですから。しかるに、体も運動できる部分もない諸存在が生命活動を行えると主張することは[一〇〇]、これもまた同様に、ありえないこと、理解できないことを必然性も根拠もなしに思い描き、推測し、仮定することです。生命そのものが

本質的、現実的に一個の生命運動である以上、生命のない生命活動も、運動のない生命もありえないのですから。生命運動のない生命は考えられず[19]、作用と生命とは本質的に存在の様相であり、また種々の存在の様相は必然的に種々の変化を伴いますが、これらの変化は体も運動できる部分もない諸存在には見いだすことができません。第五に、精神的な諸実体が知性と意志によって作用できると主張することは、それらが思考し、意志を働かせうると主張することにすぎません。しかるに考えたり、欲したり、望んだりするだけでは、外部に何も作り出したり生み出したりはしません。それゆえ考えるだけ、また欲したり望んだりしかできない諸存在は、自分の思考、自分の欲求、自分の意志によって外部に何も作り出せず、何も創造できないのです。

創造された有限の存在にあっては、思考や意志は実際には外部に何も生み出せないが、創造されたものではない全能な存在にあっては思考と意志が万物を作るのだ、とここで反論されるでしょう[一〇二]。けれどもやはり、それは理由も必然性も根拠もなしに、少しも理解できないこと、少しも可能でないことを相変わらず思い描き、仮定することだと申しましょう。そんなふうに語るのは、哲学することでも、理性を働かせることでもありません。というのも、それは自分が口にすることを分かりもせずに喋ることであり、そんな作り話を信じようとか、人に信じさせようとかするのは気違いじみたことだからです。なぜなら要するに、この種の精神的な諸実体やその力と意志なるものに関して言われるすべてのことは、実在的で真実ないかなる結果もついぞ見られたことのない、作り話や無内容な想像にすぎない[20]からです。第六に、体も運動できる部分もないこの種の精神的諸実体なるものはそれ自体、疑いもなくどんな延長も有してはいません。どんな延長もなければ、それゆえそうした実体はどんな感官にも知覚できない点、数学的な点に、さらにまたそれが可能であれば数学的な点よりも一層小さな何かに還元されます。ところでそうなると、それほど奇妙に小さい存在が限りない延長からなる物質を創造しえたということにどれだけの可能性があるでしょうか。これは確かにまったく滑稽で馬鹿げた考え、主張です。

もっとも、どんな延長もどんな部分もなく、それでもやはり広大であり、その広大さによって至る所に現存し至る

所で全能であり続ける、創造されたものではない、この上なく全能な一個の存在があるのだ、と人は主張するかも知れません。[一〇二]けれどもやはり、そのように語ることは自分が口にすることを分かりもせずに喋ることであり、不条理をますます増大させ、いよいよ不可能に、いよいよ不可解で不条理になっていくことを言い立てることだ、と私は主張します。なぜなら、どんな延長もどんな部分もない存在が、それにもかかわらずそのいわゆる広大さにより至る所にあると主張することは、まったく矛盾し、相反することを主張することだからです。というのもそれは、どんな延長もない存在が、それでもやはり限りない延長を有し、限りなく延長し続けると主張することだからです。なぜなら、それが果てしない無限な延長のことでなければ、一体限りない広大さとは何なのでしょう。さらに、この存在はどこにも見いだされないが、その広大さによって至る所にあると主張しておいて、それにもかかわらずさらに、自分が内包するすべての広大な空間の諸部分に対応するどんな部分もないけれども、この存在はその広大さに比例して至る所で全体としてあり、その本性の単純さと不可分性に比例してその広大な空間の各部にも全体としてあると主張するのは、あらゆる限界の彼方へと不条理を推し進めることです。それは、単に一番不可能なだけでなく、さらに想像できる一番馬鹿げたこと、一番滑稽なことを主張し、頭の中で捏造することです。

　空想上のものでしかない存在の実在を主張したいがために、わが神崇拝者たちが当然ながらどれほどの苦境に立っているかは、これまで述べたとおりです。そのために彼らは、理解不能で彼ら自身理解しても分かってもいない幾千もの馬鹿げたことを主張しなければなりません。自分が主張することを自分で分かってもいず理解してもいないのですから、彼らは自分が口にすることを分かりもせずに喋っているのです。そして見識ある一著作家が言っているように、「自分で分かってもいない理由によって、自分たちが理解しえない見解を私たちに強いて信じさせよう」（『真理の探究』第二巻三五九頁[一〇三]〔マールブランシュ『真理の探究』第六巻第二部第四章、ロビネ版全集第二巻三二九頁〕）と望むのです。ところで、そのように何を口にしているのか自分で分からず、自分が主張することを理解もせず分かりもせずに語る人々は、間違いなく耳を傾けるだけにも値しないでしょう。ですから、わが迷信深い神崇拝者たちが誤謬に

陥っており、かつての物体的で物質的な複数の神々の信心における以上に、現在の精神的で非物質的な唯一神の信心において、一層の根拠があるわけでもないことは明らかです。そして遂には、彼らもそうした物質的で物体的なあらゆる偽りの神々に抱いていた信心についておのが誤謬を認めざるをえなかったのですから、精神的で非物質的な唯一の神に対して抱いている信心についても、やはり今こそおのが誤謬を認めるべきです。そうした神は空想的で架空のものでしかありえないのですから。

第七一章　存在あるいは物質——この二つは同一のものでしかない——は、その実在や運動をまったく自らによって有することができる

さて、私たちの考えをたどりましょう。そしていつでも、確固たる根拠に支持されないことは何も言わないように努めましょう。運動の原理を認識したり、物質がどのようにして運動できるかを知るのは困難です。物質は自分からは少しも運動できない、と神崇拝者たちは主張します。わが高名な神・キリスト崇拝者の一人(1)は「大きいにせよ小さいにせよ、すべての物体が自らを動かす力を備えていないことは明らかである。たとえば、山や家や石や砂粒、つまり思い描ける物体の最小のものでも最大のものでも、自らを動かす力は備えていない。私たちはただ二種類の観念、精神に関する観念と物体に関する観念しか持っておらず、理解することだけを口にすべきであり、私たちはこの二種類の観念に従ってのみ推論すべきである〔一〇四〕」（『真理の探究』第二巻三二九頁〔マールブランシュ『真理の探究』第六巻第二部第三章、ロビネ版全集第二巻三一二—三一三頁〕）と言っています。著者はさらに続けます。「かくして物体は自らを動かしえないことを、あらゆる物体に関して私たちの抱く観念が私たちに教える以上、物体を動かすのは精神であると結論すべきである。しかるに、あらゆる有限で限られた精神に関して私たちの抱く観念を検討するならば、その意志といかなるものにせよなんらかの物体の運動との間には必然的なつながりは見いだされない。それどころか、そうしたつながりは存在せず、ありえないことが分かる。それゆえ、理性の光に従って正しく推論したいと望むなら、

いかなる物体もそれ自体では自らを動かしえないと先に述べたと同様、なんであれなんらかの物体を動かせる被造的精神は一切存在しないとも結論すべきである。しかしながら神、すなわち限りなく完全で、それゆえ全能である存在の観念を考えるならば、神の意志とすべての物体の運動との間にはそうしたつながりがあり、またある物体が動かされるようにと神が望まれて、その物体が動かされないとは考えられないことが理解される。(2)*1 それゆえ、物体を動かしうるのは神の意志のみであると主張すべきである。したがって、物体の運動力とは神の意志にほかならない以上、この運動力は運動する物体のうちには存在しない〔一〇五〕」〔同上、ロビネ版全集第二巻三一三頁〕。

*1 本質的に不変不動である存在が、どんな物体を動かしえるというのでしょうか。そんなことが起こりうると、デカルト派の人々はまじめに思っているのでしょうか。そんな存在の意志となんらかの物体の運動との間に必然的なつながりがあるのを見たのでしょうか。それは本当に見たことというよりも、むしろ錯覚ではないでしょうか。このことをよく考えていただきたいものです。(3)

〔一〇六〕「ところで、単にいかなるものにせよ物体は何かの真の原因たりえないばかりでなく、もっとも高貴な精神でさえも同様の無力さに置かれており、神が照らさずには何も認識しえず、神が変様させずには何物も感覚できず、またこの精神が何かを望みうるのは、ただ神が精神を神の方へと揺り動かすためである。神が御自身のために精神に与える刻印を、なるほど精神は神以外のものへと決定づけうる。しかし、それが力と呼ばれうるかどうか私には分からない。もし善を愛する力を自ら備えていれば、人には何かの力があると言えるかも知れない。しかし、人が愛することができるのはただ人が愛するようにと神が望まれ、(4)神の御意志が効力あるためである〔一〇七〕」〔同上、ロビネ版全集第二巻三一四頁〕。さらに著者は続けます。「なるほど私たちは望めば腕を動かせるが、私たちはこの運動の真の原因ではない。なぜなら、どうやって私たちは腕を動かせるのか。腕を動かすには、動物精気を持ち、それを特定の神経を通して特定の筋肉へと送り、その筋肉を膨らませ、縮ませ、伸ばさせねばならない。なぜなら、そうやってこそ筋肉につながっている腕が動くからである。また他のある人々の考えに従えば、どうしてそうなるかはまだ分かっていないからであ

る。また自分に精気や神経や筋肉があるかどうかさえも知らない人々が、解剖学にもっとも精通している人々よりもずっと巧みに楽々と自分の腕や足を動かすのを私たちは目にする。それゆえ、人間が自分の腕や足を動かそうと望むのではあるが、それを動かせる者、その術を心得ている者は神しかいないのである」〔一〇八〕〔同上、ロビネ版全集第二巻三一五頁〕。

この見解に従えば、自分で自分を動かす力を持っていないのは無生物ばかりでなく、もっとも活動力ある生物さえもすべて、同様の無能力状態に置かれていることになります。それは、私たちが物体について抱く観念と物体の運動との間に必然的なつながりが存在すること、あるいは存在する可能性のあることが分からないためです。つまり大きな物体とか小さな物体とかがどのように自分で自分を動かすか、人には分からないというのです。物体の運動に関する自分の見解について、私が引用した著者が挙げている、また挙げうる証拠のすべてがこれです。この著者にしても、ほかの誰にしても、自分たちが主張することに関してはこれ以上に重要な証拠を持ち合わせていないこと、それでも彼らは物体が自分から運動できると主張することに何の矛盾も何の不条理もないと思っていること、これはそれだけでもかなりのことです。というのも、わが神崇拝者たちの誰かが、そのことになんらかの矛盾や不条理を認められていたら、疑いもなくそれに人の注意を促さずにはおかなかったでしょうから。ですから、そのように何も注意を促しえなかった以上、それはそのことに実際何の矛盾や不条理もないことのかなり明らかな証拠です。

先に引用した著者の主張についても、それと同じかどうか見てみましょう。けれどもその前に、私が擁護しようとする見解のうちに存する優位性をここではっきりさせておいた方が良いでしょう。物体について人が抱く観念と物体の運動との間に必然的なつながりがあるとは思えず、物体がどのように自分から運動できるかがはっきりとは分からないとしても、それだからといって今しがた述べたように、物体が自分から運動しうると主張することに何か矛盾があるとも、そこから何か不条理が生じるとも思われません。そこに矛盾がなく、そこから不条理が生じなければ、それゆえ物体が自分から運動しうることは不可能ではありません。なぜなら、物体が自分から運動しうることが不可能

であれば、物体が自分で自分を動かせると主張することに何か矛盾があったり、そこから何か不条理が生じたりするはずだからです。それゆえこの点では、懸念すべき矛盾も不条理もありませんから、物体が自分で自分を動かせることは不可能ではないと断言できます。物体が自分で自分を動かせると主張することに不都合がなければ、物体が実際に自分から運動すると主張することにも必ずや不都合はありません〔一〇九〕。また、人がそこになんらかの矛盾やなんらかの不都合があるとか、何か不条理がそこから生じるとか主張するなら、何がその矛盾であり、不都合であり、そこから生じる不条理であるかを示さねばなりません〔一一〇〕。そしてこのことこそ、すべての神崇拝者たち、すべてのデカルト派の人々、またすべてのマールブランシュ派の人々がやれるものならやって欲しいことです。したがって、物体が運動し、自分で自分を動かせること、またすべての物体がそれで構成されている物質そのもの以外に物体の運動の原因を探す必要がないことは明らかです。

すでに注意を促しておいたように、物体について私たちが抱く観念と物体の運動との間には、必然的なつながりがないと反論しても何の役にも立ちません。両者の間にそうしたつながりが実際にないとしても、だからといって物体が自分から運動できると主張することに矛盾やなんらかの不条理があるという結論にはならないからです。それに、運動は物体の本質ではなく、ただその本性の一特性ですから、実際に両者の間に必然的なつながりがあるはずはない以上、このつながりが見いだされなくとも驚く必要さえありません。運動が物質にとって本質的であったり、また物体の本質に属しているのであれば、私たちが物体について抱く観念と物体の運動との間には必然的なつながりがあると信ずるべきです。しかし、物体は運動なしでも存在しうる以上、そうした運動は物体にとって本質的でも、さらには絶対に必要なものでもありませんから、両者の間に必然的なつながりは確かに存在するはずもなく、そうしたつながりをそこに見つけようと努めても無駄でしょう。同じ理由から、物質はあらゆる異なった方向へ無限の異なった様態を伴いながら運動しているにもかかわらず、物質があれこれの速さ(5)で運動することがどうして起こるのか、上から下へ、下から上へ、また右から左へ、左から右へ物質が運動することがどうして起こるのか、さらに直線状、円状、

斜線状、放物線状に物質が運動することがどうして起こるのかは分かりませんし、分かるはずさえもありません。それというのも、この種の運動のどれ一つとして、物質にとって本質的ではないからです。また間違いなくそのために、まさしく何がそれらすべての多様な運動の原理、また決定要因となっているかをはっきりと知ることは私たちには不可能です。もっともこのことは円運動に関しては別で、それについては次のように言えるでしょう。つまり直線運動が一番単純で、一番自然な運動であるため、物質には自分から常に直線的に運動しようとする傾向があります。しかしそれにもかかわらず、物質が常にそう運動できるわけではありません。なぜなら、延長の全体は物質で充たされているため、物質はいつでも直線的に運動できる場所が得られるわけではなく、必ずそのように運動し続けるのを妨げる何か別の同様な物質に衝突せざるをえないからです。そして、直線的に運動できる場所が常にあるわけではないために、物質は曲線や円を描いて運動せざるをえなくなり、それが原因となって必然的にかなりの割合の物質やかなりの量の物質は常に円を描いて運動し、かくしていくつもの物質の渦動を作るようになります〔二〕。わがデカルト派の人々がものの見事に指摘したように、地球の丸さ、太陽の丸さ、月の丸さ、そしてその他のすべての天体や遊星の丸さが生じるのはそのためだということを疑うべきではありません。かくして、何がまさしく物質の運動の原理となっているかを私たちははっきりと分かることはできませんが、それだからといって、それらすべての多様な運動やその多様な様態が、物質そのものに由来すると主張することになんらの矛盾も不都合も不条理も見えませんし、見られるはずさえないでしょう。これで十分に、物質の運動や様態が他のいかなる原因からでもなく、実際に物質そのものから由来するのだと断言できるでしょう。

さて、逆の見解から間違いなく生じる矛盾や不条理を示すことにしましょう。自ら運動する力を備えていなければ、物質はその力を物質でない存在からのみ得たはずです。なぜなら、それ自体も物質であれば、その存在もやはり自分で自分を動かす力は備えていないことになるでしょうし、あるいはその存在が自らを動かす力を備えていれば、それこそ物質は自分で自分を動かす力を備えていると主張するのが正しいことになるからです。したがって、物質が自ら

そうした力を備えていなければ、当然物質はそれを物質ではない存在から得たことになります。しかるに、物質が自ら運動する力を物質でない存在から得たことはありえず、それゆえ物質は運動し、自分を動かす力を自ら備えているのです。この論法の二番目の命題を証明しましょう。物質を押して始動させられるものを除いて何物も、運動を有していない物質を運動させたり、動かしたりすることはできません。物質を押して始動させられないものが、物質を動かせないことは明白だからです。たとえば、石や木片を押せないものが物質を動かせないことは確実です。現実に運動状態にない他のすべての物質についても同様で、物質を押して始動させられなければ何物も物質を運動させられません。ところで、物質自体を除けば何物も物質を押して始動させられません。それゆえ、物質自体を除けば何物も物質を運動させられません。したがって、物質はそれ自体自らの運動の原理を有していることを認めるべきです。

　物質自体を除けば、何物も物質を押して始動させられないこと、その証拠を次に掲げましょう。物質同様自分でなんらかの固さと不可入性を備えているものを除けば、何物も物質を押して始動させられません。なぜなら、自分にはどんな固さも不可入性もないものは、物質を押してその位置を変えさせられないことも明らかだからです。というのも、なんらかの抵抗に出会えたり、抵抗を引き起こしたりできなければ、そのものはすぐ物質に入り込んでしまいますから、物質にどんな力も影響も及ぼしえず、どんなに自分を物質に押し当て、押しつけてみても駄目だからです。したがってそれらは、互いに他方に影響や力を及ぼしえず、及ぼすに足るだけのものさえ備えていませんから、まるで何にも接触していないも同然です。ところで、精神的で非物質的な存在には、どんな固さも不可入性もまったくないという点では人の意見は一致していますから、自分になんらかの固さや不可入性が備わっているものは物質しかありません。それゆえ、物質を除けば、物質を押したり、物質に力や影響を及ぼしたり、物質を運動させたりできるものはなく、したがって、物質でないものは物質を運動させられません。すでに言ったように、「ナゼナラ触レルコトマタ触レラレルコトハ、物体デナケレバデキナイノダカラ」〔一二〕。ですから、もう一度言えば、物質でない存在は物質を運動させられません。運動させられなければ、まして物質を創造する力や能力など持ちえなかったことでしょう。で

すから明らかに、物質は自ら存在と運動を備えていること、*1 時間同様、場所同様、空間や延長同様、物質は創造されたはずはないことになります。というのも結局、存在がないということも理解不能だからです。つまり自然的理性は、私たちに存在の実在、時間の実在、延長の実在を明らかに示してくれるからです(6)。だからまた、存在がないことも不可能です。そして時間が存在しないということは理解不能です。だから時間が存在しないことも不可能です。また延長が存在しないということは理解不能です。だから延長が存在しないことも不可能です。さらに数が存在しないということは理解不能です。だから数が存在しないことも不可能ですし、これらのものが各々その類や種において無限でないということさえも不可能です。少しでも注意すれば、自然的理性は私たちにそれを明らかに示してくれますし、そうしたものが創造されたはずがないことを明らかに理解するにはそれ以上の注意を必要とはしません。また今しがた論証したように、そうしたものが創造されたはずがなければ、何一つ創造されたものはなく、したがって明らかに、創造主はいないことになります〔一一三〕。

*1 存在と物質は、同一のものでしかありません。存在が万物の実体であり、存在の様態が万物の形相です。万物は存在と存在の様態からなり、それへと還元されます〔一一四〕。しかるに存在一般は、ただ自ら実在や運動を有しうるのみであることは明白です。したがって、創造されたはずはありません。

わが神崇拝者たちが、万物の創造主である自分たちの神はただその意志によってのみすべてを作ると称していることは、私もよく承知しています。神が望みさえすればそれで万物が作られる、というわけです。それは、彼らの『聖書』なるもののうちの一書に記されていることです。「主ガ仰セラレルト万物ガ作ラレ、主ガ命ゼラレルト万物ガ創造サレタ」(『詩篇』第一四八篇五節〔一一五〕)。こんなことはすぐ言えること、言うもたやすいことです。しかし自分が口にすることを、彼らがほとんど分かっていないことも、私はよく承知しています。というのも、神崇拝者たちは、自分が口にしているその存在の認識とは何か、その力とは何か、その意志とは何かについて、どんな本当の観念も抱いていないばかりか、その存在の本性についてどんな本当の観念さえも抱いていないからです。なぜなら、彼らの原理に

よってさえも、彼らが神に帰している生命、認識、意志、力あるいは能力、知識、知恵……などすべてのものは理解されておらず、またそれは言葉の本来的で通常な意味においてではなく、ただ曖昧な意味で、すなわち私たちが生き、考え、望み、行動する……などの仕方には少しも適合しない意味において、理解されうるにすぎないからです。〔二六〕また心身の生命運動から当然成り立っている私たち自身の生命について私たちが自分で認識したり、感覚したりしているものに応じてしか、私たちは生命に関する観念を抱くことはできませんし、また自分自身の生命について私たちが有しているこの観念は、どんな本当の観念も抱きえない神の生命なるものには少しも適合しないのですから、自分たちの神は生きているとか、神には生命があるとか言っても、神崇拝者たちは自分が口にすることを分かっていないことになります。彼らには、神に固有でふさわしい生命に関するどんな本当の観念も抱けはしないからです。モンテーニュ氏に言わせれば、「神が恐れるとか、怒るとか、愛するとかなどと言うけれども、死スベキ人間ノ言葉デ不滅ノモノヲ表ワシテ、これらすべての激情や感情は、われわれにおけるような形で神に宿ることはできないし、われわれもそれを神におけるような形で想像することはできない」〔二七〕（『エセー』四六六頁〔邦訳、岩波文庫、第三巻一一八頁、原二郎訳〕）。「われわれは、無限の世紀は過去も未来も神にとっては一瞬にすぎないとか、神の善と知恵と力は神の本質と同じものであるなどと言うが、口先で言うだけで、頭では少しも把握しておらず、また理解していないのである」(8)〔二八〕〔同上、邦訳、岩波文庫、第三巻一六六頁、原二郎訳〕。

同様に、私たちが考える際や望む際、またなんらかの知識を得る際に、自分自身のうちに有し、抱き、感じる思考や意志の働き、認識の働きに関連させる以外には、思考や意志について私たちはどんな観念も抱きえません。しかるに、思考や認識や意志の働きは、彼らの神にあっては起こりません。(9)ですから、彼らの神が知るとか望むとか、すなわち神が認識を有するとか意志を有するとか口にする場合には、神崇拝者たちは自分が何を口にしているのか分からず、また理解も考えもつかないことを口にしているのです。さらに、同じく力や能力についても、自分で認識していることや感じていることに関連させる以外、私たちはそれらについてどんな観念も抱きえません。この種の力や能力

の観念は彼らの神には少しも適合しませんから、神は全能であるとか、至上の力と能力をもって神は振る舞うとか神崇拝者たちが言う時、自分が何を口にしているのか彼らは分からないということになります。力や能力という言葉を自分たちの神に帰する際に、神崇拝者たちはそういう言葉に対応するものについて本当の観念を持ってはいないからです。[10] さらにまた私たちが目にしたり、認識したりするさまざまな存在や実体について抱く観念に関連させる以外、私たちは存在や実体についてどんな観念も抱きえません。そしてこの観念はまたもや神には適合せず、存在や実体という言葉自体も神とその他のさまざまな存在や実体について言われるにしても、それは哲学者たちが言うように[11]両義的な意味でのみ、すなわち一方は私たちが目にするさまざまな存在や実体にふさわしく、他方はただ神ひとりにのみふさわしかるべきであるような二つの異なった意味合いでのみ言われ、[一二九]またわが神崇拝者たちはこの存在や実体という言葉によって、自分たちの神の場合には何を意味しようとするつもりかについてどんな本当の認識も抱きえないのですから、神は存在や実体であると彼らが言っても、自分たちが何を神に帰しているかについて彼らにはどんな本当の認識もないことになります。したがって、神を語る時や、神に生命や力や能力や認識を帰する時に、さらにただ存在や実体を神に帰したり、神がいると言う時にさえ、神崇拝者たちは自分が何を口にしているのか分からないということになります。要するに、そうした言葉を自分たちの神に帰する際に、それで何を意味するつもりなのかについて自分では考えもつかず、本当の観念もないわけですから、彼らはそう言いながら何を口にしているのか分かっていないのです。またそう語る際に自分が口にすることや耳にすること、意味するつもりのことが分かっていなければ、当然彼らの言うことは耳を傾けるにも値しません。なぜなら、自分が口にすることを分かりもしないで語る人など耳を傾けるに値しませんし、耳を傾けるに値しなければ、彼らが口にすることなど一層信じるに値しないことになるからです。

さて私たちの論拠に立ち返って、物質が自ら運動する力を備えていない場合から結果するさまざまな不条理を示すことにしましょう。そこから帰結するのは第一に、一度作られ形成されてしまえば、すべての物体にはその本性から

して変質も壊敗もなくなり、したがっていかなる活動原理も物体自体になくなるだけでなく、さらに物体自体にはどんな生成や壊敗の原理もなくなることです。そんなことはまず馬鹿げていると思われます。活動するためには、すでに言ったように運動しなければなりませんから、物体そのものにはどんな活動原理もないことになってしまうでしょう。それゆえ、物体自体に運動の原理がなければ物体自体に活動原理もなく、したがって物体は自分ではまったく活動不能であることになります……。そうなると、人間には自分で運動する力も活動する力もないことになりますから、人間には自由がないことになります。なぜなら、作用したり、運動したりすることがこれほどできないというのに、どうして人間に自由が存続できるのでしょうか。第二に、そうなると生命体も自らのうちに生成や壊敗のどんな原理も備えていないことになりますし、すでに言ったように、その本性からして変質することも壊敗することもなくなってしまうでしょう。というのも、物質の各部分の運動こそが自然において起こる生成や壊敗の原理である以上、物体がそれ自体で運動の原理を備えていなければ、物体はさらにそれ自体生成や壊敗の原理も備えていないことになるからです。

物質の各部分の運動が自然のうちで起こる生成や壊敗の原理であること、これは十分明らかです。というのも、生成は実際に同じ物質各部の新たな結合や新たな組み合わせによってのみ起こり、壊敗は実際に物質各部の分離や遊離によってのみ起こることは分かっているからです。しかるに、物質各部の結合や分離はただ運動によってのみ起こりえます。それゆえ、物体がそれ自体で運動の原理を備えていなければ、物体は生成と壊敗の原理を自ら備えたり、自らのうちに有することもなくなってしまいます。第三に、物質各部の結合や分離が物体自体の運動力、あるいは物体がそれで構成されている物質自体の運動力によって起こるのでなければ、それは何か外部の原因によって起こる必要があります。それが何か外部の原因によって起こるのであれば、物体はその生成や壊敗の本当の原因ではまったくなくなり、ただ機会として道具としての原因でしかなくなってしまうでしょう。このことは、物体において起こる、それも無生物だけでなく生物においても起こる、他のすべての結果や作用についても同様です。したがってたとえば、

人や動物が動いたり、働いたり、走ったり、あるいは何か他のことをしているのを私たちが目にしても、動くのは人や動物そのものではなく、それらを始動し、それらを運動状態に置き、それらが自分でしているように見えるすべてのことをさせるのは、何か外部の目に見えない原因だということになります。たとえば、木を挽くために鋸が自分から動くのではなく、物を切るために包丁が自分から動くのではなく、物を打つために槌が自分から頭をもたげるのではなく、穀物を粉にするために粉挽き場の石臼が自分から回転するのではなく、そして操り人形たちが跳ねたり踊ったりする時、操り人形が自分から動くのではなくして、まさしく外部の原因がそれらを動かし、それらを介して行われるすべてのことをそれらにさせることになります。〔一二〇〕さらに同様にこの原理に従えば、生物もそれ自体では動く力を持ってはいないことになり、人や動物が体の手足を動かして働いたり、また何にせよ何かをするのは彼ら自身ではなく、外部の目に見えない原因こそが、人や動物が自分からしているように見えるすべてのことを彼らにさせるため、人や動物を始動させ、その手足を利用することになるのです。

ですからたとえば、気持ち良さそうに楽器を演奏したり、楽しそうに歌を唱ったり、どんなことでも賢そうに語ったり……するある人々を見ても、気持ち良さそうに踊ったり、軽やかに跳ねたり、巧みにありとあらゆる芸当や早業を行う……他の人々を見ても、あるいはさらにただもう怒りや憤激にかられて悪態をつき、罵り、口から泡を吹き、気が違い、分別をなくし、多くの馬鹿なことを口にし、多くの無礼や忌まわしい悪行を働く他の人々を見ても、そう振る舞うのはこの人々自身ではなく、彼らがしているかのようにその手足を動かし、舌や眼を動かしているのは彼らではなく、上に述べたように外部の目に見えない原因こそがそのように彼らを動かし、その振る舞いなり言葉なり行動なり、さらにはその思考なり欲望なり感情なりに、あるきちんとしたこともしてないことも、良いことも悪いことも全部、彼らを手段として行っているのです。またたとえば、たまたまノミやハエが跳ねたり、軽やかに飛び立つような時でさえも、ノミやハエが自分から動き回るのではなく、当然ある外部の原因こそが体の各部の目に見えないあらゆるバネを動かし、ノミやハエが実際しているようにあれほど速く、あれほど巧みに飛び立たせているのです。そ

こから明らかに、人間は自分が行う善悪の本当の原因では少しもなく、それゆえ、操る職人たちの手によってしか動かない生命のない単なる道具同様、非難にも称賛にも値しないことになります。だとしたら、善人への褒賞や悪人への懲罰に関わる正義と言われるものは、一体何に基づくのでしょうか[一二一]。というのも、善人も悪人も自分からは何もなしえず、上位の力や能力にさせられること、あるいはそれらが彼らの中で行うことしかなしえないからです。こうした場合について、モンテーニュ氏はきわめてはっきり言っています。「神々はどんな正義に基づいて、人間の善行や徳行を認め、これに報いることができるのであろうか。人間をそのような行為に仕向け、それをさせたのは神々自身ではないか。また、どうして神々が人間の悪行に腹を立てたり、復讐したりできるだろう。人間をこんなに欠陥のある状態に作ったのは、神々自身ではないか。自らの意志をほんのわずか働かすだけで、人間に過ちを犯させないこともできるではないか[一二二]」（『エセー』四八七頁〔邦訳、岩波文庫、第三巻一五一、一五二頁、原二郎訳〕）。

　生命のない道具にはあらゆる感覚や知識や意志が欠けているが、それに対して人間は生命がある以上、感覚や知識だけでなく意志や自由さえも備えており、そのために自分が望むことしか行わず、自分が行うすべてのことにおいて自発的に、自由に振る舞うのであり、したがって悪をなす時には非難と懲罰に値し、反対に善をなす時には称賛と褒賞に値するのだから、人間とただの道具の間には、さらには人の動き方と生命のない道具の動き方の間には大きな違いがあるとか、あるかも知れないとか言わないでください。繰り返しますが、そんなことは言わないでください。なぜなら、生命や感覚を備えた存在と生命も感覚もない存在の間には大きな違いがあるとしても、それにもかかわらずどちらも自分からは何もできず、片一方がもう一方よりも何かができるわけではなければ、どちらにも自由はないからです。ところでこの仮説によると、人も道具も自分から運動したり動いたりすることはまったくできませんから、どちらも自分からは何もできず、また片一方がもう一方よりも何かができるわけでもありません。それゆえ、行動するためにせよ行動しないためにせよ、善を行うためにせよ悪を行うためにせよ、どんな仕方であれどちらも他方以上に自由ではありません。したがって、どちらも他方以上に称賛や非難に値したり、褒賞や懲罰に値したりすることも

ありません。もっとも称賛や褒賞、非難や懲罰というものは、知識や感覚を持たない存在よりもそれらを備えた存在にずっとふさわしいということはあります。しかしそのことは、上記の仮説によれば人にも道具にも存在しないことになっている自由の問題とは無関係です。

　これに付言すれば、この仮説においてさまざまな生き物の知識も意志も、行動するものの自由にとっては何の役にも立ちません。というのも、生き物が備えることのできる思考も認識も意志もみな、物質のもっとも微細な部分の運動から生じる多様な決定づけや多様な変様の必然的な帰結や結果でしかありませんが、そうした物質のもっとも微細な部分の多様な変様や決定づけは、無生物におけるよりも生命体における方が一層自由であったり、その強さや効力が一層弱かったりにはならない以上、そうした変様や決定づけがどちらかを一層自由にさせはしないからです〔一二三〕。ところで生命のない道具よりも、動物たちのような生き物は、自然にそれ自体で自分を動かすためのより多くの力や能力を備えていることは明らかです。また私たちは自分で動いたり、望めば実際に休んだりしているのですから、自分で動く力を自然に備えていることを私たちは自分で確実に感じ取っています。これは動物たちも同様でしょう。何かに妨げられなければ、動物は自分で運動します。それゆえ、外部の力や能力によってではなく、生き物に固有で自然な内部の力や能力によって生き物は動くのであり、したがって物質は運動する力をそれ自体で備えているのです。

　けれどもまた、必ずこう反論されるでしょう。すなわち、運動するために生き物がそれ自体のうちに備えているそうした力、そうした内的な能力は生き物がそれで構成されている物質には由来せず、至上の存在から伝えられ、すべての生き物のうちで内的に作用し、生き物が自ら備えているように見えるそうしたあらゆる運動を彼らに与える内的な力に由来するのだ、と。しかし仮にそうであれば、すべての生き物や人間自体は自分で運動しえない道具であるにすぎず、したがって生命のない道具に劣らず人間には自由がない、という結論をやはり私は引き出すでしょう。それこそ滑稽で、口にするのも馬鹿げたことです。

　それに、物質が運動する力を自ら備えていなければ、物質を動かし運動させるため絶えず物質に押し当てられてい

る、一つないしは複数の何か別の存在が常に至る所になければなりません。〔一二四〕また物質は絶えず至る所で動き、それが構成するすべての異なる物体の中でも、物質は無限な仕方で動きさえしますし、たとえば植物の体とか動物の体とかいう一つの物体の中でさえも、またそれがハエの体の中でしかないような場合でさえも、物質はほとんど無限の種類や仕方で動きますから、物質を運動させるその存在（複数であれば、それらの存在）[12]は、常に間を置かずに物質に接合し、結びついていなければならないでしょう。さらに、物質を動かすこの一つか複数の存在は、それぞれの事物の本性と個々の欲求を完全に認識し、事物の構成に含まれうる物質の最小部分をも完全に認識していなければならないでしょう。というのも、そうしたものを個々に認識していなければ、どうやって適切な仕方でそれぞれの本性を形作りうるのでしょうか。それに、どうやってそうした存在は、この宇宙全体に見られるすべてのもののような完全な物体を形作るために、物質の各部分をしかるべく動かしたり、配置したりできるのでしょうか。〔一二五〕たとえば、どうやって地球のあれこれの場所で、多種多様な金属や鉱物や石を、それも多くのあれほど違った場所に見られるものを形作れるのでしょうか。どうやって地上で多種多様な植物や草を、地中で多種多様な根やありとあらゆる繊維を形作れるのでしょうか。どうやってあれほど多くの人間やあれほど異なった多種多様な動物たちを地上で形作れるのでしょうか。どうやって空を飛ぶ多種多様な鳥や昆虫、水中を泳ぐ多種多様な魚たちを形作れるのでしょうか。どうやって各種の草や植物や木に、それにふさわしい幹や枝や皮や蕾や花や葉や実をそれぞれの種に応じて、また実の中に種や核、それもさらに新たな植物を生み出せる胚を含んだ種や核をあのように正確に形作れるのでしょうか。それも時にはたとえば一本のリンゴの木にたくさんの違った種類のリンゴ、一本のナシの木にたくさんの違った種類のナシ、一本のサクランボの木にたくさんの違った種類のサクランボというように、主な枝をすべて切り落とし、後でそこに接ぎ木をした同じ一つ木の株に、これほどの違った種類の果物を、あのように正確に形作れるのでしょうか。繰り返しますが、どうやってあのあらゆる物体的存在の第一動者なるものは、木の本性に応じて、また木の各株に二十か三十の接ぎ木がされれば決して思い違えも間違えもせずに接ぎ木の本性に応じて、それぞれの木に、さらにそれぞれの接ぎ木され

た枝に、ふさわしい花や実を間違いなく生み出させることを常にあのように見事に覚えていられるのでしょうか。どうやってありとあらゆる種類の動物や昆虫などの多くの生き物を形作り、そのすべての体の中で、あれほど見事に配置され、あれほど見事につながれ、あれほど見事に結ばれ、あれほど見事に釣り合いが取れた多くの内外の部分、あれほど見事にコンパスで計ったような多くの骨や多くの関節、すべての動物の体の上の違った種類や違った色[13]の多くの毛や体全体を覆う皮膚や肉、肉の中にある多くの神経や筋肉や動脈や静脈、静脈の中にある多量の血、その動揺やきわめて規則的な運動が生き物のあらゆる生命や感覚や健康や力の元となる多くの動物精気を形作れるのでしょうか。

物質の第一動者たち(それが複数であって、物質そのものとは別のものであれば[14])は、作り出すものの本性を完全に認識していなければ、また、各々のものの本性と体を構成するのに、どのように、物質のあらゆる最大部分や最小部分を並べ、向け、配置し、そうやってそれらがみな互いに保つべき順序と位置に置かれねばならないかも、完全に知っていなければ、多くのあれほど優れた感嘆すべき作物[15]を形作りえないことは明らかです。繰り返しますが、すべてこうしたことが計画的また意志的になされるというのですから、その製作者であると人が仮定することを望んでいる者や者たちに完全な認識が備わっていないことには、それは不可能です。というのもたとえば、それ自体ではどんな運動する力も備えていない建築材料は、自分から集合することもなければ、完璧な建物を作るために互いの間に持つべきであり保つべきである秩序や配列に自分で自分を並べたり、自分で自分を置いたりはしませんし、あれこれの種類の完璧で完全な建物を作るには、必ず職人たちが材料を加工し、集め、並べ、各々をしかるべき秩序や配列に置く必要があるからです。それと同様あらゆる自然の物体は、多くの完璧で完全な種々の建物のように一つに組み合わされ、結ばれた多様な物質各部から構成されていますから、この多様な物質各部が運動する力をそれ自体で備えていなければ、当然それらに運動を与える者とか者たちは、その各々の本性と諸属性を完全に認識していなければならず、物質各部が建物、つまり完璧で完全な物体を、各々その固有の本性に応じて構成できるように、いかにそれらを整え、集め、組み合わせ、並べ、結び合わせなければならないかを完全に認識している必要があるからです。宇宙全体にわ

たってこれほど多くのこれほど大きなもの、これほど多くのこれほど小さなものを、同じくこれほど多くのこれほど多様でこれほど感嘆すべき機構を、計画的に、熟慮に基づく意志をもって形作るためには、どれほどの巧みさ、どれほどの力、どれほどの鋭敏さ、どれほどの洞察力、どれほどの集中力、どれほどの精神や認識の広がりを備えていなければならないのでしょうか。それはいわば、無限に無限を超えるようなものでしょう。そんな力、そんな能力、そんな英知、そんな精神や認識の広がりを、姿も形も体も頭もいかなる延長も持たず、それについていかなる本当の観念も抱きえないような、一つとか複数の存在のうちにどうやったら想像できるのでしょうか。哲学者たちの言葉にも、「証明しすぎるものは、何も証明しない」とあります。(一二六)同じ理由から、神崇拝者たちが彼らの神の存在を証明すると称する論拠はあまりにも多くの不条理を生むので何も証明しない、と彼らに向かって言えるでしょう。

それだけではありません。自然の事物を構成する物質各部の多様な組み合わせや配列によって自然の事物が形作られた後に、それら事物の形成に必要な運動を刻印した者や者たちは、それの維持に必要なあらゆる運動を各々の瞬間にさらにそれらに刻印できなければなりません。とくにそれが生き物であれば、その生命の維持に必要なあらゆる運動、同じくその本性や傾向や個々の性情にふさわしい他のすべての運動を、あらゆる瞬間に彼らの内部に刻印できなければなりません。ですから、適当な時と所またちょうど良い折に、いわばあらゆる機会に楽しみや喜び、苦しみや哀しみなどを感じさせたり、あるいはそれぞれに可能なあらゆる情念や感覚を彼らのうちに引き起こすのに必要なすべての運動を、動物精気を介してその心臓や脳の中に刻印できなければなりません。さらにどのような仕方であれ行動するためとか、何であれ何かをするためとかに必要な生命精気や動物精気の運動を、適当な時と所またすべての折にあらゆる生き物の体のすべての部分、全神経、全繊維、全筋肉に刻印できなければなりません。したがって、あらゆる物体のうちで、いや宇宙の全延長のうちで、たった一つの物質的原子でさえ、その本性を完全に認識し、それが果たしうるあらゆる役割を完全に認識しているなにがしかの存在から、あらゆる瞬間にそのすべての運動、その運動のすべての多様な様態を受け取らないものはないことになります。このことはさらに、その存在が単一であればそう

した一個の第一動者なるものに、いわば無限に無限で広大な認識と力を当然仮定することになります。なぜなら、物質のあらゆる部分は数の上で無限であり、その運動、形態、組み合わせ、結びつきのあらゆる多様な様態（一二七）[16]は無限であり、それらはほとんどあらゆる瞬間に互いの位置関係を変える以上、それらを認識し、それらすべてを理解するためには、まさしく限りなく無限な知識が必要となるからです。また物質各部が構成するすべての異なる物体や、物質各部がその運動や多様な形態や多様な結合により絶えず至る所で生み出し、また生み出しうるすべての異なる結果も同様に無限ですから、それらすべてを生み出すためには、やはりまさしく限りなく無限な力が必要となるからです。

たった一個の存在に、しかも存在とはいえ体も姿もどんな延長も持たず、腕も脚も足も手も眼も頭も脳も、想像可能な他のいかなるものも持たないものに、そんな仮定をしなければならないとはまったく大したこと、それだけでもまったく不可能で、まったく考えもつかないことでさえあります。繰り返しますが、間違いなく架空の存在でしかないそんな存在に、現実のこととして限りない知識と力を仮定しなければならないとは、それだけでもまったくできもしないこと、まったく考えもつかない馬鹿げたことです。というのも、自分自身によって、自分の精神と知性の働きによって私たちが抱きうる観念との関係でしか、私たちは知識の観念を持ちませんし、また自分が有し、自分自身のうちに感じ、そしてそれ自体で運動する他のすべての物体のうちに私たちが見いだす運動力によって、私たちが認識するものとの関係でしか、私たちは力や能力の観念を持ちませんから、このような観念に従えば、体も延長もなければ腕も脚もなく、足も手もなければ頭も脳もまたそれに類する他のいかなるものもない存在になんらかの知識、なんらかの力や能力があるなどということは起こりえず、考えられもしないことは明らかです。繰り返しますが、そんなことは起こりえず、馬鹿げており、そんなことが起こりうるとは少しも考えられません。同様に、知識と力について私たちが抱くこの観念に従えば、実際に無限な認識が可能であるような知性を備えたどんな個別存在も、また無限な力が可能であるようなどんな個別存在もありえないことも明らかです。なぜなら、あらゆる個別存在は有限であり、あらゆる個別的で有限な存在は、それ自体のうちに無限な力や能力を収めることはできないからです。

しかし、これこそ信じられること、理解できること、可能なことのすべてをさらに一層凌駕するものですが、限りなく賢明で知識に富んだ全能の個別存在がそのように自然に見られるあらゆる結果を生み出せるためには、また先に述べたように物質のあらゆる部分の運動をなんらかの物体に、また何であれ各物体の任意の箇所に刻印し、制御できるためには、これも当然ながらそうしたすべての運動やすべての結果をそのように生み出すこの唯一の限りなく賢明で知識に富んだ全能の存在なるものが、物体の内部に入り込み、そのもっとも繊細で微細なあらゆる部分を動かさなければなりません。すなわち例を挙げれば、動物たちの体を作り、そのすべてのもっとも繊細でもっとも微細な部分を動かし、導き、治める者が、動物たちの体の実質全体に完全に入り込むこと、つまり彼らのすべての肉、すべての骨、すべての骨髄、肉のすべての繊維、すべての筋肉、すべての臓腑、心臓、脳、眼、静脈、血、総じて動物たちの体の構造に含まれるすべてのものに入り込むことが必要でしょう。というのも、それらすべての部分に入り込まなければ、どうやってそれらすべての部分を別々に形作り、動かし、制御し、導くことができるでしょうか。自分で直接動物精気の形成にたずさわらなければ、また体のあれこれの部分にあれこれの結果を生み出すのに適した個別の運動を直接自分で動物精気に、またその各々に刻印するのでなければ、どうやって動物精気を静脈や神経の中で作りだし、動かし、さらにその運動の流れを体のあらゆる部分においてしかるべく導けるでしょうか。生き物の作り手で第一動者である者が、自分が形作る全物体のもっとも繊細でもっとも微細な部分のすべてを直接自分で見、区別し、触れることなしには、これらすべてのことが起こりえないのは確実です。ではどうやって見るのでしょうか。どうやって区別するのでしょうか。見るための眼もなければ、それぞれを操り、触れ、並べ、しかるべく互いに結び付け、つなぎ合わせ、留めるための指も手もないのですから。またその第一動者なるものやそうした有能な職人が、それらすべてを見分けられるかなり鋭敏な視力とか、あらゆる種類の大きさや形を備えた大、中、小の多くのあれほど美しく感嘆すべきものたちを(17)あれほど見事に作り、細工できるかなり繊細な手や指を持っている場合でさえ、すでに述べたように当然その者は、自分が形作るすべての物体の全実質のうちに完全に入り込んでいなければなりません。そして、そ

こに完全に入り込むとすれば、それゆえその者はあらゆる物体のうちに自分がまるごとというだけでなく、すべての物体の各部にまるごと、すなわち各動物の心臓の中にまるごと、頭の中にまるごと、胃の中にまるごと、腸の中にまるごと、眼の中にまるごと、肝臓の中にまるごと、肺の中にまるごと、足の中にまるごと、手の中にまるごと、さらにこれらすべての器官の一つひとつの部分のうちにまるごと存在する必要があります。したがって、各物質的原子のうちに、すなわち物質のもっとも繊細でもっとも微細な部分の各々のうちにまるごと存在することにさえなります。これではまるで何か、物質的原子と同じ数だけ神があるとか、各物質的原子はその中に神の全本性と全実体を含むことになるので、各物質的原子が神であるとでも言うようなものです。そして物質のもっとも繊細でもっとも微細な部分であるこのすべての原子は数の上で無限である以上、さらにそれは、まるで無数の神が存在していて、そうした無数の神々がすべてひとまとまりになって唯一の神を形作っているか、あるいはそれが唯一の神にほかならず、しかもその神は自分のうちにどんな延長もどんな部分も有していないのに、それにもかかわらず限りなく延長し至る所で限りなく全能であると言うようなものです。まったくこんな妄想以上に虚しく滑稽で馬鹿げたことがあるでしょうか。(18)〔二二八〕

こんなことは少しも起こりえないことははっきりしています。というのも、そうした全能の存在が、仮定されているように全物体のうちにまるごと、物体の各部にまるごと存在するならば、自分自身を分割せずにそうなるか、自分自身を分割してそうなるかでしょうが、そんなことはどちらも起こりえないからです。第一に、自分自身の分割なしにはそんなことは起こりえません。というのも、互いにこれほど異なり、これほど隔たっている多くの違った物体のうちにどうやって自分自身の分割なしにまるごと存在しえるのでしょうか。そんなことは考えられませんし、そんなことはありえません。また自分自身の分割によっても起こりえないでしょう。というのも、何物もそのもの自体が分割され、それでいて全体として元のままでいることなどできないことは十分明らかだからです。ところがそれにもかかわらず、そのように他のすべての存在に入り込むこの全能な存在は、異なる物体や実体があるごとに、さらに物質の全延長のうちで互いに分離されている原子があるごとにそれ自身が分割されねばならないのです。それにしても、

これ以上虚しく滑稽で馬鹿げたどんなことをまだ想像できるというのでしょうか。そんなことを信じ込まされたままでいられるには、理性のすべての光に目を閉ざすつもりでなければなりません。

しかしまた、これほど広くこれほど深い浸透や、これほど至上の作用力、作用能力がどこにも感じられず、認められないのはどうしたことでしょう。どこでもいかなる場所も占めず、どこでも感じられも認められもしないほど、知覚されることも感覚されることもなしに至る所に忍び込み、潜り込むのですから、そのように他のすべての存在に入り込むその存在の実体は、なるほどきわめて薄く繊細で微細[19]でなければならないでしょう。けれどもその力を感じられる人、その力の刻印を感じられる人は誰もいないというのに、その存在の力がそれほど至上でそれほど有効だというのはどうしたことでしょうか。ほんの少しでも気をつけてみれば、すべてこうしたことは、あらゆる可能性だけでなく、さらにあらゆる理解力をも[20]超える空疎な空想や妄想でしかないことは明らかで、上記のごとくそんなことを信じ込もうとするには、自然的理性の光を完全に放棄しなければなりません。その上、私たちの中や運動するすべての物体の中で起こるすべての内的、外的な運動を私たち自身の中や他のすべての存在の中で形作り、指揮するのが限りなく賢明で知識に富んだ全能の存在であれば、多少とも乱れたり不規則であったりするなんらかの運動が私たちの中や他のすべての存在の中にどうしてありえるのでしょうか。それらを形作り、それらすべてを指揮するのが限りなく賢明で知識に富んだ全能の存在である以上、私たちのうちで起きる運動にも、自然全体にわたって起きる運動にもどんな乱れもどんな不規則さもきっと起こるはずがありません。ところが、そういう乱れや不規則が私たち自身の中で起こっていることは明白で、私たちがそれを自分自身のうちに感じていることも確かですし、至る所で無数の禍や混乱を引き起こしている幾千もの乱れた不規則な運動が日々自然全体で起こっていることも明白です。したがって、この種の乱れた不規則な運動は、限りなく賢明で知識に富んだ全能の存在により形作られ常に指揮されているとは言えません。

他方、こう反論されるとしましょう。つまり、無限で果てしない物質の延長全体を動かせたり、それに運動を刻印

できたりするには、本当は一つの第一動者だけでは足りない。それゆえ、物質から構成される全物体をあのように規則的に運動させられるには一つの第一動者だけでは足りないか、それではあまりに第一動者が手いっぱいになるので、それらに運動を与える複数の第一動者があって、生命のあるなしにかかわらず幾種類もの事物の間に見られるすべての矛盾、すべての対立、また本性的あるいは偶然的なすべての反撥すらも主としてそこから生じる。その場合、これらの事物の第一動者たちは、互いに両立しない気質や本性を持っており、それぞれは自分が受け持った物質の一部を他の者が運動させるのと同じ方向、同じ仕方で運動させることに協力できず、他の者による運動とは逆や反対の方向に運動させるのだ、と反論されるとしましょう〔一二九〕。この最後の仮定に従えば、いくつもの自然の物体間に見られる矛盾や対立や反撥について、かなりもっともらしく、かなりそれらしい理由をそれによって提出できることは認めましょう。しかしそれにしても、やはりそんな仮定が有効でありえることを私は否定します。第一に、いくつもの物体間に本当に見られるそうした対立や反撥を説明するために、そんな第一動者なるものの複数性や相反性に訴えても無駄だからです。第二に、そんな第一動者なるものの複数性は、ただ一つの第一動者ということに劣らず矛盾を含んでいるからです。

なぜなら第一に、その数についてそれをいくつと定めるのでしょうか。いくつなら良いのでしょうか。二つ、三つ、四つ、百、二百、数千、それとも数万でしょうか。いくつに定められるのでしょう。自然のうちで起こることすべてを行うには一つで足りなければ（一つで足りるなどとはやはり想像もできませんから）、二つでも三つでも四つでも、さらに百、千、百万のいわゆる第一動者でも足りないでしょう。なぜなら、自然のうちで起こることすべてを承知の上で意志的に、また事情をよく心得て行うには、やはり限りない力と知識がどうしても必要ですし、幾千万幾百万の有限で限られた力と知識がいくら一緒になっても、限りない力と知識は形作れないからです。自然の物体があるのと同じ数だけ、あるいは物質の全延長のうちにある原子と同じ数だけ、第一動者を認めるのでしょうか。となれば、物質の全延長のうちにはまさしく無数の物体や無数の原子が存在する以上、第一動者を無数に認めなければならないの

でしょうか。しかし、そのように無数の第一原因を認めるのは滑稽で馬鹿げていないでしょうか。

〔一三〇〕第二に、これらの第一動者なるものすべての本性に関しては、そのすべてが運動する力を自ら備えているか、それともすべてがそれを備えていないかでしょう。もし第一動者すべてが運動する力を自ら備えていると主張するならば、なぜ物質そのものやすべての物質的原子も自らその力を備えられないのでしょうか。第一動者と称されるような、複数の架空の存在に運動する力を必然性もなしに帰そうとする場合より、原子がそれを自ら備えていると仮定する場合の方に、より不都合が多いわけではないことは確かです。逆に、この力を物質に帰する方がまさにずっとふさわしいのです。というのもつまり、ある物質が存在し、この物質が、なんなら原子と呼んでもいい無数の部分に分割されうることは確実だからです。さらにまた、物質各部が実際に自ら運動していることも確実だからです。しかし、あの第一動者なるもののどれかが存在することについて、人はどんな確信を持っているのでしょうか。そんなことにどんなもっともらしさがあるのでしょうか。その本性や実在について、人はどんな知識を持っているのでしょうか。その力や能力や巧みさ、またその知力について人はどんな知識を持っているのでしょうか。まったく持っていません。その存在や存在様態について、人はどんな本当の観念すら抱きえないからです。

さらに、私は進んでお尋ねしたいのですが、それらすべての第一動者なるものは同じ本性なのでしょうか、それとも違った本性なのでしょうか。すべて等しい力や能力を持っているのでしょうか、それともあるものは他のものよりも強かったり、より能力があったりするのでしょうか。互いに知っているのでしょうか、知らないのでしょうか。あのようにあらゆる方向に各々自分の担当の物質を絶えず動かし運動させて、喜んだり満足したりするのでしょうか。互いに友人なのでしょうか、敵同士なのでしょうか。第一動者について正当に出せそうな同様の問いは、ほかにいくつもあります。しかしながら、こうした問いに何かはっきりした答えを出そうと試みることさえ滑稽でしょう。そんなことをするのは、それについては明らかに自分が何の知識も持ち合わせておらず、ほかに理由がない時はその理由だけからでも斥けるべきであるような、信じようにも信じられない事柄を根拠もなしに語ろうとおおっぴらに請け負

うことだからです。

それゆえ、物質そのものの外部に物質の運動の偽りの原理を求めて、これほど多くの克服しがたい困難に虚しく不必要に関わり合うよりは、物質そのものに運動する力を帰する方がまさしくずっと適切で、ずっと確実なことです。ですから、第一動者が複数であるとするこの臆見を反駁することには、もうこれ以上こだわらないことにします。そんなものは十分ひとりでに自滅することでしょう。それがために、わが神崇拝者たちもそうした第一動者が複数であるとする臆見や、神の複数性に関する臆見に今ではもうこだわってはいませんし、通常誰もが唯一の第一動者だけを認め、あらゆる事物に関するまったく完全で完璧な認識[21]をこの第一動者に帰しており、またそれとともに自分の意にかなうあらゆることを行い、したがって物質を動かして、物質から思いのままのものを作るための至上の全能性をそれに帰しています。それゆえ（この無限の力と認識なるものに関する臆見や仮定はすでに十分反論され、偽りと証明されてはいますが[22]）、さらにここで、その虚偽をより一層明らかに示してくれる別の根拠を付け加えなければなりません。それは以下のとおりです。〔一三二〕

すなわち、わが神崇拝者たちの認めていること自体からしても、彼らが神と呼び、今しがた述べたように彼らが無限の力と認識を帰しているあの唯一の第一動者なるものは、彼らの説に従えば、ただ体や姿や形やどんな延長もないばかりか、さらにその本性によって、またその本性において完全に不変不動であり、それ自体において不変、その思考において不変、その意志において不変、その認識において不変、その計画において不変、要するにあらゆる意味、あらゆる仕方において不変な存在です[23]。したがって、どんな変化や時の移り変わりにもまったく影響されえません。とすれば、そのような存在は（存在した、また本当に実在したとしてですが[24]）、物質を動かしたり、運動させたりすることが少しもできないのは明白です。このことを次のように証明しましょう。それ自体完全にまた本質的に不動であり、その本性からしてまったく不変不動でさえある存在は、自らの外部では何も運動させられません。というのも、自分を動かしたり、運動させたりする術も知らず、そうできもしない以上、どうやって自分の外で何かを動かしたり、

運動させたりできるのでしょうか。完全に不変のままでいて、しかもその本性からして本質的に不変不動でさえある存在が、およそ何かを運動させたり動かしたりできるとはまったく考えられませんし、そんなことはそれ自体可能ですらないでしょう。不変不動である存在の観念と動いている他のなんらかの存在の運動との間には、いかなるつながりもいかなる関係もありませんし[25]、またありえません〔三二〕。しかるにわが神崇拝者たちの説に従えば、彼らが神と呼ぶあの第一動者なるものはそれ自体完全にまた本質的に不変不動で、その本性からしてそうでさえあります[26]。それゆえそんなものは、自分自身の内部におけるのと同様、自分自身の外部でも何一つ運動させたり動かしたりできず、したがって物質を動かしたり運動させたりできず、物質の運動の最初の創造者でもありえません。ですからぜひとも、物質はそれ自体存在と運動を備えていることを認めなければなりませんし、また存在せず、しかも存在したとしても実在したとしても何もすることさえできない全能の神[27]の存在に訴えようとしても、まったく無駄であることも認めなければなりません。それというのも、言われるように神はその本性からして完全に不変不動である以上、存在したとしてもそれ自体は運動することも動くこともできないからです[28]。また同じ理由から、神に祈り、神を崇拝することもわが神崇拝者たちにとってまったく無駄であり、彼らが現に行っているように、そうした手段によって、何にせよなんらかの[29]恩恵やなんらかの恩顧を手に入れるという口実で神に犠牲を捧げるのもまったく[30]無駄なのです。

　なぜなら、彼らが言っているように、神はその本性からして完全に、また本質的に不変であり[31]、さらに彼らが言っているように、神のあらゆる思考や計画や意志は永遠の昔から定められている以上、神に彼らが捧げうるすべての祈りや、神に捧げ行いうるすべての犠牲や崇拝のために[32]、神が彼らについて考えや意志を変えないことは確実だからです。そんなものは何一つ神の同情をひくことも、その気持ちをどちらか一方へ傾かせたりすることもまったくできないでしょう。ですから人が祈ろうと祈るまいと[33]、拝もうと拝むまいと、犠牲を捧げようと捧げまいと、神は決して決意も意志も変えないでしょうし[34]、善かろうが悪かろうが、永遠の昔からやろうと決めていたこと以外、決して何もしはしないでしょう。これは、彼らのいわゆる聖なる預言者たちの書にも記されてさえいることです。預言者たちは彼

らの神に語らせて、神慮や神意は固く、神がやろうと決めたことは行われるだろう、ときっぱり神に言わせています。「私ノハカリゴトハ固ク、ワガ意図ヲコトゴトク成シ遂ゲル」(『イザヤ書』第四六章一〇節)。ですから、わが迷信深い神崇拝者たちが、完全に不変不動だと自分で認めている神にあれほど祈って時間を潰すことなどまったく無益無用です。[35]そうしなければなんらかの恩恵や恩顧を神は自分たちに与えてくれないだろうと思って、それを手に入れようとあのように神を拝むのもまったく無駄であり、神に犠牲を捧げるのもまったく無駄です。たとえば、ある人物とか誰か有力な王とかがなんらかの決意や計画や意志をすでに固めていて、どんなことであっても考えや意志を決して変えるはずがないと分かっていれば、その場合、行うと決めてしまったことを違うふうにして欲しい、違ったことをして欲しいとその人物に祈ったり、王に祈ったりするのは無用ではないでしょうか。間違いなく無用でしょうし、決して意志を変えないことが分かっているのに、なんとか意志を変えさせようと企てるのは一種の狂気でさえあるでしょう。それゆえ、自分たちの神が完全に不変であり、神意はすべて永遠の昔から固まっており、さらに神は不変の本性から成っている以上、何であれ何かのために決して意志を変えはしないとわが神崇拝者たちは百も承知している以上、神に祈ったり、祈りや礼拝や犠牲を捧げて何かが得られるかも知れないなどと神に向かって期待するのは彼らにとって無用であり、彼らの側での一種の狂気でさえあることは明白でしょう。そんなことは神の意志を変えず、そんなことはすべて彼らが神から期待する結果にとってなんの役にも立たないことは確実だからです。

しかし、彼らはこう言うでしょう。祈られるのを望んでいるのは神自身であり、祈り、崇め、犠牲を捧げることを神が人間に命じるのだが、それはその後に人間が神に求め、また神は永遠の昔から人間に与えると決めてあった恩恵を、人間の祈りや犠牲の功徳に応じてその後になって与えるためである、と。それにしてもやはり、自分が分かりもせず、どんな本当の証拠を与えられもしないことを彼らは盲目的に口にしているのだ、とやはり私は言うでしょう。神が自分たちにそうした神慮や神意を啓示したのだと彼らが主張するのであれば、私もこう答えましょう。第一に、宗教上の事柄で、迷信深い神崇拝者たちが自分たちの神の言葉や権威に基づかせると称さない嘘や誤謬はありません。

ですから、それと同じようなことを言えないペテン師はいない以上、彼らの言葉は信ずるに値せず、その点について人を納得させる証拠もなしに彼らが口にすることには、耳を貸す値打ちさえもありません。第二に、わが神崇拝者たちが主張するように、神がそのような命令を人間に下して、恩恵や祝福を得るために神に祈り、神を拝み、神に犠牲を捧げるようにさせたとすれば、疑いもなく神は命令を守らない人よりも、忠実に守る人に一層の思いやりを抱くか、少なくとも抱かなければならないはずですし、また疑いもなく神は、神に祈らず、神を崇めず、神に犠牲を捧げることをおろそかにする人々よりも、神に祈り、神を崇め、敬虔に神に犠牲を捧げる人々に一層好意的であるか、少なくとも好意的であらねばなりません。しかるに、神は一方より他方の人々に格別の好意も抱かず配慮もせず、どちらの人々にも一様に福や禍が起こることを私たちは日々はっきりと目にしています。それゆえ、神がそんな命令を人間に下したとはどうしても思えません。第三に、神に祈り、神に犠牲を捧げ、神に敬虔に仕え、神に祈願し、のっぴきならない必要から心を込め、力の限り神の加護を求めている無数の男女が、それにもかかわらず自分たちの願いや祈りの結果が得られず、かえって往々にして哀れにも貧窮のうちに非業の死をとげ、生涯の終わりまで悲惨のうちに呻吟していることも、私たちは日々はっきり目にしています。なぜ彼らの祈りは叶えられないのでしょうか。なぜ彼らの願いは聞き入れられないのでしょうか。わが神崇拝者たちに従えば、それは祈りを叶え、願いを聞き入れることが神の気に入らなかったからです。今も昔も、それは神意ではなかったというのです。それゆえ、そうした場合に、祈って神にすがるように、必要とする恩恵や援助を神に求めるようにと神が人間に命じたのだとすれば、人間に与える意志も意図もなく、決して人間に与えまいと決めてさえいた恩恵や恩顧を、祈りや犠牲によって自分に求めるように神は人間に命じていたことになるでしょう。限りなく善で限りなく賢明である神に関して、こんなことはまったく信じられません。

たとえば、ある領主や有力な王が何かの気まぐれな気持ちから思いつき、自分の所に来て毎日うやうやしく祈りを捧げ、前もって決して与えまいと決めていた何か特別な恩恵や恩顧を求めよと家来や臣下たちに命じたら、そんな命

令を下すのはその領主や王の狂気の沙汰か愚行であると言われないでしょうか。確実にそう言われるでしょう。それに、そんな命令を下すのは実際狂気の沙汰か愚行ですから、そう言われるだけの道理はあります。もしわが神崇拝者たちが言うように、自分では与えるつもりもなく、決して与えまいと永遠の昔から決めてさえいた、恩恵を、犠牲やうやうやしい祈りによって自分に求めるよう神が人々に命じたのだとすれば、それは神についても同様です。そんな気違い沙汰や愚行[36]を神、すなわち限りなく完全で限りなく善で限りなく賢明な存在に帰するとは、わが神崇拝者たちにおける狂気の沙汰だとさえ言えるでしょう。ですから、神崇拝者たちはどうしようと、自分の誤謬、自分の考えの虚しさの中でおのれ自身をやりこめているのです。「不正ハ自ラニ嘘ヲツイタ」[37]（『詩篇』第二六篇一〇節[一二三]〔一二節〕）。

さて、神崇拝者たちがその神に帰している、あの不変性なるものに話を戻しましょう。彼らの意見では、神はその本性や働きにおいてまったく不動で、それがどれほどかといえば、人間に見られるすべての多様な感情や情念を神に帰しているものの、たとえば愛や憎しみ、優しさや怒り、憤激や復讐の念、哀しみや喜び、快や苦、欲望や満足、妬みや不満、後悔や悔悟、他の同様な感情や情念を神に帰してはいても、それでもそうしたあらゆる感情は、いかなる情動も変質も変化も引き起こすことなしに神のうちにある、と主張しているほどです。

彼らの偉大なミルマドラン、聖アウグスティヌスが自分から神に問いかけ、このことについてどう語っているかを次に掲げましょう。「主よ、あなたはすでに強い声で、私の内なる耳に向かいこう申されました。あなたは永遠である。あなたはいかなる形相ないし運動においても変化せず、その意志は時間的に変わることがないから。実際、いろいろと移り変わる意志は不死ではない。このことは、あなたのまなざしの御前において、明らかになりました。あなたが私に伝えられた同じ光によって、あなたはこう示されました。何人の不服従もあなたを損なわず、あなたの統治の秩序を、その最高の領域においても最低の領域においてもかき乱すことがない」[一二四]（アウグスティヌス『告白』第一部第一二巻第一一章〔邦訳、中央公論社、四四八頁、山田晶訳〕）。また別の箇所でさらにその神に語りかけるかのように、この人が言っていることを示しましょう。「あなたは、いつでも安全な状態にありながらも妬み、悔いながらも、

どのような痛みも感ぜず、怒ってしかも、常に心静かです。妬ミナガラ心穏ヤカニ、悔イナガラ悲シマズ、怒リナガラ心静カデス」[一三五]〔アウグスティヌス『告白』第一巻第四章、邦訳、中央公論社、六二頁、山田晶訳〕。実際、神はまったく泰然自若としていなければなりません。なぜなら、人々の間で神について多くの言い争いがあり、多くの人が神を否定し、冒瀆し、またいわばその罪やその悪行で神を侮辱したり、さらには多くの者が日々不服従によって神に背いている中で、神は自分自身の正義を擁護することには髪の毛ほども関心を示さないのですから。人間ばかりが神に味方して口を開きますが、口を開くにしても自分たちの想像力に従ってでしかありません。なぜなら、彼らが神についてや神のために口にすることを引き出すのは、ただ自分たちの想像力からだけだからです。また彼らも、そうすることに自分たちの利益を求めたり見いだすつもりがなければ、神について何を私たちに語るかについてさえほとんど関心を示さないでしょう。わが神崇拝者たちは、被造物に関するあらゆることを摂理によって整えるのは自分たちの神である、と私たちに信じ込ませたいのでしょう。けれども、神自身の正義の擁護や神の栄光の発現、また神の神聖な命令への完全な服従をもって、神に帰されるべき心からの崇拝といった、神自身に関することや、神に一番身近なことも自分では面倒をみられないのに、どうやって神は被造物の面倒をみられるのでしょうか。

　さらに偽聖者ミルマドランのもう一人が、彼らの神の不変性なるものについてどう言っているかを次に掲げましょう。聖アンブロシウスです。「神は人間が考えるのと同じ仕方で、以前にはなかった何か新しい考えが頭に浮かぶかのように思考するのではない。また神は人間が腹を立てるのと同じ仕方で、何かの変化にさらされるかのように怒るのでもない。しかし、神が考えるとか、神が怒るとか、神は悔やむ……などといった語り方や言い方を人はせざるをえない。それは、神はその本性からしてどんな怒りや情念の動きにも影響されるはずはなくとも、罪による神への侵犯の重大さが、神を怒りへと駆り立てるはずのものであるかのように表すためである。神ハ人間ノゴトクニ、アル考エニ別ノ新シイ考エガ続クヨウニ思考スルノデモナク、変化ヲ受ケルモノデアルカノヨウニ怒ルノデモナイ。タダソノヨウナ言イ方ガ選バレルノハ、ワレワレノ罪ノヒドサヲ表スタメデアリ、ソノヒドサハ神ノ不興ニ値スルシ、本性

上ドンナ怒リヤ情念ニモ動カサレルコトノナイ神サエモ言ワバ怒リニ駆ラレルホド、ソノ罪ガ嵩ジテイルコトヲ言イ表スタメデアル」（アンブロシウス（一三六）『ノアと方舟について』第一章第四節）。[38]

また別の著作家は言います。「神は怒ったり、悲しんだり、喜んだり、欲したり、同情したり、悔やんだり……することがないにもかかわらず、やはり怒ったり、悲しんだり、悔やんだり、喜んだりといった人間が行うすべてのことを行う。なぜなら怒らずに罰を下し、いかなる喜びの情動もなしに何ごとかに同情し、悩みもなく、悲しみもなしに悪を嫌悪し、望みなしに善を望み、同情なしに苦しむ人々に援助をあたえるからである。要するに神や天使たちは純粋な精神であるから、私たちの欲求や私たちの情念から生じるそうしたすべての運動によって私たちが行うすべてのことを、神や天使たちは自らの意志の働きだけで行うのである」（アウグスティヌス（一三七）『神の国』第九巻第五章、邦訳、岩波文庫、第二巻二四四―二四五頁、服部英次郎訳）。

自分たちの神の不変性について、わが神崇拝者たちが[39]どう語っているかは以上のとおりです。ですから、今まで述べてきたように愛や憎しみ、優しさや怒り、さらに憤怒や憤激、悲しみや喜び、快や苦、欲望や同情、後悔や悔悟などを彼らが神に帰してはいても、それだからといって彼らはそうした言葉を文字どおりに解すると主張してはいません。つまり、あたかも神が実際に怒り、喜んだり悲しんだりするかのように、それも、愛し、憎み、怒り、悲しみ、悔やみ、腹を立て、喜んだりする際[40]に私たちが自分のうちで感じる、何かのそうした情動にまるで神が本当に影響されでもするかのようには、彼らはそうした言葉を理解していないのです。そうではなく、こうした言葉から私たちが理解することと、今私が示した言葉から彼らが理解することとは似ても似つきません。彼らが理解しているのはまったく別のこと、それも言い表すことも、人にはっきりと理解させることもできないことなのです。なぜなら、自己流の言い方で理解すると称していることを彼ら自身理解したり、心に描いたりする術を持ってはいないからです。とにかくはっきり分かること、それはまるで神が愛することもなく愛もなしに愛し、憎しみも憎むこともなしに憎み[41]、怒りなしに怒り、腹を立てずに腹を立て、悲しまず悲しみもなしに悲しみ、喜ばず喜びもなしに喜び、悔やまずに、す

なわち後悔や悔悟の情なしに悔やむ(42)などと言っているようなものだということであり、そんなことはまったく馬鹿げています(43)。同様に彼らが神は質なしに善、大きさなしに偉大、広がりなしに広大である(44)と主張する時の口振りに従えば、それはまるで神は善なしに善、大きさなしに大、広がりなしに広大であると言っているようなものです(45)（一三八）。ですから、わが神崇拝者たちのこの見事な口振りに従えば、またその見事な説に従えば、彼らが自分たちの神に帰している、何かをするとか望むとかいった言葉自体、愛する、憎む、怒る、悔やむ……などの他の言葉同様、文字どおりに取ってはならず、取りえないものです。なぜなら、彼らの意味で言えば、神はいかなる愛の感情もなしに愛し、いかなる憎しみの情動もなしに憎み、あることではいかなる喜びの感情もなしに喜び、別のことではいかなる悲しみの感情もなしに不愉快になり、いかなる後悔や悔悟の感情もなしに悔やむ……などするわけですが、それと同様、神はいかなる活動的運動もなく、動き回ることもなく、運動することもなしにあらゆることを行うとか、神はいかなる意志行為を形作ることもなしに自分が望む万事を望む――間違いなく彼らはこう言っているようなものです――、と神崇拝者たちは当然(46)言わなければなりません。また、神は何も行わずにすべてを行うとか、神は作用せずに至る所(47)で作用するとか、いかなる意志行為も形作ることなく望むというのですから、どんな意志もなしに神はすべてを望む(48)と当然言わなければならないのです。そんなことはまったく馬鹿げています(49)。さらにこうした見事な口振りに従えば、やはり神は、いかなる認識行為もしない以上認識せずに認識する(50)とか、いかなる存在様態もなしに存在する以上(51)存在せずに存在する、あるいは実在せずに実在するとか、またいかなる行為の様態も(52)いかなる作用の個別的な様態も持たない以上いかなる実在様態もなしに実在するとか、やはり言わなければなりません。なぜなら、本質なしや存在様態なしに存在したり、実在なしや実在様態なしに実在したりすることがないのに劣らず、作用なしに行為するとか、意志行為なしに望むとか、認識行為なしに認識するとかいうこともないからです。

　ところが、わが神崇拝者たちが認め、一致しているところによれば、彼らの神はいかなる意志行為もなしにすべてを望み、いかなる認識行為もなしにすべてを認識し、いかなる行為もあるいは活動的運動もなしにすべてをなすとい

うわけです。それではまるで、神は望まずにすべてを望み、認識せずにすべてを認識し、行わずにすべてを行うと言うようなものです。ならば、神は存在せずに存在し、実在せずに実在すること、すなわち、どんな特別の存在様態もどんな特別の実在様態も備えていない以上、神はまったく存在しないということも認めなければなりませんし、またそう言わなくてはなりません。どんな特別の存在様態もどんな特別の実在様態も備えていないものは間違いなく実在せず、間違いなくまったく存在しないからです。いわゆる神の実在なるものに関する自分たちの見事な教説によって、わが迷信深い神崇拝者たちがどんな羽目に陥っているかがこれでお分かりでしょう。一生懸命神を完全無欠にしよう、万事につけあらゆる仕方で神を偉大で感嘆すべきで、理解を絶したものとして表そうとするあまり、彼らは神を台無しにしているのです。一生懸命すべての不完全さと、現実に存在しまた想像できる限りのすべての質を神から剝ぎ取ろう、取り去ろうとして、彼らは神を消し去り、[53]本当に無に帰してしまうのです。それだったらどうして彼らは、それゆえ神は存在しない、神は何者でもないと率直に認め、正直に告白しないのでしょうか。神は実際に存在せず、実際に何者でもないのですから。

第七二章 全能で限りなく完全であるような存在が、それにもかかわらず目に見え感じられるどんな完全性も備えていない、と主張するのは滑稽で馬鹿げている

別の議論に移りましょう。わが神崇拝者たちの見解では、神は上記のように全能で、永遠で、限りなく善で、限りなく賢明で、あらゆる種類の完全性において限りなく完全であり、至る所に現存し、すべてを見、すべてを知り、すべてをなし、すべてを担い、すべてを取り決め、好きなようにすべてを配置する存在です。したがって彼らの意見では、神の支配を免れられるもの〔一三九〕、神が至る所その全能と至上の摂理によって打ち立てた不動の秩序に対して、どのようにであれ逆らえるものはありません。これほどに善で、美しく、賢明で、偉大で、卓越し、感嘆すべきで[1]、完全で、愛すべきであると言われるこうした存在に関して、まず私の心に浮かぶ最初の考えは、本当にそのような存在があれ

ば、誰もその実在の真実性を少しも疑いえないほどはっきり明らかに、この存在が私たちの目や感覚に現れるに違いないということです。けれども、この上なく完全なこの存在なるものはどこでも、どんな仕方でも見られたり、感じられたり、知られたりしない以上、そんな存在が実際にいると言ったり、信じたりするどんな理由も確実にありません。反対にそんなものはいないと信じ、主張するだけの十分な理由があります。なぜなら、その至上の完全性のどれ一つとしてどこにも見られず、認められないのに、それほどこの上なく完全でこの上なく善で愛すべき存在がどうやって至る所に存在するのでしょうか。どんな仕方でも見られず、感じられもしない存在は、間違いなくこの上なく美しくも、この上なく善でも、この上なく愛すべきでもありえず、この上なく完全でもありえないでしょう。なぜなら、ある存在のさまざまな自然的完全性が大きければ大きいほど、それだけそれらの完全性は目に見え、感じられますし、この点では強ければ強いほどそれだけやはり目に見え、感じられる光や、また強ければ強いほどそれだけやはり感じられる熱に似ているからです。それゆえ、あれほどこの上なく完全であると言われる存在が、どこにも見られず、認められず、またその存在に帰されている至上の完全性のどれ一つとしてどこにも見られず、認められない以上、そんな存在が本当にあると信じ主張するどんな理由もありません。〔一四〇〕こうした議論はまったく単純で、まったく自然なものですが、それでも、あれほどこの上なく完全であると言われる神的存在なるものの否定論をすでに十分明らかに結論づけています。とはいえ、明らかではっきりしたさまざまな例を挙げて、この結論をさらに強固にする必要はあるでしょう。(2)

たとえば神のような太陽、限りなく明るく光り輝く太陽がどこかにあったり、至る所にありさえして(3)、それにもかかわらずこの神のような(4)太陽なるものの明るさや光はどこにも見られないと言われたら、限りなく明るく光輝くそんな神のような(5)太陽などまったく存在しないと言うのが正しくはないでしょうか。そうです、きっとそう言うのが正しいのです。それに、どんな明かりも光も見えない場所に、至る所限りない明かりや光があると言えるには、理性や良識を失っていなければならないとさえ言えるでしょう。またたとえば限りなく美しい存在が至る所にあって、それに

もかかわらずその存在の美しさなるものはどこにも見られないと言われたら、そんなものは存在しないと言うのが正しくはないでしょうか。まったくそのとおりです。限りなく熱い神のような火[6]や限りなく冷たい空気が至る所にあって、それにもかかわらず限りなく熱い神のような火[7]なるものの熱さも、限りなく冷たい空気の冷たさもどこにも感じられないと言われたら、そんな火もそんな空気も存在しないと言うのが正しくはないでしょうか。さらに限りなく甘美で、味わってみても嗅いでみても、心地好い味や匂いをその実体は備えており、その声は他のすべての音をはるかに凌ぐ響きを発するという存在が至る所にあり、それにもかかわらずその声の響きはどこでも聞かれず、これほど感嘆すべき実体なるものの味も匂いもどこでも感じられないと言われたら、そんな存在は本当は存在しないと言うのが正しくはないでしょうか。そんなものが存在する兆しはどこにも見られないのですから。そうです、そう言うのが間違いなく正しいのです。そしてにもかかわらずそうした存在は、霊的で目に見えない仕方で本当は至る所にやはり存在するのだと主張しようと誰かが思いついたら、そんな連中はきっと気違い、妄想家、さらには狂信者と見なされずにはいられないでしょう。というのも、そんな考えや妄想を思いつくのは、本当にある種の狂気や狂信だからです。

ところで、わが迷信深い神崇拝者たちが、自分たちの神の存在を主張する時、彼らがこれと同種の狂信に陥っているのは明らかです。なぜなら、この神はあらゆる種類の完全性において限りなく完全な存在であり、実際至る所に存在すると彼らは主張しますが、それにもかかわらず神は見られず、感じられず、どこにも認められず、またそうしようとしても見たり、感じたり、認めたり、どこにも見つけたりできもしないことは明らかだからです。それゆえ、彼らが主張するように、そんな存在が実際に至る所に存在すると主張するのは、彼らの大きな過ち、一種の狂気でさえあります。それはまるで、限りなく明るく光り輝く太陽がそれにもかかわらずどこにも見られないと主張すること、あるいは[8]限りなく明るく光り輝く太陽がどんな明かりも、どんな光も見えない所に本当にあるのだと主張するようなものです。そんなことやこれと似た別のことを主張できるような良識ある人は一人もいないと思います。[9]ところがそれこそ、見ることも気づくことも感じることも、またどこかで出会うことも発見することもできないのに、限りなく

完全で至る所にいる自分たちの神の実際の存在を主張する際に、わが神崇拝者たちが日々行っていることです。それはどこにも見られないにもかかわらず、限りなく明るく輝く太陽が至る所にあると主張するようなものだからです。繰り返しますが、彼らはそう主張しているようなものです。というのも、限りなく明るく輝く太陽がどこにも見られないと言うことが良識に反しているのと同様、限りなく完全で至る所にある存在が、それにもかかわらずどこでも見られも感じられもしないと言うのは良識に反していますし、この上なく明るく輝く太陽がどんな明かりもどんな光も見えない所にあると言うのが馬鹿げているのと同様、限りなく完全な存在が、そうした完全性なるもののどれ一つとして見えない所や、見ることも認めることもできない所にあると言うのは馬鹿げているからです。

頭の中や理屈の上で、霊的なものを物の見事に作り上げる術を心得ているわがキリスト崇拝者たちは、ここで私のことを、物事を感覚によってしか判断できない、まったく肉的で粗野な人間と見なさずにはおかないでしょう。そして必ず彼らの偉大なミルマドラン、聖アウグスティヌスが、こうした場合に言った言葉を私にあてはめようとするでしょう。[10] 肉にとらわれた人にあっては、ものを判断し考える規則はあげて自分の目でものを見る習慣に存する、とアウグスティヌスは言っています。「肉にとらわれた人々は目に見えるすべてのものは容易に信じるが、目に見えないものを信じる術を知らない。肉ニトラワレタ人々ニアッテ、認識スルコトノ規則ノスベテハ、目デ判断スル習慣ニアル。見慣レレバ信ジ、見慣レナケレバ信ジナイ」（アウグスティヌス、説教二四二、『肉の復活について、異教徒反駁』）。[11] また彼らの偉大な聖パウロは言っています。「動物的ナ人間ハ霊ノコトヲ受ケイレヌ」（『コリント人への第一の手紙』第二章一四節）。すなわち、動物的な人間は精神的な事柄に気づかないというのです。けれども、こんなことは私をおよそ困らせたりはしません。そんな論拠に反論を加えるのは私には容易ですから、こう言ってあげましょう。無知な人々、愚かな人々にあっては判断し、考える規則はあげて人から言われるすべてを盲目的に信じることにあります。彼らは目に見えるものや手に触れるもの、また手で扱うものを信じようとはせず、自分自身の感覚に反してまで、人から言われたすべてを愚かしくも信じるのです。これは、彼らのミルマドラン、天使博士（トマス・アクィナス）が

愛すべき、感嘆すべきねり粉と小麦粉の[12]神について語りながら述べている、次のような別の格率に従っています。それによると、視覚や触覚や味覚は神について思い違いをするので、神について話されるのを耳にすることだけ、すなわち信仰がただ伝承によって神について教えることだけを信じ、それだけを信頼しなければならないのです。「見ルコト、触レルコト、味ワウコトハ汝ヲ誤ラセル、サレド伝承ニノミヨルナラバ確カニ信ジラレル」〔トマス・アクィナス「敬虔ニ汝ニ祈ル」第二節一―二行〔一四一〕〕。

　この上なくまた限りなく完全な存在が、それ自体目に見えるどんな完全性も、どんな感覚的な質も備えていないということがありえるでしょうか。もしそうだとしたら、知性では考えもつかないことですが、あらゆる感覚的な質、あらゆる目に見える完全性はこの上なく完全な存在の本性や目に見えない完全性とは両立しえないか、少なくとも無限な存在の至高の尊厳にふさわしくないと、どうしても言わざるをえないでしょう。なぜなら、それらがこの存在の本性や目に見えない完全性と両立しないものではなく、またそれらがこの上なく完全なその本性の尊厳にふさわしくないものではないとしたら、なぜこの存在はそうした感覚的な質や目に見える完全性を備えていないのでしょうか。それらを備えているなら、なぜそれらがこの存在のうちに現れないのでしょうか。またそのうちに現れているなら、なぜそれらは人の目には見えないのでしょうか。きっと見えるはずですし、それらはより高度の完全性を伴ってそこにあるだけに、一層はっきり見えさえするはずです。感覚的な質や目に見える完全性は、この至高存在の本性や目に見えない完全性とは両立しないとか、そうしたものはこの存在の限りなく完全な本性の尊厳や純粋性や単純性にふさわしくないとか、それゆえにその種の感覚的な質やその種の目に見える完全性は、この存在のうちには見いだされず、その本性の純粋性や単純性のためにそこには見いだされようもないのだ、とわが神崇拝者たちが言うのであれば、よろしい、なるほど今はそれも認めましょう。しかしそれにしても、これほど多くの完全性を欠いているのに、自分たちの神は限りなく完全な存在であると、どうやったら彼らは言えるのでしょうか。無数の完全性を欠いている存在が、限りなく完全ではありえないのは確実ですから。ところが、彼ら自身が主張していることに従えば、彼らの神は数の

上ではほとんど無限なあらゆる目に見える完全性、あらゆる感覚的な質を欠いているのです。だとしたら、そんなものは限りなく完全ではありえません。

しかも、限りなく完全であると彼らが主張するこの神には、どんな感覚的質もどんな完全性もないとすれば、それでは神には目に見えない、そして感覚されない特質や完全性しかなく、しかもこの完全性なるものは神にあっては無限である、ということにならざるをえません。では彼らに尋ねますが、どうやってそれが分かるのですか。また神が目に見えない完全性を備えていたり、そうした完全性が神にあっては無限であるとか、ありうるとかいうことを、どうやって彼らは知ることができるのでしょうか。どうやっても目に見えず、感じられない以上、そんな完全性を見たり、感じたり、したがってなんらかの仕方で認識したりすることも、彼らにはまったくできないのですから。というのも、彼らが主張しているように、まったく見られず、感じられない以上、彼らがそうした完全性を認識するのは感覚によってではないからです。さらに、彼らがそれを認識するのは理性によってでもありません。というのも、限りなく完全な存在が感覚的などんな質もどんな完全性も備えていないとか、備えるはずはないなどと、正しい理性は教えはしないからです。それに、感覚的なあらゆる質やあらゆる完全性が、この上なく完全な存在の目に見えない完全性と両立しないとも教えはしないでしょう。それゆえ、神の目に見えない完全性について彼らが主張していることも、感覚的な完全性がこの上なく完全な存在の目に見えない完全性とは両立しえないことについて彼らが主張していることも、理性や感覚によって示されたり、教えられたりできる事柄ではない以上、虚しく、根拠もなしに彼らはそうしたことを口にしているのですし、その意味では、彼らは自分たちが口にすることを分かりもせずに話しているのです。したがってすでに指摘したように、彼らの主張は疑いもなく耳を傾けるに値せず、耳を傾けるに値しなければなおさらのこと、このことで彼らが主張することは信ずるに値しません。

ところで理性は、彼らの神の目に見えない完全性に関して、また感覚的な質がこの上なく完全な存在の目に見えない完全性と両立しないことに関して、わが神崇拝者たちの主張が正しいと彼らに示し教えるどころか、繰り返します

がそれどころか、もし彼らが自分たちの理性に十分照らしてみるならば、理性は彼らに、この上なく完全な存在は、この上なくまた完全に愛されうるものであり、したがって完全に認識できるものだということを、はっきりと示し教えることでしょう。完全に認識可能でなければ、どうして完全に愛されうるでしょうか。善は認識されうる限りにおいてのみ愛されうるのであり、少しも認識されなければ少しも愛されはしないでしょう。「知ラレナイモノハ、誰モ欲シガラナイ」[13]〔オウィディウス『恋の手ほどき』第三巻三九七行、邦訳、角川文庫、一二六頁、藤井昇訳〕。ところが、わが神崇拝者たちの仮定では、この上なく完全である存在は、そのうちにどんな感覚的な質もどんな目に見える完全性も備えていない以上、少しも認識されません。それゆえ、そんな存在は少しも愛されないでしょう。また完全に愛されうるものであると彼らが主張したければ、その存在は完全に認識できると当然言うべきですし、それ自体完全に認識可能であれば、その存在は自らのうちに感覚的な質と目に見える完全性を備えていなければなりません。というのも、本当にそうした存在を認識し、この上なく完全ではない他の存在すべてから区別できるのは、ただそういう性質のさまざまな質や完全性によるのみだからです。ですから、私がすでに言ったように、理性はわが神崇拝者たちに、目に見え、感じられる質や完全性がこの上なく完全な存在の目に見えない完全性とは両立しないことを示すどころか、むしろ、この上なく完全な何か特別な存在が本当に存在するのであれば、そうした完全性はその存在の本性とは不可分であると彼らに教えるに違いありません。ですから、この上なく完全なこの存在のどんな兆しもどこにも見られず、認められない以上、そうした存在が存在しているとか、いつか存在しうるとか信じるいかなる本当の理由も、いかなる本当の根拠もありません。

人一倍精神的なふりをして、霊的なものや神的なものについて自分たちの想像力の中ででっち上げる高尚な観念に比べ、物質的で感覚的なものを高く買わないような顔をしているわが神・キリスト崇拝者たちが、なんらかの感覚によって見られたり感じられたりするどんな質もどんな完全性も自分たちの神の本性に帰属させないようにと大いに心を砕いていることは、私も十分承知しています。自分たちの神がそうだと思っている限りなく完全な存在が、他のも

の同様質料と形相――そうした質料と形相がどれほど高貴であれ、またどれほどすばらしくどれほど完全であれ――から構成されている何物かであったり、あるいは何か物体的な実体であったりあらねばならなかったりする[14]と想像するのは、粗野で肉的な精神の持ち主にのみ属することと彼らは判断しさえするでしょう。したがって彼らの見解では、彼らの神は肉からでも骨からでも、人が想像できるどんなものからでもできてはいません。すでに示したように、神には体も頭も腕も足も背も腹もなく、眼も口も鼻も耳もなく、色やどんな姿もなく、要するに神は、人間が想像できる現実的で感覚しうるいかなるものでもないのです。彼らが神について考えられるすべてのことは、神は限りなく完全な存在であり、あらゆる感覚やあらゆる知性を限りなく凌駕し、したがってどんな言葉によっても表すことができず、どんな思考によっても認識することのできない、人知の及ばない本性の存在であるということを、ただ一般的に主張することに尽きます。「目ガマダ見ズ、耳ガマダ聞カズ、人ノ心ニ思イ浮ビモシナカッタコトヲ、神ハ、ゴ自分ヲ愛スル者タチノタメニ備エラレタ」(『コリント人への第一の手紙』第二章九節)。

けれども、一生懸命そうした神の本性なるものの人知を超えた卓越性を称揚しよう、一生懸命神の本性を霊的なものにしよう、神の本性から物質と感覚的な質を全部取り除こうとするあまり、自分が神を破壊していることが、また一生懸命神的なあらゆる完全性なるものを高めようとするあまり、自分がそれらを無に帰していることが、あれほど霊的であれほど繊細な博士の方々、彼らには[15]お分かりではないのでしょうか。一生懸命に証明しすぎたため、何の証明にもならなくなる、一生懸命に喋りすぎたため、何も信じなくなるというのと同じことです。というのも、限りなく完全な本性について、この本性には体も形も色もどんな姿も、また考えられ想像できるどんなものも何もないと言うことは、そうした本性がまったく何物でもないと言うことと別のことでしょうか。限りなく完全な存在について、この存在には色もどんな姿もどんな美しささえも、また感覚できるどんな善性も目に見えるその他のどんな完全性もないと言うことは、そうした存在には本当はどんな完全性もないと言うことと別のことでしょうか。実際、体も形もない存在について、どんな観念を彼らは抱けるのでしょうか。色もどんな姿もない存在の美しさについて、どんな観

るのでしょうか。語るための口も考えるための頭もない存在の英知について、どんな観念を抱けるのでしょうか。手も腕も作用するためのどんな運動もなく、自分を動かすことさえできない存在の力や能力について、どんな観念を抱けるのでしょうか。見るための眼も味わうための舌も、聞くための耳も嗅ぐための鼻も、触れるための手も歩くための足もない、存在の喜びや満足や幸福や至福について、どんな観念を抱けるのでしょうか。誰も、わがキリスト崇拝者たちでさえも、彼らがどれほど霊的であっても、あるいは自分で霊的だと思っていても、彼らが神に帰している本性、善性、美、英知、力、能力、喜び、満足、至福といった言葉で何を意味するつもりなのかについてはどんな本当の観念も抱きえないことは明らかです。ですから、そうした存在が限りなく完全な本性を持つとか、限りなく美しく、限りなく善で、限りなく賢明で、限りなく力があり、限りなく幸福であると彼らが言っても、彼らには自分の口にすることが本当は分かっていないのです。体も形もどんな延長もない本性とは何なのか、本当は彼らには分かっていないからです。色もどんな姿もない美しさとは何なのか、彼らには分かっていません。どうやっても感じられも認められもしない善性とは何なのか彼らには分かっておらず、脳を持たない英知や、運動しえない力や能力とは何なのか彼らには分かっていません。すべてこうしたものが何なのか、彼らには分かっていないのです。彼らの知性はそこまで行けはしないのでしょう。同様に、[17]眼なしで見たり、耳なしで聞いたり、舌なしで味わったりするとはどういうことか彼らには分かっておらず、さらに楽しみも喜びもなく幸福であるとはどういうことかも彼らには分かっていません。ですから、わが神崇拝者たちが、自分たちの神からすべての物体的な形やすべての感覚的な質や完全性を剝ぎ取る時、彼らは神の本性を破壊し、いわゆる神的で[18]限りない完全性を無に帰しているのです。

どれほど彼らが思い誤っているか、自分たちの考えの虚しさで錯乱しているか、また神をあのように精緻に霊的なものに仕立て上げて一層賢くなろうと思いながら、昔よりどれほどさらに正気を失っているかは、[19]以上のとおりです。私は彼らが正気を失っていると言いましたが、それというのも、昔異教徒たちがしたように、生命のないものや理性

を備えていない動物や力の弱い死すべき人間に神性を帰するのがまったくの狂気の沙汰であるのと同様、現在わが神崇拝者たちがしているように、体も形もなく、現実的で感覚的なあらゆる質やあらゆる完全性を人の思うがままに剝ぎ取られ、したがって現実的で感覚的なすべての事物以下となっている架空の存在に神性を帰そうと望むのは、やはりまったくの狂気の沙汰だからです。正しい理性からこれほど隔たり、これほど滑稽で馬鹿げたことが信じられるには、きっと精神の光がほとんどないか、それとも自分の精神をほとんど使っていないかでなければなりません。この問題では、わが神崇拝者たちは古代の人々の誤謬の大部分から現在では立ち直っており、当然現在陥っている誤謬からいつか彼らが立ち直るだろうと期待できます。すでに彼らの大部分において、そうしたことへのかなり十分な用意を見て取ることさえできます。というのも、行いが正しければ天国の永遠の褒美なるものがもらえるという、彼らの宗教が請け合う偉大なすばらしい約束や、また行いが悪ければ下されるとその宗教が脅すかくも恐ろしい懲罰に関して、自分たちの宗教の奥義も、生活の正しい律し方をめぐる一番大事な戒めもまったく信頼していないことが、そうした人々の口振りや暮らし振りやあらゆる行いから十分に示されているからです。なぜなら、宗教から教えられることや、そうした主題に関して信じさせられることを誰もが十分確信していれば、彼らは今よりももっと慎み深く、もっと気をつけて暮らしていることでしょうから。さもなければ彼らは、現に日々行っているように、あれほど取るに足らないことで、自分から至福な永遠の生を失ったり、想像できる一番残忍で一番恐ろしい永遠の懲罰を受ける羽目に陥ったりする、世界一正気を失った連中ということになるでしょう。それゆえ大部分のわが神崇拝者たち、とりわけそのうちでも第一級の人々や主要な人物たち、また主だった司祭や一番重要な宗教説教家たちですら、かの見事な褒美に値するように立派な暮らしや立派な仕事を行うことを務めとすることなどまったく考慮することもなく、かの恐ろしい懲罰を避けるために骨身を惜しむことなどほとんど意に介していないことが分かっている以上、このことこそ、自分たちの言うことを彼ら自身ほとんど信じていないこと、自分たちが他人に信じさせようとしているあれほど偉大であれほど重要な真理なるものを彼ら自身ほとんど確信していないことの、きわめて確実なしるしです。[一四二]

それにしても実際、理性や自然そのものは逆の見解を私たちに自然と抱かせるのに、多少なりとも才知や良識を備えている人たちが正しい理性からこれほど隔たり、真理のかけらもないような事柄をどうして信じられるのでしょうか。わが神崇拝者たちは、私たちが徳をもって暮らし、彼らの宗教の定めや格率や掟に敬虔に従う場合には私たちに永遠の褒美を約束し、人間の最高の至福やこの上ない幸福はこの褒美なるものの所有と享受にあるとしています。にもかかわらず、その褒美なるものはこの世では決して手に入れられず、見られず、ただ死後のもはや人一人いない時*1、私たちがみな滅ぶか無に帰してしまうような時にだけ見いだされるというのです。同様に、悪徳や罪を犯して暮らし、彼らが言うことすべてを固く信ぜず、その宗教の定めや格率や掟に則して暮らさない場合には、地獄の恐ろしい懲罰[20]で彼らは人々を脅します。また彼らは、悪人の最大の不幸はあの地獄なるものの恐ろしい懲罰により永遠に苦しむことにあるとしています。ところが、一番の悪人も一番の卑劣漢もこの世では決してそんな地獄を味わうことはなく、ただ死後に、今しがた述べたように彼らがもはや生きてはおらず、みな滅び無に帰してしまう時にだけ味わうというのです。率直に言いますが、もはや善も悪も感じられない時に、また以下で詳しく述べるように〔一四三〕もはやまったく何物でもない時に依然として本当に幸福であったり不幸であったりするということをどうやって信じられるでしょうか。なぜなら、死後に幸福や不幸になるだろうと信じることは、もはや存在していない時に幸福であったり不幸であるとか信じることだからです。というのも、経験が日々はっきり示しているように、死んだ時からたちまち人はもう何も感じなくなり、死んだ時からたちまち人は腐り始めて塵や灰になってしまうからです。繰り返しますが、これこそ経験が日々はっきりと私たちに示していることです。けれども、死後になお人が善悪を感覚できるということを、わが神崇拝者たちは経験的に味わったことも、見たりしたこともまったくありません。死んだら天国で享受できるものと浅はかにも思い込んでいる、あのご大層で仰々しい褒美についても彼らは何一つ見たこともなければ、垣間見たこともありません。さらにそれを種に悪人たちを脅かし、死んだら地獄で永遠に罰を受けるぞと言う、あの恐ろしい責め苦についても彼らは何一つ見たこともなければ、何一つ感じたこともなく、また何一つ気づいたこともありません。

あの世なるものでの禍福について彼らが言うことは、すべて虚しい幻想や空想、嘘やペテンに基づいているだけです。

＊1　単なる存在の様相は、存在するのをやめてしまった後でもなお本当に何物かであると言えるでしょうか。きっとそうではありません。ところで、私たち各々は一人ひとりを見れば、単なる一個の小さな存在の様相でしかないことは確実であり、〔二四四〕したがって私たちが存在するのをやめた時には、私たちはもはや何物でもなくなります。

それにしても、彼らがあれほどの自信をもって善人や義人[21]に約束している、あのこの上なく魅力的な至福なるものを、彼らは何に基づかせているのでしょうか。このことこそ、ここでさらにしっかりと注目すべきことです。というのも、彼らはそれをある種奇妙奇天烈な、神秘だらけのものにしているからです。彼ら自身が言っているように、自分たちの至上の善であると主張する神自身を見ることや所有することのうちに至福は存するとし、この至上の善なるものを見ることや所有することが幸いにしてそれを見、所有するすべての男女を完璧に幸福にするというのです。〔二四五〕とにかく、これほど甘美[22]でこれほど魅力的な神を見ることや所有することが何であり、また何でありうるかを少し検討してみましょう。先ほど指摘したように、自分たちの神はまったく霊的な本性、すなわち物体的でも物質的でもない本性、したがって目に見えず、体も形も色も姿もどんな延長さえもない本性からなっているとわが神崇拝者たちは主張します。それではどうやって、自分たちのこの上ない至福はそんな存在を見たり、所有したりすることにあると彼らは言うのでしょうか。目に見えない存在や体も形もどんな延長もない存在を見たり、所有したりできるのでしょうか。色も姿もどんな延長もない存在を見られるのでしょうか。確かにそんなことは考えもつかないこと、あらゆる想像やあらゆる可能性を凌駕することでしょう。というのもそれではまるで、彼らの最高の至福はまったく見られないものを見たり、まったく摑むことも触れることもできないものを持つことにあるとでも言うようなものだからです。このような言葉をその固有で自然な意味にとれば、これは明らかに馬鹿げています。

ところで周知のようにわが神崇拝者たち、とりわけ自分たちだけが真実の神の本当の崇拝者であると自称しているわが神・キリスト崇拝者たちは、自分たちは神の礼拝の精神性に深く配慮しているとか、自分たちの宗教の奥義や格

率や儀式に関わるすべてを霊的に解しているとか巧みに公言しながら、自分たちの宗教に見られるあらゆる誤謬や不条理を、精神性という見事でもっともらしい口実で一層うまく覆い隠そうとして、用心してこの上ない至福なるものが神を現実的、物体的に見ることや所有することに基づかせないようにしています。そんなことは彼らにはあまりにも下品なのでしょう。[23]もしそれをなんらかの感覚の喜びに基づかせでもしたら、それこそまさしく最高の至福の栄光や卓越性や、その曰く言いがたい偉大さをあまりにも貶め、卑しめることだと信じているのです。それしか知らないユダヤ人や回教徒たちがするように、天国に官能的で肉的な至福を期待するのは粗野で肉的な精神の持ち主のすることだと自分でも信じ、また少なくとも他人に信じさせようとしているのです〔一四六〕。しかし、それよりずっと霊的で[24]、ずっと高尚でずっと崇高な知識を持ち、肉体的、感覚的などんな善よりも限りなくずっと偉大でずっと評価できる善を渇望している神崇拝者としては、繰り返しますが、彼らは用心してくだらないことにかかずらったり、自分たちの最高の至福を感覚的ななんらかの善や快楽に基づかせたりしないようにしているのです。そんなことは、彼らにはあまりにも低劣なのです。ですから、自分たちの最高の至福は神を見たり、所有したりすることにあると彼らが言う場合、肉体の眼で物を見るといった、肉体的視覚のことを口にしていると彼らは思っていません。そうではなく彼らの見解では、魂の目によってなされる、つまり至上の存在の限りない美と完全性について魂が抱くきわめて明らかできわめて完璧な認識によってなされる、純粋に[25]霊的な見神のことを口にしていると思っているのです。というのも、霊魂固有の思考や霊魂固有の認識以外の目を霊魂が持っているとまでは彼らも称してはいないからです。同様に神の所有を口にする際にも、神は肉体によっては所有されず、神のうちには物体的なものは何もないため、肉体的な所有を口にしているとも彼らは思っていません。彼らにすれば、それではやはりあまりにも下品すぎるのです。そしてやはり彼らの見解では、あの至上の善なるものに対するきわめて完璧な愛によってなされる、神の霊的な所有のことを自分たちは口にしているつもりなのです。そこから、彼らの見解そのものからすると、幸いにもそうやって神を所有する霊魂には、彼らの言い分によればですが[26]、感覚によって得られるどんな快楽や満足をも無限に凌ぐ喜びや精神的な満足

が生じるのです。

第七三章　わがキリスト崇拝者たちの最高の至福は、彼らの主張に従っても、単に想像上の至福であるにすぎない

なるほどこれは、いかにも見事で十分想像力を働かせて思いついたもののようです。しかし、まったくこれ以上虚しいものは何もありません。というのも、もしそうであれば明らかに、彼らの最高の至福なるもの[1]はただ想像上の幸福、天福に存し、実在的な本当の幸福、至福には存しないことになるからです。その証拠はこうです。彼らの主張では、ある対象を明らかにまた霊的に見ることとは、今しがた指摘したように、その対象に関するきわめて完璧な観念や思考や認識を有することにほかなりません。同様に、ある対象を霊的に所有するとは、やはり彼らの主張ではそれを完璧に愛することにほかなりません。したがって、ある対象について抱く観念や思考や認識がより完璧になれば、それだけ人はその対象をより完璧に見ることになり、またある対象をより愛するようになれば、それだけ人はその対象をより完璧に霊的に所有するようになるわけです。ところが、実際にも本当にも目にしえないなんらかの対象について、より完全であったりより不完全であったりする観念や思考や認識を形成するということは想像力の働きにほかならず、目にすることもなく、実際にも本当にも所有していないそうした対象に抱く愛は、その対象に関して形作られる観念や思考や認識に基づいてのみ抱かれるにすぎません。それゆえ、なんらかの対象を霊的に見るということは、それを精神や想像力によって見ることにほかなりません。というのも、ここで私は精神と知性と想像力の間にも、観念と思考と想像力の間にも区別を立ててはいないからです。すべてこれらの語は、本来同一の事柄を指しているにすぎないのですから。たとえば精神や知性や想像力といった語は、人間が考えたり、認識したり、推論したりして、自分が心に思い描くものについて、正しい見解あるいは誤った見解を持つ能力や働きを指すにすぎません。また観念や思考や認識や想像力といった語は、本来それによって事物を知覚し、認識し、自分が考えることについて推論を加え、

正誤の判断を下す、思考や認識の行為を指すにすぎません。それゆえ、わが神崇拝者たちは、知性や精神や想像力の行為である、思考や認識によってなされるもの以外には自分たちの見神を認めず、また自分にとって良かったり、好ましいと思われたりするなんらかの対象について精神や想像力が抱く、思考や認識の自然な結果である愛によるもの以外にはこの同じ神の所有を認めず、そして自分たちの最高の至福の一切を霊的な見神や神の霊的な所有においている以上、その結果として、明らかに彼らの称する至福は想像上の至福にすぎないことになります。というのも、この至福は想像上で見ることにしか基づいておらず、想像の産物でしかない善を想像上で所有することにしか基づいていないからです。

その裏付けは、至福は感官の楽しみのうちにはなく、飲んだり食べたりする楽しみのうちにも、また同様に肉眼で見たり、手で触ったりする楽しみのうちにも、耳で聞く楽しみのうちにもなく、ただ精神の平安や喜びのうちにのみあるとわが神崇拝者たちがはっきり言っていることです。彼らの偉大なミルマドラン、聖パウロは[2]「神ノ国ハ飲食デハナク、義ト、平和ト、聖霊ニオケル喜ビトデアル」(『ローマ人への手紙』第一四章一七節)と言っています。結構でしょう。しかしそれでは、そうした精神の平安や喜びは、もしそれが感官に触れるすべてのものからはまったく来ないとしたら、どこから来るのでしょう。想像力からだけ来るのでしょうか。だとしたら、彼らの最高の至福とか天福とかいうものは、今述べたように想像上の至福にしか存せず、しかも死んだ後で想像上の至福を享受するという虚しい楽しみも彼らにはないことになります。というのも、想像上の至福を享受するためには、何かの大きな善を享受していると自ら想像したり、本当に幸せだと自ら想像することが必要だからです。ところが、死後にはもはや想像力は存在しません。それでは死者たちはどうやって死んだ後で想像上の至福を享受するのでしょう。もうどんな思考、どんな想像を形作る材料すらなく、死者たちはまるで一度も存在していなかったかのようになるのですから。各自が死後に帰る状態とはそういうものです。私たちはみな、生まれる以前や存在する以前にあった状態に戻るのです。その時には私たちは何も考えず、何も想像せず、何物でもなかったことは確実ですから、それと同様、死後に私たちが

もう何も考えず、何も感じず、何も想像しないことも確実です〔一四七〕。ですから、その時にはどんな至福、またそれ以外のどんなもの(3)を考える精神もなくなる以上、わが神崇拝者たち、キリスト崇拝者たちが死後にあれほど偉大な至福を期待してみても、それはまったく無駄です。

わが神崇拝者たちがこうした見解を激昂して弾劾したり、それに抗議したりする必要はありません。というのもこの見解は、明らかに彼らがその言葉を神の言葉として敬っている賢者たちの一人の見解そのものだからです。どう言っているか、次に掲げましょう。「生きている者は死ぬべきことを少なくとも知っている。しかし死んだ者はもう何事も知らず、何事をも認識しない、また、もうどんな褒美も当てにしない。憎しみや愛の感情もどんな望みも彼らには関わりがなく、この世に行われるすべてのことにもうまったく関わることがない。だから、あなたは行って、安らかに喜びをもってあなたが持っている良きものを楽しめ。あなたの労働の甘き果実を心安らかに飲み、食べよ。あなたの友人たちやあなたの愛する女性とともに楽しむがよい。それこそがこの世であなたが期待できる良きもののすべてなのだから〔一四八〕」(『伝道の書』第九章五、七〔五―九〕節)。こうした言葉は、今私が述べてきたことのはっきりした裏付けです。ですから、わが神崇拝者やキリスト崇拝者たちが、死後にあの大きな天福を享受しようと期待するのはまったく虚しいことです。その時、彼らには自分のことを考える精神すら存在しないからです。実際もう存在していない時に、そんなことがどうやったら考えられるのでしょう。現世そのものにおいてもかなりしばしば、かかった人がまったくどんなことも考えられなくなる幾種類もの病気や体の障害を私たちは見かけます。たとえばただの失神や気絶や昏睡とか、何かほかの似たような病気は、まだ私たちが生きていても、また体がまだまったく完璧であっても私たちをそうした状態にしてしまいます。それゆえ、体液の調和やその適切な釣り合いを乱すだけで、感官を壊すことなくその働きを妨げるだけの単なる病気が私たちからすべての感覚と認識を取り上げられるのであれば、なおさらのこと、私たちを完全に滅ぼしてしまう死はすべての感覚と認識を私たちから奪い去ってしまうでしょう。

まったくなんということでしょう。何の害ももたらさずに私たちをゆっくりと引き込む心地好く深い眠りが、私た

ちをあらゆる思考や感覚や認識の埒外に置いてしまうことさえ、私たちは日々見かけたり、自分で体験したりしていないでしょうか。それであればなおさらのこと、私たちのうちのすべてを滅ぼす死はあらゆる思考、あらゆる感覚、あらゆる認識を私たちから奪ってしまうでしょう。それゆえ、こうした真理についてこれほど確固たる証拠があり、またこの問題に関して、私たち自身のうちで起こることについてこれほど明らかな経験が日々得られるのに、才知があると思われる人々が逆の見解を抱き、死後においてさえなお人は生命や感覚や認識を十分保ち、かつてないほど幸福や不幸になり、その時義人は天国で永遠に神を所有して完璧な至福を享受し、その時悪人は地獄で永遠の責め苦を受けると思い込んでいるのは驚きです。繰り返しますが、才知ある人がそんな見解を抱きうるとは驚きです。そんな考えが精神に生じるのは一種の狂気で、その種の考えがいささか強く頭にこびりつく人に起こるように、かなり多くの場合、狂信にまで達するような狂気でさえあるからです。というのも、宗教こそは狂信者たちの真の温床なのですから。宗教こそ連中が自分の役柄を本当に一番見事に演じる劇場です。ですからまた、本当に賢く多少とも理性の光に啓発された人々は、そんな虚しい臆説にはほとんど関わりません。こうしたことはまた、そんな考えを自分たちの権威で維持し、その職分の偽りの務めからそれを他人に教えている人々の大部分でさえ、自分自身は他人に語ることをほとんど信じておらず、天国での永遠の天福を享受する比類なき幸福なるものを手に入れるためや地獄での恐ろしい[4]罰を永遠に受けるあれほどの不幸なるものを避けるためにと称して、あれほど念入りに他人に勧めていることを、自分自身はほとんど気にかけていないと私が述べた理由でもあります。また、そんな考えを権威によって支持し、職務上の義務から他人に教えている人々が、そういうやり方で自分たちの暴虐な支配のもとに哀れな民衆を悲惨にも囚われの状態にし、多くの面で民衆は本当のことを知らず、間違ったことをたくさん信じるのが肝要だということをこの問題での政治的格率にして〔一四九〕、この公的な誤謬を支持し維持することで自分たちの利益や利便をあれほどたくさん、あれほどたっぷりと得られるのでなければ、この種の臆説はとうの昔にすっかり廃棄されていたはずだと考えられます。

第七四章 諸々の禍や悲惨、人々の諸々の悪徳や邪悪は、それらを防ぎ正すことができる限りなく善で限りなく賢明で全能な存在はいないことを明らかに示している

しかし、私たちのいわゆる、この上なく完全な存在に話を戻しましょう。そのものが本当にわが神崇拝者たちが言うようであったならば、疑いもなく限りなく善で限りなく賢明であるでしょう。こうした帰結は否定できません。ところが、限りなく善で限りなく賢明である存在など存在しないのは明白です。それゆえ、この上なくまた限りなく完全な存在など存在せず、したがって彼らが神と呼んでいる者は存在しません。さて、限りなく善で限りなく賢明である存在など存在しないこと、そのはっきりした証拠はこうです。すなわち、そのような存在が存在したならば、その者は善や平和や正義や徳や良き秩序を至る所で完璧に愛し、善人や義人や無辜の人々を至る所で護り、逆に悪、あらゆる悪徳や不正や邪悪を限りなく憎み、悪人たちを至る所で罰することでしょう。というのも、全能——そう仮定されてもいるように——である以上、その者は間違いなく至る所で本当の善をもたらし、良い秩序と正義を打ち立て、維持するはずだからです。また同じくあらゆる悪や悪徳や不正や邪悪を本当に憎むなら、今述べたように全能である以上、その者はどんな悪も悪徳も不正も無秩序も存在することを必ず至る所で防ぐか、少なくとも悪を行ったり、悪意をもってなんらかの禍を引き起こしたりするすべての人を間違いなく厳しく罰するかするはずでしょう。可能なあらゆる善を行い、起こりうるあらゆる悪を止めることこそ善性と英知の特性なのですから。ちょうど、明るさを至る所で広げ、闇の暗さ(1)を至る所で追い散らすのが限りない光の特性であり、至る所に広がって至る所で寒さを追い払うのが限りない熱の特性であるようなものです。というのも、光が闇とは並び立たず、熱が冷たさと並び立たないのと同様、まして限りない善性と英知はあらゆる種類の悪、あらゆる種類の悪徳、あらゆる種類の悪行や無秩序と並び立たないからです。それゆえ、もし全能の存在が言われるように限りなく善で限りなく賢明であれば、その指導と力と統治のもとでは、どんな悪もどんな悪徳もどんな悪行もどんな無軌道もこの世にありえません。この存在はその善性

と全能の英知によって、どんな禍も起こらないようにし、どんな不正もどんな悪行もどんな無軌道も行われないようにするはずだからです。〔一五〇〕

ところが、この世はさまざまな禍や悲惨にほとんど満ち溢れており、この世で人間は悪徳にすっかり染まり、誤謬や邪曲にすっかり染まり、その統治はさまざまな不正や暴政に満ちています。これは明らかなことです。悪徳や邪曲の横溢がほとんど至る所に見られ、不和や対立がほとんど至る所で支配しています。虐げられた義人、無辜の人々はほとんど至る所で呻吟し、貧しい人々は支えも助けも慰めもなくほとんど至る所で欠乏と苦悩のうちにあります。他方邪悪な人、不敬な人、最も生きるに値しない人々がそれにもかかわらず繁栄や喜びや名誉に包まれ、ありとあらゆる財産に囲まれて豊かに暮らしているのがしばしば見かけられます。この点では、誰も私の言うことを何一つ否定できないでしょうし、これですべてを言い尽くしているどころではありません。というのも、この世のすべての禍やすべての憐むべき悲惨を、また人々のすべての悪徳やすべての憎むべき邪悪をつまびらかにしたいと思う者は、そのために万巻の書を著さなければならないからです。〔一五一〕それゆえ、この世はほとんど至る所ただ禍、悲惨、悪徳、邪悪、ペテン、不正、強盗、窃盗、残虐、暴政、専制、欺瞞、嘘、(2)不和、混乱……などばかりにほとんど満ち溢れていることが明らかな以上、これはしかるべき救済手段をこの世にもたらせる限りなく善で限りなく賢明な存在など存在せず、したがってわがキリスト崇拝者たちが称するごとく、(3)限りなく善で限りなく賢明たりうる全能の存在など存在しない明確な証拠です。

前世紀の分別ある著作家が、これについて述べたことを次に掲げましょう。なぜなら、キリスト崇拝者であるとはいえ、この人は今私が提出した論拠の力を認め感じざるをえなかったからです。「身分に関する一種の不平等は、秩序と服従をもたらすもので、神の作れるものである。すなわち神の法を予想する。だが余りに大きな不釣り合い、人間の間に見られるようなあの不釣り合いは、人間の作れるもので、すなわち強者の法の現れである」〔ラ・ブリュイエール『カラクテール』第一六章「自由思想家について」、邦訳、岩波文庫、下巻一七〇頁、関根秀雄訳〕。すでに指摘したこ

とですが、著者は同じ箇所で自分の考えをさらにはっきりと表明しています。「一方に権威と快楽と無為を、他方に依属と心配と貧窮をおいてみよ。これらの事柄が人間たちの悪意によってその所を変えられているか、神が神でないかである」〔同上〕[152]。ですからこの著者は、神、すなわち限りなく完全な存在の導きと指導のもとでは、すべては良き秩序、正しい上下関係のうちにあるはずだということを認めています。この人も言うように、万物を正しく作り、正しく律し、正しく導くことこそが神の仕事でしょう、というよりも神の仕事のはずでしょう。限りなく完全な存在を前提する以上、ここまではこの人の主張はもっともです。しかしそれに続けて、あまりにも大きな不釣り合い、人間の間に見られるそうした不釣り合いが人間の作ったもの、強者の法だなどとどうして言えるのでしょうか。なぜなら、もし限りなく完全な存在の実在についてこの人が行う仮定が正しければ、そうしたあまりにも大きな不釣り合いも強者の法も存在しないはずだからです。というのも、限りなく善で限りなく賢明で全能な存在が人間の間のそれほど大きく、それほど不当な不釣り合いをどうして許せるでしょうか。強者の法があらゆる理性と正義に反して、またこの存在のあらゆる良き意図や良き意志に反して打ち立てられるのをどうして許せるでしょうか。か弱く死すべき者、またわが神崇拝者たちが言うように自分からは何もできない人間の作ったものが、全能の神の作ったもの自体より強かったりするでしょうか。そんなことはまったく信じられません。そんなことは、全能で限りなく完全な存在の善性や英知と完全に矛盾します。またそれだからこそ、わがキリスト崇拝者たちの聖なる神的な箴言なるものにも、神の意図、神の意志を凌ぎうる英知も賢慮も計りごともなく、それゆえそのような力も能力も存在しないとはっきり記してあるのです。「主ニ向カッテハ、知恵モ、賢慮モ、計リゴトモ存在シナイ」(『箴言』第二一章三〇節)。そしてその理由は、万物を正しく作り正しく律した、神の同じ善性と同じ英知が、同じく人間たちの邪悪さによって万物が所を変えるのを防いだり、そうならないようにしたり、さらには人間たちの間に邪悪さが決して存在しないようにさえしておいたはずだから、ということなのです。

さらに彼らの聖なる預言者たちの一人が、その神にどう語らせているかを、次に掲げましょう。「あなたがたはこ

の事を知るがよい。私は神である、私のほかに神はない。私の計りごとは固く、私の意志はすべて成し遂げられよう。私ハ神デアル、私ノホカニ神ハナイ、私ト等シイモノハナイ……、私ノ計リゴトハ必ズ成リ、ワガ意図ヲコトゴトク成シ遂ゲル」（『イザヤ書』第四六章〔九―〕一〇節）。そうであれば当然、全能である存在の計りごとには、その意志には何物も逆行できず、また神の全能の摂理によって打ち立てられたはずの秩序を何物も転覆できず、攪乱さえできるはずがないことを認めなければなりません。「神ヨ、汝ノ摂理ハソノ計リゴトニオイテ誤ッタコトガナイ……」〔「五旬節の後の第七日曜日の集禱文」〕、とわがキリスト崇拝者たちはその祈禱の一つで言っているのです。[4] ですから、正しい秩序の転覆、正義と公正の転覆、悪徳の全般的な氾濫、大多数の人々を、そして往々にして罪人や悪人や不敬の徒よりもむしろもっとも義に適う人々やまったく無辜の人々をさえ悲惨にも圧倒する限りない禍や悲惨、そうしたものが至る所にはっきりと見受けられ、至る所にいつもこうして見受けられてきた以上、これこそ全能な存在など存在しないこと、そうした禍をすべて防ぎ、限りない善性と英知にふさわしく至る所に正義と正しい秩序を不可侵のものとして打ち立てうる、限りない善性も英知もないことの確固不動の証拠です。かくして、これほど多くの禍や悪徳や悲惨や邪曲が至る所に支配している光景は、神がいないことを私たちに明示しているのです。このことこそ、今話した著者が今伝えた言葉によって十分明らかに言明し、十分はっきりと分からせていることです。「一方に権威と快楽と無為を、他方に依属と心配と貧窮をおいてみよ。これらの事柄が人間たちの悪意によってその所を変えられているか、神が神でないかである」[一五三]〔ラ・ブリュイエール『カラクテール』第一六章「自由思想家について」、邦訳、岩波文庫、下巻一七〇頁、関根秀雄訳〕。それゆえ、わが神崇拝者たちのうちでも、確実にもっとも見識がある者の一人であるこの著者の考えと見解に従えば、現にあるこの世の事柄は、彼が言うように人間の邪悪さによって所を変えたか、それとも神は神でないか、そのどちらかであることを当然認めなければなりません。[一五四]

そうした事柄が人間の邪悪さによって所を変えたか、変えたかも知れないと言えるには、それが始めには本当により良い秩序のうちに置かれ、本当に現にある状態よりもずっと完全な状態に置かれていたと仮定する必要があります。

これはおそらく、証明するのがかなり困難なことでしょう。そんなふうにはまったく見えないからです。もっともそれは、少なくとも過去の時代には実際により良いものであったかも知れない人間の習俗と統治について言えば、その昔この世の事柄がより良い秩序のうちに置かれていたであろうことを、私はなんとしても否定したいというのではありません。またもし人間たちが本当に賢く、すなわち万事において理性の真実の光に従い、正義と自然的公正の規則に則って振る舞うなら、事態は現在でもより良い秩序のうちに置かれ、またより良い状態になっているだろうことも疑うべきではありません。しかし、自然的なさまざまな弱点や欠点に関し、さまざまな病気や苦痛や遺憾な事故に関し、とりわけ避けることもできず[5]、生命あるものすべてに終末をもたらし、すべての快楽同様すべての苦痛に終わりを告げる死に関しては、昔は事態が現に目にしているよりもはるかに完全な秩序や状態にあったなどと、信じてはなりません〔一五五〕。人間は常に悪に傾いてきましたし、体も精神も常に病気や障害に陥りやすく、現に免れられないように常に死を免れさえしなかったのです。また、昔は数百歳まで生きた人たちがいたと言われもしますが〔一五六〕、そうした人の誰一人として今日まで生き長らえた人はいませんし、今でもすべての人がそうなるのと同様、彼らも最後には死んだのです。

　ですから、昔はこの世の事柄がより正しい秩序やより良い状態にあったにせよなかったにせよ、私の意図は、それが実際により良く配置された可能性があったのを否定することではありません、ただ私が言いたいのは、仮にかつて人間に関する事柄が限りなく完全な存在の善性と英知と全能によってより正しい秩序のうちに打ち立てられ、完璧な状態に置かれていたら、事態はこの至高者が始めに置こうとしたその秩序と完璧な状態にしっかりと留まり、そのままでいたはずで、決して人間の邪悪さによってその所を変えたりできなかったろうということです。それはただ、すでに言ったように、何物も全能の神の意図や意志を凌ぎえなかったはずだからというばかりでなく、さらに人間たちの間に邪悪さなど決して存在したはずもないからです。というのも、全能な神の意図や意志に反して、邪悪さそのものがどうやって人間たちの間に入り込んだり、忍び込んだりできたでしょうか。全能の神の全能の意志よりも人間た

ちの邪悪さの方が勝っており、[6]ずっと強力だったこともありうると主張するのでなければ、そんなことはまったくありえなかったでしょう。そんなことは口にするのも馬鹿げています。

それゆえ、人間に関する事柄は極悪の状況、極悪の状態にあることがはっきりと見られ、私が引用した著者の主張に従えば、この世における事柄の劣悪な配置は、それをはじめにより正しい秩序や現在あるよりも良い状態に置いた限りなく完全な存在を仮定する場合、人間の邪悪さによってこの世の事柄が所を変えたことを証拠立てているか、さもなくば神が神でないことを証拠立てている以上、[7]当然この限りなく完全な存在は絶対に存在せず、したがって神と呼ばれる者は神ではないと結論すべきです。[一五七]それゆえ、もし今しがた引用した著者が、これらの事柄は人間の邪悪さによって所を変えたか、あるいは神が神でなくなると主張するのが正しければ、この人は確実になお一層の根拠をもって、もし神が神であれば、それらの事柄は人間の邪悪さによって決して所を変えはしなかったろうと言えたことでしょう。なぜなら今述べたように、事柄をはじめにそれほど正しい秩序、それほど完璧な状態に置いたその神の同じ力と善性と英知は、さらに事柄が人間の邪悪さによって決して所を変えないようにし、人間たちの間に決して邪悪さがないようにすることさえしたからです。それゆえ、事柄が人間の邪悪さによって所を変えたと言おうと、事柄は決して現にあるよりも良い状態にあったこともなければ、一層秩序づけられたこともないと言おうと、それはこの事態から現在それにふさわしい形で引き出される結論にとってはどうでも良いのです。なぜなら、現にある悲しく、哀れで、不正で、邪悪で、忌まわしく、不幸な状態を見れば、それだけで事態は決して限りなく完全な存在によって作られも治められも導かれもしなかったと結論するには十分だからです。というのも、限りなく完全な存在が、何であれこれほど悪く作ろうとしたり、どんな仕方にせよ自分の創造物の間になんらかの禍、邪悪さ、悪意、無秩序が紛れ込むのを放置しようとしたりしたとは少しも信じられず、そんなのはありえないことでさえあるからです。

神崇拝者の皆さん、あなたがたはどう言われますか。またキリスト崇拝者の皆さん、あなたがたはどう言われますか。たとえば苦労も困難も思い患うこともなく、家の中をきちんと治めきちんと導くことができ、子供たち全員に良

い気立てやほかのあらゆる見事な美点を容易に授けることができる家長が、それにもかかわらずすべてを偶然の采配に委ね、子供たちが美しくなろうと、醜く見苦しくなろうと、賢くなろうと、気が狂おうと、そのままにしておき、良いことも悪いことも平気でするにまかせ、いやたいていの場合、良いことよりも悪いことの方をするにまかせるとしたら、そんな父親を皆さんは何と言われるでしょうか。申し分なしの良い家長だと言われますか。そう言われるにしても、心の中ではそうお考えではないと私は確信しています。守り、率いるべき大群を持つ羊の牧者が[8]、良かろうが悪かろうが無頓着にありとあらゆる放牧場へその群が行くにまかせ、無頓着にその群が疥癬に感染してやられるにまかせ、その上さらに、ひどい狂犬病にかかった犬や狼によってその群が哀れにも散り散りにされ、引き裂かれるにまかせたら、皆さんは何と言われるでしょう。申し分なしの良い牧者だと言われますか。とんでもありません。逆に最悪の牧者で、まったく罰に値すると言われるでしょう。各人に対し誠実に裁判を執り行うのではなく、逆に不正と犯罪に肩入れし、善人も悪人も区別せずに等しく罰し、泥棒や悪人とぐるになっているような裁判官を皆さんは何と言われるでしょう。そんな裁判官が申し分なく正しいと言われますか。とんでもありません。逆に、この世で一番不正な人間であり、そんな輩自体厳しく裁かれ、厳罰に処されるべきだと言われるでしょう。さらに市や州の総督、また治めるべきいくつもの国を有する主権者である君主が、至る所で良い規則や良い法律を立ててそれを遵守させて、民衆を平和と正義のもとに、またすべての富が豊かにあるように保つ代わりに、絶えざる不和や絶えざる戦争によって哀れにも民衆が互いに混乱を起こし合い、迫害し合い、破産させ合い、苦しめ合い、破滅させ合うにまかせたら、さらにまた、そうした痛ましい混乱や不和[9]、残酷な戦争を民衆の間に引き起こし、あおり立てるのがその君主そのものや総督であったら[10]、皆さんは何と言われるでしょう。そんな君主、そんな総督[11]が申し分なしの良い総督であるとか[12]、申し分なしの良い君主であるとか言われますか。とんでもありません。むしろきわめて悪質な総督、きわめて悪質な君主だ、罷免してすべての権威や名誉や位階や指揮権を剝奪するに値すると言われるでしょう。また、そう言われるのが正しいでしょう。そんな行為は君主の善性や英知や尊厳にまったくもとるからですし、良い君主でない君主はす

べて君主たるに値しないからです[一五八]。

神崇拝者の皆さん、キリスト崇拝者の皆さん、あなたがたは、自分たちの神は万人の至上の父であり、生命ある被造物すべての至上の父であると言います。神は人間の至上の牧者、至上の導き手、とくにあなたがたの[13]霊魂の至上の牧者であると言うでしょう。神は万人の至上の裁き手、さらに全宇宙の至上の主人、支配者である[14]、いやむしろ神こそが、父、牧者、裁き手、至上の支配者といったすべての見事な褒めるべき肩書を自分に与えているのだと皆さんは言うでしょう。それでは、神がこの世そのものである自分の全家族を偶然の采配に委ね、人間というこれほど多くの子供たちがこれほど醜く、見苦しく、堕落し、意地の悪い者になるにまかせ、たくさんの病気や廃疾に陥るにまかせ、罰せられもせず、傲慢にありとあらゆる罪、悪行を犯すにまかせておくのに、それでいて、神が限りなく善で限りなく賢明な父親だなどとどうして皆さんは言えるのでしょう。皆さんのお考えでは、これが申し分なく善で、申し分なく賢明な家長にふさわしいのですか。自分の群がありとあらゆる誤謬や悪徳に染まるのをこれほど無頓着に放っておき、悪人の邪曲や残酷さや不実に善人をこれほど広く委ねているのに、それでいて、神が申し分なしの良い牧者だとどうして言えるのでしょう。それが申し分なしの良い牧者にふさわしいことでしょうか。無実の人も罪人も何の区別もせず、不幸にしてそうなった時に無実の人を罪人同様に罰しているのに、それでいて、神が申し分なしの公正な裁判官だとどうして言えるのでしょう。それが申し分なしの公正な裁判官にふさわしいことなのでしょうか。さらに自分の意図や意志を人々にはっきりと示さず、打ち続く紛争や打ち続く戦争によって人々が互いに奪い合い、迫害し合い、破産させ合い、荒廃させ合い、残酷に殺戮し合うままにさせておくのに、それでいて、神がこの世の申し分なく良い君主、至高の支配者だとどうして言えるのでしょう。それがこの世の申し分なく良い賢明な君主や至高の支配者にふさわしいことなのでしょうか。他人を導き、治めるために立てられた人々がそうした行いをする場合、皆さんは日々それを責め立て、咎め立てることでしょう。だとしたら皆さん、皆さんはどんな理性的原理によって、この上なくまた限りなく完全だと言われる存在の場合にはそれを是認することができるのですか。人間では大いに責められ、

罰せられるべき悪徳も、皆さんの神では申し分のない限りなく完全な徳にでもなるのですか。とくにそれが重大で重要である場合、行える善すべてを行わず、防ぎうる禍すべてを防がないでおいて、大いに責められず、処罰に値しないような人はいません。[15]たとえば医者がありとあらゆる病気を簡単に治せ、どんな病気からも人を守れ、死なないよう、どんな痛みにも苦しまないようにさえできるのに、それにもかかわらず病気を治そうとはせず、どんな痛みからも守ろうとはせず、痛みや廃疾のうちで死ぬにまかせようとしたら、そんな医者はまったく責められ、罰せられるべきではないでしょうか。家長が自分の子供たちを全員立派で、賢く、有徳で、完璧な者にでき、ありとあらゆる財産をたっぷりと手に入れさせられるのに、それにもかかわらず子供たちにそうした財産を何一つ手に入れさせず、それどころか彼らが徳に欠けた邪悪な者になり、醜く見苦しくなるにまかせ、哀れにも欠乏やあらゆる悲惨な貧しさのうちに彼らを放置するような、そんな家長はまったく責められるべきではないでしょうか。さらに手短かに言えば、君主が自分の臣民を幸福で満ち足りた者にでき、すべての不幸や損害や痛ましい災難から守れるのに、それにもかかわらず臣民を幸福にせず、それどころかわざわざ臣民を敵の略奪にあうにまかせ[16]、哀れで不幸な者にしようとしたら、そんな君主はまったく責められるべきではないでしょうか。きっとそうです。神崇拝者の皆さん、それにキリスト崇拝者の皆さん、あなたたちの神はありとあらゆる善を人間に行い、あらゆる危険や禍から守り、それらをうまく免れさせ、人間をみな申し分なく幸福で満ち足りた者にすることができるし、また人間をみな申し分なく善で申し分なく賢明で有徳な者にすることができる、とあなたがたは言われ、また人がそう信じることを望んでいます。ところが、神はそういうありとあらゆる善を行い、ありとあらゆる禍から守るどころではないことを、皆さんははっきり目にし、皆さんばかりでなく誰もがはっきり目にしています。それでは、その結果はまったく逆のことを私たちにはっきり証明しているのに、神が全能で限りなく善で限りなく賢明であるなどと、どうして皆さんは言うことができ、また人に信じさせることができるのでしょうか。

ある存在が善で完全であればあるほど、それだけ完全に、それだけ賢明に振る舞わなければならないのをご存じで

はありませんか。[*1] したがって、もし皆さんの神が、皆さんの言われるように全能で限りなく善で限りなく賢明であれば、きっときわめて賢明にまたきわめて完璧に万物をきちんと作り、万物に秩序を与えたはずです。ある哲学上の公理があり、そこでは「受ケ容レラレルモノハミナ、受ケ容レルモノニ比例シテ受ケ容レラレル」［一五九］と言われています。したがってこの公理が真であれば、「作ラレルモノハミナ、作ルモノニ比例シテ作ラレル」ということもやはり真です。したがって、万物を作ったのが全能で限りなく完全な存在や作り手であれば、万物を間違いなく完全に、それゆえどんな欠陥もなく、どんな欠点もないように作ったことでしょう。ところが、万物がそうした気高く、幸せで、完全性を備えた望ましい状態にあるのが見られるどころか、万物はすべて不規則で無秩序で混乱し、悲惨と欠陥からなる悲しく憐むべき状態にあるのが見られます。限りなく完全で限りなく善で限りなく賢明で全能な存在によって万物が作られ、また治められているどんな兆しがそこにあるのでしょうか。どんな兆しもないことは確実です。

＊1　『〔日曜〕法話集』の著者は言います。「誰でも知っているように、神は聖性と限りない英知に満ちておられますから、十全で申し分のないものたろうとしてすべての作物が要求する完全性をお与えにならないはずはありませんでした。いやしくも神は、中途半端なことはなさいません。その作物には空な部分などありえません。すべてが必ずや持てる限りの完全性を、申し分のない聖潔と価値を持っているのです」［一六〇］「聖霊降臨祭後の第二日曜日のための法話十二」（第三巻四〇三頁）。

確かなのは、一人ひとりから完全に認識され愛されることが、限りなく完全な存在の善性と英知に、さらにその栄光にさえ属するはずだということです。なぜなら周知の格率によれば、「善の特性は自らを伝えることにある、善ハ自ラヲ拡散スルモノデアル」［一六一］からです。善性は、大きければ大きいほどそれだけ伝わり広がるはずですし、それだけ一層感じられ愛されるはずです。したがって、限りなく完全である善性と英知は自らを完璧に認識させ、愛させて、必ず自らを完璧に伝えずにはおかないはずです。実際、どんなふうにしても伝わらない、つまりどのようにも感じられず、認識されない善とは何でしょうか。それこそまったく無用な善でしょう。それはわが『聖書』なるものの一書で、私たちに示されてさえいます。『集会の書』はこう言います。「隠されたままの英知、宝物にどんな有用性があろ

うか。どちらにも何の有用性もありはしない。隠サレタ知恵ト目ニ見エヌ宝物、ソノ二ツハ何ノ役ニモ立タナイ。知恵や徳を隠す人よりも、欠点や不完全さを隠す人の方が一層価値があるし、一層立派だ。知恵ヲ隠シテイル人ヨリモ、無知ヲ隠ス人ノ方ガマシダ」（『集会の書』第二〇章三二節）〔一六二〕。またそのために、いわゆる彼らの聖なる預言者の一人〔の書物〕においても、こう言われているのです。「主なる神の栄光が至る所現れ、すべての肉なる人は主の言葉を聞くだろう。神ノ栄光ガ現レ、スベテノ肉ナル人ハトモニ神ノ口ガ語ラレルノヲ見ル」（『イザヤ書』第四〇章五節）。別の預言者の場合には、「主の栄光は至る所目に見えて明らかであるので、もはや誰も教えを受けて神を知ることを学ぶ必要はなくなるであろう。私は私の律法を――神が語っています――彼らの内奥に置く。その心に書きつける。私ハ、私ノ律法ヲ彼ラノウチニ置キ、ソノ心ニ記ス」（『エレミヤ書』第三一章三三節）、と言われています。さらに、「もう、私をどう知るかを教えるために、誰も自分の兄弟や隣人に教えを与える必要もなくなる。もっとも小さな者から、もっとも大きな者に至るまで、誰もが私を知るようになるのだから。人ハモハヤ、オノオノソノ隣トソノ兄弟ニ教エテ、〈アナタハ主ヲ知リナサイ〉ト言ワナイ。ソレハ、彼ラガ小ヨリ大ニ至ルマデミナ、私ヲ知ルヨウニナルカラデアル」（『エレミヤ書』第三一章三四節）、と言われているのです。神はただそうして知られると言うだけでなく、さらに野獣たちによっても知られ、称えられ、讃美されさえするのだとも言います。「野の獣たち、竜や蛇やダチョウたちが私を称える。野ノ獣ヤ竜ヤダチョウモ私ヲ崇メル」（『イザヤ書』第四三章二〇節）。「私はすべてのものを新たにするからである。見ヨ、私ハスベテノモノヲ新タニスル」〔『ヨハネの黙示録』第二一章五節〕。

　それゆえ、これら預言者たちの言葉に従えば、神はそのようにして自らを知らせ称えさせるという栄光を自分に付与し、何物にも増して自分に付与しているのです。神は自分の栄光について妬み深く、その栄光を誰にも渡さないと言います。「私は主、自分の栄光を妬む、強く、力ある神である。私は私の名を汚させはしない。私がそれをさせないのは私自身への愛による。私は私の栄光を誰にも与えはしない。アナタノ神、主デアル私ハ、妬ム神デアルカラ、私ヲ憎ム者ニハ、父ノ罪ヲ子ニ報イテ、三、四代ニオヨボス。私ハ自分ノタメニ、自分ノタメニコレヲ行ウ。ドウシ

テワガ名ヲ汚サセルコトガデキヨウ。私ハワガ栄光ヲ、他ノ者ニ与エルコトヲシナイ」〔一六三〕（『出エジプト記』第二〇章五節）。これこそ神自身が、自分の言葉が真実である一層大きな保証として、誓約や宣誓によりさらに請け合っていることです。「私は自ら誓った。私は真理と正義とを誓った。私の言葉は成就されよう。すべてのひざは私のもとにかがみ、一人ひとりが私の栄光を称えよう。私ハ自分ヲ指シテ誓ッタ、私ノ口カラ出タ正シイ言葉ハ帰ルコトガナイ、スベテノヒザハワガ前ニカガミ、スベテノ舌ハ誓イヲ立テル」（『イザヤ書』第四五章二三節）。それゆえ、私が引用してきたさまざまな理由や証言からも明白なのは、各人に完全に認識され愛されることが、神、すなわち限りなく完全な存在の善性と英知、さらにはその栄光に属するということです。しかるに、各人に完全に認識され愛される、限りなく完全な存在など存在しないことは明らかです。というのも、神が完全に認識され愛されるものであれば、そうしている人がたくさんいるように、神を否定すること、そして神を疑うことさえ誰も望まないでしょうし、そんなことはできもしないでしょう。またわが神崇拝者たち自身にしても、現在そうであるように、その存在を証明するのにあれほど苦労することもないでしょうし、神を人々に知らせる仕事のためにあれほどの説教者を必要とすることもないでしょう。それゆえ、神を知らなかったり、神の存在を否定したり、あるいはその存在を疑ったりする無数の人が存在し、わが神崇拝者たちのうちで一番熱心な者でさえ、理性によっても感覚によっても神の存在を証明できない以上、それこそそんな存在など存在しないこと、したがって神は存在しないことの明らかな証拠です。

　同様に、自分が行うことを万事申し分なく行うこと、したがってどんな欠点[17]も欠陥も不完全さも決して存在しないようにすることが、全能で限りなく善で限りなく賢明な存在の善性と英知に属すること、またその善性や英知と同じくその栄光に属することは明確であり、また同じ理由から、自分の作物を完璧、完全な状態に常に保ち、維持することは、そうした存在の限りない善性と栄光と英知に属します。そうしないのは、きっとそうできないからか、そう望まないからです。望まないからであれば、それゆえ確実に神は限りなく善ではないことになるでしょう。行うことが自分にふさわしいすべての善、そして自分が行いうるすべての善を行おうとはしないからです。またできないからで

あれば、それゆえ確実に神は全能でないことになります。行うことが自分にふさわしいすべての善を行えないか〔一六四〕らです。したがって、万事を申し分なく完璧に行う力を欠いているにせよ、またそのための善性を欠いているにせよ、そこから明らかに帰結するのは、神は限りなく完全ではなく、それゆえそんなものは、わがキリスト崇拝者たちが理解しているような神ではないということです。

　自分が行えるすべての善、しかもその栄光自体のためにも行うことが自分にふさわしいすべての善を、限りなく善で限りなく賢明な存在が行おうとしないことがありえるでしょうか。防ぐことができ、しかも防ぐことが自分自身の栄光にとってふさわしくさえあるすべての禍を、この存在が防がないことがありえるでしょうか。苦労もせず何の困難もなしに、自分の被造物すべてを永遠に完全で幸せなものにできる限りなく善で限りなく賢明な神が、それにもかかわらず被造物を邪悪で、欠陥だらけ、弱く、不完全なものとして作り、いつまでもそのままにしておこうと過去や現在に望み、それもその後は変わることなく不幸にもこの世のありとあらゆる禍や悲惨に被造物が苦しむのを見るため、また被造物をそんな状態のままうち捨てておくためだということがありえるでしょうか。限りなく善で限りなく賢明な神が、禍や無秩序や悪徳や混乱が自分の被造物の間にあるのを見て喜ぶことがありえるでしょうか。たとえば被造物が醜く、見苦しく、不具で心身ともに悪いのを見て喜ぶのでしょうか。被造物が飢えや貧困に打ちひしがれ、死んでいくのを見て喜ぶのでしょうか。現に被造物たちが互いにしているように憎み合い、迫害し合い、引き裂き合い、破壊し合い、むごたらしく食らい合うのを見て喜ぶのでしょ〔一六五〕うか。[18]間違いなく、そんなことは信じられません。限りなく完全で限りなく善で限りなく賢明な存在がそんなことを望みうるなどとどうやったら納得できるでしょうか。できはしません[19]。そんなことは、限りなく善で限りなく賢明な存在の本性に完全に反しているからです。被造物の間にたくさんの禍やたくさんの悪事を起こしたり、それを許そうとしたりすることが、その本性に可能であると考えることはその限りない善性と英知を台なしにすることです。万事において善を行うことこそきわめてすばらしく、きわめて称賛すべき、きわめて尊敬に値することであり、至る所慈悲をもたらす者となることこそ、きわめて優しくきわ

めて愛すべきこと、気高く寛大な心の完全性と偉大さにきわめてふさわしいことである以上、善を行うべきなんらかの機会を限りなく完全な存在が逃し、なおざりにするとは想像できません。慈悲の魂や心を欠き、火急の場合に善を同胞に施そうとしない人々は財産を所有するに値せず、逆に彼ら自身哀れな者、不幸な者となるのがふさわしいのですから、あえて申しますが、それと同様にありとあらゆる禍を防げる神々があって、それにもかかわらず行いうるあらゆる善を行わず、防げるあらゆる禍を防ごうとしなければ、そんな神々はきっと神に値せず、また神としての栄誉を受けるにも値しないでしょうし、さらにあえて申しますが、そんな神々は神々として仕えられ崇められるよりもむしろ、笞で打たれる方がふさわしいでしょう〔二六六〕[20]。

　同様に、限りなく善で限りなく賢明な全能の神や主が本当に存在していれば、至る所で善人たちを保護し、いつでも徳に報いることがその善性と英知に属し、同じく至る所で悪人たちを罰し、至る所で彼らの邪悪な意図を砕くことがその正義に属するでしょう。こうした命題は、理性に従えば反論の余地はありません〔二六七〕。いつでも善人を守り、いつでも徳に報いること以上に、限りない善性と英知にふさわしいことは何もないからです。それこそ、この上なく完全な善性に本質的なことでさえあります。それが正しい人を守らず、徳に報いることはないなどと言うのは、この上なく完全な善性をそしり、台なしにさえすることです。同様に、至る所で悪人を罰し、その悪い企みの実行を至る所で防ぐこと以上に、限りなく完全な全能の存在の英知と正義にふさわしいことはありません。それこそまた、限りなく完全な存在の英知と正義に本質的なことです。それが悪人に罰を与えず、彼らの悪い企みの実行を防ぎもしないなどと言うのは、その英知と正義を台なしにし、無に帰することです。というのも、善をなさず、悪を防がず、徳に報いず、悪徳を罰しないのであれば、それではまるで実際に至上の善性も至上の英知も至上の正義も存在しないようなものだからです。

　これは、わが神崇拝者たちも自ら認めざるをえません。自分たちの神に義人の至上の守護者、罪の至上の処罰者の肩書を与えようとあれほど気を遣っているのですから。それはまた、自分たちの『聖書』なるものの無数の箇所で、

彼らが神に帰していることでもあります。『聖書』には、義人への神の守護やありとあらゆる祝福や立派な褒美の約束が記されており、そこでは神は、罪人を完全に破滅させ、その罪ゆえに厳しく罰すると恐ろしげに脅しているのです。「私は強く、力ある神である。私は私の栄光を妬む神であるから、私を憎み、悪をなす者は、父の罪を子に報いて、三、四代におよぼし、私を愛し、善をなす者には、恵みを施して、千代にいたるであろう」（『出エジプト記』第二〇章五〔―六〕節）。「主はすべて寄り頼む者の守護者である」（『詩篇』第一七篇三一節）、これは預言者ダビデ王の言葉です。「正しい人の救いは、主なる神から出る。主は彼らの悩みの時の避け所である。主は彼らを罪人どもの手から解き放つ。主は彼らの願いを叶えられるが、彼らが主に寄り頼むからである」（『詩篇』第三六篇三五節〔三九、四〇節〕）。「主の目は正しい人をつねに好意をもって見、その耳は彼らの祈りをつねに注意深く聞く。主は心のくだけた者に近く、その苦しみの中から彼を救われ、その骨の一つさえ折られるのを許されない」（『詩篇』第二七篇二六節〔『詩篇』第三四篇一六、一九―二一節〕）。「主は正しい者を愛される。主は、おのれを愛する者を守られる。主はやもめとみなしごとを守られる。主は、囚われ人を解き放ち、盲人の目を開かれるが、反対にすべての悪人を滅ぼされる。スベテノ罪人ヲ滅ボサレル」（『詩篇』、第一四四篇〔第一四四篇二〇節、第一四五篇七―九節〕[一六八]）。

「恐れてはならない」、と神自らアブラハムに言います。「恐れてはならない。私はあなたの盾である。私自身があなたの報い、きわめて大きな報いとさえなるであろう」（『創世記』第一五章一節）。「もしあなたが聞くならば」、モーセの口を借り（というのも、神々は人間たちの口を借りる以外は決して話すことはありませんから）イスラエルの民に語って、同じ神自身が言います。「もしあなたが私の言葉に聞き従うならば、私が今日命ずることを忠実に守るならば、この諸々の祝福はあなたに臨み、あなたは町においても畑においても祝福されよう。主はその祝福の宝物をあなたの上に注ぎ、あなたにありとあらゆる福をたっぷりと与えよう」（『申命記』第二八章〔一―四節〕[一六九]）。ところが逆に、神はあらゆる種類の刑罰で罪人を脅します。神はその怒りと憤激を彼らの上に注ぐと言っています。「もしあなたが私の声に聞き従おうとせず、私が命ずることを行おうとしないならば、あなたは町においても畑においても呪

われよう。あなたは飢えと疫病と戦に苦しめられ、あなたはありとあらゆる禍に苛まれよう……」〔『申命記』第二八章一五―二二節〕[一七〇]等々。その他多くの似たような証言があり、それが上記の『聖書』なるもののうちに見られ、正しい人への保護と褒美についてや悪人の処罰について、今私が述べてきたことを至る所で裏付けています。それゆえ、すべての罪人や悪人を罰し、彼らの悪い企みの実行を防ぐことこそ、限りなく完全な全能の存在の正義に属することは、私が述べてきた理由によっても確かにされ、また私が伝えてきたすべての証言によっても裏付けられます。

さて、義人になされたあの立派な保護の約束も、悪人になされたあの恐ろしい罰の脅迫も果たされていないことは明らかです。というのも、義人がいつも守られ、その徳行にいつも褒美が与えられるどころではないのは明らかだからです。また悪人もそれに値するようにいつも罰せられているどころではないことも明らかです。それどころか、無数の義人、無辜の人が哀れにも虐げられ、その徳行にどんな褒美も与えられず、清廉潔白のまま非業の死を遂げてゆくのが日々見られ、他方、無数の不敬な悪人がその邪曲において勝利を占め、その罪やその悪行に対してどんな罰も受けず平穏に生涯を全うするのが日々見られます。したがって、それ相応に義人に褒美を与え悪人を処罰できるどんな限りなく完全な存在もないのです。なぜなら、もしそうした存在があれば、どちらに対しても上記のそうした約束を果たさずにはおかないはずだからです。日々その祈りの中であれほど信心深く、あれほど心を込めて、またあれほど切実に神の加護を求め、神に願い、日々あれほど哀れにも救いを求めて神に訴えている多くの義人、多くの哀れで不幸な無辜の人々の訴えや涙や嘆きに、この上なく善である全能の存在がいつも無関心のままでいようとするなどということがありえるでしょうか。この存在が義人の誰にも好意を示そうとせず、どんな救いも与えずに打ち棄て、朽ち果てるにまかそうとするということがありえるでしょうか。全能な存在が悪人を恐れさせようとせず、悪人の傲慢や冒瀆や不敬やあらゆる悪行を許し、それに値するように罰を下そうともしないなどということがありえるでしょうか。そんなことは信じられません。そんなことは想像もつきません。[21]神が本当にわが神崇拝者たちの言うようなものならば、どうして神はそれを示さないのですか。神が自分で自分の正義を守ってください。神が自分で敵や神の掟と

命令をないがしろにする輩に復讐してください。「神ヨ、立チ上ガッテ、敵ヲ散ラシテクダサイ」(『詩篇』第六七篇一節)。ギデオンの父は言いました。「バアルがもし神であるならば、自分の祭壇が打ちこわされたのだから、彼自ら復讐すべきである。バアルガ神ナラ、彼自ラ復讐スベキデアル。アナタガタハバアルノタメノ復讐者デアルノカ」(『士師記』第六章三一節)。[一七二]

限りなく完全と仮定されるこの存在がその完璧な美しさのうちに人間に現れていたら、その存在を完全に愛さない人はいないでしょう。自然に意志は善を愛することに傾くものです。同様に、この存在が悪人や罪人を全員厳しく罰していたら、悪事を働くことを恐れたり気づかったりしない人はなく、おそらく誰も向こう見ずに何かの悪を働こうとさえしないでしょう。悪人や罪人を全員罰したらなどと、私は何を言っているのでしょう。万人を今よりももっと賢く良い者にするためには、そんなにたくさんの連中を罰する必要さえありません。たとえば雷が鳴る時、それがもっぱら悪人や罪人の頭の上に落ちるというだけで、罪人を全員震え上がらせるには十分で、誰も向こう見ずに悪人になろうとはしないでしょう。なぜなら、自然に人は死や罰を大いに恐れるため、そう簡単にそんな羽目になろうとはしないものだからです。悪意や悪行において、人間をこれほど大胆で頑固にさせるのは、悪徳や罪が罰せられないままでいるためなのは確実です。これこそまた、わが神崇拝者たちも否定しえないことです。彼らの『聖書』なるものさえそう言っているのですから。

「人の子らは、悪事を働いた後でも悪人たちが罰せられないままでいるのを見、また悪人たちがどんな罰も受けずに同じ罪を幾百回も犯すのを見て、それがためありとあらゆる悪徳、悪行に何の恐れも抱かずに身を委ねる」(『伝道の書』第八章一一節)、と『聖書』なるものは言っています。また、同じ『聖書』なるものは次のように言います。「その結果、忌まわしくも哀れな、憤激に劣らず同情にも値するもう一つの空なることが生じる。すなわち、義人がほとんど無限の悲惨に苦しめられ、まるで悪人の罪を犯したかのように侮辱され、恥辱を受けるのが往々にして見受けられ、逆に不敬の徒がまるで義人のすべての功徳を備えているかのように保証され、悦楽と名誉に包まれて暮らし

ているのが往々にして見受けられる」（『伝道の書』第八章一二〔一四〕節）。これは確実に、限りなく完全な全能の神の善性と英知と正義にまったくふさわしくないきわめてひどい虚妄、誤謬です。「悪シキワザニ対スル判決ガスミヤカニ行ワレナイタメニ、人ノ子ラハ、何ノ恐レモ抱カズニ悪ヲ行ウコトニ傾イテイル。……、地ノ上ニモウ一ツノ空ナルコトガ行ワレテイル。スナワチ、義人デアッテ、悪人ニ臨ムベキ事ガソノ身ニ臨ム者ガアル。マタ、悪人デアッテ、義人ニ臨ムベキ事ガソノ身ニ臨ム者ガアル。私ハ言ッタ、コレモマタ空デアル」（『伝道の書』第八章一一、一四節）〔一七二〕。同じ『聖書』は言います。「また日の下に行われるすべての物事のうちでもっとも遺憾なこと、もっとも悪いことは、どんな人にも分け隔てなくすべてが起こることである。同じ災難が正しい人にも悪人にも、善人にも潔白な人にも罪人と同様に、犠牲を捧げる人にも犠牲を捧げるのをさげすむ人にも同様に起こる。善人も悪人も、誓いをする人も誓いを恐れる人も異なることはない。このことが人々の心に邪悪さを満たし、すべてをさげすむようにさせる……。日ノ下ニ行ワレルスベテノ事ノウチデモットモ悪イコトハ、ドンナ人ニモ同ジ事ガ起コルコトデアル。正シイ人ニモ正シクナイ人ニモ、良イ人ニモ悪イ人ニモ、清イ人ニモ汚レタ人ニモ、犠牲ヲ捧ゲル人ニモ犠牲ヲサゲスム人ニモ。善人モ罪人モ、誓イヲスル人ニモ誓イヲ恐レル人ニモ、行ク末ハ同ジコトダ。マタソノユエニ人ノ子ノ心ハ悪ニ満チ、生キテイル間ハ狂気ニ満タサレル」（『伝道の書』第九章一、二、三〔二、三〕節）〔一七三〕。

こうした論拠の力と明証性に逆らえないので、自分たちの神は地上で正しい人々の徳や善行に必ずしも報いないとしても、また悪人たちの悪徳や罪をこの世で必ずしも罰しないとしても、あの世では必ずそうせずにはおかず、その時にはあの世で、正しい人にはたくさん褒美を与えずにはおかず、悪人を厳しく罰せずにはおかないと、神崇拝者たちは巧妙にも主張することを思いつきました。けれども、そのあの世なるものは、自分をだましたり他人をだまして楽しむための人間精神の妄想や単なる絵空事でしかないことは別にしても、そんな解釈やそんな反論は、今しがた引用してきた彼ら自身の『聖書』なるものの上記の証言に明らかに反するものであることを私から言っておきます。それらの証言は、ただ正しい人への神の善性による目に見える保護だけを語っており、同様に、ただ悪人への神の正義

による目に見える罰だけを語っているのです。『聖書』が、あの世での褒美や罰を語っているだけとは信じられません。それこそ、正しい人への褒美や悪人への罰について『聖書』でなされているすべての約束やすべての脅迫を、まったく虚しく、取るに足らないものとすることだからです。というのも、あの世での褒美なるものや、あの世での罰なるものは、わが神崇拝者たちがあれほど口にし、あれほど尊重するふりをしているあの世なるもの同様、架空の褒美や罰にすぎないからです。そんな結構な約束なるものの虚しさは、さらに、彼ら自身の『聖書』なるものの中でも明らかに示されていますから、彼らがそんなものを神の書物と見なせたり、またその本が言っているにもかかわらず、いなくなった後も自分たちが生きられるという虚しい期待を抱けるのは驚くべきことです。

このことについて、かの『聖書』なるものがどう語っているかを次に掲げましょう。『伝道の書』は、「賢者は愚者以上にどんな利点を期待できるのか」〔『伝道の書』第六章八節〕、すなわち義人は悪人以上にどんな利点を手に入れることができるのか、と言います。「この世の後により良い人生を過ごすことであろうか。知らないものを望むよりも、愛しているものを見、持てるものを手にする方が良い。知らないものに執着しようとするのは、精神の虚妄、臆測にすぎないからである。賢者ハ愚者ニマサル何ガアルカ。生命アル所ニ行クノデナケレバ貧者ニ何ガアルカ。好マシイモノヲ目ニスルコトハ、知ラナイモノヲ熱望スルニマサル。ソレモマタ虚シイコト、精神ノ臆測デアル」〔『伝道の書』第六章八〔八―九〕節〕[一七四]。それゆえ、この『聖書』の説に従えば、あの世を待ち望むことはすでに虚妄であり、欺瞞的な臆測ですから、したがって現世におけるものでなければ褒美などありはしません。引用を続けましょう。「正しい人、賢い人がある」と同じ『聖書』は言います。「敬虔に徳を重ね、ありとあらゆる善行を行って暮らす正しい人、賢い人がある。しかし自分が愛にふさわしいのか、憎しみにふさわしいのか誰も知らない。すべては来るべき時の不確実さのうちに存するからである。正しい人と不敬の人の間、善人と悪人の間、清い人と汚れた人の間、敬虔に犠牲を捧げる人とそれを捧げるのをさげすむ人の間に違いがあることは誰にも分からない。なぜなら、どちらにも、善人にも悪人にも、不実な人にも常に真実を語る人にも同じことが起こるからである。それこそきわめて悪いこと、

きわめて遺憾なことである。なぜなら、あらゆることが善人にも悪人にも分け隔てなく起こるのを見て、人々は徳をさげすみ、ありとあらゆる悪徳、悪行へと容易におもむき、その後に墓へと消え行くからである」（『伝道の書』第九章二、三〔一、二、三〕節）。[175]

この同じ『聖書』は、「いつまでも生きられる人はなく、いつまでも生きられる望みを抱く人さえいない。生きている犬は、死んだ獅子にまさる」〔『伝道の書』第九章四節〕と言います。すなわち、もっとも卑しくもっとも哀れな動物であっても生きてさえいれば、死んでしまったこの世のもっとも偉大で、もっとも強力な君主[22]にもまさるのです。その理由を挙げて、同じ『聖書』はこう言います。「生きている者は自分が死ぬことを少なくとも知っており、死ななければならないことを知っているからである。しかし死者はもう何事も知らず、何事もまったく忘れ去っているのだから、もうどんな褒美も当てにしない。憎しみ、愛、妬みのどんな感情ももう抱くことはない。彼らにはすべてはもう終わっており、この世に起こることとは何の関わりもない。生キテイル犬ハ、死ンダ獅子ニマサル。生キテイル者ハ死ヌベキコトヲ知ッテイル。シカシ死者ハ何事モ知ラナイ、マタモハヤ報イヲ受ケルコトモナイ。ソノ愛モ、憎シミモ、妬ミモ、スデニ消エウセテ、彼ラハモハヤ日ノ下ニ行ワレルスベテノコトニ、永久ニ関ワルコトガナイ」〔『伝道の書』第九章五〔四―六〕節〕。「だから、あなたは行って」、と同じ『聖書』は読む者に呼びかけます。「だから、あなたは行って、友とともにあなたの労働の果実を心安らかに飲み、食べるがよい。あなたは行って、愛する女性とともに人生の喜びと満足を楽しむがよい。それこそがあなたの取り分、この世であなたが期待できる良きものだから。あなたがいつか行く墓の中には、もはやあなたにとって知識も感覚もないのだから。サア、アナタハ行ッテ、喜ビヲモッテアナタノパンヲ食べ、楽シイ心ヲモッテアナタノ酒ヲ飲ムガヨイ。アナタノ愛スル妻トトモニ楽シク暮ラスガヨイ。コレハアナタガ世ニアッテ受ケル分、アナタガ日ノ下デスル労苦ニヨッテ得ルモノダカラデアル。アナタノ行ク陰府ニハ、ワザモ、計略モ、知識モ、知恵モナイカラデアル」[176]〔『伝道の書』第九章七、九―一〇節〕。

これが、わが迷信深い神崇拝者たちやわが迷信深いキリスト崇拝者たちが、あの世での褒美なるものや罰なるもの

に関して抱き、無知な民衆を虚しくつなぎとめている誤謬について、望みうる一番明らかで説得力ある証言です。というのも、今伝えてきた彼らの中の一番賢明な者の説そのものに従えば、死者はもうどんな褒美も期待せず、死者にはもう知識も感覚もなく、生きている者の最良の取り分は、その働きの成果を平穏に楽しく飲み食べること、友や愛する女性と一緒に人生の喜びと満足を平穏に楽しむことであり、それがこの世の福で人が期待できる取り分のすべてだからです。これこそ、この人がこの世のほかのあの世は信じず、あの世などはなく、したがってあの世で期待すべき褒美も恐れるべき罰もないことのはっきりした証拠です。さらに別の箇所では、死後になすべき非難もなく、返すべき借りもない以上、死を恐れる必要はないと言われているのですから。「死ノ宣告ヲ恐レルナ……黄泉デハ、アナタノ生涯ヲ非難スルコトハナイノダカラ」（『集会の書』第四一章五、七〔三、四〕節）。〔一七七〕

それゆえ、正しい人がきわめてしばしばその罪や悪行によって値すべき罰を受けずに死ぬことが起こる以上、一方にとっても他方にとっても至上の正義はなく、したがって限りなく完全な存在はないことになります。〔一七八〕なぜなら、本当にそんな限りなく完全な存在があれば、その存在は申し分なく公正でしょうし、申し分なく公正であれば、善人には褒美を与え、悪人には罰を与えるはずだからです。善人が必ずしも報われず、悪人が必ずしも罰を受けないことがはっきりと見受けられる以上、それこそ各々に値するように一方に報い他方に罰を与える神も、限りなく完全な存在もないはっきりした証拠です。

第七五章　人間たちから愛されたい、崇められたい、仕えられたいと望むなんらかの神があれば、必ずや、少なくとも相応に自分を人間に知らせ、相応に自分の意志を人間に知らせるはずである

さらに、同じことを目的とする別の論拠を次に掲げましょう。(1) 人間に愛され、崇められたいと望むなんらかの神やなんらかの限りなく完全な存在が本当にあれば、自分が愛され、崇められ、仕えられたいと思うすべての男女に、自分をはっきりと、あるいは少なくとも相応に知らせることは、この限りなく完全な存在なるものの理性、正義、また

義務にすら属するでしょう。同様に、その意図や意志を彼らにはっきりと、あるいは少なくとも相応に知らせることも、その同じ限りなく完全な存在の理性、正義、義務に属するでしょう。少なくとも相応に自分を知らせることもしないでいて愛されたいと望むのは、知性や理性を備えたすべての存在にとって滑稽なことですから。同様に、少なくとも相応に自分の意図や意志を知らせることもしないでいて仕えられたい、臣従されたいと望むのは、主人や領主にとって滑稽なこと、まったく不当なことでしょう。なぜなら、召使いや家臣に自分を十分に知らせず、自分の意図や意志を十分に知らせずに、そんなことを彼らに強要できる主人や領主がいたら、気違いとか狂人とか見なされずにはおかないのは確実だからです。またもしこの主人や領主が、自分のさせたいと思うことを召使いや家臣に十分に知らせないままで、それをやらなかった者たちに罰を加えさせ、それも厳しい罰を加えさせようとするまでに狂気や不正(2)をつのらせるとしたら、この世で一番不正な者、一番野蛮な者、一番凶暴な者とやはり見なされるでしょう。どんな人でもそんなことをしようと望むほどの狂気、非人間性のきわみに至るのはかなり難しいでしょうが、神あるいは限りなく完全な存在がそんなことを望むようになれるなどと考えるのはなおさらもってのほかです。とすれば、そこから明らかにこうなるでしょう。つまりすでに言ったように、人間に愛されたい、崇められたいと望むなんらかの神あるいはなんらかの限りなく完全な存在があれば、少なくとも相応に人々に自分を知らせ、また相応に自分の意図や自分の意志を人々に知らせることこそ、限りなく完全な存在の理性、正義、また義務にさえ属するはずです。ここに述べた命題はすべて白日のごとく明白です。

　さて、この神なるものは自分を人間に十分には知らせず、自分の意図や意志も十分に知らせていないことは明らかです。なぜなら、神が自分を人間に相応に知らせていれば、誰も神を知らないことはなく、神を否定したり、その存在を疑ったりしないはずですし、そうであれば、いわゆる神の存在に関して人々の間に現に起こっているあれほどの言い争いもあるはずがないことは確実だからです。それゆえ、多くの人が神を知らず、多くの人が神を否定し、多くの人がその存在を疑い、多くの人が神を知りたいと望みながら知りえず、さらに死すべき人間や汚く卑しい動物、生

命のない物や、口をきくこともなく運動も感覚も持たない偶像とかに多くの人が神を結びつけたり、そんなものに神性を付与したりしている以上、また神が存在すると思い込んでいるそうした人々自身、神を見ることも認識することもなく神を信じている以上、それこそ神が人間には少しも知られていないことのはっきりした証拠です。また同様に、この者、この神なるものは、その意図や意志を人間に十分に知らせてはいません。なぜなら、神がそれを人間に十分に知らせていれば、神について信じねばならないことや神を喜ばすためにしなければならないことについて、人間はみな確信を持ち、自信を抱くでしょうし、人間は一致して同じ信仰、同じ真理についての信仰を抱き、一致して同じ礼拝を行うはずだからです。そうであれば、彼らの神聖な法なるものの戒律や奥義や儀式について、現にあるような多くの言い争いや見解の相違もないはずですし、それを維持するためや互いに反する多くの臆見を擁護するために現に行っているように、憎み合い、戦火を交え血を流してまで迫害し合う必要もなくなるはずです。

それゆえ、人々はそれぞれの宗教の主要な点につき一致して同じ信仰を抱くことも、同じ礼拝を行うこともできず、各々が自分の神の法なるものの奥義、戒律、儀式を維持するため互いに絶えず憎み合い、迫害し合い、さらには滅ぼし合っており、そうすることで自分たちの神になしうる最大の奉仕をしているのだとそれぞれが信じてさえいるのが明らかに見られる以上、いや数千年来そうしてきたのが見られる以上、これこそ、自分を人間に十分に知らせ、自分の意図や意志を十分[3]に知らせるどんな神も存在しないはっきりした証拠です。相応に自分を人間に知らせ、相応に自分の意図や意志[4]を人間に知らせられるなんらかの神があれば、その意志に関する無知や誤謬といった、これほど哀れでこれほど不幸な状態に、神が人間をいつまでも打ち棄てておこうとするとは信じられないからです。というのも、人は誰もが神の名誉と栄光のために戦うと称し、またそれぞれが自分の財産を犠牲にし、生命を危険にさらしてまで自分たちの宗教の命令や儀式に従い、それを支持することで誰もが正しく務めを果たしていると信じているからです。

たとえば、自分たちの君主の栄光とその君主への奉仕を愛する人々が、君主の法や意志の解釈をめぐり、またその勅令の執行をめぐってもめごとを起こし、互いに不和となり、たとえばある人々は王が命じ欲しているのはこうなの

だと言い、別の人々は反対に、いや王が望んでいるのはそうではない、王が望み考えているのはこうした別のやり方なのだと言い、君主に与しよう、そうすべきだと思うとおりに君主の法令をきちんと執行させようという名目で、このもめごとをめぐって人々が互いに武器を取り、互いに争い合い、殺し合い、喉を切り合い、滅ぼし合い[5]、生きながら火あぶりにし合う羽目になったら、その場合、王や君主はどうするでしょうか。もし善良で賢明な君主であれば、臣民の間のそうした分裂や、分裂を引き起こした問題を知らされたら、きっとすぐに自分の法令を疑問の余地なく説明し、自分の意図や意志をはっきり知らさずにはおかないでしょうし、そうやってただちにすべての不和を治め、家臣たちの間に平和と強固な団結を瞬時に回復させるでしょう。しかし、もしこの君主が家臣たちの間の混乱や争い[6]を見て喜び、君主を愛するあまり家臣たちが互いに相争い、奪い合い[7]、引き裂き合い、けなし合うのを見て喜ぼうとするような気違い、嘲弄家、悪王であれば、そんな君主は家臣たちのなすに任せ、口もはさまず、何が自分の意志であるかをはっきりと告げたり告げさせたりする労さえ取ろうともしないでしょう。

これこそ、不幸にも今述べてきた人々と同じ状況に置かれている万人の境遇です。自分たちの神の法や戒律に関して互いにいさかいを起こし、不和になり、誰もが本当の神を崇め本当の神に仕えると称し、誰もが神の本当の意図、神の本当の意志に従って神を崇め神に仕えているとさえ称しています。ある人々はこれこれの仕方で崇められ仕えられたいと神は望んでいると言い、別の人々はこの連中はみな間違えている、神が崇められ仕えられたいと思っているのは別の仕方だと言い立て、また別の人々は別の見解を抱き、要するに万人が各自の神[8]と宗教の法や儀式について千とおり、おそらくは千とおり以上もの違った見解に分かれているのです。同じ宗教を告白している人々でさえ、その教理の主要な点に関して必ずしも互いに一致できないようです。そのために、どちらからもそれぞれ互いに非難し合い断罪し合う数多くのさまざまな奇妙な意見が、さらに彼らの間に生まれもします。もうずいぶん昔から、人はこの種の問題について言い争い、反目し合ってきました。自分たちの神への愛とか神の栄光とかのため、また神の法や戒律を敬虔に擁護し維持するためというあの結構な口実で、もう数千年もの間相争い、戦火を交え、血を流してまで迫

害し合ってきました。しかし、わが神崇拝者たちが主張しているように、人間から敬虔に仕えられ崇められたいと望む神が存在するのが本当ならば、その神には楽々とできるのですから、この痛ましい分裂、このおぞましい混乱をやめさせ、自分をはっきりと知らせ、自分の意図や意志をはっきりと告げ、人々の間に平和をもたらすことに神はとりかかるはずですが、そんなことをする神は見受けられません。

これほど差し迫った場合や状況で、神と称される者がするこうした沈黙から、どのような判断、どのような結論を下せるでしょうか。それは、本当はどんな神も存在しないということでしょうか。それとも、なんらかの神がいるにしても、その神は人々の崇拝をさげすみ、人々をあざ笑い、平和をもたらしたり本当の善を行ったりするよりも、人々を分裂させ混乱させておく方を一層喜ぶような神であるということに必然的に帰着せざるをえないのでしょうか。実際、そんな神がいると主張することにどのような真理の兆しがあるとも、私には思えません。それゆえ残るのは、本当はそうした神など存在しないと結論し、主張することです。それこそが、これまで私が述べ、また続いて述べるすべての理由から明らかに引き出される結論です。

わがキリスト崇拝者たち(9)はこれに対して普通、自分たちの神は自ら作られた感嘆すべき作物たちを通じて、自分をかなりはっきり知らせていると反論します。彼らの言い分では、天地を作り、限りなく善で限りなく賢明な全能の神にほかならない者の偉大さや栄光や力や善性や英知を、天地ははっきりと公にしているそうです〔一七九〕。そのために彼らの偉大なミルマドラン、聖パウロは言います。「神はその偉大さについて知りうる事柄を、世界創造の時に作られたものを示し考察させることによって人々の目に明らかにされた。こうして神は、おのれのうちの目に見えないもの、すなわちその永遠の力と神性そのものを目に見えるものとする。したがって、こうして神の存在を知りながら、神を褒めたたえず、神にその恩恵を感謝しなければ、彼らには弁解の余地がない〔一八〇〕」〔『ローマ人への手紙』第一章一九―二一節〕。また、神の意志についても同様に彼らは、神は自ら打ち立てた法と戒律によりその意志を十分はっきり人間に示しており、この法と戒律は人間に神意を教えるために、何度も遣わされた天使や預言者といった神のもっとも忠実な僕た

ちを介して神が守るように命じたものだと言います。それだからこそ、この同じ偉大なミルマドラン、聖パウロは言うのです。「神は、昔は預言者たちによりいろいろな仕方で語られて、人々に自らを知らされたが、この終わりの時にはついに、御自分の愛される御子によって語られた。神は御子を万物の相続者と定め、また御子自身によって諸々の世を創造された。御子そのものが神の栄光の輝きであり、神御自身の生き写しの姿であって、その全能の御言葉によって万物を保っておられる。そしてすべての罪を浄められた後、天にある神の至上の威光の座の右に座られた」（『ヘブル人への手紙』第一章〔一―三節〕）。そしてこの同じ神の御子と称する者は、自ら人々に語って、自分は父なる神から遣わされた、自分が人々の間で行う驚くべき業は本当に自分が父なる神から遣わされたことの証となると言ったのです。そのためこれに加えて、もし自分が彼らの所に来なければ、また自分が行った奇蹟の業を彼らの間で行っていなければ、人々は自分を信ぜずとも罪を犯さず、言い逃れできたであろう、しかし実際、自分が行ったように彼らの間に現れ、彼らの間でしたように多くの奇蹟を行った以上、もう自分を信ぜず、自分が言ったことすべてを行わないのは言い逃れできないと言いました（二八二）。ほかにも同じような証言がいくつもあるが、紹介したら長すぎてしまうだろう……云々〔、とわがキリスト崇拝者たちは答えます〕。けれどもこうした返答に反駁し、神に関するそんな証言なるものすべての虚妄と虚偽を示すのは簡単です。

なぜなら第一に、わが迷信深い神崇拝者たちが、神が打ち立て、人々に守るよう命じた法や戒律を通して十分はっきり、あるいはそれ相応に私たちに知らされているとした、いわゆる神意の認識について言えば、それこそただの妄想です。というのも率直に言って、神から本当にもたらされたと人がはっきり、あるいは十分に認識できると言われる法や戒律とは、どのようなものでしょうか。唯一の神しか認めないすべての人々からは捨てられた何種類もの神を認め崇める異教徒の法や戒律でしょうか。唯一の神だけ崇めてはいても、その法や戒律なるものがただ地上の片隅でしか守られたことがなく、それも全世界で一番卑しい者、一番さげすむべき者、一番哀れな者と常に見なされてきた民にしか守られなかったユダヤ人の法や戒律でしょうか。その起こりや源を上述の卑しく哀れな民から得ていて、そ

の宗教自体ユダヤ教と異教の奇妙な混淆でしかないのに、今ではユダヤ教と異教の法や戒律を断罪しているキリスト教徒の法や戒律でしょうか。キリスト教徒がペテン師や偽預言者によって作られたものと見なしているマホメット教徒の法や戒律でしょうか。私たちの間では少しも知られていないインド人や中国人、イロクォイ族(一八二)[10]や日本人の法や戒律でしょうか。あるいはむしろ、私たちがおそらくはまだ一度も聞いたことのない神的と称される何か別の似たような法や戒律でしょうか。いいえ、もちろんそうではありません。なぜなら、もし人がこれらすべての異なる種類の法や戒律のどれかが本当に神の側から来ているとはっきり、あるいは十分に認めているならば、それではどうしてそれについて人がみな穏やかに同意しないのでしょう。そうやって十分に認識されたこの神の法なるものを、どうしてみな喜んで奉じないのでしょう。どうしてみなそれに従わないのでしょう。みな心を一つにして、ゆえなく何かの誤謬に執着しようとせず、この法の違いのために互いにあれほど言い争うこともなく、またこの同じ問題のために互いにあれほど残酷に迫害し合わずに、それを守ろうとしないのでしょう。こうしたすべて[11]の異なる宗教のどれかが実際神からもたらされたと、はっきりあるいは相応に認められるならば、思慮からも真理への愛からも人間がそう決心せざるをえなくなることは確実です。

けれども、人々がみなともに同一の宗教を認められたことは一度もなく、さらにそれぞれの宗教のうちにさえ幾種類もの異なる宗派があり、互いに非難し合い、断罪し合っており、異なる宗派に与する人々は、その異なる掟や神の法なるものの解釈について自分たちが抱いている意見や見解の相違や対立をめぐって互いに戦火を交え、血を流してまで迫害し合っているのがはっきり見受けられる以上、それこそ、神の意志や意図が彼らにははっきりとも、それ相応にも知られていないはっきりした証拠です。なぜなら、神の意志や意図が彼らにはっきりと、あるいはそれ相応に知られていれば、ともに一致するのは容易であり、すでに言ったように、あれほど激しく言い争うことも、現にしているようにあれほどの憎悪をもって互いに迫害し合うことも必要ないからです。また、神の法や神意が彼らに十分知らされていないならば、それは神がそれらを十分知らせていないはっきりした証拠ですし、神が十分知らせていないので

あれば、それは人間に愛され崇められたいと望む神など存在しない明らかな証拠です。というのも、人間に自分をはっきり、また少なくとも相応に知らせずに、自分の意図や法や意志を彼らにはっきり、また少なくとも相応に知らせずに、なんらかの祭祀をもって崇められ仕えられたいと望むのは、すでに言ったように、限りなく完全な神の善性に反し、英知に反し、また正義に反するからです。[12]

第七六章 多くの偽預言者がいて、多くの偽の奇蹟がある

それがどのような法や宗教であれ、わが神崇拝者たちの誰一人として、自分たちの法や宗教が万人がそれに従うべき唯一本当の神の法であると思い込み、そう称さない者はいませんから、自分たちの宗教は神自身から、あるいは神自身の側からもたらされたのだ、神は自らが、あるいは天使や預言者の仲介によってその意図や意志を自分たちに十分知らせており、だからして万人はこの天使や預言者の証言で満足すべきで、その言うことをすべて固く信じ、自分の意図を人間に告げるため天使や預言者に霊感を与え、彼らをわざわざ遣わされた神に代わり、天使や預言者がなせと命じることをすべて敬虔に守らなければならない、と称さない者もいません。しかし、そうやって神が自分の意志を人間に十分知らせるなどと称するのはまったく無意味です。なぜなら第一に、彼らがみな、自分たちの法は神のものだというそうした信念を抱き、みな互いにその教義や祭祀について反目し合っているにもかかわらず、全員が良い法、良い宗教のもとにあると信じている以上、それこそまさに、少なくとも彼らの大部分が誤謬に陥っており、神はそうした人々に自分の法や意図を十分に知らせていないはっきりした証拠となります。というのも、そう仮定しなければならないように、彼らは現に行っていることを実行し、現に信じているものを信仰することにより正しい行いをしていると信じているからです。第二に、彼らの言うそんな天使や預言者なるものが、そのように自分たちに神の意図や意志を知らせるために本当に神から遣わされ、神から霊感を与えられたということについて、どんな知識や十分

(1)(2)(3)

な確信を彼らは持っているのでしょうか。どんな十分な確信も得られないでしょう。なぜなら、たとえ彼らが称するように（それをここで検討するつもりはありませんが）[4]天使がいるとさえ仮定しても、そうした天使を認めている人々が、そのなかに光の天使と呼ばれる良い天使もいれば、闇の天使と呼ばれる悪い天使もいると言っていることに変わりはありませんし、またしばしば闇の天使は人間をたぶらかし誘惑するため光の天使に姿を変えると彼らは言っているからです。そのためにわが偉大なミルマドラン、聖パウロは[5]自分の宗派の人々に、「何か別のことを教えに来たのがたとえ天使であっても」、自分が教えた以外のことを信じてはならない、とはっきり禁じていたのです。「シカシ、タトイ私タチデアロウト、天カラノ御使デアロウト、私タチガ宣べ伝エタ福音ニ反スルコトヲアナタガタニ宣べ伝エルナラ、ソノ人ハ呪ワルベキデアル。……私ハ重ネテ言ウ。モシアル人ガ、アナタガタノ受ケイレタ福音ニ反スルコトヲ宣べ伝エテイルナラ、ソノ人ハ呪ワルベキデアル。〔……〕ナゼナラ、私ハソノ福音ヲ人間カラ受ケタノデモ教エラレタノデモナク、タダイエス・キリストノ啓示ニヨッタノダカラ〔『ガラテヤ人への手紙』第一章八―九、一二節〕。なぜなら、あなたがたにはっきり言っておくが、私があなたがたに告げた福音は人間によってはいないからである。私はそれをどんな人間から受けたのでも教えられたのでもなく、ただイエス・キリスト自身の啓示によったのだから」（『ガラテヤ人への手紙』第一章八節〔一一―一二節〕）。

　悪い天使がいるのが本当なら、偽の予言者がいるのもやはり本当でしょう。それどころではありません。ここで考えられているような本当の預言者が誰かいるかどうかも確かではなく、一人もいないとさえ断言できます。しかし偽預言者がたくさんいることは確実です。それにもかかわらず、そうした連中は本当の預言者の肩書を自分に与え、そうした見事でもっともらしい口実で、神意を人間に知らせるため神からわざわざ特別に遣わされた実際本当の預言者である場合と同様大胆に、自信ありげに自分たちの嘘やペテンを言いふらしています。しかし、彼らこそさらに本当は人をだます者であり、連中の仲間の一人が自ら言っているように、[6]人を嘲笑する者、「嘲ル者タチ」（一八三）[7]であり、「自分たちの情念に従い、その心の狂った欲望を満足させようとしているペテン師、欲望ニ従イ神ニ背イテ生キル嘲ル者タ

チ」(『ユダの手紙』一八節)なのです。これはわが神崇拝者たちも否定しようがありません。というのも、この世にあるすべての宗教のうちで、神から特別に遣わされ、霊感を与えられたと自称する、そんなたぐいの預言者なるものの誰それの権威や証言に基づくと称さない宗教は一つもないことが分かっているからです。これこそ、とくにわがキリスト崇拝者たちは否定しようがありません。なぜなら、彼らが自分の宗教をいかに神聖で神的だと信じていようと、彼らの宗教そのもののうちにも多くの偽預言者が見受けられ、この偽預言者たちはキリスト教の創立当初から彼らの宗教のうちに現れてさえいるからです。彼らの偉大な聖パウロが当時そうした偽預言者について語りながら嘆いていたのは、まさにそのことです。聖パウロはそうした連中を「偽の使徒で、イエス・キリストの使徒を装っている人をだます働き手」(『コリント人への第二の手紙』第一一章一三節)と呼び、さらに「驚くには当たりません。サタン自身さえ、見事に光の天使を装うのですから」(『コリント人への第二の手紙』第一一章一四節)と言っています。また別の箇所では、そうした連中は「偽教師」(『ペテロの第一〔二〕の手紙』第二章一節)、「人を惑わす者」(『ヨハネの第二の手紙』七節)、「人をだます者たち、嘲る者たち」(『ペテロの第二の手紙』第三章三節)、そしてさらに「キリスト教の始まりにおいてすでに多く見られた反キリスト、不敬の者」(『ヨハネの第一の手紙』第二章一八節)と呼ばれているのです。またわがイエス・キリスト自身が、自分に似た者が幾人もやって来て、幾人もの人々を惑わすのではないかと、確かに思っていました。それゆえ同様に、彼らを警戒し、彼らの言うことを信用しないようにと、自分の弟子たちに注意深く警告していたのです(『マタイによる福音書』第二四章二四節)。

だとしたら、互いに反対のことを言い断罪し合っている、嘘つき、人をだます者、嘲弄家、ペテン師、妄想家や狂信者たちが言うことについて、思慮分別のある人がどんな保証を得られるでしょうか。なぜなら、預言をしたり、神々の腹心の友や使者を装ったりするそうした見事な職業に手を出し、神に代わって私たちに話をしに来る連中は、ただそうやって人をたぶらかしては、自分たちの役割をうまく演じるためにだけ神の名と権威を使う破廉恥な嘘つき、気違い、妄想家、狂信者、邪悪なペテン師、嘲弄家、狡猾で悪賢い政治家にすぎず、「欲望ニ従イ、神ニ背イテ生キ

ル嘲ル者タチ」〔『ユダの手紙』一八節〕、また別の人によれば「嘲る者たち〔『イザヤ書』第二八章一四節〕、盗人の仲間〔『イザヤ書』第一章二三節〕」でしかないことはまったく明らかだからです。それに、誰か本当の預言者がいると仮定してみても、これほどの誤謬とペテンの大混乱の中では、外見では一方が他方より本物に見えることもない以上、本当の預言者なるものを偽者と区別するのはたぶん不可能です。したがって、こうしたあらゆる嘲弄家、破廉恥な嘘つきどもの言を少しでも信用することには、どんな保証もないだけでなく、思慮分別すらないのです。ですから、これほど虚しく、疑わしく、欺瞞的なこんな証言によって神が自分の意志を人々にはっきり、あるいはそれ相応に知らせているとは言えませんし、そんなことを言うのは気違い沙汰であるとさえ思えます。神意を人々に知らせるため、限りなく善で限りなく賢明な全能の[8]神がそんな証言を用い、そんな手段を用いようとすると信じるに足るどんな兆しもありません。

なんということでしょう。神は自分の一番聖なる奥義をただ秘密にこっそりと、気違い、妄想家[9]、狂信者たちに啓示しようとしただけで、間違いなく奥義を教えてもらいたいと望む無数の賢明で啓発された人々には[10]、神はそれをはっきりと明かそうとはしなかったのだ、と皆さんは信じるのですか。神は幾人かの特別な人にだけ神意を秘密にこっそりと打ち明け、神が自分をはっきりと、あるいはそれ相応に知らせたら、神を愛し、神を崇め、神に仕え、神を称え、日々また永遠[11]に心の底から思いのたけをこめて神に感謝するはずの民全体、この世のすべての民族には神意をはっきりと打ち明けたくないのだ、と皆さんは信じるのですか。狂信的な気違いたちがあなたがたに信じさせ、崇めさせようとしている奇妙で馬鹿げた奥義を彼らに啓示したのは神だ、と皆さんは信じるのですか。ただ自分たちの言葉を証言として、連中があなたがたに守らせようとしている、あの見事な法や見事な戒律を連中に与えたのは神だ、と皆さんは信じるのですか。またそうやってあれこれの預言者なるものたちに、神が秘密にこっそりと、しかも夜の間や夢の中で語ったのに、神は自分の意図や意志を人間にはっきりと、あるいはそれ相応に知らせたと信じるのですか。あらん限りの人間がどんな所でもいかなる時でも、神の言葉についてはこの預言者なるものの言うことを信じるよう

に神が強制しようとしていると信じるのですか。預言者なるものが神の代理として命じることをすべて実行するように神が万人に強制しようとしている、それも、実行を何か一つでも欠いたら神の憤激と永遠の地獄落ちを招くような形で強制しようとしていると信じるのですか。そんなことは、理性と真理のいかなる兆しからもあまりにかけ離れているのは確実です。そんなことは、全能で限りなく完全な神[12]の至上の善性と至上の英知にはあまりにもふさわしくなく、それゆえまったくありえないことです。

わが敬虔で信心深いキリスト崇拝者たちは、ここで必ず率直にこう言うでしょう。自分たちの神は人間理性の明るい光によってではなく、信仰の暗い光や、信仰を通じて得られる愛と愛徳という純粋な動機によって認識され愛され崇められ仕えられることを主として望んでおり、それは自分たちが主張するように、人の精神をへりくだらせ、その尊大さを打ち砕くため、またこの手段を用いてその精神を信仰の支配のもとに服従させ、それだけ一層徳を実践させ、それだけ一層功徳を積ませる機会を万人に与えるためなのだ、と。けれども第一に、そんな答弁を誰が笑わずにおれましょうか、また多少とも啓発されている人が多少とも注意をしてみれば、誰がその虚しさや愚かさが分からないでしょうか。そんな理屈を持ち出して嘘を主張し支持することは、真理を主張する場合と同様、連中には簡単なのは明らかだからです。なにしろ、自分の誤謬や錯誤やペテンを被い隠すための口実として、そうした理屈を用いられないようなペテン師はいないのですから。こんな答弁の虚しさや愚かさを示すにはただこの理由だけで十分です。それに、だからといって、神の奥義や神の命令について神が人間に与える明瞭で完全な認識によるよりも、人間が信仰によって抱く神の聖なる意図への盲目的信心による方が、人は一層慎ましくなり、神がそれだけ人間に仕えられ、崇められるようになるとも見えません。繰り返しますが、そうは見えないのです。逆に確実なのは、もし全能で限りなく完全な神が、神としての完全性や神の戒律について明らかで完全もしくは完璧な認識を人間に与えるならば、人間は今よりも一層完璧に神を愛し、神に仕えるようになり、誰もが一層神の美しさ、神の愛すべき完全性に魅了されるでしょうし、それによって今よりも一層賢く、徳のある者となるだろうということです。それゆえ、敬神を口実にして自分

たちの神のはかりごとや意図をこれほど虚しく解釈するのはわが神崇拝者たちの錯誤であり、こうした場合に彼らが援用するこれほど虚しい口実で神の無力と無能を被い隠そうとするのは彼らの愚行ですらあります。

さて、上述の答弁の弱さや虚しさをそれに劣らず示す別の理由をさらに上げましょう。それは、限りなく善で限りなく賢明な神が、人間から崇められ仕えられるために、これほど誤謬や錯誤に満ちたやり方を一度なりとも使おうとするとは少しも信じられないということです。神の聖なる真理の基礎として、神の聖なる命令や戒律の規準として、神が誤謬や錯誤やペテンの原理を打ち立てたり、与えたりしようとするとは信じられません。しかるに信仰は盲目的な信心ですから、〔一八四〕前段で述べたように、信仰は誤謬や錯誤やペテンの原理です。なぜなら、なんらかの神なるものから聖なる仕方で啓示されたことをすべて盲目的に信じさせ、守らせるという口実で、ペテン師や嘲弄家や妄想家や狂信者によって発明されたにすぎないことを何もかも信じさせ、守らせるのは簡単だからです。そうした連中は、滑稽にも自分たちの想像や自分たちの夢はすべて神の啓示であると思い込み、それを他人に信じさせようとしているのです。誤謬や錯誤やペテンにこれほど満ちたやり方ですから、神が神意を人間に知らせようとしたのがそうしたたぐいの秘密の啓示によってとか、そうした盲目的な信仰によってだとは言えません。なぜなら、これほど誤謬や錯誤やペテンに満ちたやり方は、神がその真理や意志を人間に知らせるのにふさわしいやり方ではないからです。

幾人かの特別な人たちに秘密裡になされる啓示だけでは、神の意図や意志(13)を人間に十分に知らせるためには本当は不足だと、たぶんわが神崇拝者たちは言うでしょう。またそのために、提示すべき啓示しか持っていない預言者や天使でさえもその言葉に信を置くわけにはいかないが、自分たちが神から本当に遣わされ霊感を受けたことを彼らが何かもっと明らかでもっと確実な別の証拠によって示すならば、たとえば自然のあらゆる力を超え、神の全能によってしか起こりえない奇蹟や神異によって示すならば、それで彼らが本当のことを言っており、神意を人間に知らせるため本当に神から遣わされ霊感を受けていること(14)の十分な証拠となると言うでしょう。というのも、彼らの言うように(15)、限りなく善で限りなく賢明な神がペテン師を助長し、なんらかの嘘やなんらかの誤謬を裏付けるためになんらかの奇

蹟を行おうとするとは信じられないからです。

さて、こうした答弁は前のよりいくらか本当らしく見えるとはいえ、それでもどちらかに一層の確かさがあるわけではありません。なぜなら、人があれほど重大視し、その評判や噂が無知な民衆の精神にあれほど印象を与えている奇蹟なるものは、啓示なるもの自体に劣らず、やはりそれ自体疑わしく、誤謬や錯誤やペテンに陥りやすいからです。その明らかな証拠は、キリスト教と同じく自分たちにも奇蹟や啓示があると称さない宗教はないことです。さまざまな異教にも、それの言うことを信じるなら似たような奇蹟や似たような神の啓示が満ちみちています。それの言うことを信じるなら、ユダヤ人の宗教にもそれが大量にあり、キリスト教徒が奉じているキリストあるいは救世主の宗教にも劣らぬくらいの数があり、トルコ人やオスマン人[16]や蛮族が奉じているマホメット教もそれに事欠きません。中国人や日本人が奉じている孔子の宗教についてもやはり同様に考えるべきですし、神のこの種の証言なるものに基づくと称する他のすべての宗教に関しても同様です。したがって、分別あるわがフランス人、モンテーニュ氏が『エセー』で、「外観はすべてどの宗教にも共通のものである。希望、信頼、出来事、儀式、悔悛、殉教、すべてそうだ」（四一八頁〔邦訳、岩波文庫、第三巻一四頁、原二郎訳〕）、と言っているのはまったくもっともです。ここで出来事の名で言われているのは、超自然的で神的と称される出来事としての奇蹟です[17]。氏は別の箇所で「アウグストゥス帝は、ユピテル自身よりも多くの神殿をもち、ユピテルと同じ尊敬と奇蹟の信仰を捧げられた」〔邦訳、岩波文庫、第三巻一六八頁、原二郎訳〕と言い[18]、さらにまた別の箇所では「神は、人間がどんな形、どんな名前、どんな方法によって捧げる栄誉と尊敬も、喜んでお受けになる」〔邦訳、岩波文庫、第三巻一四〇頁、原二郎訳〕と述べ、続けて「この人間たちの熱烈な信仰はひとしく天より好意の目をもって迎えられた。あらゆる国家は国民の信心によって利益を受けたが、不敬な人々や行為は至る所でそれにふさわしい報いを受けた。異教の歴史も、彼らの荒唐無稽な宗教の中に、神の威厳、秩序、正義、また彼らの利益と教化のために行われた奇蹟と託宣の存在を認めている」〔同上〕と付け加えています〔一八五〕。これは、わがキリスト崇拝者の中で一番小心翼々としている人々さえ否定できません。というのも、彼らの

イエス・キリストが弟子たちにはっきりと、「偽キリストたちや偽預言者たちが起こって、大いなる奇蹟と神異とを行い、選ばれた人たちさえ惑わされる危機にさらされるだろう」（『マタイによる福音書』第二四章二三〔二四〕節）と言っているからです。

そうだとしたら、宗教上の事柄で人があれほどその権威を売り込もうとしているあの啓示なるものはすべて、またあの奇蹟なるものはすべて本当はどんな重みもなく、何かの真理を証明するにはまったく足りないことは明白です。なぜなら、あらゆる種類の宗教、宗派[19]でそうしたことが無差別に行われている以上、それこそ、そうした啓示や奇蹟なるものが神の全能によってもたらされたものではなく、したがって真理の十分な証言ではない確実なしるしだからです。というのも、限りなく善で限りなく賢明な神が自分の全能をペテン師に伝え、なんらかの奇蹟を行って偽の宗教すべてに見られる誤謬や嘘に裏付けを与え、それらを助長しようとするとは信じられないからです。それとも、その全能の一部をペテン師たちに伝え、誤謬や嘘に味方して奇蹟を行うことが、限りなく完全な神の善性と英知に反しないと主張したらどうでしょうか。〔イスラエル王〕アハブに仕えたその数およそ四百人ほどの預言者たちすべての口に偽りを言う霊を神が与えたと言って、わがキリスト崇拝者たちの『聖書』なるものが証言しているかに見える場合のようにです[一八六]（『歴代志下』第一八章二一節）。また別の箇所では、「神はある者たちに惑わしの霊を送る。この霊はサタンの力によりあらゆる神異としるしと奇蹟とを行い、そのペテンの能力によって彼らに嘘を信じ込ませる」（『テサロニケ人への第二の手紙』第二章一一（九―一一）[一八七]節）と言われています。[20]繰り返しますが、誤謬や嘘に味方して奇蹟や神異を行うことが全能な神の善性と英知に反しないと主張するなら、さらにそこから、私はなお一層の確実さをもってこう結論するでしょう。すなわち、奇蹟や神異や神の啓示なるものは嘘にも真理にも味方して行われると主張される以上、したがってそれらは真理の十分な証言ではない、と。また、それらが真理の十分な証言でなければ、それゆえ神はそれらによって自分の意志を人間に十分に知らせているとも言えません。さらに神が、何か別の確かなやり方によってと同様、そうしたやり方によって神意を人間に十分に知らせていなければ、それこそ、人間から崇め

られ仕えられようとするいかなる神も存在しない確実な証拠です。というのも、すでに言ったように、自分のことを十分に知らせず、自分の意図や意志を十分にまた確実に知らせないまま、人間から崇められよう、仕えられようとするのは、全能な神の限りない善性と英知にまったく反するからです。

　こうした議論に追いつめられたと感じ、多数の偽預言者や多数の偽の奇蹟が存在することを否定できないわが神崇拝者たちは、当然ここで次のように言わざるをえなくなります。つまり、神が神意を人間に知らせるのは偽の預言者や偽の奇蹟によってではなく、それを神が人間に知らせるのはただ真の預言者や真の奇蹟によるのみである、と。しかし、こんな答弁の弱さと虚しさを示すのはさらに簡単なことです。第一に、わが神崇拝者たちがしているように、彼らが解する意味で他のものよりも一層本物である預言者や一層本物である奇蹟が存在すると仮定しようとするのは虚妄だからです。というのも、現在、神から本当に遣わされ、霊感を受けているどんな預言者もなく、超自然的で神的な力によって起こされるどんな奇蹟もないと主張されている以上、この世に見られた大量で驚くべき数のペテン師やペテン、すべての奇蹟なるものや奇蹟についてなされている物語の中にある驚くべき数の嘘や誤謬や錯誤やペテンなどにかんがみれば、そんな預言者や奇蹟がかつて存在したと信ずべきではなく、またそう見なすべきでもありません。〔一八八〕したがって、そうした預言者なる連中が神から遣わされ、霊感を受けていると自称している以上、彼らを全員ペテン師や嘲弄家[*1]や狂信者や妄想家とみなすだけの十分な理由があります。また、人が見たと言うすべてのそうした奇蹟なるものには、超自然的なものは何もないと請け合えるでしょう。だからといって、昔それが現れるのを人が驚きの目をもって見、これから後もまた十分人が目にするかも知れない、並外れたなんらかの出来事やなんらかの神異について言われることを、私がすべて絶対に否定しようとするのでもなければ、自然から何か特別な計らいを受けた、あるいは同様にまったく並外れた驚くべきことを行った、並外れた幾人かの人物について言われることを絶対に否定しようとするのでもありません。そうしたものが何かあると信じてもかまいません。私が言いたいのはただ、そうした神異はすべて、そうした奇蹟なるものはすべて、そして幾人かの人物が行ったもっとも不思議な、もっとも驚

くべきことはすべて、本当はまったく自然で人間的な諸原因によって生じた自然的な結果にすぎないのに、にもかかわらず超自然的で奇蹟的に見えるということです。というのも、そうしたものはただ、いくつもの原因のある異常な出会いから起こったり、時として自然そのものを超えるように見える自然のある異常な力によって起こったり、さらに自然の秘められた力について何か特別な知識を持ち、時と所を巧みに利用する術を心得、行おうと企むすべてのことを巧みに実行する術を心得ている、ある人物たちの精妙さや器用さや巧みさによって生じたりするだけだからです。

＊1　嘲ル者タチ、盗賊ノ仲間。（一八九）(21)

実際、卓越した働き手であり、日々多くのこれほど感嘆すべき作品を作っている自然が、また時にはさまざまな並外れた神異を行えることは疑えませんし、同様に、自然の秘められた力についての知識を持ち、それをちょうど良い折にうまく用いる巧みさを備えている人々が並外れた神異を行いうることもまた疑うべきではありません。このことは、習慣的に悪魔の黒魔術（一九〇）に帰されている神異や並外れた驚くべき結果についても同様に言わねばなりません。人が噂する大部分の魔訶不思議は、私が述べてきた偽の奇蹟同様、本当は嘘やあやかしやペテンにすぎません。なぜなら、そうした魔術師なるものの力について噂されることを全部信用しようとするのは馬鹿げた所業であり、連中がそんな大きな力を持っていると自慢するのは、ただ愚かな人や無知な人を恐れさせ、自分を尊敬させるためだけだからです。

そんな連中が実際になしうることについて言えば、彼らが行うことに何か不思議で驚くべきことがある場合、それは確実に自然のある秘められた力から生じるか、あるいはそれに関わる連中の巧みさや器用さや精妙さによって行われる自然の結果にすぎません。このことは、いわゆる神聖で神的な魔術についてと同じく、悪魔の黒魔術なるものについても同様であり、どちらも等しく虚しいもの、偽りのものです。ですから、一方が他方より本物である預言者もなければ奇蹟もない、と私は言ったのです。しかし、人が主張するようにほかよりも本物である幾人かの預言者や幾つかの奇蹟があると仮定した場合、どんなしるしや目じるしによって、この本物の預言者なるものやこの本物の奇蹟なるものが知られるのでしょうか。どの点で、偽の預言者や偽の奇蹟からそれらを区別するのでしょう。本物も偽物

も互いにすべて似ており、本物の預言者も偽の預言者もみな同じ言葉を話し、みな等しく神から遣わされ霊感をさずかったと自称し、誰もが自分の本物の奇蹟なるものでその確固たる証拠を与えると称しているのですから。わが神崇拝者たち自身でさえ、これらを互いに区別しえないのは確実です。その明らかな証拠は、この預言者なるものたちがこの世に現れ始めてから数千年になるのに、彼らがともに一致して、共通の同意のもとにそのうちの誰かを本物と認めることが今になってもできないでいることです。そのため現に私たちが目にしているように互いにみな対立し合い、それぞれが自分たちに味方しない他の預言者を偽の預言者やペテン師と見なし、自分たちの法や自分たちの儀式を与えてくれる者だけを本物の預言者と認めるようないくつもの異なる宗派に、いつの時代においても分裂せざるをえなかったのです。

たとえばモーセ、噂では当時あれほど偉大な神異を行い、神と言葉を交わした――自分でそう言っていたのです――とか、神がまるで友人に語りかけるように親しく自分に話しかけてきたとかいう、このユダヤ民族出身のエジプトの大律法者は、ユダヤ民族からきわめて偉大でまさしく本物の預言者と見なされていました。モーセの驚くべき――それが言われているようなものであればですが――業は、ユダヤ人から本物の奇蹟と見なされました。ところが他のすべての民族からは、モーセはいつも名うてのペテン師として拒否され、その奇蹟なるものも作り話やペテンと見なされただけでした。さらに当時でも、自分の民のすべてから本物の預言者と認められていたわけではなく、彼の一族の中にはモーセにそうした栄光を拒絶した者もいたほどでした。その証拠として、モーセの兄、アロンや姉のミリアムの不平が挙げられるでしょう（『民数記』第一二章……〔一九一〕）。またその証拠は、モーセが率いていた民全体の不平で、特にコラ、ダタン、アビラムが、その民の有力者二百五十人に支持されて、モーセに対して起こした反乱です。というのも、モーセをそれほど偉大な預言者と本当に認めていたら、現にそうしたようにあえてモーセに反旗を翻したり、あれほど大胆にそうしたようにモーセに正面から抵抗するようなことはほとんどありそうもないからです（『民数記』、第一六章……〔一九二〕）。

キリスト教徒が自分たちの神なる救い主と呼び、人となった本当の神として崇めているガリラヤ人イエス・キリストは、ユダヤ人や異邦人から狂信的な気違いや哀れなろくでなしとしか見なされませんでした。これはキリスト教徒自身も否定するわけにはいきません。初期のキリスト教徒、自分たちの法に一番熱心だった人々自身、自分たちが世に宣べ伝える、十字架にかけられたイエス・キリストは「ユダヤ人にはつまずきの種、異邦人には嘲りの的」(『コリント人への第一の手紙』第一章二三節)でしかないと自ら認めているからです[22]。つまずきの種、嘲りの的にしたのは、彼を本物の預言者だとか、受肉して人となった本当の神だとか認めるためではなかったのです。

アラビア人のマホメット、この全オリエントであれほど名高い預言者、神の一番偉大で一番神聖で一番忠実な僕や友であるとして多くの民から敬われた人も、キリスト教徒やユダヤ人からはただ偽の預言者、名うてのペテン師と見なされたにすぎません[一九三]。中国であれほど神聖な立法者として認められ敬われている孔子も、世界のほかの国々ではそうは認められていませんし、名前すら知られていないのです。日本ではまるで神のように見なされている釈迦や阿弥陀も、世界のほかの場所ではやはり知られていません[一九四]。カッパドキアのテュアナの町のかのアポロニオス、サマリアの町のかのシモンも、二人とも奇蹟や神異をあれほど盛大に起こした人でしたが、前者はローマほかいくつかの場所で神という評判をとり、後者はサマリアで神の威力とあだ名されはしたものの、よそでは偽の預言者やペテン師としか見なされませんでした[一九五]。たとえばユダやサマリアで預言者と称した連中とか、賢者よりもむしろ狂信的な気違いに似ていた四百五十人のバアルの預言者[一九六]といった、さまざまな時代、さまざまな場所で預言者をよそおった、おびただしいその他チャチな預言屋のことは言いません。またたとえば、英国のマーリン[一九七]、フランスのノストラダムス[一九八]、カラブリアのヨアキム師[一九九]、フィレンツェのサヴォナローラ[二〇〇]、また自分の故国でしか人の口の端にのぼらず、そこでさえ自分が期待していたどんな賛同も得られなかった似たりよったりのその他大勢についても言いません。

このことからはっきり分かるのは、神崇拝者やキリスト崇拝者たちは、自分たちの神の栄光やその礼拝にみんな夢中になってはいても、これまでのところ、こうしたすべての預言者なるものの誰一人をも、共通の同意のもとに本物

の預言者と認めることができず、また彼らの奇蹟なるもののどれ一つをも本物の奇蹟と認めることができずにいることです。今、論証してきたように、そうしたことを共通の同意のもとに認められずにいることこそ、そのうちにほかより本物の何人かの預言者とか、ほかより本物のいくつかの奇蹟が過去や現在に仮に存在したとしても、そのどちらをも彼らは少しも区別できない、つまり本物を偽物から選り分けて判別できないことの確固不動の証拠です。区別できなければ、本物の預言者や、預言者を仲立ちにして神が行う本物の奇蹟によって、神が神意を人間に十分に知らせていると彼らが主張しても、またそう称しても虚しく、根拠もありません。繰り返しますが、そんなことを主張しても虚しく、根拠もありません。彼ら自身、誰がその本物の預言者なるものなのか、何がその本物の奇蹟なるものなのか、共通の合意で知りえないからです。なぜなら、未知の事柄の真実性はそれと同様に未知である別の事柄によっては獲得できませんし、また分かりにくい難問を別の一層分かりにくい難問によって解明したり、ある事柄を別の不確かな事柄によって確かなものとすることもできないからです。

預言者の中でも一番聖潔に生き、一番偉大な奇蹟を行う者たちだけが本物の預言者と見なされるべきであって、ほかの連中は違うと、偶像崇拝の徒であるわが神崇拝者たちは必ずここで言うに違いありません。しかし、そんな答弁はこれまでのものに劣らず虚しいものです。なぜなら第一に、暮らしぶりの聖潔さというものについて誰が請け合えるでしょう。この聖潔という外見ほど人を欺くものはありません。キリストが言うように、「狼たちは往々にして羊の皮で身を隠す」〔『マタイによる福音書』第七章一五節〕ものであり、悪徳は往々にして徳の見かけで身を隠すものです。だから他人を一層うまく欺くために、人はたいがい自分を偽るのです。そうであれば、時として人が預言者と称する連中の幾人かにほかの者以上に見いだせるそうした見かけ上の徳も、だからといって彼らがほかの者以上に本当に神から遣わされ、本当に神から霊感をさずけられている証拠とはなりません。第二に、ほかのものよりある面ではずっと偉大でずっと頻繁に起こり、あるいはずっと感嘆すべきもの、ずっと驚くべきものである奇蹟に関しても、だからといって確実にほかのもの以上に本物の奇蹟であるかどうかは、やはり知れたものではありません。すでに言っ

〔二〇二〕たように、あらゆる種類の技芸や学問のうちにはほかの者よりずっと賢く巧みで器用で精妙な作り手や学者がいるのと同じように、実際は自然的原因によって生み出された自然な結果にすぎない、いわゆる奇蹟や神異の行い手のうちにも、ほかの者よりずっと巧みに器用に精妙に自分の役割を演ずる者がいるはずだからです。また大政治家の間にほかの者よりずっとずる賢く老獪な人がいるのと同様に、ペテン師や嘲弄家とか妄想家や狂信者にすぎないこの預言者なるものの間にも、ほかの者よりずっとずる賢く老獪な者がいるはずです。確かにそのとおりで、このことには少し[23]も疑問の余地がありえない以上、ほかの者よりずっと偉大な奇蹟を行うように見える者がいても少しも驚くに当たりません。

それに、この種の奇蹟なるものが行われる時と所、また奇蹟が行われるのを目撃している見物人といった自然的な付帯状況だけで、それとは別の時と所や見物人という付帯状況のある場合より、その奇蹟なるものを一層偉大で感嘆すべきものに見せるのに役立つことがあるのです。このことに疑問の余地はありませんから、本物の預言者なるものと偽者を、本物の奇蹟なるものと偽物をそれでもって本当に区別することは全然できません。したがってそんな預言者や奇蹟で、神が神意を人間に本当に十分知らせているとは言えません。それに、これはあまりにも真実ですから、わがキリスト崇拝者たち自身も、思慮があるならそれを認めないわけにはいかないでしょう。というのも、そうした預言者なるものたちや奇蹟や神異の行い手たちがやって見せる、その奇蹟や神異がどれほど偉大でどれほど頻繁であろうと、そんな連中から言われることにどんな信も置いてはならないと、かのキリストが弟子たちにあれほどはっきりと禁じているからです。「偽キリストたちや偽預言者たちが起こって、多くの人々を惑わし、大いなる奇蹟と神異とを行い、選ばれた人たちさえ惑わされる危機にさらされるだろう。これらのことについて、あなたがたに前もって言っておく。だから、もし彼らがあなたがたにこれをせよ、あれをせよ、ここへ来い、あすこへ行けと言っても、何もするな、彼らを信じるな」（『マタイによる福音書』第二四章一一、二四、二六節）。〔二〇三〕キリスト教徒が自分たちの神、神なる救い主とまで呼んでいる、彼らのもっとも偉大な預言者のこうした明白な証言に従えば、一番偉大な奇蹟も真

理の十分な証言とはなりません。キリスト自身、そうした奇蹟が偽預言者によって行われうるものだと認め、それを信用するのを禁じているのですから。それゆえ、そうした本当の奇蹟なるものを仲立ちにして、神が神意を人間に十分に知らせているなどと言うべきではありません。なぜなら要するに、ペテン師によっても行われうる奇蹟や、どんな信頼も置いてはいけない奇蹟によって、神が自分の意志を十分人間に知らせるなどというのは納得できないからです。

しかし、時には神の全能によって本当に行われるいくつかの奇蹟があると仮定してやる場合でさえ、この奇蹟なるものもまたせいぜい、ただそれが行われるのを見ている人や、その目撃者である人にとってしか真理の証言とはなりません。加えて、目撃者は奇蹟を行う人の誠実さを十分に認識し、本当に奇蹟的であると仮定しようとする事実に関して、個々の付帯状況をすべて本当に認識していなければなりません。なぜなら、その目撃者となる人自身が、奇蹟を行う人の徳や誠実さを十分に認識していなければ、彼らの言動を信用することは慎重を欠くからです。さらにまた、そうした人々がこの奇蹟的な事実なるものの個々の付帯状況をすべて十分に認識していなければ、それが本当に奇蹟的で、超自然的であると確信することも判断することも慎重を欠くからです。というのも、ある事実の真正な認識はそれに関する個々の付帯状況の真正な認識に依存しているのは確実だからです。たとえば、ある一つの事実にそこにはないある付帯状況をつけ加えれば、それで、起こったこととはまったく別様にその事実を表せるものです。同様に、ある事実に関する付帯状況を一つ削るか変えるかすれば、それでまた、起こったこととはまったく別様にその事実を表せます。そのため、奇蹟的だと言われる事実に関する個々の付帯状況をすべて本当に認識していなければ、あるいはそこに存在しないある付帯状況のもとでその事実を見るならば、真正にも慎重にもその事実について判断できません。それにもかかわらずそうしたことについて判断を下そうとすれば、間違いなく誤謬に陥り、誤った判断を下す羽目になるでしょう。多くの偉い人たちがこの点で欺かれたのはそのためであり、それも、そうした事実を自分でよく認識してさえいれば[24]、あるいは他人からの報告に基づいてありもしない付帯状況のもとでそれを見たりさえしなけれ

ば、どれも自然で単純なものと彼ら自身認められたことを、あまりにも安易に奇蹟的、超自然的なものと見なしてしまったためであることは疑うべくもありません〔二〇三〕。

それゆえ、時にはそうした本当の奇蹟なるものがあると仮定してやる場合でも、そんなものはせいぜい、ただそれが行われるのを見たり、今述べたようにその目撃者であるような人たちについてだけしか真理の証言とはならないわけで、それが行われるのを見もしなければ、その目撃者でもない人たちについては、今指摘したように、それについて慎重に判断するために持っていることがぜひとも必要な、あらゆる付帯状況の十分で完全な認識を備えた真理の証言とはなりません。とすれば、神がこうした手段によって神意を十分人間に知らせるなどとは、確かに言えはしないでしょう。というのも、この種の奇蹟が行われるのを目にする人はごくわずかで、そのあらゆる付帯状況をきちんと見分け、それに注意を払える人もごくわずかな以上、そんなことを信用するのは軽率だからです。ごくわずかと言いましたが、奇蹟が行われるのを目にしていないすべての人と比べれば、ということです。繰り返しますが、奇蹟が行われるのを目にして、そのあらゆる付帯状況をきちんと見分け、それに注意を払える人はごくわずかです。こんなことはほとんど言わずもがなでしょう。また、この奇蹟が行われるのを目にする少数の人たちのうちで、奇蹟を行う人の徳や誠実さを自信をもって十分に認識できる人、奇蹟と称されたものを慎重に判断するために知っていなければならないその個々の付帯状況のすべてを自信をもって本当に認識できる人はさらにごくわずか、もっと正確に言えばおそらくただの一人もいないでしょう。繰り返しますが、こういう事柄を本当に認識でき、慎重に判断できる人はその中でもさらにごくわずかな以上、そんな連中が奇蹟について言うことを信用するのは気違い沙汰で、限りなく善で限りなく賢明な全能の神が、これほど分かりにくく疑わしく不確かで欺瞞的なやり方で、神意を人間に十分に知らせていると思い込むのは気違い沙汰です。限りなく善で限りなく賢明な神がそんなふうにしたいと思っている、などと考えるのはまったく気違い沙汰です。

もっとも、こう反論されるでしょう。本当の奇蹟の目撃者である人は実際にごくわずかで、奇蹟を行う人たちの誠

実さや聖潔を完璧に知っている人もごくわずかで、さらに、行われる奇蹟についての個々の付帯状況をすべてきちんと検討し、それにきちんと注意を払える人、そういう能力のある人はさらにごくわずかであっても、神はそれにもかかわらず、そうした手段によって神意を人間に十分に知らせずにはおかない。なぜなら、奇蹟が行われるのを目にし、奇蹟を行う人たちの聖潔を認識する才能や誠実さを備えたそのわずかな人々が、その後それについて何も目にしておらず、何も知らなかった人々に、自分たちが見たことや知ったことの真実性の十分な証言を与えるからである。そうなると、後者の人々も真理について十分に知らされた以上、それを信用し、前者の証人たちから言われることを固く信じる義務を負う。この人々は前者の証言に基づいて自分たちが行わなければならない、信じなければならないと思うことを十分に教えられ、納得させられている以上、今度は自分自身が、自分と同様奇蹟について何も目にしておらず、何も知らなかった別の人々に奇蹟について教え、またこの教えられた人々がまた別の人々に自分たちが教えられたように教える。こうして真理と神意に関する知識は間もなく多くの人々に伝えられ、この人々がそれをさまざまな場所へ、地方から地方へ、国から国へと伝え、最後にはほとんど世界の全地域にこの知識が広められることになる。また、この知識はいわば州から州へ、国から国へと伝えられ運ばれるのと同様に、手から手へというように世紀から世紀へと伝達され、かくしてあらゆる人間世代を通じて時代から時代へと伝えられる〔二〇四〕。このようにしてこそ、神は神意を十分人間に知らせているのであり、したがってそれに従おうとしない人々は、あらゆる時、あらゆる場所で十分にそれについて教えられている以上、それを知らないことを理由にしようとしても少しも許されるものではない、こうわがキリスト崇拝者たちは反論するでしょう。

しかし、神がその法や意志をこんなふうに自分たちに啓示したとか、神から特別に遣わされ、たくさんの奇蹟や神異を行っては自分たちの言うことがすべて真実である証拠にしている神聖な預言者たちに、神がその法や意志をこんなふうに、あるいはあんなふうに啓示したとか、一部の人が言っているということを口実にして、万人が神の法や意志を十分に教えられ、知らせられているはずだと主張するのはひどい錯誤ではないでしょうか。繰り返しますが、そ

んなふうに思い込むのはひどい錯誤ではないでしょうか。これほどの虚しい口実で人に信じさせられないことなどあるのでしょうか。そんなことが多少なりとも認められるなら、人が耳を傾けてくれさえしたら、どんなペテン師でもそんなたぐいの口実で自分が望むことをすべて簡単に人に信じさせるにきまっています。神の啓示を盾に取り、自分が言いふらそうとするあらゆる嘘に拠り所を与えるため、奇蹟をでっち上げるのは誰にとっても簡単なこと、とくに遠くからやってくる人には簡単なことです。そして、そうした奇蹟なるものや啓示なるものをただ熱心に語るだけで、話を聞く人にそれを信じる義務が生じるのであれば、話を聞かされた人々はどうなるでしょうか。そういう人々は一体全体、そんな奇蹟の話し手を軒並み、そんな見神や神の啓示の話し手を軒並み信じる義務を負わされるのでしょうか。またそのために、まるで一番確かで一番重要な真理ででもあるかのように日々言いふらされる無数の嘘やペテンを信じる義務を負わされるのでしょうか。

なんということでしょう。たとえばその昔、ユダの地に神の子であると自称し、さまざまな奇蹟や神異を行った男がいたことを〔二〇五〕口実に、ただその男を見た人すべてばかりでなく、さらにその男を見たこともなければ、もっとも遠く離れた国にさえ住んでいた人々もすべて、数年とかさらに数百年とか後に幾人かの見知らぬ者からその男について聞かされたことを全部、その男を見た人と同じように信じる義務を負っていたと言うのですか。そんなことがあってから千年以上が過ぎた今、しかもそれは多くの民族にとって幾千里も離れた場所で起こったというのに、宗教と霊魂の救済への情熱というあの見事でもっともらしいことを口実にして、見知らぬ者がやってきてそれについて言うことすべてを、地上の万民は今なお信じる義務を負わされるのですか。その見知らぬ者がやってきて、それについて語るすべてのことを盲目的に信じなければ、容赦なく罪を負わされて未来永劫不幸になり、恐ろしい業火で永遠に焼かれるというのですか。(25) あなたがたは気違いです、キリスト崇拝者の皆さん。神というものをそんなふうに考えるとは、あなたがたは気違いです。この点で皆さんが狂っていることをなお一層良く理解していただくために、たとえば、ここから二千里も三千里も離れた中国や日本の博士とか僧侶とかいう異国の見知らぬ人が何人か、この国の皆さんのとこ

ろへやってくると仮定しましょう。自分たちがこれほど遠くからやってきたのは、ただ皆さんの霊魂の救済への熱意からであり、また自分たちの神聖な宗教なるものの奥義と儀式を皆さんに教えるためだけだと、この善良な異国の聖職者たちが皆さんにまじめに言ったとしましょう。そしてただちに自分たちの偉大な立法者、孔子の摩訶不思議を皆さんに語り始め、皆さんの宗教を離れて自分たちの宗教を信奉するように説得し始めたら、まず皆さんは誰であれその新奇さに驚くでしょう。しかし彼らの話が進むにつれて、これは滑稽で馬鹿げた奥義を信じるように説得しているのだ、虚しく、迷信に満ちた儀式を守らせ、その偽りの神のいくつかの絵や偶像を尊敬させ、崇めさせようとしているのだと気づいたら、皆さんは彼らの愚行を笑い、これほど多くの労苦と疲労を重ねてこれほど遠い所からやってきてはそんな馬鹿げたことを言うこの連中は気違いで狂人だと言わないでしょうか〔一〇六〕。本当に皆さんはそう言ってしかるべきです。自分たちや自分たちの神聖な奥義なるものを嘲笑されるために、これほど遠くから彼らがやってくるのは実際気違い沙汰ですから。また、彼らの神や神聖な宗教の摩訶不思議なるものについて、彼らが皆さんに言うことを信じる義務を負っていると考えるのは、これもまた皆さんにとって気違い沙汰です。もっとも、そんなことを何か信じなければならないと思うほど皆さんも愚かではないと、私も思ってはいます。

　さてそれゆえ、皆さんの司祭たちが神に由来するかのごとく皆さんに言うことを全部信じる義務を負わされていると思うのは、皆さんの誤謬であることも認めてください。それで神の意志を十分に知らせられるということを口実に、皆さんの司祭から聞かされることを地上の万民が信じる義務を負っていると思うのは、皆さんの誤謬です。それに、救われるためには自分たちの偉大な預言者マホメットや、自分たちの偉大で神聖な立法者孔子をぜひとも信じなければならないとか、自分たちの神聖な宗教なるものの戒律や儀式をぜひとも守らなければならないとか、皆さんに説得するためにこの国にやってくることが中国の僧侶たちやマホメット教や中国や日本の祭司たちにとって気違い沙汰であれば(26)、わが司祭たち、わが宣教師たちにとっても、現に彼らがしているようにあれほどの労苦と疲労を重ね(27)、生命を危険にさらしてまであれほど離れた国へ行き、それらの国の人々がやってきて言うようなことと同様に滑稽で馬鹿

げたことを人に説得しようとするのはそれに劣らず気違い沙汰です。

知り合いや見知らぬ人が神から神意を啓示されたと自分たちに言ったから、あるいは自分たちに教えてくれたその人々に神が神意を啓示したと噂に聞いたからという口実で、人間は神の意志を十分に教えられているはずだなどと称するのは、すでに言ったように本物の錯誤です。繰り返しますが、そんなふうに思い込むのは本物の錯誤です。というのも、神意について人が語りうることを盲目的に信じるのは、神意を認識することではないからです。何であれ何かの法や宗教に与する人々は、こうしたことでは嘘つきや詐欺師や嘲弄家や無知な連中[28]から言われることだけを信じ、それも彼らから言われることを盲目的に信じている以上、そうした手段によって神が神意を人間に十分に知らせているると本当は主張できないことは確実でまったく明瞭です。人は各々生まれや教育によって、何か別のめぐり合わせや個人的利害という動機によって[29]、あるいは何か別の世間的な配慮によって、他の宗派や宗教よりもある宗派や宗教に一層結びつけられているのですが、それは神意をよく認識しているからではなく、人から言われることを盲目的に信じているからです。人が普通、キリスト教徒やマホメット教徒やユダヤ教徒や異教徒であるのはこのためで、それもただキリスト教やユダヤ教やマホメット教や異教のうちに生まれ、そこで育てられたからというだけです。そして私たちキリスト教徒について言えば、モンテーニュ氏が言うように、「われわれはフランス人、スペイン人、ドイツ人、あるいはイギリス人、フラマン人、ペリゴール人であるのと同じ資格でカルヴァン派、ルター派、ローマ・カトリック派であるにすぎない」(『エセー』四一一頁〔邦訳、岩波文庫、第三巻二〇頁、原二郎訳〕)のです。氏は次のようにも言っています。「もしも別の地域に生まれあわせて、別の教育を受けたり、別のしがらみとか名誉とか利害といった事情があれば、また何か別の個人的なめぐり合わせがあれば、われわれは別の党派に参加していたかも知れないし、同じような褒美の約束や懲罰の威嚇をつきつけられたら、別の見解や別の信仰を植えつけられたかも知れないのである」[二〇七]。ですから、神意を人間に十分に知らせるどんな神も存在しないことは明白です。

したがって、単に神意を人間に十分に知らせるどんな神も存在しないだけでなく、自分のことを人間に十分に知ら

せるどんな神さえも存在しません。自分たちの神は、神が創造された――そう彼らは主張するのですが――感嘆すべき作物すべてによって、単に十分にというだけでなく明らかに神自身のことを知らせており、したがって――彼らの主張によれば――天地を見るだけでただちに天地を創造した全能の神のあることが知られるのだ、とわが神崇拝者たちやキリスト崇拝者たちは称していますが、彼らが神の存在について主張しうるこうしたすべてに対して、先の事柄は一層明らかな反証となっています。彼らの言い分によれば、天地はそれを作った限りなく完全な全能の神にほかならない者の偉大さ、栄光、力、限りない善性をはっきりと公にしているというわけです。「諸々ノ天ハ神ノ栄光ヲ語リ、大空ハソノ御手ノ業ヲ公ニスル」（『詩篇』第一八篇一〔二〕節）[二〇八]。

「私は目を開けることができない」と、前のカンブレ大司教、フェヌロン氏はその『神の存在について』の中で言っています[30]。「自然の全体のうちに光り輝く御業を感嘆せずには、私は目を開けることができない。ただの一瞥だけで、すべてを作られた御手を認めるには十分である」[二〇九]〔フェヌロン『神の存在と属性の証明』第一部一項、一七七五年版三頁〕。しかし、こんな理屈がまったく虚しく、誤りであることは目に見えています。なぜなら、もし事物の広大さや美しさや多様性や数の多さや、自然のうちにある一番感嘆すべきものすべてが、限りなく完全で全能な神の存在をはっきり示しているならば、すでに言ったように、この限りなく完全な存在が実在することを否定したり、いや疑ったりすることさえ誰にもできはしないでしょう。というのも、自然のうちにある一番美しいものや一番感嘆すべきものや一番完璧なもののすべての秩序、美しさ、偉大さ、卓越性、数の多さを十分明らかに目にするすべての人々は、神の存在が真理であることをすぐに納得するはずだからです。

　ところが、この存在が実在することを否定したり、疑ったりする人々の数を考慮せずとも、自然のうちにある一番美しく、一番完璧なものすべては、何一つ限りなく完全な神の存在を明らかには証明しないことを率直に認め、白状しているきわめて多数の賢く、見識ある人がいるのです。しかも、そうした人々はわが神崇拝者たちの間にさえ多数いるのです。それに、彼らがそう認め、そう白状するのは正しいことです。というのも、自然的理性が証明してくれ

るのは、自然のうちにあるもっとも美しいもの、もっとも完璧なもの、もっとも感嘆すべきものすべてはただ運動の自然的諸法則だけによって、また私たちが世界と呼ぶものを形作っているあらゆる種類の存在のうちでさまざまに配列され、結びつけられ、変様され、結合された物質部分の相異なる形態によって生じうるということだからです。まさにそのことを、私はこれから一層詳しく示そうと思っています。〔二〇〕それゆえ、世界にあるすべての自然的事物のうちに認められる美しさ、卓越性、すばらしい秩序を、私はいささかもおとしめようとするのではありません。それを時として、わが神崇拝者たちは大袈裟で誇張した演説で褒めたたえるふりをしては、世界を作った自分たちの神の全能と限りない英知を証明しようとします。ところが別の機会には、その同じ作物すべてを虚しいもの、取るに足らないものと見、現に語っているように、「すべては虚しい。すべては虚しいものでしかない。空ノ空、イッサイハ空デアル」（『伝道の書』第一章二節）と言って、神に悪口を言っているように見えます。なぜなら、神が作ったはずの万物を虚しいものでしかないと言うのは、これほど優れた作り手の名誉を称えることでないのは確かだからです。それに、自分の作ったものがけなされるのを見て、侮辱されたと感じない優れた作り手はいないでしょうし、その作品をけなして語るのは作り手を侮辱することでしょう。わがキリスト崇拝者たちがよく言うように、すべては虚しく、すべては虚しいものでしかないと言う場合、それはまさしく、彼らが考えなしに自ら自分たちの神に行い続けている侮辱です。私がただついでにこんなことを言うのはすべて、わがキリスト崇拝者たちの言うことが彼ら自身の原理や彼ら自身の見解にいつでも一致していないことを示すためです。

第七七章　限りなく善で限りなく賢明な全能の神の導きと指揮のもとでは、いかなる被造物も不備であったり、欠陥があったり、不幸であったりすることはありえない

では本題に戻りましょう。そこで申しますが、私は自然のすべての事物のうちに認められる美しさ、卓越性、すばらしい秩序をいささかもおとしめようとするどころか、むしろ、できれば自然を褒めたたえ、感嘆に値する限りそれ

らの事物を人にも感嘆してもらいたいのです。私自身、おそらくわが神崇拝者たちの誰にも負けないほど、それらを感嘆しているのですから。感嘆するのは、自然の作物としてで、全能な神の作物としてではありません。というのも後者のように考えたら、私はただちに感嘆するのをやめるでしょう。なぜなら、大方の事物にはっきり見られる欠点や不完全さ、またさらには欠陥や奇形、そしてそれらに起こる望ましくない災難を考えると、それらの事物がそれ自体どれほどすばらしいものであっても、それらは限りなく善で限りなく賢明な全能の神の手から出たほど完全だとはもう思えなくなるからです。

ですから、この世の目に見えるすべての事物のうちに認められる美しさ、卓越性、秩序、巧妙さを、わが神崇拝者たちはいくらでも褒めたたえ、好きなだけ誇張すればいいのです。それは結構です。しかし一方では、それらが非常に脆く、きわめて不備であり、生命のあるものはすべて多くの悲惨、多くの苦しみにさらされていることも認める必要、告白する必要があるのです。さて、自然のうちにあるもっとも美しい、もっともすばらしいものすべてが全能で限りなく完全な神の存在を証明する度合いは、最小の悪がそういう神は存在しないことを証明する度合いには及ばない、と申しましょう。その明らかな理由は、すでに言ったように自然のうちにあるもっとも美しい、もっともすばらしいものはすべて、自然自身の法則と力で作られることが可能なのに、他方もしわが神崇拝者たちが言うように、それらがすべて限りなく善で限りなく賢明な神の全能の手から出てきたものであれば、どんな被造物にどんな欠点や欠陥があることも、生命のあるどんな被造物がどんな禍をこうむることも考えられないということです。ですから、死や病気や廃疾や衰弱、まして悪徳や邪悪、総じて被造物になんらかの欠陥や不備、あるいは不幸をもたらしうるものはすべて、こうしたあらゆる禍を防ぐ力を持つ神が存在しないことを証明しています。死しか、また苦痛しかなくて、それをこうむるのがハエやクモや人の足で踏みつぶされるミミズでしかなかったとしても、それらが限りなく善で限りなく賢明な全能の神の作物ではないことを証明するには、このことだけで十分です。というのも、それらが神の作物であれば、疑いもなく神がその福と生存に気を配り、疑いもなくどんな禍からも守るはずだからです。

限りなく善で限りなく賢明な神がそうした卑しい小動物を製作し、形作って喜ぶのは、それらが苦しむのを見るため、足で踏みつぶされるのを見るためだなどと考えられるでしょうか。そんなことは、神の全能と限りない善性にふさわしくありません。神は、どんな禍からもこの小動物たちを守ることが簡単にでき、またそうしようと思えば、それぞれの本性に応じてこの小動物にふさわしいあらゆる福を簡単にもたらすことができるはずです〔二一一〕。人の話では、昔あるローマ皇帝（ドミティアヌスでした）が——この皇帝はいくつも悪徳を重ねたのですが——錐でハエを突き刺す腕前を発揮し見せびらかして楽しむという悪行を誇りにするのが見られたそうです〔二一二〕（『大歴史辞典』）。これほど無意味でこれほど滑稽な楽しみにかくも耽っていると、この皇帝が非難されたのはまったくもっともでした。そのような楽しみが神ことが皇帝の霊魂の邪悪さと残忍さのしるしや前兆であると見なされたのももっともでしたし、またこの神の至上の尊厳と至上の全能、そして至上の善性にふさわしいなどと、また苦しむのを見るためや足で踏みつぶさせるためにハエやクモやミミズを製作し形作ろうとしたなどと、口にする勇気が人にあるでしょうか。そう考える勇気があるでしょうか。全然ありはしないでしょう。そんなことは、神の至上、無限の完全性とはまったく相容れません。神は、それらの被造物をすべて、その本性や種に応じてそれぞれ幸福で完璧なものに簡単にできるはずです。不幸にするために、神が一つでもそれらの被造物を作ろうとしたのだなどと信じるべきではありません。もしも限りなく善で限りなく賢明な全能の神が被造物を作ることに関わろうとしたのであれば、その種において不出来であったり、欠陥があったり、不幸であったりするどんな被造物も一つとして実際にありえないでしょう。

このことは、義にして全能な神のもとでは、いかなる被造物も、それに値したことがなければ惨めであったり不幸であったりすることはありえないとはっきり言っている、偉大なミルマドラン、聖アウグスティヌスの格率によって裏付けられるでしょう〔二一三〕。それはまた、ローマ教会全体の見解でさえあり、四旬節第一金曜日のミサで唱えられる、民衆のための公禱の一つでは、「民ガ不正ニヨッテ支配サレルコトガナケレバ、イカナル禍モ民ヲ害スルコトハナイデアロウ」と言われています(1)。これに加えて、義にして全能な神のもとでは、どんな被造物も不幸となるに値すること

はなく、決して値することさえなかったはずだ、と申しましょう。なぜなら、その種に応じて被造物をそれぞれ完全無欠に形作ったはずのその[2]同じ善性、同じ英知、同じ全能がさらに、前にも言ったように[3]同様の完全な状態に被造物をいつも保ち、それらが悲惨や不幸に値することが決してないように取り計らっていたはずだからです。それに、限りなく善で限りなく賢明な全能の神を想定する場合、どんな被造物もそれに値しなければ不幸にならないはずだとしたら、限りなく善で限りなく賢明な全能の神のもとでは[4]、どんな被造物も不幸になるはずがないと確実、無条件に言えます。というのも、すでに言ったように全被造物の完全無欠な形成を取り計らっていた同じ神が、また過去にも現在にもそれらの完全無欠な維持を取り計らうはずである以上、この想定のもとではどんな被造物も、不幸になるに値することは何もするはずがないからです。したがって、わがキリスト崇拝者たちが言うように、限りなく善で限りなく賢明な全能の神が人間を心身両面で完全な状態のうちにかつて創造したのならば、また同じく彼らが言うように、人間を地上でも天国でも未来永劫幸せで、満ちたりたものとするため[5]無辜で聖潔な状態に創造したのならば、神は人間を見捨てて、神的な摂理の好意的な助力[6]や神的な保護の好意的な[7]助力をなおざりにすることは決してなかったでしょうし、人間がどんな悪徳、どんな罪にも落ちるのを許しはしなかったでしょう。なぜなら、限りなく善で限りなく賢明な全能の神は、これほど良い目的のために創造しようとした者を、また自分がこれほど完全に愛そう、これほど格別に恵みと友愛を注ごうとした者を、決して見捨てなかったでしょうし、また見捨てようとも思わなかったはずだからです[8]。これはわがキリスト崇拝者自身がその公禱の一つで、「固キ愛ノウチニ立テラレタ者ヲ、摂理ガ見捨テルコトハナイ」(「聖霊降臨節後の第二日曜日のミサ」)、という言葉で言っていることです。したがって、限りなく善で限りなく賢明な全能の神の導きと指揮のもとでは、人間もほかのどんな被造物も決して不幸にならなかったはずですし、不幸になるに値するようなことさえ何一つしなかったはずです。

それこそまた、わがキリスト崇拝者たちの『聖書』なるものの証言そのものによって、裏付けられることでしょう。そこには、彼らの「神は、新たな契約を結ぶであろう、人間と野の獣と、空の鳥と、地にはうものと」(『ホセア書』

第二章一八節〕、つまりあらゆる生命ある被造物と契約を結ぶとはっきり記されています。この契約なるものにより、神は被造物たちの禍や苦しみを一切終わらせると約束し、また、「みな安らかな休息のうちに、安らかな至福のうちに住まわせる、ソノ日ニハ、私ハマタアナタノタメニ野ノ獣、空ノ鳥オヨビ地ニハウモノト契約ヲ結ビ、マタ弓ト、剣ト、戦イトヲ地カラ断ッテ、アナタヲ安ラカニ住マワセル」〔『ホセア書』第二章一八節〕[二四]と約束しています。また同じ『聖書』に、次のように書かれているのもそのためです。「神はその民からあらゆる不義をのぞき、永遠に地上を支配するように正義をさし向けられるであろう」〔『ダニエル書』第九章二四節〕[二五]、「いかなる被造物も他のものを損なうことはもうないであろう。子供たちは野の獣とたわむれ、狼は子羊と、獅子は牛と、蛇は鳥と、ともに平安に暮らし、互いに平安に草をはむであろう」〔『イザヤ書』、第一一章六、九〔六―八〕節、第六五章二五節〕[二六]。ですから、彼らが互いに禍を及ぼし合ったり、危害を加え合ったりするという話は、もうどこでも聞かれなくなるということでしょう。上に記した『聖書』なるものには、「もはや不義はなく、すべての人は聖者、義人となるであろう」〔『イザヤ書』第一一章九節〕と記されています。さらに上記の『聖書』なるものには、「野の獣たちは主を崇め、主を褒めたたえるであろう、野ノ獣ヤ竜ヤダチョウモ私ヲ崇メル」〔『イザヤ書』第四三章二〇節〕[9]とさえ書かれているのです。これに合わせて、同じ『聖書』の別の箇所にはこうあります。「見よ、神が来られる。見よ、その時神が人とともに住み、その時神が彼らの目からすべての涙をぬぐい去り、もう死も呻き声も悲しみも、またどのような苦しみもない。そうしたすべての禍は過ぎ去ってしまうからだ。神が自らの栄光のために、またその被造物の最大の福のために、すべてのものを新たにされるからである」〔『ヨハネの黙示録』第二一章三、四〔三―五〕節〕。「見ヨ、神ガ来ラレル」[10]〔『詩篇』第三九〔四九〕篇三節〕。

ですから、こうしたすべての証言に従えば、限りなく善で限りなく賢明な全能の神の権威のもとや摂理と指導のもとでは、この世にいかなる悪も存在するはずはなく、どんな被造物もいささかもこの世で不幸であったり、欠陥があったり、不備であったりするはずがないことは明白です。それらはすべて、この上なく完全な神の全能の手から出て

いるのですから。神がそれらを作ったのであり、神は悪いものや不備なものは何も決して作ろうとはしなかったはずです。さて、引用してきたわがキリスト崇拝者たちの『聖書』なるもののこうした証言については、次のような点にとくに注目すべきです。すなわち、神が万事を一新し、万事を今あるよりも良い状態に置いて、それらが現に持っている欠陥や不備をすべて取り除き、死や苦痛、被造物を傷つけ、それらに害を及ぼしうるすべてのものを追い払いさえするだろうとまさに記している以上、このことは、万物がより良く作られ、より良く整えられていたはずであったということか、あるいは万物が始めは十分うまく作られず、十分完全に[11]、十分うまく整えられてもいなかったということを認めているという点です。なぜなら、始めから十分うまく作られ、十分完全で、十分うまく整えられていたら、上記のいわゆる聖なる預言者たちが語る、またわがキリスト崇拝者たちが今でもまったく虚しく期待している、あの見事な改革なるものを被造物は必要としなかったにきまっているからです。被造物を作ったとされる限りなく善で限りなく賢明な全能の神は、被造物が備えていなければならないあらゆる完全性と正しい秩序のうちに始めから被造物を置いたはずですから。というのも、限りなく完全な存在がある時より別の時の方が賢かったり、巧みだったり、思慮や分別があったりすることがありうるとか、一度目よりも二度目の方がうまく作れるとか考えるべきではないからです。『日曜法話集』の著者は言います。「誰でも知っているように、神は聖性と限りない英知に満ちておられますから、十全で申し分のないものたろうとしてすべての作物が要求する完全性をお与えにならないはずはありませんでした。いやしくも神は、中途半端なことはなさいません。その作物には空な部分などありえません。すべてが必ずや持てる限りの完全性を、申し分のない聖潔と価値を持っているのです[12]」(「聖霊降臨祭後の第二日曜日のための法話十二」、第三巻四〇三頁[二一七])。

ですから、この世の目に見えるものはもっと良い改革を必要としていること、それらには欠陥や不備があること、生命あるものにとって、今あるように死を免れず、苦しみや病気、その他生きる上でのあらゆる悲惨を味わわねばならないのは禍であることを認めている以上、そしてそれらはいつの日かもっと幸せでもっと完全な状態になって、そ

れらはあらゆる欠陥、あらゆる不備、あらゆる不完全性を免れ、あらゆる禍、あらゆる苦しみ、あらゆる悩みから解放されるだろうと虚しいにせよ期待を抱いている以上、同時にまた、次のことも当然認めざるをえないでしょう。すなわち、それらは当初から自分にふさわしかったはずの状態や完全性のうちに作られず、したがって限りなく完全な神の全能の手で作られたのではなかったということです。そういう神なら間違いなく、それらにふさわしい完全な状態に最初からそれらを置き、また置いた上でいつまでもそこに保ったはずですから。

また、あのすばらしい神の約束[13]なるものがなされた時、その約束が果たされるべきだった時からすでに何千年も過ぎているのに、この世の目に見えるものにおけるこれほど望ましく、これほど好ましく、これほど完全な改革や修理といった実にすばらしい約束を、どんな神でも果たそうと取り組んだ様子はいまだかつて見えませんでしたし、今でもそうは見えませんから、このこともまた、あの約束はわがキリスト崇拝者たちが主張するようになんらかの神から由来するのではなく、人々を欺き、誤謬や偽りの希望のうちに維持するために大胆にも、また傲慢にも全能の神の声と約束を真似ることに手をそめた幾人かのペテン師に由来するか、あるいは自分たちの空想、夢、妄想を神の啓示と思い込んだ幾人かの気違いじみた妄想家や狂信者に由来しているにすぎない明らかな証拠となります。このことから、私は次のような結論を引き出します。この上なく完全な神の全能の手で作られ、秩序づけられていたならば、この世にある目に見えるものには間違いなくどんな欠陥もどんな欠点もなく、生命のあるものはどんな禍もどんな苦しみも一度として味わうはずはありません。

ですから、この世にある目に見えるものには欠陥や不備があり、生命のあるものは不幸にも死なねばならず、いくたの禍、いくたの苦しみ、いくたの病気、いくたの悲惨をこうむらねばならず、そして最後には苦しみながら死んでゆかねばならないことがはっきりと見られる以上、このことは、それらがこの上なく完全な神の全能の手でこのように作られたのではないことをはっきり証拠立てています。したがって、この世にある目に見えるもののうちにあるもっとも美しく、もっともすばらしいあらゆるものが全能の神の存在を証明する度合いは、最小の悪がそんな神は存在

しないことを証明する度合いに及ばない、と私が言ったのは正しかったわけです。というのも結局のところ、偶然によっても時には何か優れたもの、何か美しいもの、何かかなり完全な良いものが作られうることは分かっていますが、それだからといって全能で限りなく完全な神がその作物のうちにどんな悪、どんな欠陥をも許容しようとするとか、許容しうるとか考えてはならないからです。[14]

わがキリスト崇拝者たちは、この論拠の力をなんとかかわそうとして、神が被造物の全般的、普遍的な改革[15]という好ましい約束を果たそうとするのは、現世においてではなく、今でもなく、この世で忠実に神に仕えた人に対して、ただ世の終わりに、天国でそれらの神的な約束を見事に果たすのだ、と言います。しかし、そんな答えや上述の約束のそうした解釈は、くだんの『聖書』の真実の意味に明らかに反しています。『聖書』には、そうした約束は現世そのもので、しかもその到来が長く遅れるはずのないような時期に果たされねばならないと明白にはっきり記されていますし、それはこのことを語っている『聖書』の諸書を読めば簡単に分かるとおりです。その点は別にして、私はこう申しましょう。空想でしかない世界にまで、永久に来ることのない時期にまで、そこへ行って情報を得、その情報を伝えることは誰にもできないような場所にまで、そのように神の約束の成就を引き延ばそうとするのは人を愚弄すること、また自分を笑いものにしようとすることです。[16] その約束が本当に神に由来するのだと仮定しておきながら、神の明瞭な約束の成就をそんな時期、そんな世界にまで引き延ばそうとするのは誤謬であり、滑稽な錯誤です。自分の利益のために同じようなことを言えない嘘つきはどこに、嘲弄家はどこに、ペテン師はどこにいるでしょう。そんな約束ができない嘲弄家が、ペテン師がどこにいますか。同じようなことを言えない者、同じように約束できない者は一人もいないにきまっています。上述の約束が虚妄で、そんな約束にこれほど虚しい解釈を与える者たちが愚かで、そんなものにあれほど虚しい希望を託す人々が狂っていることを、それだけでもはっきり示しています。これらすべてのことが、どんな神も存在せず、神について言われることはすべてただ嘘や錯誤やペテンにすぎないことを明示しています。ですから、わが神崇拝者たちが主張するように、この世にある目に見えるものにより神の目に見えない存

在がはっきり知られると言うどころか、むしろ逆に、その同じ目に見えるものが神など存在しないことをはっきり示していると言わねばなりません。本当に限りなく善で限りなく賢明な全能の神の作物であれば、それらは現在そうであるように不備でも、欠陥だらけでも、またこれほど無秩序なこともありえないはずですから。

このことはさらに、偶然や運に左右されるすべてのもののうちにはっきり見られる摂理の全般的な欠如によってもまったく明瞭に裏付けられます。というのも、それらを導き、治めているのがこの上なく完全な知性でないことははっきりしているからです。なぜなら、理性のどんな兆しもなく、規則もなく、善悪の区別もなく、功績も正義も自然的公平さもなんら見分けられることなく至る所で万事が生起するのを、私たちは日々目にしているからです。そうです、それを私たちは日々目にしているのです。誰もそれを否定できないでしょう。それに、このことが人間にとってきわめて大きな躓きの種であり、それがきっかけとなって人は日々一層邪悪で一層悪い者となることさえ否定できないはずです。その証拠は、わがキリスト崇拝者たちのくだんの『聖書』なるものの中にそれについて書かれていることであり、その箇所はこのことが真理であることをはっきり示しています。『伝道の書』はこう言っています[17]。「あらゆることがどんな人にも一様に起こる。同じ災難が、義人にも悪人にも、善人にも悪人にも、正しい人にも正しくない人にも、犠牲を捧げる人にも犠牲を捧げるのをさげすむ人にも、同じように起こる。善人にも悪人にも、誓いを立てる人にも誓いを恐れる人にも同じことだ。このように同じ災難がすべての人に起こるのはきわめて遺憾なことである。なぜなら、そのため人の心は悪意や邪悪さで満たされるからである〔二一八〕」〔『伝道の書』第九章二、三節〕。さらに、この著者はこう言っています。「私は別の方に目を向け、日の下にこういうことがあるのを見た。一番足の速い者が競走に勝つのでもなく、一番強い者が戦いに勝利するのでもない。また一番賢い者が富を得るのでもなく、一番知識のある者が恵みと名誉を得るのでもない。時と偶然がすべてを配置しているのだ」（『伝道の書』第九章八、一〇〔一一〕節）。自然的、人間的事象を導き、統治することに関わろうとするのが、知性を備えた、この上なく完全な存在であるならば、現に行われているようにそんなふうにそれらを偶然に運ばれるままにしておくはずはなく、正義と英知をもってそれらを規則

づけるはずです。ですから、この種の出来事のうちにはどんな英知もどんな正義も、またどんな知性さえも現れておらず、すべて偶然によってしか起こらない以上、この種の事柄がこの上なく完全な知性によって導かれていない確実、明白な証拠です。

けれども、人が偶然に帰し、ただ偶然によってのみ起こると信じているそうした結果自体もすべて、本当は偶然そのものを導く神の摂理の結果でしかなく、この摂理が好きなように、好きな場所に運命を下すのだ、と多分言われるでしょう。しかし、それを口にするのは根拠のないことです。というのも第一に、偶然は規則に従わず、また原因も理由もわきまえず、時や所や人間たちを見分けることもなく、絶えず盲目的に同じ調子で進行する以上、そんなふうに盲目的に、でたらめに進むのに至上の英知の導きなど必要としないからです。そして、そうした導きなるものを必要としない証拠といえば、それは、偶然を導く知性などないと仮定する場合でさえ、つまり、何も区別することなく偶然が絶えず盲目的に進むと仮定する場合でさえ、(18) 偶然は絶えず同じ仕方でその歩みを続けずにはおかないということです。

だいたい、至上の英知が自分の作物をそのようにこれほど下手に導こうと望んでいるなどと言うのは、至上の英知を侮辱することでしょう。そんな導きに慎重さもなければ、英知もなく、正義もありはしないからです。ですから、偶然に生起することが至上の英知によって導かれているとは言えません。その運動やその結果においてもっとも規則正しく、もっとも不変なものでさえ、そうした原理に導かれているとは見えないからです。そうです、確実にそうは見えません。そうではなくて逆に、どこへ行くのかも知らず、何をするかも知らずにそれらが盲目的に通常の運行に従っているのが見受けられます。まさしくそんなふうに、たとえば水は自分がいる場所の傾きに自然に、一定して従います。まさしく盲目的に、水は流れに従い、出会うものすべてを濡らします。まさしくそんなふうに、炎は常に上に昇ろうとし、まさしく盲目的に燃やせるものに出くわすとそれをすべて焼きます。まさしくそんなふうに、太陽や天体は、一定して規則正しくその通常の運行に従い、まさしく盲目的にそれらは光り輝き、その光で世界中を照らし

ます。まさしくそんなふうに、すべての動物と、すべての植物は自然に、規則正しく、時期や季節に応じて自分たちにふさわしく、各自その種に応じた産物を生み出しますし、それ以外の自然物についても同様です。

人は、こうしたことがここに名前を挙げたものたちの知識や意図によって起こるのだとは言わないでしょう。生命のないものは自分が動いているのも知らずに動き、自分が働きかけているのも知らずに働きかけるのですから。それに人は、動物が知識の原理によってその同類を生んだり、作り出したりするとも言わないでしょう。自分たちの体の最小部分がどうやって形成されるかさえ知らず、彼らがそんなことを考えなくとも、それでもそうしたあらゆる部分がやはり形成されるからです。それゆえ、まさしく盲目的にこの種のものすべてが運動しているのであり、またそれらがその運動やその結果において一定し、規則的であるとしても、まさしく盲目的にそれらが働きかけているのです。またこのことが同時に、結果と自然的でいわば必然的な関連やつながりがあるために規則的にいわば必然的に常に同一の結果を生み出すいくつかの必然的原因や、いつも規則的に同一の結果を生み出すことのできない偶然的原因が、なぜ存在するのかの理由ともなります。その理由は、偶然的原因には結果と自然的で必然的なつながりがないからであり、同じくこの種の結果は往々にして複数の原因とか原因を取り巻く複数の状況とかに依存するからです。そして、それらの原因や状況は同じ時期、同じ場所でいつも一緒に出会うわけではなく、ただ偶然に、それもたまたま出会うだけです。そしてこうしたすべての原因が運動していて、自分が行うすべてのことにおいてやはり互いに盲目的に作用しますから、時期も場所もなんら区別せず、そこから起こりうる善や悪をまったく考慮せずに至る所でその結果を生み出すことになります。

これらすべてのことがその運動や結果の産出において至上の知性によって導かれているなどと言うのは、ただの錯誤、人間精神のただの作りごとであって、どんな真の理由にも基づいていません。というのも、こうしたことすべてが自然的に起こりうるのは、自ら運動し、何をしているのかも、なぜそうするのかも知らずに至る所で盲目的に作用する、物質の運動力によるだけであることがはっきり見られるからです。それは、今しがた私が話した火と同様で、

火は燃やせるものに出くわすとそれをすべて分け隔てなく焼きますが、自分が焼いているとも知らず、また何を焼いているかも知りませんし、泥を固め、蠟を柔らかくし、鉄を赤くし、暖炉を黒くしますが、自分がしていることを何一つ知りません。自ら運動し、至る所で盲目的に〔作用する〕[二一九]物質の運動力について、ここで私が言っていることは日々明らかに見られることであり、それを目にしない人は誰もいません。

けれども、万物を指導するという至上の知性についてわが神崇拝者、わがキリスト崇拝者たちが言うようなことは少しも見られません。ですから、彼らは自分たちが見もせず知りもしないこと、誰も決して見たことがなく、知りもしなかったこと、それに彼らがどんな満足のいく証拠も与えられないことを口にしているのです。このことは、世界や世界にあるものたちを治める至上の知性は存在せず、したがって自分のことを十分人間に知らせ、その意志を十分人間に知らせるどんな神もいないことをはっきりと示しています。というのも、なんらかの神がいたら、これまでのすべての論拠によって証明してきたように、その全能、正義、善性、限りない英知に関する疑問の余地のない証拠によって、少なくともそれ相応に自分のことを人間に知らせずにはおかないはずでしょう。そんな神なら、被造物のうちにどんな悪徳、どんな不正、どんな禍、どんな悲惨、どんな規則の乱れがあることも容認したり、許したりすはずはなく、それどころか被造物を各々その本性に応じてすべて完全な状態に創造した上で、現にあるように偶然の不確かな気まぐれや盲目的な必然性の運命的な法則に被造物を委ねることもなく、あらゆる英知、あらゆる善性、あらゆる正義をもって被造物を治め、常に良き秩序のうちに被造物を維持するはずだからです[二二〇]。

こうしたすべての論拠に反論しようとして、一方わがキリスト崇拝者たちは必ずや頑として次のように言い張ろうとするでしょう。すなわち、すでに私が示したように、私たちがこの世で目にする多くのこれほど美しい、これほどすばらしいものの美しさ、卓越性、秩序、ほとんど無限な数の多さは、それらが限りなく完全な神の全能によってのみ作られえたことをはっきりと私たちに示してくれる[19]、と言うでしょう。というのも彼らの言い分では、多くのこれほど美しく、これほどすばらしいものがひとりでに作られたり、ただ偶然の一撃や、物質の原子ないし部分だけの偶

発的な競合で作られたりしたなどということはありえないからです。「私は目を開けることができない」、前のカンブレ大司教、有名なフェヌロン氏はそのように言っています。「自然の全体のうちに光り輝く御業を感嘆せずには、私は目を開けることができない。ただの一瞥だけで、すべてを作られた御手を認めるには十分である」〔二三一〕（『神の存在について』一頁以下〔フェヌロン『神の存在と属性の証明』第一部一項、一七七五年版一頁〕）。「〔二三二〕自然の全体がそれを作られた方の限りない業を示している……。さて、宇宙は限りない力と巧みさを有するある原因のしるしを備えている、と私は主張しよう。そして偶然、すなわち必然的ではあるが理性を欠いた諸原因の盲目的で偶発的な競合がこの全体を作ったはずがない、と主張しよう」〔フェヌロン前掲書第一部四項、一七七五年版六頁〕。さらに続けて、著者はこう言っています。「ホメロスの『イリアス』、あれほど完璧なこの詩が偉大な詩人の天才の努力によっては決して作られず、アルファベットの活字がばらばらに投げられて、さいころの一振りのような偶然の一撃が、すべての文字を集めて正確に必要な並び方をさせ、調和と多様性に満ちた詩行の中に多くのあれほど偉大な出来事をしかるべき場所に配置し、あれほど見事にすべてを一つに結びつけて描き出し、もっとも優美に、もっとも高貴に、もっとも感動的に各対象を彩り、さらに各人物にその性格に応じてあれほど率直に、あれほど情熱のこもった仕方で口を開かせたなどと思う人がいるだろうか。好きなだけ推理を重ね議論に凝ったとしても、『イリアス』には偶然を措いてほかに書き手はいないなどということを、分別のある者に決して納得させられはしないだろう。一つの詩まるごとを作るどころか、偶然は一行の詩句さえも作れはしない、とキケロは言ったものだ。では、そうした分別のある人が、あの詩について考えるのを自分の良識が決して許さないようなことを、間違いなく『イリアス』よりもずっとすぐれた宇宙についてどうして考えられようか」〔フェヌロン前掲書第一部五項、一七七五年版四―五頁〕。

同じ著者の別の比較を掲げましょう。「部屋の中、カーテンの後で心地よく妙なる楽器の音を聞いて、偶然がどんな人の手も借りずにこの楽器を作ったかも知れないと私たちは思ったりするだろうか。ヴァイオリンの弦がひとりでやってきて、木の上で自分を並べ、自分を引っ張り、木の方も各部が合わさって一つになり、きちんとした開口部を

もつ胴が作られると私たちは言ったりするだろうか。技もなしに作られた弓が風に押されて、あれほど多様かつ正確に各弦に触れるのだ、と私たちは主張したりするだろうか。理性を備えたどんな精神の持ち主であったら、人の手が多くの調和を伴いながらこの楽器に触れていることを本気で疑えるだろうか。巧みな手がそれに触れていると叫ばないだろうか」[二二三]〔フェヌロン前掲書第一部四―六項、一七七五年版五―八頁〕。同じ著者はほかにもいくつか似たような比較を行っていて、それは、無人の土地で発見された、きちんとでき上がった美しい像とか、幾人もの人物が見事に描かれた美しい絵とかをもとにしたものです。[二二四] 美しい時計の例や、実に規則正しく、完璧なまでに見事に建てられた家の例も引いています。同じカンブレ氏〔フェヌロン〕は言います。[二二五]「精妙な哲学を誇りながらも、見事な家に入ると、どこかこの家に似ていてしかも人の技によって掘られたのではない洞窟もあるのだから、この家は偶然によって作られたものだ、それを人が快適に使えるようになるために巧みな者の手など何も加わっていない、などと主張する人については何と言うべきだろう。そんなふうに推論する人には、この家の全部を見せてあげよう。そしてこう言おう。〈ごらんください、中庭のこの大きな戸口を。他のどんな戸口よりもずっと大きくて、馬車が入れるようになっているでしょう。この中庭も、馬車が出ていく前に方向を変えられるだけのスペースがあるんですよ。この階段は無理なく上れるように低い段からできていて、通じる各アパルトマン、各階に応じて曲っています。窓は間隔をおいて空けられていて、建物全体に明かりを与え、光と一緒に風が入ってこないようにとガラスがはめられています。好きな時に開けて、いい季節には心地よい空気を入れられます。屋根は雨風から建物全体を守るように作られています。屋根組みは先が尖っていて、雨や雪が両面から容易に流れて行くようになっているんです。瓦は重なり合い、木組みを覆っています。各階のいろいろな床板は、狭い空間の中で住居を重ねて増やすのに役立ち、暖炉は家を焼くことなく冬に火を焚くように作られ、煙は外へ出して、暖を取る人々には感じさせないようになっているのです。

アパルトマンは、互いに入り組むことなく、人数の多い一家族全部が住めるように、しかも他人の部屋を通る必要がないように、また主人の住居が中心になるように配置されています。この家にはいくつもの調理場や配膳室や厩や

車庫が見られ、寝室には寝るためのベッド、座るための椅子、ものを書き、食事をするためのテーブル……などが備えられています。こうした作品は、――人はくだんの哲学者にこう言うだろう――誰か有能な建築家に監督されたものでなければなりませんよ。万事が快適で、心地よく、釣り合いがとれ、使いやすいのですから。それに、この建築家のもとには腕の立つ職人たちがいたのでなければなりませんね〉。哲学者はこう反論するだろう、〈とんでもない、あなたがたはうまく自分をだますものですな。本当に、この家は心地よく、快適で、釣り合いがとれていて、使いやすいですよ。でもこの家は、全体が釣り合いをとりながらひとりでにできたのです。偶然が家の石材を見事な秩序に組み上げ、壁を立て、板材を組み、並べ、窓を空け、階段を積み上げ……たりしたのです。人の手がどこかに加わっているなどと思わないでください。人間はただ、家ができあがっているのを見つけて、この特典を利用しただけです。そこに自分たちの都合に合わせられるものを見つけたから、それが自分たちのために作られたのだ、と思い込んだのですよ。でも、人が架空の建築家の意図に帰しているものはすべて、後から自分たちが思いついたことの結果でしかありません。これほど規則正しく、これほど広いこの家も洞窟と同じように作られただけで、できているのを見つけた人間が、ちょうど砂漠の真ん中で岩の下に見つけた洞窟を嵐の間利用するように家を使っているだけですよ〉」。

カンブレ氏〔フェヌロン〕は言います。「この家がどんな技も示していないとあくまでも本気で主張しようとするなら、そんな奇妙な哲学者をどう考えたものであろうか。そのリュートの心地よい調べの奇蹟のおかげで、石を互いに規則正しく、均整の取れた形に立ててテーバイの町の城壁を作ったというアムピオンの物語〔三六〕を読んで、人はこの詩的な作り話を愚弄する。けれどもこの作り話は、私たちが想定している人があえて擁護しようとする作り話ほど信じがたいものではない。少なくとも、いくつかの物体の場所的運動からなる心地よい調べが、人が理解はせずに感嘆する自然のうちにあるあの秘められた力のいくつかによって、一定の秩序を伴って、それも建物にいくらかの規則性をもたらすある種の調子を伴って、石を揺り動かしうるとは思えるだろう。もっとも、こうした説明は理性に反し、理性を憤激させよう。しかし結局のところ、私が今しがたあの哲学者の口に上らせたものほど常軌を逸したものではない。

いくつかの石が、自分で自分を切り、採石場から出て、間に隙間がないように重なり合い、漆喰を一緒に塗って結合し合い並び合って住居を配置し、自分の上に屋根の木組み、それとともに屋根を乗せて、建物を覆うようなことを思い浮かべる以上に、馬鹿げたことがあろうか。こんな作り話を本気で持ち出されたら、まだ舌の回らない子供でも笑い出すことだろう」〔フェヌロン前掲書第一部七二項、一七七五年版一六六―一七一頁〕[二二七]。

フェヌロン氏自身がこうした例や比較をいかに大真面目に提出しているかは、以上のとおりです。そして、こうしたことをもとに、天地を創造し、さらにそこで私たちが目にする万物を作ったこの上なく完全な知性、全能で限りなく賢明な作り手の存在についての説得力ある論拠を引き出せると、氏は主張しているのです。これこそが、氏の実際になしうるすべてであり、また全能でこの上なく完全な神の存在の確実性なるものに関する自分たちの見解を支持し擁護するために、わが神崇拝者たちが最強のものとして提出し、提案できるすべてであると言えるでしょう。というのも、この上なく完全な存在について彼らが抱く観念そのものや、無限について自然に私たちが抱く観念から彼らが引き出そうと考えている別の論証的と称される論拠や、ほかの似たような論拠について言えば、そんなものは間違いなくただの錯誤やただの屁理屈にすぎないからです[二二八]。

次に、どう彼らがそうした論拠を提出しているかを掲げましょう。「あるものを表す観念の中に明らかに内包される事柄は、そのものに帰されねばならない。これがあらゆる学問の普遍的原理である。しかるに実在は人が神について抱く観念の中に、すなわち人が限りなく完全な存在について抱く観念の中に明らかに内包される。それゆえ、神、この唯一の限りなく完全な存在である神は実在する」[二二九]〔『真理の探究』第二巻第四章九三頁〔マールブランシュ『真理の探究』第四巻第一一章二節、ロビネ版全集第二巻九四頁〕〕。わが新参のデカルト派の神崇拝者たちは[20]、これだけの短い論拠から自分たちの神の存在の論証的な結論を引き出すと主張しています。同様に彼らは、私たちが無限について自然に有している観念から神の存在を証明すると主張します。カンブレ氏〔フェヌロン〕は、「私は自分のうちに無限の観念を持っている」[二三〇]〔『神の存在について』三七九頁〔フェヌロン『神の存在と属性の証明』第二部第一章、一七七五年版

二六四頁〕と言います。「ただ無限の観念ばかりでなく、私はさらに無限な完全性の観念も持っている。完全であることと善であること、これは同じことであり、善性と存在とはまた同じものである。善であり、完全であるとは、限りなく存在することである……」〔一三二〕（同書三八三頁〔フェヌロン前掲書、一七七五年版二六七頁〕）。「これほど力強く私の上にましまし、限りなく私を凌ぎ、私を驚かし、私を私自身の視界から消し去り、私に無限を現すこの観念を〔私は〕(21)どこで手に入れたのだろうか。どこからこの観念はやってくるのだろうか。どこで〔私は〕(21)それを手に入れたのか。無の中からか。有限なものはどれも私にこの観念を与えられない。なぜなら、有限は無限を表すことはなく、無限とは限りなく異なっているからである。どれほど大きかろうと、どんな有限も真の無限の観念を私に与えられないならば、どのようにして無がそれを私に与えられよう。また私自身がそれを自分に与えられなかったことも明らかである。なんらかの観念を私が抱きうる他のすべてのもの同様、私は有限だからである。本当に無限のものが何もない時に私が無限を発明するということが理解できるどころではなく、私の外にある実在的な無限が、限られている私のうちに無限の本性に似た像を刻印できたことさえ私には理解できない。無限の観念は外から私にやってきたに相違ないが、この観念が私のうちに入りえたということさえ、私には大変な驚きである。繰り返すが、無限そのものに由来し、有限なものには何も似るところのない無限のこのすばらしい表象は、どこから私にきたのだろうか。私のうちにあるのか。私以上のものなのか。それがすべてで私は何物でもないように思われる。それを消し去ることも、覆い隠すことも、切り縮めることも、またそれに反対することも私にはできない。それは私のうちにある。私のうちに私がそれを置いたのでもなければ、私が見つけたのでもない。それを私が見つけたのは、ただ私が探す前にそれがすでに私のうちにあったためである。私が無限の観念を考えず、別のことを考えている時でさえも、それは変わることなく私のうちにある。探せばいつでも見いだされ、探さずとも往々にして私に現れる。無限の観念は私に依存せず、それに私が依存しているのである。私が迷えば、無限の観念が私を呼び戻し、私を正し、私の判断を立て直してくれる。私が無限の観念を調べてみても、私はそれを正すことも、疑うことも、判断することもできない。私を裁き、私を正

すのは無限の観念である。

私が認めているものが、私の精神に現前する無限であるならば、それゆえあの限りなく完全な存在は実在する。逆

〔メリエによる原文欄外への縦書き書き込み〕虚しい推論[22]

に、私のうちに刻印されているものが単に無限の表象でしかなくとも、この無限の類似物、あるいは表象[23]は無限なはずである。なぜなら、有限はいかなる点においても無限に類似するところはなく、無限の真の表象たりえないからである。それゆえ、真に無限を表象するものは、無限に類似し、無限を表象するためにはなんらかの無限なものを有していなければならない。神そのもののあの心象すら、それゆえ限りない完全性において第一のものに似た第二の神である。どのようにしてそれが限られた私の精神のうちに受け入れられ、収められるのであろうか。それに、無限のこの限りない表象を誰が作って私に与えたのであろうか。無限の限りない心象はひとりでにできたのだろうか。この心象には、それを基に作られた原型も、それを生み出した真の原因もないのだろうか。なんとしたことか、なんたる非常識の山か。それゆえ、私が神を思う時に私の精神に自らを現されるのは限りなく完全な存在である、と無敵の力で結論せねばならない……〔二三二〕」〔フェヌロン前掲書、一七七五年版二六七―二七〇頁〕。「神を私が思うがゆえに、神は存在する……しかし、驚嘆すべきこと、理解を絶することは、弱く、限られ、欠点の多いこの私が神を思い抱いていることである。神は私を存在させる原因であり、また有限なものを高めて無限を思考させるのだから、単に私の思考の対象であるだけでなく、さらに私を思考させる原因でなければならない〔二三三〕」〔同二七一頁〕。

〔メリエによる原文欄外への縦書き書き込み〕虚しい推論

これが、有名な神・キリスト大崇拝者[24]が行っている空虚な推論です。私たちが自然と無限について抱いている認識は無限そのものからしか、すなわちこの人によれば唯一無限なものである神そのものからしか私たちのうちにくることはありえず、したがって無限について私たちが自然に有しているそうした認識が、神そのものの存在の本当の証明であることを示しているというわけです。また、くだんの存在の実在に反対して、この世にある目に見えるものにお

ける不完全さや欠点や欠陥、同じくこの世で人間や他の動物たちがみなこうむる悲惨や禍から私が引き出した帰結について言うなら、わが神崇拝者やわがキリスト崇拝者たちは間違いなくこう言うにきまっています。自分たちの限りなく完全な神が、すべての被造物をいつもそれにふさわしい完全性において作らないとしても、また神が偶然の移り気や不確かさ、盲目的必然性の諸法則に被造物を委ねているように見えるとしても、そして生命ある被造物が病気や廃疾、さらに死によって苦しめられるのを容認し、人間の間にありとあらゆる悪徳や不品行があること、人間がありとあらゆる不正や悪行を行うことを容認し、真理と聖潔が往々にしてあれほど抑圧されるのを容認し、神に忠実に仕える義人が往々にしてあれほどありとあらゆる悲惨に圧しつぶされ、反対に悪人や神の法と命令をさげすみ神を日々冒瀆している不敬の徒が繁栄と喜びと名誉とあり余るあらゆる福のうちにあるのを容認し、要するになんらかの悪が存在すること、あるいはそれがどのような仕方やありようであれ、不完全あるいは悪しざまに作られたなにがしかが存在することを神が容認していても、——繰り返しますが、彼ら、迷信深く信心深いわが神崇拝者たちは間違いなくこう言うでしょう——自分たちの神がそうしたすべての禍を容認するのはただそこから何らかのより大きな善を引き出すためでしかなく、したがって——彼らの言い分では——神はそれらを自分の最大の栄光や被造物自体にとっての最大の福に転じさせることができるのだから、神がそれらを容認していても驚くに当たらないのだ、と。間違いなくそう言うにきまっています。

第七八章　限りなく完全な神の実在を支持する、論証的と称するデカルト派の諸論拠の反駁

しかし、こうした答えを反駁し、その無能さ、弱さ、虚しさ、誤りを示すのは簡単です。まず、無限について私たちが自然に抱いている認識から始めましょう。カンブレ氏〔フェヌロン〕[1]やその仲間の人たちは、この認識をまるでその他のすべての認識にまさる次元あるいは性質のものであるかのように、またまるでその認識が限りなく完全な存

かります。「無限について形作られる観念が私を驚かせ、私を圧しつぶす。あまりの威厳に私の精神は圧倒され、神の栄光の輝きを私は見ていられず、喜ばしくも目を伏せるのである」〔二三六〕（『神の存在について』三七八頁〔フェヌロン『神の存在と属性の証明』第二部第一章、一七七五年版二六四頁〕）。さらにいくつもの虚しい推論を重ねた後に、カンブレ氏〔フェヌロン〕はこう続けて言います。「なんとしたことか、なんたる非常識の山か。それゆえ、私が神を思う時に私の精神に自らを現わされるのは限りなく完全な存在である、と無敵の力で結論せねばならない」（三八七頁〔同、一七七五年版二七〇頁〕）。「しかし、驚嘆すべきこと、理解を絶することは、弱く、限られ、欠点の多いこの私が神を思い抱いていることである。神は私を存在させる原因であり、また有限なものを高めて無限を思考させるのだから、単に私の思考の対象であるだけでなく、さらに私を思考させる原因でなければならない」〔二三七〕（同、一七七五年版二七一頁〕）。「それこそが、私が自分のうちに常に宿している神異である。私自身が神異なのだ。何物でもないのに、私は無限に与っている。私は自分で自分を理解できない。私はすべてを包摂しているが、何物でもない。私は無限を知る無である。自分を称賛しそれと同時に自分をさげすむ言葉を、私は知らない」〔二三八〕（同、一七七五年版二七一―二頁〕）。

ここで、この人の驚きと感嘆の一番のもとは、無限の観念を有すること、自分が有限で限られた精神でしかないのにそれを思い描けることなのです。これではまるで、自分の脳より広いものは何も思い描いたことはなく、思い描いたはずもなかったかのようです。自分の眼より大きいものは何も見たことはなく、見たはずもなかったかのようです。脳より広いものは何も思い描けないなら、私たちの精神は確かに限られたものでしょう。同様に、眼より広いものや大きいものは何も見られないなら、私たちの視野は確かに近視眼的で、確かに狭いものでしょう。でも、そんなことはありません。幸いにしてそんな具合にはいかないのです。眼とは比べものにならないほど大きな、ほとんど無数とも言える対象を私たちは毎日見、毎日簡単に見てさえいますし、脳とは比べものにならないほど大きな、ほとんど無数とも言える事物の観念を私たちは同じく容易に毎日抱き、毎日形作っているのです。それゆえまさしく、こんなにも私たちを驚かせ、びっくりさせずにおかないのは、無限なものとしての無限の観念や認識ではありません。そうし

ぎ去ってしまった後にはなお時間が、それも決して終わりのない時間が必然的に存在するはずであることを、私たちは明らかに理解しているからです。なぜなら、人が想像できるそうした時間の後には必然的にいつでもその後があり、しかもこの後とはいつでもある時間、しかも決して終わらない時間であるからです。私たちは存在があることを自然に認識しますし、それを知らずにいることはできません。自然的理性が私たちに明らかに示してくれるのは、前段で私が言ったように、過去においても常に、また現在においても常に、必然的に存在があらねばならないということです。またそうやって私たちは、存在には決して始めがなく、また決して終わりもないだろうことをはっきり認識するのですが、[*1] それがまた明らかに持続における無限を認識することでもあるのです。(2) そしてこれがまた、持続における無限や時間における無限を私たちがいかに自然に認識するかでもあります。こうして私たちは自然に無限を三様に認識しますし、あるいはそう言ってよければ三種の無限、延長における無限、多数性や数における無限、持続や時間における無限を私たちは自然に認識するのです。繰り返しますが、こうして私たちはそれをきわめて自然に、またきわめて容易に認識するのです。

＊1　またそれゆえに、存在は決して創造されはしなかったことも認めなければなりません。(3)

こうした認識は、まるで生得的なもののように私たちのうちにあり、私たちの理性にいわば自然に従っています。〔一二五〕そのおかげで、私たちが無限に関して自然に抱いている観念や認識のうちに不可解で空想的な超自然性なるものを見つけて、カンブレ氏〔フェヌロン〕がそれについて行う推論すべての弱さ、無能さ、虚しさを示すのがたやすくなります。自分が観念や認識を有している無限はあらゆる意味において、あらゆる仕方において、また想像しうる、さらには想像しうる以上のあらゆる完全性において限りがないはずであると、カンブレ氏〔フェヌロン〕は虚しく、根拠もなしに仮定しています。それが過ちのもとです。というのも、存在せず、存在しようもない無限の観念をそんなふうに作り上げながら、この人は空想的で架空のものでしかない無限の観念を作り上げているからです。そしてそれによって、なぜこの人が虚しいその考えの中で（自分自身で記しているように）道に迷い、自分を見失っているかが分

きず、その結果無限である延長さえ存在すると、いつでも明らかに理解されますし、それも容易に理解されるからです。〔一三四〕こうしたことはまったく自然に、またきわめて簡単に理解されます。

第七九章

私たちは、延長における無限、持続あるいは時間における無限、数における無限を自然に認識するのであり、延長が、時間が、数が無限でないことは不可能である

これだけでもすでに十分、(1)いかに人が自然に、またきわめて簡単に延長における無限を考えつき、認識するかを示しています。有限から無限へのこうした進行を、精神が自然にきわめて簡単に行うことを、間違いなく人は否定できないでしょう。ですから、私たちは有限も無限もどちらも同程度に自然に、また簡単に認識するのです。それゆえ、虚しい推論を尽くしてカンブレ氏〔フェヌロン〕が何を言おうと、有限の認識と同じく無限の認識は超自然的でもなければ、驚くべきものでもありません。延長における無限を自然に認識するのと同様に、私たちは数における無限を自然に認識しています。有限ないくつかの単位を認識したり、理解するのは私たちには簡単です。たとえばはじめに一、二、三、四……などを認識するとします、当然続けて、たとえば百、二百、千、二千……などのさらに大きな数を考えつき、認識することになります。さらに続けていくと、また当然別の一層大きな数を考えつくようになり、ついにはもう名前もつけられず、無限として私たちが理解している数に思い至ることになります。これがまた、私たちが数における無限をどのように認識するか、すなわち数あるいは多数の単位の総体や全体が無限にまでいたるのを、私たちがどのように認識するかを示しています。また別の仕方でも私たちは、無限を自然に認識します。時間の無限や持続の無限を自然に認識するからです。たとえば、はじめに私たちは一時間、一日、二日、一カ月、二カ月、一年、二年……などを認識したり、思い浮かべたりします。それと同じ容易さで私たちは十年、二十年、百年というように続け、そうやってたやすく千年、二千年、さらに数十万年、数億年を思い浮かべるようになります。そこで止まってはいられません。というのも、私たちが想像できるのが数千年、数百万年といった大きな数であっても、それらが過

在そのもの、すなわち神そのものにのみ起因して私たちに生じるかのように見なしています。おまけに、彼らがそう言っているのですが、すべての人間精神がそうであるような有限で限られた精神に、神自らが無限の認識を与えられることに彼らは驚くのです。けれども確かなことは、私たちが有しているその他のどんな認識にもまして、そうした無限についての認識は超自然的でも、驚くべきものでもありません。私たちが有限や無限、物質的なものや非物質的なものを認識するのは同じ精神、精神の同じ働きによってですし、私たちが私たち自身のことを考えたり、神やその他のあらゆるものを考えたりするのもその同じ精神、同じ知性によってなのです。

本当のことを言えば、私たちが考えたり、目で見たり、感じたり、あるいは自分が行うことすべてを、また自分につまり自分の感官や自分の知性に現れることすべてを認識したりするという、私たちが自然に備えているこうした機能やこうした能力を、私はすばらしいものだと思っています。ものごとを考え、目で見、感じること、そして不完全にではあれともかくも私たちの感官や知性に現れることすべてを認識すること、こうしたこと以上に私たちにとって容易なこと、また自然なことはほかにありません。もっとも私には、どのようにしたら自分がなんらかの思考、なんらかの認識、さらにはなんらかの感覚を形作ることができるのかは分かりません。ですから、私の思考や私の認識の最小のものさえも私を驚かせ、びっくりさせるのです。それは認めます。けれども無限の認識が、有限であるものの認識以上に超自然的であったり、驚くべきものであったり、考えつきにくいものであったりするというようなこと、そんなことは私には少しも理解できませんし、そんなことは私たちが日々それぞれ自分で経験できることとまさに逆のことです。というのも、延長、たとえば一ピエの延長や、一トワズの延長、そうしたければ一里や二里、三里の延長を簡単に認識したり、理解できない人はいないからです。さらに千里、十万里の延長を、またさらにどんな限界もない、したがって無限である延長を認識したり、理解したりするのも私たちには簡単です。なぜなら、どれほど遠くに延長の限界や果てを想定すると主張できるとしても、それでもやはり、常にその限界なるものを超えた限界やその果てなるものを超えた果てが存在し、したがってそこにはなおいくらかの延長が存在し、さらに限界を持つことがで

た観念や認識はほかのどのような認識にも劣らず、私たちにとって自然で、抱きやすいものなのですから。そうではなく、私たちを驚かせ、びっくりさせるのは、むしろ思考そのものです。というのも、私たちが何かの思考や何かの認識をどのように形作れるのかを私たちは理解しておらず、また理解することさえもできないからです。ですから、私たちが抱きうるもっとも繊細な思考やもっとも高貴な認識と同じくらい、私たちの思考あるいは認識の最小のものでも私たちをびっくりさせるにちがいありません。

もっとも、思考や認識や感覚が私たちのうちでどのように、またどのような仕方で形成されるのかが理解できなくとも、少なくともそれが理解できない理由、理解しようもない理由は考えられるように思えます。それは、思考そのものによって、認識によって、感覚によってそれ以外のすべてのものを私たちが感覚し、認識し、知覚しているからです。ですから、私たちのさまざまな思考や感覚が何であるかは、思考そのものによっても感覚によっても見たり、認識したり、感じたりしようがありませんし、それらが私たちのうちで形成される仕方を見たり、認識したり、感じたりしようもないのです。私たちが思考し、認識や感覚を抱くことが分かり、それが間違いのないこと、確実なことであれば私たちには十分です。私たちのうちでそれらがどんな仕方で、またいかに形成されるかを私たちが感じる必要はありません。それはちょうど、やはり私たちに自然に備わっている眼でものを見たり、手ですべてのものをつかんだりする機能や能力と同じように、いわば私たちの精神に属する、すなわち私たちに自然に備わっている、考えたり、感じたりする機能や能力に属しているように私には思われます。それゆえ、すべてを手でつかむけれどもどんな手も自分をつかまえられないのと同じく、私たちの精神は自分をつかまえ、自分を理解し、また自分で自分を思い抱けずとも、私たちは万事を精神で理解し、思い抱き、いわばつかまえるのです。さらにまた、眼は眼自身を見られないのに私たちは万物を眼で見るのと同じく、思考や感覚の本性を知ってもいないのに、思考によって、感覚によって私たちはすべてを見、すべてを知覚します。

それにしてもなぜ、すべてのものをつかまえる手は手自体をつかまえられないのでしょう。手自体がほかのすべて

のものをつかまえるから、またこう言ってよければ、手自体がつかまえることすべての原理だからというのでないとしたら、なぜでしょうか。すべてのものを見るのに自分自身を見られない眼はどうでしょう。眼自体がほかのすべてのものを見るから、そして眼自体が視覚の器官や原理だからでないとしたら、なぜでしょうか。そうです、鏡に眼を映さなければ、眼自体を見られないのはきっとそのためです。なぜなら、鏡に映す時には眼は眼の外にあるかのようですし、そうなると簡単に自分を見られるからです。しかしそれを除くと、すでに言ったように眼は視覚の器官や原理である以上、少しも眼自体を見られないのです。人間の精神やその思考についても、当然それと同じように言うべきです。人間があらゆることを考え、認識し、知覚するのは精神によって、思考そのものによってです。では、どうして人間は自分自身を認識しないのでしょう。また、どうして自分の精神の本性、自分の思考の本性、自分の感覚あるいは知覚の本性をはっきりと認識しないのでしょうか[4]。人間のあらゆる思考やあらゆる認識やあらゆる感覚あるいは知覚の第一原理が、人間精神そのものだからではないでしょうか。そして人間が万物を認識し、知覚するのはそのさまざまな思考や感覚や知覚によってだからではないでしょうか。そうです、これこそが間違いなくその本当の理由です〔二三九〕。

ですから、精神は人間の内面の目のようなものであって、人間が万物を見、認識するのはこの目によってです。けれども、精神があらゆる生命やあらゆる認識やあらゆる感覚の第一原理である以上、この目は自分で自分を見たり、自分を認識したりするはずがありません。そして自分以外のすべてのものを眼で見ているのに、自分自身の眼を見ていないことに人間は驚きはしないのですから、同様に精神によって、思考によって、感覚によって、知覚によってそれ以外のすべてのものを認識し、認知しているのに、人間が精神や思考の本性をはっきりと認識していなくとも驚くには当たらないように思えます。というのも、人間のうちにあってそのあらゆる思考、あらゆる認識、あらゆる感覚の第一原理であるのは、この精神そのものだからです。功徳の原理は功徳の支配下に置かれない、「功徳ノ原理ハ功徳ノ支配下ニ置カレナイ」〔二四〇〕、という道徳上の格率があります。視覚、認識、感覚についてもそれと同じように言うべ

きです。そして視覚の原理は視覚の支配下に置かれないことを私たちはすでに知っているのですから、感覚の原理は感覚の支配下に置かれるはずはなく、認識の原理は認識の支配下に置かれるはずはないと、さらに私たちはしっかり考えるべきです。私たちの精神の本性や思考の本性をなぜ私たちがあまり知らないのか、私たちの感覚あるいは知覚の本性をなぜ私たちがあまり知らないのかということの、これが本当の理由であることを疑うべきではありません。

ところで、そうしたことを認識する際に私たちが有する困難がどこから生じようとも、私たち自身が思考し、想像し、推論し、いろいろなものの観念を抱き、自分自身の中に善悪や快苦のさまざまな感覚あるいは知覚を抱くことを私たちはみな知っていますし、私たちはみなそのことを確信しています。これは少しも疑えません。同じく、すべてのことを私たちが思考し、想像し、推論し、判断するのは、私たちの頭、とくに脳によってであることを私たちは知っています。それはちょうど、眼で私たちがものを見たり、耳で私たちが音を聞いたり、鼻で私たちが匂いを嗅いだり、舌で私たちが味や風味を区別したり、まさに手で私たちがものに触ったり、体のあらゆる部分で私たちが感覚するのを知っているのと同じです。これらすべてを私たちは毎日経験しており、疑いようもありません。

ところで、存在していない幾多のものの観念を私たちが往々にして抱いたり、往々にして抱けることも分かっていますから、脳の中で私たちが想像したり、表象したりできるいろいろなものについて私たちが抱ける観念は、それらのものが私たちの思い描くとおりに実際に存在する証拠には必ずしもならないことは明白です。そうした観念によって私たちが理解するものが実在することの本当に説得力のある証拠となるのは、必然的な諸観念、すなわち私たちの精神から消そうにも消せない観念しかありません。たとえば、よく考えてみると、無限な延長について私たちの抱く観念を、私たちは自分の精神から消し去ることはできません。無限な延長について私たちが抱き、私たちの精神から消し去ることのできないこの観念だけで、それが実際に存在し、私たちの理解するとおりに真実無限である説得力のある証拠となります。延長が存在しないことは理解できず、この延長に限界があったり、無限でないことは理解できないからです(5)。というのも、延長が真実無限でなかったならば、そこにいくつかの限界を思い描けるはずだからです。

ところが、そこになんらかの限界を思い描いても、同時にこのいくつかの限界やその一つの限界のさらに彼方にある限界を思い描かないわけにはいきませんし、このことは必然的にいつでも一定の延長が存在することを示します。これが延長には限界がないこと、したがって延長は有限ではなく無限であることの、明らかな証拠です。同様に、時間の持続を考える際にその持続に関して私たちの抱く観念を、精神から消し去ることはできません。延長が存在しないことは理解できないように、時間が存在しないことは理解できません。それゆえこの観念だけで、時間は存在すること、単に存在するばかりでなく、過去においても当然常に存在し、未来においても当然常に存在すること、したがって時間が持続における無限であることの明らかな証拠となりますし、このことは私たちが理解するとおりに実際そうなのです。

この二種類の無限について私たちが自然に有する認識から、私たちはまた自然に別種の無限の認識へと移ります。それは、今しがた述べたあの二つの無限全体のうちにほぼ[6]必然的に含まれている数や多数性における無限です。というのも、さきほど証明したように、必然的に無限である延長全体の中には、たとえば無数のピエ、無数のトワズ、無数の里を示す無数の部分的延長をなすものが当然見いだされ、明らかに認められるからです。なぜなら、いかなる有限数の里もいかなる延長の個別的空間も無限な延長に等しくなれず、したがって無限な延長に等しくなるためには無数の里がやはり必要であることがはっきり分かるからです。また同じく、時間の無限で継起的な持続全体のうちには、ただ無数の日だけでなく、さらに無数の年や世紀となるものが当然見いだされ、明らかに認められます。というのも、どんな有限数の年や世紀も時間の無限な持続に等しくなれず、したがってまた、それに等しくなるには、すなわち時間の無限な持続に等しくなるには、やはり無数の年や世紀が必要であることもはっきり分かるからです。

無限な延長の中にはいつでも当然トワズよりも多くのピエや、里よりも多くのトワズがあるではないか、と反論してもここでは何の役にも立ちません。同じく、時間の無限な持続の中にはやはりいつでも当然年よりも多くの日や、世紀よりも多くの年がある、だからそんな説に従ったら無限そのものより大きなさまざまな無限がある、つまり延長

の中にはたとえば無数のトワズよりも多い無数のピエがあったり、無数のトワズは同じ延長の中にある無数の里よりも多くなるではないかと言われるでしょうし、同じく、時間の継起的な持続のうちには無数の年よりも多くの無数の日があり、無数の年はそこにある無数の世紀よりも多いだろうと言われるでしょう。何一つ無限より大きくなりえない以上、そんなことはまったく理に反している、と言われるでしょう〔二四一〕。それにはこう答えましょう。トワズよりも多くのピエや、里よりも多くのトワズが、無限な延長の中にはいつでも本当に見つけられるでしょう。時間の連続的な持続の中にも同様に、年より多くの日や、世紀より多くの年を本当に見つけたり、数えたりできるでしょう。けれども、延長全体には見渡しても当然無限な拡がりがあり、時間の持続全体にはまた見渡しても無限な持続があるのですから、ピエを数えるのとまったく同じように、延長の中には際限なく数えられる里やトワズが必然的に常に数えられるでしょう。それゆえ、どれを数えても終わりがないことに程度の差はありませんから、どれも一方が他方より有限であったり無限であったりするわけではありません。同様に、日や時間を数えるのと同じく、時間の継起的な持続の中にも際限なく数えられる年や世紀が常に数えられるでしょう。そのどれを数えても終わりはありませんから、それゆえそれらは一方が他方より有限であったり無限であったりするわけではありません。かくして私の推論は相変わらず有効なのです。

　それでもおそらく人は、カンブレ氏〔フェヌロン〕とともにこう言うでしょう。延長はすべて、また複合体はすべて有限で限界のある諸単位の集合にすぎないのだから、どんな延長もどんな複合体も無限たりえず、それらの単位がすべてひとまとまりになっても、限界のある有限ないかなるものも無限を作りえない以上、無限を形成しえない〔二四二〕、と。この人の推論を次に掲げましょう。「あらゆる複合体は決して無限たりえず、限界を持ち計測しうる実在的な部分を有するものはすべてなんらかの有限なものを構成しうるにすぎない、これが私の結論である。集合的あるいは継起的ないかなる数も決して無限たりえない。数とは、実在的に区別され、それが存在するため、また存在しないために相互に依存し合うことのない諸単位の集合である。互いに依存し合うことのない諸単位の集合とは、それを減らすこと

ができ、その結果、無限ではない全体のことである」〔『神の存在と属性の証明』第二部第二章、一七七五年版二九四―二九五頁〕。「縮減された全体は無限ではなく、小さくなっているものは限界のあるものである。なぜなら、無限の下位にあるものは無限ではないからである。この全体が縮減されるならばそれは限られたものであり、限られたたった一つの単位の除去によってさえ縮減されるのだから、その結果明らかに、それはこの単位が取り除かれる以前でさえも無限でなかったことになる。なぜなら、あなたが有限な単位を一つだけ加えても、有限な複合体から無限を作ることはあなたには決してできないからである」〔前掲書、一七七五年版二九四頁〕。「同一の数量に関してであれば、それは一単位を引かれた後よりも引かれる以前の方が大きかったことは確かである。この限られた単位が除去されると、その全体は決して無限ではない。それゆえこの除去以前も無限ではなかったのである[二四三]」〔『神の存在について』四二〇頁（同書、一七七五年版二九五頁）〕。

この推論全体は、二つの要点に還元できるように思われます。すなわち、限定され、有限で、互いに独立している諸単位から成り立ちうるような数や多数性は、無限な全体を形成できるのか、それとも決してできないのかということです。第二点はすなわち、限定され、互いに独立している無数の単位から構成される数や全体は、いくつかの有限な単位の除去によって無限であることをやめてしまうか、それとも無限であることをやめはしないかということです。というのも、この点にこそ先に提出した反論に関わる最大の難点が存すると思えるからです。[7] それにはこう答えましょう。第一に、限界があり互いに独立している無数あるいは無限に多くの単位は、結合して一つになっているのですから、必然的に一個の全体を形成し、それは無限な延長からなることでしょう。そのはっきりした証拠はこうです。すなわち、この限られた無数の諸単位に含まれる各単位は、他のすべての単位の延長とは独立に、すでにそれ自体のうちに延長を有しています。この単位は、同様にその他のすべてから独立して延長を有している別の単位と結合しますから、そうなると、必然的に一層大きな延長を形成します。そして同じ単位をこの二者に加えれば、それだけまた一層延長は量を増し、加えられる単位の量に応じて延長は当然増えることになるでしょう。ところでこの仮定に従え

ば、このようなすべての単位から構成されている全体の中には、結合して一つになっている無数の限られた単位があります。ですから、この全体は真実かつ実在的に無限な延長であり、したがって無限が限界のある有限な無数の諸単位から成り立ちうることは明らかです。これは私たちが非常にはっきり理解できることであり、また無限が限界のある有限な無数の諸単位から成り立ちうると私たちがただはっきりと理解できるだけでなく、そうなりうる、それも単にそうなりうるだけでなく、さらに延長の総体や数の総体の中にはすべて限界のある有限な無数の諸単位から構成される無数の無限が実在的に存在することさえも、私たちははっきり理解するのです。

第八〇章　ある意味ではいくつもの無限が存在する。しかし唯一の絶対的な無限しか存在せず、また存在しようもなく、それは全体である

そのことをはっきりさせる証拠はこうです。延長の総体の中には、私たちが考えようと考えまいと無数の線、あるいは少なくとも、すべて無限である無数の線の材料になるものが存在することは明らかです。なぜなら、そうした線はすべて、あらゆる次元において無限である延長の総体そのものに等しい延長を有しているからです。ところで、この線の各々が長さの上で無限であるためには、当然それが、たとえばすべて互いに独立している多数あるいは無数の原子のような、多数あるいは無数の有限な部分から構成されていなければならないことは明らかです。そうした部分や原子が数において、あるいは数多性において無限でなければ、無限な線を構成できないことは明らかですから。それゆえ、この線は当然無限である以上、また当然それは多数あるいは無数の限界のある部分から構成されていなければなりません。こうして明らかに各々の線の中には、すべて互いに独立した多数あるいは無数の原子や限界のある部分が存在しています。ところで、私が言ったように、実際の延長の総体の中には今しがた指摘した線に似た無数の線を構成するものが明らかに存在していますし、それらはすべてが無限であり、すべて多数あるいは無数の原子や限界のある部分から構成されていることでしょう。ですから、私が言ったように、延長の総体や数の総体の中には無数の

無限が明らかに存在します。延長の総体や数の総体の中には無数の無限がある、と私が言ったからとて、まったく驚くには当たりません。というのも、物質の無限分割を承認する者はすべて、物質の各部分の中にも無数の部分があり、それなしには物質は無限に分割しえないことを当然認めざるをえないからです。そして、かの哲学者たちが主張する〔二四四〕ように、物質の各部分の中に無数の部分があれば、また当然、物質の中には数えきれない無数の諸部分が無限に存在しなければなりません。

ですからカンブレ氏〔フェヌロン〕のように、すべての複合体は決して無限たりえないし、限界があり数えられる部分を有するものはすべてなんらかの有限なものしか構成しえず、集合的あるいは継起的な数はすべて決して無限たりえないなどと言えるどころか、逆に理性のもっとも明るい光に従って、部分もないような単独で単一の単位は決して無限を作りえないと言うべきです。部分のない単独で単一の単位に決して延長などありえないからです。この単位に延長はないか、あるいはきわめてわずかしかない以上、そうした単位は必然的、本質的に限りなく延長している無限を決して作りえないことは明らかです。そして単独で単一の単位が、延長も部分もなくて、決して無限を作れないのであれば、当然延長あるいは数における無限は、多数ないしは無数の単位、あるいは結合して一つになっている限界のある部分から構成されていなければなりません。こうした推論はすべて明白です。しかし、全能でありとあらゆる完全性において限りなく完全な神の空想的で架空の観念を作り上げた〔二四五〕ように、カンブレ氏〔フェヌロン〕はやはり空想的で架空の無限の観念を作り上げねばなりませんでした。というのも、この人はいかなる本当の無限の観念の中にも、自分が神に帰したいと願う空想的な諸々の完全性を見つけられなかったからです。

第二に、この人はさらに付け加えて、それが何にせよ何らかの複合体から任意の一単位を取り去れば、当の複合体はそのために当然縮減され減少し、したがって有限な一単位を加えることによっては有限な複合体から無限を決して作りえない以上、この単位の削除以前にもそれは無限ではなく、またしたがってどんな複合体も無限たりえないのだ、と言っています。それにはこう答えましょう。第一に(1)、真に無限であるものは、それが無限であるという点で、真実

実際に何一つ付け加えられません。何物も消滅させられないのですから、また同じく現実的な何物も無限なものから本当に取り除かれはしません。それゆえ、無限な複合体から一つの単位を取り去るという仮定は不可能なことに由来しており、不可能なことに由来する仮定からはただ馬鹿げたことしか生じえない以上、そんな論拠からはどんな結論も出はしません。もっとも、無限な複合体から限界のある単位をいくつか削除するということは、少なくとも思考の上では行えますし、また上述のいくつかの単位を他のものから引かれるもの、消去されるものとして思い描くことはできますから、第二に私は次のように反論しましょう。この仮定において、そんなことはまったく不可能であるにしてもとにかくそのように仮定した場合でさえも、複合体は少なくとも何も取り去られなかった側面ではやはり無限のままでいるでしょう。実際この複合体は、人が取り去った一つあるいは複数の単位が除かれた場所で縮減されたり、減少させられたりはします。けれども、残りの場所はやはり当然無限です。部分のいかなる削除も無限を汲み尽くせない以上、それがどれほど大きくとも特定部分のいかなる削除も、複合体が無限であることを妨げられないとさえ言えるでしょう。そして、無限が部分のいかなる削除によっても汲み尽くされえないのであれば、複合体からその部分をどのように削除するにしても、私が言ったように、少なくとも削除されたものが何もない側面では、明らかに複合体が常に無限であるのを妨げられないことになります。〔二四六〕論旨がこのように進むこと、またこのような仮定にあってはそれ以外に進みようもないことは明白です。こうしたことはすべて、物事の真理をはっきりと示す明瞭な観念によって理解されます。

第八一章

カンブレ氏〔フェヌロン〕や『真理の探究』の著者〔マールブランシュ〕がしているように、実在する無限な存在とまったく実在しない限りなく完全な存在なるものとを混同しようとするのは、彼らの誤謬、錯誤であり、彼らがしているように一方の実在をもとに他方の実在を結論づけるのは彼らの錯誤である

それにしても、カンブレ氏〔フェヌロン〕やわが神崇拝者たちのすべてが、ありとあらゆる完全性において限りな

く完全な全能の神として崇めるように私たちに示す空想的で架空の無限を、明晰判明な観念によってそんなふうに理解できる人がどこにいるでしょうか。それも目に見え、感覚されるどんな完全さもなく、どんな姿も形も、さらにはどんな部分や延長さえもないというのにです。そんな無限については、きっと誰一人どんな本当の観念も抱けないでしょうし、どんな姿や形もどんな延長もないそんな存在のうちに何かすばらしい完全性があるなどとは誰も思いつきさえしないでしょう。それに、どれほど霊的であろうとわがキリスト崇拝者たち自身、そんな無限やさらにはそんな存在についてどんな本当の観念も抱けはしないでしょう。ですから、こうしたことから私は、彼らとは逆にさらに明らかなこととして、彼らがその限りなく完全な神について抱いている観念はそれの実在を少しも証明するものではない、という別の真理を結論として引き出すのです。それにしても、才知ある人々がそんなもので神の存在を無敵の力で証明するなどと主張できるとは、驚くべきことです。この点をもっと詳細に検討しましょう。

ここに、本人たちは論証的だと信じている、彼らの推論と論拠を掲げます。「あるものを表す観念の中に内包されると人が明らかに理解する事柄は、そのものに帰されねばならない。これがあらゆる学問の普遍的原理である。しかるに、現実的で必然的な実在は神の観念の中に、すなわち限りなく完全な存在の観念の中に明らかに内包される。それゆえ、神あるいは限りなく完全な存在は、実在する」(『真理の探究』第二巻九一〔九三?〕頁〔マールブランシュ『真理の探究』第四巻第一一章二節、ロビネ版全集第二巻九四頁〕、〔フェヌロン〕『神の存在証明』〔『神の存在と属性の証明』〕、三六〇頁、三六六頁〔二四七〕)。わが新参のデカルト派の神崇拝者たちは勝利を収めたと思い込み、このように論ずることで自分たちの神の存在を論証的に証明していると信じています。けれども、そんな思い込みは彼らの錯誤でしかないことは確実です。なぜなら、そうした議論が神や限りなく完全な存在の実在を結論づけるのは、人が限りなく完全であると理解するこの存在が本当に現実的な何物かであって、単に空想的な何物かではないことを、この議論が前提する限りにおいてでしかないことは明白だからです。というのも、それが本当に現実的な何物かであることを前提せずに、人がその観念を持っているということだけからこの存在の実在を結論づけるのは馬鹿げているからです。し

かるに、限りなく完全と考えられるこの存在なるものが、本当に現実的な何物かであると単に前提することがここで問題なのではなく、それ自体が否定の対象とされているのですから、[1]それを証明することが問題なのです。そして、くだんの論法は限りなく完全な存在と考えられる存在なるものが本当に現実的な何物かであることを証明しているわけではなく、証明しなければならないのにそれをただ仮定しているにすぎない以上、くだんの論法は何事も証明しないまったくの詭弁でしかないことは明らかです。そのはっきりしたしるしは、それが何事かを証明していれば、限りなく完全な人間が実在するとか、限りなく完全な馬が実在するとか、また限りなく完全な鳥が実在したり、さらには限りなく完全なハエが実在することを[2]同じ論法で同じく簡単に証明できることです。なぜなら、何かそれとは異なる限りなく完全な存在を想像するのと同じように簡単に、限りなく完全な人間、限りなく完全な馬、限りなく完全な鶏、限りなく完全なハエを想像できますし、[3]何かそれとは異なる限りなく完全な存在の実在を証明するのと同じように簡単に、くだんの論法によって限りなく完全な人間、限りなく完全なロバや馬、[4]限りなく完全な鶏、限りなく完全なハエが実在すると証明できるはずだからです。というのも、どちらの対象にもくだんの論法を同じように簡単に適用でき、同じようにそう言えるのは明らかだからです。あるものを表す観念の中に内包されると人が考えられる事柄は、そのものに帰すべきである。これがあらゆる学問の普遍的な原理である。しかるに、必然的な実在は、限りなく完全な人間という観念の中、限りなく完全なロバや馬という観念の中、そして同じく限りなく完全な鶏という観念の中、そして限りなく完全なハエ……という観念の中に明らかに内包されている。それゆえ限りなく完全な人間は実在し、それゆえ限りなく完全なロバや馬は実在し、それゆえ限りなく完全な鶏は実在し、それゆえ限りなく完全なハエは実在する。こうした結論はすべて、わが神崇拝者たちがその限りなく完全な神の実在を論証するために用いると称するのと同じ原理、同じ推論から等しく引き出されるものです。

　ところで、この見事な推論によって、限りなく完全な人間の現実的な実在、限りなく完全なロバや馬の現実的な実在、限りなく完全な鶏の実在、限りなく完全なハエの実在を論証すると称するのは、馬鹿げたことではないでしょう

か。そうです、確かにそんな証明なるものはまったく馬鹿げています。わが神崇拝者自身、間違いなく、そんな証明を持ち出す連中を馬鹿にするにきまっています。では、そんな証明なるものはいずれにしても同じく馬鹿げているのに、どうしてそれを用いて自分たちの神の実在を証明するなどと称するのでしょうか。すでに言ったように、才知ある人々があえてそんな推論を提出しているだけでも驚きです。

『真理の探究』の著者〔マールブランシュ〕は、こうした推論から生ずる馬鹿馬鹿しさを認めないわけにはいかず、神の実在を支持して自分がこの論拠によって導き出す結論と、他のすべての存在の実在についてそこから導かれうる同様の結論との間には違いがあると主張します。それを著者がどう説明しているかを次に掲げましょう。「仮にそのような議論を私が行ったとすると、あるものを表す観念の中に含まれていると理解される事柄を、人がそのものに帰すべきことは確かである。限りなく完全な物体の観念の中に必然的な存在が内包されていると人は理解するのであるから、それゆえ限りなく完全な物体は存在することになる。繰り返すが、仮にこのような推論を私がしたら、そんなものは限りなく完全な物体の現実的な存在を結論しない、と人が私に反論するのが正しいのは確かである。ただしそれは、そうした物体があると仮定すれば（よくご注目ください〔メリエによる注記〕）、その物体は自ら実在を有することになると言うにすぎないのであって、その理由はこうである。すなわち、限りなく完全な物体の観念は精神の虚構あるいはむしろ複合観念であり、したがって実際そうであるように、そうした観念は誤謬ないしは矛盾を含むものでありうるからである。というのも、物体のような個別的で有限な存在が普遍的で無限であるとは考えられない以上、人は限りなく完全な物体など理解しようもないからである。[*1] しかし、神あるいは存在一般、限定なき存在、無限な存在の観念は精神の虚構ではない。この観念はなんらかの矛盾を含む複合観念ではない。存在するものすべて、また存在しうるものすべてを含むにもかかわらず、この観念以上に単純なものは何もない。ところで、存在ないしは無限を表すこの単純で本来的な観念は必然的な実在を含んでいる。というのも、この存在――ある特定の存在の意味ではなく――は自ら実在を有していること、そして真の存在が実在を欠くことは不可能で矛盾することである以上、この存

在が存在しないことはありえないのは明らかだからである」[二四八]（『真理の探究』第二巻九三頁〔マールブランシュ、前掲書第四巻第一一章二節、ロビネ版全集第二巻九五頁〕）。[5]

＊1　それにしても、どんな延長もなければ体もなく、形もなければどんな姿もしていない存在が限りなく完全でありうるということを、この著者はそれ以上にはっきりと分かっているのでしょうか。きっとそうではありません。そんなことは分かってもいなければ、これまでも分かったためしはないのです。これからも誰だって、決してそんなことは分かりはしません。

ここで少し、この著者の推論を検討してみましょう。著者によれば、くだんの論法が限りなく完全な神の実在の場合のように、限りなく完全な物体の実在を結論しない理由は、限りなく完全な物体の観念は精神の虚構だからです。それではまるで、限りなく完全なものと理解される他の存在の観念は、限りなく完全なものと理解される物体の観念ほど精神の虚構ではないと言うようなものではありませんか。[6]確実にどちらの観念も等しく精神の虚構ですし、したがってこの論法は一方の実在を他方の実在よりも結論づけることはありません。また、この論法は限りなく完全なものと理解される物体の実在を結論づけず、今引用した著者もそれには同意している以上、それは限りなく完全なものと理解される他のどんな存在の実在も確実には結論づけません。それでも『真理の探究』の著者〔マールブランシュ〕が、あの別の限りなく完全な存在について抱かれる観念は精神の虚構ではないと主張するなら、著者やそれに賛同する全員が明白で明証的な根拠によって、その限りなく完全な存在なるものの実在を証明すべきです。それこそ彼らにとっては、自分たちの神の実在を証明することと同じくらい行うのが難しく、さらには不可能でさえあることでしょう。ですから、よりすぐれた論拠やよりすぐれた根拠によってこの限りなく完全な存在なるものの実在を彼らが証明しない限り、そんなものは絵空事でしかなく、それについて彼らが抱く観念は本当は彼らの精神の虚構にすぎず、したがって、論証的と称する彼らの論法は、限りなく完全なものと理解する物体の実在について同じく、彼らの神の実在についても何も結論せず、何も証明しないと主張する権利を私たちは依然として同様に持つでしょう。

著者はそれに加えて、「限りなく完全な物体の観念は複合観念であり、したがって実際そうであるように、そうし

た観念は誤謬ないしは矛盾を含むものでありうる。というのも、人は限りなく完全な物体など理解しようもないからである」〔マールブランシュ『真理の探究』第四巻第一一章二節、ロビネ版全集第二巻九五頁〕と言っています。〔二四九〕けれども、限りなく完全な物体について彼らの抱く観念よりも、彼らの限りなく完全な存在なるものについて彼らの抱く観念の方が単純で、複合的でないと、どうやったら言えるのでしょうか。この観念は、それ自体において——その本性や、観念のありようにおいてという意味で——一層単純であったり、複合的でなかったりするわけがありません。というのも、ある考えより精妙で精緻だったり、あるいは粗雑だったりする別の考えがあるとしばしば言われますが、だからといって、実際に一方が他方より物質的であるとか物体的であるとか主張されはしないからです。霊魂や精神の働きはすべてこの面では同じ本性からなっており、どれも同じく精神的なもので、したがってどれもそれ自体同じく単純なものです。これに異論の余地はないでしょう。ですから、ある観念が他の観念より一層単純であるとか、それほど複合的でないとか言えるのは、他の観念なら内包しているかも知れない複数の他のものの観念を、ただその観念がそれ自体の中に含んでいないためにすぎないことは明らかです。ですから、たとえば家の観念は複合観念と言えるでしょう。それ自体の中に、家を造る木や石の観念、家を構成する屋根や壁の観念、戸や部屋や窓の観念、家の中にある階や煙突……などの観念のような、家を構成する幾多の別なものの観念が含まれているからです。さらにまた、一個の屋根の観念さえ、やはりそれ自体の中に瓦やスレートの観念、貫板や垂木の観念、屋根全体を支える柱の観念を含んでいますから、やはり複合観念でしょう。それに反して、延長の観念には延長そのものとは別の観念は含まれていませんから、延長の観念は単純観念で、複合的ではないと言えるでしょう。

　ですから、神つまり限りなく完全なものと理解される神あるいは存在の観念が、同じように限りなく完全なものとして理解される物体の観念よりも単純で、複合的でないかどうか知るには、神あるいは限りなく完全な存在の観念がそれ自体の中に、限りなく完全な物体の観念が内包しているのと同じだけの完全性の観念を含んでいないかどうかを検討しなければなりません。というのも、限りなく完全な物体の観念が含んでいたり、含みえたりするのと同じだけ

の完全性の観念をこの観念がそれ自体の中に含んでいれば、二つの観念はどちらも同程度に複合的で、したがってどちらも同様に精神の虚構となることは明らかだからです。しかるに、神あるいは限りなく完全な存在の観念はそれ自体の中に可能なすべての完全性の観念を含むことは明白です。というのも、それ自体の中に可能なすべての完全性の観念を含んでいなければ、それは限りなく完全な存在の観念ではなく、なにがしかの完全性を欠き、したがって限りなく完全とは言えないような存在の観念となるからです。ところで、限りなく〔完全な〕〔二五〇〕(7)物体の観念はそれ自体の中に可能なすべての完全性の観念以上のものを含みえないことも明白です。それゆえ、神あるいは限りなく完全な存在の観念は、限りなく完全な物体の観念と比べて一層単純でもなければ、それ以上に複合的でもなく、したがってこれらの観念はともどもに精神の虚構にすぎず、どちらも、限りなく完全ないかなる存在の実在についても何一つ証明しはしません。

「限りなく完全な物体の観念は複合観念であり、実際そうであるように、そうした観念は誤謬ないしは矛盾を含むものでありうる」〔二五一〕〔前掲書〕、と同じ『真理の探究』の著者〔マールブランシュ〕は言います。この観念が複合的であること、それが誤謬であること、また限りなく完全な物体などありえないことについては、私も著者に同意しましょう。しかし、限りなく完全でありうるその他の存在も決してありえないことについても意見の一致が見られるべきです。限りない完全性の観念は、今しがた指摘したように、精神の虚構であるにすぎないからです。また「人は限りなく完全な物体の観念など理解しようもない」〔二五二〕〔前掲書〕、と言われています。それには同意しましょう。しかし、それとは別の限りなく完全な存在をもっとはっきり、もっと簡単に考えられるのでしょうか。まったくできはしません。逆に、体もなく、姿も形もなく、どんな延長もどんな部分さえもない存在におけるよりも、延長し、部分がある物体におけるさまざまな完全性を考える方がずっと簡単です。たとえば、延長し、各部が見事に釣り合った物体なら、人は簡単に美しさやすばらしさを考えられます。けれども、姿、形、延長、どんな部分もない存在ではどうやってその美しさを考えられるのでしょうか。間違いなく、そんなものを考えられません。そこには感じられるどのような度合いのす

ばらしさも考えることさえできないのに、どうやってそこに限りない美しさやすばらしさを考えられるのでしょうか。頭があり、手足があり、壮健な人においてなら、精神も力も能力も知恵も簡単に考えられます。しかし、精神や力や能力や知恵、さらには限りない力や能力や知恵を、手足も頭も脳もなければ、力や知恵の基になりうるものが何もない存在でどうやって考えられるのでしょう。それにまたどうやって無限を、どんな部分もどんな延長もない存在で考えられるのでしょう。もう一度言えば、そんなことは確実にありえません。そんなことは矛盾しますし、そんなことは自家撞着で、そんなことは言葉の上でも食い違い、そんなことは不条理です。

「物体のような個別的で有限な存在が、普遍的で無限であるとは考えられない」[二五三]〔前掲書〕。それは本当です。しかし、延長のない存在が普遍的で無限であるとは理解できないことも明白です。繰り返しますが、そんなことは矛盾しますし、そんなことは自家撞着です。「しかし、神あるいは存在一般、限定なき存在、無限な存在の観念は精神の虚構ではない。この観念はなんらかの矛盾を含む複合観念ではない。存在するものすべて、また存在しうるものすべてを含むにもかかわらず、この観念以上に単純なものは何もない」〔前掲書〕。そして彼はこうつけ加えています。「ところで、存在ないしは無限を表すこの単純で本来的な観念は必然的な実在を含んでいる。というのも、この存在――ある特定の存在の意味ではなく（この点によくご注目ください〔メリエによる注記〕）――は自ら実在を有していること、そして真の存在が実在を欠くことは不可能で矛盾することである以上、この存在が現実に存在しないことはありえないのは明らかだからである」[二五四]〔前掲書〕。『真理の探究』の著者〔マールブランシュ〕のこの最後の推論は、すべてまったく真実です。

けれどもこの著者の手口、あるいは見当違いにご注目ください。私はそう言わねばなりません。というのも、存在一般や限定なき存在や無限な存在と、限りなく完全な存在とを、ここで著者は、わざとあるいは不注意から混同し、存在一般や無限な存在の現実的で必然的な実在から、限りなく完全な存在の現実的で必然的な実在をかなり巧妙に、まるで両者が同じものでしかないかのように結論しているからです。[二五五]著者がそうした詭弁を弄する推論をわざと行っ

ているなら、またこのようにその両者をわざと混同しているなら、誠実さにもとり、まじめに推理する賢明な哲学者にはふさわしくない奸計というものでしょう。それとも不注意からそんなふうに両者を混同しているなら、それは著者のきわめて重大な見当違い、きわめて重大な誤謬です。なぜなら、少し注意しさえすれば、無限な存在一般と限りなく完全な存在との間にはきわめて大きな違いがあることは明白だからです。限定なき存在一般とは、わが著者が言うように、どんな様態において存在するにせよ、ただ実在する存在を意味します。ところが、限りなく完全な存在とは、単に実在する存在だけでなく、当然のことながらその上に可能なすべての完全性を備え、しかもそれらをこの上なく無限な完全度で備えている存在を意味します。というのも、そうした完全性をすべて備えていなければ、あるいはすべて備えていても、それらをすべてこの上なく無限な完全度で備えていなければ、それらが限りなく完全でなくなることは確実、明白だからです。それというのも、そうした完全性をすべて備えていなければ、なんらかの完全性を欠くことになるでしょうし、この上なく無限な完全度で備えていなければ、少なくともなんらかの完全度を欠くことになるでしょうから。かくして、限定なき存在一般や無限な存在は限りなく完全な存在と同一のものでないことは確実、明白です。存在一般や限定なき存在、また無限な存在は、ですから限りなく完全な存在を意味するものではありません。わがデカルト派の人々が主張するように、物質と延長が同じものでしかないと仮定すれば――ここでこのことを検討する必要はないでしょう――、限定なき存在一般や無限な存在は物質や延長そのものにほかならないのです〔二五六〕。

〔メリエによる原文欄外への縦書き書き込み〕　限定なき存在一般とは存在するものすべてである。(8)

物質あるいは少なくとも延長が実在し、それが必然的に実在すること、さらにそれが全体として(9)無限であることは確実、明白です。延長のことを考えて、延長が存在しないと理解することや、延長になんらかの果てがあると理解することは可能ではないからです。というのも、延長のどこかに人がなんらかの果てやなんらかの限界を印す、あるいは仮定すると主張できるにしても、当の限界の彼方が必然的に存在すること、したがってそこに一定の延長、さらに

は無限な延長が存在することを人はやはり明らかに理解するからです。なぜなら、延長のどこかに人がなんらかの限界やなんらかの果てを定めたり、仮定したりすると主張できるとしても、当の限界や当の果ての彼方が必然的にやはり存在するであろう、したがってまたそこには一定の延長が、そしてさらには、すでに言ったように絶えず終わることなく限りなく進行していく無限な延長が存在するであろうと、人はやはり明瞭に理解することになるからです。ですから、人は物質の観念の中、あるいは延長の観念の中に、わが著者が言うような存在一般、限定なき存在、そして無限な存在の現実的で必然的な実在を認め、そして明らかに理解さえするのです。そして、存在するものすべて、存在しうるものすべては、実際にはさまざまに変様した物質や延長にすぎませんから、こうした存在の単純で自然な観念は存在するものすべてや存在しうるものすべてを含む、と著者が言ったのは正しかったのです。真の存在が実在を欠くことはありえない以上、この存在の観念が当然のこととして実在を含み、この存在が自ら実在を有する、と著者が言ったのは正しかったわけです。けれども、そこから限りなく完全な存在の実在を結論する点では正しくありませんでした。というのも、現実にかつ真実に無限である物質や延長の明らかで自然な観念と〔二五七〕、どこにも見いだされず、どこにも場所を占めず、まったく存在せず、それ自体のうちにどんな姿や形、どんな延長も存在しないがため、自分のうちにどんな本当の完全性を受け入れ所有する基盤もない限りなく完全な存在の架空の観念との間には、どんな必然的なつながりも存在しないからです。

〔メリエによる原文欄外への縦書き書き込み〕　物質的存在が唯一真の存在である。(10)

完全性とは当然、なんらかの美しくすばらしい性質や、なんらかの完全な存在様態を意味し、限りない完全性とは当然、限りなく美しくすばらしい性質や、限りなく完全な存在様態を意味する、などと言っても無駄です。さらに、ある存在が限りなく完全であるためには、当然それ自体の中に無限な種類のきわめて美しく、きわめてすばらしく、きわめて完全な様態を実際に備えていなければなりません。これは明白です。同様に、存在様態とは当然、存在のなんらかの有りようを意味し、したがって多様で無限な種類の完全性とは、同時に多様で無限な種類の様態、すなわち

多様で無限な種類の存在の有りようを意味します。ところで、限りなく美しく、限りなくすばらしく、限りなく完全な多様で無限な様態、すなわち多様で無限な存在の有りようを、どんな姿や形もなく、どんな部分やどんな延長さえない存在の中に、どうやって理解するのでしょうか、また、どうやったらそれが存在しえるのでしょうか。そんなことは少しも起こりえませんし、明らかに滑稽で馬鹿げている以上、姿も形も部分もどんな延長もない限りなく完全な存在についてわが神崇拝者たちが抱く観念は虚しい架空の観念、彼らの精神の虚構でしかないことは明白であり、したがって、限りなく完全な神の存在を、自分たちが限りなく完全な存在について抱く架空の観念によって証明すると称するのは彼らの錯誤です。

それにまた、彼らがしているように、限定のない存在一般が、彼らが言うように限りなく完全な存在と同じだと思い込むことも、彼らのもう一つの錯誤です。というのも、物質や延長は存在一般や限定もなく限界もない存在であるにしても、それらが限りなく完全な存在でないことは明らかだからです。ですから、彼らが行っているように、単に延長において無限である存在の実在から、限りなく完全な存在の実在を結論づけようとするのは、やはり彼らの誤謬です。このことは同時に、カンブレ氏〔フェヌロン〕がそれに関して行っている推論の弱さや虚しさを示すのに役立つでしょう。それに関して、氏はこう主張しています。「思うに、それ自体で存在する存在は至上の完全性において存在する。それ自体で存在を有するものは永遠不変である。自らのうちに常に等しくその実在の原因と必然性を備えているからである」（『神の存在について』三七〇頁〔フェヌロン『神の存在と属性の証明』第二部第一章、一七五五年版二五八頁〕）。「この存在は、それ自体存在しうるものすべてであり、また現に存在するもの以下では決してありえない。かくして存在するとは、存在の最高段階において、したがって真理と完全性の最高段階において実在することである」（〔フェヌロン前掲書〕三七一頁〔同、一七五五年版二五八頁〕）。〔二五八〕

ですから、それ自体で存在する存在は至上の完全性において存在する、と氏は思っているのです。すべての物質やすべての延長はそれ自体で現に存在するものであっても、至上の完全性において存在していないことは明らかである

以上、氏はここで明らかに思い違いをしています。たとえばカエルやヒキガエルを作り[11]、ハエやミミズを作る物質は、その他のすべての物質同様それ自体で存在します。しかしながらこの物質は、少なくとも物事を判断する私たちの仕方に従えば、もっと完全であるかも知れない別のいくつかの様態を受け入れられますから、実際に至上の完全性にはないこと、すなわちもっとも完全な様態にないことは明白です。少なくとも物事を判断する私たちの仕方に従えばと言ったのは、私がそのように理解しており、別様に理解してはいないからです。したがって私に向かって、あらゆる存在様態はそれ自体等しく完全で、存在、すなわち物質の様態はたとえば泥でも太陽の光におけるのと同じく完全であり、悪臭を放つ動物の屍骸でも力と健康に溢れた美しい生きている肉体におけるのと同様完全であると主張されたら、私はそれに反論する労さえ取らないでしょう。なぜなら、物質は可能なあらゆる種類の様態に対して中立であると私は理解していますので、すべての可能な様態が等しく物質にふさわしいものであること、したがってそうした様態はそれ自体等しく完全でもありうること、そして私たちの判断あるいは見解だけが、ある様態よりも別の様態に一層の美しさや一層の完全性を発見させること、こうしたことは十分にありうることだからです。その場合、さまざまに変様した各存在は存在の至上の完全性において存在する、とわが神崇拝者たちが主張したとすると、それではさまざまに変様した各存在を、至上の完全性において存在する神に仕立てあげることになるでしょう。これはなんと見事な説でしょう。

「それ自体で存在を有するものは永遠不変である」〔同〕[二五九]、とカンブレ氏〔フェヌロン〕は言います。それ自体で存在を有するものが永遠なことは正しくとも、それ自体で存在を有するものが同じように不変であることがいつも正しいとは限りません。前の箇所で証明したように、延長と物質（仮に両者が二つの異なるものであれば）は、どちらも等しく自ら存在を有します。延長が不変であることは真実です。延長は常に同一であり、そしてありとあらゆる場所で同様に存在しているからです。けれども、物質は実際に運動し、あらゆる瞬間に様態、姿、形を変える以上、物質が不変でないことは明らかです。そして、おそらくそのことが、わがデカルト派が主張するように物質と延長が正確に

は同じものなのではないと十分に考えられる一つの理由なのでしょう。

それ自体で存在する存在は不変であり、また永遠であると、カンブレ氏〔フェヌロン〕がなぜ主張するのかといえば、それは「この存在が自らのうちに常にその実在の原因と必然性を備えている」〔同〕からだそうです。この理由は、そうした存在が永遠であり、無とされることも、存在するのを止めることも決してありえないことを十分証明しています。けれども、この存在が不変であることは、それによって少しも証明されません。なぜなら、ある存在が永遠であり、無とされることがありえないことから、それが不変であったり、不変であらねばならなかったりすることは帰結しないからです。それは物質においてはっきり見られるとおりです。物質はそれ自体で存在し、永遠であり、無とはされえませんが、それにもかかわらず実際に運動し、毎日またあらゆる瞬間に見かけられるように様態や形態を変えていますから、不変ではありません。

「それ自体で存在する存在は、それ自体存在しうるものすべてであり、また現に存在するもの以上でも以下でも決してありえない」〔同〕、と著者は続けています。これはある意味では正しく、別の意味では正しくありません。それ自らで存在するものは、存在に関しては実体的かつ現実的に、それ自らで存在しうるものすべてであり、現に存在している以上にも以下にも存在しようがありえません。たとえば存在一般である物質は、現に存在している以上にも以下にも物質たりえません。同じく、総体として存在一般である延長は、総体として現に存在している以上にも以下にも延長たりえません。延長は、現実に延長たりうるものすべてです。この意味では正しいのです。しかし、その形態や様態との関連では、すなわちその存在様態との関連では、存在一般がいつでも現実に存在しうるものすべてである、ということは正しくありません。というのも、存在一般は存在様態を本当に変えて、ある時はある存在様態、別の時は別の存在様態であることが可能なため、備えうるすべての存在様態を実際に備えてはいないからです。これは物質においては明白です。物質は、それ自体で存在しているもの以上にも以下にも物質たりえませんが、それにもかかわらずいつでも実際に物質が取りうるすべての存在様態を備えているわけではありません。また、一緒には両立しがた

く、必然的に互いに破壊し合ういくつもの存在様態がある以上、物質がある日それらをすべて一緒に備えるということは可能でさえありません。

「かくして存在する――すなわちそれ自体によって存在し、また時として、人がありうるすべてとしてさえ存在する〔メリエによる注記〕――とは、存在の最高段階において、したがって真理と完全性の最高段階において実在することである」〔同〕、とカンブレ氏〔フェヌロン〕は主張しています。この結論は明らかに間違いです。すべての物質は、現実にそれ自体で存在の最高段階にあります。すなわち、物質は現にある以上に物質たりえず、現に実在している以上に真実実在たりえません。というのも物質は、実在しうる限り現実に実在し、物質でありうる限り現実に物質であるからです。だからといって、すべての物質がそのために完全性の最高段階にあるわけではありません。というのも、すべての物質が可能なあらゆる完全性を備えていないこと、また現実にそれらをすべて一緒に備えることや、それらのどれかを限りない完全度で備えることさえできないことは明白だからです。したがって、それ自体で実在するものや、存在の最高段階において実在するものは、そのゆえに完全性の最高段階にあると主張するのは正しくありません。そしてカンブレ氏〔フェヌロン〕や『真理の探究』の著者〔マールブランシュ〕がこれまでも今もしているように、存在の最高段階は完全性の最高段階であるとか、無限な存在は限りなく完全な存在と同一であるとか思い込むのは、彼らの側の錯誤です。繰り返しますが、そんなふうに思い込むのは錯誤です、いやむしろ錯誤だったのです。また彼らがしているように、限りなく完全な神の実在を、存在の最高段階にあり、延長においてのみ無限であるような存在の実在から結論するのは、明らかに彼らの誤謬です〔二六〇〕。それにしても、彼らの推論はすべてただこの誤謬やこの錯誤を基にしてのみ展開されているので、そのために彼らの推論の弱さや虚しさがこのようにたやすく理解されるのです。

　彼らの論拠のうちで最強のもの、あるいは少なくとも最強であるかのように見えるもの――というのも、実は私にはほかの論拠より強力であるとは思えませんから――に移りましょう。その論拠とは、すでに言ったように万物や自

然のうちにあるすべての作物の中に見いだす偉大さ、美しさ、卓越性、秩序、規則性、配置、見事な結合から彼らが引き出しているものです。〔二六一〕この問題では、前述のようにカンブレ氏〔フェヌロン〕がこう主張しています。「あらゆる自然の全体のうちに光り輝く御業を感嘆せずには、私は目を開けることができない。ただの一瞥だけで、すべてを作られた御手を認めるには十分である」（『神の存在について』一二〔一〕頁〔フェヌロン『神の存在と属性の証明』第一部一項、一七七五年版一頁〕）。また偉大なミルマドラン、聖パウロも次のように言っています。「この世にある目に見えるものが神のうちにある目に見えないもの、すなわちその永遠の力と神性を人間に見させるのである。したがって、神を知らず、あるいは神がそれに値するように神を褒めたたえない人々には弁解の余地がない」（『ローマ人への手紙』第一章二〇節〔二六二〕）。こうしてわが神崇拝者たちはみな、世界で最高の精神のあらゆる天才、あらゆる力をも限りなく凌駕するこれほど感嘆すべき多くの作品を作るには、当然まったく神のような精神、すなわち限りなく善で限りなく賢明な全能の精神が必要だったと主張するのです。彼らの言い分では、単なる偶然とか、理性を欠いたいくつかの必然的原因の盲目的で偶発的な単なる競合とかが、これほど美しくこれほど見事な多くのものを生み出しえたことはありえない以上、自然の全体はその作り主の限りない技を示し、全宇宙は限りない力と巧みさを備えたある原因の刻印と特徴をそれ自身のうちに宿しているのだそうです。

　そのことを彼らは、先に私がお伝えし、彼らも引き合いに出している見事な家、見事な時計、見事な絵のすばらしい構成、たくさんのことを造詣深く語る見事な書物の制作や印刷などの諸例、そして彼らが伝えているその他いくつもの似たような例で裏付けます。〔二六三〕彼らの言い分はこうです。見事な家や見事な絵や見事な時計、また見事で学識溢れる書物の制作や印刷はひとりでにはまったくできないこと、これほど見事に、またこれほど規則的にそうしたものを作るには腕が良く、巧みな作り手が当然必要であること、それらの制作や工作を単なる偶然や、盲目的で理性を欠いたいくつかの原因の偶発的な単なる競合に帰するのは滑稽で馬鹿げていることが分かりきっているのだから、この世界全体の感嘆すべき仕組みは、明らかにそれを作った作り主の存在を証明している。というのも――わが神崇拝者た

ちの言い分では——、見事な家や見事な絵や見事な時計や見事で学識溢れる書物がひとりでに作られたとか、ただ盲目的で理性を欠いたいくつかの原因によって作られたなどということが不可能であるように、世界がひとりでに作られたとか、ただ盲目的で理性を欠いたいくつかの原因の偶発的な競合によって作られたなどということも不可能だからだ。また、人の巧みさを示すこうした美しく感嘆すべきすべての作物がひとりでにできたとか、ただ盲目的で理性を欠いたいくつかの原因の偶発的な競合によって作られたなどというのはまったく滑稽である以上、——そのようにわが神崇拝者たちは主張しているのですが——自然のうちにわれわれが目にするこれほど美しくこれほどすばらしい多くの作物の形成や秩序や配置を、もっぱら理性や知性を欠いた盲目的な原因に帰そうとするのは滑稽なことだ、と。

さて、実際にわが神崇拝者たちが主張するとおりかどうか検討してみましょう。もしそれが彼らの主張どおりなら、彼らが正しいことをもちろん認めなければなりません。でも、もしそうでなければ、ここでの自分たちの誤謬や錯誤も彼らは認めるべきです。そうした美しく感嘆すべき作物すべて、あるいはこう言ってよければ、私たちが自然のうちに見かけるそうした美しく感嘆すべき産物すべての本性や起源を正しく判断するには、実のところ、数の上では三つあるそれらの主要原因を知りさえすれば足ります。すなわち第一に、それらの実体因、というのは、それらの存在の根本原因で、つまりそれらの形態あるいは様態とはなんの関わりもなく、それらすべてが作られる当のもののことです。第二に、それらの形相因、すなわち主として、あるいは正確に、それらが現にそうであるあれこれの種類や様態において種別的かつ特別にそれらを作りなしているものです。第三に、それらの動力因、すなわちそれらを形作り、加工し、配置し、現にそうであるようにすべてを整える、能動的あるいは作用的な原因のことです。自然のうちにあるこの美しく感嘆すべきすべての作物は、神の、この上なく完全な知性の全能の手から必然的に生じるのか、それともただ盲目的で理性を欠いたいくつかの原因から生じうるのかを確実かつ明瞭に理解するには、これ以上のものは必要ありません〔二六四〕。

それでは、このことを検討してみましょう。第一に、それらの作物の実体因であるもの、その存在の根本原因であ

るものについて言うならば、それらの実体因、それらの実体的存在が物質であることについて、誰もが、わが神崇拝者たち自身さえもが意見を同じくしています。なぜなら、それらはすべて物質的、物体的なものなので、それらの存在やそれらの実体の基礎となるのは、まさしく物質そのものでなければならないからです。要するに、それらが物質であり、物質そのものであることを誰も疑えません。ところで、私が先にきわめてはっきりと証明したように、何であれどのような原因によっても、物質が無から創造されたり形作られたりしたはずは決してありません。この証明は……葉以下に見られます〔二六五〕。ここでそれを繰り返す必要はなく、またそうしたら長くなりすぎるでしょう。であれば、自然のうちにあるこの美しく感嘆すべきすべての作物は、それらの実体、それらの実体的存在に関しては、何であれどのような原因によっても無から創造されたり形作られたりした可能性がないことはすでに明白で、したがって、それらの実在やそれらの実体的存在は、創造主の実在の必要性を少しも証明せず、また証拠立てもしません。

第二に、それらの形相的で種別的な原因——私は、まさしく種別的にあるいは特別に、それらをすべてあれこれの種の存在として、あるいはあれこれの類の存在様態として存在するようにさせているもののことを言っているのですが——は、作物を構成し、互いに連結し合い、結合し合い、接合し合い、そして私たちに見えたり、見えなかったりするすべてのさまざまな存在において、無限の種類や仕方で変様している物質のすべての部分自体の内部や外部の結構や変様にほかなりません。自然のうちにあるあの美しく感嘆すべきすべての作物を生み出し形作るためには、物質の諸部分のさまざまな結構、変様、結合のほかに何も必要としないことは確実、明白です。したがって、それらの作物をわざわざ形作るのがまさしく限りなく賢明な全能の作り手であるとした場合でも、きっと物質の諸部分のこうしたさまざまな結構、結合、変様によってのみ、その作り手はそうしたものを作ることになるでしょう。そして、人間の技術や巧みさによる一番美しい作品も、職人たちが作品を作るために自分たちの用いる材料に与える形や配置や結合を手段としてのみ作られるのと同様に、自然のうちにある一番美しく、一番すばらしく、一番完全な作物もすべて物質の諸部分の結構、結合、変様によるだけで作られます。またたとえば、錫や蠟あるいは石膏の同じ塊から、人や

獣や鳥……などのさまざまな大きさやさまざまな形の作品、そして肉皿やスプーンや取り皿や壺や鉢、またこれに類する他のすべてのものといったありとあらゆる種類の器を、職人たちがただ材料に違った姿や形やつなげ方を与えるだけで作るのを私たちが毎日見ているのと同じく、自然にある一番美しく、一番完全で、一番すばらしい作物もすべて、すでに言ったように、ただ物質の諸部分のさまざまな結構、変様、結合だけで作られており、したがって自然のなかにある一番美しく、一番完全で、一番すばらしいすべてのものも、こうした物質の諸部分のさまざまな結構や組み合わせや変様以外に、実質的なものは何も物質に付け加えてはいないのです。というのも、幾人かの哲学者が口にしていて、それこそまさしく物質〔質料〕から引き出され生み出されるにひとしい個別存在であると言っている、あの実体的形相とか偶有的形相なるもの〔二六六〕については、そんなものはただ反論するにも値しない妄想にすぎず、わがデカルト派の人々がしているように、そんなものをまったく締め出してしまうのは至極当然なことです。したがって、自然の作物のうちに私たちが認めるあらゆる美しさやあらゆる完全性は、実際には物質の変様でしかない以上、このことは創造主の実在の必然性を少しも証明しなければ、証拠立てもしません。

　残るは、私たちが自然の作物のうちに認めるこうしたすべての美しさ、こうしたすべてのすばらしい完全性の動力因である、第三の原因を検討することです。ある存在が活動するには、何が必要でしょうか。この問題を熟考してみて私に分かることは、その存在が動くか運動を有することが是非とも必要であり、また同時にそれで足りるということです。ある存在が完璧、完全に静止している限り、その存在が活動し何事かをなすことは可能でないと、人ははっきり理解しているからです。「同一ニ留マル同一ノモノハ常ニ同様ニ作用スル」〔二六七〕。すでに前段で引用したこの正しい格率によると、常に同一の状態に留まるものは常に同様にしか存在できず、また常に同様にしか振る舞えません。ですから、完全に静止したままでいる限り、そうした存在は常に完全な静止状態にあり、したがって何一つなしえません。しかし運動し始めるや、この存在は活動し始め、作用状態になり、運動の多寡に応じて多かれ少なかれ作用するようになります。弱く力なく動けば弱く力なく作用し、強く激しく動けば強く激しく作用します。知識や自由を備えて動

けば知識や自由を備えて作用し、盲目的で必然的に動けば盲目的で必然的に作用し、規則正しく法則的に動けば規則正しく法則的に作用するのです。逆に不規則に原則なしに動けば、不規則に原則なしに作用します。要するにあらゆる作用は、運動する存在の運動の本性に自然的かつ必然的に従うのです〔二六八〕。これはすべて明確です。それに、私が今述べてきた多様な運動は、すべてまた無限な種類や様態で変様しうるわけですし、そして運動状態にある、物質の最小部分であるすべての存在は、無限な種類や様態で互いに入り混じり、組み合わさり、連結し合い、接合し合い、引っ掛け合い、連合し合い、あるいは互いにぶつかり合い、押し合い、離れ合い、隔たり合い、散り散りになり合うことができるわけですから、こうしたさまざまなすべての存在、すなわちすべて盲目的であるとはいえ、物質のそうした多様な部分はすべて、その多様な運動、多様な組み合わせや結合や変様によって、自然的かつ必然的に限りない種類のさまざまな結果を生み出す可能性があることも明白です。それは、あるものはあるやり方で、他のものは他のやり方で、あるものは美しく、他のものは醜く、あるものは良く、他のものは悪く、あるものは小さく、他のものは大きかったり中くらいで、あるものはある形をし、他のものは別の形で、あるものは固く、他のものは柔らかく、あるものは流動的で液状で、他のものは乾き潤いのないものとして、あるものは明るく光り輝き、他のものは暗くくすみ、あるものは軽く微細で、他のものは重くどっしりして、あるものはある味で、他のものは別の味で、あるものはある色で、他のものは別の色で、あるものは生きて生命があり、他のものは生命がなく……といった具合です。要するに、私がすでに言ったように、盲目的であっても物質のさまざまなあらゆる部分は、その多様な運動や集合の仕方によってありとあらゆる大きさ、ありとあらゆる色、ありとあらゆる性質の限りない種類の作物や結果を自然的かつ必然的に生み出すに違いなく、これもまた自然のうちに私たちがまったく明らかに認めていることです。

　さらに、自然のうちに私たちが認めるこうしたさまざまな結果や作物はすべて、物質の運動や、その諸部分の多様な集合や結合や変様によって生じることは明瞭明白です。というのも、物質の総体のうちにある無限な存在や無限な部分が常に無限な仕方ややり方で運動していて、互いに衝突し合い、入り混じり合わないわけはなく、互いになんら

かの仕方でつながり合い、結び合い、引っ掛け合わないわけはなく、[12]したがって美しかろうと醜かろうと、大きかろうと小さかろうと、称賛すべきものであろうと取るに足らないものであろうと、自然のうちに私たちが認めるそうしたさまざまなすべての結果や作物を作らないわけ、生み出さないわけはないからです。その結果、それらはすべて現にあるような仕方で存在していなくても、私たちが今目にしている仕方と同等な何か別の仕方で存在するように必然的になるでしょう。そして、それらの運動や偶然的な衝突によって互いに盲目的につながり合い、結び合った物質のこれらの部分はすべて、さらにそれらの自然な運動によって、またそれらに絶えず衝突し、それらを揺り動かす他の物質部分の運動によって、互いに切り離され分離される可能性がありますから、その結果当然のことながら、互いにつながり合い結び合ったそうした物質部分から構成される作物はすべて――自然の全作物を構成している物質の諸部分は互いに完全に切り離され、その結合以前の状態にもどる可能性がある以上――自然に分解されうることになります。結合して一つの作物や複合体となっている諸部分のこうした分離や分解は、それらの結び付きの強度に応じて、またそれらを取り巻き、それらに衝突する諸部分によって引き起こされる動揺の強弱に応じて、容易に行われたり行われにくかったり、遅く行われたり早く行われたりします。またこれが、生命のあるものでは病気や廃疾や老化や死を、生命のないものでは腐敗や壊敗を自然に引き起こします。これこそ、自然のうちにある作物に今でも日々はっきりと起こっていること、生じていることであり、したがって、この点に関して私がこれまで述べてきたすべてを、人は何一つ否定しようがないでしょう。

　そうだとすれば、自然のうちにあるすべての作物は、もっとも美しく、もっとも完全で、もっとも称賛されるべきものでさえも、その形成や分解に際して、ただ物質の運動とその諸部分の結合・分解にのみ依存することは明らかです。そして……頁以下で証明したように、〔二六九〕物質のこの運動は物質そのものにのみ起因し、くだんの物質部分の結合・分解は物質の運動やその諸部分の規則的あるいは不規則的な運動の自然な結果でしかありませんから、それゆえ、自然のうちにあるこれらの美しく[13]称賛すべきすべての作物の形成そのものは、限りなく完全な神の存在を決して証明せ

ず、それを少しも証拠立てないことになります。

第八二章　すべての自然的事物は、それ自体自らを形成し加工する。それは、自らが構成するあらゆる物体の内部でつながり合い、結び合い、さまざまに変様する多様な物質部分の運動と協力による

しかし、わが神崇拝者たちはこう言うでしょう。これほど規則的に、これほど巧みに作られ構成された、これほど美しい多くの作物が、盲目的で理性を欠いた物質の諸部分の盲目的な運動や、その偶発的な集合によってひとりでに、今あるように作られたり、配置されたりしたということはまったくありえない以上、当然少なくとも、物質の運動、そのすべての部分の運動が至上の全能な力によって、またこの上ない知性によって導かれ、規制され、方向づけられていなければならない、と。それには、こう答えましょう。第一に、運動状態にあり、しかも個々の不規則な運動によってあらゆる方向に動いている無数の物質部分が常に存在していること、同時に、それらが相当の量ないし広がりを有する物質の塊全体の一般的運動によって突き動かされていること、そして、すでに指摘したように〔二七〇〕、およそ延長はすべて同様の物質に満たされており、その物質は自分がよそへ身を引いて他の物質に場所を譲ることができなかったため、その塊は直線的に運動を続けられず、どうしても曲線を描いて運動せざるをえなかったであろうこと、これらのことは明らかですから、これら多数の部分はみな常にそのように運動し、互いにいくつもの仕方やり方で混ざり合い、そのいくつかが衝突し合い、連結し合い、結合し合い、停止させ合い、付着し合わないわけにはいかなかったのです。こうしてそれらは、自然のうちに私たちが目にするあのさまざまなすべての作物を形成し始めないわけにはいかず、ついで、それらの作物を生み出し始めた同じ運動が続けられて、それらの作物が完成され、強化されえたのです。事物はそれを始めに生み出したのと同じ運動の継続によって完成され、強化されることは確実だからです。

というのも、物質の中には幾種類もの運動が存在するため、規則的で、常に規則正しく同じ仕方やり方で行われ

る運動もあれば、また不規則で、規則正しくは続かない別の運動もあることを認めなければならないからです。この種の運動は、自然のうちにあるあらゆる種類の存在や複合体の中にどちらも存在すると言えるでしょう。物質の諸部分の不規則な運動は規則正しく同じ結果を生み出すものではなく、常に同じ仕方ではなしに、時にはある仕方で、また時には別の仕方で結果を生み出します。また、この種の運動は無限な仕方ややり方で不規則であったり、ありえたりするものですから、そのため自然のうちにある大部分の作物に多くの欠陥、多くの欠点、多くの不備、多くの不完全さがあることになり、非常にしばしば奇形で醜いものその他、自然の通常の運行に反して生じるものがそこに見られることになります。しかし、物質の諸部分の規則的な運動は、規則正しく通常の結果を生み出します。また物質の諸部分は、自分があれこれの仕方で変様するように決定づけるある場所で一度なんらかの道筋が開かれるかのようになると、ひとりでにその場所では同じ仕方で運動を続け、そこで同じ仕方で変様する傾向をもちます。こうして物質の諸部分は、そうした場所やそうした機会に同一の結果を、それも自分を動かす他のどんな力も、自分の運動を導くどんな知性もそのために必要とせずに、規則正しく生み出すことになります。したがって、それらがたまたまそうした場所や機会に互いに衝突したり出会ったりする場合、同じ仕方でその道をたどり続けるのを妨げたり、以前からの決定づけに従って前からするはずだったようにそこで変様するのを妨げたりする、なんらかの障害がたまたま途中にあったりするのでなければ、物質の諸部分は現実にその通常の道筋からはずれようもなく、するはずになっていたのと違ったふうに変様しようもないのです。というのも、そうした場合、物質の諸部分はその道筋でのなんらかの迂回とか、その組成上の何か別の変様を行わなければならなくなり、その結果当然なんらかの欠点、何か余分なもの、なんらかの異形、また少なくとも、それらが構成する作物の中の何かの異常が生じることになるからです。

次に、そうしたことの自然における例をいくつか挙げてみましょう。たとえば水は、その諸部分の自然的な配置や変様に従って、自分がいる場所から傾斜している方にいつでもひとりでに流れるように定められています。どちらにも傾斜がなければ、不動であるかのように元の場所に留まります。水のすべての部分は互いに絶えず揺れ動いている

状態に常にあるとしても、凍っていないと仮定すれば、右か左、すなわちどちらか一方の側に傾斜があれば、ただちに水はその一方の傾斜の側に流れ広がりますが、だからといって、その傾斜の側に水を流すためどんな知性も必要とはしません。泉や小川、あるいは普通に流れている河川の水なら、やはり間違いなく常に低い方に流れます。そして同じ場所を流れることにより、水は自然にまた盲目的に源から終わりまで一種の道や水路をひとりでに作り、形成し、そこを常に規則的かつ恒常的に源から終わりまでたどって行きます。もっとも、異常な増水か何かによって倒されたり、押し流されたりして通常の水の流れをふさぐおそれのある木や石や土が、河床や水路にたまたまある程度堆積する、何かの障害が偶然不意に起こったりすれば別で、そうなると水はほかの場所、一番都合が良くて一番容易な場所を通って流れることを余儀なくされ、そこにまた間違いなく新しい道や新しい水路をひとりでに作り形成し、そうした障害が不意に起きない限り、道や水路を今度も規則的かつ恒常的にたどることになるでしょう。これはすべて、前に言ったように、流れを導くどんな知性も必要とせずに行われます。

同様に、それぞれにとって自然なその運動に障害が見いだされない限り、重い物体がすべてまっすぐ下に落ち、火や煙がまっすぐ上に昇るのは自然に、かつ盲目的にそうするわけで、こうした運動を導き、支配する知性も理性も必要とはしません。また同じく、蒸気や水蒸気が太陽熱によって地面から発散されるのも自然に、かつ盲目的にで、それが霧となり、ある高さまで大気中を上昇して、そこでありとあらゆる不規則な形をした雲や雲塊を作るのも自然に、かつ盲目的にです。雲がいつでも風の運動に規則正しく従い、また雨や雹や雪になって再び地上に落ちてくるのも自然に、かつ盲目的にです。この種のすべてのものが、現にそうしているとおり自然な運動に規則正しく従うために、知性も理性も必要としないことは確実、明白です。そして少しでも注意すれば、自然の中にあるもっとも美しくもっとも完全なすべての作物を構成しているあらゆる物質部分の運動についても、同様なのは明白です。というのも、そうした物質の諸部分はすべて、前に言ったように必然的にある道筋のようなものをひとりでに開きますし、自分が構成する全作物の中である一定の仕方で必然的に変様しますから、その後は各作物の中で自分が切り開いた道や跡を自

然に規則正しく盲目的にたどり、その結果、そこで何か別の道筋をとらせたり、何か別の特別な変様を行わせたりするなんらかの障害に出会わなければ、自分が形成している各事物や各複合体において、受ける現在の決定づけに応じて変様すべき仕方で、やはり規則的かつ盲目的に変様するからです。なぜなら、障害に出会った場合、物質の諸部分は規則正しく通常の結果を生み出さずに、別の仕方で結果を生み、場合によるとまったく異なる本性や種類のものを生み出すことさえあるからです。

　こうしたことは、自然の中にあるすべての産出、とりわけ植物の産出や動物の産出、また自然の中でももっとも完全な作物と見なされる人体の自然的産出のうちにさえ日々はっきりと見受けられます。なぜなら、どんな種類であれすべての植物が、どんな種類であれすべての動物が、また人間自体も、通常その同類を生み出すのは、私が指摘した理由だけによることは確かだからです。すなわち、すでに言ったようになんらかの衝突とか、場所や時や他のなんらかの状況の取り合わせによって、ある場所である道筋が開かれると、物質のある部分たちは集まり合い、つながり合い、あれこれの仕方で変様するように決定づけられたからです。すでに言ったように、物質の諸部分がその通常の運行に従うのを妨げ、別の方向をとることを余儀なくさせるような何かの障害物に不意に出会わなければ、状況が同じで時や所も同じ環境に置かれる時はいつでも、同じ物質の諸部分は常に同じ道筋に従い、同じ仕方で変様し、それゆえまた同じ結果を生み出すように、同様の決定づけをされるのです。それはちょうど、たとえば人が前方に投げる球と同じで、方向を逸らせる障害物にぶつからなければ、球は最初の決定づけに従って直線運動を続けますが、何かの障害物に出会えばすぐ右や左に方向を変え、出合った障害物に後方へという新たな決定づけをとらされれば、後方へまっすぐ戻ることさえあります。それは、〔二七二〕ここで指摘する必要もない個々の事情によります。

　ところで、一部の物質がたまたまある方向をとり、各種の植物の最初の発生や各種の動物の最初の発生においてそれらがとった方向により一定の道筋が開かれ、またそれらが置かれた状況の中で互いに集まり合い、連結し合い、あれこれの仕方で変様するように決定づけられると、その結果、そうした出会いや状況に置かれるたび毎に、物質の諸

部分は河床や水路をたどる水の流れのように、やはり同じ道をたどるように決定づけられます。そして同じ道をたどりながら、それらは互いに集まり合い、連結し合い、結合し合い、常に同じ仕方で変様し、したがってまた、それがどんな種類のものであっても、植物においてであれ動物においてであれ、その中で規則正しく同じ結果を生み出すように決定づけられもします。まさしくそのようにして、ありとあらゆる草木が、ありとあらゆる動物が、そして人間さえもが通常規則正しく同一の種を生み、産することになります。もっとも、次のような場合はその限りではありません。物質の諸部分の取った方向にたまたまなんらかの障害物が認められ、前からそうするはずであったように、あるいは最初の決定づけによって決められたように物質の諸部分が変様するのをその時それらが妨げる場合、あるいは物質の諸部分の数が少なすぎたり、運動が弱すぎたりして、完璧で完全な変様に至るには不十分である場合、あるいはまたそれらの数が多すぎたり、その運動が速すぎたり、激しすぎたり、不規則すぎたりする場合です。というのもこの場合、その産物は不完全で不備なままであったり、奇形や異形のものとなったりするからです。[二七二]

　こうしたことが実際そのとおりであることは、一方で自然の産物のうちに認められるすべての欠陥やすべての異形ではっきりと理解されます。というのも、こうした欠陥はすべて、またこうした異形はすべて、私が今しがた述べたさまざまな原因や理由によってのみ起こることは確実だからです。また他方、こうしたことはすべての植物やすべての動物の形成、産出、飼養にとって同一である物質においても見られ、この点では人間さえも例外ではなく、人間はそれ以外のものすべてと同様、同じ物質から作られ、生まれ、養分を与えられ、生み出されるのであって、この物質があらゆる種類の対象においてさまざまに変様するだけです。

　その明らかで自然で疑問の余地のない例をいくつか挙げましょう。たとえば馬や牛や山羊……などの餌となる同じ草、同じ干し草、同じ燕麦や同じ穀物は、それを食べるすべての馬の中で馬の肉や組織に変化変様し、さらにこの食物の一部はその体のある箇所で変化変様して、別の何匹もの似たような馬の発生や産出のための種として役立ちえますし、現実に役立っています。なぜなら馬が食べ、馬の栄養として役立つものはすべて、馬の体内で行われる消化に

よって現実にその肉や組織に変化変様するように決定づけられ、それ以外の決定づけは受けないからです。牡牛や牝牛では同じ草、同じ食物が去勢牡牛や牝牛の肉や組織に変化変様し、さらにこのすべての食物の一部は、去勢されていない牡牛や牝牛の体のある箇所で変化変様し、他の何匹もの似たような動物の発生や産出の種として役立ちえますし、現実に役立っています。なぜなら、私が今述べたように、牛たちの体内で行われる消化によって、その食物は現実にそのように肉や組織に変化変様するよう決定づけられ、それ以外の決定づけは受けないからです。山羊とかほかの動物でも同じことで、それらが食べる食物の物質はその肉や組織に自然に変化変様し、その食物の一部は山羊たちの体のある箇所で変化変様し、ほかの何匹もの似たような動物を生み、作るための種として役立ちえますし、現実に役立っています。

同様に人、猿、犬、鳥、鼠、二十日鼠が食べる同じパン、同じ肉の物質が、それを食べる鼠や二十日鼠や鳥の中で自然にその肉や組織に変化変様します。その物質を食べるものが何であろうとそんなことには関わりなく、犬や猫やその他あらゆる動物や昆虫において、物質はそれを食べるあらゆるものの中で無差別にその肉や組織に変化変様します。というのも、その際に物質は各々の生き物の中で現実にそう肉や組織に変化変様するように決定づけられていて、それ以外の決定づけは受けないからです。このことは人間でも明らかに同様で、人が食べるパン、肉、あらゆる果物、そして人が飲む飲み物もすべて、人の中で行われる消化によって肉や組織に変化変様し、さらに今述べたことに従って食物の一部は体のある箇所で自然に生殖力のある種に変化変様し、それは別の幾人もの同じ人間の発生や産出に役立ちえますし、現実に日々役立っています〔二七三〕。これは、ほかのすべての動物におけるのと同様に、人間にも起こります。というのも私が言ったように、その際に物質は各人間の中でそのように人間の肉や組織に変化変様するように、さらに他の同類を生み出すのに役立つ種に変化変様するように決定づけられているからです。もっとも、これもすでに言ったことですが、最初の決定づけに物質が従うのを妨げ、別の決定づけをとることを余儀なくさせる障害物がなければの話です。なぜなら、それがあると物質は、生み出すべきで生み出すはずだった結果を生み出さずに、違ったふう

に結果を生み出したり、あるいはさらに、取ることを余儀なくされた新しい決定づけに従ってまったく別の結果を生み出しさえするかも知れないからです。

さらにそのさまざまな例を、自然の通常の営みのうちに、とりわけ人がその枝に性質の異なる接ぎ木をする草木のうちに、私たちは実にはっきりと目にします。というのも、性質が異なる各々の接ぎ木はその木の中で物質の最初の決定づけを変更させ、物質に新たな決定づけや新たな変様をとらせ、接ぎ木されていなければ生み出すはずの実とは別の実をその木に規則正しく生み出させるからです。〔二七四〕

周知のように、ありとあらゆる草や、ありとあらゆる植物や、ありとあらゆる木を生み、作り、育てるのは同じ大地のエキスです。それらすべてを育て、その中で変化したり、それぞれの中で多様に変様したりしながら、すべてに規則正しく蕾や葉や花や実を、そして実の中にそれらの本性にふさわしい種や胚を生み出させるのも、この同じエキス、この同じ樹液です。というのも、根の繊維を通ってくだんの草や植物のすべてに入り込んだエキスは、そこでまず始めに、くだんの繊維や根の配置や様態によって決定づけられて、それぞれの草やそれぞれの植物の本性にふさわしい仕方で変様し、その結果また、それらの一つひとつに蕾や葉や花や実、実の中にその本性にふさわしい種や胚をつけさせたり、生み出させたりするからです。ところが、この植物のどれかに接ぎ木をする場合、たとえば野生のリンゴの木の主な枝五、六本、野生のナシの木の主な枝五、六本、野生のサクランボの木の主な枝五、六本に接ぎ木をし、そのサクランボの木にさまざまな品種のサクランボを五、六本接ぎ木し、そのナシの木にさまざまな品種のナシを五、六本接ぎ木し、そのリンゴの木にさまざまな品種のリンゴを五、六本接ぎ木する場合には、各々の品種の接ぎ木はそれぞれ土台となる木の本性や種に応ずるのではなく、接ぎ木された品種にふさわしい葉や花や実を間違いなく規則正しく生み出します。というのも、木の幹の中を上昇し、ただ少数の葉や花や野生の実をその場所で生み出すように決定づけられているエキスや樹液は、接ぎ木された枝を通過するとすぐに決定づけを変更し、必然的にあるまったく新しい様態をとって、それぞれの接ぎ木の本性や品種にふさわしい葉や花や実や、さらには胚や種までも生み出

すからです。その結果、ただ一本の木、たとえばただ一本のリンゴの木、ただ一本のナシの木、ただ一本のサクランボの木が、そのようにいろいろと接ぎ木された枝があればあるだけ異なる品種の実を規則正しく生み出したり、つけたりすることになります。こうしたことはすべて、これらの産出はすべて、また自然のうちで規則正しく行われるこうした変化はすべて、ただ物質の運動によってのみ、物質の諸部分のさまざまな結構や変様によってのみ行われること、そしてそれらが確実に、あらゆる必然的な原因や、相互に混ざり合った偶然的な原因をなし、そういう原因がみな盲目的で、まったく理性を欠いていることを、はっきりと示しています。それゆえ、自然の全作物、全産物は必然的または偶然的な原因によって、盲目的でまったく理性を欠いた原因によって真実作られるのであり、かくして、こうした作物や産物は至上の知性の存在を、またしたがって、それらを今目にしているように作った神なるものの存在を少しも証明せず、立証してもいないのです。

第八三章 自然による作品と技芸による作品との形成の違い

このような論証は明白ではありますが、先に挙げられた見事な家、見事な絵画、見事な時計、見事で学識に富んだ書物の制作や印刷などの諸例に関して、私たちがこれから行う答弁によって多分さらに明白になるように思えます。これらのものは、誰か有能で巧みな作り手が手を加えなければ、現にあるようには作られようもなかったものです。例として挙げられたこれらのものが実際ひとりでにできたのでもなければ、盲目的で理性を欠いた原因によってできたのでもありえないことは、私も認めます。そんなことを言うのは、いやそう思うだけでも馬鹿げていることは認めます。けれども、人間の技による作品も自然の作物も事情は同じで、自然における生産は限りなく完全な存在の全能と至上の英知によってのみ行われえた、などという結論を私は断固否定します。その明白な理由は、自然による作物と技芸による作品との間には、したがって自然による生産と技芸による生産との間にはきわめて大きな相違があるか

らです。

自然の作物は、固有の自然な運動によって自らを形成し、自らを加工する材料から作られています。自然の作物は、それ自身さまざまな衝突や自分が受けるさまざまな決定づけに従って一方から他方へ、あるいは一方と他方とがそれ自体自分から集まり合い、並び合い、つながり合い、結び合い、したがってそのさまざまな集合、そのさまざまな結合、そのさまざまな変様によって幾多の作物を作ったり形成したりできる諸材料によって作られています。ところが技芸による作品は、それ自体にはどんな運動もなく、したがってそれ自体自らを形成しようも、自らを加工しようもなく、現にあるようにそれ自体で一緒に集まり合い、並び合い、つながり合い、結び合いようもなく、したがって見事な家や見事な絵画や見事な時計や見事な書物の印刷のような、きちんと立派に作られたどんな作品もそれ自体では作りようもない諸材料からだけ作られています。ですから、それ自体にはどんな運動も持たない印刷用の活字やインクや紙が見事に一つに集まって、並んで、つながって、書物の制作や印刷を行ったなどと言ったり考えたりするのは滑稽です。繰り返しますが、そんなことは言うのも考えるのも滑稽なことです。同様に、家を構成するすべての石や木それ自体にはどんな運動もありませんから、それらの材料のすべてがそれ自体で自らを加工し、集まり、並び、つながって一つになり、家を建てるなどと言ったり考えたりするのは滑稽でしょう。それは絵画や時計、その他すべての種類の技芸による作品についても同様です。それらが作られる材料それ自体に運動はない以上、そうした材料それ自体が自分を作った、自分を形成したと言ったり考えたりするのは滑稽でしょう〔二七五〕。ですから、技芸による作品と自然による作物との間にはこのようにきわめて大きな相違がある以上、一方がそれ自体で自らを作り、また自らを加工し、他方が同じことを行えないからといって驚くには当たりません。なぜなら、一方を構成する材料は常にそれ自体運動と作用の状態にあり、他方の材料は人がそうした状態に置くのでなければ決してそうならないからです。ですからこのことについては、生きている体が動き、死んだ体が動かないのを見ても驚かないのと同様、なにも驚くには当たりません。死んだ体が動き始め、集まり、それ自体で互いにある時はある仕方で、別の時は別の仕方でつながり合うの

をいきなり見たら、それこそ驚くべきでしょう。同様に、生命も運動もない石や木片がそれ自体で順番に自分を転がして、ついで自分で自分を切り刻み、それから互いに巧みに重なり合い、並び合うのを見たら、それこそ驚くべきでしょう。この種のものそれ自体にはどんな運動もない以上、繰り返しますがそれこそ驚くべきでしょう。しかし、生きている体が動いても、動きながら互いに近づき、あるいは遠ざかっても驚きはしません。それらが近づく場合には集まり合い、つながり合い、しばらく隣合っていて、それから互いにひとりでに離れることになっても驚きません。繰り返しますが、そんなことには驚きません。運動している物体なら、普通にそうするのですから。したがって、自然のうちに存在する全作物を構成する真の材料である物質の最小部分は、私が先に証明したように、すべてそれ自体で運動する力、さらにあらゆる方向に運動する力を有している以上、その運動の多様性のおかげで組み合わさり合い、連合し合い、連結し合い、結合し合い、無限な仕方で自らを変様させられることは明白です。それに、不断の運動状態にあるこのような物質の諸部分の限りない多さにかんがみれば、ある仕方にせよ別の仕方にせよそうならないことは不可能でさえあります。一緒に連結し合い、連合し合い、結合し合って、多くの異なる仕方で変様するそうしたものが実際それほどにたくさんあっても驚くには当たりません。したがって、それらが自然のうちにある多くのさまざまな作物をそれ自体で構成し、また生産してもまったく驚くには当たりません。これらさまざまな作物の生産は、そうした物質諸部分の運動の自然な結果にすぎないのですから。そして、これらすべての作物がそれ自体で現にあるような秩序や状態に自らを置き、また自らを並べたのだとしても、それも驚くに当たりません。どれほど盲目的であっても、運動の諸法則そのものが、各事物の本性が備えている配置や組成に応じて、各事物がそれにふさわしい場所に自らを並べ、また自らを置くように仕向けているからです。

ですから、運動力と運動の自然法則によって自然の作物がひとりでに現にあるようなものになりえた、自らを並べえたと主張するのは滑稽であるどころか、逆にそれを否定し、この点で自然による作物を技芸による作品になぞらえるわが神崇拝者たちの方が滑稽です。両者の間にはこれほど大きな相違、これほど大きな差異がある以上、この件で

どちらについても同様に推論しようとする彼らの方が滑稽であり、どちらからも同じ帰結、同じ結論を引き出そうとする彼らの方が滑稽です。ですからそのために、わが神崇拝者たちの間でももっとも良識のある人々は、私がそれに基づいて推論を行っている諸原理の真実性を自分自身で認めざるをえないのです。

物事を正しく判断するには、物事を注意深く、先入主なく考察する必要があり、「誤りを犯す恐れなしに推論を行うには、知覚のうちに常に明証性を保ち、明晰な諸観念に基づいてのみ、また明晰に認識される諸観念間の関係に基づいてのみ推論すべきである」（第二巻三四四頁〔マールブランシュ『真理の探究』第六巻第二部第四章、ロビネ版全集第二巻三二五頁〕）。〔二七六〕こう指摘した後で、『真理の探究』の著者〔マールブランシュ〕が、この主題に関してどのように自説を展開しているかを次に掲げましょう。「それゆえ延長を注意深く考察すれば、その一部が他から分離されうることが難なく理解される。すなわち場所的運動が、そして動かされる物体のどちらにもこの場所的運動がある形状を与えることが難なく理解されるのである。運動の中でもっとも単純なもの、想像力のうちに最初に浮かんでくるものは、直線運動である。それゆえ、直線運動によって運動するいくらかの延長部分が存在すると仮定すれば、[*1]必然的にこの最初の延長が赴くことになる場所に存在する延長は、もう一方の延長が去った場所を占めるため円形に動くことになる。かくして円運動が起こり、われわれが考察するこの広大な延長の同じような無数の部分に無数の直線運動を考えるならば、必然的にこれらの物体はすべて互いに妨げ合うため、相互の作用と反作用によって、すなわちその個々の運動すべての相互伝達によってともに円を描いて動くようになる。

＊1　この人は、延長と物質とは同じ一つのものでしかないと仮定しているのです。

私たちの抱く諸観念のもっとも単純な関係についてのこうした最初の考察によって、すでに私たちは、デカルト氏の言う渦動の必然性を認めざるをえないし、延長の全部分の直線運動が互いに相反していて、同じ一つの運動をともに起こすのが困難であればあるほど、渦動の数はそれだけ多くなるであろうこと、また、こうしたすべての渦動のうちでも、同じ運動をともに起こした諸部分が一層多く、またその諸部分が直線運動を続ける一層多くの力を持ってい

た渦動が一番大きなものとなるであろうということも認めざるをえない。[二七七]〔……〕単純であるのは直線運動しかない以上、それに従って、すべての物体が絶えず運動しようとするものとして、この運動をまず考察せねばならない。というのも、神はもっとも単純な道に従って常に働かれるからであり、またこの直線運動への絶え間ない妨害に出合うことによってのみ実際に物体は円を描いて運動するからである。かくして、すべての物体は同じ大きさではなく、一番大きなものが他のものよりも多く直線運動を続ける力を持っているために、すべての物体のうちで最小のものが渦動の中心の方にあり、最大のものは周辺になければならないことが難なく理解される。なぜなら、周辺の方にある物体の運動によって描かれると理解される線分は、中心の方にある物体が描く線分よりも直線に近くなるからである。またさらに、この物質の各部分は始めは動くことができず、絶えずその運動に対するなんらかの障害に出会い、丸められ、角を壊されずにはおれなかったことを考えれば、こうしたすべての延長はさらに二種類の物体によってのみ構成されていることが容易に認められよう。すなわち、いくつものさまざまな仕方で自分の中心の周りを絶えず回転し、また自分自身の運動以外になお渦動の運動によっても突き動かされる丸い球体と、先ほど述べた球体同士の軋轢によって生み出された、きわめて流動的できわめて活潑な物質である。この物質には、渦動の全部分に共通な円運動のほかさらに、自由に往来可能な球体間の隙間を通って渦動の中心から周辺に向かうほぼ直線的な固有の運動があり、それゆえその運動は螺旋状となる。

デカルト氏が第一元素と呼んでいるこの流動物質は、球体あるいは第二元素と比べるとはるかに小さく、直線運動を継続するにははるかに力の弱い諸部分に分割されているため、渦動の中心や後者〔第二元素〕の諸部分の隙間になければならず、また後者〔第二元素〕の諸部分は渦動の他の部分を満たし、その直線運動を継続するために有している大きさや力に比例して、周辺へと接近しなければならないことは明らかである」[二七八]〔マールブランシュ前掲書、ロビネ版全集第二巻三二五―三二八頁〕。デカルト派の人々は、粗大な物質を第三元素としています。彼らの主張によると、もっとも微細な物質のいくつかの部分がある場所で一つにつながり合い、結び合い、さらにパンの皮のように固くな

らざるをえなくなって、この粗大な物質は形成されました。そして、この第三元素を構成する物質の諸部分はありとあらゆる形をしているため、また同様に、それらによる第三元素も無数の形、さまざまな姿をまとわなければならないのです。〔二七九〕

「渦動全体の姿について言うなら、一方の極から他の極までの隔たりは赤道を横切る線分よりもずっと小さいことは、今述べてきたことからも疑問の余地はない。そして、いくつもの渦動が互いに取り巻き合い、不均等に押し合うことを考慮すると、その赤道は不規則で楕円に近い曲線であることがさらに明瞭に分かろう。こうしたことは、絶えず直線状に、すなわちすべての運動の中でももっとも単純な運動に従って動こうとする延長の諸部分に起こるはずのことを注意深く考察すれば、精神に自然に現れる。また、神の英知と力にきわめてふさわしいように思えるものを仮定すること、すなわち、神が一番単純な道に従って時間とともに配置されるように万物を一挙に形作られ、そして神が万物をさらにその同じ自然法則によって維持しておられると仮定すること、またそのように私たちの思考を目にしている事柄に適合させることに同意すれば、太陽が渦動の中心にあり、また太陽があらゆる側に発する物体的な光は、渦動の中心から遠ざかる性質のある小球体による絶え間ない作用にほかならず、光は広大な空間を通って瞬時に伝達されるはずであることを、われわれは判断できよう。なぜなら、全体がこれらの球体で充満しているために、そのどれか一つを押せば必ずその一つに押し当てられている他の球体を押すことになるからである……。それゆえ、先にわれわれが簡単に書き記したのと同じようないくつもの渦動が存在し、それらの渦動の中心が星で、これらの星はたとえば太陽と同じようなものであり、そしてこれらの渦動は互いに取り巻き合い、運動する際にできるだけ傷つけ合わないように調整されていると考えるべきである。というのも、一番弱い渦動が一番強い渦動に引きずり込まれて、飲み込まれたも同然になるほどまでには行きえなかったからである〔二八〇〕」〔マールブランシュ前掲書、ロビネ版全集第二巻三二八―三二九頁〕。

「今、ある一つの渦動が、その大きさや力や有利な位置によって、いくつもの渦動や、すでに他のいくつかを制し

た渦動さえをも少しずつ侵蝕し、取り囲み、最後には引き込みうると考えると、当然これらの渦動の中心に生じていた遊星は、それらを征服した大きな渦動の中に引き入れられ、自分たちがその中を浮遊する物質の等量と釣り合いを保つようになる。したがって、これらの遊星は固さが不均等であれば、自分が浮遊する渦動の中心から等しくない距離にあることになる。また、二つの遊星がその直線運動を継続するためのほぼ同等の力を有するか、一つの遊星がその小さな渦動の中に、われわれが事物の形成を考察する仕方に従うとこの遊星が制したことになる、他の一つあるいは複数のもっと小さな遊星を引き込むということがたまたま起こると、その際、この小遊星たちは一番大きな遊星の周りを、また一番大きな遊星は自分の中心の周りを回転するようになり、やがてこうした遊星はすべて大きな渦動の運動によってその中心からほぼ等距離で引きずられるようになる。

世界はもっとも単純な道に従って形成されるとわれわれは想像しているのだが、その世界を構成している諸部分を、われわれは理性の光に従ってそのように配列せざるをえない。なぜなら、今述べたことはすべて延長に関して抱かれる観念だけに基づき、その諸部分はもっとも単純な運動、直線運動により運動しようとするものと仮定したからである。そして、物事をその原因から説明しようとしてわれわれが間違っていなかったとすれば、その結果から検証する際に天体の諸現象が今述べたことに完全に一致するのを見て、われわれはどれほど驚くであろうか。というのも、小さな渦動の中心にあるすべての遊星は太陽のように自身の中心の周りを回り、それらはすべて太陽の渦動の中で太陽の周りを浮遊し、一番小さく一番固くないものたちが太陽にもっとも近く、一番固いものたちがもっとも遠くにあり、さらに太陽の渦動の中に留まれない彗星たちのようなものまであることが見られるからである」〔二八一〕（同書、三五一頁〔マールブランシュ前掲書、ロビネ版全集第二巻三三〇―三三一頁〕）。

「この地上にある事物の本性を検討したければ、まず無数のさまざまな形状からなる第一元素を思い浮かべるべきである。この元素の諸部分が集合して形作られた物体は幾種類かのものになろう。その部分が枝状になっている物体もあれば、それらが長くなっている別の物体、それらが丸くあらゆる仕方で不規則な別の物体もあろう。枝部分がか

なり大きければ、その物体は金のように固く、しなやかだが復元力のない物体となり、その部分があまり大きくなければ、物体はゴムや油脂や油のように柔らかい、あるいは液状の物体となるが、それらが極端に細かければ空気のような物体になろう。また、別の物体の長い諸部分が大きくて曲がりにくければ、その物体は塩のように辛くて腐敗しにくく溶けやすいものとなり、この同じ長い部分が曲がりやすければ、水のように味のないものとなろう。その部分が大きく、あらゆる仕方で不規則なら、土や石のようなものとなろう。要するに、いくつものさまざまな性質の物体があることになり、二つながら完全に似たようなものはないことになろう。なぜなら、第一元素には無数の形状が可能であり、そうしたすべての形状は、二つの異なる物体において決して同じ仕方で結合し合うことはないであろうからである。

　そうした物体がどのような形状をとろうと、その物体に第二元素をあらゆる方向に通過させられるだけの大きさの空隙があれば、空気や水やガラス……などのように透明なものになろう。また、その物体がどのような形状を取ろうと、第一元素がその一部を完全に取り囲み、その箇所をかなり強く速く動かして第二元素をあらゆる側に押し戻すと、炎のように光るものになろう。この物体が自分に衝突するすべての第二元素を押し戻すときわめて白いものになり、押し戻さずにそれらをすべて吸収するときわめて黒いものになり、またさらに、さまざまに変えて押し戻すと、その物体はさまざまな色に見えよう。

　こうしたものの位置について言えば、一番重い、あるいは一番軽くないもの、すなわち力が弱くて運動を直線的に続けられないものは金属のように中心の一番近くにあり、また土や水や大気は中心から遠ざかり、すべての物体が私たちの目にしている位置を保つことになろう。というのも、それらの物体に運動があればあるほど、それだけ物体は地球の中心から一層遠くに位置したにちがいないからである[二八二]」〔マールブランシュ前掲書、ロビネ版全集第二巻三三四―三三五頁〕……。「そしてなぜ大きな物体が渦動の中心の方では重く、中心から遠ざかると軽いのかということの理由を知りたければ、大きな物体は、自分を取り囲み、自分がその中を浮遊している微細物質から運動を受け取ること

を考慮に入れなければならない。ところで、この微細物質は現実には円を描いて動いており、直線運動の方は単にそうしようとするにすぎない。そしてこの円運動を、微細物質は自分の行路上を運んで行く大きな物体に伝える。しかし、その際、直線的に遠ざかる力については、その力がこの微細物質から大きな物体に伝えられる運動の結果である限りでしか、この力を伝えない。ところが、渦動の中心の方にある微細物質には回転するのに使われる運動よりもはるかに大きな運動があり、また自分が引きずっている大きな物質にはすべての諸部分に共通な円運動しか伝えず、他方大きな物体に渦動に共通な運動以上の運動があっても、大きな物体はそうした運動を自分が衝突する小さな物体に伝えてやがて失うことになるため、明らかに渦動の中心にある大きな物体には自分がその中を浮遊している物質——この物質の各部分は共通な円運動以外に、いくつもの異なった仕方で動いている——ほどの運動はない。

　ところが、大きな物体の運動がより少なければ、大きな物体は直線的に進む力を働かせることも確かにより少なく、また直線的に進む力を働かせることがより少なければ、大きな物体はこの力を一層働かせるものに譲り、その結果、渦動の中心に接近せざるをえなくなる。すなわち、それらは固ければ固いほど重たくなるのである。しかし、大きな物体が渦動の中心からかなり隔たっている場合には、微細物質は渦動の中心の周りを回ることにその運動のほとんどすべてを使うため、微細物質の円運動はこの場合かなり大きくなるので、固ければ固いほどそうした物体には一層大きな運動があることになる。というのも、この大きな物体はその中を浮遊している微細物質と同じ速さで進むからであり、かくして、この大きな物体には直線運動を続ける一層大きな力があることになる。したがって、渦動の中心から一定の距離にある大きな物体は、固ければ固いほど軽くなるのである。〔二八三〕」〔マールブランシュ前掲書、ロビネ版全集第二巻三三七—三三八頁〕。「事物の本性を良く理解するには、その起源とその誕生においてそれらを考察しなければならず、常にもっとも単純なものから始めて、まず原理へと赴かなければならず、そして神がもっとも単純な道によって万物を少しずつ作られたのか、それとも現にあるように一挙に万物を作られたのかで頭を悩ます必要はなく、どのような仕方で神が万物を作られたにせよ、万物を正しく理解するには、まず万物をそれらの始まりにおいて考察し、

以後はただ、考えたことが神がなされたことと一致するかどうかに気をつければよいということを、デカルトは知悉していた」〔二八四〕（同書、三六〇頁〔マールブランシュ前掲書、ロビネ版全集第二巻三四一頁〕）。「神が、ご自分の作物すべてをそれらが現に存続している秩序と状態に保たれている自然法則は、神がかつてそれらを作られ配置されえた時の自然法則と同じものであることを、デカルトは知悉していた。なぜなら、もし万物が時間とともに整えられるように神が一挙にそれらを配置されたのではないとすれば、保存の法則は最初の創造の法則と相容れなくなってしまうため、事物の全秩序が覆えされてしまうことが、物事を注意深く考察する者にはすべて明らかだからである。万物が今私たちが目にするように秩序のうちに留まっているのは、万物をこの秩序のうちに維持している運動の諸法則に、それらをこの秩序のうちに置くことが可能であったからである。そして仮に神が、そうした運動の諸法則によって万物が置かれた秩序とは異なる秩序のうちに万物を置いたとしても、この法則の力によって万物は身を翻して、現に私たちが目にする秩序のうちに身を置くことであろう」（同書三六一頁〔マールブランシュ前掲書、ロビネ版全集第二巻三四一―三四二頁〕）。

第八四章

自然のうちにある作物は、物質の諸部分の運動の自然的諸法則の力によって自らを形成し、現にある状態に自らを置きえたことを、デカルト派の人々は自分でも認めざるをえない

私が今長々とお伝えしたこの著者の説、それはデカルト派全員、すなわち神を崇拝するあらゆる哲学者たちの中で一番良識と見識に富んだ人たち(1)の説ですが、その説に従えば、全宇宙の形成や自然のうちにある全作物の生産、さらにその秩序や配列や配置、またそれらのうちで一番美しく一番完全なものもすべて、私がすでに言ったように、ただ自然の力だけで、すなわちさまざまに形作られ、さまざまに組み合わされ、さまざまに動かされ、さまざまに変様し、互いに結合し、あるいは接合し連合し合う物質部分そのものの運動力(2)だけで、作られえたことは明白です。というのも、この派の哲学者たちは全員神崇拝者、キリスト崇拝者ではあっても、今言ったすべての結果を生じさせるために

は、それ以外の何か別の原因、したがってなんらかの知性が必要だとは思っていないからです。なぜなら、神は、時間とともに万物が形成され配置されるようにもっとも単純な道に従って万物を一挙に形成し、また同じ自然法則によって万物を維持している、とはっきり言っているからですし、仮に神が現にあるように万物を一挙に配置しなかったとしても、万物は運動の力によって時間とともに現にあるように配置されるだろう、とはっきり言っているからです。そして、時間とともに運動の力とその諸法則によってそう配置されたであろうと言っているだけでなく、さらに、神がそうした運動の諸法則によって万物を置いた秩序とは異なる秩序にそれらを置いたとしても、万物は身を翻して、現に私たちが目にしている秩序に身を置くだろうとも、きっぱり言っているのです。それゆえ、神崇拝者にしてキリスト崇拝者である、わがもっとも高名なるデカルト派の人々のこうした説に従えば、自然のうちにある全作物の生産、秩序、配置は、人がどれほど見事だと断言しようとも、この上なく完全な知性の存在をなんら証明も証拠立てもせず、したがってそれらが全能の神の存在を証明し証拠立てられるのは、ただ物質を創造し、物質に運動を与えたのが神だとされる限りにおいてなのです。

第八五章 したがって、物質はそれ自体で運動を有していることもデカルト派は認めるべきである。しかしながら、それは彼らの見解に反している

ところで、物質が創造された可能性はなく、また物質がそれ自体によってのみ運動と実在を持ちえたことは前に証明しましたから、〔二八五〕そこから当然、自然の全体のうちには全能で限りなく完全な神の存在を証明できるものも、それを証拠立てるものもないと結論すべきです。したがって、そんなものは本当は存在せず、自然のうちにある全作物は自然を構成している物質の諸部分に見られる、運動の盲目的で自然な諸法則によってのみ作られたし、今でも日々作られていると言わなければなりません。

それにしても、神が時間とともにひとりでに整えられるようにしか万物を一挙に配置しなかったら、事物の全秩序

は覆えされるだろうとか、運動の諸法則によって置かれたのと異なる秩序に神が万物を置いたとしても、万物はその法則の力によりみな身を翻して、現に私たちが目にしている秩序に身を置くだろうなどと、どうして『真理の探究』の著者〔マールブランシュ〕は言えたのでしょう。というのも、ここで著者自身明らかに矛盾し、混乱しているからです。なぜなら、物質それ自体にはどんな運動もありえず、物質が有するものはすべて運動の最初の作り手である神から必然的に由来すると主張している以上、万物が時間とともにそれ自体で自らを整えられたとか、神が運動の諸法則の力によって置いた秩序とは異なる秩序に万物を置いたとしても、万物は身を翻すだろうなどとは言えなかったはずです。さらに、神が立てた運動法則以外に何か別の運動法則があったとか、この法則には現に私たちが目にしている秩序に万物を置く力があったなどとも言えなかったはずです。なぜなら、事物それ自体になんらかの運動がなければ、またさらに、神が事物に与えようとした運動よりも事物それ自体にある運動の方が強くなければ、神が置いた秩序とは別の秩序のうちに事物がそれ自体で自らを整えようもないことは明らかだからです。ですから、万物は時間とともにそれ自体で現にある秩序に自らを整えられるとか、神が別の秩序に置いても万物はみな身を翻して、その運動諸法則の力により、現に私たちが目にしている秩序に身を置いたであろうと著者が認めている以上、それゆえ、物質にはそれ自体で運動する力があったであろうこと、また神から受け取ったという運動の諸法則よりも、物質の運動の自然な諸法則の方が強くさえあっただろうことを、彼は当然認めるべきです。物質の運動の自然な諸法則には万物を逆転させ、神が置いたというものとは別の状態に万物を置く力があったのですから。

　そうであれば、どれほど見識があるとはいえ(1)、ここで著者自身矛盾したことを言っていて*1、物質がそれ自体で運動を持っていることを自分自身の見解に反してはっきりと示しており、ほかの箇所では努めて反対している真理をここでは知らぬまに認め、告白せざるをえなくなっていることは明らかです。そうさせているのは、まさしく真理の力そのものです。それゆえこうした場合には、抑えられていた真理が所をえて自らを栄（はえ）あらしめ、勝利を収め、その本来の敵、真理を憎む者自身から、すなわち真理を否定し真理と闘う者自身から自らの救いを引き出す、「ワレラノ敵カ

ラ、ワレラヲ憎ム人々スベテノ手カラ救イヲ」〔『ルカによる福音書』第一章七一節〕引き出す、と言えるでしょう。前に言ったように、自然のうちにあるすべての作物は、それを構成する物質の諸部分の運動の盲目的で自然な諸法則によるだけで始めに作られ、今でも日々作られていること、したがって自然の全体のうちには全能で限りなく完全な神の存在を証明し証拠立てるものは何もないことが、ここからはっきり分かります。この世の目に見える事物はそれ自体まったく神的な英知の刻印と特徴を備えているなどと、わが神崇拝者たちが主張しても無駄です。

＊1　「私ハ、町ノ中ニ不法ト争イ〔矛盾〕ヲ見タ」〔『詩篇』第五四篇一〇節〕。

第八六章　自然の作物のうちに見いだされる諸々の不完全さや悪徳や邪悪さ、諸々の欠陥や奇形を、自分たちの神に代わって弁護する際の、わが神崇拝者たちの推論の脆弱さと虚妄

そして、この真理をなお一層裏付けることと言えば、すでに書き記したように、自然のうちにある作物にかくもしばしば見いだされる悪徳や邪悪さ、生きている間かくもしばしば人間や動物たちを苦しめ悩ます多くの病気や苦痛や禍、さらには悲しく辛く悩ましい避けようのない死です。なぜなら、限りなく善で限りなく賢明で限りなく完全な全能の神がその作物のうちにどんな不完全さもどんな不備も、どんな奇形も作ったり残したりしようとしたとは少しも信じられないからです。そんなことは慈悲深い神の本性や善性とあまりにも相容れず、あまりにも相反することです。同様に少しも信じられないのは、人間のうちや動物のうちに神がなんらかの悪徳やなんらかの邪曲を放置したり容認したりしようとしたこと、人間や動物を生きている間かくも哀れなものとする、あのように多くの禍や多くの病気を負わせようとしたことです。というのも、そうしたことは、その作物のうちになんらかの欠陥やなんらかの禍を容認しておのれを裏切ることなどありえない、神の限りない善性や至上の英知とはやはりあまりにも相容れず、あまりにも相反することだからです。

それゆえ、自然のうちにある作物にかなり重大な、かなりひどい不完全さや不備や奇形がはっきりと、かなりしばしば見られ、人間や動物のうちに多くの悪徳や邪悪さがはっきりと、かなりしばしば見られ、さらに人間も動物もともに、生きている間自分を哀れで不幸なものとする無数の禍や病気を負わされるのがやはりはっきりと見られる以上、このことはやはり、それらが限りなく完全な存在による作物ではなく、単にそれらを構成する多様な物質部分、その多様な形や運動や組み合わせや寄せ集めや結合や変様など、いくつかの盲目的で欠陥のある原因による作物でしかない明白な証明です。それがどれほど明白であっても、偶像崇拝の徒であるわが神崇拝者たちは、自分たちの神の存在ばかりでなくその善性と限りない英知なるものにあまりにも先入観を抱き、心酔しているものですから、それにもかかわらず（なんと巧妙に自分たちを欺き、自分たちの目を眩ませることでしょう）自然のうちにある作物に見いだされる不完全さや不備や奇形ばかりでなく、この世に見られる最大の悪徳や最大の邪曲や最大の禍も、自分たちの神の善性と英知の特殊な帰結でさえあると思い込み、ぜひともそう信じ込もうとするのです。彼らの言い分では、神はどんな悪の存在も許さないことより、悪から善を引き出すことの方を好んだのです。それこそ、彼らの偉大なミルマドラン、聖アウグスティヌスがはっきりと言っています。「神は善であり、賢明であるがゆえに、悪が存在することを許さずにおくよりも悪から善を引き出す方が一層ふさわしいと判断された。ナゼナラ、ドンナ悪モアルコトヲ許サズニオクヨリモ悪カラ善ヲ作リ出スコトノ方ガ良イト判断サレタカラデアル」（『エンキリディオン』〔邦訳『信仰・希望・愛』第二部第二章二七項、邦訳、教文館、『アウグスティヌス著作集』第四巻、『神学論集』二二七頁、赤木義光訳〕）。

カンブレ氏〔フェヌロン〕は、この問題を簡単にやり過ごしていますし、人がそれについては語らないことさえ望んでいるようです。それは間違いなく、自分にはこの件について口にすべき正当な根拠がないことを十分に感じていたからです。というのも、そうした根拠が何かあったならば、必ずや自分の『神の存在について』〔『神の存在と属性の証明』〕の中でそれを並べ立て、十二分に売り込んだに違いないからです。「人が称賛するのはただこうした場合だけにするように。自分の理解の及ぶこと、すなわち自然のうちに目にする美しいもの、良いものを称賛するように。

しかし理解の及ばないこと、すなわち自然のうちに見られるさまざまな悪徳について、さまざまな不完全さについて、さまざまな不備については沈黙するように。いずれにせよ、この作物の、つまりこの世の諸々の真の欠点そのものは、そうした作物を無から引き出されたことを私たちに警告するために、神がそこに残された不完全さでしかない。宇宙には、一方で作り主がその作物に押す刻印、他方で作物がそこから引き出され、いつでもそこへ戻されうる無のしるしという、きわめて相反するこうした二つの特徴を二つながら備えていないもの、備えないはずのものは何もない。それは、卑しさと偉大さとの、また素材の脆さと仕上げの妙との、理解を絶した混淆である」（『神の存在について』二九八頁〔二八六〕（フェヌロン『神の存在と属性の証明』、一七五五年版二〇五頁））。「そうした作物に見いだされる諸欠陥は、自らの放埒によってそれらを生み出す人間の自由で乱れた意志から生じるか、あるいは、常に聖潔で常に正しく、時には不実な人間を罰し、時には完成せしめようとする善人たちを悪人たちによって鍛えようと望まれる、神の意志から生ずる」（同書二九四頁〔二八七〕（フェヌロン前掲書、一七五五年版二〇二―二〇三頁））。これこそまさに、単純で信じやすい精神の持ち主の常日頃の口ぶりに帰着するもので、この世の禍や苦しみは天の賜物であり、神がそれを人に遣わして人をへりくだらせ、慈悲をもって人の悪徳や罪を罰し、人が習慣として金を坩堝で試すように、そうやって天の褒美に一層適う者となるように人の徳を鍛え、試すのだとか、さらには、何か一層大きな善を引き出すためでなかったら神はどんな悪も決して許さないだろうなどと、その連中は言ったり、お人好しにも信じたりしているのです。彼らの偉大なミルマドラン、聖アウグスティヌスは言っています。「悪人たちが無益にこの世に存在しているとか、神は悪人たちによって何も良いことは行われないなどと考えてはならない。なぜなら、神が悪人を生かしているのは、彼らを正すためであり、また彼らにより善人の忍耐力を鍛えるためだからである。悪人ガ無為ニコノ世ニアルトカ、神ガ彼ラニツイテ何モ良イコトヲ行ワレナイト見ナシテハナラナイ。ナゼナラスベテノ悪人ハ、正サレルモノトシテ生キテイルカ、アルイハ彼ラニヨリ善人ガ試サレルタメニ生キテイルカラデアル」（アウグスティヌス「詩篇五四について、聖木曜日の朝課」〔二八八〕）。

なんとも巧妙で、なんとも決定的な理屈ではないでしょうか。私たちの不法そのものが神の正義を際立たせ、私たちの悪徳や邪悪さが神の善性や忍耐や、私たちに向けられたその慈悲をなおさら推賞に値するものとし、私たちの嘘のおかげで神の真理がさらに光り輝き、その栄光を明らかにする、(1)こうわが敬虔で迷信深いキリスト崇拝者たちは言います。彼らは言います。暴君がいなかったならば、イエス・キリストにはあれほど栄光に満ちた多くの殉教者はいなかっただろう。闘うべき悪魔がいなければ、望むべき勝利も栄冠もないだろう。この世でこうむるべきどんな悪も人間になければ、人間は幸福すぎ、満足しすぎて決してこの世を離れたがらないだろう。人間をへりくだらせるものが何もなければ、人間は傲慢不遜になりすぎるだろう。この世で神がまったく人間に罰を下さなければ、人間は神の摂理などないと信じ、神がいつも人間に罰を下せば、人間はあの世には恐れるべきものも、期待すべきものももはや何もないと思い込むだろう。けれども、現にしているように悪人たちのうちの何人かを罰することで、神は神の摂理を示しているし、また、この世でいつも徳に褒美を与えるわけではないのと同様、悪徳をいつも罰するわけではないようにしておいて、神はあの世には褒美や懲罰があることを人間に分からせるのだ、と。

　さらに、悪徳や悪人に対して何も闘うべきことがなければ、徳は決して勝ちを得られず、かくして現に持っているほどの栄光も功徳も持てないことになってしまうと、わが敬虔で迷信深い神崇拝者やキリスト崇拝者は言うでしょう。もっぱらこうした虚しく取るに足らない理屈で、あるいはそれに類するその他の理屈で、自然の作物のうちに見いだされるあのすべての欠点、人間のあらゆる悪徳や邪曲、そして一般にこの世に見られるすべての悪は全能の神の善性にも正義にも、さらには限りない英知にも少しも反せず対立もしないと、わが迷信深い神崇拝者やキリスト崇拝者は信じ、他人にも信じさせようとします。神は好きな時好きなように悪を善に転じられるし、実際この世に見られるあらゆる欠点、あらゆる欠陥、あらゆる邪曲、その他あらゆる禍を神が容認しているのは、そうした悪からなんらかのより大きな善を引き出すため、自分の栄光を顕示するため、最大の福をもたらすため、被造物の最大の幸福のためにすぎないのだ、と。したがって彼らの言い分では、限りなく善で限りなく賢明な全能の創造主である神の存在の真理

に反するどんな帰結も、このことから引き出せず、引き出してはならないのです。

多くの禍や多くの欠点、多くの悪徳や多くの邪曲がこの世にあることを昔も今も常に放置し、また日々容認している自分たちの神の善性と限りない英知なるものをなんとか救い、覆い隠すために、わが迷信深い神崇拝者たちが口にしうることは、これでほぼすべてです。ただ自分の情熱を示そうとか、こうした問題について見事な弁舌を振るい、見事な口舌を弄して雄弁の才を見せようとする説教家たちなら、でたらめにこの手の理屈を持ち出して勿体をつけることもあるでしょうし、彼らの話を聞き、物事を深めもせずに上っ面だけを見る無知な民衆をそれで満足させ、その心を打つこともできるでしょう。けれども、哲学者として、博士として語り、推論し、物事を深める義務を負い、正しく確固とした根拠に基づくのでなければ何一つ主張も支持もしてはならない哲学者、神学者や博士が、こんな駄弁を弄して暇をつぶし、自分をこれほど追いつめる議論に対してこれほど虚しく、これほど取るに足らない理屈で十分反論するつもりでいるとは、なんということでしょう。彼らなどまともに反駁するより、むしろ愚弄されてしかるべきです。しかしそうは言っても、そうした反論の弱さ、虚しさ、無能さははっきりと示さねばなりません。

なぜなら、第一に、多くの欠点や多くの不完全さを自然の作物のうちに神が放置しておいたのは、何かより大きな善を引き出すためで、神がこの世に多くの悪、多くの悪徳、多くの邪曲を容認し許しているのは、何かより大きな善なるものを引き出すためだ、と言えばすむなら、そうした口実を持ち出すのはいともたやすく、本当に十分根拠のあるものだったなら、そうした理由以上に理解しやすいものはないからです。というのも、たとえば何かより大きな悪を避けるためや、何かより大きな善をそこから引き出すために、何か些細な悪を認めたり容認したりするのが人間の知恵や慎重さに属することは容易に理解されるからです。ですから、この世にあるさまざまな欠点や欠陥や悪について、カンブレ氏〔フェヌロン〕もこうした際のいつもの口ぶりに従って、それは「卑しさと偉大さとの理解を絶した混淆」〔フェヌロン『神の存在と属性の証明』、一七五五年版二〇五頁〕だなどと言う必要はなかったのです。より大きな悪を避けるため、あるいはより大きな善をそこから引き出すために、何か些細な悪を行ったり許したりすることは、

理解を絶した奥義などではないからです。また、世界が「卑しさと偉大さとの理解を絶した混淆」〔同前〕であると主張するまさしくその点で、氏はその作り主の栄誉を称えるのと同じく侮辱してもいるのです。偉大なものと同じく卑しいものも作った、すなわち蔑むに値するものを尊敬に足るものとともに作ったと、氏はここで神を非難しているのですから。(2) こうして、自然のうちでもっとも偉大で、もっともすばらしいとカンブレ氏〔フェヌロン〕が思っているものも、当人によっても偉大さと卑しさとの理解を絶した混淆でしかない以上、限りなく善で限りなく賢明な全能の神の存在など少しも証明せず、証拠立てもしません。

第二に、神がこの世に見られるすべての欠点、すべての欠陥、すべての不完全さ、すべての邪曲、すべての禍を容認し、許したりするのは、ただそこから何かより大きな善を引き出すためだとわがキリスト崇拝者たちが言う場合、彼らはこのより大きな善なるもので、肉体上の善にせよ霊魂あるいは精神上の善にせよ、この世の善がそうであるような有形の、あるいは現世的な何かより大きな善を考えているか、それとも死後のあの世でのより大きな善なるものを考えているかどちらかでなければなりません。彼らがかなりしばしばこの両方を考えていることは疑いありませんが、彼らの言い分では一番重要で一番評価すべきものとして、恩寵による霊的な善や天上の永遠の善が主に考えられています。彼らが恩寵と呼ぶものによる一番大きな霊的な善なるものや、死後のあの世での一番大きな永遠の善なるものについて言えば、限りなく善で限りなく賢明な神が、そのために自分の作物に欠点や奇形を残そうとするとか、そのために神が多くの悪徳や多くの邪曲や多くのその他の悪がこの世にあることを許し、容認しようとするなどと言ったり考えたりするのはまったくの錯誤です。繰り返しますが、そんなふうに思い込むのは錯誤です。それも単に、神の恩寵による霊的な善なるものも、この世界以外のあの世も本当はまったく存在しないからだけではありません。それだけでなく、さらに、この神の恩寵によるありとあらゆる霊的な善と称されるものが存在する場合でも（このことこそ証明すべきであって、ただ仮定すればそれで済むものではないでしょう(3)）、また死後の永遠の善が本当に存在する場合でも、そんなものは限りなく善で限りなく賢明な全能の神が、そのために自分の作物に多くの不完全さや多

くの欠陥や多くの奇形を放置させる理由にも動機にも決してならないからです。そんなものは、多くの禍や多くの悪徳や多くの邪曲がこの世に存在するのをそのために神が許したり、容認したりする理由にも動機にも決してなりません。そうした欠陥はすべて、そうした禍はすべて、そうした悪徳はすべて、そうした邪曲はすべて、それ自体では、恩寵によるそのような霊的な善なるものとも、あの世でのそのような永遠の善なるものともどんな関わりも、どんなつながりもないからです。そうした禍や欠陥はそのために必要とされるものではまったくなく、それ自体では、そんな善なるものの産出や獲得に何の貢献もできません。逆に、不完全さや欠陥、とりわけ人間の悪徳や邪曲はむしろ、この種の善の障害や妨げとなるでしょう。なぜなら、不完全さや欠陥のある者は、完全である者に比べたら勲功や尊敬に値せず、また好意や尊重に値しませんし、徳に欠ける邪悪な者が褒美よりも懲罰に値するのは明らかだからです。

そして、人生の禍や苦しみに耐えながらも、それにいつもさいなまれている義人や善人や無辜の人について言えば、率直に言って、そうした人々こそ、その点で大いに褒められるべきであり、同情されるにふさわしく、その徳により褒美を受けるに十分値します。しかし、限りなく善で限りなく賢明な全能の神が彼らにそんな禍やそんな苦しみを遣わそうとするとは驚きです。もっと大きな善が口実となるのですか。彼らの忍耐力を鍛えるためですか。浄めるためですか。徳を完成させるためですか。そうしておいて、天国でもっとたくさんの栄光やもっとたくさんの幸せを得させるためですか。もう一度言えば、これは錯誤です。今言ってきた理由だけから、そう言うのではありません。加えて、そんな口実、そんなもっと大きな善なるものなど人間精神の虚構にすぎないからですし、人間精神はやろうと思えば自分で自分をだますことくらい朝飯前だからです。そのはっきりした証拠は、わが神崇拝者やキリスト崇拝者たちが自分たちの言うことにどんな証拠も与えられず、この口実を偽って盾に取ることも、それを真実盾に取ること同様、彼らにとっては簡単であるということ、そんな口実は欺瞞者やペテン師や嘲弄家にも、真実を語る、または真実を語るつもりの誠実な人によるのと同様、簡単に盾に取られることです。

ところで、本当にでも偽ってでも等しく盾に取れ、欺瞞者でもペテン師でも嘲弄家でも、真実を語るつもりの誠実

で良心的な人でも同じように簡単に盾に取れる理屈など、まったく重みもなければ重要でもなく、真理の証拠としても証言としても少しも役に立つことはできません。したがって、空想にしか基づかず、実際には彼らの精神の虚しい虚構でしかないこれほど虚しい理屈で、自分たちを追いつめる議論に十分反論していると思うのは、わが神崇拝者たちの錯誤です。ある種の人たちは時として、うまくやりたいことが最後までやり通せないと分かると、そうするつもりはないようなふりをしたり、やめさせられたらと思ったことがやめさせられないと分かると、自分もそれに同意するような、やめさせたいと思わないようなふりをしたり、自分の弱さや無能を隠すためにそれこそ自分の望むところだと言ったり、好き勝手にあれこれ理由を挙げて言いわけしますが、自分たちの神のことをあんなふうに語るのは、ある面ではそれと同じなのです。繰り返しますが、わが神崇拝者たちは自分たちの神のために、ある面ではそれと同じことをしているのです。さまざまな作物に見られる不完全さや欠点や奇形は、それを作った作り主の不十分さや不完全さの明らかなしるしであることを、彼らは絶対に否定できないでしょう。さまざまな禍や苦しみが、自然の善に反するものであることも絶対に否定できないでしょう。人間のさまざまな悪徳や邪曲が真の英知と真の善性に反するものであることも絶対に否定できないでしょう。さらに自然の作物には、往々にしていくつもの欠点やいくつもの奇形があることも否定できないでしょう。この世に多くの、いやむしろ無数の禍や苦しみがあり、そのために大多数の人間が生涯悲惨で不幸なものとされていることも否定できないでしょう。そして最後に、人間の間には多くの、さらにはやはりほとんど無限の悪徳、無限の罪、無限の邪曲があることも否定できないでしょう。ありとあらゆる禍、ありとあらゆる欠陥、ありとあらゆる邪曲を防止することこそ至上の主、限りなく善で限りなく賢明な全能の神のなすべきことです。自分のあらゆる作物を完璧で完全なものとし、自分の被造物にありとあらゆる福や至福を手に入れさせることこそ至上の主、そして限りなく善で限りなく賢明な全能の神のなすべきことです(4)。自然的理性は、こうしたことをすべてはっきりと私たちに示してくれます。

ところが、自分たちの全能の神なるものがそのすべての作物を完全なものとは少しもしようとせず、禍を防止し、

人間の悪徳や罪や邪曲さえ少しも防止しようとしていないこと、そのためにこの全能の神なるものは存在しないとする明白な帰結が引き出されるいわれが明らかにあることを十分承知しているものですから、わが神崇拝者たちはきわめて虚しく、きわめて弱い理屈(5)に訴えざるをえないという、こんな苦境に立つのです。その理屈こそ、ここで私が反駁しているものですが、なんとか自分たちの見解を擁護しよう、また同時に、なんとか自分たちの神の脆弱さや無能さを被い隠そうという意図から、神が自分の作物のうちに不完全さや欠点や奇形を放置し、多くの禍や多くの悪徳や多くの罪や多くの邪曲がこの世にあることを容認するのは、現在あるいは将来の精神的または肉体的なより大きな善のためであるという、あの虚しい口実を彼らは立てるのです。自分たちが主張することの誤謬と虚偽をさらにうまく被い隠すため、自分で自分をさらにうまく欺くために、多くの禍や多くの悪徳や多くの邪曲があるのを自分たちの神が容認し、許しているのは、現在あるいは将来の精神的または肉体的な何かより大きな善のためだと主張するのは、彼らには都合がよいでしょう。というのも、それはもっぱらこの世に現存する肉体的な何かより大きな善のためであるとしか言わなかったら、彼らの主張の誤謬と虚偽はあまりにも甚だしく、あまりにも明らかになってしまうからです。なぜなら人は、いや彼ら自身も、多くの禍、多くの悪徳、多くの罪、多くの邪曲を毎日はっきり見ているからです。こうしたものに関しては、肉体的であれ精神的であれどのような本物の善もこの世でそこから到来するとは言えないでしょうし、したがってこの点で彼らは明らかに誤っていると言えるでしょう。

ですから残るのは、あの世では精神的あるいは肉体的な何かより大きな善がそうしたものから常に到来するのかどうかを知ることでしょう。さて、彼らは情報を得ようとして、あの世へ見に行ったのでしょうか。それはかくかくしかじかだと誰から聞かされたのでしょうか。彼らにあの世についてどんな体験があるのでしょうか。彼らはあの世についてどんな証拠を持っているのでしょうか。自分たちの信仰から引き出すと称するものを除いたら、もちろん何一つありません。しかもそんな信仰など、自分が見てもいないこと、誰も決して見たことがなく、これからも決して見ないことについての盲目的な信心にすぎません。しかし、そんな信心にしか基づかないただの主張、ただの答、ただ

の見解には何の根拠もなければ、何の重みも重要性もなく、したがって、現に彼らが言っているように、この世においてにせよあの世においてにせよ、何かより大きな善を引き出すためでなければ神は決してどんな悪も容認はしないなどと主張するのは、わが神崇拝者たちの、わがキリスト崇拝者たちの明らかな誤謬と錯誤です。

それに、実際に時として悪からより大きな善が生じるにしても、また何かより大きな悪を避けるためや、何かより大きな善を手に入れるために何かより小さな悪を行ったり、放置したりしておくことが人間の慎重さや知恵に属するということは本当であるにせよ、それと同じことが全能の神について言えることにはなりません。そんなふうに思い込むのは誤謬、錯誤です。その明らかな証拠は、人間は全能ではなく、自分が望むことを全部思いのままにはできませんから、なんらかの悪を行わず、放置せず、容認せずには、必要あるいはふさわしいとされるなんらかの善行をなしえないことがかなりよくあり、同じく、何かより小さな悪を行わず、放置せず、許容せずには、なんらかのより大きな悪を防止できないことがかなりよくあることです。要するに、別の理由からすればしないでおれたらよいのにと思うことをやらざるをえない必要に迫られたり、そうできたらと大いに望んでいることができない羽目に陥ることがかなりよくあるのです。この種の場合には、人は仕方なく時や所に応じて必要という掟に屈しなければならず、疑いもなくこうした場合には、なんらかのより大きな悪を避けるためや、なんらかのより大きな善を手に入れるために、なんらかの小さな悪を行ったり、放置したり、許容したりする方がずっと適切なのです。たとえばよくあるように、懲らしめのため、より賢くより素直にするために、父母が子供たちを厳しく折檻せざるをえなくなるのもそのためです。他人へのみせしめのため、往々にして裁判官が罪人を厳罰に処さざるをえなくなるのはそのためです。怪我人たちが時として体の生命を救うため、手や足を切ってもらわざるをえなくなる……などはそのためです。ほかにも似たような場合は無数にあり、そうした場合、人間はかなりしばしば、仮に望むことを全部思うままにできるとしても、別の理由からすれば容認したり放置したりしたくないことも行ったり、放置したり、許容したりせざるをえなくなるのです。

ところが、全能であると人が主張し仮定する神では、事情が異なります。というのも、人が主張するように実際に全能であれば、神は楽々とありとあらゆる善をなし、ありとあらゆる悪を防止できるはずですし、弱く死すべき人間のようになんらかの善をなすためやなんらかの悪を避けるためになんらかの悪を行ったり、容認したりしなければならないというこの疎ましい必要性に屈することはありえないからです。したがって、そのために仕方なしになんらかの悪を行ったり放置したりすることもなく、神はありとあらゆる善を自由に楽々と行うことができ、同じくありとあらゆる欠陥やありとあらゆる禍を、遅延なく、いかなる善も減殺せずに、きわめて容易に防止できるはずです。神は望みさえすればよく、それで万事は神の意のままになされるはずです。それゆえ、自分の被造物すべてに対して行うのがふさわしいあらゆる善を行わず、防止するのがふさわしい悪を必ずしも防止しないのは、神が望まないからか、できないからだということに必然的にならざるをえません。神が望まないからであれば、それゆえ神は、人が仮定したいように限りなく善ではありません。というのも、自分で行うことができ、行うのがふさわしいあらゆる善を、行おうとはしないからです。というのも、限りなく善で限りなく賢明で限りなく完全な存在であれば、誠意に欠けることなど決してあってはならず、また行うのがふさわしい善を当然行いたいはずだからです。また、神が必ずしも善を行わず、防ぐのがふさわしい悪を必ずしも防げないのなら、それゆえ神は、人が主張するように全能ではありません。全能である者に不可能なことなど何もありえないからです〔二八九〕。

神ができる限りの、行いたい限りの善を行ってやることにかなりしばしば人間の側が値しない、逆に、人間をもっと賢明で有徳にするために神が遣わす禍によって、また苦しみによって神から罰せられる方が往々にして人間にはふさわしい、とここで言っても何の役にも立たないでしょう。繰り返しますが、そんなことを言っても何の役にも立ちません。というのも、わが神崇拝者たちやわがキリスト崇拝者たちの教理自体によれば、神が純然たる恩寵と慈悲によって人間に与える以外の完全性(6)や徳や功徳を人間は持つことができず、この同じ神が人間にそうした恩寵と力を与えない限りは、善を行うことも悪を避けることも、悪徳や悪行を慎むことも、人間は何一つできないからです。した

がって、人間の中にあるすばらしいもの、良いものはすべて、彼らの教理によれば神のまったくの贈物なのです。その証拠は、彼らのトレント公会議で記録されていたことであり、そこではっきりと、「人間に向けられた神の善性はきわめて偉大であり、神からのまったくの贈物が人間に功徳として役立つことさえ望まれるほどである。人間ニ対スル神ノ善性ハ、神自身カラノ贈物ガ人間ニトッテノ功徳トナルコトヲ望マレルホド大キナモノデアル」（第五期第一六章〔『トレント公会議教令集』第五期第一六章〕）と言われています。また彼らの公開祈禱の一つでは「神ノ贈物ニヨッテ、神ハ信徒タチカラ御自分ニ相応シク称賛サレ仕エラレルヨウニナラレル」（「聖霊降臨の主日後の第十二日曜日〔のための集禱〕」）、と言っているのです。また別の箇所では、「スベテノ善ガ成就スルトコロノ神……」（「復活祭後の第五日曜日のための集禱」）と言い、ほかの箇所ではさらに、「聖ナル望ミ、正シキ配慮、義ナル業ガ生ズルトコロノ神……」（「平和のための祈り」）と言っています。似たような言い方はほかにいくつもあって、それらは、ただありとあらゆる善、ありとあらゆる徳、ありとあらゆる立派な功徳が神に由来するばかりでなく、加えて、人間のあらゆる良い考え、あらゆる良い望み、あらゆる良い感情、あらゆる良い行いは、神のまったくの恩寵に由来すると言っているのです。「アナタハ徳ト褒美ヲ施サレル」（「四旬節の〔ミサのための〕序唱」[7]）。

　ですから、彼ら自身の原理に従えば明らかに、神がいつでも〔恩寵や〕（二九〇）[8]悪を避ける力を授けていれば、人間はいかなる罰にも決して値せず、神がいつでも人間にふさわしいあらゆる徳やあらゆる功徳を授けていれば、人間はいつでもありとあらゆる恩寵と祝福に値することになります。逆に、行うことがふさわしいあらゆる善を人間が行わず、当然慎むべき悪徳や悪行を必ずしも慎まず、そのために神の好意や寵愛よりもむしろ神の懲罰にふさわしくなるということが起こったとしたら、それはきっと人間のせいではなく、むしろ神のせいなのです。なぜなら人間は、神が人間のうちで行わない善を行うことはできず、避ける力を神から授けられていない悪を避けることはできないからです。人間には神を責めることさえでき、預言者イザヤとともに、神はそれ自体があらゆる人間の悪徳やあらゆる人間の迷いの元凶であると言えるでしょうし、まさしくこの預言者同様、人間は神にこう言えるはずです。[9]「主よ、なぜ私た

ちをあなたの命に反して歩ませ、私たちの心を固くしてあなたを恐れないようにされたのですか。主ヨ、ナゼ私タチヲアナタノ道カラ離レサセ、アナタヲ恐レナイホド私タチノ心ヲ固クナサッタノデスカ……」（『イザヤ書』第六三章一七節）等々。ですから、わが神崇拝者たち、キリスト崇拝者たちが言うように、人間は神から善を施されるに値しないと称して、神は人間に施せる限りの善を施すことはないと言うのは滑稽です。また同じく、人間はその徳によって神からの恩恵や褒美にふさわしくなるよりも、むしろその悪徳によって神からの懲罰にふさわしくなると称して、神は人間に禍や苦悩を遣わすと言うのも滑稽です。なぜなら、人間が徳やすばらしい功徳を手に入れられるのは、もっぱらそれらを人間に与えることが神の気にいる限りにおいてであるはずですから。

ここで私の論拠に戻って、こう主張しましょう。神の寵愛や恩恵や褒美という恵みに値するように人間に徳を実践させたり愛させたりするために、あるいは神の失寵や懲罰に値しないように人間の悪行を防止し予防するために、神は必ずしも常にその恩寵という贈物を人間に与えるのではないとすれば、それを必ずしも人間に与えるつもりが神にはないか、必ずしも与えることができないかです。必ずしもそれを与えるつもりがないのであれば、人間に対する善意を欠いている以上、それゆえ確実に神は限りなく善ではありません。というのも、限りなく善であるような存在は、常に善を行うこと、それもなしうる最上の善を行おうとするからです。かくして人間は、正しく生きるために、また徳を愛し徳を実践するために当然神の恩寵の贈物を必要とするにもかかわらず、神は恩寵による救いを人間が欠いたままに、させていることになります。また、人間に恩寵を必ずしも与えることができないのであれば、神は常に善を行うことも、常に悪を防止することもできない以上、それゆえ確実に全能ではありません。そして、限りなく善でも全能でもなければ、そんなものが本当に神であるとも、限りなく完全な存在であるとも、人は確実に主張できません。[10]ここから次のことが容易に理解されます。つまり、神が人間に対して行いうるあらゆる善を行うことに人間は値しないとか、逆に、その邪悪さのせいで罰するために神が禍や苦しみを遣わすことの方が人間にはふさわしいとかわが神崇拝者たちが言う時、それはやはり自分たちの神の弱さや無能をなんとか被い隠そうとするため、また無知な民衆を

いつまでも無知なまま虚しい迷信のうちに留め置くため、[11] 彼らが持ち出す虚しい口実でしかないのです。

ところで、最大の悪から最大の善を引き出すつもりでいる限りなく完全な存在の、こうした振る舞いのうちでとくに注目に値するのは、自分の被造物のうちに放置しておこうとした最大の悪や最大の欠陥、そして人間のうちに放置しておこうとした最大の悪徳や最大の邪曲から、まことに幸いにもこのように最大の善を引き出す術を心得ているその巧妙さでしょう。なぜなら、善性と英知の原理によって多くの苦労や多くの禍で人間を苦しませようとか、その同じ善性と英知の原理によって現にこの世の至る所にあるような、かくも著しくかくも忌まわしい多くの禍、かくも著しくかくもいとわしい多くの邪曲が存在することを許そうなどとは、それだけでもすでに神におけるかなり奇妙な善性、かなり驚くべき英知だからです。

至上の善性が、神の英知が、一番真実で一番強固な善を、善そのものにこれほど反しこれほど相容れない仕方で目指そうとするとか、善そのものを打ち壊して善を打ち立てようとするとか信じるべきでしょうか、あるいは、いささかなりともそう考えるべきでしょうか。そうした善性と英知が欠陥によって、悪徳によって、邪曲そのものによって[12] 自分の被造物を完成させ聖化させようとしたり、狂気そのものによって彼らを賢明にしようとしたり、[13] あるいは有徳にするために悪事を働かせようとしたり、本当は不幸にしておきながら、最後には彼らを幸福にする、永遠に福者にするつもりでいるなどと信じるべきでしょうか、いささかなりともそう考えるべきでしょうか。それではまるで、たくさんのすばらしい工芸品を作ったきわめて腕の良い巧みな職人というものは、作品をもっと美しくもっと完璧にするという名目で、それを台無しにしようとするとか、引き裂されるままにさせようとかするものだ、と言うようなものです。それで作品が一層美しくなったり、一層完璧になったりすることなど決して見られはしなかったのに。それではまるで、申し分なく善良で賢明な君主は、そうやって民衆や家臣を一層豊かで一層幸福にするという名目で、またそうやって自分の王国を栄えさせるという名目で、彼らがあらゆる仕方で抑圧され、あるいは略奪されるに任せる、と言うようなものです。それで民衆や家臣が一層豊かになったり、一層幸せになることなど決して見られはしなかっ

たのに。それではまるで、大変賢明で大変用心深い医者は、病人を一層うまく治し、最良で最上の健康を取り戻させるという名目で、病人たちに毒が盛られるに任せたり、毒を盛らせさえして、その傷口に壊疽が起こるのを放置するものだ、と言うようなものです。そんなやり方で医者が病人を治すことなど決して見られはしなかったのに。それではまるで、賢明な哲学者は、そうやって弟子たちを一層賢くしたがるという名目で、弟子たちに狂人の真似や突飛な行動をとらせたり、彼らの頭を完全に混乱させさえするのだ、と言うようなものです。そんなやり方で、彼らが誰一人賢くなることなど見られはしなかったのに。最後に、それではまるで、申し分なく善良な家長は、子供たちにもっと善いことをしてやろうとか、彼らをもっと幸せにしようとかいう名目で、子供たちがありとあらゆる悪徳やありとあらゆる邪曲へ赴くに任せ、互いに相争い、引き裂き合い、殺し合い、滅ぼし合うに任せようとするものだ、と言うようなものです。子供たちがいつでも惨めで不幸なのが目にされたのに。

家長が子供たちをそんなふうにさせておくのはより大きな善のためだ、などと言うのがまったく滑稽であるように、医者が病人に毒が盛られるに任せたり毒を盛らせたりして、傷口に壊疽が起こるのを放置するのはより大きな善のためだ、などと言うのも滑稽であり、君主が民衆をさらに豊かで幸せにするという名目で、彼らが抑圧され略奪されるに任せようとするのはより大きな善のためだ、などと言うのも滑稽であり、また最後に、腕が良くて巧みな職人が、作品が台無しになり引き裂かれるに任せようとするのは、美しい作品を一層美しく、一層完璧にするためだ、などと言うのも滑稽でしょう。それと同じく、そしてさらに強固な理由から、限りなく善で限りなく賢明な神が、何か良いものを設けるよりも、明らかにあらゆる善の破滅とその全面的な破壊を目指す、かくも忌まわしい多くの邪曲がこの世に存在するのを許し容認しようとするのはより大きな善のためだなどと、現にそうしているようにわが神崇拝者たちやわがキリスト崇拝者たちが言うのは滑稽です[二九一]。

しかしそれにしても、「そこからどのような善が生じようとも、決して悪を行ってはならない、善ガ生ジルヨウニト悪ガ行ナワレテハナラナイ[二九二]」という道徳上の格率には誰もが同意しているのに、こんなにも甚だしい多くの禍やこ

んなにも甚だしい多くの邪曲が存在するのを自分たちの神が許し容認しようとするのは善のためだなどと、どうやったら彼らは言えるのでしょうか。それによっていかなる善が生じようとも、なんらかの悪を行うことがふさわしくもなければ適切でもないとしたら[14]、自分たちの神は、多くの禍が起こり多くの罪や過ちが犯されるのを許し容認して、そこから善を生じさせるつもりなのだなどと、一体なぜ考えるのでしょうか。万物の至上の主人、主君なのだから、神には何でも好きなようにすることが許されているからですか。それとも、なんらかの善を引き出すために悪を行ったり、悪が行われるのを容認したりすることはいかなる被造物にもふさわしくないとしても、神は限りなく善で限りなく賢明だから、そうすることが神の限りない善性や限りない英知にふさわしいからですか。そんなことは考えてみるだけでも滑稽です、いやむしろ滑稽なはずです。ですから、限りなく善で限りなく賢明な神が多くの禍や多くの邪曲がこの世に存在するのを許し容認しようとするのは善のため、それももっと大きな善のためだなどと主張するのは、滑稽で馬鹿げた背理だと言えます。もしわが狂信的で迷信深いキリスト崇拝者たち、とりわけ欲得ずくで私利を貪る司祭たちが[15]、前に言ったように彼らの神の弱さや無能を被い隠そう、そして同時に自分の利益やあらゆる生計の糧を引き出す元になっている誤謬のうちに民衆をつなぎとめようとして、こんなことを考え出したのであれば、それこそ前代未聞の背理と言えるでしょう。

もっとも、なんらかの善を引き出すためになんらかの悪を行うことが時には有益であり、適切でさえあることは否定できませんから、とりわけ問題となるのは、どんな場合やどんな状況でそれを正当かつ賢明に行えるのかを知ることです。さて、それを正当かつ賢明に行えるのは二種類の状況においてだけで、しかもこの二つは相伴っていなければならないように思われます。第一は、行おうとする悪が有害で損失をもたらす以上に、そこから引き出すつもりの善の方が一層役に立ち有益で必要でもある場合です。なぜなら、悪から引き出すつもりの善が、行われる悪より重要でなかったら、悪を行うことに配慮も知恵もないことははっきりしているからです。さらに、善を手に入れようとして行う悪よりも、悪から引き出すつもりの善が大きいものとならなければ、そんなことをするのは気違い沙汰でさえ

あるでしょう。第二の状況、あるいは、なんらかの悪を正当かつ賢明に行ってなんらかの善を引き出しうるために求められる条件は、善を手に入れるためや、悪から引き出すつもりの善を行うためには悪を行うことが絶対に必要であるということです。なぜなら、そのためにどのような悪を行う必要もなしに、そうした善を手に入れられ、あるいは人がそこから引き出すつもりの善を行える場合に、そこからそうした善を引き出そうという名目でその時悪を行おうとしたり、人がなんらかの悪を行うのを容認しようとしたりすることは、きわめて良くない所業であることはさらにはっきりしているからです。

ところで、人間には往々にして、なんらかのより大きな善を引き出すために、あるいはなんらかのより大きな悪を避けるために、なんらかの悪を行ったり、あるいは行うに任せたりする状況に置かれることが、さらにはそうした必要に迫られることさえありえます。しかし全能の神には、なんらかの善を引き出すためやむをえずなんらかの悪を行ったり放任したりせざるをえない状況や必要は決して起こりえないことは確実です。なぜなら、仮定されているように全能である以上、神にはどんな時どんな場所でもどんな面倒も困難もなしにありとあらゆる善を常に行うことができ、しかもそれでどんな悪を行ったり、放任したりする必要もないからです。ですから、限りなく善で限りなく賢明で全能である存在が、なんらかの善を引き出すつもりであることを名目に、なんらかの悪を行い、また悪を放任しようとするなどということはまったく信じるべきではなく、考えるべきでさえありません。なぜならそうした場合、それはそこから善を引き出すために悪を行ったり、善のために悪を放任したりすることではなく、むしろ悪そのもののために悪を行い、悪のために悪を放任したりすることであり、そんなことは神に、(16) 限りなく完全な存在に少しもふさわしいはずはないからです。少し注意すればこのことが理解できるのは明らかなのに、わが敬虔なキリスト崇拝者たちは、それにもかかわらず自分たちの神の善性と英知なるものは、なんらかの善を、それもなんらかのより大きな善を引き出すためにだけなんらかの悪を許し容認するのだと主張しようとします。それ以外に理解のしようがないからでしょう。では、いったいどうしてでしょうか。(二九三)(17)

あらゆる禍やあらゆる危険から守ってくれるように、何かの悪に見舞われたり苦しめられたりするとすぐにそれから解放してくれるようにと、どうして彼らはこの神の善性なるものや英知なるものに、何回となくあんなにもひたすら祈るのでしょうか。危ない目や災難に遭うと、なぜあんなにも彼らの神に救いを懇願するのでしょうか。辛い目に遭うと、なぜあんなにも彼らの神の加護を求めるのでしょうか。さらに不運や不幸が自分の身に起こると、彼ら自身どうしてあんなにも悲しみ、我慢ができないのでしょうか。また個人的な苦しみや不運ばかりでなく、戦争やペストや飢饉のような公共の苦しみや災禍に遭うと、(18)そうした場合に救いを求めてあれほどの祈願、あれほどの宗教行列、そして個人でも公共でもあれほどの祈りをどうしてするのでしょうか。そうした禍から、そうした苦悩から、自分たちのために神が何かあまりにも大きな善を引き出すことが怖いのでしょうか(19)。そんな時聞こえるのは、ただ神や聖人たちへの敬虔で悲しい祈願ばかりです。どこへ行っても幾度となく、「キリエ・エレイゾン」〔二九四〕、「クリステ・エレイゾン」、「ワレラニ憐レミヲ」、「ワレラノタメニ祈リヲ」、すなわち「主よ、私たちを憐れみください」、「聖人たちよ、私たちのためにお祈りください」と叫ぶ声が聞こえます。人々が悲痛な声で幾度も「起キヨ、ナゼ眠ラレルノカ、主ヨ」(『詩篇』第四三篇二三節)、「起キヨ、主ヨ、私タチヲ助ケ、ソノ御名ニヨッテ私タチヲ救イタマエ」(『詩篇』第四三篇二六節)、すなわち「主よ、起きてください。眠らないでください。なぜ眠られるのですか。起きてください、私たちの救いのために来てください。私たちを救ってください。あなたの聖なる御名にかけて救ってください〔二九五〕」〔同上〕、と呼びかけるのが聞こえます。また同じ理由から、「聖ペテロよ、私たちのためにお祈りください、聖パウロよ、私たちのためにお祈りください」などと呼びかけては、誰もがあれほど信心深く次々に、彼らの偽聖人・ミルマドランに加護を求めます。繰り返しますが、神や聖人たちへのあの敬虔で信心深い祈願はすべて何のためでしょうか。あの敬虔で信心深い行列行進はすべて何のためなのでしょうか。あの祈願はすべて、あの祈りはすべて、あの厳しい断食はすべて、個人であれ公共であれあの厳しい悔悛はすべて何のためなのでしょうか。不運や不幸に出会って彼らがあげるあの叫びはすべて、あの呻きはすべて、あの非難の叫びはすべて、あの哀しい悲嘆の声はすべて何のた

めなのでしょうか。そうした手段、彼らの神が遣わす禍や苦しみによって、彼らの神が彼らに与えようとするのが本当に善であり、より大きな善であるならば、神が自分たちのために抱いているあれほどすばらしい意図を、彼らの祈りで変えようとする必要などないではありませんか。悪に比べれば多くの善を得させてくれるはずの禍を、そんなに恐れる必要などないではありませんか。そうした手段によって起こるのが、起こるはずなのがより大きな善であると自分で主張している以上、それが自分たちに起こる時、そのことで苦しんだり悲しんだりする必要などないはずでしょう。

たとえば、死の危険が迫っていると思い、長く激しい痛みに苦しんでいる病人は、なんとか苦痛を我慢しさえすれば完治すると知ったら、刺絡の刺し傷などほとんど恐れはしないでしょう。喜んで医者の前に走り出て、その喜びを与えてくれるようにと懇願さえするでしょう。同様に、哀れな乞食は、それがすぐ後で何か立派で高価な服に着替えさせてもらうためだと知ったら[20]、自分の見すぼらしい服を、いや自分の持っている一番良い服でさえ、はぎ取られる目に遭っても少しも悲しみはしないでしょう。そのことを悲しむよりも、むしろ逆に喜ぶでしょう。乞食は、それが美しく立派な家を持たせてくれるためだと知ったら、自分の見すぼらしい荒屋(あばらや)に火がつけられるのを見ても、やはり悲しみはしないでしょう。そのことを悲しむよりも、むしろ逆に喜ぶでしょう[21]。これこそまさしく、あらゆる禍、あらゆる苦しみに出会って、わがキリスト崇拝者たちの取るべき道でしょう。というのも、自分たちの神はそうやって自分たちに悪よりも善を行おうとするのだと確信している以上、そんなことが起こっても恐れるいわれも嘆くいわれもないからです。逆にそれを喜び、それで恩恵を授かりでもしたかのように、自分たちの神に称賛の言葉とそれ相応の感謝の祈りを捧げるいわれの方がずっとあるはずです。それこそ実際に、彼らのいわゆる神なるキリストが[22]、「貧しい人たちは幸いである、泣いている人たちは幸いである、飢え渇いている人たちは幸いである、義のために迫害される人たちは幸いである」〔『マタイによる福音書』第五章三、四、六、一〇節〕と言って、弟子たちに信じさせようとしたことです。自分への愛のために罵られ、ひどい扱いを受けても喜び、歓喜に浸らねばならないと、彼が弟子たち

に言った時もそうです。彼は弟子たちに、「私のために人々がおまえたちを罵り、迫害し、おまえたちに対し偽ってさまざまな悪口を言う時、おまえたちは幸いである。おまえたちはそれを喜び、有頂天になれ。大きな報いが天でおまえたちを待っているのだから。喜ビ、有頂天ニナレ。天ニハオマエタチノタメニ大キナ報イガアルノダカラ」（『マタイによる福音書』第五章一、一二〔一一、一二〕[二九六]節）と言っています。そのためにまた、キリストの最初の弟子たちはこの点でキリストの言葉を信用し、キリストが天で果たすと約束した、あれほどすばらしく、あれほど見事なあの褒美なるものをもう見たものと信じて、キリストへの愛のために被る苦痛や恥辱や迫害にも事実喜んだのでした。「使徒タチハイエスノミ名ノタメニ辱メラレルニ足ルモノニサレタコトヲ喜ビナガラ、衆議所ヲ去ッタ」（『使徒行伝』第五章四一節）。そのためにまた彼らも主の言葉に従って、[23]「多くの苦難を経て、天の国に入らねばならない」（『使徒行伝』第一四章二二節）ことを仲間に諭して、この世のあらゆる苦痛やあらゆる苦悩を喜んで受けるよう説き勧めたのです。

　これら最初の弟子の一人は、仲間にこう言っています。「兄弟たちよ、あなたたちを見舞ういろいろな苦しみをきわめて大きな喜びのもとと思いなさい。あなたたちも知っているように信仰の試しは忍耐を生み、そうしてあなたたちは完全な者、完璧な者となり、[24]何一つ欠点のない者になるのです。兄弟タチヨ、イロイロナ試練ニ遭ウ時ニハソレヲスベテ喜ビト思エ、アナタタチモ知ッテイルヨウニ……[二九七]〔『ヤコブの手紙』第一章二−四節〕等々。また彼らの偉大な聖パウロは気丈にも、こう言いました。「苦しみの中でも、私たちは落胆しない。この世で私たちが受ける一時的な短い艱難が、私たちのうちでそれと比べものにならないほどの永遠に持続する栄光をもたらすことを知っているからである。ナゼナラ、コノツカノマノ軽イ艱難ガ働イテ、永遠ノ重イ栄光ヲ、溢レルバカリニ私タチニ得サセルカラデアル」〔『コリント人への第二の手紙』第四章一六、一七節〕[二九八]。

　ところが、わが神崇拝者たちはもはやほとんどこうした敬虔な見解には与しておらず、ふだんの行いからすれば反対の考えに与していることがかなりはっきりしてさえいますし、来世での福なるものよりも現世での福に明らかにず

っと重きを置き、架空の恩寵によるそうした霊的な福なるものよりも、肉体的で感覚的な福にずっと重きを置いていますから、それこそ彼ら自身、自分たちの神の全能なるものや善性なるものや限りない英知なるものについて自ら口にするあらゆることをもはやほとんど気にもかけず、その神が自分たちに遣わす禍や苦しみから、また人間の邪悪さのために神が行うに任せている悪から神が引き出しうる〔二九九〕、あのより大きな善なるものにもほとんど重きを置いていない明確なしるしです。

　ですから、多くの禍や多くの邪曲がこの世にあるのをその神が許し容認しているのはより大きな善のためだなどと言うのは、明らかに彼らの誤謬と錯誤です。それを裏付けるのは、本当により大きな善のためにそれを神が許し容認しているのなら、わがキリスト崇拝者たちが言っているように、神自身が悪事を働く悪人や悪漢たちに腹を立て、あんなにも激しく怒る必要はないことです。というのも、なぜ神が悪人たちに腹を立て、あんなにも激しく怒るいわれがあるのでしょうか。わがキリスト崇拝者たちの説に従えば、神は悪人たちが働きうる最大の悪事も最大の邪曲も、そこから最大の善を引き出すために利用できるし、現に利用してさえいるはずですから。神はその善性と限りない英知によってそこからもっと大きな善を引き出すつもりだと仮定すると、なぜ神がそれほど腹を立てなければならないのか、きっと分からないでしょう。ところが、わがキリスト崇拝者たちの主張では、それにもかかわらず人間の罪ほど、悪徳ほど、邪曲ほど、神を不快にするものは何もありません。邪悪さから人間が犯す忌まわしい罪以上に、神の怒りや憤激や激怒を呼び起こすものは何もありません。彼らの『聖書』には、罪人への神の怒りや神の憤激を私たちに示す証言が溢れています。だからこそ、神は何かもっと大きな善をそこから引き出す場合でなければ、どのような悪があることも決して許さず容認しないとわが神崇拝者たちが主張しても、彼らが口にすることなどまさしく道理もなければ、根拠もありません。

　しかしながら、彼らの神がまことに幸いにも、またまことに慈悲深くも、最大の悪から巧みに引き出せるこの最大の善なるものとはどんなものか、少し詳しく見てみましょう。この点での彼らの言い分を聞き、しかるべく彼らを打

ち破って止めを刺せないかどうか検討してみましょう。そうした連中の言い分は、こうです。神が至上の力と英知とによって万物を支配し、導いているのは確かであって、したがって神が何事かを、もっとも悪くもっとも邪悪であることさえも無駄に行うなどとは誰も言えない。というのも、自分の栄光や力や正義を顕すためには、もっとも良くないことさえも神は利用するのだから。なぜなら、まさしく疫病がはびこるその時に、有能な医者が巧みに病人を治して自分の学識や腕の冴えや力量を示すように、――わが神崇拝者たちの言い分では――やはりそれと同じように、人間の悪事や悪徳や邪曲の激しさや多さこそが、神の善性と慈悲と正義を光り輝かせるのだ。偉大な聖パウロは、「私たちの不正が神の正義を引き立たせる、私たちの偽りによって、神の真実がその光栄のために一層輝く」（『ローマ人への手紙』第三章五―七節）〔三〇〇〕と言っている。したがって、人間の悪意を止めることはできるが、それでも悪があることを容認しないより、自分が容認する悪から善を引き出す方が一層ふさわしいと判断して、神は悪を防止しようとはしないのだ。神が善人の徳を試みるのは悪人の悪意による、そう彼らは主張します。理由はこうです。義人を苦しめ試すための悪人がいなかったとすれば、人は徳の美点も功徳もこれほど良く知ることはなく、また義人には、現にしているように我慢して耐え忍ぶという長所もなかっただろう。我慢して耐え忍ぶという長所がなければ、天国で期待すべきあれほど立派であれほど輝かしい褒美も彼らにはなくなってしまうだろう。信者を迫害する暴君がいなかったならば、イエス・キリストの信仰のためにあれほど勇ましく死に耐えた、あれほど勇敢であれほど輝かしい殉教者もいなかっただろう。悪へと人間の気を引き、唆す悪魔がいなければ、戦うべき見えざる敵はなく、戦うべき敵がいなかったならば、敵に勝って得るべき勝利もなく、したがって求めるべき栄冠も褒美もなくなってしまうだろう。この世に禍も苦しみもなかったならば、人間は高慢で尊大になりすぎるだろう。悲惨な暮らしが彼らをへりくだらせるのに役立つ。悪徳や邪曲がなかったならば、人は徳の美点も功徳もそれほどよく分からないだろう。相反するものは、互いに対立する時ほど鮮やかに現れることはない。あらゆる徳の美点や功徳についても同じことだ。こう彼らは言うでしょう。反対の悪徳と対立する時ほど、徳が鮮やかに現れることはない。まさしくそうやって神は、自分が許す悪

から見事に善を引き出せるのだ、こうわが有能で巧妙なキリスト崇拝者たちは主張します。

けれども、こんなことがまったくの錯誤であることも分からない人がどこにいるでしょう。なんですって、悪人たちの無礼や猛威に義人を曝しておいて、義人の徳と忍耐力を試すですって？　人間を病気やペストや戦争や飢饉や、この世にあるその他あらゆる禍で苦しめては、義人の徳と忍耐力を試し、傲慢な人や尊大な人をへりくだらせ、罪人に悔悛の情を呼び覚ますですって？　絶えずありとあらゆる悪徳や邪曲へと唆す、悪魔の攻撃や誘惑に人々を委ねるのは、わがキリスト崇拝者たちが現に考えているように、自分自身の内外に戦うべき目に見える敵や目に見えない敵がいればこそ、悪魔に勝利する栄光を人々が得られるようにするためですって？　そして、人々を現世で哀れで不幸なものとするのは、そうやって人々をより大きな完全性へと至らせ、そうやって天国でのより大きな褒美に値させようとする名目からですって？　キリスト崇拝者のみなさん、これがあなたがたの神のまったく格別な英知だと言われるのですか[25]。これがその善性とその慈悲のまったく格別の結果だと言われるのですか。そしてこれが、神が許し放置しているあらゆる恐るべき禍から、あらゆる憎むべき罪から、あらゆる忌まわしい邪曲から神が引き出せる福、それも最大の福なのですか。むしろ、そんな考えを抱くだけでも、それは自分たちの誤謬と狂気だと言いなさい。むしろ、神がそこから引き出すとあなたがたが主張するような、かくも虚しくかくも弱々しい善をそこから引き出すために、かくも甚だしくかくも忌まわしい多くの悪を許し放置するのは、自分たちの神の弱さ、無知、無能だと言いなさい。なぜならそれは、ただごくわずかの善を引き出すために無数の悪を許し放置するようなものだからです。それは、ただきわめて些細な善を引き出すためにきわめて甚だしい悪を許すこと、ただ偽物で空想上の善を引き出すためにきわめて現実的で実際的な悪を許し放置することでしょう。またそれは、架空の勝利を収めさせるために、人々を架空の敵と戦わせることです。要するに、それはただ架空のものでしかないより大きな完全性やより大きな善の観念だけを虚しく人々に抱かせるために、唯一真実で堅固な善を人々から奪い、人々をこの世で本当に不幸にすることです。なぜなら、神が悪から引き出すことを人が願う、あのあらゆる善なるものとは本当のところ何なのでしょうか。それは

まったく取るに足らず、まったく些細な善でしかなく、さらにきわめてしばしば架空の善にきっとほかなりません。

仮に神が義人を気に入っていたら、神はこの世で彼らを強いて哀れで不幸なものとしたり、そうであるのをそのまま放置したりすべきでしょうか。神は、悪人の邪悪さをもって義人を虐げさせたり、義人が虐げられるままにしておいたりすべきでしょうか、「禍ヲ下スナラ一撃デ殺シテホシイ、罪ナキ者ノ苦難ヲ嘲笑シナイデホシイ」、とかの善良なヨブは言いました[26]（『ヨブ記』第九章二三節〔三〇二〕）。仮に神が、義人を徳においてさらに清浄な者、完全な者にしようとするなら、神は彼らが苦しみのうちで哀れにも悩み嘆くに任せたり、彼らにそう強いたりするべきでしょうか。仮に神が、人間が賢く有徳であることを望んだとすると、仮に神が、人間が穏やかで慎ましく慈悲深く親切で、神の掟や神の命令[27]に従順であることを望んだとすると、知力ある心や善性[28]や知恵を備えた精神を彼らに寛大に与えるのではなく、むしろ彼らをこれほど厳しく鞭打ち、ありとあらゆる禍や悲惨で苦しめるべきでしょうか。また、仮に神が人間を天国で永遠にまったく幸せな者としようとするなら、神は人間を地上で哀れな者、不幸な者にするべきでしょうか。そんな考えを抱くだけでも、なんという狂気でしょう。限りなく善で限りなく賢明な全能の神が人間に施すべき善があるなら、神は自分にふさわしいやり方でそう行い、したがってどんな悪も人間に行わず、またどんな悪も人間が行うままにせずにそうすると信じるべきです。なんらかの悪をまじえずに善を行うことを邪魔できるのは、ただ無力あるいは善性の欠如しかありません。

ところで、この種のなんらかの霊的な善なるものが、この世でかなりしばしば起こる禍や悪徳や苦しみの結果として、常に見いだせるものかも検討してみましょう。そのおかげでいつでももっと賢く、もっと有徳になれるほど、人間は十分にいつでもそうした禍を役立てているでしょうか。人間はいつでも慎ましく、自分の苦しみにも逆境にも辛抱強いものでしょうか。最大の義人でさえ、惨めであるほど、不幸であるほど、いつでもますます自分を聖化し、いつでもますます自分を浄めるものでしょうか。自分たちを打つ神の手をいつでも祝福するものでしょうか。苦しみの中で罪に誘われ、罪の機会を示されたら、義人ですらいつでも徳をしっかり守るものでしょうか。いえ、とんでもあ

りません。誘惑に負け、苦しみに我慢できず、この世の悲惨と苦しみの中で――わがキリスト崇拝者たちによれば――道に迷う人の数は、わがキリスト崇拝者たち自身によっても、その苦しみの中で自分を聖化し、自分の純粋さを保っている人の数よりもずっと多いのです。おそらくは、しっかり自分の徳に踏みとどまり、苦しみ悩む時に辛抱強い人一人に対して、我慢できず、自分の運命を呪い、悲惨と苦しみに圧倒されてしまう人が千人はいるでしょう。ですから、自分たちの神なるキリストに従って、「招かれる人は多いが、選ばれる人は少ない。招カレル人ハ多イガ、選バレル人ハ少ナイ」（『マタイによる福音書』第二〇章一六節〔第二二章一四節〕）、つまり救われる人は少ないけれども、神に見放される人は多い、とわがキリスト崇拝者たち自身も言っているのです。それゆえ善、それももっと大きな善が悪に続いていつでも見いだせるどころか、逆に悪が別の悪を呼び、小さな悪が大きな悪を呼び、さらに一つの悪がいくつもの悪を呼ぶのがずっとよく見られるのです。「淵ハ淵ヲ呼ブ」（『詩篇』第四一篇七〔八〕節）。こうしたことは経験上からも、日々無数の機会に見られることです。それゆえわがキリスト崇拝者たちが言うように、神が悪を許すのはただなんらかのもっと大きな善をそこから引き出すためだけである、と主張するのは明らかに誤りです。

　しかし、こうした説の虚偽をなお一層明らかに示すために、物事をその根源で、しかもその起源についてわがキリスト崇拝者自身が言っていることに従って考えてみましょう〔三〇二〕。彼らの主張では、全人類、すなわちあらゆる人間は彼らがアダムと呼ぶ最初の一人の男性と、彼らがイブと呼ぶ最初の一人の女性の子孫です。神は彼らを体も心も完全な状態で創造し、無辜で神聖な状態で創造し、ありとあらゆる病気や廃疾や死さえからも免れているように創造し、創造したすぐ後で二人を地上の楽園、すなわち無上の喜びと幸福に溢れた場所に置いたのだそうです[29]。二人を創造した[30]神にいつまでも従順なままでいたら、そこでは、彼らやそのすべての子孫たちは本来の完全な至福に包まれて暮らせたそうです。しかし人類のこの最初の先祖は、わがキリスト崇拝者たちによれば、神の命に背き逆らって、食べるのを禁じられていた果物を庭で食べたため、自制心を欠いたこの不服従に対する罰として、それまでいたこの地上の楽園、あるいはこの至福の地から追放され、それと同時に彼らとその子孫全員がこの世でのあらゆる労苦やあらゆる悲

惨を強いられ、刑として科せられたばかりでなく、さらに加えて神に見捨てられることや、わがキリスト崇拝者たちの言うところによれば、永遠に地獄で苦しみ、恐ろしい業火で永遠に焼かれることからなる永遠の遺棄、地獄落ち、彼らの言によると人がこの世で想像できるすべての禍より何千倍も苦しく恐ろしい刑罰や責苦を強いられ、刑として科せられたのです。

それが彼らの言っているとおりなら、たった一人の過ちのため、これほど完全でこれほど幸せな状態から、これほど不幸でありとあらゆる禍や悲惨にこれほど満ちた状態へ、これほど早く、これほど惨めに落とされるというのは、それこそきっと人間に起こりうる最大の不幸でしょう。またそれによれば、この世のあらゆる禍やあらゆる悲惨は、神から食べるのを禁じられていた果物を、自制できずに食べてしまったこの一人の最初の人間の過ちだけから起こります。そうであれば、それが実際起こったとすると、疑いもなく神がこの最初の悪、この最初の過ち、この最初の罪を容認しようとしたのでしょう。なぜなら、神に容認するつもりがなかったならば、人が言うように全能である以上、神はそれを確かに止められたでしょうし、またその気があれば、すべての人間を創造した時の無辜で完全な状態にいつまでも保ち、維持し、そうやって人間を永遠に幸せで満ち足りたものにできたはずだからです。そのつもりが決してなかったからこそ、神はそれゆえこの最初の人間の過ちや不従順や罪を容認しようとしたのでしょうし、この不服従が少なくとも人間にとってはこの世の最初の悪、最初の罪になったのでしょう。そして、神がこの最初の悪、最初の罪を容認しようとした以上、神がそうやって最初の悪を容認したのは、わがキリスト崇拝者たちの説によると、ただそこから善を引き出すため、それもより大きな善を引き出すためでしかなかったはずでしょう。何かより大きな善を引き出すためでなければ、神はどんな悪も決して許可しはしないのですから。

それにしても、キリスト崇拝者の皆さん、この最初の悪、この最初の過ちから、そしてこの最初の人間の最初の罪から、あなたがたの神が巧みにそして親切に引き出そうとしたという、もっと大きなその善とは何か、私たちに言ってください[31]。もっと大きなその善なるものとはどこにあるのですか。それを私たちに示して、私たちに見えるように、

そしてあなたがたの神の善性と英知と全能という摩訶不思議が私たちに見えるようにしてください。もっと大きなその善なるものが本当に何か現実的なものであれば、人間の側か神の側、少なくとも人間以外のなんらかの被造物の側に見いだされるはずでしょう。人間の側に見いだされるなら、きっと人間はかつてあった状態よりも、あるいはこの最初の過ち以前やこの最初の悪以前にあった状態よりも、現在はもっと完全で聖潔で幸せな状態にあるはずでしょう。神は、より大きな善を引き出すためにだけ、その悪を許可したはずですから。それゆえ、このもっと大きな善なるものが人間の側に見いだされるならば、それによって人間はもっと良くなり、もっと良い状態にある、すなわちこの最初の過ち以前、あるいは最初の悪であるこの最初の罪以前の状態よりも、もっと幸せで完全な状態になければならない、いやきっとそうであるはずでしょう[32]。

それこそ、実際『ローマ人への手紙』の中でわが偉大な使徒、聖パウロが十分はっきりと記していることです。「私たちがまだ罪人であった時、イエス・キリストが私たちのために死なれたことによって、神は私たちに抱く愛を示されている。それでいまや、その御血によって私たちは義とされているのだから、なおさら神は私たちを、イエス・キリストによってその怒りから守られるだろう。私たちが神の敵であった時でさえ、御子の死によって神と和解させていただけたのなら、再び恩恵の状態に置かれた今は、生ける神ご自身によって私たちが救われるのはなおさらである」(『ローマ人への手紙』第五章八〔―一〇〕節)。「ただし恩寵については、かの罪と同じものではない。ただ一人の人の罪によって多くの人が死ぬことになるとしても、それにもかかわらずイエス・キリストというただ一人の人の恩寵により、恩寵と神の贈物は多くの人々の上により一層溢れるばかりに注がれたからである」(同章一五節)。「この神の贈物は、一人の人から生じた罪のごときものではない。一つの罪によって有罪の判決はくだされるが、恩寵は多くの罪の後に私たちを義とするからである。もし罪のゆえに、一人の人を通じて死が支配したとすれば、まして恩寵と贈物と義を豊かに受ける人々は、イエス・キリストという一人の人を通じて生を支配するようになるだろう」(同章〔一六―〕一七節)。「それゆえ、ただ一人の罪によって有罪の判決がすべての人に及んだように、一人の正義の業

によって生命を与える義もすべての人に及び、ただ一人の人の不従順によって多くの人が罪人とされたように、一人の従順さによって多くの人が義とされよう。さて、律法は罪を増すために来た。だが罪が溢れたところには、それ以上の恩寵が満ち溢れたのである、罪ガ溢レタトコロニハ、ソレ以上ノ恩寵ガ満チ溢レル」（同章〔一八―〕二〇節）。

それゆえ、この異邦人の使徒〔三〇三〕、この博士の言うことや、わがキリスト崇拝者たちの説によると、始めに創造された時や、最初の悪であった罪を犯す前よりも、人類の置かれた状態や条件は今ではずっと良く、ずっと完全で幸せなものであるはずだということは明らかです。なぜなら、彼らの説に従えば、神がこの最初の罪を容認したのはただもっと大きな善をそこから引き出すためだけであり、今しがた私が伝えた使徒の主張に従えば、溢れるばかりの罪があったところには、またそれ以上の恩寵が溢れるばかりにあったのですから、ただもっと大きな善を引き出すためにだけ神が容認したこの最初の不幸に陥った全人類は、それ以前よりも一層恩寵に値するはずですし、またこの使徒の言葉によれば、その罪以前よりも一層大きな溢れるばかりの贈物や恩寵や祝福を明らかに受けるはずだからです。そしてこの最初の悪以前、この最初の罪あるいはこの最初の不幸以前に、わがキリスト崇拝者たちの説によると、すべての人間はすでに、身体についても霊魂についても幸福で完璧な状態にあったか、あったはずであり、ありとあらゆる病気や廃疾や死さえからも免れ、無辜で聖潔な状態にあって、地上の楽園、すなわち無上の喜びと至福の地で人生のあらゆる喜びや満足を幸いにもいつも享受していたのですから、そこから明らかに、もっと大きな善を引き出すためだけに神が容認したあの最初の過ちの後、最初の罪の後、最初の悪の後では、神はこの最初の過ちからより大きな善を引き出すことによって、始めに創造した時よりももっと幸せでもっと完全な状態に人間を置かなければならなかったのです。これは、わがキリスト崇拝者たちの原理からの、そして彼らの偉大な使徒、聖パウロの説からの明らかな帰結です。

ところが、そんな状態はまったく見いだされません。それで人間の状態がどんな仕方であれもっと良くなったり、幸福になったり、完全になったりしたということは少しも見られず、逆に世界中どこでも見られるのは、大部

分の人々を地上で悲惨かつ不幸なものにしている、いわば悪徳や邪曲の氾濫、災難や病気や廃疾や凶事の大洪水です。ですから、自分が容認した悪から何かもっと大きな善を神がいつも引き出すと主張するのは明らかに偽りであり、何かもっと大きな善をそこから引き出すためでなければ、神は決してどんな悪も許可しはしないと主張するのは、明らかにわがキリスト崇拝者たちの誤謬、錯誤です。それに、人間のこの最初の悪、あるいは人間のこの最初の過ちやこの最初の罪から、神が何か本当にもっと大きな善を引き出したと主張するいわれが彼らにあるどころか、逆に、彼らの神はあらゆる最大の悪をそこから引き出した、人間の最小の過ちや最小の悪や最小の罪（きっとごく軽くごく些細な罪でしかなかったのです）から、最悪でもっとも忌まわしくもっとも痛ましいあらゆる禍を引き出そうとした、と主張する方が彼らにはずっと根拠があるはずです。なぜなら、この世にあるあらゆる禍やあらゆる悲惨、人間のあらゆる悪徳やあらゆる邪曲、それに地獄でのもっとも苛酷でもっとも恐ろしいあらゆる永遠の責め苦さえ、人間のこの最初の過ち、この最初の罪の不幸な結果でしかないと、彼ら自身も言っているからです。そして、仮定されているようなそうした罪は、しかしながらそれ自体はごく軽い過ち、それもすでに私が述べたように、鐙革（あぶみがわ）のただの一打ちにも値しないはずだったような過ちでしかなかったのですから〔三〇四〕、神は、この唯一のごく軽い過ち、この最初の唯一のごく些細な悪から、人が想像しうるもっともひどい、もっとも忌まわしい、もっとも恐ろしいあらゆる悪を引き出す術を心得ていたのでしょうし、そうした巧みさを備えていたということになるでしょう。神について、限りなく善で限りなく賢明で限りなく完全な存在について、そんなことが言えるかどうか考えてもみてください。きっと、そんなことはあまりにも理に反し、あまりにも馬鹿げています。それゆえ、神がこの最初の悪から引き出す術を心得ていたというもっと大きな善なるものは、人間の側に少しも見いだされないことは確実明白です。

　もっとも、自分たちの神が最初の人間たちのこの最初の悪、この最初の過ちから引き出したとわがキリスト崇拝者たちが主張しているこのより大きな善なるもので、彼らが何を言いたいのかは分かっています。神がそうした悪を容認し、同時に全人類の破滅という失寵や不幸を容認したのは、その恩寵の恵みによってこの過ちをもっと有効に繕う

ためであり、神の子イエス・キリストの死という限りない功徳によって人間をなお一層慈悲深く贖うためだ、イエスはこの罪や永遠の地獄の責苦という不幸から人間を救うために人となり、自ら人間たちの罪に対する罰を担うことにより、またこの罪によってひどく傷つけられた神の正義に対して、人間に代わってしかるべく償いを果たすことによって、自らの尊い血を流して人間たちとその父なる神を幸いにも和解させた、と彼らは言いたいのです。この贖罪は、わがキリスト崇拝者たちが言うように、最初に人間を創造したという恩恵とは比較にならないほどの大きな恩恵ですから、したがって彼らの主張では明らかに、神はあの最初の悪を本当に善に変え、最初の創造という善よりももっと大きな善を本当にそこから引き出しさえしたことになります。またすでに述べたように、わが偉大なミルマドラン、聖パウロがこう言ったのも、そのためです。人間たちがまだ罪人であった時、その子イエス・キリストを彼らを救うために与えたことによって、神は人間たちに抱いている愛を示した……。そして、溢れるばかりの罪があったところには、もっと大きな恩寵も溢れている〔三〇五〕、と。これは明らかに、人間は神からより大きな溢れるばかりの恩寵と恩恵を授かるはずであった以上、より大きなこの善なるものは、単に人間の側に見いだせるはずだというだけでなく、人間の側に実際見いだされるだろうということをも示しています。

そして、この見事でもっともらしい教理にふさわしく、わが司祭たちは日々信心深そうに、彼らのミサ聖祭なるものの中で、神はすばらしいなされ方で誇るべき人間本性を創造されたが、さらになお一層すばらしいなされ方でその本性を修復された、と言っています。「誇るべき人間本性を感嘆するほど見事に創造され、さらにそれを一層感嘆するほどに修復され、直された主よ、この水とブドウ酒の神秘なる混合によって、私たち人間の一員たらんとされた方、あなたの聖なる御子イエス・キリスト、わが主である方の神聖さに私たちをあずからせたまえ、誇ルベキ人間ノ実質ヲ、感嘆スベキホドニ創造サレ、マタ一層感嘆スベキホドニ直サレタ神ヨ、私タチニ与エタマエ……」〔「四旬節のミサのための序唱」〔三〇六〕〕、と彼らは（聖杯に少しの水をブドウ酒とともに注ぐ時、まるで自分たちの神に敬虔に話しかけるように）言います。「死シテ私タチノ死ヲ打チ壊サレ、復活サレテ私タチノ生命ヲ修復サレタ方」〔「復活祭の聖土曜日

と日曜日のミサのための序唱」〕、とその復活祭のミサの序唱で彼らが歌うのもやはりそのためです。これは、つまり「死なれることによって私たちの死を打ち壊され、復活されることによって私たちの生命を修復された方（すなわちイエス・キリスト〔メリエによる注記〕）」、ということです。このことは、最初の人間の過ちや、仮定されている全人類の破滅から神が引き出そうとしたもっと大きなあの善なるものが人間の側に見いだされねばならず、実際見いだされるであろうことを、さらに十分明らかに示しています。人間の欠陥だらけの本性が――彼らの言い分では――かつて創造された時よりも、さらにうまく、さらに感嘆すべきほどに修復され、その本性が幾分かは神性にあずかりさえするというわけですから。それではまるで、人間がいつも善行をなし続けていた時や、人間が神の掟と命令にいつも従順であった時に神が人間に恩恵や好意を示した以上に、人間が悪行をなした後で神は人間に一層の恩恵や好意を示した、と主張するようなものです。それではまるで、人間が幸せであったり完全であったりすることに値しなかったらしなかっただけ、それだけ余計に神は人間を幸せで完璧なものにするつもりだった、と言うようなものでしょう。これは明らかに、徳よりも悪徳に肩入れしようとすることであり、悪徳や罪を罰するよりもそれに褒美を与えようとすることです。そして、このことを根拠にすれば、将来いつの日か悪人たちが神の傍らで最良の客となり、そして悪魔たち、またわがキリスト崇拝者たちが言っているような、現在地獄で自分の悪徳や邪曲への罰としてかくも残酷でかくも恐ろしい責苦を受けている、神に見放された者たちすべてさえもが、いつか一番幸せな者になるとまで、今日でも言えるでしょう。彼らの原理では、現在そうした者が邪悪で見捨てられているのを神が許したのは、後にもっと大きな善を引き出すため、つまり彼らに一層の褒美を与えるため、彼らをもっと聖潔でもっと完全でもっと幸せにするためだけなのですから。良識もあり多少とも啓発された人なら、決してこんな考えに与しうるとは、私には思えません。それゆえ、わがキリスト崇拝者たちが、もっと大きななんらかの善をそこから引き出すためでなければ神は決してどんな悪も許可しないなどと言うのは、虚しく根拠のないことです。

とはいえ、人間に神なる贖い主を与えることによって、神はその善なるものを人間のこの最初の過ちなるものから

引き出したのであって、この贖い主が人間を罪から解放し、人間と神とを和解させ、人間にさらに溢れるばかりの恩寵を伝え、また人間の本性を人間のその最初の過ちなるもの以前にそうであったよりも良い状態、一層良い条件に置き直し、据え直したのだ、と彼らは言っています。こうした仮定の虚しさや、このもっと大きな善なるものの虚偽をなお一層示してくれるのは、次のことです。すなわち、人間に関する贖いや修復なるものの現実的で実際的などんなしるしもどんな痕跡さえも見えないこと、それを見ることも与えることも示すこともできさえしないことです。そうした人間と神との和解なるもののどんなしるしを見ることも、与えることも、示すこともできはしないでしょう。あの溢れるばかりの一層の恩寵なるもののどんな現実的なしるしを見ることも、与えることも、示すこともできはしないでしょう。そしてさらに、人間の本性のかくも幸せでかくも感嘆すべき立て直しや改善なるもののどんな現実的なしるしを人間のうちに見ることも、示すこともできはしないでしょう。神崇拝者の皆さん、そしてキリスト崇拝者の皆さん、できるものならこれらの現実的で感覚できるなんらかの手がかりを与えるか、示してみてください。ところが逆に、人が目にするのは、日々明らかに目にしさえするのは、かつてそうであったと同じく、人間の本性が常に多くの弱さや廃疾で満たされていることです。かつてそうであったと同じく、人間は常に多くの悪徳や邪悪さに満たされていることを、人は日々明らかに目にしています。人間はかつてそうであったと同じく、常に哀れで不幸であること、すなわちかつてそうであったと同じく、さまざまな禍や悲惨に苦しめられていることを、人は日々明らかに目にしています[33]。

　そうであれば、キリスト崇拝者の方々よ、あなたがたはあの贖罪なるものを、そして人間の本性のあの修復とか改善とかいうものを、どこで見つけるのですか[34]。あの一層大きな溢れるばかりの恩寵なるものを、どこで見つけるのですか。あの神による人間の修復とか改善とかいうものを、どこで見つけるのですか。人間の本性のかくも感嘆すべきあの立て直しについてはどうですか。こんなことはすべてあなたがたの幻想にすぎません。あなたがたが言われるすべてのことについて、どんな証拠もどんなしるしも、現実的で感覚できるどんな手がかりも、与えることも示すこと

もできないではありませんか。このことこそあなたがたを打ち破って、止めを刺すに違いありません。なぜなら、そうしたことについてあなたがたが言うことはすべて、あなたがたの精神の虚構や空疎な絵空事にすぎず、そんなものに信を置くにはあなたがたと同様に阿呆で気違いでなければならないことを、そうやってあなたがたははっきり示しているからです。

私もよく承知していますが、皆さんは間違いなくこう言われるでしょう。神の御子、イエス・キリストによって行われた人間のための贖罪のごとき、純粋に霊的な贖罪に関しては、どんな証拠も現実的で感覚できるどんなしるしも、求めることも探すこともしてはならず、同じく聖霊の贈物や恩寵のような、まったく純粋に霊的な、一層大きな溢るばかりの恩寵についても、証拠も目に見え感覚できるしるしも求めることも探すこともしてはならず、そしてさらに、真の神であり真の人であるイエス・キリストによって行われた人間の本性の立て直しのような、まったく霊的な立て直しや改善のどんな証拠も、目に見え感覚できるどんなしるしも、求めることも探すこともしてはならない、と。そうしてはならず、この種の事柄については信仰がこの問題で教えることだけをただひたすら守らねばならないのだ、と。それはよく分かっていますし、皆さんにはほかに言いようがないでしょう。

しかしそれでは、キリスト崇拝者の方々よ、人間の最初の悪や最初の罪からあなたがたの神が引き出そうとした、あのもっと大きな善なるものはすべて霊的で目に見えない福にすぎず、身体のどんな感官でも、人間理性の自然の光にさえもとらえられないことを、あなたがたは認めるのですね。そしてこのことでは、皆さんの言葉を根拠にして、ただ皆さんが人から聞かされたことだけを根拠にして、皆さんを信じてほしいと言われるのですね。それでしたら、むしろあなたがた自身、そんな信心を人に強要する筋合いではないことを認めてください。あなたがたが欺かれたというより、むしろあなたがた自身自分を欺いているのだと、そして皆さんが霊的な福と名づけているあのもっと大きな善なるものはすべて、むしろ実際には架空の福、絵空事にすぎないと認めてください。あなたがたがそんなものを何一つ見ることも感じることもできず、それについて現実的で感覚できるものは何一つ示せない以上、そんなものは

架空のものでしかないことになるのですから。まったく架空のものでしかない福を、現実的な本物の福と見なそうなどとは甚だしい気違い沙汰ですし、そんな絵空事を現実的な真実と見なすなど、もっぱら妄想家や狂信者にのみふさわしいことです。

だとすれば、神が人間の最初の悪や最初の罪から引き出したもっと大きな善なるものが、人間自身の側には少しも見いだされないことは明らかです。もし皆さんが、このもっと大きな善なるものは神の側に見いだされると言われるなら、それなら神はこの過ちの後、この最初の悪の後では、たとえば以前よりもっと賢明でもっと完全でもっと幸せになっていたはずで、その場合、神はこのことに、この最初の罪に腹を立てるより、大いに満足したはずですし、その罪を犯した者を罰するよりも、また始めに彼らを住まわせたあの地上の楽園から現にそうしたように彼らを追放するよりも、むしろそのことで彼らに褒美を与えたはずでしょう。あるいはその結果、神自身が一層賢くも完全にも、また幸せにもならなかったとするならば、少なくとも、人間が自分の過ちであああして罪に落ちるのを見て神は喜んだし、今も実際そうであるように人間が邪悪であるのを見て、また人間が哀れで不幸であるのを見て神は今でも喜んでおり、そうした喜びがあの最初の過ちから、あの最初の悪から神が引き出そうとした最大の善ということにならざるをえないでしょう。もっとも、キリスト崇拝者の方々よ、あなたがたもあえてそこまでは言いはしないでしょう。皆さんの神なるものが、あの最初の人間なるものの愚かさや軽率な行為をからかうことに幾分の喜びを感じたように見えるにしてもです。あの時、あなたがたの神は冗談からか、次のような辛辣な言葉をその者に吐いたのです。「見よ、アダムは善悪を知ってとうとうわれわれの一人のようになった。だから、再び生命の木の実を食べないように、永遠に生きないように、この楽園から彼を追い出そう。彼は額に汗してパンを食べるがよい。見ヨ、アダムハ善悪ヲ知ッテ、ワレワレノ一人ノヨウニナッタ」(『創世記』第三章二二節)。それにあなたがたは、このもっと大きな善なるものが他の被造物たちの側に見いだせるとも言わないでしょう。というのも、たとえば天や地、たとえば天使のような何か別の個別的存在が、そのために一層偉大で一層完全に、また一層幸せになったなどと言うのは滑稽だからです。

もっとも皆さんが、幾人かの人のように、悪魔たちがそれで喜んだとか、それこそアダムのあの最初の過ちなるものから自分たちの神が引き出そうとした最大の善だ、などと言わなければの話ですが。もっとも、皆さんがあえてそんなことを言われるとは、私には思えません。

しかし、多分あなたがたはこう言われるでしょう。この世を支配しているこのあらゆる禍、あらゆる悪徳、あらゆる邪曲を神が今も容認しており、また過去に容認したのは、神の栄光や神の力や神の正義、それに神の善性や神の慈悲をより大きく顕すためだ、と。その理由は、——すでに私が述べたように〔三〇七〕——とりわけ疫病がはびこる時にこそ、有能な医者は巧みに病人たちを全員治してその腕の冴え、その学識、その力量を示すのと同じように、またとりわけ罪人に有罪の判決を下し、悪人たちに罰を執行させることによって、公明正大な裁判官がその正義を示すのと同じように、とりわけ人間の悪徳や邪曲への寛容においてこそ、神はその忍耐力と辛抱を示すからだ、とあなたがたは言われるでしょう。神がその善性や慈悲を示すのは、とりわけ悔い改めた罪人の回心の際であるとか、その力や正義を輝き渡らせるのは悔い改めない罪人に罰を下す際だ、とあなたがたは言われるでしょう。この点で神は、聖パウロが言うように、「憐れみの器の上に」、つまりこの同じ使徒が言っているように「神が栄光のために準備され、定められた義人の上に、その偉大さと善性の富」を示そうとするのだ、「また他方で怒りの器の上に、すなわち滅びのために準備された悪人たちの上に、神の怒りと権能とを示そうとされる」(『ローマ人への手紙』第九章二二〔―二三〕節)のだ、と。こうして、この世にあるあらゆる禍、あらゆる悪徳、あらゆる邪曲を神が容認するのは、少なくとも神の栄光や力や正義を最大限に顕すためだ、と言われるでしょう。それこそ神がそこから引き出す最大の善である、したがって、少なくとも神の栄光や力や正義を最大限に顕すより大きな善を、神は悪から引き出すことができる以上、神が悪を許可するのは無意味ではない、とあなたがたは言われるでしょう。

しかし、そんな反論はこれまでの反論に劣らず、皆さんを困らせることになるでしょう。なぜなら、疫病の時に病人を巧みに治して自分の学識や腕の冴えや力量を示すことが、有能な医者にとって名誉で称賛すべきことであり、こ

の医者が自分の能力を示さねばならないのはとりわけ疫病の時であるにせよ、また国を略奪に来る敵に対して自分の力を示すことが君主にとって名誉となることであるにせよ、そして各人に正義をもたらすことが裁判官にとって名誉で称賛すべきことであり、裁判官が正義を行使しなければならないのはとりわけ罪人や悪人に罰を下す時であるにせよ、だからといってそのことから、人間の忍耐力を試し、人間に憐れみをかける目的で、ありとあらゆる禍やありとあらゆる悲惨で人間を哀れにも苦しめることが、限りなく善で限りなく賢明な全能の神にとって同じように名誉で称賛すべきことだとはならないからです。そのことを理由にして、ありとあらゆる悪や邪曲を悪人たちにさせておいて、その後で彼らに対して自分の力を行使しようとか、彼らを罰して地獄で永遠に不幸にして楽しもうとかいうことが、限りなく善で限りなく賢明な全能の神にとって名誉で称賛すべきことにはなりません。

権勢の強さを示そうという名目で、自国や隣国を略奪させようとする君主や帝王について、あなたがたは何と言われますか。自分の学識や病人を治す腕前を示そうという名目で、人々の間に疫病をもたらそうとする医者についてあなたがたは何と言われますか。「かかりつけの医者の腕前を見るために、自ら病気になりたいと願う者があるだろうか。また、自分の技術をふるうためにわれわれがペストにかかればよいと願うような医者がいたら、鞭打つべきではなかろうか[35]」（『エセー』一一三三頁〔モンテーニュ『エセー』第三巻第一〇章、邦訳、岩波文庫、第六巻四一頁、原二郎訳〕）、とモンテーニュ氏も言っています。罪人を罰して自分の正義の厳格さを示そうという名目で、重罪や悪事を犯させておいて、それを行う者たちに厳しく罰を加えさせようとする裁判官について、あなたがたは何と言われますか。重罪を犯させ、そうやって罪人を作って喜び、その後で彼らに厳しく罰を加えさせては喜び満足するのですから、疑いもなく、そうした裁判官について、そんな者は不正だとあなたがたは言われるだけでなく、さらには、そんな者は残酷な悪人だとさえ言われるでしょう。自分の権勢や自分の軍隊の力を示そうという名目で自国や隣国を略奪させる君主を、皆さんは百パーセント非難するでしょう。後から憐れんだり同情したりするという名目で不幸な貧しい人々を哀れにも嘆き悲しませようとする男女すべてを、あなたがたは百パーセント非難するでしょう。後から自分の学識

や病人を治す腕前を発揮しよう、見せびらかそうという名目で人々に疫病をもたらそうとする医者を、あなたがたは百パーセント非難するでしょうし、またすべて憎らしく忌まわしい人物と見なすでしょう……等々。繰り返しますが、あなたがたはそんな連中全員を非難するでしょうし、断罪するでしょう。

それでは、あなたがたの神が、限りなく善で限りなく賢明な神がそれと同じことをするだろうなどと、どうして言えるのですか。つまり、自分の栄光や力や神としての尊厳を最大限に顕すために、神はこの世でありとあらゆる禍、ありとあらゆる悪徳、ありとあらゆる邪曲を許し、容認しているなどと。というのも、この世に存在し、この世に行われるすべての禍ほど、すべての悪徳ほど、すべての邪曲ほど、限りない善性や限りない完全性に反し対立するものは何もない以上、人間の間に多くの悪徳や多くの邪曲が存在するのを見たり容認したりすることで、どんな栄光が、どんな名誉が、どんな喜びが、限りなく善で限りなく賢明な神のものになるのでしょうか。罪人を永遠に罰すること、すなわち不幸にも神に見捨てられて地獄にいる、何十億、何百億もの天使や人間たちを恐ろしい炎の中で永遠に焼かせることで、どんな栄光が、どんな名誉が、どんな喜びが、限りなく善で限りなく賢明な神のものになるのでしょうか。それも往々にして、束の間の取るに足らないささやかな喜びのようなごく些細なことのため、ただ見たため、単なる自然な欲求のため、あるいは単に彼らが不謹慎な想像で淫らなことと呼んでいる考えのため、とりわけ最初の人間なるものが、食べるのを禁じられていた果物を庭で慎みなく食べて犯した過ちのような、あれほど軽い過ち、それも鐙革の一打ちにも値しないような意味もなく他愛もないことのためからではありませんか(36)。繰り返しますが、それが神にどんな栄光、どんな名誉、どんな喜びをもたらしうるのでしょうか。そんな栄光は残酷で忌まわしいものでしょう。そんな名誉は残酷で忌まわしいものでしょう。そんな喜びは残酷で忌まわしいものでしょう。こんなにも厳しくこんなにも無慈悲に、これほど取るに足らない過ちまで永遠に罰するそうした正義は残酷で忌まわしいものでしょう。キリスト崇拝者の方々よ、あなたがたは気違いです。限りなく善で限りなく賢明で限りなく完全な存在について、そんな考えを抱くだけでも、あなたがたは狂っています。逆に、自分のすべての被造物をまったく幸せに、まったく

完全にすることこそ、なお一層大きな善、限りなく完全な全能の神になお一層似つかわしい栄光と名誉と喜びの種ではないでしょうか。そうです、きっと。それが神にとって、なお一層大きく、なお一層似つかわしい栄光と名誉と喜びの種でしょう。

ですから、キリスト崇拝者の方々よ、限りなく完全な神は、自分の栄光、自分の力、自分の正義、自分の慈悲を最大限顕すために、多くの禍や多くの悪徳や多くの邪曲を許し容認しようとするなどと言わないでください。そうした神の徳や完全性なるものはすべて、悪においてや悪の懲罰においてではなく、それよりも善においてずっと栄光に満ち、ずっと有効に、またずっと幸せに満ちたものとして顕れるでしょうから。無意味な恐れや無意味な希望によって、現在にも過去にも未来にも決して存在しない、あの神の偉大さや力や善性や英知や限りない正義について、あなたが与える誤った観念で人々をもてあそび、たぶらかすのはやめてください。それらについて、これまで私が与えてきたすべての証拠は明白です。これらの証拠は最大限論証的ですから、それゆえ、この世にあるあらゆる神やあらゆる宗教の虚妄と虚偽をはっきりと私たちに示していますし、すべてのわが迷信深い神崇拝者たちを打ち破るには、これ以上のものは必要ありません。

もっとも、神崇拝者たちが霊的で不死な実体だと言っている霊魂の本性に関して、彼らが抱き、虚しく人々をそこにつなぎとめている誤謬を、私はまだ満足のいくほど、十分詳細には反駁していませんから、そうした見解の誤りをここでさらに一層詳しく示す必要があります。それは同時に、この世に存在するくだんのすべての宗教の虚妄と虚偽に関する八番目の証明として役立つことでしょう。

証明八

第八七章　人間の霊魂の精神性と不死性について人々が抱く見解の虚偽そのものから引き出される、さまざまな宗教の虚妄と虚偽について

第一に、霊魂の精神性なるものについて言えば、わがキリスト崇拝者たちが理解するようにそれが精神的なものであれば、霊魂には物体、部分、物質、姿、形、またどんな延長もなく、したがって霊魂は実在的で実体的な何ものでもないことになります。なぜなら、私が以前言ったように、物体も物質も姿や形もどんな延長もないものは、何一つ実在的なものでも実体的なものでもないからです〔一〕。ところで、霊魂は体を動かし、体が持つ力や運動を与えていますから、実在的で実体的な何ものかです。なぜなら、体を動かすものや、体に力や運動を与えるものが、無とか虚無とかであるとは言えないでしょうから、それゆえ、霊魂は実在的で実体的な何ものかです。したがってまた、実在的で実体的なものは何一つ物体を欠いたり、延長を欠いたりするわけにはいかない以上、当然霊魂は物体的で物質的なものでなければならず(1)、またそれは延長を備えたものでなければなりません。このことの明らかな証拠は、物体もなく、姿や形もなく、どんな延長もない存在、あるいは実体については、いかなる観念も抱けないことです。

物体もなく、物質もなく、姿もなく、色もなく(2)、どんな延長もない存在というのはいったいどんなものか、と好きなだけ考え、繰り返し考えてみても、あなたがたはそれがどのようなものたりえるかについて明晰判明な観念を決して抱けはしないでしょう。これは驚くに当たりません。なぜなら、ある存在から存在の本性そのものや、存在のあらゆる特性を剝ぎ取ろうとしておいて、その存在に関する明晰判明な観念を人はどうやって抱けるでしょうか。それではまるで、まったく存在ではない存在の明晰判明な観念を抱こうとするようなものでしょう。それは想像上の怪獣(キマイラ)、つまりたとえば百の頭がある怪物とか、百の腕がある怪物とか、その他、頭に思い描こうとするあれこれの絵空事の観念を抱こうとするよりもっとひどいことです。こうしたものについては、明晰判明な観念が抱けます〔二〕。しかし、存在ではなく、存在や実体の本性を備えていない存在とか実体とかが何であるかについては(3)、どんなにそうしたいと思

っても、いかなる明晰判明な観念も抱けはしないでしょう。それは自己矛盾であり、明らかに自家撞着です。ところで、存在や実体の本性は物体であること、延長する存在であることであり、したがって物体でも物質でも延長でもないものは、なんら存在者でもなければ存在でもないのです[4]。

古代人はいつもそう考え、いつもそう信じていました。それゆえ、古代の哲学者や神学者たちの大部分（ユダヤ人のフィロン〔三〕、殉教者ユスティノス〔四〕、テオドレトス〔五〕、オリゲネス〔六〕、ラクタンティウス〔七〕、聖ヒラリウス〔八〕、聖アンブロシウス〔九〕、聖アウグスティヌス〔一〇〕、聖ベルナール〔一一〕）もこれ以外の信念を持っていませんでした〔一二〕。またそれゆえ、彼らは霊魂が物体的で物質的なものだと信じたばかりか、天使や神自体も体なしには、物体的な形なしには存在しないと信じたのです。体もなければ形もなく、延長もない実体的存在など存在しないことを、それほどまでに彼らは確信していたのです。わが新参のデカルト派哲学者たちが物体と精神の間にあると想像したあの見事で巧妙な区別に、彼らはまだ思い至っていませんでした。霊魂の思考が延長するものでありうるかどうか、霊魂の欲求が円かったり、四角だったり、三角だったり、あるいは何か別の形のものでありうるかどうか、そして霊魂の抱くなんらかの認識や感覚を二つや四つに切れるかどうか……といった事柄に、あのデカルト派哲学者たちがしたように注目することにはまだ思い至らなかったのです。ところが、この新参の哲学者諸氏は、霊魂の思考は延長する物体ではなく、霊魂の欲求は円でも四角でも三角でも、どんな形でもなく、霊魂のどんな認識、どんな感覚を二つや四つに切ることも分割することも人間には決してできないことをはっきりと認めたため、物体と精神の間の本質的な違いを発見したつもりになり、物体と精神は実在的、実体的に異なる本性からなる二つの存在、二つの実体で[5]、一方の特性は長さ、幅、深さにおいて延長すること、もう一方の特性はただ思考し、意欲し[6]、感覚することにあると思い込んだのです〔一三〕。

そうしたことについて、彼らがどのように語っているかを次に掲げましょう。『真理の探究』の著者〔マールブランシュ〕は言います。「私たちはただ二種類の観念、精神に関する観念と物体に関する観念しか持っておらず、理解することだけを口にすべきであり、私たちはこの二種類の観念に従ってのみ推論すべきである。かくして物体は自らを動かしえないことを、あらゆる物体に関して私たちの抱く観念が私たちに教える以上、物体を動かすのは精神であると結論すべきである」〔マールブランシュ『真理の探究』第六巻第二部第三章、ロビネ版全集第二巻三一三頁〕。さらに著者は続けます。「大きいにせよ小さいにせよ、すべての物体が自らを動かす力を備えていないことは明らかである。思い描ける物体の最小のものでも最大のものでも、自らを動かす力は備えていない」(一四)〔マールブランシュ前掲書第六巻第二部第三章、ロビネ版全集第二巻三一二―三一三頁〕。(一五)「またそれが何であるにせよ、物体はただ何事もなしえないばかりでなく、もっとも高貴な精神でさえも同様の無力さに置かれており、神が照らさずには何も認識しえず、神が変様させずには何物も感覚できず、またこの精神が望みうるのは、ただ神が精神を揺り動かすためである……」(一六)〔マールブランシュ前掲書第六巻第二部第三章、ロビネ版全集第二巻三一四頁〕。「善に向かって運動するのは精神ではなく、精神を動かすのは神である。精神はただ神が精神にそうさせることだけしかなしえない」(一七)（第二巻、三二九頁〔マールブランシュ前掲書第六巻第二部第三章、ロビネ版全集第二巻三一四―三一五頁〕）。

「私たちのすべての認識のうちで第一のものは（著者はここで存在と存在様態を混同しており、そのため誤りに陥っています(1)〔メリエによる原文欄外への注記〕）、私たちの霊魂の存在である（それはむしろ私たち自身の存在でしょう(2)〔メリエによる原文欄外への注記〕）。私たちの思考はすべて、このことの異論の余地のない証明である。実際に思考するものが実際に何物かであること以上に、明らかなことは何もないからである……。ところで、私たちの霊魂の存在

を認識することは容易であっても、それの本質や本性を認識することが同じく容易なわけではない。霊魂とは何であるかを知ろうとする者は、霊魂と、霊魂が結びつけられている事物とを混同しないように、とりわけ十分気をつけなければならない（そう望む者は、存在を存在様態と混同しないように、自分で良く気をつけなければならなかったのです。存在は変わることなくそのまま存続しますが、存在様態はほとんど毎日変化するものです[3]〔メリエによる注記〕）」[一八]。「自分の霊魂を自分の身体と、そして血や動物精気や火、また哲学者たちが霊魂と取り違えた無数の他の事物と取り違えてはならない。霊魂については、人がどうしても信ぜずにはおれないこと、また人がおのれ自身について抱く内的直感によって十全に納得していることのみを信じなければならない。さもなければ、過ちに陥ってしまうだろう」〔マールブランシュ前掲書第六巻第二部第六章、ロビネ版全集第二巻三六九―三七〇頁〕。

「信仰心のない者たちは、彼らが考えているようにその霊魂は死すべきものか、それとも信仰と理性が私たちに教えてくれるように不死であるかを知ろうとして、きっと苦労するに違いない。それこそが彼らにとって、一個の最重要事なのである。それでは、彼らがそれを分からないまま、あるいは疑いを抱いたままでいるようなことがどうして生じるのであろうか。……なぜなら結局、霊魂と肉体の間に存する違いを知るのはそれほど難しいことであろうか」〔同書一五頁〔マールブランシュ前掲書第四巻第二章四節、ロビネ版全集第二巻二二頁〕〕。「また、思考するものと延長するものとの間についてはどうであろうか。この二つの存在がまったく相反するものであることについてはどうであろうか。思考が円や四角でないこと、延長するものにはさまざまな姿やさまざまな運動のみが可能であり、思考や推論は可能でないこと、またかくして、思考するものと延長するものとはまったく別物であることを理解するために、それほど一生懸命精神を集中する必要があるだろうか*1。しかしながら、こうしたことだけでも、霊魂は不死であり、肉体が無に帰されてしまう時でさえ霊魂は滅びないことを証明するには十分である」[一九]〔同前〕。「[二〇]物体は延長するものであり、分割されうる諸部分を有するがゆえに、まさしく壊敗しうるものである。しかし精神は、延長するものでなければ分割されることはないであろうし、分割されることがなければ、その意味では壊敗しないであろうことをやはり

認めなければならない」（同書一七頁〔マールブランシュ前掲書第四巻第二章四節、ロビネ版全集第二巻二四頁〕）。

＊1　根拠のない推論です。思考するのは人間全体であって、それ以外のものではありません。人間は延長しているものであり、それゆえ延長しているものは思考できます。〔二一〕(4)

「だが、精神が延長するものであり、分割可能なものであるなどとどうして思えるだろうか。直線によって四角形を二つの三角形や二つの平行四辺形や二つの台形に切り分けられるが、どのような線分によって快感や苦痛や欲望が切り分けられるだろうか。また、そうした分割からどのような形が得られるであろうか……。それゆえ、精神は延長するものでもなければ、分割されうるものでもなく、したがって精神はその本性からして不変、不死である……」（同前）。「というのも要するに、霊魂の不死性という問題は、想像力の言い分に耳を貸すことなく、延長に関する明晰判明な観念、そして延長が思考に対して有しうる関係に精神を集中させて考察するならば、解決のもっとも容易な問題の一つだからである……〔二二〕」（同書一七―一九頁〔マールブランシュ前掲書第四巻第二章四節、ロビネ版全集第二巻二五頁〕）。「それゆえ、思考は延長の様態ではない以上、死が肉体を無に帰すると仮定される時でさえも、私たちの霊魂は決して無に帰されないことは明らかである」（同書一六頁〔マールブランシュ前掲書第四巻第二章四節、ロビネ版全集第二巻二三頁〕）。

「デカルト派は、動物たちが苦痛や快感を感じたり、何かを愛したり、憎んだりするとは考えない。彼らは物質的なもの以外には何も動物たちに認めず、また物質がいかなるものであるにせよ、感覚や情念が物質の特性であるとは考えていないためである。逆に一部のアリストテレス学派は、微細化されると物質にも感覚や情念が可能になる、動物精気、すなわちきわめて活潑で微細で繊細な物質によって動物は感覚することができる、そして霊魂そのものも、ただそうした物質と結合しているために感覚や情念を備えていると考える。かくして、動物が霊魂を有するか否かというこの問題を解くには、自分自身の中に戻り、人が物質に関して抱いている観念をできるだけ注意深く考察しなければならない。そして、四角形や円形や楕円形のごときある形態をとる物質が、苦痛や快感や熱や色や匂いや音……

等であると理解できるのであれば、いかに物質的であるとはいえ動物の霊魂も感覚しうるものである、と人は断言できよう。そのように理解できないのであれば、そう言ってはならない。ただ理解しうることのみを、人は断言すべきだからである。同様に、下から上へ、また上から下へと、曲線や螺旋や斜線や放物線あるいは楕円を描いて激しく動く物質が、愛や憎しみや喜びや悲しみ……等であると理解できるのであれば、動物は私たちと同じ情念を備えている、と人は主張しえよう。そのように理解できないのであれば、自分が何を口にするのか分からずに口を開くつもりでなければそう言ってはならない。しかし、このことを真剣に考えさえすれば、物質のどのような運動も愛や喜びでありうるなどと人は決して信じないだろう、と私は断言できるように思う。デカルト派の主張では、思考し、感覚し、意欲する霊魂あるいは実体が物質的であると主張することには矛盾が存在する」*1〔二三〕〔マールブランシュ前掲書第六巻第二部第七章、ロビネ版全集第二巻三九一―三九二頁〕。

*1 そうした推論は絶対に誤りです。なぜなら、自分自身が思考し、感覚し、意欲し、理性を働かせる実体であることを私は確信していますし、また同じく、私が物質的で物体的な実体であることも私は確信しているからです。ほかの人々もみな同様ですし、それゆえ……。

同じ著者は言います。「霊魂はあまりにも盲目であるために、自分を見誤り、自分自身の感覚が自分のものであることも分からないほどである」〔二四〕〔マールブランシュ『真理の探究』第一巻第一二章三節、ロビネ版全集第一巻一三七頁〕。「霊魂は、自分自身にしか属していない多くのものを肉体に帰するほど、そしてもうほとんど肉体から自分を区別できないほど、肉体と緊密に結びつき、また原罪以降それほどまでに肉のものとなっている。それゆえ、霊魂はここで私たちが問題にしているあらゆる感覚ばかりでなく、想像する力や時には推論する能力までも肉体に帰するのである。というのも、霊魂は物体の一番繊細で一番微細な部分でしかないと信じたほど、愚かで無教養な数多くの哲学者たちがいたからである」（第一巻九四頁〔マールブランシュ前掲書第一巻第一二章三節、ロビネ版全集第一巻一三六―一三七頁〕）。「動物には、人が通常そう解しているように、知性も存在せず、霊魂も存在しない。動物は快感なしに物を食

べ、苦痛なしに叫ぶ。それと知らずに成長し、何も望まず、何も恐れず、何も知らない。そして、動物が巧みに知性を示すかのように振る舞うのは、神が動物を作られ、維持されているからであり、自分を損なうおそれのあるものをすべて機械的に、恐れることなく動物が避けるように、神がその体をしつらえられたからである。さもなければ、すべての動物のうちで一番小さなもの、あるいは一粒の麦の中にさえ、人間のうちでもっとも知力のある者よりも多くの知性が存在する、と言わねばならないであろう。というのも、そこには私たちが知りうる以上のさまざまな部分があり、そこでは私たちが知りうる以上の規則的な運動が生じていることは確実だからである」（第二巻四一九頁〔マールブランシュ前掲書第六巻第二部第七章、ロビネ版全集第二巻三九四頁〕）。

「人がこのことを真剣に考えた後に、精神の本質がただ思考にのみ存し、同じく物質の本質はただ延長にのみ存すること、そして思考のさまざまな様態に応じて、精神は時に意欲し時に想像し、あるいはまたいくつもの他の特有の形態をとるものであること、同様に延長のさまざまな様態に応じて、物質は時に水、時に木、時に火、その他数限りない特有の形態を取るものであることを、人が疑えるとは思わない……」[二五]〔マールブランシュ前掲書第三巻第一部第一章一節、ロビネ版全集第一巻三八一頁〕。「また感覚することもなく、想像することもない精神、さらに意欲することもない精神を理解することはきわめて容易であっても、思考しない精神を理解しうるとは思えない。それと同様に、土でも金属でもない物質、四角くも円くもなく、運動状態にあるのでもない物質を理解することはかなり容易であっても、延長していない物質を理解することはできない。こうしたことから、次のように結論しなければならない。土でも金属でもなく、四角くも円くもなく、さらに運動状態にあるのでもない物質が存在することが起こりうるように、精神が熱さも冷たさも、喜びも悲しみも感ぜず、何も想像しないことも起こりうる。したがって、これらすべてのことは、精神にとって本質的なことではない。かくして、ただ唯一思考のみが精神の本質であり、同様に、ただ唯一延長のみが物質の本質である」[二六]（第一巻三四七頁〔マールブランシュ前掲書第三巻第一部第一章一節、ロビネ版全集第一巻三八二頁〕）。「ところで、延長を前提にしている以上、運動が物質の本質に属するものではないように、意欲は精神の本質

に属するものではない。意欲は知覚を前提にするからである。それゆえ、ただ唯一思考のみがまさしく精神の本質を構成しているのであり、感覚することや想像することといった思考のさまざまなありようは、精神にとって可能ではあるが、常にそのように変様するものでもない様態にすぎない。もっとも、肉体に結びついているにせよ、あるいは分離しているにせよ、意欲は常に精神の一特性である。この特性は思考を前提にしている以上、精神にとって本質的ではないにしてもである[二七]」（同書三四八頁〔マールブランシュ前掲書第三巻第一部第一章一節、ロビネ版全集第一巻三八二―三八三頁〕）。

「生命という言葉になんらかの明晰判明な観念を付与したければ、人間の生命とは真理の認識と善の愛好に存する、いやむしろ人間の思考こそその生命であると言えようし、肉体の生命は血液の循環や体液の適切な釣り合いに存する、いやむしろ肉体の生命はその保存にふさわしい諸部分の運動であると言えよう。かくして生命という語に付与された諸観念が明晰となるからには、次のことがかなり明らかになろう。第一に、霊魂はその生命を肉体には伝えられない、霊魂は肉体を思考させられないからである。第二に、肉体が栄養を取る、成長する……などのための生命を、霊魂は肉体に与えられない、人が食物を消化するためにすべきことさえ霊魂は知らないからである。第三に、霊魂は肉体に感覚させることもできない、物質には感覚することが不可能だからである[二八]」（同書四二一頁〔マールブランシュ前掲書第六巻第二部第七章、ロビネ版全集第二巻三九五―三九六頁〕）。

「脳の神経痕は互いに結合し、動物精気の運動がそれらに従う。脳内で呼び起こされたこれらの痕跡は、精神内で観念を呼び起こし、また動物精気内でかき立てられた運動は、霊魂内で情念をかき立てる[二九]」（第一巻二二二頁〔マールブランシュ前掲書第二巻第一部第五章、ロビネ版全集第一巻二一四頁〕）。「霊魂が何か新しい観念を受け取ると、ただちに脳の中に新しい神経痕が刻まれ、またさまざまな対象が脳の中で新たな神経痕を生み出すと、ただちに霊魂は新しい諸観念を受け取る。霊魂にはこれらの痕跡に関するどのような知識もない以上、それは霊魂がこれらの痕跡を考察するからでもなく、またこれらの痕跡は観念と何の関わりもない以上、これらの痕跡がそうした観念を内包している

からでもなく、さらには霊魂がこれらの痕跡から観念を受け取るからでもない。というのも、他の箇所で説明するように、精神が肉体から何かを受け取るとか、また精神が肉体の方に向くことによって現在よりも一層賢明になるとかいうことは考えられないからである。そのように哲学者たちは主張し、霊魂が万物を知覚するのは観念像への、そして脳の神経痕への転換によって、〈観念像ヘノ転換ニヨッテ〉であると彼らは言っている。同様に、腕が動かされるためには何をすべきかさえ霊魂は知らないにもかかわらず、腕が動かされるように霊魂が望めばただちに腕が動かされ、また自分の体に動物精気が存在するかどうかさえ知らないにもかかわらず、動物精気がかき立てられると霊魂はただちに揺り動かされるのを覚えるのである。脳の神経痕と精気の運動との間にはつながりが、また観念と霊魂の情動との間にはつながりがあり、また同様に、観念と神経痕との間のつながりや神経痕相互の間のつながりが存在する[三〇]」〔マールブランシュ前掲書第二巻第一部第五章一節、ロビネ版全集第一巻二一五―二一六頁〕。「たとえば私たちが目にする木や山が作り出す神経痕と木や山の観念との間、苦しんで悲鳴をあげるのを私たちが耳にする人や動物の叫び声、私たちを脅かしたり恐れさせたりする人の顔つきなどが私たちの脳の中に作り出す神経痕と、苦痛や強さや弱さ……等の観念との間、さらには私たちのうちに自然に起こる同情や恐れや勇気といった感情との間にも、自然なつながり、それも私たちの意志に依存しないつながりが存在する[三一]」〔第一巻二二六頁〔同、ロビネ版全集第一巻二一六―二一七頁〕〕。

カンブレ氏〔フェヌロン〕はこう言っています。「肉体に対する霊魂の力はただ至上のものであるだけでなく、盲目的なものである。一番無知な農民も解剖学にもっとも精通した哲学者同様、自分の体を見事に動かすことができる。農民の精神は自分が知りもせず、一度も話に聞いたこともない神経や筋肉や筋に指図する。見分けることもできず、どこにあるかも分からないのに、それを見つけてしまう。必要とするものへ正確に赴き、それらを取り違えることもない。綱渡りの芸人がただそうしたいと思うだけで、瞬時にある時にはある神経、別の時には別の神経の中を動物精気は激しい勢いで流れ、全神経は適度に緊張したり、弛緩したりする。お前が動かしたのはどの神経なのかとか、始

めにどこから神経を始動させたのかと尋ねても、私たちが言いたいことの意味さえ芸人には理解できない。自分の機構内部のバネ全体の中で、自分が何をしたかまったく分かっていないのである。リュートの奏者は自分の楽器の弦すべてを知り尽くし、弦を目で見、指でそれに一つ一つ順に触れ、それらを取り違えることもない。ところが霊魂は、見もせず、区別もせず、形も位置も力も知らずに体の機構を支配し、そのバネすべてを適切に動かす。それでいて決して間違えはしない。なんという驚異であろう、私の精神は、知りもせず、見ることもできないものに、そして認識してもいなければ認識できもしないものに指図を与え、そのものは間違いなくつき従う。なんという盲目さ、なんという力であろう。盲目であるのは人間だが、この力は誰のものであろうか。人に見えないものを見、人のうちで人を凌駕することを行う方にでなければ、私たちはこの力を誰に帰そうというのか。私の霊魂は、自分を取り巻き、きわめて判明に知っているさまざまな物体を虚しく動かそうとするが、何も動かない。私の雲魂には、その意志で最小の原子を動かすだけのどんな力もない〔三二〕」（『神の存在について』一五六頁〔フェヌロン『神の存在と属性の証明』第一部四七項、一七七五年版一〇七―一〇八頁〕）。人間の思考は物体に対してどのような支配力も持ってはいないのです〔三三〕。「絶えず無限を目にしているこの同じ精神は、また自分を取り巻く対象すべてについて限りなく無知である。それは、自分自身についてまったく無知であり、深い闇の中を手探りするかのように歩み、自分が何者か、自分が肉体にどのように結びついているか、自分の知らないこの肉体のあらゆるバネに自分がどうしてこれほどの支配力を持っているのかも知らない。おのれの思考もおのれの意志も知らず、また自分が何を信じているか、何を望んでいるかも確かには分からず、往々にして信じも望みもしなかったことを信じ、望んでいると思い込む。精神は誤りを犯すが、精神が有する最善策はそれを認識することである〔三四〕」（一七九頁〔フェヌロン前掲書第一部五三項、一七七五年版一二二―一二三頁〕）。同じもう一人の著者、カンブレ氏〔フェヌロン〕は言います。「物質は思考できないと思うことはあまりにも自然なことであるために、動物は単なる機械にすぎないと聞かされたら、先入主のない人は誰でも笑わざるをえない。というのも、動物になら認められると思っている知識を単なる機械が持てるなどとは思いもよらないからである。そ

のため古代人自身も、物体でない実在的なものは何も知らなかったが、それにもかかわらず、人間の霊魂は五番目の元素、つまり名前はないが一種の精髄エキスからなっていると主張したのである」〔三五〕（一四四頁〔フェヌロン前掲書第一部四三項、一七七五年版九八―九九頁〕）。

第八九章　彼らの虚しい推論の反駁

こうしたすべての推論のおかげで、考える、望む、感覚する、意欲する、愛する、憎む……などが物質に可能であることを、デカルト派が認めたくない理由が明らかになります。その理由とは、思考、認識、感覚、意志、愛、憎しみ、悲しみ、喜び、その他あらゆる種類の霊魂の情念が物質の様態にすぎなければ、それらは必然的に物質そのものと同じように長さ、幅、深さにおいて延長するものとなり、またそれらは必然的に、彼らが主張するように円や四角になり、物質そのものと同様いくつもの似たような部分や違った部分に分けられ、割られ、切られるようになるだろうと、彼らが思い込んでいることです。

ところで、考える、望む、感覚する、意欲する、愛する、憎む、喜ぶ、悲しむ……といったことが物質に可能であっても、だからといってそのために、この種の物質の様態が長さや幅や深さにおいて延長するものにはなりませんし、したがって、そのために思考、欲求、意志、霊魂の情動が彼らの言うように円や四角だったり、物質そのもののようにいくつもの似たり似なかったりする部分に分けられたり、割られたり、切られたりすることにはなりません。そういうことが起るだろうと思うだけでも滑稽です。その明らかな証拠を示しましょう。たとえば運動は、延長がそうでありうるように、物質のありようないし様態の一つであることは明白です。ところで、運動がそれ自体円でも四角でもないこともまた明らかです。というのも、運動が円や四角や楕円や三角を描いて行われることはありえても、そのために運動が円形や楕円形や三角形で、ポやパント〔三六〕で量を計れ、分銅や天秤で重さを計れるとは言えませんし、さら

には小片や塊に割ったり、切ったりできるものでもないからです。それゆえ、物質の様態すべてが必然的に円や四角であったり、常にいくつもの部分に分けたり、割ったり、切ったりできるものであることにはならないのです。[三七]

同様に、生き物の生と死、美しさと醜さ、健康と病気、強さと弱さは、延長と同じく確かに物質のありようや様態であるにすぎません。しかし、生き物の生と死、美しさと醜さ、強さと弱さ、健康と病気が、長さや幅や深さにおいて延長するものでないことは確実明白です。それらは円でも四角でもなく、小片に割ったり、分けたりできるものでもなく、オーヌやトワズで長さが計れたり、分銅や天秤で重さが計れるものでもありません。だからといってやはり、それらは物質の様態でしかないのです。ですから、物質の様態すべてが必然的にいつでも円いものや四角いものであることにはなりませんし、生き物の美しさと醜さが、強さと弱さが、健康と病気が物質の様態であることを口実に、それらは円いものや四角いものでなければならないとか、小片に割られ、分けられなければならないとか主張するのは滑稽ですらあります。[三八]

同様に、音や臭いや味や風味は、円いものでも四角いものでもありませんが、そうしたものが物質の様態であることを口実に、それらは円や四角でなければならないと主張するのは滑稽でしょう。同様に、徳や悪徳も物質の様態でしかないのです。人間における徳とは、この世で生き、行動し、振る舞う際の善良で立派で誠実で称賛すべき仕方以外の何ものでもないからです。逆に人間における悪徳とは、やはりこの世で行動し、振る舞う際の悪く、醜く、非難されるべき仕方でしかありません。この世で行動し、振る舞う際のこうしたすべての良い仕方や悪い仕方は、物質から構成されている人間にはっきりと認められるものであり、したがって徳や悪徳が物質の様態でないとは言えません。だからといって、そのために徳や悪徳が円や四角であることにはなりませんし、そのために物質そのものを切るように、徳や悪徳を小片や塊に分けたり、割ったり、切ったりできるということにはなりません。そのような原理からそうしたことが帰結しなければならないなどと言ったり、思ったりするだけでも滑稽なことでしょう。それゆえ同ジ理由カラ、同様の帰結として、私たちの思考、私たちの認識、私たちの欲求、私たちの意志、私たちの感覚、私たちの

情動、私たちの愛情や私たちの憎しみ、私たちの快感や私たちの苦痛、私たちの喜びや私たちの悲しみ、要するに私たちの感情はすべて、私たちの情念はすべて、物質の様態でしかなくとも、そのためにそれらが円や四角であるとか、そうでなければならないとか、またそのためにそれらを小片や塊に割ったり、切ったりできるはずだなどということには少しもなりません。逆に、結論的にはそうなるはずだと思い込んでいるデカルト派の方が滑稽でしょうし、したがってこの問題についてこんな推論をしている彼らが滑稽であることになります(1)。

よろしければ、この推論を違った角度から検討してみましょう。考える、感覚する、意欲する、望む、愛する、憎む……といったことが物質に可能であることをデカルト派が認めたくない理由は、思考、意志、欲求、愛、憎しみ、喜び、悲しみ、その他霊魂のどのような情動や情念も物質の様態でありうることが納得できないためです。彼らの言い分では、この種のものは物質のように延長しているものではなく、円でも四角でもなく、小片や塊に分けられたり、割られたり、切られたりできるものでもないという理由から、彼らはそれらが物質の様態でありえることが納得できないのです。けれども、そんな理屈は、思考、認識、感覚、意志、欲求、愛、憎しみ、喜び、悲しみ、その他あらゆる霊魂の情動や情念が物質の様態でありうることを妨げるものではなく、それゆえ、わがデカルト派が主張する霊魂の精神性なるものを証拠立てはしないのです。また、限りなく完全な神について彼らが抱いている観念によって、その存在を証明すると主張する場合に彼らが行っていることと同様、そんなことで霊魂の精神性を証明するなどと主張する彼らはやはり滑稽ですらあります。というのも、あるものについて人が抱く観念は、そのものが人の思い描くとおりであることを少しも証拠立てはしないのと同様、延長するものでもなければ、円でも四角でもなく、小片や塊に割ることも切ることもできない思考や欲求や意志、また霊魂の情動や情念などの精神性と呼ばれるものは、それらが物質の様態でないことを少しも証拠立てはしないからです。その明らかな理由は、物質の様態すべてが実際に物質のすべての特性を備えはしないことです。それをすべて備えることなど不可能ですらあります。たとえば、物質に固有なのは長さ、幅、深さにおいて延長していることですが、だからといって物質の様態すべてが長さや幅や深さにおい

て延長しうるとか、そうでなければならないとかいうことにはなりません。そんなことを主張するのは滑稽ですらあるでしょう。物質に固有なことはあらゆる種類の形態やあらゆる種類の運動を備えうることですが、だからといって物質の各々の様態があらゆる種類の形態やあらゆる種類の運動を備えうるとか、備えなければならないとかいうことにはなりません。そんなふうに主張するのは滑稽ですらあるでしょう。物質に固有なことは縦や横やあらゆる斜めの方向に分割され、切られうることですが、だからといって物質の様態すべてが縦や横やあらゆる斜めの方向に分けられ、割られ、切られうるとか、そうでなければならないとかいうことにはなりません。そんなことを主張するのは滑稽ですらあるでしょう。また同じく、物質に固有なことは、たとえば〔三九〕ピエやオーヌやトワズで長さが計れ、同じくカ〔四〇〕ルテルやポやパントで量が計れることです。けれどもまた、だからといって、やはり物質の様態すべてがそのようにピエやオーヌやトワズで長さが計れ、カルテルやポやパントで量が計れるようでありうるとか、そうでなければならないとかいうことにはなりませんし、そんなふうに主張するのはこれまた滑稽ですらあるでしょう。さらに、物質に固有なのは分銅や天秤で重さが計れることですが、だからといってすべての物質、物質のすべての様態が実際に分銅や天秤で重さが計れるようでありうるとか、そうでなければならないとかいうことにはなりませんし、そんなふうに主張しようとするのは滑稽ですらあるでしょう。〔四一〕

それゆえ、私たちの思考、私たちの推論、私たちの認識、私たちの欲求、私たちの意志、そして私たちの抱く快感や苦痛、愛や憎しみ、喜びや悲しみ……などの感情といった、私たちの霊魂のこの種の様態が長さや幅や深さにおいて延長するものではないことを口実にして、またそれらが円くも四角くもなく、小片や塊に分けられ、切られえないことを口実にして、それらは物質の様態ではないなどと主張するわがデカルト派の方が滑稽なのです。繰り返しますが、そんなことを主張する彼らの方が滑稽なのです。物質の様態すべてが、実際に物質のすべての特性を備えることなど不可能なのですから。

この推論を裏付ける例をいくつか掲げましょう。すでに言ったように、たとえば運動や風は確かに物質の様態、あ

るいは物質の動揺でしかありません。しかし、運動や風は円でも四角でもなく、それ以外のどういう特別な形をしたものでもないことは確かです。それらは、ポやパントやカルテルで量を計れはしませんし、分銅や天秤で重さを計れもしないのです。それゆえ、物質の様態すべてが物質そのもののあらゆる特性を常に備えられるわけでも、物質の一つの様態がほかのすべての様態を備えられるわけでもありません。[2]同様に、私たちが生と死、美しさと醜さ、強さと弱さ、健康と病気と呼んでいるものは、体を構成している物質の様態でしかないことも確実、明白です。けれども、この種のものは円くも四角くもなければ、その他どのような形もしていないことは確かです。物質のようにばらばらに割られも切られもすることはありません。オーヌやトワズ、ポやパントで長さや量を計れもしません。分銅や天秤で重さも計れません。一オーヌや一トワズの生命とか健康とか口にするのは滑稽でしょうし、一ポや一パントの美しさとか力とか口にするのも滑稽でしょう。一リーヴルとか二リーヴルとか三リーヴルとかの病気や熱病や肋膜炎などと口にするのも、二リーヴルとか三リーヴルとかの健康や力……などと口にするのも同じく滑稽でしょう。それゆえ、物質の様態すべてが実際に物質のあらゆる特性を備えられるわけはなく、あらゆる物質のあらゆる様態がその他のあらゆる様態を受け入れられるものでもありません。そんなふうに考えるのは滑稽なことでしょう。[3]

同様に、人間のうちに私たちがはっきりと認める徳や悪徳は、前に言ったように物質の様態でしかありません。なぜなら、徳や悪徳はこの世で活動し、生き、行動し、振る舞う際の特定の良い仕方や悪い仕方にのみ基づいており、こうした仕方は確実に肉体に、また同様に霊魂や精神に関係する資質や活動の様態であり、したがって精神の様態というのと同じく肉体の様態でもあります。けれども、人の徳や悪徳が円でも四角でもなく、他のどのような形のものでもないことは確実です。徳や悪徳はばらばらに割られたり、切られたりすることはなく、オーヌやトワズで長さを計れるものでもなく、分銅や天秤で重さを計れるものでもありません。徳や悪徳が円や四角かどうかと尋ねるのも滑稽でしょうし、それらを小片や塊に割ったり、切ったりできるかと尋ねるのも滑稽でしょう。[4]またそれらをオーヌやトワズで長さを計れるとか、分銅や天秤で重さを計れるとか考えるのも滑稽でしょう。それゆえ、物質の様態すべて

が円や四角であるはずはなく、また必ずしも細かく割られたり、切られたりするものであるはずもないことは明確です。ですから、わがデカルト派が言っているような直線、斜線、曲線、螺旋、放物線、楕円といった特定のしかじかの運動が、デカルト派が言うように愛や憎しみや欲求や喜びや悲しみや、その他これに類する霊魂の情動や情念を作るとは正確には言えないにしても、だからといって霊魂のこの種の感情や情動が物質の様態でないということにはなりません。

最後に、私たちが騒音や音や光や匂いや風味や熱さや冷たさ、あるいは醗酵と呼んでいるものさえも、事物そのものの側からは、確実に物質のありようや様態でしかありません。[*1] にもかかわらずこの種のものは、円くもなければ四角くもなく、ほかのどんな形もしていないことは明らかですし、小片や塊に割られたり、切られたりしえないことも明らかで、さらにまた、どのような仕方でも長さを計ったり、重さを計ったりできないことも明らかです。ですから、今一度言えば、物体の様態すべてが実際に物質のあらゆる特性を常に備えていなければならないわけではなく、いつでも円かったり四角かったりしなければならないわけでもなく、いつでも包丁や斧で切り分けられねばならないわけでもなく、いつでもピエやトワズで長さが計られ、分銅や天秤で重さが計られねばならないわけでもないことは確実、明白です。したがって、思考や欲求や意志や霊魂の感覚が円でも四角でもなく、ほかのどんな形もしていないことを口実に、それらは物質の様態ではないと主張するわがデカルト派が正しくないことは明白であり、ゆえにこうした誤った推論に依拠する、霊魂の精神性についての彼らの証明なるものは明らかに虚しく滑稽であることになります。

*1　さらに、たとえば睡眠は、これもまた十分確実に、眠っている身体における物質の様態です。わがデカルト派はそのことを理由に、睡眠が何か円いものでなのか、それとも四角いものなのか、睡眠が二つとか三つとかに割られたり、切られたりするかどうか、この分割からどんな形が生じるか、などと尋ねるでしょうか。そんなことをしたら、彼らは間違いなく物笑いの種となるでしょうし、また睡眠はどんな色をしているか、思考はどんな色をしているか、欲求や愛や憎しみや喜びや悲しみ……などはどんな色をしているか、と当てずっぽうに尋ねる理由も同じだけあることになるでしょう。馬鹿な連中です。何を考えているので

しょう。彼らには分からないのでしょうか……。

霊魂のこのいわゆる精神性は、デカルト派に言わせると十分証明されているそうですが、この精神性なるものから、霊魂を不死とする明証的な帰結を正当に引き出せるとデカルト派は思っています。どう推論するかといえば、こんな具合です。精神的なものには延長はなく、延長のないものには互いに分離、分割される部分はない。互いに分離、分割される部分がないものは壊敗しえない。なぜなら、物体が壊敗したり、壊敗しうるのは、もっぱら諸部分の分離や分割によるからである。壊敗しえないものは滅びることも存在しなくなることもありえない。滅びることも存在しなくなることもありえないものは常に同一の状態に留まる。それゆえ、この証明なるものに従えば、霊魂は精神的なものである以上、霊魂には延長がなく、延長がなければ互いに分離、分割されうる部分もなく、互いに分離、分割される部分がなければ壊敗しえず、壊敗しえなければ常に同一の状態に留まるという次第です。彼らは、こんな具合に霊魂が不死であることを発見するのです。〔四三〕霊魂の精神性や不死性を、彼らがどのように証明すると主張しているかは以上のとおりです。

しかし、この推論はすべて、誤った仮定や霊魂の精神性に関する無意味で滑稽な証明なるものに基づいているだけですから、こうした論拠が何も結論しえないこと、さらにそれにはどのような力もないことが容易に理解できます。それにしても、霊魂にはさまざまな変化やさまざまな変様が可能であること、そして霊魂が現実にさまざまな変化やさまざまな変様、さらにはさまざまな廃疾すらもこうむることさえ認めておいて、また当然そう認めざるをえないのに、〔四四〕どうして霊魂が何か精神的で不死なものだなどと、デカルト派は言えるのでしょうか。この理由からしたら、彼らはむしろ、霊魂は精神的でも不死でもないと言うべきでしょう。というのも、さまざまな変化やさまざまな変様、そしてさまざまな廃疾すらも可能なものは精神的で不死なもの、すなわち精神的で不死な存在ないし実体ではありえないからです。第一に、不死なものではありえません。その明らかな理由はこうです。つまり、さまざまな変化や変様が可能なものはさまざまな変質が可能です。さまざまな変質が可能なものは壊敗が可能です。壊敗が可能なものは

不壊ではありません。不壊でないものは不死ではありません。これは明白なことです。

ところで、霊魂にはさまざまな変化や変様が起こりうることを、わがデカルト派は認めています。霊魂が実際そうしたものを受けやすいことさえ認めているのです。私たちのあらゆる思考、私たちのあらゆる認識、私たちのあらゆる感覚、私たちのあらゆる知覚や欲求や意志はすべて霊魂の様態であると彼らは言い、またそのことを認めているからです。ですから、彼ら自身の意見に従っても、私たちの霊魂はさまざまな変化や変様を受けやすいものである以上、壊敗の原因であるさまざまな変質を受けやすく、したがって、彼らが主張するように不壊でもなければ不死でもないことを彼らは認めなければならないのです。〔四五〕まさしくそのために、彼らの偉大なミルマドラン、聖アウグスティヌスは「いろいろと移り変わる意志は不死ではない〔四六〕」（『告白』第一二巻第一一章〔邦訳、中央公論社、四四八頁、山田晶訳〕）と言っているのです。かくして霊魂は、さまざまな変化や変様を受けやすいものである以上、その持続において不死たりえません。第二に、すでに言ったように、わがデカルト派の告白そのものによっても、霊魂はさまざまな変化や変様を受けやすいものである以上、霊魂は彼らが理解している意味においても精神的ではありえません。延長もどのような部分もないものは存在様態を変えられず、それどころか、どのような存在様態も持ちえないからです。存在様態を変えられず、それどころか、どのような存在様態も持ちえないものは、さまざまな変化をこうむることも、さまざまな様態を持つこともできません。しかるに、わがデカルト派の言い分では、霊魂にはどのような延長もどのような部分もありません。ゆえに、霊魂は存在様態を変えられず、それどころか、どのような存在様態も持ちえないことになります。それゆえ、霊魂はどのような変化を受けることもなく、霊魂が備えていると彼らが主張するさまざまな様態も霊魂は持つことができないのです。あるいは、霊魂が存在様態を変えられたり、いろいろな変化や変様を受けうるとすれば、霊魂には延長や部分がなければなりませんし、延長や部分があれば、霊魂はわがデカルト派が理解している意味において精神的なものではありえないことになります。これはすべて明らかに首尾一貫しています。

しかじかの形をした、たとえば四角や円や楕円や三角……などの形をした物質が苦痛や快感や喜びや悲しみ、熱や

色や臭いや音……などであるとは自分たちには考えもつかない、とデカルト派の人々は言います。むしろ、しかじかの仕方で配置された物質が苦痛や快感や熱や音……などを作り出すとは自分たちには考えられない、と彼らは言うべきでしょう。というのも、苦痛や快感や喜びや悲しみ……などであるのは、正確には物質ではないからです。そうではなく、物質がそのさまざまな変様によって、苦痛や快感や喜びや悲しみ……の感情を、生きている物体の中で作り出しているのです〔四七〕。彼らの言い分では、そんなことは理解できないことであり、ただそれだけの理由で、こうした感情が物質の様態であることを彼らは望まないのです。それでは、延長もなくどんな部分もない存在があらゆるものを見、認識し、考え、すべての事柄について推論できる、ということなら理解できるのでしょうか、またはその方が良く理解できるのでしょうか。延長もなくどんな部分もない存在が、天地を見、天地を観想し、また薄暗い土牢の中にでもいるかのように、自分が閉じ込められている肉体という粗大な塊を通して、目にするあらゆる対象を一つひとつ数えられる、ということならもっと簡単に理解できるのでしょうか。延長もなくどんな部分もない存在が、快感や喜びや苦痛や悲しみを抱きうる、ということならもっと簡単に理解できるのでしょうか。何がこの種の存在に快感や喜びを与えられるでしょう。何がこの種の存在に苦痛や恐れや悲しみを引き起こせるでしょう。喜びや悲しみ自体ですら、そうした存在のうちに席を見つけられるでしょうか。この点では間違いなく、そんなことは理解できないと称して否定したことより千倍も万倍も理解しがたいことを、わがデカルト派は口にし、受け入れているのです。

　というのも、物質のしかじかの様態がどうやってしかじかの思考、あるいはしかじかの感覚を私たちに抱かせるのかをはっきり理解するのは困難であるにせよ、それでもなお、私たちがしかじかの思考や感覚を抱くのは物質のしかじかの様態によってであることをどうしても認めるべきだからです。わがデカルト派自身、それを否定できないでしょう。それならどうして、そのため架空の存在に、何物でもない存在に訴える必要があるのでしょうか。そんな存在は、仮に彼らが思い込んでいるように何か現実的なものであったとしても、なおかつその本性を理解することもできず、それについて本当の観念を抱くこともできず、それが行動したり思考したりする仕方を理解することもできず、

そうした存在と身体とのつながりを理解することもできず、いかにして物質のしかじかの様態が、それも当の存在がこの種の物質の様態に関するどのような認識も持たないのに、そのもののうちにしかじかの思考やしかじかの感覚を引き起こせるのかということも理解できないでしょう。私が仮定しているように、ただ物質の様態だけが私たちのあらゆる思考、私たちのあらゆる認識、私たちのあらゆる感覚を作り出すと仮定すれば、説明すべき難点は一つしかありません。しかし、逆のことを仮定すると、克服しがたい多くの難点が見つけられるでしょう〔四八〕。

すでに前段で記したように〔四九〕、物質のしかじかの様態がどのようにしかじかの思考や感覚を私たちに抱かせるのかを、私たちがはっきりと認識できなくとも驚くには当たりません。それというのも、この種の様態は私たちのうちにある生命の第一原理、認識や感覚の第一原理である以上、私たちの肉体の自然的構成によって私たちのうちにあり、私たちの外部にあって認識や感覚の対象となりうるものすべてを私たちに認識させ、感覚させるのであって、それ自体は直接じかに感覚されたり認識されたりはしないからです。その点で、この種の様態は私たちの眼の自然的構成に似ています。眼は私たちの内部にありますが、それ自体自分を見られも眺められもしないのに、私たちの外部にあるすべてのものを私たちに見させてくれるのです。また、そのおかげで私たちは実際に、私たちの外部にあって見ることのできる対象すべてを眼で見るのですが、だからといって私たちの眼や、眼を構成するどのような部分も、私たちは自分で見ることはできません。その明らかな理由は、視覚の原理が視覚の対象となるわけはないからです。また同じ理由からして、感覚の原理は感覚の対象となるわけがなく、認識の原理は認識の対象となるわけがないと言うべきです。そして、私たちの精神や思考、私たちの感覚や感情も、実のところ私たちがそれで構成されている物質の様態でしかないとはいえ、私たちの精神の本性も、私たちの思考や感覚や感情の本性も私たちがはっきりと認識できない理由がそこにあることを疑うべきではありません。もっとも、私たちが鏡で自分を見る時には自分の眼そのものも見られるのは事実です。まるで私たち自身の外に、私たち自身から離れているかのように、その時鏡は私たちの顔や眼そのものを見せてくれるからです。しかし、それと同じように私たちの霊魂やその霊魂のなんらかの様態を私たちに映し出

せる鏡はありませんし、また私たちは他人のうちにも自分の霊魂やその様態を何一つ見られませんから、そのために私たちは自分の霊魂やその様態をそれ自体によって直接に感じてはいても、それ自体によって直接に十分認識することはできないのです。

そしてこの真理、あるいはこの最後の推論の真実性を裏付けるものは、自分自身について私たちが常に抱いている確実で確固とした自然的直観です〔五〇〕。というのも、思考するのは自分自身であり、意志を働かすのは自分自身であり、欲求を起こすのは自分自身であり、時に快感や時に苦痛を感じ、時に喜びや時に悲しみを抱くのは自分自身であることを、私たちは私たち自身の直観によって確実に知っているからです。さらに、私たちの頭でものを考える、とりわけ脳によって私たちが思考し、意志を働かせ、認識し、推論を行う……などすることを私たちは自分自身で確実に知り、また感じています。同様に眼でものを見、耳でものを聞き、口で話し味を区別し、手でものに触れ、足で歩き、体のあらゆる部分で快感や苦痛を感じるのであって、こうしたことはどれ一つとして疑えません。

さて、私たちのうちにあって物質でないどんなものも、私たちは見ず、感ぜず、認識しないのは確かです。眼を取り去ってごらんなさい、何が見えますか。何も見えないでしょう。耳を取り去ったら、何が聞こえますか。何も聞こえないでしょう。手を取り去ったら、何に触れますか。体の他の場所できわめてぎこちなく触れるのを除けば、何にも触れないでしょう。頭や脳を取り去ったら、何を考えられますか。何を認識しますか。何も考えも認識もできないでしょう。最後に、体や手足を取り去ったら、何を感じられますか。私たちの感覚、快感や喜びはどこにあるのでしょう。悲しみや苦痛、不快はどこにあるのでしょう。それどころか、私たち、私たちそのものがどこにいるのでしょう。きっとどこにもいないでしょう。それに、こう仮定した場合、この状態においてなお私たちがなんらかの思考、なんらかの認識、なんらかの感覚を抱けるとは考えられません。それでなお、私たちが何者かでありうると考えることも不可能です。それゆえ、私たちの思考や認識や感覚は円くも四角くもなく、縦にも横にも分割されませんが、それにもかかわらずそれらが物質の様態でしかないことに疑問の余地はなく、これは確実堅固なことで、したがって私

たちの霊魂はそれ自体、私たちのうちにあって、手足や私たちの体の目に見える諸部分を構成するその他のより粗大な物質よりもずっと微細でずっと活潑な物質であるにすぎないのです〔五一〕。ですから、こうしたことに少しでも注意すれば、また偏見にとらわれず予断なしに少しでも自分自身を検討すれば明白になることは、繰り返しますがそうすると明白になるのは、わがデカルト派が理解しているように私たちの霊魂が精神的なものであったり、不死であったりするのではないということです。この微細で活潑な物質が死の瞬間にはどうなるのかと尋ねられたら、ためらうことなく、まるで軽い蒸気や軽い発散物のように、ちょうど人が急に吹き消したり、炎を維持する燃焼物質がなくなったりして、少しずつひとりでに消えてゆく蠟燭の炎のように、この物質は分解して、すぐ空中に四散すると答えられるでしょう〔五二〕。「われわれは二つの主要な要素から成り、それの分離がわれわれの存在の死滅をもたらす」（『エセー』四八七頁〔邦訳、岩波文庫、第三巻一五一頁、原二郎訳〕）、とモンテーニュ氏も言っています。この二つの主要な部分とは、私たちに生命を与える微細で活潑なその物質と、私たちの体の諸部分を形作る粗大で重たいその物質にほかなりません〔五三〕。

　というのも、霊魂は死ぬ時にある体から別の体へまるごと移ると思い込んでいた幾人かの古代哲学者のように主張するのはあまりにも滑稽だと、私には思われるからです。こうした見解の発明は、サモスの哲学者で有名なピュタゴラスに帰されるのが普通ですが〔五四〕、この哲学者は、自分がかつてミレトスの名高い遊女、アスパシアという名の女性であったのをよく覚えている、そしてその後、サモスの僭主の妻の役をする若者になった、次にはキニク学派の哲学者クラテスに生まれ変わり、その後、王や医者、ペルシアの太守や馬やカケスや蛙や雄鶏になったと言ったそうです*1。同様に、自分はメルクリウスの息子アイタリデスであったのを覚えているし、それからエウフォルボスに生まれ変わったけれども、その時にトロイア攻囲戦で殺され、エウフォルボスからヘルモティモスになり、ヘルモティモスからまた生まれ変わってピュロスになり、この人の死後もそのようにありとあらゆる変身を経てピュタゴラスになったと言いました。この哲学者がそんなことを言い、実際そう信じていたことが本当であれば、少なくともその点で彼は賢

者というよりも気違いだった、ほとんど哲学者の名にも値しなかった、とあえてはっきり言っておきます。〔五五〕

＊1　古代人の輪廻説

私たちの霊魂が物質的なもので、肉体同様死すべきものであることの、きわめて顕著できわめて説得的なしるしと証拠をさらに掲げましょう。それは、私たちの肉体が強くなったり弱くなったりするのに応じて、霊魂が強くなったり弱くなったりすることです。〔五六〕霊魂が本当に肉体とは区別された、精神的で非物質的な存在や実体であれば、そんなことはきっとないでしょう。というのも、霊魂がそうしたものであれば、霊魂の力や能力は肉体の配置や構成に少しも依存することはないからです。加えて、霊魂は肉体に完全にまた絶対的に依存している以上、このことこそ霊魂が精神的でも不死でもないきわめて顕著で説得的で明らかな証拠ですし、だからこそ当代のある詩人も、この問題に関して次のように語ることができたのです。

歳月の重みに弱りはてた
肉体がついに衰える時、
肉体とともに、そして同時に
歳月の重みに精神はおのが衰弱を感じ取る。
わずかに第一級の、そして自然が好んで
一層純粋な粘土で形作った人々のみが、
歳月にその髪を白く染めてもなお
齢星霜を重ねることから免れた精神を保つ。
粗大な粘土で捏ねられた残りの者たちは
物質とともにみな老いさらばえ、

ただ怪しげな理性と凍てついた精神のみを
打ち砕かれた肉体と分け持つ。
『歴史新報』一七〇八年三月号〔五七〕

第九〇章　霊魂の不死性に関する古代人たちの見解

このことについて、古代の詩人たちがどのように語っているかを次に掲げましょう。〔五八〕

「人ハ霊魂ノ本質トハイカナルモノカヲ知ラナイ。霊魂ハ肉体トトモニ生マレ出ルノカ。ソレトモ、生マレ出ルモノノ中ニ外部カラ入リ込ムノカ、死ニヨッテワレワレトトモニ霊魂モ分解シテ滅ビルノカ、ソレトモ冥府マデ行ッテ暗闇ト巨大ナ深淵ヲ見ルノカ、ソレトモ神意ニヨッテ他ノ動物ノ肉体ニ入ルノカ」。

ルクレティウス〔『事物の本性について』〕第一巻一一三行〔(邦訳、岩波文庫、一五頁、樋口義彦訳)、およびモンテーニュ『エセー』第二巻第一二章(邦訳、岩波文庫、第三巻一九〇頁、原二郎訳)〕

「霊魂ノ力ハ肉体トトモニ同ジヨウニ成長スル」。
「霊魂ガ誕生ノ時ニ肉体ニ入ッテクルモノデアレバワレワレガ以前ニ過ゴシタ時代ヲナゼ思イ出セナイノカ

昔ノ行為ノアトヲナゼ何モ留メテイナイノカ」。

ルクレティウス前掲書第三巻七七一〔七四一、六七一―六七三〕行〔（邦訳、岩波文庫、一四四頁、一四〇頁、樋口義彦訳）、およびモンテーニュ前掲書第二巻第一二章（邦訳、岩波文庫、第三巻二〇〇頁、原二郎訳）〕

「ナゼナラ、霊魂ノ力ガ大キナ変化ヲ被ッテ、
以前シタコトノ記憶ヲ悉ク失ッテシマウノデアレバ
思ウニソレハ死トアマリ違ワナイ所ヲサマヨッテイル」。
「霊魂ノ本質ハ物質的ナモノニ違イナイ。
ナゼナラ、ソレハ物質的ナ打撃ニヨリ悩マサレルカラ」。

〔ルクレティウス前掲書第三巻〕三一七〔六七四―六七六、一七六―一七七〕行〔（邦訳、岩波文庫、一四〇、一二〇頁、樋口義彦訳）、およびモンテーニュ前掲書第二巻第一二章（邦訳、岩波文庫、第三巻二〇一、二〇三頁、原二郎訳）〕

そして他の箇所（モンテーニュの『エセー』五二六頁）では、こう語っています。

「ワレワレハ感ズル、霊魂ハ肉体トトモニ生マレ、
肉体トトモニ成長シ、肉体トトモニ老衰スルコトヲ」。
「精神ハ病気ノ肉体ト同ジヨウニ治癒スルシ、
医薬ニヨッテ回復シウルコトモ明ラカデアル」。

同書四五〇頁〔ルクレティウス前掲書第三巻四四五―四四六行、五一〇―五一一行（邦訳、岩波文庫、一三一―一三二頁、一三三―一三四頁、樋口義彦訳）、およびモンテーニュ前掲書第二巻第一二章（邦訳、岩波文庫、第三巻二〇三頁、

原二郎訳）〕

「霊魂ノ力ハ、
コノ同ジ病気ノ毒ニヨッテ混乱サセラレ
バラバラニ分裂サセラレ、散乱サセラレル」。
「病気ノ力ハ全身ニ行キ渡リ、
霊魂ヲカキ乱ス」。
四九四頁〔ルクレティウス前掲書第三巻四九八―五〇〇行、四九二―四九三行（邦訳、岩波文庫、一三三頁、樋口義彦訳）、およびモンテーニュ前掲書第二巻第一二章（邦訳、岩波文庫、第三巻二〇四頁、原二郎訳）〕

また別の箇所では、

「肉体ノ病気ノ際ニハ霊魂ハシバシバ道カラソレ
迷ウコトガアル。タトエバ錯乱シテウワゴトヲ言イ、
時ニハ深イ昏睡ニ襲ワレ、眼ヲ落トシ、
頭ヲ落トシテ、深イ永遠ノ眠リニ陥ルコトガアル」。
「霊魂モ肉体トトモニ年ヲトルト疲レ、衰弱シテユク」。
〔ルクレティウス前掲書第三巻四六三―四六六行、四五八行（邦訳、岩波文庫、一三二頁、樋口義彦訳）、およびモンテーニュ前掲書第二巻第一二章（邦訳、岩波文庫、第二巻二〇五、二〇七頁、原二郎訳）〕

「オオ父ヨ、ソレデハ霊魂ハココカラ天ニ昇リ、再ビ重イ肉体ニ降リテ来ルト考エルベキデショウカ。コレラノ不幸ナ霊魂ハドウシテコレホド激シク光ヲ欲スルノデショウカ」。ウェルギリウス〔『アエネイス』〕第六巻三七六〔七一九―七二〇〕行〔(邦訳、筑摩書房、世界古典文学全集21、一三三頁、泉井久之助訳)、およびモンテーニュ前掲書第二巻第一二章(邦訳、岩波文庫、第三巻二一一頁、原二郎訳)〕

「ナゼナラ、実ニ死スベキモノガ永遠ナルモノト結合シテ二ツガ思イヲ同ジクシテ、互イニ助ケ合ウト考エルノハ、狂気ノ沙汰ダカラデアル。マタコウ考エルコトヨリ奇妙デ矛盾シタコトガアロウカ、死スベキモノト不滅ニシテ永遠ナルモノガ手ヲ結ビトトモニ力ヲ合ワセテ激シイ嵐ニ耐エルナドト」。ルクレティウス〔前掲書第三巻〕八三一〔八〇〇―八〇五〕行〔(邦訳、岩波文庫、一四五頁、樋口義彦訳)、およびモンテーニュ前掲書第二巻第一二章(邦訳、岩波文庫、第三巻二〇六頁、原二郎訳)〕

第九一章

思考、欲求、意志、善悪の感覚は、思考し、認識し、あるいは善悪を感じる人間や動物の内部の様態にすぎない。人間や獣は物質からしか構成されていないが、だからといってデカルト派が思っているように、思考や欲求や善悪の感覚が円かったり、四角かったりするはずだということにはならず、この点で彼らは自分で自分を笑いものにしている。それは、こうしたかくも虚しい根拠によって、彼らが獣から認識と感覚を奪い取ることを主張している点でも同様である。こうした臆見は大いに非難されるべきものであること、およびその理由

見識あるモンテーニュは、次のように言っています。「われわれの思考と判断、要するに、われわれの魂の能力は、肉体の運動と変化の影響を受けることは確かである。しかもその変化は絶えることがない」〔モンテーニュ『エセー』

第二巻第一二章〔邦訳、岩波文庫、第三巻二四八頁、原二郎訳〕。「コノ朽チル肉体ハ霊魂ヲ鈍クスル」〔『知恵の書』第九章一五節〕。「われわれは健康な時には病気の時よりもいっそう潑剌とした精神と敏活な記憶と鋭敏な理性を持つではないか。歓喜と愉快のなかにある時は、心の前に現れた事柄を悲嘆と憂鬱のなかにある時とはまったく別の姿に見るではないか」〔モンテーニュ前掲書〕。「大気や晴天などもわれわれの気分に何かの変化をもたらすことは、次のキケロの詩にもあるとおりである。

人間ノ心ハ変ワリヤスイ、父ナルユピテルガ
地上ヲ照ラス太陽ノ豊カナ光線ノヨウニ。

発熱や酒類や大事件ばかりでなく、ほんの些細な事柄もわれわれの判断を覆す。継続的な発熱がわれわれの精神を悪い方に変えるとすれば、われわれには分からないけれども、三日目ごとに出る熱も、それ相当に何かの変化をあたえることは確かである。卒中がわれわれの理性の目をすっかりまどろませ、見えなくするとすれば、鼻風邪だってこれをくらますに違いない〔五九〕」〔モンテーニュ『エセー』五三五頁〔『エセー』第二巻第一二章、邦訳、岩波文庫、第三巻二四九頁、原二郎訳〕〕。本当にそうで、誰もそのことを疑えません。すでに言ったことですが、それこそ、デカルト派がそう主張し、迷信深い神崇拝者たちがそう私たちに納得させようとしているように、霊魂が精神的であったり不死であったりするのではないきわめて顕著できわめて説得的できわめて明らかな証拠です。

けれども、この霊魂の本性について、彼らがどのようなことを主張しているかをさらに幾分詳細に見ることにしましょう。『真理の探究』の著者は言います。「精神の本質はただ思考にのみ存し、同じく物質の本質はただ延長にのみ存する」〔マールブランシュ『真理の探究』第三巻第一章一節、ロビネ版全集第一巻三八一頁〕。「思考しない精神を思い描くことはできない」〔同、ロビネ版全集第一巻三八二頁〕。「かくして、ただ唯一思考のみが精神の本質である」〔同〕。「意欲は精神の本質に属するものではない。意欲は知覚を前提にするからである。それゆえ、ただ唯一思考のみがまさしく精神の本質を構成している」〔同、三八三頁〕。「生命という言葉になんらかの明晰判明な観念を付与したければ、*1

霊魂の生命とは真理の認識と善の愛好に存する、いやむしろ霊魂の思考こそがその生命であると言えようし、肉体の生命は血液の循環や体液の適切な釣り合いに存すると言えよう」〔同第六巻第二部第七章、ロビネ版全集第二巻三九五頁〕。

＊1　前掲箇所を参照してください〔六〇〕。

霊魂や精神の全本質はただ思考にのみ存するなどと、どうやったらこの著者は言えるのでしょうか。思考そのものは霊魂の、そして精神の作用あるいは一時的な様態でしかない以上、そんなことはありえません。あるいは、精神の作用は霊魂や精神の様態にすぎないのですから、思考は霊魂や精神の本質とはなりえません〔六一〕。というのも、自身に固有な諸々の思考を作り、形成し、あるいはそれらを思い描くのは霊魂あるいは精神だからです。それゆえ、その本質をなすのは思考ではありません。ある原因の結果や作用は、この原因そのものの本質をなしえないからです。ところで、思考は霊魂の、精神の結果ないしは作用です。なぜなら、思考は霊魂の生命作用だからです。それゆえ、こうした霊魂の生命作用が霊魂の本質そのものをなしえないことは明らかです。それに、もし霊魂や精神の生命や本質をなすものがただ思考だけだったら、霊魂が実体であるとか、霊魂が不死であるとか主張することは真実でなくなります〔六二〕。なぜなら、今言ったように思考は霊魂の生命作用でしかなく、実体ではないことは私たち自身にとって明白だからです。というのも、思考はただそれだけでは存続できず、大抵の場合瞬間的にしか持続しない以上[1]、思考が不死な実体であると主張するのは滑稽だからです。人間の思考すべてが実体であり、人の頭や人の脳の外でただそれだけで存続でき、またハエがするように空中を飛びまわれるとでも、『探究』の著者〔マールブランシュ〕は思い込んでいたり、思い込んだことがあったのでしょうか。すべての人の頭からこの種の思考の群が飛び出すのを見るのは、なんとすてきなことでしょう。空にハエの群を見るのとは比べ物にならないほど、たくさんの群が見られるでしょう。それ自体わずかでも影を作りうるものであれば、空を完全に暗くし、太陽の光を私たちから完全に奪ってしまうでしょう〔六三〕。こんなことを考えつくとは、なんという気違い沙汰でしょう。

それにもし、霊魂の生命や霊魂や精神の本質をなすのがただ思考だけだったり、ただ真理の認識や善の愛好だけだったら、それゆえ、霊魂や精神が思考せず、またそれらが実際にどのような真理の認識もどのような善の愛好もしない時には、霊魂や精神には生命もなければ本質もなく、したがって、それらは何も考えず真理の認識も善の愛好もしない時は何物でもないことにならざるをえません。というのは、生命のあるいかなるものも、その生命や本質を作るものなしには存在しえないからです。このように、わがデカルト派の言い分では、霊魂や精神の生命であり本質である思考を欠き、真理の認識を欠き、善の愛好を欠いている時、霊魂や精神は生命を欠き、本質を欠き、それゆえまったく何物でもないことになります。これはさらに一層、口にしたり考えたりするのも滑稽なことでしょう。

ところがわがデカルト派の言い分では、思考しない精神を思い描くことはできないのだそうです。そんなことは、わがデカルト派の原理によってさえも明らかに誤りです。いくらデカルト派でも、甘美で深い眠りについている人はこの甘美で深い眠りの間じゅうずっと霊魂を欠き、生命を欠いているとか、その人たちの霊魂はその時消滅していて、目覚めた時に新たに生まれ変わるなどと言いはしない、と私には思えるからです。繰り返しますが、そんなことを言いはしないでしょう。それではあまりにも笑いものになることでしょうから。ところで、そのように甘美で穏やかで深い眠りについている人は、その時何も考えず、どんな思考もどんな認識も持たず、自分にとって一番大切なものについてさえどんな思考もどんな認識も持ってはいません[六四]。それゆえ、甘美で穏やかで深い眠りについている何千人もの人々を思い描くことができる以上、思考しない一個の霊魂とか精神とかを思い描けるだけでなく、思考しない何千もの霊魂や精神さえ考えられることになります。

私たちから霊魂のあらゆる思考を完全に奪い去れるほど甘美で、またそれほど穏やかでそれほど深い眠りは存在しない、とわがデカルト派の人々が強弁するのであれば、私たちの一人ひとりが自分自身の体験から、彼らの主張を否定できます。なぜなら、甘美で深い眠りについていた時には私たちが何も考えていなかったこと、自分自身のことも、私たちにとって一番大切かも知れないことさえも考えていなかったことを私たちは知っているからです。それは目が

覚めた時に私たちが覚えていないからだと彼らが言っても、そんなことを言うのは根拠がありません[六五]。私たちと同様に彼ら自身もそれを覚えていません。そして、彼ら自身が覚えていなければ、それゆえ彼らはこうしたことを知りもせずに口にしており、したがってこのことで彼らの言うことなど耳を貸すにも値しないのです。ところで、たとえば生まれてすぐの子供とか、母親の胎内にずっといる子供の精神的で不死な霊魂は何を考えられるのでしょうか(2)。その霊魂はすでに認識していることしか考えられないでしょう。ところが、この霊魂はまだ何も知ってはいません。ですから、まだ何も考えられないのです。なぜなら、「知ラレナイモノハ、誰モ欲シガラナイ[六六]」(3)という哲学者たちの格率に従えば、前もって感覚を通過しなかったものは何も知性のうちに存在しない、「前モッテ感覚ノウチニナカッタモノハ、知性ノウチニ存在シナイ[六七]」からです。モンテーニュ氏は、こう言っています。「すべての認識は感覚を通してわれわれのなかに入ってくる。感覚はわれわれの主人である。〔……〕知識はここに始まり、ここに帰する。〔……〕感覚は人間の認識の始めであり、終わりである。オマエハ真理ノ認識ガマズ感覚カラ生ズルコトヲ、マタ感覚ハ否定シエナイモノダトイウコトヲ知ルダロウ。〔……〕だれでも私に感覚を否定させることのできる人は、私の喉を扼し、私をこれ以上退くことのできない窮地におとしいれるであろう[六八]」(『エセー』五六〇頁〔モンテーニュ前掲書第一巻第一二章、邦訳、岩波文庫、第三巻二八七頁、原二郎訳〕)。ところで、何物もまだ、母親の胎内にいるこの子供の感覚を(4)通過していません。この子供は、まだ何も見たこともなければ聞いたこともなく、まだ何も味わったこともなければ触ったことも感じたこともなく、それゆえまだ何も知覚したこともなく、つまりは、まだどんな思考、どんな認識もその知性にはなく、したがってまだ何も考えてはいません。この子供がまだ何も考えていないのに、わがデカルト派が主張したがっているように(5)精神的で不死である霊魂が本当にこの子供にあるとしたら、デカルト派が主張するようにこの子供の霊魂の本質が霊魂の思考に存するのでないことは明白です[六九]。

さらに、わがデカルト派が主張するように、思考が霊魂の生命であり、「血液の循環や体液の適切な釣り合いが肉体の生命[七〇]」〔マールブランシュ『真理の探究』第六巻第二部第七章、ロビネ版全集第二巻三九五頁〕であれば、そうなると

私たちには各人自分のうちに二つの異なる種類の生命、すなわち霊魂の生命と肉体の生命があることになります。これは明らかに誤りです。なぜなら、私たちにはただ一つの生命しかなく、私たちの霊魂や私たちの肉体と呼ばれているものは、両者が合わさってただ一つの生命やただ一つの生き物を形作っており、二つの生命や二つの生き物をなしているのではないことを、私たちは自分自身で十分はっきりと感じているからです。同一の人間のうちに、そんなふうに二種類の生命、二つの異なる生命原理を区別しようとするデカルト派の方が滑稽です。それに、血液の循環や体液の適切な釣り合いが肉体の生命やそのすべての運動を形づくることを認めている以上、私たちにはまったく無用な別の生命原理を用もないのに空想し、でっち上げようとする彼らの方が滑稽で無駄なことをしているのです。というのも、彼らが肉体の生命として認めている一つの原理だけで、私たちもほかのすべての動物も生命のあらゆる機能や運用を十分行えるからです(6)。それゆえ、人間が生命のあらゆる機能や運用を行うにはそれで足りることを彼らも認めるべきですし、人間がそれで足りるなら、私たちの霊魂が精神的で不死な実体であると主張するのは、明らかにわがデカルト派の誤謬と錯誤であり、この問題で彼らが用いるようなあれほど脆弱であれほど滑稽な推論によって、かの精神性なるものや不死性なるものを無敵の力で証明していると思うのは、これまた彼らの一層重大な錯誤です。

そのことはまた、これから先の論証で私がはっきり示したいことでもあります。私たちの霊魂が精神的で知性的な実体、すなわち独力で認識したり感覚したりできる実体であれば、また霊魂が本当に物質から区別され、物質以外のまったく別の本性からなっていれば、ちょうど自分が物体的な実体であることを私たちが独力で直接確実に認識したり感じたりするように、霊魂は自分が本当に物質とは区別された精神的な実体であることを独力で直接確実に認識したり感じたりすることでしょう。なぜなら、自分がそうした実体であることを確実に感じさせ、認識させるものとして、私たちは自分自身以外の何物も確実に必要としないからです。私たちの霊魂についても、それが本当に精神的な実体であればきっと事情は同じはずで、私たちの霊魂は自分が実際に精神的な実体であると確実に認識し、またそう感じるでしょうし、私たちが自ら私たちを私たち以外のすべてのものから区別できるように、霊魂は自ら物質である

ものすべてから自分をきわめて容易に、また確実に区別できるでしょう。しかし、霊魂が自分を認識せず、自分が精神的な実体であると確実に感じていないことは確かです。というのも、もし霊魂が自分がそうしたものであると認識し、確実にそう感じていれば、私たち各人が霊魂は実際にそうしたものであることを自分で認識し感じることになるでしょうから、誰も自分の霊魂の精神性を疑えないでしょう。ところが、そんなことは誰も認識してもいなければ確実に感じてもいませんから、それゆえ霊魂はわがデカルト派が理解しているような精神的な実体ではありません。

さらに、もし霊魂が本当に精神的で、ものを認識し感覚することができ、また物質から完全に区別された実体であれば、霊魂は物質を認識する以前に自分自身を認識し、自分を物質から簡単に区別するでしょう。それどころか、自分を物質から区別しないことなど霊魂には不可能でさえあるでしょう。というのも、現にそうであるように、どの面からも物質に閉じ込められているとすれば、たとえば私たちが服をまとっている時に自分が服に閉じ込められていると感じたり、床に就く時に自分がシーツや毛布にくるまれていると感じたりするように、霊魂は間違いなく自分が閉じ込められていると感じられるはずだからです。この魂は人間の体の中にあるのですから、自分がいる部屋の中に閉じ込められていると思う人、あるいは牢獄の中の囚人のように、霊魂は体の中に閉じ込められていると思うでしょう。〔七二〕そうなれば、私たちが服をまとっている時に自分を服から区別し、床に就いている時に自分をシーツや毛布から区別するのと同じように簡単に、霊魂は自分を自分の体という物質から区別するだろうということ、それどころか区別しないではおれないだろうということは明白です。私たちが自分の閉じ込められている部屋から自分自身を区別するのと同様、霊魂は肉体という物質から自分自身を簡単に、間違いなく区別できるでしょう。さらにまた、囚人が自分の牢獄の壁から自分を区別できるのと同様、霊魂は物質から自分自身を簡単に区別できるでしょう。

ところが霊魂は、自分が閉じ込められている自分の肉体という物質から自分をそのように区別できないことは確実ですし、これは誰もが自分自身の経験からよく分かっていることです。デカルト派自身、このことを否認できないでしょう。というのも、すでに記したように、彼ら自身こう言っているからです。「霊魂はあまりにも盲目であるため

に、自分を見誤り、自分自身の感覚が自分のものであることも分からないほどである」〔マールブランシュ『真理の探究』第一巻第一二章三節、ロビネ版全集第一巻一三七頁〕。「霊魂は、もうほとんど自分の肉体から自分を区別できないほど、肉体と密接に結びつき、また原罪以降それほどまでに肉のものとなっている。それゆえ、霊魂は自分の感覚ばかりでなく、自分の想像する力や時には推論する能力までも肉体に帰するのである」〔七二〕（マールブランシュ『真理の探究』第一巻九四頁〔第一巻第一二章三節、ロビネ版全集第一巻一三六―一三七頁〕）。

カンブレ氏〔フェヌロン〕はこう言っています。「絶えず自分を取り巻く対象すべてを目にしている人間精神は、自分自身についてまったく無知であり、深い闇の中を手探りするかのように歩み、自分が何者か、自分が肉体にどのように結びついているか、自分の知らないこの肉体のバネに自分がどうしてこれほどの支配力を持っているのかも知らない。おのれの思考もおのれの意志も知らない……〔七三〕」（『神の存在について』一九六頁以下〔フェヌロン前掲書第一部五三項、一七七五年版一二二―一二三頁〕）等々。そうだとしたら、霊魂がそれ自体で精神的、知性的、感性的あるいは感覚的な実体ではなく、また物質とは区別された、物質以外の別の本性からなる実体でもないことはそれゆえ明白です。なぜなら、今しがた言ったように、もし霊魂が本当にわがデカルト派が主張するようなものであれば、自分が精神的な実体であることを霊魂は独力で間違いなく認識し、感じられるはずだからです。霊魂は物質を認識するよりも自分自身の方をずっとよく認識するでしょうし、霊魂がどうやって物質を認識できるかは理解を絶することですらあるでしょう。それにまた、霊魂が物質を認識できると仮定したら、囚人たちが自分を牢獄の壁から区別できるのと同じく、確実に霊魂は自分を物質から区別できるでしょう。ですから、霊魂は自分自身を認識できず、自分が閉じ込められている物質から自分自身を区別することさえできない以上、それこそ霊魂はデカルト派が主張するようなものではないということの確実で明白な証拠です。

獣の本性や状態について彼らが言っていることへ移りましょう。〔七四〕獣になんらかの認識があったり、なんらかの快苦の感覚があったりすることも、獣が何かを愛したり憎んだりすることも、この方々は認めたくありません。「動物に

は、人が通常そう解しているように、知性も存在せず、霊魂も存在しない。動物は快感なしに物を食べ、苦痛なしに叫ぶ。それと知らずに成長し、何も望まず、何も恐れず、何も知らない……」[七五]〔マールブランシュ『真理の探究』第六巻第二部第七章、ロビネ版全集第二巻三九四頁〕等々。これに関して彼らが与える唯一の根拠は、「下から上へ、また上から下へと、曲線や螺旋や放物線あるいは楕円を描いて激しく動く微細な物質が、愛や憎しみや喜びや悲しみ……等である」[七六]〔マールブランシュ前掲書、ロビネ版全集第二巻三九一頁〕、などとは彼らには理解できないからということだけです。「四角形や円形や楕円形のごときある形態をとる物質が、苦痛や快感や熱や色や匂いや音……等であると理解できるのであれば、いかに物質的であるとはいえ動物の霊魂も感覚しうるものである、と人は断言できよう。そのように理解できないのであれば、そう言ってはならない。ただ理解しうることのみを、人は断言すべきだからである。同様に、下から上へ、また上から下へと、曲線や斜線や螺旋を描いて激しく動く物質が、愛や憎しみや喜びや悲しみ……等であると理解できるのであれば、動物は私たちと同じ情念を備えている、と人は主張しえよう。そのように理解できないのであれば、自分が何を口にするのか分からずに口を開くつもりでなければそう言ってはならない」[七七]〔同〕。ですから、動物に認識や感覚があることを彼らが認めたくない唯一の根拠は、物質のなんらかの変様がなんらかの認識、なんらかの感覚を作ったり形成したりできるとは、彼らには理解できないからなのです。

けれども、物質のなんらかの変様が精神の中や精神的な実体の中で、なんらかの思考、なんらかの認識、あるいはなんらかの快苦感覚を引き起こし、形作り、呼び起こすことができるのを、この方々自身も認識し、よく理解しているのでしょうか。というのも、物体のさまざまな変様や変化が霊魂の中でさまざまな思考や感覚を引き起こすと、彼ら自身が言っているからです。彼らによると、ごく些細なものでも脳の細い繊維の中に大きな運動を生み出すことができ、その必然的帰結として、そうした事物が激しい感覚を霊魂の中に引き起こすのだそうです。「精神の強さは、動物精気の大きさや活動と脳の繊維との一定の釣り合いのうちに存する」〔マールブランシュ『真理の探究』第二巻第二部第一章一節、ロビネ版全集第一巻二六七頁〕[七八]。「たとえば痛みを引き起こす運動は、くすぐったい感覚を引き起こすそ

れとかなりしばしばわずかしか違わない。この二つの運動の間には本質的な違いがある必要はないが、この二つの運動が霊魂の中で引き起こすくすぐったい感覚と痛みとの間には本質的な違いがなければならない。というのも、くすぐったい感覚に伴う神経繊維の動揺は、霊魂にとってその肉体の状態が良好なことの証言になるが、痛みに伴う運動はそれよりも激しく、肉体に損傷をもたらしうるものであるため、霊魂はなんらかの不快な感覚を介してそこから警告を受け取り、それに注意を払わなければならないからである〔七九〕」（『真理の探究』第一巻二一〇頁〔マールブランシュ前掲書第一巻第一〇章五節、ロビネ版全集第一巻一二七頁〕）。「脳の神経痕は互いに結合し、動物精気の運動がそれらに従う。脳内で呼び起こされたこれらの痕跡は、精神内で観念を呼び起こし、また動物精気内でかき立てられた運動は、意志のうちで情念をかき立てる〔八〇〕」（同書八六頁〔マールブランシュ、前掲書第二巻第一部第五章、ロビネ版全集第一巻二一四頁〕）。

「すべての肉体と精神の結びつき[*1]は、霊魂の思考と脳の神経痕との、また霊魂の情動と動物精気の運動との間の相互的で自然な対応に存する。[*2]霊魂が何か新しい観念を受け取ると、ただちに脳の中に新しい神経痕が刻まれ、またさまざまな対象が新たな神経痕を生み出すと、ただちに霊魂は新しい諸観念を受け取る。霊魂にはこれらの痕跡に関するどのような知識もない以上、それは霊魂がこれらの痕跡を考察するからでもなく、またこれらの痕跡は観念と何の関わりもない以上、これらの痕跡がそうした観念を内包しているからでもなく、さらには霊魂がこれらの痕跡から観念を受け取るからでもない。というのも、精神が肉体から何かを受け取るとか、また精神が肉体の方に向くことによって現在よりも一層賢明になるとかいうことは考えられないからである……。同様に、腕が動かされるためには何をすべきかさえ霊魂は知らないにもかかわらず、腕が動かされるように霊魂が望めばただちに腕が動かされ、また自分の体に動物精気が存在するかどうかさえ知らないにもかかわらず、動物精気がかき立てられると霊魂はただちに揺り動かされるのを覚えるのである。なぜなら脳の神経痕と精気の運動との間にはつながりが、また観念と霊魂の情動との間にはつながりがあり、あらゆる情念はそれらに依存しているからである〔八一〕」〔マールブランシュ前掲書第二巻第一部

第五章一節、ロビネ版全集第一巻二一五―二一六頁〕。

＊1　この結びつきは、あの円かったり四角かったりするものなのでしょうか。[7]

＊2　この対応は、『探究』の著者〔マールブランシュ〕が言うような、あの円かったり四角かったりするものなのでしょうか。あの二つに分割できるもの……等々でしょうか。

『探究』の著者〔マールブランシュ〕は、こう言っています。「私の精神に神の観念が刻印され、それと同時に、目で見たあのＩＡＨという三つの活字や、同じ単語の音が私の脳に刻印されていれば、私が神を考えるには、その活字、あるいはその音が生み出した神経痕が呼び覚まされるだけで足りよう。その活字や音、あるいは私がかつて神に関して抱いていた諸観念に伴う何物かの、ある混乱した痕跡が私の脳の中に生み出されていなければ、私は神を考えることはできないだろう。というのも、脳というものは神経痕なしには決して存在しないがゆえに、私たちが考えることに関係する痕跡を脳は常に有しているからである[八二]」（同書、一二五頁〔マールブランシュ前掲書第二巻第一部第五章一節、ロビネ版全集第一巻二一七―二一八頁〕）。それから、こうも言っています。「私たちが目にする木や山が作り出す神経痕と木や山の観念との間、苦しんで悲鳴をあげるのを私たちが耳にする人や動物の叫び声、私たちを脅かしたり恐れさせたりする人の顔つきなどが私たちの脳の中に作り出す神経痕と、苦痛や強さや弱さの観念との間、さらには私たちのうちに起こる同情や恐れや勇気といった感情との間にも、自然なつながり[*1]、それも私たちの意志に依存しないつながりが存在する。自然なつながりはあらゆるつながりの中でも一番強く、万人にあって相似通っており、生命の維持に不可欠である。したがって、このつながりは人間の意志には依存しない[八三]」〔マールブランシュ前掲書第二巻第一部第五章一節、ロビネ版全集第一巻二一六―二一七頁〕。

＊1　同様に、このつながりはあの円かったり四角かったりするものなのでしょうか。二つの台形や二つの平行四辺形……等々に分けたり切ったりできるものなのでしょうか。

ですから、肉体のさまざまな変様や変化が、霊魂の中でさまざまな思考や感覚を自然に引き起こし、呼び起こすの

をデカルト派の人々自身認めていることは、今引用したこれらの証言すべてから確実であり、疑問の余地もありません。肉体のこうしたさまざまな変様や変化が、霊魂の中で自然にさまざまな思考や感覚を引き起こしたり、呼び起こすこと、また肉体のこうしたさまざまな変様や変化と、それが霊魂の中で引き起こし、呼び起こす思考や感覚との間には、自然なつながりが存在することを、彼らは自分の言に従ってすら認めているのです。

ところで、今や私は、進んで彼らにこう尋ねることにしましょう。物質のなんらかの様態が精神の中で、すなわち精神的な実体（もっとも、架空の存在でしかありませんが）の中で[8]、なんらかの思考、なんらかの感覚を自然にもたらし形作れるということがよく理解できるのですか。どのような関係、どのような必然的つながりが、物質の様態と架空の存在、あるいはお望みならば物体も部分もどのような延長もない精神的な存在との間にあるのですか。私は進んで彼らにこう尋ねましょう。精神的実体の中で、すなわち延長もなければ何物でもない存在の中で、物質のさまざまな様態が自然にさまざまな思考や感覚を生み出すはずだということがよく理解できるのですか。この両者、またその各々の間には、どのような関係、どのようなつながりがあるのですか。というのも、これまで私が十分に証明してきたように、彼らが解しているような精神と、空想上のものでしかなく、何物でもない存在との間には結局違いがないからです。

ところで、彼らが主張しているように、精神は何か実在的なものであると仮定しさえすれば、そうした存在の中で、すなわち物体も部分もどのような延長もなく、どんな姿や形もない存在の中で、物質の諸様態がさまざまな思考や感覚を自然に生み出し、引き起こせるということが、彼らにはよく理解できるのでしょうか。物質の様態とそうした本性の存在との間に、どのような関係やつながりがありうるのでしょうか。何もありえないでしょう。脳の細い繊維の中で大きな運動を生み出すごく些細なものが、彼らの言うように必然的帰結として霊魂の中で激しい感覚を引き起こすということが、彼らにはよく理解できるのでしょうか。動物精気の大きさや繊細さの一定の釣り合い、また動物精気の動揺と脳の繊維との一定の釣り合いが、自然に精神の強さや弱さを作るということが、彼らにはよく理解できる

のでしょうか。物質のある種の運動が、物体も部分もなく姿や形やどのような延長もない存在の中で快感や喜びや苦痛や悲しみを自然に引き起こしうるということが、彼らにはよく理解できるのでしょうか。脳の中で呼び起こされた神経痕が精神の中で観念を呼び起こし、動物精気の中で喚起された運動が意志の中で情念をかき立てるということが、彼らにはよく理解できるのでしょうか。それも今しがた言ったように、姿も形も物体も部分もどのような延長もない存在の意志においてです。彼らが言っているように、肉体の生命や健康を作る体液の適度な釣り合いが何か円かったり四角かったり、何かそれ以外の形をしたものだということが、彼らにはよく理解できるのでしょうか。そしてさらに、これで最後にしますが、脳の神経痕に関するどのような知識も、動物精気に関するどのような知識も霊魂にはないけれども、精神と肉体との結びつきは、霊魂の思考とこの痕跡との相互の自然な対応や、霊魂の情動と動物精気との相互の自然な対応に存するということが、彼らにはよく理解できるのでしょうか。こんなことすべてがよく理解できるのでしょうか、デカルト派の皆さん。理解しているのであれば、その驚異を少しお教え願いたいものです。また理解していなければ、自分たちの原理に従って、何を口にしているかも分からずに自分自身が口をきこうとするのでない限り、そんなことを言ってはならないことは確かでしょう〔八四〕。

それにしても、これほど不可能であると同時にこれほど滑稽でこれほど馬鹿げていることが、どうして彼らに理解できるのでしょうか。自分たちはそれをよく理解しているなどとは、彼ら自身言えないでしょう。というのも、彼ら自身一方で、「霊魂はあまりにも盲目であるために、自分を見誤り、自分自身の感覚が自分のものであることも分からないほどである」〔マールブランシュ『真理の探究』第一巻第一二章三節、ロビネ版全集第一巻一三七頁〕と認め、告白しており、そして「霊魂は、もうほとんど肉体から自分を区別できず、自分自身の思考や自分自身の感覚を肉体に帰している」(『真理の探究』第一巻九〇頁〔マールブランシュ前掲書第一巻第一二章三節、ロビネ版全集第一巻一三六―一三七頁〕)と主張し、さらに「自分を取り巻く対象すべてを目にしている精神は、自分自身についてまったく無知であり、深い闇の中を手探りしてしか歩めず、自分が何者か、自分が肉体にどのように結びついているか、自分の知ら

ないこの肉体のあらゆるバネに自分がどうしてこれほどの支配力を持っているのかも知らない。おのれの思考もおのれの意志も知らない」(『神の存在について』一七九頁〔フェヌロン『神の存在と属性の証明』第一部五三項、一七七五年版一二二―一二三頁〕)と主張しているからです[八五]。ですから、霊魂の本性やそれと肉体とのつながりについて、また霊魂のさまざまな働きと物質のさまざまな運動や様態との間に存在する相互の自然な対応について彼らがこのように主張する時、自分自身が何を主張しているのかよく分かっているなどとは彼ら自身言えはしないのです。そして、このことに関して自分が何を主張しているのか分からないのであれば、すでに私が指摘し、また彼ら自身言っているように[9]、「自分自身何を口にしているかも分からずに口をきく」〔マールブランシュ前掲書第六巻第二部第七章、ロビネ版全集第二巻三九一頁〕つもりでなければ、彼らはそんなことを主張してはならないのです。

　それにしてもまたなぜ、人間や動物においては、物質単独で認識や感覚が可能であること、いやむしろ物質だけが動物に認識や感覚を与え、形作り、あるいは引き起こし、生み出しうることを認めるのではなく、自分でも何を言っているか分からずにそんな言い方をしようとするのでしょうか。しかも、そうしたことがどのようにして起こりうるのか、自分たちが分からないことを口実にしてです。そんなふうに主張しようとすることには、何の根拠もなければ、どんなまともな理由もありません。というのも、さまざまな様態を伴った物質の運動だけで、人間や動物に認識や感覚を与えるには十分であると主張する人々の見解には、すでに言ったように気にかかるただ一つの難点しかないからです。それは、物質諸部分の運動だけで、そしてその変様だけで、どうやって人間や動物に認識や感覚が与えられ、引き起こされるのかを知る上での、あるいははっきり理解する上での困難です。この難点は間違いなく、これもまた私がすでに指摘したように、この種の運動や変様が私たちの内部で、私たちのすべての認識やすべての感覚の第一原理であることから生じ、またそのためにそれらが私たちの内部で私たちの認識や感覚をいかにして生み出すのかを私たちが見ることも知ることもできず、またそんなことをする必要さえないことから生じています。というのも、すでに言ったように私たちが日々経験しているごとく、視覚の原理が視覚の対象とならず、またなりえないのと同様に、

認識や感覚の原理も認識や感覚の対象とはならず、またなりえないこと、したがって、私たちを構成している物質の内的運動や変様が、私たちの内部で私たちの認識や感覚をどのようにして生み出すかを私たちが知るはずもないことを、私たちは十分に確信すべきだからです〔八六〕。それに、この点での私たちの無知や無能力をそれ以上驚くにも当たりません。それはそれで当然なのですから。というのも、こうしたことはいわば、大きな重たい荷物を肩や背に楽々とかつぐ強くてたくましい男が、自分の肩や背に自分自身を同じようにはかつげないのに驚くようなものだからです。またそれは、美味しくて味覚をそそる品を簡単に平らげる旺盛な食欲の人が、自分自身の舌を食べられないのに驚くようなものです。なんでも簡単に見られる眼が、それにもかかわらず眼自身を見られないのに驚くようなもの、あるいはさらに、ありとあらゆるものを簡単につかめる手が、それにもかかわらず手自身をつかめないのに驚くようなものです。

　この種の驚きは明らかに滑稽で、そんなことができないからといって驚く人は、きっと馬鹿にされるでしょう。それに、私たちの体の内部の様態、私たちの感覚や知覚に関して私たちが抱く驚きについても、仮にそれが今述べたもののように外部の感覚しうるものであったら、間違いなく事情は同じでしょう。その点での私たちの無知に驚くのは滑稽でしょうし、私たちが知らないそうしたことを分かろう、理解しようとすることさえおそらく滑稽でしょう。というのも、そうした無知に驚く必要はないこと、そして鏡がなければ眼は自分を見られないように、この点で私たちが知らないことを理解するのは不可能であることがはっきり分かるからです。

　もっとも、それがどのように起こるかを私たちは知りませんが、それでもあらゆることを私たちが考え、感じ、知覚するのは、そうした運動や変様という手段に直接よっていること、またそうした運動や変様なしには、どのような思考もどのような感覚も決して抱けはしないことも、私たちは確信しています。加えて、考えるのは脳によって、感じるのは肉体によって、同じくものを見るのは眼によって、触れるのは手によってであることを私たちは内心できわめて確実に感じています。ですから、私たちのすべての思考、すべての認識、すべての感覚はまさしく肉体や脳の内

部のこの種の運動や変様に存することを私たちは当然主張すべきです。

そして、さらに一層この真理を裏付けるのは、私たちの認識や感覚は私たちの体の自然的構成に従っており、認識や感覚は体の内部や外部の配置や構成の良好さや完成度の多寡に応じて生ずるために、それに応じて認識や感覚が一層自由であったりなかったりすることです[10]。また、まさしく私たちの内部に存在し、私たちの内部で働く物質のこの種の内的な運動や変様にこそ、私たちの認識や感覚が存するのであれば、明らかにすべての動物は私たち同様、認識や感覚が可能になります。というのも、動物たちは私たち同様、そして私たちのそれに類似した肉や骨や血や血管や神経や繊維から構成されており、私たち同様動物も、すべて生命や感覚の器官、さらに思考[11]や認識の器官である脳も備えており、認識や感覚を有しているということを、動物たちがそのあらゆる行為や動き方ではっきり示しているのを、私たちは明らかに目にしているからです〔八七〕。それゆえ、四角や円や楕円……などのように、あれこれの仕方でなんらかの形をとったり変様したりした物質が苦痛や快感や熱や匂いや音……などであるとは思えないことを口実にして、また下から上へ、上から下へと、曲線や螺旋や斜線や放物線や楕円を描いて動く物質が愛や憎しみや喜びや悲しみ……などであるとは思えないことを口実にして、動物は認識も感覚もできないなどとわがデカルト派が主張するのは虚しいことです。というのは、彼らの原理に従っても、私たちの内部ですべての認識や感覚が形成されるのは物質のさまざまな運動によっており、物質のさまざまな変様によっていること、そしてわがデカルト派が主張するように、ここに述べた物質の運動や変様と、私たちが私たちの内部で抱く認識や感覚や感情との間には、自然で相互的なつながりと対応が私たちのうちに存在しさえすることは確実で、疑問の余地がないからです。物質の同じような変様が、私たち同様に組織され、器官を備えて[12]いる動物でも同じように起こりうることは明瞭確実であって、これには疑問の余地がありません。

また、物質のこの種の運動や変様が動物に起こりうるならば、それゆえまた、それらは同じような認識、同じような感覚を動物においても形作るでしょう。そうなればその同じ獣たちにおいて、体のさまざまな運動や変様と、獣た

ちが有しうる認識や感覚との間にも、同様なつながりや同様な自然で相互的な対応が存在することもありうるでしょう。というのも、運動と感覚、変様と認識のそうしたつながりや対応は、人間の側でも獣の側でも困難の度合いに違いはなく、どちらにも同じく容易に見いだされるからです。ですから、よく考えてみればこうしたことは疑えない以上、認識や感覚が獣にはできないと思うのはわがデカルト派の誤謬と錯誤であり、こうした場合に、四角や円や楕円……などしかじかの形をした物質が、苦痛や快感や熱や色や匂いや光や音……等であると思うかどうかとか、下から上へ、上から下へ直線や曲線や斜線を描いて動く物質が、愛や憎しみや喜びや悲しみ……等々であると思うかどうかとか問う彼らの方が滑稽でしょう。繰り返しますが、そんなことを問い、この難問の解決がそれに依存していると思い込んでいる彼らの方が滑稽なのです。というのも、快苦の感覚、熱さ冷たさの感覚、光や色の感覚、匂いや音の感覚が存するのは、長さを計れるなんらかの延長でもなければ、物質のどのような特定の形状でもないからです。また思考、欲求、不安、意志、推論、喜び、悲しみ……などが存するのは、計測可能などのような延長でもなければ、物質のどのような特定の形状でもなく、それらはただ生き物が構成される物質の内的な運動や変様にのみ存するのであって、その生き物の計測可能な延長とも、その生き物が有しうる外的な形状とも何の関係もないからです。それは、わがデカルト派も告白するように、生き物の命や力や健康を作っている体液の適切な釣り合いは、物質のどのような特定の形状にも、どのような特定の個別的延長にも存せずに、物質の特定の内的な運動や特定の内的な個別的様態に存するのであって、物質がそれ以外に(13)とりうる延長とも形あるいは形状とも(14)何の関係もないのと同じです。

　わがデカルト派はここでもまた、ことさらに不適切な仕方で問題を混同しますが、それは私がすでに指摘したように、自分たちの神の存在なるものに関して彼らがしていたことと同じです。なぜなら、神が存在することを証明するために――そう彼らは称していますが――、本当に実在する延長や数や持続における無限を、実在しない限りなく完全な存在なるものと彼らはことさらに混同しているからです〔八八〕。そして、一方の明らかな実在から他方の実在を、無敵の力で結論できると思い込んだのです。繰り返しますが、彼らはこの点で明らかに誤謬と錯誤に落ち込みました。そ

れと同じことを彼らは獣についてもしており、あらゆる認識とあらゆる感覚を獣たちから完全に取り上げよう、あるいはできるものなら取り上げようとしているのです。なぜなら、彼らが言うように獣たちが認識も感覚もまったく持たないことを証明するために、物質の計測可能な延長やその外的形状と、物質が生き物の中に有している内的な運動や変様とを彼らはことさらに混同しているからです。そして、物質のどんな計測可能な延長も、どんな外的形状も、人間においてであれ獣においてであれ、どんな思考もどんな感覚も生み出せないことを自分たちは十分証明しているのだから、獣たちの体の中には物質しかない以上、獣たちにはどんな認識もどんな感覚もありえないことを自分たちは証明していると思い込むのです。しかしまた、その点にこそ彼らの誤謬と錯誤があります。というのも、人間や獣の認識や感覚が存するのは計測可能などのような延長でもなければ、物質のどのような外的形状でもなく、それは人間や獣の中で物質が有するさまざまな運動やさまざまな活動[15]、さまざまな内的変様に存するからです。

このことが両者の間にきわめて重大な違いを生じさせていることは一目瞭然です。なぜなら、思考や感覚は生き物の中に存在しているのですから、したがって、思考や感覚は延長し形のある物質の中に存在する、と確かに言えるのですが、だからといって思考や感覚がそのために、長さや幅や深さにおいて延長するものでなければならないとか、わがデカルト派が主張するように円かったり四角かったりしなければならないとかいうことにはならないからです。というのも、生き物の計測可能な大きさや外的な形状はこの点では何の働きもしていない以上、思考や感覚は、たとえば小男にも大男にも等しく存在するからです。同様に、生き物の思考や感覚は、生き物を構成する物質諸部分の内的な運動や変様や活動によって生じると言えますが、だからといってこの種の運動が必然的に直線や斜線や円や螺旋や放物線や楕円を描くものであるとか[16]、また下から上へ、上から下へと円や斜線を描くこうした運動や活動[17]がいつでもなんらかの思考や感覚を生じさせるとかいうことにもなりません。繰り返しますが、私たちの説の前提から、いつでもそうした帰結が導かれるわけではないのです。この前提からそうしたことが帰結すべきだと思い込むのは、滑稽でさえあるでしょう。ですから、円や四角や楕円……などの形をした物質が、思考や欲求や意志……などを作りうる

と考えられるかどうかなどと、わがデカルト派が問うこと自体が無意味です。下から上へ、上から下へと動いたり、曲線や螺旋や放物線……などを描いて動く物質が愛や憎しみ、快感や喜び、苦痛や悲しみを作りうると考えられるかどうかなどと、繰り返しますが、そんな問いを彼らが立てること自体無意味です。というのも、私たちの思考、私たちの感覚は物質のそうした特殊性に依存してはいませんし、物質が円いとか四角いとか……などの形をしているからといって、まさしく下から上へ、上から下へ運動するからといって、また右から左へ、左から右へ……などと運動するからといって、そのことから私たちの思考や感覚が生じはしないからです。そうではなくて、まさしくそれは、すでに言ったように、生き物の生命や感覚を作るある種の内的な運動や変様や活動を、物質が生き物の中で有しているからです。だからといって、そのためにこの種の内的な変様がそれ自体で、なんらかの固有で特殊な形状を備えている必要はなく、またそのためにこの種の運動がいつでも下から上へ、上から下へと進む必要もなく、その運動が右から左へ、あるいは左から右へ進むのか、その運動が行われるのはまさしく直線によるのか曲線によるのか、それとも螺旋や楕円や放物線によるのかを決める必要もないのです。そんなことは問題ではありません。私たちの思考、私たちの感覚がどのように生き物の内部で起こるにせよ、それらは本当に生き物の内部で起こると言えば足りますし、それらは今述べた内的な変様同様、生き物の内部で起こっていることなのです。

ところで、物質のあらゆる様態が常に円や四角やその他の形をしていないことは確実であり、いつでも円や四角でなければならないと称するのは滑稽でさえあるでしょう。たとえば、私たちの内部に音の感覚を生じさせる大気の様態や、私たちの内部に光や色の感覚を生じさせる、その同じ大気の様態は確実に物質の様態です。ところが、物質のこの種の様態はそれ自体ではどんな固有で特殊な形もありませんし、私たちの内部でそうした音の感覚を引き起こす大気の作用や活動が円いか四角いかと問うのは滑稽でしょう。私たちの内部で光や色の感覚を引き起こす、その同じ大気の作用や活動が円いか四角いか……と問うのも滑稽でしょう。同様に、わがデカルト派自身が主張しているように、生き物の生命や力や健康のもとになる体液の適切な釣り合いも、またそれゆえ生き物の病気や廃疾のもとになる

同じ体液の不釣り合いも、物質の様態でしかないことは確実です。とはいえ、物質のこの種の様態にはそれ自体どんな形もありませんし、健康や病気たとえば発熱やペストをもたらす体液の釣り合いの善し悪しが円いものか四角いものか、小片や塊に分割し、引き裂き、切り分けられるかどうかと問うのは滑稽でしょう(18)。

最後に、発酵は確実に物質の変様で、わがデカルト派もそれを否定しようがありません。〔八九〕しかし、発酵も体液の適切な釣り合いと同じように、円いとか四角いとかその他何かの形をしているとか言えるものではありませんし、また、延長した計測可能な物質の中に存在しえたり、必ず存在したりさえしますが、そして必ずなんらかの形をとりうる物質の中に存在してはいますが、だからといって、それらにはそれ自体で計測可能などんな延長も、固有で特殊などんな形もありえません。すでに言ったように、円や四角、楕円や三角……などの形をした物質が発酵であるかどうかと問うのは滑稽でしょう。発酵のもとになるのは物質の形状ではないからです。同様に、こうした発酵や体液の適切な釣り合いがオーヌやトワズで計れたり、ポやパントで計れたりするものと理解できるかどうか、それらは円や四角かどうかと問うのも滑稽でしょう。発酵や体液の適切な釣り合いは特定のどのような延長にも、個別的などのような形状にも存しないからです。同様に、この種のものが分銅や天秤で計れるかどうかと問うのは滑稽でしょう。発酵や体液の釣り合いはどのような重さからも成り立ってはいないからです。同様に、発酵や体液の適切な釣り合いがいくつかの部分や塊に裂かれたり(19)、分割されたり、切り分けられたりできると理解できるかどうかと問うのも滑稽でしょう。この種のものはそんなふうに分割されるような本性ではないからです。繰り返しますが、この種の質問をすることはすべて滑稽でしょう。ある事物に、その本性にもその存在様態にもふさわしくない性質や特性を帰そうとするのは滑稽だからです。

したがって、さまざまな本性からなるいくつもの事物に同一の似たような名称しか帰せられない場合でさえ、当然のことながらその名称をさまざまな意味や意味合いで理解し、またそれを説明する必要があります。というのも、この同一の名称をそれが指示するすべての事物に関して、同一の意味合いで理解するのは滑稽だからです。たとえば竿

について、人はそれが長いとか短いとか言います。同じように病気についても、人はそれが長いとか短いとか言います。それぞれの場合について、この長いとか短いとかいう語は、当然違った意味合いに解されなければなりません。というのも、病気の長短が竿の長短に似た存在であるとか、何か似たものであるとか、竿の長短が病気の長短に似ているとか言うのは滑稽だからです。それでは、この語を竿にも病気にも同じ意味合いで解することがなぜ滑稽なのでしょうか。事物の本性や事物の存在様態にふさわしくない性質や特性を当の事物に帰そうとするのが滑稽だからという理由以外にはないでしょう。なぜなら、竿の長さが病気の本性に少しも妥当せず、病気の長さが竿の本性に少しも妥当しないのは明らかだからです。またそれゆえにこそ、人はこうした場合この語のさまざまな意味合いを混同はしませんし、意味を取り違えはしないのです。同様に、北風についてそれがひどく凍えさせる時には風が冷たいと人は言い、同じく、あまり練られておらず弁じ方も下手な演説について冷たい演説だと言い、勢いもなければ情熱もなく話をする演説家について冷たい演説家だと言います。この冷たいという語は、当然ここでもさまざまな意味合いで理解されるべきです。というのも、演説や演説家の冷たさが厳しい北風の冷たさや寒気に何か似たものであるとか、北風の寒気が冷たい演説や冷たい演説家のそれに似ているとか言ったり、考えたりするのは滑稽だからです。それではなぜ、そんなことを言ったり、考えたりするのが滑稽なのでしょうか。一つあるいは複数の事物に、その本性やその存在様態にふさわしくない性質や特性を帰そうとするのが滑稽だからという理由以外にあるでしょうか。北風の冷たさは演説の本性や演説家の本性に妥当せず、演説の冷たさも演説家のそれも北風の本性に妥当しないことは、これまた明らかです。またそれゆえにこそ、人はこの言葉の表す諸観念を、異なる本性の諸事物に当てはめてはいても、それを混同はしませんし、取り違えもしないのです。ところが気まぐれから、あるいは過ちや無知から、いくつもの事物を意味したり指示したりするのに同じ名称や同じ語しか使えないからという口実で、そうした諸観念を混同したり、それらをいつでも同じ意味合いで理解したりしなければならないと信じたりしたら、そしてただこの理由だけから、いくつもの事物に、その本性や存在様態に少しもふさわしくない性質や特性をそのように帰すべきだと思い込むとし

たら、確実に滑稽なことになるでしょう。

ところで、認識や感覚が物質の様態ではありえないことを口実にして、同時に物質のあらゆる様態が当然それ自体延長するものであり、当然円や四角……などであり、小片や塊に分割され、切り分けられるものであると思い込んで、獣には認識や感覚ができないとわがデカルト派の人々が思い込み主張する際、彼らが陥っているのもまさしくこの滑稽さです。彼らは言います。精神が延長しているとか、分割できるとか、どうして想像できるのか。四角形を二つの三角形、二つの平行四辺形、二つの台形に直線で切ることはできる、しかし、どんな線で快感や苦痛や欲求……などを切り分けられると考えられるのか。また、この分割からどのような形が得られるのか、と。彼らはさらに続けます。円や四角や楕円……などの形をした物質が、苦痛や快感や熱や匂いや音……などであると考えられるなら、そして下から上へ、上から下へ曲線や斜線や螺旋や放物線や楕円を描いて動く物質が愛や憎しみや喜びや悲しみ……などであると考えられるなら、獣も認識や感覚ができると言えるだろう、しかし、そのように考えられなければ、自分が何を口にするかも分からずに口をきこうとするのでない限り、そんなことを言ってはならない、と。

それゆえ彼らは、自らの推論に従って、獣に認識や感覚ができたら、精神は延長するものとなり、分割可能なもの、小片や塊に分割され、切り分けられるものとなると思い込んでいるのです。それゆえ彼らは、思考や欲求や快感や憎しみや愛や喜びや悲しみは、円や四角や三角だったり、とがっていたり、その他何か似たような形をしたものであって、それらをばらばらに引き裂いたり、分割したり、切り分けたりでき、そのように分割することで何か新しい形が得られるはずだと思い込んでいるのです。そう思い込んでいなければ、獣に認識や感覚がありうることが彼らに納得できないわけがありません。これこそ彼らの滑稽な点です。なんということでしょう。思考が、欲求が、あるいは快苦の感覚が四角形のように二つの三角形や二つの平行四辺形や二つの台形に分けられたり、切られたりされようもないことを理由に、わがデカルト派は、認識が、そして快苦の感覚が物質の様態であることを認めようとしないのでしょうか。そして、ただそれだけの理由から、獣にも認識や感覚ができることを認めようとしないのでしょうか。「コ

ンナモノノ鑑賞ニ招カレタル諸君ハ、ソノ友ナルガユエニ、果タシテオカシサヲ禁ジ得ベキカ」[九〇]〔ホラティウス『詩法』五行〕。体液の適切な釣り合いが生き物の生命や健康のもとになると主張する時に、彼らはこの体液の釣り合いが何か円や四角であったり、四角形のように二つの三角形や二つの平行四辺形や二つの台形に分けられたり、切られたりするものであって、この分割から何か新しい形が得られると主張するのでしょうか。

気が違っているから、彼らは思考や欲求や意志、また霊魂の、精神のあらゆる感覚や情動や情念について、それらがまるで物体であったり、固有の絶対的な実体や存在であったりするかのように推論するのです。[20] そうしたものが固有の絶対的な実体や存在ではなく、単に存在の様態にすぎないことには気がつかないのです。たとえば思考は固有の絶対的な存在ではなく、ただ思考する存在の様態や生命活動でしかありません。同様に欲求、愛、憎しみ、喜び、悲しみ、快感、苦痛、恐れ、期待……などは固有の絶対的な実体や存在ではなく、ただ求め、愛し、憎み、恐れ、期待し、悲しみ、喜び、善悪を感じる、つまり苦痛や快感を感じる存在の様態や生命活動でしかありません。

ある人々やある人物については、知力や巧みさや学識や才能や人徳があり、他の人々にはそうしたものが欠けていると言われます。それだからといって、ある人々には他の人々にはない独自の固有な存在や実体がある、などと言うつもりなのではありません。そうした人々の巧みさや学識や才能や人徳が、円いか四角いか、どのような線で小片に分割され、切り分けられうるか、その分割からどんな形が得られるか、などと問うのは滑稽でしょう。繰り返しますが、そんな質問をするのは滑稽です。人の巧みさや学識や才能や人徳は、固有の絶対的な実体や存在ではなく、ただ存在のあり方や様態でしかなく、ほかの人より一層自由に一層容易に活動し、思考し、語り、推論する仕方でしかないからです。そのように思考し、語り、活動し、推論する仕方はもちろん固有の絶対的な実体や存在ではなく、すでに言ったように、ただ活動し、思考し、語り、理性を働かせる存在の様態、あるいは生命の活動でしかないのです。

思考や精神、認識や意志、判断や感覚についても事情は同様で、巧みさや学識や才能や人徳と同じく、精神も生命も思考も感覚も固有の絶対的な実体や存在ではなく、ただ生活し思考する存在の様態でしかありません。そうした様

態は、生きているなんらかの存在が持っている、思考し推理する働きや能力に存するものですし、この働きや能力は、ある存在においては他の存在においてより一層大きい、すなわち一層拘束がなく自由であったりします。ですから、こうした働きや能力がある存在においては他の存在においてより大きかったり、ある病気が他の病気より長かったり短かったりしますが、だからといって、思考し推論する働きや能力がそのために円かったり四角かったりするとか、ある存在においては他の存在においてよりその働きや能力が良い形をしているとか、あるいはそのために病気が円かったり四角かったりするとか、小片や塊に分割されたり、切られたりされうるとかいうことにはなりません。というのも、私がすでに言ったように、ある事物の本性、あるいはその固有の存在様態にふさわしくない性質や特性を、当の事物に帰そうとするのは滑稽だからです。ですから、思考し推論する能力の多寡は精神の本性に妥当し、また長短は病気の本性に妥当するものではありますが、それに反して物体的な形状は、まさしく確実に一個の存在様態でしかない精神の本性にも病気の本性にも少しも妥当しません。それゆえ、この種の事物がそれぞれ大きかったり小さかったり、長かったり短かったりするからという口実で、それらが円いとか四角いとか、何かそれ以外の形をしていなければならないと言ったり考えたりするのは滑稽なだけでしょう。

人の生命についてであれ、動物の生命についてであれ、植物の生命についてであれ、肉体的な生命についても当然同様に言わなければなりません。そうした生命は、それらの存在、すなわちそれらを構成する物質の一種の様態、また絶えざる発酵にすぎず、それらが備えうるすべての認識、すべての思考、すべての感覚は、その生命のもとになっているこうした様態や絶えざる発酵の、特殊で一時的な、またさまざまに異なる新たな様態にすぎません。[九一] こうした発酵が物質の一様態であることをデカルト派の人々は否定できませんし、またそれが肉体的な生命のもとになっていることも否定できません。というのも、「肉体の生命や健康のもとになっているのは、体液の適切な釣り合いである」[九二]〔マールブランシュ『真理の探究』第六巻第二部第七章、ロビネ版全集第二巻三九五頁〕、とはっきり言っているからです。しかしながら彼らも、こうした発酵や体液の適切な釣り合いが円かったり四角かったりするとか、どうしても何かそ

れ以外の形をしているとは言えないでしょうし、それをなんらかの線で裂いたり、切ったりできるとも言えないでしょう。それらが物質の様態であるという口実で、この種のものが円かったり四角かったりしていなければならないとか、何かそれ以外の形をしていなければならず、また小片や塊に裂かれたり、切られたりされるに違いないと思い込むとしたら、彼らは自分から笑いものになることでしょう。それゆえ、わがデカルト派が称するように、物質のすべての様態が必然的に円や四角やその他の形のものにならないのは明白です。したがって、認識や感覚は円や四角やその他の形のものではありえない以上、それらは物質の様態ではありえないという口実で、認識や感覚を獣から奪い去ろうとする彼らの方が滑稽なのです。

もっとも、思考や感覚が実際には物質の様態にすぎないということでは彼らが私たちと同意見になるとしても、だからといって、思考し、感覚し、生を営むのは正確には物質ではありません。そうではなく正確には、思考し、認識し、感覚するのは物質で構成された人間や動物です。それと同様に、健康や病気は物質の様態にすぎませんが、それにもかかわらず健康であったり、病気になったりするのは正確には物質ではありません。また同じく、ものを見、聞き、飢え、渇くのは正確には物質ではなく、ものを見、聞き、飢え、渇くのはまさしく物質で構成された人間や動物です。たとえば火やブドウ酒はある仕方で変様した物質でしかありませんが、だからといって木や藁を燃やすのは正確には物質ではなく、またブドウ酒を飲んだ人を酔わすのは物質ではなく、正確には木や藁を燃やすのは火であり、飲みすぎた人を酔わすのはブドウ酒です。〔九三〕なぜなら哲学者の格率によれば、事物の作用や名称は、基体を構成している物質や個々の部分ではなく、正しくは基体にのみ帰されるべきである、「作用ヤ名称ハ基体ニ存スル」〔九四〕からです。

それゆえ、生命や体液の適切な釣り合いや物体の発酵が円や四角、あるいはその他の形のものではないことを口実に、それらは物質の様態ではないと主張する点において、わがデカルト派が滑稽であるのと同じく、生き物の思考や感覚が円や四角、あるいはその他の形のものではないことを口実に、思考や感覚が生き物における物質の様態ではないと主張する点において、彼らは滑稽なのです。また動物の生命は円や四角、あるいはその他の形のものではないこ

とを口実に、動物は生きていないと主張することが滑稽であるのと同じく、獣の認識や感覚は円や四角、あるいはその他の形のものではないことを口実に、獣には認識も感覚もないと主張する点において、彼らは滑稽なのです。ですから、これほど虚しい口実や、これほど虚しく取るに足らない理屈を盾に、「獣には、認識も感覚もできない。獣は快感なしに物を食べ、苦痛なしに叫び、何も知らず、何も望まず、何も恐れない」〔九五〕〔マールブランシュ『真理の探究』第六巻第二部第七章、ロビネ版全集第二巻三九四頁〕と主張する時、デカルト派は明らかに自分で自分を笑いものにしているのです。万事につけ、明らかにその逆のことが見られます〔九六〕。私たちが目にするのは、自然から獣が歩くための足を与えられ、それで歩いていることであり、食べるための口と歯を与えられ、それでものを食べていることであり、自分を導くための眼を与えられ、それで自分を導いていることです。獣は自然から自分を導くための眼を与えられていて、それで何も見ないのでしょうか。聞くための耳があって、それで何も聞かないのでしょうか。食べるための口があって、それで自分が食べるものを何も味わわないのでしょうか。神経繊維や動物精気を備えた脳を与えられたのに、何も考えず、何も認識しないのでしょうか。そして最後に、生命ある肉体を与えられたのに、何も感ぜず、快感も苦痛もおぼえないのでしょうか。こんな虚しい理屈やこんな虚しい口実を言い立てて、そんなふうに思い込み、信じ込もうとするとは、なんという夢想、なんという錯誤、なんという気違い沙汰でしょう。

　なんですって、デカルト派の皆さん、皆さんのようにラテン語やフランス語が話せないから、自分たちの考えを皆さんの言葉で皆さんに伝え、自分たちの欲求、自分たちの苦痛、自分たちの病気、同じく自分たちの快感や自分たちの喜びを皆さんに説明できないから、皆さんは獣たちを認識も感覚も欠いたただの機械と見なすのですって。そんなことを盾に取れたら、イロクォイ族や日本人、さらにはスペイン人やドイツ人の言葉を私たちが何も理解せず、彼らの方でも私たちのように話さない限り、彼らも認識や感覚を欠いた、生命のないただの機械にすぎないと私たちに信じ込ませるのも同じく簡単になるでしょう。デカルト派の皆さん、皆さんはいったい何を考えているのですか。皆さんにも十分はっきり見られないのですか。獣たちには自然な言語があることが〔九七〕。同じ種類の獣たちが互いに理解し合

い、互いに呼び合い、互いに応え合うのが。自分たちの間で仲間を作り、互いに認め合い語り合い、互いに愛し合い[21]愛撫し合い、かなりしばしば一緒に遊んだり気晴らしをしたりし[22]、そして憎み合い互いに我慢ならなくなる人間に劣らず、獣たちが時には憎み合い、殴り合い、互いに我慢ならないでいるのが。撫でてやれば気持ち良さそうにし、体の具合が良く、何の不足もなければ元気で快活に振る舞い、腹が減れば人もそうするかも知れないように大層な食欲でものを食べ、その種やその本性に応じて好物の食べ物があるということが。逆に、病気になったり怪我をしたりした時などは、悲しみ、苦しみ、嘆き、哀れなため息をつくのが。人から打たれれば叫び、人が脅かしたり、追いかけたり、笞でひどく叩けば全速力で逃げるのが。こうしたことはみな一種の自然言語で、それによって獣たちは自分に認識や感覚があることをかなり明白に示しています。この言語は疑わしいものでもなければ、曖昧でもありません。明瞭であり、往々にしてごまかしや裏表、ペテンに満ちている人間の通常の言語ほど疑わしくもありません。

皆さんは、生命のない機械が自然に次々に子を産むのをご覧になっていますか。この機械が、獣たちのように自分から集まって来ては互いに寄り添うのをご覧ですか。獣たちのように互いに呼び合い、応え合うのをご覧になっていますか。獣たちのように互いに一緒に遊び、互いに愛撫し合い、殴り合ったり憎み合ったりするのをご覧ですか。獣たちのように互いに知り合い[23]であったり、自分の主人が分かっていたりするように見えますか。主人に呼ばれればやって来て、叩こうとすると逃げるのをご覧ですか。それにまた主人に忠実で、呼ばれるとやって来て、命じられるままに振る舞う獣たちが毎日しているように、この機械が主人に従い、命じられたとおりに振る舞うのをご覧ですか。ただの機械が、生命のない機械がそんなことをするのを皆さんは見ていません。そんなことはこれからも決して目にされないでしょうが、それでも皆さんは、獣が認識も感覚もなしに、そうしたことをみなするとお考えですか。獣が喜びもなく次々と子を産み、喜びもなく食欲もなく空腹感もなく渇きもなしに飲み食いし、また愛することもなく、見分けることさえなく主人にすりより、主人の声も聞こえず、主人から何を言われたかも分からずに命じられるままに振る舞い、恐れもなしに逃げ、打たれると痛みもなしに叫び声をあげるとお考えですか。すべてそんなふうだと思い込ん

でいるのですか。そんなことすべてを納得さえしているのですか。それも思考が、認識が、感覚が、喜びが、快感が、苦痛が、悲しみが、欲求が、恐れが、食欲が、飢えが、渇き……などが、皆さんの言い分では、円や四角や、その他のどんな形のものでもないから、したがって、それらが物質や物質的な存在の様態ではありえないから、という理由だけでですか。それではあなたがたは気違いです、デカルト派の皆さん。ほかの点では皆さんには大変見識がおありなのですが、こう皆さんを形容することをお許しください。この点では皆さんは気違いです、そしてこの問題では皆さんは真面目に反論されるよりも、むしろ笑いものにされる方が似つかわしいでしょう。「コンナモノノ鑑賞ニ招カレタル諸君ハ、ソノ友ナルガユエニ、果タシテオカシサヲ禁ジ得ベキカ」[九八]〔ホラティウス『詩法』五行〕。物質や物質的な存在の様態すべてが、皆さんがお考えのように、物質や物質的な存在の特性すべてを備えているとは限りません。ですから、物質や物質的な存在の特性の一つが、長さと幅と深さにおいて延長すること、円かったり四角かったりし、いくつかの部分に分割されうることであっても、それだからといって物質や物質的な存在の様態すべてが、皆さんが誤って思い込んでいるように、長さと幅と深さにおいて延長し、常に円かったり四角かったりし、いくつかの部分に分割できねばならないことにはなりません。

　これまで私が与えてきた論証は明白なものです。それにもかかわらず、カンブレ大司教殿〔フェヌロン〕は私たちにこう納得させようとします。「物質は思考できず、また感覚できないこと、大人も子供も物質にそんなことができるとは納得しようがないことはきわめて明白である（これはこの人の言葉です〔メリエによる注記〕）。大人も子供も、何であれ物質が考えたり、感覚したりできると思うどころか、石や木片やテーブルが、あるいは自分たちの人形が苦痛や快感を感じ、喜びや悲しみを味わうかも知れないなどと言われたら、笑わざるをえないだろう」[九九]（一四四頁〔フェヌロン『神の存在と属性の証明』第一部四三項、一七七五年版九八頁〕）。そしてこのことから氏は、物質が思考することも感覚することもできず、大人も子供もそのことを疑えないのはきわめて明白であると結論しています。これほどの身分、これほどの才能、これほどの学識を備えた人としては、これはなんと見事な推論でしょう。石やテーブルや

板が、食器棚が、そして彼らの人形が認識や感覚を備えていると信じさせて他人をもてあそぼうとする人を、大人も子供も笑い馬鹿にするのは、たしかに十分理があるでしょう。繰り返しますが、そんなことを言う連中を笑い馬鹿にするのは、十分理があることです。この種のものが何も認識せず、感覚しえないことを彼らは実際よく分かっているのですから。しかし、彼らの笑いが起こるのは、〔カンブレ氏〔フェヌロン〕がそう思わせようとしているように〕この種のものが物質でしかないからとか、物質からしかできていないからだとかいうことではなく、それらが生き物ではなく、動物のように生命を持っているわけではなく、したがって認識も感覚も持ちえないことがよく分かっているからでしょう。ですから、カンブレ氏〔フェヌロン〕の言い方を使わせてもらえば、ずっと正確にこう言えるでしょう。獣には霊魂もなく、生命もなく、認識も感覚もないと思うどころか、その逆を納得させようとしてデカルト派が言うように、獣は快感なしに物を食べ、苦痛なしに叫び、何も認識せず、何も見ず、何も愛さず、何も望まず、何も恐れないと言われたら、大人も子供もそんな連中のことを笑わずにはいられないだろう〔一〇〇〕、と。それこそまさしく確実に、大人も子供も笑わせることなのでしょう。それほどまでにこの人々は、獣には生命もなく認識も感覚もないと信じることとはほど遠いのです。

　あなたの家畜には生命もなければ感覚もないと、農民たちに一言でも言ってごらんなさい。彼らの牛や馬や牝羊や牡羊が盲目で、禍福も感じないただの機械で、機械[24]や操り人形のようにバネでしか歩かず、何も見ず、自分がどこに行くのかも分からないと言ってごらんなさい。きっと皆さんは笑い飛ばされることでしょう。この同じ農民とか、あるいは別の似たような人々に、あなたの犬には生命もなければ感覚もなく、自分の主人が分からず、主人を見ずに従い、愛してもいないのに主人にすりより、兎や鹿を追いかけて、走ってつかまえても、兎や鹿を見てもいなければ、感じてもいないのだと言ってごらんなさい。飲み食いしても、犬には快感はなく、さらには飢えもなければ渇きもなく、おまけに食欲もないと言ってごらんなさい。さらに、犬は打たれて叫んでも苦痛はなく、狼を前にして逃げてもまったく恐れる気持ちはないのだと言ってごらんなさい、そうすれば彼らがどんな具合にあなたがたを馬鹿にするか

が分かるでしょう。ではなぜ馬鹿にするのでしょうか。それはただ一つ、今しがた述べたような生きている獣に霊魂もなければ生命もなく、認識もなければ感覚もないなどと信じたり、納得したりしているどころか、獣には本当は生命がなく、認識も感覚もないのだと真面目くさって自分たちに言う人のことを、おかしな連中だと見なさずにはいられないからでしょう。それに彼らの判断は、この点では理性にも、人が日常目にしている経験にもきわめて見事に基づいており、必要ならわがキリスト崇拝者たちの『聖書』なるものの権威にさえ基づけられるほどです。そこにははっきりと、獣を最初に創造した時に、神は彼らに生命のある魂を与えたとか、与えたであろうとか記されているのです。『聖書』がこの点についてどう言っているかを、次に掲げましょう。

「神はまた、〈水には生命と生きた魂のあるあまたの這うものが生まれいでよ〉と仰せられた。そして神は大きな鯨と、水がそれぞれの種によって生み出した生きた魂のあるものすべてを創造された」（『創世記』第一章〔二〇―二一節〕）。「また神が、〈大地は生きた魂のあるものすべてを、すなわち地上に生きるすべての動物たちを、牝馬や地の獣たちをそれぞれの種に従い生み出せ〉と言われた。そして、神が言われたようにそれらが創造された」〔同二四節〕。「その後、神は人間を創造されて、こう仰せられた。〈私は種を実らせるすべての草と、実のなるすべての木をおまえたちに与える。それがおまえたちの糧になろう。おまえたち、地上の動物すべて、空の鳥すべて、自ら動くものすべて、自らのうちに生きた魂を持つものすべての糧とするためである〉、ソレガオマエタチノ糧ニナロウ、ソノウチニ生キタ魂ヲ持ツ地上ノ動物スベテノ糧ニナロウ」〔一〇二〕（同三〇〔二九―三〇〕節）。こうした記述に従えば、獣を最初に創造した時に神がそのような魂を彼らに与えたのですから、それゆえ獣は生きた魂、すなわち認識したり、感覚したりできる魂を持っているのです。ですから、正しい理性と日常の経験がそれを日々証明しているばかりでなく、わがキリスト崇拝者の宗教さえもが、こうしたことを疑うべきではないとわがデカルト派に十分明らかに証言しています。ですから、獣は生命のない機械にすぎず(25)、快感なしに物を食べ、苦痛なしに叫ぶとデカルト派が主張する時、彼らは自分で自分を笑いものにしていると私が言ったのには理があるのです。

そうした見解は、徹頭徹尾非難されるべきものです。ただ単にそれ自体が誤りで滑稽だからというだけでなく、人が獣に抱くことができる優しさや親切心を人の心の中で明らかに抑えつけ、獣に対する峻厳な心や残忍な心を吹き込むことさえできるものであるために、何よりもそれ自体忌まわしく、疎ましいに違いないからです。というのも、第一にかくも不幸で、かくも悪しざまに扱われ、かくも多くの禍をこうむっているのが往々にして見かけられる、あの哀れないくたの獣に対して、人間が抱きうる優しさや親切心や共感といった感情に関して言えば、もしデカルト派の言うように獣には霊魂がなく、生命もなく、認識もなく、感覚もないとすれば、獣を憐れみ、その禍や叫びや不平や呻きに心を痛めるのは気違いじみており、彼らに同情するのも気違いじみていることになるでしょうから。〔一〇二〕生命を与えられておらず、どのような禍福も感じることのないもののために、同情するのは気違い沙汰だからです。ですからまた、死体がばらばらにされるのを見ても、それが土の中で腐るに任せておいても、人は死体に憐れみや同情を抱こうとは思わず、縮絨工場でラシャ布が槌で叩かれ縮絨されるのを見ても、木片が音を立てて裂けるのを見ても、それが火にくべられて燃やされるのを見ても、それにあえて憐れみも同情も抱こうとは思いません。繰り返しますが、こうしたものには生命がなく、それ自体どのような禍福の感覚もないのですから、人はこの種のものに憐れみも同情も抱こうとは思わないのです。仮にデカルト派の見解が真実であれば、それは獣についても同様でしょうし、獣がありとあらゆる禍に苦しんでいるのを見ても、どのような憐れみ、どのような同情も抱く必要はないでしょう。そしてこのことこそ、どれほどこの誤った見解が人の心の中で、獣に対して抱きうる優しさや親切心や同情心といった感情をはっきりと抑えてしまうかを示すものでしょう。それこそすでに、あの哀れな獣にはきわめて忌まわしく、きわめて有害できわめて悪い結論であるように、私には思われるのです。

ところがなお悪いことには、こうした見解はさらに人間の生来の邪悪さを煽り、人の心にこの哀れな動物たちへの厳しさや残忍さといった感情を吹き込むおそれがあります。なぜなら、乱暴な人々が、獣には認識も感覚もないと自分は思うということを口実にして、動物を苦しめ、叫ばせ、嘆かせ、呻かせて楽しみ、その哀れな叫びや哀れな嘆き

や哀れな呻きを聞いて楽しむかも知れないからです。また同時に、彼らは獣をひどく残酷な目に遭わせて楽しみ、その責苦のひどさと激しさのために、この哀れな動物たちが仕方なしに激しい動きや滑稽な仕種やひどい渋面を作ると、それを見て楽しむかも知れないからです。たとえばとくに、かの馬鹿騒ぎを好む連中、あるいは非常識な乱暴者どもが、気晴らしのためや公の祝賀に際して、何本かの立てた竿の先に猫を生きたままくくりつけ、下のかがり火に火をつけて生きたまま火あぶりにし、その責苦のひどさと激しさのためにこの哀れで不幸な獣たちが仕方なしに行う激しい動きを見、恐ろしい声を聞いて楽しもうとするようにです。それこそ確実に暴虐で、残忍で、唾棄すべき楽しみ、気違いじみた唾棄すべき喜びです。こうした残忍さを罰し、この哀れな獣に正義をもたらすために立てられた法廷があれば、彼らにとってかくも有害なわがデカルト派の学説、かくも非道でかくも唾棄すべき学説を、私はその法廷に告発し、この学説が人々の精神と信条から完全に払拭され、またそれを支持しているデカルト派の人々が断罪されて公に自らの非を認めて謝罪し、自ら自説を罪とするまで、進んでこの懲罰の執行を求めるでしょう。

さて、私たちの霊魂のいわゆる精神性と不死性に話を戻しましょう。このことに関しては、これまで述べてきたすべてのことが、霊魂はわがキリスト崇拝者たちが理解しているような意味で精神的であるのでもなければ、不死でもなく、本当は獣の霊魂と同様まったく物質的で、死すべきものであることを明らかに示しています。それゆえ、彼らの『聖書』なるものにも、生命あるすべての肉の霊魂は血に存すると記され、そういう理由から、血を食べることがモーセの神聖な掟なるものによってきわめてはっきりと禁止されていました。その唯一の理由は、生命あるすべての肉の霊魂は血に存するからなのです。「ナゼナラ、スベテノ肉ノ命ハ、ソノ血ニアルカラデアル。ソレデ、私ハイスラエルノ子ラニコウ言ッタ。〈オマエタチハ、イカナル肉ノ血モ食ベテハナラナイ。スベテノ肉ノ命ハ、ソノ血ニアルカラデアル。ソレヲ食ベル者ハ誰デモ断タレルデアロウ〉、ト」（『レビ記』第一七章一四節）。そうしたことは死をもって禁じられていましたし、同じ律法の書では、人も獣もともども、「作られて生命ある魂となった。人間ハ作ラレテ生命アル魂トナッタ……」（『創世記』第二章七節）、「地ハソレゾレノ種ノ生キタ魂ヲ生ミ出セ、〔……〕家畜ト、

地ニハウモノト野ノ獣トヲ生ミ出セ。ソシテ、ソノトオリニナッタ」（『創世記』第一章二四節）と言われています。そしてあのノアの方舟に入った動物すべてについても、生命の息があるもの、「生命ノ息ノアルスベテノ肉ノモノカラ一組ズツ」（『創世記』第七章一五節）と言われています。この生命の息とは、同じく『聖書』に記されているように、「神の口からの息吹」にすぎなかったのです。「ソノ顔ニ生命ノ息吹ヲ吹キコマレタ」（『創世記』第二章七節）。さらに別の所では、「神ノ霊ガ私ヲ作リ、全能者ノ息吹ガ私ニ生命ヲ与エタ」（『ヨブ記』第三三章四節）とあります。そしてとくに人間については、ただ体だけでなく、その全体についてこう言われているのです。「人は、自分の体に汗を流してパンを得て、生きるだろう。自分が作られたその土に帰る時まで。なぜなら――と、この『聖書』なるものは言っています――人は塵でしかなく、塵に帰るであろうからである。オマエハ、顔ニ汗シテ、パンヲ食ベルダロウ。オマエガソコカラ取ラレタ土ニ帰ルマデ。オマエハ塵デアッテ、塵ニ帰ルノダカラ」（『創世記』第三章一九節）。かのダビデ王は、人間の、それも地上でもっとも位の高いお偉方や権力者たちの虚しさと脆さについて語って、このように言っています。「彼らの力を当てにしてはならない。彼らの息は去り行き、土に帰り、その時彼らの考えることはすべて、また彼らの企てもすべて消え去るのだから、君主タチニ信頼ヲヨセルナ……、彼ラノ息ハ消エ去リ、土ニ帰ルノダカラ。ソノ日、彼ラノスベテノ思イモ終ワル」（『詩篇』第一四五篇四（二―四）節）。

第九二章　モーセも古代の預言者たちも霊魂の不死を信じてはいなかった

それゆえ、今しがた引用した証言が述べているように、人間の霊魂も獣の霊魂もただ血のうちにのみ存するのであれば、そしてその息が土か塵でしかなければ、それこそまた、私たちの霊魂はわがデカルト派が称するように精神的でも不死でもない明白な証拠となります。そして、さらにそれを裏付けるのは、わがキリスト崇拝者たちから『旧約聖書』と呼ばれ、彼らの間でまったく神的な法と見なされている『聖書』なるものすべての中で、この霊魂の精神性

とか不死性とか称されるものになんらかの言及がなされていたり、あれほど重要であれほどすばらしいあの天国での永遠の褒美なるものや、この現世の後のあれほど重要であれほど恐ろしい懲罰なるものになんらかの言及がなされているのが見受けられないことです。神的と称する古き律法の時代に現れたと言われる、かくも偉大で、かくも神聖な多くの預言者なるものも、そのことについて何も語らず、何も知ってはいなかったのです。かの偉大なモーセ、かのユダヤの民の偉大な立法者、その言葉を信じるならあれほど頻繁に、あれほど親しく神と話をしたというモーセ自身、それについては何も知らず、自分の掟の中でもそのことについては何も言っていませんでした。ただ現世のことにのみ言及し、自分の民にこの世での現世的な褒美しか示していませんし、この世での現世的な懲罰でしか脅していなかったのです（『申命記』第二八章）[一〇六]。ですから、ユダヤの民も、またその中で一番知恵があり、一番重んじられた者たちさえも現世のことしか考えず、この世で手に入れられるもの以外には、期待すべき福や恐れるべき禍があるとは考えなかったのです。自分たちの霊魂が不死であると思うどころか、逆に霊魂は死すべきもの、肉体の死とともに終わるものと確信していたのです。このことに関するかなり明らかで説得力のある証拠や証言を次に掲げましょう。

　善人ヨブは言いました。「木の枝が切られ、すでに乾いて(1)しおれ始めようとも、それでもなお枝には再び緑をつけるという希望がある。新しく水辺に植えられた木のように実際再び緑をつけ、枝を伸ばすこともあるのだから。だがひとたび死ねば、人にはもう希望がない。天が落ちても人が目覚めることはなく、人は決してその眠りから（すなわちこの人が置かれている死の眠りから、ということです〔メリエによる注記〕）醒めることはない。決シテ目ヲ覚マスコトハナク、ソノ眠リカラ醒メルコトハナイ」(2)（『ヨブ記』第一四章一二〔七—一二〕節）。「死んだ人が生き返ると、あなたは思うのか。死ンダ人ガ生キ返ルト、思ウノカ〔『ヨブ記』第一四章一四節〕。人ハヒトタビ伏シテモウ起キズ、天ガ落チルコトガアロウトモ目ヲ覚マスコトハナク、ソノ眠リカラ醒メルコトハナイ」〔『ヨブ記』第一四章一二節〕。また「人の生命は風にすぎなかったのだ、そしてそれは空に消え失せる雲のようにただの風でしかない、私ノ生命ハ息吹ニスギナイ」〔『ヨブ記』第七章七、九節〕とも言っています。同じヨブは悪人や不敬の徒も〔善人と〕同じ幸せに

恵まれるとして、そのために彼らを妬んでいたように見えますが、その幸せのうちには次のようなことも入れています。「楽しみと喜びと現世のありとあらゆる福に囲まれて人生を過ごし、その後瞬時に黄泉の国に下る」〔『ヨブ記』第二一章一三節〕こと、すなわち病気で衰弱することもなければ、人生の苦悩を味わうこともなく、まるでどのような苦痛を感じる暇さえもないかのように、瞬時に生から死へと移ることです。「ソノ良キ日々ヲ過ゴシ、瞬時ニ黄泉ノ国ニ下ル」（『ヨブ記』第二一章一三節）。ところで、霊魂が不死であるとしたら、そしてわがキリスト崇拝者たちが主張しているように、死後の地獄には悪人たちが恐れなければならない永遠の責苦があるとしたら、ヨブが言っているようにすぐに地獄に下りることは、悪人たちにとって良いことでないのは確実です。逆に、それはこれから彼らの身に起こりうる、もっとも重大でもっとも恐ろしい不幸となるでしょう。ですから、瞬時に黄泉の国に下ること、すなわちすぐに墓地や墓穴に入り込むこと、そして長く激しい苦痛を感じる暇もなしに一瞬のうちに死ぬことを、ヨブが悪人たちの最大の福、彼らの最大の幸福のうちに数えている以上、それこそ彼らの霊魂が不死で、死後に苦しむべきなんらかの禍が彼らにあるとはヨブが考えていなかった明らかな証拠です。

預言者のダビデ王も同じ見解に与していました。それは王の『詩篇』のいくつもの箇所にはっきり表れています。ダビデ王は、神に語りかけでもするかのように言いました。「主よ、私を助けに来たまえ、私を救いたまえ。あなたの慈悲によって私を助けたまえ。死してあなたを思い出す者はなく、死して墓の中であなたを称えうる者はないのですから。死シテ、アナタヲ思イ出ス者ハナイノダカラ。黄泉デアナタヲ称エル者ガアルダロウカ」〔『詩篇』第六篇五、六節〕。「主よ、私は日がな一日あなたを呼ばわります。あれは死者の間で、あるいは死者に向かってなのですか、あなたがあなたの権能の驚異を現されるのは。医師たちはいつか人に生命を返して、あなたを称え揚げられるのでしょうか。人はあなたの慈悲を墓の中で語るのでしょうか。忘却の地にあって、人はあなたの驚異とあなたの裁きの正しさを知るのでしょうか」〔『詩篇』第八七篇一〇―一三節〕。これは、死後にはもう知識もなく、神の驚異や偉大さを認識しうる手立てもないことを意味します。「アナタハ死者ノタメニ驚異ヲ行ワレルノカ。ソレトモ医師タチガ彼ラヲ

生キ返ラセルノデショウカ〔……〕。誰カガ墓ノ中デアナタノ慈悲ヲ語ルノデショウカ〔……〕。闇ノ中デアナタノ驚異ガ、忘却ノ地デアナタノ正義ガ知ラレルノデショウカ」（『詩篇』第八七篇一一、一三〔一〇—一三〕節）。別の箇所ではこう言われています。「天は神なる主のためにあるが、地は人の子のためにある。主よ、死者はあなたを称えることはなく、墓に下りた者も誰一人あなたを称えず、私たち、生きている私たちが、今もそして生命の絶える日まで主を褒めたたえるだろう」（『詩篇』第一一三篇一六、一七節）。これは、わがローマ教会のキリスト崇拝者たちが、毎日曜日その晩課で唱えているものです。「天ハ主ノ天、ダガ地ハ人ノ子ラニ与エラレタ。主ヨ、アナタヲ称エルノハ死者デハナク、黄泉ノ国ニ下ル者デモナイ。生キル者ワレラコソガ主ヲ褒メタタエル」（『詩篇』第一一三篇一六、一七〔一六—一八〕節）。預言者イザヤの伝えるところでは、エゼキア王もほぼ同じことを言っていたようです（『バルク書』第二章一七〔一七—一六〕節）。「主よ、私が朽ち果てることのないように、あなたは私の命をお救いくださいました。黄泉はあなたを知らず、死はあなたを称えないからです。墓穴に下る者たちは、一人としてあなたの真理を知らないからです。しかし生きている者こそ、今日私自身がしているようにあなたへ賛辞を呈することになる者でしょう。父は子供たちに、あなたの裁きの正義と真実を知らせるでしょう。黄泉ハアナタヲ知ラズ、死ハアナタヲ称エナイ。穴ニ下ル人タチハ、モウアナタノ真実ニ望ミヲオカナイカラデス」[3]（『イザヤ書』[107]第三八章一八〔一七—一九〕節）。

「賢者も愚者も、同じ運命に至るしかない」、と『伝道の書』は言います。それゆえ、こう考えるのです。「いくら知恵に耽っても役立つところはほとんどない。賢者も愚者も、同じ運命に至るしかないのだから。賢者ノ目ハソノ頭ニ、愚者ノ歩ミハ闇ニ。シカシ二人共々同ジヨウニ滅ビルモノダトイウコトヲ、私ハ知ッタ。ソシテ心ノ中デ言ッタ、〈愚者モ私モ、同ジ運命ニ至ルノダトスレバ、私ガ一層知恵ニ骨折ルコトハ、何ノ役ニ立ツノダロウカ〉……ヤガテ来ル日ニハ、スベテ等シク忘レラレテシマウ」（『伝道の書』第二章一五〔一四—一六〕節）。同じ『伝道の書』は言います。「神は人を、獣と同じように作られた。そのため人の境遇は獣の境遇に等しく、どちらにも同じ結末しかない。

一方が死ぬのと同様、他方も死ぬ。ともども、同じ生命の息しかもたない。人に獣にまさるものはなく、すべては虚しいものでしかない。人の息が高く昇り、獣の息は低く降りると、誰が知ろう。それだからこそ、人には楽しむこと、そしてその仕事の成果を平穏のうちに享受すること以上に良いことはないのが私には分かるのだ。それが人の分け前であり、また人が手に入れうる福のすべてなのだから。人ニモ獣ニモ同ジ滅ビガアリ、運命ハドチラニモ同ジモノデアル」（『伝道の書』第三章一九節）。「賢者は愚者にまさる何があるか。より良い人生を見いだすことであろうか。知らないものを望むよりも、持てるもの、愛するものを見、手にする方が良い。好マシイモノヲ目ニスルコトハ、知ラナイモノヲ熱望スルニマサル」(4)（『伝道の書』第六章八―九節）[二〇八]。「生きている者は死ぬべきことを少なくとも知っている。しかし死者はもう何事も知らず、完全な忘却に陥っているのだから、もはや期待すべき褒美もない」（『伝道の書』第九章五節）[二〇九]。「死を恐れてはならない。死後には受けねばならない非難も叱責もないのだから。死ノ宣告ヲ恐レルナ……黄泉デハ、アナタノ生涯ヲ非難スルコトハナイノダカラ」（『集会の書』第四一章七（三、四）節）[二一〇]。「愛も、憎しみや妬みも死んでゆく者たちとともに終わり、彼らはもはや日の下に行われることには何の関わりもない、だから、あなたは行って、喜んであなたが手にしているパンを食べ、酒を飲め。愛する妻とともに人生の喜びを楽しむがよい。それこそがこの世であなたが期待できる最良のものすべてなのだから。生キテイル者ハ自分ガ死ヌトイウコトヲ知ッテイルガ、死ンダ者ハ何一ツ知ラナイ。サア、アナタハ行ッテ、喜ビヲモッテアナタノパンヲ食べ、楽シイ心ヲモッテアナタノ酒ヲ飲ムガヨイ。アナタハソノ愛スル妻トトモニ楽シク暮ラスガヨイ。コレハアナタガ世ニアッテ受ケル分、アナタガ日ノ下デスル労苦ニヨッテ得ルモノダカラデアル。」（『伝道の書』第九章五、九（五―九）節）[二一一]。ところがもし霊魂が、わがキリスト崇拝者たちの言うように不死であったならば、霊魂が神の偉大さや驚異を一層認識できるようになるのは、肉体の死後、物質から解放された後のことになるでしょう。その時に霊魂は神への賛歌を歌い、その永遠の褒美を一層受けるようになるはずでしょう。

ですから、『旧約聖書』のこうした偉大で神聖と称される人物すべての証言に従えば、死後にはもはや知識はなく、

死後には神を知る手段もなければ、また神を称える手段もなく、人は獣と同じでどちらにもすべて同じ運命しかなく、天は主である神のものでしかなく、地が人のものであり、死んだ者たちはもはや主を称えることができず、ただ生きている者たちだけが生きている間に神を知り、神を称えうるのであり、賢者にも愚者にも同一の似通った運命しかないため、どれほど心を配って知恵を求めてもおよそ役に立たず、知りもしないものを望むよりも愛するものを手に入れ保つ方が良く、死後には待つべき褒美ももうなく、そしてさらに、人が手に入れられる最良の分け前は、この世で生きている喜びと満足を平穏のうちに楽しく享受することであり、またそのようなことこそが人の分け前である以上、それこそ霊魂が不死であるとは彼らが考えておらず、逆に死すべきものだと信じていた明らかで確実な証拠です。

実際、この人たちは本当にそのとおりだと信じていたのです。そのことは、唯一神の選民と称するユダヤの民全員の共通の信念でした。彼らはこの世よりほかの生は知らず、死後に褒賞と懲罰があるとも主張しませんでした。それに、神のものと彼らが信じていた法がそのことについては何も言っていないのに、彼らがどうやって死後の褒賞を期待したり、懲罰を心配したりしたでしょうか。限りなく善で限りなく賢明な神が、これほど重大でこれほど重要な真理を、自分が愛され、崇められ、忠実に仕えられたいと思い、またこれほど格別にその恩恵と恵みを施そうとしていた人々に隠そうとしたとは信じられません。彼らの霊魂が不死であることや、善人を待つ永遠のいとも幸せな暮らしと、悪人を待つ永遠に不幸な暮らしについて、神が彼らに明らかな知識や確かな推定を与えていたら、この世での褒賞と懲罰だけを提示すること以上に神を愛させ、恐れさせ、忠実に仕えさせる一層強力な動機になったことでしょう。ある古代の雄弁家に関して、この人があまりにも熱心に霊魂の不滅を説いたので、それ以上そのことについて語るのを禁じなければならなかったと伝えられています〔一二〕。というのも、この人の演説に*1感じいった幾人もの聴衆が自ら命を絶って、この雄弁家が聴衆をだまし弄ぶ種にした、あのいとも幸せな不死なるものを一刻も早く享受しようとしたからでした。ですから、霊魂の不死に関する明らかで完全な知識や、あの世で自分が功罪に応じて永遠の褒賞か懲罰を受けるという強い確信を全能(5)の神がその民に与えていたら、彼らに心から神を愛させ、神の律法とその神聖な掟を遵

守させ、神に逆らうのを恐れさせるまったく強力な動機となったことでしょう。しかし、神は彼らにそうした知識を授けてはおらず、あの世へのどのような期待も恐れも与えなかった以上、それこそ、そうした霊魂の不死なるものは何物でもなく、あの世での永遠の褒賞と懲罰なるものが何物でもなく、したがって、それに関してわがキリスト崇拝者たちが口にすることはすべて、虚妄、嘘、誤謬、錯誤、ペテン、そしてただ「民衆はあまり真実を知らず多くの虚偽を信ずる必要がある」〔一二三〕〔モンテーニュ『エセー』第二巻第一二章、邦訳、岩波文庫、第三巻一七七頁、原二郎訳〕と言う幾人かの政治家のあの格率のみに基づく、人間精神の虚構でしかない確実な間違いない証拠です。

＊1　今日では、天国で期待させようとする永遠の福や喜びや褒美のえも言われぬ偉大さを、わがキリスト崇拝者たちに説教しようとしても無駄なことです。そんなものを見に行きたいとは、彼らの誰一人として思っていません。このことは、天国について人から聞かされることや自分が口にすることを、彼ら自身ほとんど信じていない確かなしるしです。(6)

第九三章　有名な博物学者、プリニウスも霊魂の不死性を信じていなかった。この問題に関するプリニウスの見解

有名な博物学者で、きわめて見識ある人でもあったプリニウスは、そうした霊魂の精神性や不死性なるものを嘲笑しています。この人がどう言っているかといえば、それはこうです。「人が埋葬された後の霊魂についてはさまざまに言われている。しかしながら、人は死後自分が生まれる以前にあったのと同じ存在へと戻り、生まれる以前そうであったのと同様、死後は肉体にも霊魂にも感覚はないと考えられる。けれども虚栄心と愚かさから、人は死後に自分が何かになるだろうと考えさせられるようになる。だから死のただなかでさえ自惚れ、なにがしかの生を期待するのだ。ある人々は霊魂に不死性を帰し、他の人々は霊魂は姿を変えると言う。またなかには黄泉にいる者たちには感覚があると考える人もおり、そのために彼らは人間のままでいられなかった者を神に仕立て、作り上げては、黄泉にいる者たちを敬うのである。それではまるで、生命を与える人間の息は獣の息とは異なっているかのようであり、ある

いは不死性という一点だけは与えられていないけれども、人間よりもずっと長生きするものなどこの宇宙には存在しないかのようである。それでは私に示してほしい、霊魂というものにつき従う肉体を。霊魂の思考はどこにあるのか。その視覚はどこにあるのか。聴覚はどこにあるのか。何をしているのか。何に携わっているのか。あるいは、こうしたものが何もないとしたら、霊魂にどのような福がありうるのか。いやはや。だが霊魂はどこに行くのか。ああ、この世がこの世であって以来どれほどの霊魂が存在したことだろう、きっと陰のように濃密になっているに違いない。だからこそ、こんなことはすべて、決して消えようとしない、子供たちの夢想や大人たちの思いつきにすぎないのだ。それゆえに、デモクリトスが約束しているように、復活を期待して肉体を保っておくなどはとてつもない狂気であり、彼自身まだ復活してはいないのだ。だが死によって第二の人生に入ることができるなどと考えるとは、なんという狂気であろうか。生を受けたすべての人が、霊魂の感覚を天上に、自分の影法師を地獄に委ねて、どのような休息がありうるというのか。それこそ言葉の誘惑であり、人間の愚劣な信念が、未来の生を気遣う人にそうやって死を二重のものにしては、自然の主要な福たる死が与える安らぎのすべてを打ち壊してしまうのだ。というのも、存在することが大きな福ならば、かつて存在したと考えてどのような満足を持てるというのか。ああ、各人が自らを信じ、生まれる以前に自分がどうであったかという経験に自信を持つ方がずっと容易で、ずっと確かなことではないか」(第七巻第五四章〔プリニウス『博物誌』第六六章「霊魂と動物について」、邦訳、雄山閣版『プリニウスの博物誌』第一巻三三五―三三六頁、中野定雄・中野里美・中野美代訳〔一一四〕〕)。これが、自分の霊魂の不死に関して幾人かの人々が抱いていた虚しく、気違いじみた見解について、著者が語っていることです。

「霊魂不滅の説は、トゥルス王[*1]の時代にシリア〔スュロス〕のフェレキュデス[*2]によってはじめて説かれた、そうキケロは言っている。ある人々はそれを考え出したのはタレス、またある人々は別の人だとしている。この説は、人間の知識のうちでもっとも多くの保留と疑問をもって論じられる部分である。もっとも断定的な独断家たちでさえ、〔……〕この点ではアカデメイア派のあいまいさに逃げ込まざるをえない。アリストテレスがこの問題をどう決定し

たかは誰も知る者がない。これは一般にすべての古人も同じことで、やはり確固たる信念をもたずに論じている。アリストテレスは信奉者たちに、自分の判断についてもまた問題そのものについても好きなだけ論争をさせておいた」（〔モンテーニュ〕『エセー』五二一頁〔邦訳、岩波文庫、第三巻二〇七―二〇八頁、原二郎訳〕）。「人間の霊魂の不滅を真理と信じて、もっとも強く固持した人々が、これを人間の力によって立証できなかったとは驚くべきことである。ある古人は、それは教える人の夢ではなく希望する人の夢だ、〈ソレハ教エル人ノ夢デハナク希望スル人ノ夢ダ〉、と言った」（同書五二二頁〔邦訳、岩波文庫、第三巻二〇九頁、原二郎訳〕）。「それは、私たちに約束はするが証明はしないきわめて楽しい事柄だ、コノモットモ楽シイ事柄ヲ、証明スルヨリモ約束トシテ与エヨウトシテ、とセネカは言っている」〔一二五〕（同書五二二頁、邦訳、岩波文庫、第三巻二〇八頁、原二郎訳）。この問題について古代の哲学者たちが抱いていた見解のすべてをここで個々に述べるのは長すぎますし、おそらく無用でさえあるでしょう〔一二六〕。これまでそれについて私が言ってきたことで十分に、わがデカルト派が称するように私たちの霊魂は精神的でも不死でもないことがはっきり示されています。そして霊魂の本性やその働きを十分明瞭に知ることは、私が以前に指摘した理由から困難ではありますが、それにもかかわらず私たち自身、次のことは自分の内外で十分確実に感じているのです。それは、私たちが物質でしかなく、私たちのもっとも精神的な思考も私たちの脳の物質の中にしか存在せず、思考は脳の自然的組成に依存してのみ生じること、またしたがって、私たちが霊魂と呼んでいるものも、私たちの肉体のもっとも繊細で、もっとも微細で、もっとも活潑な物質の一部にほかならないはずであり、その物質はそれよりも粗大な他の一部の物質と一定の仕方で混ざり合って変様し、この物質とともに有機体を構成し、その連続的な活動によって有機体に生命や運動や感覚が与えられる、ということです〔一二七〕。

＊1　ローマの第三代の王

＊2　七賢人の一人

これらすべての命題は明らかに首尾一貫していますし、それゆえ霊魂は精神的でもなければ不死でもなく、肉体と

同じく物質的で滅びるものであることは明白です。肉体と同じく物質的で滅びるものであれば、それゆえ死後に期待すべき褒賞も、恐れるべき懲罰も存在しなくなります。死後に期待すべき褒賞も、恐れるべき懲罰もなければ、それゆえ徳や善行が決して報われることのない幾千、幾百万の正しい無辜の人がいることになります。また同じく、忌まわしい罪や悪行が決して罰せられることのない幾千、幾百万の悪人や憎むべき悪党が存在することになります。なぜなら、罪が決して罰せられないまま死んで行く幾千、幾百万の悪人が、徳や善行に褒美を貰えないまま死んで行く幾千、幾百万の正しい無辜の人が日々存在するからです。褒美を貰えずにいるあれほど多くの正しい無辜の人や、刑罰も受けずにいるあれほど多くの不敬の悪人が存在するならば、それゆえ正しい人や無辜の人に報いる至上の善性も、行いに値するように悪人を罰する至上の正義も存在しません。至上の善性も至上の正義も存在しなければ、さらに至上の英知も至上の力も存在せず、至上の善性も正義も英知も力も存在しなければ、それゆえ限りなく完全な存在はなく、したがって神は存在しません。これこそ私が証拠立て、証明しなければならなかったことですが、この結論はすべて互いに明らかに首尾一貫しており、かくして神は存在しないことがすべての迷信深い神崇拝者たちに対して、説得力をもって証明されるのです〔一一八〕。

第九四章　悪の避けがたい必然性は、悪を防げる存在はいないことの別種の証明である

私はこれまでにも、この真理を一つの論拠によって説得力をもって証明しました。それはこの世で日々見かけられる夥しい、ほとんど無限ともいえる禍や悲惨、悪徳や邪曲から引き出されたもので、こうした禍、こうした悪徳、こうした邪曲は万物を申し分なく作り、申し分なく統治し、悪を防げる、限りなく善で限りなく賢明な全能の存在はないことをはっきり示すというものでした。いまや、悪の必然性そのものから引き出される論拠によって、この同じ真理をさらに明らかに証明しなければなりません。この悪の必然性は、自然の現在の構成によれば、善そのものから、

さらに今述べたあらゆる悪徳やあらゆる邪曲を取り除くことからも必然的に出てきます。というのも確かに、明らかにいつも新たなものを生み出す傾向にある、それも単にあらゆる種類の草や植物を新たに生み出すだけでなく、人間やあらゆる種類の動物をも新たに発生させる傾向にある自然の現在の組成によれば、もしもこの世に悪が存在しなかったならば、たとえば人々の間に、また動物たちの間に死や病気がなかったならば、あるいは、ただ人間たちやその他の動物たちが現にしているように互いに傷つけ合い、引き裂き合い、破滅させ合うことがないだけでも、人間にしろ動物にしろ数が増え、そのため互いに押し合いへし合いせざるをえず、大地は彼らを収容しきれず、彼らを養って全員を生き永らえさせるだけのものを作り出せず、その結果十分な食料もなく、全員が占めるべき十分な場所さえもないことになって(1)、人間や動物は互いに食べ合い、飢えで苦しみ、飢えで死ぬ羽目になることは確実だからです。こうしたことはとにかく禍、しかもきわめて大きな禍でしょう。それゆえに、いずれにせよ悪が存在することは自然の現在の組成に従えば、避けがたい必然なのです。したがって、人間や動物の欠陥や悪意や邪悪さから今日生じているような悪が起こらなかったとすれば、必然的かつ不可避的に、地上にいる人間やあらゆる種類(2)の動物の数があまりにも増えすぎ、彼らはどこにも場所を占められず、食べるものもみな十分には手に入れられず、互いに引き裂き合い、食べ合わずにはいられなくなります。このことは私たちに、この世は必然的に善と悪の混淆であり、自然の現在の組成によれば必然的に善と悪とが存在しなければならないことを、はっきりと示してくれます。というのも、善と悪のこの疎ましい混淆なしには、また多数の生まれ出たものたちが日々終わりを迎え、新しいものに席を譲ることなしには、自然の中で相続いて起こる発生や産出の自然な秩序は維持されえず、存続しえないからです。そのようなことは自然の現在の組成に従えば、一方の善と他方の悪なしには、すなわち一方の誕生と成長、そして他方の破壊なしには――それは一方にとっては善であり、他方にとっては悪です――起こりえないのです〔二一九〕。

しかるに、限りなく善で限りなく賢明な全能の存在がこの世を創造しておきながら、こうした善と悪の入り乱れた混淆、あるいはカンブレ氏〔フェヌロン〕が言うような「偉大さと卑しさとの理解を絶した混淆」〔二二〇〕〔フェヌロン『神の

存在と属性の証明』第一部八八項、一七七五年版二〇五頁〕を作ろうとしたなどとは信じられませんし、それは考えることさえできないでしょう。全能で限りなく善で限りなく賢明な存在は、自分を欺くことも、自分の限りない善性と限りない英知という本性そのものに反することもできなかったでしょうし、したがって、どんな悪も混ぜることなく常に善を行うことができた時に、悪を行おうと望むことはできなかったでしょう。かくして、この世は必然的に私たちが目にしているように善と悪とが入りまじった混淆である以上、明らかにこの世は限りなく完全な存在によって作られたのではなく、したがって神は存在しないことになります。この論拠はこれまた説得力のあるもので、白日のごとく明らかです。[3]

第九五章 この問題に関して提出されたすべての証明がみな互いにつながり合い、支持し合い、裏付け合いながら一致していることは、これらの証明が真実堅固で確実なものである証拠である

しかし、これまで述べてきたすべてのことを裏付ける一種の証明を、ここでさらに掲げましょう。それは、先に私が提出した説得的で明らかなすべての証明に関しては、またこの問題についてこれまで私が行ったすべての推論に関しては、互いに否定し合ったり、矛盾し合ったり、相反したりするどんな証拠、どんな命題[1]、どんな推論も存在しないことです。それどころか、私が立て、提示したすべての命題[2]、私が提出したすべて明白なあらゆる証拠は、すべて互いにつながり合い、支持し合い、裏付け合っています。同様に、この問題について私が行った推論は、すべて互いにつながり合い、支持し合い、裏付け合っています。それはちょうど、互いにつながり合い、明らかに支持し合い、裏付け合う説得力ある一続き、ないしは一連の命題[3]や証明や推論のようなもので、このことはそれらすべてが真理そのものという堅固な基盤に依拠している確実で間違いないしるしです。というのも、こうした問題に関する誤謬は、これほど強固でこれほど強力ないくたの根拠の完全な一致によって裏付けられることはありえないからですし、またここに証明されたもののように、これほど多くのこれほど明白な真理の証言によって証拠立てられ、証明されうる真

理はおそらく存在しないからです。

わが迷信深い神崇拝者たちが言う神の存在なるものに関する説の方は、そうは行きません。彼らはこの存在について、どんな明瞭確実な証拠も与えられないでしょう。神の本性や属性や完全性、またその働きについて彼らが言うことには、手に取るように明らかな多くの対立や矛盾が見られます。またそれに劣らず、こうしたことについてわがキリスト崇拝者たちが言うことは滑稽で馬鹿げています。というのも、彼らは両立しがたいことを神に帰していて、彼らが一つの理由によって証明したと称することは、往々にしてその反対の理由によって否定されるからです〔一二〕。たとえば、彼らが自分たちの神の本性に帰している単一性は、同じく彼らが神に帰している位格の三者性を否定します。また位格の三者性は、逆に神の本性の単一性を否定します。ここに言う位格のうちの二つのものの発生と産出は、それらの永遠性なるものを否定し、それらの永遠性なるものは同じくそれらの発生と産出なるものを否定します。どんな部分もどんな延長もない神の本性の不可分な単純性は、彼らが神に帰している広大さを否定します。またこの広大さなるものは、延長がないという本性にはっきり反しています。彼らが自分たちの神に帰している不動性や不変性は、神のうちの第一原因、第一動者という性質を否定しますが、これらもまた彼らが神に帰しているものです。そしてこの第一原因、第一動者という性質なるものは、神のうちのこの不動性なるものや不変性なるものを否定します。なぜなら、それ自体絶対的かつ本質的に不変不動であるものは何も変えられず、自分の外でも内でも何も動かせず、運動させられないからです。彼らが神に帰している限りない善性と慈悲なるものは、神の限りない[4]正義なるものの峻厳さを否定し、限りない[5]正義なるものの峻厳さは、神の限りない善性と慈悲なるものの優しさ[6]を否定します。申し分なく振る舞ったり、善をなしたりするために、神の恩寵による個別的な助力を絶えず求めなければならない必要性について彼らが主張することは、彼らが人間の自由と自由意志について主張していることを否定し、人間の自由と自由意志について彼らが主張していることは、彼らが神の恩寵による個別的な助力の必要性について主張していることを否定します[7]。世界の統治や、個々の物の個別的な統治でまで彼らが神に帰している限りない英知と全能の力、全般的な摂

理は、当然完璧なまでに見事ですばらしい万物の規則正しい運行がそれに伴うはずで、そうしたものは、かくも見事に、かくも賢明に、かくもうまく万物を統治する限りなく完全な存在の善性と英知と全能や、(8)称賛すべき摂理をはっきりと示し、認めさせ、感嘆させるはずでしょう。ところが、それとは逆のことが明らかに、またはっきりと見られること、禍や恐るべき悲惨が見られること、広く万人が目にし、広く万人が行う悪徳や放埒や忌まわしい邪曲が見られること、(9)こうしたことは万物を統治する限りなく完全な存在のあの英知なるもの、あの全能なるもの、あの全般的な摂理なるものへの信心を完全に否定しています。加えて、この問題について自らの説を立て、それを説明するためにわがキリスト崇拝者たちが用いるさまざまな理由は、それ自体あまりにも脆弱で、あまりにも相反と相互矛盾に満ちているため、それらは自分で自分を否定しており、どのような信を置くにも値しないものになっています。このことはまた、彼らの原理や彼らの教説が誤謬であるはっきりした証拠で、したがってまた、それとは逆の対立する教説が真理である明白な証拠でもあります。

第九六章　本書全体の結論

ここまでの論拠は、すべて可能な限り[1]論証的なものです。少しの注意、わずかな注意さえすれば、その明白さが理解できるでしょう。ですから、この世にあるすべての宗教は、本書の始めで述べたように[一]人間の発明でしかなく、また宗教が私たちに教え、無理やり信じさせようとすることはすべて、誤謬、錯誤、嘘、ペテンにすぎませんし、すでに言ったように嘲弄家やペテン師や偽善者[2]によって人々を欺くために発明されたもの、あるいはそうやって人々をくびきにつなぐためや、人から言われたことをすべて神から来たものだと盲目的に愚かしくも信じる無知な民衆を思いどおりにするために、狡くて悪賢い政治家たちによって発明されたものにすぎないことが、これまで主張してきたすべての論拠から明らかに証明されます。そうやってそうしたことを俗衆に信じさせるのが有益で好都合だと、狡くて悪賢い政治家たちは主張しますが、それは彼らも言うように「民衆はあまり真実を知らず多くの虚偽を信じる必要がある」[二]〔モンテーニュ『エセー』第二巻第一二章、邦訳、岩波文庫、第三巻一七七頁、原二郎訳〕という口実からです。

そして、この種のあらゆる誤謬[3]、錯誤、ペテンはこの世にある限りない禍や限りない悪弊、また限りない邪曲の源であり原因であり、地上であれほど多くの民を呻吟させている圧制そのものも、一見もっともらしいとはいえその実偽りで忌まわしい宗教という口実に隠れている以上、現にあるようなそういう[4]宗教や国法のガラクタは結局はみな不法の奥義[三]でしかないと、私が主張したのは大いに正しかったわけです。そうです、親愛なる友人の皆さん、そんなものは実際不法の奥義でしかなく、それも忌まわしい不法の奥義でしかありません[5]。なぜなら、まさしくそうした手段によって皆さんの司祭たちは、皆さんを幸福のうちに神へ導くとか、神の神聖な掟や神聖な命令を守らせるとかいう口実で[6]、彼らの虚しく気違いじみた迷信[7]の唾棄すべき耐えがたいくびきの下に皆さんを赴かせ、哀れにも皆さんをそこにいつまでもつなぎとめようとするからです。まさしくそうした手段によって、君主や地上のお偉方は皆さんを統

治し、公益を維持するとか得させるとかいう口実で(8)、皆さんを略奪し、搾取し、破滅させ、抑圧し、暴虐の限りを尽くしているからです〔四〕。

できるものなら国の端から端まで、いやむしろ地上の隅から隅まで、私の声を響き渡らせたいのです。力の限り私はこう叫ぶでしょう。ああ人間たちよ、あなたたちは狂っている、そんなふうに導かれるに任せ、あれほど多くの馬鹿げたことをかくも盲目的に信じるのは気違い沙汰だ、と〔五〕。あなたたちは誤謬に陥っており、あなたたちを支配している連中にだまされ、あざむかれているのだ、と言って聞かせるでしょう。人間を至る所でかくも哀れでかくも不幸な目に遭わせ、後世には間違いなく私たちの時代の不名誉や恥辱となるこの忌まわしい不法の奥義を、私は彼らに暴露するでしょう。あれほど多くの誤謬、あれほど多くの錯誤、あれほど多くのかくも滑稽で甚だしいペテンを信じ、かくも盲目的にそれらに信頼を寄せている彼らの気違いぶりと愚かさを私は非難するでしょう。かくも忌まわしい暴君どもをかくも長い間生かしておき、連中の暴虐な統治、暴虐な支配(9)のかくも忌まわしいくびきを揺るがしもしない彼らの卑怯さを私は非難するでしょう〔六〕。

年老いた暴君を見るほど稀なことはない、とかつてある古人が言ったものですが〔七〕、その理由は、暴君どもが支配するに任せ、彼らを長く生かしておくほどの弱さや卑怯さ(10)がまだ人々にはなかったからです。暴君どもが権威を悪用すれば、連中を厄介払いするだけの気構えと勇気が人々にはありました。ところが、暴君どもが生き永らえ、支配しているのを見るのは、今では珍しいどころではありません。人々は少しずつ(11)奴隷の境遇に慣れ、もう今では自分たちの昔日(12)の自由を取り戻そうとはほとんど考えもしないほど慣れっこになってしまっているのです。彼らには、奴隷の境遇が自分たちの本性から生じた状態に思えるのです〔八〕。またそのためにこそ、この忌まわしい暴君どもの慢心は日々ますますつのり、そのためにまた(13)連中は、暴虐な支配の耐えがたいくびきを日々ますます重くのしかからせるのです。「彼ラノ傲慢サハ常ニツノッテイク」（『詩篇』第七三篇二三節）。彼らの不法と邪悪さは脂肪のつきすぎや栄えすぎから来るかのようです。「彼ラノ不法ハ、ホトンド脂肪ガ多スギルコトヨリ生ズル」（『詩篇』第七二篇七節）。連中は悪

徳や邪曲に喜びを感じるまでになっています。「彼ラハ心ノオモムクママニナッテシマッテイル」〔同〕。またそのためにこそ、民衆は彼らの暴虐な支配のくびきの下でこれほど悲惨、これほど不幸になっているのです。

過去の時代に見られた、暴君どものあの勇気ある殺害者はどこにいるのでしょうか。かのブルトゥス[九]、かのカッシウス[二〇]はどこにいるのでしょうか。カリグラ[二一]や、それに類する他の多くの怪物[14]を殺害した高潔の士はどこにいるのでしょうか。プブリコラ[二二]のような人はどこにいるのでしょうか。民衆の自由の勇気ある守り手、王や暴君を国から追放し、すべての個人に暴君を殺してもよいと許したあの人々はどこにいるのでしょうか。王たちの暴虐を手厳しく記し、それを大胆に告発したカエキーナ[二三]その他多くの人々はどこにいるのでしょうか。あの皇帝たち、あの立派な皇帝たち、かのトラヤヌス、かの温厚なるアントニヌス[二四]はどこにいるのでしょうか。この二人のうち前者は、帝国第一の武将に剣を与え、自分が暴君になったらお前に与えるこの剣でお前自身が私を殺すようにと命じ、後者は、千人の敵を殺すよりも一人の家臣の生命を救う方が好ましいと言いました。繰り返しますが、こうした善良な君主、こうした立派な皇帝はどこにいるのでしょうか。今ではもうそのような人物は見かけられません。今ではもう暴君の勇気ある殺害者さえ見かけられません。それがいないとしても、わがフランスのジャック・クレマン[二五]、ラヴァイヤック[二六]はどこにいるのでしょうか。どうして現代にも、いつの時代にも彼らが生きていて[15]、あの忌まわしい怪物や人類の敵どもをみな殴り殺し、短剣で突き殺し、そういう手段で地上の万人を、連中の暴虐な支配から解放しないのでしょうか[16]。民衆の自由のあの立派な勇気ある守り手たちが、どうして今も生きてはいないのでしょうか。どうして彼らが今も生きて、王たちを全員地上から追放し、すべての抑圧者を抑圧し、民衆に自由を取り戻させないのでしょうか。暴君どもを非難し、連中の暴虐を告発し、連中の悪徳や不正や誤った統治に対して厳しい反対の筆を取った、かの勇敢な物書きや、かの勇敢な雄弁家たちが[17]、どうして今も生きてはいないのでしょうか。どうして彼らが今も生きて、私たちを抑圧しているすべての暴君を公然と非難し、連中のあらゆる悪徳、連中の誤った統治のあらゆる不正を声をあげて告発しないのでしょうか。どうして彼らが今も生きて[18]、公の書き物によって連中の人柄を誰からも疎まれ軽蔑されるようにし、

また人々をふるい立たせ、人々の考えと心を一つにして、連中の暴虐な支配の耐えがたいくびきを揺るがすようにさせられないのでしょうか。(一七)(19)

いや、ああいう偉大な人物たちはもう生きてはいません。祖国を救うため自らを死の危険に曝すような、また卑怯に生きる恥辱や不快を味わうよりは勇敢に死ぬ栄光を手に入れる方がましだと思うような、そうした高貴で勇気ある魂の持ち主はもう見られません。そして、現代とこの数世紀の恥ですが、今やこの世にはもう暴君どもの権勢と法外な権力に仕える卑怯で惨めな奴隷しか見られないと言わねばなりません。地位もあり、ほかより身分の高い人々の間には、今ではもう連中自身の卑劣な追従者しか見られません。連中の不正なたくらみの卑劣な称賛者、連中の良からぬ意志や不正な法令(20)の卑劣で冷酷な執行者(21)しか見られません。これこそがわがフランスにあって、王国でお偉方であるすべての連中、町のすべての司令官、州のすべての総監、すべての判事、王国の一番大きく一番重要なあらゆる都市のそれさえ含めて、すべての役人の現状です。(22)この人たちは国家の統治にはもはや加わらず、今ではもうただ個々人の揉め事を裁いたり、自分たちの王のあらゆる法令に盲判を押す仕事をするだけで、その法令がどれほど不正でどれほど忌まわしくとも、それに反対する勇気など持ち合わせていません。(一八)それがまた、すでに言ったように(23)すべての地方総監、町や城のすべての司令官の現状であり、彼らは至る所で同じ法令を執行させる仕事しかしていないのです。それがまた軍の指揮官、すべての士官やすべての兵士(24)の現状であり、彼らは暴君の権威を維持し、暴君の命令を哀れな民衆に向かって厳しく執行したり、執行させたりする仕事しかしていません。そんな連中ですから、思いつきとか何らかの無意味な口実を設けて、暴君がやるように命じたら、自分自身の祖国に火をつけることさえするでしょうし、祖国をまるごと略奪することさえするでしょう。(25)また一方で、彼らは自分たちの職務に一身を捧げるのを名誉とするほど愚かで盲目になっています。その職務といったら、戦時には各自に与えられる日当四ソルか五ソルのはした金と引き換えに、毎日ほとんど四六時中、連中のために自分の命を危険にさらさざるをえない哀れな奴隷同然なのです。徴税所員、登記官、税金取り、巡査、監視役、執達吏、裁判所書記、執達補佐官といったその他無数の悪党どもは言

うに及ばず、こうした連中はみな飢えた狼のように獲物に食らいつくことしか求めず、王の名と権威を笠に着て哀れな民衆を略奪し、虐げることしか好みません〔一九〕。その際連中は、不正な法令でもことごとく民衆に対して厳しく執行しながら、あるいは財産の差し押さえ、あるいはその財産に対する強制執行、あるいは没収(26)、さらに嫌悪すべきは、しばしば投獄やありとあらゆる暴力や虐待、さらに笞打ちやガレー船の刑、あるいはさらに一層忌まわしいことには恥辱的な死刑を用いて民衆を苦しめるのです〔二〇〕。

そうです、親愛なる友人の皆さん、皆さんを支配している連中が力と権力を利用して、皆さんや皆さんの同胞の上にどうやって忌まわしい不法の奥義を打ち立てているかはかくのごとくです。連中が至る所にかくも強力な不法の奥義を打ち立てていられるのは、すでに言ったようなあらゆる誤謬、あらゆる悪弊を利用しているからです。宗教と政治は一致協力して、いつまでも皆さんを彼らの暴虐な法の囚われ人にしておこうとするでしょう。地上の王侯や君主どもの支配を甘受している限り、皆さん、皆さんや皆さんの子孫は哀れで不幸なままでしょう。宗教の誤謬に従い、その気違いじみた迷信に服している限り、皆さんは哀れで不幸なままでしょう。ですから、あの宗教の虚しく、迷信に満ちた勤めをすべて打ち棄ててください。宗教の偽りの奥義のあの気違いじみた盲目的な信心を、精神から追い払ってください。そんなものに信頼など寄せず、私利を得ることに汲々としている司祭どもから聞かされることはすべて無視してください。彼ら自身、大多数はそんなことを信じてもいないのです。皆さんは、連中自身が信じてもいないことを彼ら以上に信じたいのですか。この点ではどうか、皆さんの精神と心をまったく安んじてください、そして皆さんの間ではぜひ、司祭や祭司たちのあの虚しく迷信深い職務をすべて廃止してください。そして、連中が全員、あなたがた同様に人の役に立つように暮らし、働き、少なくとも何か良いこと、有用なことに携わるようにさせてください〔二一〕(27)。しかし、それだけでは足りません。皆さん全員が努めて団結し、皆さんと皆さんのすべての同胞が全員で、皆さんの王や君主の暴虐な支配のくびきを残らず振り払ってください。至る所であの不正と不敬の王座を覆してください。王冠をつけたあの頭をすべて打ち砕いてください。至る所であの高慢で尊大な暴君ども全員の尊大さと傲慢さ

をくじいてください。そしてこれから先、いかようにせよ連中があなた方を支配するのをもう許してはなりません。[28]

人を導き治めることは最高の賢者の仕事で、良い法律を立て、少なくとも時、所、その他の状況の要請に応じて、公益の促進と維持を常に目指す法令を作ることは彼らの仕事です。「禍なのは不正な法を作る者、禍ナノハ不正ナ法ヲ定メタ者」（『イザヤ書』第一〇章一節）と、わが聖なる預言者と称する者の一人は言っています。しかしまた、禍なのは不正な法に卑怯にも[29]自ら服する者で、禍なのは卑怯にも暴君の奴隷に自ら身を落とし、盲目的に宗教の誤謬と迷信の奴隷に自ら身を落としている民衆です。唯一、理性の自然の光明のみが学問と人間の知恵の完成、同じく技芸の完成へと人々を導くことができ、単に道徳上のあらゆる徳の実践だけでなく、人生におけるもっとも立派で、もっとも勇気あるあらゆる行動の実践にさえも人々を至らせることができます。その証拠は古代のあの偉人たちすべて＊1がその昔行ったことで、彼らはあらゆる面で徳に秀で、ある著者によれば、現代の一番敬虔で一番信心深い人々よりも徳において一層進んでいました〔二二〕。「今ヨリモ、良キ年々ニ生マレ出タ剛毅ノ心ノ英雄タチ」〔二三〕〔ウェルギリウス『アエネイス』第六巻六四九行〕。実際、学問においても技芸においても、人間を完成に至らせるのはさまざまな宗教の盲信ではありません。自然のうちにある秘密を発見させ、人間に偉大な計画を抱かせるのは、そうした盲信ではありません。そうではなく、偉大な人間を作るのは、偉大なことを計画させるのは、才知であり、英知であり、誠実さであり、魂の気高さです。ですから、学問においても良俗においても自らを完成するためには、人間には盲信も宗教の迷信も必要ありません。

＊1　かのカトー〔二四〕、アゲシラオス〔二五〕、エパミノンダス〔二六〕、ファビウス〔二七〕、フォキオン〔二八〕、スキピオ〔二九〕、レグルス〔三〇〕のように、また幾人ものその他のこれに似たきわめて偉大できわめて立派な多くの人物のように。[30]

同様に、自らを正しく統治し、幸福で繁栄した状態に常に保つためには、民衆は地上の王侯や君主たちの目を見張るあの豪華さも、仰々しく尊大で傲慢なあの権勢も必要としません。立派な執政官なら、ほかの人々を正しく統治できます。そして良い法律を立て、良い治安規則を定められるでしょう。「知恵は老いた者に見いだされ、分別はただ

年齢を重ねることで得られる、知恵ハ老イタ者ノモノ、分別ハ長生キシタ者ノモノ」（『ヨブ記』第一二章一二節）、とヨブは言っています。だとしたら、十分そう信じて良いと思われますから、それゆえ立派に治めるのに大いに必要なこの知恵と分別を求めなければならないのは、年老いた賢者にです。したがって、ほかの人々を賢く治めるために立てなければならないのは、分別と知恵に溢れた古老[三一]であり、愚かで軽率な若者[31]でもなければ、向こう見ずな若者[三二]でも、尊大で傲慢な若者でも、悪徳に染まった邪悪な人物でもなく、そして偶々生まれによってそうなった年若い子供でもありません。地上にあれほど多くの君主や暴君が存在するのは、人間の狂気と邪悪さのおかげです。そう言ったのは聖史に登場する賢者の一人です。「国ノ諸々ノ罪ノタメニ、君主タチガ多クナル」（『箴言』第二八章二節）。また別の箇所で、この同じ賢者の一人はこう言っています。「王が子供でしかなく、君侯たちが逸楽を好み、良くない情念のとりこになっている国は災難である」（『伝道の書』第一〇章一六節）、すなわち子供や、自分の情念の奴隷となっている逸楽を好む君侯によって好き勝手に統治されている国は禍です。「アア禍ナルカナ、王ガ子供デ、君侯タチガ朝カラ御馳走ヲ食ベテイルヨウナ国ハ」（『伝道の書』第一〇章一六節）。そのような国にはほとんど逸楽を貪る者、自分の情念のとりこになっている者しかいませんから、そんな連中の統治のもとに身を置くことは民衆にとって本当に不幸です。

それゆえ、親愛なる民衆の皆さん、皆さんの宗教の誤謬と迷信が、そして皆さんの王や自分の権威を笠に着て皆さんを支配している連中すべての圧制が、皆さんのあらゆる禍、皆さんのあらゆる苦しみ、皆さんのあらゆる不安、皆さんのあらゆる悲惨の痛ましく忌まわしい原因であることを分かってください。この忌まわしく耐えがたい迷信と圧制の二つのくびきから解放され、立派で賢い執政官によってのみ統治されるならば、あなたがたは幸せになるでしょう。それゆえ、もし勇気があるなら、禍から解放されたいと望むなら、皆さんを支配し、[32]抑圧している連中のくびきを残らず振り払ってください。ともに思いを一つにし、心を一つにして、圧制と迷信のくびきを振り払ってください。心を一つにしてあなたがたの司祭たちをみな、あなたがたの修道士たちをみな、あなたがたの暴君たちをみな打ち棄

て、あなたがたの間に立派な、賢い、分別のある執政官たちを立ててください。この人々こそあなたがたを平穏に治め、どの人にも同じように正義を忠実にもたらし、注意深く監督して公益と安らぎを維持するでしょうし、皆さんの方でもこの人々にすぐさま忠実に従うに違いありません。皆さんが互いに十分理解し合えれば、皆さんの救済は皆さんの手中にあり、解放はただ皆さん次第です。あなたがたには自分を自由の身とし、暴君自身を奴隷とするのに必要な手段と力がすべて備わっています。あなたがたの暴君たちがどれほど強力でどれほど恐ろしかろうと、あなたがた自身なしには、連中はどのような力もあなたがたに及ぼせないのですから。連中の権勢や富や力や権力はすべて、ただあなたがたに由来しています。戦時においても、また連中が与えるあらゆる職務においても、連中に仕えるのは皆さんの子供、皆さんの親類、皆さんの縁者、皆さんの友人、皆さんの近親者(33)です。そうした人々や皆さんなしには、連中は何一つできはしません〔三三〕。連中はあなたがた自身の力をあなたがた自身に向けて用い、あなたがた自身を全員自分たちの奴隷にしているのです。そして、連中の都市のいくつか、州のいくつかがあえて彼らに反抗しようとか、連中のくびきを揺るがそうとただ計画するだけでも、連中は皆さんを滅ぼし、皆さんを順に全員破滅させるために(34)皆さんの力を用いさえすることでしょう。しかし、もしすべての民、すべての州、すべての都市が互いに十分理解し合うならば、そうは行かないでしょう。万民が一致協力して自分が置かれている共通の奴隷状態から自らを解放しようとすれば、その暁には暴君たちが全員じきに打ち破られ、滅ぼされるでしょう。

　ですから民衆の皆さん、知恵があれば団結してください。勇気があれば全員団結し、皆さんに共通のあらゆる悲惨から自分を解放してください。互いにはげまし合い、勇気づけ合って、このいとも高貴、いとも高潔、いとも重大、いとも栄（はえ）ある(35)企てを実行してください。まず始めに、皆さんの考えや望みをひそかに伝え、たとえばこの本のような書物を至る所で、できるだけ巧みに広めてください。そうした書物は、宗教のさまざまな誤謬と迷信とをすべての人に知らせ、また地上の君侯や王たちの暴虐な統治を至る所で忌まわしいものとするでしょう。これほど正しくこれほど必要な大義のため、互いにはげまし合ってください〔三四〕、そのことに全民衆の共通の利益がかかっているのです。公共

の自由のために闘わねばならぬこうした機会や場合に敗因となるのは、暴君たちを打ち倒し滅ぼすために誰もが一致協力しなければならないにもかかわらず、暴君の人選のためとか、暴君の利益や権威を保つためとかで、その期に及んでも皆さんが互いに争って、自分たちを滅ぼすことです。ですからそうした局面では、(36)それまで自分たちを支配し抑圧していた連中の圧制からかつて勇敢にも自らを解放した人々の例に、心を一つにして従うに越したことはありません。それはたとえば、あの勇気あるオランダ人やあの勇気あるスイス人の例で、オランダ人は当時アルバ公により執行されていたスペインの圧制の耐えがたいくびきを勇敢にも振り払い、(三五)スイス人はオーストリア公〔マクシミリアン一世〕たちがその国に立てた人々による残酷な支配の圧制を勇敢にも振り払ったのです。(三六)皆さんの王侯君主についても、また連中の名や権威を借りて皆さんを支配し、圧制を振るっている連中全員についても、今同じようにしないですませる理由もわけも皆さんにはありません。(37)連中の圧制は行きすぎの極みに達しているのですから。

わが神聖な『聖書』なるものの一つにも、「神は尊大で高慢な君主たちをその王座から転落させ、代わりに柔和で平和を好む人々を座らせるであろう。神ハ、高慢ナ君主タチノ座ヲ倒シ、代ワリニソノ座ニ柔和ナ人ヲツケタ。神は諸々の高慢な民人の根を枯らし、代わりに謙虚な人々を植えるであろう。神ハ諸々ノ高慢ナ人々ノ根ヲ枯ラシ、同ジ諸々ノ人々ノ中カラ謙虚ナ人ヲ植エラレタ」(三七)（『集会の書』第一〇章一七、一八節）とも言われています。この神聖な『聖書』なるものが語る、尊大で高慢な君主たちとは誰のことでしょう。それは皆さんの権力者たち、皆さんの公爵たち、皆さんの君侯たち、皆さんの王たち、皆さんの君主たち、皆さんの専制君主たちです。この神の言葉なるものを私たちの時代に成就させて見せてください。この言葉が語っているように、尊大な暴君たちを全員王座から転落させ、代わりに善良な、柔和な、賢い、分別のある執政官を据え、皆さんを優しく治め、幸福のうちに皆さんが平和に暮らせるようにしてください。神はその根を枯らすであろう、と同じ『聖書』に言われているあの諸々の高慢な民人とは誰のことでしょう。それは、皆さんの間で皆さんを踏みつけ、抑圧しているあの傲慢で尊大な貴族たち全員にほかなりません。それは、王侯君主のあの傲慢な官吏たちすべて、あの傲慢な町や州の総監や司令官たちすべて、あの

傲慢なタイユ税や租税の収税吏たちすべて、あの傲慢な税金取りや徴税所員たちすべて、さらにあの尊大な高位聖職者、司教、大修道院長、修道士や莫大な聖職禄の受領者たちすべて、またその他の殿方や奥方や姫君たちすべてにほかなりません。この連中は偉ぶって、ふんぞりかえる以外この世で何もせず(38)、気晴らしをし、ありとあらゆる享楽に耽る以外何もしていません。ところがその間、あなたがた、この連中以外の人たちは昼夜の別なくありとあらゆる辛い仕事に従事しなければならず、生涯にわたって一日の重み、暑さの重みを全部担い〔三八〕、額に汗しては、暮らしに必要なもの、有用なものをすべてもたらさなければならないのです。

　この連中です、皆さん、自分たちを養ってくれる大地の養分をこれ以上吸い上げられない植物の根のように、まさしく皆さんがその根を枯らさなければならない、諸々の高慢な民人とは本当にこの連中です。今言った(39)高慢で尊大な民人をすべて養っている豊かな養分とは、皆さんの手になる辛い仕事、さまざまな辛い仕事から連中が日々引き出している大きな富、たっぷりした実入りなのです。というのも、地上にあり余るほどあるすべての富、すべての財が生じるのは、ただ皆さんからだけ、ただ皆さんの才覚と辛い(40)仕事からだけだからです。連中を養い、連中を肥え太らせ、連中を現在のようにこれほど強く力があり、尊大で傲慢で(41)高慢な者にしているのは、連中が皆さんの手から取り上げたこの豊富な養分なのです。ですが皆さん、この高慢で傲慢な諸々の民人を根こそぎすっかり枯らしたいと思ったら(42)、連中が皆さんの手を通して、皆さんの骨折りや働きから引き出しているこの豊富な養分を、ただ連中から取り上げればよいのです。体に汗して、かくも豊かにもたらしたこの富のすべてを、この財のすべてを、自分の手で皆さん自身の手元に取っておいてください。それを皆さん自身のため、皆さんのすべての同胞のために取っておいてください。あの高慢で役立たずな人々に、何一つあげてはいけません。あの高慢で金持ちの怠け者たちに、何一つあげてはいけません。あの役立たずのすべての修道士や聖職者たちに、何一つあげてはいけません。あの傲慢で尊大な貴族たちに、何一つあげてはいけません。あの傲慢で尊大な暴君たち、また暴君に仕える連中に(43)、何一つあげてはいけません。さらに、皆さんの子供や親族や縁者の全員、また皆さんの友人すべてに伝えて、連中のもとを去り、連中に仕えること

を一切やめ[44]、連中のためには何一つしないようにさせてください。連中を皆さんの社会から、完全に追放してください。皆さんの間にいる破門された者を見るような目で、どこでも連中を見てください。そうすれば、根が大地から養分をもう吸い上げられない草木が枯れるように、やがて連中が枯れていくのが見られるでしょう。[三九]

皆さんにはあんな連中などすべて[45]、まったく必要ありません。連中などなしで[46]簡単にすませられます。しかし連中は、皆さんなしではまったくすませられません。ですから大地の民よ（こう呼ぶのも、誰一人として民衆のために口を開かず、誰一人として民衆に言うべきことを言わない以上、私はすすんで[47]地上の万人に語りかけたいからです）、あなたがたが賢明であれば、私は喜んでこう言うでしょう。あなたがたにどれほど知性が欠けていても、最後にはあなたがた自身の福を知る術を学び、あなたがたの本当の福を知る術を学んでください。そしてあなたがたがどれほど愚かであっても、最後には賢くなる術を学んでください。「民ノ中ノ愚カ者タチヨ、悟レ、痴レ者タチヨ、イツカハ目ヲ覚マセ」（『詩篇』第九三篇八節）。またあなたがたが賢明であれば、とりわけ仲間内では個人的なすべての憎しみ、すべての妬み[48]、すべての怨みを控え、皆さんのあらゆる憎しみ、あらゆる憤りを共通の敵に、皆さんを抑圧してかくも悲惨な目に遭わせ、皆さんの手から皆さんの厳しい労働の最良の成果をすべて奪い、そして取り上げてしまう[49]あの忌まわしいすべての暴君に、あの傲慢で尊大な[50]すべての種族に向けてください。[四〇]連中の暴虐な支配のこの忌まわしく耐えがたいくびきから、連中の偽りの宗教の虚しく迷信深い慣行から自分たちを解放しようという同じ思いで団結してください[51]。そうすれば、皆さんの間には真実の[52]英知と行いの実直さからなる宗教を措いてどんな宗教もなく、名誉と礼節[53]からなる宗教を措いて、誠実さと心の寛大さからなる宗教を措いて、圧制と神々やその偶像の迷信深い礼拝を完全に廃する宗教を措いて、至る所で正義と公正を維持する宗教を措いてどんな宗教もなく、さまざまな誤謬とペテンを完全に追放し、至る所で真理と正義と平和を行き渡らせる宗教を措いて、誰もがまともで有益ななんらかの勤めに就き、規律正しく誰もが共同で暮らす宗教を措いて、常に公共の自由を維持する宗教を措いて[54]、そして最後に、あなたがたが皆互いに愛し合うような、断固としてあなたがたの間の平和と申し分のない団結を庇護する宗教を措い

て、どんな宗教もなくなるでしょう。

この唯一賢明で唯一真実な宗教の規則や格率や戒律に従うならば、〔四一〕あなたがたは幸いです。しかし、私は預言者ではありませんが、あえて言えば、これ以外の諸宗教に従う限り、皆さんや皆さんの子孫(55)はいつまでも哀れで不幸なままでしょう。自分たちの上に暴君の支配を許している限り、神々とその偶像の崇拝に関する誤謬や悪弊や虚しい迷信を許している限り、皆さんや皆さんの子孫はいつまでも哀れで不幸なままでしょう。あなたがたの間に正しい上下関係がない限り、またあなたがたの間にかくも甚だしくかくも法外な身分や地位の不釣り合いがある限り、〔四二〕皆さんや皆さんの子孫は哀れで不幸なままでしょう。地上の財貨を誰もが共同で所有し享受するのでない限り、皆さんや皆さんの子孫は哀れで不幸なままでしょう。一方の人々だけが働くことの苦しさのすべてやこの世の不都合のすべてを担い、他方の人々だけが苦しみもなく、働きもせず、この世のあらゆる財貨とあらゆる便宜を享受することはまったく正しくない以上、さまざまな禍福や生活の苦労があなたがたの間でかくも不正に配分されている限り、皆さんや皆さんの子孫は哀れで不幸なことでしょう。最後に、あなたがたが全員団結しない限り、そして地上の王侯君主(56)の暴虐な支配や、偽りの諸宗教の虚しく気違いじみた、(57)迷信だらけの慣行の忌まわしいくびきの下で、あなたがたすべてが哀れにも置かれている共通の奴隷の境遇から自分たちを解放するために、力を一つにして向かわない限り、皆さんや皆さんの子孫は哀れで不幸なことでしょう。そんな宗教はただ偽の神々、架空の神々をあなたがたに恐れさせ、崇拝させるのに役立つだけで、したがって、すでに私が実にはっきり証明したように、そんな神々などあなたがたにどんな禍福ももたらすことはないのです。

ここで私は、才知と良識を備えたすべての方々、また誠実なすべての方々に、この問題について少しの間判断を差し控えてくださるよう切にお願い致します。またそうした人々が、自分の生まれや教育から抱きかねない偏見とか、身につけているかも知れない個人的な習慣とかから多少なりとも自由になられるよう切にお願い致します。〔四三〕そしてこれらの方々が、これまで述べてきたすべてのことに周到な注意を払われるよう切にお願い致します。そして私の考え、

私の見解、私の与えた証明を真面目に検討され、その強みと弱みをことごとく発見され、それに注目されるよう切にお願い致します。というのも、自分の理性の自然な光に従うならば、こうした方々が私の提出した真理のすべてを容易に納得せざるをえないことを私は強く確信していますし、かくも忌まわしいかくも多くの悪弊やかくも忌まわしいかくも多くの誤謬が打ち立てられ、はびこり、保たれていることに反対すべきであった、あれほど多くの繊細で啓発された精神の持ち主がいることにかんがみれば、かくも虚しくかくも滑稽でかくもひどいかくも多くの誤謬が、またかくも有害でかくも忌まわしいかくも多くの悪弊が、人々の間にかくもしっかりとかくも広く入り込み、打ち立てられ、かくも長期にわたって保たれえたことに、そういう方々自身驚かされることでしょう。この点では、人間は盲目の精神にとりつかれ、現在自分が陥っている迷妄が分からなくなっているようです。事は重大で誰にも関係するものですし、公共の福利と安寧と平安[60]がそれにかかっています。地上のお偉方の暴虐な支配のもとで地上のほとんどすべての民衆が置かれている苛酷で哀れな隷属状態からの解放[61]が、そして彼らが現に置かれている、偽り[62]の宗教の偶像を崇拝するすべての迷信への卑しく忌まわしい隷属状態からの解放がかかっているのです。

才知と良識を備えた方々や誠実な方々が、私が非難し断罪した諸々の悪徳、誤謬、悪弊、不正を、私がしたように非難し断罪したのは理があったと思われるならば、また私が真理を述べており、私が主張するように私の証明や推論に本当に説得力があると思われるならば、とりわけ万民共通の大義と万民共通の幸福が問題の場合[63]、その人たちこそ真理の側を支持すべきです。その人たちこそ、私がこれまで非難し断罪してきた、そして今も非難し断罪している諸々の悪徳、誤謬、悪弊、不正を非難し断罪すべきです。なぜなら、かくも忌まわしいかくも多くの誤謬、かくも忌まわしいかくも多くの悪弊、かくも忌まわしいかくも多くの不正を、沈黙によって依然として助長しようとすることは、才知のある方々や誠実な方々にはふさわしくないことだからです。私同様存命中にそれらを公然と非難し断罪する勇気がないとしたら、それならいまわの際にそれらを公然と非難[64]し断罪してください。それならせめていまわの際に、自分の認識している真理のため[65]、このような正義の証言をしてください。それならせめて死ぬ前に一度は、自分

の祖国や親戚や縁者や隣人や友人や子孫たちに[66]真理を語り、せめてそうすることで彼らの解放に力を貸し、彼らを喜ばせてください[四四]。

でも逆に、私が真理を述べておらず、本書でしたように考えたり書いたりしたのは私の罪だと思われるならば、そして司祭のお偉方たち、とりわけすべての無知な人、すべての盲信家、すべての迷信深い敬神家、すべての偽善者、また一般に自分の聖職禄を保持することに汲々とし、お偉方の[67]暴虐な支配と神々やその偶像の迷信的な礼拝からかくもたっぷりと得られる利益に加担している人々が私の死後間違いなくするように、敵意と[68]情念に突き動かされて私に憤りを抱き、不当にも私に対して不敬の徒、瀆神者……といった扱いを万一なされるならば、そのような方々こそ私が主張したことの誤りを示し、私の根拠や証明に反論し、私の証明や推論の誤りと弱点を示すべきです[69]し、そして最後に、自分たちの信仰や宗教の真理なるもの、自分たちの政治支配の正当性なるものを立証し証拠立てるべきです。それも、私がそうしたものと闘った際の根拠以上に、少なくともそれと同程度に明らかで強力で説得力があり、論証的な根拠を用いるべきです。そうしたことこそ、できるものなら彼らにやっていただきたいことです（というのも、自然的理性は対立するもの、矛盾するもの、両立しがたいものを論証的に証明できはしないのですから[70]）。ですから、彼らがそうしない限り、彼らは自分たちの教理や道徳に含まれる誤謬や悪弊を認めているものと見なされるべきですし、その誤謬の虚しさや錯誤の虚しさ、その欺瞞やペテンの虚しさのために[71]恥辱を受け、その暴虐な政治の不正のために恥辱を受けることでしょう。「ミダリニ不正ヲ働ク者タチハ皆恥ヲ受ケヨ」（『詩篇』第二四篇四節）。「偶像ヲ拝スル者、虚シキモノヲ誇リトスル者ハ皆恥ヲ受ケヨ」（『詩篇』第九六篇七節）。「ソレヲ作リ、ソレニ頼ル者タチモ同様トナルガヨイ」（『詩篇』第七〇篇一三節〔第一一三篇B八節、あるいは第一三四篇一八節〕[四五]）。「虚シイコトヲ行ウ者ハ皆恥ヲ受ケヨ[四六]」。「刻ンダ像ニ望ミヲオク者ト、鋳タ像ニ向カッテ、〈アナタタチガ私タチノ神ダ〉ト言ウ者ハ恥ニ被ワレヨ」[四七][72]（『イザヤ書』第四二章一七節）。そしてまた別の預言者が言っているように、「恥じなさい、あなたがたの狂気と不正に恥じ入りなさい。恥ルガヨイ、自分タチノ生活ヲ恥ヨ」（『エゼキエル書』第三六章三二節）。

もっとも格言によれば(73)、すべての真理がどんな場合にも語られて然るべきだというわけではありませんから、現代の賢明なる政治家と称する連中はやはり必ずや、かくも重大でかくも重要なかくも多くの真理を暴露しようと私が企てたことを悪とみなすでしょうし、それをこれほどはっきりと白日のもとに曝すよりは、深い無知の闇の中にいつまでも葬ったままにしておく方がましだと言うでしょう。というのも、彼らの言い分はこうだからです。つまり、神々への恐れや地獄の永遠の懲罰への恐れから解き放つことが悪人たちを利し喜ばすのは確実であって、この恐れこそ彼らが悪徳に身を委ねきるのを引き止めたり、妨いだり、彼らが悪行を働くのを妨いだりできるのだ(74)。それゆえ、そうした恐れから解き放たれることにでもなれば、多くの者は死後に恐れるべき懲罰はないことを口実にしてさらに悪辣になり、さらに大胆にありとあらゆる悪行を重ねて、法外な貪欲と悪しき欲望を存分に満たす機会としてそれを利用するだろう、というのです。民衆はあまり真実を知らず、多くの虚偽を信じる必要があるということを賢明な政治家たちが格率としている〔四八〕理由の一つもここにある(75)、というのです。

それに手短かに反論しましょう。第一に、ここで私が真理を語ったのは、悪人たちに媚びたり(76)、彼らの肩を持ったりするためでもなければ、彼らを喜ばすためでもありませんでした。それどころか、そんな悪人は一人残らず打ち倒せたらいいと私は思っています。私がすべてのペテン師、すべての詐欺師(77)、すべての偽善者の誤謬、錯誤、ペテンを明らかにしたのは、とりわけ彼らを打ち倒すためですし、暴君たちや邪悪な金持ちたち、そして地上のあらゆるお偉方たちの暴虐な悪政(78)の諸々の悪弊、窃盗、不正を明らかにしたのも、そういう連中を打ち倒すためでした。それに、そうした神々への恐れなるものも(79)、地獄での永遠の懲罰への恐れなるものも悪人たちをほとんど怖がらせることはなく、とりわけ、最大の悪事を働いている暴君たちや地上のお偉方を怖がらせることはほとんどなく、悪人たち全部を抑えて自分の邪悪な傾向や邪悪な意志に必ずしも従わないようにさせることなどほとんどできない以上(80)、彼らがそうした虚しい恐れから解き放たれることにもそれほど危険はありません。それに、俗世での(81)裁きによる懲罰を彼らが十分真剣に恐れるように配慮すれば(82)、地獄への恐怖がなくなっても、彼らは今より悪くなりようはほとんどないでしょ

うし、今ほど悪くなる勇気さえなくなるでしょう。なぜなら、神々へのそうした虚しい恐れや、永遠の懲罰なるものへの恐れよりも、こうした恐れの方が彼らの精神に一層の圧力となるのは確実だからです〔四九〕。

第二に、人間を悪へと導き、人々を堕落させ邪悪にするのは真理では決してなく、さまざまな自然の真理の認識でもないと言いましょう。そうではなく、人間を堕落させ邪悪にするのはまさしく確実に、むしろ無知や正しい教育の欠如、むしろ正しい法や正しい統治の欠如なのです。というのも、学問や正しい道徳をもっとよく教わり、今のように暴君の支配を受けることもなければ、人々はきっと(83)、今のように堕落したり邪悪であったりすることはないでしょうから。その理由はといえば、悪い法律自体や人々の(84)悪い統治こそが、いわば一部の人間を生まれつき堕落した邪悪な者としてしまうからです。なぜなら、そのような法律や統治のために、そうした者は贅沢や栄華(85)や尊大さ、またこの世の権勢や富という虚栄を身にまとって生まれるからで、その後は、自分たちが生まれ育てられたのと同じく悪徳に染まったままでいつまでもいようとするからです。そしてそれ以外の人々は、この法律や統治のおかげで堕落し邪悪になることをいわば余儀なくされるのです。なぜなら、そうした法律や統治のために人々は貧困と悲惨を身にまとって生まれるからで、いつでも正しく正当な手段でそこから抜け出せるわけではないので、その後はできるものなら、良いも悪いもあらゆる手立てを尽してそこから抜け出そうとするからです。ですから、人間を悪へと追いやるのは、言われるように学問でもなければ、さまざまな自然の真理の認識でもありません。逆に、学問やそれらの真理の認識はむしろ人間をそこから引き戻すのです。なぜなら、言われるように、罪人はみな無知なる者であり、「スベテノ罪人ハ知識ニ欠ケル」〔五〇〕(86)からです。ですが、すでに言ったように、人間を悪へと追いやるのは(87)、むしろ良くない法律や悪弊や良くない習慣や人々の良くない統治です。というのも、こうした良くない法律や良くない統治こそが(88)、人間を生まれつき堕落した邪悪な者とし、あるいは、苦しみや悲惨から逃れようと努めるあまり、そうならざるをえないように仕向けるからです。生まれより、幸運善〔地位・財産・世俗的名誉などの総称〕より、むしろ徳に(89)、知恵に、善良さに、公正さに、誠実さ等々……に(90)、名誉や栄光、幸福や生活の快適さ、さらには統治上の権威を与えてください。同

じく、名門の家柄でないことや、幸運善がないことより、むしろ悪徳に、不正に、欺瞞に、嘘に、放縦に、粗暴さに、その他あらゆる種類の良くない品行に、[91]恥辱を、不名誉を、軽蔑を、苦痛や悲惨を、さらに必要ならもっと重い処罰までも与えてください。そうなれば、各人が[92]まるでひとりでにそうするかのように正しく振る舞い、各人が賢く誠実で[93]有徳であることを誇りとするようになるのが見られるでしょう。けれども、名誉が、栄光が、生活の安楽さや快適さが、徳や各人の真価[五二]ではなく、なんらかの生まれやなんらかの身分にだけ[94]結びつけられている限り、人間はいつまでも堕落した邪悪な者で、したがってまた、いつまでも不幸でしょう。

私と同程度に、あるいは私よりもずっとよく、人のすることの虚しさを認識し、私よりもずっと[95]よくさまざまな宗教の誤謬とペテンを認識し、私よりもずっとよく人々の統治の悪弊と不正を認識しているすべての人が、せめて生涯の終わりにはそうしたことについて自分の考えを口にしたら、またそうしたことを非難し断罪し、せめていまわの際にそれを呪ったら、そうしたものが非難され、断罪され、呪われるに値する限り、[96]やがて世界が姿や形を変えるのが見られるでしょう。やがてさまざまな宗教のあらゆる誤謬や虚しく迷信じみたあらゆる慣行が無視されるでしょうし、またやがて暴君たちのあらゆる並外れた権勢やあらゆる尊大な高慢さが倒されるのが見られ、やがてそれらがことごとく打ち砕かれるのが見られるでしょう。[97]この種の悪徳や誤謬や悪弊がこの世にかくも強力に、かくも広く保たれているのは、一度それらが打ち立てられ、権威を与えられた所では、[98]誰一人としてそれに反対せず、誰一人としてそれに異を唱えず、誰一人としてそれを公然と非難し断罪する者がいないためです。誤謬や迷信や悪弊や統治上の不正の暴虐なくびきの下で、人々がみな嘆き悲しんでいるのに、かくも忌まわしいかくも多くの誤謬に対して、かくも忌まわしいかくも多くの悪弊に対して、またこの世でかくも広く行われているかくも忌まわしいかくも多くの窃盗や不正に対して、誰もあえて声を上げようとはしません。賢い人々もこの点では見て見ぬふりをしています。彼ら自身そうしたことについて自分が思っていることを公然と口にする勇気がなく、この卑怯で臆病な沈黙のおかげで、今私たちが目にするように、前述のあらゆる迷信、あらゆる悪弊が日々この世に保たれ、ますます数を増していくのです。[99]

第九七章

死後著者に向けてなされるであろうあらゆる侮辱、あらゆる虐待、あらゆる不正な訴訟につき、著者は権力濫用として上訴する〔五二〕(1)。賢明で啓発されたすべての人々の前で、正しい理性による唯一の法廷に権力濫用として上訴する。本件に関しては無知な者すべて、信心に凝り固まった者すべて(2)、誤謬や迷信に加担し、それを煽る者すべて、同じく暴君にへつらい、媚びる者すべて、そして暴君から禄を受けている者すべてを(3)判事とすることを忌避する。

親愛なる友人の皆さん、さらに皆さんにはっきり申し上げますが、ここで私が言ったり書いたりしたすべてにおいて、私はただ理性の自然の光にのみ従おうとしました。真理を発見し、真理を率直に誠実に(4)お話しようとする以外に、私にはどのような思惑も、どのような意図もありませんでした。実直さと名誉を重んじる者(5)であれば、事の真実を知ってそれを告げることを自分の責務としない人はおりません。私は自分が考えたとおりに事の真実をお話しましたし、私がそれをお話ししたのはただ皆さんの目を覚まさせたいがため(6)、それもすでに言ったように、私の力の及ぶ限り、あの諸々の宗教の忌まわしい誤謬や迷信のすべてから皆さんの目を覚まさせたいがためでした。そんなものはただ皆さんを愚かしくも束縛し、皆さんの精神の平安を虚しくも乱し、皆さんがこの世の福を平和のうちに楽しむのを妨げ(7)、皆さんを支配する者たちの卑しく不幸な奴隷に皆さんをするためにしか役立ちません。ところでこの文書（私はこれを死ぬ前に皆さんの聖堂区の裁判記録保存所に預け、後で(8)皆さんに伝えられるように計らっておきます〔五三〕）は、時が来て公表されたら、その時は(9)必ず司祭たちや暴君たちに私への怒りと憤激をかき立て呼び起こすことは分かっていますし、連中は連中で復讐のために、間違いなく死後私を辱め(10)、不当不法に扱う(11)ことも分かっていますから、もしそうしたことが起これば、その前にあらかじめはっきり言っておきますが(12)、連中が死後この文書に関連して不正に行うかも知れない私へのあらゆる不法な訴訟に私は抗議します。それを権力濫用として上訴することを今からはっきり言っておきます(13)。そして私は、それを正しい理性と正義と自然な公正さという唯一の法廷へ*1、賢明で啓発されたすべての

人々の前で上訴します。この人たちなら誠実でしょうし、正義や真理に反するようなあらゆる情念、あらゆる先入観、あらゆる偏見を免れているでしょう。本件では無知な者すべて、信心に凝り固まった者すべて、媚びへつらう者すべて、偽善者すべて、また一般にどんな仕方であれ偶像や偽の神々の宗教的な礼拝による虚しく愚かな迷信を維持し保つことで利益にあずかる者すべて、あるいはどんな仕方であれ金持ちや地上のお偉方の権力や暴虐な統治を維持し保つことで利益にあずかる者すべてを、[14] 私は判事として忌避します。私は、どんな罪もどんな悪事や悪行も決して犯したことはなかったと言えますし、[15] まさしくここで権威あるすべての人々に申し上げますが、正義あるいは道理をもって私になんらかの非難をできるものならばしてください。したがって死後私が不法不当に扱われ、辱められ、中傷を受けるとしても、それは私がここで述べたように、ただ真理を率直に述べた以外のどのような罪のためでもないでしょうし、それも、これが契機となって皆さんや皆さんの同胞が誤りから覚め、また互いに理解し合うつもりさえあれば、皆さんがこれほど哀れに陥っているあの忌まわしい誤謬や迷信や悪弊のすべてから、皆さんや皆さんの同胞すべてが抜け出し、解放されることができるようにと願ってのことでした。真理の力こそが私にそう言わせ、不法や嘘やペテンや圧制やその他万般の不正に対する憎しみこそが、私にそう言わせたのです。[16] というのも実際、すべての不法や不正を私は憎み嫌っているからです。「スベテノ不正ノ道ニ私ハ憎シミヲ抱イタ」（『詩篇』第一一八篇一二八節）。「スベテノ不正ノ道ヲ私ハ憎ンダ」（同一〇四節）。また、悪事を働くのを好み喜ぶ人すべてを、私は心底憎みます。「スベテノ不正ニ私ハ憎シミヲ抱イタ」（同一一三節）。「激シイ憎シミヲモッテ彼ラヲ憎ミ、彼ラハ私ノ敵トナッタ」（『詩篇』第一三八篇二二節）。「私ハ不正ニ憎ミヲ抱キ、忌ミ嫌ッタ」（『詩篇』第一一八篇一六三節）。[17]

＊1　この法廷に従おうとしない者は誰でも、理性そのものからへだたり、同時に断罪に値する者となるでしょう。

こうした問題を適切に取り扱い、しかるべく正義と真理の側を支持することは、[18] それこそ才知と権威のある人の仕事でしょうし、学識があって筆の立つ人、また雄弁な人の仕事でしょう。そうした人々であれば、私とは比較にならないほど上手にこれをやってのけるでしょう。正義と真理への熱情、公益への、嘆き悲しむ民衆を等しく解放するこ

とへの熱情に動かされて、そうした人々はこの仕事に関わるはずでしょうし、私が述べたあらゆる忌まわしい誤謬、あらゆる忌まわしい悪弊、あらゆる忌まわしい迷信、あらゆる忌まわしい圧制を倦むことなく非難し、断罪し、追及し、それと闘い、それを完全に打ち砕き、無に帰するまでやめないでしょう。その際には、「敵ノ後ヲ追イ、敵ヲツカマエテ、彼ラヲ滅ボシ尽スマデ、私ハ後ニ引カナイ」(『詩篇』第一七篇三八節)と言った人と同じことをするでしょう。つまりその人は「敵の後を追い、敵をつかまえ、敵が完全に壊滅し、滅ぼし尽されるまで、私は闘いを止めない[19]」と言ったのです。「彼ラヲ滅ボシ尽スマデ、私ハ後ニ引カナイ」と。そうであれば、人がこれをどう考えようと、どう判断しようと、それについて何を言おうと、何をしようと、この世の何事も私はほとんど気にかけません。人々が一致協力しようと好き勝手に振る舞おうと、賢かろうと愚かだろうと、善人になろうと悪人になろうと、さらに私の死後、人々が私について何を言おうと何をしようと、そんなことはもうまるで気になりません。私はすでにほとんど世事とは関わりがなくなっています。私が今ともに歩もうとしている死者たちには、すべてがもうどうでもよいのです。死者はもう何にも関わらず、もう何も気にかけません。ですから、私はこの文書を無という言葉で閉じることにします。それに、私はもうほとんどただの無でしかありませんし、やがてまったくの無となるのです。

近隣の司祭の方々に宛てて、著者がしたためた書簡の写し(一)(1)

皆さん、
存命中に私が抱き、また抱いたまま最期の日を迎えようとさえしている、さまざまな考えや見解が語られるのを耳にされたら、間違いなく皆さんは驚かれるでしょうし、驚くどころかおそらくはいわば仰天されることでしょう。けれども皆さん、私はまた確信しておりますが、皆さんの一人ひとりがたとえわずかでも自分の精神の自然の光を働かせ、この世にかくも通有に、またかくも広く見られる誤謬や悪弊について、私がしたように考えたり語ったりすることに道理があるかどうかを、幾分注意深く考察なさろうとさえすれば、皆さんは私についての仰天から容易に覚め、おそらくこの衝撃よりずっと根拠のある別の衝撃へとただちに移る理由さえ見いだされるでしょう。この別の衝撃とは、かくも甚だしいかくも多くの誤謬や、かくもひどいかくも多くの悪弊が、かくも強力に、かくも広くこの世に打ち立てられ、ずっと以前から維持されえたこと、しかも、いつの時代にもそうしたことに反対し、その蔓延を防ぐべきであったと思われる賢明で啓発された多くの人がいたにもかかわらず、人の知る限りいまだ誰一人として民衆を誤りから覚めさせようとしたり、かくも忌まわしいかくも多くの誤謬やかくもひどいかくも多くの悪弊に反対して公然と自分の考えを口にしようとは思いつかなかったこと、そうしたことが分る衝撃です〔二〕。
皆さん、善と悪、悪徳と徳、真と偽、そして真理と誤謬や嘘やペテンとを識別しうる、学問と知恵の鍵を握っているのは皆さんです。民衆を教化するのが、それも誤った偶像崇拝に従ってでもなければ、虚しい迷信に従ってでもなく、真理と正義の学識に従って、またあらゆる種類の徳や正しい習俗に従って民衆を教化するのが皆さんです。あなたがたは全員そのために執酬を受けているのです。楽に暮らせるだけのものをあれほどたっぷりと民衆が皆さんに提供し、その一方で自分たちは体に汗して昼も夜も働くという多大の労苦を負い、その貧しい暮らしを賄うだけのものをわずかに手にしているのは、それを思ってのことなのです。これほど多額の俸給を皆さんに与えておいて、どのようなものにせよ何かの宗教を口実に、なんらかの誤謬やなんらかの虚しい迷信に自分たちがつなぎとめられることなど民衆は求めていません〔三〕。それに皆さん、皆さん自身の側でも、民衆に誤りを教えようとか、彼らを虚しい迷信につ

なぎとめておこうとかすることが皆さんの意図であるはずがありません。民衆に盲目的に信じさせていることを、おそらくはあなたがた自身も盲目的に信じているのでしょう。というのも、皆さんが信じていないとしたら、そして信じていないにもかかわらず、単に政治的な意図や個人的な利益を計って民衆に誤謬を教え、彼らを虚しい迷信につなぎとめ、そうやって自分や自分の仲間を立派に見せ、それを手立てに自分の実入りを一層増やそうとしているのだとしたら、あなたがたはただ正直さにもとるだけでなく、あなたがたが民衆に対して抱くべき誠実さや愛情にももとるでしょうから。そういう場合、民衆はあなたがたを本当に忠実な司牧者としてではなく、むしろ詐欺師やペテン師として、そしてあなたがたにあれほど多くの財貨を与え、あなたがたに信頼をよせている者たちの無知と単純さをもてあそぶ見下げはてた嘲弄家とみなすでしょう。[*1]もしそれが事実であれば、皆さん、私がこのように言うこともどうかお許しください（それが事実であれば、あなたがたは日の光を仰ぐだけにも、口にするパンを食べるだけにも値しない、とあえて申しましょう）。また、民衆に誤謬を教え、虚しい迷信に民衆をつなぎとめておくことが本当に皆さんの本意でなければ、あなたがた自身なんらかの誤謬に陥ったり、なんらかの虚しい迷信のうちに自分自身をつなぎとめておくことも間違いなく皆さんの本意ではないでしょう。というのも、私が思うには、誰も好き好んで自分で自分を欺こうとか、人に欺かれるに任せようとはしませんし、とくにこうした性質の事柄では、いかに敬虔な人でも、いかに信心深い人でも、いかに宗教熱心な人でも、いかに献身的な人でも、この世にあるかくも虚しく、かくも偽りな、かくも多くの宗教のさまざまな誤謬や迷信に自分が、自分たちがだまされていると分かったら憤りを覚えるはずだからです。そう仮定すべきだと思われますから、そうであればどうか皆さん、あなたがたが盲目的に信じていること、ほかの人々にあれほど盲目的に信じさせていることを真面目に検討してください。というのも、盲目的に信じるだけで満足しようとすることは、誤謬に陥る危険に自分から身を曝そうとすること、だまされたがることですし、誤謬と欺瞞のかくも明らかな原理に従っていて、誤りに陥らないことなど不可能だからです。皆さんの首領[四]が皆さんに、あるいは少なくとも彼自らがその最初の弟子たちに、[(3)]「盲人が盲人の案内をしたら、二人とも穴に落ちてしまう」（『マ

タイによる福音書』第一五章一四節）と言いはしなかったでしょうか。そうです、確かに彼はそう言いました。[4] しかし、盲目的に信じることは目が見えずに歩くようなもので、ですからそれは明らかに穴に、[5] すなわち誤謬や嘘やペテンの罠に落ちる危険に身を曝すことです。

＊1　嘲ル者タチ〔『イザヤ書』第二八章一四節など〕、盗賊ノ仲間〔『イザヤ書』第一章二三節〕[五]

ですから皆さん、この盲目的な信念に気をつけてください。生まれや教育から受けたあの最初の盲目的な刻印に気をつけてください。物事をさらに深く究め、あなたがたが盲目的に信じさせられてきたあらゆる事柄の源にまで遡ってください。あなたがたの宗教があなたがたに教え、あれほど絶対的に強制してあなたがたに信じさせていることを信じる理由と、またそれを信じない理由とを十分秤にかけてみてください。皆さんの精神の自然の光に正しく従えば、この世にあるあらゆる宗教は人間の発明でしかなく、超自然的で神的なものとしてあなたがたの宗教が教え、強制的に信じさせていることはすべて実際には誤謬にすぎず、嘘にすぎず、あやかしやペテンにすぎないことが、[6] 少なくとも私同様十分に、私同様確実に、あなたがたにも理解していただけるものと私は確信しております。[六] その明白な証明はしておきましたし、この証明はどんな学問分野のものにも負けないほど説得力のあるものです。私は文書で[7][七]それを著わし、よかったら公衆に真理の証言として役立つようにと、この聖堂区の裁判記録保存所に委ねておきました。そこに何が書かれているか見たいと思う人は、誰でも目を通すことができるでしょう。この文書が保存所に残されさえすればですが。というのも、この種の文書が公にされたり、民衆の手に留まったりするのを許すのは、わがフランスの政治の通例ではないからです。なぜなら、こういった文書は民衆がこうむる悪弊や、民衆に対する非道で不正な扱いを明らかすぎるくらい明らかにするでしょうから。しかし、人がこの種の文書を読んだり公にしたりすることを禁じれば禁じるほど、それだけ一層誤謬や迷信や圧制を打倒するために至る所でそれらを読み、公にする必要があるでしょう。「虚シイコトヲ行ウ者ハ皆恥ヲ受ケヨ」[八]。

皆さん、こうした場合に私を罵倒したり、また同じような状況で激昂して、自分らが拝む偉大なエペソスのアルテ

ミス、「偉大ナモノ、エペソス人ノアルテミス」（『使徒行伝』第一九章二三〔二八〕節）を呼び求めた[8]、あの偶像崇拝の徒であるエペソス人を真似る[九]ことは問題にはなりません。私に破門を宣告し、罵詈雑言や中傷を浴びせることも問題にはなりません。そんなことはあなたがたにふさわしくはありません。それに実際、そんなことはあなたがたの立場を良くもしなければ、私の立場を悪くもしません。そうではなくて問題は、いやむしろ問題となりうるのは、私の根拠や私の証明を真摯に検討することで、それが本当に堅固で説得力があるかどうか、十分な根拠があるかそれとも十分な根拠がないかを知る[9]ことです。私の言ったことが本当なのか、それとも誤りなのかを知るのが問題なのです。このことこそ情念や先入見なしに、私が主張し書きしたためたものを何一つ歪めることなしに、検討しなければならないことです。そして真摯に検討した上で、実際私が真実を述べており、私が主張するように私の根拠や私の証明が本当に強固で説得力があり、さらには論証的であると納得されたら、真理そのもののために、そしてあなたがたが日々目にしておられるように圧制と虚しい迷信の耐えがたいくびきの下で嘆き悲しむ民衆のために、勇気をもって――とはいえ慎重に――真理の側に立ち、真理の側を支持しなければならないのは、皆さん、あなたがたです。「全被造物ガ嘆キ苦シミ、私タチ自身モ嘆キ苦シミ」（『ローマ人への手紙』第八章二二、二三節）、「シカモココニイル私タチハ、重荷ヲ負ッテ嘆イテイル」（『コリント人への第二の手紙』第五章四節）（『ローマ人への手紙』[一〇][10]第八章二二節）。またこの世をかくも強力に支配しているかくも忌まわしいかくも多くの誤謬や、かくも有害なかくも多くの悪弊に反対して、存命中に公然と自分の考えを述べる勇気があなたがたにも私同様ないのであれば、少なくとも今は沈黙していて、せめていまわの際に真理の側に立ち、皆さんの考えを述べるべきです。けれども逆に、間違っているのは私自身だとか、私は真実を語っていないとか、私の根拠や証明は堅固でもなければ説得力もないと主張されるならば、それに反論を加え、誤りや弱さをはっきり示さなければならないのは皆さんです。それも、こうした場合に習慣的に持ち出される取るに足らない屁理屈によってではなく、前述の誤謬や悪弊と闘うために私が用いた根拠と少なくとも同程度に明らかで強力で説得力のある論証的な根拠によって示さなければなりません。さもなければ、そうしな

ければ、あなたがたが誤謬に陥っていること、誤謬を教えていることを当然認めなければなりません。というのも、「悪が知恵に勝つことはありえず、したがって誤謬が真理に勝つことはありえない。悪ガ知恵ニ勝ツコトハアルマイ」(『知恵の書』第七章三〇節)と言っている『知恵の書』自身の格率に従うと、あなたがたの側に真理があるなら、あなたがたの側では根拠や証明も間違いなく相手より強力で説得力があるはずだからです。この格率が本当であれば、皆さん、とりわけこうした場合こそ知恵が悪に打ち勝たねばならず、真理が誤謬や嘘に打ち勝たねばならないでしょう。ですから、あなたがたの根拠や証拠が、少なくとも、私が自分の主張の一切を証明するために用いた根拠や証拠ほど明らかでも確実でもなく、説得力もなく論証的でもなければ、すでに言ったように、皆さんは自分たちが誤謬に陥っており、誤謬を教えていることを当然認めなければなりません。また、それが本当に誤謬や悪弊であるとあなたがたが認めるならば、民衆を誤謬から覚めさせ、金持ちや貴族や地上のお偉方の暴虐な支配から民衆を解放するために努力すべきですし、また同じく、虚しく民衆の精神の平安を乱し、民衆がこの世の福を穏やかに享受するのを妨げ、金持ちや地上のお偉方のそうした暴虐な支配のもとに民衆を一層哀れにつなぎとめる役にしか立たぬ、さまざまな宗教の誤謬や虚しい迷信から民衆を解放するために努力すべきです。そして、この誤謬や悪弊や宗教の虚しい迷信の代わりに、また地上の王侯君主の暴虐な法の代わりに、至る所で正しい理性や正義や自然的公正と合致する法や規則を打ち立てるべきです。理性は時代を問わないもので、またすべての人間に、すなわち、正しい理性と自然的正義の諸規則に従う以上のことをおそらくは求めない地上のすべての民族、すべての国民に共通のものですから、そうなった暁には、そうした法や規則に従うことに誰もまともに難色を示せないでしょう。またおそらくはそれこそが、人心のすべてをうまく一つに糾合し、宗教の違いとか、地上の王侯君主の野望や個人的利益とかがかくもしばしば、かくもゆえなく人々の間に生み出させるあの血なまぐさく残酷で痛ましい分裂をことごとく終熄させる唯一本当の手段となるでしょう。それこそが、至る所で人々に計り知れないほど豊かな平和を、そして正しく用いる術を心得てさえいたら人々をこの世で完璧に幸せで満ち足りたものにする、計り知れないほど豊かなすべての富を手に入れさせる道でし

ょう。

あらゆる誤謬から、あらゆる迷信から、あらゆる悪徳やあらゆる悪行から等しく隔たっているはずである本当の知恵の、万物の正しい運用を人間に教えるはずである本当の知恵のさまざまな規則や教えを、人に授けるのは賢者の仕事です。それは誰のことでしょうか、皆さん、あなたがたからでなかったら、民衆は誰からこの本当の知恵の規則や教えを授かるのでしょうか。たとえば、感覚の喜びしか追い求めない、軟弱で女々しいあの人々からではありません[一一]。わが聖パウロが言うように、動物的で肉にとらわれた人は精神的な事柄に気づかず、それを理解せず、理解しようにもできないのですから。こんな連中がどうやってそれを人に教えられるというのでしょうか。「動物的ナ人間ハ霊ノコトヲ受ケ入レヌ」(『コリント人への第一の手紙』第二章一四節)[一二]。また、時と所を問わず威張りくさって支配したがり、宗教の誤謬や迷信のおかげで暴虐な支配のくびきを日々ますます増やし、ますます重くさせている、あの金持ちや貴族や地上のお偉方からでもありません。たとえばわが国の国王たちの圧制が、コミーヌ殿が(『回想録』の中で)言っているように、当時すでに痛ましいものだった[一三]シャルル七世の治世から私たちが暮らす今日までにどれほど増大したか、どれほど甚だしくなったかを考えてみてください。それが続くとしたら、民衆はどうなるのでしょうか。民衆には哀れな暮らしを支えるだけのものさえもう残らず、しまいには一揆を起こして、不幸者の最後の策である絶望のうちにしかもはや救いを見いだせないかの不幸な敗者を真似るより仕方なくなるでしょう。「敗レタ者ノ唯一ノ救イハ、ドノヨウナ救イモ望マヌコトダ」〔ウェルギリウス『アエネイス』第二巻三五四行〕[一四]。ですから、私が言っている知恵の本当の規則や教えを民衆が授かるのは、この尊大で傲慢な暴君たちからではありません。さらにまた、好んで地上で崇められようとする、あの衒学者で野心家の司教や高位聖職者のお歴々からでもありません。というのも、彼らの栄誉はことごとくそうした誤謬、悪弊、迷信という土台そのものに基づいており、一度そうした誤謬や迷信が無くなってしまえば、そんな栄誉など吹き飛んでしまうからです。皆さん、あなたがたにはそんな不都合を心配するいわれなどありません。第一に、そんな変動が起こっても皆さんの失墜は、仮に失墜があったとしてですが、それほ

連中がそれほど高い所から墜落する羽目になったら、彼らは大いに茫然自失することでしょう。第二に、きちんと整備されたどんな国、どんな共同体でも、自然に関する学問や良い習俗を他の人々に教え、さまざまな誤謬や迷信をすっかり根こそぎにするために、賢明で啓蒙された人たちがいなければなりませんから、その気になりさえすれば皆さんはまったくそれに適任でしょうし、そうすれば皆さんは人々の間でかなり重要な地位を変わることなく占められ、ほかの面で失うものも、こうすれば名誉と一緒に取り返せるでしょう。（二五）それにはお役人たちもその他あらゆる官吏もなんら反対するはずはなく、逆にむしろ、進んで手を貸してくれるはずです。というのも、ほかの人々と同じくお偉方の支配の暴虐なくびきやさまざまな誤謬や迷信の耐えがたいくびきから解放されることになれば、彼ら自身安堵するに違いないからです。ですから、あらゆる誤謬やあらゆる迷信から遠ざかることからなり、あらゆる悪徳やあらゆる悪行から遠ざかることからなる本当の知恵のそうしたさまざまな規則や教えを民衆が授からねばならないのは、皆さん、とりわけあなたがたからなのです。したがって、皆さんは民衆に真実を告げるべきですし、民衆をさまざまな誤謬、さまざまな虚しい迷信につなぎとめておこうとしたり、民衆が日々金持ちや貴族や地上のお偉方からされているように、彼らが連中から侮蔑され虐待されるのを座視しようとしたりしてはなりません。ずいぶん昔から誤謬が、虚しい迷信がこの世にはびこっていますし、ずいぶん昔からこの世には圧制がはびこっています。これからはそれに決着をつける時代でしょう。あなたがたの聖なる預言者と称する人たちも、偶像は終わり、現れなくなり、完全に破壊されるであろう、偶像の名すら地上から完全に一掃され、それゆえ偶像崇拝の徒もいなくなるだろう、と言いました。「オマエタチノ偶像ハ姿ヲ消シ〔……〕、私ハ像ヲ滅ボシ、偶像ヲナクス」（『エゼキエル書』第六章六節、第三〇章一三節）、「偶像ハ完全ニ打チ砕カレル」（『イザヤ書』第二章一八節）、「私ハ、地カラ偶像ノ名ヲイッサイ取リ去ル」（『ゼカリア書』第一三章二節）。

皆さん、こうした「預言」はずっと昔に成就されていなければならなかったのです。自分たちの間では預言が成就

している、自分たちは偶像崇拝者ではなく、偶像など拝んではいない、とあなたがたが言われるなら、事実によってあなたがたの誤りを認めさせるのは簡単です。あなたがたは現にねり粉と小麦粉の取るに足らないちっぽけな像を拝み、偶像崇拝者たちがやるように木や石膏の像、金や銀の像を敬っているのですから。(二六) こうした偶像崇拝をすべてやめさせることこそ、またこのすべての虚しい偶像の破壊に関してかくも見事に預言されていたことすべてを、今の時代に成就させて見せたら、あなたがたの栄誉となるでしょう。至る所で誤謬と不正のこの忌まわしい支配を打ち壊し、その代わりに真理と正義の優しく平和な支配を打ち立てたら、あなたがたの栄誉となるでしょう。ですから皆さん、できることならばこの喜びを民衆に与えてください。ありとあらゆる自然な義務からすれば、皆さんはそうしなければならないのです。自分たちは民衆の司牧者だ、とあなたがたは言われます。それなら、彼ら民衆は皆さんの羊たちであり、さらに皆さんの親戚、皆さんの近親者、皆さんの縁者、皆さんの友人であり、民衆からこそあなたがたはあらゆる生活の糧を得ているのですから、民衆はすべて皆さんの恩人でしょう。民衆は皆さんの同胞であり、同国人です。こうしたことはそのいずれもが、あなたがたを確固として民衆の側に立たせるはずの強力で切実な動機です。ですから、あらゆる隷属から民衆を解放するために、またあなたがた自身をそこから解放するために、民衆と手を携えてください。この喜びを民衆に与えてください。このことこそ、あなたがたがいつか民衆に果たしうる最大の善です。だからといって、あなたがたの側で手に武器を取ることなど論外です。武器を手にして争乱を起こすよりも、あなたがたの慎重な忠告によって、あなたがたの賢明な助言によって、あなたがたの学識ある文書によって、皆さんはそれ以上のことを確実に平和裡に行えるのです。あなたがたの作り話めいた宗教のこちこちの信心や迷信に虚しくかかずらうのはやめて、正しい理性の自然の光にただ従うだけで、あなたがたは民衆を簡単に誤りから覚めさせられるでしょう。大多数の民衆はぼんやりとではあるにせよ、自分たちがとりこになっている誤謬や悪弊を、自分でもうかなり分かっています。(二七) 彼らがこの点で必要としているのは、ただもう少しの援助、もう少し多くの精神を照らす光であり、それさえあればそうしたものの虚しさが明らかに理解され、そうしたものから精神を完全に解放できるのです。しか

し、地上のお偉方の暴虐な権力から解放されるためには、彼らにはより一層の援助、とりわけしっかりした団結と相互のしっかりした理解が必要です。そして、このしっかりした団結、この相互のしっかりした理解と和合のためにこそ、民衆を鼓舞する必要があります。

皆さん、十字架にかけられたあなたがたの善良にして神なるイエスの死と受難という無限の功徳によって行われたと言われる、民衆の魂の解放なるものや魂の霊的贖いなるものについて、あなたがたは民衆に話をされます。しかし、そうしたものよりもさらに一層現実的で、さらに一層真実の解放を民衆は必要としているのです(13)。あなたがたがしているような、単に絵空事にすぎないそんな解放や贖いなるものについてだけ話をするのは、民衆をもてあそび、たぶらかすことです。あなたがたの聖なる預言者と称する人々さえも、神が民を囚われの状態から解放するとか、神がかくも強力な贖い主を遣わすと彼らの民に告げた際には、決してそんなことを言うつもりではありませんでした〔一八〕。民衆が必要とし、ここに述べた聖なる預言者と称する人々が言わんとした本当の解放や贖いとは、あらゆる隷属から、あらゆる偶像崇拝から、あらゆる迷信から、そしてあらゆる圧制から民衆を解放するもの、いや解放するはずのものであり、それは彼らがあらゆる富に豊かに囲まれ、正義と平和のうちに地上で幸福に暮らせるようにするためのものです。皆さん、民衆が必要としているのはこうした解放、こうした贖いで、皆さんが民衆に話されているような架空の贖いではありません。哀れな民衆にとって本当の原罪〔一九〕とは、今そうであるように貧困のうちに、悲惨のうちに、お偉方への従属のうちに、その圧制のもとに生を享けることです。この忌まわしく、呪われた罪から民衆を解放すべきでしょう。

皆さん、あなたがたは空虚な書物をそれにもかかわらず神聖なもの、神なるものと呼んで、象徴的、寓意的、神秘的に解釈し説明しては時間を無駄にしています。あなたがたはその書物に好き勝手な意味を与えています。自分たちででっち上げては、ことさらに与える、あの見事な霊的で寓意的な意味なるものを手立てにして、あなたがたはその書物に好き勝手なことを言わせています。それも、その書物の中にはなく、いまだかつてありもしなかった真理なる

ものを、そこに見つけたり、見つけさせたりするためです[二〇]。けれども実際、そうやって皆さんが『聖書』から作り出すあの見事な象徴、霊的で寓意的で神秘的なあの見事な解釈とはみな何物でしょうか。あの博士、聖ヒエロニムスが（『パウリヌスへの手紙』の中で）言っているように、そんなものは虚しい児戯、笑劇や喜劇の役者が行う茶番劇同様の茶番でしかありません。「コレラハ子供染ミタコトデアリ、香具師ノ口上ニモ似タコトダ[二一]」。あえて言うならば、あなたがたはこの点で多少とも、「おのれの虚しい考えに耽って我を忘れ、道に迷い、自分を失い、自分を知者だと思い込んで愚かな者になる、オノレノ考エニ耽ッテ我ヲ忘レ〔……〕自ラ知者ト称シナガラ愚者トナッタ」（『ローマ人への手紙』第一章二一〔―二二〕節）、とわが聖パウロが語っているあの自称知者たちの真似をしていると[二二]さえ申しましょう。ですから、あの書物をこのように解釈し、これほど虚しく説明しようとするのは、明らかに自分で自分を欺き、自ら盲目になろうとすることです。

さらにあなたがたは、奏効的恩寵かそれとも充足的恩寵かといった無内容な問題[二三]や、あなたがたの聖パウロ自身が「愚かな問題、愚かな議論、愚カナ問題〔……〕口争イ、律法ニツイテノ論争」（『テトスへの手紙』第三章九節）と呼んでいる、あなたがたの宗教をめぐるその他これに類する多くの虚しい問題を仲間うちで議論しては、時間を無駄にしています。あなたがたは、ある者はある派に、別の者は別の派に味方しては、それについて熱心に議論しています。そんなことは実際、ロバの影を手に入れようとして言い争う人々の狂気よりも、もっとひどい狂気です、「ロバノ影ニツイテ争ウ[二四]」。こうした誤謬や偶像崇拝そのもの、王侯君主らのあらゆる圧制から、地上を荒廃させるすべての禍が起こるというのに、あなたがたの誰一人として、この宗教が自分たちに教えている甚だしい誤謬と迷信に注意を払わないのです。すべての禍が地上を荒廃させるのは、ある預言者が言っているように、「人がそうしたことを気にもかけず、誰一人としてそうしたことを考えようとはしないから、全地ガ荒ラサレテイルノハ、誰モソレニ心ヲトメナイカラ」（『エレミア書』第一二章一一節）です。

皆さん、あなたがたはまた熱心に(14)、自分たちの目にとまる民衆の悪徳、さらにはごくごく些細な過ちや欠点や風紀

の乱れまでも弾劾し、罵倒しています。あなたがたはその重さや大きさをとてつもなく誇張します。神の懲罰や、ありもしない恐ろしい地獄の永遠の責苦で民衆をひどく脅します。[二五]そして、民衆を支配し、略奪し、圧し潰し、破滅させ、抑圧する、また民衆を打ちのめすあらゆる禍、あらゆる悲惨の源をなす連中の公的な盗みや言語道断な不正に対しては一言も口にされません。虚しいこと、虚しいこと、これほど愚かで虚しいことがあるでしょうか。[二六]皆さん、偶像崇拝の誤謬に対して、諸宗教の迷信に対して、また同じく、暴虐な統治の公的な盗みと言語道断な不正に対してこそ、あなたがたはとりわけ異議を申し立てるべきです。こうした誤謬、こうした不正こそが、あなたがたの『聖書』なるものにさえ言われているように、この世に見られるあらゆる禍の源、起源、原因、始まりと終わり、つまりその極みなのです、「ナゼナラ、忌マワシイ偶像ノ礼拝ハアラユル悪ノ原因デアリ、始マリト終ワリデアルカラ」[二七]（『知恵の書』第一四章二七節）。それゆえ、あなたがたがとりわけ情熱を傾けなければならないのは、やはりこの忌まわしいすべての[15]誤謬に対して、この忌まわしいすべての不正や圧制に対してなのです。

　息を引き取る前にこうしたことすべてを口にできて、私はとても満足でした。事態はこのとおりであり、それを口にする人は誰一人見られない以上、私がそうするより仕方がありませんでした。このことであなたがたが私を非難されたとしても、率直に申しますが、私が語っているのは正義と真理そのもののためである以上、そんなことを私は少しも気にかけません。皆さん、たしかに私はこの件であなたがたの賛同を受けるという名誉を得たいと思っています。皆さんの友人、すべての君子の友人でありたいと思っています。しかしながら、「プラトンハ我ガ友、アリストテレスハ我ガ友、サレドサラニ我ハ真理ヲ愛ス」[二八]と言った人のように、なおそれ以上に正義と真理の友でありたいと思います。また、あなたがたがこのことで私を称賛に値すると思われても、私はそれを自慢したくはありませんし、このことであなたがたがなんらかのお世話を言われることも、なんらかの非難をされることも、いや、なんらかの咎をされることさえ期待してはおりません。というのも、私はまもなくこの地を去るはずで、それどころか、この手紙が皆さんのところへ届く前に旅立たねばならない、つまり生涯を終えなければならないからです。ですから、もしあなた

がたがこれにすべきなんらかの答をお持ちでしたら、それを公衆にお宛てください。おそらく公衆の中にも、必要ならば私の立場を弁護しよう、いやむしろ公衆自身の立場を弁護しようとする人がどこかにいるでしょう。この件で、またはこの際に問題なのは、私のことでも私の個人的利益でもないのですから。問題なのはただ、真理の維持、公益と公的自由の回復という各人が身を挺すべき大義です。ですから、いいと思えば、いいと思うように、公衆が自分で自分の利益を守ってください。私としては、このことについて自分の考えを述べた以上、それで満足しております。私はもうこの件にはまったく関わりません。私の時は満ちようとしております。ですから皆さん、今ではもうあなたがたに最後のお別れを言うことしか、私には残っておりません。その後でなお、あの「安ラカニ眠リタマエ」〔二九〕という信心深い言葉を私に言うべきだとあなたがたが判断されても、その言葉がそっくりそのままあなたがたに返されることを私は願っています。私の方は、その時にはもう、何が休息で何が平和か、何が善で何が悪か分かりようもなくなっているからです。それを知るには生きていなければならず、死者にはそんなことは何一つ分かりません。その逆を思い描くのは間違いで、そうであれば、死者のために祈るのはまったく無用なことです。死者を気遣うのもまったく無用なことです。死者に頼むのも無用なことです。また私が、あなたがたに向かってなんらかの儀礼的な務めを今果たそうとするのも無用のことですし、自分から次のように言うことさえも……

皆さん、

皆さんのいと慎ましく、いと従順なる僕、

エトレピニーの司祭、J・M拝

背には次のように記されている。エトレピニー近隣の司祭諸兄、ならびにその同僚たるその他すべての諸兄へ。

先の書簡に添えられた、別の書簡の写し

拝啓
私の生涯の終わりが予想どおりに近づいているのを知り、したがって世間に気兼ねすることはやがて何もなくなるものと思っておりますので、今ではもう、真実を口にするのをなお控えねばならないいわれがあるとは思われませんから、生涯私が抱いて生きてきた考えや見解の根拠を公益のため公衆自身に、とりわけすべての同僚諸兄に明らかにすることは私にとって喜ばしい限りです。まさしくそのために、友よ、よろしければ、おいやでなければ、私は同封のものとともにこの手紙をあなたにお送りいたします。同封したその手紙をも、あなたからわが同僚諸兄にお伝え願いたいのです。それは、皆さんが最初にこの手紙を知り、適当と思われればそれについて一緒に協議され、良かれと思う判断をお下しになれるようにと願ってのことです。この手紙について皆さんがどのようにお考えになるか、どのようにおっしゃるか、またこのような考えを抱き、このような志を立てた私のことを何とおっしゃるか、私には分かりかねます。おそらくこうした企てを私の狂気、無謀さの現れと思われるでしょう。けれども、皆さんがどのような判断をされようと、私と私のやり方をどれほど悪く思われようと、真理は変わることなく、それ自体現にあるがままであり続けるだろうと、私は確信をもって主張できます。というのも、真理は人間の意志や、人間が下しうる判断に依存するものではないからです。人間の方こそ真理に自分を合わせ、真理に従って自分を律するべきであり、真理の方が人間の気まぐれで形成されたり、それに合わせたりするものではありません。そんなことはまったく起こりようもないのですから[1]。未知であっても、非難されても、さらには人々の間で往々にして起こるように迫害され、罪に問われ、抑圧されても、それで真理が真理でなくなりはしません。人が何をしようと何を言おうと無駄で、真理は常に真理であり、それと同じく、どれほど称賛され、さらには敬われ、権威を与えられようとも、誤謬は常に誤謬なのです。悪を善、善を悪と呼び、闇を光、光を闇に変え、苦いものを甘く、甘いものを苦くする連中に対して、わが聖なる預言者の一人と称する者が呪咀、つまり禍と呪いの言葉を吐きました。「悪イコトヲ良イコトト言イ、良イコトヲ悪イコトト言ウモノ、闇ヲ光ニ、光ヲ闇ニ変エルモノ、苦イモノヲ甘クシ、甘イモノヲ苦クスルモノハ禍デアル」

（『イザヤ書』第五章二〇節）。友よ、こうした預言と称するものの成就を恐れるいわれがあなたにあるとしたら、あなたがたは全員一人残らず、この預言が脅している呪いを受けるおそれがおありなのでしょう。あなたがたの宗教の原理や格率に従えば、往々にして悪を善、善を悪と呼ばねばならず、往々にして闇を光、光を闇とし、また往々にしてこの預言者が言うように、あなたがたは苦いものを甘い、甘いものを苦いとしなければならないのですから。まさにそのために、私たちのこういう虚しい偽りの聖職の[2]、虚しい欺瞞的な務めを私はいつでも憎み、嫌悪し、心の中で幾千回となく呪ったのです[三〇]。ところが、この種の呪いを受けるに一番ふさわしい人々に呪いの効果が現れたためしはほとんどなく、またそのために人々はそうした呪いをほとんど恐れておりませんし、悪を善、そして善を悪[3]と呼んでも今ではほとんど抗議されることもなく、闇を光、光を闇としても、苦いものを甘い、甘いものを苦いとしてもほとんど抗議されることもなくなっています。もっとも、かの預言者が口にした呪い[4]を受けるのに一番ふさわしい人々が必ずしも呪いを受けないとしても、それでもやはり、そうした人々がなんら呪いを受けるに値しないわけではもちろんありませんし、だからといってなんら非難や叱責に値しないわけでもないのです。友よ、真理と正義こそあなたがたが常に心がけられる主要な目的に違いありませんから、まさしくこのような事情こそ、皆さんがた全員にこうした問題を真剣に考えさせるきっかけになるに違いありません。友よ、このようなことをあなたに申し上げ、進言することは、本来私のなすべきことではないでしょう。それはもっと天分のある人、さらには私よりもっと大きな権威を備え、もっと大きな尊敬を受けている人からなされるべきでしょう。そのことは私も認めますし、そうなれば人心に一層の影響と感銘を与えるでしょうから[三一]、私はそう望んでさえいます。しかしながら、誰一人としてこうしたことをあえて口にしようとしない以上、友よどうか、私がそれを口にするのを許してくださるか、せめて穏やかに見過ごして、「真理は地から生ずる、真理ハ地ヨリ生エ出ス」（『詩篇』第八四篇一二節）と言ったわが預言者のもう一人の言葉をなんらかの仕方で成就させてください。事実、私は土でしかない以上、私の口から出るならば真理は事実、地より生ずることになるのですから。しかし、さらにこの預言者[5]の同じ言葉に従えば、正義が天から見下ろすこと[三二]、ただ見下

ろすだけでなく天から降りてきて、すべての人々を正しい上下関係のうちに置き、人々の間に穏やかで平和な統治を打ち立てることが必要でしょう。さもなければ、哀れな民衆はこの世でいつまでも惨めで不幸なままでいることを覚悟するしかないでしょう。なれるようになってください。今私に分かる自分にとって最良のことは、自分が二度とこの世に戻らないだろうということです。私は肉体的にも精神的にも、私なりにかなり心地よく、かなり平穏に人生を過ごしてきましたが、[*1]それでも喜んで、後髪も引かれずにこの世に別れを告げようと思います。ほかの多くの人のように人生の禍や苦しみの苛酷さを味わうという不幸に見舞われずにすんだのは、かなり幸いなことだったとも思っています。友よ、それではお別れです。あなたの生涯が幸せで平穏でありますように。あなたのもっとも慎ましい友、

エトレピニーの司祭、J・M拝

背には次のように記されている。……の司祭殿へ。[6]

*1　今、視力を完全に失おうとしているという不快を除いてですが。目が見えなくなるのは私にとって、命を落とすよりはるかに辛いことです。

『覚え書』異文

『覚え書』については、メリエ自筆と判定される手稿が三部、フランス語手稿・蔵書整理番号一九四五八、一九四五九、一九四六〇を付されて、パリ・フランス国立図書館に残されている。凡例にもことわったように、この翻訳は手稿一九四六〇に準拠した。以下には、手稿一九四五八、一九四五九の異文を掲げる。ただし、ほとんど訳文に現れない句読点の相違、語句の修正、語順の入れかえなどの異同はここに取り上げない。手稿一九四五八、一九四五九、一九四六〇は、以下五八、五九、六〇と略記する。

第一章

（1）五八では「意図するところ」はない。

（2）「悪しき統治」が、五八では「統治」となっている。

（3）五八では「不正で」はない。

（4）「悪辣な金持ちや地上のお偉方にこうまで暴虐に虐げられる」が、五八では「金持ちや地上のお偉方に暴虐に虐げられる」となっている。

（5）「著名な人が世の中にはたくさんいるのに、こんなに多くのこんなにひどい忌まわしい無秩序に」が、五八では「著名な人物が世の中には多数いるのに、こんなに多くのこんなに忌まわしい無秩序に」、五九では「著名な人物が世の中にはたくさんいるのに、こんなに多くのこんなにひどい忌まわしい無秩序に」となっている。

（6）「とりわけ他人から敬われ尊敬されたがったり」の部分は、五八と五九では欄外への書き加えとなっている。

第二章

（1）「それにはまた人々の間に通常生じる個人的な不和や反目や憎悪や敵意が大いに役立ったのです」が、五八では「それにはまた人々の間に生じる個人的ないさかいや反目や不和や敵意が役立ったのです」、五九では「それにはまた人々の間に通常生じる個人的ないさかいや反目や不和や敵意が役立ったのです」となっている。

（2）五八では「もっともずるく悪賢い者あるいは」はない。

（3）「きわめて見識のある前世紀の一著作家が」が、五八では「一著作家が」、五九では「前世紀の一著作家が」となっている。

（4）「ありもしない来世で」が、五八では「来世で」、五九では「（ありもしない）来世で」となっている。

（5）「こんなにひどい、こんなに忌まわしい統治の悪弊と誤謬と無秩序と不正を」が、五八では「こんなに不正な、こんなに忌まわしい統治の悪弊と無秩序を」となっている。

（6）五八では「嘘や」はない。

（7）「そうなれば……と言えるのですから」の一文は、五八と五九では欄外に後から書き加えられている。

（8）「架空の神を恐れさせそれに仕えさせるためというより、むしろ自分を恐れさせ、自分に服従させ尊敬の念を抱かせるため」が、五八では「架空の神を崇めさせそれに仕えさせるためというより、むしろ自分を恐れさせ、自分に尊敬の念を抱かせるため」、五九では「架空の神を崇めさせそれに仕えさせるためというより、むしろ自分を恐れさせ、自分に服従させ尊敬の念を抱かせるため」となっている。

（9）五八と五九では改行なし。

（10）五八と五九では「忌まわしい」はない。

（11）「というのがその人の願いでした」が、五八と五九では「というのがその人の願いで、私が言っていることに関してこのように言ったのです」となっている。

（12）「自国のある都市で」が、五九では「その諸都市の一つで」となっている。

（13）五八と五九では改行なし。

(14)「前に来た者は……」から「……第一〇章八節」まで、五八と五九では欄外の書き加えとなっている。
(15)「褒めたたえて」が、五八では「たたえ称賛して」となっている。
(16)五八と五九では「世間的にも」がない。
(17)五八では「こういう職の」はない。
(18)五八では「偽りの」はない。
(19)五八では「意味のないいかさまな」はない。
(20)「単純さ」が、五八では「善良な単純さ」となっている。
(21)「それならせめて……」から「……あるべきです」まで、五八では欄外への書き加えとなっている。
(22)「それでもうけられるような時にもよくそれを無視したりほうっておいて、実入りのよい聖職禄を得ようと策を弄したり」が、五八では「それを始終無視し、よい聖職禄を追い求めたり」、五九では「それでもうけられるような時にもよくそれを無視し、実入りのよい聖職禄を得ようと策を弄したり」となっている。
(23)宴を張る人々に対するキリストの忠告への言及は、五八では欄外への書き加えとなっている。
(24)「迷信と偶像崇拝」が、五八では「迷信」となっている。
(25)「もったいぶったけばけばしいこういうたぐいの祭祀や、自分の聖務の無意味な役目に対する」が、五八では「こういうたぐいのもったいぶった役目に対する」、五九では「もったいぶったこういうたぐいの祭祀や、自分の聖務の無意味な役目に対する」となっている。
(26)「見境なく」が、五八では「そのため公然と見境なく」となっている。
(27)五八では「これまで述べてきたようなことについては死ぬまで」はない。
(28)五八では「悪弊と」はない。
(29)この一文は、五八では「用いた薬が時とともに最初の病より有害になったからです」、五九では「最初の病を治そうと用いた薬が時とともに最初の病より有害になった――その悪用によって――からです」となっている。
(30)「懸命に働こうと真剣に考えるのが」が、五八と五九では「真剣に考え、懸命に働くのが」となっている。

(31)「人生において……従事すべき」の部分は、五八と五九では、丸括弧に入れられた欄外への書き加えとなっている。
(32)五八と五九では「一切の誤謬と迷信から」はない。
(33)五八では「耐えがたい」はない。
(34)「ただ卑しいもくろみと見下げはてたへつらいの心」が、五八と五九では、「ただ卑しい見下げはてたへつらいのもくろみ」となっている。
(35)五八では「つまり私を非難して」はない。
(36)この丸括弧でくくられた文は、五八と五九では欄外への書き加えとなっている。

第四章

(1)「主張するのは決して忘れませんが」が、五八では「主張しますが」となっている。
(2)「王は穏やかで」以下、段落終わりの「信じさせたのです」まで、五九では引用符が付けられている。
(3)五八では改行なし。

第五章

(1)「ついに」以下、段落終わりの「このように偽った」まで、五八と五九では引用符がない。
(2)「民衆は真実のことを……あるからだ」は、五九では引用符が付けられている。
(3)「モンテーニュ氏も書いているように」から「……四七九頁」までの部分は、五八、五九、六〇のすべての手稿で欄外への書き加えとなっている。
(4)五八では「名と」はない。
(5)「……第一四章にかなり詳しく見られます」は、五八と五九では「……第一四章を見てください」となっている。

第六章

（1）五八では「大胆不敵で」はない。
（2）五八では改行なし。
（3）この一文（マサエの例）は、五八と五九では「たいへん善良な名君トラヤヌス帝も死後は元老院の命令で神々に列せられました」の後に入れられている。

第七章

（1）「そこから……」以下、段落終わりまで、五八と五九では引用符が付けられている。
（2）「迷信で驚くほどに……」以下、「……諸民族さえありました」まで、五九では引用符が付けられている。
（3）この段落冒頭「大王と異名をとった……」から、「……意味するものだそうである」まで、引用符に関しては五八、五九、六〇の間でかなりの異同がある。出典を参照して本文のようにした。

第八章

（1）この段落、および次の段落に、五九では引用符が付けられていない。
（2）「掟や命令を」が、五八と五九では「掟を」となっている。
（3）「さらに言えば」から「すぎなかったのです」まで、六〇のみ引用符が付けられている。出典を参照して本文のようにした。
（4）五八と五九では「迷信的な」はない。
（5）「そのために秘密に隠れて話しかける必要がありますか。そのために神々は人間の代弁者や代行者を必要とするのですか」は、五八と五九では「そのために神々は人間の代弁者や代行者をそんなに必要とするのでしょうか」となっている。
（6）五八では「これほど密接に」はない。
（7）「偶像崇拝者のわが神崇拝者たちが」は、五八と五九では「神崇拝者たちが」となっている。

（8）「ペテン師と詐欺師の」は、五八と五九では「ペテン師の」となっている。
（9）五八ではこの出典指示はない。
（10）「しかし、あらゆる誤謬と錯誤と詐欺とペテンが他宗教には見られるが、自派は一切それらから免れている、と主張しない個別宗派は」の部分は、五八と五九では、「しかし、自分の派は神の権威の上に本当に基礎づけられており、あらゆる誤謬と錯誤と詐欺とペテンが他宗教には見られるが、自派は一切それらから免れている、と主張しない個別宗派は」となっている。
（11）「理性で疑うことができないほど」は、五八と五九では「慎重にしても理性で疑うことができないほど」となっている。
（12）「なぜなら」が、五八では「慎重にしても理性で疑うことができないほど明白で説得力のある、と私が言うのは、なぜなら」となっている。
（13）「信ずべきでもないし」が、五八と五九では「まったく信ずべきでもないし」となっている。
（14）五八と五九では改行なし。

第九章

（1）「そのような命題が真であることを」が、五八では「それを」となっている。
（2）「ある神の法と啓示に」が、五八と五九では「ある神の法あるいは啓示に」となっている。
（3）五八と五九では「また」はない。
（4）五八と五九では「また」はない。
（5）「ある神の法と啓示へ」が、五八と五九では「ある神の法あるいは啓示へ」となっている。
（6）「さらに」が、五八と五九では「また」となっている。
（7）五八ではこの出典指示はない。
（8）「穿鑿し」が、五八と五九では「あまりに穿鑿し」となっている。
（9）五八では改行なし。

第一〇章

（1）五八では改行なし。すなわち、第九章末から連続している。
（2）「馬鹿げた盲目的な信心や宗教を」が、五八と五九では「馬鹿げた信心と宗教を」となっている。
（3）以下のラ・ブリュイエールからの引用は、五八と五九では欄外への書き加えとなっている。
（4）五八では「不幸な」はない。
（5）「神々とその法と命令と奥義と啓示なるものとについて」は、五八では「神々とその法と命令、あるいはその奥義と啓示なるものとについて」となっている。
（6）「限りなく完全な」は、五八では「限りなく善良で限りなく賢明な」となっている。
（7）「彼らとその宗教のために」が、五八では「彼らのために」となっている。
（8）「彼らの信心と宗教が」は、五八では「彼らの信心が」となっている。
（9）五八では改行なし。

第一一章

（1）「証」が、五八と五九では「確かな証」となっている。
（2）五八と五九ではここで改行。
（3）五八と五九ではここで改行。
（4）「モーセの奇蹟」がアントロポス版『ジャン・メリエ全集』では「モーセ」となっているが、活字への起こし間違いであろう。五八、五九、六〇はすべて「モーセの奇蹟」となっている。
（5）「より巧みでより器用あるいは明敏な」が、五八と五九では「より巧みでより明敏な」となっている。
（6）「ギリシア正教徒たちの」以下、段落終わりまで、五八、五九、六〇のすべてで引用符が付けられているが、文章の内容から考えて本文のようにした。
（7）「それらについて」が、五八では「偽の奇蹟というこのすばらしい題材について」となっている。

（8）五八では改行なし。
（9）この段落の引用符は五八、五九、六〇の間でかなりの異同があるが、出典を参照して本文のようにした。

第一三章

（1）五八では「聖なる」はない。
（2）五八では「その選びの器であった」はない。
（3）五八では「すら」はない。
（4）アントロポス版『ジャン・メリエ全集』ではここを改行としているが、五八、五九、六〇のすべてに改行はない。
（5）「彼らが話題とする当の人々に好意的な先入観を持っていたり、その連中の利害に関係していたりするなら」は、五八では「彼らが話題とする当の人々に好意的な先入観を持っているなら」となっている。
（6）五八では「本当に」はない。
（7）五八では改行なし。
（8）「そういう事実一切を、つまり過去に行われたと主張されるそういう偉大で神奇な奇蹟一切を」が、五八と五九では「過去に行われたと主張されるそういう偉大で神奇な奇蹟一切を」となっている。
（9）五八と五九では改行なし。
（10）「異論のない権威を持つローマの歴史家タキトゥスも」以下、「どんな本当らしい理由もないことは間違いありません」まで、六〇はすべて引用符を付けているが、五八と五九には一切引用符がない。出典指示に従って引用が確かめられた部分だけを、本文のように引用符でくくった。

第一四章

（1）五八と五九では「また」はない。
（2）「述べてくれています」が、五八と五九では「開陳してくれています」となっている。

第一五章

（1）五八と五九では「著作家や」はない。
（2）五八と五九では「この種の書物に関する」はない。
（3）『聖書』各書への聖ヒエロニムスの序文から、七カ所をメリエは仏訳を付して引用するが、その配列と体裁と段落の切り方には三手稿の間に異同が見られる。配列と体裁についてのみ、その異同を示すと以下のごとくである。
五八。『パウリヌスへの書簡』からの原文、『《ヨシュア記》への序文』からの原文、『防戦のための序文、《歴代志》への序文』からの原文、『ドムニオンとロガティアヌスに宛てた《歴代志》への序文』からの原文、『《ヨブ記》への序文』からの原文、『教皇ダマススに宛てた《福音書》への序文』からの原文、『《詩篇》への序文』からの原文、ここまでが二五葉から二六葉にかけて書かれている。そして二五葉の二として、七点の引用の仏訳が手稿に挟み込まれている。

五九。配列も体裁も五八と同じ。

六〇。『パウリヌスへの書簡』からの原文と仏訳、『防戦のための序文、《歴代志》への序文』からの原文と仏訳、『ドムニオンとロガティアヌスに宛てた《歴代志》への序文』からの原文と仏訳、『《ヨシュア記》への序文』からの原文と仏訳、『《ヨブ記》への序文』からの原文と仏訳、『教皇ダマススに宛てた《福音書《への序文』からの原文と仏訳、『《詩篇》への序文』からの原文と仏訳。

この引用箇所の配列、体裁、段落の切り方に関して三手稿の異文をすべて示すのは煩瑣にすぎるので、ここでは以上の注記に止める。
（4）引用ラテン語原文に関しても三手稿間に異同はあるが、それら異同を指示するのは煩瑣にすぎるので言及しない。以下ではヒエロニムスからの引用に関して、メリエによる仏訳の異同のみを指示する。
（5）五八と五九では「世間では銘々が銘々の職に携わります」はない。
（6）「考えたことを」が、五八では「書いたことを」、五九では「考え書いたことを」となっている。
（7）「書いています」が、五八では「パウラとエウストキウムに宛てて書いています」となっている。
（8）五八では「優勢であり続けて」はない。

（9）「かつてすでに開墾し」が、五八では「すでに」となっている。
（10）五九ではここで改行。
（11）「律法」が、五八と五九では「モーセの律法」となっている。
（12）五八では「かつては」はない。
（13）「教皇たちによって」が、五八と五九では「ローマ教会の教皇たちによってさえ」となっている。
（14）「真実性を保証する」が、五八と五九では「真実性の確実堅固な」となっている。
（15）「真理性の確実、堅固な」が、五八では「真理性の確実な」となっている。

第一六章

（1）五八と五九では「限りなく完全な」はない。
（2）五八と五九では「というもの」はない。
（3）五八では「自然的な」はない。
（4）「世界の創造とかいう話」が、五八と五九では「世界の創造の話」となっている。
（5）「最初の人間なるもの」が、五八では「最初の人間」となっている。
（6）「世界的洪水なるもの」が、五八では「世界的洪水」となっている。
（7）「不浄で汚れている」が、五八では「不浄である」となっている。
（8）「神の啓示や神感を」が、五八と五九では「神の啓示を」となっている。
（9）五八では「あれほど滑稽な」はない。
（10）「すばらしい例や優れた忠告や良い教えに」が、五八と五九では「すばらしい例や優れた忠告に」となっている。

第一七章

（1）「矛盾と食い違いが」が、五八と五九では「矛盾と誤りが」となっている。

(2) 五八では聖書ラテン語原文の引用はない。
(3) 五八では改行なし。
(4) 五八では「著名な」はない。
(5) 五八では「かなり詳しく」はない。
(6) 「と信ずる理由は十分にあります」が、五八と五九では「と十分に信じられます」となっている。
(7) 五八と五九では聖書ラテン語原文の引用はない。
(8) 「彼が洗礼後三カ月しか生きなかったらしい」が、五八と五九では、「彼が洗礼後三カ月しか生きなかったし、洗礼後初めてエルサレムに行った時十字架にかけられたらしい」となっている。
(9) 五八と五九では改行なし。
(10) 五八と五九では改行なし。
(11) 五八と五九では改行なし。
(12) 「わがローマ・キリスト崇拝者たちが」は、五八では「わがローマ・神・キリスト崇拝者たちが」となっている。
(13) 五八では「可視的」はない。
(14) 五八と五九では改行なし。
(15) 五八と五九では聖書ラテン語原文の引用は欄外に書かれている。
(16) 五八では改行なし。
(17) 五八と五九では改行なし。
(18) 「世紀の終わりまで」が、五八と五九では「世紀の、あるいは世の終わりまで」となっている。
(19) 「師の生涯について」が、五八と五九ではない。
(20) 「認めない」が、五八と五九では「受け入れない」となっている。
(21) 「神感を受けたと偽る書を」が、五八と五九では「神感を受けた書を」となっている。

第一八章

(1)「憎むべきものであったこと、あるいはそうなるはずであったことも」は、五八と五九では「憎むべきものであったこと」となっている。
(2)「絶滅と破滅と破壊を」は、五八と五九では「絶滅と破滅を」となっている。
(3)「限りなく善であり限りなく義であるような神が」は、五八では「限りなく善であり限りなく賢明であり限りなく義であるような神が」となっている。
(4)「わがキリスト崇拝者たちが」は、五八と五九では「わがキリスト崇拝者とすべての神崇拝者たちが」となっている。
(5) アントロポス版『ジャン・メリエ全集』ではここが改行となっていないが、三手稿とも改行となっている。
(6)「というのも、ある事柄の枢要な点より末梢的な点により特別な配慮をしようとするのはこの上ない知恵にふさわしくないでしょうから」は、五八では「というのも、小事に専念し大事をおろそかにすることはこの上ない知恵にふさわしくないでしょうから。ある事柄の枢要な点より末梢的な点により特別な配慮をしようとするのはこの上ない知恵にふさわしくないでしょうから」となっている。
(7)「善意がむしろ示されるべき時は人がもっとも困っている時だからです」の部分は、アントロポス版『ジャン・メリエ全集』にないが、三手稿ともこのようになっている。
(8) 五八では「さらに」はない。
(9)「恩人としての姿を示したらしいのに」は、五八と五九では「恩人となり、恩人としての姿を示したらしいのに」となっている。
(10) 五八では「古い」はない。
(11) 五八と五九では「およそ」はない。
(12)「この上ない善性とこの上ない英知にふさわしくありません、または、ふさわしくないはずです」が、五八では「善性と英知にふさわしくありません、または、ふさわしくないはずです」となっている。

(13)「……生まなかったでしょうし、まったく取るに足らないものだったのです」が、五八と五九では「……生まなかったでしょう」となっている。
(14)五八と五九では「すべての人間の主たる敵」はない。
(15)五八では「すべての人間にとって」はない。
(16)「破滅を」が、五八と五九では「破滅と不幸を」となっている。
(17)「世界中で」が、五八と五九では「世界中で毎日」となっている。
(18)「そんなことは言うだけでも、考えるだけでも馬鹿げています」が、五八と五九では「そんなことは言うのも、考えるのも馬鹿げています」となっている。
(19)「かかるはずだったのですから」が、五八では「かかっていたのですから」となっている。
(20)「人類の始祖たちは蛇に姿を変えた邪悪なサタンの誘惑にかかり、たちまち罪に陥ったらしいのですから」は、五八では「人類の始祖たちはたちまち罪に陥ったのですから」、五九では「人類の始祖たちはサタンの誘惑にかかり、たちまち罪に陥ったのですから」となっている。
(21)五八ではこの一文はない。
(22)「奇蹟的に」が、五八と五九では「奇蹟的に神の力によって」となっている。
(23)五八では「いわゆる」はない。
(24)五八と五九では「もっとも」はない。
(25)「この十字架の木は」が、五八では「わがキリスト崇拝者たちがとくに真の十字架と呼ぶ、この十字架の木は」となっている。
(26)五八では改行なし。
(27)「健康と病と死の主人に」が、五八では「健康と病と死と生の主人に」となっている。
(28)五八では改行なし。

第一九章

（1）「異教徒や偶像崇拝者も同じく言っていました」は、五八と五九では「異教徒も同じく言っていましたし、言っています」となっている。
（2）「聖人なる者たちが」が、五八では「聖人たちが」となっている。
（3）五八と五九ではここで改行。
（4）「すでに異教徒も同じく言っていました」は、五八では「異教徒も同じく言っています」となっている。
（5）「……と言っていましたし」は、五八では「……と言っていますし」となっている。
（6）「……言っていました」は、五八では「……言っています」となっている。
（7）「異教徒も言っていますし、わがキリスト崇拝者たちより前にすでにそう言っていたのです」は、五八では「異教徒も言っています」となっている。
（8）五八では「わが」はない。
（9）「……言っていました」は、五八では「……言っています」となっている。
（10）「もっとも残忍で野性的な獣の野性をも」が、五八と五九では「その本性である野性をも」となっている。
（11）五八では「妙なる」はない。
（12）五八と五九ではこの前に、「詩人たちによれば、先の城壁が建てられる時、そのアムピオンの妙なる調べの甘美さで石が自ら組み合ったというのですから」という文章が挿入されている。
（13）「キリスト教誕生時あるいは誕生時頃の」は、五八と五九では「キリスト教誕生時頃の」となっている。
（14）五八では「故」はない。
（15）「それらについて」が、五八では「そういう奇蹟なるものついて」となっている。

第二〇章

（1）五八と五九では「あるいは行いに来る時に」はない。

(2) 五八では「自分の血を流してまで贖うつもりだったという」はない。五九では、この部分は欄外の書き加えとなっている。
(3) 五八では「聖なる」はない。
(4) 「人となる時に」が、五八では「それらを行う時に」となっている。
(5) 五八では「そういう奇蹟なるものを行いに来る時に」はない。
(6) 五八では「聖なる」はない。
(7) 五八のみ、以下に本文から欄外にかけて書き加えがあるが、判読できない。
(8) アントロポス版『ジャン・メリエ全集』では「自らによって」となっているが、三手稿とも本訳文のようになっている。
(9) 「すなわち自分の民あるいは自分の信徒」は、五八と五九では丸括弧に入れられている。
(10) 「それゆえ」以下、段落終わりまでの部分は、五八と五九では本文から欄外にかけての書き加えとなっている。
(11) 「あのすばらしい文句を」が、五八では「わが信経のあのすばらしい文句を」となっている。
(12) 「すなわちこの世から完全に罪を取り除き、あらゆる悪徳と悪意と不正と悪事を取り除くこと」が、五八と五九では「すなわちこの世から完全にあらゆる悪徳と悪意と不正と悪事を取り除くこと」となっている。
(13) 五八では「全能の」はない。
(14) 五八では「われわれに対して」はない。
(15) 五八と五九では「すら」はない。
(16) 「聖潔で賢明で有徳であるとか、その統治と習俗においてより規律正しいとか」は、五八では「聖潔で賢明で有徳であり、その統治と習俗においてより規律正しいと」となっている。
(17) 五八では改行なし。
(18) 五八では「神聖な」はない。
(19) 「……すべての罪人を照らすこと」は、五八と五九では「……すべての罪人を照らすこと、そしてその恩寵による全能の救いで力弱い罪人を強めること」となっている。

(20) 五八と五九では「すでに言ったように」はない。
(21) 五八では「幾人かの」はない。
(22) 五九にのみ、欄外に『ローマ人への手紙』第八章三二節からのラテン語原文による引用がある。
(23) 「神聖なる神の子なる者が……」以下、「……すべての人間にその恩寵という好意的な一瞥すらくれようとしないと言うのですか」までの部分について、五八では、欄外への書き加えの形で「神聖なる神の子なる者が人間の救いのために命を捧げようとしたのが確かなら、その後どんな恩寵であれ、どんな恩恵であれ、彼らに拒むことができたでしょうか」となっている。また五九では、「神聖なる神の子なる者が人間の救いのために命を捧げようとしたのが確かなら、その後どんな恩寵であれ、どんな恩恵であれ、彼らに拒むことができたでしょうか」まで本文中にあり、その後は欄外の書き加えの形で、「神の子は溢れる愛によってすべての人間の救いのために死ぬことは確かに望んだのに、すべての人間にその恩寵という好意的な一瞥すらくれようとしないと言うのですか」と続いている。
(24) 五八では「恩寵という好意的な一瞥を与えようとさえすれば、すなわち」はない。
(25) 五八では「腐乱と」はない。
(26) 五八と五九では「なるもの」はない。
(27) 「救い主が」は、五八と五九では「救い主なるものが」となっている。
(28) 五八では「ありとあらゆる」はない。
(29) 五八と五九では改行なし。
(30) 五九ではラテン語原文は欄外に書かれている。
(31) 「その全能を用いて」が、五八では「その全能な恩寵を用いて」となっている。
(32) 「不幸な」が、五八では「恐ろしい」となっている。
(33) 五八では「彼が贖いにきた」はない。
(34) 五八では「有徳で」はない。
(35) 「第一の、もっとも偉大な、もっともすばらしい、もっとも名誉となる、もっとも有益な、もっとも望ましい、もっと

も必要な、同時にもっとも重要で主要な奇蹟とは」の部分は、五八では「第一の、もっとも偉大な、もっとも名誉となる、もっとも好意的な、もっとも重要で主要な、同時にもっとも必要な奇蹟とは」、五九では「第一のもっとも偉大な、もっともすばらしい、もっとも名誉となる、もっとも有益な、もっとも必要な、同時にもっとも望ましい、もっとも重要で主要な奇蹟とは」となっている。

(36) この後に五八と五九では以下の文章がある。「彼が行うことができたし、彼の第一の主要な計画によれば行うべきでもあった、第一の、もっとも偉大な、もっとも好意的な、もっとも有益な奇蹟とは、すべての人間を実際に悪徳と罪という奴隷状態から解放すること、すべての人間をその魂のあらゆる病と不具から癒すこと、さらに、彼らすべてを聖化し、真に救うことだったのです。彼らはみな罪の中に迷い込んでおり、わざわざ彼が来たのは失われていたすべてのものを救うためだったのですから。」

(37) 五八ではここで改行。

第二一章

(1) 「その人は必ず狂人、妄想家、あるいは狂信的気違いと見なされるでしょうと。また、大胆にもそういう見神と神の啓示なるものを自慢し誇る者は誰でも必ずそう見なされるでしょうが」は、五八では「その人は必ず狂人、妄想家、あるいは狂信的気違いと見なされるでしょうが」となっている。

(2) 五八と五九では、この前に次の一文がある。「以下は、その最初の見神とか神の啓示とかいうものがどのようなものだったかです。」

(3) 五八ではラテン語原文の引用はない。

(4) 五九では丸括弧はない。

(5) 「特別に」が、五八と五九では「まったく特別に」となっている。

(6) 五八では「ベテルで」はない。

(7) 「彼らとそのすべての子孫との」が、五八と五九では「彼らとの」となっている。

(8) 五八と五九では「賢明で」はない。
(9) 「先の啓示の」が、五八では「先の見神と啓示の」となっている。
(10) 五八と五九では「軽蔑すべき」はない。
(11) 「滑稽で軽蔑すべきものです」が、五八と五九では「滑稽なものです」となっている。
(12) 五八では「英知」はない。

第二二章

(1) 「若い時から」が、五八と五九では「子供の時から」となっている。
(2) 「物質的なものは」が、五八では「物質は」となっている。
(3) 五八では「どんな知識も」はない。
(4) 「有害な」が、五八では「悪しき」となっている。
(5) 「自分に合うか合わないか」が、五八では「自分に合うこと」となっている。
(6) 「刻印」が、五八では「影響」、五九では「特性」となっている。
(7) 「あるいは」が、五八では「そして」となっている。
(8) 五八では「罪のない」はない。
(9) 「考えるといつも恐怖にかられるのです」が、五八と五九では「考えるとただ恐怖にかられるのです」となっている。
(10) 「どうやって想定できるのですか」が、五八と五九では「どうやって想定したり、納得したりできるのですか」となっている。
(11) 「先の神聖な神の啓示なるものが」は、五八では「神の啓示なるものが」、五九では「先の神の啓示なるものが」となっている。
(12) 五八では「すなわち」はない。
(13) 五八では「もっぱら他人をだまそうと努める」はない。

第二三章

（1）五八では改行なし。
（2）五八と五九には欄外にこの典拠指示がある。
（3）「作って喜んだ」が、五八と五九では「作った」となっている。
（4）五八では「撲殺し」はない。
（5）五八では「責苦を受け」はない。
（6）「信仰だけでも」が、五八と五九では「信仰を」となっている。
（7）五八と五九では、この一文「十字架に吊るされた者は……というのに」はない。
（8）「崇めていましたし」が、五八と五九では「崇めていますし」となっている。
（9）「恩恵を」が、五八と五九では「幸福を」となっている。
（10）「この国の」が、五八と五九では「わがフランスの」となっている。
（11）五八と五九では改行なし。
（12）五八では「人間に」はない。五九では「人間に」は後から書き加えられている。
（13）「神々を」以下、段落終わりまでの部分が、五八と五九では欄外への書き加えとなっている。
（14）五八では「功徳と」はない。
（15）五八では「ユダヤ人の間で」はない。
（16）五八と五九では「いわゆる」はない。
（17）五八では「みな」はない。
（18）「恩寵の中に戻された、あるいは神と和解が成った」が、五八では「神の恩寵の中に戻された」となっている。
（19）五八では「……とかいう者」はない。
（20）五八では改行なし。
（21）「……ことは、それより一層大きななんという狂気でしょうか」が、五八では「……ことも、それより大きななんとい

う狂気でしょうか」となっている。
(22) 五八では「や罪のない者」はない。
(23) 「ある古代人が言うように」が、五八と五九では欄外の書き加えとなっている。
(24) 五八では「罪のある」はない。
(25) 「それより一層奇怪な父なる神の不正、一層奇怪な父なる神の愚かさ」が、五八では「奇怪な父なる神の不正、奇怪な父なる神の愚かさ」となっている。

第二四章

(1) 「その身を生け贄として差し出し、自ら死に赴けと」が、五八と五九では「その身を生け贄として差し出せと」となっている。
(2) 「くだらない呪われた」が、五八と五九では「くだらない不幸をもたらす」となっている。
(3) 五八と五九では「そんな命令について、というより」はない。
(4) 「命令を」が、五八では「命令と行為を」となっている。
(5) 五八では「虚しい」はない。
(6) 五八と五九では「というのも」はない。
(7) 「……と思わせるからです」が、五八と五九では「……と思わせるのです」となっている。
(8) 五八では「すばらしい」はない。
(9) アントロポス版『ジャン・メリエ全集』ではここを改行していないが、三手稿とも改行している。
(10) 五八では「あるいは空想の中で」はない。
(11) 五八ではラテン語原文の引用はない。
(12) 「この同じ預言者を通して」が、五八と五九では「同じ民に」となっている。
(13) 「牡牛を食べ」が、五八では「牡牛と牡山羊の肉を食べ」、五九では「牡牛の肉を食べ」となっている。

(14) 五八と五九では「後で」はない。

(15) 五八ではこの一文は欄外への書き加えとなっている。

第二五章

(1) 五八と五九では「虚妄と」はない。

(2) 六〇には欄外に「『申命記』第四八章四節」と注記されているが、引用はない（実際に『申命記』は三四章までで四八章はない）。五八と五九には、『創世記』第一三章一五節の引用の後に『創世記』第四八章四節「マタ、コノ地ヲオマエノ後ノ子孫ニ与エテ永久ノ所有トサセル」が引かれている。

(3) 「由来しない」が、五八では「由来していなかった」となっている。

(4) 五八では「なるもの」はない。

第二六章

(1) 「啓示と神感の」が、五八では「啓示あるいは神感の」となっている。

(2) 「わが大キリスト崇拝者たちの一人」が、五八では「ある大キリスト崇拝者」となっている。

(3) 「他のどんなことより」が、五八では「どんなことより」、五九では「ことより」となっている。

(4) ——「嘲ル者タチ」『イザヤ書』第二八章一四節、『ユダの手紙』一八節。「盗賊ノ仲間」『イザヤ書』第一章二三節——という欄外の原注は、五八では——「嘲ル者タチ」——となり、五九では——まさにその預言者なる者の一人が言っているように、「嘲ル者タチ」『イザヤ書』第二八章一四節、『ユダの手紙』一八節。「盗賊ノ仲間」『イザヤ書』第一章二三節——となっている。

(5) これは欄外の原注であるが、三手稿ともどの文章への注かは明示していない。想定される箇所へ指示記号を付けた。

(6) 五八では改行なし。

(7) 五八では「彼に異を唱え、彼が言ったことや行ったことに異を唱え」はない。

（8）五八と五九では「さらに、神が……」となっている。
（9）五八と五九では「……史書に次のように言われているからです。つまり」はない。
（10）五八では「驚いて」はない。
（11）「彼らはまた、狂信者あるいは狂信者を真似る者にすぎませんでした。私が引用した同じ証言から分かるように、彼らは狂信者がしたのと同じやり方で語り、行動したのですから」は、五八では欄外への書き加えとなっている。
（12）「一日に」が、五八と五九では「たった一日に」となっている。
（13）五八では改行なし。
（14）五八では「あるいは釜が煤けた鍋に」はない。
（15）「私の理由と証明は」が、五八では「私の理由は」となっている。
（16）五八と五九では「自身」はない。
（17）「本当に神感を受けていたと」が、五八と五九では「本当に神から遣わされたと」となっている。
（18）五八と五九では「至高の」はない。
（19）「民衆にその咎を被せることを思いつき、神からなされたあれほど多くの、あれほどすばらしい有利な約束の実現を見る資格を、彼らがその悪徳と悪しき生活のために失ったのだと告げました」の部分が、五八では「神からなされたあれほど多くの、あれほどすばらしい有利な約束の実現を見る資格を、民衆がその悪徳と悪しき生活のために失ったのだと告げることを思いつきました」となっている。また、五九では、「その原因を民衆自身のせいにし、神からなされたあれほど多くの、あれほどすばらしい有利な約束の実現を見る資格を、彼らがその悪徳と悪しき生活のために失ったのだと告げることを思いつきました」となっていて、しかも「その原因を民衆自身のせいにし」は欄外への書き加えとなっている。
（20）「弾劾罵倒し始め」が、五八では「弾劾し始め」となっている。
（21）「主の家の」が、五八と五九では「主の手の中の」となっている。
（22）原注が付されるべき箇所を示す＊は、六〇では本文のように三カ所、五八では「……その民を創造しに行く」のところだけに、五九では「……エルサレムを創造し」のところだけに付けられている。

(23)「あのすばらしい約束すべてに」が、五八と五九では「あの預言者たちのすばらしい約束すべてに」となっている。
(24)この原注は二つの段落から成るように訳したが、前の段落である『イザヤ書』の引用は下の欄外に書かれ、後の段落は横の欄外にさらに*で導かれて書かれている。この事情については三手稿とも同じである。
(25)五八では「万軍の」はない。
(26)五八では「同じ精神と」はない。
(27)五八と五九では「彼らが私から決して離れぬためだ」はない。
(28)五八と五九では「――二七、二八節」の指示はない。
(29)五八と五九にこの引用はない。また六〇においても、正確に言うとこれは欄外への書き加えであって、本文に付した注指示の*はないのだが、書き加えの内容から考えて、本文中の対応する『聖書』仏訳部分への原注のように訳した。
(30)「明瞭な」が、五八と五九では「表現のはっきりした」となっている。
(31)「もっとも著名な、美しい、大きな、豊かな、晴れやかな、神聖な、輝かしい、勝ち誇った、幸福な町」が、五八と五九では「もっとも著名な、美しい、大きな、豊かな、晴れやかな、輝かしい、勝ち誇った、神聖な、幸福な町」となっている。
(32)「偽りで虚しいまやかしであることも」が、五八と五九では「偽りで虚しく無用であることも」となっている。

第二七章

(1)五八と五九にはラテン語原文の引用はない。
(2)五八と五九では「『マタイによる福音書』第一三章四一節」となっているが、六〇では「『マタイによる福音書』第一三章四節」となっている。訳注七二をも参照せよ。
(3)五八と五九ではここで改行。
(4)五八と五九ではここで改行。
(5)五八では「喜びで我を忘れて」はない。

(6)「まことに、まことに私はおまえたちに言う。私を信じる者は永遠の命を得る。私の肉を食べ、私の血を飲む者は永遠の命を得る」が、五八と五九では「私の肉を食べ、私の血を飲む者は永遠の命を得る。その者を私は終わりの日によみがえらせる。まことに、まことに私はおまえたちに言う。私を信じる者は永遠の命を得る」となっている。
(7) 五八ではここで改行。
(8) 五八と五九では改行なし。
(9) 三手稿とも「剣の一撃を受けても」だが、五八は「剣の一撃を受けて傷を負っても」が、後で「剣の一撃を受けても」と直されている。
(10) 五八と五九では欄外に『マタイによる福音書』第一章二一節」の指示がある。
(11) 五八と五九では欄外に「前を見よ」という書き込みがある。
(12) 五八と五九では改行なし。
(13) 五八と五九では、「……聖化された者、「イエス・キリストニヨッテ聖化サレ、聖徒トシテ召サレタ者タチ」『コリント人への第一の手紙』第一章二節」のように欄外への書き加えとなっている。
(14)「大いに」が、五八では「確かに」となっている。
(15)「お偉方の」が、五八と五九では「お偉方の支配の」となっている。
(16) 五八と五九では「強力な」はない。
(17)「このように」が、五八では「私が言ったように」となっている。
(18)「先の……葉で」が、五八では「先の六四葉で」となっている。
(19) 五八では改行なし。
(20)「完全なものにも」が、五八と五九では「完全なものに」となっている。
(21) 五八と五九では改行なし。
(22)「完全に純潔で聖潔だと」が、五八では「純潔で汚れがないと」となっている。
(23) この部分の出典指示は、本文中に書かれているものと欄外における指示となっているものとがあるが、その様態に関し

て三手稿の間にも異同があり、細かい注記は煩雑になるので、すべて欄外指示であるかのように丸括弧を付して訳出した。
(24) 三手稿とも同じであるが、五九では後から「つまり」が書き加えられている。
(25) 五八と五九では欄外に「『テトスへの手紙』第二章一四節も見よ」という指示がある。
(26) 五八ではここで改行。
(27) 「救い主なる者イエス・キリストが」は、五八では「彼らの神なる救い主なる者が」となっている。
(28) 五八ではこの欄外の出典指示はない。
(29) 五八ではラテン語原文、出典指示とも欄外の書き加えとなっている。
(30) 「これによれば」が、五八では「しかし、これによれば」となっている。
(31) 三手稿ともこのとおりだが、五九では、「わがキリスト崇拝者たちはそうは言いたがらないでしょう」の部分は後から の書き加えとなっている。
(32) 五八では「つまり罪により値するという永遠の地獄落ちから解放される者が」はない。
(33) 「彼がおのれの民を罪から、つまり罪によって値したという永遠の罰から解放する」が、五八では「そのキリストがおのれの民を罪から、また罪によって値したという永遠の地獄落ちから解放する」となっている。
(34) 五八では「架空にすぎず」はない。
(35) 五八では「目に見え」はない。
(36) 「主張する」が、五八と五九では「示す」となっている。
(37) 「解放あるいは贖い」が、五八では「解放と贖い」となっている。
(38) 「神の側の」が、五八では「神における」となっている。
(39) 「神というものの」が、五八と五九では「神の」となっている。
(40) 「一種の残酷さと」が、五八では「一種の残酷さとさえ」となっている。
(41) 五八では改行なし。
(42) 「神に払うべきあらゆる敬意と神に果たすべきあらゆる義務」が、五八と五九では「神に払うべきあらゆる敬意」とな

っている。
(43) 五八と五九では「忠実に」はない。
(44) 五八では「それを犯したことを遺憾に思い」はない。
(45) 五八では改行なし。
(46) 六〇に典拠の指示はない。五八では『申命記』第二八章一節、第一一章二三節」、五九では『申命記』第二八章一節――」となっている。ここでは五八に従って典拠の指示を訳出した。訳注九六をも参照。
(47) 五八と五九では「つまり厳しい法であったにもかかわらず神がこの律法で要求したのは」はない。
(48) このラテン語原文の引用と出典指示に関して、五八では引用はなく出典指示は欄外にあり、五九では引用はあり出典指示は欄外にある。
(49) 「償いとか」が、五八では「償い」となっている。
(50) 「要求したかも知れない」が、五八では「実際に要求した」となっている。
(51) 「解放し贖った後でも」が、五八では「解放した後でも」となっている。
(52) 「贖いなるもの、償いなるもの」が、五八では「解放なるもの、償いなるもの」、五九では「解放なるもの、贖いなるもの、償いなるもの」となっている。
(53) 五八と五九では「おのれの敵を愛し、侮辱を許し」は欄外への書き加えとなっている。
(54) 五八では「彼らの」はない。
(55) 「ですから」が、五八と五九では「それが彼らから何も免除することにも何も軽減することにもならないなら」となっている。
(56) 「スキャンダルの種」が、五八では「スキャンダル」となっている。
(57) 五八では「イエスを崇め敬う」はない。
(58) 「名誉と栄光のうちに」が、五八と五九では「名誉のうちに」となっている。
(59) 五八と五九では「彼の教理の光や」はない。六〇においても、この部分は本文中への後からの書き加えである。

(60) 五八では「なるもの」はない。
(61) 「天の」が、五八と五九では「神の」となっている。
(62) 「真似て」が、五八では「真似ようとして」となっている。
(63) 五八では「救いと」はない。
(64) 「無数の哀れな不幸な人々、哀れな貧乏人がすべてに事欠き、願っても何も受け取らず、探しても何も見つけられないありさまなのです」が、五八と五九では「無数の哀れな不幸な人々、哀れな貧乏人が困窮し、探しても何も見つけられず、願っても何も受け取れないありさまなのです」となっている。
(65) 五八と五九ではこの引用はない。
(66) 「彼らの主の名によってありとあらゆる願いと祈りを行っているというのに。また自分の名で神に願うことはどんなことでも必ず叶えられると約束した神なる救い主イエス・キリストの名によって、ありとあらゆる願いと祈りを行っているというのに」が、五八では「自分の名で神に願うことはどんなことでも必ず叶えられると約束した、彼らの良き主イエス・キリストの名によって、ありとあらゆる願いと祈りを行っているというのに」、五九では「自分の名で神に願うことはどんなことでも必ず叶えられると約束した、彼らの良き主であり救い主であるイエス・キリストの名によって、ありとあらゆる願いと祈りを行っているというのに」となっている。
(67) 五八では「ですから」はない。
(68) 五八と五九では「結構な「私タチハ祈ル」や」はない。
(69) 五八では「もっとも宗教熱心な」はない。
(70) 五八と五九では「神なる」はない。
(71) 「偽りのまやかしであること」が、五八と五九では「偽りであること」となっている。
(72) 五九では「……か彼に似た別のあるペテン師」の部分は欄外への書き加えとなっている。
(73) 五八では「どんな」はない。
(74) 三手稿ともこのとおりであるが、「まったくの偽りであること」の部分は、五八と五九では本文中への書き加えとなっ

ている。

(75)「永遠の命を」が、五八では「同じ永遠の命を」となっている。

(76)五八では「……と虚偽」はない。

(77)五八と五九には欄外にこの出典指示がある。

(78)五八と五九では「だからといって」はない。

(79)「あれほど愚かに敬い崇めていた一切のものを」が、五八では「あれほど愚かに崇めていたものを」となっている。

(80)「いや、誤謬に陥ったのではなく、……さまざまな誤謬に陥ってさえいます」の部分は、五八では、その前半は欄外の書き加えで、以下のような文章となっている。「いや、誤謬に陥ったのではなく、誤謬の中で生まれ、誤謬の中で宿され、形成されたのです。そして今も誤謬の中にあり、今では明らかにその創始者の意志そのものに反する、彼の教理の諸見解に反するさまざまな誤謬に陥ってさえいます。」

(81)「こういう……」以下「……完全に反しています」までの一文に六〇では引用符が付いているが、五八と五九にはない。マラナ『トルコ皇帝の密偵』一七一五年版原典も参照して五八と五九に従った。

(82)「イエス・キリストは」が、五八と五九では「同じイエス・キリストは」となっている。

(83)五八と五九では「本当に」はない。

(84)五八と五九では「同じく」はない。

(85)五八と五九では欄外に（『使徒行伝』第五章四一節）という出典指示がある。

(86)「その同じイエス・キリストは使徒と弟子たちに」が、五八では「イエス・キリストは弟子たちに」、五九では「イエス・キリストは使徒と弟子たちに」となっている。

(87)五八では「意志の」はない。

(88)「彼を信じその言葉を守ると」が、五八では「彼を信じると」になっている。

(89)「滑稽だと」が、五八では「滑稽だとさえ」になっている。

(90)五八ではここで改行。

(91) 五八と五九では「神なる」はない。
(92) 五八と五九では「人にも見つけさせる」はない。
(93) 五八では「彼が預言した」はない。
(94) 「神の支配が来るのを見るまで死なぬ者もいる」が、五八では「神の支配が力を持って来るのを、人の子が支配を持って来るのを見るまで死なぬ者もいる」となっている。
(95) この「一四」全体は、六〇では小紙片に書かれて添付されている。五八と五九では本文中にある。
(96) 五八では「『聖書』なるものには」がない。
(97) 五八と五九では「私たちの」はない。
(98) 「イエス・キリストの」が、五八と五九では「さらに、イエス・キリストの」となっている。
(99) この原注は、五八と五九においては、注記指示のない、欄外への書き加えとなっている。
(100) 「まただからこそ……」以下、段落の終わりまでの部分は、五八と五九では後からの書き加えとなっている。
(101) 五八では改行なし。

第二八章

(1) 五八では「無知あるいは」はない。
(2) 五八では「あるいは地上的な」はない。
(3) 「現世の幸福」が、五八と五九では「あらゆる現世の幸福」となっている。
(4) 「神が分かち与えるはずだった」が、五八では「神が分かち与える」となっている。
(5) 五八では「その」はない。
(6) 「彼らはあらゆる敵を打ち破り、神によって勝利者や勝ち誇る者として、カナンとパレスチナの彼らの土地と国に連れ戻され、そこを領有する、と神が約束したのも」の部分が、五八では「彼らのあらゆる敵を打ち破り、彼らを勝利者や勝ち誇る者として、カナンとパレスチナの彼らの土地と国に連れ戻し、そこを領有させる、と神が約束したのも」となって

いる。しかし、あえて訳出したが、五八の異文は構文的に無理がある。
(7)「良いもの」が、五八では「豊かなもの」となっている。
(8)五八と五九では「美しく」はない。
(9)五八では「全体」はない。
(10)「そういう恥辱から身を守ろうと」は、五八では丸括弧に入れられている。
(11)「簡単に分かりますし、簡単に示せます」は、五八では「簡単に分かります」となっている。
(12)五八では改行なし。
(13)「預言に」は、五八では「預言なるものに」となっている。
(14)「彼が告げ知らせ説いたとおりには」の部分は、三手稿ともこのとおりだが、五八では本文中への後からの書き加えとなっている。
(15)「彼が信じたとおりにあるいは信じるふりをしたとおりに」は、五八と五九では「彼が信じたとおりに」となっている。
(16)「ペテンで」は、五八では本文中への後からの書き加えとなっている。
(17)このラテン語原文の引用は、五八では欄外への書き加えとなっている。
(18)「モーセの」は、五八と五九では丸括弧に入れられている。
(19)「それへの感謝として」が、五八では「そのために」となっている。
(20)五八ではこの一文は丸括弧に入れられている。
(21)五八と五九ではこの後に次のような一節が入っている。「また、この使徒の教理によれば、肉体的生まれによるイスラエル人は約束の真の相続人ではなく、あの善良な族長たちの信仰の精神によるイスラエル人だけが真の相続人なのです。」
(22)「神により霊的に全能であるような解放者、あるいは贖い主を」が、五八では「神により霊的に有力であるような贖い主を」となっている。
(23)「自由民の女から」が、五八と五九では「正妻から」となっている。
(24)「つまり彼が行った一切のことに」は、三手稿ともこのとおりだが、五八では本文中への後からの書き加えとなってい

る。

(25) 五八では改行なし。

(26) 「無生物の中にも」が、五八と五九では「無生物の中にさえ」となっている。

(27) 五八では「このようにうまく」はない。

(28) この引用は、五八では注記指示のない欄外への書き加えであり、五九にはない。

(29) 五八と五九では「地獄で」はない。

(30) 「木は」が、五八と五九では「生け贄用の木は」となっている。

(31) 五八では改行なし。

(32) 五八と五九では、正しく「第二五章」となっている。

(33) 五八では「すべての」はない。

(34) 五八では「オリゲネス「講話五」、ヒラリウス「詩篇第一三四篇注解」、アンブロシウス第二巻、テルトゥリアヌス『マルキオン反駁』、アウグスティヌスその他」、五九では「オリゲネス「講話五」、ヒラリウス、アンブロシウス、テルトゥリアヌス、アウグスティヌスその他」となっている。

(35) 五八には「テオドシウス、テレジア、アウグスティヌス「定時説教第七四」」、五九には「テオドシウス」という出典指示がある。

(36) 五八と五九ではここで改行。

(37) 五八では「ユスティノス『ユダヤ人トリュフォンとの対話』、ヒエロニムス「書簡一一」」となっている。

(38) 「……言うのですが」以下、段落終わりまでの部分は、五八では「……言うのです――〈コレラハ、嘲笑ニ値スル、子供ジミタコトダ。〉――」となっている。

(39) 五八では「彼らによれば」はない。

(40) この原注は五八と六〇では欄外への書き加えにすぎない。ここでは、五九の注記指示に従って原注として訳した。

(41) 五八と五九では改行なし。

(42)「アンブロシウス」が、五八では「アウグスティヌス」となっている。
(43) 五八ではこの出典指示が欄外にある。
(44)「グレゴリウス」が、五八と五九では「ベーダ、グレゴリウス」となっている。
(45) 五八と五九ではここで改行。
(46)「キュリロス」が、五八と五九では「キュリロス、テルトゥリアヌス」となっている。
(47) 五八ではこの出典指示が欄外にある。
(48) 五八と五九ではこの出典指示が欄外にある。
(49) 五八では「福音記者」はない。
(50) 五九では「分けられ、聖別された、聖なる者という意味の言葉」は丸括弧に入れられている。
(51) 五八と五九ではここで改行。
(52) 五八と五九ではこの出典指示が欄外にある。
(53) 五八と五九ではここで改行。
(54) 五八ではこの出典指示が欄外にある。
(55) 五八ではラテン語引用文はない。
(56) 五八と五九ではこの後に、「鑑賞ニ招カレタル諸君ハ、ソノ友ナルガユエニ、果タシテオカシサヲ禁ジ得ベキカ。」が加えられている。
(57) 五八では「霊的」はない。
(58)「栄光と富と力と美と勝利に」が、五八では「栄光と富と力と美と繁栄と勝利に」となっている。
(59) 五八と五九ではここで改行。
(60)「彼らの身柄を」が、五八では「彼らユダヤ国民全体を」となっている。
(61)「この世で」が、五八では「地上で」となっている。
(62)「享受させること」が、五八では「享受させること、あるいは享受させるはずであったこと」となっている。

(63)「贖い」が、五八と五九では「解放と贖い」となっている。
(64)「ユダヤ民族」が、五八では「ユダヤに属する人々」となっており、五九ではここに「ユダヤに属する人々」という原注が付いている。
(65)五八では「無知で」はない。
(66)「偉大で壮大な」が、五八では「すばらしい」となっている。
(67)五八では「寓意的・神秘的」はない。
(68)「虚栄と嘘を好む……」以下この段階終わりまでは、五八では欄外への書き加えで、次のような文章になっている。「……虚栄と嘘を好む人間精神の虚しい作り事にすぎないのですから。ですから、そんなものには一顧の価値もありません。それなのに私がここであれほど多数の例を挙げたのは、それらがまさに嘲笑と軽蔑に値するからにすぎません。」
(69)五九では「それ自体が」はない。
(70)五八では「いつでも」はない。
(71)五八では「モンテーニュ氏の言い方を借りれば」はない。
(72)五八と五九では「同じ」はない。
(73)五八では改行なし。
(74)五八と五九では「勝手に」はない。
(75)「神に由来するものとして」が、五八では「神に由来し、その権威によるものとして」となっている。

第二九章

(1)「権威さえ」が、五八では「権威を」となっている。
(2)「それらをあるがまま」が、五八と五九では「その付帯状況、依存関係とともに、それらをあるがまま」となっている。

第三〇章

（1）「つまり神である三つの位格が」の部分について、五八では「その各々が本当に神である三つの位格が」となっており、五九は六〇と同じだが、この部分は本文中への書き加えである。
（2）五八ではこの引用は原注となっている。
（3）五八では「三」はない。
（4）五八と五九では「究め」はない。
（5）この『エセー』からの引用は、五八と五九では原注となっている。
（6）五八と五九では「一層」はない。
（7）五八では「同一の意志しか」はない。
（8）五八では「同じ種族の」はない。
（9）「両方とも」が、五八では「さて、両方とも」となっている。
（10）「どんな姿も」が、五八では「どんな延長も」となっている。
（11）「それは」が、五八では「間違いなく、それは」となっている。
（12）「わが神・キリスト崇拝者たちが」が、五八では「わがキリスト崇拝者たちが」となっている。
（13）「自然の働きの通常の歩みに従って」が、五八と五九では「自然の産出の通常の歩みに従って」となっている。
（14）「まだ何一つないでしょう」が、五八と五九では「まだ何一つなかったのです」となっている。
（15）「生んだ父同様その息子もまさしく無限である」が、五八では「その神なる息子がまさしく無限である」となっている。
（16）五八と五九では欄外に「（モレリ）『大歴史辞典』）」という出典指示がある。
（17）「それ自体としては限界があっても」の部分について、三手稿ともこのとおりであるが、五八では欄外への書き加えとなっている。
（18）「そんな空想も空疎な想像にすぎません」が、五八では「そんな空想も空疎な想像です」となっており、本文への後からの書き加えである。

第三一章

（1）「わがキリスト崇拝者たちが」が、五八と五九では「わが神・キリスト崇拝者たちが」となっている。

（2）五八では「くだんの神々に関する」はない。

（3）「偉大な人物」が、五八では「皇帝や王や有力な諸侯のような偉大な人物」となっている。

（4）「司祭や博士や説教師は」が、五八と五九では「司祭や博士は」となっている。

（5）「愛すべき神なる救い主」が、五八では「神なる救い主で贖い主」となっている。

（6）「その男は宣告された磔という恥ずべき刑からおのれを救うこともできず、惨めにもそこで命を落とした者だというのに」の部分が、五八では欄外への書き加えで「その男は磔という恥ずべき刑からおのれを救うこともできなかったというのに」となっており、五九では「その男は宣告された磔という恥ずべき刑からおのれを救うこともできなかったのに」となっている。

（7）五八では「下賤な男」はない。

（8）五八では「その点で彼は……」から「……と書かれているのですから」まで、欄外への書き加えとなっている。

第三二章

（1）五八ではこの引用文は欄外への書き加えとなっている。

（2）「何か不可思議なことを見せてもらえると信じ、彼が連れてこられるまで、」となっている。

（3）「この点について、聖パウロ自身が……」から「……『コリント人への第一の手紙』第二章八節）と」までの部分は、五八と五九では欄外への書き加えである。

（4）「下層民一般」が、五八と五九では「細民」となっている。

（5）この原注の指示は、五八では本書二八〇頁八行目「その解放者なのだと」のところに付いている。

（6）「彼らは決して死なないと請け合える」の部分は、五八では本文中への後から書き加えである。

（7）五八と五九には「『使徒行伝』第五章三六節」という出典指示がある。訳注一四をも参照。

第三三章

（1）「恵みの」が、五八と五九では「恵みに満ちた」となっている。
（2）「彼を崖から突き落としてしまおうとするほど」が、五八と五九では「それほど」となっている。
（3）五八と五九では「十分にそれの実現を証明した」はない。
（4）五八と五九では「その時イエス・キリストが読んだ箇所で」は丸括弧に入っている。
（5）「わが神・キリスト崇拝者たちが」は、五八では「わがキリスト崇拝者たちが」となっている。
（6）「混ぜると」が、五八と五九では「入れると」となっている。
（7）五八と五九ではラテン語引用文はない。
（8）「立派な」が、五八と五九では「立派な賞賛すべき」となっている。
（9）「わがキリスト崇拝者たちは」が、五八では「わが神・キリスト崇拝者たちは」となっている。
（10）五八ではラテン語引用文はない。
（11）「自分の羊とその救いのためには」が、五八では「自分の羊の救いのためには」となっている。
（12）五八では改行なし。
（13）「その知恵なるものによって」が、五八では「その神の知恵によって」、五九では「その神の知恵なるものによって」となっている。
（14）「至る所」が、五八と五九では「至る所、もっとも近い身内や友人の間にさえ」となっている。
（15）五八では「話そうと」は本文中への後からの書き加えとなっている。
（16）五八では「神託を告げるかのように」は欄外への後からの書き加えとなっている。
（17）五八では「弟子たちに与える……」以下、段落終わりまでは欄外への後からの書き加えとなっている。
（18）五八では改行なし。

(19)「まったく超自然的な神の知恵にしては」が、五八では「まったく神聖な永遠の知恵にしては」となっている。
(20)五八と五九ではこの原注はない。
(21)五八では「家に招待してくれた」はない。
(22)「その人柄について」が、五八では「彼について」となっている。
(23)五九では「わがフランスのあの小さなイヴェト王国はおそらく別にして」は丸括弧に入れられている。
(24)「このような独り言を」が、五八では「このようなことを」となっている。
(25)「というより」が、五八では「あるいは」となっている。
(26)五八では「あるいは墓石」はない。
(27)五八と五九では欄外にこの出典指示がある。
(28)「弟子たちに」が、五八では「彼らに」、五九では「その連中に」となっている。
(29)「その狂信者は、イスラエル王国の……」から「……と尋ねたのです」までの部分は、五八では欄外への書き加えとなっている。

第三四章

(1)六〇にこの出典指示はないが、ここでは五八と五九に従って訳出した。
(2)五八と五九では「初期キリスト教徒について」はない。
(3)六〇にこの出典指示はないが、ここでは五八と五九に従って訳出した。
(4)「彼らと……」が、五八と五九では「しかし、彼らと……」となっている。
(5)「大ミルマドラン」が、五八と五九では「偉大な」となっている。
(6)五八と五九にこのラテン語引用文はなく、六〇では欄外への書き加えとなっている。
(7)「彼らの生き方や振る舞いが愚かしく滑稽で、迷信に満ちていたから」が、五八では「彼らの生き方が愚かしく滑稽だから」、五九では「彼らの生き方や振る舞いが愚かしく滑稽だから」となっている。

(8) このラテン語引用文は原注のように訳したが、注記指示の印はなく欄外に書かれているだけである。指示の箇所は訳者の判断による。また、五八と五九にこのラテン語引用文はない。

第三五章

(1) 「……呪ワレテシマエ」が、五九では「……呪ワレテシマエト、鍋ガ釜ニ言ッタ」となっている。
(2) 五八と五九にはこの出典指示がある。
(3) 「不可能や不相応や不適切」が、五八では「不可能や不相応」になっており、五九では「不適切」は本文中への後からの書き加えとなっている。
(4) 「石膏や銅の」が、五八では「石膏の」となっている。
(5) 五八と五九では「虚しい」はない。
(6) 五八では「至高の」はない。
(7) 「石膏や銅の」が、五八と五九では「石膏の」となっている。
(8) 「神人」が、五八と五九では「神」となっている。
(9) 「作り食べることを」が、五八と五九では「自ら作り食べることを」となっている。
(10) 「祭司がそれを聖別し、その上で四つの言葉を唱えるだけで神々に変える」が、五八と五九では「祭司がその上で四つの言葉を唱えるだけでそれを聖別する」となっている。
(11) 五八では「作り」はない。

第三六章

(1) 「さまざまな小さなねり粉像」が、五八と五九では「同じものからできているさまざまな小像」となっている。
(2) 五八と五九では「奇蹟的に」はない。
(3) 「民衆にはっきり真理を示し、あれほど虚しく愚かに信じ込まされていたすべてのことが偽りだと示してやって」が、

五八と五九では「あれほど虚しく愚かに信じ込まされていたすべてのことが虚妄と虚偽だと民衆にはっきり示してやって」となっている。

（4）五八と五九では「単純で」はない。

（5）「男女は」が、五八では「者は」となっている。

（6）五八では「宗教という問題で」はない。

（7）「わがローマ派・神崇拝者たちが」は、五八と五九では「わがローマ派・神・キリスト崇拝者たちが」となっている。

（8）五八と五九ではこの『エセー』からの引用は欄外への書き加えとなっている。

（9）「わが神・キリスト崇拝者の」は、五八では「わがキリスト崇拝者の」となっている。

（10）「無意味で」は、五八にはなく、五九では本文中への後からの書き加えとなっている。

（11）この引用文は、五八にはなく、五九では欄外への書き加えとなっている。

（12）「わがローマ派・キリスト崇拝者たちは」が、五八では「わがキリスト崇拝者たちは」、五九では「わがローマ派・神・キリスト崇拝者たちは」となっている。

（13）「確立しているのです」は、五八と五九では「打ち立てているのです」となっている。

（14）この一文が、五八では「ねり粉の神を崇拝し、それを作る力や能力、それも好きなだけ作る力や能力さえ自分たちにはあるとするのもそういう曖昧な言葉をもとにして、まさにその曖昧な言葉をもとにしてなのです」となっている。

（15）「抱くだけでも」が、五八では「抱くとは」となっている。

（16）五八と五九では「連中は揃いも揃って気違いです」はない。

（17）「キリストなるものは」が、五八では「神・キリストなるものは」となっている。

（18）以下段落終わりまで、五八と五九では欄外への書き加えとなっている。

（19）五八と五九にはこの出典指示がある。

（20）「病気や不具を」が、五九では「病気を」となっている。

（21）五八と五九では「そんな力があると主張したら」はない。

第三七章

（1）「無意味でたわいない数語を像や偶像の上でただ唱えるだけでそれらを聖別し」が、五八と五九では「無意味でたわいない数語をただ唱えるだけでねり粉の像や偶像を聖別し」となっている。
（2）「わがローマ派・神・キリスト崇拝者たち」が、五八では「わが神・キリスト崇拝者たち」となっている。
（3）「たわいない」が、五八と五九では「無力な」となっている。
（4）「わがローマ派・神・キリスト崇拝者たちの」が、五八と五九では「わが神・キリスト崇拝者たちの」となっている。
（5）五八では、原注の形でこの注記がある。
（6）「〈……隠サレテイラレル〉とか、〈ソレユエ、カクモ偉大ナ秘蹟ヲ伏シテ崇メヨウ……〉とかいうすばらしい言葉を彼らが敬虔な心で、少なくとも敬虔な様子で天使博士とともに口にするさまを」の部分について、五八では「〈……隠サレテイラレル〉と彼らが敬虔な様子で天使博士とともに口にし、あるいは〈ソレユエ、カクモ偉大ナ秘蹟ヲ伏シテ崇メヨウ……〉と敬虔な様子で歌うさまを」となっており、五九では「〈……隠サレテイラレル〉というすばらしい言葉を彼らが敬虔な心で、少なくとも敬虔な様子で天使博士とともに口にし、あるいは〈ソレユエ、カクモ偉大ナ秘蹟ヲ伏シテ崇メヨウ……〉と敬虔な様子で歌うさまを」となっている。また、三手稿とも二番目の引用は欄外への書き加えである。
（7）五八では「さらに……」以下、段落終わりまでの部分は欄外への書き加えとなっている。
（8）五九では「ああ、……」以下、段落終わりまでの部分は欄外への書き加えとなっている。
（9）「わがローマ派・キリスト崇拝者たちが」が、五八では「わがキリスト崇拝者たちが」、五九では「わがローマ派・神・キリスト崇拝者たちが」となっている。
（10）「わが神・キリスト崇拝者の」が、五八では「わがキリスト崇拝者の」となっている。
（11）「金銀」が、五八と五九では「木石、金銀」となっている。
（12）五八と五九では「頭に」、六〇では「土の上に」となっているが、明らかに六〇の誤りと思われるので、ここでは五八と五九に従って訳した。
（13）この丸括弧の部分については、五八と五九では「間違いなく事情はわがローマ派・キリスト崇拝者たちの偶像について

も同じです。(明らかにその教会でもこの預言者が言うのと同じことが見られます〔メリエによる注記〕)。」となっている。
(14)「山の採石場から」が五八では「山から」となっている。
(15)五八では改行なし。
(16)「偉大なる」が、五八では「使徒」となっている。
(17)「ねり粉像やパンの切れ端を」が、五八では「ねり粉像を」となっている。
(18)五八では、「わがローマ派・キリスト崇拝の……」の一文は欄外への書き加えとなっている。
(19)「成就されるはずだ」が、五八と五九では「成就される」となっている。
(20)「メシア自ら」が、五八では「メシアが」となっている。
(21)「わがローマ派・キリスト崇拝者たちの教理によれば」は、五八と五九では丸括弧に入れられている。
(22)「彼らの偉大なミルマドラン聖パウロが」は、五八では「彼らの偉大な使徒が」となっている。
(23)「確実に結論が」が、五八と五九では「確実に真の結論が」となっている。
(24)「その他この問題で提出できるこのようなすべて」は、五八と五九では丸括弧に入れられている。
(25)五八では「偶像崇拝の」はない。
(26)「ねり粉と小麦粉の」が、五八では「ねり粉の」となっている。
(27)「ねり粉と小麦粉の」が、五八では「ねり粉の」となっている。
(28)五八では「ローマ派」はない。
(29)「わがローマ派・キリスト崇拝者たちの」が、五八と五九では「わがローマ派・神・キリスト崇拝者たちの」となっている。
(30)「ねり粉と小麦粉の」が、五八では「ねり粉の」となっている。
(31)「鼠や二十日鼠、いやナメクジにさえ」が、五八と五九では「鼠や二十日鼠に」となっている。
(32)「神聖で聖なる」が、五八と五九では「神聖な」となっている。
(33)五八では「また彼らの用語によれば」はない。

(34) 五八では「さらに」はない。
(35) 「わがローマ派・キリスト崇拝者たち」が、五九では「わがローマ派・神・キリスト崇拝者たち」となっている。
(36) 五八では「ローマ派」はない。
(37) 「虚しい信心を」が、五八では「信心なるものを」となっている。
(38) 「わがローマ派・神・キリスト崇拝者たち」が、五九では「わがローマ派・キリスト崇拝者たち」となっている。
(39) 「この虚構は明らかにありとあらゆる偶像崇拝を正当化することになるだけで、その他同様のあらゆるペテン行為を生み出します」が、五八と五九では「この虚構は明らかにありとあらゆる偶像崇拝を正当化し、その他同様にあらゆるペテン行為を生み出すことしか目指していません」となっている。
(40) 「わがローマ派・神・キリスト崇拝者たちの」が、五八と五九では「わがキリスト崇拝者たちの」となっている。
(41) 五九では「神あるいは」がない。
(42) 五八には「(前を参照せよ。)」としかない。五九には何の指示もない。
(43) 「神や神の何かの位格が」は、五八では「ある神あるいは神の何かの位格が」、五九では「神や神の何かの位格なるものが」となっている。
(44) 「また、だからこそ使徒聖パウロは……」から「……と言ったのです」までの部分について、五八では欄外の書き加えで、「だからこそ使徒聖パウロは、彼の言葉によれば、不朽の神の栄光を変えて朽ちる人間や鳥や四つ足の獣の像にした人々を愚か者や馬鹿者と見なしたのです。『ローマ人への手紙』第一章二三、二五節」となっている。
(45) 五八では「さらに」はない。
(46) 「守れと厳命していた」は、五八では「守れと命令していた」、五九では「守れとさえ命令していた」となっている。
(47) 五八ではここに以下のような原注がある。「主ハソノ契約ヲ永久ニ立テラレタ。『詩篇』第一一〇篇九節。コレハアナタ方ノスベテノ住マイニオイテ、代々永ク守ルベキ定メデアル。『レビ記』第二三章三一節。」
(48) 「また」が、五九では「また、同じ書によれば」となっている。
(49) 五八では、「また、この律法は永久に続くはずでした……」から、『詩篇』と『レビ記』の引用を経てここまでの部分は

ない。五九では、訳文どおりだが、この後に「そんなことはありえません。」という一文が入っている。
(50) 五八では「これらの証言」はない。
(51) 「ありとあらゆる技芸や学問にも明るい」が、五八と五九では「啓発された」となっている。

第三八章

(1) 「この地上の楽園」が、五八と五九では「ある園」となっている。
(2) 「この過ちによって」が、五八と五九では「この過ちのために」となっている。
(3) 「この無上の喜びと至福の地」が、五八と五九では「この地上の楽園」となっている。
(4) 五八では「神なる」はない。
(5) 「神たるイエス・キリストなる者」が、五八では「イエス・キリスト」となっている。
(6) 「新奇な説を説きながら、とりわけ天の王国なるものの間近い到来を説き告げながら」が、五八では「新奇な説と天の王国なるものの間近い到来を説きながら」、五九では「新奇な説、とりわけ天の王国なるものの間近い到来を説きながら」となっている。
(7) 五八と五九ではここに次のような原注が付いている。「モンテーニュ氏はこう言っています。〈物語の中には、神々が哀れな人間どもを踏みつけにした姦通がどれほどたくさんあることだろう。マホメット教には、国民の信仰から生まれた多くのメルラン〔マーリン〕がいる。つまり、父がなく、処女の胎内から神によって生まれた子供たちが〉、『エセー』五〇〇頁。」
(8) 五八では「あのように」はない。
(9) 五八では「なるもの」はない。
(10) 五八では「また」はない。
(11) 「わが神・キリスト崇拝者たちの」が、五八と五九では「わがキリスト崇拝者たちの」となっている。
(12) 「反駁するのに精を出そうと」が、五八と五九では「反駁するために足を止めようと」になっている。

(13) 五八と五九では、この賛美歌の引用は原注になっている。なお、出典の指示はない。
(14) 五八と五九では「もっとも苛酷な」はない。

第三九章

(1) 五八と五九では「悪事あるいは」がない。
(2) 「神を」が、五八と五九では「神から見て」となっている。
(3) 前頁の「まただからこそ、わがローマ派キリスト崇拝者たちは……」から始まり、賛美歌と聖書の引用を経てここに至る部分について、五八では、三つの賛美歌がもう少し長く引かれており、聖書の引用では出典指示はあるものの、「また、神はモーセに言いました」、「ユディトも……と言っていますし」という言葉は省かれている。また、「まただからこそ、わがローマ派キリスト崇拝者たちは……」からここに至る部分が欄外への書き加えとなっている。五九では、文章は五八と同じ。また、聖書の引用（「オマエモオマエノ民ニ……」）からここに至る部分が欄外への書き加えとなっている。
(4) 五八と五九では異文（3）で示した書き加えが行われる前は、ここで改行されていた。
(5) この出典指示らしきものは、六〇では訳文のように二カ所欄外に書かれているが、五八にはなく、五九では段落末尾に「『キリスト教道徳』、罪の由々しさについて」と書かれている。
(6) この原注は、五八と五九では注記の指示なく欄外に書かれている。
(7) 五八と五九では「由々しくまた」はない。
(8) 五九ではこの後に「――『キリスト教道徳』」とある。
(9) 五八と五九では「虚しい下らぬ推論」となっている。
(10) この引用は注記の指示なく欄外に書かれている。また、五八と五九にはない。
(11) 五八と五九では「『聖イグナティウスの心霊修業』七〇、七三頁」となっている。
(12) 「ローマ派・神・キリスト崇拝者たちは」が、五八では「キリスト崇拝者たちは」となっている。
(13) 五八では「というよりこの預言者が神にそう言わせているのでしょうが」はない。

(14)「そのために」が、五八では「ただそのために」となっている。
(15)「害や不快を与え」が、五八では「害を与え」となっている。
(16)「何かしみや汚れを」が、五八と五九では「何かしみを」となっている。
(17)五八では「彼らが行いうる」はない。
(18)五八と五九では「彼らのように侮辱や侵害を受けることに慣れていないので」はない。
(19)五八では「一瞬ごとに」はない。
(20)五八では改行なし。
(21)五八では「たとえばたった一つの善意の嘘でもつくよりは」はない。
(22)「地獄に」が、五八では「地獄の炎に」となっている。
(23)五八では「もっとも恐ろしい」はない。
(24)五八では「たった」はない。
(25)「彼らは」が、五八と五九では「彼らはですから」となっている。
(26)五八と五九では「限りなく完全な存在について」はない。
(27)五九ではここに以下のような原注が付いている。「〈害を与えることも与えられることも、ともに無力であることの証拠である〉とモンテーニュ氏も言っていますし――『エセー』四九九頁――そんなことは限りなく完全な存在にまったくふさわしいことではありません。」
(28)五八ではここから段落終わりまで、欄外への書き加えとなっている。
(29)五八と五九では改行なし。
(30)五八と五九ではモンテーニュの引用からここまでの部分はない。
(31)五八と五九では「どんな」はない。
(32)五八と五九では改行なし。
(33)五八では「奪ったり」はない。

(34) 五八では「さらには」はない。
(35)「心をも」が、五八では「心を」となっている。
(36)「わがキリスト崇拝者たちが」は、五八と五九では「彼らが」となっている。
(37) 五八と五九では「神の」はない。
(38)「侵害とか侮辱とか」が、五八では「侵害あるいは侮辱」となっている。
(39)「それらは」が、五八と五九では「それらは単に」となっている。
(40)「昔も今も隠喩的な不適切な意味でさえ」が、五八と五九では「そして昔も今も隠喩的な不適切な意味でさえ」となっている。
(41)「滅び」が、五八と五九では「永遠の定罰」となっている。
(42) 五八では以上の三つの聖書出典指示はない。
(43) 五八と五九では「それもきわめて厳しく」はない。
(44) 五八では「『列王紀一』第六章一九節」という聖書出典指示が欄外にある。
(45) 五八と五九では「そのように」はない。
(46)「虚しい好奇心」が、五八と五九では「些細な虚しい名誉心」となっている。
(47)「神」が、五八と五九では「存在」となっている。
(48) 五八と五九では「間違いなく」はない。
(49)「これらは間違いなく……結果にすぎません」の一文は、五八では、本文は単に「これらは帰結にすぎません」となっており、「滅びやすく死すべきものである事物の自然的構成の自然的結果に」が欄外への書き加えとなっている。
(50) 五八では「そんな良い目的のため」はない。
(51) 五八では「ただ一つの」はない。
(52) 五八では「不快も」はない。
(53)「それでも十分でないかのように」が、五八では「それとともに」となっている。

(54) 五八では「移り変わり」はない。
(55) 五八では「自然的」はない。
(56) 「もっとも残酷で恐ろしい地獄の責苦によって」が、五八では「もっとも恐ろしい地獄の懲罰によって」、五九では「もっとも恐ろしい地獄の責苦によって」となっている。
(57) 「……人間さえも一人としてなかったほど」が、五八と五九では「……人間も一人としてないほど」となっている。
(58) 五八では「いくつかの果実」はない。
(59) 五八では「サクランボとか」はない。
(60) 「破った」が、五八と五九では「慎みなく破った」となっている。
(61) 五八と五九では「若者や」はない。
(62) 五八では「なるもの」はない。
(63) 五八では「なるもの」はない。
(64) 「あのように些細なつまらないさまざまな過ちを」が、五八では「些細なさまざまな過ちを」となっている。
(65) 五八、五九、六〇のすべてで、ここから段落終わりまで、後からの書き加えとなっている。
(66) 「洗礼を」が、五八と五九では「キリスト教徒の洗礼を」となっている。
(67) 五八と五九では「赦しや」はない。
(68) 「穏やかで恵み深く」が、五八と五九では「穏やかで」となっている。
(69) 五八と五九では「嘆きや」はない。
(70) 「ありえないことですが」は、五八と五九では「ありえず、信じがたいことですが」となっている。
(71) 「言えるはずがありません」は、五八にはなく、五九では後から本文中に書き加えられている。
(72) 前頁の「さて、限りなく完全で……」から「神なるものが」までの部分について、五八では「さて、限りなく善で限りなく賢明な存在が憎まれ、忌み嫌われ、呪われるに値すると言うのが道徳上滑稽で馬鹿げているのと同様に、限りなく善で限りなく賢明だという神なるものが」となっている。五九では「さて、限りなく善で限りなく賢明な神なるものが憎ま

れ、忌み嫌われ、呪われるに値すると言うのが道徳上滑稽で馬鹿げているのと同様に、それが」となっており、「憎まれ、忌み嫌われ、呪われるに値すると言うのが道徳上滑稽で馬鹿げているのと同様に、それが」の部分は欄外への書き加えとなっている。

(73) 「わが」は、五八と五九では「彼らの」となっている。
(74) 五八ではここから段落終わりまで、欄外への書き加えとなっている。
(75) 五八と五九には、「『創世記』第八章二一節、第九章一三節」という出典指示がある。
(76) 五八と五九では「あるいは」がない。
(77) 五八では「すべて」はない。
(78) 五八では「悪徳と」はない。
(79) 「説き請け合うように」が、五八と五九では「説くように」となっている。
(80) 「留め置くこと」が、五八と五九では「留めること」となっている。
(81) 五八では「すなわち神次第」はない。
(82) 五八では改行なし。
(83) 「それほどに有り余る愛」が、五八と五九では「それほど大きな愛」となっている。
(84) 五八と五九では「ただ」はない。
(85) 五八ではここで改行。
(86) 五八と五九ではここで改行。
(87) 五八では「十字架による死というような」はない。
(88) 五八では「……か、言わせていた」はない。
(89) 「それも、十字架にかけられた者は」からここまでの部分は、五八と五九では欄外への書き加えとなっている。
(90) 欄外に書き加えられた以下の文章は、五八と六〇ではどこに入るのか指示されていないが、五九の指示に従って前原注の後に挿入しておく。

(91) 五八と五九では改行なし。しかし、五八にはこの前に以下のような文章が入っている。「それはまさしくこう言うようなものではないですか。つまり、限りなく賢明な神なるものが有り余る善意と慈悲のために、架空の隠喩的なある侮辱や違反を、行われるかも知れないあらゆる違反の中でもっとも重大で由々しく侮辱的な違反によって、償い消そうとしたと言うようなものではないですか」。なお、この文章はリュドルフ・シャルル版にはある。

(92) 五八と五九では「限りなく善で」はない。

(93) 五八、五九、六〇のすべてで、「あらゆる罪の中で最大のもの、すなわち」は本文中への後からの書き加えとなっている。

(94) 五八と五九では「なんですって！」はない。

(95) 「すなわち神なるものを十字架にかけて」について、五八にはなく、五九では本文中への後からの書き加えとなっている。

(96) 「赦しがたく」について、五八と五九にはなく、六〇では本文中への後からの書き加えとなっている。

(97) 「救われ贖われた」が、五八では「救われた」となっている。

第四〇章

(1) 「善あるいは優越を」が、五八と五九では「善と優越を」となっている。

(2) 「その首長であるキリスト」が、五八では「彼らの神キリスト」、五九では「キリスト」となっている。

(3) 五八では「弟子たちに」はない。

(4) 五八と五九ではこの出典指示はない。

(5) 五八と五九ではこの出典指示はない。

(6) 五八と五九では「……による結婚という絆」はない。

(7) 五八では「考えや」はない。

(8) 「神・キリスト崇拝者の」が、五八では「キリスト崇拝者の」となっている。

(9)「それに事実そうなのです」は、五八では「それは事実誤りです」となっている。
(10)「愛し求める」が、五八と五九では「愛する」となっている。
(11)五八と五九では「賢明で」はない。
(12)「……とイエス・キリストは」が、五八では「……ともキリストは」となっている。
(13)「褒美」が、五八と五九では「永遠の褒美」となっている。
(14)「述べたように」が、五八と五九では「証明したように」となっている。
(15)五八と五九では「と無知」はない。
(16)五八と五九ではこの文章は丸括弧に入っていない。
(17)「ただほんの一時快楽をともにしたから」が、五八と五九では「ほんの一時快楽をともにしたから」となっている。
(18)「自然に」が、五八と五九では「彼らの本性に」となっている。
(19)「残酷さを」が、五八と五九では「残酷さと下劣さを」となっている。
(20)五八と五九では「種類の」はない。
(21)「断罪します」が、五八と五九では「非難し断罪します」となっている。
(22)「許されていますし」が、五八では「許されているようですし」となっている。
(23)「格率は」が、五八と五九では「道徳格率は」となっている。
(24)五八では欄外に「『ローマ史』」という出典指示がある。
(25)「十分」が、五八と五九では「さらに十分」となっている。

第四一章

(1)五八では「地上の」はない。
(2)五八と五九では「地上の」はない。
(3)五八と五九では「呻吟し」はない。

第四二章

（1）五八と五九では「毎日」はない。
（2）「秩序をよく保つことも」が、五八と五九では「うまく調整を保つことさえも」となっている。
（3）五八と五九ではここで改行。

第四三章

（1）「……恥じるべきですし、民衆もそんなものには憎しみと嫌悪しか抱くべきではありません」が、五八と五九では「……恥じるべきです」となっている。
（2）「完全に従属し」が、五八と五九では「いわば完全に従属し」となっている。
（3）五八と五九では出典指示はない。
（4）五八と五九では「する義務などない」がない。
（5）五八では「投げ出し」はない。
（6）「……服従されることを欲し」が、五八と五九では「……服従されるようにし」となっている。
（7）「苦しめることしかしない手合いで」が、五八と五九では「苦しめることしかせず」となっている。
（8）「人間の」が、五八と五九では「人間の救いの」となっている。
（9）五八と五九では「見るも恐ろしい」はない。
（10）五八と五九では「むしろ」はない。
（11）五八と五九ではこの原注はない。
（12）五八と五九では改行なし。
（13）五八では「お偉方や貴族は」はない。
（14）五八と五九では「ただの」はない。
（15）「民衆に」が、五八と五九では「哀れな民衆に」となっている。

第四四章

(1)「少しも有益でない」が、五八では「真に有益でない」となっている。

(2)「……虐げる傾向があり、またそれにしか役立たない」が、五八と五九では「……虐げることにしか役立たない」となっている。

(3)「まともで有用な」が、五八と五九では「まともな」となっている。

(4)「商売や業務にも」が、五八と五九では「商売にも」となっている。

第四五章

(1) 五八と五九では「どこにでも」はない。

第四六章

(1)「看護を受けるので」が、五八と五九では「看護を受け、世話をしてもらえるので」となっている。

(2)「自分たちの修道会の決まりに応じて」が、五八と五九では「あるいは自分たちの修道会の決まりに応じて」となっている。

(3) 五八と五九では「味覚と」はない。

(4)「世の中にこれほど……」の一文は五八と五九になく、六〇でも本文中への後からの書き加えとなっている。

第四七章

(1)「修道士が」は、五八と五九では「年金を受けている修道士が」となっている。

(2) 五八では「さらに」はない。

(3) 五八と五九では欄外に「『エルモドールへの書』の中で」と出典指示が書かれている。

(4) 五八では欄外の出典指示となっている。

(5) 五八では改行なし。

(6) 「そしてこれは決して、物乞いで暮らそうと無為徒食のうちに留まることではありません」が、五八では「そしてこれは決して、無為徒食のうちに留まるためでも、物乞いで暮らすためでもありません」、五九では「そしてこれは決して、無為徒食のうちに留まることでも、物乞いで暮らすためでもありません」となっている。

(7) 「一軒一軒まわっていくのは惨めな生活で」が、五八と五九では「パンを乞いながら一軒一軒まわっていくのは惨めな生活だ、パンヲ乞イナガラ一軒一軒マワッテイクノハ惨メナ生活ダ、一軒一軒まわっていくのは惨めな生活で」となっている。

(8) 五八と五九では欄外の出典指示が『集会の書』第四〇章二九節、第二九章三一節」となっている。

(9) 五八と五九には欄外の出典指示「『箴言』第三〇章八節」がある。

(10) 五八と五九では「あるいは托鉢共住修道士」はない。

(11) 「誤謬であり」が、五八と五九では「彼らの誤謬であり」となっている。

(12) 五八にこの指示はない。

(13) 「この著者が」は、五八では「彼が」となっている。

(14) 「同じ主題について」が、五八と五九では「それについて彼自身」となっている。

(15) 「蛭と呼んだのは」は、五八では「形容したのは」となっている。

(16) 五八と五九では「や歌い手」はない。

(17) 五八と五九では「……や礼拝堂」はない。

(18) 「賛美歌を歌い、詩篇を唱える」が、五八と五九では「賛美歌を歌う」となっている。

(19) 五八と五九では「幾度も」はない。

(20) 五八と五九では「歌うことに」はない。

(21) 「ですから、そういうことのためにあれほど多くの莫大な富と、あれほど多くの高額な収入を彼らに与えることは、明らかに悪弊、それも甚だしい悪弊です。そんなことのために彼らを公衆の金で養うのは」が、五八では「ですから、そう

いうことのためにあれほど多くの莫大な富を彼らに与え、彼らを公衆の金で養うのは」となっている。
(22)「悪弊」が、五八では「明らかに悪弊」となっている。
(23)五八と五九では「勤勉な」はない。
(24)五八では「と貧困」はない。
(25)五八と五九では「私がこれまで語ってきた人々のような」はない。
(26)五八と五九では「善良な」はない。
(27)五八と五九では「六十回」はない。
(28)「自分が食べる」が、五八と五九では「自分が生きるための」となっている。
(29)五八では「祝福や」はない。
(30)五八と五九では改行なし。
(31)「すますことさえ」が、五八では「すますことは」になっている。
(32)「あのように敬虔でみんなぐうたらな男女が、あるいはその職務や仕事は有益なことに全然役立たない男女が」が、五八と五九では「あのように敬虔でみんなぐうたらで、その職務や仕事は有益なことに全然役立たない男女が」となっている。
(33)五八と五九では改行なし。
(34)五八と五九では「修道会と」はない。
(35)「……登記官、時には判事自身と治安地方総監さえも入れなければなりません、彼ら自身が泥棒とぐるであり、いわばその仲間、盗人ノ仲間なのです。」が、五八では「……登記官などを入れなければなりません。」、五九では「……登記官、時には判事自身さえも入れなければなりません、彼らは泥棒とぐるであり、いわばその仲間、盗人ノ仲間なのです。」となっている。
(36)五八では「自身」はない。
(37)「全世界からも」が、五八と五九では「全世界から」となっている。

(38)「さらに、誰か罠に掛けられそうだと思い、食いつける何かよい獲物があると思うと、その一帯を徘徊しひっきりなしにうろついて、獲物を捜す塩税や煙草税の監視役という無数の悪党、ならず者、かたり屋どももその中に入れなければなりません」が、五八では「さらに、そこら一帯を徘徊しひっきりなしにうろついて、獲物を捜す塩税や煙草税の監視役という無数の悪党、ならず者、かたり屋どももその中に入れなければなりません。こういう連中はことごとく、さらに哀れな民衆を破産させてはただ喜び、誰かを罠に掛けられそうだと思い、食いつける何かよい獲物があると思うと嬉しくて有頂天になるのです」となっている。

(39) 五八と五九では「国王権なるものを維持する」はない。

(40) 五八では「や幸福」はない。

第四八章

(1)「聖堂区・共同体」が、五八と五九では「聖堂区」となっている。

(2) 五八と五九では「と指揮」はない。

(3)「援助も薬も」が、五八では「薬の助けも」となっている。

(4)「家や住まいが」は、五八では「家が」となっており、五九でも「家や住まいが」だが、「や住まい」は本文中への後からの書き加えとなっている。

(5) 五八では「真の」はない。

(6) 五八では「や住まい」はない。

(7) 五八ではこの出典指示はない。

(8) 五八と五九ではこの原注はない。

(9) 五八と五九では「反乱」はない。

(10)「悪辣で邪な訴訟」が、五八では「邪な訴訟」、ただし「邪な」は後からの書き加え、五九では「悪辣で邪な訴訟」、ただし「邪な」は後からの書き加えとなっている。

第四九章

（1）「悪弊四」は目次にはないが、三手稿とも欄外に書き込みがあるためここに挿入した。なお、「悪弊一」から「悪弊三」についても同様に欄外に書き込みがあったが、目次と重複するため一々異文で注記しなかった。
（2）五八では「異なる」はない。
（3）五八では「今度は」はない。
（4）五八と五九では改行なし。

第五〇章

（1）「悪弊五」は目次にはないが、三手稿とも欄外に書き込みがあるためここに挿入した。
（2）五八と五九では改行なし。
（3）「躾けや世話や教育を」が、五八と五九では「躾けや世話や食事や教育を」となっている。
（4）「手段や能力や便宜を」が、五八と五九では「手段や能力を」となっている。
（5）「継父や継母から」が、五八と五九では「継父と継母から」となっている。
（6）五八と五九では「今まで述べてきた」はない。

第五一章

（1）「まともで有益な何かの職務や、まともで有益な何かの肉体的あるいは精神的労働に」が、五八では「まともで有益な何かの職務や、少なくともまともで有益な何かの肉体的あるいは精神的労働に」、五九では「まともで有益な何かの労働や、少なくともまともで有益な何かの肉体的あるいは精神的職務に」となっている。
（2）「奪おうと」が、五八では「盗み奪おうと」になっている。
（3）「必要は」が、五八と五九では「必要さえ」となっている。
（4）「死ぬほど働き、苦労し疲労し死ぬほどになってまで」が、五八では「疲労し働き死ぬほどになってまで」、五九では

「疲労し苦労し働き死ぬほどになってまで」となっている。

(5) 五八と五九では「役にも立たず」はない。

(6) 「暴君である」が、五八では「第一で最大の暴君である」、五九では「最大の暴君である」となっている。

(7) 五八と五九では「あなたがたは、暴君である……だけでなく」の部分は欄外の書き加えとなっている。

(8) 前頁からの「貴族と僧族の重荷もすべて背負っているのです。すべての修道僧とすべての法曹界の人々の重荷も背負い、お偉方の連中に仕えるすべての従僕や馬丁、およびその他の連中に仕えるすべての下男・下女もあなたがたが背負っているのです。すべての軍人、すべての税金取り、すべての塩税・煙草税監視役、さらに世間のぐうたらで役立たずの連中さえ含めて、すべてあなたがたが背負っているのです」の部分は、五八では「すべての貴族、すべての僧族、すべての修道僧、すべての法曹界の人々、すべての軍人、すべての税金取り、すべての塩税・煙草税監視役、さらに世間のぐうたらで役立たずの連中さえ含め、すべてあなたがたが背負っているのです」、五九では「すべての貴族、すべての僧族、すべての修道僧、彼らに仕えるすべての下男・下女、すべての従僕や馬丁をあなたがたが背負っているのです。すべての法曹界の人々、すべての軍人、すべての税金取り、すべての塩税・煙草税監視役、さらに世間のすべてのぐうたらで役立たずの連中を含め、すべてあなたがたが背負っているのです」となっている。

(9) 「法と意志に」が、五八では「法に」となっている。

(10) 五八ではここで改行。

(11) 五八と五九では「また」はない。

(12) 五八と五九では改行なし。

(13) 五八と五九ではこの出典指示はない。

(14) 「資格があります」は、五八と五九では「資格があるでしょう」となっている。

(15) 「管理され分配されるならば」が、五八では「管理されるならば」となっている。

(16) 「……見なすなら——彼らの宗教の原理に従えばそうすべきでしょう」が、五八と五九では「……見なし考えるなら——彼らの迷信的な宗教の原理に従ってさえそうすべきでしょう」となっている。

(17) 五八では「それぞれ」はない。
(18)「和合する」が、五八では「一致する」となっている。
(19)「学んだ」が、五八と五九では「みんな学んだ」となっている。
(20) 五八では「みんな」はない。
(21)「すべての人に共通な利益という同じ善にみんなが向かって行くのはまったく簡単なことです」が、五八と五九では「みんなが善に向かって行き、すべての人に共通な利益という同じ善へと平和にみんなが心を合わせて協力するのは、まったく簡単なことです」となっている。
(22) 五八では「貧しい人々さえも」はない。

第五二章

(1)「主要点の一つとして確立することになったのです」が、五八では「主要点の一つとすることになったのです」となっている。
(2)「この信仰箇条によって」が、五八では「これによって」となっている。
(3) 五八では「このままに」はない。
(4) 五八では「と財貨の共有」は本文中への後からの書き加えとなっている。
(5) 五八と五九では「その結果」はない。
(6) 五八では「甘美な」は本文中への後からの書き加えとなっている。

第五三章

(1)「悪弊六」は目次にない。五八と五九では欄外に書き込みがあり、六〇にはないが、訳出しておいた。
(2) 五八では「意志や」はない。
(3) 五八では「そのもの」はない。

（4） 五八と五九では「かつて」はない。
（5） この欄外の出典指示については、五八では『列王紀一』第八章一一節」となっており、五九にはない。
（6） 五八と五九では「愚かな」はない。
（7） 五八と五九では「前もって」は本文中への後からの書き加えとなっている。
（8） 六〇では「私の小指は父の腰よりも太い」は欄外への書き加えになっている。
（9） 五八では改行なし。
（10） 五八と五九では「……や租税」はない。
（11） 「家財」が、五八では「財産」となっている。
（12） 「……ビール」が、五八と五九では「……ビール、油」となっている。
（13） 「村落共同体便益権税」が、五八では「便益権税」となっている。
（14） 五八と五九では「単に」はない。
（15） 「王の臣下の証明書、運搬許可証、運送許可証、通行証、税受領証、保証状」が、五八と五九では「王の臣下の証明書、税受領証、運送許可証、保証状、運搬許可証、通行証」となっている。

第五四章

（1） 「あの先王故ルイ十四世」が、五八では「近年のあの王ルイ十四世」となっている。
（2） 五八と五九では欄外に「同書四四頁」という出典指示がある。
（3） 五八と五九では欄外に「同書三三五頁」という出典指示がある。
（4） 五八と五九では改行なし。
（5） 五八と五九では欄外に「同書二六〇頁」という出典指示がある。
（6） 五八と五九では欄外に「同書七四頁」という出典指示がある。
（7） 五八と五九では欄外に「『トルコの皇帝の密偵』第六巻書簡一七」という出典指示がある。

第五五章

（1）五八と五九では「塩税や」はない。
（2）「タイユ税やその他の税の起源」が、五八と五九では「タイユ税やその他の公的租税の起源と伸展」となっている。
（3）五八と五九にはこの欄外への書き込みはない。
（4）五八ではこの一文は丸括弧に入っていない。

第五六章

（1）「最近のわがフランス王たち、ルイ十三世とルイ十四世の暴虐な指導と統治について」が、五八では「最近のわがフランス王たちの暴虐な指導と統治について」となっている。
（2）五八と五九ではここで改行。
（3）五八と五九では欄外に「リシュリュー枢機卿の政策」という書き込みがある。
（4）「国王たちの野心の道具として役に立つため」は、六〇にはないが、五八と五九にはあるので訳出した。また、出典原文にはこの部分がある。
（5）「フランス僧族の腐敗、フランス僧族の怯懦」が、五八と五九では「僧族の腐敗」となっている。
（6）欄外に見出しとして、五八では「僧族の腐敗と怯懦」、五九では「僧族の怯懦」と書き込まれている。
（7）欄外に、五八では「フランス貴族の凋落」、五九では「貴族の凋落」と書き込まれている。
（8）欄外に、五八と五九では「民衆への圧制」と書き込まれている。
（9）欄外に、五八では「隷属した高等法院」と書き込まれている。
（10）欄外に、五八では「裁判の堕落」と書き込まれている。
（11）五八では「後世の人々を……一般的利益によって」は、欄外への書き加えとなっている。
（12）「とりわけ最近のわがフランス王たち、そしてまさに現在の治世における暴虐な統治に関して」が、五八と五九では「とりわけ最近のわがフランス王たちの暴虐な統治に関して」となっている。

(13)「与えられ、委ねられたのは」が、五八と五九では「与えられたのは」となっている。
(14)「君主や王が」は、五八では「君主が」となっている。
(15)「哀れな民衆から……」以下、この段落終わりまでの引用部分は、五八、五九、六〇のすべてで欄外への書き加えとなっている。
(16) 五八と五九ではここで改行。
(17) 五八ではこの欄外の出典指示はない。
(18)「死なせる方を」は、五八では「自分のために犠牲にする方を」となっている。
(19) 五八と五九では「種類の」はない。
(20) 五八と五九では改行なし。
(21) 五八ではこの欄外の出典指示はない。
(22) 五八ではこの欄外の出典指示はない。

第五七章

(1) 五八と五九ではこの欄外の出典指示はない。
(2) 五八と五九では「今ではもうこんな皇帝たちは見られない」となっている。

第五八章

(1)「……と同盟をお結びになれます」が、五八では「……と同盟をお結びになれ、宣戦布告と和平締結の権限をお持ちです」となっている。
(2) 五八と五九ではこの言葉は丸括弧に入っていない。
(3) この段落には、三手稿の間で三者三様に引用符が付けられているが、その異同は示さない。正確な意味での出典との関連については訳注を見よ。

（4）「非道な手段や……」以下ここまで、三手稿間に引用符の異同があるが、その異同は示さない。これは明らかにメリエの文章と思われるからである。
（5）「また連中の暴虐な支配のくびきのもとにあって」が、五八と五九では「また連中の支配の暴虐なくびきのもとにあって」となっている。
（6）五八では「もっとうまく」はない。
（7）「悪徳を抑止し、至る所に正義と正しい秩序を維持し、罪人や悪人が厳しく罰せられるようにするために」が、五八では「至る所に正義と正しい秩序を維持し、悪徳を抑止し罪人が厳しく罰せられるようにするために」、五九では「至る所に正義と正しい秩序を維持し、悪徳を抑止し罪人や悪人が厳しく罰せられるようにするために」となっている。
（8）「勇気がありません」が、五八と五九では「勇気はないでしょう」となっている。
（9）五八では「あれほど多くの」はない。
（10）五八と五九では「何もしませんし」はない。
（11）五八では「自分たちが担っている特性からしても」はない。
（12）五八と五九では「大司教」はない。
（13）「民衆の牧者と称している以上、民衆の味方をするはずであり」が、五八と五九では「民衆の味方をするはずであり」となっている。
（14）五八と五九では「主の」はない。
（15）五八では「……や君主」はない。
（16）「悪癖」が、五八と五九では「過ち」となっている。
（17）五八と五九では改行なし。
（18）「こういうわけで……聞かれるのです」の部分は、三手稿とも欄外への書き加えとなっている。
（19）五八と五九では「こういうわけで」はない。
（20）「その圧制と暴虐な統治に」が、五八と五九では「その圧制あるいは暴虐な統治に」となっている。

(21)「これまでに」が、五八と五九では「現在までに」となっている。

第六〇章

(1) 五八と五九では「人が信じ込まそうとする」からの一文はない。
(2) 五八と五九では「自然的理性は……」からの一文はない。
(3)「私たちが信じ、……」から始まるこの引用文は、これに続くアウグスティヌスの『霊と文字』からのラテン語引用文をメリエ自身が仏訳したものであるが、五八と五九ではこの訳文はなく、ラテン語原文のみが掲げられている。
(4) このモンテーニュからの引用は五八と五九でも見られるが、両稿では引用は段落末尾と欄外にそれぞれ後から書き加えられたかのように置かれている。
(5) 五八と五九では「神の存在を否定したり」から「明らかだからです」まではない。

第六一章

(1)「さらにはずっと邪悪でさえあるような」が、五八と五九では「さらにはずっと悪意に満ち、ずっと邪悪でさえあるような」となっている。
(2) 五八と五九では「……知識や神々の最初の信心」となっている。
(3) 五八では「そこにははっきりと、この神は言葉を話し、議論をし、歩き、庭を散歩したと記されています」、五九では「そこにははっきりと、この神は言葉を話し、議論をし、歩き、庭を散歩したことが記されています」となっている。
(4) 五八と五九では「それこそこの神なるものが実際に人間でしかなかったことの十分明白なしるしです」となっている。
(5)「同じ史書、いや同じ作り話には」が、五八と五九では「同じ史書には」となっている。
(6) 五八では「いやこの作り話が記しているように、」は後から行間に書き込まれている。
(7)「まだだまされるままでいるのは」が、五八と五九では「まだだまされるままでいるとか、少しでも信じようなどとは」となっている。

第六四章

（1）五八と五九では「同様に」はない。

（2）「証明も証拠立てもしない」が、五八と五九では「証明しない」となっている。

（3）五八は同じ。ただし当然のこととして参照頁数は異なる。五九では参照指示なし。

第六五章

（1）「理解してもいないこと」が、五八と五九では「理解できないこと」となっている。

（2）「また同時に」が、五八では「また」となっている。

第六六章

（1）「また」が、五八では「それに」となっている。

（2）五八では「私たちの眼の自然的構成とある対象を見ることとの間には」となっている。

第六七章

（1）五八では「存在に参与するからにすぎない」となっている。

（2）五八と五九では「いわば」はない。

第六八章

（1）この「第四に……」から段落の最後までは、三手稿ともこの段落に関する後から書き加えられた挿入文があるため、かなり異なっている。以下に本文に対応する五八と五九の該当部分を掲げる。なお引用文中ゴシックで示した箇所はそれぞれの手稿に後から挿入された箇所を表すものとし、各手稿の細かな差異に関しては〔　〕の中の訳者注記で表すものとする。

五八。「第四に、上述の議論は人がはっきり理解し、それについて明晰判明な観念を抱いている存在の永遠性を明証的に証明しているのですから、くだんの反論は虚しいものです。しかるに物質的存在こそ唯一、人がはっきりと理解し、その明晰判明な観念を抱いているものです。したがって、上述の議論が証明しているのは物質的存在の実在と永遠性です〔傍線部は手稿一九四五八本文では「誰もが一致して認める、また当然一致して認めなければならないように」と書かれていたものを線で消してその行間から欄外にかけて書かれている文章であり、その最後には「ここに添付された小紙を参照されたい」と書かれている〕。上述の議論によって証明されている存在の実在は、明晰判明な観念によって人がはっきりと理解し、さらに延長しているものとしてまた均等かつ必然的に至る所にあるものとしてはっきり理解している存在一般を措いてほかにありえません。というのも上述の議論は、人がはっきり理解しておらず、また人がそれについてどのような明晰判明な観念も抱けない存在の実在を証明しているとは言われないでしょうし、同様に、どこにも存在しない、あるいはただある特別な場所にしかないような存在の実在を証明しているとも言われないでしょうから。なぜなら、存在一般がここよりもかしこにあるとか、ある場所よりもどこか他の場所にあるなどと主張したり考えたりするどんないわれもなく、そんないわれなどあるはずもないからです。かくして、上述の議論によってその実在が証明される存在は、延長し、また通有的かつ必然的に至る所にあるものの実在を措いてほかにありえないでしょう。しかるに延長し、通有的かつ必然的に至る所にある存在とは物質的存在です。それゆえ、物質的存在以外にはどんな他の存在もありえませんから、上述の議論によって証明されているのは物質的存在の実在であって、他のどんな存在の実在でもありません。したがって上述の議論に対して行われる反論はまったく虚しく、取るに足りません〔この挿入箇所は、六〇と五九とは異なり、段落途中に挿入されている。挿入指示箇所の誤りであろうか。このために段落全体の趣旨は一貫性を欠くことになる。そのためか、リュドルフ・シャルル版では以下の「さて……」以降は見当らない〕。さて、未知の存在や不確かで疑わしく、またそれについてどんな本当の観念も抱けない存在の永遠性を、この議論が明証的に証明しているとは言えません。なぜなら、上述の議論が本当にそうした存在の実在や永遠性を証明するのであれば、その時からその存在はもはや未知でも、不確かで疑わしいものではなくなるでしょうから。それゆえ、上述の議論が証明しているのは非物質的で未知な存在の永遠性ではなく、むしろ上述の議論が証明しているのは明らかに知られ、確実で疑問の余地のない存在の永遠性と実在です。」

五九。「第四に、上述の議論は誰もが一致して認め、また当然一致して認めなければならないように、存在の実在、また存在の永遠性を明証的に証明しているのですから、くだんの反論は虚しいものです。さて、未知の存在や不確かで疑わしく、またそれについてどんな本当の観念も抱けない存在の永遠性をこの議論が明証的に証明しているとは言えません。なぜなら、上述の議論が本当にそうした存在の実在や永遠性を証明するのであれば、その時からその存在はもはや未知でも、不確かで疑わしいものでもなくなるでしょうから。それゆえ、上述の議論が証明しているのは非物質的で未知な存在の永遠性ではなく、むしろ上述の議論が証明しているのは明らかに知られ、確実で疑問の余地のない存在の永遠性と実在です〔本文段落はここで終わっている。メリエは文末にアステリスクをつけて以下の欄外注記のあることを指示している〕。この議論は、人がはっきりと理解し、その明晰判明な観念を抱いているような存在の実在と永遠性を証明しています。しかるに、物質的存在こそ唯一、人がはっきりと理解し、その明晰判明な観念を抱いているものです。したがって、……等々〔「この議論は……」からここまでが欄外の書き込みであり、その最後に「ここに添付されさている小紙を参照されたい」と書かれている〕。上述の議論によってその実在が証明されている存在は、明晰判明な観念によって人がはっきりと理解し、さらに延長しているものとして、また必然的かつ均等に至る所にあるものとしてはっきり理解している存在一般を措いてほかにありえません。というのも上述の議論は、人がはっきり理解しておらず、また人がそれについてどのような明晰判明な観念も抱けない存在の実在を証明しているとは言われないでしょうし、同様に、どこにも存在しない、あるいはただある特別な場所にしかないような存在の実在を証明しているとも言われないでしょうから。なぜなら、存在一般がここよりもかしこにあるとか、ある場所よりもどこか他の場所にあるなどと主張したり考えたりするどんないわれもなく、そんないわれなどあるはずもないからです。かくして、上述の議論によってその実在が証明される存在は、延長し、また通有的かつ必然的に至る所にあるものの実在を措いてほかにありえないでしょう。しかるに、延長し、通有的かつ必然的に至る所にある存在とは物質存在です。それゆえ、上述の議論によって証明されているのは物質的存在の実在であって、どんな他の存在でもありえません。実際物質的存在以外にはどんな他の存在もないからです。したがって上述の議論に対して行われる反論はまったく虚しく、取るに足りません〔文末には「一九三葉第二頁添付用」の注記がある〕。」

なお以下に、上記二つの手稿との異同を明示するため改めて手稿六〇の文章をこれらと同じように手稿の状態を再現し

て訳出する。

六〇。「第四に、上述の議論は誰もが一致して認め、また当然一致して認めなければならないように、存在の実在、また存在の永遠性を明証的に証明しているのですから、くだんの反論は虚しいものです。さて、未知の存在や不確かで疑わしく、またそれについてどんな本当の観念も抱けない存在の実在や永遠性を、この議論が明証的に証明しているとは言えません。なぜなら、上述の議論が本当にそうした存在の実在や永遠性を証明するのであれば、その時からその存在はもはや未知でも、不確かで疑わしいものではなくなるでしょうから。それゆえ、上述の議論が証明しているのは非物質的で未知な存在の永遠性ではなく、むしろ上述の議論が証明しているのは明らかに知られ、確実で疑問の余地のない存在の永遠性と実在です。〔本文段落はここで終わる。メリエは文末にアステリスクをつけて以下の欄外注記を指示し、行間に「ここに添付されている小紙を参照されたい」と書き込んでいる〕。この議論は、人がはっきりと理解し、その明晰判明な観念を抱いているような存在の実在と永遠性を証明しています。しかるに、物質的存在こそ唯一、人がはっきりと理解し、その明晰判明な観念を抱いているものです。したがって、……等々〔「この議論は……」からここまでが欄外の書き込みであり、その最後に「ここに添付されている小紙を参照されたい」と書かれている〕。上述の議論によってその実在が証明されている存在は、明晰判明な観念によって人がはっきりと理解し、さらに延長しているものとして、また均等かつ必然的に至る所にあるものとしてはっきり理解している存在一般を措いてほかにありえません。というのも上述の議論は、人がはっきり理解しておらず、また人がそれについてどんな明晰判明な観念も抱けない存在の実在を証明しているとは言われないでしょうし、同様に、どこにも存在しない、あるいはただある特別な場所にしかないような存在の実在を証明しているとも言われないでしょうから。なぜなら、存在一般がここよりもかしこにあるとか、ある場所よりもどこか他の場所にあるなどと主張したり考えたりするどんないわれもなく、そんないわれなどあるはずもないからです。かくして、上述の議論によってその実在が証明される存在は、延長し、また通有的かつ必然的に至る所にあるものの実在を措いてほかにありえないでしょう。しかるに、延長し、通有的かつ必然的に至る所にある存在とは物質的存在です。それゆえ、物質的存在以外にはどんな他の存在もありえませんから、上述の議論によって証明されているのは物質的存在の実在であって、他のどんな存在の実在でもありません。したがって上述の議論に対して行われる反論はまったく虚しく、取るに足りません〔文末には「二〇二葉

第一頁添付用」の注記がある〕。」

（2）五八ではこの後に付け加える形で、「そして人がそれについて明晰判明な観念を抱けるのはこれだけです」の一文が行間に書かれている。

（3）五八と五九では「すでに言われているように」となっている。

（4）「そうなれば……」以下のこの一文は、五八では行間への書き込みになっている。

（5）五八と五九では平叙文になっている。

（6）五八と五九では平叙文になっている。

（7）五八と五九では平叙文になっている。

（8）五八と五九では平叙文になっている。

（9）五八と五九では平叙文になっている。

（10）五八では「すでに言ったように」はない。

（11）五八と五九では「やめることさえも」となっている。

（12）五八と五九では「や意志」はない。

（13）五八と五九では「非物質的で霊的な存在を一つでもいくつでも」となっている。

（14）訳注六三でも指摘したように、六〇では「物質的な」となっているが、五八と五九では「非物質的な」となっている。

第六九章

（1）五八と五九では「永遠性と自立性」となっている。

（2）五八では「……と主張することは真ではないでしょう」となっている。

（3）前頁の「そしてなんらかの全体が……」からここまでの箇所が、五八では「そしてなんらかの全体がその全体のうちにある諸部分とともに過去においても常に存在したとしても、全体が部分よりも大きいと必ずしも常に主張できたわけでもなく、ただ、もしもある全体とその全体のうちにある諸部分とが存在すると仮定すれば、全体は部分よりも大きい、と主

張できたというだけのことです」となっている。五九では「そしてなんらかの全体が……どうして真たりえたでしょうか」までは同じだが、その後は「そんなことは主張できませんし、そして〔できたとしても〕必ずしも常に主張できたわけでもないでしょう。ただ、もしもある全体とその全体のうちにある諸部分とが存在すると仮定すれば、全体は部分よりも大きい、と主張できたというだけのことです」となっている。

（4）五八では「物質的存在のさまざまな変様や構成や運動から」となっている。五九では同じ。ただし「動揺や振動」は行間への書き込みとなっている。

（5）五八では「その実体に関して言えば」はない。

（6）五八では「少なくとも先に私が言ったように」はない。

（7）五八と五九では「それにもし……」以下のこの文は後から行間に書き加えられている。

（8）「無神論者」が、五八では「無神主義者」となっている。

第七〇章

（1）「創造し……」の一文は、五八と五九では「創造されたか無から作り出されたかした可能性のある何物かが存在すれば、創造し無から何物かを作り出す力は存在します」となっている。

（2）五八と五九では「これにはほとんど疑問の余地はありません」となっている。

（3）五八と五九ではこの二つの文章をくくった丸括弧はない。

（4）五八と五九では二つ目の昇天祭賛美歌の引用はない。

（5）五八では「その時間の隔たり自体が創造されるとすれば」となっている。五九では「その時間の隔たり自体が創造されたとすれば」となっている。

（6）五八と五九では「一部の時間の創造」となっている。

（7）五八と五九ではこの一文が見られるあたりの欄外に、「その方は永遠のものとして全地を整えられた」〔『バルク書』第三章三二節〕という『旧約聖書』からの引用がある。

（8）「私たち」が、五八と五九では「人」となっている。
（9）五八と五九では「他の同様なものすべて」となっており、本文ではこれにならった。
（10）五八と五九では「ここで」はない。
（11）五八では「どこでも何も創造できなかったのです」となっている。
（12）五八でも同じだが、「全体」は行間への書き込みである。
（13）五八と五九では「単に……というだけでなく」はない。
（14）五八と五九では「つまりどんな作用も存在の一変様であり、各種の作用は存在の各種の変様です」となっている。
（15）五八と五九では「場所あるいは位置のなんらかの変化なしには」となっている。
（16）五八と五九では丸括弧はない。
（17）五八ではこの後に続く文章として、欄外追記の形で次の一文がある。「ところで物質でもなく、体も部分もどんな延長もない存在は何物でもありません。また何物でもないものが存在しているものを創造できはしません。したがって……」。
（18）五八と五九では「創造することは作用することであり」はない。
（19）五八では「生命運動のない生命は考えられず」はない。
（20）五八では「無内容な」はない。

第七一章

（1）五八では「キリスト・神崇拝者の一人」となっている。
（2）五八ではマールブランシュの原文どおりに「……考えられないことが分かる」となっている。
（3）五八では最後のこの文言はない。
（4）五八と五九では「〈なるほど〉と著者はさらに次のように続けます。〈なるほど……〉」となっている。
（5）五八と五九では「物質があれこれの仕方、つまりあれこれの速さで」となっている。
（6）五八では、この前の文「というのも結局……」から、この後に見られる「少しでも注意すれば……必要とはしません」

までは手稿一八七頁表の欄外に書き加えられたものであるが、その中にこの「つまり自然的理性は、私たちに存在の実在、時間の実在、延長の実在を明らかに示してくれるからです」という一文はない。五九では五八と同じ文章が本文となっている。したがって五八と同様この一文はない。

(7) 五八と五九では最後の「知識、知恵」はない。

(8) 五八ではこの二つのモンテーニュからの引用は見られない。

(9) 五八では「……起こりませんが、それでもこの神の認識や意志の働きに関連させる以外、認識や意志の働きに関するどんな観念も彼らは抱けないのです。ですから……」となっており、傍線部は五八に固有のものとなっている。

(10) 五八では「力や能力という言葉……」の一文はない。

(11) 五八では「哲学者たちが言うように」はない。

(12) 五八と五九では文言は同じだが、この丸括弧はない。

(13) 五八と五九では「違った色や違った種類の」となっている。

(14) 五八と五九では文言は同じだが、この丸括弧はない。

(15) 五八では「あれほど優れた繊細な作物」となっている。

(16) 五八では本文のように「その運動、形態、組み合わせ、結びつきのあらゆる多様な様態は」となっているが、五九と六〇では、「その運動、形態、組み合わせ、結びつき、様態のあらゆる多様な様態は」となっている。

(17) 五八と五九では「……視力とか、大、中、小の多くのあれほど美しく感嘆すべきものたちを」となっており、「あらゆる種類の大きさや形を備えた」はない。

(18) 五八では「虚しく」はない。

(19) 「きわめて薄く (bien mince) 繊細で微細で」が、五八と五九では「きわめて細く (bien fine) 繊細で微細で」となっている。

(20) 五八と五九では「あらゆる理解力だけでなく、さらにあらゆる可能性をも」となっている。

(21) 五八では「まったく完全な認識」となっている。

(22) 五八と五九では文言は同じだが、この丸括弧はない。

(23) 「……、その思考において不変、その意志において不変、その認識において不変、その計画において不変、要するにあらゆる意味、あらゆる仕方において不変な存在です」が、五八では「……、その思考において不変、その認識において不変、その計画において不変、またその意志において不変な存在です」となっている。

(24) 五八では丸括弧の中は、「本当に存在すればですが」となっている。

(25) 五八では「いかなる関係もありませんし」はない。

(26) 「……あの第一動者なるものはそれ自体完全にまた本質的に不変不動で、その本性からしてそうでさえあります」が、五八では「……あの第一動者なるものはそれ自体不変不動で、その本性からして不変不動でさえあります」、五九では「……あの第一動者なるものは完全に不変不動で、その本性からして不変不動でさえあります」となっている。

(27) 「実在したとしても」以下が、五八では「存在したとしても物質を動かせない全能の神」となっている。

(28) 「それというのも、言われるように神はその本性からして完全に不変不動である以上、存在したとしてもそれ自体は運動することも動くこともできないからです。また同じ理由から……」という文章が、五八では「そして神はその本性からして不変不動である以上、存在したとしても自分では運動することも動くこともできないのですから、ただ単にわが神崇拝者たちにとって物質の運動能力をいわゆる神の全能に帰そうとしても無駄であるばかりか、またこの同じ理由から……」となっている。

(29) 五八と五九では「何にせよ自分たちが必要とするなんらかの」となっている。

(30) 五八では「まったく」はない。

(31) 五八では「完全に、また本質的に」はない。

(32) 五八では「……神に彼らが捧げうるすべての崇拝や神に行いうるすべての犠牲のために」となっている。

(33) 五八と五九では「ですから人がそんな存在に祈ろうと祈るまいと」となっている。

(34) 五八ではこの「神は決して決意も意志も変えないでしょうし」の文言は後から行間に書き加えられている。

(35) 五八と五九では「ですから、わが迷信深い神崇拝者たちが、不変不動の神に祈っても無益無用です」となっている。

(36) 五八では「や愚行」はない。
(37) 五八ではこの『詩篇』からの引用はない。
(38) ここで「嵩ジテイル」と訳出した箇所は、六〇では invenio の完了形 invenerit であるが、五八と五九では pervenio の完了形 pervenerit となっている。
(39) 五八では「わが神崇拝者たちやキリスト崇拝者たちが」となっている。
(40) 五八と五九では「それも、愛し、憎み、腹を立て、喜び、悲しみ、悔やんだりする際に」となっている。
(41) 五八では「それはまるで神が愛なしに愛するつまり愛することなく愛し、憎しみなしに憎むつまり憎むことなく憎み」となっている。五九では「それはまるで神が愛なしに愛するつまり愛することなく愛し、憎しみも憎むこともなしに憎み」となっている。
(42) 「喜ばず喜びもなしに喜び」以下、五八では「喜びなしに喜び、後悔や悔悟の情なしにつまり悔やむことなしに悔やむ」となっている。五九では「喜びなしに喜び、また悔やむこともなく、後悔も悔悟の情もなしに悔やむ」となっている。
(43) 五八では「そんなことは馬鹿げています」となっている。またこの一文は後から行間に書き込まれたものである。
(44) 五八と五九では「大きさもなく広がりもなしに偉大である」となっている。
(45) 五八と五九では本文どおりだが、六〇では意味不明の文となっている。
(46) 五八では「当然」はない。
(47) 五八では「至る所で」はない。
(48) 五八では「意欲も意志もなしに神は望む」となっている。五九では「どんな意欲もどんな意志もなしに神はすべてを望む」となっている。
(49) 五八では「そんなことはまったく馬鹿げています」はない。五九では「そんなことは馬鹿げています」となっている。
(50) 五八と五九では「認識行為なしに認識する、すなわち認識せずに認識する」となっている。
(51) 五八と五九では「いかなる個別的存在様態もいかなる個別的実在様態もない以上」となっている。
(52) 五八では「いかなる行為の個別的な様態も」となっている。

(53) 五八と五九では「消したり、」はない。

第七二章

(1) 五八では「感嘆すべきで」はない。
(2) 五八と五九ではこの後に次の一文、「したがって次のようなものがその例となります」が続く。
(3) 五八では「たとえば限りなく明るく光輝く太陽があって」となっている。五九では「たとえば神のような限りなく明るく光輝く太陽があって」となっている。ただし「神のような」は行間への書き込み。
(4) 五八では「神のような」はない。五九では「神のような」は行間への書き込みとなっている。
(5) 五八と五九では「神のような」はない。
(6) 五八と五九では「神のような」はない。
(7) 五八と五九では「神のような」はない。
(8) 五八では「それはまるで、限りなく明るく光り輝く太陽がそれにもかかわらずどこにも見られないと主張すること、あるいは」の文言は見られない。
(9) 五八と五九では「発見することも」はない。
(10) 五八では「こうした場合に……」は行間への書き込みになっている。五九では、この後の一節「肉にとらわれた人にあっては……言っています」が行間への書き込みとなっている。
(11) 五八では「また彼らの偉大な聖パウロは言っています」と訳のないラテン語引用文が欄外に書かれている。五九では、「また彼らの偉大な聖パウロは言っています」と訳のないラテン語引用文が本文中に収められている。
(12) 五八では「小麦粉の」はない。
(13) 五八ではこのラテン語引用はない。
(14) 五八では「……から構成されている何か物体的な実体であらねばならなかったりする」となっている。
(15) 五八では「、彼ら」はない。五九は本文と同じだが「方々」は行間への書き込みになっている。

(16) 五八では「どのようにであれ感じられも認められもしない存在」となっている。
(17) 五八では「すべてこうしたものが何なのか、彼らには分かっていないのです。彼らの知性はそこまで行けはしないのでしょう。同様に、」はない。
(18) 五八と五九では「神的で」はない。
(19) 五八では「……ながら、正気を失っている様子は」、五九では「……ながら、その実昔よりどれほどさらに正気を失っているかは」となっている。
(20) 五八では「地獄の恐ろしい永遠の懲罰で」となっている。
(21) 五八では「義人」はない。
(22) 五八と五九では「これほど甘美で」はない。
(23) 五八では「そんなことは……」の一文は欄外への書き込みになっている。
(24) 五八では「それよりずっと霊的で」の語は行間への書き込み、五九では「それより」の語だけが行間への書き込みになっている。
(25) 五八では「純粋に」はない。
(26) 五八では「彼らの言い分によればですが」はない。

第七三章

(1) 五八では「彼らの天福なるものは」、五九では「彼らの至福とか天福なるものは」となっている。
(2) 五八では聖パウロへの言及はなく「彼らは」となっている。
(3) 五八では「またそれ以外のどんなもの」はない。
(4) 五八と五九では「恐ろしい」はない。

第七四章

（1）五八では「の暗さ」はない。
（2）五八では「欺瞞、嘘」はない。
（3）五八では「わがキリスト崇拝者たちが称するごとく」はない。
（4）五八と五九では「五旬節の後の第七日曜日の集禱文」からの引用とそれに続くこの一文は見られない。
（5）五八と五九では「避けることもできず」はない。
（6）五八では「勝っており、」はない。五九は本文と同じだが、「勝っており」は行間への書き込みとなっている。
（7）五八では「証拠立てているか、さもなくば神が神でないことを」はない。五九は本文と同じだが、「さもなくば神は神でないことを証拠立てている以上」は行間への書き込みとなっている。
（8）五八と五九では「大群を持つ羊飼いあるいは羊の牧者が」となっている。
（9）五八では「混乱や」はない。
（10）五八では「君主そのものであったら」となっていて、「総督」はない。
（11）五八では「そんな総督」はない。
（12）五八では「申し分なしの良い総督であるとか」はない。
（13）五八では「あなたがたの」はない。
（14）五八では「神は全世界の至上の主人、支配者である」となっている。
（15）五八と五九ではここから改行されている。
（16）五八と五九では「敵の私掠や略奪にあうにまかせ」となっている。
（17）五八と五九では「欠点も」はない。
（18）五八では「そんなことをしようと望みうる」となっている。
（19）五八では「できはしません」はない。
（20）五八ではこの段落の後に、五九、六〇には見られない次の一節が掲げられている。

「なんということでしょう。自分たちでなしうる善はすべて行え、できる限り禍を防げと人間に勧めるのは、そう命じさえするのは神自身であり、神々自身――神々自身だとわが神崇拝者たちは言い、神自身だとわがキリスト崇拝者たちは言います――なのですか。それでいて神自身や神々自身は自分でできる善すべてを行いはしないのですか。できる限り禍を防ごうともしないのですか。だとしたら神や神々は、人間より何千倍も責められるべきでしょう。人が行える善をすべて行わないのは、あるいは行えないのは、防げる禍すべてを必ずしも防げないのは、そのためにしばしば背負いたくない苦痛や苦役、面倒が起こるからですし、また往々にして人に善を行えば必ず自分の幸福をいくらか損なわなければならないからです。しかし本当に神であれば、神や神々にとって事情は同じとはなりません。なぜなら、神が本当に全能の神であれば、簡単に何の苦労もなくありとあらゆる善を人間に行い、ありとあらゆる禍を防げるでしょうし、そうしても何の苦痛も何の不安もないことでしょう。またさらには、自分の幸福を少しも損う恐れなく、ありとあらゆる善を行えさえするのです。というのも、ちょっと望みさえすれば万事その意志のままになるからです。ただ望むだけで何の損もないのです。それゆえ、行うのが自分にふさわしいあらゆる善を神が行わず、防ぐのが自分にふさわしいあらゆる禍を防がないのがはっきりと見られる以上、それは神が限りなく善でないか全能ではないことの明らかな証拠、したがって神が神ではないことの明らかな証拠です」。

(21) 五八では、ここから次頁三行目までの『旧約聖書』の引用は段落末尾から欄外にかけての書き込みであり、冒頭部分の「神が本当にわが神崇拝者たちの言うようなものならば、……」が、五八では「神が本当にわが神崇拝者たちの言うようなものであれば、またわがキリスト崇拝者たちが言うようなものであれば、……」となっており、また『詩篇』からの引用の後は「バアルガ神ナラ、彼自ラ復讐スベキデアアル(『士師記』第六章三一節)」とラテン語原文の引用のみとなっている。五九では、前半は本文と同じだが、『詩篇』からの引用の後は「バアルがもし神であるならば――ギデオンの父が言うように――、その祭壇を倒した者に彼自ら復讐すべきである。バアルガ神ナラ、彼自ラ復讐スベキデアアル(『士師記』第六章三一節)」となっている。

(22) 五八では「貴族」となっている。

(23) 五八では「偽って」となっている。

(24) 六〇では本文のように、この「さらに別の箇所では……」とそれに続く『旧約聖書』からの引用で段落が締めくくられ、改行されているが、五八ではこれに相当する箇所はなく、また改行もない。五九は本文と同じだが、当該箇所は欄外への書き込みとなっている。

第七五章

(1) 五八では「別の推論を次に掲げましょう」となっている。五九では「さらに同じことを目的とする別の推論を掲げましょう」となっている。
(2) 五八と五九では「不正」はない。
(3) 五八では「これこそ、自分の意図や意志を本当にまた十分に」となっている。
(4) 五八では「少なくとも自分の意志を本当に」となっている。
(5) 五八では「滅ぼし合い」はない。五九は本文と同じだが、行間への書き込みとなっている。
(6) 五八では「争い」はない。
(7) 五八では「奪い合い」はない。
(8) 五八と五九では「神と」はない。
(9) 五八と五九では「わが神」となっている。
(10) 五八では「イロクォイ族」はない。
(11) 五八では「真理への愛」はない。
(12) 五八と五九では「愛され」はない。

第七六章

(1) 五八では「あるいは神自身の側から」はない。
(2) 五八では「わざわざ」はない。

(3) 五八では「良い宗教」は行間への書き込みとなっている。
(4) 五八では丸括弧はない。
(5) 五八では「わがキリスト崇拝者たちの偉大なミルマドラン、つまり偉大な聖パウロは」、五九では「わが偉大なミルマドラン、使徒聖パウロは」となっている。
(6) 五八では「彼らこそある預言者が言っているように」となっている。
(7) 五八ではこの『聖書』の一句の引用はない。
(8) 五八と五九では「全能の」はない。
(9) 五八では「妄想家」はない。
(10) 五八では「無数の賢明な人々には」となっている。
(11) 五八では「また永遠に」はない。
(12) 五八と五九では「全能な神の」となっている。
(13) 五八では「神の意志を」となっている。
(14) 五八では「本当に神から遣わされていること」となっている。
(15) 五八と五九では「彼らの言うように」はない。
(16) 五八では「オスマン人や」はない。
(17) 五八では「奇蹟的と称される出来事のことです」となっている。
(18) 五八ではこの「氏は別の箇所で……と言い」は欄外への書き込みとなっている。
(19) 五八では「、宗派」はない。
(20) 五八ではここで改行されている。
(21) 五八ではこの欄外注にある「嘲ル者タチ」の語が、本文の＊1が付された箇所に入っていて「……やただの嘲弄家、嘲ル者タチ、……」となっている。五九では五八同様本文に入っていて「……や嘲弄家、嘲ル者タチ、……」となっている。
(22) 五八と五九ではこの後に次の一節がある。「キリストについて言われることはもっぱらただの狂気の沙汰でしかないと、

彼らは思ったのです」。
(23) 五八では「少しも」はない。
(24) 五八と五九では「……よく認識し事情に精通してさえいれば」となっている。
(25) 五八では「容赦なく罪を負わされて恐ろしい業火の中で未来永劫不幸になるというのですか」となっている。
(26) 五八では「……ことがマホメット教の祭司たちや中国や日本の祭司たちにとって気違い沙汰であれば」となっている。
(27) 五八では「あれほどの労苦と疲労を重ね」はない。
(28) 五八では「無知な連中」はない。
(29) 五八では「何かの利害という動機によって」、五九では「何か別の特別な利害という動機によって」となっている。
(30) 五八では「……と、前のカンブレ大司教、フェヌロン氏は言っています」、五九では「……と、フェヌロン氏はその『神の存在について』の中で言っています」となっており、＊印に対応して欄外には「＊前のカンブレ大司教」と書き込みがある。

第七七章

(1) 五八と五九では「それはまた、……と言われています」の一文は欄外への書き込みとなっている。
(2) 五八では「完全無欠に形作ったはずの一人の神の」となっている。
(3) 五八では「前にも言ったように」はない。
(4) 五八では「限りなく善で限りなく賢明な」はない。
(5) 五八では「……人間を天国でも地上でも未来永劫幸せ多きものとするため」となっている。
(6) 五八では「摂理の助力」となっている。五九は本文と同じだが、この「助力」の語には＊印が付けられており、欄外にはこのすぐ後に見られる「聖霊降臨節後の第二日曜日のミサ」からの引用がある。ところがこの引用は本文の何行か後にも見られるものであり、したがって五九では引用が重複されていることになる。それに対して五八ではやはりこの箇所に＊がある。しかしこの同じ引用を一旦欄外に書いてそれを線で消している。したがって五九の公禱からの引用は消し忘れ

と思われる。
(7) 五八では「好意的な」はない。
(8) 五八では「……とした者を決して見捨てないからです」となっている。
(9) 五八と五九では「見よ、神が来られる」はない。
(10) 五八と五九ではこの『詩篇』からのラテン語引用文はない。
(11) 五八では「十分完全に」はない。
(12) 五八と五九では「『日曜法話集』の著者は言います」の一文とそれに続く引用は見られない。
(13) 五八と五九では「神の」はない。
(14) 五八では「偶然によっても時には何か美しくかなり完全なものが作られうる」となっている。
(15) 六〇では「改革(réformation)」となっているが、五八と五九では「修復(réparation)」となっている。
(16) 五八では「また自分を笑いものにしようとすることです」はない。五九では「また自分を笑いものにすることです」となっている。
(17) 五八では「くだんの『聖書』なるものの著者の一人はこう言っています」となっている。
(18) 五八と五九では「つまり、何も区別することなく……場合でさえ」はなく、またこの後の改行もない。
(19) 「それらが限りなく完全な神の全能によってのみ作られえたことを」が、五八と五九では「それらがただ至上の英知によってのみ、限りなく賢明で限りなく完全な作り手によってのみ作られえたこと、したがって、それらが限りなく完全な神の全能によってのみ作られえたことを」となっている。
(20) 五八と五九では「の神崇拝者たち」はない。
(21) この「私は」の語は本章訳注二三二でも述べたように、手稿六〇にはないが、五八と五九では原文どおりに書かれている。
(22) 五八では欄外へのこの書き込みは見られない。
(23) この「あるいは表象は」はフェヌロンの原文にはなく、手稿六〇におけるメリエによる挿入語と思われる。五八にはこ

の語はなく、原文どおりの引用となっている。五九では、本文のこの箇所は「表象」と書かれており、その上の行間に「類似物」の書き込みがある。
(24) 五八では「有名な神・キリスト崇拝者」となっている。

第七八章

(1) 五八と五九では「まるでその他の、私たちが持っているすべての認識にまさる」となっている。

第七九章

(1) 五八では「すでに」は行間への書き込みとなっている。
(2) 五八では「私たちは存在があることを自然に認識しますし、……」からここまでが欄外への書き込みになっている。そして最後の「それがまた明らかに持続における無限を認識することでもあるのです」は、五八では「それがまた明らかに持続における無限、あるいは時間における無限を認識することでもあるのです」となっている。
(3) 五八と五九では、六〇でアステリスクにより指示されている箇所が(2)で示したように欄外への書き込みになっているが、そこにはこうした注記は見られない。
(4) 五八では「では、どうして……」以下のこの二つの文章が、「では、どうして人間は自分自身で自分の精神の本性、自分の思考や感覚の本性をはっきりと認識しないのでしょうか」となっている。
(5) 五八と五九では「延長が存在しないことは……」の一文は欄外への書き込みになっている。
(6) 五八と五九では「ほぼ」はない。
(7) 五八と五九ではここで改行されている。

第八〇章

(1) 五八と五九ではこの「第一に」はない。

第八一章

（1）五八では「それが否定されているのですから」となっている。

（2）五八では「……鳥が実在したり、さらにはすべての他の似たようなものが実在することを」となっており、「限りなく完全なハエ」はない。

（3）五八では前項同様「……完全な馬、限りなく完全な鶏を想像できますし」となっていて、「限りなく完全なハエ」はない。

（4）五八では「限りなく完全な馬」となっていて、「ロバ」はない。ここに示したように、この節と次節でメリエが例として取り上げている「限りなく完全な……の観念」においては、五八とは異なり五九と六〇とでは「ハエ」や「ロバ」の例が付け加えられている。以下、そのすべての異同を個々に取り上げないが、すべてここまでと同様である。

（5）訳注二四八にあるように、マールブランシュの原文には「現実に」の語があり、五八と五九はそれに従って「……、この存在が現実に存在しないことはありえないのは」となっている。

（6）五八では疑問文にはなっていない。

（7）訳注二五〇で述べたように、手稿六〇では意味不明な文言、「限りなく物体」となっているが、五八と五九では「限りなく完全な」となっている。

（8）五八と五九では欄外のこの書き込みはない。

（9）五八と五九では「全体として」はない。

（10）五八と五九では欄外のこの書き込みはない。

（11）五八では「カエルを作り」となっていて、「やヒキガエル」はない。

（12）五八では「したがって」以下は、「自然のうちに私たちが見かけるすべてのあの美しいものや醜いもの、すべての大きいものや小さいもの、またすべての称賛すべきものや取るに足らないものを作らないわけ、生み出さないわけはないからです」となっている。

（13）五八では「称賛すべきすべての作物」以下は、「称賛すべきすべての作物は、わが神崇拝者たちが称するような限りな

く賢明な作り手の存在の必然性を決して証明せず、したがって限りなく完全な神の存在など少しも証明も証拠立てないことになります」となっている。

第八四章

（1）五八では「……すなわちあらゆる哲学者たちの中で一番良識に富んだ人たち」、五九では「……すなわちあらゆる哲学者たちの中で一番良識と見識に富んだ人たち」となっている。

（2）五八と五九では「すなわち互いにさまざまに形作られ、さまざまに組み合わされ、さまざまに動かされ、さまざまに結合し、さまざまに変様する物質部分の運動力」となっている。

第八五章

（1）五八では「どれほど見識があるとはいえ」はない。

第八六章

（1）五八では、この箇所の欄外に「『ローマ人への手紙』第三章五節」との注記が引用を伴わずになされている。なお、当該箇所のカトリック系現行邦訳聖書、講談社、フェデリコ・バルバロ訳は、「もし私たちの不正が神の正義を証明するとすれば、どう言えばよかろうか」となっている。

（2）五八と五九では、この後に以下の一文がある。「ところで偉大なものの間に卑しいものを作ること、すなわち尊敬に値するものと蔑むに足るものとを作ることは、全能で限りなく完全な神には少しもふさわしくはありません」。

（3）五八では、このメリエ自身による挿入句は、「(このことは証明すべきであって、仮定すべきことではないでしょう)」となっている。

（4）五八では「ありとあらゆる禍……。自分のあらゆる作物を……」の二つの文は、以下の一つの文となっている。「自分のあらゆる作物を完全なものとし、ありとあらゆる禍、ありとあらゆる欠陥、ありとあらゆる邪曲を防止し、自分の被造

物にありとあらゆる福や至福を手に入れさせることこそ至上の主、あるいは限りなく善で限りなく賢明な全能の神のなすべきことです」。

(5) 五八と五九では「こうしたきわめて弱い理屈」となっている。

(6) 五八と五九では「完全性」はない。

(7) 五八ではこの最後の「四句節の〔ミサのための〕序唱」からの引用はない。

(8) 五八と五九では「恩寵」という六〇にはない語があって、「恩寵や悪を避ける力を……」となっている。

(9) 五八では「人間には神を責めることさえでき……」という文章と以下の『イザヤ書』からの引用部分は欄外への書き込みとなっている。

(10) 五八では「そんなものが本当に神であると」となっている。

(11) 五八と五九では「また無知な民衆を無知なままに留め置くため」となっている。

(12) 「邪曲そのものによって」が、五八では「不完全さによって」となっている。

(13) 五八では「……賢明にしようとしたり」の後に、「それが盲目さそのものによって彼らの目がよく見えるようにしたり」とある。

(14) 五八では「いかなる善が生じようとも、なんらかの悪、すなわちなんらかの罪を行うことがふさわしくもなければ適切でもないとしたら」となっている。

(15) 五八では「欲得ずくで私利を貪る」はない。

(16) 五八と五九では「神に、」はない。

(17) 五八では「それ以外に理解のしようがないからでしょう」で段落が終わって改行され、次の段落が「それではなぜあらゆる禍やあらゆる危険から守ってくれるように……」となっている。五九では文言は本文と同じであるが、「……からでしょう。では、いったいどうしてでしょうか……」と、中断符で終わっている。

(18) 五八では「また個人的な苦しみばかりでなく、戦争やペストや飢饉のような公共の苦しみに遭うと」となっている。

(19) 五八では「そうした禍から……」の一文は欄外への書き込みとなっている。

(20)　五八では「それがすぐ後で自分のものよりももっと美しくもっと立派な服に着替えさせてもらうためだと知ったら」となっている。
(21)　五八では「そのことをむしろ逆に喜ぶでしょう」となっている。
(22)　五八では「彼らのキリストが」、五九では「彼らのいわゆるキリストが」となっている。
(23)　五八と五九では「……主の言葉に従って、彼らの聖書なるものに記されているように」となっている。
(24)　五八と五九では「あなたたちも知っているように信仰の試しは忍耐を生み、〔あなたたちの業の完成は忍耐のうちにある〕、そうしてあなたたちは完全な者、完璧な者となり」となっており、六〇には見られない〔　〕内の語句がある。
(25)　五八では「……、これが神の格別な英知だと言われるのですか」となっている。
(26)　六〇では『ヨブ記』からのラテン語引用以下は欄外への書き込みになっており、引用前の文章への答えの形で書き加えられている。五八と五九には『ヨブ記』からのラテン語引用は見られない。
(27)　五八では「や神の命令」はない。
(28)　五八では「知力ある心や善性や」はない。
(29)　五八では「創造したすぐ後で二人を無上の喜びと幸福に溢れた場所に置いたのだそうです」となっている。
(30)　五八と五九では「二人を創造した」はない。
(31)　五八では「……、この最初の過ち、この最初の悪から、あなたがたの神が引き出そうとしたという、もっと大きなその善とは何か、私たちに言ってください」となっている。
(32)　五八では「それゆえ、このもっと大きな善なるものが人間そのものの側に見いだされるならば、それによって人間はかつてそうであったよりももっと良くなり、もっと良い状態になければならないでしょう」、五九では「それゆえ、このもっと大きな善なるものが人間そのものの側に見出されるならば、それによって人間はもっと良くなり、もっと良い状態にある、すなわちこの最初の過ち以前、あるいは最初の悪であるこの最初の罪以前の状態よりも、もっと幸せで完全な状態になければならない、いやきっとそうであるはずでしょう」となっている。
(33)　五八では「人間は常に哀れで不幸であることを、人は日々明らかに目にしています」となっている。

(34) 五八では「……、あなたがたはあの贖罪とか人間の修復とかいうものを、どこで見つけるのですか」となっている。

(35) 五八と五九ではこのモンテーニュからの引用は欄外に書き込まれており、本文への挿入指示は、六〇本文の該当箇所ではなく、この段落の最後「繰り返しますが、あなたがたはそんな連中全員を非難するでしょうし……」の頭に置かれている。

(36) 五八では「……軽い過ち、それも意味もなく他愛もないことのためからではありませんか」となっている。

第八七章

(1) 五八と五九では「……いかない以上、当然霊魂は物体や物質であり」となっている。

(2) 五八と五九では「姿もなく、色もなく、」はない。

(3) 五八では「しかし存在せず、存在の本性を備えていない存在が何であるかについては」となっている。

(4) 五八と五九では「……、したがって物体でも延長でもないものは、なんら存在するものではないのです」となっている。

(5) 五八では「物体と精神は実在的、実体的に異なる本性からなる二つの存在で」となっている。

(6) 五八と五九では「意欲し」はない。

第八八章

(1) 五八ではこの欄外の注記が、「……(著者はここで存在と存在様態を混同しており、そのため誤りに陥っています。存在は変わることなくそのまま存続しますが、存在様態はほとんど変わることなく変化するものです)……」となっている。また五八では、挿入が指示されている箇所は六〇とは異なり、前の段落の「〈またこの精神が望みうるのは、ただ神が精神を揺り動かすためである〉」の後になっている。

(2) 五八と五九ではこの欄外の注記は見られない。

(3) 五八では「……(そう望む者は、存在を存在様態と混同しないように、自分で良く気をつけなければならなかったのです)」となっている。前項(1)の箇所ですでに述べられているため、ここには「存在は変わることなくそのまま在続し

ますが、存在様態はほとんど変化することなく変化するものです」の一文はない。
(4) 五八でも同様の注が欄外に短い三行の文で書かれている。しかし「根拠のない推論です」の後は判読できない。五九では「根拠のない推論です。思考するのは人間自身です。人間は延長しているものであり、それゆえ思考するものと延長しているものは対立するものではありません」となっている。

第八九章

(1) 五八と五九では「したがって……」以下の一文はない。
(2) 五八では「それゆえ、物質の様態すべてが物質そのもののあらゆる特性を常に備えられるわけでもありません」となっており、本文にある「物質の一つの様態」に関する記述はない。
(3) 五八では「それゆえ、物質の様態すべてが実際に物質のあらゆる特性を備えられるわけはありません」となっており、本文のそれに続く文章、「そんなふうに考えるのは滑稽なことでしょう」もここには見られない。
(4) 五八では「それらをいくつもの部分に裂いたり、切ったり、分けたりできるかと尋ねるのも滑稽でしょう」となっている。

第九一章

(1) 五八では「というのも、思考は瞬間的にしか持続しない以上」となっている。
(2) 五八では「ところで、たとえば母親の胎内にずっといる子供の精神的で不死な霊魂は何を考えられるのでしょうか」となっている。
(3) 五八と五九ではこのオウィディウスからの引用はない。
(4) 五八と五九では「ところで、何物もこの子供の感覚を」となっている。
(5) 五八と五九では「わがデカルト派が主張したがっているように」はない。
(6) 五八と五九ではこの後に以下の一文がある。「ところがわがデカルト派は、この肉体の生命原理一つだけで、ほかのす

べての動物は生命のあらゆる機能や運用を十分行えることを認めているのです」。

(7) 五八と五九ではこの欄外の注はない。

(8) 五八では「物質のなんらかの様態が精神の中で、すなわち精神的な実体、いやむしろ架空の存在の中で」となっている。

(9) 五八では「また彼ら自身言っているように」はない。

(10) 五八と五九では「それに応じて感覚が一層明らかで完璧なものであったりなかったり、一層自由であったりなかったりすることです」となっている。

(11) 五八と五九では「思考や」はない。

(12) 五八と五九では「器官を備えて」はない。

(13) 五八では「それ以外に」はない。

(14) 五八と五九では「形とも形状とも」となっている。

(15) 五八では「さまざまな運動ないしは活動」となっている。ただし「ないしは活動」は行間への書き込みになっている。

(16) 五八では「……この種の運動が必然的に上から下へ、下から上になされるとか、それが必然的に直線や斜線や円や螺旋や放物線や楕円を描くものであるとか」となっている。

(17) 五八では「また円や斜線を描く運動が」となっていて、本文の「下から上へ、上から下へと」に相当する語句が前項(16)の箇所に入れられている。

(18) 五八ではこの段落の最後に次の数行の文章が加わる。「同様に人が話し、笑い、泣き、歌い、踊り、また何かほかのことをする際に行う動作、すべてこうした動作も確実に物質の様態です。というのも、これらは人体や人体のある部分のなんらかの運動だからです。これらが物質の様態でしかないからといって、そうした動作にはどんな形もありません。ですからそうした動作が円や四角と考えられるかと問うのも馬鹿げています」。五九では基本的に五八と同じであるが、「同様に人が話し……」の前に、「繰り返しますが、そんなことをたずねるのは馬鹿げたことでしょう」の一文がある。

(19) 五八では「裂かれたり」はない。

(20) 五八と五九では「それらがまるで固有の絶対的な実体や存在であるかのように推論するのです」となっている。ただし

「実体」の語は後から行間に書き加えられている。
(21) 五八では「互いに」はない。
(22) 五八では「一緒に遊び」、五九では「一緒に遊んだり気晴らしをしたりし」となっている。
(23) 五八では「脅したり、叩いたりする時には」、五九では「脅したりすると」となっている。
(24) 五八と五九では「きっと」はない。
(25) 五八と五九では「認識もなければ感情もなく」がこの後に書かれている。
(26) 五八では「滑稽な仕種や」はない。
(27) 五八と五九では「とくに」はない。
(28) 五八では「その責苦のひどさのために」となっている。
(29) 五八と五九では「自ら自説を罪とする」はない。

第九二章

(1) 五八と五九では「乾いて」はない。
(2) 五八では括弧でくくられたメリエの注記はなく、これに続くラテン語の文章もない。五九では「人は決してその眠りから(すなわち死の眠りから、ということです〔メリエによる注記〕)醒めることはない。ソノ眠リカラ醒メルコトハナイ」となっている。
(3) 五八と五九ではこの後に『イザヤ書』の同じ章の一九節の次の句が続く。「生キテイル人、生キテイル人〔ダケガ〕アナタヲ称エル、今日私ガシテイルヨウニ」。
(4) 五八では「賢者ハ愚者ニマサル何ガアルカ。ミナノ前デ、面目ヲ保ッテイル〔貧者〕ニツイテハ〔何トイエバヨカロウ〕。好マシイモノヲ目ニスルコトハ、知ラナイモノヲ熱望スルニマサル」となっている。この引用箇所は本文と同じであるが、ラテン語引用文のみとなっている。
(5) 五八と五九では「全能の」はない。

（6）五八では本文中の「不死なるもの」ではなく、前行の「自ら命を絶って」に注の印がつけられ、欄外に以下の文章が書かれている。「キリスト崇拝者の間には、今ではこの種の不都合は見られません。明らかにキリスト崇拝者はこうした不死なるものをほとんど望んではいませんし、そのことで人から聞かされることも信じていないのです」。五九では五八と基本的に同じであるが、最後の文は「そのことで自分たちが他人に話すことも信じていないのです」となっている。

第九四章

（1）五八と五九では「その結果十分な食料もなく、全員が占めるべき十分な場所さえもないことになって」という文言はない。

（2）五八では「あらゆる種類の」はない。

（3）五八では「昼間のように」となっている。

第九五章

（1）五八では「どんな命題」はない。

（2）五八では「私が立て、提出したすべての命題」はない。五九では「私が立てたすべての命題」となっている。

（3）五八では「命題や」はない。

（4）五八と五九では「神の限りない」はない。

（5）五八と五九では「限りない」はない。

（6）五八と五九では「神の善性と慈悲なるものの限りない優しさ」となっている。

（7）五八では「申し分なく振る舞ったり、善をなしたりするために……」から、「……神の恩寵による個別的な助力の必要性について主張していることを否定します」までの数行分はない。五九は本文に同じ。ただしこの箇所は後から欄外に書き込まれたものとなっている。

（8）「英知と全能や、」が、五八では「英知と力、そして」となっている。

(9) 五八では「禍や悲惨が見られ、広く万人が目にし、広く万人が行う悪徳や放埒や邪曲が見られること」となっている。

第九六章

(1) 五八では「可能な限り」はない。
(2) 五八では「嘲弄家や狡猾な偽善者」となっている。
(3) 五八では「あらゆる」はない。
(4) 五八では「現にあるような」はない。
(5) 五八と五九では「そうです、親愛なる友人の皆さん、そんなものは実際不法の奥義でしかなく、それも忌まわしい不法の奥義でしかありません。(皆さんや皆さんの同胞はみな、皆さんはこうしたものを、ただ不法の奥義としてのみみなすべきです。)なぜなら、まさしく……」となっていて、( )内は六〇には見られない。
(6) 五八では「皆さんを幸福のうちに神へ導くとかいう口実で」となっている。
(7) 五八と五九では「彼らの虚しく愚かな迷信」となっている。
(8) 五八と五九では「……によって、皆さんを統治し、公益を維持するとかいう口実で」となっている。
(9) 五八では「、暴虐な支配」はない。
(10) 五八と五九では「暴君どもを生かしておき、長く支配させるに任せるほどの弱さや卑怯さ」となっている。
(11) 五八では「それと気づかないうちに」となっている。
(12) 五八では「昔日の」はない。
(13) 五八では「また」はない。
(14) 五八では「他の多くの者たち」となっている。五九は本文と同じだが、「怪物」の語は後から行間に書き込まれている。
(15) 五八では「どうして暴君たちのあの勇気ある殺害者が今も生きていないのでしょうか。どうして今も生きていて」、五九では「どうして現代でも彼らが生きていて」となっている。
(16) 五八では「そういう手段で人々を連中の圧制から解放しないのでしょうか」、五九では「この手段で万人を連中の圧制

から解放しないのでしょうか」となっている。
(17)「公然と」が、五八では「声をあげて」となっている。
(18)五八では「どうして彼らが今も生きて、」はない。
(19)五八では「また人々をふるい立たせ、連中の暴虐な支配の耐えがたいくびきを揺るがすようにさせられないのでしょうか」、五九では「また人々をふるい立たせ、人々の心を一つにして、連中の暴虐な支配の耐えがたいくびきを揺るがすようにさせられないのでしょうか」となっている。
(20)五八と五九では「連中のもっとも不正な法令」となっている。
(21)五八では「卑劣な執行者」となっている。
(22)五八では「これこそがわがフランスにあって、王国のすべてのお偉方、すべての判事、王国の一番大きく一番重要なあらゆる都市のそれさえ含めて、すべての役人の現状です」、五九では「これこそがわがフランスにあって、すべての連中、王国のすべてのお偉方、すべての判事、王国の一番大きく一番重要なあらゆる都市のそれさえ含めて、すべての役人の現状です」となっている。
(23)五八と五九では「すでに言ったように」はない。
(24)五八と五九では「それがまた軍の指揮官すべての」となっている。
(25)五八と五九では「祖国をまるごと略奪することさえするでしょう」はない。
(26)五八では「あるいは差し押さえ、あるいは没収」、五九では「あるいは財産の差し押さえ、あるいは没収」となっている。
(27)五八では「連中があなたがた同様に暮らし、働くようにさせてください」となっている。
(28)五八では「高慢で尊大な皆さんの暴君どもの尊大さと傲慢さをすべてくじいてください。そして、いかようにせよ連中があなた方を支配するのを決して許してはなりません」、五九では「至る所で尊大な皆さんの暴君どもの尊大さと傲慢さをすべてくじいてください。そしてこれから先、いかようにせよ連中があなた方を支配するのを許してはなりません」となっている。

(29) 五八では「盲目的に」となっている。五九は本文に同じ。ただし「盲目的に」を消したその上の行間に「卑劣にも」と書かれている。
(30) 「レグルスのように、また幾人ものその他のこれに似たきわめて偉大できわめて立派な多くの人物のように。」の部分は、五八では単に「レグルス……〔原文〕等々のように。」となっている。
(31) 五八と五九では「愚かな若者」となっている。
(32) 五八では「支配し」はない。
(33) 五八では「皆さんの近親者」はない。
(34) 五八では「連中は皆さんを順に全員破滅させるために」、五九では「連中は皆さんを順に破滅させるために」となっている。
(35) 五八と五九では「いとも栄ある」はない。
(36) 五八では「全員が心を一つにして」となっている。
(37) 五八では「今同じようにしないですませる理由は皆さんにはありません」となっている。
(38) 五八では「偉ぶって、ふんぞりかえる以外この世で何もせず」はない。
(39) 五八では「今言った」はない。
(40) 五八では「辛い」はない。
(41) 五八では「傲慢な」はない。
(42) 五八では「ですが、皆さんがこの高慢で傲慢な民人を根こそぎ枯らしたいと思ったら」、五九では「ですが皆さん、この高慢で傲慢な民人を根こそぎすっかり枯らしたいと思ったら」となっている。
(43) 五八では「また暴君に仕える連中に、」はない。
(44) 五八では「連中に仕えることを一切やめ、連中のもとを去り、」となっている。
(45) 五八では「あんなたぐいの連中などすべて」となっている。
(46) 五八では「連中などすべてなしで」となっている。

(47) 五八では「私はここですすんで」となっている。
(48) 五八では「すべての妬み、」はない。
(49) 五八では「皆さんをかくも悲惨な目に遭わせ、皆さんの手から皆さんの厳しい労働の最良の成果をすべて奪い、あるいは取り上げてしまう」となっている。
(50) 五八では「あの尊大で傲慢な」となっている。
(51) 五八では「同じ思いで全員一致協力してください」、五九では「同じ思いで全員団結してください」となっている。
(52) 五八と五九では「真実の」はない。
(53) 五八では「誠実さと礼節」となっている。
(54)「勤めに就き、」が、五八では「勤めに就く宗教を措いて、」となっている。
(55) 以下この段落で使われる「皆さんや皆さんの子孫は」という表現は五八ではなく、「あなたがたは」となっている。
(56) 五八では「地上の王侯」はない。
(57) 五八では「気違いじみた、」はない。
(58) 五八と五九では「与えた」はない。
(59)「保たれていること」が、五八と五九では「続いていること」となっている。
(60)「平安」が、五八と五九では「自由」となっている。
(61) 五八と五九では「暴君どもへの苛酷で哀れな隷属状態からのほとんどすべての民衆の解放が」となっている。
(62) 五八では「彼らが現に置かれている、偽りの」はない。
(63) 五八では「とりわけ万民共通の大義と万民共通の幸福が問題の場合」はない。
(64) 五八では「非難し」はない。
(65) 五八では「それならせめていまわの際に真理のため」となっている。
(66) 五八と五九では「……親戚や縁者や友人や自分たちの子孫たちに」となっている。
(67) 五八では「お偉方の」はない。

(68) 五八では「敵意と」はない。
(69) 五八では「……ならば、彼らこそ私が主張したことの誤りを示し、私の証明や推論の誤りと弱点を示すべきで」となっており、「推論」の語の上の行間に「彼らこそこれらに反論すべきです」と書かれている。
(70) 五八と五九ではこの丸括弧でくくられた文章は欄外への書き込みになっている。
(71) 五八では「……その錯誤や欺瞞やペテンの虚しさのために」となっている。
(72) 五八と五九では「虚シイコトヲ行ウ者ハ皆恥ヲ受ケル。禍ヲモタラソウトスル者ハ恥辱ト辱メニ被ワレヨ。刻ンダ像ニ望ミヲオク者ト、鋳タ像ニ向カッテ、〈アナタタチガ私タチノ神ダ〉ト言ウ者ハ恥ヲ受ケテ葬リ去ラレヨ」となっている。ただし文中に見られる「禍ヲモタラソウトスル者ハ恥辱ト辱メニ被ワレヨ」という一節は、『イザヤ書』のものではなく、本文のすぐ前の引用箇所でメリエが出典を誤って記した『詩編』第七〇章一三節の文章である。
(73) 五八では「格言によれば」はない。五九は本文に同じ。ただし「格言によれば」は行間への書き込みになっている。
(74) 五八では「この恐れこそ彼らが悪徳に身を委ねきるのを引き止めたり、妨いだりできるのだ」となっている。
(75) 五八では「……口実にして、さらに大胆にありとあらゆる悪行を重ねて、法外な貪欲を存分に満たす機会として」となっている。
(76) 五八と五九では「媚びたり」はない。
(77) 五八では「すべての詐欺師」はない。
(78) 五八では「暴虐な統治」となっている。五九では形容詞「暴虐な」の位置は五八とは異なり名詞の後になっているが、意味は同じ。
(79) 五八では「そうした神々への恐れも」となっている。
(80) 五八では「……悪人たちを怖がらせることはほとんどなく、悪人たちが自分の邪悪な傾向に従わないようにさせることなどほとんどできない以上」、五九では「……悪人たちを怖がらせることはほとんどなく、とりわけ、暴君たちや地上のお偉方を怖がらせることはほとんどなく、悪人たちを抑えて自分の邪悪な傾向や邪悪な意志に必ずしも従わないようにさせることなどほとんどできない以上」となっている。

(81) 五八と五九では「俗世での」はない。
(82) 五八では本文のこの箇所を、メリエははじめ「……彼らが常に十分真剣に恐れるように配慮すれば」と書いているが、後から線で消し、この箇所の六〇の文章に対応する部分を欄外に書き加えている。ただし「十分真剣に守るように配慮すれば」となっている。
(83) 五八では「きっと」はない。
(84) 五八では「人々の」はない。
(85) 五八では「栄華や」はない。
(86) 五八では「逆に……」から「……者であり、〈スベテノ罪人ハ知識ニ欠ケル〉からです」までの二つの文章はない。
(87) 五八では「人間をそうさせるのは」、五九では「人間をそうさせるのは、悪へと追いやるのは」となっている。
(88) 五八では「というのも、この種のものこそが」となっている。
(89) 五八では「天恵より、生まれより、幸運善〔地位・財産・世俗的名誉などの総称〕より、むしろ」、五九では「天恵よりむしろ、生まれより、幸運善〔地位・財産・世俗的名誉などの総称〕より、むしろ」となっている。
(90) 五八では「徳のみに、知恵に、善行に、善良さに、公正さに、誠実さ等々……に」、五九では「徳のみに、知恵に、善良さに、公正さに、誠実さ等々……に」となっている。
(91) 五八では「悪徳に、不正に、欺瞞に、悪意に、あらゆる種類の悪徳に」、五九では「悪徳に、不正に、欺瞞に、悪意に、嘘に、放縦に、その他のあらゆる種類の悪徳に」となっている。
(92) 五八では「そうなれば、ほぼ各人が」となっている。
(93) 五八では「誠実で」はない。
(94) 五八では「けれども、名誉や栄光や生活の安楽さや利便が、徳や各人の真価ではなく、なんらかの生まれやなんらかの地位や身分にだけ」、五九では「けれども、名誉や栄光や生活の安楽さや利便が、徳や各人の真価でなく、なんらかの生まれやなんらかの身分にだけ」となっている。
(95) 五八と五九では「ずっと」はない。

(96) 五八では「そうしたものが断罪され、呪われるに値する限り」、五九では「それに値する限り」となっている。
(97) 五八では「またやがて、暴君たちのあらゆる権勢やあらゆる高慢さ、あらゆる尊大さ、あらゆる権力がことごとく打ち砕かれるのが見られるでしょう」となっている。
(98) 五八では「一度それらが打ち立てられた所では」となっている。
(99) 五八では「……あらゆる悪弊がこの世に保たれ、増してくるのです」、五九では「……あらゆる悪弊がまさに日々この世に保たれ、増してくるのです」となっている。

第九七章

(1) 五八では「死後著者に向けてなされるであろうあらゆる侮辱、あらゆる中傷、あらゆる虐待、あらゆる邪悪で不正な訴訟につき、著者は権力濫用として上訴する」となっている。
(2) 五八では「信心に凝り固まった者すべて、偽善者すべて」、五九では「無知な者、信心に凝り固まった者、偽善者すべて」となっている。
(3) 五八では「そして暴君から禄や年金を受けている者すべてを」となっている。
(4) 五九では「誠実に」はない。
(5) 五八と五九では「名誉と実直さを重んじる者」となっている。
(6) 五八と五九では「私がそれをお話ししたのはただ皆さんにこのことをお知らせするため、皆さんの目を覚まさせたいがため」となっている。
(7) 五八と五九では「平穏のうちに」となっている。
(8) 五九では「後で」はない。
(9) 五八と五九では「その時は」はない。
(10) 五八では「連中は間違いなく死後私を辱め」となっている。
(11) 五九では「不当」はない。

(12) 五八では「もしそうであれば、あらかじめはっきり言っておきますが」となっている。
(13) 五八では「繰り返しますが、それを上訴することをあらかじめはっきり言っておきます」となっている。
(14) 五八では「また一般にどんな仕方であれ金持ちや地上のお偉方の権力や暴虐な統治を維持し、保つことで利益にあずかる者、あるいは偽の神々の宗教的な礼拝による虚しく愚かな迷信を維持し保つことで利益にあずかる者すべてを、」、五九では「また一般にどんな仕方であれ偶像や偽の神々の宗教的な礼拝による虚しく愚かな迷信を維持し、保つことで利益にあずかる者、あるいは金持ちや地上のお偉方の権力や暴虐な統治を維持し、保つことで利益にあずかる者すべてを、」となっている。
(15) 五八では「私はどんな罪もどんな悪事や悪行も決して犯してはいませんし」となっている。
(16) 五八では「ただ不法やペテンや圧制やその他の不正に対する憎しみだけが、私にそう言わせたのです」、五九では「ただ不法や嘘やペテンや圧制やその他万般の不正に対する憎しみだけが、私にそう言わせたのです」となっている。
(17) 五八ではこれらの『聖書』からの引用のうち、最初の引用だけに「(『詩篇』第一一八篇)」という指示があるだけで、他の引用に関しては指示がない。
(18) 五八と五九では「しかるべくここで正義と真理の側を支持することは」となっている。
(19) 五九では「断念しない」となっている。

近隣の司祭の方々に宛てて、著者がしたためた書簡の写し

近隣司祭宛の二通の書簡が収められているのは手稿一九四五八と一九四六〇であり、一九四五九には見られない。したがって以下に掲げる二つの書簡の異文は一九四五八のものである。

(1) 「近隣の司祭の方々に宛てて、……がしたためた書簡の写し」となっている。
(2) 「いつの世にも」となっている。
(3) 「少なくとも」はない。

（4）「確かに彼は自分からそう言いました」となっている。
（5）「ですから盲目的に信じること、それは明らかに穴に」となっている。
（6）「……実際には誤謬にすぎず、嘘やあやかしやペテンにすぎないことが」となっている。
（7）五八だけの参照事項であるが、メリエはこの「文書」の語に＊印をつけて欄外に注を書いており、そこには「この書は三六六葉なり」という一文が見られる。
（8）「叫び求めた」となっている。
（9）「それともないかを」となっている。
（10）「（『コリント人への第二の手紙』第五章四節）」となっている。引用文は実際には訳注一〇で示したように、『コリント人への第二の手紙』、『ローマ人への手紙』双方からの引用を並べたものとなっている。
（11）「皆さんの失墜は（仮に失墜があったとしてですが）それほど高い所からではなく」となっている。
（12）「したがって私が今しがた述べた」となっている。
（13）「しかし、そうしたものよりもさらに現実的で、さらに真実の解放を民衆はもっと一層必要としているのです」となっている。
（14）「あなたがたはまた熱心に」となっていて、「皆さん」という呼びかけはない。
（15）「すべての」はない。

先の書簡に添えられた、別の書簡の写し

（1）「そんなことはまったくあるはずもないのですから」となっている。
（2）メリエははじめ「私たちのこういう偽りの聖職」と書き、その後「偽り」の前に入るように、行間に「虚しい」の語を別のインクで書いている。
（3）「悪を善、あるいは善を悪」となっている。
（4）メリエははじめ「かの預言者の呪い」と書いているが、後から行間に書き加えて「かの預言者の呪い、あるいはかの預

言者が口にした呪い」としている。
（5）「この預言者の」はない。
（6）「……に住む……の司祭殿へ」となっている。

訳注

序文

〔一〕 原文は、Mes chers amis。以下、「皆さん、」と呼びかけになっている箇所はすべて同じで、簡略化のため単に「皆さん」とした。

〔二〕 ソロモン。旧約聖書中の人名。イスラエルとユダの王、在位前九六五―九二六年。ダビデの息子で後継者。彼は知恵者として知られ、イスラエルの知恵文学の祖と伝えられ、後出の『伝道の書』も彼の作と言われていた。

〔三〕 奥義（おくぎ）。キリスト教用語。神から啓示された真理のことで、啓示以前はその可能性そのものが理性によって考えることができず、啓示後もその内的本質は有限の知性をもっては完全には理解できないとされる。ここでメリエはこの言葉を転用しているが、その用い方については後の訳注一一を参照せよ。

〔四〕 ラ・ブリュイエール（ジャン・ド）、一六四五―一六九六年。フランスのモラリスト。オルレアン大学で法学を修め、パリ高等法院弁護士となり、のちカーン市収税官の職を買って生活の安定を得、パリで思索生活を送った。ボシュエの推薦で大コンデ公の孫ブルボン公の教師となり、公の結婚後もコンデ家に留まったが、この間にテオフラストスの『性格論』を仏訳し、自ら書いた、当代の道徳的・社会的タイプからなる世相図をこれに付して八八年に出版した。この自著の部分が『カラクテール、あるいは当世風俗誌』である。彼のこの主著は炯眼・辛辣な諷刺により、またモデル問題も絡んで評判となり版を重ね、そのたびに増補され、著者死後の九六年には第九版を出した。

メリエは『カラクテール』第一二章「判断について」一一九の次のような箇所を想起しているのであろうか。「身の丈六フィート、せいぜい七フィートあるかなしの、矮小なる人間どもよ。お前たちはやっと八フィートにとどきでもすると、あたかも巨人の如く、あたかも買って眺めねばならぬ天下の珍品の如く、市場に出しゃばる。そしてじきに猊下の閣下のと言いたがるが、それは雲が遥か下の方に結び集まるのを見る摩天嶺にこそ与えられるべき呼称ではないか。……だが、そういう生意気な人間どもよ、近う寄って、少しこのデモクリトスに答えて見よ。お前たちは諺として言いはしないか。剽盗の狼、獅子の如く狂暴、猿の如くずるいなどと。だがお前たち自身は、そのどれに当たるのかね」（邦訳、岩波文庫、中巻二七六―二七七頁、関根秀雄訳）。「だが、王冠を戴ける或る人たちについて、（そこらにうようよしている伯爵や侯

爵のことではないよ。歴とした君主や主権者のことを言っているのだがね。）一体私はどんな噂をきいたことか」（邦訳、岩波文庫、中巻二八一頁、関根秀雄訳）。以後『カラクテール』引用文は関根秀雄訳を用いるが、仮名づかいなどは現代表記にし、メリエの引用の趣旨に沿って訳語を変更した方がよい場合、本書訳者の判断により訳語を変えたところもある。この作品については以後、ラ・ブリュイエール『カラクテール』と表記し、本文中のメリエの引用と出典との相違はそのつど注記する。

〔五〕　叙階。聖職按手（聖職へ任命するとき、受領者の頭の上に司教が手をかざすこと）によって与えられる権能と、教会の位階制における身分とを示すカトリック教会の用語。司祭、助祭、副助祭の上級聖品三段（時には最上位の司教を加えて四段）、および下級聖品四段という七段（または八段）からなる。

〔六〕　地方総監。フランス十七・十八世紀絶対王政における官職。各徴税管区ごとに一人常置され、中央政府派遣の官僚として、一切の地方行政に関する権限を手中に収めていた。

〔七〕　副王。国王あるいは皇帝が、ある王国ないし王国の称号を持つある地方を治めるために、全権を委任した者の役職名。

〔八〕　総督。国王の代理として、各州の最高指揮権を持つ者の役職名。王族や大貴族が主として任命され、時代、地域によってその実権はさまざまであるが、メリエの時代にこの役職は中央集権を推し進める地方総監と競合し、徐々にその権限を狭められていった。

〔九〕　立法者や為政者が宗教を統治のための道具として用いるというテーマそのものは、十七世紀の自由思想家にも親しいものであった。たとえば、以後メリエもたびたび引用するガブリエル・ノーデ『誤って魔術の嫌疑をかけられたすべての偉人たちのための弁明』（一六二五年）にも、古代や異教社会の賢明な立法者が無知蒙昧な民衆に安寧を与えるために用いた「聖なるペテン」の話が散見される。しかし、ここに見られるような政治と宗教が「二人の巾着切りのようにぐるになる」という視点は先の著作家たちには見られない。ノーデとこの著作については「証明一」訳注五を参照。

〔一〇〕　使徒承伝とは、教会の聖職が有する権威は使徒たちから継承されたもので、さらにこの事実が教会の宣教の真実性と秘蹟の有効性との根拠であるとする、カトリック教会の教義。

〔一一〕　不可謬性とは、カトリック教会の教義によれば、啓示された真理の伝達が誤りえないことを意味し、教皇が使徒承伝の権威をもって教皇座から信仰と道徳に関わる教理を定義する時これは不可謬である、と言われる。

〔一二〕　「不法の奥義」という言葉は、新約聖書『テサロニケ人への第二の手紙』第二章七節以下に見られる表現である。『聖書』に言われる「不法の奥義」とは、キリスト再臨に先だって現れる忌まわしい悪の力、「反キリスト」の支配を意味し、この秘密の力が偽って神の座に着く事態を表していた。メリエはこの欺瞞による支配という「不法の奥義」の意味内容を一部受け入れながら、他方でそれに政治と宗教が民衆を抑圧するために働かせる秘密の機構という意味を付加し、こ

の概念をまったく違ったものとして用いている。

〔一三〕　金羊毛。ギリシア神話にある不可思議な力をもつ宝物。イアソンに率いられ、アルゴ号に乗り組むギリシア全土から集められた英雄たちが、長い遠征の後にコルキスのアイエテス王から奪った黄金の羊の皮。イアソンから王位を簒奪していた叔父のペリアスが、王位返還の条件として彼に奪取を命じた宝物である。またコルキスの地においても、残忍な王アイエテスはこの羊毛を失うとその治世が終わる、あるいは異国人の手で殺されるという神託を受けていた。

〔一四〕　豊饒の角。ギリシア神話で、赤子のゼウスに乳を与えた山羊アマルテイアの角。この角から神々の酒ネクタルと食物アムブロシアが溢れていたが、折れた後もその角は持ち主が望むとおり欲する果物で満たされる力を持っていたという。

〔一五〕　おそらくメリエが教区民の一人から採取したものと思われるこの言葉は、以後興味深い流布の仕方をする。ヴォルテールは一七六一年にある手紙の中で次のように書く。「最後のジャンセニストのはらわたで最後のジェズュイットをしばり首にしたいという誠実で慎ましい提案が、事態をなんらかの収拾へと導けるのではないでしょうか」（一七六一年五月一一日付エルヴェシウス宛書簡、プレイアード版ベスターマン編『ヴォルテール書簡集』第六巻三八一頁）。類似の表現はこれだけでなく同年の彼の手紙にいくつも見られること、翌年にはメリエの『覚え書』の要約を出版することを考え合わせると、ヴォルテールはメリエのこの印象的な言葉を自分の反教会闘争の中に巧みに組み入れたのだと思われる。

一方ディドロは、一七七二年に作ったと思われるある詩の中で、よりメリエに近い形でこの表現を用いている。ひそかに流布していた『覚え書』写本を彼が読んでいた可能性は十分にある。「私は時を証人とする。私はあらゆる時代に訴える。人間が公共の利益のために決然とおのれの権利を犠牲にしたことなど一度もない。もしも人間が、突然言葉を変えるおのれの心の声しかあえて聞かないとすれば、われわれに野獣のごとくにこう言うだろう。〈自然は召使も主人も作りはしなかった。私は法律を授けたくも受け取りたくもない〉と。そしてその手は、王たちをしばり首にするために、縄の代わりに司祭のはらわたを編むことだろう」（「自由狂あるいは自由を求めて猛り狂う者ども、バッコス賛歌あるいは空位王の譲位。一七七二年」、ハーバート・ディークマンにより自筆原稿から起こされた批評版、『ハーバード大学図書館紀要』第六巻、一九五二年）。

フランス革命の中でこの表現がディドロの言葉として一定の影響力を持った可能性もある。たとえば、あるパンフレットは一七九一年七月に次のようなエピグラムを掲げたという。「最後の王が最後の司祭（独身者）のはらわたでしばり首にされるとき、人類は幸福になれる希望が持てるだろう――ディドロがいつも言っていた言葉」（『鉄の口』一七九一年七月一一日号）。ただし、ネジョンは一七九三年に『系統的百科全書』「メリエ」の項目でこの文句をメリエに返し、次のように述べた。「彼はこう言っている。〈私は願う、そしてこれが私の願いの中でもっとも強いものであると同時に最後のも

のとなるだろう、私は願う、最後の王が最後の司祭のはらわたでしばり首にされんことを〉。この問題について二千年書き続けてもよい、だがこれ以上に深い、これ以上に力強い発想を持った、これ以上に鮮烈で正確で活力に溢れた調子と表現を持った考えは決して生み出されないだろう」(『系統的百科全書』、「古今哲学」第三巻、「メリエ」の項、二三九頁)。

〔一六〕 エルガネスあるいはエルガメネスは、エチオピア王アルカマニ・クォ(在位前二七〇—前二六〇年頃)、アルネクハマニ(在位前二三五頃—前二一八年)のどちらかに対応すると思われるが、問題となる祭司の虐殺は彼らより前の王アルカカマニの治世だったと考えられている。ただし、メリエが参照したのはモレリ『大歴史辞典』「エルガメネスあるいはエルガネス」の項の以下の記述である。「エチオピア王、ユピテルの祭司たちがメロエの民にその迷信を蔓延させ、人々が王の殺害さえ仄めかす挙に出るのを見て、祭司全員からその職を奪い彼らを殺させた」。同辞典については次注を参照。

〔一七〕 モレリ(ルイ)『大歴史辞典』のこと。本辞典は最初一六七四年にリヨンで出版されたが(二折判一巻)、その後もル・クレールによる改訂増補(一六九一年、第六版、二折判四巻)、ヴォーティエによる改訂増補(一七〇四年、第一一版、パリ、二折判四巻)などを経て、最終的には二折判一〇巻(一七五九年、第二〇版、パリ)という大部のものとなった。しばしばその記述の不正確さを指摘されたが、十八世紀には人名・歴史辞典として広く利用された。メリエがどの版を用いたか確定できないが、われわれは第二〇版を参照する。

〔一八〕 メリエによる参照箇所を含む『ダニエル書』第一四章一—二二節はカトリック系聖書にしかなく、プロテスタント系聖書では外典として省かれている。カトリック系現行邦訳聖書により当該箇所の記述を紹介しておく。バビロン王はベル神を崇拝し、その偶像に毎日供物を捧げていた。供物は翌日にはきれいに平らげられているのだった。ベル神が食すると称して、実際には祭司とその家族が夜間神殿に侵入してひそかに飲み食いをしていたのである。それを知ったダニエルは神殿に灰をまき、祭司らが残した足跡を王に示して彼らのペテンを暴いた。「王は、言った、〈男と女と子どもの足跡がある〉。王は怒って、祭司たちとその妻子を捕らえさせた。彼らは、秘密の戸を通って食卓のものを食べにくるのが常であるといって、その戸を王に示した。王は、彼らを殺させ、ベル神を、ダニエルの手にゆだねたので、ダニエルはそれを、神殿とともに打ち壊してしまった」(フェデリコ・バルバロ訳聖書、講談社、『ダニエル書』第一四章二〇—二二節)。

〔一九〕 ユリウス三世。ローマ教皇、本名はジョヴァンニ・マリア・チオッキ・デ・モンテ、在位一五五〇—一五五五年。一五四五年トレント公会議の開催に協力、議長を務め、教皇至上主義を堅持した。五〇年の即位とともに、中断していた公会議を再開した。政治的にはフランスに対抗し、また当然ながら宗教改革に対立する立場にあった。ピエール・ベール『歴史批評辞典』(初版一六九六年)「ユリウス三世」の項、注Eにはこの教皇についての次のような証言が引かれている。「しかし、ひょうきん者だったその教皇は他の枢機卿たちに

こう言った、私を教皇にするために諸君は一体私のうちにどんな美徳や高貴さや知識や名誉を見いだしたのかね、と」。メリエがベールの『辞典』を参照した証拠はないが、この教皇についてこのような話が伝えられていたことは間違いない。

〔二〇〕 レオ十世。ローマ教皇、本名はジョヴァンニ・デ・メディチ、在位一五一三―一五二一年。メディチ家に生まれ、ルネサンス文芸・芸術を保護奨励するとともに、政治的手腕にもたけ、教皇権・教皇領の拡大を図った。聖ピエトロ大聖堂の修復のために贖宥状の販売を認可し、これを機にルターが「九五箇条」を掲げたため（一七年）、彼を破門した（二一年）ことは有名である。ベールは『歴史批評辞典』「レオ十世」の項、注Ｉで次のように述べている。「言い伝えによると、秘書のベンブスが福音書の何かを引き合いに出すのを聞いて、この人はこう答えたという。イエス・キリストのあのお伽話がわしらの得になったのは昔からわかってることさ、と。……この話は『不法の秘密』〔デュ・プレシ＝モルネ、一六一一年〕にあるし、その他無数の本にのっている」（邦訳、法政大学出版局、『歴史批評辞典II』四六一頁、野沢協訳）。次注をも参照。

〔二一〕 ボニファティウス八世。ローマ教皇、本名はベネデット・ガエターニ、在位一二九四―一三〇三年。教皇至上権を主張し、聖職禄への課税をめぐりフランス王フィリップ四世と争ったが、アナニでフィリップの傭兵に捕らえられ憤死した。ただし、本文中に引かれている台詞は、前注でも見たようにレオ十世のものと伝えられている。メリエの記憶違いであろう。また、くだんのレオ十世の台詞については、以後メリエもたびたび引用するジョヴァンニ・パオロ・マラナ『トルコ皇帝の密偵』（初版一六八四年）にも次のような記述がある。「ローマ教皇レオ十世は、キリスト教徒のメシアであるイエスについて彼が言った皮肉な冗談で後々まで名が残るでしょう。〈キリストのあのお伽話のおかげで、われわれはなんと金持ちになったことか〉と言ったのです」（第二巻、書簡六六）。マラナの同書については「証明一」訳注三を参照。

〔二二〕 ミッシェル・エイケム・ド・モンテーニュ『エセー』（一五八八年）のこと。メリエは以下の箇所を想起している。しかし、以下の原典邦訳から分かるように、この忠告は実際にはモンテーニュの父がモンテーニュに遺した教えである。「私の父の狙いはもう一つ別のところにあった。それは、私を庶民に、われわれの助けを必要とする境遇の人々に、結びつけることであった。父はまた、私が、私に背を向ける人よりも手を差し延べてくれる人のほうに注目しなければならぬと考えていた」（邦訳、岩波文庫、第六巻一八一―一八二頁、原二郎訳）。

〔二三〕 フランソワ・ド・サリニャック・ド・ラ・モット・フェヌロン『テレマックの冒険』（一六九九年）のこと。メリエは「賢者メントールもテレマックに言いました」と書いているが、原典においてはこの言葉は、脇役の登場人物フィロクテートがまた別の脇役ネオプトレームに語ったものである。フェヌロン（一六五一―一七一五年）はフランスのカトリック聖職者。没落貴族の家に生まれ、一六七五年司祭となりプ

ロテスタント改宗事業で頭角を現し、八九年には王孫ブルゴーニュ公の教育掛に任じられた。しかし静寂主義の感化を受けこれに与して、十七世紀末のフランス・カトリック教会最高指導者であったボシュエと論争し、またルイ十四世の専制への批判を含む小説『テレマックの冒険』が国王の怒りをかい、大司教に任じられていたカンブレに流された。『テレマックの冒険』はブルゴーニュ公に帝王学を授けるために書かれたらしいが、その流麗な文体は古典主義文学の傑作の一つと言われ、また貴族主義的ではあるがその鋭い政治批判のゆえに、十八世紀の読者に多大の感銘を与え、この小説は十七・十八世紀フランス・ユートピア小説の一つに数えられている。以後メリエは、その著者名を知らぬまま、この作品から肯定的に多くの引用を行う。また一方でメリエは、著者の死後一七一八年に出版されたフェヌロンの『神の存在と属性の証明、第一部、第二部』の内容を反駁し、フェヌロンに対する批判を行っている。

〔二四〕　聖堂区は、教会行政上の概念。司教が統治する教区は通常いくつかの聖堂区に分かたれ、その各々は独自の聖堂と、一定数の信者と、信者の世話にあたる主任司祭を有する。メリエは、表題にもあるように、ランス大司教の教区中のエトレピニー聖堂区主任司祭で、バレーヴ聖堂区の臨時主任司祭を兼任していた。

〔二五〕　平凡な田舎司祭というメリエの生涯において、一度だけ領主と小さな争いを起こしたことが知られている。一七一六年にランス大司教が行ったエトレピニー・バレーヴ視察の調書（六月一二日金曜日付）には、六月一八日付で次のような書き込みがある。「主任司祭は日曜説教で領主を指名〔領主のために祈るよう会衆に勧めること〕すべきである。……彼は強情な人物である。彼はおのれの領主と争いを起こしており、司教総代理たちが命じたことを無視し、裁定を欲すると申し立てた。日曜説教で彼は幾度も間接的に領主と貴族に対して異を唱えた。領主は大司教殿にその件を訴え、大司教は司祭に懲戒を行った。翌々日の日曜、司祭は説教でさらに一層世の領主と貴族たちについてあしざまに語った。貴族たる当地の領主は大司教殿に請願書を提出したので、大司教は司祭をドンシュリィに出頭させた。司祭は語ったことを文書で提出したが、彼の手になるこの文書は領主が請願書に記した内容よりさらに一層激しいものであった。したがって、彼自身の文書と種々の訴えにより罪ありとされ、また、今年度教区司祭協議会における重ねての禁止にもかかわらず、年齢十八の若い女中を留め置いていた罪をも認められ、彼に対し大司教殿はドンシュリィで領主立会いの下に、出身神学校における一カ月の謹慎を命じた」。しかし、当時このような領主と司祭の争いは稀ではなく、また一定期間の神学校への退去という処罰も通常のものであったという。

〔二六〕　メリエは『エセー』の以下の言葉を想起しているのであろう。「濫用というのは、よいものについてしかありえない。だからあの規則は、一般大衆の過ちを狙ったものであると信ずる。つまり子牛を抑制するための手綱である。自己についてあんなに気高く語っている聖人たちも、哲学者や神学者た

ちも、そんなもので束縛されはしない」（モンテーニュ『エセー』、邦訳、岩波文庫、第二巻三〇五頁、原二郎訳）。しかし、モンテーニュがここで論じているのは、自己を語るのを禁ずるという規則についてであるにすぎない。すなわち、この規則は一般大衆につけるべき手綱にすぎず、哲学者や神学者を掣肘するものではない、というのである。

〔二七〕　これは、メリエが後に（たとえば「証明七」第七三章、「証明八」第九二章で）引用する『旧約聖書』中の『伝道の書』第九章五―一〇節を下敷にして書かれていると思われる。以下に邦訳聖書（日本聖書協会、一九五五年改訳版）の当該箇所を掲げる。「生きている者は死ぬべき事を知っている。しかし死者は何事をも知らない、また、もはや報いを受けることもない。その記憶に残る事がらさえも、ついに忘れられる。その愛も、憎しみも、ねたみも、すでに消えうせて、彼らはもはや日の下に行われるすべての事に、永久にかかわることがない。あなたは行って、喜びをもってあなたのパンを食べ、楽しい心をもってあなたの酒を飲むがよい。神はすでに、あなたのわざをよみせられたからである。あなたの衣を常に白くせよ。あなたの頭に油を絶やすな。日の下で神から賜わったあなたの空なる命の日の間、あなたはその愛する妻と共に楽しく暮すがよい。これはあなたが世にあってうける分、あなたが日の下で労する労苦によって得るものだからである。すべてあなたの手のなしうる事は、力をつくしてなせ。あなたの行く陰府には、わざも、計略も、知識も、知恵もないからである」。

証明一

〔一〕　カトリック教徒は正式名称として自分たちの教会を「聖なる使徒承伝・ローマ・カトリック教会」と呼んでいた。メリエはその信徒たちを「わがローマ・キリスト崇拝者たち」「わがローマ・神崇拝者たち」などと呼ぶ。

〔二〕　ジェロラモ・カルダーノ、一五〇一―一五七六年。イタリア・ルネサンスの代表的な自然哲学者の一人で、当時著名な占星術師でもあった。数学者としても三次方程式を解くための「カルダーノの公式」の発見などに名を残している。

〔三〕　ジョヴァンニ・パオロ・マラナ『トルコ皇帝の密偵』。マラナ（一六四二―一六九三？年）はジェノヴァからフランスへ亡命してきたイタリア人歴史家、文筆家。ルイ十四世から年金を受け、いくつかの著作を書いたが、一六八四年から出し始めた『トルコ皇帝の密偵』は、トルコ皇帝から派遣されパリに住む密偵がコンスタンチノープルに送った書簡という虚構を用い、当時のフランス社会を外国人・異教徒の視点から痛烈に諷刺する趣向により好評を博した。この著作は一六九六年にはついに全六巻書簡数六四四通の大部のものとなったが、始めの一〇二通以降の「書簡」はマラナの手になるものかどうかに疑問が持たれている。この作品は以後も版を重ね、同様な趣向の諷刺作品を多く生み、モンテスキュー『ペルシア人の手紙』の構想にも影響を与えたことは有名である。八四年版と九六年版では題名が少し異なるが、われわれは、通常用いられる『トルコ皇帝の密偵』という書名でこれを表記

し、引用に関してメリエがどの版を参照したか同定できないため、一七一五年版（ケルン、エラスムス・キンキウス書店刊、六巻）を参照した。上の出典には引用冒頭の「互いに反対を唱え断罪し合う」という言葉はない。また、出典では「……カルダーノのように結論したい気になります」の後にカルダーノ説の紹介があるが、引用では省略されている。

〔四〕　ヌマ・ポンピリウス。伝説上のローマ第二代の王（伝承によれば、在位前七一五―前六七三年頃）。サビニ族の出身で、その敬虔さと平和的な人格のゆえにローマの王に選ばれたという。ニンフのエゲリアから祭儀と政治上の霊感を受け、ローマの宗教的儀式の基礎を作り、女神ウェスタに仕える巫女ウェスタリス、軍神マルスの神官団サリイなどを組織し、行事日と非行事日（凶日）の区別を設けさせたという。

〔五〕　ガブリエル・ノーデ（一六〇〇―一六五三年）のこと。ノーデは十七世紀フランスの学者的自由思想家の代表者の一人で、十二年間イタリアに滞在して後期イタリア・ルネサンスの哲学を学び、帰国後リシュリュー、マザランの蔵書係となり、現在のマザラン図書館の基礎をきずいた。著作は多岐にわたるが、メリエがここで参照しているのは、魔術に関する古来からの伝説を批判検討した『誤って魔術の嫌疑をかけられたすべての偉人たちのための弁明』（一六二五年）である。後に見られる頁の指示によれば、メリエは一六六九年版を用いていているようであるが、訳者は一六二五年版を参照する。この著作の「第一一章　ヌマ・ポンピリウスについて」には以下のように書かれている。「それゆえこの王国の支配と統治を引き受けたあと彼〔ヌマ・ポンピリウス〕が最初にしたことは、まさに鉄のようなおのれの町を和らげ磨き上げ、かつての粗野な荒々しい好戦的な状態をより温和な御しやすいものに変え、生け贄や祭りや踊りや行列によってあの猛々しい勇気や闘争心を殺ぐことであった。そして時折、彼は人々の目の前で神々への恐れや畏怖を示し、彼らの心をいつも神々への恐れで挫きへりくだらせるために、自分はさまざまな不可思議な見神を経験した、大災厄について聞いたなどと人々に信じ込ませた、とプルタルコスは述べている。……ここから、ニンフのエゲリアについて語られてきたすべても、その作り話によっておのれの法と生け贄と政治制度の権威を確立しようとしたこの巧みな政治家の単なる虚構と策略にすぎなかった、ということについて、確実この上ない真の証拠を引き出すことができる」（一六二五年版二五四―二五六頁）。

〔六〕　エゲリア。ローマ神話のニンフ、ネミのディアナの森の泉の女神。

〔七〕　クゥイントゥス・セルトリウス、前一二二頃―前七二年。共和制末期のローマの将軍。スペイン総督となったが、スラに追放されアフリカに逃れた。のちスペインに帰りルシタニ族の指導者となり、ここに独自の元老院を作りローマに対峙したが、暗殺された。

〔八〕　ゾロアスター。前七世紀頃の人、イランの民族宗教ゾロアスター教の教祖。彼は社会的道徳的改革も企てたという。善神アフラ・マズダがこの宗教の最高神である。ただし、メリエは当時の知識に基づいてアフラ・マズダをオロマジスと表

記している。ゾロアスターの教えは、この一神教的理念と、物心両世界を真実と虚偽に分けそれぞれ善神と悪神の所産であるとする二元論的哲学とを基礎としており、善神アフラ・マズダが悪神を敗北させることによって神の王国が到来すると説く。

〔九〕　トリスメギストスは、実際にはエジプト王ではなく、「三重に偉大な」を意味する形容詞にすぎない。しかし、ヘルメス・トリスメギストス（「三重に偉大なヘルメス」の意味）の教えを説くと称する、主として三世紀にエジプトで書かれた哲学・宗教的文書『ヘルメス文書』が早くからヨーロッパには伝えられていた。またヘルメスはローマ神話ではメルクリウスとなる。このような事情を背景にして、メリエは当時の通俗的知識に基づいて誤った記述をしている。

〔一〇〕　ザモルクシス。正しくはサルモクシス。トラキアのゲタイ族の神あるいは伝説的な立法者。ヘロドトス『歴史』は、黒海沿岸に住んでいたギリシア人たちのサルモクシスに関する伝聞を伝えている。それによれば、サルモクシスはピュタゴラスに仕えていた奴隷で、自由の身になってから大いに産を成して帰国し、人々に霊魂の不滅を説いた。また自宅に地下室を作り、死んだふりをしてそこに三年間身を隠し、再び姿を現したためトラキア人は彼の説を信じるようになったという（邦訳、岩波文庫、中巻五六―五八頁、松平千秋訳）。

〔一一〕　ミノス。クレタの伝説的な王、ゼウスとエウロペの息子。彼は善政を行い法を制定し、九年ごとにイデ山中の洞窟に赴いてゼウス（ローマ神話ではユピテル）より教えを受けたという。なお、カンディアはクレタ島の古名。

〔一二〕　カロンダス。前六世紀のギリシアの立法者。生地カタニア（シチリア）をはじめ、カルキディケの植民諸都市、とくにレギオンの立法を行ったと伝えられる。アリストテレスはその法律の精確さについて述べている。

〔一三〕　リュクルゴス。スパルタの伝説的な立法者。ヘロドトスの著書に初めて登場し、前四世紀以降、スパルタ固有の制度はその大部分が彼に帰せられた。実在については肯定・否定両説ある。

〔一四〕　ドラコン。前七世紀後半のアテナイの立法者。前六二一年に訴訟手続や刑罰の規定を含む法典を制定、これは慣習法を成文化したものにすぎないが、このために以後貴族による法の恣意的な適用は不可能となった。

〔一五〕　ソロン。前六四〇頃―前五五九年頃。アテナイの立法者、ギリシア七賢人の一人。貴族制から民主制への過渡期に現れたアテナイのもっとも重要な改革家で、立法に際しては殺人に関する法以外のドラコン法を廃止して新しい法律を立て、これがアテナイ法の基礎となった。

〔一六〕　ヌマとセルトリウスからモーセまでの例について、メリエはモレリ『大歴史辞典』の参照を指示しているが、むしろモンテーニュ『エセー』に次のような記述がある。「ヌマとセルトリウスも、人民の信頼を強めようとして、愚にもつかぬ考えを吹き込んで、前者はニンフのエゲリアが、後者は白鹿が、自分のおこなう計画をすべて神のもとから運んでくれるものと思い込ませた。

また、ヌマはあの女神の加護を口実にして自分の法律の権威を高めたが、バクトリア人とペルシア人の立法者のゾロアストレス〔ゾロアスター〕はオロマジス〔アフラ・マズダ〕の神の名をもち出して法律の権威を高めた。エジプト人の立法者トリスメギストスはメリクリウス神を、スキュティア〔スキタイ〕人の立法者ザモルクシス〔サルモクシス〕はウエスタ神を、カルキス人の立法者カロンダスはサトゥルヌス神を、カンディア人の立法者ミノスはユピテル神を、ラケダイモン人の立法者リュクルゴスはアポロン神を、アテナイ人の立法者ドラコンとソロンはミネルウァ神をもち出して、それぞれの法律の権威を高めた。こうしてあらゆる国家はある神を頭にいただいている。中には嘘のものもあるが、モーセがユダヤの民にエジプトを脱出するときに与えた神は本当の神である」（邦訳、岩波文庫、第四巻五三―五四頁、原二郎訳）。

　またノーデ『誤って魔術の嫌疑をかけられたすべての偉人たちのための弁明』にも、「実際たとえば、かつてトリスメギストスが自分の法律をメルクリウスから、ザモルクシスがウェスタから、カロンダスがサトゥルヌスから、ミノスがユピテルから、リュクルゴスがアポロンから、ドラコンとソロンがミネルウァから、ヌマがニンフのエゲリアから、マホメットが天使ガブリエルから受け取ったと言っていたことをわれわれは知っている。ピュタゴラスの鷲やセルトリウスの牡鹿のように、こういう策略のため仕込まれた鳩の姿をとって、ガブリエルがマホメットの耳に時折ささやきに来たのである」（一六二五年版五〇頁）とある。むしろこれらがメリエの出典であろう。

〔一七〕　シモン。サマリアの魔術師。シモン・マゴス（魔術師シモン）とも言われる。魔術によってサマリアの人々に大きな感化を与えていたが、ピリポによって受洗し、金で聖霊を買おうとしたが、ペテロとヨハネによって回心した（『使徒行伝』第八章九―二四節）。

〔一八〕　メナンドロス。一世紀末に活躍したサマリア人のグノーシス主義者。ユスティノスやエイレナイオスなどの初期教父の証言によると、彼はサマリアのカラパティア出身で、シリアのアンティオキアで教えた。魔術師シモンの弟子で、知られざる至高の力が天上界から救い主として現れたと主張した。訳者が参照したモレリ『大歴史辞典』「メナンドロス」の項にも、「魔術師シモンの主な弟子の一人。……至高の力すなわち神は皆に知られていないと彼は主張し、だがその力が人間の救い主となるために目に見えない諸力によって遣わされたと言った」とある。

〔一九〕　訳注一六を参照。

〔二〇〕　訳注一六で『エセー』から引用した箇所の直前にあるモンテーニュの文章。ただし、「……どんな国家にもどんな統治にも、……」という本文引用中の、「どんな統治にも」はメリエによる付加。また本文引用中の「これがために、このようなものへの理性ある人々の支持が得られたのである」という箇所は、モンテーニュの原典では「これが怪しげな宗教に信用を与え、理性ある人々の支持を得させたのである」と

なっている。

〔二一一〕　リシュリュー枢機卿。リシュリュー公爵（アルマン・ジャン・デュ・プレシ、一五八五―一六四二年）のこと。フランスの政治家、ルイ十三世時代の宰相として絶対王政の基礎をきずく。一六二二年に枢機卿となった。数々の著作も残しているが、メリエが以下に引用する『政治的省察』という著書は見当たらず、似た書名の著書『政治的遺書』（一六八八―一六八九年）にも以下のような箇所はない。リシュリュー著と偽った当時のプロテスタント系パンフレットからの引用か。

〔二一二〕　ローマ史に関してメリエが以降もたびたび引用するニコラ・コエフトー『ローマ史』のこと。コエフトー（一五七四―一六二三年）は、フランスのカトリック神学者、歴史家。フロルス『ローマ史提要』を仏訳し、これが好評を博したため、自らその続編として凡庸な『アウグストゥス帝からコンスタンティヌス帝に至るローマ史』（一六二三年）をも書いた。メリエは両者を合わせた再版（ルーアン、一六八〇年）を用いているらしい。ただし、訳者が参照できた版は一六三六年のパリ版である。

〔二一三〕　プブイウス・ムキウス・スカエウォラ、前二世紀のローマの政治家、法学者で、大神官にもなった。

〔二一四〕　マルクス・テレンティウス・ウァロ、前一一六―前二七年、ローマの政治家、学者。「もっとも博識な人」とあだ名され、七十四種六百二十巻の書物を著したと言われるが、現存するのは『ラテン語論』の一部と『農業誌』三巻のみ。とくに後者はアウグストゥスの政治・宗教理念やウェルギリウスの敬虔な田園主義に決定的な影響を与えた。

〔二一五〕　モンテーニュ『エセー』の次の箇所をメリエは引いているのだろう。「この問題については当時大司祭〔大神官〕スカエウォラと大神学者ウァロが次のように弁明した。〈民衆はあまり真実を知らず多くの虚偽を信ずる必要がある〉」（邦訳、岩波文庫、第三巻一七七頁、原二郎訳）。

〔二一六〕　ただし、本文引用中の「また神のごときプラトンも」は、モンテーニュの原典では「彼は」となっている。

〔二一七〕　ヘリオガバルス帝。ローマ皇帝、在位二一八―二二二年。シリアのエメサの太陽神の司祭だったが、シリア駐屯軍に推されて即位し、ローマに移り太陽崇拝を推し進めた。ローマの伝統的宗教の無視と放縦な所業のために暗殺された。

〔二一八〕　ドミティアヌス帝。ティトゥス・フラウィウス・ドミティアヌス、ローマ皇帝、在位八一―九六年。自己の権力の絶対性を主張し、特に治世の後半において暴虐さを増し、元老院を無視して恐怖政治を招来した。キリスト教徒迫害でも有名。

〔二一九〕　カリグラ帝。ガイウス・ユリウス・カエサル・ゲルマニクス（カリグラは兵士の付けたあだ名）、ローマ皇帝、在位三七―四一年。当初は善政を敷いたが、大病ののち、なかば精神異常者となり、オリエント風の専制主義を導入、皇帝崇拝を強要し各地に自己の神像を作らせた。アレクサンドリア、エルサレムにおけるユダヤ人の不穏な動きは、これを原因とする。

〔三〇〕　モレリ『大歴史辞典』「カリグラ」の項にほぼ同内容の記述がある。

〔三一〕　コンモドゥス帝。ルキウス・アエリウス・アウレリウス・コンモドゥス、ローマ皇帝、在位一八〇―一九二年。対ゲルマン宥和策によって国境の平和を回復したが、内政は乱脈を極めた。元老院を無視して政治を寵臣に委ね、自らヘラクレスの権化をもって任じ、その扮装をして闘技場に出場したりした。以下の記述について、メリエはやはりモレリ『大歴史辞典』「コンモドゥス」の項を参照していると思われるが、そこにはコンモドゥスが昼夜徘徊し殺人を行ったとは書かれていない。

〔三二〕　プサフォン。以下の本文で述べられる、逸話中の人物。次注をも参照。プサフォンの愚かな虚栄心は「プサフォンの鳥」という諺となっていた。

〔三三〕　ここではアレクサンデル・アブ・アレクサンドロ（アレッサンドロ・アレッサンドリ）の著作を参照しているかのような記述になっているが、モレリ『大歴史辞典』「プサフォン」の項をメリエは要約して述べているにすぎないと思われる。実際アレッサンドロ・アレッサンドリの著作への指示もモレリに見られる。アレッサンドロ・アレッサンドリ（一四六一頃―一五二三年）はナポリの法律家。弁護士をしていたが、のち文筆活動に専念し、古代ギリシア・ローマの歴史や慣習、さらにその言葉などに関する雑纂『祝日書』六巻（一五二二年）で有名となった。ここで問題とされているのはこの本のことであろう。この書はいくつかの版があるが、後の人々の注釈も合わせた八折判の二巻本が一六七三年ライデンで出版されていた。したがって、メリエがこれらの版に目を通していた可能性も否定はできない。

〔三四〕　モレリ『大歴史辞典』「アンノンあるいはハンノン（ハンノ）」の項にこの逸話はある。おそらく史実ではないが、幾人かの古代の著作家たちがハンノというカルタゴ人のこの話を伝えているという（たとえばクラウディウス・アエリアヌス『雑研究』第一四章三〇節）。

〔三五〕　ジャック・ダヴィ・デュ・ペロン、一五五六―一六一八年。フランスのカトリック神学者。スイス生まれで、はじめ改革派だったが、パリに出てカトリックに改宗し、雄弁をもって知られた。アンリ四世に仕えてその改宗に寄与し、外交的手腕によりアンリ四世と教皇庁との関係を改善し、一六〇四年枢機卿となる。メリエが記憶により引用している著作は、デュ・ペロン死後に出版された彼の語録『ペロニアナ』（ルーアン、一六六九年初版）である。その「狂人ども」の項にこの逸話が載っているが、引用は正確ではない。修道院に監禁されているスペインの二人の狂人の話で、他の点ではまったく正常なのにその一人は自分を天使ガブリエル、もう一人は自分を父なる神と思い込んでいた、という逸話がここに収録されている。

〔三六〕　メリエは後の第八章（本書三六―三七頁）で『知恵の書』のこの章を引き、詳しい説明を与えている。

〔三七〕　アレクサンドロス大王。マケドニア王（在位前三三六―前三二三年）。ギリシア、ペルシア、インドに及ぶ大帝国の

創建者。彼はこのような大帝国を統一強化するために、統治者神格化の制度を敷いた。

〔三八〕　ロムルス。ローマ市の伝説的な建設者で初代の王。彼は三十年余の支配の後、「マルスの野」で閲兵中、突然大雷雨が起こり、その間に忽然と消えたという。しかしこれは、王が貴族たちに暗殺されたことを隠すための作り話であるとされている。メリエは以下の挿話をコエフトー『ローマ史』やモレリ『大歴史辞典』「ロムルス」の項からそのまま取っている。

〔三九〕　クイリヌス。元来はクイリナリスの丘に定住していたサビニ人の神であったらしく、サビニ人がローマ社会に併合された時に、この神もローマ国家の三柱の主神の一つとなった。共和制後期には、ロムルスが昇天しこの神になったと言い伝えられた。

〔四〇〕　クラウディウス二世。マルクス・アウレリウス・ヴァレリウス・クラウディウス・ゴティクス、ローマ皇帝、在位二六八―二七〇年。ゴート族をダキアのナイッススで打ち破り、そこからゴティクスのあだ名を付けられた。彼は死後人々から惜しまれ、元老院は彼の黄金の胸像を楯にのせて議場に置き、民衆はその黄金像をカピトリウムの丘のユピテル神殿の前に立てたという。メリエは以下の挿話をコエフトー『ローマ史』から取っている。

〔四一〕　マルクス・アウレリウス・アントニヌス。ローマ皇帝、在位一六一―一八〇年。ローマ五賢帝の一人、一三八年アントニヌス・ピウス帝の養子となり、彼の娘ファウスティナと一四五年に結婚、一六一年ルキウス・ウェルスとともに帝国統治に当たり、元首政治は初めて二人政となった。

〔四二〕　トラヤヌス帝。マルクス・ウルピウス・トラヤヌス。ローマ皇帝、在位九八―一一七年。五賢帝の一人。

〔四三〕　アントニヌス帝。ティトゥス・アウレリウス・アントニヌス・ピウス、ローマ皇帝、在位一三八―一六一年。五賢帝の一人で、元老院は「ピウス（誠実な）」という称号を送った。

〔四四〕　アレクサンデル・セウェルス帝。マルクス・アウレリウス・セウェルス・アレクサンデル、ローマ皇帝、在位二二二―二三五年。

〔四五〕　ユリア・マエサ。ヘリオガバルス帝とアレクサンデル・セウェルス帝の祖母。両皇帝の背後にあって、二一八―二二四あるいは二二五年の間、帝国統治に大きく介入したが、二二四年あるいは二二五年に死す。

〔四六〕　ハドリアヌス帝。プブリウス・アエリウス・ハドリアヌス、ローマ皇帝、在位一一七―一三八年。五賢帝の一人。

〔四七〕　アンティノオス。ビテュニアに生まれたギリシア人の美少年。ハドリアヌス帝の寵児となったが、帝のエジプト歴訪の際ナイル河で溺死した（一三〇年）。

〔四八〕　クラウディウス帝。クラウディウス・ネロ・ゲルマニクス・ティベリウス、ローマ皇帝、在位四一―五四年。

〔四九〕　訳注一七を参照。殉教者ユスティノス『第一弁証論』によれば、このシモンはクラウディウス帝治下のローマに赴き、弟子たちから神として崇められ、ティベリス川の島に「聖な

る神シモンに」と刻んだ碑まで立てられたという。しかし、この碑はサビニ人の神に献じられたものであることが十六世紀に判明した。この碑文が刻まれた像の話はモレリ『大歴史辞典』「魔術師シモン」の項にもあるが、メリエはこれを参照したのであろうか。

〔五〇〕 アウグストゥス帝。ガイウス・ユリウス・カエサル・オクタウィアヌス・アウグストゥス、初代ローマ皇帝、在位前二七―後一四年。

〔五一〕 ヘロデ王。ヘロデ（ヘロデス）大王、ユダヤ人の王、在位前三七―前四年。父アンティパトロスの死後、一時ローマに亡命、その時アントニウスよりユダヤの王の称号を得た。アントニウス没落後もアウグストゥスに取り入り、領土を確保し拡大した。

〔五二〕 メリエは『エセー』の数カ所を複合し、原文を変えている。原典の対応箇所を順次示せば以下のようになる。「人間は実に愚かである。一匹のダニもつくれないくせに、何ダースもの神をつくる」（邦訳、岩波文庫、第三巻一六九頁、原二郎訳）。「肩書や役目も無数にあって、よいものもあれば、悪いものもある。老いぼれの神もあれば、死ぬ神もある」（同第三巻一七七頁）。「神々の能力は人間の要求に応じて制限され、ある神は馬を、ある神は人間を癒し、ある神はペストを、ある神は白癬を、ある神は咳を癒し、ある神はある種類の疥癬を癒し、〈迷信はこんなにまで小さなことに神々を介入させる〉。ある神は葡萄を、ある神は韮を生えさせる。ある神は放蕩を守り、ある神は商売を守る。（どの種の職人もそれぞれの神がついている）。」（同第三巻一七五頁）。「なかにはきわめてちっぽけで、卑俗で、（現にその数は三万六千にものぼる）。麦の穂一つ生み出すにも五つか六つを合わせなければならない神々もある。それでもそれぞれ違った名前をもっている。たとえば、戸には三つの神がついている。戸板の神と、蝶番の神と閾の神である。子供一人に四人の神がついている。襁褓と飲み物と食べ物と乳の神である」（同第三巻一七六―一七七頁）。「われわれが自分でつくり出した猿真似と思いつきに欺かれるとは、何ともあわれなことである。

彼らは自らつくったものを恐れる。

ちょうど、子供たちが自分で友達の顔を黒く塗りたくっておいて、それをこわがるようなものである」（同第三巻一六八頁）。

〔五三〕 プリニウス。ガイウス・プリニウス・セクンドゥス、通称「大プリニウス」、二三頃―七九年、ローマの博物学者。メリエがここで引く『博物誌』は全三十七巻の膨大な理科全書である。訳注五五参照。

〔五四〕 女神オルボナ。孤児の守護をするローマの女神。寡婦になったり子供をなくしたりしないためにも、ローマ人はこの神に崇拝を捧げた。その祭壇は家の守り神の神殿の近くに立てられていたという。

〔五五〕 メリエはプリニウス『博物誌』を仏訳（アントワーヌ・デュ・ピネ訳『ガイウス・プリニウス・セクンドゥスの世界博物誌』初版一五六二年、最終版一六一五年）からそのまま

引用しているという。ただし、最後の一文「というのも……古代にはあったからである」はメリエの付加と思われる。対応箇所は邦訳では以下のようになっている。「そういうわけだから、神の形状外形を発見しようと試みるのは、人間の精神の弱さの証拠だとわたしは考える。神がだれであろうと——神というようなものがあるとすればの話だが——そしてその神の所在がどこであるにせよ、彼は完全に知覚・視覚・聴覚から、完全に霊から、完全に精神から、完全に自我からなっているのだ。無数の神々、人間の徳のみではなく悪にも対応する神々、謙遜・協和・英知・希望・廉恥・慈愛、そして忠誠の女神というようなものがあると信じ（あるいは、デモクリトスが考えたように）、刑罰と報酬の二神だけしかないと信じたりすることは、愚かさもさらに高い段階に達しているというものだ。ひ弱で苦労している人間が、その弱さを自覚し、そういう神々をいくつかの群に分類し、部門々々でめいめいが自分にもっとも必要とする神を崇拝した。したがっていろいろな民族が自分たちの神々にいろいろな名前をつけている。そして同じ民族の中にも無数の神々が見られる。いくつもの群に分けられた下界の神、そして宥めることによってそういうものから免れたいとの神経質な願いから、さまざまな病気・多くの形の災厄の神々まである。そういうわけで、パラティヌス丘には国民によって捧げられた熱病の神の神殿が、家庭の神の神殿には近親死別の神の神殿が、そしてエスクイリヌス丘には不幸の神の祭壇がある。そういうわけで人類の数よりも多くの神が存在すると推測することができる。個人々々が自分だけのユノとか守護神をもつことによって、自分たちと同数の神々を自分自身のものとしてつくるのだから」（『プリニウスの博物誌』、邦訳、雄山閣、第一巻七六—七七頁、中野定雄・中野里美・中野美代訳）。

〔五六〕　前注で示したプリニウス『博物誌』の引用箇所にすぐ続く、次のようなプリニウスの一文をメリエは念頭に置いているのだろう。「一方ある国民たちは動物、それも何か忌まわしい動物を、それから口にするのももっと恥ずかしいようなたくさんのものを神々にしている」（邦訳、雄山閣、第一巻七七頁、中野定雄・中野里美・中野美代訳）。

〔五七〕　メリエは『エセー』の二箇所を複合し、原文をさまざまに変えている。原典の文章を邦訳を用いて以下に示す。「したがって昔の人のように、人間を神とすること以上に、われわれの低能さを示すものはない。私ならむしろ、蛇や犬や牛を崇拝した人々に賛成したであろう。なぜなら、われわれは彼らの本性と存在についてはそれほどよくは知らないし、それだけに、勝手な想像をめぐらして彼らに法外な能力を与えることもいっそう可能だからである。けれども、不完全なことを知りつくしているはずの人間性から神々をつくり、その神々に欲望や怒りや復讐や結婚や生殖や血縁関係や愛や嫉妬やわれわれ人間の四肢や骨や熱病や快楽や死や埋葬を与えたのは、人間の悟性の驚くべき酩酊の結果と言わねばならない」（邦訳、岩波文庫、第三巻一四五頁、原二郎訳）。「また、信義や徳や名誉や和合や自由や勝利や敬虔ばかりでなく、快楽や欺瞞や死や羨望や老衰や悲惨や恐怖や熱病や不運やその

他われわれ人間の弱くもろい生命に降りかかる災禍にまで、神性を与えたことについてもやはり同じことが言える」（同上、第三巻一四六頁）。

〔五八〕 アゲシラオス。アゲシラオス二世、スパルタ王、在位前三九九頃—前三六〇年。

〔五九〕 メリエはこのエピソードをモンテーニュ『エセー』から取っている。邦訳、岩波文庫、第三巻一六八—一六九頁、原二郎訳参照。ただし、原文では「タソス島の人々がアゲシラオスのところへ来て……」となっている。

〔六〇〕 やはりメリエはこのエピソードをモンテーニュ『エセー』から取っている。邦訳、岩波文庫、第三巻一四六—一四七頁、原二郎訳参照。ただし、メリエの文章と原文とは少し異なっている。

〔六一〕 ベロス。「主君」を意味するセム語バアル（ベル）がギリシア語化したもので、この名はギリシア神話においては、ポセイドンとニンフのリビュエとの息子であるエジプト王に与えられている。ベロスはナイル河神の娘と結婚し二人の息子を得、彼らを通してギリシア、ペルシア、アフリカの多くの王家の祖とも言われた。そのため、アッシリア王、バビロンの建設者、カルタゴ女王ディドの父、ペルシア王家の祖など、この名は東洋の最古の王としてしばしば現れている。

〔六二〕 ニノス。アッシリアのニネヴェ市の創建者と称せられ、セム族の神ベルと同一視されたクロノスあるいはベロスの子。前注参照。モレリ『大歴史辞典』「ニヌス〔ニノス〕」の項に次のような記述がある。「アッシリア人の第一王朝の祖であり、ベルス〔ベロス〕の息子だったと言われる。……歴史家たちによれば、〔ニノスは〕彼の父に捧げる神殿をバビロンに建てさせ、そこで父を神として崇めさせた」。

〔六三〕 ケクロプス。伝説的なアテナイの初代王（アクタイオスが初代とする説もある）。一夫一妻制、葬礼、神々の崇拝、文字を教えるなど、多くの文化的な活動が彼に帰せられている。モレリ『大歴史辞典』「ケクロプス一世」の項に次のような記述がある。「エジプト生まれのアテナイ人の初代の王、……彼はアテナイで初めて生け贄を捧げることを定め、その臣民を教化した」。

〔六四〕 マクロビウス。四〇〇年頃のローマの文法家、歴史家。主著『サトゥルナリア』は文法、歴史、神話に関する諸論を含む論集。

〔六五〕 ヤヌス。ローマの古い神。彼は門の守護神で、門は前後に向いているところから、彼もまたたいてい前後に向いた二つの頭を持つ姿で表される。神話では、彼はカメセスとともにラティウムを支配した古い時代の王で、ユピテルに追われたサトゥルヌス神を迎え入れたとされる。またその治世は人類の黄金時代で、彼はラティウムの住民に種々の技術を教えたという。モレリ『大歴史辞典』「ヤヌス」の項に次のような記述がある。「イタリアの初代の王。……彼は強力な船隊を率いてイタリアに上陸し、そこの民を教化し、彼らに宗教を教えたという……。死後ヤヌスは神として崇められ、その民が加護を祈る神々の筆頭であった。またマクロビウスはヤヌスが歳の神だったと信じているし、オウィディウスも彼に

同じ尊称を与えている」。

〔六六〕　メリエは、以上の『知恵の書』第一四章一五―二三節からの引用をかなり自由に仏訳している。

〔六七〕　メリエはモンテーニュの原文を変えているので、以下に邦訳で対応箇所を示す。「哲学が天界の事象について二千年以上も前からつけている帳簿をしらべてみれば、神々が行動したのも、しゃべったのもみな人間のためでしかない」。なお、異文（3）にもあるように、「さらに言えば……すぎなかったのです」はメリエ自身の文章である。

〔六八〕「八日間祝祭」とは、祝日を含む祝日後の八日間の祝祭。キリスト降誕祭と復活祭後の八日間祝祭は現在でもカトリック教会で守られているが、メリエ当時は多くの祝日に八日間祝祭があり、その期間中は毎日、ミサと聖務日課において記念祈禱が優先して行われた。メリエが所属するランス教区発行の聖務案内書にも実際、この期の日曜ミサの入祭文（イントロイトウス）（司祭が入堂する時に聖歌隊が歌う祈り）としてこの一節が掲げられているという。ただし、メリエのラテン語引用句は、文意に大きな相違はないが、『ウルガタ聖書』原文と異なっている。

〔六九〕　この引用文中「したがって、人のもっとも知らないことほど堅く信じられるものはないし」以降をメリエはモンテーニュの原文を幾分要約した形で引用している。参考のために当該箇所の邦訳を掲げる。「したがって、人のもっとも知らないことほど堅く信じられるものはないし、錬金術師とか、予言者とか、占星師とか、手相見とか、医者とか、〈この種のすべての人々〉のように、つくり話を語る連中ほど自信に満ちた者はないということになる。この中には思い切って、四六時中、神意を解釈し記録する一群の連中をも加えてやりたい。彼らは出来事が起こるたびに、その原因を見いだし、隠された神の意志の中に御業の知りうべからざる動機を見つけると称している。そして常に多種多様で矛盾する出来事に、こっちの隅からあっちの隅へ、東から西へと振り回されながらも、ボールを追いかけることを止めず、同じ一本の鉛筆で白く描いたり、黒く描いたりしている」。

〔七〇〕　ここでもメリエはモンテーニュの文章を要約的に引用している。以下、当該箇所を邦訳によって掲げる。「どんなに奇異な考えでも、（もろもろの宗教のはなはだしいごまかしには触れないでおく。これにはあんなに多くの大国や、あんなに有能な人々が酔わされているのだが。なぜなら、この部分はわれわれ人間の理性を越えているし、これらに迷うことは、神の特別な恩寵に照らされない者にとっては比較的許されるべきことであるから）。いや、宗教以外のどんな奇妙な考えでも、習慣がそれを自分で適当と思う地方に、法則のように樹立しえなかったことがあるだろうか。だから、次の古人の叫びはきわめて当然である。〈自然を観察し探究すべき自然学者が、習慣に染まった人々から真理の証拠を求めて恥じないとは何たることだ〉。

　私は、人間の想像に思いうかぶどんなとっぴな考えでも、どこかで公然と通用していないような、したがってわれわれの理性に根ざし、その支持を受けていないようなものはない

と思う」。

〔七一〕　前注同様に、モンテーニュの原文を邦訳によって掲げる。「奇蹟は、われわれが自然について無知であるから存在するのであって、自然の本質によって存在するのではない」。

〔七二〕　出典未詳。

〔七三〕　ここは実際には、モンテーニュ『エセー』からの引用ではなく、ルキアノス『嘘好き、または懐疑者』からの引用である。メリエはペロー・ダブランクール仏訳のルキアノス作品集から引用している。ペロー・ダブランクール訳はかなりの意訳だが、メリエはその訳文をさらに変えている。『ルキアノス、ニコラ・ペロー・ダブランクール訳』は、初版が一六五四年（全二巻）に出たが、われわれは一七〇九年版（アムステルダム、全二巻）を参照した。ペロー・ダブランクール訳を示し、さらに原典訳を示すのはあまりに煩瑣なので、原典からの邦訳のみを参考として以下に引く。「テュキアデス——ピロクレス君、多くの人を嘘好きにして、その結果彼ら自身一つとして正気なことを語らず、またこの種の事柄を話する者に喜んで耳を傾けさせるに至るのはいったいどういうわけだか、私に説明できるかね。

　ピロクレス——テュキアデス君、時折嘘も方便というので嘘をつかせる原因は沢山にある」（邦訳、ルキアノス『遊女の対話他三篇』岩波文庫、六五頁、高津春繁訳）。

〔七四〕　ペロー・ダブランクール仏訳、ルキアノス『嘘好き、または懐疑者』からの引用、メリエはやはりダブランクールの仏訳文を変えている。原典からの邦訳では以下のようになっている。「テュキアデス——これもまた的はずれだよ、ピロクレス君。というのは、私は他の点ではちゃんとしていて、その理性は驚くべき多くの人々が、どういうわけだか、この病にとりつかれ、嘘好きであるのを君に示すことが出来る。その結果、あらゆる点で最も立派なこういう人たちが自分自身や彼らと交わる人々をだまして喜んでいるのを私は情けなく感じるのだ。かの昔の人々のことは私より先に君が知っているはずだ。ヘロドトス、クニドスのクテシアス、それから彼ら以前にかのホメロスをも含めて詩人たち、彼ら有名な人々、文字の形で嘘をついて、そのために彼らと同時代の聴衆を欺いたのみならず、最も美しい言葉と韻律の中に保存され、代々継承されて、その嘘はわれわれの時代にまで伝えられている。彼らがウラノスの局部切断、プロメテウスの縛め、巨人達の反乱、地獄におけるあらゆる悲惨なお芝居、またゼウスが恋のために牡牛や白鳥になった話、誰かが女から鳥や熊に変わった話、さらにペガソス、キマイラ、ゴルゴン、キュクロプス等々、全く妙な驚異にみちた、未だモルモーやラミアをこわがっている子供が面白がるだけの下らぬお話を彼らがやっている時、私はしばしば彼らのためにはずかしくなることがある。

　だがとにかく、詩人の件はまだよいとして、町々が、民族全体が、いっしょになって公けに嘘をつく時、これが滑稽でなくてなんとしよう。クレタ人はゼウスの墓を恥かし気もなく陳列しているし、アテナイ人はエリクトニオスが大地から出て来て、最初の人間はまるで野菜のようにアッティカの地

からはえ出たと主張する。だが彼らは〈スパルトイ〉なるものが蛇の牙から出たと物語るテーバイ人よりはまだ余程威厳がある。ところがこれらの滑稽な話を信じないで、正気で吟味し、トリプトレモスが有翼の車を駆って空中を飛ぶとか、パーンがアルカディアからマラトンへと援けにやって来たとか、オレイテュイアがボレアスにさらわれたとか、という話を信用するのは、コロイボスやマルギテスの徒の事だと考える男があると、彼らはこの男をこのように明々白々で真の事実を信じない不敬なばか者だと思う。これほど嘘がはびこっているのだ」（邦訳、ルキアノス『遊女の対話他三篇』岩波文庫、六六頁、高津春繁訳）。

〔七五〕　ペロー・ダブランクール仏訳、ルキアノス『嘘好き、または懐疑者』からの引用。ペロー・ダブランクールはルキアノスの原文を大いに変えているが、メリエはさらにダブランクールの仏訳文を変えている。原典からの邦訳では以下のようになっている。「ピロクレス――だが、テュキアデス君、詩人たちも町々も当然許されるべきではないだろうか。前者は古譚の中から面白い最も人を魅する話をその書の中に混じえる、これは読者のために彼らが最も必要とするものだ。またアテナイ人やテーバイ人その他の場合、彼らはこのような話によって祖国をさらに厳かに見せているのだ。〔……〕だがこのような理由もなしに嘘を好む者は当然のこと全く馬鹿げていると思われるだろう。

　テュキアデス――君の言うところは正しい。私はね、かの大エウクラテスのところから、多くの信じ難いお伽噺式の物語を聞いた後で、君のところに来たのさ。というよりむしろこう言った方がよい、余りばからしい法螺にこらえ切れずに、話の途中でさよならをして来たのさ。〔……〕

　ピロクレス――だがテュキアデス君、エウクラテスは信用のおける人だよ。〔……〕その上大いに哲学に凝っているあの人が自分のいるところで他の人が嘘をつくのを我慢して聞いているなんて、誰も信用しないだろう。まして自分でそんなことをするなんて」（邦訳、ルキアノス『遊女の対話他三篇』岩波文庫、六七―六八頁、高津春繁訳）。

〔七六〕　エウセビオス『教会史』第四巻第七章冒頭のことであろう（邦訳、山本書店、第二巻一五頁、秦剛平訳参照）。エウセビオス（カイサリアの、二六〇―三三九年）は、カイサリアの主教で最初の教会史家、「教会史の父」と呼ばれる。彼にはアブラハムを起点とした紀元三〇三年までの年表である『年代記』（二巻）もあるが、ここでメリエによって言及されているのは彼の代表作『教会史』（一〇巻）のことだろう。

証明二

〔一〕　トレント公会議。神聖ローマ皇帝カール五世の要請により北イタリアのトレントで開かれた公会議。一五四五―四七、五一―五二、六二―六三年の三回、断続的に開催され、カトリック側の反宗教改革のための陣容立て直しという意義を担う。

〔二〕　邦訳（『改訂版、H・デンツィンガー編、A・シェーンメッ

ツァー増補改訂、カトリック教会文書資料集』エンデルレ書店、二七七頁、浜寛五郎訳）では以下のようになっている。「すなわち、信仰によって義とされるというわけは、〈信仰は人の救いのはじめ〉であり、すべての義化の基礎であり根元であり、〈それなしには神を喜ばすことはできない〉（『ヘブル人への手紙』第一一章六節）し、神の子となることもできない」。

〔三〕『トレント公会議の公教要理』。教皇ピウス五世（在位一五六六―一五七二年）によって一五六六年に出版された、トレント公会議の決定に基づく教義ハンドブックで、『ローマ公教要理』とも言われる。

〔四〕メリエが用いていた当時の『ウルガタ聖書』（『箴言』第二五章二七節）をそのまま訳した。邦訳聖書では「偽りの舌は自分が傷つけた者を憎み、へつらう口は滅びをきたらせる」（プロテスタント系、日本聖書協会版聖書、一九五五年改訳、第二六章二八節）、「偽りの舌は、真理を憎み、へつらう口は滅びを呼ぶ」（カトリック系、フェデリコ・バルバロ訳聖書、講談社、一九八〇年版第二六章二八節）となっている。

〔五〕参考のために対応箇所を現行邦訳聖書によって掲げる。「さて、信仰とは、望んでいる事がらを確信し、まだ見ていない事実を確認することである」（日本聖書協会版聖書、一九五五年改訳）。

〔六〕メリエはモンテーニュの原文を少し変えているので、邦訳によって対応箇所を以下に掲げる。「キリスト教徒の敵意ぐらい激しいものはどこにもない。われわれの信心は、われわれの憎悪や、残虐や、野心や、貪欲や、中傷や、反逆への傾向を助けるときには驚くべき力を発揮する。逆に、親切や、好意や、節制への傾向を助けるときには、まるで奇蹟のように、何かのまれな性格にでもうながされないかぎり、歩きもしなければ飛びもしない。

われわれの宗教は悪徳を根絶するために作られたのに、かえって悪徳をはぐくみ、養い、かき立てている」。

〔七〕デキムス・ユニウス・ユウェナリス、六七頃―一三〇年頃。ローマ最高の諷刺詩人と言われる。世相の頽廃を攻撃する諷刺詩を著し、そのうち十六篇が現存している。しかしメリエはモンテーニュ『エセー』からこの句を引用しているのであろう（邦訳、岩波文庫、第三巻二七九頁、原二郎訳参照）。

〔八〕参考として現行邦訳聖書の対応箇所を以下に掲げる。「ほむべきかな、わたしたちの主イエス・キリストの父なる神、あわれみ深き父、慰めに満ちたる神」（日本聖書協会版聖書、一九五五年改訳）。

〔九〕ギリシア神話によれば、英雄ペレウスと海の女神テティスの結婚式が行われた時、天上の神々のうちエリス（争いの女神）のみは招かれなかったため、女神はそれを恨み、「もっとも美しい女に」与えると称して黄金のリンゴを神々の間に投げ入れた。ヘラ、アテナ、アプロディテの三女神がこれを争い、ゼウスはトロイアの王子パリスに審判を命じたが、人間のうちでもっとも美しいヘレネ（スパルタ王妃）との結婚を約束したアプロディテを彼は選んだ。のちパリスはアプロディテの命によりスパルタに赴き、ヘレネを伴ってトロイア

に帰り、これがトロイア戦争の原因となったという。

〔一〇〕 信憑の根拠。キリスト教神学用語。信じようとする意向、われわれに神の啓示を信じさせる人間的理由、を意味する。

〔一一〕 ジョヴァンニ・ピコ・デラ・ミランドラ、一四六三―一四九四年。イタリア・ルネサンスの人文主義者。若くしてフィレンツェなどの人文主義者グループの中心となり、新プラトン主義的・キリスト教的哲学を展開した。メリエの引用に関しては出典未詳。

〔一二〕 リシャール・ド・サン・ヴィクトール（サン・ヴィクトールのリカルドゥス）、?―一一七三年。フランスのサン・ヴィクトール学派の代表的神学者。多くの神秘神学の著作を残している。

〔一三〕 神話に題材をとった、プブリウス・オウィディウス・ナソ（ローマの詩人、前四三―後一七年頃）の『転身物語』のこと。

〔一四〕 メリエはモンテーニュの原文を変えているので、邦訳によって対応箇所を掲げる。「それ以外の外観はすべてどの宗教にも共通のものである。希望、信頼、奇蹟、儀式、悔悛、殉教、すべてそうだ」。

〔一五〕 引用の前半部分ではメリエは原文を著しく変えているので、原文の文脈を示すために少し前の箇所をも含めて、対応する箇所の邦訳を以下に掲げておく。「宗教に関する人間の、昔からのあらゆる意見のうちでは、次の意見がもっとも真実に近く妥当であるように思われる。すなわち、神を、われわれの理解することができない力であり、あらゆる事物とあらゆる善とあらゆる完全さの根源であり、維持者であり、人間がどんな形、どんな名前、どんな方法によって捧げる栄誉と尊敬をも、喜んでお受けになるもの、と認める考え方である。全能にして諸王と諸神の父母たるユピテル。この熱烈な信仰はひとしく天より好意の目をもって迎えられた。あらゆる国家は……〔以下はメリエの引用も原文どおりである〕」。

〔一六〕 本書三二頁（証明一、第六章末）を参照。

〔一七〕 ギリシア古典時代における医神アスクレピオス崇拝の中心はペロポネソスのエピダウロスで、壮大な神域内に多くの神殿と宿舎を持っていた。病人はここに来て神殿内に眠り、夢のお告げや夜の間の治療によって治ったらしく、多くの奇蹟的治療の話が碑文によって伝えられている。ここから、アテナイ、ペルガモンなどへ、また前二九三―前二九一年の疫病大流行に際してローマへも分祠された。分祠に当たっては蛇が神の化身として遣わされた。

〔一八〕 訳注一三参照。

〔一九〕 フィロストラトス、一七〇頃―二四九年頃。ローマ帝政時代のギリシアのソフィスト。ソフィストたちの伝記や書簡集などを残したが、『テュアナのアポロニオス伝』全八巻は代表作。テュアナのアポロニオスは一世紀に活躍したギリシアの哲学者、新ピュタゴラス学派の人。彼の死後、前記フィロストラトスが皇后ユリア・ドムナ（セウェルス帝の後妻、二一七年没）の依頼でその伝記を書き、彼をバビロニア、インド、イタリア、スペイン、エジプト、エチオピアなどを巡

歴した奇蹟行為者として描き、皇帝の中にもアポロニオスの崇拝者が現れた。

〔二〇〕 参考として現行邦訳聖書の対応箇所を掲げる。「それで、小さい者から大きい者にいたるまで皆、彼について行き、〈この人こそは《大能》と呼ばれる神の力である〉と言っていた」（日本聖書協会版聖書、一九五五年改訳）。

〔二一〕 本書三二頁（証明一、第六章末）を参照。

〔二二〕 ローマの竈の女神ウェスタ（この女神はすべての家庭で崇拝されると同時に、国家の竈の神としてローマのフォルムに神殿を持っていた）に仕える女祭司はウェスタリス、または「ウェスタの処女」と呼ばれた。トゥキアはその一人で、本文に述べられるような伝説が伝えられている。

〔二三〕 ティトゥス・リウィウス（前五九―後一七年）はローマの歴史家で、全一四二巻の『建国以来のローマ史』を著したが、そのうち現在残っているのは合計三五巻だけである。ティトゥス・リウィウスは『建国以来のローマ史』第二二巻第一五章でトゥキアに触れているが、これがメリエの直接の出典かどうかは分からない。モレリ『大歴史辞典』「トゥティア〔トゥキア〕」の項にも、ティトゥス・リウィウスという出典指示とともにこの神異が報じられている。

〔二四〕 女神キュベレ。元来はプリュギアの大地女神であったが、ギリシア神話の中に組み入れられた。ローマには前二〇四年、ペッシヌスにある彼女の崇拝の中心たる聖石とともに、ポエニ戦争の最中に招来された。この石を積んだ船がティベリス川の河口で座礁し、この時、誤解から不貞を疑われていたクラウディア・クゥインタというローマの貴婦人がキュベレに祈りを捧げ、自分の帯を解いてこれで船を引くと船は軽々と動いた。これによってその婦人の無実が立証されたと伝説に伝えられている。

〔二五〕 オウィディウス『行事暦』六巻は彼の未完の遺作で、一巻ごとに一カ月の暦を盛り、日ごとにゆかりの祭礼、伝説、歴史などを述べたもの。オウィディウス『行事暦』第四巻三〇五行以下に確かにこの逸話があるが、これがメリエの直接の出典かどうかは分からない。モレリ『大歴史辞典』「クラウディア」の項にも、オウィディウス『行事暦』第四巻という出典指示とともにこの神異が報じられている。

〔二六〕 ウェスパシアヌス帝。ローマ皇帝、在位六九―七九年。

〔二七〕 タキトゥス『同時代史』は彼の『年代記』と並び、タキトゥスが構想していたローマ皇帝史の一部をなしている。メリエがこの書を参照したのかどうかは分からない。ただし、モレリ『大歴史辞典』「ウェスパシアヌス」の項にも、ディオン・カッシオス（一五〇頃―二三五年頃）『ローマ史』によるウェスパシアヌスの奇蹟的治療が描かれている。

〔二八〕 ハドリアヌス帝。証明一の訳注四六を参照。

〔二九〕 『皇帝史』中のアエリウス・スパルティアヌス著「ハドリアヌス帝」第二五章。『皇帝史』とは、ハドリアヌスから三世紀末までのローマ皇帝の伝記を集成したものであるが、アエリウス・スパルティアヌス他六人の著作家が時代ごとに寄稿している。

〔三〇〕 アウレリアヌス帝。ローマ皇帝、在位二七〇―二七五年。

〔三一〕　メリエの参照指示については未詳。『皇帝史』中のフラウィウス・ウォピスクス著「アウレリアヌス帝」には、この奇蹟的治療の記述は見つからなかった。

〔三二〕　ピュロス。古代エペイロスの王、在位前三〇七—前三〇三年、前二九七—前二七二年。

〔三三〕　プルタルコス『英雄伝』「ピュロス」三節（邦訳、岩波文庫、第六巻一〇頁、河野与一訳）。

〔三四〕　女神フェロニア。エトルリアのソラクテ山の近くに主な神殿があったイタリアの古い女神。前二一七年以前にローマにも移入された。

〔三五〕　ストラボン『世界地誌』第五巻第二章には確かに以下のような、女神フェロニアへの供犠の逸話が見られる。「ソラクトゥス山麓にフェロニア市。市名は地元の女精かなにかの名と同じで、周辺地域民はこのダイモンをひじょうに大切に祀り、その神苑がこの地にあってここで驚異的な祭を催す。このダイモンに憑かれた人びとはおき火と灰の大きな山を裸足で歩いて渡っても何ともない」（邦訳、龍溪書舎、第一巻三九六頁、飯尾都人訳）。しかし、同書第五巻に女神ディアナの女祭司についての記述は見つけられなかった。ストラボン（前六四頃—後二一年以降）はギリシアの歴史家、地理学者。彼の史書は散逸したが、一七巻の『地界地誌』は大部分現存し、これは地理的記述のみでなく、伝説、史実をも含み重要な資料となっている。なお、プリニウス『博物誌』第七巻第二章では次のように、同種の火渡りについての記述が、ピュロスの親指の例と関係づけられている。「ローマから遠くないファリスキの領地にはヒルピ族という名の幾つかの氏族がいて、ソクラテ山上で行われるアポロ神への年次供犠祭に、積み上げた丸太が炭火になった上を踏み渡るが火傷することはない。したがって、彼らは、元老院の永代布告によって兵役その他の負担をすべて免除されている。生来、身体の一部にとくにいちじるしい性質をもつものがいるのだ。たとえばピュロス王は右足の親指がそうであった。それに触れると脾臓の炎症が治った。彼の火葬の際、身体のほかの部分とともにその足指を焼くことができないということがわかったので、それを箱に納めて寺院に安置したと記されている」（邦訳、雄山閣、第一巻二九九頁、中野定雄・中野里美・中野美代訳）。

〔三六〕　アニオス。アポロンとロイオとの息子。母ロイオの父はディオニュソス（バッコス）の子孫であった。父アポロンはアニオスに預言の能力を与えデロス島の王とした。ディオニュソスはアニオスがもうけた三人の娘を祝福し、それぞれにオリーヴ、麦、ブドウを地より芽生えさせる力を授けたという。

〔三七〕　コエリウス・ロディギヌス（本名ルイジ・リッキェーリ）、一四五〇頃—一五二五年。イタリアの人文学者。ギリシア・ラテンの著作家についてのノートを集めた『古人を読むの書』が一五一六年（ヴェネツィア、一六巻）、一五五〇年（バーゼル、三〇巻）、一六六六年（フランクフルト、三〇巻）などに出版されている。メリエが言及しているのはこの著作のことであろう。

〔三八〕 序文の訳注一三参照。

〔三九〕 シチリアのディオドロス。前一世紀のギリシアの歴史家。神話時代からカエサルのガリア遠征に至るまでの、ローマを中心とした歴史である『図書館』四〇巻を書いた。一―五巻、一一―二〇巻が完全に、他は断片的に伝わる。それまでの歴史家の著述を利用し、神話や逸話、事物の縁起まで説いた大衆向きの興味深い歴史書で、広く愛読された。

〔四〇〕 旧約聖書『出エジプト記』第一四章を参照。

〔四一〕 フラウィウス・ヨセフス、三七（三八）―一〇〇年頃、ユダヤ人歴史家。エルサレムの祭司の家系に生まれたが、ローマの市民権を得てフラウィウス家の皇帝に仕えた。政治的には親ローマ派であったが、同時にユダヤ教、ユダヤ文化の弁護者であった。その主著『ユダヤ古代誌』、『ユダヤ戦記』はユダヤ史最重要の資料とされる。メリエが参照しているのは『ユダヤ古代誌』第二巻第一六章（邦訳、山本書店、『ユダヤ古代誌I～II』三〇五頁、秦剛平訳）。

〔四二〕 旧約聖書の最初の五書、すなわち『創世記』、『出エジプト記』、『レビ記』、『民数記』、『申命記』は通常「モーセ五書」と言われる。

〔四三〕 『出エジプト記』第四章三節、第七章一一―一二節を参照。

〔四四〕 『出エジプト記』第七章二〇、二二節を参照。

〔四五〕 『出エジプト記』第八章五―七節を参照。

〔四六〕 『出エジプト記』第八章一六―一八節を参照。ただし聖書では、これは魔術師たちにできなかったと書かれている。

〔四七〕 訳注一九を参照。

〔四八〕 以上の記述についても、訳注一九を参照。

〔四九〕 メリエは以前にアポロニオスの神像については語っていないが、カラカラ帝はアポロニオスの廟を建て、アレクサンデル・セウェルス帝も彼を祭ったという。

〔五〇〕 ヨセフスについては訳注四一を参照。ヨセフス『ユダヤ古代誌』第二巻第一六章には次のように書かれている。「ともあれ、この種のことは、各人それぞれの意見に委ねてかまわないものであろう」（邦訳、山本書店、『ユダヤ古代誌I～II』三〇五頁、秦剛平訳）。

〔五一〕 ガブリエル・ノーデ『誤って魔術の嫌疑をかけられたすべての偉人たちのための弁明』、一六二五年版第一三章三三七―三三八頁。ただし原典では、「悪霊や魔術について言われていることの一切は」が、「プラトン派が悪霊や魔術について述べ立てたことの一切は」となっている。

〔五二〕 エウナピオス。小アジアのリュディアのサルディスに生まれた弁論家（ソフィスト）、歴史家。三四五頃―四一〇年頃。晩年アテナイに住み、新プラトン主義を奉じてキリスト教に反対した。同時代の哲学者たちに関する評伝『ソフィスト列伝』は、新プラトン主義の実情を知るための重要資料である。

〔五三〕 ノーデの前掲書、一六二五年版第一三章三四二頁。ただし、メリエの引用では「話題となっている人物たち」一般の入神術が問題とされているが、原典ではプロティノスの入神術について語られているだけである。なお、プロティノス

（一二〇五―一二六九ないし一二七〇年）はギリシアの哲学者で、新プラトン主義の創始者。彼は入神術などを行ったと言われていた。

〔五四〕　フランソワ・リシャール師『イエズス会士のエーゲ海サン・テリニ島〔サントリニ島？〕居住以来、当地で起こったもっとも驚くべき事柄に関する報告』（一六五七年）のこと。メリエが参照しているのは、偽の奇蹟・悪魔憑き・死者復活に当てられた第一三、一四、一五章のことらしい。

〔五五〕　メリエはモンテーニュの文章に省略や倒置を行っている。参考として、邦訳によって原典の対応箇所を掲げる。「われわれの目はこのようにしばしば、遠くからだと不思議な現象を見るが、その現象は近よってみると消え失せる。〈噂はけっして明るみに出されない〉。

通常、いかに空虚な発端とつまらない原因からあれほど有名な印象が生ずるかということは実に不思議である。まさにそのことが事柄の調査を困難にする。というのは、それだけの大事件にふさわしい重大な原因を探そうとかかっている間に、本当の原因が見失われるからである。本当の原因はあまりにも小さすぎてわれわれの目にはとまらない。だから、実際には、こういう詮索にはきわめて慎重な、注意深い、巧妙な調査者が、しかも、公平で、先入観をもたない調査者が要る。これまでのところ、あらゆる奇蹟や奇怪な出来事は私の前から姿を消している」。

〔五六〕　メリエは引用文の中段で、原文を無断で省略している。すなわち、引用文の半ば、「……その箇所を何かの嘘でふさいで行くか、各々自分のものを足して行く。こうして、最初は個人の誤謬が民衆の誤謬を作るが……」の部分は、原文を邦訳で示せば、「……その箇所を何かの嘘でふさいで行く。その上、われわれは、〈嘘を育てようとする生来の欲望から〉、人から借りたものに何かの利息とわれわれ自身のおまけをつけずに返すことに、何となく気がとがめる。最初は個人の誤謬が民衆の誤謬を作るが、……」となっている。

〔五七〕　メリエの引用文中の「人は普通の手段で……」が、モンテーニュの原文では「われわれは普通の手段で……」となっている。

〔五八〕　メリエの引用文中の「百人が」は、モンテーニュの原文では「百一人が」となっている。

〔五九〕　この一文「世の中の……とされている」は、アントロポス版メリエ全集ではメリエ自身の文章とされているが、異文(9)で示したように、実際には手稿一九四五九が正しく扱っているごとくモンテーニュからの引用である。ただしモンテーニュの原文は、邦訳で示せば以下のようになっている。「世の中の多くの誤謬は、いや、もっと大胆にいえば、世の中のすべての誤謬は、われわれが自分の無知を公表するのを恐れるように教えられていることから、反駁できないものはすべて受け入れなければならないとされていることから、生ずる」。

〔六〇〕　参考として『聖書』の原文を現行邦訳聖書によって以下に掲げる。「そこで神は、彼らが偽りを信じるように、迷わす力を送り、こうして真理を信じないで不義を喜んでいたす

べての人を、さばくのである」（日本聖書協会版聖書、一九五五年改訳）。

〔六一〕　参考として『聖書』の原文を現行邦訳聖書によって以下に掲げる。「不法の者が来るのは、サタンの働きによるのであって、あらゆる偽りの力と、しるしと、不思議と、また、あらゆる不義の惑わしとを、滅ぶべき者どもに対して行うためである。彼らが滅びるのは、自分らの救となるべき真理に対する愛を受けいれなかった報いである」（日本聖書協会版聖書、一九五五年改訳）。

〔六二〕『使徒行伝』の中でパウロを指すために使われた言葉。「すると主は言われた、〈行きなさい。彼〔パウロ〕は私が選んだ器である。私の名を異邦人や王やイスラエルの子らにもたらすのは彼である〉」（『使徒行伝』第九章一五節、フェデリコ・バルバロ訳聖書、講談社、一九八〇年版）。

〔六三〕　メリエは『エセー』のこの箇所をすでに本書四二頁において、少し違った形で引用している。モンテーニュの原文と引用文との異同については、証明一の訳注七一に引いたモンテーニュの原文の邦訳を参照。

〔六四〕　メリエは『エセー』の同箇所をすでに本書六一頁で引用している。モンテーニュの原文と引用文との異同については、本証明の訳注五五に引いたモンテーニュの原文の邦訳を参照。

〔六五〕　メリエはモンテーニュの原文を要約して引用している。モンテーニュの原文は、邦訳によって示せば以下のようになっている。「この人とその先生は〔プラトンとソクラテスは〕、人間の力が足りないあらゆる場合に、神の御業と啓示を持ち出すことにかけてはもっとも上手で大胆な名人であった。〈あたかも悲劇詩人たちが作品の結末をつけられなくなると、神の助けを借りるように〉。

おそらくそのためにティモンはプラトンをののしって、奇蹟の大捏造家と言ったのであろう」。

〔六六〕　マネト。前四世紀後半―前三世紀前半のエジプトの祭司、歴史家。主著はギリシア語で書かれた『エジプト史』、その断片はヨセフスなどに引用されて残っている。同書は宗教、歴史年代などについて古代エジプトの原史料を用いた信頼すべき書とされている。

〔六七〕　アメン・ヘテプ（ギリシア語ではアメノフィス）はエジプト第十八王朝の王の名前だが、『出エジプト記』第一章に出てくるイスラエル人を虐げた王、およびモーセがイスラエルの民を去らせるように交渉した王は、ラメセス二世（在位前一二九〇―前一二二四年、エジプト第十九王朝の王）だと言われている。

〔六八〕　カイレモン。一世紀のアレクサンドリアのストア派の学者。ネロの家庭教師を務めたこともある。その『エジプト史』は現存しないが、ヨセフスに引用されている。

〔六九〕　マネトとカイレモンのユダヤ人に関する記述については、フラウィウス・ヨセフス『アピオーンへの反論』を典拠にしているのであろう。邦訳、山本書店、一一六―一四五頁（「マネトーン、カイレーモーンの誹謗と中傷について」）、秦剛平訳を参照。

〔七〇〕　マラナ『トルコ皇帝の密偵』については、証明一の訳注

三を参照。原典の対応箇所は、一七一五年版では三四〇―三四一頁。ただし、この版の原文では、冒頭が「われわれがもっと遡るなら、また彼らの史書があれほど大仰に扱いあれほど多くの架空の奇蹟を伴わせるその有名なエジプト脱出にまで遡るなら」となっており、タキトゥスを引き合いに出す箇所でも改行はない。また、「……おまえたちが呻吟しているこの災難からおまえたちを引き出してやるために」の後に、原文では「またあらゆる敵から守ってやるために」という言葉が入っている。

〔七一〕　原典の対応箇所は一七一五年版では三四二頁。ただし、この版の原文では末尾の「その惨めな状況の中で」が、「その虐待の中で」となっている。

〔七二〕　メリエはラ・ブリュイエール『カラクテール』第一六章「自由思想家について」二二節全体を引用している。邦訳、岩波文庫、下巻一三六―一三七頁、関根秀雄訳を参照。ラ・ブリュイエールはここで、自由思想家が世俗の歴史に書かれているカエサルの存在を信じるのに、聖史に書かれているキリストの存在は信じないことを皮肉っている。ところがメリエは、ラ・ブリュイエールの原文の始まりの箇所に省略を施すことによって、原文の結語に正反対の意味を与えている。邦訳の訳語を少し換えさせていただきながら、参考としてラ・ブリュイエールの原文の対応箇所を以下に掲げる。「人間は生まれながらに嘘つきである。真理は単純にして自然であるが、人間は外観と装飾とを欲する。真理は人間のものではなく、いわばすっかり出来上がった上で、完全なものとして天から授かるのである。ところが人間は、自分の作品、虚構とお話だけしか好まない。庶民を見よ。彼は嘘を吐く。誇張する。愚劣なことばかり並べたてる。いや、最も誠実な紳士にも訊ねてみたまえ。常にその言う所は真実であるか、虚栄や軽率のために虚偽の中におちこんだ自分を見て驚くことはないか、うまい話をしようとして時にその話にありもしない事実をつけ加えるようなことはないかと。今日一つの事がわれわれ皆の眼の前に発生する。と、それを目撃した百人の人は、それを百様に物語るのである。ここにいる人は、もしきかれるならば、それまでに言われなかったように物語るであろう。幾世紀もわれわれからかけ離れた昔の事柄に、果たして私はどれほどの信を託することが出来るのだろうか。最も信ずるに足る歴史家をどの程度信用したらよいのだろうか。歴史は一体どうなるか。カエサルは果たして元老院で殺されたか。第一カエサルなんてものが果たしてあったか。〈何たる結論！　何たる疑い！　何たる問い！〉とあなたは申される。あなたは一笑に付される。返答するにも値しないとおっしゃる。いかにもごもっともだとさえ、私も思う。だが、このカエサルの名を掲げている本が、嘘つきの人間の手で書かれた、偶然に文庫の中で真の歴史も疑わしい歴史も含む他の色々な写本の中にまぎれて発見された世俗の本ではなく、反対に神感を受けて書かれた神聖な神的な本であり、それ自体にそのような性質を帯びており、また約二千年来ずっとそれにどんな小さな変更を加えることも許さず、それをそのままに保存するのを大事な義務としてきた大勢からなる一団体の

内にあったものであると私が仮定し、カエサルとその独裁のことが書かれているその冊子の中に含まれている事実はすべて信じなければならない、という敬虔な免れえない約束さえあると私が仮定するとしよう。正直に言ってみたまえ。ルキリウスよ、その時もあなたは依然としてカエサルが存在したことを疑うのですね」。

〔七三〕 聖ヒエロニムス。ソフロニウス・エウセビウス・ヒエロニムス、三四七―四一九（四二〇）年。古代教会の重要なラテン教父の一人、聖人。信仰の基盤としてペテロの座を継ぐローマ教会の優位を明確に打ち出し、教会のためオリゲネス主義、ペラギウス主義などに対し激しい論戦を行った。最大の功績は教皇ダマスス一世の命で完成したラテン語訳聖書『ウルガタ聖書』であるが、その他多数の聖書注解書、書簡集を残している。

〔七四〕 ヒエロニムスが『ウルガタ聖書』諸書に付した序文を指す。これらの序文は、メリエが用いていたと思われる当時の『ウルガタ聖書』に添えられていた。訳者が参照したのは一六五二年、パリで出版された『ウルガタ聖書』である。

〔七五〕 ヒエロニムスの原文では、引用箇所の冒頭は以下のように始まっている。「コレラノコトヲ、私ハゴクカイツマンデ書キマシタガ――手紙トイウ枠ノ中デハ、コレ以上ノ脱線ハ許サレマセンデシタカラ――ソレハ、『聖書』ニ取リ組ムニハ道ヲ示シテクレル先達ガドウシテモ必要ダト、アナタニ分カッテモラウタメデシタ。語学者、雄弁術教師、哲学者、数学者、弁証法教師、音楽家、天文学者、医者ニツイテハ――死スベキ人間ニトッテ大変有益ナ彼ラノ学問ハ、理論、方法、実地ノ三分野ニ分カレテイマス――何モ申シマセンガ、口ト言ウヨリ手ガ導キトナッテイル、ササヤカナ職業ノコトヲ考エテミマショウ。百姓、石工、鍛冶屋、金具職人、木工職人、羊毛工、仕上工ソノ他、様々ナ道具ヤ卑シイ物ヲ作ル者タチデサエ、親方ガイナケレバ、自分ガナリタイモノニナルコトハデキマセン。医学ニ関シテハ……」。また、メリエの引用文「『聖書』ニ関スル技術ダケデス……。オ喋リナ婆サン」の省略記号のところは、ヒエロニムスの原文では以下のようになっている。「『聖書』ニ関スル技術ダケデス。学識ノアル者モナイ者モミナ区別ナク、ワレワレハ詩ヲ書クノデス。オ喋リナ婆サン」。また、メリエの引用文「……学ビトルヨリ前ニ教エルノデス。ソレダケデハアリマセン……」の箇所には、次のようなヒエロニムスの原文が省略記号もなく省かれている。「……学ビトルヨリ前ニ教エルノデス。サラニ、女タチニ囲マレテ、眉ヲ寄セ大仰ナ言葉ヲ玩ビ、『聖書』ニツイテ哲学ヲシテミセル者モイマス。サラニ、恥ズベキコトニ、男タチニ教エルベキコトヲ、女性タチカラ学ブ者モイマス。ソレダケデハアリマセン……」。また、メリエの引用文「……個人的見解ニ辻褄ノ合ワナイ証言ヲ適用シマス」という箇所の「辻褄ノ合ワナイ」は、ヒエロニムスの原文では「不適切ナ」となっている。また、メリエの引用文「トテツモナク誤ッタ教エ方デハナイカノヨウニ……」の省略記号のところは、ヒエロニムスの原文ではそのいくつかの例が挙げられているが、論旨に関係しないのでここでは訳出しない。

〔七六〕　ノラのパウリヌス、三五三（三五四）―四三一年。フランス出身でノラの司教を務めたラテン・キリスト教詩人、聖人。当時の指導的なキリスト者と文通し、約五〇通の書簡と三三篇の詩が現存している。

〔七七〕　『七十人訳』あるいは『セプトゥアギンタ』とも呼ばれるギリシア語訳旧約聖書のこと。七十二人の学者がヘブライ語原典からの訳業に当たったという伝説から、このように呼ばれた。翻訳地はエジプトのアレクサンドリアで、同地のディアスポラのユダヤ人の要求に応じて、まず「律法」が前三世紀中頃に訳され、以後約百年間に現行正典の大体が訳された。

〔七八〕　クロマティウス。北イタリアのアクイレイアの司教、四〇七年没。碩学で同時代の重要人物と積極的に文通した。

〔七九〕　メリエの引用文中のこの省略記号に相当するヒエロニムスの原文はかなり長く、この引用文は省略を含むというより、ヒエロニムスの原典の二カ所を複合したものである。

〔八〇〕　メリエは三つの手稿すべてにおいて「ギリシア語からラテン語に」と仏訳しているが、これは引用されているラテン語文（およびヒエロニムスの原典）とも事実とも異なり、「ヘブライ語からギリシア語に」が正しい。

〔八一〕　前に引用された『防戦のための序文、《歴代志》への序文』とは別のもの。ドムニオンはヒエロニムスと文通していた、若い修道士。

〔八二〕　メリエの引用文におけるこの省略部分は、ヒエロニムスの原文ではかなり長く、ここも省略というより、原典の二カ所の複合である。

〔八三〕　メリエが省略したこの部分は、ヒエロニムスの原文では以下のようになっている。「ワレワレナド、ワズカニヘブライ語ヲ学ンダダケデスシ、ラテン語ノ力モ、文法家ヤ雄弁術教師ヤ哲学者ノ間ニイルタメ、ホトンド揺リ籠ノ中ニイルウチカラ衰退サセラレテイルノデスカラ」。

〔八四〕　アクィラ。ユダヤ教徒で、一四〇年頃、旧約聖書のギリシア語訳を完成した。

〔八五〕　シュンマコス。二世紀末頃の旧約聖書のギリシア語訳製作者。ヒエロニムスによれば、彼はエビオン派だという。

〔八六〕　テオドティオン。シュンマコスに先立つ、二世紀の旧約聖書のギリシア語訳製作者。ヒエロニムスによれば、彼もエビオン派だという。

〔八七〕　メリエの引用文「……教父タチニヨッテソレラガ保存サレ」は、ヒエロニムスの原文では、「……教父タチニヨッテソレラガ『ヘクサプラ』ノ中デ保存サレ」となっている。『ヘクサプラ』とはオリゲネス編纂の旧約聖書で、ヘブライ語テキスト、ギリシア文字による発音転写、アクィラ訳、シュンマコス訳、七十人訳、テオドティオン訳の六テキストが六段組みに並置されている。

〔八八〕　ダマスス一世。ローマ教皇、在位三六六―三八四年。訳注七三参照。

〔八九〕　パウラとエウストキウム。パウラ、三四七―四〇四年。エウストキウムはその娘。パウラはヒエロニムスの研究を物心両面で支えたローマ貴族出身の女性、聖人。ヒエロニムス

がローマを離れる時（三八五年）、娘エウストキウムや他の仲間と同伴し、パレスティナ、エジプトを巡礼した後ベツレヘムに修道院を設立した。

〔九〇〕　エズラ。前五世紀初めの古代ユダヤの祭司で律法学者。バビロン捕囚から帰還したユダヤ人集団の指導者。ネヘミヤとともにユダヤ教の形成に中心的な役割を演じた。ユダヤ教の律法至上主義と聖典の結集は彼の功績と言われる。

〔九一〕　エズラに帰せられる正典の『エズラ記』、『ネヘミヤ記』と並んで、彼に帰せられた外典（アポクリファ）二書が知られている。『ウルガタ聖書』では『エズラ記』、『ネヘミヤ記』をそれぞれ『第一エズラ書』、『第二エズラ書』として掲げ、前記の外典二書を『第三エズラ書』、『第四エズラ書』として補遺に収録している。メリエが言及しているのはこの『第四エズラ書』であるが、現行邦訳聖書（カトリック系、プロテスタント系）にこれは収録されていない。日本聖書学研究所編『聖書外典偽典』（教文館）によって以下に対応箇所を引用しておく（第五巻二一六―二一七頁、八木誠一・八木綾子共訳）。「私は答えた。〈主よ、御前で語ることをお許し下さい。御覧下さい。御命令の通り私は立ち去り、今生きている民を戒めるでしょう。しかし後から生まれる者達を誰が諭すのですか。すなわち世は闇の中に置かれ、そこに住む者達には光がありません。何故ならあなたの律法は焼かれ、そのため誰もあなたがすでになさったことも、また今後どんな御業が始まるのかも知らないのです。ですからもし私があなたの御前に恵みを得るなら、私の中に聖霊を送って下さい。そうすれば私はこの世で初めから起こったすべての事、あなたの律法の中に誌されていた事を書きしるしましょう。人々が（あなた）の道を見いだすことが出来るように、終りの時に生きたいと希う人々が生きられるように〉」（『第四エズラ書』第一四章一八―二二節）。「四十日間が満ちた時、至高者は私に言われた。〈あなたが初めに書きしるしたもの（二十四冊）を公けにし、ふさわしい者にもふさわしくない者にも読ませなさい。しかし終りの七十冊は、あなたの民の賢者に渡すよう保存しておきなさい。というのはこれらの本の中には知性の流れと知恵の泉と知識の河があるからである〉。そこで私はそのようにした」（同書第一四章四五―四七節）。

〔九二〕　出典未詳。メリエが『年代記』という表記でエウセビオス『教会史』を指示しているらしい箇所もあるが（証明一の訳注七六参照）、ここではエウセビオス『教会史』のこととは思えない。エウセビオス『年代記』の可能性はあるが、そもそもメリエが指示するこの『年代記』なるものは、他のセカンド・ハンドの著作かも知れない。

〔九三〕　アンティオコス。アンティオコス四世エピファネス、ヘレニズム時代のシリア王（在位前一七五―前一六四年）。第六次シリア戦争（前一七〇―前一六八年）でエジプトの大部分を攻略したが、ローマの介入により撤退。帰途エルサレムを侵略、さらにヘレニズム・ギリシア文化による文化統一政策を強行、ユダヤ教を弾圧し、エルサレム神殿にゼウスの祭壇を設置、マカベア（マカバイオス）の乱を引き起こす結果となった。メリエが以下で伝える焚書は、このユダヤ教迫害

時のことである。メリエが時折利用するヨセフス『ユダヤ古代誌』では第一二巻第五章四節に、「また、聖なる書や律法の写しは、発見されしだい破棄され、それを所持していた者は、みじめな姿で殺された」（邦訳、山本書店、『ユダヤ古代誌XII〜XIII』一五一頁、秦剛平訳）とある。

（九四）　タルムードは、字義的には「研究」または「教訓」の意味で、聖書時代後のユダヤ教のラビたち（次注を参照）が、約八世紀（前三〇〇―後五〇〇年）にわたって口頭で伝達発展させてきた、ユダヤ人の宗教的、道徳的、市民的生活百般に関する口伝律法の集大成である。そもそもラビ的ユダヤ教では、その経典である律法（トーラー）を成文律法と口伝律法の二種に大別する。前者は『旧約聖書』全体を指すが、単にトーラーと言えば通常「モーセ五書」を指すと見てよい。口伝律法はタルムードのことで、分量から言うと成文律法の十数倍に及ぶ膨大な体系である。これは二つの主要部分、すなわち中心本文であるミシュナ（「反復」の意味）と、その何倍もの分量を有する注解的追加部分のゲマラ（「補完」の意味）とからなる。

（九五）　ラビ。「博士」、「教師」の意味。ユダヤ人が霊的指導者に対して用いた敬称。

（九六）　クレモーナ。イタリア・ロンバルディア地方の都市。

（九七）　モレリ『大歴史辞典』の「タルムード」、「タルムード信奉者」などの項目には、一五五九年ローマにおけるタルムード焚書事件（？）の記事は見当たらない。前掲版『大歴史辞典』にあるのは次のような記述にすぎない。「タルムードには作り話がいっぱい詰まっているだけでなく、歴史や年代においても明らかにさまざまな誤りがある。しかし、おおかたのユダヤ人はそんなことを細かく気にかけていない。このタルムードはユダヤ人に対してイタリア全土で禁止され、彼らもそれをあえて読んだり家に置いたりはしない」（「タルムード」の項）。「こうして、この書が一二三〇年にグレゴリウス九世によって、一二四四年にインノケンティウス四世によって、一五五五年にユリウス三世によって、一五五九年にパウルス四世によって断罪されたのも理由がないわけではない」（「タルムード信奉者」の項）。しかし、総じてヨーロッパ中世から近世にかけて、タルムードはキリスト教に敵対しキリスト教徒に害毒を及ぼすものであると宣伝され、キリスト教徒によるタルムード焚書事件がしばしば発生した。一五一〇年から一五二〇年にかけて、ドイツの著名な人文学者ヨハネス・ロイヒリン（一四五五―一五二二年）を巻き込んだ、タルムード焚書に関する論争は有名である。キリスト教に改宗したユダヤ人ヨハン・プフェファコルン（一四六九―一五二四年）はユダヤ教文書をドイツから抹消するよう神聖ローマ皇帝マクシミリアン一世に働きかけ、文書の没収・破壊の委任状を獲得したが、皇帝から意見を求められたヘブライ語学者でもあるロイヒリンは、保存に賛成する意見書を提出し、ここに両陣営による文書合戦が行われたのである。また、宗教改革によりキリスト教会の分裂が起こり、その動乱の中で各領民の宗教統一が求められる時代の風潮を背景として、ローマ教皇パウルス四世は一五五五年、ユダヤ人をキリスト教

徒から隔離し一定の地区（ゲットー）に定住させる制度を確立した。

〔九八〕　パリサイ派。前二世紀末から後七〇年頃にかけ活躍したユダヤ教内の一派。その影響力はラビたちの教えに強く見いだせる。ただし、次にメリエが語っていることは、むしろこの派と対立していたサドカイ派の特徴である。

〔九九〕　マルキオン。一六〇年頃没。二世紀のキリスト教会最大の異端者。原始教会に支配的だったユダヤ的・律法主義的傾向に対立する、急進的なパウロ主義者であったらしく、その理論に基づき、『旧約聖書』を否定し、『新約聖書』に批判的検討を加えて、十通のパウロ書簡と『ルカによる福音書』とからなる『マルキオンの正典』を作成した。

〔一〇〇〕　カルポクラテス。二世紀頃。アレクサンドリアのグノーシス主義者。イエスは神の子ではなくヨセフの子であり、グノーシス者は魂の救済の点でイエスと対等の立場にあるとした。

〔一〇一〕　メリエは「マルキオン派」と表記しているが、前出のマルキオンの派のことではなく、「マルコス派」の誤りかも知れない。マルコスは二世紀中頃小アジアで活躍したグノーシス主義者。彼の一派は『トマス福音書』その他の外典を用いていた。

〔一〇二〕　セウェルス派。セウェルスなる指導者が実在したのではなく、厳格主義のある一派を名付けるため生み出された名称と言われる。セウェルス派については、メリエが参照しているかも知れないエウセビオス『教会史』では、第四巻第二九章四―六節に以下のように書かれている。「少し後になって、セウェーロス（セウェルス）という人物がこの異端〔タティアノスの異端――引用者注〕に肩入れした。そのために、その異端から出た者は、彼の名に因んでセウェーリアノイ（セウェルス派）と呼ばれるようになった。彼らは律法（モーセ五書）や預言書、福音書を用い、聖なる文書の思想を独特な仕方で解釈するが、使徒パウロス（パウロ）を冒瀆し、彼の書簡を拒否し、『使徒たちの事蹟』（『使徒行伝』）を受け入れない。彼らのかつての指導者タティアノス（タティアヌス）は福音書を合成して――わたしはその仕方を知らない――それを『ディア・テッサローン』と呼んだ。それは今も一部の人たちの間に残っている。彼はその措辞を正すかのように、使徒の言葉の一部を大胆にも敷衍したと言われている」（邦訳、山本書店、エウセビオス『教会史二』六七―六八頁、秦剛平訳）。セウェルス派に関するメリエの情報源は不明だが、以下のメリエの本文中に見られる「マルキオン派とセウェルス派」の『聖書』に関する記述には情報の混乱があるようだ。メリエが本当にマルキオン派のことを語っているならば、マルキオン派とセウェルス派は、『旧約聖書』およびパウロ書簡に対する評価において立場が対立していると思われるから、この両派をメリエが並列するのはおかしい。

〔一〇三〕　エビオン派。原意は「貧しい者」。ユダヤ人キリスト教の一派。教父たちの記述によれば、エビオン派とは原始キリスト教におけるヤコブ主義的傾向の、それ自体完全には一様な輪郭を備えてはいない一潮流である。エウセビオス『教

会史』第三巻第二七章には次のような記事がある。「この邪悪な悪霊は、神のクリストス（キリスト）への見神をゆさぶられない他の者たちを、別の手段で罠にかけ虜にした。初代〔のキリスト教徒〕は、彼らがクリストス（キリスト）について低俗な見解をもっていたので、彼らをエビオーナイオイ（エビオンびと）と呼んだ。なぜならば、彼らが、その方はマリアとその夫の性的交わりから生まれたが、徳を積んで義とされた貧しい普通の人間で、それ以上ではなかった、と考えたからである。彼らは、クリストス（キリスト）への信仰やそれに基づく生活だけでは救われない、と言わんばかりに、律法の完全な遵守を強調した。彼らのほかにも同じ呼称で呼ばれた者たちがいるが、この者たちは、彼らの常軌を逸した愚劣さ加減から逃れていた。この者たちは主が処女と聖なる霊から誕生したことを否定しなかったが、彼らと同じように、その方が神として先在し、ロゴスにしてソフィアだった、とは告白せず、彼らと同じ不敬虔さを共にした。中でもこの者たちと彼らは、盛んに律法の外面的な遵守を強調した。この者たちは、使徒〔パウロス〕の書簡を完全に否認すべきであると考え、彼を律法の背教者と呼んだ。そして『ヘブル人たちによる福音書』と呼ばれるものだけを用い、他〔の福音書〕を殆ど重視しなかった。〔以下省略——引用者〕」（邦訳、山本書店、エウセビオス『教会史一』一七八頁、秦剛平訳）。引用文中の『ヘブル人福音書』は同名の外典福音書があるので紛らわしいが、部分的にしか知られていない『エビオン人福音書』のことで、これはマタイを著者に擬していた。

〔一〇四〕　マッテヤはイスカリオテのユダの代わりに十二使徒の一人になった者。『マッテヤによる福音書』あるいは『マッテヤ福音書』は、オリゲネスとエウセビオスが挙げている異端書のリストの中に入っているだけで、そのものは知られていない。エウセビオス『教会史』第三巻第二五章六節には、「〔異端者の諸文書は、〕例えば、ペトロス（ペテロ）や、トーマス（トマス）、マッティアス（マッテヤ）、それ以外の他の何人かの者の『福音書』、およびアンドレアス（アンデレ）やヨーアンネース（ヨハネ）他の使徒たちの『事蹟』である」（邦訳、山本書店、エウセビオス『教会史一』一七六頁、秦剛平訳）とある。マルキオン派が『マッテヤ福音書』を公表したとメリエがどこで読んだのかは分からない。

〔一〇五〕　純粋使徒派。アポストリックあるいはアポタクティク（仏語）と呼ばれ、二世紀末頃のエンクラテイス派あるいはタティアノス派の一分派と言われる。エンクラテイス派の禁欲的な教えに、さらに財貨の完全な放棄という箇条を付け加えたとされている。しかし、エンクラテイス派とは総じて古代教会における禁欲運動であると言われる場合もあり、タティアノス（一二〇年頃—？）がシリアでエンクラテイス（禁欲者）と称するグループを創始したという説にも確証がないらしい。ともかく、メリエがタティアノスの異端を意味しているなら、以下に述べられる「別の聖書」とはタティアノスの『ディア・テッサローン（調和福音書）』を指すことになる。（訳注一〇二のエウセビオス『教会史』からの引用文を参照）。

〔一〇六〕『アンデレ行伝』、『トマス行伝』もともに知られているが（日本聖書学研究所編『聖書外典偽典七』所収のものを見よ）、それらを純粋使徒派（あるいはエンクラテイス派、あるいはタティアノス派）が用いたとメリエがどこで読んだのかは分からない。

〔一〇七〕マニ教徒。イラン起源の二元論的・グノーシス主義的宗教。マニ（二一六頃―二七七年頃）によって創始される。マニは、ペルシアのグノーシス主義的ユダヤ人キリスト教徒の一派エルケサイ派（後の訳注一〇九を参照）の環境に育ち、二四〇年頃自らの教えを説き始めたが、ゾロアスター教に弾圧されインドへ追放される。二四二年に帰国して宣教に専念するが、結局は惨殺され弟子たちは追放された。しかし、マニ教は三〇〇年頃シリア、北アラビア、エジプト、北アフリカに急速に広まり、四世紀後半にはイタリア、ガリア、スペイン、小アジア、アルメニアに伝播、後には遠く中国までその勢力を伸ばした。世俗権力の介入がなければキリスト教会を飲み込むほどの勢力を誇ったこの一大宗教運動は、その本質も異教的色彩を帯びながらキリスト教に近接し、単なる過渡的な異端と見なすわけにはいかない。現存するマニ教文書から、マニおよびマニ教徒が、四『福音書』――ただし、タティアノスが作成した四福音書調和本『ディア・テッサローン』またはそれに類似した福音書らしい――、さらに諸外典福音書を利用したことは確実に認められる。このほか、内容の詳細は不明だがマニ自身が『生ける福音書』または『大いなる福音書』なるものを著したことも確認されている。ただし、メリエが以下の記述を何に基づいて行っているかは分からない。

〔一〇八〕出典未詳。エウセビオス『教会史』中のマニ教徒に関する記述には、その福音書のことは書かれていない（邦訳、山本書店、エウセビオス『教会史三』六九―七〇頁、秦剛平訳、参照）。

〔一〇九〕エルケサイ派。二―四世紀頃、死海北部のトランス・ヨルダンにおいて栄えたグノーシス主義的ユダヤ人キリスト教徒の異端分派。エウセビオス『教会史』第六巻第三八章に次のようなオリゲネスの証言が挙げられている。「最近、ヘルケサイタイ（ヘルケサイ派、エルケサイ派）と呼ばれる〔異端の〕、神を信じぬきわめて瀆神的な教えを擁護できると自慢する男がやってきました。……それ〔エルケサイ派の教え――引用者注〕は旧〔約〕や福音書の全書からの章句を利用しますが、〔聖なる〕文書の一部〔の記事〕や、使徒〔パウロスのもの〕をすべて斥けています。……彼らは、天から降って来たと称する一冊の書をもっており、その〔教え〕を聞いて信じた者は罪の赦しを得る、と申し立てています」（邦訳、山本書店、エウセビオス『教会史二』二〇二頁、秦剛平訳）。

〔一一〇〕ニケフォロス・カリストス・クサントプロス。一二五六頃―一三三五年頃。ビザンティンの教会史家。キリストの誕生から皇帝フォーカスの死（六一〇年）までを記した彼の『教会史』は著名で、彼以前のエウセビオスらの教会史をもとに書かれている上に、初期の論争や異端を知る手がかりを

与えているので重要視されている。一五五五年にラテン語訳が刊行され、ギリシア語本文は一六三〇年に出版された。その第五巻第二四章に確かに、前注で引いたオリゲネスの証言が引かれているという。

〔一一一〕　オリゲネス。一八五頃―二五四年頃。ギリシア教父。アレクサンドリア学派の代表的神学者。古代の諸哲学・宗教思想に通暁し、それを武器に『聖書』の思想的・体系的叙述に努めたが、その際、寓意的解釈という新しい釈義法を多用した。また、『ヘクサプラ（六欄聖書）』によって『聖書』の本文批評をも開拓した。彼は東方教会にその後大きな影響を及ぼしたものの、西方教会ではやがてその思想が危険視され、五五三年の宗教会議では異端を宣告された。しかし現在では、その意義と影響力においてアウグスティヌスと並ぶ古代の重要な神学者と考えられている。著書の多くは散逸し、現存するものは断片あるいはラテン語訳で残っているにすぎない。

〔一一二〕　出典未詳。なお、エウセビオス『教会史』第六巻第一九章には、キリスト教およびオリゲネスを攻撃する、新プラトン派のポルフュリオスの次のような証言が引かれている。「一部の者たちは、ユダヤ人の文書（旧約聖書）の愚劣さから離れるのではなく、逆に〔その不明な箇所の〕解決を熱心に求めて注解に向かう。しかし、その注解たるや〔文書に〕書かれていることと相容れないもので、この珍無類な〔文書〕の弁証というよりも、自分自身の仕事にたいする自画自賛である。なぜならば、彼らはモーウセース（モーセ）が明白に語った事柄を謎であるなどとたわけたことを言い、隠された奥義に満ちた託宣として〔それを〕神聖視し、うぬぼれが強いために、己の精神の判断を欺いて注解を進めるからである。……しかし、この種のばかばかしさは、その名声がこの種の学問の教師の間で喧伝されているオーリゲネース〔オリゲネス〕に遡るのである。……彼〔オリゲネス――引用者注〕は法を無視してキリスト教徒として生きたが、実際的な事柄や神についての見解ではギリシア人のように思考し、ギリシア的な思考を〔聖なる文書の〕珍無類な物語の中に持ち込んだ。……彼はストイコイ（ストア派）のカイレーモン（カイレモン）やコルヌートス（コルヌトス）の書物を利用し、この二人から、ギリシア人が不可思議な物語〔を解釈するとき〕に用いる比喩的な解釈法を学び、それをユダヤ人の〔聖なる〕文書に適用した」（邦訳、山本書店、エウセビオス『教会史二』一七九―一八一頁、秦剛平訳）。メリエの『年代記』なるものは、このような箇所を祖述したある別の教会史であろうか。

〔一一三〕　アロゴス派。一七〇年頃小アジアに興った、「御言葉（ロゴス）」の神性を否定する異端派と見られるが、詳細は不明。異端反駁書で著名なサラミスのエピファニオス（三一五頃―四〇三年）が、「ア・ロゴス（御言葉否定）」という言葉からこのように命名し、この派は『ヨハネによる福音書』と『ヨハネの黙示録』を異端ケリントスの著作であるとして拒否したという。エウセビオス『教会史』第七巻第二五章にも、アレクサンドリアのディオニュシオス（一九〇または二〇〇―二六五年）の次のような証言が引かれている。「実際、わ

たしたちより前の時代の一部の人たちはこの小冊子〔『ヨハネの黙示録』――引用者注〕を斥け、徹底的に攻撃しました。彼らは〔それを〕一章毎に検討し、〔それが〕わけのわからぬ非論理的なもので、その表題も虚偽であると断定しました。彼らは次のように申し立てます。すなわち、それはヨーアンネース（ヨハネ）のものではなく、アポカリュプシス（黙示録＝帳をはずすこと）でもない、なぜならば、それは了解不能という重いぶ厚い帳で隠されているからである。この文書の著者は使徒たちの一人でないのはもちろんのこと、聖徒たちや教会に属する者の一人でさえない。それはその名に因んでケーリントス派と呼ばれるものを創始したケーリントス（ケリントス）である……と」（邦訳、山本書店、エウセビオス『教会史三』四九頁、秦剛平訳）。

〔一一四〕ケリントス。一―二世紀に活躍した、小アジアのグノーシス主義者。

〔一一五〕プロテスタントのこと。

〔一一六〕メリエが以下に述べる諸書は「旧約聖書外典」と呼ばれるものである。「外典（アポクリファ）」とは「正典（カノン）」に対する名称で、旧約正典に対し旧約外典、新約正典に対し新約外典が存在することになる。また一般的に言えば、外典とは『聖書』正典結集時にその選から洩れた諸文書、あるいは今日『聖書』正典と認められている諸書と同時代に書かれた宗教的諸文書と見ることができる。しかし、外典の範囲や伝承、キリスト教各派におけるその取扱いの歴史は複雑である。今日「旧約外典」と呼ばれるものは、紀元後一世紀の終わり近くユダヤ教の正典が決定された時、旧約聖書の最初の翻訳であるギリシア語訳、いわゆる七十人訳に含まれていながら、ヘブライ語の正典には入れられなかった諸文書を一般には指す。しかし、これらは以後さらにラテン語に訳されて、キリスト教会で用いられる旧約正典の一部または準正典と見なされるようになり、今日のカトリック教会でもそのように取り扱われている。しかし、プロテスタント教会では「外典」は経外書であって正典の一部となるものではない。メリエが当時用いたと思われる『ウルガタ聖書』中の掲載順序に従って、「旧約外典」名を以下に掲げる。『トビト書』、『ユディト書』、『エステル記への付加』、『知恵の書』〔『ソロモンの知恵』〕、『集会の書』〔『ベン・シラの知恵』〕、『エレミヤの手紙』、『バルク書』、『ダニエル書への付加』〔「アザリヤの祈りと三人の若者の歌」、「スザンナ」、「ベルと竜」〕、『第一マカベア書』、『第二マカベア書』、『マナセの祈り』、『第三エズラ書』、『第四エズラ書』。

〔一一七〕『エステル記への付加』とは旧約外典の一文書で、『ウルガタ聖書』の『エステル記』第一〇章四節―第一六章二四節の部分を意味する。日本聖書学研究所編『聖書外典偽典2』（教文館）の土岐健治訳・概説を参照。

〔一一八〕この三つの話は『ダニエル書への付加』とも呼ばれる旧約外典である（訳注一一六参照）。『ウルガタ聖書』の『ダニエル書』第三章二四節―九〇節（「アザリヤの祈りと三人の若者の歌」）、同書第一三章（「スザンナ」）、同書第一四章（「ベルと竜」）の部分を意味する。日本聖書学研究所編『聖書外典偽典2』（教文館）の新見宏訳・概説を参照。

〔一一九〕『ソロモンの知恵』は『知恵の書』とも呼ばれる。
〔一二〇〕『集会の書』は『ベン・シラの知恵』とも呼ばれる。
〔一二一〕メリエが執筆していた当時の状況をより具体的に述べるならば、カトリック教会側は、一五四六年のトレント公会議で、訳注一一六で述べた旧約外典が正典であることを確認する決議を行った。プロテスタント側は、一六一八年の改革派ドルドレヒト教会会議、一六四三年の長老派を中心とするウェストミンスター教会会議において、これとは反対の決議を行った。
〔一二二〕メリエが以下に述べる諸書は「新約聖書外典」と呼ばれるものである。「外典（アポクリファ）」の呼称は元来、訳注一一六で述べたように、初期キリスト教がユダヤ教から受容した旧約聖書のギリシア語訳（「七十人訳聖書」）には含まれるものの、ユダヤ教側で正典としたヘブライ語聖書には存在しない諸文書を指したが、この呼称が新約聖書関係文書にも適用されることになった。つまり一般的には、「新約聖書外典」とは、新約聖書「正典」が結集されていく過程でそこから除外された諸文書を指し、経外書と見なされる。しかし、「外典」の側から見れば、そのほとんどが新約正典諸文書を補足・補完・拡充する、あるいはそれに取って代わろうとする意図を持ったものの、正統教会から正典的地位を拒否された諸文書ということになる。
〔一二三〕イエスの十二使徒の一人トマスについては、現在では『トマス行伝』、『トマスの黙示録』、『トマス福音書』および『トマスによるイエスの幼時物語』が「外典」として知られている。『トマス行伝』は使徒トマスのインド伝道と殉教を物語っているので、本文中の「彼の巡歴」とはこの『行伝』の内容を述べているのであろうか。
〔一二四〕十二使徒の一人バルトロマイについては、彼が福音書を書き、インドに伝道し、アルメニアのアルバノポリスで死んだという古い伝承がある。しかし、『バルトロマイ福音書』はヒエロニムス、ベーダ・ヴェネラビリス（六七三頃―七三五年）らが言及しているだけで知られてはいない。ただし、「ゲラシウス教令」でも外典として名を挙げられている（「ゲラシウス教令」については注一二九を参照）。
〔一二五〕訳注一〇四を参照。
〔一二六〕この「外典」は現在では『ヤコブ原福音書』と呼ばれる。
〔一二七〕使徒ペテロについては、「外典」として『ペテロ福音書』（教父たちによって言及されていたが、メリエ当時には発見されていなかった）、『ペテロ行伝』、『ペテロの宣教』（アレクサンドレイアのクレメンスが部分的に引用している）、『ペテロの黙示録』などが知られている。『ペテロ行伝』はペテロと魔術師シモンとの戦いを描いているので、本文中の「聖ペテロの武勲」とはこれを指すのだろう。本文中の「彼の宣教の書」とは、『ペテロの宣教』を指すのだろう。また『ペテロの黙示録』は終末におけるキリストの再臨と最後の審判を描いているので、本文中の「彼の黙示録と審判の書」とは『ペテロの黙示録』を指しているのであろう。
〔一二八〕訳注一二三で述べた『トマスによるイエスの幼時物

語』のことか。
〔一二九〕 教皇ゲラシウス一世（在位四九二―四九六年）の名で呼ばれる、「ゲラシウス教令」という正典と外典に関する教令が伝えられている。これは五部からなり、その第二部には『聖書』の聖典目録、第五部には教会作家の著作および偽書と異端書が掲げられている。
〔一三〇〕 「世界の創造」については、『創世記』第一章一節―第二章四節を参照。
〔一三一〕 「最初の人間なるものの形成」については、『創世記』第二章四―七節を参照。「（最初の人間なるものの）繁殖」については、『創世記』第四章と第五章を参照。
〔一三二〕 「地上楽園」については、『創世記』第二章八―二五節を参照。
〔一三三〕 この「蛇」については、『創世記』第三章一―一五節を参照。
〔一三四〕 この話は『民数記』第二二章二一―三五節にあり、「バラムの牝ロバ」と言われる。『旧約聖書』中で動物が口をきく話は、ここと「エデンの蛇」の箇所だけだと言われる。
〔一三五〕 この大洪水とノアの箱舟については、『創世記』第六章一三節―第七章二四節を参照。
〔一三六〕 このバベルの塔建造による言語の分裂の話については、『創世記』第一一章一―九節を参照。
〔一三七〕 プロメテウスはギリシア神話中の人物。ティタン神族（注一三九を見よ）の一人イアペトスと、クリュメネあるいはアシアあるいはテミスとの子。一説によればプロメテウスは人間の創造者、救い主である。プロメテウスは神々とティタン神族との戦いにおいてゼウスの味方をしたが、戦いののち人間に関してゼウスと意見を異にし、仲違いするようになった。そもそも人類はプロメテウス自身が水と泥土より創ったという。職人芸に秀でた彼は人間の姿を作り出し、アテナ女神がそれに生命を吹き込んだ。しかし、そうして創られた人間にはいろいろな欠点があったため、ゼウスは代わりに新たにもっと立派な生物を創ろうとした。ゼウスは人間の滅亡を企て、人間の食物のうち最良のものを供え物として要求し、彼らを飢えさせようとした。だが、プロメテウスは策略によってゼウスの企てをくじいた。腹を立てたゼウスは、人間から火を奪うことにした。プロメテウスはこの命令にそむいてオリュムポスあるいはヘパイストスの鍛冶場からひそかに火を人間のもとに運んだ。「プロメテウスの技」という時、メリエは以上のような物語を想起しているのであろう。
〔一三八〕 パンドラはギリシア神話における地上最初の女。プロメテウスが天上の火を盗んで人間に与えたのを怒ったゼウスは、復讐のために、ヘパイストスに泥からパンドラを創らせた。彼女は女神のごとくに美しく、プロメテウスの弟エピメテウスは、神々からの贈物を受けるべからずとの兄の忠告を忘れ、ヘルメスが連れて来たパンドラを妻とした。彼女はすべての禍をその中に閉じこめてある箱を天上から持参したが、地上に着くやいなや、好奇心からこの箱を開いた。すべての禍はたちどころに飛び出し、こうして人類に破滅がもたらされたという。「パンドラの箱」という時、メリエは以上のよ

うな物語を想起しているのであろう。

〔一三九〕　ギリシア神話における、オリュムポスの神々とティタン神族との戦いのこと。ティタン神族とはウラノス（天）とガイア（地）との交わりから生まれた神族で、ギリシア人は彼らを原始時代に世界を支配していた巨人であると考えた。十年間続いた争いの後、ゼウスたちが勝利をおさめ、ティタン神族を冥界の一番奥にあるタルタロスに投げ込んだという。

〔一四〇〕　『旧約聖書』は伝統的に、モーセ五書、歴史書、文学書（教訓書）、預言書に分類されている。その分類を現在の通例によって示すと以下のようになる（〔　〕内はカトリックで加えられるもの）。モーセ五書――『創世記』『出エジプト記』『レビ記』『民数記』『申命記』、歴史書――『ヨシュア記』『士師記』『ルツ記』『サムエル記上』『サムエル記下』『列王紀上』『列王紀下』『歴代志上』『歴代志下』『エズラ記』『ネヘミヤ記』『エステル記』〔『トビト書』『ユディト書』『第一マカベア書』『第二マカベア書』〕、文学書（教訓書）――『ヨブ記』『詩篇』『箴言』『伝道の書』『雅歌』〔『知恵の書』『集会の書』〕、預言書――『イザヤ書』以下……。メリエが以上の本文中で主として想起しているのは、この『旧約聖書』のモーセ五書と歴史書だと思われる。

〔一四一〕　メリエがここの本文中で主として想起しているのは、前注で示した『旧約聖書』の分類中の預言書だと思われる。

〔一四二〕　メリエがここの本文中で主として想起しているのは、訳注一四〇で示した『旧約聖書』の分類中の文学書（教訓書）だと思われるが、彼は『聖書』の中で例外的にこれらの書を肯定的に利用することが多い。

〔一四三〕　メリエの原文には「光」とあるだけだが、明らかに「信仰の光」と対立する「理性の光」を意味するので、言葉を補った。

〔一四四〕　参考として、『聖書』のこの一節を邦訳聖書によって掲げておく。「作り話やはてしのない系図などに気をとられることもないように、命じなさい。そのようなことは信仰による神の務めを果すものではなく、むしろ論議を引き起こさせるだけのものである」（日本聖書協会版聖書、一九五五年改訳）。

〔一四五〕　過ぎ越しの祭り。ユダヤ人の三大祭の一つで、春分に当たり、聖所に巡礼を行う。名称は「通り過ぎる」に由来し、始めは家畜の初子を捧げる牧畜的祭儀であったが、これに農耕祭儀である除酵パンの祭りが結合し、さらに神がエジプトの初子を撃った時、イスラエル人の家は通り過ぎたという歴史的意義が加えられて（『出エジプト記』第一一―一二章）、出エジプトを記念する重要な祭りとなった。アビブの月（捕囚後の暦法ではニサンの月、太陽暦の三―四月に相当する）の十日に一歳の牡の子羊を選び、十四日の晩にそれをほふり、その血を入口の柱と鴨居に塗り、肉は丸焼きにし過ぎ越しの子羊として除酵パン、苦菜とともに食べた。さらに翌十五日から一週間を「種入れぬパンの祭り」として守った。なお、キリスト教においては、この過ぎ越しの子羊はキリストを、過ぎ越しの祭りは主の晩餐を型取るものと解釈されている。

〔一四六〕　フラウィウス・ヨセフス『ユダヤ古代誌』のこと。

〔一四七〕　ティベリウス帝は、ローマ帝国第二代皇帝ユリウス・カエサル・アウグストゥス・ティベリウス（前四二―後三七年、在位後一四―後三七年）のこと。『ルカによる福音書』第三章に以下のようにある。「皇帝テベリオ〔ティベリウス〕在位の第十五年、ポンテオ・ピラトがユダヤの総督、ヘロデがガリラヤの領主、その兄弟ピリポがイツリヤ・テラコニテ地方の領主、ルサニヤがアビレネの領主、アンナスとカヤパが大祭司であったとき、神の言が荒野でザカリヤの子ヨハネに臨んだ。彼はヨルダンのほとりの全地方に行って、罪のゆるしを得させる悔改めのバプテスマを宣べ伝えた」（第三章一―三節）。「さて、民衆がみなバプテスマを受けたとき、イエスもバプテスマを受けて祈っておられると、天が開けて、聖霊がはとのような姿をとってイエスの上に下り、そして天から声がした、〈あなたはわたしの愛する子、わたしの心にかなう者である〉。イエスが宣教をはじめられたのは、年およそ三十歳の時であって、人々の考えによれば、ヨセフの子であった」（同章二一―二三節）。日本聖書協会版聖書、一九五五年改訳による。

〔一四八〕　「変容（変貌）」とは、復活以前であるのに、ある山の上でイエスの姿が変わり、その衣が白く輝いたという出来事を指す術語。「六日ののち、イエスはペテロ、ヤコブ、ヤコブの兄弟ヨハネだけを連れて、高い山に登られた。ところが、彼らの目の前でイエスの姿が変わり、その顔は日のように輝き、その衣は光のように白くなった」（『マタイによる福音書』第一七章一―二節）。「六日ののち、イエスはただペテロ、ヤコブ、ヨハネだけを連れて、高い山に登られた。ところが、彼らの目の前でイエスの姿が変わり、その衣は真白く輝き、どんな布さらしでも、それほどに白くすることはできないくらいになった」（『マルコによる福音書』第九章二―三節）。「これらのことを話された後、八日ほどたってから、イエスはペテロ、ヨハネ、ヤコブを連れて、祈るために山に登られた。祈っておられる間に、み顔の様が変わり、み衣がまばゆいほどに白く輝いた」（『ルカによる福音書』第九章二八―二九節）。日本聖書協会版聖書、一九五五年改訳による。

〔一四九〕　「準備の日」とは、ユダヤ教の安息日を明日にひかえて準備をする日、すなわち聖金曜日を指す。

〔一五〇〕　日本聖書協会版聖書、一九五五年改訳により、対応箇所を以下に参考として掲げる。「さて、ユダヤ人の過越の祭が近づいたので、イエスはエルサレムに上られた」（『ヨハネによる福音書』第二章一三節）。「こののち、ユダヤ人の祭があったので、イエスはエルサレムに上られた」（同書第五章一節）。「時に、ユダヤ人の祭である過越が間近になっていた」（同書第六章四節）。「時に、ユダヤ人の仮庵の祭りが近づいていた」（同書第七章二節）。「しかし、兄弟たちが祭に行ったあとで、イエスも人目にたたぬように、ひそかに行かれた」（同書第七章一〇節）。なお、この仮庵の祭りとは、ユダヤ人が荒野で天幕を張って生活した記念として、九月末頃行っていた祭りである。「さて、ユダヤ人の過越の祭が近づいたので、多くの人々は身をきよめるために、祭の前に、地方からエルサレムへ上った」（同書第一一章五五節）。「その

翌日、祭にきていた大ぜいの群衆は、イエスがエルサレムにこられると聞いて」(同書第一二章一二節)。

〔一五一〕 日本聖書協会版聖書、一九五五年改訳により、対応箇所を以下に参考として掲げる。「さて、イエスは御霊によって荒野に導かれた。悪魔に試みられるためである。そして、四十日四十夜、断食をし、そののち空腹になられた」(『マタイによる福音書』第四章一―二節)。「それからすぐに、御霊がイエスを荒野に追いやった。イエスは四十日のあいだ荒野にいて、サタンの試みにあわれた」(『マルコによる福音書』第一章一二―一三節)。「荒野を四十日のあいだ御霊にひきまわされて、悪魔の試みにあわれた。そのあいだ何も食べず、その日数がつきると、空腹になられた」(『ルカによる福音書』第四章二節)。

〔一五二〕 日本聖書協会版聖書、一九五五年改訳により、対応箇所を以下に参考として掲げる。「その翌日、イエスはガリラヤに行こうとされたが」(『ヨハネによる福音書』第一章四三節)。「三日目にガリラヤのカナに婚礼があって、イエスの母がそこにいた」(同書第二章一節)。「イエスは、この最初のしるしをガリラヤのカナで行い、その栄光を現された」(同書第二章一一節)。

〔一五三〕 日本聖書協会版聖書、一九五五年改訳により、対応箇所を以下に参考として掲げる。「さて、イエスはヨハネが捕えられたと聞いて、ガリラヤへ退かれた。そしてナザレを去り、ゼブルンとナフタリとの地方にある海べの町カペナウムに行って住まわれた」(『マタイによる福音書』第四章一二―一三節)。

〔一五四〕 日本聖書協会版聖書、一九五五年改訳により、対応箇所を以下に参考として掲げる。「それからお育ちになったナザレに行き、安息日にいつものように会堂にはいり、聖書を朗読しようとして立たれた」(『ルカによる福音書』第四章一六節)。「それから、イエスはガリラヤの町カペナウムに下って行かれた」(同書第四章三一節)。

〔一五五〕 日本聖書協会版聖書、一九五五年改訳により、対応箇所を以下に参考として掲げる。「さて、イエスがガリラヤの海べを歩いておられると、ふたりの兄弟、すなわち、ペテロと呼ばれたシモンとその兄弟アンデレとが、海に網を打っているのをごらんになった。彼らは漁師であった。イエスは彼らに言われた、〈わたしについてきなさい。あなたがたを、人間をとる漁師にしてあげよう〉。すると、彼らはすぐに網を捨てて、イエスに従った。そこから進んで行かれると、ほかのふたりの兄弟、すなわち、ゼベダイの子ヤコブとその兄弟ヨハネとが、父ゼベダイと一緒に、舟の中で網を繕っているのをごらんになった。そこで彼らをお招きになると、すぐ舟と父とをおいて、イエスに従って行った」(『マタイによる福音書』第四章一八―二二節)。「さて、イエスはガリラヤの海べを歩いて行かれ、シモンとシモンの兄弟アンデレとが、海で網を打っているのをごらんになった。彼らは漁師であった。イエスは彼らに言われた、〈わたしについてきなさい。あなたがたを、人間をとる漁師にしてあげよう〉。すると、彼らはすぐに網を捨てて、イエスに従った。また少し進んで

行かれると、ゼベダイの子ヤコブとその兄弟ヨハネとが、舟の中で網を繕っているのをごらんになった。そこで、すぐ彼らをお招きになると、父ゼベダイを雇人たちと一緒に舟において、イエスのあとについて行った」（『マルコによる福音書』第一章一六―二〇節）。「シモンの仲間であったゼベダイの子ヤコブとヨハネも、同様であった。すると、イエスがシモンに言われた、〈恐れることはない、今からあなたは人間をとる漁師になるのだ〉。そこで彼らは舟を陸に引き上げ、いっさいを捨ててイエスに従った」（『ルカによる福音書』第五章一〇―一一節）。

〔一五六〕　日本聖書協会版聖書、一九五五年改訳により、対応箇所を以下に参考として掲げる。「イエスが歩いておられるのに目をとめて言った、〈見よ、神の小羊〉。そのふたりの弟子は、ヨハネがそう言うのを聞いて、イエスについて行った」（『ヨハネによる福音書』第一章三六―三七節）。「その翌日、ヨハネはイエスが自分の方にこられるのを見て言った、〈見よ、世の罪を取り除く神の小羊〉」（同書第一章二九節）。

〔一五七〕　日本聖書協会版聖書、一九五五年改訳により、対応箇所を以下に参考として掲げる。「ヨハネから聞いて、イエスについて行ったふたりのうちのひとりは、シモン・ペテロの兄弟アンデレであった。彼はまず自分の兄弟シモンに出会って言った……そしてシモンをイエスのもとにつれてきた。……その翌日、イエスはガリラヤに行こうとされたが、ピリポに出会って言われた……。このピリポがナタナエルに出会って言った……。イエスはナタナエルが自分の方に来るのを見て、彼について言われた、〈見よ、あの人こそ、ほんとうのイスラエル人である。その心には偽りがない〉」（『ヨハネによる福音書』第一章四〇―四七節）。

〔一五八〕　「形色（けいしき）」はカトリック教会の用語で、聖別後のパンとブドウ酒の外見を意味する。ただし、ローマ・カトリック教会の「聖餐論」によれば、それは単なる外見ではなく、パンとブドウ酒の偶有性がその実体を欠いて聖別後にも存続するものとされる。すなわち、聖餐のパンとブドウ酒において、パンとブドウ酒の偶有性は存続するが、その全実体はキリストの肉と血との全き実体に化し、このような変化を「全実体変化」と呼ぶとトレント公会議によって定義され、以後これがローマ・カトリック教会の正統教義となった。このような意味でその教義は「化体（かたい）説」とも呼ばれるが、メリエはこの説を想起している。

〔一五九〕　カトリック教会において「秘蹟」とは、恩恵を授けるしるしとして、キリストによって制定された、洗礼、堅信、聖体、告解、叙階、結婚、終油の七つの儀式を意味するが、この秘蹟の数、名称、またこの七つのすべてがキリストの制定によること、などがトレント公会議によって定められた。ここでメリエが語っているのは聖体の秘蹟のことである。

〔一六〇〕　日本聖書協会版聖書、一九五五年改訳により、対応箇所を以下に参考として掲げる。「それから水をたらいに入れて、弟子たちの足を洗い、腰に巻いた手ぬぐいでふき始められた」（『ヨハネによる福音書』第一三章五節）。「こうして彼らの足を洗ってから、上着をつけ、ふたたび席にもどって、

彼らに言われた、〈わたしがあなたがたにしたことがわかるか。……これらのことをあなたがたに話したのは、わたしにあって平安を得るためである。あなたがたは、この世ではなやみがある。しかし、勇気を出しなさい。わたしはすでに世に勝っている〉」(同書第一三章一二節—第一六章三三節)。

〔一六一〕 日本聖書協会版聖書、一九五五年改訳により、対応箇所を以下に参考として掲げる。「ユダは一きれの食物を受けると、すぐに出て行った。時は夜であった」(『ヨハネによる福音書』第一三章三〇節)。

〔一六二〕 日本聖書協会版聖書、一九五五年改訳により、対応箇所を以下に参考として掲げる。「彼らは、さんびを歌った後、オリブ山へ出かけて行った」(『マタイによる福音書』第二六章三〇節)。「彼らは、さんびを歌った後、オリブ山へ出かけて行った」(『マルコによる福音書』第一四章二六節)。

〔一六三〕 日本聖書協会版聖書、一九五五年改訳により、対応箇所を以下に参考として掲げる。「それから弟子たちの所に帰ってきて、言われた、〈まだ眠っているのか、休んでいるのか。見よ、時が迫った。人の子は罪人らの手に渡されるのだ〉」(『マタイによる福音書』第二六章四五節)。「それから、きてごらんになると、弟子たちが眠っていたので、ペテロに言われた、〈シモンよ、眠っているのか、ひと時も目をさましていることができなかったのか〉」(『マルコによる福音書』第一四章三七節)。「祈を終えて立ちあがり、弟子たちのところへ行かれると、彼らが悲しみのはて寝入っているのをごらんになって」(『ルカによる福音書』第二二章四五節)。

〔一六四〕 日本聖書協会版聖書、一九五五年改訳により、対応箇所を以下に参考として掲げる。「さて、除酵祭の第一日に、弟子たちはイエスのもとにきて言った、〈過越の食事をなさるために、わたしたちはどこに用意をしたらよいでしょうか〉」(『マタイによる福音書』第二六章一七節)。「除酵祭の第一日、すなわち過越の小羊をほふる日に、弟子たちがイエスに尋ねた、〈わたしたちは、過越の食事をなさる用意を、どこへ行ってしたらよいでしょうか〉」(『マルコによる福音書』第一四章一二節)。「さて、過越の小羊をほふるべき除酵祭の日がきたので」(『ルカによる福音書』第二二章七節)。

〔一六五〕 日本聖書協会版聖書、一九五五年改訳により、対応箇所を以下に参考として掲げる。「正月に、その月の十四日の夕方に、あなたがたは種入れぬパンを食べ、その月の二十一日の夕方まで続けなければならない」(『出エジプト記』第一二章一八節)。「正月の十四日の夕は主の過越の祭である」(『レビ記』第二三章五節)。「正月の十四日は主の過越の祭である」(『民数記』二八章一六節)。

〔一六六〕 イエスが最後の晩餐を行った日の夜から朝にかけてユダヤ人によって裁判にかけられ、翌日の昼十二時頃ピラトによって十字架にかけられた、とメリエは言う。メリエが典拠としている『マタイ・マルコ・ルカによる福音書』の当該箇所を、前注と同じ邦訳聖書によって以下に示す。「夜が明けると、祭司長たち、民の長老たち一同は、イエスを殺そうとして協議をこらした上、イエスを縛って引き出し、総督ピラトに渡した」(『マタイによる福音書』第二七章一節)。「さて、

昼の十二時から地上の全面が暗くなって、三時に及んだ。そして三時ごろに、イエスは大声で叫んで……イエスはもう一度大声で叫んで、ついに息をひきとられた」（同書第二七章四五―五〇節）。「夜が明けるとすぐ、祭司長たちは長老、律法学者たち、および全議会と協議をこらした末、イエスを縛って引き出し、ピラトに渡した」（『マルコによる福音書』第一五章一節）。「昼の十二時になると、全地は暗くなって、三時に及んだ。そして三時に、イエスは大声で……イエスは声高く叫んで、ついに息をひきとられた」（同書第一五章三三―三七節）。「夜が明けたとき、人民の長老、祭司長たち、律法学者たちが集まり、イエスを議会に引き出して言った……群衆はみな立ちあがって、イエスをピラトのところへ連れて行った」（『ルカによる福音書』第二二章六六節―第二三章一節）。「時はもう昼の十二時ごろであったが、太陽は光を失い、全地は暗くなって、三時に及んだ……こう言ってついに息を引きとられた」（同書第二三章四四―四六節）。

〔一六七〕　メリエの説明が少し不足している。訳注一六四と一六六で典拠を示したように、マタイ・マルコ・ルカの三『福音書』はイエスの最後の晩餐を一様に「過ぎ越し」の食事として描いている。したがってイエスの処刑は過ぎ越しの祭りの大祭当日ということになる。ところが、ここでメリエが典拠として出しているように、マタイ・マルコの『福音書』にはイエスの処刑が大祭当日ではなかったような言及がある。前注と同じ邦訳聖書を用いて、以下にその当該箇所を掲げる。「そのとき、祭司長たちや民の長老たちが、カヤパという大祭司の中庭に集まり、策略をもってイエスを捕えて殺そうと相談した。しかし彼らは言った、〈祭の間はいけない。民衆の中に騒ぎが起るかも知れない〉」（『マタイによる福音書』第二六章三―五節）。「さて、過越と除酵との祭の二日前になった。祭司長たちや律法学者たちは、策略をもってイエスを捕えたうえ、なんとかして殺そうと計っていた。彼らは、〈祭の間はいけない。民衆が騒ぎを起すかも知れない〉と言っていた」（『マルコによる福音書』第一四章一―二節）。以上のように、まずマタイ・マルコ・ルカの三『福音書』の間にこの点で矛盾があることになる。一方、イエスの処刑は過ぎ越しの祭りの前日（準備の日）であり、最後の晩餐は「過ぎ越し」の食事ではなくその二十四時間前の夕餐であった、という説が一般に立てられていた。本注に掲げたマタイ・マルコの『福音書』の当該箇所、およびメリエが後に引用する『ヨハネによる福音書』の一節ほかをその根拠とするのである。次注を参照。

〔一六八〕　イエスの死の日は、メリエがここに引く『ヨハネによる福音書』だけでなく、『マタイ・マルコ・ルカによる福音書』によっても、ともに金曜日、つまり安息日の準備の日とされている。「〔イエス処刑の〕あくる日は準備の日の翌日であったが」（『マタイによる福音書』第二七章六二節）、「さて、すでに夕がたになったが、その日は準備の日、すなわち安息日の前日であったので」（『マルコによる福音書』第一五章四二節）、「この日は準備の日であって、安息日が始まりかけていた」（『ルカによる福音書』第二三章五四節、引用はすべて

日本聖書協会版聖書、一九五五年改訳による）。この意味で、メリエによれば、イエスの最後の晩餐を「過ぎ越し」の食事として描いているマタイ・マルコ・ルカの三『福音書』はその間で矛盾をきたしている。

〔一六九〕　日本聖書協会版聖書、一九五五年改訳によって、対応箇所を以下に参考として掲げる。「また、そこには遠くの方から見ている女たちも多くいた。彼らはイエスに仕えて、ガリラヤから従ってきた人たちであった。その中には、マグダラのマリヤ、ヤコブとヨセフとの母マリヤ、またゼベダイの子たちの母がいた」（『マタイによる福音書』第二七章五五―五六節）。「また、遠くの方から見ている女たちもいた。その中には、マグダラのマリヤ、小ヤコブとヨセフとの母マリヤ、またサロメがいた。彼らはイエスがガリラヤにおられたとき、そのあとに従って仕えた女たちであった。なおそのほか、イエスと共にエルサレムに上ってきた多くの女たちもいた」（『マルコによる福音書』第一五章四〇―四一節）。「すべてイエスを知っていた者や、ガリラヤから従ってきた女たちも、遠い所に立って、これらのことを見ていた」（『ルカによる福音書』第二三章四九節）。

〔一七〇〕　日本聖書協会版聖書、一九五五年改訳によって、対応箇所を以下に参考として掲げる。「さて、イエスの十字架のそばには、イエスの母と、母の姉妹と、クロパの妻マリヤと、マグダラのマリヤとが、たたずんでいた。イエスは、その母と愛弟子とがそばに立っているのをごらんになって、母にいわれた、〈婦人よ、ごらんなさい。これはあなたの子です〉。それからこの弟子に言われた、〈ごらんなさい。これはあなたの母です〉。そのとき以来、この弟子はイエスの母を自分の家に引きとった」（『ヨハネによる福音書』第一九章二五―二七節）。

〔一七一〕　日本聖書協会版聖書、一九五五年改訳によって、対応箇所を以下に参考として掲げる。「すると、イエスは彼ら〔マグダラのマリヤとほかのマリヤ〕に出会って、〈平安あれ〉と言われたので、彼らは近寄りイエスのみ足をいだいて拝した」（『マタイによる福音書』第二八章九節）。「さて、十一人の弟子たちはガリラヤに行って、イエスが彼らに行くように命じられた山に登った。そして、イエスに会って拝した。しかし、疑う者もいた」（同書第二八章一六―一七節）。

〔一七二〕　日本聖書協会版聖書、一九五五年改訳によって、対応箇所を以下に参考として掲げる。「週の初めの日の朝早く、イエスはよみがえって、まずマグダラのマリヤに御自身をあらわされた」（『マルコによる福音書』第一六章九節）。「この後、そのうちのふたりが、いなかの方へ歩いていると、イエスはちがった姿で御自身をあらわされた」（同書第一六章一二節）。「その後、イエスは十一弟子が食卓についているところに現れ、彼らの不信仰と、心のかたくなことをお責めになった。彼らは、よみがえられたイエスを見た人々の言うことを、信じなかったからである」（同書第一六章一四節）。

〔一七三〕　日本聖書協会版聖書、一九五五年改訳によって、対応箇所を以下に参考として掲げる。「この日、ふたりの弟子が、エルサレムから七マイルばかり離れたエマオという村へ行き

ながら、このいっさいの出来事について互に語り合っていた。語り合い論じ合っていると、イエスご自身が近づいてきて、彼らと一緒に歩いて行かれた」(『ルカによる福音書』第二四章一三―一五節)。「そして、すぐに立ってエルサレムに帰って見ると、十一弟子とその仲間が集まっていて……こう話しているると、イエスが彼らの中にお立ちになった」(同書第二四章三三―三六節)。

〔一七四〕 日本聖書協会版聖書、一九五五年改訳によって、対応箇所を以下に参考として掲げる。「イエスは女〔マグダラのマリヤ〕に言われた、〈女よ、なぜ泣いているのか。だれを捜しているのか〉」(『ヨハネによる福音書』第二〇章一五節)。「その日、すなわち、一週の初めの日の夕方、弟子たちはユダヤ人をおそれて、自分たちのおる所の戸をみなしめていると、イエスがはいってきて、彼らの中に立ち、〈安かれ〉と言われた」(同書第二〇章一九節)。

〔一七五〕 日本聖書協会版聖書、一九五五年改訳によって、対応箇所を以下に参考として掲げる。「八日ののち、イエスの弟子たちはまた家の内におり、トマスも一緒にいた。戸はみな閉ざされていたが、イエスがはいってこられ、中に立って〈安かれ〉と言われた」(『ヨハネによる福音書』第二〇章二六節)。したがって、正確にはメリエが言うように「同じ弟子たち」ではなく、この時は十二使徒の一人トマスも一緒にいた。

〔一七六〕 日本聖書協会版聖書、一九五五年改訳によって、対応箇所を以下に参考として掲げる。「そののち、イエスはテベリヤの海べで、ご自身をまた弟子たちにあらわされた。……イエスの愛しておられた弟子が、ペテロに〈あれは主だ〉と言った」(『ヨハネによる福音書』第二一章一―七節)。

〔一七七〕 訳注一七一にもすでに引いたが、日本聖書協会版聖書、一九五五年改訳によって、対応箇所を以下に参考として掲げる。「さて、十一人の弟子たちはガリラヤに行って、イエスが彼らに行くように命じられた山に登った。そして、イエスに会って拝した」(『マタイによる福音書』第二八章一六―一七節)。

〔一七八〕 訳注一七二にもすでに引いたが、日本聖書協会版聖書、一九五五年改訳によって、対応箇所を以下に参考として掲げる。「その後、イエスは十一弟子が食卓についているところに現れ、彼らの不信仰と、心のかたくななことをお責めになった」(『マルコによる福音書』第一六章一四節)。

〔一七九〕 日本聖書協会版聖書、一九五五年改訳によって、対応箇所を以下に参考として掲げる。「それから、イエスは彼らをベタニヤの近くまで連れて行き、手をあげて彼らを祝福された。祝福しておられるうちに、彼らを離れて、天にあげられた」(『ルカによる福音書』第二四章五〇―五一節)。

〔一八〇〕 訳注一七四、一七六を参照。

〔一八一〕 『ルカによる福音書』については、訳注一七九で挙げた第二四章五〇―五一節を参照。『マルコによる福音書』については、以下の対応箇所を参照せよ。日本聖書協会版聖書、一九五五年改訳による。「その後、イエスは十一弟子が食卓についているところに現われ、彼らの不信仰と、心のかたく

ななことをお責めになった。……主イエスは彼らに語り終ってから、天にあげられ、神の右にすわられた」（『マルコによる福音書』第一六章一四―一九節）。

〔一八二〕 現行邦訳聖書では「世の終わりまで」となっているが、メリエはあえて「世紀の終わりまで」と仏訳したようである。

〔一八三〕 訳注一七九を参照せよ。

〔一八四〕 日本聖書協会版聖書、一九五五年改訳によって、対応箇所を以下に参考として掲げる。「こう言い終ると、イエスは彼らの見ている前で天に上げられ、雲に迎えられて、その姿が見えなくなった。……それから彼らは、オリブという山を下ってエルサレムに帰った」（『使徒行伝』第一章九―一二節）。

〔一八五〕 日本聖書協会版聖書、一九五五年改訳によって、対応箇所を以下に参考として掲げる。「そこで、しいて引き止めて言った、〈わたしたちと一緒にお泊まり下さい。もう夕暮になっており、日もはや傾いています〉。イエスは、彼らと共に泊まるために、家にはいられた」（『ルカによる福音書』第二四章二九節）。同書第二四章五一節については、訳注一七九を参照せよ。

〔一八六〕 日本聖書協会版聖書、一九五五年改訳によって、対応箇所を以下に参考として掲げる。「イエスは苦難を受けたのち、自分の生きていることを数々の確かな証拠によって示し、四十日にわたってたびたび彼らに現われて、神の国のことを語られた。そして食事を共にしているとき、彼らにお命じになった……こう言い終ると、イエスは彼らの見ている前で天に上げられ、雲に迎えられて、その姿が見えなくなった。……それから彼らは、オリブという山を下ってエルサレムに帰った」（『使徒行伝』第一章三―一二節）。

〔一八七〕 アウグスティヌスは『マニ教徒アディマントゥス反駁』第一巻第一七章二節で、マニ教徒が外典聖書を正しいものとして読んでいるとし、その中の一挿話を引用している。それは使徒トマスが、彼に平手打ちをくわせた男を呪うと、その男はただちにライオンによって引き裂かれたという挿話であるが、これは新約外典『トマス行伝』五―九節に対応している。したがってメリエが言う「使徒たちによる福音書」とは、ここを参照する限りでは『トマス行伝』のことであるが、これがどのような文書であったかをメリエは同定できなかったのであろう。

〔一八八〕 テオドレトス（キュロスの）は三九三頃―四五八年頃のシリアの神学者。アンティオキアに生まれ、修道士となり、四二三年にキュロスの主教になった。マルキオン派の改宗事業に従事した。またネストリウスの友人として、アレクサンドリアのキュリロスを攻撃したため四四九年に追放されたが、二年後には復帰した。エウセビオスの続編として四二八年までを扱った『教会史』もあるが、メリエが言及しているのは、魔術師シモンからネストリウスやエウテュケスまでの全異端を記述した『異端者たちの作り話要約』全五巻（四五三年頃）のことである。テオドレトスのラテン語訳著作集全四巻は一六四二年にパリで出版され、『異端者たちの作り話要約』は第三巻に含まれていたと言う。

〔一八九〕新約外典『ペテロ福音書』は、現在は発掘されているが、メリエ当時にそのものは知られていなかった。オリゲネスとエウセビオス（『教会史』）が言及し、二次的にはヒエロニムスとテオドレトス（『異端者たちの作り話要約』第二巻第二章）によって語られ、『ゲラシウス教令』の外典目録にも載せられていた。ただし、オリゲネスとエウセビオスによる限り、ナザレ人がこれを用いていたとは書かれていない。なお、別に『ナザレ人福音書』なるものが知られており、これはシリアのユダヤ的キリスト教徒「ナザレ人」の間で二世紀前半に使用されていたアラム語の福音書で、ヒエロニムスがしばしば引用している。これは『マタイによる福音書』の修正・拡大版のアラム語訳と現在は考えられている。

〔一九〇〕現在まで『アンデレ福音書』なるものは知られていない。ただし、『アンデレ行伝』は重要な外典として復元されているし、これへの最初の言及はエウセビオスにある（『教会史』第三巻第二五章六節）。証明二の訳注一〇四、一〇六をも参照。

〔一九一〕『ヤコブ原福音書』のことであろう。

〔一九二〕『トマス福音書』は一九四五または六年になって初めて発見されたが、ヒッポリュトス、オリゲネス、カイサリアのエウセビオス、エルサレムのキュリロスなど、古代の教父たちによって言及されていた。その証言によれば、この福音書はグノーシス主義の一派ナハシュ派、あるいはマニ教の周辺で成立し、彼らの間に流布していたと言われる。

〔一九三〕『マッテヤ福音書』については証明二の訳注一〇四を参照。教皇インノケンティウス一世（在位四〇一―四一七年）は、トゥールーズの司教エクスペリウスに宛てた書簡（四〇五年二月二〇日）の第七章で次のように述べている。「あなたの要請に応じて、正典と認められている書を簡単に記そう。〔正典目録省略〕他の書は、レウキウスとかいう者によって書かれたマッテヤや小ヤコブの名、またはペテロやヨハネの名前で（またはアンデレの名前で哲学者クセノカリデスとレオニタスによって）書かれたもの、またはトマスの名、その他の名を持つものを認めないばかりか、これらを排斥すべきである」。メリエはこれに言及しているのであろう。アンブロシウス（三三四―三九七年）は西方教会の確立に貢献したラテン教父で、四大教会博士の一人。

〔一九四〕『エジプト人福音書』はわずかな引用断片しか知られず、それは主としてアレクサンドレイアのクレメンス（一四〇あるいは一五〇頃―二一一あるいは二一五年頃、ギリシア教父）の『雑録』中に残されている（第三巻第六、九、一三章）。

〔一九五〕『ヘブル人福音書』は、ヘデシッポス（一七〇年頃）により『ヘブル人による福音書』と呼ばれ（エウセビオス『教会史』第四巻第二二章八節）、アレクサンドレイアのクレメンスおよびオリゲネスはこの福音書から引用している。ニケフォロスによると、この福音書は二千行を数えたというが、引用によりわずかの断片が残っているのみである。メリエが参照を指示しているのは、おそらくテオドレトス『異端者たちの作り話要約』におけるこの福音書への言及であろう。

〔一九六〕『ユダ福音書』はイレナエウス（またはエイレナイオス、一三〇頃―二〇〇年頃）が『異端反駁』で最初に言及しているが、この福音書の原典は発見されていない。以後、エピファニオス（三一五頃―四〇三年）、テオドレトスが言及している。ただし、テオドレトス『異端者たちの作り話要約』は全五巻であるから、メリエの参照指示は誤りであろう。

〔一九七〕『ピリポ福音書』については、エピファニオスが『異端に対する薬箱』で証言している。現在では『ピリポによる福音書』と後書されているグノーシス文書が知られているが、これは先のものとは無関係であるようだ。メリエは、エピファニオスの言及を直接あるいは間接的に想起しているのであろう。

〔一九八〕証明二の訳注一二四を参照。

〔一九九〕バシレイデスは一二〇―一四五年頃、エジプトのアレクサンドリアで教えたグノーシス主義者。彼が独自の福音書を編んだとオリゲネスが報じているが、それはいまだに発掘されていない。福音書に関する彼の『釈義』は、断片的に教父たちに引用されて残っている。アンブロシウスのほかにヒエロニムスも、『バシレイデス福音書』を異端者たちの福音書の一つに挙げている。

〔二〇〇〕教皇シリキウスは、前任の教皇ダマスス一世同様、教皇の首位権の確立に努めたローマ教皇（在位三八四―三九九年）。カルタゴ教会会議は、古代において開かれた北アフリカの地方的教会会議で、西欧における大宗教会議の萌芽がここに見られる。北アフリカのカトリック教会全体にとって重要な問題が起こるごとに、カルタゴ教会の主導権のもとに北アフリカ全地域の教会代表者が参集して行われる習わしだった。三九七年の第三カルタゴ教会会議は、その決議四七条の正典目録によって著名である。なお、教会会議のうち、全世界の司教または他の正規代表者が教会の教義・儀式・戒規などに関して審議決定する万国会議を、カトリック教会は公会議と称し、（メリエの時代までで数えると）トレント公会議まで十九を公会議と規定していた。

〔二〇一〕メリエの時代、カトリック教会において聖書正典は以下のトレント公会議第四総会決議（一五四六年四月八日）で最終的に定められていた。「誰一人として疑う者のないように、この公会議が認めた聖書の目録をこの教令の中に書き記すものである。聖書の目録は次の通りである。旧約聖書では、創世記、出エジプト記、レヴィ記、民数記略、申命記を含むモーセ五書、ヨズエ、士師、ルト、列王一、二（サムエル前後）、列王三、四、歴代史略上、下（年代記前後）、エスドラ、ネヘミヤ、トビヤ、ユジイト、エステル、ヨブ、ダビデの一五〇詩編、箴言書、コヘレットの書、雅歌、智書、集会書、イザヤ、エレミヤ（哀歌を含む）、バルク、エゼキエル、ダニエル、ホゼア、ヨエル、アモス、アブディア、ヨナ、ミケア、ナホム、ハバクク、ソフォニア、ハガイ、ザカリア、マラキア、マカバイ前、後である。新約聖書では、マタイ、マルコ、ルカ、ヨハネによる四つの福音書と福音記者ルカによる使徒行録、使徒パウロの一四の書簡（ローマ、一・二コリント、ガラチア、エフェソ、フィリッピ、コロサイ、一・二

テサロニケ、一・二チモテ、チト、フィレモン、ヘブライ)、使徒ペトロの二書簡、使徒ヨハネの三書簡、使徒ヤコボの書簡、使徒ユダの書簡、使徒ヨハネの黙示録である。以上の書物を聖なる正典として、カトリック教会において普通に読まれているラテン訳、ブルガタ版に従って、全部を残らず受け入れなかったり、知りながら故意に上に説明した伝承を軽視したりする者は排斥される」(『改訂版、H・デンツィンガー編、A・シェーンメッツァー増補改訂、カトリック教会文書資料集』エンデルレ書店、二七〇―二七一頁、浜寛五郎訳)。

〔二〇二〕 この一文は、後にメリエが指示する『申命記』第一〇章一七節にはなく、メリエ自身による文章である。「それゆえ、あなたがたは心に割礼をおこない、もはや強情であってはならない」(『申命記』第一〇章一六節)、「それゆえ、あなたの神、主を愛し、常にそのさとしと、定めと、おきてと、戒めとを守らなければならない」(同書第一一章一節、引用は日本聖書協会版聖書、一九五五年改訳による) などをメリエ流に言い換えているのであろう。

〔二〇三〕 日本聖書協会版聖書、一九五五年改訳によって、対応箇所を以下に参考として掲げる。「だからあなたがたは主を恐れ、慎んで行いなさい。われわれの神、主には不義がなく、人をかたより見ることなく、まいないを取ることもないからです」(『歴代志下』第一九章七節)。「贈り物で主を買収しようとするな、それは受け入れられない。不正のいけにえにたよるな、主は、人をえこひいきされぬ、裁判官だからである」(『集会の書』第三五章一一―一二節、『集会の書』はプロテスタント系邦訳聖書に収録されていないので、この引用についてのみフェデリコ・バルバロ訳聖書、講談社、一九八〇年版を用いる)。「そこでペテロは口を開いて言った、〈神は人をかたよりみないかたで……〉」(『使徒行伝』第一〇章三四節)。「なぜなら、神には、かたより見ることがないからである」(『ローマ人への手紙』第二章一一節)。「神は人を分け隔てなさらないのだから」(『ガラテヤ人への手紙』第二章六節)。「あなたがたが知っているとおり、彼らとあなたがたとの主は天にいますのであり、かつ人をかたより見ることをなさらないのである」(『エペソ人への手紙』第六章九節)。「不正を行う者は、自分の行った不正に対して報いを受けるであろう。それには差別扱いはない」(『コロサイ人への手紙』第三章二五節)。

〔二〇四〕 『ウルガタ聖書』ではこのとおりだが、現行邦訳聖書では第六章七節。

〔二〇五〕 日本聖書協会版聖書、一九五五年改訳により、対応箇所を以下に参考として掲げる。「時に主はアブラムに言われた、〈あなたは国を出て、親族に分かれ、父の家を離れ、わたしが示す地に行きなさい。わたしはあなたを大いなる国民とし、あなたを祝福し、あなたの名を大きくしよう。あなたは祝福の基となるであろう〉」(『創世記』第一二章一―二節)。

〔二〇六〕 「一つの海からもう一つの海までの全地を」の部分はメリエの付け加えである。

〔二〇七〕 メリエは『創世記』第一三章一六、一七節と書いているが、実際には一七節だけである。

〔二〇八〕 日本聖書協会版聖書、一九五五年改訳によって、対応箇所を以下に参考として掲げる。「時に主はアブラムに言われた、〈あなたは国を出て、……あなたを祝福する者をわたしは祝福し、あなたをのろう者をわたしはのろう。地のすべてのやからは、あなたによって祝福される〉」(『創世記』第一二章一―三節)。「その日、主はアブラムと契約を結んで言われた、〈わたしはこの地をあなたの子孫に与える。エジプトの川から、かの大川ユフラテまで〉」(同書第一五章一八節)。「アブラハムは必ず大きな強い国民となって、地のすべての民がみな、彼によって祝福を受けるのではないか」(同書第一八章一八節)。「またわたしはあなたの子孫を増して天の星のようにし、あなたの子孫にこれらの地をみな与えよう。そして地のすべての国民はあなたの子孫によって祝福をえるであろう」(同書第二六章四節)。「わたしは大いにあなたを祝福し、大いにあなたの子孫をふやして、天の星のように、浜べの砂のようにする」(同書第二二章一七節)。「あなたの子孫は地のちりのように多くなって、西、東、北、南にひろがり、地の諸族はあなたと子孫とによって祝福をうけるであろう」(同書第二八章一四節)。

〔二〇九〕 日本聖書協会版聖書、一九五五年改訳によって、対応箇所を以下に参考として掲げる。ただし、『集会の書』はプロテスタント系邦訳聖書には収録されていないので、その引用についてはフェデリコ・バルバロ訳聖書、講談社、一九八〇年版を用いる。「主は言われた、〈わたしは自分をさして誓う〉」(『創世記』第二二章一六節)。「わたしのしもべダビデに誓った」(『詩篇』第八九篇三節)。「そこで主は、誓って、彼に約束された」(『集会の書』第四四章二一節、ただし『ウルガタ聖書』ではメリエが指示しているように第四四章二二節である)。「さて、神がアブラハムに対して約束をされたとき、さして誓うのに、ご自分より上のものがないので、ご自分をさして誓って、〈わたしは、必ずあなたを祝福し、必ずあなたの子孫をふやす〉と言われた」(『ヘブル人への手紙』第六章一三―一四節)。

〔二一〇〕 ここにおける『申命記』からの引用は、聖書の句そのままではなく、メリエは大意を伝えている。

〔二一一〕 引用は、実際には『申命記』第一四章二、三節からなされており、メリエは前後を入れ換えて引用している。

〔二一二〕 スコラ哲学の格率の一つであろう。メリエはこのような格率をいくつか用いる。この格率の出典は未詳。

〔二一三〕 日本聖書協会版聖書、一九五五年改訳によって、対応箇所を以下に参考として掲げる。「かつ、栄光にあずからせるために、あらかじめ用意されたあわれみの器にご自身の栄光の富を知らせようとされたとすれば、どうであろうか」(『ローマ人への手紙』第九章二三節)。

〔二一四〕 日本聖書協会版聖書、一九五五年改訳によって、対応箇所を以下に参考として掲げる。「もし、神が怒りをあらわし、かつ、ご自身の力を知らせようと思われつつも、滅びることになっている怒りの器を、大いなる寛容をもって忍ばれたとすれば」(『ローマ人への手紙』第九章二二節)。

〔二一五〕 ここに「恩恵を与える」と訳出した箇所は手稿一九四

六〇ではbienfanteとなっていて意味不明である。当該箇所は他の二つの手稿一九四五八、一九四五九ではともにbien-faisanteとなっており、これに従って訳出した。

〔二一六〕　仮に神が存在するならば、神が他のどれよりも間違いなく行うべきであった奇蹟とは、メリエにとって、「人々に最大の主要な幸福を」与えることであろう。その具体的な内容は第二〇章後半を参照せよ。

〔二一七〕　日本聖書協会版聖書、一九五五年改訳によって、対応箇所を以下に参考として掲げる。「七人の祭司たちは、おのおの雄羊の角のラッパを携えて、箱に先立たなければならない。……そして祭司たちは雄羊の角を長く吹き鳴らし、そのラッパの音が、あなたがたに聞こえる時、……町の周囲の石がきは、くずれ落ち、民はみなただちに進んで、攻め上ることができる。……そこで民は呼ばわり、祭司たちはラッパを吹き鳴らした。民はラッパの音を聞くと同時に、みな大声をあげて呼ばわったので、石がきはくずれ落ちた」（『ヨシュア記』第六章四―二〇節）。

〔二一八〕　日本聖書協会版聖書、一九五五年改訳によって、対応箇所を以下に参考として掲げる。「民がその敵を撃ち破るまで、日はとどまり、月は動かなかった。これはヤシャルの書にしるされているではないか。日が天の中空にとどまって、急いで没しなかったこと、おおよそ一日であった」（『ヨシュア記』第一〇章一三節）。

〔二一九〕　日本聖書協会版聖書、一九五五年改訳によって、対応箇所を以下に参考として掲げる。「主の使は荒野にある泉のほとり、すなわちシュルの道にある泉のほとりで、彼女〔ハガル〕に会い」（『創世記』第一六章七節）。

〔二二〇〕　日本聖書協会版聖書、一九五五年改訳によって、対応箇所を以下に参考として掲げる。「神はまた夢で彼〔アビメレク〕に言われた、〈そうです、あなたが清い心をもってこのことをしたのを知っていたから、わたしもあなたを守って、わたしに対して罪を犯させず、彼女にふれることを許さなかったのです〉」（『創世記』第二〇章六節）。

〔二二一〕　日本聖書協会版聖書、一九五五年改訳によって、対応箇所を以下に参考として掲げる。「そのふたりのみ使は夕暮にソドムに着いた。そのときロトはソドムの門にすわっていた。ロトは彼らを見て、立って迎え……。そこでロトは出て行って、その娘たちをめとるむこたちに告げて言った、〈立ってこの所から出なさい。主がこの町を滅ぼされます〉。しかしそれはむこたちには戯むれごとに思えた」（『創世記』第一九章一―一四節）。

〔二二二〕　ナジル人。イスラエル人の中でとくに神に献身した誓願者。「聖別された」の意。彼らは一定期間、または終生自らを主に捧げ、その誓願中、ブドウ酒と濃い酒とを断ち、髪の毛を切らず、死体に触れずに神聖さを保った。

〔二二三〕　「ビール」は『ウルガタ聖書』では「強い酒」となっている。次注も参照せよ。

〔二二四〕　日本聖書協会版聖書、一九五五年改訳によって、対応箇所を以下に参考として掲げる。「ここにダンびとの氏族の者で、名をマノアというゾラの人があった。その妻はうまず

めで、子を産んだことがなかった。主の使がその女に現れて言った、〈あなたはうまずめで、子を産んだことがありません。しかし、あなたは身ごもって男の子を産むでしょう……〉。そこでその女はきて夫に言った、〈……その人はわたしに《あなたは身ごもって男の子を産むでしょう。それであなたはぶどう酒または濃い酒を飲んではなりません。……その子は生れた時から死ぬ日まで神にささげられたナジルびとです》と申しました〉。……マノアは言った、〈あなたの言われたことが事実となったとき、その子の育て方およびこれになすべき事はなんでしょうか〉。主の使はマノアに言った、〈わたしがさきに女に言ったことは皆、守らせなければなりません。すなわちぶどうの木から産するものはすべて食べてはなりません。またぶどう酒と濃い酒を飲んではなりません〉」（『士師記』第一三章二―一四節）。

〔二二五〕 メリエは「『列王紀二』第一九章三五節」という出典指示をしているが、『列王紀四』第一九章三五節が正しい。また、『ウルガタ聖書』で『列王紀四』と表記される書は、現行邦訳聖書では『列王紀下』と表記されている。日本聖書協会版聖書、一九五五年改訳によって、対応箇所を以下に参考として掲げる。「その夜、主の使が出て、アッスリヤの陣営で十八万五千人を撃ち殺した」（『列王紀下』第一九章三五節）。

〔二二六〕 十戒の石板がその中に納められた箱で、十戒が神とイスラエルの民との契約の基礎をなす神の言葉であるため、契約の櫃（契約の箱）と呼ばれた。

〔二二七〕 『ウルガタ聖書』ではメリエが報じているとおりの記述である。すなわち、「主は町の者を七十人、細民を五万人撃たれた」となっているが、現行邦訳聖書では文言が異なっている。参考として日本聖書協会版聖書、一九五五年改訳の対応箇所を以下に掲げておく。なお、『ウルガタ聖書』で『列王紀一』と表記される書は、現行邦訳聖書では、『サムエル記上』と表記されている。「ベテシメシの人々で主の箱の中を見たものがあったので、主はこれを撃たれた。すなわち民のうち七十人を撃たれた。主が民を撃って多くの者を殺されたので、民はなげき悲しんだ」（『サムエル記上』第六章一九節）。

〔二二八〕 日本聖書協会版聖書、一九五五年改訳によって、対応箇所を以下に参考として掲げる。なお、『ウルガタ聖書』で『列王紀二』と表記される書は、現行邦訳聖書では『サムエル記下』と表記されている。「そこで主は朝から定めの時まで疫病をイスラエルに下された。ダンからベエルシバまでに民の死んだ者は七万人あった」（『サムエル記下』第二四章一五節）。

〔二二九〕 旧約外典『トビト書』第三章一六―一七節に、トビトと未来の嫁サラのために神が天使ラファエルを遣わせたと述べられている。

〔二三〇〕 『創世記』第二〇章六節で語られる、ゲラルの王アビメレクとアブラハムの妻との挿話。本書一〇六―一〇七頁を参照。

〔二三一〕 ローマ・カトリック教会において、聖人とは、殉教者

やとくに信仰と徳に秀でた死者で、教皇の権限により聖人と宣言された（列聖された）者を意味する。彼らは教会暦に祝日が定められ、その功徳が信徒の救いに有効であると認められ、崇敬の対象とされる。聖人に準じる者が福者で、両者ともその霊魂は煉獄ではなく、すでに天国にあるとされる。以後メリエは「諸聖人やその聖遺物の奇蹟」の荒唐無稽さを紹介していくが、諸聖人への崇敬・祈願、聖遺物の崇敬はカトリック教徒の信仰生活の一部となっていた。聖人伝について言えば、ローマ・カトリック教会が六世紀以降、聖人崇敬をミサの中に導入してから、諸聖人の伝記が好んで読まれるようになり、全盛を極めた。なかでもヴォラギネのヤコブス（一二三〇頃—一二九八年頃）の『黄金伝説（諸聖人の生涯）』（邦訳、人文書院、前田敬作他訳）はもっとも著名で、これは教会暦に従って聖人伝を配列し、説教を加えたものであった。メリエ当時で言えば、より学問的な『聖人伝集』がボラン、パーペンブルークらを中心とするフランドルのイエズス会士（いわゆるボランディスト）によってアントワープから刊行されてはいた。これは一六四三年に出た一月の部を皮切りに延々と続き、一七七〇年に一〇月の部が刊行され、のち中断されたが十九世紀になって再び継続された。しかし、これ以外にも『聖人伝』のたぐいは数多くあり、以下の本文でメリエが用いる『聖人伝』が何なのかは同定できなかった。

〔一二三二〕　自然の諸元素。メリエはここで地水火風、総じて自然を意味しているのだろう。本書一一六頁参照。

〔一二三三〕　プロテスタントが聖人の崇敬を偶像崇拝の一つとして激しく攻撃したことは言うまでもないが、カトリック側はメリエ当時、これについてトレント公会議の決議によって以下のような立場表明をしていた。「聖なる公会議は、司教および他人を教える任務にある者に、聖人の取次ぎを呼び求めること、遺物の尊敬、画像の正しい使用について、信者に教えることを命ずる。……聖人と殉教者の聖なる遺体は、かつてキリストの生きた体、聖霊の聖殿であった（『第一コリント』三の一六、六の一九、『第二コリント』六の一六）。またキリストによって復活させられ、永遠の生命に入り、天国の栄光を受けるべきものであるため、崇敬すべきものである。これらの遺体を通じて多くの恵みが神から人類に与えられる。聖人の遺物は表敬に値せず、その表敬は不必要であり、聖人の助力を得るためにその墓所を訪ねるのは無駄なことであると主張する者を、教会は過去において排斥したし、今日も排斥する」（第二五総会、聖人の取次ぎと崇敬、遺物、聖画像についての教令、一五六三年一二月三日、『改訂版、H・デンツィンガー編、A・シェーンメッツァー増補改訂、カトリック教会文書資料集』エンデルレ書店、三一五頁、浜寛五郎訳）。

〔一二三四〕　八月一日は「聖ペテロ鎖の記念」と呼ばれる祝日である。その鎖に関して伝えられている奇蹟については、ヴォラギネのヤコブス『黄金伝説』第一〇四章（邦訳、人文書院、第三巻七一—八〇頁、前田敬作他訳）参照。

〔一二三五〕　この奇蹟については、ヴォラギネのヤコブス『黄金伝説』第六四章中の逸話（邦訳、人文書院、第二巻一八六—一八七頁、前田敬作他訳）を参照。なお、メリエが記している

ように、五月三日は「聖十字架の発見」の祝日とされていた。

〔二三六〕　一月九日を祝日とする、一三世紀末のポワトゥーの殉教者サン・トノレ（聖ホノリウス）のことであろうか。埋葬時にさまざまな奇蹟が起こり、遺物も大切に保存されたという（ミーニュ版『聖人辞典』）。

〔二三七〕　聖ベルナルドゥス。クレルヴォーのベルナルドゥス（一〇九〇頃―一一五三年）、フランスの宗教家。聖人（祝日八月二〇日）、大修道院長、教会博士。シトーのベネディクト会修道院に入り、一一一五年にクレルヴォーに分院を建て、その院長になった。第二回十字軍は彼の勧めで実現された。

〔二三八〕　聖フランチェスコ。アッシジのフランチェスコ（一一八一―一二二六年）、イタリアの神秘家。聖人（祝日一〇月四日）、フランシスコ会の創立者。一二〇六年にすべてを捨てて修道生活に入り、一二二三年に「小さな兄弟修道会」（フランシスコ会）を創立した。フランチェスコが清貧を尊び、一枚の布に縄を帯として、教えを説いたことから、この服装がフランシスコ会の修道服となった。

〔二三九〕　聖ホアン・デ・ディオス。ホアン・デ・ディオス（「神のホアン」）、一四九五―一五五〇年、スペインの聖職者。聖人（祝日三月八日）、慈愛会と呼ばれる男子修道会の創立者。

〔二四〇〕　聖メラニア。メラニア・ユニオル（小メラニア）、三八三頃―四三九年、ローマの婦人。聖人（祝日一二月三一日）、オリブ山上に修道院を建てた。

〔二四一〕　聖グラキリアヌス。グラキリアヌスという名の聖人は、ミーニュ版『聖人辞典』にはトスカーナの殉教者（祝日八月一二日）一人しか載っていないが、この人物のことであろうか。

〔二四二〕　ホモボヌスという名の聖人も、ミーニュ版『聖人辞典』には、クレモナの商人であった十二世紀の聖人（祝日一一月一三日）一人しか載っていないが、この人物のことであろうか。

〔二四三〕　使徒アンデレの祝日は一一月三〇日。これと類似の逸話は『黄金伝説』第二章中にも見られる（邦訳、人文書院、第一巻四九頁、前田敬作他訳）。

〔二四四〕　聖ベネディクトゥス。ヌルシアのベネディクトゥス（四八〇頃―五四七あるいは五五〇年）のことであろう。彼は西欧的な修道院制の創設者で、ヨーロッパの守護聖人（祝日三月二一日）。五二九年にモンテ・カッシーノの僧院を作り、ベネディクト会則を定めた。

〔二四五〕　聖クリストフォロスの祝日は七月二五日。十四救難聖人の一人で民衆の間で人気の高い聖人だが、三世紀頃の殉教者だろうということしか分かっていない。この逸話については、『黄金伝説』第九五章（邦訳、人文書院、第三巻一七頁、前田敬作他訳）を参照。

〔二四六〕　教皇聖クレメンスとは、クレメンス一世（ローマのクレメンス）、三〇頃―一〇一年頃のこと。祝日は一一月二三日。この逸話については、『黄金伝説』第一六四章（邦訳、人文書院、第四巻三一四頁、前田敬作他訳）を参照。

〔二四七〕　聖ダマスケヌス。ダマスコスのヨアンネス（六七五頃―七四九年頃）のこと、東方教会の神学者、聖人（祝日三月二七日、現行の教会暦では一二月四日）。最後のギリシア教

父で、西方中世神学にも大きな影響を与えた。

〔二四八〕 聖ドミニクスは、ドミニクス（一一七〇頃―一二二一年）、スペインの宗教家、聖人（祝日八月四日）、説教者修道会（いわゆるドミニコ会）の創立者のこと。この逸話については、『黄金伝説』第一〇七章（邦訳、人文書院、第三巻一一四頁、前田敬作他訳）を参照。

〔二四九〕 聖フェレオルス。ブザンソンの最初の司教で、二一二年頃殉教したと伝えられている。ミーニュ版『聖人辞典』による。

〔二五〇〕 聖フェルティウス。祝日一〇月二八日を与えられている、マインツで殉職した聖人のことか。ミーニュ版『聖人辞典』による。

〔二五一〕 フランチェスコについては、訳注二三八を参照。彼が動物たちにも説教をしたという伝説は有名である。『黄金伝説』第一四三章（邦訳、人文書院、第四巻四七頁など、前田敬作他訳）を参照。

〔二五二〕 聖エゼルドレダ。六三〇―六七九年、ノーサンブリアの女王、エリ修道院創設者、聖人（祝日六月二三日）、のことであろう。

〔二五三〕 聖テレジア。ポルトガルのテレジア（一一七八―一二五〇年）、ポルトガルの王女、ロルヴァーンのシトー会修道院創設者、聖人。

〔二五四〕 ヴィテルボの聖ローザ。一二三五―一二五二年、イタリアの少女聖人（祝日九月四日）。

〔二五五〕 聖ゴドレヴァ。一般には聖女ゴドレーヌ（祝日七月六日）と呼ばれるフランス・ブローネ地方の聖人（一〇七〇年没）のことか。ミーニュ版『聖人辞典』による。

〔二五六〕 聖ヘートヴィヒ。一一七四頃―一二四三年、ドイツの聖人（祝日一〇月一七日）、シュレージエン大公ハインリヒ一世の妻。

〔二五七〕 天使博士聖トマス。トマス・アクィナス（一二二五頃―一二七四年）、イタリアの神学者、哲学者、聖人。モンテ・カッシーノ修道院、ナポリ大学で教育を受け、ドミニコ会に入った。『神学大全』、アリストテレス注解などを残した。「天使博士」と呼ばれる。

〔二五八〕 聖イルデフォンスス。トレドのイルデフォンスス（六〇七頃―六六七年）、スペインの大司教、聖人（祝日一月二三日）。アガリアのベネディクト会修道院の院長となり、さらにトレドの大司教となった。『聖マリア処女論』という著作がある。

〔二五九〕 聖アントニヌス。フィレンツェのアントニヌス（一三八九―一四五九年）のことであろう。彼はフィレンツェの大司教、聖人（祝日五月一〇日）。ドミニコ会士になり、フィレンツェ市にサン・マルコ修道院を創立した。

〔二六〇〕 聖ラウレンティウス。施しの聖者として有名なローマの殉教者（二五八年没）。祝日八月一〇日。以下に述べられる彼の奇蹟的治療については、『黄金伝説』第一一一章（邦訳、人文書院、第三巻一五三―一五五頁、前田敬作他訳）を参照。

〔二六一〕 聖リュシアン。ローマからガリアに宣教に来て殉教し

た（二九〇年頃没）と伝えられる聖人（祝日一月八日）。ボーヴェの最初の司教とも言われる。ミーニュ版『聖人辞典』による。
〔二六二〕　リエスはフランスのラン近郊の村。そのノートルダム大聖堂に安置されている聖母像は奇蹟を起こすとされていた。
〔二六三〕　聖メロヌス。イギリス生まれで、ローマでキリスト教に改宗し、ガリアに宣教に来て四世紀初めに没したとされる聖人（祝日一〇月二二日）のことか。彼はルーアンの司教だったとも言われる。ミーニュ版『聖人辞典』による。
〔二六四〕　パウロのこの奇蹟については、『黄金伝説』第八五章（邦訳、人文書院、第二巻三八一頁、前田敬作他訳）を参照。聖パンタレオンは、ディオクレティアヌス帝治下の殉教者（三〇五年頃没）で、十四救難聖人の一人（祝日七月二七日）のことであろう。
〔二六五〕　福者ピエール・ド・リュクサンブール。一三六九—一三八七年、フランスの枢機卿、メスの司教。祝日は七月五日。ミーニュ版『聖人辞典』による。
〔二六六〕　聖女カタリナ（カテリナ）は、アレクサンドリアの伝説的殉教者（三〇九年頃没）。十四救難聖人の一人（祝日一一月二五日）。五十人の哲学者の話と、カタリナのシナイ山上への埋葬の話については、『黄金伝説』第一六六章（邦訳、人文書院、第四巻三二八、三三二頁、前田敬作他訳）を参照。
〔二六七〕　聖クィンティヌス。フランス語ではサン・カンタン。三世紀の殉教聖人（祝日一〇月三一日）で、ローマからガリアに来て、アミアン（ソンム川沿いの町）とその周辺で宣教に従事したという。『黄金伝説』第一五三章（邦訳、人文書院、第四巻一四五—六頁、前田敬作他訳）も参照。
〔二六八〕　聖レギナ。ブルゴーニュ地方の殉教処女聖人（二五一年頃没、祝日七月七日）。ミーニュ版『聖人辞典』による。
〔二六九〕　聖ウィンケンティウス・フェレリウス。スペインのドミニコ会士、大衆的巡回説教者（一三五〇—一四一九年）、聖人（祝日四月五日）。説教の旅の途上、ブルターニュ地方で没した。
〔二七〇〕　ル・マンの聖ユリアヌス。フランス語ではサン・ジュリアン。ル・マンの最初の司教とされる聖人（祝日一月二七日）。ル・マン市にはサン・ジュリアン聖堂がある。『黄金伝説』第三〇章（邦訳、人文書院、第一巻三二五頁、前田敬作他訳）も参照。
〔二七一〕　聖イヴォ。未詳。どの聖イヴォであるか推定できなかった。
〔二七二〕　ブリウドの聖ユリアヌス。ヴィエンヌ生まれのローマの軍人、三〇四年にオーヴェルニュ地方のブリウドで殉教した聖人（祝日八月二八日）。ヴィエンヌに五世紀にサン・ジュリアン教会が建てられ、フランスでもっとも重要な巡礼地となった。『黄金伝説』第三〇章（邦訳、人文書院、第一巻三二六頁、前田敬作他訳）も参照。
〔二七三〕　パドヴァの聖アントニウス（一一九五—一二三一年）、イタリアのフランシスコ会の有名な説教師、聖人（祝日六月一三日）。リスボン生まれで、パトヴァで没した。その墓では多くの奇蹟が起こったと言われ、一二三二年に列聖、十五

世紀以降アントニウス崇拝が大衆に広まった。

〔二七四〕　聖イシドルス。農夫イシドロ（一〇七〇頃―一一三〇年）、スペインのマドリード市の守護聖人（祝日五月一五日）。死後さまざまな奇蹟が起こったので、遺骸を一二一〇年頃マドリードの聖アンドレアス教会に移したという。一六二二年に列聖された。

〔二七五〕　聖アルベルトゥス。未詳。どの聖アルベルトゥスであるか推定できなかった。

〔二七六〕　聖エレアザル。未詳。ミーニュ版『聖人辞典』には、旧約の殉教者聖エレアザル（『第二マカベア書』第六章一八節以降参照）しか見当たらない。

〔二七七〕　聖エンネムンドゥス。ポワトゥー地方メレの修道士（六〇〇年頃没）のことか。ミーニュ版『聖人辞典』による。

〔二七八〕　クラクフの聖ヒアキントゥス（一一八五頃―一二五七年）、ポーランドの守護聖人。ドミニコ会布教団長としてポーランドをはじめ、リトアニア、ボヘミア、デンマーク、スウェーデン、ノルウェー、ギリシア、さらにチベットまで伝道し、各地に修道院を設立し、奇蹟を行ったという。一五九四年に列聖された。祝日は後に見られるメリエの指示と異なり、八月一七日。

〔二七九〕　聖フランチェスコ。訳注二三八、二五一を参照。

〔二八〇〕　パオラの聖フランチェスコ（一四一六―一五〇七年）、イタリアの修道士、ミニモ会の創立者、聖人（祝日四月二日）。

〔二八一〕　ガブリエル・ノーデ『誤って魔術の嫌疑をかけられたすべての偉人たちのための弁明』のこと。証明一の訳注五を参照。

〔二八二〕　後段の注二八五で見るように、この箇所はノーデの原文では「われわれの古い夢物語（ロマン）の一切がテュルパン司教の年代記から」となっている。さてテュルパン大司教は、中世フランス語による現存最古の武勲詩『ロランの歌』の主要登場人物の一人（ロンスヴォーの谷でロランとともに討ち死にする十二臣将の一人）として現在では有名だが、ノーデは直接にこの作品や作中人物を言っているのではない。現在のような形で『ロランの歌』が紹介され始めたのは、早くても一七七〇年代以降である。確かに、ランスの大司教になった（七五三年頃）サン・ドニの修道士テュルパンなる人物は実在したらしい。だがそのような史実とは別に、テュルパンがロンスヴォーの戦いに参加し書いたと称する、ラテン語による架空の年代記が十一世紀頃成立したらしい。その著作は『シャルルマーニュとロランの生涯』（あるいは『テュルパン大司教の年代記』）と呼ばれた。これは十二世紀初め以降俗語（ロマン語）にも訳されたというが、ラテン語のテキストが初めて刊行されたのは一五六六年である。したがって、ノーデの言う『テュルパン司教の年代記』とはこれを指しているのであろう。

〔二八三〕　「トラヤヌス帝赦免説」とは、教皇聖グレゴリウス（グレゴリウス一世、在位五九〇―六〇四年）の聖人伝から発し、中世に広く知られた伝説。聖グレゴリウスの取りなしにより、キリスト教迫害者であるローマ皇帝トラヤヌス（在

位九八―一一七年）が死後に受けている永遠の責苦から赦免されたという説。『グレゴリウス大教皇伝』はベネディクト会士の助祭パウルス（七二〇頃―七九九年）が書き、モンテ・カッシーノの修道士であった助祭ヨハネス（八二五―八八〇年頃）がそれを補足した。したがってノーデは、この『グレゴリウス大教皇伝』のことを想起しているのであろう。
〔二八四〕古典古代の大詩人ウェルギリウス（前七〇―前一九年）を、ノーデはこの弁護論で取り上げている。中世以来この詩人の「魔術」や「神異」に関する伝説が流布していたからである。ここでノーデはそのような話の起源を、フロワモンのヘリナンドゥス（フランスのシトー会修道士、一一六〇頃―一二二九年以降）の『世界年代記』のうちに見ている。ただし、後の第二一章ではその起源をティルベリのゲルヴァシウス（イギリス中世の著作家、一一四〇頃―一二二〇年頃）の『皇帝の閑暇』（一二一四年）と修正している。
〔二八五〕ノーデ『誤って魔術の嫌疑をかけられたすべての偉人たちのための弁明』からの以上三つの引用断片は、出典と比較すると順不同であり、省略・付加もあるので、それらを含む原文を引用しておく。「さて、こうしたすべての不合理から解放されるには、これらうるわしい空想を描いた者の順序を考察し、次々とそれを遡って、そういうものをわれわれに与えた最初の、おそらく唯一の作者と認めた者まで辿りつけばよい。たとえば、われわれの古い夢物語（ロマン）の一切がテュルパン司教の年代記から、女教皇ヨハンナのさまざまなお話がマリアヌス・スコトゥスなる者から〔レオ十世（八五五年没）とベネディクトゥス三世（八五八年没）の間に女性の教皇が在位したという伝説。マリアヌス・スコトゥス（一〇二八―八二年頃）はイギリス生まれの年代記者――引用者注〕、トラヤヌス帝赦免説が助祭ヨハネスなる者から、ウェルギリウス魔術師説が修道士ヘリナンドゥスから、発しているのは疑問の余地のない確実なことである。その最初の人が見つかったら、次にその人の身分や、その人が従っていた党派や、書いた時代を入念に考察せねばならない。なぜなら、第一に、国事を扱った人は修道士や単なる私人よりはるかに信用できるし、高尚で卓越した人は単純で無知な人よりはるかに信用できるからだ。第二に、まったく人間ばなれした人を除いて、どんな歴史家もありのままの事柄を表現するものでは決してないからだ。それらに傾きを与え、とらせたいと思う相貌に応じて仮面を被せ、自分の判断を信用させ他の人を引き込むために、この方向で好んで素材に手を加え、適当に引き延ばしたりふくらませたり傾けたり偽ったりするからだ。そこから、異教徒や偶像崇拝者が新参のキリスト教徒を憎み、そのために彼らに不利なことを多く述べたり、〔神聖ローマ〕皇帝派の者たちが教皇を散々罵倒したり、イギリス人がオルレアンの処女〔ジャンヌ・ダルク〕を魔女や魔術使いとして描いたり、現代の異端者〔プロテスタント〕がローマ教皇と教会の名誉を傷つける無数の作り話を主張したりすることも分かる。さらに第三には――パテルクルス〔ウェレイウス・パテルクルス、前一九頃―後三一年以後、ローマの歴史家〕が学者について言ったのと同じ判断を書物にも下さねばならな

いからだが――、経験が教えるところでは、七、八百年以来の歴史はほとんどみな嘘に満ち溢れており、まるで、一つでも余計に嘘をでっち上げて賞をとろうと著者たちが互いに競い合ったように見えるからだ」（一六二五年版第一章一七―一九頁）。

〔二八六〕　リヨン司教アゴバール。リヨンのアゴバルドゥス、七六九頃―八四〇年。スペイン生まれで、のちフランスのリヨン司教となる。カロリング王朝時代のもっとも開明的な人士の一人で、その著作の中には、嵐を引き起こし作物に害を与える魔女の存在など迷信的な民間信仰を非とする小論もあり、ここで言及されているのはこれのことである。

〔二八七〕　ルイ〔ルートヴィヒ〕一世、敬虔王、カロリング朝の西ローマ皇帝（在位八一四―八四〇年）。

〔二八八〕　ノーデの前掲書、一六二五年版第七章一一六―一二〇頁。ただし、引用は出典を大幅に要約しているので、対応箇所を訳出しておく。「これらの偉人にかけられた嫌疑の四番目の原因をそこから引き出すことができる。それはまさしく、たいてい次から次へと続いて出てくる多くの嘘や迷信をあまりにも軽々しく信じるということである。このことを詳しく述べ、一層明瞭に示すためには、リヨン司教アゴバールが八三三年に書いた小論の中で述べたこと、大気を乱し嵐を引き起こすことができる人々がいると信じていた民衆の妄想に対して、彼が述べたことからまず始めなければならない。〔アゴバールがそのような魔術の嫌疑をかけられた三人の男と一人の女を民衆の仕置きから救ったことがこの書に基づいて語られる。次に、やはりこの書により、羊痘が家畜に蔓延した時、シャルルマーニュ（カロリング朝のフランク王、在位七六八―八一四年）の敵方が多くの間諜を使って水に毒を入れさせたという風評が民衆に広まったことが語られる――引用者注〕したがって、この愚かな作り話のために多くの罪もない人々が毎日吊されたり、水に投げ込まれたり、酷い拷問を受けたりするのを見て、見識ある敬虔なこの人物は次のような立派な判断を下してその書を締め括りたいと思ったのである。〈今マデハコンナニ多クノ愚カナコトガ哀レナ世界ニ蔓延シテイテ、カツテ誰モ決シテ異教徒ニ信ジルヨウ勧メルコトモデキナカッタヨウナ事柄ガ、今デハキリスト教徒ニヨッテ、アノヨウニ馬鹿馬鹿シクモ信ジラレテイルホドダ〉。こういうあらゆる作り話の後に、この司教がまだ生きていた時代、敬虔王ルイの治世から早くも作り始められた夢物語（ロマン）が続き、それらはこういう神異のようなあらゆる虚偽に進んで魅惑されていたその時代の愚昧さの中で増えていったが、その結果、同時代史に手を染めるすべての人たちも歴史をより楽しいものにするために、これに類する多くの話をそこに混ぜようとしたのだった。そのことについては、ある神学博士がきわめて適切に指摘しているとおりで、〈昔ノ多クノ人々ハ、貴顕ノ事績ヲ書ク時ニ、モシモ言葉ヲ飾ルタメニ（彼ラノ考エルヨウニ）詩人タチノ虚構ソノ他ヲ混ゼナイナラ、シタガッテ真実ニ虚偽ヲ結ビ付ケナイナラ、己ニ洗練サガ足リナイト思ッテイタガ、コレハ彼ラノ欠点、アルイハムシロ、無分別ナ単純サデアッタ〉とその人は率直に認めている」。

〔二八九〕　マルティン・アントン・デルリオ（一五五一—一六〇八年）、フランドルのイエズス会士。『魔術論』（一五九九年）によって近世初頭の代表的な悪魔学者の一人に数えられている。

〔二九〇〕　ピエール・ル・ロワイエ（一五五〇—一六三四年）、フランスの悪魔学者。アンジェの初審裁判所評定官をするかたわら、文筆に携わり、『幽霊論』（一五八六年）で名を残している。

〔二九一〕　ジャン・ボダン（一五三〇—一五九六年）、フランスの政治学者。『国家論』（一五七六年）により絶対主義の政治理論家として名高いが、『妖術師の悪魔憑き』（一五八〇年）により近世初頭の代表的な悪魔学者の一人ともされる。

〔二九二〕　ピエール・ド・ランクル（一五五三—一六三一年）、フランスの悪魔学者。一六〇九年、ボルドー高等法院評定官であったド・ランクルは、アンリ四世からラブール地方の魔女事件の調査を命じられ、大量の処刑を行う。一六一二年には国務顧問会議のメンバーとなる。『悪天使と悪魔の無節操一覧』（一六一二年）、『十全に証明された魔術の無信仰と不信仰』（一六二二年）を残す。

〔二九三〕　ヨハン・ゲオルク・ゲデルマン、十六世紀ドイツの悪魔学者、ロストック大学法学教授。『魔術師、魔女、吸血鬼論』（一五八四、九一年）で名高い。

〔二九四〕　ノーデはプロテスタントのことを言っている。

〔二九五〕　訳注二三一を参照。

〔二九六〕　『トヌグダルスの幻視』とも呼ばれ、中世でもっともポピュラーだった著作の一つ。アイルランドの修道士トヌグダルス（トゥンダルス）なる者の死後世界旅行記。

〔二九七〕　オリヴィエ・マイヤール（?—一五〇二年）は、十四世紀末のフランスの著名な説教師、フランシスコ会原始会則派修道士。その説教は奇矯さで知られ、説教集は十四世紀末から十五世紀前半にかけて何回も出版された。ミッシェル・ムノ（?—一五一八年）は、フランスの著名な説教師、フランシスコ会原始会則派修道士。その説教は当時バルレッタ、マイヤールを超えたと言われ、黄金の舌とあだ名されたが、その下品な雅俗混淆の文体は後にヴォルテールから辛辣な嘲笑を受ける。その説教集は十五世紀初めに三回出版されている。ガブリエル・バルレッタ（?—一四三八年以降）は、中世後期の代表的な大衆説教師、ドミニコ会士、イタリアのバルレッタ生まれと言われる。その説教集はその後二十回も印刷され、大衆説教の模範とされたが、これは当時の民衆の生活と信仰を示す重要な資料ともなっている。

〔二九八〕　ノーデの前掲書、一六二五年版第二二（最終）章六四二—六四四頁（頁指示に誤植があるが）。ただし、以上三つの引用断片の間に省略があり、字句も変えられているところがあるので、対応箇所を訳出しておく。「実際、信頼と評価を受けていた、あるいは受けているデルリオ、ル・ロワイエ、ボダン、ド・ランクル、ゲデルマンが、あれほど夢中になって悪魔や魔女や魔術師について書き記し、ああいう多数の偽りで馬鹿馬鹿しいあらゆる歴史を——架空で滑稽であるのに——ついぞ斥けずに、真実で正当な歴史の間に慎重さもなく

混ぜ合わせたとは奇怪なことである。われわれが反駁したもののことだけを考えても、聖アウグスティヌスがきわめて適切に指摘するように、〈実際ニ起コッタコトガ作リ話ヘト変エラレテイクノハ、通常コノヨウニ根モ葉モナイコトトナイマゼニサレテナノデアル〉し、聖ヒエロニムスが言うように、嘘つきは自分が本当のことを言う時でさえ信じてもらえなくなる——必要もない時に始終狼だと叫び、その獣が自分の羊の群を襲った時に誰からも信じてもらえず助けてももらえなかった、イソップのあの羊飼が示しているように——のだから、やはりそれらの歴史は他の歴史の真実性をひどく傷つけ損なう可能性がある。それゆえ、〈魂ハ過去ノ事例ニヨリ印象ヲ与エラレテ、未来ノ事ニ通ジルヨウニナル〉というカッシオドルス〔フラウィウス・マグヌス・アウレリウス・カッシオドルス、四九〇頃—五八三年、ローマの著作家〕の教訓に従うつもりなら、われわれが解明しようとした第二の問題に決着をつけるために次のような判断を下してもよいと思われる。すなわち、そういう著作家たちが著書にあのように手軽に滑り込ませた滑稽なあらゆる歴史、好き勝手に作り上げたおとぎ話、あれほど明白な虚偽は、もっと奔放で大胆な精神を持つ幾人かの人が悪魔学者たちよりはるかに勤勉に周到にそれらを調べてみようと思い立つと、必ずや彼らの名声を傷つけるものとなり、もっと悪いことには彼らが扱っている主題の真実性をも軽んじさせることになると。まさしくこのようにして、百年も前から異端者たち〔プロテスタント〕がわれわれ自身の武器を用いて、すなわち『黄金伝説』のさまざまな話や、トヌグダルスの『亡霊』や、マイヤールやムノやバルレッタの『説教集』や、その他素朴であると同時に迷信的な類似の著作を用いて、われわれの奇蹟などなかったし嘘だった、という彼らの臆見を主張し立証しようとするのが見られた」。

〔二九九〕　メリエはここで、前章末に引用したノーデの言葉をそのまま受けて語っている。すなわち、カトリック教会で聖人の奇蹟が公認されているのをプロテスタントが攻撃していることを利用している。そのようなカトリック非難の際に、プロテスタントは聖人の奇蹟をギリシア・ローマ神話と比較したり、聖遺物崇敬に異教の残滓を指摘したりするのが通例であった。このようなプロテスタントのカトリック批判をも利用して、メリエは以下のような論旨を展開していると思われる。

〔三〇〇〕　訳注三六を参照。

〔三〇一〕　序文の訳注一三を参照。

〔三〇二〕　未詳。

〔三〇三〕　ギリシア神話の一つによれば、ヒッポリュトスは、讒訴を信じた父テセウスの呪いによって戦車から落ちて死ぬが、彼が崇拝を捧げていたアルテミス（ディアナ）の願いにより、アスクレピオスが彼を蘇生させたという。エウリピデスの悲劇『ヒッポリュトス』を参照。

〔三〇四〕　ギリシア神話の一つによれば、アポロンはテッサリアのペライの王アドメトスから受けた親切の代わりに、若死にするはずの王のために、身代わりを立ててもよいという約束

を運命の女神から取りつける。妻のアルケスティスが身代わりとなるが、そこへヘラクレスが偶然来訪し、死神から彼女を奪い返したという。エウリピデスの悲劇『アルケスティス』を参照。

〔三〇五〕　ギリシア神話の一つによれば、ゼウス（ユピテル）が女の助けなしにアテナ（ミネルウァ）を生んだのに対して、ヘラ（ユノ）が男の助けなしにヘパイストス（ウルカヌス）を生んだとされている。

〔三〇六〕　メリエによるミネルウァ（アテナ）の神話は少し不正確である。ギリシア神話の一つによれば、ティタン族の女神メティス（思慮）の懐妊した子がゼウスの頭に移り、ゼウスはヘパイストスに斧で自分の頭を割らせたが、そこから完全武装した姿でアテナが飛び出したという。また、アテナはアッティカの地をポセイドンと争い、最良の贈り物としてポセイドンはアクロポリス山上に塩水の泉を湧き出させ、アテナはオリーブの木を芽生えさせた。その結果、アッティカは彼女のものとなり、アテナイ市のパルテノン神殿はアテナのもっとも偉大な聖域となったという。

〔三〇七〕　ロレートはイタリアのマルケ地方の町、マリア崇拝で著名な巡礼地。そのノートルダム大聖堂の中にはサンタ・カーサ（聖母の家）が安置されているが、十五世紀の伝説によると、ナザレにあったその家はサラセン人による破壊を逃れるため十三世紀に天使たちによってダルマティアへ運ばれ、ついでロレートへ運ばれたという。リエスのノートルダム大聖堂については訳注二六二を参照。

〔三〇八〕　訳注二五八を参照。

〔三〇九〕　ヌマ王の治世に、ローマの安全の護符として8の字形をした聖なる楯がユピテルによって天から落とされた。ヌマはそれと同じような楯を十一作らせて王宮レギアに置き、神官団サリイに守らせたという。

〔三一〇〕　パラディオンは、その所有者たる町を保護する力があると信じられ、トロイアのアテナ神殿に安置されていたパラス（アテナ）の古い神像。トロイア（古名イリオン）市の建設者イロスは、神託に指示され聖地イデ山の近くにこの町を建てたが、その際ゼウスに神意のしるしを求めた。そのためパラディオンが天降ったが、神像はイロスの天幕の前に落ちたとも、建造中のアテナの神殿中に落ちておのずからそこに納まったとも言われる。

〔三一一〕　ベレニケ（?―前二二一年）はキュレネの王女で、エジプトを支配していたマケドニアのプトレマイオス朝のプトレマイオス三世（在位前二四六―前二二一年）と結婚（前二四七年）した女性。シリア遠征からの夫の無事帰還を願い、彼女はアプロディテ（ウェヌス）に自分の髪を一房捧げたが、神殿からその髪が消えると同時に新しく星座が発見されたため、それが「ベレニケの髪」座と呼ばれた。

〔三一二〕　父アガメムノンを殺した母親とその愛人アイギストスに対するオレステスの復讐の物語は、ギリシアの主要な説話の一つ。オレステス伝説の一つに、彼の死後何世紀も経って、デルポイの神託に導かれた一人のスパルタ人が、テゲアの鍛冶屋の仕事場の下にあるオレステスの骨を探り当て、スパル

夕人がその遺骨を自分たちの市に移したという伝承がある。

〔三一三〕 デキウス帝（ローマ皇帝、在位二四九―二五一年）の時代に迫害を受けた七兄弟が洞窟で眠り込み、テオドシウス二世（東ローマ皇帝、在位四〇八―四五〇年）の治世に目覚めた、という「眠れる七聖人」の説話は有名（『黄金伝説』、邦訳、人文書院、第三巻第九六章、前田敬作他訳、参照）。

〔三一四〕 エピメニデスはギリシアの伝説的詩人、預言者、ギリシア七賢人の一人。一五七歳あるいは二九九歳まで生きたとも言われ、かつて父の命令で迷った羊を捜しに行き、昼の暑さに洞窟で眠り、五七年間眠り続けた、とディオゲネス・ラエルティオスは伝えている。次注をも参照。

〔三一五〕 プリニウス『博物誌』第七巻第五二章には次のようにある。「……この作り話の方は、わたしも、クノッススのエピメニデスの例について、同じように聞いている。彼が子供のとき、暑さと旅行の疲れで、とある洞窟の中で五七年間眠った。そして、すぐ翌日であるかのように目覚めたとき、事物の様子とその変化に驚いた。そしてその後に眠ったと同じ年数の老年が彼を襲った。もっとも、それでも彼は一五七歳まで生きたが。……シチリア戦争（前三八―前三六年）で、カエサルの海軍でもっとも勇敢な人であったガビエヌスはセクストゥス・ポンペイウスの捕虜になって喉を切られ、ほとんど切り離されるほどになり、そのままま一日海岸に横たわっていた。それから夕方になると、彼の呻きと懇願によって人びとの群がそこに集まってきたので、彼は自分は下界から戻ってきた、そして告げねばならぬ報せがあるので、ポンペイウスが自分で来るか、彼の幕僚の一人を遣わすように求めた。ポンペイウスは彼の友人数名を遣わしたが、彼らはガビエヌスから、下界の神々はポンペイウスの動機とその正しい一党を是認する、だから結果はポンペイウスが望むとおりになるだろう、そして彼はこの報せをもたらすように命ぜられたこと、その真実性の証拠は、この使命が果たされ次第彼が死ぬことだろうということを告げた。そしてまもなくその通りになった」（邦訳、雄山閣、第一巻三三二―三三三頁、中野定雄・中野里美・中野美代訳）。

〔三一六〕 訳注一七を参照。

〔三一七〕 訳注三四、三五を参照。

〔三一八〕 訳注二四六を参照。

〔三一九〕 ギリシア神話の一つ。ピレモンはプリュギアの貧しい百姓、バウキスはその妻。ゼウスが人間を試すためヘルメスを伴って人の姿で旅してこの地に来た時、二人だけが神を親切に迎えた。神は二人だけを山に避難させ、大洪水を起こした。助かった二人はともに死にたいと願ったので、二人の住居は神殿となり、二人はその前に立つ木に変えられた。オウィディウス『転身物語』第八巻第九章（邦訳、人文書院、二九〇―二九五頁、田中秀央・前田敬作訳）を参照。

〔三二〇〕 十二使徒の一人、大ヤコブのこと。彼のイスパニア（スペイン）伝道は伝承にすぎないが、彼の伝道旅行と奇蹟の物語は五世紀に初めてヘブライ語で書かれ、六世紀に出たそのラテン語訳に初めてスペインの地名が現れる。十世紀には弟子たちによる聖遺体のガリシア移居の話が加わって大き

く発展し、十一世紀頃聖遺骨の再発見と聖堂建立の伝承が完成（この聖堂が、彼の聖遺骨を守り、十世紀から十六世紀にかけて西ヨーロッパ各地から巡礼の列が絶えなかった、サンティアゴ大聖堂の前身とされる）、これに巡礼たちに現れた奇蹟の話を加えて集大成したのが、十二世紀に出た有名な『聖ヤコブの書』である。この結果、彼は巡礼の保護聖人、スペインの守護者、大天使ミカエルとともにスペインをサラセン人から解放した聖人とされ、スペイン美術では解放者として馬に跨がった騎士の姿で描かれる。

〔三二一〕　プリミケリウス・マウリキウス（あるいはマウリティウス）、プリミケリウスは指揮官の意味、マウリキウスはドイツ語ではモリッツになる。伝説的なローマ帝政期の軍人の殉教者、聖人。マクシミリアヌス帝の命令により、エジプト出身のテーベ軍団を率いてガリアの反乱鎮圧に赴いた。アガウヌム（スイスのサン・モリッツ）で神々への祭儀を行うことが命じられたが、キリスト教徒兵士全員がこれを拒否し殉教したという（二八七年？）。三八〇年頃、ここで発見された聖遺骨の上に教会が建てられ、これがまもなく巡礼地として名を知られるようになり、サン・モリッツ大修道院の母体となった。騎士修道会の保護聖人、兵士・武具師・染物師などの保護聖人、画像では徒歩の、あるいは馬上の甲冑姿に描かれる。『黄金伝説』第一三五章（邦訳、人文書院、第三巻四五九―四六六頁、前田敬作他訳）にもある。

〔三二二〕　ギリシア神話ではカストルとポリュデウケス、ゼウスとレダの息子たち。カストルは戦争の術に、ポリュデウケスは拳闘の技に優れていた。ローマ人はこの二人への崇拝を積極的に受け入れた。ローマ人が近隣のラティニ族と戦ったレギルス湖の戦い（前四九六年）において、二人はローマ軍の先頭に立って戦い、その後すぐに何マイルも離れたウェスタの神殿近くの泉で馬に水を飲ませる姿が見られたという。この出来事を記念して広場にカストルとポルクスの神殿が建てられ、彼らはローマ騎士団の保護者となった。

〔三二三〕　クゥイントゥス・カエキリウス・メテルス・クレティクス（？―前五四年以後）の娘、ローマの婦人カエキリア・メテラのことか。モレリ『大歴史辞典』「メテルス」の項にこの話が出ている。

〔三二四〕　著名なギリシア神話の一つ。エウリピデス『アウリスのイピゲネイア』参照。

〔三二五〕　シモニデス。前五五六―前四六八年、ギリシアの叙情詩人。各地を旅行したのちアテナイに居住し、ペルシア戦争時代には国民的詩人として多くの詩を書いた。

〔三二六〕　ギリシア神話の有翼の神馬ペガソスは、古代のギリシア人によって水源と結び付けて考えられていたらしく、その蹄の打撃によって湧き出したという多くの名泉がある。

〔三二七〕　訳注二六九を参照。

〔三二八〕　ギリシア神話の一つ。神々の寵児であったタンタロスは驕り高ぶり、神々を試すべく息子ペロプスを殺し料理して神々に供した。すべての神々はただちにこれを悟ったが、娘ペルセポネを失って悲嘆にくれていた女神デメテルのみは気づかず肩を食べてしまった。神々はペロプスの死体を大釜で

煮て、引き出し、欠けていた肩は象牙で作り、ペロプスをよみがえらせたという。

〔三二九〕　オルペウス。ホメロス以前の最大の詩人で音楽家、オルペウス教の創設者とされる。熱愛していた妻エウリュディケを冥界から連れ戻すことに失敗して以来、女を近づけなかったオルペウスを恨み、トラキアの女たちは彼を八つ裂きにしヘブロス河に投げ込んだ。その首は海に流れレスボス島に流れ着いたので、人々はこれを埋葬して神殿と神託所を築いたという。

〔三三〇〕　ポリュクラテス。未詳。前五二二年頃に没した、有名なサモス島の僭主ポリュクラテスのこととは思えない。

〔三三一〕　カイクルス。ローマの近くのプライネステ市の建設者と言われる。カイクルスの母は二人の兄弟とともに、後にプライネステ市となる場所に住んでいたが、竈の火が懐に飛び込み子供が生まれた。彼女に捨てられた赤児は若い女たちによって発見され、カイクルスと名付けられて、伯父たちの所へ連れてこられた。彼は実はウルカヌス神の子で、プライネステ市を建てる時、父神に願い、集まってきた人々を炎で取り巻かせた。彼が命じるとその火が消えたので、人々はその奇蹟に驚き、続々と市に集まってきたという。

〔三三二〕　トリプトレモスはエレウシスの王ケレオスとメタネイラの子で、デモポンの兄弟と一般に言われる。娘を失った悲嘆のため放浪していた女神デメテル（ケレス）は老女の姿でエレウシスに立ち寄ったが、その時王ケレオスとその妻から好意を受けた。女神はそれに報いて彼らの子デモポン（あるいはトリプトレモス）の乳母となり、その赤児を不死にしようと夜な夜な火中に投じていたが、このことが露顕して立ち去った。また、女神は両親から受けた好意に報いて、トリプトレモスに竜車を与え、麦の栽培を世界の人々に教えるべく彼を旅立たせたともいう。

〔三三三〕　ピュケス。未詳。

〔三三四〕　旧約聖書『ヨシュア記』第六章一―二一節を参照。

〔三三五〕　アムピオンはゼウスとアンティオペの間に生まれた双子の一人。この双子ゼトスとアムピオンがテーバイ市を復興した際、ヘルメスから竪琴を授かり、その名手だったアムピオンが奏でる楽の音に合わせ、石がひとりでに動いて城壁を作ったという。

〔三三六〕　マニ教徒については訳注一〇七を参照。アリウス派はイエス・キリストの神性を否定した四世紀の異端。アリウス（二八〇頃―三三六年）はアレクサンドリアの司祭で、キリストは神から生まれたものであるがゆえに神と同一実体でも永遠でもないと主張して、三位一体説を奉じるアレクサンドリアの司教アレクサンドロスと争った。彼の説は三二五年の第一回ニカイア公会議で断罪され、コンスタンティヌス帝により追放されたが、同派はニコメディアのエウセビオスに率いられて再び力を取り戻し、アリウス派に帰依したコンスタンティウス二世（在位三三七―三六一年）のもとでニカイア派は迫害され、その指導者アタナシウスも再三追放された。その後、両派の妥協が成立し、最後的には三八一年の第一回コンスタンチノープル公会議でローマ帝国内の論争は終止符

を打った。以上のように、三世紀から始まるマニ教徒にしても、四世紀の異端アリウス派にしても、「キリスト教誕生時頃」の一派とは言えないし、「聖人による奇蹟」を問題にするはずもない。ただし、宗教改革以後、反三位一体を唱え、大胆な理性主義を特徴とするソッツィーニ派、ユニテリアンを、正統派が断罪してネオ・アリウス派と呼ぶこともあった。メリエのこの用語法はそれからの記憶であろうか。

〔三三七〕　フェヌロン『神の存在と属性の証明』のこと。序文の訳注二二参照。

〔三三八〕　この一節において「わがキリスト崇拝者たちの教理全体、信心全体、宗教全体の主要な基礎」として、メリエはトレント公会議体制によって規定された「信経（クレド）」を、とりわけそのキリストに関する箇所を背後に想起しているように思われる。トレント公会議第三総会「信条についての教令」（一五四六年二月四日）には次のようにある。「……ローマ教会が使用している信条は、キリストを信じるすべての者が告白しなければならない、いわば原則であり、地獄の門が打ち勝つことができない（マタイ一六・一八参照）堅固な唯一の基礎である。すべての教会において、この信条が唱えられるべきであると考える。（次に、ニカイア・コンスタンチノープル信条が続く）」（『改訂版、H・デンツィンガー編、A・シェーンメッツァー増補改訂、カトリック教会文書資料集』エンデルレ書店、二七〇頁、浜寛五郎訳）。次に「トレント公会議の信仰宣言」を引いておこう。「私（氏名）は聖なるローマ教会で使われている信経（ニカイア・コンスタンチノープル信経）に含まれることすべてと、その各部分を固く信じ、宣言します。すなわち、私は信じます。唯一の全能の父である神、天と地、すべての見えるものと見えないものとの創造主を。また神のひとり子であるわれわれの主イエズス・キリスト、すべての世紀の前に父から生まれ、神からの神、光からの光、真の神からの真の神、造られたのではなく生まれ、父と一体であり、すべての物はかれによって造られた。われわれ人間のためわれわれの救いのために天から下り、聖霊によって処女マリアから受肉し、人となった。また、われわれのためにポンショ・ピラトのもとで十字架につけられ、苦しみ、埋葬された。三日目に聖書にある通りに復活し、天に昇って父の右に座を占め、生者と死者を裁くために栄光をおびて再び来るであろう。その国は終わることはない。また、主であり生命の与え主である聖霊を。聖霊は父と子とから派出し、父と子とともに礼拝され尊ばれ、預言者によって話した。また、唯一、聖、カトリック、使徒伝来の教会を。罪の赦しのための唯一の洗礼を信じ、死者の復活と永遠の生命を待ち望みます。アーメン」（『改訂版、H・デンツィンガー編、A・シェーンメッツァー増補改訂、カトリック教会文書資料集』エンデルレ書店、三一九頁、浜寛五郎訳）。

〔三三九〕　日本聖書協会版聖書、一九五五年改訳によって、対応箇所を以下に参考として掲げる。「神はそのひとり子を賜わったほどに、この世を愛して下さった。それは御子を信じる者がひとりも滅びないで、永遠の命を得るためである。神が御子を世につかわされたのは、世をさばくためではなく、御

子によって、この世が救われるためである」（『ヨハネによる福音書』第三章一六―一七節）。

〔三四〇〕 日本聖書協会版聖書、一九五五年改訳によって、対応箇所を以下に参考として掲げる。「人の子は、滅びる者を救うためにきたのである」（『マタイによる福音書』第一八章一一節）。

〔三四一〕 日本聖書協会版聖書、一九五五年改訳によって、対応箇所を以下に参考として掲げる。「その翌日、ヨハネはイエスが自分の方にこられるのを見て言った、〈見よ、世の罪を取り除く神の小羊〉」（『ヨハネによる福音書』第一章二九節）。

〔三四二〕 日本聖書協会版聖書、一九五五年改訳によって、対応箇所を以下に参考として掲げる。「すべての人を救う神の恵みが現われた。そして、わたしたちを導き、不信心とこの世の情欲を捨てて、慎み深く、正しく、信心深くこの世で生活し、祝福に満ちた望み、すなわち、大いなる神、わたしたちの救い主キリスト・イエスの栄光の出現を待ち望むようにと、教えている。このキリストが、わたしたちのためにご自身をささげられたのは、わたしたちをすべての不法からあがない出して、良いわざに熱心な選びの民を、ご自身のものとして聖別するためにほかならない」（『テトスへの手紙』第二章一一―一四節）。

〔三四三〕 日本聖書協会版聖書、一九五五年改訳によって、対応箇所を以下に参考として掲げる。「夫たる者よ。キリストが教会を愛してそのためにご自身をささげられたように、妻を愛しなさい。キリストがそうなさったのは、水で洗うことにより、言葉によって、教会をきよめて聖なるものとするためであり、また、しみも、しわも、そのたぐいのものがいっさいなく、清くて傷のない栄光の姿の教会を、ご自分に迎えるためである」（『エペソ人への手紙』第五章二五―二七節）。

〔三四四〕 ミサは言うまでもなく、ローマ・カトリック教会の典礼の中心をなし、聖体と聖血を神に奉献する儀式であるが、その意義付けも形式もメリエにとってはトレント公会議体制によって規定されていた。トレント公会議第二二総会「犠牲としてのミサの祭儀について」（一五六二年九月一七日）には次のようにある。「われわれの神であり、主であるキリストは、十字架の祭壇の上で死に、〈一度で永久に〉（ヘブライ一〇・一四）父である神に自分をささげて、救いのわざを完成した。しかしキリストの司祭職は死によって消え去るものではなかったので（ヘブライ七・二四、二七）、敵の手に渡される夜（一コリント一一・二三）、最後の晩餐において、自分の愛する花嫁である教会に目に見える供え物を残したのである（人間のためにはこれが必要であった）（第一条）。この供え物によって、十字架上で一度血を流してささげたものが表され、その記憶が世の終わりまで続き（一コリント一一・二三以下）、その救いの力によってわれわれが毎日犯す罪が赦されるのである」（第一章、ミサ聖祭の制定について、第一条、第二条、『改訂版、H・デンツィンガー編、A・シェーンメッツァー増補改訂、カトリック教会文書資料集』エンデルレ書店、三〇五頁、浜寛五郎訳）。ここでメリエが以上のようなミサの意義を想起していたことは十分ありうる。さら

に当時のミサは、トレント公会議が定め、一六一四年パウルス五世により公式に制定された『ローマ定式書』に則って行われた。式次第は「祈りと教えの部」と「犠牲の部」の二つに大別されるが、その第一部の中で、訳注三三八に引用した「クレド（ニカイア・コンスタンチノープル信経）」が歌われた。本文中の始めのラテン語引用文はその一部である。本文の二番目のラテン語引用文は、やはり第一部の中で歌われる「グロリア・イン・エクセルシス（栄光の聖歌）」の一部である。

〔三四五〕　日本聖書協会版聖書、一九五五年改訳によって、対応箇所を以下に参考として掲げる。「ご自身の御子をさえ惜しまないで、わたしたちすべての者のために死に渡されたかたが、どうして、御子のみならず万物をも賜わらないことがあろうか」（『ローマ人への手紙』第八章三二節）。

証明三

〔一〕　メリエの引用は典拠の当該箇所の要約となっている。

〔二〕　メリエの引用は典拠の当該箇所の要約となっている。

〔三〕　メリエは典拠の指示を『創世記』第二六章四、二四節としているが、実際は二四節のみである。ただし、第二六章四節でも神はイサクに子孫を増やす約束をしている。

〔四〕　メリエは引用の典拠として『創世記』第二八章一一、一八節を挙げているが、実際には『創世記』第二八章一六―一七節である。一一節はヤコブが石を枕にして寝たこと、一八節はヤコブが目覚めてその石を柱として立て、油を注いだことを述べている。

〔五〕　メリエは引用の典拠として『創世記』第三二章二五、二八節を挙げているが、実際には二八節のみである。また、二八節の文言は、『ウルガタ聖書』ではメリエの仏訳どおりであるが、現行邦訳聖書では異なっている。

〔六〕　『創世記』第三一章一一―一三節にはこうある（日本聖書協会版聖書、一九五五年改訳を用いる）。「神の使は言った、〈目を上げて見てごらん。群れの上に乗っている雄やぎは皆しまのあるもの、ぶちのもの、霜ふりのものです。わたしはラバンがあなたにしたことをみな見ています。わたしはベテルの神です〉」。

〔七〕　以下で明らかになるように、メリエは割礼のことを考えている。

〔八〕　キュビトは長さの単位。約〇・五メートル。

〔九〕　エポデ。大祭司の服装の一つ。その形態は明白ではないが、祭儀の際に彼らがエポデを身に着けたり、亜麻布のエポデを腰に締めたりしたと『聖書』には書かれている。

〔一〇〕　燔祭。供え物とされた獣の全部を祭壇の上で焼いて捧げる犠牲。祭壇で焼かれる犠牲獣が芳香となって神に嘉納されると考えられたもの。

〔一一〕　メリエの引用は典拠の当該箇所の大意を伝えるものにすぎない。

〔一二〕　一七世紀後半から一八世紀初めにかけて、デカルト派が唱えた動物機械論のこと。動物は霊魂を持たず、物質からの

みなる一種の自動機械であるという説。この説によれば、帰結として、動物が感覚、記憶、推論、判断の実在を想定させる行為を行っても、外見上その行為が人間の行為に類似しているだけだとされる。したがって、動物は快苦を感じることなく、食べたり叫んだりすると見なされる。しかし、メリエが示唆するように、この説が動物への虐待を助長するようなことはなかったらしい。メリエは他の箇所でも、デカルト派の動物機械論を批判し、動物への愛着を示している。証明七第七一章、証明七第七七章、証明八第九一章を参照。それらから見ると、メリエはマールブランシュやフェヌロンを通して動物機械論を知ったと思われる。

〔一三〕 旧約聖書外典『第四エズラ書』については、証明二訳注九一を参照。引用の前後は出典で以下のようになっている。「すると彼〔天使ウリエル〕は私に答えて言った。〈もしあなたが生きていれば見るだろう。もしあなたが生きながらえていれば幾度も驚くだろう。何故なら世は実に速やかに過ぎ去って行くからである。この世は、その時々に正しい者になされた約束をもたらすことは出来ないだろう。何故ならこの世は悲嘆と弱さに満ち満ちているからだ。あなたが私に尋ねている悪はすでに蒔かれているのだが、その刈り入れ（の時）はまだ来ていない。だから、蒔かれたものが刈り取られてしまわなければ、そして悪の蒔かれた場所が失せてしまわなければ、良いものが蒔かれている畑は来ないだろう。というのは悪の種子が一粒、初めにアダムの心に蒔かれたからである。それは今までどんなに多くの不虔（の実）を結んだことだろう。そして脱穀場が来る時まで、今後も結んでゆくことだろう。自分で考えてみるがよい、悪の種の一粒がどんなに沢山の不虔の実を結んだかを。（としたら）数知れぬ（良い）穂（の種）が蒔かれた時、どんなに大きな脱穀場を満たすことになるかを〉」（『第四エズラ書』第四章二六―三二節、邦訳、教文館、日本聖書学研究所編『聖書外典偽典』第五巻一七二頁、八木誠一・八木綾子共訳）。

〔一四〕『ウルガタ聖書』で『列王紀上』と表記される書は、現行邦訳聖書では『列王紀三』と表記されている。

〔一五〕 次の引用は後にメリエも示すように、マラナ『トルコ皇帝の密偵』第三巻書簡四〇からのものである。この著作については証明一訳注三を参照。第三巻書簡四〇は以下のように始まり、本文中の引用箇所へと続いてゆく。

「書簡四〇

多幸アラビアの預言者の洞窟に住まわれる修道僧（デルヴィ）、マフメォト・ハッジィアへ

獣に対するフランス人の蔑視について。古代人が物言わぬ被造物に対して示した優しさの顕著な諸例。

自らの行いを改めるより、他人を断罪する傾向をより多く持つフランス人たちは、イスラム教徒が慈しみを獣や鳥や魚などにまで広げていると非難しています。彼らは私たちが犬や猫やその他の生き物に施しをするのを嘲り、また市場に行ってそこで売られている鳥を買い、鳥たちを生まれ故郷に送り返し、生まれながらの自由を取り戻させてやろうとする人々を笑いものにします。彼らが言うには、人々が困ってい

る時に助けてやることが敬虔さの十分な証明で、彼らによれば魂も理性もない、したがって受けた親切を感じることもできない禽獣に優しさを示すことは、役に立たぬ偽善にすぎないのです。

これが、すべての被造物を愛する寛大な東洋人に対して、冷酷な西洋人が嘲って行う非難です。もしも彼らがあなたの果敢な敬虔さを聞いていたなら、何と言うでしょう。というのも、そんなことを必要ともしない被造物をあなたは庇護し援助してやるばかりか、私たちが身を養うためある種の動物を食べることは預言者〔マホメット〕御自身が許されたのに――さもなければ私たちは生きられないと多くの人は言うでしょう――、あなたはどんな動物の肉も口になさらないのですから。〔中略〕私はあなたの生活の純潔さを本当に真似たいと思います。というのも、キリスト教徒が好きなことを並べ立てようと、私はやはり肉断ちを神聖な美徳と見なすつもりだからです。人間の本性がまだ幼年時代にあって、人々の習俗が堕落させられる前に、かつてどんなことが行われていたか知ろうとして、私は古代の賢者たちを繙いてみました。作り話が行われていない、真理の古文書館である、古代人のもっとも優れた著作に当たってみました。あなたはこの覚え書を快く受け取ってくださると信じます。そう確信するからこそ失礼も顧みず、神に嘉された者〔マホメット〕の間借人に対して私が抱くべき深い尊敬の念のしるしとして、これをあなたの足下に捧げます」(一七一五年版第三巻一五四―一五六頁)。

〔一六〕 ディオモス。ギリシア神話中に、アッティカ地方の英雄で、ディオモス市区にその名を与えたコリュトスの息子ディオモスなる人物が伝えられているが、これのことか。ヘラクレスがコリュトス家に泊まった時、ディオモスはヘラクレスに愛された。彼はヘラクレスを礼讃した後、父の家畜を一頭生け贄に捧げた。一匹の犬が現れ、その肉の塊をある場所に引きずって行き、そこに彼はヘラクレスの神殿を建てたという。

〔一七〕 マラナ『トルコ皇帝の密偵』一七一五年版第三巻一五六―一五八頁。ただし、出典との異同を冒頭から示すと以下のとおりである。「地上の最初の人間あるいは住人は」(一七一五年版原文)(メリエによる引用)は「地上の最初の住人は」(一七一五年版原文)となっている。「植物の産物、つまり大地からの収穫物」(メリエによる引用)は「植物の産物は」(一七一五年版原文)となっている。「また彼らによれば」(メリエによる引用)は「だからこそ彼らによれば」(一七一五年版原文)となっている。「奉納された穀物の草と実を」(メリエによる引用)は「奉納された穀物を」(一七一五年版原文)となっている。「愚かで無知な民衆は」(メリエによる引用)は「信心深い大衆は」(一七一五年版原文)となっている。「その後に次のようなことが起こりました」(メリエによる引用)で出典は改行していない。「彼は指にたっぷり付いていた脂の旨さを」(一七一五年版原文)(メリエによる引用)は「彼は脂の旨さを」(一七一五年版原文)となっている。「この旨いものを」(メリエによる引用)は「この新しい旨いものを」(一七一五年版原文)となって

いる。「そこから死すべき者たちが、食うために動物を殺すというこの残酷な血を流す貪食を知ったのです。ユダヤ人はこれらの事実に反して、アダムの子らは世の始めから命ある被造物を生け贄としていたと述べていますが、彼らが自分たちの言う事実を引き出す、あの書かれた律法に多くの誤謬が紛れ込んでいるのは周知のことです」（メリエによる引用）は、「そこから他の死すべき者たちも、こういう種類の貪食を知ったのです。こういう権威に反して、アダムの子らは世界がまだ揺籃期にある時に、命ある被造物を生け贄としていたとヘブライ人の博士たちが言っても役には立ちません。彼らがその事実を引き出す、あの書かれた律法に多くの誤謬が紛れ込んでいるのはあなたもよく御存知ですから」（一七一五年版原文）となっている。引用末尾の「世界でもっとも賢明な、もっとも古い民である……」（メリエによる引用）以下は、出典では改行し次のようになっている。「確かに、世界でもっとも賢明な、もっとも古い民であるエジプト人は、命あるどんな被造物を殺すことも人間に禁ずる、という伝承を地上の最初の住人から受け継ぎ、その最初の自然の法に一層の力を与えるため、彼らの神々を獣の姿で表しました。それは聖なる象徴を敬うことによって、あえて物言わぬ動物の命を奪ったり、動物にどんな危害すら加えたりしないことを俗衆に学ばせるためでした。彼らの間で拝むべきものと考えられたすべてのものを、彼らはそのような動物の姿で表したのです」（一七一五年版原文）。

〔一八〕　マラナ『トルコ皇帝の密偵』一七一五年版第三巻一六〇頁。前注で示した引用文の後、出典では、エジプトの祭司が執り行う肉食の償いを含む葬儀、輪廻説に基づくペルシアのマギ僧の肉断ち、肉食禁止条項も含むクレタ島の祭司の祈り、インドのバラモン僧の肉断ちを含む清浄な生活を記述し、この引用文に続く。ただし、引用冒頭の「東インドのバラモン僧は、獣を生け贄に捧げる代わりに、獣にも人間にと同じく施療院を建てていますが、これは彼らの間できわめて徳の高い行為と考えられています」（メリエによる引用）は、「彼ら〔バラモン僧〕の善行の中でも、獣にも人間にと同じく施療院を建てるという善行は、大きな評価を受ける徳高き行為と考えられています」（一七一五年版原文）となっている。さらに出典はこの引用箇所の後、アテナイの立法者トリプトレモスとドラコンによる動物屠殺禁止条項も含む掟、ラケダイモン人やユダヤ人のほかオリエントすべての民族に見られる肉断ち、ガリアやブリテン島のドルイド僧による輪廻説に基づく肉食禁止の教え、東方キリスト教徒の肉食に対する節制を伝え、西方キリスト教徒だけが残酷な肉食に執着しているとし、「彼らがもっとも凶暴な人食い人種に似るにはもう一歩です」とこの書簡を結んでいる。

〔一九〕　アントロポス版『ジャン・メリエ全集』編者の注によれば、マラナ『トルコ皇帝の密偵』一七三九年版の第三巻書簡四〇にはこの引用文があるというが、訳者が参照した一七一五年版には見られなかった。

〔二〇〕　日本聖書協会版聖書、一九五五年改訳によって、対応箇所を参考として以下に掲げる。「神はまた言われた、〈わたし

は全地のおもてにある種をもつすべての草と、種のある実を結ぶすべての木とをあなたがたに与える。これはあなたがたの食物となるであろう〉」（『創世記』第一章二九節）。

〔二一〕 邦訳を用いて出典との異同を引用冒頭から順次以下に示す。「古代人は、神を人間に似せ……と考えたのだ」（メリエによる引用）は、「私は、古代人は、神を人間に似せ……と考えたのだと思う」（モンテーニュ原文）となっている。「……香料の香りや楽器の調べや祝宴や餐宴を供えた」（メリエによる引用）は、「……香料の香りや楽器の調べや花づなや花束を供えた」（モンテーニュ原文）となっている。「たとえば、ティベリウス・センプロニウスは敵から奪った……」（メリエによる引用）は、「たとえば、ティベリウス・センプロニウスはサルディニアで敵から奪った……」（モンテーニュ原文）となっている。「いや、これを行おうとしなかった国民は一つもない。……」（メリエによる引用）以下引用末尾まで、出典では次のようになっている。「いや、これを行おうとしなかった国民は一つもないと思う。

アエネアスは、スルモの息子の四人の若者と、ウフェンス河の岸に育った四人の若者を捕え、地下に眠る人々の霊に捧げた。

ゲタエ族は自ら不死だと信じている。だから死ぬことは彼らの神ザルモクシスへ向かってゆくことにほかならない。彼らは五年目ごとにこの神のもとに誰かをやって必要なものをお願いする。その死者は籤で選ばれる。使者を派遣する方法はまず、候補者に口頭で役目を告げたのちに、並みいる者の中から三人が槍を上に向けて立ち、他の者が彼を力の限り、その槍の上にほうり上げる。もし彼が急所を貫かれていっぺんで死ねば、神の恩恵が確かだという証拠となる。もしもはずれれば、この者を邪悪な呪うべき人間と見なして、さらに別の者を同じようにして遣わす。

クセルクセスの母アメストリスは年老いてから、国の宗教のしきたりに従って、ペルシアの良家の子弟十四人をいっぺんに生埋めにして、地下のある神様を喜ばそうとした。

今日でもテミスティアン人の偶像は幼児の血で接ぎ合わされていて、幼い純潔な魂の犠牲をしか喜ばない。まさに罪のない者の血に飢えた正義と言うべきである」（モンテーニュ原文）。

〔二二〕 『新版世界地誌、諸国家、帝国、王国、公国を順次示し、各国地理の真正な記述、諸民族の習俗、国力、富、政治、宗教また古今の統治官と主権者を示す……あらゆる宗教制度も例示される……』アントワーヌ・エチエンヌ書店、二折判、全二巻、一六一八頁、一六六一年のこと（訳文、訳注ではこれを『新版世界地誌』と略す）。この著作は今日忘れ去られているが、フランスで十七世紀に世界地理の知識を広める通俗書として版を重ねたものである。この世界地誌は、歴史家ピエール・ダヴィティ（一五七三―一六四〇年）がギリシア・ラテン・ヘブライ語などの著作から翻訳・編纂した地理書、『世界の諸国家・帝国・公国、各国地理・諸国民の習俗・諸地方の富の記述、および国力・政治・宗教・各国を統治する君主を示す』（一六一九年）から始まり、フランソワ・ラン

シャンとジャン＝バチスト・ド・ロコル（一六三〇―九六年）が『世界あるいは世界各国総覧』と表題を変えて増補し、一六六〇年には二折判で六巻の大部のものとなった。その間あるいはそれ以後、いくつもの版があるが、メリエが使用したのは上記の版である。

なお、メリエが使用した版の出版元アントワーヌ・エチエンヌ書店は当時、メリエがよく利用するコエフトー『ローマ史』、モンテーニュ『エセー』の出版允許も持っていた。

引用は「新世界の民族が持つ神の知識について」の章、「生け贄について」からであるが、出典とは異同があるため以下に出典を訳出しておく。「彼らは持っている良いすばらしいもの、金や銀や穀物や蜜蠟や動物を彼らの神々に生け贄として捧げていた。

ペルーでは普通、種々の儀式を行ってさまざまな毛色の羊を少なくとも百頭生け贄とした。太陽に毎日毛を刈り取った羊を捧げ、赤い衣を着せて焼き、また彼らは自分の眉毛を抜いて太陽に捧げていた。しかし、ペルーで行われ、メキシコでより大規模に行われた人間の生け贄ほど恐ろしいものはなかった。ペルーでは四歳から十歳までの子供が生け贄とされたが、これは主として、戦の企てや戴冠の日にインガの幸運を祈るためで、生け贄とされる子供の数は二百人だった。さらにインガの役に立てるために、僧院から引き出されたそういう多数の娘も生け贄とされた。彼が重病に陥り、ある資格を持った人物、あるいは占者、あるいは魔術師（そういう者が大勢いた）が、治る見込みがないと彼に告げる場合、その息子を太陽あるいはビラコチャに生け贄として捧げ、父の代わりに息子で満足してくれるようにと彼らは願った。

だが、メキシコでは戦で捕らえた人間しか生け贄としなかった。そこで大勢捕虜を得るため、彼らは近くの大都市トラスカラを属国にしてしまうことは、別段考えないのだった。

そういう不幸な者たちに対する彼らの扱い方は、次のようなものだった。はじめに捕虜は神殿の門前に順に跪かされ、次に偶像を手にした神官がその周りにやって来て、それを彼らに見せて一人ひとりに〈これがおまえの神だ〉と言う。次に彼らは自分たちが生け贄とされるはずの場所に連れていかれる。

そこに、人間よりむしろ悪魔と思われるほど異様ないでたちをした、この職務にあてられた大神官が六人現れるのだった」（『新版世界地誌』一六六一年版一三二九頁）。

〔一二三〕　メリエはモンテーニュ『エセー』の次の箇所を参照している。「メキシコ王の使者は、フェルナンド・コルテスに……ことを言ったあとで、さらに、王は一年に五万人を神々に犠牲に捧げるとつけ加えた。事実、近隣の諸大国と戦争をしたのは、国の若者を戦争に鍛えるためばかりでなく、主として犠牲に捧げる捕虜を得るためであったそうだ」（モンテーニュ前掲書、第一巻第三〇章、邦訳、岩波文庫、第一巻三八九―三九〇頁、原二郎訳）。

〔一二四〕　出典では引用箇所とその前後は次のようになっている。「この考えはもう一つのずっと昔からある考えといくらか関係がある。それは人間を殺して犠牲に捧げ、神や自然を喜ば

すという考えで、どの宗教にも等しくあったものである。われわれの父たちの時代にさえ、アラムトが地峡を占領したとき、六百人のギリシアの若者を殺して父の霊に捧げ、その血を父の罪滅ぼしとして神の怒りを鎮めるのに役立てようとした。われわれの時代に発見された大陸、そしてわれわれの大陸にくらべていまも純粋な大陸では、この習慣がいたるところでおこなわれている」（モンテーニュ前掲書、邦訳、岩波文庫、第一巻三八九頁、原二郎訳）。さらに出典では前注に示したメキシコの例が次に語られる。アラムトは、オスマン・トルコのスルタンで、東ローマ帝国と戦い、ダーダネルス海峡を渡りコンスタンチノープルを攻略しようとしたアムラト二世（在位一四二一―五一年）のこと。

〔二五〕　メリエは『新版世界地誌』一六六一年版一一一五―一一一七頁（「中国皇帝の国家について」）を参照している。

〔二六〕　メリエは『新版世界地誌』一六六一年版一一三九頁（「カリカット王の国家について」）を参照している。カリカットはインド、マラバル海岸の都市。

〔二七〕　メリエは『新版世界地誌』一六六一年版一一四五頁（「ナルシング王の国家について」）を参照している。ナルシングは、インド、コロマンデル海岸にあった都市。

〔二八〕　メリエは『新版世界地誌』一六六一年版一一五二頁（「日本王国について」）を参照している。

〔二九〕　ドルイド僧。古代ケルト人（ガリア人）の宗教をつかさどった僧。

〔三〇〕　メリエは『新版世界地誌』一六六一年版「フランス王の国家について」、「フランスのかつての住民の習俗」の章を参照している。

〔三一〕　メリエはプルタルコス『迷信論』第一三章の次の箇所を参照しているのであろう。「実際、ガリア人やスキティア人にしても、神々は存在するが、それは祭壇が人間の血で濡らされるのを喜び、野蛮で非人間的な犠牲をおのが偉大さにもっともふさわしい、もっとも快い贈物として受け取る神だと信じるよりは、むしろ神々の話など聞いたことがなく、それについてはどんな考えも、どんな観念も持たなかった方が幸せではなかったろうか」。ただし、メリエが『迷信論』あるいはその仏訳を直接想起しているのか、他の著作中におけるプルタルコスの引用を想起しているのかは分からない。

〔三二〕　この引用箇所は訳注二一で示した引用箇所にすぐ続く部分である。ただし、メリエは少し変えて引用しているため、以下に出典の対応箇所を前記邦訳を用いて示す。「宗教ハコレホド多クノ罪ヲススメルコトガデキタ。

カルタゴ人は自分たちの子供をサトゥルヌス神に捧げた。子供のない者は買って捧げた。そして、父と母は満足した嬉しそうな顔で犠牲の式に列なっていなければならなかった。神の恩恵をわれわれの苦しみで支払おうとするのはおかしな考えである。たとえばラケダイモン人は、ディアナのご機嫌をとるために、若者たちを拷問にかけて鞭打たせ、ときには死なせさえした。建築家を喜ばそうとして彼の建てた建物を破壊し、罪人に帰すべき罰を帳消しにしようとして罪のない者を罰したとは残酷な考え方である。あわれなイフィゲニア

がアウリスの港で死んで犠牲となり、ギリシア軍が犯した罪を神に対して償ったのも、

純潔ノ処女ハ、イタマシクモ結婚ヲ目ノ前ニシテ、悲シイ犠牲トシテ、父親ノ手ニカカッタ。

美しくもけなげな心のデキウス父子が、ローマ軍の上に神のご加護が下るようにと敵の密集した中に突入したのも、同様である。

コレホド偉大ナ人々ヲ死ナセナケレバ、ローマ国民ヲ嘉スルコトガデキナイトハ、何ト不正ナ神々デアロウ。」

〔三三〕 両引用の典拠は割注で示したとおりであるが、両者ともにモンテーニュ『エセー』(邦訳、岩波文庫、第三巻一五六、一五四頁、原二郎訳)に引用されているし、とくに後者はメリエ自身が本文で言っているように、直前に『エセー』を介して引かれている。したがって、このルクレティウスからの引用は、実際には『エセー』から引かれているのかも知れない。

〔三四〕 訳注三一を参照。なお、ピエール・ベール『彗星雑考』(一六八二年)第一八八章には、前注に見られるルクレティウス『事物の本性について』第一巻からの二つの引用と、プルタルコス『迷信論』第一三章からのこの引用が並べて引かれている(邦訳、『ピエール・ベール著作集』第一巻、法政大学出版局、三〇四―三〇五頁、野沢協訳)。しかし、メリエがこの著作を知っていたかどうかは断定できない。ピエール・ベール(一六四七―一七〇六年)はカルヴァン派内に位置づけられる特異な思想家であったが、その論理の徹底性によって啓蒙思想形成への道を準備し、「啓蒙思想の父」の一人と見なされている。当時もよく知られていたこの『彗星雑考』は、有徳な無神論者という逆説を提示し、カルヴァン派護教論の枠組みの中で迷信の打破を図るとともに、道徳と宗教の乖離を示した著作であった。

〔三五〕 メリエは「イサクの生け贄」の挿話を語る『創世記』第二二章一―一九節全体を指示しているのかも知れないが、その中から神の命令に対するアブラハムの反応を示す箇所を参考として以下に掲げる。日本聖書協会版聖書、一九五五年改訳を用いる。「アブラハムは朝はやく起きて、ろばにくらを置き、ふたりの若者と、その子イサクとを連れ、また燔祭のたきぎを割り、立って神が示された所に出かけた。……アブラハムは燔祭のたきぎを取って、その子イサクに負わせ、手に火と刃物とを執って、ふたり一緒に行った。やがてイサクは父アブラハムに言った……〈火とたきぎとはありますが、燔祭の小羊はどこにありますか〉。アブラハムは言った、〈子よ、神みずから燔祭の子羊を備えてくださるであろう〉。こうしてふたりは一緒に行った。彼らが神の示された場所にきたとき、アブラハムはそこに祭壇を築き、たきぎを並べ、その子イサクを縛って祭壇のたきぎの上に載せた。そしてアブラハムが手を差し伸べ、刃物を執ってその子を殺そうとした時、主の使が天から彼を呼んで言った」(『創世記』第二二章三―一〇節)。

〔三六〕 フラウィウス・ヨセフスおよびその『ユダヤ古代誌』については、証明二の訳注四一を参照せよ。メリエはアルノー・ダンディの仏訳(初版一六六七年)をそのまま引いてい

るという。邦訳、山本書店、旧約時代篇第一巻一二七―一二九頁、秦剛平訳をも参照。

〔三七〕 テラメネスのサンダル。テラメネスは、前五世紀のアテナイの政治家で三十人僭主の一人。たびたび政治的節操を変えたので、「コトルノス（左右どちらの足にも履ける、紐で結ぶ古代ギリシア・ローマの半長靴）」とあだ名された。

〔三八〕 決疑論は道徳神学上の用語で、道徳規範を個々の具体的状況に適応する方法論。初代教会以来、キリストの教えを決疑論的に用いることは行われてきたが、告解の秘蹟が重んじられるようになると、告解の対象になる個々の行為の道徳的評価を厳密にする必要から決疑論は発展した。とくにトレント公会議以後、カトリック教会内では体系的決疑論を定めようと諸説が対立し、たとえばイエズス会は、ジャンセニストからその弛緩した決疑論を非難され、大いに物議をかもした。この箇所は、息子を生け贄に捧げる行為を決疑論的に判定してもらうため、決疑論の専門家を訪ねるという意味。

〔三九〕 現行邦訳聖書では、第五〇篇一三節。

〔四〇〕 現行邦訳聖書では、第五〇篇一四―一五節。

〔四一〕 『聖書』からの引用であろうか。典拠未詳。

〔四二〕 本文第四章（本書二六頁）および証明一の訳注五を参照。またメリエはこの著作の次の箇所も参照している。「というのも、ヌマはローマ人に、神が獣や人間の姿をしていると信じるのを禁じ、神の絵を描いたりその像を刻んだりするのを禁じたし――これは百七十年にわたって守られた――、また彼らがブドウ酒と乳を注ぎ、わずかの小麦粉その他同様の手軽なものを用いるだけの生け贄を行うのをヌマは望んだ、とプルタルコスの中に読むことができるのだから……」（一六二五年版二六五―二六六頁）。

〔四三〕 典拠である『創世記』第一二章二節については、証明二の訳注二〇五を参照せよ。同書第二二章一七節、同書第二八章一四節については、証明二の訳注二〇八を参照せよ。

〔四四〕 典拠である『出エジプト記』第二三章二五―二七節は、すでに本書の本文一〇一頁でメリエが引用している。『申命記』第七章一四節も、すでに本書の本文一〇一―一〇二頁でメリエが引用している。典拠である『創世記』第二六章四節については、証明二の訳注二〇八を参照せよ。典拠である『申命記』第二六章一九節は、日本聖書協会版聖書、一九五五年改訳を用いて以下に参考として掲げる。「主は誉と良き名と栄えとをあなたに与えて、主の造られたすべての国民にまさるものとされるであろう。あなたは主が言われたように、あなたの神、主の聖なる民となるであろう」。

〔四五〕 典拠である『創世記』第二二章一七節を、日本聖書協会版聖書、一九五五年改訳を用いて参考として以下に掲げる。「……あなたの子孫は敵の門を打ち取り……」。典拠である『申命記』第七章一六節を、前掲邦訳聖書を用いて参考として以下に掲げる。「あなたの神、主があなたに渡される国民を滅ぼしつくし、彼らを見てあわれんではならない。また彼らの神々に仕えてはならない。それがあなたのわなとなるからである」。典拠である『出エジプト記』第二三章二二―二四節を、前掲邦訳聖書を用いて参考として以下に掲げる。

「……わたしはあなたの敵を敵とし、あなたのあだをあだとするであろう。わたしの使はあなたの前に行って、あなたをアモリびと、ヘテびと、ペリジびと、カンナびと、ヒビびと、およびエブスびとの所に導き、わたしは彼らを滅ぼすであろう。あなたは彼らの神々を拝んではならない。また彼らのおこないにならってはならない。それに仕えてはならない。あなたは彼らを全く打ち倒し、その石の柱を打ち砕かなければならない」。典拠である『創世記』第二八章一四節については、証明二の訳注二〇八を参照せよ。

〔四六〕 典拠である『創世記』第一七章七節は、すでに本書の本文一〇〇頁でメリエが引用している。典拠である『創世記』第一三章一五節を、日本聖書協会版聖書、一九五五年改訳を用いて参考として以下に掲げる。「すべてあなたが見わたす地は、永久にあなたとあなたの子孫に与えます」。典拠である『創世記』第四八章四節を、前掲邦訳聖書を用いて参考として以下に掲げる。「また、この地をおまえの後の子孫に与えて永久の所有とさせる」。メリエは典拠として『詩篇』第一〇〇篇九節を挙げているが、『ウルガタ聖書』では第一〇〇篇は八節までしかない。次に掲げる『詩篇』第一一〇篇九節の誤りであろう。「主はその民にあがないを施し、その契約をとこしえに立てられた」。

〔四七〕 手稿一九四六〇の欄外には、「『創世記』第一三章一五節、『申命記』第四八章四節」と注記されているが、後者に関して引用はなく、また実際に『申命記』は三四章までで四八章はない。異文（2）でも示したように、これは『創世記』第四八章四節の誤りである。

証明四

〔一〕 メリエは第一〇章（証明二）で、「信憑の根拠」を四つ挙げ、その三番目を「預言」としている（本書五一―五二頁参照）。「信憑の根拠」については、証明二の訳注一〇を参照。

〔二〕 後の出典指示によっても示されるように、「わが大キリスト崇拝者たちの一人」とは聖ペテロを指す。ペテロは『ペテロの第二の手紙』第一章一六―一八節で「イエスの山上の変容」を目撃したことを語っており、「自分が見聞きしたと信じる……彼の師の栄光にとってもっとも有利なこと」とは、この変容を指す（「変容」については証明二の訳注一四八を見よ）。典拠である聖書の対応箇所を、日本聖書協会版聖書、一九五五年改訳を用いて以下に示す。「わたしたちの主イエス・キリストの力と来臨とを、あなたがたに知らせた時、わたしたちは、巧みな作り話を用いることはしなかった。わたしたちが、そのご威光の目撃者なのだからである。イエスは父なる神からほまれと栄光とをお受けになったが、その時、おごそかな栄光の中から次のようなみ声がかかったのである、〈これはわたしの愛する子、わたしの心にかなう者である〉。わたしたちもイエスと共に聖なる山にいて、天から出たこの声を聞いたのである」（『ペテロの第二の手紙』第一章一六―一八節）。

〔三〕 かつての預言者たちが残した預言のことを指している。

〔四〕『ウルガタ聖書』では文言はメリエの引用のとおりだが、現行邦訳聖書では文言が少し異なっている。参考として対応箇所を以下に掲げておく。「こうして、預言の言葉は、わたしたちにいっそう確実なものになった。あなたがたも、夜が明け、明星がのぼって、あなたがたの心の中を照らすまで、この預言の言葉を暗やみに輝くともしびとして、それに目をとめているがよい」（『ペテロの第二の手紙』第一章一九節）。「なぜなら、預言は決して人間の意志から出たものではなく、人々が聖霊に感じ、神によって語ったものだからである」（同二一節、日本聖書協会版聖書、一九五五年改訳による）。

〔五〕割注で示したように、メリエは『エゼキエル書』第一三章一—九節を引用する際、五節のみを省略している。この五節は、偽預言者に対して、イスラエルが主の日に戦えるように弱点を補強するよう勧めなかった、と非難している箇所である。日本聖書協会版聖書、一九五五年改訳を用いて、メリエが省略したこの一節を以下に参考として掲げる。「あなたがたは主の日に戦いに立つため、破れ口にのぼらず、またイスラエルの家のために石がきを築こうともしない」（『エゼキエル書』第一三章五節）。

〔六〕アントロポス版メリエ全集では「『エレミヤ書』第二三章一一、一二節」からの引用としているが、訳者の手元にある手稿一九四六〇のマイクロフィルムでは、この引用指示は確認できない。手稿一九四五八、一九四五九では引用箇所は「『エレミヤ書』第二三章一一節……」となっており、ここではこれら二つの手稿に従って「『エレミヤ書』第二三章一一」というようにした。ところで、引用文中の「私は彼らを遣わさなかったのに彼らは走った、私は彼らに語らなかったのに彼らは預言した」という一節は、同じ『エレミヤ書』第二三章の二一節であり、メリエは一二節に代えて二一節を入れて引用している。その後、最後に第二三章一三節をメリエは引用している。したがって、より正確な典拠指示としては、『エレミヤ書』第二三章一一節、同書第二三章二一節、同書第二三章一三節」ということになる。

〔七〕日本聖書協会版聖書、一九五五年改訳によって、対応箇所を以下に参考として掲げる。「にせキリストたちや、にせ預言者たちが起って、大いなるしるしと奇跡とを行い、できれば、選民をも惑わそうとするであろう」（『マタイによる福音書』第二四章二四節）。

〔八〕日本聖書協会版聖書、一九五五年改訳によって、対応箇所を以下に参考として掲げる。「これらの事の後、主の言葉が幻のうちにアブラハムに臨んだ」（『創世記』第一五章一節）。「やがて日は入り、暗やみになった時、煙の立つかまど、炎の出るたいまつが、裂いたものの間を通り過ぎた」（同一七節）。

〔九〕日本聖書協会版聖書、一九五五年改訳によって、対応箇所（とその前節）を以下に参考として掲げる。「神は言われた……。アブラハムは朝はやく起きて……神が示された所に出かけた」（『創世記』第二二章二—三節）。

〔一〇〕日本聖書協会版聖書、一九五五年改訳によって、対応箇所を以下に参考として掲げる。「この時、神は夜の幻のうち

にイスラエルに語って言われた。〈ヤコブよ、ヤコブよ〉」（『創世記』第四六章二節）。

〔一一〕 日本聖書協会版聖書、一九五五年改訳によって、対応箇所を以下に参考として掲げる。「その夜、神の言葉がナタンに臨んで言った」（『歴代志上』第一七章三節）。「ナタンはすべてこれらの言葉のように、またすべてこの幻のようにダビデに語った」（同一五節）。

〔一二〕 日本聖書協会版聖書、一九五五年改訳によって、対応箇所を以下に参考として掲げる。「アモツの子イザヤがユダの王ウジヤ、ヨタム、アハズ、ヒゼキヤの世にユダとエルサレムについて見た幻」（『イザヤ書』第一章一節）。

〔一三〕 日本聖書協会版聖書、一九五五年改訳によって、対応箇所を以下に参考として掲げる。「主はわたしに言われた、〈預言者らはわたしの名によって偽りの預言をしている。わたしは彼らをつかわさなかった。また彼らに命じたこともなく、話したこともない。彼らは偽りの黙示と、役に立たない占い、および自分の心でつくりあげた欺きをあなたがたに預言しているのだ〉」（『エレミヤ書』第一四章一四節）。この典拠からも分かるように、預言を「偽りの幻」と呼んでいるのは、文字どおりにはエレミヤではなく神である。本文で「預言者エレミヤ〔の書〕」と割注をしたゆえんである。

〔一四〕 日本聖書協会版聖書、一九五五年改訳によって、対応箇所を以下に参考として掲げる。「人々が熟睡するとき、または床にまどろむとき、夢あるいは夜の幻のうちで、彼は人々の耳を開き、警告をもって彼らを恐れさせ」（『ヨブ記』第三三章一五―一六節）。

〔一五〕 パウロの回心の際、ダマスコのキリスト者アナニヤにキリストが幻で現れて語った、次の言葉に由来するパウロの呼称。「あの人〔パウロ〕は、異邦人たち、王たち、またイスラエルの子らにも、わたしの名を伝える器として、私が選んだ者である」（『使徒行伝』第九章一五節、日本聖書協会版聖書、一九五五年改訳）。

〔一六〕 日本聖書協会版聖書、一九五五年改訳によって、対応箇所を以下に参考として掲げる。「わたしはキリストにあるひとりの人を知っている。この人は十四年前に第三の天にまで引き上げられた――それが、からだのままであったか、わたしは知らない。からだを離れてであったか、それも知らない。神がご存じである。この人が――それが、からだのままであったか、からだを離れてであったか、わたしは知らない。神がご存じである――パラダイスに引き上げられ、そして口に言い表せない、人間が語ってはならない言葉を聞いたのを、わたしは知っている」（『コリント人への第二の手紙』第一二章二―四節）。

〔一七〕 ロコル。証明三の訳注二二で、増補版『世界あるいは世界各国総覧』を出版した人物として紹介した、ジャン゠バチスト・ド・ロコル（一六三〇―一六九六年）のこと。彼はベネディクト会出身で、カトリックとプロテスタントの間で何度も宗旨を変えた、凡庸な歴史家。先の世界地誌の他には、『歴史への概説的序論』（一六六二年、パリ、全二巻）が彼の最上の著作の一つとされ、何度も版を重ねた。その第二巻第

一二章では巫女が扱われているが、メリエが引用するような語句そのままはそこに見当たらないという。メリエ自身が後で示すように、この引用は他の著作からの孫引きであろう。

〔一八〕 出典未詳。

〔一九〕『ウルガタ聖書』で『列王紀一』と表記されている書は、現行邦訳聖書では『サムエル記上』と表記されている。

〔二〇〕『ウルガタ聖書』で『列王紀四』と表記されている書は、現行邦訳聖書では『列王紀下』と表記されている。典拠を日本聖書協会版聖書、一九五五年改訳によって以下に掲げる。「次いでエヒウは民をことごとく集めて彼らに言った、〈アハブは少しばかりバアルに仕えたが、エヒウは大いにこれに仕えるであろう。それゆえ、今バアルのすべての預言者、すべての礼拝者、すべての祭司をわたしのもとに召しなさい……〉。しかしエヒウはバアルの礼拝者たちを滅ぼすために偽ってこうしたのである。……こうして燔祭をささげることが終わったとき、エヒウはその侍衛と将校たちに言った、〈はいって彼らを殺せ。ひとりも逃がしてはならない〉」（『列王紀下』第一〇章一八—二五節）。「彼〔ヨシヤ〕はまた、そこにあった高き所の祭司たちを皆祭壇の上で殺し、人の骨を祭壇の上で焼いた」（同書第二三章二〇節）。

〔二一〕『ウルガタ聖書』で『列王紀三』と表記されている書は、現行邦訳聖書では『列王紀上』と表記されている。典拠を日本聖書協会版聖書、一九五五年改訳によって以下に掲げる。「エリヤは民に言った、〈わたしはただひとり残った主の預言者です。しかしバアルの預言者は四百五十人あります〉」（『列王紀上』第一八章二二節）。「エリヤは彼らに言った、〈バアルの預言者を捕えよ。そのひとりも逃がしてはならない〉。そこで彼らを捕えたので、エリヤは彼らをキション川に連れくだって、そこで彼らを殺した」（同四〇節）。

〔二二〕 中世以来の諺で、「釜が鍋を黒いと言う」（目くそ鼻くそを笑う）という表現があるが、その一変形であろう。

〔二三〕 日本聖書協会版聖書、一九五五年改訳によって、対応箇所を以下に参考として掲げる。「平和を預言する預言者は、その預言者の言葉が成就するとき、真実に主がその預言者をつかわされたのであることが知られるのだ」（『エレミヤ書』第二八章九節）。

〔二四〕 典拠である『申命記』第七章六節は、メリエがすでに本文（本書一〇一頁）で引用している。同じく典拠である同書第一四章二節も、メリエがすでに本文（本書一〇二頁）で引用している。同じく典拠である同書第二六章一八、一九節も、メリエがすでに本文（本書一〇二頁）で引用している。

〔二五〕 典拠である『創世記』第一二章六—七節を、日本聖書協会版聖書、一九五五年改訳によって、参考として以下に掲げる。「そのころカナンびとがその地にいた。時に主はアブラムに現われて言われた、〈わたしはあなたの子孫にこの地を与えます〉」。典拠である同書第一五章一八、一九節の一部は、メリエがすでに本文（本書一〇〇頁）で引用しているが、対応箇所を改めて前掲邦訳聖書を用いて以下に掲げる。「その日、主はアブラムと契約を結んで言われた、〈わたしはこの地をあなたの子孫に与える。エジプトの川から、かの大川ユ

フラテまで。すなわちケニびと、ケニジびと、カドモニびと、ヘテびと、ペリジびと、レパイムびと、アモリびと、カナンびと、ギルガシびと、エブスびとの地を与える〕」。

〔二六〕メリエの引用文の最後、「彼らの敵を滅ぼすだろう」は『ウルガタ聖書』の『イザヤ書』第一一章一二節にはなく、おそらくメリエ自身による付け足しと思われる。

〔二七〕『イザヤ書』からのメリエによる二カ所の引用は、大意を取った仏訳になっている。

〔二八〕『イザヤ書』第五一章二節は「あなたがたの父アブラムと……」（日本聖書協会版聖書、一九五五年改訳による）となっていて、メリエの引用と一致しない。これはメリエの誤りである。この引用文は、実際には同書第五一章一七、二二節と同書第五二章一、二節からそれぞれその一部を引用して作られた寄せ集めである。

〔二九〕メリエによる引用文の最後の一節「私の名が冒瀆されることを私は決して許さない、私の栄光を他のものには決して与えない」は、『ウルガタ聖書』の『イザヤ書』第四三章二五節にはなく、メリエ自身が付け足したものと思われる。

〔三〇〕この二五節の最後の箇所は、『ウルガタ聖書』では「神聖の山のどこでも、彼ら〔狼や獅子や蛇〕はもはや害することもなく、殺すこともない、と主は言われる」となっている。「動物を殺すことは語られることもない」というのはメリエ自身の解釈であろう。

〔三一〕引用文中に指示したように、本引用文は『エレミヤ書』第三七章八節によるものではない。ちなみに当該箇所は、「カルデヤびとが再び来てこの町を攻めて戦い、これを取って火で焼き滅ぼす」（日本聖書協会版聖書、一九五五年改訳による）となっている。

〔三二〕メリエによる引用箇所は、実際には本文中に割注で示したようになっており、それぞれの対応箇所の大意を取ったものになっている。

〔三三〕メリエによる引用は、実際にはこれらの箇所ではなく、本文中に割注で示したようになっている。

〔三四〕メリエによる引用箇所は、実際には本文中に割注で示したようになっている。

〔三五〕メリエによる引用は、実際にはこれらの箇所ではなく、本文中に割注で示したようになっている。

〔三六〕メリエによる引用は、第三七章二一節から二八節まで一続きの引用である。しかし、引用文は実際には要約的なものになっており、とりわけ二四、二五節に見られるダビデがイスラエルの永遠の王になるという記述をメリエは明らかに省略している。

〔三七〕メリエによる引用箇所は、実際には本文中に割注で示したようになっている。またメリエは引用文から、第九章二四節末尾「〔それは〕見神と預言が成就され、至聖の者に油が注がれるためである」（『ウルガタ聖書』による）を省略している。

〔三八〕エポデ。証明三の訳注九を参照。

〔三九〕テラピム。一般的には家の守護神像と言われるが、『旧約聖書』では、語られる各時代によってその意味するところ

が変わるらしい。したがって、すべての言及箇所で統一的意味をとらえることは難しく、ここでは聖所の備品の神像と考えられている。

〔四〇〕 メリエによる引用箇所は、実際には本文中に割注で示したようになっている。またメリエは第三章五節を引用する際、イスラエルの子らが王としてダビデを求めるという記述を省略している。

〔四一〕 メリエによる引用箇所は、実際には本文中に割注で示したようになっている。

〔四二〕 メリエによる引用箇所は、実際には本文中に割注で示したようになっている。

〔四三〕 嗣業（しぎょう）。聖書の用語。「嗣業」は、譲渡しえない所有（権）を意味し、そのため「遺産」「相続」とも訳される。古代ヘブライ社会において、個人所有と区別される不動産、すなわち土地は、神がその子たるイスラエルの民に賜ったもので、永久に家に保有されるべきものであり、これが「嗣業」と呼ばれた。『聖書』においては、約束の地カナンが、神によってイスラエルの民に嗣業として与えられた土地と表現されることにより、この宗教的・法制的概念が神学的意味を付与され、さらにその観念は拡大されて、イスラエル人は神の嗣業であるとさえ言われる。

〔四四〕 メリエによる引用箇所は実際には本文中に割注で示したようになっている。なお引用の最終節、第七章二〇節は『ウルガタ聖書』では、「ヤコブに真実を、アブラハムにいつくしみを示したまえ。私たちの先祖に昔の日誓われたように」となっている。

〔四五〕 この『ゼカリヤ書』第九章九節における、メシアが謙虚にロバに跨がってやってくるという預言は、イスラエル入城の際にイエスがロバに乗って行ったことで、実現されたと言われる。たとえば、『新約聖書』の次の箇所を参照せよ。「こうしたのは、預言者によって言われたことが、成就するためである。すなわち、〈シオンの娘に告げよ、見よ、あなたの王がおいでになる、柔和なおかたで、ろばに乗って、くびきを負うろばの子に乗って〉」（『マタイによる福音書』第二一章四―五節、日本聖書協会版聖書、一九五五年改訳）。メリエはこの解釈を想起して、メシアの出現や預言の成就を認めない自己の立場から、あらかじめこのように注記したのであろう。ただ、この文章が不適切な付加だというメリエの主張が、何かの参照文献に基づくのかどうかは分からない。この『ゼカリヤ書』第九章九節を『ウルガタ聖書』にあるとおりに以下に訳出しておく。「シオンの娘よ、大いに喜べ、エルサレムの娘よ、呼ばわれ。見よ、あなたの王はあなたの所に来る。彼は義なる者であって救い主である。彼は貧しく、牝ロバに、牝ロバの子に跨がっている」。

〔四六〕 メリエによる引用箇所は、実際には本文中に割注で示したようになっている。

〔四七〕 『ウルガタ聖書』で『列王紀二』と表記されている書は、現行邦訳聖書では『サムエル記下』と表記されている。メリエは引用の典拠として同書第七章八節を挙げているが、実際には割注で示すように同書同章一二―一六節からの引用であ

る。ちなみに八節は、「それゆえ、今あなたは、わたしのしもベダビデにこう言いなさい、〈万軍の主はこう仰せられる。わたしはあなたを牧場から、羊に従っている所から取って、わたしの民イスラエルの君とし……〉」（日本聖書協会版聖書、一九五五年改訳による）となっている。

〔四八〕 出典未詳。

〔四九〕「予型」はキリスト教神学の用語。予型論的解釈として古くから一般化されてきた『聖書』解釈法において用いられる概念。この解釈法は『旧約聖書』と『新約聖書』の内的連関性を予想し、『旧約聖書』の人物・事物・出来事のうちに、『新約聖書』の人物・事物・出来事、とくにイエス・キリストおよびその教会についての約束・預言を見いだす。したがってこの解釈法においては、『旧約聖書』の人物・事物・出来事を後者の「予型」と見なす。「予型」を意味するギリシア語のテュポスが、ラテン語のティプス、フィグラを介して、フランス語ではフィギュールと訳される。キリストの予型としてのソロモンは、『新約聖書』の『マタイによる福音書』第一二章四二節、『ルカによる福音書』第一一章三一節（「しかし見よ、ソロモンにまさる者がここにいる」）によって証されているという。なお、注四五で触れた「ロバに乗るメシア」も予型論的解釈の一例である。

〔五〇〕 この『詩篇』第七一篇は、前出の『ゼカリヤ書』第九章九節および後出の『イザヤ書』第一一章一―五節が預言するメシア的王を、予め描いたものだと言われる。ところで、メリエによる第七一篇二、四、五節からの引用は大意を伝えるものにすぎない。『ウルガタ聖書』によって以下に各節を訳出しておく。「神よ、あなたの公平を王に与え、あなたの義を王の子に与えたまえ。王の子が義をもってあなたの民を裁き、公平をもってあなたの貧しい者を裁くように」（『詩篇』第七一篇二節）。「王の子は民の貧しい者の訴えを聞き、貧しい者の子らを救い、圧迫者を挫き、太陽のように、月のように、代々に長らえる」（同四、五節）。

〔五一〕 メリエはこの一節をソロモンのことのように引用しているが、『ウルガタ聖書』では同節は以下のようになっており、神のことを語っている。「光栄ある神のみ名がとこしえに祝され、地上すべてがその威光で満たされんことを。アメン、アメン」（『詩篇』第七一篇一九節）。

〔五二〕 メリエによる引用箇所は実際には本文中に割注で示したようになっており、とりわけ「第一七一篇」は第七一篇の誤りである。

〔五三〕『ウルガタ聖書』によれば、『詩篇』第九七篇三節後半は以下のようになっている。「地の諸々の果ては、われらの神の救いを見た」。

〔五四〕 メリエによる引用箇所は実際には本文中に割注で示したようになっている。

〔五五〕「参議」は、「顧問」「議官」「議士」などとも訳されるが、これは『旧約聖書』において支配者の腹心を意味する。イスラエルとユダの王も宮廷を持ち、参議はその宮廷の一員だが、他の廷臣との区別はさだかでない。たとえば『旧約聖書』では、この世の参議に対応して、天の参議の集会があると言わ

れたり、神は自らのために参議を必要としないと言われたりする。この箇所では、来たるべき平和の君が「霊妙なる参議」という称号を持つとされている。

〔五六〕三手稿とも「札（ジュトン）」となっているが、「ひこばえ（ルジュトン）」の誤りであろう。

〔五七〕メリエの引用は一節から六節まで一続きの引用であるが、四節の後半部分「彼はその口のむちをもって地を打ち、そのくちびるの息をもって、不敬の者を殺す」（『ウルガタ聖書』による）をメリエは省略している。

〔五八〕メリエの引用箇所は正確には九節前半部分のみである。この部分は『ウルガタ聖書』によれば「彼らはわが聖なる山のどこにおいても傷つけず、殺すこともない」となっており、野獣のことを語っているように思われ、メリエの仏訳は少し意味がずれていると思われる。

〔五九〕メリエによる引用箇所は、実際には本文中に割注で示したようになっている。

〔六〇〕メリエによる引用箇所は、実際には本文中に割注で示したようになっている。

〔六一〕『旧約聖書』において「レビ人」とは、ヤコブの子レビの子孫で、とくに祭司族として扱われている。ただし、はじめ祭司はすべてレビ人であったが、捕囚後アロンの子孫だけに限定されてから、他のレビ人は祭司の下で聖所の務めを補助する者となったらしい。

〔六二〕『旧約聖書』における「万軍の主」という表現の本来の意味については、イスラエルの軍勢の長、天体の主、より抽象的に、全能者としてのヤハウェ、などの解釈があり、見解は一致していない。ただし、この言葉はヤハウェの尊厳とその包括的な力とを表現する語で、預言者が好んで用いたものではあったらしい。

〔六三〕メリエによる引用箇所は実際には本文中に割注で示したようになっている。

〔六四〕『ウルガタ聖書』では八節の末尾は、「私はわが僕である昇る日を生じさせよう」となっている。「昇る日」については次注を見よ。

〔六五〕昇る日。現行邦訳聖書では、「枝」「ひこばえ」となっているが、『ウルガタ聖書』では「昇る日（オリエンス）」となっており、メリエもそのまま仏訳し「昇る日（オリアン）」としている。いずれにしても、メシア的支配者の象徴である。

〔六六〕現行邦訳聖書では、「一致」となっているが、『ウルガタ聖書』では「はかりごと（コンシリウム）」となっており、メリエもそのまま仏訳し「はかりごと（コンセイユ）」としている。

〔六七〕この引用の最後は、以下に示してあるとおり『ゼカリヤ書』第九章九、一〇節であり、すでに引用されたことがある。しかし、メリエの仏訳文は、大意は変わらないが、前出のものとは少し異なっている（本書一八七頁参照）。メリエによる『聖書』の引用に関しては、たびたびこのようなことが見られる。

〔六八〕メリエによる引用箇所は、実際には本文中に割注で示したようになっている。

〔六九〕メリエによる引用箇所は、実際には本文中に割注で示し

たようになっている。
〔七〇〕 メリエによる引用は、実際には本文中に割注で示したようになっている。
〔七一〕 メリエは引用に際してモンテーニュの原文に省略を行っている。邦訳を用いて以下に原文を掲げる。傍線部が省略された箇所である。「物語の中には、このように、神々があわれな人間どもを踏みつけにした姦通がどれほどたくさんあることだろう。また、どれほど多くの夫たちが、生まれる子供のために、不当に面目をつぶされたことだろう。
マホメット教には、国民の信仰から生まれた多くのメルリンがいる。つまり、父がなく、精霊として処女の胎内から神によって生まれ、彼らの言葉でそのことを意味する名前をもつ子供たちである」。
〔七二〕 異文(2)で指摘したように、手稿一九四六〇では「『マタイによる福音書』第一三章四節」となっているが、一九四五八、一九四五九ではともに「四一節」となっており、実際の引用も四一節からであるので、ここでは後者二つの手稿に従った。
〔七三〕 メリエによる引用は、実際には本文中に割注で示したようになっている。
〔七四〕 メリエによる引用は、実際には、『マルコによる福音書』第一一章二三—二四節で、「『マタイによる福音書』第二〇章二二節と第一一章二三節」というメリエの指示は誤りである。『マタイによる福音書』第二〇章二二節は「イエスは答えて言われた、〈あなたがたは、自分が何を求めているのか、わかっていない……〉」、また同書第一一章二三節は「ああ、カペナウムよ、おまえは天にまで上げられようとでもいうのか……」(日本聖書協会版聖書、一九五五年改訳)となっている。
〔七五〕 メリエによる引用箇所は、実際には本文中に割注で示したようになっている。
〔七六〕 メリエによる引用箇所は、実際には本文中に割注で示したようになっている。
〔七七〕 メリエによる引用箇所は、実際には本文中に割注で示したようになっている。
〔七八〕 メリエは典拠の指示として「『ヨハネによる福音書』第二一章二五節」と書いているが、割注で示すように、『ヨハネによる福音書』第一一章二五—二六節が正しい。
〔七九〕 メリエによる引用箇所は実際には本文中に割注で示したようになっている。
〔八〇〕 ここで言う「上げられること」とは、「十字架刑」を意味すると同時に、死後復活したキリストの「昇天」をも意味すると言われる。
〔八一〕 この箇所の「天に上げられること」は、前注の「キリストの昇天」を語っている。なお、キリストが死後復活し、天に昇り、神の右に座したという『新約聖書』の記事に基づく教理は「キリストの高挙」と呼ばれるが、キリストが十字架に上げられることも、この「高挙」の現れであると言われる。
〔八二〕 メリエによる引用箇所は、実際には本文中に割注で示したようになっている。

〔八三〕　メリエの引用は割注で示したように、一〇節から一二節の一続きの引用であるが、一〇節の原文のうち以下に傍線を付した部分を省略している。「神の子を信じる者は自分のうちに神の証を持っている。神の子を信じない者は神を偽り者とする。神がその子についてなした証を信じないからである」（『ヨハネの第一の手紙』第五章一〇節、『ウルガタ聖書』による）。

〔八四〕　メリエによる引用箇所は、実際には本文中に割注で、および前訳注で示したようになっている。

〔八五〕　訳注四九を参照。「予型」と訳したこの語は、現行の邦訳聖書では「警告」「前兆」と訳されているが、『ウルガタ聖書』では「フィグラ」となっており、メリエもそのまま「フィギュール」と仏訳している。

〔八六〕　黙示あるいは見神。『ウルガタ聖書』では「黙示」だけであるが、メリエは「黙示あるいは見神」と仏訳している。出典については割注、および次の訳注を見よ。周知のように、「黙示（アポカリプス）」は啓示とほぼ同意義で「隠された真理の開示」の意味であるから、「神の幻を見ること、あるいはそれから啓示を受けること」を意味する「見神（ヴィジョン）」という言葉に、メリエはこれを言い換えたのであろう。

〔八七〕　メリエの引用は割注で示したように一節からのものであるが、一節の原文のうち以下に傍線を付した部分を省略している。「イエス・キリストの黙示。これを彼は神から受け取り、その僕たちにまもなく起こるはずのことを明かした。僕ヨハネに天使を送ってこのことを告げたのである」（『ヨハネの黙示録』第一章一節、『ウルガタ聖書』による）。

〔八八〕　メリエの引用は、割注で示したように三節からのものであるが、三節の原文のうち最後の言葉のみを引いている。

〔八九〕　メリエによる引用箇所は、実際には本文中に割注、および対応する訳注で示したようになっている。

〔九〇〕　メリエは典拠として「『ヨハネの黙示録』第一七章六節」と指示しているが、実際には割注で示したように同書第一〇章六節からの引用である。また同章六節の原文は以下のようになっている。「天使は、すべての時代を通じて生きている者にかけて、天とその中にあるすべてのもの、地とその中にあるすべてのもの、海とその中にあるすべてのものを作った者にかけて誓った、もう時はないと」（『ヨハネの黙示録』第一〇章六節、『ウルガタ聖書』による）。

〔九一〕　メリエによる引用箇所は、実際には本文中に割注で示したようになっている。

〔九二〕　メリエは典拠として「『ヨハネの黙示録』第二二章一、二〇節」と指示しているが、実際には割注で示したようになっている。同書同章二〇節は「これらのことをあかしするかたが仰せになる、〈しかり、わたしはすぐに来る〉。アァメン、主イエスよ、きたりませ」（日本聖書協会版聖書、一九五五年改訳による）となっており、メリエの典拠指示は誤りである。

〔九三〕　典拠となっている『聖書』の対応箇所を、日本聖書協会版聖書、一九五五年改訳を用いて参考として以下に掲げる。「夫たる者よ。キリストが教会を愛してそのために自身を

ささげられたように、妻を愛しなさい。キリストがそうなさったのは、水で洗うことにより、言葉によって、教会をきよめて聖なるものとするためであり、また、しみも、しわも、そのたぐいのものがいっさいなく、清くて傷のない栄光の姿の教会を、ご自分に迎えるためである」(『エペソ人への手紙』第五章二五―二六節)。

〔九四〕 大罪。カトリック道徳神学上の用語。「大罪」、「死に至る罪」(ペシェ・モルテル)は、「小罪」、「赦されうる罪」(ペシェ・ヴェニエル)に対するもので、聖化の恩寵を失わせ、霊魂に超自然的死をもたらす個人の罪。「大罪」は神からの離反であり、天国へ入る権利を罪人から奪うが、「小罪」は日常犯される比較的小さな罪で、「大罪」と異なり聖化の恩寵がそれによりことごとく奪い去られることはないとされる。また、「大罪」は必ず告解により赦されねばならないが、「小罪」は聖体拝領によって赦されるという。

〔九五〕 日本聖書協会版聖書、一九五五年改訳によって、対応箇所を以下に参考として掲げる。「招かれる者は多いが、選ばれる者は少ない」(『マタイによる福音書』第二二章一四節)。

〔九六〕 異文(46)でも示したように、手稿一九四六〇には典拠の指示はなく、ここでは一九四五八に従ってその指示を掲げた。ただし、実際の引用は『申命記』第二八章一―四節からであろう。当該箇所は、日本聖書協会版聖書、一九五五年改訳を用いれば以下のようになっている。「もしあなたが、あなたの神、主の声によく聞き従い、わたしが、きょう、命じるすべての戒めを守り行うならば、あなたの神、主はあなたを地のもろもろの国民の上に立たせられるはずであろう。もし、あなたがあなたの神、主の声に聞き従うならば、このもろもろの祝福はあなたに臨み、あなたに及ぶであろう。あなたは町の内でも祝福され、畑でも祝福されるであろう。またあなたの身から生まれるもの、地に産する物、家畜の産むもの、すなわち牛の子、羊の子は祝福されるであろう」。また同書「第一一章一三節」とあるのは、同章一三―一五節の誤りであろう。当該箇所は前掲邦訳聖書を用いれば、「もし、きょう、あなたがたに命じるわたしの命令によく聞き従って、あなたがたの神、主を愛し、心をつくし、精神をつくして仕えるならば、主はあなたがたの地に雨を、秋の雨、春の雨とともに、時にしたがって降らせ、穀物と、ぶどう酒と、油を取り入れさせ、また家畜のために野に草を生えさせられるであろう。あなたは飽きるほど食べることができるであろう」とあるように、先の同書第二八章からの引用と同趣旨のものである。

〔九七〕 メリエはこの箇所をすでに本文(本書一九三頁)で引用している。

〔九八〕 メリエはこの箇所をすでに本文(本書一九七頁)で引用している。

〔九九〕 『ウルガタ聖書』で『列王紀三』と表記されている書は、現行邦訳聖書では『列王紀上』と表記されている。対応箇所を日本聖書協会版聖書、一九五五年改訳によって以下に参考として掲げる。「彼らは与えられた牛を取って整え、朝から昼までバアルの名を呼んで、〈バアルよ、答えてください〉

と言った。しかしなんの声もなく、また答える者もなかったので、彼らは自分たちの造った祭壇のまわりに踊った」(『列王紀上』第一八章二六節)。

〔一〇〇〕「非キリスト教徒(アンフィデール)」は、キリスト教を信仰せず、洗礼を受けていない者、たとえばイスラム教徒、ユダヤ教徒、ギリシア・ローマの異教徒などを意味した。

〔一〇一〕 これらの祈りは、教会暦に従って『典礼書』に掲載されている、各祝祭日の祈禱から取られているという。まず教会暦とは、キリストの主要な事跡を軸とする教会特有の暦であり、一一月二七日と一二月三日との間にある待降節第一主日(待降節はクリスマスを待ち望む祈りの期間、主日とは日曜日を指す)をもって始まり、降誕祭(クリスマス)、公現祭、復活祭、昇天祭、聖霊降臨祭などを経て、ふたたび次の待降節に続く。この中には、降誕祭(一二月二五日)や公現祭(一月六日)のように、毎年その期日が決まっている固定祝祭日と、復活祭(三月二二日から四月二五日までのどれかの主日)やその五十日後の聖霊降臨祭のように、毎年その期日が変わる移動祝祭日とがある。聖霊降臨祭は、降誕祭、復活祭と並ぶ教会の三大祝日であるが、これは聖霊が使徒たちの上に降臨した日(『使徒行伝』第二章一―四二節)を記念するものである。さて、メリエの引用は、「コノ同ジ霊ノ……持タセタマエ」までは聖霊降臨祭の集禱文から、「アナタノ民ニ……避ケサセタマエ」までは聖霊降臨祭後第一七主日の集禱文から、「アナタノ諸々ノ民ニ……望マセタマエ」までは復活祭後第四主日の集禱文から、「私タチノウチニ……増シタマエ」までは復活祭後第一三主日の集禱文から、「主ヨ、……持ツヨウニサセタマエ」までは聖霊降臨祭後第二主日の集禱文から、「私タチニ……願イ奉リマス」までは復活祭後第五主日の集禱文から取られている。なお、集禱文とはミサの導入部をしめくくる司祭の祈りである。司祭はまず会衆に祈るように呼びかけ、会衆はしばらく神の前にいることを黙想し、その後に続く集禱文の中で、当日のミサの特徴が表明される。

〔一〇二〕 これらのラテン語引用句は、祈りの際に唱えられる決まり文句であろう。

〔一〇三〕 メリエはこの箇所をすでに本文(本書一九四頁)で引用している。

〔一〇四〕「再生(ルジェネラシオン)」はキリスト教神学用語。罪と滅亡の中にある人間が、恩寵を受けて霊的に新しい誕生をなすこと。洗礼によってこれが行われるという。ここで言う「新たな再生」は、キリストの再臨時にふたたび行われる人間の再生を意味している。

〔一〇五〕 対応箇所を日本聖書協会版聖書、一九五五年改訳によって以下に参考として掲げる。「わたしは律法や預言者を廃するためにきた、と思ってはならない。廃するためではなく、ことごとく全うされるのである」(『マタイによる福音書』第五章一七節)。

〔一〇六〕 安息日とは、ユダヤ人が週の第七日に与えた名称。現今の金曜日の日没から土曜日の日没までで、一切の業務・労働を停止するユダヤ教の祝日。捕囚後、安息日は割礼とともに

に、ユダヤ人を異邦人から区別するための最重要事となった。なお、キリスト教では週の第一日である日曜日を、主の復活や聖霊降臨の日として主日と呼び、ごく初期からミサを行っていたが、それは安息日とは厳密に区別されていた。しかし、主日は中世において安息日と一つにされ、安息日の律法も適用されるようになった。

〔一〇七〕 メリエ自身の指示どおり、『トルコ皇帝の密偵』第六巻書簡六（一七一五年版、二八―三四頁）からの長い引用が続く。この書簡にはプロテスタント的精神に基づくと思われるカトリック批判が見られるが、以下に示すようにメリエは巧みに省略と付加を用い、その批判を自己の立場に利用している。書簡六は次のように始まり、引用冒頭に接続する。「書簡六、オーストリアの修道士、ヴィルヘルム・ヴォプセル宛。初期のキリスト教徒と今日のキリスト教徒との間にある相違と矛盾。

何通かのあなたの手紙は私に不安と好奇心をかき立て、それらはかつての危惧を取り除く代わりに、新たな危惧を私の心に引き起こしました。私の精神の中には新たな疑問が生じました。あなたが苦労なさり、ささやかな迷信と、教皇とローマ教会の不可謬性に関する頑迷な宗教的熱意とに、私をつなぎ止めようとなさればなさるほど、私の気持ちはそれらから離れてゆきます。〔中略〕

私は過去の時代を思い起こし、できるだけ昔にまで遡ってみました。アダムからモーセまで、モーセからイエスまで、イエスから今まで、歴史が触れている世界のあらゆる時代や時期を私は検討してみました。始めの頃の年代記は、結局のところ曖昧模糊としているように思われますが、それでも真実を愛し誠実にそれを探究する勤勉な精神を持つ者を、なんとか導いてくれるいくらかの光はそこにも認められます」。メリエの文を原典と照合すれば、「アブラハムやイサクやヤコブの」（メリエによる引用文）は「アブラハムやヤコブの」（一七一五年版原文）、「……と彼は弟子たちに言いました」（メリエによる引用文）は、「……と彼はこの世にいる間に言いました」（一七一五年版原文）となっている。また、『聖書』の出典指示も原典にはない。ここまでの引用が、『トルコ皇帝の密偵』一七一五年版第六巻二八―二九頁に相当する。

〔一〇八〕 「エルサレム使徒会議」と呼ばれ、『使徒行伝』第一五章一―二九節、『ガラテヤ人への手紙』第二章一―一〇節に記述されている。アンティオキア教会からの使者（パウロ、バルナバら）とエルサレム原始教会の使徒や長老（ヤコブ、ペテロら）との間で、通説では四八―四九年にエルサレムで開かれたという会議。異邦人は救われるために、割礼に代表されるユダヤ教の律法を守る必要があるか、という問題に関して討論が行われ、パウロは自己の見解を押し通し、律法から自由な異邦人伝道が認められた。異邦人における割礼の不必要が承認され、補足条項として後出の四条項の禁令（偶像に供えた肉、血、絞め殺した獣の肉、姦淫を禁止する、『使徒行伝』第一五章二九節）が定められたが、これは「使徒教令」と呼ばれる。これは初期キリスト教において、異邦人キリスト者が、ユダヤ人キリスト者と共生するために、必要な

最小限の禁令として課されたものと考えられる。ただし、これが使徒会議での取決めを補足する使徒教令として出されたか否かについては意見が分かれる。

〔一〇九〕「これはイエス・キリストの首席使徒ペテロなる者が……」からここまでは、『トルコ皇帝の密偵』第六巻書簡六(一七一五年版)にはなく、メリエの付加であるかも知れない。

〔一一〇〕ローマのパンテオンはアグリッパによって紀元前二七年に建てられ、紀元二世紀にハドリアヌスによって再建され、六〇九年にキリスト教の教会堂に変えられた。

〔一一一〕「彼らの教会には、像も絵も数珠も祈禱所も……」からここまでは、訳注一〇七に示した引用箇所に直接続く部分(一七一五年版第六巻二九―三一頁)である。ただし、「みな唯一の神を崇めていました」(メリエによる引用文)は、「みな善行を生む強い信仰で、唯一の神を崇めていました」(一七一五年版原文)、「その教会はキリストのあの明白な宣言を」(メリエによる引用文)は、「その教会はわれらの主のあの明白な宣言を」(一七一五年版原文)となっている。「どうやってそれを……」(メリエによる引用文)で一七一五年版原典は改行。「これには、ふだん……」(メリエによる引用文)で一七一五年版原典は改行。「ですから、地上の最大部分を……」(メリエによる引用文)で一七一五年版原典は改行なし。「……イエス・キリストの意志に沿っている」(メリエによる引用文)は、「……われらの主イエスの意志に沿っている」(一七一五年版原文)となっている。「まさにその同じ物分かりのよさによって」(メリエによる引用文)で一七一五年版原典は改行。

〔一一二〕「その意味で確かに……」(メリエによる引用文)からここまでは一七一五年版原典になく、その代わり次行の引用までの間は、以下のように続く。「ヴィルヘルム師よ、神の法を侵犯するためのこんな陳腐な理由はあなたを赤面させはしませんか。人間は全能なるものより賢明でありうるのですか。人間は知において完全なるものの道を改善すると思い描くべきなのですか。非キリスト教徒の偶像崇拝的儀式を真似、神聖な天の掟を売り渡し、人間の政治の気まぐれに合わせてまで、真の宗教の伝播に努めなければならないのですか。賢明などんな立法者も、形式にこだわる気難しい臣下の気まぐれに合わせるため、おのれの法を変えたり改変したりするほど、媚びを売ったことなどありません。一徒党や一党派を抱き込むために、彼はわずかでも付け加えたり、削ったりしようと思うでしょうか。それなら、神がおのれの神聖な法を死すべき人間の自由裁量に任そうとしたとか、あるいは不敬な寛容さによって人がそれに何かを付け加えたり、削ったりするのを神がよしとするかも知れないとか、私たちはそのように考えることができるでしょうか。まるで、神がその命令を公にした時何をしているのか分からなかった、あるいは神は死すべき人間の進言や助けを必要とした、と言うかのように。

ユダヤ人に対して一時だけそういう心遣いをし、そのために彼らはのち永遠に躓かねばならなかったのですか。教会がこの民族の改宗のために毎日祈りを捧げても、一方でその教

理と変わらぬ実践によって、彼らをますます彼らの頑なさの中に追い込んでいるのですから、それは無駄なことです」(『トルコ皇帝の密偵』一七一五年版第六巻三一―三二頁)。

〔一一三〕　エチオピア教会。キリスト教のごく初期から現代まで続いているエチオピア独自のキリスト教会。新約が伝える、ピリポのエチオピア人の高官に対する伝道とその高官の回心(『使徒行伝』第八章二六―四〇節)の記事が示すように、エチオピアにはかなり早くからキリスト教が入ったらしい。ルフィヌス(三四五―四一〇年)によれば、聖フルメンティウスとツロのエデンシウスが囚人としてエチオピアに連行されたが、皇帝の寵を受け福音を伝え、前者は監督に任命された(三五〇年頃)という。六世紀にはエジプトのコプト教会と関係を持つようになり、これが現在に及ぶ国教のエチオピア正教となった。七世紀以降はイスラム教が入ったが、現在の宗教分布はキリスト教徒三、イスラム教徒一の割合で、他に少数のユダヤ教徒がいるという。エチオピア教会は「正典」のほかに多くの「外典」を含む八一巻の『聖書』を持ち、教理的にはキリスト単性論(受肉後、キリストの人性は神性に融合され、キリストは単一の性になったとする説)であり、安息日、割礼、汚れた肉の区別などユダヤ教的儀式を守っている。

〔一一四〕　一七一五年版原典において、訳注一一二に引用した部分にすぐ続く箇所である(『トルコ皇帝の密偵』一七一五年版第六巻三二頁)。ただし、「エチオピア教会は……」(メリエによる引用文)で一七一五年版原典は改行していない。また、「避けるべき肉を規定するモーセの律法の」(メリエによる引用文)は、「忌み嫌われる肉を規定する」(一七一五年版原文)となっている。

〔一一五〕　東方キリスト教徒。ローマ・カトリック教会に対して、ギリシア正教会、東方正教会などと呼ばれるキリスト教諸教会に属する人々。東方正教会の中には、古代末期の東ローマ帝国教会に生まれた多くの民族教会がある。その遺習を通して、それら諸教会は、古代コンスタンチノープル、アレクサンドリア、アンティオキア、エルサレムの総大主教区の後裔であり、ローマ・カトリック教会とともに、今日現存する最古の形態のキリスト教を保つと言われる。いくつかの自治教会から成り立ち、普通全的交わりを結んでいるが、それぞれ独自の教会政治の形態を保っている。歴史的に簡略に見れば、これらは以下のようにして成立していった。五―六世紀のキリストの位格に関する異端論争は、東ローマ帝国とアフリカ・近東におけるその属国との政治的緊張と相まって、東地中海世界の教会内に重大な分裂を引き起こした。さらに、七―八世紀にイスラム教が勃興すると、辺境地方は簡単に侵食されていった。一〇五四年、コンスタンチノープルとローマの総大司(主)教座は、相互に破門し合い、結局その分裂は現在まで回復されていない。近代東方正教会の中核は、ギリシアとロシアの教会であるが、これらはともにコンスタンチノープルから派生したものである。東方教会の一般的特質としては、神学と礼拝が神秘主義的であること、各教会がそれぞれの国民文化と密接な関係を持つこと、修道院が教会生活

に積極的役割を担っていること、などが挙げられる。

〔一一六〕「東方キリスト教徒は……」（メリエによる引用文）からここまでは、『トルコ皇帝の密偵』一七一五年版第六巻三二―三三頁に相当する。ただし、訳注一一四に示した箇所からこの引用までの間に、以下のような一段落の省略がある。「われわれに神の託宣を渡してくれた、われらの長男であるユダヤ人の救いをこのようにおろそかにし、異教徒をキリスト教化すると同時に、いわばキリスト教徒を異教化しもする見当外れな手段によって、異教徒の改宗を急ごうとしたのは、私の見解によれば悪い側面から始めたのです。というのも、われわれは諸宗教を混ぜ合わせ、このように言うのが許されるなら、神の制度と人間の制度から一つの富籤を作り出し、一つの偶像崇拝と迷信を別のものに変え、ユピテルをペテロに、マルスをパウロに、ウェヌスとその息子クピドを聖母マリアとその息子イエスに、ある神をある使徒に、ある半神をある殉教者に変えたのですから。その一方で、真の宗教の基礎であり主要な支えである律法そのものは無視され、踏みつけにされています」（『トルコ皇帝の密偵』一七一五年版第六巻三二頁）。また、引用部分において、「東方キリスト教徒は、ローマ・カトリック教徒より」（メリエによる引用文）は、「東方キリスト教徒は、われわれより」（一七一五年版原文）となっている。「多くの浄めの儀式とその他の穏やかな暮らし方を」（メリエによる引用文）は、「多くの浄めの儀式と神聖な暮らし方を」（一七一五年版原文）となっている。「しかしローマ・キリスト教徒は」（メリエによる引用文）は、「しかしラテン教会のわれわれは」（一七一五年版原文）となっている。「真の救いの道にいる地上で唯一の民であると確信しています」（メリエによる引用文）は、「天の偉大な道にいる地上で唯一の民であるかのように自画自賛しています」（一七一五年版原文）となっている。

〔一一七〕「畑の案山子や」（メリエによる引用文）からここまでは、『トルコ皇帝の密偵』第六巻書簡六ではなく、同書第五巻書簡一五からの引用である（『トルコ皇帝の密偵』一七一五年版第五巻七四頁）。この書簡は、キリスト教徒の両親に育てられたが、多くの旅行をしたのちイスラム教に改宗した、ヴェネチアの一商人に宛てたものとされている。書簡中においてこの引用箇所は、その商人を祝福し、旅行の効用を述べた文章の後に続く。ただし引用冒頭は、「畑の案山子や、木や、豚や、犬に、あるいはその他、ラップランド人のごとく朝初めて見たものに、神としての尊敬が捧げられるのを見て誰が笑わないでしょうか。そしてもう一方で……」（一七一五年版原文）となっている。また、「世界でもっとも純粋で神聖な宗教を持つと自慢するローマ・キリスト教徒の人々が」（メリエによる引用文）は、「世界でもっとも純粋な宗教を持つと自慢し、学問によって陶冶された人々が」（一七一五年版原文）となっている。ここでマラナ『トルコ皇帝の密偵』からの長い引用が終わる。

〔一一八〕序文の訳注一〇を参照。

〔一一九〕「教令（デクレ）」は、ローマ・カトリック教会において、一般には教皇や宗教会議または教皇庁の各省により制定された法令

を意味するが、ここではより限定的に、教皇自身により発表された文書または通達を意味するのであろう。それらの書簡は教会法典に組み入れられて、重要性において宗教会議の決定と同列に置かれる。

〔一二〇〕前注後半に述べた教皇書簡は、「教皇教令（デクレタル）」と通常呼ばれるが、「教皇令（コンスティテューション）」とも言われる。重要な問題を扱う「大勅書（ビュル）」と略式の「小勅書（ブレフ）」の二形式がある。なお次注に述べるが、メリエ当時「教皇令（コンスティテューション）」と言えば、この「ウニゲニトゥス教皇令（大勅書）」を意味するほど、この教令はフランスにおいて激しい論争を引き起こしていた。

〔一二一〕「ウニゲニトゥス大勅書」は、フランス・カトリック教会内の反対派ジャンセニストを禁圧するために、ルイ十四世が教皇クレメンス十一世から、一七一三年九月八日に獲得したジャンセニスト断罪の教皇令。ジャンセニスム（ヤンセン主義）は、十七世紀の中頃から十八世紀初頭にかけて、フランスの宗教界で激しい論争を引き起こしたカトリックの一教派で、神学的にはコルネリユス・オットー・ヤンセン（一五八五―一六三八年）の恩寵論、実践的にはサン・シラン修道院長（ジャン・デュヴェルジエ・ド・オランヌ、一五八一―一六四三年）の厳格主義、政治的にはフロンドの乱に参加した人々の抵抗精神、この三つの傾向を結合した運動と言われる。この派ははじめの二つの立場からイエズス会の恩寵論と妥協的道徳とを攻撃し、最後の立場からルイ十四世の絶対主義に反対した。

恩寵と自由意志の関係はアウグスティヌス以来繰り返し神学論争の対象となってきたが、ヤンセンの遺作『アウグスティヌス』が出版されると（一六四〇年）、救いにおける恩寵の絶対性を厳格に主張するその立場は、人間の自由意志を大幅に認めるイエズス会派から攻撃を受けた。教皇ウルバヌス八世は勅書によりこの論争を抑止しようとしたが、それに失敗した（四三年）。ヤンセンの盟友デュヴェルジエがサン・シラン修道院長となると、その感化がポール・ロワイヤルの隠修士たちに及び、サン・シラン死後はその代表者アントワーヌ・アルノー（一六一二―一六九四年）がジャンセニスム擁護の論陣を張った。教皇インノケンティウス十世は教令により『アウグスティヌス』から摘出した五命題を断罪したが（五三年）、ジャンセニストはその命題はヤンセンの真意ではないと反論、パスカルは『田舎の友への手紙』（五六―五七年）で難解な神学問題を万人に分かるように提示し、また辛辣・明晰な文体でイエズス会を批判した。しかし、一六六一年ルイ十四世がジャンセニスム根絶に乗り出し、ヤンセンの五命題を非難する「信仰宣誓文」にポール・ロワイヤルの修道女が署名し、教皇クレメンス九世とルイ十四世が結んだ妥協的方策により（「クレメンスの平和」一六六九年）、ジャンセニスト禁圧の第一段階は終わる。

しかし、アルノーなきあとジャンセニストの指導者となったのは、亡命したアルノーとともにブリュッセルで活動したパキエ・ケネル（一六三四―一七一九年）であり、ジャンセニストの文筆活動は依然として続いていた。十八世紀に入ろうとする頃、フランス国内でもジャンセニスムをめぐる問題

が再発してくる。一六九五年ルイ十四世が、聴罪師、伝道師、学校、病院、教区関係聖職者に対する全権を司教に与え、下級聖職者にまで貫徹する絶対王政確立を意図した時、司祭・助祭ら下級聖職者は王や司教に反抗し、ジャンセニスム支持を表明する者も多かった。ジャンセニストの一部は、教皇書式に署名したのは外的服従を示すもので、良心を救うため内的同意はしなかったと宣言したが、教皇に対しこのような「畏敬の沈黙」を守る者に罪の赦しが与えられるか、という良心問題が一七〇二年から論議を呼び、今度もルイ十四世は教皇の権威に支えを求めた。内心からの服従を命ずるクレメンス十一世の教書が出されたが（一七〇五年）、期待した効果がないため、王はついに一七一一年、修道院を破壊しポール・ロワイヤルは終わりを迎えた。しかし、以後ジャンセニスムはガリカニスムと結びつき、さらに下級聖職者や民衆にも広い支持を獲得し、宗教問題においてますますローマ教皇の権威に頼ろうとする王に対し、パリ大司教ノアィユ、検事総長ダゲソーおよび高等法院までもがジャンセニスト陣営に集まるようになった。一六九九年に再刊されたケネルの『新約聖書の道徳的考察』（一六七一年初版、九二年増補改訂）を断罪するため出された「ウニゲニトゥス大勅書」（一七一三年）に対する反撃の声は、国民的とも言いうるほど大きく、ノアィユをはじめ九人の司教もこの教令を拒否した。

一七一五年ルイ十四世が死去すると、反ジャンセニスム政策は一時的に緩和された。しかし、強硬な四人の司教が一七年、教令に対する告訴状を作成し、パリ、ナント、ランスの大学神学部もこれに賛意を表し、署名する聖職者の数が三〇〇〇人を超えると、摂政フィリップ・ドルレアンは反ジャンセニスト派に傾き、教皇庁からノアィユと四司教を異端とする令書を一八年に獲得した。戦いはなお十年続くが、二九年指導者であったパリ大司教ノアィユが死亡し、三〇年「ウニゲニトゥス」を国法とする王令が出され、次第にジャンセニスムは退潮していった。

「ウニゲニトゥス」が出された一七一三年からメリエが没する二九年までの期間、彼が所属していたランス司教区はジャンセニスムの影響が強い司教区だった。とりわけ田舎の司祭たちにその傾向が強く、強硬な反ジャンセニストであったランス大司教フランソワ・ド・マイィ（在位一七一〇—一七二一年）に対する下級聖職者の対立が目立ったという。したがって、メリエが言う「以前は受け入れていた……あの教理」とは、ジャンセニストが主張していた「恩寵論」を指していると思われ、おそらくジャンセニストの主張をそのまま借りているのであろう。ケネル『新約聖書の道徳的考察』を後に正確に引用する所から見ると、メリエもこのジャンセニスムをめぐる論戦を十分に知っていたと思われる。ただし、その神学的側面にはそれほど興味を抱いたとは思われない。近隣の司祭たちに宛てて、「さらにあなたがたは、奏効的恩寵かそれとも充足的恩寵かといった無内容な問題や……あなたがたの宗教をめぐるその他これに類する多くの虚しい問題を仲間内で議論しては、時間を無駄にしています」（本書八一四頁）と書いているからである。

〔一二二〕証明三の訳注三七を参照。

〔一二三〕「霊的（スピリチュエル）」は「精神的」とも訳しうるが、宗教的色彩をはっきりさせたいためこのように訳す。「象徴的」（形容詞のフィギュレ、フィギュラティフ）は、厳密には証明四の訳注四九で説明した「予型（フィギュール）」と関係し、「予型的、予型論的」とも訳しうるが、メリエがより一般的意味に用いている場合はこのように「象徴的」と訳す。フィギュール（名詞）も一般には「象徴」と訳すが（動詞のフィギュレも「象徴する」と訳すが）、具体的に旧約と新約の救済史的連関を示す例をメリエが皮肉に語る場合、訳文が不自然とならない限り「予型」という訳語を用いる。

〔一二四〕メリエの引用は、実際には『マルコによる福音書』第八章三九節によっている。『マタイによる福音書』第一六章二八節は同趣旨の一節であるが、「まことにおまえたちに言う。ここにいる者のうち、人の子が支配を持って来るのを見るまで死を味わわない者もいる」（『ウルガタ聖書』による）となっている。

〔一二五〕メリエの引用は以下に参考として掲げるように、実際には『コリント人への第一の手紙』第一五章二一、二二節からである。「それは、死がひとりの人によってきたのだから、死人の復活もまた、ひとりの人によってこなければならない。アダムにあってすべての人が死んでいるのと同じように、キリストにあってすべての人が生かされるのである」（『コリント人への第一の手紙』第一五章二一、二二節、日本聖書協会版聖書、一九五五年改訳による）。メリエは『ローマ人への手紙』第五章一七節を指示しているが、この箇所は同じく前掲邦訳聖書を用いれば、「もし、ひとりの罪過によって、そのひとりをとおして死が支配するに至ったとすれば、まして、あふれるばかりの恵みと義の賜物とを受けている者たちは、ひとりのイエス・キリストをとおし、いのちにあって、さらに力強く支配するはずではないか」とあるように、『コリント人への第一の手紙』当該箇所と同趣旨のことを述べたものである。

〔一二六〕対応箇所を、日本聖書協会版聖書、一九五五年改訳によって以下に参考として掲げる。「行って、〈天国が近づいた〉と宣べ伝えよ」）『マタイによる福音書』第一〇章七節）。「そして彼らに言われた、〈全世界に出て行って、すべての造られたものに福音を宣べ伝えよ〉」（『マルコによる福音書』第一六章一五節）。

〔一二七〕聖書の象徴的・神秘的・寓意的解釈に関して当時次のような用語法があった。まず、聖書には「本来の文字どおりの意味」のほかに、「象徴的・神秘的・寓意的意味」があるとされる。さらに、文字どおりの意味は「自然的な第一の意味」であるが、神秘的意味はその自然的意味に基づき、自然的意味から類比（アナロジー）あるいは比較によって、また類似によって引き出されるものであり、その意味は次のように分類される。そのようにして類比や類似により引き出された神秘的事柄が、教会や奥義に関わる場合、それは「寓意的意味（アレゴリック）」と言われる。習俗や道徳に関わる場合、それは「教訓的意味（トポロジック）」と言われる。永遠の来世に関わる場合、それは「天上的意味（アナゴジック）」と言われる

（『トレヴー辞典』による）。

〔一二八〕「ミルマドラン」という言葉は、当時の辞書類に見当たらないが、メリエは皮肉をこめて「宗教的大指導者」という意味で用いている。聖パウロに九回、アウグスティヌスに四回、トマス・アクィナスに一回、アンブロシウスに一回、この呼称を用いている。その他二回、「彼らの〔キリスト崇拝者たちの〕ミルマドラン・サントンたち」という形でもこの言葉を用いている（以下に述べるが、「サントン」は「〔イスラム教の〕隠者」を意味する）。この二種類の用例から見ると、メリエは『トルコ皇帝の密偵』第五、六巻に書簡の受取人として登場する、「シドンの谷の隠者ミルマドラン」（一七一五年版第五巻書簡六、四一、四二、六五、一〇一、第六巻書簡一六、三四）の名前を上のように転用したと思われる。なお、このミルマドランというイスラム教隠者の名前は、古くからフランス語に入ったアラビア語の尊称で「信仰者の王」を意味する、「ミラモラン、ミラマモラン、ミルマモラン」などと綴られる言葉から、『トルコ皇帝の密偵』の著者が作った名前だと思われる。メリエがそのような事情を知っていたかどうかは、はっきりしないが。

〔一二九〕訳注四九および一二三を参照。

〔一三〇〕メリエは典拠の指示として「『コリント人への第一の手紙』第一〇章一節―」と書いているが、実際同章一節から一一節まで一続きの引用である。ただし、同章二節「みな雲の中、海の中で、モーセにつくバプテスマを受けた」（日本聖書協会版聖書、一九五五年改訳による）は省略している。

また、「サテ、ソノ岩ハイエス・キリストデアッタ」というラテン語引用句は同章四節から、「サテ、彼ラニ起コッタコウイウスベテノコトハ、予型トシテデアッタ」というラテン語引用句は同章一一節から引かれている。

〔一三一〕メリエによる引用箇所は、実際には本文中に割注で示したようになっている。

〔一三二〕メリエによる引用箇所は、実際には本文中に割注で示したようになっている。

〔一三三〕メリエによる引用は本文中に割注で示した箇所であるが、引用に省略があるので、当該箇所を日本聖書協会版聖書、一九五五年改訳によって以下に参考として掲げる、「キリストは、わたしたちのためにのろいとなって、わたしたちを律法ののろいからあがない出して下さった。聖書に、〈木にかけられる者は、すべてのろわれる〉と書いてある。それは、アブラハムの受けた祝福が、イエス・キリストにあって異邦人に及ぶためであり、約束された御霊を、わたしたちが信仰によって受けるためである」（『ガラテヤ人への手紙』第三章一三、一四節）。

〔一三四〕養育掛。ギリシア人の間では、子供の養育掛は信頼の厚い奴隷がこれに任じられ、子供が成人になるまで学校に連れて行ったり、後見人としての世話をしたりした。養育掛は子供の世話をする者、導く者、訓練をする者を指し、教師とは区別される。

〔一三五〕この引用冒頭の「先の約束後四百年経って与えられた律法」という文言は二四節にはなく、これと似た文言が同章

一七節に見られる。日本聖書協会版聖書、一九五五年改訳によって同章一七節と二四節を参考として以下に掲げておく。「わたしの言う意味は、こうである。神によってあらかじめ立てられた契約が、四百三十年の後にできた律法によって破棄されて、その約束がむなしくなるようなことはない」(『ガラテヤ人への手紙』第三章一七節)。「このようにして律法は、信仰によって義とされるために、わたしたちをキリストに連れて行く養育掛となったのである」(同二四節)。

〔一三六〕　メリエによる引用箇所は、実際には引用文中の割注および訳注で示したようになっている。

〔一三七〕　新月。月の第一日目に出る月のこと。新月はイスラエルで特別の意味を持ち、この日には特別の犠牲が捧げられ、日常の仕事を休んだ。安息日とともに「新月」あるいは「ついたち」は祭日として守られた。初代教会においては、この祭日を守ることを強調するユダヤ教的色彩の強い教師もいた。

〔一三八〕　メリエによる引用の末尾は、割注で示したように八節であるが、メリエは同節の後半を省略している。日本聖書協会版聖書、一九五五年改訳を用いて同節の全体を参考として以下に掲げる。「この世の支配者たちのうちで、この知恵を知っていた者は、ひとりもいなかった。もし知っていたなら、栄光の主を十字架につけはしなかったであろう。」

〔一三九〕　メリエによる引用箇所は、実際には引用文中の割注および訳注で示したようになっている。

〔一四〇〕　本書七一―七二頁に引かれているヒエロニムス『パウリヌスへの手紙』の文章「コンナコトハ子供ジミタコトデス。知ラヌコトヲ教エルコト、ト言ウヨリモットヒドイ言イ方ヲスレバ、何ヲ知ラヌカトイウコトサエ知ラヌコト、ソレハ香具師ノ業ニモ似タコトデス」からメリエが作った言葉であろう。

〔一四一〕　本文二三五頁からここまでの、パウロによる旧約の霊的解釈の例示は、メリエ個人の収集によるというより、旧約の比喩的解釈を正当化するための伝統的論拠として知られていたもののようだ。たとえば、アウグスティヌス『信の効用』、第一章　旧約聖書の問題、第五節　比喩的意味（『アウグスティヌス著作集』教文館、第四巻二五―二八頁）を参照せよ。

〔一四二〕　同書一六二五年版では四八五頁。ただしこの句は、ノーデも出典を指示していないが、ホラティウス『詩法』五からの引用である。

〔一四三〕　この解釈は『聖書』の次の箇所を根拠にするという。「ユダは、獅子の子。わが子よ、あなたは獲物をもって上って来る」(『創世記』第四九章九節、日本聖書協会版聖書、一九五五年改訳による)。「見よ、ユダ族の獅子、ダビデの若枝であるかたが、勝利を得たので、その巻物を開き七つの封印を解くことができる」(『ヨハネの黙示録』第五章五節、前掲邦訳聖書による)。

〔一四四〕　『レビ記』第一六章七―一〇節に「身代わりの山羊」についての記述が見られる。『ウルガタ聖書』によって当該箇所を以下に訳出しておく。「アロンは二頭の牡山羊を取り、それを会見の幕屋の入口で主の前に立たせ、その二頭の牡山

羊のために、くじを引かなければならない。すなわち一つのくじは主のため、一つのくじは身代わりの牡山羊のためである。そしてアロンは主のためのくじに当った牡山羊を捧げて、これを罪祭としなければならない。しかし、身代わりとなるためのくじに当った牡山羊は、主の前に生かしておき、祈りをとなえてやって、荒野に送らなければならない」。現行邦訳聖書ではこの身代わりの山羊を「アザゼルの山羊」としている。アザゼルという語の詳しい意味は不明で諸説あるようだ。しかし、元来アザゼルはユダヤの荒野に住む悪霊で、そのもとへ人間の罪を負わせた山羊を送るという悪霊崇拝に由来するものであろう、というのが定説らしい。

〔一四五〕 この解釈は『聖書』の次の箇所を根拠にするという。「モーセは青銅で一つの蛇を造り、それを竿の上に掛けて置いた。すべて蛇に嚙まれた者はその青銅の蛇を仰いで見て生きた」（『民数記』第二一章九節、日本聖書協会版聖書、一九五五年改訳による）。「そして、ちょうどモーセが荒野で蛇を上げたように、人の子もまた上げられなければならない」（『ヨハネによる福音書』第三章一四節、前掲邦訳聖書による）。

〔一四六〕 聖体拝領ミサにおける賛美歌「シオンヨ、救イ主ヲ称エヨ」二二節。

〔一四七〕 訳注一四五に引用したように、ここは、イエス・キリストがモーセの掲げた青銅の蛇にたとえられているところ。

〔一四八〕『聖書』の次の箇所をふまえている。「私〔神〕は恨みをおく、おまえ〔エバを誘惑した蛇〕と女〔エバ〕との間に、おまえのすえと女のすえとの間に。彼はおまえのかしらを砕き、おまえは彼のかかとを砕くであろう」（『創世記』第三章一五節、日本聖書協会版聖書、一九五五年改訳による）。

〔一四九〕 メリエによる引用箇所は、実際には割注で示したとおりである。日本聖書協会版聖書、一九五五年改訳によって、典拠の対応箇所を以下に掲げる。「ところがその子らが胎内で押し合ったので、リベカは言った、〈こんなことでは、わたしはどうなるでしょう〉。彼女は行って主に尋ねた。主は彼女に言われた、〈二つの国民があなたの胎内にあり、二つの民があなたの腹から別れて出る。一つの民は他の民よりも強く、兄は弟に仕えるであろう〉」（『創世記』第二五章二二、二三節）。

〔一五〇〕 メリエによる典拠の指示は正しいのだが、文脈が分かるように、前節も含めて当該箇所を以下に掲げる。「リベカは家にあった長子エサウの晴着を取って、弟ヤコブに着せ、また子やぎの皮を手と首のなめらかな所とにつけさせ」（『創世記』第二七章一五、一六節、日本聖書協会版聖書、一九五五年改訳による）。

〔一五一〕 ポワチエのヒラリウス（三一五頃―三六七年）、ラテン教父、ポワチエの司教。ガリアにアリウス説が導入されるのに反対して小アジアに追放され、そこで東方神学を学び、帰国後もアリウス派と戦い続けた。その意味で「西方のアタナシウス」と呼ばれる。アリウス主義反駁書のほか、オリゲネスの寓意的解釈の影響が見られる聖書注解などを残した。

〔一五二〕 テルトゥリアヌス（一五〇から一六〇―二二〇年以

降）、カルタゴ出身の教父、三世紀最大のキリスト教著作家。はじめローマの弁護士であったが、キリスト教に改宗し、カルタゴに戻り教会生活に入った。のち厳格な道徳的要求からモンタヌス派に接近した。明晰な論理と激しい文体により、三位一体説、原罪説に根拠を与えようとした。また、キリスト復活の奇蹟を「不合理ゆえにわれ信ず」とした彼の主張（そのとおりの言葉はないが）は有名である。

〔一五三〕　メリエは引用を少し変えているが、『ウルガタ聖書』によれば八節全体は次のようになっている。「あなたは義を愛し、不正を憎んだ。このゆえに、おお神よ、あなたの神は喜びの油をあなたのともがらの誰にもまして、あなたに注がれた」（『詩篇』第四四篇八節）。

〔一五四〕　ユスティノス（一〇〇頃―一六五年頃）、ギリシア語によるキリスト教護教家。パレスティナに異教徒として生まれたが、プラトン哲学を学び、キリスト教に改宗し、のちキリスト者として処刑されたため「殉教者ユスティノス」とも呼ばれる。彼のロゴスの概念を用いた弁証論は、『ユダヤ人トリュフォンとの対話』と二つの『弁証論』の中に残されている。

〔一五五〕　この部分の典拠は『創世記』第三七章三節である。当該箇所を『ウルガタ聖書』により以下に訳出しておく。「ヨセフは年寄り子であったから、イスラエルは他のどの子よりも彼を愛して、彼のために多色の服を作った」。

〔一五六〕　この二つのラテン語引用文については、本書七一―七二頁および証明四の訳注一四〇を参照。

〔一五七〕　キュロスのテオドレトスのことか。テオドレトスについては、証明二の訳注一八八を参照。彼は『旧約』八書や『詩篇』の注解も残している。

〔一五八〕　ドイツのルーペルト（一〇七〇から七五頃―一一二九年）、ドイツのスコラ学者、聖書釈義家、のことか。彼はベルギーのリエージュで生まれ、生涯を『聖書』の寓意的解釈に捧げた。その著作は十六世紀に印刷され、とくにアウグスティヌス的歴史神学、聖書釈義などの点で、宗教改革者たちに影響を与えた。

〔一五九〕　ティロ・プロスペルス（三九〇頃―四五五年頃）、アキテーヌの神学者、のことか。彼はマルセイユで神学を学び、アウグスティヌスに共鳴し文通をした。アウグスティヌスの死後、ローマへ赴き、教皇レオ一世に秘書として仕え、アウグスティヌスの詩篇注解をまとめた『アウグスティヌスについて』などの神学的著作を残したが、のちアウグスティヌス主義から離れた。

〔一六〇〕　グレゴリウス一世（五四〇頃―六〇四年、教皇在位五九〇―没年）のことか。彼はレオ一世とともに「大教皇」の称号を持ち、「大グレゴリウス」とも呼ばれる。最後のラテン教父で、古代と中世の境に位置する重要人物。『司教規則書』『ヨブ記注解』などの著作を残し、また典礼と聖歌の整備に取り組んだ（グレゴリウス典礼書、グレゴリウス聖歌成立の契機）。その他、説教集、書簡集などがある。あるいは、ニュッサのグレゴリオス（三三〇以降―三九四年）のことか。彼はギリシア教父で「カッパドキアの三星」の一人。三八一

年の第一回コンスタンチノープル公会議で正統派の柱として重きをなした。オリゲネスの比喩的解釈の影響を受けた彼の聖書解釈は、『モーセの生涯』、『人間創造論』などに残されている。

〔一六一〕 ペルシウムのイシドロス（三六〇から三七〇―四三五年）、アレクサンドレイア出身の修徳家、釈義家、のことか。彼は聖書注解、教義、道徳などに関する多くの書簡を残したが、聖書注解では、師のコンスタンチノープル総大主教クリュソストモスの字句どおりの解釈に従っているという。

〔一六二〕 クレルヴォーのベルナルドゥスのことか。彼については、証明二の訳注二三七を参照。

〔一六三〕 この引用文は本文二四二頁にも引かれている。訳注一四六を参照。

〔一六四〕 オリゲネスについては、証明二の訳注一一一を参照。これは『民数記』について語った講話らしい。ただし、メリエが直接原典を参照したのか、二次的著作から引用しているのかは分からない。

〔一六五〕 マナとは、イスラエル人が見て「これは何か」（マン・フー）と言ったことに由来する名称とされている（『出エジプト記』第一六章一五節参照）。

〔一六六〕 訳注一五四を参照。

〔一六七〕 現行邦訳聖書では、「じゅごんの皮」（プロテスタント系）、「タハシの皮」（カトリック系）となっているが、『ウルガタ聖書』では「紫の毛皮」となっている。なお、この段落に語られる、聖所を作るための神への捧げ物については、『出エジプト記』第二五章一―七節を見よ。

〔一六八〕 この段落の始めからここまでメリエは、『出エジプト記』第二五章八―三〇節（章末）の象徴的解釈を紹介している。「契約の櫃（聖櫃）」とは、十誡の石板がその中に納められた箱で、「贖罪所」は純金製の契約の櫃の蓋であり、その両端には「ケルビム」が向かい合って置かれ、広げた翼で「贖罪所」を覆っていた。「至聖所」は、「幕屋」または神殿の聖所からさらに区切られた場所で、ここに「契約の櫃」が置かれた。『出エジプト記』のこの箇所では、まず至聖所を作ることが命じられ（一〇―一六節）、さらに贖罪所とケルビムを作ることが命じられ（一七―二二節）、次に聖櫃を作ることが命じられ（八―九節）、また供え台を作ることが命じられる（二三―三〇節）。

〔一六九〕 ここから段落末までメリエは、『出エジプト記』第二五章三一―四〇節（章末）の象徴的解釈を紹介している。『出エジプト記』のこの箇所では、幕屋に置く七枝の純金製燭台を作ることが命じられる。ただし、メリエがそれを「鋳造物」「鋳られる」としているのは、「鍛造物」「打ち出される」の間違いである。『ウルガタ聖書』でも現行邦訳聖書でも、燭台は金から打ち出して作る、となっている。また末尾の象徴的解釈は、新約聖書の『ヨハネの黙示録』第一章（七つの教会を象徴する七つの金の燭台）に触発されたものであろう。

〔一七〇〕 尊者ベーダ（六七三頃―七三五年）、イギリスの聖書

学者、歴史家、のこと。七歳の時から一生を修道院で過ごし、聖書釈義、説教、歴史的著作などで大きな足跡を残した。主著は『イギリス教会史』だが、アウグスティヌスら教父の見解を祖述した聖書注解書もある。

〔一七一〕「戦いの教会」、「勝利の教会」はキリスト教神学用語。「戦いの教会」はこの世と肉と悪魔に対して戦闘を続けている地上の教会を意味し、「勝利の教会」はそれらに打ち勝ち天国の栄光にいる人々の教会を意味する。

〔一七二〕この段落の始めからここまでメリエは、『出エジプト記』第二六章一―三〇節の象徴的解釈を紹介している。『出エジプト記』のこの箇所では幕屋の作り方が命じられる。その作り方は正確には分からないが、まず十枚の幕と天幕について語られ（一―一四節）、アカシヤ材の板と銀製の台座について語られ（一五―二五節）、横木とそれを通す黄金製の環について語られる（二六―三〇節）。メリエはその板を「ターブル」、横木を「ルビエ」としているが、それぞれこのように訳した。

〔一七三〕ここから段落末までで、『出エジプト記』第二六章三一―三七節および第二七章の、至聖所と祭壇の規定をメリエは想起しているのであろう。

〔一七四〕アレクサンドレイアのキュリロス（?―四四四年）、アレクサンドレイアの総大主教、神学者、のことか。彼は激しい神学論争を展開し、とりわけネストリウス派を最大の敵とした。その著作の中には、多くの聖書注解や説教を含む書簡がある。

〔一七五〕『出エジプト記』第二八章は、祭司服の作り方を規定している。祭司服の構造ははっきり分からないところがあるが、大祭司の服であるエポデに二個の縞メノウを付けよとある。また、胸当には十二個の宝石を付けよとある。また、エポデの上服にはザクロと金の鈴を付けよとある。また、冠には「主に聖なるもの（サンクトゥム・ドミノ）」と刻まれた純金の板を付けよとある（『ウルガタ聖書』による）。ただし、メリエは鈴（グルロ）を雹（グレロン）とフランス語で書いているが、メリエの書き誤りであろう。また、メリエは「神の名である神聖四文字（テトラグラマトン）」としているが、上記のように、『ウルガタ聖書』では「主ニ聖ナルモノ（サンクトゥム・ドミノ）」となっている。

〔一七六〕ヨセフス『ユダヤ古代誌』第三巻第七章には次のような記述がある。「ところで、世の人々は、彼らが崇拝していると称する神をわたしたちが蔑ろにしているという理由で、わたしたちに執拗な憎悪をもちつづけているが、それはまことにもって驚きである。

　もし人が幕屋〔の聖所〕のつくり方を観察し、祭司の祭服や〔聖なる〕奉仕に使用される諸什器を見れば、〔わたしたちの〕律法制定者は〔まことに〕神の人であり、わたしたちに向けられた連中の非難が根も葉もないことがわかるだろう。事実、これらのものはいずれも全〔宇宙〕を巧みに模して〔つくられたもので〕、そのことは、偏見をもたずに理解しようとして観察すれば一目瞭然である。……同じように、亜麻布でつくられた大祭司の祭服は大地を表し、青色は蒼穹を、ざくろは稲妻を、鈴の音は雷鳴を象徴している。〔大祭司の〕

エファプティスも、宇宙がどのようなものであるか――それは神がよしとされた四つ〔の元素〕からつくられている――を示している。……また〔身体に〕巻きつける飾り帯はすべてのものを包容する大洋を表す。大祭司の祭服の留め金である二個の縞めのうは、太陽と月を表す。

そして人は十二個の宝石に月の数あるいはギリシア人が黄道帯と呼ぶ同数の星座を認めるであろうが、〔それは〕律法制定者の意図と大体一致している。また被りものが青色であるのは天を表象しているとわたしには思われる。その証拠に、太陽の光に燦然と輝く神の名が――神がことのほか喜ばれるのは太陽光線であり、そのために冠は金で〔つくられている〕――冠の上におかれているからである」（邦訳、前掲書、山本書店、第二巻六四―六七頁、秦剛平訳）。

〔一七七〕　アレクサンドリアのアレクサンドロス、エルサレムのアレクサンドロス、ビザンティンのアレクサンドロスなどの教父がいるが、誰を指しているのか未詳。

〔一七八〕　受苦不能。キリスト教神学用語。受苦不能説とは、神は本質的に不動、全能、完全であり、自己充足的であるから、いかなる苦しみも負うことはできないとする説。

〔一七九〕　テオドレトス。証明二の訳注一八八を参照。

〔一八〇〕　「安息の年」とはユダヤ人にとって、毎週の安息日に相当する、七年目毎に一年間安息をとるべき年のこと。安息年には農耕は禁じられ、負債は免除され、奴隷は解放された。「ヨベルの年」とは、五十年目毎のユダヤ人の祝祭の年。全国にラッパが吹き鳴らされ告げられた。カトリック教会はその意義を継承し、「聖年」と名づけ、聖庁が特別の機会に与える全赦免の年とした。教皇ボニファティウス八世が一三〇〇年に始めた時は五十年に一度であったが、後二十五年に一度となった。

〔一八一〕　ナジル人。証明二の訳注二二二を参照。

〔一八二〕　メリエも本文中で「『民数記』第一九章」と典拠を指示しているとおり、ここでは同書第一九章二―六節についての象徴的解釈をメリエは報告している。『聖書』の対応箇所を日本聖書協会版聖書、一九五五年改訳によって参考として以下に掲げる。「イスラエルの人々に告げて、完全で、傷がなく、まだくびきを負ったことのない赤い雌牛を、あなたのもとに引いてこさせ、これを祭司エレアザルにわたして、宿営の外にひき出させ、彼の前でこれをほふらせなければならない。そして祭司エレアザルは、指をもってその血を取り、会見の幕屋の表に向かって、その血を七たびふりかけなければならない。ついでその雌牛を自分の目の前で焼かせ、その皮と肉と血とは、その汚物と共に焼かなければならない。そして祭司は香柏の木と、ヒソプと、緋の糸とを取って雌牛の燃えているなかに投げ入れなければならない。」なお、ヒソプ草とはマヨラナのこと。多年生草本で、パレスチナの石垣、岩間など至る所に生育している。

〔一八三〕　出典未詳。

〔一八四〕　『ウルガタ聖書』では、ここでメリエが書いているとおり「ごつごつとした、石だらけの谷へ」（『申命記』第二一章四節）となっているが、現行邦訳聖書では「絶えず水の流

れている谷へ」(日本聖書協会版聖書、一九五五年改訳)などとなっている。

〔一八五〕 カルヴァリアの丘。キリストが処刑された「ゴルゴタの丘」のこと。ゴルゴタはヘブル語あるいはアラム語のギリシア音写であるが、『ウルガタ聖書』がラテン語でカルヴァリア(されこうべ)と訳すところから、「カルヴァリアの丘」とも言われる。

〔一八六〕 このメリエの典拠指示は誤りではないが、同書同章九—一一節を参考に掲げる方が分かりやすい。以下に対応箇所を引く。「すなわち、モーセの律法に、〈穀物をこなしている牛に、くつこをかけてはならない〉と書いてある。……もちろん、それはわたしたちのためにしるされたのである。すなわち、耕す者は望みをもって耕し、穀物をこなす者は、その分け前をもらう望みをもってこなすのである。もしわたしたちが、あなたがたのために霊のものをまいたなら、肉のものをあなたがたから刈りとるのは、行き過ぎだろうか」(『コリント人への第一の手紙』第九章九—一一節、日本聖書協会版聖書、一九五五年改訳による)。

〔一八七〕 まず聖務日課とは、ローマ・カトリック教会用語で、毎日一定の時刻に一定の形式により捧げられる教会の公の祈禱を意味する。現在では一日七または八回の定時課から成っているが(朝課、賛課、一時課、三時課、六時課、九時課、晩課、終課)、回数には時代により変化が見られ、内容の上でも繰り返し改訂が加えられた。聖務日課は、教会によって構成された、詩篇、賛歌、祈り、聖書朗読、霊的読書の組み合わせから成り、司祭は毎日の聖務日課すべてを唱える義務があり、司祭でない修道者は所属する修道会の会則に従って唱えることが義務づけられている。さて、聖務日課を記載した祈禱書が聖務日課書と言われる。聖務日課書は現在では全四巻となっており、各巻は年間の教会暦に従って分けられている。

　『ランス大司教座聖堂聖務日課書』(パリ、一六八四年)の聖霊降臨祭後の第四日曜の項には、確かにアウグスティヌス「祝日説教第一九七」の要約が載せられているという。ここからも見られるとおり、以上に述べられてきた諸教父たちによる聖書の象徴的解釈の例は、直接彼らの著書から引かれたというより、メリエにとって必読書とされていた、当時の聖務日課書のような二次的典拠から集められた可能性が高い。

〔一八八〕 聖体拝領ミサの時の賛美歌「称えよ、シオン」の一節だという。

〔一八九〕 メリエはモンテーニュ『エセー』の以下の箇所を典拠にしている。「クリュシッポスは、プラトンとアリストテレスが論理学について書いたものを評して、〈あれは慰みと演習のために書いたものだ。あんなつまらない事柄を本気で書いたとは信じられないから〉と言った」(邦訳、岩波文庫、第三巻一三三頁、原二郎訳)。

〔一九〇〕 メリエの引用文は、モンテーニュの原文を変えているので、原文の当該箇所をその前後も含めて邦訳によって以下に掲げる。「われわれが自分でつくり出した猿真似と思いつきに欺かれるとは、何ともあわれなことである。

彼らは自らつくったものを恐れる。ちょうど、子供たちが自分で友達の顔を黒く塗りたくっておいて、それをこわがるようなものである。〈自らつくり出した幻影に支配される人間ほど不幸なものがあろうか〉。われわれをつくった神を崇めるのと、われわれがつくった神を崇めるのとでは雲泥の差がある」（モンテーニュ『エセー』、邦訳、岩波文庫、第三巻一六八頁、原二郎訳）。

〔一九一〕「聖体」のこと。「証明五、第三五章、教理の誤謬三、偶像崇拝および彼らの秘蹟なるものにおけるねり粉や小麦粉の神々の崇拝」において、メリエは聖体批判を展開している。

〔一九二〕三つの手稿にはないが、このように補わないと意味が通らない。リュドルフ・シャルル版でもこのように補っている。

証明五

〔一〕序文の訳注九を参照。

〔二〕聖堂建立記念日に歌われる賛美歌の一節で、この賛美歌は当時の『祈禱書』に載せられているという。

〔三〕パキエ・ケネル『新約聖書の道徳的省察』（初版、一六七一年）のこと。この著作では新約の各章句に道徳的省察が付されているが、メリエは『ヨハネによる福音書』第一四章一〇節に関する省察から引用しているのである。なお、メリエは増補改訂版（一六九三年）を用い、その引用は正確だという。パキエ・ケネルとこの著作については、証明四の訳注一二一を参照。

〔四〕モンテーニュの原文は、邦訳によって示せば以下のようになっている。「キリスト教徒にとっては、信ずべからざる事柄に出会うことが、信仰への機縁なのである。その事柄は人間の理性に反すれば反するだけ、真の理性にかなっているのである」（『エセー』、邦訳、岩波文庫、第三巻一一七頁、原二郎訳）。

〔五〕モレリ『大歴史辞典』「アイギュプトス」の項にこの記事がある。ただし、アイギュプトスの弟は「ダナオス」となっている（一七五九年版による）。

〔六〕アムラト。オスマン・トルコ帝国の第三代スルタン、ムラト一世（在位一三五九―一三八九年）のことであろう。しかし、モレリ『大歴史辞典』「アムラト一世」の項にこのような記事はない（一七五九年版による）。

〔七〕モレリ『大歴史辞典』「アラビア」の項中の小項目「アラビア人の政治形態」に、このような記事がある（一七五九年版による）。アレクサンドロス大王の帝国が分裂した頃、アラビアに「ヒエロティヌス」という支配者が君臨し、六百人に上る自分の子を率いて強大であったという。

〔八〕モレリ『大歴史辞典』「スキルルス」の項に、スキタイ人の王スキルルスが、束にすれば折れない矢を示して、八十人の息子に結束の大切さを説いたという記事がある（一七五九年版による）。

〔九〕『歴史新報』一七〇五年五月号、記事八「諸侯およびその他著名人の出産、結婚、死亡を報ず」に、確かに次のような

記述があるという。「ロンドンのある職人の妻の話は、その素性は卑しいが多産さのためにここにそれを載せるべきだろう。彼女一人であの貴婦人三人より多くの子を産んだ。三月二三日に男児三人と女児三人を出産したのである」。『歴史新報』と略称されているこの時事新聞は、フランス人のジャーナリスト、クロード・ジョルダン（一六五九年―？）によって、『ヨーロッパ宮廷の秘密を開く鍵』（ルクセンブルク、一七〇四―一七〇六年、一―五巻）ついで『時事問題に関する歴史新報』（ヴェルダン、一七〇七―一七一六年、六―二五巻）という名称で出版されていた。そのため『ヴェルダン新聞』とも呼ばれたこの月刊誌は、当時大きな成功を収めた。その後、主筆ジョルダンは出版元と袂を分かち、各々パリとルクセンブルクで別の新聞を出し続けた。

〔一〇〕「神人一体的結合（ユニオン・イポスタティク）」は「位格的結合」とも訳され、「受肉」の奥義を表す神学用語。

〔一一〕メリエが典拠としている『聖書』の対応箇所を、日本聖書協会版聖書、一九五五年改訳により、以下に参考として掲げる。「〈わたしは天から下ってきた生きたパンである。それを食べる者は、いつまでも生きるであろう。わたしが与えるパンは、世の命のために与えるわたしの肉である〉。そこで、ユダヤ人らが互いに論じて言った、〈この人はどうして、自分の肉をわたしたちに与えて食べさせることができようか〉。イエスは彼らに言われた、〈よくよく言っておく。人の子の肉を食べず、また、その血を飲まなければ、あなたがたの内に命はない〉」（『ヨハネによる福音書』第六章五一―五三節）。

〔一二〕『ウルガタ聖書』ではメリエの仏訳どおり「白い服」となっている（『ルカによる福音書』第二三章一一節）が、現行邦訳聖書では「はなやかな着物」となっている。

〔一三〕メリエは典拠の一つとして「『マタイによる福音書』第一七章一一節」を挙げているが、この箇所は「答えて言われた、〈確かに、エリヤがきて、万事を元どおりに改めるであろう〉」（日本聖書協会版聖書、一九五五年改訳による）とある。メシアであるキリストの前に、預言で語られているエリヤがどうして来なかったのかと問う弟子たちに、バプテスマのヨハネがエリヤの使命を果たした、とキリストが答えている箇所である。したがって、この箇所を典拠の一つとするメリエの指示は誤りであろう。

〔一四〕ガリラヤのユダ、チゥダ。異文（7）でも示したように、手稿一九四五八、一九四五九でメリエは『聖書』からの典拠指示を示している。その当該箇所を前後をも含めて以下に掲げる。「ところが、国民全体に尊敬されていた律法学者ガマリエルというパリサイ人が、議会で立って、使徒たちをしばらくのあいだ外に出すように要求してから、一同にむかって言った、〈イスラエルの諸君、あの人たちをどう扱うか、よく気をつけるがよい。先ごろ、チュダが起って、自分を何か偉い者のように言いふらしたため、彼に従った男の数が、四百人ほどもあったが、結局、彼は殺されてしまい、従った者もみな四散して、全く跡方もなくなっている。そののち、人口調査の時に、ガリラヤ人ユダが民衆を率いて反乱を起したが、この人も滅び、従った者もみな散らされてしまった〉」

(『使徒行伝』第五章三四―三七節、日本聖書協会版聖書、一九五五年改訳による)。ヨセフスによると、魔術師チゥダがユダヤ総督ファドゥス(四四―四六年)の時代に、多くの人々をヨルダン川に誘い出したが、総督はチゥダを殺害しこの暴動を鎮圧したという。ガリラヤのユダは、紀元六年に蜂起したゼロテ党の首領。シリア総督クレニオのもとで国勢調査が実施された時、パリサイ人サドウカスとともに彼はこれに反対して反乱を起こしたが、ローマ軍に鎮圧された。

〔一五〕 バル・コクバ(?―一三五年)は、第二次ユダヤ戦争の指導者。ハドリアヌス帝がエルサレムをヘレニズム・ローマ都市として再建しようとしたため、ユダヤ人が蜂起し第二次ユダヤ戦争が始まると(一三二年)、バル・コクバがその指導者となり、ラビのアキバからはメシアと称えられた。バル・コクバ(星の子)という呼称もこの事実に由来する。彼は一時ユダヤ全土を制圧したが、大軍を率いたユリウス・セウェルスに追われ、ベテルに籠もった。が、一三五年ここも攻略され自らは戦死し、近くの洞窟に逃れた叛徒も次々に滅ぼされた。

〔一六〕 メリエによる引用の実際は本文中に割注で示したとおりである。すなわち、五一節、五五、五六節、五三、五四節というように、「五五、五六節」と「五三、五四節」を転倒して引用している。またメリエが省略した五二節は訳注一一を参照せよ。

〔一七〕 イヴェト王国。イヴェトはルーアン北西の小さな町。この小地方は十四世紀末にフランス王により、理由は不明だが封土から王国へと昇格させられた。ただし、アンリ四世の時代にはすでに、イヴェト領主の王という称号は有名無実なものとなっており、冗談の中でイヴェト王国の名が使われるなどしていた。後に、ベランジェが「イヴェトの王」という諷刺的シャンソンを作ってから(一八一三年)、文学の中にこの「王国」が知られるようになった。

〔一八〕 証明四の第二六章、とくに本書一七六―一八八頁を参照。

〔一九〕 『ヨハネによる福音書』第一七章二一―二五節からのメリエの引用箇所は、実際には本文中の割注で示したようになっているが、そこでも示したように順番が転倒されているだけでなく、かなり自由な引用となっている。

〔二〇〕 メリエはタキトゥス『年代記』からの引用にペロー・ダブランクール訳を用いているが、引用文中二カ所を省略している。メリエの引用のままに訳しておくが、原典の対応箇所を邦訳により掲げる。「民衆は〈ネロが大火を命じた〉と信じて疑わなかった。そこでネロは、この風評をもみけそうとして、身代りの被告をこしらえ、これに大変手のこんだ罰を加える。それは、日頃から忌わしい行為で世人から恨み憎まれ、〈クリストゥス信奉者〉と呼ばれていた者たちである。この一派の呼び名の起因となったクリストゥスなる者は、ティベリウスの治世下に、元首属吏ポンティウス・ピーラートゥスによって処刑されていた。その当座は、この有害きわまりない迷信も、一時鎮まっていたのだが、最近になってふたたび、この禍悪の発生地ユダヤにおいてのみならず、世界中からおぞましい破廉恥なものがことごとく流れ込んでもては

やされるこの都においてすら、猖獗をきわめていたのである。

そこでまず、信仰を告白していた者が審問され、ついでその者らの情報に基づき、実におびただしい人が、放火の罪というよりむしろ人類敵視の罪と結びつけられたのである。彼らは殺されるとき、なぶりものにされた。すなわち、野獣の毛皮をかぶされ、犬に嚙み裂かれて倒れる。〔あるいは十字架に縛りつけられ、あるいは燃えやすく仕組まれ、〕そして日が落ちてから夜の灯火代わりに燃やされたのである。ネロはこの見世物のため、カエサル家の庭園を提供し、そのうえ、戦車競技まで催して、その間中、戦車馭者のよそおいで民衆のあいだを歩きまわったり、自分でも戦車を走らせたりした。そこで人々は、同情の気持をいだいた。なるほど彼らは罪人であり、どんなむごたらしい懲罰にも価する。しかし彼らが犠牲になったのは、国家の福祉のためではなく、ネロ一個人の残忍性を満足させるためであったように思われたからである」(タキトゥス『年代記』、邦訳、筑摩書房、世界古典文学全集、第二二巻二八六―二八八頁、国原吉之助訳)。

〔一二一〕 メリエはルキアノス『ペレグリノスの昇天』からの引用にペロー・ダブランクール訳を用いているが、引用文中一カ所に省略がある。メリエの引用のままに訳しておくが、原典の対応箇所を以下に邦訳により掲げる。「このあわれむべき人々は全くのところ不死となり永遠の生を得ることを確く信じているので、大部分の者は死を軽んじ、自ら進んで身を捧げるのである。その上彼らの最初の律法者は、一度法を侵してギリシアの神々を否認し、かの十字架にかけられた賢者を礼拝し、彼の法の下に生活する時、あらゆる人々は互いに兄弟であると彼らに説いた。それだから彼らはあらゆるものを一様に軽んじ、共同のものと考えている。確かな証拠なしにこのような信条を伝承しているのだ」(ルキアノス『ペレグリーノスの昇天』、邦訳、岩波文庫、一五八頁、高津春繁訳)。

〔一二二〕 『聖書』からのメリエの引用にかなりの省略があるので、以下に日本聖書協会版聖書、一九五五年改訳によって対応箇所を掲げる。「わたしはこう考える。神はわたしたち使徒を死刑囚のように、最後に出場する者として引き出し、こうしてわたしたちは、全世界に、天使にも人々にも見せ物にされたのだ。わたしたちはキリストのゆえに愚かな者となり、あなたがたはキリストにあって賢い者となっている。わたしたちは弱いが、あなたがたは強い。あなたがたは尊ばれ、わたしたちは卑しめられている。今の今まで、わたしたちは飢え、かわき、裸にされ、打たれ、宿なしであり、苦労して自分の手で働いている。はずかしめられては祝福し、迫害されては耐え忍び、ののしられては優しい言葉をかけている。わたしたちは今に至るまで、この世のちりのように、人間のくずのようにされている」。

〔一二三〕 『聖書』からのメリエの引用にかなりの省略があるので、以下に日本聖書協会版聖書、一九五五年改訳によって対応箇所を掲げる。「わたしたちは四方から患難を受けても窮しない。途方にくれても行き詰まらない。迫害にあっても見捨てられない。倒されても滅びない。いつもイエスの死をこの身に負うている」。

〔二四〕　メリエによる引用の典拠は本文中に割注で示したとおりであるが、『聖書』からの引用にかなりの省略があるので、以下に日本聖書協会版聖書、一九五五年改訳によって対応箇所を掲げる。「ほめられても、そしられても、悪評を受けても、好評を博しても、神の僕として自分をあらわしている。わたしたちは、人を惑わしているようであるが、しかも真実であり、人に知られていないようであるが、認められ、死にかかっているようであるが、見よ、生きており、懲らしめられているようであるが、殺されず」（『コリント人への第二の手紙』第六章八、九節）。

〔二五〕　引用冒頭は『聖書』では次のようになっている。「ほかの者は、更にまさったいのちによみがえるために、拷問の苦しみに甘んじ、放免されることを願わなかった。なおほかの者たちは、あざけられ……」（日本聖書協会版聖書、一九五五年改訳による）。

〔二六〕　異文（8）にも示したが、手稿一九四六〇にはこの箇所への原注と思われる欄外への書き込みがある。手稿一九四五八、一九四五九にはこの書き込みはなく、手稿一九四六〇でも本文に注記指示の印はないため、訳者の判断によりこの箇所に原注を示す印を付けた。

〔二七〕　この『聖書』の引用は、意味に大きな差はないが若干省略がある。

〔二八〕　出典箇所未詳。

〔二九〕　証明四第二六章、本書一七一頁参照。

〔三〇〕　証明二の訳注一五八を参照。

〔三一〕　パンを聖別する時、司祭は聖書中にあるキリストの言葉、「これは私の体である（ホック・エスト・コルプス・メウム）」という四つの語をパンの上で唱える。

〔三二〕　トレント公会議第一三総会「聖体についての教令」（一五五一年一〇月一一日）の中に、次のような条項がある。

「第六章、聖体の保存と病人に奉持すること。

聖櫃に聖体を保存する習慣は古くからのものであって、すでにニカイア公会議の時にも認められていた。聖体を病人に奉持するために、これを教会に注意深く保存するのは当然のことであるばかりでなく、過去の数々の公会議で命ぜられており、カトリック教会の古くからの習慣である。そのため、この聖なる公会議はこの有益な習慣を保つことを決定した（第七条）」。

「聖体の秘蹟に関する規定。

第七条。聖体を安置することは許されない、聖変化の直後に列席者に配付すべきである、また聖体を病人に奉持することは許されないと言う者は排斥される」（『改訂版、H・デンツィンガー編、A・シェーンメッツァー増補改訂カトリック教会文書資料集』、エンデルレ書店、二九〇、二九一頁、浜寛五郎訳）。メリエがこの条項を想起しながら聖体の保存を揶揄している可能性は高い。

〔三三〕　トレント公会議第一三総会「聖体についての教令」（一五五一年一〇月一一日）の中に、次のような条項がある。

「第三章、他の秘蹟と比べて聖体が優れていること。

……使徒たちが主の手から聖体を受ける前に（マタイ二

六・二六、マルコ一四・二二)、すでに主は、彼らに与えるのが自分の体であることを教えた。聖別の直後に我々の主の体と血とが、霊魂と神性をともに備えて、パンとブドー酒の形色の中に現存することを神の教会は絶えず信じてきた。言葉の力によってパンの形色の中に体が、ブドー酒の形色の中に血が現存する……。そのため、全キリストが両形色の中に、そしてまた一つ一つの形色の中に実際に含まれている。全キリストがパンの形色の中に、パンの形色のどの部分にも含まれ、全キリストがブドー酒の中に、ブドー酒の形色のどの部分にも含まれているのである(第三条)」。

「聖体の秘蹟に関する規定。

第三条。尊い聖体の秘蹟において、一つ一つの形色の中に、また、分割された時には一つ一つの形色の部分に、全キリストが含まれていることを否定する者は排斥される」(『改訂版、H・デンツィンガー編、A・シェーンメッツァー増補改訂、カトリック教会文書資料集』、エンデルレ書店、二八九、二九一頁、浜寛五郎訳)。メリエがこの条項を想起しながら揶揄している可能性は高い。

(三四) トレント公会議第一三総会「聖体についての教令」(一五五一年一〇月一一日)の中に、次のような条項がある。

「第一章、聖体の秘蹟におけるイエズス・キリストの実在。

聖なる公会議は次のことを教え、簡単明瞭に表明する。まず第一に、聖体の秘蹟において、パンとブドー酒の聖別の後、まことの神であり、まことの人である我々の主イエズス・キリストが、真に、現実に、実体的にパンとブドー酒の形色のもとに含まれている。事実、我々の救い主が常に、自然な存在の仕方で、何時も天において父の右に座していることと、秘蹟的に他の多くの場所に実体として現存していることとは矛盾しない。我々がその現存の方法を言葉で表すことはほとんど不可能であるが、その現存が神には可能であることを、信仰に照らされた認識によって把握することができるし、またそれを固く信じなければならない」(『改訂版、H・デンツィンガー編、A・シェーンメッツァー増補改訂、カトリック教会文書資料集』、エンデルレ書店、二八八頁、浜寛五郎訳)メリエがこの条項を想起しながら揶揄している可能性は高い。

(三五) この引用文はすでに本書二六八頁に引かれているが、両引用間にもわずかな異同がある。出典の原文については、証明五の訳注四を見よ。

(三六) オウィディウス『哀歌』一の八の七。ただし、ノーデ『誤って魔術の嫌疑をかけられたすべての偉人たちのための弁明』第二一章にこの句が引用されているので(一六二五年版六一〇頁)、メリエはここから取ったのかも知れない。

(三七) 「行ワレタ行為ニヨッテ(エクス・オペレ・オペラート)」は、「事効的効力」とも訳されるカトリック神学用語。トレント公会議は、この表現によって秘蹟がその象徴する恩恵をどのように授けるかを定義した。この表現の意味は、秘蹟の儀式が行われることによって、秘蹟は常に恩恵を与えるということである。以下のトレント公会議第七総会、「秘蹟についての教令」(一五四七年三月三日)の決定条項を参照。「秘蹟全般について、第八条、新約の秘蹟を通して事効的に恩恵

が与えられるのではなく、恩恵を受けるためには神の約束に対する信仰だけで十分であると言う者は排斥される」（『改訂版、H・デンツィンガー編、A・シェーンメッツァー増補改訂、カトリック教会文書資料集』、エンデルレ書店、二八五頁、浜寛五郎訳）。

（三八）　この二つの『コリント人への第一の手紙』からの引用はそれぞれ当該箇所の一部の引用となっている。一九、二〇節の全体を以下に参考として掲げる。「すなわち、聖書に、〈わたしは知者の知恵を滅ぼし、賢い者の賢さをむなしいものにする〉と書いてある。知者はどこにいるか。学者はどこにいるか。この世の論者はどこにいるか。神はこの世の知恵を、愚かにされたではないか」（日本聖書協会版聖書、一九五五年改訳による）。

（三九）　「私ハアナタヲ……」と「ソレユエ……」というこの二つの賛美歌は、ともにトマス・アクィナス作であるという。

（四〇）　「アザミを食う獣だ（大馬鹿者だ）」という表現がフランス語にある。またロバにも愚か者という意味がある。

（四一）　この節全体は出典では次のようになっている。「ああ、愚かなガラテヤ人よ、いったい、誰があなたがたを惑わし、そうまで真理に反抗させるのか。十字架につけられたイエス・キリストが、あなたがたの目の前に描き出されたというのに」（『ウルガタ聖書』による）。

（四二）　この引用中、「しかし、これらの木石の神々や……それらは神々などではないと知るがよい」の部分は、『バルク書』第六章六八―七一節をメリエが要約したものだと思われる。対応箇所をフェデリコ・バルバロ訳聖書、講談社、一九八〇年を用いて以下に参考として掲げる。「どう考えても、彼らが神でないことは、わかるだろう。だから、恐れることはない。金と銀を張りつけた木製の偶像は、瓜畑にいても、なにも守ってくれないかかしのようなものである。金と銀を張りつけた木製の偶像は、鳥がとまりにくる庭の木の枝でもあり、やみのなかに投げ捨てられた死人のようでもある。緋の衣と、亜麻の衣を着ていてもぼろになってしまうのだから、彼らが神でないことは、わかるだろう」（ただし、前掲邦訳聖書では「『バルク書』第六章」は『エレミアの手紙』と表記されている）。またラテン語引用句は『バルク書』第六章六四節というメリエの典拠指示とは異なり、実際には同書同章二二節である。ただし、六四節もほとんど文言は同じなので、メリエが出典の指示を間違えたのであろう。

（四三）　メリエはすでに何度か、『新約聖書』からこのようなイエスの言葉を引用している。たとえば、本書二七八頁、二八〇頁、二八八―二八九頁を参照。

（四四）　本書三〇八頁および訳注三九参照。

（四五）　「併存（コンコミタンス）」はカトリック神学用語。聖別された聖体の中に、キリストの体と血だけでなく、人間としての魂、その神性、その神としての位格も現存するという教義を表す用語。

（四六）　『ダニエル書』には、今日通常正典と呼ばれる部分のほかに準正典ないし外典とされる付加部分が三つあり、『ウルガタ聖書』にはこの部分も載せられていた。証明二の訳注一一六を参照。それらは現行プロテスタント系邦訳聖書では省

略されているが、現行カトリック系邦訳聖書には載せられているので、これにならってそれらを示せば、第三章二四―九〇節（「アザリヤの祈りと三人の若者の歌」）、第一三章（「スザンナ」）、第一四章（「ベルと竜」）がその付加部分である。メリエがここで典拠としているのは第一四章中のベル神の話であるが、その主要部分を現行カトリック系邦訳聖書によって引用しておく。本書一三頁および序文の訳注一七をも参照。

「……さて、バビロンには、ベルと呼ばれる偶像があった。これに、毎日、上等の小麦粉を十二アルタバ、羊を四十頭、ブドー酒を六樽ささげた。王も、この偶像をあがめていたので、毎日、礼拝に出かけていた。ところが、ダニエルのあがめていたのは、自分の神だけだった。王は言った、〈どうして、ベル神を拝まないのか〉。ダニエルは答えた、〈人の手でつくられた偶像にではなく、天と地をおつくりになり、生きとし生けるものの主である生きておられる神を、私は拝んでいます〉。王は言った、〈ベル神は、生きていないと思っているのか。彼が、毎日、どれほど食べ、どれほど飲んでいるかを知らないのか〉。ダニエルは笑って言った、〈王よ、だまされてはいけません。あの偶像の中は、ねん土であり、外側は青銅ですが、食べたことも、飲んだこともないのです〉。王は怒って、偶像の祭司たちを呼び寄せ、彼らに言った、〈あの食べ物を食べるものの名をいわぬなら、殺してやる。だが、それを食べるのが、ベル神であることを証明したら、ダニエルを殺そう。彼はベル神をあざけったからである〉。ダニエルは、王に言った、〈おっしゃるとおりにしてください〉（三―九節）。……彼らが去ると、王は、ベル神の食卓を調えた。だが、ダニエルは、王のしもべたちに命じて、灰を運ばせ、王一人がいる前で、灰をふるいにかけ、神殿中に、それをまいておいた。それから、戸にかぎをかけ、王の指輪で封印をしてから、立ち去った。夜のうちに、祭司たちは、いつものように、妻や子を連れてきて、それらを飲み食いしてしまった。朝早く、王は起きだした。ダニエルもそうした。そして王は言った、〈ダニエル、封印はそのままか〉。彼は答えた、〈王さま、そのままです〉。戸を開けると、王は食卓をながめてから、大声で叫んだ、〈ベル神よ、あなたは偉大な神である、あなたには何の偽りもない〉。だが、ダニエルは、微笑して、王が中に入るのを、押しとどめていった、〈ちょっと、床をごらんください。あの足跡がだれのものであるか調べてみましょう〉。王は怒って、祭司たちとその妻子を捕らえさせた。彼らは、秘密の戸を通って食卓のものを食べにくるのが常であるといって、その戸を王に示した。王は、彼らを殺させ、ベル神を、ダニエルの手にゆだねたので、ダニエルはそれを、神殿とともに打ち壊してしまった（一三―二二節）」（フェデリコ・バルバロ訳聖書、講談社、一九八〇年）。

（四七）「永遠の定罰（レプロバシィヨン）」は神学用語で、一部の理性的被造物を永遠の幸福から除外する神の永遠の決定を意味する。

（四八）　メリエは『エセー』のこの箇所をすでに引用している。本書一九三頁および証明四の訳注七一を参照。

（四九）　ヨアンネス・クリュソストモス（三四七頃―四〇七年）、コンスタンチノープル総大主教、四世紀の代表的教父、聖書

解釈学者。アンティオキアで生まれ、ギリシア哲学の素養を身につけ、隠修士としての修行を積んだ。その後、三八六年にアンティオキアで聖職に就き、説教の巧みさから「クリュソストモス（黄金の口）」と呼ばれた。その聖書解釈は比喩的解釈を斥け、字句どおりの解釈を主張した。そして旧約および新約の主要部分の釈義を説教の形で行い、それが主著としてまとめられた。

〔五〇〕　出典未詳。

〔五一〕　四旬節は復活祭前の祈りと償いの期間で、「灰の水曜日」に始まって、主日（日曜日）を除いて復活祭の日曜日まで四十日間続く。灰の水曜日は復活祭の日付に従って変わり、二月四日から三月一一日までの間にくる。四旬節の目的は、復活の大祝日を一層ふさわしく迎えるように信者に準備させ、キリストがその受難と死によってかち取った功徳を一層豊かに受ける心構えをさせることにある。四旬節の初日である灰の水曜日には、この意味で司祭を含めた信徒全員が悔い改めのしるしとして、聖別された灰で額に十字架のしるしを受ける。このように四旬節は悔い改めと償いの特別期間であるため、この期間には、メリエがここで引く三つのような痛悔を表す賛美歌が歌われる。

〔五二〕　出典においてここで話題となっているのは、異教徒の偶像のことである。この節全体を引用しておく。「あなたは彼らの神々の彫像を火に焼かなければならない。それに着せた銀または金をむさぼってはならない。これを取って自分のものにしてはならない。そうでなければ、あなたはこれによって、わなにかかるであろう。これはあなたの神が忌みきらわれるものだからである」（日本聖書協会版聖書、一九五五年改訳による）。したがって、メリエが典拠として示すには不適切な箇所と言える。

〔五三〕　『ユディト書』は現在、外典ないし準正典とされているので、プロテスタント系現行邦訳聖書にはなく、カトリック系現行邦訳聖書にのみある。さらに、カトリック系現行邦訳聖書も『ウルガタ聖書』とは別系列のテキストに基づいているので、その文章は異なる。メリエが典拠にしている『ウルガタ聖書』では、この節全体は以下のようになっている。「なぜなら、われわれの神はその民の罪によってひどく傷つけられ、その違反のため彼らを敵の手に渡すと、神が預言者を通して民に語ったのは間違いないからだ」（第一一章八節）。

〔五四〕　証明四の訳注九四を参照。

〔五五〕　『イエス・キリストが主の教えとしてわれわれに与えた教えに帰せられる、キリスト教道徳』（ルーアン、一六七二年）のことらしい。

〔五六〕　前注を参照。

〔五七〕　四旬節の集禱文であるという。集禱文とはミサの導入部をしめくくる司祭の祈りである。四旬節については訳注五一を参照。

〔五八〕　出典未詳。

〔五九〕　これはアウグスティヌスではなく、アンセルムスの言葉（「省察一一、人間の贖いについて」）であり、訳注五五に示した『キリスト教道徳』の中にアンセルムスからのこの引用

があるという。

〔六〇〕　アンセルムス「祈禱七一、聖マルティヌスのために」。

〔六一〕　当時の聖務日課書に載せられている、聖ブルノの祝日（一〇月六日）のための祈りの冒頭だという。聖ブルノは、カルトゥジオ会のブルノ（一〇三〇頃―一一〇一年）のこと。彼はケルンに生まれ、ケルンとランスで教育を受け、ランスで二十年間にわたり、司教座聖堂参事会員、神学校教師などを勤め、後にグルノーブル近郊の山中でカルトゥジオ会を創立した。

〔六二〕　証明四の訳注九四を参照。

〔六三〕　フランソワ・ヌヴー師『聖イグナティウスの精神と方法による心霊修行』（初版一六八七年、パリ）の七七―七九頁の要約であるという。ただし、ヌヴー師のこの本自体がイグナティウス『心霊修行』を祖述したものらしい。

〔六四〕　メリエは引用の典拠として『エレミヤ書』第三二章三〇節のみを挙げているが、実際にはこの引用文は同章三〇―三二節の要約となっている。

〔六五〕　当該箇所は『ウルガタ聖書』では、「これはあなたの怒りと憤りのゆえです。あなたは怒りのあまり、私を持ち上げて投げ捨てられました」となっている。これはメリエの引用とは必ずしも一致していない。メリエによる引用がメリエ自身による当該箇所の自由訳なのか、あるいは典拠指示の誤りなのかは確定しがたい。このメリエの引用は、『詩篇』においてよく見られる罪人への神の復讐という主題を表明したものであり、たとえば『詩篇』第九三篇二三節にも次のような文言が見られる。「主は彼らの不義をその身に返し、その悪を用いて彼らを滅ぼされる。われらの神、主は彼らを滅ぼされる」（『ウルガタ聖書』による）。

〔六六〕　フランス語による引用文に関しては、ド・セリジエ師の仏訳（初版一六九〇年、パリ）をメリエは用いているらしい。

〔六七〕　メリエはやはりド・セリジエ師の仏訳を引用に用いているらしい。

〔六八〕　この引用を含むアウグスティヌスの原文を邦訳によって以下に掲げる。「しかし、別の問いが立てられるのであって、それはまた、吟味されるに価するものである。すなわち、善きわざを実行するときでさえ、このような仕方で経験される感情は、現世の生に伴うところの弱さのひとつなのであるか。他方、聖なる天使たちは、神の永遠の法によって罰せられるべき者を自分たちにゆだねられたとき、怒りを感じることなくその者を罰するのであるか。天使たちは、あわれみの情を抱くことなく悲惨な者を助けに来るのであるか」（邦訳、岩波文庫、第二巻二四四―二四五頁、服部英次郎訳）。したがって、当該箇所でアウグスティヌスが問いの形で書いている内容を、メリエは主張として引用している。

〔六九〕　この引用文は割注でも示すとおり、メリエの言うようにアウグスティヌスのものではなく、実際にはフルゲンティウス（ファビウス・クラウディウス、四六二頃―五三二年、アウグスティヌスの恩寵論に立ち、半ペラギウス主義と戦ったルスペの司教）の言葉である。以上から見ると、メリエはアウグスティヌスの仏訳は参照しているものの、その他の引用

に関しては、アウグスティヌスやフルゲンティウスの原典ではなく二次的典拠をもとにして書いているのかも知れない。

〔七〇〕 メリエが引用しているこの文章は、原典ではモンテーニュ自身の主張を言い表しているものではない。モンテーニュが批判するために引き合いに出した、哲学の学派による論証の一つである。

〔七一〕 「予動（プレモシィヨン）」はキリスト教神学（とりわけトマス派神学）用語。被造物とともに働き、被造物を行動へと決定づける神の働き。「物理的予動は意志決定に先立つ物理的援助であって、これにより意志は無差別的自由をもって自己を決定づける」（ブルシエ師）。「協働（コオペラシイヨン）」も道徳的・宗教的場面でよく用いられた神学用語。「人間は改宗にあたって聖霊と協働するが、恩寵の援助によってのみ協働する」（ボシュエ）。

〔七二〕 『ウルガタ聖書』で『列王紀一』と表記されている書は、現行邦訳聖書では『サムエル記上』と表記されている。

〔七三〕 『ウルガタ聖書』で『列王紀二』と表記されている書は、現行邦訳聖書では『サムエル記下』と表記されている。

〔七四〕 ウザ。後に割注でも示すように、『列王紀二』（現行邦訳聖書では『サムエル記下』）第六章四、六、七、八節に登場する人物。聖櫃をエルサレムに運ぶ途中、それに触れたために、神に撃たれてその場で死んだ。

〔七五〕 「大斎」「小斎」とはキリスト教の道徳規定で、償いの一形式として期日を決めて飲食物の種類や量に制限を加えること。期日や戒律は時代、地域によって変化があるが、総じて大斎日には肉とブドウ酒を断ち、四旬節は重要な大斎期間である。また、小斎日には肉を断ち、一般に年間の金曜日が小斎日である。

〔七六〕 友人、肉親、恩人が死亡した時、司祭が唱えてやる集禱文の一部であるという。

〔七七〕 『ウルガタ聖書』原文には、引用文中の「罪アル者ヤ」という言葉はなく、これはメリエ自身が付け加えたものである。

〔七八〕 「免償」は「贖宥」とも言う。ローマ・カトリック教会において、教会が告解の秘蹟以外に与える、一時的罪に対する罰の赦しをいう。一五一七年、聖ピエトロ大聖堂建立の時、献金による贖宥に対しルターが反対し、宗教改革の導火線になったことは著名である。

〔七九〕 祝別式。ローマ・カトリック教会の典礼用語。資格を与えられた聖職者が人または物を神の用に奉献するために行う儀式。または聖職者が祝別する人または物の上に神の恩恵を願い求める儀式。

〔八〇〕 メリエ自身が指示しているように、このアゴバルドゥスの言葉はノーデの著作からの孫引きである（ノーデの前掲書、一六二五年版一一九頁）。メリエはすでに本書一一七頁でこのラテン語引用文を仏訳して引いている。このラテン語引用を含む出典原文は証明二の訳注二八八にある。アゴバルドゥスについては証明二の訳注二八六を参照。

〔八一〕 パキエ・ケネル『新約聖書の道徳的省察』のこと。この著作については証明五の訳注三を参照。ここでメリエは引用に際して原文の文体を少し変えている。ところで、先の注で

も触れたとおり、この著作は新約の各章句に道徳的省察を付したものである。省察のもとになっている新約の箇所として、メリエは「『ヨハネによる福音書』第二〇章一六節」を挙げているが、この指示はおそらくメリエの誤りだと思われる。『聖書』の当該箇所はよみがえったイエスが、マグダラのマリアに現れたことを述べた箇所にすぎないからである。

〔八二〕 本書三五四頁を参照。

〔八三〕 出典未詳。

〔八四〕 実際には、オウィディウス『転身物語』第一〇巻三三一行(邦訳、人文書院、三五六―三五七頁、田中秀央・前田敬作訳)。ただし、メリエはモンテーニュ『エセー』中の引用を孫引きしているのかも知れない(邦訳、岩波文庫、第三巻二七五頁、原二郎訳)。

〔八五〕 聖アンブロシウスの言葉と言われる。

〔八六〕 事実、この項目に、シチリア生まれの有名な娼婦ライスが、デモステネスに一万ドラクマを一晩のために要求したが、彼は引用された言葉を返したという逸話が載っている(一七五九年版による)。

〔八七〕 出典未詳。背教者ユリアヌスは、ローマ皇帝ユリアヌス(フラウィウス、在位三六一―三六三年)のこと。彼はコンスタンティヌス一世の甥としてコンスタンチノープルで生まれ、五五年副帝となって五年間ガリアの統治にあたり、六一年パリにおいてガリア軍に推されて正帝となった。同時に異教信仰を告白し、コンスタンティヌス二世の死により正式に皇帝となった。幼年期に厳格なキリスト教教育を受けたが、のち異教に傾倒、迫害はしなかったがキリスト教会の断固たる敵対者であった。

証明六

〔一〕 正しくは、ラ・ブリュイエール『カラクテール』「自由思想家について」の章からの引用である。引用には省略と若干の異同があるので、邦訳により対応箇所を示す。「一方に権威と快楽と無為を、他方に依属と心配と貧窮をおいてみよ。或いはこれらの事柄が人間の邪悪によってその所をかえる。或いは神が神でなくなる。

身分に関する一種の不平等は、秩序と服従とを維持するものので、神のつくれるものである。即ち神の法を予想する。だが、余りに大きな不釣合、人間の間に見られるようなあの不釣合は、人間の作れるもので、即ち最強者の法のあらわれである」(前掲書、邦訳、岩波文庫、下巻一七〇頁、関根秀雄訳)。傍線部はメリエによる省略箇所を示す。なお、本文の引用文の一部、「これらの事柄が人間たちの悪意によってその所を変えられているか、神が神でないかである」という文章は、少し言葉を変えて先でもう一度引用される(第四八章、本書三九四頁)。

〔二〕 メリエはマチュー・ド・シャルベによる仏訳(『ルキウス・アンナエウス・セネカ著作集』初版一六〇四年、パリ)から引用しているという。ただし、「自然は……」以下の文章は、その仏訳から離れているという。邦訳によりセネカの原文の

対応箇所を以下に示す。「人はすべて同じ起源をもち、同じ祖先をもっている。誰かが誰かよりもいっそう高貴であるということは決してない――生まれ付きの素質がいっそう素直であり、また良き仕事にいっそう適合している限りは。玄関の間に祖先の肖像を陳列したり、また自分の家族の名前が長々と、しかも家系の沢山の枝葉で結び付けられて、それを屋敷の入口に掲げていたりする人たち――彼らは高貴というよりは、むしろ有名人ではないか。天がわれわれすべての者の唯一の始祖である――われわれ各人の最初の起源が、貴い身分を経て現在の身分に至ったとしても、あるいは卑しい身分を経たにしても」(前掲書、邦訳、東海大学出版会、五四九頁、茂手木元蔵訳)。

〔三〕 メリエは引用の典拠としてこのように一節以下という指示をしているが、引用の実際は割注で示したようになっている。

〔四〕 以下に述べられるアッシリア帝国、アケメネス朝ペルシア、アレクサンドロス大王のマケドニア、ローマ帝国の四つを指すのであろう。

〔五〕 ディオメデス。未詳。

〔六〕 アッシリア王ニノス、その妻セミラミス、その子ニニュアスは、ギリシア神話中の人物。その伝説によれば、バビロン王ニノスはバクトリアへ侵攻し、その際にある女神の隠し子であるセミラミスを妃とした。彼女は王の死後、王位を継承し、ニネヴェに壮大な王の霊廟を、バビロンには自分のための一市を築いた。さらにティグリス・ユーフラテス両河岸に多くの都市を建築、全アジア、エチオピアを征服し、矛を転じてインドに向かったが破れて退去、息子のニニュアスの謀叛により退位し、鳩となって昇天したという。彼女の伝説は、アッシリアのシャムシ・アダド五世の妃サムラマトがその源らしい。なお、ニニュアスは、メリエの引用では「ニキアス」(出典では正しく「ニニュアス」である)となっている。

〔七〕 伝説によれば、メディア人の将軍アルバセスが、柔弱なアッシリア王サルダナパロスの王位を奪って、新王朝を立てたという。また、サルダナパロスは首都ニネヴェ陥落に先立って王妃、財宝とともに宮殿中で自ら焚死したともいう。メディア人はペルシア人と親近関係にある、古代オリエントのアーリア系民族で、前七世紀アッシリアに侵入、大王国を建設してカルデア・エジプトと強勢を競ったが、その王国は前五五〇年頃アケメネス朝のキュロス王に併合された。

〔八〕 キュロスはアケメネス朝ペルシア帝国の建設者キュロス大王(在位前五五九―前五二九年)のこと。彼はメディア王アステュアゲス、リュディア王クロイソスを破って小アジアを支配、さらにバビロニア、アッシリア、シリア、パレスチナを併せた。その長子カンビュセス二世(在位前五二九―前五二一年)は、即位後ひそかに弟バルディヤを殺してその遺領を奪い、エジプトを征服し、さらにカルタゴ、エチオピア、シワ・オアシスへ遠征を企てたが、これらには失敗した。

〔九〕 ローマ神話によれば、ロムルスとレムスの兄弟はローマに新しい市を建設するため、その用地決定に際して争い、ロムルスはレムスを殺した。ロムルスは市民が少ないのを見て、カピトリウムの丘に避難所を設け、住所不定の男たちを集め

た。しかし彼らには妻がいないので、ローマ人はコンススの大祭に近隣のサビニ人を招き、そのすきに彼らの妻や娘たちを奪った（サビニ女の強奪）。こうしてローマ人とサビニ人との間に戦いが起こり、サビニ人の王ティトゥス・タティウスはカピトリウムを奪取したが、ロムルスの願いによりユピテルがローマ軍を助け、ローマ人はようやく勝利を得たという。しかし一般には、さらわれた女たちが両軍の間に分け入って、和議を成立させたとも言われる。こうして、タティウス王とロムルスが二人でローマを支配し、タティウスの死後はロムルスが長く両民族を支配したという。

（一〇）ガリエヌスは、三世紀後半のローマ皇帝（二五三―二六八年）。後世この帝は無能な暴君と評されたが、実際には、帝国の危機の中でよくその統一を守ったらしい。

（一一）ギリシア神話によれば、ダルダノスはゼウスとアトラスの娘エレクトラとの子。サモトラケ島に住んでいたが、小アジアに渡り、テウクロス王の領地を得て、王の死後この地をダルダニアと呼んだ。彼にはエリクトニオスとイロスが生まれた。そのエリクトニオスの子が、トロイアに名を与えたトロスであるが、市はダルダノスが創建したものという。イタリアの所伝では、彼とその兄弟イアシオンがエトルリアの町コルトナを創建し、イアシオンがサモトラケへ、ダルダノスはトロイアの地へ移住した。ダルダノスはイアシオンを殺したともいう。

　またギリシア神話によれば、アマゾンは軍神アレスとニンフのハルモニアを祖とする女武者よりなる民族。その王国は北方の未知の土地（カウカソス、スキュティア、トラキア北方など）にあると考えられていた。彼らの国は女のみから成り、他国の男と交わって子を生むが、男子は殺すか不具とし、女子のみを育てたという。

（一二）マラナ（ジョヴァンニ・パオロ）『トルコ皇帝の密偵』第五巻、書簡二二「ウィーンのユダヤ人、ナータン・ベン・サディ宛、人々の間における貴族の位や権勢というものの起源」の大半を、前置きと結語を省略してメリエは引用している（前掲書、一七一五年版、第五巻九八―一〇二頁）。この著者および著作については、証明一の訳注三を参照。なお「モルダヴィアのティテュス」とは、作中におけるこの密偵の偽名である。引用箇所の原文との異同を以下に引用の段ごとに順次示す。

　第一段落について。「……起源を考察し」（メリエによる引用文）は「……起源を検討し」（一七一五年版原文）となっている。「あれほど自分が貴族であることを自慢し重んじる人々の始祖が」（メリエによる引用文）は「あれほど自分が貴族であることを自慢する人々の始祖が」（一七一五年版原文）となっている。「だからこそ、不正この上ない侵害行為や、もっとも暴力的な横領を」（メリエによる引用文）は「だからこそ、不正な侵害行為や横領を」（一七一五年版原文）となっている。「これらの不正で残酷な横領者は」（メリエによる引用文）は「これらの不正な者と横領者は」（一七一五年版原文）となっている。「実はこの世でもっともひどい暴君、ペテン師、偽善者……」（メリエによる引用文）は

「実はこの世でもっともひどい暴君、まったくの偽善者……」（一七一五年版原文）となっている。「このことはあれこれの貴顕についてだけでなく」（メリエによる引用文）は、原文ではここで改行し、「このことは私が前の手紙で言及したイスマエルとイサクの子孫についてだけでなく」（一七一五年版原文）となっている。

引用の第二段落について。「最初のあの四つの有名な君主国とは」（メリエによる引用文）は「あの四つの有名な君主国とは」（一七一五年版原文）となっている。

引用の第三段落について。「しかし、もっと遠い昔のことを取り上げることにし、まずアッシリア帝国から始めましょう」（メリエによる引用文）は、「しかし、もっと遠い昔のことを取り上げ、アッシリア帝国から始めるべきだったでしょう」（一七一五年版原文）となっている。

引用の第四段落について。原文ではここで改行していない。

引用の第五段落について。原文ではここで改行していない。「そして、帝国はアレクサンドロスから……」（メリエによる引用文）は「そして、世界帝国はアレクサンドロスから……」（一七一五年版原文）となっている。「ウェスタの巫女の近親相姦から……」（メリエによる引用文）で原文は改行。「牝狼と呼ばれた娼婦に彼らは育てられたのです」（メリエによる引用文）は、「彼らは娼婦に育てられたのです。ローマの歴史家たちは自分たちの帝国の起源を一層奇蹟的なものにするために、その養育を作り話で隠し、牝狼に委ねましたが」（一七一五年版原文）となっている。「また、ロムルスが兄弟のレムスを殺した恐るべき兄弟殺し、有名なサビニ人の妻や娘たちの誘拐、その他多くの虐殺などを詳述して何になるでしょう。」（メリエによる引用文）は、「また、ロムルスが兄弟のレムスを殺した恐るべき兄弟殺しや、有名なサビニ人の妻や娘や寡婦たちの誘拐を詳述して何になるでしょう。サビニ人の善良な元首長ティトゥス・タティウスの忌まわしい殺害や、その他多くの虐殺は思い起こすのも嫌になります」（一七一五年版原文）となっている。「この君主は地上でもっとも優れた……」（メリエによる引用文）で、原文では改行。「ネロ、ドミティアヌス、……」（メリエによる引用文）で、原文では改行。「……その他同類の王冠を戴いた怪物どもの、忌まわしい生涯と悪行の数々を物語るつもりはありません」（メリエによる引用文）は、「……その他同類の王冠を戴いた怪物どもの、忌まわしい生涯と悪行の数々を物語って、君をうんざりさせるつもりはありません」（一七一五年版原文）となっている。

（一三）マラナ『トルコ皇帝の密偵』第六巻書簡一七「アリ・バッファ宛。スペインとの戦争。多くの要塞がフランス人によって奪取される。露顕し、処罰されたロアン騎士その他の陰謀、こうしてオランダの企みが崩れる」から、メリエは引用している（前掲書、一七一五年版、第六巻八五頁）。この書簡は、オランダ戦争（一六七二—一六七八年）中に起こった、報酬に釣られ敵国オランダと結んだフランス貴族たちの陰謀（ロアン騎士の陰謀、七四年）を報じている。この策謀はノルマンディーを蜂起させ、オランダ軍の上陸を容易にすると

いうものであったが、露顕して首謀者たちは処刑された。文脈をはっきりさせるため、引用箇所をその前後を含めて、出典（一七一五年版）により訳出しておく。「……オランダ軍とスペイン軍は、私が先ほど語った人々とその一味がしたすばらしい約束に釣られて、もう少しでノルマンディーとブルターニュに上陸するところだったようです。連中は両軍にこう信じ込ませたのです。すなわち、彼らが上陸するやいなや貴族の大部分は連中に合流するし、民衆はいつでも刷新と変化を望んでいるし、上の者の運命には従わなければならないのだから、民衆の側からの抵抗に出会う恐れはないと。

フランスの百姓ほど身分の低い、哀れな、価値のないものはありません。他人のためだけに働き、どんなに働いても汗水垂らしてやっと自分のパンを稼ぐありさまです。要するに百姓は、彼らがその土地を運用してやる人々や、彼らがその土地を小作している人々のまったくの奴隷なのです。その主人たちが彼らに課す私税に劣らず公的税や塩税も彼らを苦しめ、おまけに聖職者たちがこの不幸な者たちから不正な取立てを行うのです。こういう圧制が彼らに、自分たちの境遇がより良いものになることを望ませ、統治の改変が起こることを望ませます。

一つにはこれこそが、オランダ人とスペイン人にフランスへの侵攻を考えつかせた理由です。さもなければ、彼らも防御に専心するだけだったでしょう……」。

〔一四〕「大修道院長」は、「大修道院」の長。「大修道院」はアラム語アッパ（父）から出た語で、母修道院を意味し、東方教会の大修道院とベネディクト会の大修道院に適用される。最初は十二名またはそれ以上の修道士を有する修道院のことであったが、次第にいくつかの修道院を管理する大修道院を意味するようになった。大修道院長は司教権を有し、修道誓願を立てた会員の無記名投票によって選出され、普通は終身制である。

〔一五〕「小修道院長」は、修道院上長者、修道院管理者を意味する。「小修道院」の長。大修道院長、小修道院長の聖職禄はともにきわめて高額であった。

〔一六〕「教会（とくに司教座聖堂）参事会員」は、「教会（とくに司教座聖堂）参事会」の会員。「教会参事会」は祭式者会とも言われ、神に対する礼拝式を一層荘厳なものにするために設立された聖職者の団体で（とくに司教座聖堂においては教会法に従って司教を補佐する）、その起源は初代教会の司祭団にまで遡り、十三世紀までに完全な形式を整えて設立された。したがって、司教座聖堂参事会員は、聖堂に付随する聖職禄を享受する聖職者で、その主な職務は典礼において典礼文を歌うこと、すなわち聖歌隊員たることであった。

〔一七〕「教区付（または在俗）聖職者」は、司牧活動に従事し、修道会員でない聖職者を意味する。したがって、教区付聖職者は清貧の誓願または共同生活を営む義務には拘束されないが、独身を守る誓約を行い、教皇の下にある司教を直属の上長者として、司教に従順を約束する。「律修聖職者」は、修道会員である聖職者を意味し、所属する修道会の修道規則を守る義務がある。

〔一八〕「聖堂区主任司祭（キュレ）」は、司教によって聖堂区を委託されている司祭を意味する。教会法および教区規定によって権利と義務を与えられている。「聖堂区助任司祭（ヴィケール（ド・パロワス））」は聖堂区主任司祭を補佐する司祭。

〔一九〕聖堂以外で行われる礼拝その他の宗教的行事のための礼拝堂をシャペルと言い、そこで奉仕する聖職者を「礼拝堂付司祭（シャプラン）」と言う。したがって礼拝堂付司祭とは、貴族の館の礼拝堂付の司祭や、修道院、孤児院、病院などの施設で聖務を行うために任命された司祭を言う。

〔二〇〕教会収入のもっとも重要な部分を成した教会税。教会や聖職者の生活を維持するため、収入の一部を献ずる制度として位置づけられていた。『旧約聖書』では、レビ系の祭司が、農産物、家畜など、すべての所得の十分の一を神に代わって受ける権威を与えられている。『新約』にもその精神が受け継がれ、信徒が伝道者・聖職者の生活を支えるように勧められている。法制史的には、八世紀にピピンおよびカール大帝が、教会の徴収権を法的に確立したため、十分の一税は租税と見られるようになった。十分の一税は原則的にすべての土地に対してかけられ、領主的租税などの他の税に先んじて徴収される。十分の一税の対象となるのは、利息・地代など「法定果実」を除いた土地や家畜からの収穫物である。名称とは異なり、その税率は厳密に十分の一ではなく、時代・地域などによって上下があった。

　前述のように、十分の一税は各聖堂区における礼拝その他の費用を賄うために創設されたのだが、実際には各聖堂区の聖務を執り行う主任司祭以外の者が、この税の徴収者になることがしばしば起こった。その地区の司祭職を創設した修道院がそのまま徴収者に留まっていたり、この税が封地として領主に与えられていたり、税の一部が司教職や司教座聖堂参事会や大修道院に属するものとなっていたりすることがあった。すなわち、多くの聖堂区において、十分の一税が主任司祭にではなく、遠隔地にいる無関係な大徴収者に属する結果となった。このことが、民衆における十分の一税の不評の大きな部分を成していた。

〔二一〕「デュ・ベレー司教殿」とは、ベレー司教ジャン・ピエール・カミュ（一五八二―一六五二年）のこと。カミュはフランソワ・ド・サールの友人であり、精力的に教会改革を推進しようとした高位聖職者で、対プロテスタント論争書、宗教教育的小説など二百冊を上回る著作も残した。当時の修道士、とくに托鉢修道士における規律の乱れと無知を辛辣に攻撃したことは有名である。

　また、メリエが原注で典拠として示している『エルモドールへの書』とは、修道士攻撃のためにカミュが匿名で出版した、『《エルモドールの興味深い対話》に関し《無欲な教導者》を正当化するメリトンの釈明、サン・タガタンジュ氏著』（一六三五年）のこと。カミュが『無欲な教導者』（一六三一年、パリ）で修道士を激しく攻撃したため、これに匿名の書『エルモドールと見知らぬ旅行者との興味深い対話、サン・タガタンジュ氏著』（一六三四年、リヨン）が答え（おそらくはカプチン会士ジャック・ド・シャバンヌが著者）、カミュが再

度批判を展開したのが上の書である。

〔二一二〕　ベネディクト会。ヌルシアのベネディクトゥス（四八〇頃—五四七年）の修道会則を奉じている修道会。各国・各管区で自治独立しており、各々その特徴を有している。ヌルシアのベネディクトゥスは「西欧修道制の父」とうたわれるが、それは彼の作になる『聖ベネディクト会則』が後にほとんど全西欧の修道院で、基本準則として遵奉されたことによる。彼自身が創建したのは、ナポリ近くのモンテ・カッシーノ修道院だけである。ベネディクト会の歴史は普通四段階に分けられる。一、ベネディクトゥスから大グレゴリウス（六〇四年没）まで。グレゴリウスは教皇となった修道者としてベネディクト会の理想を他の国々まで広め、その著作『対話』を通じて創立者の修徳生活についての原則を展開した。二、六世紀からシトー会の創立（一〇九八年）まで。フランスのシトーで創立されたこの会の目的は、会則の当初の精神と考えられるものに従った厳格なベネディクト修道会を創立することにあった。クレルヴォーのベルナルドゥス（一〇九〇頃—一一五三年）はそのもっとも著名な会員である。三、シトー会創立からトレント公会議まで。この期間中に種々の修道院の統合が行われ、修道生活の発展を見た。四、トレント公会議以後。トレント公会議は修道生活を規制する教令、たとえば上長者の選挙、財産の管理、清貧と共同生活の規定などについての教令を発表した。これらの教令は自立の修道院を統合して修道僧団を結成する結果をもたらした。

〔二一三〕　ヨハネス・トリテミウス（一四六二—一五一六年）、ドイツの人文主義者、ベネディクト会修道院長。シュポーンハイムのベネディクト会修道院の院長に選ばれてその改革を行い、彼が創設したその古文書館はヨーロッパでもっとも有名な写本図書館となった。

〔二一四〕　ベネディクト原始会則派改革修道会シトー会のクレルヴォーのベルナルドゥスのこと。訳注二一二も参照。

〔二一五〕　トゥニカ。長い祭服で、荘厳な儀式の時に司祭を補佐する副助祭が着用し、また枢機卿、司教、大修道院長が司教ミサの時にダルマティカ（幅広の短い袖で、両脇が開いている、膝までの長さの祭服）の下に着用する。

〔二一六〕　司教用折り畳み椅子。司教が正式の典礼儀式の際に使う携帯式の折り畳み椅子。司教用品を使用する特権を持つ、司教以外の高位聖職者もこれを用いることができる。

〔二一七〕　教皇、枢機卿、司教、そしてここで論題となっている大修道院長が、規定の儀式書に従って挙行する荘厳ミサは、「司教ミサ」と呼ばれる。また、枢機卿と司教が荘厳な形式でミサその他の聖式を行う時には、威厳の印として「司教用具」と呼ばれるものを用いる。ここで論題となっている大修道院長もこれを用いることができるが、自分の修道院内で聖体祭儀を行う時だけに限定される。通常の司教用品は、司教ミサ用靴下、靴、手袋、ダルマティカ、トゥニカ、指輪、胸の十字架、司教冠である。特別の司教用品は、司教杖、膝掛け布、パリウム（大司教用肩衣、司教の権威を象徴する祭服）、大司教の行列用十字架である。

〔二一八〕　「免属」とは、教会法の用語で、人物または場所を下位

の権威者の管轄から除外し、上位の権威に直属させること。盛式誓願の修道会および教皇恩典による一部の単式誓願の修道会は、地方裁治権者の管轄から除外されて直接に聖座の管轄下に置かれた。

〔二九〕 司教総代理。合法的に任命された司教補佐で、全教区に対する通常裁治権を持つ。

〔三〇〕 大司教聖レミ。ランスのレミギウス（四三七―五三五年）、「フランク人の使徒」と呼ばれたランスの司教、聖人。フランスで教育を受け、二一歳で司教に選ばれた。彼はアリウス派の勢力の強いガリア地方への伝道活動に専心し、フランク王クローヴィス一世の改宗に影響を与えた。

〔三一〕 ド・ゴンディ枢機卿猊下。レス枢機卿、ジャン・フランソワ・ポール・ド・ゴンディ（一六一三―一六七九年）、フランスの聖職者、政治家。十六世紀よりパリの大司教座を占めたゴンディ家に生まれ、ソルボンヌで学び、のちパリ副司教、枢機卿を経て、パリ大司教となった。政治的策動を好み、フロンドの乱での暗躍の結果、宰相マザランと対立して投獄された。脱獄後、亡命していたが、教皇の支援を得てルイ十四世と和解し、以後国王と教皇との間の調停役をつとめた。晩年に、文学史上著名な『回想録』を残した。

〔三二〕 訳注二二を参照。

〔三三〕 ステランティウス。未詳。

〔三四〕 聖プラキドゥス。六世紀のイタリアのベネディクト会士、聖人。グレゴリウス一世が『対話』の中でその生涯に触れているが、史実はそれほど明らかでない。シチリアに行きメッシーナで殉教したという話は、十二世紀頃の伝説である。

〔三五〕 以上三カ所の引用は、本文中に割注で示したように前掲書「第三巻釈明二、第一八章、第一九章」から取られているが、原文どおりの引用ではなく、削除も行われているという。

〔三六〕 フォリンギウス。未詳。

〔三七〕 この引用は本文中に割注で示したように前掲書「第四巻釈明一、第一二五章」から取られているが、変更・削除があるため、原文を以下に訳出しておく。「隠遁しようとすれば、その大部分の建物が王侯の宮殿のような造りである（トリテミウスによれば）一万五千の、あるいは（フォリンギウスによれば――二人とも同会派に属する）三万七千の修道院しか持っていない哀れなベネディクト会士は、枕する場所も持たなかったイエス・キリストの、福音にかなう完全な清貧をまことに真似ているのである。年金が五万、八万、十万エキュもあるこういう僧院の一つに住むこと、そして悲嘆に暮れた哀れな、こういう貧窮の中で死ぬほど飢えに苦しむ、共住修道士のみすぼらしい独居房を百も百二十も維持するため――ステランティウスによれば――かつては金貨二百万近くの年金を得ていたモンテ・カッシーノ大修道院にさえ必要なら住めること。ベネディクト会士はこんな困窮のうちにあるから、自ら勇気を奮い起こし不満も洩らさずこういう貧窮に耐え、同じ不便に耐えている仲間の会士に忍耐の模範を示すことなどは必要ない、とあなたは考えられる」。

〔三八〕 托鉢修道士。「托鉢修道会」の会員。托鉢修道会においては、共有財産を所有することは禁止されていて、生活のた

めには働くか、あるいは他人の好意の施しを乞う（托鉢）かしなければならない。教会史上、このような掟を持つ修道会が十三世紀以後にいくつか組織されたが、この意味における托鉢教団の創始者はアッシジのフランチェスコ（一一八一—一二二六年）と言える。托鉢修道会の代表はフランシスコ会（一二〇九年—）、ドミニコ会（一二一六年—）であるが、後その支流ならびにカルメル会（一二四五年—）、アウグスティヌス会（一二五六年—）もこれに加えられた。修道院運動は、元来終末的団体であった教会がその性格を失い、現世の宗教制度となったことに対する批判・改革運動という意味を持っていたが、またその修道院運動自身が、個人的禁欲を基礎としながら、団体としての蓄財により富裕化・世俗化した。当初の托鉢修道会の運動はこのような既成の修道院制度に対する徹底的批判という側面を有していた。

（三九） メリエは一般に「修道士（モワーヌ）」、カミュは「共住修道士（セノビット）」という語を用いている。語源的には「モワーヌ」は独居する隠修士、「セノビット」は共同生活を送る修道者を意味するが、当時ではどちらも修道院に共住する修道士を意味していた。二つを訳し分けたが、意味に差はない。

（四〇） アッシジのフランチェスコの会則による修道会がフランシスコ会であるが、彼によって一二〇九年に書かれた最初の会則は現存せず、フランチェスコの初心を示す『第一会則（一二二一年の会則）』はローマ教皇庁の承認を得ることができなかった。一二二三年教皇ホノリウス三世によって認可された『一二二四年の会則』は、枢機卿ウゴリーノによりかなり修正されたものであった。フランチェスコは死の直前、最初の理想を想起させようと『遺言書』を書き取らせたが、これも一二三〇年教皇グレゴリウス九世によって法的権威のないものと宣言された。フランシスコ会は創立後一世紀間に驚異的発展を示したが、清貧の理解をめぐって内部にさまざまな党派を生じ、十三世紀から十四世紀にかけての厳格派と穏健派との争いは、歴代教皇の介入を招き、あるいは脱会異端者を生ずるなど紛糾を続けた。

（四一） 教皇ニコラウス三世。在位一二七七—一二八〇年。七九年八月の教書をもって、フランシスコ会の「清貧論争」に対して一定の基準を提示し、内紛を鎮めた。

（四二） メリエによる引用文は、原文の当該箇所を要約し再構成したものであるという。

（四三） 『修道院の所有権放棄について』（一六三四年、ブザンソン）はやはりカミュの著作で、その中でも彼はやはり「無欲な教導者」と名乗っているという（「書店から読者へのお知らせ」）。メリエの本文では、「〈無欲な教導者〉が『修道院の所有権放棄について』で作成した目録に基づいて、彼は……」となっているが、おそらくメリエはカミュ自身が「無欲な教導者」と名乗っていたことを知らなかったのであろう。また、メリエが引用する『《エルモドールの興味深い対話》に関し……メリトンの釈明』の中で（六四八頁）、カミュ自身が自作『修道院の所有権放棄について』の第四一章「九十八の修道会の簡潔な列挙」への参照を指示しているという。

（四四） 聴罪司祭とは、信徒の告白を聴き、秘蹟的赦しを与える

資格を備えた司祭。なお、カミュの主張は本文の先まで行かないとはっきりしないが、以下のような論旨となっている。すなわち、托鉢修道士は会則により個人としても団体としても、財産取得を禁じられている。彼らが生活のために托鉢を許されるのも、勤労の代価が与えられない時に限る。勤労は霊的労働を行う場合に免除される。ところが彼らにおいては、説教師や聴罪師のような実際の霊的労働に関与する者はごく少数で、大部分は聖歌隊員のような閑職を事実上所有している。その結果彼らは、彼らに特有な喜捨と、霊的労働をほとんど含まない聖職禄の事実上の所有とによって、民衆の負担により豊かな生活を送っている、というのである。

（四五） 修道士聖歌隊員。カミュはコリストという語を用いている。「聖歌隊員」の意味では一般にシャントル、コリストという両語が区別なく用いられるが、コリストにはとくに「修道士聖歌隊員」の意味がある。典礼を重んじるローマ・カトリック教会においては、聖歌隊は典礼文の一部を歌ったり応誦したりすることをその任務とし、礼拝にとって必要不可欠のものであるため、その地位は重要視される。訳注一六で示したように、聖歌隊の職務は司教座聖堂参事会員の主な仕事であったが、すべての大きな司教座聖堂参事会では、参事会員の職務を軽減し、彼らが不在の時典礼を速やかに遂行するため、聖歌隊員と礼拝堂付司祭を設けていたという。したがって、このような聖歌隊員の職務を托鉢修道士が担い、司教座聖堂参事会員の聖職禄を事実上享受していたのであろう。

（四六） 「助修道士（フレール・ライック）」は、修道会で世俗的事務に携わる修道士。

（四七） 「参事会員禄（プレバンド）」、「司教座聖堂参事会員禄（カノニカ）」には意味上の差はないが、「参事会員（プレバンディエ）」にはとくに、司教座聖堂参事会員（シャノワヌ）の下で、内陣や聖歌隊席においてなんらかの職務を担う聖職者という意味がある。

（四八） モーセによりエジプトを脱出したイスラエル人たちは、荒野で食物や肉や水がないと神に不平を洩らしたと『旧約聖書』にある（『出エジプト記』第一六、一七章、『民数記』第一一章）。

（四九） 「占有権（ポセソワール）」も「本権（ペティトワール）」も、ともに法律用語。「占有権」と「本権」は対立的に設定されており、「占有権」は占有という事実を法律用件として生ずる権利、「本権」は事実上の関係としての占有を法律上正当づける権利である。

（五〇） フランス絶対王政下で、ブルジョアジー出身の官僚貴族である「法服貴族」が、従来からの「封建貴族」（剣の貴族）を圧迫したことを意味しているのであろう。

（五一） 「求めよ、そうすれば、与えられるであろう」（『マタイによる福音書』第七章七節）、「もし、からし種一粒ほどの信仰があるなら、この桑の木に、〈抜け出して海に植われ〉と言ったとしても、その言葉どおりになるであろう」（『ルカによる福音書』第一七章六節、ともに日本聖書協会訳聖書、一九五五年改訳による）が暗に想起されているのだろう。

（五二） 引用文の最後の一文は原文では以下のようになっているという。「本当の紛れもない富であるこのような豪華な用具一切と、福音的な清貧が両立しうるのか」。

（五三） 『修道生活の諸成果』。未詳。ただしカミュは当該書の中

で、反駁相手の作品として『敬虔のすばらしき成果』という書物から多くの引用をしている。この書を指すのであろうか。

〔五四〕テルトゥリアヌス『パッリウムについて』のこと。パッリウムはギリシア風の外套。言葉としては、キリスト教の祭服の一つである「パリウム」と同じ。

〔五五〕トゥニカ。古代の寛衣。言葉としては、キリスト教の祭服の一つである「トゥニカ」と同じ。

〔五六〕テルトゥリアヌス『パッリウムについて』第四章一〇節。メリエはティトルヴィルによる仏訳（一六四〇年、パリ）を用いており、引用文中に指示されているとおり、その二〇三―二〇八頁からの引用であるという。したがって、本文ではメリエの引用のままに訳出したが、邦訳により原文の対応箇所を以下に掲げておく。ただし論旨の流れを示すため、引用文では省略されているこの節の冒頭も引いておく。「また、売春宿の女主人が絹の服をひらひらさせ、その場所よりもずっと汚れた首を宝石で飾り、……純潔とは言えない足に、純白の靴や赤い靴をはいている時、どうしてあなたは、こういった女達を見ないのか。あるいは、新しい衣服を着ることによって宗教のまねごとをしている人々が、たとえば、あらゆる点で純白な装束を身につけ、目印となる髪バンドを結び、特権を示す帽子をかぶりたいために、ある人々がケレス神の入信式に参加する場合、あなたはどうしてこういった衣装を見ないのか。また、ある人々は、逆に、黒っぽい服や頭にかぶる暗い色の羊毛（のかぶりもの）に対する好奇心のために、女神ベッロナの山へと逃げ込む。また、普通より幅の広い赤いふち飾りのトゥニカを巻きつけ、ガラティア産の深紅で染めたパッリウムをその上に羽織ることは、サトゥルヌス神の帰依者であることを示している。

このパッリウムそのものも、もっと入念に仕立てられ、ギリシア風のサンダルと一緒に用いている人は、アェスクラピウスを崇めている。このような時に、あなたは、このパッリウムを、迷信――たとえそれが単純で素朴な迷信であっても――の犯人として（我々の場合よりも）もっと激しく非難し、指弾すべきではないだろうか」（前掲書、邦訳、教文館、一五六頁、土岐正策訳）。

〔五七〕スカプラリオ。一部の修道会の会員が着用する、二枚の細長い布を肩の前後で結び合わせた外衣。その起源はベネディクト会士の労働用の服であったが、それが他の修道会にも取り入れられ、現在では修道服の特徴と考えられている。

〔五八〕ハインリヒ・コルネリウス・アグリッパ・フォン・ネッテスハイム（一四八六―一五三五年）は、ドイツの人文主義者、神秘家。人文主義者ロイヒリンやエラスムスに影響されたが、しだいに新プラトン主義やユダヤ教神秘思想カバラに引かれていった。西ヨーロッパ各地を巡り、著作としては『隠された哲学』（一五一〇年）や、当時の学問を痛烈に諷刺したこの『学問学芸の不確かさと虚しさについて』（一五二七年、ケルン）などを残した。

〔五九〕アグリッパ・フォン・ネッテスハイム『学問学芸の不確かさと虚しさについて』、第六二章「修道会諸派について」からの引用であるという。

〔六〇〕　数珠はカトリック教会では、主として典礼外の祈禱において、繰り返し唱える祈りの回数を数える手段として用いられる。ロザリオも数珠の一種であるが、大玉一個と小玉十個を一連とし、これが五つ連なっている。聖母マリアとキリストの生涯を黙想しながら、大玉で主禱文を、小玉で天使祝詞を唱える「ロザリオの祈り」で用いられるが、この「ロザリオの祈り」はカトリックの典礼外の信心としてはもっとも普及している。ロザリオはもともとドミニコ会で用いられ始め、次注のドミニクスが「ロザリオの祈り」を創始したと伝えられる。

〔六一〕　聖ドミニクス。スペイン出身のドミニコ会創立者（一一七〇頃―一二二一年）。スペインのオスマの聖堂参事会員となり、当地の司教ディエゴとともに南フランスを訪れた時、異端アルビ派の教化を志した。そのため粗衣をまとって説教をし、同志とともにトゥールーズに説教訓練所兼本部を設置し、「説教者修道会」と称し、アウグスティヌスの戒律を会則として、教皇ホノリウス三世から認可を受けた（一二一六年）。さらにこの会派は、一二二〇年のボローニャにおける第一回総会で自ら托鉢修道会であることを声明。ドミニコ会はとくに救霊事業、布教や異端撲滅を重視し、その事業を研鑽と説教によって行った。アルベルトゥス・マグヌス、トマス・アクィナスなどを輩出した。

〔六二〕　縄帯。フランシスコ会独特のもの。

〔六三〕　聖シモン・ストック。イギリスのカルメル会総長（一一六五？―一二六五年）。その生涯の詳細はほとんど不明。カルメル会の起源は、十二世紀パレスチナのサマリアにあるカルメル山で十字軍兵士ベルトルド（一一九五年頃没）が隠修共同生活を始めたことにあり、一二二六年教皇より修道会として承認された。十字軍の敗北によりキプロス島に、さらにシチリアに移らざるをえなくなって西欧社会に広がり、シモン・ストックがこれを再編成して托鉢修道会にした。彼はスカプラリオを着た聖人として有名で、彼がマリアに祈ると、カルメル会のスカプラリオを手にしてマリアが現れ、「これを着て死んだ者は誰でも救われる」と言ったと伝えられる。

〔六四〕　『アウグスティヌスの規則』なる修道生活規則が知られており、これはアウグスティヌスがヒッポの女子修道会に宛てた手紙の一部を、男子修道会用に書き直したもので、アウグスティヌス自身によるとも、七世紀にスペインで書かれたとも言われる。十一世紀末より急激に重要視され、諸修道会に大きな影響を与えた。これに従う修道会を総称して「アウグスティヌス会」と呼ぶが、その中の「アウグスティヌス隠修士会」は、教皇ピウス三世により托鉢修道会とされた。その制服は黒で、頭巾・革帯を着用する。本文はこの修道会の絵図を意味しているのであろう。

〔六五〕　メリエは「あるトルコ人も……」と書いているが、これまでにもよく引かれたマラナ『トルコ皇帝の密偵』からの引用である。第二巻書簡三四、一七一五年版一一四頁。この書簡は一六四三年の日付で、「ムハメット・バッファ宛。王太子洗礼式の次第。フランスの聖職者の算定。国王の収入について。竜騎兵について」と題されている。この年ルイ十三世

が没し、四歳のルイ十四世が即位し、母后アンヌ・ドートリッシュが摂政、枢機卿マザランが宰相となったが、「トルコ皇帝の密偵」は、そのような渦中での王太子（すぐに即位してルイ十四世となる）の洗礼式の様子を述べ、貴族の幼い子息たちに高位聖職禄を与えて大貴族たちを王家の利害につなぎ留めようとするマザランの政策を説明し、その後に本文の引用を含む次のような記述をする。少し長くなるが、この箇所を訳出しておく。メリエがこれに続く部分を再び第五四章末尾で引用するからである。「フランスには十二の大司教区、百四の司教区、五百四十の第一級修道院、一万二千三百二十の第二級修道院、千四百五十の大修道院、二百五十九のマルタ騎士修道会神学校、十二万七千四百の聖堂、五百四十の施療院、九千の私的礼拝堂があります。これらすべてを満たすためには、十三万人の聖堂区主任司祭のほかに、二十二万六千人の修道士あるいは修道僧が必要という計算になります。

普通、王の栄光や富はその臣下の数によって判断されますが、フランスの国王がこれほど驚異的な数の信仰者を有しているので、それで一層裕福だとは信じないでください。彼はこの聖職者の大部分を臣下というより、敵の軍隊と見なさなければなりません。大司教や司教や聖堂区主任司祭の利害は、確かに王家の利害と混ざり合っています。しかし、修道士は教皇の配下なのです。彼らを全員養うためには、少なくとも王国の収入の四分の一を出費しなければならず、かつては国庫から毎年百万エキュがローマ聖庁の金庫に流れ込んでいました。

国民の血を最後の一滴まで吸うことにしか役立たない霊的蛭どもの苗床を、このように培うのが、いったいどんな政策によるのか私には考えもつきません。反対に税金や租税でそこを干上がらせるのが、良い策だろうと思われます」（前掲書、一七一五年版一一三―一一四頁）。

〔六六〕　フェヌロンとこの作品などについては、序文の訳注二二を参照。メリエは「賢明なメントールはテレマックに言いました」と書いているが、原文においてはこの言葉は、メントールがサラント国の王イドメネに語ったものであり、文脈から見るなら、農民が生み出す大地からの実りを戦費などのために取り上げ、彼らを貧困に陥れてはならない、という帝王への戒めである。また、メリエは引用に際して語を付加している。したがって、出典の対応箇所を邦訳によって少し前から引いておく。「野心も、疑いも、奸計もないこれらの人びとは、彼らの無垢な喜びを少しも乱さないような王が神々によって与えられさえすれば、しあわせこの上ない！　だが、彼らが大らかな性質と額に汗する労苦によって得る大地の実りを、おごる心や野心でこり固まった計略のために劫掠しようとすれば、それは、禽獣にもひとしい所業である！　節制あり、勤勉な、数知れぬ人間のためには、その必要とするものを、自然だけがその豊かな内部を開いて提供することができるであろう。一方、多くの人間をひどい貧困の中に放置するのは、一部の人間の慢心と懶惰な心である」（前掲書、邦訳、現代思潮社、下巻三三頁、朝倉剛訳）。

〔六七〕　「それは釘一本の値打ちもない（三文の値打ちもない）」

というフランス語の言い回しがある。

〔六八〕「日雇い農」と「自営農」と訳した語は、本来はそれぞれ「日雇い」と「百姓」ほどの意味であるが、以下のような事情からこのように訳した。

一七八四年のエトレピニー聖堂区（かつてメリエが委ねられていた聖堂区）の職業調査によれば、三五世帯のうち、「百姓」が五世帯、職人が一二世帯（うち「鍛冶屋」が四世帯）、「日雇い」が一〇世帯、そして奉公人という構成であった。タイユ税割当額は、「百姓」が五五―一二三リーヴル、鍛冶屋が一七―二〇リーヴル、他の職人が七―八リーヴル、「日雇い」が四―五リーヴルである。なお、一七八三年の別の調査によれば、エトレピニーには一六人の釘製造者が数えられ、「残りの者たちは耕作者と日雇いである」となっている。これから見ると、上記の鍛冶屋とは主として釘製造者を指すのであろう（事実、近くの町シャルルヴィルには当時釘製造の中心があったし、本文中の釘についての言及もこのような背景を持っている）。また、バレーヴ聖堂区（かつてメリエが臨時主任司祭をしていた聖堂区）については、「木靴職人や製材職人は大部分が日雇いでもあり、収穫期を待ちながら彼らは短期間しかその職を行わない」という記述がある。

したがってこの地方では、「百姓」と釘製造者が労働者階層の上位を占め、「日雇い」と他の職人（この二つの兼業もあった）と奉公人らが下位を形成していたようだ。事実、シャンパーニュ地方では「百姓」は家畜に引かせる犁を所有していたが、「日雇い」はそのようなものが持てぬ農業労働者だったらしい。なお、エトレピニーの「百姓」は基本的に、エラン大修道院の小作地（六七アルパン）、教会財産の小作地（一四アルパン）、領主の小作地（およそ三〇〇アルパン）の「小作人」であった。「百姓」が小土地所有者であることも、「日雇い」が一片の耕作地を有することもあったろうが（なお、「百姓」と「日雇い」の所有地は合わせても耕作地の十分の一、三八アルパンを超えなかった）、以上のような事情からそれぞれの語に「自営農」と「日雇い農」の訳語を定めた。

〔六九〕時折農村に回ってくる旅芸人たちのことを、メリエは想起しているのであろう。

〔七〇〕各村落は共有の家畜の群、牝牛、羊、豚の群を持っていた。ここで言う羊飼い、豚飼いは、その群の世話を職業としている者たちのことである。農民たちは一般に「羊飼い」を、厳しい肉体労働をせず貧しさに甘んじている怠け者と見ていた。

〔七一〕訳注六八に引用した一七八三年のバレーヴ聖堂区に関する職業調査には、木靴職人や製材職人の記述の後に次のような記述がある。「寡婦たちは羊毛を紡いだり、娘たちのように冬用の薪を集めたりしている。」また洗濯女とは、手間賃を取って洗濯を請け負う下層の女たちを指すのであろう。

〔七二〕第四ラテラノ公会議（一二一五年）のこと。教皇インノケンティウス三世によって招集され、聖餐式に関して化体説を公認し、初めて全実体変化（化体）という言葉が公に使用された。ワルド派とアルビ派の排撃、司教による異端裁判の

制度化、教皇権の指導下に十字軍を再組織化することが決定された。また、フランシスコ会、ドミニコ会の創立の公認、旧修道会の改革がなされ、新教団の設立には教皇の認可が不可欠と定められた。会議の盛大さと広範に及ぶその決定内容は、教皇権の絶頂期を示すものであった。以下の条項は公会議決定の第一三章にあるという。

〔七三〕　第二リヨン公会議（一二七四年）のこと。教皇グレゴリウス十世によって招集された大会議。東方正教会とローマ・カトリック教会の合同が成立し（この合同は一二八九年まで続く）、それを記念する大ミサでボナヴェントゥラが説教をした。以下の条項は公会議決定の第二四章にあるという。

〔七四〕　アントニヌス・ピウスについては、証明一の訳注四三を参照。参照指示はないが、実際はコエフトー『ローマ史』、ローマ史続編、第一一巻「アントニヌス、マルクス・アウレリウス、ルキウス・ウェルスの治世に起こった、もっとも記憶すべき事柄」からの引用である。出典では、欄外に「アントニヌスの注目に値する言葉」という小見出しが付けられて、以下のように皇帝の言葉が引かれている。「彼は怠惰な精神の持ち主を嫌い、〈国家のために働きもせぬ者が国家を食いものにするのを放置することほど、恥ずかしく痛ましいことはない〉とその理由を挙げて、公衆に無益だと思う者たちからは俸給を取り上げた」（前掲書、一六三六年版六五三頁）。

〔七五〕　アレクサンデル・セウェルスについては、証明一の訳注四四を参照。参照指示はないが、これもコエフトー『ローマ史』、ローマ史続編、第一五巻「アレクサンデル・セウェルスの治世に起こった、もっとも記憶すべき事柄」からの引用である。出典では、欄外に「アレクサンデルの注目に値する言葉」という小見出しが付けられて、以下のように皇帝の言葉が引かれている。「時代が悪かったため宮廷に入り込んでいた破廉恥な人物を、彼はそこから追放しただけでなく、帝国の益にならぬと判断されたすべての人々さえ追放した。それに関し、彼はいつもこう言うのだった。〈属州住民にとっては居なくても用が足り国家にも何の役にも立たない連中を彼ら住民の血やはらわたによって養う皇帝は、国家の悪しき管理者である〉」（前掲書、一六三六年版七七一頁）。

〔七六〕　「治安地方総監（アンタンダン・ド・ポリス）」は、「司法・行政・財務地方総監」とも呼ばれた「地方総監（アンタンダン）」のことであろう。「地方総監」については、序文の訳注五を参照。

〔七七〕　ドン・ペドロとは、「厳格なるペドロ」とあだ名されたポルトガル王ペドロ一世（在位一三五七―一三六七年）のこと。出典未詳。

〔七八〕　ニコラウス三世（教皇在位一二七七―一二八〇年）。出典未詳。

〔七九〕　「税金取り（マルトチエ）」は一般に収税吏を意味するが、いささか蔑称である。「酒倉の鼠（ラ・ド・カーヴ）」は「飲料消費税（エード）」の収税吏を意味するが、蔑称である。絶対王政期の租税は、地租としての性格を持つ「タイユ税（タイユ）」を中心とした直接税と、「飲料消費税（エード）」・「塩税（ガベル）」・「通関税（トレート）」などの間接税の両者から成っている。直接税は総じて、聖職者・貴族その他特定の官職に就いている者は免除ないし実質的免除となっていた。直接税も同じだが、

とくに間接税は「総括徴税請負制度（フェルム・ジェネラル）」に委ねられることが多く、都市の金融業者などが「総括徴税請負人（フェルミエ・ジェネロー）」となって徴収に当たった。

　間接税は、商取引または商品の移動に際して収受される税であって、原則としてすべての人に課せられる。王のための間接税は、まず「エード」という種概念が用いられるようになり、これは「マルトート」または「ガベル」とも呼ばれた。当初すべての種類の商品の売却に対し比例的に課されたが、その収受は困難であり、公の市場への「税金取り（マルトチエ）」の到着は民衆の抗議の原因となるのが常だった。王はやがて若干の商品の流通と取引とへの課税で留めるようになり、そこから「飲料消費税（エード）」・「塩税（ガベル）」・「通関税（トレート）」などが生まれた。「飲料消費税（エード）」は飲料の流通および売買に対して課せられる税であるが、そのもっとも重要なものは、ブドウ酒に対して徴収されるものである。「飲料消費税（エード）」は樽売りにも、居酒屋などにおける壺売りにも別個に課された。またブドウ収穫者においては、家族消費分を除く余剰が「エード収税吏（コミ・オ・ゼード）」によって記帳され、これが課税の対象となった。これらの事情から、「エード収税吏（コミ・オ・ゼード）」に対する「酒倉の鼠（ラ・ド・カーヴ）」なる蔑称が出たのであろう。

〔八〇〕「徴税所員（コミ・ド・ビュロー）」は「徴税所（ビュロー）」の官吏、小役人のこと。ただし「官吏（コミ）」という語はとくに、「徴税請負人」に雇われた収税吏を指していた。

〔八一〕「タイユ税」とは、アンシャン・レジーム期の租税の一種。元来は上級裁判権保有領主が貴族と聖職者を除く領内の全住民から保護の代償として徴収する封建的貢租であった。国王もはじめは自ら上級裁判権を行使する領地にのみタイユを課していたが、王権の伸長に伴い、この領主的タイユに代えて恒久的な国王タイユを設け、これを支配下のすべての人民に課した。以来、その額は急速に増加して絶対主義下ではもっとも重要な直接税となった。国王は毎年、国王顧問会議においてタイユ税の総額を決定する。その総額はまず各徴税管区（ジェネラリテ）ごとに分割され、ついでそれを地方総監が各徴税区（エレクシヨン）ごとに割り当て、さらに各聖堂区ごとに分担額が決められる。最終的には各聖堂区において選出ないし籤引きで選ばれた人々が、聖堂区分担額を世帯主に割り当て、時には徴収まで行ったという。そのため、その割当は徴収者の恣意のため公正を欠き、貧困な人々にとりわけ重く、税額が次々に増額されたこととあいまって、農民大衆の怨嗟の的となった。

　その他、直接税としては、主として戦時に徴収された人頭税（カピタシヨン）、十分の一税（ディジィエム）、道路賦役などがあった。アウクスブルク同盟戦争期間（一六九五—一六九八年）および一七〇一年以後には恒久化された人頭税（カピタシヨン）は、原則的には身分・収入に応じて全臣民に課せられた。また、戦時にたびたび徴収された十分の一税（ディジィエム）は、たとえばスペイン継承戦争時（一七一〇—一七一三年）、全臣民からその純所得額の十分の一の納付として徴収された。道路賦役は、戦術上の理由から道路網を整備するために、タイユ税納付義務者に課せられた。

〔八二〕「塩税（ガベル）」は、中世以来のフランスの租税。訳注七九で述べたように、ガベルという語ははじめ消費税一般を指したが、

十五世紀からは国家の専売になる塩の消費税を指すようになった。その税率と徴収方法は地方によりきわめてさまざまであったが、十七・十八世紀には大塩税地区・小塩税地区・免税地区など六地区に分けられ、そのうちもっとも重要な大塩税地区では住民は塩の消費に課税されるだけでなく、年々一定量の塩の購入を強制された。このような制度の多様性から生まれる塩の価格差は密輸を活潑化し、これに対し、徴税とともに塩の密輸を抑止するための監視役が設けられていた。「塩税監視役（ガルド・ド・セル）あるいは塩税巡査（アルシエ・ド・セル）」は、塩の密輸を取り締まるための徴税請負制による官吏で、徴税請負制官吏の中でも最下級の職であった。

塩税（ガベル）は原則として身分を問わずすべての人に課せられたが、生活必需品を対象とするためとくに一般大衆にとって耐えがたい負担となっていた。煙草は一六七四年に国家の専売となり、以来煙草税は国家財政上重要な収入源となった。

〔八三〕「聖堂区（パロワス）」と「共同体（コミュノテ）」はここでは同じものを指すと思われる。「聖堂区（パロワス）」は教会制度上の名称（序文の訳注二三を参照）、「共同体（コミュノテ）」は経済的・行政的制度上の名称で、一市町村の住民全体を構成員としている。

〔八四〕アンシャン・レジーム期には、一般的に社会階層に応じた居住区分がなされていたわけではなかった。

〔八五〕典拠として示された『聖書』の箇所を、その一つ前の節から参考として以下に掲げる。「神は、おのおのに、そのわざにしたがって報いられる。すなわち、一方では、耐え忍んで善を行って、栄光とほまれと朽ちぬものとを求める人に、永遠のいのちが与えられ、他方では、党派心をいだき、真理に従わないで不義に従う人に、怒りと激しい憤りとが加えられる。悪を行うすべての人には、ユダヤ人をはじめギリシア人にも、患難と苦悩とが与えられ、善を行うすべての人には、ユダヤ人をはじめギリシア人にも、栄光とほまれと平安とが与えられる」（『ローマ人への手紙』第二章六―一〇節、日本聖書協会版聖書、一九五五年改訳による）。以上のように、出典の当該箇所においては来世における賞罰が問題となっている。

〔八六〕メリエはすでにこの文章を引用している（本書三六五頁）。証明六の訳注一を参照。

〔八七〕魔女の存在という臆説のことをメリエは想起しているのであろう。ヨーロッパ近世における魔女の存在に関する迷信は、異端審問制や司法行政が介入してこなければ、大量処刑のような悲劇的な結果は生まれなかったと言われる。しかし、このような迷信そのものは農民の間に根強かったらしい。メリエは魔女の存在という臆説に関し、本文中の何箇所かでモンテーニュ、ノーデ、マールブランシュらの批判を引用し、この臆説に対置させている。

〔八八〕メリエの引用は原文をかなり変えているので、邦訳によって原文の対応箇所を以下に掲げる。「メントールがついていたにもかかわらず、母のペネロープは、彼〔テレマック〕を尊大で高慢に育ててしまったので、彼のいちばん愛すべきところは、色あせ、引きたたなかった。自分がほかのどんな人とも生まれがちがうとし、他人とは、自分を喜ばせたり、

自分に仕えたりするため神々が地上に与えた代物であり、自分には神能が与えられているのだから何人も自分に帰属するものと思っていた。彼によれば、彼に仕えるしあわせそのものが、仕える人間への相当高価な報酬であった。彼を満足させるためとあれば、どんなことも不可能であると考えてはならなかった。ちょっとでも手間取ったりしていると、彼の激越な性質はいらだつのだった。

こういう性質を見知った人びとは、テレマックが自分自身のほかは愛することのできない人であり、自分の名誉と享楽にしか心を向けない人だと判断したに違いない」。

〔八九〕 メリエの引用は原文を変えている。またこの言葉は原文ではメントールがテレマックに語る言葉である。以下に原文の対応箇所を邦訳によって掲げる。「これぞ人生の辛酸の賜物だ。それは君主を節度ある人間に変えるし、他人の苦悩に感じやすくさせる。君主は、栄華につきものの甘美な毒ばかりを味わうとき、自分が神々になったような気になる。自分を満足させるためとあれば、山々にたいして低くなれと言ったり、人を人と思わぬだけでは気がすまぬと見えて、森羅万象を自分勝手にもてあそぼうと欲したりする。人間の抱く苦悩について他人から聞かされようが、皆目見当もつかぬ始末だ。こういう君主にとっては、夢物語なのだ。彼らは善悪の差異について、ついぞ考えたことがない。悲運に会ってはじめて彼らは人間性に目覚め、木石のごとき心も情け心に変わりうる。そして彼らは、自分たちも同じ人間であることを知り、同胞を統治しなければならぬという自覚に達する」。

〔九〇〕 典拠である『福音書』の当該箇所を以下に掲げる。「この最後の者たちは一時間しか働かなかったのに、あなたは一日じゅう、労苦と暑さを辛抱したわたしたちと同じ扱いをなさいました」（『マタイによる福音書』第二〇章一二節、日本聖書協会版聖書、一九五五年改訳による）。

〔九一〕 メリエの引用は次の一箇所を除き原文に忠実である。最後の一文中、「自分たちが種を蒔き、あれほど苦労して生み出したパンに……」は、原文では「自分たちが種を蒔いたそのパンに……」となっている。訳文には関根秀雄訳を用いたが、訳文を少し変えさせていただいた箇所がある。

〔九二〕 ラ・ブリュイエールは『カラクテール』の中で、先の引用（第一一章「人間について」一二八節）の前後に、訴訟狂（一二五、一二六節）、苛酷な税金の取立て（一二七節）、田舎貴族の無為と傲慢さ（一二九、一三〇節）、人々が身分の上下に従い軽蔑し合う様子（一三一節）を描いている（邦訳、岩波文庫、中巻一九二―一九五頁、関根秀雄訳、参照）。このような記述から、身近に見ている農村生活をメリエが想起したことは考えられる。しかし、宮廷に進出した新興の市民階級の立場から各階層を批判するラ・ブリュイエールの視点と、社会の階層化を許すあらゆる既成の原理を認めないメリエの視点が必ずしも通底しているわけではない。メリエが『カラクテール』をどのように読んだかは、また別に考えられなければならないだろう。

〔九三〕 各人を生まれや財力によってではなく、その「価値（メリット）」によって評価せよ、というのが『カラクテール』におけるラ・

ブリュイエールの主張の一つであった。『カラクテール』各所にそのような表現が見受けられ、メリエもそのような箇所を読んでいたと思われる。しかし、ラ・ブリュイエールの言う「価値(メリット)」とは、絶対王政という秩序を適正円滑に維持する管理能力のことであり、メリエの意味する「価値(メリット)」とは、各人が有する実際的な労働力を指していると思われる。

〔九四〕 ポセイドニオス。ギリシアの哲学者、歴史家、地理学者(前一三五頃―前五一年)。シリアに生まれ、アテナイで学び、諸国を旅した後、ロドス島で教師をした。ストア派に属する。

〔九五〕 メリエはセネカのこの作品をマチュー・ド・シャルベ訳『ルキリウス・アンナエウス・セネカ著作集』(一六二四年、パリ)に収められた仏訳によって引用している。十六、十七世紀において、セネカの『道徳書簡』や悲劇に散見されるこのような記述は、古典古代から伝えられた私的所有を知らぬ黄金時代についての描写として著名なものであった。ただし、この『道徳書簡』第九〇の主要な論旨は、ポセイドニオスが「哲学」を称揚するあまり、さまざまな技芸の発明まで「賢者」に帰したことをセネカが反駁し、哲学は精神的領域のものであり、手の業に関わるものではないことを主張するというものである。ただそこでは、学問技芸に毒されて柔弱となった現代と原初の世界が対比されており、また未開人は習練により徳を獲得する賢者にはかなわないものの、いわば知恵を無自覚に備えていたものとしてその姿が力強く描かれている。

先に述べたように、メリエは仏訳から引用しているので本文ではそのままに邦訳した。その仏訳原文とメリエによる引用文との異同は以下のとおりである。「彼らが共有状態から略奪状態へと走り寄る前には」(メリエによる引用文)の後に、「この人々は賢者ではなかったが、賢者のように振る舞っていた」という文章が仏訳原文には入っている。「境界石や境界線によって……実らせていた」(メリエによる引用文)は、実際にはセネカの文章ではなくウェルギリウス『農耕歌』第一巻一二五―一二八行からの引用であり、仏訳原文でも韻文となっているが、メリエはセネカ自身の言葉であるかのように散文にしている。

〔九六〕 『歴史新報』とその主筆クロード・ジョルダンについては、証明五の訳注九を参照。メリエの引用は確かにこの時事新聞の一七〇六年一月号記事三から取られているが、記事全体は一七〇五年末にローマで発覚した公文書偽造の犯罪を報ずるものでしかない。また、以下に見られる挿入詩は、オウィディウス『転身物語』第一巻八九―九六行をジョルダン自身が仏訳したものらしい。当該箇所を含むオウィディウス『転身物語』第一巻八九―一二六行(邦訳、人文書院、一一―一三頁、田中秀央・前田敬作訳)には黄金時代の神話的表現が集中的に見られるため、この箇所は後世において繰り返し取り上げられた。ユートピア思想史の観点からは著名な典拠の一つであったが、直接に引用しないところから考えると、メリエ自身はこの箇所を知らなかったのかも知れない。

〔九七〕 メリエが参照した版は未詳。メリエが『省察(レフレクシイヨン)』と書いている著作は割注に示したとおり『パンセ』のことであり、以下の引用も正確である。しかし、このように書名が不正確

なところから見ると、はたしてメリエが直接引用しているのかどうかは分からない。

〔九八〕 メリエはプラトン『国家』のことを想起しているのであろうか。

〔九九〕 この引用文は実際には、内容がよく似ている『使徒行伝』第四章三二―三五節から成っている。以下に、メリエが指示している第二章および第四章の該当箇所を、日本聖書協会版聖書、一九五五年改訳によって掲げる。なお傍線部はメリエの引用文に相当する箇所を示す。この内容の類似からメリエは第二章と混同したのであろう。「信者たちはみな一緒にいて、いっさいの物を共有にし、資産や持ち物を売っては、必要に応じてみんなの者に分け与えた。そして日々心を一つにして、絶えず宮もうでをなし、家でパンをさき、よろこびと、まごころとをもって、食事を共にし」(『使徒行伝』第二章四四―四六節)、「信じた者の群れは、心を一つにし思いを一つにして、だれひとりその持ち物を自分のものだと主張する者がなく、いっさいの物を共有にしていた。使徒たちは主イエスの復活について、非常に力強くあかしをした。そして大きなめぐみが、彼ら一同に注がれた。彼らの中に乏しい者は、ひとりもいなかった。地所や家屋を持っている人たちは、それを売り、売った物の代金をもってきて、使徒たちの足もとに置いた。そしてそれぞれの必要に応じて、だれにも分け与えられた」(第四章三二―三五節)。

『使徒行伝』中の初期キリスト教徒についてのこの記述は、中世以来、共産主義的思潮とその実践に一つの注目すべき源泉と認可を提供していた。『聖書』に見られるこの箇所の字義どおりの解釈は、異端的諸セクトに採用されただけでなく、キリスト教正系の伝統の中にも次のような事情から流入していたという。紀元一世紀末に実在した教皇クレメンス一世は、死後聖ペテロの直弟子と見なされ、彼の名によって多くの聖書外典『偽クレメンス文書』が書かれた。その中に、紀元二世紀初め頃現行の形にまとめられたという『再会』なる文書がある。この中には、万人による万物の共有を是とするギリシア哲学者の意見を、異教徒であるクレメンスの父親がクレメンスに紹介する箇所があった。一方、八五〇年頃、偽イシドルスと呼ばれるフランスの修道士が、今日『偽イシドロス教令集』の名で知られる有名な教令集を編集しようとした。そしてその際、偽イシドルスはこの教令集の冒頭に五通の「教皇クレメンスの手紙」を置いたが、彼はその第五書簡の中に先の見解をクレメンス自身のものとして入れ、しかもそれを『使徒行伝』第四章を引用して補強させる体裁をとらせた。さらに一一五〇年頃、中世のあらゆる大学で教会法研究の基礎資料となり、「旧教会法典」の冒頭部分をなすことになる『教令集』をグラティアヌスが編纂する時、彼は『偽イシドロス教令集』の真正性を疑わず、クレメンスの第五書簡もそのまま収録した。こうしてその書簡は十六世紀に『偽イシドロス教令集』全体が信用を失墜するまでその権威を維持し続け、中世後期においては、世界の最初の社会状態は最高の状態でもあり、そこでは万物が万人の共有物で私有財産は存在しなかったという説が、教会法学者やスコラ哲学者の間

では常識となっていたという。

またローマ教会自体、絶えず自発的清貧による共同体生活こそより完全な生き方であると主張し、それはエリートとしての聖職者層の間では、修道会という形で制度化されて実現を見た。さらに十一世紀以降、平信徒の間にも財産を共有し修道院もどきの共同体をなして生活する集団も登場し、時には教会から承認を受けたものさえあったという。そして彼らにとっては『使徒行伝』第四章の叙述が模範とされていた。したがって、メリエのこのような引用の仕方は必ずしも彼の発案によるものではないし、またこの件に関する以下のメリエによる歴史的解釈も、必ずしも彼独自のものと見なすことはできないであろう。

〔一〇〇〕 メリエは「聖徒の交わり（コミュニオン・デ・サン）」を前注で述べた字義どおりの意味にとり、「聖徒間での財貨の共有」としている。しかし、トレント公会議はこの語を定義し直し、「聖体拝領の共有」に基づく「信徒の共同体」と定め、これは地上の教会の信徒と、天国の聖人と、煉獄の霊魂との一致協力から成る共同体であるとした。

〔一〇一〕 前注で述べたトレント公会議決議を参照。

〔一〇二〕 モンテーニュは引用箇所において「都市国家（シテ）」という言葉を「古代の都市国家」という意味で用いているが、この本文で見られるように、メリエはこの語を単に「都市」という意味に解している。

〔一〇三〕 引用句は確かにユウェナリス（ローマの諷刺詩人、五〇頃―一三〇年頃）が『諷刺詩集』六の二二三行で高慢な女性に言わせた言葉であるが、メリエが原典から直接取ったのかどうかは分からない。また「これがわれらの意向である」という文句は、王令の書式としての結語であったが、この言葉自体に王の絶対権力誇示の意味があったとは思われない。

〔一〇四〕 『ウルガタ聖書』で『列王紀一』と表記される書は、現行邦訳聖書では『サムエル記上』と表記されている。メリエは典拠として前掲書の「第八章五節、一一節―」を挙げているが、割注でも示したとおり実際には同書第八章五、六節である。参考として当該箇所を日本聖書協会版聖書、一九五五年改訳によって以下に掲げる。「〔イスラエルの長老たちは〕言った、〈あなたは年老い、あなたの子たちはあなたの道を歩まない。今ほかの国々のように、われわれをさばく王を、われわれのために立ててください〉。しかし彼らが、〈われわれをさばく王を、われわれに与えよ〉と言うのを聞いて、サムエルは喜ばなかった」（前掲書第八章五、六節）。メリエの「一一節―」という指示は次の引用に関するものであろう。次注をも参照。

〔一〇五〕 『列王紀一』〔『サムエル記上』〕第八章一一―一八節。この引用箇所について、メリエは『ウルガタ聖書』を自ら仏訳したのではなく、ヨセフス『ユダヤ古代誌』第六巻第三章（アルノー・ダンディ訳、アムステルダム、一六八一年）から対応箇所をそのまま引用しているらしい。『聖書』の記述とヨセフス『ユダヤ古代誌』の記述は同内容のものである（ヨセフス前掲書、邦訳、山本書店、旧約時代篇第三巻一五二―一五四頁、秦剛平訳参照）。

〔一〇六〕 これもメリエはアルノー・ダンディ訳によって引用しているという。メリエは典拠として前掲書の「第六巻第四章」を挙げているが、実際には割注でも示したように同書第六巻第三章三節からである。以下に当該箇所を邦訳によって掲げる。「人びとのこうした言葉は、生来廉直で、王というものを毛嫌いしていたサムーエーロス（サムエル）を非常に悲しませた。彼は心底から貴族政治を愛し、その統治原理を受けいれた人びとにこそ真の幸福が与えられると思っていたからである」（ヨセフス前掲書、邦訳、山本書店、旧約時代篇第三巻一五〇―一五一頁、秦剛平訳）。

〔一〇七〕 ここでは「摂政たち」と複数になっているが、「摂政」とはルイ十四世の没後幼少のルイ十五世の摂政となり、国政を指導していた（一七一五―一七二三年）オルレアン公フィリップを暗示しているのであろうか。オルレアン公フィリップ（一六七四―一七二三年）は、ルイ十四世の甥であり娘婿でもあったが、その奔放な振る舞いのため王の存命中にはうとまれていた。しかし、王の没後摂政となるに及んで、名門貴族と法服行政官の支持を基盤に政治体制の変革を目指した。多元会議制（ポリシノディ）を採用して強大化した王権の制限を試み、またジョン・ローを登用して財政危機に当たらせたが、結果的にはその放漫な財政政策のため恐慌が勃発した。なお、メリエは後の証明七第六〇章で、「自由思想家」を標榜していたオルレアン公フィリップについて言及している。

ただ、王や摂政たちが「小さな神々（プチ・デイユー）」のように「絶対的支配者（メートル・アブソリュー）」になっているという表現には、ラ・ブリュイエール『カラクテール』の次の箇所もメリエの記憶に残っていたかも知れない。「その財産と豪遊とによって、朝廷ではプチ・メートルと呼ばれている人たちの或る者と結託している若い法官が、相当にいる。……彼らは朝廷における一番悪い所を身につけている。即ち、虚栄、遊堕、不節制、放縦を、わがもの顔にしている。すべてこれらの不徳が自分たちの専売であるかの如く。……しまいには彼らは、そのお望み通りに甚だ悪しきお手本そっくりの者になりさがる」（邦訳、岩波文庫、上巻二六五頁、関根秀雄訳）。

〔一〇八〕 「タイユ本税（グロス・タイユ）」は、本来のタイユ税を意味する。「タイユ付加税（タイヨン）」は、ある時期以後に（あるいは臨時に）先のタイユ税本体をもとに算出し付加された税で、「御用金（シュブシド）」は一般に戦時などで臨時に徴収される税を意味する。タイユ税目録は、「タイユ本税（グランド・タイユ）」、「タイユ付加税（タイヨン）」、「添付税（クリュ）」、「軍用糧秣税（シュブシスタンス）」などと箇条書きにされていたという。タイユ税については、訳注八一を参照。

〔一〇九〕 戦役ごとに新規に課された税などについては訳注八一を参照。

〔一一〇〕 一般に「巡査（アルシエ）」とは下級警官で、「長官（プレヴォ）」の指揮下に差押えその他の職務を執行し、矛槍や騎兵銃を携帯していた。訳注八二においては「塩税巡査（アルシエ・ド・セル）」にも触れたが、それも参照せよ。

〔一一一〕 「督促役（ガルニゾン、ガルニゼール）」は、軍人あるいは退役・傷痍軍人からなる巡査・執達吏で、一般に債務者の家に送り込まれ、債務が支払われるまでその家の費用でそこに滞在した。納税の強

制、家財差押えとその保全などに用いられたが、当時のプロテスタントの強制改宗にも使われたことが知られている。税金の取立てに関しては、「執達吏（ユイシイエ）」その他の司法手段より、この方法がより多く用いられたという。

〔一一二〕 リシュリュー『政治的遺書』（校訂版）には以下のような記述があるが、本文におけるこの箇所はむしろ、メリエが「リシュリュー著『政治的省察』」と呼んで引用するある著作（証明一の訳注二一参照）からの記憶であろう。「民衆があまりにも安楽な生活を送っていると、彼らに規則と義務を守らせることはできないとすべての政治家は一致して認めている」（リシュリュー『政治的遺書』（校訂版）第一部第四章五節）。

〔一一三〕 ここでは「金融家（フィナンシエ）」と「タイユ税徴税官（ルスヴール・デ・タイユ）」とは同じ人々を意味している。前にも述べたように、この当時国王は諸税の管理徴収を必ずしも国王の役人の媒介によって行わず、財政逼迫を逃れるため、また煩瑣な徴収手続きを肩代わりさせるため、国王諸税の管理徴収に巨大金融資本家たちを用いた。彼らは予め税の総額を国庫に払い込み、後に国民から諸税を徴収した。その人々が「金融家（フィナンシエ）」である。この制度が「国王諸税総括請負制」で、彼らの一人が代表として請負を落札するが、その背後に何十人かの巨大金融業者が保証人としており、彼らが「総括徴税請負人（フェルミエ・ジェネロー）」と呼ばれた。「トレタン」「パルティザン」とも呼ばれたこの人々は、宮廷の高官とも結託し巨大な利益を上げていた。

〔一一四〕 訳注八一で示したように、タイユ税の徴収はその末端において、各聖堂区で選出ないし籤引きで選ばれた人々（「割当徴収役（コレクトゥール）」）が、各戸への割当て額を決定し徴収し、各聖堂区におけるその総額がタイユ税国王徴税官に納付されたのである。

〔一一五〕 ここでメリエが言及しているのは、訳注七九で述べた間接税のことである。十七、十八世紀に創設された所領的諸税である、登簿（アンシニュアシオン）、謄記（コントロール）、証印（ターンブル）に関する税の管理も、国王諸税総括請負制の中に入っていた。

〔一一六〕 「死手譲渡税（ドロワ・ダモルティスマン）」とは、教会その他の団体が土地を譲渡不能の形で与えられた時（永代所有を認められた時）、国王が王国全土の最高封主という資格で、その団体から徴収する権利を有する租税のこと。

〔一一七〕 「便益権（エザンス）」とは法律用語で、隣地の自由通行権のような、慣例に基づいて代価を支払うことなく隣地から便益を引き出しうる権利をいう。したがって、「村落共同体便益権税」とは、入会権（いりあい）のようなものに課せられた税であろうか。

〔一一八〕 森林河川税。一六六九年にはコルベールにより、乱伐などを禁じ森林の保全維持を命ずる「河川・森林法典」が出され、一七二七年にはこれがさらに強化されたが、これらの法に基づく課税を言っているのであろうか。

〔一一九〕 ラ・ブリュイエールがこの第六章「運の賜物について」で諷刺するのは、このエルガストのように運によって成り上がり、蓄財に邁進する「パルティザン」すなわち「徴税請負人」の姿である。しかし、メリエはそのような機構を成り立たせる王制そのものを問題とするため、エルガストを王たち

（およびその大臣）の一員であるかのように引用している。

〔一二〇〕　この章末尾の『黙示録』の引用を見よ。なお、十七世紀末期、ナントの勅令廃止によって亡命したプロテスタントたちの間には、『黙示録』の獣はルイ十四世を表すという預言解釈があった。以下に見るように、アウクスブルク同盟戦争中のプロテスタント系政治的・宗教的パンフレットを利用していたメリエが、この解釈を比喩として用いた可能性がある。

〔一二一〕　「税徴収済印（マルク・ド・ラ・マルトート）」は間接税（消費税）を徴収したことを示す印（訳注七九を参照）。鉄、金銀、紙などには実際に印が押されたという。その意味で、たとえば商品としての鉄に課される間接税は「鉄税」（マルク・デ・フェール）などと呼ばれた。

〔一二二〕　諸間接税の増加と加重のため密輸が増加し、それに伴って摘発・科刑も厳しいものになっていった。たとえば、塩の密輸に関しては、武器を携帯せず徒歩により行われた密輸は二〇〇リーヴルの罰金（再犯は六年の漕役刑）、馬を用いた場合は三〇〇リーヴルの罰金（再犯は九年の漕役刑）、武器を携帯し徒党を組んだ場合は九年の漕役刑（再犯は死刑）であったという。

〔一二三〕　ルイ十四世の親政時代には、陸軍担当の国務卿、ル・テリエ、ルーヴォワ父子によって、精力的に王国軍隊の組織化が進められた。ルーヴォワが一六八八年に導入した、各聖堂区ごとに抽選によって兵士を選ぶ「民兵制」はその一つである。メリエが前半で語っているのはこの「民兵制」のことであろうか。しかし、依然として旧来の軍隊システムが主力となっており、これは連隊長（コロネル）や中隊長（キャピテーヌ）のポストが売官制により貴族の子弟によって私物化され、兵士は彼らが私的な形で徴募するというものであった。この場合は徴兵係軍曹が志願兵徴募を行うが、この徴募は市（いち）の開催場所や酒場で、言葉巧みにあるいは半ば強制的に行われた。メリエが後半で語っているのは、この志願兵徴募のことであろう。この手段の濫用は一般に戒められていたが、ルイ十四世治世末期の相次ぐ戦争時には甚だしい悪弊になっていたという。徴募そのものが農民らにとって脅威であったと同時に、このような徴募により兵士となった無法者たちが、戦時には容易に略奪者ともなったからである。

〔一二四〕　『マザラン枢機卿の霊』（匿名、ケルン、ピエール・マルトー書店、一六九五年）。これはアウクスブルク同盟戦争末期に、亡命プロテスタントによりオランダで出版された、反仏・反ルイ十四世プロパガンダの匿名パンフレットの一つと思われる。ルイ十三世没後からルイ十四世親政までの間（一六四三―一六六一年）フランス絶対主義王政強化に努めたマザラン（一六〇二―一六六一年）がこの時亡霊となって現れ、ルイ十四世の寵愛を受け八四年以後は実質的に王妃として政治にも参画していたマントノン夫人（一六三五―一七一九年）と対話をする、というのがこのパンフレットの虚構である。

　担当聖堂区がベルギー国境に近いという地理的条件を利してのことであろうが、メリエはこの種のプロテスタント系反

仏パンフレットを入手し利用していた。この『マザラン枢機卿の霊』だけでなく、『危機に瀕していると考えられるヨーロッパの救い』（匿名、ケルン、フェリックス・コンスタン書店、一六九四年）という同種のパンフレットも先では大幅に引用される。また、何度か引かれるリシュリューの『政治的省察』なる著作も、やはりこの種のものであろう。

〔一二五〕ルイ十四世による「ナントの勅令廃止」への言及。

〔一二六〕ルイ十四世とマントノン夫人との秘密結婚への言及。

〔一二七〕以後『マザラン枢機卿の霊』からの引用が終わるまで出典の頁を割注で示す。メリエは原文に変更を加えて引用しているという。

〔一二八〕とりわけこの引用箇所は原文からの変更が目立つという。なお、これと次の引用はこのパンフレットの結論部から取られているらしい。

〔一二九〕アウクスブルク同盟戦争（一六八八―一六九七年）は、九二―九三年に一つの山を迎えた。カトリックを奉じるジェイムズ二世のイギリス復位の期待をあくまで捨てぬルイ十四世は、九二年五月、イングランド上陸作戦を試みたが、ラ・オーグ岬でフランス海軍は優勢なイギリス・オランダ連合艦隊と遭遇し潰滅的打撃を被った。これにより海上におけるイギリス海軍の優位は揺るぎないものとなり、大陸における連合国のフランス包囲とあいまって、フランス経済の危機は深刻なものとなり、戦時財政の重圧に苦しむ一般国民の困窮はいよいよ明らかとなった。一方、連合国の側でも財政的疲弊とともに武力による決定的勝利は不可能との見通しから、九三年以来その作戦は緩慢となり、両者に和平の機運が高まってきた。事実、このパンフレットが出された翌年、一六九六年八月にはサヴォイア公がフランスと単独講和を結び、アウクスブルク同盟は瓦解へ向かってゆく。

〔一三〇〕このパンフレットの意図から見るならば、この大動乱の予告は、和平へと向かう時流の中で、その講和によりフランスにおけるプロテスタント容認を獲得しようとする、亡命プロテスタントからのルイ十四世に対する恫喝と見なすことができる。その表現をメリエがどのように受け取り、どのように自分の文脈に利用したかはまた別問題である。

〔一三一〕メリエはこのアレクサンドロスの挿話を、マラナ『トルコ皇帝の密偵』からも引用している（本書三六七頁を参照）。

〔一三二〕メリエは、このマラナ『トルコ皇帝の密偵』第六巻書簡一七からまったく同じ引用を前に行っている（本書三六九―三七〇頁を参照）。ただし、出典の原文との異同は若干異なるので、それについては証明六の訳注一三をも参照せよ。

〔一三三〕以下章末までの引用は、やはりマラナ『トルコ皇帝の密偵』から取られており、第二巻書簡三四からの引用である（一七一五年版第二巻一一四―一一五頁）。ただし、第二巻書簡三四は本書三八六頁においてすでに引用されており（一七一五年版第二巻一一四頁）、今回の引用はそれにすぐ続く箇所である。出典のこの書簡については証明六の訳注六五をも参照せよ。

〔一三四〕塩税については訳注八二を参照。塩税制度についてよ

り具体的に述べるならば、この制度においては、完全免除の地方から重い税額査定の大塩税地方に至るまで六種の地方が区別されていた。たとえば大塩税地方・小塩税地方においては、王が塩の専売権を有し、塩の売却は塩税の管理行政・紛争処理の責任を負う「塩税署（グルニエ・ア・セル）」、また彼らと関係を有する小売商人である「塩小売商（ルグラチエ）」によって行われる。各納付義務者は毎年一定量の塩を消費することが定められ、塩税署に口座を開く。大塩税地方周囲の塩倉では、不可欠な量の塩を管轄の住民に「義務塩」として割り当てていた。

〔一三五〕 徴税請負制への言及。

〔一三六〕 この書簡が宛てられているムハメット・バッファのこと（証明六の訳注六五参照）。ムフティーとはイスラム法に通じた法学者を意味するが、後には裁判官の補助官となり、彼らの立会いのもとで判決が下された。オスマン・トルコ朝時代にはイスタンブールの大ムフティーは絶大な権力を持ち、最高の官職となった。

〔一三七〕 ここでは徴税請負人ほかの役人が貪欲な毛虫にたとえられているが、本書三八六頁に引用されたマラナの文書においては聖職者が国民の血を吸う蛭に、また本書三七〇頁では、メリエにより貴族たちが民衆を食いものにする害虫にたとえられていた。

〔一三八〕 マラナ『トルコ皇帝の密偵』第二巻書簡三四からの引用が始まる「フランスの国王たちは国の塩を……」からここまでの、出典原文（一七一五年版）との異同を以下に示す。引用第二段落冒頭「この塩税から王が引き出す……」（メリエによる引用文）の箇所は、出典原文では改行していない。「肉、ブドウ酒その他、どんな品質のものであれ、ありとあらゆる商品に……」（メリエによる引用文）は、出典では「肉、ブドウ酒、その他の商品に……」（一七一五年版原文）となっている。「三万人を下らぬ役人がいて、いやおそらく今では四万を上回る役人がいて」（メリエによる引用文）は、出典では「三万人を下らぬ役人がいて」（一七一五年版原文）となっている。「八千万エキュのうち国庫に入るのはかろうじて三千万にすぎません」（メリエによる引用文）は、出典では「八千万エキュのうち国庫に入るのはかろうじて三万にすぎません」（一七一五年版原文）となっている。「君はこの非イスラム教徒たちの……」（メリエによる引用文）の箇所は、出典原文では改行している。「……自分たちが生きるのに必要なものをすべて提供してくれる人々から収奪し、その人々を抑圧し破滅させる、彼らの圧制と不正を断罪することでしょう。しかも、それが彼ら自身が富むためだけでなく、貪欲な毛虫の群を富ませるためでもあるのです」（メリエによる引用文）は、出典では「……人間の生活に必要なものをすべて自分たちに提供してくれる人々を抑圧し、彼らから収奪し、彼らを破滅させる、連中の圧制と不正を断罪することでしょう。しかも、それが自ら富むためでなく、貪欲な毛虫の群を富ませるためなのです」（一七一五年版原文）となっている。「オスマン帝国」（メリエによる引用文）は、出典では「聖なるオスマン帝国」（一七一五年版原文）となっている。

なお、この引用箇所の後、一七一五年版出典原文では改行して、「フランス人たちは奴隷となるため生まれたと思われます。彼らは、自分たちの自由を取り戻すことさえ望まぬほどの忍耐で、この奴隷状態に耐えています」と続き、竜騎兵による乱暴狼藉の描写をしてこの書簡は終わる。

〔一三九〕『歴史新報』とその主筆クロード・ジョルダンについては、証明五の訳注九を参照。メリエはこの時事新聞の一七〇五年三月号記事四から引用しているが、記事そのものはドイツにおける塩税増額のニュースでしかない。

〔一四〇〕フランス王フィリップ。フィリップ五世(在位一三一六―一三二二年)のこと。

〔一四一〕ミノは穀物・塩などの旧容量単位で、パリでは約三九リットル。ドゥニエは旧貨幣単位で、一リーヴルの二四〇分の一。

〔一四二〕フィリップ・ド・ヴァロア。フランス王、フィリップ六世(在位一三二八―一三五〇年)のこと。

〔一四三〕シャルル六世。フランス国王、在位一三八〇―一四二二年。

〔一四四〕ルイ十一世。フランス国王、在位一四六一―一四八三年。

〔一四五〕フランソワ一世。フランス国王、在位一五一五―一五四七年。

〔一四六〕ミュイは旧容量単位で、パリでは穀物・塩の場合一八七二リットル。

〔一四七〕ここからフィリップ・ド・コミーヌ『回想録』が引かれるところまでは、メリエが途中で注記するように、一種の行政年鑑である『フランスの現況』からの引用である。これは一六四四年発刊時には単なる役人名鑑であったが、一六四九年からは官公庁の概要も付記され、一六六三年には二巻、一六九七年には三巻、一七二二年には五巻というように浩瀚なものになっていた。メリエが参照している版は一六六三年版であるらしく、その第二巻、第三編「王国の三身分、僧族、貴族、第三身分について」、第三部「第三身分について」(三四七―三四八、三五一―三五三、三五七頁)から引用しているという。

〔一四八〕カロリング家治下で正規のものとなった「参議会(プレ)」のことであろう。これは秋と春の二種類のものがあり、いずれも王によって召集される聖俗の諸侯の集会で、決定権を持たない諮問的会議であった。

〔一四九〕ピピン。カロリング朝を創始したピピン三世(在位七五一―七六八年)のこと。

〔一五〇〕フランク王国の東部地方、現在のフランス東北部、ドイツ西部、ベルギーを含むライン川西岸の地域。

〔一五一〕メロヴィング家、カロリング家に続くカペー家のこと。カペー朝は九八七―一三二八年の間続く。

〔一五二〕十字軍戦役のこと。第一回(一〇九六―一〇九九年)から第七回(一二七〇年)まで続く。

〔一五三〕ルイ十二世。フランス国王、在位一四九八―一五一五年。

〔一五四〕アンリ四世。フランス国王、在位一五八九―一六一〇

年。

〔一五五〕 訳注八一を参照。

〔一五六〕 「民衆から」（メリエによる引用文）は、『フランスの現況』原文では「国民から」となっている。

〔一五七〕 「非常緊急の必要が生じた時にしか徴収されなかった」（メリエによる引用文）は、『フランスの現況』原文では「非常緊急の必要が生じた時、またこの件に関して招集された三身分の同意によってしか徴収されなかった」となっている。

〔一五八〕 「結果によって」（メリエによる引用文）という句は文意不明であるが、『フランスの現況』の原文では「三部会によって」となっている。したがってここは、メリエが「三部会」を「結果」と誤って書き写したとも考えられる。しかし前注でも示したように、メリエは前文においても原文から「またこの件に関して招集された三身分の同意によって」という文言を省略している。このことから見て、メリエは税の徴収に関する三部会の同意を認めておらず、そのために書き換えたとも考えられる。いずれの場合であるかは、ここだけでは必ずしも決定できない。

〔一五九〕 聖ルイ王。フランス国王、ルイ九世、在位一二二六―一二七〇年のこと。

〔一六〇〕 シャルル七世。フランス国王、在位一四二二―一四六一年のこと。

〔一六一〕 この騎兵軍団とは、シャルル七世によって一四三九―一四四五年にかけて創設された、常備軍の一つである「騎士軍団（コンパニー）」のこと。全国三部会は一四三九年、この「騎士軍団」の維持費を捻出するため、「戦士タイユ税（タイユ・デ・ジャン・ド・ゲール）」を恒常的に設定することを容認し議決した。以後、全国三部会による課税同意は、新税設定の場合にのみ必要とされるに至った。

〔一六二〕 訳注一四四を参照。

〔一六三〕 ベリー公。ベリー公シャルル（一四四六―一四七二年）のこと。

〔一六四〕 ブルターニュ公。最後のブルターニュ公、フランソワ二世（一四三五―一四八八年）のこと。

〔一六五〕 ブルゴーニュ公。最後のブルゴーニュ公、シャルル豪胆公（一四三三―一四七七年）のこと。

〔一六六〕 シャルル豪胆公が中心となり、ルイ十一世の王権伸長策に不満な諸侯が一四六五年に「公益同盟」を結んで起こした反乱のこと。

〔一六七〕 三部会。中世末期に作られたフランスの身分別編成議会のこと。封建制度の下では、国王の直接受封者たる諸侯が国王のもとに出廷してその諮問に答える義務を負っていたが、中世末期に国王が臨時租税を賦課し始めたのを契機に、聖俗の諸侯のほか都市代表も参加する会議が開かれ三部会が成立した。したがって、普通十四世紀初めに成立したとされるこの会議は、僧族・貴族・平民の三身分によって構成され、国王の課税協賛のため招集されることが多く、招集に際しては各部の代表から陳情書（カイエ）が提出された。訳注一六一も参照。

〔一六八〕 この場合の三部会とは、前注で述べた全国三部会のことではなく、地方三部会のことである。地方三部会とは、ブルゴーニュ・ブルターニュなど比較的新しくフランスに併合

された地方において、十四世紀半ばから十五世紀半ばにかけ創設された、国王役人の主宰による定期的会議であり、王とその地方とに共通の事項を討議するものであった。後々までこのような交渉権の恩恵に浴する地方が、三部会保有地方(ペイ・デタ)と呼ばれ、これらの地方においては、地方三部会から予め同意を得なければ、王は王税を徴収できなかった。

〔一六九〕 アンリ二世。フランス国王、在位一五四七―一五五九年。

〔一七〇〕 コミーヌ殿。一四六四年から九八年までの政治史である『回想録』(一五二四―一五二八年刊行)を残したアルジャントン領主フィリップ・ド・コミーヌ(一四四七頃―一五一一年)のこと。コミーヌはフランドルの一城主の子で、ブルゴーニュ公シャルル豪胆公に養育され、後にその顧問官となったが、一四七二年には対抗していたフランス王ルイ十一世の宮廷に移った。王のもとで首席顧問官、外交使節を歴任、最有力の側近となった。一四八三年には次の王シャルル八世から一時不興を買ったが、まもなく赦され、一四九八年の新王ルイ十二世の即位の時まで宮廷に仕えた。その著『回想録』は二部に分かれ、第一部(第一巻―六巻)はルイ十一世時代を描く。すなわち、「公益同盟」の成立から始まり、シャルル豪胆公とルイ十一世の争いを述べ、一四八三年ルイ十一世の死によって終わる。コミーヌはそれに続く彼の失寵の数年については沈黙し、第二部(第七―八巻)は一四九四年から始まり、主としてシャルル八世のイタリア遠征を記し、ルイ十二世の戴冠式で終わる。その記述は事件の因果関係を探究し、政治思想を分析しており、そのゆえにこれは近世における歴史記述の始祖と言われる。また、『回想録』は公刊当時からすでに君主の必読書ともされていた。メリエの引用は、後に注記するように第六巻第六章、第五巻第一九章からのものに限られている。

〔一七一〕 四二一頁始めおよび訳注一六一を参照せよ。

〔一七二〕 「王令部隊(オム・ダルム・ドルドナンス)」とは、引用中にも語られ、訳注一六一にも述べた「騎士軍団(カンパニー)」のことであろう。これは「王令騎士軍団(カンパニー・ド・ロルドナンス)」とも呼ばれたからである。

〔一七三〕 「野営用歩兵部隊」とは、シャルル七世によって創設された常備軍の一つで、一四四八年に作られた「国民歩兵軍(フラン・ザルシエ)」のことであろう。これは各聖堂区から一人ずつ集められた弓兵による国民軍で、各々の聖堂区の負担で武装し、租税を免除されて、日曜ごとに訓練を受けた。

〔一七四〕 「駐屯地用予備兵団(モルト・ペイ)」とは、給与を受け駐屯地に留め置かれる古兵のこと。

〔一七五〕 割注でも示すとおり、この引用はコミーヌ『回想録』第六巻第六章末(プレイヤード版一二六五―一二六六頁)から取られている。この第六章は、何度も卒中に襲われ死期も近づいたルイ十一世が、残酷で疑い深くなり、必死に長命を図ろうとする姿を描いている。文脈を示すために、引用部分直前を以下に訳出する。「猜疑心が強いということに関しては、偉大な君主はみなそうなのだ。とりわけ、思慮に富み、彼〔ルイ十一世〕のように多くの敵を持ち大勢を傷つけた君主はそうである。その上、彼はこの王国の貴顕からも大勢の

民衆からも愛されることができなかった。私が他所で述べたように、彼が国民の負担を減らそうという良い意志をいかに持っていたとしても、しかしながら彼はかつてのどの王より国民に負担を強いたのである。だがそれはもっと早くから始まっていたにちがいない」（前掲書、プレイヤード版一二六五頁）。引用箇所に関しては、以下に出典原文との異同を順次示す。「国王シャルル七世が初めて」（メリエによる引用文）は、原文では「国王シャルル七世が初めて（イギリス人が占領していたノルマンディーやギュイエンヌを征服する時に、援助と奉仕をしてくれた大勢の賢明で善良な彼の騎士たちのおかげで）」となっている。「当時はそうするわけや理由が」（メリエによる引用文）は、原文では「当時はそうする理由が」となっている。「しかしその時以来生じたこと、以後生じるはずのことは、彼とその後継者の魂に重い負担を与えたし、彼の王国に長く血を流し続けることになる残酷な傷を与えた。国王シャルル七世は他界時に……」（メリエによる引用文）は、出典原文ではここで改行され、「この王と、当時王とともに顧問会議に列席していた人々が、相変わらず生きていたなら、今でもこれを強力に推し進めたことだろう。しかしその時以来生じたこと、以後生じるはずのことから考えると、彼は自分とその後継者の魂に重い負担を与えたし、彼の王国に長く血を流し続けることになる残酷な傷を与え、イタリア諸侯の流儀にならって創設された、給料支給を受ける恐るべき軍団を置いたのである。前述の国王シャルル七世は他界時に……」となっている。「（このことは公衆に……」（メリエによる引用文）は、原文では「（このことは国民に……」となっている。「国王ルイ十一世の他界時には」（メリエによる引用文）は、原文では「わが主君の他界時には」となっている。「自分が望まれてはいないと考え、この点で大いに恐れを抱くとしても」（メリエによる引用文）は、原文では「自分が望まれてはいないと考えても」となっている。

〔一七六〕 割注でも示すとおり、この引用はコミーヌ『回想録』第五巻第一九章（プレイヤード版一二二六頁）から取られている。第五巻の終わりに近いこの第一九章では、コミーヌが経験した政治的事件を例に引きながら、彼の政治的信条や歴史哲学的考察が述べられている。冷徹な政治家であるコミーヌは政治に権謀術数を用いることも辞さないが、公的秩序と公的財産尊重の立場から戦争の悪弊を弾劾し、民衆が租税の支払いに同意する必要はあるが、民衆の蹂躙には反対である旨を表明する。王国の統一には王権拡張が必要だとし、ただし王権が専制的でなくなるほど、その統一は強化されると考える。この引用は第一九章中央部からであるが、大幅な削除があるため、また文脈を示すため、前後を付けて出典の対応箇所を訳出しておく。「というのも、国王シャルル七世は、彼の息子のルイ王は、大砲その他に関する費用は別にして、他界時に四百七十万フランを徴収していたからだ。確かに国民の貧困を見たり知ったりするのは哀れを催すことだった。しかし、わが善良な主君には良い点が一つあった。それは国庫に何も残しておかなかったことだ。彼はすべてを取り上げ、す

べてを使った。大いに建造を行い、王国の都市や要塞の防備を固めた。前任者のどの王よりもこれを行った。諸聖堂に多くのものを与えた。どの点でもより少なくした方が良かっただろう。というのも、彼は貧しい者から取り上げて、それを全然必要としていない人々に与えていたからだ。結局のところ、完全な中庸などこの世にないということだ」（プレイヤード版一二二六—一二二七頁）。なお、後にメリエは本文第五七章冒頭（本書四三六頁）にこの第一九章の冒頭を、また本文第六〇章に第一九章の後半部を引用する。

〔一七七〕　三つの手稿とも「一一六四年」と書かれているが、割注で示したように一六六四年の誤りではないだろうか。

〔一七八〕『危機に瀕していると考えられるヨーロッパの救い。現在フランスが提案中の講和条件に関し、同盟諸国への忠告を付す。ド・ルブナック氏の論考を反駁した著書による』（ケルン、フェリックス・コンスタン書店、一六九四年、一二折判、一〇七頁）という、アウクスブルク同盟戦争末期に出版された、プロテスタント系反仏政治パンフレットのこと。訳注一二四、一二九を参照。本文第五六章のほぼ全体が、対仏徹底抗戦を主張するこのパンフレットからの引用で占められている。出典原文との異同は以下に注記する。

〔一七九〕『危機に瀕していると考えられるヨーロッパの救い』、本文冒頭部分七—九頁。この引用箇所について原文との異同を以下に示す。「……と将来フランスの著作家の誰かが質の悪い冗談でわれわれに指摘しないとしたら」（メリエによる引用文）は、原文では「……と将来フランスの著作家の誰かがキケロを真似て、質の悪い冗談でわれわれに指摘しないとしたら」となっている。タキトゥスからの引用文は、出典原文では脚注になっている。「それについてはまったく不完全な観念しか与えられないだろうから。ここで問題になっているのは……」（メリエによる引用文）は、原文では「それについてはまったく不完全な観念しか与えられないだろうから。ただ次のことだけは指摘しておこう。すなわち、〔講和の〕諸効力が有害であるとしても、全ヨーロッパの国家、とりわけ位置からしてそれらの行為にもっともさらされる諸国にとって、〔講和の〕諸帰結も劣らず有害なものである。というのも、ここで問題になっているのは……」となっている。

　なお、ここで語られているフランス軍の残虐行為とは、とくにアウクスブルク同盟戦争勃発時の「ファルツ劫掠」を念頭に置いていると思われる。ルイ十四世は王弟オルレアン公の妃が、死去したファルツ選帝侯の妹であることを理由に、ファルツの領土を要求してこの地を占領、住民を追い出し、村を潰し、ハイデルベルク、マンハイム、シュパイヤーなどの町に火を放った。これはアルザスとドイツの間に緩衝地帯を作るために、陸相ルーヴォワの指令のもとに行われた徹底的な破壊作戦だった。戦争の直接的引金となったこの「ファルツ劫掠」の暴挙は、ヨーロッパ諸国にとってフランスへの憎しみを長くかき立てさせる記憶となった。

〔一八〇〕　一六七九—一六八一年にかけてルイ十四世が行った、「再統合」と呼ばれる、ドイツとの国境地帯に対する侵略的領土併合政策への言及。「再統合」とは、ある領土を「その

付属物」とともに割譲するという条約の曖昧さを利用して、裁判の判決により「付属物」を合法的に「王冠へ再統合」し、ついでそこを軍事占領するという領土併合政策である。メッス、ヴェルダン、トゥールの三司教領について、ルイ十四世はこの件をメッス高等法院に担当させた。そこからこの侵略的領土併合が「メッス高等法院の征服」と当時呼ばれていたのであろう。

〔一八一〕　教皇権からのフランス教会の政治的・経済的独立と、公会議首位説とを主張するガリカニスムは、フランス教会の根強い伝統となっていたが、ルイ十四世治下に一つの高揚期を迎える。コルベールの立案に基づく一六七三年と一六七五年の財務勅令は、国王の空位司教区に対する収入管轄権（レガル）を、従来それから除外されていた約六十の司教区にまで適用した。このときアレトとパミエの二人の司教を除いてフランス国内のほとんどの司教がこれに服した。しかし、この二人の司教が一六七七年に事件を教皇庁に訴え出たため、争いは尖鋭化していった。パミエ司教区の場合は、教皇インノケンティウス十一世（在位一六七六―一六八九年）の二度にわたる抗議を受け、聖職禄が没収されたのはようやく一六七九年に入ってからだった。インノケンティウス十一世とフランス宮廷の関係はさらに悪化の一途を辿った。そうした中でモー司教ボシュエが起草し、一六八二年の聖職者会議で承認され、公布された「フランス聖職者宣言」四箇条はガリカニスムの明文化であった。その内容は、一、教皇は世俗的事柄について権利を与えられておらず、国王は地上的事柄について教会の権威に従属しない、二、コンスタンツ公会議の決議により公会議は教皇に優先する、三、教皇権はフランス教会の規則、慣例、制度の拘束を受けうる、四、教皇は全教会の同意がなければ不可謬ではない、というものだった。教皇はこの宣言を承認したパリの聖職者会議を非難し、この会議に参加した新司教の叙階を拒否したので、一六八八年一月にはフランスの三十五の司教座が空位となった。本文はこの間の事情への言及であろう。

〔一八二〕　教皇インノケンティウス十一世は一六八七年、フランス大使館があるローマの一地区にそれまで認められていた治外法権を廃止し、これに違反する者を破門にするという教書を出した。ルイ十四世はこれに対抗し、一六八七年一一月に新フランス大使に百名の武装兵をつけてローマに赴かせ、一六八八年九月にはアヴィニョンの教皇領を占領した。教皇は同月ルイ十四世を破門し、ローマ・ヴェルサイユ関係は決定的な破局を迎えた。フランスによるインノケンティウス十一世への迫害とは以上の事情を指しているのであろう。しかし、この事件の背後にはインノケンティウス十一世に対するルイ十四世の根強い反感があった。この教皇の外交政策の中心が、神聖ローマ帝国の兵力をオスマン・トルコとの戦いから対仏戦に振り向けさせ、ルイ十四世を牽制することだったからである。またこの教皇はルイ十四世の勢力をそぐために、プロテスタント諸国が集うアウクスブルク同盟にさえ当時きわめて好意的だった。このような政治状況をもこのパンフレット作者は念頭に置いているのだろう。

〔一八三〕　ヨルダネスは、六世紀の修道士で、ゴート史『ゴート人の起源と活動について』、ローマ史『ローマ全民族史』を遺した。この引用は、第一一巻にあるフン族の王アッティラについての評言だという。

〔一八四〕『危機に瀕していると考えられるヨーロッパの救い』一八一―一九頁。訳に現れない単語二、三の置き換えを除けば、出典との異同はない。

〔一八五〕　ルイ十三世。フランス国王、在位一六一〇―一六四三年。

〔一八六〕『危機に瀕していると考えられるヨーロッパの救い』三〇頁。引用箇所とその前後は、出典原文では以下のようになっている。「ルイ十三世の治世におけるフランスのさまざまな騒乱によって、私はこれらの指摘を終えよう。というのも、この王国がその勢力と対外征服によってあのように恐るべきものとなり始めたのはその治世であるから。この治世ほど騒乱のあった世はあまりないと言える」。

〔一八七〕　出典における前後の文脈から見て、これは一六三五年にフランスが総力を挙げて三十年戦争に介入し、スペイン・オーストリアを併せ持つ強大なハプスブルク家と対峙した時のこと。国内で新教徒勢力を抑え込んだフランスは、ハプスブルク家の打倒を策して公然と新教側に加担し、スウェーデン、オランダ、ドイツ新教諸侯と結び、神聖ローマ皇帝軍と対決した。

〔一八八〕　ルーション。スペインとの国境地帯、ピレネー山中のルーション伯爵領のこと。

〔一八九〕　オルレアン公とは、王弟ガストン・ドルレアン（一六〇八―一六六〇年）のこと。王位への野心を燃やしていた彼は、当時不平分子の大貴族を糾合し、陰謀の絶えざる震源地となっていた。

〔一九〇〕　コルベール。ルイ十四世親政時代にフランス重商主義政策を主導した政治家。一六六五年に財務総監となり、一六八三年に死ぬまで事実上の宰相として重きをなした。

〔一九一〕『危機に瀕していると考えられるヨーロッパの救い』三二―三三頁。次の一点を除いて出典原文との異同はない。引用末尾「この国が現在のようにその王たちの専制権力に服従させられて以来」（メリエによる引用文）は、原文では「この国が専制権力に服従させられて以来」となっている。

〔一九二〕　ここから本書四三一頁までの引用は、短い三カ所の省略を挟んで『危機に瀕していると考えられるヨーロッパの救い』三五―四六頁を連続して引いている（出典原文との異同や三カ所の省略部分は以下の注に示す）。なお出典では、直前のメリエによる引用箇所の後、ルイ十四世が登極して国内の反対諸勢力を駆逐し、一丸となって対外進出できる体制がフランスにできたことを述べ、さらに以下のような文章によってこの引用に接続する。「要するにかつてこの国は、ユグノー〔フランスの新教徒〕の蜂起や貴顕の野心に苦しんでいたが、今ではユグノーの一党は完全に打ち破られ、そこには国家の宗教――すなわち、カトリック性が政府の新しい格率に順応しうる限りでのカトリック的宗教――しかもう見られない。また、貴顕、さらには王族の方々に関しても……」。

〔一九三〕　この省略部分は、原文では改行して以下のようになっている。「現在と過去とのこのような相違は、現在とその前の治世において国家にあれほど迅速かつ広範にわたる変動を巻き起こした、国家の生命中枢・主導的バネである政府というものの考察へと私を向かわせる」。

〔一九四〕　メリエの引用では省略符号もなく省かれているが、原文には以下のような文章がここに入っている。「国家の形態をすべて変えることになるこの計画には、指導上の非常な巧みさが要求され、その遂行には多大の時間を要した。というのも、国王の権威を専制権力という最高段階にまで高めてその変動を起こさせ、貴族層の地位を低めてなんとしても仕えねばならないという状態に彼らを追い込み、民衆をもっとも大規模な瀉血に親しませてその才覚を呼び起こさねばならなかったからである。そこで、そのプランを立てると……」。

〔一九五〕　宰相位。リシュリューは王権の支配を確立し国内統治機構を強化するために、いくつかの重要な施策を行った。その第一が国家行政の責任機構としての「大臣制（ミニステール）」の確立であり、第二は地方総監（アンタンダン）制度による国王直轄行政の強化であった。このような、国王に任免権がある親任官僚（コミセール）制の拡充・強化は、従来主導的な地位を占めていた売官制と世襲制に基づく保有官僚（オフィシエ）勢力の相対的退勢をもたらした。

〔一九六〕　ヒメネス枢機卿。フランシスコ・ヒメネス・デ・シズネロ（一四三六頃―一五一七年）、スペインのカトリック聖職者、政治家のこと。フランシスコ会に入り、カスティリャの女王イサベル一世の告解司祭、トレド大司教、カスティリャの大法官となり、スペインの教会と政治で最高の地位に上げられると、教会の内部改革、ユダヤ人・ムーア人の追放・強制改宗による宗教的統一に着手し、ついで枢機卿に任ぜられた。国王フェルナンド五世の死後は、その後継者カルロス一世（カルル五世）の後見人として内政に参与し、スペイン王位と神聖ローマ皇帝位を兼ねるカルル五世の出現を容易ならしめた。

〔一九七〕　出典原文では改行なし。

〔一九八〕　国王によって任命される「地方総監（アンタンダン）」は、各地の高等法院・総督（グーベルヌール）・地方三部会など既存の権力と競いつつしだいにその権限を拡大して、ついには「司法・行政・財務地方総監」の名が示すとおり、この地方における中央政府の代表として広範な権限を付与されることになった。訳注七六、一九五および序文の訳注五をも参照。

〔一九九〕　フランス国王フランソワ一世（在位一五一五―一五四七年）と教皇レオ十世の間で一五一六年に結ばれた「ボローニャの政教協約」のこと。これによってフランス国王は、大司教・司教・大修道院長に指名権を持つことになり、教皇は重大な障害がない限り、指名された者を叙階しなければならなかった。なお、「王国内の第一級聖職禄指名の権限を」（メリエによる引用文）は、原文では「それへの指名権を」となっている。

〔二〇〇〕　「空位司教座国王特権（レガール）」と一六八二年の聖職者会議については、訳注一八一を参照。

〔二〇一〕　ソルボンヌの理事エドモン・リシェは一六一一年に

『教会の権力と政治権力に関する書』で、一、教会は俗事については国王に従属する、二、教皇は執行的な権限を有するのみで、立法的権威は公会議のみにある、と主張し、彼の弟子シモン・ヴィゴルはこの説を極端にまで推し進めた。ローマ教皇庁はこの書を断罪し、サンスの教会会議も一六一二年これに同調、ソルボンヌも彼を有罪として理事解任を決議した。

〔二〇二〕 出典原文では改行なし。

〔二〇三〕 プロテスタント強制改宗のために、ナントの勅令廃止前後にフランスのカトリック聖職者たちが担ったさまざまな役割を、原典の筆者は想起しているのであろう。

一六六一年頃から、ナントの勅令を廃止する「フォンテーヌブロー勅令」(一六八五年一〇月一八日)まで、プロテスタンティスム壊滅政策が急激に強化されてゆく。たとえば、プロテスタント迫害第一弾として、一六六〇年代初めから「ナントの勅令の厳格な適用」が行われた。勅令への違反調査のため各地方へ委員が派遣されたのをきっかけに、多くは司教の代理人によってその地方でのプロテスタント礼拝は無資格であるという訴えが続々と提出され、裁判官もそれに同調しておびただしい会堂やプロテスタントの学校が取り壊された。イエズス会士らはこのナント勅令の制限的適用を理論づけるために、決疑論の粋を凝らした著作を次々に発表した。ついで、プロテスタントの実生活上の法的自由を具体的に否定してゆく国王顧問会議命令、王令、国王声明書などが、ナイメーヘンの和議(一六七九年)以降矢継早に出される。その背後に聖俗を問わぬ「改宗勧誘員」のさまざまな暗躍があったという。物質的利益による誘惑という昔からの手段も、ペリソンにより全国規模の一機関「改宗金庫」(一六七六年設置)となり、これは国王の自由になるいくつかの修道院の聖職禄を財源としていた。さらにポワトゥーの地方総監マリヤックが一六八一年、その州で行ったドラゴナード(竜騎兵の宿泊による強制改宗)は、一六八五年後半の大規模ドラゴナードという暴挙へ道を開き、ついにフォンテーヌブロー勅令へと迫害は収斂してゆく。それに先立つ一六八二年六月、フランスの聖職者会議は「教書」という形で国内のプロテスタントに次のように述べていた。「この偉大な君主はごく最近われわれに対して、あなたがた改革派が教会の懐へ帰還することを強く希望している旨、表明あそばされた。その熱意たるや、それのみを取ってもまことにその称号たる〈いとキリスト教的なる王〉にふさわしいと思われるほどのものであった……。親愛なる兄弟たちよ、あなたがたの国王は、かくも手強い勢力を打ち従え、かくも強大なる要塞を攻略し、かくも大きな諸州を併合し、勝利に勝利を重ねてこられたのであるが、それをなんたることであろうか、他の何よりも重要だと国王がお考えになっている最後の栄光をいま手になさることをあなたがたはこれ以上邪魔しようというのか」。

ナントの勅令廃止直後から、カトリック聖職者たちが異端撲滅のこの美挙を褒めたたえたのは言うまでもない。たとえば、一六八五年一一月にフランス当局によって大量に印刷配付された『プロテスタントを帰順せしむるためフランス教会

が行ないしことと、ドナトゥス派をカトリック教会へ帰順せしむるためアフリカ教会が行いしことの一致』と題する本は、ドナトゥス派の強制改宗を是とするアウグスティヌスの二通の手紙に、国王の宗教顧問（国王付聴罪司祭ラ・シェーズ神父、パリ大司教アルレー）の序文を付した、勅令廃止を権威づけ合理化する公式弁明書であった。

〔二〇四〕　この段落には出典原文との異同がある。「国家第二のもの、第二の成員である貴族は」（メリエによる引用文）は、原文では「第二の成員である貴族は」となっている。「まさにこういう暴力と迫害の連続によって」（メリエによる引用文）は、原文では「まさにこういう迫害の連続によって」となっている。「ことごとく破産させられ」（メリエによる引用文）は、原文では「ことごとく破産したので」となっている。なお、引用文中でたとえとして用いられている「白イタチ」とは、兎狩りで兎を穴から追い出すために使われる白イタチのことである。

〔二〇五〕　この段落における出典原文との異同は以下のものだけである。「現治世の暴力は民衆の力を汲み尽くし」（メリエによる引用文）は、原文では「現治世の暴力は国民の生活の糧を汲み尽くし」となっている。

〔二〇六〕　「こういうあらゆる変化によってこの王国では……」以下ここまでの引用箇所について、出典原文との異同を順次以下に示す。「王だけのものにすぎない偉大さと栄光という虚しいシンボルに」（メリエによる引用文）は、原文では「王だけのものにすぎない栄光という虚しいシンボルに」となっている。「最近の二、三の治世以来」（メリエによる引用文）は、原文では「最近の二治世以来」となっている。出典原文では「しかし、それは耳の聞こえない者に……」で改行せず、「こうして、フランスが重荷の下で押し潰され……」で改行している。さらに、出典原文ではこの文「……戦争で名を上げるためにはどんなことでもしかねない」の後に以下の文章が入っているが、メリエはこれを省略符号もつけずに引用から省いている。「しかし、戦争で破滅することぐらい大したことはない。大臣たちの評価と信頼を得るためにはそれから始めなければならないのだから。戦争に一身を捧げることも大したことではない。名誉と昇進がそれにかかっているのだから。結果について責任を負うことにでもなれば、そして指揮をとる将官にとって不幸なことに、ある作戦に失敗するようなことが起これば、不首尾は重大な罪なのである。というのも、功績があっても幸運に恵まれなければ、すべて宮廷からは疎んじられるからだ。ついで、軍のあらゆる指揮にはなんという厳重さや苛酷さが見られることだろう。至る所に情報を掻き集めるスパイがいて、いつでも彼らの報告が軍規遵守のためと称して大臣たちから持ち出されるのだ。こういうことが精神に深刻な影響を与え、そこで人々は恐怖にかられるのである。穏健な統治下であれば美徳をもたらすはずのことが、である」。

〔二〇七〕　「こういうすばらしい原理すべてのおかげであり」（メリエによる引用文）は、原文では「こういう原理すべてのおかげであり」となっている。なお、訳注一九二で述べたよう

に『危機に瀕していると考えられるヨーロッパの救い』三五一四六頁からの連続的引用はここで終わる。

〔二〇八〕　ポリュペモスはギリシア神話中の一眼巨人。オデュッセウスが十二人の部下とともに迷い込んでしまった洞穴の主で、一行はポリュペモスに二人ずつ食われていった。しかし、オデュッセウスに酒を振る舞われたポリュペモスは、友情のしるしとしておまえは最後に食ってやると言った。

〔二〇九〕　この引用箇所について、メリエによる引用文と出典原文との異同を以下に順次示す。「隣国の君主たちはみな」（メリエによる引用文）は、原文では「彼らは」となっている。「自分たちの危機を見ても」（メリエによる引用文）は、原文では「危機を見ても」となっている。引用最後の二文は、原文では「しかし、その点で彼らが甘い期待を抱く理由があるとは私は思わない。おそらく危険は彼らが思っているほど先のことではない」となっている。なお、出典における文脈を付記しておけば、この引用箇所は、イタリア諸公国に対してフランスが侵略してゆく可能性を指摘し、和議の提案を拒否して戦争継続の必要性を説く段落から取られている。したがって「彼ら」とは、原文ではイタリアの諸公を指すが、メリエはそれを「隣国の君主たち」と一般化して書き換えているのである。

〔二一〇〕　フランスは、ハプスブルク家（スペイン・オーストリア）に対抗するための外交政策の一つとして、オスマン・トルコ帝国をひそかに援助し、背後から神聖ローマ帝国を脅かさせるという伝統的戦略をとってきた。ヴェルヴァン条約（一五九八年）とは、スペイン王フェリペ二世とアンリ四世の間で結ばれた条約。スペインはフランスの宗教戦争中、旧教派を支持して内乱に介入したが、この条約によってスペイン・フランス戦争は終結した。アンリ四世の国内再建は、この対外戦争終結と同年のナントの勅令発布から始まる。ピレネー条約（一六五九年）とは、三十年戦争中に始まったフランス・スペイン戦争を終結させた条約。三十年戦争に介入しハプスブルク家打倒を目指したフランスは、一六四八年には神聖ローマ皇帝とウェストファリア条約を結び、一六五九年にはスペインとこのピレネー条約を結んで、ヨーロッパにおける政治的優位を確立した。

〔二一一〕　この引用箇所における出典の文脈を付記しておく。ここは原典の著者が神聖ローマ帝国に向かって勧告をしている箇所である。対フランス・対トルコという両面作戦遂行からくる疲弊を一時的に逃れるためフランスの和議の提案を受諾することは、結局は親トルコという伝統的策略をフランスに許すことになり、神聖ローマ帝国にとってそのような受諾は危険な選択であると著者は説く。引用箇所はこの段落から取られている。さらにこの著者は、著作の前半で述べたようにフランスもまた戦費のため国内は荒廃しているのだから、戦争継続によって徹底的にフランスを叩くことこそ神聖ローマ帝国にとって最上の策であると主張し、出典原文はメリエの以下の引用箇所へと接続する。

〔二一二〕　ここから本書四三二頁までの引用は、『危機に瀕していると考えられるヨーロッパの救い』末尾に近い一〇二—一

○四頁から取られている。しかし、省略部分を挟んで前後が入れ代わっているので（若干の言葉の省略・異同もある）、長いが以下に対応する出典原文の訳を掲げる。メリエが省略した文章には傍線を付す。「結局ここにおいて、この戦争でフランス軍がドイツの美しい諸地方に侵入し、そこを荒廃させた際のあの放火や冒瀆や呪うべき残虐行為に報復するという正当性しかない場合でも、見せしめによって後世の人々をこのような無法から守ってやることは、確かに全ヨーロッパを一般的利益によってそれに関与させるのに十分であろう。なんということだ。フランスがトルコにハンガリーと〔神聖ローマ〕帝国の征服をそそのかすことが可能になってしまうのか。ついで、不幸にもそれに成功することにでもなれば、かつてあった中でもっともひどい条約違反によって、フランスが再びそのさまざまな野望をかき立てることが可能になってしまうのか。つまり、そういう〔トルコとの〕同盟の卑劣さと条約違反という不正のほかにも、この国がすべてを、町や教会や村や館や城を、要するにその放火犯人どもの凶暴さの前にさらされるすべてを、戦火のうちに沈めることが可能になってしまうのか。この国が男も女も子供も炎の中に巻き込み、無数の冒瀆と非道で聖域を汚し、神と人間のあらゆる法を転覆させることを、いわばおのれの栄光とするのが可能になってしまうのか。そうだ、先のことから範となる報復を引き出すために全ヨーロッパが団結することもなく、この国が断固たる意志によって、何の抵抗も見いだされない国々のうちで、こういうあらゆる暴虐をふるうことが可能になってしまうのか。ヨーロッパ諸国が報復をするどころか、逆に陥っているその無感覚の状態をいわば叱咤するためには、フランスがある国を脅かし、ある国を攻撃するのが結局必要だということになってしまうのか。つまるところ、この国の運が傾きかけている時に、時効により獲得できてよかったと思うような好条件で、この国と和平を結んでやる怯懦さえ人々は見せるつもりなのか。後世の人々はほとんど信じがたいことだと思うだろう。しかし、報復という一層正当な感情によって動くはずの者がいるとしたら、総じてそれは帝国のすべての諸侯である。彼らは自分たちがその血を引くあの偉大な皇帝たちの遺骸や墓が、シュパイヤーであのように無法に冒瀆されるのを見たのだから。そういう出自でない者はほとんどいない。というのもその皇帝たちはみなドイツの名家の出であり、彼らの中でももっとも有力だった二人は、オーストリア家の者であったからだ。だから、生まれながらに彼らに刻印されているはずのものによって、彼らの血管の中の血は、あのように非道で侮辱的な冒瀆に沸き立ったはずだと信ずべきであるし、彼らははっきりとそれに報復をし、その生まれと祖国のために、また同時にあの折あれほど汚された帝国の名誉のために、償いをさせてからでなければ、決して武器を置くことはないだろう、とそこから推定すべきである。

しかし、今報復や仕返しだけが問題ならばなんとよいことだろう。この件を示談に持ってゆくいろいろな手段もあろうし、帝国は真先にその交渉に入ることだろう。だが全ヨーロッパの隷属か、自由か、がかけられているのである。この戦

争がそれを決しなければならない。これほど正当で、これほど必要な同盟〔アウクスブルク同盟〕を結ぶためには、すべての〔アウクスブルク〕同盟諸国がフランスの格率は不正であることを納得し、全体としても各国としてもその忌まわしい結果を無数に経験し、さらに、防衛しなければならぬという不可避の必要性から諸国が共通の危険のために団結する、ということが必要だったのである。つまり、この王国が四十年にわたる不正や暴力や横領の後に、ある国々には進んで戦いを仕掛け、ある国々には脅迫を行うことが必要だったのである」。

〔二一三〕「ファルツ劫掠」のこと。訳注一七九を参照。

〔二一四〕出典未詳。「デュムーラン氏」とは、フランス改革派の指導的牧師だった著名なピエール・デュムーラン（一五六八―一六五八年）のことかも知れないが、あるいはその長男でイギリスのプロテスタント神学者となったピエール・デュムーラン（一六〇一―一六八四年）の可能性もある。彼はパリに生まれ、スダン大学とイギリスで学び、ライデン大学で博士となり、オクスフォードで説教師として活動し、一六六〇年に国王チャールズ二世の礼拝堂付牧師、カンタベリの教会参事会員に任命され、晩年はカンタベリで過ごした。イギリス国教会とスチュアート王家に忠実だったこの神学者には、『改革宗教と王制と国教会の擁護』（一六五〇年、フランス語）、『天に達する国王の血の叫び』（ハーグ、一六五二年、ラテン語）、『フランス政治論』（ケルン、一六七七、一六八〇年、フランス語）などがある。

なお、アウクスブルク同盟戦争時、亡命フランス人プロテスタントの代表的指導者の一人ピエール・ジュリューが、国内残留信徒に宛てたパンフレット『牧会書簡』第三年度第一六号（一六八九年四月一五日付）において、イギリス名誉革命を正当化するため、人民抵抗権理論を展開したことは当時物議を醸していた。その内容は、メリエが引く文献中の制限王制的主張より過激なものであるが、主権の源泉が人民にあること、君主に委ねられた絶対権が社会保全のために制約されること、などの点においては通底する。メリエは亡命プロテスタントのこのような主張を知っていたのであろうか。

〔二一五〕引用はウェルギリウス『アエネイス』第一二巻五二五行だが、メリエはモンテーニュ『エセー』の以下の箇所に引かれていたものを取ってきたのであろう。「二人〔アレクサンドロスとカエサル〕は場所を異にして世界を席巻する二つの火であり、奔流であった。

あたかも乾いた森のあちこちに起こった火事が、ぱちぱちとはじけながら燃える茨と月桂樹を舐めつくすように、あるいは、山の頂きからたぎり落ちる奔流がすべてを破壊して海にそそぐように」（邦訳、岩波文庫、第四巻二九〇頁、原二郎訳）。

〔二一六〕出典未詳。

〔二一七〕出典未詳。聖アントニヌスとは、フィレンツェのアントニヌス（一三八九―一四五九年五月二日）のことか。彼は聖人に列せられており（ただし現在では祝日は五月一〇日）、十五世紀の教会改革運動推進者でフィレンツェのサン・マル

コ修道院の創立者、またフィレンツェ大司教にも任じられた。

〔二一八〕　アントニヌス帝とは、ローマ皇帝アントニヌス・ピウス（在位一三八―一六一年）のこと。出典の対応箇所は以下のようになっている。「しかしながら、彼〔アントニヌス・ピウス〕はまさしくスキピオ・アフリカヌスのあの有名な言葉〈千人の敵を滅ぼすよりも一人の市民を守りたい〉という言葉をいつでも口にしていたのだから、これほど平和を愛した、あるいはこれほど戦争を憎んだ君主も見られなかった」（コエフトー『ローマ史』一六三六年版、第十一巻「アントニヌス、マルクス・アウレリウス、ルキウス・ウェルスの治世下に起こった、もっとも記憶に値する事柄を含む」、なおこの箇所には「アントニヌスの思慮深い言葉」という小見出しが付けられている）。メリエはこのアントニヌス・ピウスの言葉を、「結論」第九六章でも再度引用する。

〔二一九〕　出典未詳。リシュリュー『政治的遺書』には、正確にこの言葉に対応する箇所はない。リシュリューの『政治的省察』と呼ぶ著作からの引用かも知れない。この著作については証明一の訳注二一を参照。

〔二二〇〕　トラヤヌス帝とは、ローマ皇帝トラヤヌス（在位九八―一一七年）のこと。出典の対応箇所は以下のようになっている。「同じ問題でトラヤヌスについて記憶に値するまた別の事柄が伝えられている。すなわち、帝国の正規の手続に従って近衛連隊長に剣を授ける時、彼は次のように述べたのである。〈この剣を受け取るがよい。私が正しき君主として振る舞うならば、これを私のために用いよ。だが、私が権力を濫用するならば、これを私に向かって役立てよ〉」（コエフトー『ローマ史』一六三六年版、第八巻「トラヤヌス」、なおこの箇所には「トラヤヌス治世下における正義の輝かしい勝利」という小見出しが付けられている）。メリエはこのトラヤヌスの言葉を、「結論」第九六章でも再度引用する。

〔二二一〕　後に詳しく注記するように、ここから章末までの引用は、フェヌロン『テレマックの冒険』第一〇巻から取られているが、メリエが述べているのとは異なり、メントールとサラント国王イドメネとの対話部分である。

〔二二二〕　原文との異同を邦訳を用いて以下に順次示す。「……計略によって民衆の手から」（メリエによる引用文）は、原文では「……計略のために彼らから」となっている。「ひどい悲惨と貧困」（メリエによる引用文）は、原文では「ひどい貧困」となっている。また、次の引用箇所までの間に、以下の原文がメリエによる引用では省略されている。

「イドメネが言った。

――これらの肥沃な田園にあなたの言うとおり人民を住まわせることはよいとして、彼らが耕作を怠けるようだったら、どうすればよいか。

――そのときは、とメントールが答えた。ふつうのやり方とは反対のことをやってみよ」。

なお、「節制家で勤勉な……」以下の文章はすでに証明六第四七章にも引かれていたが、文言は少し異なる。

〔二二三〕　以下に出典原文との異同を順次示す。「……人々から税をとりたてる」（メリエによる引用文）は、原文では

「……人々から税を取り立てることしか考えない」となっている。「王国にもすべての国家にも」（メリエによる引用文）は、原文では「王にもすべての国家にも」となっている。「自分の畑をほったらかしにする……」（メリエによる引用文）では、出典原文は改行していない。「子供を生み殖やす家族には……そうすれば」（メリエによる引用文）は、出典原文では「これに反し、人数が殖えるにつれ土地耕作の成績をあげていく家族には、特典を与えたり、租税を免除したりするがよい。家族のあたま数はますます殖え、みなで労働にいそしむことになろう。こうして、みながみな、名誉ある人間となるであろう」となっている。「もはやあれほどの害悪に」（メリエによる引用文）は、原文では「もはや害悪に」となっている。「祖国の敵に打ち勝った腕をもって」（メリエによる引用文）は、原文では「祖国を守った、勝利の腕をもって」となっている。「笛の調べにのせて自分たちの苦楽を歌う」（メリエによる引用文）は、原文では「笛に声を合わせる」となっている。「おお、イドメネ殿……」（メリエによる引用文）で出典原文は改行している。「国民全体の無上の喜びであり」（メリエによる引用文）は、原文では「人民の無上の喜びであり」となっている。「しかし、人民はこうして豊かになると、その力を私に向け、反抗するだろう……とあなたは言うだろう。そんなことなど、つゆほども危惧するに及ばぬ」（メリエによる引用文）は、出典原文では「イドメネがメントールに答えた。

――しかし人民は、こうして平和と潤沢の中に安住すると、歓楽のあまり腐敗堕落し、せっかく私が培った力を、あろうことか、私に向けてくるであろう。

――そんな不都合など、つゆほども危惧するに及ばぬ。とメントールが言った」となっている。

〔二二四〕 以下に出典原文との異同を順次示す。「……君主の圧制の首枷をはずそうとただもがかせたりすること！　これはなんという支配だ。これが栄光へと通じる道であろうか」（メリエによる引用文）は、原文では「……君主の圧制の首枷をはずそうとただもがかせたりすることが、混乱なく統治する真の方法であろうか。これが栄光へと通じる真の道であろうか」となっており、次の文は改行している。「人民があってこそ王たりうるのであるから」（メリエによる引用文）は、原文では「人民があってこそ偉大たりうるのであるから」となっている。「……自分も徐々に墓穴を掘っていくことになる」（メリエによる引用文）以下引用末尾までは、出典原文では以下のようになっている。「……自分も徐々に墓穴を掘っていくことになる。彼の国は、財政的にも人的資源にも、枯渇する。この人不足という痛手がいちばん大きいのであり、もう取り返しがつかないのである。国王の絶対権力は、臣下と同数の奴隷をつくり出さずにはおかない。人びとは王にへつらい、王を崇敬しているようにうわべをとりつくろい、王の視線のかすかな変化にもびくびくする。だが、ごく小さな革命でも起こったらどうだろう、怪物のようなこの権勢は、人民の心の中に、いかなる拠りどころも持っていない。それは、国全体を麻痺させ、いらだたせる。だから国の

手となり足となる人びとはみな、変革を熱望せざるをえない。最初の打撃で偶像はたちまちくずれ落ち、砕け、踏みにじられる。軽蔑、憎しみ、恐怖、恨み、一言で尽くせば、ありとあらゆる情念が、この呪わしい権威に立ち向かって蝟集する。王は、その見栄を張った栄華の時代に、自分に真実を伝える大胆な人間を一人も見いださなかったから、非運に際して、自分を弁護してくれる人間も、敵勢から守ってくれる人間も見出せるわけがなかろう」。

〔二二五〕 コミーヌ『回想録』第五巻第一九章の冒頭部分である。メリエによるこの章の引用については、証明六の訳注一七六を参照。原文は以下のようになっている。「したがって、私の話を続けるとすれば、圧制や暴力によらずして、自分の領地以外で、支払い義務を負う人々から承認や同意も得ずに、臣下に税金をかける権限を有する国王や領主など地上にいるだろうか。議会を待つべきでなく、待ったら戦争を始めたり企てたりするのに、ことが長くなりすぎる時もある、と人は言い返すかも知れない。そんなに急ぐ必要はない、十分時間はある」。

〔二二六〕 ペルティナックスは、ローマ皇帝、プブリウス・ヘルウィウス・ペルティナックス（在位一九三年一―三月）のこと。コエフトー『ローマ史』第一二巻「コンモドゥス、ペルティナックス、ディディウス・ユリアヌスの治世下に起こった、もっとも記憶に値する事柄を含む」からの引用（一六三六年版六九八―六九九頁）。なおこの箇所には「租税の重荷を解かれた属州」という小見出しが付けられている。ただし、冒頭部「ペルティナックスは皇帝の位に就くと公衆のことを」（メリエによる引用文）は、前記の版の原文では「彼は公衆のことを」となっている。「こうして再び商業を花開かせ、至る所にかつての共和国の自由を取り戻させた」（メリエによる引用文）は、前記の版の原文では「こうして、至る所にかつての共和国の自由を移植し、花開かせた」となっている。

〔二二七〕 引用はコエフトー『ローマ史』、第一一巻「アントニヌス、マルクス・アウレリウス、ルキウス・ウェルスの治世下に起こった、もっとも記憶に値する事柄を含む」からのもの（一六三六年版六六九―六七〇頁）。なおこの箇所には「マルクス・アウレリウスはその寛大さのゆえにすべての人々から称えられた」という小見出しが付けられている。出典の対応箇所との異同は以下のとおりである。「マルクス・アウレリウス帝はその善良さの大いなるしるしを示し、ドイツの諸民族との長い戦で財政が完全に破綻した時、帝国のいかなる州にいかなる特別税を課すことも望まず」（メリエによる引用文）は、前記の版の原文では「彼〔マルクス・アウレリウス〕はさらに過度なまでの善良さを示し、ドイツの諸民族との長い疲弊する戦で彼の財政が完全に破綻した時、いかなる属州にも特別税を押しつける勇気もなく」となっている。「豪華な机」（メリエによる引用文）は、前記の版の原文では「豪華な絵画」となっている。

〔二二八〕 この章冒頭のコミーヌ『回想録』第五巻第一九章からの引用を要約したものか。

〔二二九〕　証明六の本文第五三章冒頭、訳注一〇三を参照。

〔二三〇〕　「こんなことを口にする同じ追従者たちは」以下ここまでは、フェヌロン『テレマックの冒険』第一一巻（邦訳、現代思潮社、下巻五八頁、朝倉剛訳）からの引用と言ってよい。また本文中の次に見られる引用部分は、この部分に直接つながるものである。したがって、次の引用に接続する文章も含めて、対応箇所を邦訳によって以下に掲げる。サラント国王イドメネが、佞臣プロテジラスの言葉をメントールに伝えている箇所である。「プロテジラスは、口をつぐんではいたが、あなたのすすめで私が計画したどの改革も危険であるし行きすぎである旨、私にほのめかそうと努めた。彼は、私自身の利益を口実にして、私を籠絡しようとした。〈もし陛下が〉と彼は言った。〈人民に潤沢を味わせたとしたら、人民は、もう働く意欲を失うでありましょう。彼らは、傲慢で御し難い存在となり、その心は、いつでも謀叛に走りやすくなるでありましょう。彼らを手なづけて従順にし、権威への反抗心を抑制するには、弱さと窮乏を与えておくにかぎります〉。時折彼は、私の心を思いどおりに手ごめにしようと、また昔の権威を再びふりかざそうとし、そのため、私への熱誠を口実とした。〈人民の心を慰めようとして〉と彼は言った。〈あなたは王国の権勢をいやしめておいでになります。あなたは、人民自身にたいしても、取り返しのつかぬ誤りを犯しています。人民とは、自分たちの平安のためとあれば、卑賤な状態のままでよいと念じるような代物であります〉。
　これにたいし、私はつぎのような回答を与えた。私は、人民から愛されつつ、自分の権威には何らの手心も加えずに、彼らに義務を果たさせることができるだろうと。そのためには、彼らの負担を軽減してやる一方、罪人は例外なく断乎処断する。最後には子どもにりっぱな教育を与え、人民全体に純朴で質素で勤勉な生活を守らせるよう、きちんとした統制を与える。〈何だって！〉と私は答えた。〈人民を飢え死にさせなければ、……〉」。

〔二三一〕　前注に引用した部分に続く箇所である（フェヌロン『テレマックの冒険』第一一巻）。前注にも述べたように、ここはメントールではなくイドメネが述べている言葉である。

〔二三二〕　出典未詳。「ギリシアの皇帝たち」とは、ビザンティン帝国の皇帝たちのことか。

〔二三三〕　「しかし、……思われる」（メリエによる引用文）は、モンテーニュの原文では「というのは、……思われるからである」となっている。またこの箇所は、モンテーニュがプルタルコスの『倫理論集』とセネカの『書簡』の比較をしている部分からの引用である。

〔二三四〕　この引用箇所は、生身の肉体に加えられる刑罰は残酷を好むことにすぎない、という趣旨のモンテーニュの原文から取られている。

〔二三五〕　この引用文はフェヌロン『テレマックの冒険』第一八巻の中段から取られているが（邦訳で対応箇所を示せば、邦訳、下巻二八三頁）、原文とはかなりの異同がある。さて、メリエはこの第一八巻の中段から三カ所を引用している。本文ではこの箇所（邦訳、下巻二八三頁）が一つ目である。本文ではこ

の後ホラティウスが引かれるが、次にまたフェヌロンの同書第一八巻中段（邦訳、下巻二八四頁）が引用される。これが二つ目である。またこの引用は次の段落でも再度引かれる。すでに証明六第四九章末尾でもフェヌロンの同書第一八巻中段から引用（邦訳、下巻二八二―二八三頁）がなされていた。これが三つ目である。メリエによって分断されて引かれたこの三つの箇所が、原文においてどのような連関を持っていたかを示すために、また引用文が原文とどのように異なるかを示すために、原文の対応箇所を邦訳により以下に掲げる。また、原文におけるこの前の箇所については訳注八九をも参照せよ。「……そして彼らは、自分たちも同じ人間であることを知り、同胞を統治しなければならぬという自覚に達する。あの素性の分からぬ男は、あなたと同じくこの岸辺を彷徨する身の上だということで、ひどくあなたの憐れみの情をかき立てた。だが一方、塗炭の苦しみにあえぐイタークの人民――家畜の群を羊飼にまかせるように、神がいつかあなたに委ね給うあの人民――に再会するとき、そしてこの人民があなたの野心、あるいは奢侈、あるいは軽率さによって不幸に陥るようなことがあるとき、あなたは、あの男への同情以上のものをこの人民に寄せなければならない！　人民の苦難を未然に食いとめるため、本来彼らを監督すべき国王が過ちを犯せばこそ、人民は苦しむからである。

　メントールがこのように語るあいだ、テレマックは、悲しみと苦悩に沈んでいた。彼は、やや興奮を覚えながら、やっと答えた。

　――これらのことがみな真実であるとすれば、国王という身分は、ふしあわせそのものだ。王は、人びとの指揮をとっているつもりだが、じつは人びとの奴隷である。王は、彼ら人民のためにつくられている。一から十まで彼ら次第である。王は、彼らの要求すべてを一身に担う。彼は、人民全体ばかりか、そのおのおのと個別的にかかわり合う。彼は、人民たちの弱点になじみ、父親のように矯正し、彼らを聡明かつ幸福にしなければならぬ。一見して国王に顕著な権威は、みじんも国王の所有物ではない。彼は、おのれの名誉や歓楽のためには、何ごとにも手出しできない。彼の権威は、法の権威である。より適切に言えば、彼は、法を支配させるための法の擁護者にほかならない。法を守るため、彼は監督し、働かなければならない。彼こそ、王国じゅうでいちばん自由の少ない、いちばん不安な人間である。それは、公の自由と至福のため、おのれの安息や自由を犠牲にする奴隷である。

　――まったくの話、とメントールが答えた。国王は羊飼が羊の世話をするように、あるいは父親が家族の面倒を見るように、人民の世話をしてこそはじめて国王といえる」（フェヌロン前掲書、邦訳、現代思潮社、下巻二八三―二八四頁、朝倉剛訳）。

〔二三六〕　出典は割注に示すとおりだが、メリエが直接これから引用したのかどうかは分からない。

〔二三七〕　訳注二三五を参照。

〔二三八〕　法杖。象牙の手がついた王杖で、王の司法権を象徴する。

〔二三九〕　出典未詳。リシュリュー『政治的省察』とメリエが呼ぶ著作については、証明一の訳注二一を参照。

〔二四〇〕　メリエはやはり、リシュリュー『政治的省察』なる著作から引いているのであろうが、出典未詳。メリエはすでに同じ文章を（若干の異同はあるが）、証明六第五六章末で引用している。証明六の訳注二一九を参照。

〔二四一〕　メリエはすぐ前で、すでに同じ文章を（若干の異同はあるが）同じ注釈を付けて引用している。訳注二三五を参照。

〔二四二〕　以下に当該箇所を日本聖書協会版聖書、一九五五年改訳により参考として掲げる。「その中にいる君たちは、獲物を裂くおおかみのようで、血を流し、不正の利を得るために人々を滅ぼす。その預言者たちは、水しっくいでこれを塗り、偽りの幻を見、彼らに偽りを占い、主が語らないのに〈主なる神はこう言われる〉と言う」（『エゼキエル書』第二二章二七、二八節）。

〔二四三〕　これはその当時、国家的不幸の際にフランス全土の教会で唱えられる公の祈りを採録したもの。軍事的敗北、飢餓・疫病による大量の死亡、王家の喪などの時の祈りで、ルイ十四世治世末期にはこれらの国家的不幸がとりわけ多かった。教会はこのような時、宗教的行列を執り行い、その最後に次のような祈りが唱えられた。メリエはその一部を引用していると思われる。「唱句——主はわれらの罪にしたがってわれらをあしらわず、
会衆——われらの不義にしたがって報いられない。（ここまでは、『詩篇』第一〇三篇一〇節）
唱句——われらの救いの神よ、われらを助け、
会衆——み名の栄光のために、主よ、われらをお救いください。（ここまでは、『詩篇』第七九篇九節）
唱句——われらの先祖たちの不義をみ心にとめられず、
会衆——憐れみをもって、すみやかにわれらを迎えてください。われらは、甚だしく低くされたからです。（ここまでは、『詩篇』第七九篇八節）」
　また、以上の祈りに用いられている『詩篇』第七九篇は、軍事的敗北の際に教会が執り行う宗教的行列で、その全体が歌われたという。その始めと終わりを以下に引いておこう。「神よ、もろもろの異邦人はあなたの嗣業の地を侵し、あなたの聖なる宮をけがし、エルサレムを荒塚としました。……われらは隣り人にそしられ、まわりの人々に侮られ、あざけられる者となりました。……主よ、われらの隣り人があなたをそしったそしりを七倍にして彼らのふところに報い返してください。そうすれば、あなたの民、あなたの牧の羊は、とこしえにあなたに感謝し、世々あなたをほめたたえるでしょう」（日本聖書協会版聖書、一九五五年改訳による）。

〔二四四〕　「テ・デウム・ラウダムス（神ヨ、ワレラハアナタヲ称エマス）」は、「クレド」「マグニフィカト」と並ぶ、もっとも有名な賛美歌の一つ。当時この賛美歌は、戴冠、王族の婚姻、王太子の誕生などの時、とりわけ軍事的勝利の時に教会で歌われた。王家から軍事的勝利がフランス国内の各司教に通知され、感謝の「テ・デウム」がすべての教会で歌われるように要請されると、司教は期日を定めた日曜に神への感謝

を表す公の祈りを執り行うよう、その教区全体に向けて教書を発する。戦勝を祝って歌われるこの「テ・デウム」に対する諷刺は、十八世紀も後半になるとさまざまな作品の中に見られるが、ここではヴォルテールの『哲学辞典』（一七六四年）と、『百科全書』の「テ・デウム」の項（第一六巻、一七六六年公刊）の二点を挙げておこう。「……しかし約一万の人間が鉄火で殲滅され、さらに幸運にもどこかの町が完全に破壊されると、かなり長い歌が四方で唱えられる。それは戦った当人たちの誰もが知らない言葉で綴られ、それだけに不正な語法にみちた歌である。それと同じ歌が殺人のためと同時に結婚や誕生を祝うために役立つのである。……こうした殺戮の日を祝うために何人かの演説家がいたるところで雇われる。或る者は黒の長衣に短い外套をまとい、他の者は式服の上に短衣をはおり、また何人かは短衣の上に色とりどりの垂れ飾りを二本下げる。みんな長時間しゃべりまくる。……しかしこれらのあらゆる説話の中で、弁士がすべての災害と罪悪をふくむ戦争という害と罪にあえて抗議しているのは、ただの一つもないのである。……おお、ブルダルーよ、あなたは不倫について愚劣きわまる説教をしたが、このようにさまざまな仕方の殺人、略奪、強盗、世界を荒廃させる普遍的狂乱についてはなんの説教もしなかった。あらゆる時代あらゆる場所からあらゆる悪徳を集めても、たった一度の会戦が生みだす害悪にけっして匹敵できないであろう。魂の藪医者どもよ、諸君は針で突いた何カ所かの傷痕について一時間一五分もわめくが、われわれを切りさいなむ病気については一言も述べない」（ヴォルテール『哲学辞典』、邦訳、法政大学出版局、二二四―二二五頁、高橋安光訳）。「……〈テ・デウム〉はいまだに、陸海で得られた勝利を公に神に感謝するために、なみなみならぬ壮麗さと格式をもって歌われる。このために、前世紀の才気ある或る夫人は、王様たちにとっての〈テ・デウム〉は、私人にとっての〈デ・プロフンディス〉〔「深い淵から」、この『詩篇』第一三〇篇は死者の典礼の時に歌われた〕であると言った。また同じ頃、或る詩人はこれに関して次のように書いた。

私は見た、血に飢えた諸々の民族が、殺戮を栄えある業とし、その忌まわしい狂気の悲しむべき結果を生むのを、そして、神々に盛大な感謝の祈りを捧げにゆくのを」（『百科全書』「テ・デウム」の項）。

〔二四五〕　コンスタンツ公会議（一四一四―一四一八年）とは、神聖ローマ皇帝ジギスムントの勧めにより対立教皇ヨハネス二十三世によって招集された会議。教皇庁大分裂の解決、フスの異端審問、教会改革などを目的として、スイスとドイツとの国境にあるコンスタンツで開かれた。この会議により新教皇マルティヌス五世が選出されて、数十年にわたる教皇庁の大分裂は終わった。

その第一六総会（一四一五年七月六日）で、以下のような教令「クゥイリベット・ティランヌス」が採択された。「〈臣民は誰でも、暴君を、謀略、追従、ごまかしなどを含むあらゆる方法によって、また、どのような誓いを立て、当人とどのような同盟を結んでいても、法律上の判決や告発がでる前

でも、これを殺すことができるし、また殺すべきであり、殺すことは賞賛に値する〉という主張は、……信仰と道徳において誤謬であり、異端説、つまずきを与える説であり、策略、詐欺、嘘、裏切り、偽証を許可するものであるため、これを非難し排斥する。さらに、この有害極まりない教説に頑迷に固執する者を異端者と考えると宣言する」（『改訂版、H・デンツィンガー編、A・シェーンメッツァー増補改訂、カトリック教会文書資料集』エンデルレ書店、二三八頁、浜寛五郎訳）。百年戦争後期、一四〇七年一一月二三日に、ブルゴーニュ公ジャン（無畏公）の命令によって、王弟オルレアン公が暗殺された。先の教令の中に引用されている命題は、一四〇八年三月八日の国王臨席裁判におけるブルゴーニュ公弁護官ジャン・プチの弁論から取られたものである。この件はオルレアン派によって一四一三年にパリ大学に持ち込まれ、さらにプチの死後、その著『ブルゴーニュ公弁護』中の九命題がパリ教会会議で排斥された。ブルゴーニュ派はローマへ控訴し、この事件をコンスタンツ公会議へ持ち込んだが、公会議はパリ教会会議の判決を一旦破棄し、よりゆるやかな形で上のような判決を下した。新教皇マルティヌス五世は公会議の見解を認めなかった。しかし、宗教戦争中にアンリ三世が一五八九年、修道士ジャック・クレマンによって殺害され、また一六一〇年、カトリックの狂信者ラヴァイヤックによってアンリ四世が暗殺されると、教皇パウルス五世は、一六一五年一月二四日の教書「クラ・ドミニチ・グレジス」によってこの排斥状を繰り返した。

以上カトリック側における「暴君放伐論」の一端に触れたが、以前の訳注で「ナント勅令廃止」後に再燃したプロテスタントの「暴君放伐論」に触れたこともある。このように暴君殺害という論理はキリスト教内においても目新しいものとは言えない。なおメリエは「結論」第九六章の始めで、暴君殺害者としてジャック・クレマンとラヴァイヤックを想起している。

〔二四六〕聖人の功徳が信徒の救いに有効であると認め、聖人を崇敬の対象とするカトリックの教理、および聖人の遺体やその一部または着衣その他、聖遺物を崇敬の的とするカトリックの教理に基づいて行われる、さまざまな宗教的儀式を言っている。トレント公会議では、公式に聖遺物崇敬が認可され、正しい聖遺物は尊敬さるべきで禁止すべきではないとされた。メリエはすでに証明二第一八章で、聖遺物や聖人の画像などがもたらしたと言われる奇蹟の愚劣さを列挙していた。

〔二四七〕「聖年大赦」は、カトリック教会において教皇庁が特別の機会に、その年を聖年として全贖宥を与えること。聖年という名称は、『旧約聖書』中の「ヨベルの年」の意義を継承して命名された。贖宥とは、カトリック教会において、教会が告解の秘蹟以外に与える、一時的罪に対する罰の赦しをいう。贖宥は、全贖宥と部分贖宥に大別される。全贖宥は聖年大赦とか臨終に際して与えられる。部分贖宥は期限が付され、これにあずかるには善業、祈り、秘蹟受領、聖堂訪問、献金などが必要とされたが、それらが諸教皇により甚だしく形式化されたため、ルターがその悪弊を糾弾し、それが宗教

改革の発端となったことはよく知られている。この事態を考慮し、トレント公会議は贖宥の濫用を矯正する規則を設けた。なお、証明四の訳注一八〇と証明五の訳注七八をも参照。

証明七

〔一〕 メリエは自分の批判的注釈を書き込んだフェヌロン『神の存在と属性の証明』一部を残したとされており、本書とは別にその注釈も手書き写本として十八世紀にひそかに流布していた（メリエの注釈は『反フェヌロン』と命名されて、アントロポス版メリエ全集第三巻に収められており、われわれはこれを用いた。なお、メリエはフェヌロンの参照に当たってこの著作を出典として指示する場合 *Exist* と略して記すことが多いが、第七十六章では『神の存在について』（*De l'existence de Dieu*）と記している）。メリエが用いた『神の存在と属性の証明』は一七一八年にパリで出版された最初の完全版であったと推定されるが、この版にはフェヌロン『神の存在と属性の証明』の後記として、「イエズス会士トゥルヌミーヌ神父の考察、無神論とカンブレ氏の証明とスピノザ説とについて」が付加されていた（フェヌロン『神の存在と属性の証明』およびトゥルヌミーヌ神父『無神論についての考察』に関しては、一七一八年版と同内容と思われる一七七五年のパリ版をわれわれは参照する）。そこでメリエはトゥルヌミーヌ神父の論文に対しても反駁を加えている。ところで、トゥルヌミーヌの論文第一節「十全な確信を抱く真の無神論者はかつていなかったこと」の中に次のような記述がある。

「故ベール氏は〔……〕おのれの優れた才能とを示そうとして、何についても賛成・反対を述べうるおのれの最近無神論の弁護を企てたが、そこに神の知識をまったく欠いたいくつかの未開民族のことも述べられている。しかし、ほとんど確実でもないし、より忠実な見聞録とは内容的に合わない、いくつかの見聞録を信頼して彼は語っているにすぎない。彼が引用する見聞録しか使わない場合でさえ、それで彼が弁護する立場がより有利になることはないだろう〔……〕。神をまったく知らないとベール氏が言う未開人たちは、ほとんど顔かたちが人間であるというにすぎない。彼らは宗教と同じく理性も欠いている。

彼らは宗教を欠き、真の無神論に陥るまでになっているのか。そうではない。ベール氏の偽見聞録から判断してさえ、神が存在しないとか、世界の作り手が存在しないとかいう確信を彼らが少しでも抱いているわけではない。その心性は不信仰とは考えられない。単なる神の忘却なのである〔……〕。さて、神の忘却は間違いなく無神論ではない〔……〕。

しかし、中国には無神論を公に告白している、知識人からなる多人数の宗派があるではないか、とベール氏は言う〔……〕。確かに、この派の現代の幾人かの博士は神の本質について誤っている。彼らは神というものを宇宙の中に、とりわけ神の主要な道具である物質的な天の中に偏在する、訳の分からない効力と見なしている。結局のところ、このように誤つことは神の存在を否定することではない。無神論者であ

るのではない〔……〕。

　異教徒の無神論者たちなるものについて私は触れない。ムルグ師〔フランスのイエズス会士、一六四二頃―一七一三年〕が、彼らはすべての異教徒の中でもっとも不敬でなかったと示したばかりだからである。さらに、ベール氏も彼らのことはわれわれに委ねているし、彼らがその不敬のため至上の神という信念を攻撃する場合も、その不敬が懐疑をはるかに超えた所まで行ったという、どんな確信も持てないとベール氏も同意しているからである〔……〕。

　したがってベール氏がわれわれに請け合えるのは、五、六人のスピノザ主義者がある通行手形を頼りにやって来て、無神論をきわめて確実な説と考えると公に宣言するだろう、ということだけである。われわれが彼らの言うことを信じるだろうか、と彼は問う。いいや、彼らがわれわれに何か狂気の印を示してくれなければ、われわれは信じるわけにいかない。われわれが彼らの言うことを信じるわけにいかないだろうという理由は、改心したあれほど多くの無信仰者たちの中で、神は存在しないと一瞬でも確信したと認めた者は、これまで一人としていなかったことである〔……〕。

　したがって、真の無神論者など存在しないのだから、神の存在について語るのは無神論者に対してでないことは確かであり、また神の存在証明を企てる場合も固まってしまった精神の迷いを解くのではなく、揺らいでいる精神に確信を与えるためであるのは確かである」（『神の存在と属性の証明』、一七七五年パリ版三七一―三七五頁）。

　これに対してメリエは『反フェヌロン』の中で、引用中の第五段落「……無神論をきわめて確実な説と考えると」という文章に、「それはきわめて確実である」（「断片二二三」、アントロポス版メリエ全集第三巻三三七頁）と書き込み、また引用中の最後の段落「……真の無神論者など存在しないのだから」という文章にも、「著者が思い込んでいるほどこれは確かではないし、おそらく人が信じている以上に無神論者は存在しさえする」（「断片二二六」、前掲書第三巻三三八頁）と注釈を加えている。
〔二〕　アリストテレスの隠遁地は、正確には「コルキス（仏名Colcide）」ではなく「カルキス（仏名Chalcis）」である。モレリ『大歴史辞典』『アリストテレス』の項には、以下のような記述がある。「しかし、ケレスに仕えるエウリュメドンという名のある祭司が、アリストテレスを不敬罪で告発した。彼は執政官に宛てて大変長い弁明書を書き、その汚名を晴らした。だが、アテナイの民は自分たちの宗教についてとても気難しいと知っていたので、同じような場合にソクラテスが彼らから受けた扱いを思い出して恐れを抱き、彼はエウボイアの町カルキスに隠遁した。彼は敵に引き渡されるぐらいなら毒を仰いだ方がよいと思った、とさえ信じられている」。コルキスはギリシア神話に登場するコーカサス南部の地方名であり、メリエはそれとカルキスを混同したのであろう。
〔三〕　アリストテレスに対する「自然の精霊」、プラトンに対する「神なる人」という称号は、後にメリエが多用するマールブランシュ『真理の探究』の中で、皮肉に報じられている。

「まただからこそ、ほとんどすべての〈まえがき〉は真理にも良識にもまったく合致しない。人がアリストテレスについて注釈を書くのは、彼が〈自然の精霊〉だからだ。プラトンについて著作を物するのは、彼が〈神なる人プラトン〉だからである」(Malebranche, *Recherche de la vérité*, II, II, VII, in *Œuvres complètes de Malebranche*, dirigé par André Robinet, tom I, p. 297. 以下『真理の探究』からの引用はこの全集から行い、「ロビネ版全集」として後に巻数、頁数を指示することとする)。

〔四〕 メリエはモンテーニュ『エセー』を下敷きにしている。出典の文脈を示しながら、対応箇所を示そう。「プラトンはこう言っている。〈無神論者は、判断の推理によって、地獄だの来世の報いだのをつくりごとだと主張する。けれども、老衰や病気のために死に近づいて、死を経験する機会を目の前にすると、来世の境遇を恐れるあまり、死に対する恐怖から、まったく新しい信仰をいだくようになる〉と。そしてこのような印象が人間の心を不安にするところから、『法律』の中で、そのような威嚇を吹き込むことや、神々から人間に何かの不幸が降りかかることがあるなどと説くことを一切禁じている」(邦訳、岩波文庫、第三巻二一頁、原二郎訳)。なお、モンテーニュの典拠はプラトンの『国家』で、モンテーニュはその第一巻三三〇、第二巻三七九、第三巻三九一(邦訳、岩波文庫『国家』上、二四、一六二、一九〇頁、藤沢令夫訳)あたりを参照していると思われる。「法律」は原文では、あたかもプラトンが作った法律のように小文字で書かれているが、これはプラトンの著作『法律』を指す。もっともこれは必ずしもメリエの過ちではなく、メリエが参照したと思われるモンテーニュの文章のなかでもやはり、「法律」の語は小文字で記されている(cf. Villey, t. I, p. 466)。

〔五〕 ディアゴラスは、前五世紀後半のギリシアの詩人。アテナイでディオニュソスの讃歌や抒情詩を作り、無神論者として神々をそしったかどで死刑を宣告されたが、逃れたという。当時、ディアゴラスは古代ギリシアの無神論の哲学者として知られており、モレリ『大歴史辞典』「ディアゴラス」の項にも、「アテナイの哲学者。〔……〕彼が大胆にも神々の存在を否定したので、アテナイの人々は彼を町から追放した。彼らはその追放後、彼を生きたまま連れてきた者には二タラントン、首を持ってきた者には一タラントンを与えると約束したとも伝えられている」とある。

ピュタゴラスは古代ギリシアの著名な宗教家、数学者、哲学者、サモスの名門の出身。モレリ『大歴史辞典』「ピュタゴラス」の項には、彼がサモスを追われたとの記述はあるが、その不敬虔に関する証言はなく、また一般に彼が神々の存在を疑ったため迫害されたという説が当時流布していたとも思われない。とりわけ、メリエは証明八第八九章末でピュタゴラスの輪廻説を揶揄しているのであるから、なぜここにピュタゴラスの名前を出すのかは分からない。

〔六〕 ジュリオ・チェーザレ・ヴァニーニ(一五八五—一六一九年)、イタリアの哲学者。ヨーロッパ各地を放浪し、フランスで『永遠なる摂理の円形闘技場』(一六一五年)、『自然の

驚くべき秘密について』（一六一六年）を発表したが、トゥールーズで良家の子弟に無神論を説いたと告発され、死刑に処せられた。彼自身はルネサンス後期の自然哲学を奉じていたようだが、その処刑以来とくにフランスでは彼の名は無神論者の代名詞とされていた。ピエール・ベールが『彗星雑考』（一六八二年）の中で、彼をスピノザと並べて無神論者だが有徳な人物として挙げたことは当時物議を醸した。ヴォルテール『携帯用哲学辞典』（一七六四年）「無神論者、無神論」の項には、無神論者ヴァニーニの風評の簡潔な歴史が含まれている。なおメリエは本文中でもう一度、証明七第六五章でヴァニーニ（ラテン名ヴァニヌス）に言及する。「ある著作家」の謎のような神の定義として、出典を明示せずにヴァニヌスからの引用として、『永遠なる摂理の円形闘技場』の一節を引くが、その引用が直接この作品から取られたかどうか、またメリエがこれらのヴァニーニとヴァニヌスを同一人物と知っていたかどうかも不明である。後段の訳注四三を参照。

〔七〕　テオドロスは、前四世紀頃のギリシアの哲学者。アリスティッポスの弟子で、キュレネ学派に属し、神々の存在を否定して「無神論者」の異名をとった。巧妙な質問で聞き手を驚かし、無神論的な見解に引き入れたためアテナイから追放されたとも死刑に処せられたとも言われる。モレリ『大歴史辞典』「テオドロス」の項に、「紀元前三八〇年頃の、〈無神論者〉とあだ名された哲学者」とある。

〔八〕　『旧約聖書』に登場する、ユダ王国第十六代の王ヨシュア（在位、前六四〇―六〇九年）のことか。彼は大がかりな宗教改革を断行し、偶像を破壊したという。モレリはヨシュアについて、「賢明で信仰に篤い君主であり、モーセの遺訓の遵守を再び打ち立てるために、万事怠らなかった。彼は偽りの神性に民衆が捧げていた馬鹿げた崇拝から民衆を救った」と記している（『大歴史辞典』「ヨシュア」の項）。

〔九〕　アエティオスは、三七〇年頃のキリスト教の異端者。アリウス主義を徹底したことで知られ、論敵たちは彼の名をもじって「無神論者（アテオス）」と呼んだ。モレリ『大歴史辞典』にも、「アエティオス」の項があり、そこでモレリはアエティオスについて、「不敬の人という通称で知られる異端者で、四世紀におけるアリウス派の教義の熱心な支持者の一人であった」と伝えている。

〔一〇〕　アヴェロエス（アラビア名、イブン・ルシド、一一二六―一一九八年）は、スペインのイスラムのアリストテレス学者、医者。そのアリストテレス注解はラテン語に訳され、十三世紀のスコラ哲学に大きな影響を与えた。しかし、その単一普遍知性説や、哲学と宗教の二重真理説は常に論議を引き起こし、彼の宗教的信念に疑問を投じる論評が絶えなかった。そしてその名は、モーセ、イエス、マホメットを三人の詐欺師と論じているとされる、伝説的な不敬の書『三詐欺師論』の著者として挙げられることさえあった（先のヴァニーニもその著者として挙げられていた）。モレリ『大歴史辞典』「アヴェロエス」の項には、ある著者の次のような記述が採録されている。「この哲学者はキリスト教を、その聖体の奥義のゆえに不可能な宗教と呼び、ユダヤ教をそのさまざまな戒律

と律法遵守のために子供の宗教と呼び、さらに感官の満足しか目指さないマホメット教は豚の宗教だと認めた。ついで彼は、〈私ノ霊魂ハ哲学者ノヨウナ死ニ方ヲシテホシイ〉と叫んだ」。ピエール・ベール『歴史批評辞典』「アヴェロエス」の項、脚注Hをも参照。

〔一一〕 メリエはプリニウス『博物誌』をアントワーヌ・デュ・ピネの仏訳（初版一五六二年）で読んでおり、これを用いてすでに証明一第七章で『博物誌』第二巻第七章から長い引用をしている。『博物誌』から、その直前の第六章末から第七章冒頭までを以下に邦訳で引用しておく。「それが成し遂げるすべてのことを考えてみるならば、われわれは、太陽は全宇宙の核心である、あるいはもっと正確にはその精神であり自然の最高の支配原理そして神性であると信じなければならない。それは世界に光を与え闇を取り除く。〔……〕それは栄光あり卓越したもの、すべてを見、すべてを聞きさえするもの——これが太陽のみに当てはまると文学の王者ホメロスが考えたところのものである。そういうわけだから、神の形状、外形を発見しようと試みるのは、人間精神の弱さの証拠だとわたしは考える」（邦訳、雄山閣、第一巻七六頁、中野定雄・中野里美・中野美代訳）。おそらくメリエはこの箇所を要約したのであろう。

〔一二〕 トリボニアヌス（?—五四五年頃）は、東ローマ帝国の法学者。ユスティニアヌス帝治下の法制長官で『ローマ法大全』の完成に貢献した。しかし、その私利私欲のために民衆の憤激を買い、一時失脚したこともある。メリエがなぜ彼のことを無神論者と言っているかは不明。モレリ『大歴史辞典』「トリボニアヌス」の項には、「トリボニアヌスは異教徒、というより不敬の徒だったとスイダス〔十世紀末に完成されたギリシアの辞典の編集者の名と当時考えられていた〕は断言している」とあり、この「不敬」という語からメリエはトリボニアヌスを無神論者としたのであろうか。

〔一三〕 ルキアノスに関しては、ペロー・ダブランクールの仏訳『ルキアノス著作集』をメリエは読んでおり、その中の「嘘好き」と「ペレグリノスの昇天」を、証明一第八章と証明五第三四章でそれぞれ引用している。

〔一四〕 フランソワ・ラブレー（一四九四?—一五五三年?）は、十六世紀フランス・ルネサンス文学の代表者の一人。『第二の書、パンタグリュエル』、『第一の書、ガルガンチュア』、『第三の書、パンタグリュエル』、『第四の書、パンタグリュエル』などの著作を残した。その痛快な笑いと社会諷刺は著名だが、メリエがラブレーに言及するのはここだけで、彼の作品を読んでいた形跡は見られない。モレリ『大歴史辞典』「ラブレー」の項には、「それに彼はその品行ゆえに、また神聖な事柄や修道士を揶揄したためにひどく不評を買っているけれども、彼が優れた素質を持っていたことは認めなければならない」という記述がある。

〔一五〕 当時スピノザは「体系的な無神論者」、「有徳な無神論者」と見なされていた。彼の『神学・政治論』（一六七〇年）とその仏訳は多くの反駁を引き起こしたが、スピノザは「体系的な無神論者」、「有徳な無神論者」であるというこの定式

を、十八世紀に定着させたのはベールであった。「スピノザというのは前代未聞の大無神論者で、或る種の哲学的原理にすっかり熱を上げ、それをゆっくり思索するためいわば隠遁生活をして、この世の快楽とか虚栄とか言われるものを全部振り捨て、そういう難解な思索だけにもっぱら没頭した人です」（『彗星雑考』、邦訳『ピエール・ベール著作集』法政大学出版局、第一巻二九三頁、野沢協訳）。「スピノザ（バルフ・デ）。生まれはユダヤ人、ついでユダヤ教からの脱走者、最後は無神論者になったアムステルダムの人。全く新しい方法にもとづく体系的な無神論者だったが、学説の内容は古今東西のいくたの哲学者と共通していた」（『歴史批評辞典』「スピノザ」の項、邦訳前掲書第五巻六三八頁、野沢協訳）。メリエがスピノザの著作やベールの著作を読んでいた形跡はないが、訳注一に示したとおり、ベールその人やスピノザ主義者を反駁するトゥルヌミーヌ神父の『無神論についての考察』を通じて彼らについてある程度知っていたことは確かである。またモレリ『大歴史辞典』「スピノザ」の項において、「スピノザ（バルフ・デ）。ユダヤ教徒として、一六三二年アムステルダムで生まれる。公然と無神論を唱え、それを体系化した」という記述も読んでいたであろう。しかしながら、本書の中でメリエがスピノザに言及しているのは唯一この箇所のみであり、メリエがスピノザについてどの程度の知識を持っていたのかは不明である。この箇所のみを唯一の根拠として、たとえばポール・ヴェルニエールのように、先のトゥルヌミーヌに反駁を加えることがすなわち「間接的にスピノザに与することであったし、フェヌロンを攻撃することが、すなわち言葉のフェヌロン的な意味において、すなわち無神論者であるという意味においてスピノザ派であったことを告白することであった」（Paul Vernière, *Spinoza et la pensée française avant la révolution*, Paris, P. U. F., 1954, réimp., Genève, Slatkine, 1979, p. 368）と主張することには無理があろう。

〔一六〕　ユリウス三世については、本文の第二章と序文訳注一八を参照。

〔一七〕　レオ十世とその台詞なるものについては、本文の第二章と序文訳注一九、二〇を参照。

〔一八〕　ルイ十五世の摂政オルレアン公フィリップ（一六七四―一七二三年）については証明六の訳注一〇七を参照。以下に語られるオルレアン公に関する逸話の出典は不明だが、前記の訳注にも述べたように公の放蕩ぶりは当時有名で、それは以下のような小唄にも歌われていた。「噂に聞けば、あのお方は神を信じておらなんだ、それにつけてもお見事なペテン師ぶりよ。プルトス〔ギリシア・ローマ神話の富の神〕、キュプリス〔神話の愛の女神ウェヌスに同じ〕、それにブドウの神〔神話の酒の神バッコス〕が、あのお方にとっては三位一体の代わりでござった」。

〔一九〕　メリエがここで挙げる古今東西の「無神論者」はその種類もレベルも種々雑多で、それぞれの「無神論」の内容を彼が熟知していたとは思えない。ところで、当時メリエが挙げる「無神論者」が知識人の間でどのように区別されていたか

を示す例をベールの著作から引いておこう。
「しかし、無神論者の社会の道徳に関する主張を単なる推測の域に留まらせない・さらに強力な論を立てるため、私は次のことを指摘したいと思います。それは、古人の内で無神論をおおっぴらに唱えた少人数の人、ディアゴラス、テオドロス、エウヘメロス、その他二、三の人物が、放蕩ぶりを非難されるような生きかたをしなかったということです。〔……〕それどころか、彼らの立派な生活ぶりはアレクサンドリアのクレメンスの眼に実にすばらしいものと映ったので、この人は彼らに浴びせられる無神論という非難の虚偽を申し立てざるをえないと思いました。〔……〕それは間違いです。神々の存在を否定する意見がほかの意見と混同されたことはありませんし、無神論者という名前は必ずそういう意見の持ち主だけに与えられ、アレクサンドリアのクレメンスがそこから除こうとした人たちもきまってその中に入れられていました。〔……〕ソクラテスは神の単一性を認めた哲学者として通っていましたが、テオドロスやディアゴラスとともに無神論者の内にかぞえられはしませんでした。〔……〕神の単一性はオルフェウス、ヴェルギリウス、タレス、ピュタゴラス、アナクサゴラス、アンティステネス、クレアンテス、アナクシメネス、キケロなど多くの異教徒に認識されていた、とラクタンティウスは高らかに主張して、その人たちの本から引いた確かな文章でそれを証明しています。けれど、その人たちはいまだかつて無神論者と中傷されたことはありませんでした。したがって、アレクサンドリアのクレメンスが、無神論者だと異教徒にはっきり名指しで非難された人たちの無神論を疑ったのは理由のないことだったと言わざるをえません。〔……〕ディアゴラス、デオドロス、ニカノール、ヒッポン、エウヘメロスなどがいかなる神も信じなかったのは事実でした。にもかかわらず、彼らは非常な君子だったので、教父ですら彼らをかつぎ、彼らの徳を正しい宗教の名誉たらしめようとしたのです。プリニウスのいくつかのくだりを見ても、この人が神を全然信じていなかったことがわかりますが、それでも彼は享楽家ではなく、高名なローマ人にふさわしいまともな仕事にあれほど精出した人はいませんでした」（『彗星雑考』、邦訳前掲書第一巻二七六―二七七頁、野沢協訳）。「銘記すべきは、異端の罪はその重大さゆえに古人から無神論とも呼ばれたことである。ソクラテス〔三八〇頃―四五〇年頃、ギリシアの教会史家〕の『教会史』によるとアエティウス（アエティオス）はキリスト教徒からそう呼ばれたし、アリウスは聖アタナシウスから、エウノミウスは聖ヒエロニムスからそう呼ばれた」（『続・彗星雑考』、邦訳前掲書第六巻三三三頁、野沢協訳。ただし、これはカトリックの説教家ジャック・ル・ボッシュの言葉の引用である）。

〔二〇〕「百年戦争」中の著名な英仏間の戦（一三五六年）で、後出のイギリス王太子エドワードによりフランス王ジャン二世が捕えられ、ジャンはイギリスに連行され獄に繋がれた。

〔二一〕イギリス王エドワード三世の長子エドワード（一三三〇―一三七六年）のこと。百年戦争におけるイギリス軍の花形で、黒い鎧を着ていたので黒太子とも呼ばれた。

〔一二二〕　フランス王ジャン二世（在位一三五〇―一三六四年）のこと。なお、彼のイギリス投獄中は王太子シャルル（後のシャルル五世）が摂政をつとめた。ブレティニの和約（一三六〇年）により領土割譲と身代金三百万クラウンを代償にジャンはフランスに帰ったが、到底払いきれなかったので自発的にイギリスに渡り、捕囚中に没した。

〔一二三〕　前注の王太子シャルルのことで、父の死後即位しシャルル五世（賢明王、在位一三六四―一三八〇年）となった。

〔一二四〕　以上の引用は指示にあるとおりコミーヌの『回想録』からで、第五巻第一九章から取られている。本文の第五五章、第五七章でもすでに引用されていたこの章については、証明六の訳注一七六を参照。王侯貴族の悪徳は誰が裁くのか、その原因は何かという問いを立ててコミーヌがそれに答える箇所から、この引用は取られている。出典との異同を順次以下に示す。冒頭の文章、「この世にはびこるすべての悪徳やすべての禍、とりわけ他人や自分よりも強い者たちから不当に扱われ、踏みにじられていると嘆く人々の禍が起こるのは、信仰の欠如によると言おう」は出典とかなり異なるため、また文脈を示すため、少し前も含めて出典の対応箇所を掲げる。「そして彼ら〔王侯貴族〕が、彼らやその他すべての人々が、神の力や裁きのことを考えもせず、私が上で述べたようなあらゆる罪や、冗長にならぬため述べなかったその他のかなり多くの犯罪を犯す理由はいったい何なのか。この際、それは信仰の欠如によると、無知な人々では分別と信仰の欠如によると言おう。だがこの世にはびこるすべての禍、とりわけ他人や自分よりも強い者たちから不当に扱われ、踏みにじられていると嘆く人々の側の禍が起こるのは、主として信仰の欠如によると私は思う」。本文の「地獄での刑罰は人から聞いたとおりだと固く信じ」は、出典では「地獄での刑罰は本当にそのとおりなのだと固く信じ」となっている。「あれこれと所有しているものを人に返さなければ」は、出典では「他人のものであると十分知っているものを返さなければ」となっている。「それが世の王侯や王妃であれ、身分の高低や男女を問わず、現世でそれなりの地位や身分のある人物であれ、教会人や高位聖職者、司教、大司教、大修道院長、女子大修道院長、小修道院長、主任司祭、教会収入役、そしてこの世に生きる誰であったとしても」は、出典では「それが王や王妃、王子や王女であれ、身分の高低や男女を問わず、現世でそれなりの地位や身分のある人物であったとしても、その他この世に生きる誰であったとしても」となっている。「例を挙げよう」から、出典では改行となっている。「英国王太子」、「全アキテーヌ」は、それぞれ出典では「英国王太子エドワード」、「全アキテーヌ（少なくとも彼がそこで領有している土地）」となっている。「隣国の町を占領しておいて」から引用末までは、出典とはかなり異なっているため、以下に出典から対応箇所を訳出しておく。「しかし、自分にも子孫にも臣民にもそのような懲罰が下るようなことを偶然仕出かしておきながら、彼は神とその命令に背いたなどとは少しも信じたり、思ったりしていなかった。さて、隣国の町を占領しておいて、何かの抗議や神への何かの恐れのため、地獄の刑罰

がいやだからと、町を返そうとするような君主はいないか、いてもほんのわずかである。こうして、ジャン王はあれほどに大事なものを、たかだか牢獄からその身が釈放されるために与えた。だから、それは信仰の欠如だと私は言うのである」。

〔二五〕　メリエは〔……〕で示した箇所にかなりの省略を行い、出典の原文を著しく変えている。以下、邦訳によって対応箇所を掲げておく。「〔このように反論する者は、この信仰への意志が、〕わたしたちが意志し、信じるように神が外的に、あるいは内的にわたしたちの知覚を刺激することによって働きたもうゆえに、神の贈物に帰せられるべきであるということに注意しかつ考察を向けるべきである。外的に（信じるように知覚を刺激するというのは）福音書にある奨励によるのであって、そのさい律法のもろもろの命令も人間に自己の弱さを告げ知らせ、信仰により義としたもう恩恵のもとに避難するようにするならば、何らかの役割をはたす。あるいは内的に（刺激することがある）そのさい、だれも精神のなかに入ってくるものを抑える力をもっていないが、（内的刺激に）同意したり、反対したりすることは自己の意志にかかわる事態である。したがって神は、こういう方法で理性的魂に働きかけ、魂が神を信じるようになしたもう。なぜなら、魂が信じることができる勧告や召命がないならば、自由決定の力によって任意のことがらを信じることはできないから」（アウグスティヌス『霊と文字』邦訳『アウグスティヌス著作集』教文館、第九巻一〇九―一一〇頁、金子晴勇訳）。

〔二六〕　無神論が「奇妙で怪物じみた不自然な考え」であるという表現は、当時の護教論者の常套句であり、神学教育を受けた者にとって常識であった。その由来は主に『聖書』中の記述であり、ここにその二カ所を例に引いておく。
「愚かな者は心のうちに〈神はない〉と言う。彼らは腐れはて、憎むべき事をなし、善を行う者はない」（『詩篇』第一四篇一節）。「神の怒りは、不義をもって真理をはばもうとする人間のあらゆる不信心と不義とに対して、天から啓示される。なぜなら〔……〕神の見えない性質、すなわち、神の永遠の力と神性は、天地創造このかた、被造物において知られていて、明らかに認められるからである。したがって、彼らには弁解の余地がない。なぜなら、彼らは神を知っていながら、神としてあがめず、感謝もせず、かえってその思いはむなしくなり、その無知な心は暗くなったからである」（『ローマ人への手紙』第一章一八―二一節）。「それゆえ、神は彼らを恥ずべき情欲に任せられた。すなわち、彼らの中の女は、その自然の関係を不自然なものに代え……そして、彼らは神を認めることを正しいとしなかったので、神は彼らを正しからぬ思いにわたし、なすべからざる事をなすに任せられた」（同二六―二八節）。

〔二七〕　本文証明六第五三章参照。

〔二八〕　メリエは『聖書』のこの箇所の「虚しい子供じみた」比喩的解釈を知らぬわけではなかった。本文証明四第二八章末参照。

〔二九〕　この「モーセの策略」の語は、一九四五八、一九四五九、

一九四六〇の三手稿に共通して見られる欄外の注記である。メリエは通常、こうした注はアステリスク等を使って本文中に対応箇所を指示しているが、ここでは引用の典拠の場合と同様とくにその指示はない。

〔三〇〕　ここに列挙されたものはすべてギリシア・ローマ神話の神々であるが、このような神々の名前の列挙と、その起源に関するメリエの論評については、証明一第七章をも参照。

〔三一〕　ただし、「賢く有徳な人間の精神が」は、出典では「有徳な人間の精神が」となっている。またこれはモンテーニュによるプルタルコス『英雄伝』「ロムルス篇」二八節からの引用である。

〔三二〕　メリエはあらためて第六五章で、ヴァニーニの記述を借りてキリスト教の神の「空想上の（キマイラのような）」観念を取り上げる。

〔三三〕　キマイラは、ライオンの頭、蛇の尾、山羊の胴を持ち、口より火炎を吐き出すギリシア神話の怪獣で、架空の存在の代表とされていた。スフィンクスは、人頭でライオンの身体を持つギリシア神話の怪獣で、ピキオン山上に座し、出した謎をオイディプスに解かれたため身を投じて死んだという。

〔三四〕　フェヌロン『神の存在と属性の証明』「第一部、自然と、とりわけ人間とに関する知識から引き出された、もっとも単純な人々の能力にも合わせた神の存在証明」一項冒頭の文章である。メリエはフェヌロンのこの言葉を以後何回も引用する（第七六章末、大幅にこの『神の存在と属性の証明』を引用する第七七章、フェヌロンとマールブランシュを反駁する第八一章）。また『反フェヌロン』の中でも、この文章に「彼に見えたと思った手は架空の手にすぎない」（「断片一」、アントロポス版メリエ全集第三巻二三三頁）という注を付けている。

ここでメリエが反駁している、自然の事物中に見られる美や驚異を根拠にした神の存在証明は、本来訳注二六に引用した『聖書』の記述に起因するが、十八世紀には一般に「物理神学的証明」と呼ばれ、護教論の主要な内容となった。フェヌロン自身もこの言葉を、プロテスタントのジャック・アバディによる当時の著名な護教論『キリスト教の真実性について』（一六八四年）から取ったようである。「至高の英知が存在することを知るためには、眼を開き、自然の驚異に向けるだけでよい」（『キリスト教の真実性について』第一巻第一部第四章）。さらに十八世紀には、このような議論はキリスト教徒側からだけでなく理神論者からも大いに利用された。一例を挙げるならば、ディドロも『哲学断想』（一七四六年）の中で理神論者に次のように言わせている。「〈（……）ニュートンの著作に思考力が刻印されているのとおんなじに、ダニの目の中にだって神の手がはっきり刻印されているじゃないか（……）〉私のたいへんな思い違いでなかったら、この証明は、学校で今まで教わった最良の証明にも匹敵する」（断想二〇、邦訳『ディドロ著作集』法政大学出版局、第一巻一〇頁、野沢協訳）。

なお、この箇所でメリエはフェヌロンを「前のカンブレ大司教」と呼んでいるが、フェヌロンが死亡したのは一七一五

年であるから、メリエがこの文章を書いたのはそれ以降、したがって本書の完成もこの一七一五年以後のことと考えられる。

〔三五〕　メリエは、フェヌロンら「神崇拝者」が自然の驚異を目の当たりにしてその作り手を想定し、目に見えない全能者を考案したと述べているが、フェヌロン自身は必ずしもそれだけが神の存在を証明するとは考えていない。以下『神の存在と属性の証明』第一部冒頭一、二項を引用する。

「一、神の存在の形而上学的証明はすべての人の手に届くものではない。

自然の全体のうちに光り輝く御業を感嘆せずには、私は目を開けることができない。ただの一瞥だけで、すべてを作られた御手を認めるには十分である。さまざまな抽象的真理を熟考し、さまざまな第一原理にまで遡ることに慣れた人々は、神をその観念によって知るがよい。それが真理すべての源に至る確実な道である。しかし、この道がまっすぐで距離の短いものであればあるほど、自分の想像力に依存している一般の人々にとっては一層険しい近づきがたいものである〔……〕。

二、神の存在の道徳的証明はすべての人の手に届くものである。

しかし、完全さの程度は落ちるが、まったく平凡な人々にも適合するもう一つの道がある。推論の訓練をまったく受けていず、感覚的な予断にまったくとらわれている人々でも、すべての作物の中におのれを書き込まれた方は一瞥で発見することができる〔……〕」。

メリエもそうしたフェヌロンの立論を知っており、『反フェヌロン』では、引用中の「さまざまな抽象的真理を熟考し〔……〕確実な道である」という文章に次のような批判的注釈を付している。「それはむしろあらゆる誤謬の源である。〔……〕そんな存在について人が勝手に作り上げる観念など、頭の中で勝手に作り上げる偶像のようなものだ。そんなものを崇める人々はみな、木や石の偶像を崇める人々と同様に偶像崇拝者である」（『反フェヌロン』「断片二」、アントロポス版メリエ全集第三巻二三四頁）。

〔三六〕　メリエは『反フェヌロン』の中の二カ所で同じ論理を展開している。フェヌロン『神の存在と属性の証明』第一部の始め、「四項、自然全体はその作り手の存在を示している」に対して彼は次のような批判的注釈を付している。「仮に著者が言うように、宇宙が限りない力と巧みさを持つある原因の特徴を帯びているとすれば、宇宙を作った者は宇宙よりはるかに完全なのだから、なおのことその者は自身のうちに限りない力と巧みさを持つある原因の特徴を帯びていることになるだろう。著者は、宇宙を作った者が限りない力と巧みさを持つ原因の特徴を帯びていることを望んでいるのだろうか、そう言おうとしたのだろうか。断じてそうではない。宇宙を作った者はそれ自身すべての第一原因であると主張しているのだから、その者がいかに完全であろうとも、それ自身が限りない力と巧みさを持つある原因の結果であるとは言えない。しかし宇宙を作った者がいかに完全であろうとも、限りない

力と巧みさを持つある原因の特徴を帯びていないのであれば、完全性では作った者よりはるかに劣る宇宙が、限りない完全性と巧みさを持つある原因の特徴を帯びているなどと、いったいどうして彼は言い張ろうとするのか。というのも、仮に著者が言うように、宇宙が限りない力と巧みさを持つある原因の特徴を帯びているのであれば、それは宇宙が自らのうちに限りない力と巧みさを持つある原因からしか由来しえないと、著者が思い込んでいるさまざまな完全性を備えているからだ。さて、宇宙を作ったという者は間違いなく、宇宙よりはるかに優れた完全性を自らのうちに備えていることだろう。〔それゆえ〕その者はまた、はるかに優れた力と巧みさを持つある原因の特徴を帯びているはずであろう。宇宙の作り手なる者が、そのあらゆる完全性にもかかわらず、限りない力と巧みさを持つある原因の特徴を帯びていないのであれば、それよりはるかに劣った完全性しか持っていない宇宙が、限りない力と巧みさを持つある原因の特徴を帯びているはずがない。この論証から必然的かつ明証的に、著者の主張する事柄を否定する結論が出てくる」（『反フェヌロン』「断片三」、アントロポス版メリエ全集第三巻二三四—二三五頁）。

さらに同じ『反フェヌロン』でメリエは、『神の存在と属性の証明』第一部の終わり、「九〇項、宇宙を作った第一存在が存在すると必然的に結論しなければならない」に対しても、次のような批判的注釈を付している。「この著者〔フェヌロンが引用している、三世紀のキリスト教護教論者マルクス・ミヌキウス・フェリクス〕が言うように、われわれが現に目にしているあらゆる完全性を伴った世界を作るためには、あのように深く広い英知と洞察力が必要だったとすれば、あえて言うが、それを作ったという者を作るためには、ましてどれほどの英知と洞察力が必要だったことだろうか。わが偶像崇拝の神崇拝者たちにしたところで、宇宙を作ったという者を作るために英知などまったく必要なかったとは言いたくはないだろう。それではどうして彼らは、宇宙を作るためにあれほど大きな英知が必要だったなどと言い張るのだろう。というのも、一層の完全性を備えたものが、別の英知なくして自ら現にあるところのものとなりうるのであれば、言わせてもらうが、それほどには完全性を備えていないものは、まして別の英知なくしても自ら現にあるところのものとなりうるだろう。ここでのこうした論証は、〈大概念カラ小概念へ〉と結論を導いている。そしてそれとは反対に、それほどには完全性を備えていないものが、何か別の英知なくしては自ら現にあるところのものとなりえないとするならば、一層完全性を備えたものは、まして何か別の英知なくしては自ら現にあるところのものとなりえないだろう。ここでのこうした論証はまた同様の力強さで、〈小概念カラ大概念へ〉と結論を導いている」（『反フェヌロン』「断片一一」、アントロポス版メリエ全集第三巻二八八—二八九頁）。

ここでメリエが言及している「大概念カラ小概念へ」、また「小概念カラ大概念へ」進む論証とは、スコラ哲学あるいは伝統的論理学における複合三段論法のうちの前進的（総合的）三段論法および後退的（分析的）三段論法を指している。

〔三七〕　ここにおける反論の前提とされている、神の本質が存在そのものであるというこの主張は、スコラ哲学においては自明の前提であった。たとえば、トマス・アクィナスの『神学大全』、第三問題四項「神において本質と存在は同じものであるか」にはこのようにある。「ヒラリウスは『三位一体論』第七巻に、〈存在は神にあっては付帯性ではなく自存的な真理である〉と述べている。すなわち、神において自存しているところのもの、それが神の存在にほかならない」（『神学大全』創文社、第一巻六一頁、高田三郎訳）。

〔三八〕　訳注三六に引用した『反フェヌロン』「断片一一一」を参照。

〔三九〕　これまでの議論の展開からも分るように、メリエは直接にはフェヌロンらの「物理神学的証明」に反論している。しかしその背景をなしているのはトマス・アクィナスの著名な五つの神の存在証明であり、メリエもおそらくはそれを知っていたと思われる。トマスは経験によって与えられた事実から出発して、第一原因たる神に至るア・ポステリオリな五つの証明法を用いている。その第四は、以下に引用するようにまさしく事物の完全性に基づく方法である。「第四の途は、事物において見出されるところの種々なる段階よりするものである。ただし、諸々の事物において、何らかの善・真・高貴が、多と少の度合を異にしつつ、見出されるのであって、その他のこうしたことがらについてもこれと同様である。然るに、種々の場合について多と少とが語られるのは、何らかの最高度においてあるところのものに近づいている仕方の種々異なるに従ってなのであって〔……〕だからして、ここに、何らかのものがあって、このものが、最も真なるもの・最も善なるもの・最も高貴なるもの、従ってまた、最高度における有たるものでなくてはならない。なぜなら、〔アリストテレスの〕『形而上学』第二巻にいうごとく、最高度に真なるものは最高度において有なのだからである。ところで、何らかの領域において最高度のかくかくのものと呼ばれるところのものはその領域に属するところのあらゆるものの因をなすのであって、〔……〕それゆえ、いかなる事物の場合にあってもその存在の因であり、またその善性やその他いずれの完全性の因でもあるごとき何ものかが存在するのでなくてはならぬ。そして我々はかかるものを神と呼んでいる」（『神学大全』、第二問題三項「神は存在するか」、邦訳、前掲書第一巻四六―四七頁、高田三郎訳）。

〔四〇〕　ここでメリエの言う「こうした主題に関してせめてしばらくの間私たちの判断を差し控えさせるには」という表現は、デカルトにおける次の表現に由来するのかも知れない。「もし私が学問において何か確実なそして恒久的なものを見いだそうと欲するならば、明らかに偽なるものについてと同様にそれらのもの〔私がかつて真であると思っていたもの〕についても注意して、今後は同意を差し控えねばならないのである」（デカルト『省察』一、邦訳、河出書房新社、「世界の大思想」二一、一四六頁、桝田啓三郎訳）。

同時に、メリエはここで、スコラ哲学における討論形式による問題の検討・論証方法というものをも念頭に置いている

のかも知れない。たとえば、トマス・アクィナスは先の五つの神の存在証明を述べる前に、次のように議論を進める。

「第三については次のように進められる。――神は存在しない、とも考えられる。けだし〔……〕（二）ものごとは少数の根源を以てして充分成就されうるものであればそれ以上余分な根源を必要としないのである。然るに我々の世界において見られるものごとは、たとえ神が存在しないと想定しても、すべて、それ以外の根源を以てして成就されることのできるものであると考えられる。すなわち、自然的なそれらは、自然的本性という根源に還元されるし、また企図に基づくところのそれらは、人間的な理性乃至は意志という根源に還元される。それゆえ、神が存在するとすべき必要は毫もない。

他面、その反対の論にいう。『出エジプト記』第三章には、〈我は在るところのものである〉という、神自らに出る言葉が語られている。

以上に答えて、私はこういうべきだとする。神が存在するということは、五つの途によって証明されることができる〔……〕」（『神学大全』、第二問題三項「神は存在するか」、邦訳、前掲書第一巻四三頁）。

（四一）　メリエが残した三つの手稿では、「その第一は、それがほかの存在を全部創造したあの至高存在の本質や本性でありうることを説明したり、理解したりする上での難点です」となっている。しかし、これでは文中の「それ」が何を指すのか、前後の文脈からしても不明である。原文の…qu'elle（それが）を…quelle（どのような）のメリエによる書き誤りと判断して、本文のように訳した。

（四二）　メリエが報じているように、キリスト教神学にとって「遍在性」は基本的な神の属性であった。また同時に、たとえば次のようなトマス・アクィナスの論証中の「遍在性」への異論なども、メリエは知っていたはずである。

「第二については次のように進められる――神はどこにも存在している、とは言いえない、とも考えられる。ただし〔……〕（三）全体が何処かに存在しているのであれば、何ほどかのものが、その場所以外のところにあることはできない。いまもし、神が何らかの場所においてあるとするならば、神の全体がその場所においてある。神は部分を持たないからである。だからして、神の何ほどかがこの場所以外のところにあるということは決してありえないのである。従って、神がどこにも存在しているということはありえない。

他面、その反対の論にいう。『エレミヤ書』第二十三章には、〈我は天地に充つ。〉とある。

以上に答えて、私はこういうべきだとする」（『神学大全』、第八問題二項「神はどこにも存在しているか」、邦訳、前掲書第一巻一四五―一四六頁）。

（四三）　以上に引かれた神の定義は、ジュリオ・チェーザレ・ヴァニーニ『古代の哲学者、無神論者、エピクロス派、アリストテレス派、ストア派と戦う、神的・魔術的な、キリスト教的・自然学的な、占星術的・カトリック的な、永遠なる摂理の円形闘技場』（一六一五年、リヨン）、「第二課、神とは何か」からの引用である。メリエによる仏訳の後にラテン語原

文が掲げられているが、引用文と原典との相違は以下に示すように二、三の点にすぎない。「ソレニヨッテ閉ジ込メラレルコトハナイ」が、原典では「ソレノ内ニ閉ジ込メラレルコトハナイ」となっている。「ソレニヨッテアラワニサレルコトハナイ」が、原典では「ソレニヨッテ排除サレルコトハナイ」となっている。「スベテノ彼方ニアリ、スベテノ後ニアッテ、シカモスベテナノデアル」が、原典では「スベテノ彼方ニアリ、スベテノ前ニアリ、スベテノ後ニアッテ、シカモスベテナノデアル」となっている。しかしメリエがこの箇所を原典から直接引用しているのかどうかについては断定できない。ヴァニーニのこの神の定義は、十七世紀末から十八世紀初めにかけてさまざまな著作で引用されたからである。

その最も早い時期のものと思われる一例を次に掲げる。以前にも言及した当時の著名な護教論者の一人、ジャック・アバディの『キリスト教の真実性について』（一六八四年、ロッテルダム）の一節である。「神の本性は理解不能であると単に主張されるだけではない――そのことならわれわれも喜んで認めよう。この至高存在の観念は無数の矛盾を含む、したがってその観念はおのずと崩壊すると言われるのである。トゥールーズで火刑を受けた著名な無神論者ヴァニヌスが、表向きは無神論を反駁するためだが実際にはより安全にその毒をばらまくため出版したある著作の中で、神について彼が行った次のような記述によって――この記述はそれに与える意味やその用い方に応じて、良いものでもあるし悪いものでもある――ほのめかそうとしたと思われるのは、このことである〔この後に当該箇所のラテン語原文が引用される。メリエのものと異なり、出典箇所が明示されその引用は正確である〕。これらの表面的な矛盾は以下の三つの原因から生じる。われわれの概念のはるか上に置かれる神の無限性から。神を表すにふさわしいと思われるような何物もおのれの内にも外にも見いだせないわれわれの精神の弱さから。さらに、神を描くために想像力が用いる物体的な諸々の観念と、十分には描かれえない神の理解不能な本性との間にある不均衡から。したがって、これは決して神の諸属性の間にある矛盾ではなく、われわれの精神と至高存在の本性との間にある不均衡であって、そのために神の本性を表そうと想像力が用いるあらゆるイメージを、われわれはどうしても修正せざるをえないのである。そしてこの不均衡はまったく必然的なものであって、それを除こうとする者は神の存在を無に帰してしまうだろう」（第一巻、第一部「神の存在について」、第一四章「無神論者が神の存在の真実性に対して行う主要な異議の検討に入る」四節。なお、この著作は一六八八年の第二版で増補されたが、この箇所に異同はない）。

さらにメリエの死後それほど時が経過していない頃の文献を、参考として一つ引用しておこう。ヴォルテールは一七三五年九月か一〇月頃、ヴァニーニの『円形闘技場』を読んだようである。「彼〔ヴァニーニ〕の退屈な『円形闘技場』を読んだばかりですが、あれは哀れな正統的神学者の本です。この拙劣なトマス派が突然無神論者になったなどとはとても思えません」（一七三五年一〇月四日付、シレー発、オリヴ

ェ師宛〉。その後、一七四二年版ヴォルテール著作集の第五巻では、以下のような一節を含む断片が公表されている。この断片はケール版以後、『哲学辞典』の「矛盾」の項に「第一部」として挿入された。ここではモラン版『哲学辞典』「矛盾」の項、「第一部」から当該する一節を以下に訳出する。「著名な無神論者スピノザは平静に暮らし、そして死んだ。アリストテレスを反駁して書いたにすぎないヴァニーニは、無神論者として焼かれた。こういう肩書で彼は、文筆家たちの歴史書や、諸々の嘘とわずかな真実の膨大な記録であるすべての辞典の中に、一項目を占めるという栄誉を受けている。そういう書物を開いてみたまえ。ヴァニーニが自分の著作の中で公然と無神論を説いただけでなく、彼の一味である十二人の博士が至る所で入信者を募るために彼とともにナポリを出立した、とさえ書かれているのがわかるだろう。次にヴァニーニの著作を開いてみたまえ。そこには神の存在証明しか書かれていないのを見て、諸君はきっとびっくりなさるだろう。断罪されていると同時に知られてもいない作品、彼の『円形闘技場』にはこんなことが書いてある。〈神は自らの始めにして終わりである、終わりも始まりも持たないけれども。どちらをも必要とはしないが、すべての始まりとすべての終わりの父である。神は常に存在するが、どんな時の内にもいない。神にとって過去は存在しなかったし、未来は到来しない。ある場所を占めることなく、至る所に君臨する。留まることなく不動であり、動くことなく迅速である。神はすべてであり、すべての外にいる。すべての内にいるが、閉じ込められることはない。すべての外にいるが、何物からも排除されることはない。善であるが、質は持たない。全体であるが、部分は持たない。全宇宙を変化させながら、不変である。その意志がその力である。単純であって、神においてはまったくの可能態など存在せず、すべてが現実態である。神は最初の、中間の、最後の現実態なのである。要するに、神はすべてであって、万物の上に、万物の外に、万物の内に、万物の彼方に、万物の先と後に永遠に存在する〉。ヴァニーニが無神論者と宣告されたのは、こういう信仰告白を行った後なのだ。何に基づいて彼は断罪されたのか。フランソンとかいう男の証言だけに基づいて。彼の著作がその無罪を証言しても無駄だった。たった一人の敵が彼の命を奪い、ヨーロッパ中にその不名誉を示した」。ヴォルテールはさらに『哲学辞典』の「無神論」の項でもこの『円形闘技場』の当該箇所の一部を、同じく仏訳して引用している。

訳注六でも指摘したが、メリエがここで著者として挙げているヴァニヌスを、以前に第六〇章で無神論者として彼が挙げたヴァニヌスと同定していたかどうかは疑問である。メリエの「かなり巧みに行った〔……〕記述」という本文中の表現を皮肉と解し、この引用文は、神の観念がいかに矛盾だらけであるかを暴露するために無神論者が底意をもって書いた文章として、メリエが取りあげていたという解釈も可能である。しかし、ここに述べられている神の諸定義の各々は、先のヴォルテールの指摘にもあるように、まったく正統的なものとも考えられる。したがって、この箇所をメリエは、以前

の無神論者ヴァニヌスとは異なる別のヴァニヌスなる著作家による、キリスト教の正統的な神観念の叙述として取りあげているると解することもできる。

本書の中でメリエがヴァニヌス（ヴァニーニ）に言及しているのはこの箇所と先の第六〇章との二カ所にすぎない。それゆえ、このことだけからメリエがはたしてこの二人の「ヴァニヌス」を同一人物と考えていたかどうか確定することは不可能である。訳者としては、自らの視点から見ればそれ自体きわめて滑稽なものと映ずる、神に関する「正統な」諸定義の羅列の典型例として、この一文をメリエが取りあげている点のみを指摘するに止めることとする。

〔四四〕　メリエはここで「存在一般」と物質を同一視している。このテーゼこそはメリエの存在論の根幹をなしている。後の第七一章本文中の一文、「物質は自ら存在と運動を備えていること」に、メリエは以下のような原注を付けている。「存在と物質は、同一のものでしかありません。存在が万物の実体であり、存在の様態が万物の形相です。万物は存在と存在の様態からなり、それへと還元されます。しかるに存在一般は、ただ自ら実在や運動を有しうるのみであることは明白です。したがって、創造されたはずはありません」（本書五一三頁参照）。

メリエは、これ以降、頻繁にマールブランシュ『真理の探究』を引く。ニコラ・マールブランシュ（一六三八—一七一五年）はフランスの哲学者・神学者で、一六六〇年オラトリオ会に入り終生修道士として暮らした。六四年にデカルトの『人間論』を読んでデカルト思想に傾倒し、それとアウグスティヌス主義との結合を試み、機会原因論をうちたてた。それは、神の世界支配は単純・一様な法則によって行われ、被造物はただ機会原因としてこの法則を特殊化する契機であるにすぎないとしたもので、デカルト主義のアキレス腱だった心身関係にもこの理論を適用した。また観念の普遍性に着目して、「万物を神において見る」という有名な認識論上の命題を引き出した。マールブランシュの哲学はデカルト主義の宗教化であると同時に、とくに摂理問題では自然法則にすべてを帰するという、ある面からするならば「自然主義」とも評すべき、近代的な見解を打ち出した。十七世紀末のフランスでは「デカルト主義」とはほぼ「マールブランシュ主義」と同義と言えるほど大きな影響力を持った。彼の『自然と恩寵を論ず』（一六八〇年）はボシュエ、フェヌロン、アルノーらとの論争を引き起こしたが、それに先立つ彼の主著『真理の探究』も長く論議の的となった。この著作（初版一六七四—一六七五年）はマールブランシュの思想的発展につれて五回の改訂を受けるが、メリエが引用しているのは初めて改訂を受けた第二版（一六七五—一六七六年）のみであり、彼はこの版しか知らなかったようである。

メリエも後段の第八一章で引用することになるが（本書六四〇頁参照）、マールブランシュ『真理の探究』には次のような文章が見られる。

「しかし、神あるいは存在一般、限定なき存在、無限な存在の観念は精神の虚構ではない。この観念はなんらかの矛盾

を含む複合観念ではない。存在するものすべて、また存在しうるものすべてを含むにもかかわらず、この観念以上に単純なものは何もない。ところで、存在ないしは無限を表すこの単純で本来的な観念は必然的な実在を含んでいる。というのも、この存在——ある特定の存在の意味ではなく——は自ら実在を有していること、そして真の存在が実在を欠くことは不可能で矛盾することである以上、この存在が現に存在しないことはありえないのは明らかだからである」（マールブランシュ『真理の探究』第四巻第一一章二節、ロビネ版全集第二巻九五頁）。

メリエが「存在一般」について語る時、以上のようなマールブランシュの概念を想起しているのであろう。ただし、この「存在一般」がマールブランシュにあっては神あるいは無限を指示する概念であるのに対して、メリエにおいてそれは無限の物質を意味することになる。フェヌロンの『神の存在と属性の証明』に対する場合と同じく、メリエはここでもマールブランシュらの思弁性のうちではあるが、そこでの神学的論証を経験的与件に基づく合理的論証へと転換している。

（四五）　ここでメリエが要約しているのは、第七一章（本書五〇七、五〇八頁）や証明八第八八章（本書七一三頁）でメリエ自身が引用することになる、マールブランシュ『真理の探究』における次のような議論である。「大きいにせよ小さいにせよ、すべての物体が自らを動かす力を備えていないことは明らかである。山や家や石や砂粒、つまり思い描ける物体の最小のものでも最大のものでも、自らを動かす力は備えていない。私たちはただ二種類の観念、精神に関する観念と物体に関する観念しか持っておらず、理解することだけを口にすべきであるから、私たちはこの二種類の観念に従ってのみ推論すべきである。かくして物体は自らを動かしえないことを、あらゆる物体に関して私たちの抱く観念が私たちに教える以上、物体を動かすのは精神であると結論すべきである。しかるに、あらゆる有限な精神に関して私たちの抱く観念を検討するならば、その意志といかなるものにせよなんらかの物体の間には必然的なつながりは見いだされない。それどころかそうしたつながりは存在せず、ありえないことが分かる。それゆえ、理性の光に従って推論したいと望むなら、いかなる物体もそれ自体では自らを動かしえないと先に述べたと同様、なんであれなんらかの物体を真のあるいは主要な原因として動かせるいかなる被造的精神も存在しない、と結論すべきである。

しかしながら神、すなわち限りなく完全で、それゆえ全能である存在の観念を考えるならば、神の意志とすべての物体の運動との間にはそうしたつながりがあり、またある物体が動かされるようにと神が望まれて、その物体が動かされないとは考えられないことが分かる。それゆえ、もし物事を私たちが感じたままにではなく理解するとおりに述べようとするならば、物体を動かしうるのは神の意志のみであると主張すべきである。したがって、物体の運動力とは神の意志にほかならない以上、この運動力は運動する物体のうちには存在しない」（『真理の探究』第六巻第二部第三章、ロビネ版全集第

二巻三一二―三一三頁）。

マールブランシュはここで「機会原因論」の基本的命題を物体に関する側面から述べている。そのテーゼを概括するならば、以下のようになろう。有限な被造物である物体も精神もそれ自体としては動因たりえない。物体の衝突も精神の意志もそれぞれに、神が自ら定めた一般法則の枠内で神自らの力を発現させる機会を提供するにすぎず、神の意志のみが物体の運動と精神の働きの真の原因・動因である。さらにマールブランシュによれば、この命題の真実性を保証するのは、物体の観念、有限な精神の観念、無限たる神の観念という三者の実在をア・プリオリに措定し、それらの観念の内包から導かれる三者の合理的関係から演繹的に三者の実在を導出する論証法である。

メリエはこの点を突き、第六六章冒頭では、「人がある事物の本性を知らないからといって、それで当の事物が存在しないことの証明にはなりません」（本書四六九頁）と述べて、認識論上の問題と存在論上の問題は別の事柄であると批判する。第六六章における問題設定は、運動が物体に内在するかという点に限定されてはいるが、そこに提出されているマールブランシュとメリエの基本的対立の構図は以上のように整理されよう。

〔四六〕　ピュロン派。狭義には、あらゆる命題について賛否の理由が等しい重さを持つという確認から、判断停止とそれを通じて得られる不動心を説いた古代ギリシアの哲学者ピュロン（前三六〇―二七〇年頃）を祖とする懐疑派を意味するが、この時代では意味が拡張されて、一切の哲学説を否定する懐疑論者への蔑称としても用いられていた。護教論的著作の中ではさらに、傲慢さから正統教義を認めない反対派、自由思想家、無神論者に対するレッテルとしても用いられた。

〔四七〕　私たちが眼の構造を知っているにもかかわらず視覚の説明を与えられないこと、ところが私たちが眼によってあらゆる対象を捉えられること、この矛盾はメリエが以後好んで持ち出すテーマとなる（第七九章〔本書六二四―六二七頁〕、第八九章〔本書七三〇―七三一頁〕、第九一章〔本書七五〇―七五一頁〕）。

メリエによれば、これは矛盾ではなく、眼でものを見るという事実は否定しえない以上、眼の構造と視覚との間にはマールブランシュが言う意味での「必然的つながり」が存在せず、それについて説明を与えられなくても「なんらかの自然的つながり」があると結論すべきだという。そしてこのような「必然的つながり」の認識を欠いた「自然的つながり」の承認というメリエの論点は、「何物モ自ラノ上ニハ作用シナイ」というスコラ哲学の一公理を援用しながら、物質と思考の関係如何という問題にまで拡大される。しかもその時にも眼と視覚のテーマは一種の例証として用いられる。すなわち、眼があらゆる対象を捉ええても自らを見ることはできないのと同じく、われわれは思考を確認しえても思考の起源を説明できないというのである。というのも、自らが脳で考えるという事実と思考の存在は否定しえないから、眼の構造に相当する「脳の繊維の運動や振動とか脳の中にある動物精気の運

動」と、思考そのものとの間には、やはり「なんらかの自然的つながり」があると結論すべきだというのである。

ところでメリエがここで物質と運動の「必然的つながり(liaison nécessaire)」に対置して提出している「自然的つながり (liaison naturelle)」という概念は、内包を異にするとはいえ、もともとマールブランシュに由来する概念である。

メリエも証明八の第八八章(本書七一九頁)および第九一章(本書七四七頁)で引用しているが、『真理の探究』でマールブランシュは次のように述べている。「たとえば私たちが目にする木や山が作り出す神経痕と木や山の観念との間、苦しんで悲鳴をあげるのを私たちが耳にする人や動物の叫び声、私たちを脅かしたり恐れさせたりする人の顔つきなどが私たちの脳の中に作り出す神経痕と、苦痛や強さや弱さの観念との間、さらには私たちのうちに起こる同情や恐れや勇気といった感情の間にも、自然的つながり、それも私たちの意志に依存しないつながりが存在する」(マールブランシュ『真理の探究』第二巻第一部第五章一節、ロビネ版全集第一巻二一六―二一七頁、傍点は訳者による)。この「自然的つながり、しかも私たちの意志に依存しないつながり」という概念こそ、メリエがここで依拠している概念であり、しかもメリエは「必然的つながり」というマールブランシュにあっては本来認識論的なものにすぎない概念に、同じくマールブランシュの「自然的つながり」という存在論上の概念を対置して、その主観主義を批判するのである。

〔四八〕 人間の意志と手足の運動との関係についてのこの記述も、前注で指摘した場合と同じく、マールブランシュ『真理の探究』の以下の箇所を下敷きにしているのであろう。「さて、諸々の精神の意志が世界のどんな小さな物体も動かしえないことはきわめて確かだと私には思われる。というのも、たとえば私たちが抱く腕を動かそうとする意志と、私たちの腕の運動との間にまったく必然的つながりがないのは明らかだからである。確かに私たちが意志する時に腕は動き、このようにして私たちは私たちの腕の運動の自然的原因ではある。しかし、自然的原因はけっして真の原因ではない。私が説明したように、それは神の意志の力と有効性によってのみ働く機会的原因にすぎない。

なるほど私たちが望めば腕を動かせるが、私たちはこの運動の真の原因ではない。なぜなら、どうやって私たちが腕を動かしえようか。腕を動かすには、動物精気を有し、それを特定の神経を通して特定の筋肉へと送り、その筋肉を膨らませ、縮ませ、伸ばさせねばならない。なぜなら、そうやってこそ筋肉につながっている腕が動くからである。あるいは他のある人々の考えに従えば、どうしてそうなるかがまだ分かっていないからである。また自分に精気や神経や筋肉があるかどうかさえも知らない人々が、解剖学にもっとも精通している人々よりもずっと巧みに楽々と自分の腕や足を動かすのを私たちは目にする。それゆえ、人間が自分の腕や足を動かそうと望むのではあるが、それを動かせる者、その術を心得ている者は神しかいないのである。一人の人間が塔をひっく

り返すことはできないとしても、少なくともひっくり返すためにどうしなければならないかはよく分かっている。しかし、動物精気を用いて自分の指一本を動かすためにどうしなければならないかさえ知っている人間はいない。では、人々はどのようにして腕を動かすことができるのだろうか。これらの事柄は感覚することしか望まないすべての人々にはおそらく理解不可能なことであろうが、私には明白なことだと思われるし、ものを考えようと望むすべての人々にもそうだと思われる」(『真理の探究』第六巻第二部第三章、ロビネ版全集第二巻三一五頁。この箇所はメリエも引用する、訳注四五で引いた箇所に続く部分である)。

ここでメリエは、同じ経験的事実を反対の例証としてマールブランシュの立論に対置する。もっとも無知な者さえ手足を動かせるのだから、その意志は「機会的」原因にすぎず、運動の真の原因は神とする以外ないというマールブランシュの立論に対して、もっとも無知な者さえ手足を動かせるのだから、その意志と運動との間には「自然的つながり」が存在するはずだとメリエは反論する。ここでも前注で指摘したごとく、「自然的つながり」の概念がメリエの立論において重要な役割を果たしている。

なおこうした立論に当たって、メリエは証明八第八八章でも引く(本書七一九—七二〇頁)フェヌロン『神の存在と属性の証明』の次の箇所をも想起していると思われる。

「四七項、肉体に対する霊魂の力はただ至上のものであるだけでなく、盲目的なものである。

かくも至上のこの力は、同時に盲目的なものである。一番無知な農民も解剖学にもっとも精通した哲学者同様、自分の体を見事に動かすことができる。農民の精神は自分が知りもせず、一度も話に聞いたこともない神経や筋肉や筋に指図する。見分けることもできず、どこにあるかも分からないのに、それらを見つけてしまう。必要とするものへ正確に赴き、それらを取り違えることもない。〔……〕リュートの奏者は自分の楽器の弦すべてを知り尽くし、弦を目で見、指でそれに一つ一つ順に触れ、それらを取り違えることもない。ところが霊魂は、見もせず、区別もせず、形も位置も力も知らずに体の機構を支配し、そのバネすべてを適切に動かす。それでいて決して間違えはしない。なんという驚異であろう〔……〕。なんという盲目さ、なんという力であろう。盲目であるのは人間だが、この力は誰のものであろうか。人に見えないものを見、人のうちで人を凌駕することを行う方にでなければ、私たちはこの力を誰に帰そうというのか。私の霊魂は、自分を取り巻き、きわめて判明に知っているさまざまな物体を虚しく動かそうとするが、何も動かない。私の霊魂には、その意志で最小の原子を動かすだけのどんな力もない。ある上位の力が霊魂にふさわしいものとしてくれたに違いない、たった一つの物体しかない。この物体に関してなら、霊魂は意志すればよい。霊魂の見知らぬこの機構のすべてのバネが、霊魂に従うために適切に調和をもって動く」(『神の存在と属性の証明』第一部四七項)。フェヌロンにとって一番無知な農民さえ見事に体を動かすことは驚異であった。この

同じ事実からまったく逆の結論が引き出されるとはフェヌロンも考えてはいなかっただろう。

〔四九〕　脳内の繊維の運動や振動および脳内の動物精気の運動と、私たちの思考との自然的つながりに関しては、後にメリエは証明八第八八章や第九一章で詳説することになる。ここでは前注同様、メリエがその立論に際して下敷きにしたと思われる『真理の探究』の該当箇所を揚げる。「精神の力が存するのは、脳の繊維に付随する動物精気の大きさや活動の一定の釣り合いの中である」（マールブランシュ『真理の探究』第二巻第二部第一章一節、ロビネ版全集第一巻二六七頁）。「たとえば痛みを引き起こす運動は、かなりしばしばくすぐったい感覚を引き起こすそれとわずかしか違わない。両者の間には本質的な違いがある必要はないが、この二つの運動が霊魂の中で引き起こすくすぐったい感覚と痛みとの間には本質的な違いがなければならない。というのもくすぐったい感覚に伴う神経繊維の振動は霊魂にとって肉体の配置がよいことの証言になるが、痛みに伴う運動はずっと激しく肉体に損傷をもたらしうるものであるため、霊魂はなんらかの不快な感覚を介してそこから警告を受け取り自分を守らなければならないからである」（マールブランシュ、前掲書第一巻第一〇章五節、ロビネ版全集第一巻一二七頁）。「脳の神経痕は互いにつながっている。動物精気の運動がそれらに従い、脳の中で呼び起こされた神経痕は精神のうちにさまざまな観念を喚起し、動物精気の中で呼び起こされたさまざまな運動は意志のうちでさまざまな情念を引き起こすのである」（マールブランシュ、前掲書第二巻第一部第五章、ロビネ版全集第一巻二一四頁）。これらの諸事実は、マールブランシュにあってはもともと神の意志に基づく「機会原因」の発現でしかないのであろうが、メリエは外的刺激による感覚の成立、あるいは動物精気の運動による観念の成立というこれらの「事実」に着目して、これを自らの文脈に取り込み、マールブランシュの主張を逆転させるのである。

〔五〇〕　子宮内における人間形成という事実に関する知識はア・ポステリオリなものとならざるをえないにもかかわらず、子宮と人間形成という二つの観念間には「必然的つながり」がないことをもって両者の関係を否定するのは愚行である、というこの巧みな比喩は、生得観念に基づくだけの思弁的・合理的論証の含む矛盾を鋭く突くものと言えよう。

〔五一〕　物質は自ら運動する力を備えているが、現実の運動は物質にとって本質的ではなく、物質の本性の一特性でしかない、とメリエは言う。論理的矛盾と見えるこの命題はしかしメリエにとって基本的なものであり、以下の例のように彼は何度もこの主張を繰り返す。「たとえば運動は、延長がそうでありうるように、物質の有りようないし様態の一つであることは明白です」（証明八第八九章（本書七二一頁））。

運動を物体の一様態とするこの命題の後半はデカルト派に通有の主張であった。デカルトは次のように言っている。「しかしながら、このようなふつうの用い方に基づくものでしかないものに立ちどまっていないで、真理上からいって、運動ということがどういうことであるかを知って運動に何か

一定の本性を認めようとするなら、運動とは物質の一部分あるいは一つの物体が、それと直接に触れあっていて、しかも静止していると見なされるもろもろの物体の近くから、他のもろもろの物体の近くへ移動することである、ということができる。ここで一つの物体あるいは物質の一部分というのは、いっしょに移される一切のもののことであって、このもの自身がさらに多くの部分から成り立って、これらの部分部分がお互いに違った運動をしてもかまわない。また私が、移動であるといって、移動させる力もしくは働きだといわないのは、運動はつねに動かされるもののうちにあって、動かすもののうちにはないことを示すためなのであって、この二つがふつうは十分厳密に区別されていないように思われるのである。さらに、運動は一つの実体ではなく、運動するものの一つの性質であって、それはちょうど、形が形あるものの様態であり、静止が静止せるものの様態であるのと同じことである」（『哲学の原理』第二部二五項、邦訳、前掲書二六九頁）。

　メリエは本書で、直接デカルトを引用してはいない。しかしメリエ自身引用しているマールブランシュ『真理の探究』の次のような箇所から十分このテーゼは知っていたはずである。「土でも金属でもない物質、四角くも円くもなく、運動状態にあるのでもない物質を理解することはかなり容易であっても、延長していない物質を理解することはできない。こうしたことから、次のように結論しなければならない。土でも金属でもなく、四角くも円くもなく、さらに運動状態にあるのでもない物質が存在することが起こりうる〔……〕。かくして〔……〕ただ唯一延長のみが物質の本質である。〔……〕ところで、延長を前提にしている以上、運動は物質の本質に属するものではないように〔……〕」（『真理の探究』第三巻第一部第一章二節、ロビネ版全集第一巻三八二頁。メリエは証明八第八八章（本書七一七頁）などでこの箇所を引用している）。

　このようにデカルト派は延長を物質の本質、運動を物質の様態としている。メリエはこうした区別はそのまま継承する。しかし物質の偶有性であることを根拠にして運動と物質を切断することは拒否する。というのも、メリエにとってマールブランシュの主張する「必然的つながり」は単に対象の本質に関わる概念装置であるにすぎないからである。本質の認識に関わるものである以上、それは非本質的な属性の認識には適用できないのは当然であり、かくしてメリエは、一面ではデカルト派の物質観を受け入れながら、他面、物質と運動を切り離すデカルト派の運動観を批判し、物質と運動の「自然的つながり」を回復するのである。さらに付言するならば、こうしたメリエの独特の物質観を補完しているのが、訳注四四でも指摘した、それ自体自己原因性を有する「存在一般」の概念である。メリエにおいて、この「存在一般」が物質であれば、それが個別存在、すなわち物質の多様な様態である個物へと展開するのを可能ならしめるものが運動であることが理解できよう。かくしてメリエの物質概念は、あらゆる諸存在を単一の実体の様態と解したスピノザの「実体」概念に接近することになる。それゆえ冒頭の命題は、メリエにとっ

ては矛盾を含むものではなくなる。

こうしたメリエの運動観は、マールブランシュやフェヌロンを批判するメリエの論法にさらに一層はっきりと現れる。たとえば古代の原子論的唯物論を批判して、フェヌロンは『神の存在と属性の証明』の中で、「失われたり、伝えられたり、無関係なもののようにある物体から別の物体へと移ったりする運動は、物体の本質に属しえない」と述べている。ところがこれに対して、メリエはただ「われわれとしても、運動が物体の本質に属するとは主張していない」(『反フェヌロン』「断片八一」、アントロポス版メリエ全集第三巻二七七頁)と記すのみである。フェヌロンは、運動を物質の本質とは異なる偶有性と規定し、その偶有性の真の原因たる神の存在を証明しようとした。だが単にそうした論法によっては物質の様態たる運動を否定しえないとするメリエにとって、運動が物質の本質ではないとするフェヌロンらの批判は、実はなんら批判を意味しないことになる。

〔五二〕　こうしたデカルト的な運動観は十八世紀の後半、たとえばルソーにも見られる。ルソーは『エミール』第四篇「サヴォアの助任司祭の信仰告白」の中でこの助任司祭に、「私が感官によって知覚するすべては物質であり、私に物質を知覚させ、物質とは切り離せない感覚可能な諸性質から、私は物質の本質的な全属性を演繹する。あるときは物質が運動し、あるときは静止しているのを私は見る。このことから私は、静止も運動も物質にとって本質的ではなく、一つの作用である運動はなにかある原因の結果であり、静止はこの原因の不在にすぎないということを推論する」と語らせている(邦訳、白水社、『ルソー全集』第七巻二八頁、樋口謹一訳)。

もちろん助任司祭はこれに続けて、「運動の最初の原因は物質の中にはない。物質は運動を受け、これを伝達するが、運動を生みだしはしない。自然の諸力が相互に働きかける作用と反作用を観察すればするほど、結果から結果へとさかのぼって、最初の原因たるなんらかの意志にたどりつかざるをえないことを私は見いだす」(邦訳、同三〇頁)と言う。そして言うまでもなく、この「なんらかの意志」とは「神」であり、それゆえ彼は「これが私の第一の原理である。私はだから、一つの意志が宇宙を動かし自然に生命をあたえていると信ずる。これが私の第一の教義、または第一の信仰箇条である」(同)と述べている。

物質と運動を切り離す点においてはメリエと通底しているとはいえ、このサヴォアの助任司祭のこうした信仰箇条はそれ自体としては、当時の理神論的な信仰告白とそれほど隔っているとは言えないであろう。だがルソーはこうした信仰告白に続けて、助任司祭に次のように語らせている。

「私がいまうちたてた教義はあいまいである。それはその通りだが、少なくとも、私に一つの意味を提示し、理性や観察に反するものは一つとして含まない。唯物論〔傍点訳者〕について同じことが言えるだろうか。もし運動が物質にとって本質的であるならば、この二つは分かちがたく、つねに同程度に物質の中に運動があり、物質の一つ一つの部分においてさえつねに同一の運動があって伝達不能であり、増加も減

少もできず、制止している物質を考えることさえできないのは、明らかではないだろうか。人が私に、運動は物質に本質的ではないが必然的である、と言うとき、言葉で私をだまそうとしているのであって、こうした言葉にほんのもう少し意味がありさえすれば、反論するのがずっと容易であるような言葉なのだ。なぜなら、物質の運動は物質自体から生ずるのであって、この場合は運動は物質に本質的であり、それとも、運動は物質の外の原因によって物質にあたえられるのであれば、運動が物質に必然的であるのは、運動の原因が物質に働きかける場合にのみそうであり、この二つのいずれかであって、私たちは最初の困難に戻ることになる」（邦訳、同三一—三二頁）。

　この箇所は、前注にわれわれが引用したフェヌロン『神の存在と属性の証明』第一部第三章七八—七九節を明らかに想起していると思われる。では、「運動は物質にとって本質的なものではないが必然的なものだ」と主張する唯物論者によって、ルソーは誰を想起しているのであろうか。フェヌロンが反駁しているエピクロス派とは思えない。それはP・M・マッソンが想起しているように、あるデカルト派唯物論者であろうか。それとも彼は、『反フェヌロン』や本書の写本を読んでいてメリエを漠然と想起しているのであろうか。『神の存在と属性の証明』の同じ箇所に対して、「われわれとしても、運動が物体の本質に属するとは主張していない」という記述が『反フェヌロン』に見られること（前注参照）を考えると、このような問題を提起することも無意味ではないであろう（もっとも、メリエは本文のこの箇所で、「運動は物質にとって本質的でも必然的でもない」と明言しているが）。なるほど後年の一七六四年という遅い時期ではあるが、ルソーの庇護者の一人であったプロシア大公領ヌーシャテル総督、スコットランド貴族ジョージ・キースはルソーに次のように書き送っている。「私は評判になっているシャンパーニュのある司祭の著作もおそらくお送りできるでしょう。作品そのものは彼の死後地方総監によって差し押さえられ、現在はフランス国王蔵書中にあり、二つ折り判二巻のものです。お送りするものは要約にすぎないはずだと思われます。最後の君主が最後の司祭の腸で首を括られる時、初めて世界は幸福なものとなるということが証明される、という言葉で彼はその作品を締め括っていますが、この逸話を私はシャンパーニュの友人の一人から聞きました」（ジョージ・キースからルソーへ。一七六四年一一月二四日、ポツダム）。

　この手紙の書かれた一七六四年という年代からすれば、キースがルソーに送ろうとしているのは、一七六二年にヴォルテールが出版した、メリエの『覚え書』の抜粋とも考えられる。しかし、この要約本に含まれているのは証明五までのキリスト教の教義批判のみであって、ここで問題となっている哲学的議論を含む証明七以降は含まれていない。またキースが作品を締め括っているという「最後の君主が最後の司祭の腸で……」というその後さまざまな形で人口に膾炙した表現は、この一七六二年の抜粋には見られない。メリエが本書の「序文」で述べているこの表現（正確には「地上の

お偉方はみな、貴族もみな、司祭たちのはらわたでしばり首にされるといい」というものである）が抜粋に取り入れられるのは、一七六八年に出版された『理性の福音を伴う必携論集』に収められた『ジャン・メリエの見解の抜粋』という、おそらくヴォルテールの版とは別の抜粋においてであろう。一七六二年当時、すでに『覚え書』の手書きの写本や要約本が何種類か流布しており、キースがルソーに送ると言ったのはそのうちの一つかと思われる。もっとも、ルソー自身がそれとは別に、やはり当時『覚え書』とは独立に流布していた手書き写本『反フェヌロン』を読んでいたことも考えられよう。

〔五三〕　訳注四六を参照。

〔五四〕　パンと小石のたとえは、「あなたがたの内で、自分の子がパンを求めるのに、石を与える者があろうか」という『マタイによる福音書』第七章九節をメリエは想起しているのであろうか。

〔五五〕　ここにおけるメリエのピュロン派に向けられた揶揄は、おそらく訳注四六で述べた懐疑論者に関する当時の通念に沿ったものであろう。たとえば十七世紀、モリエールの『強制結婚』（一六六四年）には、懐疑論をふりかざす哲学者マルフリウスを棒でなぐりつけたスガナレルが、「懐疑論の立場からすれば、あなたをなぐったのは私だとは断定できないはずだ」とやりこめる一場面（第五場）がある。これを下敷きにして、十八世紀にはたとえばディドロも、「形而上学の馬鹿話を全部集めても、一個の対人立証にも及ばない。相手を納得させるには、ときとして、肉体的または精神的な感覚を呼びさましてやるだけでよい。自分の存在を否定するのは間違いだということを、ピュロン派には棒を使って証明してやった」（ディドロ『哲学断想』、邦訳、前掲書第一巻八頁）、と書くのである。

　ところで、メリエがこうした懐疑論批判を展開する上で念頭に置いていた可能性があるものとして、次の二つを引用しておこう。「哲学者たち自身の間に見られる無限に混乱した意見や、事物の認識についてのあの永遠普遍の論争には触れずにおこう。実際、人間が、とくにもっとも天稟（てんぴん）に恵まれた有能な学者たちまでが、すべてについて、いや、空が頭上にあるということについてさえ意見が一致しないということは、はじめからわかり切った前提なのである。現に、すべてを疑う人々は疑うというそのことさえも疑うし、人間は何事も理解できないと説く人々は、空が頭上にあることさえも理解できないと説く」（モンテーニュ『エセー』第二巻第一二章。邦訳、岩波文庫、第三巻二四六頁、原二郎訳）。「というのも、おのれの精神を完成させるためには、何も知らずあらゆる事物を疑うことを誇りにしているあの人々のように、何にも同意を与えず常に精神の自由を働かせるだけでは十分ではない。〔……〕そうではなく絶えざる瞑想によって、時には欺かれるというどんな恐れも抱かず悟性が私たちに描き出すことに同意を与えうるほどに、おのれの悟性を十分に働かせなければならない」（マールブランシュ『真理の探究』第一巻第二章五節、ロビネ版全集第一巻五七頁）。

〔五六〕　ここでメリエが提出している「私たちが思考している」事実の確認から出発して「存在一般」の実在を承認する命題は、形式的には「我の思考」から「思考する我の存在」を相即的に導出したデカルトの「コギト」命題に類似していると言えよう。だが第一に、メリエが「私たち」と書いているように、メリエの立論中には後にカントの「先験的主観」へと結実する近代的認識主体としての「思惟」という問題設定は存在していない。十七、十八世紀という思想史的文脈からするならば、デカルトの「コギト」のそうした受容はむしろ当然と言えよう。コギトの明証性は存在論の圧倒的な支配というプロブレマティックのなかに位置していたのである。

実際デカルト自身、「考えるためには存在していなければならない」（『方法序説』第四部、邦訳、前掲書九五頁）と言い、あるいは『省察』において「一切のことをとくと思いめぐらしたあげく、けっきょく、私はある、私は存在する、というこの命題は、私がこれを言い表すたび毎に、あるいは心のなかで考える毎に、必然的に真であるとして、これを立てざるをえないであろう」（邦訳、前掲書一四九頁）と述べていたのである。メリエがたびたび引用するマールブランシュにおいてもこうした傾向は同様である。とりわけアルキエも指摘しているように、「デカルトの懐疑は後になってのみ神を見いだしうるような、当面は孤独な主体の企てである」(Ferdinand Alquié, *Le cartésianisme de Malebranche*, Paris, 1974, Vrin, p. 73) が故に、マールブランシュ哲学のうちにはその座を持たず、「コギト」問題は単に真理認識の前提条件の問題へとすり変わってしまうのである。したがって、そうした文脈の中でメリエの命題を考えるならば、デカルトの「コギト」の時代的な変容の一つの姿として理解できよう。そしてこの変容を考える材料として、われわれは以下一つだけその例をレジス（ピエール＝シルヴァン、一六三二―一七〇七年）の『哲学体系』（初版一六九〇年）から引いておこう。

「私にはたくさんの知識がある。たとえば、天、地、海などを私は知っている。これらの知識をその対象から切り離し、それによって天、地、海などを私が認識する際の単なる知覚にすぎないと私が見なす場合でも、私はこれらの知識の実在を疑うことはできない。しかるに自然の光は、もし私が何物かでなかったならば私には知覚も知識もないことを、私に教えている。それゆえ、私は何物かであり、したがって私は実在しているのでなければならない」（リヨン版、一六九一年、第一巻一二八ページ）

レジスは引用箇所の少し前でも、「私は自分が実在していると信ずべき動機を検討する時、自分の実在に関して私が抱く認識は、私が自分の存在について抱く認識と少しも異なるものではないことに気がつく。それゆえ、存在という語によって、いかなる様態において実在するにせよ実在するものすべてを、私は一般に了解するのである」（同一二七頁）と述べている。レジスのこのテキストは、デカルト哲学の入門書として、ロオー（ジャック、一六二〇―一六七二年）の『自然学論』（初版一六七一年）同様、当時かなり普及していた

ものである。すでにパオロ・カジーニも指摘しているが（cf. Paolo Casini, *Fénelon, Meslier, et les lois du mouvement*, in *Le curé Meslier et la vie intellectuelle, religieuse et sociale* (*fin 17e–début 18e siècle*), actes du colloque international de Reims, 17-19 ocrtobre 1974, Reims, 1980, Bibliothèque de l'Université de Reims, p. 264)、あるいはメリエはランスの神学校時代にロオー、レジスのテキストに触れたことがあったのであろうか。ロオーもレジスも一面ではともにデカルト主義の「経験主義的傾向」（桂寿一『デカルト哲学とその発展』一九六六年、東京大学出版会、一九一頁）を体現している。その延長線上にメリエの命題をうかがうことは不可能ではないであろう。

〔五七〕　これは証明ぬきの主張のように見えるが、その証明をメリエは次の第六八章の再反論三（本書四七四頁）で与える。

〔五八〕「この議論は……」で始まるこの二つの文章は、もともと一九四五九と一九四六〇の二つの手稿の欄外に後から書き込まれた挿入文である。この文が「したがって……等々」というように完全な文章の体裁をなしていないのもそのためである。ちなみに、手稿一九四五八ではこの箇所は「したがって、上述の議論が証明しているのは物質的存在の実在と永遠性です」となっている。

〔五九〕　恣意的意志によって絶対的不可能性を可能性に、可能性を不可能性に変えうる外部的存在としてメリエがここで想定しているのは、もちろん神のことである。

〔六〇〕「現実的で絶対的な可能性や不可能性」とは、すぐに例示されるように、メリエにとって「天地の存在」や「谷なしの山」などという事柄を意味している。「谷なしの山」の例は、次のようにデカルトの『省察』や『哲学の原理』に見られる表現である。「谷なしに山を思惟しえないように、むろん私は存在するものとしてでなければ神を思惟しえない」（デカルト『省察』五、邦訳、前掲書一七九頁）。「谷のない山というものが考えられないように、私たちが凹みに含まれる凹みのない延長を考えたり、延長ある実体のない延長を考えたりするのも矛盾である」（デカルト『哲学の原理』第二部一八項、邦訳、前掲書二六六頁）。もっともメリエの場合、デカルトを直接引用している例はないので、この場合もたとえば次のようなマールブランシュ『真理の探究』の記述からとられていると思われる。「全体は部分よりも大であること、大理石の山は可能であっても谷なしの山は可能ではないことは明らかである〔……〕」（マールブランシュ『真理の探究』第四巻第九章二節、ロビネ版全集第二巻九三頁）。

〔六一〕　恣意的意志により不可能性と可能性とを転換しうる絶対存在という想定から出発し、メリエはその仮定を適用した不条理な例を列挙し、ついにはこの存在を消去し、これは不可能な存在であるという帰結まで導き出してみせる。論敵の前提から明らかな不条理を引き出して積み重ねたり、そこから前提そのものを否定する帰結を導き出したりするこの論法は、神学的論争における常套的手段であった。ここでメリエはまず、二足す二が四などの数学的真理に代表される「永久真理」やスコラ論理学の「格率」（事物が存在することと存在

しないことは同時に成立しない、など）の真理性を根拠に、事物から超越した力を持つ神の存在を否定しようとする。

この第六八章の反論五から第六九章までは、以上のような「永久真理」や「格率」を基礎に存在論をめぐる形而上学的議論が展開される。これらの真理の承認は、メリエの場合とは逆に正統的神学者や哲学者においては神の存在証明として伝統的に用いられてきた。メリエが実際に参照したかどうかは不明であるが、以下にその有名な例を二つ挙げよう。一つはアウグスティヌス『自由意志論』第二巻からである。

「第八章　数の法則について

アウグスティヌス――〔……〕思惟する人はみな、各自の理性と精神とをもって共通に知りうる、そういうものが見いだされるだろうか。もし見いだされるなら、それはすべての人の前にあって知られるのであり、それを用いたために食べものや飲みもののように変化することはないのである。また、人が見ていても見ていないでも、不滅で完全な存在でありつづける〔……〕。

エヴォディウス――〔……〕今その一つを挙げれば十分でしょう。数の法則と真理は、思惟するすべての人の前にあります。〔……〕それは人に知られても、養分のように摂取する人の中に入って転化したり変化したりせず、また誤つ時でも法則自体に欠陥はなく、真かつ完全なものとしてありつづけ、したがって、それを知らなければ知らないだけ、人は誤謬に陥るのです。〔……〕さらに、身体の感覚で触れたもの、例えばこの天と地とその中のすべて知覚される物体が今後どれだけつづくかを私は知りませんが、しかし七プラス三は一〇で、現在だけでなく常にそうであり、かつて一〇でなかったことや今後一〇でなくなることは決してありません〔……〕。

アウグスティヌス――〔……〕思惟する人の前に共通に、いわば公けに現れ、それを見る一人ひとりの精神と理性に知られながら、自らは犯されず変化することなくありつづける真理は、他にも多く認められる。だが君が、私の問いに答えようとしたとき、数の法則と真理が力づよく君の心に浮かんだことは、私にはうれしいことだ。実際、聖書において数が知恵と結びついていることは決して無意味ではない〔……〕。

第一二章　理性は真理について判断するのではない〔……〕

アウグスティヌス――〔……〕われわれはこうした判断を、共通に知られる真理の内的規則にもとづいて下すが、その規則自体について判断するのでは決してない。なぜなら、永遠のものが時間的なものにまさり、七プラス三が一〇であるというとき、そうあるべきだというのではなく、ただそうだと認めるのである〔……〕。

ところで、真理がわれわれの精神と等しいのであれば、真理自体も可変的であるだろう。なぜなら、われわれの精神は、ある時は真理をよく見るが、ある時は殆ど見ないのであって、その点で自らが可変的であることを示しているからである。しかし、真理は自らの中にとどまるゆえ、われわれによってよく見られたために増大したり、少ししか見られなかったた

めに減少したりしはせず、完全であって朽ちることがないのである。〔……〕それゆえ、われわれはこの真理にしたがってわれわれの精神そのものを判断するが、その真理そのものについて判断することは決してできない。〔……〕精神は不変の真理に近づき、それに固着することができるなら、いっそうよく知解しうるのである。それゆえ、真理がわれわれの精神以下でなく、等しくもないならば、それより高く、すぐれていることになるであろう。

第一三章　真理は幸福と自由の源である。

アウグスティヌス——君は覚えているように、私は、われわれの精神と理性よりも高いあるものが存在することを、君に示そうと約束した。見よ、君の前に真理自体がある〔……〕」(『自由意志論』第二巻、邦訳『アウグスティヌス著作集三』教文館、九六—一一五頁、泉治典訳)。

もう一つはデカルト『省察』からである。「ところで今、私が或るものの観念を私の思惟から引き出してくることができるということだけから、そのものに属すると私が明晰判明に知覚する一切のものは、実際にまたそのものに属するということが帰結するとすれば、そこからまた、神の存在を証明する論証がえられはしないであろうか。確かに私は神の観念を、すなわち、この上なく完全な実有の観念を、任意な形または数の観念と同じように、私のうちに発見する。また私は、つねに存在するということが神の本性に属することを明晰判明に理解するが、それは、或る形または数について私が論証するものがこの形または数の本性にも属することを、私が明晰判明に理解するのと同様である。したがって、仮にこの数日のあいだ私の省察した一切のことが真でないとしても、神の存在は私にとって、〔数や形だけにかかわる〕数学上の真理がこれまでにもっていたのと少なくとも同じ程度の確実性をもっているのでなくてはならないであろう。

もっとも、このことは、一見しただけではまったく分明というわけではなく、むしろ一種の詭弁の観を呈するかもしれない。なぜというに、私は他のすべてのものにおいて存在を本質から区別することに慣れているので、神の存在もまた神の本質から切り離されることができ、かくして、神は現実的に存在しないものと考えられることができる、と私は信じかねないからである。しかしながら、もう少し注意して考察してみると、神の存在が神の本質から分離されえないことは、三角形の三つの角の大きさが二直角に等しいということが〔直線でかこまれた〕三角形の本質から分離されることができず、あるいは、山の観念から谷の観念が分離されえないのと同じであることが明白になる。したがって、存在を欠いている(すなわち或る完全性を欠いている)神(すなわちこの上なく完全な実有)を思惟することは、谷を欠いている山を思惟するのと同じく、矛盾である。

しかしながら、谷なしに山を思惟しえないように、むろん私は存在するものとしてでなければ神を思惟しえないけれども、しかし、私が山を谷とともに思惟するということから、それだからといって、何らかの山が世界のうちにあるという帰結は出てこない。それと同じように、私が神を存在するも

のとして思惟するということから、それだからといって、神が存在するという帰結は出てこないように思われる。というのは、私の思惟は事物になんら必然性を負わせはしないからである。また、馬は翼をもたないけれども、翼のある馬を想像することはできるのと同じように、たとえ神が存在しなくても、もしかすると、私は神に存在を誣うることができるかもしれないのである。

しかし決してそうではない。〔そういう抗論の見せかけをした〕詭弁はまさにここに潜んでいる。なぜかというに、谷とともにでなければ私が山を思惟しえないということからは、どこかに山と谷とが存在するという帰結は出てこないで、ただ、山と谷とは、それが存在するにせよ存在しないにせよ、互いに切り離されることができないという帰結が出てくるだけのことである。ところが、存在するものとしてでなければ私は神を思惟しえないことからは、存在は神から分離しえないということ、したがって、神は実際に存在する、という帰結が出てくるのである。これはなにも、私の思惟がそういうことにしてしまうというわけではない、つまり、私の思惟が何らかの事物に必然性を負わせるというわけではない。むしろ逆に、ものそのものの必然性、すなわち神の存在の必然性が、私をしてそのように思惟せざるをえなくしてしまうのである。というのは、翼のある馬でも翼のない馬でも私が自由に想像することができるのとは違って、存在をもたぬ神（すなわち最高の完全性をもたぬ最高度に完全な実有）を思惟することは、私の自由にならないからである」（『省察』五、邦訳、前掲書一七九―一八〇頁、桝田啓三郎訳）。

当然のことながらデカルトは神学者ではないが、デカルトによる神の存在証明は、これらの引用からも理解されるようにアウグスティヌスのそれと類似しており、そこでは、人間が捉えうる「永久真理」の普遍性・永遠性を神の永遠性へと通底させ、神の存在を根拠づけている。これに対してメリエは、第六九章までの議論で、神の観念に含まれる全能性・絶対的意志を「永久真理」の自明な普遍性・永遠性と対立させて、神の不在を論証する一論拠とするのである。

〔六二〕 ここでメリエが仮定する反論は、事物の可能・不可能はそれ自体で考えられるとしても、事物の実在は神に負っている、という主張である。言い換えれば、ここで例として出されている数学的真理などの被造物における真理も、それだけでは自足できず、その実在根拠は神のうちにある、とする論法である。これに対する以下二つの段落におけるメリエの再反論には、必ずしも数学的真理などの被造的真理を取り上げてはいないが、そうした真理はそれ自体で永遠・不変であるか、とのスコラ哲学における議論を前提としているようである。以下はトマス・アクィナスが『神学大全』に記した、被造の真理を永遠・不変とする異論であり、メリエの立場はこれに近いと言えよう。

「被造の真理は永遠的たりうる、とも考えられる。けだし、㈠アウグスティヌスはその『自由意志論』のなかで、何ものも〈円〉の理念や〈二と三の和は五である〉ということ以上に永遠的なるものはない、と語っている。だが、これらの真

理は被造の真理である。それゆえ、被造の真理も永遠的たりうる。〔……〕真理は不変である、とも考えられる。けだし、〔……〕㈡あらゆる変化のあとに残るものは不変である。それはまさしく、第一質料が、あらゆる生成と消滅のあとに残るものなるがゆえに不生不滅であるごとくである。然るに、真理はあらゆる変化のあとに残る。なぜなら、あらゆる変化のあとに、やはり、あるとかあらぬとか語ることが真なのだからである。それゆえ、真理は不変である」(『神学大全』、邦訳、前掲書第二巻一〇一、一〇五頁、高田三郎訳)。

〔六三〕　手稿一九四六〇では「物質的」となっており、アントロポス版メリエ全集もこれに従っているが、それでは意味不明である。ここでは他の二手稿に従って「非物質的」とした。

〔六四〕　メリエはここで「物質的で感覚的な存在」が「霊的で神的な存在」に依存しないことを論証するために、もちろんメリエ流にではあるが、デカルトのいわゆる「実在的区別」を導入している。デカルトは以下のように「実在的区別」を定義していた。

「ところで数というものは、事物そのもののうちに認められ、事物と事物との区別から生ずるものである。この区別には三種類ある。実在的な区別、様態上の区別、および理性による区別である。実在的な区別というのは、本来ただ二つないし二つ以上の実体の間にだけあるものである。私たちがそれら実体相互の間に実在上の区別があると認めるためには、その一方が他方をまつことなく明晰判明に理解されることができさえすればいいのである。私たちは神というものを知っているので、神ならば私たちが判明に理解するようなことを必ずその通りに成就しうると固く信ずるからである。したがって、たとえば、私たちが或る延長ある実体すなわち物体的実体の観念を現にもっているとして、そういう実体がはたして実際に存在するかどうかまだ確かには知らないという時でも、そういう観念を私たちがもっているというだけで、私たちはその実体が存在しうると確信することができるのである。またその実体が存在している場合には、その実体のうちのどの一部分かが私たちの思惟によって明確に限定されておれば、その部分はその実在の他の諸部分から実在的に区別されていると私たちは信ずることができるのである」(『哲学の原理』第一部六〇項、邦訳、前掲書二四六―二四七頁、桝田啓三郎訳)。

メリエもこのような意味における実在的区別を前提にしていることは明らかである。デカルト派において、明晰判明な観念に対応する存在の実在を保証するものは神である。しかし、この前提そのものの転覆を目指すメリエにとってこれを保証するものは、「存在一般」として捉えられ、人間的経験がその実在を裏付ける「物質」となる。

〔六五〕　前注六一でも指摘したように、ここでメリエが取り上げているのは「永久真理」、すなわち「第一の根本的真理」の問題である。その際にメリエが直接反論の対象として念頭に置いていたと思われる資料を以下に挙げる。フェヌロン『神の存在と属性の証明』の一節である。

「おお、人間の精神はなんと偉大であることか！　自らの

うちに驚くに足るものを、しかも限りなく自らを超えるものを備えている。その諸観念は普遍的であり、永遠であり、不易のものである。普遍的であるというのは、存在しかつ存在しないことは不可能である、全体はその部分よりも大きい、完全な円曲線にはいかなる直線部分も含まれない〔……〕と私が言う時、これらすべての真理はどんな例外も許しえないからである。これらの規則に従わない存在や直線や円や角などまったくありえないだろう。これらの規則はあらゆる時に属している。いや、もっとうまい言い方をするならば、あらゆる時よりも前に存在し、考えうるあらゆる時間を超えて常に存在するだろう。天地がひっくり返って無に帰し、存在や直線や円や角について推論するどんな精神さえももはやいなくなっても、同一物が同時に存在しかつ存在しないことはありえない、完全なる円にはいかなる直線部分も含まれない〔……〕ということは、相変わらず同じようにそれ自体真であろう。これらの真理を人が実際には考えていないことは十分ありうる。宇宙が存在しないことも、これらの真理を考えうる精神が存在しないことさえも起こりうるだろう。しかし結局、いかなる精神もそれらを知ることがなくとも、それでもなおこれらの真理それ自体が確実であることに変わりはないであろう。それは、すべての人間が盲目で、だれ一人太陽の光を受ける眼を持たない場合でさえ、それでもなおその光が真実であるのと同様である。二足す二は四になると請け合う時には、真実を語っていることが確実なだけでなく、この命題が常に同じく真であったし、永遠に真であるはずだということさえ疑いえない、と聖アウグスティヌスは言っている（『自由意志論』第二巻第八章）。われわれがわれわれ自身の基礎に持っているこれらの観念には限界はなく、また限界は許容されない。〔……〕これら限界のない観念は変化することも、われわれのうちで消えることも、変質させられることもありえない。それはわれわれの理性の基礎である。自らの精神にどれほど無理を強いても、これらの観念がわれわれに明白に表すものを真剣に疑うまでに至るのは到底不可能である。たとえば、全体がその諸部分の一つより大きいかどうか〔……〕を知るために、私は真剣な懐疑に陥ることはできない。無限の観念は私において、数や線や円や全体や部分の観念と同じである。われわれの抱く諸観念を変えることは、理性そのものを消滅させることであろう。われわれのうちに刻印され、そこから消されえない不動の無限によって、われわれの偉大さを判断しよう」（フェヌロン前掲書第一部第五二章）。

ところで、メリエは『反フェヌロン』において、この引用の冒頭部分に対して次のような注釈を加えている。「これらの観念が永遠であり、不易のものであれば、それゆえそれは上位のいかなる存在の力や意志にも依存しないし、したがってそれは自らそれ自体で現にあるところのものであることになろう。またこれらの観念は当然なんらかの事物に関連しているのだから、それゆえまたそれが関連している諸事物も、当の事物を表している観念同様にそれ自体で永遠であり、不易でなければならない。というのも、もしもその諸事物が永遠

で不易でないならば、事物があるのとは別様に観念がその事物を表すことになるため、諸事物を表している観念が真ではなく偽となってしまうからである。さて、著者の主張によれば、これらの観念は永遠で不易である。これらはいかなる例外も許容しえない真理である。それゆえ、観念が表している事物もそれ自体永遠で不易であろうし、したがって他のいかなる上位の存在の力や意志にも依存しないであろう。また事物が他のいかなる上位の存在の力や意志にも依存せずに、それ自体自ら現にあるところのものであれば、それゆえ現にあるように事物を存在させるために神というものの全能や無限の英知に頼る必要はない。こうした帰結が導かれるのは明らかであり、全能で限りなく賢明な神なるものの存在を証明しようとして著者がここで行っている議論と推論はこうしてすべて崩壊する」(「断片三九」、アントロポス版メリエ全集第三巻二五二―二五三頁)。見られるように、この注釈は第六八章の反論五から第六九章までの彼の論証の原型と言えよう。

またメリエは同じ『反フェヌロン』において、引用文中の「宇宙が存在しないこととも〔……〕これらの真理それ自体が確実であることに変わりはないであろう」という部分に対しても、次のような注釈を加えている。「著者はここで諸真理について、それらがあたかも現実的で恒常的な存在であるかのように語っていると思われる。しかし彼が仮定している場合、真なるものが何もなく、また真と考えるいかなる精神ももはや存在しないのだから、どうしてなんらかの真理が存在しうるのだろうか。というのも、精神がある事物について自ら形成する観念と、精神が自らのためにその観念を形成する当の事物との一致を意味するのでなければ、真理とはいったい何であろうか。さて、仮定されている場合、いかなる事物も、事物のなんらかの観念を自ら形成するいかなる精神ももはや存在しないのだから、観念と事物との一致はもはや存在しないだろうし、したがってもはや真理も存在しなくなる、これは明らかである。〈存在、真理、そして善は一つのものでしかなく、〔……〕それらはただ存在にのみふさわしいものである〉、と著者は三六八頁で言っている。ここで彼が仮定している場合では、いかなる存在ももはや存在しないであろう。それゆえもはや真理も存在しないであろう」(「断片四一」、アントロポス版メリエ全集第三巻二五五頁)。

さらにまたメリエは、引用文中でフェヌロンがアウグスティヌスを参照している箇所にも、次のような注釈を加えている。「常に数が存在していた、そうであれば常に数は存在することになる、たとえば常に二と二は存在していた、それであれば常に二と二は存在する、ということをこの推論は見事に証明している。しかし、いかなる数も無に関しては述べられず、必ずある物に関して述べられるのであるから、ここから常にある物が、いやいくつもの物が存在していた、そうであれば常にいくつもの物が存在する、ということが帰結する。したがって、なんらかの数を創造し、またなんらかの事物を作るために神というものの存在に訴えることは無用である」(「断片四二」、アントロポス版メリエ全集第三巻二五六頁)。

メリエにとって、「永久真理」あるいは「第一の根本的真

理」と言われるものは、実際には物質の実在を基盤としているがゆえに成立しうる命題なのである。メリエが「永久真理」の問題を取り上げるのは、まさしくこの視点からである。

〔六六〕メリエはここでも「永久真理」の承認を梃子に物質的感覚的実在の存在を基礎づけようとしている。ただし、最後の「世界のどんな事物さえ存在しなかったとしても、……」という例において、メリエは自ら『反フェヌロン』「断片四一」での叙述（前注参照）と明らかに矛盾するような記述を行っている。しかし、そもそもメリエにおいて「永久真理」の援用の根拠となったのは、それらの真理が人間の思考に依存するものでないことが強調されていたからであろう。実際デカルトもたとえば『《省察》に対する〕第六抗弁に対する回答』ではわざわざ強調して「永久真理が人間の知性とか実在する事物に依存すると考えてはならない」〔傍点は原文でのイタリック体による著者による強調〕と述べている。

そして、まさにこの点でマールブランシュはデカルトを継承しながらその論点を推し進め、「確かに永遠の真理や法則が神に依存するとすれば、それが創造主の自由意志によって打ち立てられたとすれば、つまり私たちが参照する理性というものが必然的でも自立的でもないとすれば、本当の学問は存在しないし、また中国人の代数や幾何が私たちのものと同じだなどと請け合おうものなら、確実に誤ってしまうのは明らかだ、と私には思える」（マールブランシュ『真理の探究』、釈明一〇、ロビネ版全集第三巻一三二頁）と言うように、永久真理が神の自由意志にすら依存しないと主張するに至っている。マールブランシュにおいては、「永久真理」はその必然性と自立性とによって明らかに神の「自由意志」の上位概念の位置を占めるものとなる。当然のことながら、この「永久真理」の合理性は、それ自体「神」の普遍性、合理性に根拠を置くものであるから、マールブランシュにとっては両者の間にいかなる乖離も存在しない。しかし、「神」そのものへと鋭い懐疑を向けるメリエにとって、このような形での「永久真理」の自立性の強調は、むしろこの真理と「神」との埋めがたい乖離が存在することの証拠と映る。それゆえ、ここでメリエが「永久真理」の独立性をこのように強調するのは、「神」そのものにとってさえ埋めることのできないこうした乖離を際立たせるためと言えよう。

〔六七〕何らかの形相を有する「可能なもの」の基底には永遠なる自立的な存在がある、とするこの議論もまたスコラ的伝統に由来する。トマス・アクィナスは、「神の存在証明の三、可能と必然からする証明」で次のように述べている。

「第三の途は可能と必然とからする途であり、それは次のような性質のものである。すなわち、われわれは、事物には、〈存在することもしないことも可能なもの〉があることを見出す。つまり、我々の周囲には、生じてはまた滅んでゆくもの、従って、〈存在することもしないことも可能なもの〉のかずかずが見出されるのである。およそこうしたものは、すべて、常に存在していることの不可能なものである。存在しないことの可能なものは、存在していない時のあるものにほかならないのだからである。それゆえ、もし、あらゆるすべ

てのものがすべて、〈存在しないことの可能なもの〉でしかないとするならば、何ものの存在しているのでもない時があったことになるであろう。いま、もしこれが真であるとするならば、今もなお何ものも存在してはいなかったはずである。なぜなら、存在しないものが存在しはじめるのは、何らか既に存在しているところのものによってであるほかはないのであって、もし、だから、如何なる有も存在しなかったのであれば、何ものの存在しはじめることも不可能だったこととなり、かくては今もなお何ものも存在していないはずだろうからである。だが明らかにこれは偽である。だからして、必ずしもすべての有が可能的なものであるのではなく、そこには何らか必然的な有が存するのでなくてはならぬ。ところで、すべて必然的なるものは、その必然性の因を他に仰いでいるか、或いは然らざるか、のいずれかである。だがそれの必然性の因を他に仰ぐところのものについて、その因の系列を無限に遡ってゆくことのできないものなることは、既に証明された作動因の場合と同様である。それゆえ、われわれは、その必然性を他に仰がず、却って自ら他のものに対してその必然性の因となっているごとき、何らか〈自らによって必然的であるところのもの〉が存在しなくてはならない。かかるものを万人は神と呼んでいる」（『神学大全』、第二問題三項「神は存在するか」、邦訳、前掲書第一巻四五—四六頁）。

　ところで、メリエが注釈を加えたフェヌロン『神の存在と属性の証明』中のトゥルヌミーヌの論文に次のような一節がある。

「〔古代の無神論者の中で〕エピクロス派よりも賢い連中は細かいことは言わずに、過去・現在・未来にわたるあらゆる存在は永遠な実体の必然的産物であり、その実体が諸存在を生み出さざるをえないような仕方で、またその実体が別の存在を生み出すことも、諸存在を別の仕方で生み出すこともできないような仕方で、その実体からあらゆる存在は出てきたと主張するに止めた。要するに、すべては必然的に現在あるがままに存在するのであり、このようにして、世界、万有、普遍的存在、現れてくる万物の永遠にして必然的なこの源、実在する万物がその部分であり生起する万物がその変容であるこの唯一の実体、これ以外に神は存在しない、と主張した〔……〕。

　まず彼らに尋ねよう。万物の必然的源であるこの実体は知性を備えているのか、それとも知性を備えずまったく物質的なのか、と。それは英知によって活動するのか、それとも盲目的に活動するのか、と〔……〕。

　彼らは宇宙からあらゆる精神、あらゆる知性を排除しようとするだろうが、もしも彼らが万物の源は知性を備えず盲目的であると答えるなら、またもしもその源は知識を有することもなく、自ら生み出すものを設計することもなく活動すると答えるなら、世界の構造と人間の構造から著者〔フェヌロン〕が引き出すすべての論拠が再び立ち現れてくる。われわれの敵対者たちはこのように賢明な、このように整ったもろもろの産物が盲目的な一実体からどのようにして出てくるのかを説明しなければならない。彼らがどんな巧妙さを発揮し

ても説明しがたい神秘である。働きかける原因など想定すべきではない、すべては自然的な必然性によって存在する、と彼らは言うだろう。哀れな屁理屈だ！　〈すべては自然的な必然性によって存在する〉などと言う時、彼らはどんな観念を抱いているのだ。万物の質料は永遠である、さしあたりこれには同意しよう。では質料が備えるさまざまな形相を誰が質料に与えるのか、これが私の尋ねることだ。これらの人間や動物や植物を誰が作り上げるのか、その諸部分を誰が配列するのか。質料は自らこのように配置される、と彼らは言う。それにも同意しよう。だが私は尋ねる。質料の連続する必然的な配置は何らかの知識によって整えられるのか、それともそうでないのかと。これに答えなければならない。どんな知識がそれらを整えもしないと言うなら、それらの物が備えるすばらしい均整の妙により彼らは否認されることになり、不敬な説の不可能性がはっきりする〔……〕。

どれほど整合的な配列であっても、自然的な諸原因の連鎖からの必然的な結果でありうる、ともっとも巧みな無信仰の擁護者たちは主張する。すなわち、すべては必然的に存在する、すべては永遠である、無数の機構、無数の世界が永遠という悠久の時の間に代わるがわる継起した、と。あらゆる可能な機構におのれの順番があった、無知のためわれわれが感嘆しているものも可能なものであり、おのれの席次に着くはずであった、と。偶然さえ現在のような宇宙を構築しえたし、このように賢明と見えるものも結局は、集合することが不可能でなかった諸部分の一致協力にすぎない、と。以上が無信仰な者たちの最後の砦である」（『神の存在と属性の証明』、パリ、一七七五年版三八三―三八七頁）。

そしてメリエは、引用文最後の一節の「どれほど整合的な配列であっても……」という一文に対して、「まさしくそのとおり」（『反フェヌロン』「断片二三七」、アントロポス版メリエ全集第三巻三四三頁）と書きつけて、賛意を示している。

〔六八〕　先の反論に見られるような、技術による産物と自然による産物とを同列に置いて論ずる議論は不合理だと、メリエはここで反論を企てているが、その内容は第八三章で詳述される。

〔六九〕　原因の無限遡行の不条理に関するこうした議論は、第六四章始めでもメリエによってすでに用いられていた。ところで、この論法もやはりスコラ的伝統に基づいている。トマス・アクィナスの神の存在証明の一と二には次のような議論がある。

「第一の、そして最も判りやすい途は、運動変化ということよりするものである。けだし、この世界においてものが動いている、即ち運動変化していることは確実であり、感覚によって確認されるところである。動くものは、然るに、すべて他者によって動かされる。〔……〕或るものが、〔……〕同じ点で同じ仕方で、動かすものたると同時に動かされるものたること、即ち、自らが自らを動かすということは、不可能である。従って、すべて動くものは他者によって動かされるのでなくてはならない――もし、それゆえ、〈動いているもの〉がそれ自身のがそれによって動かされているところのもの

また動いているにほかならないとすれば、このものもまた、別のものによって動かされているのでなくてはならず、更にこの動かすものもまた同様である。だがこうして無限に遡行してゆくわけにはいかない。けだし、もし遡行が無限に行われてゆくとすれば、〈最初の動かすもの・第一動者〉なるものは存在しないことになるであろうし、従ってまた、それ以外の如何なる〈動かすもの〉もないことになるに相違ない。というのは〈副次的な動かすもの〉はいずれも第一動者から動かされていることによってのみ他を動かすものなること、あたかも、杖は手によって動かされていることによってのほかは他を動かすことがないのと同様だからである。かくして我々は、必然的に、如何なるものによっても動かされていない或る〈第一動者〉にまで到達せざるをえない。そして、万人が解して神となしているところのものはまさしくこうしたものである。

第二の途は作動因という観点からするものである。すなわち、我々はこの可感的なるものの世界において、作動因の因果系列が存在しているのを見出す。そこには決して、自分が自分自身の作動因であるごときものは見出されもしないし、また見出されうべきはずもない。〔……〕しかしまた、作動因の系列を辿って無限に遡ってゆくことはできない。けだし、如何なる作動因の因果系列にあっても、第一の項は中間項の因、中間項は最後の項の因をなすのであり、〔……〕因が除去されれば、果もまた除去される。もし、だから、作動因の系列において第一項が存在しないとあっては、最後の項も存在しなければ中間項も存在しないということになる。いまもし、作動因の系列を辿って無限に遡行が行われうるとなれば、その場合は、第一の作動因が存在しないことになるわけであるし、かくては、最後の果も中間的な諸々の作動因も存在しないこととなるのであって、これは明らかに偽である。従ってわれわれは、何らか〈最初の作動因・第一作動因〉が存在するとせざるをえないのであるが、こうしたものを、万人は神と名づけている」（『神学大全』、邦訳、前掲書第一巻四三—四四頁、高田三郎訳）。

〔七〇〕　その例をたとえば、トマス・アクィナス『神学大全』で次のように見ることができよう。

「神はものを創造することはできない、とも考えられる。けだし、（一）アリストテレスの『自然学』第一巻に従えば、往昔の哲学者たちは〈無から何ものも生じない〉ということを彼らにおける公理として容認している。〔……〕以上に答えて、私はこういうべきだとする。

単に、〈神によって何ものかが創造される〉ことが不可能でないのみならず、さらに我々は〔……〕〈神によってすべてが創造されたのである〉となさざるをえない。すなわち、ひとあって何ものかから他の何ものかをつくる場合、彼の動きには、〈彼がそこからつくるところのもの〉が予め前提されているのであって、このものは決して彼の働きそのものによって産出されるわけではない。たとえば、工作者が木とか青銅とかいった自然物を素材に、そこから工作する場合のごときが即ちそれであり、これらの自然物は、技術の働きによ

って原因されるのではなく、却って、自然の働きがその因なのである。然しながら、この自然そのものといえども、それが自然物の因たるのは、それらのものの形相に関するかぎりにおいてでしかなく、自然もやはり質料というものはこれを前提しているのである。もし、だから、神もやはり何らかの前提されたものから働くのでしかないとしたならば、そこに前提されているところのものは神によって原因されたものではないことになるだろう。だが、〔……〕諸々の有のうち、存在全体の普遍的な因たる神に起因しないものは何ひとつありえない。だからして、神は諸々の事物を、無から存在にまで産出するのである、となすべきは必須である」（邦訳、前掲書第四巻二一―二四頁、日下昭夫訳）。

〔七二〕　メリエがここで列挙する時間、場所、物質、霊的実体（これは除外するとメリエは言う）の四つに関して言うならば、それらの概念は、必ずしも常に同一ではなかったが、アウグスティヌス以来一般に、天地創造において最初に創造されたと言われてきたものである。それは『創世記』第一章冒頭の注解という形でスコラ哲学において継承されてきたものであり、たとえばアウグスティヌスは次のように語っている。

「お造りになったもののうちに、あなたとひとしく永遠ではないが、しかも無時間的な二つのものを見いだします。一つは、たえず観想し、変化によって中断されず、変化の可能性をもちながら変わることがなく、永遠と不変性とを享受するように形づくられています。他の一つは、運動ないし静止のある形相から他の形相へと時間のもとにあるように変化してゆく形相を全然もたないほど無形なものです〔……〕。この無形のものから、別の天と、目に見られ形のととのった地が生じ、美しい水が生じ、つづいて、この世界の創成において日をへて造られたと聖書に記されているすべてのものが生じました。じっさい、これらのものは、運動と形相との秩序ある変化によって時間的に変遷してゆくのです」（『告白』第一二巻第一二章、邦訳、中央公論社、「世界の名著」一四、四五一頁、山田晶訳）。

またトマス・アクィナスも『神学大全』で次のように述べている。「〈始めに神は天と地を創造し給うた〉という『創世記』第一章の言葉は三様の仕方で解釈される。そしてそれは、これによって三つの誤謬が排除されんがためであった。一部のひとびとは、すなわち〈世界は常に存在したのであり、時間には始まりがない〉と説いた。こうした見解を排除するため、〈始めに〉ということが〈時間のはじめに〉と解釈されるのである。〔……〕実際、浄火天、物体的質料（これが〈地〉という名称のもとに理解される）、時間、ならびに天使的本性、この四つは同時に創造された、とされているのである」（邦訳、前掲書第四巻七〇―七一頁、日下昭夫訳）。

さらにトマス・アクィナスは明確に、時間、場所、無形相的質料、天使的本性の四つの名称を挙げる。「時間は無形相の質料と同時に創造されたのではない、とも考えられる。けだし、㈠アウグスティヌスは『告白』第一二巻において、神に向かって次のように語っている。〈汝が、時間を欠くごときものとして造り給うた、二つのものを私は見出す〉と。二

つのものとは、即ち、物体的な第一質料と天使的本性にほかならない。してみれば、時間は無形相の質料と同時に創造されたものではないのである。〔……〕㈤時間は外的な尺度であるが、それゆえ、場所に優先して時間を、最初に創造されたもののうちに数えるべきではないのである。〔……〕㈠については、〔……〕こういわなくてはならぬ。アウグスティヌスは、天使的本性や無形相の質料が、淵由において、乃至は本性において、時間に先立つものであるという意味において、このことをいっているにすぎない。〔……〕㈤についてはこういわなくてはならぬ。場所は、すべてを含むところの〈浄火天〉において理解されているのである。そして、場所は恒常的なものに属するゆえ、その全体がともに同時に創造されたのである」（『神学大全』、邦訳、前掲書第五巻四〇―四四頁、山本清志訳）。

〔七二〕　ここでのメリエの議論も当然のことながら、スコラ哲学の時間論を前提としている。たとえば神は永遠によって創造される時間に先行していた、とアウグスティヌスは言う。「あなたは時間に先だちますが、時間において時間に先だつのではありません。さもなければ、あなたが〈すべての時間に先だつ〉ことは、できないはずです。そうではなくて、あなたがすべての過ぎさった時間に先だつのは、常に現在である永遠の高さによるのです」（『告白』第一一巻第一三章、邦訳、前掲書四一三頁、山田晶訳）。

ところでトマス・アクィナス『神学大全』には、メリエと同じく永遠を持続と捉えてこれに反駁する者の論が見られる。「被造物のことごとく、つまり〈世界〉なる名称でもって呼ばれているところのものには、始まりというものがあったわけではなく、それは永遠このかた存在していたのである、とも考えられる。けだし、〔……〕㈧神が世界より先たるのは、ただ本性においてにすぎないのか、或いは持続においてなのであるか、そのいずれかである。もし、それゆえ、ただ本性においてにすぎないとするならば、神は永遠このかた存在するものなる以上、世界もまた永遠このかた存在するのでなければならない。またもし、神が持続において先なるものであるとするならば、かくては、持続における先・後が時間を成り立たせるものなる以上、世界に先立って時間が存在したことになるであろうし、これは然し不可能なのである」（邦訳、前掲書第四巻五一―五五頁、日下昭夫訳）。

〔七三〕　これは周知のように、以下の『省察』や『哲学の原理』に見られるデカルトの連続創造説である。

「一生涯の全時間は無数の時間に分かたれることができ、そしてそのいずれの部分も他の部分にまったく依存しないがゆえに、私がいま存在しなくてはならぬということは、ある原因がこの瞬間にいわばもう一度私を創造するのでないかぎり、すなわち私を保存するのでないかぎりは帰結しない」（デカルト『省察』三、邦訳、前掲書一五六頁）。「現にいま私たちがあるということから、すぐ後につづく瞬間にも私たちがあるであろうということは帰結されない。そのためには何か原因があって、つまり私たちを始めに造ったものがいて、これがいわば絶えず私たちを造りつづけることが、つまり私

たちを保存するということがなければならない」（デカルト『哲学の原理』第一部二一項、邦訳、前掲書三三一頁）。

〔七四〕「本性的先行」に関しては、訳注七二中に引用した『神学大全』の異論(八)を参照。また光の例をも含めて、次の箇所をも参照。「もし、その働きが瞬間的なものであって継次的なものでないならば、〈はたらくもの〉が、持続において、その果てよりも先なるものたるべき必然性は存しないこと、〈照明〉の場合〔ものが〈照明されつつある〉ということと〈照明された〉ということは同時である〕において明らかなごとくである。こうした意味でひとびとは、〈神が世界の能動因ではあっても、それが持続において世界よりも先なるものであるということが必然的にそこから帰結してくるわけではない〉と論ずるのである」（トマス・アクィナス『神学大全』、邦訳、前掲書第四巻六六頁、日下昭夫訳）。

〔七五〕アウグスティヌス『告白』の著名な「時間論」の次の箇所を参照。「もし現在が時であるのは過去に移りさってゆくからだとするならば、〈現在がある〉ということも、どうしていえるのでしょうか。現在にとって、それが〈ある〉といわれるわけは、まさしくそれが〈ないであろう〉からなのです」（邦訳、前掲書四一五頁）。

「もしも時間のうちに、何かもうこれ以上極微の部分に分割されえないようなものが考えられるとすれば、それのみが〈現在〉と呼ばれてしかるべきです。しかしそれは、きわめて迅速に未来から過去へととび移ってゆくから、ごくわずかに延びている間すらもありません」（同四一七頁）。

〔七六〕メリエが自分で「第三のものと等しい本性からなる事物は互いに等しい本性からなっている」と訳したこの命題は、ユークリッドの第一定理「第三者に等しい二つの量は互いに等しい」に由来する。メリエはこの命題をフランスの神学校で学んだのであろうか。メリエはそれをラテン語でQuae sunt eadem uni tertio, sunt eadem inter se. と書いているが、トマス・アクィナスは、たとえば『神学大全』の第一部第二八問三項で「オヨソ同一ノモノニ対シテノ同ジモノデアルトコロノモノハ、マタ相互ニ同ジモノデアル Quaecumque uni et eidem sunt eadem, sibi invicum sunt eadem.」（邦訳、前掲書第三巻三一頁、山田晶訳）と記している。

〔七七〕ここでメリエが取り上げている延長と思惟の区別、三次元性・不可入性・有形性という延長の特性、非延長的で思考からなるという思惟の特性等の諸カテゴリーは、言うまでもなくデカルト派からの借用である。

〔七八〕ここでメリエの主張している、時間は持続であり、それを人間が単位によって計るという時間論は、デカルト哲学やスコラ哲学を通してアリストテレスにまで遡ることができる。

「われわれが〈時間〉を識別するのは、〈運動〉を〈よりさき・よりあと〉の区別によって区分するときにほかならない。〔……〕〈時間〉とはまさに、〈よりさき〉と〈よりあと〉との区別にもとづく運動の数にほかならないからである」（アリストテレス『自然学』二一九、中央公論社、「世界の名著」九、一一八頁、藤沢令夫訳）。

「時間というものを、私たちが一般的な意味での持続から

区別して、時間とは持続の数であるという場合、そういう時間は思惟する一つの様態にすぎない。つまり、運動している場合と運動していない事物の場合で、その持続に違いがあるなどとは私たちにはとうてい考えられない。〔……〕しかし、あらゆる事物の持続を計量するために、私たちはその持続を、年とか日とかを作っている最も大きくて最も規則的な運動の持続と比較する。そしてこのような持続を時間と呼ぶ」（デカルト『哲学の原理』第一部五七項、邦訳、前掲書二四五頁、桝田啓三郎訳）。

しかしこの引用にも見られるように、デカルトはアリストテレスの「時間とは運動の数である」との定義を受けて、「時間は思惟する一つの様態にすぎない」と述べて、時間を人間の主観的構成物とみなしていた。それに対して、メリエはデカルトを踏襲しながらも、時間を実体の持続の表現と規定することによってデカルトとは逆の客観的・唯物論的な時間論を表明する。

〔七九〕　メリエは永遠なる第一存在、すなわち諸存在の根底にある物質存在そのものの持続を時間と捉える。その意味では永遠は絶え間ない持続であり、時間とは異ならないと、メリエは考える。しかしキリスト教の正統的理解では、この両者、すなわち単なる持続である時間と永遠とは鋭く対立していた。フェヌロンは『神の存在と属性の証明』第二部で次のように書いている。

「時間とは、その一層正確な定義を探し求めずとも、被造物の変化である。変化とはすなわち継起である。なぜなら、変化するものは当然ある状態から他の状態に移っていくからである。己がそこから出てきた状態が先にあり、これから入っていく状態が後に続く。時間は創造された存在の変化である。時間は、きわめて実在的で、この上なく実質的で、かつ存在の恒久不変性たるあるものの否定である。絶対的恒久普遍性によって恒久不変たるものは、それ自身のうちに先も後も、より速くもより遅くも有してはいない」（一七七五年版三三四頁）。

ここでいささか神秘的な色彩のもとにフェヌロンが表明している時間論は、当然のことながら以下に引用するアウグスティヌスの時間論以降、連綿と繰り返されてきたスコラ哲学の常套的主張である。「そのものの変化や運動において時間が経過するというような被造物がまったく存在しないところに、そもそも時間というものは存在することはできない。〔……〕だが、時間は可変性を通して移行していくのであるから、それが不可変の永遠性と等しく永遠であることはできない」（アウグスティヌス『神の国』、邦訳、岩波文庫、第三巻一三八頁、服部英二郎訳）。また同様な主張はトマスにも見られる。「永遠が存在に固有な尺度であるごとく、時は運動に固有な尺度である。だからして、ものが存在の恒存性から離れて変転の下に立つに従って、このものは永遠から離れて、時の下に立つに至る。かくて、諸々の可滅的な事物の存在は、変転的なものであることのゆえに、永遠によってではなく、時によって計られる」（トマス・アクィナス『神学大全』、第一〇問題四項、邦訳、前掲書第一巻一八一―一八二

頁、高田三郎訳）。

これらの「永遠」と「時間あるいは時」の区別は、当然メリエ自身よく知っていたであろう。それゆえにこそメリエは、時間とは持続であると定義しながら、時間を作っているのは諸事物の持続ではないとしたのである。だが、その同じトマスはまた次のようにも主張している。「われわれは、〔……〕永遠の認識に入るには時によるほかはない。時とは、然るに、〈先・後に従っての運動の数〉にほかならない。〔……〕これに反して、運動を欠き常に同じ仕方においてあるところのものにあっては、先とか後とかの取りようがない。それゆえ、時の概念が運動における先と後の数量化において成り立つと同じく、〈如何なる意味においても運動の外にあるところのもの〉の斉一性の捕捉において永遠の概念は成り立つ」（同第一〇問題一項、邦訳、前掲書第一巻一七一頁、高田三郎訳）。

個物の運動とは区別された、「永遠」の斉一性が実体の属性であることは容易に理解できよう。おそらくはメリエもまた、そうした側面に注目しつつ、「第一存在の持続」すなわち「存在の恒存性」こそが持続を形作るものであるとの理解に達したと考えられよう。すでに神の存在を否定し、「時間は創造されたか否か」を鋭く問うメリエの目には、スコラ哲学の弁神論的な論理そのもののうちにも自己の時間論を主張する手がかりを見いだせたのであろう。先のフェヌロンの時間論に対して、メリエは『反フェヌロン』で次のように批判的な注を書き加えている。「時間は一個の否定ではない。それは、存在し、常に存在していた、そして常に存在するはずの、したがってそれ自身のうちに現在、過去、未来を内包する永遠なる存在の実質的で恒久的な持続である」（「断片一九六」、アントロポス版メリエ全集第三巻三二六頁）。

〔八〇〕　マールブランシュは『真理の探究』で次のように述べているが、メリエの文章はこの最後の箇所（傍線部）をいわば敷衍して述べたものと言えよう。「だれかが自分の霊魂の本性について推理したいのであれば、思考について抱いている観念以外の知識をもってしてはそれを推理することはできない。それと同様に人間は延長の観念を除けば物質についてはそれ以外のどのような判明な観念も持ち合わせていないのであるから、物体の本性に関する認識において前進するにはただ延長について推理し、物体が構成されている諸属性を考察することによるのみである。というのもまた話をする場合には自分が話すことが分かり、自分が主張するあらゆることについて判明な観念を持つべきだからである」（マールブランシュ『真理の探究』第三巻第一部第一章三節、ロビネ版全集第一巻三八九頁、なお引用テキストは第一版と第二版のものであり、ロビネ版同頁脚注にあるようにそれ以降の版では文章は異なっている）。マールブランシュはこうした表現を好んで用いたようである。『真理の探究』の他の箇所でも、たとえば「自分が何を口にしているのかを知らず、つまり自分が使っている言葉に対応する判明な観念を抱くことなしに口を開いてはならない」（同第一巻第一九章二節、ロビネ版全集第一巻一八三頁）とか、あるいは「自分の知りもしないこ

と、考えもつかないことを首肯するのは理性に反している」(同第三巻第二部第八章二節、ロビネ版全集第一巻四六一頁)と述べており、メリエもその表現を本文中でたびたび引用している。

〔八一〕　この一文もマールブランシュ『真理の探究』第三巻第二部第八章二節(ロビネ版全集第一巻四六一頁)からの引用である。ただし、出典では「分かりもせず、理解してもいないことを断定するなどとは、理性に反する」となっている。

〔八二〕　頁の指示、引用文も不正確であるが、マールブランシュ『真理の探究』第一巻第一八章三節(ロビネ版全集第一巻一七九―一八〇頁)からの引用である。出典では「哲学者たちや才知あることを鼻にかけている人々が、真理そのものよりもこのような心地よい言葉遣いの方を一層熱心に求めたり、また事実の堅固さよりむしろ言葉の虚栄によっておのれの精神を養ったりするのは、恥ずべきことに違いない」となっている。

〔八三〕　メリエはここで「場所」、「空間」、「延長」を次々に量的に拡大し無限に至る概念と規定している。メリエのこうした規定はデカルトの次のような「場所」、「空間」、「延長」の概念をほぼそのまま踏襲していると言えよう。

「空間あるいは内的場所と、そこに含まれている物体的実体とが区別されるのも、ものそのものとしてでなく、それらのものが私たちによって考えならわされているその考え方の上でのことにすぎない。なぜというに、実際、長さと幅と深さとの延長、これが空間を作っているのであるが、この延長は、物体を構成する延長と全く同じものだからである」(デカルト『哲学の原理』第二部一〇項、邦訳、前掲書二六一頁、桝田啓三郎訳)。「場所とか空間とかいう名前は、その場所にある物体とは違った何かを意味するのではなく、ただその大きさ、形状および他のもろもろの物体の間で占める位置、を指すにすぎないのである」(同第二部一三項、邦訳、前掲書二六三頁)。「しかし、場所といい空間といってその名称が異なっているのは、場所の方は大きさや形状よりもむしろ位置をはっきりと指しているのに、空間という場合には、私たちはむしろ形状や大きさのことを思うからである」(同第二部一四項、邦訳、前掲書二六三―二六四頁)。

〔八四〕　フェヌロン『神の存在と属性の証明』第二部第二章「広大無辺性」の項には次のような箇所がある。「ところで神はいったいどこにいるのか。どこにもいないのか。神に特別な場所などないと私は答える」(一七七五年版三五八頁)。「それでも、正確に言うならば、神はここにいるのでも、あそこにいるのでもない。あれこれの限界の彼方に存在するのではなく、絶対的に存在するのである」(同三五四頁)。「神はそれ自体で存在する以上、この上なく存在するのであり、卓越した、またもっとも完璧な仕方で自らのうちにあらゆる存在を有している。自らのうちにあらゆる存在を有している以上、間違いなく延長の実質と完全とを有している。延長とは、私がその観念を持つ存在様態である。〔……〕それゆえ延長の実質と完全とは神のうちにあり、神が延長を外に生み出しうるのは、ただ延長が神の存在の充満のうちに卓越して含まれ

ているからにすぎない」（三五二頁）。

こうしたフェヌロンの主張について、メリエは『反フェヌロン』で、とくに先の二番目の引用箇所に次のような反駁を書きつけている。「厳密に言って、神はここにもあそこにも、また他のどのような限界の彼方にもいないのであれば、それゆえ厳密に言って、神はどこにもいないのであり、そしてどこにもいないのであれば、神はまったく存在しないのである」（「断片二一二」、アントロポス版メリエ全集第三巻三三二頁）。

〔八五〕　神の無限性と被造物の有限性を対立させることは、護教論における伝統的論理であり、有限を無際限に積み重ねても無限には到達しえないとした。たとえばフェヌロンも『神の存在と属性の証明』の「広大無辺性」の項においてこの論法を用いている。

「こうして人々はおのれ自身の観念に反して、無限に続く漠然とした諸世紀の継続あるいは継起にすぎない永遠というイメージを、また無限に広がる漠然とした空間や実体の複合物にすぎない偽りの広大無辺性を想像するのである。しかし、こんなものはみな真の永遠性と広大無辺性とはなんの関わりもない」（前掲書三五八頁）。また「永遠性」の項の末尾でも、同じ論法を用いてフェヌロンは創造の奥義を次のように説明する。「というのも、不可分な無限と可分的で経過的なものとの間には、考えうるどんな釣り合いもないからである。しかし、作り手と作られたものの間には何らかの関係がなければならない。だが、継起や制限にかかわる関係を想像しないようによく注意しなければならない。そこで考えなければならない唯一の関係は、存在し存在することをやめえないもののおかげで、存在しないものが、始まりそして終わる有限な実在を先のものから受け取ることができる、ということである」（同三四九―三五〇頁）。

一方、メリエは『反フェヌロン』で、フェヌロンの先の引用箇所に対して、無際限こそ真の無限であると答えている。「年や世紀の無限な継起こそ真に永遠をなす。それが永遠であるように、空間の有限な諸部分全体の無限な延長こそ真に広大無辺をなす」（「断片二一五」、アントロポス版メリエ全集第三巻三三四頁）。すなわちメリエは、無際限を無限と同等視する一方で、神を有限から零にまで還元する。そしてこの二項を逆転した上で、無限と有限を切断する論敵の論旨を、論敵の反駁のために逆用してしまう。

またメリエは「有限なものは無限なものを作りえず、……」と記している。これはマールブランシュが『真理の探究』で、「有限なものは何物も無限を表象することはできない」（マールブランシュ『真理の探究』第四巻第一一章三節、ロビネ版全集第二巻一〇〇頁）と述べていることを踏襲している。ただしマールブランシュの場合、被造物である「霊魂」あるいは「霊魂の様態」には無限を表象する能力はないことを論証する文脈の中でこの命題は述べられている。したがって、ここでもメリエはマールブランシュの表現を借りて、延長を有しない有限な神は無限な延長を創造しえないと、その内容をまったく逆転させている。

〔八六〕　たとえばデカルトは世界の無限定性を次のように表現している。「私たちはさらに、この世界、すなわち、物体的実体の全体が、その延長の限界をもたないことをも認識する。なぜかというに、そういう限界があると想像するや否や、いつでもその限界の彼方に、無限定的に延長した或る空間を私たちは想像するばかりでなく、そういう空間がほんとうに表象できるもの、すなわち実在するものであることを認識し、したがって、そういう空間のうちには、無限定的に延長した物体的実体が含まれることをも認識するからである」（『哲学の原理』、邦訳、前掲書二六七頁）。

〔八七〕　ここで言われている「相互作用」という考え方は、次の引用のように、もともとはマールブランシュに萌芽的に存在した考え方である。「われわれが考察するこの広大な延長の同じような無数の部分に無数の直線運動を考えるならば、また必然的にこれらの物体はすべて互いに妨げ合うため、相互の作用と反作用によって〔傍点引用者〕、すなわちその個々の運動すべての相互伝達によってすべてともに円を描いて動くようになる」（マールブランシュ『真理の探究』第六巻第二部第四章、ロビネ版全集第二巻三二六頁）。

後にこの箇所をメリエ自身も引用することになる（第八三章、本書六六三頁）のだが、「相互作用」の概念はここでは物体相互間の「作用と反作用」の問題として述べられているにすぎない。こうしたマールブランシュの考え方を、メリエは神と被造物との関係に適用、あるいはそこまで拡張解釈したと考えることも不可能ではないだろう。

〔八八〕　フェヌロンは『神の存在と属性の証明』第二部「永遠性」の項で、創造の奥義に関するこの難点に次のように答えている。「確かに、あなた〔神〕がまだ行っていなかったことは、あなたがすでに行ったことの後にしか生じないだろう。単に創造はあなたの外に生み出された被造物なのではない。その被造物を生み出すあなたの行為をも創造は含んでいる。もしも、あなたの被造物のあるものが別のものよりも、より以前のものであるなら、被造物は継起的である。あなたのさまざまな行為が継起的であるなら、このようにあなたのうちに継起が存在する。〔……〕この難点を解くために私は、あなたとあなたの作られたものの間には無限と有限の間にあるはずのあらゆる相違が存在することを指摘する。〔……〕あなたが創造するその行為とはあなた御自身なのである。そうでないならば、あなたは単一で不可分であることをやめずに作用することはできないだろう」（一七七五年版三四七―三四八頁）。

〔八九〕　この後にもいくぶん表現を変えてメリエが引用するこの格率は、スコラ哲学の格率である。たとえば、トマス・アクィナスは「同一のものは常に同様に作用する」あるいは「同一の状態に止まるものは常に同様に作用する」と表現している。すなわち、前注で引用したフェヌロンの応答に、メリエはスコラの格率によりながら再反駁している。

〔九〇〕　伝統的なスコラ哲学では「変質」は、習慣、能力、感受しうる性質、形態などの獲得・喪失、すなわち性質の変化を意味していた。しかしすでにデカルトは、「物質のあらゆる

変異、あるいは物質のあらゆる形態の相違は運動に依存している」(『哲学の原理』第二部二三項、邦訳、前掲書一六八頁)と述べており、メリエはこれを受けて「変質」を運動の結果とする。メリエが目を通したとは思われないが、後にマールブランシュは『真理の探究』に付した「釈明」(一六七七年以降の版に追加)で、「私は、場所的運動が、生成、壊敗、変質の、総じて諸物体に起こるすべての変化の原理であると仮定する。今日ではこれが学者の間で十分受け入れられている見解である」(「釈明一五」、ロビネ版全集第三巻二〇九頁)と述べている。

〔九一〕 マールブランシュは、「物質が無限に分割可能であること、また一つの小さな砂粒に、割合はずっと小さいにしても、地球全体と同じだけの部分が含まれていることがどうして可能なのかを理解しようとする人がどれだけいるであろうか」(マールブランシュ『真理の探究』第三巻第一部第二章二節、ロビネ版全集第一巻三九一―三九二頁)と述べている。

メリエが参照した『真理の探究』は第二版であるが、その第六版あるいは『形而上学と宗教に関する対話』(一六八八年)でマールブランシュは次のようにさらにはっきりとこうした考えを述べている。「延長は無限に分割可能であるから、神は一粒の砂の延長の中に幾千万の組織された物体を縮めうることを人ははっきり理解する」(マールブランシュ前掲書第三巻第二部第八章二節、ロビネ版全集第一巻四六六頁)、「全宇宙にわたって存在するものすべてを神は一つの砂粒の延長からお作りになられること、このことは私は疑わない」(マールブランシュ『形而上学と宗教に関する対話』対話一第二項、ロビネ版全集第一二―一三巻三三頁)。

また、フェヌロンも『神の存在と属性の証明』第二部「広大無辺性」の項の末尾で「神は宇宙の第一日目に創造されたものを永遠において創造しているのと同じく、神はもっとも小さな被造物においても、もっとも大きな被造物におけると同様に、広大無辺である」(一七七五年版三六三頁)と述べているが、メリエはこの箇所に『反フェヌロン』で次のような反駁を加えている。「それゆえ、神はたった一個の原子の中で、天地全体におけるのと同じくらい大きく広大無辺である。空論なり」(「断片二二〇」、アントロポス版メリエ全集第三巻三三六頁)。

〔九二〕 訳注七一参照。スコラ的伝統では、神が最初に創造したのは、時間、場所、無形相的質料、天使的本性であるとされた。メリエはこのうちの無形相的質料すなわち「物質」の非創造性を論証しようとする。

〔九三〕 ここで「新参」と言われているが、これはメリエが、たとえばデカルトとその後のデカルトの弟子たちを区別して使っていることを意味してはいない。本文でのこの後の「デカルト派」という語の使用から理解されるように、メリエはマールブランシュを含めたデカルト派全体をこの語で指示し、とくに区別をしてはいない。なお、デカルト派やガッサンディ派は、十七世紀には旧来のアリストテレス＝スコラ学派と区別するため、多くの場合「新参(新派)の哲学者」と呼ばれていた。メリエがここでデカルト派を「新参」と呼んだの

もそれを受けてのことと思われる。

〔九四〕 周知のようにデカルトは（そしてマールブランシュも）、物質の可感的側面（色、音、味など）から物質の恒常的本質的側面（堅さ、形、運動など）を区別すること、言い換えるならば物質の認識において感性的なものと理性的なものとを区別することを、その哲学の重要課題の一つとしたが、「物体」、「物質」、「空間」、「延長」についてはほとんどこれを区別していない。したがってその説に従うならば、メリエはすでに場所すなわち延長についてその非創造性を証明している以上、メリエにはあらためて物質を扱う必要はない。しかし、一般の神崇拝者もメリエもこの点では「新参の哲学者」に同意はしていないため、無形相的質料、すなわち「物質」の非創造性が論点となるのである。

〔九五〕 たとえば教父の中でもテルトゥリアヌスのように、「神は霊であるとしても、神が体であることを誰が否定するであろう。というのも、霊も独自の形において、独自の種類の体なのだから」（『プラクセアス反論』第七章、邦訳『キリスト教教父著作集』一三、教文館、三〇頁、土岐正策訳）と主張した人々がいたことは、メリエも知っていた可能性があろう。
またマールブランシュ『真理の探究』の中にも次のような箇所がある。「霊魂は肉体のもっとも細かくもっとも微小な部分にすぎないと信じるほど愚かな、粗雑な哲学者が多数存在した。テルトゥリアヌスをよく読んでみさえすれば、私が言うことの証拠を十分すぎるほど見つけられるだろう。彼自身このような意見に与しているし、その前にきわめて多数の著作家を引いているのだから。〔……〕また、それも驚くには当たらない。彼は神ご自身が物体的であると思い込むほどひどい狂気に落ち込んでいたのだから」（マールブランシュ前掲書第一巻第七章三節、ロビネ版全集第一巻一三七頁）。

〔九六〕 本書四九九―五〇〇頁参照。

〔九七〕 以下の二段落は、訳注七一、九二でも指摘した「天使的実体」を念頭に置いた議論であろう。たとえば、トマス・アクィナス『神学大全』第五〇問題は、次のように始められる。「以上の論及を終えたあと、続いては、物体的被造物と霊的被造物とのそれぞれについて考察しなくてはならない。その第一は、純粋に霊的な被造物――聖書に天使と呼ばれる――についてであり、第二は、純粋に物体的な被造物についてであり、第三は、物体的なるものと霊的なるものとから複合された被造物、即ち人間についてである。さて、〈天使〉であるが、これをめぐって、まず最初、その実体に属する諸般のことがらを、第二に、その知性に属する諸般のことがらを、第三に、その意志に属することがらを、そして第四には、これの創造に属することがらを考察しなくてはならない。そして天使の実体に関しては、そのもの自体としてのみならず、またこれを物体的身体的なるものとの関係においても考察するところがなくてはならぬ」（邦訳、前掲書第四巻一一五頁、日下昭夫訳）。

〔九八〕 ルクレティウス『事物の本性について』第一巻三〇五行（邦訳、筑摩書房、「世界古典文学全集」二一、二九七頁、藤沢令夫・岩田義一訳）。この一節の確かな典拠は不明である。

ルクレティウス、あるいはその『事物の本性について』に関するメリエの知識は、モンテーニュ『エセー』中に見られるいくつかの引用によっていると思われる。ここでメリエは、これをルクレティウスの一節というより一種の哲学的格率として扱っている。

〔九九〕　たとえば、トマス・アクィナス『神学大全』には、次のように述べられている。「一部のひとびとは、天使たちから個々のものについての認識を全面的に斥けたのであった――これは、然し、まず第一には、公教的信仰に悖る。〔……〕第二に、また、これは哲学の諸教説に悖るものでもある。その教えるところによれば、天使たちは天球の原動者とされており、それも彼らは、知性と意志に基づいてこれを動かすとされているのである――」（邦訳、前掲書第四巻二四〇頁、日下昭夫訳）。

〔一〇〇〕　メリエはマールブランシュ『真理の探究』第六巻第二部第七章の次の一節を想起していたのであろう。「生命という言葉になんらかの明晰判明な観念を付与したければ、霊魂の生命とは真理の認識と善の愛好に存する、いやむしろ霊魂の思考こそその生命であると言えようし、肉体の生命は血液の循環や体液の適切な釣り合いに存する、いやむしろ肉体の生命はその保存にふさわしい諸部分の運動であると言えよう」（マールブランシュ前掲書第六巻第二部第七章、ロビネ版全集第二巻三九五―三九六頁）。なおメリエは後の証明八第八八章（本書七一八頁）でもこの一節をその一部を変えて引用している。

〔一〇一〕　メリエはここで、霊的被造物である天使たちと、全能の神との対比を念頭に置いていると思われる。

〔一〇二〕　この一節で、神の属性の一つである「広大無辺性」の不条理から神の存在を否定し、これでメリエは三つの第一被造物の永遠性の証明と一つの第一被造物（天使）の非存在の証明を終え、次の章から物質に内在する運動の問題へと論を進める。

〔一〇三〕　原文は「彼ら〔デカルトと対比された偽学者たち〕は自分で分かってもいない理由によって、自分たちが理解しえない見解を人々に強いて信じさせる」（傍点訳者）となっている。

〔一〇四〕　原文では、「たとえば、山や家や……」は「山や家や……」となっており、「理解することだけを口にすべきであり」は「理解することだけを口にすべきであるから」となっている。

〔一〇五〕　前注に示したマールブランシュ『真理の探究』の箇所に直接続く部分である。原文との異同を以下に順次示す。「しかるに、あらゆる有限で限られた精神に関して」は、原文では「しかるに、あらゆる有限な精神に関して」となっている。「それゆえ、理性の光に従って正しく推論したいと望むなら」は、原文では「それゆえ、理性の光に従って推論したいと望むなら」となっている。「なんらかの物体を動かせるいかなる被造的精神も」は、原文では「なんらかの物体を動かせる真のあるいは主要な原因として動かせるいかなる被造的精神も」となっている。また「しかしながら神……」の箇所で、

原文は改行されている。「その物体が動かされないとは考えられないことが理解される」は、原文では「その物体が動かされないとは考えられないことが分かる」となっている。「それゆえ、物体を動かしうるのは神の意志のみであると主張すべきである。したがって、物体の運動力とは……」は、原文では「それゆえもし物事を私たちが感じたままにではなく理解するとおりに述べようとするならば、物体を動かしえるのは神の意志のみであると主張すべきである。物体の運動力とは……」〔傍線訳者〕となっている。メリエはこの傍線部分を省略し、その代わりに「したがって」の語を置いている。

〔一〇六〕　メリエの文章ではここは改行されているだけであるが、実際には、マールブランシュが自然的原因は機会原因でしかないことを述べる前の段落の終わりと、自然における力とは神の意志にほかならないことを述べる次の一段落とが、すなわちロビネ版で二十二行分に当たる以下の原文が省略されている。「だから物体にはどんな作用も備わってはいない。動いているある球が、他の球に衝突しそれを動かす場合、それに自分が有している何かを伝えるのではない。他の球に伝える力をそれ自体で有しているわけではないからである。とはいえ、ある球は自分が伝える運動の自然的原因なのである。したがって、自然的原因は決して現実の真の原因ではなく、単に機会原因にすぎず、しかじかの衝突においてしかじかの仕方で作用するように自然の作り手を決定づける原因にすぎない。

あらゆる事物が生み出されるのは、目に見える物体であれ、目に見えない物体であれ、さまざまの物体の運動によることは確かである。感覚しうるものであれ感覚しえないものであれ、その諸部分が、一層の運動を有する物体は、常に一層激しく作用し、より多くの変化を世界に生み出す物体であることを、われわれは経験から知っているからである。自然のあらゆる諸力はしたがって神の意志にすぎない。神がそう望んだがゆえに、神は世界を創造された、〈主ガ仰セラレルト、万物ガ作ラレタ〉〔『詩篇』第三三篇九節〕。そして神はすべての事物を動かし、こうしてわれわれが生じるのを見るすべての結果を生み出される。なぜなら神はまた、物体の衝突の際に運動が伝えられることになるいくつかの法則をも望まれたからである。そしてこれらの法則が効果を生むがゆえに、法則が作用するのであり、諸物体は作用しえない。したがって、物質的で感覚的な世界にはどんな力も、力能も、真の原因も存在してはおらず、物体が生み出しはしない結果を生み出し、また力や神に本質的である力能を神とともに分かち持つ、形相とか能力とか現実的特性とかをそこに認めるべきでもない」（ロビネ版全集第二巻三一三―三一四頁）。

〔一〇七〕　原文との異同は、以下に順次示す。「なるほど精神は神以外のものへと決定づけうる」は、原文では「精神は神以外のものへと決定づけうる、これは私も認める」となっている。「しかし、それが力と呼ばれうるかどうか私には分からない」の後に、原文には「罪を犯せることが力であれば、それは全能者にはない力であろう、と聖アウグスティヌスはど

こかで言っている」という一文がある。また、この引用箇所の後、次の引用箇所との間に、原文では以下のような文章が続く。「人が愛しうるのは、ただ神が絶えず一般的善すなわち神の方へと人を押しやるからである。というのも、神は御自身のためにのみ人を創造されたのであるから、神が人を創造し保っているのは、必ず人を神の方へ向かせ押しやるためだからである。一般的善に向かって運動するのは彼らではなく、彼らを動かすのは神である。彼らはもっぱら完全な自由選択によって神の法則によるこの刻印に従うか、あるいはその刻印を偽りのさまざまな善へと決定づけるかする。しかしその場合でも、この刻印を決定づけるのは善の見かけによるほかはない。彼らには神が行わせることしか可能でないため、善しか愛せないからである。

しかし、これはある意味で真実であるが、人間精神には真理を認識し善を愛する能力がそれ自体備わっていると仮定される場合でも、もしもその思考や意志が外に何も生み出さないならば、それらには何もできないのだとやはり言えるだろう。さて、人間精神の意志が世界に存在するどんなに小さな物体さえも動かしえないことはまったく確かだと私には思える。なぜならたとえば、腕を動かそうというわれわれが抱く意志と、われわれの腕の運動との間にまったく必然的つながりがないことは明らかであるから」(ロビネ版全集第二巻三一四—三一五頁)。

〔一〇八〕 原文との異同は、以下に順次示す。始めの文章は、原文では「なるほど私たちは望めば腕が動くし、かくして私たちが私たちの腕の運動の自然的原因である。しかし自然的原因は真の原因ではない。つまりそれは機会的原因でしかないのである。この原因が働くのは今しがた述べたように神の御意志の力と有効性によるのみである」(傍点は原著ではイタリック体による強調)となっており、この後は改行されている。「筋肉を膨らませ、縮ませ、伸ばさせねばならない」は、原文では「筋肉を膨らませ、縮ませねばならない」となっている。「また自分に精気や神経や筋肉があるかどうかさえも知らない人々が、解剖学にもっとも精通している人々よりもずっと巧みに楽々と自分の腕や足を動かすのを」は、原文では「また自分に精気や神経や筋肉があるかどうかさえも知らない人々が、自分の腕を動かし、それも解剖学にもっとも精通している人々よりもずっと巧みに楽々と動かすのを」となっており、またこの後の文章でも「足」の語はない。

〔一〇九〕 任意の事柄に関する命題に論理的矛盾が内包されていなければ、その命題は真であり、またそれゆえにこの命題が指し示す当の事柄自体も真実在として存在しうる、とするこうした論証方法は、言うまでもなく「観念から実在へ」というデカルト的方法の適用である。メリエはすでに第六六章で「物質」の観念と「運動」の観念との間の「必然的つながり」が見いだされないことをもって両者の関連を否定するデカルト派に、そのつながりが何によっているかを私たちが認識しえない「自然的つながり」という概念を対置して両者の不可分のつながりを主張していた。しかしその場合でも、同じ第六六章でたとえば、「現実の運動が物質にとって本質的であ

れば、物質について私たちが抱く観念とその運動との間に必然的つながりが見いだしうると考えてもいいのですが」（本書四七一頁）と述べているように、この問題に関するメリエの論述の展開全体は明らかに「観念から実在へ」というデカルト的方法の枠内に留まっている。しかし他方において、メリエにそうした方法の採用を可能とさせているのは、訳注五六、六五でも指摘したように、人間の思考に先行する諸事物の客観的実在の承認という唯物論的原則であることは忘れてはならないだろう。

〔一一〇〕　メリエはここで一応「デカルト派」と「マールブランシュ派」を区別している。しかし、本書全体の中でメリエが両者を並記しているのはここだけであり、メリエがどの程度両者を区別して考えていたかは不明である。

〔一一一〕　言うまでもなく、これはデカルトが『哲学の原理』第三部で詳説した「渦動論」である。メリエは後の第八三章でマールブランシュを大幅に引用してこの渦動論を再度取り上げることになる。

〔一一二〕　メリエは前章の終わりでこの「格率」をすでに引用している（訳注九八をも参照）。なお、トマス・アクィナス『神学大全』第一〇五問題二項「神は何らかの物体を自ら直接に動かすことができるか」には以下のようにある。「神は如何なる物体をも直接的・無媒介的に動かすことはできない、とも考えられる。けだし㈠〈動かすもの〉と〈動かされるもの〉は、『自然学』第七巻に証明されているように、同時に存在しなければならないものゆえ、〈動かすもの〉と〈動かされるもの〉の間には何らかの〈触れあい〉がなくてはならぬ。然るに、神と物体との間に〈触れあい〉はありえないのであって、現にディオニシウスも『神名論』第一章のなかで、〈神は何ら接触というごときものを持たない〉と述べている。してみれば、神は如何なる物体をも自ら直接に動かすことはできない」（邦訳、前掲書第八巻五〇頁、横山哲夫訳）。

〔一一三〕　時間、場所、存在一般と同一視される物質、数、そしてそれらの無限を、自然的理性は永遠のものと認識するとメリエは言う。またメリエは『反フェヌロン』の中で次のように述べている。「この推論全体は誤りである。というのも、延長はその総体において、すべて有限で計測可能な現実的諸部分を有する複合体だからである。だがこの諸部分は集合数としては無限であるため、それらはやはり延長において無限な全体を形成せずにはおかない。それは、時間のすべての部分が、それぞれ有限でありながら、継続数としては、それ自身無限であるために、やはり無限の持続をなさずにおかないのと同じである」（「断片一五八」、アントロポス版全集第三巻三〇九頁）。「十分明らかなことだが、三種類の無限が存在する。あるいはこう言った方がよければ、無限は異なった三つの仕方で捉えられる。すなわち、延長における無限、延長は総体として終わりを持たず、持ちえないからである。持続における無限、持続も総体として終わりを持たず、持ちえないからである。そして、数における無限、数あるいはすべての一の総計も終わりを持たず、持ちえないからである。この三種の無限は明らかに存在一般のうちに見いだされる。存在

一般はその延長において無限、その持続において無限、その諸部分の数多性において無限だからである。これ以外のどんな無限を想像することも誤謬であり錯誤である」(「断片一八二」、アントロポス版メリエ全集第三巻三二〇―三二一頁)。なおメリエの論理展開としては、神が最初に創造したと護教論者が主張する諸事物(被造物)の永遠性を証明することによって、創造者の存在の可能性を否定するという論証は、ここで一応閉じられることになると言えよう。

〔一一四〕本文第六五章末尾、および訳注四四を参照。メリエは存在一般を「実体」とし、存在様態を「形相」としているが、これについては、第六九章後半、第七二章原注、第八一章などを参照。

〔一一五〕『ウルガタ聖書』による。『ウルガタ聖書』では、『詩篇』第三三篇九節第一句「主ガ仰セラレルト万物ガ作ラレ」が、『詩篇』第一四八篇五節に挿入され、本文引用句のようになっていた。現行邦訳聖書ではカトリック系でもプロテスタント系でも第一四八篇五節は以下のようになっている。「これらのものに主のみ名をほめたたえさせよ、これらは主が命じられると造られたからである」(日本聖書協会版聖書、一九五五年改訳)。

〔一一六〕トマス・アクィナス『神学大全』第一八問題「神の生命について」二項には以下のようにある。「生きているということが如何なるものに属し、如何なるものに属しないか、われわれはこれを〈生きていることの明白なるもの〉に基づいて知ることができる。〔……〕ところで、動物が自発的な運動を有しはじめるとき、われわれは初めてそれが生きているというのであるし、〔……〕自発的にはもはや如何なる運動をも有せず、他者によって動かされるにすぎなくなった場合、そこにいたって動物は生命を失って死んでいるといわれる。ここからして、何らかの種類の運動でもって自己自身を動かすところのものが、本来的な意味において生きているものなることが判明する。その際、運動は、本来的な意味に――つまり、〈不完全なるもの〉の、即ち〈可能態におけるもの〉の現実態が運動と呼ばれる場合におけるごとき意味に――とられてもいいし、或いはまた、運動がひろく一般的な意味に――つまり、〈完全なるもの〉の現実態もまた運動と呼ばれ、例えば『デ・アニマ』第三巻におけるごとく、知性認識や感覚のはたらきも運動と呼ばれるごとき意味に――解されてもよい。かくして、〈生きているもの・生きもの〉と呼ばれるのは、およそすべて、何らかの運動乃至ははたらきにまで自らを赴かしめるところのものなのであるし、その反面、何らかの運動乃至ははたらきにまで自らを赴かしめるということがそのものの本性のうちに存しないごときものは、何らかの比喩による以外には〈生きもの〉と呼ばれることができない」(邦訳、前掲書第二巻一二八―一二九頁、高田三郎訳)。

〔一一七〕原文はこの後、「神を知り、神の御業を解するのは、ひとり神にのみ属することである」と続くが、メリエはこの箇所は引用せず、以下の本文に見られるように、同じく「レーモン・スボンの弁護」の他の一節をあたかも一続きの文章のように接合している。

〔一一八〕　邦訳書では同じ「知恵」と訳出されているが、モンテーニュの原文ではsapienceとなっているところを、メリエはsagesseと書いている。メリエの時代からはいささか下るが、『アカデミー辞典』第四版（一七六二年）のsapienceの項には、「**Sagesse**のこと。古く、いくつかの格言的な言い回しでしか使われない」とあり、メリエの時代でも古くさい言い方になっていたのであろうか。なお文末の「また理解していないのである」はメリエがつけ加えた表現である。

〔一一九〕　デカルトは『哲学の原理』第一部五一項「実体とは何か。また、この名は神と被造物とに一義的に適用することはできない」で次のように述べている。「実体とは、存在するために自己自身のほかに何ものをも必要としないで存在している事物である、という以外に私はこれを理解することができない。しかも、決して他の何ものをも必要としない実体としては、ただ一つのものが、すなわち神が、理解されうるばかりである。しかしその他の一切のものは、神の協力をまたずには存在しえないことを私たちは知っている。したがって、実体という名が神とこれら一切の事物とに一義的に適用されないのは、学院においてふつうにいわれているとおりなので、いいかえると、神と被造物とに共通するような意義はこの名に判明に認められることができない」（邦訳、前掲書二四三頁、桝田啓三郎訳）。事実、『トレヴー辞典』「一義的（哲学用語）」の項には、「学院では存在が一義的であるか否かが議論されている」という例文が見られる。ところで、ここでメリエが挙げている生命、認識、意志、力、能力、存在、実体などだけではなく、より一般的に神にも被造物にも適用される名称について、トマス・アクィナスは『神学大全』第一三問題五項で以下のように述べている。「いかなる名称も、神と被造物とについて同名同義的な仕方で〔一義的に〕述語されることはありえないのである。さりとてまた、一部のひとびとの主張したように、純粋に同名異義的な仕方において〔両義的に〕語られるわけでもない。というのは、こうした見解に従うならば、被造物よりしては、神について何ごとの認識も論証も行われえないこととなり、そこには常に同名異義の誤謬推論が生じることとなるだろうからである。〔……〕我々は、それゆえ、この種の名称が神についてもまた被造物についても語られるのは、アナロジアに従って、即ち、対比に従ってであるといわなくてはならぬ」（邦訳、前掲書第一巻二七九頁、高田三郎訳）。言うまでもなく、メリエはこのような類推（アナロジア）、対比、さらに両義性に基づく曖昧さを一切認めてはいない。

〔一二〇〕　メリエは「機会原因論」がもたらす不条理な帰結を、生物の「操り人形」化という例によって示そうとしているように思われる。後の『百科全書』でも「機会原因論」を批判したある項目の末尾で次のように「操り人形」の例が用いられている。「この世は各人がその役割を演じる劇場のようだと道徳的な意味でよく言われるが、ここ〔機会原因論に従った場合〕では自然学的な意味で、宇宙は操り人形の劇場であり、各人は話すわけではないのに大いに音をたて、自ら動くわけではないのに大いに動き回る道化人形であると言えるだ

ろう」（『百科全書』「影響（形而上学）」の項、第七巻七二九頁）。

〔一二一〕 人間自体のうちに行動の原理が内在していなければ、善への褒賞、悪への懲罰の根拠がなくなるとメリエは言う。もっとも、この後に続く引用からも理解できるように、メリエはこうした「自由意志論」を「機会原因論」から導き出される不条理な帰結の一つとして語っているにすぎない。またそもそも、人間の「自由意志」（「無差別の自由」という意味での）を否定し、神の全能を強調したアウグスティヌス主義への批判方法として、このような論法はそれまでの神学論争のなかにたびたび登場してきたもので、カトリック教会内ではとくにイエズス会など反ジャンセニスム陣営の常套的な主張であった。こうした古くからの主張をどこまでふまえて、メリエが「自由意志」の問題を考えていたかは明らかではない。十八世紀における「自由意志」をめぐる多様な論議のすべてをここで概観する余裕はなく、またそれによって「自由意志」をめぐる啓蒙思想の論議全体を代表させるわけにはいかないことは言うまでもないが、たとえばディドロなどにも、「自由がなければ称賛や非難に値する行動はないことになります。悪徳もなければ徳もなく、褒賞や懲罰を与えなければならないものは何もなくなってしまうのです」（「ランドワ氏への手紙」、一七五六年六月二九日付）という、ここでのメリエに類似する発言があることを指摘しておこう。

〔一二二〕 原文では引用の冒頭は、「神々は自分たちのどんな正義に基づいて、人間の死後に、人間の善行や徳行を認め……」となっている。なお原典においては、これはモンテーニュ自身の主張ではなく、プラトンに対しては人間の理性がこのように語るだろう、という文脈で用いられた表現である。

〔一二三〕 神のみを唯一の動因とする「機会原因論」は論理的に動物・人間の「自由」を一切否定する機械論的な「必然論」に堕さざるをえない、とメリエは言う。これに対し、メリエは以下の文章が示すように、経験には明らかに反する不条理なこうした帰結を避けようとしているが、その理論的展開は必ずしも十分なものとはなっていないようである。

〔一二四〕 メリエはあくまでも創造説への批判として論じているが、ここでいわば「機会原因論」修正説としてメリエが念頭に置いていると思われるのは、神の指導のもとに物質に働きかける「中間知性体」が存在するという説であり、それは一般にキリスト教的伝統における天使・悪魔として理解されていたものである。しかし以下の記述から判断する限り、メリエはこの説に関してより具体的に、ジャン・ル・クレールによってフランス語圏に紹介されたレイフ・カドワースの「造型的本体」説（ジャン・ル・クレール『精選文庫』第二巻、一七〇三年、記事二「〈造型的〉と名づけうる本性が組織された物体を形成するため神の手で設けられたとする説の証拠と検討」など）、マールブランシュ『自然と恩寵を論ず』（初版一六八〇年）をめぐるアントワーヌ・アルノー＝マールブランシュ論争から生まれた、「動植物形成の機会原因としての天使の個別意志」という説などを下敷にしているようである。

〔一一二五〕　カードワース＝ル・クレールの主張する「造型的本体」は、神と物質の中間に存在する・造型力を持つ非物質的な実体であり、神の摂理に導かれて宇宙や動植物の形成を行う。しかし、この「造型的本体」は自己の行動についての意識も、その目的についての認識も持たない盲目的霊体であるとされる。「造型的本体にはもう一つの欠点がある。おのれの行動の目的を全然知らず、自分がしていることの意識または内的感覚をなんら持たないことである。〔……〕動植物を形成する際も、造型的本体は自分が生み出すものを何一つ想像もしなければ感覚もしないらしい」（ジャン・ル・クレール『精選文庫』第二巻、一七〇三年、一〇五頁）。

自然中に見られる精巧な構造を形成するために、その起成因である霊的実体は、事物の最小部分に至るまで認識していなければならない、という「中間知性体」説へのここでのメリエの反論から見ると、直接にかどうかは別にしても、彼はカドワース＝ル・クレールの「造型的本体」説を知っていた可能性がある。

また、認識力を欠く存在がこのように精巧な宇宙を作りうるはずがないとするこの反論は、ピエール・ベールが「造型的本体」説反駁のために用いた主要な論理でもあった。「この世界には実に見事な秩序と実に精密なメカニズムと実に正確で恒常的な運動法則があるから、認識能力を欠いた原因ではこんな世界を作れなかった、と言ってやるほどストラトン派の哲学者〔物質世界に恒常的秩序があるとする物活論的無神論者〕を圧倒するものはなかったと思われます。なぜなら、どんなにちっぽけな家でもその構想を持ち構想どおりに作業を導く原因なしには絶対建てられなかった以上、人間の体がなんの感覚も持たぬ原因によって組織されたとか、動物の体など比較にならぬほど作りにくいこの世界が、魂を持たず自分の力を導けるどころか自分に力があることすら知らないような本性によって生みだされたとかいうことがありうるでしょうか」（『続・彗星雑考』、初版一七〇四年、邦訳、前掲書第六巻四三九頁、野沢協訳）。

「無神論を人一倍激しくやっつける人でも知らないうちに無神論に武器を与えてしまうものです〔……〕。非常な大哲学者のカドワース氏とグルー氏がいい例です。この人たちはデカルトの仮説――実は、神の霊性を主張するのに最高の力を持つものですが――を強め明らかにするのを自分にふさわしい仕事とは思わず、ぐらついていてほとんど地に落ちている逍遙学派を強めること、つまり実体形相説を新たな面から立派に見せることにより多くの栄光を見て取りました。〔……〕自分のしていることがわかっておらず、自分が実施している法則を知りもしないで或る計画をきちんと実行するような原因に動物の形成を帰せざるをえなくなるほど、無神論者にとって困ったことはありません。しかしながら、カドワース氏の造型的形相やグルー氏の生命原理はそれに当たり、したがって無神論者に対するこの反論からすべての力を奪ってしまいます」（同、邦訳、同八九頁）。

ベールの立場は分かりにくいが、次のような構造を持っている。すなわち、デカルト的二元論者が無神論者をたたく強

力な論拠、精密な自然の形成には最高度の技術が必要とされるはずだという主張を、「造型的本体」説は奪ってしまう。なぜなら、「造型的本体」説は認識能力を欠いた原因でも精密な自然の形成ができるというのだから。ベールはこのように「造型的本体」説を批判している。本書にはベールへの言及が一切ないため、メリエがこのようなベールの「造型的本体」説批判を知っていたかは確かめようもないが、その批判の論理的類似性は指摘しえよう。

〔一二六〕 過剰証明は何も証明しないという表現は、当時の哲学・神学論争においてしばしば使われたものである。また、前注で掲げたベール『続・彗星雑考』からの第一の引用箇所の直前にも、世界の秩序と均斉より引き出す論拠は過剰証明であるという文脈で、次のようにこの表現が用いられている。「逆手に取れる論拠に降参しない人を責めたりしたら酷でしょう。守備側のドグマに劣らぬほど攻撃側のドグマにも打撃を与える論拠はみな証明し過ぎで、したがって何ものをも証明しないからです」（『続・彗星雑考』、邦訳、前掲書四三九頁、野沢協訳）。また、ボシュエ『ジュリュー牧師の書簡に関するプロテスタントへのいましめ、第五』第二七章にも、同じ表現が見られる。

〔一二七〕 異文（16）にあるようにこの箇所は三手稿のうち一九四五八だけが違っている。しかし、一九四五九、一九四六〇に従うと「その運動、形態、組み合わせ、結びつき、様態のあらゆる多様な様態は」となり意味不明なため、ここでは一九四五八に従って訳出した。

〔一二八〕 自然の法則性を生み出す動因として、物質に内在する運動ではなく、非物質的な何らかの動因を想定するならば、物質的である各々の原子に神のごとき無限の英知と能力を備えた非物質的存在が浸入するほかはない、とメリエは言う。ここでメリエは、神と物質との二項対立というそれ自体有神論者も認めている説を、世界の秩序と均斉を根拠にするならば無限数の神を想定せざるをえないという不条理な説へと転化させてしまう。神の単一性を破壊するこのような逆説は、先に引用した『続・彗星雑考』の中でも、ストア派のいわゆる唯一神を否定する論理としてベールによって用いられていた。

「あの哲学者たち〔ストア派〕は能動的原理と受動的原理の真の区別を認めていなかった、両原理は一つの本性を形作っていたにすぎず、この本性は作用の受け手として抽象的に見る時は物質と呼ばれ、個別的な諸存在に形相を与える理性や力だけを見る時は神と呼ばれた——というふうに想定すれば、その最高神は物質的なもので、したがってかぞえきれないほど多数の部分からなるものだったでしょう。しかし、彼らは神と物質を別々で共に永遠な二つの原理とみなしていたと仮定しても、私たちはなおかつ、万物を生み出す彼らの言う最高神は複合的で分割可能なものだったと言えるでしょう。その最高神を彼らは火のような実体、または作用し物を作り出す火として描いていましたし、その火のいくつかの部分は草木や獣や人間の魂となってそれを生かし、もっと微細で密集した他の部分は太陽やすべての天体の内で神々を作るとし

ていました」（邦訳、前掲書三〇二頁、野沢協訳）。

さらにベールは同書において、神と物質の二元論者と称するストア派に対して、物活論的無神論者ストラトン派に次のような反駁をさせている。「君らは神と物質という万物の二つの原理を認めるんだろう。神は能動的な原理として、物質は受動的な原理としてだ。君らに言わせると神は常に生きている永遠の火だそうだが、それなら神は非常によく動く粒子の集合ということになるね。火の本質はそういうものなんだから。物体的で動きまわるいろんな粒子からなるひとつの全体が存在して、しかもそういう粒子の内に一定の配列や一定の度合の運動がないってことはありえない。〔……〕しかし、知性を持って導くどんな原因にも依存しなかったそういう配列や運動のそういう度合は、君らに言わせるとそれでもすべての存在の内でいちばん完全なもの、世界なんかより限りなく完成された本性を構成したんだから、世界は自己意識なしにはたらく原因の制作物ではないなんてどうして言うんだい。僕らが言う万物の原理は魂のない原理だからといって、それを斥けるどんな権利があるんだい。〔……〕それから最後に、どういう知性的存在の導きもないのにどうして自然の内に秩序があるのかを説明しろって僕らに強制しようとするんなら、僕らの方だって、どういう知性的原因の導きもないのにどうして神の火の粒子の内に秩序があるのか説明しろって君らに強制してやるよ。君らの苦労の方が僕らの苦労より大きいだろうね。なにしろ、自然とか世界とかより限りなく完成した結果を説明しなくちゃいけないんだから」（同、邦訳、前掲書四四〇―四四一頁、野沢協訳）。

ところでメリエは、本書の何カ所かで「原子」の用語を使っている。しかしメリエは必ずしも「分割不可能なもの」という厳密な意味で用いているわけではなく、ここに示されているように、「物質のもっとも繊細でもっとも微細な部分の各々」という意味で使うことが多い。こうした語法は、フェヌロン、マールブランシュらから由来するものであろうか。たとえば両者は以下のようにこの語を用いている。

「自分を取り巻き、自分がきわめて判明に認識する諸物体を私の魂は虚しく動かそうとするが、何も動かない。意志で最小の原子を動かすだけのどんな力も、私の魂にはない」（フェヌロン『神の存在と属性の証明』、第一部四七項、一七七五年版一〇八頁）。「顕微鏡を使い、人はかなりしばしばほとんど分割不可能な砂粒よりもさらに小さな動物を目にする。それよりも千倍も小さい動物さえ目にしたこともあった。こうした生きている原子は他の動物と同じように歩きもするのだ」（マールブランシュ『真理の探究』第一巻第六章一節、ロビネ版全集第一巻八〇頁）。「他方、作物は小においても大におけるに劣らず驚くべきものである。小においても私を驚かせ、私に優るある種の無限をやはり私は見いだす。象や鯨におけると同様、ダニの中にも完璧な組成の手足を見いだす。〔……〕これらの生きている原子の各部分にも筋肉、神経、静脈、動脈、血液が存在する。〔……〕われわれは顕微鏡のおかげでわれわれの知らなかった千もの物体を各物体の中に発見する。各物体の中に顕微鏡で発見されたものが、また顕

微鏡そのものでも発見しえない他のものが、いったいどれほど存在するだろう」（フェヌロン前掲書、第一部二一項、一七七五年版四九頁）。これらの言及からも分かるとおり、この時期の「原子」という用語の使用の背景には、オランダの博物学者レーウェンフク（一六三二―一七三三年）らの顕微鏡による微小動物発見という当時の知的視野の拡大があった。

〔一二九〕　おそらくは「中間知性体」説を念頭におきながら、そうした「第一動者」も結局は無数の「神」の断片を想定しなければならなくなるとしたメリエは、次に世界内の諸事物の多様性を根拠に、この「第一動者」を無数の独立した「精霊」のごときものとして批判する。

こうした批判は、ピエール・ベールが『歴史批評辞典』のいくつかの項目でしばしば描き出した「魂のある原子」説と類似しているとも言える。「運とかネメシスとか良き精霊、悪しき精霊とか名付けるものの存在を自己の体系と両立させるのは、ルクレティウスによって朝飯前のことだったろう。〔……〕名前はどう付けてもいいが、原子の或る種の集まりがあって、人間にやきもちを焼く力や、高い地位まで昇った者を滅ぼすため目に見えぬ工作をする力がそれらにあると想定することもできたであろう。〔……〕人間の魂が物質とは別の実体であることを否定するや否や、全宇宙が魂を持ち、思考する個別的存在がいたるところにあり、その中には人間に及ばないものがあると同様、人間を凌ぐものもある、と想定しないのでは子供だましになってしまう。このように想定すれば、草木も石も思考する実体になる。草木や石が色、音、においなどを感じるとする必要はないが、他のさまざまな認識を持つ必要はある。そして、自分を虐待する腕や斧を見られないからといって、草木や石が自分にさんざん悪いことをしひっこぬいたり折ったり割ったりする人間がいることを否定したら滑稽なように、エピクロス派も同じく、われわれのことを知っていて或る時は良いこと、或る時は悪いことをし、或る者はもっぱらわれわれを破壊させようとはかり、或る者はもっぱらわれわれを保護しようとはかる、そういう存在が空中その他にいることを、そんなものは目に見えないという理由で否定したら滑稽きわまることになる。〔……〕人間の魂は物質と別物だと考える人は、そういうものを否定することもエピクロス派よりは許される。なのに、何かわからぬ精神の歪みから、人間の魂を物体と考える人がまっさきに悪魔の存在を否定するのである」（ピエール・ベール『歴史批評辞典』「ルクレティウス」の項、注F、邦訳、前掲書第四巻六〇六頁、野沢協訳）。

〔一三〇〕　手稿一九四六〇では「第三に」となっているが、一九四五八、一九四五九では「第二に」となっており、これに従った。

〔一三一〕　「中間知性体」あるいは「生きた原子」という説とも関わる精神的な存在としての「第一動者」批判として、メリエが出す最終的反論がここでの展開であろう。これを要約するならば、アニミスムあるいは「精霊」による物質支配という仮説は自ら運動する力を未知の存在に付与するが、その力を既知の物質そのものに付与することを妨げる論理はない、

と批判し、自然界の組成という問題では、デカルト主義的二元論か（この説による物質への神による全的支配はすでに反駁したが）、唯物論かという二者択一しかありえず、中間的立場は成り立ちえない、と批判していると言えよう。

〔一三二〕　メリエは『反フェヌロン』の中でも同じ主張を繰り返し述べている。地球の規則的な公転を自然学が巧みに説明すればするほど、その説明自体が神の証明となる、とするフェヌロンの主張に対してメリエは、「決してそうではない。本質的に不変不動であるような存在は自分自身の外部にも何も作り出すことはできないのだから」（「断片七」、アントロポス版全集第三巻二三七頁）と批判し、物質の塊がその総体において常に同じ運動をするなどとどうして考えられるか、と論難するフェヌロンに対して、「本質的に不変であり、その本性から不動であるような神が、それでも何らかの物体を動かしうるなどとどうして考えられるか」（「断片八〇」、アントロポス版全集第三巻二七六頁）と答えている。

　ところで、マールブランシュは「ただ限りなく完全な存在においてのみ、精神はその存在の意志とさまざまな結果の間に必然的なつながりを認めるのである」（マールブランシュ『真理の探究』第六巻第二部第三章、ロビネ版全集第二巻三一六頁）と述べているが、「不変不動である存在の観念と動いている他のなんらかの存在の運動との間にも、いかなるつながりもいかなる関係もありませんし、またありえません」というメリエの主張は、このマールブランシュの命題を一八〇度逆転させたものである。

〔一三三〕　メリエは『詩篇』第二六篇一〇節（正しくは一二節）としているが、現行邦訳聖書では第二七篇一二節に置かれている。なお『ウルガタ聖書』の当該箇所は戦後改訂されており、今日のバルバロ訳あるいは共同訳聖書はそれに従ったものとなっている。ちなみに、当時流布していたル・メートル・ド・サシ訳のカトリック系聖書の当該箇所は、「私を苦しめる者たちの望むがままに、私を引き渡さないでください。不正な証人たちが私に逆らって立ち、また不正は自分自身に偽りを吐いた、からです」（傍点訳者）となっている。

〔一三四〕　同じ箇所がすでに証明五第三九章に引用されている（本書三三六頁）。メリエはおそらくすでにあった仏訳を用いているのであろうが、両引用文に異同はない。証明五の訳注六七をも参照。

〔一三五〕　この箇所も同じく証明五の第三九章に引用されている（本書三三六頁）。ただし、第三九章では直前の引用とこの引用の順番が逆転している。ラテン語原文は同じだが、仏訳文は異なる。証明五の訳注六六をも参照。

〔一三六〕　この箇所もやはり証明五の第三九章に引用されている（本書三三五―三三六頁）。両箇所におけるラテン語原文はほぼ同じだが、こちらにはおそらく転記の際生じたと思われる誤りが見られる。出典を参照して訂正した。異文（38）をも参照。仏訳文は第三九章と異なる。

〔一三七〕　メリエはやはり証明五の第三九章ですでに同じ箇所からその一部を引用している（本書三三六頁）。ここでの引用はメリエの自由訳であるが、当該箇所の邦訳については、証

明五の訳注六八を参照。

〔一三八〕「それはまるで……」の一節は、手稿一九四六〇では意味不明であり、一九四五八、一九四五九に従って訳出した。

〔一三九〕手稿一九四六〇、一九四五九には共通して綴り上の誤りがあると思われるので、一九四五八に従って訳出した。

〔一四〇〕これまでのメリエの議論は、自然界の仕組みの巧妙さをもって「神」による世界の支配の証拠とする「物理神学的証明」への批判から始まって、「神」と「世界」との関係性そのものをめぐって展開されてきた。だがここで、メリエの批判の矛先は「神」そのものへと向けられる。メリエは、パスカルのいわゆる「隠れたる神」を斥けようとするのである。パスカルはたとえば、「神が絶えず人々に姿を現していたら神を信じる価値はなくなるでしょうし、またまったく姿を現さなければ信仰はほとんどなくなってしまうでしょう。しかし神は普段は姿を隠されていて、進んで神に身も心も捧げようとする人々にたいして稀に姿を現されるのです」（「ロアネス嬢への手紙」、一六五六年一〇月末。ラフュマ版パスカル全集、一九六三年、二六七頁）と述べて、これを「不可解な秘密」と呼んでいた。

〔一四一〕引用箇所は異なるが、メリエは証明五第三七章でトマス・アクィナス作の賛美歌「敬虔ニ汝ニ祈ル」から引用を行っている（本書三〇八頁参照）。

〔一四二〕「現在の神崇拝者たち」、とくに高位聖職者たちが送っている、キリスト教の奥義など信じていないかのような自堕落な生活を根拠にして、彼らもいつかキリスト教という誤謬から離脱するだろうと、ここでメリエは皮肉に語っている。高位聖職者や偽善的信心家のキリスト教道徳に反する行為は本書の「序文」でもすでに告発されており、また上流人士から一般庶民にいたるまで、総じて宗教的信念と世俗的習俗との乖離が見られるともメリエは証明七第六〇章で述べていた。

まったく異なった文脈の中で語られたものではあったが、ピエール・ベールが痛烈に描き出していた宗教と道徳との離反の姿は、この時代に大きな反響を呼んだ。「玄義を確信することとあらゆる自堕落が両立できるというのはまったくの真実で、世の中を少しでも見てきた人なら、キリスト教で公にされたあらゆる奇蹟を固く信じ、それぞれについての知識を持ち、その資産をふやす労さえとられるなら今よりも百倍も多くの奇蹟でも迎える用意がありながら、しかも非常に乱れた生活をしている者を千人以上も知らない人はまずいないでしょう」（『彗星雑考』初版一六八二年、邦訳、前掲書第一巻二三六頁、野沢協訳）。「一般に人間の法を恐れる気持は神の法を恐れる気持ほど人に影響を与えないと貴方が想定されているのは間違っています。キリスト教徒の間ですら、経験はそれを無敵の力で反駁します。〔……〕人間に従うより神に従う方がいいと思うキリスト教徒が一人いたら、神に従うより人間に従う方がいいと思うキリスト教徒は千人もいます。冒瀆を犯す者に地獄の蓋をあけて見せ、中の模様を手に取るように知らせる悲愴をきわめた説教でも、罰金のおどしほどの威力はとてもありません。〔……〕それでもなお、神の力は人間の力より強いとキリスト教徒が確信しているというの

は本当です。人間は体しか殺せないが、神は永遠の責苦にかけて体も魂も殺せるのをみなちゃんと知っています。では、人間を恐れる気持の方が神を恐れる気持より彼らに強くはたらきかけるのはなぜでしょうか。それは、後者がただ遠くの方に、それも信仰の目で対象を眺めるのにすぎないのに対し、もう一方は目に見える確実で間近な禍にかかわるからです。人間の裁きの手に落ちたら、その決定で体面を傷つけられる恐れがあったら、どうしても現金払いしなくてはならないからです」（ピエール・ベール『続・彗星雑考』一三八章、邦訳、前掲書第六巻五九八―五九九頁、野沢協訳）。言うまでもなく宗教と道徳の離反を根拠に宗教的真理の無効性を主張するメリエとは異なり、ベールはそれを一つの論拠として儀礼的な礼拝の無効を主張している。

〔一四三〕　第七三章（本書五五〇頁以下）参照。

〔一四四〕　ここに「存在の様相」と訳出した原語は modification d'être である。メリエはこれ以外にも「存在（の）様態」(manière d'être) という概念を使っているが、両者はほぼ同義的に用いられているようである。強いて両者を区別すれば、後者が「存在の具体的な在りよう」を示すのに対して、前者は「存在が具体的な形をとって現れたもの」を示すといった程度のニュアンスの差が認められよう。メリエが他の箇所で「存在（の）様相」の概念を使用している箇所は少なく、証明七第七〇章のみであるが、この二つの概念は「存在」概念と対比的に用いられていることが多い。以下にその例をいくつか掲げよう。

一、「というのも、存在しないことがありとあらゆる存在様態を排除するのと同じく、どこにもいないこともありとあらゆる存在様態を排除するからです」（本書四九七頁）。

二、「生命運動のない生命は考えられず、作用と生命とは本質的に存在の様相であり、また種々の存在の様相は必然的に種々の変化を伴いますが、これらの変化は体も運動できる部分もない諸存在には見いだすことができません。」（本書五〇五頁）。

三、「存在と物質は、同一のものでしかありません。存在が万物の実体であり、存在の様態が万物の形相です。万物は存在と存在の様態からなり、それへと還元されます。しかるに存在一般は、ただ自ら実在や運動を有しうるのみであることは明白です。したがって、創造されたはずはありません」（本書五一三頁）。

メリエにおけるこうした「存在」と「様態」との関係理解はスピノザやデカルトのそれ、あるいはさらに遡ってスコラ哲学を想起させるが、直接には、「Aが様態でなければ、それは実体である。あらゆる存在は当然のことながら実体であるか、あるいは存在様態だからである」（マールブランシュ『真理の探究』第六巻第二部第九章、ロビネ版全集第二巻四二五頁）と述べているマールブランシュに由来するものであろう。

〔一四五〕「至福直観」というキリスト教の教義。天国において福者の霊魂は、神を直接に見、神を直観することの結果として神の幸福に参加し、これが天国における幸福の状態である

という。

〔一四六〕ユダヤ教やイスラム教の教えを肉的なものと非難するのは、キリスト教護教論者に通有のことであった。パスカルは『パンセ』の中で「肉的なユダヤ人は、キリスト者と異教徒とのあいだに、中間の位置を保っている。異教徒は神を知らないで、この世だけを愛する。ユダヤ人は真の神を知って、この世だけを愛する。キリスト者は真の神を知って、この世を愛さない。ユダヤ人と異教徒とは同じ幸福を愛する。ユダヤ人とキリスト者とは同じ神を認める」（パスカル『パンセ』、邦訳、中央公論社、「世界の名著」二四、三〇一―三〇二頁、前田陽一・由木康訳）と言っており、またマールブランシュは「モーセは肉の喜びよりほかのどんな至福もユダヤ人たちに示してはいません」（マールブランシュ『キリスト者の対話』第六章、ロビネ版全集第四巻一四一頁）、あるいは「いつも御馳走を食べ、いつもたくさんの女性に囲まれて、この世では獣のようだ、恥ずべきだと言われるさまざまな情念を満足させられるような天国をお望みですか。あの偉大なマホメットならそれをあなたがたに約束していますよ」（同、一四四頁）と述べている。

〔一四七〕第九七章の末尾（本書八〇二頁）および「近隣の司祭の方々に宛てて、著者がしたためた書簡の写し」の末尾（本書八一六頁）参照。

〔一四八〕メリエはこの『伝道の書』第九章五―九節を好んで引くが、本文中の仏訳はメリエの自由訳である。現行邦訳聖書により、その前後をも含めて対応箇所を以下に掲げる。「すべて生ける者に連なる者には望みがある。生ける犬は、死せるししにまさるからである。生きている者は死ぬべき事を知っている。しかし死者は何事をも知らない、また、もはや報いを受けることもない。その記憶に残る事がらさえも、ついに忘れられる。その愛も、憎しみも、ねたみも、すでに消えうせて、彼らはもはや日の下に行われるすべての事に、永久にかかわることがない。あなたは行って、喜びをもってあなたのパンを食べ、楽しい心をもってあなたの酒を飲むがよい。神はすでに、あなたのわざをよみせられたからである。あなたの衣を常に白くせよ。あなたの頭に油を絶やすな。日の下で神から賜わったあなたの空なる命の日の間、あなたはその愛する妻と共に楽しく暮すがよい。これはあなたが世にあってうける分、あなたが日の下で労する労苦によって得るものだからである。すべてあなたの手のなしうる事は、力をつくしてなせ。あなたの行く陰府には、わざも、計略も、知識も、知恵もないからである。」（『伝道の書』第九章四―一〇節、日本聖書協会版聖書、一九五五年改訳）、傍線部はメリエの訳では省かれている箇所である）。なおメリエは証明七第七四章（本書五七三頁）でも、証明八第九二章（本書七七三頁）でも当該箇所を引用しているが、それぞれメリエの訳文は若干異なる。

〔一四九〕メリエはたびたびこの「格率」に言及している。たとえば、証明一第五章（本書二九頁）を参照。

〔一五〇〕メリエがこれから扱おうとする「摂理と悪」の問題はキリスト教思想における最大の難題の一つであった。それを

一言で言うならば、全知全能で限りなく善である神の支配下で、なぜこの世に諸悪が充ちているのかという問題である。この問題をめぐっては、古代の教父から現代に至るまで果てしない論議が行われてきた。四世紀の教父ラクタンティウスがその著『神の怒りについて』で伝えるエピクロスの次のような異議申立ては、すでにこの難問の基本的構造を提示している。

「神は悪を取り除こうとするができないのか、できるがしようとしないのか、しようともせずできもしないのか、しようとするしできるのか、そのどちらかである。しようとするができないのなら、神は無力なものになるが、そんなことは神には起こりえない。できるがしようとしないのなら、神はねたみ深いものになるが、それもまた神とは無縁のことである。しようともせずできもしないのなら、神はねたみ深いと同時に無力なものになり、したがって神ではなくなる。しようとするしできる――それだけが神にふさわしいが――のなら、では悪はどこからやってくるのか、なぜ神は悪を取り除かないのか」（ラクタンティウス『神の怒りについて』第一三章、「キリスト教源泉叢書」版一五八―一六〇頁）。

メリエと同時代に、ピエール・ベールもまたその『歴史批評辞典』の「マニ教徒」、「マルキオン派」、「パウリキウス派」などの項目で、この摂理と悪の問題を集中的に議論し、大きな反響を呼んだ。彼はゾロアスターに次のように語らせた。「人間がこの上なく善でこの上なく聖でこの上なく力のある唯一の原理が作ったものなら、病気や寒暑や飢え渇き、苦しみ、悲しみなどにさらされることがありうるだろうか。悪い傾向をこうまで持つことがありうるだろうか。罪悪をこうまで犯すことがありうるだろうか。至高の聖性が犯罪的な被造物を生み出せるだろうか。至高の善性が不幸な被造物を生み出せるだろうか。無限の善性と結びついた至高の力は、おのが作物をしあわせで充たし、傷つけ悲しますおそれのあるものは全部遠ざけるはずではないか」（『歴史批評辞典』「マニ教徒」の項、注D、邦訳、前掲書第四巻七四八頁、野沢協訳）。

こうした問題設定はまさしくメリエのそれへと通ずるものであろう。しかしそれを「神」への批判の根拠とするメリエとは異なり、ベールの場合こうした理性的検討から生じる破壊的結論の提示は、むしろ理性を放棄して「啓示の光に頼るべきだ」（同七四七頁）という信仰の立場へ導くためのものであった。この点については上記『ピエール・ベール著作集』第四巻の巻末に付された野沢協氏の解説、とくに一三四四頁以降のベールにおける「摂理と悪」の問題を論じられた箇所を参照されたい。

〔一五一〕　現世における悪の氾濫は自明であり、正統派による「弁神論」の前提でもあって、その事実自体はメリエも言うように議論の対象とはならない。この問題について、ベールも地上における悪の充満を以下のように描いている。「人間は邪悪で不幸である。自分の中に起こることからも、隣人と持たざるをえない付き合いからも、みなそのことは知っている。この二つの箇条について全き確信を得るためには、ほん

の五、六年生きるだけでも十分だ。長いこと生き、いろんな仕事に首をつっこんだ人は、そのことをもっとはっきり知っている。旅行もそれについてたえず教えを垂れてくれる。いたるところに人間の不幸と邪悪さの記念碑を見せてくれる。いたるところに牢獄と救貧院があり、いたるところに絞首台が立ち、乞食がいる。ここには栄えた都市の残骸が見られ、あそこにはもう廃墟すらみつからない。〔……〕研究家は書斎から出ずとも、この二つの箇条について最大の知識を得る。歴史を読んであらゆる時代、世界中のあらゆる国を通覧するからである。歴史とは正確に言って人類の罪悪と不運の集録にすぎない」（『歴史批評辞典』「マニ教徒」の項、注D、邦訳、前掲書第四巻七四七頁、野沢協訳）。しかし、この問題の提示の仕方はすでにメリエの関心がどこにあるかを明示していると言えよう。「序文」第一章（本書四頁）参照。

〔一五二〕　メリエはすでに証明六第四二章（本書三六四—三六五頁）、第四八章（三九四頁）で同じ箇所を引用している。原典の対応箇所については証明六の訳注一を参照されたい。この引用では、原文の「身分に関する一種の不平等は、秩序と服従とを維持するもので」が、「身分に関する一種の不平等は、秩序と服従とをもたらすもので」となっている。なお、この第七四章の少し後（本書五五七頁）でも同じ箇所が再び引かれる。

〔一五三〕　前注を参照。

〔一五四〕　全能の神を信ずる「神崇拝者」ラ・ブリュイエールからすれば、悪人が栄え善人が苦しむ現実に関して、現世が「人間の邪悪さによって所をかえた」か、「神が神でないか」のいずれかを選択するという想定において後者は神崇拝の前提に反する以上、神崇拝者は前者を選ばざるをえないことは当然であった。しかし、神の全能を厳密に考えるならば、前者の想定も成り立ちえないことを、メリエは以下で論証してゆく。

〔一五五〕　摂理と悪の問題においては、キリスト教思想家は悪を通常二つに大別して論じた。死、病気、苦しみ、悲しみ、災害などを意味する「物理的悪」と、人間の悪事や罪悪などを意味する「道徳的悪」である。そして、人間は神が作った時に邪悪ではなかったが、良心の光に従わず「道徳的悪」を犯し、義なる神がそのため人間に「物理的悪」を下した、とするのが正統的弁神論の一般的論理であった。当然のことながらメリエは、「悪」のこうした伝統的区分を否定する。メリエにあっては、人間の自然的な欠点・弱点（この中には肉体的欠点だけでなく、「道徳的悪」と呼ばれてきた邪悪さも含まれる）、死、病気、苦痛、事故などの「与件としての悪」が一方に置かれ、もう一方に人間の悪しき習俗と統治という「変えうる悪」が置かれることになる。メリエのこの基本的観念からして、「原罪以前の無垢な人間」というキリスト教の教義は言うまでもなく、「黄金時代」という神話にもメリエは信を置けなかったのであろう。

〔一五六〕　『旧約聖書』中の伝説的人物たちのことを想起しているのであろう。

〔一五七〕　キリスト教弁神論においては物理的悪と道徳的悪の双

方に関して神を免罪しなければならないが、訳注一五五で述べたメリエの基本的論理構成からすれば、道徳的悪すなわち人間の邪悪さと、神の無限の完全性とをどのように両立させるか、という問題が最大の論点となる。メリエは一挙にこの問題に焦点を定めている。

〔一五八〕 ベールも先に触れた「弁神論」をめぐる論争に関して、「たとえば、神が罪を許されたのは御自分の英知をあらわすためで、無垢の状態でより人間の悪意が日々生みだす無秩序の中でのほうが神の英知はいっそう輝き出るのだ、と言ったら、人はこう答えるだろう。それは自分の接骨技術を町中に見せるため自分の子供の足が折られるのをほったらかしにしておく父親や、それをおさめたという栄光を得るため反乱や無秩序が国中に拡がるのを放置する君主に神をなぞらえるものではないか……」(ピエール・ベール『歴史批評辞典』「パウリキウス派」の項、注E、邦訳、前掲書第五巻八四頁、野沢協訳)と言い、また次のようにメリエと同様の見解を示している。

「良い母親なら、娘たちが舞踏会へ行くのを許可しても、彼女らがそこで誘惑に負け処女を失うことが間違いないとわかっていたら、その許可を取り消さぬ者はいないはずである。そういうことが必ず起こると確実に知っていながら、賢明に振舞うよう勧め、女になって戻ってきたらひどいぞとおどかすだけで娘たちを舞踏会へ行かせるような母親は、誰であれ、少なくとも娘も貞潔も愛していなかったという正当な非難を招くだろう。娘たちの自由を侵害したくなかったのだとか、信用していないことを見せたくなかったのだとか弁解しても無駄なことで、そんなにまで遠慮するのは全くはきちがえている、それは母親より腹を立てた継母がしそうなことで、そんな自由という特権や信頼のしるしをこうまで不適切に与えるよりは娘たちを目の前で監視していたほうがましだったろう、という答えが返ってくるはずである。ここからも、神が最初の人間の自由意志に遠慮したということを理由にあげる者の軽率さがわかる」(同八六頁)。

もとよりこの場合でも、訳注一五〇で取り上げた「マニ教徒」の項の場合と同様、ベールは「今使った例で反駁できるような理由を言い立てるくらいなら、いっそだまって信じているほうがいい」(同)という文脈の中で、この母親の例を取り上げている。ベールの意図とは別に、メリエにおいてこうした立論はキリスト教の信仰そのものを解体する道具立てとして機能しているのである。

〔一五九〕 トマス・アクィナス『神学大全』第七五問題五項(邦訳、前掲書第六巻一九頁、大鹿一正訳)、第八九問題四項(同三八九頁)参照。なおメリエはすぐ後に、この公理を基として、やはり真たるべき別の公理を提出している。この公理は形式的には先の公理の変換命題あるいは副命題にすぎないと思われる。しかし、内容上はむしろ先の公理の否定命題となっている。というのも、前者によれば作り手が与えるものすべてを受け手は必ずしも受け取れるわけではないことになるが、後者の場合では受け手の元にあるものはすべてそれがなんであれ作り手に由来するものとなるからである。この

二つの公理をここでメリエが問題にしている人間の禍との関係で見るならば、前者の公理からはそうした現存する悪の原因は被造物である人間の能力に由来することもありうるとの推定も可能となる。しかし、後者の公理からはただちに現存するすべての禍の元は「神」そのものであることが帰結することになるのである。

〔一六〇〕 ピエール・ド・ラ・フォン『日曜法話集』、パリ、一六九〇年、全四巻。ピエール・ド・ラ・フォンはアヴィニョンに生まれ、一七〇〇年頃ユゼスで死んだフランスの神学者。バラブレーグ小修道院長からユゼス司教の下で教区判事となり、この町に神学校を開き校長を務めた。この著作の初版は『日曜法話集、ユゼス司教殿およびユゼス伯爵の命により、司祭、神学博士、バラブレーグ小修道院長、教区判事、ユゼス神学校長、M・de L・Fが著す』、パリ、一六八八年、全三巻。当時それなりの評価を受けていたらしい。メリエはまったく同じ箇所を第七七章（本書六〇七頁）でも引いている。

〔一六一〕 正確には、ディオニシウスの「善は自らを拡散し伝達するものである」という言葉。トマス・アクィナス『神学大全』第五問題四項（邦訳、前掲書第一巻一〇二頁、高田三郎訳）、第七三問題三項（同第五巻一二六頁、山本清志訳）参照。

〔一六二〕 カトリック系現行邦訳聖書（バルバロ訳、講談社）では、第二〇章三〇―三一節。

〔一六三〕 メリエによる仏訳とラテン語原文とは一致していない。またラテン語原文の後半「私ハ自分ノタメニ……与エルコトヲシナイ」は『イザヤ書』第四八章一一節からの引用である。

〔一六四〕 訳注一五〇で引用した、ラクタンティウス『神の怒りについて』に見られるエピクロスの言葉を参照。なお、ピエール・ベールも『歴史批評辞典』でラクタンティウスからこの箇所を引用している。「ラクタンティウスの次の一節をよくよく検討していただきたい。それにはエピクロスの或る反論への回答が含まれている。〈（エピクロスハ）言ウ。《神ハ悪ヲ取リ除コウトスルガデキナイノカ、デキルガシヨウトシナイノカ、シヨウトモセズデキモシナイノカ、シヨウトスルシデキルノカ、ドチラカデアル〔……〕》ト。摂理ヲ擁護スル哲学者ノ多クガ通常コノ論理ニ困惑シ、神ハ何事ニモカカワリ合ワナイトホトンド認メザルヲエナクナッテイルコトヲ私モ知ッテイル。〔……〕〉。

反論が持てるかぎりの力をこれ以上率直に報じることはできなかったろう」（『歴史批評辞典』「パウリキウス派」の項、注E、邦訳、前掲書第五巻七九頁、野沢協訳）。

〔一六五〕 「限りない善性をもつ全能の神」なる仮定に対して、メリエは鋭く現世の悲惨さをつきつける。ベールも『歴史批評辞典』の中で、キリスト教徒に対してマニ教徒に次のように語らせている。

「君らが認める単一の原理は、君らに言わせると永遠の昔から、人間が罪を犯すこと、最初の罪が伝染力を持つこと、それが終わりもたえまもなしに全地球上で考えられるかぎりの罪悪を生みだすことを欲したわけだ。それから次に人類のため、ペスト・戦争・飢餓・苦しみ・悲しみといった考えら

れるかぎりの不幸を現世に用意し、その描写を読むと頭の毛が逆立つようなやりかたでほとんどすべての人間が永遠に苦しめられる地獄を来世に用意したわけだ。そんな原理がしかも完全に善で限りなく聖潔を愛しているとしたら、同じ神が完全に善であるとともに完全に悪で、徳をも悪徳をも同程度に愛していることを認めざるをえないじゃないか」(ピエール・ベール『歴史批評辞典』「パウリキウス派」の項、注F、邦訳、前掲書第五巻九一頁、野沢協訳)。

〔一六六〕 本章の異文(20)で示したように、手稿一九四五八にはこの後に他の手稿一九四五九、一九四六〇には見られない、神の道徳的責任を論じた一段落がある。他の手稿には見られぬ部分がこのように長く、手稿一九四五八のみにある例は珍しい。三つの手稿を比較してみると、一九四五八よりも一九四五九、一九四六〇の方が文章量が増加していく傾向が見られるが、ここは一九四五八の文章が削除されている一つの例と考えられよう。

〔一六七〕 メリエと異なり、ピエール・ベールはこの問題について以下のように答えている。「あの哲学者〔ゾロアスター〕には大きな難問を数知れずぶつけることもできよう。しかし、彼は返事をみつけるはずだし、いよいよとなったら、ならばもっとうまい仮説を出してくれと要求し、自分はメリッソス〔ゾロアスターと論争する単一原理主張者〕の仮説を堅固に反駁したと主張するだろうから、彼を真理へ連れ戻すことはいつまでたってもできまい。人間の理性はそうするには弱すぎるのである。〔……〕理性は人間におのれの闇と無力と別の啓示の必要性を知らしめるものでしかない。別の啓示とは聖書の啓示のことである。そこにこそ、二つの原理という仮説やゾロアスターの反論という反論を無敵の力で論破するものがみつかる。神の単一性と無限の完全性、最初の人間の堕罪とそこから生じた結果がみつかる。限りなく善で聖なる原理の作物によって道徳的悪が世界に流入したなどということはありえない、と大仕掛な論理をふりまわして誰かが言いに来ても、われわれはこう答えるだろう。しかし実際にそうだったのだ、したがってそれはきわめてありうることだ、と」(ピエール・ベール『歴史批評辞典』「マニ教徒」の項、注D、邦訳、前掲書第四巻七五〇―七五一頁、野沢協訳)。これまでもたびたび指摘してきたように、「全能の神」を批判するメリエの論理展開は多くの点でベールが提出する論点と重なっていた。メリエがベールを読んでいたかどうかについては何の確証もない。しかし人間理性への信頼という点で、メリエは明らかにベールとは袂を分かっている。人間理性の限界を指摘するベールに対して、それへの信頼を、というよりもむしろ人間理性と「神」との非和解的対立をメリエは極限にまで推し進めているという点は、ここからも十分に指摘できよう。

〔一六八〕 割注にも示したが、この引用は『詩篇』第一四四篇二〇節、第一四五篇七―九節をばらばらにし、メリエが自由に組み合わせたものである。

〔一六九〕 割注にも示したが、この引用は『申命記』第二八章一―四節をメリエが自由訳したものである。

〔一七〇〕 割注にも示したが、この引用は『申命記』第二八章一五―二二節をメリエが要約したものである。

〔一七一〕 『聖書』からのラテン語引用文もそのままではなく、句の順番もメリエは逆転している。

〔一七二〕 以上の『伝道の書』第八章一一―一二、一四節からのメリエによる原文引用は省略があり、またその仏訳は大幅な自由訳となっている。以下に現行邦訳聖書の対応箇所を掲げる。「悪しきわざに対する判決がすみやかに行われないために、人の子らの心はもっぱら悪を行なうことに傾いている。罪びとで百度悪をなして、なお長生きするものがあるけれども、神をかしこみ、み前に恐れをいだく者には幸福があることを、わたしは知っている」（日本聖書協会版聖書、一九五五年改訳、『伝道の書』第八章一一―一二節）。「地の上に空な事が行われている。すなわち、義人であって、悪人に臨むべき事が、その身に臨む者がある。また、悪人であって、義人に臨むべき事が、その身に臨む者がある。わたしは言った、これもまた空であると」（同第八章一四節）。

〔一七三〕 この『伝道の書』第九章二―三（あるいは一―三）節はメリエによって三回引かれる。しかしその度ごとに、メリエの仏訳文は少しずつ異なっている（本書五七二―五七三頁、六一〇頁参照）。ここではメリエは二―三節の一部を自由に組み合わせてラテン語原文を引用し、それに仏訳を付している。こうした引用の仕方そのものが当該箇所に関するメリエ固有の解釈を示しているが、それをはっきりさせるため、以下に現行邦訳聖書の対応箇所を掲げる。「わたしはこのすべての事に心を用いて、このすべての事を明らかにしようとした。すなわち正しい者と賢い者、および彼らのわざが、神の手にあることを明らかにしようとした。愛するか憎むかは人にはわからない。彼らの前にあるすべてのことは空である。すべての人に臨むところは、みな同様である。正しい者にも正しくない者にも、善良な者にも悪い者にも、清い者にも汚れた者にも、犠牲をささげる者にも、犠牲をささげない者にも、その臨むところは同様である。善良な人も罪びとも異なることはない。誓いをなす者も、誓いをなすことを恐れる者も異なることはない。すべての人に同一に臨むのは、日の下に行なわれるすべての事のうちの悪事である。また人の心は悪に満ち、その生きている間は、狂気がその心のうちにあり、その後は死者のもとに行くのである」（日本聖書協会版聖書、一九五五年改訳、『伝道の書』第九章一―三節）。

〔一七四〕 この『伝道の書』第六章八―九節のラテン語原文それ自体の意味は必ずしも明確ではない。メリエの解釈はその仏訳に十分現れているが、引用されているウルガタ原文は、当時の『ウルガタ聖書』の仏訳（ルメートル・ド・サシ訳）を参考にして訳出した。この箇所は証明八第九二章（本書七七三頁）でも、文章は幾分変えられているが、引用されている。

〔一七五〕 訳注一七三を参照。

〔一七六〕 訳注一四八を参照。

〔一七七〕 メリエは『集会の書』第四一章五、七節としているが、実際にはその三、四節である。またメリエは一部を省略している。以下に当該箇所をカトリック系現行邦訳聖書（講談社、

フェデリコ・バルバロ訳）によって掲げる。傍線部がメリエの省略した箇所である。「くるはずの死を恐れるな、先人のこと、後にくる人々のことを思え。それは生きるものすべてに、主から与えられた定めである。なぜ、いと高き者のみ旨に背こうとするのか。十年、百年、千年生きても、黄泉では、あなたの生命の長さを非難する者はない」。

〔一七八〕　ピエール・ベールは『歴史批評辞典』「パウリキウス派」の項、注Ⅰで、原罪と自由意志の問題に関してだが、次のように述べている。「神がこの上なく完全な存在で、あらゆる完全性の内でも善・聖・義ほど本質的に神にふさわしいものはないことは、ものを考える人なら誰にでもはっきりわかる。そういう完全性を神から取り去って、人間に罪悪を禁じるけれどもなおかつ人間を罪悪へ押しやり、しかるのちそれを永遠に罰する立法者の完全性を与えたら、たちまち神は全然信用できないもの、まやかしで意地悪で不正で残酷なものになってしまう。それはもう宗教の対象ではなくなってしまう。そんなものの加護を求めて賢明たらんと努めてもなんになろう。つまりそれは無神論への道なのだ。〔……〕罪悪を禁じる法を作りながら、罰する口実を得るためにその法を自ら破らせるようなものとして神を示すのは、宗教を自由思想家の嘲罵にさらすことではないか」（邦訳、前掲書第五巻一四〇頁、野沢協訳）。

〔一七九〕　たとえば、『詩篇』第一九篇二節には「天は神の栄光を語り、大空は御手の業を告げる」（カトリック系現行邦訳聖書、講談社、フェデリコ・バルバロ訳）とある。メリエが述べているように、護教論者はこれらの『聖書』の箇所を典拠にして、たとえば無神論者に対して反論するのが常であった。

〔一八〇〕　この箇所は、アントロポス版メリエ全集では「選び（choix）と戒律」となっているが、三つの手稿はいずれも「法（loix）と戒律」となっている。

〔一八一〕　『マタイによる福音書』第一一章二―六節、『ルカによる福音書』第七章一八―二三節などを参照。

〔一八二〕　北アメリカ・インディアンの一部族。現在のニューヨーク州に広く分布し、彼らと接触したフランス人がこのように名づけた。当時、彼らは部族連合を作っていたらしいが、十七世紀中葉にはフランス人らと戦い、またヒューロン族とも争っていたようである。十八世紀にイロクォイ族は、北アメリカにおいてフランス人に対抗して勢力拡大を図る、イギリス人側に利用された。

〔一八三〕　この表現は、すぐ後に引用される『ユダの手紙』一八節から取られているが、その他『イザヤ書』第二八章一四節などにも見られる。メリエはこれまでにもたびたびこの表現を用いている。

〔一八四〕　証明二第九章を参照。

〔一八五〕　以上、『エセー』からの四つの引用について、出典との主な異同を以下に示す。第一の引用中、「外観は」は出典では「それ以外の外観は」となっている。第二の引用中、「アウグストゥス帝は、ユピテル自身よりも」は出典では「アウグストゥスは、ユピテルよりも」となっている。第四

の引用中、「この人間たちの熱烈な信仰は」は、出典では「この熱烈な信仰は」となっている。なお第一の引用文はすでに証明二第一一章末で引かれているし、また第二の引用文は証明一第六章末、証明二第一一章末で、第三、第四の引用文も証明二第一一章末ですでに引かれている。

〔一八六〕　メリエが引証しているのは『歴代志下』第一八章で語られているイスラエル王アハブと預言者ミカヤの物語である。ユダ王ヨシャパテは、アハブにラモテ・ギレアデに一緒に遠征することを勧め、同時に「主の言葉」を聞くことを求めた。アハブが預言者四百人を集めて尋ねると彼らは戦に出ることを勧めた。ヨシャパテが誰かほかに預言者はいないのかと尋ねると、アハブは悪いことばかりを預言するミカヤがいると答え、ミカヤを呼んで預言させた。以下に掲げるのがそれに答えたミカヤの預言である。「主のみことばを聞いてください。私は主が玉座に座り、その左右に天の万軍が取り囲んでいるのを見ました。そして主は仰せられました、〈だれかアハブにラモテ・ギレアデ征伐に行けとそそのかし、彼の滅びをはかれ〉。ある者はこう言い、他の者はほかのことを言った。そのとき一人の霊が進み出て主の前に立って言いました。〈私がやってみましょう〉。主は〈どうするつもりか〉と聞かれました。その霊は〈私は行って、彼の預言者たちの口を通じ、偽りを言う霊となりましょう〉と答えました。すると主は、〈そうして良い、きっと成功するだろう。行ってその通りにせよ〉と仰せられました。けっきょく主はこのすべての預言者の口に偽りを言う霊を送られたのです。主はあなたの滅びを決定されたからです」（『歴代志下』第一八章一八―二二節、講談社、フェデリコ・バルバロ訳、ただし固有名詞の表記については日本聖書協会訳に従った）。

〔一八七〕　メリエの引用の仕方はかなり意図的なものと言えよう。まず当該箇所はカトリック系現行邦訳聖書、講談社、フェデリコ・バルバロ訳では次のようになっている。「悪の者はサタンの力に従って現れ、力としるしと偽りの不思議をすべて行い、また救いに至る真理への愛を受けなかった滅びる者のために、不義の惑わしをするであろう。そのために神は、惑わしを彼らの内に働かされる。こうした彼らは偽りを信じるようになる」。しかしこの後の一二節には「それは真理を信ぜず不義を好んだ者がさばかれるためである」と書かれているが、メリエはこれは引用しない。

〔一八八〕　証明二第一二章参照。

〔一八九〕　証明四第二六章始めの原注＊1を参照。

〔一九〇〕　当時一般に、悪魔に祈願してその力により超自然的な業をなすことを「黒魔術」、天使に祈願してその力により超自然的な業をなすことを「白魔術」と呼んだ。

〔一九一〕　「モーセはクシの女をめとっていたが、そのクシの女をめとったゆえをもって、ミリアムとアロンはモーセを非難した。彼らは言った。〈主はただモーセによって語られるのか。われわれによっても語られるのではないのか〉」（『民数記』第一二章一―二節、日本聖書協会版聖書、一九五五年改訳）。

〔一九二〕　「ここに、レビの子コハテの子なるイヅハルの子コラ

と、ルベンの子なるエリアブの子ダタンおよびアビラムと、ルベンの子なるペレテの子オンとが相結び、イスラエルの人々のうち、会衆のうちから選ばれて、つかさとなった名のある人々二百五十人と共に立って、モーセに逆らった。彼らは集まって、モーセとアロンに逆らって言った、〈あなたがたは分を越えています。全会衆は、ことごとく聖なるものであって、主がそのうちにおられるのに、どうしてあなたがたは主の会衆の上に立つのですか〉」（『民数記』第一六章一―三節、日本聖書協会版聖書、一九五五年改訳）。

〔一九三〕　証明一第四章でも、メリエはモーセ、イエス、マホメットを並べて偽預言者、ペテン師として描いている。

〔一九四〕　イエズス会士による中国への布教に伴って、「中国の哲人孔子」や日本の仏教については、当時すでにかなり広く知られていた。モレリは『大歴史辞典』の「孔子（Confucius）」の項の中で「十分に検討してみると孔子の教説にはただ無神論と不敬虔さしか見られない。というのも、一、至高の神性の位置を占めているのは天と徳であり、二、迷信に満ちた祭式と神以外の存在への犠牲が定められているからであり、また三、現世以外でのどんな褒賞も懲罰も約束されてはいないからである」と述べているが、メリエはこうした記述を念頭に置いていたのであろうか。

〔一九五〕　カッパドキアのアポロニオスについては、証明二第一二章本文、および証明二の訳注一九を参照。サマリアのシモンについては証明一第四、六章本文、証明二第一二章本文、および証明一の訳注一七を参照。

〔一九六〕　『列王紀上』第一八章参照。メリエはこのバアルの預言者の逸話を証明二第一三章でも引証している。

〔一九七〕　アーサー王伝説に登場する魔法使い。

〔一九八〕　ノストラダムス（ミシェル・ド・ノートルダム）、一五〇三―一五六六年。フランスの占星術師、医者。シャルル九世の侍医をつとめた。占星術に基づく預言書『諸世紀』（一五五五年）が有名。

〔一九九〕　フィオーレのヨアキム、一一三〇頃―一二〇二年。イタリアの神学者、神秘主義者。著述に専念し、彼自身の修道院を起こした。主著は『旧・新訳聖書の調和』『黙示録注解』など。全世界の歴史を三つに区分し、それに父と子と聖霊を対応させる彼の歴史観は、フランシスコ会内の非正統的運動を通じて中世に大きな影響を及ぼした。

〔二〇〇〕　ジローラモ・サヴォナローラ、一四五二―一四九八年。イタリアの説教師、教会改革者、ドミニコ会士。フィレンツェでのメディチ家支配に対抗し、教会改革を主張して預言的な説教を行った。実権を得て同市に神政政治的民主制をしいたが、のち異端者として火刑に処せられた。この箇所でメリエがマーリンからサヴォナローラまで四人の「預言者」の名前を挙げているのは、ガブリエル・ノーデ『誤って魔術の嫌疑をかけられたすべての偉人たちのための弁明』第一六章「マーリン、サヴォナローラ、ノストラダムスについて」（章題にはないが、本文中にはヨアキムへの言及もある）から示唆されたのであろう。

〔二〇一〕　本書五八九―五九〇頁参照。

〔二〇二〕　メリエ自身による出典の指示（『マタイによる福音書』第二四章一一、二四、二六節）が示しているように、この引用は『マタイによる福音書』第二四章からのメリエによるかなり意図的な引用となっている。以下に一一節から二六節までのカトリック系現行邦訳聖書、講談社、フェデリコ・バルバロ訳を掲げ、メリエによる引用箇所を傍線で示すことにする。

「そのときには多くの人が滅び、互いに裏切り、憎み合い、多くの偽預言者が起こって人々を惑わし、不義が増すにつれておびただしい人の愛が冷める。だが終わりまで耐え忍ぶ者は救われる。

天の国のこの福音が、全世界にのべ伝えられ、諸国の人々に向かって証明されるとき、そのとき、終わりは来る。

預言者ダニエルの言った〈荒らす者のいとわしきもの〉が聖所に立つのを見たら――読む者は悟れ――そのとき、ユダヤにいる者は山に逃げよ。屋根の上にいる者は、家のものを取り出そうとして下りるな。畑にいる者は、がいとうを取りに引き返すな。その日不幸なのは身ごもった女と乳を飲ます女である。こういうことが安息日に起こらぬよう、その日逃げ出すことのないように祈れ。そのときには、世の始めから今までにもなく、後にもないほどの大艱難が起こる。その日が短くされぬなら救われる者は一人もない。だがその日は選ばれた人々のおかげで短くされる。そのときには、〈そら、ここにキリストが、あそこにもキリストが〉と言われても信じるな。偽キリストや偽預言者たちが起こって、できるものなら選ばれた人たちをさえ迷わすほどの偉大なしるしや奇蹟を見せるだろう。いま私はあらかじめこのことを知らせておく。ある人が〈彼は荒野にいる〉と言っても出て行ってはならぬ。〈彼は奥にいる〉と言っても信じるな」。

〔二〇三〕　証明二第一三章前半参照。

〔二〇四〕　これはカトリック的な伝承原理、権威原理である。このような「伝承」の権威に対する原則的批判をメリエはデカルト主義の伝統（マールブランシュ『真理の探究』）から、また十七世紀の自由思想家の遺産（ガブリエル・ノーデ『誤って魔術の嫌疑をかけられたすべての偉人たちのための弁明』）などから知っていたのであろう。さらに、宗教論争内部においてカトリック的伝承原理を批判するプロテスタントの論理を知っていた可能性もあろう。参考としてピエール・ベール『彗星雑考』の一節を以下に掲げる。「人が或る説を選ぶ際に、頭の中で起こることを見られないのは残念です。私は確信するのですが、それが見られたら、無数の人の賛同も、結局は二、三人の権威だけに還元されてしまうでしょう。その二、三人が十分検討したと想定される或る説を述べ、あんなに立派な人が言っているのだからという先入主でほかの多くの人が信じこみ、その人たちの影響でさらに多くの人が、生まれつきの怠けぐせから、入念に検討するより言われたことを鵜呑みにしたほうが得だと思ってそれになびき、こうして、軽信的で怠惰な信奉者の数が日ましにふえ、その数がまた他の人に対して、検討の労をはぶくための新手の誘いになり、……こうして、もはや何事も検討せずただただ伝承にお

んぶするのが価値あることとされたわけです」（邦訳、前掲書第一巻二五頁、野沢協訳）。

〔二〇五〕　イエス・キリストのこと。

〔二〇六〕　イエズス会の中国布教に伴い、一六三四―一六三五年からほぼ一世紀にわたって「典礼問題」論争――儒教を媒介として布教するイエズス会の方策の是非――が続けられていた。メリエの記述はこの紛争を背景としている。

〔二〇七〕　この『エセー』からの引用文は、原文ではメリエがこの前に引用している「われわれはペリゴール人とか……」の前に置かれているものである。しかもメリエはその内容にかなり手を加えている。邦訳によって以下に原文を掲げる。「もしも、別の地域に生まれあわせて、別の証拠を示され、同じような約束と威嚇をつきつけられたら、同じように、まったく反対の信仰を植えつけられるかも知れないのである。われわれはペリゴール人とかドイツ人であるのと同じ資格で、キリスト教徒であるにすぎない」（邦訳、岩波文庫、第三巻二〇頁、原二郎訳）。

〔二〇八〕　第七五章（本書五七八頁）、および証明七の訳注一七九を参照。

〔二〇九〕　第六三章（本書四五九頁）、および証明七の訳注三四を参照。

〔二一〇〕　第七五章始めからここまで、メリエは「現実に見られる宗教の多様性からすれば、神は自分をもその法をも人間に明示したことはない、それゆえ神は存在しない」という論拠によって「見えざる神」を批判してきた。

以下、メリエはまた別の論拠、世界内の悪の存在から神の不在を証明する論拠へと移ってゆく。

〔二一一〕　もっとも無価値なものに問題となっている論理を適用し、その論理の不条理性を際立たせるこのような反駁のための弁証は、神学論争で多用されたものである。

〔二一二〕　メリエが注記しているように、モレリ『大歴史辞典』「ドミティアヌス」の項にこの記事が見られる。またコエフトー『ローマ史』第二部第八巻（一六三六年版五九一頁）にも同様の記述が見られる。スエトニウス『ローマ皇帝伝』の以下のような箇所がもとになっているのであろう。「元首となった当座、ドミティアヌスは毎日、一人だけ部屋にこもり、蠅をつかまえては先の鋭く尖った鉄筆で突き刺し、それ以外は何もせずに時間をつぶすのを常としていた。そこである人が〈カエサルは誰と一緒に部屋の中におるのか〉と尋ねたとき、ウィビウス・クリストプスは、まったく当意即妙に答えたものだ。〈蠅すらいないよ〉。」（邦訳、岩波文庫、下巻三一一頁、国原吉之助訳）。

〔二一三〕　アウグスティヌス『エンキリディオン』に、「というのは、だれも無償のあわれみによらなければ救い出されないし、また自分に責任のある審判によらなければ、断罪されないからである」（邦訳、教文館、『アウグスティヌス著作集』第四巻二九六頁、赤木義光訳）という一節があり、この後半部分をメリエは想起しているのであろう。第八六章始めでは、この『エンキリディオン』から他の箇所をメリエは直接引用している。

〔二一四〕　現行邦訳聖書では、二〇節となっている。

〔二一五〕　現行邦訳聖書では当該箇所は、「これはとがを終わらせ、罪に終りを告げ、不義をあがない、永遠の義をもたらし、幻と預言者を封じ、いと聖なる者に油を注ぐためです」（日本聖書協会版聖書、一九五五年改訳）となっている。メリエはこの箇所を記憶によって書いたか、『ウルガタ聖書』当該箇所を自由訳するかしたのであろう。

〔二一六〕　メリエは『イザヤ書』の第一一章六、九節（実際には六―八節）と同書第六五章二五節を同趣旨のものとしてまとめて引用紹介している。当該箇所はカトリック系現行邦訳聖書、講談社、フェデリコ・バルバロ訳では各々次のようになっている。①「おおかみは小羊とともに住み、ひょうは小やぎのそばに横たわり、小羊は小じしとともにはみ、子どもはかれらを導く。雌牛と雌ぐまは、ともにはみ、その子らはともに横たわり、ししは牛のようにわらを食う。乳のみ子はコブラの隠れ場でたわむれ、幼子は毒へびの穴に手を入れる」（第一一章六―八節）。②「おおかみは羊とともにはみ、ししは牛のようにわらを食うが、へびは土をかてとする。尊い山のすべてにおいて、人はもう、悪をせず、荒らしもしない、と主は仰せられる」（第六五章二五節）。

〔二一七〕　第七四章（本書五六三頁）参照。

〔二一八〕　『伝道の書』第九章二、三節は、メリエの仏語訳文はいくらか異なっているものの、すでに第七四章終わりでラテン語原文とともに引用されている（本書五七一頁、五七二―五七三頁参照）。また証明七の訳注一七三をも参照。

〔二一九〕　この「作用する」の語は手稿一九四六〇には見られず、手稿一九四五八、一九四五九に従って補足した。

〔二二〇〕　ここで述べられてきた物質の運動の「盲目的な必然性」と自然の創造者、第一原因としての「神」観念との矛盾については、第七一章後半でメリエはすでに詳細な議論を展開している（本書五二六頁以下参照）。

〔二二一〕　メリエはフェヌロン『神の存在と属性の証明』冒頭の句を何回も引用する。すでに第六三章始め、第七六章終わりでも引いていたが、さらに第八一章中段でも引かれる。メリエは常にこの句のみを引用しているが、フェヌロンが以後、どのようにその著作を始めているかについては、証明七の訳注三五を参照せよ。

〔二二二〕　以下、段落をかえて「……巧みな手がそれに触れていると叫ばないだろうか」まで、メリエはフェヌロン『神の存在と属性の証明』第一部四項始めから六項終わりまでを連続して引用している（一七七五年版五―八頁）。ただし、出典の省略等に関しては次注を参照されたい。

〔二二三〕　省略符号の箇所には以下のような原文が省かれている。「私がここで業と言う場合、特定の目的に達するためとくに選ばれたさまざまな手段の集合という意味である。秩序、配列、巧みさ、一貫した意図がそれに当たる。偶然とはそれとまったく逆に盲目的で必然的な原因であり、前もって備えることもせず、配列することもなく、何の選択もせず、意志も知性も持ってはいない」（一七七五年版五―六頁）。メリエが「さらに続けて、著者はこう言っています」としている箇所

で、四項から五項に移り、以下の一文が省略されている。「ここで古代の人々のあの有名な比較を思い出すことが適当である」（同書六頁）。「一つの詩まるごとを作るどころか……とキケロは言ったものだ」は、原文では「キケロはエンニウスの『年代記』について同じことを言っており、一つの詩全体を作るどころか、偶然は一行の詩さえも作れはしない、と付け加えた」（同書七頁）となっている。メリエが「同じ著者の別の比較を掲げましょう」としている箇所で、五項から六項に移り、以下の一文が省略されている。「だが、ナズィアンゾスの聖グレゴリオスによる別の比較に移ろう」（同書七頁）。

〔二二四〕　発見された像の例、絵の例はそれぞれ先の引用に続くフェヌロン『神の存在と属性の証明』第一部七項、八項に対応している。

〔二二五〕　以下の家の例に関する引用、「精妙な哲学を誇りながらも……」から「……まだ舌の回らない子供でも笑い出すことだろう」を、メリエは途中自らの言葉を挿入しながらあたかも異なる箇所からの引用であるかのように記している。しかし、この箇所は実際にはフェヌロン『神の存在と属性の証明』第一部七二項全体の連続的引用である。この項目はエピクロス派の反論へのフェヌロンの再反駁となっている。なお、出典との主要な異同等に関しては以下の訳注二二七を参照されたい。

〔二二六〕　証明二の訳注三三五を参照。

〔二二七〕　冒頭部分「見事な家」は、原文では「家」となっている。改行されている「アパルトマンは……」の箇所は、原文では改行されていない。「テーブル……などが」の「……など」は原文にない。「階段を積み上げたり……などしたのです」の「……など」は原文にない。「そのリュートの心地よい調べの奇蹟」の「そのリュートの」は原文にない。

　なお、フェヌロン『神の存在と属性の証明』の当該箇所に対して、メリエは『反フェヌロン』でただ次のように注釈している。「著者がここで言わせようとしていることを、言おうとする哲学者などいない」（「断片六六」、アントロポス版メリエ全集第三巻二六八頁）。

〔二二八〕　メリエはここで、「感覚的な予断にもっとも執着している人々でも〔……〕一瞥で発見することができる」という、物理神学的な神の存在証明を反駁することから、「さまざまな抽象的真理を熟考し、さまざまな第一原理にまで遡ること」によって神を知る（証明七の訳注三五参照）という神の存在証明、無限の観念を論拠とするフェヌロンらの議論の批判に移る。

〔二二九〕　メリエの引用は、必ずしも正確ではない。次にマールブランシュの『真理の探究』の当該箇所を掲げ、メリエの引用部分と異なる部分を傍線で示すことにする。

　「あるものを表す観念の中に内包されると明らかに理解される事柄は、そのものに帰すべきである。これこそがあらゆる学問の普遍的原理である。必然的実在は、限りなく完全な存在を表す観念の中に内包される。彼らもこれには同意する。それゆえ、限りなく完全な存在は実在すると言うべきであ

る」。

見られるように、マールブランシュはあくまでも限りなく完全な存在に限定して議論を進めているが、メリエはそれを「神」と同義として、わざわざ引用文中に「神」の語を挿入している。マールブランシュは「観念から存在へ」と至る方法を「学問の第一の原理」と呼び、それを「神の存在証明」に適用し、「神」の観念から出発してそこに明証的に内包される「存在」を導出する証明を神の存在に関する第一の証明と考える。この引用箇所は、そうした証明を詭弁にすぎないとする人々、文中で「彼ら」と表される人々への反論として書かれており、そのために「彼らもこれには同意する」といった文言が見られるのである。メリエは、当然自身の論旨からは不要としてこれを省略している。なおメリエは、この箇所を第八一章冒頭でも引用している。

〔二三〇〕　以下に見られるフェヌロン『神の存在と属性の証明』からの一続きの引用は、同書第二部第一章の中で「神の存在証明二」という小見出しを付けられた部分（一七七五年版では二六四―二七五頁）をメリエが抜粋したものである。この箇所はその冒頭部分であるが、原文では以下のようになっている。「すでに私が指摘してきたすべての事柄が、私が自分のうちに無限の観念、無限な完全性の観念を持っていることを私に示している」。

〔二三一〕　「善であり、完全であるとは、限りなく存在することである」は、原文では「限りなく善であり、完全であるとは、限りなく存在することである」となっている。

〔二三二〕　原文との異同を順次注記する。なお「〔私は〕」は手稿一九四六〇では欠落して文意不明となっているが、手稿一九四五八、一九四五九、フェヌロンの原文には入っており、これに従って補足したものである。「私のうちにあるのか。私以上のものなのか」は、原文では「それは私のうちにある。それは私以上のものである」となっている。「この無限の類似物、あるいは表象は」は、原文では「この無限の類似物は」となっている。

〔二三三〕　引用文中、省略符号で示されている部分には、以下のような原文がある。「というのも、私が見てきたように、神による以外どんなものも存在しえない以上、神が存在することは驚嘆すべきことではないからだ」。

〔二三四〕　前章でのフェヌロンの『神の存在と属性の証明』からの長い引用の始めの部分、「これほど力強く私の上にましまし、限りなく私を凌ぎ、私を驚かし、私を私自身の視界から消し去り、私に無限を現すこの観念を私はどこで手に入れたのだろうか」という箇所に対して、メリエは『反フェヌロン』で次のような批判的注釈を加えている。「ただ一プースの延長の観念が自然にわれわれを無限な延長の認識へと導く。それなのに著者によれば〈これほど力強く私の上にましまし、限りなく私を凌ぐ〉、このような観念を抱くことに、著者は驚いている。〈どこからこの観念はやってくるのだろうか、どこで私はそれを手に入れたのか〉分からないと彼は言う。しかし、他の観念がどこから自分にやってくるか、どこで自分がそれを手に入れたのかを、彼はもっとよく分かっている

のだろうか〔……〕。われわれのすべての観念は同じ認識原理からわれわれにやってくる。われわれが見ているあらゆる対象物の視像が、われわれに自然と備わっている、見るという同じ機能からわれわれにやってくるように」(「断片一三二」、アントロポス版メリエ全集第三巻二九八頁)。

ここでメリエが一ピエの延長や一トワズの延長を限りなく加算することによって到達しうるとした「無限である延長」は、デカルト自身の定義に従えば実は単に「無限定な延長」であるにすぎない。デカルトはたとえば『哲学の原理』で、「ただ単になんら限界の見いだせないもの、たとえば世界の延長とか物質の部分の可分割性とか星の数などは、むしろ無限定なものと見なければならない」(デカルト『哲学の原理』第一部二六項、邦訳、前掲書二三三頁、桝田啓三郎訳)と述べている。

本書を見る限り、そこでメリエが直接デカルトに言及した箇所はなく、メリエのデカルト哲学に関する知識は主としてマールブランシュやフェヌロンに由来しているように見受けられる(神学校時代にロオーやレジスの著作からデカルト哲学を学んだ可能性もあろう)。その範囲内で考えるならば、マールブランシュ自身も、たとえば物質の無限分割を論じている(マールブランシュ『真理の探究』第一巻第六章一節、ロビネ版全集第一巻八一頁)ように、必ずしもデカルトに追従しているわけではない。それであれば、はたしてメリエ自身はデカルトの先の「無限」と「無限定」の区別を知っていたかどうかは疑問であろう。さらに、そうした区別自体がメリエにとってはあまり意味のないものであったとも考えられよう。先の『哲学の原理』でデカルトはこの「無限」について、「こういうもの(世界の延長とか物質の部分の可分割性とか星の数など……訳者注)を私たちが無限といわないで無限定というのは、この無限という名を神のみにとっておきたいためなので」(デカルト『哲学の原理』第一部二七項、邦訳、前掲書二三三頁、桝田啓三郎訳)と述べている。「神」そのものを問題とするメリエにとって、こうした区別それ自体どれほどの意味があったであろうか。したがって、もし仮にメリエがデカルトのこうした意図を知っていたとしたら、「無限」と「無限定」の区別をメリエが意識的に避けた可能性もありえたであろう。

〔二三五〕 有限の限りない加算により得られる三様の無限、すなわち「延長における無限、多数性や数における無限、持続や時間における無限」の認識を、メリエは人間にとっていわば生得的で自然な認識とする。護教論者が強調する「無限」の超自然性を反駁するために、メリエは「永遠で無限な物質」という概念を根拠にして、無限を捉える人間の認識がまったく自然的なもの、いわば生得的とも言えるようなものであることを強調する。なお、「生得的」とは言うまでもなくデカルト哲学固有の概念である。デカルトは、「我」や「神」の観念、そして数学の諸公理を明晰判明な生得観念として、その他の外来的観念や仮作的観念と区別した。そうした観念の承認はメリエの唯物論的立場と一見矛盾するように思える。しかしながら、第六九章の訳注六六でメリエにおける「永久

真理」の承認について述べた際に記載したように、ここでのメリエの「生得観念」説の援用もそうした観念が人間の恣意によらない必然的な観念であるのを示すことを意図しているように思われる。実際デカルトが『省察』において神の観念を生得観念の「第一のそして主要なもの」としたのは、その観念が「何か虚構されたもの、私の思惟に依存するものなのではなく、かえって真にして不変なる本性の映像であることは、多くの仕方で私の理解するところだからである」（デカルト『省察』五、邦訳、前掲書一八一頁、桝田啓三郎訳）と述べている。

〔二三六〕 訳注二三〇で示したように、メリエは第七七章終わり（本書六一七頁以下）で、フェヌロン『神の存在と属性の証明』第二部第一章の「神の存在証明二」という小見出しを付けられた部分を抜粋している。この箇所はその直前、「神の存在証明一」という小見出しを付けられた部分の末尾である。ただし、原文では以下のようになっている。「あなた〔神〕の無限が私を驚かせ、私を圧しつぶす。これは私の慰めである。私があなたのすべてを見ることができないほどあなたが偉大であるゆえに私は喜びにたえない。私を無から引き出してくださったお方として、私があなたを認めるのはこの無限ゆえである。あまりの威厳に私の精神は圧倒され、あなたの栄光の輝きを私は見ていられず、喜ばしくも目を伏せるのである」。

〔二三七〕 ここまでが、フェヌロン『神の存在と属性の証明』第二部第一章の「神の存在証明二」（一七七五年版二七〇、二七一頁）からの抜粋である。前注でも示したように、この箇所はすでに第七七章終わりで引用されている。先の引用文との異同、および原文との異同に関しては、先の箇所の本文およびそこに付された訳注を参照されたい。

〔二三八〕 前の引用に直接続く箇所である。ただし、原文では以下のようになっている。「それこそが、私が自分のうちに常に宿している神異である。私自身が神異なのだ。何者でもないのに、少なくとも借り物の、限られた、一時的な存在であるのに、私は自分がはっきりと理解する無限や不変に与っている。だから私は自分で自分を理解できない。私はすべてを包摂しているが、何者でもない。私は無限を知る無である。自分を称賛しそれと同時に自分をさげすむ言葉を、私は知らない」。

〔二三九〕 驚嘆すべきは、見るという眼の働き、認識するという精神の働きであって、それらの原理たる眼や精神が自らを見たり、自らの本性を認識することができないのは驚くに当たらない、というこの論理はメリエがこれまでにも多用してきたものである。このような命題の由来を正確に見きわめることは困難であろう。前にも注記したように、スコラ哲学の中にもこれに通ずる論述があるからである。またガッサンディもデカルト『省察』への「第五反論」で以下のように述べている。「さて視覚が己れ自身を見ず、知性が己れ自身を知解しないということがいかにして起こりうるかについて考えてみると、それはいかなるものも己れ自身にははたらきかけないからであるということに思い至りました。」（白水社、『デ

カルト著作集』、第二巻三四九—三五〇頁、増永洋三訳、傍点は引用者）。メリエがガッサンディについてどの程度知っていたかは不明だが、論述の類似性は明らかである。両者に共通するこのような理解は、少なくとも認識論的にはデカルト的合理主義の理論的枠内にありながら、これを超え出ようとする経験論的な傾向を両者が共有していたことを示していると言えよう。だが、こうした事実の確認から何を引き出すかという点で、両者の間には明らかな相違が見受けられる。ガッサンディは、ここから「何か或るものの知識を得るためには、そのものが認識能力にはたらきかけ、すなわち認識能力へ自己の形象を送りこみ、あるいは自己の形象によって認識能力に告げ知らせることが必要です」（同）として、認識の成立を精神外の事物との関係において捉えようとする。

他方、これまでのメリエの所論、そして本文のこの後の展開が示すように、メリエはガッサンディと同じく知性の自己了解不能性という問題に注目しながらも、そこにとどまるのみで、認識の発生問題には関心を向けていない。このことは、あくまでも護教論的な哲学へのアンチテーゼを立てることがメリエの主要関心であったことを示すとともに、時代的にはロックの経験論的な認識論も登場し理論関心が次第に「認識の発生」問題へと収斂していく中で、メリエがそれとはかけ離れた思想的境位にいたことの証左とも考えられよう。

〔二四〇〕 スコラ学の倫理に関する格率の一つであろう。トマス・アクィナス『神学大全』第三部第二問題一一項にも、「恩寵は功徳の支配下には置かれえない、なぜなら功徳の原理は功徳の支配下に置かれえないからである」とある。またメリエは『反フェヌロン』の中で（エピクロス派による原子の運動の「偏り」に関する問題において）、「自由の原理は自由の支配下には置かれえないし、置かれるべきでもない」（「断片一〇一、一〇三」、アントロポス版メリエ全集第三巻二八六頁）という注釈を残している。

〔二四一〕 フェヌロン『神の存在と属性の証明』第二部第二章の以下のような箇所をメリエは念頭に置いているのであろう。「このような推論からうまく逃れる唯一の手段は、無限の中に無数の無限が存在するというものである。しかしそれは詭弁を弄する業である。一方より他方がさらに大きいいくつもの絶対的な無限がありうると理解すべきではない。真の無限の観念に十分注意するならば、相対的な尺度である大とか小とかいったものは、どんな尺度も決して持ちえないものの中に存在しえないと難なく理解されよう。あるものが真に無限である以上、そのものを超えた何物かがあるとか、一千億個の無限が一つきりの無限よりも大きいとか、考えるのはおかしなことである。複数の無限を想像することは無限を貶めることである。複数も一者に実在的な何物をも付け加えないのだから」（一七七五年版二九五—二九六頁）。なおこの箇所は、本文中のこのすぐ後でメリエが引用する部分に直接続く箇所である。

〔二四二〕 手稿一九四六〇では、この箇所の欄外に引用箇所を指示する「『神の存在について』四二〇頁」との記述がある。しかし、手稿一九四五八、一九四五九にはこの指示はなく、

フェヌロン『神の存在と属性の証明』にも該当する文章はない。おそらく以下の引用に対するコメントであろう。したがってこの箇所はメリエ自身の本文として訳出した。

〔二四三〕「あらゆる複合体は……」から始まるこの三つの引用文は、実際には『神の存在と属性の証明』の一続きの同一箇所（一七七五年版二九四―二九五頁）から取られているが、メリエはその序列を変え、原典では「第二引用文」「第一引用文」「第三引用文」の順になっている。原文との異同はほとんどない。「第二引用文」中の「限られたたった一つの単位の除去」は、原文では「たった一つの単位の除去」となっている。

〔二四四〕物質の無限分割を承認するデカルト派を指す。周知のようにデカルトは「微細物質」説を採用していたが、原子の存在は否定した。その根拠とされたのは、「物質の微小部分は、〔……〕どこまでも分割されうるものであると、絶対に言えるのであろう」（デカルト『哲学の原理』第二部二〇項、邦訳、前掲書二六七頁、桝田啓三郎訳）ということであった。

〔二四五〕あらゆる完全性において限りなく完全な神という架空の観念をフェヌロンが作り上げたという点については、第七九章前半を参照。

〔二四六〕メリエは『反フェヌロン』の中でも次のように述べている。「真に無限であるものからは現実的なものは何も取り去ることはできない。だがそこからなにがしかを取り去りうると仮定する場合でさえ、こうした削除も、削除がなかった側面ではこのものが相変わらず無限であり続けることを妨げはしない。いかなる削除も真に無限であるものを汲み尽くすことはできないからである」（「断片七一」、アントロポス版メリエ全集第三巻二七〇頁）。また次の断片では、真に無限であるものに何物かを付加することも不可能であると述べている。

〔二四七〕マールブランシュ、フェヌロンからの「引用」なるこの文章は、すでにメリエが第七七章末（本書、六一七頁）で提出しているものである。実際にはマールブランシュからの引用である。異同に関しては該当頁を参照されたい。

〔二四八〕原文との異同は一カ所しかない。引用末尾の文章は、原文では「この存在が現実に存在しないことはありえない〔……〕」となっている。

〔二四九〕これ以降は本章で先に引用したマールブランシュ『真理の探究』に対する逐条的批判となっている。そこでのメリエの引用は原文そのものではなく、適宜変えられている場合があるので、それぞれの異同については先の引用（本書六三六頁以下）と比較されたい。

〔二五〇〕異文（7）にもあるように、手稿一九四六〇は「限りなく物体」となっており意味不明だが、手稿一九四五八、一九四五九は「限りなく完全な物体」となっている。ここでは後者に従って訳出した。

〔二五一〕原文は、「限りなく完全な物体の観念は精神の虚構あるいはむしろ複合観念であり、したがって実際そうであるように、そうした観念は誤謬ないし矛盾を含むものでありうるからである」となっている。

〔二五二〕 原文は、「というのは、物体のような個別的で有限な存在が普遍的で無限であるとは考えられない以上、人は限りなく完全な物体など理解しようもないからである」となっている。

〔二五三〕 原文では、「物体のような個別的で有限な存在が普遍的で無限であるとは考えられない以上」となっている。

〔二五四〕 メリエ自身すぐ続けて、『真理の探究』の著者のこの最後の推論は、すべてまったく真実です」と述べているからであろうか、この引用は原典どおりである。

〔二五五〕 マールブランシュ（およびフェヌロン）に対するメリエのこのような反駁については、訳注二四五を参照。またメリエは『反フェヌロン』の中でも次のように述べている。「必然的な存在の観念はきわめて真なるものであり、そうしたものが一つは実在するのでなければならない。しかし限りなく完全な存在の観念は、人間精神による虚しい虚構にすぎない」（「断片一四〇」、アントロポス版メリエ全集第三巻三〇一頁）。

〔二五六〕 メリエはすでに第六五章で、「だとしたら、どうして物質が実際に永遠であり、物質は自ら実際に動くと仮定できないことがあるでしょうか。そう仮定することにどんな背理も認められませんし、物質を創造したり、物質に運動を与えたかも知れないようなものは何も見られたためしはなく、これからも見られはしないからです。さらに存在一般が自ら実在や運動を有することは疑えません。そもそも、存在一般が実在なり運動なりを、誰から受け取ることができたというのでしょうか。もちろん、誰からであれ、受け取ったことはありえません。ところで物質は、それ自体自らの実在と運動をただ自分自身からのみ得ることのできる、この存在一般です」と述べている（本書四六七—四六八頁参照）。

〔二五七〕 アントロポス版メリエ全集では「現実にかつ真実に無限である延長の物質の明らかで自然な観念と」となっている。これは手稿の読み違い、あるいは誤植であろう。三手稿とも訳文のようになっている。

〔二五八〕 二つの引用文、「……必然性を備えているからである」と、この「この存在は、それ自体……」は、フェヌロンの本文では一段落を構成している。メリエは、その冒頭と中間部分を省略して引用している。以下にメリエの引用部分を傍線で示しながら、その一段落を訳出しておく。「これらの原理が確定されたからには、私はそれ自体で存在する存在に立ち帰ろう。そして思うに、それは至上の完全性において存在する。それ自体で存在を有するものは永遠不変である。自らのうちに常に等しくその実在の原因と必然性を備えているからである。それは外から何物も受け取ることはできない。外から受け取ったとしても、このものはそれと同一物をなすことは決してありえないだろうし、したがってそれを完成させることもありえないだろう。分かち与えられ変化しうる性質を持つものは、それ自体で存在し変化を受けえないものと同一存在をなすことは決してありえないからである。そのような諸部分のあいだの隔たりと不釣合いは無限であろう。それゆえ、その諸部分が相互に一つの真なる全体を構成することは

決してありえないだろう。それゆえ、真なる全体の真実性、善性、完全性に人は何物も付け加えることはできない。この存在は、それ自体存在しうるものすべてであり、また現に存在するもの以下では決してありえない。かくして存在するとは、存在の最高段階において、したがって真理と完全性の最高段階において実在することである」（一七七五年版二五八頁）。

〔二五九〕 以下、フェヌロン『神の存在と属性の証明』からの先の引用文（本書六四三頁）をメリエは逐条的に批判する。そこでのメリエの引用は適宜変えられている場合もある。それぞれの異同および原文との異同については、一々注記しないが先の引用および訳注二五八と比較されたい。

〔二六〇〕 これまでのフェヌロン、マールブランシュに対する批判は、いわゆる「神の存在の本体論的証明」、完全な者としての神の概念自体から神の存在を推論する議論に対する批判である。この証明は十一世紀の神学者アンセルムスが『独語録』で最初に述べたものである。デカルトも神の存在を証明するに当たってこの証明法を採用している。この証明に対しては、ガッサンディによる批判が知られているが（『省察』に関する「第五反論」）、既述のごとくメリエにはガッサンディを読んだ形跡はなく、こうした批判は彼独自のものと考えられよう。

〔二六一〕 「神の存在の目的論的証明」あるいは「神の存在の物理神学的証明」と呼ばれ、自然界の合目的性、美、荘厳さなどを論拠として世界を最高の知識を備えた存在である神の創造に帰する説である。これと前注の「神の存在の本体論的証明」、また自然の因果律を根拠にその原因たる神の存在を推論する「神の存在の宇宙論的証明」の三者が伝統的に神の存在証明として援用されてきた。メリエはこの三番目の「宇宙論的証明」を項目としてとくに取り上げてはいない。しかし、第六四章で「神による世界創造説」と「事物の自然形成説」を対置して問題を設定してから、この世界の不完全性を根拠に完全なる神の概念に批判を加える第八六章に至る、この証明七の展開は全体として世界の原因である超越者たる「神」への批判となっており、これがそのまま「宇宙論的証明」に対する批判を形成していると考えることもできよう。

〔二六二〕 メリエはこの一節をすでに第七五章（本書五七八頁）で引用している。ただし、メリエの訳は両箇所でかなり異なっている。

〔二六三〕 第七七章（本書六一五頁以下）参照。

〔二六四〕 メリエはここで事物を生じさせる原因として「実体因」「形相因」「動力因」の三つを挙げているが、この「実体因」は通常「質料因」とも呼ばれた。また、これらに「目的因」を加えたものが、事物を生じさせる「アリストテレスの四原因」として伝統的にスコラ哲学で教えられていた。メリエはここで「目的因」を省いているが、それはそもそも「自然のうちにあるこの美しく感嘆すべきすべての作物は、神のこの上なく完全な知性の全能の手から必然的に生じるのか、それともただ盲目的で理性を欠いたいくつかの原因から生じうるのかを確実かつ明瞭に理解する」ことを主題としている

メリエにとって、「目的因」の想定自体がすでにして「問題」であったからであろう。

〔二六五〕 証明七第七〇章を参照。

〔二六六〕 「実体的形相」も「偶有的形相」もともにスコラ哲学の用語。無規定の質料に結合し、これに規定を与えることによってこれをはじめて実体として構成する形相を「実体的形相」と呼び、事物に偶有的規定を付与するにとどまる「偶有的形相」と区別した。

〔二六七〕 証明七第七〇章（本書四九九頁）および訳注八九参照。

〔二六八〕 メリエはここでスコラ哲学の格率、「作用は存在に従う」を想起しているのであろう。この格率は、フェヌロン『神の存在と属性の証明』第一部六五項でも以下のように引用されている。「この第一存在がその被造物のあらゆる様態の原因である。哲学者たちが言うように、作用は存在に従う。おのれの存在の根底において依存的である存在は、そのあらゆる作用においても依存的でしかありえない」（一七五五年版一五二―一五三頁）。

〔二六九〕 証明七第七一章参照。

〔二七〇〕 証明七第七一章、とくに本書五一一頁以下参照。ここでメリエが述べている直線運動の理論は、言うまでもなく「すべての運動はそれ自身の本性から直線的である」（デカルト『哲学の原理』第二部三九項、邦訳、前掲書二七九頁、桝田啓三郎訳）としたデカルトによる「自然の第二の法則」である。

〔二七一〕 最終的な本文としては三手稿の間に異なるところがあるわけではないが、一九四六〇でははじめ、この「ところで、一部の物質がたまたまある方向を取り」以降に以下に示す文章が書かれていた。後にこれが斜線で消されて他の二つの手稿一九四五八、一九四五九と同じ文章に接続された。この斜線で消された文章は、「なんらかの衝突とか、場所や時や他のなんらかの状況の取り合わせによって、ある場所である道筋が開かれると、物質のある部分たちは集まり合い、つながり合い、あれこれの仕方で変様するように決定づけられたからです。すでに言ったように、物質の諸部分がその通常の運行に従うのを妨げ、別の方向を取ることを余儀なくさせるような何かの障害物に不意に出会わなければ、状況が同じで時や所も同じ環境に置かれる時はいつでも、同じ物質の諸部分は常に同じ道筋に従い、同じ仕方で変様し、それゆえまた同じ結果を生み出すように同様の決定づけをされているのです」（手稿一九四六〇、二八四葉裏面）となっている。なお、この文章は直前の段落中の一文、「〔すなわち、すでに言ったように〕なんらかの衝突とか、場所や時や他のなんらかの状況の取り合わせによって〔……〕それゆえまた同じ結果を生み出すように同様の決定づけをされるのです」とまったく同じものである。またこの部分に関しては、語句の些細な相違はあるものの文章全体としては三つの手稿間に大きな違いは認められない。したがってこれはおそらくメリエが、手稿一九四五八か一九四五九（あるいはこれら三手稿の元になったのかも知れない他の手稿）を元にして、一九四六〇を執筆中に写し間違いに気づいて、それを抹消した跡であろう。

〔二七二〕　生物の種としての発生や奇形誕生に関する、メリエのこのような説明は興味深いものである。原子の直線運動は不定な時と所で方向を変えると考えることによって、運命論的に考えられていた原子論に偶然性の契機を導入したのはエピクロスであった（マルクスの博士論文『デモクリトスとエピクロスの自然哲学の差異』参照）。メリエの説明はそれにつながるとも考えられよう。しかしメリエによるこの奇形発生説と当時の奇形発生に関する諸説との関連については未詳である。

〔二七三〕　半世紀近く後、『ダランベールの夢』（一七六九年）の中で、ディドロは「話者」ディドロと対話者「ダランベール」の会話の形をとりながら、物質（「生命のない感性の状態」）から人間（「能動的な感性の状態」）への移行を次のように説明している。

「ディドロ　そうさ、だって君、食事をしながら、君は何をすると思うかね？　食物の能動的な感性を妨げている障害を取り除いているのだよ。食物を君自身に同化させているんだよ。食物を肉にしているんじゃないか。食物を動物化しているんだ。食物に感覚を与えているんだ。君が食物に対して実行していることを、やろうと思えば僕は大理石に対して実行するよ。〔……〕

大理石の塊が指に触ってもわからないくらいの粉末になったら、それを肥料ないし腐蝕土に混入する。一緒によくこね合わせる。混合物に水をかけ、一年ばかり腐らせておく。〔……〕時間なんか問題じゃない。全部がほぼ同質の物質に変化したとき、すなわち堆肥に変化したとき、どうするか分かるかね？

ダランベール　君が堆肥を食べないことだけは確かだよ。

ディドロ　そりゃそうだ。だが堆肥と僕との間の結合、摂取の手段はある。化学者の言うような、媒体がある。

ダランベール　その媒体というのは植物だろう。

ディドロ　いかにも。僕はそこへ豌豆だの空豆だのキャベツだのそのほかの野菜を播く。野菜はその土から養分を摂り、僕はその野菜を食物にする。

ダランベール　ほんとだか嘘だか知らないが、その大理石から堆肥へ、堆肥から植物界へ、植物界から動物界、肉への道行きは気に入った。

ディドロ　そこで僕は、肉、あるいは僕の娘が言うように、塊を作る。能動的に感覚を持った物質を作るのだ。〔……〕

一歩先へ進む前に、ヨーロッパ最大の幾何学者〔対話者であるダランベール――引用者〕の一人の歴史を述べることを許してくれたまえ。この驚くべき人物は一体最初は何だったろう？〔……〕

母親、すなわち、あの美しい罪作りな尼道心タンサンが思春期に達する前、軍人ラ・トゥシュが青年になる前には、わが幾何学者の最初の細胞を構成すべき分子は、この両人の若い脆弱な身体器官の中に散っており、リンパ液とともに浸透し、血液とともに循環していたのだが、最後に、彼らの結盟のために宛てられた貯蔵所、すなわち父と母の睾丸及び卵巣の中に収まったのだ。さあそこにその希有の胎種が形成され

た。それからこれは定説だが、ラッパ管を通って子宮に運ばれる。長い茎様のものを出して子宮に付着する。それから次第に成長して胎児の状態に進む。それからこの暗い牢屋から出る時がやってくる。さあ、生まれる。〔……〕人の好いガラス屋のお内儀さんマダム・ルソーの乳があてがわれ、乳を吸って、身も心もすこやかに生い立ち、文学者、機械学者、幾何学者となったのだ。ところで、これはどうして行なわれたか？ 食物をとること、またその他の純粋に機械的な操作によってではないか。全体の定式を四つの言葉で言い表わせばこうだ。食え、消化せよ、天ノ与エタ容物ノ中ニ蒔キ散ラセ、シカシテ巧ミナル術ヲモッテ人間ヲ作レ、さ。だから人間ないし動物の形成の進行に関する研究発表を学士院に提出するものは、物質的な能因だけを用いればよい」（邦訳、法政大学出版局、『ディドロ著作集』第一巻一九八―二〇〇頁、杉捷夫訳）。

〔二七四〕 メリエがここで用いる接ぎ木の例に関しては、証明七第七一章中段（本書五二〇―五二一頁）参照。

〔二七五〕 メリエは『反フェヌロン』でも以下のように述べている。「技芸による作品については、自然の作物についてと同様に推論してはならない。自然の作物は自然そのものの力によって作られ、完成される。ところが技芸による作品は人間の労働によってしか作られないからである。自然の作物を構成する諸材料は自ら運動し、したがって自分から集まり、並び、おのずとある秩序を保つ。ところが技芸による作品を構成する諸材料は、それ自体にはどんな運動もなく、自分から集まりおのずとなんらかの秩序のうちに並ぶことはできないし、したがって〔……〕など」（「断片五」、アントロポス版メリエ全集第三巻二三六頁）。

「世界や動物の体は自ら運動する無数の小部分から構成されており、それら小部分はその運動によって自分から集まり、つながり、結び、一緒になって自ら無限な仕方で合体し、そしてその結果私たちが目にしているような世界を形成する。これに対し、時計を構成する諸部分はそれ自体にはどんな運動もなく、したがってそれら諸部分が一つの時計を作るために自分から集まり、自らつながり合うことはありえない」（「断片六九」、アントロポス版メリエ全集第三巻二六九頁）。

〔二七六〕 以下この章の最後まで、メリエはマールブランシュ『真理の探究』第六巻第二部第四章全体を抜粋し引用している。原文のコンテクスト、また原文との異同などについては逐次訳注で示すことにする。ところで、この引用は原典における以下のような一段落からその末尾をメリエが少し変えて抜き出したものである。（傍線部がメリエの引用文に相当する）。「〔……〕したがって、人々が明白に知ってもいないし、ある国の人たちは受け入れていないとも考えられるこのようなあらゆる原理のどれかに固執するべきではなく、人々が延長や形状や場所的運動について持っている諸観念と、これらの事物相互の間にある諸関係とを注意深く考察する必要がある。人々がこれらの諸観念を判明に理解しており、それらはどんな国でもいつでも受け入れられてきたと確信できるほど明らかだと思うならば、それらに固執しそれらのあらゆる関

係を検討すべきである。しかしそれらの諸観念が曖昧だと思うならば、見いだせれば他の諸観念を探し求めるべきである。というのも、誤りを犯す恐れなしに推論を行うには、知覚のうちに常に明証性を保つことが必要であるとするならば、明晰な諸観念と明晰に認識される諸観念間の関係に基づいてのみ推論すべきだからである」（ロビネ版マールブランシュ全集第二巻三二四―三二五頁）。

〔二七七〕　この引用文中、前の段落の末尾、「必然的にこれらの物体はすべて互いに妨げ合うため〔……〕すなわちその個々の運動すべての相互伝達によってともに円を描いて動くようになる」は、原文では「また必然的にこれらの物体はすべて互いに妨げ合うため〔……〕すなわちその個々の運動すべての相互伝達によってすべてともに円を描いて動くようになる」となっている。また、次の引用文までの間に以下の一段落が省略されている。「しかしながら渦動の数とか大きさとかの考察によって精神の注意力を散漫にしないように気をつけなければならない。まずはじめはしばらくこうした渦動の何か一つにとどめて、そこに含まれている物質のあらゆる運動やこの物質のすべての部分がまとうはずであるあらゆる形状を注意深く順を追って探究しなければならない」（ロビネ版マールブランシュ全集第二巻三二六頁）。

〔二七八〕　引用文と原文との異同を以下に順次示す。「またさらに、この物質の各部分は始めは動くことができず〔……〕」で原文は改行している。「また自分自身の運動以外になお渦動の運動によっても」は、原文では「また自分自身の運動以外になお渦動の共通な運動によっても」となっている。「この物質には、渦動の全部分に共通な円運動のほか、さらに自由に往来可能な球体間の隙間を通って渦動の中心から周辺に向かうほぼ直線的な固有の運動があり、それゆえそれらの運動は螺旋状となる」は、原文では末尾が「〔……〕それゆえこうした運動からなるそれらの運動は螺旋状となる」となっている。次の「デカルト氏が〔……〕」で引用は改行されているが、原文では改行なし。

〔二七九〕　これはメリエの注釈であるが、原文では改行なしに次の引用に直接続いている。なおこのメリエによる挿入文は、次注の末尾で示す原文の大幅な省略部分の前半をメリエ自身が要約したものである。

〔二八〇〕　引用文と原文との異同を以下に順次示す。「その赤道は不規則で楕円に近い曲線であることがさらに明瞭に分かろう」は、原文では「その赤道は不規則で楕円に近いかもしれない曲線であることがさらに明瞭にまた明らかに分かろう」となっている。また、原文ではこの後で改行されている。引用文中の省略符号の箇所には、改行後、以下の原文が省略されている。「今述べてきたことからまた、別のいくつかの事柄も引き出せよう。というのも、もっとも単純な原理が、いつでももっとも単純な道によって働きかけられる方の作物を説明するのに、もっとも実り多いものだからである。しかし、物質に生じるはずのいくつかの事柄をさらに考察する必要がある」。また最後の部分、「それゆえ、先にわれわれが簡単に書き記したのと同じようないくつもの渦動が存在し、それら

の渦動の中心が星で、これらの星はたとえば太陽のようなものであり、そしてこれらの渦動は互いに取り巻き合い、運動する際にできるだけ傷つけ合わないように調整されていると考えるべきである。というのも、一番弱い渦動が一番強い渦動に引きずり込まれて、飲み込まれたも同然になるほどまでには行きえなかったからである」は、原文では「それゆえ、先にわれわれが簡単に書き記したのと同じようないくつもの渦動が存在し、それらの渦動の中心が星で、これらの星は太陽のようなものであり、そしてこれらの渦動は互いに取り巻き合い、運動する際にできるだけ傷つけ合わないように調整されており、一番弱い渦動が一番強い渦動に引きずり込まれて、飲み込まれたも同然になるほどまでには行きえなかった、と考えるべきである」となっている。

　なお、原文では引用文に続く二段落をメリエは何も指示をせずに省略している。前注で述べたように、その始めの段落は先にメリエが要約しているので以下に訳出しておく。「このことを理解するためには次のことさえ考えればよい。すなわち、渦動の中心にある第一元素は諸球体の間隙を縫ってその同じ渦動の周辺へとたえず逃れてゆくことができ、また実際逃れてゆくこと、そしてこの中心あるいはこの星がその赤道面で空になる時、別の第一元素がその両極を通ってここに戻ってくるはずであること。なぜなら、延長には空虚は存在しない以上、この星は一方で空になれば、必ずもう一方では満たされるからである。しかし、私たちが語っているこの星の中にたくさんの第一元素が入ってこれないようにする無数の原因がありうるので、必ずや、止まらざるをえない第一元素の諸部分は同一方向へ動くように適合し合い、こうして互いにつながり合い、結び合って斑点を形成する。この斑点が厚くなって殻となり、だんだんとこの中心を覆い、あらゆる物体の中で一番微細で一番活動的なものから固い粗雑な物質を作る。これがデカルト氏が第三元素と呼んだあの粗雑な物質である。そして、これは無数の形状をしている第一〔元素〕から生み出されたのであるから、これも限りなく異なる形状をまとっているはずであることに注意しなければならない」（ロビネ版マールブランシュ全集第二巻三二九頁）。

〔二八一〕　メリエの指示はないが、この後でロビネ版マールブランシュ全集で三頁ほどに当たる、このような渦動説によって惑星間の距離の説明などを行う、長い部分が省略されている。

〔二八二〕　引用文と原文との異同を以下に順次示す。「その部分が枝状になっている物体もあれば、それらが長くなっている別の物体、それらが丸く……」は、原文では「その部分が枝状になっている物体もあれば、それらが長くなっている別のもの、その部分がいわば丸いけれど……」となっている。この引用内の最初の改行、「そうした物体がどのような……」における改行は、原文にはない。さらにこの引用文に続く省略符号で表わされた箇所で、メリエは以下の一段落を省略している。「もっとも固い諸物体はその他の物体よりも直線運動を続ける力が一層強いと前に私は述べているけれども、土や水、そしてそれらほど固くない他の諸物体と比べると、諸金属は直線運動を続ける力が一層弱い、とここで私が言って

も驚くべきではない。というのも、諸金属が土やさまざまな石より動き続ける力が一層弱い理由は、諸金属にははるかに少ない運動しか備わっていないからである。固さにおいて等しくない二つの物体が等しい早さで動かされている時、より固い方のものがより多くの運動を備え、運動こそが力を生むのであるから、より固い方のものが直線的に進む力を一層備えるからである」（ロビネ版マールブランシュ全集第二巻三三六頁）。

〔二八三〕　この引用文中の「ところが、大きな物体の運動がより少なければ、……」における改行は、原文にはない。またそのすぐ後、「直線的に進む力を働かせることも確かにより少なく、また直線的に進む力を働かせることがより少なければ」は、原文では「直線的に進む力を働かせることも確かにより少なく、また力を働かせることがより少なければ」となっている。この後、次の引用までにロビネ版マールブランシュ全集で三頁半ほどの、地球の構成を述べた箇所、デカルト自然学の方法的特徴を述べた箇所が大幅に省略されている。

〔二八四〕　冒頭近く、「そして神がもっとも単純な道によって万物を少しずつ作られたのか、それとも現にあるように一挙に万物を作られたのかで……」は、原文では「そして神がもっとも単純な道によって万物を少しずつ作られたのか、それとも一挙に万物を作られたのかで……」となっている。

〔二八五〕　証明七第七一章参照。

〔二八六〕　引用前半、「人が称賛するのはただこうした場合だけにするように。自分の理解の及ぶこと、すなわち自然のうちに目にする美しいもの、良いものを称賛するように。しかし理解の及ばないこと、すなわち自然のうちに見られるさまざまな悪徳について、さまざまな不完全さについて、さまざまな不備については沈黙するように。いずれにせよ、この作物の、つまりこの世の諸々の真の欠点そのものは……」は、原文では「それゆえ人は自分の理解の及ぶことを称賛し、理解の及ばないことについては沈黙するように。しかし、いずれにせよこの作物の諸々の真の欠点そのものは……」となっている。なお、この引用文と次の引用文はともに、原典の同じ第一部八八項「第一原因が宇宙にさまざまな欠陥を放置した理由を探ることに拘泥せず、必ず宇宙の中にこの第一原因の手を認めなければならない」から取られている。

〔二八七〕　メリエは出典の同じ文章に対して、『反フェヌロン』で次のような批判を書きつけている。「さまざまな禍、悪徳、そして欠陥は、欠陥ある原因からしか起こりえず、常に聖潔で常に正しくありうるような意志からは起こりえない。まして全能で限りなく完全でありうるような意志や原因からは起こりえない」（「断片一〇六」、アントロポス版メリエ全集第三巻二八七頁）。

〔二八八〕　メリエの指示が示すように、メリエはこのアウグスティヌスの言葉を『聖務日課書』から取ったようである。本来の出典はアウグスティヌス『詩篇五四注解』第四章のものである。

〔二八九〕　このような議論は、ラクタンティウス『神の怒りについて』第一三章が伝えるエピクロスの反論として著名なもの

であった。証明七の訳注一五〇参照。

〔二九〇〕　この「恩寵」の言葉は手稿一九四六〇にはなく、手稿一九四五八、一九四五九によって補った。

〔二九一〕　神を父親、裁判官、君主、医者などにたとえるこうした弁神論者たちの議論をメリエはすでに証明七第七四章前半（本書五五九頁以下）でも批判していた。また、同所における訳注一五八も参照されたい。

〔二九二〕　メリエはこれを「道徳上の格率」と呼んでいるが、そうした格率がたとえば『トマス・レキシコン』に見いだされることはない。ところで、パウロは『ローマ人への手紙』の一節で、「〈私たちは善を引き出すために悪をしてよいのか〉——ある人は私たちがこう教えると言って侮辱している——。こういう人々を断罪するのは正しいことである」（第三章八節、カトリック系現行邦訳聖書、講談社、フェデリコ・バルバロ訳）と述べている。パウロはここで善を行うために悪を行うことは許されないと説いているのであって、これがメリエの言う「道徳上の格率」のもとになっていると考えられよう。実際、十七世紀に出版されたシピオン・デュプレクスの『倫理学あるいは道徳哲学』（一六二〇年）では、いわゆる善意の嘘をめぐって「誰かの生命を嘘によって救うことがもし問題になったとしても、ある人の肉体を救うためにわれわれの魂を傷つけてはならない以上、それにもかかわらず嘘をついてはならない。それというのもキリスト教の法は善のためのいかなる悪も許していないからである」（傍線は引用者）と述べられている。

〔二九三〕　この一文は次の文章につながると思われる。異文（17）を参照されたい。

〔二九四〕　「キリエ・エレイゾン」は、「キリエ」または「求憐誦」と呼ばれる祈りで、メリエが以下に訳しているように「主よ、憐れみたまえ」の意味。ミサで入祭文の次に九度唱える。「クリステ・エレイゾン」は、「キリストよ、憐れみたまえ」の意味。

〔二九五〕　『詩篇』のこれらの節は、六旬節の主日ミサのための入祭文の一部になっている。

〔二九六〕　メリエによるこの出典指示は、前とここの二カ所の引用に対して付けられていると思われるが、あまり正確ではない。この引用は、ともにキリストによるいわゆる「山上の垂訓」、とりわけ「幸いなるかな……」と語られる言葉を引いたものである。しかし、引用は実際には、前者が『ルカによる福音書』第六章二〇—二一節を、後者が『マタイによる福音書』第五章一—一二節を、もとにした、メリエによる自由訳となっているようである。以下、対応箇所をカトリック系現行邦訳聖書、講談社、フェデリコ・バルバロ訳で掲げる。

「貧しいあなたたちは幸せである。神の国はあなたたちのものであるから。いま飢えているあなたたちは幸せである。あなたたちは満たされるだろうから。いま泣いているあなたたちは幸せである。あなたたちは笑うだろうから」（『ルカによる福音書』第六章二〇—二一節、傍線は引用者）。

「心の貧しき人は幸せである。天の国は彼らのものである。柔和な人は幸せである。彼らは地をゆずり受けるであろう。

悲しむ人は幸せである。彼らは慰めを受けるであろう。正義に飢え渇く人は幸せである。彼らは飽かされるであろう。あわれみのある人は幸せである。彼らもあわれみを受けるであろう。心の清い人は幸せである。彼らは神を見るであろう。平和のために励む人は幸せである。彼らは神の子と呼ばれるであろう。正義のために迫害される人は幸せである。天の国は彼らのものである。私のために、人々があなたたちをののしり、あるいは責め、あるいは数々の讒言を言うとき、あなたたちは幸せである、喜びに喜べ、あなたたちは天において大きな報いを受けるであろう」（『マタイによる福音書』第五章三―一二節、傍線は引用者。メリエは一節からとしているが、これは「山上の垂訓」がこの節から始まっているためであろう。ここでは三節から掲げた）。

〔二九七〕　当該箇所のカトリック系現行邦訳聖書、講談社、フェデリコ・バルバロ訳は、「私の兄弟たちよ、いろいろな試練に会う時にはそれをもっとも喜ばしいことだと思え。あなたたちも知っているように、信仰の試しは忍耐を生み、忍耐は業によって完成される。こうしてあなたたちは完全な者、出来上がった者、不足のない者となる」（傍線は引用者）となっている。ところで、本章異文（24）にあるように、手稿一九四五八では引用文中の傍線箇所「忍耐は業によって完成される」が入っており、一九四五九も同様である。手稿一九四六〇ではメリエは意図的に「忍耐は業によって完成される」の一句を省略したのだろうか。

〔二九八〕　引用に際しメリエは一六節の一部を省略している。現行邦訳聖書の一つ（日本聖書協会版、一九五五年改訳）ではこの二節は次のようになっている。「だから、私たちは落胆しない。たとい私たちの外なる人は滅びても、内なる人は日ごとに新しくされていく。なぜなら、このしばらくの軽い患難は働いて、永遠の重い栄光を、あふれるばかりに私たちに得させるからである」。

〔二九九〕　アントロポス版メリエ全集では「彼らが引き出しうる」となっているが、三手稿とも訳文のようになっている。

〔三〇〇〕　メリエはこの箇所をかなり要約的に引用している。当該箇所のカトリック系現行邦訳聖書、講談社、フェデリコ・バルバロ訳は、「もし私たちの不正が神の正義を証明するとすれば、どう言えばよかろうか。人間的な言い方をすれば、神が私たちに怒りを向けられるのが不正だろうか。けっしてそうではない。もしそうであれば、神はどのようにして世をさばかれるのだろうか。私の偽りによって、神の真実がその栄光のためにいっそう輝くとすれば、どうして私はなお罪人としてさばかれるのだろうか」（傍線部はメリエの引用に対応していると思われる文言）となっている。

〔三〇一〕　この『ヨブ記』からの引用を含む一文は手稿一九四六〇では欄外への書き込みとなっている。またこの箇所は幾分変えられた形で、すでに証明五第三九章（本書三四五頁）に引用されている。なお、『ウルガタ聖書』の文言はメリエがここに引用したとおりであるが、現行邦訳聖書の一つ（日本聖書協会版、一九五五年改訳）では、この一節は次のようになっている。「災がにわかに人を殺すような事があると、彼

は罪のない者の苦難をあざ笑われる」。

〔三〇二〕 メリエはここから原罪説批判、原罪における神慮の追及へと向かう。キリスト教正統教理によれば、現世における悪の氾濫は原罪の帰結とされるからである。

〔三〇三〕「異邦人の使徒」はパウロの異名。

〔三〇四〕 証明五第三九章後半（本書三四〇頁以降）を参照されたい。

〔三〇五〕 少し前でメリエが引用した『ローマ人への手紙』の一節（本書六九八―六九九頁）を参照。

〔三〇六〕 聖杯（カリクス）とは、聖体祭儀においてキリストの血すなわちブドウ酒を入れる杯を意味する。また、ミサの時数滴の水がブドウ酒に混入されるが、これはキリストと信者の一致を表すと言われる。この時司祭によって唱えられる典文をメリエは引用しているのである。

〔三〇七〕 証明七第七四章（本書五五九頁以下）および第八六章はじめ（本書六八五―六八六頁）参照。

証明八

〔一〕 証明七第七〇章終わり（本書五〇六頁）、第七一章中段（本書五一三頁）などを参照。

〔二〕「キマイラ」の本来の語義については証明七の訳注三三を参照。なお、デカルトは『省察』の中で次のように述べている。「さて観念であるが、観念はそれが単にそれ自身において見られ、私がそれを何か他のものに関係させない場合には、もともと偽りであることはできない。すなわち、私が山羊を想像しようと、キマイラを想像しようと、私がそのどちらを想像することも同様に真なのである」（『省察』三、邦訳、前掲書一五八頁、桝田啓三郎訳）。

〔三〕（アレクサンドリアの）フィロン。前二五／二〇頃―後四五／五〇年頃。ギリシアのユダヤ人哲学者。ユダヤ教とヘレニズム思想とを和解させてユダヤ教の真理を弁明しようとし、ストア哲学の「ロゴス」の思想を、絶対的超越者たる神と、その被造物たる世界とを媒介するものとした。人間はロゴスの導きに従って神を認識し神と一致する、その認識は直観でありエクスタシスと呼ばれ、ここに達した時人間は至福の境に入ると説いた。この思想は後のキリスト教神学に大きな影響を及ぼした。

〔四〕 証明四の訳注一五四参照。

〔五〕 証明二の訳注一八八参照。

〔六〕 証明二の訳注一一一参照。

〔七〕 ラクタンティウス。二四〇頃―三二〇／三三〇年頃。ラテン教父。ニコメディアで修辞学を教え、後にコンスタンティヌス大帝に招かれ、ガリアで帝の長男クリスプスの教育係をした。著作に、『神の労作について』『神学綱要』『神の怒りについて』などがある。

なお、『神の怒りについて』における「摂理と悪」の問題に関しては、証明七の訳注一五〇および二八九参照。

〔八〕 証明四の訳注一五一参照。

〔九〕 証明二の訳注一九三参照。

〔一〇〕 アンブロシウスと並べられるとすれば、四教会博士の一人のアウグスティヌスのことであろう。

〔一一〕 聖人であるとすれば、クレルヴォーのベルナルドゥス（証明二の訳注二三七参照）のことか。

〔一二〕 メリエはこの教父らの名を霊魂の物質性を信じた者として挙げているが、四教会博士のアンブロシウス、アウグスティヌスまで引かれているところから見ても、このような言明にあまり根拠があるとは思えない。ただし、当時にあって次のような記述が散見される。「ここで私は、人間の霊魂そのものが物体的であると信じた教会教父たちについて語るつもりはない。ここ数世紀の間に教会が事を明確にする前は、これがかなり一般的な見解だったのは周知のことである。古代のさまざまな公会議議事録に見られる、次のような言葉を読むだけで十分である。〈天使、天使長、彼らの能天使――私はそれに私たちの霊魂も加える――については、以下のことがカトリック教会の見解である。すなわち、彼らは真に英知的であるが、だからといって不可視ではなく、あなたたち異教徒が信じているようにどんな体も欠くわけではない。空気からなるにせよ、火からなるにせよ、彼らは非常に微細な体を持っているからである〉。」（フランソワ・ベルニエ『ガッサンディ哲学概要』、リヨン、一六八四年、第五巻四七四―四七五頁）。

また、たとえばピエール・ベールは古典古代の哲学者について、「哲学者の大方は、人間の魂は物体だと仮定していたのである」（『歴史批評辞典』「ユピテル」の項、注G、邦訳、前掲書第四巻三九六頁、野沢協訳）と述べていたし、レヴェック・ド・ビュリニィは、「教会の初期教父たちはこの問題〔霊魂は物体的か否か〕についてそれほど正確に自説を述べているわけではない。〔……〕オリゲネスはこの問題で決断を下していない。聖ヒラリウスは語る際に十分正確に意見を表明していない。聖アンブロシウスは霊的なものとして聖三位一体しか認めていない」（レヴェック・ド・ビュリニィ『異教哲学史』、ハーグ、一七二四年、第一巻二七五―二八〇頁）と記していた。さらに、メリエの本書と同時代に作成されたと思われる匿名の地下文書『物質的霊魂』は、これらの原典を無断借用しながら、「霊的な霊魂を思い描くことはきわめて難しいことであって、教会教父たちの霊魂の本性に関するあらゆる著作を見れば、それが物体的だと彼らが信じていたと分かるほどである」（アラン・ニデールによる批評版、ルーアン大学出版局、一九六九年、三四頁）と書いている。

〔一三〕 メリエも指摘しているように、これがデカルト主義の二元論の要であること、そしてこの命題によって霊魂の精神性がそれまでになく強固に論証されること、これが十七世紀後半以降かなり広く受け入れられるようになったデカルト哲学の姿であり、またそのゆえにキリスト教の護教論としても機能するようになる。そしてまさにそのゆえにマールブランシュはデカルト哲学に接近したのであり、メリエがマールブランシュ『真理の探究』の記述を反論の具体的対象とするのもそのためである。

〔一四〕 メリエの挿入句にもかかわらず、以上二つの引用文は原

文では順序が逆転している。またこの箇所はすでに、証明七第七一章（本書五〇七頁）で正しい順序で、しかし少し異なった形で引用されている。

〔一五〕前二つの引用とこの引用との間に、メリエは大幅な原文省略を行っている。その部分の前半は証明七第七一章（本書五〇七頁）にすでに引用されており、後半は証明七の訳注一〇六に掲げてあるので参照されたい。また以下の引用に関しては、原文と異同がある。この箇所はすでに正確な形で証明七第七一章（本書五〇八頁）に引用されているので、原文との異同についてはそこを参照されたい。

〔一六〕この省略符号はメリエ自身による。この省略部分に関しては、その前半は証明七第七一章（本書五〇八頁）にすでに引用されており、その後半は証明七の訳注一〇七に掲げてあるので、そこを参照されたい。

〔一七〕この引用もかなり不正確なものである。原文は証明七の訳注一〇七を参照されたい。第八八章冒頭からここまでにおける『真理の探究』からの引用は、ロビネ版全集第二巻三一二―三一五頁をメリエが要約したものとなっている。この部分はすでに、より大幅に、また異なった形でメリエが証明七第七一章（本書五〇八―五〇九頁）に引用した箇所である。なお、このような形での不正確な引用や省略、また文章の前後の入れ替え等はこれまでにもたびたび見られたものである。しかしながら、原典を字句を変えることなく引用するという今日では常識ともなっている引用の仕方はこの当時はまだ確立していない（当然のことながら「著作権」という考え方もまだ成立していない）。したがってメリエのこうした引用の仕方が当時の基準からとくに隔たっているわけではないことを指摘しておきたい。

〔一八〕この引用文中の省略符、「明らかなことは何もないからである……」は原文にはない。また次の引用までの間に、メリエは以下のような原文を省略している。「人が疑ったり、望んだり、推論したりする場合、霊魂のうちにそれ以外の特性を感知しなかった以上、人は、霊魂とは疑い、望み、推論する何物かであるとだけ思い、それ以上の何事も思う必要はない。というのも、人が自身の霊魂を認識するのはただ人が霊魂について抱く内的直観によるのみだからである」（ロビネ版全集第二巻三六九―三七〇頁）。

〔一九〕引用文中、「それこそが、彼らにとって一個の最重要事なのである。それでは、彼らがそれを分からないまま、あるいは疑いを抱いたままでいるようなことがどうして生じるのであろうか。……なぜなら結局、霊魂と肉体の間に」の部分は、原文では「それこそが、彼らにとって一個の最重要事なのである。そこに彼らの永遠性がかかっており、また彼らの現在の安心すら当然それに依存している。それでは、彼らがそれを分からないまま、あるいは疑いを抱いたままでいるようなことがどうして生じるのであろうか。彼らに真面目な注意力が多少足りなかったり、彼らの不安で堕落した意志のおかげで、自分たちが真であれかしと願う見解に反するさまざまな根拠を、その精神がしっかりと見据えることができなかったりするからでないとしたら。なぜなら結局、霊魂と肉体

の間に」（傍線部はメリエによる省略箇所）となっている。

〔二〇〕 この「物体は延長するものであり」から始まり、次の段落の「したがって精神はその本性からして不変、不死である……」までの引用文は、割注にも示すようにロビネ版全集二四頁からの断続的な引用である。しかもかなり自由な要約であるので、対応する原文を以下に掲げる。「物体に起こる変化を壊敗と呼ぶとすれば、物体はまさしく壊敗しうるものである。しかし物体は無とはなりえない。円いものは四角になりうるし、肉からなるものは土や蒸気、またどのようなものにもなりえよう。なぜなら、延長するものはすべて、ありとあらゆる形態をとりうるからである。しかし、円いものや肉からなるものの実体は滅びえない。自然のうちにはいくつかの定められた諸法則があって、それに則って物体は次々と形を変える。というのも、これらの形の連続する多様性が宇宙の美をなし、その作り手への称賛を与えるからである。しかし、どのような存在もそれを無に帰する法則は自然のうちには存在しない。無は美も善も備えてはおらず、自然の作り手はその作物を愛しているからである。それゆえ、物体は変化しうる。ところで物体が滅ぶことはありえないのだろうか。

それにしても、感官が伝えることに止まって、分解によって生ずる諸部分が私たちの目には知覚されえないために、物体の分解は本当の無化であると頑固に言い張るつもりであれば、物体がこのように知覚されえない部分に分割されうるのはただ物体が延長するものであるためである、ということを少なくとも思い出してほしい。というのも、延長するものでなければ、精神は分割されえないだろうし、分割されなければならないからである。その意味では精神は壊敗しえないことを認めなければならないからである。だが精神が延長するものであり、分割可能なものであると、どうして思えるだろうか。直線によって四角形を二つの三角形や二つの平行四辺形や二つの台形に切り分けられるが、どんな線分によって快感や苦痛や欲望が切り分けられるのだろうか。またそうした分割からどんな形が得られるのだろうか。そんなことを想像して満足するほど、想像力が誤った観念に満ちあふれているとは、私にはまったく思えない。

それゆえ精神は延長するものでもなければ、分割されうるものでもなく、物体同様の変化をこうむるものでもない。だが、精神はその本性からして不変ではないことは認めなければならない。」（ロビネ版全集第二巻二四頁、傍線部はメリエの引用への対応箇所）。

〔二一〕 メリエは『反フェヌロン』でも次のように述べている。「正確には、思考するのは物質ではなく、思考し、飲み、食べ、歩き、眠るのは、物質から構成される人間あるいは動物なのである……」（「断片二二」、アントロポス版メリエ全集第三巻二四四頁）。

〔二二〕 前の引用とこの引用との間に、メリエはロビネ版全集第二巻二四頁から二五頁にかけてほぼ一頁近くに及ぶマールブランシュの原文を省略している。

〔二三〕 この引用に関して、原文との異同を順次示す。「動物精気、すなわちきわめて活潑で微細で……」は、原文では「動

物精気、すなわちきわめて微細で……」となっている。「かくして、動物が霊魂を……」で、原文は改行されている。「熱や色や匂いや音……など」における省略符号は原文にない。「曲線や螺旋や斜めや放物線」は、原文では「曲線や螺旋や放物線」となっている。「愛や憎しみや喜びや悲しみ……等」における省略符号は原文にない。「……同じ情念を備えている、と人は主張しえよう。そのように理解できないのであれば」は、原文では「……同じ情念を備えている、と人は主張しえよう。それが知られないならば」となっている。末尾の「デカルト派の主張では……」の一文は、メリエによる大雑把な要約となっているので、次に原文を掲げる。「したがって動物が感覚するか否かというこの問題を解くためには、人が好んでデカルト派と呼ぶ人々がするように、もっぱらこの問題から曖昧さを取り除くよう配慮しなければならない。というのも、そうすれば、精神の注意力が散漫な人でもこの問題を十分解けるほど単純な問題に還元することになるからである。

確かに聖アウグスティヌスは、万人通有の偏見に従って動物たちには霊魂があると仮定し（というのも、このお方がかつてご自分の著作の中でそのことを真面目に検討されたとか、それに疑問を抱かれたということを、少なくとも私は読んだことがないので）、また思考し、感覚し、意欲したりなどする霊魂ないしは実体が物質的であると主張することには、矛盾が存在することを十分承知しておられたので、動物の霊魂は実際には霊的で不可分のものであると信じておられた」。

〔二四〕　この一文をメリエは次の「霊魂は、自分自身にしか……」に先立つ文章のように引用している。しかし、出典指示でも分かるように、メリエは実際にはこの間の一段落を省略し、両者の前後を入れ替えている。

〔二五〕　ここでメリエは以下のような原文一段落を省略している。「簡単に申し添えておくが、ここではこの思考という言葉を私が使って霊魂の個々の様態、つまりあれこれの思考のことを私が考えているのではなく、実体的な思考、あらゆる種類の様態ないしは思考でありうる思考を私は考えているのである。それは、人が延長によって円かったり四角かったりするあれこれの延長するものを考えているわけではなく、あらゆる種類の様態ないしは形態を容れうる延長を考えているのと同じである。そしてこうした比較が人を悩ませるのは、延長について抱いている観念ほどには人は思考について明晰な観念を抱いていないからにすぎない。というのも、人が思考を認識するのは、私が後ほど説明するように内的直観ないし意識によるのみだからである」。

〔二六〕　この引用の、「何も想像しないことも起こりうる」は、原文では「何も想像せず、さらに何も意欲しないことさえも起こりうる」となっている。また、この引用と次の引用までの間に以下のような原文が省略されている。「しかしながら、仮に物質あるいは延長に運動がないとすれば、物質ないし延長はまったく無用であり、物質や延長がそのために作られたそうした多様な形態をとりえなくなるし、英知的存在が延長を作られてそのようであれとされたことは理解しえないが、

それと同様に、仮に精神あるいは思考に意欲が伴わないとすれば、精神や思考はまったく無用となることは明らかである。なんとなれば、精神は自ら知覚する何物にも赴くことはなく、またそのために自分が作られた善を愛することもしなくなるからである。したがって英知的存在が精神や思考を作られてそのような状態に置こうとされたと理解することは不可能である」。

〔二七〕　この引用は、証明八第九一章（本書七三八頁）でも再び要約されて引用される。

〔二八〕　この引用中の「人間の生命とは真理の認識と善の愛好に存する、いやむしろ人間の思考こそ」は、原文では「霊魂の生命とは真理の認識と善の愛好に存する、いやむしろ霊魂の思考こそ」となっている。「肉体が栄養を取り、成長する……などのための」は、原文では「肉体が栄養を取り、成長するなどのための」となっている。また、この引用箇所もこの後の第九一章（本書七三八―七三九頁）で再び要約されて引用される。

〔二九〕　ここでもメリエはマールブランシュの文章の中心命題を要約して引用している。それに対応するマールブランシュの原文を前後も含め以下に掲げる。「脳の神経痕は互いに結合し、動物精気の運動はそれらに従い、脳内で呼び起こされたこれらの痕跡は、精神内で観念を呼び起こし、また動物精気内でかき立てられた運動は、意志〔メリエは意志を霊魂と読み替えている〕内で情念をかき立てること、こうしたことを漠然と感じ、認識するだけでは不十分である。これらすべてのことの原因、また主としてこれらのことから起こりうる諸結果をできる限り判明に知らなければならない」。

〔三〇〕　この引用に関して、原文との異同を順次示す。「さまざまな対象が脳の中で新たな神経痕を生み出すと」は、原文では「さまざまな対象が新たな神経痕を生み出すと」となっている。「そのように哲学者たちは主張し、霊魂が万物を知覚するのは観念像への、そして脳の神経痕への転換によって」は、原文では「そのように哲学者たちは主張し、精神が万物を知覚するのは観念像への、あるいは脳の神経痕への転換によって」となっている。また、末尾の「脳の神経痕と精気の運動との間には……つながりが存在する」の一文は、以下のような原文のメリエによる要約あるいは書き換えである。「この後で情念を取り上げる際に、私は脳の神経痕と精気の運動との間にあるつながりについて、また諸観念と霊魂の情動との間にあるつながりについて語ろうと思う。というのも、すべての情念がそれらに依存しているからである。ここではただ観念とこの痕跡とのつながり、また痕跡相互のつながりについて語らなければならない」。

〔三一〕　この引用と前の引用との間には、弱干の省略がある。ここでの原文との異同を以下順次示すことにする。「苦痛や強さや弱さ……等の観念との間」は、原文では「苦痛や強さや弱さの観念との間」となっている。「さらには私たちのうちに自然に起こる同情や」は、原文では「さらには私たちのうちに起こる同情や」となっている。またこの引用箇所は、後の第九一章（本書七四七頁）でも再び引かれる。

〔三二〕　この引用に関して、原文との異同を以下に順次示す。「肉体に対する霊魂の力は……」は、原文では「かくもこの上ないものであるこの力は、同時に盲目的なものである」となっている。「なんという驚異であろう、私の精神は、知りもせず、見ることもできないものに、そして認識してもいなければ認識できもしないものに」は、原文では「なんという驚異であろう、私の精神は、知りもせず、見ることもできないものに、精神を知らず、認識できもしないものに」となっている。この引用箇所については、証明七の訳注四八をも参照せよ。

〔三三〕　メリエの三つの手稿はともにこの一文をフェヌロンからの引用として扱っているが、この文章はフェヌロンの原文にはなく、メリエ自身による一種の注釈である。先の引用に続くフェヌロンの原文については、証明七の訳注四八を参照されたい。

〔三四〕　この引用の冒頭部分「絶えず無限を目にしているこの同じ精神は」は、原文では「絶えず無限と、無限なるものの規則のうちにあるあらゆる有限な事物とを目にしているこの同じ精神は」となっている。

〔三五〕　この引用文中には大きな省略があり、原文の対応する部分全体を前後をも含めて以下に訳出しておく。「四三項、霊魂について。被造物のうちで霊魂のみが思考し、認識する。

だが自然の傑作と見える人間の肉体も、人間の思考と比較しうるものではない。思考しない物体があることは確かである。すなわち、石や木や金属に人は何らの認識も帰さないが、これらは確かに物体である。物質は思考できないと思うことはあまりにも自然なことでさえあるために、動物は単なる機械にすぎないと聞かされたら、先入主のない人は誰でも笑わざるをえない。というのも、動物になら認められると思っている知識を単なる機械が持てるなどとは思いもよらないからである。ただの機械どもに何らかの認識を付与しようとすることは、人形と話をする児戯に等しいと彼らは見なす。そのため古代人自身も、物体ではない実在的なものは何も知らなかったが、それにもかかわらず、人間の霊魂は五番目の元素、名前はないが、この世界では知られない、不可分、不変のまったく天上的な一種の精髄からなっていると主張したのである。なぜなら彼らは、四元素からなる地上的物質が思考し自己を認識することには思い至らなかったからである」（傍線部はメリエの引用との対応箇所）。

〔三六〕　「ポ」や「パント」は昔の量を計る単位。一ポは二パントに相当し、一パントは現在の約〇・九三リットルに当たる。

〔三七〕　マールブランシュが延長を物質の本質とし、運動はその本質から派生する属性とするのに対して、メリエは延長も運動もともに物質の属性としている。ここでのメリエの反論はこの相違から生じている。また、物質の可分性と精神の不可分性という、当時広く承認されていたデカルト派のテーゼに対するこうしたメリエの批判と同趣旨の批判は、後のディドロにも見られる。

「ダランベール　感性の本質も、物体の本質も考えているわけじゃないが、感性というものは単純な、単一な、不可分

な性質で、分割可能の対象ないし基体と相容れないことを知っているよ。

ディドロ　形而上学的・神学的寝言だ。何を言うのだ？物質の外形をなしているすべての性質、すべての眼に見える形が、本質的に不可分だということを君は見ないのかね？不可分性に多いだの少ないだのということはないね。丸い物体の半分ということはあるが、丸さの半分ということはないからね。運動が多いとか少ないとかいうことはあるが、運動性の多少ということはないからね。思想の半分だの三分の一だの四分の一だのということがないのと同様に、頭や耳や指の半分、三分の一、四分の一というものはないよ」（ディドロ『ダランベールとの対話』、邦訳、前掲書第一巻二〇六頁、杉捷夫訳）。

（三八）「オーヌ」や「トワズ」は、昔の長さを計る単位。一オーヌは現在の約一・二メートル、一トワズは約一・九五メートルにそれぞれ相当する。

（三九）「ピエ」は、昔の長さを計る単位。一ピエは現在の約三二・四センチメートル。

（四〇）「カルテル」は、昔の小麦の重さを計る単位。一カルテルは現在の約五キログラム程度。

（四一）先の訳注三七でも指摘したように、物質の可分性と精神の不可分性とを対立させることは形而上学的な虚言であるにすぎないとメリエは批判したが、これらの議論はそれと同様に、物質の有するさまざまな「様態」、その質的な側面をも、たとえ本質的であるにせよ物質の一属性にすぎない「延長」に還元することへの批判と言えよう。

（四二）「リーヴル」は、重さを計る単位。現在は二分の一キログラムだが、昔は地方により三八〇―五五〇グラムを意味した。

（四三）第八八章におけるマールブランシュ『真理の探究』からの引用（本書七一四―七一五頁）を参照されたい。

（四四）メリエが第八八章でも引用した（本書七一四―七一五頁）『真理の探究』第四巻第二章四節の中で、事実マールブランシュは次のように語っている。「それゆえ精神は延長するものでもなければ、分割されうるものでもなく、物体同様の変化をこうむるものでもない。だが、精神はその本性からして不変ではないことを認めなければならない。物体が数限りない多様な形や多様な様態をとりうるとすれば、精神も数限りない多様な観念や多様な様態をとりうる。私たちの死後に私たちの肉の実体が無に帰することなく、土や蒸気やその他無数の物体に分解するのと同じく、私たちの霊魂も無に帰することなく、この世で抱くものとはまったく異なった思考や感情を抱くだろう。私たちが生き、そして私たちの体が肉と骨で作られていることは現在必要であるが、それと同じく私たちの霊魂が自分の結びつけられている体との関係から抱くさまざまな観念や感情を持つことも、生きるためには必要なのである」（ロビネ版全集第二巻二四―二五頁）。

（四五）先に引用した地下文書『物質的霊魂』には、メリエと類似の論理を含む次のような一節が見られる。「真に不死のものは神しか存在しない。真に不可分で自ら存続しうるものは

神しか存在しないからである。神は至上の一者である。始まったものは自然の秩序に従って終わるはずである。だから私たちの霊魂はこの運命に従うはずであり、霊魂の生まれるのが遅いこと以上に霊魂の早すぎる終わりを嘆く理由はない。変化をこうむるものはすべて滅びうるものである。不死であり不変であり、壊敗しない本性がさまざまな変化を受けうることを考えられるだろうか。そうなるとすれば、そのような性質を備えることをやめてしまうことにならないか。必然的な帰結による死をこうむらないものは変化をこうむることもありえない。というのも、変化は私たちを死の方へと差し向けるからである。私たちの本性のうちに変化が起こらないとすれば、私たちは死ぬことがないだろう。同様に、いかなる変化もなしに常に同一の状態に留まっていないとすれば、不変たるものももはや不変ではなかろう。不壊なものが変化しうるだろうか。壊敗は変化の原理なのだから。要するに霊魂のあらゆるさまざまな変化とは、その原理を血液と動物精気のさまざまな活動のうちにしか置かない一連の諸情念のことではないか。さて霊魂は無数の変化をこうむる。ある時は苦を感じ、ある時は快を感じる。時にあることを望むが、次には望みを捨てる。霊魂は肉体に合体していて、それから分離されえない。それゆえ、私たちの霊魂の本性は不死で、不変で、不壊であるとどうして言えるのだろうか」（アラン・ニデールによる批評版、ルーアン大学出版局、一九六九年、四六―四八頁）。

〔四六〕　ここでメリエが引用している箇所は、邦訳では次のようになっている（傍線部は引用に相当）。「主よ、あなたはすでに強い声で、私の内なる耳にむかいこう申されました。あなたは永遠であり、あなたのみが不死を有しておられる。あなたはいかなる形相ないし運動においても変化せず、その意志は時間的に変わることがないから。じっさい、いろいろと移りかわる意志は不死ではない」（『告白』第一二巻第一一章〔邦訳、中央公論社、四四八頁、山田晶訳〕）。ここでメリエは、霊魂は不変ではないが故に不死ではないことの裏付けとして上記のアウグスティヌスの一文を引用している。しかし一読して分かるように、アウグスティヌスは、神の意志と被造物の意志とを区別し、「移り変わる意志」すなわち被造物の意志が不死ではないことを述べたのは、神の不動性と不死性とを際立たせるためにすぎず、霊塊の不死性を否定するためのものではない。メリエの引用は強引とも思われるが、霊塊も「神」も非物体的とされている以上、メリエにとって両者に違いはなく、アウグスティヌスの言明はかえって自己の主張を補強するものと映ったのであろうか。なおメリエはアウグスティヌスのこの一文をすでに二カ所、証明五第三九章（本書三三六頁）、証明七第七一章（本書五三三頁）で引用している。また証明五の訳注六七、証明七の訳注一三四をも参照されたい。

〔四七〕　メリエは『反フェヌロン』でも次のように述べている。「正確には、思考するのは物質ではなく、思考し、飲み、食べ、歩き、眠るのは物質で構成された人間や動物なのだ。一個の石や一片の鉄、その他なんであれ、そうしたものの諸部

分は種々の変様によって肉や骨になり、組織された生きている肉体を構成できるのだから、したがってその諸部分が、感覚や認識ができる一個の人間や何か他の動物を作ることができる。そのためには、人間やその他のさまざまな動物に通常見いだされる配列やさまざまな運動以外には何も必要ではない」（「断片二二」、アントロポス版メリエ全集第三巻二四四頁）。

〔四八〕　これまでにも登場してきた（証明七第六四章など）スコラ的弁証法、自説に見られる難点を認めながらも敵方の説により多くの難点を見いだし、相手方の説の信憑性を掘り崩す論法をここでもメリエは採用している。なお、こうしたスコラ的弁証法の適用は、たとえばディドロ『ダランベールとの対話』における次のような箇所にも見られる。「論理家らしくやりたまえ、実際に存在しておりすべてを説明する原因の代わりに、考えられない、結果との結びつきに至ってはさらに考えられないような、無限に多くの困難を生み出し、しかもただ一つの困難も解決しないような原因を置き換えるのはよしたまえ」（ディドロ『ダランベールとの対話』、邦訳、前掲書第一巻二〇六頁、杉捷夫訳）

〔四九〕　証明七第七九章（本書六二六―六二七頁）参照。そこでは、メリエはたとえば「功徳ノ原理ハ功徳ノ支配下ニ置カレナイ」というスコラの格率を拡張解釈し、視覚や感覚や認識についても同様だと主張する。つまり眼が眼自身を見られないのと同様に、精神はあらゆる生命やあらゆる認識やあらゆる感覚の第一原理である以上、精神によって万物を認識しているにもかかわらず、人間が精神や思考の本性をはっきりと認識していなくとも驚くには当たらない、と語っていた。

〔五〇〕　ここに見られる「自然的直観」に関するメリエの主張は、その起源を間接的にマールブランシュに負っているのであろう。メリエは第八八章でマールブランシュ『真理の探究』第六巻第二部第六章を引いているが、メリエの引用していないそのすぐ後の箇所でマールブランシュは、「人が自身の霊魂を認識するのはただ人が霊魂について抱く内的直観によるのみだからである」（ロビネ版全集第二巻三七〇頁）と述べている（証明八の訳注一八参照）。また、第八八章の引用において同じくメリエが省略した他の箇所でも、マールブランシュは「人が思考を認識するのは、私が後ほど説明するように内的直観ないし意識によるのみだからである」（ロビネ版全集第一巻三八二頁）と述べている（証明八の訳注二五参照）。
　デカルトの場合、「思考する我」の直観が懐疑の果てに見いだされる第一の明証的な認識と位置づけられていた。しかしマールブランシュでは思考する我の確認はなんら我の存在の保証とはならない。その役割を果たすのは「内的直観」あるいは「意識」である。「自然的直観」という概念そのものはマールブランシュには見られない。しかし以上の点から見ても、「自然的直観」という概念を形成するに当たって、メリエはマールブランシュを踏襲していると理解することができよう。

〔五一〕　メリエはここで「霊魂微細物質説」を取り上げる。『反フェヌロン』でも、彼は次のように述べている。「人間の霊

魂はそれを構成しているもっとも微細な物質の絶えまない活動にすぎない。〈私ノ命ハ息ダ〉と善良なるヨブは言った。〔『ヨブ記』〕第七章七節」（「断片二五」、アントロポス版メリエ全集第三巻二四六頁）。次注で見るように、霊魂を一種火のごとき微細物質とする説は当時かなり広く流布していた。ただしメリエの「霊魂微細物質説」は、デカルト派の動物精気論の色彩が一層強い。

　他方メリエは、思考その他の精神的活動を有機体の機能として捉えてもいる。フェヌロンは『神の存在と属性の証明』でエピクロス派を反駁して、「奇妙な哲学だ。原子は直線的にしか動かなければ生命を持たず、どのようなレベルの認識も意志も持ちえないのに、その直線にわずかな偏向を自ら加えると同じ原子が突然生命を持ち、思考し理性を持つようになるとは」と述べている（一七五五年版一九六頁）。この箇所に対して、メリエは『反フェヌロン』で次のように反論を加えている。「原子あるいは物質の最小部分が、突然生命ある存在や思考する存在になると言おうとしているのではない。原子がそのようなものを突然構成するようになる、つまり適切な時間がたつと有機体を構成するようになると言っているのだ。その有機体が生命を持つようになり、思考し認識し、善悪を感ずる人間や動物となるのだ」（「断片九七」、アントロポス版メリエ全集第三巻二八四頁）。また、メリエは次のような断片も『反フェヌロン』中に残している。「すでに示したように、思考するのは物質ではなく、思考し、話し、歩くのは物質で構成された人間なのだ。昨日思考しなかった人間が、今日思考し始めたのはなぜかと問われるなら、私はこう答えよう。すなわち、それは思考器官がまだ形成されておらず、その人間の中でまだ思考するほどに完成されていなかったからで、今日は彼の中で十分に形成され完成されているからだと」（「断片三三」、アントロポス版メリエ全集第三巻二五〇頁）。「体の諸器官も、脳の中で形成される事物の痕跡あるいは像も、霊魂の意志や認識によって形成されるのでは決してない。それらは私たち自身のうちで、私たちの意志や認識と無関係に機械的に形成されるのである」（「断片三七」、アントロポス版メリエ全集第三巻二五一頁）。「人間に歩く機能を与えるものは、だからといって歩きはしない。話す機能を与えるものは、だからといって話しはしない。それゆえ、人間に思考する機能を与えるものが、だからといって思考すべきだということにはならない」（「断片三四」、アントロポス版メリエ全集第三巻二五一頁）。

〔五二〕　火にもたとえられる微細物質を霊魂とするこのような説は、メリエが本書を執筆している当時、ある環境の中では一種の通念ともなっていたようである。前にも取り上げた、本書と同時期に執筆されたと思われる地下文書『物質的霊魂』にも次のような記述が見られる。「世界の中には常に運動しているきわめて細かい精気、あるいはきわめて微細な物質が存在しており、その大部分いわばその源は太陽の中にあるが、残りの部分は他のすべての物体の中に、それら物体の性質と固さに応じて多寡の違いはあるが広がっている。その精気を統括し活気づけているものはまさしく世界霊魂であり、その

諸部分はすべて世界霊魂を分かち持っている。それは宇宙の中でもっとも純粋な火であって、自ら燃えることはないが、入り込んでいる他の物体の諸部分にさまざまな運動を与え、燃えてその熱を感じさせる。この精気は目に見える火には多く含まれ、大気にも含まれ、水にははるかに少なく、土にはきわめて少ない。混合物の中では、鉱物がもっとも含有量が少なく、植物にはより多く含まれ、動物にははるかに多い。これこそ人間と動物の霊魂を形成するものである。しかし、この霊魂はどのようにして体の中に入るのだろうか。どのようにしてそこで増えるのだろうか。この精気は〈胚〉の中にあり、栄養の摂取によって体の中で増加する。というのも、それはあらゆるもののうちに見いだされるのだから、動物が取り入れ消化によって分解される食料の中にも存在するからだ。それゆえわれわれの霊魂とは、肉体各部に分配されている〈動物精気〉とわれわれが呼んでいるもののことである。さて、骨はこの動物精気をいくぶんか含むが感覚は有しないのと同じことで、鉱物や植物や四元素は、私が世界霊魂と呼ぶこの精気を分かち持っているけれども、だからといって感覚を有しはしない。したがって、それらは動物なのではない。なぜなら、動物を形成するためにはこの精気のほかに、体液の混合と特殊な構造とが必要だからだ。この霊魂は人間においても動物においても同じ性質のものであるが、死後には四散してしまう。

したがって、霊魂はきわめて微細なきわめて細かい実体、物質の精華のようなものであって、諸部分の特殊な配置や均整によって物質に結びついている。さて、この実体は、火や熱を作っている微粒子に似た、きわめて微細なきわめて活動的な微粒子からなる組織にほかならない。このことから、霊魂は一種のきわめて微細な火、あるいは一種の小さな炎であって、盛んな状態にあるか点火された状態に留まっている限りそれが人間の生命を形作るが、消えてしまうと人間も死ぬのだという結論を出すべきである。実際、それがいわば蠟燭のようなものだと認めさせるには、人間がどのように死ぬかを考察するだけでよい」（『物質的霊魂』、アラン・ニデールによる批評版一六八―一七〇頁）。

一七一九年にオランダにおいて匿名で出版された『ブノワ・ド・スピノザ氏の生涯と精神』「第二〇章、霊魂とは何か」全体は次のような記述からなっている。

「一、世界の中にはきわめて細かい精気、あるいはきわめて微細な常に運動している物質が存在しており、その源は太陽の中にあるが、残りの部分は他のすべての物体の中に、それら物体の性質や固さに応じて多寡の違いはあるが広がっている、ということは確かである。

以上のものが〈世界霊魂〉というものであり、以上のようにこれがその精気を統括し、活気づけており、この世界霊魂の一部がその精気を構成する諸部分すべてに分配されている。二、この〈霊魂〉は〈宇宙の中にあるもっとも純粋な火〉であって、自ら燃えることはないが、入り込んでいる他の物体のさまざまな小部分にさまざまな運動を与え、燃えてその熱を感じさせる。

目に見える火は大気よりも、大気は水よりもこの精気を多く含み、土ははるかに少なくしか含んでいない。混合物の中では、植物が鉱物よりも多く含み、動物は一層多く含んでいる。

さらに、この〈火〉は諸物体の中に閉じ込められると、それらに感覚を可能にさせる。これこそ〈霊魂〉と呼ばれるもの、あるいは肉体各部に行き渡っている〈動物精気〉と名づけられているものである。

三、それゆえ、この〈霊魂〉はすべての動物において同じ性質のものであるから、人間の死においても、動物の死においてと同じく四散してしまうことは確かである。このことから、〈詩人たち〉や〈哲学者たち〉が来世について私たちに歌いあげることは、たやすく推測できる諸々の理由のために彼らがでっち上げ言いふらした架空の事柄にすぎない、という結論が出てくる」(一九七―一九八頁)。

また、フォントネルが一六八〇―一六八五年頃書いたと推測されるユートピア小説『哲学者の国、あるいはアジャオ人物語』(一七六八年刊)にも次のような一節が見られる。「そこからアジャオ人は次のような結論を引き出す。私たちが霊魂と呼んでいるものは、自然全体にみなぎっており、すべての物体の中にその緻密性に応じて多寡はあるものの広がっている、その微細できわめて細かい物質にほかならない。この物質は太陽をその源としており、そこから絶え間ない運動を引き出している。それは自然の中にあるもっとも純粋な火であって、自ら燃えることはないが、入り込んでいる他の物体のさまざまな小部分にさまざまな運動を与え、燃えてその熱を感じさせるのだ、というのである。さらに彼らの言うところによれば、目に見える火は大気よりも、大気は水よりもこの微細な物質を多く含み、土は水よりも一層少なく含んでいる。混合物の中では、植物が鉱物よりも多く含み、動物は一層多く含んでいる。さらに、この火は肉体の中に閉じ込められると、それに感覚を可能にさせる。これこそヨーロッパ人が霊魂と呼ぶもの、これこそが肉体各部に行き渡っている動物精気にほかならない。さて、この霊魂は動物と同じ性質のものであるから、人間の死においても、他の動物の死においてと同じく四散してしまうことは確かである。だから、ヨーロッパ人たちが彼らの霊魂の不死について語ることはすべて、彼らを来世なるものについての絶え間ない恐れのうちに留めておくために、巧みな政治家、彼らの立法者が作り上げた架空の事柄にすぎない。その恐れが彼らの生活を悲惨と恐怖から織り成されるものとし、何物も彼らをそこから逃れさせることができないはずだ。彼らはこのように言う」(『哲学者の国、あるいはアジャオ人物語』、ジュネーヴ、一七六八年、四八―五〇頁)。

やはり地下文書に属する『霊魂の本性に関する哲学者たちの見解』という著作が、十八世紀前半に論文集『新編思想の自由』(一七四三年、アムステルダム)の中に収録された。この中にも次のような一節が見られる。「第三章、スピノザの見解。われわれが扱っている問題をもっとも研究したと思われる人々の一人、スピノザは次のように主張している。す

なわち、物質全体にとりわけ大気中に限なく広がっている一つの霊魂が存在する。個々の霊魂はすべてそこから引き出される。この普遍的霊魂は火の物質のような、微細な動きやすい物質から構成されている。炎という物質が燃えやすい組成を持つ可燃物に結びつきやすいように、この物質も生命を受け入れる組成を持つ基体にいつでも合体しようとしている。

動物の体に合体したこの物質は、そこに入り込んだ時からそこを出て全体に合流する時まで、体の中で肺の二重の動きを維持している。その動きが生命をなすのであり、命の長さの尺度でもある。

この霊魂あるいは生命の精気は、なんらかの体の中にあろうと、分離していても集合していても、いつも一定で実体として多様性はなく同一である。さらに、理性的、感覚的、植物的な個々の霊魂——そのように名づけた方がよければ——を作っている生命を持つ物質にもまったく性質の違いはない。それらの霊魂の間に見られる相違は、この精気によって生命を与えられる物質の相違、動物の中でこの精気が用いられて動かす諸器官の相違、あるいはこの精気が生命を与える木や植物の諸部分の組成の違いに起因するにすぎない。その本質においては同一であるが、合体している実体に応じてより明るく輝いたり、より暗くなったりする炎という物質に似ている」（九〇—九二頁）。

このような見解の源泉は確定しがたいが、たとえば先の『物質的霊魂』については少し遡ることも可能であろう。この作品はさまざまな剽窃からなる作品であるが、前に引用した箇所は事実、ギヨーム・ラミ『解剖学論』（一六七九年、ブリュッセル）からの一節と、フランソワ・ベルニエ『ガッサンディ哲学概要』第五巻（一六八四年、リヨン）からの一節を繋ぎあわせたものである。各々該当箇所を次に引用しよう。

「すべての動物において同一の性質であり、機能が異なるのはただ器官や体液が異なるからにすぎない動物の霊魂というものについて、人が抱きうるもっとも真実らしい説とは私が以下に述べるものである。確かに、世界の中には常に運動しているきわめて細かい精気、あるいはきわめて微細な物質が存在しており、その大部分いわばその源は太陽の中にあるが〔……〕なぜなら、動物を形成するためにはこの精気のほかに、体液の混合と特殊な構造とが必要だからだ。

人間の中には、動物の霊魂のように死において四散することの霊魂のほかに、神の御手から直接出てきて、私が語った精気により肉体に結びつけられている非物質的な不死の霊魂があると信仰は私たちに説いている。その霊魂こそが私たちのさまざまな推論の原理であり、またこの霊魂こそが、すべての人間に本来備わっている、神を知るというこの傾向をおのれの内に蔵している。しかし、この霊魂は信仰によってのみ確かに知られるのであるから、その本性について私たちが何を信ずるべきかを私たちに語るのは神学者の仕事である。だから、感覚と運動を主要な機能とする感覚的霊魂に私は立ち戻ろう」（ギヨーム・ラミ『解剖学論』二二七—二三〇頁）。

「五、したがって、霊魂はむしろきわめて微細なある実体、物質の精華のようなものであって、肉体という粗大な塊の

内部において諸部分と特殊な配置あるいは組成をなし、特殊な均整をとっていると思われること〔……〕。
六、この実体は、火や熱を作っている微粒子に似た、きわめて微細なきわめて活動的なあるいは行動的な微粒子からなる組織であるように思われること〔……〕。
七、それゆえ、霊魂は一種のきわめて微細な火あるいは一種の小さな炎であって、盛んな状態にあるか点火された状態に留まっている限りそれが動物の生命を形作るが、消えてしまうと動物も死ぬのだと思われること〔……〕」（フランソワ・ベルニエ『ガッサンディ哲学概要』第五巻四七八―四七九頁）。

このようにこれらの著作がもっぱら動物の霊魂について語っていることを、先の地下文書、秘密出版書が人間の霊魂にまで拡大したと解釈することも可能であろう。

〔五三〕　モンテーニュ『エセー』からの引用をはさむこの前後の箇所は、次のようなモンテーニュの記述に対するメリエ流の注解と見ることができる。

「実際、霊魂が住む場所を変えるというピュタゴラスの輪廻説において、われわれはカエサルの霊魂を宿している獅子が、カエサルを動かしていた感情を受け継いでいると考えることができるだろうか。〔……〕もしそれでもカエサルだというなら、プラトンを相手にこの説を攻撃して、〈それなら騾馬の姿になった母親に息子が跨がることもありうるし、これと同じような不合理も起こりうる〉と非難した人々の言い分が正しいことになろう。〔……〕一度存在することをやめたものはもはや存在しないのである。

もしも我々の死後に、時が我々の肉体の素材をかき集め、今あるのと同じように並べ直し、ふたたび生命の光を与えてくれたとしても、我々の記憶の糸が一旦断ち切られてしまった以上、このものは我々とは何の関わりもない。また、プラトンよ。あなたは、別のところで、来世の報いを享けるのは人間の精神部分であろうと言っているが、これもあまり真実らしくない。

たとえば眼はその根からえぐり取られ、肉体から切り離されれば単独では何物も見ることができないように。

実際、それならば、それを享けるのは人間でもなく、したがって、我々でもないことになろう。なぜなら、我々は二つの主要な要素から成り、その分離は我々の存在の死滅だからである」（邦訳、岩波文庫、第三巻一四九―一五一頁、原二郎訳、傍線は引用者）

見られるとおり、このモンテーニュの一文は決してメリエの言う「微細物質」について述べているものではない。それはむしろピュタゴラスの輪廻説への批判が述べられている箇所であり、また確かにデカルト哲学で言う「心身結合」の立場を表しているものの、精神が物質的なものであるとまでは主張していない。メリエ流の注解とはいえ、これはかなり強引なものであろう。

〔五四〕　前注でも示したように、ここでメリエは自説でもある霊魂微細物質説を補強するため、かなり強引に輪廻転生説へのモンテーニュの批判を引き合いに出しているが、それという

のも、輪廻説は古代における霊魂不死説の主要な一形態と当時見なされていたからである。

レヴェック・ド・ビュリニィ『異教哲学史』（全二巻、一七二四年、ハーグ）第一四章「霊魂の不死性について」第四項「輪廻について」は、次のように始まっている。「霊魂の永遠性という説が輪廻という説へと通ずるのは十分に自然なことである。実際、霊魂には肉体に生気を与えることがとりわけふさわしいと見えるため、哲学者たちは自分たちの時代に先立つ限りない時の広がりのあいだに、霊魂にこれ以上似つかわしい仕事を与えることはできないと思った。

ピュタゴラスがこの説をギリシア人の間に導入した最初の人であると見なされている。彼はそれを証明するために、他のさまざまな体の中にいたことを覚えていると人に信じさせようと努めた、とも言われている」（第一巻三一三頁）。

十八世紀半ばに刊行された『世界、その起源とその古さ』（一七五一年、ロンドン〔?〕）という匿名書の中に、第二部「霊魂とその不死性について」として収録された地下文書『霊魂の本性に関する古代人の見解』は、この間の事情を次のようにより明確に説明している。「第三章、この世の後の霊魂の状態に関する古代人の見解。霊魂の不死性の最初の信奉者たちについて知らせた後、今度は彼らがこの不死性によって何を意味しているかを説明しなければならない、すなわち、この世を出た後の霊魂の状態について彼らが考えていることを検討しなければならない。彼らはみな霊魂が不死であることでは意見が一致しているが、にもかかわらずそれが肉体から分離した後どうなるかについては、非常にさまざまな見解を持っている。ある者たちは霊魂をその功績に従って褒美が与えられたり、罰が与えられたりする場所に行かせるし、ある者たちは新たな生をまた始めるためにそれが別の肉体に入ると主張した。これが輪廻と呼ばれたものである。霊魂を人間の体の中に送るだけの者もいるし、人間の体にも動物の体にも無差別に送る者もいる」（同書第二部四七—四八頁）。

このような説とメリエの批判との相関は確証のしようもないが、当時におけるこのような理解を下敷きにして、メリエは輪廻説を霊魂不死説の一変種として論証の中に取り上げたと考えることはできよう。

〔五五〕 輪廻説はここでメリエが述べているように、当時すでに正統派の護教論的著作でも、また反宗教文書においても滑稽視されていたようである。

「ピュタゴラスは哲学者たちの中でももっとも迷信的でペテン師の最たる者だった。〔……〕しかし、彼の最大の失態は自分が他のすべての人間よりも高貴な種から生まれたと信じさせようとしたこと、自分を神と見なさせようとしたこと、輪廻に関する自説を目立たせようと馬鹿げた破廉恥この上ない嘘を述べ立てたことである。

トロイ攻囲戦でエウフォルボスであったし、ついでアイタリデス、次にヘルモティモス、さらにデロス島の漁師ピュロスであったことを覚えていると彼は言った」（レヴェック・ド・ビュリニィ『異教哲学史』第二巻二五三—二五四頁）。

「哲学者たちによってこのレテ河という第三の説が発明さ

れたのは、彼らの輪廻という教理の本質的な欠陥を修正するためにすぎなかった、と考えるのは自然なことである。以前にあったさまざまな転生において生じた事柄の記憶を必然的に認めずには、この教理は主張されなかったのである。そのようにピュタゴラスはこの説を思い描いていた。まさしく自説のこの箇所をおのれの例によって補強するために、あえて彼は大胆にも、ある時はエウフォルボス、ある時はアイタリデス、ヘルモティモス、あるいはピュロスであったこと、さらには雄鶏であったことさえ覚えていると主張したのである」(『世界、その起源とその古さ』第二部「霊魂とその不死性について」六九頁)。

この変身譚の出所は通常、直接にあるいはさまざまな教父著作中の揶揄を通して、ディオゲネス・ラエルティオス『ギリシア哲学者列伝』第八巻の記述とオウィディウス『転身物語』第一五巻一五八行へと遡る。たとえば、ピエール・ベール『歴史批評辞典』「ピュタゴラス」の項、注Mを見れば、当時の知識階層のこの点に関する理解のレベルを垣間見ることができる。メリエもこの線に沿い、輪廻説という霊魂不死説の一亜種をピュタゴラスの滑稽譚に集約させて切り捨てていると言えよう。

だがメリエはこの夢物語を語るのに、ディオゲネス・ラエルティオスやオウィディウス、さらにルキアノスを付け加えている。手稿一九四五八のみではあるが、その欄外には、「ルキアノス、第二巻」と注が付けられている。ペロー・ダブランクールによるルキアノスの仏訳『夢想あるいは雄鶏』(一六五四年)では、今は変身して雄鶏となったピュタゴラスが靴の修理屋ミシルと次のようなやり取りをしているが、この注が示すように、本文の「この哲学者は、自分がかつてミレトスの名高い遊女〔……〕馬やカケスや蛙や雄鶏になったと言ったそうです」までは、この箇所のメリエによる要約となっている。

「ミシル　でも、あんたはピュタゴラスだった後、何になったんだい。

雄鶏　アスパシア、あの有名なミレトスの娼婦だ。

ミシル　へえ、雄鶏先生、あんたが雌鶏にもなったことがあったとは思わなかったよ。なんと、ピュタゴラスが若い連中を引っ掛けようとしていたとはなあ。ピュタゴラスが男を喜ばせようと、お白い塗っておめかししたってえのか。ピュタゴラスがペリクレスの子供を産んだんですかい。

〔……〕

ミシル　でも、教えてくださいよ。どっちの方がいいんです、男の場合と女の場合と。

雄鶏　どうなのか、いつかおまえにもわかるだろう。この時の偉大な変転の中で、おまえが何度も女にならないということはないのだからな。

ミシル　男はみんなサモス人やミレトス人みたいに好き者だとあんたは思っているんだろう。あんたは若い頃、美男子だったもんでサモスの僭主に女として仕えたという噂だからね。でも、アスパシアになった後、何になったんだい。

雄鶏　キニク派の哲学者クラテスだ。

ミシル　おやまあ、楽しい輪廻だね。娼婦からキニク派かい。

雄鶏　その後、わしは王になり、それから乞食になり、ペルシアの太守、馬、カケス、蛙、そして色々な輪廻を経て雄鶏になったのだ」（『ペロー・ダブランクール氏翻訳によるルキアノス』一七〇九年、アムステルダム、第二巻一〇一―一〇二頁）。

またアイタリデス以下の変身については、メリエは直接あるいは間接にディオゲネス・ラエルティオス『ギリシア哲学者列伝』から、あるいは以下のモンテーニュ『エセー』の一節から知ったのかも知れない。「さて、この事柄について人間の論証の無力であることは、われわれの不死がいかなるものであるかを示そうとしてこの説のあとにつけ加えた荒唐無稽な説明を見れば、不思議なほどによくわかる。〔……〕もっとも広く認められ今日でも諸所方々に残っている説は、ピュタゴラスが唱えたといわれる説である。〔……〕それによると、〈精神はわれわれから出発して、一つの肉体から他の肉体へ、獅子から馬へ、馬から国王へと絶えず住まいを変えながら移ってゆくだけである〉というのである。そして彼自身は、前にはアエタリデスだったのが、エウフォルボスになり、次にヘルモンティモスになり、最後にピュロスからピュタゴラスになったもので、自分について二百六年をおぼえていると言っていた」（邦訳、岩波文庫、第三巻二一一頁、原二郎訳）。

〔五六〕　メリエはモンテーニュ『エセー』の次の箇所を想起しているのであろう。「こうして、彼らは、エピクロスとデモクリトスの説にしたがって、精神の発生と生命は、人間界の事柄と同じ条件に服すると判断した。この説は、次のようなまことしやかな理由によって、もっとも広く受け入れられた。〈精神は肉体にそれを受け入れる力が出てくるのと同時に生まれ、精神の力は肉体の力とともに増してゆく。子供のときは弱いが、時とともに逞しく成熟し、やがて老衰し、最後に耄碌する〉と」（邦訳、岩波文庫、第三巻二〇二頁、原二郎訳）。メリエは精神が肉体とともに衰えることを歌う当時の詩の一節を引いた後、次章で同趣旨のルクレティウス、ウェルギリウスからの引用を重ねているが、それらはほとんど『エセー』からの孫引きである。

〔五七〕　『歴史新報』については証明五訳注九を参照されたい。この新聞の編集者クロード・ジョルダン自身の作と思われるこの詩は、確かに同誌一七〇六年三月号に見られるという。メリエの引用はほぼ原文どおりである。

〔五八〕　ここに言われる「古代の詩人たち」とは、ルクレティウスとウェルギリウスの二人にすぎない。この章ではラテン語原文のみが引用されているが、訳注五六でも述べたように、メリエはそうした引用をすべてモンテーニュの『エセー』をもとに行っている。以下の訳文では、ルクレティウスとウェルギリウスの邦訳の当該箇所を掲げると同時に、『エセー』の該当箇所をも指示した。

〔五九〕　以上、モンテーニュの『エセー』からの引用は一続きの箇所から取られている。原文との異同を以下に順次示す。「われわれの思考と判断、要するにわれわれの魂の能力は」

は、原文では「われわれの理解と判断、要するにわれわれの魂全体の能力は」となっている。「コノ朽チル〔……〕鈍クスル」という『聖書』からの引用は原文にはなく、メリエの挿入である。「……まったく別の姿に見えるではないか」と「大気や晴天なども……」の間に大幅な省略（岩波文庫版邦訳では二四八―二四九頁にかけて十一行ほど）がある。「キケロの詩」は、原文では「キケロのギリシア語の詩」となっている。「発熱や酒類や……」での改行は原文には見られない。「われわれの精神を悪い方に変えるとすれば、われわれには分からないけれども」は、原文では「われわれの精神を打ちのめすとすれば、われわれには気がつかないけれども」となっている。

〔六〇〕　メリエが原注で示しているように、以上のマールブランシュ『真理の探究』からの引用は、第八八章における『真理の探究』の抜粋をさらに要約したものである。本書七一七―七一八頁を参照されたい。ただし、末尾の「霊魂の生命とは真理の認識と善の愛好に存する、いやむしろ霊魂の思考こそ……」は、マールブランシュの原文どおりであるが、以前の引用でメリエは「人間の生命とは真理の認識と善の愛好に存する、いやむしろ人間の思考こそ……」としていた。

〔六一〕　マールブランシュは以下の引用に見られるように、個々の思考は「思考」の様態であるという理解を示していた。「簡単に申し添えておくが、ここでこの思考という言葉を使って霊魂の個々の様態、つまりあれこれの思考のことを私が考えているのではなく、実体的な思考、あらゆる種類の様態ないしは思考でありうる思考を私は考えているのである」（マールブランシュ『真理の探究』、第三巻第一部第一章一節、ロビネ版全集第一巻三八一頁）。この一文は以前に証明八訳注二五で示したように、メリエが第八八章で『真理の探究』からの長い引用を行った際に省略した箇所である。したがって、メリエはそうしたマールブランシュの理解を十分に知悉した上で、個々の思考と思考一般の区別を認めず、思考は霊魂の様態であるのだから、霊魂の本質ではないと主張していると考えられよう。

〔六二〕　メリエは徐々に、霊魂の本質が思考に存するか否かというデカルト主義の問題設定を脱け出し、その本質は生命である、生命とは何か、という問いへと移行している。そもそも、前段落の『真理の探究』の要約的提示はこうした「生命」という問題へ論点を拡大するための布石の意味を持っていたと思われる。

〔六三〕　実体としての思考と、その様態としての個々の思考というマールブランシュの区別を認めないメリエにとって、すべての思考が実体であるならば無数の実体が存在することになる。空中に漂う思考の群という比喩は、たとえば以下のルクレティウス『事物の本性について』が語る、空中に漂う「観念像」という説の転用であろうか。「さて次に、精神を動かすものは何か。心に訪れるものはどこからくるのか、かいつまんで聞きたまえ。まずいうべきことは、さまざまな仕方でいたる所にあらゆる方向に数多く、物の希薄な像、空中で出くわせばやすやすと、あたかもくもの糸か金箔のよう

につながるほど希薄な像がさまよっていることだ」（第四巻七二二―七二七行、邦訳、筑摩書房、「世界古典文学全集」二一、三六九頁、藤沢令夫・岩田義一訳）。

〔六四〕　霊魂論において睡眠の例が持ち出されるのは古代からのことである。しかしメリエはここで、より直接的にはモンテーニュ『エセー』の次のような箇所を念頭に置いていたのであろう。「このこと〔精神も肉体と同じく死ぬこと〕は、ゼノンによれば、睡眠を考えるとよくわかる。事実、彼は睡眠を、肉体と精神の喪失と脱落とみなしている。〈彼は、精神が睡眠の中に引きずり込まれ、いわばすべり落ちるようなものだと考えている〉。」（邦訳、岩波文庫、第三巻二〇七頁、原二郎訳）。

また、当時の地下文書『物質的霊魂』から、「第四章、霊魂の可死性に対する通常の異議への反論」の一節を参考として以下に掲げておく。メリエと同じく、著者はモンテーニュ『エセー』の他の一節（邦訳、岩波文庫、第三巻二四八―二四九頁）をおそらく翻案し、霊魂は肉体と盛衰をともにすると述べた後、次のように続けている。「日常的に気づくことができるし、今まで私が述べた真理を私たちに確信させるはずの三つのことを指摘し付け加える。第一は、睡眠中、霊魂は肉体よりもはるかに深く眠り込むことである。〔……〕霊魂はまるで消えてなくなってしまったようだ。その働きはすべて停止され、その様態もすべて中断される。何も認識せず、何も見ず、何も感じない」（アラン・ニデールによる批評版一五六頁）。

〔六五〕　メリエは『反フェヌロン』の中でも次のように言う。「人間は常に思考しているのではない。たとえば甘美な眠りについている時、人間は何も考えてはいない」（「断片一二四」、アントロポス版メリエ全集第三巻二九五頁）。実際、デカルトもマールブランシュも睡眠や失神などの精神が思考していない状態について、ここでメリエが指摘している以上の説明を与えてはいない。

たとえば一六四二年一月一九日付のジビューフ神父宛の書簡で、デカルトは「霊魂は常に思考していると私が信ずる理由は、光を見る目がなくても光は常に輝いていると私が信じるのと同じ理由です」と述べた後、睡眠時について次のように述べている。「私たちは毎晩千もの思考を持つこと、夜起きている時さえ一時間のうちに千もの思考を持っても、その一つとして今は私たちの記憶に何の痕跡も止めていないこと〔……〕を考察するならば……」（フェルディナン・アルキエ版『デカルト哲学著作集』第二巻九〇九頁）。

また、睡眠についてではないが、マールブランシュは以下のように述べている。「そうした場合〔時に動物精気が欠けて人が気を失う場合〕、霊魂は純粋知のさまざまな思考しか持っていず、それらは脳に何の痕跡も残さないので、我に帰った後でも人はそれらについて何も覚えていない。そしてそのため、人は何も考えていなかったと信じてしまう。私がついでにこれを述べたのは、時々人は何も考えていないと思い込むため、霊魂は常に思考しているのではないと誤って信じることを示したかったからである」（マールブランシュ『真

理の探究』第三巻第一部第二章一節、ロビネ版全集第一巻三九一頁)。

〔六六〕 この「哲学者たちの格率」は、実際にはオウィディウス『恋の手ほどき』からとられたもの。メリエはすでに証明七第七二章（本書五四三頁）でこの句を引用している。

〔六七〕 これは周知のスコラ哲学の格率である。この格率は、必ずしもここでメリエが援用しているような感覚論あるいは経験論に論拠を提供するものではない。しかし、メリエが本書を準備していた時代には、そうした経験論的な意味合いで使われることも多かったようである。たとえば、先の『物質的霊魂』の著者も次のようにこの格率を用いている。

「人が思い出せるのはただ感覚を通して霊魂に入ってきたものだけであり、また人が判断を下せるのはただ自分が思い起こすあるものを現在の事実と比較することによってのみである。思考に関するこうした分析に異を唱えたり、〈前モッテ感覚ノウチニナカッタモノハ、知性ノウチニ存在シナイ〉という原理に反して、われわれには生得的な思考が備わっていると信じたりすることは誰にもできない」（アラン・ニデールによる批評版二二二頁)。

〔六八〕 メリエの引用には、原文からの省略、文の前後入れ換えなどがあるため、原文を邦訳で以下に掲げる。

「……すべての認識は感覚を通してわれわれの中に入ってくる。感覚はわれわれの主人である。

人ノ心ト精神ノ領域ニ、確信ヲモタラスモットモ近イ道、

知識はここに始まり、ここに帰する。結局、もしもわれわれが、音、匂い、光、味、大きさ、重さ、柔かさ、固さ、凹凸、色、艶、幅、深さのあることを知らなければ、石ころと同じように何も知らないであろう。これこそわれわれの知識の建物全体の基礎であり、根本である。ある人々によれば、知識は感覚にほかならない。誰でも私に感覚を否定させることのできる人は、私の喉を扼し、私をこれ以上退くことのできない窮地におとしいれるであろう。感覚は人間の認識の始めであり、終りである。

オマエハ真理ノ認識ガマズ感覚カラ生ズルコトヲ、
マタ感覚ハ否定シエナイモノダトイウコトヲ知ルダロウ

……」（邦訳、岩波文庫、第三巻二八七頁、原二郎訳、傍線部はメリエによる引用部に相当）。

〔六九〕 確かにデカルトはある書簡の中で、「人間の霊魂は、どこにいようと、それがわれわれの母親の胎内であろうと常に思考していると、私が断言したのも理由がないことではありません」（フェルディナン・アルキエ版『デカルト哲学著作集』第三巻三六〇頁）と述べている。もっとも、こうした主張の困難さをデカルトも自覚しており、この引用文の少し先では、「新しく子供の肉体と結合した精神は、痛みや〔……〕熱い、冷たいの観念をただ混乱した形で感じたり、知覚したりすることしかできない」（同書三六一頁）ことを認めている。しかし、ここでの睡眠や胎児の例は、メリエにあってはデカルト派の言う生得観念を批判する論拠としてではなく、霊魂は思考しない場合もあることの証拠として提示されているにすぎない。そうした場合が事実存在する以上、思考は霊

魂の本質ではなく、人間の生命活動の一つにすぎないというのがメリエの主張であろう。

〔七〇〕 本章中の本文七三九頁参照。

〔七一〕 このように肉体を霊魂にとっての牢獄であるとするイメージはプラトン以来の伝統であり、メリエもそれを下敷きにしてここで論述している。「肉体のなかに、すべもなく、しっかりと結びつけられていて、真実在の検討も、自分自身を通して単独には許されないので、あたかも監獄の格子を通してのように肉体を通してしか行うことができない」（プラトン『パイドン』、山本光雄編『プラトン全集』、角川書店、第一巻一七九―一八〇頁）。

〔七二〕 以上のマールブランシュ『真理の探究』からの引用は、メリエ自身が言うように、第八八章の引用（本書七一六頁）を再度掲げたものである。以前の引用文とここでの引用文との間には省略や若干の異同があるので、当該箇所を参照されたい。

〔七三〕 このフェヌロン『神の存在と属性の証明』からの引用も、前のマールブランシュからの引用同様、第八八章の引用（本書七二〇頁）を再度掲げたものである。以前の引用文とここでの引用文との間には、省略や若干の異同があるので、当該箇所を参照されたい。

〔七四〕 以下に見られる引用などから推測すると、メリエが第八八章で行ったマールブランシュ『真理の探究』からの抜粋中の、「獣の霊魂」を扱う箇所（本書七一五―七一七頁）を検討することにしよう、という意味であろう。一方、その準備はこれまでの論旨の展開の中で徐々になされていたと思われる。メリエはまず、物質的な生命原理を動物にまで広げる。「彼らが肉体の生命として認めている一つの原理〔血液の循環と体液の適切な釣り合い〕だけで、私たちもほかのすべての動物も生命のあらゆる機能や運用を十分行える」（本書七四二頁、傍線引用者）。次に、論ずべき霊魂の機能を知性的なものから感覚的なものにまで広げる。「私たちの霊魂が精神的で知性的な実体……であれば」（本書七四二頁、傍線引用者）。「霊魂がそれ自体で精神的、知性的、感性的あるいは感覚的な実体で……」（本書七四四頁、傍線引用者）。こうして、動物も人間と同じ物質的生命原理を持ち、その現れとして感覚的機能さらに一部の知性的機能さえも人間と同じく有するという、以下に展開されるメリエの主張への道筋が切り開かれていたのである。

　なお、「獣の霊魂」問題は、メリエが本書を執筆していた前後において、哲学論争の一大テーマであった。論争の発端は、本書においても見られるように、デカルト派が動物を感覚・知覚・思考をいっさい持たない一種の自動機械と見なしたことである。すべての存在を思考と延長という二実体に峻別するデカルト派にとっては、動物に実体的形相として「感覚的（動物的）霊魂」を与えるスコラ哲学の立場も、動物精気と同一視される物質の微細粒子を動物の「感覚的霊魂」とするガッサンディ派の立場も、その曖昧性ゆえに非難さるべきものであった。しかし、どの立場をとるにせよ、この論争の背景には、二重の神学的要請が課せられていた。す

なわち一方では、人間の「理性的（知性的）霊魂」は物質的なものとしてはならないこと、もう一方では、動物の霊魂を不死なものとすることはできないこと、この二つの要請である。

〔七五〕　本書七一六―七一七頁における引用の再提示である。

〔七六〕　これも本書七一六頁における引用の再提示であり、若干の異同については当該箇所と比較されたい。

〔七七〕　これも本書七一五―七一六頁における引用の再提示であり、若干の異同については当該箇所を、また出典との異同については当該箇所の訳注を見られたい。

〔七八〕　引用に先立つ部分、「彼らによると、ごく些細なものでも……引き起こすのだそうです」も、以下に示すように出典の同じ箇所をメリエはそのまま引き写している。ただしこの箇所は以下に見られるように、マールブランシュが女性の想像力について語った部分である。「ごく些細なものでも彼ら〔女性〕の脳の細い繊維の中に大きな運動を生み出すので、その必然的帰結として、そうした事物が激しい感覚を、すなわち霊魂全体を占めてしまうほど強烈な大きい感覚を彼らの霊魂の中に引き起こすからである。

〔……〕精神の強さは、動物精気の大きさや活動と脳の繊維との一定の釣り合いのうちに存する。女性も時としてこの適切な釣り合いを持つことがある」（ロビネ版全集第一巻二六七頁）。

〔七九〕　この引用文中、「というのも、くすぐったい感覚に……」以下には原文との異同、省略があるので、次に原文の訳を掲げる。「というのも、くすぐったい感覚に伴う神経繊維の動揺は、霊魂にとってその肉体の状態が良好なこと、肉体が対象物からの刻印に十分耐えられる力を持っていること、肉体がそれで傷つけられることを霊魂が恐れるべきでないことの証言になるが、痛みに伴う運動はそれよりもいささか激しいため、肉体の神経繊維を何本か切る可能性があり、霊魂はなんらかの不快な感覚を介してそこから警告を受け取り、それに注意を払わなければならないからである」（ロビネ版全集第一巻一二七頁）。

〔八〇〕　本書七一八頁における引用の再提示であり、若干の異同については当該箇所を、また出典との異同については当該箇所の訳注を参照されたい。

〔八一〕　この引用の冒頭の一文、「すべての肉体と精神の結びつきは……相互的で自然な対応に存する」はここで初めて引かれるものだが、原文は「われわれに知られている精神と肉体の結びつきはすべて、霊魂の思考と脳の神経痕との、また霊魂の情動と動物精気の運動との間の自然な相互的対応に存する」となっている。以降の引用は本書七一八―七一九頁における引用の再提示であり、省略、異同については当該箇所を、また出典との異同については当該箇所の訳注を参照されたい。

〔八二〕　これはここで初めて引用される箇所である。原文とは以下のように若干の異同がある。「あのiahという三つの活字や、同じ単語の音が私の脳に刻印されると同時に、神の観念が私の精神に現れたことがあれば、私が神を考えるには、この活字、あるいはその音が生み出した神経痕が呼び覚まさ

れるだけで足りよう。その活字や音、あるいは私がかつて神に関して抱いていた諸観念に伴う何物かの、ある混乱した痕跡が私の脳の中に生み出されていなければ、私は神のことを考えることはできないだろう。というのも、脳というものは神経痕なしには決して存在しないがゆえに、往々にしてきわめて不完全で混乱した形であるにせよ、私たちが考えることに関係する痕跡を脳は常に有しているからである」（ロビネ版マールブランシュ全集第一巻二一七—二一八頁）。

〔八三〕　この引用の冒頭から「それも私たちの意志に依存しないつながりが存在する」までの部分は、本書七一九頁における引用の再提示である。異同については当該箇所と比較されたい。「自然的なつながりはあらゆるつながりの中でも……」以降の部分は、原典における先の箇所に後続する部分をここで新たに引用したものである。原文ではここで改行され、次のような文章となっている。「このような自然的なつながりはあらゆるつながりの中でも一番強く、一般に万人にあって相似通っており、生命の維持には不可欠である。したがって、このつながりはわれわれの意志には依存しない」（ロビネ版マールブランシュ全集第一巻二一七頁）。

〔八四〕　この最後の言い回しは、メリエもすでに何度か引用しているように、マールブランシュのものである。

〔八五〕　マールブランシュとフェヌロンからのこの二つの引用はすでに二回行われているが、とくに本書七四三—七四四頁ではこの組み合わせで引かれている。引用の仕方は若干異なり、省略されている部分もある。それぞれ相互の異同、出典との異同などについては、先の本文とその箇所における訳注を参照されたい。

〔八六〕　証明七第七九章、証明八第八九章などですでによく出てきたメリエの論法である。

〔八七〕　段落冒頭からここまでの記述が、いわゆる「動物機械論」に対するメリエの原則的返答であろう。

〔八八〕　本書六一七—六二〇頁を参照。また『反フェヌロン』でもメリエは次のように述べている。「延長における無限、数における無限、そして持続における無限以外に、真の無限は存在しない。この無限という観念を完璧なものにしようと、無限に完全な存在など探し求めるべきではない。わざわざ無用に自分の時間をまったく失うつもりでないならば」（「断片一八八」、アントロポス版メリエ全集第三巻三二三頁）。

〔八九〕　デカルトは『方法序説』第五部で次のように述べている。「……私はこう仮定することで満足した。すなわち神はその器官の内部的構造においても、その各部分の外部的形態においても、われわれの世界の人間のひとりとまったく同じ人間の体を、私が記述した物質以外のどんな材料も使わないで組み立て、また最初はどんな理性的霊魂も、その他植物的または感覚的霊魂に使用されるような何ものもあたえることなく、ただ単に私が上に説明した光のない火の一種、すなわち乾草をまだ乾かないうちに密閉しておくとこれに熱をあたえ、あるいは新しいブドウ汁を搾りかすの上で発酵させておくとそれを煮えたぎらせる火のもっている性質以外にはどんな性質も考えられない火を、心臓の内に焚きつけるだけで、そうい

う人間の体を作ったと仮定することで満足した」(邦訳、前掲書一〇三頁、小場瀬卓三訳)。

しかしメリエはより直接的に、マールブランシュ『真理の探究』の次のような箇所を想起しているのであろう。「発酵の原因は目に見えない物質の運動であって、この運動が活動している物質の各部分に伝えられるのだとはっきり認めることができる。というのも、火や物体のさまざまな発酵はそうした物体の活動からなりたっていること、また自然の諸法則により物体がその運動を直接に受け取るのは、もっぱら他のより活動的なある物体との衝突によること、これらはよく知られているからである。だから、目に見えない物質が存在し、その活動が発酵によって目に見える物体に伝えられるということが見いだせよう。しかしそれがどのように行われるかを見いだすことは、仮定に訴えるのではおそらく不可能である」(ロビネ版全集第二巻四一四―四一五頁)。

なおメリエの論述は、生命の原理とはこのような発酵と体液の適切な釣り合いであるという見解へと次第に移行していると思われる。

〔九〇〕 既出、証明四第二八章(本書二四一、二五九頁)および証明四の訳注一四二を参照されたい。

〔九一〕 メリエはここで初めて植物の生命にまで論点を広げる。メリエは「物質の絶えざる発酵」をそのレベルにまで共通して見られる生命原理として考えているのであろう。

〔九二〕 メリエは『真理の探究』のこの文章を、そのたびに少しずつ変えながらすでに何回か引いている。たとえば本書七三九、七四一頁を参照されたい。

〔九三〕 酩酊という事実は、ルクレティウス『事物の本性について』に見られる次の箇所以来、霊魂物質説を例証する一つとして著名だった。「次にブドウ酒の強い力が人間の中にはいって行って、その熱が血管の中にちらばりひろがったとき〔……〕眼はおよぎ、叫びからすすり泣きへ、さらに口論へとすすみ、その他これに伴う種類のことがなおつづく、いったいこれらのことは、もしブドウ酒の強烈な力が体の内部で魂をかき乱すからでないとしたら、なぜ起こるのであろうか」(第三巻四七六―四八三行、邦訳、前掲書三四三頁、藤沢令夫・岩田義一訳)。

メリエはより直接的には、ルクレティウスなどを用いたモンテーニュ『エセー』の第二巻第二章「酩酊について」、および第二巻第一二章の次のような箇所を想起しているのだろう。「〔彼らは精神が〕酒によって酩酊し混乱すること、高熱のために錯乱すること、ある種の薬品で眠らされ、ある種の薬品で覚醒させられることを認めていた」(邦訳、岩波文庫、第三巻二〇三頁、原二郎訳)。

〔九四〕 「基体」とはスコラ哲学用語で個体を意味する。メリエがここで引用している格率は、アリストテレス＝スコラ哲学の格率「作用ハ基体ニ属スル」に由来する。たとえばトマス・アクィナス『神学大全』には、論理そのものとしては、メリエがここなどで多用する論理が散見される。「抽象的名称を具体的名称によって解釈したり、乃至またはペルソナ的名称によって解釈しなければならない〔……〕。ただし、抽

象的な諸名称の間にも或る秩序が存することに注意すべきである。すなわち、それらの名称のうち、はたらきにかかわる名称は、他の名称に比して、ペルソナにより近い位置にある。はたらきは主体のはたらきなのだからである」（トマス・アクィナス『神学大全』、邦訳、前掲書第三巻二三四頁、山田晶訳）。「天使は一つの個的な実体である。さもなければそれは、働くことはないであろう。働きはあくまで自存する個々のものに属するのだからである」（同書、邦訳、前掲書第四巻二二二頁、日下昭夫訳）。「行為は基体および全体によって為されるのであって、本来的にいって、部分、形相、もしくは能力によって為されるのではない。というのも、〈手が打つ〉というのは本来的な言い方ではなく、むしろ〈人間が手で打つ〉のであり、また本来的にいえば〈熱が熱する〉のではなく〈火が熱によって熱する〉のだからである」（同書、邦訳、前掲書第一八巻二四頁、稲垣良典訳）。「すべて複合的なものは、自らの単なる一部分に適合することのないものである。〈全体〉が不同な諸部分から成っている場合にあってはこのことは自明であって、例えば、人間の如何なる部分も人間であるのではなく、また足の一部分は足であるわけではない。〔……〕ことがらによっては全体については語られてもその部分には適合しないごときことがらもあるのであって、例えば水の全体が二クビトであってもその部分は二クビトであるわけではない。このようにして、およそ複合的なものにおいては、常に、そのもの自身とは別な何ものかが存しているのである。〔……〕例えば〈白いもの〉においてこそ、〈白〉という概念に属していないところの何ものかが存している」（同書、邦訳、前掲書第一巻七二―七三頁、高田三郎訳）。

〔九五〕 既出、本章（本書七一六―七一七、七四四―七四五頁）参照。ただしここでの引用の冒頭にある「獣には、認識も感覚もできない」は実際にはメリエの文章であり、他の部分も前後が入れ替わっている。

〔九六〕 以下メリエは、動物の具体的な姿や行動から「動物機械論」批判の論拠を引き出してくる。ピエール・ベール『歴史批評辞典』「ロラリウス」および「ペレイラ」の項は当時の「獣の魂」をめぐる論争の網羅的な記述となっているが、ここには古今の「動物弁護論」も収録されている。またモンテーニュ『エセー』第二巻第一二章「レーモン・スボン弁護」も、ベールの表現を借りるなら「一部分獣の弁護論にしようとしたかに見えるほど」であり、これは「獣の魂」を論ずる人々によって経験的な事例の宝庫として利用されたのである。メリエは少なくとも『エセー』のこの章を念頭に置いているのであろう。

〔九七〕 動物にも言語があり、それが動物たちに知識や感情があることの証拠だという立論は、デカルト派の「動物機械論」に対する批判の一つとして用いられていた。たとえば、『物質的霊魂』の著者は次のように主張している。「私たちが怒っていたり上機嫌だったりすると、動物たちは私たちのその声や言葉を分からないだろうか。獣たちには彼ら同士で分かり合える言語があるとさえ思われる」（アラン・ニデールによる批評版一一六頁）。また、アリストテレス主義の立場から

デカルト派の動物機械論を批判した、ガブリエル・ダニエル神父『《デカルト世界の旅》の著者に対して逍遙学派の或る人が提出する、獣の認識についての新たなる異議』(一六九三年、パリ)には、この問題に関してメリエのものに類似したレトリックが見られる。「リムーザン出身の石工が家を建てている、パリのある通りをあなたがたまたま通りかかり、あなたにはその特殊な言葉が分からなかったとします〔……〕。その時、あなたが話をすることもなかった石工たちには、その建物を建てるために彼らが使っていた巻揚げ機その他の機械ほどにも認識はない、などと信じることがあなたに起こるとは私には思えません」(同書七九頁)。

〔九八〕 既出、本章(本書七五八—七五九頁)などを参照。

〔九九〕 この引用は、本書七二〇—七二一頁に引かれたものの再提示である。しかし今回は、メリエによるかなり自由な引用となっている。原文については証明八の訳注三五を見られたい。

〔一〇〇〕 メリエが引用している『神の存在と属性の証明』第一部四三項(前記訳注三五参照)で、フェヌロン自身も動物がただの機械だと聞かされたら人々が笑うのは当然だと認めている。だがその笑いは物質には認識がないという常識と、動物には知覚があるという常識の二つに立脚し、前者は正しい常識だが後者は人々に先入主(予備知識)がないことを意味するにすぎない、とフェヌロンは考える。

〔一〇一〕 これら三つの引用は、『ウルガタ聖書』の『創世記』第一章二〇—二一節、二四節、二九—三〇節からメリエ自身が抜粋したり、仏訳したりしたものである。とりわけ「生きた魂のあるもの」という語は、メリエがラテン語原文を文字どおりに仏訳したものだが、現行邦訳聖書では「生き物」などとなっている。「獣の魂」論争の渦中において、トマス派が聖書のこの一節を引き合いに出し、「動物機械論」は聖書に反すると主張した。そのためデカルト派のジェロー・ド・コルドモワは、メリエが「生きた魂のあるもの」と仏訳した『ウルガタ聖書』中のラテン語に相当するヘブライ語の原義を、当時のヘブライ語学者に問い合わせた。ヘブライ語では「生きている個々のもの」としか書かれていないという答えを得て、コルドモワはこれをトマス派へ返答したという。

〔一〇二〕 メリエはここで「動物機械論」それ自体の誤謬を批判することから、この説の道徳的批判へと移る。メリエのこのような論理構成は他の問題においても見られたものである。さて、デカルト派が動物に対して冷酷であるという非難は、当時における動物の生体解剖の伸展とからめて、知識人たちの間でよく話題に取り上げられたようである。先に取り上げたアリストテレス主義者のダニエル神父もその著『デカルト世界の旅』(一六九〇年、パリ)で次のようにデカルト派を揶揄している。「デカルト派になる前、私はとても気持ちが優しかったので、鶏一羽が殺されるのを見ることさえできませんでした。しかし、獣には認識も感覚もないと一旦確認してからは、私の町にいる犬どもを一匹残らず解剖してやろうと考えました。私自身解剖にたずさわったのですが、ほんのわずかの同情心も感じませんでした。私の先生の学説を褒め

たたえこの国に広めるため、自分の家で開こうと思いついた学者たちの討論会や会合の開催に当たってさえ、私が行った開講演説はあのアレオパゴス参議の無知と不正とを罵倒するものでした。その参議はといえば、ある名門の子弟が遊ぶようにともらった鳥どもの眼をくりぬいて喜んでいるのを見かけ、この子を決して国政に参加させるわけにはいかぬと表明したというのですから」(同書三五六―三五七頁)。

〔一〇三〕 このような「猫いじめ」は民衆的祝祭の中でさまざまな意味合いを持って行われていたらしい。「祝祭の最終日の告解火曜日には、藁人形のカーニヴァルの王が裁判にかけられ、処刑される。こうした嘲弄と嫌がらせの儀式で、猫が重要な役割を果たす場合がある。ブルゴーニュ地方では、猫の拷問がこの嫌がらせの儀式の一環を成していた。寝取られ男やそのほかの犠牲者を嘲笑いながら、青年たちが猫を取り囲み、毛をむしっては哀れな動物に唸り声をあげさせるのである。〔……〕猫はまた、夏至の六月二四日に行われる洗礼者ヨハネの祝祭にも登場する。この日、群衆は篝火をたき、そのうえを飛び越え、周囲でダンスをした。また残りの半年における厄除けと幸運を祈って、魔力を持つさまざまな物を火のなかに投げこんだ。このとき好んで用いられたのが猫で、縛られて袋に入れられたり、ロープに吊るされたり、杭で火あぶりにされたりした。〔……〕ブルゴーニュやロレーヌ地方では、猫を縛りつけた五月柱のようなものに火をつけて、その周囲でダンスをした。メッス周辺では篝火のうえに猫を入れた籠を置き、一度に一ダースも焼き殺した。〔……〕具体的な手順は場所によって異なるけれども、篝火、猫、魔女狩り的雰囲気といった要素は、いずこの場合も変わりがない」(ロバート・ダーントン『猫の大虐殺』、邦訳、岩波書店、一〇四―一〇六頁、海保真夫・鷲見洋一訳)。このような気晴らしを行う民衆が、デカルト派の「動物機械論」を知っているわけでないことはメリエも十分承知していたであろう。ただメリエは、この説が獣への冷酷さを助長しかねないという道徳的批判の傍証として、動物の生体解剖などの代わりに民衆のこの「猫いじめ」を持ち出したのであろう。

〔一〇四〕 「断罪されて公の謝罪を行い、自ら自説を罪とする」、「この説の断罪を求める」などの表現は、宗教裁判所が異端者を裁く際の用語である。

〔一〇五〕 ここでメリエは「獣の霊魂」の問題から別の論題へと移る。それは『旧約聖書』自体に霊魂の精神性・不死性は説かれていないという主題である。メリエほど正面切ったものではないが、当時の地下文書『霊魂の本性に関する古代人の見解』などにもこのようなテーマは見られる。「聖書記者たちでさえヘブライ語において神の霊を意味するのに、風や息を表現するために彼らが使う言葉以外のものを持っているわけではない。しかし私たちには、この民族の太古の著者たちが精神という認識をまったく持っていなかったとはっきり思われるので、ユダヤ人たちがその言語の乏しさゆえに神の霊と風を混同し、霊魂と肉体を混同したとしても私たちはまったく驚かない……」(『霊魂の本性に関する古代人の見解』、ルネ・シモン編『アンリ・ド・ブーランヴィリエ哲学著作集』

一九七三年、ハーグ、二五七頁)。

(一〇六) 『申命記』第二八章では、律法を守った場合にイスラエルの民に神がもたらす祝福と、それに背反した場合の呪いがモーセの口から語られている。神は律法を守る民を「町においても野においても祝福し」(三節)、地上での豊かな実りや繁栄、敵からの守護を約束する。他方、律法に従わず、これに背く者に対し、神は「おまえは町でものろわれ、野でものろわれる」(一六節)と言い、飢饉、貧困、病などのあらゆる悲惨事を与え、最後にはエジプトに戻って再び奴隷にするとの呪いの言葉を与えている。そこで語られるのは、確かにメリエが指摘しているように現世的な褒賞と懲罰のみである。

(一〇七) 引用はメリエのこの指示のとおり『イザヤ書』からのものである。引用前の『バルク書』の注記は、この箇所に同内容の記事があることを指示している。

(一〇八) この箇所はすでに証明七第七四章末(本書五七二頁)に引用されている。ただしメリエの仏訳文は若干異なっている。

(一〇九) この箇所も若干異なった形ですでに二箇所、証明七第七三章(本書五五二頁)と証明七第七四章(本書五七三頁)に引用されている。

(一一〇) この箇所もすでに証明七第七四章(本書五七四頁)で引用されている。

(一一一) この箇所もやはりこれまで二回、証明七第七三章(本書五五二頁)、証明七第七四章(本書五七三頁)で引用されている。詳細は証明七の訳注一四八を参照されたい。

(一一二) この「古代の雄弁家」とは、紀元前三―四世紀のギリシアの弁論家、思想家であるヘゲシアスのこと。モンテーニュはヘゲシアスについて次のように述べている。「ヘゲシアスの弟子たちは彼の講義のすばらしい理論に感激して自ら断食して死んだ。しかもその数が非常に多いために、プトレマイオス王がこれ以上、自殺の理論を教える学校を開くことを禁じたほどだったが、この人々は死そのものを見つめているのでもなく、死を判断しているものでもない。死の上に思いを留めたのではなく、新しい生を目指し、これに走ったのである」(モンテーニュ『エセー』第三巻第四章、邦訳、岩波文庫、第五巻八六頁、原二郎訳)。

(一一三) モンテーニュの『エセー』に見られるこのウァロの言葉は、すでに証明一第五章(本書二九頁)に引かれ、またこの後の「結論」第九六章(本書七八三頁)にも引かれる。証明一の訳注二五をも参照。

(一一四) ただしメリエの引用は、アントワーヌ・デュ・ピネによる仏訳によっており、そのほぼ正確な引用となっている。証明一の訳注五三を参照。

(一一五) 以上の『エセー』からの三つの引用には省略があり、また順序も転倒されているので、原文を(一部省くが)邦訳によって以下に掲げる。「実際、これと反対の霊魂不滅の説は、――キケロはこの説が、少なくとも書物によって見ると、トゥルス王の時代にスュロスのフェレキュデスによってはじめて説かれたものとしている(ある人々はタレスが、ある

人々は別の人が考え出したものとしている）。――人間の知識のうちでもっとも多くの保留と疑問をもって論じられる部分である。もっとも断定的な独断家たちでさえ、とくにこの点だけは、アカデメイア派のあいまいさに逃げ込まざるをえない。アリストテレスがこの問題をどう決定したかは誰も知る者がない。これは一般にすべての古人も同じことで、やはり確固たる信念をもたずに論じている。〈このもっとも楽しい事柄を、証明するよりも約束として与えようとして〉。彼はあいまいな言葉とむずかしくてわかりにくい意味のかげに隠れて信奉者たちに、この問題と彼自身の判断について、好きなだけ論争をさせておいた。〔……〕けれども、人間の精神の不滅をきわめて正当で明白な真理と信じて、もっとも強く固持した人々が、これを人間の力によって立証することができなかったとは驚くべきことである。ある古人は〈それは教える人の夢ではなく希望する人の夢だ〉と言った」。

〔一一六〕　本書とほぼ同時代と思われる地下文書『物質的霊魂』の第一章「古今の哲学者の大部分、ならびに教会の初期教父たちは、私たちの霊魂が物質的であると信じていた」は、ピエール・ベール『歴史批評辞典』やレヴェック・ド・ビュリニィ『異教哲学史』を用いて長々と諸説を紹介している。また同じく地下文書である『霊魂の本性に関する古代人の見解』の第五章「不滅性を否定した人々の証言」もまた多くの引用を含んでいる。ところがメリエは、古代の諸説についてわずかにプリニウス、およびモンテーニュを介した一、二の例しか引用しない。またこれに比較すれば、先に見られたように『聖書』からの引用がメリエの本書では大きな地位を占めている。この点はこの種の地下文書中における本書の特異な立場を示すものと言えよう。

〔一一七〕　これでメリエは「霊魂論」を終わり、「悪の存在から帰結する神の不在」を別の面から論証してゆく。

〔一一八〕　この一節は、続く第九四章冒頭でも述べられているように、証明七第七四章「諸々の禍や悲惨、人々の諸々の悪徳や邪悪は、それらを防ぎ正しう限りなく善で限りなく賢明で全能な存在はいないことを明らかに示している」の内容の要約ともなっている。

〔一一九〕　現実に存在する多様な「悪」を根拠に神の不在を論証してきたメリエにとって、「この世は必然的に善と悪の混淆」であることの確認がその一つの結論であろうし、またそうした現実に対していかに向き合うかという問題の出発点でもあったであろう。そのような形で「悪」を自然視する見解は、メリエとは異なる視点からであるにせよ、たとえば後のビュフォンの次のような見解にも見ることができよう。「突然の死というものもほとんど自然死の法則同様に必然的な手段である。つまりこれらはともに破壊と再生の方法なのである。一方が絶えず自然を若々しく保持する方法であり、他方が自然の生産秩序を維持し、おそらくは唯一それぞれの種における数を制限する方法なのである」（ビュフォン『博物誌』、一七五八年。一八五二年版第二巻二九四頁）。

〔一二〇〕　メリエはこの断片をすでに証明七第八六章冒頭（本書六七四頁）で引用している。

〔一二一〕　ここでメリエが自ら語っているごとく、キリスト教護教論のある論理を用いて、当の護教論中の別の論理を打ち崩すことは、キリスト教に対するメリエの基本的反駁法の一つであった。

結論

〔一〕　本書全体の「結論」を述べたこの章の記述は、内容や表現において本書の「序文」にほぼ対応し、そこで提出した諸問題への解答という形になっている。その意味では、この章全体の議論を「序文」のそれと比較されたい。

〔二〕　既出、証明一第五章、および証明八第九二章末を参照。

〔三〕　「序文」第二章（本書一一頁以下）を参照。

〔四〕　モンテーニュの友人でもあった、早逝の才人ラ・ボエシーが暴君の圧制を激しい口調で論難した『自発的隷従を排す』（一五七六年）にもこれと同様の論調が見られる。「圧制者たち自身も、ひとびとが、自分たちに害悪を加えるひとりの者を耐えしのぶことができるのは奇妙だ、と思っていた。彼等は身を守るものとして宗教を前に立てることを強く望んだ。そして、可能ならば、彼等の邪悪な生命をのばし支えるために、神性の片鱗のようなものでも借りて身につけたいと望んだ」（邦訳、筑摩書房、『世界文学大系』七四『ルネサンス文学集』三二七頁、荒木昭太郎訳）。

本書の中で直接社会批判にかかわる「序文」、「証明六」そしてこの「結論」において、メリエはラ・ボエシーの名前も文章も直接引用してはいない。しかし、両者にはかなりの類似性が認められる。メリエはラ・ボエシーのこの著書について、モンテーニュを介して（『エセー』第一巻第二八章）知っていたのであろうか。ラ・ボエシーのこの小論文は、その一部がラテン語に訳されて『フランス人の目覚まし時計』（一五七四年）に、またその二年後にはフランス語全文が『シャルル九世治下のフランス国覚え書』（一五七六年）のなかに挿入文として記載されている。メリエはいずれかのテキストを読んでいたのであろうか。メリエの同様な批判については、証明一第四章（本書二六―二九頁）を参照されたい。

〔五〕　前注に示したラ・ボエシーの『自発的隷従を排す』にも、以下のような文章が見られる。「あわれな悲惨なひとびとよ、分別のない民衆たちよ、自分たちの災厄を固執し幸福に盲目である国民たちよ。諸君は諸君の面前でその収入のうち最も立派で明白な部分が諸君から奪い去られてゆくままに放置しているし、諸君の畑地が掠奪され、諸君の家が盗難を受け、そこから昔ながらの父祖の家財がはぎとられてゆくのをそのままにしている」（邦訳、前掲書三二五頁）。

〔六〕　ラ・ボエシーは『自発的隷従を排す』の中で、暴君にただ服従するだけの民衆の状態を指して、「このようなことを卑怯とわれわれは呼ぶべきだろうか。そうして隷従している連中を臆病者、腰ぬけであると言うべきだろうか」（邦訳、前掲書三一三頁）と述べている。

〔七〕　この「古人」とはプルタルコスと思われる。有名な『対比列伝』中の「アラトスの生涯」には次のような記述が見られ

る。「要塞で守られたいくつもの自由都市を強奪し、多くの用心棒を買収しては抱え込み、多くの武器、多くの橋、多くの跳ね橋で守りを固めて身内の安全を計り、ウサギのようにびくびくしながら暮らし、後継ぎも家も墓も残せなかったとしてもそれでもなんとか最後にはひどい死に方をせずにすみ、死後にその思い出が人々の口にのぼるような暴君はきわめて稀である」(アミヨによる仏訳、プレイヤード版第二巻一一二七頁)。

〔八〕 ラ・ボエシーの『自発的隷従を排す』には以下の記述が見られる。「彼らが軛をかけられて生まれ、ついで隷従状態の下で養われ育てられ、もっと前を見つめることなく、彼らが生まれたままに生きてゆくことに満足し、そして、彼らが見いだしたもの以外の幸福や権利をほかに持っているとは少しも考えずに、彼らの生まれた状態をその生来のものと考えるのだ」(邦訳、前掲書、三一九頁)。

〔九〕 マルクス・ユニウス・ブルトゥス、前八五—前四二年。ローマの政治家、カエサル暗殺の首謀者。共和制創建者の末裔をもって任ずるブルトゥスは、カエサルに王になろうとする野望があるとの疑いを抱き、カッシウスらとともにカエサルを刺殺した。

〔一〇〕 ガイウス・カッシウス・ロンギヌス、?—前四二年。ローマの将軍。カエサル暗殺の首謀者。前注を参照。

〔一一〕 証明一の訳注二九参照。

〔一二〕 プブリウス・ヴァレリウス・プブリコラ、前六世紀末のローマの執政官。「プブリコラ」は、「人民の友」を意味するあだ名。新しく打ち立てられたローマ共和制の推進者であり、人民に上訴権を認める法を制定したという伝承があった。以下のメリエの記述はこの伝説を伝えていると思われる。

〔一三〕 スエトニウス「ティトゥス伝」中で言及されているアウルス・カエキナのことか(邦訳、岩波文庫『ローマ皇帝伝』、下巻二九八—二九九頁、国原吉之助訳)。このカエキナは兵士の集会で反乱を呼びかけようとしてティトゥスに殺された、執政官クラスの人物だったという。なおモレリ『大歴史辞典』「セシーナ〔カエキナ〕」の項目にも、スエトニウスが引用され、この人物のことが語られている。

〔一四〕 このトラヤヌス、アントニヌスに関する記述については、証明六第五六章本文(本書四三三—四三四頁)および証明六の訳注二一八、二二〇を参照されたい。

〔一五〕 ジャック・クレマン、一五六七—一五八九年。ドミニコ会の修道士。宗教戦争時に旧教同盟の手先として働き、一五八九年八月に国王アンリ三世を殺害した。

〔一六〕 フランソワ・ラヴァイヤック、一五七八—一六一〇年。狂信的なカトリック教徒。一六一〇年五月に国王アンリ四世を殺害し、四つ裂きの刑に処せられた。前注のジャック・クレマン同様、ラヴァイヤックの「暴君殺害」についてメリエはモレリの『大歴史辞典』から情報を得ていたようである。しかし、モレリはジャック・クレマンについて「粗野で無知、かつ憂鬱症の気質のある人物」(「ジャック・クレマン」の項)と否定的な評価を下し、ラヴァイヤックについても「妄想家であり、耳にしたいくつかの噂からアンリ四世がローマ教皇

に対して戦をしかけようとしている、またユグノーを改宗させる労をほとんどとっていないと思いこみ、この君主を不当な暴君と決めつけてその殺害を決意した」（「ラヴァイヤック」の項）と述べている。メリエは宗教戦争の渦中に生まれたこの二人の狂信的なカトリック教徒を、その宗教的な背景を抜き去り単なる「暴君殺害者」として描いている。

〔一七〕ラ・ボエシーの『自発的隷従を排す』には以下の記述が見られる。「過去の事実や古代の年代記を通読してみようとするひとは、その国が虐待を受け邪悪な手の中にあるのを見て、善良な完全無欠ないつわりのない意志でその国の解放を企て、やりとげそこなったひとびとは少ないかまたは全然ないことがわかるだろう。自由は、姿をあらわすために、自らの肩をかさなかったことはないのだ。ハルモディオス、アリストゲイトーン、トラスュブーロス、大ブルートゥス、ワレリウス、ディオーンは、勇気をもって謀議をこらしたので、幸運な結果を招いた。このような場合、良い意志のもとに幸運が訪れないことはほとんどけっしてない。小ブルートゥスとカッシウスは、隷従は幸いにも取り除いたが、自由を回復する際に死んだ。みじめにではない（というのは、何かみじめさがこれらのひとびとにあったなどと言うのは、なんという冒瀆（ぼうとく）であろうか）。しかしたしかに、共和国に対する大きな損害、永続的な不幸、完全な荒廃が伴ったのだ。そして共和国は彼等とともに埋葬されたように思われる」（邦訳、前掲書三二三頁）。

〔一八〕パリ、トゥールーズなどの高等法院判事たちのことであろう。

〔一九〕このような下級官僚については証明六第四七章末（本書三九〇頁以下）の本文と訳注を参照されたい。

〔二〇〕厳しい租税取立てから生ずる悪弊については、証明六第五三章末（本書四一四頁以下）の本文と訳注を参照されたい。

〔二一〕教区付聖職者にできる有益な務めについては、証明六第四五章末（本書三七三頁）および後段の「近隣の司祭の方々に宛てて、著者がしたためた書簡の写し」を参照。

〔二二〕原注においてメリエが挙げるような古代の偉人たちが、非キリスト教徒とはいえ有徳な人物であったことはすでに当時の常識であった。またメリエ自身、『反フェヌロン』でも次のように述べている。「不敬の徒や悪党どもはみな確かにまったく非難すべきもの、罰すべきものであるが、だからといって、神性を信じない人々がそのために悪党や不敬の徒であるわけではない。ところが著者〔フェヌロン〕は、ここで両者を一緒にしてしまい、あたかも一つのものであるかのように混同しようとしているようである。これはまったく誠実さに欠ける。神性を認めない人々の多くは、それでもやはりきわめて善良であり賢明であって、ある著者が言うように、多くの人は〈現代の一番信心深い人々よりも本当の徳においてさらに一層進んでいる〉（『トルコ皇帝の密偵』第四巻書簡三六）」（「断片二二八」、アントロポス版メリエ全集第三巻三三九―三四〇頁）。

この本文における「ある著者」とは、『トルコ皇帝の密偵』の著者マラナを指しているのであろう。ただし、メリエが

『反フェヌロン』およびここの本文で参照している『トルコ皇帝の密偵』の当該箇所で見ると、以下に示すようにこれは古代の偉人ではなく、同時代の「理神論者」を指してマラナが語った言葉である。「西欧には理神論者と呼ばれるある種の人々、すなわち神を信じると公言してはいるものの、それ以外のすべてのことでは懐疑論者である人々がいる。歴史的な宗教に彼らは絶対的な信仰を抱いてはいない。死すべき人間たちがきわめて偉大な預言者だと認められていたとしても、そのような人々の書物も、またその著者たちのことも疑ってかかることこそ、理性的な人々の義務だと逆に彼らは信じている。〔……〕こういう人々を無神論者だとか無信仰者だとか呼ぶのは根拠がないことだと私には思える、こう君に明言するよ。哲学者あるいは知恵と真理の愛好者という資格の方が彼らにはふさわしい。〔……〕私はすべての点で彼らのうちに誠実さと善良さを見いだしているし、彼らは現代の一番信心深い人々よりも本当の徳においてさらに一層進んでいる」（一七一五年版第四巻一四九—一五〇頁）。

〔二三〕　このウェルギリウス『アエネイス』の一節は、ガブリエル・ノーデ『誤って魔術の嫌疑をかけられたすべての偉人たちのための弁明』第二一章末尾（一六二五年版六三四頁）に引用されている。メリエはここから取ったのであろうか。

〔二四〕　古代ローマの政治家大カトー（前二三四—前一四九年）あるいはその曾孫の小カトー、別名ウティカのカトー（前九五—前四六年）を指すと思われる。モンテーニュもこの二人の「徳に対するあの驚異的な真似ることのできない努力と執拗なまでに厳格な性格」（『エセー』第三巻第一三章、邦訳、岩波文庫、第六巻一九六頁、原二郎訳）について語っている。

〔二五〕　証明一の訳注五八、また証明一第七章末（本書三五頁）の本文も参照されたい。モンテーニュもこのスパルタの王について度々言及しており、ディオゲネスの言葉として「それではあれほど偉大なアゲシラオスとエパメイノンダスが惨めになり、牛同様のあなたが僧侶というだけで幸福になると信ぜよと言うのか」（『エセー』第二巻第一二章、邦訳、岩波文庫、第三巻一九頁、原二郎訳）と記している。

〔二六〕　エパミノンダス（エパメイノンダス）、前四二〇頃—前三六二年、テバイの将軍、政治家。モンテーニュも「〈徳は困難に会えばいよいよ大きくなる〉。これこそ第三の学派に属したエパメイノンダスが、自ら言うように、運命からきわめて正当に与えられた富をしりぞけて、貧乏と戦おうとして常に赤貧のうちに頑張り続けた理由の一つである」（『エセー』第二巻第一一章、邦訳、岩波文庫、第二巻三八三—三八四頁、原二郎訳）と述べている。

〔二七〕　ファビウス家はローマの執政官を輩出した名門貴族の家柄。なかでも五度も執政官を務めたマクシムス・ルリアヌス・ファビウス（前二九〇年頃）、あるいはハンニバルと戦い知力をもって勝利を収めたマクシムス・ウェルコスス・ファビウス（？—前二〇三年）が著名である。

〔二八〕　フォキオン、前四〇二頃—前三一八年、アテナイの将軍、政治家。四五回も軍の指揮をとったが、哲学者としても知られている。プラトンの弟子でクセノクラテスの親友。その公

正無私な態度と慎ましさは高く評価され、モンテーニュも「自分自身に羞恥と尊敬の念をもつようになるまでは、〈正しい人間の姿を心に留めよ〉。常にカトーやフォキオンやアリステイデスを思い浮かべ給え」（『エセー』第一巻第三九章、邦訳、岩波文庫、第二巻六七頁、原二郎訳）と記している。

〔二九〕 スキピオ家は古代ローマの名家。ハンニバルを打ち破ってカルタゴ支配を確立した大アフリカヌス、あるいはポエニ戦役を終結させたその孫養子小アフリカヌスが著名。モンテーニュは前者について「慈愛やその他あらゆる美質において彼〔大カトー〕および当時のすべての人よりもすぐれていた」（『エセー』第二巻第二八章、邦訳、岩波文庫、第四巻一九〇頁、原二郎訳）、「神々から生まれたと考えられても無理のない人物」（同書第三巻第一三章、邦訳、同第六巻一九六頁、原二郎訳）と評しており、メリエが念頭に置いていたのもこの大アフリカヌスであろう。

〔三〇〕 マルクス・アティリウス・レグルス、前二四九年頃没。ローマの将軍。カルタゴとの戦いで捕虜となり、逃亡しないという誓約をして休戦交渉のためローマへ送られたが、休戦せぬよう元老院に勧め、自らは再びカルタゴへ戻って殺された。モンテーニュは「だれでも知っているほど偉大で高名で、その最期もまた感嘆すべき人」（『エセー』第三巻第七章、邦訳、岩波文庫、第五巻二五四頁、原二郎訳）とレグルスを評している。

〔三一〕 人々を指導すべき人物像については、証明六第四八章始め（本書三九二頁）を参照。

〔三二〕 ルイ十五世を指すのであろう。ルイ十四世の曾孫にあたるルイ十五世は、十四世の死去にともない一七一五年にわずか五歳で即位した。

〔三三〕 ラ・ボエシーの『自発的隷従を排す』には以下の記述が見られる。「諸君をそれほどに支配しているその人間は、ふたつしか眼を持たず、ふたつしか手を持たず、ひとつしか身体を持たず、諸君の住む多数無数の都市の最もつまらない人間の持っているもの以外は持っていない。ただあるものは、諸君が自分たちを破壊するために彼に与えている有利な地歩だけなのだ。もし諸君がそれらを彼に与えたのでないとすれば、どこから彼はそのように多くの、諸君を窺うための眼を得たのか。もし彼が諸君からそれらを取って来たのでないとすれば、どうして彼はそのように多くの、諸君を打ちたたくための手を持っているのか。もしそれらが諸君のものでないとするならば、どこから彼は諸君の町をふみつけている足を得たのか。もし諸君によってでなければ、どういうように彼は諸君の上に対して権力をふるっているのか」（邦訳、前掲書三一六頁）。

〔三四〕 「序文」第二章（本書九頁）と比較されたい。

〔三五〕 ネーデルラントが本国スペインと戦い、その北部七州が独立しネーデルラント連邦共和国を建設した戦争、ネーデルラント独立戦争（一五六八―一六四八年）のこと、およびその端緒になった反乱のことをメリエは想起しているのであろう。「アルバ公」とはスペインの軍人、公爵であったフェルナンド・アルバレス・デ・トレード（一五〇八―一五八二年）

のこと。フェリペ二世に任命され、彼は一五六七年から一五七三年までネーデルラント総督を務めた。いわゆる「血の会議」を設立し一万八千人を処刑するなどプロテスタント・オランダ独立運動を弾圧し、そのため独立戦争の端緒となる反乱を誘発させた。絶対主義体制下の苛酷な武将の典型と言われる。

〔三六〕　十三世紀末からスイスにはハプスブルク家の支配がのび、この時三州の農民たちが誓約同盟を結び独立闘争を開始したが、これが後の連邦共和国の母胎となった。一四九九年シュヴァーベン戦争の勝利によって、神聖ローマ皇帝マクシミリアン一世（一四五九―一五一九年）からスイス十三州は事実上の独立を獲得し、一六四八年ウェストファリア条約によってその独立を国際的に承認された。

〔三七〕　この『集会の書』第一〇章の二つの節を自分で仏語訳する際に、本文で見られるようにメリエは過去を表すラテン語原文を未来形として仏訳している。

〔三八〕　証明六第五一章始め（本書四〇〇頁）、および、この表現の由来については証明六の訳注九〇を参照されたい。

〔三九〕　納税の拒否、公職・兵役の拒否、個人的交際の拒否というメリエの提唱の中で、第三のものに関して「破門」の比喩が使われているのは興味深い。

〔四〇〕　証明六第五三章（本書四一〇頁以下）参照。

〔四一〕　メリエがここで「宗教」の名のもとに提出しているのは、メリエ自身が主として「証明六」で展開した社会批判を通じて獲得した、あるべき社会の規範、それもきわめて道徳論的な規範である。そうした「宗教」が当時すでに起こっていた「理神論」あるいは「自然宗教」とはまったく異質のものであることは言うまでもない。しかし他方、この「宗教」をメリエによる単なる修辞的な技法とすることも不可能であろう。メリエは、「真実の英知」から始まり、相互の友愛と団結を実質内容とする諸々の要請をまさしく実践されるべき「規範」として提出している。しかし、規範自体の理論的基礎付けという課題はメリエ自身の問題意識の中には存在せず（社会的規範ないしは道徳律の根拠付けという課題は、哲学史的に見ればカントが自ら課した課題であった）、また仮にあったとしてもその自然理論からこの基礎付けを導出することは不可能であったろう。それゆえまず第一に、メリエにおけるこの社会的「宗教」という表現は、メリエにおけるそうした理論的間隙を埋めるものとして機能していると言えよう。また歴史的に見た場合、たとえばハーバーマスが社会的規範の由来を「宗教的シンボリズム」に求めたように（『コミュニケーション行為の理論』）、宗教を単に社会的な分裂や対立の疎外態としてではなく、それ自体規範性を内在させた社会的原理として考えることも可能である。そうした視点からすれば第二に、メリエの社会的「宗教」は、民衆支配の政治的道具に堕落した同時代の「宗教」を超えて、宗教そのものの歴史的根元性へと迫るものと考えられよう。その意味ではメリエが概して『旧約聖書』の世界に対して好意的であることは決して意味のないことではない。また第三には、メリエにおける「神」の否定は、何よりも悲惨な生活を強いられている

民衆への「神」による救済がないことを直接の契機としていた。そうした「救い」を求めるという点では、メリエは徹底して「宗教的」である。「神」を否定してなおメリエに深く内在する宗教性は、ここでの社会的「宗教」を何よりも「……ならば、あなたがたは幸いです」という民衆への祝福として宣教し、あるいはこれに続くメリエの文章が示すように、それに背反する者には「……している限り、皆さんや皆さんの子孫は哀れで不幸なままでしょう」と呪詛の言葉を述べざるをえない、そしてそれ以外の表現を持ちえなかったメリエ自身の言説を深く貫いていたとも言えよう。

〔四二〕 証明六第四二章「悪弊一。生来みな平等である人間の地位と身分があのように著しく均衡を欠いていることについて」(本書三六三頁以下)参照。

〔四三〕 有識読者へこのような一時的判断留保、偏見からの離脱を呼びかけるメリエの文章に、デカルトやマールブランシュの著作からの影響を見ることができる。たとえばデカルトは次のように述べている。「もし私が学問において何か確実なそして恒久的なものを見いだそうと欲するならば、明らかに偽なるものについてと同様にそれらのもの〔私がかつて真であると思っていたもの〕についても注意して、今後は同意を差し控えねばならないのである」(『省察』一、邦訳、前掲書一四六頁、桝田啓三郎訳)。「私たちはまだ子どもで私たちの理性を充分に使えないでいる頃から、感覚的な事物についてさまざまな判断を下してきているので、多くの偏見ができてしまって、それにさまたげられ真の認識ができなくなっている。そういう偏見から自由になることができるためには、一生に一度は、ほんのわずかでも不確かだという疑念の見いだされるものは、ことごとくこれを疑ってみようと努めるほかに仕方がないように思われる」(『哲学の原理』第一部一項、邦訳、前掲書、桝田啓三郎訳)。生まれや教育に基づく先入観に対するこのような批判的態度は、先のようなデカルト主義の伝統のみならず、ガブリエル・ノーデらのように前代の自由思想家からの知的遺産およびプロテスタンティスムの自由検討の主張などとあいまって、メリエの時代にあってはかなり広く受容されうるものであった。

〔四四〕 「序文」第一章冒頭(本書四頁)参照。死に際してのこのような「悔悛」の勧めは、キリスト教的伝統をメリエが換骨奪胎したものとも考えられよう。さらにまたメリエ自身が「私同様存命中にそれらを公然と非難し断罪する勇気がないとしたら」と述べているように、思想表現の自由がなかったこの時代、とりわけ時代の支配的思想であった「キリスト教」を批判する(あるいはただそれに抵触するような)思想を表現しようと試みることは、今日では考えられないような危険、時には死の危険をも伴っていた。それはこの世紀の後半になっても基本的には変わっていない。メリエが死んで約半世紀後の一七七五年、ダランベールはアカデミー・フランセーズにマルゼルブを迎えるにあたってサン・ピエール師を讃える演説を行っている。その中で、ヴォルテールを介してであろうか、おそらくメリエを念頭に置きながら、ダランベールは次のように述べていた。

「当代のフィロゾフは、一般大衆の考えと衝突しはしないかという小心な恐れが、文学や趣味を対象とした、自分でものを考えることがもっとも明白に許されている分野でさえ広がってしまった、と主張しました。そして敵たちの注意を引きはしないか、あるいは悪口を言われはしないかと心配して、数多くのもの書きたちが、文芸の利益にとっては有害なことが自分では分かりきっている偏見をうやうやしく持ち上げ、ひっそりと敬うべきものをやたら崇めたて、用心から公的な保護を受けている凡庸な作品を褒めたたえ、また本来なら自分の考えを言い表すために用いるべき精神をそれを言わないために用いている、と彼は言っていたのです。このような弱気を嘆いていたがゆえに、サン・ピエール師ならそれに対する有効な手だてを見いだされたでありましょう。すなわち、文人各々が死に際して遺言書をしたため、その中で褒めそやしたことで自分の良心がとがめるような作品、見解、そして人物について自由に自分の意見を述べ、自分には後生に委ねるべき誠実さしか持ち合わせていなかったことを同時代の人々に許しを乞うというものです。罪をはらすべきこのような手だてを用いれば、自分たちの書物によって世論を導く賢者たちは、自らが打ち壊したいと願う誤謬に言質を与える痛みを覚えることもなくなり、またそこに示された抗議の声は、それがどれほどか弱くまた遅ればせのものではあっても、自分たちが開いた真理への秘密の扉となることでありましょう」。

〔四五〕　メリエが『詩篇』第七〇篇一三節としているのは誤り。ただし、手稿一九四五八、一九四五九では、この同じ箇所に「禍ヲモタラソウトスル者ハ恥辱ト辱メニ被ワレヨ」と第七〇篇一三節が正しく引用されている。手稿一九四六〇でのこの箇所は実際には、同じ『詩篇』の第一一三篇B八節または第一三四篇一八節からの引用である。なお、この二節はまったく同内容である。

〔四六〕　このラテン語の一文はこのままの形では『聖書』に見いだすことができなかった。しかしメリエはこの一文を『近隣の司祭の方々に宛てて著者がしたためた書簡の写し』にも、そのままの形で引用箇所を明示せずに記している。（本書八〇七頁参照）。おそらくこれはメリエが記憶のままに聖書を誤って引用しているか、『聖書』風にメリエ自身が書いた文章であろう。

〔四七〕　メリエは「恥ニ被ワレヨ」としているが、『ウルガタ聖書』『イザヤ書』の当該箇所は「恥ヲ受ケヨ」となっている。

〔四八〕　この格率については、「結論」第九六章冒頭（本書七八三頁）本文およびその箇所における訳注を参照されたい。

〔四九〕　証明七第七二章終わり（本書五四六頁以下）参照。

〔五〇〕　これもスコラ哲学の格率であろうか。メリエ自身が仏訳しているラテン語の文言は、そのままの形でデカルトもメルセンヌ宛ての手紙の中で引用している。〈善く行為するためにはよく判断すれば充分である〉〔『方法序説』第三部〕と私が述べたことをあなたは否定なさっています。しかしながら〈悟性ガナンラカノ仕方デ意志ニ悪ヲ善デアルカノヨウニ表サナイ限リハ意志ハ悪ニ赴クコトハナイ〉というのがスコラ

哲学の通常の説であると私には思われます。そのことから〈スベテノ罪人ハ知識ニ欠ケル〉という言葉が引き出されるのです。したがいまして、何にせよ善でないものを善であるかのように悟性が意志に表すということさえ決してなければ、意志はその選択を誤るはずがないのです」（一六三七年五月末、メルセンヌ宛て書簡、フェルディナン・アルキエ編『デカルト哲学著作集』第一巻五三四頁）。

〔五一〕「各個人の真価」と訳出した mérite personnel はラ・ブリュイエールの『カラクテール』第二章のタイトルでもある。メリエは家柄や財産や身分よりも徳や個人の真価にこそ名誉が与えられるべきだと述べている。この命題がそのままの形でラ・ブリュイエールに見られるわけではないが、そうした主張は同書でのラ・ブリュイエールの中心命題でもある。岩波文庫版の訳者、関根秀雄氏は、この章名を「各個(ひと)の真価(メリット)について」と訳し、「メリットとは、真に世間の尊敬尊重に値する内在的な特質才能を意味する。見かけたふしの・外面的・付帯的なものに対して、本質的な実力乃至真価の意味である。第十七世紀は、特に生まれ・官位・財産・かおが幅をきかせ、真価が認められなかった時代である。そういう世相世潮に対する憤怒こそ、本章の主題であり、また本書『人さまざま(カラクテール)』全体を貫流するものである」との解題を与えている。

メリエはすでに『カラクテール』の終章である「自由思想家について（Des esprits forts）」の四九節、「一方に権威と快楽と無為を、他方に依属と心配と貧窮をおいてみよ。これらの事柄が人間たちの悪意によってその所をかえられているか、神が神でないかである」という一節を引用していた（たとえば証明六の引用箇所、また証明七第七四章、本書五五六頁参照）。先に述べたことを考慮するならば、このメリエの引用が恣意的なものではなく、むしろラ・ブリュイエールの思想の核心を把握した上での引用であることが理解できよう。実際次の第九七章でメリエは、「実直さと名誉を重んじる者であれば、事の真実を知ってそれを告げることを自分の責務としない人はおりません」と述べている。そこにわれわれは、「良識は我々の義務を教え、我々に義務を果たさなければならぬ所以をさとらせる。そして、そこに危険があれば敢えて危険を冒さなければならぬ所以を教える。つまり良識は勇気を鼓舞する。いやそれは勇気に代わる」（関根秀雄訳、岩波文庫、上巻八八頁）、あるいは「人のために慈善をなす者は善人である。その慈善のために苦悩するならば、その人は大善人である。その慈善を施した人々のことで悩むならば、その人の慈悲心たる千万無量というべく、その量がこれ以上になることは、彼の苦悩がさらに増す場合以外にありえないだろう。また彼がそれら哀れな人々のために死ぬならば、その徳たる、まさに徳の極致であろう。それこそ英雄の徳、完全な徳である」（同一〇二頁）と述べるラ・ブリュイエールの文章との共鳴を聞き取ることができよう。

〔五二〕「権力濫用に対する上訴」ということの表現は裁判用語である。これは教会裁判所の判事が世俗裁判権を侵害したり、教会法規に反した判決を下したりした場合に、その判決を世

俗法廷である高等法院に控訴することを意味する。メリエは実際、自らしたためた三部の手稿を、自身が司祭として過ごした聖堂区エトレピニーの裁判記録保存所に託している。しかしながら、以下のこの表題の中でも述べられるように、この場合の控訴先は文面上はただ「理性の法廷」を示しており、メリエがその実現をどこまで考えていたかは不明である。さらには、この「理性の法廷」とは比喩的な意味で主張されており、メリエがそれによって念頭に置いていたのは、読者の良識、とりわけ「賢明で啓発された人々」の良識であったと言えよう。

〔五三〕 メリエが死後に残した手稿とその行方については、「解説」を参照。

書簡

〔一〕 この書簡の写しは現存する三つの手稿のうち一九四五八と一九四六〇にのみ見られるものである。

〔二〕 このような沈黙の理由については、「序文」第二章前半を参照されたい。

〔三〕 証明六第四五章冒頭部分における、教区民に接する司祭や助任司祭の役割についての記述を参照されたい。

〔四〕 「皆さんの首領」とは、言うまでもなくイエス・キリストのことである。

〔五〕 証明四第二六章始めの原注を参照。

〔六〕 こうした宗教に対する検討への呼びかけは、「結論」第九六章後半でメリエが「才知や良識を備えたすべての人、また誠実なすべての人に」対して要請したものの要約である。

〔七〕 手稿一九四五八のこの箇所には欄外に注がつけられていて、メリエはそこで「この書は三六六葉なり」と書いている。ところで、現存する三つの手稿は三〇六葉〔一九四五八〕、三三一葉〔一九四五九〕、三五〇葉〔一九四六〇〕を数え、ここでメリエの挙げる数字とは一致しない。メリエの死去に際して発見された手稿は三部であり、現在パリの国立図書館に保存されている手稿三部はすべてメリエの手になるものであることが確認されている。手稿一九四五八に書かれた数字は何を意味しているのであろうか。現存する三部以外に三六六葉、したがって一九四六〇よりもさらに量の多い、いわば最終稿に相当するものが遺されていたのであろうか。あるいは「三六六葉」というのは、メリエが本来三〇六葉と書くべきところを三六六葉と書いてしまった結果にすぎないのであろうか。その答を得ることはできないが、ここではただこの事実のみを指摘しておくことにする。

〔八〕 「結論」の訳注四六参照。

〔九〕 『使徒行伝』第一九章二三節以下に見られるとおり、エペソス人はアルテミスを守護神として祀り、その像を作る者たちも少なからぬ利益を得ていたが、パウロ一行の布教活動が偶像崇拝を危うくするものであることを知って、人々は「偉大ナモノ、エペソス人ノアルテミス」と叫びながら一行を捕えたという。

〔一〇〕 メリエは『ローマ人への手紙』第八章二二節からのもの

として引用しているが、たとえば当該箇所はカトリック系現行邦訳聖書、講談社、フェデリコ・バルバロ訳では「全被造物が今まで嘆きつつ陣痛の苦しみに会っていることを私たちは知っている」となっており、ここにはこれに続く「シカモココニイル私タチハ、重荷ヲ負ッテ嘆イテイル」という文言はない。しかし、同じくバルバロ訳によれば『ローマ人への手紙』第八章二三節は、「それればかりでなく、霊の初穂をもつ私たちも、心からのうめきをもって自分の体があがなわれるのを期待している」（傍線は引用者）となっており、内容的には類似的なものと考えられる。なお、ラテン語訳『ウルガタ聖書』で見るならば、この箇所は割注で示したように『コリント人への第二の手紙』第五章四節（先のバルバロ訳では「この幕屋にいる私たちは重荷を負ったように嘆いている」となっている）に一致するものである。このように、ここでのメリエの引用はかなり不正確である。ただ『コリント人への第二の手紙』第五章四節と『ローマ人への手紙』第八章二三節とは、少なくとも表現上は類似しており、そのためメリエは両者を混同して引用したとも考えられよう。

〔一一〕「序文」第二章（本書一五頁）および証明六第四六章（本書三七四頁以下）参照。

〔一二〕メリエはこの『聖書』の句を証明七第七二章（本書五四〇頁）、証明四第二八章（本書二三九頁）でも引用しているが、当該箇所における文脈は異なっている。

〔一三〕証明六第五五章（本書四二一―四二二頁）参照。

〔一四〕この句は出典では次のような文脈の中に置かれている。

「たとえ君らが究極の、目的あえて実現を、めざしてここに努力する、確たる熱意があるにせよ、われらを掩う運命の、行く方は諸君におのずから、分かっているにちがいない。〔……〕諸君が救助にかけつける、都もすでに焼け落ちた。では死を覚悟で戦争の、中央突破をやりとげよう。敗れたものの安全は、安全をのぞまぬことしかない」（ウェルギリウス『アエネイス』、邦訳、筑摩書房、「世界古典文学全集」二一、三四頁、泉井久之助訳、傍線引用者）。

〔一五〕証明六第四五章参照。

〔一六〕偶像崇拝に関しては、証明五第三五章から第三七章にかけてのメリエの議論を参照。

〔一七〕「序文」第二章（本書五頁以下）参照。

〔一八〕メシアによる解放という預言とその虚妄性については証明四、とくに第二六章後半から第二八章前半にかけてを参照。

〔一九〕原罪の教義に対する批判については証明五第三九章を参照。

〔二〇〕証明四第二八章参照。

〔二一〕証明二第一五章始めの本文（本書七一―七二頁）および当該箇所の訳注七五を参照。また証明四第二八章の欄外書き込みおよび本書の本文二四七頁を参照されたい。

〔二二〕証明五第三七章（本書三一二頁）でも、メリエはこの句を引いている。

〔二三〕「奏効的恩寵」とはそれ自体で人間に絶対的な効力を発揮する恩寵を、「充足的恩寵」とは人間がこれに抗することもできる恩寵を、意味する。ともに神学用語で、当時のフラ

ンス・カトリック教会を二分したジャンセニストとイエズス会の「恩寵」をめぐる論争でしばしば用いられた。メリエはこの間の事情を想起しているのであろう。なお証明四の訳注一二一をも参照されたい。

〔二四〕アリストパネス『蜂』一九一行（邦訳、ちくま文庫『ギリシア喜劇I、アリストパネス』、上巻三三七頁、高津春繁訳）。ただし、一般にはまったく取るに足らぬものに関して争うことを意味するギリシア・ローマ古典文学上の一諺として、メリエはこの言葉を引いているのであろう。そこで述べられている話は、あるアテナイ人が驢馬を雇って道を行く途中、暑気を避けようと驢馬の影で休もうとしたが、驢馬の持ち主が影までは貸さぬと主張し、ついには裁判ざたにまでなったというものらしい。

〔二五〕証明五第四〇章参照。

〔二六〕『旧約聖書』の『伝道の書』第一章二節「空の空、空の空、すべては空でしかない」（日本聖書協会版聖書、一九五五年改訳）をメリエは想起しているのであろう。

〔二七〕メリエはこの『知恵の書』の一節を、偶像崇拝を批判した証明一第八章の中ですでに引用している（本書三七頁参照）。

〔二八〕ギリシア・ローマ古典文学中の諺的な表現。プラトン『パイドン』やアリストテレス『ニコマコス倫理学』の次のような箇所が出所と考えられよう。「しかし君たちは、ぼくの忠告にしたがってくれるなら、ソクラテスのことは気にかけないで、もっとずっと〈真実〉のほうを気にかけてくれたまえ。そして、ぼくの言うことが真実だと思ったら同意してもらいたいし、そうでなかったらあらゆる議論を駆使して反対してくれたまえ」（プラトン『パイドン』、邦訳、中央公論社、『世界の名著、プラトンI』五四五頁、池田美恵訳）。「真理を救うためには、身内のひとの説であってもそれを棄てる方がよい、いや、むしろ、棄てるべきであるとさえ思われるであろう」（アリストテレス『ニコマコス倫理学』、邦訳、岩波書店、『アリストテレス全集』第一三巻一一頁、加藤信朗訳）。なおルター、セルバンテス、エラスムスらも同様の諺を著作内に引いており、メリエがどこから取ってきたのかは不明である。

〔二九〕追悼の祈りで唱えられる言葉。またこの言葉はしばしば墓石にも刻まれる。

〔三〇〕「序文」第一章冒頭参照。

〔三一〕「序文」第二章末（本書一九—二〇頁）参照。

〔三二〕『詩篇』第八四篇一二節全体は、「真理は地より生え出し、正義は天の高みからわれわれを眺めた」（『ウルガタ聖書』）となっている。

《解説》

目次

I　小さな墓地から――ジャン・メリエ司祭の生涯と作品

はじめに

ジャン・メリエ司祭（一六六四―一七二九年）に墓はない。場所が分からなくなったのではない。一七二九年六月二七日、弱まった視力をおして老司祭は小さな聖堂で職務上の書きものをしている。七月七日、彼の「遺産明細目録」が作られ始める。七月九日にはこの聖堂の後任者が任命される。死亡の記録、埋葬の記録は書かれなかった。書くわけにはいかなかった。「司祭や説教師や博士たち、またそのような嘘と誤謬とペテンのあらゆる幇助者も、私の死後なら私の示すことに好きなだけ憤慨し腹を立てるがよいのです。〔……〕その時、私は完全に連中の手から逃れ去っているし、私を恐れさせることができるものなどもう何もないでしょう[1]」。このように書き残した思索者に墓などない。

その思索のすべてを、ジャン・メリエは細かい几帳面な文字で膨大な『覚え書』の中に埋め込んだ。自筆で清書された『覚え書』三部は、歴史の不可避的な、そしてある意味で不可思議な展開の中で、現在フランス国立図書館のうちに存在することになった。古文書の雑多な山の中こそ、いわば「メリエの墓」があるべき場所だろう。ただ、私はここで墓の彼方からの遺言を開くのだとは思わない。なぜなら、メリエには墓の彼方などないし、大切なのはいつでも今生きている者たちの問題なのだから。「問題なのはただ、真理の維持、公益と公的自由の回復という各人が身を挺すべき大義です。ですから、いいと思えば、いいと思うように、公衆が自分で自分の利益を守ってください。〔……〕私はもうこの件にはまったく関わりません[2]」。

この古文書を開く前に、しかし私はメリエ司祭の生きた現場を確認したいと思う。寂しい林野の続く北東フランスの地に、

あるいは歴史の辺境にジャン・メリエの生の痕跡を探りたいのではない。古文書を読むときに、読む側にある何がしかの思い込みから生ずる誤差を、できる限り消去しておきたいのだ。「むしろ彼ら〔わが画家たちや説教師たち〕はどちらも悪魔を、お偉方や貴族であるあの立派なすべての殿方のように、また、あのように美しい衣装で着飾り、あのように入念に髪をカールし、白粉を叩き、麝香をふりかけ、あのように輝いている、それも金銀宝石で輝いている、皆さんもご存じのあの美しいすべての奥方や姫様方のように描くべきです[3]」とメリエは書いた。だが、この辛辣な映像は一種のレトリックかも知れない。王宮の華やかな悪魔をたぶん思い描いてはいけない。メリエの預かっていた小さな聖堂は、第二次大戦の戦禍さえも奇蹟的に逃れ、小さな墓地に囲まれてまだ建っている。石積みの低い塀で隔てられた隣地は荒れはてた野原だ。ここに村の領主の館があった。メリエの生きた世界は狭い。

生前のメリエ司祭についての証言もごく限られたものだ。死後に流布した噂を刈り取ってしまうなら、どれほどのものが残るだろう。それらの証言も、この田舎司祭が生きた時代の大きな流れがいわば余白に書き留めさせたものにすぎない。このような状況をできるだけありのままに書き記しておこう。その風景がいかに寒々としたものであったとしても、私たちがこの作品の中から読み取ろうとする、ある思想の強度や深度とは関わりのないことだ。

一　田舎への旅

パリを出発し、歴代のフランス王が戴冠式を行ったランスを経て、アルデンヌ県に入る。ルーテルを過ぎ、ベルギー国境に近い県庁所在地シャルルヴィル・メジエールへと向かう。ルーテルからおよそ二〇キロ、シャルルヴィル・メジエール手前十数キロあたりでわずか南に街道をはずれると、そこにマゼルニーという寒村が今でも残っている。ジャン・メリエは一六六四年六月十五日、この村の聖堂で洗礼を受けた。筆者は、一九九八年三月にこの村を訪れた。村としての集中力を示すものは小さな尖塔を持つ聖堂くらいで、傍らに薪を積み上げた古びた農家が散らばっているだけであった。灰色の空から降りかかる小雨の中に現われた聖堂は、しかしメリエの時代のものではない。今から三百年ほど前、メリエが生きた時代にもこの風景はそれほど変わらなかったのかも知れない。一六六五年のある調査によれば、マゼルニー聖堂区にタイユ税課税戸

数は六八軒しかなかった。おそらく人口三二五―三五〇人というところであろう。メリエの生涯を含むその後の百年の間にも、その戸数は変わらなかった。(4)

ジャン・メリエの父ジェラール・メリエは、ジャンの洗礼簿では「商人」とされている。しかしその実態は、小土地所有者であると同時に毛織物製造業者であったようだ。この村の土地の四分の三は領主に属していた。ジェラールのような小土地所有者であっても、その土地には複雑な権利関係があり、幾多の税を支払う必要がある。そのためこの土地では、収入を増やすために、耕作・牧畜のほかに、セルジュ（サージ）と呼ばれた軽い毛織物を家内製造していたという。ジェラールが「商人」と名づけられたのはこのためらしい。ジェラールの不動産についてはその一部しか知られていない。しかし、彼が聖堂で上席を占めていたこと、たびたび洗礼簿に代父として登場すること、その際の署名が読み書きの能力を十分に示していること、これらから考えて、メリエの父は村で優位な地位を占めていたと考えられる。(5)ジャンが生まれたとき、父ジェラール・メリエは四十二歳、母サンフォリエンヌ・ブレディは四五歳であった。(6)洗礼簿への署名から見ると、彼女は文盲のようだ。ジャンには一一歳年上の姉がいた。彼はまた二人の妹を持つことになる。

村の司祭や小学校教師から読み書きを習ったのであろうか、ジャンは末の妹の代父として、八歳ですでに署名を残している。(7)どのようにして彼が聖職者の道へ導かれたかは分からない。しかし、彼自身が『覚え書』で書いているように、(8)両親がジャンの安定した人生のためにそれを喜び支援したことは間違いがない。メリエの時代のランス司教区における聖職者出身階層を調査したものによると、「商人」階層が司祭の四十数パーセントを出しているという。しかし、この集団は都市部の富裕な商人から、メリエの父のような手工業者と呼ぶべき人々までを含んでおり、均一な対象群とは言い難いようだ。父ジェラール・メリエはこの集団の下層に位置づけられるであろう。(9)

ジャン・メリエは一六八四年のおそらく十月、ランスの神学校に入った。生まれ故郷から六十数キロの道のりを辿ったことになる。壮麗な大聖堂で有名なこの都市に、今はもうメリエが教育を受けた神学校は残っていない。この神学校はランス大司教シャルル－モーリス・ル・テリエが創立した。一六七一年以来この地位にあったシャルル－モーリス・ル・テリエは、父に大法官ミシェル・ル・テリエをもち、兄にルイ十四世軍を率いるルーヴォワをもつ、当時のフランス・カトリック教会の有力者の一人であった。メリエがこの神学校でどのような教育を受けたか、どのような人々と交わったかは具体的には何

も知られていない。ただ、メリエが教育を受けたこの時期は、ランス司教区にあっては、フロンドの乱以後における教会秩序の混乱を修復する期間に合致していた。神学校設立もその一環であったろう。[10] メリエは一六八七年三月二九日に副助祭に任命される。副助祭任命の一ヵ月ほど前の二月十三日に、メリエの父は聖職を希望している神学生の息子のために遺産相続の手続きを行った。トレント公会議以後の規定では、副助祭に志願する者は聖職に専念するために一定の生活基盤を有していなければならない。ランス司教区では、年金一〇〇リーヴル（元金二〇〇〇リーヴル）に相当する収入が必要とされていた。ジェラール・メリエがジャンに残す遺産は、この規定額を満たすものだったのである。一六八八年四月には助祭に、そして十二月にはついに司祭に任命される。大司教ル・テリエはメリエにエトレピニーの主任司祭職を委ねた。[11]

一六八九年一月七日に、メリエはこの村に着任する。以後、一七二九年の夏の死までここが彼の変わらぬ生活の場であった。メリエが生まれた村マゼルニーから一二、三キロ、シャルルヴィル・メジエールから一〇キロほどに位置するこの寒村エトレピニーは、マゼルニーと同じく、やはりルーテルとシャルルヴィル・メジエールを結ぶ街道からわずか東に入った所に今でも残っている。ムゥーズ川に近く、背後にエランの森をひかえている。しかし、このあたりのなだらかな山地を覆う森は、むしろ雑木林と呼ぶ方がふさわしい。メリエの時代におけるある調査によると、この聖堂区には七〇人の聖体拝領者（一七二〇年には三七家族、人口およそ一七〇人という報告もある）が属していた。彼らは耕作者、製材業者、木こりからなっていたが、それらの生業に加えて、マゼルニーの村民と同じく毛織物の家内工業を行っていた。ただし、マゼルニーがルーテルに販路を持っていたのに対して、エトレピニーはそこからさらに一二、三キロ東にあるスダンへ販路を有していた。[12]

メリエに委ねられていたエトレピニーの聖堂は、二度にわたる大戦の戦火を免れた。村の広場から少し入ったところに、この土地の灰褐色をした石で作られた小さな聖堂が建っている。縦二〇メートル、横五、六メートルほどの建物で、三、四〇基ほどの墓に囲まれ、周りには人の背丈ほどの石積みの塀が巡らされている。もはや司祭館はないが、このたたずまいはそれほど当時と変わっていないだろう。起源は十二、三世紀に溯るというが、建物や内部には無数の修復がなされたであろう。内陣の南壁にはめ込まれた石造りの洗杯盤が、おそらくメリエの時代から唯一そのままに残っているものらしい。メリエの生活の場はごく狭いものだ。後に触れるが、彼はあるとき村の領主と諍いを起こした。[13] その領主の館も今はもう見られない。すでに述べたが、聖堂の塀の向こう、農具などが放置されている荒れ地の中、四、五〇メートルのところに、その館

は建っていたのである。

メリエは隣村バレーヴの臨時主任司祭をも兼ねていた。エトレピニーから南西へ三キロほど、丘を一つ越えたところにこの村はある。こちらの方が人口は多かったらしく、聖体拝領者は一〇〇人を数えていた。[14] メリエが幾度となく辿った山道を越えて、バレーヴに入る。ここは今もエトレピニーより大きな村だ。メリエの道を辿ると、エトレピニーの聖堂の二倍はある聖堂へと導かれるが、これは再建されたものにすぎない。また、道をはさんで、かつての領主の館なるものが残されているが、このかなり立派な建物もやはり再建されたものだ。

バレーヴからさらに南東へ三キロほどエランの森を進むと、やはりこの地方の灰褐色をした石で建てられた小さな修道院に着く。メリエのエトレピニー聖堂の二倍ほどの大きさだろうか。これがメリエの生活に何かと関わりがあったエランのシトー派修道院である。エトレピニーとバレーヴの主任司祭職によるメリエの年収は、およそ六〇〇リーヴルだったようだ。フランス大司教によるエトレピニー・バレーヴ視察調書（一六九六年度、一七一六年度など）で見る限りこの額に変動はない。主任司祭の収入は基本的に、「大十分の一税」徴収者から分配される「適正配当分」、洗礼・婚姻・埋葬に際して徴収される「臨時収入」、および祭式費用・聖堂維持に当てられる「教会財産貸与による収入」からなっていた。この地区では大十分の一税は、エトレピニー主任司祭職とエランの修道院が折半していた。[15] この六〇〇リーヴルと相続財産からの年収一〇〇リーヴルが、メリエの教会維持費および生活費であったろう。死後メリエは個人資産として、動産と不動産を合わせて二〇一二リーヴルを残した。ある試算によると、この額はエトレピニーにおいては家屋なら七軒分、羊なら三〇〇頭を超える頭数、豚なら三〇頭余りに相当するという。[16]

二　村の司祭についての二、三の事柄

メリエの四〇年にわたる村の司祭職は、どのような歴史の波の中にあったのだろうか。フランス国家権力の中心地からそれほど遠くないとしても、この地方は二重の意味で辺境という性格を備えていたようだ。政治的・領土的に考えるなら、このアルデンヌ地方はスペイン領南ネーデルラントとの国境地帯だった。メリエが生まれてまもない一六六七年五月、ルイ十

四世は王妃の相続権による南ネーデルラント領有を主張して、この地に占領軍を投入した。ルイ十四世の対外侵略の第一歩であった。このいわゆるフランドル戦争（一六六七―一六六八年）を皮切りに、ハプスブルク家およびオランダに対するフランスの軍事行動は否応なくアルデンヌ地方を戦乱に巻き込んでゆく。いわゆるオランダ戦争（一六七二―一六七八年）も、その後期はスペイン領ネーデルラントがフランス軍の主戦場となった。メリエがエトレピニー司祭職に就任した頃、ふたたび戦火が広がった。アウクスブルク同盟戦争（一六八八―一六九七年）である。この戦乱の末期、一六九三―一六九七年にシャンパーニュ地方、とりわけ南ネーデルラントとの国境地帯は混乱の極に達していた。増税、徴発、不作、疫病が重なったのである。

一六九四年五月に、シャンパーニュ地方総監は次のように記している。「当地方はパリと軍隊とに対する小麦貢納で疲弊しきっている……。諸都市には、もはや町民が支えきれないほどの貧民があふれているが、農村部の惨状ははるかにこれを上回る。大部分の日雇い農たちは仕事を見つけられず、見つけられても一家のためにパンを得られるほどではない。何日もパン一かけもない状態で、やむなく焼いたふすまや草の根に塩をふって食べ、飢えをしのぐ有様だ。燕麦やソバ（一升四、五スーのはずが四〇スーで売られている）のパンを食べられれば裕福と言えよう。多くの人間が肺の病で死んでいる[17]」。

確かにスペイン継承戦争（一七〇二―一七一三年）では、フランスがスペイン領ネーデルラントを占領している間は、アルデンヌは以前に比べれば戦線から遠かった。しかし、戦時の増税、野盗化した兵士たちの略奪に加えて、フランス全土を襲った一七〇九年冬の大凶作は、一七〇九―一七一一年、この国境地帯にふたたび惨状を生み出した。

宗教的側面から見るならば、メリエが主任司祭職を委ねられていた村を含むこの地域は、カトリック教会の境界域に属していたと言える。これはルイ十四世の国内宗教政策に由来するところが大きかった。第一には、この地区はカルヴァン派に対する反宗教改革の前線の一つとなっていた。メリエが司祭職にあった時期は、ランス司教区において、トレント公会議体制に基づくカトリック改革が根づき、安定する時期に対応していた。これを強力に推進したのは、前述のランス大司教シャルル＝モーリス・ル・テリエ（在位一六七一―一七一〇年）だった。カトリック反宗教改革運動は、教会制度のヒエラルキーを整備確立すると同時に、教区における教導活動を活性化することをも目指していた。そのもっとも有効な手段の一つは、神学校で有能な司祭を育て、定期的な司教視察で職務遂行を監視することであったろう。前にも述べたように、メリエが教

育を受けたランス神学校を創立し、彼をエトレピニー司祭に任じたのは、この大司教である。ル・テリエ大司教の目には、表面上メリエ司祭は満足すべき部下と映ったようだ。一六九六年視察調書で「司祭殿は聖書のほかにも良い書籍を蔵している」と記すのみならず、一六九八年、一七〇三年、一七〇四年、一七〇六年、一七〇七年の調書でも満足を示している。エトレピニー司祭職におけるメリエの前々任者は、大司教の判断によれば「頭がおかしい、きわめて愚鈍な、飲酒癖がある」老齢の人物で、一六八四年に教区裁判所で裁かれている。その後を継いだメリエの前任者は、やはりランス神学校出の若い品行方正で有能な司祭だった（ただ、彼は強情な人物として他聖堂区へ三、四年で配置替えされている）[18]。若きメリエ司祭の登場は、この司教区で確実にカトリック改革が進展したことを示すとも言えるのである。

ランスの大司教にとっては、「北のジュネーヴ」スダンの存在は体に刺さった刺のようなものであったろう。わずかな距離にあるこのプロテスタントの牙城に、エトレピニー村が毛織物の販路をもっていたことはすでに述べた。確かに、メリエが司祭として着任した一六八九年にはすでにスダンのプロテスタント神学大学は閉鎖され（一六八一年）、ナント勅令廃止（一六八五年）による「カトリック一色のフランス」体制が敷かれた時期ではあった。とはいえ、より具体的に見るならばエトレピニー自体、ドイツ出身のプロテスタント貴族をかつては封建領主としていたのである。一六五七年以来、この地の領主であったジャン＝エルネスト・ド・テリュエル（あるいはド・テルウェル）は、三十年戦争および対スペイン戦役でルイ十三世、十四世に仕えた軍人で、一六七八年スダンで死んだ[19]。この小貴族はナント勅令体制下で、地方に入植しその地にカルヴァン派教会組織を植え付けた地方貴族の一人と考えられる。ランス大司教によれば、一六七三年にド・テリュエルは「自宅で説教を行わせていた」。確かにこの貴族の死後領地を受け継いだ遺族たちはカトリックに改宗するが、ナント勅令が廃止される以前には、エトレピニー、マゼルニーの近くに三ヵ所のプロテスタント教会組織が見られたという。一六八二年の地方総監の報告によれば、それぞれ一〇〇人を超える信徒がいたらしい。

一六八五年以後、これらのプロテスタント信仰がどのようになったのかは定かではない。一六九六年のランス大司教視察調書によれば、メリエの聖堂区には「異端者は見られない」。だが、ナント勅令廃止前後に見られたカトリック側からの改宗強制策とプロテスタント側での欺瞞的改宗が、この地方でも茶番や道義的退廃を繰り広げたことは確かである[20]。良心に対する強制から生ずるこうした精神的亀裂が、思想の歴史において非キリスト教化の淵源の一つになったことは指摘するまで

もあるまい。

次いで、アルデンヌ地方は宗教的側面においてまた別の境界域へと変貌する。カトリック教会とプロテスタント教会の争いが、カトリック正統派とカトリック異端派すなわちジャンセニスムとの争いに接続していくのである。ジャンセニスムは一六五三年の教皇勅令によって異端と認定されていた。ルイ十四世がその弾圧を敢行したのは、ジャンセニストの神学的見解を問題にしたからではなく、彼らの峻厳な個人主義的信仰が王権の絶対主義的支配の妨げになる、という政治的見地からだった。フランス・カトリック教会で終息していたかに見えたジャンセニスム問題が、再燃し始めたのは一六九五年頃からである。この年の四月、ルイ十四世は勅令により、聴罪師、伝道師および教区付き聖職者に対する全権を司教に与え、下級聖職者にまで貫徹する絶対王政支配を画策する。この動きに対して、司祭・助祭らの下級聖職者は王や司教に反抗し、国王によるフランス・カトリック教会の一元的支配と闘ってきたジャンセニスム支持へと回る者も少なくなかった。

かつて一六六一年にルイ十四世はジャンセニスム根絶に乗り出し、聖職者に対してヤンセンの五命題を断罪する「信仰宣誓文」への署名を強制した。このときジャンセニストの一部は「畏敬の沈黙」という理論を案出していた。教皇書式に署名したのは外的服従を示すためで、良心を救うため内面的には同意していなかった、というのである。一七〇二年以後この「畏敬の沈黙」なる主張は、司教権力による一元的教会支配体制を損なうものであるとして、ふたたび糾弾され始める。ルイ十四世は今回も教皇の権威を借りようとし、沈黙を守るだけでなく内心からの服従を命じるという教書を、クレメンス十一世から一七〇五年に獲得する。しかしこの教書も明確な効果を生まず、国王は最終的手段を講じた。ポール・ロワイヤル修道院を解散し、一七一一年にその建物を取り壊し、墓地はサン・ランベールの共同墓地へ移した。ジャンセニスムの象徴的存在を消し去ったのである。ジャンセニストのかつての闘士アントワーヌ・アルノーは、亡命先のブリュッセルで一六九四年に死んでいた。しかし、ジャンセニストの指導は、アルノーの亡命地へ逃れてきた元オラトリオ会士パキエ・ケネルが引き継いだ。ケネルの著書『新約聖書に関する道徳的考察』は、かつて多くの司教によって推奨されていたが、イエズス会士との激しい論争の中で、ジャンセニスト的異端の書と非難された（ケネルはスペイン領ネーデルラントからさらにオランダへと逃亡し、一七一九年アムステルダムで死す）。宗教問題において、ますますローマ教皇の権威にたよろうとするルイ十四世は、一七一三年ついにクレメンス十一世からこの書を断罪する教令「ウニゲニトゥス」を獲得する。しかし、必ずし

もジャンセニストであるか否かによらず、このような国王の強権的宗教統制と教皇権力の介入に反発するフランス・カトリック教会聖職者も少なくなかった。異端禁圧のこの教皇教令を受け入れることをパリ大司教ほか七名の司教が拒否しただけではない。「ウニゲニトゥス」受諾か否かの論争は、下級聖職者、高等法院などを介して広く一般民衆をも巻き込み、既存の権力構造へ批判を加える側面を見せ始めていた。

十八世紀初めのアルデンヌ地方は、このようなジャンセニスムの活動的な中心の一つだったらしい。とくに、その農村部の司祭たちには、司教支配への反発が目立ったという。ランス大司教位は、反教皇至上主義・反イエズス会の立場に立っていたル・テリエが一七一〇年に死ぬと、アルル大司教であったフランソワ・ド・マイィが継ぐ。このド・マイィ大司教は、逆に断固たる「ウニゲニトゥス」体制推進派であった。教皇教書交付後、受諾派と拒否派との間を調停する教会会議がパリで開かれた。この会議を欠席する旨の届けに、新ランス大司教は次のような弁明を書いている。「私の司教区に数ヵ月前から改変者たちが放った分裂の火の手が日ごとに拡大しており、これが大火とならぬために持ち場を離れるわけには参りません。……私は内乱に対して持ちこたえねばならないのです、公然と宗教を攻撃し、共謀して司教の権威に楯突き、私たちへの服従義務から免れようとする司祭たちと闘わなければならないのです[21]」。

メジエールやシャルルヴィル近辺の聖堂区に関して、このランス大司教が一七一六年に作成した視察調書には、この時期にあれこれの司祭たちが示した上長者への不服従が特記されている。ジャンセニスム文書などが国外から流入することに対してもド・マイィ大司教は警戒を示している。エトレピニーからわずか三キロほどのある村の主任司祭は、リエージュ司教区（スペイン領ネーデルラント）出身で、一七〇二年からこの職に任じられていた。この人物について調書は次のように述べている。「主任司祭はよく二週間ほど留守にすることがあり、一年間に八日から一〇日はリエージュに行く。背の高い、反抗的な、内心を見せぬ人物で、上長者に反抗する人々を好んでいる。……オランダから禁書を持ち込んでいるのではないか、と疑われている。……当司教区でもっとも反抗的で頑固な司祭である[22]」。

同じ視察調書で、メリエはどのように記述されているだろうか。「品行は良いが、無知で我が強く、きわめて頑固で強情な人物。十分の一税の多い配分を得ていることから判断するならば、教会運営をおろそかにしている。自分のよく知らぬ事柄について判断しようとし、自分の見解を変えようとしない。また彼は個人的利害に強く執着し、外面的にはきわめて敬虔

なジャンセニストのようだが、ひどくだらしがない[23]」。メリエはジャンセニスム問題の神学的側面におそらく何の興味もなかったろう。ド・マイィ大司教も彼を「改変者」の一味とは見ていない。上の厳しい評価は、この時期、既存権力への司祭たちの反抗的態度を取り締まることに躍起になっていた大司教にとって、気になる小事件をメリエが起こしていたことに起因すると思われる。

メリエ「司祭」の個人的生涯について私たちが知ることはわずかである。上にも見てきたいくつかの司教視察調書からの証言がほぼそのすべてである。一七一六年の視察調書に残されていた、メリエ司祭のある反抗的態度を報告しておこう。エトレピニーの領主権は故ジャン゠エルネスト・ド・テリュエルの寡婦により、一六九七年にアントワーヌ・ド・トゥーリ・ド・クレリという貴族に売却された。ド・トゥーリはムゥーズ川沿いにいくつかの領地を持つ小貴族で、メリエより早く一七二二年に死亡する。メリエは村の司祭としてこの新しい領主と諍いを起こしたらしい。この小事件はある事情から読書界に知られるようになり、メリエの内的思想の直接的発露として十八世紀半ば以降有名になった。第四節でも触れるが、メリエの死後まもなく、彼の『覚え書』はその全体写本とは別に要約版が作成され、これが十八世紀前期地下文書の花形の一つとなった。流布していたこの要約版写本には、「著者略歴」（あるいは「ジャン・メリエ略歴」）という文書が添えられていることが多かった。一七六二年にヴォルテールは要約版写本を秘密出版したが、刊行の際この「著者略歴」も採録した。

こうして広く知られることとなったメリエ略歴では、この事件は次のように伝えられる。「彼〔メリエ〕はきわめて厳格な正義の士で、時にその熱意を少し発揮しすぎることもあった。ド・トゥーイ〔原文ノママ〕氏という村の領主が幾人かの農民を手ひどく扱ったので、日曜説教のとき彼は領主のために祈りを捧げるよう人々に勧めなかった。ランス大司教ド・マイィ氏のところに異議が申し立てられ、彼は祈りの勧めを行うようにと申し渡された。しかしその決定後の次の日曜日、この司祭は説教壇に上ると大司教の判定に不平を述べ、〈これが哀れな田舎司祭たちの運命というものです。大領主である大司教たちは、司祭たちを軽蔑しその言うことは聞きません。貴族のためにしか聞く耳を持たないのです。ですから、当地の領主のために祈ってください。アントワーヌ・ド・トゥーイのために、彼を改心させてくださるようにと神に祈りましょう。彼が貧しい者を手ひどく扱ったり、孤児から剝ぎ取ったりしないようにしてくださいと祈りましょう〉と言った。この侮辱的な祈りの勧めの場に立ち会っていた領主は、大司教にそれについて新たな告訴を提出したので、メリエ氏はドンシュリに

召喚され叱責を受けた[24]」。

大変ドラマティックな記述だが、しかし先の調書を参照する限り、この事件は当時として破格のものとは言えないようだ。さて、聖堂内における腰掛の配置は、当時よく争いを引き起こしていたらしい。教会法の規定によれば、祭壇周囲は聖職者占有の場であり、内陣には聖堂所有者ないし上級裁判権を有する領主だけが腰掛を持つことが許され、平民の場合は権利を買えば本堂に腰掛が許される、ということになっていた。ところで、視察調書によると、メリエはこの規定を無視した腰掛の設置をしていた。大司教は混乱を指摘し、内陣の席は領主の腰掛だけにし、平民の腰掛はしかるべき場所に置き、規定どおり権利金を徴収するよう命じている。領主権をないがしろにしたとも言えるこのような態度のために、メリエは領主と諍いを起こしていたのではないだろうか。ミサの説教で会衆に領主のために祈ることを勧めるという規定も、メリエは無視するに至ったらしい。視察調書作成の六日後、領主との争いに大司教が下した裁定がこの調書には書き加えられている。「主任司祭はミサ説教で領主を指名すべきである。……彼は強情な人物である。領主と諍いを起こし、副司教が命じたことを無視して、裁定を欲すると述べた。ミサ説教で幾度も貴族のことを悪く言い、間接的に領主を非難していた。領主は大司教殿に訴え出たので、主任司祭に懲戒をなした。ミサ説教で主任司祭はさらに領主や高貴な方々に非難を加えた。貴族たる当地の領主が大司教殿に審理請願書を提出したので、翌々日の日曜、主任司祭をドンシュリに召喚した。主任司祭は語ったことを書面で提出したが、彼の手になる内容は領主が請願書に書き留めたものよりさらに過激であった。したがって、彼自身の書面と先の訴えにかんがみて……、ドンシュリにて領主立ち会いのもと、大司教殿は主任司祭に出身神学校での一ヵ月の謹慎を言い渡した[25]」。司教・副司教は主任司祭らに、一定期間神学校に戻り聖職者の職務を再考するよう命ずることができる、という神学校規定があったのである。

ド・マイィ大司教は一七二一年秋に死に、村の領主アントワーヌ・ド・トゥーリ・ド・クレリも一七二二年八月世を去る。メリエはもはや領主との争いは起こさなかったらしい。一七二二年の司教視察調書によれば、メリエの両聖堂は整備されており、「聖堂区のド・クレリ殿の死後、後継者の領主と主任司祭は平穏な関係にある[26]」。後継者の領主とは、一七〇二年にメリエ自身がド・トゥーリの娘とエトレピニー教会で娶らせたある小貴族である。ルイ十四世の治世はすでに一七一五年に終わり、オルレアン公フィリップの「摂政時代」も終焉を迎えていた。一七二二年十月、ランスの大聖堂でルイ十五世の成聖

式が執り行われた。ド・マイィの後を継いでルイ十五世に王冠を授けたのは、ド・ロアン−ゲメネという若い大司教であった。この司教はパリに居住し、ランスで執務することは少なかった。メリエに会い、一七二二年の視察調書を作成したのも、大司教の代理であった。しかしメリエ司祭の表向きの生活と、彼が営々と築き上げた思想とは直接的に関係づけられるものではないだろう。すでにメリエの思索の結晶、その『覚え書』は密かに書き始められていたはずである。このメリエのいわば内的生活については次節で触れよう。次に私たちが彼の生涯で知ることは、公文書には残されなかったその死である。

メリエが残した最後の教会関係証書は、一七二九年六月二十七日付けのものである。前にも書いたように、メリエの「遺産明細目録」が作られ始めたのは七月七日、その翌々日の九日にはメリエの後任者がエトレピニー主任司祭として任命される。したがって、ジャン・メリエは一七二九年六月二十七日から七月七日の間に死んだ。死亡時に近隣の司祭たち、ブルジクール村、ギニクール村などの主任司祭たちが集まったのは確かであろうが、『覚え書』が発見されたとき、どのようなことが起こったのかは知る由もない。ランス副司教がエランの修道士と計って、何か事態を抑止する行動をとったらしい記録はあるという(27)。

三　夜の時間

フランス国立図書館フランス語原稿・写本蔵書部には、写本としての完成度の高さによって研究者の注目を集めてきた『覚え書』手書き本三部が残されている。それぞれ蔵書番号 Fonds français 一九四五八（三一一葉）、Fonds français 一九四五九（三三三葉）、Fonds français 一九四六〇（三五八葉）を付されたこの三部の手書き本は、同一人の手になるものである（なお、一九四五八と一九四六〇には、同筆跡による『近隣の司祭の方々に宛てて、著者がしたためた書簡の写し、先の書簡に添えられた、別の書簡の写し』が添えられている）。これらはメリエ自筆の教会関係文書と比較され、筆跡鑑定によりほぼ間違いなくメリエ自身の手になることが確認された(28)。現存が確認されたこれら自筆原本・写本こそが、私たちがこの田舎司祭の孤独な夜の思索を追ってゆくための基盤をなしている。三点それぞれの構成を確認しておこう。蔵書番号一九四五八は、『覚え書』一—三〇六葉、二通の書簡三〇七—三一一葉からなる。蔵書番号一九四五九は、『覚え書』一—三三一

葉、『覚え書』目次三三二―三三三葉からなる。蔵書番号一九四六〇は、『覚え書』一―三五〇葉、『覚え書』目次三五一―三五二葉、白紙三五三葉、二通の書簡三五四―三五八葉からなる。

メリエは『覚え書』の最後の章で次のように書いた。「私はこれ〔単数〕を死ぬ前に皆さんの聖堂区〔複数〕の裁判記録保存所〔単数〕に預け、後で皆さんに伝えられるように計らっておきます[29]」。三つの自筆原本・写本の間にこの箇所における文章の異同はない。また、「近隣の司祭の方々に宛てて、著者がしたためた書簡」でも、「私は文書でそれを著わし、〔……〕この聖堂区の裁判記録保存所〔単数〕に委ねておきました[30]」と書く。蔵書番号一九四五八と蔵書番号一九四六〇の間にこの箇所における文章の異同はないが、前者には＊の箇所に「この文書は三六六葉からなります」とメリエの筆跡で注記がなされている。蔵書番号一九四五八の自筆本を清書する際に、メリエは書簡を写しながら、『覚え書』本体三〇六葉とすべきところを三六六葉と書き間違えたのであろうか。そうでないとすれば、第四の自筆原本・写本が存在する可能性は残されている。上記三点それぞれについて、その構成枚数をどのように組み合わせても、三六六葉にはならないからだ。

ところで、メリエが残した『覚え書』自筆本の行方について、二次的資料によって二つの情報が残されている。まず、先に触れた「著者略歴」なる文書が次のように述べている。メリエは自分の見解の自筆本を三部作成した。その一つは八折判二七四葉からなり、これはメジエールの高等法院代訴人ル・ルーに宛てられていたが、後にフランス国璽尚書の手元に送られ、これをもとに『要約』が作られた。もう一部は八折判三六六葉からなり、これはサント・メヌー裁判記録保存所に預けられた。三番目の自筆本は、ランス副司教ル・ベーグが押収したという噂である、と。また、一八二二年にエトレピニー近隣に住むある司祭が残した証言では、それら自筆本の一部はメジエールの公証人ル・ルーに、一部はルーテルの裁判記録保存所に、もう一部はサント・メヌー裁判記録保存所に預けられたという[31]。メリエの残した自筆本に関する大変興味深い二次的情報とはいえ、これらの「事実」を裏付ける証拠はまだ発見されてはいない。

私たちの探求において唯一の支えとなるフランス国立図書館所蔵の三点の自筆本を出発点として、メリエ司祭の密かな執筆現場まで可能な限り時を遡及してゆこう。自筆本三点はどのようにしてフランス国立図書館の中に辿り着いたのだろうか。フランス革命下の一七九五年十二月から一七九六年三月にかけて、サン・ジェルマン・デ・プレのベネディクト派修道院の原稿・写本蔵書が、国民図書館（現フランス国立図書館）フランス語原稿・写本蔵書部に移管された。この中に『覚え書』

自筆本三部が含まれていたのである。さらにその出自を辿ると、一七五五年にサン・ジェルマン修道院に寄贈された、フランス国璽尚書ショーヴラン所蔵の一〇〇点ほどの原稿・写本中にこの三点が含まれていたことが知られる（ショーヴランの原稿・写本蔵書の修道院への搬入を一七六二年とする古文書もあるが、この年代は誤記のようだ）。事実、一七五二年に作成されたショーヴランの蔵書目録において、この三部の自筆本は「神学」中の「異端」という分類項目の中に見出される。ただ、この蔵書目録中におけるメリエ自筆本の存在については特異な点がある。蔵書目録から見る限り、ショーヴランの蔵書には『覚え書』に類する危険文書収集の形跡は見当たらない。また、「異端」という分類項目中には同一作品のこの自筆本三点しかない[32]。いわゆる「地下文書」は一七五二年以前にすでに大量に出回っていたわけだから、上の蔵書内容から判断するならば、ショーヴランが地下文書収集の趣味を持ちその過程でメリエの自筆本を入手した、とは考えにくいのである。ジェルマン゠ルイ・ド・ショーヴラン（一六八五―一七六二年）は、高等法院次席検事出身の有力な政治家であった。メリエ晩年の時期、ルイ十五世の師傅であったフルーリ枢機卿がフランスの実質的宰相の地位に上る（一七二六―一七四三年）。フルーリ腹心の部下として、ショーヴランは一七二七年から一七三七年まで国璽尚書や外交担当国務卿として活躍していた。一七二九年のメリエの死後、彼が残した『覚え書』自筆本三部は、おそらくは一七三七年までの間に、ランス司教区を通ってこの有力政治家のもとに送られたと考えるのが自然であろう。

メリエはいつ頃この『覚え書』自筆本を作成したのであろうか。一つの仮説を紹介しておこう。フランス国立図書館所蔵の手書き本三部の筆跡と、メリエがエトレピニーおよびバレーヴに残した洗礼・婚姻などの証書との筆跡を再鑑定し、その同一性を確認したジャン・ヴァルロによると、筆跡上この二種類の文書には興味深い対応があるという。一六九二年から一七二九年にかけてメリエが書いた教会関係証書には、いくつかの小辞において冒頭のeの筆記に変遷が見られるという。すなわち、メリエはある時期に限ってこのeをギリシア語文字のεのように書くことが多くなった。それは一七一八―一七一九年から一七二二年までである。さらに一七二四年秋以降、この習慣はなくなる。一方、先の『覚え書』自筆本三部では対応する小辞冒頭で、メリエはeをεのように書くことが圧倒的に多い。これは、一七一八年頃から一七二二年頃までの時期にメリエが『覚え書』の清書を始めており、ていねいに書くその習慣が証書などの筆記にも影響を与えたことを意味するのではないか。『覚え書』自筆本三部に使われている用紙が一七一七年以降に販売されたものであること、『覚え書』「証明七

第六〇章」でメリエが「わがフランスの前の摂政、かの有名なオルレアン公」[33]と書いていること（オルレアン公の摂政職は一七二三年十月に終わる）、この二点の傍証から考えると、『覚え書』総体の清書は一七一八年頃に始められて[34]、一七二三年半ば以後に完成したのではないか。ただし、『覚え書』自筆本の「結論」以下の清書は一七二七年以降ではないか。この部分には一七二九年の教会文書に見られるような老齢からくる筆記の乱れがあること、また内容から見て、この部分は一七二七年出版のモンテーニュ『エセー』に付されたラ・ボエシー『自発的隷従を排す』を参照して書かれたと思われること、この二点がその根拠である。このようにヴァルロは論証している[35]。『覚え書』執筆時期に関する、現時点における有力な仮説の一つとして報告しておこう。

メリエは『覚え書』以外に作品を残さなかったのであろうか。ジャン・ドゥプランによって『反フェヌロン』と名づけられて、アントロポス版『ジャン・メリエ全集』第三巻に収録されたある地下文書について触れておこう。さて、一七一八年出版のフェヌロン『神の存在と属性の証明』を、メリエは『覚え書』で批判的に引用し反駁している。一方、先に触れた「著者略歴」は次のように述べている。「また、この司祭の書籍の中に、カンブレ大司教ド・フェヌロン氏による神の存在と神の属性に関する論考（一七一八年版）およびイエズス会士トゥルヌミーヌ神父による無神論に関する考察を含む刊行本一冊が見つかったが、彼はその論考の余白に自ら署名をした注釈と反論を残していた[36]」。さらに、ここに言及された一七一八年刊行のフェヌロン『神の存在と属性の証明』という本に書き込まれた形で、「フェヌロンによる神の存在に関する論証と、イエズス会士トゥルヌミーヌ神父による無神論に関する考察との欄外に書き込まれた、エトレピニー司祭ジャン・メリエの注釈」なる地下文書の写本三点が現存している。

一、アルスナル図書館所蔵、蔵書番号 Réserve 8° S.1109

二、フランス国立図書館所蔵、蔵書番号 Réserve D.34916

三、ヴェルサイユ市立図書館所蔵、蔵書番号 Réserve C.45

しかし残念ながら、この三点の写本の筆跡はいずれもメリエの筆跡と一致しない。また、それぞれは別の写字生の手になる。一八二九年の段階でこの三点の写本は二人の人物によって所在が確認されている。当時アルスナル図書館管理官だったシャルル・ノディエと書誌学者アントワーヌ・オーギュスタン・ルヌアール（一七六五―一八五三年）によってであり、二人は

各々二と三の写本を所有してもいた。二人の証言などから三点の写本の出自を遡及していくと、一はこの時すでにアルスナル図書館に所蔵されていた。二の所有者はノディエ、フィルマン＝ディド、ネジョン、ルフェーヴル・ド・ラ・ロシュ、エルヴェシウスまで辿れる。三の所有者はルヌアール、バルー、サン＝マルタン、ミラボーまで辿れる。[37] 一九八〇年に第四の写本が発見されたが、これもメリエの筆跡ではない。フェヌロンによる証明第二部のみを含む、一七二六年版フェヌロン『神の存在と属性の証明』第二巻（パリ）に書き込まれている。したがって、第一巻が発見されていない現段階では、フェヌロンの証明第二部に対応するメリエの注釈しかこの第四の写本では確認できない。また、一七二六年版『神の存在と属性の証明』ではもともとトゥルヌミーヌの文書は省かれているから、この文書に対応するメリエの注釈は筆写の際当然無視されたはずで、注釈のこの部分が以後発見される可能性もない。[38]

はたしてメリエは、本当に「フェヌロンとトゥルヌミーヌに対する批判的注釈」（『反フェヌロン』）なる作品あるいはメモを残したのだろうか。上に報告した証拠は、実証的側面から言えば状況証拠にすぎない。ただし、写本三をもとにしてジャン・ドゥプランがアントロポス版『ジャン・メリエ全集』第三巻に収録したものから判断する限り、次のように言うことはできる。『反フェヌロン』の内容は統一性があり、その立場はきわめて『覚え書』の思想的立場に近似している。だがこれは、メリエの『覚え書』を知る何者かが、これを真似て『反フェヌロン』なる地下文書を作成した可能性を排除するものではない。

四　都市へ

メリエの著作『覚え書』が十八世紀に辿った歴史を改めて語ることにしよう。「哲学的地下文書」となった『覚え書』の歴史である。しかし、まず一つの区別をし、探求の領域を限定しておこう。メリエの『覚え書』（当時は『遺言書』と表記されることが多い）が、啓蒙前期から十八世紀末にかけて、写本の形で大量に流布した「哲学的地下文書」の花形の一つであったことは間違いない。十八世紀における種々の証言、および現存しているそれら写本の量がそれを示している。だがそれは、すでに第二節で触れたように、『覚え書』要約版がメリエ死後まもなく作られ流布し、さらにそれをヴォルテールが

刊行することによって、十八世紀以後長く虚像のメリエ像が支配するという事実に大きく影響されている。はじめに『覚え書』写本が二系列からなることを確認しておこう。すなわち、『覚え書』全体から筆写されたものと、何者かが作成した『覚え書』要約から筆写されたものとが区別されなければならない。第一のグループに属する写本であっても、その完全性には差がある。しかし、第二のグループに属する写本（あるいはその原本）は、すべてが『覚え書』「証明一」から「証明五」までの部分の要約であり、分量的に言っても圧倒的に短い。この第二グループの写本すなわち『覚え書』要約版は、端的に言えば、『覚え書』全体から抜き出された啓示宗教批判・キリスト教批判文書である。メリエの無神論・唯物論、さらにはそれに基づく根底的社会批判という彼の思想的立場は、ここからは窺い知ることができない。だからこそ、ヴォルテールが一七六二年以降、これを「内心では理神論者であったジャン・メリエ司祭の遺言書」として利用し、秘密出版することができた。したがって、本論では探求領域を第一グループに属する写本の流布に限定しよう。

さて、現時点で確認されている第一グループに属する写本は以下のとおりである。

一、エクス‐アン‐プロヴァンス市立図書館所蔵、蔵書番号 Ms.59-61（かつては 582-584）．『覚え書』全体の写本。『近隣の司祭宛て書簡』を含む。入手経路不明。

二、アムステルダム社会史国際研究所所蔵、蔵書番号 4bis（sect.fr.）．『覚え書』全体の写本。『近隣の司祭宛て書簡』を含む。一八五九年十一月、オランダの自由思想家・出版者ルュドルフ・シャルルが古書店で入手した写本。彼がこの写本をもとにメリエの死後初めて『覚え書』全体を出版した(39)。

三、ドイツ国立図書館（ベルリン）所蔵、蔵書番号 Hs.Gall.Fol.251．「証明七」、「証明八」および「上訴文」。フリードリッヒ二世が一七三〇年代末から一七四〇年代初めに入手した写本(40)。

四、フェカン市立図書館所蔵、蔵書番号 Ms.17-18．『覚え書』全体の写本。ただし、一部削除・縮約あり。『近隣の司祭宛て書簡』を含む。ラモワニョン高等法院長（一七三五―一七八九年）蔵書より。

五　ヘント（ガン）大学図書館所蔵、蔵書番号 Hs.127．『覚え書』全体の写本。『近隣の司祭宛て書簡』を含む。ヘントの蔵書家ラメンス師より一八一八年に入手。

六　ヘント（ガン）大学図書館所蔵、蔵書番号 Hs.1631．「証明八」および「結論」は含まれていない。かつての国民公

会議長チュリオ・ド・ラ・ロジエール（一八二九年にリエージュで死亡）の蔵書であった、という書き込みがある。

七、エール大学図書館（ニュー・ヘブン）所蔵、蔵書番号 Ms.Vault Shelves Meslier.『覚え書』全体の写本。『近隣の司祭宛て書簡』はない。入手経路不明。

八、アルスナル図書館（パリ）所蔵、蔵書番号 Ms.2237.『覚え書』全体の写本。ただし、一部削除・縮約あり。『近隣の司祭宛て書簡』を含む。アントワーヌ＝ルネ・ヴォワイエ、ポルミ・ダルジャンソン侯爵（一七二二—一七八七年）蔵書から。

九、フランス国立図書館（パリ）所蔵、蔵書番号 F.Fr.6337.『覚え書』全体の写本。ただし、大幅な削除・縮約あり。『近隣の司祭宛て書簡』を含む。ディジョン高等法院長ジャン・ブイエ（一六七三—一七四六年）蔵書から。

一〇、ランス市立図書館所蔵、蔵書番号 Ms.652.『覚え書』全体の写本。『近隣の司祭宛て書簡』を含む。書誌学者アントワーヌ・オーギュスタン・ルヌアール（一七六五—一八五三年）の蔵書から。[41]

さらに、一九九八年五月時点で、パリの古書店にこのグループに属する次のような写本が売りに出されている。

一一、三と同じく『覚え書』の「証明七」と「証明八」からなる。ただし、「結論」が付いている。一七五〇年頃の写本と推定される二冊本。装丁にはルイ・マリ・オーギュスタン、オモン公爵（一七〇九—一七八二年）の紋章が付いている。[42]

以上現存が確認された写本の中で、三と一一は『覚え書』全体の写本と称するには部分的すぎるので、第一グループ、第二グループとは別に、第三グループ写本と分類すべきかも知れない。[43] しかし、そのようにしてこの二点を省いても、メリエの思想総体をほぼ把握しうる『覚え書』全体の写本として、メリエ自筆本三点以外に流布していた写本九点が確認できたことになる。

では、メリエの死後『覚え書』全体の写本はいつ頃から、どのように流布していたのであろうか。十八世紀における知識階層において、『覚え書』全体の写本への言及がどれほどあるか、あるいはこの写本が個々の啓蒙思想家へどのような影響を与えたか、などはまだ研究が始まったばかりといってよい。しかし、ここでも問題は区別されなければならない。第二グループの『覚え書』要約版がいつ頃作成され、流布し始めたのかはまだ明確ではない。したがって、「メリエ司祭の写本」

についての言及を見つけたとしても、それが全体写本への言及なのか要約版への言及なのか、あるいはその知識人が全体写本を読んだのか要約版を読んだのか、を細心に区別しなければならないのである。

現在、メリエの写本に初めて言及したと考えられているのは、パリのニコラ-クロード・ティエリオへ宛てた一七三五年十一月三十日付けのヴォルテールの書簡である。「あなたがおっしゃっているその村の司祭とは一体どんな人物ですか。……なんですって、司祭でフランス人で、ロックのような哲学者だとでもいうのですか。その写本をお送り願えませんか。ポープの書簡と一緒に小さな包みに入れてドゥムーランに送っていただくだけでいいのですが。必ずお返しします」[44]。パリの読書世界ですでにメリエ司祭が話題になっていたのは確かである。小さな包みに他の作品と一緒に入るほどだとすると、この写本は『覚え書』要約版かも知れない[45]。しかし、要約版が流布していたとすれば、すでに全体写本も知られていた、あるいは流布していたという可能性は高い。

ヴィール市立図書館に残された、トマス・ピション(一七〇〇―一七八一年)なる元官吏の蔵書に由来する文書の中に、『覚え書』全体写本が一七三七年七月には確実に流布していたことを示す証拠が見つかった[46]。ピションは啓蒙前期の哲学的地下文書に強い関心を抱いていた蔵書家らしく、死の直後に作成された財産目録の中には、他の地下文書写本と並んで、『ジャン・メリエの遺言書』も見られる。しかし、これらの写本はその後行方が知れなくなってしまった。したがって、上のように表記された写本も要約版なのか全体写本なのかは分からない。だが、彼が残した蔵書の中に、「政治・哲学・宗教に関する文書集」と題された包みが二つあった。それぞれ二〇ずつの文書束からなっていたが、そのある文書束(liasse 40 du paquet C820)の中に、明らかに『覚え書』全体写本に言及している文書が三点見つかったのである。

そのうち、発見者ジュヌヴィエーヴ・アルティガ-ムナン命名によるA文書なるものが最も重要であろう。これには「一七三七年七月一日」と日付が入っている。未完成の一種の手紙だが、ピションが著者かどうかは分からない。書き手は「数年前から世の中にかなり出回っているある種の文書で、私がたまたま知ることになったもの[47]」について分析を書こうとしている。この種の文書の危険性を確かめようという好奇心のために、悪意をもつ者からエノー氏に密告されたとも書き手は言う。エノー氏とは、一七二五年から一七三九年までパリ警察代理官を務め、厳しく反体制文書を取り締まったルネ・エノーのことであろう。この手紙の書き手かどうかはともかく、ピションは故郷のコレージュを卒業した後、一七二〇年から一七

四〇年頃までパリに滞在していた。以上の点から考えるならば、この文書が描く地下文書およびメリエ全体写本の流布の様は、一七三七年時点におけるパリという都市空間でのことと考えてよいだろう。

それら文書はみな出来の悪い毒にすぎぬとした上で、書き手はメリエに触れている。「その中で一つだけが下層民をひっかけるかも知れぬと思われた。著者が連中のいわば弁護者だと宣言しているからだ。……彼はジャン・メリエという名で、九年か一〇年前に死んだシャンパーニュ地方のエトレピニー聖堂区主任司祭だという。彼の著作に触れるとするならば、その紙幅の膨大さが際立つだけに、一層その内容の貧相さも目立つと言って正しかろう。……この敬愛すべき聖職者は、神性は幻想であり、したがってすべての宗教は偽りであり、必然的な帰結として、法は人間の気まぐれに基づくものでしかないことを証明すると言う。まさにそれだけだ。私が見たその目次によれば、彼の論説は八つの証明に分かたれている」[48]。以上の記述から明らかなのは、この手紙の著者が読んだのは、『覚え書』「証明一」から「証明五」までをごく短く要約した啓示宗教批判・キリスト教批判文書『ジャン・メリエの遺言書』ではなく、まさしく『覚え書』全体写本だということである。一七三五年十一月のヴォルテールの書簡では曖昧であった点が明確になったといってよい。すなわち、少なくとも一七三七年七月には、パリにおける秘密裏の地下文書の読書界にはメリエの全体写本が流布しており、私信での論評対象となっていたことである。

アルティガ＝ムナン命名によるB文書とC文書は、全体写本のより詳細な反駁であるが、それぞれの著者の思想的立場は異なっている。なお、それぞれには『覚え書』要約版についても、また一七六二年以降ヴォルテールが頒布した要約版刊行本についても、まったく言及はない。一方、A文書とB文書の著者が異なっているかどうかは明確ではない。したがって、少なくとも二人の読書人が別々に全体写本を論評していることになる。これら三点の文書が成立したことを前提とするだけでも、一七三七年からおそらくは一七六二年までの間に、秘密の読書界に別個に流布していた全体写本を少なくとも二点想定してもよいだろう。私たちのところまで流れ着き、確認された自筆本および全体写本は現在のところ一二点だが、どれほどの量が流通していたのだろうか。

一七六二年、理神論宣教のために『ジャン・メリエの遺言書』を秘密出版し配布する際に、ヴォルテールは二月八日付けの手紙（エチエンヌ＝ノエル・ダミラヴィル宛て）で次のように書いている。「わが同志よ、私に注文してくだされればすぐ

『メリエ』が一冊お手元に届きます。どうやら事情をご存じないようですね。一五年から二〇年前にはこの著作の写本はルイ金貨八枚で売られていたのです。四折判のきわめて厚いものでした。パリには百部以上あります。事情は同志ティエリオがよくご存じです。要約を作ったのが誰かは分かりませんが、それは丸ごとオリジナルから一語一語抜き出されています。メリエ司祭を見た人はもっとたくさんいます。パリでこの小作品の新版を出すことは大変有益でしょう。三日か四日で簡単に出せます」[49]。一五年から二〇年前、すなわち一七四二年から一七四七年頃、『覚え書』全体写本はきわめて高額で取引され、一七六二年現在それらがパリに百点ほどあるというのであろうか。それとも、ヴォルテールはここで百点という数に要約版写本も含めているのであろうか。先に引用した彼の書簡と同じく、情報としては曖昧なものである。それだけではない。これはヴォルテールという有能なプロパガンディストが、自分が秘密出版し販売しようとするパンフレットの価値を宣伝し、その出版・頒布を促そうとしている文章である。事実に誇張があってもおかしくはない。私たちとしては、これまでに見てきた、より確実性のある情報だけに止めておこう。

少なくとも一七三五年頃から、たとえば一七六二年までに秘密の読書世界に『覚え書』全体写本がどれほど流布していたかについては、これからの調査・研究の成果を待つ以外ない。ただ、秘密裏に作られたそれらが、また秘密裏に消え去ったこともあったろう。先の文書B（「手紙」と題されている）は末尾で、具体的には『覚え書』全体写本を指しながら次のように言う。「ですから、これらの著作は滑稽で、馬鹿げていて、理屈などないものにすぎません。そんなものを告訴するとしたら、あまりにも重みを加えてやり、いわば名誉を与えてやることになるでしょう」[50]。文書Bの書き手が写本の所有者なら、これを密かに蔵書の奥にしまっておくだろう。先の文書C（「エトレピニーの主任司祭の作品についての考察」と題されている）には冒頭でこう書かれている。「この世紀に起こった、摂理が許された最悪の禍の一つが、エトレピニーの主任司祭の作品である。それはおぞましくも恐ろしい、唾棄すべき著作で、まさしくこれを生み出した地獄にふさわしいものだ。一部しかなければよかったのに。これを持っている者の義務は、永遠の忘却の中に埋葬してしまうために直ちに焼き捨てることだ。この著作はすべてのキリスト教徒からだけでなく、すべての人々から、いや、いささかでも理性の輝きを持つ者すべてから呪われてしかるべきものだからだ。だが不幸なことに、この忌まわしい著作は何部か存在するのである」[51]。文書Cの書き手なら、手にしたジャン・メリエの『覚え書』全体写本を間違いなく焼失させたろう。忘却という歴史上の墓場の中

に葬り去ろうとしたことだろう。

おわりに

小雨の中に建っているエランの小さな修道院をもっとよく見ようと、隣の百姓家のぬかるんだ野菜畑の中に少しだけ立ち入らせてもらった。「まただからこそ、彼らの僧院が領主の邸宅や王侯の宮殿のようであり、彼らの庭が目と舌を楽しませるありとあらゆる花と果実で溢れる地上の楽園のようであり、彼らの厨房には時と季節に応じ、自分たちの修道会の決まりに応じて、肉であれ魚であれ、彼らの味覚と食欲を満足させうるあらゆるものがいつもふんだんに備えられているわけです」[52]。メリエによってこう描き出されたのが、眼前の貧相な僧院なのだ。確かに当時のこの修道院の規模を私は正確には知らない。また、メリエはランスで壮麗な大修道院の中を見知っていたかも知れない。だが、おそらくもっとも重要なことは、メリエが小さな墓地に囲まれた小聖堂から、田舎の僧院の傍らから、ランスを突き抜けてこの王国の中心を、その支配の秘密を夜の孤独な時間の中で見通そうとしていたことである。彼のレトリックは、読書の記憶や説教の技術から編み出されている。だが、そのような事柄の先に、ジャン・メリエという思想家の思索の強度を見通してゆくための出発点に、ようやく私たちも立つことができたのかも知れない。

注

（1）本書二〇頁。以下本書からの引用については該当する本文頁数のみを記載する。後述するが、本書収録のメリエによる作品については、対応する自筆手書き原稿が三（ないし二）点残されている。自筆手書き原稿参照が必要な場合には、その旨を指示して該当箇所を示す。

（2）本書八一六頁。

（3）本書三七一頁。

（4）Michel DEVEZE, «Les villages et la region du curé Meslier sous Louis XIV, d'après les rapports des intendants»,

R.DESNE (éd.), *Le Curé Meslier et la vie intellectuelle religieuse et sociale* (*Actes du Colloque de Reims, 1974*), Bibliothèque de l'Université de Reims, Reims, 1980, tome I, p. 12. 同じドヴェズによれば、この地区はナポレオン三世時代に人口三六〇人を数えたものの、住民数は減少し続け、一九七〇年代には人口一五〇人ほどだったという。

（5） Maurice DOMMANGET, «Origine, enfance et mort du curé Meslier», A.SOBOUL (éd.), *Etudes sur le curé Meslier* (*Actes du Colloque d'Aix-en-Provence, 1964*), Société des études Robespierristes, Paris, 1966, pp. 12-14.

（6） Maurice DOMMANGET, *Le Curé Meslier, athée communiste et révolutionnaire sous Louis XIV*, Juillard, Paris, 1965, p. 16.

（7） *ibid.*, p. 17.

（8） 本書一五一一六頁。

（9） Dominique JULIA et Denis McKEE, «Le clergé paroissial dans le diocèse de Reims sous l'épiscopat de Charles-Maurice Le Tellier. Origine, carrière, mentalités», R.DESNE (éd.), *Le Curé Meslier et la vie intellectuelle...*, tome I, pp. 22-24 ; Roland DESNE, «L'homme, l'œuvre et la renommée», en préface aux *Œuvres de Jean Meslier*, tome I, pp. XX-XXI.

（10） Nicole PERIN, «Quelques aspects de la vie religieuse dans les campagnes ardennaises au temps de Meslier», R.DESNE (éd.), *Le Curé Meslier et la vie intellectuelle...*, tome I, p. 41. ランス大司教シャルル＝モーリス・ル・テリエがこの司教区で果たした役割などについては、次節をも参照。

（11） Maurice DOMMANGET, *Le Curé Meslier, athée communiste...*, p. 23 ; Roland DESNE, «L'homme, l'œuvre et la renommée», *Œuvres de Jean Meslier*, tome I, pp. XIX-XX.

（12） Maurice DOMMANGET, *ibid.*, pp. 24-25 ; Roland DESNE, *ibid.*, tome I, p. XX. なお、エトレピニー村で一九七四年十月十七―十九日に、メリエに関するシンポジウムが開かれた。主催者ロラン・デスネ氏らの希望で作られたプレート板がエトレピニー村役場の壁に残っている。「一六八九年から一七二九年までエトレピニーとバレーヴで司祭を務めた、啓蒙の世紀の先駆者、ジャン・メリエは、一九七四年十月十九日、この地でその栄誉を称えられた。」エトレピニー村役場の壁にひっそりと刻まれているこの言葉は、ここで報告しておくべきだろう（口絵写真三頁参照）。

（13） 次節参照。

(14) Maurice DOMMANGET, *Le Curé Meslier, athée communiste...*, pp. 23-30 ; Roland DESNE, «L'homme, l'œuvre et la renommée», *Œuvres de Jean Meslier*, tome I, p. XX. また別の報告によると、一六六五年にはエトレピニーにタイユ税課税戸三九（人口およそ二〇〇人）、バレーヴにタイユ税課税戸三四（人口は一五〇人を超えるだろう）、という数値が残されている（Michel DEVEZE, «Les villages et la région du curé Meslier sous Louis XIV, d'après les rapports des intendants», R.DESNE(éd.), *Le Curé Meslier et la vie intellectuelle...*, tome I, p. 12）。

(15) Maurice DOMMANGET, *ibid.*, pp. 30-31 ; Roland DESNE, *ibid.*, t. I, pp. XX ; Dominique JULIA, «Le clergé paroissial dans le diocèse de Reims à la fin du 18e siècle», Revue d'histoire moderne et contemporaine, 1968, pp. 195-216 ; Documents annexes aux *Œuvres de Jean Meslier*, Anthropos, Paris, 1972, tome III, pp. 408, 413, 416, 418 et 420.

(16) Maurice DOMMANGET, *ibid.*, pp. 54-55. なお、メリエの年収は、十分の一税を基本とした一聖堂区からの収入としては三〇〇リーヴルほどにすぎず、これはかろうじて慎ましい生活を支える額だという意見もある。比較をするならば、ランスの大聖堂教会参事会員の年収は一〇〇〇リーヴル、大司教の年収は二四〇〇〇リーヴルであった（Michel DEVEZE, «Les villages et la région du curé Meslier sous Louis XIV, d'après les rapports des intendants», R.DESNE(éd.), *Le Curé Meslier et la vie intellectuelle...*, tome I, p. 12）。

(17) Michel DEVEZE, *ibid.*, tome I, p. 15.

(18) Maurice DOMMANGET, *Le Curé Meslier, athée communiste...*, p. 25 ; Roland DESNE, «L'homme, l'œuvre et la renommée», *Œuvres de Jean Meslier*, tome I, p. XXVI.

(19) Michel DEVEZE, «Les villages et la région du curé Meslier sous Louis XIV, d'après les rapports des intendants», R.DESNE(éd.), *Le Curé Meslier et la vie intellectuelle...*, tome I, p. 11 ; Roger ZUBER, «La répression de l'hérésie autour de Meslier», R.DESNE(éd.), *Le Curé Meslier et la vie intellectuelle...*, tome I, p. 82 ; Maurice DOMMANGET, *Le Curé Meslier, athée communiste...*, p. 78.

(20) Roger ZUBER, «La répression de l'hérésie autour de Meslier», R.DESNE(éd.), *Le Curé Meslier et la vie intellectuelle...*, tome I, pp. 81-89.

(21) Note annexe VIII aux *Œuvres de Jean Meslier*, tome I, pp. 528-530.

（22）Roland DESNE, «L'homme, l'œuvre et la renommée», *Œuvres de Jean Meslier*, tome I, pp. XXIV-XXV.
（23）Documents annexes aux *Œuvres de Jean Meslier*, tome III, p. 417.
（24）Ms.653, Reims, Documents annexes aux *Œuvres de Jean Meslier*, tome III, pp. 392-393. ヴォルテール版刊行本の諸版でも、この箇所の記述は変わらない。ところで、『覚え書』によって、メリエ自身の言葉も聞いておこう。「そのため、もったいぶったけばけばしいこういうたぐいの祭祀や、自分の聖務の無意味な役目に対する嫌悪がますますつのり、そういう場で自分の悲憤を隠すことも心中に感じている憤慨を抑えておくこともほとんどできなくなり、見境なく怒りを爆発させる寸前に至ったことが幾百回もあるほどでした。それでも私は、憤慨を抑えておくようにしましたし、生前に司祭たちの怒りや暴君たちの残酷さに身をさらしたいとは思わないので、死ぬまでそうするつもりです」（本書一七―一八頁）。「著者略歴」で伝えられるメリエの言葉を本当に聞いた者がいたのか、それがどのようにして略歴の著者に伝えられたのか。「著者略歴」の記述から生じてくるこれらの疑問は今措くとしても、著作にこう書いた人間がうかつにもあのような演説をするだろうか。
（25）Documents annexes aux *Œuvres de Jean Meslier*, tome III, p. 419.
（26）Documents annexes aux *Œuvres de Jean Meslier*, tome III, p. 424.
（27）Maurice DOMMANGET, «Origine, enfance et mort du curé Mesier», A.SOBOUL(éd.), *Etudes sur le curé Meslier...*, pp. 18-23 ; Roland DESNE, «L'homme, l'œuvre et la renommée», *Œuvres de Jean Meslier*, tome I, pp. XXXII-XXXIII.
　なお、十九世紀末に、かつての司祭館近くから十八世紀のものらしい棺が出土し、これが密かに埋葬されたメリエの棺ではないかという噂があった（Maurice DOMMANGET, *Le Curé Meslier, athée communiste...*, p. 91）。
（28）Jean VARLOOT, «Sur les manuscrits de Meslier», O.Bloch(éd.), *Le Matérialisme du XVIIIème siècle et la littérature clandestine*（*Actes de la Table ronde, 1980*）, Vrin, Paris, 1982, pp. 187-191 ; Roland DESNE, «L'homme, l'œuvre et la renommée», *Œuvres de Jean Meslier*, tome I, pp. L-LI. ; Roland DESNE, «Le curé Meslier, une grande figure ardennaise encore méconnue», *Terres ardennaises*, No.68, octobre 1999, pp. 18-19.
（29）本書八〇〇頁。
（30）本書八〇七頁。メリエ自身が以上のような二つの証言を残している以上、自筆であることが確認された三点の手書き

本（自筆原稿）は、みな清書本であるとしても、どれが原本でどれが写本とも確定しがたい。比較的完成度が高いゆえに、アントロポス版『ジャン・メリエ全集』も、私たちも蔵書番号一九四六〇を底本にしているが、三点相互に異同があることも事実である。またいつの日か「原本」や別の自筆写本が発見される可能性もないわけではない。ここでこの三点を自筆原本・写本と表記してきた所以である。以後はこれらを自筆本と表記する。

（31）Documents annexes aux *Œuvres de Jean Meslier,* tome III, p. 399.

（32）Roland DESNE, «L'homme, l'œuvre et la renommée», *Œuvres de Jean Meslier,* tome I, pp. LI–LIV.

（33）本書四四九頁。Ms.Fonds français 19458, f. 163r ; Ms.Fonds français 19459, f. 185r ; Ms.Fonds français 19460, f. 191v. 三点の自筆本の間に文章の異同はない。

（34）私たちとしては、『覚え書』に引用されるフェヌロン『神の存在と属性の証明』は一七一八年出版であることも付け加えて置こう。この出版本について詳しくは、後注(36)を参照。

（35）Jean VARLOOT, «Sur les manuscrits de Meslier», O.Bloch (éd.), *Le Matérialisme du XVIII ème siècle...,* pp. 189-190. さらに、メリエ『覚え書』自筆本三部の間でも ε 使用比率は以下のような差があるとヴァルロは報告している。すなわち、ε 対通常の e の比率は、蔵書番号一九四五八では五対一、一九四五九では八ないし九対一、一九四六〇では二〇対一である。先の推定に依拠すれば、一九四六〇がもっとも後の時期に筆写された清書本と考えられる。

（36）Documents annexes aux *Œuvres de Jean Meslier,* tome III, p. 393. 一七一八年にパリで出版されたこの刊行本を私たちはフェヌロン『神の存在と属性の証明』と略称しているが、この本には実際三つの著作が含まれていた。第一部としてフェヌロンの「自然の業から引き出される、神の存在にかんする論証」、第二部としてフェヌロンの「純粋に知性による証明と無限そのものの観念とから引き出される、神の存在と神の属性に関する論証」、末尾にトゥルヌミーヌによる考察、という構成であった。第一部はすでに一七一三年に出版されていたし、トゥルヌミーヌの考察も、第一部の一七一三年出版本第二版には序文として添えられていた。しかし、フェヌロンの第二部は一七一八年のこの刊行本で初めて印刷されたものである。

（37）Pièces justificatives aux *Œuvres de Jean Meslier,* tome III, pp. 227-232.

（38）Jean DEPRUN, «Un nouvel exemplaire de l'Anti-Fénelon de Meslier», O.Bloch (éd.), *Le Matérialisme du XVIII ème siècle...,* pp. 189-190.

(39) *Le Testament de Jean Meslier..., ouvrage inédit précédé d'une préface...par Rudolf CHARLES,* Amsterdam, 1864, 3vol. *Cf.* Roland DESNE, «L'homme, l'œuvre et la renommée», *Œuvres de Jean Meslier,* tome I, pp. LXXIII-LXXVI ; Tristan HAAN, «Rudolf Charles et la diffusion de son édition du Testament de Meslier, 1860-1888», R. DESNE(éd.), *Le Curé Meslier et la vie intellectuelle...,* tome II, pp. 539-573.

(40) Martin FONTIUS, «Une nouvelle copie du Testament de Meslier», A.SOBOUL(éd.), *Etudes sur le curé Meslier...,* pp. 27-33 [avec discussion].

(41) 以上一から一〇の写本については次の研究を参照。Miguel BENITEZ, *La Face cachée des Lumières,* Universitas, Paris, 1996, p. 42 ; Bibliographie des *Œuvres de Jean Meslier,* tome III, pp. 575-577 ; Maurice DOMMANGET, *Le Curé Meslier, athée communiste...,* pp. 514-516.

(42) *La Lettre clandestine,* No.6, pp. 133-134 ; *La Lettre clandestine,* No.5, pp. 129-130.

(43) *Cf.* Miguel BENITEZ, *op. cit.,* p. 51

(44) Voltaire, *Correspondance,* Gallimard 〈La Pléiade〉, Paris, 1977, t.1, p. 662.

(45) *Cf.* Charles PORSET, «Voltaire et Meslier : état de la question», O.Bloch(éd.), *Le Matérialisme du XVIII ème siècle...,* pp. 194-195.

(46) Geneviève ARTIGAS-MENANT, «Quatre témoignages inédits sur le 〈Testament〉 de Meslier», *Dix-huitième siècle,* No. 24, 1992, pp. 83-94.

(47) *ibid.,* p. 84.

(48) *ibid.,* pp. 85-86.

(49) Voltaire, *Correspondance,* Gallimard 〈La Pléiade〉, t.4, p. 793. 文中の「メリエ司祭を見た人はもっとたくさんいます」とは何を意味するのだろうか。この一文は「メリエ司祭に会った人はもっとたくさんいます」とも訳せる。しかし、ヴォルテールは「メリエ司祭」という言葉で著者メリエのことではなく、「メリエ司祭の要約版写本」を意味しようとした、と私は考えている。文脈からはこのように解釈するのが自然と思えるからだ。また、ヴォルテールはここで話題になっている要約刊行本に例の「著者略歴」を採録したが、その際に「著者略歴」中にあるまったく疑わしい一節、メリエのパリ訪問時におけるエピソードの記述を完全に削除している（*vid.,* Documents annexes aux *Œuvres de Jean*

Meslier, tome III, pp. 391-392 ; Voltaire, *Œuvres complètes*, éd. par Louis MOLAND, Garnier, Paris, 1879, t.24, p. 295)。つまり、ヴォルテールはこの書簡執筆時にメリエのパリ訪問をほとんど信じていない。その彼が、パリにはメリエに会った人がたくさんいると書くだろうか。

(50) Geneviève ARTIGAS-MENANT, *ibid.*, p. 89.

(51) *ibid.*, p. 89.

(52) 本書三七四頁。

(この解説Ⅰは、拙論「小さな墓地から」(千葉大学『人文研究』第29号)に加筆修正したものであることをお断りしておきます。)

II　墓地の彼方へ――『覚え書』におけるメリエの思想をたずねて

はじめに

時代の彼方にほのかに浮かぶジャン・メリエという司祭の人物像を探ることから、私たちの視点をこの司祭の内面へ、その思想をたずねることへと転じてみよう。

もとより、メリエという人物がその生涯に抱いた思想のすべてを取り上げようと考えているわけではない。いつの時代のいかなる人物、思想家に対してであれ、そのような試みは決して成功しないだろうし、およそ無謀な試みでしかないだろう。「太陽王の世紀」と言われた十七世紀とやがてフランス革命へと収斂してゆく「啓蒙の世紀」の十八世紀という、二つの時代の狭間をシャンパーニュ地方の片田舎の小さな教会に司祭として生きた一人の人間が、自らの時代をいかに思想的にとらえ、これといかに対決したのか。私たちはただこのことのみを問いたいと思う。

しかし、その前にしておかなければならない予備的な作業がある。解説Iで私たちは今日の時点で集められるかぎりの情報をもとに、この司祭と『覚え書』の歴史に迫ろうとした。それは依然としてこの人物の実像を再構成することからは大きく隔たっている。しかし確実なことが一つある。それは、メリエが『覚え書』を遺さなかったならば、メリエという存在はこれまで歴史を生きた多くの人々同様、また今を生きる私たち同様、その人生の終焉とともにやがては歴史の深い闇の中に埋もれ去ったはずだ、ということである。

私たちが通常思想史で取り上げるのは、その多くが生前に時代の思潮に問題を投げかけ、良かれ悪しかれ人々の注意も引き、それによって思想史に名を残した人々である。しかし、メリエの場合はそうではない。『覚え書』の「序文」で、「私は、

自分の聖務の無意味な役目一切、とりわけあなたがたに対して行うように義務づけられていた、あの偶像崇拝の迷信的なミサの挙行とか、虚しく滑稽な秘蹟授与とかいうもの一切を激しく憎みました。〔……〕もったいぶったけばけばしいこういうたぐいの祭祀や、自分の聖務の無意味な役目に対する嫌悪がますますつのり、そういう場で自分の悲憤を隠すことも心中に感じている憤慨を抑えておくこともほとんどできなくなり、見境なく怒りを爆発させる寸前に至ったことが幾百回もあるほどでした」[1]（「序文」第三章、一七―一八頁）、と自ら述べているように、内面の想いを激発させようとする抑えがたい感情に時に突き動かされたとしても、メリエ自身は終世沈黙を守り、少なくとも生涯の最後の瞬間まで司祭としての勤めを誠実に果たした。だが、すでに明らかなように[2]、その死の前後、一七二九年六月二七日から七月七日までの十日間にすべてが一変する。その間に何が起こったかを、私たちは知らない。メリエが死んだ記録も、埋葬された記録もない。あるのは、六月二十七日の日付をもつメリエが署名した教会関係の証書、七月七日から作られ始めるメリエの「遺産明細目録」、そして九日付のメリエの後任司祭がエトレピニーに任命されたことを知らせる記録だけである。この「空白の十日間」が思想家メリエを生み出す。『覚え書』を読むならば、あるいはそれさえも、メリエ自身によって入念に準備された計画の結果と考えることも不可能ではない。メリエは『覚え書』を次のように書き始めた。

「親愛なる友人の皆さん、私が人々の指導と統治と、またさまざまな宗教と習俗とについて考えていたことを生前あなたがたに公に語ることは私に許されませんでしたし、それはあまりにも危険で困った結果を招くことにもなったでしょうから、せめて死後にはそのことをお話ししようと、私は心に決めました」（第一章、三頁）。

『覚え書』が後世に伝えられたのは、メリエ自身の計画によるかも知れないと述べたのは、歴史的事実としてそれが「空白の十日間」を越えて後世に伝えられているからである。死後に『覚え書』を遺すことを、メリエはいつ頃「心に決めた」のだろうか。今日の私たちの理解では、メリエが『覚え書』の清書を始めたのは一七一八年頃メリエ五四歳の年、そして一七二三年五九歳でほぼ完成させている。準備期間を含めるならば、おそらくは亡くなるまで二〇年近くの歳月をかけて、メリエは『覚え書』[3]を準備し、死後の「公開」に備えていたようである。思想表現や言論出版の自由のなかった革命前のフランスにあって、今日判明しているだけでも二五七種に及ぶさまざまな内容の反宗教地下文書が存在した[4]。そうした地下文学、地下哲学の世界を形作っていたテキスト群の中でも、「地上のお偉方はみな、貴族もみな、司祭たちの腸で縛り首にされる

といい」(第二章、一三頁)と述べる社会批判の鋭さ、その徹底した無神論、唯物論の展開という点で、メリエの『覚え書』は異彩を放っている。しかし、『覚え書』を他の地下文書から決定的に隔てている点、それは著者が『覚え書』を死後に、後生へと託している点である。当時の地下文書の多くは、筆写本にせよ印刷本にせよ、元来非合法出版を意図した書物や近親者向けに書かれたものが、非合法に流通するようになったものである。その中には、今に至るまで著者不明のままになっている作品も見られる。しかし、はじめから死後の公表を意図して書かれた作品は、『覚え書』以外にない。「『遺言書』なくしてメリエ司祭はない」[5]と言われるように、『覚え書』の発見と読解の歴史はそのまま思想家メリエ発見の歴史でもある。それゆえ、私たちのメリエの思想をたずねる旅を、歴史の中からあらためて『覚え書』とメリエの関わりを掘り起こすことから始めることにしよう。

一　メリエと『覚え書』

メリエの歴史が『覚え書』とともに始まるとすれば、その起点は、メリエが死の床に手書きの『覚え書』三部を遺したことである。メリエは、それらを聖堂区の裁判記録保存所に委ね、聖堂区の人々や同僚司祭に届けられることを願った。すでに述べたように、その後に続く「空白の十日間」に何が起こったのかを私たちは知らない。メリエの願いはかなうべくもなく、三部の『覚え書』はメリエの意図とは別の運命をたどる。詳細はすでに解説Ⅰでも触れたが、三部は、その一つがメジエールの公証人から国璽尚書ショーヴランに、一つがエトレピニーを管轄していたサント・メヌーの裁判記録保存所に、残りの一つはランス副司教ル・ベーグが押収したと伝えられている。それらは、十八世紀の中頃にはショーヴランの手元に集められ、やがてフランス革命期に国民図書館、現在の国立図書館に収蔵され、今日に至っている。

時の権力者の手元に『覚え書』が届けられることを、メリエは予想していただろうか。いずれにせよ、『覚え書』がこのような形で保存されたことによって、私たちは現在メリエの思想をたずねることができる。こうした過程は、『覚え書』を書き遺したメリエの意図とどのように関わるのだろうか。それをメリエの意図とは無縁と速断することは避けよう。ここでいささか回り道をして、「空白の十日間」以後今日までの二七〇年近くの間に、メリエのテキストがどのような経過を経て

読者に伝えられたかを振り返ってみよう。そのことによって、『覚え書』にメリエが託した意図とテキストそのものとの関係に、別の照明を当てられると思うからである。

I　メリエと『覚え書』の歴史

さて、現存する自筆写本については後に触れることにして、時間を少し遡ろう。どのような事情また経過によったかは不明だが、メリエの死後数年を待たずに『覚え書』はその一部あるいは全部が筆写され、地下文書としてパリの市中に出回るようになる。[6] この地下文書に関する最初の証人は、ヴォルテールであった。メリエの死から六年目の一七三五年、彼はパリのティエリオ宛ての書簡で、「司祭で、フランス人で、ロックのような哲学者」がいることに驚き、ティエリオに「あなたがおっしゃっているその村の司祭とは一体どんな人物ですか」とたずねている。また一七六二年二月ダミラヴィル宛ての書簡では、「一五年から二〇年前〔一七四二―一七四七年〕にはこの著作の写本はルイ金貨八枚で売られていたのです。パリには百部以上あります」、と記している。百部は大袈裟だが、死後一五年を経たこの頃には、すでにある程度の数の写本が、それもかなりの価格で流布していたことは間違いない。一七六二年はヴォルテールがカラス一家の擁護に立ち上がった年であり、おそらくはそうしたカトリック教会との闘いの手段の一つとして、この年彼は『覚え書』の要約本を出版する。これが、メリエの名前が活字となって伝えられる最初であった。はじめヴォルテールは、写本のタイトル同様『ジャン・メリエの見解の要約』(*Extrait des sentiments de Jean Meslier*) として出版したが、同年の第二版からはこれを『ジャン・メリエの遺言書』(*Testament de Jean Meslier*) と改題した。このテキストは『覚え書』前半部、「証明五」までのキリスト教批判の「抜粋」であった。文章は洗練されたが、全体にヴォルテール流の味付けがなされていた。ヴォルテールはこの抜粋の文末に、自然宗教に立ち戻してくれるようにとメリエが神に懇願する文言を加え、「死に際して神に許しを乞う司祭の証言が、いかほどの重みを持つかを判断されんことを」、と結んだ。[7]

「光の世紀」を代表するヴォルテールによる刊本の出版によって、メリエの名は『遺言書』のタイトルとともに十八世紀後半には広く知られるようになる。同時に奇妙な一つの「歴史」が始まる。フランス革命の渦中一七九〇年にはシルヴァン・マレシャルが『メリエ司祭の教理問答』(*Cathéchisme du curé Meslier*) を出版し、翌一七九一年には『エトレピニー

の司祭、故ジャン・メリエ氏によるボン・サンス』（*Bon sens par feu M. Meslier, curé d'Etrépigny*）が出版される。前者は当時広く読まれた『モンペリエの教理問答』を真似て、「問い：神とは何か？　答：神とは僧侶たちが望むすべてのものである」といった問答形式によるキリスト教批判のパンフレットであり、メリエの『覚え書』との類縁関係は皆無であった。マレシャルのパンフレットがメリエの名を掲げたのは、この時期メリエの名前がキリスト教批判の象徴的存在であったことを示していると言えよう。だが、後者は事情が違っていた。この書は実はすでに二〇年前、一七七二年オランダで出版されていた。その正式なタイトルは『ボン・サンス、あるいは超自然的観念に対置された自然的観念』（*Le Bon Sens, ou Idées naturelles opposées aux idées surnaturelles*）であり、著者の名は伏せられていた。しかし、同年に出された改訂版には「『自然の体系』（*Système de la Nature*）の著者」によって書かれたことが明記されていた。『自然の体系』は一七七〇年にドルバックによって書かれ、キリスト教批判と体系的な唯物論を展開した、十八世紀後半のフランス唯物論の到達点を示す著作であった。この時期、『自然の体系』の著者がドルバックであることは自明であり、実際『ボン・サンス』はこの『自然の体系』の要約本にすぎなかった。それがなぜ二〇年を経て、メリエが著者に擬せられたのであろうか。『ボン・サンス』は一七九一年以前に一〇版を数えているが、そのすべては匿名出版であった。二〇年近くの間に本来の著者の名前が忘れられ、たまたま前年のシルヴァン・マレシャルによるメリエの名前の盗用が機縁となって、そうなったのだろうか。いずれにしても理由は不明のまま、『ボン・サンス』はメリエの名と結びついて流布し始める。そして、翌一七九二年プクトン書店は『ボン・サンス』に先のヴォルテールの抜粋を加えて新版を刊行する。今日から見れば無神論と理神論との奇妙な取り合わせだが、これが『ボン・サンス』をメリエに結びつける「神話」を完成させる。それ以降現在まで出版された、この奇妙なアマルガム六四点中四四点がメリエの名を著者として掲げている。たとえば米国のキッシンジャー出版社は発行年を付さないままメリエの著作として『万代の迷信』(8)を刊行している。これは一八三〇年にフランスで出版されたこの「アマルガム」をアンナ・クノップなる女性が訳したもの（一八八九年出版）のリプリント版である。クノップは原典が『ボン・サンス』とメリエの『遺言書』からなることを明記しているが、出版社はそれを無視したかあるいは無理解からか、この二つをメリエの著作として、先のタイトルを付けている。

すでに見たように、十八世紀に流布した『覚え書』の写本には、ヴォルテールの『遺言書』のもとになった要約本以外に

1909年版『ボン・サンス』
の扉のメリエの肖像画

も、そのすべてを写し、あるいは要約した写本も存在した。しかし刊本の影響力が圧倒的に勝っていたのであろうか、ヴォルテールの『遺言書』を含む『ボン・サンス』の刊行の歴史は、その過程で「メリエ神話」とも呼ぶべき事態、そしていくつかの逸話を生み出す。

一七九三年「人類の雄弁家」の異名をとったエベール派のアナカルシス・クローツ（Anacharsis Cloots, 1755-1794）は国民議会で、宗教こそ自分が理想とする理性の国家を実現する最大の障害であり、この障害と闘った「最初の聖職身分の棄教者」であるジャン・メリエのために胸像を建てることを提案し、その発言を「旧体制のもとで名誉を汚されたこの誠実な人物の記憶は、自然の体制のもとでその名誉を取り戻すべきである」と結んだ[9]。半世紀以上も前に死んだ無名の田舎司祭の胸像を彼はどうやって建てるつもりだったのだろうか。そこに私たちは革命期の熱狂と「メリエ神話」が一つの形をとって現れているのを感じとることができる。

この頃には、メリエの肖像画もいくつか描かれていたようである。一九〇九年マルセイユで出版された『ボン・サンス』は、扉にメリエの肖像を掲げた[10]。ラルース社から一九七〇年代に刊行された『ラルース大百科事典』の「メリエ」項は、国立図書館に収蔵されている別のメリエの肖像画を伝えている。そして先の『万代の迷信』は、出所不詳の前二者ともまた異なるメリエ像も掲げている。さらに『ボン・サンス』とは別に、やはり『自然の体系』のダイジェスト版として、そのはじめの一八章を収めた『自然宗教』もメリエのものとされて流布するようになる。

そのためにとしか考えられないが、バルザックの小説『セザール・ビロトー』の登場人物の一人、モリヌーは「メリエ師の『ボン・サンス』を読み、自然宗教とキリスト教のいずれをも思い切って選べないままに」ミサに出かけることになるのである[11]。

これらの神話ないしは逸話は、ヴォルテールがその先鞭をつけたのだが、実体は曖昧であったり不明であったりしたまま、メリエの名が反キリスト教イデオロギー闘争の一つのシンボルとして機能していた事態を示している。しかし看過しえないのは、この過程はまた同時にメリエの再発見の過程でもあった事実である。その最大の出来事は、オランダ人リュドルフ・シャルルによる『覚え書』全体の刊本の出版であった。

一八五九年オランダの自由主義的著作家兼出版者リュドルフ・シャルル（Rudolf Charles, 1826-1904）は、古書店で偶然メリエの「遺言書」全体の写本を手に入れる。そしてその公刊を思いつき、ヴォルテールの『抜粋』にならって、シャルルは『ジャン・メリエの遺言書』と題して一八六一年から出版を開始し、一八六四年に全三巻を世に出す。[12] 初版は、五五〇部であった。それはシャルル自身が序文で書いているように、「誰もが知ってはいるが、誰も読んだことのない」著作の初めての公刊であった。この出版によって、長くヴォルテールの抜粋と結びつけられて「理神論者」とされるか、あるいはほとんど風聞によってしか知られていなかった、メリエの思想がその真の姿で現れるはずであった。しかし初版は、刊行後一四年たっても三三〇部しか売れず、シャルルの目論見は外れた。実際、リュドルフ・シャルルによる『遺言書』の刊行後も、メリエの実像はまったく不明のままであった。一七六二年の『遺言書』はヴォルテールの創作に過ぎないという批判がすでに十八世紀からあり、メリエの実在そのものにも疑問が投げかけられていた。[13] 二十世紀に入り、ランソン、ウェードらの研究によって、地下文書としての『覚え書』[14]についてはかなり正確な知識が得られるようになったものの、メリエの実在、『覚え書』の著者に関する疑問は依然未解決のままであった。これに決定的な答を与えたのが、フランスの社会主義者、歴史家のモーリス・ドマンジェ（Maurice Dommanget, 1888-1976）であった。バブーヴ

『ラルース大百科事典』「メリエ」項挿絵

フやブランキの研究家としても知られるドマンジュは、アルデンヌ県やマルヌ県の古文書館を丹念に調査し、メリエの生村マゼルニーの聖堂区記録簿の中からメリエの生年（一六六四年七月十五日）を記す記述を発見した。またエトレピニーの聖堂区の記録の中からメリエ自身による教区民の洗礼、結婚、死亡などの記述を発見し、その筆跡と現在国立図書館に保存されている三つのマニュスクリとを照合した結果、これがメリエ自身の書き遺した自筆写本であることを明らかにした。[15]ドマンジュは、その成果を一九六五年、『メリエ司祭、ルイ十四世治下の無神論者、共産主義者、革命家』にまとめた。[16]ここに初めてメリエの実在と『覚え書』の信憑性が確証されたのであった。

これらの成果を受けて一九七〇年、文学者ロラン・デスネを中心に歴史家アルベール・ソブール、哲学者ジャン・ドゥプランの協力により、『メリエ全集』三巻が刊行された。これは、国立図書館に保存されている三つの自筆写本をもとに『覚え書』を読みおこし、それに現存するメリエの別の「著作」とみなされている、フェヌロンの『神の存在と属性の証明』の余白に書き込まれたメリエのノートを『反フェヌロン』として収め、さらに資料としてヴォルテールの「抜粋」、メリエに関する十八世紀の資料や研究書誌を加えた批判校訂版である。メリエが『覚え書』を遺したのは一七二九年のことであった。それから二百年以上の歳月を経てフランスの地で、ついに『覚え書』がフランスの読者の前にその本来の姿を現したのである。[17]

メリエの死の床に見いだされた三部の『覚え書』によって開始された思想家メリエの「歴史」をたどる旅は、ヴォルテールが刊行した「抜粋」を経て、ふたたびメリエが自ら綴った自筆写本へと戻ってきた。それは、『覚え書』から『遺言書』へ、しかもドルバックの『ボン・サンス』や『自然宗教』と交錯しながら、アントロポス版『メリエ全集』へと至る二七〇年近くに及ぶ歴史であった。

ところで、このメリエの発見と受容の歴史を振り返るならば、私たちはそこにいくつかの読者群を見いだすことができる。その第一のグループは、メリエが読まれることを願った、エトレピニーとバレーヴの聖堂区民、そして近隣の司祭たちであろう。しかし、司祭たちについては不明であるが、彼ら聖堂区民は『覚え書』の読者とはなりえなかった。第二のグループは、メリエにとっておそらく打倒すべき対象の位置を占めていた、ランス副司教ル・ベーグや国璽尚書ショーヴランといった時の「権力者」たちであった。ショーヴラン自身がこの「恐るべき書物」に目を通したかどうかも含めて、彼らの直接の

反応は知られていない。いやあるいは「空白の十日間」を彼らが作り出したことを思えば、文字どおりの「黙殺」がその反応であったかも知れない。[18] 皮肉なことに、そしてそれがメリエの『覚え書』が読者を得るには決定的なことになるのだが、『覚え書』は聖堂区民ではなく、彼らの手に渡ったことで、その命を得ている。第三のグループは、ヴォルテールを筆頭とする「フィロゾフ」、啓蒙思想家たちであった。ヴォルテールは、ダランベールやエルヴェシウスなどに宛てた書簡の中で、幾度かメリエについて触れており、そうした人々がメリエを知っていたことは確かである。しかし、彼らがメリエの何をどの程度読んだかは不明である。さらに第四のグループを上げるならば、主要には十九世紀以降のこととなるが、ドルバックの『ボン・サンス』との「奇妙なアマルガム」のおかげでメリエを読むことになる一般の読者、さらにはメリエ自身の発見と読解を試みてきた研究者が、そこに含まれるであろう。

思想家メリエが生み出される過程は同時に、その読者が生み出される過程であった。これらの読者群を前にして、改めて『覚え書』の意図を問うことが可能であろうか。ここで章を改め、メリエと読者との関わりを『覚え書』というテキスト内部の問題として考察してみよう。

2 『覚え書』におけるメリエと読者

すでに述べたように、『覚え書』はそもそも死後の公表を意図されていた。メリエの『覚え書』は、ヴォルテールが刊行した「抜粋」が二版以降そのように命名されてからは『遺言書』と呼び習わされ、リュドルフ・シャルルの刊本も『遺言書』をそのタイトルとした。メリエの『覚え書』は、まさしく「遺言書」である。しかし、これはジャーナリストとしてのヴォルテールの優れたセンスを表す命名であって、メリエの遺著の正式なタイトルではない。私たちもこれまで、何の留保もなしに『覚え書』と呼んできたが、その正式な題名は以下のとおりである。

「エトレ……およびバレ……の主…司…、J……M……による、人々の指導と統治に関わる一部の誤謬と悪弊についての思索と見解の覚え書。世のすべての神々とすべての宗教の虚偽と虚妄を示す、明瞭なる論証が見られるもの。同人の死後、その聖堂区民に宛てられ、彼らとそのすべての同胞に真理の証言として役立たしめんとす。ソレハ、ソノ人達ト、異邦人達トノ前デ、証言スルタメデアル[19]〔マタイによる福音書、一〇章一八節〕」。

こうした長いタイトルもこの時代とすれば、とくに異例なわけではない。これまで私たちは、この自筆写本をただ便宜的に『覚え書』と呼んできたにすぎない。ところで、今回訳出の底本としたフランス国立図書館フランス語原稿・写本蔵書部に収蔵されている、蔵書番号一九四六〇を例にとるならば、メリエはこのタイトルのすぐ後から本文を書き始め、それはただ改行によって区切られるのみで、切れ目なく最終章までの三五〇葉（七〇〇頁）を埋め尽くしている。[20]その本文は、九七章からなり、それらが「序文」、本論を構成する八つの「証明」、「結論」、最終章九七章「理性の法廷への上訴文」の十一部を構成している。この膨大な『覚え書』でメリエは何を、どのように、誰に向けて書いたのであろうか。メリエの議論の展開を追うことは後の課題とし、まずメリエと読者との関わりを『覚え書』というテキスト内部の問題として、考察することにしよう。

メリエは、『覚え書』を「親愛なる友人の皆さん」と書き始めていた。ここでの「親愛なる友人の皆さん」という呼びかけの対象は、『覚え書』のタイトルと併せて考えるならば、メリエが生涯をともに過ごした聖堂区の人々であろう。[21]しかし四〇年をともに暮らして、教区民のほとんどが文盲であり、『覚え書』を自分では読めないことをメリエは十分知っていたはずである。そのため、メリエは『覚え書』とは別に二通の書簡を近隣の司祭に宛てて記した。したがって彼らに代わって、あるいは彼らに『覚え書』を読み聴かせてくれる人物として、近隣の司祭もこの呼びかけの対象に含められよう。だが、事実の問題として聖堂区の人々に『覚え書』は伝わらなかった。誰も自分の死後を予想できないし、メリエにしても、死後の「空白の十日間」に何が起こるかを想像さえできなかったであろう。そうとはいえ、自分の遺著が問題なく彼らのもとに伝えられるとメリエが考えていたとも想像しにくい。聖堂区の裁判記録保存所にわざわざ『覚え書』を委ねたのもなんらかの配慮によると言えよう。そのことで、メリエは何を意図したのであろうか。

もちろん、私たちはその答をメリエから直接得ることはできない。しかし『覚え書』におけるメリエのディスクールそのものが、その答へと至る鍵を与えてくれている。先の「親愛なる友人の皆さん」と呼びかけた「序文」で、メリエは「皆さん」を「あなたがた」（vous）に置き換えて議論を続けている。これは本論でも同様であり、最後の「理性の法廷への上訴文」まで一貫した、メリエのディスクールを特徴づけるスタイルである。[22]また、このように「あなたがた」（vous）を使って語るディスクールは、メリエにとってなじみ深いものであったはずである。一六八八年助祭に任じられて以来四〇年近く、

メリエの昼の職務は祈りと説教であった。それがいつからか彼の夜の仕事となった『覚え書』の文体となったことは想像に難くない。『覚え書』のメリエのディスクールを特徴づけるのは、「説教の文体」である。その意味では、想定された『覚え書』の第一の読者は、聖堂区の人々、彼らに代表される「民衆」と考えられよう。まさしく彼らのために、メリエはこの書をしたためたからである。

しかし、『覚え書』の中でメリエが「あなたがた」[23](vous)を使って語る相手は、聖堂区民、「民衆」だけではない。たとえば、キリスト教の奇蹟を批判した「証明二」第二〇章で、メリエは「キリスト崇拝者の方々」と呼びかけて、

「これ〔すべての人間の地上における救済〕こそが間違いなく、あなたがたの神聖な救い主なる者が行うべきだったあらゆる奇蹟の中で、第一の、もっともすばらしい、もっとも偉大な、もっとも名誉となる、もっとも有益な、主要な、もっとも必要な奇蹟だったのです」(「証明二」第二〇章一三〇頁、傍点引用者)。

と述べている。メリエの語りかける相手は、ここではもはや聖堂区民や民衆ではない。「あなたがた」として指示されるのは、キリスト教徒、「キリスト崇拝者」(christicoles)である。こうしたメッセージの「受け手」の変更は、『覚え書』の中で、とくにキリスト教の教義批判や「証明七」以降の哲学的議論が主題になる箇所で、幾度か生じる。それは、時には「神崇拝者」(déicoles)や「キリスト崇拝者」(christicoles)とメリエが呼んだキリスト教信者や神学者、また「デカルト派」(cartésiens)、「マールブランシュ主義者」(malebranchistes)と呼ばれるフェヌロンやマールブランシュなどの哲学者や護教論者である。彼らは、『覚え書』の中でメリエの論争の相手として、「あなたがた」と呼ばれる。

ところで、『覚え書』には、これら二種のメッセージの受け手のいずれにも属さない「あなたがた」[24]が登場する。『覚え書』全体で、それはわずか七例に過ぎない。その中には、たとえば「後の二〇二頁を参照」というように、単に参照箇所を指示するためのものもある。取るに足らないと言えば、それまでである。しかし、それはこれまで析出してきた二種の「メッセージの受け手」とは異なる読み手を指示しているのは明らかである。これ以外の六例もすべて、「判断してください」(「証明四」第二八章、二四四頁)、「付け加えてください」(「証明五」第三九章、三三五頁)、「判断してみてください」(同前、三四八頁)、「付け加えてください」[25](「証明七」第七一章、五一九頁)、「考え、繰り返して考えてみてください」(「証明八」第八七章、七一一頁)、「取り去ってごらんなさい」(「証明八」第八九章、七三一頁)、というように命令法の形で表さ

れている。[26] これらの用法で見るかぎり、それは読者への一般的な指示と言える。しかしその内容は、たとえば二番目の用例が、実際には「限りなく完全な存在についてそのように主張することがまったく滑稽でないかどうか判断してください」（傍点引用者）と書かれているように、メリエ自身や論争相手の論拠に関する「読者」の判断を求めている。このことは、判定を委ねられた読者が一定の知的能力を備えていることを予想する。この場合の「読者」は、第一のメッセージの受け手である聖堂区の人々でもなければ、まして論争の当の相手であるキリスト教神学者や哲学者ではありえない。それはいわば、『覚え書』の第三の読者、「メッセージの受け手」である。この第三の読者、メリエと論争者の対立をより高次のレベルで判定しうる、メッセージの受け手とは誰であろうか。この点で注目すべきは『覚え書』の「結論」のあとに置かれた第九七章、「理性の法廷への上訴文」である。その章題を、次に掲げよう。

「死後著者に向けてなされるであろうあらゆる侮辱、あらゆる虐待、あらゆる不正な訴訟につき、著者は権力濫用として上訴する。賢明で啓発されたすべての人々の前で、正しい理性による唯一の法廷に権力濫用として上訴する。本件に関しては無知な者すべて、信心に凝り固まった者すべて、誤謬や迷信に加担し、それを煽る者すべて、同じく暴君にへつらい、媚びる者すべて、そして暴君から禄を受けている者すべてを、判事とすることを忌避する」（「結論」第九七章、八〇〇頁、傍線引用者）。

「上訴文」、正しくは「権力濫用に対する上訴文」を意味するフランス語の《Appel comme d'abus》は文字どおり《Appel》「呼びかけ」である。『覚え書』本論でメリエは、この章題に掲げられた「賢明で啓発された人々」に、直接「あなたがた」と呼びかけてはいない。しかし、この章題に見られるように、メリエは自らの正当性の判定を彼らに委ねている。ところで、先に検討したように、『覚え書』本文中でこの判定者の位置を占めていたのは、そこに登場する特定不能な「あなたがた」であった。この特定不能な「あなたがた」こそ、彼ら「賢明で啓発された人々」を指すのではないだろうか。実際、メリエは『覚え書』の「結論」で、第三者への呼びかけであるが、「ここで私は、才知と良識を備えたすべての方々、また誠実なすべての方々に、この問題について少しの間判断を差し控えてくださるよう切にお願い致します。〔……〕そしてこれらの方々が、これまで述べてきたすべてのことに周到な注意を払われるよう切にお願い致します」（七九四頁）、と述べている。メリエは明らかに、彼ら「賢明で啓発された人々」が『覚え書』を読むことを想定していたのである。彼らこそ、

メリエとキリスト者との論争を裁定しうる読者、メリエの『覚え書』におけるメッセージの第三の受け手と言えよう。

『覚え書』は聖堂区民、そして彼らに代表される虐げられた人々、「民衆」のために書かれている。しかし彼らが『覚え書』を読み、理解できるとは、メリエは考えてはいなかった。そのためにメリエは『覚え書』に二通の手紙を添えて、同僚司祭に自分に代わってそれを彼らに伝えることを求めたのであった。だがその成功の保証はなく、事実成功していない。それでは第三の受け手は、どうであろうか。メリエは知る由もなかったが、「賢明で啓発された人々」とは十八世紀にあって、「フィロゾフ」（philosophes、哲学者）と呼ばれた人々、啓蒙思想家を指した。『覚え書』は「空白の十日間」によって残り、たしかに彼ら「フィロゾフ」に伝えられる。すでに見てきたように、ヴォルテールはその第一の証人であった。またダランベールは、一七七五年サン・ピエール師を讃えるアカデミー・フランセーズでの公開演説で、次のように述べた。

「文人各々は死に際して遺言書を残すべきでありましょう。そのなかで彼は、世辞諂いを述べたことで良心が咎めるような著作や見解、人物について、自ら思うところを忌憚なく述べ、さらに自らが抱き来ったものはただ後世に委ねるべき誠実さのみであったことを、時代に向け許しを乞うべきです[27]」。

「遺言書」に言及するダランベールは、どのようなそして誰の「遺言書」を思い浮かべたのであろうか。メリエの『遺言書』を、そこに重ね合わせることは不可能ではないだろう。メリエは、終生その思想を内面に秘し、ひたすら『覚え書』を綴った。十八世紀という思想や表現の自由のない時代においては、それだけが自らの思想を「地上」の世界に伝えうるメリエに許された唯一の手段であった。そして、「歴史の巧知」は信じ難い仕方で（もしそれが可能ならば「奇蹟」とも呼びたい仕方で）、メリエのメッセージを後世に伝えたのである。

二　社会批判とキリスト教批判

メリエの思想をたずねる私たちの旅はかなりの回り道をしてきた。司祭が遺した『覚え書』について、私たちはさまざまに問うことができよう。だがその答を得るために残された確実な資料は『覚え書』のみである。思想の周辺に位置する『覚え書』の歴史やそこでの「読み手」の問題をたずねたのも、ある意味ではこの資料に正確に向き合うためであった。この回

り道によって、私たちは『覚え書』にメリエが込めた願い、時代に向き合う彼の姿勢を不十分ながらも理解できたのではないだろうか。次に文字どおりテキストの中に入り、「人々の行為と統治に関わる一部の誤謬と悪弊についての思索と見解」をどのように、「世のすべての神々とすべての宗教の虚偽と虚妄を示す、明瞭なる論証」をどのようにメリエが見せてくれるかを検討しよう。

I　民衆への共感と不正への抗議――社会批判の源泉

十七世紀のモラリスト、ラ・ブリュイエール（一六四五―一六九六）は、『カラクテール』の中で当時の農民の姿を次のように描いた。

「何やら野獣のごときものが見える。雄もあり雌もあって、野良に散らばっている。黒いのもあれば、鉛色なのもあり、いずれも陽にやけている。大地にへばりつき、その断ちがたき執拗さを以て、掘りかつ耕している。その声には何やら音節がある。腰をおこした所を見ると人の顔をしている。いやそれは本当の人間だった。夜になれば巣穴に帰り、黒いパンと水と草の根とで露命をつなぐ。彼らは、他の人間が種を蒔き、耕し、収穫する労を取らなくても生きられるようにしてやっているのだから、自分たちが種を蒔いたパンに事欠かないだけの資格は彼らにもあるのだ(28)」。

メリエもまた、『覚え書』でこの箇所を引用している（「証明六」、第五章、五六七頁）。しかしその際、最後の傍線部分は、「……種を蒔き、あれほど苦労して生み出したパンに……」と書き改めている。この一節に表された農民の姿は、まさにアンシャン・レジーム下の、さらにはフランス革命を経てもなお目にしえた大多数のフランス農民の姿そのものであろう。当時多くの民衆は、タイユ税をはじめとするさまざまな租税に加えて、戦争遂行のための増税による生活の圧迫、さらに飢饉や疫病に苛まれていた。しかもメリエが生涯を過ごしたシャンパーニュ地方の農民たちの生活はとりわけ苛酷であった。シャンパーニュ地方も含め、オランダ、ドイツとの国境近くに位置した諸地方の農民たちは、十七世紀後半から十八世紀にかけて、ルイ十四世の拡張政策のもとで、フランドル戦争（一六六七―六八）、オランダ戦争（一六七二―七八）、アウクスブルク同盟戦争（一六八八―九七）、スペイン継承戦争（一七〇一―一三）と度重なる戦禍に見舞われる。

メリエは、そうした当時の農民の具体的な生活には、『覚え書』ではまったくと言ってよいほど触れていない。しかし私

たちはその様子を、メリエとほぼ同時代オランダ国境に近いフランドル地方の小村、リュメジー[29]の司祭を勤めたアレクサンドル・デュボワ（一六八六―一七三九）が残した『日記』[30]からかなり詳細に知ることができる。いくつか例を上げよう。「この頃は泥棒たちだけ、人殺しだけ、飢えで死ぬ人々の話だけしか耳にしません。〔……〕今年はこれまでの数年間に死んだ人よりも多くの人が死んでいます。生きてこの世に有ることに本当に疲れ果ててしまったのです」（九一頁）。一六九三年の凶作の折りにデュボワ司祭はこう記した。また有名な一七〇九年の大寒波の際には次のように記している。「一七〇九年の大災害すべてを書こうとしたら、決して書き切れないでしょう。民衆の貧しさは身の毛もよだつほどで、涙でそれを表すより他にはできはしないと思われるくらいです。〔……〕各自が週毎に口にできるものと言えば、小麦、大麦、ソバ、燕麦などを負篭に半分、それで前の年には犬も食べなかったパンを作りました」（一五八頁）。聖堂区付き司祭としてメリエが接してきた農民たちの生活も、やはり同様の状態に置かれていたであろう。その惨状を前にしてメリエは自らの感慨を次のように綴る。

「私はソロモンと同じく生きることへの疎ましさと軽侮の念でいっぱいになり、あの人と同様死んだ者の方が生きている者よりずっと幸福で、一度も存在しなかった者の方が現に存在しこんなに多くのこんなにひどい悲惨のうちにいまだ呻吟している者より千倍も幸福だと思うようになりました」（「序文」第一章、四頁）。

「すでに死んでしまった人の方が、まだ生きている人より幸せだ」とは、『旧約聖書』中の『伝道の書』（第四章二節）に見られるソロモンの言葉である。メリエはそれに託して、民衆の悲惨を語る。しかし、それが当時の社会のすべてではなかった。実際、多くの民衆が戦禍や疫病や重税に苦しむ一方で、彼ら民衆の労働に寄生して安逸を貪る貴族や金持ちや僧侶などの支配者階級が存在した。それもまたメリエにとって、無視しえない現実そのものであった。

「一方の人々はあたかも天国にいるかのように、いつも繁栄し、あらゆる財貨に豊かに囲まれ、さまざまな快楽と喜びのうちにいるのに、もう一方の人々は反対に、あたかも地獄にいるかのように、いつもさまざまな労苦と苦痛と悲嘆の中にあり、貧困から来るありとあらゆる悲惨の中にいるのです」（「証明六」第四八章、三九四頁）。

地上に現れたこの「天国」と「地獄」、メリエによれば、それは往々にして「通り一つ、壁や仕切一枚で隔てられているだけ」（「証明六」第四八章、三九四頁）である。それこそ、アンシャン・レジームを貫く基本対立、農民をはじめとする庶

民と、貴族や僧侶などの支配者階級との対立の姿であった。メリエはこの対立を鋭く感知し、『覚え書』全体を通じてそれを激しく糾弾する。それゆえ農村にあって、まさしくこのアンシャン・レジームを貫く根本的な対立のただ中に、しかもそれが最も先鋭的に現れた地域に暮らしたことが、メリエの社会批判を成立させる規定的条件であったと言えよう。

　しかしながらそれがどれほど激しいものであれ、社会的諸矛盾の集中点にいることから自動的にこの矛盾に対する批判が生まれるわけではない。もう一度、デュボワ司祭の『日記』とメリエの『覚え書』を比較してみよう。『日記』と『覚え書』を比較すると、そこで一つの奇妙な事実に出会う。すでに見たように、メリエは民衆の悲惨をソロモンの言葉に託し、またアンシャン・レジームの対立を「天国」と「地獄」の対立として描き出した。デュボワ司祭も、先の一七〇九年の大寒波に続くオランダ軍の占領時には、「最後の審判はもっと恐ろしいものなのでしょうか」（一五三頁）と記している。しかしその視点は主として第三者、観察者のそれであり、デュボワ司祭はただそれを嘆くばかりであった。他方メリエにあって、民衆への共感や心情的な同化が強く現れる。一体何がメリエとデュボワ司祭を分かったのであろうか。

　メリエは、あたかも当時の民衆の悲惨を『聖書』、とりわけ『旧約聖書』に描かれたユダヤの民のそれに重ねあわせるかのように、その視点を『聖書』の中の人物に同化させ、民衆の悲惨に共感している。しかもこの同化を、メリエは自覚さえしていた。

　「善良なヨブが富み栄えた日々に行ったことを私もまた喜んでしたことでしょう、〈私は貧しい者の父となり、盲人の目となり、足のない者の足となり、手のない者の手となり、語れぬ者の舌となった、貧シイ者ノ父トナリ、盲人ノ目トナリ、足ノナイ者ノ足トナッタ〉（『ヨブ記』第二九章一五、一六節）、と彼は言いました」（「序文」第二章、一六頁）。

　生涯を神の使徒として全うしたデュボワ司祭よりも、最後に神に反旗を翻したメリエの記述のうちに宗教的色彩が色濃く現れるのは歴史の皮肉であろうか。しかし、これがメリエの「真情」であり、それがメリエを社会批判へと押し進めているのである[31]。実際、先の『伝道の書』でソロモンは、さらに次のように語っていた。「私はまたこの世にある、他のことに気づいた。正義の席に不正がついており、正しい人の席に罪人がいるのを見た」（第三章一六節）。メリエもこの言葉を引用し[32]、それに続けて「もっとも完璧な徳すら、もっとも清らかな無垢すら中傷者の悪意を免れないほどこの世に多くの邪曲があることを私は知りました。数限りない不幸な罪のない人々がわけもなく迫害され不当に虐げられ、しかも誰一人その不運に心

を動かされず、彼らを助ける情け深い保護者が一人として見つからないのを私は見ました」(「序文」第一章、四頁)と綴る。アンシャン・レジームを批判する際に、メリエはマラナの『トルコ皇帝の密偵』やフェヌロンの『テレマックの冒険』をはじめとするさまざまな文書を利用している。しかしメリエをアンシャン・レジームの批判へと促しているのは、むしろ『聖書』そのもの、とりわけ『旧約聖書』の「教訓書」といわれる『ヨブ記』、『詩篇』、『箴言』、『知恵の書』などである。「証明二」から「証明五」までの議論がその批判に当てられていることからも明らかなように、『聖書』は全体としてみればメリエの批判を免れるものではない。しかし、人知を超えるものではないという留保付きにせよ、メリエは『ソロモンの箴言』や『知恵の書』や『集会の書』の名前をあげ、そこに「たくさんの良い教えや立派な良い道徳律がある」(「証明二」第一六章、八四頁)ことを認めている。先に『旧約聖書』中の人物ソロモンの言葉に仮託して、メリエが民衆の悲惨を嘆いていることを指摘したが、メリエの社会批判を支えているのは一面においてメリエ自身がその中で育ってきたキリスト教、『聖書』の思想世界であり、それが『覚え書』ではむしろ重要な役割を果たしているのである。

2 神権政治の批判——「不法の奥義」

メリエの目に映ずる「天国」と「地獄」は、アンシャン・レジームの実態そのものであった。しかしメリエによれば、この現実は人間にとって不可避な運命でも必然事でもありえない。なぜなら、「すべての人間は生まれながらに平等で、みな等しく、地上で生存し、歩く権利、また同様にそこで自分たちの自然的自由を享受し、生活に必要なあるいは役立つものを得るため、互いに役立ちながら働き、地上の財貨を分け持つ権利をみな持っている」(「証明六」第四二章、三六四頁)からである。だが、この生来の平等も、人々に内在する気質や精神のさまざまな差異、その相互の不一致を排除しない。その結果、力や権勢欲に駆られた一部の人々、それに追随する人々により、他の弱い人々がその欲望の犠牲とされ、土地や財産の「私的所有[33]」(appropriation particulière)が生ずる(「証明六」第四八章、三九二頁)。こうして「偉大な征服者ども、すなわち地上の諸州や諸王国の大盗賊や簒奪者どもが、公爵や王や皇帝や最高君主の名や肩書を僭称」(「証明七」第六一章、四五四頁)することになる。

この現実を前に、「宗教」はその本来の「穏やかさと敬虔さ」とによって専制政治の苛酷さと不正を責めてしかるべきだ、

とメリエは考える（「序文」第二章、一〇頁）。しかし、専制政治とキリスト教は、現実にはあたかも「二人の巾着切り」(同前）のごとく互いに認め合い、支え合う。

「一方では宗教上の職務を帯びた司祭たちが呪いと永遠の地獄落ちで脅かして、為政者や君主や主権者は他人を治めるため神の手で設けられたものだから服従するようにと勧めますし、他方では君主が司祭たちを敬わせ、彼らに多額の俸給と実入りがあるようにして、偽りの聖職という虚妄で欺瞞的な職務を維持し、司祭たちが宗教と神崇拝という立派なもっともらしい口実を使って行う一切を、またこれを信ぜよ、こうせよ、と他人に命じるすべてのことを、神聖なもの聖なるものと見なすよう無知な民衆に強制します。〔……〕このようにして誤謬と悪弊と迷信とペテンと圧制がこの世に打ち立てられ、こんなにも苛酷で重いくびきの下に呻吟する哀れな民衆の大きな不幸を招き、それがいまだに維持されているのです」(同前)。

ここにメリエが描き出した、王侯貴族の暴政と僧侶のペテンによる二重の民衆支配、それは紛れもなくルイ十四世治下の「神権政治」の実態そのものである。この支配体制を、メリエは「不法の奥義（mystère d'iniquité)」と呼んだ。「不法の奥義」とは、メリエも引用しているように、『新約聖書』中のパウロによる『テサロニケ人への第二の手紙』に見られる言葉である。そこには、「不法の奥義はすでにうちに働いている。〔……〕悪の者はサタンの力に従って現れ、力としるしと偽りの不思議をすべて行い、また救いに至る真理への愛を受けなかった滅びる者のために、不義の惑わしをするであろう」[34]（第二章七節）、と記されていた。それは、キリストの来臨に先立って現れる、欺瞞による悪の支配を意味する。もとより、メリエに救世主を待ち望む意図はない。しかしメリエは、「民衆を過去、現在にわたって統治する連中は、〔……〕自分を恐れさせ、自分に服従させ尊敬の念を抱かせるために、このようにして神の名と権威を、図々しいことに罰せられもせずに悪用しています」(同前、一二頁）と語る。私たちはそこに、『聖書』に見られる「不法の奥義」という理念が、メリエにおいて自らが生きた時代の本質を把握するための概念装置として機能していることを、読みとるのは難しくはないだろう。

メリエは「不法の奥義」のうちに、「人間社会の幸せを乱し、人々をこの世でかくも不幸にするあらゆる禍の真の源、本当の起源」(同前、六頁）を見いだし、『覚え書』をその暴露と批判に当てた。それは、この「不法の奥義」が支配者にとって、「ありとあらゆる財貨を望みどおりに出現させる豊饒の角」(「序文」第二章、一二頁）にほかならないからである。し

かしメリエが『覚え書』で力を込めて批判するのは、キリスト教の教義や神の存在を擁護する「護教論」である。メリエによれば、キリスト教は民衆の「無知や正しい教育の欠如」(第九六章「本書全体の結論」、七九八頁)に付け込み、その「良心を支配して」(「序文」第二章、一四頁)、民衆を王侯や貴族の支配のもとにつなぎとめる役割を果たす。「不法の奥義」の批判とは、なによりもそうした欺瞞やペテンの暴露を意味する。かくして、キリスト教的な意味での「憐憫の情(pitié)」や「惻隠の情(compassion)」から発したメリエは、やはり『聖書』を拠り所にしてアンシャン・レジームの本質を把握し、さらにキリスト教自体をもこの専制的政治支配の精神的支柱として、糾弾し告発するのである。

メリエは、『覚え書』の「序文」で「不法の奥義」への批判を課題として提出し、続く本論でキリスト教を批判し、その「結論」で民衆に向い「不法の奥義」の打倒を呼びかけている(七八七頁)。こうした『覚え書』全体の構成自体が如実に物語っているように、その主題はあくまでも「不法の奥義」と概念化される「旧体制」下の民衆支配の暴露と批判であった。『覚え書』本論を構成するキリスト教批判、そして無神論や唯物論の展開は、ただこの主題との相関において成立する。宗教の美名のもとにこの支配が正当化され、それへの服従が強要されるかぎり、メリエにおける「不法の奥義」への批判は、まずなによりもこの欺瞞の暴露に、すなわち「神あるいは神々の名と権威によって公示されるすべての法や命令も、祝祭と供犠あるいは神への礼拝におけるあの麗々しいさまざまな見世物も、その他神々を称えて行われる迷信的な、宗教上の敬虔なさまざまな勤めも、そういうもの一切は本当は人間の発明にすぎない」(「序文」第三章、二一頁)ことの暴露に向けられねばならなかったのである。

メリエにおける政治批判は、それが『覚え書』において「不法の奥義」への批判として現出するように、なによりも民衆が蒙らねばならない「悪」[35]の問題として位置づけられている。この問題は単にキリスト教批判の要件をなすだけでなく、当然「原罪」の教義や「弁神論」の問題とも関係し、キリスト教批判の内部においても重要な参照事項として機能することになる。これまでのメリエの研究史においては『覚え書』の構成上の不備がつとに指摘され、政治批判と哲学批判の未分化もその重大な欠点とされていた[36]。だがむしろその「未分化」こそ、『覚え書』におけるメリエのキリスト教批判の最大の特徴をなしていると言えよう。

3　キリスト教批判の展開

私は、これまで幾度か『覚え書』では無神論、唯物論が展開されていると述べてきた。しかし『覚え書』において、メリエはいきなり無神論や唯物論を展開しているわけではない。『覚え書』における宗教批判は、異教批判によって開始される。その際、批判の根拠とされるのは、「主は一つ、信仰は一つ、洗礼は一つ、神は一つであり、教会も〔……〕使徒承伝・ローマ・カトリック教会一つ」（「証明一」第四章、二五頁）、というカトリック側の主張である。本当に神が設けた宗教があれば、それは一つの原理によるはずである。しかし、異教の多くは原理的にも互いに対立し合っており、そのような宗教は真の宗教たりえない、とメリエは批判する。異教批判は、すぐ後でメリエが指摘するように、カトリックとプロテスタントの間、キリスト教各宗派間の宗教論争において他派を批判する手段であったし、いくつかの反キリスト教的地下文書においても、それはキリスト教を批判するための導入の役割を与えられていた。ではメリエの場合、その批判はこれ以降どのように進められるのであろうか。メリエは、異教批判を次のように締めくくる。

「そうであるなら、あなたがたも分かるように、以上ですでに大部分の宗教は偽りであると間違いなく認められたわけです。したがって世界中にあるこれほど多数の偽りの宗派と宗教の中に、少なくとも本物であるものが何かあるかどうか、他のものより真であって本当に神が設けたと断言できるものがあるかどうか、を知ることだけが今や問題なのです」（「証明一」第八章、四四頁、傍点引用者）。

したがってこれ以降、それが真の宗教と言えるかどうか、真実神が設けた宗教と言えるかどうかという視点から、メリエはキリスト教を批判することになる[37]。ところで、異教の場合同様、キリスト教もその内部でさまざまな宗派が「自説を守ろうと戦火に訴え血を流し、迫害し合うことまでして」（同前第八章、四五頁）相争う。それゆえ、異教同様キリスト教も真に神が設けた宗教たりえない、とメリエは言う。『覚え書』におけるキリスト教批判は、こうしてカトリックの主張をもとに異教を批判し、その同じ論法をキリスト教に差し向ける形で始められる。ここで、「証明二」で「奇蹟」を論ずる場合を例に取り上げ、メリエのキリスト教批判の具体的な現われを検討してみよう。

メリエは、はじめに「奇蹟」を語る人物の信頼性に疑問を投じ（第一三、第一四章）、『聖書』の記述に後世の加筆があることを示す（第一五章）。またその内容も人知を超えるものではなく（第一六章）、記述相互間にも矛盾があることを指摘す

る（第一七章）。そして最後に、あたかもそれが先の「本当に神が設けた宗教があるかどうか」という問題設定に対応するかのように、神の観念による批判を行う（第一八―第二〇章）。メリエはそこで、たとえばユダヤ民族に神が「奇蹟」を顕わしたと語る『聖書』の記述について、一民族にのみ「奇蹟」を顕すことは神の愛の普遍性に一致せず、それゆえそのような記述は信ずるに足らないと言う。実は、メリエがここで依拠しているのは、「証明一」の最初に異教批判を行った際にその根拠とされた、同じ神観念である。メリエは、その理由を次のように説明する。

「限りなく完全な存在の偉大さと善なる本性と知恵と義に関しては、神のこれらすべての完全性にふさわしいようなことしか考えるべきではありません」（第一八章、九八頁）。

神観念、正確には神の属性概念に基づくこうした批判は、「証明二」ばかりでなく「証明五」までの各「証明」に見られ、そこで重要な役割を果たしている。[38]『覚え書』前半部におけるメリエのこうした批判は、それだけを見るならば、たしかに理神論的と形容しうる内容となっている。ヴォルテールが『覚え書』の要約本を出版した際、その中でメリエをヴォルテール同様の理神論者に仕立て上げたことを先に指摘したが、メリエのこうした批判がそれを可能としたことも明らかであろう。しかしながら、『覚え書』前半部でのメリエの神観念の取り扱いは、それほど単純ではない。メリエは先の「証明二」の冒頭で、神観念を次のように「奇蹟」批判に導入する。

「実際、神が神であるなら、つまりわがキリスト崇拝者たちが理解し、述べているような神が本当に存在するなら、その神は等しくすべての被造物の作り手なのでしょう〔……〕」（第一八章、九九頁、傍点引用者）。

ヴォルテールの抜粋では、この箇所は完全に削除されている。その理由は、明らかであろう。ここでメリエは、文法上の条件法を用いて、「神が神であるなら、つまり神が本当に存在するなら」（si Dieu était Dieu, c'est-à-dire s'il y avait véritablement un Dieu）と述べている。条件法には、ありえないこと、つまり非現実的な仮定を表す用法がある。それに従えば、このメリエの表現には「神がいない」ことさえ含まれているからである。神の属性概念に依拠して、メリエがキリスト教の教理や教義を批判する時、その批判はたしかに「理神論的」な様相を呈する。しかしその際、メリエはいわば括弧つきで神の観念を議論に導入しているのである。メリエを理神論者に仕立てるため、ヴォルテールがこの括弧づけを徹底して排除したことは言うまでもない。[39]

それでは、この括弧に入れられた神の観念は、『覚え書』前半部のキリスト教批判の中でどのような役割を果たすのであろうか。先の「奇蹟」批判の中で、次のような表現をメリエは繰り返し行っている。

「こうした例や奇蹟から、神は実際にある人々の、それも罪のない人々のちょっとした過ちや、それどころか罪のない人々がやってもいないような罪をも咎めて、邪な人々のきわめてひどい悪徳やきわめて悪辣な罪をこらしめる場合よりもっと厳しく罰したらしい、ということも簡単に分かります。〔……〕なんということでしょう。この上ない善性が、この上ない英知が、限りなく完全な存在が、ある女や子供やその他ある個人を危険から守り保護するためにわざわざ天使を遣わしたのに、〔……〕私たちの始祖アダムとイブには、彼らを誘惑するために蛇の姿をした悪霊あるいはサタンを遣わし、そういう手段で全人類を破滅させたというのですか」(第一八章、一〇八―一〇九頁)。

前後の文脈から判断するかぎり、これは「奇蹟」を記す『聖書』の記述への疑問である。しかし、「証明三」で「生け贄」を批判する箇所では、「先の『聖書』と先の神聖な神の啓示なるものが証言しているごとくにもしそうであるなら、こう言うのが正しいでしょう。〔動物の生け贄が行われていたとすれば、〕そのような神ほどに血を好む暴君も、それほどに肉を好む野獣もいたことはないと!」(「証明三」第二二章、一四五頁)と、メリエは書く。ここではむしろ『聖書』の記述を理由に、疑問は神そのものに投げかけられている。そして「証明五」の「原罪」批判では(第三九章)、メリエはその疑問をさらに強い調子で表現する。限りなく善で限りなく賢明な神が、一人の人間のほんの些細な過ちを止めることもできず、かえってそれを理由に人類全体を罪に落とし、その死後も地獄の永遠の業火で責め苛むなどとは信じられない、とメリエは言う。

「あえて申しますが、そんな神は憎まれ、忌み嫌われ、永遠に呪われるに値することでしょう」(三四六頁)。

これは、メリエ自身の神への怒りではないだろうか。メリエの神に向けられた疑問や怒りは、その前後の文脈を見るかぎり、キリスト教の主張に従えばそう言わざるをえないという形で表現される。しかし、同じ「第三九章」の最後では、善と慈愛に溢れるとされながら人を罰して止まない神、全知全能とされながら人間の些細な罪さえ止められない神と言われるように、ついにはそれまでメリエ自身のキリスト教批判の原理としてきた神の観念そのものの矛盾をも、メリエは指摘するに至っている。

括弧に入れられた神観念は、それゆえ、この観念に基づくキリスト教の教理や教義に対する批判という理論的枠組みに収

められながら、批判の対象とされる『聖書』の記述への批判の根拠であるとも、神そのものへの疑問を生み出す根拠とも解せる二様の仕方で表されている。いやむしろそれは、キリスト教批判の当初から、この批判そのもののうちにメリエが神への疑念を表明し、神と対決する場を『覚え書』前半部の理論的空間のうちに作り出す装置として機能していたのではないだろうか。実際、キリスト教批判が進むにつれて、神に向けられたメリエの疑問はその鋭さを増している。これは単なる偶然であろうか。先に異教批判を宗教批判の導入とした「証明一」第八章を取り上げたが、メリエはそこでキリスト教批判の基本的視座を設定して、次のように語っていた。

「欠けるところなく善であり欠けるところなく賢明であるという神々が、意志を人間に知らせるためにそのような疑わしい当てにならぬ手段〔見神や啓示〕を一度でも用いようとするとはまったく信じがたいからです。そして、それは人間に神々の言葉の真実性を疑うきっかけを与えることになるだけでなく、神々の存在そのものを疑う種さえ十分に与え、実際神々など何ものでもないのですが、そのとおりに、神々そのものがまったく存在しないと信じる種を与えることにさえなります」（三九頁）。

この一節もこれまでの例同様、キリスト教の教理を退ける理由として述べられているにすぎない。だから、メリエもわざわざ「神々」と複数形で表現して、一神教のキリスト教とは区別している。しかし、その内容はこれまで私たちが検討してきた神の観念の括弧づけの内部での展開を予告していたと言えよう。それゆえ、「真の宗教はあるか」、「真に神が設けた宗教はあるか」と問う『覚え書』前半部でのメリエのキリスト教批判は、神の観念の合理主義的理解に基づいてその教理や教義を批判する「理神論」的議論のレベルと、それに並行してこの観念自体を括弧に入れ、それを一個の問題として展開してゆく議論のレベルとの二つのレベルで遂行されていたのである。

「証明五」に至るまでのメリエのキリスト教批判は、分かち難く結び合いながら、しかしそのどちらへも還元されえない二層の構造をもって展開される。それは、もはや「理神論」的と形容し尽されないことは言うまでもない。しかしまた、それを「無神論」的と断ずることも許されないであろう。その議論は、仮に無神論者でなければなしえないとしても、少なくとも論理展開上はただ神の存在を前提にすることによってのみ成り立っているからである。しかしメリエは、「証明七」以降紛れもなく「無神論」を展開する。「証明五」までの議論は、あたかもそれを準備するかのごとく、一方で神を前提にキ

リスト教の教理や教義を批判し、他方でこの神への懐疑を深めてゆくのである。

4　キリスト教批判から「神」の批判へ

『覚え書』のキリスト教批判が、神を前提にすることから神そのものの批判へと進められてゆくとすれば、その決定的な転換点をなすのが「証明六」である。メリエはそこで、民衆の「悲惨」の元凶である社会的不正や悪などを批判して、次のように結論する。

「ある宗教がその教理と道徳においてさまざまな誤謬を説き、正義と自然的公正に反し、人々の良き統治に反し、公益を害するさまざまな悪弊を許し、是認し、権威づけ、また地上の君主や国王が苛酷で残酷な支配の暴虐なくびきを民衆に課して彼らを呻吟させているのに、その圧制と暴虐な統治に権威さえ与える場合、それは真の宗教ではありえず、本当に神によって設けられたものではありえない。〔……〕さて、キリスト教は上で述べたようなあらゆる誤謬を説いていますし、〔……〕それゆえ、キリスト教が神の権威の上に基礎づけられているというのは真実ではありえません。したがってキリスト教は偽りであり、他のすべての宗教がそうでありうるのに劣らず偽りでさえあるのです」（四四四頁、傍点引用者）。

メリエが、キリスト教を「真の宗教ではありえず、本当に神によって設けられたものではありえない」と断定するのは、この「証明六」の結論においてである。それは同時に、「証明一」から始まる『覚え書』前半部全体の結論ともなっている。なぜなら、この結論を受けて、「証明七」ではメリエはもはや「真の宗教はあるか」、「真に神が設けた宗教はあるか」と問うことなく、「神の存在への信仰」それ自体を直接批判の対象とするからである。「証明六」は、社会的不正を批判する点で内容上それまでの「証明」と異なるものの、この結論が示すように、先行する「証明五」までと共通の問題設定に属している。しかしそこでは、これまで二層構造的批判の要に位置してきた「神」は、ただ神は社会悪を望んだはずがないと指摘されるだけで（第四三章、三七一頁）、もはや従来と同じ意味で批判の根拠とも、対象ともされていない。それゆえ「証明六」は、『覚え書』の全体的構成という視点から見れば、「証明五」までの神の存在に関する暗示的な批判から、「証明七」以降の明示的な批判への転換点をなしている。だが、キリスト教は「神の権威の上に基礎づけられているというのは真実ではあ

りません」と「証明六」を結んだメリエが、いかなる根拠によって「証明七」で神の存在そのものを直接の批判対象としうるのであろうか。そこに論理の飛躍はないだろうか。この点を「証明六」のメリエの議論を追いながら検討しよう。

「証明六」でメリエは、はじめ社会的身分や財産の不平等はなんら人間本来の価値に由来せず、かえってそれは人々の間に悪しき情念を生み出すと批判する（第四一章）。この批判は、次いでこの不平等を享受する者へと向けられ、「その富と必需品のすべてを引き出しているのは、実際には公衆からでしかない」（三七八頁）がゆえに、貴族や僧侶は社会の「害虫」（三七〇頁）、「蛭」（三八六頁）だ、とメリエは言う（第四二―第四七章）。そして第四八章で、社会的不平等の根底にあるものとして、メリエは財産や富の私的所有[40]（三九二頁）を糾弾する。すでに見たように[41]、メリエはこのことのうちに地上に天国と地獄が壁一つ隔てて並ぶかのような現実が生み出される原因を見いだす。つまり、メリエにとって社会的な「悪」は、神とは無縁な、少なくとも直接的には無縁な人間的理由によって生じるのである。

この視点からあらためて「証明六」に先立つ諸章での神観念の取り扱いを振り返るならば、そこには明らかな連続性が認められよう。民衆の悲惨な生活への共感から発して、「不法の奥義」の暴露と批判を課題とした『覚え書』のキリスト教批判は、たしかに「神」を前提にして開始された。そして先にも示したように、第三九章の「原罪」批判では、この神観念そのものの矛盾が指摘されるに至った。こうした展開の中で、何が神の側の矛盾を呼び起こしたのであろうか。たとえば同じ第三九章で、仮に人の罪が神を傷つけると言えるとすれば、メリエは「世界中で毎日一瞬ごとに犯される悪徳や犯罪や罪の数の多さ、ほとんど無限と言える夥しさは、神をすべての存在の中でもっとも不幸で惨めな者とするでしょう」（三三四頁）と言う。神の観念の矛盾を喚起するのは、そうした地上の現実そのものである。またメリエは同じ章で、「この世における有限の苦痛や禍が本当に神の懲罰であるとはとても思えません」（三四二―三四三頁）とも言う。

では、現世における悪は何に由来するのか。従来のキリスト教神学においても悪の問題はきわめて重要なテーマであり、この時代それは「弁神論」として神学の新たな一分野となりつつあった[42]。それは、現実に存在する「悪」を認めつつ、神の義を擁護しようとするものであった。しかし、メリエにとって一切の考察の出発点は、まさしく地上において民衆が被る悲惨からの解放であった。メリエの考察がそうした弁神論の方向をとることなく、むしろこれと真っ向から対決することになるのは必然であった。したがって、問われるべきはまさしく現世における悪の由来そのものであり、それゆえに「証明六」

では社会悪の糾弾と「分析」がなされるのである。そうした課題を受けて、同じ第四八章でメリエはラ・ブリュイエールの表現を借り、次のように問いかける。

「『これらの事柄が人間たちの悪意によって転倒されているか、神が神でないかである』と言わせているのです[43]」（三九四頁）。

「不法の奥義」の批判を目指し、「神」を前提にすることから開始されたメリエの議論は、ここにおいて明確に「神」を相対化する。しかもここに新たに提出された問い、とりわけ「神は神でないのか」という問いは、「証明二」で「奇蹟」批判のために導入された「神が神であるならば」という仮定の転倒を意味する。『覚え書』前半での神への懐疑を深める論理展開が神に対する暗黙の批判とすれば、その後半の論理展開は、唯物論に基礎を置く神に対する公然たる批判を形づくる。まさしくこの問いこそが、実は『覚え書』における論理展開の地平の転換点、神の存在に向けられた暗黙の批判から公然たる批判への転換を促す梃子の役割を果たしているのである。

実際「証明六」の後半で、それまでのモラリスティックな社会批判から転じて、メリエはフランスにおける国王を頂点とする民衆支配の体制や租税制度を具体的に告発し、それが「人間たちの邪悪さ」によるものであることを示す。こうして、上の問いの一方が消去される。残された問いは、「神は神でないのか」である。「証明七」でこれが主題的に論じられる。

三 「神」との対決

「証明七」は全二十八章から成り、『覚え書』全体のほぼ三割を占め、量的にも『覚え書』中最大の「証明」である。また「この点〔神が存在すると考えること〕では依然として人々は欺かれていること、そしてそんな存在はいない、すなわち神はいないこと〔……〕、したがってまったく真実に反し、しかも欺瞞的に宗教のさまざまな誤謬を作り出し、維持するため、同じく君主や国王たちの暴虐な権力を維持するために、人々は神の名と権威を使っている」（第五九章、四四七頁）ことの証明が目指される点で、「証明七」は内容的にも「不法の奥義」を批判する『覚え書』の中心をなしている。

その批判のはじめに、メリエは神の存在・非存在をめぐって論ずべき主題と討論の場を設定する（第五九―第六六章）。

メリエによれば、ソクラテスやプラトン、アリストテレス、下ってはヴァニーニやスピノザなど歴史上宗教や神の存在に疑問を投げかけた人は多く[44]、民衆はただ強制されて宗教を信じているにすぎない。そこからメリエは、次のような帰結を引き出す。

「神の存在に関する信心は人が称するほど確実でも、確定的でもないことがはっきり理解されますし、それゆえ無神論は迷信深いわが神崇拝者たちが吹聴するほど奇妙でも怪物じみてもおらず、それほど不自然な考えでもないことがはっきり理解されます」(第六〇章、四五三―四五四頁)。

メリエは、「証明七」に入ってはじめて、前半部には見られなかった主張、「無神論」を一個の理論的可能性として提示し、それを「神の存在への信仰」に対置する。ところで、キリスト教が「信仰」の対象とするのは超越者としての神、「隠れたる神」、メリエの表現によればぱ「目に見えない神」(第六二章、四五七頁)である。「証明七」は、霊魂の不死性を論ずる「証明八」とともに一個の体系的な哲学的論説を構成し、その全体を通じて「神の存在への信仰」を批判する構造となっている。その議論は、人間をも含めた自然界と神との関係を論じた「創造説」批判、地上において人間が被る「悪」は神によるより大きな「善」のためとする「弁神論」批判、さらに霊魂の不死性への批判による「神」の霊的支配への批判の三部に大別できる。以下その批判を個別に概観しよう。

Ｉ　「神」と「自然」――創造説の批判

メリエによれば、「隠れたる神」への信仰は、古代の複数神信仰や偶像崇拝の後に成立する。しかしそれは、複数の神や偶像を崇めることの不合理さを取り繕うため、「神からあらゆる体やあらゆる形、またあらゆる物質的で感覚的な姿を取り去るよう余儀なくされ」(第六二章、四五八頁)た結果であり、超越神の概念は感性的な外衣を剝ぎ取られた結果として、消極的に成立するにすぎない。やがて明らかになるように、そこにメリエは「隠れたる神」への批判の根本的な契機を見いだしている。ところで、この「神」は単に歴史的起源を持つだけでなく、同時に一定の形而上学的根拠をもって主張される。すなわち、人は自然のうちにある美や調和を認めざるをえない。キリスト教徒は、そこから神性を帰属させうるいかなる物質的存在もないことを理由に、自然の美や調和の原因を「非物体的で非物質的な存在」(第六三章、四五九頁)に帰属させ

るからである。かくして、メリエにおける「神の存在への信仰」に対する批判の第一は、「隠れたる神」と物質的世界（＝自然）の関係理解の問題をめぐって、後者を前者に従属させる神学的形而上学との対決として遂行されることとなる。

神性を持たない自然という発想は、物質の本性はただ延長にあるとしたデカルト哲学に由来する。また先の自然の美と調和から神の存在を証明しようとする議論は、当時フェヌロンが『神の存在と属性の証明』（一七一三）で中心的に展開しており、マールブランシュもすでに『真理の探究』（一六七四―七五）で、デカルト的物質観をもとに「機会原因論」を展開し、「被造物」の無力化を計っていた。ところで、神性を帰属させられない物質的存在の承認は、メリエにも有力な論拠を提供する。自然が自らの美や秩序の原因たりえないとみなされるかぎり、それはたしかにフェヌロンやマールブランシュらの神学的形而上学を可能とする。だが逆に、それらの原因が自然自身にあれば、自然はもはやいかなる意味においても神を必要とはしなくなるからである。それゆえ、デカルト哲学を源泉とするフェヌロンやマールブランシュらの論議、とりわけその物質観のうちに「隠れたる神」が成立する根拠を見いだしたメリエは、精神と物質とを峻別するデカルト的形而上学の領域を「神の存在への信仰」に対する批判の舞台とするのである。

「神」と「自然」との関係理解に関するメリエの第一の論点は、「存在論」をめぐって提出される（第六六―第六九章）。メリエによれば、この問題は有神論者による「世界の創造説」と無神論者による「世界の自然形成説」との対立として現れる（第六四章、四六三―四六四頁）。この対立の根本には「第一原因」に関する問題があると、メリエは考える。事物の存在と生成に関して、人は決して原因から原因へと無限に遡行しえない以上、「生み出されたものではなく、したがってそれ自体他のいかなる原因にも依存せず、それ自体で現に存在するところのものである第一原因」（第六九章、四八六頁）を認めざるをえない。問題は、「第一原因」が「神」であるか、それとも「物質」かである。[46] メリエはマールブランシュの存在論を援用して、それが「物質」にほかならないことを示そうとする。

マールブランシュは『真理の探究』で、「限定なき存在は必然的であり、独立しており、ただ自分自身から自らの存在を引き出す。すべてあるところのものは存在から生じる。すべてあるところのものは存在から生じるがゆえに、なにものかがあれば存在がある」（R.V., II. 95）と述べていた。[47] そしてマールブランシュは、「神の精神が人間的な思考を持っていると考えてはならない。〔……〕神の本当の御名は、有って有る者（CELUI QUI EST）、すなわち限定なき存在、全き存在、無限

にして普遍的な存在である」(R.V., I. 743) と言うように、普遍的存在者の存在規定をそのまま神の規定とする。しかし、このようなマールブランシュの「神」のうちに、キリスト教の神、「アブラハムの神、イサクの神、ヤコブの神」(パスカル)の相貌を見いだせるであろうか。そこには明らかなずれがある。メリエは、この概念上のわずかな隙間を鋭く突く。どのように展開されようとも、存在論それ自体はこの「存在一般」が具体的に何に対応するかを示してはくれないからである。メリエの「神の存在への信仰」に対する批判は、まず「存在論」をめぐって開始されるが、それを準備したのはマールブランシュ自身であったと言えよう。実際、メリエは先のマールブランシュの存在規定をほぼそのまま受けて、「存在は万物の第一原理、第一根拠である」(第六七章、四七三頁)と言う。メリエは、とりわけこの観念の普遍性に着目し、神は「非延長的、非物質的」であるがゆえに物質内には存在せず、したがって神は普遍的ではなく、それゆえ「存在一般」たりえないと言う。逆にメリエによれば、「存在一般」の観念が指示するのは「延長し、また通有的かつ必然的に至る所にある存在」であり、それは「物質的存在」にほかならない(同前、四七五頁)。しかも物質的存在こそ人間が明晰判明な観念を抱きうるものである。ところが、神はそれとは逆に「知られもせず不確かで疑わしく、どこにも見られず見いだされず、それについてはどのような本当の観念を抱くことすらできない存在」(同前、四七四頁)にすぎない。こうしてメリエは、マールブランシュの論理を逆転し、マールブランシュが「存在一般」にあたえていた自己原因性をも物質に認め、物質が「第一原因」たることの証拠とするのである。

「神」と「自然」との関係理解をめぐるメリエの第二の論点は、物質と運動の関係いかんに関わる問題である、すなわち、物質が自らの運動の原因であることをいかに証明するかであった[48]。その証明をメリエはマールブランシュの「機会原因論」への批判を通じて行っている。マールブランシュは、延長を本質とする物質の観念と運動の観念との間にいかなる「必然的なつながり」もありえず、したがって物質は自らの運動の原因たりえないとした。物質の本質を延長と規定したのは言うまでもなくデカルトであった。デカルトにあって、運動は物質の持つ一つの属性にすぎなかった。それゆえ、マールブランシュは物質と運動の間には必然的な関係はないとしたのである。メリエも、「現実の運動が物質にとって本質的であれば、物質について私たちが抱く観念とその運動との間に必然的つながりが見いだしうると考えてもいいのですが、しかし、現実の運動は物質にとって本質的ではなく、物質の本性の一特性でしかないことが確実である」(第六六章、四七一頁)と述べて、

マールブランシュの物質観を共有する。しかし「物体の観念と運動する力の観念との間にどのような必然的つながりも見られないからといって、そこに何のつながりもないことにはならない」（同前、四六八―四六九頁）と批判を加える。それはメリエによれば、単なる観念上の理解を実在に押しつけるにすぎないからである。メリエによれば、たとえば私たちの意志と体の運動の間の「つながりが何によるのか、どのようにしてこのつながりが生じうるかを私たちが知らないとしても、その間にはなんらかの自然的つながりが存在しなければ」（同前、四七〇頁）ならないからである。このように、メリエはまず観念から実在へと至ろうとするマールブランシュのデカルト的方法を批判し、単に本質を表示する観念によっては捉えられない物質と運動との実在的関係を、マールブランシュの「自然なつながり」の観念によって特徴づける。[49] さらに、デカルト的物質観に従い、物体を動かしうるものはそれ自体「なんらかの固さと不可入性」（第七一章、五一二頁）を備えていなければならず、それゆえ物体を動かしうるものは物体にほかならないとするのである。[50]

すでに指摘したように、メリエは『覚え書』において神観念を条件法で導入し、いわば括弧に入れていた。そして「神」と「自然」との対立を「世界の創造説」と「事物の自然形成説」の対立として提起し、その理論的検討を求めたときも、その是非については「こうした主題に関してせめてしばらくの間、私たちの判断を差し控え」（第六四章、四六三頁）ておくことを求めた。その意味では「証明七」においても、これまでのところ「神」は肯定するにせよ否定するにせよ、ただ条件的・仮説的にしか述べられてこなかった。しかし、「存在」の普遍性や自己原因性が「隠れたる神」にではなく「物質」に帰属し、物質は自らの運動の原因として他のいかなる存在をまつこともなければ、また自然はただ自らの「力」によってその美や調和を産み出すことになる。おそらくはそれゆえであろう、第七一章の最後でメリエは、事実を事実として表現する文法上の直接法を使って、「神はまったく存在しない」、「神は何者でもない」（五三七頁）と言う。しかもそれは、これまでの『覚え書』の議論を通じてはじめて論証の結論として述べられるのである。

2　「弁神論」との対決――「超越者」としての「神」の批判

『覚え書』におけるこれまでの議論は、創造されえないものとして、物質の独立性を根拠づけた。しかし、「神」はただ不合理なもの、この世界とは両立しえないものとして、「目に見える世界」の関係を断ち切られたにすぎない。それによって、

超越者としての「神」への批判が充足するわけではない。それゆえ、現世における悪の問題を取り上げた第七七章で、メリエは現世における悪、ひいては世界の物質的構成そのものが、そこからより大なる善を導くため「超越者」としての神によって設けられたとする、「弁神論」の批判をあらためて課題として提出する（六一九—六二〇頁）。メリエはこの課題を、フェヌロンやマールブランシュの「神の存在証明」の批判を通じて実現する。

メリエが批判する「神の存在証明」の第一は、フェヌロンやマールブランシュ両者がともに主張する「無限」の観念による証明である。それによれば、人間は「無限」の観念を持つが、人間精神が抱くこの観念は、有限な人間存在には由来せず、必然的に「無限なる存在」を要請するとされた。だがメリエにとって、「有限」と「無限」とは質的に区別されない。たとえば、一里、二里と限りなく付け加えれば、人は容易に「無限」に到達しうるからである。[51] 人は「無限」の観念に驚いて、それをなにか神的なものと考えるが、むしろ驚くべきは有限や無限を認識する人間の「思考そのもの」（第七九章、六二五頁）であるとして、メリエは「無限」の観念自体の超人間性を斥け、同時にこの観念がなんら「神」の存在を証明するものでないとする（第七八—第八〇章）。

「神の存在証明」の第二は、マールブランシュによる「存在論的証明」である（第八一章）。このアンセルムス以来の伝統的な証明法に従って、「限りなく完全な存在」、すなわち神の観念には存在の観念が必然的に含まれており、神が「現実存在」を欠くとは言えない、とマールブランシュは主張する。一方メリエは、「人がその観念を持っているということだけからこの存在の実在を結論づけるのは馬鹿げている」（第八一章、六三四頁）、と言う。なぜなら、同じ論法によって「この上なく完全なハエ」の存在さえ証明できるからである。もとよりマールブランシュも、この種の反論を予想していた。それゆえ、神とは「存在一般」であり、その観念は明晰判明な「単純観念」であるが、この上なく完全なハエとはただ仮定の上にのみ成立する矛盾を含む複合観念にすぎないと述べて、「存在論的証明」はただ神についてのみ成立するとした。しかしメリエは、「存在一般」とは「どんな様態において存在するにせよ、ただ実在する存在」（六四一頁）を意味するのであり、それをただちに「この上なく完全な存在」と同一視できないと批判する。観念であるかぎり「神」の観念も他の観念と異なるところはなく、単純か否かはただその内容にのみ関わるからである。むしろ逆に、メリエによれば「存在一般」と「この上なく完全な存在」の観念の間には、「どんな必然的なつながりも存在しない」（六四二頁）ことになる。マールブランシュの

「神」の観念と伝統的なキリスト教の神の観念の間には明らかな間隙があることを先に指摘したが、メリエはマールブランシュの「必然的なつながり」という概念装置を完全に逆転して、神の「存在論的証明」を批判し、その間隙を広げ、両者を完全に分離してしまうのである。

「神の存在証明」の第三は、フェヌロンの「物理神学的証明」である。すでに見たように、フェヌロンは自然における美や調和からの類推によって、神の存在を証明していた。メリエはそれに対し、自然とは物質とその運動の所産であると反論する（第八二―第八五章）。そしてとくに、

「私たちが今日にするように、万物が秩序のうちにとどまっているのは、万物をこの秩序のうちに維持している運動の諸法則に、それらをこの秩序のうちに置くことが可能だったからである。そして仮に神が、そうした運動の諸法則によって万物が置かれた秩序とは異なる秩序のうちに万物を置いたとしても、この法則の力によって万物は身を翻して、現に私たちが目にする秩序のうちに身を置くことであろう」（R. V., II. 470、第八三章、六八二頁）。

という『真理の探究』の一節に、メリエは著者のマールブランシュも否定しえなかった「真理の力」の顕現、すなわち自然的事物の自立性を見いだすのである。かつてパスカルは、「私はデカルトを許せない。彼はその全哲学の中で、できることなら神なしですませたいものだと、きっと思っただろう」、と述べた[52]。だがデカルトが神を必要としていたことは、パスカルも承知していた。同じ箇所で「しかし、彼は、世界を動き出させるために、神に一つ爪弾きをさせないわけにはいかなかった」と述べているからである。パスカルが気に入らないのは、爪弾きをさせた後、デカルトが「それからさきは、もう神に用がない」ことであった。マールブランシュは、もはや「神の爪弾き」も必要とせず、「奇蹟を行う神」も必要としない。神はただ合理的な法則に従って、世界を支配する。マールブランシュは、そこに「神の栄光」を見た。それこそ、デカルト哲学の機械論的自然観の徹底された姿であろう[53]。パスカルの言葉は、パスカル自身は知る由もなかったが[54]、デカルトでなくむしろマールブランシュにこそ妥当したと言えよう。

三つの「神の存在証明」へのメリエの批判は、こうして超越者としての神とは人間精神の虚構にすぎないことを結論する。それは同時に、神によるより大なる善のための悪の現存という「弁神論」の欺瞞をも暴き出す。「神」が虚構であるかぎり、「悪」の弁護は、結局「ただ架空のものでしかないより大きな完全性やより大きな善の観念だけを虚しく人々に抱かせるた

めに、唯一真実で堅固な善を人々から奪い、人々をこの世で本当に不幸とすること」(第八六章、六九四頁)にすぎないからである。

3 「神」と霊魂の問題——「霊的、精神的存在」としての「神」の批判

「神の存在証明」とは、メリエによれば、結局神の存在を前提するかぎりにおいてのみ成立する論議にほかならなかった。それゆえまた「超越者」としての「神」の観念自体、人間精神の虚構にすぎないとされたのである。しかしメリエによれば、なお一つの問題が残されている。「超越者」が超越者である所以は、直接にせよ間接にせよそれが人知を超えた存在である点である。これまでの議論で、メリエは神による世界創造はありえず、自然はそれ自体で自らを生み出すこと、人間が生きるこの世界はいかなる意味においても「超越者」としての神のしるしを備えていないことを明らかにした。だが物質的世界とは関わらないとしても、非物体的かつ精神的な存在とされる神が、なおかつ支配しうる領域が残されるとしたら、それは精神的な世界であろう。メリエは「証明八」(第八七—第九四章)でデカルト派の「心身二元論」を批判しながら、この問題、つまり霊魂の不死性に関わる問題、はたして人間の身体や物質から離れた精神界が独立して存在するか否かを検討する。それによって、「弁神論」のいう善が人間の死後に関わるか、あるいは死後神による褒賞や懲罰があるかという問題、また死後の世界やその世界を支配する神があるかという問題が解決されるからである。

メリエはデカルト哲学に従って、「霊魂は実在的で実体的な何ものかです」(第八七章、七一一頁)と言う。だがメリエによれば、そのことは霊魂が身体とは分離された独立の「実体」であることを意味しない。デカルト派は物体の可分割性と霊魂の不可分性(『省察六』)を根拠に、霊魂が身体から分離されるとした。しかしメリエは、なるほど延長としての物体は分割可能ではあるが、物質のすべての様態や属性がそれに還元されるものではないと批判する。実際、運動は物質の属性であっても、そのために運動が「円でも四角でもないことともまた明らか」(第八九章、七二一頁)だからである。物質のさまざまな属性がその本質である「延長」に還元されると考えるために、デカルト派は「思考、認識、感覚、意志、愛、憎しみ、悲しみ、喜び、その他あらゆる種類の霊魂の情念が物質の様態」(同前)にすぎないことが理解できないのである。また、「物質は思考しえない」、とデカルト派は主張する。しかしメリエによれば、思考し、感覚するのは単に物質ではなく、「正

確には思考し、認識し、感覚するのは物質で構成された人間や動物」(第九一章、七六一頁)である。[55]この人間精神が物事の真理を発見し、「無限」の観念をも自らのものとするのである。先に「神の存在証明」を批判した際に、有限な人間による「無限」の認識こそ超自然的で驚異に値すると述べたフェヌロン、マールブランシュに対して、メリエは、「私たちが有しているその他のどんな認識にもまして、そうした無限についての認識は超自然的でも、驚くべきものでもありません。私たちが有限や無限、物質的なものや非物質的なものを認識するのは同じ精神、精神の同じ働きによってですし、私たちが私たち自身のことを考えたり、神やその他のあらゆるものを考えたりするのもその同じ精神、同じ知性によってなのです」(第七八章、六二二頁)と言い、むしろ無限を把握しうる人間精神の働きこそ、「私を驚かせ、びっくりさせる」(同前)、と述べた。この人間精神の働きゆえに、メリエは「自分自身が思考し、感覚し、意欲し、理性を働かせる実体であることを私は確信していますし、また同じく、私が物質的で物体的な実体であることも私は確信している」(第八八章、七一六頁)、と言う。「思考し、感覚する実体」である「私」は、同時に「物質的、物体的実体」であり、すべての思考や感覚は「肉体や脳の内部のこの種の運動や変様に存する」(第九一章、七五一—七五二頁)のである。

こうしてメリエは「心身合一」の立場から「心身二元論」を批判し、「私たちの霊魂は精神的でも不死でもない」(第九三章、七七七頁)と述べ、霊魂が「肉体と同じく物質的で滅びるものであれば、それゆえ死後に期待すべき褒賞も、恐れるべき懲罰も存在しなくなります」(同前)、と弁神論批判を終える。かくしてメリエは、『覚え書』の本論の最終章である第九四章を、死後の世界は存在せず、またそれゆえに死後の世界を支配する霊的、精神的といわれる「神は存在しない」(七八〇頁)ことを結論づけて閉じるのである。

『覚え書』後半、「証明七」と「証明八」でのメリエの議論は、『覚え書』前半部の教理批判を支えてきた「神が神であるならば」という仮定への徹底した批判として遂行された。あたかもそれを裏付けるように、後半の二つの「証明」は、「証明一」から「証明五」までと同じ章数、三七章からなっており、そこでメリエは創造主としても、超越者としても、また霊的あるいは精神的存在者としても、神は存在しないことを論証した。このメリエの議論は、基本的にデカルト哲学の理論的枠組みにおいて展開されている。私たちはそこに、十七世紀から十八世紀への転換期におけるデカルト哲学の一つの発展形態、しかも徹底した唯物論哲学に変容したデカルト哲学の姿を見ることができる。しかし、メリエの哲学的言説のすべてを、

そこに封じ込めるわけにはいかない。「真の宗教があるか」を問う『覚え書』前半部の教理批判がそれだけで自足していなかったのと同様、「神は神であるか」を問うメリエの問題設定は、「不法の奥義」を支える「神の存在への信仰」を打破するための問いかけであったことを想起する必要があろう。それゆえにこそ、メリエの批判は単に物質的世界の自立性を主張する唯物論を定立するに留まらず、現世の悪を弁護する「弁神論」、それを支える「神の存在証明」や霊魂の不死性をも批判しなければならなかったのである。

四 「革命」と共同体の再生――「真の宗教」の提言

1 「悪」の承認から「革命」へ

メリエは、霊魂が「肉体と同じく物質的で滅びるものであれば、それゆえ死後に期待すべき褒賞も、恐れるべき懲罰も存在しなくなります」(第九三章、七七八頁)という「弁神論」批判に続けてすぐ、次のように書く。

「死後に期待すべき褒賞も、恐れるべき懲罰もなければ、それゆえ徳や善行が決して報われることのない幾千、幾百万の正しい無辜の人がいることになります。また同じく、忌まわしい罪や悪行が決して罰せられることのない幾千、幾百万の悪人や、憎むべき悪党が存在することになります」(同前)。

これまで幾度も触れてきたように、メリエにおけるキリスト教批判、神の批判はそれだけで自足するものではなく、『覚え書』の主題は、なによりも旧体制下で呻吟する民衆の解放であった。『覚え書』本論を構成するさまざまな議論によって、メリエは「神」の不在を宣言した。その結果明らかになるのは、現世において人間が被るもろもろの禍は決して創造主の意図によるものでもなければ、また死後の懲罰や褒賞のためのものでもなく、それはまさしく現にそのようなものとしてあるという「事態」であった。それゆえ、メリエはつぎのように言う。

「この世は必然的に善と悪の混淆であり、自然の現在の組成によれば必然的に善と悪とが存在しなければならない」(第九四章、七七九頁)。

なぜなら、「もしもこの世に悪が存在しなかったならば、たとえば人々の間に、また動物たちの間に死や病気がなかった

ならば、〔……〕人間にしろ動物にしろ数が増え、そのため互いに押し合いへし合いせざるをえず、大地は彼らを収容しきれず、彼らを養って、全員を生き永らえさせるだけのものを作り出せず、その結果十分な食料もなく、全員が占めるべき十分な場所さえもないことになって、人や動物は互いに食べ合い、飢えて苦しみ、飢えて死ぬ羽目になることは確実」（同前）だからである。これをメリエは「悪の必然性」（同前）と呼ぶ。

だが、そもそもメリエが『覚え書』を執筆したのは、旧体制下で民衆が被らなければならない「悲惨」、しかも「一方の人々はあたかも天国にいるかのように、いつも繁栄し、あらゆる財貨に豊かに囲まれ、さまざまな快楽と喜びのうちにいるのに、もう一方の人々は反対に、あたかも地獄にいるかのように、いつもさまざまな労苦と苦痛と悲嘆の中にあり、貧困から来るありとあらゆる悲惨の中にいる」（「証明六」第四八章、三九四頁）と言われたように、この地上に「天国」と「地獄」を現出させる「悲惨」のはずである。それをも、メリエは「悪の必然性」と理解するのであろうか。そうではない。メリエは『覚え書』の「結論」で、「ですから民衆の皆さん、知恵があれば団結してください。勇気があれば全員団結し、皆さんに共通のあらゆる悲惨から自分を解放してください」（第九六章、七九〇頁）、と「不法の奥義」の打倒を呼びかけている。「この世は必然的に善と悪との混淆」であることの確認と「不法の奥義」の打倒とは、メリエの思索の中でどのように結びつけられているのであろうか。『覚え書』において、メリエは必ずしもこの両者の関係を主題的に取り上げてはいない(56)。しかしながら、そうしたメリエの議論を振り返り、宗教批判の結論としての「悪」の必然的存在の承認からどのようにして政治支配の廃止が結論づけられるかを、ここで考えてみよう。

哲学史あるいは思想史的に振り返るならば、「悪」の問題の考察は古代ストア派によって始められたと言われる。ストア派によれば、悪はもっぱら人間の意志の様態と考えられ、外的な要因から区別された。有徳であること、自然（本性）に従って生きることが善であり、自然に反することは悪として厳しく排除された。しかし、それ以外のこと、生命、健康、快楽、病苦、死などはどちらでもよいアディアフォラ（adiaphora）とされた。このストア思想が、のちに成立する善悪あるいは価値の理論の準備形態となり、「悪」は歴史的には概ね三つないし四つのカテゴリーに分けられた。ライプニッツは『弁神論』（一七一〇）において、それを形而上学的悪（有限性あるいは不完全性）、物理的悪（苦痛）、道徳的悪（罪）の三者に分け、これら諸悪を最終的には有限性によるもの、しかもそれを善の欠如態として説明した。

「弁神論批判」をキリスト教批判の重要な課題の一つとしたメリエは、先の「結論」に至るまでに『覚え書』の中でくり返し「悪」の問題に言及した[57]。メリエの批判は、これら歴史的範疇に入る諸悪のうちとりわけ前二者は、人間の意志、まして「神」の意志によるものではなく、「事物の自然的構成」によるものであることを明らかにした。また「証明六」でメリエは、人間が被る「悲惨」は神によって定められた「悪」ではありえず、国王を頂点とする政治支配に源をもつことを示した。宗教は、この「悪」を断罪し禁止するどころか、「二人の巾着切り」(「序文」第二章、一〇頁)のように「友好関係」を作り上げてともども民衆を支配する[58]。メリエはこれを「不法の奥義」と呼んだのであった。

宗教はペテンによって民衆を政治支配に服従させる手段にすぎない、とは前世紀のリベルタン(自由思想家)ガブリエル・ノーデが、その著『非常手段に関する政治的考察』(一六三一)で提出したテーゼであった。メリエが、初版わずか「一二部」のこの著作を知っていたかどうかは不明である[59]。しかしメリエは、「証明二」第一八章でノーデの『誤って魔術の嫌疑をかけられたすべての偉人たちの弁明』を引用している[60]。そこにはたとえば、「作り話によっておのれの法と生け贄と政治制度の権威を確立しようとしたこの巧みな政治家〔ヌマ・ポンピリウス〕の虚構と策略」(一六二五年版、二五六頁)というように、先のテーゼを読みとれる箇所があり、メリエの「不法の奥義」概念形成に、それがなんらかの影響をあたえたとみることができよう[61]。しかしまた、「神」と社会悪とを対峙させる上で、フェヌロン、マールブランシュによる極端な形での弁神論の展開も、メリエがその固有の問題設定を作り上げるのに一役演じたと考えられよう。先のライプニッツに従えば、形而上学的悪、物理的悪、道徳的悪と区別されていた悪をひとまとめにし、これを神意に由来するものとして合理的に説明しようとしたのが彼らの護教論であった[62]。人間がこの世において被る悪、悲惨事はこの世の創造主にして「至上の英知と善性を供えた神」の観念とは矛盾しないというのが、彼らの最大のテーマであったからである。これに対してメリエは二つの点で、人間がこの世において被る悪は神とは無関係であるとした。その第一は、メリエが「証明六」で展開している視点である。すなわち、この世の悪、民衆が被る悲惨の原因は決して神ではなく人為的なもの、すなわち民衆を搾取し、収奪する王侯、貴族の圧制によるという視点である。第二は、「証明七」「証明八」の議論であり、死や疾病その他の悪もそれ自体善と悪との混交である盲目的な自然の必然的な結果であって、なんら神はこの問題には関与しないという視点である。これらのことが明らかにされるならば、「弁神論」的護教論の展開自体は、神の存在を前提してはじめて成立しうる「解釈」

にすぎないことになる。その前提を離れるならば、それはむしろ、ア・プリオリな神の想定と現実に人が被る「悪」との乖離を大きくするだけであろう。少なくともメリエの目にはそう映じたはずである。こうして、メリエは伝統的な護教論のプロブレマティックそのものの無効を宣言する。

ところで、メリエが「不法の奥義」として糾弾する社会悪は、伝統的な護教論、弁神論からすれば「道徳的悪」の範疇に属するものとして考察されてきた。それをメリエは「社会悪」として、その解決を社会的な次元で果たそうとする。そこには、先に見てきたように、すべてを「神」との二項対立において「合理的に」解釈しようとするフェヌロン、マールブランシュらの護教論が逆説的に機能していた。それを、メリエ的な「解決」へとさらに前進させる上で、さらに大きな役割を果たしたのはラ・ブリュイエールであろう。

ラ・ブリュイエールは、「一方に権威と快楽と無為を、他方に依存と心配と貧窮を置いてみよ。これらの事柄が人間たちの悪意によってその所を変えたか、神が神でないかである」（ラ・ブリュイエール『カラクテール』、邦訳岩波文庫版（下）一七〇頁関根秀雄訳）、と書いた。メリエもこの箇所を『覚え書』で四回引用し(63)、その問題提起に多くの共感を示している。そして、この二者択一的選択の提起について、限りなく完全な存在の導きと支配のもとでは、すべては良い秩序のうちにあり、万物を正しく導くことが神の仕事であれば、「限りなく完全な存在を前提する以上、ここまではこの人の主張はもっともです」（「証明七」第七四章、五五六頁）と言う。ラ・ブリュイエール自身は、そこから無神論や「リベルタン」的結論には向かわず、ただそうした極論に走ることを戒めていたにすぎない。実際、ラ・ブリュイエールはこの一節にすぐ続けて、「身分に関する一種の不平等は、秩序と服従とを維持するもので、神の作れるものである。すなわち神の法を予想する。だが余りに大きな不釣り合い、人間のあいだに見られるあの不釣り合いは、人間が作ったものであり、すなわち最強者の法のあらわれである」(64)。これに対して、メリエは容赦ない批判を浴びせる。「もっともです」と書いたそのすぐ後で、メリエは、「しかしそれに続けて、あまりにも大きな不釣り合い、人間の間に見られるそうした不釣り合いが人間の作ったもの、強者の法だなどとどうして言えるのでしょうか。なぜなら、もし限りなく完全な存在の実在についてこの人が行う仮定が正しければ、そうしたあまりにも大きな不釣り合いも強者の法も存在しないはずだからです」（同前）と言う。

「なぜなら、もし限りなく完全な存在の実在についてこの人が行う仮定が正しければ、そうしたあまりにも大きな不釣

り合いも強者の法も存在しないはずだからです。というのも、限りなく善で限りなく賢明で全能な存在が人間の間のそれほど大きく、それほど不当な不釣り合いをどうして許せるでしょうか。強者の法があらゆる理性と正義に反して、またこの存在のあらゆる良き意図や良き意志に反して打ち立てられるのをどうして許せるでしょうか。か弱く死すべき者、またわが神崇拝者たちが言うように自分からは何もできない人間の作ったものが、全能の神の作ったもの自体より強かったりするでしょうか。そんなことはまったく信じられません。そんなことは、全能で限りなく完全な存在の善性や英知と完全に矛盾します。またそれだからこそ、わがキリスト崇拝者たちの聖なる神的な箴言なるものにも、神の意図、神の意志を凌ぎうる英知も賢慮も計りごともなく、それゆえそのような力も能力も存在しないとはっきり記してあるのです。『主ニ向カッテハ、知恵モ、賢慮モ、ハカリゴトモ存在シナイ』(『箴言』第二一章三〇節)」(「証明七」第七四章、五五六頁)。

為政者の「法」に問題の解決を委ねることは、彼らの支配を下から、民衆の視点から見てきたメリエにとって選択肢となりえないものであっただけでなく、なによりも神の存在を前提にするならば成立しえない議論である。「神」と人間との間になんらかの媒介項を立てることを、メリエは一切拒否するのである。メリエの解決を再び掲げよう。

「ですから民衆の皆さん、知恵があれば団結してください。勇気があれば全員団結し、皆さんに共通のあらゆる悲惨から自分を解放してください」(第九六章、七九〇頁)。

メリエが「不法の奥義」として糾弾する社会悪は、伝統的な護教論、弁神論からすれば「道徳的悪」の範疇に属していた。メリエはそうした問題設定を打ち破り、「社会悪」を「神」とは無縁な人間的理由によって成立する「悪」として定立した。その解決も、支配と被支配の構図をそのままにして為政者の「善意」に期待する従来の政治論を超えて、民衆が自ら支配者を「打倒」することを内容とした。「社会悪」を宗教から切り離し、純粋に社会的次元の問題として取り上げ、しかも民衆自身の力による解決を促すメリエの提起は、この時代にあっていわば前人未踏の境地と言えよう(65)。

同時に指摘されなければならないことは、この境地がメリエにおいては、「神」を「主」、頂点とするキリスト教的精神世界の問題設定そのものの中で、この設定自体の破壊として獲得されている点である。それゆえ、メリエは、この「革命」をもやはり『聖書』と結びつけ、『覚え書』の「結論」で『旧約聖書』の『集会の書』の一節を自ら訳して、次のようにその

実現を民衆に呼びかけるのである。

「わが神聖な『聖書』なるものの一つにも、『神は尊大で高慢な君主たちをその王座から転落させ、代わりに柔和で平和を好む人々を座らせるであろう。神ハ、高慢ナ君主タチノ座ヲ倒シ、代ワリニソノ座ニ柔和ナ人ヲツケタ。神は諸々の高慢な民人の根を枯らし、代わりに謙虚な人々を植えるであろう。神ハ諸々ノ高慢ナ人々ノ根ヲ枯ラシ、同ジ諸々ノ人々ノ中カラ謙虚ナ人ヲ植エラレタ』とも言われています。〔……〕この神の言葉なるものを私たちの時代に成就させて見せてください。この言葉が語っているように、尊大な暴君たちを全員王座から転落させ、代わりに善良な、柔和な、賢い、分別のある執政官を据え、皆さんを優しく治め、幸福のうちに皆さんが平和に暮らせるようにしてください」(「結論」第九六章、七九一頁)。

ここでメリエは『聖書』の一節をラテン語で引用し、しかもその過去時制をすべて未来形に移し変えて訳している。[66] そうすることによって、メリエは『旧約聖書』に現れた「革命思想」を将来の事柄、未来において実現されるべきものとして、民衆に伝えようとした。[67] メリエの「革命」思想をその背後で支えているのは、逆説的ではあるが「キリスト教思想」そのものである。

2　メリエの「理想社会」——「共同体の再生」

メリエは「革命」によって、「不法の奥義」に代わるどのような社会の実現を望んだのであろうか。『覚え書』に見るかぎり、メリエが掲げる第一の課題は、なによりも必要な食料や衣服、また住居の確保にあった。第二には、隣人へのねたみやそねみを無くすこと、第三に重税や苛酷な労働で死ぬことがないようにすることである(「証明六」第五一章、四〇〇頁)。打ち立てられるべきは、これらの課題を実現する「社会」である。それゆえ、メリエはこの社会の原理として、第一に富や財産の共有を掲げる。すでに述べたように、土地や財産の私的な独占、「私的所有」のうちに、メリエは社会悪の根源を見いだしていた。この根を断つことがまず求められる。なぜなら、富や財産の私的独占が可能であることが、人々の心に「欲望の実現のために開かれた一種の扉」である「強欲(cupidité)」(「証明六」第四八章、三九三頁)を植え付け、極端な貧富の差、持てる者による持たざる者の支配を生み出し、この世に「天国」と「地獄」の対立を作り出すからである。第二に、

すべての人々がともに労働に携わる必要をメリエは指摘する。人々がみなほぼ同様に平等であれば、「誰も隣人を羨み、互いに妬み合う必要はなくなる」（「証明六」第五一章、四〇〇頁）からであり、他人の労働に寄生する者もいなくなるからである。そして第三に、人々が「大地の富と労働の成果を共同で楽しむ」（「証明六」第五一章、四一〇頁）こと、メリエの別の表現に従えば「すべての財貨が賢明に管理され分配される」（「証明六」第五一章、四〇二頁）ことをメリエは要求する。財産を共有し、社会のすべての構成員が平等に労働に従事し、その成果を公正に管理・配分するのは、言うまでもなく政治の任務である。

メリエが望んだのは、こうした「共有」、「共働」、「共政」に基づく社会である。その社会構想は未だ抽象的であり具体性を欠くが、私たちはそこにメリエが描いた再生されるべき「共同体」の基本原理を認めることができる。それが、どれほど実現可能なものとして構想されたかは定かではない。しかし、それを単に「ユートピア的」と形容するのは当たらない。トマス・モアの『ユートピア』（一五一六年）、カンパネッラの『太陽の都』（一六二三年）などに見られるユートピア思想は、モアの『ユートピア』が「社会の最善政体について」という副題を持っていたように、単に漠然とした夢や願望ではなく、現実批判、社会体制変革の指針となる構想の提示を本質的な契機として含むものであった[68]。それゆえ、公刊されたこれらの著作は、その構想を「非現実的な理想社会」として描かざるをえなかった。十八世紀フランスにおける旅行記の流行や、たとえばモンテスキューの『ペルシア人の手紙』（一七二一年）に見られる異国趣味も、一面において当時の社会への批判を含んでいた。それらはすべて「ここ」ではなく、「彼の地の物語」として語られ、ただそうすることによってのみ公にされた。だがメリエが提案する社会構想は、それらとは趣を異にしている。死後の公表を意図したメリエにとって、「彼の地の物語」を書く必要はない。そしてなによりも、メリエの目指した社会は、当時の大多数の農民にとって否定的な現実の「否定」として、それゆえこの地上においてこそ実現されるべき課題として構想されているからである。それは、この「理想社会」がなによりも多くの民衆の生存の保障を、第一の課題として掲げていることからも明らかであろう。

こうした「共同体」構想の源泉を、メリエはどこから得たのであろうか。メリエは、「証明六」第五二章を「初期キリスト教徒の共同体が今ではキリスト教徒の間で廃止されている」ことの批判にあてている。その冒頭で「使徒行伝」の「大勢の信者たちは、みな同じ一つの心と同じ一つの精神を持つだけで、誰一人自分が所有するどんなものをもとくに自分に属する

と見なす者はなく、すべてを共有としていた。貧しい者は彼らの中に一人もいなかったが、それは土地や遺産や家を持つすべての人々がそれらを売り払い、その代金を使徒に手渡し、彼らが一人一人に対し、必要に応じて金が分配されるようにしたからだ」（『使徒行伝』第二章四四節）という一節を引用し、次のように記している。「キリスト教はどう見てもその初期には、人間に最良でもっともふさわしいものとして、この共同生活の形態へと信徒たちを連れ戻そうとしたように思われます。キリスト教が彼らにすべての者を兄弟と見なし、彼らの間では皆を平等な者と見なすよう、義務づけたことからそう思えるだけではありません。初期に彼らの間でこれが実践されていたことからもそう思えるのです。というのも、当時彼らの間ではすべてのものを共有にし、貧しい者は一人もいなかった、と彼らの書物に書かれているからです」（四〇七頁、傍点引用者）、と述べている。そうした原始キリスト教の共同体は、メリエの共同体構想の一つの源泉たりえたであろう。また先の「革命」についての提言では、王侯や貴族に代わって為政者となるのは「善良な、柔和な、賢い、分別のある執政官」であると言われていた。そのなすべきことは、「人を導き治めることは最高の賢者の仕事で、良い法律を立て、少なくとも時、所、その他の状況の要請に応じて、公益の促進と維持を常に目指す法令を作ること」（「結論」第九六章、七八七頁）である。それは、具体的には『ヨブ記』（第一二章一二節）に、「知恵は老いた者に見いだされ、分別はただ年齢を重ねることで得られる」（「結論」第九六章、七八九―七九〇頁）、と言われた「賢者（sages）」である。

「立派に治めるのに大いに必要なこの知恵と分別を求めなければならないのは、年老いた賢者にです。したがって、ほかの人々を賢く治めるために立てなければならないのは、分別と知恵に溢れた古老であり、愚かで軽率な若者でもなければ、向こう見ずな若者でも、尊大で傲慢な若者でも、悪徳に染まった邪悪な人物でもなく、そして偶々生まれによってそうなった年若い子供でもありません。」（「結論」第九六章、七八九頁）。

メリエはまた、「理想社会」の指導理念として、「兄弟愛」を掲げる。「彼らの宗教〔キリスト教〕の原理に従えばそうしなければならないように、人々がみんなお互いを本当の兄弟や姉妹のように見なす」（「証明六」第五一章、四〇二頁）ことをメリエは求めた。そしてメリエは、「賢者」を指導者として頂き、「兄弟愛」によって結ばれる共同体のイメージを次のように伝えている。

「ですから、たとえば、同一の都市、同一の町、同一の村、あるいは同一の聖堂区・共同体のすべての男女が、みんな

お互いを兄弟姉妹と見なし、またそう考えて、全員が総体としてただ一家族を構成するように、ということです。そうなると、彼らはみんな同じ食事や同じような食事しかせず、みんな等しく十分な衣服と家とベッドと暖房を持つことになります。しかしまた、みんな等しく仕事をする、つまり各々その職業に応じて、時期と季節により何をするのが一番必要なのか、ふさわしいかに応じて、あるいはなにがしかを人が必要とするかも知れない可能性に応じて、労働やまともで有益な何かの職に従事するのです。ですから、彼らはみんなで平和に共同で暮らすはずでしょう」(「証明六」第四八章、三九二頁)。

メリエにおいて再生さるべき「共同体」の内実は、それゆえ預言者モーセに率いられたユダヤ的共同体、あるいは原始教会そのものである。メリエはそうした原始教会の共同体的形態を自らの「理想社会」の手本とし、その聖堂区への適用[69](「証明六」第五二章、四一〇頁)、あるいは上の引用にも見られた市町村単位の共同体の連合[70](「証明六」第四八章、三九二頁)を考えていた。そして、『覚え書』の「結論」で民衆に向け、キリスト教に代わりうる「真の宗教」を宣告する。

「皆さんの間には真実の英知と行いの実直さからなる宗教を措いてどんな宗教もなく、名誉と礼節からなる宗教を措いて、誠実さと心の寛大さからなる宗教を措いて、圧制と神々やその偶像の迷信深い礼拝を完全に廃する宗教を措いて、至る所で正義と公正を維持する宗教を措いてどんな宗教もなく、さまざまな誤謬とペテンを完全に追放し、至る所で真理と正義と平和を行き渡らせる宗教を措いて、誰もがまともで有益ななんらかの勤めに就き、規律正しく誰もが共同で暮らす宗教を措いて、常に公共の自由を維持する宗教を措いて、そして最後に、あなたがたが皆互いに愛し合うような、断固としてあなたがたの間の平和と申し分のない団結を庇護する宗教を措いて、どんな宗教もなくなるでしょう」(「結論」第九六章、七九三—七九四頁)。

ここに掲げられた「真の宗教」は、言うまでもなく、メリエがアンシャン・レジームの対極に位置づけた「理想社会」をその内実とする。しかしながら、それがこのように「宗教」として表現される点に、私たちはこの司祭の社会批判を彩る無視しえない宗教的色彩を認めることができる。振り返って考るならば、『覚え書』におけるメリエのキリスト教批判、「神」との対決は「真の宗教はあるか」、「真に神が設けたといえる宗教はあるか」と問いかけることから開始されていた。現存する自筆写本一九四六〇について言うならば、三五〇葉七〇〇頁をびっしりと埋め尽くす文字通り万言を費やして、メリエは

キリスト教の不当性、神の不在を論じた。多岐にわたるメリエの議論は時として脱線や逸脱もあるが、基本的にはメリエ自身が自ら提起した問題設定に応じて展開されている。[71]それゆえメリエは、「結論」に先立つ第九五章で、「先に私が提出した説得的で明らかなすべての証明に関しては、またこの問題についてこれまで私が行ったすべての推論に関しては、互いに否定し合ったり、矛盾し合ったり、相反したりするどんな証拠、どんな命題、どんな推論も存在せず、それどころか、私が立て、提出したすべての命題、私が提出したすべて明白なあらゆる証拠は、すべて互いにつながり合い、支持し合い、裏付け合っている」（第九五章、七八〇頁）ことを「これまで述べてきたすべてのことを裏付ける一種の証明」（同前）と呼び、それまでの八つの証明に加えられるべき、九番目の「証明」とさえ考えていたのである。『覚え書』の八つの「証明」におけるキリスト教批判、護教論批判は、すべて最初に提出した問いの後者、「真に神が設けたといえる宗教はあるか」に対応している。だが、メリエは『覚え書』のいかなる箇所においても「宗教」そのものを否定していない。それゆえ、メリエが『覚え書』の「結論」で提起する「真の宗教」は、仮にその内実がどれほど既存の宗教からかけ離れたものであるにせよ、長い孤独な思索の末にメリエがたどり着いた、「真の宗教はあるか」という問いへの最終的な回答なのである。

五　思想家メリエ

私たちはこれまで、「司祭」メリエの死によって「思想家」メリエが生を得て、『覚え書』とともに生き始める歴史、『覚え書』におけるその思想の展開をできるかぎり丹念にたどってきた。メリエの思想をたどる私たちの旅は、旅立ち前に述べたように、十七世紀から十八世紀という「ヨーロッパ精神の危機の時代」をエトレピニーという片田舎の小さな教会に司祭として生きた一人の人間が、自らの時代を思想的にいかにとらえ、これといかに対決したかを問うものであった。私たちの旅によって、メリエの思想のすべてが尽くされるものではないだろう。しかしこの私たちの旅から、思想家としてのメリエ像がある程度のまとまりをもって浮かび上がってくるのではないだろうか。ここで、そうした思想家メリエの像をいくつかまとめてみることにしよう。

メリエが『覚え書』の中で、自分自身について語ることは少ない。その少ない記述から、私たちはこの思想家が描くおぼろげな自画像を見ることができる。メリエは一六八四年、二十歳でランスの神学校に入学し、聖職者の道を歩むこととなった。それは「一般の人の暮らしより穏やかで平和なもので世間的にも重んじられ」(「序文」第二章、一五頁)る生活を息子にさせようとした「両親を喜ばすため」(同前、一四頁)であったという。それゆえ、『覚え書』でキリスト教を批判し、聖職者を「無益でぐうたらな連中」(「証明六」第四七章、三八七頁)、あるいはマラナの『トルコ皇帝の密偵』を引いて「国民の血を最後の一滴まで吸うことにしか役立たない霊的蛭ども」(同前、三八六頁)と批判することについて、メリエは「確かに私は自分の職業に背いて語ってはいます」(「序文」第二章、一四頁)、と言う。しかし、「決して真理にも自らの性向にも自らの見解にも背いてはいません」(同前)、とも記す。なぜなら、「過去にわずかな信仰心を抱いたことも、頑迷な信心や迷信に傾いたこともほとんどないし、宗教の神秘的な愚にもつかぬ事柄を重んじるほど愚かであったこともないので、私は進んでその勤行をしようという気になったこともなく、宗教のことを褒めたたえて話そうという気になったことすらまた一度もない」(「序文」第二章、一四頁)からである。実際、この時代に司祭となる者すべてが聖職者としての使命感に燃えていたわけではないだろう。ましてメリエの場合のように、子に安定した職と名誉を与えようとする、父親の「世俗的な」動機を満足させるために、聖職者の道へ進むことも考えられたはずである。そのことをメリエ自身、おそらく十分に自覚していたであろう。だがメリエは、単に世俗的な栄達の手段として聖職者を見、またその職についたわけではない。「私は、自分たちの偽りの聖職の無意味な職務に与えられる、たっぷりとした実入りを、あんなにむさぼるように嬉々として受け取り、はしゃぎまわり、浮かれているあの大部分の方々の趣味にはなじめませんでした。また私は、ああいう他の方々の、人を小馬鹿にするおどけ者気質には一層の嫌悪を感じていました。連中は、わがものとしている実入りのよい聖職禄から入る多額の上がりで心地よく楽しい時を過ごすことしか考えていないのに、自分たちの間ではその宗教の奥義や格率や、意味のないいかさまな儀式をおもしろおかしく冗談の種にし、さらには彼らを信じている人々、信じているからこそ、彼らが遊びながらも気楽にあれほど結構な暮らしを送れるだけのものを、あんなに敬虔な心であんなにたっぷりと提供してくれる、その人々の単純ささえ笑いものにするのです」(同前、一五頁)。

「聖職者」メリエをアンシャン・レジームの批判へ向かわせ、キリスト教を批判させ、さらにそれに代わりうる社会を構想させるに至らせたのは、「キリスト教」そのものである。もっとも、こうした言い方は必ずしも正確ではない。なぜなら、たとえメリエが『聖書』に肯定的に言及するにしても、それは主としてそこに見られる社会的な不正や欺瞞への叱責や糾弾、あるいはいくつかの道徳的な命題に限定されるからである。だが、それは紛れもなく、メリエの思想の一部、しかもかなり重要な部分を構成している。しかし、メリエが「キリスト教」に負っている負債は、それに尽きない。たとえば、メリエ自身も言及しているように(「証明二」第二〇章、一二四頁)、「ヨハネによる福音書」には次のような一節がある。

「神は深くこの世界を愛していたので自分の一人子を与えたが、それはイエスを信じる者は誰でも滅びることなく永遠の命を得るようにするためだった、なぜなら神がその子を世界に送ったのは世を断罪するためではなく、子によって世界が救われるためであったから」(第三章一六節)。

メリエはこの一節をキリスト教の教義批判のために引用し、このヨハネの言葉に従って、はたしてキリスト教が「神」の意図、すなわち「救済」を真に実現しうるかどうかを検討している。私たちのこれまでの検討で明らかなように、この「神」の意図をこの世で実現しようとはせず、かえって「不法の奥義」に加担していることに、メリエはキリスト教の欺瞞を見いだしていた。また、メリエがアンシャン・レジームの批判へと至ったのも、民衆の「救済」のためであったことはもはや繰り返すまでもないだろう。それゆえ、メリエがキリスト教を否定する議論すらもまったくキリスト教的な問題構成の内部で展開されていた。メリエの社会批判はその基本的視座においても、またその「共同体」再生の構想においても、いわば徹頭徹尾「宗教」的である。

それをメリエ自身どれほど自覚していたのであろう。『覚え書』の「結論」において先の「真の宗教」を提出したすぐ後で、メリエは次のように述べている。

「この唯一賢明で唯一真実な宗教の規則や格率や戒律に従うならば、あなたがたは幸いです。しかし、私は預言者ではありませんが、あえて言えば、これ以外の諸宗教に従う限り、皆さんや皆さんの子孫はいつまでも哀れで不幸なままでしょう。自分たちの上に暴君の支配を許している限り、神々とその偶像の崇拝に関する誤謬や悪弊や虚しい迷信を許している限り、皆さんや皆さんの子孫はいつまでも哀れで不幸なままでしょう。あなたがたの間に正しい上下関係がない

限り、またあなたがたの間にかくも甚だしくかくも法外な身分や地位の不釣り合いがある限り、皆さんや皆さんの子孫は哀れで不幸なままでしょう。地上の財貨を誰もが共同で所有し享受するのでない限り、皆さんや皆さんの子孫は哀れで不幸なままでしょう。一方の人々だけが働くことの苦しさのすべてやこの世の不都合のすべてを担い、他方の人々だけが苦しみもなく、働きもせず、この世のあらゆる財貨とあらゆる便宜を享受することはまったく正しくない以上、さまざまな禍福や生活の苦労があなたがたの間でかくも不正に配分されている限り、皆さんや皆さんの子孫は哀れで不幸なことでしょう。最後に、あなたがたが全員団結しない限り、そして地上の王侯君主の暴虐な支配や、偽りの宗教の虚しく気違いじみた、迷信だらけの慣行の忌まわしいくびきの下で、あなたがたすべてが哀れにも置かれている共通の奴隷の境遇から自分たちを解放するために、力を一つにして向かわない限り、皆さんや皆さんの子孫は哀れで不幸なことでしょう」(「結論」第九六章、七九四頁、傍点引用者)。

これは紛れもなく、説教者が説教壇から信者に向けて行う、祝福と呪詛である。「私は預言者ではありませんが」との言葉は、実は自分の語る言葉がまさしく預言者のそれであることを、メリエ自身強く意識していた証拠であろう。はじめにも述べたように、この世紀にはキリスト教を批判する数多くの地下哲学書が存在した。その中で、キリスト教批判の鋭さと深さにおいてメリエの『覚え書』に並ぶ作品はない。しかしまた、『覚え書』ほど『聖書』の文言に依拠してキリスト教を批判する文書も存在しない。「預言」とは神から託された言葉であり、預言者はそれを信者に伝える。神が存在しないメリエにとって、もはや神からの「預言」は存在しない。しかし「きたるべき世界の内容や意味、それに対する人間の態度や生活のあり方を指し示す人」[72]が「預言者」であれば、メリエもやはり「預言者」と形容しえよう。ただし、メリエに託された言葉は「神」からではなく、「神」を創造し、「神」という絶対的規範に照らして人間のあり方を考える精神的態度がもたらす人間的な知恵、具体的にはキリスト教の『聖書』の中に蓄積された人間の英知に由来すると考えればであるが。

従来のメリエ研究は、おそらくは「司祭」というメリエの地位とその激しいキリスト教批判との対照からであろうか、メリエの思想的源泉を非キリスト教的な思想に求めることが多かったように思われる[73]。しかしむしろ注目すべきは、これまで検討してきたように、メリエの社会批判の思想的源泉がキリスト教そのもののうちにある事実、言い換えるならば、神の存在を否定したメリエがなお自らの理想を「真の宗教」として語っている事実であろう。原始キリスト教から始まって、十六

世紀の「ドイツ農民戦争」の指導者トーマス・ミュンツァー（一四八九頃―一五二五）、あるいは十八世紀フランスのマションン、ポンセ・ド・ラ・リヴィエール、グリュッフェ神父などの説教家たちに至るまで、キリスト教自体が一面で激しい社会批判を原理的に内包していることは、今日ではいわば常識的な事柄に属している。[74] それゆえ、キリスト教が圧倒的な思想的影響力をもっていたこの時代に、司祭として生きたメリエが自らの思想を表現する際、キリスト教の思想を表現手段としたことはむしろ自然であろう。これまでのメリエ研究にあって、メリエの思想が表すこうした側面はあまりにも等閑視されてきたようである。しかし先にも指摘してきたように、他の地下文書には見られないキリスト教的色彩とキリスト教を否定する無神論、唯物論との独特な緊張関係こそ、メリエの思想を際立たせている特徴である。それゆえにこそ、かつてヴォルテールは「これまでキリスト教に害を及ぼしては消えていった彗星のごとき人々の中でももっとも特異な現れ[75]」とメリエを評したのであった。メリエが遺した長大な『覚え書』は、このキリスト教的な思想世界の中で、それと格闘しながら自らの思想を形成した、ひとりの司祭の精神の記録、「無神論への軌跡[76]」とも言えよう。

2　メリエの孤独と確信

メリエが『覚え書』で願ったこと、それはなによりも旧体制下の圧制に苦しむ民衆の解放であった。メリエによれば、農民や民衆は宗教的欺瞞のもとに専制のくびきにつながれ、ただその不当性を漠然と感じられるにすぎない[77]。彼らには、この支配を覆す可能性がある[78]。必要なのは「ただもう少しの援助、もう少し多くの精神を照らす光であり、それさえあればそうしたものの虚しさが明らかに理解され、そうしたものから精神を完全に解放できる」（「近隣の司祭の方々に宛てて、著者がしたためた書簡の写し」、八一二頁）、とメリエは言う。民衆を援助し、彼らに「もう少し多くの精神を照らす光」をあたえる役割を担うのは、「賢明で啓発された人々」である。メリエの生きた時代に、そうした援助が可能であろうか。社会の悪弊に「幼少の頃から半ばは気づいて」（「序文」第一章、四頁）いたメリエが驚いたのは、「学識と知恵と敬虔さで衆にぬきんでていると見なされる著名な人が世の中にはたくさんいるのに、こんなに多くのこんなにひどい忌まわしい無秩序に反対して声を挙げ、公におのれの意志を表明しようと思いつく人が一人もいなかったこと」（同前、四―五頁）ではなかったか。しかし、それは意外なことではなかった。次第に政治の仕組み、その統治の仕方について理解するにつれて、メリエは、

「主権者はその利益に気を配り、その権威を維持し、その意志をどこでもきちんと実行に移させるため、至る所に役人や地方総監や副王や総督やその他大勢の者を置くように心がけ、その連中に公費でたんまり金を払います。その結果、あえてこれほど絶対的な権威に背いたり、またさらにおおっぴらに反対を唱えたりしようとすれば、たちどころに身の破滅になるという明白な危険にさらされずにすむ者など一人もいないのです。ですから、どんなに賢明で開明的な人でも、こんなにひどい、こんなに忌まわしい統治の悪弊と誤謬と無秩序と不正をはっきり見抜いていてもやむをえず沈黙するほかない」（「序文」第二章、八頁、傍点引用者）ことを理解する。彼らも、いやむしろすべての人がこの支配の下では沈黙を強いられていると、メリエには映った。時代を支配するこの沈黙のゆえに、「いかに無力な乏しい才能しかなくとも」（「序文」第二章、一九―二〇頁）、あえてメリエは『覚え書』を執筆した。それがどれだけ時代の沈黙に抗しえるだろうか。『覚え書』が、死後人々に伝えられる何の保証もない。それゆえにメリエはまた彼らに向けて、「せめて死ぬ前に一度は、自分の祖国や親戚や縁者や隣人や友人や子孫たちに真理を語り、せめてそうすることで彼らの解放に力を貸し、彼らを喜ばせて」（第九六章、七九五―七九六頁）くれるよう求めた。[79] いやそうせざるをえなかったであろう。私たちはここに、先のダランベールの演説が、メリエのメッセージと見事に響きあっていることを確認できよう。[80]

　いわば絶望的とも言える状況の中で、メリエをあえて『覚え書』執筆へ、民衆の「救済」へと突き動かしたものは何であろうか。それは真理と正義への渇望であり、真理を担いうる人間理性への宗教的とも言える信念であった。メリエ自身『覚え書』の「序文」で、「真理と正義への情熱と公益への情熱は、また宗教のさまざまな誤謬とペテンがお偉方の高慢と不正と並んであのように傲然と暴虐に地上を支配しているのを見る私の憎しみと憤りは、内心の個人的な一切の考慮をいかにそれが深いものであっても凌いでしまいます」（第二章、二〇頁）と述べていた。また「近隣の司祭の方々に宛てて、著者がしたためた書簡の写し」では、「理性は時代を問わないもので、またすべての人間に、すなわち、正しい理性と自然的正義の諸規則に従う以上のことをおそらくは求めない地上のすべての民族、すべての国民に共通のものです」（八〇九頁）と記し、人間理性への信頼を表明していた。それはデカルト的な理性観の継承と言えよう。[81] メリエがキリスト教を批判するのも、この「理性」に従ってであった。

　「ですから皆さん、この盲目的な信念に気をつけてください。生まれや教育から受けたあの最初の盲目的な刻印に気を

つけてください。物事をさらに深く究め、あなたがたが盲目的に信じさせられてきたあらゆる事柄の源にまで遡ってください。あなたがたの宗教があなたがたに教え、あれほど絶対的に強制してあなたがたに信じさせていることを信じる理由と、またそれを信じない理由とを十分秤にかけてみてください。皆さんの精神の自然の光に正しく従えば、この世にあるあらゆる宗教は人間の発明でしかなく、超自然的で神的なものとしてあなたがたの宗教が教え、強制的に信じさせていることはすべて実際には誤謬にすぎず、嘘にすぎず、あやかしやペテンにすぎないことが、少なくとも私同様十分に、私同様確実に、あなたがたにも理解していただけるものと私は確信しております。その明白な証明はしておきましたし、この証明はどんな学問分野のものにも負けないほど説得力のあるものです」（「近隣の司祭の方々に宛てて、著者がしたためた書簡の写し」、八〇七頁、傍点引用者）。

「精神の自然の光」とは、「恩寵の光」に対置された人間理性、それももはや恩寵の光の介助を必要としない自立的な人間理性を指す。メリエがこの光に依拠するのは、「唯一、理性の自然の光明のみが学問と人間の知恵の完成、同じく技芸の完成へと人々を導くことができ、単に道徳上のあらゆる徳の実践だけでなく、人生におけるもっとも立派で、もっとも勇気あるあらゆる行動の実践にさえも人々を至らせることができ」（「結論」第九六章、七八八頁）るからである。理性への揺るぎない確信があったからこそ、メリエはまた次のように述べることができたのであろう。

「息を引き取る前にこうしたことすべてを口にできて、私はとても満足でした。事態はこのとおりであり、それを口にする人は誰一人見られない以上、私がそうするより仕方ありませんでした。このことであなたがたが私を非難されたとしても、率直に申しますが、私が語っているのは正義と真理そのもののためである以上、そんなことを私は少しも気にかけません。皆さん、たしかに私はこの件であなたがたの賛同を受けるという名誉を得たいと思っています。皆さんの友人、すべての君子の友でありたいと思っています。しかしながら、〈プラトンハ我ガ友、アリストテレスハ我ガ友、サレドサラニ我ハ真理ヲ愛ス〉と言った人のように、なおそれ以上の正義と真理の友でありたいと思います」（「近隣の司祭の方々に宛てて、著者がしたためた書簡の写し」、八一五頁）。

ところで、メリエは『覚え書』に添えた第二の書簡の中で「真理は地から生ずる」との『詩篇』（第八四篇一二節）の言葉を引き（八二〇頁）、その第一の書簡では「悪が知恵に勝つことはありえず、したがって誤謬が真理に勝つことはありえ

ない」との『知恵の書』の一節（第七章三〇節）を引用している（八〇九頁）。『旧約聖書』、とくにその「教訓書」がメリエの思想世界を構成していることは前段でも指摘したが、私たちはこうしたメリエの言明のうちに、デカルト的理性観と不可分に結合しているキリスト教的真理観を見ることができる。今日の私たちがそこにどれほどの矛盾を感じようと、それがメリエの孤独な思索を支えていた「信念」であったと言えよう。

先に指摘したように、十八世紀にはかなりの数の地下文書が流通していた。その書き手の多くは社会の上層階級に属する「知的エリート」であった[82]。メリエのような一介の田舎司祭がこのような『覚え書』を遺すことは希有な事例であろう。メリエは『覚え書』の中で、これは本来自分の果たすべき仕事ではないと繰り返し述べた。『覚え書』を生み出したのは、民衆に語るべき手段の「不在」と本来語るべき知識人の「沈黙」であったと言える。メリエは、『覚え書』の本文を「私はもうほとんどただの無でしかありませんし、やがてまったくの無となるのです」（八〇二頁）と結んだ。それはたしかに晩年に無神論、唯物論を自らの思想的境地として確立したメリエの、文字どおりの「信仰告白」であろう。そこに私たちは、時代そのものを覆う「沈黙」のもとに『覚え書』を書き綴ったメリエを包み込む深い孤立感を、しかしまた同時にメリエの強靭な意志の表出をも読みとれるのではないだろうか[83]。

3　無神論者、唯物論者メリエ

十八世紀にあってメリエに批判的に言及した最初の書物は、おそらくドリール・ド・サルの『自然の哲学』であろう[84]。この浩瀚な書物は、ヴォルテール流の理神論の立場から無神論、唯物論を批判したものである。ドリール・ド・サルはその一章を「もっとも有名な無神論者についての考察」にあて、歴史上無神論者と目された三一人を取り上げ批判を加えている[85]。ド・サルはメリエについても一項を立て、次のように書き始める。「シャンパーニュに品行非の打ち所が無く、禁欲的な生活を送り、収入の残余を毎年貧窮者に与えていた司祭がいた」。しかし、『覚え書』そのものも、おそらくはヴォルテールが刊行した『遺言書』も読んだことはなかったであろう。メリエの教説には何一つ触れることなく、その「批判」を、ド・サルは次のように締めくくった。

「メリエの私生活について人がどんな賛辞を呈そうとも、彼は決して私の英雄とはなりえないだろう。自分の宗教に疑

いを抱く紳士であれば、聖職に就いたりはしない。自分が愚劣だと思う教義を二〇年も説いたりはしないだろうし、死後に哲学者になろうとして生涯偽善者面をしたりはしない。もっとも神と道徳を人から奪い去ることで哲学者になれるのなら話は別だが」（ドリール・ド・サル『自然の哲学』[86]、第三版、一七七七年、第五巻、三二三頁）。

ドリール・ド・サルは、この考察のはじめでエジプト王クフを取り上げる。だが、その理由はエジプト最大のピラミッドを築いたこの王が神に犠牲を捧げるのを禁じたからに過ぎない（同書第五巻二六五頁）。「無神論者」の語源、ギリシア語の atheos は「神を信じない者」を意味した。キリスト教史の中では、多くの者が無神論者として指弾されてきた。しかし批判された人々も多くはこうした語源的な意味での無神論者であるか、あるいは異端者、または単に神を冒瀆したりキリスト教の宗教的儀礼を批判したりしたために「無神論者」と目されたにすぎない[87]。ドリール・ド・サルの理解もそうした類のものであろう。彼はメリエの教説については何も語っておらず、そこに見られるのは陳腐きわまりない道徳的非難にすぎない。彼が『覚え書』に目を通していたとしたら、はたしてどのような感想を記せたであろうか[88]。

私たちがこれまで見てきたように、メリエの無神論はきわめて体系的に展開されている。ここで改めてその議論のすべてをとりあげる余裕はないが、これまで私たちが検討してきたことを簡単に振り返ってみよう。メリエが批判の対象としたのは、「不可視な存在や非物体的で非物質的な存在」（四五九頁）としての「神」であった。メリエはそれを、主として三つの視点から批判していた。第一に、創造主としての「神」の否定である。メリエはこれを、「世界の自然形成説」と「世界創造説」の対立として両者の可否を検討して論を進め、物質の自己原因性、物質と運動の不可分性を根拠に「創造主」としての神の存在を否定した（第六四章―第七四章）。批判の第二は「神」の超越性に関係した。メリエは創造説を批判する中ですでに、「どんな特別の存在様態もどんな特別の実在様態も備えていないものは間違いなく実在せず、間違いなくまったく存在しない」（第七一章、五三七頁）と述べたが、まさしくそのようにして存在するのが「超越者」としての「神」であろう。メリエはその批判を、すでに見たように、フェヌロンやマールブランシュの「神の存在証明」の批判を通じて行い、「存在」と「完全な存在（＝神）」とは無縁であり、「限りなく完全な存在としての神」とは人間精神の虚構にすぎないと批判した（第七五章―第八六章）。批判の第三は、「証明八」全体を通して行われる「霊的、精神的存在」としての「神」への批判であった。「精神」とは畢竟物質として組織された人間の様態の一つ、「生命活動」であり、身体から分離された「実

体」としての精神は存在しないと批判された。これらの批判を通じて、メリエは「創造する神」、「支配する神」、「裁く神」という、キリスト教の「見えざる神」を全面的に否定する。すでに述べたように、キリスト教史の中で「無神論者」の表現はさまざまな意味で使われた。それが「神の存在を否定する者」の意味で使われるようになるのは十七世紀末である。この頃から数多くの反キリスト教地下文書が書かれ、キリスト教の教理、教義を批判し、理神論や無神論を展開することになる。しかし、その批判の射程の広さと深さにおいてメリエの『覚え書』に並ぶ著作は存在しない。古くから数多く存在した「無神論者」の中でも、メリエはおそらくもっとも徹底した無神論者と言うことができよう。

同時に指摘しなければならないことは、メリエにおいてこの無神論は唯物論と分かちがたく結びついて展開されてきた点である。これまでの私たちの叙述の中でも指摘したように、キリスト教に対するメリエの哲学的批判はデカルト哲学を基盤にして展開されていた。(89) デカルトにとって、「延長」を本質とする物質世界は、自然の運動法則に従って形成・維持される世界である。「神」は、パスカルが批判したように、デカルトにあっては物質を創造し、それに運動をあたえた後では「彼の正常な協力を自然にあたえ、自然をして彼が設定した法則に従って動いてゆくに委ねる」(『方法序説』第五部)のみである。「延長」を本質とし、いかなる神性ももたない自然の承認は、デカルトにおいてルネサンス期の遺産としての汎神論的自然主義を克服して、自然的諸現象の合理的理解を促進する役割を果たしていた。しかし、こうした自立的自然の承認はメリエにとってむしろ神の全知全能の否定、神による世界創造の否定と理解される(第八四、八五章)。なぜならメリエによれば、そうした自立性の承認は、神ではなく自然そのものが自らの原因であることを前提にしてはじめて成立しうるからである。メリエの「世界」は、神なきデカルト自然学の世界そのものである。(90)

徹底した無神論と分かちがたく結びついた唯物論、メリエのこの哲学的・思想的立場は、歴史的に見たときにどのように位置づけられるのであろうか。哲学史的に見るならば、プラトンが『ソピステス』の中で、観念論と唯物論の対立を「形相の友」と「蒔かれて地から生まれた大地族」との間の「神々と巨人族との戦にも比すべきもの」として描いたように、(91) 唯物論と観念論は哲学の成立とともに古くから存在した。(92) しかし唯物論と無神論との関係については、時として「唯物論者はいずれも無神論者であり、思想史上両者を区別することはほとんどできない」といった誤解も散見する。(93) 唯物論が宗教批判を含むことは多くの場合に妥当するが、そのことはただちに唯物論と無神論とが等価であることを意味しない。古代ギリシア

の唯物論を代表するのは、周知のようにデモクリトスやエピクロスである。彼らの説には宗教意識への批判は見られるが、彼ら自身は無神論者ではない。ことに、エピクロスは神々の存在を認め、「神は不死で至福な生者である」と言う。[94] このことは彼らの自然観と宗教に対する態度が必ずしも一致していないことを示している。近代になると、デカルトと並んで「哲学の父」と言われたフランシス・ベーコン（一五六一—一六二六）が唯物論者として登場する。ベーコンは「諸学の革新」を提起し、「感覚〔＝経験〕を保って〔物の〕本性に迫り、そして実地を目指しかつほとんどそれに携わる」[95]帰納法による自然認識を説いた。だが同時に「さて〔諸学の〕発端はまず神に求められねばならない。というのは、ここで扱われることは、そのうちにある善のすぐれた本性のゆえに、善の創始者であり光の父である神に、明白に由来するということである」[96]と述べているように、そこにはキリスト教の人格神の面影はもはや見られないにしても、ベーコンの学問体系において神はきわめて重要な役割をあたえられていた。イングランド教会の成立（一五四三）[97]によって宗教改革を達成していたためであろうか、イギリスにおいて信仰と理性の対立は顕在化せず、ベーコンに見られるように、これ以降の唯物論はホッブズも含め両者の分離を出発点とした理神論的形態をとって展開された。[98]他方フランスでは、その当時としてはデカルト（一五九六—一六五〇）[99]よりも大きな思想的影響力を持ち、デカルトとの論争では互いに「おお精神よ」、「おお身体よ」と呼び合ったガッサンディ（一五九二—一六五五）がエピクロスの原子論を復活させて、後の唯物論の成立に大きな影響をあたえた。しかし原子論による唯物論的自然理解は、ガッサンディにあっては、ある意味ではデカルト哲学以上に厳密に自然学（＝物理学）に限られ、物質的・肉体的霊魂のほかに非物質的な知的精神の存在、さらに世界と運動の起源として神の存在をも認めていたのである。またガッサンディ自身聖職者としてその生涯を送った。[100]

古代から近世に至るまで、唯物論はその中に宗教批判を一つの不可分な要素として含みながらも、それ自体は必ずしも無神論と同義ではなかった。その不可分な要素を前面に出して無神論、唯物論を展開したのが、メリエの『覚え書』であった。[101]メリエにおいて両者の結合を可能としたのは、すでに幾度か指摘したように理論的にはデカルト派の機械論的な自然観を上げることができよう。しかしこの自然観は同時に理神論の基礎にもなりえたものである。その限界を突き破ってメリエを「神」の否定にまで推し進めたのは、これもまた繰り返すまでもなく「この世で人が被る悪は神に由来するのか、それとも人間自身によるのか」という問い、現世で悲惨な生活を余儀なくされる民衆の「救済」という課題であった。メリエは自ら

に課したこの課題に忠実にただひとり孤独のうちに思索を重ね、無神論、唯物論という理論的境地に到達したのである。(102)

おわりに

私たちは、メリエの死を前後する「空白の十日間」をはさんで司祭メリエが思想家メリエに転ずるさまを、メリエが遺した『覚え書』の歴史と論理をたどることで瞥見し、前章ではそこから浮かび上がるメリエの思想家像のいくつかを素描した。その際、あるいはメリエ自身が『覚え書』執筆を思い立った根本的な動機、民衆の解放に関わるメリエの姿、「革命家」像を描き出すべきであったかも知れない。革命家、民衆運動家には二つの側面があろう。第一は、実際にその時々の民衆の利益を擁護し、社会的な諸矛盾の解決を具体的に進めようとする実践的な側面、そして第二にはそうした矛盾を分析し、その解決のため戦略や戦術を考える理論的な側面である。第一の意味での「革命家」として、たとえば「ドイツ農民戦争」の指導者、トーマス・ミュンツァーを上げることができよう。しかし、メリエはその意味での「革命家」ではない。先に筆者は、民衆自身の力による「社会悪」の解決を促すメリエの提起は、この時代にあっていわば「前人未踏の境地」だと述べた。しかし、メリエの提起はあくまでも自身による行動も含めた一切の「沈黙」を代償としてなしえたものである。このことを考慮するならば、メリエを第二の意味での「革命家」と形容することはたしかに可能であろう。実際、メリエに関するはじめての浩瀚な研究書を著したモーリス・ドマンジェは、そうした意味でメリエを「革命家」ととらえ、その著作に『メリエ司祭、ルイ十四世治下の無神論者、共産主義者、革命家』というタイトルを付した。今日のメリエ研究は、ドマンジェの研究なしにはありえないほど、その多くを彼に負っている。ドマンジェがそのモノグラフィーに冠したタイトルの個々の要素についても、少なくとも私はその大部分を首肯しうるものと考える。しかし私はこの一文の中で、あえてメリエに「革命家」の称号をあたえることを避けた。たしかにメリエは啓蒙思想の先駆者の位置を占めるであろうし、フランス革命思想の先駆者たりうるであろう。しかし、そのようにメリエのうちに「先駆者」を認めることは、これまでの先駆者探しの研究の多くがそうであったように、華々しい称号を墓銘碑に刻むことにより、当の思想家を、そしてその思想を過去に封じ込める働きをしたにすぎないように思える。自らの死を賭けて『覚え書』を後世に伝えようとしたメリエの思想的営為を、過去に葬り

去ることが果たして私たちに許されるであろうか。これが、メリエを「革命家」と呼ぶことを私が避けたかった、あるいは躊躇せざるをえなかった理由である。

『覚え書』に添えた「近隣の司祭の方々に宛てて、著者がしたためた書簡の写し」の中で、メリエは「問題となりうるのは、私の根拠や私の証明を真摯に検討することで、それが本当に堅固で説得力があるかどうか、十分な根拠があるかそれとも十分な根拠がないかを知ることです。要するに、私の言ったことが本当なのか、それとも誤りなのかを知るのが問題なのです。〔……〕そして真摯に検討した上で、実際私が真実を述べており、私が主張するように私の根拠や私の証明が本当に強固で説得力があり、さらには論証的であると納得されたら、真理そのもののために、そしてあなたがたが日々目にしておられるように圧制と虚しい迷信の耐えがたいくびきの下で嘆き悲しむ民衆のために、勇気をもって――とはいえ慎重に――真理の側に立ち、真理の側を支持しなければならないのは、皆さん、あなたがたです」(八〇八頁)と述べた。メリエの『覚え書』を手にした私たちが、今度は私たちの「ここと今」にどのように向き合うか。それこそ、『覚え書』の中に生き続ける思想家メリエの私たちへの最後の問いかけではないだろうか。

墓地は死者を葬り、祀る聖地である。墓地はまた、そこにおいて死者(過去)と生者(現在)が交わる場所でもある。メリエを葬る墓地はない。しかし、メリエと私たちが交わる場所は存在する。メリエの遺した『覚え書』が、それである。私たちとメリエとの出会いは、言うまでもなく私たちの現在に属する。私たちの「ここと今」において、私たちはメリエと交わり、その思想と出会う。しかし、三〇〇年近い時間の彼方へと遡り、その時代を生きたメリエと、現在に生きる私たちが『覚え書』を介して対等に対話しえるだろうか。メリエは、シャンパーニュの片田舎の小さな教会の傍らの小さな司祭館で、昼間決して語りえなかった言葉を、深夜ただ一人ロウソクの明かりの下で黙々と紙片に刻んだ。この司祭の思いを、たとえ不十分ではあっても筆者の知るかぎり伝え、本書を手にされた読者が、メリエと対話する手助けになれないだろうか。これが、墓地を持たないメリエを語るこの一文を、あえて「墓地の彼方へ」と名付けた所以である。筆者の試みが成功したかどうかは、読者諸兄の判断を待つしかない。しかし、このつたない一文によって、時代を覆う闇の中で「理性の光」を求めて苦闘した思想家の姿を幾ばくなりとも読者諸兄にお伝えできたならば、筆者としてこれに勝る喜びはない。

注

（1）以下本書からの引用については該当する箇所と本文頁名のみを記載することとする。なお訳文は前後の文脈により一部変更した箇所もある。

（2）解説Ⅰ（本書一二六二頁）参照。

（3）十八世紀の出版事情については、木崎喜代治著『マルゼルブ』（一九八六年、岩波書店）、とくに「第一章　出版統制局長」を、また地下出版についてはロバート・ダーントン著、関根素子・二宮弘之訳『革命前夜の地下出版』（一九九四年、岩波書店）を参照されたい。実際一七〇〇年頃に、メリエの居住地からそれほど遠くないスダン生まれで「甦ったヴァニーニ」とあだ名されたルフェーブルという人物が、無神論の嫌疑を受けてランスで生きたまま火あぶりにされている。メリエは、そのことを十分知っていただろう。

（4）赤木昭三著『フランス近代の反宗教思想——リベルタンと地下写本』（一九九三年、岩波書店）および以下のベニテズの研究を参照されたい。Miguel Benítez, *Liste et localisation des traités clandestins*, in *Le Matérialisme du XVIII*^{e} *siècle et la littérature clandestine*, éd. par O. Bloch, Paris, Vrin, 1982, pp. 17-25 ; *Matériaux pour un inventaire des manuscrits philosophiques clandestins des XVII*^{e} *et XVIII*^{e} *siècles*, in *Rivista di storia della filosofia*, 1988, Vol.3, pp. 501-531, et *La Face cachée des Lumières. Recherches sur les manuscrits philosophiques clandestins de l'Age classique*, Oxford, The Voltaire Foundation/Paris, Universitas, 1996.

（5）モーリス・ドマンジェ『メリエ司祭、ルイ十四世治下の無神論者、共産主義者、革命家』、一九六五年、パリ、ジュリアール書店（Maurice Dommanget, *Le curé Meslier, athée, communiste et révolutionnaire sous Louis XIV*, 1965, Paris, Julliard）、一〇〇頁。なお文中の「遺言書」という書名は、すでに解説Ⅰで触れ、またこの後でもさらに触れることになる『覚え書』の別名である。

（6）これらの記述についてはすでに解説Ⅰで詳細に述べられているので、それを参照されたい。また個々の事実については、重複を避けるためできるだけ簡略に取り上げることにする。

（7）ヴォルテール自身はそれについて、「彼〔メリエ〕の作品はよくできてはいるものの、著者がまとっている個性は読者にはあまりにも強烈すぎます。この作品を要約した小品がいくつか作られていてそのいくつかは印刷されています。これらからは幸いなことに無神論の毒は一掃されています」（『＊＊＊公殿下、S.A 宛書簡』、モラン版『ヴォルテール

全集』二六巻、五四二頁、傍線は引用者）と述べている。このヴォルテールの『抜粋』とメリエの『覚え書』の関係については、拙稿『文体から思想へ――言語表現をめぐるヴォルテールとメリエ、ヴォルテールの『抜粋』とメリエの『覚え書』の比較読解』（平成五年一月、青森大学・青森短期大学学術研究会編『研究紀要』第一五巻三号、八三―九九頁）を参照されたい。

（8） Jean Meslier, *Superstiton in all ages,* Kessinger Publishing, US.

（9） *Discours prononcé à la tribune de la Convention Nationale,* le 27 brumaire, l'an II ［17 novembre 1793］ de la République une et indivisible, par Anacharsis Cloots, député par le département de l'Oise, dans *Œuvres complètes de Jean Meslier,* édition animée et coordonnée par Roland Desné, notes de Jean Deprun, Roland Desné, Henri Manceau et Albert Soboul, Paris, Editions Anthropos, 1971-1972, 3 vols, t.III, p. 501. 以下、メリエの原文を参照する場合にはこの版を使用することとし、その場合にはこれをアントロポス版と呼び、参照する場合にはこれをANTで表し、その後にローマ数字で巻数、アラビア数字で頁数を表すこととする。

（10） これはまったくのトリックであり、十七世紀の神学者、哲学者アルノー（Antoine Arnauld,）の肖像画を左右反転させたものにすぎない。

（11） 新庄嘉章訳、『バルザック全集』第10巻、東京創元社、一九七四年、七九頁。

（12） *Le Testament de Jean Meslier, curé d'Étrepigny et de But en Champagne, décédé en 1733,* Amsterdam, A la Librairie étrangère, raison R.C. Meijer, 1864, 3vols. 一八六四年は奇しくもメリエの生誕二百年に当たる。しかしシャルルはそれを知る由もなかった。彼は、表紙にメリエの没年を一七三三年と記し、序文ではその生年を一六七八年としていたからである。

（13） cf. Maurice Dommanget, *Origine, enfance et mort du curé Meslier*, in *Eudes sur le curé Meslier, Actes du Colloque international d'Aix-en-Rrovence,* Paris, Société des études robespierristes, 1966, p. 11.

（14） 以下のランソン、ウェードの研究を参照されたい。Lanson, *Questions diverses sur l'histoire de l'esprit philosophique en France avant 1750,* in *RHLF* 19（1912）, pp. 1-29,293-317., I.O. Wade, *The Clandestine Organisation and Diffusion of philosophic ideas in France from 1700 to 1750,* Princeton, Princeton U.P., 1938（et New York, Octagon, 1967）.

(15) 先のランソンは、フランス国立図書館にある三つのマニュスクリが同一人物の手になるものであることを指摘したに留まり、またウェードはフランス国立図書館以外の図書館にある五つのマニュスクリを検討しているが、それらがあまりにも丁寧に書かれていたからだろうか、彼はこれらすべてが筆写生の手になるものとしていた。

(16) 注（5）参照。

(17) しかしこれでメリエの「歴史」が終わるわけではない。『覚え書』と『反フェヌロン』以外に、メリエには旧約聖書の『雅歌』の仏語訳、『説教集』があったとも伝えられている。これらがいつか世に出る可能性も否定できない。さらにすでに解説Iでも述べたように、マニュスクリそのものについてもすべてが解明されたわけではない。現在BNに残されている三つのマニュスクリの『覚え書』本文は、それぞれ三〇六葉（Fonds français 19458）、三三一葉（Fonds français 19459）、三五〇葉（Fonds français 19460）を数える。ところがFonds français 19458に見られる「近隣司祭宛ての書簡」で、メリエははっきりと三六六葉と書いている。これは単にFonds français 19458の「三〇六葉」を「三六六葉」と書き違えたのかも知れない。しかしこの数字は、いずれにせよ現存する三つのマニュスクリの『覚え書』本文の枚数とは合致しない。これらのこともいつか解明されるかも知れないのである。

(18) なぜ彼らは事を公にしなかったのであろうか。公にして、担当司教区に「無神論」司祭がいたことを見逃したと指弾されるのを恐れたのか。それにしても、なぜ『覚え書』を残したのであろうか。彼らの職務を越えて、メリエの書き残したものになんらかの共感を覚えたのか。「空白の一〇日間」については、いくつもの興味深い疑問を呈することができる。しかし答はすべて歴史の闇の彼方に消え去っている。

(19) 凡例参照。

(20) この蔵書番号一九四六〇の自筆筆写本は、本文の後に目次および近隣司祭への二通の書簡の写しが加えられ、全体として三五八葉からなっている。

(21) メリエは、たとえば次のように「親愛なる友人の皆さん」「皆さん」という呼びかけ表現を『覚え書』全体を通じて十七回使っている（本書「序文」の訳注〔一〕を参照）。

「皆さん、ここで私が非難している見解にやはり私も与していると一度たりとも皆さんに考えさせるようなことはなかったと思います。私は正反対の見解を持ち、あなたがたの労苦にきわめて敏感であると、皆さんは逆に幾度も気づいたかも知れません。また私がその聖務からはいる実入りという、あの敬虔なもうけにいたく執着する部類の人間ではな

く、それでもうけられるような時にもよくそれを無視したりほうっておいて、実入りのよい聖職禄を得ようと策を弄したりミサや寄進を熱心に勧めたりしたことは一度もないのに気づかれたかも知れません」（第二章、一六頁）。

ここで、メリエが「皆さん」と呼びかけているのは、まさしくエトレピニーやバレーヴの聖堂区の人々そのものである。メリエが彼らの「労苦にきわめて敏感」であったかどうかを、彼ら聖堂区民を措いて誰が知りえただろうか。その意味では私たちは、たしかに聖堂区の人々、またそれに連なる民衆を『覚え書』のメッセージの第一の受け手とすることができる。

(22) こうした文体は地下文学の中ではまれである。地下文学の中でも最もポピュラーであった『三詐欺師論』（*Traité des trois imposteurs*）や『宗教の検討』（*Examen de la religion*）など多くの「地下哲学」は論述形式をとっている。それ以外には『トラシュブロスからレウキッペへの手紙』（*Lettres de Thrasybule à Leucippe*）などの書簡形式、あるいは『ユダヤ教徒とキリスト教徒との会談』（*Conférences d'un juif avec un Chrétien*）の対話形式が見られるだけである。しかしメリエの文体はそのいずれとも異なっている。

(23) 以下の分析では、「あなたがた」を表すフランス語の（vous）はとくに示さず「あなたがた」とだけ表すこととする。また以下の、文法的には二人称に属する命令文や「あなたがたの」といった所有形容詞も、ここでは「あなたがた」を指示するものとして扱う。

(24) 原文は以下の通り、Voiez（*sic*）ci après la page 202（ANT, t.2, p. 171）。

(25) 本文では「これに付言すれば、この仮説においてさまざまな生き物の知識も意志も、行動するものの自由にとっては何の役にも立ちません」となっているが、ここでは前後の文脈から判断して訳文を変えてある。

(26) 原文はそれぞれ以下の通り、Jugez（ANT, t.1 p. 348), jugez（ANT, t.1, p. 472), Jugez（ANT, t.1, p. 491), Adjoutez（ANT, t.2, p. 254), Pensez, repensz（ANT, T.3, P. 14), Ostez（ANT, T.3, P. 43)。

(27) 一七七五年二月十六日、アカデミー・フランセーズにマルゼルブを迎えるにあたってダランベールが行った公開演説、「サン・ピエール師讃」、本書「結論」訳注四四参照。

(28) ラ・ブリュイエール著、関根秀雄訳『カラクテール』（中）、岩波文庫、一九四頁）。引用文中の括弧に収めた「あれほど苦労して生み出した」という箇所は、メリエが『覚え書』にこの一文を引用した際（「証明六」第五一章、四〇二頁）に自ら付け加えたものである。

(29) Rumegies, ノール県中東部、ヴァランシエンヌから北西二〇キロ、ベルギー国境へ二キロほどの寒村であり、エトレピニーの北西一三〇キロに位置している。

(30) アンリ・プラテル編『十七世紀の田舎司祭の日記』(*Journal d'un curé de campagne au XVIIe siècel*, éd. par Henri Platelle, Paris, Les Editions du Cerf, 1965)

(31) 先のドマンジェは、メリエの「社会主義思想」は、その非宗教的思想が形成された後、当時の民衆の悲惨な生活への共感から直接発していると言う（前掲書、三三六頁）。しかしながら、すでにジャック・プルースト「預言者メリエ」(Jacques Proust, *Meslier prophete*, in *Etudes sur le curé Meslier, Actes du Colloque international d'Aix-en-Provence*, Paris, Société des études robespierristes, 1966, pp. 107-108)、ロラン・モルティエ「メリエと聖職者の地位」(Roland Mortier, *Meslier et la statut de l'ecclésiastique*, in *Le curé Meslier et la vie intellectuelle, religieuse et sociale* (*fin 17e-début 18e siècle*), *Actes du colloque international de Reims, 17-19 octobre 1974*, Reims, Bibliothèque de l'Université de Reims, pp. 111-119) が明らかにしているように、この「共感」こそキリスト教的な道徳性に由来するものである。もっともこの両者のいずれにおいても、メリエにおけるキリスト教と社会批判の相関の具体的解明はなされていない。

(32) メリエは「序文」第一章で、当該箇所を次のように引用している。「不敬が地上の至る所に君臨しているのを、また他人を裁くために立てられた当の人々がもっとも不正で犯罪的な者となり、正義の席に不義を着かせてしまうほどの甚だしい腐敗が裁きの場を支配しているのを私は見た」（四頁）。

(33) 本文では「私的所有」と訳したが、これに対応する今日のフランス語は propriété individuelle である。メリエは原文では appropriation particulière（個人的専有）と表している。もとよりこの時代に今日の意味での経済学は成立しておらず、概念的にも定着してはいない。またメリエの使用例からも理解できるように、そこにはむしろ道徳的な非難が強く込められていることが理解できよう。

(34) フェデリコ・バルバロ訳『聖書』（講談社版、一九八五年）による。なおここでは「不法の奥義」は「罪悪の奥義」と訳されているが、本文に合わせて引用した。

(35) 神義論ともいう。ライプニッツの造語であり、主著『弁神論』(*Essaie de théodicée sur la bonté de Dieu, la liberté de l'homme et l'origine du mal*, 1710) でライプニッツは無神論や善悪二元論を論駁して、この世界に存在するあらゆ

る害悪にもかかわらず、神の善であることを体系的に論じた。この主題を最初に独立させ、体系的に論じたのはライプニッツであったが、歴史的に見るならば、その先駆思想はアウグスティヌスやデカルトにも見られ、広義に理解するならば、自然神学あるいは合理的神学の意味で解され、神の存在証明、神の摂理と人間の自由の問題、人間霊魂の不死の証明、神に対する宗教的、道徳的義務の問題などがそこに含まれる。ここでは後者の意味において、フェヌロン、マールブランシュの護教論も「弁神論」とした。なお「神の存在証明」への批判、とりわけメリエのマールブランシュ批判に関しては、次の拙稿を参照されたい。「デカルト哲学の変貌、マールブランシュからメリエへ」、日本哲学会編『哲学』、第三十七号、一九八七年五月、法政大学出版局。

(36)『覚え書』に関する実証的な研究は、一九一二年のギュスターヴ・ランソンの研究をもってその嚆矢とする（Gustave Lanson, «*Questions diverses sur l'histoire de l'esprit philosophique en France avant 1750*» dans *Revue d'Histoire littéraire de la France*, t.XIX, 1912, pp. 8-17）。しかしながら以後半世紀を超える研究史上、『覚え書』を全体として取り上げその統一的理解を試みるものはなく、また『覚え書』自体の統一性に関してはむしろ否定的な見解が提出されていると言えよう。戦前、ランソンを受けてフランス各地に散在する地下文書の包括的研究を行ったウェイドは、その著書の一章をメリエにあて、『覚え書』は批判的理神論、社会哲学、形而上学的自然哲学の三部から成ることを指摘したが、それらの相関については語っていない（Ira 0. Wade, 前掲書、とくにpp. 65-93）。一九六五年、モーリス・ドマンジェは先に挙げた名著『メリエ司祭、ルイ十四世治下の無神論者、共産主義者、革命家』の第二章で「作品の欠陥」という項を立て、『覚え書』構成上の不備についてとくに語っている。ドマンジェによれば、『覚え書』は、デカルト的方法が骨格をなしてはいるものの、構成は「支離滅裂」で、「予備的プランは認められず」、「時々の思いつきで書かれた」にすぎない（*ibid.*, pp. 118-119）。また著作の合理的配列からすれば本来別個に取り扱われるべき哲学的批判と政治的批判とが、「奇妙に混ざり合い、つながり合っている」（*ibid.*, p. 119）とされる。こうしたドマンジェの指摘を受けてであろうか、『ジャン・メリエ、アンラジェ』（一九八三）（Marc Bredel, *Jean Meslier l'enragé*, Paris, Balland, 1983）の著者、マルク・ブルデルは「まるでメリエは、一冊の本を書いたのではなく、何冊かの本が作れる材料を寄せ集めたかのように、すべてが進行する」、と言う（*ibid.*, pp. 62-63）。

『覚え書』は、なるほどドマンジェも指摘するように、繰り返しが多く、章や節が入り組み、その論理展開をたどるのは決して容易ではない。しかしながら、ドマンジェやブルデルの先の評価は、少なくともメリエ自身による『覚え

書』への評価とは一致していない。メリエは、『覚え書』の「結論」に先立つ第九五章で、それまでのさまざまな議論の一切が、「互いにつながり合い、明らかに支持し合い、裏付け合う説得力ある一続き、ないしは一連の命題や証明や推論のようなもの」として（七八〇頁）、神の非存在を証明していると述べている。したがって、ドマンジェが「支離滅裂」、あるいは「奇妙に混ざり合い、つながり合っている」と評した、論証のあり方そのもののうちに、メリエ自身はかえって『覚え書』の一貫性を認めているのである。

しかも重要なことは、こうした『覚え書』の構成問題への否定的評価と結びついて、『覚え書』に表されたメリエの思想の統一的理解を妨げる見解が提出されていることである。事実、先のブルデルは、一方でキリスト教と社会秩序の非合理性の批判がメリエの当初の意図であったとして、『覚え書』を構成する八つの「証明」に関し、それは社会批判を扱った「証明六」で本来終えるはずであったと言う（*ibid.*, p. 60 と p. 165）。他方ブルデルは、『覚え書』執筆以前にメリエはすでに無神論者となっていた以上、「正確なデカルト的論理を使えば、メリエははじめの四つの証明なしで済ませただろう」とも言う（ibid., p. 63）。もとより、複雑に屈折したメリエの思想像の解明には、さまざまな側面からの検討を、とりわけメリエの生きた時代の社会的・思想的諸条件との多様な関わりの仔細な検討を要しよう。だがそのためにも、まず求められるのは『覚え書』におけるさまざまな議論の配置や相互の関係、またそれらの機能や役割を明らかにすることであって、評者の主観的な基準や先入見によってメリエを裁断することではない。本稿でさまざまな視点からメリエの遺した『覚え書』というテキストにこだわって論を進めるのも、それが成功したかどうかは読者の判断に委ねるしかないが、そうした配慮と従来の研究史への反省からである。

(37) これを単にメリエの「方便」とみなすことはできない。のちに見るように、確かに「神が設けた宗教」の有無という問題は後に否定される。しかし他方「真の宗教」をめぐる問いはキリスト教批判の全体を通じて否定されず、メリエは「結論」で、正義と公正、真理と平和の実現などを内容とする「真の宗教」を宣告している（七九三―七九四頁）。

(38) 神の属性概念に関するメリエの合理主義的解釈は、一面において「神は、神の属性でありうるか、そのしるしをもっとも良く表す、もっとも賢明な方法で常に行動する」、と語るマールブランシュの解釈に接近する（Malebranche, *Traité de la nature et de la grâce*, dans *Œuvres complètes de Malebranche*, Paris, J. Vrin, 1976, t. V, p. 19）。いやむしろ、そうした「解釈」をメリエはマールブランシュから学んだと言えよう。

(39) メリエの『覚え書』とヴォルテールが刊行した『抜粋』（『遺言書』）の関係の詳細については、次の拙稿を参照され

たい。「文体から思想へ――言語表現をめぐるヴォルテールとメリエ、ヴォルテールの『抜粋』とメリエの『覚え書』の比較読解」(一九九三年一月、青森大学・青森短期大学学術研究会編『研究紀要』第十五巻三号、八三―九九頁)。

(40) 注(33)参照。

(41) 三 2「神権政治の批判」の項を参照。

(42) 注(35)参照。

(43) ラ・ブリュイエールは、「あるいはこれらの事柄が人間の邪悪によってその所を変える。あるいは神が神でなくなる」(関根秀雄訳、『カラクテール』、第一六章、「強き精神について」、岩波文庫、下、一七〇頁、傍点引用者)と書いている。メリエはこの箇所以外にも三ヵ所(「証明六」第四二章三六四―三六五頁、「証明七」第七四章五五六頁、同五五七頁)で、この文章を引用している。それらはいずれも原文どおりの引用である。しかしここでは、「所を変える(déplacées)」を「転倒された(renversées)」と書き換えている。しかもこのことは、メリエが遺した三冊の自筆筆写本に共通である。本書訳注でたびたび指摘したように、メリエは『聖書』やマールブランシュの『真理の探究』などから引用する際、故意かどうかは別にして文章を変え、あるいは省略してたびたび引用している。ここでの書き換えがメリエの作為によるものであるかどうかは確定しようもないが、これらの異同を考えるとその可能性は高いと考えてもよいだろう。

(44) メリエはこれらの人々に関する知識を、モレリの『大歴史辞典』やモンテーニュの『エセー』などから得ている。

(45) 本文の訳注でも述べたが、メリエが読んだと思われ、またアントロポス版に『反フェヌロン』として収録されているこの本の余白へのメリエの書き込みと思われるものが見られる第二版(一七一八年)では、この本の第二部のタイトルは『神の存在と属性の証明』と変えられている。フェヌロンのこの著作にはまだ決定版は存在していないが、たとえば一八二〇年のヴェルサイユ版は『神の存在と属性論』(*Traités de l'existence et des attributs de Dieu*)とのタイトルを掲げている。ヴェルサイユ版の「編者の前書き」によれば、フェヌロンのこの書はフェヌロンの死後(一七一五)先のタイトルの見られる第二版も含めて『神の存在と属性論』と呼ばれたようである。

(46) メリエはその対立の根本原因について、次のように述べる。「自然の中で新しいものが生み出されるのを、私たちは日々目にしています。こうして生まれたこの新しいものには、間近な直接の原因があります。そしてこの間近な直接の原因はそれ自体がずっと隔たった他の原因から生じたにせよ、これら産物総体に関しては、生み出されたのでなく、し

たがってそれ自体他のいかなる原因にも依存せず、それ自体で現に存在するところのものである第一原因がなければなりません。〔……〕この原理あるいは推論に同意しなくてもかまわないような人はいませんし、だから神崇拝者たちと同じく無神論者たちも、また無神論者たちと同じく神崇拝者たちも、このことには同意していることに気づかれるでしょう。〔……〕もっとも両者は、この第一原因にふさわしい名称や特質を何にするかという点では一致していません。つまり、神崇拝者たちはそれに神という名を冠し、無神主義者、あるいは無神論者はそれに自然とか物質的存在とか、または単に物質という名を冠しているからです。ただ名称だけが問題であれば、両者を和解させるのはたやすいことです。それというのも、名称は事物の本質を作ったりせず、またそれを変えるものでもない以上、この第一原因に神という名を与えるか、自然や物質の名を与えるかはまったくどうでもいいことですし、そんなことで多くの議論をする必要などないからです。しかし、創造したり、至上の英知と全能の意志によってあらゆるものを普遍的に支配したりする力を、神崇拝者たちはこの第一原因に割り当て、ついでそこからいくつもの誤った結論や虚しい口実を引き出しては、人々にさまざまな掟や命令を好き勝手に押しつけ、何でも好きなことを信じ込ませる……などしていますし、他方、無神論者はそうした創造する力、そのような至上の英知や全能の意志と称されるものを、この第一原因に割り当てるのを断固として拒否しているために、とりわけこの点でこそ両者は対立しているのです」（「証明七」第六九章、四八六―四八七頁）。

（47）Malebranche, *Recherche de la vérité*, dans *Œuvres complètes de Malebranche*, Paris, J.Vrin, t.1, p.95. 以下『真理の探究』からの引用はすべて同『全集』によるものとし、巻数をローマ数字、頁数をアラビア数字で表して当該箇所を示すものとする。

（48）それに先立ってメリエは、「時間」、「空間」、「延長」そして「物質」がそれぞれ神によって創造されえなかったと論じているが、メリエは「延長は不動」であるが、「物質は実際に動き、絶えず様態や形や姿を変えるので不動ではない」と、「延長」と「物質」を区別し（「第八一章、六四四―六四五頁）、そこに自身とデカルト派との相違を認めている。

（49）マールブランシュは、その方法を「ある事物に関し、それを表象する観念の内に明らかに内包されていると思われる事柄は、その事物によるものと断言しえる」とまとめ、それを「われわれの認識の第一の原理」、「デカルト派によりあまねく承認されているもの」と呼ぶ（R. V., II, 99)。

（50）「自然的なつながり（liaison naturelle）」という表現も、メリエ自身他の場所で引用しているように（「証明八」第

九一章、七四六頁）、マールブランシュに由来している。マールブランシュにあって、「自然的なつながり（liaison naturelle）」はわれわれの意志に依存しない、外界の事物と観念や感覚との関係を表わしていた（R. V., I, 217）。メリエは「われわれの意志に依存しない」を、その「つながりが何によるのか、どのようにしてこのつながりが生じうるかを私たちが知らない」（「証明七」第六六章、四七〇頁）と読み変えて、「自然的なつながり」に新たな意味を付与している。

(51) メリエによる「無限（infini）」は、デカルトにおいて「無限」とは区別された「無際限（indéfini）」に相当する（『哲学の原理』、第一部、二十六項参照）。しかしながら、デカルト自身が『省察』に関する「第一の反論への回答」で述べていたように（cf. A. T. IX, 89-90）、この区別は、何物によっても限定されないという意味での「無限」を神に残しておくためのものでしかなかった。

(52) パスカル『パンセ』断片七七（前田陽一訳、『世界の名著』二九、中央公論社、九九頁）。

(53) しかもマールブランシュは、「神は、自らの英知に一番適わしくない、あるいはその善性や不動性、またその他の属性のしるしをもたない行動様式を選びえないという意味においては無力である」（Malebranche, *Traité de la nature et de la grâce*, dans *Œuvres complètes de Malebranche*, Paris, J. Vrin, 1976, t.V, p. 180）、と神の「全能」を制限さえする。それは「神」の徹底した合理主義的解釈であろう。メリエとマールブランシュの関係について、とりわけメリエの唯物論形成におけるマールブランシュの「自然主義」の影響については下記拙稿を参照されたい。「デカルト哲学の変貌——マールブランシュからメリエへ」（日本哲学会編『哲学』、第三七号、法政大学出版局、一九八七）。

(54) マールブランシュが、匿名で『真理の探究』の一部を初めて出版したのは一六七四年、パスカル（一六二三—一六六二）の没後一二年たった後のことであった。

(55) メリエは、第九一章の多くの部分をデカルト派の「動物機械論」への批判にあてている。動物機械論は言うまでもなく精神と身体を分離して、思考を精神の本質としたデカルトの「心身二元論」から派生する。動物機械論自体は『覚え書』の主題系列に属するものではない。メリエがそれをここで取り上げるのは農民や農民たちがともに暮らす家畜たちへの共感からであろうか。同じ章でメリエは、「あなたの家畜には生命もなければ感覚もないと、農民たちに一言でも言ってごらんなさい。彼らの牛や馬や牝羊や牡羊が盲目で、禍福も感じないただの機械で、機械や操り人形のようにバネでしか歩かず、何も見ず、自分がどこに行くのかも分からないと言ってごらんなさい。きっと皆さんは笑い飛ばされ

ることでしょう」(七六六頁)と述べている。

(56) メリエが『覚え書』で「悪」の問題を扱う場合、それは二つの系列に分けられる。第一は政治的・社会的な「悪」であり、これをメリエは「序文」、「証明六」、「結論」で取り扱っている。第二は哲学的・形而上学的な「悪」であり、これについては「証明七」、「証明八」、そのなかでも第七四章、第七七章、第八六章、第九四章の四つの章でメリエは「悪」を取り上げている。問題は前者と後者の関係であろう。メリエはこの両者の間に何の区別も設けず、しかも後者を受け入れながら、前者はこれを受け入れないだけでなく、むしろその徹底した拒否を主張している。そこには、少なくとも今日の私たちから見れば、飛躍があるように思われる。しかし後に見るように、この時代にあっては政治的・社会的な「悪」という考え方は存在せず、それは単に道徳的な「悪」としてしか考えられていなかった。メリエがこれを区別していないことも、時代的な背景からすればむしろ当然と言えよう。

(57) 第七四章、第七七章、第八六章、第九四章参照。

(58) メリエは、「せめてそういう場合、宗教と政治は互いに折り合いがつかず、折り合いがつかぬ時は相互に反対の立場に立ち、互いに対立し合うはずだと思われるかも知れません。というのも、宗教の穏やかさと敬虔さは暴虐な統治の苛酷で不正なやり方を断罪すべきだと思われますし、また一方、賢明な政治が持つ深慮は偽りの宗教の誤謬や悪弊やペテンを断罪し禁止すべきだと思われるからです。確かに本来ならそうあるべきでしょう」(「序文」第二章、一〇頁)と言う。

(59) 赤木前掲書、二七頁。

(60) 本書訳注「序文」五、「証明一」五および「証明二」二八五参照。

(61) 宗教の人為性を鋭く指摘するノーデのテーゼは「十七世紀リベルタンの宗教批判の頂点のひとつをなすもの」(赤木前掲書、二九頁)であろう。しかしノーデにあって、このテーゼはむしろ宗教の政治的利用というマキャヴェリ的視点から提出されており、そこからは政治批判が帰結するのではなく、むしろ「国家の保存や再建」にも宗教が決定的な役割を果たすことが指摘される。こうしたノーデの立場がメリエのそれとは異なるものであることは言うまでもない。ノーデは、宗教戦争の際に新教徒およそ八千人が殺されたサン・バルテルミーの虐殺を政治的理由から公然と称賛したほとんど唯一の文筆家であった(赤木前掲書、六七頁)。

(62) ライプニッツの『弁神論』は一七一〇年、マールブランシュの『真理の探究』は初版一六七四年(メリエは翌一六七

五年に出された第二版を使用。なおマールブランシュはこの書を繰り返し改訂しており、最終版は一七一二年である）、フェヌロンの『神の存在証明』は一七一三年（メリエは一七一八年版を使用）の出版となっている。フェヌロンもマールブランシュも、あるいは『弁神論』を読んだかも知れないが、それぞれの著作にその直接の影響は認められないようである。しかしながら、広義の護教論的な意図は共有していたと考えられよう。

(63) 注（43）参照。

(64) メリエは、第四二章でこの箇所を引用した際（三六四―三六五頁）、はじめの「身分に関する一種の不平等は、秩序と服従とを維持するもので、神の作れるものである。すなわち神の法を予想する」は省略して引用している。

(65) 私たちは、ボヘミアのフス戦争（一四一九―三六）やミュンツァーが指導したドイツ農民戦争（一五二四―二五）などの大規模な農民反乱、そして十七世紀イギリスのピューリタン革命期に登場し、世界史上初めて成年男子の普通選挙権、信仰の自由、徴兵拒否の自由、法の前の平等などの基本的人権を「人民協定」で要求したレベラーズ（水平派、平等派）を知っている。これらは近代初頭の農民や民衆の政治的要求を掲げた解放運動であった。しかしそのいずれもが宗教改革と結びついて起こったように、その運動には宗教的性格が深く刻まれていた。またメリエ自身一六四八年のウエストファリア条約によるスペインからのオランダの独立やスイスの独立に言及しているように（「結論」第九六章、七九一頁）、支配者の思惑に依存するのでもなく、また宗教的理念を掲げるのでもない政治問題の解決について何らかの知識を持っていたとも考えられよう。歴史に「仮に」ということは許されないかも知れないが、しかし仮にメリエが何らかの形で農民の解放運動に手をつけた場合、はたして貴族と僧侶の「二人の巾着切り」をともに敵として「不法の奥義」を打倒することを解放の理念としえたであろうか。むしろ実践的には、たとえば「神の下での平等」といった形でキリスト教的な理念を基礎にした要求を掲げるか、あるいはほとんどありえないことだが、宗教色をまったく抜きにして（その意味では理念抜きに）政治的要求を掲げる以外には現実の解放運動の実現はありえなかったのではないであろうか。私たちは、メリエの民衆の自己解放の理念を評価しつつも、その非実践性をも含めてこれを考えなければならないだろう。

(66) 引用文中の二つのラテン語の文章は、それぞれ「神ハ、高慢ナ君主タチノ座ヲ倒シ、代ワリニソノ座ニ柔和ナ人ヲツケタ」の原文は、*Sedes decum superborum dentruxi Deus, et sedere fecit mites pro eix*、また「神ハ諸々ノ高慢ナ人々ノ根ヲ枯ラシ、同ジ諸々ノ人々ノ中カラ謙虚ナ人ヲ植エラレタ」の原文は、*Radices gentium superbarum arefecit*

Deus, et plantavit humiles ex ipsis gentibus となっている。メリエはこれらのラテン語原文に現れる完了形の動詞、destruxit, sedere fecit, arefecit, plantavit をフランス語に訳す際に renversera, fera asseoir, fera sécher, plantera とそれぞれ未来形に変えて訳している。以下、参考として当該箇所のバルバロ訳を掲げる。「主は、勢力者の座を倒し、その座に柔和な人をつけ、高慢な人の根を抜き、その代わりに謙虚な人を植えられた」。

（67）『覚え書』「結論」に見られるメリエの激越な言葉にもかかわらず、メリエにおいて「革命」の実行方法は必ずしも明らかではない。メリエはただ王、貴族、富者への支持を止め、「連中を皆さんの社会から、完全に追放して（excommuniquer）ください」（七九三頁）と記している。ここで「追放」と訳した動詞（excommuniquer）は「破門する」の意味もあり、メリエはキリスト教会からの「破門」と同義的に使用している。

（68）メリエは『ユートピア』も『太陽の都』もおそらくは知らなかったであろう。メリエがあるべき社会構想を提出する際に参照しているのは、「証明六」で引用しているように、セネカが『道徳書簡』で描き出し、あるいは同時代の『歴史新報』が伝える古代の「黄金時代」である（第五一章、四〇五—四〇七頁）。

（69）メリエは、「すべての聖堂区についても、それを構成する民衆が了解し合って、皆で一緒に平和に共同生活を営み、皆共同で有益な仕事に励み、各々その地域で皆平等に大地の富と労働の成果を共同で楽しむことに同意するなら、まったく間違いなく同じことになるはずです」と述べている。

（70）メリエは、「すべての都市とその他近隣の共同体はお互いに相互間の同盟を結び、相互間の平和と固い団結を不可侵のものとして守り、必要時にはお互いに相互援助・相互扶助を行うことに各々の側で大いに留意するのですから、彼らはみんなで平和に共同で暮らすはずでしょう」（三九二頁）と言う。

（71）注（37）および以下の拙稿を参照されたい。「無神論への軌跡——ジャン・メリエの『覚え書』、その論理構成について」、『思想』、第七五九号、一九八七年九月、岩波書店。

（72）小学館『日本百科全書』CD-ROM版「預言者」の項より。

（73）注（31）にあげた、ドマンジェの立場はその典型と言えよう。

（74）野沢協訳、アンドレ・リシュタンベルジェ著『十八世紀社会主義』、第一一章、IV「キリスト教の説教者に見る社会主義」（法政大学出版局、二九四—三〇〇頁）参照。

（75）『＊＊＊公殿下、S.A.宛書簡』、モラン版『ヴォルテール全集』二六巻、五四〇頁。

(76) 前掲拙稿「無神論への軌跡——ジャン・メリエの『覚え書』、その論理構成について」を参照されたい。

(77) 「大多数の民衆はぼんやりとではあるにせよ、自分たちがとりこになっている誤謬や悪弊を、自分でもうかなり分かっています」(「近隣の司祭の方々に宛てて、著者がしたためた書簡の写し」、八一二頁)。

(78) 「皆さんが互いに十分理解し合えば、皆さんの救済は皆さんの手中にあり、解放はただ皆さん次第です。あなたがたには自分を自由の身とし、暴君自身を奴隷とするのに必要な手段と力がすべて備わっています。あなたがたの暴君たちがどれほど強力でどれほど恐ろしかろうと、あなたがた自身なしには、連中はどのような力もあなたがたに及ぼせないのですから」(第九六章、七九〇頁)。

(79) これは近隣司祭に対しても同様である。メリエは『覚え書』に添えた近隣の司祭宛の書簡の中でも「もし存命中に公然と自分の考えを述べる勇気があなたがたにも私同様ないのであれば、少なくとも今は沈黙していて、いまわの際に真理の側に立ち、皆さんの考えを述べるべきです」(「近隣の司祭の方々に宛てて、著者がしたためた書簡の写し」、本文八〇八頁)と述べている。ここで詳細に立ち入る余裕はないが、このことはまた彼ら司祭がこの書簡だけを読んで『覚え書』を聖堂区民に伝えないという事態をメリエが予想していたことを示していると考えられよう。

(80) 本解題一二六九頁のダランベールの演説を参照されたい。

(81) メリエにおけるデカルト哲学の継承については、以下の拙稿を参照されたい。「啓蒙哲学の〈原〉思想——ジャン・メリエにおける宗教批判と〈理性〉」(平成七年二月、日本大学理工学部『一般教育教室彙報』第五九号、一一～二〇頁)。

(82) cf., Miguel Benítez, *Lumières et élitisme dans les manuscrits clandestins*, in *La Face cachée des Lumières. Recherches sur les manuscrits philosophiques clandestins de l'Age classique*, Oxford, The Voltaire Foundation/Paris, Universitas, 1996, pp. 199–211.

(83) 『旧約聖書』、とくにその「教訓書」がメリエの思想世界を構成していることは前にも指摘した。なかでもメリエがもっとも共感を寄せたのは、「善良なヨブ」(「証明五」第三九章、本文三四五頁)であった。唯一人孤独のうちに『覚え書』を書き残そうとしたメリエの胸に、故なくして神から災いを受け、誰一人として理解する者もなく、「ああ、私のことばを書きとめ、書物に刻んでくれ、鉄のみと鉛で、永久に岩に刻みつけてくれ」(「ヨブ記」、一九章二三—二四節、バルバロ訳)と叫ぶヨブの言葉が去来したと想像することも許されるのではないだろうか。

(84) Delisle de Sales, *De la philosophie de la nature ou traité de morale pour l'espèce humaine, tiré de la philosophie*

et fondé sur la nature. 筆者が参照したのは一七七七年刊行の第三版五巻本である。著者のドリール・ド・サルはヴォルテール派の啓蒙思想家であり、この書は当時かなりの成功を収め一七八九年には九巻本が刊行されている。しかし、この書はシャトレ裁判所によって禁書とされ、ドリール・ド・サル自身もそのためバスチーユに投獄され、出所後はプロイセンに亡命せざるをえなかった。アントロポス版『メリエ全集』の編者の一人、ロラン・デスネ氏によれば、一七七七年版はドリール・ド・サルの原稿に一番近いようである（cf., ANT, I, LXIX.）。

（85） はじめに取り上げられるのはエジプト王のクフ、次いでソクラテスの弟子クリティアス、ピュタゴラス学派でプラトンの友人だったアルキュタスと続き、最後を一七五九年に没したニコラ・ブーランジェで締めくくっている。

（86） 生没年不詳。ギリシア語読みでケオプスともよばれる。古代エジプト第四王朝の二代目の王。紀元前二六世紀に在位。エジプト最大のギザ（ギゼー）の大ピラミッドを築いた。ギリシアの歴史家ヘロドトスは、エジプト人祭司から聞いた話として、この王は大ピラミッド建造のために残酷な強制労働を課し、そのために国は衰えたとする説を『歴史』に記している。

（87） 多くの場合、『詩篇』第一四篇一節「愚か者は心で〈神はいない〉と言う」（バルバロ訳）に従って、キリスト教の教義を理解できないと「正統派」からみなされた異端者や異教徒が「愚か者」、すなわち「無神論者」として指弾されたのであろう。また宗教改革以後のカトリックとプロテスタントとの間でも往々にして相互に「無神論者」との非難を投げつけもしたのである。また十七世紀に入ると、たとえばモリエールの『ドン・ジュアン』に典型的に表される、キリスト教道徳の枠を逸脱した人々、「リベルタン」と称される人々が登場するが、この人々もまた「無神論者」とされた。十七世紀の碩学メルセンヌは「パリだけでも五千人の無神論者がいます」と記したが、これも同類のものであろう。このような事情については、アラン・チャールズ・コルスの『フランスにおける無神論、一六五〇—一七二九、I』（Alan Charles Kors, *Atheism in France 1650–1729*, 1990, Princeton University Press）に詳しい。

（88） メリエの死後流布するようになる『覚え書』の要約版筆写本に添えられていたと見られる『著者略歴』は、次のような逸話を伝えている。「ウットヴィル神父の宗教論〔『事実により証明されたキリスト教の真実』、一七二二年〕の初版が出た頃に司祭がパリへ旅行した時の話である。友人のビュフィエ神父は、この著作を読んでどう考えるかを聞かせて欲しいと司祭に頼んだ。メリエ氏は一緒に読むのならという条件で承諾した。数日後、このイエズス会士〔ビュフィエ神父〕の家での夕食の席でのことであった。そこには、主義よりも見栄からリベルタンを気取っていたひとりの若者が

陪席していた。話題が問題の宗教論に及んだ時、若者は理屈を捏ねて信憑性の根拠〔われわれに神の啓示を信じさせる人間的理由を表す神学用語〕を打ちのめすことに躍起になった。メリエ氏は〈宗教を茶化すには才知など問題になりはしませんよ。だが宗教を擁護するには多くの才知が求められるものです〉ときわめて冷静に反論した」(cf. ANT, III, p. 391)。メリエがパリへ旅行したことを裏づける資料はなく、今日ではこの逸話は単なるフィクションとみなされている。しかし、ここに述べられているメリエの言葉は、キリスト教と向き合う晩年のメリエの姿勢をかなり的確に伝えているのではないだろうか。

(89) メリエとデカルト哲学との出会いは、いまだ不明な点が多い。『覚え書』でメリエが直接デカルトに言及している箇所はなく、ただフェヌロン、マールブランシュへの批判の中からメリエとデカルト哲学との関わりが問題となって現れるにすぎない。しかしそれが問題となるのは、単にフェヌロン、マールブランシュらの護教論的デカルト主義をメリエが批判しているからという理由からでなく、その批判自体がデカルト哲学の基本的な諸命題を共有し、それを唯物論的な方向に進めた視点から行われていることによる。しかも『覚え書』以外に現存するメリエの著作と考えられているフェヌロンの『神の存在と属性の証明』の余白の書き込み(『反フェヌロン』)では、すでにメリエの思想が成熟した形をとっているからである。そうした諸命題をメリエはマールブランシュの『真理の探究』から批判的に摂取したとも考えられるが、むしろランスの神学校時代にデカルトの著作、あるいはレジスか誰かデカルト哲学の継承者の著作から学んだと考える方が妥当かも知れない。

(90) さらに付け加えるならば、メリエはデカルトの心身二元論を徹底して批判し、思考や精神(霊魂)は物質からなる人間という「思考する存在の一つの様態や生命活動」(「証明八」第九一章、七五九頁)であり、人間の死とともに活動を停止するものであるとした「心身一元論」を展開した。

(91) プラトン『ソピステス』、三三一—三三五(藤沢令夫訳『プラトン全集』第三巻、岩波書店、九四—一〇一頁)。

(92) 「唯物論は哲学と同じく古いものではあるが、それよりも古くはない。文化史的発展の最後の時代に主として行われる、事物に関する自然的見解なるものは常に二元論の矛盾と人格化の幻想に囚われている。かかる矛盾を逃れて、世界を統一的に解し、而して有り勝ちな感官の誤り以上に出ようとする最初の試みはすでに哲学の範囲に入る、而してこう云う最初の試みの中に唯物論はすでに存しているのである」(川合貞一訳、F・A・ランゲ『唯物論史』上巻、実業之日本社、昭和二三年、一頁)。

（93）小学館『日本百科全書』CD-ROM版「唯物論」の項〈加藤尚武〉より。

（94）出隆・岩崎允胤訳、『エピクロス』（岩波文庫）、六六頁。エピクロスにあって神々の本性を知ることは、「美しく生きるための基本原理」の第一に置かれる。しかしそこには同時に「多くの人々の信じている神々を否認する人が不敬虔なのではなく、かえって、多くの人々のいだいている臆見を神々におしつける人が不敬虔なのである」（同書同頁）と言うように、通俗的な宗教意識への批判が内包されている。デモクリトス、エピクロスの唯物論における宗教批判と「神」の存在の承認に関しては、オリヴィエ・ブロック氏の「古代における唯物論と宗教批判」（大津真作／石田雄二訳『宗教と宗教批判』、法政大学出版局、一九七九年、一一—二六頁）に通説に囚われない興味深い分析がある。

（95）ベーコン著、桂寿一訳『ノヴム・オルガヌス』、岩波文庫、三九頁。

（96）同前、一五二頁。

（97）ヘンリー八世（在位一五〇九—四七）は、王妃との離婚問題でローマ教皇と対立し、一五三四年「国王至上法」によってイギリスの教会をローマから離反させ、自らその最高首長となり、イギリスにおける教会組織を「国法によって確立されたイングランドの教会」に改編した。一五五四年、国教会は一時ローマ・カトリック教会に復帰したが、一五五八年のエリザベス一世（在位一五五八—一六〇三）の登位とともに、ふたたび「教義的にはプロテスタント、教会政治と礼拝様式上はカトリック」といわれる国教会体制が確立し、現在に至っている。

（98）イギリスにおける無神論を掲げた著作の公刊は、一七八二年マシュー・ターナーによる『プリーストリーへの返書』が最初である。これはドルバックの『自然の体系』（一七七〇）やヒュームの『自然宗教に関する対話』（一七七九）などの影響の下に書かれたと推察される（cf. *Atheisme in Britain, Introduction* by David Bermann, in *Atheisme in Britain*, Vol. 1, Thoemmes Press, Bristol, 1996, pp. v-ix.）。

（99）南仏、シャンテルシエの農家の出身。一六一二年、二一歳でディーニュの学院の校長兼修辞学教授、一六一四年アヴィニョンで神学博士となり、翌年にはエクス大学の哲学教授となり、パリのコレージュ・ロワイヤルの数学教授を歴任する。また生涯ディーニュの主任司祭を務めた。

（100）もっともガッサンディが「神」をどのように考えていたかは定かではない。デカルトの『省察』の「第五反論」において、ガッサンディはデカルトの神観念の本有観念説を批判している。観念を「外来的」「作為的」「本有的」の三種に区別するデカルトに対して、ガッサンディは神の観念も含めてすべての観念は「外来的」であると主張し、観念は「精

神そのものの外に存在し、何らかの感覚の支配に属する事物から生ずる」のであって神の観念も例外ではないとした（所雄章他訳『省察および反論と答弁』、『デカルト著作集』第二巻、三三六頁）。そして神観念の形成も「両親から、教師から、学者から、またあなたが住むところの人間社会から生じたもの」（同書、三五二頁）として経験的に説明していた。また赤木氏の前掲書によれば、生粋のリベルタン、ラ・モット・ル・ヴァイエ、ガブリエル・ノーデ、ソルボンヌ大学医学部長ギィ・パタンとガッサンディは「四人組」とも呼ばれ、とくに親交が厚かったが、パタンの書簡によれば、一六四八年のある日パリ郊外のノーデの別荘にパタン、ガッサンディが招かれて「〈哲学的な放蕩あるいはそれ以上のもの〉を楽しみ、その〈自由〉な対話は〈（教会の）内陣のすぐ近くにまで〉及んだ」という。そこでどのようなことが話されたかは明らかではないが、その内容を赤木氏は、「少なくとも彼らが、その著作に表現しえたかぎりでは、それは、〔……〕宗教の人為性、迷妄性、および宗教と政治との密接な関わり合いだった」（前掲書、二九頁）と推察している。近代以前のこの時代は、聖職者身分に属することとそうした自由思想に近い立場をとることとは矛盾なく同居できた、あるいは同居せざるをえない時代であったとも言えよう。

(101) 唯物論の歴史をたどっても、また無神論の歴史をたどっても、メリエ以前にこの二つの立場を結合して全面的に展開した思想家は存在しなかったと言えよう。ただひとり十七世紀フランスのリベルタン、シラノ・ド・ベルジュラック（一六一九—五五）だけが例外と言えば言えよう。一六五〇年頃に執筆され死後出版された二篇の空想旅行記『月の諸国諸帝国』、『太陽の諸国諸帝国』、総称して『別世界』と呼ばれる作品で、シラノは、神、世界、人間についてのさまざまな考察を繰り広げている。そこでシラノは、天動説とこれに支えられた人間中心主義、神による世界創造と神の摂理、霊魂の精神性と不死性、キリスト教のモラルを批判している（赤木、前掲書、三七—四一頁）。これらの批判の前提には神の存在の問題があることは明らかである。シラノがこの問題に直接言及しているのは、上記の『月の諸国諸帝国』の最後の場面に登場する「宿の主人の息子」は神の存在について、「あなたはもう〈神はこのように言われた〉とおっしゃいますが、そんなにせかないでください。その前に神がいるってことを証明する必要があるでしょう。だって、私はそれをきっぱりあなたに向かって否定しているんですから」（Cyrano de Bergerac, *L'autre monde*, éd. par Henri Weber, Editions Sociales, Les classiques du peuple, 1978, p. 157）と言う。作中人物の言葉をそのまま作者の思想と同一視することは不可能である。しかし『別世界』に述べられる諸々の思想からして、先に挙げた研究書の中で赤木氏がこの言葉をシラノによる「神の存在の、間接的な否定と理解することもまた十分可能であると思われる」（赤木、前掲

書四三頁）と述べられていることに筆者も同感である。もとよりそこに無神論が体系的に述べられているわけではない。しかしシラノからメリエへは「あと一歩」であったとは言えよう。

(102) メリエ以前の唯物論は、これを世界観としてみるならば不徹底、あるいは未完成と呼ぶことができよう。それにはさまざまな理由が考えられよう。ここでは、ただ一点だけを指摘しておこう。デモクリトス以前にも、タレスやヘラクレイトスなどのイオニアの唯物論者がいた。しかし彼らの唯物論は素朴に自然の原因を問うものであった。だがソクラテスは、人間の知識の根拠を人々に問いかけた。それがある意味では「哲学」の真の始まりであった。なぜなら、自然についてであるにせよ人間についてであるにせよ、あらゆる知識は人間の精神活動の所産として獲得されるものであり、この知識の批判的吟味なくして「真理」の獲得はあり得ないことを、ソクラテスは教えたからである。ソクラテスとほぼ同時代のデモクリトスもそうした知性観を共有しており、それゆえ人間が抱く神々の観念を否定せず、それらを人間の吉凶に関係する物質的で実在的な像に還元して、いわば文化史的な説明をあたえたのであろう。同様に、エピクロスも「神々はたしかに存在している。なぜなら、神々についての認識は、明瞭だからである」（エピクロス、前掲書、六六頁）、と述べた。神、あるいは神々の観念が、いわば「哲学」成立以前から人間の精神内に存在し、そこに何の矛盾も感じられなければ、それが批判的吟味の対象とも、否定の対象ともなりえないことは当然であった。近代の唯物論が無神論たりえなかった理由もまた、そこに認められよう。哲学的に基礎づけられた無神論が登場するためには、「神」そのものに関する「引き裂かれた意識」が存在しなければならなかった。『覚え書』においてメリエが体系的な無神論を展開しえたのも、まさしくメリエ自身がこの意識を体現していたからではないだろうか。

訳者あとがき

本書はルイ十四世が君臨した十七世紀、「太陽の世紀」と、やがてフランス革命へと収斂していく十八世紀、「啓蒙の世紀」という二つの時代の狭間を、シャンパーニュ地方で一人の「田舎司祭」として生きた、ジャン・メリエの遺作『覚え書』の全訳である。

『覚え書』は、文字どおりの「地下文書」である。十八世紀という時代に、支配階級である王侯貴族や僧侶を、民衆を愚弄し収奪する「嘲ル者タチ、盗賊ノ仲間」(『イザヤ書』)と呼び、さらに「地上のお偉方はみな、貴族もみな、司祭たちの腸わたでしばり首にされるといい」と記した本書が公にされるはずはなかった。メリエは、そのことを知悉した上でひたすらその死後に一切を託し本書を綴った。ヴォルテールは、メリエを「これまでキリスト教に害を及ぼしては消えていった、すべての流星のごとき人々の中でもっとも特異な現われ」と評している。そのヴォルテールが、メリエの『覚え書』の要約本を刊本として地下の流通ルートに乗せたとき、それに与えたタイトルが『ジャン・メリエの遺言書』であった。この命名がどれほど『覚え書』の真実をとらえていたかは、その後メリエの名前が『遺言書』と不可分な形で伝播したことからも推量できる。メリエの死後ほぼ百年を経た十九世紀後半、偶然古書店でメリエの遺著の写本の一つを手にしたオランダの自由主義者リュドルフ・シャルルが、この書を「闇の世界」から引き上げて公刊したとき、書名としたのもやはり『ジャン・メリエの遺言書』であった。

わが国にメリエが初めて紹介されたのがいつ頃かは定かではない。しかし、永田廣志訳のデボーリン『唯物論史』(一九三一年、昭和六年)にメリエの名前を見ることができ、おそらくこの前後のことと考えられる。もっとも永田は、メリエの著作の表題を『遺言書』ではなく『遺著』としており、自身はこの書物の実体を知らなかったであろう。その同じ年、杉捷

夫氏により中央公論社から『フランス唯物論哲学』が出版されている。そこにはラ・メトリ、ディドロの著作と並び、メリエの『遺言書』が収められた。

当時フランス語以外の言語に翻訳された『遺言書』は、今日確認されているものとしては、先のリュドルフ・シャルル版を底本とした、一九三七年のロシア語版全訳と一九〇四年のスペイン語版抄訳（おそらくはヴォルテールの刊行本の翻訳）が最初と言われている。杉訳は、リュドルフ・シャルル版三巻のうちの第一巻、『覚え書』本文「証明四」までの部分訳ではあるが、ロシア語版よりも六年早く、フランス語圏以外でのメリエの著書の初刊行と言えよう。杉氏はその解説で、メリエについて「著作家と呼ぶのさえ適当であるかどうか疑問である」としながらも、この『遺言書』を「一個の人間記録として珍重される値打のあるものであろう」と述べているように、その訳文は司祭の心情をきわめて格調高く伝えている。今回私たちがメリエの『覚え書』を訳出するにあたって、そこから多くを学ばせていただいたことへの謝辞と合わせ、この先人の訳業への心からの敬意を呈したい。

ところで一九六〇年、中国で商務印書館から議・梅叶著、河清新訳『遺書』（三巻）が刊行されている。これはおそらくはアジア圏における『覚え書』の全訳としては最初のものであろうが、やはり先のリュドルフ・シャルル版を底本にしている。最初の刊本であるヴォルテールの要約本も含めて、メリエの遺著はロラン・デスネらによる一九七〇―七二年の『メリエ全集』刊行に至るまでは、メリエの自筆本ではなく、筆写本あるいはその要約本をもとに刊行されてきた。今回わたしたちが訳出するにあたり、そうした歴史的経緯を踏まえた上で、メリエ自身が書き残した自筆の手稿本を底本とし、三つの自筆本の全体にわたって主要箇所の異同を明らかにした。十八世紀フランスという思想状況の中でも、先のヴォルテールの指摘にも見られるように、メリエは際立って特異な位置を占めている。いかにしてメリエがそのような思想的境位に至ったかは大変興味深くまた重要な問題でもあるが、まさしくその特異性ゆえにメリエの思想形成をたどりうる資料は、おそらくはメリエの手になると思われるフェヌロンの『神の存在と属性の証明』への書き込みを除けば、ほとんど皆無に等しい。三つの自筆本の異同を遺著の全体にわたって取り上げるのは、今回のわたしたちの翻訳がはじめての試みである。そこにわずかにせよメリエの思想の片隣をのぞき見ることができ、二百年を越える遙か昔、エトレピニーの小さな司祭館でただ一人、夜蠟燭の明かりの下で生涯口にすることのできなかった思いを綴った司祭の推敲の跡が示せるのではないかと考えたからであ

る。

メリエの『覚え書』の翻訳という話は、今から十数年前、当時都立大学におられた野沢協先生が主宰されていた「地下文書研究会」でのことであった。先生のお勧めでメリエに関心を持っていた石川と三井があたることになったが、このような大著の翻訳の経験のない私たちにとっては大変な難事業であった。何回かの試訳ののち本篇の翻訳に取りかかることになったが、訳了までの間に移動、病気、家族の不幸などのさまざまな「事件」があった。その間、野沢先生は絶えず私たちを見守り、励まし、拙い訳文の監修の労をとっていただいた。私たちの翻訳がどうにか一応の体裁をとって日の目を見ることができたのは一重に先生のご支援の賜物であり、この場をお借りしてあらためて先生に私たちの心からのお礼の言葉をお伝えしたい。また、メリエは、聖書をはじめラ・ブリュイエール、フェヌロンなどの著作から数多くの引用を行っているが、私たちの翻訳においては、それら作品の諸先輩による見事な訳文を使わせていただいた。ここにあらためて先輩方への敬意と感謝の念を記しておきたい。

本訳書の出版に際しては、「平成一三年度千葉大学重点経費事業・萌芽的研究に対する助成」を受けたことを記し、謝意を表する。そして最後に、遅々として進まない私たちの翻訳を「鶴首して待ちながら」、辛抱強く私たちのわがままにお付き合いくださった平川俊彦氏をはじめとする法政大学出版局の皆さんにも心からのお礼を申し上げたい。

石川光一
三井吉俊

二〇〇五年四月

ヤ　行

ラ　行

ナ 行

ハ 行

マ 行

タ 行

サ　行

カ　行

E　訳注書名索引

1．『覚え書』本文と二つの書簡に付した訳注で引用，言及した書名を掲げた。
2．著者名が分かっている場合は，書名の後に著者名を括弧で記入した。

ア　行

ワ 行

ヤ　行

ラ　行

マ　行

ナ 行

ハ 行

タ　行

サ　行

カ　行